Rechts-Lexikon

auf dem Gebiete des Zivil- und Handelsrechts

von

E. Christiani,

weil. Amtsgerichtsrat.

Vierte, durchgearbeitete und verbesserte Auflage

von

Dr. **Alexander Elster** / Rechtsanwalt Dr. **Hugo Hoormann**

Amtsgerichtsrat **Georg Krause**

Volksausgabe.

Berlin und Leipzig 1931

Walter de Gruyter & Co.

vormals G. J. Göschen'sche Verlagshandlung — J. Guttentag, Verlagsbuchhandlung

Georg Reimer — Karl J. Trübner — Veit & Comp.

Vorwort zur vierten Auflage.

Es war eine schöne Aufgabe, die sich der verstorbene Amtsgerichtsrat Christiani gestellt und die er auch mit Erfolg erfüllt hat. Drei Auflagen seines Buches haben dafür gesorgt, daß in weiteren Kreisen die Kenntnis des Rechts, das den Einzelnen im täglichen Leben am nächsten berührt, des bürgerlichen Rechts, gefördert worden ist — sicherlich zum größten Nutzen der davon Betroffenen. Denn je vielgestaltiger das wirtschaftliche, kaufmännische und soziale Leben wird, um so größer werden auch die rechtlichen Schwierigkeiten, denen der Einzelne jeden Tag ausgesetzt sein kann und denen er mit einer gewissen Sachkenntnis begegnen muß. Dazu verhilft ihm dieses Buch, ohne natürlich den Weg zum Rechtsanwalt zu ersetzen; in manchen einfach liegenden Fällen wird dies zwar die Folge der Lektüre des betreffenden Artikels dieses Buches sein, in vielen anderen Fällen wird es gerade dazu dienen, daß der Betreffende mit Hilfe des Anwalts sein Recht sucht, dessen Bestehen ihm durch dieses Buch deutlich gemacht worden ist. Insbesondere aber wird es geeignet sein, den Leser seinerseits vor Schaden zu bewahren, da er die Kenntnis der Rechtssätze sich leicht verschaffen kann, die er vor dem Abschluß eines Rechtsgeschäfts oder vor der Fassung eines sonstigen Entschlusses zu wissen nötig hat. Auch dem jungen Juristen wird dieses Buch als Repetitorium des Zivilrechts vor dem Examen sehr dienlich sein können.

Die letzterschienene Auflage dieses Buches liegt schon ziemlich lange zurück. Damals war das Bürgerliche Gesetzbuch (BGB.) verhältnismäßig neu. Heute durfte manches kürzer dargestellt werden, um den Raum für die inzwischen eingetretenen Ergänzungen zu gewinnen. Auf weite Strecken konnte das, was Amtsgerichtsrat Christiani gearbeitet hat, übernommen werden, denn seine Arbeit war gut, war mit Liebe zum Stoffe gemacht, traf den Ton der Belehrung des Nichtjuristen ganz vorzüglich. Wo man an Grenzen kommt, an denen die erste Rechtsbelehrung der Nichtjuristen naturgemäß zu Ende sein muß, oder wo spezielle Fragen mit schwierigeren Antworten auftauchen, da ist in diesem Buch jetzt auf die betreffenden erläuterten Textausgaben der Gesetze in der Guttentagschen Sammlung hingewiesen bzw. auf die Artikel in dem großen sechsbändigen, das gesamte deutsche Recht behandelnden Handwörterbuch der Rechtswissenschaft herausgegeben von Stier-Somlo und Elster.

So möge auch die neue Auflage dem Ziele dienen, die Rechtskenntnis der Allgemeinheit zu steigern und dadurch Verständnis für die Rechtspflege zu wecken, zum Nutzen derer, die dieses Buch gebrauchen.

Die Bearbeiter.

Für die Benutzung dieses Buches.

Die Paragraphen des Bürgerlichen Gesetzbuches sind nur mit den entsprechenden Ziffern (in Klammern) aufgeführt. Wo es erforderlich schien, das Bürgerliche Gesetzbuch besonders zu nennen, ist es wie üblich mit BGB. abgekürzt.

HGB. bedeutet Handelsgesetzbuch, GO. oder GewO. = Gewerbeordnung, GBO. = Grundbuchordnung, ZPO. = Zivilprozeßordnung, EGBGB. = Einführungsgesetz zum BGB., KO. = Konkursordnung usw. AG. = Ausführungsgesetz. Andere Gesetze sind so abgekürzt, daß es ohne weiteres verständlich ist.

s. = siehe; s. d. = siehe dies oder siehe dort; vgl. = vergleiche, Art. = Artikel (Stichwort); G. od. Ges. = Gesetz; Vo. = Verordnung.

RG. bedeutet, daß die mitgeteilte Auffassung (Rechtssatz) auf eine Entscheidung des Reichsgerichts zurückgeht.

Da nicht alle Einzelheiten in diesem Werk, namentlich auch nicht die besonderen juristischen Schwierigkeiten, dargestellt oder besprochen werden konnten, so ist, wo eine Ergänzung durch Zurückgreifen auf andere Bücher erforderlich erscheinen könnte, die Nummer der betreffenden erläuternden Gesetzesausgabe in der Guttentagschen Sammlung (Gutt. Slg.) bzw. der Artikel im Handwörterbuch der Rechtswissenschaft (HdR.) genannt worden.

A.

Abdruck von Werken s. Urheberrecht.

Abfallen von Früchten auf ein Nachbargrundstück s. Grundeigentum 2 f; vgl. auch Früchte.

Abfindung eines wegen einer Verletzung Erwerbsunfähigen s. Schadensersatz wegen unerlaubter Handlung 6; eines unehelichen Kindes s. Uneheliche Kinder 2; einer geschiedenen Frau s. Ehescheidung 3.

Abfindungen aus Gutsübergabeverträgen s. Gutsübergabe.

Abgaben, öffentliche, Verjährung derselben s. Verjährung 1.

Abhaltung s. Verhinderung.

Abhanden gekommene Inhaberpapiere, s. Handelsgeschäfte 2; Sachen, Ersitzung an solchen, s. Ersitzung 1. Eigentumserwerb an solchen s. Bewegliche Sachen, Eigentum an; Wertpapiere s. Schuldverschreibungen auf den Inhaber I 2; Zins-, Renten-, Dividendenscheine s. Schuldverschreibungen auf den Inhaber 2; Papiere, Urkunden usw. s. Kraftloserklärung; Hypothekenbriefe s. Hypothek 3 a. Schl.

Abhanden gekommene Sachen. Das Gesetz spricht an verschiedenen Stellen von „abhanden gekommenen“ (beweglichen) Sachen, meist im Zusammenhange mit gestohlenen und verloren gegangenen Sachen, z. B. BGB. 935. Es sind unter abhanden gekommenen Sachen solche zu verstehen, die ohne den rechtsbeständigen Willen des Besitzers aus seinem Besitze gekommen sind; es hat z. B. ein Dienstbote eine der Herrschaft gehörige Sache verschenkt oder es haben Kinder die Sachen verbracht; s. auch „Bewegliche Sachen“.

Abholen einer Schuld s. Bringschuld und Holschuld.

Abkömmlinge sind diejenigen Personen, die von einer anderen abstammen, mithin Kinder, Großkinder (Enkel), Urgroßkinder (Urenkel) usw. „Gemeinschaftliche“ Abkömmlinge (1482, 1483) sind auch das durch nachfolgende Ehe legitimierte Kind (1719) und das von einem Ehepaar gemeinschaftlich angenommene Kind (1757). Abkömmlinge sind vor den Verwandten der aufsteigenden Linie unterhaltspflichtig.

Abkömmlinge als gesetzliche Erben s. Gesetzliche Erben; als Pflichterben s. Pflichtteil.

Ablehnung der Leistung eines Schuldners s. Leistungen 8; einer Zahlung oder Leistung s. Verzug 2; der Übernahme einer Vormundschaft oder Pflegschaft s. Vormundschaft 2.

Ablieferung gefundener Sachen s. Gefundene Sachen.

Ablösung von Teilen eines Gebäudes s. Gebäudeeinsturz; einer Rentenschuld s. Rentenschuld.

Ablösungsrecht eines Gläubigers s. Leistungen usw. 4 und Hypothek 2.

Abmarkung von Grenzen s. Grundeigentum 2 i.

Abnahme einer gekauften Sache s. Kauf 5; einer Arbeit, eines Baues usw. s. Werkvertrag 5.

Abneigung, unüberwindliche, Ehescheidung wegen? s. Ehescheidung 1.

Abortsanlagen s. Grundeigentum 2d u. 3.

Abrechnung s. Schuldversprechen und Schuldanerkenntnis. Vgl. auch Erlaß einer Schuld.

Absatz eines Geschäfts, falsche Angaben über den, s. Schwindelhafte Reklame 1.

Abschlagszahlungen (Abschlagsleistungen) s. Leistungen 3; unterbrechen die Verjährung s. Verjährung 3; Verkauf gegen Abschlagszahlungen s. Abzahlung, Verkauf gegen.

Abschlagsverteilungen s. Konkurs 3.

Abschluß (Bilanz) s. Handelsbücher.

Abschrift einer Vollmacht s. Vollmacht 3; aus dem Grundbuch s. Grundbuch 2; aus dem Handelsregister s. Handelsregister 1; eines Testaments s. Testamentseröffnung; beglaubigte s. Form der Rechtsgeschäfte 4.

Abstammung, eheliche, s. Eheliche Kinder. S. auch Verwandtschaft.

Abstand einer Anlage von der Grenze s. Grundeigentum 3.

Abtretung einer Forderung. (398—413.) **1.** Wer als Gläubiger eine Forderung besitzt, sei es eine bedingte, betagte oder gar zukünftige (z. B. Mietzinsforderung), kann sie ohne Einwilligung des Schuldners und unbekümmert um seine etwaige eigene geschuldete Leistung auf einen anderen übertragen (an ihn abtreten, zedieren), so daß lediglich dieser andere Inhaber der Forderung wird. Unerheblich ist der Grund für die Übertragung. Meist liegt ihr wohl ein Kauf zugrunde (wenn dies auch nicht ausdrücklich unter den Beteiligten ausgesprochen wird), indem der bisherige Gläubiger dem neuen Gläubiger die Forderung gegen Zahlung ihres Wertes (der Valuta) abtritt. Die Abtretung kann aber auch aus irgendeinem anderen Rechtsgrunde geschehen; der bisherige Gläubiger kann beispielsweise die Forderung schenkweise oder zur Begleichung einer Schuld oder zur Bestellung einer Mitgift u. dgl. übertragen. Die Erklärungen desjenigen, der die Forderung abtritt, und desjenigen, der sich die Forderung abtreten läßt, bilden den Abtretungsvertrag. Dieser Vertrag ist unabhängig von den ihm zugrunde liegenden Beziehungen der Parteien. Er kann besonders abgeschlossen werden, nachdem bereits der Rechtsgrund, weshalb der Abtretungsvertrag erfolgen soll, vertraglich festgelegt ist. In den meisten Fällen werden jedoch bei den Verträgen, also der obligatorische, verpflichtende und der dingliche, den Übergang der Forderung bewirkende, zeitlich zusammenfallen, ja es wird sogar in dem aus Zweckmäßigkeitsgründen wohl stets schriftlichen Abtretungsvertrag der Grund der Abtretung, der vorab mündlich getätigte Abtretungsverpflichtungsvertrag, gar nicht ausdrücklich erwähnt werden. Der Abtretungsvertrag ist, gesetzlich von Ausnahmen abgesehen (z. B. Hypothekenforderungen, siehe diesen Artikel), an keine Form gebunden, jedoch kann vom neuen Gläubiger öffentlich beglaubigte Schriftform gefordert werden (siehe unten am Schluß dieser Nummer). Zulässig ist auch eine Abtretung lediglich zu Sicherungszwecken mit der Abrede, daß nach Fortfall des Schuldgrundes Rückübertragung zu erfolgen hat, sodaß wirtschaftlich betrachtet eher eine Verpfändung als Übereignung vorliegt (Sicherungsübereignung), sowie auch eine Abtretung mit dem Zwecke, im Falle eines Prozesses den ersten Gläubiger als Zeugen hören zu können. Hier beginnt die Grenze der Scheinabtretung, welchen Einwand der hierauf sich berufende Schuldner klarzulegen hat. Unsittlich und daher nichtig ist jedenfalls eine Abtretung, die lediglich erfolgt, um die Durchsetzung des Anspruchs durch den mittellosen neuen Gläubiger im sogenannten Armenrecht erreichen zu können. Gegenstand der Abtretung können Forderungen jeder Art sein, soweit nicht das Gesetz für einzelne bestimmte Forderungen die Unübertragbarkeit (Nichtabtretbarkeit) besonders festgesetzt hat (worüber in den betreffenden Artikeln das Nötige gesagt ist). Allgemein kann eine Forderung nicht abgetreten werden, wenn die Leistung an einen andern als den ursprünglichen Gläubiger *nicht ohne Veränderung ihres Inhaltes erfolgen kann* (399). Hat z. B. jemand vertragsmäßig das Recht, von einem anderen freien lebenslänglichen Unterhalt zu verlangen, so kann er dieses Recht nicht an einen beliebigen anderen abtreten; denn die dem Schuldner obliegende Leistung würde durch einen solchen Wechsel in der Person des Berechtigten wesentlich verändert werden. Außerdem kann die Übertragbarkeit einer Forderung auch durch besondere *Vereinbarung* zwischen dem Gläubiger und dem Schuldner ausgeschlossen sein, sowohl bei Begründung der Forderung, als auch später. Wenn es auch bei manchen Forderungen, insbesondere bei Geldforderungen, dem Schuldner gleichgültig sein kann, wer der Berechtigte ist, so hat doch bei anderen der Schuldner ein berechtigtes Interesse daran, es nur mit dem ursprünglichen Gläubiger und nicht mit irgend einem anderen zu tun zu haben. Insbesondere wird in Versicherungsverträgen vielfach die Abtretung der dem Versicherten zustehenden Forderung verboten; auch pflegen Rückfahr-, Rundreise- und Abonnementskarten der öffentlichen Verkehrsmittel, Depotscheine der Reichsbank u. dgl. für unübertragbar erklärt zu werden. Endlich bestimmt das Gesetz (400), daß alle Forderungen, welche gesetzlich der *Pfändung nicht unterworfen sind* (s. „Pfändung in der Zwangsvollstreckung 2") auch nicht abgetreten werden können. (Durch landesgesetzliche Vorschriften können noch weitergehende Vorschriften dahin getroffen werden, daß oder über welches Maß hinaus Ansprüche der Beamten, Geistlichen und Lehrer an öffentlichen Unterrichtsanstalten und deren Hinterbliebenen auf Besoldung, Wartegeld, Ruhegehalt (Pension), Witwen- und Waisengeld nicht abgetreten werden können; BGB. 81.)

Mit der abgetretenen Forderung gehen von selbst auch die *Hypotheken und Pfandrechte*, die mit ihr verbunden sind, sowie die Rechte aus einer für die Forderung etwa geleisteten *Bürgschaft* auf den neuen Gläubiger über. Ein mit der abgetretenen Forderung etwa verbundenes *Vorzugsrecht* (für den Fall der Zwangsvollstreckung oder des Konkurses) kann auch der neue Gläubiger geltend machen (401). Ob mit der abgetretenen Forderung auch der Anspruch auf *Früchte, Zinsen und Strafen* auf den neuen Gläubiger ohne weiteres übergeht, darüber enthält das Gesetz keine Bestimmung; es kommt hier auf die Erforschung des Willens der Beteiligten im einzelnen Falle an.

2. *Nachweis der erfolgten Abtretung.* Infolge der Abtretung ist der bisherige Gläubiger verpflichtet, so viel an ihm liegt, dem neuen Gläubiger alle Mittel an die Hand zu geben, damit dieser möglichst ohne Schwierigkeiten die abgetretene Forderung gegen den Schuldner geltend machen kann; er muß ihm jede hierzu nötige Auskunft erteilen (402). Die *Schuldurkunde*, sowie sonstige zum Beweise der Forderung dienende Urkunden, soweit sie sich in seinem Besitze befinden, muß er ihm ausliefern. Obwohl die Abtretung einer Forderung auch dann rechtsgültig ist, wenn sie bloß mündlich erfolgt ist, so kann doch der neue Gläubiger zwecks Nachweises seiner Forderung jederzeit die Ausstellung einer öffentlich beglaubigten Abtretungsurkunde (Zessionsurkunde) verlangen (403). Die Kosten hierfür hat der *neue* Gläubiger zu tragen und sie auf Verlangen vorzuschießen. Anderweitige Vereinbarung unter den Beteiligten ist selbstverständlich zulässig; insbesondere können die Kosten, wie namentlich bei Abtretung von Hypothekforderungen häufig geschieht, auch vom *Schuldner* übernommen werden.

3. *Verhältnis des neuen Gläubigers zum Schuldner*, sowie des Schuldners zum alten Gläubiger. Es entspricht der Billigkeit, daß die Forderung nur so, wie sie zur Zeit der Abtretung bestand, also mit allen damals etwa vorhandenen Mängeln, auf den neuen Gläubiger übergehen kann. Der Schuldner kann daher dem neuen Gläubiger alle Einwendungen entgegensetzen, die zur Zeit der Abtretung ihm gegen den alten Gläubiger zustanden, z. B. daß die Forderung zum Teil erlassen sei, daß ihm, dem Schuldner, Frist erteilt worden, daß die Forderung nur bedingungsweise bestehe u. dgl. m. (404).

Ob die abgetretene Forderung rechtsgültig ist, insbesondere ob sie wirklich besteht und nicht etwa bloß eine Scheinforderung ist, das zu prüfen ist Sache dessen, der sich die Forderung abtreten läßt. Nur verbriefte Forderungen entbinden von einer eingehenden Prüfungspflicht. Hat daher jemand eine Schuldurkunde nur zum Schein ausgestellt, so kann er sich, wenn diese angebliche Forderung unter Vorlegung dieser Urkunde abgetreten ist, dem neuen Gläubiger gegenüber nicht darauf berufen, daß die Eingehung oder Anerkennung des Schuldverhältnisses durch ihn nur zum Schein erfolgt sei, wenn nicht der neue Gläubiger bei der Abtretung den Sachverhalt gekannt hat oder bei genügender Sorgfalt hätte erkennen müssen (405). Ebensowenig kann der Schuldner, wenn er eine Schuldurkunde ausgestellt hat und diese bei der Abtretung vorgelegt ist, sich darauf berufen, daß er mit dem früheren Gläubiger mündlich vereinbart habe, daß die Forderung nicht an andere abgetreten werden könne, es sei denn, daß auch hier der neue Gläubiger den Sachverhalt gekannt hat oder hätte erkennen müssen. Derartige Abmachungen (über die Nichtabtretbarkeit) müssen also, um auf alle Fälle wirksam zu sein, in die Schuldurkunde mit aufgenommen werden.

Hatte der Schuldner der abgetretenen Forderung gegen den bisherigen Gläubiger auch seinerseits eine Forderung, mit der er gegen die jetzt abgetretene Forderung *aufrechnen* durfte (s. „Aufrechnung"), so kann er auch jetzt noch, trotz der Abtretung, dem neuen Gläubiger gegenüber mit der Forderung aufrechnen; dieses Recht wird ihm durch die Abtretung nicht verkümmert (406). Voraussetzung für das Recht der Aufrechnung ist aber, daß die Gegenforderung, mit welcher der Schuldner aufrechnen will, schon bestanden hat zu der Zeit, als der Schuldner von der erfolgten Abtretung Kenntnis erlangte (einerlei, auf welche Weise er diese Kenntnis erlangt hat), und daß sie nicht erst nach der Erlangung dieser Kenntnis und später als die abgetretene Forderung fällig geworden ist. Darauf, ob der neue Gläubiger von solcher Schuld des abtretenden Gläubigers, mit welcher der Schuldner jetzt aufrechnet, Kenntnis gehabt hat, kommt es für das Recht des Schuldners, aufzurechnen, nicht an. Inwiefern der bisherige Gläubiger den neuen wegen solcher Gegenforderung, mit welcher der Schuldner aufrechnet, schadlos zu halten hat, das hängt von dem zwischen beiden bestehenden Rechtsverhältnis ab; hat der neue Gläubiger die Forderung vom alten gekauft, so haftet der Verkäufer jedenfalls dafür, wenn dem Käufer der Geldwert der abgetretenen Forderung ganz oder teilweise durch Aufrechnung entzogen ist.

Solange der Schuldner von der geschehenen Abtretung der Forderung keine sichere Kenntnis hat, kann er sich mit dem bisherigen Gläubiger gültig einlassen, an ihn zahlen, ihm die Zahlung anbieten, mit ihm Rechtsgeschäfte über die Forderung abschließen, ihm kündigen usw.; nach erlangter Kenntnis von der Abtretung sind solche Rechtshandlungen mit dem bisherigen Gläubiger unverbindlich; der Schuldner hat, wenn er weiß, daß die Forderung abgetreten ist, es nur noch mit dem neuen Gläubiger zu tun (407). Der Schuldner muß aber die Abtretung wirklich kennen. Es genügt nicht die Mitteilung des angeblichen neuen Gläubigers, selbst dann nicht, wenn die Abtretung nach den Umständen wahrscheinlich ist. Der Schuldner ist seinerseits nicht verpflichtet (RG.), eine Aufklärung des Sachverhalts vorzunehmen; vielmehr ist es Sache des neuen Gläubigers, dem Schuldner den Nachweis des Erwerbs der Forderung zu liefern (siehe weiter unten), und bis dahin ist dieser, wenn er nicht etwa auf anderem Wege sichere Kenntnis von der Abtretung erlangt hat, nach wie vor befugt, an den alten Gläubiger zu zahlen. — Der Schuldner kann sich dem neuen Gläubiger gegenüber auch auf ein rechtskräftiges Urteil berufen, das in einem Prozesse ergangen ist, welcher erst nach der Abtretung anhängig gemacht war, wenn er zur Zeit, als der Prozeß anhängig wurde, von der erfolgten Abtretung noch keine Kenntnis gehabt hat.

Die ebengedachten Vorschriften (407) finden auch dann entsprechende Anwendung, wenn die abgetretene Forderung von dem bisherigen Gläubiger nochmals an einen anderen abgetreten ist oder wenn die bereits abgetretene Forderung durch gerichtlichen Beschluß (z. B. durch einen Pfändungs- und Überweisungsbeschluß in einer Zwangsvollstreckung gegen den Schuldner) einem Dritten überwiesen ist oder wenn der bisherige Gläubiger einem Dritten gegenüber anerkannt hat, daß die bereits abgetretene Forderung kraft Gesetzes auf einen Dritten übergegangen sei (408).

Zeigt ein Gläubiger seinem Schuldner an, sei es durch eine öffentliche Urkunde, schriftlich oder auch nur mündlich, daß er die ihm zustehende Forderung einem andern abgetreten habe, so muß er dies gegen sich gelten lassen, wenn auch die Abtretung in Wirklichkeit gar nicht oder nicht gültig erfolgt ist; der Schuldner kann sich also gültig mit dem neuen Gläubiger einlassen (409). Dasselbe gilt, wenn der Gläubiger eine Urkunde darüber ausgestellt hat, daß er dem andern die Forderung abgetreten habe, und nun der in dieser Urkunde als neuer Gläubiger Bezeichnete dem Schuldner die Urkunde vorlegt. Bedeutungsvoll und leicht zu Schwierigkeiten führend, so daß bei Abgabe der Erklärung sorgfältig verfahren werden muß, ist, daß die Anzeige über die geschehene Abtretung der Forderung (auch die in der Ausstellung einer Abtretungsurkunde liegende) nur mit Zustimmung desjenigen zurückgenommen werden kann, der als der neue Gläubiger bezeichnet worden ist.

Zahlung an den neuen Gläubiger. Wird ein Schuldner von jemandem zur Zahlung aufgefordert, der behauptet, daß ihm jetzt die Forderung zustehe, weil sie ihm von dem bisherigen Gläubiger abgetreten sei, so ist zu unterscheiden, ob der bisherige Gläubiger die Abtretung dem Schuldner schriftlich angezeigt hat oder nicht. Ist dies der Fall (eine mündliche Anzeige braucht der Schuldner nicht zu beachten), so muß der Schuldner an den neuen Gläubiger zahlen. Vorlegung einer besonderen Abtretungsurkunde kann er nicht verlangen. Ist dagegen dem Schuldner eine solche Anzeige von dem bisherigen Gläubiger nicht gemacht, so kann er von dem angeblichen neuen Gläubiger Vorlegung einer schriftlichen Abtretungserklärung (Abtretungsurkunde, Zessionsurkunde) fordern. Er braucht nur gegen Aushändigung einer solchen Urkunde Zahlung zu leisten (410). Daß die vorzulegende Abtretungsurkunde beglaubigt sei, wird vom Gesetz nicht schlechthin gefordert. Hegt aber der Schuldner begründeten Zweifel an der Echtheit der Urkunde, so wird ihm der neue Gläubiger die Echtheit nachzuweisen haben (zu welchem Zwecke er ja von dem abtretenden Gläubiger die Ausstellung einer gerichtlich oder notariell beglaubigten Abtretungsurkunde verlangen kann; siehe oben unter 1 am Schluß). Mahnt der angebliche neue Gläubiger an die Zahlung oder kündigt er dem Schuldner die Forderung ohne Vorlegung der Abtretungsurkunde, so muß der Schuldner (falls ihm nicht etwa die Abtretung von dem bisherigen Gläubiger schriftlich mitgeteilt ist) die Mahnung (Kündigung) unverzüglich aus dem Grunde, weil eine Abtretungsurkunde nicht vorgelegt sei, zurückweisen, andernfalls diese als zu Recht erfolgt angesehen wird.

Durch den Besitz der Abtretungsurkunde oder der schriftlichen Anzeige des bisherigen Gläubigers über die Abtretung und die Quittung des neuen Gläubigers ist der Schuldner gegen etwaige spätere Ansprüche des früheren Gläubigers ausreichend geschützt. Kann ohne Verschulden des Schuldners dieser sich keine Gewißheit darüber verschaffen, wer der Forderungsberechtigte ist, so steht es ihm frei, den Schuldbetrag zu hinterlegen (s. „Hinterlegung von Geld usw.").

Tritt eine Militärperson, ein Beamter, ein Geistlicher oder ein Lehrer an einer öffentlichen Unterrichtsanstalt den übertragbaren Teil des Diensteinkommens, des Wartegeldes oder des Ruhegehalts ab, so ist die auszahlende Kasse durch Aushändigung einer von dem bisherigen Gläubiger ausgestellten, öffentlich beglaubigten Urkunde von der Abtretung zu benachrichtigen (411). Bis zur Benachrichtigung gilt die Abtretung als der Kasse nicht bekannt.

Das vorstehend Mitgeteilte findet im wesentlichen auch auf solche Fälle Anwendung, wo es sich nicht um eine vertragsmäßige Abtretung einer Forderung, sondern um die Übertragung einer Forderung kraft Gesetzes handelt, sowie wo nicht die Übertragung von Forderungen, sondern die Übertragung anderer Rechte in Frage steht, soweit nicht das Gesetz etwas anderes vorschreibt (412, 413).

Abtretung einer Anweisung s. Anweisungen 5; einer Hypothek s. Hypothek 3; von Ansprüchen bei einer Schadensersatzleistung s. Schadensersatz usw.; von Forderungen durch einen Vormund s. Vormund 6; durch einen Vater s. Verwaltung und Nutzung des Kindesvermögens usw. 1; von Rechten s. Abtretung einer Forderung 1; eines Anspruchs auf Auflassung s. Auflassung 2 a. Schl.; von Miet- und Pachtzinsen vor einem Verkauf s. Miete 10.

Abwehr eines rechtswidrigen Angriffs s. Selbstverteidigung 1.

Abwesend. Willenserklärung unter Abwesenden.
1. Regelmäßig gehört es zur Rechtswirksamkeit einer Willenserklärung, daß sie einem anderen (einem Beteiligten) gegenüber abgegeben wird (z. B. Anerkennung einer Schuld, Mahnung, Kündigung, Rücktrittserklärung usw.); insbesondere ist bei allen Verträgen (als zweiseitigen Rechtsgeschäften) erforderlich, daß die Erklärung der einen Partei der andern gegenüber abgegeben wird. Es fragt sich, wann die Willenserklärung nun als abgegeben gilt, wenn der andere Teil abwesend ist, d. h. sich an einem anderen Orte befindet, wie der Erklärende. Das Gesetz (130) bestimmt darüber: Eine Willenserklärung, die einem anderen gegenüber abzugeben ist, wird, wenn sie in dessen Abwesenheit abgegeben wird, in dem Zeitpunkte wirksam, in welchem sie ihm zugeht. Sie wird nicht wirksam, wenn dem anderen vorher oder gleichzeitig ein Widerruf zugeht. Auf die Wirksamkeit der Willenserklärung ist es ohne Einfluß, wenn der Erklärende nach der Abgabe stirbt oder geschäftsunfähig wird. Diese Vorschriften finden auch dann Anwendung, wenn die Willenserklärung einer Behörde gegenüber abzugeben ist. Wird die Willenserklärung einem Geschäftsunfähigen (s. d.), z. B. einem Kinde unter sieben Jahren, einem wegen Geisteskrankheit Entmündigten, gegenüber abgegeben, so wird sie nicht wirksam, bevor sie dem gesetzlichen Vertreter (Vater, Vormund usw.) zugeht. Das gleiche gilt, wenn die Willenserklärung einer in der Geschäftsfähigkeit beschränkten Person (anderen, als wegen Geisteskrankheit Entmündigten; Minderjährigen über sieben Jahren usw.) gegenüber abgegeben wird. Bringt die Erklärung jedoch der in der Geschäftsfähigkeit beschränkten Person lediglich einen rechtlichen Vorteil oder hat der gesetzliche Vertreter seine Einwilligung erteilt, so wird die Erklärung in dem Zeitpunkte wirksam, in welchem sie ihm zugeht (131). Die vorstehenden Bestimmungen über Willenserklärungen, die einer geschäftsunfähigen oder in der Geschäftsfähigkeit beschränkten Person gegenüber abzugeben sind, sind nicht ohne weiteres auf den Fall zu übertragen, wo die Erklärung in Anwesenheit des Betreffenden abgegeben wird. Das Gesetz enthält für diesen Fall keine ausdrücklichen Bestimmungen; die Frage ist also nach allgemeinen Rechtsgrundsätzen zu beurteilen. — Die Willenserklärung ist dem anderen zugegangen, wenn der Brief, das Telegramm usw., welches sie enthält, ihm übergeben oder in seiner Wohnung abgeliefert, insbesondere, sei es ihm persönlich oder seinem Hausgenossen usw. nach den postalischen Bestimmungen ordnungsmäßig ausgehändigt ist oder wenn der gesandte Bote die Bestellung ihm oder seinen Angehörigen, Dienstleuten usw. ausgerichtet hat, bei Einwurf in den Hausbriefkasten, sobald mit dessen Leerung zu rechnen ist (RG.); ob der Empfänger Kenntnis von der Willenserklärung erhalten hat, ist gleichgültig. Eine an das Kontor eines Kaufmanns in seiner Abwesenheit ergehende telephonische Erklärung geht ihm in der Regel in dem Zeitpunkte zu, in dem sie von einem dazu Befugten, als welcher in der Regel jeder kaufmännische Angestellte des Kontors anzusehen ist, entgegengenommen wird (RG.).

2. Wer einem anderen eine rechtswirksame Willenserklärung (Kündigung, Mahnung, Annahmeerklärung usw.) zugehen lassen und sich einen Beweis darüber sichern will, kann sich der Vermittlung eines Gerichtsvollziehers bedienen (132). Er übergibt diesem eine die betreffende Willenserklärung enthaltende Schrift (ich kündige hiermit Herrn X. die mir vermietete Wohnung auf den 1. Januar n. J."; „ich fordere hierdurch Herrn Y. auf, mir die Restschuld von 2000 M. für das am 25. September v. J. von mir gekaufte Grundstück innerhalb einer Woche zu entrichten" usw.), die vom Gerichtsvollzieher dem Gegner nach den Bestimmungen der Zivilprozeßordnung zugestellt wird. Der Auftraggeber erhält darüber eine Zustellungsurkunde, die ihm als Beweismittel über die Zustellung der Erklärung dient. Für den Fall, daß sich der Erklärende über die Person oder den Aufenthaltsort des Gegners in Unkenntnis befindet, enthält der § 132 des Gesetzbuchs im Absatz 2 besondere Bestimmungen.

Abwesende, Vertrag unter, s. Vertrag, Vertragsannahme 2; Pflegschaft über, s. Pflegschaft 1c.

Abwesenheit, lange, begründet Antrag auf Todeserklärung, s. Todeserklärung; eines Vaters, s. Eltern und Kinder 7 u. Verwaltung usw. des Kindesvermögens 1.

Abwesenheitspflegschaft s. Pflegschaft 1c.

Abzahlung, Verkäufe auf (Abzahlungsgeschäfte). AbzGes. v. 16. 5. 94, Gutt. Slg. Nr. 34.) Während die Abzahlungsgeschäfte heute allgemein üblich sind und auch ohne Rücksicht auf die Vermögenslage des Käufers abgeschlossen werden, bedurfte es bereits vor Inkrafttreten des Bürgerlichen Gesetzbuches einer gesetzlichen Regelung, um die damals im wesentlichen vermögenslosen Volksschichten, die allein als Käufer in Frage kommen, vor Ausbeutung zu schützen. Das Gesetz betreffend die Abzahlungsgeschäfte befaßt sich dementsprechend nur mit dem Erwerb von beweglichen Sachen — nicht also Grundstücken — und nimmt, als nicht eines gesetzlichen Schutzes bedürftig, im Handelsregister eingetragene Kaufleute (s. u.) von seinen Vorschriften aus. Hauptbestandteil des Gesetzes ist die Vorschrift, daß bei einer ratenweisen Tilgung des Kaufpreises die Ausübung eines vertraglichen Rücktrittsrechtes für beide Teile, d. h. Käufer sowie Verkäufer die Verpflichtung nach sich zieht, dem anderen Teile das Empfangene zurückzugeben. Nehmen wir an: A. hat von B. ein Fahrrad für 300 M. gegen monatliche Abzahlung von 10 M. mit der Verabredung gekauft, daß bei nicht pünktlicher Innehaltung der Teilzahlungen oder bei sonstigem vertragswidrigen Handeln des Käufers B. von dem Verkaufe zurücktreten könne, so muß allerdings, wenn der Verkäufer z. B. wegen Ausbleibens einer Zahlung von dem Vertrage zurücktritt, A. ihm das Rad zurückgeben, aber auch B. muß die bereits empfangenen Teilzahlungen zurückgeben, soweit er nicht etwa mit Gegenforderungen (siehe unten) aufrechnen kann. Eine Vertragsbestimmung, wonach A. im Falle der Zahlungssäumnis oder einer sonstigen Nichterfüllung seiner Vertragspflichten das Rad zurückgeben müßte, aber die bereits geleisteten Zahlungen nicht zurückfordern könnte (sie verwirkt hätte; sog. Verfallklausel), ist rechtsungültig. (Ob bei Verkäufen auf Abzahlung das Eigentum an den dem Käufer übergebenen Sachen auf diesen übergeht oder ob es bis zur völligen Abtragung des Kaufpreises, wie wohl meistens vom Verkäufer ausgemacht werden wird und im Zweifel anzunehmen ist, bei diesem verbleibt, hängt von der Vereinbarung der Beteiligten ab.) Der Verkäufer kann nun aber im Falle des berechtigten Rücktrittes vom Vertrage unter Umständen Schadensersatzforderungen gegen den Käufer geltend machen; er kann Ersatz verlangen für die Aufwendungen, die er infolge des Vertrages gemacht hat, z. B. Fracht- und Portoauslagen, Stempel und Montagekosten, und für Beschädigungen, die die Sache etwa durch Verschulden des Käufers oder durch einen sonstigen Umstand, den der Käufer vertreten muß (s. „Vertretung von Vorsatz usw."), erlitten hat. Ferner muß auch der Käufer dafür, daß er die Sache bis zur Rückgabe an den Verkäufer gebraucht oder benutzt hat, dem letzteren eine dem Werte dieser Nutzung entsprechende Vergütung zahlen, bei deren Berechnung selbstverständlich auf eine inzwischen eingetretene Wertminderung der Sache Rücksicht zu nehmen ist. Hat beispielsweise der Verkäufer dem Käufer eine Wohnungseinrichtung für 1000 RM. auf Abzahlung geliefert, geht der Kauf aber zurück, weil der Käufer schon nach zwei Monaten die Ratenzahlungen nicht mehr innehalten kann, so hat der Käufer nicht bloß die übliche Miete für diese Gegenstände für die Zeit seiner Benutzung der Sachen zu zahlen, sondern er muß den Verkäufer auch dafür entschädigen, daß die Möbel jetzt weniger wert sind, weil sie, wenn sie auch nur kurze Zeit und vielleicht sehr schonend benutzt sind, jetzt eben „gebrauchte" Möbel sind. Alle diese Beträge kann der Verkäufer von den an den Käufer zurückzuzahlenden Ratenzahlungen absetzen. Eine etwaige Vereinbarung zwischen den Beteiligten, wonach der Käufer im Falle des Rückganges des Kaufes dem Verkäufer eine höhere Entschädigung als die eben besprochene zu zahlen hat, ist rechtsungültig; der Käufer braucht nicht mehr zu zahlen, als wozu er nach dem Gesetze verpflichtet ist, insbesondere braucht er auch eine für den Fall des Rücktritts des Verkäufers vereinbarte Vertragsstrafe (Konventionalstrafe) nicht zu zahlen. Dagegen können sich die Beteiligten nach erfolgtem Rücktritt des Verkäufers von dem Vertrage über die dem Verkäufer zukommende Entschädigung gültig, ohne Rücksicht auf die gesetzlichen Bestimmungen, einigen. Über die Höhe der nach dem obigen dem Verkäufer zustehenden Vergütung hat im Prozeßfalle das Gericht unter Würdigung aller Umstände nach freier Überzeugung zu entscheiden. Die Rückgabe der gekauften Sache und die Rückzahlung der empfangenen Teilzahlungen (soweit diese nicht etwa durch die besprochenen Gegenforderungen des Verkäufers aufgezehrt werden) müssen „Zug um Zug" erfolgen, d. h. keiner der Beteiligten kann die Leistung von dem anderen verlangen, wenn er nicht seinerseits das von ihm Geschuldete anbietet.

Vertragsstrafen (Konventionalstrafen). Fälligkeitsklausel. Es ist oben gesagt, daß der Käufer eine etwa für den Fall des Rücktritts des Verkäufers vom Vertrage vereinbarte Vertragsstrafe (Konventionalstrafe) nicht zu bezahlen, sondern nur das gesetzlich ihm obliegende zu erfüllen braucht. Es kann aber eine solche Strafe vertragsmäßig auch für den Fall festgesetzt sein, daß der Käufer eine Vertragsverpflichtung nicht erfüllt, z. B. einen Zahlungstermin nicht innehält, ohne daß der Verkäufer deshalb von dem Vertrage zurückzutreten berechtigt ist, oder daß der Verkäufer von dem ihm in solchem Falle vertragsmäßig oder gesetzlich zustehenden Rücktrittsrecht keinen Gebrauch macht. Dann kann der Verkäufer allerdings die Vertragsstrafe fordern; aber es kommt dann die allgemeine gesetzliche Bestimmung zur Anwendung, wonach eine unverhältnismäßig hohe Vertragsstrafe auf Antrag des Schuldners durch gerichtliches Urteil (wenn die Beteiligten sich nicht gütlich einigen) auf einen angemessenen Betrag herabgesetzt werden kann. Hat der Käufer die Strafe schon gezahlt, so kann er eine gerichtliche Herabsetzung nicht mehr verlangen. Ist einmal eine Vertragsstrafe vom Käufer verwirkt, so bleibt er zu deren Zahlung auch dann verpflichtet, wenn später der Verkäufer auf Grund einer neuen Vertragsverletzung des Käufers vom Vertrage zurücktritt. — Ist unter den Beteiligten verabredet, daß, wenn der Käufer eine Ratenzahlung nicht rechtzeitig leiste oder sonst eine ihm vertragsmäßig obliegende Verpflichtung nicht erfülle, der ganze Restkaufpreis sofort fällig sein solle (sog. Fälligkeitsklausel), so ist diese Vereinbarung nur für den Fall gültig, daß der Käufer mit mindestens zwei aufeinander folgenden Teilzahlungen ganz oder teilweise „im Verzuge" ist (s. „Verzug des Schuldners") und der Betrag, mit dessen Zahlung er im Verzuge ist, mindestens dem zehnten Teile des Kaufpreises der übergebenen Ware (also z. B. bei einem verkauften, in Lieferungen erscheinenden Werke der bereits gelieferten Hefte) gleichkommt.

Nimmt der Verkäufer in dem Falle, daß er sich vertragsmäßig das Eigentum an den dem Käufer übergebenen Sachen bis zur vollständigen Zahlung des Kaufpreises vorbehalten hat, auf Grund dieses Vorbehalts die dem Käufer übergebenen Sachen wieder an sich, oder betreibt er zwecks Wiedererlangung Zwangsvollstreckung in diese, so gilt dies nach dem Gesetze als Ausübung des Rücktrittsrechts. Der Verkäufer kann also nicht die Sache zurücknehmen, ohne vom Vertrage zurückzutreten.

2. Mietverträge. Verbot gewisser Abzahlungsgeschäfte. Es ist bisher nur von Käufen (Verkäufen) auf Abzahlung die Rede gewesen. Abzahlungsgeschäfte werden aber vielfach auch in anderer Form gemacht, z. B. in Form eines Mietvertrages, und meist mit der Beredung, daß der Mieter nach gewisser Zeit, wenn er alle Vertragsbedingungen erfüllt habe, das Eigentum an den gemieteten Sachen erwerben solle. Es sind dies verschleierte Kaufgeschäfte. Auch auf diese Geschäfte finden die vorstehend unter 1 mitgeteilten gesetzlichen Bestimmungen entsprechende Anwendung, gleichviel ob dem Empfänger der Sachen ein Recht, später deren Eigentum zu erwerben, eingeräumt ist oder nicht.

Nicht im Wege des Abzahlungsgeschäftes dürfen vertrieben werden: Lotterielose, Inhaberpapiere mit Prämien und Bezugs- oder Anteilscheine auf solche Lose oder Inhaberpapiere. Wer dergleichen Papiere gegen Teilzahlungen verkauft oder durch sonstige, auf die gleichen Zwecke abzielende Verträge veräußert, macht sich strafbar (Geldstrafe bis zu 500 RM., an deren Stelle im Unvermögensfalle Freiheitsstrafe tritt).

Achtzehn Jahre, Personen unter, Haftung für Vorsatz und Fahrlässigkeit, s. Vertretung von Vorsatz usw. u. Schadensersatz wegen unerlaubter Handlung.

Adliger Name s. Name 1.

Adoption (Adoptiveltern, Adoptivkinder) s. Annahme an Kindes Statt.

Adoptierte Kinder, Name derselben, s. Name 1; sind Verwandte, s. Verwandtschaft.

Afterbürge s. Bürgschaft 1 a. Schl.

Aftermieter s. Miete 5.

Agent s. Handlungsagenten u. Versicherungsagenten.

Akkord s. Konkurs 4.

Akkordvertrag s. Arbeits- u. Dienstvertrag 3.

Akkreditiv. Kreditbrief. Im Interesse einer jederzeitigen leichten Geldbeschaffung an auswärtigen Plätzen hat sich im Verkehr der Banken mit ihren Kunden das sogenannte „Akkreditiv" entwickelt. Es bedeutet die Empfehlung eines einem Bankier bekannten Kunden an einen dritten Bankier mit der Maßgabe, daß der Kunde — in der Regel ein Privatmann — von diesem Dritten Gelder erhält, ohne diesem gegenüber zu einer Rückzahlung verpflichtet zu sein. Es handelt sich somit um eine Anweisung, an der der Anweisende, der Angewiesene und der Anweisungsempfänger beteiligt sind, und spielt sich in folgenden Formen ab: Der Kunde eines Bankiers, der auf Reisen nicht unnötiges Geld mit sich führen will, vielleicht auch nicht weiß, wieviel Geld er an den einzelnen Plätzen gebraucht, läßt sich ein Empfehlungsschreiben, den Akkreditivbrief, von seinem Bankier ausstellen, welchen er natürlich nur erhält, wenn er bei seinem Bankier ein Guthaben hat oder dieser ihm Kredit gewähren will. Der Akkreditivbrief lautet auf einen oder mehrere dritte Bankiers und enthält die Anweisung, dem Vorzeiger desselben Gelder bis zu einem bestimmten Betrage auszuzahlen. Der Inhaber des Kreditbriefes tritt zu dem Dritten in keinerlei Rechtsbeziehungen, da grundsätzlich eine Verpflichtung des Bezogenen zur Auszahlung dem Anweisungsempfänger gegenüber nicht besteht. Der Bezogene zahlt für Rechnung des Anweisenden und rechnet lediglich mit diesem ab. Die jeweils ausgezahlte Summe wird auf dem Kreditbrief vermerkt, dessen Wert sich um den jeweils ausgezahlten Betrag verringert.

Häufiger ist im geschäftlichen Leben das sogenannte Waren- oder Dokumenten-Akkreditiv. Es stellt sich als eine Sicherstellung der Parteien eines Kaufvertrages dar, wenn — gewöhnlich beim Versendungskauf — vereinbart wird, daß die Lieferung gegen Stellung eines unwiderruflichen Akkreditivs zu erfolgen hat.

Das Akkreditiv wird bei einem Bankier bei Kaufabschluß oder später, jedenfalls noch vor Lieferung gestellt und der Bankier ist unwiderruflich ermächtigt, gegen Vorlage und Aushändigung bestimmter Dokumente — im allgemeinen der Frachtbriefe — zu zahlen. Erreicht wird hierdurch die Sicherung für den Käufer, der nicht im Voraus zuzahlen verpflichtet ist, und andererseits auch für den Verkäufer, der Gewähr dafür hat, daß nach Absendung der Ware er ohne weiteres lediglich durch Vorlage der diesbezüglichen Papiere Zahlung erhält. Die Stellung eines vereinbarten Akkreditivs stellt sich als eine Vorleistungspflicht und Hauptverpflichtung des Käufers dar, so daß bei Nichtstellung dem Verkäufer das Recht des Rücktritts zusteht.

Auf die Rechtsbeziehungen zwischen dem Käufer und der Bank sowie andererseits der Bank und dem Verkäufer kann hier im einzelnen nicht eingegangen werden; es wird verwiesen auf Handwörterbuch der Rechtswissenschaft Band I Seite 88.

Aktien, Kauf, Verkauf von solchen, s. Kauf 2; Pfandrecht an, s. Pfandrecht an Rechten usw.; Verwahrung durch einen Bankier usw., s. Depots, kaufmännische.

Aktiengesellschaft (HGB. 178—319). **1.** Aktiengesellschaften sind Handelsgesellschaften; es gelten daher für sie die im Handelsgesetzbuche für Kaufleute, und zwar für Vollkaufleute, gegebenen Vorschriften, und zwar auch dann, wenn die Aktiengesellschaft zu anderen Zwecken als zum Betriebe von Handelsgeschäften, z. B. zu Zwecken einer Freimaurerloge oder zur Erbauung eines Korpshauses, gegründet ist. Das Handelsgesetzbuch enthält umfangreiche Bestimmungen über die Aktiengesellschaft, von denen hier nur die wichtigsten mitgeteilt werden können.

Einer staatlichen Genehmigung (Konzession) bedürfen (abgesehen von Genehmigungen des Betriebes als solchen aus polizeilichen Gründen; GO. 16ff.) nur Hypothekenbanken und Versicherungsgesellschaften; andere Aktiengesellschaften nicht. Die Aktiengesellschaft als solche hat selbständig ihre Rechte und Pflichten (sie ist eine sog. juristische Person), sie kann Eigentum und andere dingliche Rechte an Grundstücken (z. B. Hypotheken) auf ihren Namen erwerben (vgl. jedoch wegen landesgesetzlicher Erwerbsbeschränkungen „Juristische Personen 2"). Die Aktiengesellschaft hat ihre Firma, unter der sie ihre Geschäfte betreibt; die Firma muß stets den Zusatz „Aktiengesellschaft" führen (bei Firmen, die vor dem 1. 1. 1900 schon eingetragen waren, ist dies nur unter besonderen Voraussetzungen nötig; vgl. im übrigen wegen der Wahl der Firma den Artikel „Firma").

Die Mitglieder der Gesellschaft, die Aktionäre, beteiligen sich an dem Geschäft, mithin an dem Risiko, nur mit einer bestimmten Summe, dem Betrage einer oder mehrerer unteilbarer Aktien, und zwar derart, daß die Gesamtanzahl der Aktien das Grundkapital der Gesellschaft ergibt. Ausnahmsweise kann im Gesellschaftsvertrage (dem Statut) den Aktionären unter gewissen Voraussetzungen auch eine Verpflichtung zu wiederkehrenden, nicht in Gelde bestehenden Leistungen auferlegt werden (212), z. B. bei Rübenzuckerfabriken dahingehend, daß die Aktionäre verpflichtet sind, eine bestimmte Bodenfläche mit Rüben zu bebauen und diese der Gesellschaft käuflich zu überlassen. Diese Verpflichtung bedarf ihrem gesamten Umfange nach Aufnahme in den Text der in diesem Falle unübertragbaren Aktien; ihre Erfüllung kann durch Vertragsstrafen erzwungen werden. Nachschüsse braucht ein Aktionär, falls er nicht in Kenntnis eines Verstoßes gegen zwingende Gesetzesvorschriften (z. B. unter Verletzung des Reservefonds) Zahlungen empfangen hat, nicht zu leisten und er haftet nicht persönlich (mit seinem sonstigen Vermögen) für die Verbindlichkeiten der Gesellschaft.

In der Regel sind bei den Aktiengesellschaften die Rechte der Aktionäre auch auf den etwaigen Gesellschaftsgewinn (die Dividende) gleich. Es kann aber im Statut etwas anderes bestimmt werden; es können zwei verschiedene Arten von Aktien gebildet werden, nämlich Stammaktien und Prioritätsaktien (Vorzugsaktien), dann pflegen die Inhaber der letzteren vor den Stammaktionären bis zu einem bestimmten Prozentsatze bei der Verteilung des Gewinnes bevorzugt zu werden, allgemein ein mehrfaches Stimmrecht, im Falle einer Kapitalerhöhung größeres Bezugsrecht oder sonstige satzungsgemäß festgelegte Vorrechte zu genießen. Diese Aktien sind nicht zu verwechseln mit Prioritätsobligationen; die Inhaber der letzteren (Obligationäre) sind lediglich Gläubiger der Aktiengesellschaft; sie sind an deren Gewinn oder Verlust nicht unmittelbar beteiligt; sie haben keine Dividende, sondern nur die vereinbarungsmäßigen Zinsen zu fordern. Sie können freilich, wenn das Unternehmen fehlgeht, auch ihr Geld verlieren, aber erst nach den Aktionären.)

2. Gründung der Aktiengesellschaft. Eintragung in das Handelsregister. Zur Gründung einer Aktiengesellschaft ist zunächst die Abfassung eines Gesellschaftsvertrages (Statuts) mit gerichtlicher oder notarieller Beurkundung (s. „Form der Rechtsgeschäfte 2") durch mindestens fünf „Gründer", von denen jeder mindestens eine Aktie zeichnet, erforderlich (182). Die Aktien können, falls ihr Nennbetrag oder ihr Ausgabepreis voll eingezahlt ist — was die Regel ist —, auf den Inhaber, sonst nur auf Namen lauten. Sie müssen auf einen Betrag von mindestens 100 RM. gestellt werden. Jedoch kann für ein gemeinnütziges Unternehmen im Falle eines besonderen örtlichen Bedürfnisses der Reichsrat die Ausgabe von Namenaktien zum Betrage von mindestens 20 RM. zulassen. Die gleiche Genehmigung kann erteilt werden, wenn das Reich, ein Land, ein Kommunalverband oder eine sonstige öffentliche Körperschaft auf die Aktien einen bestimmten Ertrag bedingungslos und ohne Zeitbeschränkung gewährleistet hat. Endlich dürfen Namenaktien, deren Übertragung an die Zustimmung der Gesellschaft gebunden ist, auf geringere Beträge, jedoch nicht unter 20 RM., gestellt werden (180). Zum Zustandekommen der Gesellschaft ist nötig, daß alle Aktien, die nach dem Statut zusammen das Aktienkapital (das Grundkapital), bilden sollen, gezeichnet werden. Dies erfolgt indem die Gründer sämtliche Aktien übernehmen (Simultan-Gründung) oder indem die nicht übernommenen Aktien später durch schriftliche Erklärung „gezeichnet" werden (Sukzessiv-Gründung) und in der sodann herbeigeführten Generalversammlung über die Errichtung der Gesellschaft von den Beteiligten mit qualifizierter Mehrheit über die Errichtung beschlossen wird. Über die erfolgte Gründung ist von den Gründern sowie dem Vorstand und dem Aufsichtsrat Bericht zu erstatten; auch ist unter Umständen der Gründungshergang durch gerichtlich bestellte Revisoren nachzuprüfen. Als Gründer gelten diejenigen Aktionäre, welche den Gesellschaftsvertrag festgestellt haben oder den Wert ihrer Aktien nicht in bar, sondern durch Sacheinlagen beglichen haben. Gründer, Vorstand und Aufsichtsratsmitglieder sind der Gesellschaft für einen ordnungsmäßigen Hergang bei der Gründung voll verantwortlich.

Die Aktiengesellschaft als solche besteht erst zu Recht, wenn sie in das Handelsregister eingetragen ist (200). Die Anmeldung zur Eintragung muß von sämtlichen Gründern und Mitgliedern des Vorstandes und des Aufsichtsrats bei dem Gerichte, in dessen Bezirk die Gesellschaft ihren Sitz hat, bewirkt werden. Die näheren Vorschriften hierüber enthalten die §§ 195 ff. des Gesetzes. Auch späterhin sind wichtigere Vorgänge in der Gesellschaft, z. B. Änderungen im Vorstande, Statutänderungen, Erhöhungen oder Herabsetzungen des Grundkapitals, die Auflösung der Gesellschaft, die Ernennung von Liquidatoren, zur Eintragung in das Handelsregister anzumelden; zum Teil kann der Vorstand zu solchen Anmeldungen, sowie zu gewissen gesetzlich vorgeschriebenen Einreichungen von Schriftstücken, wie: beglaubigten Abschriften der Generalversammlungsprotokolle (259), der Zeitungsbelege über die Bekanntmachung der Bilanzen, sowie der Gewinn- und Verlustrechnungen (265), des Geschäftsberichts (260, 265) vom Gericht durch Ordnungsstrafen angehalten werden (319). Änderungen in den Personen der Aufsichtsratsmitglieder sind nicht zur Eintragung in das Handelsregister anzumelden; aber die in den Gesellschaftsblättern erfolgte Bekanntmachung der Wahl ist zum Handelsregister einzureichen (244).

3. Verwaltung und Vertretung der Aktiengesellschaft. Rechte der Aktionäre. Wer Aktien erwirbt, gibt insoweit sein Geld fremder Verwaltung preis; er kann aber andererseits nicht mehr einbüßen, als er für die Aktien gegeben hat. An der Verwaltung der Aktiengesellschaft hat der Aktionär zwar gesetzlich einen gewissen Anteil, d. h. er kann seine diesbezüglichen Rechte, in Generalversammlungen usw. geltend machen (siehe weiter unten); tatsächlich werden diese Rechte aber von den meisten Aktionären nicht ausgeübt; sie geben ihr Geld auf gut Glück.

Die geschäftliche Verwaltung des Aktienunternehmens liegt ebenso wie die Vertretung der Gesellschaft nach außen, vor Gericht usw. im wesentlichen dem Vorstande ob (231 ff.). Der Vorstand kann aus einer oder mehreren Personen bestehen, worüber das Statut entscheidet; Aktionäre brauchen die Vorstandsmitglieder nicht zu sein. Die Vorstandsmitglieder sind regelmäßig Angestellte der Gesellschaft und beziehen ein Gehalt oder Tantiemen oder beides; sie können ihr Amt aber auch unentgeltlich versehen. Es besteht für sie ein gesetzliches Wettbewerbsverbot, da sie weder ein Handelsgewerbe betreiben dürfen, noch in dem Handelszweige der Gesellschaft einzelne Geschäfte machen dürfen. Auch eine Beteiligung als persönlich haftender Gesellschafter bei einer anderen Gesellschaft ist ihnen untersagt. Ihre besondere Pflicht ist es für ordnungsgemäße Buchführung zu sorgen sowie bei Verlust des halben Aktienkapitals eine Generalversammlung zu berufen und bei Zahlungsunfähigkeit unverzüglich Konkurseröffnung zu beantragen. Für jedwede Pflichtverletzung sind sie der Gesellschaft haftbar (241). Ferner muß die Aktiengesellschaft einen Aufsichtsrat haben, der aus wenigstens drei Personen besteht (243 ff.), die auch nicht Aktionäre zu sein brauchen. Aufgabe des Aufsichtsrats, der von der Generalversammlung der Aktionäre gewählt wird, und in den ein bis zwei Betriebsratsmitglieder zu entsenden sind, ist es, den Vorstand in der ganzen Geschäftsführung zu überwachen, ungeeignete Vorstandsmitglieder zu entfernen usw. Der Aufsichtsrat kann jederzeit vom Vorstande Berichterstattung über den Stand des Unternehmens und über einzelne Angelegenheiten verlangen; er kann selbst oder durch einzelne, von ihm zu bestimmende Mitglieder die Bücher und Schriften der Gesellschaft einsehen und den Bestand der Gesellschaftskasse und die Bestände an Wertpapieren und Waren untersuchen (246). Er hat die Jahresrechnungen, die Bilanzen und die Vorschläge zur Gewinnverteilung zu prüfen und darüber der Generalversammlung Bericht zu erstatten. Er muß eine Generalversammlung berufen, wenn solches im Interesse der Gesellschaft nötig ist. Weitere Obliegenheiten des Aufsichtsrats können durch den Gesellschaftsvertrag (das Statut) bestimmt werden. Die Mitglieder des Aufsichtsrats haben bei der Erfüllung ihrer Obliegenheiten die Sorgfalt eines ordentlichen Geschäftsmannes anzuwenden; sie haften der Gesellschaft aus einer Verletzung ihrer Pflichten für den daraus entstehenden Schaden zugleich mit den etwa schuldigen Vorstandsmitgliedern, und zwar mit diesen und unter sich als Gesamtschuldner (249). Schadensersatzansprüche gegen sie verjähren in 5 Jahren von der Entstehung des Schadens an.

Rechte der Aktionäre. Generalversammlung. Wenn somit nach dem Vorstehenden die laufende Verwaltung durch den Vorstand unter der Kontrolle des Aufsichtsrats geführt wird, so ist es Sache der Aktionäre, die Rechte, die ihnen in den Angelegenheiten der Gesellschaft, insbesondere in bezug auf die Führung der Geschäfte, zustehen, durch Beschlußfassung in der Generalversammlung auszuüben. Die Generalversammlung steht über dem Vorstande und dem Aufsichtsrat; sie kann über alle Gegenstände gültig beschließen, die ihrer Beschlußfassung nicht durch das Statut entzogen sind. Über die Berufung der Generalversammlungen, über das Stimmrecht in denselben, über die Ausführung der gefaßten Beschlüsse usw. enthalten die §§ 251 ff. des Gesetzes nähere Bestimmungen, auf die hier verwiesen werden muß.

4. Strafvorschriften. Die §§ 312 ff. des Gesetzes enthalten eine Reihe von Strafvorschriften gegen Gründer, gegen Mitglieder des Vorstandes oder des Aufsichtsrats und gegen Liquidatoren wegen absichtlichen Handelns zum Nachteil der Gesellschaft (312), wegen falscher Angaben zum Zwecke einer Eintragung in das Handelsregister oder bei öffentlicher Ankündigung der Aktien (313), wegen falscher Angaben in Darstellungen, Vermögensübersichten und Generalversammlungsvorträgen und wegen sonstiger Verfehlungen (314, 315), sowie einige Strafbestimmungen gegen Ausstellung oder Benutzung falscher Bescheinigungen behufs Nachweises eines Stimmrechts (316), gegen Stimmenverkauf (317) und gegen Stimmenerschleichung (318).

Aktiva, Übergang derselben auf einen Geschäftsnachfolger s. Firma 3 und Geschäftsübernahme.

Alimentationspflicht s. Unterhaltspflicht.

Alimente, Nichtpfändbarkeit, s. Pfändung in der Zwangsvollstreckung 2; für ein uneheliches Kind s. Uneheliche Kinder 2. S. auch: Unterhaltspflicht.

Alimentenforderungen, Bevorzugung bei der Pfändung, s. Arbeits- oder Dienstlohn, Pfändung von, unter 2b und c.

Allgemeine Ermächtigung des Vormundes zum Abschluß gewisser Rechtsgeschäfte s. Vormund 6.

Allgemeine Gütergemeinschaft unter Ehegatten s. Gütergemeinschaft usw.

Altenteil. Wenn bei Überlassung eines Guts, eines Hofes oder eines sonstigen Grundstücks, wie es häufig vorkommt, ein Altenteils- (Leibzuchts-, Leibgedings-, Auszugs-)Vertrag abgeschlossen wird, so werden meist über dieses Schuldverhältnis (zwischen dem Guts- usw. Annehmer und dem Altenteiler, Leibzüchter usw.) besondere Vereinbarungen getroffen werden. Wenn und soweit das nicht geschehen ist, muß das Verhältnis zwischen den Beteiligten an sich nach den allgemeinen Rechtsgrundsätzen (vgl. insbesondere den Art. „Leibrente") beurteilt werden, wobei aber auf die Anschauungen, Sitten und Gebräuche der Bevölkerung und auf die besonderen Umstände des einzelnen Falles gebührende Rücksicht zu nehmen ist. Das Bürgerliche Gesetzbuch gestattet aber, daß diese Verhältnisse durch Landesgesetze näher geregelt werden (EGBGB. 96). Eine Reihe von Ländern hat von dieser Befugnis Gebrauch gemacht; so Preußen (AGBGB. (Pr.) 15), Bayern AG. BGB. (B.) 33 ff.), Sachsen (AGBGB. (S.) 31), Baden (AGBGB. (Bad.) 9), Hessen (AGBGB. (Hess.) 37—66), Lübeck (AGBGB. (Lüb.) 28 bis 43).

Das Altenteil ist seiner juristischen Natur nach teils Reallast (Geldleistung, Naturalleistungen), teils beschränkte persönliche Dienstbarkeit (Wohnungsrecht), teils Nießbrauch (Nutzung von Äckern, Wiesen und dergleichen). Es wird im Grundbuch unter der Gesamtbezeichnung Altenteil oder Leibgedinge, Leibzucht, Auszug im Grundbuche eingetragen (§ 50 GBO.). Der Antrag dazu muß, wenn er nicht schon in dem notariellen Übergabevertrage aufgenommen ist, in gerichtlich oder notarieller Form vom Übernehmer gestellt werden. Das Altenteil erlischt mit dem Tode des Berechtigten. Rückstände können die Erben nachfordern. Die einzelnen Leistungen verjähren in 4 Jahren, gerechnet vom Schlusse des Jahres ab, in dem der Anspruch entstanden ist (§ 197 BGB.). Im Grundbuch gelöscht wird das Altenteil auf Antrag des Eigentümers des belasteten Grundstücks auf Vorlegung der Sterbeurkunde des Berechtigten ein Jahr nach dessen Tode, vorher nur mit Zustimmung seiner Erben, wenn nicht im Grundbuche eingetragen ist, daß zur Löschung der Nachweis des Todes des Berechtigten genügen soll (§ 23 GBO.). Das Altenteil ist als ganzes abtretbar und übertragbar, soweit nicht einzelne Leistungen gesetzlich von der Übertragbarkeit ausgeschlossen sind, z. B. das Wohnungsrecht, die Leistungen, die sich nach dem Bedürfnis des Berechtigten bestimmen: wie freies Essen und Trinken am Tische des Übernehmers, freie ärztliche Behandlung. Sind dem Berechtigten bestimmte Räume als Wohnung angewiesen, so darf er darin auch die nächsten Angehörigen und Personen, die zu seiner Pflege nötig sind, aufnehmen. Sind die Leistungen nach den persönlichen Verhältnissen des Berechtigten zugemessen, so wird die Abtretung des Altenteils im ganzen als ungültig anzusehen sein. Soweit das Altenteil abtretbar ist, ist es auch pfändbar, es kann somit auch ein Nießbrauch daran bestellt werden (§ 1073 BGB.).

Altenteile sind, soweit es sich um Geldleistungen handelt, aufwertbar (§ 31 AwG.). Aufwertungsanträge sind an das Amtsgericht zu richten, das das belastete Grundbuch führt.

Alter. Das Alter spielt im Rechtsleben eine große Rolle. Handlungsfähigkeit, Geschäftsfähigkeit, Heiratsfähigkeit, Wahlfähigkeit, Deliktsfähigkeit (Strafmündigkeit) hängen vom Alter ebenso ab wie u. U. die Zulassung zu Ämtern, Arbeiten, Vergnügungsstätten; Fürsorge knüpft sich an noch nicht erreichte oder schon überschrittene Altersjahre (Jugendfürsorge, Altersrente). Die Einzelheiten, soweit sie das Bürgerliche Recht betreffen, sind in diesem Buche unter den Stichworten: „Eltern und Kinder", „Volljährigkeit", „Minderjährige", „Geschäftsfähigkeit", „Ehehindernisse", „Vormundschaft", „Annahme an Kindes Statt" mitgeteilt. Eine übersichtliche Darstellung aller verschiedenen Altersbeschränkungen, auch derjenigen straf- und öffentlichrechtlicher Natur, findet sich im Art. „Alter und Recht" im HdR. I 107 ff. Die Eidesmündigkeit im Prozeß beginnt mit dem vollendeten 16. Lebensjahre, ebenso die Fähigkeit zur Errichtung eines Testaments. Die Impfpflicht (im 1. u. 12. Lebensjahr), die Schulpflicht, die Wahlberechtigung (aktiv vom vollendeten 20. Lebensjahr, passiv vom 25. Lebensjahr an) gehören dem öffentlichen Recht an, ebenso wie die Beschränkungen der Jugendlichen für die Arbeit in gewerblichen Betrieben, für den Besuch von Schaustellungen und Aufführungen u. dgl.

Alter, Berechnung des, s. Fristen und Termine; Alter eines Geschäfts, falsche Angaben über, s. Schwindelhafte Reklame 1.

Altersrente, Unpfändbarkeit, s. Pfändung i. d. Zwangsv. 2.

Amortisation s. Kraftloserklärung usw.

Amtliche Verwahrung eines Testaments s. Testament 2 a. Schl.; eines Erbvertrages s. Erbvertrag 1 a. Schl.

Amtsgericht als Vormundschaftsgericht s. Vormundschaftsgericht; als Nachlaßgericht s. Nachlaßgericht; als Handelsgericht s. Handelsregister.

Amtspflicht, Verletzung der, Haftbarkeit wegen, s. Beamte.

Amtsvormundschaft, Anstalts-, Vereinsvormundschaft. Diese besonderen Ausbildungen der Vormundschaft sind jetzt durch das Reichsgesetz für Jugendwohlfahrt vom 9. 7. 1922 (RGBl. I 633), in der Fassung der Verordnung vom 14. 2. 1924 (RGBl. I 110), in Kraft getreten am 1. 4. 1924, geregelt. Nach diesem Gesetze haben die Gemeinden Jugendämter als Gemeindeeinrichtungen zu bilden oder die den Jugendämtern obliegenden Aufgaben einer anderen Amtsstelle der Selbstverwaltung zu übertragen. Diese Ämter führen die Vormundschaft (gesetzliche Amtsvormundschaft) über sämtliche unehelichen Kinder, die seit dem 1. 4. 1924 in ihrem Bezirke geboren sind und geboren werden (§ 33 a. a. O.). Die Vormundschaft beginnt mit der Geburt des Kindes ohne Mitwirkung des Vormundschaftsgerichtes. Dieses letztere hat lediglich eine Bescheinigung über die eingetretene Vormundschaft zu erteilen. Die Benachrichtigung der Standesämter über die Geburt eines unehelichen Kindes geht daher an das zuständige Jugendamt. Das Jugendamt kann die Ausübung der vormundschaftlichen Obliegenheiten, also nicht die Vormundschaft selbst auf einzelne seiner Beamten oder Mitglieder übertragen, die dann zur gesetzlichen Vertretung der Mündel, z. B. Einklagung der Unterhaltsgelder, befugt sind (§ 32 a. a. O.). Das Jugendamt hat die Stellung eines befreiten Vormundes (s. dort), ein Gegenvormund kann nicht bestellt werden. Auch sonst ist das Jugendamt weitgehend von der Aufsicht des Vormundschaftsgerichts befreit (§ 33 a. a. O.). Auch in vermögensrechtlicher Hinsicht kann die Landesgesetzgebung die Aufsicht des Vormundschaftsgerichts mit Ausnahme der Prüfung der Schlußrechnung und der Vermittlung ihrer Abnahme durch das Vormundschaftsgericht ausschließen (§ 34 a. a. O.). Hiervon haben jedoch die Landesgesetze, insbesondere auch Preußen, keinen Gebrauch gemacht. Mündelgeld kann das Jugendamt auch bei dem eigenen Kommunalverband anlegen, sonst gelten für die Anlegung von Mündelgeld die allgemeinen Vorschriften. Auf das religiöse Bekenntnis des Mündels oder seiner Familie ist bei etwaiger Unterbringung des Mündels Rücksicht zu nehmen, jedoch kann Gleichartigkeit des Bekenntnisses mit dem des Beamten, dem die Ausübung der vormundschaftlichen Obliegenheiten übertragen ist, nicht gefordert werden. Auf Antrag des Jugendamts kann auch ein Einzelvormund vom Vormundschaftsgericht bestellt werden, auf dessen Amt dann die allgemeinen Vorschriften Anwendung finden. Die bisherigen Sammel- und Amtsvormundschaften über uneheliche Kinder sind mit dem Inkrafttreten dieses Gesetzes nach den Übergangsvorschriften der einzelnen Länder in die gesetzliche Amtsvormundschaft der Jugendämter übergegangen. Die bestellte Vormundschaft kann aus Zweckmäßigkeitsgründen sowohl über uneheliche Personen, soweit nicht die gesetzliche Vormundschaft eintritt, als auch über eheliche vom Vormundschaftsgericht mit Zustimmung des Jugendamts eingeleitet werden, namentlich wenn ein geeigneter anderer Vormund nicht vorhanden ist (§ 41 a. a. O.). Vormund ist das Jugendamt. Die Bestellung erfolgt durch schriftliche Verfügung des Vormundschaftsgerichts. Die Ausfertigung dieser Verfügung gilt als Ausweis. Anstalts- und Vereinsvormundschaften: Vorstände von Anstalten, die unter Verwaltung des Staates oder einer öffentlichen Körperschaft stehen, sowie Vorstände solcher privaten Anstalten, die vom Landesjugendamt für geeignet erklärt worden sind, können auf ihren Antrag zu Vormündern, auch Pflegern und Beiständen bestellt werden. Die Bestellung erfolgt auch hier durch schriftliche Verfügung des Vormundschaftsgerichts (§ 47 a. a. O.). Auch für diese Vormundschaften gelten die Befreiungen wie für die Amtsvormundschaften, nur ist die Bestellung eines Gegenvormundes zulässig. Auch hier kann im Interesse des Mündels eine Einzelvormundschaft angeordnet werden. In den Ländern, in denen vor dem Inkrafttreten dieses Gesetzes die gesetzliche Vormundschaft für die Vorstände solcher Anstalten oder Sammelvormundschaften bestanden, z. B. in Preußen, Bayern, Sachsen, Hamburg und anderen, sind diese Vormundschaften in Anstalts- und Vereinsvormundschaften dieses Gesetzes durch die Landesgesetze übergeführt worden.

Aneignung, widerrechtliche, von Geschäfts- usw. Geheimnissen s. Geschäfts- und Betriebsgeheimnisse usw.

Aneignung herrenloser Sachen. 1. Unter „Aneignung im Sinne des Gesetzes versteht man eine besondere Art von Eigentumserwerb, nämlich den Eigentumserwerb an herrenlosen Sachen. Die gesetzlichen Vorschriften hierüber sind verschieden, je nachdem es sich um unbewegliche Sachen (Grundstücke, Häuser usw.) oder bewegliche Sachen handelt. Alle Grundstücke und deren Eigentümer müssen im Grundbuch (s. dort) eingetragen sein. Der Grundeigentümer, der seines Eigentums aus irgendwelchem Grunde überdrüssig geworden ist (z. B. das Grundstück wirft keinen Ertrag ab und erfordert dauernd Zuschüsse oder es ist durch Krieg oder elementare Ereignisse derart verwüstet, daß die Wiederherstellung sich nicht verlohnt, auch kein Käufer sich findet), kann sich seines Eigentums nicht einfach dadurch entledigen, daß er das Grundstück aufgibt, es unbenutzt und unbeschützt liegen läßt usw.; er bleibt Eigentümer und hat die Pflichten und Lasten des Grundstücks, insbesondere auch die Grundsteuern, weiter zu tragen. Zur rechtswirksamen Aufgabe bedarf es eines vor dem Amtsgericht oder dem Notar erklärten Verzichts auf das Eigentum und der Eintragung des Verzichts im Grundbuche. Erst dadurch erlischt das Eigentum (928). Etwaige persönliche Haftung des bisherigen Eigentümers für eingetragene Hypotheken oder andere Rechte bleiben bestehen. Es kann aber nicht jedermann das nun herrenlose Grundstück sich aneignen; dies Recht steht vielmehr nur dem Fiskus des Landes zu, in dessen Gebiet das Grundstück liegt. Der Fiskus erwirbt das Eigentum dadurch, daß er sich als Eigentümer im Grundbuch eintragen läßt; er kann das Aneignungsrecht auch abtreten. Auf Grund der Abtretungsurkunde wird dann der Erwerber als Eigentümer eingetragen. Durch Landesgesetz kann freilich bestimmt werden, daß gewissen anderen Personen oder Anstalten das Recht, sich ein herrenlos gewordenes Grundstück anzueignen, zustehen soll, z. B. der betreffenden Ortsgemeinde, einer gemeinnützigen Anstalt oder auch einer bestimmten Privatperson (EGBGB. 129). Ob der zum Erwerb Berechtigte von der Befugnis, sich als Eigentümer eintragen zu lassen, Gebrauch machen will, steht in seinem Belieben; er hat zu ermessen, ob etwa auf dem Grundstück ruhende Lasten (Hypotheken, Grundschulden, Reallasten usw.), die selbstverständlich darauf verbleiben, den Wert des Grundstückes erreichen oder gar übersteigen. Solange ein neuer Eigentümer noch nicht eingetragen ist, hat ein vom Gericht zu ernennender Vertreter die Rechte und Verpflichtungen des fehlenden Grundstückseigentümers wahrzunehmen, wenn Rechte im Wege der Klage oder Zwangsvollstreckung, z. B. durch einen Hypothekengläubiger geltend gemacht werden sollen (ZPO. 58, 787).

2. Andere Vorschriften enthält das Gesetz für bewegliche Sachen. Solche können bisher herrenlos gewesen sein (noch keinen Eigentümer gehabt haben, z. B. die Luft, die fließende Welle, wilde Tiere) oder herrenlos geworden sein. Eine bewegliche Sache wird dadurch herrenlos, daß der Eigentümer in der Absicht, auf das Eigentum zu verzichten, den Besitz der Sache aufgibt, z. B. seinen Stock oder Schirm im Gasthause stehen läßt, sein altes Portemonnaie fortwirft u. dgl. (selbstverständlich aber nicht dadurch, daß der Eigentümer die Sache verliert oder aus Versehen seinen Schirm usw. stehen läßt). Jedermann kann sich solche herrenlos gewordene Sache dadurch aneignen, daß er die Sache mit dem Willen, sie nun „als eigene" zu besitzen, hinnimmt (958). Erwerb des Eigentums durch Aneignung tritt dann nicht ein, wenn die Aneignung gesetzlich verboten ist, oder nur dem Staat oder gewissen Personen zusteht. Die Aneignung durch einen Unberechtigten bleibt dann unwirksam und die Sache herrenlos.

Tiere. Über die Aneignung wilder Tiere gilt folgendes (960). Wilde Tiere (im Gegensatz zu Haustieren), sind herrenlos, solange sie in der natürlichen Freiheit sind. Sie sind nicht mehr herrenlos, sobald sie sich in irgendeiner Weise in der Gewalt eines Menschen befinden, einerlei, ob die Gefangenschaft eine engere (in einem Käfig, an der Kette usw.) oder weitere ist; wilde Tiere, die in Tiergärten gehalten werden, Fische in Teichen oder anderen geschlossenen Privatgewässern sind nicht mehr herrenlos; wilde Tiere auch dann nicht mehr, wenn sie frei umherlaufen, aber so gezähmt sind, daß sie zu ihren Eigentümern zurückkehren. Erlangt ein gefangenes wildes Tier die Freiheit wieder, so wird es nicht ohne weiteres herrenlos; es bleibt Eigentum des Besitzers, wenn dieser unverzüglich Anstalten zum Wiedereinfangen trifft und solange er die Verfolgung fortsetzt; erst wenn er die Verfolgung tatsächlich aufgibt oder wenn er überhaupt von vornherein die Verfolgung unterläßt, wird das entsprungene (entflogene) Tier wieder herrenlos. Gezähmte wilde Tiere werden wieder herrenlos, wenn sie die Gewohnheit ablegen, an den für sie bestimmten Ort zurückzukehren. Anders bei zahmen (Haus-) Tieren; diese werden nicht dadurch herrenlos, daß sie entlaufen (entfliegen); selbst dann nicht, wenn sie vollständig verwildern, es müßte denn der Eigentümer auf sein Eigentum an ihnen verzichtet haben. Wenn und solange hiernach Tiere als herrenlos anzusehen sind, kann sie jedermann durch Besitzergreifung sich aneignen. Die Aneignung jagdbarer Tiere steht aber nur dem Jagdberechtigten zu; die Vorschriften darüber, welche Tiere jagdbar sind, richtet sich nach dem Landesrecht (EGBGB. 69) und örtlichen Normen. Jedenfalls sind diejenigen Tiere als jagdbar anzusehen, die nach den Gesetzen über die Schonzeiten des Wildes mit der Jagd zeitweise zu verschonen sind; Nichtberücksichtigung in den Schongesetzen begründet aber noch keinen Rückschluß auf die Nichtjagdbarkeit eines Tieres. An jagdbaren Tieren in freier Wildbahn steht den Jagdberechtigten ein ausschließliches Aneignungsrecht zu. Das Jagdrecht ist in Preußen Ausfluß des Grundeigentums, Jagdpolizeigesetz vom 7. 3. 50 (§§ 2 u. 3). Der Selbstbetrieb der Jagd ist aber an das Eigentum von mindestens 300 Morgen land- oder forstwirtschaftlich genutzten Flächenraumes geknüpft. Grundstücke der Eigentümer, die hiernach selbst die Jagd nicht ausüben dürfen, bilden, und zwar in der Regel gemeindeweise Jagdbezirke, so daß diese Eigentümer von den betreffenden Gemeindebehörden vertreten werden. Die Jagd in diesen Bezirken kann, je nach dem Beschluß der Behörde entweder ruhen, oder durch einen Jäger von Fach beschossen werden oder verpachtet werden, jedoch höchstens an drei Personen und mindestens auf 3, höchstens 12 Jahre. Der Gewinn wird unter die Grundbesitzer verhältnismäßig geteilt. Aneignung nützlicher und seltener Vögel ist durch die Vogelschutzgesetze verboten. Über die Aneignung zahmer Tauben enthält das Bürgerliche Gesetzbuch keine Vorschriften (EGBGB. 130). Es bleiben daher die Landesgesetze über die Aneignung im Freien betroffener zahmer Tauben in Kraft. In Preußen ist, soweit nicht besondere örtliche Bestimmungen bestehen, das Recht, Tauben zu halten, nur den Besitzern der Feldmark nach Verhältnis ihres Ackers gestattet. Tauben, die danach ohne Recht gehalten werden, unterliegen nach der Preußischen Feldpolizeiordnung vom 1. 11. 47 dem freien Tierfang. Auch kann während der Saat und Erntezeit auch das Einfangen von rechtmäßig gehaltenen Tauben freigegeben werden, wenn sie sich außerhalb des Gehöftes des Besitzers befinden.

Bienenschwärme (961—964). Zieht ein Bienenschwarm aus, so wird er herrenlos, unterliegt also der freien Aneignung (vorstehend 1), wenn nicht der Eigentümer ihn unverzüglich verfolgt oder wenn der Eigentümer die Verfolgung aufgibt. Der Eigentümer des Bienenschwarms darf bei der Verfolgung fremde Grundstücke betreten. Ist der Schwarm in eine fremde nicht besetzte Bienenwohnung eingezogen, so darf der Eigentümer des Schwarmes zum Zwecke des Einfangens die Wohnung öffnen und die Waben herausnehmen oder herausbrechen. Er hat den entstehenden Schaden zu ersetzen. Vereinigen sich ausgezogene Bienenschwärme mehrerer Eigentümer, so werden die Eigentümer, welche ihre Schwärme verfolgt haben, Miteigentümer des eingefangenen Gesamtschwarmes; die Anteile bestimmen sich nach der Zahl der verfolgten Schwärme. Ist ein Bienenschwarm in eine fremde besetzte Bienenwohnung eingezogen, so erstrecken sich das Eigentum und die sonstigen Rechte an den Bienen, mit denen die Wohnung besetzt war, auf den eingezogenen Schwarm. Das Eigentum und die sonstigen Rechte an dem eingezogenen Schwarm erlöschen.

Fischerei im offenen Meere ist frei, die Fischerei an der deutschen Meeresküste ist für deutsche Staatsangehörige in der Regel frei. Die Binnenfischerei ist nicht frei. Sie ist durch Landesrecht geregelt (EG. BGB. 69). In Preußen ist, soweit an Gewässern früher der Fischfang frei war, oder den Mitgliedern der Gemeinde zustand, die Fischereiberechtigung der politischen Gemeinde durch das Fischereigesetz vom 30. 4. 74 (Gutt. Slg. Nr. 62) zugeteilt worden, sonst ist die Fischerei Ausfluß des Eigentums, steht also bei öffentlichen Gewässern dem Staate, bei Privatgewässern den Uferbesitzern, jedem bis zur Mitte des Gewässers zu, häufig bestehen bei öffentlichen Gewässern jedoch vom Landesherrn verliehene Privilegien für Fischereigenossenschaften, bei privaten Gewässern Fischereigerechtigkeiten.

Bernsteingewinnung und Perlfischerei ist in mehreren preußischen Landesteilen Regal. Diese landesgesetzlichen Vorschriften bleiben unberührt (EG. BGB. 73).

Aneignungsrecht an Strandgut besteht nicht mehr. (S. dort.)

Beuterecht und Prisenrecht im Kriege gehören dem öffentlichen Recht an und sind daher durch das BGB. nicht geregelt.

Anerbenrecht. Es ist dies das Recht eines einzelnen Erben eines bäuerlichen Besitzers in die ungeteilte Nachfolge des Grundbesitzes unter Ausschluß der Miterben. **Es dient dazu, einer Zersplitterung des bäuerlichen Grundbesitzes vorzubeugen und hat sich in einigen Ländern Norddeutschlands ausgebildet. Das BGB. hat die Regelung des Anerbenrechts der landesrechtlichen Gesetzgebung überlassen und nur einschränkend bestimmt, daß durch das Anerbenrecht das Recht des Erblassers von Todes wegen über das Grundstück zu verfügen, nicht beschränkt werden dürfe (EGBGB. 64). Die Ausgestaltung, die das Recht in den verschiedenen Ländern und Teilen von Ländern gefunden hat, ist so verschieden, daß sich allgemeine Regeln nicht aufstellen lassen. Es ist teils als Alleinerbfolge des Anerben nach dem Erblasser mit Abfindungsverpflichtung an die Miterben, teils als Sondernachfolge in den Grundbesitz, teils als Vorzugsrecht bei der Nachlaßteilung ausgestaltet. Als Anerben kommt immer nur ein Familienangehöriger aus dem Kreise der Abkömmlinge, Ehegatten und manchmal auch Eltern in Betracht. Die Miterben haben häufig Anspruch auf Abfindungs-, Unterhaltsrenten und Vorkaufsrecht, die im Grundbuche einzutragen sind. Die Anerbeneigenschaft des Gutes muß in einem öffentlichen Buche eingetragen werden, hierzu dient in einigen Gegenden, z. B. den Provinzen Hannover, Brandenburg, Schlesien die Landgüterrolle oder Höferolle, in anderen, z. B. in der Provinz Westfalen (Ges. v. 2. 7. 98 GS. 139) das Grundbuch. Eine besondere Regelung hat das Anerbenrecht bei Renten- und Ansiedlungsgütern gefunden (Ges. v. 8. 6. 96 GS. 124).**

Anerbietungen zum Kauf, Verkauf usw. s. Vertrag, Vertragsantrag usw. 2.

Anerkenntnis einer Schuld s. Schuldversprechen usw.

Anerkennung der Ehelichkeit eines Kindes s. Ehelichkeit eines Kindes 2; der Vaterschaft zu einem ehelichen Kinde, s. Legitimation unehelicher Kinder 1 u. Uneheliche Kinder 4; des Nichtbestehens einer Schuld s. Erlaß einer Schuld; einer öffentlichen Urkunde s. Form der Rechtsgeschäfte 2.

Anerkennungsschreiben, gefälschte, s. Schwindelhafte Reklame 1.

Anfall einer Erbschaft, eines Vermächtnisses s. Erbschaft 2 und Vermächtnis 2.

Anfang eines Monats s. Fristen und Termine.

Anfechtbarkeit einer Ehe s. Ehehindernisse.

Anfechtung von Rechtshandlungen eines Schuldners. Schuldner, die in Vermögensverfall geraten, sind erfahrungsmäßig leicht geneigt, Teile ihres Vermögens ihren Angehörigen oder einzelnen andrängenden Gläubigern zuzuwenden, um diese vor den übrigen Gläubigern zu begünstigen. Das Gesetz tritt diesem ungerechtfertigten Bestreben durch Bestimmungen entgegen, wonach unter gewissen Voraussetzungen Rechtshandlungen eines Schuldners (Schenkungen, Verkäufe, Zahlungen, Abtretungen, Verpfändungen usw.) zugunsten der dadurch benachteiligten Gläubiger als rechtsunwirksam angefochten werden können. Der Schuldner, der nicht mehr imstande ist, seinen Verpflichtungen zu genügen, soll nicht nach Gunst und Willkür einzelne Gläubiger bevorzugen, die anderen leer ausgehen lassen. Die bezüglichen Vorschriften sind verschieden, je nachdem es sich um Handlungen eines Schuldners handelt, der nachher in Konkurs geraten ist, oder eines solchen, über den ein Konkursverfahren noch nicht eröffnet ist.

A. Anfechtung von Rechtshandlungen eines Schuldners außerhalb eines Konkurses (AnfG. v. 20. 5. 98, Gutt. Slg. Nr. 13).

Berechtigt zur Anfechtung ist nur ein Gläubiger, der einen vollstreckbaren Schuldtitel erlangt hat und dessen Forderung an den Schuldner fällig ist, dann, wenn die von ihm betriebene Zwangsvollstreckung in das Vermögen des Schuldners nicht zu seiner vollständigen Befriedigung geführt hat oder anzunehmen ist, daß sie nicht dazu führen würde. Anfechtbar sind:

1. Rechtshandlungen, die der Schuldner in der dem andern Teile bekannten Absicht, seine Gläubiger zu benachteiligen, vorgenommen hat (§ 3). — Die Gläubiger werden durch jede Handlung des Schuldners benachteiligt, durch die ein Stück seines Vermögens ihrer Befriedigung entzogen wird. Nehmen wir an, daß ein Schuldner kurz vor der Flucht seine Waren zu Gelde macht und der Käufer um die Absicht des Schuldners, das Geld mitzunehmen, gewußt hat, so ist der Kauf der Waren selbst dann anfechtbar, wenn sie zum vollen Werte bezahlt sind, weil ja durch den Verkauf der Schuldner die Möglichkeit erlangt hat, den Erlös seinen Gläubigern zu entziehen. — Daß der andere, mit dem der Schuldner den Vertrag geschlossen hat, von dessen betrügerischen Absicht Kenntnis gehabt hat, muß der anfechtende Gläubiger beweisen.

2. Gewisse Verträge des Schuldners mit nahen Angehörigen, nämlich: die in dem letzten Jahre vor der Anfechtung geschlossenen entgeltlichen Verträge des Schuldners mit seinem Ehegatten (vor oder während der Ehe), mit seinen oder seines Ehegatten Verwandten in auf- und absteigender Linie, mit seinen oder seines Ehegatten voll- und halbbürtigen Geschwistern oder mit dem Ehegatten einer dieser Personen, sofern durch den Abschluß des Vertrages die Gläubiger des Schuldners benachteiligt werden und der andere Teil nicht beweist, daß ihm zur Zeit des Vertragsabschlusses eine Absicht des Schuldners, die Gläubiger zu benachteiligen, nicht bekannt war. — Voraussetzung der Anfechtbarkeit ist hier wieder, daß die Gläubiger durch den Vertrag benachteiligt sind; es braucht aber hier der anfechtende Gläubiger nicht zu beweisen, daß der Ehegatte oder Verwandte usw., mit dem der Schuldner den Vertrag geschlossen hat, die betrügerische Absicht des Schuldners kannte (wie

vorstehend unter 1), sondern der Ehegatte, der Verwandte usw. muß seinerseits beweisen, daß ihm solche betrügerische Absicht des Schuldners nicht bekannt gewesen ist, ein Beweis, der unter Umständen schwer zu führen ist. Kann der Beweis nicht geführt werden, so unterliegt der Vertrag der Anfechtung, sofern er nicht länger als ein Jahr vor der Anfechtungsklage zurückliegt (§ 3).

3. Schenkungen (unentgeltliche Verfügungen), nämlich: die in dem letzen Jahre vor der Anfechtung von dem Schuldner vorgenommenen unentgeltlichen Verfügungen, sofern es sich nicht um gebräuchliche Gelegenheitsgeschenke handelt. Was Schenkungen sind, darüber siehe den Artikel „Schenkungen". Schenkungen, die länger als ein Jahr vor der Anfechtungsklage zurückliegen, unterliegen der Anfechtung nicht (§ 3).

4. Die in den letzten zwei Jahren vor der Anfechtung von dem Schuldner vorgenommenen unentgeltlichen Verfügungen zugunsten seines Ehegatten (§ 3).

In die unter 2, 3 u. 4 genannten Fristen wird die Zeit nicht eingerechnet, während der ein Verfahren auf Herbeiführung eines Vergleichs zum Zwecke der Abwendung des Konkursverfahrens anhängig war (RG. v. 5. 7. 1927 (RGBl. 139) § 98, Gutt. Slg. Nr. 13).

Das unter 1 vorstehend besprochene Anfechtungsrecht verjährt übrigens in zehn Jahren seit dem Zeitpunkte, mit welchem der Gläubiger den vollstreckbaren Schuldtitel erlangt hatte und seine Forderung fällig war; wenn aber die Rechtshandlung nach diesem Zeitpunkte vorgenommen ist, erst seit der Vornahme der Handlung (§ 12), sie ist ausgeschlossen, wenn 30 Jahre seit der Vornahme der Rechtshandlung verstrichen sind. Der Anspruch des anfechtenden Gläubigers geht dahin, daß dasjenige, was durch die anfechtbare Handlung aus dem Vermögen des Schuldners veräußert, weggeben oder aufgegeben ist, als noch zu demselben gehörig vom Empfänger zurückgewährt wird, so daß der Anfechtende daraus Befriedigung im Wege der Zwangsvollstreckung suchen kann. Gutgläubige Empfänger einer unentgeltlichen Leistung haben diese nur soweit zurückzugeben, als sie dadurch noch bereichert sind. Die Anfechtung kann auch gegen die Erben des Empfängers durchgeführt werden. Im übrigen wird auf das Gesetz verwiesen.

B. Anfechtung von Rechtshandlungen des Gemeinschuldners im Konkurse (KO. §§ 29—42). Nach der Konkurseröffnung kann der Gemeinschuldner über sein in die Konkursmasse fallendes Vermögen nicht mehr verfügen (vgl. „Konkurs"). Vermögensteile, die er vor der Konkurseröffnung in ungerechtfertigter Weise der Masse entzogen hat, muß der Konkursverwalter durch Anfechtung der betreffenden Rechtshandlungen des Schuldners zur Masse wieder heranziehen.

Anfechtbar sind: 1. Unbedingt alle betrügerischen Handlungen des Gemeinschuldners, d. h. alle solche Handlungen, die er in der dem anderen Teile bekannten Absicht, seine Gläubiger zu benachteiligen, vorgenommen hat, mögen sie sein, welcher Art sie wollen, und mögen sie noch so weit vor der Konkurseröffnung zurückliegen (§ 31).

Anfechtbar sind ferner unter nachbezeichneten Voraussetzungen:

2. Verträge des Gemeinschuldners mit nahen Verwandten usw. Entgeltliche (im Gegensatz zu unentgeltlichen oder freigebigen) Verträge, die der Schuldner im letzten Jahre vor der Konkurseröffnung mit seinem Ehegatten, vor oder während der Ehe, oder mit seinen oder seines Ehegatten Verwandten in auf- und absteigender Linie, mit seinen oder seines Ehegatten voll- und halbbürtigen Geschwistern oder mit dem Ehegatten einer dieser Personen abgeschlossen hat, können angefochten werden, wenn durch den Abschluß des Vertrages die Konkursgläubiger benachteiligt sind, falls nicht der andere Teil (der Ehegatte usw.) beweisen kann, daß ihm zur Zeit des Vertragsabschlusses eine Absicht des Gemeinschuldners, die Gläubiger zu benachteiligen, nicht bekannt gewesen ist (§ 31).

3. Freigebige Verfügungen (Schenkungen) des Gemeinschuldners. Anfechtbar sind ohne Unterschied alle vom Schuldner im letzten Jahre vor der Konkurseröffnung vorgenommenen freigebigen (unentgeltlichen) Verfügungen, einerlei, ob der Schuldner oder der Beschenkte die Absicht oder das Bewußtsein hatten, die Gläubiger zu verkürzen. Nur die gebräuchlichen Gelegenheitsgeschenke sind von der Anfechtung ausgenommen. Der gutgläubige Beschenkte braucht übrigens nur das herauszugeben, was er von dem Geschenkten noch besitzt. Freigebige Verfügungen des Schuldners zugunsten seines Ehegatten können aber auch dann angefochten werden, wenn sie in den letzten zwei Jahren vor der Konkurseröffnung vorgenommen sind (§ 32). Die Rückgewähr und Sicherstellung des eingebrachten Gutes der Ehefrau ist nur anfechtbar, wenn die Tatbestände der §§ 30, 3 Nr. 1 u. 2 und 32 erfüllt sind.

4. Rechtshandlungen des Gemeinschuldners, die nach der Zahlungseinstellung oder dem Antrage auf Konkurseröffnung oder doch in den letzten zehn Tagen vor diesen Zeitpunkten vorgenommen sind. Hierüber gilt folgendes: Anfechtbar sind (§ 30):

a) Die nach der Zahlungseinstellung oder dem Antrage auf Konkurseröffnung vom Gemeinschuldner eingegangenen Rechtsgeschäfte, durch welche die Konkursgläubiger benachteiligt sind, wenn dem anderen Teile zu der Zeit, als er das Geschäft einging, die Zahlungseinstellung oder der Eröffnungsantrag bekannt war. — Der Grund der Anfechtbarkeit ist die Benachteiligung der Gläubiger. Wer die Lage eines vor dem Konkurse stehenden Schuldners für sich ausbeutet, z. B. Warenbestände unter dem Werte an sich bringt, begeht eine Unredlichkeit gegen dessen Gläubiger und ist diesen daher für den Schaden verhaftet. Wer dagegen ein redliches Geschäft abschließt, z. B. dem Schuldner, um ihn zu stützen, Waren zu angemessenem Preise abnimmt, kann von den Gläubigern nicht in Anspruch genommen werden.

b) Die nach der Zahlungseinstellung oder dem Eröffnungsantrage erfolgten Rechtshandlungen, die einem einzelnen Gläubiger Sicherung oder Befriedigung gewähren, wenn dem Empfänger zu der Zeit, als die Handlung erfolgte, die Zahlungseinstellung oder der Eröffnungsantrag bekannt war. — Es kann hiernach jede Zahlung, die ein Gläubiger vom Gemeinschuldner empfängt, nachdem ihm von der Zahlungseinstellung des Schuldners oder der Stellung eines Antrages auf Konkurseröffnung Kunde geworden, sowie jede Sicherheit, die er sich vom Schuldner für eine Forderung geben läßt, z. B. durch Bestellung einer Hypothek, Verpfändung von Waren oder Wertpapieren usw., nachdem er von der Zahlungseinstellung usw. Kunde erhalten, zugunsten der Gläubiger angefochten werden; er muß das Empfangene, wenn er es auch rechtmäßig zu fordern hatte, an die Konkursmasse wieder herauszahlen bzw. die Sicherheit bleibt ohne Wirkung den übrigen Gläubigern gegenüber. Hat dagegen der Gläubiger vor erlangter Kenntnis von der Zahlungseinstellung usw. Befriedigung erhalten oder eine Hypothek u. dgl. erlangt, so ist er einer Anfechtungsklage nicht ausgesetzt, wenn auch der Schuldner damals schon zahlungsunfähig gewesen ist.

c) Die nach der Zahlungseinstellung oder dem Antrage auf Konkurseröffnung oder in den letzten zehn Tagen vor diesen Ereignissen erfolgten Rechtshandlungen (auch Zwangsvollstreckungen, z. B. Pfändungen), die einem Gläubiger eine Sicherung oder Befriedigung gewähren, die er überhaupt nicht oder die er nicht in der Art oder zu der Zeit zu beanspruchen hatte, sofern er nicht beweist, daß ihm zur Zeit der Handlung weder die Zahlungseinstellung und der Eröffnungsantrag, noch eine Absicht des Schuldners, ihn vor den übrigen Gläubigern zu begünstigen, bekannt war. — Es handelt sich hier um die Fälle, wo der Gemeinschuldner kurz vor oder nach der Zahlungseinstellung usw. einen oder einzelne seiner Gläubiger in unredlicher Weise dadurch vor den anderen zu begünstigen sucht, daß er ihnen eine Zuwendung aus seinem Vermögen macht oder eine Sicherheit gewährt, die sie überhaupt oder in dieser Weise rechtlich nicht fordern konnten; z. B. der Schuldner gibt dem Gläubiger, der eine Geldforderung hat, anstatt des Geldes Waren oder überträgt ihm ein Grundstück zu Eigentum; oder er übergibt ihm Wertobjekte als Pfand; oder er zahlt dem Gläubiger vor der Verfallzeit u. dgl. m. (der Gläubiger hatte hierauf keinen Anspruch, konnte vielmehr nur eine Geldzahlung bzw. diese nur nach erreichter Fälligkeit verlangen). Diese Vermögenszuwendungen oder Sicherheitsbestellungen nun sind nicht unter allen Umständen ungültig; aber sie können dann angefochten werden, wenn der Gläubiger wußte, daß er begünstigt werden sollte, oder wenn ihm die Zahlungseinstellung oder die Stellung des Konkurseröffnungsantrages bekannt war. Das Gesetz nimmt aber zugunsten der übrigen Gläubiger bei solchen kurz vor oder nach der Zahlungseinstellung usw. vorgenommenen „Regulierungen" an, daß der Gläubiger darum gewußt habe; er muß daher, damit das Geschäft nicht angefochten werden kann, beweisen, daß er nicht darum gewußt hat.

Das Anfechtungsrecht verjährt in einem Jahre seit der Eröffnung des Konkursverfahrens (§ 41). Einredeweise kann der Anfechtungsanspruch aber auch nach Ablauf dieser Frist noch geltend gemacht werden, wenn der Anfechtungsgegner auf Leistung aus einem anfechtbaren Rechtsgeschäfte klagt.

Rechtshandlungen, die früher als sechs Monate vor der Konkurseröffnung erfolgt sind, können aus dem Grunde einer Kenntnis der Zahlungseinstellung nicht angefochten werden (§ 33). Über Anfechtung von Wechselzahlungen des Gemeinschuldners enthält § 34 besondere Bestimmungen. Die gegen einen Erblasser begründete Anfechtung findet auch gegen seine Erben statt, gegen andere Rechtsnachfolger nur unter besonderen Voraussetzungen (§ 40 KO.).

Im Nachlaßkonkurse (s. dort) sind alle Leistungen anfechtbar, die der Erbe vor der Eröffnung des Konkursverfahrens in Erfüllung von Pflichtteilsansprüchen, Vermächtnissen oder Auflagen gemacht hat, wie unentgeltliche Verfügungen (KO. § 222).

Anfechtung einer Willenserklärung wegen Irrtums, Drohung und arglistiger Täuschung. Wenn ein geschäftsfähiger Mensch eine Willenserklärung abgegeben hat, so ist er regelmäßig an diese Erklärung gebunden und muß die rechtlichen Folgen derselben auf sich nehmen. Unter gewissen Voraussetzungen kann er jedoch ausnahmsweise solche Erklärungen hinterher anfechten und dadurch ihre Unwirksamkeit herbeiführen. Das ist der Fall:

1. wenn er sich bei Abgabe der Willenserklärung in einem wesentlichen Irrtum (119 ff.) über den Inhalt der Erklärung befunden hat. Diesem Irrtum ist gleichgestellt der Fall, daß jemand eine Erklärung dieses Inhalts überhaupt nicht abgeben wollte, z. B. wenn jemand in einem Schuldschein 1000 RM. statt 100 RM. schreibt, ferner ein Irrtum über solche Eigenschaften der Person oder der Sache, die im Verkehr als wesentlich angesehen werden und schließlich die unrichtige Übermittlung einer Willenserklärung durch eine zur Übermittlung verwandte Person oder Anstalt, z. B. der Telegraphenbeamte übermittelt statt einer Bestellung von 100 Zentnern Kartoffeln solche von 200 Zentnern (BGB. 119, 120). Das Nähere s. unter „Irrtum". Nicht unter diese Bestimmungen fällt der Irrtum im Beweggrunde, z. B. Mietung einer Ehewohnung, wenn die Ehe nicht zustande kommt. In solchem Falle muß die Anfechtung (s. unten) unverzüglich, d. h. ohne schuldhafte Verzögerung erfolgen, nachdem der Anfechtungsberechtigte von dem Irrtum oder der falschen Übermittlung seiner Willenserklärung Kenntnis erlangt hat. (Eine acht Tage nach erlangter Kenntnis erfolgte Anfechtung ist vom Reichsgericht als rechtzeitig angesehen und dabei zugleich bemerkt, daß es dem Anfechtenden unbenommen sein müsse, sich vor der Anfechtung mit einem Anwalte zu beraten.) Die Anfechtung ist ausgeschlossen, wenn seit der Abgabe der Willenserklärung dreißig Jahre verflossen sind.

2. wenn er durch arglistige Täuschungen oder widerrechtlich durch Drohungen zur Abgabe der Willenserklärung veranlaßt ist (BGB. 123). Die Drohung muß widerrechtlich sein. Die Widerrechtlichkeit kann in der Unerlaubtheit des angedrohten Mittels sowohl als auch in dem Mangel des Rechtsanspruchs auf die geforderte Willenserklärung liegen. Ist das Mittel rechtlich erlaubt und der Anspruch auf die Willenserklärung berechtigt, so liegt der Tatbestand dieser Bestimmung nicht vor, z. B. wenn jemand seinen Schuldner durch die Drohung mit der Klage zur Zahlung veranlaßt, anders, wenn jemand mit der Androhung der Anzeige eines Verbrechens Schweigegelder erpreßt. Die Täuschung braucht nicht den Tatbestand des strafbaren Betruges zu enthalten. Das Nähere über Täuschung s. dort. Die Gewalt (vis absoluta) kommt hier nicht in Betracht, weil bei ihr überhaupt keine Erklärung vorliegt; siehe das Nähere hierüber unter „Täuschungen usw.". Die Anfechtung kann in diesem Fall nur binnen Jahresfrist erfolgen. Die Frist beginnt im Falle der arglistigen Täuschung mit dem Zeitpunkt, in dem der Anfechtungsberechtigte die Täuschung entdeckt, im Falle der Drohung mit dem Zeitpunkt, in dem die Zwangslage aufhört. Auf den Lauf der Frist finden die für die Verjährung (s. das) geltenden Vorschriften im allgemeinen entsprechende Anwendung. Übrigens kann der Verletzte auch von der Anfechtung Abstand nehmen und anstatt dessen einen Schadensersatzanspruch aus unerlaubter Handlung (siehe „Schadensersatz wegen unerlaubter Handlung") geltend machen; geeignetenfalls kann er beides, um zu seinem Rechte zu gelangen.

Folgen der Anfechtung. Ein Rechtsgeschäft, das aus einem der vorbezeichneten Gründe angefochten werden kann, ist nicht ohne weiteres rechtsungültig; im Gegenteil, es ist so lange gültig, bis es etwa angefochten wird, und es bleibt gültig, wenn es überhaupt nicht angefochten wird. Ob es angefochten werden soll, steht ganz in dem Belieben des zur Anfechtung Berechtigten. Wird aber das Rechtsgeschäft angefochten, so ist es nun von Anfang an rechtsungültig (nichtig); es wird so angesehen, als ob es gar nicht vorgenommen wäre; der frühere Zustand, wie er vor dem Rechtsgeschäft war, wird unter den Parteien von Rechts wegen wiederhergestellt (BGB. 142). Ist Eigentum an einer beweglichen Sache, z. B. an einem infolge betrügerischer Vorspiegelung verkauften Pferde, übertragen, so fällt es ohne weiteres an den Verkäufer zurück; handelt es sich um ein Grundstück, so wird durch die Anfechtung die Eintragung im Grundbuch unrichtig, und es kann die Berichtigung des Grundbuchs verlangt werden. Abgetretene Forderungen fallen von selbst dem früheren Gläubiger (Inhaber) wieder zu; erlassene Forderungen leben wieder auf usw. Die geschehene Anfechtung wirkt in solcher Weise nicht nur unter den zunächst Beteiligten, sondern regelmäßig auch gegen andere Personen, die inzwischen Rechte an dem betreffenden Gegenstande erworben haben oder sich sonst mit dem einen oder anderen Teile in Rechtsgeschäfte eingelassen haben, soweit sie nicht durch besondere gesetzliche Bestimmungen geschützt werden. Darüber hinaus hat aber der Erklärende auch noch demjenigen, dem gegenüber die Erklärung abgegeben ist, den Schaden zu ersetzen, der ihm dadurch entstanden ist, daß er auf die Gültigkeit der Erklärung vertraut hat, jedoch nicht über den Betrag des Interesses hinaus, welches der Empfänger an der Gültigkeit der Erklärung hat (sog. negatives Vertragsinteresse, d. h. dessen, was er durch die Nichtigkeit der Willenserklärung eingebüßt hat, z. B. Kosten, Stempelgebühren).

Ist auf Grund einer arglistigen Täuschung oder Drohung seitens des einen Vertragsteils die Anfechtung eines Vertrages für den anderen Vertragsteil begründet, so stehen dem Geschädigten aber noch weitergehende Rechte gegen den Täuscher zu. Er kann, anstatt den Vertrag anzufechten und dadurch dessen Unwirksamkeit herbeizuführen, bei dem Vertrage stehen bleiben und vom Gegner den ihm durch die arglistige Täuschung zugefügten Schaden ersetzt verlangen (BGB. 826). Er braucht sich also nicht mit dem Ersatz des Schadens zu begnügen, den er durch den Vertragsabschluß erlitten hat (z. B. Ersatz der unnütz aufgewendeten Kosten und Stempel), sondern er kann auch Ersatz des Gewinnes verlangen, den er gemacht haben würde, wenn er nicht getäuscht wäre (RG.).

Die Anfechtung erfolgt in der Weise, daß der dazu Berechtigte sie dem Anfechtungsgegner gegenüber erklärt (BGB. 143); eine Form (schriftliche oder gerichtliche Erklärung u. dgl.) ist für die Erklärung nicht vorgeschrieben, aber des Beweises wegen zweckmäßig. Es braucht auch nicht gerade das Wort „Anfechtung" gebraucht zu sein; die Erklärung muß nur unzweideutig den Willen erkennen lassen, daß das Geschäft, um das es sich handelt, nicht zu Recht bestehen solle (RG.). Einer Anfechtungsklage bedarf es nicht. (Besondere Bestimmungen gelten für Anfechtung einer Ehe, für Anfechtung der Anerkennung der Ehelichkeit eines Kindes, für Anfechtung der Ausschlagung oder Annahme einer Erbschaft, eines Testamentes; s. darüber die betr. Artikel.) Anfechtungsgegner ist bei Verträgen und bei einseitigen Rechtsgeschäften, zu deren Wirksamkeit es erforderlich ist, daß sie gegenüber einem Beteiligten vorgenommen werden, der Empfänger der Willenserklärung, die angefochten werden soll, also beispielsweise, wenn die geschehene Aufkündigung eines Kapitals oder einer Mietswohnung angefochten werden soll, der Gläubiger der Forderung oder der Mieter (oder Vermieter) der Wohnung, dem gekündigt worden ist. Dies gilt bei einem Rechtsgeschäfte, das einem anderen oder einer Behörde gegenüber vorzunehmen war, auch dann, wenn das Rechtsgeschäft der Behörde gegenüber vorgenommen ist. Es gibt aber Rechtsgeschäfte, die gar nicht gegenüber einer bestimmten Person vorgenommen werden, z. B. die Auslobung, die Errichtung eines Testaments, die Antretung oder die Ausschlagung einer Erbschaft usw.; bei solchen ist die Anfechtung gegenüber einem jeden zulässig, der aus dem Rechtsgeschäft ein Recht in Anspruch nimmt, dessen Aufhebung durch die Anfechtung eben bezweckt wird (s. auch „Testament 5"). Die Anfechtung kann jedoch, wenn die Willenserklärung einer Behörde gegenüber abgegeben war, durch Erklärung gegenüber der Behörde erfolgen; die Behörde muß die Anfechtung dem mitteilen, der durch das Rechtsgeschäft unmittelbar betroffen worden ist. Ist das anfechtbare Rechtsgeschäft von dem Anfechtungsberechtigten bestätigt, d. h. hat er in Kenntnis des Anfechtungsgrundes (RG.) ausdrücklich oder auch stillschweigend (siehe das) erklärt, daß er das Geschäft genehmige (als giltig annehme) oder hat er, was gleichbedeutend ist, auf das Anfechtungsrecht verzichtet, so ist die Anfechtung nicht mehr zulässig (BGB. 144). Das Rechtsgeschäft ist damit rechtsgültig geworden. Die Bestätigung eines anfechtbaren Rechtsgeschäfts bedarf nicht der für das Rechtsgeschäft selbst etwa vorgeschriebenen Form (z. B. der Schriftlichkeit, der Errichtung vor Gericht oder Notar u. dgl.)

Anfechtung der Ehelichkeit eines Kindes s. Ehelichkeit eines Kindes 1; eines Testaments s. Testament 5; vgl. auch: Erbunwürdigkeit; von Schenkungen s. Pflichtteil 4; von Lebensversicherungen s. Lebensversicherung und Leibrente; wegen Täuschung oder Drohung s. Täuschung oder Drohung; durch den Konkursverwalter s. Konkurs 3.

Angebot s. Vertrag, Vertragsantrag; des geschuldeten Geldes oder der geschuldeten Leistung durch den Schuldner s. Verzug des Gläubigers.

Angeld s. Draufgabe.

Angemessenheit eines geforderten Preises s. Üblichkeit usw.

Angenommene Kinder s. Annahme an Kindes Statt; Name derselben s. Name; sind Verwandte, s. Verwandtschaft.

Angeschwemmte Gegenstände s. Strandgut.

Angestellte. Im Rechtssinne ist mancherlei unter dem Wort „Angestellter" zu verstehen. Im allerweitesten Sinne umfaßt er jeden Arbeitnehmer im Gegensatz zum Arbeitgeber; aber das ist kein brauchbarer Begriff. Man muß Arbeiter und Angestellte unterscheiden; erstere unterstehen der GewO., letztere zumeist dem HGB. Aber es gibt auch Angestellte bei Behörden (die also keine Beamten sind), und auch selbständige Gewerbetreibende, die staatlich angestellt sind (z. B. Feldmesser, Bücherrevisoren, Auktionatoren usw., vgl. d. Art. Angestellte im HdR. I, S. 166 ff.). Im engeren Sinne ist Angestellter „ein gegen Entgelt Beschäftigter in unselbständiger, wirtschaftlich und persönlich abhängiger Stellung" (HdR. I, S. 167), jedenfalls immer derjenige, der dem Angestelltenversicherungsgesetz v. 1. 6. 1924 (Gutt. Slg.) unterliegt. Aber auch höhere „Angestellte", die der Angestelltenversicherung nicht unterliegen, sind Angestellte im wirtschaftlichen und wohl auch im Rechtssinne. Aber der Begriff schwankt nach den einzelnen Gesetzen (s. HdR. I, 168). Der Vertrag mit dem Angestellten ist ein Arbeits- oder Dienstvertrag (s. d.). Das, was früher Gesinde hieß, heißt jetzt Hausangestellte bzw. Landarbeiter. Über kaufmännische Angestellte s. Handlungsgehilfen, vgl. auch Prokura und Handlungsvollmacht. Über Haftung des Angestellten s. Schadenersatz wegen unerlaubter Handlung.

Angriff, Verteidigung gegen einen rechtswidrigen, s. Selbstverteidigung.

Anlagen, gefahrdrohende, auf einem Grundstücke, s. Grundeigentum 2d; Abstand von der Grenze s. Grundeigentum 3; konzessionierte, Schadensersatzpflicht des Unternehmers, s. Schadensersatz, allgemeine Bestimmungen über.

Anlandungen s. Wasserrecht.

Anlegung von Mündelgeldern usw. s. Mündelgeld.

Anleiheablösungsgesetz vom 16. 7. 1925 (RGBl. I, 137). Die alten Markanleihen des Reiches, der Länder, Gemeinden, Gemeindeverbände und anderer öffentlicher Körperschaften, die in der II. Verordnung zur Durchführung des AnlAblG. v. 2. 7. 1926 (RGBl. I, 343) bestimmt sind, werden durch Umwandlung in Anleiheablösungsanleihen getilgt. Sie lauten in der Regel auf $2^1/_2\%$ des Goldwertes und können vom Gläubiger nicht gekündigt werden. Den Altbesitzern, die die Markanleihen vor dem 1. Juli 1920 erworben haben, wird ein Auslosungsrecht gewährt, auf Grund dessen sie den fünffachen Betrag des Nennwertes nebst Zinsen vom 1. Januar 1926, und zwar bei Anleihen des Reichs und der Länder von $4^1/_2\%$, sonst von 5% erhalten. Bei Gemeinden und Gemeindeverbänden kann der Einlösungsbetrag auf das zehnfache des Nennwertes (also 25% des Goldwertes) erhöht werden. Die Auslosung hat spätestens in 30 Jahren zu erfolgen. Markanleihen, die bis zum 1. Juli 1923 auf Grund gesetzlichen oder satzungsgemäßen Zwanges zur mündelsicheren Anlage erworben sind, stehen in Höhe des doppelten Goldmarkbetrages des Erwerbspreises den Markanleihen der Altbesitzer gleich. Bei Anleihen des Reiches und der Länder wird bedürftigen reichsangehörigen Anleihebesitzern, denen ein Auslosungsrecht zusteht, bis zur Auslosung eine Vorzugsrente gewährt, wenn ihr Jahreseinkommen 900 RM. nicht übersteigt. Die Vorzugsrente beträgt 80 RM. des Stammbetrags des Auslosungsrechts, höchstens jedoch 800 RM. jährlich für eine Person. Der Betrag erhöht sich um 25% auf höchstens 1000 RM., wenn der Gläubiger auf sein Vorzugsrecht verzichtet. Hat der Gläubiger das 60. Lebensjahr überschritten, so erhöht sich der Betrag um 50% bis höchstens 1200 RM. Die Bedürftigkeit wird von Zeit zu Zeit nachgeprüft. Inhaber von Markanleihen der Länder, Gemeinden und Gemeindeverbände nehmen an der Ablösung teil, soweit sich die Schuldverschreibungen noch in ihren Händen befinden, auch wenn die Markanleihen schon ausgelost und getilgt waren. Die Rechte der Neubesitzer beschränken sich bei der Anleiheablösungsschuld des Reiches darauf, nach dem Erlöschen der Reparationsverpflichtungen eine Verzinsung zu erhalten; bei den Ablösungsanleihen der Länder, Gemeinden und Gemeindeverbände ist eine Tilgung vorgesehen.

Anmahnung s. Mahnung.

Anmeldefrist s. Konkurs 2.

Anmeldung einer Firma zum Handelsregister s. Firma; eines Vereins zur Eintragung s. Vereine; der Forderungen von Nachlaßgläubigern s. Aufgebot der Nachlaßgläubiger; von Gebrauchs- und Geschmacksmustern s. Musterschutz; eines Warenzeichens s. Warenbezeichnungen usw. 2; zum Konkurse s. Konkurs 2; Anmeldung im Konkurse unterbricht die Verjährung s. Verjährung 3.

Annahme an Kindes Statt (Adoption) (1741 ff.). Zur Änderung der hierhergehörigen Bestimmungen des BGB. liegt zur Zeit (Herbst 1929) ein Entwurf dem Reichstag vor. Der Leser der folgenden Ausführungen muß also gegebenenfalls sich vergewissern, ob der neue Entwurf inzwischen Gesetz geworden ist oder noch die alten Bestimmungen des BGB. gelten. Die Tendenz des Entwurfes geht dahin, die Annahme an Kindes Statt zu erleichtern. Die beabsichtigten Änderungen werden im folgenden kurz miterwähnt werden.

Das Gesetz gestattet es, jemanden an Kindes Statt anzunehmen (zu adoptieren), um dadurch dem Angenommenen (Adoptierten) im wesentlichen die Rechte eines leiblichen Kindes des Annehmenden einzuräumen. Dazu genügt freilich nicht, daß, wie es häufig vorkommt, ein Ehepaar oder eine einzelne ältere Person eine jüngere in seine (ihre) Häuslichkeit aufnimmt und sie als Pflegekind betrachtet und behandelt; es sind vielmehr für eine wirkliche Annahme an Kindes Statt mit ihren wichtigen rechtlichen Folgen besondere Formen vorgeschrieben und die Annahme ist nur unter besonderen Voraussetzungen zulässig. Auch bei unverheirateten Personen kann der Wunsch entstehen, Kinder anzunehmen, und es können auch einem unehelichen Kinde, wenn eine Legitimation des Kindes (s. d.) den Umständen nach nicht angemessen erscheint, durch Annahme an Kindes Statt die Rechte eines ehelichen Kindes verschafft werden; es kann nicht nur, außer selbstverständlich durch andere Personen, durch den außerehelichen Vater, sondern auch durch die eigene Mutter adoptiert werden, was für diese letztere die besondere Wirkung hat, daß sie nun auch die elterliche Gewalt (s. „Eltern und Kinder 4") über ihr minderjähriges Kind erlangt. Nicht nur volljährige, sondern auch minderjährige Personen können an Kindes Statt angenommen werden. Eine Annahme an Enkels Statt ist gesetzlich nicht zulässig. Inwieweit die Wirkung einer Annahme an Kindes Statt sich auch auf die Kinder (Abkömmlinge) der angenommenen Person erstreckt, s. unten zu 3 (am Ende). Eine sogenannte Pflegekindschaft im Rechtssinne, also mit bestimmten rechtlichen Wirkungen, gibt es nicht mehr. Die deutschen Gesetze über die Annahme an Kindes Statt kommen zur Anwendung, wenn der Annehmende die Reichsangehörigkeit besitzt.

1. Voraussetzung für die Zulässigkeit einer Annahme an Kindes Statt ist vor allem, daß der oder die Annehmende (der künftige Adoptivvater, die künftige Adoptivmutter) keine ehelichen Abkömmlinge (Kinder, Enkel usw.) hat oder solche nicht mehr hat (dies soll künftig dahin geändert werden, daß das Vormundschaftsgericht bei der Genehmigung der Adoption von dieser Voraussetzung der Kinderlosigkeit absehen kann). Sollte den Adoptiveltern nach der Annahme einer Person an Kindes Statt noch ein eheliches Kind geboren werden, so hebt dies die Gültigkeit der Annahme an Kindes Statt nicht hinterher auf. Daß eine Frau oder ein Mädchen uneheliche Kinder hat, hindert sie nicht, andere an Kindes Statt anzunehmen, obwohl sonst die unehelichen Kinder im Verhältnis zu ihrer Mutter die gleichen Rechte wie eheliche Kinder haben. Gleich ehelichen Kindern verhindern z. Zt. auch legitimierte uneheliche Kinder (s. „Legitimation unehelicher Kinder") eine Annahme anderer an Kindes Statt durch den Vater oder die Mutter.

Die Annahme an Kindes Statt erfolgt durch einen Vertrag zwischen dem anzunehmenden Kinde und dem künftigen Adoptivvater oder der Adoptivmutter. Durch ein Testament kann eine Annahme an Kindes Statt nicht ausgesprochen werden. Die Annahme an Kindes Statt bedarf zu ihrer Gültigkeit einer Bestätigung durch das zuständige Gericht (künftig: Vormundschaftsgericht) (s. unten 2). Dies hat nicht die Bedeutung, daß das Gericht zu prüfen hätte, ob die Adoption im Interesse des zu Adoptierenden liege.

Eine wichtige Voraussetzung für die Annahme an Kindes Statt (Adoption) ist, daß der (die) Annehmende das 50ste Lebensjahr vollendet haben und mindestens 18 Jahre älter sein muß als das Kind (künftig soll Vollendung des 40. Lebensjahres genügen). Von diesen Voraussetzungen kann jedoch aus besonderen Gründen im Gnadenwege Befreiung (Dispensation) erteilt werden; doch muß der (die) Annehmende auf alle Fälle volljährig sein. In Preußen entscheidet das Amtsgericht, nach dessen etwaiger Ablehnung Beschwerde an den Justizminister. Das Amtsgericht ist auch zuständig in den anderen größeren Bundesstaaten außer Hessen; in Mecklenburg ist das Justizministerium, in Hamburg die Senatskommission für Justiz, in Thüringen das Vormundschaftsgericht zuständig (vgl. Preuß. JMBl. 1922 S. 424 mit Berichtigungen 1923 S. 488, 712, 1924 S. 292, 406, 414).

Ehegatten können gemeinsam ein Kind (oder mehrere) adoptieren. Will nur einer der Ehegatten adoptieren, so bedarf er dazu der Einwilligung des anderen Gatten. Andere Personen als Ehegatten können kein Kind als gemeinschaftliches annehmen. (Künftig soll von dem Mangel des erforderlichen Alters der Adoptierenden überhaupt abgesehen werden, wenn ein Kind von einem Ehepaar, das gemeinschaftliche Kinder weder hat noch gehabt hat, nach zehnjähriger Dauer der Ehe als gemeinschaftliches Kind angenommen werden soll). Das einmal adoptierte Kind kann, solange das durch die Adoption begründete Verwandtschaftsverhältnis nicht etwa hinterher wieder aufgehoben ist (s. unten 4), nicht auch noch von einer anderen Person an Kindes Statt angenommen werden; nur der Ehegatte des Adoptivvaters oder der Adoptivmutter kann nachträglich auch seinerseits das von dem Gatten adoptierte Kind noch an Kindes Statt annehmen. Ist jemand, der sich adoptieren lassen will, bereits verheiratet, so ist die Adoption nur mit Einwilligung seines Ehegatten zulässig. Diese Einwilligung ist nur dann nicht erforderlich, wenn der Ehegatte zur Abgabe einer Erklärung dauernd außerstande oder sein Aufenthalt dauernd unbekannt ist. Unter Umständen ist auch die Einwilligung noch anderer Personen nötig. Solange das zu adoptierende Kind minderjährig (unter 21 Jahren) ist, bedarf es der Einwilligung der Eltern; ist das minderjährige Kind unehelich, so ist die Einwilligung der Mutter erforderlich; es sei denn, daß die Eltern oder die Mutter zur Abgabe einer Erklärung dauernd außerstande sind oder daß sie (z. B. bei Findelkindern) nicht bekannt sind. Die von diesen Personen einmal erteilte Einwilligung ist unwiderruflich. Die Einwilligung ist persönlich zu erklären; sie kann nicht durch einen Vertreter erklärt werden. Ist der, dessen Einwilligung erforderlich ist, in der Geschäftsfähigkeit beschränkt (z. B. minderjährig oder wegen Geistesschwäche, Verschwendung, Trunksucht entmündigt), so bedarf er nicht der Zustimmung seines gesetzlichen Vertreters (Vaters, Vormundes). Die Einwilligungserklärung muß gerichtlich oder notariell beurkundet sein (s. „Form der Rechtsgeschäfte 2").

2. Abschließung und Bestätigung des Annahme- (Adoptions-) Vertrages. Wir sahen oben, daß eine Annahme an Kindes Statt durch einen Vertrag zwischen dem zu Adoptierenden und dem künftigen Adoptivvater oder der künftigen Adoptivmutter zustande kommt. Dieser Vertrag muß von den Beteiligten persönlich geschlossen werden; sie können dabei nicht durch einen Bevollmächtigten oder durch den Vater (die Mutter) oder den Vormund (als sog. gesetzliche Vertreter) vertreten werden. Nur wenn ein zu adoptierendes Kind das 14. Lebensjahr noch nicht vollendet hat, kann sein gesetzlicher Vertreter (der Vater, die Mutter, der Vormund) den Vertrag für das Kind schließen; das Kind selbst wirkt also nicht mit.

In besonderen Fällen müssen aber noch andere Personen zu der Erklärung des einen oder des andern Teils ihre Einwilligung erteilen. Ist nämlich die Person, welche adoptieren will, in der Geschäftsfähigkeit beschränkt (vgl. „Geschäftsfähigkeit"), weil sie wegen Geistesschwäche oder wegen Verschwendung oder wegen Trunksucht entmündigt ist, so bedarf es zu der von ihr selber abzugebenden Erklärung noch der Zustimmung ihres gesetzlichen Vertreters (s. vorstehend) und der Genehmigung des Vormundschaftsgerichts. Dasselbe gilt, wenn die zu adoptierende Person in der Geschäftsfähigkeit beschränkt (also noch minderjährig oder entmündigt) ist. Will ein Vormund sein Mündel adoptieren, so soll die Einwilligung vom Vormundschaftsgericht nicht erteilt werden, solange der Vormund noch im Amte ist. Ist die Vormundschaft schon beendet, so soll die Genehmigung nicht eher erteilt werden, als bis der gewesene Vormund über seine Verwaltung Rechnung gelegt und das Vorhandensein des Mündelvermögens nachgewiesen hat, damit nicht eine Annahme an Kindes Statt dazu mißbraucht werden kann, eine schlechte oder gar untreue Vermögensverwaltung eines Vormundes zu verdecken. Dasselbe gilt, wenn ein zu einer Vermögensverwaltung bestellter Pfleger seinen Pflegling oder seinen früheren Pflegling an Kindes Statt annehmen will.

Der Annahmevertrag muß vor Gericht (einem Amtsgericht) oder vor einem Notar geschlossen werden; die Beteiligten (der Adoptierende und der zu Adoptierende) müssen gleichzeitig in Person vor dem Richter oder dem Notar erscheinen (diese Forderung der gleichzeitigen Anwesenheit soll künftig wegfallen). Wie eingangs schon erwähnt, bedarf der Annahme- (Adoptions-) Vertrag (außer dem Abschlusse vor einem Gericht oder Notar) auch noch einer Bestätigung durch das zuständige Gericht; dies ist regelmäßig das Amtsgericht, in dessen Bezirk der Annehmende seinen Wohnsitz oder Aufenthalt hat (Ges. Freiw. Gerichtsbarkeit 65ff., Gutt. Sammlung Nr. 46).

3. Wirkung der Annahme an Kindes Statt. Durch die Annahme an Kindes Statt erlangt das Kind die rechtliche Stellung eines ehelichen Kindes des Annehmenden (des Adoptivvaters, der Adoptivmutter). Wird von einem Ehepaare gemeinschaftlich ein Kind angenommen, oder nimmt ein Ehegatte ein Kind des andern Ehegatten an, so erlangt das Kind die rechtliche Stellung eines gemeinschaftlichen ehelichen Kindes der Ehegatten. Das Kind erhält den Familiennamen des Adoptivvaters oder der Adoptivmutter (Adoption nur um des Namens willen ist nichtig; künftig soll sogar die Genehmigung des Adoptionsantrags versagt werden, wenn erhebliche Zweifel daran begründet sind, ob die Vertragschließenden einen dem Eltern- und Kindesverhältnis entsprechenden Zustand wirklich herbeiführen wollen). Ist die Adoptivmutter verheiratet oder verwitwet, so erhält ihr Adoptivkind nicht den Namen des Ehemannes, sondern den Namen, den sie vor ihrer Verheiratung führte (also den Familiennamen der Mutter). Ist das Kind von beiden Adoptiveltern angenommen, so erhält es selbstverständlich den Namen des Adoptivvaters. Regelmäßig führt das Kind diesen neuen Namen allein. Es ist ihm aber gestattet, daß es zu dem neuen Namen seinen früheren Familiennamen hinzusetzt, also einen Doppelnamen führt, wenn im Annahmevertrage nichts anderes bestimmt ist. Ist das Adoptivkind eine verheiratete Frau oder Witwe, so behält sie natürlich trotz der Adoption den Namen des Mannes bei; nur ihr Familienname (Mädchenname) erleidet die Änderung. Erna Müller, geb. Stein, die von Held adoptiert ist, schreibt sich also künftig: Erna Müller, geb. Held oder geb. Held-Stein. Eine Adelsbezeichnung des Annehmenden steht auch dem angenommenen Kinde zu (Art. 109 Reichsverf.), da die Adelsbezeichnungen zum Namen gehören. Welche Rechte im einzelnen durch die Annahme an Kindes Statt zwischen dem Adoptierenden und dem Adoptivkinde begründet werden, darüber ist der Artikel „Eltern und Kinder" zu vergleichen, da eben das Verhältnis zwischen beiden im wesentlichen dasselbe ist wie das zwischen Eltern und ihren leiblichen Kindern. Die wenigen abweichenden Vorschriften, die das Gesetz für nötig befunden hat, werden weiter unten mitgeteilt. Die wichtigste Wirkung der Adoption ist, daß der Adoptivvater, wenn das Adoptivkind noch minderjährig ist, die Rechte der elterlichen Gewalt über das Kind erlangt (s. „Eltern und Kinder 4"). Ist das Adoptivkind von einem Ehepaar gemeinschaftlich angenommen, so gilt in Ansehung der elterlichen Gewalt über das Kind ganz dasselbe, wie wenn es ein gemeinschaftliches eheliches Kind beider Adoptiveltern wäre; die elterliche Gewalt würde also insbesondere im Falle des Todes usw. des Adoptivvaters auf die Adoptivmutter übergehen. Hat eine Frau allein das Kind adoptiert, so erlangt die Adoptivmutter von vornherein die elterliche Gewalt über das (minderjährige) Kind. Zu den Rechten der elterlichen Gewalt gehört vor allem das Recht, das etwa vorhandene Vermögen des Kindes zu verwalten und zu nutzen; das Nähere hierüber ist in dem Artikel „Verwaltung des Kindesvermögens usw." nachzulesen. Zum Schutze des Kindes bestimmt aber das Gesetz, daß der Adoptivvater (die Adoptivmutter) über das Vermögen des Kindes, soweit es auf Grund der elterlichen Gewalt in seine (ihre) Verwaltung kommt, auf eigene Kosten sofort ein Verzeichnis (Inventar) aufzunehmen und dem Vormundschaftsgerichte mit der (mündlichen oder schriftlichen) Versicherung der Richtigkeit und Vollständigkeit einzureichen hat. Im Falle einer Verheiratung des Adoptivvaters oder der Adoptivmutter gilt, wenn er (sie) die elterliche Gewalt über das Adoptivkind (noch) hat, hinsichtlich der Anzeige beim Vormundschaftsgericht und der nach Lage der Sache etwa erforderlichen Vermögensauseinandersetzung mit dem Kinde dasselbe, wie wenn der leibliche Vater, der die elterliche Gewalt über sein Kind hat, eine neue Ehe eingehen will (s. „Verwaltung usw. des Kindesvermögens durch den Vater 1").

In dem Annahmevertrage kann übrigens vereinbart werden, daß der Adoptierende kein Nutznießungsrecht an dem Vermögen des Kindes haben soll. Es kann auch festgesetzt werden, daß das Kind kein Erbrecht gegen den Adoptivvater (die Adoptivmutter) haben soll (der Ausschluß des Erbrechts soll künftig nicht mehr möglich sein). Wie zwischen Eltern und leiblichen Kindern, so besteht auch zwischen Adoptiveltern und Adoptivkindern eine gegenseitige Unterhaltspflicht in Gemäßheit der allgemeinen gesetzlichen Bestimmungen (s. „Unterhaltspflicht"), und zwar sind die Adoptiveltern dem Kinde und seinen Abkömmlingen vor den leiblichen Verwandten des Kindes zur Gewährung des Unterhalts verpflichtet. Durch die Adoption hört das Adoptivkind nicht auf, Mitglied seiner bisherigen (natürlichen) Familie zu sein; die Rechte und Pflichten, die ihren Grund in dem Verwandtschaftsverhältnis zwischen dem adoptierten Kinde und seinen leiblichen Eltern, Geschwistern und sonstigen Verwandten haben, bleiben im wesentlichen bestehen; das gilt besonders von den Erbrechten des Kindes gegen diese Personen und umgekehrt. Nur verlieren die leiblichen Eltern die elterliche Gewalt, insbesondere auch das Erziehungsrecht, über ihr von einem anderen an Kindes Statt angenommenes Kind, da diese auf den Adoptivvater übergeht. Ist ein uneheliches Kind adoptiert, so verliert die Mutter das ihr sonst gesetzlich zustehende Recht (und die Pflicht), für die Person des Kindes (seine Erziehung usw.) zu sorgen. Die Frage, ob die leiblichen Eltern des adoptierten Kindes ein klagbares Recht darauf haben, mit ihm noch persönlich zu verkehren, ist vom Reichsgericht verneint. Die elterliche Gewalt der leiblichen Eltern und das Recht der unehelichen Mutter leben selbst dann nicht wieder auf, wenn etwa die Annahme an Kindes Statt nachträglich wieder aufgehoben würde (s. unten). Sollte jedoch das Kind in eine Lage geraten, daß ihm von dem leiblichen Vater oder der leiblichen Mutter der Unterhalt gewährt werden müßte, so treten das Recht und die Pflicht dieser Personen, für die Person des Kindes zu sorgen, wieder ein, wenn die elterliche Gewalt des Adoptivvaters oder der Adoptivmutter aufgehört hat oder wenn sie wegen Entmündigung oder dauernder Abwesenheit des Adoptivvaters oder der Adoptivmutter „ruht" (s. „Eltern und Kinder 7"); das Recht zur Vertretung des Kindes in seinen Rechtsangelegenheiten erlangen die Eltern jedoch auch in diesem Falle nicht wieder; es muß dem Kinde ein Vormund bestellt werden.

Ganz freilich steht das durch eine Annahme an Kindes Statt begründete Verhältnis, wie oben schon bemerkt wurde, dem durch die natürliche Verwandtschaft begründeten nicht gleich. Hervorzuheben ist vor allem, daß der Adoptivvater oder die Adoptivmutter durch die Annahme an Kindes Statt keine Erbrechte, noch weniger Pflichtteilsrechte, gegen das Adoptivkind oder dessen Abkömmlinge (Kinder usw.) erwerben (das soll künftig in einem dem Erbrecht des Adoptivkindes günstigeren Sinne geändert werden). Die Wirkungen der Annahme an Kindes Statt erstrecken sich auch auf die Kinder usw. des angenommenen Kindes, die nach der Annahme geboren werden; auf die zur Zeit der Adoption schon vorhandenen Kinder und weiteren Abkömmlinge des Adoptivkindes erstrecken sie sich nur, wenn der Annahme- (Adoptions-)Vertrag auch mit ihnen geschlossen ist. Dagegen wird durch eine Annahme an Kindes Statt keine Verwandtschaft zwischen dem Adoptivkinde und den Verwandten des Adoptivvaters oder der Adoptivmutter begründet; das Adoptivkind tritt nicht in die Familie des Adoptivvaters (der Adoptivmutter) ein. Ebensowenig tritt das Kind zu dem Ehegatten des Adoptierenden in eine rechtliche Beziehung; es wird nicht mit der Frau des Adoptivvaters oder dem Manne der Adoptivmutter verschwägert (s. „Verwandtschaft usw. 2").

4. Wiederaufhebung einer Annahme an Kindes Statt. Die durch die Adoption begründeten Verwandtschafts- und Rechtsverhältnisse können durch Vertrag zwischen dem Annehmenden und dem Kinde und dessen Abkömmlingen wieder aufgehoben werden. Dies kann auch noch nach dem Tode des Kindes oder des einen der beiden Adoptiveltern durch Vertrag zwischen den übrigen Beteiligten geschehen. Für diesen Vertrag gelten dieselben gesetzlichen Vorschriften wie für den Annahmevertrag selber. Eine Heirat zwischen dem Adoptivvater (der Adoptivmutter) und dem Adoptivkinde oder dessen Abkömmlingen ist gesetzlich verboten; ist aber diesem Verbot zuwider doch eine Ehe zwischen solchen Personen geschlossen, so ist dadurch das durch die Adoption zwischen ihnen begründete Rechtsverhältnis wieder aufgehoben. Mit der Aufhebung der Adoption verlieren das Kind und seine Abkömmlinge das Recht, den Familiennamen des Adoptivvaters (der Adoptivmutter) ferner zu führen. Erfolgt jedoch diese Aufhebung erst nach dem Tode eines der beiden Adoptiveltern, so behält das Kind das Recht, den Namen des Adoptivvaters weiter zu führen. Eine in aller Form vorgenommene Adoption kann sich unter Umständen hinterher als ungültig (nichtig) herausstellen; war z. B. zur Zeit der Annahme an Kindes Statt ein eheliches Kind oder sonstiger ehelicher Abkömmling des Adoptierenden für tot erklärt, so ist die Adoption rechtsungültig, wenn sich später herausstellt, daß das für tot erklärte Kind usw. noch lebt oder zur Zeit der Adoption noch lebte, da nur der gültig adoptieren kann, der keine ehelichen Abkömmlinge hat.

Annahme eines Schuldversprechens (305) siehe Schuldversprechen.

Annahme eines Vertragsantrages (einer Offerte) s. Vertrag, Vertragsantrag usw.; einer Erfüllung s. Erfüllung von Schuldverhältnissen; eines Pakets, eines Frachtstücks s. daselbst; eines Guts s. Gutsübergabe; einer Erbschaft durch eine Frau s. Eingebrachtes Gut usw. 6; von Zahlungen durch den Vormund s. Vormund 6; eines Werkes, einer Arbeit, eines Baues s. Werkvertrag und Arbeitsvertrag 2.

Annahme und Ausschlagung einer Erbschaft (1942 ff.). **1.** Annahme oder Ausschlagung. Wer durch gesetzliche Bestimmung (s. „Gesetzliche Erben") oder durch Testament oder Vertrag (Erbvertrag) als Erbe eines Verstorbenen berufen ist, erwirbt die Erbschaft (zu seinem Anteile) ohne weiteres mit dem Tode des Erblassers; er ist an dessen Stelle getreten, ist Eigentümer oder Miteigentümer seiner Grundstücke, seiner Wertpapiere, seines Hausrats usw geworden, ist aber auch in seine Schulden eingetreten, alles ohne daß es einer ausdrücklichen Erklärung von ihm, daß er die Erbschaft antreten wolle, bedarf (vgl. „Erbteilung 1"). Auch der Besitz an den Sachen, die der Erblasser besaß (s. „Besitz"), geht auf ihn über (857). Andererseits soll er aber auch nicht gezwungen werden, gegen seinen Willen eine Erbschaft anzunehmen, die ihn mit schweren Verbindlichkeiten belasten oder nur seinen Gläubigern zugute kommen würde; er hat deshalb das Recht, die ihm angefallene Erbschaft auszuschlagen, und muß dies tun, wenn er nicht Erbe sein will. Wer daher erfährt, daß jemand gestorben ist, den er nach Gesetz, Testament oder Vertrag allein oder mit anderen beerbt, muß überlegen, ob er die Erbschaft annehmen oder ausschlagen will. Will er sie annehmen (d. h. behalten), so braucht er dies nicht ausdrücklich zu erklären; denn er hat und behält die Erbschaft, wenn er sie nicht binnen der Ausschlagsfrist (s. nachstehend) ausschlägt. Er kann aber auch die Annahme, ausdrücklich oder stillschweigend, erklären; dann ist damit freilich sein Recht, die Erbschaft auszuschlagen, erloschen. (Siehe über das, was ein Erbe unter Umständen vorsichtshalber zu tun hat, wenn er eine Erbschaft annimmt, unter „Aufgebot der Nachlaßgläubiger" und „Erbschaftsschulden, Haftung des Erben für die"). Solange der Erbe die Erbschaft weder angenommen, noch (bis zum Ablauf der Frist) ausgeschlagen hat, ist unentschieden, ob er Erbe wird (bleibt) oder nicht; die Erbschaft ist gewissermaßen in der Schwebe. Ob und in welchen Handlungen des Erben eine stillschweigende Annahme der Erbschaft zu finden ist, hat das Gericht (wenn es darüber zum Prozeß kommen sollte) zu ermessen. Hat der Erbe wie ein Eigentümer mit den Erbschaftssachen geschaltet und gewaltet, so kann nicht zweifelhaft sein, daß er die Erbschaft behalten will, ebenso wenn er die Ausstellung eines Erbscheins beantragt. Nimmt er dagegen Handlungen vor, die nur der Sicherung und Erhaltung des Nachlasses dienen sollen, so liegt darin keine Annahmeerklärung. — Will der Erbe die Erbschaft ausschlagen, so muß er dies binnen längstens sechs Wochen tun; diese Frist beginnt mit dem Zeitpunkt, in welchem der Erbe vom Tode des Erblassers und dem Grunde seiner Berufung Kenntnis erlangt hat, ihm muß also bekannt sein: der Tod des Erblassers; sein Verhältnis zu ihm, als Verwandter oder Ehegatte, wenn er auf Grund dieses Verhältnisses sein gesetzlicher Erbe ist; aber auch, daß kein Verwandter ihm vorgeht oder daß der vorgehende und ihn ausschließende Verwandte weggefallen ist. Weiter muß ihm (im Falle der gesetzlichen Erbfolge) bekannt sein, daß keine letztwillige Verfügung des Verstorbenen vorliegt, wenigstens insofern, als die Frist nicht zu laufen beginnt, solange er irrtümlich annimmt, daß eine letztwillige Verfügung da sei. Jeder Irrtum des Erben, der seine Kenntnis von dem Erbanfall hindert, verhindert auch, daß die Frist zu laufen beginnt. Beruht die Erbschaft auf einem Testament oder Erbvertrage, so soll die Frist nicht eher beginnen, als bis die letztwillige Verfügung gerichtlich verkündet ist. (Auf den Lauf der Frist finden die Vorschriften der §§ 203 und 206 Anwendung; s. „Verjährung“). Für einen Nacherben (s. dort) beginnt die Frist nicht vor dem Anfalle der Nacherbschaft. Die Frist zur Ausschlagung beträgt ausnahmsweise sechs Monate, wenn der Erblasser seinen letzten Wohnsitz nur im Auslande gehabt hat oder wenn sich der Erbe bei dem Beginne der Frist im Auslande aufhält. Die Ausschlagung der Erbschaft muß in der Weise erfolgen, daß sie entweder vor dem Nachlaßgerichte (s. dort) zu Protokoll erklärt oder die Erklärung dem Nachlaßgerichte schriftlich, und zwar in öffentlich beglaubigter Form (s. „Form und Rechtsgeschäfte 3“) eingereicht wird. Das Einfachste ist also, die Ausschlagungserklärung schriftlich aufzusetzen, seine Unterschrift gerichtlich oder notariell beglaubigen zu lassen und die Erklärung alsdann dem zuständigen Nachlaßgericht (vor Ablauf der Frist!) zu übersenden. Jede in anderer Weise, z. B. einem Nachlaßgläubiger oder einem Miterben gegenüber, abgegebene Erklärung ist ungültig. Die Erklärung kann zwar auch durch einen Bevollmächtigten abgegeben werden; es muß aber die Vollmacht beigefügt oder vor Ablauf der Ausschlagungsfrist nachgebracht und diese Vollmacht muß auch wieder in öffentlich beglaubigter Form ausgestellt sein. Der Ausschlagende muß geschäftsfähig sein. Für Nichtgeschäftsfähige gibt der gesetzliche Vertreter, Vormund usw. die Erklärung ab, die vormundschaftsgerichtlich genehmigt werden muß. Auch die Inhaber der elterlichen Gewalt (Vater, Mutter) bedürfen zur Ausschlagung der Erbschaft für die von ihnen vertretenen Kinder der Genehmigung des Vormundschaftsgerichts (1643, 1822), die ebenfalls vor Ablauf der Ausschlagefrist erteilt und dem Nachlaßgericht zugegangen sein muß (1831); vgl. „Verwaltung usw. des Kindesvermögens 1“ und „Vormund 6 B 5“. Der Vater und die Mutter, wenn sie die elterliche Gewalt ausüben, bedürfen der vormundschaftlichen Genehmigung nicht, wenn der Anfall an das Kind erst durch ihre Ausschlagung eingetreten ist, z. B. dem Vater ist die Erbschaft nach seinem Vater angefallen, durch seine Ausschlagung fällt die Erbschaft dem Sohne an. Anders, wenn der Vater neben dem Kinde berufen ist, z. B. nach seiner Ehefrau mit dem Kinde zusammen; in diesem Falle ist Genehmigung erforderlich. Verabsäumt der gesetzliche Vertreter die Ausschlagungsfrist, so gehen dadurch die von ihm Vertretenen des Ausschlagungsrechts verlustig. Es sind dann jedenfalls von dem gesetzlichen Vertreter diejenigen Sicherungsmaßregeln für sie zu ergreifen, von denen in dem Art. „Nachlaßschulden usw.“ unter 1 gehandelt wird. — Stirbt ein Erbe, solange er eine ihm angefallene Erbschaft noch ausschlagen konnte, so können seine Erben dies noch tun, und zwar mindestens solange, bis die ihnen wegen des Nachlasses ihres Erblassers zustehende Ausschlagungsfrist abgelaufen ist. Von mehreren Erben kann jeder den ihm zustehenden Erbteil ausschlagen.

Wer durch eine Verfügung von Todes wegen (Testament oder Erbvertrag) als Erbe berufen ist, kann, wenn er ohne die Verfügung als gesetzlicher Erbe berufen sein würde, die Erbschaft als eingesetzter Erbe ausschlagen und als gesetzlicher Erbe annehmen, wenn ihm dies vorteilhafter erscheint. Diese Bestimmung wird oft mißverstanden, der erstrebte Erfolg tritt nur ein, wenn die Ausschlagung die Eröffnung der gesetzlichen Erbfolge zur Folge hat, also wenn weder eine Ersatzerbfolge noch eine Anwachsung auf Grund des Testamentes eintritt. Wer durch Testament und durch Erbvertrag als Erbe berufen ist, kann die Erbschaft aus dem einen Berufungsgrund annehmen und aus dem anderen ausschlagen (1948). Die Annahme gilt als nicht erfolgt, wenn der Erbe über den Berufungsgrund im Irrtume war. Die Ausschlagung erstreckt sich im Zweifel auf alle Berufungsgründe, die dem Erben zur Zeit der Erklärung bekannt sind (1949).

Folge der Ausschlagung (1953). Schlägt ein Erbe die ihm angefallene Erbschaft oder den ihm angefallenen Erbteil aus, so fällt sein Teil dem zunächst durch Testament oder Gesetz Berufenen zu. Es ist so anzusehen als ob der Ausschlagende beim Tode des Erblassers nicht mehr gelebt hätte. Hinterläßt beispielsweise ein Erblasser als gesetzliche Erben nur zwei Söhne A. und B., die ihrerseits Kinder haben, und schlägt A. die Erbschaft aus, so sind an seiner Stelle seine Kinder berufen. Der Nachlaß würde zur Hälfte an den Sohn B., zur anderen Hälfte an die Kinder des ausschlagenden Sohnes A. nach Kopfteilen fallen. — Hat der Erblasser ein Testament gemacht, in dem er mehrere Erben eingesetzt hat, so fragt es sich zunächst, ob er etwa für den Fall des Wegfallens eines Erben für diesen einen Ersatzerben (s. d.) ernannt hat; der Erbteil des Ausschlagenden fällt dann an den (die) Ersatzerben; sind keine Ersatzerben da, so wächst der Erbteil des Ausschlagenden den übrigen Erben an (siehe „Anwachsung bei Miterben“). Schlagen alle eingesetzten Erben aus und sind keine Ersatzerben benannt oder schlagen diese auch aus, so tritt die gesetzliche Erbfolge ein (s. „Gesetzliche Erben“). — Das Nachlaßgericht soll demjenigen, dem infolge der Ausschlagung die Erbschaft zufällt, von der Ausschlagung Mitteilung machen, damit dieser nunmehr in der Lage ist, sich darüber schlüssig zu machen, ob er die Erbschaft nicht auch ausschlagen will.

Eine bedingte oder befristete Ausschlagung ist unwirksam!

Eine Ausschlagung einer Erbschaft zugunsten einer bestimmten Person in dem Sinne, daß der Ausschlagende selbst bestimmen könnte, an wen sein Erbteil nun fallen solle, gibt es nicht. Eine solche wird, wenn die begünstigte Person nicht die zunächst Berufene ist, als bedingte Ausschlagung unwirksam sein. Ist sie zugunsten der zunächst berufenen Person erfolgt, so ist der Zusatz bedeutungslos, und daher überflüssig. Die Zuwendung eines Erbteils an einen nicht zunächst Berufenen läßt sich nur durch Annahme der Erbschaft und Übereignung an diesen erreichen.

Die Ausschlagung der Erbschaft kann von etwaigen Gläubigern des Ausschlagenden nicht angefochten werden. Gerät ein Erbe, nachdem ihm eine Erbschaft angefallen ist, in Konkurs, so hängt es allein von seinem Willen ab, ob er die Erbschaft annehmen (und damit den Nachlaß seinen Gläubigern zuwenden) oder ob er sie ausschlagen will; die Ausschlagung kann von den Konkursgläubigern oder dem Konkursverwalter nicht angefochten werden (KO § 9).

Anfechtung der Annahme oder der Ausschlagung der Erbschaft durch den Erben selbst. Hat der Erbe die Erbschaft angenommen oder hat er sie ausgeschlagen, so kann er unter Umständen die daraus für ihn entstehenden Folgen dadurch abwenden, daß er die Annahme oder die Ausschlagung anficht (1954—1957). Aus welchen Gründen eine solche Anfechtung zulässig ist, ergibt sich aus den allgemeinen Rechtsvorschriften (vergleiche darüber den Artikel „Anfechtung einer Willenserklärung usw."); es kommen hier in Betracht Irrtum, arglistige Täuschung, widerrechtliche Drohung. Die Anfechtung ist auch dann zulässig, wenn die Annahme der Erbschaft dadurch herbeigeführt ist, daß der Erbe die Ausschlagungsfrist versäumt hat. Die Anfechtung der Annahme gilt als Ausschlagung, die Anfechtung der Ausschlagung als Annahme der Erbschaft. Wegen der Art der Anfechtung und der dabei zu beachtenden Fristen ist auf die §§ 1954, 1955 zu verweisen.

2. Rechtsverhältnis bis zur Entscheidung über Annahme oder Ausschlagung der Erbschaft. Sicherung des Nachlasses. Nachlaßpflegschaft. Solange der Erbe noch das Recht hat, die Erbschaft auszuschlagen, können die Gläubiger wegen der Nachlaßschulden nicht gerichtlich gegen ihn vorgehen. Der Erbe kann Zahlung oder sonstige Leistung solange verweigern, bis er die Erbschaft angenommen hat oder die Ausschlagungsfrist (oben 1) abgelaufen ist. Besorgt der Erbe, der demnächst die Erbschaft ausschlägt, erbschaftliche Geschäfte, so ist er demjenigen gegenüber, der nun Erbe wird, wie ein Geschäftsführer ohne Auftrag (s. dort) berechtigt und verpflichtet. Er kann unaufschiebbare Verfügungen über Nachlaßsachen gültig vornehmen. Bis dahin, daß sich entscheidet, ob der Erbe die Erbschaft annimmt, wie auch in den Fällen, wenn der Erbe unbekannt oder wenn ungewiß ist, ob der berufene Erbe die Erbschaft angenommen hat, muß das Nachlaßgericht (s. dort) etwa nötige Maßregeln zur Sicherung des Nachlasses treffen (1960—1962); es kann insbesondere die Anlegung von Siegeln, die Hinterlegung von Geld, Wertpapieren und Kostbarkeiten, sowie die Aufnahme eines Nachlaßverzeichnisses anordnen und für den, der demnächst Erbe wird, einen Pfleger (Nachlaßpfleger) bestellen (s. „Nachlaßpflegschaft"). Landesgesetzlich kann bestimmt werden, daß das Nachlaßgericht auch unter anderen, als den oben gedachten, Voraussetzungen die Anfertigung eines Nachlaßverzeichnisses, sowie bis zu dessen Vollendung die erforderlichen Sicherungsmaßregeln, insbesondere die Anlegung von Siegeln, von Amts wegen anordnen kann oder soll (EGBGB. 140). Damit das Nachlaßgericht von Todesfällen, die ein Einschreiten nötig machen, rechtzeitig Kenntnis erhält, sind landesrechtlich nähere Bestimmungen erlassen. In Preußen sollen die Ortspolizeibehörden (oder die Gemeindebehörden, wenn ihnen diese Verpflichtung übertragen wird) dem Amtsgerichte über einen in seinem Bezirke eingetretenen Todesfall, der gerichtliche Maßregeln zur Sicherung des Nachlasses erfordert, Anzeige machen (Pr. FGG. 19); auch sind die Dorfgerichte (s. dort) für die Sicherung des Nachlasses zuständig. — In Bayern kann die Anlegung von Siegeln dem Bürgermeister übertragen werden. In dringenden Fällen soll er selber für die Sicherung des Nachlasses vorläufig durch Anlegung von Siegeln sorgen und dem Amtsgericht sofort Anzeige machen (AGBGB. [Bay.] 105). — In Württemberg erfolgt die von dem ordentlichen Nachlaßgericht angeordnete Anlegung von Siegeln und die Entsiegelung durch zwei Waisenrichter, die in dringenden Fällen bei Abwesenheit des Vorsitzenden des Nachlaßgerichts Siegelungen und Hinterlegungen selber anordnen können (AGBGB. [W.] 73). — In Hamburg haben die Polizeibehörden von jedem zu ihrer Kenntnis gelangenden Todesfalle, bei welchem gerichtliche Maßregeln zur Sicherung des Nachlasses erforderlich erscheinen, dem Nachlaßgerichte, in dessen Bezirk der Todesfall eingetreten ist, sofort Mitteilung zu machen. Die Polizeibehörden haben bei Gefahr im Verzuge die für die Sicherung des Nachlasses erforderlichen Maßregeln zu treffen und die angeordneten Maßregeln dem Nachlaßgericht unverzüglich anzuzeigen (FGG. [H.] 29).

Eine Nachlaßregulierung von Amts wegen findet nicht statt. Das Gesetz überläßt die Ordnung des Nachlasses und die Auseinandersetzung zwischen mehreren Erben den Beteiligten selber, mischt sich also in den Nachlaß in der vorbezeichneten Weise nur ein, wenn besondere Umstände dies zur Sicherung des Nachlasses erfordern. Über die Vermittlung des Nachlaßgerichts bei Erbauseinandersetzungen s. Erbteilung 3. Eine besondere Bestimmung ist noch für den Fall getroffen, daß zur Zeit des Todes des Erblassers die Geburt eines Erben (Miterben) zu erwarten ist. Es muß nämlich in diesem Falle, soweit es nötig ist, aus dem Nachlasse oder dem Erbteil des zu erwartenden Kindes für den Unterhalt der Mutter bis zur Entbindung gesorgt werden (1963).

Annahmeverzug s. Zurückbehaltungsrecht; beim Handelskauf s. Handelskauf; des Gläubigers s. Verzug 2.

Annonce s. Inserat.

Anpreisungen, allgemeine, vonseiten eines Käufers usw., s. Gewährleistung wegen Mängel usw. 1 und Schwindelhafte Reklame 1.

Anrechnung (366, 367). A. schuldet dem B. aus einem Darlehn 150 M., ferner für gelieferte Waren 100 M., endlich aus einem Mietverhältnis 200 M.; er zahlt darauf dem B. 100 M. Es fragt sich hier: Auf welche Schuld ist diese Zahlung anzurechnen? Dies kann aus verschiedenen Gründen von rechtlicher Bedeutung sein, z. B. wenn eine Forderung früher verjährt, als die andere; wenn bloß für eine Forderung eine Sicherheit besteht usw. Es gilt zunächst der Satz, daß der Schuldner selbst bei der Zahlung bestimmen kann, welche Schuld dadurch (ganz oder teilweise) getilgt sein soll. Diese Bestimmung kann übrigens auch stillschweigend geschehen, ist also aus den Umständen zu entnehmen (RG.). Trifft er solche Bestimmung nicht, so bestimmt das Gesetz, vorwiegend im Interesse des Schuldners, daß zunächst die fällige Schuld, unter mehreren fälligen Schulden diejenige, welche dem Gläubiger geringere Sicherheit bietet; unter mehreren gleich sicheren die dem Schuldner lästigere, unter mehreren gleich lästigen die ältere Schuld und bei gleichem Alter jede Schuld verhältnismäßig getilgt sein soll. Sollte etwa der Gläubiger gleich nach dem Empfange der Zahlung dem Schuldner gegenüber bestimmen, auf welche Forderung er den Betrag anrechne, und der Schuldner sich dabei beruhigen, so würde allerdings diese Bestimmung rechtsverbindlich sein, aber nicht etwa, weil der Gläubiger bestimmen darf, sondern weil der Schuldner sich stillschweigend einverstanden erklärt hat. Besonders gilt übrigens für den Fall, daß der Schuldner außer der Hauptleistung (z. B. einem Darlehnskapital) Zinsen und Kosten zu entrichten hat; in solchem Fall ist gesetzlich eine zur Zahlung der ganzen Schuld (Kapital und Zinsen mit Kosten) nicht ausreichende Zahlung zunächst auf die Kosten, dann auf die Zinsen und zuletzt auf die Hauptleistung anzurechnen. Wollte hier der Schuldner eine andere Anrechnung bestimmen, so könnte der Gläubiger die Annahme überhaupt ablehnen. Alles Vorstehende bezieht sich nicht nur auf Geldschulden, sondern auch auf andere Fälle, wo ein Gläubiger aus mehreren Schuldverhältnissen zu gleichartigen Leistungen verpflichtet ist.

Wegen Anrechnung von Draufgeld, Angeld, Mietspfennig usw. s. Draufgabe.

Nicht zu verwechseln ist Anrechnung mit Aufrechnung, s. dort.

Anrechnung empfangener Sachen usw. bei der Erbteilung s. Ausgleichung unter Miterben; auf den Pflichtteil s. Pflichtteil 2.

Anschaffung von Waren und Wertpapieren s. Kaufmann.

Ansichtssendungen oder Mustersendungen (an Private) sind entweder unverlangte Sendungen (s. d.) und dann unverbindlich für den Empfänger oder verlangte Sendungen, aus denen etwas zum Kauf ausgewählt werden soll oder die zum Umtausch einer schon gekauften Sache dienen. Das ist nicht dasselbe wie ein Kauf zur Probe (s. d.), und es entstehen auch größere Sorgfaltspflichten beim Empfänger, als es bei unverlangten Sendungen der Fall sein würde. Er hat dem Empfangenen diejenige Sorgfalt zuzuwenden, die er seinen eigenen Sachen widmet; es sind ja noch nicht seine eigenen Sachen, ehe er nicht etwas ausgewählt und dies gekauft hat; dann ist es ihm allerdings in diesem Augenblick übereignet, da der Besitz dann Eigenbesitz wird. Die Gefahr für Untergang der noch nicht gekauften Sachen (also sowohl beim Hin- wie beim Rücktransport) hat der Verkäufer zu tragen, der Käufer beim Rücktransport nur für Verschulden (ähnlich dem Rechtssatz bei der „Leihe").

Ansprüche aus dem Eigentum s. Eigentumsansprüche; Verjährung der, s. Verjährung.

Anspruchsverjährung s. Verjährung.

Anstalten s. Stiftungen; als gesetzliche Erben s. Gesetzliche Erben 3; Haftung für ihre Beamten und Angestellten s. Beamte usw. 2. — Siehe auch Erziehungsanstalten.

Anstaltsvormundschaft s. Amtsvormundschaft.

Anstiftung, Haftung für den Schaden, s. Schadensersatz wegen unerlaubter Handlung 5.

Anteile an einer Gemeinschaft s. Gemeinschaft; an einer Erbschaft s. Erbteilung 2.

Antenne. Nach der Entscheidung des Reichsgerichts Band 126 S. 93 ist der Hausbesitzer nicht verpflichtet, die Hoch- oder Dachantenne des Mieters zu dulden. Die Richtigkeit dieser Entscheidung ist vielfach bestritten. Hat der Eigentümer die Anbringung, wenn auch nur stillschweigend, gestattet, so verbleibt es dabei. Für etwaigen Schaden, der durch die Anbringung der Hochantenne verursacht wird, z. B. Dachschaden, haftet der Mieter, dem sie gehört, auch wird man dem Vermieter eine angemessene Entschädigung für die Erlaubnis zum Halten der Antenne nicht versagen können. Die Anbringung einer Zimmerantenne kann der Vermieter nicht verbieten.

Antrag s. Vertrag usw.

Antretung einer Erbschaft s. Annahme und Ausschlagung einer Erbschaft.

Antwort, Verpflichtung zur, unter Kaufleuten, s. Handelsgeschäfte 1.

Anwachsung bei Miterben (2094, 2095). Es kann vorkommen, daß der einem Erben in einem Testament vermachte Erbteil sich infolge besonderer Umstände vergrößert; dies geschieht dadurch, daß ein Erbteil, der einem Miterben vermacht ist, den anderen Erben „anwächst", weil der zunächst Bedachte aus irgendwelchem Grunde wegfällt. Der Hauptfall ist, wenn der miteingesetzte Erbe vor dem Erblasser stirbt, ihn also nicht beerben kann. Aber ein solches Anwachsen findet nur unter bestimmten Voraussetzungen statt und nicht gegen den Willen des Erblassers, der das Anwachsen untersagen kann, z. B. wenn er will, daß die etwa wegfallenden Erbteile seiner eingesetzten Erben seinen gesetzlichen Erben zufallen sollen. Meist aber denkt der Erblasser, wenn er ein Testament macht, gar nicht daran, daß einer der von ihm eingesetzten Erben wegfallen könnte. Das Gesetz muß also hier Vorsorge treffen; es bestimmt folgendes: Hat der Erblasser über seinen Nachlaß in der Weise verfügt, daß er ganz an die eingesetzten Erben fallen soll, so daß für die gesetzlichen Erben nichts übrig bleibt, so bekommen diese auch dann nichts, wenn einer der eingesetzten Erben wegfällt; dieser freigewordene Erbteil wächst dann den anderen eingesetzten Erben an nach dem Verhältnisse ihrer Erbteile. Sind aber einige der Erben auf einen gemeinschaftlichen Erbteil eingesetzt, so tritt die Anwachsung zunächst unter ihnen ein. Beispiel: X. hat seine drei Freunde A., B. und C. zu Erben seines ganzen Nachlasses eingesetzt; sein Neffe Z., der sein gesetzlicher Erbe sein würde, wenn er kein Testament gemacht hätte, geht leer aus. Nun stirbt A. vor dem Erblasser. Sein Erbteil geht jetzt an B. und C. zu gleichen Teilen über, so daß diese jeder die Hälfte des Nachlasses bekommen; Z. erhält wieder nichts. Hat aber X. seinem Frunde A. ein Drittel und seinem Freunde B. und dessen Frau zusammen zwei Drittel vermacht, so fällt, wenn B. vor dem Erblasser verstirbt, sein Erbteil seiner Frau zu, so daß diese nun zwei Drittel des Nachlasses erhält. — Eine andere Regelung greift Platz, wenn neben den eingesetzten Erben gesetzliche Erben miterben, wenn also der Erblasser bloß über einen Teil seines Nachlasses zugunsten der von ihm eingesetzten Erben verfügt hat. X. bestimmt z. B. nur, daß seine Freunde A. und B. jeder ein Viertel seines Nachlasses erben sollen; dann fällt die andere Hälfte, über die er nicht verfügt hat, regelmäßig seinen gesetzlichen Erben zu (vergl. „Auslegung testamentarischer Bestimmungen"). Stirbt A. vor dem Erblasser, so fällt sein Teil nicht an den B., sondern auch an die gesetzlichen Erben. Eine Ausnahme hiervon tritt nur dann ein, wenn zwei oder mehrere der eingesetzten Erben zusammen auf einen Erbteil angewiesen sind. Beispiel: X. bestimmt: „A. soll ein Drittel B. und seine Frau sollen gleichfalls ein Drittel meines Nachlasses erben." Dann fällt das Drittel, über das X. nicht verfügt hat, an seine gesetzlichen Erben. Stirbt nun B.s Frau vor dem Erblasser, so fällt ihr Anteil an dem gemeinsamen Drittel dem überlebenden Manne, nicht den gesetzlichen Erben zu. Alles dies gilt aber nur, wenn der Erblasser nicht etwas anderes bestimmt hat. Ferner gilt es nur unter der Voraussetzung, daß nicht im Testamente für den Fall, daß etwa ein eingesetzter Erbe wegfallen sollte, für diesen ein Ersatzerbe bestimmt ist; s. „Ersatzerbe".

Anwaltskosten. Obgleich die Stellung und die Tätigkeit des Rechtsanwalts eine absolut freie ist, sind doch einerseits zum Schutz des Publikums, im wesentlichen aber um einen unlauteren Wettbewerb zwischen Anwälten zu verhüten und diesen auch nach außen hin als Organe der Rechtspflege eine besondere Stellung einzuräumen, einheitliche Gebühren für die Tätigkeit der Anwälte festgesetzt. Die

Reichsgebührenordnung für Rechtsanwälte in der seit dem 1. 4. 1927 geltenden Fassung, die sich auf die Tätigkeit des Anwalts in einem Verfahren vor den ordentlichen Gerichten, auf welche die Zivilprozeßordnung, die Strafprozeßordnung, die Konkursordnung oder das Gesetz über den Vergleich zur Abwendung des Konkurses bezieht, geht davon aus, daß die Tätigkeit des Anwalts ohne Rücksicht auf die aufgewendete Arbeit lediglich nach der Höhe des Streitgegenstandes zu bewerten ist. Dementsprechend enthält der Anwalt für die einzelnen kostenpflichtigen Akte eine festgesetzte Gebühr, auch wenn er lediglich eine diesbezügliche formale geringfügige Tätigkeit ausgeübt hat, z. B. einen vom Gericht erlassenen Beweisbeschluß der Partei mitgeteilt hat, oder einen Schriftsatz lediglich unterzeichnet hat (§ 4 Rechtsanwalts-Ordnung).

Betont werden muß ferner, daß die Tätigkeit des Anwalts auch durchaus unabhängig von der Länge eines Prozesses, von der Anzahl der in diesem gewechselten Schriftsätze sowie von der Zahl der stattgefundenen Termine ist.

Die den Anwälten zu entrichtende Zahlung wird als „Gebühr" bezeichnet, und wird durch die im Gesetz im einzelnen aufgezählten kostenpflichtigen Tätigkeiten verdient. Im allgemeinen können bei einer Prozeßführung $3^1/_2$ derartige Gebühren entstehen. 1. Für den Geschäftsbetrieb einschließlich der Information (Prozeßgebühr). 2. Für die mündliche Verhandlung (Verhandlungsgebühr). 3. Für die Mitwirkung bei einem zur Beilegung des Rechtsstreits abgeschlossenen Vergleich (Vergleichsgebühr). 4. Als halbe Gebühr für die Vertretung bei dem Beweisverfahren (Beweisgebühr).

Die Höhe der Gebühren beträgt bei

	RM.	20.—	=	2.— RM.
bis	„	60.—	=	4.— „
„	„	100.—	=	6.— „
„	„	150.—	=	8.— „
„	„	200.—	=	10.— „

Bei höheren Streitwerten ist sie prozentual gestaffelt und zwar von 5% bis herab auf $^1/_{10}$%. Des ferneren kennt die Gebührenordnung $^3/_{10}$ sowie $^2/_{10}$ Gebühr, mit der Maßgabe, daß auch bei einer $^2/_{10}$ Gebühr der niedrigste Betrag RM. 1.— ist, und in der Berufung sowie in der Revision der Betrag sich um 3 Zehnteile erhöht. Im einzelnen muß insbesondere hinsichtlich der Gebühr im Konkursverfahren und im Vergleichsverfahren zur Abwendung des Konkurses auf das Gesetz verwiesen werden. Hier kann lediglich bemerkt werden, daß der Anwalt Anspruch auf Erstattung der bei Ausführung des Auftrages entstandenen Post-, Telegraphen- und Fernsprechgebühren hat, nicht jedoch grundsätzlich auf Schreibgebühren. Handelt es sich um Geschäfte außerhalb des Wohnsitzes, so können für Geschäftsreisen Tage- und Übernachtungsgelder, Abwesenheitsgelder sowie Fahrkosten berechnet werden.

Eine angemessene Vergütung steht den Anwälten für die Ausarbeitung eines Gutachtens zu sowie für eine Tätigkeit, die im Gesetz nicht besonders geregelt ist.

Der Auftraggeber ist verpflichtet einen angemessenen Vorschuß zu zahlen, andernfalls der Anwalt zur Niederlegung des Mandates befugt ist.

Neben der Reichsgebührenordnung bestehen einzelne Gebührenordnungen in den Ländern, die das Entgelt für die nicht reichsrechtlich geregelte Tätigkeit festlegen. Auf sie kann nur verwiesen werden. Sie enthalten, soweit sie nicht auf die Reichsgebührenordnung auch für andere Verfahren verweisen, Bestimmungen über die Vergütung im Zwangsversteigerungsverfahren, für Anträge, Erklärungen und Beschwerden an Behörden und Privatpersonen. Die Höhe der einzelnen Gebühr ist bei weitem geringfügiger als nach Reichsrecht (z. B. in Preußen bei 1000 RM. 8 RM. statt 45 RM.) und entspricht in Preußen den preußischen Gerichtskosten und der Gebührenordnung für Notare.

Zulässig ist die Vereinbarung eines Sonderhonorars, sofern es sich in angemessenen Grenzen hält. Bestritten, aber überwiegend für unzulässig erklärt ist die Vereinbarung eines anteiligen Erfolgshonorars, d. h. die Honorierung des Anwalts entsprechend der von ihm erstrittenen Streitsumme.

Anwaltszwang (§ 78 ZPO. u. § 11 Arbeitsgerichtsges.). Während vor dem Amtsgericht jedwede geschäftsfähige Person sich selbst vertreten kann, besteht vor den Gerichten höherer Instanzen einschließlich der Landgerichte grundsätzlich Anwaltszwang. Die rechtsuchende Partei ist daher verpflichtet, soweit es sich nicht um ein Verfahren vor einem beauftragten oder ersuchten Richter sowie lediglich um Prozeßhandlungen handelt, welche auch vor dem Urkundsbeamten vorgenommen werden können, (z. B. Kostenfestsetzung und Armenrechtsgesuch, Gesuch um Beweissicherung, Beschwerden, Arrestgesuche), sich vor den Landgerichten und allen höheren Gerichten durch einen bei diesem Gericht zugelassenen Rechtsanwalt vertreten zu lassen. Ist die Partei hierzu aus pekuniären Gründen nicht in der Lage, so wird ihr entsprechend auf ihren Antrag durch das Gericht ein Anwalt beigeordnet, der auf Grund der Bevollmächtigung durch die Parteien verpflichtet ist, unentgeltlich für sie aufzutreten und der aus der Staatskasse eine im einzelnen geregelte, nach oben hin stark begrenzte Vergütung hierfür erhält.

Eine Ausnahme besteht für das Landesarbeitsgericht, vor dem Mitglieder und Angestellte wirtschaftlicher Vereinigungen von Arbeitgebern oder Arbeitnehmern oder von Verbänden solcher Vereinigungen auftreten können, die kraft Satzung oder Vollmacht zur Vertretung befugt sind, sofern die Vereinigung, der Verband oder Mitglieder der Vereinigung Partei sind.

Anweisungen (783 ff.). **1.** Die „Anweisung" ist entstanden aus dem Bedürfnis des Verkehrs nach Erleichterung von Auszahlungen. Die Anweisung (Anweisungserklärung) ist eine schriftliche Erklärung (Urkunde), in welcher der „Anweisende" jemanden (den „Angewiesenen") anweist, an eine andere Person (den „Anweisungsempfänger") eine bestimmte Geldsumme auszuzahlen oder Wertpapiere oder andere „vertretbare" Sachen zu leisten (zu liefern). Dadurch, daß der Anweisende diese Urkunde (die Anweisung) dem anderen aushändigt, ermächtigt er ihn, die Zahlung (Leistung) bei dem Angewiesenen im eigenen Namen zu erheben; der Angewiesene ist dadurch ermächtigt, für Rechnung des Anweisenden an den Anweisungsempfänger zu zahlen (zu leisten). Grund und Zweck einer Anweisung können natürlich sehr verschiedener Art sein; es kann sein, daß der Anweisende dem Anweisungsempfänger einen Betrag schuldet, den er andererseits vom Angewiesenen zu fordern hat; hier vermittelt die Anweisung auf einfachste Weise die Ausgleichung zwischen den Beteiligten. Es kann aber auch sein, daß der Anweisungsempfänger durch die auf Grund der Anweisung empfangene Zahlung erst Schuldner des Anweisenden zu dem erhaltenen Betrage werden soll. Es ist möglich, daß die Anweisung erfolgt, um dem Empfänger den angewiesenen Betrag zu schenken; es kann aber auch sein, daß der Anweisungsempfänger den erhobenen Betrag für Rechnung des Anweisenden verwenden oder an ihn abliefern soll. Der sog. Kreditbrief ist nichts als eine Anweisung. Nicht dagegen unterliegt die einfache Postanweisung den Vorschriften über Anweisung. Auch die Hingabe eines Schecks oder Wechsels stellt sich als selbständiges Rechtsgeschäft dar, jedoch kann ein wegen Formmangels ungültiger Wechsel unter Umständen in eine Anweisung umgedeutet werden.

Der Angewiesene hat die für Rechnung des Anweisenden ausgezahlte Summe nur mit diesem zu verrechnen. Der Anweisungsempfänger ist befugt, die Zahlung im eigenen Namen zu erheben, einerlei, ob er nach der zwischen ihm und dem Anweisenden getroffenen Vereinbarung die Zahlung für sich behalten darf oder ob er sie an jenen herausgeben muß. Soll der Empfänger der Urkunde nicht befugt sein, das Geld im eigenen Namen zu erheben, sondern nur ermächtigt (beauftragt) sein, die Zahlung im Namen des Auftraggebers in Empfang zu nehmen, so liegt keine Anweisung, sondern ein sog. Inkassomandat vor. Die Anweisung, für welche die hier mitgeteilten gesetzlichen Vorschriften gegeben sind, setzt, wie schon gesagt, schriftliche Abfassung voraus; ist die Anweisung bloß mündlich erfolgt, so hängt es von der Auslegung des Willens der Beteiligten ab, welche Bedeutung und welche rechtlichen Folgen ihr beizumessen sind.

2. Der Angewiesene ist durch die Anweisung nur ermächtigt, an den Anweisungsempfänger zu zahlen (zu leisten); es liegt diesem gegenüber aber noch keine Verpflichtung für ihn vor. Es steht in seinem Belieben, ob er die Anweisung annehmen will oder nicht. Selbst wenn er Schuldner des Anweisenden ist, braucht er dennoch die Anweisung nicht zu befolgen. Erst wenn er dem Anweisungsempfänger gegenüber die Anweisung angenommen hat, ist er diesem unwiderruflich zur Zahlung (Leistung) verpflichtet. Die Annahme muß, um gültig zu sein, durch einen schriftlichen Vermerk, der auf die Urkunde selbst zu setzen ist, geschehen. Es kann übrigens auch die dem Anweisungsempfänger vom Anweisenden behändigte Anweisung schon im voraus mit der schriftlichen Annahmeerklärung des Angewiesenen versehen sein; in diesem Falle wird der Angewiesene dem Empfänger gegenüber erst mit dem Augenblick der Aushändigung der Anweisung an ihn verpflichtet. Der Angewiesene kann, wenn er angenommen hat, dem Anweisungsempfänger nur solche Einwendungen entgegensetzen, die die Gültigkeit der Annahme betreffen oder sich aus dem Inhalte der Annahme ergeben oder dem Angewiesenen unmittelbar gegen den Anweisungsempfänger zustehen. Der Angewiesene ist nur gegen Aushändigung der Anweisung zur Zahlung (Leistung) verpflichtet. Der Anspruch des Anweisungsempfängers gegen den Angewiesenen aus der Annahme verjährt in drei Jahren; die Verjährungsfrist beginnt mit der Aushändigung der Anweisung an den Empfänger. Ist die Anweisung gerade zu dem Zwecke erfolgt, damit der Angewiesene durch Zahlung eine Schuld an den Anweisenden tilge (Anweisung auf Schuld), so wird der Angewiesene durch die Zahlung (Leistung) an den Anweisungsempfänger in Höhe dieser Zahlung (Leistung) von seiner Schuld befreit; dies gilt aber nicht schon für den Fall, daß bloß ein Schuldverhältnis zwischen dem Angewiesenen und dem Anweisenden besteht. Erteilt der Anweisende die Anweisung zu dem Zwecke, um damit seinerseits eine Schuld an den Empfänger abzutragen, so gilt die Schuld, selbst wenn der Angewiesene die Anweisung angenommen hat, erst dann als getilgt, wenn wirkliche Zahlung an den Anweisungsempfänger erfolgt ist; denn: Anweisung ist keine Zahlung. Unter „Zahlung" ist hier aber nicht bloß eine effektive Zahlung des angewiesenen Betrages an den Anweisungsempfänger zu verstehen, sondern jede andere Art von Leistung, die der Empfangsberechtigte als Zahlung oder an Zahlungs Statt annimmt. Eine Stundung (Kreditierung) des angewiesenen Betrages ist aber keine Zahlung.

3. Nach den im Verkehr geltenden Grundsätzen von Treu und Glauben ist der, welcher eine Anweisung ausgestellt und behändigt hat, zu der Erwartung berechtigt, daß der Empfänger ihn im Falle der Nichthonorierung (Nichteinlösung) der Anweisung benachrichtigen werde, damit er rechtzeitig seine Rechte wahren kann. Der Anweisungsempfänger ist daher gesetzlich verpflichtet, dem Anweisenden unverzüglich anzuzeigen, wenn der Angewiesene vor dem Eintritt der Zahlungs-(Leistungs-)Zeit die Annahme ablehnt oder wenn er demnächst die Zahlung (Leistung) selbst verweigert. Ebenso muß er dem Anweisenden Anzeige machen, wenn er etwa die Anweisung nicht geltend machen kann oder, z. B. bei einem Kreditbrief, nicht geltend machen will. Die schuldvolle Versäumung rechtzeitiger Benachrichtigung zieht immer die Verpflichtung des Empfängers zum Schadensersatz an den Anweisende nach sich. Es hängt von den besonderen Verhältnissen des einzelnen Falles ab, ob eine Benachrichtigung als „unverzüglich" erfolgt anzusehen ist oder ob sie zeitiger hätte geschehen können und müssen.

4. Widerruf und Erlöschen der Anweisung. Der Anweisende kann die Anweisung jederzeit widerrufen; der Widerruf ist erst dann nicht mehr zulässig, wenn der Angewiesene schon gezahlt oder wenn er auch nur die Anweisung in ordnungsmäßiger Weise angenommen hat. Dies gilt selbst dann, wenn der Anweisende etwa infolge eines zwischen ihm und dem Empfänger der Anweisung bestehenden besonderen Rechtsverhältnisses zum Widerruf nicht befugt wäre; der Widerruf gilt dem Angewiesenen gegenüber trotzdem; er darf weder annehmen noch zahlen. Dem Anweisungsempfänger bleiben freilich seine etwaigen Schadensansprüche aus dem widerrechtlich erfolgten Widerruf der Anweisung gegen den Anweisenden vorbehalten. Durch den Tod oder eine etwa später eintretende Geschäftsunfähigkeit (s. „Geschäftsfähigkeit") des einen oder anderen der bei einer Anweisung Beteiligten erlischt die Anweisung nicht.

5. Übertragung (Abtretung, Zession) einer Anweisung. Die Anweisung kann vom Empfänger beliebig verkauft, verschenkt oder sonst an einen anderen abgetreten werden, der nun an die Stelle des ersten Anweisungsempfängers tritt. Die Übertragungs-(Abtretungs-)Erklärung muß jedoch schriftlich abgegeben werden; dagegen ist nicht nötig, daß die Abtretung auf die Anweisung selbst gesetzt wird. Zur Rechtsgiltigkeit der Übertragung ist aber ferner nötig, daß die Anweisung dem neuen Erwerber ausgehändigt wird. Der Anweisende kann freilich bestimmen, daß eine Übertragung nicht statthaft sein soll; diese Bestimmung ist aber dem Angewiesenen gegenüber nur wirksam, wenn sie sich aus der Anweisung selbst ergibt oder wenn sie vom Anweisenden dem Angewiesenen mitgeteilt ist, ehe dieser die Anweisung angenommen oder auf Grund der Anweisung gezahlt hat. Nimmt der Angewiesene die Anweisung dem neuen Erwerber gegenüber an, so kann er aus einem zwischen ihm und dem ursprünglichen Anweisungsempfänger etwa bestehenden Rechtsverhältnis keine Einwendungen herleiten. Im übrigen finden auf die Übertragung einer Anweisung die für die Abtretung von Forderungen geltenden Vorschriften (s. „Abtretung einer Forderung") entsprechende Anwendung.

6. Für kaufmännische Anweisungen gelten noch einige besondere Vorschriften; s. „Handelsgeschäfte".

Anzeige s. Inserat; eines Fundes s. Gefundene Sachen 1.

Apotheker, Sachen, die ihnen nicht gepfändet werden können, s. Pfändung in der Zwangsvollstreckung usw. 1; — ist Kaufmann, s. Kaufmann, Handelsgewerbe 1.

Arbeiten, Verpflichtung der Frau zu — im Hauswesen, s. Ehegatten 1; der Kinder desgl. s. Eltern und Kinder 2.

Arbeiter, gewerbliche, welche Sachen ihnen nicht gepfändet werden können, s. Pfändung in der Zwangsvollstreckung 1; Versicherung gegen Unfälle s. Haftpflicht usw. 1; Annahme von, s. Arbeitsvertrag und Miete usw. 1; Kündigung eines, s. Kündigung; Haftung für Tierschaden s. Tier usw.; Schadenszufügung durch, s. Miete usw. 2; Schadensersatz wegen unerl. Handl. 4 und Haftpflicht usw. 3.

Arbeitgeber s. Arbeitsvertrag; Haftung für Schaden s. Schadensersatz wegen unerl. Handl. 4; Haftung für Unfälle s. Haftpflicht der Eisenbahnen usw.

Arbeitsangebote s. Vertrag, Vertragsantrag 2.

Arbeitsfähigkeit, Verlust oder Minderung der, s. Schadensersatz wegen unerlaubter Handlungen.

Arbeitsgeräte der Frau s. Ehegatten 3; der Kinder s. Verwaltung und Nutzung des Kindesvermögens usw. 2a; Schutz der Modelle von, s. Musterschutz.

Arbeitslohn s. Arbeitsvertrag 1; der Kinder, Verwendung durch den Vater, s. Eltern und Kinder 2.

Arbeits- oder Dienstlohn, Pfändung (Beschlagnahme) von (RG. 21. 6. 69, 29. 3. 97, 17. 5. 98, III, 25. 6. 19, Gutt. Slg. Nr. 55). Die Pfändung (Beschlagnahme) von Lohnforderungen ist, hauptsächlich im Interesse der arbeitenden und dienenden Klasse, nach besonderer gesetzlicher Vorschrift nur in beschränkter Weise zulässig. Nach den sonst geltenden allgemeinen Rechtsgrundsätzen stände nichts entgegen, daß jemand, der von einem Angestellten oder Arbeiter oder Dienstboten rechtmäßig etwas zu fordern hat, das er in Güte nicht erlangen kann, den Lohn pfänden ließe, ja daß er ihn auch schon im voraus pfänden ließe. Das Gesetz hat aber wesentliche Einschränkungen festgesetzt:

1. Der Arbeits- oder Dienstlohn kann, soweit nicht die später zu erwähnenden Ausnahmen vorliegen, von einem Gläubiger erst dann mit Beschlag belegt oder gepfändet werden, wenn erstens die Leistung der Arbeiten oder Dienste schon erfolgt ist und zweitens der Tag, an dem der Lohn fällig war (also die Auszahlung von dem Arbeiter, Dienstboten usw. gefordert werden konnte) abgelaufen ist, ohne daß der Berechtigte den Lohn eingefordert hat. Ist also beispielsweise der Wochenlohn dem Schuldner am Sonnabend abend zu zahlen oder der Dienstlohn nach Ablauf des Vieteljahres am ersten Tage des nächsten Quartals zu zahlen, so ist eine Pfändung des Wochenlohns oder des Vierteljahrslohns erst zulässig, wenn der Arbeiter (der Hausangestellte) den Sonnabend (den ersten Tag des neuen Quartals) hat verstreichen lassen, ohne seinen Lohn zu fordern; er hat es also in der Hand, die Pfändung seines verdienten Lohnes bei seinem Arbeitgeber oder Dienstherrn dadurch unmöglich zu machen, daß er sofort nach eingetretener Fälligkeit den Lohn fordert. Etwaige Vereinbarungen, durch die diese Bestimmung des Gesetzes ausgeschlossen oder beschränkt werden soll, ebenso Umgehungen durch Abtretung usw., sind ohne rechtliche Wirksamkeit. Als Arbeits- oder Dienstlohn im Sinne des Gesetzes gilt jede Vergütung für Arbeiten oder Dienste, die auf Grund eines Arbeits- oder Dienstverhältnisses irgendwelcher Art von jemandem, sei dieser nun Arbeiter, Dienstbote, Privatbeamter, Künstler, Arzt usw., geleistet werden, sofern das fragliche Arbeits- oder Dienstverhältnis die Erwerbstätigkeit des Lohnberechtigten vollständig oder doch hauptsächlich in Anspruch nimmt; wer nur gelegentlich oder nebenher Arbeiten oder Dienste verrichtet, kann gegen die Pfändung der ihm dafür zu zahlenden Vergütung auf Grund der mitgeteilten Gesetzesbestimmung keine Einwendung erheben. Der Lohn ist bis zur Summe von 30 Goldmark für die Woche und, soweit er diesen Betrag übersteigt, zu $^1/_3$ des Mehrbetrags unpfändbar; hat der Schuldner Unterhaltsverpflichtungen gegenüber Familienangehörigen, so erhöht sich der unpfändbare Teil für jede zu unterhaltende Person um $^1/_6$, höchstens jedoch auf $^2/_3$ des Mehrbetrags (nicht anwendbar, wenn der Lohn 100 M. für die Woche übersteigt): Die Bestimmungen gelten auch für die Pfändung des Ruhegehaltes und für die den Handlungsgehilfen zustehenden Konkurrenzklauselentschädigungen.

2. Ausnahmen. Die vorstehend besprochene gesetzliche Beschränkung des Gläubigers bei der Pfändung (Beschlagnahme) von Arbeits- oder Dienstlohnforderungen seines Schuldners kommt aber in gewissen Fällen ausnahmsweise nicht zur Anwendung.

a) Auf die Gehälter und sonstigen Dienstbezüge der öffentlichen Beamten bezieht sich die Vorschrift nicht; für die Pfändung dieser Ansprüche gelten besondere Bestimmungen; siehe darüber den Artikel „Pfändung in der Zwangsvollstreckung usw." unter 2.

b) Ist der Schuldner mit direkten persönlichen Staatssteuern oder Kommunalabgaben (derartige Abgaben an Kreise, Kirchen, Schulen und sonstige Kommunalverbände mit eingeschlossen) im Rückstande, so kann die Steuerbehörde auch Arbeits- oder Dienstlohnforderungen ihres Schuldners nach den allgemeinen Rechtsgrundsätzen pfänden lassen, sofern diese Steuern und Abgaben nicht seit länger als drei Monaten fällig geworden sind.

c) Besteht die Forderung des Gläubigers darin, daß er als Verwandter oder als Ehegatte oder als früherer Ehegatte des Schuldners von ihm gesetzliche Unterhaltsbeiträge (Alimente) zu fordern hat, und zwar für die Zeit nach der Erhebung der Klage und für das diesem Zeitpunkt vorausgehende letzte Vierteljahr, so kann er eine Arbeits- oder Dienstlohnforderung des Schuldners ohne die oben unter 1 gedachten Beschränkungen pfänden lassen, also auch, ehe der Lohn verdient oder der Zahltag abgelaufen ist. Wegen etwaiger Alimente für eine weiter zurückliegende Zeit unterliegt dagegen seine Pfändungsbefugnis wieder den mitgeteilten Beschränkungen.

d) Dasselbe, was eben unter c gesagt ist, gilt auch für die zwangsweise Beitreibung von Alimenten für uneheliche Kinder gegen den außerehelichen Vater; es ist also an sich unbeschränkte Pfändung des Lohnes usw. zulässig. Davon macht jedoch das Gesetz wiederum, im Interesse der eigenen Familie des Schuldners, die Ausnahme, daß der Schuldner gegen die Pfändung Einwendungen (ZPO. 766) erheben kann, wenn und soweit er zur Bestreitung seines eigenen notdürftigen (nicht des standesmäßigen) Unterhalts oder zur Erfüllung der ihm seinen Verwandten (Kinder, Eltern), seiner Ehefrau oder seiner früheren Ehefrau gegenüber gesetzlich obliegenden Unterhaltsverpflichtungen (s. „Unterhaltspflicht") des gepfändeten Lohnes selber bedarf. Hierbei dürfen aber nur die Leistungen berücksichtigt werden, die vermöge einer solchen Unterhaltspflicht für den nämlichen Zeitraum zu entrichten sind.

3. Über die Vornahme von Beschlagnahme oder Pfändung enthält die Zivilprozeßordnung §§ 828ff. die näheren Vorschriften. Der Antrag auf Vornahme der Pfändung ist an das Amtsgericht zu richten, welches durch Beschluß die Beschlagnahme ausspricht. Wird eine Beschlagnahme (Pfändung) den vorstehend mitgeteilten gesetzlichen Bestimmungen zuwider vom Gerichte verfügt, so ist es Sache des Schuldners, unter Berufung auf die gedachten Vorschriften Einwendung gegen die Beschlagnahme (Pfändung) beim Amtsgericht zu erheben (ZPO. 766). Sind Alimente für ein uneheliches Kind beizutreiben, so kann der Vormund gegebenenfalls den begründeten Einwendungen des Schuldners von vornherein dadurch begegnen, daß er nicht die ganze Lohnforderung, sondern nur einen den Verhältnissen entsprechenden Teil des Lohnes pfänden läßt.

Arbeits- oder Dienstverhältnis s. Arbeits- und Dienstvertrag; Kündigung eines, s. Kündigung.

Arbeitsunterbrechung, kurze, s. Arbeits- und Dienstvertrag 4.

Arbeitsverhältnis einer Frau s. Ehegatten 1; selbständiges Eingehen durch einen Minderjährigen s. Geschäftsfähigkeit 3.

Arbeitsversäumnis s. Arbeits- und Dienstvertrag.

Arbeits- und Dienstvertrag (611—630, HGB. 59ff., GewO. 105ff.) **1.** Im Laufe der letzten Jahrzehnte haben sich die Benennungen „Arbeitsrecht" und „Arbeitsvertrag" eingebürgert für Rechtsverhältnisse, die man früher als Dienstverträge und dgl. bezeichnete und das bürgerliche Recht heute noch so bezeichnet, solange das geplante Arbeitsvertragsgesetz sowie das im Entwurf vorliegende Hausgehilfengesetz noch nicht erlassen sind. Dabei ist aber natürlich eine gewisse Veränderung der Rechtsbegriffe vor sich gegangen, indem der Arbeitsvertrag mehr die sozialen Verhältnisse zwischen Arbeitgeber und Arbeitnehmer betont und sich außerdem erweitert hat durch die Kollektivarbeitsverträge (vgl. d. Art. Tarifvertrag). Trotzdem aber richtet sich einstweilen die bürgerlichrechtliche Seite des Arbeitsvertragsrechts noch ganz wesentlich nach den Gesetzesstellen, die den „Dienstvertrag" behandeln, nur ergänzt durch öffentlichrechtliche Einflüsse, wie Bestimmungen über die Arbeitsstätte, über Unfallverhütung, über Fürsorge, Arbeitszeit und dgl., was in der GewO. und einer Reihe von Spezialgesetzen geregelt ist, hier aber nicht in den Einzelheiten zu behandeln ist (Gutt. Slg. Nr. 6 [GewO.], Nr. 138 a, b, c, d usw. [Arbeitsrechtliche Gesetze und Verordnungen]).

Durch einen Arbeits- oder Dienstvertrag verpflichtet sich der eine Teil dem anderen zu Diensten irgendwelcher Art gegen Entgelt. Solche Verträge werden also geschlossen beispielsweise zwischen dem Fabrikbesitzer und dem Fabrikarbeiter, zwischen dem Haushaltungsvorstand und dem Hauspersonal, zwischen dem Gutsbesitzer und seinen Landarbeitern, zwischen dem Handwerksmeister und seinen Gesellen, dem Geschäftsinhaber und seinen Ladengehilfen usw. usw. Die Rechtsverhältnisse zwischen den Beteiligten sind aber nach der Art der Personen und der Dienste sehr verschiedener Natur und sind daher zum Teil in besonderen Gesetzen geregelt. Das Bürgerliche Gesetzbuch regelt die Verhältnisse des Dienstvertrages für ganz Deutschland gleichmäßig insoweit, als diese Verhältnisse nicht durch andere Reichsgesetze geordnet sind oder den Landesregierungen vorbehalten ist, sie für ihre Gebiete unabhängig von der Reichsgesetzgebung zu ordnen. Die nachstehend mitgeteilten Bestimmungen des Bürgerlichen Gesetzbuchs über den Dienstvertrag ergreifen daher insbesondere nicht die nachfolgend unter a bis e bezeichneten Dienstverhältnisse, soweit diese durch die sie betreffenden besonderen Reichsgesetze oder zugelassenen Landesgesetze abweichend von den Bestimmungen des Bürgerlichen Gesetzbuchs geordnet sind und diese Sonderbestimmungen nicht als durch das Bürgerliche Gesetzbuch aufgehoben zu betrachten sind (EGBGB. 32). Ob hiernach für die Entscheidung einer Frage die allgemeinen Vorschriften des Bürgerlichen Gesetzbuchs über den Dienstvertrag oder die Bestimmungen eines besonderen Reichs- oder Landesgesetzes maßgebend sind, kann im einzelnen Fall besonders deshalb sehr zweifelhaft sein, weil eben geprüft werden muß, ob die Bestimmung des Sondergesetzes nicht durch das Bürgerliche Gesetzbuch hat aufgehoben sein sollen, worüber im Streitfall das Ermessen des Gerichts entscheiden muß. Die hier vor allem in Betracht kommenden besonderen Dienstverhältnisse sind diejenigen:

a) der Handlungsgehilfen (s. „Handlungsgehilfen") und der Schiffer (deren Verhältnisse durch das Handelsgesetzbuch geregelt sind);

b) der Schiffsmannschaft (Seemannsordnung vom 2. Juni 1902);

c) der gewerblichen Arbeiter (Gesellen, Gehilfen, Lehrlinge, Fabrikarbeiter), sowie der Betriebsbeamten und höheren technischen Bediensteten der Gewerbe, die durch die jeweilig geltenden Bestimmungen der Gewerbeordnung betroffen werden;

d) der Hausgehilfen (s. darüber den Artikel „Hausangestellte");

e) endlich gehören die Dienstverhältnisse der Staats- und Kommunalbeamten, der Geistlichen und der Lehrer an öffentlichen Unterrichtsanstalten dem öffentlichen Recht an und unterliegen daher nicht den Bestimmungen des Bürgerlichen Gesetzbuchs über den Dienstvertrag.

Dem Dienstvertrag ähnliche Verträge sind der Werkvertrag und der Auftrag. Vom Werkvertrag (s. d.) unterscheidet er sich dadurch, daß beim Dienstvertrage Dienste (Arbeitsleistungen beliebiger Menge) verdungen werden, während beim

Werkvertrag ein Werk, als das Erzeugnis der Dienste oder Arbeiten, Gegenstand des Vertrages ist. Die Grenze ist hier freilich oft schwer zu ziehen. (Näheres s. im Art. Dienstvertrag im HdR. II, 52 ff.). Beim Auftrag (s. d.) handelt es sich um eine unentgeltliche Übernahme der Besorgung eines Geschäfts für einen anderen.

2. Gegenseitige Rechte und Pflichten. Ist ein Dienstvertrag abgeschlossen, so ist derjenige, der die Dienste zugesagt (versprochen, übernommen) hat, verpflichtet, sie zu leisten, der andere dagegen verpflichtet, die dafür vereinbarte Vergütung zu gewähren (611). Auf die Art der Arbeit oder der Dienste kommt es nicht an; die Handarbeit und Überwachungsarbeit des Handarbeiters können ebensowohl Gegenstand eines Dienstvertrages sein wie die geistige Tätigkeit eines Gelehrten, eines Arztes, eines Rechtsanwalts, das künstlerische Schaffen eines Malers, Musikers usw., wenn auch für solche Dienste höherer Art einige besondere Bestimmungen (siehe unten) gelten. Zu welcher Zeit die Arbeit zu leisten ist, richtet sich nach den Bestimmungen des Vertrages; liegen solche nicht vor, so wird nach allgemeinen Rechtsgrundsätzen anzunehmen sein, daß sie sofort gefordert werden können, falls sich nicht unter Würdigung aller Umstände ein anderes als Wille der Beteiligten ergibt; die gesetzlichen Beschränkungen der Arbeitszeit sind dabei zu berücksichtigen (Achtstundentag, Sonntagsarbeit nur unter bestimmten Voraussetzungen usw.). Auch die Frage, wie die Arbeit zu leisten ist, richtet sich beim Mangel besonderer Vereinbarung nach der Natur des Dienst- oder Arbeitsverhältnisses und einer verständigen Auslegung des Willens der Beteiligten; es läßt sich weder allgemein sagen, daß der Arbeitnehmer sich unbedingt nach den Weisungen des Berechtigten zu richten habe, noch auch der Satz aufstellen, daß er nach eigenem Ermessen verfahren könne; freilich liegt es im Wesen des Dienst- und Arbeitsvertrages (im Gegensatz zum Werkvertrag), daß der Arbeitnehmer den Weisungen des Arbeitgebers in weitem Maße zu folgen hat. Außerdem gehört ein gewisses gegenseitiges Treueverhältnis zum Wesen dieses Vertrages. Unangemessene Arbeiten kann der Arbeitnehmer verweigern; doch handelt es sich da nicht um Berücksichtigung von Dünkel oder Eigensinn, sondern ein gewisses Maß von außerhalb des eigentlichen Pflichtenkreises liegenden Arbeiten werden immer mitgeleistet werden müssen. (Entlassung wegen beharrlicher Arbeitsverweigerung). Ergänzend §§ 84, 87 BetrRG., wonach die Entscheidung darüber, ob der Arbeitnehmer dauernd andere als die vereinbarte Arbeit zu übernehmen hat oder sie verweigern darf und deswegen nicht entlassen werden darf, nach Einspruch beim Betriebsrat dem Schlichtungsverfahren unterliegt.

3. Vergütung (Lohn, Gehalt). Ausführung der Dienste in Person. Ein Arbeits- oder Dienstvertrag liegt nur dann vor, wenn der Arbeitgeber eine Vergütung zahlen muß. Eine Vergütung gilt als stillschweigend vereinbart, wenn die Dienstleistung den Umständen nach nur gegen eine Vergütung zu erwarten ist (612). Wer einem Arbeiter Gartenarbeiten aufträgt oder den Barbier bestellt oder Besorgungen durch einen Dienstmann machen läßt, setzt als selbstverständlich voraus, daß diese Personen eine Vergütung erwarten. Auch die Höhe der Vergütung braucht nicht ausdrücklich vereinbart zu sein; ist die Höhe nicht bestimmt, so ist, wenn eine Taxe für solche Leistungen besteht, die taxmäßige Vergütung, andernfalls die übliche, nötigenfalls durch Sachverständige zu ermittelnde, Vergütung als vereinbart anzusehen. — Ergibt sich aus den Umständen nichts anderes, so gilt die gesetzliche Regel, daß der Verpflichtete die Arbeit in Person, also selbst, leisten muß (613). Das Gesetz stellt die fernere Regel auf, daß, wenn nichts anderes als vereinbart anzusehen ist, der Anspruch auf die zu leistenden Dienste von dem Berechtigten nicht einem anderen abgetreten werden kann, da es unter Umständen für den Verpflichteten nicht einerlei ist, ob er seine Dienste dem A. oder dem B. leisten soll. Die Vergütung (der Dienstlohn, Arbeitslohn usw.) ist, wenn nichts anderes vereinbart ist, nach der Ausführung der Dienste (Arbeiten) zu zahlen (614). Ist die Vergütung nach Zeitabschnitten bemessen, z. B. der Arbeiter ist gegen Tagelohn oder Wochenlohn angenommen, so ist der Lohn dementsprechend nach dem Ablauf jedes Arbeitstages, jeder Arbeitswoche zu entrichten. Im Gegensatz zum Zeitlohn steht der Akkordlohn, bei welchem sich die Vergütung nach der Menge der geleisteten Arbeit, der fertiggebrachten Stücke od. dgl. richtet. Es gibt da Stückeberechnung, Einheitsberechnung, Elementenberechnung, auch Gruppenakkord. Hierauf soll nicht näher eingegangen werden. Zu beachten ist jedoch, daß durch solche Akkordlohnberechnung nicht etwa der Arbeits- oder Dienstvertrag schon zum Werkvertrag wird; denn die zu erbringende Leistung ist zwar Berechnungsmaßstab des Lohnes, aber nicht alleiniger Inhalt des Dienst- und Arbeitsvertrages.

4. Ansprüche wegen Nichterfüllung des Vertrages. Welche Ansprüche der eine Teil, sei dies der Dienstberechtigte oder der Dienstverpflichtete, gegen den anderen Teil hat, wenn dieser seinen vertragsmäßigen Pflichten nicht nachkommt, insbesondere wenn der Dienstherr den Verpflichteten ohne Grund entläßt oder wenn der Dienstverpflichtete ohne Grund den Dienst oder das Arbeitsverhältnis verläßt, ergibt sich aus den allgemeinen Vorschriften des Gesetzes (s. „Gegenseitige Verträge 3"). Das Gesetz hat aber noch folgende besondere Bestimmungen:

Nichtannahme der Dienste (615). Kann oder will der Prinzipal die ihm ordnungsmäßig angebotenen Dienste nicht annehmen, wohin auch der Fall gehört, daß er den Arbeitnehmer ohne Grund entläßt, so kann der letztere die ihm zukommende Vergütung (Lohn usw.) fordern, obwohl er die Dienste nicht leistet; er ist nicht verpflichtet, die Dienste, die jetzt zurückgewiesen werden, etwa zu anderer Zeit nachzuleisten. Ob dem Prinzipal wegen der Nichtannahme der Dienste ein Verschulden trifft oder ob er etwa ohne seine Schuld außerstande gesetzt ist, von den angebotenen Diensten Gebrauch zu machen, ist für das Recht des anderen ohne Bedeutung. Ein „Recht auf Arbeit" in dem Sinne, daß der Arbeitnehmer nicht nur Anspruch auf den Lohn auch bei Nichtbeschäftigung, sondern auch einen Anspruch auf Beschäftigung habe, ist nicht anerkannt; doch kann es Arbeits- und Dienstverhältnisse geben, bei denen der Dienstverpflichtete Wert darauf legen muß, beschäftigt zu werden, um seine Fähigkeiten nicht zu verlieren und in der Übung zu bleiben. Der zum Dienst Verpflichtete muß sich jedoch, wenn er nicht für den Prinzipal zu arbeiten brauchte, an der ihm an und für sich zustehenden Lohn- usw. Forderung unter Umständen einen Betrag kürzen lassen, wenn er nämlich eine Ausgabe dadurch, daß er die Dienste oder Arbeiten nicht zu leisten braucht, erspart; hat er seine Arbeitskraft in der fraglichen Zeit anderweitig verwertet, indem er Dienste oder Arbeiten für andere gegen Entgelt verrichtet oder sonst sich nutzbringend beschäftigt hat, so muß er sich das Verdiente von seiner Forderung absetzen lassen. Er braucht sich aber nur das anrechnen zu lassen, was er durch anderweite Verwendung desjenigen Teils seiner Arbeitskraft verdient, den er dem Dienstherrn zur Verfügung zu stellen hatte. Handelt es sich um einen Verdienst, den er ohne Pflichtverletzung in gleicher Weise hätte machen können, wenn er im Dienst geblieben wäre, so kann ihm dieser Verdienst nicht abgezogen werden (RG.). Der Dienstverpflichtete ist übrigens nicht schlechthin verpflichtet, anderweite Dienst- oder Arbeitsgelegenheit aufzusuchen; denn eine solche Verpflichtung könnte ihm leicht drückend werden; wenn er aber aus Böswilligkeit, um den zur Lohnzahlung Verpflichteten zu schädigen, es unterläßt, andere Beschäftigung zu suchen oder ihm gebotene zurückweist, so muß er sich das abziehen lassen, was er hätte verdienen können.

Vorübergehende Unterbrechung der Dienstleistung (616). Kann der zur Dienstleistung Verpflichtete aus einem in seiner Person liegenden Grunde, wenn auch ohne sein Verschulden, die zugesicherten Arbeiten nicht leisten (z. B. er wird krank), so hat er der Regel nach für die Zeit der Verhinderung keinen Anspruch auf die ihm zugesicherte Vergütung (Lohn usw.). Aus Billigkeitsgründen bestimmt jedoch das Gesetz, daß er seines Anspruchs auf die Vergütung auch für die Zeit, wo er die Arbeiten nicht leisten konnte, nicht verlustig wird, wenn diese Zeit verhältnismäßig nicht erheblich ist. Es kommen hier, außer vorübergehender Krankheit des Dienstverpflichteten selbst oder eines nahen, von ihm zu verpflegenden Angehörigen, Wahrnehmung gerichtlicher Termine, Einziehung zum Schöffen- oder Geschworenendienst, Teilnahme an Wahlen, Gemeindeversammlungen, am Feuerlöschdienst, unverschuldete Untersuchungshaft und dergl. in Betracht. Die Vorschrift gilt auch dann, wenn die Vergütung nicht nach Zeitabschnitten, sondern in Form des Stücklohnes (z. B. beim Spielhonorar eines Schauspielers) bemessen ist; es wird in solchem Falle der in der betreffenden Zeit durchschnittlich zu verdienende Stücklohn gefordert werden können. Andererseits muß sich aber der zur Dienstleistung Verpflichtete den Betrag anrechnen lassen, der ihm für die Zeit der Behinderung aus einer auf Grund gesetzlicher Verpflichtung bestehenden Kranken- oder Unfallversicherung zukommt. War der Dienstverpflichtete dagegen bei einer Privatversicherungsgesellschaft oder bei einer freien Hilfskasse gegen Krankheit oder Unfall versichert, so braucht er sich nach dem Wortlaut des Gesetzes das aus dieser Versicherung Erlangte auf den Lohn nicht anrechnen zu lassen. Eine vertragsmäßige Ausschließung jener Bestimmung enthalten manche Arbeitsordnungen.

Ist also für unverschuldete Arbeitsversäumnis von nichterheblicher Zeit eine Lohn- oder Gehaltskürzung und auch sofortige Entlassung nicht zulässig, so enthält diese Bestimmung doch große Schwierigkeiten und Zweifel, da nicht leicht festzulegen ist, was „erhebliche Zeit" und „unverschuldetes Versäumnis", insbesondere in Krankheitsfällen, zu bedeuten hat.

Die dem HGB. unterstehenden Handlungsgehilfen stehen günstiger (§§ 72, 63, 59 HGB.) als die Gewerbegehilfen (Gesellen, gewerbliche Arbeiter, GewO. § 123) und auch etwas günstiger als die Werkmeister, Techniker u. dgl., für die die GewO. § 133c gilt, entsprechend dem immanenten Umstande, daß Handarbeit noch mehr durch Zeit gemessen werden kann als Kopfarbeit. Für beide kommen ferner §§ 323 ff. und 615/16 BGB. über Unmöglichkeit, Verhinderung und Verzug der Leistung in Betracht. Betriebsratsmitgliedern darf (§ 35 BetrRG.) wegen notwendiger Arbeitsversäumnis infolge ihrer Betriebsratsmitgliedschaft Lohn und Gehalt nicht gekürzt werden. Während nach der GewO. eine sofortige Entlassung ohne Einhaltung der gesetzlichen oder vertragsmäßigen Kündigungsfrist geschehen kann, wenn der betreffende Arbeitnehmer „die Arbeit unbefugt verlassen hat oder sonst den nach dem Arbeitsvertrag ihm obliegenden Verpflichtungen nachzukommen beharrlich verweigert", kann dies beim Handlungsgehilfen nur geschehen, „wenn er seinen Dienst während einer den Umständen nach erheblichen Zeit unbefugt verläßt oder sich beharrlich weigert, seinen Dienstverpflichtungen nachzukommen". Für den Tatbestand der zur sofortigen Entlassung berechtigenden Arbeitsversäumnis kommt für alle Krankheitsfälle ausschlaggebend in Betracht, ob die Versäumnis auf „nicht erhebliche" Zeit geschah, wobei die Erheblichkeit vielfach — und mit sozialer Berechtigung — in Beziehung zu der schon in dem betreffenden Betriebe geleisteten Dienstzeit bemessen wird. „Anhaltende" Krankheit aber gibt sowohl für Betriebsbeamte usw. und Handlungsgehilfen nach § 133c GewO. und § 72 HGB. das Recht zu sofortiger Entlassung wie auch für jeden Arbeitnehmer (nach § 123 Z. 8 GewO. so ausgedrückt, daß Unfähigkeit zur Fortsetzung der Arbeit zur Entlassung berechtigt; denn nicht jede kurze Krankheit macht zur Fortsetzung der Arbeit „unfähig"). Für die Frage der Fortzahlung von Lohn und Gehalt kommt das Moment des Verschuldens für den Krankheitsfall hinzu. Ist also nach § 616 BGB. (abdingbare, nachgiebige Vorschrift) Fortzahlung des Lohns und Gehalts (also wohl auch bei Akkordlohn) bei Krankheit von nicht erheblicher Dauer vorgeschrieben, so fällt dies bei jeder verschuldeten Erkrankung fort. Hier liegt dann eine vom Arbeitnehmer zu vertretende Unmöglichkeit der Arbeitsleistung vor. Als verschuldet (d. h. von dem Erkrankten zu vertreten) gelten immer solche Krankheiten, die durch Waghalsigkeit, erheblichen Leichtsinn, grobe Fahrlässigkeit entstanden sind, stets also auch Geschlechtskrankheiten. Auch außereheliche Schwangerschaft wird vielfach hierher gerechnet, was indessen auch sehr bestritten ist. Näheres über diese Fragen s. im Art. Arbeitsversäumnis und Arbeitsverweigerung im HdR. I, 284 ff.

5. Fürsorgepflicht des Dienstberechtigten (der Dienstherrschaft, des Arbeitgebers) (617). Die Fürsorgepflicht entspringt aus dem Treueverhältnis, das dem Dienstvertrag eigen ist. Der Dienstberechtigte hat unter gewissen Voraussetzungen dem Dienstverpflichteten Pflege und ärztliche Behandlung in Krankheitsfällen bis zur Dauer von sechs Wochen, jedoch nicht über die Beendigung des Dienstverhältnisses hinaus, zu gewähren. Diese Verpflichtung setzt einmal ein dauerndes Dienstverhältnis voraus, das die Erwerbstätigkeit des Verpflichteten vollständig oder hauptsächlich in Anspruch nimmt; sodann, daß der Verpflichtete in die häusliche Gemeinschaft des Dienstherrn aufgenommen ist. Die Erkrankung darf

auch nicht von dem Verpflichteten vorsätzlich oder durch grobe Fahrlässigkeit herbeigeführt oder schon vor der Eingehung des Dienstes vorhanden gewesen sein. Die Verpflegung und ärztliche Behandlung kann durch Aufnahme des Erkrankten in eine Krankenanstalt gewährt werden. Die Kosten der Krankenpflege braucht der Dienstherr nur insoweit zu tragen, als sie die Lohnvergütung, welche der Erkrankte für die Zeit der Erkrankung etwa zu fordern hat, übersteigen. Eine Beendigung des Dienstverhältnisses vor Ablauf jener sechs Wochen, welche dadurch herbeigeführt ist, daß der Dienstherr das Dienstverhältnis aus einem wichtigen Grunde, vielleicht gerade wegen der Krankheit, aufgekündigt hat (siehe unten 6), kommt nicht in Betracht. Die vorbezeichnete Verpflichtung des Dienstherrn tritt nicht ein, wenn für die Verpflegung und ärztliche Behandlung durch eine Versicherung, sei es eine gesetzliche oder eine private, oder durch eine Einrichtung der öffentlichen Krankenpflege Vorsorge getroffen ist.

Der Dienstberechtigte (Dienstherr usw.) ist ferner verpflichtet, die Räume (dazu gehören auch die Zugänge zu den Arbeitsräumen, Treppen, Leitern, Stege usw., Vorrichtungen und Gerätschaften, die er zur Verrichtung der Dienste zu beschaffen hat) so einzurichten und zu unterhalten sowie Dienstleistungen, die unter seiner Anordnung oder seiner Leitung vorzunehmen sind, so zu regeln, daß der Verpflichtete gegen Gefahr für Leben und Gesundheit soweit geschützt ist, als die Natur der Dienstleistung es gestattet (618). Der Dienstherr muß diejenige Sorgfalt anwenden, die nach der berechtigten Verkehrssitte in den Verhältnissen, um die es sich handelt, allgemein für erforderlich und genügend gehalten wird. Ist der Verpflichtete in die häusliche Gemeinschaft des Dienstherrn aufgenommen, so hat dieser in Ansehung des Wohn- und Schlafraums, der Verpflegung, sowie der Arbeits- und Erholungszeit die Einrichtungen und Anordnungen zu treffen, die mit Rücksicht auf die Gesundheit, die Sittlichkeit und die Religion des Verpflichteten erforderlich sind. Insbesondere muß er also auch dem Dienstverpflichteten die nötige Zeit zur Erholung und zur Erfüllung seiner religiösen Verpflichtungen, insbesondere zum Besuch des Gottesdienstes, gewähren. Erfüllt der Dienstberechtigte (vorsätzlich oder fahrlässigerweise [RG.]) die ihm in Ansehung des Lebens und der Gesundheit des Verpflichteten obliegenden Verpflichtungen nicht, so ist er diesem für allen daraus entstehenden Schaden nach Maßgabe der allgemeinen gesetzlichen Bestimmungen (s. „Schadensersatz wegen unerlaubter Handlung 6") ersatzpflichtig. Die vorstehend besprochenen Verpflichtungen des Dienstherrn können nicht im voraus durch Vertrag aufgehoben oder beschränkt werden. Weitergehende und eingehende Schutzvorschriften sind durch § 120a der Gewerbeordnung und die sonstigen Arbeiterschutzgesetze gegeben.

6. Kündigung des Dienstverhältnisses (Arbeitsverhältnisses) (BGB. §§ 620ff., HGB. §§ 66ff.). Das auf eine bestimmte Zeit eingegangene Dienstverhältnis endigt naturgemäß mit dem Ablaufe der Zeit, für die es eingegangen ist, ohne daß eine zuvorige Aufkündigung seitens des einen oder anderen Teils nötig wäre. Ist aber das Dienstverhältnis auf unbestimmte Zeit eingegangen (ist also weder über die Dauer ausdrücklich etwas vereinbart noch auch aus der Beschaffenheit oder dem Zwecke der Dienste über die Dauer des Verhältnisses etwas zu entnehmen), so kann jeder Teil das Verhältnis kündigen (620).

Die Kündigungsfrist kann vereinbart sein; auch kann verabredet sein, daß nur auf gewisse Termine gekündigt werden kann; dann sind eben diese Vereinbarungen maßgebend. Es ist nicht unzulässig, daß die Kündigungsfrist für beide Teile nicht gleich ist (anders bei Handlungsgehilfen (s. d.) und gewerblichen Arbeitern (s. u.)). Ist eine Kündigungsfrist durch den Vertrag nicht festgesetzt, so gilt zunächst (Besonderheiten nach HGB. und GewO. s. unten) folgendes: Ist die für die Dienste (die Arbeit) zu leistende Vergütung (Lohn usw.) nach Tagen bemessen, so ist die Kündigung an jedem Tag für den folgenden Tag zulässig. Hat z. B. jemand einen Arbeiter zu Garten- oder Feldarbeiten gegen einen vereinbarten Tagelohn angenommen, ohne daß über die Dauer des Arbeitsverhältnisses etwas besprochen wäre, so kann der Arbeiter jeden Tag wieder erscheinen und seinen Lohn beanspruchen, wenn nicht der Arbeitgeber tagszuvor ihm gekündigt hat; andererseits ist aber auch der Arbeiter zur Fortsetzung der Arbeit am folgenden Tage verpflichtet, wenn er nicht aufgekündigt hat, und daher eintretendenfalls schadensersatzpflichtig. Ist die Vergütung nach Wochen bemessen, so ist die Kündigung nur für (auf) den Schluß einer Kalenderwoche zulässig; sie hat spätestens am ersten Werktage der Woche (mit deren Schluß das Verhältnis aufhören soll) zu erfolgen. Ist die Vergütung nach Monaten bemessen, so ist die Kündigung nur für (auf) den Schluß eines Kalendermonats zulässig und muß spätestens am fünfzehnten des Monats erfolgen. Ist endlich die Vergütung nach Vierteljahren oder längeren Zeitabschnitten bemessen, so ist die Kündigung nur für (auf) den Schluß eines Kalendervierteljahrs (Quartals) und nur unter Einhaltung einer sechswöchigen Kündigungsfrist zulässig (621). Ist die für die Dienste oder Arbeiten zu zahlende Vergütung nicht ausdrücklich nach Zeitabschnitten (als Tagelohn, Wochenlohn usw.) vereinbart, so wird darnach zu sehen sein, in welcher Weise der Lohn für Arbeiter der gedachten Art bemessen zu werden pflegt und muß sich darnach die Kündigungsfrist bestimmen. Ist dagegen die Vergütung nicht nach Zeitabschnitten bemessen, wie beim Stücklohn, so ist zwar die Regel, daß das Dienstverhältnis jederzeit gekündigt, d. h. abgebrochen werden kann (vorausgesetzt immer, daß nicht eine bestimmte Dauer des Dienstverhältnisses vereinbart ist); bei einem die Erwerbstätigkeit des Verpflichteten vollständig oder hauptsächlich in Anspruch nehmenden Dienstverhältnis muß jedoch eine Kündigungsfrist von zwei Wochen eingehalten werden (623). Das Gesetz denkt hierbei an Dienst- oder Arbeitsverhältnisse, die zunächst — bis auf eine etwa erfolgende Kündigung von der einen oder anderen Seite — als dauernde beabsichtigt sind, beispielsweise, wenn ein Hausweber für den Fabrikanten, eine Strickerin für ein Geschäft gegen Stücklohn beschäftigt wird.

Eine Ausnahme von den vorbesprochenen Bestimmungen gilt für alle Personen, die zur Leistung von Diensten höherer Art angestellt sind, wie beispielsweise Lehrer, Erzieher, Privatbeamte, Gesellschafterinnen usw., und deren Erwerbstätigkeit durch das Dienstverhältnis vollständig oder hauptsächlich in Anspruch genommen wird (622). Das Dienstverhältnis dieser Personen kann nur für den Schluß eines Kalendervierteljahres und nur unter Einhaltung einer Kündigungsfrist von sechs Wochen gekündigt werden, auch wenn die Vergütung nach kürzeren Zeitabschnitten als Vierteljahren bemessen ist.

Ist ein Dienstverhältnis für die Lebenszeit einer Person, sei dies der Dienstberechtigte oder der Verpflichtete oder ein Anderer, oder für länger als fünf Jahre eingegangen, so kann es von dem Verpflichteten nach dem Ablaufe von fünf Jahren gekündigt werden, ohne daß ein anderer, eine Kündigung rechtfertigender Grund vorzuliegen braucht (624). Es soll niemand auf unangemessen lange Zeiträume hinaus an einen Dienstvertrag gegen seinen Willen gebunden sein. Die Kündigungsfrist beträgt in solchem Fall sechs Monate. Diese Bestimmung gilt auch für Hausangestellte.

Der Tod oder eine eingetretene Dienstunfähigkeit des Dienstverpflichteten beendigt nur dann das Dienstverhältnis, wenn die Dienste von dem Verpflichteten in Person geleistet werden müssen (s. oben 3); sonst besteht die Verpflichtung fort, nur daß beim Tode an die Stelle des zunächst Verpflichteten dessen Erben treten, während bei eingetretener Dienstunfähigkeit der Verpflichtete für anderweitige Beschaffung der Dienste Sorge zu tragen hat. Stirbt der Dienstberechtigte, so hat dies die Beendigung des Dienstverhältnisses nur dann zur Folge, wenn nach der Art des Vertrages oder der Absicht der Parteien die Leistung der Dienste an die Person des Berechtigten hat geknüpft sein sollen; es ist z. B. jemand als Wärter für einen Kranken angenommen. Sonst hat der Tod des Berechtigten auf die Fortdauer des Dienstvertrages keinen Einfluß, da die Dienste auch den Erben des Verstorbenen geleistet werden können und müssen. Unter Umständen kann allerdings der Tod des Berechtigten den Rücktritt vom Dienstvertrage rechtfertigen; siehe darüber den folgenden Absatz.

Aufhebung des Dienstverhältnisses aus wichtigem Grunde. Das Dienstverhältnis kann von jedem Teile ohne Einhaltung einer Kündigungsfrist gekündigt werden, wenn ein wichtiger Grund vorliegt. Dies gilt sowohl, wenn das Verhältnis auf bestimmte Zeit, als wenn es auf unbestimmte Zeit eingegangen ist. Das Gesetz geht davon aus, daß jedem Teile das Recht zustehen müsse, von dem Vertrage für die Zukunft sich loszusagen, nicht nur, wenn der andere Teil seine Vertragspflichten gröblich verletzt oder sie beharrlich mangelhaft erfüllt, sondern auch, wenn ohne solche Pflichtversäumnis eine wesentliche Veränderung in den Umständen eintritt, die zur Eingehung des Dienstvertrages geführt haben und dem anderen Teil die Fortsetzung des Dienst- oder Arbeitsverhältnisses nicht mehr zugemutet werden kann (RG.). Einen Anhaltspunkt für die Frage, was bei den verschiedenen Dienstverhältnissen, die noch vom BGB. allein geregelt werden, als „wichtiger Grund" zur Auflösung anzusehen ist, geben die z. B. für Handlungsgehilfen (s. d. Art., wo das Kündigungsrecht für Angestellte näher behandelt ist) und für Werkmeister kasuistisch genannten Fälle, die „insbesondere" als wichtige Gründe anzusehen sind (§ 71, § 72 BGB., §§ 133c und d GewO., wobei GewO. § 133b ausdrücklich auf die Berücksichtigung der Umstände des Falles hinweist). Und schon die Tatsache, daß bei gewöhnlichen Gewerbegehilfen (also im wesentlichen bei niederen Arbeiten) die Auflösungsgründe erschöpfend aufgezählt sind, bei qualifizierten Dienstleistungen (Werkmeister, Handlungsgehilfen) jedoch die Aufzählung nicht erschöpfend erfolgt, sondern der „wichtige Grund" als Zuflucht des Gesetzgebers zum Tatrichter benutzt wird, beweist, daß zwar die Fälle verschieden, die Idee des Auflösungsgrundes aber einheitlich ist: nämlich aus dem Pflichtenumkreis des betreffenden Dienstvertrages hervorgehen muß. Die „insbesondere" aufgezählten Fälle im HGB. und in der GewO., die für den gewerblichen Anstellungsvertrag gelten, zeigen nämlich folgende drei Gruppen der essentiellen Vertragsverletzungen: 1. Verletzung tatsächlicher Verhältnisse der Dienstleistung (Nichtarbeitenkönnen, Vernachlässigung des Dienstes, Nichtbereitstellen der Arbeitsmittel, Vernachlässigung der Fürsorge); 2. Verletzung wirtschaftlicher Verhältnisse der Dienstleistung (Nichtzahlung der Vergütung, Unmöglichkeit der wirtschaftlichen Weiterführung des Betriebes, Konkurrenz gegenüber dem Geschäftsherrn); 3. Verletzung moralischer Verhältnisse der Dienstleistung (Untreue, Vertrauensmißbrauch, schlechte Behandlung, Tätlichkeiten).

Die Bestimmungen der Gewerbeordnung (122ff.; Gutt. Slg. Nr. 6) über die Aufkündigung des Arbeitsverhältnisses bei gewerblichen Arbeitern (Gesellen, Gehilfen, Lehrlingen, Betriebsbeamten, Werkmeistern, Technikern, Fabrikarbeitern) sind im wesentlichen folgende, wobei zu beachten ist, daß „gewerbliche" Arbeiter auch in Handelsbetrieben vorkommen können, wie z. B. Werkmeister in Fabriken, Zuschneider in Kleidergeschäften, Probiermamsellen in Konfektionsgeschäften usw. Das Arbeitsverhältnis eines Gesellen oder Gehilfen kann, wenn nichts anderes zwischen den Beteiligten vereinbart ist, durch eine jedem Teile freistehende, vierzehn Tage vorher erklärte Aufkündigung gelöst werden. Sind andere Kündigungsfristen vereinbart, so müssen sie für beide Teile gleich sein (GO. 122). Bestimmte, im Gesetz angegebene Gründe berechtigen den Arbeitgeber zur Entlassung des Arbeiters usw. (GO. 123) und den Arbeiter usw. zum Verlassen der Arbeit (GO. 124) ohne zuvorige Kündigung, selbst wenn das Arbeitsverhältnis auf bestimmte Zeit eingegangen ist. Abgesehen von diesen besonders bestimmten Fällen kann jeder Teil aus wichtigen Gründen vor Ablauf der vertragsmäßigen Zeit und ohne Innehaltung einer Kündigungsfrist die Aufhebung des Arbeitsverhältnisses verlangen, wenn dasselbe mindestens auf 4 Wochen eingegangen oder wenn eine längere als vierzehntägige Kündigungsfrist vereinbart ist (GO. 124a). Die eben mitgeteilten Bestimmungen gelten auch für Fabrikarbeiter (GO. 134). Das Dienstverhältnis der Betriebsbeamten, Werkmeister und ähnlichen Angestellten gewerblicher Unternehmungen, der Maschinentechniker, Bautechniker, Chemiker, Zeichner usw. kann, wenn nichts anderes verabredet ist, von jedem Teile mit Ablauf jedes Kalendervierteljahrs nach sechs Wochen vorher erklärter Aufkündigung aufgehoben werden (GO. 133a).

Näheres s. in den Art. „Dienstvertrag" und „Kündigung" im HdR. I S. 56 u. III S. 834ff. Im Streitfall hat der Richter darüber zu entscheiden, ob ein „wichtiger Grund" vorliegt und ob nicht wenigstens eine angemessene Kündigungsfrist eingehalten werden konnte. Über Krankheit als Entlassungsgrund s. oben zu 4. — Bei gewissen Dienstverhältnissen ist sogar eine jederzeitige Kündigung ohne Angabe eines Grundes jedem Teile gestattet (freies beiderseitiges Kündigungsrecht); es sind dies Verhältnisse, in denen es sich um Vertrauensstellungen handelt, die eine besondere persönliche Beziehung zwischen dem Dienstleistenden und dem Empfänger voraussetzen, wie bei Ärzten, Lehrern, Rechtsbeiständen usw. Es darf jedoch in solchen Fällen, wenn nicht ein wichtiger Grund für die unzeitige Kündigung vorliegt, das Kündigungsrecht von dem Dienstleistenden nur so ausgeübt werden, daß der Dienstberechtigte in der Lage ist, sich Ersatz zu beschaffen. Erwächst dem Dienstberechtigten ein Schaden dadurch, daß der Dienstleistende ohne jeden Grund zur Unzeit kündigt, so ist letzterer ihm zum Schadenersatz verpflichtet.

Wird nach dem Beginn der Dienstleistung das Dienstverhältnis wegen wichtigen Grundes oder auf Grund des beiderseitigen freien Kündigungsrechts von dem einen oder anderen Teil gekündigt, so kann der Dienstleistende in der Regel für die von ihm geleisteten Dienste (Arbeiten) den entsprechenden (d. h. den bisherigen Leistungen entsprechenden) Teil der Vergütung verlangen (628). Dies kann jedoch für den anderen Teil insofern mit Härten verbunden sein, als unter Umständen die bisherigen Leistungen infolge der Kündigung für ihn kein Interesse mehr haben. Soweit dieses der Fall ist, steht dem Aufkündigenden der Anspruch auf Vergütung für die geleisteten Dienste nicht zu, wenn er gekündigt hat, ohne durch ein vertragswidriges Verhalten des anderen dazu veranlaßt zu sein, oder wenn er selber durch sein vertragswidriges Verhalten die Kündigung des anderen Teils veranlaßt hat. Ist die Vergütung für eine spätere Zeit bereits im voraus entrichtet, so hat der Dienstleistende sie nach Maßgabe des § 347 des Gesetzbuchs (s. „Rücktritt von einem Vertrage 2") oder, wenn die Kündigung wegen eines Umstandes erfolgt, den er nicht zu vertreten hat (s. „Vertretung von Vorsatz usw."), nach den Vorschriften über die Herausgabe einer „ungerechtfertigten Bereicherung" (s. d.) zurückzuerstatten. Ist die Kündigung durch vertragswidriges Verhalten des anderen Teils veranlaßt, so ist dieser außerdem zum Ersatz des durch die Aufhebung des Dienstverhältnisses entstehenden Schadens verpflichtet.

Nach der Kündigung (einerlei, von wem sie ausgegangen ist) eines dauernden Dienstverhältnisses muß der Dienstberechtigte dem Verpflichteten auf Verlangen angemessene Zeit zum Aufsuchen eines anderen Dienstverhältnisses gewähren (629).

Bei probeweiser und aushilfsweiser Anstellung ist im Zweifel tägliche Kündigung möglich und Weiterbeschäftigung von Tag zu Tag über den ursprünglich gedachten Zeitraum oder Zweck hinaus. Ist nach Ablauf einer fest bestimmten Probezeit Weiterbeschäftigung stillschweigend eingetreten, so ist im Zweifel feste Anstellung anzunehmen.

Für den Fall, daß der Dienstherr in Konkurs gerät, hat die Konkursordnung besondere Bestimmungen; insbesondere schreibt sie vor, daß ein in dem Haushalte, Wirtschaftsbetriebe oder Erwerbsgeschäfte des Gemeinschuldners angetretenes Verhältnis von jedem Teile (für den Gemeinschuldner vom Konkursverwalter) gekündigt werden kann und daß die Kündigungsfrist, falls nicht eine kürzere Frist bedungen war, die gesetzliche ist. Kündigt der Konkursverwalter, so ist der andere Teil berechtigt, Ersatz des ihm durch die Aufhebung des Dienstverhältnisses entstehenden Schadens zu verlangen (KO. 22).

Stillschweigende Verlängerung des Dienstverhältnisses (625). Wird das Dienstverhältnis trotz Ablauf der Dienstzeit (sei es, daß dieser durch Kündigung oder durch die vertragsmäßige Festsetzung der Dauer des Verhältnisses herbeigeführt ist) von dem Dienstverpflichteten mit Wissen des anderen Teils fortgesetzt, so gilt es als auf unbestimmte Zeit verlängert und kann nun erst wieder durch Kündigung beendet werden.

7. Geschäftsbesorgung durch den Dienstverpflichteten. Für den Fall, daß der Dienstvertrag eine Geschäftsbesorgung zum Gegenstande hat, bestimmt § 675 BGB., daß die für das Auftragsverhältnis (s. „Auftrag") geltenden Vorschriften, nämlich die §§ 663, 665 bis 670, 672 bis 674 bzw. unter Umständen auch § 671 Abs. 2 BGB. auch beim Dienstvertrage „entsprechende Anwendung" finden sollen. Eine „Geschäftsbesorgung" (s. d.) ist aber nicht ohne weiteres in jeder Tätigkeit des Dienstverpflichteten zu finden; in der Regel handelt es sich dabei um eine Tätigkeit, die innerhalb des Rechtsbereichs des Dienstherrn vorzunehmen ist.

Über das Dienst- oder Arbeitszeugnis s. Zeugnis.

Arbeitszeit s. Arbeits- und Dienstvertrag 2.

Arglist, arglistige Täuschung, s. Täuschung.

Arglistiges Verschweigen von Mängeln beim Kauf s. „Kauf und Verkauf" und „Gewährleistung usw. 1, 9"; bei einer Schenkung s. „Schenkungen 2" und „Erbschaftskauf"; bei der Miete s. „Miete usw. 2"; bei der Leihe s. „Leihe 2"; beim Werkvertrage s. „Werkvertrag 3".

Armenhäuser s. Stiftung 1.

Armenrecht im Prozesse (ZPO. 114—127). Sowohl dem Kläger wie dem Beklagten kann in einem Rechtsstreit (Prozeß) vom Prozeßgericht das Armenrecht bewilligt werden; denn es soll auch dem Mittellosen ermöglicht werden, sein Recht zu verfolgen. Das Gesetz sagt: „Wer außerstande ist, ohne Beeinträchtigung des für ihn und seine Familie notwendigen Unterhaltes die Kosten des Prozesses zu bestreiten, hat auf Bewilligung des Armenrechts Anspruch, wenn die beabsichtigte Rechtsverfolgung oder Rechtsverteidigung nicht mutwillig oder aussichtslos erscheint." Mit dem Gesuch um Bewilligung des Armenrechts, das schon vor der Erhebung der Klage, aber auch später, im Verlaufe des Prozesses, angebracht werden kann, muß ein sog. Armutszeugnis, d. h. ein der Partei von der Polizei ausgestelltes Zeugnis vorgelegt werden, in welchem unter Angabe des Standes oder Gewerbes, der Vermögens- und Familienverhältnisse der Partei, sowie des Betrages der von ihr zu entrichtenden direkten Staatssteuer ihr Unvermögen zur Bestreitung der Prozeßkosten ausdrücklich bezeugt wird. Für Personen, die unter Vormundschaft oder Pflegschaft stehen, kann das Zeugnis auch vom Vormundschaftsgericht ausgestellt werden. Die Bewilligung des Armenrechts, die für jede Instanz besonders auf Grund eines Antrages beim Prozeßgericht erfolgt, kann vom Gericht trotz der Beibringung eines derartigen Zeugnisses abgelehnt werden, wenn es nach Prüfung der Sache annimmt, daß die Partei mit ihrem Anspruche oder mit ihren Einwendungen nicht durchdringen könne; es können also offenbar frivole Prozesse durch die Verweigerung des Armenrechts verhindert oder wenigstens erschwert werden. Gegen die Bewilligung des Armenrechts steht dem Gegner kein Rechtsmittel zu, wird es versagt, ist Beschwerde gegeben. Stellt sich im Verlaufe des Prozesses heraus, daß die Sache der „armen" Partei aussichtslos ist, so kann ihr das Armenrecht wieder entzogen werden. Die Wirkung des Armenrechts ist, daß die betreffende (arme) Partei einstweilen keine Kosten an das Gericht (den Gerichtsvollzieher) zu zahlen braucht, ihr auch auf ihren Antrag eine rechtskundige Person oder ein Rechtsanwalt zur vorläufig unentgeltlichen Wahrnehmung ihrer Rechte beigeordnet werden kann oder unter Umständen beigeordnet werden muß. Gewinnt die arme Partei demnächst den Prozeß, so werden die Kosten von ihrem Gegner eingezogen; verliert sie den Prozeß, so ist sie zwar verpflichtet, die Kosten, und zwar auch die dem Gegner erwachsenen, nachzuzahlen, und der Gegner (und sein Anwalt) können versuchen, sie von ihr zwangsweise beizutreiben; die Gerichts- und Gerichtsvollzieherkosten und die Kosten des eigenen Anwalts können von ihr aber nur dann eingefordert werden, wenn sie zu deren Zahlung ohne Beeinträchtigung des für sie und ihre Familie notwendigen Unterhalts imstande ist.

Nicht bewilligt werden kann das Armenrecht juristischen Personen, sowie solchen Personen, die nur Partei kraft ihres Amts sind, jedoch fremde Interessen vertreten, z. B. Konkursverwaltern und Testamentsvollstreckern.

Armenschein s. Armenrecht.

Arrest (ZPO. 916—934). **1.** Wer für sein Geld fürchtet, weil der Schuldner in schlechte Verhältnisse gerät, ist leicht geneigt, zu versuchen, ob er sich nicht in irgendeiner Weise sichern kann. Das Mittel dazu ist der Arrest. Er kann nur erlassen werden, „wenn zu besorgen ist, daß ohne dessen Verhängung die Vollstreckung des Urteils vereitelt oder wesentlich erschwert werden würde". Mit Grund kann z. B. ein Arrest beantragt werden, wenn der Schuldner sein Vermögen leichtsinnig verschleudert oder in verdächtiger Weise veräußert oder es durch gewagte Spekulation in Gefahr bringt oder wenn der Schuldner keinen festen Wohnsitz hat und seinen Aufenthalt fortwährend wechselt oder wenn der Verdacht begründet ist, daß er die Flucht ergreifen, ins Ausland gehen oder sein Vermögen ins Ausland verbringen werde. Stets als ausreichender Arrestgrund gilt, wenn das spätere Urteil im Ausland vollstreckt werden müßte. Dagegen berechtigt eine bloße Verschlechterung der Vermögenslage des Schuldners und die Besorgnis, daß andere Gläubiger ihm zuvorkommen möchten, den Gläubiger nicht, einen Arrest gegen den Schuldner zu beantragen.

2. Der Arrest kann bei dem Amtsgericht, in dessen Bezirk sich das mit Beschlag zu belegende Vermögen des Schuldners befindet, oder auch bei demjenigen Gericht, das im Prozeßfalle über den Anspruch des Gläubigers zu entscheiden hätte, schriftlich oder zu Protokoll des Gerichtsschreibers beantragt werden. Anwaltszwang ist nicht vorgeschrieben. In dem Arrestantrage (Arrestgesuche) muß die genau zu bezeichnende Forderung des Gläubigers sowohl wie der Grund, weshalb Arrest beantragt wird, in geeigneter Weise glaubhaft gemacht werden, z. B. die Forderung durch Vorlegung des Schuldscheins, des Wechsels, Kontobuchauszügen oder eidesstattliche Versicherung der Arrestgrund z. B. durch Beilegung schriftlicher Zeugnisse des Gemeindevorstandes oder anderer glaubwürdiger Personen darüber, daß der Schuldner sein Vermögen verschleudere oder die Absicht kundgegeben habe, auszuwandern usw. Das Gericht kann die Anordnung des Arrestes auch von der Hinterlegung einer Sicherheit abhängig machen, insbesondere wenn die Forderung und der Arrestgrund gar nicht oder nicht hinreichend glaubhaft gemacht worden sind. Wird der beantragte Arrest vom Gerichte erlassen, so ist nunmehr auf Grund des Arrestbeschlusses beim Gerichtsvollzieher oder beim Gericht die eigentliche Arrestanlegung (Vollziehung) zu betreiben. Vollzogen wird der Arrest durch Pfändung bei beweglichen Sachen und Forderungen (s. Pfändung) und Eintragung einer Sicherungshypothek (s. d.) bei unbeweglichen Sachen. Die Vollziehung ist nicht mehr zulässig, wenn seit dem Tage, an welchem der Arrest verkündet oder dem Gläubiger zugegangen ist, ein Monat verstrichen ist. Der Schuldner kann außerdem die Vollziehung des Arrestes durch Hinterlegung eines Geldbetrages abwenden. Die Höhe dieses Geldbetrages muß in jedem Arrestbefehl angegeben sein. Außerdem kann der Schuldner Widerspruch gegen den Arrestbefehl erheben, dann entscheidet das Gericht durch Urteil über die Zulässigkeit des Arrestes.

Ärzte als Kaufleute s. Kaufmann usw. 1; Haftung für Raterteilung s. Raterteilungen usw.; Sachen, die ihnen nicht gepfändet werden können, s. Pfändung in der Zwangsvollstreckung 1; Pfändung des Diensteinkommens s. daselbst 2.

Ärztliche Praxis, Verkauf einer. Die Ansicht, daß der Verkauf (oder Tausch) einer ärztlichen Praxis an sich gegen die guten Sitten verstoße (s. „Sitte und Sittenwidrigkeit") und deshalb nichtig sei, ist in dieser Allgemeinheit nicht richtig. Das Reichsgericht hat sich dahin ausgesprochen, daß der Verkauf jedenfalls dann gegen die guten Sitten verstoße, wenn der Einfluß, den der Verkäufer als Arzt auf das Publikum gewonnen hatte, und das Vertrauen, das ihm vom Publikum entgegengebracht wurde, zum Gegenstande eines Gewinnes gemacht und in gewinnsüchtiger Absicht ausgenutzt wurde und der sehr hohe Preis den Käufer zwinge, ganz wesentlich nur auf die Erzielung hoher Einnahmen bedacht zu sein; dagegen ist der Verkauf nicht sittenwidrig, wenn solche erschwerenden, der Auffassung von ärztlicher Standessitte entgegenstehenden Momente nicht vorliegen.

Aszondenten nennt man Eltern, Großeltern, Urgroßeltern usw. (s. Verwandtschaft).

Aufbewahrung fremder Wertpapiere s. Depots, kaufmännische; von Wertpapieren des Mündels s. Vormund 4; von Geld s. Verwahrung 3; der Handelsbücher, Briefe usw. bei Kaufleuten s. Handelsbücher; Übernahme zur, s. Verwahrung; einer Sache, deren Annahme der Gläubiger weigert, s. Verzug 2; von Testamenten u. Erbverträgen s. Testament u. Erbvertrag 1.

Aufbewahrungspflicht bei Kaufleuten s. Handelsgeschäfte u. Depots, kaufmännische.

Aufforderung, öffentliche, an die Gläubiger eines Nachlasses, sich zu melden, s. Nachlaßgläubiger u. Nachlaßschuldner.

Aufgabe des Eigentums an Grundstücken und beweglichen Sachen s. Aneignung usw. 1.

Aufgebot der Nachlaßgläubiger (1970—1974). **1.** Der Erbe, der eine Erbschaft angenommen oder innerhalb der Ausschlagungsfrist nicht ausgeschlagen hat, haftet, wenn jemand von den Rechtsmitteln, die ihm das Gesetz zur Erhaltung der beschränkten Haftung an die Hand gegeben hat (s. Nachlaßschulden), keinen Gebrauch macht, unbeschränkt, d. h. soweit der Nachlaß nicht ausreicht, auch mit seinem eigenen Vermögen. Er hat deshalb ein dringendes Interesse daran, baldigst ein richtiges Bild von den Verhältnissen des Nachlasses zu gewinnen, damit er, wenn sich eine Überschuldung des Nachlasses als möglich herausstellen sollte, in der Lage ist, sich gegen solche unbeschränkte Haftung zu sichern. Er kann deshalb, um den Schuldenbestand des Nachlasses zu ermitteln, beim Gericht ein **Aufgebot der Nachlaßgläubiger** beantragen. Die Gläubiger, die bekannten sowohl wie die unbekannten, werden durch ein solches Aufgebot gezwungen, ihre Forderungen gegen den Nachlaß binnen einer bestimmten Frist **anzumelden**. Der Antrag ist vom Erben bei dem Gericht zu stellen, dem die Verrichtungen des Nachlaßgerichts (s. d.) obliegen; sind diese Verrichtungen einer anderen Behörde als einem Amtsgericht übertragen, so ist der Antrag bei dem Amtsgericht zu stellen, in dessen Bezirk die Nachlaßbehörde ihren Sitz hat. Antragsberechtigt ist jeder Erbe, Miterbe, Nacherbe, der die Erbschaft angenommen hat und nicht bereits für die Nachlaßschulden unbeschränkt haftet, der Testamentsvollstrecker, der Nachlaßpfleger, wenn sie zur Verwaltung des Nachlasses befugt sind, und der Ehemann einer Ehefrau, die Erbin ist, wenn der Nachlaß zum eingebrachten Gute oder zum Gesamtgute (s. d.) gehört (ZPO. 989—1000). Dem Antrage muß ein Verzeichnis der dem Erben (Testamentsvollstrecker) bekannten Nachlaßgläubiger (auch etwaiger Hypothek- und Pfandgläubiger) mit Angabe ihres Wohnorts beigefügt werden, da diese vom Gericht eine besondere Aufforderung zur Anmeldung erhalten. Das Aufgebot wird nach den Bestimmungen der Zivilprozeßordnung öffentlich bekannt gemacht. Gläubiger, die ihre Forderung dem Gericht anmelden wollen, müssen den Gegenstand und den Grund (z. B. aus einem Kauf, einem Darlehn usw.) ihrer Forderung genau angeben; Beweisurkunden (Schuldscheine usw.) sind in Urschrift (im Original) oder in Abschrift der Anmeldung beizufügen. Der Erbe muß aus der Anmeldung ersehen können, wo der Gläubiger wohnt, worauf er seine Forderung stützt, zu welchem Betrage sie nach seiner Meinung noch besteht. — Bis zur Beendigung des Aufgebotsverfahrens kann jeder Miterbe einen **Aufschub der Erbteilung** verlangen; s. „Erbteilung 2".

2. Nach dem Ergebnis der Anmeldungen ist der Erbe in der Lage, übersehen zu können, ob eine Überschuldung des Nachlasses vorliegt oder wenigstens zu befürchten ist. In diesem Fall kann er zur Abwendung einer Haftung über den Nachlaß hinaus Nachlaßverwaltung oder Nachlaßkonkurs beantragen, und muß es, wenn er sich den Gläubigern gegenüber nicht schadenersatzpflichtig machen will (BGB. 1980). Hält er dagegen eine Überschuldung nicht für vorliegend, so ist er jedenfalls gegen die Gläubiger, die sich während der Aufgebotsfrist **nicht gemeldet** haben und deshalb vom Gericht durch Ausschlußurteil „**ausgeschlossen**" sind, insofern gesichert, als er sie, wenn sie nachträglich mit ihren Ansprüchen hervortreten, auf das verweisen darf, was **von der Erbschaft nach Befriedigung aller angemeldeten Forderungen noch übrig ist**; er haftet ihnen weiter nicht (vorausgesetzt, daß er nicht wegen besonderen Verschuldens für alle Erbschaftsschulden unbeschränkt mit seinem ganzen Vermögen aufzukommen hat; s. „Nachlaßschulden 2"). **Etwa noch nicht ausgezahlte Pflichtteile, Vermächtnisse oder Auflagen** darf der Erbe aber von dem noch vorhandenen Nachlaßbestande nicht abrechnen, da diese den Schulden nachstehen; waren sie bereits ausgezahlt, als der „ausgeschlossene" Gläubiger seine Forderung nachträglich geltend machte, so gehen sie dessen Forderung vor. Den für die Befriedigung des ausgeschlossenen Gläubigers nach dem Vorstehenden noch verfügbaren Rest (Überschuß) des Nachlasses muß der Erbe dem Gläubiger zum Zwecke der Befriedigung im Wege der Zwangsvollstreckung nach den Vorschriften über die Herausgabe einer ungerechtfertigten Bereicherung (s. d.) herausgeben, wenn er es nicht vorzieht, statt der Herausgabe der Sachen dem Gläubiger den **Wert** des vom Nachlasse noch Vorhandenen auszuzahlen. Melden sich nachträglich **mehrere** ausgeschlossene Gläubiger, so befriedigt sie der Erbe nach der Reihenfolge, wie sie sich melden, bis der Nachlaß erschöpft ist. Reicht der Nachlaß zur Befriedigung aller nicht hin, so ist er denen, die leer ausgehen, nicht dafür verantwortlich, daß er den Konkurs nicht angemeldet hat. Die ausgeschlossenen Gläubiger bleiben aber befugt, die Anordnung einer Nachlaßverwaltung oder die Eröffnung des Konkurses zum Zwecke einer ordnungsmäßigen Verteilung des noch vorhandenen Nachlasses unter ihnen zu beantragen. Die vorstehend besprochenen nachteiligen Folgen treten aber für gewisse Nachlaßgläubiger **nicht** ein. Hat ein Gläubiger ein Recht auf Befriedigung aus einem ihm besonders verhafteten (z. B. ein Hypothekengläubiger, ein Pfandgläubiger) Gegenstande oder auf Aussonderung (s. d.), so ist er insoweit, als es sich um seine Befriedigung hieraus handelt, nicht verpflichtet, sich auf das Aufgebot hin zu melden. Auch diejenigen Personen, die einen Pflichtteil oder ein Vermächtnis oder eine Auflage aus dem Testament beanspruchen, werden durch das Aufgebot nicht betroffen. Sind mehrere Erben da, so kommt das von einem Erben erwirkte Ausschlußurteil auch den andern zustatten.

Zur Ergänzung der Vorschriften über das Aufgebot im Hinblick auf solche Nachlaßgläubiger, die für ihre persönliche Forderung ein Recht auf Befriedigung aus einem zum Nachlasse gehörigen **Grundstücke** haben, gibt das Gesetz (ZVG. 175) dem Erben das Recht, eine Zwangsversteigerung des Grundstücks zu beantragen, um durch deren Ausfall festzustellen, inwieweit er den Gläubigern für einen Ausfall ihrer Forderungen haftet.

3. Auch ohne daß ein Aufgebotsverfahren stattgefunden hat, können Gläubiger von den oben beschriebenen nachteiligen Folgen betroffen werden, wenn sie nämlich die Geltendmachung der ihnen gegen einen Nachlaß zustehenden Forderungen in **ungebührlicher Weise verzögern**. Das Gesetz bestimmt zum Schutze des Erben gegen die Nachteile, die dem Erben aus solchen Verzögerungen entstehen können, daß **derjenige Nachlaßgläubiger, der seine Forderung später als fünf Jahre nach dem Tode des Erblassers dem Erben gegenüber geltend macht, nicht mehr Rechte haben soll als ein Gläubiger, der im Aufgebotsverfahren ausgeschlossen ist und erst nachträglich mit einer Forderung an den Nachlaß hervortritt.** Der betreffende Gläubiger (auch ein Vermächtnisnehmer, Pflichtteils- oder Auflageberechtigter) kann daher keine Befriedigung verlangen, wenn nach Berücksichtigung der Forderungen, die rechtzeitig geltend gemacht sind, vom Nachlaß nichts mehr übrig bleibt, gleichgültig, ob diese Forderungen schon bezahlt sind oder nicht; er tritt eben mit seinen Ansprüchen hinter die Gläubiger, die sich zeitig gemeldet haben, zurück; soweit aber noch ein Überschuß vorhanden ist, ist der Erbe berechtigt, ihm statt der Herausgabe der noch vorhandenen Nachlaßgegenstände deren Wert zu zahlen. Etwaigen Pflichtteilsforderungen, Vermächtnissen oder Auflageberechtigungen geht er aber vor. Diese vorbezeichneten Nachteile (wegen Verspätung der Geltendmachung) treffen aber **nicht** solche Gläubiger, die ein Pfandrecht oder sonstiges Vorzugsrecht haben, soweit dieses reicht; auch kann der Erbe sich einem solchen Gläubiger gegenüber auf die verspätete Geltendmachung der Forderung nicht berufen, wenn ihm die Forderung vor Ablauf der 5 Jahre bekannt geworden ist (was freilich der Gläubiger beweisen muß) oder wenn der Gläubiger sich in dem etwa stattgehabten gerichtlichen Aufgebotsverfahren gemeldet hatte. Sollten sich etwa nach Ablauf von 5 Jahren mehrere Pflichtteilserben, Vermächtnisnehmer oder Auflageberechtigte noch melden, so muß er diejenigen von ihnen vor den anderen befriedigen, die im Nachlaßkonkurse einen Vorrang haben würden, widrigenfalls er ihnen mit seinem eigenen Vermögen haftet. Ist der Erblasser für tot erklärt, so beginnt übrigens die fünfjährige Frist nicht vor der Erlassung des die Todeserklärung aussprechenden Urteils.

Ein fernerer Nachteil, der sowohl den im Aufgebotsverfahren ausgeschlossenen Gläubiger, als auch den Nachlaßgläubiger trifft, der seine Forderung erst später als fünf Jahre nach dem Tode des Erblassers dem Erben gegenüber geltend macht, ist der, daß er, falls beim Vorhandensein mehrerer Erben die Nachlaßteilung bereits stattgehabt hat, seine Forderung nun nicht mehr (ganz) gegen einen beliebigen Miterben geltend machen kann, sondern jeden einzelnen der Erben auf seinen Teil in Anspruch nehmen muß. Siehe hierüber „Nachlaßschulden usw. 3".

Etwas anderes als das im Vorstehenden behandelte gerichtliche Aufgebot der Nachlaßgläubiger ist die einem Miterben (beim Vorhandensein mehrerer Erben) gestattete öffentliche Aufforderung an Erbschaftsgläubiger, sich binnen sechs Monaten zu melden. Diese Aufforderung hat einen anderen Zweck; s. „Nachlaßgläubiger" u. „Nachlaßschulden usw. 3".

Aufgebot vor der Eheschließung s. Eheschließung 1; eines eingetragenen Grundstückseigentümers s. Ersitzung 2; zum Zwecke der Ausschließung eines Hypothekgläubigers s. Hypothek 4; behufs Kraftloserklärung von Orderpapieren s. Handelsgeschäfte 1; behufs Kraftloserklärung von Urkunden überhaupt s. Kraftloserklärung usw.

Aufhebung einer Gemeinschaft s. Gemeinschaft 3; eines Verlöbnisses s. Verlöbnis 1; einer ehelichen Gemeinschaft s. Ehescheidung 5; eines Wohnsitzes s. Wohnsitz; einer Forderung, eines Schuldverhältnisses durch Vertrag s. Erlaß einer Schuld; eines Testaments s. Testament 4.

Aufkündigung s. Kündigung.

Auflage an einen Beschenkten s. Schenkung; im Erbvertrage s. Erbvertrag 1; bei Büchern, falsche Angaben über, s. Schwindelhafte Reklame 1.

Auflagen in Testamenten (1940, 2192—2196). Erben und solchen Personen, die aus einer Erbschaft ein Vermächtnis erhalten, kann von dem Erblasser eine Auflage gemacht werden. Der Erblasser bestimmt z. B. im Testament, daß seine Erben für mildtätige Zwecke aus dem Nachlasse 500 M. zahlen sollen. Derartige Auflagen sind den Vermächtnissen ähnlich, die auch den Erben (oder Vermächtnisnehmern selbst) auferlegt zu werden pflegen; aber sie sind doch insofern verschieden von ihnen, als dem, zu dessen Gunsten eine solche „Auflage" gemacht ist, kein selbständiges klagbares Recht auf die Erfüllung der Auflage seitens des damit Beschwerten zusteht (wohl aber anderen Personen; siehe unten), während der Vermächtnisnehmer auf Zahlung oder Leistung des ihm zugewandten Vermächtnisses klagen kann. Das Gesetz mußte deshalb für Auflagen einige besondere Bestimmungen treffen. Hat nämlich der Erblasser den Zweck der Auflage bestimmt (vergleiche obiges Beispiel: „für mildtätige Zwecke"), so ist es nicht nötig, daß er weiter bestimmt, an wen (an welche Person, an welche Anstalt) die Zahlung geleistet werden soll; er kann diese Bestimmung dem, der die Auflage zu erfüllen hat, oder auch einer beliebigen anderen Person überlassen. Er kann freilich auch die Person usw., an die geleistet werden soll, selbst bezeichnen. Wenn nun auch diese auf Erfüllung der Auflage nicht klagen kann, so ist dieses Recht doch anderen Personen gegeben, nämlich dem Erben, wenn z. B. einem Vermächtnisnehmer eine Auflage gemacht ist; einem Miterben, wenn sie einem von mehreren Erben gemacht ist; einem etwaigen Testamentsvollstrecker. Auch der, welchem ein etwaiger Wegfall der mit der Auflage zunächst beschwerten Person unmittelbar zustatten kommen würde, kann die Vollziehung der Auflage von dem damit Beschwerten verlangen. Liegt die Vollziehung der Auflage im öffentlichen Interesse, so kann auch die zuständige Behörde die Vollziehung verlangen. Die genannten Personen oder die durch Landesverordnungen näher bezeichneten Behörden sind berechtigt, die Vollziehung der Auflage im Prozeßwege zu erzwingen. Vereitelt der mit der Auflage Beschwerte die Vollziehung, so ist er verpflichtet, das, was er hierdurch etwa erspart, wie eine ungerechtfertigte Bereicherung an den herauszugeben, der bei seinem Wegfall an seine Stelle als Erbe usw. treten würde.

Auflassung (925). 1. Zum Erwerbe des Eigentums an einem Grundstück genügt nicht schon der Abschluß eines Vertrages, z. B. Kaufvertrages, Schenkungsvertrages, und die Besitzübertragung, sondern es muß noch die Auflassung und die Eintragung des Erwerbers im Grundbuch hinzukommen. Auflassung ist die Einigung des bisherigen Eigentümers und des Erwerbers, daß das Eigentum nunmehr auf den letzteren übergehen soll. Sie muß unbedingt und unbefristet sein. Sie muß in Gegenwart beider Vertragsteile von dem Grundbuchamte, in dessen Bezirk das betreffende Grundbuch geführt wird, oder soweit dies landesgesetzlich zugelassen ist, vor einem Notar oder einem Amtsgericht zu Protokoll erklärt werden. Wer nicht persönlich erscheinen will oder kann, muß sich durch einen Bevollmächtigten mit gerichtlich oder notariell aufgenommener oder beglaubigter Vollmacht vertreten lassen; Auflassungsvollmacht des einen Vertragsteils auf den anderen ist zulässig und häufig. Die Auflassung vor einem Notar ist landesgesetzlich zugelassen in Preußen, Bayern, Sachsen, Hessen, Baden; vor jedem deutschen Amtsgericht in Sachsen, Hessen; vor dem Ratsschreiber und gegebenenfalls vor dem Nachlaßgericht in Württemberg, Baden.

Die Eintragung des neuen Eigentümers wird auf Grund der Auflassung und eines Antrags der Beteiligten vom Grundbuchamt vorgenommen. Der Antrag wird in der Regel mit der Auflassung verbunden. Wo nach den Gesetzen der Eigentumsübergang sich außerhalb des Grundbuchs vollzieht, ist eine Auflassung nicht erforderlich; solche Fälle sind z. B. Erwerb im Zwangsversteigerungsverfahren, Enteignung, Verschmelzung von Aktiengesellschaften, Eingemeindung und insbesondere Erbgang. Das Grundbuch wird in diesen Fällen auf Antrag des Berechtigten unter Vorlegung der den Übergang beweisenden öffentlichen Urkunden, z. B. Erbschein, Testament, auf den neuen Eigentümer berichtigt. Mehrere Miterben können sich nur zusammen als Eigentümer im Wege der Berichtigung eintragen lassen. Wollen sie das Grundstück einem von ihnen allein oder mehreren zu Bruchteilen, im Gegensatz zu ihrer Erbengemeinschaft, übertragen, so ist Auflassung erforderlich. Ebenso bedarf jemand, dem in einem Testament ein Grundstück als Vermächtnis zugewendet ist, der Auflassung durch den Erben, um Eigentümer zu werden. Vielfach sind Genehmigungen zur Auflassung erforderlich, z. B. wenn ein Vater, Vormund, Pfleger, Nachlaßpfleger, eine Ehefrau bei der Auflassung beteiligt ist (s. d.). Soweit das zugrunde liegende Geschäft bereits genehmigt ist, bedarf es nicht einer nochmaligen Genehmigung der Auflassung. Genehmigungspflichtig ist ferner die Auflassung von landwirtschaftlich genutzten Grundstücken von mehr als fünf Hektar Größe (Bekanntmachung vom 15. 3. 18, RGBl. 123). Außerdem bestehen landesgesetzliche Vorschriften, nach denen behördliche Genehmigung für den Erwerb oder die Veräußerung von Grundstücken der meisten öffentlichen juristischen Personen, z. B. Reich, Länder, Gemeinden, Kirchen usw. und zum Teil auch der privaten juristischen Personen erforderlich ist.

Der Anspruch auf Auflassung oder Eintragung kann durch Vormerkung gesichert werden (s. d.). Sind der Veräußerer und der Erwerber darüber einig, daß sich die Veräußerung auf das Zubehör des Grundstücks erstrecken soll, so erlangt der Erwerber mit dem Eigentum am Grundstück auch das Eigentum an den vorhandenen Zubehörstücken, soweit diese dem Veräußerer gehören. Es ist also eine „Übergabe", die sonst für den Erwerb des Eigentums an beweglichen Sachen erforderlich ist, nicht nötig. Der Grundbuchrichter soll die Eintragung eines neuen Eigentümers nicht vornehmen, wenn nicht die Bescheinigung der Grunderwerbsteuerbehörde (Finanzamt) beigebracht wird, daß die Grunderwerbsteuer gezahlt oder nicht zu erheben ist (§ 24 des Grunderwerbsteuergesetzes v. 11. 3. 27, Gutt. Slg. Nr. 139), und wenn nicht der Nachweis bei Eintragungen auf Grund einer Auflassung geführt wird, daß das Grundstück zur Industriebelastung (s. d.) nicht herangezogen ist oder in welcher Höhe es belastet ist (§§ 41 ff. IndBelG. 8. DVO. vom 27. 4. 1926).

2. Eigentumsübertragungsverträge (Kaufverträge usw.) über Grundstücke. Jede Auflassung beruht auf einem Rechtsgrunde. Dieser ist in den meisten Fällen ein Vertrag, durch den der eine Teil sich verpflichtet, dem anderen das Eigentum an einem Grundstück zu übertragen, z. B. ein Kaufvertrag, ein Tauschvertrag, ein Schenkungsvertrag, ein Erbteilungsvertrag usw. Für solche Verträge gilt die Bestimmung, daß sie gerichtlich oder notariell beurkundet sein müssen (BGB. 313) (s. darüber Form der Rechtsgeschäfte; auf ausländische Grundstücke bezieht sich die Vorschrift nicht (RG.). Landesgesetzlich kann jedoch bestimmt werden, daß zur Beurkundung solcher Verträge außer den Gerichten und Notaren auch andere Behörden und Beamte, z. B. Gemeindevorsteher usw., zuständig sein sollen. (In Preußen ist in dieser Beziehung bestimmt, daß für Rentengutsverträge bei den durch Vermittelung der Generalkommission begründeten und bei den vom Staate ausgegebenen Rentengütern und für den in den §§ 16, 17 des Enteignungsgesetzes bezeichneten Vertrag über die freiwillige Abtretung von Grundeigentum die schriftliche Form genügt, sowie daß für die Beurkundung solcher Verträge, bei denen eine öffentliche Behörde beteiligt ist, auch der Beamte zur Beurkundung des Vertrages zuständig ist, der von dem Vorstande der betr. Behörde oder von der vorgesetzten Behörde bestimmt ist; AGBGB. Pr. 12. In Württemberg sind auch die Grundbuchbeamten, sowie die Ratsschreiber der Gemeinde zuständig, soweit es sich um Grundstücke handelt, die in dem betreffenden Grundbuchamtsbezirk oder Gemeindebezirk gelegen sind; AGBGB. W. 33. — Ist ein Vertrag der gedachten Art ordnungsmäßig vor Gericht oder Notar geschlossen, so ist der Käufer usw. berechtigt, die Erfüllung des Vertrages, d. h. die Auflassung des Grundstücks, zu verlangen und wenn erforderlich, darauf zu klagen. Ist dagegen die Form nicht gewahrt, so ist der Vertrag ungültig (nichtig) (BGB. 125); keiner der Beteiligten hat ein Recht aus dem Vertrage, mag er auch schriftlich abgefaßt oder gar eine Vertragsstrafe (Konventionalstrafe) für den Fall des Abgehens von dem Vertrage festgesetzt sein. Auch kann kein Teil den anderen etwa darauf verklagen, daß dieser den Vertrag nun mit ihm vor Gericht oder Notar abschließe (verlautbare) und dadurch rechtsverbindlich mache. Der Vertrag wird aber, auch wenn er nur mündlich oder privatschriftlich abgeschlossen ist, gültig und in bezug auf seinen ganzen Inhalt für beide Teile verbindlich, wenn auf Grund des Vertrages die Auflassung und Eintragung im Grundbuch stattgefunden hat. Insbesondere kann daher der Verkäufer jetzt den vereinbarten Kaufpreis fordern. Bei einem Tauschvertrage über Grundstücke tritt diese Folge erst ein, wenn von beiden Seiten die Grundstücke aufgelassen sind und die Eintragungen stattgefunden haben (RG.).

Die Vorschrift, daß der Vertrag gerichtlich oder notariell beurkundet sein muß, gilt übrigens nicht nur für den eigentlichen Kaufvertrag, d. h. den wesentlichen Inhalt des Vertrages, sondern auch für etwaige Nebenberedungen beim Vertrage, also für alle Vereinbarungen, aus denen sich nach dem Willen der Beteiligten der Vertrag zusammensetzen soll (RG.) sowie auch für etwa später getroffene zusätzliche oder abändernde Vereinbarungen, sofern und soweit sich solche auf das Veräußerungsgeschäft (den Kauf) selbst beziehen (RG.). Die Vorschrift gilt endlich auch für Vorverträge, durch die ein Grundstück bindend für einige Zeit angestellt (offeriert) werden soll (RG.). — Schließt ein Bevollmächtigter den Vertrag, so bedarf die Vollmacht der gerichtlichen oder notariellen Beurkundung nicht (BGB. 167), soweit nicht die Erteilung der Vollmacht den Verkauf des Grundstücks wirtschaftlich ersetzt. Auch für die Abtretung des Anspruches auf Auflassung aus einem gültigen Kaufvertrage bedarf es nicht der Form des § 313 BGB. Ein Vertrag, durch den ein (persönliches) Vorkaufsrecht (s. d.) an einem Grundstück eingeräumt werden soll, braucht nicht gerichtlich oder notariell beurkundet zu werden (RG.).

Auflösende Bedingung s. Bedingungen usw.

Auflösung eines Vereins s. Verein; einer Ehe s. Ehescheidung und Testament 5.

Aufmachung von Waren, Schutz der, s. Warenbezeichnungen usw

Aufrechnung (387—396). Wer von jemandem, dem er Geld schuldet, auch seinerseits Geld zu fordern hat, kann, anstatt zu zahlen und dagegen das ihm Geschuldete sich wieder zurückzahlen zu lassen, mit seiner Forderung einfach gegen die Forderung des anderen aufrechnen (gegenrechnen, kompensieren) und insoweit die gegenseitigen Forderungen zum Erlöschen bringen. Dasselbe gilt für Forderungen, die auf etwas anderes als Geld gehen, wenn nur die geschuldeten Leistungen dem Gegenstande nach gleichartig sind. Die Forderungen, die aufgerechnet werden sollen, müssen beiderseits fällig sein in dem Sinne, daß der Aufrechnende die ihm gebührende Leistung jetzt schon fordern kann und die ihm obliegende Leistung jetzt zu bewirken befugt ist. Die Aufrechnung ist ausgeschlossen, wenn etwa Barzahlung vereinbart oder eine solche nach Lage der Umstände als dem Willen der Beteiligten entsprechend anzusehen ist. Sonst kann die Aufrechnung jederzeit geschehen, sobald die Voraussetzungen dazu vorhanden sind; sie erfolgt durch eine Erklärung desjenigen, der aufrechnen will, gegenüber dem anderen Teil, daß er aufrechne. Die Erklärung kann im Prozeß oder außerhalb eines Prozesses, gerichtlich oder außergerichtlich abgegeben werden. Sie ist auch als Eventualaufrechnung zulässig, d. h. sie kann auch nur für den Fall erklärt werden, daß eine Gegenforderung zu Recht besteht; nicht dagegen darf sie an eine Bedingung oder Zeitbestimmung geknüpft werden. Durch die Aufrechnungserklärung wird bewirkt, daß die beiderseitigen Forderungen, soweit sie sich decken, erlöschen, und zwar gelten sie dann mit dem Zeitpunkt als erloschen, in dem sie, zur Aufrechnung geeignet, einander gegenübergetreten sind.

Eine Forderung, der eine Einrede gegenübersteht, kann nicht aufgerechnet werden. Der Umstand, daß die Forderung, mit der aufgerechnet werden soll, bereits verjährt ist, schließt die Aufrechnung nicht aus, wenn die verjährte Forderung zu einer Zeit, wo sie gegen die andere Forderung bereits aufgerechnet werden konnte, noch nicht verjährt war (390). Beispiel: Dem Kaufmann A., der von B. auf Rückzahlung eines Darlehns verklagt ist, stehen gegen B. verschiedene Forderungen für aus seinem Laden käuflich entnommene Waren zu. Diese Gegenforderungen, für die eine zweijährige Verjährungsfrist gilt (s. „Verjährung“), sind verjährt, können also vom A. im Wege der Klage nicht mehr geltend gemacht werden. Aber er kann mit ihnen gegen die Darlehnsforderung des B. aufrechnen, wenn sie zu der Zeit, als die Forderung des B. bereits bestand und zur Aufrechnung geeignet war, noch nicht verjährt waren. — Die Aufrechnung wird nicht dadurch ausgeschlossen, daß für die Forderungen verschiedene Leistungs- oder Ablieferungsorte (vgl. „Leistungen, allgem. Bestimmungen über, 5“) bestehen. Der aufrechnende Teil hat jedoch den Schaden zu ersetzen, den der andere Teil dadurch erleidet, daß er infolge der Aufrechnung die Leistung nicht an dem bestimmten Orte erhält oder bewirken kann. Ist vereinbart, daß die Leistung zu einer bestimmten Zeit an einem bestimmten Orte erfolgen soll, so ist im Zweifel anzunehmen, daß die Aufrechnung einer Forderung, für die ein anderer Leistungsort besteht, ausgeschlossen sein soll.

Durch die Beschlagnahme einer Forderung wird die Aufrechnung einer dem Schuldner gegen den Gläubiger zustehenden Forderung nur dann ausgeschlossen, wenn der Schuldner seine Forderung nach der Beschlagnahme erworben hat oder wenn seine Forderung erst nach der Beschlagnahme und später als die in Beschlag genommene Forderung fällig geworden ist. Gegen eine Forderung aus einer vorsätzlich begangenen unerlaubten Handlung (s. „Schadensersatz wegen unerlaubter Handlung“), also z. B. gegen eine Forderung aus einem Diebstahl oder Betruge, ist die Aufrechnung nicht zulässig. Soweit eine Forderung der Pfändung nicht unterworfen ist (s. „Pfändung in der Zwangsvollstreckung 2“), kann gegen die Forderung auch nicht mit einer anderen Forderung aufgerechnet werden (394). Landesgesetzlich können Bestimmungen getroffen werden, welche die Aufrechnung gegen die Ansprüche der Beamten, der Geistlichen und Lehrer an öffentlichen Unterrichtsanstalten oder der Hinterbliebenen dieser Personen aus dem Amts- oder Dienstverhältnis auf Besoldung, Wartegeld, Witwen- und Waisengeld abweichend von der Vorschrift des gedachten Paragraphen zulassen (EG. BGB. 81). Gegen die aus Kranken-, Hilfs- oder Sterbekassen und Kassen der Knappschaftsvereine zu beziehenden Hebungen können jedoch geschuldete Beiträge aufgerechnet werden. Gegen eine Forderung einer Gemeinde oder eines anderen Kommunalverbandes ist die Aufrechnung nur zulässig, wenn die Leistung an dieselbe Kasse zu erfolgen hat, aus der die Forderung des Aufrechnenden zu berichtigen ist.

Hat der eine oder andere Teil mehrere zur Aufrechnung geeignete Forderungen, so kann der aufrechnende Teil die Forderungen bestimmen, die gegeneinander aufgerechnet werden sollen. Wird die Aufrechnung ohne eine solche Bestimmung erklärt oder widerspricht der andere Teil unverzüglich, so wird zunächst die fällige Schuld unter mehreren fälligen Schulden diejenige, welche dem Gläubiger geringere Sicherheit bietet, unter mehreren gleich sicheren die dem Schuldner lästigere, unter mehreren gleich lästigen die ältere Schuld und bei gleichem Alter jede Schuld verhältnismäßig getilgt (396, 366 Abs. 2). Schuldet der aufrechnende Teil dem anderen Teile außer der Hauptleistung Zinsen und Kosten, so finden die Vorschriften des § 367 des Gesetzbuchs entsprechende Anwendung, d. h. es wird, wenn der Aufrechnende keine Bestimmung darüber trifft, was aufgerechnet werden soll, zunächst mit den Kosten, dann mit den Zinsen und zuletzt mit der Hauptforderung aufgerechnet; will aber der Aufrechnende etwas anderes, so kann der andere Teil die Aufrechnung ablehnen.

Übrigens steht es ganz im Belieben jedes der beiden Beteiligten, ob oder wann er seine Aufrechnungserklärung abgeben will. Solange dies nicht geschehen ist, bestehen die beiderseitigen Forderungen unberührt voneinander fort, da eine Forderung nicht von selber dadurch untergeht, daß ihr eine gleichartige und gleich hohe Gegenforderung gegenübersteht.

Aufrechnung bei Abtretung einer Forderung s. Abtretung einer Forderung 3.

Aufschiebende Bedingung s. Bedingungen usw.

Aufsicht des Vormundschaftsgerichts s. Vormund 8 und Eltern und Kinder 5; über die Verwaltung des Kindesvermögens durch den Vater (die Mutter) s. Verwaltung usw. des Kindesvermögens 1; über Personen, Vernachlässigung der, s. Schadensersatz wegen unerlaubter Handlung 4; über ein Tier s. Tiere, Tötung usw.

Aufsichtspersonen, Haftung der Unternehmer für ein Verschulden der, s. Haftpflicht usw. 3.

Aufsichtsrat s. Aktiengesellschaft und Gesellschaft mit beschr. Haftung 4.

Auftrag (662—674). **1.** Wenn ich jemanden bitte, etwa während meiner Abwesenheit meine Blumen oder meinen Hund zu pflegen oder mein Grundstück zu beaufsichtigen, oder wenn ich ihn ersuche, für mich einen Einkauf zu besorgen oder einen Brief zur Post zu befördern oder eine Zeitschrift abzubestellen oder eine unentgeltliche Verwaltung von Hab und Gut zu übernehmen, u. dgl. mehr, und der Angegangene sagt mir die Erfüllung meiner Bitte zu, so ist damit zwischen uns ein Vertrag (ein Auftragsvertrag) geschlossen, der für uns beide, für mich als den Auftraggeber und für den anderen als den Beauftragten, Rechte und Pflichten erzeugt. Wesentlich ist, damit ein Auftragsvertrag vorliege, daß die Besorgung des Geschäfts unentgeltlich übernommen wird (662); verspricht mir jemand die Besorgung eines Geschäfts gegen eine Vergütung irgendwelcher Art, so liegt kein Auftrag im Sinne des Gesetzes vor, sondern irgendein anderer Vertrag, etwa ein Dienstvertrag oder ein Werkvertrag (s. d.). Ebensowenig ist das, was der Rechtsanwalt als Mandat (Auftrag) oder der Geschäftsmann als Auftrag (Eingang von Aufträgen) bezeichnet, ein Auftrag im Rechtssinne, sondern Werk- oder Kauf- oder Werklieferungsvertrag. Aber auch für solche gelten einige der Bestimmungen über den Auftrag (675). Es ist freilich nicht ausgeschlossen, daß auch der wirklich „Beauftragte" hinterher eine Vergütung für seine Tätigkeit erhält; nur darf sie nicht vertragsmäßig zugesichert sein. In derartigen Fällen, wo ein Auftrag, also eine unentgeltliche Mühewaltung, übernommen wird, ist der Gedanke von der Hand zu weisen, daß, weil keine Vergütung (kein Lohn) gezahlt werde, eine eigentliche Verpflichtung, das Übernommene auszuführen, nicht bestehe. Ob jemand einen Auftrag annehmen will, steht freilich in seinem Belieben; hat er ihn aber angenommen, so ist er verpflichtet, ihn auszuführen, widrigenfalls er dem Auftraggeber für den Schaden haftet. Ein Auftrag kann auch stillschweigend angenommen werden; es müssen jedoch die Umstände derart liegen, daß für den Auftraggeber kein Zweifel sein konnte, daß der Auftrag angenommen sei. Im allgemeinen besteht keine Verpflichtung, sich darüber zu erklären, ob man einen Auftrag annehmen will; eine Ausnahme gilt jedoch für solche Personen, die zur Besorgung gewisser Geschäfte öffentlich bestellt (Gerichtsvollzieher, Armenanwalt, Berufsvormund) sind oder sich zu solchen öffentlich erboten haben; diese Personen sind verpflichtet, wenn sie einen auf derartige Geschäfte gerichteten Auftrag nicht annehmen wollen, dies dem Auftraggeber unverzüglich anzuzeigen, widrigenfalls sie ihm für allen Schaden haften (663). Dieselbe Pflicht zur sofortigen Anzeige hat der, welcher sich dem Auftraggeber zur Besorgung gewisser Geschäfte angeboten hat. (Dies gilt auch für entgeltliche Besorgungsaufträge, so für den Arzt, Rechtsanwalt, Agenten, Makler usw.).

Zu den „Aufträgen" gehört auch die unentgeltliche Erteilung von Rat und Empfehlung. Der den Rat Erteilende ist zur Sorgfalt verpflichtet, hat aber nicht für den aus der Befolgung des Rates entstehenden Schaden aufzukommen (676). Über entgeltliche Raterteilung s. Geschäftsführung.

2. Besorgung in Person oder durch andere. Ob der Beauftragte die Ausführung des Geschäfts selber besorgen muß oder ob er sie einem anderen überlassen darf, richtet sich zunächst nach dem Vertrage oder nach der Natur oder der Beschaffenheit des Geschäfts oder nach dem sonst zu erforschenden Willen der Beteiligten. Wird hierdurch der Zweifel nicht gelöst, so gilt der Satz, daß der Beauftragte die Ausführung einem andern nicht übertragen darf (664). Tut er dies dennoch, so muß er für allen Schaden aufkommen. Der Beauftragte ist verpflichtet, den Auftrag pünktlich auszuführen und haftet dabei dem Auftraggeber wegen jeder Fahrlässigkeit. Ist es ihm gestattet, die Ausführung einem anderen zu übertragen, so haftet er für etwaigen Schaden, den dieser anrichtet, nur insoweit, als ihm bei der Übertragung des Auftrages ein Verschulden zur Last fällt (es hat z. B. jemand den ihm zur Besorgung anvertrauten Brief einem Kinde zur Beförderung übergeben oder der Beauftragte hat die ihm vom Auftraggeber erteilten Verhaltungsmaßregeln dem anderen nicht mitgeteilt). Kann der Beauftragte infolge unvorhergesehener Umstände den Auftrag nicht ausführen, so ist er zur ungesäumten Anzeige verpflichtet. Ob der Beauftragte sich bei der Ausführung des Geschäfts eines Gehilfen bedienen darf, darüber gibt das Gesetz keine Vorschrift; die Beantwortung richtet sich nach dem Vertrage oder dem sonst zu ermittelnden Willen der Parteien; im Zweifel wird anzunehmen sein, daß der Beauftragte dazu berechtigt ist. Aber der Beauftragte haftet für ein Verschulden seines Gehilfen in gleicher Weise wie für eigenes Verschulden. Eine andere Frage ist, ob der Auftraggeber den ihm zustehenden Anspruch auf die Ausführung des angenommenen Auftrages an einen anderen abtreten (übertragen) darf. Im Zweifel darf er dies nicht.

3. Anweisungen des Auftraggebers. Ausführung. Rechenschaft. Der Beauftragte hat sich nach den Anweisungen des Auftraggebers zu richten, selbst dann, wenn er sie nicht für zweckmäßig hält. Er darf von solchen Anweisungen nur abweichen, wenn er den Umständen nach annehmen muß, daß der Auftraggeber bei Kenntnis der Sachlage die Abweichung billigen würde (665). Vor der Abweichung muß er aber dem Auftraggeber Anzeige machen und seine Entschließung abwarten, wenn nicht mit dem Aufschube Gefahr verbunden ist. Der Beauftragte ist, wenn nichts anderes vereinbart ist, verpflichtet, dem Auftraggeber — auch ohne besondere Aufforderung — die nötigen Nachrichten über den Stand der Sache zu geben, wenn solche Kenntnis nach Lage der Sache für den Auftraggeber von Wert ist; jedenfalls muß er ihm auf Verlangen Auskunft über den Stand des Geschäfts geben (666). Nach der Ausführung des Auftrages oder, wenn das Auftragsverhältnis auf andere Weise beendigt ist (RG.), ist er verpflichtet, dem Auftraggeber Rechenschaft abzulegen. Bestand der Auftrag in einer Vermögensverwaltung, so muß Rechenschaft durch Legung einer Rechnung gegeben werden (s. „Rechnungslegung"). Unter Umständen ist er auch zur Leistung des Offenbarungseides (s. d.) verpflichtet.

Was der Beauftragte zur Ausführung des Auftrages erhalten und was er etwa aus der Geschäftsbesorgung selber erlangt hat (einkassierte Gelder, gekaufte Sachen usw.), muß er dem Auftraggeber herausgeben (667). Erworbene Forderungen muß er ihm abtreten. Die Zeit der Herausgabe richtet sich nach den Umständen des Falles. Verwendet der Beauftragte Geld für sich, das er dem Auftraggeber herauszugeben oder für ihn zu verwenden hat, so ist er verpflichtet, es von der Zeit der Verwendung an zu verzinsen (668) (s. „Zinsen"); wegen eines dem Auftraggeber etwa entstandenen höheren Schadens ist er diesem verhaftet. Liefert er Gelder an den Auftraggeber nicht rechtzeitig ab, so werden Verzugszinsen (s. „Verzug des Schuldners") fällig. Bei Versäumung der Einziehung oder Anlegung von Geldern haftet er für etwaiges Verschulden, wenn die Einziehung usw. zu den von ihm übernommenen Pflichten gehörte.

4. Verpflichtungen des Auftraggebers. Ist nichts anderes ausdrücklich oder stillschweigend vereinbart, so muß der Auftraggeber für die zur Ausführung des Auftrags erforderlichen Aufwendungen dem Beauftragten auf Verlangen Vorschuß leisten (669). Tut er dies nicht, so ist der Beauftragte außer Verantwortung, wenn er nicht handelt; denn er braucht für den Auftraggeber keine Auslagen zu machen. Hat der Beauftragte zum Zwecke der Ausführung des Auftrages Aufwendungen gemacht, die er nach Lage der Umstände bei Anwendung der Sorgfalt eines ordentlichen Hausvaters für erforderlich halten durfte, so ist der Auftraggeber verpflichtet, sie ihm zu ersetzen, wenn auch die Aufwendung seinen Absichten nicht entsprochen hat oder sich hinterher als nicht zweckmäßig herausstellt (670). Ob die Tätigkeit des Beauftragten den durch den Auftrag bezweckten Erfolg hatte oder nicht, ist für seinen Anspruch auf Ersatz der Aufwendungen ohne Bedeutung. Der Auftraggeber hat dem Beauftragten die verauslagten Beträge oder den Geldwert sonstiger Aufwendungen vom Tage der Aufwendung an zu verzinsen.

5. Widerruf, Kündigung oder sonstiges Erlöschen des Auftragsverhältnisses (671). Der Auftrag kann, solange und soweit er nicht schon ausgeführt ist, vom Auftraggeber jederzeit widerrufen werden; das Vertragsverhältnis erlischt damit **für die** Zukunft. Der Widerruf kann auch stillschweigend geschehen. Auch der Beauftragte kann durch Kündigung von dem Auftragsverhältnis für die Zukunft zurücktreten, falls solche Befugnis nicht durch ausdrückliche oder stillschweigende Vereinbarung ausgeschlossen ist. An sich kann auch der Beauftragte jederzeit kündigen; aber er darf nur in der Art kündigen, daß der Auftraggeber für die Besorgung des Geschäfts anderweit Fürsorge treffen kann, es sei denn, daß ein wichtiger Grund für die unzeitige Kündigung vorliegt. Kündigt er ohne solchen Grund zur Unzeit, so ist nichtsdestoweniger das Vertragsverhältnis aufgehoben; er hat aber dem Auftraggeber allen daraus etwa entstehenden Schaden zu ersetzen. Liegt dagegen ein wichtiger Grund zur Kündigung vor, so ist er zur Kündigung auch dann berechtigt, wenn er etwa auf das Kündigungsrecht verzichtet hätte. Was als wichtiger, eine unzeitige Kündigung rechtfertigender Grund anzusehen ist, unterliegt der richterlichen Beurteilung. Die Kündigung muß dem Auftraggeber in gehöriger Weise, mündlich oder schriftlich, erklärt werden.

Ob das Auftragsverhältnis durch den Tod des Auftraggebers beendigt wird, hängt von dem Willen der Beteiligten ab. Ist in dieser Hinsicht nichts verabredet (oder nach dem mutmaßlichen Willen der Beteiligten als vereinbart anzusehen), so übt der Tod des Auftraggebers auf das Auftragsverhältnis keinen Einfluß aus (672). Selbstverständlich können aber die Erben den Auftrag sofort widerrufen (siehe vorstehend). Auch dadurch, daß etwa der Auftraggeber (ganz oder teilweise) geschäftsunfähig wird (s. „Geschäftsfähigkeit"), wird mangels anderweitiger Vereinbarung der Vertrag nicht aufgehoben. Erlischt aber der Auftrag durch den Tod oder den Eintritt der Geschäftsunfähigkeit des Auftraggebers, so ist der Beauftragte verpflichtet, wenn mit dem Aufschub Gefahr verbunden ist, die Besorgung des übertragenen Geschäfts so lange fortzusetzen, bis der Erbe oder der gesetzliche Vertreter des Auftraggebers anderweit Fürsorge treffen kann; das Auftragsverhältnis gilt insoweit als fortbestehend. Anders beim Tode des Beauftragten (673). Da anzunehmen ist, daß der Auftrag auf dem Vertrauen des Auftraggebers zu dem Beauftragten beruht, so entspricht es der Natur der Sache, daß das Verhältnis mit dem Tode des Beauftragten erlischt, wenn sich nicht aus dem Vertrage oder aus besonderen Umständen ein anderer Wille der Beteiligten ergibt. Erlischt der Auftrag durch den Tod des Beauftragten, so haben dessen Erben den Tod dem Auftraggeber unverzüglich anzuzeigen und, wenn mit dem Aufschube Gefahr verbunden ist, die Besorgung des ihrem Erblasser übertragenen Geschäfts so lange fortzusetzen, bis der Auftraggeber anderweit Fürsorge treffen kann; das Auftragsverhältnis gilt auch hier insoweit als fortbestehend. Erlischt das Auftragsverhältnis in anderer Weise als durch Widerruf seitens des Auftraggebers (es ist z. B. vereinbart oder vom Auftraggeber bestimmt, daß der Auftrag mit dem Eintritt einer bestimmten Tatsache erlöschen oder nicht ausgeführt werden solle), so gilt es zugunsten des Beauftragten gleichwohl so lange als fortbestehend, bis er von dem Erlöschen des Vertrages Kenntnis erlangt hat oder das Erlöschen kennen mußte (674).

6. In Vorstehendem ist nur das Verhältnis zwischen dem Auftraggeber und dem Beauftragten besprochen. Besteht der Auftrag darin, daß der Beauftragte ein Rechtsgeschäft für den Auftraggeber in dessen Namen mit einem anderen abschließen soll (z. B. er soll auf seinen Namen ein Grundstück kaufen), so fragt es sich, in welcher Art das Rechtsverhältnis zwischen dem Auftraggeber und dem anderen, mit dem der Beauftragte verhandelt, sich gestaltet; es kommen hier die Rechtssätze über Vertretung bei Rechtsgeschäften zur Anwendung; siehe darüber das Nähere unter „Vertreter, Vertretung" und „Vollmacht".

Auftraggeber, Haftung für Schäden durch den Beauftragten, s. Schadensersatz weg. unerl. Handl. 4.

Aufwand, ehelicher, s. Eingebrachtes Gut der Frau 3, Vorbehaltsgut 2 u. Gütertrennung 2.

Aufwendungen (256, 257). Wer zum Ersatze von Aufwendungen (Auslagen) verpflichtet ist, hat den aufgewendeten Betrag oder, wenn andere Gegenstände als Geld aufgewendet worden sind, den als Ersatz ihres Wertes zu zahlenden Betrag von der Zeit der Aufwendung an zu verzinsen. Sind Aufwendungen auf einen Gegenstand gemacht worden, der dem Ersatzpflichtigen herauszugeben ist, so sind Zinsen für die Zeit, für welche dem Ersatzberechtigten die Nutzungen oder die Früchte des Gegenstandes ohne Vergütung verbleiben, nicht zu entrichten. Wer berechtigt ist, Ersatz für Aufwendungen zu verlangen, die er für einen bestimmten Zweck macht, kann, wenn er für diesen Zweck eine Verbindlichkeit eingeht, Befreiung von der Verbindlichkeit verlangen. Ist die Verbindlichkeit noch nicht fällig, so kann ihm der Ersatzpflichtige, statt ihn zu befreien, Sicherheit leisten („Sicherheitsleistung").

Aufwendungen des Vormunds s. Vormund 7.

Aufwertung. Aufwertung ist die unter Berücksichtigung der Veränderung des Geldwertes eingetretene Änderung des Inhalts einer vor Eintritt oder zur Zeit des Währungsverfalls begründeten auf eine bestimmte Geldsumme in alter Reichswährung lautenden Forderung. Sie wird nicht erst durch Handlung der Beteiligten oder durch Richterspruch geschaffen, sondern ist die von selbst eintretende Einwirkung der Geldentwertung auf den Bestand eines Schuldverhältnisses.

Im Beginn des Währungsverfalls glaubte man es zunächst mit einer Teuerungserscheinung infolge des Krieges zu tun zu haben; es wurde daher im Leben und in der Rechtsprechung der Grundsatz Mark = Mark aufrechterhalten. Als dann aber allmählich die Erkenntnis durchdrang, daß es sich nicht um Teuerungserscheinungen sondern um eine Geldentwertung handele, setzte sich auch in der Rechtsprechung der Gedanke durch, daß es der Billigkeit nicht entspreche, daß Zahlungsverpflichtungen, die vor oder im Laufe des Währungsverfalls eingegangen waren, nunmehr mit entwerteten Zahlungsmitteln zum vereinbarten Stammbetrag (M = M) abgelöst werden könnten. Die Grundlage für diese Rechtsprechung wurde in dem § 242 BGB. gefunden, daß die Leistung so zu bewirken sei, wie Treu und Glauben mit Rücksicht auf die Verkehrssitte es erfordern. Dieser Gedanke der Aufwertung fand ihren einstweiligen Abschluß in der Entscheidung des Reichsgerichts vom 28. November 1923, worin das Reichsgericht die Aufwertbarkeit einer hypothekarisch gesicherten Darlehnsforderung anerkannte. Als dann durch die Errichtung der Rentenbank (Verordnung vom 15. 10. 1923) zunächst in der Rentenmark eine feste Rechnungseinheit und ein Zahlungsmittel auf wertbeständiger Grundlage geschaffen wurde, und der Rentenmark die Rückkehr zur Goldwährung durch das Münzgesetz vom 20. März 1924 unter Festsetzung des Kurses von 1 RM. gleich 1 Billion Mark alter Währung folgte, machte sich mehr und mehr das Bedürfnis einer gesetzlichen Regelung der Aufwertung geltend, da das bisherige Recht, nur auf der Rechtsprechung der Gerichte beruhend, doch nur von Fall zu Fall sich durchsetzen konnte. Diese Regelung ist durch die beiden Gesetze vom 16. Juli 1925, in Kraft getreten an demselben Tage, erfolgt: das Gesetz über die Aufwertung von Hypotheken und anderen Ansprüchen (Aufwertungsgesetz), nachfolgend mit AwG. bezeichnet, und das Gesetz über die Ablösung öffentlicher Anleihen (AnlAblösG.). Das erste der beiden Gesetze erhielt dann noch eine Ergänzung durch das Gesetz über die Verzinsung aufgewerteter Hypotheken und ihre Umwandlung in Grundschulden sowie über Vorzugsrenten vom 9. Juli 1927 (Novelle). Zu diesen Gesetzen sind zahlreiche Durchführungsverordnungen ergangen. Sie regeln die Aufwertung nicht ausschließlich. Die Aufwertung anderer als in den Gesetzen bezeichneten Ansprüche richtet sich nach allgemeinen Vorschriften (sog. freie Aufwertung). Für diese Ansprüche sind in den AwG. nur einige einschränkende Bestimmungen getroffen (AwG. 62—66). Im folgenden sind die Bestimmungen über die Aufwertung der einzelnen Ansprüche nur in großen Umrissen gegeben, da die Aufwertungen zum größten Teil bereits durchgeführt sind.

1. Aufwertung von Hypotheken (AwG. 1 bis 30). Aufgewertet sind alle noch bestehenden Hypotheken, ferner solche, die zurückgezahlt worden sind, wenn der Gläubiger die Leistung nur unter Vorbehalt angenommen hat, oder wenn der Gläubiger die Leistung zwar ohne Vorbehalt, aber nach dem 14. Juni 1922 (Rückwirkung) angenommen hat. Die zurückgezahlten Hypotheken müssen indessen bis zum 1. Januar 1926 bei der Aufwertungsstelle, d. i. das Amtsgericht bei dem das Grundbuch geführt wird, in dem das belastete Grundstück verzeichnet ist, angemeldet sein, sonst ist der Aufwertungsanspruch sowohl für das dingliche Recht (die Hypothek) als auch für die zugrunde liegende persönliche Forderung erloschen. Ob die zurückgezahlten Hypotheken im Grundbuche bereits gelöscht waren oder nicht, macht keinen Unterschied. Die Novelle hat allerdings für die Anmeldung der persönlichen Forderung noch eine Nachfrist bis zum 1. Oktober 1927 gesetzt, das dingliche Recht, d. h. die Sicherung durch die Hypothek, erlangt der Gläubiger aber durch die nachträgliche Anmeldung nicht wieder. Das dingliche Recht entfällt bei zurückgezahlten Hypotheken usw. auch dann, wenn nach der Löschung der Hypothek und vor dem 1. Juli 1925 ein neuer Eigentümer in das Grundbuch eingetragen worden ist. Der Eintragung nach der Löschung steht es gleich, wenn zur Zeit, als der Antrag auf Eintragung des neuen Eigentümers im Grundbuche beim Grundbuchamte eingegangen ist, eine notariell oder gerichtlich beglaubigte Quittung oder Löschungsbewilligung bereits erteilt war, es sei denn, daß die Hypothek von dem Erwerber des Grundstücks selbst oder für seine Rechnung abgelöst worden ist. Die Hypothek muß aber in letzterem Falle bis zum Inkrafttreten des Aufwertungsgesetzes gelöscht gewesen sein, sonst bleibt sie nach der Rechtsprechung des Reichsgerichts trotz Vorliegens der Quittung oder Löschungsbewilligung bestehen. Erwerber, die sich auf den öffentlichen Glauben des Grundbuchs (s. Grundbuch) nicht berufen können, z. B. nach der Löschung der Hypothek eingetragene Erben, Erwerber, die selbst persönliche Schuldner sind, können der Aufwertung bzw. Wiedereintragung nicht widersprechen. Die Aufwertung beträgt bei Hypotheken 25% des Goldmarkbetrages. Der Goldmarkbetrag bestimmt sich nach dem Tage des Erwerbs der Hypothek. Ist die Hypothek vor dem 1. Januar 1918 erworben, so gilt der Nennwert als Goldmarkbetrag, ist sie später bis einschließlich 13. Februar 1924 erworben, so ist der Goldmarkbetrag nach Maßgabe des Wertverhältnisses zu berechnen, das in einer dem Gesetze als Anlage beigefügten Tabelle für den Tag des Erwerbes bestimmt ist. Für den Erwerb einer Hypothek kann, bei Neueintragung einer Hypothek oder bei Abtretung einer Buchhypothek (Hypothek ohne Brief) frühestens der Tag der Eintragung in das Grundbuch, bei Abtretung einer Briefhypothek frühestens der Tag der Abtretungserklärung in Frage kommen. Für diese Tage spricht aber eine Vermutung. Behaupten Gläubiger oder Schuldner, daß ein späterer Tag maßgebend ist, z. B. der Tag der Übergabe des Hypothekenbriefes, so muß dies nachgewiesen werden. In einigen Fällen kommt bei Abtretungen nicht der Erwerb des letzten Gläubigers, sondern seines Rechtsvorgängers in Betracht, so wenn die Hypothek nach dem 13. Februar 1924 erworben ist, wenn die Hypothek ererbt, von den Eltern als Ausstattung oder zukünftiges Erbteil überwiesen oder wenn sie durch Schenkung erworben ist und in einigen anderen Fällen. Die Aufwertung erfolgt stets in Goldmark. Als solche gilt der Preis von $^1/_{2790}$ kg Feingold, wie er amtlich auf Grund des Londoner Goldpreises festgesetzt und im deutschen Reichsanzeiger bekannt gemacht wird. Zu zahlen ist stets in deutscher Währung. Die Umrechnung der Goldmark in diese erfolgt nach dem Mittelkurse der Berliner Börse auf Grund der letzten amtlichen Notierung vor dem Tage, der für die Berechnung der einzelnen Leistung maßgebend ist. Die Bestimmung, daß die Hypothek auf

25 v. H. des Goldmarkbetrages aufgewertet wird, erleidet dadurch eine Einschränkung, daß die Hypothek niemals höher aufgewertet werden kann, als die zugrunde liegende persönliche Forderung. Der häufigste Fall ist der, daß ein Erwerber eines Grundstücks, auf dem die Hypothek steht, die persönliche Forderung nicht mit übernommen hat. Persönlicher Schuldner ist der Veräußerer geblieben. Erlangt dieser nun eine teilweise Abwertung (s. unten), so würde auch der Aufwertungsbetrag der eingetragenen Hypothek nach Maßgabe der Abwertung sinken, z. B. wenn die persönliche Aufwertung auf 15 v. H. festgesetzt würde, ebenfalls nur 15 v. H. betragen. Diese Bestimmung führte teilweise zu Härten dem Gläubiger gegenüber. Die Novelle hat daher dem Gläubiger die Befugnis gegeben, die Hypothek in eine Grundschuld umzuwandeln. Die Umwandlung erfolgt auf seinen Antrag beim Grundbuchamt, die persönliche Forderung erlischt und die Grundschuld folgt der normalen Aufwertung, falls nicht der Eigentümer auch eine Herabsetzung des dinglichen Aufwertungsbetrages erlangt hat. Höher als 25 v. H. kann das dingliche Recht, die Hypothek, niemals aufgewertet werden, auch wenn die persönliche Forderung höher aufgewertet wird. Im allgemeinen ist auch die Aufwertung der persönlichen Forderung, die durch die Hypothek gesichert ist, auf den Aufwertungsbetrag beschränkt. Jedoch hat der § 10 AwG. hier einige Ausnahmen zugelassen, bezüglich deren auf den § 10 AwG. verwiesen wird. Der wichtigste Fall ist der, daß der Hypothek eine Kaufgeldforderung für den Erwerb des belasteten Grundstücks zugrunde liegt. Der Antrag für diese höhere Aufwertung mußte vor dem 1. April 1926 bei der Aufwertungsstelle gestellt sein. Auch eine Herabsetzung des Aufwertungsbetrages der Hypothek und der Forderung durch die Aufwertungsstelle ist zulässig (Abwertung), wenn sie zur Vermeidung von Unbilligkeiten mit Rücksicht auf die wirtschaftliche Lage des Schuldners geboten erscheint; auch die Fristen für solchen Antrag sind abgelaufen. Die Aufwertungsbeträge der nicht gelöschten Hypotheken werden auf Antrag des Gläubigers im Grundbuche eingetragen, falls die Hypothek aber schon zurückgezahlt war, nur wenn die Anmeldung der Hypothek (s. oben) nachgewiesen ist. Der Nachweis wird durch Bezugnahme auf die Aufwertungsakten oder eine Bescheinigung der Aufwertungsstelle, die auf Antrag erteilt wird, geführt. Bei diesen gezahlten Hypotheken ist die geleistete Zahlung, die nach dem 14. Juni 1922 erfolgt ist, in Höhe ihres Goldmarkbetrages, der nach der Umwertungstabelle zu berechnen ist, von dem Aufwertungsbetrag in Abzug zu bringen. Zahlungen, die vor dem 15. Juni 1922 angenommen sind, sind vom Nennbetrag der Hypothek zum Nennbetrag abzurechnen. Z. B. Hypothek 20000 M. erworben am 1. April 1918, gezahlt vor dem 15. Juni 1922 5000 M., am 1. Oktober 1922 5000 M. = 10,65 GM., am 1. April 1923 10000 M. = 2,029 M. Aufwertungsbetrag: 20000 M. — 5000 = 15000 M. = 12000 GM., 25 v. H. davon 3000 GM. — 12,67 GM. = 2987,33 GM. Die Hypotheken behalten ihren alten Rang; sind jedoch in der Zeit vom 14. Februar 1924 bis zum 1. Oktober 1924 neue Rechte eingetragen oder vorgemerkt, so müssen die Aufwertungsbeträge in Höhe von 10 v. H. hinter diese neuen Rechte zurücktreten. Dies ist noch eine Nachwirkung der Dritten Steuernotverordnung, welche die Aufwertung der Hypotheken auf nur 15 v. H. festgesetzt hatte. Sind die gezahlten Hypotheken bereits gelöscht, so können sie auf Antrag wieder eingetragen werden, wenn die Anmeldung nachgewiesen wird. Stellt der Gläubiger den Antrag, so muß er auch nachweisen, daß der Eigentümer gegen die Anmeldung keinen Einspruch eingelegt hat oder daß ein solcher zurückgenommen oder durch rechtskräftige Entscheidung des Prozeßgerichts für unbegründet erklärt ist. Ergibt sich aus dem Grundbuch, daß für einen nach Zahlung der Hypothek eingetragenen Eigentümer die Vorschriften über den Erwerb im öffentlichen Glauben des Grundbuchs zutreffen, so ist die Eintragung nur zulässig, wenn ein rechtskräftiges Urteil vorgelegt wird, in dem der Eigentümer zur Duldung der Aufwertung verurteilt worden ist. Der Aufwertungsbetrag wird wie bei der gezahlten, aber noch eingetragenen Hypothek berechnet. Die wieder eingetragene Hypothek erhält den Rang, den sie zur Zeit der Löschung hatte, soweit nicht in der Zeit von der Löschung bis zum 1. Juli 1925 neue Rechte an dem Grundstücke erworben sind. Hinter diesen muß die wiedereingetragene Hypothek zurücktreten.

Auch derjenige, der eine Hypothek abgetreten und die Gegenleistung nach dem 14. Juni 1922 oder unter Vorbehalt der Rechte angenommen hat, hat einen Anspruch auf Aufwertung. Der Aufwertungsbetrag tritt aber hinter den Aufwertungsbetrag des Erwerbers der Hypothek und allen beim Inkrafttreten des Aufwertungsgesetzes eingetragenen Rechten zurück.

Der Eigentümer ist befugt, im Range nach dem an erster Stelle aufgewerteten Rechte und vor den diesem nachgehenden Rechten eine Hypothek oder Grundschuld in Höhe von 25 v. H. des Goldmarkbetrages des aufgewerteten Rechtes mit dem üblichen Zinsfuß eintragen zu lassen. Der übliche Zinsfuß ist zur Zeit auf 10 v. H. jährlich festgesetzt. Sind in unmittelbarem Zusammenhang mit dem an erster Stelle aufgewerteten Recht andere aufgewertete Rechte eingetragen, die demselben Gläubiger zustehen, und ist dieser Gläubiger ein öffentlich-rechtliches Unternehmen, z. B. eine städtische Sparkasse, oder ein Unternehmen, das unter Staatsaufsicht steht und nach Gesetz oder Satzung bestimmte Beleihungsgrenzen einzuhalten hat, z. B. eine Hypothekenbank, eine Versicherungsgesellschaft, so entsteht die Rangstelle erst hinter all diesen Rechten in Höhe des zusammengerechneten Aufwertungsbetrages dieser Hypotheken. Es kann auch noch hinter dem an zweiter Stelle aufgewerteten Rechte, falls ihm ein weiteres aufgewertetes Recht nachfolgt, eine weitere Rangstelle für den Eigentümer entstehen, wenn die Goldmarkbeträge der an erster Stelle und an zweiter Stelle aufgewerteten Rechte zusammen die für die Anlegung von Mündelgeld geltenden Sicherheitsgrenzen nicht übersteigen. Die Sicherheitsgrenze wird nach dem berichtigten Wehrbeitragswert des betreffenden Grundstücks bemessen. Die Goldmarkbeträge der vorgehenden Hypotheken dürfen demnach bei ländlichen Grundstücken $^2/_3$, bei städtischen Grundstücken $^1/_2$ nicht übersteigen. Ist noch an dritter Stelle ein aufgewertetes Recht vorhanden und liegt auch dieses noch innerhalb der Sicherheitsgrenzen, so entsteht auch hinter diesem noch eine Rangstelle, falls noch ein aufgewertetes Recht folgt, und so weiter soweit noch folgende Rechte auch in die Sicherheitsgrenze fallen. Hinter dem Recht, dem kein aufgewertetes

Recht mehr folgt, wenn auch noch wertbeständige Rechte folgen, kann eine Rangstelle nicht eingetragen werden. Beispiel: Es sind eingetragen gewesen: 1. Januar 1918 auf einem städtischen Grundstück Hypotheken von 100000 M., 50000 M. und 30000 M. in vorstehender Reihenfolge, der Goldmarkbetrag ist daher gleich dem Nennbetrage. Hinter der ersten Hypothek steht dem Eigentümer auf jeden Fall eine Rangstelle in Höhe von 25000 GM. zu. Beträgt der berechnete Wehrbeitrag des Grundstücks z. B. 340000 M., die Hälfte also 170000 M., so würde dem Eigentümer auch noch hinter der zweiten Hypothek von 50000 M. eine Rangstelle in Höhe von 12500 GM. zustehen, da die zusammengerechneten Goldmarkbeträge der 1. und 2. Hypothek unter 170000 M. bleiben. Hinter der 3. Hypothek von 30000 Goldmarkwert würde eine Rangstelle im vorliegenden Falle nicht mehr entstehen können.

Die Schaffung dieser Rangstellen für den Eigentümer soll ihm die Befriedigung seines Kreditbedürfnisses erleichtern. Er kann diese Rangstellen nach Bedürfnis mit Hypotheken oder Grundschulden ausfüllen, die dann den Rechten, die hinter der Mutterhypothek stehen, vorgehen. Sind jedoch bereits Rechte auf dem Grundstück vor dem Inkrafttreten des Aufwertungsgesetzes eingetragen, die auf Reichsmark, ausländische Währung oder einen wertbeständigen Maßstab lauten, so nehmen sie in der Reihenfolge ihres Ranges diese dem Eigentümer vorbehaltenen Rangstellen ein. Der Eigentümer kann die Rangstelle also in diesem Falle nur noch so weit ausnutzen, als hier nicht schon wertbeständige Rechte in die Stelle eingerückt sind. Nach dem Inkrafttreten des AwG. eingetragene Rechte rücken zwar nicht in die Stelle ein, sie erhalten aber den Vorrang vor der Rangstelle, wenn diese zur Zeit der Eintragung noch nicht ausgefüllt ist. Die Rangstelle ist nicht pfändbar, mit der Veräußerung des Grundstücks geht sie auf den neuen Eigentümer über. Der Eigentümer kann auf die Rangstelle verzichten.

Zinsen sind für aufgewertete Hypotheken, die nicht gelöscht sind, und solche, die auf Grund eines Vorbehalts aufgewertet sind, vom 1. Januar 1925 ab zu zahlen. Der Zinssatz beträgt vom 1. Januar 1925 ab 1,2 v. H., vom 1. Juni 1925 ab 2,5 v. H., vom 1. Januar 1926 ab 3 v. H. und vom 1. Januar 1928 ab 5 v. H. jährlich. Bei den gelöschten Hypotheken, die kraft Rückwirkung wieder eingetragen werden, beginnt die Verzinsung mit dem Beginn des auf die Wiedereintragung folgenden Kalendervierteljahres, spätestens jedoch mit dem 1. April 1926.

Die Fälligkeit der aufgewerteten Hypotheken ist bis zum 1. Januar 1932 hinausgeschoben. Es werden also Hypotheken, welche ohne Kündigung fällig werden, oder die nach den bisherigen Vereinbarungen bereits vor dem 1. Januar 1932 fällig geworden wären, nunmehr mit dem 1. Januar 1932 fällig, Hypotheken, deren Fälligkeit von einer Kündigung abhängig ist, können vom Gläubiger frühestens zum 1. Januar 1932 gekündigt werden. Bestimmungen in Gesetzen, Satzungen und Verträgen, die für besondere Fälle eine vorzeitige Fälligkeit der Schuld anordnen, bleiben unberührt. Bestimmt also der Darlehnsvertrag z. B., daß die Hypothek fällig werden soll, wenn die Zinsen nicht pünktlich binnen zwei Wochen nach Fälligkeit gezahlt werden, so kann, wenn dieser Fall nach dem 1. Januar 1925 eintritt, die Hypothek auch vor dem 1. Januar 1932 zurückgefordert werden. Der Eigentümer ist aber berechtigt, seinerseits die Hypothek vor dem 1. Januar 1932 mit Frist von 3 Monaten zu kündigen. Er ist in diesem Falle berechtigt, einen sog. Zwischenzins abzuziehen. Dieser Abzug ist zurzeit unter Zugrundelegung eines Zinsfußes von 7 v. H. berechnet. Der Barwert der Forderung danach ist in einer Tabelle für jeden Monatsersten bis zum 1. Januar 1932 berechnet (RGBl. 1928 S. 49). Der Barwert auf 100 beträgt z. B. am 1. Januar 1930 96,70 v. H., 1. Januar 1931 98,27 v. H. Diese Abzüge muß sich der Gläubiger auch gefallen lassen, wenn die Forderung auch aus anderen Gründen, z. B. wegen Nichtzahlung von Zinsen fällig wird, ferner auch im Konkursverfahren und Zwangsversteigerungsverfahren. Bei Tilgungshypotheken (Amortisationshypotheken) kann auf Antrag des Gläubigers die Aufwertungsstelle höhere Tilgungsbeträge als die vereinbarten festsetzen, jedoch nicht so lange die Zwangswirtschaft währt. Tilgungshypotheken, die zu einer Teilungsmasse gehören (s. unten), können auf Antrag des Gläubigers durch die Aufwertungsstelle in Abzahlungshypotheken, d. h. in eine durch bestimmte Zahlungen zu tilgende Hypothek umgewandelt werden, oder auch, wenn der Restbetrag 500 GM. nicht übersteigt, in am 1. Januar 1932 fällige Hypotheken. In jedem Fall kann die Rückzahlung einer Tilgungshypothek unter Einhaltung einer Kündigungsfrist von 1 Jahr zum 1. Januar 1938 verlangt werden. Dies kann auch im Grundbuch eingetragen werden.

2. Aufwertung von Grundschulden, Rentenschulden und Reallasten. Für Grundschulden gelten dieselben Bestimmungen wie für die Hypotheken mit Ausnahme derjenigen, welche die Aufwertung der persönlichen mit der Hypothek verbundenen Forderungen betreffen. Persönliche Forderungen, zu deren Sicherung die Grundschuld bestellt ist, unterstehen der freien Aufwertung. Rentenschulden (s. dort) sind eine Unterart der Grundschulden, für sie gilt dasselbe wie für Grundschulden, nur finden hier die Bestimmungen über die Rückzahlung, Verzinsung und Tilgung nicht Anwendung; dafür gilt folgende Bestimmung: Wiederkehrende Leistungen, die auf Grund einer Rentenschuld geschuldet werden, sind im Jahre 1925 mit 40 v. H., vom 1. 1. 1926 ab mit 60 v. H. und vom 1. 1. 28 ab in voller Höhe des Aufwertungsbetrages zu bewirken. Rückständige Leistungen gelten als erlassen. Für Reallasten gilt dasselbe wie für Rentenschulden. Die Rangstelle des Eigentümers entsteht auch nach Grundschulden, Rentenschulden und Reallasten. Renten, die in Altenteilverträgen bestimmt sind und Versorgungsansprüche bei Stammgütern und Familienfideikommissen fallen nicht unter dieses Gesetz. Für sie gelten das Reichsgesetz vom 18. 8. 1923 und die Preuß. VO. vom 8. 9. 1923 (s. dort). Gutt. Slg.: Aufwertungsrecht.

3. Schiffs- und Bahnpfandrechte: Für diese gelten die Bestimmungen wie für Hypotheken, nur die Rangstelle (Rangbefugnis) des Eigentümers entsteht nicht.

4. Aufwertung von Schuldverschreibungen und Industrieobligationen (AwG. §§ 33 bis 46). Ansprüche aus verzinslichen oder anstatt der Verzinsung mit Aufgeld rückzahlbaren Schuldverschreibungen, die auf den Inhaber lauten oder durch Indossament übertragbar sind, die von natürlichen Personen, Personenvereinigungen oder juristischen Personen des Privatrechts ausgegeben sind, werden auf 15 v. H. des Goldmarkbetrages aufgewertet. Es handelt sich dabei um Schuldverschreibungen, die nicht unter eine der folgenden Nummern fallen. Die Aufwertung erfolgt in Reichsmark, nicht in Goldmark. Soweit die Schuldverschreibungen durch Hypotheken gesichert sind, sind auch diese Hypotheken nur in Höhe von 15 v. H. aufzuwerten und auch in RM. (§ 4 AwG.). An der Aufwertung nehmen auch die Gläubiger teil, deren Stücke schon ausgelost oder gekündigt sind, sofern sie sich noch im Besitz der Stücke befinden. Der Goldmarkbetrag wird nach dem § 2 Abs. 2 AwG. berechnet. Stichtag ist der Tag der Ausgabe, bei Ausgabe vor dem 1. 1. 1918 gilt der Nennbetrag als Goldmarkbetrag, bei späteren Ausgaben findet Umrechnung nach der Tabelle des AwG. statt. Auf den Tag des Erwerbes der Schuldverschreibung durch den Gläubiger kommt es nicht an. Anmeldung ist nicht erforderlich. Für die Fälligkeit bleiben die bisherigen Bestimmungen der Schuldverschreibung bestehen, das gilt insbesondere auch für Fälligkeit auf Grund einer Auslosung. Die Zahlung kann aber nicht vor dem 1. Januar 1932 verlangt werden, auch wenn nach den bisherigen Bestimmungen oder auf Grund einer Kündigung die Fälligkeit bereits vor diesem Tage eingetreten war.

Die Aufwertungsbeträge sind bis zum 1. 1. 1925 unverzinslich. Von dann ab beträgt der Zinssatz 2 v. H., vom 1. 1. 1926 ab 3 v. H. und vom 1. 1. 1928 ab 5 v. H.

Altbesitzer erhalten neben der allgemeinen Aufwertung ein Genußrecht, d. h. eine Beteiligung am Reingewinn des Schuldners oder an dem Liquidationsgewinn. Dieser Altbesitz ist binnen einer bestimmten Frist anzumelden. Die Fristen sind jetzt abgelaufen. Als Altbesitzer gelten diejenigen Gläubiger, die Schuldverschreibungen vor dem 1. Juni 1920 erworben haben und bis zur Anmeldung Gläubiger geblieben sind. Als Nennbetrag des Genußrechts werden 10. v. H. des Goldmarkbetrages der Schuldverschreibung zugrunde gelegt. Der Altbesitz muß auf den Schuldverschreibungen durch Stempelaufdruck kenntlich gemacht werden. Über das Genußrecht können besondere Schuldverschreibungen ausgegeben werden, die je nachdem wie die Schuldverschreibungen auf den Inhaber oder an Order lauten. Sie müssen mindestens über Nennbeträge von 20 RM. lauten und durch 10 teilbar sein, entstehende Spitzenbeträge, d. h. Beträge, die nicht mehr durch 10 teilbar sind, sind durch Zahlung des Nennbetrages abzulösen. Die Inhaber des Genußrechts sind nicht anteilsmäßig am Reingewinn beteiligt, sondern nur teilweise. Zunächst verbleiben 6 v. H. des Jahresreingewinns den gewinnberechtigten Geschäftsinhabern oder Gesellschaftern. Der dann verbleibende Überschuß wird auf die gewinnberechtigten Gesellschafter oder Geschäftsinhaber und die Inhaber der Genußrechte in der Weise verteilt, daß für je 1 v. H., das als Gewinnanteil in irgend einer Form den Geschäftsinhabern oder Gesellschaftern zugewiesen wird, je 2 v. H. bis insgesamt 6 v. H. des Gesamtnennbetrages der Genußrechte auf die Inhaber der Genußrechte entfallen. Diese letzten Beträge sind dann bis zur Höhe des ursprünglichen Zinssatzes der Schuldverschreibung, jedoch nicht über 5 v. H. hinaus, zur Verzinsung der Genußrechte zu verwenden. Ein überschießender Betrag ist zur Tilgung des Nennbetrages der Genußrechte zu verwenden. Soweit Mittel zur Tilgung der Genußrechte vorhanden sind, erfolgt die Tilgung durch Auslosung. Der Schuldner ist auch berechtigt, die Genußrechte durch Zahlung des Nennwertes abzulösen oder an Stelle der Genußrechte eine Zusatzaufwertung oder Barabfindung zu gewähren, die aber nicht unter dem Wert liegen darf, den die Genußrechte zur Zeit der Gewährung haben.

5. Aufwertung von Pfandbriefen und ähnlichen Schuldverschreibungen (AwG. §§ 47 bis 50). Die Aufwertung von Ansprüchen aus Pfandbriefen, Rentenbriefen und ähnlichen Schuldverschreibungen (§ 47 AwG.) unterscheidet sich von der Aufwertung der vorgehend behandelten Ansprüche dadurch, daß kein bestimmter Hundertsatz für die Aufwertung festgesetzt ist, sondern, daß aus den am 13. Februar 1924 zur Deckung der aufgewerteten Pfandbriefe und Schuldverschreibungen bestimmten Werten und einigen anderen Werten eine Teilungsmasse gebildet wird, die unter die Gläubiger gleichmäßig im Verhältnis der Goldmarkbeträge ihrer Ansprüche verteilt wird. Die Verteilung nehmen die Banken unter Aufsicht der Aufwertungsbehörde selbst vor. Einer Anmeldung bedarf es nicht. Nur wenn auf die Pfandbriefe Zahlungen geleistet oder neue Pfandbriefe ausgegeben werden sollen, kann die Bank durch öffentliche Aufforderung Anmeldung der Ansprüche und Vorlegung der Pfandbriefe oder Schuldverschreibungen verlangen mit der Wirkung, daß wenn die Briefe innerhalb der Frist nicht vorgelegt werden oder der Anspruch nicht nachgewiesen wird, die auf die nicht eingereichten Briefe fallenden Anteile hinterlegt werden können. Die Ausschüttung der Teilungsmasse soll in erster Linie durch Barzahlung erfolgen. Mit der Verteilung ist zu beginnen, sobald nach der Entscheidung der Aufsichtsbehörde hinreichend bare Masse vorhanden ist. Soweit Barmasse noch nicht in hinreichender Menge vorhanden ist, sollen Goldpfandbriefe (1 GM. = $^1/_{2790}$ kg Feingold) den Gläubigern in Anrechnung des endgültigen Aufwertungsanteils ausgehändigt werden, die mindestens mit $4^1/_2$ v. H. jährlich verzinslich und zum Nennbetrag einzulösen sind. Die Bank kann den Gläubigern auch mit Zustimmung der Aufsichtsbehörde Abfindung anbieten, z. B. in Pfandbriefen. Das Angebot muß dreimal im Reichsanzeiger eingerückt werden und gilt als angenommen, wenn nicht innerhalb 3 Monat nach dem letzten Einrücken ein Teil der Gläubiger, dessen Goldmarkansprüche mindestens 15 v. H. der Goldmarkansprüche sämtlicher zu berücksichtigender Gläubiger beträgt, schriftlich bei der Aufsichtsbehörde widersprochen hat.

6. Aufwertung von Schuldverschreibungen der Genossenschaften des öffentlichen Rechts als Unternehmer wirtschaftlicher Betriebe (AwG. §§ 51—54). Ansprüche aus verzinslichen oder mit Aufgeld zurückzahlbaren, auf Inhaber lautenden oder durch Indossement übertragbaren Schuldverschreibungen, die von juristischen Personen öffentlichen Rechts als Unternehmer wirtschaftlicher Betriebe ausgegeben sind, werden ohne Rücksicht, ob sie durch Hypothek gesichert sind oder nicht, auf 15 v. H. in Reichsmark aufgewertet. Anmeldung ist nicht erforderlich. Genußrechte für Altbesitzer werden hier nicht gewährt. Unter diesen Begriff fallen z. B. Schuldverschreibungen, die ein Kleinbahnunternehmen herausgegeben hat, das von einem Kreis, einer Gemeinde betrieben wird. Nicht dazu gehören die Schuldverschreibungen des Reichs, der Länder und

Gemeinden, die dem Anleiheablösungsgesetz unterstehen.

7. Sparkassenguthaben (AwG. §§ 55—61). Sparkassenguthaben sollen in der Weise aufgewertet werden, daß ähnlich wie bei den Pfandbriefen eine Verteilungsmasse gebildet werden soll. Nach dem Vorgange Preußens haben die meisten Länder indessen einen festen Satz von $12^1/_2$% des Goldmarkbetrages festgesetzt. Dieser Satz ist durch die Preuß. Verordnung v. 26. 7. 27 (GS. 149) auf 15% erhöht worden.

8. Private Versicherungsunternehmungen (AwG. §§ 59—61; DVO. z. AwG. Art. 95—115). Lebens-, Unfall-, Haftpflicht- und alle ähnlichen Versicherungen, die einen Prämienreservefonds zu bilden hatten, bilden aus dem gesamten am 14. Februar 1924 vorhandenen aufgewerteten Vermögen und einem etwa aus sonstigen Vermögen zu leistenden Beitrag einen Aufwertungsstock, der einem von der Aufsichtsbehörde zu bestellenden Treuhänder überwiesen wird, der es nach einem von der Behörde genehmigten Teilungsplan zu verwenden hat. Soweit die Versicherungsansprüche fällig sind, sind sie durch Barzahlungen zu berichtigen. An dieser Verteilung nehmen auch die Gläubiger teil, die sich während des Währungsverfalls Leistungen nur unter Vorbehalt oder ohne solchen in der Zeit vom 15. Juni 1922 bis 14. Februar 1924 angenommen haben. Soweit Versicherungsansprüche noch nicht fällig sind, wird grundsätzlich für sie ein neues Versicherungsverhältnis begründet, auf Grund dessen das Versicherungsunternehmen haftet. Die Versicherung kann eine beitragsfreie oder beitragspflichtige sein. Der Versicherte kann aber die beitragspflichtige Versicherung ablehnen und muß dann seinen Aufwertungsanteil ausgezahlt erhalten, wenn nicht für solchen Fall der Teilungsplan eine beitragsfreie Versicherung vorsieht. Für Versicherungsnehmer, für die sich nur geringfügige Aufwertungsbeträge ergeben, insbesondere für die, deren Versicherungsvertrag nach dem 1. Januar 1919 abgeschlossen ist, sind auch noch andere Regelungen zulässig (DVO. z. AwG. Art. 104, 105, 114). Für kleine Vereine ist ein vereinfachtes Verfahren ohne Treuhänder zugelassen. Für die zu leistenden Zahlungen kann den Versicherungen in der Regel Stundung bis zum 31. Dezember 1932 gewährt werden.

9. Freie Aufwertung. Alle anderen als die vorgehenden Ansprüche sind nach allgemeinen Bestimmungen aufzuwerten. Voraussetzung für die Aufwertung ist stets, daß zwischen der Begründung der Forderung und der Fälligkeit eine erhebliche Entwertung eingetreten ist, Forderungen, für welche die Leistungen vor dem 15. August 1922 angenommen worden sind, werden, lebenswichtige Geschäfte abgesehen, nach Rechtsprechung des Reichsgerichts nicht aufgewertet. Doch hat die Rechtsprechung sonst auch vielfach die Aufwertungskraft rückwirkend bis zum 15. Juni 1922 erstreckt. Indessen können Aufwertungsansprüche, von Ausnahmen in ganz besonderen Fällen abgesehen, aus während der Inflationszeit abgewickelten Geschäften, die bisher noch nicht gerichtlich geltend gemacht sind, heute als verwirkt angesehen werden.

Forderungen, die Zug um Zug mit der Errichtung des Geschäftes gezahlt worden sind, können natürlich nicht aufgewertet werden, so z. B. bei Abschluß eines Kaufvertrages geleistete Anzahlungen, da ja hier keine Entwertung eingetreten ist. Die Tabellenwerte sind für die freie Aufwertung im allgemeinen nicht zugrunde zu legen. Maßgebend sind die Grundsätze der allgemeinen Billigkeit. Doch hat das AwG. in §§ 63—66 auch für die Frage Aufwertung einige Beschränkungen festgesetzt: Danach darf die Aufwertung von Vermögensanlagen, das sind besonders Darlehen, 25 v. H. des Goldmarkbetrages nicht übersteigen. Der Goldmarkbetrag ist bei solchen Anlagen, wenn sie vor dem 1. Januar 1918 begründet sind, der Nennwert, wenn später, der durch Umrechnung auf Grund der Tabelle des Aufwertungsgesetzes berechnete Wert. Als Vermögensanlagen in diesem Sinne sollen aber nicht gelten Ansprüche aus Gesellschaftsverträgen und anderen Beteiligungsverhältnissen, die sog. Abfindungen der Miterben bei Gutsüberlassungsverträgen und Erbauseinandersetzungen, Abfindungen unterhaltsberechtigter Personen gegenüber der Unterhaltsverpflichteten, Guthaben von Arbeitern und Angestellten bei Fabrik- und Werksparkassen und Ansprüche an Betriebs-Pensionskassen. Nicht aufgewertet sind Ansprüche aus einem Kontokorrent oder einer anderen laufenden Rechnung, einschließlich der Ansprüche aus dem Postscheckverkehr, ausgenommen von Einlagen der Arbeitnehmer bei Arbeitgebern. Nicht aufgewertet sind ferner Bankguthaben mit Ausnahme derjenigen der Arbeitnehmer bei den Arbeitgebern. Nicht aufgewertet sind auch bei den öffentlichen Hinterlegungskassen hinterlegte Beträge.

10. Aufwertung öffentlicher Anleihen s. Anleiheablösungsgesetz.

Augenentzündung bei Pferden s. Gewährleistung usw. 9.

Auktion s. Versteigerung.

Ausbesserung von Gebäuden durch den Pächter s. Pacht 1.

Ausbeutung s. Wucher.

Ausbildung, geistige und sittliche, der Mündel, s. Vormund 2; Aufwendungen für die, Anrechnung bei der Erbteilung, s. Ausgleichung usw.

Ausdehnung des Geschäfts, falsche Angaben über, s. Schwindelhafte Reklame.

Auseinandersetzung zwischen Erben s. Erbteilung; von Gesellschaftern s. Gesellschaft 6; bei Gütergemeinschaft s. Gütergemeinschaft, allgemeine usw. 2; bei der Errungenschaftsgemeinschaft s. Errungenschaftsgemeinschaft 5; des Vaters oder der Mutter mit den Kindern bei der Wiederverheiratung s. Verwaltung usw. des Kindesvermögens usw. 1.

Ausführung letztwilliger Verfügungen s. Testamentsvollstrecker.

Ausgabe von Schuldverschreibungen auf den Inhaber s. Schuldverschreibungen auf den Inhaber usw.

Ausgedinge s. Reallasten u. Altenteil.

Ausgleichung unter Miterben (2050—2057). **1.** Die Ausgleichungspflicht ist die Verpflichtung der zur Erbfolge berufenen Abkömmlinge eines Erblassers, gewisse Zuwendungen, die im Gesetze aufgeführt sind, und die ihnen der Erblasser bei seinen Lebzeiten gemacht hat, untereinander bei der Erbteilung zum Ausgleich zu bringen. Diese Verpflichtung beruht auf dem Gedanken, daß der Erblasser mutmaßlich nicht die gleiche Stammeserbfolge der Abkömmlinge habe durchbrechen wollen, vielmehr anzunehmen ist, daß die Zuwendungen nur eine durch die Verhältnisse gebotene Vorausgabe auf den künftigen Erbteil enthalten soll. Andere Miterben als Abkömmlinge, z. B. die Witwe des Erblassers, nehmen an der Ausgleichung nicht teil. Die Ausgleichung ist zunächst für die gesetzliche

Erbfolge gedacht. Hier gilt folgendes: Ausgleichungspflichtige Zuwendungen sind:

a) Was die Erben als Ausstattung erhalten haben. Als Ausstattung bezeichnet das Gesetz solche Zuwendungen, die einem Kinde vom Vater oder von der Mutter mit Rücksicht auf seine Verheiratung oder auf die Erlangung einer selbständigen Lebensstellung zur Begründung oder zur Erhaltung der Wirtschaft oder der Lebensstellung gemacht werden (1624). Es gehört dahin auch die einer Tochter bei der Verheiratung mitgegebene Aussteuer (s. „Aussteuer usw."), nicht aber z. B. die Kosten der Hochzeit und einer Hochzeitsreise, ferner z. B. eine Kapitalzahlung zur Begründung oder Ausdehnung eines Geschäfts oder zur Übernahme einer Pachtung, u. dgl. m. Ist jedoch vom Vater usw. bei der Zuwendung bestimmt, daß das Gegebene dem Empfänger bei der Erbteilung nicht angerechnet werden soll oder daß es nur zu einem bestimmten Betrage gerechnet werden soll, so ist diese Bestimmung für die Erbteilung maßgebend.

b) Zuschüsse, die einem Kinde zu dem Zwecke gegeben sind, um als Einkünfte verwendet zu werden (z. B. Zulagen an einen Offizier oder einen Beamten, Zuschüsse zu den Haushaltskosten u. dgl.), sowie Aufwendungen für die Vorbildung zu einem Berufe (z. B. Lehrgeld, Unterhalt während des Besuchs einer Fachschule oder einer Universität, Doktorpromotionskosten, Unterhalt während der Vorbereitung zu einem Staatsamt usw.; dagegen nicht die allgemeinen Erziehungskosten, wie Schulgeld, Konfirmationskosten u. dgl.); diese Beträge aber nur bedingungsweise, nämlich nur dann und insoweit, als sie das den Vermögensverhältnissen des Erblassers entsprechende Maß überstiegen haben. Läßt beispielsweise ein Vater den einen seiner Söhne, weil er besonders dazu veranlagt ist, studieren, während er den anderen ein Handwerk erlernen läßt, so ist klar, daß die Ausbildung des ersteren erheblich mehr Kosten verursacht als die des anderen. Nichtsdestoweniger kann der zweite Sohn nicht ohne weiteres verlangen, daß die Mehrkosten des Studiums dem Bruder angerechnet werden; er kann dies nur, wenn die dafür aufgewandten Kosten den Vermögensverhältnissen des Vaters nicht entsprochen haben, wenn also die anderen Kinder durch die Aufwendung so erheblicher Mittel in ihren künftigen Erbteilen wesentlich beeinträchtigt würden. Eine bestimmte Grenze läßt sich hier natürlich nicht ziehen; verständigen sich die Erben nicht und kommt es zum Prozeß, so entscheidet über die Frage, was angerechnet werden soll, das verständige Ermessen des Gerichts. — Auch bei diesen (unter b bezeichneten) Zuwendungen wird der Erblasser bei der Zuwendung bestimmen können, daß sie nicht angerechnet werden sollen. Das Gesetz ist in dieser Beziehung zweifelhaft.

c) Zuwendungen anderer Art als die vorbezeichneten, wenn der Vater (die Mutter usw.) bei der Zuwendung die Ausgleichung (ausdrücklich oder auch stillschweigend) angeordnet hat. Darüber, ob der Pflichtteil des Betreffenden durch eine solche Verfügung verkürzt werden kann, vgl. „Pflichtteil 2".

Nicht nur Kinder, die den Vater oder die Mutter beerben, müssen sich das Empfangene anrechnen lassen, sondern auch Enkel, die zur Erbschaft ihres Großvaters oder ihrer Großmutter gelangen, und zwar sowohl das, was ihre Eltern an ausgleichspflichtigen Zuwendungen erhalten haben, als auch das, was ihnen selbst nach dem Tode des Vaters oder der Mutter von den Großeltern zugewendet ist. Haben sie dagegen bei Lebzeiten ihrer Eltern eine solche Zuwendung erhalten, so brauchen sie sich diese nur dann anrechnen zu lassen, wenn der Schenker dies bei der Zuwendung (ausdrücklich oder stillschweigend) (nicht nach der Zuwendung, es sei denn testamentarisch) bestimmt hat. Z. B. Erblasser E hatte zwei Söhne A und B. B hat eine Ausstattung erhalten. Er schlägt die Erbschaft aus. Seine Kinder, die als Erben an seine Stelle treten, sind für die Ausstattung des B zur Ausgleichung verpflichtet. Auch das muß ein Abkömmling zur Ausgleichung bringen, was dem Abkömmling zugewendet worden ist, an dessen Stelle er getreten ist. Z. B. der Erblasser hinterläßt einen Sohn A und einen Enkel X, Sohn des verstorbenen Sohnes B. Es war aber noch ein zweiter Sohn Y des verstorbenen Sohnes B da, der nach dem Tode seines Vaters vom Großvater eine Ausstattung erhalten hat, dann aber noch vor dem Großvater kinderlos gestorben ist. In diesem Falle muß sich X die Ausstattung des Bruders Y auf seinen gesetzlichen Erbteil anrechnen lassen.

2. Auch bei testamentarischer Erbfolge greift, soweit der Erblasser nichts anderes bestimmt hat, die Ausgleichung als gesetzliche Vermutung Platz, nämlich, wenn der Erblasser die Abkömmlinge als Erben auf das eingesetzt hat, was sie als gesetzliche Erben erhalten würden, z. B. seine Kinder ohne Angabe von Erbteilen, oder wenn er ihre Erbteile so bestimmt hat, daß sie zueinander in demselben Verhältnis stehen, wie die gesetzlichen Erbteile, z. B. wenn jemand seine Ehefrau auf die Hälfte des Nachlasses und seine 3 Söhne auf je $^1/_6$ des Nachlasses einsetzt, obgleich der gesetzliche Erbteil je $^1/_4$ gewesen wäre. Diese gesetzliche Vermutung ist durch den Nachweis eines gegenteiligen Willens des Erblassers widerlegbar. Für den Ausgleich gelten die unter 1 angeführten Bestimmungen. Hat der Erblasser für einen Abkömmling einen Ersatzerben benannt, so muß dieser, wenn der erstbenannte wegfällt, das zur Ausgleichung bringen, was dem weggefallenen Erben zugewendet worden ist.

Selbstverständlich kann der Erblasser durch letztwillige Verfügung auch die bei der Zuwendung über die Anrechnung getroffene Verfügung ändern oder aufheben, nur durch Verfügung unter Lebenden ist eine einmal bei der Zuwendung getroffene Bestimmung nicht abzuändern.

3. Die Ausgleichung (Anrechnung) wird in der Weise ausgeführt, daß jedem Miterben, der etwas im voraus empfangen hat, der Wert des Empfangenen (soweit er es zur Ausgleichung bringen muß) auf seinen Erbteil angerechnet wird. Der Wert der sämtlichen Zuwendungen, die zur Ausgleichung zu bringen sind, wird dem Nachlasse hinzugerechnet, soweit dieser den zur Ausgleichung untereinander verpflichteten Kindern, Enkeln usw. zukommt; dem etwa miterbenden Vater (oder der Mutter) kommt also das von den Kindern vor dem Tode des Erblassers Empfangene bei der Erbteilung nicht zugute. Die Ausgleichung ist nur eine rechnungsmäßige durch Einsetzung des Wertes der Zuwendung. Der Wert bestimmt sich nach der Zeit der Zuwendung, was freilich zu Härten führen kann. Hat ein Kind durch frühere Zuwendungen mehr erhalten, als sein Erbteil beträgt, so braucht es das Zuviel nicht herauszuzahlen. Beispiele: a) Nachlaß 20000. Erben Witwe W. ($^1/_4$), 3 Kinder A., B., C. je $^1/_4$. Vorweg Erbteil der W. = 5000, verbleibt Teilungsmasse für die Abkömmlinge

15000. Es haben einzuwerfen A. 5000, B. 3000, C. 1000, zusammen 9000. Es entfallen mithin von 15000 + 9000 = 24000 auf jedes Kind $^1/_3$ = 8000. Es erhalten also A. 8000 — 5000 = 3000; B. 8000 — 3000 = 5000, C. 8000—1000 = 7000, zusammen A., B., C. 15000. b) Nachlaß 4000. Erben 3 Abkömmlinge A. zu $^1/_2$ Y. u. Z. zu je $^1/_4$. Einzuwerfen haben A. 800, Y. 0, Z. 2000, zusammen 2800. Es würden also entfallen von 4000 + 2800 = 6800 auf A. $^1/_2$ = 3400 — 800 = 2600, auf Y. $^1/_4$ = 1700 — 0 = 1700, auf Z. $^1/_4$ = 1700 — 2000 = 0, da der Mehrempfang nicht herauszuzahlen ist. Z. scheidet daher aus. Es bleiben an der Auseinandersetzung beteiligt A. mit $^1/_2$ = $^2/_4$ u. Y. mit $^1/_4$ oder im Verhältnis ihrer Erbteile zueinander A. mit $^2/_3$, Y. mit $^1/_3$ von 4000 Nachlaß und 800 Einwerfungsbetrag des A. = 4800. Hiervon erhalten A. $^2/_3$ = 3200 — 800 = 2400, Y. $^1/_3$ = 1600, zusammen beide 4000. Jeder Miterbe ist verpflichtet, den anderen Erben auf Verlangen Auskunft über Zuwendungen, die er vom Erblasser erhalten hat, zu erteilen, auf Erfordern ein Verzeichnis über die empfangenen Gegenstände vorzulegen und nach Lage der Umstände über die Richtigkeit und Vollständigkeit den Offenbarungseid (s. dort) zu leisten. Ist die Ausgleichung bei der Erbteilung versäumt worden, so kann sie auch später noch gegen den Verpflichteten geltend gemacht werden, soweit nicht darauf verzichtet ist.

Auskaufen eines Gläubigers durch den Bürgen s. Bürgschaft 3.

Auskunft des Mannes über den Stand der Verwaltung des Frauenvermögens s. Eingebrachtes Gut der Frau 4; aus dem Grundbuch s. Grundbuch 2; aus dem Handelsregister s. Handelsregister 1; aus dem Güterrechtsregister s. Güterrechtsregister 3; aus dem Vereinsregister s. Vereine 3; des Erbschaftsbesitzers über den Bestand der Erbschaft s. Erbschaftsklage. — Siehe auch „Ratserteilungen usw." und „Auskunfteien".

Auskunftbüro s. Ratserteilung, üble Nachrede usw.

Auskunfteien (Auskunftbüros). Die Auskunfteien sind längst eine im geschäftlichen Leben notwendige Einrichtung geworden. Das Gesetz hat daher besondere Bestimmungen getroffen, die von sonst geltenden Rechtssätzen abweichen (vgl. „Üble Nachrede usw."), damit die Auskunfteien in ihrer Wirksamkeit nicht zu sehr beengt werden oder gar ihre Tätigkeit ganz lahmgelegt wird.

1. Die Auskunftei im Verhältnis zu ihren Kunden (den Anfragenden). Die Auskunftei ist vertragsmäßig verpflichtet, dem Anfragenden auf Grund ordnungsmäßiger und gewissenhafter Erkundigung die gewünschte Auskunft zu erteilen. Sie haftet ihm daher für einen ihm durch eine unrichtige Auskunft entstandenen Schaden nicht nur, wenn sie die falsche Auskunft vorsätzlich (wissentlich) erteilt hat, sondern auch dann, wenn sie bei Erteilung der Auskunft fahrlässig gehandelt hat, d. h. unter Außerachtlassung der im Verkehr erforderlichen Sorgfalt (276) oder, wenn der Auskunftgebende, was meistens der Fall sein wird, „Kaufmann" im Sinne des Gesetzes ist, unter Außerachtlassung der Sorgfalt eines ordentlichen Kaufmanns (HGB. 347). Falsche Angaben verstoßen gegen die guten Sitten (BGB. 826). Bedient sich die Auskunftei, wie üblich, zur Erfüllung ihrer Obliegenheiten der Mitwirkung von Hilfskräften (Angestellten, Vertrauensmännern), so haftet sie für ein etwaiges Verschulden dieser Personen in gleicher Weise wie für eigenes Verschulden (BGB. 278); sie kann sich nicht durch den Nachweis schützen, daß sie bei Auswahl und Leitung dieser Hilfskräfte sorgsam verfahren sei. Abweichungen von dieser (gesetzlichen) Haftung für falsche Auskünfte können aber dadurch begründet werden, daß eine verminderte Haftbarkeit oder gar der Ausschluß jeder Haftung vertragsmäßig, z. B. durch Aufnahme in die Auskunfts- oder Abonnementsbedingungen, vereinbart wird. Daß die Auskunfteien in ihren Bedingungen die Haftung für fahrlässige falsche Auskünfte regelmäßig ganz ausschließen, ist erlaubt (RG.). Die Haftung für vorsätzliche (wissentliche) falsche Auskunft kann vertragsmäßig nicht ausgeschlossen werden, weil das sittenwidrig wäre.

2. Die Auskunftei im Verhältnis zu dem Angefragten (dem Beauskunfteten). Fühlt sich jemand, über den eine ungünstige Auskunft erteilt ist, hierdurch in ungerechter Weise in seiner Ehre oder in seinem geschäftlichen Kredit beeinträchtigt, so kann er die Auskunftei, wenn sie die Unrichtigkeit der Tatsachen kannte oder kennen mußte, auf Schadensersatz belangen (823[2], 826; RG. 7. 6. 09 §§ 14 u. 15, Gutt. Slg. Nr. 37). Ist dies nicht der Fall, so ist ein Schadensersatzanspruch nicht gegeben und nur ein Anspruch auf Unterlassung der falschen Auskunft möglich, sofern es sich eben um vertrauliche Auskunft handelte und der Empfänger der Auskunft ein berechtigtes Interesse an ihr hatte. Die Vorschrift ist immerhin noch recht dehnbar. So soll z. B. Ungünstiges nicht in einer unterstrichenen Form, sondern nur, soweit zum Ganzen eben nötig, gesagt werden (RG.). Der Mittelweg zwischen der Wahrung der Interessen des Kunden und derjenigen des Beauskunfteten ist also nicht leicht zu finden. Vorsichtige Angabe der wesentlichen Wahrheit ist das Richtige. Auch strafrechtlich ist der durch eine falsche ungünstige Auskunft Geschädigte geschützt — aber regelmäßig auch nur dann, wenn die Auskunft wissentlich falsch erteilt ist —, indem er, wenn die Mitteilung geeignet war, seine Ehre zu verletzen oder seinen Kredit zu schädigen, Verurteilung des die Auskunft Erteilenden zu einer Geld- oder Gefängnisstrafe, sowie zu einer an ihn zu zahlenden Buße (Strafges.-Buch §§ 187, 188) erwirken kann.

Auslagen s. Aufwendungen, des Vormundes s. Vormund 7. Vgl. auch: Aufwendungen.

Ausländer, Erwerb von Grundeigentum durch, s. Grundeigentum 1; Vormundschaft über, s. Vormundschaft 5.

Ausländische Ehegatten, Güterrecht derselben, s. Eingebrachtes Gut der Frau 9.

Ausländische Währung s. Leistungen 1.

Auslegung testamentarischer Bestimmungen s. Testament.

Auslegung von Willenserklärungen (Verträgen). Willenserklärungen, einseitige oder zweiseitige (Verträge), werden häufig nicht so abgegeben oder gefaßt, daß über allen Zweifel klar ist, was die Partei oder die Parteien gewollt haben. Es muß dann der Wille der betreffenden Person, die Absicht der vertragschließenden Teile durch Auslegung festgestellt werden. Es kommt dabei nicht allein auf den Wortlaut der mündlichen Erklärung oder des Schriftstücks an, sondern es sind nach dem einzelnen Fall auch andere Umstände, wie die Verkehrssitte, ein etwaiger besonderer Sprachgebrauch, der Inhalt und Verlauf gepflogener Vorverhandlungen u. dgl.

mehr, in Betracht zu ziehen. Feste Regeln lassen sich hierüber nicht aufstellen; das Gesetz spricht daher, abgesehen von besonderen Vorschriften für bestimmte Fälle, nur den allgemeinen Satz aus, daß bei Auslegung einer Willenserklärung der wirkliche Wille zu erforschen und nicht an dem buchstäblichen Sinne des Ausdrucks zu haften ist (133). Es ist die Kunst der Juristen und Gerichte, hier das Richtige zu treffen und den Parteien zu dem nach objektiver Ansicht richtigen Recht zu verhelfen, das natürlich in solchem Falle nicht den Wünschen beider Parteien, die ja darüber in Streit geraten waren, entsprechen kann. Näheres s. in den Artikeln „Auslegung" und „Treu und Glauben" im HdR. I 436 ff. u. VI 54 ff. Dem richterlichen Ermessen muß vom Gesetze naturgemäß ein weiter Spielraum gelassen werden. Für Verträge enthält aber das Gesetz die sehr wichtige besondere Vorschrift, daß sie so auszulegen sind, wie Treu und Glauben mit Rücksicht auf die Verkehrssitte es erfordern (157); eine Auslegung des Vertrages, die mit den Grundsätzen von Treu und Glauben in Widerspruch stehen würde, kann nicht als vom Recht gewollt angesehen werden. Insbesondere muß ein Gewerbetreibender die Verkehrssitte gegen sich gelten lassen, wenn er nicht seinen abweichenden Willen unzweideutig seinem Kunden zu erkennen gegeben hat (RG.). Derjenige also muß weichen, der mit den Erklärungen einen anderen Sinn verbunden hat, als ihn die maßgebenden Kreise damit verbinden. Man sehe also auf deutliche Verständigung bei allen Abmachungen. Doch was man nicht vermuten konnte, weil es ganz ungewöhnlich ist, braucht man auch nicht zu fürchten.

Über die Auslegung letztwilliger Verfügungen s. Testament.

Ausleihen von Geld s. Darlehen; durch einen Vormund s. Vormund 4 u. Anlegung von Mündelgeldern; durch den Vater (die Mutter) s. Verwaltung usw. des Kindesvermögens 1.

Auslobung einer Belohnung oder eines Preises (657—661). **1.** Es kommt häufig vor, daß jemand zur Erreichung eines persönlichen Zweckes oder im höheren Interesse in öffentlicher Bekanntmachung (durch die Zeitung, durch Anschlag, Ausruf usw.) dem, der eine bestimmte Leistung, sei dies die bloße Vornahme einer Handlung oder die Herbeiführung eines bestimmten Erfolges, vollbringen wird, eine Belohnung oder einen Preis verspricht, z. B. für die Ermittelung eines Baumfrevlers oder eines anonymen Briefschreibers, für das Wiederbringen einer verlorenen Sache, für den Nachweis einer Stelle u. dgl. Ein solches öffentliches Versprechen nennt man eine Auslobung. Sie begründet, wenn die betreffende Leistung wirklich in der bestimmten Weise erfolgt ist, für den Auslobenden die Verpflichtung, sein Versprechen zu erfüllen, d. h. dem, der die Leistung bewirkt hat, den versprochenen Lohn (Preis) zu zahlen. Ob dieser von der Auslobung Kenntnis gehabt oder ob er mit Rücksicht auf die Auslobung gehandelt hat, darauf kommt regelmäßig nichts an. Selbstverständlich muß die Auslobung ernstlich gemeint gewesen sein. Die Behauptung, daß nur ein Scherz vorliege, schützt den, der sie erlassen hat, nicht ohne weiteres (s. „Scherz"). Die Auslobung kann aber widerrufen werden, jedoch nur so lange, bis die Handlung vorgenommen ist; der Widerruf ist auch nur dann wirksam, wenn er in derselben Weise wie die Auslobung selbst bekanntgemacht ist oder wenn er durch eine besondere Mitteilung erfolgt. Ein Widerruf ist unzulässig, wenn in der Auslobung darauf verzichtet ist. Als ein Verzicht auf den Widerruf ist es im Zweifel anzusehen, wenn in der Auslobung für das Vollbringen der Handlung eine bestimmte Zeit gesetzt ist. Sonst aber handelt der Bewerber auf seine Gefahr; wird die Auslobung widerrufen, ehe die Leistung bewirkt oder der Erfolg erzielt ist, so hat er keinen Anspruch auf Entschädigung wegen etwa aufgewendeter Zeit, Mühe und Kosten. Durch den etwa eintretenden Tod des Auslobenden wird das Verhältnis nicht berührt, solange nicht die Erben die Auslobung ordnungsmäßig widerrufen haben.

Einer besonderen Regelung bedürfen die Fälle, wenn Mehrere die ausgesetzte Belobung beanspruchen. Haben Mehrere (jeder für sich) die Handlung vollbracht, so hat der die Belohnung zu fordern, der die Handlung zuerst vorgenommen (z. B. den Baumfrevler zuerst angezeigt) hat; haben Mehrere zu gleicher Zeit dieselbe Handlung vorgenommen, so gebührt jedem ein gleicher Teil der Belohnung. Läßt sich die Belohnung wegen ihrer Beschaffenheit nicht teilen oder soll nach dem Inhalt der Auslobung nur einer die Belohnung erhalten, so entscheidet das Los. Haben Mehrere zu dem erzielten Erfolge mitgewirkt, so hat der Auslobende die Belohnung unter Berücksichtigung des Anteils eines jeden an dem Erfolge nach billigem Ermessen unter sie zu verteilen. Ist die Verteilung offenbar unbillig vorgenommen, so kann der, welcher sich benachteiligt glaubt, Festsetzung durch gerichtliches Urteil verlangen. Es braucht sich aber der Auslobende in diesen Streit nicht einzumischen; er kann die Auszahlung der Belohnung so lange verweigern, bis die Beteiligten den Streit über ihre Berechtigung unter sich ausgetragen haben; jeder von ihnen kann verlangen, daß die Belohnung für alle hinterlegt wird. Der Auslobende kann auch ohne solche Aufforderung durch die Hinterlegung der Belohnung sich von seiner Verpflichtung befreien (s. „Hinterlegung"). Ist die Belohnung unteilbar oder soll sie nach dem Inhalte der Auslobung nur einem zufallen, so entscheidet auch hier das Los.

2. Eine besondere Art der Auslobung ist das Preisausschreiben (661). Dieses ist nur gültig, wenn in der Bekanntmachung eine Frist für die Bewerbung bestimmt wird. Da es sich hier meist um die Aussetzung eines Preises für die Lösung einer Aufgabe aus dem Gebiete der Wissenschaft, der Kunst, der Technik usw. oder um das Raten von Rätseln, die Herstellung von Reklameversen od. dgl. handelt, welche u. U. einen größeren Zeit- und Arbeitsaufwand erfordert, so muß der Bewerber die Sicherheit haben, daß die Konkurrenz eine zeitliche Begrenzung hat und der Auslobende sich nicht auf unbestimmte Zeit hinaus der Zuerkennung des Preises mit der Begründung entschlagen kann, daß er noch auf eine bessere Leistung warte. Wer sich also an einer Preisbewerbung beteiligen will, versichere sich vorher davon, ob in der Bekanntmachung eine Frist für die Bewerbung bestimmt ist. Die Entscheidung darüber, ob eine innerhalb der Frist erfolgte Bewerbung den Bedingungen des Preisausschreibens entspricht oder wer von den mehreren Bewerbern die Aufgabe am besten gelöst hat, gebührt dem (denen), der in der Bekanntmachung bezeichnet (als Preisrichter bestimmt) ist; in Ermangelung solcher Bestimmung hat der Auslobende selbst die Entscheidung zu treffen. Die Entscheidung durch den (oder die) Preisrichter oder den Auslobenden selbst ist für die Beteiligten maßgebend; die Bewerber haben nicht das Recht, auf eine Begutachtung durch Sachverständige oder auf gerichtliche Entscheidung anzutragen. Sind nach dem Urteil der Preisrichter oder des Auslobenden die Arbeiten mehrerer Bewerber gleich preiswürdig, so ist der Preis unter sie gleichmäßig zu verteilen; ist der Preis nicht teilbar oder soll er nach der Bestimmung in dem Ausschreiben nur einem zufallen, so entscheidet wiederum das Los. Selbstverständlich ist aber dem Auslobenden unbenommen, in dem Preisausschreiben andere Bestimmungen über die Zuerteilung des Preises usw. zu treffen. Ob die Werke, welche die Bewerber um einen ausgeschriebenen Preis dem Auslobenden oder den Preisrichtern einliefern, in das Eigentum des Auslobenden übergehen, wenn der Bewerber einen Preis erhält oder auch, wenn er einen solchen nicht erhält, das hängt von den Bedingungen des Preisausschreibens ab. Ist darüber nichts gesagt, so ist der Bewerber, selbst wenn ihm ein Preis zuerteilt ist, nicht verpflichtet, das Eigentum an seinem Werke dem Auslobenden zu übertragen. Manche sog. „Preisausschreiben" sind, da die Lösung der Aufgabe überaus leicht ist und es dem „Auslobenden" weniger auf diese Lösung als auf irgendeine Reklamewirkung ankommt, Ausspielungen (s. Spiel).

Ausscheiden eines Gesellschafters s. Gesellschaft 7 u. Offene Handelsgesellschaft 5; Ausscheiden aus einem Schuldverhältnis s. Übernahme einer fremden Schuld.

Ausschlagung einer Erbschaft s. Annahme und Ausschlagung usw.; wegen Verletzung des Pflichtteils s. Pflichtteil 1; Ausschlagung einer Erbschaft durch eine Ehefrau s. Eingebrachtes Gut der Frau 5; Ausschlagung einer Erbschaft durch den Vormund s. Vormund 6 B 5.

Ausschreiben eines Preises, einer Belohnung usw. s. Auslobung.

Aussetzung einer Erbteilung s. Erbteilung 2; Aussetzung einer Belohnung s. Auslobung.

Aussperrung. Aussperrung, Streik und Verrufserklärung (Boykott) sind Formen der Ausschließung, der Sperre, aber verschiedener Art.

Die Aussperrung ist das Mittel im Arbeitskampf auf seiten des Arbeitgebers, dem auf seiten des Arbeitnehmers der Streik entspricht. Die meisten Rechtssätze sind daher für Streik und Aussperrung gleich und es muß hier auf die ausführliche Behandlung im Art. Streik verwiesen werden. Aussperrung (und Streik s. d.) muß man, falls sie nicht unter voller Einhaltung der Kündigungsfrist und der Wahrung der Treugesichtspunkte in gehobenen Arbeitsverhältnissen geschehen, als Vertragsbruch (s. Arbeits- und Dienstvertrag unter 6) bezeichnen; denn öffentlich-rechtliche Gesichtspunkte, Verkehrssitte, Machtfaktoren oder dgl. können die rechtliche Beurteilung arbeitsvertraglicher Fragen nicht ändern. Der „Herr im Hause"-Standpunkt des Arbeitgebers besteht insoweit nicht, als dieser verpflichtet ist, dem, der zur Erfüllung seiner Arbeitspflicht bereit und in der Lage ist, Lohn oder Gehalt zu zahlen. Mithin ist jede Aussperrung unberechtigt, wenn sie ohne Kündigung erfolgt und mit Lohnvorenthaltung für die Tage der kündigungslosen Aussperrung verbunden ist.

Die Aussperrung ohne Einhaltung der Kündigungsfrist ist also Vertragsverletzung, wenn nicht und soweit nicht im einzelnen Fall ein zu sofortiger kündigungsloser Entlassung berechtigender Grund nach §§ 123, 124a GO., § 626 BGB., §§ 70—72 HGB. vorliegt (vgl. Art. Kündigung, Entlassung, Arbeitsvertrag). Liegt ein solcher Grund nicht vor, so hat der Ausgesperrte Anspruch auf Lohn und Schadenersatz. Akkordarbeiter haben bei nicht ausreichender Beschäftigung nach § 124 Nr. 4 GO. ein Recht zu sofortigem Austritt.

Die Aussperrung mit Einhaltung der Kündigungsfrist ist die Ausübung eines Machtmittels im Wirtschaftskampf ohne zivilrechtliche und öffentlichrechtliche Folgen, da ja hier das Kündigungsrecht gewahrt wird.

Man hat versucht, die Aussperrung als Verstoß gegen die guten Sitten zu einem rechtserheblichen Tatbestand zu machen. Das ist falsch. Die Aussperrung ist eine wirtschaftliche Kampfmaßnahme. Ebenso wie solche seitens der Arbeiterschaft durch Streik zur Anwendung kommt und wie die Arbeitnehmerschaft kein gegen die guten Sitten verstoßendes Verhalten der Arbeiter darin erblickt, daß Arbeitnehmer andere Arbeiter in ihren wirtschaftlichen Lohn- und Klassenkämpfen unterstützen, trotz der durch diese Handlungsweise für die Arbeitgeber eintretenden Schädigung, so muß auch durchaus eine gleiche Beurteilung den Kampfmaßnahmen der Arbeitgeber zuteil werden (RG.).

Aber beachtlich bleiben doch die „guten Gründe" der Aussperrung, also eine Unterscheidung, ob die Aussperrung wild und willkürlich (analog dem „wilden" Streik) oder ob sie „berechtigt" erscheint. Ein absolutes Recht der Aussperrung (wie des Streiks) wird man also nicht statuieren können und ist auch durch den das Koalitionsrecht sichernden Art. 159 RV. nicht gegeben worden; es bleibt vielmehr stets noch die Frage, ob das Kampfmittel unter Verletzung anderer erheblicher Pflichten angewendet wird. Näheres s. im Art. Aussperrung im HdR. I 466 ff.

Ausspielen von Sachen s. Spiel und Wette.

Ausstattung s. Aussteuer usw.; Anrechnung bei der Erbteilung s. Ausgleichung unter Miterben; Ausstattung von Werken, Schutz der, s. Warenbezeichnungen usw.

Ausstellung von Schuldverschreibungen auf den Inhaber s. Schuldverschreibungen usw. II.

Aussteuer, Ausstattung von Kindern (1620 bis 1625). **1.** Heiratet eine Tochter, so sind die Eltern, und zwar zunächst (siehe unten) der Vater verpflichtet, ihr eine angemessene Aussteuer mitzugeben. Unter Aussteuer sind die beweglichen Sachen zu verstehen, die zur Einrichtung des neuen Hausstandes und zur persönlichen Ausstattung der jungen Hausfrau nötig sind. Was im einzelnen dazu gehört, kann das Gesetz nicht feststellen; es entscheidet darüber, soweit nicht Sitte und Gebrauch Anhaltspunkte geben, im Prozeßfalle das richterliche Ermessen. Die Aussteuer muß „angemessen" sein; die Angemessenheit wird sich bestimmen einmal nach dem Stande des Schwiegersohns, andererseits nach dem Stande und den Vermögensverhältnissen der Eltern der Braut. Hat die Tochter eigenes Vermögen, aus dem sie sich eine Aussteuer anschaffen kann, oder bedarf sie wegen des Einrichtungsbesitzes ihres Ehemannes einer Aussteuer nicht, so sind die Eltern nicht verpflichtet, ihr eine solche mitzugeben. Die Verpflichtung der Eltern besteht auch sonst nur insoweit, als sie zur Gewährung der Aussteuer nach ihren Verhältnissen imstande sind; um dies zu beurteilen, sind ihre anderweitigen Verpflichtungen, insbesondere Unterhaltsverpflichtungen (s. d.) und die für die anderen Kinder beschafften oder noch zu beschaffenden Aussteuern, zu berücksichtigen; es muß den Eltern bei Erfüllung aller dieser Verpflichtungen noch so viel verbleiben, daß ihr standesmäßiger Unterhalt nicht beeinträchtigt wird. Ist der Vater zur Gewährung der Aussteuer außerstande oder ist er verstorben, so ist die Mutter verpflichtet, die Aussteuer zu geben, wenn und soweit die vorgedachten Voraussetzungen vorliegen. Ist also der Vater unvermögend, die Mutter aber wohlhabend oder reich, so wird die Mutter, da der Vater nur eine geringe Aussteuer oder gar keine geben kann, das, was an einer angemessenen Aussteuer fehlt, zulegen oder die Aussteuer allein beschaffen müssen. Hat sie sich wieder verheiratet, so kann sie die Aussteuer nicht deshalb verweigern, weil ihr jetziger Mann die Nutzung ihres eingebrachten Vermögens habe. Kann die Tochter ihre Aussteuer vom Vater deshalb nicht erlangen, weil er sich im Auslande aufhält oder die Rechtsverfolgung gegen ihn im Inlande mit erheblichen Schwierigkeiten verknüpft sein würde, so muß gleichfalls die Mutter die Aussteuer geben; sie kann aber Ersatz des Gegebenen vom Manne verlangen. Die Tochter geht ihres Rechts, eine Aussteuer zu verlangen, verlustig, wenn sie ohne Einwilligung der Eltern heiratet, obwohl nach dem Gesetz die Einwilligung, sei es des Vaters oder der Mutter, zur Heirat erforderlich war. (S. über die Einwilligung der Eltern zur Verheiratung der Kinder das Nähere unter „Ehehindernisse 1 c".) Soweit eine Einwilligung der Eltern oder eines von ihnen gesetzlich nicht erforderlich ist, gibt das Fehlen der Einwilligung den Eltern keinen Grund, der Tochter die Aussteuer zu verweigern. Dagegen ist die gesetzliche Verpflichtung der Eltern zur Aussteuerung der Tochter besonders in dem Falle von Wichtigkeit, wenn die Verheiratung der Tochter gegen den Willen der Eltern erfolgt, weil diese aus nichtigen Gründen ihre Einwilligung versagten und dadurch die Tochter gezwungen haben, das Vormundschaftsgericht um die Erteilung der Einwilligung an Stelle der Eltern anzugehen. Die Tochter kann dagegen eine Aussteuer von den Eltern nicht verlangen, wenn sie sich einer Verfehlung schuldig gemacht hat, die den zur Gewährung einer Aussteuer verpflichteten Elternteil berechtigen würde, ihr im Testament usw. den Pflichtteil zu entziehen (s. „Pflichtteil 5"). Endlich kann die Tochter keine Aussteuer mehr verlangen, wenn sie für eine frühere Ehe vom Vater oder der Mutter bereits eine Aussteuer erhalten hat. Die Tochter kann ihr Recht (ihren Anspruch) auf die Aussteuer nicht an andere Personen abtreten (zedieren); der Anspruch auf die Aussteuer kann auch nicht von Gläubigern der Tochter gepfändet werden (ZPO. 851). Der Anspruch der Tochter auf eine Aussteuer geht verloren, verjährt, wenn sie ihn nicht binnen einem Jahr von der Hochzeit an geltend macht (solange die Tochter noch minderjährig ist, läuft aber die Verjährung nicht); durch den Tod der Frau oder des zur Aussteuer verpflichteten Elternteils geht das Recht auf die Aussteuer dagegen nicht verloren; es kann von den Erben der Frau und gegen die Erben der Eltern geltend gemacht werden. Die Tochter kann auch schon vor der Verheiratung auf gerichtliche Feststellung der Verpflichtung ihres Vaters (ihrer Mutter), ihr eine dem Werte nach zu bestimmende Aussteuer mitzugeben, klagen (ZPO. 256), wenn sie ein wirtschaftliches Interesse daran hat, daß dies schon jetzt festgestellt werde (RG.). — Eine Verpflichtung, auch die Söhne auszusteuern, liegt den Eltern nicht ob, da diese regelmäßig so erzogen werden, daß sie beim Verlassen des Elternhauses in der Lage sind, sich das zur Einrichtung Erforderliche aus eigenen Kräften zu beschaffen.

2. Als Ausstattung (1624) bezeichnet das Gesetz alles das, was die Eltern (der Vater oder die Mutter oder beide) einem Kinde (Sohn oder Tochter) mit Rücksicht auf seine Verheiratung oder auf die Erlangung einer selbständigen Lebensstellung, zur Begründung oder zur Erhaltung der Wirtschaft oder der Lebensstellung geben oder versprechen. „Ausstattung" ist also nicht gleichbedeutend mit „Aussteuer"; die für die Aussteuer geltenden gesetzlichen Vorschriften gelten nicht auch für jede andere Ausstattung. Es besteht keine gesetzliche Verpflichtung der Eltern, den Töchtern, sofern sie nicht heiraten, sowie den Söhnen eine Ausstattung im obigen Sinne zu geben. Hat aber das Kind von den Eltern tatsächlich eine solche Ausstattung erhalten, so gilt dies als die Erfüllung einer sittlichen Pflicht seitens der Eltern und das Gesetz bestimmt, daß das zu dem erwähnten Zweck dem Kinde Gegebene oder Versprochene nicht als Schenkung angesehen werden soll. Die Bedeutung dieser Vorschrift besteht darin, daß für Schenkungen (s. d.) besondere, erschwerende gesetzliche Bestimmungen getroffen sind, die auf die gedachten Ausstattungen keine Anwendung finden sollen (noch weniger selbstverständlich auf die eigentliche Aussteuer, da das Geben einer solchen gesetzliche Pflicht ist). Insbesondere kann eine Ausstattung auch mündlich gültig versprochen werden. Die Vorschrift bezieht sich aber nur auf die vom Vater oder von der Mutter, nicht auch auf die von anderen Personen, seien dies auch nahe Verwandte, gewährte oder zugesicherte Ausstattung; ja sie bezieht sich auch auf die von den Eltern gegebene Ausstattung nur insoweit, als die Ausstattung das den Umständen, insbesondere den Vermögensverhältnissen der Eltern entsprechende Maß nicht übersteigt. Steht der Vater oder die Mutter unter Vormundschaft, so kann der Vormund eine Ausstattung aus seinem (ihrem) Vermögen nur mit Genehmigung des Vormundschaftsgerichts gültig versprechen oder gewähren. Stellt sich heraus, daß das zur Ausstattung Gegebene dem Vater (der Mutter) gar nicht gehörte oder daß anderen Personen Rechte an dem Gegenstande zustehen oder daß das Hingegebene Mängel oder Schäden irgendwelcher Art hat, so haftet der Vater (die Mutter) hierfür nur insoweit, wie der Schenker einer Sache für solche Fehler und Mängel gesetzlich haftbar ist; siehe darüber „Schenkung 2".

Über die Befugnis der Eltern, bei Hingabe einer Aussteuer oder einer Ausstattung Bestimmung darüber zu treffen, inwiefern das Gegebene dem Empfänger (der Empfängerin) bei der demnächstigen Erbteilung etwa nicht angerechnet werden solle, vgl. „Ausgleichung unter Miterben".

Austritt aus einem Verein s. Verein.

Ausverkäufe. Gegen den reellen Ausverkauf ist auch vom Standpunkte des Gesetzes (Unl. Wettb. Ges. v. 7. 6. 09, §§ 6—10; Gutt. Slg. Nr. 37) aus nichts einzuwenden; er ist erlaubt und wird auch von anständigen Geschäftsleuten benutzt, um bei Überfüllung des Lagers, bei vorgerückter Saison, bei beabsichtigter Aufgabe oder Verlegung des Geschäfts, bei Todesfällen zum Zwecke der Auseinandersetzung usw. das ganze Lager oder gewisse Warenbestände zu herabgesetzten Preisen tunlichst rasch zu räumen. Andererseits werden aber auch ohne berechtigten Anlaß Ausverkäufe angekündigt, um Käufer anzulocken und der anständigen Konkurrenz die Kundschaft zu entziehen. Es wird hier der fälschliche Anschein erweckt, als wenn der angekündigte Verkauf eine Räumung mit den vorhandenen Beständen, sei es mit dem gesamten Warenlager oder mit einzelnen Warengattungen, bezwecke („wegen Geschäftsaufgabe", „wegen Aufgabe des Artikels", „wegen Auseinandersetzung" usw.). Deshalb ist gesetzlich bestimmt worden, daß Ausverkaufsankündigungen den Grund enthalten müssen, der zu dem Ausverkauf Anlaß gegeben hat. Dieser Grund muß wahr sein. Er darf z. B. nicht Zweck und Ziel (für die Reise, wegen geplanten Umbaus, um zu räumen) bedeuten, sondern wirklich den Grund und Anlaß, der in Tatsachen beruhen muß, z. B. wegen Aufgabe des Geschäfts (auch eines Teils des Geschäfts), Umzug, Brandschaden u. dgl. Unzulässig sind „Kehrauswochen", „Massenverkauf" u. dgl., wenn es sich nicht bloß um nichtssagende Titel handelt (Weihnachtsverkauf). Auch wenn das Wort „Ausverkauf" nicht in der Ankündigung vorkommt, gilt dasselbe. Auch dürfen nicht fälschlich Waren, die nicht aus einer Konkursmasse stammen, als solche angekündigt oder bezeichnet werden. Vorschieben und Nachschieben von Waren beim Ausverkauf, d. h. Heranschaffung von Waren eigens zu dem Ausverkauf und Ergänzung der Vorräte während des Ausverkaufs wird bestraft, wie auch jede andere Zuwiderhandlung gegen die Ausverkaufsbestimmungen bestraft wird. Ausgenommen sind die üblichen Saison- und Inventurausverkäufe, für die die Verwaltungsbehörde Zeitpunkt und Zeitdauer bestimmt. Ob in dem betreffenden Geschäftszweig solche Ausverkäufe wirklich üblich sind, ist manchmal strittig. Sog. Sonderveranstaltungen (Weiße Wochen, Ausnahmetage u. dgl.) haben sich sehr eingebürgert und werden als erlaubt angesehen, soweit sie sich einer gewissen zeitlichen Ordnung fügen. In Wirklichkeit unterscheiden sie sich kaum von Ausverkäufen und betreiben auch häufig das „Vorschieben" und „Nachschieben" von Waren. Unwahre Angaben darf keine derartige Ankündigung enthalten (vgl. Unlauterer Wettbewerb).

Auswanderung des Mannes s. Ehegatten 1; des Mündels s. Vormund 2 u. Vormundschaft 5; des unter elterlicher Gewalt stehenden Kindes s. Eltern und Kinder 4; Abfindung im Falle einer, s. Nachlaßverträge.

Ausweis eines Erben s. Erbschein 1.

Außerehelicher Beischlaf s. Uneheliche Kinder; Verführung; Schadensersatz wegen unerlaubter Handlung 7; Verlöbnis 1.

Auszeichnungen, falsche Angaben über, s. Schwindelhafte Reklame 1.

Auszug s. Altenteil u. Reallasten; Auszug aus dem Handelsregister s. Handelsregister; Auszug aus dem Grundbuch s. Grundbuch 2; beglaubigter Auszug s. Form der Rechtsgeschäfte 4.

Automobil, Haftung für Schäden, s. Haftpflicht 7.

Autorrecht s. Urheberrecht u. Verlagsrecht.

B.

Bäckereien, Anlegung von, s. Grundeigentum 2 d.

Bahn s. Eisenbahn.

Bank, Anlegung von Mündelgeldern bei einer, s. Mündelgeld usw.

Bankdepots s. Depots, kaufmännische.

Bankier, Zinseszinsen s. Zinsen; Ratserteilung durch einen, s. Ratserteilungen usw.; Pflichten bei Aufbewahrung, Anschaffung, Umtausch usw. von Wertpapieren s. Depots, kaufmännische; Bankier- und Geldwechslergeschäft s. Kaufmann usw. 1.

Banknoten s. Zahlungsmittel, gesetzliche; Ausgabe von, s. Schuldverschreibungen auf den Inhaber II; beschädigte usw., s. das. I 2.

Bauabstand s. Grundeigentum 3.

Bauchschlägigkeit bei Tieren s. Gewährleistung usw. 9.

Bauen über die Grenze s. Grundeigentum 2 g; Bauen auf der Grenze, Betreten des Nachbargrundstücks s. Grundeigentum a. Schluß.

Bauerschaftsvorsteher s. Dorfgerichte.

Baufälligkeit, Gefährdung durch, s. Gebäudeeinsturz.

Baugerüste, Errichtung von, s. Grundeigentum 2.

Bauhandwerker s. Werkvertrag.

Baugewerbe unterliegt nicht dem Haftpflichtgesetz, s. Haftpflicht usw. 3.

Baukunst, Werke der, Schutz gegen Nachbildung, s. Urheberrecht.

Bauleute, Sicherung der, s. Werkvertrag 9.

Baumaterialien als Bestandteile eines Gebäudes s. Bestandteile.

Bäume auf der Grenze, s. Grundeigentum 2 f und k, 3.

Bauunternehmer s. Werkvertrag; ist unter Umständen Kaufmann i. S. des Handelsgesetzbuchs s. Kaufmann usw. 1.

Bauwerk auf fremdem Grund und Boden s. Erbbaurecht; Bauwerk, Einsturz eines, s. Gebäudeeinsturz; Bauwerk, Übernahme eines, s. Werkvertrag; Urheberschutz s. Urheberrecht.

Beamte. Schadensersatz wegen Verletzung der Amtspflicht. 1. Haftung des Beamten selbst (BGB. 839—842). Die nachfolgenden Bestimmungen beziehen sich auf alle Reichs-, Staats-, Provinzial-, Kreis-, städtische, Gemeinde- und sonstigen Kommunalbeamten. Zu den Beamten gehören auch die Notare und die Gerichtsvollzieher. Auf Privatbeamte beziehen sich die Bestimmungen nicht; ebensowenig auf nichtbeamtete Ärzte und auf Rechtsanwälte. — Jeder Beamte ist schon nach allgemeinen Rechtsgrundsätzen (BGB. 823) für den Schaden verantwortlich, den jemand dadurch erleidet, daß der Beamte vorsätzlich oder fahrlässig ein dem anderen zustehendes Recht widerrechtlich verletzt oder gegen ein den Schutz eines anderen bezweckendes Gesetz, insbesondere gegen die allgemeinen Strafgesetze, verstößt. Der Beamte ist aber ferner nach § 839 BGB. für allen Schaden verantwortlich, der einem anderen dadurch zugefügt wird, daß der Beamte vorsätzlich oder fahrlässig eine ihm dem Geschädigten gegenüber obliegende Amtspflicht verletzt. Dieser Fall liegt auch dann vor, wenn der Beamte eine unrichtige amtliche Auskunft erteilt, und zwar selbst dann, wenn er zur Erteilung der Auskunft gar nicht verpflichtet ist. Ob die Amtspflicht, die Dienstvorschrift, welche der Beamte verletzt hat, ihn nur dem Dienstherrn, d. h. dem Staate, der Gemeinde usw. gegenüber auferlegt ist, oder ob sie ihm jedem Staatsbürger oder bestimmten Privatpersonen gegenüber obliegt, ist eine Frage, die im einzelnen Falle nur vermittelst Auslegung der betreffenden Dienstvorschrift beantwortet werden kann. Fällt dem Beamten bloß eine Fahrlässigkeit zur Last, so kann er von dem Geschädigten nur dann in Anspruch genommen werden, wenn dieser auf andere Weise keinen Ersatz seines Schadens erlangen kann. Ein Amtsrichter hat z. B. einen Vormund nicht genügend beaufsichtigt; hier ist zunächst der pflichtwidrig handelnde Vormund für den Schaden verantwortlich; auch der, welchem etwa durch den Vormund rechtswidrig etwas zugewendet ist, haftet auf Herausgabe des Erhaltenen. Erst wenn und soweit von beiden nichts zu erlangen ist, haftet der Richter dem Geschädigten. Eine besondere Vorschrift gilt für richterliche Beamte, also auch Verwaltungsbeamte, die ein richterliches Erkenntnis abzugeben haben. Im allgemeinen unterstehen auch diese Beamten den vorstehend mitgeteilten gesetzlichen Bestimmungen. Verletzt aber ein solcher Beamter bei dem Urteil, welches er in einer Rechtssache spricht, seine Amtspflicht, so ist er für den dem Beteiligten daraus entstehenden Schaden nur dann verantwortlich, wenn die Pflichtverletzung mit einer im Wege des gerichtlichen Strafverfahrens zu verhängenden öffentlichen Strafe bedroht ist, z. B. § 336 Reichs-Strafgesetzbuch. Es hat dies seinen Grund darin, daß die richterliche Unabhängigkeit ernstlich bedroht wäre, wenn der Spruchrichter für jedes bei einer Urteilsfällung etwa vorkommende oder ihm von einem anderen Gericht als solches auszulegende Versehen von der einen oder anderen Partei persönlich zur Verantwortung gezogen werden könnte. Auf eine pflichtwidrige Verweigerung oder Verzögerung der Ausübung des Richteramts findet diese Ausnahmevorschrift keine Anwendung; für sie haftet auch der richterliche Beamte nach allgemeinen Grundsätzen. Übrigens tritt die vorbezeichnete Ersatzpflicht des Richters auch dann nicht ein, wenn der durch den falschen Urteilsspruch Verletzte vorsätzlich oder fahrlässig es unterlassen hat, den ihm durch das Urteil zugefügten Schaden durch den Gebrauch eines ihm zustehenden Rechtsmittels abzuwenden.

Ist ein Beamter neben einem anderen (z. B. einem Vormunde, einem von ihm eingesetzten Güterverwalter usw.) für einen entstandenen Schaden haftbar, weil er die Pflichten verletzt hat, die ihm in bezug auf die Bestellung des Betreffenden zur Geschäftsführung für eine dritte Person oder bezüglich der Beaufsichtigung der Geschäftsführung oder der von ihm zu erteilenden Genehmigung zu Rechtsgeschäften oblagen, so kann er seinerseits Erstattung des von ihm etwa geleisteten Schadensersatzes von dem, der den Schaden eigentlich herbeigeführt hat (dem Vormunde, dem Verwalter usw.) fordern. Denn der Geschädigte hat die Wahl, ob er wegen des erlittenen Schadens den eigentlichen Schadenstifter oder den wegen vorgekommener Pflichtverletzung ihm gleichfalls haftbaren Beamten in Anspruch nehmen will.

2. Haftung des Staats, der Gemeinden usw. für Versehen der Beamten. Das Gesetzbuch hat eine allgemeine Bestimmung über die Haftung des Reiches, der Länder und der Kommunalverbände für die Versehen seiner Beamten nicht getroffen. Jedoch ist reichsgesetzlich durch § 12 GBO. bestimmt, daß, wenn ein Schaden dadurch entsteht, daß ein Grundbuchbeamter die ihm obliegende Amtspflicht vorsätzlich oder fahrlässig verletzt hat, den Geschädigten gegenüber die im BGB. bestimmte Verantwortlichkeit an Stelle der Beamten das Land oder die Körperschaft, in deren Dienste der Beamte steht, trifft. In gleicher Weise ist durch „das Gesetz über die Haftung des Reichs für seine Beamten" vom 22. Mai 1910 (RGBl. S. 798) die Haftung der Reichsbeamten auf das Reich übernommen, soweit es sich um Schadenersatzforderungen handelt, die daraus entstehen, daß Reichsbeamte in Ausübung der ihnen anvertrauten Gewalt vorsätzlich oder fahrlässig die ihnen einem Dritten gegenüber obliegenden Amtspflichten verletzen. Der Geschädigte kann sich in diesen Fällen nur an den Fiskus des betreffenden Landes, der Körperschaft oder des Reichs halten, nicht an den einzelnen Beamten. Diese Bestimmungen bilden eine große Erleichterung für die Geschädigten, da diese einmal nicht mehr nach dem betreffenden Beamten, der den Schaden verursacht hat, zu forschen brauchen und zweitens ihnen stets ein zahlungsfähiger Schuldner gegenübersteht. Ein Anspruch des Geschädigten gegen den Beamten selbst ist ausgeschlossen. Dagegen steht dem Reich, dem Lande oder der Körperschaft der Ersatzanspruch gegen den Beamten zu, durch dessen Handlung der Schaden entstanden ist. (Gutt. Slg. Nr. 94.)

Im übrigen sind nach Art. 77 EGBGB. die Vorschriften darüber, ob neben oder vor dem Beamten das Land oder die den Beamten anstellende Körperschaft haftet, der Landesgesetzgebung überlassen. In Bayern (AGBGB. 60, 61) haftet in allen Fällen das Land bezw. die anstellende Körperschaft, der Beamte hat diesen den Schaden zu ersetzen, ähnlich in Württemberg (AGBGB. 202—204) und in Baden (AGBGB. 5), nur daß dieses die Forderung des Geschädigten gegen den Beamten auf das Land übergehen läßt, wenn es den Geschädigten befriedigt. In Hessen haftet das Land neben dem Beamten wie ein Bürge. In Preußen ist die Haftung des Landes vor den Beamten durch das Gesetz vom 1. August 1909 (GS. S. 691) eingeführt worden, in gleicher Weise wie für Reichsbeamte im Reich. Die Verantwortlichkeit des Fiskus entfällt jedoch bei Beamten, die ausschließlich auf den Bezug von Gebühren angewiesen sind, z. B. den Notaren, sowie bei solchen Amtshandlungen an dem Beamten, für die sie eine besondere Vergütung von den Beteiligten zu beziehen haben. In Sachsen ist die Haftung des Staates gewohnheitsrechtlich anerkannt.

Soweit nach Landesgesetzen der Staat oder die Körperschaft für Amtspflichtverletzungen der Beamten haftet, kann die Landesgesetzgebung auch die Schadensersatzpflicht der Beamten ändern. Dies ist z. B. in Preußen geschehen, wo der Grundbuchbeamte nur für Vorsatz und grobe Fahrlässigkeit haftet. Ist der entstandene Schaden nicht durch das Verschulden des Beamten allein herbeigeführt, sondern hat dazu auch ein Verschulden des Geschädigten mitgewirkt, so kommen die für solchen Fall bestehenden Vorschriften zur Anwendung; siehe „Schadensersatz, allgemeine Bestimmungen über".

Etwas anderes ist es, wenn der Beamte, der den Schaden zugefügt hat, nicht in Ausübung der ihm anvertrauten öffentlichen Gewalt gehandelt, sondern Handlungen vorgenommen oder Unterlassungen begangen hat, die privatrechtlicher Natur sind; es hat z. B. ein vom Staat angestellter Baumeister einen Bau so mangelhaft ausgeführt, daß er eingestürzt ist und Menschen verletzt hat; oder es ist durch die Nachlässigkeit eines Beamten eine Grube auf einem städtischen Grundstück unbedeckt geblieben und dadurch ein Unglück herbeigeführt usw. In solchen Fällen haften der Staat oder das Reich (der Fiskus) sowohl, wie Gemeinden (Kommunalverbände) und sonstige Körperschaften und Anstalten des öffentlichen Rechts für jeden Schaden, der jemandem von einem Beamten durch eine in Ausführung der ihm zustehenden Verrichtungen begangene, zum Schadensersatz verpflichtende Handlung zugefügt ist (31, 89 BGB.). Diese Bestimmung bezieht sich aber nur auf Beamte, die als Mitglieder des Vorstandes oder als sonstige verfassungsmäßig berufene Vertreter den Staat oder die betreffende Kommune, Anstalt usw. repräsentieren, nicht auf bloße Angestellte, d. h. zu irgendwelchen Verrichtungen bestellte Personen. Inwieweit der Staat, die Gemeinde, die Körperschaft usw. für Handlungen oder Unterlassungen solcher Personen haften, darüber ist der Artikel „Schadensersatz wegen unerlaubter Handlung 4" zu vergleichen.

3. Für die Frage, ob dem Staate gegenüber einem Beamten, Geistlichen oder öffentlichen Lehrer ein Anspruch auf Schadensersatz wegen Verletzung der Amtspflicht zusteht, sind die Vorschriften der Landesgesetze maßgebend (EGBGB.; vgl. für Preußen G. v. 14. 5. 1914 (GS. S. 117).

Beamte, Erlaubnis zur Verheiratung s. Ehehindernisse 1 i; Abtretung von Besoldungen, Pensionen usw. s. Abtretung einer Forderung 1; Sachen, die ihnen nicht abgepfändet werden können, s. Pfändung in der Zwangsvollstreckung 1; Pfändung des Diensteinkommens, daselbst 2; Genehmigung zur Übernahme einer Vormundschaft s. Vormundschaft 2; Kündigungsfrist s. Kündigung; Aufrechnung gegen Gehaltsforderungen s. Aufrechnung.

Beanstandung der Ware s. Handelskauf 4; Beanstandung des Mangels einer Vollmacht s. Vertreter, Vertretung.

Bearbeitung von Waren, Übernahme von, s. Kaufmann; von Schriftwerken, Schutz der, s. Urheberrecht.

Beaufsichtigung des Vormundes durch den Familienrat s. Familienrat; vgl. auch: Aufsicht.

Beauftragter s. Auftrag — Vertreter, Vertretung — Vollmacht.

Bedingungen bei Rechtsgeschäften (158—162). Bedingte Rechtsgeschäfte kommen häufiger vor, als man meint. Sie sind nicht leicht zu deuten, zumal man sie oftmals nur schwer von gar nicht getätigten Geschäften unterscheiden kann. Wenn einer dem Verkäufer sagt: ich werde das kaufen, wenn ich Geld habe, so ist das meist keine bindende Abmachung, sondern ein leeres Versprechen; aber wenn einer sagt: Ich kaufe das, wenn es wirklich gut ist, so weiß man nicht, wieweit er sich selbst das Urteil darüber, ob die Ware „gut" ist, vorbehält, also sich nur bindet für den Fall, daß er eben „will". Aber es gibt auch echte bedingte Rechtsgeschäfte, bei denen über den Eintritt der Bedingung ein objektives Urteil möglich ist.

Wenn ein Rechtsgeschäft, ein Vertrag, unter einer aufschiebenden Bedingung vorgenommen (abgeschlossen) wird, so wird das Geschäft erst gültig, wenn die Bedingung eingetreten ist. Beispiel: Es kauft jemand eine Kücheneinrichtung unter der Bedingung, daß seine Tochter sich bis zu einem bestimmten Zeitpunkt verheiratet. Das Geschäft ist hier vorläufig in der Schwebe; es ist unsicher, ob der Kauf zustande kommen („perfekt") wird; erst, wenn der bestimmte Zeitpunkt herangekommen ist, ohne daß die Tochter geheiratet hat, ist die Unsicherheit zu Ende; das Geschäft ist nicht zustande gekommen. Heiratet indes die Tochter vor jenem Zeitpunkt, so ist mit diesem Augenblick der Kauf perfekt geworden. — Ist dagegen ein Geschäft unter einer auflösenden Bedingung vorgenommen, so ist das Geschäft vorläufig gültig und verbindlich; es verliert nur hinterher seine Gültigkeit, sobald die Bedingung eintritt. Beispiel: Ich miete zum 1. Jan. k. J. eine Wohnung mit der Bedingung, daß der Mietvertrag nicht gelten soll, wenn ich vorher meinen Wohnsitz verlege. Hier ist der Vertrag schon zustande gekommen, aber es ist unsicher, ob er gültig bleiben wird; verlege ich wirklich meinen Wohnsitz vor dem 1. Jan., so wird der Vertrag ungültig; kommt der 1. Jan. heran, ohne daß ich den Wohnsitz verlegt habe, so ist der Vertrag endgültig zustande gekommen. Die Bestimmungen, die das Gesetz des weiteren über Bedingungen enthält, sind im wesentlichen folgende: Sollen nach dem Inhalte des Rechtsgeschäfts die an den Eintritt der Bedingung geknüpften Folgen auf einen früheren Zeitpunkt zurückbezogen werden, so sind im Falle des Eintritts der Bedingung die Beteiligten verpflichtet, einander zu gewähren, was sie haben würden, wenn die Folgen in dem früheren Zeitpunkt eingetreten wären. Wer unter einer aufschiebenden Bedingung berechtigt ist, kann im Falle des Eintritts der Bedingung Schadensersatz von dem anderen Teile verlangen, wenn dieser während der Schwebezeit das von der Bedingung abhängige Recht durch sein Verschulden vereitelt oder beeinträchtigt. Den gleichen Anspruch hat unter denselben Voraussetzungen bei einem unter einer auflösenden Bedingung vorgenommenen Rechtsgeschäfte derjenige, zu dessen Gunsten der frühere Rechtszustand wieder eintritt. Wird der Eintritt der Bedingung von der Partei, zu deren Nachteil er gereichen würde, wider Treu und Glauben verhindert, so gilt die Bedingung als eingetreten. Wird der Eintritt der Bedingung von der Partei, zu deren Vorteil er gereicht, wider Treu und Glauben herbeigeführt, so gilt der Eintritt als nicht erfolgt.

Beeinträchtigungen des Eigentums s. Eigentumsansprüche; des Besitzes s. Besitz.

Beerbung eines Verstorbenen s. Erbschaft.

Beerdigungskosten sind Nachlaßverbindlichkeiten s. Nachlaßschulden 4; Beerdigungskosten eines unehelichen Kindes s. Uneheliche Kinder 2; der unehelichen Mutter s. daselbst 3; eines Getöteten s. Schadensersatz wegen unerlaubter Handlung 6 u. Haftpflicht usw. 4; eines Unterhaltsberechtigten s. Unterhaltspflicht usw. 4.

Beförderung von Personen und Gütern s. Kaufmann usw. 1, Frachtführer u. Haftpflicht der Eisenbahnen usw. 2.

Befreite Vormünder s. Vormund 9, 10.

Beglaubigung, öffentliche, s. Form der Rechtsgeschäfte 2; beglaubigte Abschriften oder Auszüge das. 4.

Begräbnis s. Beerdigung.

Begünstigung von Gläubigern durch den Schuldner s. Anfechtung von betrügerischen usw.

Behalten übersandter Waren s. Erfüllung von Schuldverhältnissen, Ansichtssendungen, Unbestellte Zusendungen.

Behinderung eines Vaters an der Ausübung der elterlichen Gewalt s. Eltern und Kinder 7; eines Vormunds s. Pflegschaft 1 a.

Beischlaf, außerehelicher, s. Außerehelicher Beischlaf.

Beistand der Mutter, Beistandschaft s. Mutter und Kind 3.

Belastungen einer Sache s. Dingliche Rechte.

Beleihung von Grundbesitz s. Hypothek, Grundschuld, Rentenschuld; von Schiffen s. Pfandrecht an Schiffen; von Hypotheken s. Pfandrecht an Rechten usw. 2; von Forderungen s. ebenda 2; von Rechten s. ebenda 1; von Wechseln, Orderpapieren, Inhaberpapieren s. ebenda 3; von sog. Legitimationspapieren (Sparkassenbüchern, Versicherungspolicen usw.) s. ebenda 3 a. Schl.; von beweglichen Sachen s. Pfand (Faustpfand).

Beleihungsgrenze s. Mündelgeld 5.

Beleuchtung von Hausfluren, Treppen, Höfen usw. s. „Öffentliche Sicherheit".

Beleuchtungsmittel, Pfändbarkeit derselben, s. Pfändung in der Zwangsvollstreckung 1.

Belohnung, öffentliches Versprechen einer, s. Auslobung.

Benachteiligung von Gläubigern durch den Schuldner s. Anfechtung von betrügerischen usw.

Berechtigungen s. Grunddienstbarkeiten u. Reallasten.

Bereicherung, ungerechtfertigte, s. Ungerechtfertigte Bereicherung.

Bergelohn s. Strandgut.

Bergrecht s. Mineralien.

Bergwerk, Unfälle in einem, s. Haftpflicht usw. 3.

Bergwerksbesitzer ist unter Umständen Kaufmann i. S. des Handelsgesetzbuchs s. Kaufmann usw. 1; Schadensersatzpflicht desselben s. Haftpflicht der Eisenbahnen usw. u. Schadensersatz, allgemeine Bestimmungen über.

Bergwerksgesellschaften s. Gesellschaft 1.

Berner Übereinkunft s. Urheberrecht.

Bernstein, Aneignung von, s. Aneignung herrenloser Sachen 2.

Beruf, Bestimmung des, s. Eltern und Kinder 4 u. Vormund 2.

Berufsbildung, Kosten der, Anrechnung bei der Erbteilung s. Ausgleichung unter Miterben.

Berufsvereine s. Vereine 1.

Berufung. (§§ 511—544 ZPO., Arbeitsger.-Ges. §§ 64, 65.) Um dem Publikum eine erhöhte Sicherheit zu geben, daß seine Ansprüche eine gerechte Behandlung durch die Gerichte erfahren, sowie ferner um etwaige Fehler des Gerichtes oder der Parteien in einem erneuten Verfahren wieder gut machen zu können, besteht in sämtlichen Prozessen die Möglichkeit durch Einlegung einer Berufung, die bereits entschiedene Sache noch einmal einer richterlichen Prüfung unterbreiten zu können. Nur in Bagatellsachen vor den Amtsgerichten, d. h. in Sachen, deren Streitwert RM. 50.— nicht übersteigt, und in arbeitsgerichtlichen Streitigkeiten bei einer Streitsumme unter RM. 300.— ist die Berufung versagt, es sei denn, daß in arbeitsgerichtlichen Streitigkeiten das Arbeitsgericht die Berufung wegen grundsätzlicher Bedeutung des Rechtsstreits für zulässig erklärt.

Durch die Einlegung der Berufung, die grundsätzlich durch einen Rechtsanwalt zu erfolgen hat, wird der Rechtsstreit vor ein neues Gericht gebracht. Die Einlegung der Berufung hat binnen einer Monatsfrist — in arbeitsgerichtlichen Streitigkeiten binnen 2 Wochen — nach Zustellung des Urteils, spätestens aber mit dem Ablauf von 5 Monaten nach der Verkündung zu geschehen, und zwar durch Einreichung der Berufungsschrift bei dem Berufungsgericht. Die Berufungsschrift muß enthalten die Bezeichnung des Urteils, gegen welches die Berufung gerichtet wird, sowie die Erklärung, daß gegen dieses Urteil Berufung eingelegt werde. Ferner ist die Berufungseinlegung binnen eines weiteren Monats — im arbeitsgerichtlichen Verfahren binnen 2 Wochen — zu begründen. Das Berufungsgericht hat von Amts wegen zu prüfen, ob die Berufung an sich statthaft und ob die Einlegung und Begründung in der gesetzlichen Frist und Form erfolgt ist. Mangelt es an einem dieser Erfordernisse, so ist die Berufung als unzulässig zu verwerfen; andernfalls ist Termin zur mündlichen Verhandlung von Amts wegen anzuberaumen.

Auch der Berufungsbeklagte kann sich der Berufung anschließen, dies selbst dann, wenn er bereits vorher auf die Berufung verzichtet hatte oder wenn die Berufungsfrist verstrichen ist. — Vor dem Berufungsgericht wird der Rechtsstreit von neuem verhandelt. Insbesondere können die Parteien Angriffs- und Verteidigungsmittel, welche in 1. Instanz nicht geltend gemacht worden sind, auch jetzt noch geltend machen. Es kann jedoch das Gericht diese zurückweisen, wenn durch ihre Zulassung die Erledigung des Rechtsstreits verzögert werden würde, oder nach Auffassung des Gerichts die Parteien sie infolge grober Nachlässigkeit oder um den Prozeß zu verschleppen, nicht früher vorgebracht haben. Das Berufungsgericht entscheidet selbständig, kann jedoch unter gewissen Umständen (vgl. § 538 ZPO.) den Rechtsstreit an das Gericht 1. Instanz zurückverweisen. — Durch Urteil in der Berufungsinstanz wird mit den Klagen, in denen in 1. Instanz die Amtsgerichte befaßt waren, die Sache endgültig abgeschlossen. Nur in Sachen, die ihren Ausgang vor dem Landgericht genommen haben, kann unter Umständen durch Revision eine dritte Instanz angerufen werden (vgl. Revision). (Wegen der Einzelheiten vgl. HdR. Bd. 1, Seite 634 f.)

Berufung zur Vormundschaft s. Vormund 1. Berufung zur Erbschaft s. Gesetzliche Erben.

Beschädigung durch Tiere s. Tiere u. Selbstverteidigung 2; durch Kinder, Hausangestellte usw. s. Schadensersatz wegen unerlaubter Handlung 4; der Mietwohnung s. Miete 4; von Sachen s. Schadensersatz wegen unerlaubter Handlung 1; zum Zwecke der Abwendung einer Gefahr s. Selbstverteidigung 2; eines Wertpapieres s. Schuldverschreibungen auf den Inhaber I 2; von Frachtgut s. Frachtführer.

Beschaffenheit von Waren, unrichtige Angaben über, s. Schwindelhafte Reklame 1.

Bescheinigung s. Zeugnis.

Beschlagnahme (Pfändung) von Forderungen s. Pfändung in der Zwangsvollstreckung 2; von Lohn Gehalt usw. s. Arbeits- oder Dienstlohn, Pfändung von u. Pfändung i. d. Zwangsvollstr. 2.

Beschränkte Geschäftsfähigkeit s. Geschäftsfähigkeit 2.

Beschränkte Haftung s. Gesellschaft mit beschränkter Haftung; der Erben s. Nachlaßschulden usw.

Beschränkte persönliche Dienstbarkeiten (1090 bis 1093). Es kann sich jemand eine „beschränkte persönliche Dienstbarkeit" an einem Grundstück (einem Hause, einem Garten, einem Feldgrundstück usw.) bestellen lassen. Er hat dann das Recht, das Grundstück in einzelnen Beziehungen (die in dem abzuschließenden Vertrage näher zu bestimmen sind) zu benutzen, z. B. zur Entnahme von Steinen, Sand usw., oder es steht ihm persönlich sonst gegen das Grundstück eine Befugnis zu, wie sie den Gegenstand einer Grunddienstbarkeit (s. d.) bilden könnte, z. B. das Recht, das Grundstück als Übergang zu benutzen, die Bebauung zu verbieten u. dgl. Von einer Grunddienstbarkeit unterscheidet sich ein solches Recht dadurch, daß es dem Berechtigten für seine Person, nicht dem Eigentümer eines bestimmten Grundstücks als solchem zusteht. Über die Bestellung (Begründung) einer solchen Dienstbarkeit siehe das unter „Dienstbarkeiten" Gesagte; es gelten sonst im allgemeinen die für Grunddienstbarkeiten gegebenen Vorschriften des Gesetzbuchs. Das Recht erlischt mit dem Ablauf der Zeit, für die es eingeräumt worden ist, spätestens mit dem Tode des Berechtigten; steht es einer juristischen Person (s. d.) zu, so erlischt es, wenn diese erlischt. Der Umfang des Rechts bestimmt sich, wenn nichts anderes ausgemacht ist, nach dem persönlichen Bedürfnis des Berechtigten für seinen Haushalt, seinen Geschäftsbetrieb usw. Das Recht kann von dem Berechtigten nicht an einen anderen abgetreten (verkauft usw.) werden. Auch die Ausübung des Rechts kann der Berechtigte nur mit Zustimmung des Eigentümers des verpflichteten Grundstücks oder, wenn es ihm vertragsmäßig gestattet ist, einem anderen überlassen. Eine Art der beschränkten persönlichen Dienstbarkeit ist das Wohnungsrecht (Wohnrecht); s. den besonderen Artikel.

Beschränkungen, gesetzliche, des Grundeigentums s. Grundeigentum 2.

Beschwerden gegen gerichtliche Verfügungen (FGG. 19ff. Gutt. Slg. Nr. 46). Gegen Verfügungen des Gerichts in Sachen der sog. freiwilligen Gerichtsbarkeit (wohin insbesondere Vormundschaftssachen, Familienrechtssachen, Nachlaßsachen, Handelssachen gehören) kann der, dessen Recht durch die Verfügung beeinträchtigt ist, eine Beschwerde bei dem vorgesetzten Landgericht erheben. Soweit eine Verfügung jedoch nur auf Antrag erlassen werden kann und der Antrag zurückgewiesen worden ist, steht die Beschwerde nur dem Antragsteller zu. Die Beschwerde kann beim Amtsgerichte, das die Verfügung erlassen hat, oder auch beim Landgericht eingelegt werden, und zwar sowohl schriftlich wie durch mündliche Erklärung zum Protokoll des Gerichtsschreibers des Amtsgerichts oder des Landgerichts. In den Fällen, wo nach den Bestimmungen des Gesetzes (FGG. 60) die Beschwerde als „sofortige Beschwerde" einzulegen ist, muß dies binnen einer Frist von zwei Wochen geschehen; sonst ist die Beschwerdeerhebung an keine Frist geknüpft. Gegen die Entscheidung des Landgerichts kann unter Umständen nochmals Beschwerde (die sog. „weitere Beschwerde") beim Oberlandesgericht eingelegt werden (FGG. 27ff.).

Ein unter elterlicher Gewalt stehendes Kind oder ein unter Vormundschaft stehendes Mündel, ausgenommen Geisteskranke und Kinder unter 14 Jahren, kann in allen seine Person betreffenden Angelegenheiten selbst, ohne Mitwirkung seines gesetzlichen Vertreters (Vaters, Vormundes usw.), Beschwerde erheben; ebenso in den Angelegenheiten, in denen das Mündel vor einer vom Gericht zu treffenden Entscheidung selbst gehört werden soll (FGG. 59).

Besicht, Kauf auf, s. Kauf nach Probe usw. 2.

Besichtigung einer Sache, Vorlegung zum Zwecke der, s. Vorlegung von Sachen; einer Mietwohnung durch den Vermieter oder durch Mietlustige, s. Miete, Vermietung 2.

Besitz (854—872). Besitz und Eigentum werden vielfach im Leben als gleichbedeutend angesehen; nach dem Gesetz sind es aber verschiedene Begriffe. Besitz ist das tatsächliche Verhältnis zu einer Sache, das gewollte Innehaben im Gegensatz zum rechtlichen Verhältnis zur Sache, der Berechtigung zum Innehaben. Der Besitz besteht, auch wenn dem Besitzer das Bewußtsein fehlt, daß er zum Besitz berechtigt ist, auch der Dieb besitzt die gestohlene Sache. Das BGB. kennt Besitz nur an Sachen nicht auch an Forderungen und anderen Rechten. Aus dem allgemeinen Begriff des Besitzes hebt das Gesetz einen Begriff besonders hervor, den Eigenbesitz (872). Eigenbesitzer ist, wer die Sache als ihm gehörend besitzt. Daß er dabei die Meinung hat, sie gehöre ihm, ist nicht erforderlich. Der Gegensatz zum Eigenbesitz ist, daß jemand eine Sache als eine fremde (z. B. als ihm geliehen oder in Aufbewahrung gegeben oder vermietet) besitzt. Der Eigenbesitz ist für einige Rechtsverhältnisse von Bedeutung, worüber am gehörigen Ort das Nötige bemerkt ist. Da im Besitz die Güterverteilung nach außen in Erscheinung tritt, so hat das Gesetz den Besitz, obgleich er an sich kein Recht ist, mit rechtlichen Bestimmungen umkleidet, die seinen Erwerb, Verlust und Schutz regeln.

1. Erwerb und Verlust des Besitzes. Der Besitz einer Sache wird erworben durch die Erlangung der tatsächlichen Gewalt über die Sache, selbst wenn der Erwerb ohne den Willen des Betreffenden geschieht (z. B. bei Kindern unter 7 Jahren und Geisteskranken, die keinen eigentlichen Willen im Rechtssinne haben können, oder wenn in Abwesenheit jemandes etwas in seiner Wohnung niedergelegt wird). Ist der bisherige Besitzer einverstanden, daß der Erwerber der Sache nun auch den Besitz haben soll, so hat der Erwerber den Besitz erworben, sobald er in der Lage ist, die Gewalt über die Sache auszuüben. Es gibt aber Fälle, in denen jemand die tatsächliche Gewalt über eine Sache nicht für sich, sondern für einen andern hat; der Dienstbote, der Verkäufer im Erwerbsgeschäft haben tatsächlich viele Sachen ihres Arbeitgebers in ihrer Gewalt, sie haben aber keinen Besitz an den Sachen, da sie den Besitz nicht für sich, sondern für den Arbeitgeber ausüben wollen (855). Diese Bestimmung gilt auch für alle ähnlichen Verhältnisse z. B. für Chausseur, der den Wagen seines Herrn fährt, für den Beamten in bezug auf dem Fiskus gehörige Sachen im Amtszimmer usw.

Der Besitz hört auf, wenn der Besitzer die tatsächliche Gewalt über die Sache aufgibt oder sie in anderer Weise verliert. Durch eine ihrer Natur nach nur vorübergehende Verhinderung in der Ausübung der Gewalt wird aber der Besitz nicht aufgehoben. Stirbt der Besitzer, so geht der Besitz auf seine Erben über, vorausgesetzt, daß nicht ein anderer den Besitz erwirbt

2. Schutz des Besitzes. Eigenhilfe. Wer Besitzer einer Sache ist, einerlei ob er Eigentümer ist oder sonst ein Recht auf den Besitz hat oder nicht, hat einen Anspruch darauf, daß er in seinem Besitze gegen unbefugte Entziehung oder Störung geschützt werde. Es ist eine widerrechtliche Handlung (verbotene Eigenmacht), wenn jemand einem Besitzer die Sache gegen seinen Willen wegnimmt oder ihn im Besitz stört. Es gibt nur zwei Ausnahmefälle, in denen dies zulässig ist, nämlich einmal den Fall, wo nach den allgemeinen Grundsätzen ausnahmsweise die Selbsthilfe gestattet ist (s. über die Voraussetzungen der „Selbsthilfe" den betr. Artikel), und sodann den gleich zu besprechenden Fall, wo der Besitzer den Besitz selbst durch verbotene Eigenmacht erlangt hat. Wer — von diesen beiden Ausnahmefällen abgesehen — vorsätzlich oder fahrlässig den Besitz eines anderen verletzt (ihm den Besitz entzieht oder ihn stört), handelt widerrechtlich und ist dem Besitzer nach den allgemeinen Grundsätzen über „unerlaubte Handlungen" zum Schadensersatz verpflichtet (s. „Schadensersatz wegen unerlaubter Handlung"). Gegen die eigenmächtige Besitzentziehung oder -störung gibt es aber, selbst dann, wenn sie nicht einmal vorsätzlich oder fahrlässig geschah, noch ein weiteres Abwehrmittel. Der Besitzer, auch wenn er zu Unrecht besitzt, darf sich der verbotenen Eigenmacht mit Gewalt erwehren, d. h. seinen Besitz gegen die beabsichtigte, aber noch nicht ausgeführte Besitzentziehung mit Gewalt verteidigen. Handelt es sich um eine bewegliche Sache und ist sie ihm bereits weggenommen, so darf er sie dem anderen mit Gewalt wieder abnehmen, wenn er ihn bei der Wegnahme auf frischer Tat betrifft oder verfolgt (später darf er das nicht mehr!). Ist ihm der Besitz eines Grundstücks entzogen, so ist er berechtigt, sofort nach der Wegnahme (später nicht mehr!) sich des Besitzes durch Entsetzung (gewaltsame Vertreibung, Herausschaffung) des Täters wieder zu bemächtigen. Er darf alle zur Erreichung dieses Zweckes (um sich wieder in Besitz der weggenommenen Sache oder des weggenommenen Grundstücks zu setzen) geeigneten und erforderlichen Mittel anwenden, sich auch der Hilfe anderer dabei bedienen; aber er darf andererseits in seinen Maßregeln nicht weitergehen, als jener Zweck es erfordert. Es sind dies besondere, über die Grenzen der sonst allgemein gestatteten Selbsthilfe noch hinausgehende Befugnisse, die demjenigen zustehen, dem der Besitz einer Sache oder eines Grundstückes widerrechtlich entzogen werden soll oder entzogen ist und die an die sonst bestehenden Voraussetzungen der Selbsthilfe (daß obrigkeitliche Hilfe nicht zu erlangen usw.) nicht geknüpft sind. Die vorbezeichneten Verteidigungs- und Selbsthilferechte stehen übrigens auch dem zu, der die tatsächliche Gewalt (den Besitz) nicht für sich, sondern für einen anderen, z. B. den Verpächter, Vermieter, ausübt, ja sogar dem, der sonst nach dem Gesetz gar nicht als Besitzer gilt, wie der Dienstbote, der Kutscher usw. in den oben unter 1 gedachten Fällen.

Besitzklagen. Hat aber der, dem der Besitz eigenmächtig entzogen ist, sich nicht selbst, im Wege der Eigenhilfe, wieder in den Besitz gesetzt, so kann er gegen den Täter auf Wiedereinräumung des Besitzes (Rückgabe der Sache, des Grundstücks) klagen, solange dieser den Besitz noch hat, vorausgesetzt, daß er nicht dem Beklagten selber vorher den Besitz eigenmächtig weggenommen hatte. Nur wenn zwischen dieser Wegnahme und der, auf die die Klage sich gründet, mehr als Jahresfrist verflossen ist, kann der Beklagte sich nicht mehr darauf berufen, daß ihm auch der Kläger den Besitz eigenmächtig entzogen habe. Wird dem Besitzer der Besitz nicht weggenommen, sondern er durch verbotene Eigenmacht bloß im Besitze gestört, was weniger bei beweglichen Sachen, als bei Grundstücken vorkommen wird (z. B. es geht jemand wider mein Gebot über meinen Acker oder stellt auf meinen Hof einen Wagen), so kann er von dem Störer die Beseitigung der Störung verlangen und darauf klagen (sog. Besitzstörungsklage). Sind weitere Störungen zu besorgen, so kann der Besitzer auf Unterlassung der künftigen Störung klagen. Der Beklagte kann sich auf dieselben Einwendungen berufen, die eben bei der Klage auf Wiedereinräumung des Besitzes besprochen sind. Gegen andere Personen als die, die ihm den Besitz eigenmächtig entzogen haben, hat er die vorgedachten Besitzklagen nicht. Der Kläger kann mit der Besitzklage die Klage aus dem Recht verbinden, d. h. das Recht geltend machen, aus dem er besitzt, z. B. das Eigentum, Pachtrecht an der Sache, was für den Fall wichtig ist, daß der Kläger mit der Besitzklage nicht durchdringt. Der Beklagte kann seinerseits, wenn er der Besitzklage gegenüber behaupten will, daß er ein Recht auf den Besitz der Sache habe (daß sie z. B. sein Eigentum sei, daß er ein Pfandrecht an ihr habe usw.), dieses Recht im Wege einer Widerklage, nicht aber im Wege einer Einrede, gegen die Klage geltend machen. Die Ansprüche aus verletztem Besitz erlöschen mit dem Ablauf eines Jahres seit der Verübung der verbotenen Eigenmacht, wenn nicht vorher der Anspruch im Wege der Klage geltend gemacht wird; weiteres siehe im § 864 des BGB. Der Besitzschutz steht auch demjenigen zu, der einen Teil einer Sache besitzt, insbesondere abgesonderte Räume eines Gebäudes. Miteigentümer haben gegeneinander nur soweit Besitzschutz, als es sich um den dem Einzelnen zustehenden Gebrauch handelt (BGB. 865, 866). Wegen Betretens fremder Grundstücke zur Aufsuchung abhanden gekommener Sachen s. BGB. 867.

Mittelbare Besitzer. Eine besondere Vorschrift war noch nötig, um festzustellen, wer eigentlich als der „Besitzer" anzusehen ist, wenn jemand eine Sache als Nießbraucher, Pfandgläubiger, Pächter, Mieter, Verwahrer oder in einem ähnlichen Verhältnis in Händen (unter sich) hat. In allen diesen Fällen ist der tatsächliche Inhaber der Sache (der Nießbraucher, Pächter usw.) infolge des betreffenden Rechtsverhältnisses (solange dieses dauert) nicht nur zum Besitze berechtigt, sondern unter Umständen sogar verpflichtet; er ist also Besitzer im Sinne des Gesetzes und ihm stehen bei Entziehung oder Störung des Besitzes die vorerörterten Rechte zu; aber das Gesetz bestimmt, daß auch der andere, von dem der Nießbraucher, Pfandgläubiger, Pächter usw. die Sache zur Ausübung seines Rechtes hat, als Besitzer anzusehen ist; dieser ist sog „mittelbarer Besitzer". Auch diese Personen sind (als mittelbare Besitzer) zur Geltendmachung der vorgedachten Besitzklagen befugt, wenn gegen den tatsächlichen Inhaber der Sache (den Nießbraucher usw.) verbotene Eigenmacht verübt wird (868—871).

3. Eigentumsvermutung. Der Besitz einer Sache gewährt übrigens noch einige weitere Vorteile. Wer den Besitz einer Sache hat, hat regelmäßig auch die rechtliche Vermutung für sich, daß ihm die Sache auch zu Eigentum gehört. Er braucht bei einer Klage auf Herausgabe der Sache gegen einen Besitzer, der beim Erwerbe des Besitzes nicht in gutem Glauben war (unter Umständen sogar auch gegen einen gutgläubigen Besitzer), nicht den schwierigen Eigentumsbeweis zu führen, sondern kann seinen Anspruch lediglich darauf stützen, daß er die Sache in Besitz gehabt habe. Näheres s. „Eigentumsansprüche 2".

Besitz einer beweglichen Sache begründet Vermutung des Eigentums s. Eigentumsansprüche 2.

Besitzklagen, Besitzprozeß s. Besitz 2.

Besitzschutz s. Besitz.

Besitzstörung, Besitzstörungsklage s. Eigentumsansprüche usw. 1 u. Besitz 2.

Besoldung, Abtretbarkeit der Ansprüche auf, s. Abtretung einer Forderung 1; Nichtpfändbarkeit derselben s. Pfändung in der Zwangsvollstreckung 2; Aufrechnung gegen, s. Aufrechnung.

Besorgung von Geschäften s. Auftrag; Besorgung von Geschäften ohne Auftrag s. Geschäftsführung ohne Auftrag.

Besserungsanstalt s. Vormund 2 u. Eltern und Kinder 5.

Bestandteile einer Sache (93—96). Körperliche Sachen können sich aus verschiedenen Teilen (Bestandteilen) zusammensetzen, die zusammen eben die Sache ausmachen, aber auch allein (für sich) gedacht werden können; ein Haus z. B. besteht aus Steinen, Balken, Türen usw., ein Tisch aus der Platte und den Beinen usw. Bestandteile im gesetzlichen Sinne sind (RG.) diejenigen Sachen, die entweder von Natur eine Einheit bilden oder durch Verbindung miteinander ihre Selbständigkeit dergestalt verloren haben, daß sie fortan, solange die Verbindung dauert, als ein Ganzes, als eine einheitliche Sache erscheinen. Ob die Verbindung eine mehr oder weniger feste oder eine lose ist (z. B. Fenster, die bloß eingehängt werden), ist bedeutungslos. Das Gesetz hebt nun aus den Bestandteilen eine Gruppe aus wirtschaftlichen Gründen besonders heraus, die es als „wesentliche Bestandteile" bezeichnet. Wesentliche Bestandteile sind solche, die „nicht voneinander getrennt werden können, ohne daß der eine oder der andere Teil zerstört oder in seinem Wesen verändert wird". Für solche Bestandteile gilt der Satz, daß sie stets das (rechtliche) Schicksal der Hauptsache teilen und nicht Gegenstand besonderer Rechte (d. h. dinglicher Rechte an der Sache) sein können. Persönliche (obligatorische) Rechte können auch an einem wesentlichen Bestandteil einer Sache stattfinden; es kann z. B. ein Teil eines Gebäudes, der wesentlicher Bestandteil des Gebäudes ist, vermietet werden. Werden z. B. Sachen, die bisher Gegenstand besonderer Rechte waren, derart in eine andere Sache eingefügt, daß sie wesentlicher Bestandteil davon werden, so erlöschen die bisherigen Rechte daran. — Zu den wesentlichen Bestandteilen eines Grundstücks gehören nach besonderer Bestimmung des Gesetzes, obwohl obige allgemeine Begriffsbestimmung hier nicht immer zutrifft, die mit dem Grund und Boden festverbundenen Sachen, insbesondere Gebäude, aber auch z. B. ein Zaun, eine Fahnenstange sowie die Erzeugnisse (s. d.) eines Grundstücks, solange sie mit dem Boden zusammenhängen. Samen wird mit dem Aussäen, eine Pflanze wird mit dem Einpflanzen wesentlicher Bestandteil des betreffenden Grundstücks. Zu den wesentlichen Bestandteilen eines Gebäudes gehören nach ausdrücklicher Bestimmung des Gesetzes die zur Herstellung des Gebäudes eingefügten Sachen, also insbesondere die zum Bau verwandten Materialien, ferner Türen Fenster, Läden usw. Es können dazu auch beispielsweise Badeeinrichtungen gehören, die mit den Wasserleitungsröhren des Gebäudes verbunden sind, wenn nämlich das Haus durch Entfernung der Einrichtung in seinem Wesen als herrschaftliches Mietshaus verändert werden würde (RG.). Es kommt hier auf die größere oder geringere Festigkeit der Verbindung nicht an. Was als zur Herstellung eines Gebäudes besonderer Art, z. B. eines Fabrikgebäudes, gehörend anzusehen ist, kann nur nach Lage des Einzelfalles beurteilt werden (RG.). Außer den für jeden Fabrikbetrieb erforderlichen, mit dem Gebäude verbundenen Anlagen (Beleuchtungsanlage, treibende Kraft) gehören zu den zur Herstellung eingefügten Sachen die Maschinen, durch deren Einfügung das Gebäude ein bestimmtes Gepräge, das Gepräge eines bestimmten Fabrikbetriebes, erhält (RG.). — Aber auch ohne mit dem Boden fest verbunden oder in ein Gebäude eingebaut zu sein, kann eine bewegliche Sache nach der allgemeinen Begriffsbestimmung als wesentlicher Bestandteil eines Grundstücks anzusehen sein, z. B. nach Umständen (RG.) eine mit einer Holzwarenfabrik versehene Lokomobile.

Zu den Bestandteilen eines Grundstücks gehören aber solche Sachen nicht, die nur zu einem vorübergehenden Zwecke mit dem Grund und Boden verbunden sind, z. B. eine Bauhütte, die nur zum Zwecke des Baues errichtet ist, Gebäude, die vom Pächter auf dem gepachteten Grundstück errichtet werden (RG.), eine Schaubude, eine Tribüne, ferner die zum Verkauf bestimmten Bäume einer Baumschule, Pflanzen einer Gärtnerei u. dgl. Diese Sachen gehören also zu den beweglichen Sachen. Das gleiche gilt von einem Gebäude oder anderen Werke, das in Ausübung eines (dinglichen) Rechtes an einem fremden Grundstücke von dem Berechtigten mit dem Grundstücke verbunden worden ist, z. B. wenn ein zum Wasserbezuge Berechtigter eine Wasserleitung über das fremde Grundstück anlegt. Endlich bestimmt das Gesetz, daß Rechte, die mit dem Eigentum an einem Grundstücke verbunden sind (z. B. eine Dienstbarkeit, unter Umständen auch eine Reallastberechtigung usw.) als Bestandteile des Grundstücks gelten.

Über die Rechtsveränderungen, welche eintreten, wenn eine bewegliche Sache des einen Eigentümers mit einem Grundstück oder einer beweglichen Sache eines anderen Eigentümers dergestalt verbunden wird, daß die verbundene Sache wesentlicher Bestandteil des Grundstücks oder der durch die Verbindung geschaffenen neuen Sache wird, und über die Rechtsfolgen, die sich aus diesen Eigentumsveränderungen ergeben, siehe den Artikel „Verbindung usw.".

Nicht wesentliche Bestandteile können Gegenstand besonderer Rechte sein und bleiben, z. B. kann ein Ackerstück, Waldstück eines Bauerngutes mit einer besondern Hypothek belastet werden. Ein Grundstück kann durch den Willen des Eigentümers Bestandteil eines anderen Grundstücks werden, indem es auf seinen Antrag im Grundbuch dem letzteren Grundstück (dem Hauptgrundstück) als Bestandteil ausdrücklich zugeschrieben oder mit dem anderen Grundstück vereinigt wird, so daß fortan beide früheren Einzelgrundstücke Bestandteile des neuen (Gesamt-)Grundstücks bilden. Die bisher auf den Grundstücken eingetragenen dinglichen Rechte, z. B. Hypotheken, bleiben bestehen. Wird das eine Grundstück dem anderen als Bestandteil zugeschrieben, so erstrecken sich die Hypotheken, die auf dem Hauptgrundstück lasten, auch auf das zugeschriebene Grundstück. Neueingetragene Lasten ergreifen das ganze Grundstück (BGB. 890; GBO. 5).

Etwas anderes als ein Bestandteil einer Sache ist das Zubehör einer Sache; siehe darüber den besonderen Artikel.

Bestattung, Sachen für eine, Nichtpfändbarkeit derselben, s. Pfändung in der Zwangsvollstreckung 1.

Besteller s. Werkvertrag.

Bestellung des Vormundes s. Vormundschaft 2; Bestellung, falsche, eines Boten s. Irrtum.

Bestellungskosten, Ersatz bei der Pacht, s. Pacht 4.

Betreten eines Nachbargrundstücks s. Grundeigentum 2 a. Schl.; einer Mietwohnung s. Miete usw. 2.

Betrieb eines Geschäfts durch die Frau s. Vorbehaltsgut 1 b u. Erwerbsgeschäfte von Frauen; Betrieb, selbständiger, eines Minderjährigen s. Geschäftsfähigkeit 2; kaufmännischer s. Kaufmann usw.

Betriebsgeheimnisse, Verrat oder widerrechtliche Aneignung von, s. Geschäfts- und Betriebsgeheimnisse usw.

Betriebsunternehmer, Haftung für Unfälle s. Haftpflicht usw.

Betrug s. Täuschungen und Drohungen. Vgl. auch: Wucher.

Betrüger, Haftung des, s. Schadensersatz wegen unerlaubter Handlung 8.

Betrügerische Rechtshandlungen eines Schuldners s. Anfechtung betrügerischer usw.

Betrunkenheit, Begehung einer unerlaubten Handlung in der, s. Schadensersatz wegen unerlaubter Handlung 4; Einfluß auf die Geschäftsfähigkeit s. Geschäftsfähigkeit 4.

Betten, Pfändbarkeit derselben, s. Pfändung in der Zwangsvollstreckung 1.

Beurkundung eines Vertrages s. Vertrag, Vertragsantrag usw. 1; Beurkundung, gerichtliche oder notarielle, s. Form der Rechtsgeschäfte 2.

Bevollmächtigter, kaufmännischer, s. Prokura und Handlungsvollmacht; Bevollmächtigter, Befugnis zur Vertretung des Vollmachtgebers s. Vertreter, Vertretung; Geschäfte eines Bevollmächtigten mit **sich** selbst s. Vertreter, Vertretung 3. Vgl. auch **Vollmacht** u. Auftrag.

Bewässerung s. Wasserrecht.

Bewegliche Sachen. Eigentumserwerb an (929 bis 936). Zur Übertragung des Eigentums an einer beweglichen Sache genügt es nicht, daß die Beteiligten einen Vertrag, z. B. Kaufvertrag, Schenkungsvertrag, abschließen. Das Gesetz verlangt dazu auch die Übergabe, d. h. die Einigung, wonach der bisherige Eigentümer die tatsächliche Gewalt zugunsten des Erwerbers aufgibt, und sein Wille, die tatsächliche Gewalt nunmehr als Eigentümer auszuüben. Vorher besteht nur ein Anspruch des Erwerbers an den Eigentümer auf Übergabe. Diese Einigung bedarf keiner wörtlichen Erklärung, sie wird meistenteils durch konkludente Handlungen vollzogen, z. B. Übergabe der Ware im Verkaufsraum, Zusendung der bestellten Ware und Annahme von der anderen Seite. Hat der Erwerber die Sache bereits in Besitz, so genügt die Einigung über den Eigentumsübergang, z. B. wenn der Mieter einer landwirtschaftlichen Maschine mit dem Eigentümer einen Kaufvertrag abschließt und beide Teile darüber einig sind, daß er sie nunmehr nicht zurückgibt. Die Übergabe kann ersetzt werden, wenn die veräußerte Sache in Besitz des bisherigen Eigentümers verbleiben soll, durch Vereinbarung eines Rechtsverhältnisses, das den Veräußerer zum Besitz berechtigt, z. B. Vereinbarung eines Mietvertrages — der häufigste Fall ist der des Sicherungskaufes, s. unter Sicherstellung der Forderung — ferner wenn ein Dritter, z. B. Verwahrer sich im Besitz der Sache befindet, durch Abtretung des Herausgabeanspruches und schließlich in einem besonderen Falle bei Veräußerung von Seeschiffen, durch Vereinbarung des sofortigen Eigentumsüberganges (HGB. § 474). Über Eigentumsvorbehalt s. Kauf Nr. 11.

Wenn der Erwerber in gutem Glauben daran ist, daß der andere zur Veräußerung der Sache berechtigt sei, so erwirbt er in der Regel auch das Eigentum an der ihm zu Eigentum übergebenen Sache, selbst dann, wenn diese dem Übergeber gar nicht gehörte oder er sonst zur Veräußerung nicht berechtigt war; wenn er jedoch **wußte** oder bei Anwendung der im Verkehr nötigen Sorgfalt hätte wissen müssen, daß die Sache jenem nicht gehörte, erwirbt er das Eigentum nicht. Wer von jemandem eine Sache kauft, von der er sich den Umständen nach sagen muß, daß der Verkäufer wahrscheinlich nicht Eigentümer ist, begeht eine grobe Fahrlässigkeit, die zur Folge hat, daß der wahre Eigentümer ihm die Sache wieder abstreiten kann. Das Vorgesagte erleidet aber eine Einschränkung bei Sachen, die dem Eigentümer oder jemandem, der sie für ihn als Nießbraucher, Pächter usw. in Besitz hatte, gestohlen, verlorengegangen oder sonst abhanden gekommen sind; solche Sachen werden selbst dann nicht Eigentum des Erwerbers, wenn dieser in gutem Glauben war, als er sie erwarb, also weder wußte, noch auch nach den Umständen irgendwie annehmen konnte, daß sie abhanden gekommen waren. Abhanden gekommen sind die Sachen, wenn der Eigentümer ohne seinen Willen den Besitz verloren hat, z. B. wenn ein Kraftwagenführer, der seinen Dienst heimlich verlassen will, das Auto des Dienstherrn irgendwo stehen läßt. Solche Sachen muß der Erwerber also dem wirklichen Eigentümer ohne Entschädigung herausgeben und kann sich wegen seines etwaigen Verlustes nur an den Verkäufer usw. halten. Aber auch von dieser Vorschrift ist wiederum im Interesse des Verkehrs eine Ausnahme gemacht: wer Geld (Metall- oder Papiergeld) oder Inhaberpapiere oder wer Sachen in öffentlicher Versteigerung gekauft oder sonst erworben hat, erwirbt stets das Eigentum, wenn er bei dem Erwerbe in gutem Glauben war, selbst wenn dem Eigentümer oder seinem Vertreter die Sachen gestohlen, verloren oder sonst abhanden gekommen waren (935). (Über den Ankauf eines gestohlenen Wertpapiers durch einen Bankier s. aber „Handelsgeschäfte 2".) Über den Fall, wenn eine veräußerte Sache mit dem Rechte eines anderen belastet war, muß auf den § 936 BGB. verwiesen werden. Über den Eigentumserwerb an beweglichen Sachen durch Ersitzung siehe unter „Ersitzung"; über Aneignung herrenloser Sachen siehe unter „Aneignung".

Das Vorgesagte bezieht sich nicht auf den Erwerb des Eigentums an beweglichen Sachen im Wege der Erbfolge (der Erbschaft; siehe das.). Der Erbe, aber nicht der Vermächtnisnehmer, erwirbt ohne weiteres das Eigentum an allen Sachen, die zum Nachlaß (zur Erbschaft) gehören, ohne daß eine Übergabe oder eine Inbesitznahme erforderlich wäre, und kann gegen andere auf Herausgabe dieser Sachen klagen; s. „Erbschaftsklage".

Bewegliche Sachen, Eigentumserwerb durch Ersitzung s. Ersitzung 1; Bewegliche Sachen, Veräußerung durch einen Vormund s. Vormund 3; Bewegliche Sachen, Eigentumserwerb bei Kaufleuten s. Handelsgeschäfte 2. Siehe auch: Bestandteile.

Beweis des Eigentums s. Eigentumsansprüche 2.

Beweisurkunden, Herausgabe bei Zession einer Forderung, s. Abtretung einer Forderung 2; beim Kaufe s. Kauf und Verkauf 3.

Bewerbung um einen ausgesetzten Preis s. Auslobung.

Bewußtlosigkeit bei Eingehung einer Ehe s. Ehehindernisse 2a; Bewußtlosigkeit, keine Haftung für Vorsatz und Fahrlässigkeit, s. Vertretung von Vorsatz usw.

Bezugsquellen, Verrat usw. von, s. Geschäfts-

und Betriebsgeheimnisse; falsche Angaben über, s. Schwindelhafte Reklame 1.

Bezugsscheine, Verkauf derselben auf Abzahlung verboten, s. Abzahlung usw. 2.

Bienenschwärme s. Aneignung usw. 2.

Bierlieferungsvertrag. Der Bezug von Bier seitens der Gastwirte von den Brauereien ist zunächst ein Kaufvertrag. Eine besondere Stellung nimmt dieser Kaufvertrag jedoch nicht nur deshalb ein, weil regelmäßig nicht nur eine einmalige Leistung verkauft wird, es sich vielmehr um einzelne Teilleistungen handelt (Sukzessivlieferungsvertrag), sondern weil mit diesem Kaufvertrage in der Regel weitere Verpflichtungen verbunden sind. Diese Verpflichtungen können darin bestehen, daß z. B. aus Anlaß des Bierabnahmevertrages die Brauerei dem Abnehmer, d. h. dem Gastwirt, ein Grundstück zu Eigentum oder zur Pacht überläßt, daß die Brauerei sich verpflichtet, regelmäßig Eis zu liefern, daß dem Wirt eine Gastwirtschaft bzw. das Mobiliar für eine solche überlassen wird, insbesondere aber, daß bei Abschluß des Vertrages dem Gastwirt ein Darlehen gewährt wird. Erst durch diese hinzukommenden Abmachungen entsteht der Bierlieferungsvertrag in seiner Eigenart. Wichtig ist die Frage, ob diese Verpflichtungen selbständig neben dem Kaufvertrage bestehen, ob es Nebenverpflichtungen zu diesem Kaufvertrage sind, oder ob sie sogar zu einem Teil des Vertrages geworden sind, so daß also ein einheitlicher Vertrag vorliegt. Es kommt dies stets auf die Vertragsabfassung sowie die Einzelheiten des Vertrages an. Enthält der Bierlieferungsvertrag gleichzeitig die Überlassung eines Grundstücks, so empfiehlt es sich vorsichtshalber nicht nur die Abmachungen hinsichtlich des Grundstücks notariell zu beurkunden, sondern auch die Bierlieferungsverpflichtung, da die Gefahr besteht, daß beide Verpflichtungen als Ergebnis eines einheitlichen Vertrages aufgefaßt werden, und da der Teil der Bierabnahme nicht notariell beurkundet ist, der gesamte Vertrag nichtig ist. Auf die Frage, inwieweit die Verletzung einzelner Verpflichtungen, z. B. Nichtbelieferung mit Eis, der Gegenpartei Rechte gewähren, kann hier nicht eingegangen werden, da dies, wie bereits oben angedeutet, auf die Einzelheiten des Sachverhaltes genau ankommt. Bemerkt werden kann hier nur, daß die Abnahme-Verpflichtung des Bieres nicht dadurch zum Erlöschen gebracht werden kann, daß der Abnehmer grundlos die Wirtschaft aufgibt oder an einen Dritten unter Verschweigung des Sachverhalts verkauft. — Ist ein Darlehen gegeben, so wird die Rückzahlung desselben in der Form erfolgen, daß jeweils mit der Abnahme eines gewissen Quantums Bier ein entsprechender Teil des Darlehens zurückzuzahlen ist. — Die Erfüllung der einzelnen vertraglichen Abmachungen kann durch Vertragsstrafe gesichert werden.

Biermarken s. Schuldverschreibungen a. d. Inhaber I 5.

Bieter s. Versteigerung.

Bigamie s. Doppelheirat.

Bilanz s. Handelsbücher; Verrat oder widerrechtliche Aneignung einer, s. Geschäfts- und Betriebsgeheimnisse usw.

Bildende Künste, Werke der, Schutz s. Urheberrecht.

Binnengewässer, Frachtgeschäft auf, s. Frachtführer 2.

Blankett, Blankounterschrift s. Form der Rechtsgeschäfte 1.

Blinde. Ein Blinder, der seine Angelegenheiten nicht zu besorgen vermag, kann einen Pfleger erhalten für seine gesamten Angelegenheiten. Kann er nur einzelne seiner Angelegenheiten nicht besorgen, seien es persönliche oder vermögensrechtliche, so kann ihm auch für diese einzelnen Angelegenheiten ein Pfleger bestellt werden. Die Anordnung der Pflegschaft ist nur mit Genehmigung des Blinden zulässig (1910). Der Blinde verliert durch die Anordnung der Pflegschaft seine Geschäftsfähigkeit nicht. Soweit er also Rechtsgeschäfte selbst abschließt, sind sie gültig (s. auch Pflegschaft). Der Umfang der Pflegschaft muß sich aus der dem Pfleger erteilten Bestallung ergeben. Soweit der Blinde einen Pfleger zur Besorgung seiner sämtlichen Angelegenheiten erhält, wird er in bezug auf das eheliche Güterrecht und die Fähigkeit, Vormund, Pfleger, Beistand oder Testamentsvollstrecker zu sein, wie ein Geschäftsunfähiger behandelt (s. dort). Die Anordnung hat auch das Ruhen der elterlichen Gewalt, wenn er Vater ist, zur Folge (1676).

Für mündliche und schriftliche Willenserklärungen des Blinden gilt nichts Besonderes, auch nicht für die Beglaubigung seiner Unterschrift oder seines Handzeichens durch den zur Beglaubigung berufenen Beamten. Für die Aufnahme einer öffentlichen Urkunde durch den Richter oder Notar bedarf es der Zuziehung eines Urkundsbeamten, eines zweiten Notars oder zweier Zeugen und der Feststellung des beurkundenden Beamten, daß der Beteiligte blind ist. Kann der Blinde auch nicht schreiben, so ist auch diese Feststellung im Protokoll zu treffen (s. Form der Rechtsgeschäfte). Ein eigenhändiges Testament kann ein Blinder nicht errichten (2247), ein öffentliches Testament nur durch mündliche Erklärung (2238 Abs. 2) (s. Testament).

Bodmereibrief s. Handelsgeschäfte 1.

Bösliche Verlassung s. Ehescheidung 1 c.

Bote, Botenfrau s. Frachtführer.

Brandkassenbeiträge s. Lasten. Siehe auch Versicherung.

Brandschaden, Auszahlung des, s. Versicherungsgelder usw.

Brauerei als landwirtschaftliches Nebengewerbe, s. Land- und Forstwirte als Kaufleute.

Braut, Ansprüche derselben bei Aufhebung des Verlöbnisses s. Verlöbnis; Entschädigungsanspruch bei Geschlechtsverkehr s. daselbst.

Brautgeschenke nach aufgehobenem Verlöbnis s. Verlöbnis 2; Brautgeschenke nach erfolgter Ehescheidung s. Ehescheidung 3.

Brautkinder. Ein uneheliches Kind, das im Brautstande seiner Eltern erzeugt ist, hat gesetzlich keine andere Stellung und keine anderen Rechte als uneheliche Kinder überhaupt (s. „Uneheliche Kinder"). Brautkinder sind nicht immer unehelich; haben die Eltern sich hinterher geheiratet und wird das Kind nach der Hochzeit geboren, so ist es ein ehelich geborenes Kind, wenn ihm nicht etwa die Ehelichkeit vom Vater in der gesetzlich vorgeschriebenen Weise bestritten wird; geschieht dies, so kommt es auf die Beweisführung im Prozesse an, ob das Kind als eheliches oder als uneheliches zu gelten hat; näheres s. „Ehelichkeit eines Kindes 1". Ist das im Brautstande erzeugte Kind vor der Hochzeit der Eltern geboren, so ist es zwar zunächst (bei der Geburt) unehelich; es wird aber ehelich durch die nachfolgende Heirat der Eltern; s. „Legitimation unehelicher Kinder 1".

Brautleute, Schließung eines Ehevertrages, s. Eingebrachtes Gut der Frau 1. Vgl. auch Ehehindernisse u. Verlobte.

Brautstand s. Verlöbnis u. Braut.

Brennerei als landwirtschaftliches Nebengewerbe s. Land- und Forstwirte als Kaufleute.

Briefe. Mancherlei Rechtsfragen sind bei Briefen zu beachten. In erster Linie das Briefgeheimnis; dies wird von der RVerf. Art. 117 festgelegt: „Das Briefgeheimnis sowie das Post-, Telegraphen- und Fernsprechgeheimnis sind unverletzlich. Ausnahmen können nur durch Reichsgesetz zugelassen werden" (Gutt. Slg. Nr. 137). Entsprechend bestimmt das Postgesetz vom 28. 10. 71 (Gutt. Slg. Nr. 7) § 5: „Das Briefgeheimnis ist unverletzlich. Die bei strafgerichtlichen Untersuchungen und in Konkurs- und zivilprozessualischen Fällen notwendigen Ausnahmen sind durch ein Reichsgesetz festzustellen". Nach § 37 der Postordnung dürfen Postbeamte Drucksachen, Warenproben u. dgl. öffnen und einsehen, aber nicht Briefe; letzteres nur im Falle der Unbestellbarkeit, um den Absender zu ermitteln (§ 48 PO.). Durchbrechungen des Briefgeheimnisses sind vorgesehen: im Interesse der Zollerhebung (§ 91 ZollG. usw.), im Konkursverfahren (KO. § 121, Gutt. Slg. Nr. 13), im Strafverfahren (StPO. §§ 99 ff., Gutt. Slg. Nr. 12). Weitere berechtigte „Verletzungen" des Briefgeheimnisses ergeben sich aus der Erziehungsgewalt der Eltern, der Leiter von Internaten, aus dem Überwachungsrecht der Leiter von Irrenanstalten und Gefängnissen. Dem Ehemann steht nicht ohne weiteres das Recht zu, Briefe seiner Frau oder an seine Frau zu öffnen (vgl. Art. Briefgeheimnis im HdR. I 811). Unberechtigtes Öffnen von Briefen ist auf Antrag strafbar (StGB. § 299). Etwas anderes ist der Geheimnisverrat, der im Wege der Kenntnisnahme fremder Briefe betrieben wird (§ 300 StGB., § 17 UnlWettbG.). Strafbare Handlungen können auch durch Briefe begangen werden (z. B. Beleidigung, üble Nachrede, Geheimnisverrat).

An Briefen besteht ferner ein Persönlichkeitsschutz, der urheberrechtlicher Art sein kann, so daß nicht ohne Erlaubnis des Schreibers oder Empfängers Briefe — oder Teile daraus — abgedruckt und veröffentlicht werden dürfen. Der Urheberrechtsschutz erlischt 30 Jahre nach dem Tode des Verfassers der Briefe.

Brieflicher Abschluß von Verträgen ist selbstverständlich genau so möglich, wie durch eine gestempelte förmliche Urkunde, s. Form der Rechtsgeschäfte. Der Kaufmann muß seinen Briefwechsel eine bestimmte Zeitlang aufbewahren, s. Handelsbücher. Über Rückgabe von Briefen bei Auflösung des Verlöbnisses s. Verlöbnis.

Briefhypothek s. Hypothek im Eingange.

Brillen, Nichtpfändbarkeit derselben, s. Pfändung in der Zwangsvollstreckung 1.

Bringschuld und Holschuld. Es ist häufig unter den Beteiligten Streit darüber, ob der Schuldner sein Geld oder die sonstige Leistung, die er zu machen hat, dem Gläubiger nach seiner Wohnung oder nach seinem Wohnort bringen oder senden oder ob der Gläubiger das ihm Gebührende vom Schuldner abholen muß. Es kommt darauf an, wo nach dem betreffenden Schuldverhältnis der Schuldner die ihm obliegende Verpflichtung (Zahlung oder sonstige Leistung) zu erfüllen hat. Hierüber vgl. „Leistungen, allgemeine Vorschriften über" 5; die Frage ist darnach nicht in allen Fällen ganz einfach zu beantworten. Für Geldschulden hat aber das Gesetz die besondere Bestimmung getroffen, daß Geld stets (mag auch sonst der Leistungsort für den Schuldner sein, wo er will) dem Gläubiger „an dessen Wohnsitz zu übermitteln" ist (270); der Schuldner, der Geld zu zahlen hat, muß es also dem Gläubiger bringen oder (auf seine Kosten) senden. Die Geldschuld ist, wie man es wohl nennt, eine Bringschuld, keine Holschuld; vorausgesetzt aber immer, daß nichts anderes zwischen den Beteiligten ausgemacht oder nach den Umständen des Falles als vereinbart anzusehen ist. Vergleiche wegen des Näheren den obenbezeichneten Artikel.

Bruch des Eheversprechens s. Verlöbnis; Unfall in einem Bruche s. Haftpflicht usw. 3.

Bruchteil eines Vermögens s. künftiges Vermögen, Verträge über; Bruchteil, Übertragung eines, s. Vermögensübertragung; Bruchteil von Eigentum s. Miteigentum u. Gemeinschaft.

Brunnen, Abstand von der Grenze, s. Grundeigentum 3.

Bücher, Pfändbarkeit derselben s. Pfändung in der Zwangsvollstreckung 1.

Buchführung bei Kaufleuten s. Handelsbücher; Buchführung bei Aktiengesellschaften s. Handelsbücher a. Schl.

Buchhypothek s. Hypothek im Eingange.

Buch- und Kunsthandel s. Kaufmann.

Büdnerrecht s. Erbpachtrecht.

Bürgerliches Gesetzbuch. Das Bürgerliche Gesetzbuch für das Deutsche Reich, dessen Bestimmungen den Hauptinhalt dieses Buches bilden, ist am 18. August 1896 erlassen und gilt vom 1. Januar 1900 ab in ganz Deutschland. (Gutt. Slg. Nr. 38/39, herausgeg. von Achilles-Greiff.) Zugleich mit dem Bürgerlichen Gesetzbuch ist ein Einführungsgesetz erlassen, das gleichfalls im ganzen Deutschen Reiche Geltung hat; in diesem Gesetze sind die nötigen Bestimmungen über das Verhältnis des neuen Rechts zu dem sonstigen Reichsrecht, zu dem Landesrecht der einzelnen deutschen Staaten und zu fremden Rechten (Internationales Privatrecht), sowie Bestimmungen für die sog. Übergangszeit enthalten. Jeder Bundesstaat hat außerdem noch ein oder mehrere Ausführungsgesetze zum Bürgerlichen Gesetzbuche erlassen, in denen das in Geltung bleibende Landesrecht tunlichst mit den Bestimmungen des Bürgerlichen Gesetzbuchs in Einklang gebracht ist. (Gutt. Slg. Nr. 23.)

Das Bürgerliche Gesetzbuch enthält daher nicht das ganze in bürgerlichen Rechtssachen geltende Recht. Die Änderung des Handelsgesetzbuchs, der Zivilprozeß- und Konkursordnung, die sich infolge des Bürgerlichen Gesetzbuchs als notwendig ergeben hat, bildet den Gegenstand besonderer Gesetze. Es sind ferner eine Reihe von Vorbehalten zugunsten der Landesgesetzgebung gemacht, und zwar für solche Gebiete, deren Regelung mit in den Bereich des öffentlichen Rechts fällt und daher meist schon durch besondere Gesetze erfolgt ist. Es gehören dahin das Bergrecht, das Enteignungsrecht, das Arbeitsrecht, das Gewerberecht, die Regulierung der gutsherrlich-bäuerlichen Verhältnisse usw. Andere Gegenstände mußten deshalb ausgeschlossen werden, weil sie bei ihrem Zusammenhange mit den örtlichen und wirtschaftlichen Verhältnissen der verschiedenen deutschen Gebiete einer einheitlichen Behandlung widerstreben. Aus diesen Gründen sind z. B. die Vorschriften über Rentengüter, Erbpachtrechte, Anerbenrecht u. dgl., ferner das Wasserrecht, das Deich-, Siel-, Jagd- und Fischereirecht, das Mühlen- und Flößereirecht der Landesgesetzgebung vorbehalten. Auch das Versicherungs-, das Urheber- und Verlagsrecht haben im Bürgerlichen Gesetzbuche keine Stelle gefunden. Es sind darüber besondere Reichsgesetze erlassen (Gutt. Slg. Nr. 83, 60, 61). Einer besondern reichsgesetzlichen Regelung mußten ferner das Liegenschaftsrecht und das Grundbuchwesen durch eine Reichs-Grundbuchordnung (Gutt. Slg. Nr. 42), sowie endlich die Angelegenheiten der freiwilligen Gerichtsbarkeit durch ein Reichsgesetz über die Angelegenheiten der freiwilligen Gerichtsbarkeit, an das sich wiederum Landesgesetze über die freiwillige Gerichtsbarkeit ergänzend anschließen (Gutt. Slg. Nr. 46), unterzogen werden.

Bürgermeister s. Dorfgerichte.

Bürgschaft (765—778). **1.** Die Bürgschaft ist ein Sicherungsvertrag. Der Bürge übernimmt dem Gläubiger eines anderen gegenüber, für die Verbindlichkeiten des anderen einzustehen. Die Bürgschaft ist ein Vertrag zwischen dem Bürgen und dem Gläubiger dessen, für den er sich verbürgt; eine Mitwirkung des Schuldners selber ist bei der Abschließung des Bürgschaftsvertrages an sich nicht nötig; man kann sich also ohne Wissen und Willen eines Schuldners für ihn verbürgen. Bürgschaft ist auch für zukünftige und bedingte Schulden zulässig, dagegen ungültig für eine rechtlich nicht anerkannte Schuld, z. B. Spielschuld. Eine Bürgschaft übernehmen kann jeder, der sich rechtlich verpflichten kann (siehe „Geschäftsfähigkeit"); eine Frau kann ohne Zustimmung ihres Mannes eine Bürgschaft übernehmen; ihr eingebrachtes Gut kann aber aus der Bürgschaft nur in Anspruch genommen werden, wenn der Mann der Bürgschaft zugestimmt hat. Die Bürgschaft muß, um rechtsgültig zu sein, schriftlich eingegangen werden (eine Ausnahme gilt für Vollkaufleute; s. „Handelsgeschäfte 1"); aus einer bloß mündlich erklärten Bürgschaft kann nicht geklagt werden (766). Der Mangel der schriftlichen Form wird durch Erfüllung der Hauptverbindlichkeit durch den Bürgen geheilt. Dieser kann also nach Zahlung sich nicht darauf berufen, daß die Bürgschaft unwirksam gewesen sei. Die Haftung des Bürgen erstreckt sich auf die Hauptverbindlichkeit des Schuldners in ihrem jeweiligen Bestande, also auch auf die durch den Verzug oder das Verschulden des Schuldners veranlaßten Änderungen, z. B. die Verzugszinsen sowie auf die Kosten der Kündigung und der Rechtsverfolgung, soweit sie der Schuldner dem Gläubiger zu ersetzen hat. Ob der Bürge auch für die vertragsmäßigen Nebenleistungen haftet, z. B. für vereinbarte Zinsen, Konventionalstrafen u. dergl., richtet sich nach dem Bürgschaftsvertrage und ist, soweit der Vertrag ausdrücklich nichts darüber enthält, Auslegungsfrage. Es empfiehlt sich daher, im Bürgschaftsvertrage ausdrückliche Erklärungen darüber aufzunehmen. Durch Rechtsgeschäfte, die der Schuldner nach der Übernahme der Bürgschaft vornimmt, wird die Verpflichtung des Bürgen nicht erweitert. Stehen dem Schuldner gegen seinen Gläubiger Einreden zu, die sich auf das Schuldverhältnis beziehen, für das die Bürgschaft übernommen ist, so kann auch der Bürge diese Einreden gegen den Gläubiger geltend machen; z. B. Bewilligung von Zahlungsfristen, Ratenzahlungen (768). Der Bürge verliert auch nicht die Einrede dadurch, daß etwa der Hauptschuldner auf sie verzichtet. Ist der Hauptschuldner verstorben und können seine Erben die volle Zahlung unter Berufung darauf, daß der Nachlaß zur Deckung aller Nachlaßschulden nicht ausreicht (siehe „Nachlaßschulden usw.") ablehnen, so kann der Bürge diese Beschränkung der Nachlaßhaftung nicht geltend machen, er haftet vielmehr in vollem Umfange für die Schuld. Ist die Schuld verjährt, so ist damit auch die Bürgschaft erloschen.

Haben sich mehrere Personen für dieselbe Schuld verbürgt, so haften sie dafür dem Gläubiger als Gesamtschuldner, d. h. der Gläubiger kann jeden von ihnen auf die ganze Schuld in Anspruch nehmen. Unter sich haften freilich die mehreren Bürgen für die Schuld nach gleichen Anteilen, soweit nicht besondere Vereinbarungen unter den Mitbürgen bestehen; wer etwa den Gläubiger allein bezahlt hat, kann von seinen Mitbürgen wegen deren Anteilen an der Schuld Ersatz verlangen. Solange dem Hauptschuldner etwa das Recht zusteht, das seiner Schuldverbindlichkeit zugrunde liegende Rechtsgeschäft aus irgendwelchem Grunde anzufechten (s. „Anfechtung einer Willenserklärung usw."), kann auch der Bürge die Befriedigung des Gläubigers verweigern; das gleiche darf er, wenn und solange der Gläubiger in der Lage ist, sich dadurch zu befriedigen, daß er gegen eine Forderung, welche der Schuldner gegen ihn hat, aufrechnet (s. „Aufrechnung"), vorausgesetzt, daß die Forderung des Schuldners bereits fällig ist (770).

Dem Bürgen steht die Einrede der Vorausklage zu, d. h. er kann verlangen, daß zunächst die Forderung des Gläubigers gegen den Hauptschuldner ausgeklagt werde und die Zwangsvollstreckung ohne Erfolg versucht worden ist. Bis dies geschehen, kann der Bürge die Befriedigung des Gläubigers verweigern, soweit er nicht auf diese Einrede verzichtet hat (771). Es genügt dabei, wenn es sich um die Bürgschaft für eine Geldforderung handelt, daß die Zwangsvollstreckung in das bewegliche Vermögen versucht worden ist, und zwar am Wohnsitze des Schuldners und, falls er an einem anderen Orte eine gewerbliche Niederlassung hat, auch an dieser, in Ermanglung beider an seinem Aufenthaltsort. Zwangsvollstreckungen in Grundstücke oder Forderungen des Schuldners sind also nicht erst erforderlich; nur wenn dem Gläubiger ein Pfandrecht oder ein Zurückbehaltungsrecht (s. d.) an einer beweglichen Sache des Schuldners zusteht, muß der Gläubiger auch aus dieser Sache erst Befriedigung suchen.

Die Einrede der Vorausklage steht dem Bürgen nicht zu (773): a) wenn er auf diese Einrede verzichtet, oder sich als Selbstschuldner verbürgt hat. Die meisten Bürgschaften werden als selbstschuldnerische errichtet. Die Vereinbarung kann auch nachträglich (auch mündlich) getroffen werden; der Ausdruck Selbstschuldner ist nicht erforderlich, es genügen auch Ausdrücke ähnlicher Art.

b) wenn infolge einer nach der Bürgschaftsübernahme eingetretenen Änderung des (in- oder ausländischen) Wohnsitzes, der gewerblichen Niederlassung oder des Aufenthaltortes des Hauptschuldners die Rechtsverfolgung gegen diesen für den Gläubiger wesentlich erschwert ist. Was als wesentliche Erschwerung anzusehen ist, darüber entscheidet das Gericht.

c) wenn über das Vermögen des Schuldners der Konkurs eröffnet ist;

d) wenn anzunehmen ist, daß die Zwangsvollstreckung in das Vermögen des Schuldners nicht zur Befriedigung des Gläubigers führen wird, z. B. wenn schon in anderen Sachen fruchtlos gepfändet worden ist. Der Gläubiger soll, wie oben dargelegt ist, erst seine Befriedigung vom Hauptschuldner selbst zu erlangen suchen, ehe er den Bürgen in Anspruch nimmt, und ist deshalb verpflichtet, wenigstens die Zwangsvollstreckung (Pfändung) in das bewegliche Vermögen seines Schuldners zu versuchen. Liegen aber die Umstände so, daß von vornherein anzunehmen ist (was freilich der Gläubiger zu beweisen hat), daß die gegen den Hauptschuldner zu versuchende Zwangsvollstreckung überhaupt (also auch in etwaige Grundstücke, ausstehende Forderungen usw.) fruchtlos verlaufen werde, so würde die Vorschützung der Einrede der Vorausklage seitens des Bürgen zwecklos sein. Die Einrede wird ihm daher in solchem Fall versagt.

In den Fällen c und d vorstehend ist jedoch die Einrede insoweit wieder zulässig, als sich der Gläubiger aus einer beweglichen Sache des Schuldners befriedigen kann, an der er ein Pfand- oder Vorzugsrecht hat, wie oben dargelegt.

Ein Nachbürge (Afterbürge, Überbürge), der sich dem Gläubiger gegenüber wieder für den „Hauptbürgen" verbürgt, steht unter denselben Rechtssätzen wie ein anderer Bürge. Die Schuldverbindlichkeit, für die er haftet, ist nicht die des Hauptschuldners, sondern die des Hauptbürgen.

2. Rechte des Bürgen, der gezahlt hat. Hat der Bürge (auch der selbstschuldnerische) anstatt des Hauptschuldners gezahlt (oder die sonstige Schuldverpflichtung, für die er sich verbürgt hatte, getilgt), so geht die Forderung des Gläubigers gegen den Hauptschuldner mit allen Rechten (Pfand- und Vorzugsrechten, Rechten gegen Mitbürgern usw.) nun auf den Bürgen über; er kann sie an Stelle des abgefundenen Gläubigers nach seiner Wahl einklagen, abtreten usw. (774). Ob er die Bürgschaft im Einverständnis oder auf Veranlassung des Hauptschuldners oder ohne dessen Einwilligung oder Wissen übernommen hat, ist einerlei; auch darauf kommt es nicht an, wie der Bürge den Gläubiger befriedigt hat, ob durch obligationsmäßige Zahlung usw. oder eintretendenfalls durch Hinterlegung (s. d.), durch Aufrechnung (s. d.) oder durch irgendwelche andere, vom Gläubiger als Erfüllung angenommene Leistung. Zum Nachteil des Gläubigers darf dieser Übergang der Forderung auf den Bürgen jedoch nicht geltend gemacht werden. Bestehen zwischen dem Bürgen und dem Hauptschuldner besondere Rechtsbeziehungen, z. B. ein Schenkungsvertrag, ein Gesellschaftsvertrag, so sind diese bestimmend. Wegen der Ansprüche gegen Mitbürgen s. oben.

Zahlt der Bürge, nachdem der Hauptschuldner schon gezahlt hatte oder obwohl diesem Einreden gegen die Forderung zustanden oder zahlt der Hauptschuldner, nachdem der Bürge bereits bezahlt hatte, nochmals, so richten sich die Ersatzansprüche nach dem Rechtsverhältnis zwischen Bürgen und Hauptschuldner. Um sich nicht Verlusten auszusetzen, wird der Bürge zweckmäßig vor der Zahlung sich mit dem Schuldner in Verbindung setzen und erfolgte Zahlung dem Schuldner anzeigen.

3. Befreiung des Bürgen von der Bürgschaft. Die Bürgschaft erlischt, wenn die Hauptverbindlichkeit erlischt, z. B. durch Zahlung, Aufrechnung, Verjährung, ferner durch Vereinbarung mit dem Gläubiger. Eine Kündigung steht dem Bürgen nicht zu, außer bei der Kreditbürgschaft, wo sie durch die Rechtsprechung, soweit nicht der Bürgschaftsvertrag entgegensteht, zugelassen ist. Kreditbürgschaft ist eine Bürgschaft für zukünftige Forderungen, in der Regel für Einräumung eines offenen Kredits. Die Kündigung ist natürlich nur zulässig, vorbehaltlich der zur Zeit der Kündigung bereits entstandenen Forderungen.

Sonst kann der Bürge seine Bürgschaft nicht einseitig aufheben, er hat auch kein Mittel, den Gläubiger zu zwingen, rechtzeitig gegen den Schuldner vorzugehen, falls dies nicht besonders vereinbart ist. Gerät daher der Hauptschuldner in eine bedenkliche Lage, so bleibt dem Bürgen als einziges Schutzmittel nur übrig, den Gläubiger zu befriedigen, um damit dessen Rechte gegen den Hauptschuldner zu erwerben (s. oben) und sie zu geeigneter Zeit geltend zu machen. Der Bürge wird aber unter gewissen Voraussetzungen gegen den Willen des Gläubigers von der Bürgschaft frei, wenn nämlich der Gläubiger ein mit der Forderung verbundenes, zu deren Sicherheit dienendes Nebenrecht (ein Vorzugsrecht, eine Hypothek, ein Pfandrecht oder Rechte, die ihm gegen andere Bürgen zustehen) aufgibt; der Bürge wird hier soweit frei, als er, wenn das Vorzugsrecht usw. bei Zahlung der Schuld auf ihn übergegangen sein würde, daraus Ersatz hätte erlangen können (776). Das gilt auch dann, wenn das aufgegebene Recht erst nach der Bürgschaftsübernahme entstanden ist.

Es kommt vor, daß sich ein Bürge für eine bereits bestehende Schuld nur auf bestimmte Zeit verbürgt. Der Gläubiger ist in solchem Falle verpflichtet, sofort nach Ablauf der Bürgschaftszeit die Einziehung der Forderung gegen den Hauptschuldner zu betreiben, das Verfahren ohne wesentliche Verzögerung fortzusetzen und unverzüglich nach der Beendigung des Verfahrens (falls er nicht befriedigt ist) dem Bürgen anzuzeigen, daß er ihn aus der Bürgschaft in Anspruch nehme. Kommt der Gläubiger dieser Verpflichtung nicht nach, so wird der Bürge frei. Steht jedoch dem Bürgen die Einrede der Vorausklage nicht zu, so wird er ohne weiteres nach Ablauf der bestimmten Zeit frei, wenn nicht der Gläubiger ihm sofort anzeigt, daß er ihn für die Schuld in Anspruch nehme. Die Haftung des Bürgen beschränkt sich, wenn die Anzeige erfolgt, auf die Schuldverbindlichkeit, wie sie bei Beendigung der Zwangsvollstreckung gegen den Hauptschuldner bzw. (im letzteren Falle) beim Ablaufe der Bürgschaftszeit bestand; für spätere Erweiterungen der Schuld durch das Verhalten des Hauptschuldners, z. B. für Verzugszinsen, braucht er nicht aufzukommen.

Etwas anderes ist der Befreiungsanspruch, der dem Bürgen gegen den Schuldner zusteht, wenn der Bürge die Bürgschaft im Auftrage des Schuldners oder nach den Vorschriften über die Geschäftsführung ohne Auftrag übernommen hat. Er kann verlangen, daß ihn der Schuldner von der Bürgschaft befreie:

a) wenn sich nach Übernahme der Bürgschaft die Vermögensverhältnisse des Schuldners wesentlich verschlechtert haben;

b) wenn die Rechtsverfolgung gegen den Schuldner infolge einer nach der Übernahme der Bürgschaft eingetretenen Änderung des (inländischen oder ausländischen) Wohnsitzes, der gewerblichen Niederlassung oder des Aufenthaltsortes des Schuldners wesentlich erschwert ist;

c) wenn der Schuldner mit der Zahlung oder der Erfüllung seiner sonstigen Verbindlichkeiten gegen den Gläubiger im Verzuge ist (s. „Verzug des Schuldners");

d) wenn der Gläubiger gegen den Bürgen schon klagbar geworden ist und gegen ihn ein vollstreckbares Urteil auf Zahlung der Schuld oder Erfüllung der sonstigen Verbindlichkeit des Schuldners erwirkt hat.

Ist die Schuld noch nicht fällig, so hat der Schuldner die Wahl, ob er, statt den Bürgen von der Bürgschaft zu befreien, ihm Sicherheit (siehe das) leisten will. Selbstverständlich kann der Bürge auch, wenn diese Voraussetzungen nicht vorliegen, dann Befreiung oder Sicherheit vom Schuldner verlangen, wenn solches zwischen ihm und dem Schuldner besonders vereinbart ist.

Über den im Verkehr, besonders im Handelsverkehr, häufig vorkommenden sog. Kreditauftrag s. d. Die sog. Wechselbürgschaft, d. h. durch Mitunterschrift des Wechsels, ist keine Bürgschaft. Der Wechselbürge übernimmt selbständige Gesamtverpflichtung.

Bürgschaftshypothek s. Hypothek 5.

Buße. Die Zahlung einer Buße stellt sich als eine eigenartige Entschädigungsleistung dar, da sie bürgerlichrechtlicher Natur (nicht Strafe) ist, aber nur mit einem strafrechtlichen Urteil verbunden werden und neben einem solchen hergehen kann. Sie wird vom Gericht gegenüber dem Verurteilten ausgesprochen, der zur Zahlung dieser Entschädigung für Vermögens- und anderen Schaden an den Verletzten verurteilt wird. Das kann geschehen bei Verurteilungen wegen Körperverletzung, wegen übler Nachrede, wegen Urheberrechts- und Erfindungsrechtsverletzungen, wegen unlauteren Wettbewerbs. Die Buße beträgt mindestens 3 M., höchstens 10000 M. (nach der Geldstrafen-Vo. v. 6. 2. 24). Die Zuerkennung der Buße schließt die Geltendmachung weiterer Schadensersatzansprüche aus; durch den Betrag der Buße werden sie ersetzt und absorbiert. Näheres s. im Art. „Buße" im HdR. I 861 ff.

C.

S. auch unter K. und Z.

Cession s. Abtretung; einer Pacht s. Pacht 5; einer Hypothek s. Hypothek 3.

Check s. Scheck.

Chikane s. Schikane.

Clubs s. Vereine.

Codizill s. Kodizill.

Commissionär s. Kommissionär.

Compagnon s. Offene Handelsgesellschaft.

Contocurrent s. Kontokorrent.

Conventionalstrafe s. Vertragsstrafe.

Copien s. Kopien.

Correspondenz s. Korrespondenz.

Credit, Creditanstalten s. Kredit usw.

D.

Dachtraufe s. Grundeigentum 3.

Dämpfe, Zuführung von, s. Grundeigentum 2c.

Dämpfigkeit bei Tieren s. Gewährleistung usw. 9.

Damwild, Schaden durch, s. Wildschadenersatz.

Dankschreiben, gefälschte, s. Schwindelhafte Reklame 1.

Daraufgabe s. Draufgabe.

Darlehn (607—610). **1.** Wenn jemand Geld leiht, so handelt es sich um Darlehn; leiht jemand eine Sache, die er dem Herleiher nach gemachtem Gebrauch zurückzugeben hat, so nennt das Gesetz dies eine Leihe (einen Leihvertrag). Vgl. Artikel „Leihe". Außer Geld können aber auch andere Sachen Gegenstand des Darlehns sein, so daß auf das Rechtsverhältnis zwischen dem Empfänger und dem Geber die gesetzlichen Vorschriften über das Darlehn Anwendung finden; es müssen nur sog. „vertretbare" Sachen sein, wie beispielsweise Getreide, Kohlen, Kartoffeln, Wein, Salz, Stahlfedern usw. (s. „Vertretbare Sachen").

Wer Geld (oder andere vertretbare Sachen) geliehen hat, ist verpflichtet, dieselbe Summe Geld (dieselbe Menge Sachen der gleichen Art und Güte) dem Herleiher zurückzuerstatten. Auch der, welcher Geld usw. nicht von vornherein als Darlehn empfangen hat, sondern solches aus irgendwelchem anderen Grunde, z. B. aus einem Kaufvertrage, als Kaufgeld oder als Kaufgeldrest schuldet, kann mit dem Gläubiger vereinbaren, daß er das Geld (die Sachen) als Darlehn schulden solle und wolle. Das als Darlehn Empfangene geht in das Eigentum des Empfängers über; er kann nach Willkür darüber verfügen, er kann es nutzen oder ungenutzt liegen lassen; alles das hat auf seine Verpflichtung zur Rückerstattung keinen Einfluß. Zweifel können entstehen, wenn jemand Inhaberpapiere (Aktien, Prioritäten, Staatsschuldverschreibungen usw.) als Darlehn empfängt, nämlich darüber, ob hier die Inhaberpapiere selbst den Gegenstand des Darlehns bilden, mithin Papiere gleicher Gattung und gleichen Betrages vom Schuldner zurückzugeben sind, wenn auch vielleicht der Kurs inzwischen sich erheblich geändert hat, oder ob der zur Zeit der Hingabe der Papiere bestehende Kurs- oder sonst zu ermittelnde Wert derselben, also eine bestimmte Geldsumme, als Gegenstand des Darlehns zu betrachten und demgemäß der Empfänger verpflichtet ist, diese Summe demnächst zurückzuzahlen. Diese Frage läßt sich allgemein nicht entscheiden; es ist nach den Umständen des einzelnen Falles zu beurteilen, ob das eine oder andere als die Absicht der Beteiligten anzusehen ist. Dasselbe ist der Fall, wenn als Darlehn empfangene Inhaberpapiere deshalb nicht zurückgegeben werden können, weil diese Papiere nicht mehr vorhanden sind; auch hier muß aus der zu erforschenden Absicht der Parteien entnommen werden, was in solchem Fall der Darlehnsempfänger zurückzuerstatten hat. Verpflichtet sich der Darlehnsnehmer, eine größere Summe (Menge), als er empfangen hat, zurückzugeben, so ist der Mehrbetrag als eine (besondere) Zinsvergütung anzusehen; ob eine solche Verabredung gültig ist, ist unter Umständen nach den gegen den Wucher (s. d.) erlassenen gesetzlichen Vorschriften zu prüfen. Ist Rückzahlung in einer anderen Gattung vertretbarer Sachen, als hingegeben sind, bedungen, so liegt kein Darlehn vor, sondern Kauf, Tausch usw. Ein Darlehn kann auch in der Weise gegeben werden, daß der Darlehnsempfänger vom Herleiher irgendeine Sache zu einem bestimmten Preise zu Eigentum übertragen erhält mit der Verabredung, daß die festgesetzte Summe der Darlehnsbetrag sein solle.

2. Zinszahlung. Zinsen können nur gefordert werden, wenn sie verabredet sind. Da aber eine solche Verabredung auch stillschweigend geschehen kann (s. „Stillschweigende Verabredungen usw."), so hängt es beim Mangel einer ausdrücklichen Vereinbarung von der Würdigung aller in Betracht kommenden Umstände ab, ob eine Zinszahlung als von den Beteiligten gewollt anzunehmen ist. Zu welchen Zeiten (in welchen Raten) die Zinsen zu zahlen sind, hängt gleichfalls von der Vereinbarung der Beteiligten ab. Ist darüber nichts bestimmt, so tritt die gesetzliche Vorschrift ein, wonach die Zinsen alljährlich (von der Hergabe an gerechnet) zu entrichten sind; ist das Darlehn vor dem Ablauf eines Jahres zurückzuzahlen, so sind die Zinsen zugleich mit dem Kapital zu zahlen. Besteht das Darlehn in anderen Sachen als barem Geld, z. B. in Inhaberpapieren oder einer Quantität Getreide usw., so richtet sich die Frage, ob etwa die Zinsen in Gelde oder wie sonst zu zahlen sind und wie der für den Zinsenbetrag maßgebende Kapitalbetrag zu berechnen ist, nach dem Parteiwillen, der aus den Umständen zu ermitteln ist; gesetzliche Vorschriften sind darüber nicht gegeben. Für die Darlehnszinsen gelten im übrigen die allgemeinen Rechtsgrundsätze über Zinsen, insbesondere über die Höhe derselben; siehe das Nähere unter „Zinsen" und „Wucher".

3. Rückzahlung. Ist über den Zeitpunkt der Zurückzahlung keine Bestimmung getroffen, so kann nicht etwa der Herleiher das geliehene Geld usw. jederzeit (sofort) zurückfordern, sondern er muß das Geld usw. dem Schuldner erst kündigen; die gesetzliche Kündigungsfrist beträgt bei Darlehen von mehr als dreihundert Mark drei Monate, bei Darlehen von geringerem Betrage einen Monat. (Über die Berechnung der Kündigungsfrist s. „Fristen und Termine" a. Schl.) Auch der Schuldner ist (wenn nichts anderes verabredet ist) nicht berechtigt, das Darlehn zu beliebiger Zeit gegen den Willen des Gläubigers zurückzuzahlen, sondern gleichfalls an diese Kündigungsfristen gebunden; nur wenn Zinsen nicht bedungen sind, ist der Schuldner auch ohne zuvorige Kündigung jederzeit zur Rückzahlung berechtigt. Selbstverständlich ist eine Kündigung des Darlehns nicht erforderlich, wenn aus den Umständen sich mit Sicherheit die Absicht der Parteien ergibt, daß das Darlehn sofort oder binnen kürzester Frist zurückerstattet werden solle, z. B. wenn jemand einem anderen einen Geldbetrag zur Befreiung aus einer augenblicklichen, ganz vorübergehenden Verlegenheit vorstreckt. Wer sonst mit den gesetzlichen Kündigungsfristen nicht zufrieden ist, muß eine andere Frist vereinbaren. An welchem Orte das Darlehn zurückzuzahlen ist, darüber gelten die allgemeinen Rechtsgrundsätze; s. „Leistungen usw. 5". Die geliehene Summe muß, wenn nichts anderes ausgemacht ist, auf einmal zurückgezahlt werden; der Schuldner ist nicht berechtigt, das Darlehn in Teilbeträgen zurückzuzahlen (vergl. „Leistungen usw. 3").

4. Darlehnsversprechungen. Wer jemandem ein Darlehn versprochen hat, kann (wenn nicht nach den Umständen etwas anderes als die Absicht der Parteien anzunehmen ist) das Versprechen widerrufen, wenn inzwischen die Vermögensverhältnisse des anderen sich derart verschlechtert haben, daß die Rückerstattung des Geliehenen zweifelhaft ist, insbesondere also, wenn der andere zahlungsunfähig geworden ist oder seine Zahlungen eingestellt hat. Bestand die schlechte Vermögenslage dessen, dem ein Darlehn versprochen ist, bereits zur Zeit dieses Versprechens, ohne daß der Versprechende sie kannte, so kann dieser sich durch die Berufung hierauf von seiner Verpflichtung, das Versprechen zu erfüllen, nicht befreien; der Versprechende muß sich vorsehen, ehe er sich verpflichtet. Gegen einen etwaigen Betrug des Empfängers schützen ihn andere Gesetzesvorschriften. Das Gesagte gilt nur für den Fall, daß ein Darlehn versprochen ist, nicht aber für den ähnlichen Fall, daß jemand, der z. B. eine Sache verkauft hat, den Käufer mit der Zahlung des Kaufgeldes befristet (ihn für eine gewisse Zeit einen Kredit bewilligt, ein Ziel gewährt). Hier kann der Verkäufer nicht aus dem Grunde, weil nach Abschluß des Kaufes, nach erfolgter Bewilligung des Kredits die Verhältnisse des Käufers sich verschlechtert haben, nun sofortige Zahlung des kriditierten Kaufgeldes beanspruchen; er kann aber freilich, wenn er noch nicht geliefert hat, die Lieferung bis zur Zahlung oder Sicherheitsleistung verweigern (s. „Gegenseitige Verträge 1").

Ob derjenige, dem ein Darlehn versprochen d. h. vertragsmäßig zugesichert ist, sich dadurch auch zur Annahme des Darlehns verpflichtet hat oder ob er es bei später etwa eintretendem Nichtbedarf zurückweisen kann, das ist nach den Umständen des einzelnen Falles zu beurteilen; eine allgemeine Regel gibt es darüber nicht.

Deckeneinsturz s. Gebäudeeinsturz.

Deflorationsgeld s. Verführung.

Deliktsschäden s. Schadensersatz weg. unerl. Handl.

Delkredereprovision s. Kommissionär.

Depotgesetz s. Handelsbücher a. Schl. u. den folgenden Artikel.

Depots (Dep.-Ges. v. 5. 7. 96, Verord. v. 21. 11. 1923, Gutt. Slg. Nr. 40). **1.** Kaufmännische Depots (Bankdepots) können aus verschiedenem Anlaß vorkommen. Der gewöhnliche Fall ist, wenn ein Privatmann (der Kunde) dem Bankier seine Wertpapiere zur Aufbewahrung übergibt. Außer der Verwahrung kann der Kaufmann, Bankier usw. auch gewisse Verwaltungsgeschäfte bezüglich der ihm anvertrauten Papiere übernehmen, z. B. die Einlösung der Zinsen oder Gewinnanteile (Dividenden), die Besorgung neuer Zinsscheine, die Kontrolle von Auslosungen u. dergl. Ein anderer Fall des kaufmännischen Depots ist der, daß ein Schuldner seinem Gläubiger, der Kaufmann, Bankier usw. ist, Wertpapiere als Pfand (Faustpfand) übergibt. Endlich kommen Depots auch in Verbindung mit Kommissionsgeschäften vor, sei es, daß der Kunde dem Bankier Wertpapiere zum Verkaufe übergibt oder daß der Bankier im Auftrage des Kunden für diesen Wertpapiere kauft und in Verwahrung nimmt oder daß der Bankier vom Kunden mit dem Umtausch von Wertpapieren oder der Ausübung eines Bezugsrechts beauftragt wird. Zweck des Gesetzes, das sich gemäß §§ 1, 13 nur auf Vollkaufleute bezieht, ist das Eigentum an den übernommenen, beziehungsweise mit fremdem Gelde gekauften Wertpapieren klarzulegen, und bereits hierdurch den Kunden vor Veruntreuungen zu schützen.

2. Annahme von Wertpapieren zur Aufbewahrung oder als Pfand. Offene Depots (1). Nimmt der Kaufmann, Bankier usw. Wertpapiere (Aktien, Kuxe, Interimsscheine, Erneuerungsscheine, auf den Inhaber lautende oder durch Indossament übertragbare Schuldverschreibungen oder vertretbare andere Wertpapiere mit Ausnahme von Banknoten, Papiergeld, Schatzanweisungen der wertbeständigen Anleihen des Deutschen Reichs ohne Zinsscheine und Rentenbankscheine) unverschlossen in Verwahrung oder als Pfand, so gelten für das Rechtsverhältnis zwischen ihm und dem Kunden im allgemeinen die Bestimmungen des bürgerlichen Rechts (worüber die Artikel „Verwahrung, Aufbewahrung" und „Pfand (Faustpfand)" zu vergleichen sind), soweit nicht die besonderen Vorschriften über Handelsgeschäfte in Frage kommen. Das Depotgesetz legt dem Kaufmann hier aber noch folgende besondere Pflichten auf: a) Er muß die ihm übergebenen Wertpapiere unter äußerlich erkennbarer Bezeichnung jedes Hinterlegers oder Verpfänders, und zwar gesondert von seinen eigenen Beständen und von denen anderer Personen, aufbewahren, ohne daß jedoch etwaige Rechte des Bankiers usw., im Interesse des Eigentümers Verfügungen oder Verwaltungshandlungen hinsichtlich der Papiere vorzunehmen, z. B. sie zum Zwecke der Abstempelung bei Konvertierungen zu versenden usw., hierdurch berührt werden. — b) Er muß ein Handelsbuch („Depotbuch“) führen, in das die Wertpapiere jedes Hinterlegers oder Verpfänders nach Gattung, Nennwert, Nummern oder sonstigen Unterscheidungsmerkmalen der Stücke einzutragen sind oder worin auf Verzeichnisse Bezug zu nehmen ist, die neben dem Depotbuche geführt werden. (Zur Übersendung eines sog. „Stückeverzeichnisses“ der hinterlegten oder verpfändeten Papiere an den Hinterleger usw. ist der Verwahrer nicht verpflichtet; dem Hinterleger bleibt es aber unbenommen, selbst ein solches Verzeichnis aufzustellen und es durch den Bankier als richtig bestätigen zu lassen, wie andererseits der Bankier usw. die Annahme von Wertpapieren zum Depot von der Beifügung von Stückeverzeichnissen abhängig machen kann; auf diese Verzeichnisse kann dann im Depotbuch Bezug genommen werden.) Unterbleiben kann die Eintragung, falls sie bei ordnungsmäßigem Geschäftsgange sowieso nicht vor Rückgabe der Papiere hätte erfolgen können.

Kernpunkt des Gesetzes ist die Vorschrift, daß es als die Absicht der Beteiligten angesehen werden soll, daß der Hinterleger (Verpfänder) Eigentümer der in Verwahrung gegebenen (verpfändeten) Wertpapiere bleiben soll. Wollen die Beteiligten etwas anderes, soll das Eigentum an den Papieren auf den Bankier übergehen, so daß er nur verpflichtet ist, dem Hinterleger demnächst ein Papier gleicher Gattung und gleichen Betrages zurückzugeben, so muß darüber von dem Hinterleger (Verpfänder) eine entsprechende schriftliche und ausdrückliche, für das einzelne Geschäft abgegebene Erklärung ausgestellt werden (2). Einer in gleicher Weise ausgestellten Ermächtigung des Hinterlegers (Verpfänders) bedarf der Bankier auch dann, wenn er zu seinem Nutzen über die Wertpapiere des Depotkunden verfügen (sie verkaufen, vertauschen, verpfänden usw.) will. Für die obengedachte Erklärung (Ermächtigung) braucht nur dann eine besondere Form nicht beobachtet zu werden (sie kann also auch mündlich gültig erfolgen), wenn der Hinterleger oder Verpfänder gewerbsmäßig Bank- oder Geldwechslergeschäfte betreibt. Ob die Papiere Eigentum des Hinterlegers (Verpfänders) bleiben oder ob sie in das Eigentum des Bankiers übergehen, ist für den ersteren insbesondere dann von Wichtigkeit, wenn der Bankier in Konkurs geraten sollte. Ist der Hinterleger (Verpfänder) noch Eigentümer, so kann er vom Konkursverwalter die Herausgabe der Papiere, da sie nicht zur Konkursmasse gehören, verlangen; ist dagegen der Bankier Eigentümer geworden, so steht dem Hinterleger nur ein persönliches Recht gegen die Konkursmasse auf Lieferung der Papiere zu; er erhält nur die Prozente, die in der Masse liegen.

Ist der Bankier usw. vom Hinterleger ermächtigt, an Stelle hinterlegter oder verpfändeter Papiere gleichartige Papiere zurückzugeben, so finden die oben gedachten Vorschriften über die Bezeichnung und die gesonderte Aufbewahrung der Papiere, sowie über die Eintragung im Depotbuch keine Anwendung.

Auf verschlossen übergebene Depots bezieht sich das Depotgesetz nicht; für sie gelten die allgemeinen Rechtsgrundsätze über die Verwahrung.

3. Depots aus Anlaß von Einkaufs- und Umtauschkommissionen. Gibt jemand einem Bankier den Auftrag, Wertpapiere für ihn zu kaufen, so ist der Bankier (der Einkaufskommissionär) verpflichtet, dem Auftraggeber binnen drei Tagen ein Verzeichnis der Stücke mit Angabe der Gattung, des Nennwertes, der Nummer oder sonstigen Unterscheidungsmerkmale der Papiere zu übersenden (3). Diese dreitägige Frist beginnt, wenn der Bankier bei der Ausführungsanzeige (vgl. auch „Kommissionär“) einen Dritten, d. h. eine bestimmte Person oder Firma als Verkäufer namhaft gemacht hat, mit dem Erwerbe der Stücke, anderenfalls mit dem Ablauf des Zeitraumes, innerhalb dessen der Kommissionär nach der Erstattung der Ausführungsanzeige die Stücke bei ordnungsmäßigem Geschäftsgange ohne schuldhafte Verzögerung beziehen konnte.

Hat der Bankier einen Auftrag zum Umtausch von Wertpapieren oder zur Geltendmachung eines Bezugsrechts auf Wertpapiere ausgeführt, so hat er dem Auftraggeber binnen zwei Wochen nach Empfang der neuen Stücke ein Stückeverzeichnis zu übersenden (5). Diese Verpflichtung besteht auch dann, wenn der Bankier wegen der ihm aus der Ausführung des Auftrages gegen den Kunden zustehenden Forderung noch nicht befriedigt ist und auch keine Stundung (keinen Kredit) bewilligt hat. Mit der Absendung des Stückeverzeichnisses geht das Eigentum an den gekauften, umgetauschten usw. Wertpapieren auf den Kunden über, sofern es nicht nach den Bestimmungen des bürgerlichen Rechts (d. h. des sonst allgemein geltenden Rechts) schon früher auf ihn übergegangen ist (7). Von dem Zeitpunkt ab, wo das Eigentum auf den Kunden übergegangen ist, liegen dem Bankier hinsichtlich der in seinem Gewahrsam befindlichen Papiere die Pflichten eines Verwahrers ob (siehe „Verwahrung, Aufbewahrung“; vergl. auch das oben unter 2 Gesagte über die Bedeutung des Eigentumsüberganges für den Fall eines Konkurses des Bankiers). Die Übersendung eines Stückeverzeichnisses an den Kunden unterbleibt, wenn die Papiere innerhalb der dafür bestimmten Frist an den Auftraggeber ausgehändigt sind oder ein Auftrag des Kunden zur Wiederveräußerung der Papiere ausgeführt ist. Der Auftraggeber kann übrigens auf Mitteilung eines Stückeverzeichnisses verzichten (was der Bankier häufig in dem Falle verlangen wird, wenn er dem Kunden die Anschaffungskosten der Papiere kreditiert); dieser Verzicht muß aber, um gültig zu sein, unter Bezugnahme auf den betreffenden Auftrag schriftlich und ausdrücklich erklärt werden; nur wenn der Auftraggeber selber gewerbsmäßig Bank- oder Geldwechslergeschäfte betreibt oder wenn es sich um eine Umtauschkommission handelt, kann der Verzicht ohne Förmlichkeit, also insbesondere auch mündlich, mit Gültigkeit erklärt werden. Der Empfang des Stückeverzeichnisses hat für den Kunden (abgesehen von dem dadurch bewirkten Eigentumsübergange; siehe oben) insbesondere auch deshalb Bedeutung, weil er dadurch in die Lage gesetzt ist, die Papiere nach Nummern usw. genau bezeichnen zu können, wenn er etwa auf Herausgabe der Papiere klagen muß oder sie im Falle einer unrechtmäßigen Lombardierung seitens des Bankiers von dem redlichen Pfandgläubiger gegen Zahlung des Lombarddarlehns zurückverlangt.

Für den Fall, daß der Bankier die Übersendung des Stückeverzeichnisses unterläßt oder verzögert, sind ihm vom Gesetze verschiedene Nachteile angedroht (4, 6). Der Umtausch-Kommissionär verliert das Recht, für die Ausführung des Auftrages Provision zu fordern. Gegenüber dem Einkaufskommissionär kann der Kommittent das Geschäft als nicht für seine Rechnung geschlossen zurückweisen und Schadensersatz wegen Nichterfüllung beanspruchen. Voraussetzung ist, daß der Kommittent den säumigen Kommissionär auffordert, die Übersendung des Stückeverzeichnisses nachzuholen, daß dieser der Aufforderung des Kommittenten binnen drei Tagen nicht nachkommt und daß der Kommittent binnen drei Tagen nach Ablauf der Nachholungsfrist dem Kommissionär erklärt, von seinem Rechte Gebrauch machen zu wollen.

4. Beteiligung mehrerer Bankiers bei Depotgeschäften. Häufig sind mehrere Bankiers bei einer Einkaufskommission usw. beteiligt, indem die Bankiers, besonders solche an kleineren Orten, die Aufträge ihrer Kunden nicht selber ausführen können, sondern sie z. B. durch einen Bankier an einem Börsenplatze ausführen lassen. Bei Ausführung von Kommissionsgeschäften können auf solche Weise zwei, drei oder noch mehr Bankgeschäfte beteiligt sein. Dies kann zur Folge haben, daß die in den Besitz der großstädtischen Bankiers gelangenden Wertpapiere der Kunden der kleineren Bankiers von den ersteren auf Grund des ihnen gesetzlich zustehenden Pfandrechts oder Zurückbehaltungsrechts in Anspruch genommen werden können, obwohl der betreffende Kunde in gar keinem Rechtsverhältnisse zu ihnen steht. Um das Publikum vor der hierin liegenden Gefahr des Verlustes der Papiere soweit wie möglich zu schützen, hat das Gesetz die Bestimmung getroffen, daß ein Kaufmann, der im Betriebe seines Handelsgewerbes fremde Wertpapiere einem Dritten (also z. B. einem Großstadtbankier) zum Zweck der Aufbewahrung, der Veräußerung, des Umtausches oder des Bezuges von anderen Wertpapieren, Zins- oder Gewinnanteilscheinen ausantwortet, hierbei dem Dritten mitzuteilen hat, daß die Papiere fremde seien (8). Ebenso hat er in dem Falle, daß er einen ihm erteilten Auftrag zur Anschaffung solcher Wertpapiere an einen Dritten weitergibt, diesem hierbei mitzuteilen, daß die Anschaffung für fremde Rechnung geschehe. Der Dritte, der eine solche Mitteilung empfangen hat, kann alsdann an den übergebenen oder an den neu beschafften Papieren ein Pfandrecht oder ein Zurückbehaltungsrecht nur wegen solcher Forderungen an seinen Auftraggeber geltend machen, die mit Bezug auf die Papiere entstanden sind.

5. Strafbestimmungen. Die §§ 9—12 des Depotgesetzes erhalten eine Reihe von Strafvorschriften gegen Kaufleute (Bankiers usw.), die die unter den vorstehenden Nummern 1 bis 4 besprochenen, von ihnen vom Gesetz auferlegten Pflichten verletzen. Die Strafen bewegen sich zwischen Geldstrafe von 3 RM. bis 10000 RM. (bei Gewinnsucht 100000 RM.), Gefängnis bis zu zwei Jahren und Zuchthausstrafe.

Depotscheine, Unübertragbarkeit, s. Abtretung einer Forderung 1; Verpfändung s. Pfandrecht an Rechten usw. 3 a. Schl.

Deszendenten gleichbedeutend mit Abkömmlingen (s. d.).

Diebstahl, Haftung der Gastwirte für, s. Gastwirte usw. 1; Haftung des Diebes s. Schadensersatz wegen unerlaubter Handlung 8. S. auch: Gestohlene Sachen.

Dienendes Grundstück s. Grunddienstbarkeit 1.

Dienstangebote s. Vertrag, Vertragsantrag usw. 2.

Dienstaufwand ist nicht pfändbar, s. Pfändung in der Zwangsvollstreckung 2.

Dienstbarkeiten (1018 ff.). Dienstbarkeiten sind Rechte, die einer Person gegen eine (oder mehrere) fremde Sachen zustehen und zum Gebrauch dieser Sachen in einzelnen Beziehungen berechtigen; sie gehören zu den sog. dinglichen Rechten. Zur Begründung von Dienstbarkeiten durch Rechtsgeschäft (Vertrag usw.) ist die Eintragung im Grundbuch erforderlich. Das Bürgerliche Gesetzbuch unterscheidet drei Arten von Dienstbarkeiten: „Grunddienstbarkeiten", „Nießbrauch" und „beschränkte persönliche Dienstbarkeiten"; siehe darüber die betreffenden Artikel. Dienstbarkeiten anderer Art als die drei genannten können unmittelbar durch das Gesetz (ohne Vereinbarung der Beteiligten) begründet werden; inwieweit die Vorschriften über die gleichartigen, durch Rechtsgeschäft (Vertrag) begründeten Dienstbarkeiten auf solche (gesetzliche) Dienstbarkeiten anzuwenden sind, muß sich aus dem betreffenden Gesetze ergeben. Durch Landesgesetz können auch im öffentlichen Interesse Dienstbarkeiten begründet werden; insbesondere kann solches bei Zusammenlegungen (Verkoppelungen) von Grundstücken, bei Gemeinheitsteilungen und bei anderen derartigen landwirtschaftlichen Regulierungen vorkommen. Ein Erwerb von Dienstbarkeiten durch Ersitzung ist ausgeschlossen. Dienstbarkeiten können nicht dadurch untergehen, daß sie längere Zeit hindurch nicht ausgeübt werden.

Dienstberechtigter s. Arbeits- u. Dienstvertrag.

Dienstbezüge s. Gehalt.

Dienstboten s. Hausangestellte.

Diensteinkommen von Militärpersonen, Beamten usw., Pfändbarkeit desselben, s. Pfändung in der Zwangsvollstreckung 2.

Dienstherr, Haftung für Schaden, s. Schadensers. w. unerl. Handl. 4.

Dienstleistungen s. Arbeitsvertrag; Dienstleistungen, kaufmännische, s. Handlungsgehilfen; Dienstleistungen, Verpflichtung der Frau zu, s. Ehegatten 1; Dienstleistungen, Verpflichtung der Kinder zu, s. Eltern und Kinder 2.

Dienstlohn, Pfändung (Beschlagnahme) von, s. Arbeits- oder Dienstlohn, Pfändung von; Dienstlohn des Kindes, Verwendung durch den Vater oder die Mutter s. Eltern und Kinder 3.

Dienstmann s. Frachtführer.

Dienstverhältnis s. Arbeitsvertrag und Hausangestellte; einer Frau s. Ehegatten 1; Dienstverhältnis, selbständige Eingehung durch Minderjährige, s. Geschäftsfähigkeit 3; Aufsuchung eines neuen, s. Arbeitsvertrag u. Handlungsgehilfen usw. 1; Kündigung eines Arbeits- oder Dienstverhältnisses (s. d.).

Dienstvermittelung s. Mäkler 1.

Dienstvertrag s. Arbeitsvertrag.

Dienstzeugnis s. Zeugnis.

Differenzgeschäft. Darüber, ob ein sog. Differenzgeschäft unter die gesetzlichen Vorschriften über das „Spiel" falle (s. „Spiel und Wette") und somit klaglos sei, ist unter den Juristen viel gestritten; jetzt bestimmt das Gesetz (764): Wird ein auf Lieferung von Waren oder Wertpapieren lautender Vertrag in der Absicht geschlossen, daß der Unterschied zwischen dem vereinbarten Preise und dem Börsen- oder Marktpreise der Lieferungszeit von dem verlierenden Teile an den gewinnenden gezahlt werden soll, so ist der Vertrag als Spiel anzusehen. Dies gilt auch dann, wenn nur die Absicht des einen Teils auf die Zahlung des Unterschieds gerichtet ist, der andere Teil aber diese Absicht kennt oder kennen muß. Diese Bestimmung aber ist durch das BörsenGes. v. 27. 5. 08 §§ 50—62 (vgl. auch Ges. v. 13. 12. 20 u. 28. 12. 21; Gutt.

Slg. Nr. 41) stark eingeschränkt, da dort eine Anzahl erlaubter Börsentermingeschäfte gekennzeichnet ist, die dem Spieleinwand nicht zugänglich sind. Wirtschaftlich berechtigte Geschäfte sollen nicht verhindert werden (RG.); maßgebend dafür ist häufig, daß das Geschäft zu dem Berufskreis des Käufers gehört.

Dinglich Berechtigte, Eigentumserwerb derselben an Erzeugnissen und Bestandteilen einer Sache, s. Erzeugnisse u. Bestandteile usw.

Dingliche Rechte. Dingliche Rechte nennt man Rechte an Sachen, die eine Sache selbst ergreifen und gegen jedermann (nicht bloß gegen einen oder mehrere „Schuldner") verfolgt werden können. Solche dingliche Rechte erscheinen als Belastungen der betreffenden Sache. Den Gegensatz bilden die persönlichen Rechte. Dingliche Rechte sind nach dem BGB. außer dem Eigentum: das Erbbaurecht, die Grunddienstbarkeit, die persönliche Dienstbarkeit, der Nießbrauch, das Vorkaufsrecht, die Reallast, das Pfandrecht, die Hypothek, die Grundschuld, die Rentenschuld, auf Grund anderer Reichsgesetze: das Wiederkaufsrecht nach dem Reichssiedlungsgesetz, die Eigenschaft als Reichsheimstätte, die Industriebelastung. Dazu kommen eine Anzahl landesrechtlicher dinglicher Rechte (s. Grundbuch). Miete und Pacht sind keine dinglichen Rechte. Zur Gültigkeit der Bestellung eines dinglichen Rechts an einem Grundstücke bedarf es regelmäßig der Eintragung in das Grundbuch (873).

Dispositionsstellung mangelhafter Waren s. Handelskauf 4.

Domizil s. Wohnsitz.

Doppelehe s. Ehehindernisse 1 d u. Ehescheidung 1 a.

Dorfgerichte (Preußen). Gesetz über die freiwillige Gerichtsbarkeit in Preußen 104—123 (Gutt. Slg. Nr. 46). Im Geltungsbereiche des preußischen Allgemeinen Landrechts bestehen Dorfgerichte (Schulze und zwei Schöffen), die für einzelne Geschäfte der freiwilligen Gerichtsbarkeit (siehe das), als: Sicherung von Nachlässen, Aufnahme von Vermögensverzeichnissen, insbesondere Nachlaßinventarien, freiwillige öffentliche Versteigerungen beweglicher Sachen und öffentliche meistbietende Verpachtungen, zuständig sind und teils selbständig, teils im Auftrage des Amtsgerichts tätig werden. Die näheren Vorschriften darüber finden sich in dem Preuß. Gesetze über die freiwillige Gerichtsbarkeit § 104 bis 110 und der Verf. des Justizministers vom 20. 12. 99 (JMBl. S. 806).

Dieselben und noch weitergehende Befugnisse haben die Ortsvorsteher in den Hohenzollernschen Landen, die Bürgermeister im Amtsbezirk Homburg und in den vormals nassauischen Landesteilen sowie dem Landgebiete der Stadt Frankfurt a. M. und die Ortsgerichtsvorsteher in den früher großherzoglich hessischen Gebietsteilen außerhalb solcher Orte, an denen sich ein Amtsgericht befindet. Werden in diesen Gebietsteilen oder in den vormals kurhessischen Teilen des Oberlandesgerichtsbezirks Frankfurt oder im Bezirk Ehrenbreitstein Ortsgerichte errichtet, so gehen die vorbezeichneten Befugnisse auf diese über. Sie bestehen aus dem Ortsvorsteher und 3 Gerichtsmännern. Allg. Verf. des Justizministers vom 28. 12. 99 (JMBl. S. 889).

Gleiche Befugnisse wie die Dorfgerichte in bezug auf die Sicherung eines Nachlasses und die Aufnahme eines Nachlaßverzeichnisses haben auch die Gemeindevorstände (Bürgermeister, Dorfschaftsvorsteher, Bauernschaftsvorsteher, Gutsvorsteher) in Schleswig-Holstein.

Dorftestament vgl. Testament 2 C.

Draufgabe (336—338). Wenn bei Eingehung eines Vertrages etwas als Draufgabe (Haftgeld, Angeld, Handgeld, Draufgeld) gegeben wird, so soll dies nach dem Gesetze als ein Zeichen gelten, daß der Vertrag zum Abschluß gekommen ist. Möglich ist, daß die Parteien nach der Sitte oder dem Sprachgebrauch auch einen anderen Ausdruck für das Hingegebene gebrauchen, um damit zu bezeichnen, daß sie den Vertrag nun als zustande gekommen ansehen. Eine Frage, die sich häufig aufwirft, ist aber, welche weitere Bedeutung der Draufgabe zukommt. Das Gesetz bestimmt hier, daß die Draufgabe im Zweifel nicht als Reugeld gelten soll, d. h. die eine oder andere Partei kann sich nicht durch Rückgabe oder Verzicht auf Rückempfang der Draufgabe einseitig von dem abgeschlossenen Vertrage wieder losmachen. Diese Befugnis haben die Beteiligten nur dann, wenn es unter ihnen ausdrücklich verabredet ist oder wenn die Umstände ergeben, daß es die Absicht der Parteien gewesen ist, daß der Vertrag solle rückgängig gemacht werden können; wer sich auf eine solche Abmachung beruft, muß sie beweisen. Auch das ist unter den Parteien häufig streitig, ob der als Draufgabe hingegebene Geldbetrag dem Empfänger gewissermaßen als ein Geschenk, als eine Zugabe verbleibt oder ob er sich den Betrag auf seine Vertragsforderung anrechnen lassen oder, wenn dies nach der Natur des Vertrages nicht geht, ihn bei der Erfüllung des Vertrages zurückgeben muß. Das Gesetz entscheidet, daß im Zweifel, d. h. wenn nichts anderes verabredet oder nach Ortsgebrauch und Sitte nicht eine andere Absicht der Parteien angenommen werden muß, die Anrechnung oder die Rückgabe erfolgen müsse. Wird der Vertrag durch gegenseitige Übereinkunft wieder aufgehoben, so muß die Draufgabe zurückgegeben werden. Kann aber der, welcher die Draufgabe gegeben hat, infolge eines Umstandes, den er zu vertreten hat, z. B. Böswilligkeit, grobe Fahrlässigkeit (s. „Vertretung von Vorsatz usw.") das von ihm zu Leistende nicht liefern oder verschuldet er die Wiederaufhebung des Vertrages, so kann der Empfänger die Draufgabe behalten; verlangt er jedoch vom anderen Schadensersatz wegen Nichterfüllung des Vertrages, so muß er sich die Draufgabe im Zweifel anrechnen lassen oder sie, wenn das nicht geschehen kann, bei Empfang des Schadensersatzes zurückgeben. Eine Draufgabe ist besonders bekannt geworden bei Dienstboten-Mietverträgen (Mietstaler).

Draufgeld s. Draufgabe.

Dreißigjähriger Besitz eines Grundstücks verschafft Eigentum s. Ersitzung 2.

Dritte s. Verträge zugunsten dritter Personen.

Drohende Gefahr, Selbstverteidigung gegen, s. Selbstverteidigung.

Drohender Einsturz eines Gebäudes s. Grundeigentum 2 d.

Drohung s. Anfechtung einer Willenserklärung wegen Irrtums usw.; Drohung bei Eingehung einer Ehe s. Ehehindernisse 2 b; Drohung bei Abschluß von Verträgen usw. s. Täuschungen und Drohungen; Drohung gegen einen Erblasser, Verwirkung des Erbrechts, s. Erbunwürdigkeit; Drohung, Verführung einer Frauensperson durch, s. Verführung.

Druckereien s. Kaufmann usw. 1.

Drucklegung eines Werks, s. Verlagsrecht.

Druckschrift, besondere Bezeichnung einer, unredliche Benutzung der, s. Namensmißbrauch; Schutz einer gegen Nachdruck, s. Urheberrecht.

Druckschriften, unlautere Reklame durch, s. Schwindelhafte Reklame.

Dummkoller bei Tieren s. Gewährleistung usw. 9.

Dünger als Zubehör eines Landguts s. Zubehör; Pfändbarkeit desselben s. Pfändung in der Zwangsvollstreckung 1.

Düngerstätte, Anlegung einer, s. Grundeigentum 2 d u. 3.

E.

Ehe, Klage auf Eingehung einer, s. Verlöbnis; Eingehung einer, s. Ehehindernisse usw. und Eheschließung; Ehe, nichtige, Kinder aus, s. Nichtige Ehen, Kinder aus; Ehe, nachfolgende, Legitimation unehelicher Kinder durch, s. Legitimation unehelicher Kinder 1.

Ehe- und Erbvertrag s. Erbvertrag 1.

Ehebruch als Ehehindernis s. Ehehindernisse 1 f; als Scheidungsgrund s. Ehescheidung 1 a.

Ehefähigkeit s. Ehehindernisse usw.

Ehefrau, deren Wohnsitz, s. Wohnsitz 1; deren rechtliche Stellung, s. Ehegatten u. Eingebrachtes Gut der Frau; Vorbehaltsgut s. Vorbehaltsgut; Verpflichtung zum Unterhalt des Mannes, s. Unterhaltspflicht 2; Verpflichtung zu Dienstleistungen usw. s. Ehegatten 1; als Kaufmann s. Vorbehaltsgut 1 b u. Erwerbsgeschäfte von Frauen; Prozeß gegen eine, s. Eingebrachtes Gut der Frau 8. Vgl. auch Frauen.

Ehegatten (1353 ff.). Die durch die Eingehung einer Ehe begründete vollkommene Lebensgemeinschaft von Mann und Frau zeigt ihre Wirkung sowohl nach der persönlichen Seite hin wie in bezug auf die Vermögensverhältnisse der Ehegatten.

1. Was die persönliche Seite des Verhältnisses angeht (über die Wirkung der Ehe auf die Vermögensverhältnisse der Gatten s. unten 4), so beschränkt sich das Gesetz in der Erwägung, daß die Rechte und Pflichten der Gatten gegeneinander im wesentlichen auf sittlichen Grundsätzen beruhen, auf die nachfolgenden wenigen Bestimmungen (1353—1359). Die Ehegatten sind einander zur ehelichen Lebensgemeinschaft verpflichtet, d. h. also zum Zusammenleben, zur Treue, zum Geschlechtsverkehr, zu gegenseitiger Hilfe usw. Aus der Verpflichtung zur Herstellung der ehelichen Gemeinschaft entspringt für jeden Ehegatten auch die Pflicht, etwaige Hindernisse zu beseitigen, die der Erfüllung der Pflicht entgegenstehen. Das Reichsgericht hat daher z. B. die Klage eines Ehemannes darauf, daß sich die Frau in eine von einem Arzte zu bestimmende Nervenheilanstalt begebe, für begründet erachtet. Stellt sich das Verlangen des einen Ehegatten nach Herstellung der Gemeinschaft als ein Mißbrauch seines Rechtes dar, so ist der andere Ehegatte nicht verpflichtet, dem Verlangen Folge zu leisten (1353); so braucht, wenn Gründe vorliegen, die den einen Gatten berechtigen würden, eine Ehescheidung oder eine „Aufhebung der ehelichen Gemeinschaft" (s. „Ehescheidung 5") zu verlangen, er dem Verlangen auf Herstellung der ehelichen Gemeinschaft nicht nachzukommen. (Vergl. wegen einer Klage auf Herstellung des ehelichen Lebens „Herstellung d. ehel. Lebens, Klage auf".) Der Mann ist das Haupt der Familie; ihm steht daher nach dem Gesetz in allen, das gemeinschaftliche eheliche Leben betreffenden Angelegenheiten, wenn Meinungsverschiedenheiten bestehen, die Entscheidung zu; insbesondere hat er den Wohnort und die Wohnung zu bestimmen; die Frau muß sich seiner Bestimmung fügen, es sei denn, daß der Mann sein Recht mißbraucht (1354). Was insbesondere eine Verlegung des Wohnsitzes seitens des Mannes angeht, so ist die Entscheidung darüber, ob die Frau unter Umständen ihm dahin nicht zu folgen braucht, z. B. wenn er auswandert oder begangener Straftaten halber entflohen ist, dem pflichtmäßigen richterlichen Ermessen anheimgestellt. Die Frau erhält den Familiennamen des Mannes; sie ist zu dessen Führung berechtigt und verpflichtet (1355). Das Adelsprädikat gehört zum Namen; die Frau darf den Namen in der weiblichen Form führen (Baronin, Gräfin). Neben dem Familiennamen des Mannes kann die Frau ihren Mädchennamen hinzufügen und sie darf auch mit der Einwilligung des Mannes einen anderen (Künstlernamen, Theaternamen) führen; Verweigerung der Genehmigung wäre unter Umständen ein Mißbrauch der Rechte des Mannes, dem sie sich nicht zu fügen brauchte. Die Frau ist verpflichtet, aber auch berechtigt, das gemeinsame Hauswesen zu leiten; der Mann darf ihr diese, ihr als Hausfrau gebührende Stellung nicht entziehen, wenn nicht ein triftiger Grund vorliegt (1356). Die Frau ist aber auch in diesem ihrem eigentlichen Wirkungskreise verpflichtet, bei Meinungsverschiedenheiten die Entscheidung des Mannes anzuerkennen, wenn und soweit sich ein Eingriff des Mannes nicht als ein Mißbrauch seines Rechts darstellt. Abgesehen von der Leitung des Haushalts ist die Frau auch zur tätigen Mithilfe, zu Arbeiten im Hauswesen und im Geschäfte des Mannes verpflichtet, soweit eine solche Tätigkeit nach den Verhältnissen, in denen die Ehegatten leben, üblich ist. Ein eigenes Geschäft gegen den Willen des Mannes zu betreiben, ist die Frau nicht berechtigt, sofern sie dadurch ihre Pflichten zur Führung des Haushalts und (nach Umständen) zu häuslicher Arbeit und Hilfeleistung im Geschäfte des Mannes verletzen würde. (Vergl. den Art. „Erwerbsgeschäfte von Frauen".) Aus dem Rechte der Frau, das Hauswesen zu leiten, folgt vor allem, daß sie auch die Befugnis haben muß, selbständig in allen sich auf ihren häuslichen Wirkungskreis beziehenden Angelegenheiten zu handeln und, soweit diese Befugnis reicht, über das Vermögen des Mannes zu verfügen und ihn (den Gläubigern gegenüber) zu verpflichten (1357). Dieses Recht der Frau bezeichnet man als die „Schlüsselgewalt" der Frau; es steht auch der noch minderjährigen Hausfrau zu. Wie weit der „häusliche Wirkungskreis" sich erstreckt, kann im einzelnen Falle allerdings zweifelhaft sein. Jedenfalls fallen darunter alle für die Führung des eigentlichen Haushalts, für die Instandhaltung und Ergänzung des Hausinventars, für die Beschaffung der Kleidung der Frau und der Kinder sowie des Unterrichts dieser letzteren usw. im gewöhnlichen Laufe der Dinge erforderlichen Geschäfte, wie Einkäufe bei Kaufleuten, Bestellungen bei Handwerkern, Verkäufe von Gartenerzeugnissen u. dergl. mehr. Dagegen würde die Frau ihren Wirkungskreis überschreiten, wenn sie offensichtlich über die Vermögens- und Standesverhältnisse der Familie hinaus z. B. kostspielige Anschaffungen oder Bestellungen machen wollte, es sei denn, daß dies dem vom Manne dem Hauswesen gegebenen Zuschnitt entspräche (RG.). Zu den Rechten der Frau gehört auch das Mieten und Entlassen der Hausangestellten oder des sonstigen Hilfspersonals (Wäscherinnen, Reinemachefrauen usw.). Das Mieten einer Wohnung wird dagegen nicht als ein Geschäft, das unter die Schlüsselgewalt der Frau fällt, anzusehen sein. Alle diese vorbezeichneten Geschäfte besorgt die Frau für den Mann; die Gläubiger können sich ohne weiteres an diesen halten, ihn verklagen usw.; sie brauchen und können die Frau nicht mitverklagen, da sie aus den Geschäften nicht verpflichtet ist. Die Geschäfte der vorgedachten Art gelten ohne weiteres als im Namen des Mannes vorgenommen, also auch ohne daß die Frau bei dem Ankauf, der Bestellung usw. ausdrücklich zu erklären braucht, daß sie für den Mann handle, es sei denn, daß sich aus den Umständen klar ergibt, daß die Frau nicht für den Mann, sondern für sich hat handeln wollen, oder daß sie die durch die Standes- und Vermögensverhältnisse der Gatten gezogenen Grenzen überschritten hat. Nimmt die Frau Geschäfte vor, die außerhalb ihres Wirkungskreises liegen, so haftet der Mann den Gläubigern nur, wenn er seine Zustimmung zu dem Geschäft erteilt oder das Geschäft nachträglich etwa genehmigt hat; dagegen ist die Frau selber aus den Geschäften haftbar und kann auf Erfüllung ihrer Verpflichtungen, Schadensersatz usw. verklagt werden. Das Recht der Frau, in häuslichen Angelegenheiten selbständig zu handeln und dadurch den Mann zu verpflichten, kann indes vom Manne eingeschränkt oder ganz ausgeschlossen werden; der Mann muß alsdann diese Beschränkung oder Ausschließung des Verfügungsrechts der Frau, damit sie anderen gegenüber Gültigkeit erlangt, in das beim Amtsgericht geführte Güterrechtsregister (s. d.) eintragen lassen; ist dies nicht geschehen, so kann er sich nicht darauf berufen, daß die Frau nicht verfügungsberechtigt gewesen sei, falls er nicht etwa nachweisen kann, daß die Beschränkung oder Ausschließung des Verfügungsrechts der Frau dem Vertragsgegner (Lieferer) zur Zeit des Verkaufs usw. bekannt gewesen ist (z. B. aus mündlicher Mitteilung oder aus einer vom Manne in öffentlichen Blättern erlassenen sog. Kreditloserklärung usw.).

Der Mann ist übrigens der Frau gegenüber nur dann befugt, das ihr gesetzlich zustehende Verfügungsrecht aufzuheben oder einzuschränken, wenn ihn besondere Umstände (Verschwendung, törichte Einkäufe seitens der Frau u. dergl.) dazu berechtigen; andernfalls würde darin eine ungerechtfertigte Schmälerung der Rechte und eine Kränkung der Frau liegen (und kann, wenn öffentlich bekanntgemacht, Scheidungsgrund sein) (RG.). Das Gesetz gibt daher der Frau das Recht, gegen das bezeichnete Vorgehen des Mannes das Vormundschaftsgericht anzurufen, das nach Prüfung der Sache die Verfügung des Mannes wieder aufheben oder einschränken kann. Auch kann die Frau, wenn ihr der Mann in mißbräuchlicher Weise die Verfügungsgewalt entzieht, eine Klage auf „Herstellung des ehelichen Lebens" (s. d.) gegen den Mann erheben.

Die Frau darf sich ihren hauswirtschaftlichen Pflichten nicht ohne Zustimmung des Mannes durch anderweitige Beschäftigungen entziehen. Damit ist nicht gesagt, daß sie keine Beschäftigung in oder außer dem Hause annehmen dürfe, wenn dies sonst den Verhältnissen der Eheleute entspricht; sie darf nur keine Arbeits- oder Dienstverhältnisse eingehen, durch die die ehelichen Interessen beeinträchtigt werden. Steht die Frau bei der Heirat in einem derartigen Beschäftigungsverhältnis, das an sich nicht ohne weiteres gelöst werden kann, sondern aufgekündigt werden muß, so kann sie, wenn ein „wichtiger Grund" vorliegt, das Verhältnis ohne Einhaltung einer Kündigungsfrist lösen (s. z. B. „Arbeitsvertrag"); sie ist dazu aber jedenfalls nicht berechtigt, wenn sie zeitig vor der Heirat hätte kündigen oder die Heirat ohne Nachteil hätte aufschieben können; durch die Verheiratung allein wird die Frau der von ihr übernommenen Dienst- oder Arbeitspflichten nicht ledig. Hat sich die Frau nach erfolgter Heirat zu Leistungen verpflichtet, die von ihr in Person zu bewirken sind und durch die die ehelichen Interessen beeinträchtigt würden, so steht dem Manne das Recht zu, vom Vormundschaftsgericht die Ermächtigung zu erbitten, daß er das Dienst- usw. Verhältnis ohne Einhaltung einer Kündigungsfrist kündigen dürfe; diese Ermächtigung kann ihm, wenn die bezeichnete Voraussetzung vorliegt, nicht versagt werden (1358). Selbstverständlich hat er dieses Recht nicht, wenn die Frau die gedachten Verpflichtungen mit seiner Einwilligung übernommen oder er sie nachher genehmigt hat. Dem Manne steht das Kündigungsrecht auch nicht zu, wenn und solange die häusliche Gemeinschaft der Ehegatten aufgehoben ist. Andererseits ist die Frau berechtigt, wenn der Mann ohne triftigen Grund seine Zustimmung dazu verweigert, daß sie ein Dienst-, Arbeits- oder dergl. Verhältnis eingeht, durch das sie sich zu persönlichen Diensten verpflichtet, das Vormundschaftsgericht anzugehen, daß es an Stelle des Mannes die Zustimmung erteilt. Diese Zustimmung des Gerichts darf sie auch dann einholen, wenn der Mann durch Krankheit oder durch Abwesenheit an der Abgabe einer Erklärung verhindert und mit dem Aufschube Gefahr verbunden ist. Die Erteilung der Zustimmung und die Kündigung sind persönliche Rechte des Mannes, die ihm auch zustehen, wenn er minderjährig oder sonst in der Geschäftsfähigkeit beschränkt, z. B. wegen Verschwendung entmündigt ist; ist er gänzlich geschäftsunfähig, z. B. wegen Geisteskrankheit entmündigt, so kann sein gesetzlicher Vertreter die oben gedachten Rechte für ihn nicht ausüben.

Die Ehegatten haben bei der Erfüllung derjenigen Verpflichtungen, die sie gegeneinander aus dem ehelichen Verhältnis haben, nur für diejenige Sorgfalt einzustehen, die sie in ihren eigenen Angelegenheiten anzuwenden pflegen (vergl. „Vertretung von Vorsatz usw.") (1359).

Wie ist es nun, wenn der eine oder andere Gatte den Verpflichtungen, die ihm nach dem Vorgesagten gesetzlich obliegen, nicht nachkommt, wenn beispielsweise der Mann in der Welt umherreist und sich um seine Familie nicht kümmert; wenn der Mann oder die Frau dem anderen Gatten die eheliche Gemeinschaft beharrlich verweigert; wenn die Frau sich der Entscheidung des Mannes über die Wahl des Wohnsitzes oder der Wohnung nicht fügt; wenn die Frau ihre häuslichen Pflichten vernachlässigt oder wenn andererseits der Mann von den ihm nach dem Obigen gesetzlich zustehenden Rechten in einer Weise Gebrauch macht, daß sein Verlangen sich als ein Mißbrauch seines Rechts darstellt? In allen diesen Fällen steht es dem Gatten, der sich im Rechte zu finden meint, frei, den Streit im Prozeßwege mit dem Gatten auszufechten; er kann in solchem Falle eine Klage auf Herstellung des ehelichen Lebens erheben. Das Nähere hierüber in dem Art. „Herstellung des ehelichen Lebens".

2. Verpflichtung zum gegenseitigen Unterhalt (1360, 1361). Der Mann hat der Frau nach Maßgabe seiner Lebensstellung, seines Vermögens und seiner Erwerbsfähigkeit Unterhalt zu gewähren. Dies folgt schon aus seiner gesetzlichen Pflicht, den ehelichen Aufwand zu tragen. Es kommt hierbei an sich nicht darauf an, ob die Frau eigenes Vermögen besitzt oder ob sie auf den vom Manne zu gewährenden Unterhalt angewiesen ist. Hat die Frau selbst Vermögen, so muß sie freilich in gewisser Weise zu dem ehelichen Aufwande, also auch zu ihrem eigenen Haushalt, beitragen; dies bestimmt sich des Näheren darnach, unter welchem Güterrecht die Ehegatten leben. Gilt für sie das gesetzliche Güterrecht (s. „Eingebrachtes Gut der Frau"), so hat der Mann überhaupt die Nutzung des Frauenvermögens und hat daraus die ehelichen Lasten mit zu bestreiten; hat die Frau Vorbehaltsgut (s. d.), so muß sie daraus nötigenfalls (s. „Vorbehaltsgut 2") einen Beitrag zu den Ehelasten geben. Leben die Gatten in Gütertrennung (s. „Gütertrennung unter Ehegatten"), so muß die Frau stets aus ihrem Vermögen einen angemessenen Beitrag zur Bestreitung des ehelichen Aufwandes an den Mann leisten; bei der allgemeinen Gütergemeinschaft werden diese Lasten vom Gesamtgut getragen usw. Das Nähere darüber ist aus den besonderen Artikeln über die einzelnen ehelichen Güterrechte zu ersehen.

Die Verpflichtung des Mannes, der Frau Unterhalt zu gewähren, geht zwar nicht weiter als seine Leistungsfähigkeit; aber, was er hat, muß er, mag es nun für den beiderseitigen standesgemäßen oder nur für den notdürftigen Unterhalt genügen oder selbst für diesen nicht ausreichen, mit der Frau teilen, und zwar selbst dann, wenn die Frau eigenes Vermögen hat, aus dessen Stamm der Unterhalt bestritten werden könnte. Das Stammvermögen der Frau kann erst dann angegriffen werden, wenn der Mann den Unterhalt nicht beschaffen kann (s. folgenden Absatz). Zum Unterhalt gehören selbstverständlich auch Krankheits- und Kurkosten. Der Mann muß die Frau selbst dann unterhalten, wenn sie sich wegen begangener Straftaten im Gefängnis befindet. Anders verhält es sich mit den Kosten, besonders Verteidigungskosten, die in einem Strafverfahren gegen die Frau entstanden und von ihr zu erstatten sind. Der Mann braucht diese in Ermangelung eigenen Vermögens der Frau aus seinen Mitteln nicht zu bezahlen. Auch für die Kosten eines von der Frau etwa geführten Prozesses (sie kann selbständig Prozesse führen) haftet der Mann nicht, d. h. nicht mit seinen Mitteln. Inwieweit er solche Kosten aus dem in seinen Händen befindlichen Vermögen der Frau oder (bei Gütergemeinschaft usw.) aus dem Gesamtgut zu bestreiten hat, richtet sich nach dem Güterrecht, unter dem die Ehegatten leben. — Der Unterhalt ist der Frau in der durch die eheliche Lebensgemeinschaft gebotenen Weise zu gewähren; die Frau kann selbstverständlich nicht beanspruchen, daß sie auf Kosten des Mannes einen besonderen Haushalt führt, es sei denn, daß sie aus triftigen Gründen berechtigt ist, vom Manne getrennt zu leben (s. weiter unten). Über die Zulässigkeit einer Nachforderung des Unterhalts für die Vergangenheit, eines Verzichts der Frau auf den Unterhalt sowie über das Erlöschen des Unterhaltsanspruchs vergleiche den Artikel „Unterhaltspflicht (Alimentationspflicht)" am Schluß. Kommt der Mann seiner Unterhaltspflicht nicht nach, so kann die Frau unter Umständen auf die Aufhebung der Verwaltung und Nutznießung ihres eingebrachten Vermögens durch den Mann Klage erheben; s. „Eingebr. Gut der Frau 9 b".

Aber auch die Frau ist unter Umständen zum Unterhalt des Mannes verpflichtet. Wenn der Mann den für sich und seine Familie nötigen Unterhalt nicht schaffen kann, so ist es Pflicht der Frau, nach Maßgabe ihres Vermögens und ihrer Erwerbsfähigkeit zu den Unterhaltskosten der Familie beizutragen oder, wenn der Mann gänzlich vermögenslos und erwerbsunfähig ist, ihm den vollen, seiner Lebensstellung entsprechenden Unterhalt zu gewähren. Soweit es zur Beschaffung des notdürftigen Unterhalts erforderlich ist, muß sie nötigenfalls selbst ihr Stammvermögen angreifen. Auch im übrigen gilt für die Unterhaltspflicht der Frau alles das, was vorstehend über die Unterhaltspflicht des Mannes gesagt ist.

Getrenntleben der Ehegatten. Leben die Ehegatten getrennt, ohne daß ihre Ehe geschieden oder gerichtlich auf „Aufhebung der ehelichen Gemeinschaft" erkannt ist (s. unten), so hat dies an sich auf die gegenseitige Unterhaltspflicht keinen Einfluß. Da aber der Unterhalt nur in der durch die eheliche Gemeinschaft gebotenen Weise, also in der ehelichen Wohnung, gewährt zu werden braucht, so kommt die Unterhaltspflicht des Mannes von selbst in Wegfall, wenn die Frau die eheliche Wohnung verläßt (s. aber unten). Beruht die Trennung der Gatten auf Übereinkunft, so steht ihnen frei, sich auch über den beiderseitigen Unterhalt zu verständigen. Solche Vereinbarung hat aber nur so lange Kraft, bis ein Teil das Getrenntleben aufzuheben wünscht und die Wiederherstellung des ehelichen Lebens verlangt. — Eine Ausnahmevorschrift hat das Gesetz (1361) aber für den Fall, daß die Ehegatten deshalb getrennt leben, weil einer von ihnen berechtigterweise das Zusammenleben mit dem anderen verweigert, sei es, weil er einen Grund zur Ehescheidung hat oder weil das Verlangen des anderen Gatten nach Herstellung der ehelichen Gemeinschaft sich als ein Mißbrauch seines Rechts darstellen würde. Ob letzteres der Fall ist, darüber hat im Streitfall das Gericht nach freiem Ermessen zu entscheiden. In solchem Falle des gerechtfertigten Getrenntlebens muß der Verpflichtete, einerlei, ob er der Schuldige ist oder nicht, dem anderen den Unterhalt in Geld gewähren, und zwar durch Entrichtung einer Geldrente. Die Rente ist jedesmal für drei Monate vorauszuzahlen. Der Betrag der Rente bemißt sich nach der Lebensstellung des Unterhaltsberechtigten und andererseits nach dem Vermögen und der Erwerbsfähigkeit des Verpflichteten. Der Mann muß der Frau auch die zur Führung eines besonderen Haushalts nötigen Sachen (Möbel, Haus- und Küchengeräte usw.) aus dem gemeinschaftlichen Haushalt zum Gebrauche herausgeben, sofern und soweit sie nicht für ihn selber unentbehrlich sind. Besitzt die Frau selbst derartige Sachen, was bei getrennten Gütern der Ehegatten oder wenn die Frau Vorbehaltsgut hat (s. „Gütertrennung unter Ehegatten" und „Vorbehaltsgut") vorkommen kann, so muß sie ihre eigenen Sachen für ihren Haushalt benutzen, kann also vom Manne Herausgabe solcher Sachen nicht beanspruchen. Da der Mann während des Getrenntlebens der Hilfe der Frau im Haushalt und im Geschäft entbehren muß, auch die Gewährung des Unterhalts an die Frau außerhalb der häuslichen Gemeinschaft regelmäßig mit größeren Kosten verknüpft ist, da ferner andererseits der Fall so liegen kann, daß die Frau sich aus eigenem Vermögen oder Verdienst ihren Lebensunterhalt verschaffen kann, während der Mann durch die Leistung des Unterhalts an die Frau sehr bedrückt werden würde, so bestimmt das Gesetz für den gedachten Fall des berechtigten Getrenntlebens der Gatten ganz allgemein, daß die Unterhaltspflicht des Mannes ganz wegfallen oder sich auf die Zahlung eines Beitrages zum Unterhalte der Frau beschränken soll, wenn „der Wegfall oder die Beschränkung mit Rücksicht auf die Bedürfnisse sowie auf die Vermögens- und Erwerbsverhältnisse der Ehegatten der Billigkeit entspricht". Es kommt also in dieser Frage im Streitfall alles auf das richterliche Ermessen an. Beruht das Getrenntleben der Ehegatten darauf, daß ein Grund zur Ehescheidung vorliegt, und ist der zum Unterhalt Verpflichtete der unschuldige Teil, so steht es in seinem Willen, ob er dem anderen auf Verlangen die Unterhaltsrente zahlen oder sich von dieser Verpflichtung durch Herbeiführung der Ehescheidung befreien will. Ist die Ehe geschieden oder ist gerichtsseitig auf „Aufhebung der ehelichen Gemeinschaft" erkannt, so fällt die gegenseitige Unterhaltspflicht weg; es gelten nun wegen der Verpflichtung des schuldigen Teils zum Unterhalte des unschuldigen besondere Bestimmungen; siehe darüber „Ehescheidung 3".

Unterhaltspflicht während eines Eheprozesses (ZPO. 627). Liegen die Ehegatten wegen Ehescheidung oder Aufhebung der ehelichen Gemeinschaft (s. „Ehescheidung 5") oder wegen einer angeblichen Nichtigkeit oder Anfechtbarkeit der Ehe miteinander im Prozeß, so hat dies an sich auf die Pflicht zum ehelichen Zusammenleben keinen Einfluß, da ja die Ehe noch besteht oder doch als bestehend gilt, solange sie nicht durch Richterspruch getrennt ist. Das Gericht kann aber auf Antrag eines der Ehegatten für die Dauer des Prozesses den Gatten das Getrenntleben gestatten und die gegenseitige Unterhaltspflicht der Gatten für diese Zeit des Getrenntlebens ordnen.

3. Interventionsprozesse. Konkurs des Mannes. Gerät der Mann in eine mißliche Vermögenslage, so kommt es nicht selten vor, daß Sachen, die vermeintlich ihm gehören und von seinen Gläubigern zu ihrer Befriedigung gepfändet werden sollen, von der Frau als ihr Eigentum in Anspruch genommen werden. Die Frau erhebt dann gegen den pfändenden Gläubiger eine sog. Interventionsklage, die auf Freigabe der Sachen aus der Pfändung gerichtet ist. Die Gläubiger sind hier in einer schwierigen Lage, da das beiderseitige Vermögen der Ehegatten meist miteinander vermischt und schwer zu trennen ist; sie müßten daher auf ihre Befriedigung verzichten oder sich in weitläufige und unter Umständen kostspielige Prozesse einlassen, wenn ihnen das Gesetz nicht durch eine besondere Vorschrift zu Hilfe käme (1362). Es wird nämlich zu ihren Gunsten angenommen („vermutet"), daß alle beweglichen Sachen (wohin auch Tiere gehören), die sich im Besitz eines Ehegatten oder beider Ehegatten befinden, dem Manne gehören; sie können also diese Sachen ohne weiteres angreifen; es ist Sache der Frau, den Nachweis zu führen, daß die von ihr in Anspruch genommenen Sachen ihr Eigentum sind. (Führt sie diesen Nachweis in dem Interventionsprozesse, so werden freilich regelmäßig den Gläubiger die Prozeßkosten treffen. Es werden der Frau nur dann die Kosten auferlegt werden können, wenn sie es unterlassen hat, vor der Klageerhebung dem Gläubiger in überzeugender Weise darzutun, daß die gepfändeten Sachen ihr Eigentum sind, soweit ein solcher Nachweis außerhalb eines Prozeßverfahrens möglich ist.) — Die gedachte Rechtsvermutung, daß die Sachen dem Manne gehören, gilt selbst dann, wenn die Frau allein die Sachen im Besitz hat und wenn die Sachen sich gar nicht in der ehelichen Wohnung befinden Dagegen gilt der Satz ausnahmsweise nicht für solche Sachen, die ausschließlich zum persönlichen Gebrauch der Frau bestimmt sind, wie Kleider, Schmucksachen, Geräte, z. B. Nähmaschinen, Stickereigerätschaften usw. Bezüglich dieser Sachen wird umgekehrt vermutet, daß sie der Frau gehören; Gläubiger des Mannes, die sie haben pfänden lassen, müssen daher ihrerseits den Beweis führen, daß die Sachen Eigentum des Mannes sind. Eine Verpflichtung der Frau, über ihre in die Ehe eingebrachten oder später erworbenen Sachen ein Verzeichnis (Inventar) aufzustellen, besteht nicht mehr. Ist der Mann in Konkurs geraten, so sind die Gläubiger der Frau gegenüber noch günstiger gestellt; die Frau kann alsdann Sachen, die sie während der Ehe erworben hat, nur dann in Anspruch nehmen, wenn sie beweist, daß die Sachen nicht mit Mitteln des Mannes erworben sind (KO. 45).

Der der Frau obliegende Beweis ihres Eigentums wird ihr aber durch einige besondere Bestimmungen des Gesetzes, die den Erwerb von beweglichen Sachen durch den Mann, aber mit Mitteln des eingebrachten Guts der Frau, und die Anschaffung von Haushaltsgegenständen durch den Mann betreffen, sehr erleichtert; s. „Eingebrachtes Gut der Frau 3" am Schluß. (Vgl. auch „Eingebrachtes Gut der Frau 6".)

4. Vermögensverhältnisse der Ehegatten. Darüber, was nach vollzogener Heirat aus den beiderseitigen Vermögen der Ehegatten wird, welche Rechte der Mann an dem Vermögen der Frau hat, über Eheverträge u. dgl. mehr vgl. „Eingebrachtes Gut der Frau".

Ehegatten s. ferner Gesetzliche Erben 2; Pflichtteil; Gemeinschaftliches Testament usw.; Testament 5; Erbvertrag 1 u. 3; Unterhaltsverpflichtung 2; Annahme an Kindesstatt 1; Gütertrennung; Gütergemeinschaft, allgemeine usw.; Errungenschaftsgemeinschaft usw.; Fahrnisgemeinschaft.

Ehehindernisse (Eheverbote). Ungültigkeit einer Ehe (1303—1347, 1350). **1.** Die Eingehung einer Ehe ist nur unter bestimmten Voraussetzungen zulässig; es darf der beabsichtigten Ehe kein gesetzliches Hindernis (Ehehindernis) entgegenstehen. Das Gesetz zählt folgende Ehehindernisse auf, deren Wirkungen jedoch durchaus verschieden sind:

a) Mangel des erforderlichen Alters (der sog. Ehemündigkeit). Ein Mann darf nicht vor Eintritt der Volljährigkeit, also regelmäßig nicht vor vollendetem einundzwanzigsten Lebensjahre, ein Mädchen nicht vor vollendetem sechzehnten Lebensjahre heiraten (1303). Eine Ausnahme hierin ist nur zulässig, falls gemäß § 3 BGB. der Mann nach Vollendung des achtzehnten Lebensjahres für volljährig erklärt worden ist, oder dem

Mädchen aus besonderen Gründen durch das Land, dem es angehört, Befreiung von dem Alterserfordernis gewährt wird. — Überhohes Alter sowie ein bedeutender Altersunterschied stehen dagegen einer Eheschließung nicht entgegen.

b) Mangel der Geschäftsfähigkeit. Da die Eingehung der Ehe wichtige insbesondere auch vermögensrechtliche Folgerungen mit sich führt, kann niemand heiraten, der nicht die „Geschäftsfähigkeit" (s. d.) besitzt (1304). Es sind demnach zur Eingehung einer Ehe unfähig Personen, die sich dauernd in einem die freie Willensbestimmung ausschließenden Zustande krankhafter Störung der Geistesfähigkeit befinden oder die wegen Geisteskrankheit entmündigt sind. Personen aber, die nur beschränkt geschäftsfähig sind, bedürfen zur Eheschließung der Einwilligung ihres gesetzlichen Vertreters, die von diesem bis zur Eheschließung jederzeit widerrufen werden kann. Es haben daher minderjährige Mädchen (minderjährige Männer kommen nach dem unter a Gesagten nicht in Betracht) die Einwilligung desjenigen, der die elterliche Gewalt über sie ausübt (des Vaters oder eintretendenfalls der Mutter) oder des Vormundes (unter Umständen auch eines Pflegers, wenn einem solchen die Vertretung der Mündel in ihren persönlichen Angelegenheiten übertragen ist) oder volljährige Personen, die wegen Geistesschwäche, wegen Verschwendung oder wegen Trunksucht entmündigt oder die unter „vorläufige" Vormundschaft gestellt sind, die Einwilligung ihres Vormundes einzuholen.

Ist der gesetzliche Vertreter ein Vormund oder Pfleger, so kann der (die) betreffende Verlobte, wenn die Einwilligung zur Heirat vom Vormunde usw. aus nichtigen Gründen verweigert wird, sich an das Vormundschaftsgericht wenden, das an Stelle des Vormundes die Einwilligung erteilt, wenn die Eingehung der Ehe im Interesse des Mündels liegt. Verweigern dagegen der Vater oder die Mutter in ihrer Eigenschaft als gesetzliche Vertreter des minderjährigen Kindes die Einwilligung, so hat es dabei sein Bewenden; die Brautleute können das Gericht nicht anrufen, selbst wenn die Einwilligung aus nichtigen Gründen versagt sein sollte. (Für Verlobte unter 21 Jahren, die für volljährig erklärt sind, gilt aber hinsichtlich der Ersetzung der elterlichen Einwilligung durch das Gericht etwas anderes; siehe darüber unter c unten.)

Zu einer Heirat zwischen ihm selbst oder einem seiner Kinder oder Großkinder und dem Mündel kann der Vormund (bzw. Pfleger) die nach dem Obigen erforderliche Einwilligung nicht erteilen; es muß in solchem Falle dem (der) Verlobten ein besonderer Pfleger bestellt werden, der an Stelle des behinderten Vormundes die Einwilligung zur Heirat erteilt.

c) Mangel der Einwilligung der Eltern. Den Eltern eines minderjährigen Verlobten, selbst eines für volljährig erklärten, steht auch ohne Rücksicht darauf, ob sie gesetzliche Vertreter ihres Kindes sind, das Recht der Einwilligung in eine von ihrem minderjährigen Kinde beabsichtigte Heirat zu (1305). Ein eheliches Kind bedarf zur Heirat der Einwilligung des Vaters (nicht auch der Mutter) bis zur Vollendung des einundzwanzigsten Lebensjahres; ein uneheliches Kind bedarf bis zum gleichen Lebensalter der Einwilligung der Mutter (nicht des unehelichen Vaters). An die Stelle der Einwilligung des Vaters tritt die Einwilligung der Mutter, wenn der Vater gestorben ist; nur bei ehelich „erklärten" Kindern bedarf es, wenn der Vater gestorben ist, nicht der Einwilligung der Mutter. Die Einwilligung des Vaters oder der Mutter ist ferner nicht erforderlich, wenn diese zur Abgabe einer Erklärung dauernd außerstande sind oder wenn ihr Aufenthalt dauernd unbekannt ist, was dem Standesbeamten glaubhaft nachzuweisen ist. Ist bloß der Vater zur Abgabe der Einwilligungserklärung dauernd außerstande oder ist sein Aufenthalt dauernd unbekannt, so hat an seiner Stelle die Mutter die Einwilligung zu erteilen. Eine etwaige Ehescheidung der Eltern hat auf das Recht des Vaters oder der Mutter, in die Verheiratung ihres Kindes einzuwilligen, keinen Einfluß. Ist einer der Verlobten ein an Kindes Statt angenommenes (adoptiertes) Kind, so steht in Ansehung seiner die Einwilligung zur Heirat an Stelle der leiblichen Eltern dem zu, der das Kind angenommen hat (dem Adoptivvater oder der Adoptivmutter) (1306). Die Einwilligung der leiblichen Eltern ist selbst dann nicht mehr erforderlich, wenn etwa die Annahme an Kindes Statt hinterher wieder aufgehoben wird. Hat ein Ehepaar das Kind gemeinschaftlich oder hat ein Ehegatte das Kind des anderen Ehegatten angenommen, so ist die Einwilligung des Ehemannes und erst nach dessen Tode oder bei seiner dauernden Behinderung die Einwilligung der Ehefrau erforderlich. Sind die Eltern selbst in der Geschäftsfähigkeit beschränkt, so entfällt die sonst erforderliche Genehmigung, da sie durch einen Vertreter das Elternteiles nicht abgegeben werden kann. Wird die elterliche Einwilligung zur Heirat einem für volljährig erklärten Kinde verweigert, so kann sie auf Antrag des Kindes, das sich dieserhalb an das Vormundschaftsgericht wendet, durch gerichtliche Einwilligung ersetzt werden; das Gericht muß die Einwilligung erteilen, wenn sie vom Vater oder der Mutter ohne wichtigen Grund verweigert ist (1308). Ein triftiger Grund kann ebensowohl in der Rücksicht auf Interessen der Familie, wie in der Rücksicht auf das Interesse des Kindes liegen. Ehe das Gericht auf den Antrag entscheidet, muß es Verwandte oder Verschwägerte des Kindes über die Sachlage gutachtlich anhören, wenn dies ohne erhebliche Verzögerung und unverhältnismäßige Kosten geschehen kann. Die Verwandten und Verschwägerten können für die gehabten Auslagen Ersatz aus dem Vermögen des Kindes verlangen; der Betrag wird auf Antrag vom Gericht festgesetzt. Wird die elterliche Einwilligung einem minderjährigen Kinde, das nicht für volljährig erklärt ist, verweigert, so hat es dabei sein Bewenden; das Kind ist nicht befugt, das Gericht anzugehen, damit es an Stelle der Eltern die Einwilligung erteile, auch wenn die Verweigerung der Einwilligung seitens des Vaters oder der Mutter nicht gerechtfertigt sein sollte.

d) Bereits bestehende Ehe. Wer verheiratet ist, darf selbstverständlich keine neue Ehe eingehen (1309), ehe die bisherige Ehe, sei es durch Scheidung oder durch gerichtliche Nichtigkeitserklärung, gelöst ist. Es kann also jemand, der in ungültiger (nichtiger) Ehe lebt, dennoch keine neue Ehe eingehen, bevor die ungültige Ehe durch Richterspruch für nichtig erklärt ist; nur in dem Falle, wenn die Ehe überhaupt nicht in der vorgeschriebenen Form vor dem Standesbeamten geschlossen, auch nicht in das Heiratsregister eingetragen ist, gilt sie rechtlich als nicht bestehend und die Ehegatten sind nicht gehindert, anderweit eine Ehe zu schließen. Dagegen gestattet das Gesetz zur Vermeidung unnützer Formalitäten, daß Ehegatten, die in ungültiger (nichtiger) Ehe leben oder darüber in Ungewißheit sind, ob ihre Ehe nicht rechtsungültig sei, eine neue gültige Ehe miteinander schließen (d. h. den förmlichen Akt der Eheschließung vor dem Standesbeamten wiederholen), ohne daß die bestehende Ehe erst für nichtig erklärt zu werden braucht.

e) Nahe Verwandtschaft oder Schwägerschaft. Heiraten zwischen Personen, die nahe miteinander verwandt oder verschwägert sind, sind verboten (1310). Es ist demnach verboten die Ehe mit Verwandten in gerader Linie (Eltern, Großeltern, leiblichen Kindern, Großkindern usw.), mit vollbürtigen und halbbürtigen Geschwistern sowie mit Verschwägerten in gerader Linie (Schwiegereltern, Schwiegerkindern, Stiefeltern, Stiefkindern usw.), einerlei ob die Ehe, durch die die Verwandtschaft oder Schwägerschaft begründet ist, noch besteht oder nicht. Dagegen ist die Ehe zwischen weitläufigen Verwandten oder Verschwägerten erlaubt, z. B. zwischen Onkel und Nichte, zwischen Vetter und Cousine, zwischen Schwager und Schwägerin usw. Verboten ist auch, weil gegen die Grundsätze der Sittlichkeit verstoßend, daß jemand eine Ehe mit einer anderen Person eingeht, obwohl er mit einem ihrer Verwandten in auf- oder absteigender Linie (Eltern, Großeltern, Kindern, Großkindern) außereheliche Geschlechtsgemeinschaft gepflogen hat; es kann, wenn ein solcher Grund vorliegt, dies als Ehehindernis beim Standesbeamten geltend gemacht werden. Als Verwandtschaft oder Schwägerschaft im Sinne dieser Vorschriften ist auch eine auf unehelicher Abstammung beruhende anzusehen, einerlei, ob das uneheliche Kind vom Vater anerkannt ist oder nicht. Das gleiche gilt für Personen, die infolge einer Legitimation durch nachfolgende Ehe oder einer Ehelichkeitserklärung die rechtliche Stellung von Verwandten oder Verschwägerten erlangt haben; nicht aber auf solche, deren Verwandtschaft durch eine Annahme an Kindes Statt begründet ist. Für letztere gilt nur der Satz, daß, wer einen anderen an Kindes Statt angenommen hat, mit ihm oder seinen Abkömmlingen keine Ehe eingehen darf, solange das durch die Annahme begründete Rechtsverhältnis, das aber auch durch die verbotswidrige Eheschließung aufgelöst wird, besteht; die übrigen Adoptivverwandten werden von dem Eheverbot nicht betroffen (1311). Es darf also z. B. eine Adoptivmutter ihren Adoptivsohn oder dessen Sohn, ein Adoptivvater seine Adoptivtochter oder deren Tochter nicht heiraten; wohl aber darf die Adoptivmutter den Vater ihres Adoptivsohns oder ihrer Adoptivtochter oder der Adoptivvater die Witwe seines Adoptivsohns, ein Adoptivsohn die Witwe seines Adoptivvaters usw. heiraten.

f) Begangener Ehebruch. Die Ehe ist verboten zwischen einem wegen Ehebruchs geschiedenen Ehegatten und demjenigen, mit dem der geschiedene Ehegatte den Ehebruch begangen hat (1312). Es muß aber, damit dieses Verbot Anwendung findet, in dem Ehescheidungsurteile ausdrücklich festgestellt sein, daß gerade dieser Ehebruch der Grund der Scheidung sei. Zulässig ist die Befreiung von diesem Hindernis. Sie erfolgt auf Antrag des geschiedenen Ehegatten durch das Land, dem dieser angehört (1322).

g) Nichtablauf des Trauerjahrs. Eine Frau oder Witwe darf sich erst wieder verheiraten, wenn seit dem Tode des Mannes oder der Ehescheidung oder einer Nichtigkeitserklärung der früheren Ehe zehn Monate verflossen sind (1313). (Man bezeichnet diese Frist wohl, wenn auch unpassenderweise, als „Trauerjahr"; sie hat mit der Trauer nichts zu tun und soll nur die Ungewißheit der Vaterschaft von Kindern verhüten.) Ist die frühere Ehe durch ein Urteil auf Scheidung oder auf Nichtigkeit der Ehe gelöst, so ist nicht der Tag des Urteils, sondern der Tag der Rechtskraft des Urteils für den Beginn der Frist maßgebend. Die Frist endigt mit dem Ablaufe des entsprechenden Monatstages. Die vorgedachte Wartezeit braucht indes nicht innegehalten zu werden, wenn die Frau (Witwe) inzwischen geboren hat. Von diesem Ehehindernis kann Befreiung (Dispensation) bewilligt werden; es wird aber in solchem Falle regelmäßig festgestellt werden müssen, daß die Frau (Witwe) sich nicht in anderen Umständen befindet. Die zur Erteilung der Befreiung zuständige Behörde wird von der Landesregierung bestimmt.

h) Zeugnis des Vormundschaftsgerichts. Zum Zwecke der Sicherung der Kinder aus einer früheren Ehe bei der Wiederverheiratung des Vaters oder der Mutter bestimmt das Gesetz (1314), daß, wenn der (die) zur zweiten Ehe Schreitende ein eheliches Kind hat, das minderjährig ist oder unter seiner (ihrer) Vormundschaft steht, die Heirat nicht eher stattfinden darf, als bis der sich wieder Verheiratende dem Standesbeamten ein Zeugnis des Vormundschaftsgerichts (RGes. freiw. Gerichtsb., Gutt. Slg. Nr. 46) darüber vorgelegt hat, daß er (sie) die ihm (ihr) gesetzlich obliegenden Verpflichtungen wegen Aufzeichnung des den Kindern der früheren Ehe gehörigen, in seiner (ihrer) Verwaltung befindlichen Vermögens und eintretendenfalls wegen der Auseinandersetzung mit den Kindern erfüllt hat oder daß ihm (ihr) solche Pflichten nicht obliegen. Ist im Falle einer zwischen den Kindern der früheren Ehe und dem Wiederheiratenden fortgesetzten Gütergemeinschaft ein anteilsberechtigter Abkömmling des Wiederheiratenden minderjährig oder bevormundet, so darf der Vater (die Mutter) die Ehe nur eingehen, wenn er (sie) dem Standesbeamten ein Zeugnis des Vormundschaftsgerichts vorgelegt hat, daß er (sie) die ihm (ihr) obliegenden Pflichten wegen der erfolgten oder in die Wege geleiteten Auseinandersetzung mit den Kindern (siehe „Gütergemeinschaft, allgemeine usw.") erfüllt habe oder daß solche Pflichten ihm (ihr) nicht obliegen. Den ehelichen Kindern stehen in der hier fraglichen Hinsicht die „legitimierten" Kinder sowie die „an Kindes Statt angenommenen" Kinder gleich.

i) Militärpersonen und solche Landesbeamte (nicht auch Reichsbeamte), für die nach den Landesgesetzen zur Eingehung einer Ehe eine besondere Erlaubnis erforderlich ist, dürfen nicht ohne die vorgeschriebene Erlaubnis eine Ehe eingehen (1315). — In Preußen sind die früheren Vorschriften, wonach für Standesbeamte und Geistliche zur Eingehung einer Ehe eine besondere Erlaubnis erforderlich war, aufgehoben; dagegen bestehen derartige Vorschriften z. B. noch in Bayern, Württemberg, Baden. Ausländer, d. h. Nichtdeutsche, für die nach den Landesgesetzen zur Eingehung einer Ehe eine Erlaubnis oder ein Zeugnis erforderlich ist, dürfen nicht ohne diese Erlaubnis oder ohne dieses Zeugnis eine Ehe eingehen.

2. Ungültigkeit einer Ehe. Vorstehend unter 1 ist dargelegt, unter welchen Voraussetzungen eine Ehe nur geschlossen werden darf, welche Hindernisse (Verbote) einer Heirat also entgegenstehen können. Dennoch kann es vorkommen, daß eine Ehe vor dem Standesbeamten geschlossen ist, daß also zunächst im Gegensatz zu einer beiderseitigen Schein- oder Scherzhandlung z. B. einer ohne Mitwirkung eines Standesbeamten vollzogenen „Trauung" eine Ehe vorliegt, obwohl sie wegen eines entgegenstehenden Hindernisses nicht hätte geschlossen werden dürfen. Es fragt sich, was in solchem Falle aus den Ehegatten wird, ob die Ehe ungültig ist und wieder gelöst werden muß oder kann oder ob sie aufrecht erhalten wird. In dieser Beziehung sind die Wirkungen der einer Eheschließung entgegenstehenden Hindernisse (Verbote) nicht die gleichen; einige dieser Hindernisse sollen zwar (wie die anderen auch) die Eheschließung verhindern, und es ist Pflicht des Standesbeamten, der sich sonst strafbar macht, zu sorgen, daß solche verbotswidrige Ehen nicht eingegangen werden; wenn aber die Ehe dennoch geschlossen ist, so ist sie gültig. Andere Hindernisse dagegen machen die geschlossene Ehe *rechtsungültig*; das Gesetz unterscheidet dann aber zwischen *nichtigen* und bloß *anfechtbaren* Ehen. Welche Eheverbote kraft ausdrücklicher Gesetzesvorschrift eine Nichtigkeit oder eine Anfechtbarkeit der Ehe zur Folge haben, und was diese Nichtigkeit oder Anfechtbarkeit bedeutet, ist nachstehend im einzelnen dargelegt; *alle anderen* Eheverbote sind solche, die eine Ungültigkeit der trotz des Hindernisses etwa geschlossenen Ehe *nicht zur Folge haben*; insbesondere ist eine Ehe nicht deshalb ungültig, weil die Verlobten das ehemündige Alter (oben 1 a) noch nicht erreicht hatten.

a) *Nichtige Ehen* (1323—1329). Eine Ehe wird als *gar nicht geschlossen* angesehen, hat also keinerlei rechtliche Wirkungen, wenn die gesetzlich vorgeschriebene *Form der Eheschließung* nicht beobachtet *und* die Ehe auch nicht in das Heiratsregister eingetragen ist (sogenannte Nichtehe). Liegt dagegen nur der eine oder andere dieser beiden Mängel vor oder ist die Ehe aus einem *anderen* vom Gesetz aufgezählten Grund (siehe nachstehend) nichtig, so wird nichtsdestoweniger die Ehe nicht ohne weiteres als nicht bestehend behandelt, sondern die Nichtigkeit muß (solange die Ehe nicht anderweitig, durch Tod oder Scheidung, gelöst ist) erst auf Grund einer *Nichtigkeitsklage* in einem besonderen Verfahren durch richterliches Urteil *festgestellt* werden; es kann sich niemand, ehe die Ehe durch ein solches Urteil für nichtig erklärt ist, auf die Nichtigkeit der Ehe berufen; die Ehe wird also bis zur Nichtigkeitserklärung durch richterliches Urteil als *gültig behandelt*. Die Nichtigkeitsklage kann nicht nur von jedem Ehegatten, sondern auch vom Staatsanwalt, sowie von jedem anderen erhoben werden, für den von der Nichtigkeit der Ehe ein Recht oder von der Ungültigkeit der Ehe eine Verpflichtung *abhängt* (z. B. ein Recht auf Unterhaltsgewährung, ein Recht aus dem ehelichen Güterverhältnis oder aus der elterlichen Gewalt).

Ein Grund der Nichtigkeit ist oben schon erwähnt: wenn die Ehe zwar im Heiratsregister eingetragen, aber nicht in gehöriger Form vor dem Standesbeamten geschlossen ist, d. h. die im § 1317 des Gesetzes vorgeschriebenen Formen nicht beobachtet sind. Der Paragraph lautet: „Die Ehe wird dadurch geschlossen, daß die Verlobten vor einem Standesbeamten persönlich und bei gleichzeitiger Anwesenheit erklären, die Ehe miteinander eingehen zu wollen. Der Standesbeamte muß zur Entgegennahme der Erklärungen bereit sein. Die Erklärungen können nicht unter einer Bedingung oder einer Zeitbestimmung abgegeben werden." Trotz eines diesbezüglichen Verstoßes ist jedoch die Ehe gültig, wenn sie in das Heiratsregister eingetragen worden ist und die Ehegatten nach der Eheschließung zehn Jahre oder, falls einer von ihnen vorher gestorben ist, bis zu dessen Tode, jedoch mindestens drei Jahre, als Ehegatten miteinander gelebt haben, ohne daß vorher eine Nichtigkeitsklage erhoben war.

Eine Ehe ist ferner nichtig, wenn einer der Ehegatten sich zur Zeit der Eheschließung im Zustande der *Bewußtlosigkeit* (z. B. Trunkenheit) oder vorübergehender *Störung der Geisteskräfte* befand oder gar *geschäftsunfähig* war. Wird der Ehegatte, der bei der Eheschließung geschäftsunfähig war, wieder geschäftsfähig oder hört die Bewußtlosigkeit oder die vorübergehende Störung der Geisteskräfte auf, so wird die an sich nichtige Ehe nachträglich gültig, und zwar so, daß sie nun von Anfang an als gültig angesehen wird, wenn der geschäftsunfähig usw. gewesene Gatte die Ehe *bestätigt*, d. h. in nicht mißverständlicher Weise zu erkennen gibt, daß er die Ehe als zu Recht bestehend angesehen wissen wolle. Einer besonderen Form bedarf diese Bestätigung nicht; sie muß aber erfolgen, ehe die Ehe durch Urteil für nichtig erklärt oder (durch den Tod des anderen Ehegatten oder durch Scheidung) aufgelöst worden ist. Ist der betreffende Ehegatte noch *minderjährig* oder sonst in der Geschäftsfähigkeit beschränkt, so bedarf er zur Bestätigung der Ehe der Einwilligung seines gesetzlichen Vertreters, widrigenfalls die Ehe anfechtbar bleibt.

Eine Ehe ist auch dann nichtig, wenn einer der Ehegatten zur Zeit der Eheschließung *bereits verheiratet* war, vorausgesetzt, daß die frühere Ehe eine gültige ist; ist dies nicht der Fall, so ist die zweite Ehe gültig. Ist die zweite Ehe aus dem ebengenannten Grunde einmal nichtig, so wird sie auch dadurch nicht gültig, daß etwa der erste Ehegatte des doppelt verheirateten Gatten hinterher stirbt.

Auch die zwischen *Eltern* (Großeltern usw.) und *Kindern*, zwischen *vollbürtigen* und *halbbürtigen Geschwistern* oder zwischen *Stief- oder Schwiegereltern und -Kindern* dem Verbote zuwider (s. oben 1 e) geschlossene Ehe ist nichtig, dagegen nicht eine zwischen Adoptivverwandten unzulässigerweise geschlossene Ehe.

Endlich ist die Ehe nichtig, wenn sie wegen Ehebruchs verboten war (oben 1 f). Wird aber, was zulässig ist, nachträglich Befreiung (Dispensation) von dem Eheverbot wegen Ehebruchs bewilligt, so wird die Ehe von Anfang an als gültig angesehen.

b) *Anfechtbare Ehen* (1330—1347). Während eine ungültige Ehe, die vom Gesetz als nichtig bezeichnet wird (siehe vorstehend a), von jedem der Ehegatten, vom Staatsanwalt, ja sogar von anderen Personen im Hinblick auf ein Privatinteresse angefochten und ihre Nichtigkeitserklärung herbeigeführt werden kann, gibt es eine andere Art ungültiger Ehen, die das Gesetz als *anfechtbare* bezeichnet; hinsichtlich *dieser* Ehen steht nur dem anfechtungsberechtigten Ehegatten oder seinem gesetzlichen Vertreter das Recht zu, auf Ungültigkeitserklärung anzutragen; allein das Interesse des verletzten Ehegatten hat darüber zu entscheiden, ob die Ehe aufrecht erhalten werden soll oder nicht. Solange die Ehe nicht angefochten wird, wird sie als gültig angesehen; erfolgt dagegen die Anfechtung, so gilt die Ehe von Anfang an als ungültig. Im einzelnen gilt darüber folgendes:

Hat ein Minderjähriger ohne Einwilligung seines gesetzlichen Vertreters (Vaters, Vormundes usw.) geheiratet (s. oben 1 b), so kann er die Ehe hinterher als ungültig anfechten. Dasselbe gilt, wenn eine sonst in der Geschäftsfähigkeit beschränkte Person, z. B. ein wegen Verschwendung u. dergl. Entmündigter, eine Ehe geschlossen hat. Auch der, welcher im Zustande völliger Geschäftsunfähigkeit eine Ehe eingegangen ist (s. oben 1 b), aber hinterher die an sich nichtige Ehe „bestätigt" hat (s. vorstehend unter 2a), kann die Ehe als ungültig anfechten, wenn er zur Zeit der Bestätigung minderjährig oder sonst in der Geschäftsfähigkeit beschränkt war und zur Bestätigung die Einwilligung seines gesetzlichen Vertreters nicht gehabt hat. Das Gesagte findet ferner Anwendung, wenn ein Vormund sein Mündel (oder ein Sohn, Enkel usw. des Vormundes dessen Mündel) geheiratet hat, ohne daß ein zu diesem Zweck bestellter Pfleger die Einwilligung erteilt hat; denn in diesem Falle hat das Mündel des ihm durch das Gesetz gewährten Schutzes entbehrt; es ist daher berechtigt, die Ehe als ungültig anzufechten. Genehmigt der gesetzliche Vertreter (Vater, Vormund usw.) nachträglich die Heirat oder die Bestätigung der ursprünglich nichtigen Ehe, so wird dadurch die Ehe rechtsgültig und ist nicht mehr anfechtbar; dasselbe gilt, wenn der zur Anfechtung der Ehe berechtigte Ehegatte, nachdem er volljährig geworden ist oder sonst die volle Geschäftsfähigkeit wiedererlangt hat, selber die Ehe hinterher als rechtsgültig anerkennt (bestätigt). Die Genehmigung zu der bereits geschlossenen Ehe kann der minderjährige oder sonst in der Geschäftsfähigkeit beschränkte Ehegatte, wenn sie ohne triftigen Grund von dem Vormunde verweigert wird, dadurch herbeiführen, daß er sich an das Vormundschaftsgericht wendet, das an Stelle des Vormundes die Genehmigung erteilt, wenn die Aufrechterhaltung der Ehe im Interesse des Ehegatten liegt. Verweigert dagegen der Vater (die Mutter) in der Eigenschaft als gesetzlicher Vertreter des minderjährigen usw. Ehegatten die nachträgliche Genehmigung zur Heirat, so hat der Ehegatte kein Recht, gegen sie das Gericht anzurufen; die Ehe kann vom Vater (der Mutter) als gesetzlichem Vertreter angefochten werden.

Hat eine der Personen, welche miteinander eine Ehe geschlossen haben, bei der Eheschließung nicht gewußt, daß es sich um eine Eheschließung handle, oder hat sie dies zwar gewußt, aber nicht den Willen gehabt zu erklären, daß sie die Ehe eingehen wolle (Fälle, die zwar selten eintreten werden, aber immerhin bei Tauben, Stummen oder Personen, die der deutschen Sprache nicht mächtig sind, vorkommen können), so kann der betreffende Ehegatte, der die Ehe gar nicht hat eingehen wollen, die geschlossene Ehe als ungültig anfechten, wenn er nicht nach der Entdeckung des Irrtums die geschlossene Ehe als gültig anerkannt (bestätigt) hat.

Eine Ehe kann auch angefochten werden, wenn sich einer der Ehegatten bei Eingehung der Ehe in einem wesentlichen Irrtum befunden hat. Vor allem ist dies der Fall, wenn er über die Person desjenigen, mit dem er die Ehe geschlossen hat, im Irrtum gewesen ist. Selbstverständlich kann nicht jeder sonstige Irrtum eines Ehegatten über die persönlichen Eigenschaften oder Verhältnisse des anderen ihn hinterher berechtigen, die Ehe als ungültig anzusehen. Das Gesetz gestattet die Ungültigkeitserklärung aus solchen Gründen nur dann, wenn der eine Ehegatte sich über solche persönlichen Eigenschaften des anderen geirrt hat, die ihn bei Kenntnis der Sachlage und bei verständiger Würdigung des Wesens der Ehe von der Heirat abgehalten haben würden. Im einzelnen besteht eine umfangreiche Judikatur über die Auslegung der vom Gesetz aufgestellten Begriffe. Kasuistisch kann hier nur erwähnt werden, daß Irrtum über Vermögensverhältnisse im allgemeinen kaum Anfechtungsrecht gewährt, es sei denn, daß falsche diesbezügliche Angaben einen Rückschluß auf die Charaktereigenschaften zulassen und sodann diese als persönliche Eigenschaften in krassen Fällen das Anfechtungsrecht ergeben. Anders dagegen vorehelicher, sittenwidriger Lebenswandel, Jungfräulichkeit der Braut, Beiwohnungs- und Gebärunfähigkeit, schwere ansteckende Krankheit u. dergl. Die Anfechtung der Ehe ist nicht mehr statthaft, wenn der Berechtigte nach der Entdeckung des Irrtums die Ehe als rechtsgültig anerkannt (bestätigt) hat.

Ist jemand zu einer Heirat durch arglistige Täuschung über solche Umstände veranlaßt worden, die ihn bei Kenntnis der Sachlage und bei verständiger Würdigung des Wesens der Ehe von der Heirat abgehalten haben würden, so kann der getäuschte Ehegatte die Ehe gleichfalls als ungültig anfechten. Ist die Täuschung nicht von dem anderen Ehegatten verübt worden, so kann die Ehe nur dann angefochten werden, wenn dieser die Täuschung bei der Eheschließung gekannt hat. Eine Anfechtung bloß aus dem Grunde, weil ein Ehegatte über die Vermögensverhältnisse des anderen sich getäuscht hat, ist unstatthaft (vergl. aber vorstehenden Absatz).

Auch eine durch widerrechtliche Drohung zustandegekommene Ehe kann angefochten werden, einerlei, ob die Drohungen von dem anderen Ehegatten oder von anderen Personen ausgegangen sind. Ausgeschlossen ist die Anfechtung jedoch, wenn der zur Anfechtung Berechtigte nach der Entdeckung der Täuschung oder dem Aufhören der Zwangslage die Ehe als gültig anerkannt (bestätigt) hat.

Endlich ist eine Anfechtung zulässig, falls nach einer Todeserklärung der überlebende Ehegatte eine neue Ehe eingegangen ist, jedoch später sich herausstellt, daß der für tot erklärte Ehegatte noch lebt. Jeder Teil der neuen Ehe kann, sofern er bisher keine Kenntnis von dem Leben des früheren Ehegatten hatte, sodann die neue Ehe anfechten, solange er nicht nunmehr die Ehe bestätigt oder diese bereits durch den Tod des anderen aufgelöst ist. Kein Anfechtungsrecht steht dagegen dem fälschlich für tot erklärten früheren Ehegatten zu. Die Anfechtung der Ehe muß im Wege der gerichtlichen Anfechtungsklage durch den zur Anfechtung berechtigten Ehegatten geschehen. Nur der verletzte Ehegatte selbst hat, abgesehen vom Falle der Wiederverheiratung, infolge Todeserklärung des ersten Ehegatten, das Recht, wenn ein gesetzlicher Anfechtungsgrund vorliegt, die Ungültigkeitserklärung seiner Ehe durch Anfechtungsklage herbeizuführen; er bedarf dazu, wenn er minderjährig oder sonst nur beschränkt geschäftsfähig ist, der Zustimmung seines gesetzlichen Vertreters (Vaters, Vormundes usw.) nicht. Der Vertreter seinerseits kann nicht aus eigener Machtvollkommenheit im Interesse des Minderjährigen usw. die Anfechtungsklage erheben. Nur wenn die Ehe deshalb angefochten werden soll, weil sie ohne Einwilligung des gesetzlichen Vertreters geschlossen (oder nachher bestätigt) ist, kann nicht der anfechtungsberechtigte Ehegatte selbst, solange er minderjährig oder sonst in der Geschäftsfähigkeit beschränkt ist, sondern nur sein gesetzlicher Vertreter die Anfechtungsklage erheben. Ist der anfechtungsberechtigte Ehegatte geschäftsunfähig, z. B. wegen Geisteskrankheit entmündigt, so kann zwar sein gesetzlicher Vertreter für ihn das Anfechtungsrecht ausüben; er bedarf dazu aber der Genehmigung des Vormundschaftsgerichts.

Die Anfechtung einer ungültigen Ehe wird dadurch nicht ausgeschlossen, daß die Ehe, bevor eine Anfechtungsklage erhoben ist, durch den Tod gelöst wird. War freilich der verstorbene Ehegatte der zur Anfechtung berechtigte Teil, so ist mit seinem Tode das Anfechtungsrecht erloschen; seine gesetzlichen Erben oder sonstige Personen können nicht statt seiner die Ehe anfechten, selbst wenn sie wegen der vermögensrechtlichen Folgen der Ehe ein dringendes Interesse daran hätten. Das Anfechtungsrecht ist nicht vererblich. Anders, wenn dem verstorbenen Ehegatten das Anfechtungsrecht nicht zustand. In diesem Falle kann der überlebende Gatte, obwohl der Hauptzweck der Anfechtung, die Lösung der Ehe, schon erreicht ist, dennoch die Ehe anfechten (s. weiter unten), wenn er ein Interesse daran hat, daß die Ehe nicht mehr als gültig angesehen wird, sei es, um die vermögensrechtlichen Folgen der Ehe, z. B. eine bestehende Gütergemeinschaft, zu beseitigen, sei es aus anderen Gründen, z. B. weil die Ehefrau den Namen des verstorbenen Gatten nicht weiterführen will, weil nach seinem Tode ehrenrührige Handlungen von ihm bekannt geworden sind u. dergl. Ist die Ehe geschieden oder infolge Todeserklärung eines der Ehegatten gelöst, so ist eine Anfechtung der Ehe nicht mehr zulässig.

Liegt ein Grund vor, eine Ehe als rechtsungültig anzufechten, so steht es zwar im Belieben des Berechtigten (siehe oben), ob er von seinem Anfechtungsrecht Gebrauch machen will; er muß sich aber, damit nicht die Ungewißheit über den Fortbestand der Ehe zu lange währt, darüber binnen längstens sechs Monaten schlüssig machen. Läßt er diese Frist unbenutzt verstreichen, so ist sein Anfechtungsrecht erloschen. Die Frist beginnt in den Fällen, wo die Ehe wegen mangelnder Einwilligung des gesetzlichen Vertreters angefochten werden könnte, mit dem Zeitpunkt, in dem die Eingehung oder die Bestätigung der Ehe dem gesetzlichen Vertreter bekannt geworden oder der zur Anfechtung berechtigte Ehegatte volljährig geworden ist oder sonst die unbeschränkte Geschäftsfähigkeit wiedererlangt hat, in den übrigen oben erwähnten Fällen mit dem Zeitpunkt, wo der Ehegatte den Irrtum oder die gegen ihn begangene Täuschung entdeckt oder die Zwangslage aufgehört hat. Der Verlust des Anfechtungsrechts tritt aber nicht ein, solange der Anfechtungsberechtigte durch einen etwaigen Stillstand der Rechtspflege (z. B. infolge von Kriegsunruhen) oder in anderer Weise durch „höhere Gewalt" (Überschwemmung, Absperrungsmaßregeln wegen ansteckender Epidemien u. dergl.) an der Erhebung der Anfechtungsklage verhindert war. Ist der Ehegatte ohne gesetzlichen Vertreter (Vater, Vormund usw.), so beginnt die Frist erst, wenn er entweder selber unbeschränkt geschäftsfähig geworden ist oder eine gesetzliche Vertretung erhalten hat, es sei denn, daß er schon vorher prozeßfähig gewesen ist. Hat der gesetzliche Vertreter eines Ehegatten, der gänzlich geschäftsunfähig (z. B. wegen Geisteskrankheit entmündigt) ist, die Ehe nicht rechtzeitig als ungültig angefochten, so kann der Ehegatte selbst, wenn er später die Geschäftsfähigkeit wiedererlangen sollte, das Anfechtungsrecht in gleicher Weise noch ausüben, wie wenn er ohne gesetzlichen Vertreter gewesen wäre. Die Anfechtung der Ehe geschieht entweder durch Erhebung der Anfechtungsklage oder, wenn die Ehe schon durch den Tod gelöst worden, durch eine Erklärung des überlebenden Gatten vor dem Nachlaßgericht. Wegen des Näheren hierüber, sowie wegen der Wirkungen der Nichtigkeit einer Ehe anderen Personen gegenüber, wie im Verhältnis der Ehegatten zueinander, muß auf das Gesetz (§§ 1341—1347) verwiesen werden.

Eheliche Abstammung s. Ehelichkeit eines Kindes.

Eheliche Gemeinschaft, Aufhebung der, s. Ehescheidung 5.

Eheliche Kinder s. Ehelichkeit eines Kindes; Verhältnis zu den Eltern s. Eltern und Kinder.

Ehelicher Aufwand s. Eingebrachtes Gut der Frau 3 u. Gütertrennung.

Eheliches Güterrecht s. Eingebrachtes Gut der Frau, Gütergemeinschaft, Gütertrennung, Errungenschaftsgemeinschaft, Fahrnisgemeinschaft.

Eheliches Leben, Klage auf Herstellung des, s. Herstellung des ehelichen Lebens.

Ehelichkeit eines Kindes (1591—1600). **1.** Die Frage, ob ein in einer Ehe oder nach Auflösung der Ehe innerhalb gewisser Zeit geborenes Kind ehelich oder unehelich ist, kann nur von dem Manne allein gestellt und zur gerichtlichen Entscheidung gebracht werden. Wenn auch andere Personen (die Mutter, das Kind selbst, Verwandte usw.) ein dringendes Interesse an der Feststellung dieses Punktes haben können, so erkennt doch das Gesetz das Interesse des Mannes als desjenigen, der durch die Frage am nächsten berührt wird, als ausschlaggebend an; er allein hat darüber zu bestimmen, ob das Kind als ehelich gelten soll oder nicht; er kann das Kind selbst dann als sein eheliches Kind anerkennen, wenn ausreichende Beweise dafür vorliegen, daß es sein Kind nicht ist. Aber der Mann kann dem Kinde nicht die Ehelichkeit zu jeder Zeit und durch einfache Erklärung absprechen; es sind dafür durch das Gesetz bestimmte Formen — Anfechtungsklage oder Erklärung vor Gericht (siehe weiter unten) — vorgeschrieben; er verliert ferner sein Recht, dem Kinde die Ehelichkeit zu bestreiten, wenn er es nicht binnen bestimmter Frist ausübt oder wenn er das Kind einmal als eheliches anerkannt hat. (Über die Geltendmachung der Unehelichkeit des Kindes nach dem Tode des Mannes s. unten 3.)

Die Frage nach der Ehelichkeit oder Unehelichkeit eines Kindes kann nur aufgeworfen werden bei Kindern, die von der Mutter nach erfolgter Heirat oder innerhalb einer gewissen Zeit nach Auflösung der Ehe (durch Tod des Mannes, Scheidung) geboren sind. (Ein Kind, das vor der Hochzeit geboren ist, ist zunächst stets unehelich; es wird aber ehelich durch die Heirat der Eltern oder eine besondere „Ehelichkeitserklärung"; s. „Legitimation unehelicher Kinder".) Der Umstand, daß das Kind während bestehender Ehe oder bald nach Auflösung der Ehe geboren ist, beweist naturgemäß an und für sich nicht, daß der Ehemann der Vater des Kindes ist. Es ist die Möglichkeit nicht ausgeschlossen, daß das Kind von einem anderen als dem Ehemanne herrührt; diese Möglichkeit liegt insbesondere dann vor, wenn die Mutter nachweisbar während der „Empfängniszeit" (siehe unten) mit einem anderen als dem Ehemanne geschlechtlichen Verkehr gepflogen hat; andererseits ist aber nicht ausgeschlossen, daß der Ehemann trotzdem der Vater des Kindes ist. Da ein sicherer Beweis in dieser Richtung nicht erbracht werden kann (die neu entdeckte und ausgebildete Blutgruppenforschung wird noch umstritten, scheint jedoch einen negativen Vaterschaftsbeweis zuzulassen), so stellt das Gesetz, um den Nachweis der Ehelichkeit eines Kindes zu erleichtern oder ihn zu ersetzen, besondere Vorschriften auf. Es unterscheidet zunächst, ob das Kind in der Ehe oder schon *vor* der Ehe *empfangen* (gezeugt) ist. Die Empfängniszeit wird nach dem Tage der Geburt ermittelt. Als *Empfängniszeit*, d. h. als der Zeitraum, innerhalb dessen das Kind nach dem Naturgesetz von der Mutter empfangen sein muß, gilt die Zeit vom 181. bis zum 302. Tage vor dem Tage der Geburt des Kindes. Es ist also vom Tage der Geburt des Kindes an zurückzurechnen, wobei der Tag der Geburt selbst nicht mitgerechnet wird, der 182. und 302. Tag aber *eingerechnet* werden. Der Empfängniszeit ist mit Rücksicht auf das Interesse des Kindes und die Ehre der Mutter eine die regelmäßige Empfängniszeit weit überschreitende Ausdehnung gegeben, damit sie alle nach dem Stande der medizinischen Wissenschaft als möglich denkbaren Fälle einer ausnahmsweise langen oder kurzen Schwangerschaft mitumfaßt. Fällt hiernach die Empfängniszeit ganz oder teilweise in die Ehe, so ist kraft gesetzlicher Bestimmung das Kind *ehelich*, *es sei denn*, *entweder*, daß der Nachweis erbracht würde, daß der Mann in der in die Ehe fallenden Empfängniszeit der Frau nicht beigewohnt hat und seitens des Kindes (oder seines Vertreters) nicht erwiesen werden kann, daß der Mann während der etwa in die Zeit *vor* der Ehe fallenden Empfängniszeit der Mutter des Kindes beigewohnt hat, *oder* daß es den Umständen nach offenbar *unmöglich* ist, daß das Kind von dem Ehemanne herrührt (was unter Umständen auch aus der Reife des Kindes geschlossen werden kann (RG.)). Ob die Umstände es wahrscheinlich, ja fast gewiß machen, daß das Kind von einem anderen als dem Ehemanne erzeugt ist, bleibt unberücksichtigt; es muß die Unmöglichkeit der Erzeugung durch den Ehemann nachgewiesen werden. Fällt dagegen die Empfängniszeit in die Zeit *vor* der Ehe, so muß allerdings, wenn dem Kinde die Ehelichkeit bestritten wird, von ihm (dem Kinde) nachgewiesen werden, daß der Ehemann während der Empfängniszeit der Mutter beigewohnt hat; es gilt dann das Kind als ehelich, wenn nicht den Umständen nach die Erzeugung durch den Mann als *unmöglich* angesehen werden muß. Der oben bezeichnete Beweis wird dem Kinde erspart, wenn der Mann, ohne die Ehelichkeit des Kindes in förmlicher Weise (s. unten) angefochten zu haben, gestorben ist; es müßte in solchem Falle der, welcher die Ehelichkeit des Kindes anfechten wollte, seinerseits beweisen, daß der Ehemann während der Empfängniszeit der Mutter des Kindes *nicht* beigewohnt hat. Ist das Kind nach *geschehener Auflösung der Ehe* (durch Scheidung, Tod des Mannes) *geboren*, so ist es gleichfalls ehelich, wenn die Empfängniszeit (siehe oben) in die Zeit *vor* der Ehe oder in die Ehe fällt, es sei denn, daß dem Kinde nachgewiesen werden kann, daß der Ehemann während der Empfängniszeit der Mutter nicht beigewohnt hat oder daß sonst nach den Umständen es offenbar unmöglich ist, daß das Kind von dem Ehemanne herrührt. Ist das Kind *später als am 302. Tage nach Auflösung der Ehe* geboren, so fällt die Empfängniszeit nicht mehr in die Zeit der Ehe; das Kind ist deshalb nicht ehelich, d. h. nicht ehelich in bezug auf die *aufgelöste* Ehe.

2. *Anfechtung der Ehelichkeit.* Wie bereits dargelegt, ist es einzig und allein Sache des *Mannes*, ob er das von seiner Frau während der Ehe oder innerhalb 302 Tagen nach Auflösung der Ehe geborene Kind als ehelich anerkennen oder ob er ihm die Eigenschaft seines ehelichen Kindes bestreiten will (wie es sich mit dem Bestreiten der Ehelichkeit des Kindes *nach dem Tode* des Mannes verhält, darüber s. unten zu 3.). Will der Mann das Kind nicht als ehelich anerkennen, so muß er die Ehelichkeit des Kindes in der durch das Gesetz vorgeschriebenen Weise *anfechten*, nämlich durch Erhebung einer *Anfechtungsklage* (1596). Die Klage ist gegen das Kind (nicht gegen die Frau) zu richten, dem für den Rechtsstreit nötigenfalls ein *Pfleger* vom Gericht bestellt wird. Es wird alsdann durch gerichtliche Entscheidung ein für allemal festgestellt, ob das Kind ehelich ist oder nicht (ZPO. 643). Vor der Erledigung des Rechtsstreits kann die Unehelichkeit des Kindes von niemandem geltend gemacht werden. Wird die Klage zurückgenommen, so ist es, als wenn die Anfechtung der Ehelichkeit überhaupt nicht erfolgt wäre. Die Anfechtung der Ehelichkeit kann auch nach dem *Tode des Kindes* noch erfolgen; sie muß dann vom Manne dem Nachlaßgerichte (s. d.) mündlich (zu Protokoll) erklärt oder die Erklärung schriftlich, in öffentlich beglaubigter Form (s. „Form der Rechtsgeschäfte 3"), eingereicht werden (1597). Das Gericht hat die Erklärung sowohl den Personen, die im Falle der Ehelichkeit, als auch denen, die im Falle der Unehelichkeit Erben des Kindes sein würden, mitzuteilen; jedermann, der ein rechtliches Interesse daran hat, kann Einsicht von der Erklärung nehmen. *Die Anfechtung der Ehelichkeit ist aber an eine bestimmte Frist gebunden*; sie muß binnen *Jahresfrist* von dem Zeitpunkt an erfolgen, wo der Mann von der Geburt des Kindes Kenntnis erlangt hat. (Die für die Verjährungsfristen geltenden Bestimmungen der §§ 203 und 206 des Gesetzes [s. „Verjährung 2"] gelten auch für die ebengedachte Frist.) Die Anfechtung der Ehelichkeit des Kindes durch den Mann ist nicht dadurch bedingt, daß er wegen des von der Frau begangenen Ehebruchs auch die Ehescheidungsklage erhebt. Die Anfechtung kann nicht durch einen Vertreter des Mannes (Vater, Vormund usw.) erfolgen, wenn der Mann in der Geschäftsfähigkeit *beschränkt*, z. B. wegen Verschwendung oder wegen Trunksucht entmündigt ist; er selbst braucht, wenn er die Ehelichkeit eines Kindes anfechten will, die Zustimmung seines gesetzlichen Vertreters (Vaters, Vormundes) dazu nicht einzuholen. Ist dagegen der Mann völlig *geschäftsunfähig*, z. B. wegen *Geisteskrankheit* entmündigt (s. „Geschäftsfähigkeit 1"), so kann sein gesetzlicher Vertreter (Vater, Vormund usw.) zwar nicht aus eigener Machtvollkommenheit, aber doch mit Genehmigung des Vormundschaftsgerichts die Ehelichkeit eines Kindes anfechten.

Die Anfechtung der Ehelichkeit eines Kindes durch den Mann ist nicht nur dann ausgeschlossen, wenn die einjährige Frist (s. vorstehend) versäumt ist, sondern auch dann, wenn der Mann das Kind nach der Geburt einmal als das seinige anerkannt hat (1598). Es kann dann auch von niemand anders die Ehelichkeit des Kindes angefochten oder bestritten werden, selbst wenn der Beweis der Unehelichkeit zu führen wäre. Die Anerkennung durch den Mann muß allerdings in dem Sinne geschehen sein, daß er das Kind auf alle Fälle, selbst wenn es nicht sein Kind sein sollte, als ehelich hat anerkennen wollen. Die Anerkennung darf nicht unter einer Bedingung oder einer Zeitbestimmung geschehen sein. Die Anerkennung kann nicht durch einen Vertreter des Mannes erfolgen, also nicht durch seinen Vater oder Vormund, wenn er etwa in elterlicher Gewalt oder unter Vormundschaft steht; er selber kann die Ehelichkeit anerkennen, ohne seinerseits die Zustimmung des Vaters oder Vormundes dazu einholen zu müssen. Die Anerkennung kann auch stillschweigend erklärt werden; es kann sich aus irgendwelchen Umständen, aus Handlungen oder Unterlassungen, der Wille des Mannes, das Kind als eheliches anzuerkennen, zur Genüge ergeben (s. „Stillschweigende Willenserklärungen"). Die Anerkennung eines Kindes als eines ehelichen kann vor allem auch in einem Testament oder in einer sonstigen Verfügung von Todes wegen gültig erfolgen. Die Anerkennung ist auch nach dem Tode des Kindes noch möglich. Aber nur die Anerkennung nach der Geburt des Kindes hat die Rechtswirkung, daß die Ehelichkeit des Kindes nun nachträglich nicht mehr angefochten werden kann, selbst wenn sich später Beweise der Unehelichkeit ergeben. Ob die Anerkennung in dem Sinne erfolgt ist, daß das Kind auf alle Fälle als eheliches gelten solle, oder ob anzunehmen ist, daß der Mann bei der Anerkennung von der ihm selbstverständlich erscheinenden Voraussetzung ausgegangen ist, daß das Kind sein Kind sei, kann unter Umständen sehr schwer zu entscheiden sein; nichtsdestoweniger ist dieser Punkt ausschlaggebend für die Frage, ob der Mann trotz der Anerkennung dem Kinde hinterher die Ehelichkeit noch bestreiten könne. Die erfolgte Anerkennung der Ehelichkeit eines Kindes kann übrigens unter besonderen, gesetzlich bestimmten Umständen rückgängig gemacht (angefochten) werden. In welchen Fällen dieses zulässig ist, darüber ist das Nähere in dem Artikel „Anfechtung einer Willenserklärung wegen Irrtums usw." zu ersehen. Über das Verfahren bei der Anfechtung der Anerkennung gilt das, was über das Verfahren bei Anfechtung der Ehelichkeit eines Kindes oben dargelegt ist.

3. Wird die Ehelichkeit eines Kindes erst nach dem Tode des Mannes in Zweifel gezogen, so kann die Unehelichkeit nur dann geltend gemacht werden, wenn schon der Mann bei seinen Lebzeiten die Ehelichkeit in der vorgeschriebenen Weise (durch Anfechtungsklage oder Erklärung beim Nachlaßgericht) angefochten hatte oder doch bei seinem Tode das Anfechtungsrecht noch nicht, sei es durch Versäumung der Anfechtungsfrist oder durch Anerkennung des Kindes, verloren hatte (1593). Jeder, der ein Interesse daran hat, kann die Unehelichkeit geltend machen, wenn er die Voraussetzungen nachzuweisen vermag.

4. Aus den vorstehend mitgeteilten Gesetzesvorschriften über die Ehelichkeit eines Kindes können sich Zweifel ergeben, wenn eine Frau bald nach Auflösung der Ehe sich wieder verheiratet und darnach einem Kinde das Leben gibt, da nun der Fall eintreten kann, daß nach jenen Vorschriften das Kind sowohl als ein Kind des ersten Mannes als auch als Kind des zweiten Mannes anzusehen wäre. Um diesen Zwiespalt zu beseitigen, bestimmt das Gesetz, daß das Kind, wenn es innerhalb 270 Tagen nach der früheren Ehe geboren ist, als Kind des ersten Mannes, wenn es später geboren ist, als Kind des zweiten Mannes zu gelten hat (1600). Beispiel: Die erste Ehe der Mutter mit dem A. ist am 1. März 1906 getrennt. Die Mutter hat den B. geheiratet am 1. April 1906. Das Kind ist geboren am 15. Oktober 1906. Es müßte daher als eheliches Kind des A. gelten, da zwischen seiner Geburt und der Trennung der ersten Ehe weniger als 303 Tage liegen, mithin die Möglichkeit besteht, daß das Kind noch von A. erzeugt ist. Andererseits liegen zwischen der Eingehung der zweiten Ehe und der Geburt des Kindes mehr als 101 Tage, mithin müßte das Kind nach der vorhin mitgeteilten Gesetzesvorschrift als eheliches Kind des B. gelten, da ja die Möglichkeit besteht, daß es von B. gezeugt ist. Diesen Zwiespalt zu lösen, greift daher die letzterwähnte Bestimmung ein: Da am Tage der Geburt des Kindes seit der Trennung der ersten Ehe nur 229 Tage (weniger als 270 Tage) verflossen waren, gilt das Kind als Kind des ersten Ehemannes. Wäre dagegen das Kind am 1. Dezember 1906 geboren, wären mithin seit der Auflösung der ersten Ehe mehr als 270 Tage verflossen, so würde das Kind als Kind der zweiten Ehe gelten. — Der ebengedachte Zweifelsfall kann übrigens nur dann vorkommen, wenn die Mutter Befreiung von der Wartezeit (s. „Ehehindernisse 1 g") erlangt hat oder dem Verbote zuwider vor dem Ablaufe der Wartezeit zur zweiten Ehe geschritten ist.

5. Schließlich sei noch bemerkt, daß die eheliche Abstammung eines Kindes nach den deutschen Gesetzen beurteilt wird, wenn der Ehemann der Mutter zur Zeit der Geburt des Kindes ein Deutscher ist oder, falls er vor der Geburt des Kindes gestorben ist, zuletzt ein Deutscher war (EGBGB. 18).

Ehelichkeitserklärung, Legitimation unehelicher Kinder durch, s. Legitimation usw. 2.

Ehemündigkeit s. Ehehindernisse 1 a.

Eherechtsregister s. Güterrechtsregister.

Ehescheidung (1564—1587). **1.** Eine gültige Ehe kann nur durch richterlichen Urteilsspruch, nicht aber durch formloses Übereinkommen oder auf Grund etwaiger formeller Erklärungen aufgehoben werden. Das Gesetz zählt im einzelnen die zu einer Ehescheidungsklage (über eine bloße Aufhebung der ehelichen Gemeinschaft siehe unten 5.) berechtigenden Gründe auf. Sie zerfallen in absolute, kasuistisch aufgezählte Gründe sowie einen relativen auf eine allgemeine Formel gebrachten Grund, nämlich tiefe Zerrüttung des ehelichen Verhältnisses und dadurch herbeigeführte Unzumutbarkeit der weiteren Fortsetzung der Ehe. Nicht dagegen genügt unüberwindliche Abneigung, selbst wenn infolge dieser beide Teile Scheidung verlangen sollten. Die einzelnen Gründe sind:

a) Ehebruch oder Doppelheirat (Bigamie) oder widernatürliche Unzucht (§ 175 des Strafgesetzbuchs) des einen Gatten berechtigten den anderen zur Scheidungsklage, wenn er dem Ehebruch oder einer der andern vorbezeichneten Handlungen nicht etwa zugestimmt oder gar sich der

Teilnahme an diesen Handlungen schuldig gemacht hat. Das Wissen des anderen Gatten vom Ehebruch allein genügt nicht, um ihm das Klagerecht zu nehmen (RG.). Daß etwa der auf Scheidung klagende Teil selbst Ehebruch usw. begangen hat, schließt sein Recht, Scheidung zu verlangen, nicht aus.

b) Lebensnachstellung. Jeder Gatte kann auf Scheidung antragen, wenn der andere ihm nach dem Leben trachtet.

c) Bösliche Verlassung. Eine solche liegt vor, wenn ein Gatte sich ein Jahr lang gegen den Willen des anderen in böslicher Absicht von der häuslichen Gemeinschaft ferngehalten hat und während dieser ganzen Zeit (bis zum Erlaß des Urteils) entweder sein Aufenthalt unbekannt gewesen ist oder, wenn er sich im Auslande aufgehalten hat, die Zustellung einer gerichtlichen Ladung an ihn unausführbar gewesen ist oder die Unausführbarkeit doch nach Lage der Sache anzunehmen war. Ist dagegen ein Ehegatte zwar längere Zeit und anscheinend in böslicher Absicht abwesend, die Zustellung einer Ladung an ihn aber möglich, so muß der andere Gatte, ehe er auf Scheidung klagen kann, eine Verurteilung des Abwesenden zur „Herstellung der häuslichen Gemeinschaft", also zur Rückkehr und Fortsetzung des ehelichen Verhältnisses, im Prozeßwege erwirken. Erst wenn dies Urteil rechtskräftig geworden ist und der Abwesende nunmehr ein Jahr lang gegen den Willen des anderen Gatten in böslicher Absicht dem Urteile keine Folge geleistet hat, ist der andere zur Ehescheidungsklage berechtigt.

d) Schwere Verletzung der durch die Ehe begründeten Pflichten sowie ehrloses oder unsittliches Verhalten des einen Ehegatten berechtigen den anderen zur Ehescheidung, wenn durch dieses Verhalten des schuldigen Gatten eine so tiefe Zerrüttung des ehelichen Verhältnisses herbeigeführt ist, daß dem anderen die Fortsetzung der Ehe nicht zugemutet werden kann. Als schwere Pflichtverletzung gilt gesetzlich auch grobe Mißhandlung. Auch eine Mißhandlung, die an sich keine erheblichen Folgen für den verletzten Teil hat, kann sich als grobe kennzeichnen, wenn sie unter Umständen erfolgt, die den Verletzten durch die ihm zuteil gewordene Behandlung besonders tief heruntersetzen, z. B. wenn sie vor den Augen Untergebener geschieht (RG.). Was sonst alles unter diesen Scheidungsgrund fallen kann, läßt sich schlechthin nicht sagen; das Ermessen des Prozeßgerichts hat hier einen weiten Spielraum. Insbesondere ist nicht ausgeschlossen, daß in Berücksichtigung der Persönlichkeiten und der Lebensverhältnisse der Ehegatten auch eine nicht schwere Mißhandlung oder eine einfache Beleidigung (RG.) einen ausreichenden Scheidungsgrund abgibt. Als Ehescheidungsgründe können auf Grund dieser Bestimmung unter Umständen auch anzusehen sein: Umgang mit einer Person des anderen Geschlechts, der einen dringenden Verdacht ehelicher Untreue begründet; Weigerung der Aufnahme in die eheliche Wohnung; fortdauernde, ungerechtfertigte Versagung der ehelichen Pflicht; Unverträglichkeit und Zanksucht; Betreibung eines schimpflichen Gewerbes; länger dauernde Abwesenheit des Mannes, ohne sich um die Frau oder die Kinder zu kümmern und für deren Unterhalt zu sorgen (RG.); Trunksucht, Verschwendung u. dgl. mehr. Ob die Verurteilung eines Ehegatten wegen eines während der Ehe begangenen Verbrechens oder Vergehens, sei es mit oder ohne Aberkennung der bürgerlichen Ehrenrechte, zur Scheidungsklage berechtigt, ist ebenfalls schlechthin nicht zu sagen; das Gesetz stellt hier keine feste Grenze auf; es wird hauptsächlich darauf ankommen, ob die begangene Handlung von einer ehrlosen Gesinnung zeugt, die dem anderen Gatten die Fortsetzung des ehelichen Verhältnisses unerträglich macht. Die Verweigerung kirchlicher Trauung oder einer bestimmten kirchlichen Trauung wird dann jedenfalls als Ehescheidungsgrund anzusehen sein, wenn eine solche vor der standesamtlichen Eheschließung ausdrücklich versprochen oder doch anzunehmen ist, daß sie von dem anderen Teil als selbstverständlich betrachtet ist. — Das Recht des Klägers auf Ehescheidung wird an sich dadurch nicht ausgeschlossen, daß ihn selber dem anderen Teile gegenüber eine ebenso schwere und in gleicher Weise die Ehe zerrüttende Verschuldung trifft; letzteres kann aber freilich insofern doch von Wichtigkeit sein, als das Gericht daraus die Überzeugung gewinnt, daß der Kläger in Anbetracht seines eigenen Verhaltens an der Verschuldung des anderen Gatten nicht einen so schweren Anstoß nehmen könne, daß ihm die fernere Aufrechterhaltung der Ehegemeinschaft nicht anzusinnen sei (RG.).

e) Geisteskrankheit. Ein Ehegatte kann auf Scheidung klagen, wenn der andere Ehegatte in Geisteskrankheit verfallen ist, wenn ferner die Krankheit während der Ehe mindestens drei Jahre gedauert und einen solchen Grad erreicht hat, daß die geistige Gemeinschaft zwischen den Ehegatten aufgehoben, auch jede Aussicht auf Wiederherstellung dieser Gemeinschaft ausgeschlossen ist. Bloße Geistesschwäche ist dagegen kein Ehescheidungsgrund (RG.). Darüber, ob jede Heilung der Geisteskrankheit ausgeschlossen ist, hat das Gericht einen oder mehrere medizinische Sachverständige zu hören.

Das Recht des gekränkten Ehegatten auf Scheidung erlischt in allen vorgedachten Fällen mit Ausnahme des letzten Falles (der Geisteskrankheit) dadurch, daß er dem schuldigen Gatten die zur Erhebung der Scheidungsklage berechtigende Handlung verziehen hat. Die Verzeihung kann nicht nur ausdrücklich gewährt werden; es kann auch aus den Umständen der Schluß gezogen werden, daß die Schuld des Gatten vom anderen verziehen ist (insbesondere infolge erneuter Beiwohnung). Die Verzeihung ist der Ausdruck eines inneren Vorganges, durch den der verletzte Gatte zu erkennen gibt, daß er die Ehe nicht oder nicht mehr durch das Verschulden des anderen Teils für zerrüttet hält (RG.). Auch hier entscheidet das richterliche Ermessen.

2. Die Scheidungsklage muß in allen Fällen, mit Ausnahme des Falles der Geisteskrankheit, binnen sechs Monaten von dem Zeitpunkt an erhoben werden, in dem der Ehegatte von dem Scheidungsgrunde Kenntnis erlangt hat. Sind seit dem Eintritt des Scheidungsgrundes zehn Jahre verstrichen, so kann aus diesem Grunde eine Scheidung überhaupt nicht mehr verlangt werden, auch wenn der verletzte Gatte vor Ablauf dieser Frist keine Kenntnis von der Handlung des anderen gehabt hat. Die Frist läuft nicht, solange die häusliche Gemeinschaft der Ehegatten aufgehoben ist. Wird der zur Klage berechtigte Ehegatte von dem anderen Ehegatten aufgefordert, entweder die häusliche Gemeinschaft herzustellen oder die Klage zu erheben, so läuft die Frist von dem Empfange der Aufforderung an. Der Erhebung der Klage steht die Ladung zum Sühnetermine (siehe unten) gleich. Die Ladung verliert ihre Wirkung, wenn der zur Klage berechtigte Ehegatte im Sühnetermine nicht erscheint oder wenn drei Monate nach der Beendigung des Sühneverfahrens verstrichen sind und nicht vorher die Klage erhoben worden ist.

Ehe die Ehescheidungsklage erhoben werden kann, muß der zur Klage entschlossene Gatte beim Amtsgericht des Wohnorts des Mannes einen Sühnetermin beantragen, in dem er persönlich zu erscheinen hat, der aber als mißlungen angesehen wird, falls der andere Teil nicht erscheint. Nicht erforderlich ist ein Sühneversuch, wenn der Aufenthalt des verklagten Gatten unbekannt oder im Auslande ist oder etwa dem Sühneversuche ein anderes, schwer zu beseitigendes Hindernis entgegensteht, das von dem klagenden Gatten nicht verschuldet ist, oder wenn nach Lage der Sache (worüber der Vorsitzende des Landgerichts, bei dem die Scheidungsklage zu erheben ist, zu entscheiden hat) die Erfolglosigkeit des Sühneversuchs mit Bestimmtheit vorauszusehen ist. Ist der Gatte, der eine Scheidungsklage erheben will, noch minderjährig oder sonst in der Geschäftsfähigkeit beschränkt, so kann er selbständig, ohne Mitwirkung seines gesetzlichen Vertreters, klagen; für einen Ehegatten, der gänzlich geschäftsunfähig ist, muß der gesetzliche Vertreter mit Genehmigung des Vormundschaftsgerichts klagen. Dem Gericht ist durch das Gesetz zur Pflicht gemacht, unter Umständen das Prozeßverfahren, ehe auf die angebotenen Beweise näher eingegangen wird, auf eine gewisse Zeit, aber höchstens auf 2 Jahre, auszusetzen, wenn eine Aussöhnung der Ehegatten nicht gänzlich ausgeschlossen erscheint; es soll nicht sofort auf Ehescheidung erkannt werden, wenn auch die Scheidungsklage an sich begründet sein mag. Auf Antrag eines der Gatten kann das Gericht für die Dauer des Scheidungsprozesses das Getrenntleben der Ehegatten gestatten, ihre gegenseitige Unterhaltspflicht und ihre gegenseitigen Pflichten in bezug auf den Unterhalt der Kinder ordnen, sowie wegen der Sorge für die Person der gemeinschaftlichen minderjährigen Kinder (siehe unten 4), soweit es sich nicht um die gesetzliche Vertretung handelt, geeignete Anordnungen treffen. In dem Urteil, das auf Scheidung der Ehe lautet, muß ausgesprochen werden, wer der schuldige Teil ist. Wird die Ehe wegen Ehebruchs geschieden, so muß auch die Person, mit der der Ehebruch begangen ist, in dem Urteil festgestellt werden.

3. Folgen der Ehescheidung. Der Name der geschiedenen Frau (1577). Die geschiedene Frau kann ihren Familiennamen (Mädchennamen) wieder annehmen; eine geschiedene Ehefrau Müller geb. Meyer kann sich also Frau Meyer nennen. Auch daß sie sich Frau Meyer geschiedene Müller nennt, wird ihr nicht verboten werden können. War die Frau vor Eingehung der jetzt geschiedenen Ehe schon verheiratet gewesen, so kann sie auch den Namen wieder annehmen, den sie führte, als die jetzt geschiedene Ehe geschlossen wurde, also wenn sie damals verwitwet war, ihren Witwennamen; wenn sie geschieden war, den Namen des früheren, von ihr geschiedenen Mannes (falls sie diesen Namen damals führen durfte); diesen früher von ihr geführten Namen (des früheren Ehemannes) darf sie aber jetzt, nach der Ehescheidung, nur dann wieder annehmen, wenn sie nicht in dem jetzigen Ehescheidungsurteil für allein schuldig erklärt ist. In beiden vorgedachten Fällen, also sowohl wenn die Frau nach der Scheidung ihren Mädchennamen wieder annehmen will, als auch wenn sie einen etwaigen früheren Witwennamen oder den Namen eines früher von ihr geschiedenen Mannes wieder annehmen will, ist erforderlich, daß sie eine Erklärung, den früheren Namen wieder annehmen zu wollen, der zuständigen Behörde in öffentlich beglaubigter Form abgibt. Solange dies nicht geschehen ist, führt sie von Rechts wegen nach wie vor den Namen des von ihr geschiedenen Mannes. Sie hat das Recht, diesen Namen auch als geschiedene Frau weiterzuführen. Nur wenn sie in dem Ehescheidungsurteil allein für schuldig erklärt ist, ist der geschiedene Mann (nicht aber nach seinem Tode die Familie oder die Erben) berechtigt, ihr die Fortführung seines Namens zu untersagen; er kann dies sofort tun; aber auch später, da dieses Recht nicht verjährt. Auch dieses Verbot muß, um rechtswirksam zu sein, vom Manne der zuständigen Behörde gegenüber in öffentlich beglaubigter Form erklärt werden.

Entschädigung oder Unterhaltsanspruch des geschiedenen Gatten (1578 bis 1583). Der allein für schuldig erklärte Mann hat seiner geschiedenen Frau den standesmäßigen Unterhalt insoweit zu gewähren, als sie ihn nicht aus den Einkünften ihres Vermögens und (oder) aus dem Ertrage ihrer Arbeit bestreiten kann, wenn nach den Verhältnissen, in denen die Ehegatten gelebt haben, ein Erwerb durch Arbeit der Frau üblich ist. Die Frau braucht also ihr Stammvermögen zur Bestreitung ihres Unterhalts nicht anzugreifen. Ist dagegen die Frau der allein für schuldig erklärte Teil, so ist sie verpflichtet, dem Manne den standesgemäßen Unterhalt insoweit zu gewähren, als er außerstande ist, sich selbst zu unterhalten. Der Mann kann keinen Unterhalt von der geschiedenen Frau fordern, solange er noch Vermögen hat, das er zusetzen kann; die Unterhaltspflicht der Frau tritt erst ein, wenn er vermögenslos ist und das zum Lebensunterhalt Nötige durch Arbeit nicht mehr erwerben kann. Die Unterhaltsverpflichtung beider Gatten setzt ferner voraus, daß der Verpflichtete zum Unterhalt des anderen imstande ist; die Verpflichtung kann sich daher vermindern oder ganz aufhören, wenn die Vermögensverhältnisse des Verpflichteten sich verschlechtern. Ist er nicht imstande, bei Berücksichtigung seiner sonstigen Verpflichtungen ohne Gefährdung des eigenen standesmäßigen Unterhalts dem anderen Ehegatten den geschuldeten Unterhalt zu gewähren, so ist er berechtigt, von den zu seinem Unterhalt verfügbaren Einkünften zwei Dritteile, mindestens aber so viel, wie zu seinem notdürftigen Unterhalt erforderlich ist, für sich zu behalten und nur das übrigbleibende Dritteil dem geschiedenen Gatten zu überlassen (1579). Hat der unterhaltsverpflichtete geschiedene Gatte einem minderjährigen unverheirateten Kinde (oder mehreren) oder, wenn er sich wieder verheiratet hat, dem neuen Ehegatten Unterhalt zu gewähren, so beschränkt sich seine Verpflichtung dem geschiedenen Gatten gegenüber auf das, was unter Berücksichtigung aller Verhältnisse billigerweise von ihm verlangt werden kann; es muß hier nötigenfalls das richterliche Ermessen entscheiden; es kann darnach unter Umständen seine Unterhaltsverpflichtung ganz in Wegfall kommen (RG.). Verträge der Ehegatten über den Unterhaltsanspruch sind grundsätzlich nur nach rechtskräftiger Ehescheidung zulässig. Vor oder während des Schwebens der Scheidungsklage abgeschlossene können leicht zur Ungültigkeit verurteilt sein, sind jedenfalls stets unwirksam, soweit durch sie die Scheidung erleichtert werden sollte. — Der Unterhalt ist nicht in Natur zu leisten, sondern dem Berechtigten regelmäßig in Form einer Geldrente zu gewähren; der Betrag der Rente ist, wenn die Beteiligten sich nicht einigen, durch das Gericht festzusetzen. Der Verpflichtete ist zu einer Sicherheitsleistung für die pünktliche Zahlung der Rente verpflichtet, wenn eine solche nach den Umständen geboten ist. Eine Kapitalabfindung (statt der Rente) kann der Berechtigte nur aus besonderen Gründen verlangen; selbstverständlich können sich aber die Beteiligten über eine einmalige Geldabfindung des Berechtigten gültig einigen. Die Unterhaltspflicht hört auf, wenn der Berechtigte sich wieder verheiratet. Ist die zu zahlende Geldrente durch gerichtliches Urteil festgesetzt, so kann der Verpflichtete demnächst eine Abänderung des Urteils verlangen, wenn die Verhältnisse, die für die Bemessung der Rente maßgebend gewesen sind, sich wesentlich verändert haben sollten; geeignetenfalls kann er auch nachträglich Sicherheitsleistung oder Erhöhung der schon geleisteten Sicherheit fordern.

Stirbt der zur Gewährung des Unterhalts Verpflichtete, so geht seine Verpflichtung zur Rentenzahlung grundsätzlich auf seine Erben über; ihre Verpflichtung wird auch dadurch nicht gemindert oder gar aufgehoben, daß sich später ihre Vermögenslage etwa verschlechtert; doch muß sich der Berechtigte eine Herabsetzung der Rente bis auf die Hälfte der Einkünfte gefallen lassen, die der verstorbene geschiedene Gatte zur Zeit seines Todes aus seinem Vermögen gezogen hat.

Ist eine Ehe wegen Geisteskrankheit geschieden, so hat der Ehegatte dem Kranken Unterhalt in gleicher Weise zu gewähren wie ein für schuldig erklärter Ehegatte.

Herausgabe von Geschenken (1584). Ist einer der Ehegatten bei der Scheidung allein für schuldig erklärt, so muß er alles, was er von dem anderen Gatten während des Brautstandes oder der Ehe geschenkt erhalten hat, diesem auf Verlangen wieder herausgeben. Die Rückforderung ist jedoch nicht mehr zulässig, wenn seit der Rechtskraft des Scheidungsurteils ein Jahr verstrichen ist oder wenn der Schenker oder der Beschenkte gestorben ist, ohne daß er die Rückgabe verlangt hat. Die Herausgabe des Geschenkten geschieht nach den Vorschriften über die Herausgabe einer ungerechtfertigten Bereicherung (s. d.).

Erbrecht des geschiedenen Gatten. Mit der Scheidung fällt natürlich auch das gesetzliche gegenseitige Erbrecht der Ehegatten weg, da ein geschiedener Ehegatte kein Ehegatte mehr ist und als solcher daher nicht mehr erben kann. (Über die Wirkung, die bereits die erhobene Scheidungsklage auf das Erbrecht der Gatten hat, s. „Gesetzliche Erben 2".) Eine letztwillige Verfügung (Testament usw.), die ein Ehegatte oder Verlobter zugunsten des anderen gemacht hat, wird durch die Scheidung ungültig, wenn nicht aus besonderen Gründen anzunehmen ist, daß der Erblasser auch für den Fall einer Scheidung den anderen Gatten bedacht haben wollte (2077). Ebenso ist es, wenn die Verlobten oder Ehegatten sich in einem Erbvertrage (der auch mit einem Ehevertrage verbunden sein kann) zu Erben eingesetzt oder sonst bedacht haben. Das hinsichtlich des Vermögens der Ehegatten bestehende Rechtsverhältnis hört mit der Scheidung auf, mögen die Gatten nun nach dem gesetzlichen Güterrecht (s. „Eingebrachtes Gut der Frau") gelebt oder irgend ein anderes Güterrecht für ihre Ehe in einem Ehevertrage festgesetzt haben; es muß daher jetzt eine Vermögensauseinandersetzung zwischen den Gatten stattfinden. Diese Auseinandersetzung erfolgt nach den Vorschriften, die für das zwischen den Gatten bestehende Güterrecht besonders gegeben sind.

4. Verhältnis der geschiedenen Gatten zu den Kindern. Was das Verhältnis zwischen den geschiedenen Eltern und ihren (gemeinschaftlichen) Kindern anlangt, so wird dieses im großen und ganzen durch die erfolgte Scheidung nicht berührt; es bleiben die gegenseitigen Rechte und Pflichten, insbesondere die elterliche Gewalt, bestehen (s. darüber „Eltern und Kinder"). Einige Änderungen müssen aber doch naturgemäß eintreten. Welchem Elternteil die Sorge für die Person der Kinder, insbesondere ihre Erziehung, künftig zusteht und welche Rechte in bezug auf den persönlichen Verkehr mit den Kindern der andere Gatte hat, darüber ist in dem Artikel „Eltern und Kinder" das Nähere mitgeteilt. Die aus den allgemeinen gesetzlichen Vorschriften sich ergebende Verpflichtung der Eltern zum Unterhalt ihrer Kinder wird durch die Scheidung nicht berührt; es ist hierauf ohne Einfluß, welchem Elternteil die Erziehung des Kindes nach dem Gesetz zusteht. Hat hiernach der Mann einem Kinde Unterhalt zu gewähren, so muß er diesen zunächst aus den Einkünften des etwaigen Vermögens des Kindes, an dem er kraft seines elterlichen Rechts die Nutznießung hat, bestreiten. Reichen diese Einkünfte dazu nicht aus, so ist die geschiedene Frau verpflichtet, dem Manne einen angemessenen Beitrag zu diesen Kosten aus den Einkünften ihres etwaigen Vermögens, aus dem Ertrage ihrer Arbeit oder eines von ihr etwa selbständig betriebenen Erwerbsgeschäfts zu leisten (1585). Steht der geschiedenen Frau die Sorge für die Person (Erziehung usw.) des Kindes gesetzlich zu, so kann sie den von ihr zu leistenden Beitrag für die Kinder selber verwenden, wenn zu besorgen ist, daß der Mann das Geld pflichtwidrig zu anderen Zwecken verausgaben würde.

5. Keine Ehescheidung, aber Aufhebung der ehelichen Gemeinschaft (1575). Außer der eigentlichen Ehescheidung kennt das Gesetz auch eine mildere Form der Trennung von Ehegatten, nämlich die „Aufhebung der ehelichen Gemeinschaft", die besonders mit Rücksicht auf den katholischen Teil der Bevölkerung in das Gesetz aufgenommen ist. Die katholische Kirche erachtet eine eigentliche Ehescheidung, d. h. eine Trennung der Ehe dem Bande nach, nicht für statthaft; sie gestattet nur eine Trennung in der Weise, daß zwar die eheliche Gemeinschaft vollständig aufgehoben wird, aber die Gatten sich nicht wieder verheiraten dürfen (sog. beständige Trennung von Tisch und Bett). Das Gesetz will daher den katholischen Gatten die Möglichkeit gewähren, in solchen Fällen, wo die Ehe unhaltbar geworden ist, eine vollständige Trennung von dem anderen Gatten herbeizuführen, ohne daß sie genötigt sind, eine Klage auf förmliche Ehescheidung zu erheben und sich dadurch in einen Gegensatz zu den Geboten ihrer Religion zu setzen. Es kann hiernach ein Ehegatte (aber nicht bloß ein katholischer), der auf Scheidung der Ehe zu klagen berechtigt ist, statt auf Scheidung auf Aufhebung der ehelichen Gemeinschaft klagen. Es hat aber der verklagte Gatte das Recht, zu verlangen, daß, wenn die Klage für begründet erkannt werden sollte, das Urteil nicht auf Aufhebung der Ehe, sondern auf Scheidung lautet. Das Urteil muß, auch wenn es auf Aufhebung der ehelichen Gemeinschaft geht, aussprechen, welcher Gatte die Schuld an der Trennung trägt, oder daß beide Ehegatten die Schuld tragen (s. oben 3.). Ist auf Aufhebung der ehelichen Gemeinschaft erkannt, so kann später jeder Gatte auf Grund dieses Urteils die förmliche Scheidung verlangen, wenn nicht inzwischen, nach Erlaß des Urteils, die Gatten die eheliche Gemeinschaft tatsächlich wieder hergestellt haben. Die rechtlichen Folgen der Aufhebung der ehelichen Gemeinschaft sind die gleichen, wie die der eigentlichen Ehescheidung; nur ist den getrennten Ehegatten, da die Ehe formell (dem Bande nach) noch besteht, eine anderweitige Heirat verboten (1586). Nehmen die Gatten trotz der gerichtlichen Trennung später das eheliche Leben wieder auf, so gilt die Ehe im vollen Umfange als wieder hergestellt. Eine Wiederholung der Eheschließung ist nicht erforderlich; die Ehe gilt nun wieder als bestehend. Insbesondere tritt auch das gesetzliche Erbrecht der Ehegatten wieder in Kraft. Nur in bezug auf die Vermögensverhältnisse der Gatten gilt das Vorgesagte nicht. Durch die Aufhebung der ehelichen Gemeinschaft ist das Güterrecht der Ehegatten, wie es durch die Eheschließung begründet war, sei es das gesetzliche Güterrecht oder ein durch Ehevertrag festgesetztes besonderes Güterrecht (allgemeine Gütergemeinschaft usw.), endgültig aufgehoben; dies Güterrecht lebt, wenn die gerichtlich getrennten Gatten sich wieder vereinigen, von selbst nicht wieder auf, sondern die Vermögen der Gatten bleiben getrennt; es tritt nun zwischen ihnen von Rechts wegen Gütertrennung ein (1587). Diese Gütertrennung ist freilich andern Personen (Gläubigern usw.) gegenüber nur wirksam, wenn sie in das Güterrechtsregister eingetragen ist; solange die Eintragung nicht erfolgt ist, ist jedermann berechtigt, anzunehmen, daß die Gatten nach dem gesetzlichen Güterrecht leben.

Ehescheidung bewirkt Ungültigkeit des Testaments, s. Testament 5; hebt einen Erbvortrag auf, s. Erbvertrag 3; Folgen der, s. Ehescheidung 3.

Ehescheidungsgründe s. Ehescheidung 1; als Enterbungsgründe s. Pflichtteil 5.

Eheschließung (1316—1322). **1.** Eine Ehe kann in rechtsgültiger Weise nur vor einem Standesbeamten geschlossen werden. Vorher muß ein Aufgebot ergehen, das jedoch seine Kraft verliert, wenn die Ehe nicht binnen sechs Monaten nach der Vollziehung des Aufgebots geschlossen wird. Das Aufgebot muß von einem zuständigen Standesbeamten angeordnet werden, jedoch darf auf Grund einer schriftlichen Ermächtigung des zuständigen Standesbeamten die Ehe auch vor dem Standesbeamten eines anderen Bezirks geschlossen werden. Ehe der Standesbeamte das Aufgebot anordnet, müssen die Verlobten die zur Eheschließung gesetzlich notwendigen Erfordernisse als vorhanden nachweisen, also insbesondere die etwa nötigen Einwilligungen der Eltern, der gesetzlichen Vertreter usw. Unter welchen Voraussetzungen eine Ehe nur geschlossen werden darf, ist in dem Artikel „Ehehindernisse usw." näher dargelegt. Insbesondere müssen die Verlobten ihre Geburtsurkunden und die zustimmende Erklärung derjenigen, deren Einwilligung nach dem Gesetz erforderlich ist, in beglaubigter Form beibringen. Der Standesbeamte kann die Beibringung dieser Urkunden erlassen, wenn ihm die Tatsachen, die dadurch erwiesen werden sollen, persönlich bekannt oder sonst glaubhaft nachgewiesen sind; er ist auch berechtigt, den Verlobten eine eidesstattliche Versicherung über die Richtigkeit der Tatsachen abzunehmen, die durch die vorliegenden Urkunden oder die sonst beigebrachten Beweismittel ihm nicht hinreichend erwiesen scheinen. Das Aufgebot ist in der vorgeschriebenen Weise bekannt zu machen. Kommen Ehehindernisse (siehe den Artikel) zur Kenntnis des Standesbeamten, so muß er die Eheschließung ablehnen; gegen unberechtigte Ablehnung ist die Beschwerde an die vorgesetzte Behörde zulässig. Ohne vorgängiges Aufgebot darf der Standesbeamte die Eheschließung nur dann vornehmen, wenn ihm ärztlich bescheinigt wird, daß die lebensgefährliche Erkrankung eines der Verlobten einen Aufschub der Eheschließung nicht gestattet. Liegen andere Gründe vor, die ein Unterlassen des Aufgebots fordern, so kann von der dazu zuständigen Behörde, die von der Landesregierung zu bestimmen ist, auf Antrag Befreiung von dem Aufgebot bewilligt werden.

2. Die Eheschließung selbst erfolgt in der Weise, daß die Verlobten vor dem Standesbeamten persönlich und bei gleichzeitiger Anwesenheit erklären, daß sie die Ehe miteinander eingehen wollen. Der Standesbeamte richtet in Gegenwart zweier Zeugen an sie einzeln und nacheinander die Frage, ob sie die Ehe miteinander eingehen wollen, und erklärt nach erfolgter Bejahung dieser Fragen, daß sie kraft des Gesetzes nunmehr rechtmäßig verbundene Eheleute seien. Über die Eheschließung tauber, stummer oder solcher Personen, die der deutschen Sprache nicht mächtig sind, hat das Bürgerliche Gesetzbuch keine besonderen Bestimmungen getroffen; diese Personen können eine Ehe schließen, soweit zwischen ihnen und dem Standesbeamten eine genügende Verständigung möglich ist; landesgesetzliche Vorschriften können die Verhandlung mit solchen Personen näher regeln. Als Zeugen bei der Eheschließung sollen Personen, die die bürgerlichen Ehrenrechte nicht haben, sowie Minderjährige nicht zugezogen werden; dagegen können die Zeugen mit den Verlobten, mit dem Standesbeamten oder untereinander verwandt oder verschwägert sein. Über die erfolgte Eheschließung muß den Eheleuten sofort vom Standesbeamten eine Bescheinigung erteilt werden, deren sie für eine nachfolgende kirchliche Trauung bedürfen. Die Eheschließung ist vom Standesbeamten auch unverzüglich in das Heiratsregister einzutragen; diese Eintragung dient als Beweis der vollzogenen Ehe. Gleiche Beweiskraft haben Auszüge aus dem Heiratsregister, die als mit dem Register gleichlautend bestätigt und mit der Unterschrift und mit dem Dienstsiegel des Beamten versehen sind.

Die Eingehung einer Ehe wird, sofern auch nur einer der Verlobten ein Deutscher ist, in Ansehung eines jeden der Verlobten nach den Gesetzen des Staates beurteilt, dem er angehört, d. h. die Ehe ist nur dann gültig und darf also vom Standesbeamten nur dann vollzogen werden, wenn sie in bezug auf die gesetzlichen Erfordernisse einer Eheschließung (z. B. Ehemündigkeit der Brautleute, Genehmigung der Eltern oder gesetzlichen Vertreter und dgl.; vergleiche darüber „Ehehindernisse") sowohl nach dem Rechte des Heimatsstaates des Mannes als nach dem Rechte des Heimatsstaates der Frau Gültigkeit hat (E. 13). Dasselbe gilt, wenn zwei Ausländer in Deutschland eine Ehe schließen wollen; es müssen also in diesem Falle alle Vorbedingungen für die Schließung der Ehe nach dem Heimatsrecht eines jeden der Verlobten erfüllt sein. Dagegen bestimmt sich die Form einer Ehe, die innerhalb des Deutschen Reiches geschlossen wird, ausschließlich nach den deutschen Gesetzen.

Eheverbote s. Ehehindernisse.

Ehevermittlung s. Mäkler 1.

Eheversprechen s. Verlöbnis.

Ehevertrag (1432). Durch den Abschluß einer Ehe treten in den Vermögensverhältnissen der Ehegatten bestimmte Veränderungen ein, die als sog. gesetzlicher Güterstand im Gesetz eingehend geregelt sind. Das Gesetz gestattet es jedoch den Ehegatten, jederzeit ihre Vermögensverhältnisse nach ihrem freien Belieben anders zu ordnen und zu diesem Zweck einen Ehevertrag abzuschließen. Diese Regelung ist völlig in das freie Ermessen der Ehegatten gestellt; nur können sie nicht bestimmen, daß ein nicht mehr geltendes oder ein ausländisches Gesetz für ihre Vermögensverhältnisse maßgebend sein soll, es sei denn, daß der Mann zur Zeit der Heirat und der späteren Errichtung des Ehevertrages im Auslande wohnt; in diesem Falle kann das an seinem Wohnort geltende ausländische Recht von den Ehegatten für ihr geltendes Güterverhältnis angenommen werden.

Der Inhalt des Vertrages kann den gesetzlichen Güterstand bezeichnen, „den gesetzlichen Güterstand durch einen vom BGB. geregelten Güterstand ersetzen, diesen in den Einzelheiten ändern, den in der Ehe geltenden Ehestand aufheben". (Über Näheres vgl. HdR. Bd. 2 S. 158.) Wählen die Gatten einen vom Gesetz bereits geregelten Güterstand, d. h. allgemeine Gütergemeinschaft, Errungenschaftsgemeinschaft oder Fahrnisgemeinschaft, so bedarf es keiner ausdrücklichen Vereinbarung und Niederschrift aller Einzelheiten für die in Zukunft geltenden Bestimmungen, sondern es genügt lediglich die Angabe, daß einer der genannten Güterstände als vereinbart gelten soll. Zulässig ist jedoch, auch in diesen Fällen Einzelheiten abweichend zu regeln.

Der Abschluß des Ehevertrages sowie eines auf Abschluß eines solchen gerichteten Vorvertrages muß bei gleichzeitiger Anwesenheit beider Teile vor Gericht oder vor einem Notar erfolgen, jedoch ist eine Stellvertretung zulässig. Der in einem Prozeßvergleich aufgenommene Ehevertrag bedarf nur der für Prozeßvergleiche vorgeschriebenen Formen.

Einer Eintragung in das Güterrechtsregister bedarf der Vertrag grundsätzlich nicht, jedoch werden gutgläubige Dritte in ihrer Annahme des Bestehens des gesetzlichen Güterstandes, d. h. der Verwaltung und Nutznießung des Mannes, sowohl nach allgemeinen Vorschriften als auch nach § 1435 BGB. geschützt.

Ehrloser Lebenswandel als Enterbungsgrund s. Pflichtteil 5.

Eigenbesitz s. Besitz.

Eigenhändiges Testament s. Testament 2 B.

Eigenmacht, verbotene, s. Besitz 2. Vergleiche auch Selbsthilfe.

Eigenschaft, Fehlen einer erwarteten oder zugesicherten, bei gekauften usw. Sachen s. Gewährleistung wegen Mängel usw. 1.

Eigentum, Unterschied vom Besitz, s. Besitz; gemeinschaftliches, s. Miteigentum u. Gemeinschaft; an beweglichen Sachen, s. Bewegliche Sachen, Eigentum an; an Grundstücken, s. Grundeigentum u. Auflassung.

Eigentümerhypothek. Eigentümergrundschuld. Hypothek und Grundschuld (s. dort) unterscheiden sich dadurch, daß die erste mit einer persönlichen Forderung, z. B. Darlehnsforderung, verbunden ist, die letzte nicht. Befriedigt nun der Eigentümer den Gläubiger einer Hypothek z. B. durch Zahlung, so geht die persönliche Forderung zwar unter, sie erlischt, das dingliche Recht am Grundstück mit seinem Rang innerhalb der Hypothekenreihe bleibt nach den Bestimmungen des BGB. bestehen und geht als Grundschuld — Eigentümergrundschuld — auf den befriedigenden Eigentümer über; der Eigentümer kann diese alsdann als Grundlage für neuen Kredit verwerten, indem er sie entweder als Grundschuld oder unter Umwandlung in eine Hypothek für eine neue Schuld an einen anderen abtritt. Der Übergang tritt in allen Fällen ein, in denen die persönliche Forderung erlischt, sei es durch Befriedigung, Erlaß, Vereinigung mit dem Eigentumsrecht, z. B. wenn ein Gläubiger einer Hypothek das belastete Grundstück erwirbt (1163). Auch wenn ein anderer als der Eigentümer bezahlt, erwirbt der Eigentümer die Grundschuld mit Ausnahme der wenigen Fälle, wo die Forderung nach gesetzlicher Bestimmung auf den Zahlenden übergeht, z. B. auf den Bürgen (774). Die Hypothek steht auch dem Eigentümer als Grundschuld zu solange die Forderung nicht entstanden ist, z. B. solange der Darlehngeber den Darlehnsbetrag noch nicht ausgezahlt hat (1163), und ebenso wenn der Gläubiger auf die Hypothek, d. h. das dingliche Recht am Grundstück, verzichtet und sich mit der persönlichen Forderung begnügt (1165).

In einigen wenigen Fällen erwirbt der Eigentümer die Hypothek auch als solche, d. h. mit der Forderung. Man spricht dann von **Eigentümerhypothek**. Der Hauptfall ist der, wenn der Eigentümer, der nicht auch der persönliche Schuldner ist, den Gläubiger befriedigt (1143).

Der Nachweis für den Übergang der Grundschuld oder Hypothek auf den Eigentümer wird durch notariell oder gerichtlich beglaubigte Quittung, Erlaßerklärung, Verzichtserklärung usw. des Gläubigers geführt, für den Fall, daß die Hypothek nicht zur Entstehung gelangt ist, durch ein diesbezügliches Anerkenntnis des eingetragenen Berechtigten.

Eigentumsabwehrklage s. Eigentumsansprüche 1.

Eigentumsansprüche (Eigentumsklage, Eigentumsabwehrklage) (985—1007). Das Eigentum ist das Recht der allgemeinen Beherrschung der Sache. Aus diesem Recht an der Sache entspringt ein Anspruch des Eigentümers gegen jeden, durch dessen Verhalten der tatsächliche Zustand, der dem Inhalte des Eigentums entspricht, beeinträchtigt wird. Der Anspruch gestaltet sich verschieden, je nach der Art der Beeinträchtigung. Besteht er darin, daß der andere die Sache in Besitz hat, so geht er auf Herausgabe (Eigentumsklage vindicatio) (985), besteht sie in anderen Beeinträchtigungen des Eigentums, so geht sie auf Beseitigungen der Beeinträchtigung und Unterlassung weiterer Beeinträchtigungen (1004) (Eigentumsfreiheitsklage actio negatoria). Als dritter Anspruch kommt bei beweglichen Sachen noch der Anspruch auf Gestattung der Wegschaffung der Sache des Eigentümers von einem Grundstück hinzu (1005). Schuldhaftes Verhalten des Beklagten ist zur Begründung des Anspruchs nicht erforderlich.

Die Eigentumsklage auf Herausgabe der Sache kann auch mit der Eigentumsfeststellungsklage verbunden werden. Letztere kann auch selbständig erhoben werden, wenn ein Interesse des Klägers dafür vorliegt (§ 256 ZPO.). Die Eigentumsklage kann gegen den unmittelbaren und mittelbaren Besitzer (s. Besitz) gerichtet werden, also z. B. gegen den Mieter und den vermietenden Eigenbesitzer. Der unmittelbare Besitzer, z. B. der Nießbraucher, Mieter, kann unter Umständen durch Benennung des mittelbaren Besitzers, von dem er sein Recht herleitet, sich aus dem Prozeß ausschalten (§ 76 ZPO.). Die gegen den mittelbaren Besitzer ergehende Entscheidung wird dann allerdings auch gegen ihn wirksam. Schadensersatz kann gefordert werden, wenn der Beklagte sich einer unerlaubten Handlung schuldig gemacht hat (s. d.), gegen den beklagten Eigenbesitzer (s. Besitz) jedoch nur, wenn er sich den Besitz mit verbotener Eigenmacht (s. d.) oder durch strafbare Handlung verschafft hat (992). Im übrigen ist der Umfang der Herausgabepflicht, insbesondere soweit er die Nutzungen der Sache betrifft, eingehend geregelt. Von der Zeit der Rechtshängigkeit an hat jeder Besitzer die Nutzungen herauszugeben oder zu erstatten und für diejenigen, die er hätte ziehen können, aber schuldhafterweise nicht gezogen hat, Ersatz zu leisten. Wer zurzeit des Erwerbes des Besitzes nicht in gutem Glauben (s. d.) war oder später von seinem Nichtrecht erfährt, haftet schon vom Erwerbe bzw. der Kenntnis an, wie nach der Rechtshängigkeit (990). Derjenige, der den Besitz unentgeltlich, wenn auch gutgläubig erlangt hat, hat die vor der Rechtshängigkeit gezogenen Nutzungen nach den Vorschriften über die ungerechtfertigte Bereicherung herauszugeben (988). Sonst ist der redliche Besitzer weder zur Herausgabe von Nutzungen noch zum Schadensersatze verpflichtet, nur diejenigen Früchte hat er herauszugeben, die nach den Regeln einer ordnungsmäßigen Wirtschaft nicht als Ertrag der Sache anzusehen sind (993), aber nur soweit, als er dadurch noch bereichert ist. Für Verschlechterung und Untergang der Sache, die nach der Rechtshängigkeit der Eigentumsklage infolge Verschuldens des Besitzers entsteht, ist jeder Besitzer verantwortlich, für Verschlechterung und Untergang vorher nur der nichtredliche Besitzer von der Aufforderung zur Herausgabe ab. Tritt nach der Rechtshängigkeit Verschlechtung ein, so kann die Klage durch Ersatzforderung erweitert, tritt Untergang ein, in eine Schadensersatzklage geändert werden. Für notwendige Verwendungen auf die herauszugebende Sache, wozu allerdings die gewöhnlichen Erhaltungskosten nicht gehören, kann der Besitzer vom Eigentümer Ersatz verlangen, für andere Verwendungen nur, soweit sie vor der Rechtshängigkeit gemacht sind und der Besitzer sich in gutem Glauben befand, und nur in Höhe des Wertes, um den die Sache zurzeit der Herausgabe noch erhöht ist (994ff.). Bestandteile, die der Besitzer der Sache eingefügt hat, kann er wieder abtrennen und sich aneignen, sofern sie nach der Abtrennung noch einen Nutzen für ihn haben oder der Eigentümer sich nicht erbietet, ihm diesen Nutzen zu ersetzen (997). Der Eigentümer kann sich von dem Anspruche des Besitzers auf Ersatz der Verwendungen, so lange er diese nicht genehmigt hat, dadurch befreien, daß er die wiedererlangte Sache zurückgibt (1001). Bei Herausgabe von landwirtschaftlichen Grundstücken muß der Eigentümer auch die Bestellungskosten ersetzen, soweit sie auf die noch nicht abgeernteten Früchte entfallen (998). Bis zum Ersatz der Verwendungen hat der Besitzer ein Zurückbehaltungsrecht (s. dort) an der Sache, wenn er diese nicht durch eine vorsätzlich begangene unerlaubte Handlung erlangt hat. Wegen eines Befriedigungsrechts des Besitzers aus der Sache selbst s. § 1003. Der Anspruch des Besitzers auf Ersatz erlischt nach Ablauf eines Monats bei beweglichen Sachen und von 6 Monaten bei Grundstücken, wenn nicht vorher der Eigentümer die Verwendung genehmigt hat oder der Ersatzanspruch gerichtlich geltend gemacht ist.

Der Besitzer kann durch die Einrede, daß er dem Kläger gegenüber zum Besitze berechtigt sei, die Abweisung der Eigentumsklage herbeiführen (986). Diese Einrede kommt allen Besitzern zugute, die auf Grund eines dinglichen oder persönlichen Rechtes zum Besitze der Sache berechtigt sind, z. B. dem Nießbraucher, Mieter, Pächter, Leiher, nicht minder dem Käufer eines Grundstücks, dem dieses bloß übergeben, aber nicht aufgelassen ist. Die Einrede steht auch dem beklagten unmittelbaren Besitzer zu, der sein Recht von einem mittelbaren Besitzer ableitet, der dem Eigentümer gegenüber zum Besitze berechtigt ist, z. B. dem Mieter, der die Sache von einem Nießbraucher gemietet hat (986).

b) Die Eigentumsfreiheitsklage dient zum Schutze gegen alle Störungen des Eigentumsrechts, soweit sie nicht in Entziehung oder Vorenthaltung des Besitzes bestehen. Ein Recht braucht sich der Störer nicht anzumaßen, es genügt, daß er sich so benimmt, als ob ihm ein solches zustände. Ganz überwiegend handelt es sich um den Schutz von Grundstücken gegen unberechtigte Beeinträchtigungen, z. B. unberechtigtes Fahren über ein Grundstück. Einen Hauptfall bilden die Immissionen; Zuführung von belästigenden Dämpfen, Gerüchen usw. (s. Grundeigentum 2c). Die Klage geht auf Unterlassung der Störung, Beseitigung von störenden Anlagen und Strafandrohung für zukünftige Beeinträchtigung, soweit solche zu erwarten sind (§ 890 ZPO.). Solange sich jemand ein Recht nur wörtlich anmaßt, ist der Eigentümer auf die Feststellungsklage beschränkt, falls er ein Interesse an der Feststellung nachweist (§ 256 ZPO.). Der Anspruch ist ausgeschlossen, wenn der Eigentümer zur Duldung verpflichtet ist, z. B. auf Grund einer Grunddienstbarkeit das Fahren über das Grundstück dulden muß.

Die vorbesprochenen Klagen aus dem Eigentum stehen außer dem Eigentümer selbst nur einem etwaigen Erbbauberechtigten (1017), einem Nießbraucher (1065), einem Pfandgläubiger (1227) oder einem Berechtigten aus einer Grunddienstbarkeit (1027) oder einer beschränkten persönlichen Dienstbarkeit (1090) zu; anderen Personen nicht, insbesondere nicht einem Mieter oder Pächter. Der Mieter usw. muß sich daher bei Beeinträchtigungen seines Mietrechts durch andere Personen an seinen Vermieter usw. halten. Nur wenn jenen Personen ein Verschulden nachzuweisen ist, kann er auch direkt gegen sie auf Schadensersatz klagen (823).

2. Beweis des Eigentums. Wer als Eigentümer klagt, sei es auf Herausgabe der Sache oder auf Beseitigung der Beeinträchtigung seines Eigentums an der Sache, muß im Prozesse regelmäßig nachweisen, daß er das Eigentum an der Sache irgend einmal (zu irgend einer Zeit) erworben hat. Diese Regel wird aber durch einige Vermutungen (Rechtsvermutungen), die das Gesetz aufstellt, durchbrochen. Wer als Eigentümer eines Grundstücks (eines Hauses usw.) klagt, braucht sein Eigentum nicht besonders nachzuweisen, wenn er als der Eigentümer des Grundstücks im Grundbuche eingetragen ist (891); es ist Sache des

Gegners nachzuweisen, daß der Kläger fälschlich als Eigentümer eingetragen ist oder daß er das Eigentum nicht mehr hat usw. Bei beweglichen Sachen stellt dagegen das Gesetz ganz allgemein die Vermutung auf, daß der Besitzer der Sache auch deren Eigentümer ist (1006); wer also als angeblicher Eigentümer gegen einen Besitzer der Sache auf deren Herausgabe klagt, muß den Nachweis erbringen, daß er selber (nicht der Beklagte) Eigentümer der Sache ist. Hat er dagegen selber die Sache im Besitz und stellt er als Eigentümer wegen Beeinträchtigung seines Eigentums durch einen anderen gegen diesen eine Eigentumsfreiheitsklage an, so braucht er seinerseits sein Eigentum nicht zu beweisen; es ist Sache des Gegners zu beweisen, daß dem Kläger das Eigentum nicht zusteht. Die Vermutung, daß der Besitzer einer beweglichen Sache deren Eigentümer sei, gilt nur dann nicht, wenn der Gegner nachweist, daß die Sache ihm gestohlen, verlorengegangen oder sonst (ohne seinen Willen) abhandengekommen ist; in diesem Falle muß der Besitzer der Sache den Beweis führen, daß ihm die Sache gehört. Eine Ausnahme hiervon gilt wieder für Gelder und Inhaberpapiere; bezüglich dieser Sachen wird, auch wenn sie dem Gegner nachweislich gestohlen usw. sind, dennoch bis zum Beweise des Gegenteils vermutet, daß sie dem, der sie im Besitz hat, zu Eigentum gehören. Im Falle eines „mittelbaren" Besitzes (siehe unter „Besitz") gilt obige Vermutung für den mittelbaren Besitzer. Die besprochene Vermutung kommt übrigens auch zur Anwendung, wenn der Besitzer einer Sache persönliche Ansprüche auf Schadensersatz wegen einer unerlaubten Handlung oder auf Herausgabe einer ungerechtfertigten Bereicherung erheben will.

c) Klagerecht des früheren Besitzers (1007). Hat jedoch jemand den Besitz einer beweglichen Sache nicht in gutem Glauben (in schlechtem Glauben) erlangt, so kann er von jedem auf Herausgabe der Sache verklagt werden, der die Sache einmal im Besitz gehabt hat, wenn dieser (der Kläger) auch gar nicht Eigentümer der Sache ist. Es gehört also zur Begründung der Klage nur, daß der, welcher die Sache jetzt in Besitz hat, beim Erwerbe des Besitzes nicht in gutem Glauben gewesen ist (z. B. er hat die Sache ohne alle Befugnis an sich genommen, etwa dem Eigentümer gestohlen; oder er hat sie von jemandem gekauft und sich übergeben lassen, obwohl er wußte oder den Umständen nach annehmen mußte, daß der andere zum Verkaufe gar nicht berechtigt war) und daß der Kläger die Sache früher in Besitz gehabt hat, nicht bloß als Eigentümer, sondern z. B. auch als Mieter oder Pächter, als Leiher, als Finder usw. Daß der Beklagte beim Erwerbe nicht in gutem Glauben gewesen ist, muß der Kläger, wenn es nicht feststeht, natürlich beweisen. Ist aber jemandem eine Sache gestohlen, verloren gegangen oder sonst abhanden gekommen, so kann er, ohne sein Eigentum oder sein sonstiges Recht erst beweisen zu müssen, Herausgabe der Sache von dem, der sie in Besitz hat, fordern, selbst wenn dieser in gutem Glauben den Besitz erworben hat; Sache des Beklagten ist es dagegen, zu beweisen, daß er selber das Eigentum an der Sache erworben hat oder daß die Sache auch ihm vor der Zeit, wo der Kläger den Besitz erlangt hat, gestohlen, verloren gegangen oder sonst abhanden gekommen ist. Dieser Satz gilt jedoch wiederum nicht, wenn es sich um Geld oder Inhaberpapiere handelt. Der frühere Besitzer kann übrigens die Herausgabe nicht fordern, wenn er beim Erwerbe des Besitzes selbst nicht in gutem Glauben war oder wenn er den Besitz aufgegeben hatte, was aber der Beklagte wiederum beweisen muß. Im übrigen finden auf die Ansprüche aus früherem Besitze hinsichtlich der dem jetzigen Besitzer zustehenden Einwendungen, seiner Haftung für Nutzungen und Schäden sowie seiner Rechte wegen etwaiger Verwendungen auf die Sache die für den unter a vorstehend besprochenem Anspruch des Eigentümers auf Herausgabe der Sache geltenden Vorschriften entsprechende Anwendung.

Eigentumserwerb an beweglichen Sachen s. Bewegliche Sachen, Eigentum an; durch Ersitzung s. Ersitzung 1; an beweglichen Sachen bei Kaufleuten s. Handelsgeschäfte 2; an Grundstücken s. Grundeigentum u. Auflassung; an Erzeugnissen u. Bestandteilen s. Erzeugnisse u. Bestandteile usw.

Eigentumsklage s. Eigentumsansprüche usw.

Eigentumsnachweis der Frau s. Ehegatten 3.

Eigentumsvorbehalt beim Verkauf beweglicher Sachen s. Kauf und Verkauf 11.

Einbringung von Sachen in die Ehe s. Eingebrachtes Gut der Frau; von Sachen in ein Gasthaus s. Gastwirte usw. 1.

Einfriedigungen s. Grundeigentum 2 i; Unterhaltung durch den Pächter s. Pacht 1.

Eingebrachtes Gut der Frau. Gesetzlicher Güterstand (1363—1425). **1.** Durch die Eheschließung treten unmittelbare vermögensrechtliche Wirkungen ein, und zwar dergestalt, daß die güterrechtlichen Beziehungen sich nach dem zwischen den Gatten abgeschlossenen Ehevertrag richten oder aber bei Fehlen besonderer Abmachungen zwar jeder Ehegatte sein Vermögen für sich behält, aber da die Erträgnisse beider Vermögen fortan den Zwecken der Ehe zu dienen bestimmt sind, die Verwaltung des Frauenvermögens auch bei Minderjährigkeit der Ehefrau in die Hand des Mannes übergeht. Er hat das Recht, die Einkünfte dieses Vermögens zu ziehen, es zu nutzen, wogegen er aber auch die Lasten der Ehe allein zu tragen hat. Das Vermögen der Frau wird bis auf das „Vorbehaltsgut" (vgl. dies. Art.) zum „eingebrachten Gut". Dies ist im allgemeinen das Verhältnis zwischen den Ehegatten in Hinsicht ihres Vermögens; man nennt es das „gesetzliche Güterrecht" oder den „gesetzlichen Güterstand der Eheleute"; im einzelnen ist dies Verhältnis des näheren so geregelt, wie es im Nachfolgenden (2 bis 8) dargestellt ist.

2. Die Rechte des Mannes am eingebrachten Gute der Frau. (1363, 1372—1425.) Das Vermögen der Frau, auch das was die Frau erst nach der Heirat erwirbt, ist der Verwaltung und Nutznießung des Mannes unterworfen. Kraft dieses Rechts kann der Mann vor allem dieses Vermögen sogleich in Besitz nehmen; er muß dies sogar in seinem eigenen Interesse tun, da er nicht nur das Recht, sondern auch die Pflicht der Verwaltung dieses Vermögens hat und für Verluste usw. vom Zeitpunkt der Hochzeit an haftet (s. unten 8). Um späteren Unklarheiten und Streitigkeiten vorzubeugen, kann jeder Ehegatte jederzeit verlangen, daß der Vermögensbestand der Frau durch gemeinschaftliche Aufnahme eines Verzeichnisses festgestellt wird; auch muß der Zustand (die Beschaffenheit) der mitgebrachten Sachen auf Verlangen durch Sachverständige festgestellt werden. Das Verzeichnis muß mit Datum versehen und von beiden Gatten unterschrieben sein. Jeder kann amtliche Beglaubigung der Unterschriften oder

Aufnahme des Verzeichnisses durch eine zuständige Behörde oder einen zuständigen Beamten (Gerichtsvollzieher usw.) oder durch einen Notar verlangen, muß dann aber die hierdurch entstehenden Kosten allein tragen und auf Verlangen vorschießen.

Der Mann hat also das Recht und die Pflicht, das eingebrachte Vermögen seiner Frau ordnungsmäßig zu verwalten; er ist ihr mit seinem eigenen Vermögen dafür haftbar, daß er bei der Verwaltung dieselbe Sorgfalt anwendet, die er in eigenen Angelegenheiten anzuwenden pflegt. Im übrigen ist es in sein Ermessen gestellt, wie er das Ehegut am angemessensten und zweckentsprechendsten wirtschaftlich nutzbar machen will. Er hat aber nur das Recht der Verwaltung, nicht das Recht der Veräußerung; denn das seiner Verwaltung (und Nutzung) unterliegende Vermögen bleibt immer Vermögen seiner Frau, das bei Beendigung der Ehe zurückgegeben werden muß (s. unten 8). Der Mann darf daher nicht eigenmächtig über Gegenstände (Sachen, Forderungen, Wertpapiere, Rechte usw.), die zum eingebrachten Gut der Frau gehören, verfügen (sie verkaufen, verpfänden, abtreten usw.) (1375); er bedarf zu solchen Handlungen, durch die er über eingebrachtes Gut verfügt, der Zustimmung der Frau, widrigenfalls die Handlungen (der Verkauf, die Verpfändung usw.) für die Frau unverbindlich sind. Ist irgend ein Rechtsgeschäft, das der Mann nach dem eben Gesagten ohne Zustimmung der Frau nicht gültig vornehmen kann, im Interesse einer ordnungsmäßigen Verwaltung nötig und verweigert die Frau ihre Zustimmung, so kann das Vormundschaftsgericht auf Antrag des Mannes die Zustimmung (an Stelle der Frau) zu dem Geschäft erteilen (1379). Dasselbe gilt, wenn die Frau durch Krankheit oder Abwesenheit an der Abgabe einer Erklärung verhindert und mit einem Aufschube Gefahr verbunden ist. Hat der Mann ohne Einwilligung der Frau von deren Sachen verkauft, so kann die Frau die Sachen im Prozeßwege von den Käufern zurückfordern, soweit diese nicht etwa, weil sie die Gegenstände in gutem Glauben vom Manne erworben haben, gesetzlich Eigentümer der Sachen geworden sind (vergleiche darüber „Bewegliche Sachen, Eigentum an"). Dann bleibt der Frau allerdings nur der Schadensersatzanspruch gegen den Mann selbst. — Ausnahmsweise ist dem Manne die freie Verfügung eingeräumt über solche Sachen der Frau, die ihrer Natur nach nicht zum dauernden Gebrauch, sondern zum Umsatze bestimmt sind; das Gesetz bestimmt nämlich, daß der Mann zu folgendem der Zustimmung der Frau nicht bedarf (1376):

a) er kann über Geld und andere verbrauchbare Sachen der Frau frei verfügen, das Geld ausgeben (s. jedoch nachstehend), die Sachen veräußern usw. Was verbrauchbare Sachen sind, darüber siehe unter „Verbrauchbare Sachen";

b) er kann, wenn Forderungen gegen die Frau erhoben werden, die aus dem eingebrachten Gut berichtigt werden müssen, hiergegen mit Forderungen, die der Frau zustehen, aufrechnen (vergleiche „Aufrechnung");

c) er darf, wenn die Frau einen zum eingebrachten Gut gehörenden Gegenstand einem anderen verschuldet, diesen herausgeben.

Wenn der Mann nun aber auch diese (unter a bis c bezeichneten) Verfügungen über das Vermögen der Frau nach außen hin einseitig mit Rechtswirksamkeit vornehmen darf, so soll er es doch nur dann tun, wenn es zum Zweck ordnungsmäßiger Verwaltung nötig ist, und er ist der Frau gegenüber dafür verantwortlich (1377). Insbesondere hat er das der Frau gehörige Geld, wenn und soweit er dessen nicht in allernächster Zeit zur Bestreitung von Ausgaben bedarf, für die Frau verzinslich anzulegen, und zwar mit Ausnahme des Rechts auf jederzeitige freie Rückforderung nach denselben Vorschriften, die für einen Vormund gelten, wenn er Mündelgelder verzinslich anzulegen hat. Der Mann ist also, wenn er Kaufmann ist, ohne Einwilligung der Frau nicht befugt, ihr Barvermögen etwa in seinem Geschäfte anzulegen. Das Reichsgericht hat geradezu ausgesprochen: „Es ist ordnungswidrig und verstößt gegen die guten Sitten, wenn der Ehemann das Geld der Ehefrau ohne deren Zustimmung zur Bezahlung eigener Schulden verwendet, und der Empfänger handelt gegen die guten Sitten, wenn er sich wissentlich an dieser pflichtwidrigen Handlung beteiligt." Der empfangende Gläubiger ist daher der Frau dafür verantwortlich, wenn sie durch die Hingabe ihres Geldes geschädigt ist (812, 826). Verfährt der Mann mit dem Gelde der Frau den gesetzlichen Vorschriften zuwider und wird dadurch der Anspruch der Frau auf Rückerstattung ihres Geldes gefährdet, so kann sie von dem Manne Sicherheitsleistung verlangen; siehe unten 4). — Mit Einwilligung der Frau kann der Mann dagegen deren Geld in beliebiger Weise, auch in nicht mündelsicheren Papieren oder sonstigen Werten, insbesondere also auch im eigenen Geschäft, anlegen. Andere „verbrauchbare" Sachen als Geld darf der Mann für sich veräußern oder verbrauchen; er schuldet dann den Wert, den die Sachen bei der Veräußerung oder dem Verbrauch haben, der Frau und hat ihn ihr demnächst zu erstatten, wenn sein Verwaltungs- und Nutznießungsrecht an dem eingebrachten Gut beendigt ist; nur soweit die ordnungsmäßige Verwaltung es erfordert, ist der Ersatz schon früher von ihm zu leisten. Hat die Frau etwa bisher einen Handel oder ein sonstiges Erwerbsgeschäft betrieben, das sie selbst nicht weiterführen will, so kann der Mann das Geschäft in eigenem Namen und für eigene Rechnung weiterbetreiben, da er nach dem Vorstehenden berechtigt ist, die vorhandenen, der Frau gehörigen Waren (weil diese „verbrauchbare" Sachen im Sinne des Gesetzes sind) für sich zu veräußern. Gehört zu dem von der Frau eingebrachten Vermögen ein Grundstück samt Inventar, so kann der Mann, soweit dies bei einer ordnungsmäßigen Verwaltung üblich ist, frei über die einzelnen zum Inventar gehörigen Gegenstände (Vieh, Gerätschaften, Vorräte usw.) durch Verkauf usw. verfügen; er muß aber das Inventar vollständig erhalten, d. h. für den gewöhnlichen Abgang und für die nach den Regeln einer ordnungsmäßigen Wirtschaft ausscheidenden Stücke Ersatz beschaffen (1378). Die von ihm angeschafften Stücke gehen mit der Einverleibung in das Inventar ohne weiteres in das Eigentum der Frau über. Zur Ergänzung außergewöhnlicher Abgänge ist der Mann nicht verpflichtet; er würde aber z. B. im Falle eines Brandschadens seiner Frau zum Schadensersatz verpflichtet sein, wenn er das Inventar nicht versichert hätte, obwohl er regelmäßig seine Sachen versichert.

Das dem Mann zustehende Recht, das eingebrachte Gut zu verwalten und zu nutzen, berechtigt ihn nicht, auf Namen der Frau Verträge oder sonstige Rechtsgeschäfte zu schließen in der Weise, daß nun die Frau persönlich aus diesem Geschäfte verpflichtet wäre (1375). Er kann also z. B. nicht auf den Namen der Frau ein Kapital anleihen, so daß nun die Frau zur Rückzahlung des Geldes verpflichtet wäre und ihr Vermögen von dem Gläubiger in Anspruch genommen werden könnte. Mit anderen Worten: Der Mann ist nicht etwa in Rechtssachen der gesetzliche Vertreter seiner Frau in dem Sinne, wie ein Vormund gesetzlicher Vertreter seines Mündels ist und für dieses Verträge und Rechtsgeschäfte abschließen kann. Etwas anderes ist es, wenn der Mann namens der Frau, aber mit deren Zustimmung, einen Vertrag schließt; dann ist natürlich die Frau durch den Vertrag gebunden. Auch kann die Frau ein durch den Mann eigenmächtig in ihrem Namen abgeschlossenes Geschäft nachträglich genehmigen und dadurch für sich verbindlich machen.

Da dem Manne die Verwaltung des Frauenvermögens zusteht, so darf natürlich die Frau ihrerseits, obwohl sie Eigentümerin ist, nicht über Sachen dieses Vermögens ohne Zustimmung des Mannes verfügen. S. wegen des Näheren hierüber unten 5.

Sodann hat das Gesetz zum Schutz der Frau noch folgende besondere Bestimmungen: Erwirbt der Mann mit Mitteln der Frau (aus dem eingebrachten Gut) bewegliche Sachen, insbesondere auch Wertpapiere, so gehen diese erworbenen Gegenstände sofort in das Eigentum der Frau über, wenn nicht der Mann ausdrücklich erklärt hat oder sich sonst aus den Umständen ergibt, daß er die Sachen (Papiere) nicht für die Frau erwerben wollte (1381). Dasselbe gilt, wenn der Mann mit Mitteln des eingebrachten Gutes ein Recht an beweglichen Sachen oder ein anderes Recht erwirbt, zu dessen Übertragung auf einen anderen ein einfacher Abtretungsvertrag genügt. Dagegen gilt das Gesagte nicht, wenn der Mann aus den Mitteln der Frau etwa ein Grundstück oder ein Recht an einem Grundstück (z. B. eine Hypothek) oder ein Wertpapier auf seinen Namen erwirbt; hier wird der Mann Eigentümer, wenn er das Grundstück usw. nicht ausdrücklich auf den Namen der Frau gekauft hat, und die Frau hat nur einen Ersatzanspruch gegen ihn wegen ihres in seinem Nutzen verwendeten Geldes. Ferner gilt das Gesagte nicht, wenn der Mann das Gekaufte mit Mitteln aus dem etwaigen Vorbehaltsgut der Frau bezahlt; in diesem Fall wird die Frau nur Eigentümerin der gekauften Sachen, wenn der Mann sie auf ihren Namen gekauft oder sie nachher an sie zu Eigentum übertragen hat. — Eine ähnliche Vorschrift zugunsten der Frau gilt für den Fall, daß der Mann Haushaltsgegenstände an Stelle der von der Frau eingebrachten, nicht mehr vorhandenen oder wertlos gewordenen Stücke anschafft; auch diese Gegenstände gehen ohne weiteres in das Eigentum der Frau über und gehören fortan zum eingebrachten Gut, einerlei, ob der Mann sie auf eigenen Namen gekauft und von seinem eigenen Gelde bezahlt hat (1382). Zwar ist der Mann nach dem Gesetz nicht verpflichtet, das von der Frau eingebrachte Haushaltsinventar (Möbel, Betten, Gerätschaften usw.) auf seine Kosten in dem ihm bei der Verheiratung oder später übergebenen Bestande zu erhalten, abgängig werdende oder durch Zufall untergegangene Sachen zu ersetzen usw.; wenn er aber die abgehenden Stücke durch andere ersetzt, so gehen diese in das Eigentum der Frau über, ohne daß der Mann Ersatz des für die Anschaffung Aufgewendeten beanspruchen kann.

3. Das Nutznießungsrecht des Mannes. Tragung der Ehelasten. Erwerbsgeschäft der Frau. Das wichtigste Recht des Mannes an dem Vermögen der Frau (dem eingebrachten Gut) ist sein Nutznießungsrecht; er ist berechtigt, alle Einkünfte (Nutzungen) dieses Vermögens in derselben Weise zu ziehen, wie ein Nießbraucher die Nutzungen des seinem Nießbrauchsrecht unterliegenden Vermögens zu ziehen befugt ist. Zu dem Vermögen, an dem der Mann das Nutznießungsrecht hat, gehört daher beispielsweise auch eine der Frau zustehende Leibzucht (ein Altenteil, ein Ausgedinge); die einzelnen Leistungen stehen also dem Manne zu, so daß sie auch wegen seiner Schulden gepfändet werden können. Diesem Nutznießungsrechte des Mannes am Vermögen seiner Frau stehen aber gewisse Verpflichtungen gegenüber. Vor allem ist der Mann verpflichtet, den ehelichen Aufwand (die Ehelasten) zu tragen (1389); er hat also alle, die eheliche und Familiengemeinschaft betreffenden und ihren Zwecken dienenden Ausgaben (für den Unterhalt der Ehegatten und der Kinder, für Erziehung und Ausbildung der letzteren, aber auch für sonstige, den Verhältnissen der Familie entsprechende Zwecke, z. B. Wohltätigkeit, gesellige Veranstaltungen, Reisen usw.), zu tragen und aus seinen eigenen und den Mitteln des eingebrachten Gutes der Frau zu bestreiten. Die Frau kann gesetzlich verlangen, daß der Mann den Reinertrag des von ihr eingebrachten Vermögens, soweit dieser zur Bestreitung des Unterhalts der Ehegatten und der Kinder erforderlich ist, ohne Rücksicht auf seine etwaigen sonstigen Verpflichtungen zu diesem Zwecke auch verwendet; erst etwaige Überschüsse darf der Mann beliebig für eigene Zwecke verwenden. Kommt der Mann dieser Verpflichtung nicht nach, so kann die Frau ihr Recht im Prozeßwege gegen ihn geltend machen, in besonders schweren Fällen sogar auf Aufhebung der ihm zustehenden Verwaltung und Nutznießung klagen.

Der Mann muß außer den Kosten, die durch die Gewinnung der Nutzungen entstehen, die Kosten der Erhaltung der zum eingebrachten Gut gehörenden Gegenstände nach den für den Nießbrauch geltenden Grundsätzen tragen (1384). Der Mann hat ferner für die Dauer seiner Verwaltung und Nutznießung eine Reihe von Lasten zu tragen, die an sich der Frau obliegen. Das Gesetz bestimmt in dieser Beziehung:

Der Mann ist der Frau gegenüber verpflichtet, für die Dauer der Verwaltung und Nutznießung zu tragen (1385):

1. die der Frau obliegenden öffentlichen Lasten mit Ausschluß der auf dem Vorbehaltsgute ruhenden Lasten und der außerordentlichen Lasten, die als auf den Stammwert des eingebrachten Gutes gelegt anzusehen sind;
2. die privatrechtlichen Lasten, die auf den zum eingebrachten Gute gehörenden Gegenständen ruhen;
3. die Zahlungen, die für die Versicherung der zum eingebrachten Gute gehörenden Gegenstände zu leisten sind.

Der Mann ist der Frau gegenüber verpflichtet, für die Dauer der Verwaltung und Nutznießung die Zinsen derjenigen Verbindlichkeiten der Frau zu tragen, deren Berichtigung aus dem eingebrachten Gute verlangt werden kann (s. unten 6) (1386).

Das gleiche gilt von wiederkehrenden Leistungen anderer Art einschließlich der von der Frau auf Grund ihrer gesetzlichen Unterhaltspflicht geschuldeten Leistungen, sofern sie bei ordnungsmäßiger Verwaltung aus den Einkünften des Vermögens bestritten werden. Die Verpflichtung des Mannes tritt nicht ein, wenn die Verbindlichkeiten oder die Leistungen im Verhältnisse der Ehegatten zueinander dem Vorbehaltsgute der Frau zur Last fallen (s. unten 6 a. Schl.).

Der Mann ist der Frau gegenüber ferner zu tragen verpflichtet (1387):

1. die Kosten eines Rechtsstreits, in welchem er ein zum eingebrachten Gute gehörendes Recht geltend macht, sowie die Kosten eines Rechtsstreits, den die Frau führt, sofern nicht die Kosten dem Vorbehaltsgute zur Last fallen;
2. die Kosten der Verteidigung der Frau in einem gegen sie gerichteten Strafverfahren, sofern die Aufwendung der Kosten den Umständen nach geboten ist oder mit Zustimmung des Mannes erfolgt, vorbehaltlich der Ersatzpflicht der Frau im Falle ihrer Verurteilung.

Dieses alles sind, wie gesagt, an sich Schulden und Verbindlichkeiten der Frau, und sie haftet dafür auch selbst den Gläubigern nach wie vor; aber der Mann hat nicht nur, wenn die Frau gezahlt oder sonst geleistet hat, ihr das Gezahlte (Geleistete) zu erstatten, sondern er haftet auch (neben der Frau, als „Gesamtschuldner") den Gläubigern direkt auf Bezahlung oder sonstige Erfüllung der Verbindlichkeiten aus seinen eigenen Mitteln (1388).

Hat der Mann zum Zwecke der Verwaltung des eingebrachten Gutes Aufwendungen gemacht, die er den Umständen nach für erforderlich halten durfte, so kann er von der Frau Ersatz verlangen, wenn und soweit die Aufwendungen nach dem oben Gesagten ihm nicht selbst zur Last fallen (1390).

4. Auskunftserteilung des Mannes über seine Verwaltung. Sicherung der Frau. Damit die Frau beurteilen kann, ob die Verwaltung ihres Vermögens durch den Mann den gesetzlichen Vorschriften entspricht, kann sie vom Manne Auskunft über den gegenwärtigen Bestand ihres Vermögens und über den Stand der Verwaltung fordern (1375); sie kann sogar verlangen, daß er ihr ein vollständiges und genaues Verzeichnis ihres Vermögens anfertigt und vorlegt. Unter Umständen muß der Mann das Verzeichnis als richtig und vollständig beschwören. Das Recht auf Auskunftserteilung bezieht sich aber nur auf die „Substanz" des Vermögens, nicht auf die Nutzungen (Einkünfte), die der Mann aus dem Vermögen der Frau gezogen hat, da diese ihm selber zustehen. Die Frau kann das Verlangen um Auskunft jederzeit stellen; zu einer regelmäßigen Rechnungsablage über seine Vermögensverwaltung, ohne Verlangen der Frau, ist der Mann nicht verpflichtet (Rechnungsablage hat erst zu erfolgen, wenn das Verwaltungs- und Nutznießungsrecht des Mannes beendet ist; siehe unten 7).

Was die Sicherheit der Frau wegen ihres dem Manne zugebrachten Vermögens anbelangt, so ist sie durch die gesetzlichen Vorschriften unter gewöhnlichen Verhältnissen wohl ausreichend geschützt. Unter Umständen bedarf sie aber doch einer weitergehenden Sicherheit, daß ihr Vermögen nicht in der Hand des Mannes verloren geht. Das Gesetz bestimmt deshalb, daß die Frau von dem Manne eine besondere Sicherheitsleistung verlangen kann, wenn durch sein Verhalten die Besorgnis begründet wird, daß ihre Rechte in einer Weise verletzt werden, die das eingebrachte Gut erheblich gefährdet (1391). Dasselbe gilt, wenn die der Frau aus der Verwaltung und Nutznießung des Mannes zustehenden Ansprüche auf Ersatz des Wertes von sog. „verbrauchbaren" Sachen, die der Mann verkauft oder für sich verbraucht hat oder doch veräußern oder verbrauchen könnte, durch das Verhalten des Mannes oder wegen seiner Vermögenslage erheblich gefährdet sind, insbesondere auch, wenn der Mann Gelder der Frau, anstatt sie vorschriftsmäßig für sie verzinslich anzulegen, für sich selber verausgabt hat und in Vermögensverfall geraten ist oder zu geraten droht. Die der Frau geleistete Sicherheit kann von Gläubigern des Mannes oder in dessen Konkurse vom Verwalter nicht angefochten werden. In welcher Weise die von dem Manne zu bestellende Sicherheit zu beschaffen ist, darüber gelten die allgemeinen Grundsätze; man vergleiche darüber den Artikel „Sicherheitsleistung". Inhaberpapiere sowie Orderpapiere mit Blankoindossament müssen auf Verlangen hinterlegt oder auf den Namen der Frau umgeschrieben werden.

Im Interesse der Erhaltung des ehelichen Friedens ist es der Frau regelmäßig nicht gestattet, Ansprüche, die ihr gegen den Mann aus der ihm gesetzlich zustehenden Verwaltung und Nutznießung ihres eingebrachten Vermögens etwa zustehen, gerichtlich (im Wege der Klage usw.) geltend zu machen, ehe diese Verwaltung oder Nutznießung, sei es durch Trennung der Ehe oder aus einem sonstigen Grunde (s. unten 7) beendigt ist (1394). Nur wenn die Lage des Mannes eine derartige ist, daß sie wegen Gefährdung ihres Vermögens von ihm eine Sicherheitsleistung verlangen könnte, kann sie auch wegen anderer, ihr gegen den Mann bereits zustehender Ersatz- usw. Ansprüche gerichtlich gegen ihn vorgehen. Doch kann sie auch schon während der Verwaltung des Mannes ihren Anspruch darauf, daß er die Einkünfte ihres Vermögens zunächst zum Unterhalt der Familie verwende, nötigenfalls im Wege der Klage geltend machen.

5. Befugnisse der Frau hinsichtlich ihres eingebrachten Guts. Vermögensgeschäfte der Frau selbst (1395ff.). Wenn auch die Frau nach der jetzt geltenden Rechtsordnung selbständig und geschäftsfähig ist, insbesondere also Verträge jeder Art schließen, ein Handelsgeschäft oder ein Gewerbe betreiben, Prozesse führen usw. kann, so liegt es doch auf der Hand, daß sie, da der Mann die Verwaltung und Nutznießung ihres Vermögens hat, nicht ihrerseits diese Rechte des Mannes durch Verfügungen, die sie über ihr eingebrachtes Vermögen vornimmt, durchkreuzen und beeinträchtigen darf. Das Gesetz bestimmt daher, daß die Frau zu jeder Verfügung über ihr eingebrachtes Gut der Einwilligung des Mannes bedarf (1395); sie kann also eigenmächtig Sachen oder Grundstücke, die zu diesem Vermögen gehören, weder verkaufen noch verschenken noch verpfänden oder sonst mit Rechten irgendwelcher Art belasten, Hypotheken oder sonstige Forderungen nicht abtreten (zedieren), Schulden nicht erlassen, Zahlungen nicht in Empfang nehmen usw. Ohne Einwilligung des Mannes kann sie vor dem Grundbuchamt weder ein Grundstück auflassen, noch Hypotheken oder sonstige Rechte daran bestellen. Schließt die Frau ohne Einwilligung des Mannes mit jemandem einen Vertrag ab, durch den sie über irgendeinen, zu ihrem eingebrachten Gute gehörigen Vermögensgegenstand verfügt (sie verkauft z. B. eine ihr gehörige Sache oder setzt sie zum Pfande oder läßt sich ein Kapital zurückzahlen), so ist das Geschäft zwar nicht gänzlich ungültig, aber es hängt von dem Willen des Mannes ab, ob er das Geschäft (den Verkauf, die Verpfändung usw.) genehmigen will; nur durch seine Genehmigung wird es rechtsgültig und für die Frau wie für den Mann selbst verbindlich (1396). Bis zur Genehmigung kann der andere Teil den Vertrag widerrufen; wußte er jedoch, daß er das Geschäft mit einer verheirateten Frau schloß, so kann er nur widerrufen, wenn die Frau der Wahrheit zuwider die Einwilligung des Mannes behauptet hat und er die Unwahrheit dieser Behauptung nicht kannte (1397). Ein einseitiges Rechtsgeschäft, durch das die Frau ohne Einwilligung des Mannes über eingebrachtes Gut verfügt (z. B. ein Verzicht auf das Eigentum an einer ihr gehörigen Sache, eine Kündigung eines ihr zustehenden Kapitals) ist rechtsungültig und weder für sie noch für den Mann verbindlich (1398). Die Einwilligung des Mannes muß auf Verlangen schriftlich vorgelegt werden; der Schuldner ist sonst berechtigt, die Erklärung wegen dieses Mangels zurückzuweisen und sie dadurch ungültig zu machen. Dennoch bleibt die Frau verpflichtungsfähig. Sie haftet daher aus allen Verträgen, aber da nach dem oben Gesagten ihr die Verfügung über das „eingebrachte Gut" entzogen ist, nur mit dem Vorbehaltsgut. Anders nur, falls der Mann dem Vertrage zugestimmt hat oder falls das eingebrachte Gut durch das was der Frau aus dem Geschäfte zugekommen ist, bereichert ist; in diesem letzteren Falle muß der Mann das Geschäft bedingungsweise, d. h. nach den Vorschriften des Gesetzes, über eine „ungerechtfertigte Bereicherung" (siehe das) gegen sich gelten lassen; Näheres unten 6 (1399).

Die im Vorstehenden erwähnte Zustimmung des Mannes zu Geschäften und Verträgen der Frau (auch zu Prozessen; siehe unten 7) ist in dem Falle nicht erforderlich, wenn der Mann durch Krankheit oder Abwesenheit an der Abgabe einer Erklärung verhindert und mit dem Aufschube Gefahr verbunden ist. Eine Zustimmung des Mannes ist ferner zu gewissen Geschäften der Frau gesetzlich nicht erforderlich, d. h. der Mann muß das Geschäft gegen sich gelten lassen, also, wenn die Frau nicht zahlt, es dulden, daß das ihm von der Frau zugebrachte Vermögen von den Gläubigern in Anspruch genommen wird, obwohl er seine Zustimmung zu dem Geschäft nicht gegeben hat. Dies ist vor allem der Fall, wenn die Frau mit Willen des Mannes irgendein Erwerbsgeschäft selbständig betreibt, sei es nun ein kaufmännisches Geschäft oder sonst ein Gewerbe oder auch ein künstlerischer oder wissenschaftlicher Beruf, der von ihr zugleich als Erwerbszweig betrieben wird (1405). Hier ist eine Zustimmung des Mannes zu solchen Geschäften (und den etwa daraus entstehenden Rechtsstreitigkeiten), die der Geschäftsbetrieb mit sich bringt, nicht erforderlich. Die Frau kann ferner folgende Rechtsgeschäfte für sich allein, ohne Zustimmung des Mannes, mit Rechtsgültigkeit vornehmen (1406): sie kann eine ihr angefallene Erbschaft oder ein ihr gemachtes Vermächtnis annehmen oder ausschlagen (gegen die Gefahr, daß die von der Frau angenommene Erbschaft etwa überschuldet ist, kann sich der Mann, ohne Mitwirkung der Frau, durch die Aufnahme eines Inventars [siehe „Nachlaßinventar"] schützen; sie kann auch schon im voraus (vor dem Tode des Erblassers) auf eine ihr demnächst anfallende Erbschaft oder auf einen ihr zustehenden Pflichtteil verzichten; sie kann selbständig ein Inventar über eine ihr angefallene Erbschaft errichten; sie kann einen Vertrag, der ihr angeboten wird, oder eine angebotene Schenkung ablehnen; sie bedarf endlich nicht der Zustimmung des Mannes zur Vornahme eines Rechtsgeschäftes gegenüber dem Manne selbst.

Muß die Frau, um eine rein persönliche Angelegenheit zu ordnen (z. B. um eine Beleidigungsklage anzustellen oder in einer gegen sie erhobenen Anklage einen Verteidiger anzunehmen), Geld beschaffen und zu diesem Zwecke etwas von ihrem eingebrachten Gute veräußern, so kann sie, wenn der Mann seine Zustimmung dazu ohne triftigen Grund verweigert, das Vormundschaftsgericht darum angehen, die Zustimmung des Mannes zu ersetzen (1395). In anderen Fällen kann die zu einem Geschäft der Frau nötige Zustimmung durch das Gericht nicht ersetzt werden.

Schließlich sei bemerkt, daß sämtliche Nutzungsrechte des Ehemanns weder entgeltlich noch unentgeltlich dritten Personen überlassen werden können.

6. Schuldenhaftungen (1410—1417).

a) Schulden des Mannes, einerlei ob sie schon vor der Heirat gemacht waren oder nachher gemacht sind, gehen die Frau rechtlich nichts an; sie braucht ihr Vermögen, auch das was sie dem Mann zugebracht hat (das eingebrachte Gut) zur Deckung solcher Schulden nicht herzugeben oder zu dulden, daß der Mann sie aus ihrem Vermögen bezahlt oder daß ihre Sachen wegen solcher Schulden gepfändet werden. Wenn daher jemand dem Manne mit Rücksicht darauf, daß er sich vielleicht ein großes Vermögen „erheiratet" hat, übermäßigen Kredit gewährt, so tut er dies auf seine Gefahr. Die Gläubiger des Mannes können auch die Nutzungsrechte, die der Mann an dem eingebrachten Vermögen der Frau hat, nicht pfänden lassen, etwa in der Art, daß das Vermögen der Frau gerichtlich verwaltet und die Schulden aus den Einkünften bezahlt würden. Die Einkünfte des eingebrachten Vermögens der Frau können von den Gläubigern des Mannes nur bedingungsweise zu ihrer Befriedigung in Anspruch genommen werden; denn sie fallen zwar dem Manne kraft seines gesetzlichen Nutzungsrechts zu, aber er muß aus ihnen zunächst den ehelichen Aufwand bestreiten (s. oben 3); nur soweit nach Bestreitung dieser Ausgaben noch ein Überschuß verbleibt, sind die Gläubiger allerdings befugt, diesen Überschuß für sich in Anspruch zu nehmen und nötigenfalls pfänden zu lassen.

b) Was dagegen die Schulden der Frau angeht, so ist klar, daß für solche, wenn sie schon vor der Heirat bestanden, das Vermögen der Frau, auch wenn und soweit sie es nachher dem Manne zugebracht hat, verhaftet ist. Anders dagegen müssen Schulden behandelt werden, die erst in der Ehe entstanden sind. Selbstverständlich haftet für sämtliche Schulden niemals der Ehemann, wohl aber das Vorbehaltsgut. Anders das „eingebrachte Gut". Hier kommt es auf die Art der Schuld an. Ist die Frau Geschäfte eingegangen oder hat sie Verträge abgeschlossen (z. B. im Laden Sachen gekauft oder solche brieflich bestellt, auf Bücher oder Theaterbilletts abonniert, Geld darlehnsweise aufgenommen oder dgl.), so haftet das eingebrachte Vermögen dem Gläubiger (dem Verkäufer usw.) nur dann, wenn entweder der Mann zu diesen Käufen oder sonstigen Geschäften seine Zustimmung erteilt hat oder wenn das Geschäft ausnahmsweise auch ohne seine Zustimmung ihm gegenüber rechtswirksam ist (s. darüber oben 5). Macht die Frau eine Erbschaft oder erwirbt sie ein ihr zugewandtes Vermächtnis und sind mit diesem Erwerbe Schulden verknüpft, so haftet hierfür das dem Manne zugebrachte Vermögen, wenn sie diesen neuen Erwerb ihrem Manne gleichfalls zubringt; es haftet dagegen nicht für die Erbschafts- usw. Schulden, wenn die Frau den neuen Erwerb für sich, als Vorbehaltsgut, behält. Für Steuern, Abgaben, Reallasten u. dgl., die auf dem etwaigen Vorbehaltsgut der Frau ruhen, haftet das eingebrachte Vermögen nicht; nur dann, wenn das belastete Grundstück oder die belastete Sache zu einem von der Frau mit Einwilligung des Mannes betriebenen Geschäft (s. oben 5) gehört, haftet auch das eingebrachte Vermögen für diese Lasten. Wenn gesagt ist, daß das eingebrachte Gut für die vorbezeichneten Schulden der Frau nicht haftet, so gilt dies aber nur so lange, wie das Verwaltungs- und Nutznießungsrecht des Mannes an diesem Vermögen dauert; mit der Trennung der Ehe durch Tod oder Ehescheidung hört dieses Recht auf, und die Gläubiger der Frau können nun deren eingebrachtes Gut für ihre Forderungen in Anspruch nehmen. Schulden der Frau aber, die nicht aus einem Vertrage oder einem sonstigen Rechtsgeschäft entstanden sind, insbesondere solche, die daher rühren, daß die Frau eine strafbare oder sonstige unerlaubte Handlung begangen hat, müssen vom Manne, wenn die Frau sie aus ihrem etwaigen sonstigen Vermögen nicht bezahlen kann oder nicht bezahlt, aus dem ihm eingebrachten Vermögen bezahlt werden; denn die Gläubiger gehen in diesen Fällen dem Manne vor und können das eingebrachte Gut pfänden lassen; sie brauchen sich nicht darauf verweisen zu lassen, daß die Frau sonstiges Vermögen (Vorbehaltsgut) hat. Kommt es in den ebengedachten Fällen, wo das eingebrachte Vermögen der Frau für deren Schuld haftet, zum Prozeß, so ergeht das Urteil dahin, daß zwar die Frau verurteilt wird, die und die Summe an den Kläger zu zahlen, daß aber der Mann schuldig ist, wegen dieser Schuld die Zwangsvollstreckung in das eingebrachte Gut zu dulden (vgl. unten 7).

Wenn im Vorstehenden von den Schulden der Frau geredet ist, so sind darunter nur solche Schulden zu verstehen, durch die die Frau sich selbst verbindlich gemacht hat, also Schulden, die die Frau als eigene gemacht hat. Ganz anders verhält es sich mit den Schulden, die die Frau befugterweise auf Namen des Mannes, als seine Vertreterin, macht, da sie ja berechtigt ist, innerhalb ihres häuslichen Wirkungskreises selbständig für Rechnung des Mannes zu handeln, Käufe und andere Geschäfte zu besorgen, Verträge in bezug auf Haushaltsanschaffungen, Kindererziehung, Annahme von Dienstboten usw. einzugehen u. dgl. (sog. Schlüsselgewalt der Frau). Das nähere hierüber ist in dem gedachten Artikel nachzulesen. Durch solche Geschäfte verpflichtet die Frau nicht sich selbst, sondern den Mann; die Schulden, die aus solchen Geschäften entspringen, sind nicht Schulden der Frau, sondern Schulden des Mannes, für deren Bezahlung er mit seinem eigenen Vermögen haftet.

Zahlungsverbindlichkeiten zwischen Mann und Frau. Hat die Frau neben dem Vermögen, das sie dem Manne eingebracht hat, noch anderes Vermögen, das sie selbst verwaltet und nutzt („Vorbehaltsgut"; s. d.), so fragt es sich, ob die Frau dem Manne, der eine Schuld der Frau aus deren eingebrachtem Vermögen bezahlt hat, weil die Gläubiger ihn verklagt oder mit einer Klage bedroht haben, das Gezahlte aus ihrem Vorbehaltsgut erstatten muß, damit das eingebrachte Gut wieder auf den früheren Bestand gebracht wird; oder ob umgekehrt, wenn die Frau aus ihrem Vorbehaltsgut eine Schuld bezahlt hat, die eigentlich das eingebrachte Vermögen angeht, vom Manne Ersatz des Gezahlten beanspruchen kann. Über die Fälle, in denen eine solche Verpflichtung des einen Ehegatten gegen den anderen auf eine Zahlung zur Ausgleichung zwischen dem eingebrachten und dem Vorbehaltsgut der Frau besteht, enthält das Gesetz die nachstehenden Bestimmungen (1415—1417):

Im Verhältnisse der Ehegatten zueinander fallen dem Vorbehaltsgute zur Last:

1. die Verbindlichkeiten der Frau aus einer unerlaubten Handlung, die sie während der Ehe begeht, oder aus einem Strafverfahren, das wegen einer solchen Handlung gegen sie gerichtet wird;
2. die Verbindlichkeiten der Frau aus einem sich auf das Vorbehaltsgut beziehenden Rechtsverhältnis, auch wenn sie vor der Eingehung der Ehe oder vor der Zeit entstanden sind, zu der das Gut Vorbehaltsgut geworden ist;
3. die Kosten eines Rechtsstreits, den die Frau über eine der in Nr. 1, 2 vorstehend bezeichneten Verbindlichkeiten führt.

Im Verhältnisse der Ehegatten zueinander fallen die Kosten eines Rechtsstreits zwischen ihnen dem Vorbehaltsgute zur Last, soweit nicht der Mann sie zu tragen hat. Das gleiche gilt von den Kosten eines Rechtsstreits zwischen der Frau und einem Dritten, es sei denn, daß das Urteil dem Manne gegenüber in Ansehung des eingebrachten Guts wirksam ist. Betrifft jedoch der Rechtsstreit eine persönliche Angelegenheit der Frau oder eine nicht unter die vorstehenden Nummern 1 und 2 fallende Verbindlichkeit, für die das eingebrachte Gut haftet, so findet diese Vorschrift keine Anwendung, wenn die Aufwendung der Kosten den Umständen nach geboten ist.

Wird eine Verbindlichkeit, die nach dem vorstehend Mitgeteilten dem Vorbehaltsgute zur Last fällt, aus dem eingebrachten Gute berichtigt, so hat die Frau aus dem Vorbehaltsgute, soweit dieses reicht, zu dem eingebrachten Gute Ersatz zu leisten. Wird eine Verbindlichkeit der Frau, die im Verhältnisse der Ehegatten zueinander nicht dem Vorbehaltsgute zur Last fällt, aus dem Vorbehaltsgute berichtigt, so hat der Mann aus dem eingebrachten Gute, soweit dieses reicht, zu dem Vorbehaltsgut Ersatz zu leisten.

7. Prozeßführung. — Die Ehegatten als Kläger. Wird die Erhebung einer Klage von seiten der Ehegatten nötig wegen eines Gegenstandes, der zum eingebrachten Gut der Frau gehört, so fragt es sich, wer den Prozeß zu führen hat, der Mann oder die Frau oder beide zusammen. Handelt es sich in der Klage um Geltendmachung von Ansprüchen, die dem Manne selbst aus der Verwaltung und Nutzung des eingebrachten Guts der Frau zustehen, z. B. er hat das ihm von der Frau zugebrachte Haus vermietet und ist genötigt, den Mieter auf den Mietzins zu verklagen oder dieserhalb einen Zahlungsbefehl gegen ihn zu beantragen, so hat der Mann allein den Antrag zu stellen bzw. die Klage zu führen; die Frau hat mit der Sache nichts zu tun, da sie den Mietzins nicht zu fordern hat. Aber auch dann, wenn es sich bei der Klage um Rechte handelt, die der Frau zustehen, weil der Gegenstand der Klage zum eingebrachten Gut gehört (es will z. B. jemand ein der Frau gehöriges Grundstück nicht herausgeben oder ein der Frau zustehendes Kapital zahlen), kann der Mann allein und in eigenem Namen den Prozeß führen (1380); denn die Prozeßführung gehört mit zu der Vermögensverwaltung, die dem Manne obliegt. Aber die Frau braucht das Urteil, das in solchem Prozesse ergeht, nur dann gegen sich gelten zu lassen, wenn der Streitpunkt ein Gegenstand ihres eingebrachten Gutes war, über den der Mann ohne ihre Zustimmung gültig verfügen darf, ein Fall, der nur selten vorkommen wird; siehe darüber oben unter 2. Prozessierte dagegen der Mann in eigenem Namen über einen Gegenstand, über den er nicht ohne Zustimmung der Frau verfügen darf, z. B. über ein ihr gehöriges Grundstück, eine ihr zustehende Hypothek u. dgl., so braucht die Frau das Urteil, wenn es ungünstig ausfällt, für sich nicht anzuerkennen (kann aber andererseits auch, wenn es günstig für sie ist, keine Rechte daraus geltend machen). Übrigens kann der Mann mit Zustimmung der Frau auch in deren Namen (also als ihr Vertreter) die Klage führen; dann muß die Frau allerdings das ergehende Urteil auch für sich anerkennen und kann sich auf das Urteil zu ihren Gunsten berufen. — Andererseits kann die Frau den Prozeß über den zum eingebrachten Gut gehörenden Gegenstand auch selbst führen. Sie bedarf dazu aber regelmäßig (Ausnahmen siehe weiter unten) der Zustimmung des Mannes (1400), der dann freilich das ergehende Urteil auch gegen sich gelten lassen muß. Der Mann kann seine Zustimmung zur Prozeßführung durch Teilnahme am Prozeß betätigen; er stimmt der Prozeßführung aber auch dann zu, wenn er sich außerhalb des Prozesses damit einverstanden erklärt. Stimmt der Mann nicht zu, so muß die Klage abgewiesen werden. — Handelt es sich im Prozeß nicht um eingebrachtes Gut, sondern um einen anderen Gegenstand, z. B. um persönliche Angelegenheiten der Frau oder um Sachen oder Rechte, die zu ihrem Vorbehaltsgute gehören, so kann die Frau solchen Prozeß auch als Klägerin ohne Zustimmung ihres Mannes gültig führen.

Die Eheleute als Beklagte. Will ein anderer wegen eines Anspruches gegen das eingebrachte Gut oder wegen einer sonstigen Verbindlichkeit der Frau einen Prozeß (Rechtsstreit) anhängig machen, so muß er, wenn das Urteil auch gegen den Mann Geltung haben soll, beide Eheleute verklagen, da er sich andernfalls nur an das Vorbehaltsgut halten könnte. Verklagt er beide Gatten, so ist der Antrag gegen die Frau auf Zahlung (Herausgabe, Leistung usw.), gegen den Mann dagegen auf Duldung der Zwangsvollstreckung in das eingebrachte Gut zu richten. Er kann den Prozeß gegen jeden Gatten besonders führen, etwa zunächst gegen die Frau und erst dann, wenn er ein günstiges Urteil gegen sie erstritten hat und die Frau nicht zahlt usw., auch gegen den Mann, um das in dessen Händen befindliche Vermögen der Frau angreifen zu können. Er kann aber auch von vornherein die Klage gegen beide zugleich richten. Eine Verurteilung des Mannes zur Duldung der Zwangsvollstreckung in das eingebrachte Gut ist ausnahmsweise nicht erforderlich, wenn die Frau selbständig ein Erwerbsgeschäft betreibt und der Mann keinen Einspruch dagegen in das Güterrechtsregister hat eintragen lassen. Hier muß der Mann, vorausgesetzt, daß das Urteil auch gegen ihn wirksam ist, Sachen des eingebrachten Guts sich abpfänden lassen, wenn auch nur ein gegen die Frau allein gesprochenes Urteil vorliegt. — Übrigens kann die obengedachte Verurteilung des Mannes zur Duldung der Zwangsvollstreckung in das eingebrachte Gut selbstverständlich nur dann eintreten, wenn nach den bestehenden Vorschriften das eingebrachte Gut für die betreffende Schuld der Frau überhaupt haftet. Verliert die Frau einen Prozeß, einerlei, um welchen Gegenstand es sich handelte und ob sie klagte oder verklagt war, so haftet für die Prozeßkosten das eingebrachte Vermögen der Frau auch dann, wenn das Urteil dem Manne gegenüber in Ansehung des eingebrachten Gutes nicht wirksam ist (1412).

In folgenden Fällen bedarf die Frau zur Prozeßführung (als Klägerin oder als Beklagte) nicht der Zustimmung des Mannes (1407):

a) zur Fortsetzung eines zur Zeit der Eheschließung bereits anhängigen Rechtsstreits;

b) zur gerichtlichen Geltendmachung eines zum eingebrachten Gute gehörigen Rechtes gegen den Mann selbst, wenn sie ein solches Recht ausnahmsweise schon während bestehender Ehe geltend machen darf;

c) zur gerichtlichen Geltendmachung eines solchen Rechtes gegen einen anderen, wenn der Mann ohne ihre Zustimmung, wo solche nötig war, über das Recht verfügt hat (der Mann hat z. B. einen ihr gehörigen Gegenstand eigenmächtig verkauft oder verschenkt und sie will gegen den Käufer oder Empfänger auf Herausgabe klagen, oder der Mann hat ohne ihre Zustimmung ein zum eingebrachten Gut gehörendes Kapital eingezogen und sie will den Schuldner auf nochmalige Zahlung verklagen);

d) wenn eine Zwangsvollstreckung gegen sie selber stattfindet oder wenn ihre Sachen bei einer gegen den Mann oder gegen einen anderen gerichteten Zwangsvollstreckung gepfändet sind, so kann sie ihren Widerspruch gegen die Pfändung selbständig gerichtlich geltend machen, insbesondere also eine sog. Interventionsklage ohne Zustimmung des Mannes erheben;

e) wenn die Frau ohne Widerspruch des Mannes selbständig ein Erwerbsgeschäft betreibt, so ist die Zustimmung des Mannes zu solchen Prozessen nicht erforderlich, die „der Geschäftsbetrieb mit sich bringt" (1405).

f) Endlich bedarf es der Zustimmung des Mannes in solchen Fällen nicht, wo er durch Krankheit oder Abwesenheit an der Abgabe einer Erklärung verhindert und mit dem Aufschube Gefahr verbunden ist (1405).

Hat die Frau ohne Zustimmung des Mannes prozessiert, so ist das Urteil ihr gegenüber durchaus rechtswirksam und der Gläubiger kann auf Grund des Urteils demnächst auch Sachen usw., die zum eingebrachten Gut gehören, pfänden lassen, wenn die Ehe durch Tod oder Scheidung getrennt ist.

8. Beendigung der Nutzungs- und Verwaltungsrechte des Mannes. Herausgabe des Vermögens der Frau (1418 bis 1425). Die Rechte des Mannes am Vermögen der Frau hören auf mit dem Tode der Frau oder mit erfolgter Ehescheidung oder sonstiger Trennung der

Ehe. Sind beim Tode der Frau Kinder vorhanden, die noch minderjährig (unter 21 Jahren) sind, so tritt hinsichtlich des Vermögens der Frau, soweit es auf die Kinder übergeht, an die Stelle des ehemännlichen Nutzungs- und Verwaltungsrechts das dem Vater kraft seiner elterlichen Gewalt am Vermögen seiner minderjährigen Kinder zustehende Verwaltungs- und Nutzungsrecht. Ferner hören Rechte des Mannes am Vermögen der Frau auf, wenn der Mann in Konkurs gerät, und zwar mit dem Augenblick, wo der den Konkurs eröffnende Gerichtsbeschluß rechtskräftig wird, sowie wenn er verschollen oder gerichtlich für tot erklärt ist. Aber auch abgesehen von diesen Fällen, wo das Verwaltungs- und Nutzungsrecht des Mannes kraft Gesetzes (ohne Zutun der Frau) aufhört, kann eine Beendigung dieser Rechte unter gewissen Voraussetzungen von der Frau herbeigeführt werden. Sie kann nämlich in folgenden Fällen Aufhebung der Verwaltung und Nutznießung verlangen und den Mann hierauf gerichtlich verklagen:

a) wenn die Voraussetzungen vorliegen, unter denen die Frau wegen der Verwaltung ihres Vermögens vom Manne Sicherheitsleistung verlangen kann;

b) wenn der Mann seiner Verpflichtung, der Frau und den gemeinschaftlichen Kindern usw. (Abkömmlingen) Unterhalt zu gewähren, tatsächlich nicht nachgekommen ist und auch „für die Zukunft eine erhebliche Gefährdung dieses Unterhalts zu besorgen ist". Eine Verletzung der Unterhaltspflicht liegt schon dann vor, wenn der Mann der Familie nicht mindestens den Unterhalt gewährt, der ihr bei ordnungsmäßiger Verwaltung und Nutznießung des eingebrachten Guts zukommen würde;

c) wenn der Mann selbst nicht mehr imstande ist, das Vermögen der Frau zu verwalten, weil er entmündigt ist (wegen Geisteskrankheit oder Verschwendung oder Trunksucht). Der Frau kann in solchem Fall nicht zugemutet werden, sich (wenn sie nicht etwa selbst Vormünderin wird) den Vormund ihres Mannes als Verwalter ihres Vermögens aufdrängen zu lassen. Dasselbe gilt, wenn der Mann wegen körperlicher Gebrechen zur Besorgung seiner Vermögensangelegenheiten einen Pfleger erhalten oder wenn für ihn ein Abwesenheitspfleger bestellt und die baldige Aufhebung der Pflegschaft nicht zu erwarten ist. Ist der Mann oder sein Vormund usw. in den vorgedachten Fällen (a bis c) mit der Aufhebung der ehelichen Nutzung und Verwaltung einverstanden, so können die Gatten dieses durch einen Vertrag (Ehevertrag) festsetzen. Im übrigen steht es im Belieben der Frau, ob sie von ihrem Rechte, die Aufhebung der Rechte des Mannes an ihrem Vermögen im Wege der gerichtlichen Klage herbeizuführen, Gebrauch machen will oder nicht; von selbst (ohne gerichtliches Urteil) gehen die Rechte des Mannes in den obigen Fällen nicht verloren. Führt die Frau, obwohl der Mann unter Vormundschaft oder Pflegschaft gestellt ist, die gerichtliche Aufhebung der ihm an ihrem Vermögen zustehenden Rechte nicht herbei, so werden diese Rechte und die entsprechenden Pflichten durch den Vormund (Pfleger) ausgeübt. Dies gilt auch, wenn sie selber als Vormünderin oder Pflegerin ihres Mannes bestellt ist; sie hat dann als solche, also in Vertretung des Mannes, für dessen Rechnung die Verwaltung ihres eingebrachten Vermögens zu führen.

Ist das Nutzungs- und Verwaltungsrecht des Mannes aus dem einen oder anderen Grunde beendet, so hat der Mann das eingebrachte Gut der Frau (oder deren Erben) herauszugeben und ihr über seine Verwaltung Rechenschaft abzulegen. Sind einzelne Sachen der Frau nicht mehr vorhanden oder haben sie infolge Verschlechterung ihrer Beschaffenheit an Wert verloren, so ist der Mann zum Ersatz verpflichtet, wenn er nicht beweisen kann, daß der Verlust oder die Verschlechterung ohne seine Schuld eingetreten ist. Er haftet auch dafür, wenn ein Schaden dadurch entstanden ist, daß er schuldvollerweise Sachen der Frau, die sich im Besitz anderer Personen befanden, nicht zurückgefordert, Forderungen nicht eingezogen hat usw. Solange sich freilich die Sachen im Besitze der Frau selber befinden, kann der Mann für sie regelmäßig nicht verantwortlich sein, da ihm daraus, daß er der Frau den Besitz ihres Vermögens ganz oder teilweise belassen hat, kein Vorwurf gemacht werden kann. Über die Verwaltung des Vermögens muß der Mann der Frau Rechnung ablegen. Die Rechnungslegung gestaltet sich aber für den Mann (oder seine Erben) wesentlich einfacher als in anderen Fällen, wo jemand fremdes Vermögen zu verwalten gehabt hat, da der Mann über die Verwendung der ihm gebührenden Einkünfte des Vermögens ja keine Rechenschaft zu geben schuldig ist. Gehört zu dem herauszugebenden Vermögen ein landwirtschaftliches Grundstück oder ein Landgut, so gilt hinsichtlich der Ansprüche des Mannes auf Ersatz von Düngungskosten, der Einsaat usw., sowie seiner Verpflichtung, landwirtschaftliche Erzeugnisse auf dem Gute zurückzulassen, dasselbe was für die Herausgabe von Grundstücken nach Beendigung eines Pachtverhältnisses bestimmt ist. Ist das Grundstück vermietet oder verpachtet, so finden, wenn das Miet- oder Pachtverhältnis bei der Beendigung der ehelichen Nutznießung noch besteht, dieselben Vorschriften Anwendung, die bei der Beendigung eines Nießbrauchs in solchem Falle gelten. Endigt das Recht des Mannes infolge des Todes der Frau, so ist er verpflichtet, die Verwaltungsgeschäfte, mit deren Aufschube Gefahr verbunden ist, so lange weiterzuführen, bis die Erben der Frau anderweit Fürsorge treffen können.

9. Eheliches Güterrecht bei Ausländern (EGBGB. 15, 16). Nach welchem Maße sind die Güterrechtsverhältnisse der Ehegatten zu beurteilen, wenn einer von ihnen oder wenn beide Ehegatten Ausländer sind? Natürlich kann nicht für den einen dieses, für den anderen jenes Güterrecht gelten. Das Gesetz bestimmt, daß das in diesem Buche dargestellte deutsche Güterrecht stets dann Geltung hat, wenn der Mann zur Zeit der Eheschließung ein Deutscher war. In allen anderen Fällen gilt, auch wenn sie in Deutschland ihre Ehe geschlossen haben, für die Güterverhältnisse der Ehegatten das fremde Recht. Die Ehegatten können aber, wenn sie in Deutschland ihren Wohnsitz haben oder wenn der Mann nach der Heirat die deutsche Reichsangehörigkeit erworben hat, das für sie geltende ausländische Güterrecht aufheben, indem sie einen Ehevertrag schließen und darin ein beliebiges anderes, also insbesondere das oben geschilderte Güterrecht festsetzen. Übrigens müssen ausländische Ehegatten, die in Deutschland wohnen, oder solche Ehegatten, die erst nach ihrer Verheiratung die deutsche Reichsangehörigkeit erworben haben, wenn sie bei dem fremden Güterrecht verbleiben wollen, dies in das Güterrechtsregister (siehe das) eintragen lassen, da sie sich sonst anderen Personen gegenüber, die im guten Glauben angenommen haben, daß sie nach dem deutschen Güterrechte lebten, nicht auf ihr fremdes Recht berufen können.

10. Güterrecht bei Ehen, die vor dem 1. Jan. 1900 geschlossen sind. Die im Vorstehenden (unter 1 bis 9) mitgeteilten gesetzlichen Bestimmungen gelten für alle Ehen, die nach dem Inkrafttreten des Bürgerlichen Gesetzbuches, also nach dem 31. Dezember 1899, geschlossen sind. Für die früher geschlossenen Ehen ist an sich das frühere Recht in Geltung geblieben. Den Landesgesetzen ist aber die Befugnis gegeben, Bestimmungen zu treffen, durch die das für die früheren Ehen bestehende Güterrecht nach Möglichkeit mit dem seit dem 1. Jan. 1900 geltenden ehelichen Güterrecht in Einklang gebracht wird. Die meisten Bundesstaaten haben von dieser Befugnis Gebrauch gemacht und besondere Bestimmungen über das Güterrecht bereits bestehender Ehen erlassen, die um so umfangreicher ausfallen mußten, als in den meisten deutschen Staaten bisher eine große Anzahl verschiedener Güterrechte in Geltung gewesen ist.

Wichtig ist aber für Ehegatten früherer Ehen unter Umständen die ihnen beigelegte Befugnis, selbst dadurch die Geltung des alten Eherechts für ihre Vermögensverhältnisse aufzuheben, daß sie einen Ehevertrag schließen, durch den sie ihre ehelichen Güterverhältnisse neu, und zwar im Einklange mit dem neuen Recht ordnen.

Eingetragene Genossenschaften s. Genossenschaften; eingetragene Vereine s. Vereine.

Einkindschaft. Einkindschaftsverträge, wie sie früher in verschiedenen Gegenden Deutschlands mehr oder weniger üblich waren oder doch hin und wieder abgeschlossen wurden, sind nach dem jetzt geltenden Recht nicht mehr zulässig.

Einmischung in fremde Geschäfte s. Geschäftsführung ohne Auftrag.

Einrichtung, Wegnahme einer, s. Wegnahme einer Einrichtung.

Einsendungen an Zeitungen, Zeitschriften usw. s. Verlagsrecht.

Einsicht von Urkunden usw., Gestattung der, s. Vorlegung von Sachen oder Urkunden; des Grundbuchs s. Grundbuch 2; s. ferner Güterrechtsregister; Musterschutz, Warenzeichen, Patente; Handelsregister 1; Genossenschaftsregister; eines Erbscheins s. Erbschein 5; Einsicht, fehlende, bei jugendlichen Schadenstiftern, s. Schadensersatz w. unerl. Handlung 4.

Einspruch gegen die Eintragung eines Vereins s. Vereine; wegen Eheversprechens ist unzulässig, s. Verlöbnis; gegen eine Strafverfügung s. Handelsregister.

Einsturz, drohender, s. Grundeigentum 2d; eines Gebäudes oder von Teilen eines Gebäudes s. Gebäudeeinsturz.

Einstweilige Verfügung. (§§ 935—945, 627, 672, 679, 684, 686 ZPO.) Da die Durchsetzung von Ansprüchen in der Regel längere Zeit in Anspruch nimmt, andererseits jedoch die rechtsuchende Partei Schaden erleiden würde, wenn nicht vor endgültiger Entscheidung über den Anspruch in irgendeiner Form Sicherungsmaßregeln für sie getroffen werden, hat das Gesetz neben der Möglichkeit der Ausbringung eines Arrestes, der eine behauptete Geldforderung sicherstellen soll, Einstweilige Verfügungen unter gewissen Umständen für zulässig erklärt. Das wesentlichste derartiger Einstweiliger Verfügungen ist, daß sie ohne mündliche Verhandlung erlassen werden können und vor allem, daß die behaupteten Tatsachen nicht nachgewiesen, sondern nur glaubhaft gemacht zu werden brauchen. Allgemein sind Einstweilige Verfügungen aus 2 Gründen zulässig. 1. Wenn zu besorgen ist, daß durch eine Veränderung des bestehenden Zustandes die Verwirklichung des Rechtes einer Partei vereitelt oder wesentlich erschwert werden könnte. Es muß sich um die Sicherung eines Anspruchs auf eine Individualleistung (mit Ausnahme eines Anspruchs auf Geldzahlung) handeln. Beispiel einer solchen Verfügung ist die Sicherstellung einer Sache, wenn Gefahr besteht, daß nach Entscheidung eines Prozesses auf Herausgabe die Sache inzwischen verschwunden sein würde, oder in ihrem Zustand erheblich verschlechtert sein würde. 2. Wenn bei streitigen Rechtsverhältnissen insbesondere bei dauernden Rechtsverhältnissen die Regelung eines einstweiligen Zustandes zur Abwendung wesentlicher Nachteile oder zur Verhinderung drohender Gewalt oder aus anderen Gründen notwendig erscheint. Hierher gehören insbesondere die Einstweiligen Verfügungen, die während eines Unterhaltsprozesses einstweilige Rentenzahlungen anordnen, Anordnungen, die bei Mietsstreitigkeiten zwischen Haupt- und Untermieter eine einstweilige Regelung schaffen, oder die einer Partei für die Dauer des Hauptprozesses bestimmte Verbote auferlegen (z. B. Verbot des Auftretens in einem bestimmten Theater, Verbote der Verbreitung wahrheitswidriger und schädigender Behauptungen).

Auf die Anordnung und Durchführung der Einstweiligen Verfügungen finden die Vorschriften über die Anordnung eines Arrestes Anwendung, sodaß auf diesen Artikel verwiesen werden kann. Zuständig ist das Gericht der Hauptsache, d. h. das Gericht, vor welchem der Hauptprozeß bereits schwebt oder anhängig zu machen ist. Nur in dringenden Fällen, sowie falls es sich um Vormerkungen und Widersprüche gegen die Richtigkeit des Grundbuchs handelt, ist das Amtsgericht in dessen Bezirk sich der Streitgegenstand oder das zu regelnde Rechtsverhältnis befindet, zuständig, jedoch ist in diesem Fall von Amts wegen dem Antragsteller eine Frist zu setzen, innerhalb derer er den Gegner zur mündlichen Verhandlung der Rechtmäßigkeit der Einstweiligen Verfügung vor das Gericht der Hauptsache zu laden hat. Die Einstweilige Verfügung wird grundsätzlich nur auf Grund einer mündlichen Verhandlung erlassen und nur in dringenden Fällen kann von einer solchen abgesehen werden. Ist die Einstweilige Verfügung ohne mündliche Verhandlung erlassen, so kann der Gegner Widerspruch einlegen und sodann durch mündliche Verhandlung über die Rechtmäßigkeit der Verfügung entscheiden lassen. — Erweist sich die Anordnung einer Einstweiligen Verfügung als von Anfang an als ungerechtfertigt oder wird sie später aufgehoben, so ist die Partei, welche die Anordnung erwirkt hat, dem Gegner für einen aus der Vollziehung derselben etwaig entstandenen Schaden ersatzpflichtig.

Neben diesen allgemeinen sowohl in schuldrechtlichen, sachenrechtlichen und familienrechtlichen Beziehungen zulässigen Einstweiligen Verfügungen sind besondere Einstweilige Verfügungen zulässig im Entmündigungsverfahren, um die Person oder das Vermögen des Entmündigten einstweilen zu schützen. Auch in Ehesachen sind besondere Einstweilige Verfügungen zulässig, da das Gericht des Eheprozesses auf Antrag für die Dauer des Rechtsstreits das Getrenntleben der Ehegatten gestatten, die gegenseitige Unterhaltspflicht der Gatten ordnen, sowie wegen der Sorge der gemeinschaftlichen minderjährigen Kinder Anordnungen treffen und die Unterhaltspflicht der Ehegatten den Kindern gegenüber im Verhältnis der Ehegatten zueinander regeln kann.

Auch auf diese Einstweiligen Verfügungen kommen die obengenannten Bestimmungen, also letzten Endes die Vorschriften über Arrest zur Anwendung. (Wegen der Einzelheiten vergleiche HdR. Bd. 2, Seite 201 f.)

Einstweilige Vormundschaft s. Vorläufige Vormundschaft.

Eintragung eines Vereins s. Verein 1; ins Handelsregister s. Handelsregister; von Mustern und Modellen s. Musterschutz; von Warenzeichen s. Warenbezeichnungen usw.; von Patenten s. Patente.

Eintragungen im Grundbuch, Rangverhältnis s. Rangverhältnis usw.

Eintragungsbewilligung bei Hypotheken s. Hypothek 1.

Eintrittskarten s. Schuldverschreibungen a. d. Inhaber I 5.

Einwilligung und Genehmigung (182—185). Hängt die Wirksamkeit eines Vertrags oder eines einseitigen Rechtsgeschäfts, das einem anderen gegenüber vorzunehmen ist, von der Zustimmung eines Dritten ab (z. B. des in der Sache zunächst Berechtigten, des gesetzlichen Vertreters, des bei einer Geschäftsbesorgung Vertretenen, des Vormundes, des Ehemannes usw.), so kann die Erteilung sowie die Verweigerung der Zustimmung sowohl dem einen als dem anderen Teile gegenüber erklärt werden. Die Zustimmung bedarf nicht der für das Rechtsgeschäft selbst etwa bestimmten Form. Wird ein einseitiges Rechtsgeschäft, dessen Wirksamkeit von der Zustimmung eines Dritten abhängt, mit Einwilligung des Dritten vorgenommen (es kündigt z. B. jemand mit Einwilligung des Gläubigers dem Schuldner die geliehene Summe), so ist das Geschäft unwirksam, wenn der Handelnde (Kündigende) die Einwilligung nicht in schriftlicher Form vorlegt und der andere das Geschäft (die Kündigung) aus diesem Grunde unverzüglich zurückweist. Die Zurückweisung der Kündigung durch den Schuldner ist aber nicht zulässig, wenn der Gläubiger ihn von seiner Einwilligung in die Kündigung in Kenntnis gesetzt hatte. Die vorherige Zustimmung (Einwilligung) ist bis zur Vornahme des Rechtsgeschäfts widerruflich, soweit sich nicht aus dem ihrer Erteilung zugrunde liegenden Rechtsverhältnisse etwas anderes ergibt. Der Widerruf kann sowohl dem einen als dem anderen Teile gegenüber erklärt werden. Die nachträgliche Zustimmung (Genehmigung) wirkt auf den Zeitpunkt der Vornahme des Rechtsgeschäfts zurück, soweit nichts anderes bestimmt ist. Durch die Rückwirkung werden Verfügungen nicht unwirksam, die vor der Genehmigung über den Gegenstand des Rechtsgeschäfts von dem Genehmigenden getroffen worden oder im Wege der Zwangsvollstreckung oder der Arrestvollziehung oder durch den Konkursverwalter erfolgt sind.

Die vorstehend mitgeteilten Gesetzesvorschriften enthalten aber nur eine Regel, die mancherlei rechtliche Schwierigkeiten in sich schließt (vgl. darüber die Artikel „Einwilligung" und „Genehmigung" im HdR. II 210 ff. u. 695 ff.) und von der im Gesetze an verschiedenen Stellen Ausnahmen gemacht sind.

Eine Verfügung, die ein Nichtberechtigter über einen Gegenstand trifft (es veräußert jemand eine Sache, die ihm nicht gehört, oder er tritt eine Forderung ab, die ihm gar nicht zusteht), ist wirksam, wenn sie mit Einwilligung des Berechtigten erfolgt. Die Verfügung wird wirksam, wenn der Berechtigte sie genehmigt oder wenn er von dem Berechtigten beerbt wird und dieser für die Nachlaßverbindlichkeiten unbeschränkt haftet. In den beiden letzteren Fällen wird, wenn der Verfügende den Gegenstand erwirbt oder wenn über den Gegenstand mehrere miteinander nicht in Einklang stehende Verfügungen getroffen worden sind, nur die frühere Verfügung wirksam.

Über behördliche Genehmigung s. HdR. II 697 ff.

Einwilligung, gegenseitige, ist kein Scheidungsgrund, s. Ehescheidung 1.

Einwirkung auf Nachbargrundstücke s. Grundeigentum 2 b.

Eisenbahnen, Haftung für Unglücksfälle, s. Haftpflicht der Eisenbahnen usw.; für Verlust oder Beschädigung von Gütern, s. Frachtführer usw. 4; Fahrbetriebsmittel derselben sind nicht pfändbar, s. Pfändung i. d. Zwangsv. 1.

Eisenbahnunglück s. Haftpflicht der Eisenbahnen usw.; Tod mehrerer bei einem, s. Gemeinsame Gefahr.

Eisernviehvertrag s. Pacht 3.

Elektrische Bahn, Unfall auf einer, s. Haftpflicht der Eisenbahnen usw.

Elektrische Leitung s. Zubehör 1.

Elterliche Gewalt s. Eltern und Kinder 4; der Mutter s. Mutter und Kind; der unehelichen Mutter s. Uneheliche Kinder 1; Aufhören und Ruhen derselben s. Eltern und Kinder 7.

Elterliche Nutznießung, elterliche Vermögensverwaltung s. Verwaltung und Nutzung des Kindesvermögens usw.

Eltern, Einwilligung zur Verheiratung s. Ehehindernisse 1 c; als Pflichterben s. Pflichtteil; als gesetzliche Erben s. Gesetzliche Erben 1.

Eltern und Kinder. Das Verhältnis zwischen Eltern und Kindern wird zwar in erster Linie durch das Sittengesetz bestimmt; aber das bürgerliche Recht muß doch, und zwar namentlich für Streitfälle und bei Versagen der sittlichen Kräfte, dieses Verhältnis nach der einen und anderen Richtung hin durch feste Rechtsregeln ordnen. Das Nachfolgende bezieht sich auf die rechtliche Stellung der Eltern zu ihren ehelichen Kindern; über das Verhältnis eines unehelichen Kindes zu seiner Mutter und zu dem unehelichen Vater siehe den Artikel „Uneheliche Kinder".

1. Das eheliche Kind hat das Recht und die Pflicht, den Familiennamen des Vaters zu führen (1616). Gesetzlich muß das Kind auch einen Vornamen (mindestens einen) haben, der in das standesamtliche Geburtsregister eingetragen wird; den (die) Vornamen zu bestimmen, ist Recht und Pflicht der Eltern. Welche Vornamen zulässig oder nicht zulässig sind, bestimmt das öffentliche Recht. Ebenso entscheidet dieses über die Befugnis, den Familiennamen zu ändern (s. „Namensänderung"). Das Kind teilt ferner den Wohnsitz des Vaters (das uneheliche den der Mutter); näheres s. „Wohnsitz". Das Kind bedarf, solange es minderjährig ist, zur Verheiratung der Einwilligung der Eltern (s. „Ehehindernisse usw."). Eltern und Kinder sind sich gegenseitig zur Gewährung des Unterhalts, Eltern der sich verheiratenden Tochter gegenüber auch zu einer Aussteuer verpflichtet (s. „Unterhaltspflicht" und „Aussteuer"). Eltern und Kinder haben gegeneinander ein gesetzliches Erbrecht, sowie ein Pflichtteilsrecht (s. „Pflichtteil 1").

2. Arbeiten und Dienste des Kindes. Das Kind ist, solange es dem elterlichen Hausstande angehört und von den Eltern erzogen oder unterhalten wird, verpflichtet, in einer seinen Kräften entsprechenden Weise den Eltern in ihrem Hauswesen und Geschäfte Dienste zu leisten, einerlei, ob das Kind von den Eltern aus ihrem Vermögen oder aus den Mitteln des Kindes selber unterhalten wird (1617). (Fremden Personen die Dienste des Kindes zu ihrem eigenen Vorteil zu überlassen, sind die Eltern nicht berechtigt.) Jedoch darf unter der Heranziehung des Kindes zu solchen Diensten der Unterricht und die Ausbildung des Kindes nicht leiden; das Vormundschaftsgericht hat nötigenfalls dafür zu sorgen, daß das Recht der Eltern, ihre Kinder zu Arbeiten heranzuziehen, nicht mißbraucht wird (s. unten 5). Ob das Kind sich selbst den Unterhalt zu beschaffen in der Lage wäre, kommt nicht in Betracht, solange es tatsächlich im Hausstande der Eltern von diesen noch unterhalten wird; eine Vergütung für die den Eltern geleisteten Dienste kann das Kind auch in diesem Falle nicht fordern, wenn eine solche nicht zwischen ihm und den Eltern (ausdrücklich oder stillschweigend) vereinbart ist. Es steht aber dem Kinde, wenn es volljährig geworden und sich selbst zu unterhalten imstande ist, jederzeit frei, den Hausstand der Eltern zu verlassen, wenn sich diese zur Gewährung einer Vergütung nicht verstehen wollen. Solange das Kind minderjährig (unter 21 Jahren) ist, kann der Vater es auch außer dem Hause in Arbeit oder Dienst geben und als gesetzlicher Vertreter des Kindes die nötigen Abmachungen und Verträge mit dem Arbeitgeber (der Dienstherrschaft) schließen. Der von dem Kinde verdiente Lohn gebührt dann dem Kinde selbst; aber der Vater ist berechtigt, ihn in Empfang zu nehmen und ihn zum Unterhalt des Kindes zu verwenden; zahlt der Arbeitgeber ohne Zustimmung des Vaters an das Kind selbst, so wird er dadurch von seiner Verpflichtung nicht befreit. Anderes gilt, wenn der Vater dem minderjährigen Kinde gestattet hat, selbständig Dienste oder Arbeiten zu nehmen; s. hierüber „Geschäftsfähigkeit 3".

3. Aufwendungen für den Vater usw. aus dem Vermögen des Kindes. Um häufig vorkommenden Streitigkeiten zu begegnen, bestimmt das Gesetz, daß, wenn ein Kind, das dem elterlichen Hausstande noch angehört, zur Bestreitung der Haushaltskosten etwas aus seinem Vermögen hergibt, im Zweifel angenommen werden soll, daß das Kind nicht die Absicht gehabt hat, Ersatz für das Hingegebene vom Vater zu verlangen (1618). Das Kind kann daher (bei etwaiger Auseinandersetzung nach dem Tode des Vaters von den Miterben oder auch bei seinen Lebzeiten von ihm selber) keine Entschädigung für das von ihm Aufgewendete, z. B. den an den Vater abgegebenen Dienst- oder Arbeitslohn, beanspruchen. Dieser Satz gilt aber nur dann, wenn nicht mit dem Vater verabredet ist, daß das Geld nur geliehen sein und dem Kinde demnächst erstattet oder gutgerechnet werden solle; eine derartige Vereinbarung kann nicht nur ausdrücklich, sondern auch stillschweigend (s. d.) zwischen Vater und Kind getroffen werden; sie muß aber im Streitfalle vom Kinde bewiesen werden. Läßt das Kind, wenn es nach erreichter Volljährigkeit noch im väterlichen Hausstande verblieben ist, sein Vermögen oder einen Teil davon in den Händen des Vaters (es fordert z. B. seinen mütterlichen Erbteil nicht heraus, obwohl es dazu berechtigt wäre; vergl. „Verwaltung und Nutzung des Kindesvermögens usw." unter 2 a. Schluß), so ist der Vater berechtigt (1619), wenn das Kind nichts anderes bestimmt hat, die Einkünfte dieses Vermögens nach seinem Belieben, insbesondere auch im eigenen Nutzen oder zum Besten der anderen Kinder, zu verwenden; nur muß er die mit der Verwaltung des Vermögens verbundenen Kosten tragen und solche Verpflichtungen aus den Einkünften bestreiten, die bei ordnungsmäßiger Verwaltung eines Vermögens aus dessen Einkünften bestritten zu werden pflegen (Steuern und öffentliche Abgaben, Reparaturen usw.). Der Vater ist dem Kinde gegenüber keine Rechenschaft über die Verwendung der Einkünfte zu geben schuldig. Das Kind ist aber natürlich jederzeit berechtigt, Herausgabe seines Vermögens zu fordern oder zu verlangen, daß der Vater die Einkünfte in der von dem Kinde näher zu bestimmenden Weise verwende, wenn dieser die Verwaltung weiterführen soll und will. Das gleiche Recht steht auch der Mutter zu, wenn das Kind ihr die Verwaltung seines Vermögens überläßt. Das Gesagte gilt jedoch nicht, wenn das volljährige Kind nicht mehr im Hausstande des Vaters (der Mutter) lebt; verwaltet der Vater (die Mutter) dann noch ferner Vermögen des Kindes, so ist er (sie) ihm darüber Rechenschaft zu geben schuldig.

4. Elterliche Gewalt (1626—1698). Den Eltern steht, solange ihre Kinder minderjährig (unter 21 Jahren) sind, die elterliche Gewalt über sie zu. Dies ist eine Art vormundschaftlicher Gewalt, vermöge deren die Eltern zur Sorge für die Person und für das etwaige Vermögen des Kindes berechtigt und verpflichtet sind. Mit dieser Schutz- und Erziehungsgewalt ist aber auch ein Nutzungsrecht der Eltern am Vermögen ihrer Kinder verbunden. Die elterliche Gewalt steht zunächst dem Vater und erst in zweiter Linie der Mutter zu. Wir handeln hier nur von der elterlichen Gewalt des Vaters; über die elterliche Gewalt der Mutter s. den Artikel „Mutter und Kind".

Der Vater hat kraft der ihm also von Rechts wegen zustehenden elterlichen Gewalt das Recht und die Pflicht, für die Person und für das Vermögen seines Kindes zu sorgen und das Kind zu vertreten (1627, 1630). (Diese gesetzliche Stellung des Vaters schließt aber nicht aus, daß dem Kinde im einzelnen Falle aus einem besonderen Grunde, z. B. weil die Interessen des Vaters und des Kindes einander widerstreiten oder weil der Vater in Konkurs geraten ist usw., ein Pfleger vom Gericht bestellt wird; dann erstreckt sich das Recht und die Pflicht des Vaters, für die Person und das Vermögen des Kindes zu sorgen, nicht auf die Angelegenheiten, zu deren Besorgung eben der Pfleger bestellt ist [1628]. Steht bloß die Sorge für die Person oder die Sorge für das Vermögen des Kindes einem Pfleger zu, so entscheidet bei einer Meinungsverschiedenheit zwischen dem Vater und dem Pfleger über die Vornahme einer Handlung, die sowohl die Person als das Vermögen des Kindes betrifft, das Vormundschaftsgericht [1629]).

Sorge für die Person des Kindes (1632ff.). Erziehung und Aufsicht. Die dem Vater obliegende Sorge für die Person des Kindes umfaßt vor allem die Erziehungs- und Aufsichtsgewalt; er hat das Recht und die Pflicht, nach seinen Kräften und Verhältnissen für die körperliche, geistige und sittliche Ausbildung seiner Kinder zu sorgen, einen passenden Lebensberuf für sie zu bestimmen und sie dazu ausbilden zu lassen. Inwieweit er die Kosten der Erziehung aus eigenen Mitteln oder aus dem etwaigen Vermögen des Kindes zu bestreiten hat, richtet sich nach den Grundsätzen über die Unterhaltspflicht (s. d.). Gegen einen Mißbrauch des Erziehungsrechtes oder eine Vernachlässigung der Kinder in geistiger und leiblicher Beziehung hat das Vormundschaftsgericht einzuschreiten (s. unten 5). Dem Vater steht insbesondere auch das Recht zu, den Aufenthalt des Kindes zu bestimmen. (Will etwa das Kind mit Genehmigung des Vaters auswandern und soll es aus diesem Anlaß aus der Staatsangehörigkeit entlassen werden, so ist zu einem solchen Antrage des Vaters bei der Verwaltungsbehörde die Genehmigung des Vormundschaftsgerichts erforderlich, es sei denn, daß der Vater [oder die Mutter] zugleich auch für sich selbst die Entlassung beantragt.) (Vgl. auch „Mutter und Kind 2".) — Der Vater kann kraft seines Erziehungsrechts angemessene Zuchtmittel gegen das Kind anwenden; er kann zu diesem Zwecke auch polizeiliche Hilfe oder den Beistand des Vormundschaftsgerichts in Anspruch nehmen, das ihn durch Anwendung geeigneter Zwangsmaßregeln nach verständigem Ermessen zu unterstützen, z. B. ein entlaufenes Kind dem Vater wieder zuzuführen oder für die Unterbringung in einer Erziehungs- oder Besserungsanstalt zu sorgen hat (s. auch unten zu 5). Der Vater kann die Herausgabe seines Kindes von jedem verlangen, der es ihm widerrechtlich vorenthält. Hat sich eine Tochter verheiratet, so ist damit die dem Vater zustehende elterliche Gewalt an sich nicht beendet (sie endet erst mit der Volljährigkeit des Kindes); aber die Fürsorge für die Person der Tochter, die bislang dem Vater oblag, ist mit der Heirat naturgemäß auf den Ehemann übergegangen. Im übrigen dauert die elterliche Gewalt auch über die verheiratete Tochter fort. Da diese, solange sie minderjährig ist, in ihrer Geschäftsfähigkeit beschränkt ist, mithin insbesondere nicht selbständig Verträge und sonstige Geschäfte abschließen kann (vgl. „Geschäftsfähigkeit 2"), so hat der Vater (nicht der Ehemann) die Tochter auch fernerhin in ihren Rechtsangelegenheiten, mögen diese sich auf ihre Person oder auf ihr Vermögen beziehen, zu vertreten, selbstverständlich soweit nicht dem Ehemann kraft des ehelichen Güterrechts selbständige Verwaltungs- oder Nutzungsrechte an dem Vermögen der Frau zustehen (1633).

Neben dem Vater hat aber während der Dauer der Ehe auch die (eheliche) Mutter das Recht und die Pflicht, für die Person des Kindes zu sorgen; nur die Vertretung des Kindes, wohin auch das Recht gehört, zu Rechtsgeschäften des Kindes die Einwilligung oder Genehmigung zu erteilen, steht ihr, abgesehen von dem Falle, daß der Vater sie auszuüben verhindert ist, nicht zu. Bei einer Meinungsverschiedenheit zwischen den Eltern geht die Meinung des Vaters vor (1634). Die Mutter hat also, mit der ebengedachten Einschränkung, insbesondere dasselbe Erziehungs- und Aufsichtsrecht über die Kinder wie der Vater; sie kann gleich diesem Zucht- und Zwangsmittel anwenden, das Kind z. B. einer Schule, einer Erziehungsanstalt oder einer Krankenanstalt übergeben, die Polizei oder das Gericht um Beistand angehen, die Herausgabe des Kindes verlangen usw.; nur darf sie sich mit der Entscheidung des Mannes (Vaters) nicht in Widerspruch setzen. Ist die Ehe wegen Ehebruchs oder Sittlichkeitsverbrechens, wegen Lebensnachstellung, wegen böslicher Verlassung oder wegen schwerer Pflichtverletzung oder ehrlosen oder unsittlichen Verhaltens geschieden, so steht solange beide geschiedenen Ehegatten leben, die Sorge für die Person der Kinder, wenn ein Ehegatte allein für schuldig erklärt ist, dem anderen Ehegatten zu; sind beide Ehegatten für schuldig erklärt, so steht die Sorge für Söhne unter sechs Jahren und für Töchter überhaupt der Mutter, für Söhne über sechs Jahren dem Vater zu (1635). Das Vormundschaftsgericht kann aber eine abweichende Anordnung treffen, wenn dies aus besonderen Gründen im Interesse des Kindes geboten ist; eine solche Anordnung kann jederzeit wieder aufgehoben werden. Das Recht der Vertretung des Kindes verbleibt aber in solchen Fällen, auch wenn die Sorge für die Person des Kindes nach dem Vorstehenden der Mutter obliegt, dem Vater allein, der auch das Vermögen des Kindes weiter zu verwalten und zu nutzen berechtigt ist; die Mutter kann keine Geschäfte oder Verträge schließen, die für das Kind verbindlich sind; sie kann zu Rechtshandlungen des Kindes die nötige Einwilligung nicht erteilen. Die geschiedenen Ehegatten sind nicht befugt, den vorstehend mitgeteilten gesetzlichen Vorschriften entgegen sich darüber, wem die Fürsorge für die Person des Kindes künftig obliegen soll, anderweit zu verständigen. Dagegen steht nichts im Wege, daß der eine Ehegatte dem anderen die Sorge für die Erziehung und das persönliche Wohl des Kindes in derselben Weise überläßt, wie er sie auch fremden Personen (Lehrern, Erziehern, Anstalten usw.) auf Widerruf und unter eigener Verantwortung übertragen kann. Auch derjenige Ehegatte, dem nach dem Vorstehenden die Sorge für die Person des Kindes nicht zusteht, behält das Recht, mit dem Kinde persönlich zu verkehren; das Vormundschaftsgericht ist auf Angehen befugt, bei entstehenden Meinungsverschiedenheiten oder um Streitigkeiten vorzubeugen, diesen Verkehr näher zu regeln (1636).

Über die religiöse Kindererziehung ist am 15. 7. 21 ein besonderes Gesetz ergangen (Gutt. Slg. Nr. 38/39 S. 817 ff.), dessen wesentlichste Bestimmungen besagen: Über die religiöse Erziehung eines Kindes bestimmt die freie Einigung der Eltern, soweit ihnen die Sorge über die Person des Kindes zusteht (bei unehelichen Kindern bestimmt die Mutter). Während bestehender Ehe kann von keinem Elternteil ohne die Zustimmung des anderen bestimmt werden, daß das Kind in einem anderen Bekenntnis als bisher erzogen oder vom Religionsunterricht abgemeldet werden soll (die Zustimmung kann jedoch durch das Vormundschaftsgericht ersetzt werden). Das über 12 Jahre alte Kind kann nicht gegen seinen Willen in einem anderen Bekenntnis als bisher erzogen werden, das über 14 Jahre alte Kind kann sein religiöses Bekenntnis selbst bestimmen. Bei Meinungsverschiedenheiten zwischen Vater oder Mutter einerseits und Pfleger oder Vormund andererseits geht der Wille von Vater oder Mutter vor. Steht die Sorge für die Person des Kindes dem Vormund oder Pfleger allein zu, so hat dieser über die religiöse Erziehung des Kindes zu bestimmen.

Sorge für das Vermögen des Kindes. Die dem Vater kraft der elterlichen Gewalt obliegende Fürsorge für das Vermögen des Kindes begreift die Verwaltung des dem Kindeetwa gehörigen besonderen Vermögens und die Vertretung des Kindes in seinen Vermögensangelegenheiten. Der Vater hat aber auch selbständige Nutzungsrechte am Vermögen des Kindes (s. „Verwaltung und Nutzung des Kindesvermögens usw.").

Vertretung des Kindes durch den Vater. Der Vater hat kraft seiner väterlichen Gewalt sein Kind, das wegen seiner Minderjährigkeit „in der Geschäftsfähigkeit beschränkt" ist, also selbständig keinerlei Rechtsgeschäfte oder Verträge, außer solchen, die ihm nur einen Vorteil bringen, abschließen kann (Näheres s. „Geschäftsfähigkeit 2"), bei Abschluß solcher Geschäfte und Verträge, in Rechtsstreitigkeiten (Prozessen) und wo es sonst erforderlich ist, zu vertreten oder zu den eigenen Handlungen des Kindes, damit diese rechtsverbindlich werden, seine Zustimmung (Einwilligung, Genehmigung) zu erteilen. Der Vater ist der „gesetzliche Vertreter" seiner minderjährigen Kinder. Schon vor der Geburt des Kindes steht ihm die Wahrung von dessen Rechten zu; s. „Pflegschaft 1 d". Diese Vertretungsbefugnis ist aber in gewissen Fällen vom Gesetz beschränkt. Der Vater kann sein Kind nämlich nicht vertreten (1630):

a) bei einem Vertrage oder sonstigen Rechtsgeschäfte zwischen der Mutter oder der Stiefmutter oder einem der Groß- oder Urgroßeltern oder einem Geschwister oder Geschwisterkind des Kindes einerseits und dem Kinde andererseits, sofern die Verwandtschaft durch den Vater vermittelt wird. Handelt es sich also um ein Rechtsgeschäft zwischen mehreren Kindern des Vaters (z. B. um eine Teilung des mütterlichen oder großelterlichen Nachlasses), so kann der Vater keins seiner Kinder dabei vertreten, sondern es müssen Pfleger für die Kinder bestellt werden. Doch kann in solchen Fällen der Vater für sein Kind eine Schuld bezahlen oder eine sonstige Verbindlichkeit an sie erfüllen oder die Zahlung einer Schuld oder die Erfüllung einer Verbindlichkeit für das Kind von ihnen annehmen;

b) wenn eine durch Pfandrecht (Faustpfand), Hypothek oder Bürgschaft gesicherte Forderung des Kindes gegen den Vater einem anderen abgetreten (zediert) oder verpfändet werden soll oder wenn es sich um eine Aufhebung oder Minderung dieser für die Forderung des Kindes bestehenden Sicherheit handelt;

c) in einem Rechtsstreit (Prozeß) zwischen den unter a bezeichneten Personen oder über die unter b gedachten Rechtsangelegenheiten;

d) in Rechtsangelegenheiten des Kindes mit dem Vater selber oder mit einer anderen, auch vom Vater vertretenen Person, z. B. einem Mündel des Vaters (181).

In allen diesen Fällen, in denen der Vater sein Kind nicht vertreten kann, ist er auch nicht befugt, seine Einwilligung (Genehmigung) zu einer Handlung oder Erklärung des Kindes selbst zu erteilen und diese Akte dadurch rechtsgültig zu machen; er muß die Sachlage dem Vormundschaftsgerichte vortragen, damit dieses dem Kinde einen Pfleger für die betreffende Angelegenheit bestellt. Aber auch abgesehen von den vorgedachten Fällen, in denen der Vater kraft Gesetzes sein Kind nicht vertreten kann, ist das Vormundschaftsgericht befugt, dem Vater das Recht der Vertretung seines Kindes für einzelne Angelegenheiten oder für einen bestimmten Kreis von Angelegenheiten zu entziehen (1630), wenn nämlich das Interesse des Kindes zu dem Interesse des Vaters oder einer anderen, von diesem vertretenen Person oder einer der oben unter a gedachten Personen (Mutter usw.) in erheblichem Gegensatze steht. Der Vater ist gesetzlich verpflichtet, in den vorgedachten Fällen dem Gerichte unverzüglich Anzeige zu machen, damit dieses das Erforderliche veranlassen kann (1909 Abs. 2). — Inwiefern der Vater, wenn er sein Kind vertritt, zu den von ihm für das Kind abgeschlossenen Verträgen oder sonstigen Rechtsgeschäften noch einer gerichtlichen Genehmigung bedarf, darüber ist der Artikel „Verwaltung und Nutzung des Kindesvermögens usw." unter 1 nachzulesen. — Abgesehen von den vorbesprochenen Fällen steht ferner dem Vater die Vertretung des Kindes in einer Anzahl von höchst persönlichen Angelegenheiten nicht zu, z. B. bei Anfechtung einer Ehe, bei Vereinbarung der allgemeinen Gütergemeinschaft unter Eheleuten, bei einem Antrage auf Ehelichkeitserklärung eines Kindes, bei einer Annahme an Kindes Statt usw. usw. Die Fälle dieser Art, wo das Kind, auch wenn es noch minderjährig ist, nicht durch den Vater vertreten werden kann, sondern selbst handeln muß, sind in diesem Buche gehörigen Orts vermerkt; es ist dabei auch angegeben, ob wenigstens die Zustimmung des Vaters erforderlich ist oder auch diese nicht. Der Vater kann für das Kind auch kein Testament machen oder widerrufen, auch keinen Erbvertrag schließen oder aufheben.

5. Überwachung des Vaters durch das Vormundschaftsgericht. Entziehung der väterlichen Rechte (1666—1675; JugWohlfGes. v. 9. 7. 22, u. VO. v. 14. 2. 24 Gutt. Slg. Nr. 154). Der Vater steht in der Ausübung seiner elterlichen Gewalt unter der Aufsicht des Vormundschaftsgerichts. Doch ist das Gericht naturgemäß nicht imstande, dieses Aufsichtsrecht in gleichem Umfange auszuüben wie etwa einem Vormunde gegenüber; es ist auch nicht die Absicht des Gesetzes, daß das Gericht sich in alle Einzelheiten der elterlichen Fürsorge und Verwaltung einmischen soll; es soll nur nach Möglichkeit verhüten, daß der Vater durch grobe Nachlässigkeit oder sonstiges pflichtwidriges Handeln die Interessen seiner Kinder schädigt. Es ist dabei vor allem auf die Unterstützung des Gemeindewaisenrats angewiesen, dem die Verhältnisse seines kleinen Bezirks genauer bekannt sind und der gesetzlich verpflichtet ist, dem Vormundschaftsgerichte Mitteilung zu machen, sobald ein Fall vorliegt, wo nach seinem verständigen Ermessen ein Einschreiten des Gerichts gegen den Vater geboten ist (vgl. „Gemeindewaisenrat"). Das Gericht darf und muß aber auch einschreiten, wenn es auf andere Weise erfährt, daß ein Vater pflichtwidrig handelt. Es steht jedermann frei, Verstöße des Vaters gegen die ihm obliegenden Pflichten, insbesondere erhebliche Mängel in der Erziehung der Kinder oder eine drohende Gefahr für ihr Vermögen dem Gerichte anzuzeigen, damit dieses rechtzeitig die nötigen Maßregeln zum Schutze des Kindes ergreifen kann. Das Vormundschaftsgericht hat insbesondere auch dann die im Interesse des Kindes erforderlichen Maßregeln zu treffen, wenn der Vater etwa zeitweise verhindert ist, seine elterliche Gewalt auszuüben (s. unten 7), soweit nicht in solchem Falle die Mutter einzutreten berechtigt und verpflichtet ist (s. „Mutter und Kind"). — Auch der Vormundschaftsrichter ist dem Kinde für vorsätzliche oder fahrlässige Verletzung der ihm obliegenden Pflichten verantwortlich (1674).

Im einzelnen enthält das Gesetz in bezug auf das vorstehend Gesagte folgende Vorschriften:

Wird das geistige oder leibliche Wohl des Kindes dadurch gefährdet, daß der Vater das Recht der Sorge für die Person des Kindes, insbesondere das Erziehungsrecht, mißbraucht, indem er z. B. das Kind zu strafbaren oder unsittlichen Handlungen verleitet oder es zu einem den Verhältnissen nicht entsprechenden Berufe bestimmt, oder daß er es mißhandelt oder vernachlässigt oder sich selber eines ehrlosen oder unsittlichen Verhaltens schuldig macht, so ist das Vormundschaftsgericht berechtigt und verpflichtet, gegen ihn einzuschreiten und die nötigen Maßregeln zu ergreifen, um die dem Kinde drohende Gefahr abzuwenden (1666). So kann nach dem JugWohlfGes. §§ 56—61 Schutzaufsicht des Kindes oder nach §§ 62—76 Fürsorgeerziehung angeordnet werden; die Schutzaufsicht dient zur Verhütung seiner körperlichen, geistigen und sittlichen Verwahrlosung, die Fürsorgeerziehung der Verhütung oder Beseitigung der Verwahrlosung; diese wird in einer geeigneten Familie oder Erziehungsanstalt unter öffentlicher Aufsicht und auf öffentliche Kosten durchgeführt; Näheres s. in Gutt. Slg. Nr. 154. Auch abgesehen von solchen weitgehenden Maßnahmen kann dem Vater das Recht der Fürsorge für die Person des Kindes, insbesondere das Erziehungsrecht, oder das Recht der Vertretung des Kindes in seinen persönlichen Angelegenheiten oder es können ihm auch beide Rechte ganz oder teilweise entzogen werden. Dem Kinde muß dann ein Pfleger bestellt werden (1909). Kommt der Vater seinen Verpflichtungen in bezug auf die Gewährung des Unterhalts für das Kind (s. „Unterhaltspflicht") nicht nach, so kann ihm auch die Vermögensverwaltung und das Nutznießungsrecht an dem etwaigen Vermögen des Kindes (s. „Verwaltung und Nutzung des Kindesvermögens usw.") entzogen und solche einem Pfleger übertragen werden. Ist dem Vater die Vertretung des Kindes sowohl in dessen persönlichen Angelegenheiten als auch in bezug auf das Vermögen des Kindes entzogen, so muß eine Vormundschaft für das Kind angeordnet werden (1773); die elterliche Gewalt der Mutter tritt hier nicht ein.

Das Vormundschaftsgericht soll ferner gegen den Vater einschreiten, wenn er durch pflichtwidriges Handeln oder Unterlassen oder dadurch, daß er selber in Vermögensverfall gerät, das Vermögen seiner Kinder in Gefahr bringt; vgl. hierüber „Verwaltung und Nutzung des Kindesvermögens usw." unter 1. Muß und will das Vormundschaftsgericht dem Vater die Sorge für die Person oder für das Vermögen des Kindes oder die Nutznießung am Kindesvermögen entziehen oder beschränken, so soll es regelmäßig den Vater, auch nach Umständen Verwandte oder Verschwägerte des Kindes, insbesondere die Mutter, zuvor darüber hören (1673).

6. Ersatzansprüche und Haftung des Vaters. Macht der Vater bei der Sorge für die Person oder das Vermögen des Kindes Aufwendungen, die er den Umständen nach für erforderlich halten darf, so kann er aus dem Kindesvermögen Ersatz verlangen, soweit ihm die Aufwendungen nach den besonderen Bestimmungen des Gesetzes nicht selber zur Last fallen, soweit sie also insbesondere nicht zu den von ihm selber zu tragenden Lasten des seiner Nutznießung unterliegenden Vermögens gehören (1648). Begeht der Vater bei der Ausübung der elterlichen Gewalt vielleicht ein Versehen, wodurch dem Kinde ein Schaden zugefügt wird, so ist der Vater nicht ohne weiteres hierfür haftbar; er ist dem Kinde nur dann schadensersatzpflichtig, wenn er diejenige Sorgfalt außer acht gelassen hat, die er in seinen eigenen Angelegenheiten sonst anzuwenden pflegt; er darf in Angelegenheiten des Kindes nicht lässiger sein als in eigener Sache (1664).

7. Zeitweilige Verhinderung des Vaters an der Ausübung der elterlichen Gewalt. Ist der Vater zeitweilig verhindert, die elterliche Gewalt auszuüben, sei es aus tatsächlichen Gründen (z. B. wegen Krankheit, Abwesenheit, Verbüßung einer Freiheitsstrafe usw.) oder aus rechtlichen Gründen (weil er im einzelnen Fall kraft gesetzlicher Vorschrift sein Kind nicht vertreten kann), so hat das Vormundschaftsgericht die im Interesse des Kindes erforderlichen Maßregeln zu treffen (1665). Regelmäßig wird es in solchem Falle eine Pflegschaft für das Kind anordnen. Diese Bestimmungen kommen aber nicht zur Anwendung, wenn die elterliche Gewalt des Vaters „ruht" (s. nachstehend) oder wenn sie nach gesetzlicher Bestimmung auf die Mutter übergeht (s. „Mutter und Kind 2 c—d").

Ruhen oder Aufhören der elterlichen Gewalt (1676ff.). Wird der Vater dauernd des Vernunftgebrauches beraubt und damit geschäftsunfähig (104) oder wird er wegen Geisteskrankheit, Geistesschwäche oder wegen Trunksucht oder Verschwendung entmündigt und selbst unter Vormundschaft gestellt oder erhält er wegen körperlicher Gebrechen einen Pfleger für seine Person und sein Vermögen, so kann er selbstverständlich die elterliche Gewalt über seine Kinder nicht mehr ausüben; die elterliche Gewalt „ruht" so lange, als das Hindernis besteht. Er kann während des „Ruhens" seiner Gewalt das etwaige Vermögen der Kinder nicht mehr verwalten und sie in ihren Vermögensangelegenheiten (bei Verträgen, Prozessen usw.) nicht mehr vertreten; die Kinder erhalten einen Vormund, soweit nicht die elterliche Gewalt auf die Mutter übergeht (s. „Mutter und Kind unter 2 d"). Nur die Sorge für die Person des Kindes, also insbesondere für seine Erziehung, steht dem Vater trotz des Ruhens der elterlichen Gewalt auch ferner zu, aber nur neben der Mutter oder dem Vormunde; bei Meinungsverschiedenheiten gibt hier die Meinung der Mutter oder des Vormundes den Ausschlag. Die elterliche Gewalt des Vaters ruht auch dann, wenn der Vater auf längere Zeit (z. B. durch Abwesenheit, Kriegsgefangenschaft, Strafhaft) an der Ausübung der elterlichen Gewalt tatsächlich verhindert ist und diese Behinderung durch das Vormundschaftsgericht ausdrücklich festgestellt ist (RGes. f. freiw. Gerichtsbark. 51, Gutt. Slg. Nr. 46). Das Ruhen der elterlichen Gewalt hebt aber das Nutznießungsrecht des Vaters an dem etwaigen Vermögen der Kinder regelmäßig nicht auf, selbst das Nutzungsrecht auszuüben ist er jedoch nicht berechtigt (s. „Verwaltung des Kindesvermögens usw. 2"). — Ist die Behinderung des Vaters nur von kürzerer Dauer, so hat das Gericht, falls nicht die Mutter die elterliche Gewalt ausübt, in geeigneter Weise für das Kind zu sorgen; regelmäßig wird es in solchen Fällen einen Pfleger bestellen (1665).

Die elterliche Gewalt des Vaters hört endgültig auf, wenn das Kind volljährig geworden ist, also entweder das 21. Lebensjahr vollendet hat oder vor diesem Zeitpunkt für volljährig erklärt ist, oder wenn das Kind von jemandem an Kindes Statt angenommen (adoptiert) ist (1679). Dadurch, daß das Kind sich selbständig macht oder sich sonst aus eigenem Vermögen unterhält, wird die elterliche Gewalt des Vaters nicht beendet (über Verheiratung der minderjährigen Tochter s. oben zu 4). In gewissen Fällen verwirkt (verliert) der Vater das Recht der elterlichen Gewalt; s. darüber „Verwaltung und Nutzung des Kindesvermögens usw. 2").

8. Haftbarkeit des Vaters für Handlungen seines Kindes. Macht ein minderjähriges Kind Schulden, so braucht der Vater dem Gläubiger mit seinem Vermögen dafür nicht aufzukommen. Selbst wenn der Vater eingewilligt haben sollte, haftet den Gläubigern nur das etwaige Vermögen des Kindes (s. „Geschäftsfähigkeit 2"), nicht das des Vaters, sofern nicht etwa aus besondern Gründen anzunehmen sein sollte, daß der Vater sich selbst auch habe verpflichten oder sich für sein Kind habe verbürgen wollen. Nur in dem Falle, wenn der Vater seinem Kinde den geschuldeten Unterhalt vorenthält (vgl. darüber „Unterhaltspflicht usw.") und das Kind dadurch gezwungen ist, Schulden zu machen, um seinen Unterhalt zu fristen, ist der Vater verpflichtet, diese Schulden aus seinem Vermögen zu bezahlen, selbstverständlich jedoch nur so weit, als er zum Unterhalt des Kindes gesetzlich verpflichtet ist. — Für schadenbringende Handlungen seiner minderjährigen Kinder, z. B. für eine Brandstiftung, eine Körperverletzung oder eine Sachbeschädigung, die das Kind begangen hat, haftet der Vater mit seinem Vermögen nur dann, wenn er seine Aufsichtspflicht bezüglich des Kindes verletzt hat und der Schaden bei gehöriger Aufsichtsführung nicht entstanden wäre; vgl. wegen des näheren „Schadensersatz wegen unerlaubter Handlung 4". Liegt dieser Fall nicht vor, so kann für den Schaden nur das etwaige Vermögen des Kindes selbst in Anspruch genommen werden; das väterliche Nutzungsrecht an dem Vermögen muß insoweit zurücktreten (1659).

9. Schließlich ist noch die Frage zu beantworten, nach welchen Gesetzen das Rechtsverhältnis zwischen den Eltern und ihren (ehelichen) Kindern zu beurteilen ist, wenn die Eltern (beide oder einer von ihnen) Ausländer sind. Das Gesetz bestimmt, daß das Rechtsverhältnis nach den deutschen Gesetzen zu beurteilen ist, wenn der Vater und, falls der Vater gestorben ist, die Mutter die deutsche Reichsangehörigkeit besitzt, und daß das gleiche gelten soll, wenn die Reichsangehörigkeit des Vaters oder der Mutter erloschen, die Reichsangehörigkeit des Kindes aber bestehen geblieben ist (EGBGB. 19).

Emission von Schuldverschreibungen s. Schuldverschreibungen a. d. Inhaber II.

Empfangnahme einer Zahlung s. Zahlung.

Empfängniszeit s. Ehelichkeit eines Kindes 1 u. Uneheliche Kinder 4.

Empfangsbekenntnis s. Quittung.

Empfehlungen s. Ratserteilungen usw.

Emphyteuse. Sie ist ein dingliches Pachtrecht an einem Grundstücke. Sie ist in das neue Recht nicht aufgenommen. Es können daher diese Rechte nicht mehr begründet werden. Rechte solcher Art, die am 1. Jan. 1900 schon bestanden, bleiben aber nach wie vor in Gültigkeit (EGBGB. 184).

Endtermin bei Rechtsgeschäften s. Anfangs- und Endtermin usw.

Enkel als Pflichterben s. Pflichtteil; als gesetzliche Erben s. Gesetzliche Erben 1.

Enteignung. Die Enteignung ist der Landesgesetzgebung überlassen (EGBGB. 109, 52, 53). Man versteht darunter die Entziehung von Privatrechten aller Art, insbesondere auch von Grundeigentum, im öffentlichen Interesse. In Preußen ist die Enteignung von Grundeigentum durch das Gesetz vom 11. Juni 1874 geordnet. Die Entziehung darf nur gegen eine angemessene Entschädigung erfolgen, die im Falle, daß die Beteiligten sich nicht darüber einigen, im Wege des Prozesses durch die ordentlichen Gerichte festgesetzt wird. Die Enteignung darf nur aus Gründen des öffentlichen Wohles durchgeführt werden. Das Verfahren ist kurz folgendes. Einigt sich der Unternehmer mit dem betroffenen Grundstückseigentümer nicht, so wird auf Antrag des Unternehmers von der Enteignungsbehörde, dem Bezirksausschuß, in Berlin von der I. Abteilung des Polizeipräsidiums, ein vorläufiger Enteignungsplan aufgestellt, der öffentlich offenzulegen ist und gegen den die Beteiligten Einspruch erheben können. Über den Einspruch wird durch die Enteignungsbehörde entschieden, wogegen Rekurs an die vorgesetzte Ministerialinstanz zulässig ist. Nach Festsetzung des endgültigen Plans können die Beteiligten ihre Entschädigungsansprüche schriftlich bei der Enteignungsbehörde einreichen, die dann nach Verhandlung und soweit nötig nach Anhörung von Sachverständigen die Entschädigung festsetzt. Gegen diesen Festsetzungsbeschluß steht dem Unternehmer und dem Grundstückseigentümer innerhalb 6 Monaten die Klage im ordentlichen Rechtswege zu. Nach Ablauf der Frist von 6 Monaten oder, wenn Klage erhoben ist, nach rechtskräftiger Entscheidung und nach Zahlung oder Hinterlegung der Entschädigungssumme spricht die Enteigungsbehörde die Enteignung des Grundstücks aus. Damit geht das Eigentum des enteigneten Grundstücks auf den Unternehmer über, und die Enteignungsbehörde ersucht das Grundbuchamt um Umschreibung des Eigentums auf diesen frei von Lasten und Hypotheken, Grundschulden und Rentenschulden, soweit diese nicht etwa vom Unternehmer übernommen sind. Wenn Lasten, Hypotheken usw. auf dem Grundstück geruht haben, so erlöschen diese Rechte an dem Grundstück, soweit sie nicht übernommen sind, und es tritt an Stelle der Haftung des Grundstücks die Haftung der Entschädigungssumme. Es ist daher vorgeschrieben, daß, falls solche nicht mitübernommenen Rechte bestehen, der Entschädigungsbetrag nur hinterlegt, nicht gezahlt werden darf. Die Realberechtigten können sich dann an diesen halten und, falls sie sich mit dem Eigentümer nicht einigen, gerichtliche Auseinandersetzung beantragen. Dasselbe Recht steht auch dem Eigentümer zu (Ausführungsgesetz zum Zwangsversteigerungsgesetz Artikel 35).

Die Entschädigung hat der Unternehmer zu zahlen. Die Entschädigung für Abtretung von Grundeigentum besteht in dem vollen Wert des abzutretenden Grundstücks einschließlich der enteigneten Zubehörungen und Früchte. Wird nur ein Teil des Grundbesitzes desselben Eigentümers in Anspruch genommen, so umfaßt sie zugleich den Mehrwert, den der abzutretende Teil durch seinen örtlichen oder wirtschaftlichen Zusammenhang mit dem Ganzen hat, sowie den Minderwert, der für den übrigen Grundbesitz durch die Abtretung entsteht.

Wird nur ein Teil von einem Grundstück in Anspruch genommen, so kann der Eigentümer verlangen, daß der Unternehmer das Ganze gegen Entschädigung übernimmt, wenn das Grundstück durch die Abtretung so zerstückelt würde, daß das Restgrundstück nach seiner bisherigen Bestimmung nicht mehr zweckmäßig benutzt werden kann. Zu ersetzen ist auch eine durch teilweise Abtretung entstehende Wirtschaftserschwernis. Dagegen ist eine Werterhöhung, die ein Grundstück erst infolge der neuen Anlage erhält, z. B. daß in der Nähe ein Bahnhof gebaut wird, nicht in Anschlag zu bringen.

Durch das Gesetz vom 26. 7. 1922 (Pr. Ges.-Sammlung 1922, S. 211, Gutt. Slg., Preußen Nr. 37) ist noch ein vereinfachtes Enteignungsverfahren geschaffen für Unternehmer, besonders zur Beseitigung und Abwendung größerer Arbeitslosigkeit oder eines sonstigen Notstandes (Wohnungsmangel). An Stelle des Bezirksausschusses tritt hier der Regierungspräsident, die Fristen sind verkürzt und es kann der Unternehmer, sobald der Plan festgestellt ist, in den Besitz eingewiesen werden.

Enteignungsbestimmungen enthält auch das Preuß. Baufluchtliniengesetz vom 2. Juli 1875. Die Entschädigung ist hier eingeschränkt. Sie kann nur gewährt werden, wenn die zu Straßen, Plätzen und Anlagen bestimmten Grundflächen auf Verlangen der Gemeinde für öffentliche Benutzung abgetreten werden und wenn vorhandene Gebäude bis zu einer neu festgesetzten Fluchtlinie zurückrücken müssen.

Enterbung s. Pflichtteil 5 u. Erbunwürdigkeit; in wohlmeinender Absicht s. Pflichtteil 5.

Entgangener Gewinn s. Schadensersatz, allgemeine Bestimmungen über.

Entlassung eines Vormundes s. Vormundschaft 4; eines Testamentsvollstreckers s. Testamentsvollstrecker; eines Arbeitnehmers s. Kündigung; aus einer Schuldverbindlichkeit s. Erlaß einer Schuld; eines Mündels aus dem Staatsverbande s. Vormundschaft 2.

Entlastungserklärung s. Rechnungsablage a. Schl. u. Vormundschaft 8 a. Schl.

Entlaufen von Kindern, Wiederzuführung s. Eltern und Kinder 4; von Tieren s. Aneignung herrenloser Sachen 2.

Entleiher s. Leihe.

Entmündigte, Geschäftsfähigkeit derselben s. Geschäftsfähigkeit 2, 3; Verheiratung s. Ehehindernisse usw. 1b.

Entmündigung 1. Wenn jemand aus verschuldetem oder unverschuldetem Grunde seine Angelegenheiten nicht selbst zu besorgen vermag oder sich oder seine Familie der Gefahr des Notstandes aussetzt oder gemeingefährlich wird, so kann ihm durch Richterspruch die bürgerliche Selbständigkeit abgesprochen, er kann entmündigt werden (Die Entmündigung ist auch gegen einen Ausländer zulässig (EGBGB. 8), wenn er seinen Wohnsitz oder, falls er überhaupt keinen Wohnsitz hat, seinen Aufenthalt in einem deutschen Staate hat.) Das Gesetz (6) zählt die Gründe auf, aus denen eine Entmündigung statthaft ist. Es kann hiernach entmündigt werden:

1. wer infolge von Geisteskrankheit oder Geistesschwäche (s. darüber „Geisteskrankheit und Geistesschwäche") seine Angelegenheiten nicht zu besorgen vermag, d. h. nicht bloß seine etwaigen Vermögensangelegenheiten, sondern seine Angelegenheiten überhaupt, wohin auch die Sorge für seine Person, die Sorge für seine Angehörigen, für die Erziehung der Kinder usw. gehören. Dafür zu sorgen, daß die Entmündigung, wenn sie nach den Umständen nötig ist und die gesetzlichen Voraussetzungen dafür vorhanden sind, auch beantragt wird (von Amts wegen verfügt das Gericht nicht), ist zunächst Sache der zum Antrage berechtigten Personen (s. unten); nötigenfalls ist von Staats wegen (durch die Staatsanwaltschaft) einzuschreiten (vergleiche z. B. für Preußen JMinBl. 99, 399);

2. wer durch Verschwendung sich oder seine Familie der Gefahr des Notstandes aussetzt, einerlei, ob das die wirtschaftliche Existenz bedrohende Gebaren in unmäßigem Geldausgeben, in unbesonnenem Schuldenmachen, in unverantwortlicher Geschäftsführung oder in Vernachlässigung der Wirtschaft besteht;

3. wer infolge von Trunksucht seine Angelegenheiten nicht zu besorgen vermag oder sich oder seine Familie der Gefahr des Notstandes aussetzt oder die Sicherheit anderer gefährdet (z. B. seine Angehörigen in der Trunkenheit mißhandelt).

Folge der Entmündigung ist, daß dem Betreffenden ein Vormund bestellt wird; denn der Entmündigte ist rechtlich nicht mehr fähig, seine Rechtsangelegenheiten selbst wahrzunehmen; das Nähere darüber s. „Geschäftsfähigkeit" unter 2 und 4. Sobald die Entmündigung beantragt ist, kann der zu Entmündigende schon unter vorläufige Vormundschaft gestellt werden (s. „Vormundschaft 3"). In leichteren Fällen ist mit einer Pflegschaft statt Entmündigung auszukommen (s. Art. Pflegschaft). Hat der (oder die) Entmündigte minderjährige Kinder, so tritt mit der Entmündigung ein „Ruhen" der von dem (der) Entmündigten bisher ausgeübten elterlichen Gewalt ein; die Ausübung der elterlichen Gewalt geht, wenn der Vater entmündigt wird, auf die etwa noch lebende Mutter, sonst auf einen vom Gericht zu bestellenden Pfleger über. Vergl. wegen des Näheren „Eltern und Kinder 7".

Der Antrag auf Entmündigung (ZPO. 645 ff.) kann von dem Ehegatten, einem Verwandten oder demjenigen gesetzlichen Vertreter (Vater, Mutter, Vormund) des zu Entmündigenden gestellt werden, dem die Sorge für seine Person zusteht. Gegen ein unter elterlicher Gewalt stehendes Kind oder gegen jemand, der unter Vormundschaft steht, kann der Antrag von einem Verwandten nicht gestellt werden. Gegen eine Ehefrau kann der Antrag von einem Verwandten nur gestellt werden, wenn auf Aufhebung der ehelichen Gemeinschaft (s. „Ehescheidung" am Schluß) erkannt ist oder wenn der Ehemann die Frau verlassen hat oder wenn der Ehemann zur Stellung des Antrages dauernd außerstande oder sein Aufenthalt dauernd unbekannt ist. Auch die Staatsanwaltschaft kann eine Entmündigung, aber nur wegen Geisteskrankheit oder Geistesschwäche, beantragen. (Landesgesetzlich kann ferner bestimmt werden, daß die Gemeinde oder ein der Gemeinde gleichstehender Verband oder ein Armenverband die Befugnis haben soll, eine Entmündigung wegen Verschwendung oder wegen Trunksucht zu beantragen. Das ist z. B. geschehen in Preußen (GesS. 1899 S. 388 § 3); Bayern (Ges. 29. 4. 69, 36); Sachsen (Ges. 20. 2. 821).) Der Antrag kann beim Amtsgericht schriftlich eingereicht oder mündlich zu Protokoll erklärt werden. Dabei müssen die Tatsachen, die den Antrag rechtfertigen, und die Beweismittel (Zeugen usw.) angegeben werden. Auf

Erfordern des Gerichts ist, wenn die Entmündigung wegen Geisteskrankheit oder Geistesschwäche beantragt wird, ein ärztliches Zeugnis beizubringen. Das nähere Verfahren richtet sich nach den Bestimmungen der Zivilprozeßordnung (Gutt. Slg. Nr. 11 — Sydow-Busch; vgl. auch im HdR. „Entmündigung und Entmündigungsverfahren" II 284 ff.). Die **Kosten** sind, wenn die Entmündigung erfolgt, aus dem Vermögen des Entmündigten zu bestreiten. Wird die Entmündigung vom Gericht abgelehnt, so trägt die Staatskasse die Kosten, wenn es sich um eine Entmündigung wegen Geisteskrankheit oder Geistesschwäche handelt; sie können aber auch dem Antragsteller ganz oder teilweise zur Last gelegt werden, wenn ihm nach Ansicht des Gerichts bei der Stellung des Antrages ein Verschulden zur Last fällt. Ist ein Antrag auf Entmündigung wegen Verschwendung oder Trunksucht abgewiesen, so fallen die Kosten stets dem Antragsteller zur Last. Die Entmündigung einer Person wegen Verschwendung oder wegen Trunksucht (auch eine etwaige Wiederaufhebung einer solchen Entmündigung; s. unten 2) wird vom Gericht öffentlich bekanntgemacht.

2. Gegen den Beschluß, durch den die Entmündigung abgelehnt ist, steht dem Antragsteller die „sofortige Beschwerde" zu (vergl. „Beschwerde gegen gerichtliche Verfügungen"). Der eine Entmündigung wegen Verschwendung oder Trunksucht aussprechende Beschluß kann binnen einem Monat von dem Entmündigten durch Klage, die gegen den Antragsteller oder, falls dieser verstorben oder sein Aufenthalt unbekannt oder im Auslande ist, gegen den Staatsanwalt zu richten ist, angefochten werden. Der eine Entmündigung wegen Geisteskrankheit oder Geistesschwäche aussprechende Beschluß kann binnen gleicher Frist und in gleicher Weise von dem Entmündigten selbst, sowie von denjenigen Personen, die die Entmündigung zu beantragen befugt waren, angefochten werden; die Klage ist gegen den Staatsanwalt zu richten. In dem Prozeß wird darüber entschieden, ob die Entmündigung mit Grund ausgesprochen ist.

Selbstverständlich kann es aber vorkommen, daß die Verhältnisse hinterher sich derart ändern, daß die Entmündigung nicht mehr gerechtfertigt erscheint (der Geisteskranke oder Trunkenbold ist geheilt, der Verschwender ist zu einem ordentlichen Leben zurückgekehrt usw.). In solchen Fällen ist eine Wiederaufhebung der Entmündigung zulässig. Die Wiederaufhebung erfolgt auf Antrag des Entmündigten selbst oder seines gesetzlichen Vertreters, dem die Sorge für seine Person obliegt, bei Entmündigung wegen Geisteskrankheit oder Geistesschwäche auch auf Antrag des Staatsanwalts. Die Kosten sind auf alle Fälle von dem Entmündigten zu tragen; nur wenn das Verfahren vom Staatsanwalt ohne Erfolg beantragt ist, trägt die Staatskasse die Kosten. Auch gegen die Ablehnung des Antrags auf Wiederaufhebung der Entmündigung kann Klage erhoben werden.

Entsagung einer Erbschaft s. Antretung und Ausschlagung einer Erbschaft u. Erbverzicht; einer Forderung s. Erlaß einer Schuld; eines Grundstücks s. Aneignung herrenloser Sachen.

Entschädigung s. Schadensersatz; eines Vormundes s. Vormund 7.

Entsetzung aus einem Grundstück s. Besitz 2.

Entwässerung s. Wasserrecht.

Entziehung eines Pflichtteils s. Pflichtteil 5; des Besitzes s. Besitz 2; der elterlichen Gewalt s. Eltern und Kinder 5, Verwaltung und Nutzung des Kindesvermögens usw. 1 u. Mutter und Kind 2b; einer Erbschaft s. Erbunwürdigkeit.

Erbauseinandersetzung s. Erbteilung.

Erbbaurecht. Das Erbbaurecht ist durch die Verordnung des Reichsarbeitsamtes vom 15. Januar 1919 (RGBl. 72) geregelt. Es ist das Recht, an einem fremden Grundstücke auf oder unter der Oberfläche ein Bauwerk zu haben. Es kann auch auf einen Teil des Grundstücks, der für das Bauwerk nicht erforderlich ist, erstreckt werden, sofern das Bauwerk nur wirtschaftlich die Hauptsache bleibt. Es kann also z. B. ein Garten, ein Park zum Erbbaurecht gehören, nicht aber ein landwirtschaftliches Gut. Begründet wird das Erbbaurecht durch einen Vertrag zwischen dem Grundstückseigentümer und dem Erbbauberechtigten, Einigung über die Bestellung und Eintragung in das Grundbuch. Der Vertrag bedarf der gerichtlichen oder notariellen Form, die Einigung muß dem Grundbuchamt durch öffentliche oder öffentlich beglaubigte Urkunde eingereicht werden. Für das Erbbaurecht wird ein besonderes Grundbuch angelegt, die Belastung wird auf dem Grundstück des Eigentümers eingetragen. Sonst gelten für das Recht die Bestimmungen über Grundstücke (s. d.) mit Ausnahme der Auflassung. Diese wird ersetzt durch den Nachweis der Einigung. Das Erbbaurecht kann nur zur ersten Stelle des belasteten Grundstücks bestellt werden. Es ist vererblich und veräußerlich, auch im Wege der Zwangsversteigerung. Es kann mit Hypotheken und anderen dinglichen Rechten belastet werden, die dann aber nur das Erbbaurecht mit dem Gebäude, nicht auch das Grundstück ergreifen. Es kann zeitlich beschränkt werden, jedoch nicht durch eine auflösende Bedingung (s. d.), z. B. durch den Tod des Berechtigten. Im übrigen kann der Inhalt des Erbbaurechts durch den Vertrag geregelt werden, z. B. die Zahlung eines Erbbauzinses, den Zweck des Bauwerks, die Erhaltung des Bauwerks, das Heimfallsrecht und anderes. Das Bauwerk wird in der Regel von Berechtigten errichtet, kann aber vertragsmäßig auch vom Grundstückseigentümer errichtet werden. Es wird nicht Bestandteil des Grundstücks (s. Bestandteile) sondern Bestandteil des Erbbaurechts. Mit dem Erlöschen des Rechtes wird es Bestandteil des Grundstücks, geht also in das Eigentum des Grundstückseigentümers über. Durch den Untergang des Bauwerks erlischt das Recht nicht. Instandsetzungs- und Erneuerungskosten, öffentliche Lasten und Abgaben hat der Berechtigte zu tragen, soweit nichts weiter vereinbart ist. An einem Teil eines Gebäudes, z. B. einem Stockwerk, kann kein Erbbaurecht bestellt werden. Der Erbbauzins, wenn solcher vereinbart ist, kann in einmaliger Zahlung oder in wiederkehrenden Leistungen bestehen, muß aber der Zeit und Höhe nach im voraus bestimmt sein. Er wird wie eine Reallast (s. d.) zugunsten des jeweiligen Eigentümers auf dem Erbbaurechte eingetragen. Das Erbbaurecht kann wie ein Grundstück belastet werden. Die Belastungen ergreifen jedoch nur das Recht mit dem Bauwerk und erlöschen daher mit dem Erlöschen des Erbbaurechts. Hat der Erbbauberechtigte bei Beendigung des Erbbaurechts vom Eigentümer eine Entschädigung zu verlangen, so haftet diese für etwa noch bestehende Gläubigeransprüche aus Hypotheken, Grundschulden, Rentenschulden und Reallasten. Im Bestellungsvertrage kann die Belastung des Erbbaurechts mit

Hypotheken, Grundschulden, Rentenschulden und Reallasten von der Genehmigung des Grundstückseigentümers abhängig gemacht sein, dann können diese Belastungen im Grundbuche erst eingetragen werden, und somit auch erst zur Entstehung gelangen, wenn die Genehmigung in öffentlich beglaubigter Form erteilt worden ist. Die Genehmigung kann auf Antrag durch das Amtsgericht, in dessen Bezirk das Grundstück belegen ist, ersetzt werden, wenn die Belastung mit den Regeln einer ordnungsmäßigen Wirtschaft vereinbar, und der Zweck des Erbbaurechts nicht wesentlich beeinträchtigt wird. Auch die Veräußerung des Erbbaurechts kann von einer Genehmigung des Grundstückseigentümers abhängig gemacht werden, auch hier ist der Ersatz der verweigerten Genehmigung durch das Amtsgericht zulässig, wenn der Zweck des Erbbaurechts nicht durch die Veräußerung gefährdet wird und der Erwerber für die ordnungsmäßige Erfüllung der Verpflichtungen aus dem Erbbaurechtsvertrage Gewähr bietet. Verfügungen im Wege der Zwangsvollstreckung, z. B. Zwangsversteigerung, Eintragung einer Sicherungszwangshypothek (s. d.) oder der Arrestvollziehung, oder durch den Konkursverwalter sind ebenfalls unwirksam, soweit sie die Rechte des Grundstückseigentümers, der sich die Genehmigung zur Veräußerung oder Belastung vorbehalten hat, beschränken. Im Bestellungsvertrage kann ein Heimfallrecht für den Grundstückseigentümer vereinbart werden, z. B. für den Fall, daß der Berechtigte den Erbbauzins nicht zahlt, oder seinen sonstigen Verpflichtungen nicht nachkommt. Der Heimfall unterscheidet sich vom Erlöschen des Erbbaurechts dadurch, daß dieses nicht untergeht, sondern in der Hand des Grundstückseigentümers weiter besteht. Hypotheken, Grundschulden, Rentenschulden und Reallasten bleiben daher bestehen, soweit sie nicht dem Erbbauberechtigten selbst zustehen. Der Grundstückseigentümer hat dem Erbbauberechtigten, soweit nichts anderes im Vertrage ausgemacht ist, eine angemessene Vergütung für das Erbbaurecht zu gewähren. Handelt es sich um ein Erbbaurecht zur Befriedigung des Wohnbedürfnisses minderbemittelter Bevölkerungskreise, so darf die Vergütung vertraglich nicht ausgeschlossen werden (§ 32 a. a. O.). Ist das Heimfallsrecht wegen Zahlungsverzugs für den Erbbauzins ausbedungen, so darf der Anspruch erst geltend gemacht werden, wenn mindestens zwei Jahresbeträge im Rückstande sind. Das Erbbaurecht erlischt entweder durch Aufhebung oder durch den vertragsmäßig vereinbarten Zeitablauf. Die Aufhebung bedarf der Zustimmung des Eigentümers und der etwa eingetragenen Berechtigten, z. B. der Hypothekengläubiger. Sämtliche Erklärungen, auch die Aufgabeerklärung des Berechtigten, müssen dem Grundbuchamte in notariell oder gerichtlich beglaubigter Form eingereicht werden. Erlischt das Erbbaurecht durch Zeitablauf, so muß der Grundstückseigentümer dem Berechtigten eine Entschädigung für das Bauwerk leisten, falls nichts anderes vereinbart. Der Grundstückseigentümer kann diese Verpflichtung dadurch abwenden, daß er das Erbbaurecht dem Berechtigten verlängert. Die Entschädigungsforderung haftet auf dem Grundstück an Stelle des Erbbaurechts mit dessen Rang. Wegen der Wirkung des Erlöschens des Erbbaurechts auf Miet- und Pachtverträge s. § 30 a. a. O. Ist vertraglich dem Erbbauberechtigten ein Vorrecht auf Erneuerung des Erbbaurechts eingeräumt, so kann er dies ausüben, sobald der Eigentümer mit einem Dritten einen Vertrag über die Bestellung eines Erbbaurechts an dem Grundstück geschlossen hat. Das Recht gibt ihm den Anspruch, an Stelle des Dritten in dem mit dem Grundstückseigentümer geschlossenen Erbbauvertrag einzutreten.

Erbbescheinigung s. Erbschein.

Erbe. Erbe ist nach dem Gesetze nur derjenige, auf den beim Tode einer Person deren Vermögen als Ganzes, d. h. in seiner Verbindung, wie es dem Erblasser gehört hat, übergeht. Erben können auch mehrere Personen sein, das sind Miterben. Auch diesen steht der Vermögensinbegriff insgesamt zu. Ihr Anteil an dem gesamten Nachlaß ist der Erbanteil. Nicht zu den Erben gehören, obgleich oft in der Sprache des täglichen Lebens so bezeichnet, die anderen durch letztwillige Verfügung etwa Bedachten, z. B. Vermächtnisnehmer, Pflichtteilsberechtigte usw. Diese haben nur einen Anspruch gegen die Erben auf Leistung des ihnen Zugewendeten.

(Für Erben sind von besonderer Wichtigkeit die Artikel „Erbschaft", „Gesetzliche Erben", „Testament", „Erbvertrag", „Erbteilung", „Nachlaßschulden", „Aufgebot der Nachlaßgläubiger", „Nachlaßinventar", „Nachlaßverwaltung", „Erbschein", „Erbschaftsklagen".)

Erbe, gesetzlicher, s. Gesetzliche Erben; Legitimation als solcher, s. Erbschein; Haftung für Nachlaßschulden, s. Nachlaßschulden; Klage gegen, s. Nachlaßschulden usw.; Anwachsung (Vergrößerung eines Erbteils) s. Anwachsung; Einsetzung im Testament, s. Auslegung testamentarischer Bestimmungen; erwirbt Grundbesitz ohne Auflassung, s. Auflassung; kann nicht vor Annahme der Erbschaft verklagt werden, s. Annahme und Ausschlagung einer Erbschaft 2; zu erwartender, Unterhalt für die Mutter, s. ebendaselbst.

Erbeinsetzung s. Testament.

Erben, Verhältnis zueinander, s. Erbteilung.

Erbentsagung s. Erbverzicht.

Erbenzeugnis s. Erbschein.

Erbesausweis (Erbeslegitimation) s. Erbschein.

Erbfähigkeit s. Erbunwürdigkeit.

Erbfall. Unter Erbfall versteht das Gesetz den Tod des Erblassers, mit dessen Eintritt sein Vermögen (die Erbschaft) auf seine Erben übergeht.

Erbfolge, Eigentumserwerb durch, s. Grundeigentum 1; gesetzliche, der Verwandten und Ehegatten, s. Gesetzliche Erben u. Pflichtteil; testamentarische, s. Testament; vertragsmäßige, s. Erbvertrag.

Erbfolgeordnungen s. Gesetzliche Erben 1.

Erblegitimation s. Erbschein.

Erbrecht nach dem Gesetz s. Gesetzliche Erben; auf Grund eines Testaments s. Testament 3; auf Grund eines Erbvertrages s. Erbvertrag 2; Nachweis des, s. Erbschein. Siehe auch „Erbschaft".

Erbpachtrecht (AGBGB. 63); Erbpachtrecht ist ein dingliches, veräußerliches und vererbliches Nutzungsrecht an einem Gute, das dem vollen Eigentum sehr nahekommt. Die Neubegründung eines solchen Rechtes ist nach dem Bürgerlichen Gesetzbuch nicht mehr zulässig. Wo aber bis zum 1. Januar 1900 solche Rechte bestanden haben, z. B. in Mecklenburg, da bleiben sie und die darüber ergangenen landesgesetzlichen Vorschriften auch ferner in Kraft; es können dort Erbpachtrechte auch künftighin, soweit die Landesgesetze dies ferner gestatten, neu begründet werden. Als besondere Arten des Erbpachtrechtes kommen in Mecklenburg sog. Büdnerrechte und Häuslerrechte vor, für die das hier Gesagte gleichfalls gilt. Auf die Erbpachtrechte finden die für Grundstücke geltenden Vorschriften des Bürgerlichen Gesetzbuchs, insbesondere die über den Erwerb des Eigentums und die Ansprüche aus dem Eigentum, entsprechende Anwendung. Für das Erbpachtrecht kann auf Antrag ein besonderes Grundbuchblatt angelegt werden; dies muß von Amts wegen geschehen, wenn das Recht veräußert oder belastet werden soll. Im übrigen unterliegen die Erbpachtrechte den näheren Bestimmungen der Landesgesetze.

Erbschaft. 1. Erbschaft ist das auf einen Erben übergegangene Vermögen eines Verstorbenen (1922). Sie wird im Gesetz auch als Nachlaß bezeichnet, der Nachlaß oder die Erbschaft umfaßt die gesamten vermögensrechtlichen Beziehungen des Erblassers, also das eigentliche Vermögen und die Schulden mit Ausnahme der rein persönlichen Rechte, die mit dem Tode erlöschen, wie zum Beispiel die Nutznießung am Vermögen der Ehefrau. Diejenigen, die in diese Gesamtheit der Vermögensbeziehungen eintreten, sind die Erben. Erbe kann eine, es können auch mehrere Personen sein. Auch im letzteren Falle erwerben sie die Erbschaft als Ganzes und können bis zur Teilung nur gemeinsam über die Nachlaßgegenstände und Nachlaßrechte verfügen (Gemeinschaft zur gesamten Hand, s. Miterben). Der Übergang der Erbschaft auf die Erben tritt ohne besondere Willenserklärung der zur Erbfolge Berufenen ein (s. Ausschlagung). Wer zur Erbfolge berufen ist, bestimmt sich entweder durch die Erbfolgeordnung des Gesetzes (gesetzliche Erbfolge BGB. §§ 1924—1936, s. d.) oder durch Anordnung des Erblassers (letztwillige Verfügung, s. d., BGB. §§ 1937—1941), und zwar, da nach heutiger Rechtsanschauung jedem die freie Verfügung über sein Vermögen zusteht, in der Weise, daß die gesetzliche Erbfolge durch die Anordnung des Erblassers (gewillkürte Erbfolge) ausgeschlossen wird. Wegen des Anspruchs gewisser Familienangehöriger auf Zuwendung eines Nachlaßteils s. Pflichtteil. Das BGB. ordnet das für alle Bevölkerungsklassen gleichmäßig geltende allgemeine Erbrecht.

Es können daneben noch besondere Erbrechte, nämlich für landwirtschaftliche und forstwirtschaftliche Grundstücke, insbesondere für den bäuerlichen Grundbesitz (sog. Anerbenrecht), sowie für Fideikommiß-, Lehn- und Stammgüter bestehen; hierüber Bestimmung zu treffen, ist Sache der Landesgesetzgebung in den einzelnen deutschen Ländern (EGBGB. 59, 64, s. d.). Ferner sind landesrechtlich noch aufrechterhalten die Sonderbestimmungen für die ehemals reichsständischen Familien. Wieweit die erbrechtlichen hausrechtlichen Bestimmungen der früher landesherrlichen Familien noch bestehen, ist nicht unbestritten.

2. Erbe eines Verstorbenen kann grundsätzlich nur der werden, der zur Zeit des Todesfalles schon lebt und noch lebt (1923) (einerlei, ob er erst unmittelbar vor des Erblassers Tode geboren oder sogleich nach dem Tode des Erblassers gestorben ist). Ausnahmsweise gilt aber ein Kind, das zur Zeit des Todesfalles bereits erzeugt war, vorausgesetzt, daß es lebend zur Welt kommt, kraft Gesetzes als vor dem Todesfalle geboren; es kann also den Verstorbenen beerben. Dagegen können dies Personen, die nach dem Tode des Erblassers erst erzeugt sind, nicht, z. B. wenn jemand die Kinder seines Bruders als Erben einsetzt, so kommen als Erben nur diejenigen in Betracht, die zur Zeit des Erbfalls leben oder erzeugt sind, nicht etwa später geborene (s. oben Nacherbschaft). Ist ein gesetzlicher oder eingesetzter Erbe vor dem Erblasser gestorben, so treten seine Erben als solche nicht an seine Stelle. Wieweit Abkömmlinge aus eigenem Recht oder als Ersatzerben an seine Stelle treten, s. gesetzliche Erben u. Ersatzerben. Ist ein gesetzlicher oder eingesetzter Erbe vor dem Erblasser verstorben, so erbt er nicht mit. — Ist eine juristische Person (s. d.) als Erbe eingesetzt, so kann diese nur dann erben, wenn sie beim Tode des Erblassers schon zu Rechte bestanden hat. Für Stiftungen (s. d.) ist jedoch bestimmt, daß eine beim Tode des Stifters noch nicht staatlich genehmigte (also noch nicht zu Recht bestehende) Stiftung für die Zuwendungen des Stifters, also auch für eine Erbeinsetzung, als schon vor dem Tode des Erblassers entstanden gilt, falls die Genehmigung später erteilt wird (84). Für andere juristische Personen, z. B. Vereine, gilt dies nicht.

Für Nacherben und Vermächtnisnehmer (s. d.) gelten diese Bestimmungen nicht.

3. Da die deutschen Gesetze über das Erbrecht mit den ausländischen Gesetzen vielfach nicht übereinstimmen, so fragt es sich, nach welchen Gesetzen die Beerbung eines Verstorbenen sich richtet. Grundsatz ist, daß auch ein Deutscher (eine Deutsche), der seinen Wohnsitz im Auslande hatte, nach dem deutschen Gesetze beerbt wird, jedoch können sich die Erben eines solchen in Ansehung der Haftung für die Nachlaßverbindlichkeiten auf die an dem Wohnorte des Erblassers im Auslande geltenden Gesetze berufen (s. „Nachlaßschulden") EGBGB. 24. Ein Ausländer, der zur Zeit seines Todes seinen Wohnsitz in Deutschland hatte, wird nach den Gesetzen des Staates beerbt, dem er zur Zeit seines Todes angehörte. Ein Deutscher kann jedoch erbrechtliche Ansprüche gegen den Nachlaß auch dann geltend machen, wenn sie nur nach den deutschen Gesetzen begründet sind, es sei denn, daß nach dem Rechte des Staates, dem der Erblasser angehörte, für die Beerbung eines Deutschen, der seinen Wohnsitz in diesem Staate hatte, die deutschen Gesetze ausschließlich maßgebend sind (EGBGB. 25).

Soweit jedoch nach den Gesetzen des Landes, dem der Ausländer angehört, dieser Ausländer nach den Gesetzen seines letzten Wohnsitzes beerbt wird, finden für die Beerbung des in Deutschland zuletzt wohnhaft gewesenen Ausländers auch die deutschen Gesetze Anwendung (sog. Rückverweisung) EGBGB. 27. Teilweise sind auch besondere Nachlaßabkommen getroffen, so mit Rußland, wonach die erbrechtlichen Verhältnisse sich in Ansehung des beweglichen Nachlasses nach den Gesetzen des Staates, dem der Erblasser zur Zeit des Todes angehört, in Ansehung des unbeweglichen Nachlasses nach den Gesetzen des Staates, in dem dieser Nachlaß liegt, bestimmen (Ges. v. 6. 1. 26, RGBl. II 1ff.) und mit Österreich, wonach die Angehörigen des einen Staates in Ansehung des beweglichen und unbeweglichen Vermögens, das sich in dem anderen Staate befindet, nach dem Rechte des Staates beerbt werden, dem der Erblasser zur Zeit seines Todes angehört, und daß dies auch hinsichtlich der Haftung der Erben für die Nachlaßverbindlichkeiten gilt (Ges. v. 5. 2. 27, RGBl. II 506).

Erbschaft, Teilung der, s. Erbteilung; Vertrag über eine, s. Nachlaßverträge; Annahme und Ausschlagung, s. Annahme und Ausschlagung einer Erbschaft; Antretung s. ebendaselbst; Annahme und Ausschlagung durch eine Frau, s. Eingebrachtes Gut der Frau 5; Sicherstellung im Falle der Unbekanntheit, Abwesenheit usw. der Erben s. Annahme usw. einer Erbschaft 2.

Erbschaftsanspruch s. Erbschaftsklage.

Erbschaftsforderungen s. Nachlaßgläubiger.

Erbschaftsgläubiger s. Nachlaßgläubiger.

Erbschaftskauf. Erbschaftsverkauf (2371—2385). Hat jemand eine Erbschaft gemacht, so kann er, einerlei, ob er Alleinerbe oder nur Miterbe ist, die Erbschaft (Nachlaß) mit Aktiven und Passiven, soweit sie ihm zugefallen ist, verkaufen oder sonst veräußern; ebenso kann er einen Bruchteil der Erbschaft veräußern (nicht zu verwechseln mit der Veräußerung einzelner Teile, Gegenstände, Sachen aus dem Nachlaß). Derartige Verkäufe werden häufig von Personen vorgenommen, die sich den Mühen und Schwierigkeiten, die unter Umständen mit der Ordnung und Flüssigmachung eines Nachlasses verbunden sind, entziehen wollen, besonders wenn sie im Auslande wohnen. Gegenstand des Käufers ist die angefallene Erbschaft als Vermögensinbegriff oder der Anteil eines Miterben. Der Erbschaftskauf begründet keine Gesamtnachfolge. Das Gesetz hat, da der Erbschaftskauf seiner Natur nach zu mancherlei Streitigkeiten führen kann, ihn möglichst erschöpfend geregelt. Der Erbschaftskauf bedarf der gerichtlichen oder notariellen Beurkundung (s. „Form der Rechtsgeschäfte 2“). Erlangt der Verkäufer nach dem Abschluß des Verkaufes noch mehr aus dem Nachlaß, als ihm zur Zeit des Verkaufes zustand, z. B. durch Anwachsung eines Erbteils, durch eine Erhöhung des verkauften gesetzlichen Erbteils, durch eine Nacherbfolge usw., so gilt dieser spätere Erwerb als nicht mitverkauft, wenn nichts anderes verabredet ist. Auch Vorausvermächtnisse, die dem Verkäufer zugewendet sind, gelten im Zweifel nicht als mitverkauft; dasselbe gilt von Familienpapieren und Familienbildern. Dagegen gebühren die Vorteile, die sich aus dem Wegfall eines die verkaufte Erbschaft belastenden Vermächtnisses oder einer solchen Auflage oder aus der Ausgleichungspflicht eines Miterben ergeben, in Ermangelung einer anderen Abrede dem Käufer. Vom Kaufabschluß an gebühren dem Käufer die Nutzungen, wie er die Lasten und die Gefahr zu tragen hat. Der Käufer wird übrigens nicht durch den bloßen Abschluß des Kaufvertrages an Stelle des Verkäufers Eigentümer der Erbschaft (des Nachlasses), sondern der Verkäufer muß ihm auf Grund seiner Verpflichtung durch den Kaufvertrag die zum Nachlaß gehörigen einzelnen Gegenstände erst zu Eigentum übertragen, also alle diejenigen Rechtshandlungen vornehmen, die nach der Art der Gegenstände zur Gültigkeit der Eigentumsübertragung gesetzlich vorgeschrieben sind; er muß also Nachlaßgrundstücke dem Käufer vor dem Grundbuchamt auflassen, bewegliche Sachen ihm übergeben, Forderungen abtreten usw. Der Verkäufer haftet dem Käufer nur dafür, daß ihm die verkaufte Erbschaft wirklich zugestanden hat, daß sein Erbrecht nicht durch das Recht eines Nacherben oder durch die Befugnisse eines Testamentsvollstreckers beschränkt ist, daß nicht Vermächtnisse, Auflagen, Pflichtteilslasten, Ausgleichungspflichten oder Teilungsanordnungen bestehen und daß nicht unbeschränkte Haftung gegenüber den Nachlaßgläubigern oder einzelnen von ihnen eingetreten ist. Handelt es sich nicht um einen Verkauf usw. der Erbschaft, sondern hat der Erbe die Erbschaft verschenkt, so haftet er dem Schenker überhaupt nicht, es sei denn, daß er arglistig Mängel im Rechte verschwiegen hat; er ist dann allerdings dem Beschenkten zum Ersatze des daraus entstandenen Schadens verpflichtet. Fehler einer zur Erbschaft gehörigen Sache hat selbst der Verkäufer einer Erbschaft nicht zu vertreten. Selbstverständlich hat der Käufer einer Erbschaft die darauf ruhenden Nachlaßschulden zu tilgen, soweit nicht etwa der Verkäufer das Nichtbestehen solcher Schulden zugesichert hat. Den Nachlaßgläubigern gegenüber haftet der Erbschaftskäufer neben dem Verkäufer als Gesamtschuldner, und zwar unbeschränkt, wenn der Erbe zur Zeit des Verkaufs bereits unbeschränkt haftete, sonst stehen ihm zur Herbeiführung der beschränkten Haftung die Mittel, wie dem Erben, selbständig zu.

Der Verkäufer ist den Nachlaßgläubigern gegenüber verpflichtet, den Verkauf der Erbschaft und den Namen des Käufers unverzüglich dem Nachlaßgericht anzuzeigen. Das Nachlaßgericht hat die Einsicht der Anzeige jedem zu gestatten, der ein rechtliches Interesse glaubhaft macht.

Die Vorschriften über den Erbschaftskauf finden entsprechende Anwendung auf den Kauf einer von dem Verkäufer durch Vertrag erworbenen Erbschaft sowie auf andere Verträge, die auf die Veräußerung einer dem Veräußerer angefallenen oder anderweit von ihm erworbenen Erbschaft gerichtet sind. Im Falle einer Schenkung ist der Schenker nicht verpflichtet, für die vor der Schenkung verbrauchten oder unentgeltlich veräußerten Erbschaftsgegenstände oder für eine vor der Schenkung unentgeltlich vorgenommene Belastung dieser Gegenstände Ersatz zu leisten. Die vorerwähnte den Verkäufer treffende Verpflichtung zur Gewährleistung wegen eines Mangels im Rechte trifft den Schenker nicht; hat jedoch der Schenker den Mangel arglistig verschwiegen, so ist er verpflichtet, dem Beschenkten den daraus entstehenden Schaden zu ersetzen.

Erbschaftsklage (2018—2031). Der Erbe erwirbt die Erbschaft als Ganzes. Er kann daher von allen, die Nachlaßsachen in Besitz haben, diese in derselben Weise herausfordern, wie es der Erblasser selbst könnte, z. B. geliehene Sachen zurückfordern, Depots bei der Bank erheben, Herausgabe der Wohnungseinrichtung verlangen, die etwa der Hauswirt des Erblassers in Verwahrung genommen hat. Insoweit gilt für die Klagen, die ein Erbe zur Erlangung von Nachlaßsachen anzustellen hat, nichts Besonderes. Es kann aber der Besitzer von Erbschaftssachen die Herausgabe deshalb verweigern, weil er selber Erbe (oder Alleinerbe) zu sein behauptet, sei es, daß er sich wirklich für den Erben hält oder daß er dies nur vorgibt. Es ist klar, daß es sich in solchem Falle um etwas anderes handelt als bei den vorgedachten Klagen des Erben; es wird hier über das Erbrecht selbst, darüber, wer von den beiden Gegnern der Erbe sei oder ob der eine von ihnen Alleineerbe sei, gestritten, z. B. wenn sich jemand als gesetzlicher Erbe in Besitz der Nachlaßgegenstände gesetzt hat, während der Kläger behauptet, Testamentserbe zu sein, wenn jemand Miterbe zu sein behauptet, während der Kläger den Nachlaß als Alleinerbe in Anspruch nimmt. Es sind dies die eigentlichen Erbschaftsklagen; das Gesetz spricht hier von einem Erbschaftsanspruch. Der mit der Gewährung dieses Anspruchs vom Gesetz verfolgte Zweck ist darauf gerichtet, es dem wahren Erben zu erleichtern, in den Besitz der Erbschaft zu gelangen, ohne auf Einzelklagen angewiesen zu sein. Wer sein Erbrecht im Prozeß gegen einen anderen, der auch Erbe zu sein behauptet (Erbschaftsbesitzer), verfolgen will, muß vor allem beweisen, daß er selber Erbe ist, ferner (wenn es bestritten wird), daß der Beklagte den Nachlaß oder überhaupt Sachen, die zum Nachlasse gehören, als Erbe in seinen Besitz gebracht hat; er braucht aber nicht zu beweisen, daß der Beklagte noch etwas vom Nachlaß hat; die Klage ist auch begründet, wenn der Beklagte den in seinen Besitz gelangten Nachlaß verzehrt, verschenkt usw. hat. Die Erbschaftsklage geht auf Herausgabe alles dessen was der Beklagte aus der Erbschaft und durch die Erbschaft (Zinsen, Miet- und Pachtgelder, selbstgeerntete Früchte usw.) erlangt hat, einschließlich der Sachen, die er an Stelle von ursprünglichen Nachlaßgegenständen mit Mitteln der Erbschaft erlangt hat. Was er nicht mehr hat, muß ein gutgläubiger Erbschaftsbesitzer nach den Vorschriften über die Herausgabe einer ungerechtfertigten Bereicherung (s. d.) ersetzen. Für den nichtgutgläubigen Erbschaftsbesitzer und für den gutgläubigen von der Rechtshängigkeit an, gelten dieselben Bestimmungen über Schadensersatz wie bei der Eigentumsklage (s. d.). Den Anspruch kann auch der Testamentsverwalter, wenn ihm die Verwaltung des Nachlasses zusteht, der Nachlaßverwalter und der Nachlaßkonkursverwalter (KO. § 6) geltend machen. Dem vorgeblichen Erben (Erbschaftsbesitzer), steht derjenige gleich, der die Erbschaft von dem Erbschaftsbesitzer erworben hat, z. B. der Erbschaftskäufer (2030). Wegen des Näheren über die hier in Betracht kommenden rechtlichen Fragen muß auf das Gesetz verwiesen werden.

Auskünfte über den Bestand des Nachlasses usw. Zugunsten des wirklichen Erben sind noch folgende Bestimmungen getroffen. Wer Erbschaftssachen in seinen Besitz gebracht hat, weil er eben selber Erbe zu sein geglaubt hat oder solches doch behauptet hat (die Frage, wer eigentlich Erbe ist, kann ja in manchen Erbfällen anfänglich sehr zweifelhaft sein), der ist verpflichtet, dem wirklichen Erben über den Bestand der Erbschaft und über den Verbleib der Erbschaftsgegenstände Auskunft zu geben (2027); der Erbschaftsbesitzer hat schon nach § 260 BGB. ein Verzeichnis der Erbschaftsgegenstände vorzulegen und auf Verlangen die Richtigkeit zu beschwören. Er hat darüber hinaus auch Auskunft über den Bestand der Erbschaft und den Verbleib der vorhanden gewesenen Nachlaßgegenstände zu erteilen, soweit sein Wissen reicht. Zu gleicher Auskunft und Eidesleistung ist aber auch derjenige verpflichtet, der, wenn er auch nicht Erbe zu sein beansprucht, Sachen (oder eine Sache) aus dem Nachlasse an sich genommen hat, bevor der Erbe tatsächlich den Besitz ergriffen hatte. Personen, die nicht Erben sind, sich aber zur Zeit des Erbfalls in häuslicher Gemeinschaft mit dem Erblasser befunden haben, z. B. Verwandte, Gesellschafterinnen, Haushälterinnen, Dienstboten, Vermieter, sind verpflichtet, auf Verlangen der Erben Auskunft zu erteilen, welche erbschaftlichen Geschäfte sie geführt haben und was ihnen über den Verbleib der Erbschaftsgegenstände bekannt ist (2028). Auch die Erben untereinander haben diese Verpflichtung; ist der Erblasser z. B. bei einem seiner Kinder verstorben, so haben die anderen Anspruch darauf, solche Auskunft von dem, in dessen häuslicher Gemeinschaft der Erblasser gelebt hat, zu erhalten. Ist nach Lage der Sache mit Grund anzunehmen, daß die Auskunft nicht mit der erforderlichen Sorgfalt erteilt worden ist, so muß der Verpflichtete auf Verlangen der Erben (Miterben) einen Offenbarungseid dahin leisten: daß er seine Angaben nach bestem Wissen so vollständig gemacht habe, als er dazu imstande sei. Dieser Eid kann nur in geringfügigen Nachlaßsachen nicht gefordert werden. (S. auch „Offenbarungseid 1".)

Die Erbschaftsklage (der Erbschaftsanspruch) verjährt in dreißig Jahren.

Erbschaftsschulden s. Nachlaßschulden.

Erbschaftsverträge s. Nachlaßverträge.

Erbschein (2353—2370). **1.** Ist jemand gestorben, so läßt sich die Frage, wer sein Erbe ist oder wer seine Erben sind, nicht immer leicht beantworten, da festgestellt werden muß, ob etwa der Verstorbene ein (gültiges) Testament oder einen Erbvertrag gemacht hat und wer darnach Erbe ist und in welchem Verhältnis die verschiedenen eingesetzten Erben zueinander stehen; wenn nicht, wer seine gesetzlichen Erben sind und zu welchen Anteilen. Dies alles kann mehr oder weniger zweifelhaft und unsicher sein, und wer mit Erben in geschäftliche Verbindung treten muß, insbesondere Nachlaßschuldner, die zur Zahlung aufgefordert werden, liefen Gefahr, bei Zahlung an einen Nichtberechtigten später nochmals zur Erfüllung herangezogen zu werden. Das Gesetz kommt allen Beteiligten dadurch zu Hilfe, daß die, welche sich als Erben ausweisen, sich vom Gericht einen Erbschein (Erbbescheinigung) ausstellen lassen können. Es kann dann auch ein jeder, der ein rechtliches Interesse glaubhaft macht (z. B. ein Nachlaßgläubiger), vom Gericht eine Ausfertigung des den Erben erteilten Scheines fordern. (Über den Fall, wenn ein Gläubiger selbst einen Erbschein beantragt, s. unten 4.) Es ist aber keineswegs gesagt, daß jeder Erbe sich einen solchen Schein beschaffen müsse. Will jemand als Erbe irgendeinen Anspruch geltend machen oder einen Rechtsakt vornehmen, z. B. er will eine Wohnung in dem geerbten Hause aufkündigen oder eine Forderung, die dem Erblasser zustand, einziehen, so kommt es zunächst auf den Mieter oder Schuldner an, ob er von dem anderen einen förmlichen Nachweis, daß er der richtige Erbe sei, verlangen will oder ob er dies als allgemein bekannt annimmt oder doch der Versicherung des anderen, daß er der Erbe sei, trauen will. Legt ihm der Erbe ein Testament oder einen Erbvertrag vor, in dem er als Erbe eingesetzt ist, so kann eine solche Urkunde, wenn die Bestimmungen darin klar und leicht verständlich sind, unter Umständen genügen, um die Erbeseigenschaft klarzustellen; häufig setzt aber doch die Prüfung, ob das Testament usw. gültig errichtet ist, wie sein Inhalt auszulegen ist, in welchem Verhältnisse mehrere letztwillige Verfügungen zueinander stehen usw., besondere Rechtskenntnisse voraus; auch gewährt die Vorlegung eines Testaments oder Erbvertrages keine Sicherheit darüber, ob nicht später eine andere Verfügung von Todes wegen getroffen ist, durch die die vorgelegte Urkunde ungültig geworden ist; kurz, in allen wichtigeren und zweifelhaften Fällen wird der Nachlaßschuldner oder wer sonst mit Erben zu verhandeln hat der Sicherheit halber doch die Vorlegung eines Erbscheins verlangen.

Daß der Nachlaßschuldner unter allen Umständen Vorlegung eines Erbscheins fordern könne, sagt das Gesetz nicht (RG.); es würde eine solche allgemeine Bestimmung auch zu einer unerträglichen Belästigung der Erben und zu unnützen Kosten und Weiterungen führen können. Der Schuldner wird daher die Zahlung nur dann verweigern, wenn der Erbe sich ihm gegenüber nicht auf andere überzeugende Weise ausgewiesen hat. Verweigert er trotz solchen Ausweises die Zahlung und läßt es zum Prozeß kommen, so setzt er sich einer Verurteilung in die Prozeßkosten aus. — Die Vorlegung eines Erbscheins wird regelmäßig gefordert, wenn sich der Erbe dem Grundbuchamt gegenüber als solcher ausweisen muß, wenn er z. B. ein Recht, das dem Erblasser zustand, löschen lassen oder ein vererbtes Grundstück einem Käufer auflassen will u. dergl.

Einen Erbschein kann jeder Erbe verlangen, nicht nur der Alleinerbe (Universalerbe), sondern auch der, der nur zu einem Teile erbt (Miterbe) (2357). Bei mehrfachem Erbgange kann auch der Erbeserbe einen Erbschein beantragen. Der Erbe muß sich dem Nachlaßgericht gegenüber, das den Schein auszustellen hat, über sein Erbrecht ausweisen, sei es durch Vorlegung des Testaments oder Erbvertrages oder im Falle der gesetzlichen Erbfolge durch den Nachweis seines persönlichen Verhältnisses zum Erblasser (s. Näheres unten 2). Genügt der Nachweis nicht, so lehnt das Gericht die Erteilung des Erbscheins ab. Gegen die Ablehnung kann der Erbe Beschwerde erheben. Aus dem Erbschein ergibt sich, ob der Betreffende der alleinige Erbe ist oder, wenn mehrere Erben da sind, zu welchen Anteilen sie an der Erbschaft beteiligt sind (über einen möglichen weiteren Inhalt des Erbscheins s. unten 3); jeder Miterbe kann einen solchen gemeinschaftlichen Erbschein für sich allein beantragen. Es kann aber auch jeder Miterbe einen besonderen Erbschein über den ihm zustehenden Erbanteil verlangen. Auch ein etwa bestellter Testamentsvollstrecker, dessen Bestellung stets in den Erbschein aufzunehmen ist, kann einen Erbschein beantragen. Bestritten dagegen ist, ob ein Erbschein verlangt werden kann, der den oder die Erben nur zur Verfügung über einzelne Gegenstände des Nachlasses (Ausnahme bei ausländischen Erbschaften, 2369) ermächtigt (sog. beschränkter Erbschein); auch hierüber spricht sich das Gesetz nicht aus. Wenn ein solcher beschränkter Erbschein vom Nachlaßgericht nicht zu erlangen ist (so im Gegensatz zu Bayern in Preußen), bleibt dem Erben, der vielleicht nur über ein geringfügiges Nachlaßobjekt verfügen will, nur übrig, sich mit unverhältnismäßigen Kosten einen Erbschein über den ganzen Nachlaß erteilen zu lassen. (Ausnahmsweise trägt § 78 des preußischen Gerichtskostengesetzes diesem Übelstande Rechnung, indem er bestimmt, daß zum Zwecke der Verfügungen der Erben in Grundbuchsachen der — auf den ganzen Nachlaß sich beziehende — Erbschein gegen eine geringere Gebühr erteilt werden kann, wogegen dieser Erbschein dann allerdings anderweitig nicht verwendet werden kann.) Ein Erbschaftskäufer (s. „Erbschaftskauf") kann einen auf seinen Namen lautenden Erbschein nicht verlangen; der Erbschein kann nur auf den Namen des verkaufenden Erben (Miterben) ausgestellt werden (RG.). — Unter Umständen kann übrigens auch jemand, der nicht Erbe ist, einen Erbschein verlangen; siehe unten 4.

2. Beantragt der Erbe die Ausstellung eines Erbscheins, so muß er dem Gericht auf Verlangen folgende Nachweise erbringen:

a) Ist er gesetzlicher Erbe geworden (sein Erbrecht beruht also nicht auf einem Testament oder Erbvertrage des Erblassers), so muß er den Tod des Erblassers und sein Verwandtschaftsverhältnis oder eheliches Verhältnis zu dem Erblasser, durch das sein Erbrecht begründet ist, durch öffentliche Urkunden (Sterbeurkunden, Geburtsurkunden, Heiratsurkunden usw.) nachweisen. Er muß sodann angeben, ob und welche Personen vorhanden sind oder irgend einmal vorhanden waren, durch die er von der Erbfolge ausgeschlossen oder sein Erbteil vermindert werden würde; ist eine solche Person durch Tod oder auf sonstige Weise (z. B. durch Erbverzicht) weggefallen, so muß er diesen Wegfall gleichfalls durch öffentliche Urkunden nachweisen. Endlich hat er anzugeben, ob und welche Verfügungen von Todes wegen (Testament oder Erbvertrag) des Erblassers vorhanden sind oder ob ihm über das Vorhandensein solcher Verfügungen nichts bekannt ist sowie ob über sein vermeintliches Erbrecht etwa schon ein Rechtsstreit anhängig ist. Wird ein gemeinschaftlicher Erbschein nur von einem oder einigen der Erben verlangt, so muß er (müssen sie) auch angeben, ob die anderen Miterben die Erbschaft angenommen haben. Den vorbezeichneten Angaben muß der Antragsteller eine eidesstattliche Versicherung hinzufügen, „daß ihm nichts bekannt sei, was der Richtigkeit seiner Angaben entgegenstehe". Diese eidesstattliche Versicherung muß vor einem Gericht oder Notar abgegeben werden; es muß also der, welcher einen Erbschein beantragen will, wegen der eidesstattlichen Versicherung stets ein Gericht oder einen Notar angehen; er braucht sich aber nicht gerade an das Nachlaßgericht, das den Schein auszustellen hat, zu wenden. Sind die öffentlichen Urkunden, die nach dem Obigen vorgelegt werden sollen, gar nicht oder nur mit unverhältnismäßigen Schwierigkeiten zu beschaffen, so werden auch andere Beweismittel zugelassen. Zu allem Gesagten ist aber zu bemerken, daß das Gericht die Beibringung der Urkunden nur dann verlangt, wenn es die Tatsachen, die durch die Urkunden bewiesen werden sollen (z. B. den Tod des Erblassers, den Erbverzicht eines Miterben usw.) nicht als bekannt (als „offenkundig") annimmt, und daß es die eidesstattliche Versicherung erlassen kann, wenn es sie nach den Umständen nicht für erforderlich oder die Versicherung eines oder einiger der Erben für genügend erachtet.

b) Beruht das Erbrecht des Erben auf einem Testament oder auf einem Erbvertrage, so ist der Tod des Erblassers durch Sterbeurkunde nachzuweisen und dem Gericht das Testament oder der Erbvertrag zu bezeichnen und vorzulegen. Ferner muß der Antragsteller angeben und durch eidesstattliche Versicherung bekräftigen, ob und welche sonstigen Verfügungen des Erblassers von Todes wegen etwa vorhanden sind, ob ein Rechtsstreit über sein Erbrecht anhängig ist und ob und welche Personen etwa weggefallen sind, durch die er von der Erbfolge ausgeschlossen oder sein Erbteil gemindert werden würde. —

Das Gericht darf in beiden Fällen (a und b) den Erbschein nur erteilen, wenn es das Erbrecht für genügend nachgewiesen erachtet. Es veranstaltet von Amts wegen die etwa noch nötigen Ermittelungen. Es kann insbesondere vor Erteilung des Erbscheins eine öffentliche Aufforderung zur Anmeldung der anderen, unbekannten, Personen etwa zustehenden besseren oder gleichen Erbrechte erlassen, wenn ihm dies aus besonderen Gründen angemessen oder nötig erscheint. Ist ein Prozeß über das Erbrecht anhängig, so soll das Gericht, wenn tunlich, vor der Erteilung des Erbscheins den Gegner des Antragstellers hören. Beruht das Erbrecht auf einem Privattestament, so können vor der Erteilung des Erbscheins diejenigen vom Gericht gehört werden, die im Falle der Ungültigkeit des Testaments Erben sein würden (z. B. auf Grund eines früheren Testaments oder auf Grund des Gesetzes). Ist der Antrag nicht von allen Erben gestellt, so müssen die Antragsteller angeben und auf Erfordern eidesstattlich versichern, daß die übrigen Erben die Erbschaft angenommen haben. Ob die Versicherungen an Eides Statt von allen Erben oder nur von einem oder einigen von ihnen abzugeben sind, hat das Gericht zu bestimmen.

3. Wer einen Erbschein erlangt hat, gilt bis zum Nachweis des Gegenteils als Erbe. Der Gegenbeweis steht jedem Beteiligten, besonders dem, der der richtige Erbe oder wenigstens Miterbe zu sein behauptet, frei. Besondere Wichtigkeit hat der Erbschein aber für alle, die mit dem Erben in vertragliche Beziehungen treten; diese Rechtsgeschäfte sind gültig, wenn sich auch nachher herausstellen sollte, daß der, der den Erbschein erlangt hat, gar nicht der richtige Erbe oder doch nicht der alleinige Erbe ist, vorausgesetzt, daß nicht etwa der Vertragsgegner wußte, daß der Erbschein unrichtig war oder daß das Gericht die Rückgabe des von ihm ausgestellten Erbscheins wegen Unrichtigkeit verlangt hatte. Durch den Erbschein weist sich der Erbe regelmäßig auch vor dem Grundbuchrichter oder anderen Behörden aus. Ergibt sich, daß ein erteilter Erbschein unrichtig ist, so muß das Nachlaßgericht ihn wieder einziehen; mit der Einziehung wird der Erbschein kraftlos. Kann der Erbschein nicht sofort erlangt werden, so muß ihn das Gericht durch einen öffentlich bekannt zu machenden Beschluß für kraftlos erklären. Der Erbschein wird dann mit dem Ablauf eines Monats nach der letzten vorgeschriebenen Bekanntmachung kraftlos. Der wirkliche Erbe kann die Herausgabe des Scheins an das Gericht verlangen; der fälschlich bescheinigte Erbe ist verpflichtet, dem wirklichen Erben über den Bestand der Erbschaft und über den Verbleib der Erbschaftsgegenstände Auskunft zu erteilen, auch eintretendenfalls ihm den Offenbarungseid zu leisten.

Ist jemand in der Weise zum Erben eingesetzt, daß er die Erbschaft demnächst (bei seinen Lebzeiten oder nach seinem Tode) an eine (oder mehrere) andere Personen, die sog. Nacherben, herauszugeben hat (siehe darüber den Artikel „Nacherben"), so kann er nichtsdestoweniger für sich einen Erbschein verlangen; denn er ist einstweilen wirklicher Erbe (2363). In dem Erbschein muß jedoch in solchem Falle angegeben werden, daß eine Nacherbfolge angeordnet ist, unter welchen Voraussetzungen sie eintritt und wer der Nacherbe ist. Hat der Erblasser den Nacherben nur auf das eingesetzt, was von der Erbschaft bei dem Eintritt der Nacherbfolge übrig sein wird, oder hat er bestimmt, daß der zunächst eingesetzte Erbe (der „Vorerbe") zur freien Verfügung über die Erbschaft berechtigt sein soll, so muß auch dies im Erbschein angegeben werden. Der Nacherbe kann, ehe ihm die Erbschaft wirklich angefallen ist, keinen Erbschein verlangen; er bedarf dessen auch nicht, da er bis zum Eintritt der Nacherbfolge nur mit dem Erben zu tun hat.

4. Erwirkung eines Erbscheins durch einen Gläubiger des Erben. Bedarf ein Gläubiger zum Zwecke der Zwangsvollstreckung gegen seinen Schuldner eines Erbscheins (z. B. er will Grundstücke des Schuldners, der im Grundbuch noch nicht als Eigentümer eingetragen ist, zwangsversteigern oder eine Zwangshypothek darauf eintragen oder eine Hypothek des Schuldners, als deren Eigentümer dieser im Grundbuch noch nicht eingetragen ist, pfänden lassen, oder er will eine vollstreckbare Ausfertigung eines Urteils usw. gegen Erben oder sonstige Rechtsnachfolger des Schuldners erwirken), so kann er die Erteilung des Erbscheins an Stelle des Schuldners beim Gerichte selbst beantragen (ZPO. 792). Eine etwa verlangte Versicherung an Eides Statt muß der Gläubiger ebenfalls an Stelle des Schuldners abgeben.

5. Einsicht des Erbscheins. Abschriften und Ausfertigungen. Wer dem Amtsgerichte ein berechtigtes Interesse glaubhaft macht (z. B. ein Nachlaßschuldner, der wissen will, an wen er zu zahlen hat), darf bei Gericht von dem den Erben erteilten Erbschein Einsicht nehmen; er kann sich auch eine (einfache oder beglaubigte) Abschrift des Erbscheins vom Gericht erbitten. Unter Umständen kann er eine förmliche Ausfertigung des Scheins für sich verlangen (vgl. §§ 78, 85 des Reichsges. über die freiwillige Gerichtsbarkeit, Gutt. Slg. Nr. 46).

Erbschleicherei s. Erbunwürdigkeit.

Erbteil s. Erbteilung 1; Vergrößerung durch Anwachsen, s. Anwachsung; Verfügung über einen, s. Erbteilung 1; Verfügung über einen künftigen, s. Nachlaßverträge usw.; Pfändung eines Erbteils s. Erbteilung 1.

Erbteile, gesetzliche, s. Gesetzliche Erben.

Erbteilung (Erbauseinandersetzung, Nachlaßregulierung) (2032—2049). **1.** Gemeinschaft des Nachlasses bis zur Teilung. Hat jemand mehrere Erben hinterlassen (vgl. „Erbschaft"), so wird seine Hinterlassenschaft einstweilen, d. h. bis zur Auseinandersetzung (siehe unten 2), gemeinschaftliches Vermögen aller Erben. Dies gilt selbst dann, wenn einem Erben ein Gegenstand des Nachlasses auf seinen Erbteil besonders zugewiesen ist. Man spricht hier von einem „Gesamteigentum" der Erben. Keiner der Erben kann für sich allein über Nachlaßsachen verfügen, auch nicht zu seinem Erbanteile (2033). Auch Forderungen (Kapitalien), die dem Erblasser zustanden, werden gemeinschaftlich; der Schuldner braucht nur an alle Erben zusammen zu zahlen; es kann keiner Auszahlung seines Anteils von ihm verlangen (siehe am Schluß dieser Nummer). Zu welchen Anteilen jeder der Erben (Miterben) an dem gemeinschaftlichen Nachlasse beteiligt ist, das richtet sich nach den Bestimmungen des Testaments (oder Erbvertrages) oder, wenn solche Verfügungen auf den Todesfall nicht vorliegen, nach den Vorschriften über die gesetzliche Erbfolge (s. „Gesetzliche Erben"). Aber während so der Miterbe über die einzelnen Nachlaßgegenstände und Rechte nicht verfügen kann, gestattet doch das Gesetz, daß ein Miterbe über seinen ganzen Erbteil (Aktiven und Passiven), also z. B. über die ihm zugefallene Hälfte der Erbschaft, frei verfügen, ihn verschenken, verkaufen, verpfänden usw. kann. Ein solcher Vertrag muß, um gültig zu sein, gerichtlich oder notariell beurkundet werden (s. „Form der Rechtsgeschäfte 2"). Der Käufer tritt durch solchen Vertrag ganz in die Stelle des verkaufenden Erben ein. Verkauft ein Miterbe seinen Erbanteil an einen Fremden, so haben die übrigen Erben ein Vorkaufsrecht (s. d.), das sie aber binnen zwei Monaten ausüben müssen und zwar gemeinschaftlich. Ein einzelner der Miterben hat dies Recht nicht. Der Miterbe, der seinen Anteil verkauft oder sonst übertragen hat, muß die übrigen Erben unverzüglich davon benachrichtigen. Ist der verkaufte Anteil auf den Käufer übertragen, so steht das Vorkaufsrecht den Miterben auch dem Käufer gegenüber zu. — Der Anteil des Erben am ganzen Nachlaß (der Erbteil) kann aber auch von einem Gläubiger des Erben gepfändet werden (ZPO. §§ 859, 857); sein Anteil an den einzelnen, zum Nachlaß gehörigen Sachen aber nicht. — Das Gesamteigentum der Erben am Nachlaß ist nicht gleichbedeutend mit einem Miteigentum der mehreren Erben zu Bruchteilen an den einzelnen Erbschaftssachen. Die Umwandlung des Gesamteigentums z. B. an einem Nachlaßgrundstück in ein Miteigentum der Erben nach Bruchteilen (z. B. nach Maßgabe der Erbteile) enthält daher eine Übertragung des Eigentums an einem Grundstück, die der Auflassung bedarf; für den hierauf gerichteten Vertrag unter den Erben ist die Form der gerichtlichen oder notariellen Beurkundung erforderlich.

Verwaltung des gemeinschaftlichen Nachlasses. Solange die Auseinandersetzung der Erben nicht vorgenommen werden kann oder nicht vorgenommen wird, steht die Verwaltung des Nachlasses den Erben gemeinschaftlich zu, sofern nicht ein Testamentsvollstrecker (s. d.) ernannt ist, dem die Verwaltung obliegt. Eine allgemeine gegenseitige Auskunftspflicht der Miterben untereinander besteht nicht, aber wohl in besonderen Fällen z. B. wenn ein Miterbe mit dem Erblasser in häuslicher Gemeinschaft gelebt hat (s. „Erbschaftsklage"), wenn ein Miterbe sich in Besitz von Erbschaftssachen gesetzt hat, wenn er Nachlaßgeschäfte geführt hat, ausgleichspflichtig ist usw. Die Erben können die Verwaltung der Erbschaft einem gemeinschaftlichen Bevollmächtigten, sei dies einer der Erben oder ein anderer, übertragen. Jeder Miterbe ist den anderen gegenüber verpflichtet, zu Maßregeln mitzuwirken, die zur ordnungsmäßigen Verwaltung erforderlich sind; die zur Erhaltung der Nachlaßsachen notwendigen Maßregeln kann jeder Erbe für sich allein treffen. Jeder Erbe ist zum Gebrauche der Nachlaßsachen so weit befugt, als nicht der Mitgebrauch der anderen dadurch beeinträchtigt wird. Bestimmungen über die Verwaltung und Benutzung können von den Miterben durch Stimmenmehrheit getroffen werden; es gelten in dieser Beziehung im allgemeinen die für die Gemeinschaft (s. d.) gegebenen gesetzlichen Vorschriften. Auf eine Teilung der bei der Verwaltung des Nachlasses gewonnenen „Früchte" (der Ernte, der aufkommenden Miet- und Pachtgelder, der Kapitalzinsen usw.) hat der Miterbe nur einen Anspruch, wenn die Teilung des Nachlasses auf längere Zeit als ein Jahr ausgeschlossen ist, sonst erfolgt sie erst mit der Teilung des Nachlasses selbst. Soll ein ausstehendes Kapital oder eine sonstige Forderung eingezogen werden, so müßte dies eigentlich von allen Erben gemeinschaftlich geschehen; da dies aber häufig nahezu unausführbar, wenigstens mit erheblichen Weiterungen und Verzögerungen verknüpft sein kann, so gibt das Gesetz jedem Miterben das Recht, unabhängig von den anderen von dem Erbschaftsschuldner zu verlangen, daß er die zu zahlende Summe oder die zu leistende Sache für alle Erben hinterlegt (s. „Hinterlegung") oder, wenn sie sich nicht zur Hinterlegung eignet, an einen gerichtlich zu bestellenden Verwahrer abliefert (s. „Verwahrer, gerichtliche Bestellung eines"), und auch demgemäß den Anspruch im Klagewege durchzuführen. Ein günstiger Ausgang des Prozesses kommt dann auch den übrigen (nicht mitklagenden) Erben zugute, während ein ungünstiger Ausgang für sie nicht bindend ist (2039).

2. Aussetzung der Erbteilung (2042). Jeder Erbe kann verlangen, daß die Auseinandersetzung (Erbteilung) alsbald oder zu einem zu vereinbarenden Termin vorgenommen wird. Nur besondere Verhältnisse rechtfertigen eine Aussetzung der Erbteilung auch gegen den Willen der Erben oder einzelner von ihnen. Ist nämlich ein Miterbe noch ungeboren, d. h würde ein Kind, dessen Geburt erwartet wird, Miterbe sein, so muß die Auseinandersetzung bis zu erfolgter Niederkunft der Mutter hinausgeschoben werden, soweit die Erbteile wegen der noch ungewissen Geburt noch nicht bestimmt werden können. Dasselbe gilt, wenn die Erbteile deshalb noch unbestimmt sind, weil die Entscheidung über eine Ehelichkeitserklärung, über die Bestätigung einer Annahme an Kindes Statt oder über die Genehmigung einer vom Erblasser etwa errichteten und als Miterbe eingesetzten Stiftung noch aussteht. Der Erblasser kann auch testamentarisch bestimmt haben, daß die Erben im gemeinschaftlichen Besitz und Eigentum des Nachlasses oder eines Teils des Nachlasses, z. B. eines Hauses, eines Landgutes, bleiben sollen. Hat er in solchem Falle keinen Endtermin bestimmt oder nicht gestattet, daß jeder Erbe die Gemeinschaft binnen einer bestimmten Frist aufkündigen kann, so kann die Teilung verlangt werden, wenn seit dem Tode des Erblassers dreißig Jahre verstrichen sind. Der Erblasser kann auch anordnen, daß die Gemeinschaft bis zum Eintritt eines bestimmten Ereignisses in der Person eines Miterben (z. B. bis zum Tode dieses Miterben) dauern soll oder, wenn er eine Nacherbfolge oder ein Vermächtnis anordnet, daß sie bis zum Eintritt der Nacherbfolge oder bis zum Anfalle des Vermächtnisses dauern soll. Ist der Miterbe, in dessen Person das Ereignis eintreten soll, eine juristische Person, so bewendet es auf alle Fälle bei der dreißigjährigen Frist. In allen diesen Fällen kann jedoch aus einem wichtigen Grunde die Aufhebung der Gemeinschaft von dem einen oder anderen der Erben schon früher verlangt werden; es gelten in dieser und einigen anderen Beziehungen die für Aufhebung einer „Gemeinschaft" (siehe dort) überhaupt bestehenden gesetzlichen Vorschriften. Endlich kann jeder Miterbe verlangen, daß die Auseinandersetzung aufgeschoben wird, nämlich, wenn ein gerichtliches Aufgebot der Nachlaßgläubiger ergangen ist, bis zur Beendigung dieses Verfahrens, und wenn von einem oder mehreren der Miterben eine öffentliche Aufforderung der Nachlaßgläubiger zur Anmeldung ihrer Forderungen erlassen ist (s. „Nachlaßschulden 3"), bis zum Ablaufe der für diese Anmeldungen gesetzten Frist von sechs Monaten. Ist das Aufgebot noch nicht beantragt oder die gedachte öffentliche Aufforderung noch nicht erlassen, so kann ein Aufschub der Auseinandersetzung nur verlangt werden, wenn unverzüglich der Antrag gestellt oder die Aufforderung erlassen wird. Weigert ein Erbe, ohne daß ein gesetzlicher Grund zur Aussetzung der Erbteilung vorliegt, seine Zustimmung zur Vornahme der Auseinandersetzung, so bleibt den anderen nur übrig, ihn auf Erbteilung zu verklagen.

Gläubiger eines Erben. Will ein Gläubiger eines der Miterben die Erbteilung zum Zwecke seiner Befriedigung herbeiführen, so muß er zunächst den Erbteil des Schuldners im Wege der

Zwangsvollstreckung pfänden und sich überweisen lassen (ZPO. §§ 857, 859); er kann dann beim Gericht den Antrag auf Vermittelung der Erbteilung stellen (siehe unten 3).

Vornahme der Erbteilung (BGB. 2046 bis 2049). Regelung und Teilung des Nachlasses ist Sache der Miterben, soweit nicht ein Testamentsvollstrecker vom Erblasser bestellt ist, dem die Teilung übertragen ist (s. d.). Die Miterben können die Vermittlung des Nachlaßgerichts anrufen. Dies ist aber freiwillig (s. unten 3). Sie können auch einem oder mehreren Miterben, auch außenstehenden Personen, z. B. einem Rechtsanwalt oder Notar, die Teilung durch Vollmacht übertragen. In welcher Weise die Erben die Auseinandersetzung vornehmen wollen, steht ganz in ihrem Belieben. Daß ein schriftlicher Auseinandersetzungsvertrag (Erbteilungsrezeß, Auseinandersetzungsberechnung) aufgestellt werden müsse, ist im allgemeinen nicht vorgeschrieben. Eine Mitwirkung von Gericht oder Notar kommt nur in Frage, soweit nach allgemeinen Grundsätzen notarielle oder gerichtliche Errichtung oder Beglaubigung für einzelne Auseinandersetzungserklärungen erforderlich sind, z. B. Auflassung eines Nachlaßgrundstückes an einen Erben ganz oder zu Bruchteilen, Überweisung von im Grundbuch oder im Reichsschuldbuch eingetragenen Forderungen an einzelne Miterben usw. Eine bloße mündliche Auseinandersetzung wird sich aber nur da empfehlen, wo der Nachlaß aus beweglichen Sachen oder Wertpapieren besteht, die gleich in Natur geteilt werden können. Sodann ist zu beachten, daß eine gerichtliche Genehmigung zur Gültigkeit der Auseinandersetzung dann erforderlich ist, wenn einer der Erben unter Vormundschaft oder Pflegschaft steht; vgl. „Vormund 6 B 6". Gehören zum Nachlaß Grundstücke und sind unter elterlicher Gewalt stehende Kinder dabei beteiligt, so bedarf auch der Vater (die Mutter) als gesetzlicher Vertreter der Kinder zur Auseinandersetzung der Genehmigung des Vormundschaftsgerichts (BGB. 1643). — Zur Vornahme der Erbteilung sind zunächst alle Nachlaßschulden und sonstigen Nachlaßverbindlichkeiten (s. „Nachlaßschulden 5") aus dem hinterlassenen Vermögen zu berichtigen (wobei aber das unter „Nachlaßschulden 1" Gesagte wohl zu beachten), sofern und soweit sie nicht etwa von einzelnen Erben (mit Einwilligung der Gläubiger) allein übernommen werden. Ist eine Nachlaßverbindlichkeit noch nicht fällig oder ist sie streitig, so ist ein entsprechender Betrag zurückzubehalten. Fällt eine Nachlaßverbindlichkeit nur einem oder einzelnen Erben zur Last, so können diese die Berichtigung nur aus dem verlangen, was ihnen bei der Auseinandersetzung zukommt. Damit die Schulden usw. getilgt werden können, ist der Nachlaß, soweit erforderlich, in Geld umzusetzen. Was nach Berichtigung aller Verbindlichkeiten übrig bleibt, ist unter die Erben nach Verhältnis ihrer Erbteile zu verteilen. Etwaige Nachlaßforderungen brauchen selbstverständlich nicht eingezogen, sondern können einem oder einzelnen der Erben bei der Teilung überwiesen (abgetreten) werden. Daß alle Schulden vor der Teilung bezahlt oder rechtsgültig übernommen werden, liegt im Interesse jedes Erben, da nach der Teilung jeder einzelne Erbe auf die ganze Schuld in Anspruch genommen werden kann; siehe darüber „Nachlaßschulden 3". Schriftstücke, die sich auf die persönlichen Verhältnisse des Erblassers oder auf die Familie beziehen oder den ganzen Nachlaß betreffen, bleiben auch bei der Teilung gemeinschaftliches Eigentum aller Erben, die sich über eine angemessene Art der Aufbewahrung einigen müssen. Handelt es sich um den Nachlaß der Eltern oder Großeltern usw., an dem (allein oder mit anderen Personen) Kinder, Großkinder usw. beteiligt sind, so ist zu berücksichtigen, daß hier unter Umständen eine Ausgleichung unter den Erben wegen solcher Zuwendungen stattfinden muß, vgl. darüber unter „Ausgleichung unter Miterben".

Was die Art der Teilung angeht, die selbstverständlich nicht immer in Natur vorgenommen werden kann, da sich nicht alle Gegenstände teilen lassen, so bleibt es dem Erben überlassen, sich gütlich darüber zu verständigen, ob die nicht teilbaren Vermögensgegenstände von einzelnen Erben übernommen oder ob sie öffentlich oder unter der Hand verkauft werden sollen (s. auch „Zwangsversteigerung"). Ist eine Einigung nicht zu erzielen (auch nicht unter Vermittelung des Gerichts; siehe nachstehend 3), so muß auf Erbteilung geklagt werden. Die Erbteilung erfolgt dann nach den Bestimmungen über die Aufhebung einer Gemeinschaft (752 ff.); vgl. „Gemeinschaft (Vermögensgemeinschaft) 3". Hat der Erblasser selbst im Testament Bestimmungen über die Art der Teilung getroffen, z. B. daß der eine oder andere der Erben ein Haus, ein Grundstück usw. oder gar den ganzen Nachlaß in Natur gegen einen bestimmten Preis übernehmen solle, so sind diese Bestimmungen für die Erben verbindlich. Der Erblasser kann auch angeordnet haben, daß die Auseinandersetzung nach dem billigen Ermessen einer anderen Person erfolgen solle, z. B. daß die überlebende Mutter das Recht haben solle, zu bestimmen, welches der Kinder den Grundbesitz, das Geschäft usw. übernehmen solle und zu welchem Preise. Auch hieran sind die Erben gebunden; ist jedoch die von der benannten Person getroffene Bestimmung offenbar unbillig, so können die Erben, die sich dadurch benachteiligt glauben, im Prozeßwege eine andere Teilung herbeiführen. Für den Fall, daß in einem Testament angeordnet ist, daß einer (oder mehrere) der Erben das Recht haben solle, ein zum Nachlasse gehöriges Landgut (einen Ackerhof usw.) zu übernehmen, ohne daß ein Übernahmepreis festgesetzt ist, bestimmt das Gesetz ausdrücklich, daß das Landgut dem Übernehmer zu dem Ertragswerte angerechnet werden soll, wenn sich nicht etwas anderes als der Wille des Erblassers ergibt, da der Verkaufswert zu großen Schwankungen unterworfen, im allgemeinen auch im Verhältnis zu den Erträgen des Gutes zu hoch ist. Über die Berechnung des Ertragswerts siehe den Artikel „Ertragswert". Bestimmungen, die in Landesgesetzen über das Anerbenrecht (s. d.) bei landwirtschaftlichen und forstwirtschaftlichen Grundstücken getroffen sind, bleiben auch ferner in Geltung.

Teilungsmaßstab. Die Teilung des Nachlasses unter die Erben erfolgt nach Maßgabe ihrer Erbteile. Die Frage, zu welchem Teile der einzelne miterbt, ist aber nicht immer leicht zu beantworten, namentlich bietet die Auslegung letztwilliger Verfügungen in dieser Beziehung häufig Schwierigkeiten. Darüber siehe „Testament".

Zeugnisse des Nachlaßgerichts. Zur Vereinfachung der zur Ausführung der Erbteilung beim Grundbuchamt etwa zu stellenden Anträge (Umschreibung von Hypotheken usw., Eintragung von Eigentümern) ist bestimmt (GBO. 37), daß, wenn bei einer zum Nachlaß gehörigen

Hypothek, Grund- oder Rentenschuld einer der Erben als der allein Berechtigte (Gläubiger) eingetragen werden soll, zum Nachweise der Erbfolge und der Eintragungsbewilligung der Miterben ein Zeugnis des Nachlaßgerichts genügen soll. Eine entsprechende Bestimmung kann (GBO. 99) landesgesetzlich auch für den Fall getroffen werden, wenn bei einem Nachlaßgrundstück einer der Erben (oder mehrere) als alleiniger Eigentümer eingetragen werden soll. Dies ist z. B. für Preußen geschehen; AGGBO. v. 26. 9. 99, 10. Die Auflassung erübrigt sich dadurch nicht. Auch für Überweisungen von im Staatsschuldbuch oder Reichsschuldbuch eingetragener Forderung kann ein solches Zeugnis ausgestellt werden. Solche Zeugnisse setzen aber voraus, daß die Voraussetzungen für die Erteilung eines Erbscheins (s. d.) vorliegen, und daß die Erbteilungserklärungen der Miterben vor dem Nachlaßgericht zu Protokoll gegeben oder durch öffentlich beglaubigte Urkunden nachgewiesen sind.

3. Vermittlung der Erbteilung durch das Gericht usw. (RFGG. §§ 86—99). Das Amtsgericht (oder nach Landesgesetz eine andere Behörde; siehe unten am Schluß) ist auf Antrag der Beteiligten verpflichtet, eine Erbauseinandersetzung (Nachlaßteilung) zwischen den Miterben zu vermitteln, vorausgesetzt, daß nicht ein Testamentsvollstrecker für die Herbeiführung der Auseinandersetzung vorhanden ist. Die Tätigkeit des Amtsgerichts kann sowohl von den Erben (einem von ihnen oder mehreren), dem Erwerber eines Miterbenanteils als auch von solchen Personen, denen ein Pfandrecht oder ein Nießbrauchsrecht an einem Erbteile zusteht, angerufen werden. Diese beiden letzten Personen können aber nicht ohne Mitwirkung des betreffenden Miterben den Vertrag abschließen. Beteiligt ist auch der Ehemann einer Frau, wenn der Erbteil zu ihrem eingebrachten oder zum Gesamtgut gehört. Der Nacherbe ist nur zuzuziehen, wenn sein Nacherbrecht betroffen wird. Andere im Testament Bedachte, außer Miterben, z. B. Vermächtnisnehmer, haben kein Antragsrecht. In dem an das Gericht zu richtenden Antrage, der schriftlich eingereicht oder mündlich dem Urkundsbeamten zu Protokoll erklärt werden muß, sind die an der Auseinandersetzung Beteiligten und die Teilungsmasse (der Nachlaß) zu bezeichnen. Das Gericht sorgt, soweit erforderlich, noch um Aufklärung und Herbeischaffung von Urkunden, z. B. Erbschein, standesamtliche Urkunden usw., und setzt den Termin an. Einem abwesenden Beteiligten kann das Gericht, wenn die Voraussetzungen für eine Abwesenheitspflegschaft vorliegen (vergl. „Pflegschaft 1 c") und eine Pflegschaft über ihn noch nicht angeordnet ist, einen Pfleger bestellen. Der Zweck des Verfahrens ist, eine Einigung über die Auseinandersetzung herbeizuführen, da dem Nachlaßrichter eine entscheidende Tätigkeit bezüglich der sonstigen Punkte nicht zusteht. Soweit also die Beteiligten in dem Termin erscheinen und sich einigen, ist die Auseinandersetzung zu Protokoll zu nehmen. Es ist nicht erforderlich, daß dies im ersten Termin geschieht; die Beteiligten können zunächst, und dies wird bei umfangreicheren Sachen in der Regel der Fall sein, erst Vereinbarungen über vorbereitende Maßregeln, insbesondere über die Art der Teilung treffen, z. B. über Abschätzung von Grundstücken, Teilung von Nachlaßsachen in natura oder durch Verkauf, Übernahme von Gegenständen durch einzelne Miterben zum Tagespreis treffen. Diese Vereinbarungen sind ebenfalls zu protokollieren. Nach Erledigung der vorbereitenden Maßregeln stellt dann das Nachlaßgericht einen ausführlichen Auseinandersetzungsplan auf, über den dann weiter verhandelt wird. Beteiligte, die in dem Termin nicht erscheinen, erhalten Gelegenheit, sich zu den Ergebnissen zu äußern. Sie können zustimmen. Die Zustimmung muß in öffentlich beglaubigter Form erklärt werden. Widersprechen sie, so hat dies dieselbe Wirkung, als wenn sie im Termin widersprochen hätten. Gegen Beteiligte, die sich überhaupt nicht äußern, findet eine Art Versäumnisverfahren statt, mit der Wirkung, daß ihre Zustimmung angenommen wird. Soweit über einen oder mehrere Punkte keine Einigung erzielt wird, sind diese zum Prozeß zu verweisen, und die Auseinandersetzung im übrigen so weit wie möglich durchzuführen. Nach Entscheidung der streitigen Punkte durch das Prozeßgericht ist dann das Verfahren zu Ende zu führen. Schließlich ist dann auch noch die vormundschaftsgerichtliche Genehmigung herbeizuführen, soweit solche für Beteiligte, die unter Vormundschaft, Pflegschaft oder elterlicher Gewalt stehen, erforderlich ist. Die so zustande gekommene Auseinandersetzung ist nachlaßgerichtlich zu bestätigen. Gegen den Bestätigungsbeschluß kann Beschwerde beim Landgericht binnen 2 Wochen erhoben werden, die aber nur darauf gestützt werden kann, daß die Vorschriften über das Verfahren verletzt seien. Auf Grund des rechtskräftigen Bestätigungsbeschlusses kann die Zwangsvollstreckung gegen die Miterben betrieben werden.

Landesrechtlich können auch an Stelle der Amtsgerichte oder neben diesen die Notare für die Erbauseinandersetzung zuständig sein. In Preußen kann nach PrFGG. 21—23 auf Antrag eines Beteiligten das Nachlaßgericht die Auseinandersetzung einem Notar überweisen und muß es, wenn alle Beteiligten vor dem ersten Verhandlungstermin oder im ersten Verhandlungstermin die erschienenen Beteiligten diesen Antrag stellen. Diese können dann auch den Notar benennen. Der Notar hat dann die Auseinandersetzung durchzuführen, die Bestätigung verbleibt dem Nachlaßgericht. In Bayern (AGBGB. (Bay.) 104, 132; BayG. v. 9. 6. 99) sind für die Vermittlung der Auseinandersetzung neben den Amtsgerichten auch die Notare zuständig. Die Beteiligten können sich über einen Notar verständigen; anderenfalls muß der Antrag bei einem Notar gestellt werden, der im Bezirke oder am Sitze des für die Vermittlung zuständigen Gerichts angestellt ist. Landesgesetzlich kann übrigens bestimmt werden, daß die gerichtliche Vermittelung der Auseinandersetzung von Amts wegen zu erfolgen hat, wenn die Nachlaßteilung nicht binnen einer gewissen Frist bewirkt ist. (Dies ist in Württemberg geschehen (AGBGB. Württ. 82—86). Die Frist beträgt regelmäßig drei Monate vom Tode des Erblassers oder im Falle des Vorliegens einer Verfügung von Todes wegen von der Eröffnung dieser Verfügung an. Sämtliche Erben müssen innerhalb der Frist dem Nachlaßgericht Anzeige machen, wenn sie selbst die Auseinandersetzung bereits bewirkt haben, und dies auf Erfordern dem Gerichte nachweisen, widrigenfalls die gerichtliche Nachlaßregulierung eintritt.)

Die vorstehend mitgeteilten, auf die gerichtliche Vermittlung einer Erbauseinandersetzung bezüglichen gesetzlichen Bestimmungen finden auch entsprechende Anwendung, wenn es sich nach Beendigung einer ehelichen Gütergemeinschaft oder einer fortgesetzten Gütergemeinschaft um die Auseinandersetzung wegen des Gesamtguts handelt. Diese Vermittlung der Auseinandersetzung kann durch Landesgesetz aber auch Notaren oder anderen als gerichtlichen Behörden übertragen werden.

Erbteilung durch einen Vormund s. Vormund 6 B 6.

Erbunwürdigkeit (2339—2345). **1.** Unter Umständen kann ein Erbe auf Betreiben eines Miterben oder eines anderen, der ein Interesse daran hat, für erbunwürdig erklärt und ihm dadurch sein erworbener Erbteil wieder entzogen werden. Dies geschieht durch eine Anfechtungsklage, die darauf gerichtet ist, daß der Erbe durch gerichtliches Urteil für unwürdig erklärt wird, Erbe zu sein. Ist die Unwürdigkeit rechtskräftig ausgesprochen, so ist es ebenso, als wenn der für unwürdig Erklärte gar nicht vorhanden wäre, überhaupt nicht mitgeerbt hätte. Es haben also insbesondere alle diejenigen ein Interesse daran, die Klage zu erheben, die, wenn der Unwürdige zur Zeit des Todes des Erblassers nicht mehr gelebt hätte, ihrerseits mitgeerbt haben würden. Das Gesetz bezeichnet genau die Gründe, aus denen auf eine Unwürdigkeitserklärung geklagt werden kann; es liegt ihnen der Gedanke zugrunde, daß der nicht würdig ist, Erbe zu sein, der entweder den Erblasser an einer Testamentserrichtung verhindert oder nach seinem Tode eine Testamentsfälschung begangen hat; er verliert zur Strafe dafür sein Erbrecht. Erbunwürdig ist:

a) wer den Erblasser vorsätzlich und widerrechtlich getötet oder zu töten versucht hat;

b) wer den Erblasser vorsätzlich und widerrechtlich in einen Zustand versetzt hat, durch den er bis zu seinem Tode verhindert gewesen ist, ein Testament zu machen oder ein gemachtes Testament wieder aufzuheben (der Erblasser ist z. B. infolge der Mißhandlung in Geisteskrankheit verfallen);

c) wer sonst den Erblasser vorsätzlich und widerrechtlich an einer Testamentserrichtung oder an der Wiederaufhebung eines Testaments verhindert hat (z. B. dadurch, daß er den Erblasser gefangen gehalten oder durch Gewalt oder Drohung usw. von dem Gange zum Gericht abgehalten hat);

d) wer den Erblasser durch arglistige Täuschung oder widerrechtlich durch Drohung bestimmt hat, ein bestimmtes Testament oder einen Erbvertrag (zugunsten des Täters oder eines anderen) zu errichten oder ein bereits gemachtes Testament oder einen Erbvertrag zurückzunehmen oder zu ändern;

e) wer in bezug auf ein Testament oder einen Erbvertrag des Erblassers eine Urkundenfälschung begangen oder herbeigeführt oder wissentlich von einer gefälschten Urkunde Gebrauch gemacht oder eine Testaments- oder Vertragsurkunde geflissentlich vernichtet, beschädigt oder beiseitegeschafft hat (§§ 267 bis 274 des Strafgesetzbuchs).

Ist in den unter d und e bezeichneten Fällen vor dem Tode des Erblassers das Testament oder der Vertrag, zu dessen Errichtung der Erblasser bestimmt worden war oder in Ansehung dessen die strafbare Fälschung usw. begangen ist, unwirksam geworden oder wäre die Verfügung, zu deren Aufhebung (Zurücknahme) der Erblasser bestimmt worden ist, vor seinem Tode ohnehin rechtsunwirksam geworden, so tritt die Erbunwürdigkeitserklärung nicht ein.

Die Unwürdigkeit eines Erben aus einem der vorbezeichneten gesetzlichen Gründe kann nur binnen Jahresfrist von dem Zeitpunkte an geltend gemacht werden, wo der zur Anfechtung Berechtigte von dem Anfechtungsgrunde Kenntnis erhalten hat. Sind dreißig Jahre nach dem Tode des Erblassers verflossen, so ist eine Anfechtungsklage überhaupt nicht mehr zulässig. Eine Anfechtung (Unwürdigkeitserklärung) ist aber auch dann ausgeschlossen, wenn der Erblasser dem Täter verziehen hat. Ob nach den Umständen eine Verzeihung anzunehmen ist, hat im Streitfall das Prozeßgericht zu ermessen; besondere Formen für die Verzeihung sind nicht vorgeschrieben.

2. Hat sich ein Vermächtnisnehmer oder ein Pflichtteilserbe einer der vorstehend unter 1 näher bezeichneten Verfehlungen schuldig gemacht, so kann auch das Vermächtnis oder der Pflichtteilsanspruch von jemandem, der an dem Wegfall interessiert ist, angefochten werden. Die Anfechtung geschieht jedoch nicht im Wege einer besonderen Klage, sondern durch eine einfache diesbezügliche Erklärung bzw. im Wege der Einrede gegenüber einer diesbezüglichen Prozeßforderung. Dasselbe gilt für den sog. Voraus, der dem überlebenden Ehegatten aus dem Nachlasse des Verstorbenen gebührt. Hat sich also der überlebende Gatte einer der unter 1 gedachten Verfehlungen schuldig gemacht, so kann ihm der „Voraus" dadurch entzogen werden, daß der Anspruch darauf von einem dabei Interessierten, z. B. von einem der Miterben, angefochten wird (1932).

Erbvertrag (Erbeinsetzungsvertrag, Vermächtnisvertrag) (1941, 2274—2302). **1.** Will jemand für den Fall seines Todes Verfügungen treffen, so kann er das auf zweierlei Art tun. Regelmäßig wird er ein Testament (eine letztwillige Verfügung) machen, was den Vorteil hat, daß er die getroffenen Bestimmungen jederzeit zurücknehmen, das Testament entweder aufheben oder ändern kann. Er kann aber auch einen Erbvertrag (Erbeinsetzungsvertrag) abschließen, in dem er einen anderen (oder mehrere) zum Erben einsetzt odere sonstige Verfügungen auf den Todesfall trifft, mit der Wirkung, daß er die getroffenen Verfügungen ohne Einwilligung des anderen Teils nicht wieder zurücknehmen kann; die Erbeinsetzung oder sonstige Zuwendung durch einen Erbvertrag ist unwiderruflich, es sei denn, daß der Erblasser sich den Rücktritt von dem Erbvertrage ausdrücklich vorbehalten hat oder daß besondere Verhältnisse einen Rücktritt vom Vertrage rechtfertigen (s. unten 3). Früher kam der Erbvertrag regelmäßig in den Ehestiftungen (Eheverträgen) vor, um dem anderen Ehegatten da, wo dieser nach dem Gesetz kein Erbrecht hatte, einen Teil des Nachlasses des Zuerstverstorbenen zuzuwenden; dieser Grund hat jetzt seine Hauptbedeutung verloren, da die Ehegatten ein gesetzliches Erbrecht gegeneinander haben.

In dem Erbvertrage kann nicht nur der, welcher den Vertrag selbst mit dem zu Beerbenden abschließt, zum Erben eingesetzt werden, sondern auch ein anderer, der bei dem Abschlusse des Vertrages nicht zugegen ist, in dessen Interesse aber der Erbvertrag geschlossen wird (1941); Ehegatten oder Verlobte bestimmen z. B., daß ein voreheliches Kind der Frau den Mann auch mitbeerben soll. Ein Beitreten des Bedachten zum Vertrage ist zu dessen Gültigkeit nicht erforderlich. In dem Erbvertrage können auch Vermächtnisse oder Auflagen (siehe das) zugunsten des Vertragschließenden oder anderer Personen ausgesetzt werden. Jedermann kann einen Erbvertrag mit jedem anderen schließen. Der Erbvertrag kann aber von dem, der darin über seinen künftigen Nachlaß verfügt, also von dem zu Beerbenden, nur persönlich geschlossen werden; es kann also der Vater oder der Vormund für sein Kind oder sein Mündel oder ein Bevollmächtigter für seinen Vollmachtgeber keinen Erbvertrag schließen, durch den über die künftige Beerbung des Kindes (Mündels) oder des Vollmachtgebers Bestimmung getroffen wird. Dagegen kann der andere Teil, der die Erbeseinsetzung oder sonstige Zuwendung (für sich oder einen anderen) annimmt, sich beim Abschluß des Vertrages vertreten lassen. Wer über seinen künftigen Nachlaß einen Erbvertrag schließen will, muß unbeschränkt geschäftsfähig sein (s. „Geschäftsfähigkeit"); es können daher Minderjährige oder Personen, die aus irgendeinem Grunde entmündigt und unter Vormundschaft gestellt sind, keinen Erbvertrag über ihren künftigen Nachlaß schließen, auch nicht unter Mitwirkung ihres gesetzlichen Vertreters (Vaters, Vormundes usw.). Eine Ausnahme gilt nur für Verlobte und Ehegatten, die mit dem anderen Verlobten (Gatten) unter Zustimmung ihres gesetzlichen Vertreters einen Erbvertrag schließen können; ist der Vertreter ein Vormund, so bedarf es zur Gültigkeit auch der Genehmigung des Vormundschaftsgerichts (2275). Solche Erbverträge werden meist mit einem Ehevertrage (s. „Eingebrachtes Gut der Frau 1") verbunden (Ehe- und Erbvertrag). Ist derjenige, der die Erbeseinsetzung usw. annimmt, minderjährig oder sonst in der Geschäftsfähigkeit beschränkt, so bedarf er zum Abschluß des Vertrages der Mitwirkung seines gesetzlichen Vertreters (Vater, Mutter, Vormund) nicht, da er durch den Vertrag lediglich einen Vorteil erlangt. — Der Erbvertrag kann nur vor einem Richter oder einem Notar geschlossen werden; beide Teile müssen gleichzeitig anwesend sein (2276). Der Vertrag kann zu Protokoll erklärt, aber auch fertig (schriftlich, verschlossen oder unverschlossen) übergeben werden; daß die Beteiligten selbst die Urkunde geschrieben haben, wird nicht erfordert. Nur Minderjährige und Personen, die Geschriebenes nicht lesen können, müssen den Erbvertrag zu Protokoll geben. Für Erbverträge stummer Personen und solcher, die der deutschen Sprache nicht mächtig sind, enthalten die §§ 2243 bis 2245 des Gesetzbuchs einige besondere Vorschriften. Die vorgedachten Formvorschriften gelten auch für Erbverträge, die zwischen Ehegatten oder Verlobten geschlossen werden. Schließen sie aber bei Errichtung eines Ehevertrages zugleich einen Erbvertrag (in derselben Urkunde, also einen Ehe- und Erbvertrag), so kommen einige Formvorschriften (2276, 2233—2245), die sonst für die Errichtung von Erbverträgen vor Gericht oder Notar gelten (z. B. Zuziehung eines Urkundsbeamten oder zweier Zeugen u. dergl.), sowie auch der Satz, daß Minderjährige oder Lesensunkundige den Vertrag nur durch mündliche Erklärung ihres Willens schließen können, nicht zur Anwendung.

Verwahrung der Erbverträge. Die vom Richter oder Notar aufgenommene Urkunde (das Erbvertragsprotokoll oder der von den Parteien überreichte Erbvertrag mit dem über die Überreichung und Anerkennung aufgenommenen Protokoll) wird in gleicher Weise, wie es für Testamente vorgeschrieben ist, verschlossen in besondere amtliche Verwahrung genommen, wenn die Beteiligten nichts anderes bestimmen. (Bestimmen sie anders, so wird der Erbvertrag zwar auch von dem aufnehmenden Beamten in amtliche Verwahrung genommen; aber es gelten nicht die Vorschriften über die Verschließung und die „besondere" amtliche Verwahrung von Urkunden.) Der Verschluß und die besondere amtliche Verwahrung finden mangels anderweiter Bestimmung der Parteien dann nicht statt, wenn der Erbvertrag mit einem anderen Vertrage in einer Urkunde verbunden, also z. B. ein Ehe- und Erbvertrag geschlossen ist. Über einen in besondere amtliche Verwahrung genommenen Erbvertrag wird jedem Vertragschließenden ein Hinterlegungsschein erteilt.

2. Inhalt und Wirkung des Erbvertrages (2278—2280, 2286 ff.). Wie schon gesagt, kann der Inhalt eines Erbvertrages darin bestehen, daß der eine Vertragschließende den anderen (oder auch beide sich gegenseitig) zum künftigen Erben einsetzt und daß auch dem oder den Erben Vermächtnisse oder Auflagen zugunsten des anderen Teils oder sonstiger Personen auferlegt werden. Der Erbvertrag kann auch auf Zuwendung von Vermächtnissen oder Auflagen allein gerichtet sein; er heißt dann richtiger Vermächtnisvertrag. Es können aber auch noch andere Anordnungen in dem Vertrage getroffen werden, z. B. die Ernennung eines Testamentsvollstreckers, die Benennung eines Vormundes, die Befreiung eines solchen von der Rechnungsablage u. dergl. mehr; an solche Anordnungen ist der Erblasser aber nicht gebunden; er kann sie jederzeit ohne Einwilligung des anderen Vertragschließenden widerrufen. Es können endlich in einem Erbvertrage von dem einen oder anderen Teile auch einseitige Verfügungen getroffen werden, d. h. solche, wegen deren er sich dem anderen gegenüber nicht binden will, Verfügungen, wie sie sonst in einem Testament getroffen zu werden pflegen, wie Erbeseinsetzungen, Vermächtnisse usw.; diese Verfügungen sind dann eben keine vertragsmäßigen; sie gelten zwar, als wenn sie in einem Testamente getroffen wären; aber sie haben das Besondere, daß sie in einem Vertrage wieder aufgehoben werden können, durch die der Erbvertrag oder eine in ihm enthaltene bindende Verfügung wieder aufgehoben wird. Wird der Erbvertrag durch Ausübung des Rücktrittsrechts oder durch Vertrag aufgehoben, so treten solche einseitigen Verfügungen damit auch außer Kraft, wenn nicht ein anderer Wille des Erblassers nach den Umständen anzunehmen ist.

Durch den Erbvertrag wird der darin als Erbe Eingesetzte im Falle des Todes des Erblassers in gleicher Weise zu seiner Erbschaft berufen, als wenn er von ihm in einem Testamente zum Erben eingesetzt wäre; die Erbeinsetzung in einem Erbvertrage unterscheidet sich von der durch Testament der Hauptsache nach eben nur dadurch, daß die Einsetzung im Testament jederzeit widerrufen werden kann, die in einem Erbvertrage aber ohne Zustimmung des anderen vertragschließenden Teils nicht. Im übrigen finden auf die durch einen Erbvertrag gemachten Zuwendungen und Auflagen die für letztwillige (durch Testament gemachte) Zuwendungen geltenden Vorschriften entsprechende Anwendung. Das Recht des Erblassers, über sein Vermögen bei Lebzeiten zu verfügen, wird durch Abschluß eines Erbvertrages im allgemeinen ebensowenig beeinträchtigt wie durch die Errichtung eines Testaments; denn der vertragsmäßige Erbe hat ebenso wie der testamentarische nur Anspruch auf das, was beim Tode des Erblassers da ist. Doch darf der Erblasser, der sich einen Vertragserben eingesetzt hat, sein Verfügungsrecht nicht aus Schikane gegen diesen mißbrauchen. Macht er anderen Personen Schenkungen in der Absicht, den Vertragserben zu beeinträchtigen, so kann dieser, nachdem ihm die Erbschaft angefallen ist, innerhalb einer dreijährigen Verjährungsfrist von dem Beschenkten die Herausgabe des Geschenkes nach den Vorschriften über die Herausgabe einer ungerechtfertigten Bereicherung (s. d.) fordern. Hat der Erblasser die einem anderen durch Erbvertrag vermachte Sache in der Absicht, den Bedachten zu beeinträchtigen, zerstört, beiseitegeschafft oder beschädigt, so muß der Erbe dem Berechtigten den Wert zahlen; ist der Gegenstand veräußert oder belastet, so muß der Erbe ihm den Gegenstand beschaffen oder ihn von der Belastung befreien; schlimmstenfalls kann der Berechtigte auch den Beschenkten in Anspruch nehmen. Durch letztwillige Verfügung (Testament) kann dagegen der Erblasser das Recht des Vertragserben nicht mehr beeinträchtigen, selbstverständlich auch keinen späteren Erbvertrag schließen, in dem er einen anderen zum Erben einsetzt. Ein früheres Testament des Erblassers wird, wenn er einen Erbvertrag schließt, dadurch insoweit aufgehoben, als es das Recht des vertragsmäßig Bedachten beeinträchtigen würde. Dies gilt jedoch unter Umständen nicht, wenn der Erblasser mit seinem Ehegatten früher ein gemeinschaftliches Testament errichtet hatte, in welchem beide Gatten Bestimmungen getroffen haben, die in einer gewissen Bedingtheit zueinander stehen; das Nähere hierüber siehe unter „Gemeinschaftliches Testament von Ehegatten“.

3. Aufhebung eines Erbvertrages. Rücktritt vom Vertrage (2290 ff.). Der ganze Erbvertrag sowohl wie auch eine einzelne darin enthaltene vertragsmäßige Verfügung kann durch Übereinkunft (Vertrag) von den Personen wieder aufgehoben werden, die ihn abgeschlossen haben. Ist eine der vertragschließenden Personen jedoch verstorben, so kann eine Aufhebung nicht mehr erfolgen, auch wenn der Erbe des Verstorbenen damit einverstanden wäre. Der, über dessen künftige Erbschaft der Vertrag abgeschlossen ist, kann den Aufhebungsvertrag nur persönlich abschließen; ist er minderjährig oder entmündigt, so bedarf er dazu der Zustimmung des Vaters, Vormundes usw. nicht. Steht der andere Teil, der eingesetzte Erbe oder sonst Bedachte, unter Vormundschaft oder unter elterlicher Gewalt, so ist zur Aufhebung des Vertrages, die natürlich nur von dem gesetzlichen Vertreter (Vater, Vormund usw.) vorgenommen werden kann, die Genehmigung des Vormundschaftsgerichts nötig; heben jedoch Ehegatten oder Verlobte einen Erbvertrag auf, so ist die Genehmigung des Gerichts nicht erforderlich. Der Aufhebungsvertrag muß ebenso wie der Erbvertrag selber vor einem Richter oder einem Notar bei gleichzeitiger Anwesenheit beider Teile geschlossen werden. Die Aufhebung des Erbvertrages zwischen denen, die ihn abgeschlossen haben, hat zur Folge, daß auch alle in dem Vertrage zugunsten anderer Personen getroffenen Bestimmungen (Erbeinsetzungen, Vermächtnisse usw.) hinfällig werden. Besonderes gilt noch für vertragsmäßige Verfügungen, durch die Vermächtnisse oder Auflagen angeordnet sind; diese können vom Erblasser auch durch ein Testament aufgehoben werden, sofern nur der andere Vertragschließende seine Zustimmung dazu erteilt; die Zustimmung muß aber gerichtlich oder notariell beurkundet werden. Es ist dies also eine einfachere Form als die oben besprochene Aufhebung durch einen Vertrag, wie sie bei Aufhebung von Erbeseinsetzungen nötig ist. In gleicher Weise kann auch ein Erbvertrag zwischen Ehegatten durch ein gemeinschaftliches Testament wieder aufgehoben werden; es ist dazu aber, wenn der Gatte, der Rechte aus dem Vertrage aufgibt, noch minderjährig oder entmündigt ist, die Zustimmung des gesetzlichen Vertreters (Vaters, Vormundes usw.) und, wenn er unter Vormundschaft steht, auch die Genehmigung des Vormundschaftsgerichts erforderlich. Für gegenseitige Erbverträge, d. h. solche, in denen die Beteiligten sich gegenseitig zu Erben eingesetzt haben oder in denen überhaupt von beiden Teilen vertragsmäßige Verfügungen getroffen sind, gilt die Vorschrift, daß der ganze Vertrag rechtsunwirksam wird, wenn auch nur eine der Verfügungen aus irgendwelchem Grunde nichtig ist; denn es ist anzunehmen, daß, wenn die Verpflichtung des einen Teils hinfällig wird, der andere Teil auch nicht an seine Verfügung hat gebunden sein wollen. Haben sich in einem solchen gegenseitigen Erbvertrage die Beteiligten den Rücktritt vorbehalten, so wird durch den Rücktritt des einen der ganze Vertrag aufgehoben. Das Rücktrittsrecht erlischt übrigens mit dem Tode des Erstverstorbenen der vertragschließenden Teile auch für den Überlebenden; schlägt dieser jedoch das ihm von dem Verstorbenen Zugewendete aus, so kann er die von ihm selbst in dem Erbvertrage getroffenen Bestimmungen zurücknehmen, indem er sie durch Testament aufhebt.

Ein einseitiger Rücktritt von einem geschlossenen Erbvertrage ist nicht nur zulässig, wenn die Beteiligten sich dieses Recht bei der Vertragschließung ausdrücklich vorbehalten haben, sondern auch dann, wenn sich der Bedachte, sei dies der andere Vertragschließende oder eine dritte Person, einer Verfehlung schuldig macht, die den Erblasser zur Entziehung des Pflichtteils berechtigt oder, falls der Bedachte nicht zu den Pflichtteilsberechtigten gehört, zu der Entziehung berechtigen würde, wenn der Bedachte ein Abkömmling des Erblassers wäre (siehe über die Gründe, die zur Pflichtteilsentziehung berechtigen, „Pflichtteil 5“). Endlich ist dem, der über seinen Nachlaß vertragsmäßig verfügt hat, auch dann der Rücktritt vom Vertrage gestattet, wenn er den anderen deshalb zum Erben eingesetzt oder sonst aus seinem Nachlasse bedacht hat, weil dieser sich ihm gegenüber zur Gewährung des lebenslänglichen Unterhalts oder anderer wiederkehrender Leistungen auf Lebenszeit verpflichtet hat und diese Verpflichtung des anderen Teils vor dem Tode des Berechtigten, einerlei ob mit oder ohne dessen Einwilligung, aufgehoben ist. Der Rücktritt von dem Erbvertrage kann nicht durch einen Vertreter (Bevollmächtigten, Vater, Vormund usw.) erklärt werden; er erfolgt durch eine dem anderen Vetragschließenden gegenüber (auch wenn eine andere Person die in dem Vertrage bedachte ist) abzugebende schriftliche Erklärung, die gerichtlich oder notariell beurkundet werden muß. Zu der Rücktrittserklärung desjenigen, über dessen Nachlaß in dem Vertrage bestimmt ist, ist, wenn er minderjährig oder sonst bevormundet ist, die Zustimmung des Vaters, Vormundes usw. nicht erforderlich. Ist der andere Teil verstorben und in dem Vertrage eine dritte Person zum Erben eingesetzt oder sonst bedacht, so kann der, um dessen Nachlaß es sich handelt, wenn und soweit er zum Rücktritt bei Lebzeiten des anderen berechtigt war, den Vertrag einfach durch Testament aufheben. Liegt der Grund zum Rücktritt darin, daß der Bedachte sich einer Verfehlung gegen den Erblasser schuldig gemacht hat, so ist zur Gültigkeit der gedachten Aufhebung der Zuwendung durch Testament erforderlich, daß der Grund zur Zeit der Testamentserrichtung bestanden hat und daß er in der Aufhebungsverfügung benannt ist; war der Grund ehrloser oder unsittlicher Lebenswandel des Bedachten, so ist die Zurücknahme der ihm gemachten Zuwendung ungültig, wenn sich der Bedachte zur Zeit des Todes des Erblassers von dem ehrlosen oder unsittlichen Lebenswandel dauernd abgewendet hatte. (Beim gegenseitigen Erbvertrag ist aber, wie oben schon erwähnt, ein vorbehaltener Rücktritt vom Vertrage nach dem Tode des anderen Vertragschließenden nur zulässig, wenn der Überlebende das ihm in dem Vertrage Zugewendete ausgeschlagen hat.)

Einige besondere Bestimmungen gelten noch für Erbverträge zugunsten von Ehegatten oder Verlobten. Es ist bei diesen Verträgen als selbstverständlich anzunehmen, daß die Beteiligten das Vereinbarte nur unter der Voraussetzung gewollt haben, daß das Verlöbnis zur Heirat geführt und daß die Ehe bis zum Tode des zuerst Versterbenden unbeeinträchtigt gedauert hat. Wird daher die Ehe für nichtig erkannt oder erfolgt eine Ehescheidung oder sonstige Auflösung der Ehe vor dem Tode des zuerst Verstorbenen, so werden dadurch nach dem Gesetz die in dem Erbvertrage zugunsten des überlebenden oder auch einer dritten Person getroffenen Bestimmungen von selbst ungültig; dasselbe gilt, wenn der Verstorbene zur Zeit seines Todes berechtigt war, auf Ehescheidung wegen eines Verschuldens des anderen Gatten zu klagen, und die Klage auf Scheidung oder auf Aufhebung der ehelichen Gemeinschaft bereits erhoben hatte oder wenn (bei einem Vertrage zwischen Verlobten) das Verlöbnis vor dem Tode des Erblassers wieder gelöst ist. Die Bestimmungen des Erbvertrages bleiben jedoch in Gültigkeit, wenn aus den Umständen mit Sicherheit zu schließen ist, daß der Erblasser sie auch für die vorgedachten Fälle (Aufhebung des Verlöbnisses, Scheidung usw.) getroffen haben will (2077, 2279).

Haben Ehegatten in einem Erbvertrage, durch den sie sich zunächst gegenseitig als Erben einsetzen, bestimmt, daß nach dem Tode des Letztlebenden von ihnen der beiderseitige Nachlaß an gewisse andere Personen fallen soll, so ist im Zweifel, d. h. wenn sich aus den Umständen nicht auf eine andere Absicht der Gatten schließen läßt, als ihre Willensmeinung anzunehmen, daß die bezeichnete Person oder die bezeichneten Personen für den Gesamtnachlaß, also für das beiderseitige Vermögen der Ehegatten, als Erbe (Erben) des letztverstorbenen Erblassers eingesetzt ist (sind) (2280). Über die Bedeutung dieser Vorschrift siehe näheres unter „Gemeinschaftliches Testament von Ehegatten 2". — Über die Anfechtung eines geschlossenen Erbvertrages wegen Irrtums, wegen mangelnder Voraussetzung, wegen widerrechtlicher Drohung sowie wegen Übergehung eines unbekannten oder später erst geborenen Pflichtteilsberechtigten enthalten die §§ 2281 bis 2285 des Gesetzes besondere Bestimmungen.

4. Eröffnung des Erbvertrages. Einsichtnahme. Abschriften (2300). Alle Erbverträge (einerlei ob sie sich in „besonderer" amtlicher Verwahrung befinden oder nicht; s. oben unter 1 a. E.) müssen nach dem Tode des Erblassers (oder bei gegenseitigen Erbverträgen nach dem Tode des erstversterbenden Erblassers) ebenso wie Testamente gerichtlich eröffnet werden. Das Nachlaßgericht muß zu diesem Zwecke die bei den Notaren verwahrten sowie die etwa im Besitz von Privatpersonen oder anderer als gerichtlicher Behörden befindlichen Erbverträge heranziehen; vgl. darüber „Testamentseröffnung"; das dort Gesagte gilt auch für die Eröffnung von Erbverträgen. Wird der Vertrag bei einem anderen Gerichte verwahrt, so erfolgt die Eröffnung bei diesem Gericht. Zum Zwecke der Eröffnung wird ein Termin angesetzt, zu dem alle gesetzlichen Erben des Verstorbenen (s. „Gesetzliche Erben") und etwaige sonstige Beteiligte, soweit tunlich, geladen werden. Bedachte, die bei der Eröffnung nicht zugegen waren, sind durch das Gericht von den sie betreffenden Bestimmungen des Erbvertrages in Kenntnis zu setzen, soweit sie nicht darauf verzichten. Bei gegenseitigen Erbverträgen sollen die Verfügungen des überlebenden Teils, soweit sie sich von dem sonstigen Inhalte des Vertrages sondern lassen, nicht verkündet und auch sonst nicht zur Kenntnis der Beteiligten gebracht werden. Befindet sich der gegenseitige Erbvertrag in besonderer amtlicher Verwahrung, so wird er nach der Eröffnung der Verfügung des Verstorbenen wieder verschlossen und in die besondere amtliche Verwahrung zurückgebracht. — Eine Einsicht in die beim Gericht aufbewahrten eröffneten Erbverträge kann jeder nehmen, der dem Gericht ein berechtigtes Interesse glaubhaft macht; dasselbe gilt für die Forderung einer einfachen oder beglaubigten Abschrift des Erbvertrages.

Erbverzicht (2346—2352). Wenn jemand eine Erbschaft getan hat oder ihm aus einem Testament ein Vermächtnis zugefallen ist, und er „verzichtet" auf das ihm Zugefallene zugunsten der anderen an der Erbschaft Beteiligten, so ist das kein „Erbverzicht" im Sinne des Gesetzes; der Erbe oder Vermächtnisnehmer schlägt vielmehr in solchem Falle, um mit dem Gesetze zu reden, das ihm durch den Tod des Erblassers schon Angefallene, die Erbschaft oder das Vermächtnis, aus. Etwas anderes aber, als solche Ausschlagung einer Erbschaft oder eines Vermächtnisses ist es, wenn jemand, der ein gesetzliches Erbrecht gegen eine noch lebende Person hat, auf dieses (künftige) gesetzliche Erbrecht oder auch auf sein Pflichtteilsrecht (siehe das) an dem Nachlaß des Angehörigen Verzicht leistet, und zwar durch einen Vertrag, den er dieserhalb mit dem künftigen Erblasser abschließt. Derartige Verträge werden freilich recht selten vorkommen, da jeder Erblasser für sich allein (ohne Zuziehung des Betreffenden und ohne Angabe von Gründen) durch letztwillige Verfügung bestimmen kann, daß der eine oder andere seiner gesetzlichen Erben ihn nicht beerben soll, ohne daß er dabei andere Bestimmungen über seinen Nachlaß zu treffen, insbesondere andere Erben einzusetzen braucht; sie haben eigentlich nur Bedeutung für den Fall, daß jemand aus besonderer Veranlassung (z. B. weil er auszuwandern beabsichtigt) auf seinen künftigen Pflichtteil, der ihm ohne seine Einwilligung nicht entzogen werden kann, ausdrücklich (gegen oder ohne Entschädigung) Verzicht leisten will. Folge des Vertrages (des Erbverzichts, des Erbverzichtsvertrages) ist, daß der Verzichtende kein gesetzliches Erbrecht und insbesondere kein Pflichtteilsrecht gegen den anderen Teil mehr hat; es ist so, als wenn er beim Tode des Erblassers überhaupt nicht vorhanden wäre. Hat jemand bloß auf den Pflichtteil verzichtet (nicht auf sein Erbrecht schlechthin), so hat er zwar kein Pflichtteilsrecht, aber er behält sein gesetzliches Erbrecht, d. h. er erbt mit, wenn der Erblasser nicht letztwillig andere Bestimmungen über seine Beerbung getroffen hat. Ob jemand, der auf sein gesetzliches Erbrecht oder auf den Pflichtteil verzichtet hat, damit auch der Zuwendungen verlustig geht, die der Erblasser ihm etwa (trotz des Verzichtes) letztwillig vermacht hat, richtet sich nach der Absicht der Beteiligten, die aus den Umständen zu ermitteln ist; die Frage läßt sich weder schlechthin bejahen, noch verneinen. — Über die Vertragschließung (den Erbverzicht) selbst gilt folgendes: Der Vertrag muß, um gültig zu sein, gerichtlich oder notariell beurkundet werden. Steht der Verzichtleistende unter Vormundschaft, so ist die Genehmigung des Vormundes (oder die Abgabe der Verzichtserklärung durch den Vormund) und die des Vormundschaftsgerichts nötig. Steht der Verzichtende unter elterlicher Gewalt, so ist die Genehmigung des Vaters (der Mutter) und gleichfalls die des Vormundschaftsgerichts nötig; dieser letzteren bedarf es jedoch nicht, wenn der Vertrag zwischen Ehegatten oder Verlobten geschlossen wird. Was den Erblasser (d. h. den, um dessen künftige Beerbung es sich handelt) angeht, so kann dieser den Vertrag nur persönlich schließen; hat er wegen Minderjährigkeit oder aus sonstigem Grunde einen Vormund oder steht er unter elterlicher Gewalt, so ist die Mitwirkung des Vormundes oder des Vaters (der Mutter) nicht nötig; diese können den Vertrag für ihn nicht schließen; gerichtliche Genehmigung ist nicht erforderlich; nur wenn er geschäftsunfähig (z. B. geisteskrank oder ein Kind bis zu 7 Jahren) ist, muß der Vertrag durch den gesetzlichen Vertreter (Vater, Vormund usw.) für ihn geschlossen und die Genehmigung des Vormundschaftsgerichts dazu eingeholt werden; letztere ist nur dann nicht erforderlich, wenn der Vater oder die Mutter den Vertrag für ihr Kind mit dessen Verlobten oder Ehegatten schließen.

Hat ein Abkömmling (Kind, Enkel usw.) oder ein Seitenverwandter des Erblassers auf sein gesetzliches Erbrecht verzichtet, so gilt dieser Verzicht auch für seine (des Abgefundenen) Kinder, Enkel usw. Dies ist besonders wichtig für die Fälle, in denen Kinder von einem Hofe, Gute usw. abgefunden werden oder wo jemand, der auszuwandern beabsichtigt, vom Vater usw. eine Summe Geldes ausbezahlt erhält, um dafür auf sein Recht am väterlichen Erbe zu verzichten. Es kann aber in dem Erbverzichtsvertrage etwas anderes bestimmt werden. Hat jemand zugunsten einer bestimmten anderen Person verzichtet, so ist im Zweifel anzunehmen, daß dieser Verzicht seine Wirkung verlieren (nicht gelten) soll, wenn der andere gar nicht Erbe wird. Hat ein Abkömmling (Kind, Enkel usw.) des Erblassers auf sein gesetzliches Erbrecht verzichtet, so wird angenommen, daß der Verzicht nur in dem Falle gelten solle, daß andere Abkömmlinge oder der Ehegatte den Erblasser beerben; denn es ist nicht anzunehmen, daß der Verzicht auch für den Fall hat ausgesprochen werden sollen, daß alle näheren Angehörigen des Verzichtleistenden sterben oder aus sonstigen Gründen nicht zur Erbschaft gelangen würden.

Auch auf eine lediglich testamentarische Zuwendung kann zu Lebzeiten des Erblassers vertraglich verzichtet werden.

Sämtliche diesbezüglichen Verträge sind unwiderruflich, können jedoch unter Beobachtung der gleichen Formen wie beim Abschluß jederzeit in gegenseitigem Einverständnis wieder aufgehoben werden.

Erbzinsrecht. Es war das Recht auf ausschließlichen Besitz und Nutzung eines Grundstückes vererblich u. veräußerlich. War in Preußen bereits durch Gesetz v. 2. 3. 1850 aufgehoben. Kann nach BGB. nicht mehr begründet werden. Rechte solcher Art, die am 1. 1. 1900 bereits bestanden, bleiben aber nach wie vor in Gültigkeit (EGBGB. 184).

Erdboden, Vertiefung des, s. Grundeigentum 1 e.

Erdoberfläche, Raum über oder unter der, s. Grundeigentum 2 b.

Erfindungen s. Patente und Musterschutz.

Erfüllung, Annahme als, s. Erfüllung von Schuldverhältnissen.

Erfüllung von Schuldverhältnissen. Über diese enthält das BGB. folgende allgemeine Vorschriften (362—365):

Das Schuldverhältnis (also z. B. das Rechtsverhältnis zwischen dem Darlehnsgeber und dem, der das Geld erhalten hat, oder zwischen dem Kaufmann und dem Kunden, der die gekaufte Sache noch nicht bezahlt hat) erlischt, wenn die geschuldete Zahlung oder sonstige Leistung an den Gläubiger bewirkt wird oder wenn die Leistung nicht an den Gläubiger selbst, aber mit dessen Einwilligung oder nachfolgender Genehmigung an eine andere Person erfolgt. Da es erfahrungsmäßig häufig vorkommt, daß jemand, nachdem er von der anderen Seite die angebotene Leistung angenommen hat, hinterher, sei es aus Schikane oder weil er vielleicht nicht zahlen kann, die angenommene Leistung als nicht vertragsmäßig bemängelt, so bestimmt das Gesetz, daß in solchem Fall der Gläubiger, der die Leistung von seinem Schuldner als Erfüllung angenommen hat, beweisen muß, daß die Zahlung oder sonstige Leistung seitens des Schuldners keine ordnungsmäßige gewesen ist oder daß der Schuldner seiner Verpflichtung nicht vollständig nachgekommen ist (während sonst, nach allgemeinen Rechtsregeln, der Schuldner beweisen müßte, daß er seine Schuldverpflichtung ordnungsmäßig erfüllt hat). Zahlung unter Vorbehalt gilt als Erfüllung.

Diese Rechtsvorschrift setzt aber voraus, daß der Gläubiger das vom Schuldner Gegebene (Geleistete) eben als Erfüllung angenommen hat, d. h. daß er die Leistung hingenommen und dabei durch sein Verhalten bei und nach der Hinnahme zu erkennen gegeben hat, daß er die Leistung als eine der Hauptsache nach dem Vertrage entsprechende Erfüllung anerkenne (RG.). Die Anerkennung der Erfüllung braucht nicht gerade ausdrücklich erklärt zu werden; sie kann auch aus den Umständen gefolgert werden. Hat z. B. der Gläubiger eine Geldrolle ohne Nachzählung angenommen, so wird darin eine Annahme als Erfüllung zu erblicken sein; der Gläubiger muß also beweisen, wenn er später behauptet, es sei die richtige Summe nicht darin gewesen. Hat jemand eine bestellte Ware zugesandt erhalten, so liegt in der Annahme des Pakets oder des Frachtguts usw. nicht ohne weiteres eine Annahme als Erfüllung. Zeigt aber der Empfänger dem Absender den Eingang an oder verfügt er über die Ware oder behält er sie längere Zeit, ohne sie zu untersuchen, so wird darin eine Annahme als Erfüllung zu sehen sein, so daß nunmehr der Empfänger etwa behauptete Mängel der Ware zu beweisen hat. — Es ändert sich durch die Annahme als Erfüllung aber nur die Beweislast, die nun vom Schuldner auf den Gläubiger übergeht. Die Einreden, die der Gläubiger etwa gegen die gelieferte Sache (Ware) hat, werden durch die Annahme als Erfüllung regelmäßig nicht ausgeschlossen; der Gläubiger kann also seine Einwendungen (z. B. daß die Ware nicht vertragsmäßig sei, daß die Lieferung nicht vollständig sei u. dgl.) noch geltend machen. Ausnahmsweise geht er dieser Einwendungen verlustig, wenn er nach besonderer gesetzlicher Bestimmung zur unverzüglichen Anzeige der etwaigen Mängel der gelieferten Ware verpflichtet war und diese versäumt hat; vgl. darüber „Handelskauf 4".

Das Schuldverhältnis erlischt ferner, wenn der Gläubiger eine andere als die geschuldete Leistung an Erfüllungs Statt annimmt (z. B. Wertpapiere, Wechsel, Scheck statt Bargeld). Übernimmt der Schuldner zum Zwecke der Befriedigung des Gläubigers diesem gegenüber eine neue Verbindlichkeit, so ist im Zweifel nicht anzunehmen, daß er die Verbindlichkeit an Erfüllungs Statt annimmt. Wird eine Sache, eine Forderung gegen einen Dritten oder ein anderes Recht an Erfüllungs Statt gegeben, so hat der Schuldner wegen eines Mangels im Rechte oder wegen eines Mangels der Sache in gleicher Weise wie ein Verkäufer Gewähr zu leisten.

Vgl. wegen Erfüllung von Schuldverbindlichkeiten (Verträgen) auch „Leistungen usw.", „Verzug 1" u. „Gegenseitige Verträge 3".

Erfüllungsfrist, nachträgliche, s. Gegenseitige Verträge 3 c.

Erfüllungsort s. Leistungen 5.

Erfüllungs Statt, Leistung an, s. Erfüllung von Schuldverhältnissen.

Erfüllungszeit s. Leistungen 6.

Erhaltungspflicht s. Unterhaltspflicht.

Erinnerung s. Mahnung.

Erklärungen unter Abwesenden s. Abwesende, Willenserklärungen unter, s. auch Willenserklärungen.

Erkrankung s. Krankheit.

Erlaß einer Schuld (397). Wenn der Gläubiger seinem Schuldner durch Vertrag die Schuld erläßt (auf die Forderung verzichtet), so erlischt dadurch das zwischen beiden bestehende Schuldverhältnis (das Schuldverhältnis wird aufgehoben). Das gleiche gilt, wenn der Gläubiger durch Vertrag mit dem Schuldner anerkennt, daß das Schuldverhältnis nicht mehr bestehe (z. B. weil die Forderung bezahlt oder durch Gegenforderung ausgeglichen ist) oder überhaupt nicht bestanden habe. Zur Gültigkeit einer solchen Anerkennung oder eines Schulderlasses ist Angabe eines Grundes oder die Beobachtung irgendeiner Form nicht erforderlich. Insbesondere ist nicht nötig, daß solche Erklärungen schriftlich abgegeben werden; es genügt die mündliche Erklärung des Gläubigers, daß er die Schuld erlasse oder das Nichtbestehen der Schuld anerkenne, und die, wenn auch stillschweigende, Annahme dieser Erklärung von seiten des anderen Teils. Der schenkweise Erlaß einer Forderung bedarf nicht der (für Schenkungsversprechen vorgeschriebenen) Form der gerichtlichen oder notariellen Beurkundung (RG.). Zweckmäßig ist es aber natürlich unter Umständen, daß der Schuldner sich über den Erlaß seiner Schuld oder die Anerkennung der stattgehabten Zahlung oder sonstigen Ausgleichung vom Gläubiger eine schriftliche Erklärung geben läßt.

Erlaubnis s. Einwilligung und Genehmigung.

Erlöschen einer Vollmacht s. Vollmacht 2; eines Schuldverhältnisses, einer Forderung s. Erlaß einer Schuld.

Ermächtigung s. Vollmacht; allgemeine, eines Vormundes zur Vornahme von Rechtsgeschäften s. Vormund 6; eines Mündels zur Betreibung eines Geschäfts oder zur Eingehung eines Dienst- oder Arbeitsverhältnisses s. Geschäftsfähigkeit 3.

Ernährung s. Unterhaltspflicht.

Ernennung von Vormündern usw. durch den Vater, die Mutter, s. Vormundschaft 1; eines Erben s. Testament.

Erneuerungsschein (Anweisung, Talon), Verlust eines, s. Schuldverschreibungen a. d. Inhaber I 2.

Eröffnung eines Testaments s. Testamentseröffnung; eines Erbvertrages s. Erbvertrag 4.

Errungenschaftsgemeinschaft unter Ehegatten (1519—1548). **1.** Verlobte oder Ehegatten können, wenn sie nicht nach den gesetzlichen Bestimmungen über die Vermögensverhältnisse zwischen Ehegatten leben, sondern etwas anderes durch einen Ehevertrag vereinbaren wollen (s. „Eingebrachtes Gut der Frau 1"), bestimmen, daß für ihre Ehe das Recht der Errungenschaftsgemeinschaft gelten soll. Von selbst (ohne Vertrag) tritt dieses Rechtsverhältnis niemals ein. Wird die Errungenschaftsgemeinschaft vertragsmäßig festgesetzt, so besteht für die Gatten in bezug auf ihr Vermögen der nachfolgend in seinen Grundzügen beschriebene, recht verwickelte Rechtszustand. Es sind dann drei (unter Umständen sogar vier) verschiedene Vermögensmassen zu unterscheiden. Das Wesen der Errungenschaftsgemeinschaft besteht nämlich darin, daß alles das, was die Gatten während der Ehe durch ihre Tätigkeit oder als Ertrag ihres eingebrachten Vermögens erwerben, gemeinschaftliches Vermögen wird und nach Auflösung der Ehe je zur Hälfte dem Manne und der Frau gehört, wogegen aber auch die ehelichen Lasten von beiden gemeinsam zu tragen sind. Diesem gemeinschaftlichen, erst zu bildenden Vermögen (dem Gesamtgut) steht gegenüber das sog. eingebrachte Gut beider Gatten, nämlich das Vermögen, das jeder von ihnen bei der Verheiratung schon besaß, und gewisse Vermögensteile (nach näherer Bestimmung des Gesetzes), die ihnen erst später zufallen. Außerdem kann die Frau noch ein Vorbehaltsgut haben, das nicht, wie ihr eingebrachtes Gut, der Verwaltung des Mannes usw. unterliegt. Betrachten wir nun die einzelnen Vermögensmassen für sich.

2. Gemeinschaftliches Vermögen beider Gatten (Gesamtgut) wird also alles, was die Ehegatten während der Ehe erwerben, soweit nicht das Gesetz bestimmt, daß gewisse Vermögenserwerbe nicht zum Gesamtgut, sondern zum eingebrachten Gut gehören sollen; siehe hierüber das Nähere unten unter 3. Insbesondere fällt daher an das Gesamtgut der Ertrag aus Erwerbsgeschäften des Mannes oder der Frau, aller Erwerb durch Schenkungen oder letztwillige Zuwendungen, wenn dieser den Umständen nach als Lohn für geleistete Dienste (z. B. Honorare, übliche Gelegenheitsgeschenke) aufzufassen ist. Im Zweifel spricht bei allem vorhandenen (nicht bloß bei dem in der Ehe erworbenen) Vermögen die Vermutung dafür, daß es zum Gesamtgut gehört; wer etwas als sein Sondergut (eingebrachtes Gut) in Anspruch nimmt, muß den Erwerb nachweisen. Übrigens kann jeder Gatte, um etwaigen späteren Streitigkeiten vorzubeugen, bei Eingehung der Ehe oder auch später jederzeit verlangen, daß der beiderseitige Vermögensbestand durch ein unter Mitwirkung des anderen Ehegatten aufzunehmendes Verzeichnis (Inventar) festgestellt wird; ebenso ist jeder Gatte befugt, den Zustand der zu seinem eingebrachten Vermögen gehörigen Sachen durch Sachverständige feststellen zu lassen. Das Gesamtgut unterliegt der Verwaltung des Mannes in gleicher Weise wie bei der, auch das in die Ehe gebrachte Vermögen der Ehegatten umfassenden allgemeinen Gütergemeinschaft; vergl. Näheres in dem Artikel „Gütergemeinschaft, allgemeine, unter Ehegatten". Der eheliche Aufwand fällt dem Gesamtgute zur Last. Das Gesamtgut trägt auch die Lasten des eingebrachten Gutes beider Ehegatten. Für welche Schulden das Gesamtgut haftet, ist in den §§ 1530 bis 1534 des Gesetzes näher bestimmt.

3. Dem vorstehend besprochenen Gesamtgute gegenüber stehen die besonderen Vermögen beider Ehegatten. Dieses Vermögen jedes Ehegatten wird vom Gesetz eingebrachtes Gut genannt. Dazu gehört vor allem das Vermögen, welches der Ehegatte bei der Verheiratung (oder bei dem etwaigen späteren Eintritt der Errungenschaftsgemeinschaft) besaß, sein bares Geld, sein Grundbesitz, seine Papiere, sein Mobiliar usw., dessen Einkünfte demnächst in die gemeinsame Masse fallen. Zum eingebrachten Gut gehört aber nach gesetzlicher Vorschrift auch noch das Nachbezeichnete: zunächst das was ein Ehegatte von Todes wegen oder mit Rücksicht auf ein künftiges Erbrecht durch Schenkung oder als Ausstattung erwirbt. Ausgenommen ist ein Erwerb, der den Umständen nach zu den Einkünften zu rechnen ist. Ferner gehören zum eingebrachten Gut Gegenstände, die nicht durch Rechtsgeschäft übertragen werden können, sowie Rechte, die mit dem Tode erlöschen oder deren Erwerb durch den Tod eines der Ehegatten bedingt ist. Eingebrachtes Gut eines Ehegatten ist ferner was durch Ehevertrag für eingebrachtes Gut erklärt ist; endlich das, was ein Ehegatte auf Grund eines zu seinem eingebrachten Gute gehörenden Rechtes oder als Ersatz für die Zerstörung, Beschädigung oder Entziehung eines zum eingebrachten Gute gehörenden Gegenstandes oder durch ein Rechtsgeschäft erwirbt, das sich auf das eingebrachte Gut bezieht. Ausgenommen ist ein Erwerb aus dem Betrieb eines Erwerbsgeschäftes. Die Zugehörigkeit einer durch Rechtsgeschäft erworbenen Forderung zum eingebrachten Gute braucht der Schuldner erst dann gegen sich gelten zu lassen, wenn er von der Zugehörigkeit Kenntnis erlangt; die Vorschriften der §§ 406 bis 408 des Gesetzes finden entsprechende Anwendung.

Auch die Verwaltung dieses besonderen Vermögens beider Ehegatten (mit Ausnahme eines etwaigen Vorbehaltsguts der Frau; s. unten 4) gebührt dem Manne; es gelten hier ganz dieselben Rechtssätze, wie wenn die Ehegatten keinen Ehevertrag abgeschlossen haben, mithin das sog. gesetzliche Güterrecht für sie besteht; siehe das Nähere darüber unter „Eingebrachtes Gut der Frau". Nur fallen hier (bei der Errungenschaftsgemeinschaft) die Nutzungen des Vermögens nicht dem Manne zu, sondern sie gehören zum Gesamtgut, das eben durch diese Einkünfte und den sonstigen Erwerb der Ehegatten angesammelt wird.

4. Es ist nicht nötig, daß alles Vermögen der Frau eingebrachtes Gut wird, also unter die Verwaltung des Mannes fällt; es kann ein Teil ihres Vermögens, sogar ihr ganzes Vermögen ihrer eigenen Verwaltung und Nutzung vorbehalten bleiben, sog. Vorbehaltsgut der Frau. Vor allem kann in dem Ehevertrage bestimmt werden, was vom Vermögen der Frau Vorbehaltsgut bleiben soll oder daß sie ihr ganzes Vermögen als Vorbehaltsgut zurückbehält. Vorbehaltsgut ist ferner, was die Frau durch Erbfolge, als Vermächtnis, als Pflichtteil oder geschenkt erhält, wenn der Erblasser oder Schenker bei der Zuwendung bestimmt hat, daß das Zugewendete Vorbehaltsgut sein solle, oder was an die Stelle solcher Vermögensgegenstände getreten ist. Vorbehaltsgut des Mannes gibt es nicht. Für das Vorbehaltsgut bei der Errungenschaftsgemeinschaft gelten ganz dieselben Rechtssätze wie für Vorbehaltsgut bei der allgemeinen Gütergemeinschaft; vergl. darüber „Gütergemeinschaft, allgemeine, 4".

5. Beendigung der Errungenschaftsgemeinschaft. Auseinandersetzung. Sowohl der Mann wie die Frau können unter bestimmten Voraussetzungen (1542) gegen den anderen Gatten auf Aufhebung der Errungenschaftsgemeinschaft klagen. Die Gemeinschaft endigt ferner, wenn einer der Ehegatten stirbt oder in Konkurs gerät. In allen diesen Fällen der Beendigung der Errungenschaftsgemeinschaft gilt unter den Ehegatten für die Zukunft Gütertrennung (s. d.); es muß aber zunächst die Auseinandersetzung zwischen den Gatten oder beim Tode eines von ihnen mit den Erben nach Maßgabe des § 1546 stattfinden.

Ersatz von Schaden s. Schadensersatz; von Verwendungen s. Aufwendungen.

Ersatzansprüche der Eltern gegen die Kinder s. Eltern und Kinder 6; des Vormundes gegen den Mündel s. Vormund 7.

Ersatzerben (2096—2099). Wenn jemand in seinem Testament seine Erben bestimmt, so muß er sich, wenn er vorsichtig verfahren will, vergegenwärtigen, daß möglicherweise der eine oder andere der von ihm eingesetzten Erben vor ihm versterben oder auch nach seinem (des Erblassers) Tode noch wegfallen, z. B. die Erbschaft ausschlagen kann. Treten Todesfälle ein, so kann zwar der Erblasser sein Testament ändern und an Stelle der verstorbenen andere Erben ernennen; dies verursacht aber Umstände und meist auch Kosten. Das Gesetz selbst trifft nun freilich Vorsorge für den Fall, daß einer von den eingesetzten Erben wegfällt, und bestimmt, wer den Erbteil des Weggefallenen erhält; siehe darüber „Anwachsung unter Miterben". Vielleicht entspricht aber diese gesetzliche Regelung nicht den Absichten des Testators. Er tut daher besser, wenn er für solchen Fall selbst Verfügung trifft, d. h. in seinem Testamente sogleich für den Fall, daß einer oder der andere der eingesetzten Erben wegfällt, einen anderen dafür an die Stelle setzt; er ernennt einen Ersatzerben (nach alter Redeweise: er „substituiert" dem zunächst eingesetzten Erben für den Fall, daß dieser wegfällt, einen anderen Erben). Der Erblasser kann natürlich auch einen Miterben als Ersatzerben für einen anderen Miterben oder mehrere Miterben gegenseitig als Ersatzerben einsetzen. Für den im Leben wichtigsten Fall nimmt das Gesetz ohne weiteres an, daß der Erblasser, auch wenn er es nicht ausdrücklich im Testament ausgesprochen hat, einen (oder mehrere) Ersatzerben habe bestimmen wollen: hat nämlich ein Vater (oder die Mutter oder der Großvater usw.) im Testament einen Abkömmling (Kind, Enkel usw.) zum Erben eingesetzt und stirbt dieser Abkömmling vor dem Vater usw. oder fällt er sonst weg, so wird angenommen (wenn nicht ein entgegengesetzter Wille des Erblassers nachgewiesen werden kann), daß der Vater (die Mutter usw.) für diesen Fall die Kinder des verstorbenen Kindes als Ersatzerben habe berufen wollen; die Kinder treten also an die Stelle des verstorbenen Elternteils (2069). Von diesem Ausnahmefalle abgesehen, muß aber der Erblasser im Testament einen Ersatzerben ausdrücklich benennen, da sonst der Erbteil des wegfallenden Erben den anderen eingesetzten Erben zufällt (anwächst). Hat der Erblasser nur einen Erben, der nicht sein Abkömmling ist, ernannt und fällt dieser Erbe weg, so tritt dasselbe ein, als wenn der Erblasser überhaupt kein Testament gemacht hätte: der Nachlaß fällt an seine (des Erblassers) gesetzliche Erben (s. d.).

Das vorstehend über Ersatzerben Gesagte gilt auch, wenn der Betreffende nicht als Erbe, sondern als Vermächtnisnehmer bedacht ist (2190).

Ersatzgeld s. Pfändung (Privatpfändung).

Ersitzung, Erwerb des Eigentümers durch Ersitzung ist Eigentumserwerb durch langjährigen Besitz im Sinne des zu erwerbenden Rechts. Das BGB. läßt sie für das Eigentum an beweglichen Sachen und Grundstücken, für den Nießbrauch an beweglichen Sachen (1033) und für solche im Grundbuch eingetragenen Rechte zu, die zum Besitze des Grundstücks berechtigen oder gesetzlichen Besitzschutz genießen (900 Abs. 2).

1. Wer eine bewegliche Sache zehn Jahre als eigene besessen hat, hat das Eigentum an dieser Sache durch Ersitzung erworben; der frühere Eigentümer hat dadurch sein Eigentum verloren (937—945). Dies ist von besonderer Wichtigkeit für die, welche eine Sache zwar rechtmäßig gekauft oder sonst erworben, aber doch das Eigentum nicht erlangt haben, weil die Sache dem Eigentümer gestohlen oder verlorengegangen oder sonst abhanden gekommen war (siehe „Bewegliche Sachen, Erwerb von"); aber auch für die, welche sonst Eigentümer zu sein glaubten, aber es in Wirklichkeit aus irgendwelchem Rechtsgrunde nicht waren, sowie endlich für die, welche zwar schon Eigentümer der Sache sind, aber ihr Eigentum nicht nachzuweisen vermögen, da ein Eigentumsnachweis unter Umständen sehr schwierig sein kann. Eine Ersitzung ist aber nicht möglich, wenn der Besitzer beim Erwerbe seines Besitzes nicht in gutem Glauben gewesen ist, d. h. wußte oder doch den Umständen nach wissen mußte, daß er nicht Eigentümer geworden war, weil die Sache dem Verkäufer usw. gar nicht gehört hat, oder wenn er später derartiges erfährt. Der Besitzer braucht nicht gerade nachzuweisen, daß er die ganzen zehn Jahre hindurch die Sache in Besitz gehabt habe; weist er nach, daß er die Sache zu Beginn und am Ende des zehnjährigen Zeitraums besessen hat, so wird, bis der Gegner etwa das Gegenteil nachweist, gesetzlich vermutet, daß er die ganzen Jahre hindurch im Besitz gewesen sei. Im übrigen sind über den Beginn und über Unterbrechungen der Ersitzung in gewissen Fällen die §§ 939 bis 943 des Gesetzbuches nachzusehen. Es ist auch nicht nötig, daß der Besitzer für sich allein die Sache zehn Jahre hindurch besessen hat; hat er den Besitz durch Rechtsnachfolge von einem anderen erlangt, so kommt ihm die Zeit, während der dieser die Sache in der für die Ersitzung vorgeschriebenen Art besessen hat, zugute; es werden die Besitzzeiten zusammengerechnet; die Ersitzung ist vollendet, wenn die Besitzzeiten zusammen zehn Jahre gedauert haben. Auch den Erben kommt die Ersitzungszeit, die zugunsten eines Erbschaftsbesitzers verstrichen ist, zustatten.

2. Bei Grundstücken kennt das BGB. nur die sog. Tabularersitzung, d. h. die Ersitzung des eingetragenen Bucheigentümers, der nicht wirklich Eigentümer geworden ist (s. Grundeigentum), z. B. weil die Auflassung nichtig war (s. d.) oder der Eingetragene auf Grund eines ungültigen Testamentes eingetragen worden ist. Wer so als Eigentümer im Grundbuch eingetragen steht, erwirbt das Eigentum, wenn die Eintragung dreißig Jahre bestanden hat und er während dieser Zeit das Grundstück in Eigenbesitz gehabt hat (§ 900 BGB.). Die dreißigjährige Frist berechnet sich in derselben Weise wie die Frist für die Ersitzung einer beweglichen Sache, insbesondere kommt dem Ersitzenden die Besitzzeit seines Rechtsvorgängers zugute (s. o. zu 1). Solange ein Widerspruch gegen die Richtigkeit der Eintragung im Grundbuche eingetragen ist, ist der Lauf der Frist gehemmt. Diese Ersitzung hat auch für den wirklichen Eigentümer Bedeutung insofern, als er im Streitfalle sich auf die dreißigjährige Ersitzung berufen kann, anstatt den oft schwierigen Beweis seines Eigentums zu führen. Auf den guten Glauben des Besitzers kommt es bei dieser Ersitzung ebensowenig an wie auf das Vorliegen eines Erwerbsaktes. Diese Ersitzung gilt auch für diejenigen, für die ein ihnen nicht zustehendes anderes Recht im Grundbuch eingetragen ist, das zum Besitz berechtigt, z. B. Erbbaurecht, Nießbrauch, Wohnungsrecht, Grunddienstbarkeit und dergleichen, nicht dagegen für Reallasten, Hypotheken, Grundschulden, Rentenschulden.

Eine Ersitzung gegen den Inhalt des Grundbuchs kennt das BGB. nicht. Einen Ersatz bietet für das Eigentum und das Erbbaurecht — nicht für andere dingliche Rechte — der Erwerb auf Grund eines Ausschlußurteils (927). Der Eigentümer eines Grundstücks kann, wenn das Grundstück seit 30 Jahren im Eigenbesitz eines anderen ist, durch Aufgebot mit seinen Rechten ausgeschlossen werden. Die Besitzzeit wird wie oben berechnet. Ist der Eigentümer im Grundbuche eingetragen, so ist das Aufgebot nur zulässig, wenn er gestorben oder verschollen ist und seit 30 Jahren keine Eintragung im Grundbuche erfolgt ist, die der Zustimmung des Eigentümers bedurfte. Das Verfahren ist in der ZPO. §§ 977—981 näher geregelt. Hat der Besitzer das Aufgebot erwirkt, so kann er sich daraufhin im Grundbuche als Eigentümer eintragen lassen. Dieses Verfahren ist hauptsächlich von Wichtigkeit, wenn das Grundstück verkauft und übergeben, aber nicht aufgelassen worden ist, der Eigentümer gestorben und seine Erben nicht mehr zu ermitteln sind oder Erben ihr Erbrecht nach dem eingetragenen Eigentümer nicht mehr nachweisen können.

Erteilung von Rat s. Ratserteilung.

Erträge eines Rechtes s. Früchte.

Ertragsfähigkeit als Eigenschaft einer Sache s. Gewährleistung usw. 1.

Ertragswert eines Landguts. Im Bürgerlichen Gesetzbuche finden sich mehrfach Vorschriften, wonach bei Auseinandersetzungen usw. ein zur Masse gehöriges Landgut mit dem Ertragswerte (oder auch mit einem Preise, der den Ertragswert mindestens erreicht) angesetzt werden soll, so z. B. BGB. §§ 1515, 2049, 2312; siehe z. B. „Erbteilung 2" und „Pflichtteil 2". Der Ertragswert soll sich in solchen Fällen nach dem Reinertrage bestimmen, den das Landgut nach seiner bisherigen wirtschaftlichen Bestimmung nachhaltig gewähren kann (2049). Weitere Vorschriften über die Berechnung des Ertragswertes sind der Landesgesetzgebung überlassen (AGBGB. 138). Es sind in dieser Hinsicht folgende Bestimmungen erlassen. In Preußen gilt als Ertragswert der fünfundzwanzigfache Betrag des jährlichen Reinertrages; doch kann durch Verordnung eine andere Verhältniszahl bestimmt werden. Die Grundsätze, nach denen der Reinertrag festzustellen ist, können durch allgemeine Anordnung des Justizministers und des Landwirtschaftsministers bestimmt werden. — In Bayern (AGBGB. 103) gilt dasselbe; jedoch ist bei der Feststellung des Reinertrages die Berücksichtigung besonderer Umstände vorbehalten. Die Grundsätze werden durch die Staatsministerien der Justiz und des Innern bestimmt. AGBGB.: Baden 35; Hessen 106, 130; Meckl. 254—257; Oldenb. § 37; Lübeck § 160—162.

Erwerb des Besitzes s. Besitz 1; von Grundeigentum s. Grundeigentum 1; von beweglichen Sachen s. Bewegliche Sachen, Eigentum an; von Forderungen s. Abtretung einer Forderung; einer Hypothek s. Hypothek; Beeinträchtigung des Erwerbs durch üble Nachrede s. Üble Nachrede.

Erwerbsbeschränkungen juristischer Personen s. Juristische Personen 2.

Erwerbsfähigkeit, Aufhebung oder Minderung, Schadensersatz wegen, s. Schadensersatz wegen unerlaubter Handlung u. Haftpflicht; Beschränkung bei juristischen Personen s. Juristische Personen 2.

Erwerbsgeschäft, Übernahme durch einen Vormund s. Vormund 6 B 7; Betrieb durch eine Ehefrau s. Vorbehaltsgut 1 b u. den nachfolgenden Artikel; durch einen Minderjährigen s. Geschäftsfähigkeit 3. Vgl. auch „Geschäft".

Erwerbsgeschäfte von Frauen. Auch Frauen können nach jetzigem Recht selbständig ein Gewerbe, insbesondere ein Handelsgewerbe (ein Ladengeschäft, eine Fabrik, ein Handwerk usw.) betreiben. Ist das Geschäft ein Handelsgewerbe im Sinne des Handelsgesetzbuchs, so gilt für die Geschäftsinhaberin alles das was in dem Artikel „Kaufmann, Handelsgewerbe" über die Rechte und Pflichten des „Kaufmanns" gesagt ist. Ganz unbeschränkt in der Befugnis, ein beliebiges Geschäft zu gründen oder zu übernehmen, sind die unverheirateten Frauen (Mädchen, Witwen, geschiedene Frauen). Auch eine Ehefrau hat grundsätzlich dieselbe Befugnis; nur bringen es die Pflichten, die ihr als Hausfrau obliegen, allerdings mit sich, daß sie sich diesen nicht dadurch entziehen darf, daß sie eine damit nicht zu vereinbarende Beschäftigung übernimmt. Der Mann könnte in solchem Falle gegen die Frau eine Klage auf „Herstellung des ehelichen Lebens" erheben (siehe den betr. Artikel). Aber selbst in diesem Falle, wenn sie ihren häuslichen Pflichten zuwider ein Erwerbsgeschäft betreibt, ist die Frau in bezug auf diesen Geschäftsbetrieb völlig selbständig und geschäftsfähig, kann insbesondere ihre Firma ohne Einwilligung des Mannes zum Handelsregister anmelden usw. Nur in einer Beziehung ist es aber doch von Bedeutung, ob sie ein Handelsgeschäft mit oder ohne Einwilligung des Mannes führt, nämlich dann, wenn das etwaige Vermögen der Frau ganz oder teilweise eingebrachtes Gut ist, also gesetzlich der Verwaltung und Nutzung des Mannes unterliegt (s. „Eingebrachtes Gut der Frau"). Leben die Gatten in Gütertrennung (s. d.), so kann das Vermögen (das Vorbehaltsgut) der Frau von ihren Geschäftsgläubigern wegen ihrer Geschäftsschulden in Anspruch genommen (gepfändet) werden. Aber es ist nicht zulässig, daß die Frau dadurch, daß sie ein selbständiges Geschäft betreibt und Geschäftsschulden macht, dem Manne die Nutzung des von ihr eingebrachten Guts (oder eines etwaigen gütergemeinschaftlichen Vermögens) entzieht oder schmälert, indem ihre Gläubiger dieses Vermögen wegen etwaiger Geschäftsschulden angreifen. Das Gesetz bestimmt deshalb, daß das eingebrachte Gut (bei Gütergemeinschaft unter den Gatten das „Gesamtgut") nur dann haftet, wenn die Frau das Erwerbsgeschäft mit Einwilligung des Mannes betreibt. Diese Einwilligung braucht freilich nicht ausdrücklich erteilt zu werden; als Einwilligung gilt es schon, wenn die Frau das Geschäft mit Wissen und ohne Einspruch des Mannes führt. Will der Mann Einspruch gegen den Geschäftsbetrieb der Frau erheben oder, wenn er früher seine Einwilligung dazu erteilt hat, diese später zurückziehen, was ihm jederzeit freisteht, so muß er den Einspruch oder den Widerruf der Einwilligung in das beim Amtsgericht geführte Güterrechtsregister eintragen lassen, damit seine Erklärung auch anderen Personen (Gläubigern der Frau) gegenüber Rechtswirksamkeit erlangt. Betreibt die Frau das Geschäft außerhalb des Bezirks des für den Wohnsitz des Mannes zuständigen Registergerichts, so muß die Eintragung, um rechtswirksam zu sein, auch in dem Register für den Ort der Handelsniederlassung der Frau geschehen. Betreibt aber die Frau das Geschäft mit Einwilligung des Mannes, so muß er es dulden, daß die Geschäftsgläubiger der Frau auch das eingebrachte Gut (oder das Gesamtgut) in Anspruch nehmen, wenn und soweit die Schulden aus Geschäften herrühren, wie sie der Betrieb eines solchen Erwerbsgeschäfts mit sich bringt. Betreibt die Frau das Geschäft gegen den Einspruch des Mannes, so haftet das eingebrachte Gut (das Gesamtgut) für die Geschäftsschulden nicht; läßt ein Gläubiger Gegenstände, die zu diesem Vermögen gehören, pfänden, so kann der Mann „Interventionsklage" dagegen erheben. Mit seinem eigenen Vermögen haftet der Mann, auch wenn ein Einspruch gegen den Geschäftsbetrieb der Frau nicht in das Güterrechtsregister eingetragen ist, für die Geschäftsschulden der Frau nicht, ebensowenig wie für ihre sonstigen Schulden. (Im Falle der Gütergemeinschaft haftet aber das Gesamtgut dafür, wenn die Frau das Geschäft ohne Einspruch des Mannes betreibt.)

Was die Frau durch ein von ihr selbständig betriebenes Erwerbsgeschäft, welcher Art es auch sei, erwirbt, fällt nicht unter die gesetzliche Verwaltung und Nutzung des Mannes, sondern bleibt zu ihrer eigenen selbständigen Verfügung; es wird Vorbehaltsgut (s. d.).

Über den Fall, wenn zu einem Vermögen, das eine Frau ihrem Manne zugebracht hat (eingebrachtes Gut), ein Erwerbsgeschäft gehört, vgl. „Eingebrachtes Gut der Frau" unter 3.

Erwerbs- und Wirtschaftsgenossenschaften s. Genossenschaften, eingetragene.

Erzeugnisse s. Früchte; landwirtschaftliche, Zubehör eines Landguts s. Zubehör.

Erzeugnisse und Bestandteile einer Sache, Erwerb des Eigentums an solchen (953—957). Der Apfel am Zweige, das Getreide auf dem Halm, der Stein im Felsen, das Tierjunge, das noch nicht geboren, die Wolle auf dem Schafe, der Balken im Gebäude sind keine selbständigen Sachen, sondern Bestandteile der Sache mit der sie verbunden sind. Mit dem Augenblicke der Trennung werden sie selbständig und Gegenstand besonderen Rechtserwerbs. Wem gehören sie und wann tritt der Erwerb ein? Zunächst erwirbt der Eigentümer die Erzeugnisse und Bestandteile, und zwar mit der Trennung, z. B. den Apfel, wenn er abfällt, den Stein im Steinbruch mit der Lossprengung. Sein Erwerb wird aber ausgeschlossen durch den Eigenbesitzer (s. „Besitz"), solange er im guten Glauben ist (s. dort), z. B. denjenigen, der ein Grundstück gekauft und übergeben erhalten hat, ohne im Grundbuch eingetragen zu sein. Eigentümer und Eigenbesitzer werden ausgeschlossen durch diejenigen, die vermöge eines Rechtes an einer fremden Sache befugt sind, sich die Erzeugnisse oder Bestandteile der Sache anzueignen, z. B. den Nießbraucher, den Ehemann, dem die Nutznießung am Vermögen der Ehefrau zusteht, den Nutzungspfandgläubiger (1213), unter Umständen den Erbbauberechtigten und andere. Diesen Berechtigten steht gleich, wer ein solches Recht in gutem Glauben ausübt. Der Eigentumserwerb tritt auch hier mit der Trennung ein. Diese alle werden wieder von denjenigen ausgeschlossen, denen die obengenannten die Aneignung durch persönlichen Vertrag unter Überlassung des Besitzes der Stammsache gestattet haben, z. B. dem Pächter. Diese erwerben die Erzeugnisse und Bestandteile ebenfalls mit der Trennung, z. B. der Pächter der Ziegelei den Lehm mit der Abgrabung. Alle diese werden wieder von denen ausgeschlossen, welchen sie die Aneignung ohne Besitzübertragung der Stammsache gestattet haben. Diese letzteren erwerben das Eigentum jedoch erst mit der Besitzergreifung, z. B. der Käufer des hängenden Obstes mit der Einsammlung, der Abbruchunternehmer mit dem Aufladen der Abbruchstoffe. Den Aneignungsberechtigten stehen die gleich, denen von einem zur Gestattung Nichtberechtigten das Aneignungsrecht überlassen worden ist, solange sie sich in gutem Glauben befinden.

Es ergibt sich aus dem Vorstehenden, daß, wenn mehrere Personen vorhanden sind, von denen an sich einer jeden mit der Trennung von der Hauptsache oder doch mit der Besitzergreifung das Eigentum an den Erzeugnissen oder den sonstigen Bestandteilen einer Sache zufallen würde, das Gesetz für solchen Fall eine gewisse Rangordnung aufstellt, nach der es sich richtet, welche von diesen mehreren Personen denn nun das Eigentum an dem Erzeugnisse wirklich erwirbt. Machen wir uns die Sache an einem Beispiele verständlich. Hat jemand einen Obstgarten in Pacht, so erwirbt er das Eigentum an den in dem Garten wachsenden Früchten schon, wenn sie auch ohne sein Zutun vom Baume gefallen sind, also mit der bloßen Trennung der Frucht von der Hauptsache (dem Baum und damit dem Grund und Boden). Wird ihm freilich vom Verpächter der Garten nicht zur Bewirtschaftung, zum Besitze, überlassen, weil etwa der Verpächter sich selber den Besitz des Gartens (zum Spazierengehen usw.) reserviert hat, so würde der Obstpächter, in diesem Falle richtiger Obstkäufer, das Eigentum an den Früchten erst erwerben, wenn er sie vom Baume pflückt oder die von selbst abgefallenen einerntet (in Besitz nimmt). Darauf, ob der Verpächter (Verkäufer) selber Eigentümer des Gartens oder sonst berechtigt ist, über das darin wachsende Obst zu verfügen, kommt es nicht an, wenn der Obstpächter oder -käufer nur in gutem Glauben darüber ist, daß der andere zur Verfügung über den Garten oder das Obst befugt war. Würde jemand von einem anderen das Obst in einem Garten pachten oder kaufen, von dem er weiß, daß er zur Verfügung über den Garten oder die Früchte gar kein Recht hat, so würde er selber (der Pächter usw.) dadurch auch kein Recht erwerben, sich die Früchte des Gartens anzueignen. In ähnlicher Weise geht derjenige, der ein Grundstück oder eine bewegliche Sache, z. B. ein Stück Vieh, in Eigenbesitz hat, in bezug auf den Erwerb der Erzeugnisse des Grundstücks oder der Sache dem Eigentümer oder einem dinglich an der Sache Berechtigten, z. B. einem Nießbraucher, vor, und dieser letztere geht wieder dem Eigentümer vor.

Erzeugung eines Kindes s. Ehelichkeit eines Kindes 1 u. Uneheliche Kinder.

Erziehung der Kinder s. Eltern und Kinder 4 u. Mutter und Kind; Vernachlässigung durch die Eltern s. Eltern und Kinder 5; Aufsicht des Vormundschaftsgerichts s. Eltern und Kinder 6; der Mündel s. Vormund 2.

Erziehungsanstalt s. Stiftung 1; Unterbringung eines Mündels in einer, s. Vormund 2.

Erziehungsgelder, Nichtpfändbarkeit derselben, s. Pfändung in der Zwangsvollstreckung 2.

Erziehungskosten, Anrechnung von, bei der Erbteilung s. Ausgleichung unter Miterben 1.

Esel, Haftung des Verkäufers eines, für Fehler s. Gewährleistung wegen Mängel usw. 9.

Exceptio plurium s. Uneheliche Kinder.

Expropriation s. Zwangsenteignung.

F.

Fabrik, Unfälle in einer, s. Haftpflicht der Eisenbahnen usw. 3.

Fabrikanten, Haftpflicht, s. Haftpflicht der Eisenbahnen usw. u. Schadensersatz, allgemeine Bestimmungen; als Kaufleute im Sinne des Handelsgesetzbuchs s. Kaufmann usw. 1. Zu vergleichen ferner: Firma, Frachtführer, Geschäftsübernahme, Gewährleistung, Handelsbücher, Handelsgeschäfte, Handelskauf, Handelsregister, Handlungsagenten, Handlungsgehilfen, Kauf, Kaufmann, Kommissionär, Konkurrenzklausel, Kreditauftrag, Makler, Musterschutz, Patente, Prokura und Handlungsvollmacht, Spediteur, Unlauterer Wettbewerb, Vollmacht, Warenbezeichnungen, Zinsen.

Fabrikmarke s. Warenbezeichnungen usw.

Fachvereine s. Vereine 1.

Fähigkeit zur Vornahme von Rechtsgeschäften s. Rechtsfähigkeit.

Fahrende Habe, Fahrnis ist der in alten deutschen Rechtsquellen angewendete Ausdruck für bewegliche Sachen im Gegensatz zu den zu den unbeweglichen gezählten. Sie unterstanden häufig einer anderen Erbfolge als die unbeweglichen Sachen. Wo der Ausdruck heute im Rechtsleben gebraucht wird, bezeichnet er die beweglichen Sachen (s. d.). Im BGB. wird er noch für eine Art des vertragsmäßigen Güterrechts, die Fahrnisgemeinschaft verwendet, bei dem das unbewegliche Vermögen von dem Gesamtgute ausgeschlossen ist (s. Fahrnisgemeinschaft).

Fahrlässigkeit (276). Fahrlässig handelt, wer die im Verkehr erforderliche Sorgfalt außer acht läßt. Der Schuldner hat für Erfüllung der ihm obliegenden Leistung Fahrlässigkeit im Sinne jeder Außerachtlassung der erforderlichen Sorgfalt zu vertreten, falls nicht im Gesetz, wie das an mehreren Stellen geschehen ist, Begriff oder Umgrenzung der Fahrlässigkeitshaftung näher bestimmt, d. h. eingeschränkt (z. B. auf grobe Fahrlässigkeit beschränkt) oder erweitert (auf Erfolgshaftung, Haftpflicht ohne Verschulden ausgedehnt) ist. Die „im Verkehr erforderliche Sorgfalt" ist, wie schon diese Gesetzesworte besagen, nach objektiven Gesichtspunkten des Verkehrs, nicht etwa danach zu beurteilen, ob der Betreffende sorgfältig oder leichtsinnig zu sein pflegt. Aber als Verkehr gilt dabei die Sitte der in Betracht kommenden Verkehrskreise, also die Üblichkeit und Gepflogenheit, die Eigenart (Gefährlichkeit) des Berufs u. dgl. In Gasthöfen pflegen die Treppen beleuchtet zu sein, in Lokalen erwartet man kein Rattengift, Türen zu Schächten pflegen verschlossen zu sein usw., sodaß also das Gegenteil als eine Fahrlässigkeit dessen anzusehen ist, der Gäste oder Mieter beherbergt. Eisenbahn und Post sowie Verkehrsunternehmungen überhaupt handeln fahrlässig, wenn sie ihre übernommenen Leistungen unter normalen Umständen nicht mit einer gewissen (natürlich Schwankungen unterworfenen) Pünktlichkeit erfüllen, Gewerbetreibende, wenn sie wesentliche Kenntnisse ihres Faches nicht kennen und so den Kontrahenten schädigen, die Hausfrau, die Wäsche zum Waschen gibt, hat Nadeln zu entfernen, die die Wäscherin verletzen können (RG.). „In Anerkennung der unendlichen Mannigfaltigkeit der Lebensgestaltung sind die Anforderungen entsprechend abzustufen; höhere Sorgfalt, gesteigerte Kenntnisse und weiterschauende Voraussicht sind von dem zu heischen, der als erfahrener Geschäftsmann oder Arzt, als Unternehmer einer Automobilfahrt oder als Veranstalter eines Feuerwerks der Allgemeinheit gegenüber auftritt; wer die Bewirkung einer Leistung verspricht, versichert damit, daß er ihr gewachsen sei" (HdR. Art. „Fahrlässigkeit" II 375). Fahrlässigkeit kann vorliegen, wenn jemand etwas nicht wußte, einen Umstand nicht kannte, den er kennen oder wissen mußte (122); grobe Fahrlässigkeit ist es, wenn er etwas nicht sieht oder kennt, was alle sehen oder kennen. Entschuldbarer Irrtum dagegen schließt die Fahrlässigkeit aus. Vgl. auch Art. „Öffentliche Sicherheit". Zu beweisen hat der Geschädigte den ursächlichen Zusammenhang, der andere, daß er die erforderliche Sorgfalt angewendet habe (RG.).

Nach besonderer gesetzlicher Vorschrift brauchen in Abweichung von dem Vorgesagten gewisse Personen nur für diejenige Sorgfalt einzustehen, die sie in ihren eigenen Angelegenheiten anzuwenden pflegen, nämlich der, welcher eine Sache unentgeltlich aufbewahrt; der Gesellschafter bei Erfüllung der ihm aus dem Gesellschaftsvertrage obliegenden Verpflichtungen (s. „Gesellschaft"); der Ehegatte bei Erfüllung der sich aus dem ehelichen Verhältnisse ergebenden Verpflichtungen; die Eltern in bezug auf die Ausübung ihrer elterlichen Gewalt; der Vorerbe dem Nacherben gegenüber (s. „Nacherbe"); endlich der, dem nach Vereinbarung nur diese geringere Sorgfalt obliegt. Diese Personen haften aber unbedingt für grobe Fahrlässigkeit (277); für geringere Fahrlässigkeit haften sie nur dann, wenn sie in ihren eigenen Angelegenheiten eine solche Fahrlässigkeit nicht begangen haben würden. Unter „grober" Fahrlässigkeit versteht man eine solche, bei der die Sorgfalt eines ordentlichen Hausvaters in besonders schwerer Weise vernachlässigt worden ist. Vgl. auch „Vertretung für Vorsatz u. Fahrlässigkeit".

Fahrnisgemeinschaft unter Ehegatten (1549 bis 1557). **1.** Verlobte oder Ehegatten können, wenn sie das gesetzlich für Ehegatten bestehende Güterrecht nicht gelten lassen, sondern etwas anderes durch einen Ehevertrag vereinbaren wollen (siehe „Eingebrachtes Gut der Frau 1"), bestimmen, daß für ihre Ehe das Recht der Fahrnisgemeinschaft gelten soll. Von selbst (ohne besonderen Ehevertrag) tritt dieses Rechtsverhältnis nicht ein. Wird die Fahrnisgemeinschaft vertragsmäßig festgesetzt, so wird dadurch für die Gatten hinsichtlich ihres Vermögens der nachstehend in seinen Grundzügen beschriebene Rechtszustand begründet, wie er bisher in den Gebieten des französischen und des badischen Rechts im wesentlichen schon länger Geltung gehabt hat. Es besteht dann zwischen den Ehegatten ein der allgemeinen Gütergemeinschaft (s. d.) ganz ähnliches Rechtsverhältnis; nur fällt das unbewegliche Vermögen, das ein Ehegatte bei der Verheiratung oder bei dem etwaigen späteren Eintritt der Fahrnisgemeinschaft schon besitzt oder das er während der Ehe durch Erbfolge, Vermächtnis oder mit Rücksicht auf ein künftiges Erbrecht, durch Schenkung oder als Ausstattung, also unentgeltlich, erwirbt, kraft Gesetzes nicht in die Gemeinschaft (in das Gesamtgut), sondern bleibt sein besonderes Vermögen. Das Gesetz nennt solches besondere Vermögen eines Ehegatten eingebrachtes Gut. Außer dem unbeweglichen Gute gehören jedoch zu eingebrachtem Gut auch noch einige andere Vermögensteile. Wir betrachten daher jede Vermögensmasse für sich.

Gesamtgut der Ehegatten ist alles, was ihnen gehört und nicht eingebrachtes Gut (unten 2) oder Vorbehaltsgut (unten 3) ist. Insbesondere gehört also zum Gesamtgut auch das unbewegliche Vermögen (Häuser, Grundstücke usw.), das die Ehegatten nach Beginn der Gemeinschaft auf andere Weise als durch unentgeltliche Zuwendung, also z. B. durch Kauf, erwerben. Auf dieses beiden Ehegatten gemeinschaftliche Vermögen finden im wesentlichen alle gesetzlichen Vorschriften, die für die allgemeine Gütergemeinschaft unter Ehegatten gegeben sind, Anwendung; es ist daher der Artikel „Gütergemeinschaft, allgemeine, unter Ehegatten" darüber nachzulesen. Der Mann hat im allgemeinen ein unbeschränktes Verfügungsrecht über das Gesamtgut; es haftet für alle seine Schulden usw.

2. Neben dem Gesamtgut kann ein besonderes Vermögen eines oder beider Ehegatten, das sog. eingebrachte Gut, vorhanden sein. Eingebrachtes Gut eines Ehegatten ist vor allem das unbewegliche Vermögen, das er bei dem Eintritte der Fahrnisgemeinschaft hat oder während der Gemeinschaft durch Erbfolge, durch Vermächtnis oder mit Rücksicht auf ein künftiges Erbrecht, durch Schenkung oder als Ausstattung erwirbt. Zum unbeweglichen Vermögen im Sinne dieser Vorschrift gehören Grundstücke nebst Zubehör, Rechte an Grundstücken, mit Ausnahme der Hypotheken, Grundschulden und Rentenschulden, sowie Forderungen, die auf die Übertragung des Eigentums an Grundstücken oder auf die Begründung oder Übertragung eines der bezeichneten Rechte oder auf die Befreiung eines Grundstücks von einem solchen Rechte gerichtet sind. Ferner sind eingebrachtes Gut eines Ehegatten Gegenstände, die nicht durch Rechtsgeschäft übertragen werden können

Eingebrachtes Gut ist auch dasjenige Vermögen, das ein Ehegatte in dem Ehevertrage ausdrücklich als solches bezeichnet hat, sowie das was er durch Erbfolge, durch Vermächtnis, als Pflichtteil oder als Schenkung erwirbt, wenn der Erblasser oder Schenker bei der Zuwendung die **Bestimmung** getroffen hat, daß das Zugewendete eingebrachtes Gut des Bedachten sein solle. Endlich ist auch eingebrachtes Gut das was ein Ehegatte auf Grund eines zu seinem eingebrachten Gute gehörigen Rechtes oder als Ersatz für die Zerstörung, Beschädigung oder Entziehung eines zum eingebrachten Gute gehörenden Gegenstandes oder durch ein Rechtsgeschäft erwirbt, das sich auf das eingebrachte Gut bezieht. Ausgenommen ist der Erwerb aus dem Betriebe eines Erwerbsgeschäftes. Auch die Verwaltung dieses besonderen Vermögens beider Ehegatten (mit Ausnahme eines etwaigen Vorbehaltsguts der Frau; siehe unten 3) gebührt dem Manne; es gelten hier ganz dieselben Rechtssätze, wie wenn die Ehegatten keinen Ehevertrag abgeschlossen haben, mithin das sog. gesetzliche Güterrecht für sie besteht; s. Näheres unter „Eingebrachtes Gut der Frau". Nur fallen hier (bei der Fahrnisgemeinschaft) die **Nutzungen** des **Vermögens** nicht dem Manne zu, sondern sie gehören zum Gesamtgut.

3. Es ist aber nicht nötig, daß alles Vermögen der Frau eingebrachtes Gut, also der Verwaltung des Mannes unterworfen wird. Sie kann sich im Ehevertrage ihr Vermögen ganz oder teilweise zur eigenen Verwaltung und Verfügung vorbehalten; dies ist das sog. **Vorbehaltsgut** der **Frau**. Ferner kann bei einer Zuwendung an die Frau durch Erbschaft oder Vermächtnis, als Pflichtteil oder als Schenkung der Erblasser oder Schenker mit Rechtswirksamkeit bestimmen, daß das der Frau Zugewendete nicht unter die Verwaltung des Mannes fallen, sondern Vorbehaltsgut werden solle. Für solches Vorbehaltsgut bei der Fahrnisgemeinschaft gelten ganz dieselben Rechtsgrundsätze wie für Vorbehaltsgut bei der allgemeinen Gütergemeinschaft; vergl. Näheres unter „Gütergemeinschaft, allgemeine". Vorbehaltsgut des **Mannes** gibt es nicht.

4. Eine **Fortsetzung** der Fahrnisgemeinschaft beim Tode eines Ehegatten zwischen ihm und den Kindern, wie solche bei der **allgemeinen** Gütergemeinschaft regelmäßig vorkommt, tritt von Gesetzes wegen nicht ein. Aber es kann im **Ehevertrage** festgesetzt werden, daß nach dem Tode des einen Ehegatten der Überlebende mit den etwaigen Kindern die Gemeinschaft fortsetzen soll. Es gelten dann dieselben Rechtssätze, wie wenn eine Fortsetzung der allgemeinen Gütergemeinschaft stattfindet; s. „Gütergemeinschaft, allgemeine".

Fahrscheine s. Schuldverschreibungen auf den Inhaber I 5.

Fälligkeit s. Leistungen usw. 6; Fälligkeit der Forderung ist Voraussetzung des Verzuges s. Verzug 1; Klage vor Fälligkeit s. Kündigungsklage.

Fälligkeitsklausel (bei Abzahlungsgeschäften) s. Abzahlung usw. 1.

Familienname s. Eltern und Kinder 1; legitimierter Kinder s. Legitimation; unehelicher Kinder s. Uneheliche Kinder; der Frau s. Ehegatten I. Vergleiche auch: Name und Namensmißbrauch.

Familienpapiere, Nichtpfändbarkeit derselben, s. Pfändung in der Zwangsvollstreckung 1; bei der Erbteilung s. Erbteilung 2.

Familienrat (1858—1881). Die Amtsführung derjenigen Personen, die als **Vormünder** bestellt sind, unterliegt der **Beaufsichtigung** durch das **Vormundschaftsgericht** bzw. das Jugendamt. Dennoch kann es unter Umständen wünschenswert sein, daß die **Familie** die Überwachung der ganzen vormundschaftlichen Verwaltung übernimmt, namentlich wenn zum Mündelvermögen landwirtschaftliche oder gewerbliche Betriebe von größerem Umfange gehören und Verwandte oder Verschwägerte des Mündels vorhanden sind, die sich zur Leitung und Beaufsichtigung eines solchen Betriebes eignen. Ist hiernach die **Einsetzung eines Familienrats** geboten oder zweckmäßig, so können sowohl Verwandte oder Verschwägerte des Mündels wie auch der Vormund oder der Gegenvormund solches beim Vormundschaftsgericht beantragen. Dem Gerichte steht die Entscheidung darüber zu, ob die Einsetzung eines Familienrats im Interesse des Mündels angemessen ist. Der Antrag muß abgelehnt werden, wenn etwa der Vater oder die eheliche Mutter durch letztwillige Verfügung die Einsetzung eines Familienrates untersagt haben. Ist dagegen von diesen Personen die Einsetzung eines Familienrats **angeordnet**, so ist ihrem Wunsche zu entsprechen, wenn die erforderliche Anzahl geeigneter Personen vorhanden ist.

Der Familienrat besteht aus dem Vormundschaftsrichter als Vorsitzendem und mindestens 2, höchstens 6 Mitgliedern. Seine Mitglieder können von dem Vater oder der Mutter des Mündels ernannt werden; ist das nicht geschehen, so wählt das Vormundschaftsgericht zwei geeignete Personen aus, nachdem es das Jugendamt als Gemeindewaisenrat und tunlichst auch Verwandte oder Verschwägerte des Mündels darüber gehört hat. Etwaige weitere Mitglieder kann der Familienrat selbst wählen. Nicht bestellt werden sollen Personen, die nicht mit dem Mündel verwandt oder verschwägert sind, es sei denn, daß der Vater oder die Mutter sie ausdrücklich benannt hat. Ein Recht auf die Bestellung hat niemand; es können daher entfernte Verwandte usw. vor den näheren gewählt werden. Geschäftsunfähige oder entmündigte Personen sind unfähig zum Eintritt in den Familienrat; es sollen auch nicht als Mitglieder bestellt werden der Vormund sowie Personen, die nicht als Vormund bestellt werden sollen (s. „Vormundschaft"); endlich nicht solche Personen, die durch Anordnung des Vaters oder der Mutter von der Mitgliedschaft ausgeschlossen sind. Der Gegenvormund kann Mitglied sein. Frauen sind nicht unfähig, in den Familienrat gewählt zu werden. Der Familienrat selbst kann auch Personen, die mit dem Mündel nicht verwandt oder verschwägert sind, zu Mitgliedern wählen; ebenso der Vorsitzende, wenn er ein Ersatzmitglied zu wählen hat. Sind neben dem Vorsitzenden nur die zur Beschlußfähigkeit des Familienrats erforderlichen Mitglieder vorhanden, so sind ein oder zwei **Ersatzmitglieder** zu bestellen, die der Familienrat auswählt. Er bestimmt auch die Reihenfolge ihres Eintritts. Die Auswahl und Bestimmung der Reihenfolge kann auch durch den Vater oder die Mutter des Mündels geschehen. Wird der Familienrat durch vorübergehende Verhinderung eines Mitgliedes beschlußunfähig und ist ein Ersatzmitglied nicht vorhanden, so hat der Vorsitzende für die Dauer der Behinderung ein solches zu bestellen. Zur Übernahme des Amtes eines Mitgliedes des Familienrates ist niemand verpflichtet. Die Mitglieder werden vom Vorsitzenden mittels Handschlages an Eides Statt durch Verpflichtung zu treuer und gewissenhafter Führung des Amtes bestellt.

Die Aufgabe des Familienrates ist es, an Stelle des Vormundschaftsgerichts die vormundschaftliche Verwaltung zu beaufsichtigen und in den gesetzlich bestimmten Fällen zu den Geschäften des Vormundes die erforderliche Genehmigung zu erteilen, überhaupt alle im Gesetz dem Vormundschaftsgericht auferlegten Rechte und Pflichten auszuüben. Es ist daher der Artikel „Vormundschaftsgericht" zu vergleichen. Die Leitung der Geschäfte des Familienrats liegt dem Vorsitzenden ob. Die Mitglieder können ihr Amt nur persönlich ausüben; eine Vertretung der Mitglieder durch Bevollmächtigte ist also ausgeschlossen. Die Mitglieder des Familienrats sind für ordnungsmäßige Führung des von ihnen freiwillig übernommenen Amtes in gleicher Weise verantwortlich wie der Vormundschaftsrichter; verletzen sie vorsätzlich oder fahrlässig die ihnen obliegenden Pflichten, so haften sie dem Mündel als Gesamtschuldner für allen diesem daraus entstehenden Schaden.

Der Familienrat wird von dem Vorsitzenden einberufen. Die Einberufung hat zu erfolgen, wenn zwei Mitglieder, der Vormund oder der Gegenvormund sie beantragen oder wenn das Interesse des Mündels sie erfordert. Die Mitglieder können mündlich oder schriftlich eingeladen werden. Zur Beschlußfähigkeit des Familienrats ist die Anwesenheit des Vorsitzenden und mindestens zweier Mitglieder erforderlich. Der Familienrat faßt seine Beschlüsse nach der Mehrheit der Stimmen der Anwesenden. Bei Stimmengleichheit entscheidet die Stimme des Vorsitzenden. Steht in einer Angelegenheit das Interesse des Mündels zu dem Interesse eines Mitglieds in erheblichem Gegensatze, so ist das Mitglied von der Teilnahme an der Beschlußfassung ausgeschlossen. Über die Ausschließung entscheidet der Vorsitzende. Ein Mitglied des Familienrats, das ohne genügende Entschuldigung der Einberufung nicht Folge leistet oder die rechtzeitige Anzeige seiner Verhinderung unterläßt oder sich der Teilnahme an der Beschlußfassung enthält, ist von dem Vorsitzenden in die dadurch verursachten Kosten zu verurteilen. Der Vorsitzende kann auch gegen das Mitglied eine Ordnungsstrafe verhängen. Erfolgt nachträglich genügende Entschuldigung, so sind die getroffenen Verfügungen aufzuheben. Wird ein sofortiges Einschreiten nötig, so hat der Vorsitzende die erforderlichen Anordnungen zu treffen, den Familienrat einzuberufen, ihn von den Anordnungen in Kenntnis zu setzen und einen Beschluß über die etwa weiter erforderlichen Maßregeln herbeizuführen.

Die Mitglieder des Familienrats können aus dem Mündelvermögen Ersatz ihrer Auslagen (Reisekosten, Porto usw.) verlangen. Im übrigen wird das Amt als ein Ehrenamt unentgeltlich verwaltet. Der Betrag der Auslagen ist vom Vorsitzenden festzusetzen. Das Amt eines Mitgliedes endigt im wesentlichen aus denselben Gründen wie das Amt eines Vormundes (vergleiche „Vormundschaft"); ein Mitglied kann gegen seinen Willen nur durch das dem Vormundschaftsgericht übergeordnete Gericht entlassen werden. Fehlt es an der zur Beschlußfähigkeit erforderlichen Zahl und sind geeignete Personen zur Ergänzung nicht vorhanden, so ist der Familienrat vom Vormundschaftsgericht aufzuheben. Dasselbe muß geschehen, wenn der Vater oder die Mutter die Aufhebung des von ihnen angeordneten Familienrats für einen bestimmten Fall angeordnet haben. Von der Aufhebung sind auch der Vormund und der Gegenvormund in Kenntnis zu setzen; sie erhalten an Stelle der zurückzugebenden neue Bestallungen.

Familienschriftstücke s. Familienpapiere.

Familienstiftungen (Preußen). Für Familienstiftungen sind neben den für das ganze Reich geltenden Vorschriften des Bürgerlichen Gesetzbuchs (s. „Stiftungen") in Preußen folgende besondere Bestimmungen ergangen (AGBGB. Art. 1 bis 3).

1. Für die Genehmigung einer Stiftung, die nach der Stiftungsurkunde ausschließlich dem Interesse der Mitglieder einer bestimmten Familie oder mehrerer bestimmter Familien dient (Familienstiftung), ist das Amtsgericht zuständig, in dessen Bezirke die Stiftung ihren Sitz haben soll. Wird in Ansehung einer Familienstiftung, deren Verwaltung oder Beaufsichtigung nach der Stiftungsurkunde von dem Gerichte geführt werden soll, das Landgericht oder das Oberlandesgericht durch den Justizminister mit der Verwaltung oder der Beaufsichtigung beauftragt, so ist das beauftragte Gericht auch für die Genehmigung der Stiftung zuständig. (Erst durch die Genehmigung erlangt die Stiftung die Rechtsfähigkeit; vgl. „Stiftungen 1".) Das Gericht prüft die Stiftungsurkunde (für die gerichtliche oder notarielle Beurkundung nicht vorgeschrieben ist). Stehen der Genehmigung der Stiftung Bedenken entgegen, so ist die Genehmigung zu versagen oder eine angemessene Frist zur Beseitigung der Bedenken zu bestimmen. Gegen die Verfügung, durch welche die Genehmigung erteilt oder versagt wird, findet die sofortige Beschwerde statt. Besteht das Stiftungsgeschäft in einer Verfügung von Todes wegen, so hat das Gericht vor der Entscheidung über die Genehmigung die Mitglieder der berufenen Familie öffentlich aufzufordern, sich in einem hierfür bestimmten Termine zu erklären, widrigenfalls ihnen gegen die Entscheidung die Beschwerde nicht zustehe. Die Beschwerde steht jedem Erben, dem Testamentsvollstrecker und den in dem Termin erschienenen Mitgliedern der berufenen Familie zu.

2. Die Verfassung kann durch Familienschluß geändert werden, die Stiftung durch solchen auch aufgehoben werden, selbst dann, wenn die Änderung der Verfassung oder die Aufhebung der Stiftung durch Stiftungsurkunde oder durch Familienschluß verboten ist. Der Familienschluß muß einstimmig gefaßt werden. Die Errichtung des Familienschlusses wird nicht dadurch ausgeschlossen, daß nur ein berechtigtes Familienmitglied vorhanden ist. Der Familienschluß bedarf der Aufnahme und der Genehmigung durch das Gericht, dem die Verwaltung oder Beaufsichtigung der Stiftung zusteht. Zu der Errichtung des Familienschlusses müssen alle Familienmitglieder zugezogen werden, die entweder ihren

Wohnsitz innerhalb des Deutschen Reichs haben oder zur Wahrnehmung ihrer Rechte in den Stiftsangelegenheiten einen innerhalb des Deutschen Reichs wohnhaften Bevollmächtigten bestellt und die Bevollmächtigung durch eine öffentliche oder öffentlich beglaubigte Urkunde dem Vorstand oder dem Gerichte nachgewiesen haben. Für ein geschäftsunfähiges oder in der Geschäftsfähigkeit beschränktes Familienmitglied ist sein gesetzlicher Vertreter zuzuziehen. Die zustimmende Erklärung des gesetzlichen Vertreters bedarf der Genehmigung des Vormundschaftsgerichts. Steht die Vertretung geschäftsunfähiger oder in der Geschäftsfähigkeit beschränkter Familienmitglieder Vormündern, Pflegern oder Inhabern der elterlichen Gewalt zu, welche der Aufsicht verschiedener Vormundschaftsgerichte unterworfen sind, oder würde die Bestellung von Vertretern solcher Familienmitglieder verschiedenen Vormundschaftsgerichten obliegen, so kann auf Antrag des Vorstandes der Stiftung der Justizminister einem Vormundschaftsgerichte die Bestellung eines gemeinsamen Vertreters und die Genehmigung der Erklärung des Vertreters übertragen, soweit die Interessen der beteiligten Familienmitglieder nicht im Gegensatze zueinander stehen. — Der Vorstand der Stiftung hat mit dem Gesuch um Aufnahme des Familienschlusses einen Entwurf des letzteren sowie ein Verzeichnis der zuzuziehenden Familienmitglieder einzureichen. Bestehen gegen den Entwurf keine Bedenken oder sind die erhobenen Bedenken erledigt, so hat das Gericht einen Termin zur Aufnahme des Familienschlusses zu bestimmen. Zur Teilnahme an der Errichtung des Familienschlusses ist berechtigt: 1. wer seine Zugehörigkeit zu der berufenen Familie durch öffentliche Urkunden nachweist; 2. wer von den Berechtigten, die in dem Termine zur Aufnahme des Familienschlusses erschienen sind, und von dem Vorstande der Stiftung als berechtigt anerkannt wird. Wer außer diesen Personen die Berechtigung zur Teilnahme in Anspruch nimmt, ist von dem Gericht aufzufordern, binnen drei Monaten seine Berechtigung oder die Erhebung der Klage gegen diejenigen, welche die Berechtigung bestreiten, nachzuweisen, widrigenfalls der ohne seine Zuziehung errichtete Familienschluß für ihn verbindlich sein werde. Die Frist beginnt mit der Zustellung der Aufforderung. Die Genehmigung des Familienschlusses darf erst erfolgen, wenn die Frist abgelaufen und im Falle rechtzeitiger Klageerhebung über die Berechtigung rechtskräftig entschieden ist. Besteht kein Grund zu der Annahme, daß außer den angezeigten noch andere Familienmitglieder vorhanden sind, so genügt die eidesstattliche Versicherung des Vorstandes der Stiftung, daß ihm solche Mitglieder nicht bekannt sind. Anderenfalls darf der Familienschluß nicht genehmigt werden, bevor die Familienmitglieder, deren Leben oder Aufenthalt unbekannt ist, im Wege des Aufgebotsverfahrens mit ihrem Widerspruchsrecht ausgeschlossen sind. Für das Aufgebotsverfahren ist das Amtsgericht zuständig, in dessen Bezirke die Stiftung ihren Sitz hat. Antragsberechtigt ist der Vorstand der Stiftung. In dem Aufgebote sind die Familienmitglieder, deren Leben oder Aufenthalt unbekannt ist, unter Bezeichnung des Gegenstandes des Familienschlusses aufzufordern, spätestens im Aufgebotstermine gegen den Familienschluß Widerspruch zu erheben, widrigenfalls sie mit ihrem Widerspruch ausgeschlossen werden würden. Die Zustimmung zu dem Familienschluß ist in dem zur Aufnahme bestimmten Termin oder in einer öffentlichen oder öffentlich beglaubigten Urkunde zu erklären. Erklärt sich ein nach den vorstehenden Bestimmungen zuzuziehendes Familienmitglied oder sein Vertreter auf die Aufforderung des Vorstandes nicht, so ist es auf Antrag des Vorstandes von dem Gericht unter Mitteilung des Entwurfes des Familienschlusses zu dem vom Gericht zur Aufnahme des Familienschlusses anzusetzenden Termine oder zu einem besonderen Termine mit dem Hinweise zu laden, daß es als dem Familienschlusse zustimmend angesehen werden würde, wenn es nicht spätestens im Termine dem Gerichte gegenüber seinen Widerspruch erkläre. Die Genehmigung des Familienschlusses erfolgt, wenn den vorstehenden Vorschriften genügt ist. Soweit durch die Stiftungsurkunde oder durch Familienschluß ein anderes bestimmt ist, finden die Vorschriften dieses Absatzes über die Form des Familienschlusses keine Anwendung.

Auf eine Familienstiftung, die zur Zeit des Inkrafttretens des Bürgerlichen Gesetzbuchs im bisherigen Geltungsbereiche des Allgemeinen Landrechts besteht, finden die Vorschriften über rechtsfähige Stiftungen sowie die Vorschriften dieses Gesetzes über Familienstiftungen Anwendung. Ist bei der seinerzeit vom König erteilten Bestätigung der Familienstiftung die Änderung der Verfassung oder die Aufhebung der Stiftung ausgeschlossen worden, so bedarf ein die Verfassung ändernder oder die Stiftung aufhebender Familienschluß der Genehmigung der preußischen Regierung (Ges. v. 20. 3. 19, GS. S. 53).

Fasanen, Schaden durch, s. Wildschadenersatz.

Faustpfand s. Pfand.

Fehler s. Mängel.

Feiertage (Festtage), allgemeine. Welche Tage als allgemeine Feiertage (Festtage) anzusehen sind, ist im Bürgerlichen Gesetzbuch, wie im Reichsrecht überhaupt, nicht bestimmt. Die Bestimmung hierüber liegt den Landesgesetzen ob. In Preußen gelten als allgemeine Feiertage der Neujahrstag, die beiden Tage der drei hohen Feste (Ostern, Pfingsten, Weihnachten), der Karfreitag, der Himmelfahrtstag und der allgemeine Buß- und Bettag, im Rheinlande noch der Fronleichnamstag, Allerheiligen und Mariä Verkündigung. An Sonn- und Feiertagen dürfen keine gerichtlichen Termine abgehalten werden, sind Zustellungen und Vollstreckungshandlungen nur mit Genehmigung des Richters zulässig. Fällt das Ende einer Frist auf einen Sonntag oder allgemeinen Feiertag, so endet die Frist mit Ablauf des nächstfolgenden Werktages (ZPO. § 222), ist an einem bestimmten Tage oder innerhalb einer Frist eine Willenserklärung abzugeben oder eine Leistung zu bewirken und fällt der bestimmte Tag oder der letzte Tag der Frist auf einen Sonntag oder einen am Erklärungsorte anerkannten allgemeinen Feiertag, so tritt an die Stelle des Sonntags oder des Feiertags der nächstfolgende Werktag (§ 193 BGB.).

Feiertage als Ende einer Frist s. Fristen und Termine.

Feldfrüchte, Pfändung von, s. Früchte, Pfändung von.

Feld- und Forstpolizeigesetz s. Tiere usw. am Schl., Pfändung (Privatpfändung) u. Schadensersatz w. unerl. Handl. 10.

Fensterrecht s. Grundeigentum 3.

Ferien, Feriensachen s. Gerichtsferien.

Fernsprecher, Vertragsantrag (Offerte) durch den, s. Vertrag, Vertragsantrag 2.

Festnahme eines fluchtverdächtigen Schuldners s. Selbsthilfe.

Feststellung des Zustandes oder Werts von Sachen durch Sachverständige s. Zustand oder Wert von Sachen usw.

Festtage s. Feiertage.

Feuersnot s. Höhere Gewalt.

Feuerungsmittel, inwieweit dieselben pfändbar sind, s. Pfändung in der Zwangsvollstreckung 1.

Feuerversicherung beim Nießbrauch s. Nießbrauch 1; Auszahlung der Versicherungssumme s. Versicherungsgelder usw. S. auch: Versicherungsrecht.

Fideikommisse, Erbrecht in, s. Erbschaft; Erwerb von, s. Grundeigentum; Erbfolge legitimierter Kinder in, s. Legitimation 1.

Finden von Sachen s. Gefundene Sachen.

Finder, Finderlohn, s. Gefundene Sachen.

Finnen bei Schweinen s. Gewährleistung usw. 9.

Firma (Handelsfirma) (HGB. 17—34, Gutt. Slg. Nr. 4). **1.** Es ist ein unter Kaufleuten von altersher bestehender Brauch, daß ihr Geschäft einen besonderen Namen führt, der in vielen Fällen ein anderer ist als der Name des Geschäftsinhabers. Dieser Name, die Firma, ist ein wohlerworbenes und unter Umständen, besonders wenn die Firma eine alte und klangvolle ist, wertvolles Recht des Kaufmanns. Die rechtliche Bedeutung der Firma kennzeichnet das Gesetz durch die Sätze: „Die Firma eines Kaufmanns ist der Name, unter dem er im Handel seine Geschäfte betreibt und die Unterschrift abgibt. „Ein Kaufmann kann unter seiner Firma klagen und verklagt werden." (HGB. 17.)

Wahl der Firma (HGB. 18—24, 30). Wer ein bestehendes Handelsgeschäft übernimmt, kann die bereits bestehende Firma dieses Geschäfts mitkaufen und weiterführen. Eine Firma kann aber nicht ohne das Handelsgeschäft, für das sie geführt wird, veräußert werden (HGB. 23). Wird nur ein einzelner Geschäftszweig veräußert, während das alte Geschäft fortgeführt wird, so darf der Erwerber die bisherige Firma selbst mit Zustimmung des Veräußerers nicht annehmen und weiterführen (RG.). Wer ein Geschäft erbt, erbt die Firma mit. Wer ein Geschäft neu gründet, muß (s. unten 2) sich eine Firma wählen. Diese Wahl ist allerdings gesetzlich beschränkt, wenn er sein Geschäft allein, d. h. ohne Gesellschafter (die Frau ist nicht „Gesellschafterin", wenn sie ihm Hilfe im Geschäft leistet) oder nur mit einem stillen Gesellschafter betreibt; er darf dann nur seinen Familiennamen mit mindestens einem ausgeschriebenen Vornamen als Firma nehmen. Ob er noch mehr Vornamen, ausgeschrieben oder nicht ausgeschrieben, hinzufügen will, steht in seinem Belieben. Die Firma darf keinen Zusatz enthalten, der ein Gesellschaftsverhältnis andeutet (z. B. & Co.) oder sonst geeignet ist, eine Täuschung über die Art oder den Umfang des Geschäfts oder die Verhältnisse des Geschäftsinhabers herbeizuführen; dagegen sind andere Zusätze, die zur Unterscheidung der Person oder des Geschäfts dienen, erlaubt (z. B. Friedrich Müller jun.; Adolf Behrens, Zigarrenhandlung; Marie Bergmann Wwe.; aber auch: Heinrich Bergmann Wwe.; Karl Meyer, Ernst Schneiders Nachfolger; Otto Schulze „zum Prälaten"; Hermann Berg, Drogerie zum roten Adler usw. usw.). Die Verbindung des Familiennamens des Inhabers mit dem Familiennamen seiner Frau wird gestattet sein; das Gesetz spricht sich darüber nicht ausdrücklich aus. Jede neue Firma muß sich von allen an demselben Orte oder in derselben Gemeinde bereits bestehenden und in das Handelsregister eingetragenen Firmen deutlich unterscheiden (bei Namensähnlichkeit und Verwechslungsgefahr kommen auch für nicht am selben Orte ansässige Firmen Beschränkungen aus dem Gesichtspunkte des Wettbewerbs- und Warenzeichenrechts in Betracht; vgl. darüber die Artikel Unlauterer Wettbewerb, Schwindelhafte Reklame, Namenmißbrauch, Warenzeichenrecht). Hat ein Kaufmann mit einem bereits eingetragenen Kaufmanne die gleichen Vornamen und den gleichen Familiennamen und will auch er sich dieser Namen als seiner Firma bedienen, so muß er der Firma einen Zusatz beifügen, durch den sie sich von der bereits eingetragenen Firma deutlich unterscheidet. Besteht an dem Orte oder in der Gemeinde, wo eine Zweigniederlassung errichtet wird, bereits eine gleiche eingetragene Firma, so muß der Firma für die Zweigniederlassung ein entsprechender Zusatz beigefügt werden. Durch die Landesregierungen kann bestimmt werden, daß benachbarte Orte oder Gemeinden als ein Ort oder als eine Gemeinde im Sinne dieser Vorschriften anzusehen sind. — Für die Wahl der Firmen von Handelsgesellschaften gelten folgende Bestimmungen: Die Firma einer offenen Handelsgesellschaft muß entweder den Namen wenigstens eines der Gesellschafter mit einem das Vorhandensein einer Gesellschaft andeutenden Zusatz oder die Namen aller Gesellschafter enthalten. Gründen also Müller, Schulze und Lehmann eine offene Handelsgesellschaft, so können sie als Firma wählen: „Müller & Comp." (oder „Schulze & Cie." usw.) oder: „Müller, Schulze & Lehmann". Die Beifügung sonstiger Zusätze, wie etwa „Baugeschäft", „Seefischhandlung", „Kolonialwaren en gros" u. dergl. steht in ihrem Belieben (s. oben). Die Beifügung von Vornamen ist hier nicht erforderlich. Die Namen anderer Personen als der persönlich haftenden Gesellschafter dürfen in die Firma nicht aufgenommen werden (HGB. 19). — Die Firma einer Kommanditgesellschaft muß den Namen wenigstens eines persönlich haftenden Gesellschafters mit einem das Vorhandensein einer Gesellschaft andeutenden Zusatze enthalten. Die Beifügung von Vornamen ist nicht erforderlich. Die Namen anderer Personen als der persönlich haftenden Gesellschafter dürfen in die Firma nicht aufgenommen werden (HGB. 19). — Die Firma einer Aktiengesellschaft sowie die Firma einer Kommanditgesellschaft auf Aktien ist in der Regel von dem Gegenstande des Unternehmens zu entlehnen; im übrigen steht die Wahl der Firmen in dem Belieben der Gründer; doch muß die erstere Firma außerdem die Bezeichnung „Aktiengesellschaft", die letztere Firma die Bezeichnung „Kommanditgesellschaft auf Aktien" enthalten (HGB. 20). Im übrigen gilt auch für die Firmen der Handelsgesellschaften der oben mitgeteilte Satz, daß auf Täuschung berechnete Zusätze unstatthaft sind. (Mit den vorstehend mitgeteilten Vorschriften nicht zu verwechseln ist die Bestimmung der Gewerbeordnung (§ 15 a), wonach Gewerbetreibende überhaupt (nicht bloß Handeltreibende), die einen offenen Laden haben oder Gast- oder Schankwirtschaft betreiben, verpflichtet sind, ihren Familiennamen mit mindestens einem ausgeschriebenen Vornamen an der Außenseite oder am Eingange des Ladens oder der Wirtschaft in deutlich lesbarer Schrift anzubringen.

Kaufleute, die eine Handelsfirma führen, müssen zugleich die Firma an dem Laden oder der Wirtschaft in der bezeichneten Weise anbringen; ist aus der Firma der Familienname des Geschäftsinhabers mit dem ausgeschriebenen Vornamen zu ersehen, so genügt die Anbringung der Firma. Für Handelsgesellschaften gelten besondere Bestimmungen; GO. 15a, Gutt. Slg. Nr. 6.

Wird ohne eine Änderung der Person bloß der Name des Geschäftsinhabers geändert, z. B. die Inhaberin verheiratet sich, ohne ihr Geschäft aufzugeben, so kann die bisherige Firma fortgeführt werden (HGB. 21). Wer ein bestehendes Geschäft durch Kauf usw. oder durch Erbschaft erwirbt, darf für das Geschäft die bisherige Firma mit oder ohne Beifügung eines das Nachfolgeverhältnis andeutenden Zusatzes fortführen, wenn der bisherige Geschäftsinhaber oder dessen Erben in die Fortführung der Firma ausdrücklich willigen (HGB. 22); dasselbe gilt, wenn jemand den Nießbrauch an einem Handelsgeschäft hat oder ein Geschäft pachtweise oder in ähnlicher Weise, z. B. auf Grund des ehelichen Güterrechts, übernimmt.

Unbefugter Gebrauch einer Firma (HGB. 37). Wer eine ihm nicht zustehende Firma gebraucht, ist vom Amtsgericht zur Unterlassung des Gebrauchs durch Ordnungsstrafen, die im einzelnen Fall 300 Mk. nicht übersteigen dürfen, anzuhalten. Das Verfahren hierbei ist im wesentlichen dasselbe wie bei der Erzwingung von Anmeldungen zum Handelsregister (s. „Handelsregister 2"). Die Ordnungsstrafe wird vom Gericht festgesetzt, wenn kein Einspruch von dem durch die Verfügung Betroffenen erhoben oder der erhobene Einspruch rechtskräftig verworfen ist und der Beteiligte nach der Bekanntmachung der Verfügung an ihn dieser zuwidergehandelt hat. Das Gericht kann übrigens, wenn die Sache zweifelhaft scheint, die Verfügung aussetzen, bis über die Befugnis zum Gebrauche der Firma zwischen den Beteiligten (s. nachstehend) im Prozeßwege entschieden ist; es kann, wenn der Prozeß noch nicht anhängig ist, einem der Beteiligten eine Frist zur Klagaerhebung setzen. Wer nämlich in seinen Rechten dadurch verletzt wird, daß ein anderer eine Firma unbefugt gebraucht (z. B. weil die Firma mit einer früher eingetragenen gleichlautet oder weil sie einen nicht zulässigen Zusatz enthält, durch den die Interessen des anderen verletzt werden oder weil der Firmeninhaber unbefugt den Namen eines anderen in seine Firma aufgenommen hat usw.), kann im Prozeßwege von ihm die Unterlassung des Gebrauchs der Firma fordern. Über noch weitergehenden Schutz des Firmennamens s. „Unredliche Benutzung von Namen usw." und „Warenbezeichnungen usw. 4a").

2. Anmeldung und Eintragung der Firma (HGB. 29, 31). Jeder Kaufmann, der nicht zu den Minderkaufleuten gehört (s. „Kaufmann usw. 2"), ist verpflichtet, seine Firma und den Ort seiner Handelsniederlassung bei dem Gericht, in dessen Bezirke sich die Niederlassung befindet, zur Eintragung in das Handelsregister (s. d.) anzumelden. (Über das Recht, aber nicht die Verpflichtung des Land- oder Forstwirts, eine Firma eintragen zu lassen, s. „Land- und Forstwirte als Kaufleute".) Diese Verpflichtung hat auch jeder Inhaber eines gewerblichen Unternehmens, das nicht eigentlich ein kaufmännisches Geschäft ist, aber doch nach seiner Art und seinem Umfange einen in kaufmännischer Weise eingerichteten Betrieb (mit Buchführung usw.) erfordert (HGB. 2). Die Angabe des Geschäftslokals (in größeren Orten) sowie des Geschäftszweiges ist zwar im Gesetz nicht vorgeschrieben, wird aber, wo Verwechselungen vorkommen können, rätlich sein. Bei der Anmeldung muß der Kaufmann seine Firma persönlich zeichnen; die Zeichnung wird beim Gericht aufbewahrt und kann dort von jedermann eingesehen werden. Wird die Firma geändert oder wechselt ihr Inhaber oder wird das Geschäft an einen anderen Ort verlegt (nicht, wenn bloß das Geschäftslokal verlegt wird), so muß dies gleichfalls angemeldet werden; ebenso das Erlöschen der Firma (die Aufgabe des Geschäfts). Der Konkurs eines Kaufmanns wird von Amts wegen in das Handelsregister eingetragen (HGB. 32, KO. 112). Kann die Anmeldung des Erlöschens der Firma durch die dazu Verpflichteten nicht herbeigeführt werden, so wird die Firma von Amts wegen gelöscht (RGes. Freiw. Gerichtsbark. 141). Wird eine Zweigniederlassung gegründet, so muß die Firma auch bei dem Gericht der Zweigniederlassung angemeldet werden; es muß dabei eine Bescheinigung vorgelegt werden, daß die Firma beim Gericht der Hauptniederlassung eingetragen ist. Über die Anmeldung der Firmen von Aktiengesellschaften und eintragungspflichtigen Vereinen s. diese Artikel.

Form der Anmeldung und Zeichnung. Anmeldungen und Firmenzeichnungen müssen persönlich beim Gericht bewirkt oder in öffentlich beglaubigter Form (s. „Form der Rechtsgeschäfte 3") eingereicht werden; dasselbe gilt für Vollmachten zur Anmeldung. Wird die Firmenzeichnung nicht vor dem Handelsgericht in Person bewirkt, so muß die Beglaubigung der Zeichnung ersehen lassen, daß die Zeichnung von dem Anmeldenden eigenhändig gefertigt ist (RG.). Eine Vertretung bei der Zeichnung durch einen Bevollmächtigten (auch einen Prokuristen) ist ausgeschlossen. Für Personen, die einen gesetzlichen Vertreter (s. d.) haben, zeichnet dieser. Rechtsnachfolger eines Beteiligten (z. B. der Erbe des bisherigen Geschäftsinhabers oder der Käufer des Geschäfts) haben die Rechtsnachfolge, soweit tunlich, durch öffentliche Urkunden nachzuweisen (HGB. 12, RGes. Freiw. Gerichtsbark. 128, 129).

Über die Verpflichtung des Gerichts, die zur Anmeldung einer Firma usw. Verpflichteten durch Ordnungsstrafen hierzu anzuhalten, s. „Handelsregister 2".

3. Übergang der Aktiven und Passiven auf den Geschäftsnachfolger (HGB. 25 bis 28). Wer ein Handelsgeschäft kauft oder sonst durch Vertrag (z. B. pachtweise oder als Nießbraucher) übernimmt und es unter der bisherigen Firma, einerlei, ob diese im Handelsregister eingetragen ist oder nicht (RG.), mit oder ohne Beifügung eines das Nachfolgeverhältnis andeutenden Zusatzes fortführt, haftet für alle im Betriebe des Geschäfts begründeten Verbindlichkeiten, also insbesondere für alle Geschäftsschulden des bisherigen Inhabers. Neben ihm haftet aber auch der frühere Geschäftsinhaber den Gläubigern weiter, bis er etwa von jenen aus der Schuldverbindlichkeit entlassen ist oder die Forderungen gegen ihn verjährt sind (s. unten). Ebenso gehen sämtliche Geschäftsforderungen auf den neuen Firmeninhaber über, falls der bisherige Inhaber oder seine Erben in die Fortführung der Firma gewilligt haben. Ist zwischen den Beteiligten etwas anderes vereinbart, so ist dies den

Geschäftsgläubigern und Geschäftsschuldnern gegenüber nur dann wirksam, wenn diese Vereinbarung in das Handelsregister eingetragen und bekanntgemacht oder von dem Erwerber des Geschäfts oder dem bisherigen Inhaber dem Betreffenden mitgeteilt ist. Daß etwa Geschäftsgläubiger auf andere Weise von dieser Vereinbarung Kenntnis erhalten haben, befreit den Erwerber des Geschäfts nicht von seiner Haftung (RG.). Die Eintragung in das Handelsregister nebst Bekanntmachung bezw. die Mitteilung an die Gläubiger muß aber unverzüglich im Anschluß an die Geschäftsübernahme erfolgen; eine spätere Eintragung usw. ist wirkungslos (RG.). — Anders, wenn das übernommene Geschäft nicht unter der alten Firma fortgeführt wird. In diesem Falle haftet der neue Inhaber für die früheren Geschäftsschulden nur dann, wenn ein besonderer Verpflichtungsgrund für ihn vorliegt, insbesondere, wenn die Übernahme der Verbindlichkeiten in handelsüblicher Weise (durch Bekanntmachung, Zirkular usw.) von dem Geschäftsnachfolger bekanntgemacht ist. Auch die Aktiven (die Forderungen) des Geschäfts gehen nur dann auf ihn über, wenn der frühere Geschäftsinhaber sie ihm abgetreten hat (s. „Abtretung von Forderungen"). Über weitere Rechtsfragen beim Übergang eines Geschäftsunternehmens in andere Hände s. „Geschäftsübernahme".

Ist der neue Geschäftsinhaber auf Grund der Fortführung der Firma oder auf Grund der obengedachten Bekanntmachung (wenn er die Firma nicht weiterführt) für die früheren Geschäftsverbindlichkeiten haftbar, so verjähren die Ansprüche der Gläubiger gegen den früheren Inhaber mit dem Ablaufe von fünf Jahren, falls nicht nach den allgemeinen Vorschriften (s. „Verjährung") die Verjährung schon früher eintritt. Die Verjährung beginnt im Falle der Fortführung der alten Firma mit dem Ende des Tages, an dem der neue Firmeninhaber in das Handelsregister des Orts der Hauptniederlassung eingetragen ist, im Falle der Übernahme durch Bekanntmachung mit dem Ende des Tages, an dem die Kundmachung der Übernahme stattgefunden hat. Konnte der Gläubiger erst an einem späteren Tage Zahlung beanspruchen, so beginnt die Verjährung mit diesem Zeitpunkte.

Das vorstehend über den Übergang der Aktiven und Passiven auf den Geschäftsnachfolger Gesagte gilt nicht (RG.) für Minderkaufleute (s. darüber „Kaufmann usw. 2"), die auch zuweilen eine von ihrem bürgerlichen Namen abweichende „Firma" führen, aber nicht verpflichtet sind, diese in das Handelsregister eintragen zu lassen (HGB. 4). Hat jedoch ein Minderkaufmann die Firma eintragen lassen, so gelten obige Rechtssätze auch für ihn resp. seinen Geschäftsnachfolger, der die Firma weiterführt (HGB. 5).

Ist ein Geschäft im Wege der Erbfolge in andere Hände übergegangen und wird es von dem oder den Erben fortgeführt, so findet das Vorgesagte gleichfalls Anwendung, d. h. die Erben haften auch mit ihrem eigenen Vermögen für die früheren Geschäftsschulden, wenn sie die alte Firma (mit oder ohne Nachfolgezusatz) fortführen und nichts Abweichendes im Handelsregister eingetragen und bekanntgemacht ist oder wenn sie die alte Firma zwar nicht weiterführen, aber die Haftung für die Geschäftsschulden besonders übernommen, z. B. die Übernahme der Passiven in handelsüblicher Weise bekanntgemacht haben. Daß die Erben und Geschäftsnachfolger (aber eben nur, wenn sie die Firma weiterführen), für die Passiven unbeschränkt haften, ist insofern etwas dem Handelsstande Eigentümliches, als sonst Erben für die Schulden ihres Erblassers regelmäßig nicht über ihren Erbteil hinaus haften (s. Näheres unter „Nachlaßschulden usw."). Diese weitergehende Haftung der Erben tritt aber auch nur unter der Voraussetzung ein, daß sie das Geschäft endgültig weiterführen; sie tritt nicht ein, d. h. die Geschäftsnachfolger haften für die Schulden nicht in weiterem Umfange als andere Erben, wenn die Fortführung des Geschäfts vor dem Ablaufe von drei Monaten nach dem Zeitpunkt, in welchem sie von dem Anfalle der Erbschaft Kenntnis erlangt haben, von ihnen eingestellt wird. Haben sie zu diesem Zeitpunkt noch das Recht, die Erbschaft auszuschlagen (was allerdings nur ausnahmsweise vorkommen kann; s. „Annahme und Ausschlagung einer Erbschaft"), so endigt die Frist nicht vor dem Ablaufe der Ausschlagungsfrist. — Ist das Geschäft als ein Vermächtnis (also nicht als Erbteil) erworben oder ist jemandem der Nießbrauch an einem Geschäfte eingeräumt (z. B. auf Grund einer testamentarischen Anordnung) und führt der neue Inhaber das Geschäft unter der bisherigen Firma fort, so werden die im ersten Absatz der Nr. 3 mitgeteilten Vorschriften gleichfalls zur Anwendung zu kommen haben.

Tritt jemand als persönlich haftender Gesellschafter oder als Kommanditist in das Geschäft eines Einzelkaufmanns ein, so daß nun eine offene Handelsgesellschaft entsteht, so haftet die Gesellschaft, auch wenn sie die frühere Firma nicht fortführt, für alle im Betriebe des Geschäfts entstandenen Verbindlichkeiten des früheren Geschäftsinhabers. Die in dem Betriebe begründeten Forderungen gelten den Schuldnern gegenüber als auf die Gesellschaft übergegangen. Auch hier ist eine abweichende Vereinbarung einem Dritten gegenüber nur wirksam, wenn sie in das Handelsregister eingetragen und bekanntgemacht oder von einem Gesellschafter dem Dritten mitgeteilt worden ist. Anders, wenn jemand als Gesellschafter in eine bereits bestehende offene Handelsgesellschaft oder Kommanditgesellschaft eintritt; er haftet dann, gleich den anderen Gesellschaftern, nach Maßgabe der für diese Gesellschaften bestehenden gesetzlichen Bestimmungen für die vor seinem Eintritte begründeten Verbindlichkeiten der Gesellschaft ohne Unterschied, ob die Firma geändert wird oder nicht, ohne daß dritten Personen gegenüber eine etwaige abweichende Vereinbarung Rechtswirksamkeit hat (HGB. 130).

Firma, unredliche Benutzung einer, s. Firma 1 u. Namensmißbrauch.

Firmenanmeldung s. Firma usw. 2.

Firmenregister s. Handelsregister.

Fischen in Teichen oder anderen geschlossenen Privatgewässern s. Aneignung herrenloser Sachen 2.

Fischereigenossenschaften s. Gesellschaft 1.

Fiskus als gesetzlicher Erbe s. Gesetzliche Erben 3; Aneignung herrenloser Grundstücke durch den Fiskus s. Aneignung herrenloser Sachen; Aufrechnung gegen Forderungen des Fiskus s. Aufrechnung; Grundstücke des Fiskus, Eintragung im Grundbuch s. Grundbuch.

Fixgeschäft s. Handelskauf.

Flächeninhalt eines verkauften Grundstücks, Haftung für, s. Gewährleistung usw. 4.

Flaschenbier, Verkauf von, s. Warenmengenverschleierungen.

Flößerei s. Frachtführer 2.

Flößereirecht s. Wasserrecht.

Flüsse, Frachtgeschäft auf, s. Frachtführer 2.

Flüssigkeiten, Zulaufen auf ein Grundstück, s. Grundeigentum 2 c.

Flußbett, verlassenes, s. Wasserrecht.

Flußufer, angeschwemmte Gegenstände, s. Strandgut.

Forderung, Abtretung, Zession, Verkauf, Schenkung usw. einer, s. Abtretung einer Forderung; Verpfändung einer, s. Pfandrecht an Rechten usw.; Forderung an einen Nachlaß s. Nachlaßgläubiger; Pfandrecht an Forderungen s. Pfandrecht an Rechten usw.; Forderung, Abtretung durch einen Vormund, s. Vormund 6; vgl. im übrigen Vertrag u. Erfüllung.

Forderungen, Nichtpfändbarkeit gewisser, s. Pfändung in der Zwangsvollstreckung 2.

Form der Rechtsgeschäfte (Verträge). Im allgemeinen bedürfen Abmachungen und „Verträge" keiner besonderen Form, nicht einmal der Schriftlichkeit. Ein Vertrag kann grundsätzlich auch mündlich geschlossen werden, und „ein Mann ein Wort" hat durchaus Vertragscharakter. Weit verbreitet ist der Irrtum, daß etwas, um Vertrag zu sein, schriftlich oder gar nur auf Stempelbogen festgelegt sein müsse, doch ist letzteres stets dazu angetan, nicht nur die Ernstlichkeit der Vereinbarung besonders zu betonen, sondern auch die Klarheit der Abmachung und ihre Beweisbarkeit zu fördern. Das Gesetz schreibt jedoch für einige Arten von Verträgen oder sonstigen Rechtsgeschäften eine besondere Form vor, deren Nichtbeobachtung das Geschäft ungültig (nichtig) macht. Auch durch Vereinbarung der Beteiligten kann eine besondere Form vorgeschrieben werden, z. B. es wird im Mietvertrage bestimmt, daß eine etwaige Kündigung schriftlich erfolgen müsse. Auch in solchem Fall wird im Zweifel, d. h. wenn sich nichts anderes als Wille der Beteiligten ergibt, angenommen, daß, wenn die Form nicht gewahrt ist, das Geschäft ungültig sein soll. Keine Partei hat aus solchen nicht in der vorgeschriebenen Form abgeschlossenen Geschäften irgendwelche Rechte oder Verbindlichkeiten, mögen die Betreffenden auch über alle Punkte des Vertrages völlig einig geworden sein; insbesondere gibt es keine Klage auf Errichtung des Geschäfts (Abschließung des Vertrages) in der erforderlichen Form (RG.). Die bei Rechtsgeschäften (Verträgen) hauptsächlich vorkommenden Formen und die dafür geltenden besonderen Vorschriften sind folgende:

1. Schriftliche Form, schriftliche Abfassung (126). Diese Form war bisher, besonders im preußischen Landrecht und im französischen Recht, für eine so große Anzahl von Rechtsgeschäften gesetzlich vorgeschrieben (oder wurde doch der Beweissicherung halber für notwendig gehalten), daß sich die oben erwähnte irrige Meinung bilden konnte. Jetzt ist nur in einzelnen bestimmten Fällen, wo das Gesetz ausdrücklich die Schriftlichkeit verlangt (beispielsweise bei Mietverträgen über ein Grundstück auf länger als ein Jahr, bei Bürgschaftsübernahmen, bei Schuldversprechen und Schuldanerkenntnissen) die Gültigkeit von der schriftlichen Abfassung des Vertrages abhängig. Wo bei einem in diesem Buche besprochenen Vertrage die Schriftlichkeit erfordert wird, ist in dem betreffenden Artikel ausdrücklich darauf hingewiesen.

Wird die schriftliche Form durch das Gesetz vorgeschrieben, so muß die Urkunde, also die schriftlich aufgesetzte Erklärung, von dem Aussteller oder (bei einem Vertrage) von den mehreren Ausstellern eigenhändig durch Namensunterschrift unterzeichnet werden. Die Unterschrift muß unter der Erklärung stehen (RG.). Daß etwa die Erklärung selbst später geschrieben ist als die Unterschrift oder daß die Erklärung von einer anderen Person geschrieben ist als die Unterschrift (Blankett, Unterschrift in blanco), steht der Gültigkeit der Urkunde nicht entgegen (RG.). Kann (oder will) der Betreffende nicht mit seinem Namen unterschreiben, so kann er ein Handzeichen unter das Schriftstück setzen; dieses muß dann aber gerichtlich oder notariell beglaubigt sein; ein unbeglaubigtes Handzeichen (Kreuz) ersetzt die Unterschrift nicht; die schriftliche Form ist daher in solchem Falle nicht gewahrt. Wer im übrigen das Schriftstück (den Vertrag usw.) geschrieben hat, ob der Aussteller selbst oder ein anderer, ist einerlei; die Unterschrift oder das Handzeichen müssen nur durch den, der als Aussteller der Urkunde anzusehen ist, selbst geschrieben sein. Darnach entscheidet sich auch die Frage, ob jemand seine Unterschrift durch einen anderen schreiben lassen kann. Wenn ich nicht selbst unterschreiben kann, so kann ich zwar einen anderen bitten, für mich (mit meinem Namen) zu unterschreiben. Die Unterschrift ist dann an sich gültig; aber sie kann natürlich nicht als meine „eigenhändige" Unterschrift gelten; die Form der Schriftlichkeit des Vertrages, wenn eine solche zur Gültigkeit erfordert wird, würde also dadurch nicht erfüllt. Ich muß in solchem Fall mein Handzeichen unter die Urkunde setzen und solches gerichtlich oder notariell beglaubigen lassen. Anders, wenn ich jemanden den Auftrag gegeben habe, das Rechtsgeschäft selbst für mich abzuschließen. Dieser Beauftragte kann die über das Rechtsgeschäft etwa auszustellende Urkunde für mich, mit meinem Namen, unterzeichnen, da er eben mein Rechtsvertreter ist; die Form der Schriftlichkeit ist in diesem Falle gewahrt (RG.). — Eine auf mechanischem Wege (durch Druck, Stempel usw.) hergestellte Unterschrift ist unzulässig (eine Ausnahme gilt nur für Schuldverschreibungen auf den Inhaber). Die Beidrückung des Siegels zur Unterschrift (zum Handzeichen) ist nicht erforderlich. Bei einem Vertrage muß die Unterzeichnung der Parteien auf derselben Urkunde erfolgen; es genügt also nicht, daß etwa eine schriftliche Erklärung des einen Teils von dem anderen Teile durch eine andere schriftliche Erklärung (also im Wege des Briefwechsels) angenommen wird, da dann zwei verschiedene Urkunden vorliegen (RG). (Briefwechsel genügt natürlich für solche Verträge, bei denen das Gesetz keine unterschriebene Urkunde verlangt.) Werden aber über einen Vertrag mehrere gleichlautende Urkunden aufgenommen, so ist es ausnahmsweise zulässig, daß jede Partei nur die für die andere bestimmte Vertragsurkunde unterzeichnet. Die vorgeschriebene schriftliche Form wird übrigens durch eine gerichtliche oder notarielle Beurkundung (s. nachstehend 2) stets ersetzt.

Das vorstehend Gesagte gilt im Zweifel auch dann, wenn die schriftliche Form für einen Vertrag oder einen sonstigen Rechtsakt, z. B. eine Kündigung, einen Widerruf usw., durch Vereinbarung der Beteiligten festgesetzt ist (127). Es genügt jedoch in solchem Falle zur Wahrung der Form, soweit nicht ein anderer Wille der Parteien nach den Umständen anzunehmen ist, auch eine telegraphische Übermittelung der Willenserklärung. Außerdem ist bei einem Vertrage, außer telegraphischer Übermittelung, auch der Austausch der für den Vertrag erforderlichen Willenserklärungen durch einen Briefwechsel statthaft; jeder Brief muß dann durch den Absender mit seiner Namensunterschrift oder mittels gerichtlich oder notariell beglaubigten Handzeichens unterzeichnet sein. Zur Wirksamkeit der telegraphischen Übermittelung ist nur erforderlich, daß das Telegramm den Urheber der Erklärung erkennen läßt und wirklich von ihm herrührt; darauf, daß er selbst die Aufgabeschrift unterzeichnet hat, kommt es nicht an. Ist die Willenserklärung durch den Telegraphen oder durch Briefwechsel vermittelt, so kann der andere Teil verlangen, daß nachträglich eine Urkunde in ordnungsmäßiger schriftlicher Form aufgenommen wird; dies ist besonders deshalb von Wert, weil die telegraphische Übermittelung dem Empfänger der Erklärung keine vollbeweisende Urkunde verschafft.

Für die Abgabe schriftlicher Willenserklärungen seitens blinder, taubstummer, lesens- und schreibensunkundiger usw. Personen sind keine besonderen Bestimmungen getroffen. Soweit sie nicht durch Namensunterschrift oder Handzeichen unterzeichnen können, woran sie durch das Gesetz nicht gehindert sind, steht ihnen frei, ihre Willenserklärung vor Gericht oder Notar abzugeben.

2. Gerichtliche oder notarielle Beurkundung (128, RGes. Freiw. Gerichtsbark. 167, Gutt. Slg. Nr. 46). — Vertragschließung vor Gericht oder Notar bei gleichzeitiger Anwesenheit beider Teile.

Die erstere Form (gerichtliche oder notarielle Beurkundung) ist für manche Verträge gesetzlich vorgeschrieben, z. B. für einen Vertrag, durch den jemand sich verpflichtet, das Eigentum an einem Grundstück zu übertragen; für einen Vertrag, der die Übertragung eines Vermögens bezweckt usw. Regelmäßig werden bei solchen Verträgen die Erklärungen beider Teile gleichzeitig von dem Richter oder Notar zu Protokoll genommen. Dies ist aber nicht unbedingt nötig. Es genügt, wenn eine gerichtliche oder notarielle Beurkundung vorgeschrieben ist, daß zunächst die Erklärung der einen Partei (der „Vertragsantrag“) beim Gericht oder bei einem Notar zu Protokoll gegeben wird und daß hinterher die Erklärung der anderen Partei (die „Vertragsannahme“) vor demselben oder einem anderen Gericht oder Notar beurkundet wird, so daß also die Beurkundung der zu dem Vertrage nötigen Willenserklärungen der Beteiligten in zwei (oder mehrere) verschiedene Akte auseinanderfällt. Ob der, welcher eine Willenserklärung vor Gericht oder Notar abgeben will, die ganze Erklärung mündlich zu Protokoll gibt oder ob er die Erklärung schriftlich mitbringt und das übergebene Schriftstück als seine Willensmeinung enthaltend vor Gericht oder Notar zu Protokoll anerkennt (es ist dies also mehr als eine bloße Unterschriftsbeglaubigung), ist einerlei. Es ist in das Belieben der Beteiligten gestellt, ob sie sich an das Gericht oder an einen Notar wenden wollen, sofern nicht etwa landesgesetzlich bestimmt ist, daß zu Beurkundungen von Rechtsgeschäften, die nach Reichsrecht der Beurkundung durch ein Gericht oder einen Notar bedürfen, entweder nur die Amtsgerichte oder nur die Notare zuständig sein sollen (EGBGB. 141. In Bayern, Württemberg, Baden, Hamburg und Bremen müssen sich die Beteiligten an den Notar wenden; in den meisten übrigen Staaten können die Parteien nach ihrem Belieben entweder das Amtsgericht oder einen Notar angehen).

Etwas anderes ist es, wenn das Gesetz fordert, daß ein Vertrag „bei gleichzeitiger Anwesenheit beider Teile vor Gericht oder einem Notar geschlossen“ werden müsse (z. B. bei einem Ehevertrage, bei einem Erbvertrage, bei einer Annahme an Kindes Statt); hier müssen selbstverständlich beide Teile (oder, wenn es mehrere sind, alle Beteiligte) zusammen, nicht nacheinander zum Gericht oder Notar gehen.

Wenn endlich das Gesetz von dem Falle spricht, daß jemand etwas in einer öffentlichen Urkunde anerkennt, z. B. die Vaterschaft zu einem Kinde, so ist damit gesagt, daß die fragliche Erklärung vor einem Notar oder vor einem Amtsgericht abgegeben werden kann. Ob sie auch noch vor anderen Behörden oder Beamten abgegeben werden kann, bestimmen die Landesgesetze (s. nachstehend unter 3 am Schluß).

3. Öffentliche Beglaubigung einer Urkunde, einer Erklärung, einer Unterschrift. Urkunden, Erklärungen, Unterschriften usw. in öffentlich beglaubigter Form (129, RGes. Freiw. Gerichtsbark., Gutt. Slg. Nr. 46). — Diese Ausdrücke sind gleichbedeutend; sie besagen, daß jemand eine schriftliche Erklärung (eine Urkunde) aufsetzt oder aufsetzen läßt, seinen Namen oder ein Handzeichen eigenhändig darunter setzt und die Unterschrift oder das Handzeichen beglaubigen läßt; er muß zu diesem Behufe vor der Person, die die Beglaubigung vornehmen soll, entweder seine Namensunterschrift (sein Handzeichen) schreiben oder vor ihr erklären, daß er die schon unter dem Schriftstück befindliche Unterschrift (das Handzeichen) als von ihm persönlich vollzogen anerkenne. (Etwas Besonderes gilt für die Zeichnung einer Handelsfirma in öffentlich beglaubigter Form; s. „Firma usw. 2“.) Weitere Erklärungen (über den Inhalt der Schrift usw.) braucht er nicht abzugeben, noch weniger braucht er sich die Schrift vorlesen zu lassen; der beglaubigende Beamte hat nur mit der Unterschrift zu tun und bescheinigt in dem von ihm darunter zu setzenden Beglaubigungsvermerk nur, daß der N. N. seine Unterschrift (oder sein Handzeichen) unter der Urkunde vollzogen oder als von ihm vollzogen anerkannt habe. Zur Beglaubigung von Unterschriften in gesetzmäßiger Form sind überall die Notare und die Amtsgerichte zuständig, sofern nicht etwa landesgesetzlich die Beglaubigung von Unterschriften den Amtsgerichten entzogen ist (RGes. Freiw. Gerichtsbark. 191). Es hängt von der Bestimmung der Landesgesetze ab, ob auch neben den Gerichten und Notaren noch andere Behörden oder Beamte zur „öffentlichen Beglaubigung“ von Unterschriften zuständig sein sollen (Polizei?). Ist die Unterschrift von einem Beamten beglaubigt, der zur „öffentlichen Beglaubigung“ von Unterschriften nicht befugt ist, so ist die vorgeschriebene Form nicht erfüllt. Handzeichen dürfen übrigens nur vom Gericht oder Notar beglaubigt sein (über landesgesetzliche Bestimmungen RGes. Freiw. Gerichtsbark. 191).

4. Beglaubigte (öffentlich beglaubigte) Abschriften oder Auszüge von Urkunden. Auszüge aus Büchern, Registern usw. Etwas ganz anderes als die oben (unter 3) gedachten öffentlich beglaubigten Urkunden oder Erklärungen sind „öffentlich beglaubigte“ (oder einfach: „beglaubigte“) Abschriften oder öffentlich beglaubigte Auszüge von Urkunden. Hier kommt nicht — wie bei jenen — die Beglaubigung von Unterschriften in Frage, sondern es handelt sich um Abschriften ganzer Urkunden oder um Auszüge (auszugsweise Abschriften) von Urkunden, die von einem zur Beglaubigung befugten öffentlichen Organ als mit der Hauptschrift (sei dies nun eine Urschrift oder eine einfache oder eine beglaubigte Abschrift oder eine Ausfertigung) gleichlautend beglaubigt werden. Wer Abschriften oder Auszüge von Urkunden beglaubigen darf, bestimmen die Landesgesetze, auch z. B. darüber, wer öffentlich beglaubigte Auszüge aus Büchern, Registern usw. (Handelsregistern, Grundbüchern, standesamtlichen Registern u. dergl.) zu erteilen hat.

Form der Testamente s. Testament 2.

Formvorschriften für Verträge usw. s. Form der Rechtsgeschäfte.

Forstdiebstahlsgesetz s. Tiere usw. a. Schl.

Forstwirte s. Landwirte.

Fortgesetzte Gütergemeinschaft unter Ehegatten, gerichtliche Vermittelung der Auseinandersetzung s. Erbteilung 3; mit den Kindern s. Gütergemeinschaft, allgemeine usw. 3.

Fortsetzung, stillschweigende, eines Mietverhältnisses, s. Miete, Vermietung 8.

Frachtführer. Frachtgeschäft (HGB. 425—452). Frachtführer im Sinne des Gesetzes ist, wer es gewerbsmäßig übernimmt, die Beförderung von Gütern zu Lande oder auf Flüssen oder sonstigen Binnengewässern auszuführen. Auch kleine Fuhrwerksbesitzer oder Schiffer, die gewerbsmäßig Güter befördern, sind Frachtführer. Nach der Meinung vieler Juristen (das Gesetz spricht sich hierüber nicht klar aus) gehören auch Dienstmänner, Boten (Botenfrauen), Packträger, Möbeltransporteure, Viehtreiber zu den Frachtführern. Der Frachtführer ist Kaufmann im Sinne des Gesetzes, und zwar je nach dem Umfange seines Geschäfts Vollkaufmann oder Minderkaufmann (s. „Kaufmann usw. 1 und 2"). Dem Frachtführer ist es nicht verwehrt, anstatt selbst den Transport auszuführen, ihn durch andere Personen (Unterfrachtführer) ausführen zu lassen; er selbst haftet dann aber dem Auftraggeber (dem „Übersender") als „Frachtführer". Das Gesetz hat für das Frachtgeschäft eine Reihe von Vorschriften aufgestellt (§§426 bis 452 HGB.), wegen deren auf das Gesetzbuch selbst verwiesen werden muß. Doch seien hier die gesetzlichen Bestimmungen mitgeteilt, die sich auf die Haftung des Frachtführers für den Verlust oder die Beschädigung des Frachtguts auf dem Transport beziehen.

1. Beim Frachtgeschäft zu Lande (abgesehen von Post und Eisenbahn; siehe unten 3 und 4) oder auf Flößen (HGB. 429—431).

„Der Frachtführer haftet für den Schaden, der durch Verlust oder Beschädigung des Gutes in der Zeit von der Annahme bis zur Ablieferung oder durch Versäumung der Lieferzeit entsteht, es sei denn, daß der Verlust, die Beschädigung oder die Verspätung auf Umständen beruht, die durch die Sorgfalt eines ordentlichen Frachtführers nicht abgewendet werden konnten. Für den Verlust oder die Beschädigung von Kostbarkeiten, Kunstgegenständen, Geld und Wertpapieren haftet der Frachtführer nur, wenn ihm diese Beschaffenheit oder der Wert des Gutes bei der Übergabe zur Beförderung angegeben worden ist. — Der Frachtführer hat ein Verschulden seiner Leute und ein Verschulden anderer Personen, deren er sich bei der Ausführung der Beförderung bedient, in gleichem Umfange zu vertreten wie eigenes Verschulden. — Muß auf Grund des Frachtvertrages von dem Frachtführer für gänzlichen oder teilweisen Verlust des Gutes Ersatz geleistet werden, so ist der gemeine Handelswert und in dessen Ermangelung der gemeine Wert zu ersetzen, welchen Gut derselben Art und Beschaffenheit am Orte der Ablieferung in dem Zeitpunkte hatte, in welchem die Ablieferung zu bewirken war; hiervon kommt in Abzug, was infolge des Verlustes an Zöllen und sonstigen Kosten sowie an Fracht erspart ist. Im Falle der Beschädigung ist der Unterschied zwischen dem Verkaufswerte des Gutes im beschädigten Zustand und dem gemeinen Handelswert oder dem gemeinen Werte zu ersetzen, welchen das Gut ohne die Beschädigung am Orte und zur Zeit der Ablieferung gehabt haben würde; hiervon kommt in Abzug, was infolge der Beschädigung an Zöllen und sonstigen Kosten erspart ist. Ist der Schaden durch Vorsatz oder grobe Fahrlässigkeit des Frachtführers herbeigeführt, so kann Ersatz des vollen Schadens gefordert werden."

Zu diesen Gesetzesworten ist zu bemerken: Ist ein Verlust oder eine Beschädigung des Transportgutes vorgekommen, so muß festgestellt werden, auf welcher Ursache solches beruht, ob z. B. auf einer Nachlässigkeit des Absenders oder seiner Leute (mangelhafte Verpackung, Verschweigen einer besonderen Gefährlichkeit des Transports usw.) oder auf einem Verschulden des Frachtführers oder seiner Leute oder etwa auf höherer Gewalt. Kommt es zum Prozeß, so trifft den Absender der Beweis, daß das Gut innerhalb der oben angegebenen Zeit verlorengegangen oder beschädigt oder die Lieferzeit versäumt ist, und daß und welcher Schaden ihm hierdurch entstanden ist; der Frachtführer dagegen muß zu seiner Befreiung von der Schadensersatzpflicht nachweisen, daß der Verlust usw. entweder auf einem Verschulden des Absenders oder seiner Leute oder auf Umständen beruht, die durch die Sorgfalt eines ordentlichen Frachtführers nicht abgewendet werden konnten. Handelt es sich um den Verlust oder die Beschädigung von Kostbarkeiten, Kunstgegenständen, Geld oder Wertpapieren, die als solche vom Absender angegeben (deklariert) sind, so kann der Absender nicht ohne weiteres den angegebenen Wert fordern, sondern er muß im Bestreitungsfalle die Höhe seines Schadens beweisen; aber er kann nicht mehr verlangen, als er deklariert hat. Nur der Wert des verlorengegangenen oder beschädigten Frachtguts ist zu ersetzen (abgesehen von dem Falle eines Vorsatzes oder einer groben Fahrlässigkeit des Frachtführers), nicht der sonstige Schaden, den der Absender durch den Verlust usw. etwa erleidet. — Die mitgeteilten gesetzlichen Bestimmungen können aber durch Vereinbarung zwischen den Beteiligten abgeändert werden.

2. Beim Frachtgeschäft auf Flüssen und Binnengewässern (mit Ausnahme der Flößerei) (Gesetz betr. die privatrechtlichen Verhältnisse der Binnenschiffahrt vom 15. 6. 95 in der Fassung vom 10. 5. 98 §§ 26—77, Gutt. Slg. Nr. 36).

Bei diesem Frachtgeschäft gelten hinsichtlich der Haftung des Schiffers für Verlust und Beschädigung des Gutes auf dem Transport die vorstehend mitgeteilten Vorschriften des Handelsgesetzbuchs mit folgenden Abweichungen:

„Der Frachtführer (d. i. der Schiffer) haftet für den Schaden, welcher seit der Empfangnahme bis zur Ablieferung durch Verlust oder Beschädigung des Frachtguts entstanden ist, sofern er nicht beweist, daß der Verlust oder die Beschädigung durch Umstände herbeigeführt ist, welche durch die Sorgfalt eines ordentlichen Frachtführers nicht abgewendet werden konnten. Die Haftung des Frachtführers ist insbesondere ausgeschlossen, wenn der Verlust oder die Beschädigung aus einem mangelhaften Zustande des Schiffes nebst Zubehör oder der Lade- oder Löschgerätschaften entstanden ist, welcher trotz der Sorgfalt eines ordentlichen Frachtführers nicht zu entdecken war. Für den Verlust oder die Beschädigung von Kostbarkeiten, Kunstgegenständen, Geld und Wertpapieren haftet der Frachtführer nur, wenn ihm die Beschaffenheit oder der Wert des Gutes bei der Übergabe zur Beförderung angegeben worden ist (§ 58 a. a. O.).

Der Frachtführer haftet nicht für Schaden, der dadurch entstanden ist, daß die Güter vereinbarungsgemäß auf Deck verladen oder auf Schiffen ohne Deck befördert werden, daß sie unverpackt oder mit mangelhafter Verpackung aufgeliefert sind, daß der Absender oder Empfänger Verladung oder Ausladung der Güter selbst besorgt hat, daß die Güter ihrer Natur nach besonderer Schädigung ausgesetzt sind, z. B. Bruch, Austrocknung usw., schließlich haftet er nicht bei Tieren für die mit ihrer Beförderung verbundenen besonderen Gefahren.

Ist ein Schaden eingetreten, welcher nach den Umständen des Falles aus einer der bezeichneten Gefahren entstehen konnte, so wird bis zum Beweise des Gegenteils vermutet, daß der Schaden aus der betreffenden Gefahr entstanden ist (§ 59 a. a. O.).

Die Zentralbehörden können für gewisse Güter bestimmen, daß für ein Mindergewicht oder ein Mindermaß, das einhalb vom Hundert nicht übersteigt, der Frachtführer nicht verantwortlich sein soll, es sei denn, daß ihm nachweisbar ein Verschulden zur Last fällt (§ 60 a. a. O.).

Nach der Annahme des Gutes durch den Empfangsberechtigten können wegen einer Beschädigung oder Minderung des Gutes, die bei der Annahme äußerlich erkennbar ist, Ansprüche nur geltend gemacht werden, wenn vor der Annahme der Zustand des Gutes durch amtlich bestellte Sachverständige festgestellt ist. Wegen einer Beschädigung oder Minderung des Gutes, die bei der Annahme äußerlich nicht erkennbar ist, kann der Frachtführer auch nach der Annahme des Gutes in Anspruch genommen werden, wenn der Mangel in der Zeit zwischen der Übernahme des Gutes durch den Frachtführer und der Ablieferung entstanden ist, und die Feststellung des Mangels durch amtlich bestellte Sachverständige unverzüglich nach der Entdeckung und spätestens binnen einer Woche nach der Annahme beantragt wird. Ist dem Frachtführer der Mangel unverzüglich nach der Entdeckung und binnen der bezeichneten Frist angezeigt, so genügt es, wenn die Feststellung unverzüglich nach dem Zeitpunkte beantragt wird, bis zu welchem der Eingang einer Antwort des Frachtführers unter regelmäßigen Umständen erwartet werden darf. Die Kosten einer von dem Empfangsberechtigten beantragten Feststellung sind von dem Frachtführer zu tragen, wenn ein Verlust oder eine Beschädigung ermittelt wird, für welche derselbe Ersatz leisten muß. Der Frachtführer kann sich auf die vorstehenden Vorschriften nicht berufen, wenn er den Schaden durch Vorsatz oder grobe Fahrlässigkeit herbeigeführt hat (§ 61 a. a. O.).

Der Frachtführer haftet für den durch verspätete Ablieferung des Gutes entstandenen Schaden, es sei denn, daß die Verspätung auf Umständen beruht, die durch die Sorgfalt eines ordentlichen Frachtführers nicht abgewendet werden konnten (§ 62 a. a. O.).

Wegen des weiteren muß auf die Vorschriften des Gesetzes selbst verwiesen werden.

3. Bei der Beförderung durch die Post. Die Postverwaltungen des Reichs und der Länder gelten nicht als „Kaufmann" im Sinne des Gesetzes. Auf sie finden die vorstehend gedachten Bestimmungen des Handelsgesetzbuchs über das Frachtgeschäft keine Anwendung (HGB. § 452). Die Rechtsverhältnisse der Post regeln sich nach dem Gesetz über das Postwesen v. 28. Okt. 1871 mit Zusatz v. 20. Dez. 1899 sowie zahlreichen Abänderungen und nach der Postordnung in der Neufassung vom 30. Januar 1929.

4. Beim Transport auf Eisenbahnen (HGB. 453—473). Die oben erwähnten allgemeinen Vorschriften des Handelsgesetzbuchs über das Frachtgeschäft finden an sich auch auf die Beförderung von Gütern auf Eisenbahnen Anwendung. Die eigenartige Natur der Rechtsverhältnisse der Eisenbahnen hat aber eine Reihe besonderer Vorschriften nötig gemacht, die sich teils aus dem Handelsgesetzbuch teils aus der Eisenbahnverkehrsordnung vom 16. 5. 1928 (Gutt. Slg. Nr. 91) ergeben. Was die Ersatzpflicht der Eisenbahn angeht, so haftet sie für den Schaden, der durch Verlust, Minderung oder Beschädigung des Gutes in der Zeit von der Annahme zur Beförderung bis zur Ablieferung entsteht, es sei denn, daß der Schaden durch ein Verschulden oder eine nicht von der Eisenbahn verschuldete Anweisung des Verfügungsberechtigten (des Absenders oder des Empfängers) oder durch höhere Gewalt oder durch äußerlich nicht erkennbare Mängel der Verpackung oder durch die natürliche Beschaffenheit des Gutes, namentlich durch inneren Verderb, Schwinden, gewöhnlichen Reinverlust (Leckage), verursacht ist. Für den Verlust oder die Beschädigung von Kostbarkeiten, Kunstgegenständen, Geld und Wertpapieren haftet sie nur, wenn ihr diese Beschaffenheit oder der Wert des Gutes bei der Übergabe zur Beförderung angegeben ist (HGB. 456). Darauf, ob die Eisenbahn ein Verschulden trifft, kommt es nicht an; sie haftet auch ohne Verschulden. Ihre Haftung ist nur dann ausgeschlossen, wenn der Schaden durch die in § 83 der Verkehrsordnung angegebenen besonderen Gefahren entstanden ist, insbesondere dadurch, daß die Beförderung vereinbarungsgemäß in offenen Wagen erfolgt ist, daß die Güter mangelhaft verpackt waren, daß der Schaden eine Folge der Verladung oder Ausladung durch den Absender oder Empfänger ist, daß die Güter ihrer Natur nach einer besonderen Beschädigungsgefahr unterliegen, z. B. durch Bruch, inneren Verderb usw., daß Güter unter Außerachtlassung der vorgeschriebenen Vorsichtsmaßregeln aufgegeben sind, daß Tiere durch die mit ihrem Transport verbundenen besonderen Gefahren beschädigt sind, daß Güter und Tiere, denen vorschrifts- oder vereinbarungsgemäß zur Abwendung gewisser Gefahren ein Begleiter zugegeben war, durch diese Gefahren beschädigt sind. In den vorgenannten Fällen spricht eine Vermutung dafür, daß der Schaden aus einer der bezeichneten Gefahren entstanden ist; ist z. B. ein Gut, das vereinbarungsgemäß im offenen Wagen befördert worden ist, durch Nässe beschädigt, so wird bis zum Beweise des Gegenteils durch den Verfügungsberechtigten angenommen, daß die Beschädigung eine Folge der Witterung gewesen ist. Muß die Eisenbahn für gänzlichen oder teilweisen Verlust eines Gutes Ersatz leisten, so ist der gemeine Handelswert und in dessen Ermangelung der gemeine Wert zu ersetzen, welchen Gut derselben Art und Beschaffenheit am Orte der Absendung in dem Zeitpunkte der Annahme zur Beförderung hatte, unter Hinzurechnung dessen, was an Zöllen und sonstigen Kosten sowie an Fracht bereits gezahlt ist. Im Falle einer Beschädigung des Gutes ist für die Minderung des vorbezeichneten Wertes Ersatz zu leisten. Ist der Schaden durch Vorsatz oder grobe Fahrlässigkeit der Eisenbahn herbeigeführt, so kann Ersatz des vollen Schadens gefordert werden (HGB. § 457, Verkehrsordnung §§ 85, 86).

Besondere Vorschriften über Güter, die regelmäßig beim Transport einen Gewichtsverlust erleiden, über Festsetzung eines im Falle des Verlustes oder der Beschädigung zu erstattenden Höchstbetrages in sog. Ausnahmetarifen oder bei Kostbarkeiten u. dgl., über eine weitergehende Schadensersatzpflicht im Falle einer Deklaration des Interesses an der Lieferung sowie über nachträgliche Reklamationen wegen Schäden, die bei der Annahme des Gutes durch den Empfänger äußerlich nicht erkennbar waren, sowie endlich über eine Versäumung der Lieferfrist enthalten die §§ 460—464, 466 HGB. und 84—90 der Verkehrsordnung, auf die hier verwiesen werden muß.

Besonderes gilt endlich auch für den Verlust oder die Beschädigung von Reisegepäck: „Für den Verlust von Reisegepäck, das zur Beförderung aufgegeben ist, haftet die Eisenbahn nur, wenn das Gepäck binnen zweier Wochen nach Ablauf der Lieferfrist auf dem Bestimmungsbahnhof abgefordert wird. Im Falle des Verlustes oder Minderung des Reisegepäcks können auch ohne Nachweis eines Schadens 10 RM. für das Kilogramm Rohgewicht verlangt werden. Ein höherer Schaden muß glaubhaft gemacht werden, doch kann die Höhe des Ersatzes tarifmäßig beschränkt werden. Ist der Schaden durch Vorsatz oder grobe Fahrlässigkeit der Eisenbahn herbeigeführt, so kann die Beschränkung auf den Höchstbetrag nicht geltend gemacht werden. — Für den Verlust oder die Beschädigung von Reisegepäck, das nicht zur Beförderung aufgegeben ist (insbesondere also das sog. Handgepäck), sowie von Gegenständen, die in beförderten Fahrzeugen belassen sind, haftet die Eisenbahn nur, wenn ihr ein Verschulden zur Last fällt, was aber der Reisende zu beweisen hat (HGB. 465, Verkehrsordnung §§ 25—39).

Die im Vorstehenden mitgeteilten gesetzlichen Bestimmungen gelten im wesentlichen auch für die Kleinbahnen. Anstatt der Vorschriften der Eisenbahnverkehrsordnung kommen aber in gewissen Fällen die Beförderungsbedingungen der betreffenden Kleinbahnverwaltung zur Anwendung (473).

Frachtführer, Pfandverkauf, s. Handelsgeschäfte 2.

Frachtgeschäft s. Frachtführer u. Kaufmann usw. 1.

Frauen. Für Frauen gibt es im neuen Rechte im großen und ganzen keine besonderen Vorschriften mehr; denn nach der Reichsverfassung (Art. 119, Gutt. Slg. Nr. 137) sind die Geschlechter gleichberechtigt; was das Gesetz bestimmt, gilt ebensowohl für Frauen (verheiratete und unverheiratete) wie für Männer (auch die Prozeßfähigkeit, ZPO. 51, ferner die Ausübung einer Gewerbetätigkeit, seit 1921 ist die Frau auch zum Börsenbesuch zugelassen). Es hat sich in dieser Beziehung ein großer Wandel vollzogen; nach den früher geltenden Rechten waren die Frauen nicht in demselben Maße „rechtsfähig" wie die Männer; nur eine Reihe stärkerer Schutzrechte besteht für die Frau. Wo im neuen Recht ausnahmsweise für Frauen etwas Besonderes gilt, ist es im Gesetz (und in diesem Buche) ausdrücklich gesagt. Diese Ausnahmen beziehen sich übrigens großenteils auf verheiratete Frauen und haben hier ihren Grund in dem Wesen der ehelichen Gemeinschaft; nur einzelne Vorschriften treffen verheiratete und unverheiratete Frauen gleichmäßig, z. B. die gesetzlichen Bestimmungen, wonach bei einer Erbfolge in ein Majorat oder in ein bäuerliches Gut usw. die männlichen Nachkommen des Besitzers den weiblichen vorgehen; diese Verhältnisse werden einstweilen noch durch die Landesgesetze geordnet. Die Frauen haben dafür aber auch gewisse Vorrechte. Eine sich verheiratende Tochter kann regelmäßig von den Eltern eine Aussteuer verlangen (s. „Aussteuer"), ein sich verheiratender oder sich selbständig machender Sohn nicht. Ein Mädchen kann früher heiraten als ein junger Mann (s. „Ehehindernisse 1"). Eine Frau braucht gegen ihren Willen keine Vormundschaften zu übernehmen usw. Über die Stellung der Frau, wenn sie selbständig ein kaufmännisches oder anderes Geschäft oder Gewerbe betreibt, s. den Artikel „Erwerbsgeschäfte von Frauen".

Besondere Hinweise: Allgemeine Stellung der Frau im Hausstande s. Ehegatten 1; Frauen als Vormünder s. Vormundschaft 2; Vermögen der Frau s. Eingebrachtes Gut der Frau; Nachweis des Eigentums der Frau s. Ehegatten 3; Vorbehaltsgut der Frauen s. Vorbehaltsgut; Betrieb eines Erwerbsgeschäfts durch Frauen s. Vorbehaltsgut 1b u. Erwerbsgeschäfte von Frauen; Geschiedene Frauen s. Ehescheidung; Verführung einer Frau s. Verführung; Entschädigung einer Frau wegen eines gegen sie verübten Sittlichkeitsverbrechens usw. s. Schadensersatz weg. unerl. Handl. 7. — Vergl. auch: Mädchen, Minderjährige Frauen, Witwen.

Freies Vermögen der Kinder s. Verwaltung und Nutzung des Kindesvermögens usw. 2.

Freiheitsentziehung s. Schadensersatz wegen unerlaubter Handlung 1.

Freiwillige Gerichtsbarkeit. Außer den eigentlich streitigen Rechtsangelegenheiten, den sog. Rechtsstreitigkeiten (Prozessen, Zwangsversteigerungen, Arresten, Konkursen, Strafsachen usw.) liegen den Gerichten noch eine Reihe von Geschäften ob, die nicht streitiger Natur sind. Man bezeichnet diese von altersher als Geschäfte der „freiwilligen Gerichtsbarkeit". Im einzelnen oft willkürlich zugeteilt, kann man allgemein nur sagen, daß es sich um eine staatliche Tätigkeit handelt, „die als Ausfluß der Staatshoheit kraft ausdrücklicher Vorschrift aber unter Berücksichtigung landesrechtlicher Entwicklung den Gerichten oder sonstigen Organen dieser Gerichtsbarkeit zugewiesen und weder verwaltungsrechtliche noch grundsätzlich streitige Angelegenheiten des Rechtslebens zu regeln bestimmt ist" (vgl. HdR. Bd. II, S. 514). Es gehören hierher insbesondere Vormundschafts- und Familienrechtssachen, Nachlaßsachen, Grundbuch-(Hypotheken-)sachen, Registersachen (Handels-, Genossenschafts-, Muster- usw. Register), freiwillige Versteigerungen, Aufnahme von Verträgen, Testamenten und sonstigen Erklärungen, Beglaubigungen von Unterschriften u. dgl. mehr. Das gerichtliche Verfahren in diesen Sachen wird teils durch Reichsgesetze, insbesondere durch dasjenige „über die Angelegenheiten der freiwilligen Gerichtsbarkeit" vom 17. Mai 1898 (vgl. Gutt. Slg. Nr. 46), teils durch die über diesen Gegenstand erlassenen Landesgesetze bestimmt. — Die freiwillige Gerichtsbarkeit liegt aber nicht bloß den ordentlichen Gerichten, insbesondere den Amtsgerichten ob, sondern es sind in den verschiedenen deutschen Ländern auch andere Behörden oder Beamte, vor allem die Notare, für diese Geschäfte oder einen Teil derselben zuständig (in einzelnen preußischen Landesteilen z. B. Dorfgerichte, Gemeindevorstände, Ortsgerichte usw.; in Württemberg sind Ratsschreiber, Gemeinderäte, Waisenrichter tätig), so daß der Rechtszustand in dieser Beziehung in Deutschland noch ein recht bunter ist und auf Einzelheiten nicht eingegangen werden kann.

Freizeichen s. Warenbezeichnungen usw.

Fremde Geschäfte, Besorgung von, s. Geschäftsführung ohne Auftrag.

Fremde Schuld, Übernahme einer, s. Übernahme einer fremden Schuld.

Fremdes eheliches Güterrecht s. Eingebrachtes Gut der Frau 9.

Frist, Bewilligung einer für den Schuldner s. Darlehn 3; Frist zur Zahlung nach Verurteilung des Schuldners s. Leistungen 8; Frist zur nachträglichen Vertragserfüllung (sog. Nachfrist) s. Gegenseitige Verträge 3c. — S. auch: Zahlungsfrist.

Fristen und Termine (186—193). Für die in Gesetzen oder in gerichtlichen Verfügungen oder in Verträgen oder sonstigen Rechtsgeschäften enthaltenen Frist- und Terminbestimmungen stellt das Gesetz nachstehende besondere Auslegungsvorschriften auf:

Ist für den Anfang einer Frist ein Ereignis oder ein in den Lauf eines Tages fallender Zeitpunkt maßgebend, so wird bei der Berechnung der Frist der Tag nicht mitgerechnet, in welchen das Ereignis oder der Zeitpunkt fällt. Ist jedoch der Beginn eines Tages der für den Anfang einer Frist maßgebende Zeitpunkt, so wird dieser Tag bei der Berechnung der Frist mitgerechnet. Das letztere gilt ausnahmsweise auch vom Tage der Geburt bei der Berechnung des Lebensalters; ein Kind, das am 1. Januar abends 11 Uhr geboren ist, ist also nach dem Gesetze schon am 31. Dezember desselben Jahres um Mitternacht ein Jahr alt, obwohl streng genommen erst am folgenden Tage abends 11 Uhr ein Jahr seit der Geburtsstunde verflossen ist. Wer im Laufe des 1. Januar 1900 geboren ist, wird also mit dem Ablauf des 31. Dezember 1921 21 Jahre alt, mithin volljährig.

Eine nach Tagen bestimmte Frist endigt mit dem Ablaufe des letzten Tages der Frist. Eine Frist, die nach Wochen, nach Monaten oder nach einem mehrere Monate umfassenden Zeitraume — Jahr, halbes Jahr, Vierteljahr — bestimmt ist, endigt, wenn für den Anfang der Frist ein Ereignis oder ein in den Lauf eines Tages fallender Zeitpunkt maßgebend ist, mit dem Ablaufe desjenigen Tages der letzten Woche oder des letzten Monats, welcher durch seine Benennung oder seine Zahl dem Tage entspricht, in den das Ereignis oder der Zeitpunkt fällt; wenn aber der Beginn eines Tages der für den Anfang der Frist maßgebende Zeitpunkt ist, mit dem Ablaufe desjenigen Tages der letzten Woche oder des letzten Monats, welcher dem Tage vorhergeht, der durch seine Benennung oder seine Zahl dem Anfangstage der Frist entspricht. Fehlt bei einer nach Monaten bestimmten Frist in dem letzten Monate der für ihren Ablauf maßgebende Tag, z. B. der 29. (im Februar) oder der 31. (in den Monaten Februar, April, Juni usw.), so endigt die Frist mit dem Ablaufe des letzten Tages dieses Monats.

Unter einem halben Jahre wird eine Frist von sechs Monaten, unter einem Vierteljahre eine Frist von drei Monaten, unter einem halben Monat eine Frist von 15 Tagen verstanden. Ist eine Frist auf einen oder mehrere ganze Monate und einen halben Monat gestellt, so sind die fünfzehn Tage zuletzt zu zählen. Im Falle der Verlängerung einer Frist wird die neue Frist von dem Ablaufe der vorigen Frist an berechnet. Ist ein Zeitraum nach Monaten oder nach Jahren in dem Sinne bestimmt, daß er nicht zusammenhängend zu verlaufen braucht (es ist z. B. einem Angestellten vertragsmäßig ein Urlaub von einem Monat in jedem Jahre zugesichert), so wird der Monat zu dreißig, das Jahr zu dreihundertfünfundsechzig Tagen gerechnet. Unter Anfang des Monats wird der erste, unter Mitte des Monats der fünfzehnte, unter Ende des Monats der letzte Tag des Monats verstanden.

Ist an einem bestimmten Tage oder innerhalb einer Frist eine Willenserklärung abzugeben oder eine Leistung zu bewirken und fällt der bestimmte Tag oder der letzte Tag der Frist auf einen Sonntag oder einen am Erklärungs- oder Leistungsorte staatlich anerkannten allgemeinen Feiertag (s. d.), so tritt an die Stelle des Sonntags oder des Feiertags der nächstfolgende Werktag.

Das Gesagte gilt auch für Prozeßfristen; nur werden hier bei Berechnung einer Frist, die nach Stunden bestimmt ist, Sonntage und allgemeine Feiertage nicht mitgerechnet; durch die Gerichtsferien wird der Lauf einer Prozeßfrist gehemmt. Der übrige Teil der Frist beginnt mit dem Ende der Ferien zu laufen. Diese Bestimmung findet jedoch keine Anwendung auf Notfristen und Fristen in Feriensachen. Notfristen sind solche, die in der Zivilprozeßordnung ausdrücklich als solche bezeichnet sind, z. B. Einspruchsfrist gegen ein Versäumnisurteil, Berufungsfrist, Revisionsfrist und andere (ZPO. 222, 223).

Kündigungsfristen. Die vorstehend mitgeteilten gesetzlichen Bestimmungen finden insbesondere auch bei der Berechnung von Kündigungsfristen Anwendung. Soll z. B. ein Kapital, dessen Rückzahlung ein Vierteljahr nach Kündigung vereinbart ist, auf den 1. Juli (d. h. genauer ausgedrückt, auf den Beginn des 1. Juli) gekündigt werden, so muß die Kündigung spätestens am 31. März erfolgen; eine Kündigung am 1. April wäre verspätet, da in diesem Falle nach dem oben Mitgeteilten kein volles Vierteljahr zwischen der Kündigung und dem Tage der gewünschten Rückzahlung liegen würde, weil eben die durch die Kündigung am 1. April in Lauf gesetzte vierteljährliche Frist erst am 1. Juli nachts 12 Uhr abgelaufen sein würde. (Eine hiervon abweichende besondere Bestimmung gilt nur für die Kündigung einer Grundstücks- (Wohnungs- usw.) Miete; vgl. „Miete 7").

Früchte (99—103). An zahlreichen Stellen, z. B. bei der Pacht, der Gemeinschaft, dem Nießbrauch usw., spricht das Gesetz von Früchten; es versteht darunter etwas ganz anderes als der gewöhnliche Sprachgebrauch. Früchte einer Sache (im Rechtssinne) sind die Erzeugnisse der Sache und die sonstige Ausbeute, die aus der Sache ihrer Bestimmung gemäß gewonnen wird. Früchte eines Rechtes sind die Erträge, welche das Recht seiner Bestimmung gemäß gewährt, insbesondere bei einem Rechte auf Gewinnung von Bodenbestandteilen die gewonnenen Bestandteile. Früchte sind auch die Erträge, welche eine Sache oder ein Recht vermöge eines Rechtsverhältnisses gewährt. Wenn z. B. der Eigentümer sein Grundstück verpachtet, so bezieht er vermöge dieses Rechtsverhältnisses, der Pacht, von dem Grundstücke anstatt der natürlichen Früchte den Pachtzins; der Pachtzins gilt daher auch als „Frucht" im Sinne des Gesetzes.

Ein weiterer Begriff als der der Früchte ist der der Nutzungen. Darunter versteht das Gesetz die Früchte einer Sache oder eines Rechtes und die Vorteile, die der Gebrauch der Sache oder des Rechtes gewährt.

Ist jemand berechtigt, die Früchte einer Sache oder eines Rechtes bis zu einer bestimmten Zeit oder von einer bestimmten Zeit an zu ziehen (z. B. ein Käufer hat die Nutzungen der gekauften Sache von der Übergabe an; ein Nutznießer hat die Nutzungen der Sache bis zu seinem Tode), so fragt sich, nach welchem Verhältnisse die Fruchtverteilung zwischen dem abtretenden und dem antretenden Berechtigten erfolgen soll. Trifft das Gesetz für einen solchen Fall keine besondere Anordnung und ist auch durch Vereinbarung nichts bestimmt, so gilt folgendes: Dem Berechtigten gebühren

1. die natürlichen Früchte (auch wenn er sie als Früchte eines Rechtes zu beziehen hat) insoweit, als sie während der Dauer seiner Berechtigung von der Sache (der Hauptsache, der fruchttragenden Sache) getrennt werden. (Ob der Nachfolger die auf die Gewinnung der ihm gebührenden Früchte vom Vorgänger aufgewendeten Kosten zu erstatten hat, beantwortet sich nach den für das betreffende Rechtsverhältnis geltenden Bestimmungen; allgemein läßt sich darüber nichts sagen),

2. andere Früchte insoweit, als sie während der Dauer der Berechtigung fällig werden; bestehen jedoch die Früchte in der Vergütung für die Überlassung des Gebrauchs oder des Fruchtgenusses, in Zinsen, Gewinnanteilen oder anderen regelmäßig wiederkehrenden Erträgen, so gebührt dem Berechtigten ein der Dauer seiner Berechtigung entsprechender Teil. —

Wer kraft des Gesetzes oder auf Grund eines Vertrages usw. zur Herausgabe von Früchten verpflichtet ist, kann Ersatz der auf die Gewinnung der Früchte verwendeten Kosten insoweit verlangen, als sie einer ordnungsmäßigen Wirtschaft entsprechen und den Wert der Früchte nicht übersteigen.

Früchte, auf ein Nachbargrundstück fallende, s. Grundeigentum 2 f und k; Pfändung von, s. Pfändung in der Zwangsvollstreckung 1.

Früchte, Pfändung von. 1. Früchte (Feldfrüchte, Gartenfrüchte, Obst, Gras usw.), die vom Boden noch nicht getrennt sind, können im Auftrage eines Gläubigers durch den Gerichtsvollzieher gepfändet werden, solange sie noch nicht im Wege der Zwangsvollstreckung in das Grundstück selbst (Zwangsversteigerung oder Zwangsverwaltung) beschlagnahmt sind (ZPO. 810, 865[2]), (die Beschlagnahme des Grundstücks einschließlich der stehenden und hängenden Früchte (ZVG. 21, 148) wird regelmäßig durch die Zustellung des Gerichtsbeschlusses über die Anordnung der Zwangsvollstreckung an den Schuldner bewirkt (ZVG. 20, 22, 146, 151); sie ergibt sich auch aus dem Grundbuch), und soweit sie nicht zu denjenigen landwirtschaftlichen Erzeugnissen gehören, die einem Schuldner, der Landwirtschaft betreibt, als zur Fortführung der Wirtschaft erforderlich belassen werden müssen (siehe „Pfändung in der Zwangsvollstreckung" unter 1 Nr. 4). Die Pfändung muß in geeigneter Weise durch Aufrichtung von Pfandtafeln oder Pfandwischen mit einer vom Gerichtsvollzieher unterschriebenen Pfandanzeige oder durch andere zweckentsprechende Vorrichtungen, tunlichst unter Verwendung des Dienstsiegels, für jedermann kenntlich gemacht werden. Die Pfändung darf nicht früher als einen Monat vor der gewöhnlichen Zeit der Reife der Früchte der gedachten Art und auf der in Betracht kommenden Feldflur erfolgen (ZPO. 810); darauf, ob etwa wegen abnormer Witterungsverhältnisse die Reife ausnahmsweise früher oder später als gewöhnlich erfolgt, ist keine Rücksicht zu nehmen. Betreibt der Schuldner, gegen den die Pfändung gerichtet ist, Landwirtschaft und übersteigt der Wert der zu pfändenden Früchte voraussichtlich den Betrag von eintausend Mark, so muß der Gerichtsvollzieher einen landwirtschaftlichen Sachverständigen zuziehen (ZPO. 813); ob auch in anderen Fällen ein Sachverständiger zugezogen werden soll, haben die Landesjustizverwaltungen zu bestimmen. Aufgabe des Sachverständigen ist es vor allem, zu begutachten, ob die gewöhnliche Zeit der Reife binnen einem Monat zu erwarten ist und ob die Früchte ganz oder zum Teil zur Fortführung der Wirtschaft erforderlich sind. — Die Versteigerung der gepfändeten Früchte ist erst nach eingetretener Reife zulässig. Ob es vorteilhafter ist, die Früchte auf dem Halm (auf dem Baum usw.) oder erst nach erfolgter Aberntung zu versteigern, und ob die Versteigerung im ganzen oder in einzelnen Teilen zu geschehen hat, hat der Gerichtsvollzieher pflichtmäßig zu ermessen.

2. Widerspruch dritter Personen gegen die Pfändung. Ob die Pfändung von Früchten zulässig ist oder ob andere Personen dagegen mit Erfolg Widerspruch erheben können, hängt von der Bewandtnis des einzelnen Falles ab. Es ist insbesondere zu unterscheiden:

a) Es werden die vom Schuldner selbst auf eigenem Lande gezogenen Früchte gepfändet. — Dieser Pfändung können solche Gläubiger des Schuldners widersprechen, die ein Recht auf Befriedigung aus dem Grundstücke haben, also vor allem Hypothekgläubiger (ZPO. 810) (sie können nur dann nicht widersprechen, wenn der pfändende Gläubiger selber eine bessere Hypothek hat als sie); der Widerspruch ist durch Erhebung einer Klage (Interventionsklage) gegen den pfändenden Gläubiger geltend zu machen, widrigenfalls der Erlös dem letzteren ausgezahlt wird. — Sodann kann in Frage kommen, ob etwa ein Dritter, der dem Schuldner die Früchte vor der Pfändung abgekauft hat, Widerspruch gegen die Pfändung erheben oder doch eine vorzugsweise Befriedigung aus dem Erlöse beanspruchen kann. Diese Frage ist vom Reichsgericht verneint. — Werden Früchte gepfändet, nachdem das Grundstück selbst im Wege der Zwangsversteigerung oder der Zwangsverwaltung gegen den Grundeigentümer beschlagnahmt ist (siehe oben 1), so kann sowohl der letztere als auch der Beschlagnahmegläubiger (oder der Zwangsverwalter) Einwendung gegen die Pfändung beim Amtsgericht erheben (ZPO. 766) oder auf Freigabe der Früchte gegen den pfändenden Gläubiger klagen (ZPO. 771), (Sind Früchte gepfändet, die dem Eigentümer zur Fortführung der Wirtschaft belassen werden müssen — siehe oben 1 —, so kann auch der Grundeigentümer gegen solche Pfändung Einwendung beim Amtsgericht erheben (ZPO. 766).

b) Es werden Früchte gepfändet, die der Schuldner selbst, aber auf gepachtetem Lande gezogen hat. — Es ist hier zu berücksichtigen, daß dem Verpächter eines landwirtschaftlichen Grundstücks an den darauf wachsenden Früchten ein gesetzliches Pfandrecht wegen des gesamten Pachtzinses zusteht (BGB. 585); er kann wegen dieses Pfandrechts zwar der Pfändung selbst nicht widersprechen, aber er kann einen Anspruch auf vorzugsweise Befriedigung aus dem Erlöse der Früchte im Wege einer gegen den pfändenden Gläubiger zu erhebenden Klage geltend machen (ZPO. 805). — Ein Käufer der Früchte kann auch hier gegen die Pfändung nichts ausrichten.

c) Es sollen Früchte eines Grundstücks gepfändet werden, das der Schuldner verpachtet oder an dem ein anderer den Nießbrauch hat. — Das braucht sich der Pächter oder Nießbraucher nicht gefallen zu lassen, selbst dann nicht, wenn etwa das Grundstück in einem gegen den Verpächter usw. eingeleiteten Zwangsvollstreckungsverfahren beschlagnahmt sein sollte (ZVG. 21). Ohne des Pächters (Nießbrauchers) Zustimmung ist die Pfändung nicht zulässig (ZPO. 809). Erfolgt sie dennoch, so kann der Pächter (Nießbraucher) beim Amtsgericht im Wege der Einwendung gegen die Pfändung (ZPO. 766) beantragen, daß die Pfändung für unzulässig erklärt wird.

Fuhrmann s. Frachtführer.

Führung von Büchern bei Kaufleuten s. Handelsbücher.

Führungszeugnis s. Zeugnis.

Fürsorgeerziehung Minderjähriger. Während früher die Fürsorgeerziehung Sache der einzelnen Länder war, ist jetzt durch das Reichsgesetz für Jugendwohlfahrt vom 9. 7. 1922 die Fürsorgeerziehung einheitlich für das ganze Reich geregelt. Das Gesetz will, wie auch die früheren Landesgesetze, der Verwahrlosung jugendlicher Personen unter 20 Jahren vorbeugen oder solche jugendliche Personen, die bereits verwahrlost sind, vor weiterem oder völligem sittlichen Verderben bewahren. Es gestattet daher unter bestimmten Voraussetzungen eine zwangsweise Unterbringung solcher Personen in einer geeigneten Familie (unter Umständen in der eigenen Familie) oder in einer Erziehungsanstalt unter öffentlicher Aufsicht und auf öffentliche Kosten (§§ 62f. des Jugendwohlfahrtsgesetzes, Gutt. Slg. Nr. 154). Die Fürsorgeerziehung erfolgt auf Grund eines Beschlusses des Vormundschaftsgerichts; sie ist zulässig sowohl bei solchen Personen, die sich noch in Gewalt ihrer Eltern befinden, als auch bei solchen, die unter Vormundschaft stehen, mit der Maßgabe, daß unter allen Umständen auf das religiöse Bekenntnis der Jugendlichen Rücksicht zu nehmen ist und von der Unterbringung dem Erziehungsberechtigten sofort Mitteilung gemacht wird. Nur in folgenden Fällen darf auf Fürsorgeerziehung erkannt werden:

1. wenn die Voraussetzungen der §§ 1666 oder 1838 BGB. vorliegen und die Entfernung des Minderjährigen zur Verhütung der Verwahrlosung erforderlich ist und eine geeignete anderweite Unterbringung nicht möglich ist;

2. wenn die Fürsorgeerziehung zur Beseitigung der Verwahrlosung wegen Unzulänglichkeit der Erziehung erforderlich ist.

Das Vormundschaftsgericht hat von Amts wegen die zur Feststellung des Sachverhalts erforderlichen Ermittlungen vorzunehmen und sich dieserhalb mit dem Jugendamt in Verbindung zu setzen. Bei Gefahr im Verzuge kann — eventuell auch durch das Gericht, in dessen Bezirk das Bedürfnis der Fürsorge hervortritt — bis zur endgültigen Entscheidung des Gerichts eine vorläufige Unterbringung des Minderjährigen angeordnet werden.

Die Ausführung der Fürsorgeerziehung erfolgt auf Grund der einzelnen landesrechtlichen Bestimmungen. Sache der Länder ist es auch, die Fürsorgeerziehungsbehörde (im allgemeinen ist es das Jugendamt) zu bestimmen sowie festzustellen, wem die Kosten des Verfahrens zur Last fallen. (In Preußen $^1/_3$ den Provinzen, $^2/_3$ dem Staat.)

Das Verfahren kann auf längstens 1 Jahr und aus besonderen Gründen auf ein weiteres Jahr ausgesetzt werden. Die Aussetzung erfolgt auf Grund des Beschlusses des Vormundschaftsgerichts, das gleichzeitig eine Schutzaufsicht anzuordnen hat. Beendet wird die Fürsorgeerziehung im allgemeinen mit dem Eintritt der Volljährigkeit oder aber durch Aufhebung, falls ihr Zweck erreicht oder anderweitig sichergestellt ist. Auch eine vorzeitige Entlassung aus besonderen Gründen ist zulässig. Die Kosten der Fürsorgeerziehung sind auf Verlangen des Kostenträgers (siehe oben) aus dem pfändbaren Vermögen des Minderjährigen oder des auf Grund des Bürgerlichen Rechts zu seinem Unterhalt Verpflichteten zu erstatten, jedoch brauchen allgemeine Verwaltungskosten nicht ersetzt zu werden.

Strafbar ist die Entziehung des Minderjährigen aus angeordneter Fürsorge sowie eine diesbezügliche Anstiftung oder Beihilfe des Minderjährigen. Auch ein Versuch ist strafbar, jedoch tritt die Strafverfolgung nur auf Antrag der Fürsorgeerziehungsbehörde ein. Die Strafe kann bis zu 3 Jahren Gefängnis, sowie RM. 100000 Geldstrafe betragen.

Wegen der Einzelheiten vgl. Gutt. Slg. Nr. 154, sowie HdR. Bd. III, S. 399f.

Fuhrwerksbesitzer s. Frachtführer.

Fund, Fundlohn s. Gefundene Sachen.

Fusion von Versicherungsgesellschaften s. Rücktritt von einem Vertrage 1.

Fußboden, Einbrechen eines, s. Gebäudeeinsturz.

Fütterungskosten s. Miete 4, Leihe 3 u. Gewährleistung wegen Mängel usw. 9.

Futtervorräte, Pfändbarkeit derselben, s. Pfändung in der Zwangsvollstreckung 1.

G.

Gänse, Schaden durch, s. Tiere usw.

Garantie, Übernahme einer beim Kauf, s. Gewährleistung usw. 1; Ausschluß derselben, s. das. 6.

Garn, Kleinhandel mit, s. Warenmengeverschleierungen.

Gartenfrüchte, Pfändung s. Früchte, Pfändung von.

Gase, Zuführung von, auf ein Grundstück s. Grundeigentum 2 c.

Gasleitung s. Zubehör 1.

Gast, Pfandrecht des Wirtes an den von ihm eingebrachten Sachen s. Gastwirte 2; Schutz des Gastes gegen Diebstahl s. Gastwirte 1.

Gastwirte als Kaufleute im Sinne des Handelsgesetzbuchs s. Kaufmann usw. 1.

Gastwirte (701—704). **1.** Haftung für Diebstahl usw. Im Interesse des reisenden Publikums hat das Gesetz Bestimmungen getroffen, die es gegen Verlust oder Beschädigung ihrer Sachen in den Gasthäusern tunlichst schützen sollen. Es muß danach ein Gastwirt, der gewerbsmäßig Fremde zur Beherbergung (als Logisgäste) aufnimmt, einem im Betriebe dieses Gewerbes aufgenommenen Gaste den Schaden ersetzen, den dieser durch den Verlust oder die Beschädigung eingebrachter Sachen erleidet. Den Personen jedoch, die nicht zur Beherbergung aufgenommen sind, z. B. solchen, die nur als Teilnehmer an einer in dem Gasthause veranstalteten Festlichkeit oder Versammlung erschienen sind, haftet der Gastwirt nicht für Diebstahl usw. Selbstverständlich fällt unter den Begriff „Verlust" auch der Fall, wenn dem Gaste ein Kleidungsstück, ein Schirm usw. vertauscht ist, da er den dafür zurückgelassenen Gegenstand nicht anzunehmen braucht. Es ist einerlei, ob der Schaden durch den Wirt selber oder seine Leute oder ob er durch andere Gäste (Hoteldiebe) oder sonstige Personen verursacht ist, ob er von irgend jemand verschuldet oder durch Zufall entstanden ist. Nur wenn der Schaden von dem Gaste selber oder einem Begleiter des Gastes oder einer Person, die der Gast bei sich aufgenommen hat, verursacht oder durch die Beschaffenheit der Sachen oder durch höhere Gewalt (Blitzschlag, Brand usw.) entstanden ist, ist der Wirt zum Ersatz nicht verpflichtet. Hat ein Verschulden des Gastes bei dem Schaden mitgewirkt, so hängt die Ersatzpflicht des Wirts und der Umfang des zu leistenden Ersatzes davon ab, inwiefern der Verlust vorwiegend von dem einen oder dem anderen verschuldet ist (254). Als ein Verschulden des Gastes wird es z. B. anzusehen sein, wenn er Geld offen auf dem Tische liegen oder nachts sein Zimmer unverschlossen läßt. Als eingebracht gelten die Sachen, die der Gast dem Wirt oder Leuten des Wirts, die zur Entgegennahme der Sachen bestellt oder nach den Umständen als dazu bestellt anzusehen waren, übergeben hat oder die der Gast an einen ihm von dem Wirt oder seinen Leuten angewiesenen oder in Ermangelung einer solchen Anweisung an den hierzu bestimmten Ort (Zimmer, Stall, Remise usw.) gebracht hat. Wer etwa seinen Anzug, um ihn zu trocknen, zum Fenster hinaushängt oder sein Fahrrad auf die Straße gestellt hat, kann den Wirt nicht wegen des Verlustes in Anspruch nehmen. Die Bestimmung bezieht sich nicht auf bloße Stallwirte rücksichtlich der bei ihnen eingestellten Wagen und Tiere. Ist aber mit einer Stallwirtschaft gleichzeitig eine Gasthofswirtschaft verbunden und ist der Besitzer der eingestellten Wagen oder Pferde in der gleichen Wirtschaft als Gast abgestiegen, so erstreckt sich die Haftung des Wirts auch auf die eingebrachten Wagen und Pferde. Ebensowenig bezieht sich die Bestimmung auf Inhaber von Restaurationen, Cafés usw., sowie auf bloße Zimmervermieter (RG.); diese haften nur insoweit, als etwa nach den allgemeinen Rechtsgrundsätzen im einzelnen Fall eine Verantwortlichkeit für sie begründet ist. (Über Schlafwagengesellschaften s. weiter unten.) Die strenge Haftung der Gastwirte kann zwar durch Vereinbarung zwischen Wirt und Gast gemildert oder ganz aufgehoben werden, insbesondere auch in der Weise, daß eine hierauf gerichtete Erklärung des Wirtes vom Gaste stillschweigend angenommen wird; ein bloßer Anschlag im Gasthause oder Gastzimmer, durch den etwa der Wirt die gesetzliche Haftung ablehnt, ist aber ohne rechtliche Wirkung. Wann ein Gast als „aufgenommen" anzusehen ist, muß nach den Umständen des einzelnen Falles beurteilt werden; insbesondere kann eine Aufnahme schon darin liegen, daß der Reisende auf dem Bahnhofe mit dem Hoteldiener oder dem Führer des Hotelwagens sich verständigt hat. Der Gast braucht eintretendenfalls nur die Einbringung der Sachen und deren bei dem Gastwirte eingetretenen Verlust oder die Beschädigung und die Höhe des erlittenen Schadens zu beweisen; Sache des Wirtes ist es, seinerseits den Nachweis zu erbringen, daß einer der vorbezeichneten Umstände vorliegt, die ihn von der Haftung befreien (z. B. Beschädigung durch den Gast selbst usw.).

Ausnahmsweise haftet der Wirt für die von dem Gaste eingebrachten Gelder, Wertpapiere und Kostbarkeiten gesetzlich nur bis zum Betrage von eintausend Reichsmark, es sei denn, daß er diese Gegenstände, in Kenntnis ihrer Eigenschaft als Wertsachen, zur Aufbewahrung übernommen hat, welchenfalls er selbstverständlich für den vollen Wert einzustehen hat. Ebenso haftet der Wirt für den vollen Wert, wenn er die ihm von dem Gaste angesonnene Übernahme der Sachen zur Aufbewahrung abgelehnt hat, einerlei, ob die Ablehnung auf einem triftigen Grunde beruhte oder nicht. Der Wirt hat endlich für den vollen Wert der von dem Gaste eingebrachten Gelder und Wertsachen auch dann zu haften, wenn der Verlust oder Schaden von ihm oder seinen Leuten verschuldet ist. Auch in bezug auf diese Gegenstände (Geld, Wertpapiere, Kostbarkeiten) wird durch einen etwaigen Anschlag des Wirts an seiner Verpflichtung nichts geändert; zulässig ist aber selbstverständlich eine besondere (ausdrückliche oder stillschweigende) Vereinbarung zwischen dem Wirt und dem Gast, daß der Wirt nur zu einem geringeren Betrage oder gar nicht haften oder daß er über den Betrag von eintausend Reichsmark hinaus haften solle. Ob der Wirt den Gast aufzunehmen oder zu behalten verpflichtet ist, richtet sich nach den bestehenden gewerbepolizeilichen Vorschriften. — Soweit die Gastwirte Vollkaufleute sind (s. „Kaufmann usw."), werden sie auch als verpflichtet anzusehen sein, die Bestimmungen des sog. Depotgesetzes über die Aufbewahrung von Wertpapieren (gesonderte Aufbewahrung, Eintragung in ein Depotbuch usw.) zu befolgen (s. „Depots, kaufmännische, 2"). — Ist dem Gast ein Verlust oder ein Schaden zugefügt, so ist er verpflichtet, unverzüglich, nachdem er hiervon Kenntnis erhalten hat, dem Wirte Anzeige zu machen, widrigenfalls er seinen Ersatzanspruch gegen den Wirt verliert. Der Wirt muß in der Lage sein, den Sachverhalt sofort zu untersuchen, um seinerseits die nötigen Schritte zur Verfolgung der Schuldigen usw. tun zu können. Waren die Sachen dem Wirte zur Aufbewahrung übergeben, so ist der Gast zur Anzeige nicht verpflichtet.

Ob die vorstehend mitgeteilten Bestimmungen über die besondere Haftpflicht der Gastwirte auch auf Schlafwagenunternehmer (Schlafwagengesellschaften) Anwendung finden, indem diese, da sie den Reisenden gewisser Züge gegen Lösung einer Zuschlagskarte die Benutzung eines Bettes gewähren, insoweit als beherbergende Gastwirte anzusehen sind und daher in dem gleichen Umfange wie jene für Verlust oder Beschädigung der von den Schlafwagenpassagieren eingebrachten Sachen haften, ist zweifelhaft (Reedereien eines Ozeandampfers haften nicht). Das Gesetz spricht sich darüber nicht aus. Während einige juristische Schriftsteller die Frage bejahen, wird sie von anderen verneint. Ist eine solche besondere Haftbarkeit der Schlafwagenunternehmer nicht anzuerkennen, so tritt ihre Haftpflicht nur ein, wenn von ihren Bediensteten Handgepäck speziell zur Aufbewahrung übernommen ist oder wenn jenen oder ihren Angestellten ein Verschulden zur Last fällt.

2. Pfandrecht des Gastwirts an den Sachen des Gastes. Das Gesetz gewährt aber andererseits den Wirten einen Schutz gegen ihre Gäste, indem es ihnen ein Pfandrecht an den von dem Gaste eingebrachten Sachen einräumt. Das Pfandrecht sichert den Wirt (soweit die eingebrachten Sachen reichen) für seine Forderungen an den Gast für Wohnung und Bewirtung, überhaupt für alle dem Gaste zur Befriedigung seiner Bedürfnisse gewährten Leistungen mit Einschluß etwaiger Auslagen. Hinsichtlich dieses Pfandrechts gelten dieselben Vorschriften wie für das dem Vermieter an den Sachen des Mieters zustehende Pfandrecht. S. den Artikel „Miete, Vermietung" unter 11.

3. Haftung für Unfälle der Gäste. Vergl. hierüber „Öffentliche Sicherheit".

Gatten s. Ehegatten.

Gattungsgeschäfte s. Gewährleistung usw. 8 u. Leistungen usw. 7 b.

Gebäudeeinsturz (836—838). Wird durch den Einsturz eines Gebäudes oder eines anderen mit einem Grundstücke verbundenen Werkes (z. B. eines Gerüstes, einer Mauer, eines Geländers, eines Brunnens usw.) oder durch Ablösung von Teilen des Gebäudes oder Werkes (z. B. Absturz eines Balkons, Stuckbekleidung, Dachziegel u. a.) ein Mensch verletzt oder getötet oder eine Sache beschädigt oder zerstört, so ist der Besitzer des Grundstücks zum Schadensersatz verpflichtet, wenn der Einsturz oder die Ablösung von Teilen des Gebäudes usw. eine Folge fehlerhafter Einrichtung oder mangelhafter Unterhaltung des Gebäudes oder des Werkes gewesen ist und er nicht beweisen kann, daß ihn ein Verschulden nicht trifft, daß er nämlich zum Zwecke der Abwendung der Gefahr die „im Verkehr erforderliche Sorgfalt" beobachtet hat. Er ist z. B. von Haftung frei, wenn der Schaden z. B. auf ein Naturereignis zurückzuführen ist, dem auch fehlerlose Anlagen nicht widerstanden hätten, z. B. Erdbeben, Orkane von außergewöhnlicher Stärke. Es soll also der Grundstücksbesitzer zwar nicht ohne sein Verschulden haftbar sein, aber er muß beweisen, daß ihn keine Schuld trifft, was in vielen Fällen auf dasselbe hinauslaufen wird, als wenn er ohne Verschulden haftbar wäre. Auch ein Vorbesitzer des Grundstücks ist für den Schaden verantwortlich, wenn der Einsturz oder die Ablösung von Teilen des Gebäudes oder Werkes innerhalb eines Jahres nach der Beendigung seines Besitzes erfolgt ist, wenn er nicht beweisen kann, entweder, daß er, solange er selber im Besitz gewesen, die erforderliche Sorgfalt beobachtet hat, oder daß der spätere Besitzer (oder einer der späteren Besitzer) die Gefahr hätte abwenden können, wenn er diese Sorgfalt beobachtet hätte. Der Besitzer des Grundstücks, der als solcher für den Schaden haftbar ist, braucht nicht gerade der Eigentümer des Grundstücks zu sein; er muß aber sog. „Eigenbesitzer" sein, d. h. er muß das Grundstück „als ihm gehörend" besitzen (Näheres siehe unter „Besitz" im Eingange).

Wer also bloß als Mieter oder Pächter oder als Verwalter usw. für einen anderen das Grundstück innehat, haftet als Besitzer nicht für den angerichteten Schaden. Besitzt jemand aber auf einem fremden Grundstück in Ausübung eines dinglichen oder persönlichen Rechts selbst ein Gebäude oder ein anderes Werk (es hat z. B. ein Mieter oder Pächter auf dem gemieteten usw. Grundstück vorübergehend ein Gebäude errichtet), so trifft ihn an Stelle des Besitzers des Grundstücks die vorbesprochene Verantwortlichkeit für einen durch Einsturz usw. entstandenen Schaden. Dagegen haftet der Mieter oder Pächter, wenn er auch das ganze (dem Vermieter gehörige) Haus gemietet usw. hat, nicht für den durch Einsturz entstehenden Schaden. Aber auch noch andere Personen sind für solchen Schaden in gleicher Weise haftbar; einmal derjenige, der für den Besitzer die Unterhaltung des betreffenden Gebäudes oder Werkes übernommen hat (z. B. als Hausverwalter oder auch als Mieter oder Pächter), sodann aber auch der, welcher das Gebäude oder Werk vermöge eines ihm zustehenden Nutzungsrechts (z. B. eines Nießbrauchs) kraft gesetzlicher Pflicht zu unterhalten hat. Endlich haftet dem Beschädigten jeder, der nach den allgemeinen Rechtsgrundsätzen über Schadensersatz wegen eines ihn treffenden Verschuldens für den aus dem mangelhaften Zustande des Gebäudes oder Werkes entstandenen Schadens verantwortlich ist, z. B. der Baumeister oder Handwerker, auf dessen Verschulden der Fehler in der Anlage zurückzuführen ist.

Alle diese vorgenannten als haftbar bezeichneten Personen haften dem Geschädigten als Gesamtschuldner, d. h. jeder kann von ihm auf den ganzen Schaden in Anspruch genommen werden (840). Hat aber der Grundstücks- oder Gebäudebesitzer oder der zur Unterhaltung des Gebäudes oder Werkes Verpflichtete für den Schaden aufkommen müssen, so kann er seinerseits von dem gleichfalls verantwortlichen Baumeister oder Handwerker wieder Erstattung des von ihm geleisteten Schadensersatzes verlangen (840 Abs. 3).

Fällt dem Beschädigten selbst ein Verschulden zur Last, so gilt das was in dem Artikel „Schadensersatz, allgemeine Bestimmungen über" über „beiderseitiges Verschulden" gesagt ist. Über den Fall, daß einem Grundstück durch den Einsturz eines benachbarten Gebäudes oder Werkes erst Gefahr droht, s. „Grundeigentum 2 d". Über unzulässige gefahrdrohende Vertiefung eines Grundstücks siehe daselbst 2 e. —

Für einen durch Herabfallen usw. eines beweglichen Gegenstandes entstandenen Schaden haftet der Besitzer des Gegenstandes nur dann, wenn er vorsätzlich gehandelt hat oder wenn ihm eine Fahrlässigkeit zur Last fällt; es hat z. B. jemand einen Blumentopf ohne Sicherungsmaßregeln auf die Fensterbank gesetzt.

In welchem Umfange Schadensersatz zu leisten ist, darüber vgl. „Schadensersatz wegen unerlaubter Handlungen 6".

Gebäude, gemeinschaftliche. Eigentums- oder vererbliche und veräußerliche Nutzungsrechte, die sich auf einen Teil eines Gebäudes (z. B. ein Stockwerk, einen Keller usw.) beziehen sollen, gibt es nach dem Bürgerlichen Gesetzbuch nicht; wird ein solches Recht bestellt, so ist es ungültig. Etwas anderes ist es, wenn mehrere zusammen ein Gebäude besitzen (im Eigentum haben); sie sind dann Miteigentümer; siehe darüber unter „Miteigentum". Da es aber in einigen deutschen Staaten (z. B. in Bayern, Württemberg und im Gebiete des französischen Rechts) vor dem Inkrafttreten des BGB. vererbliche und veräußerliche Nutzungsrechte an einzelnen Teilen eines Gebäudes, sog. Stockwerksberechtigungen, gab, so bleiben diese in Kraft. Den Landesgesetzen ist auch vorbehalten, solche Rechte neu zu begründen. Die Landesgesetzgebungen haben hiervon keinen Gebrauch gemacht (EGBGB. 131, 181, 182).

Gebäudeteile, Eigentum oder Nutzungsrechte an, s. Gebäude, gemeinschaftliche.

Gebräuche bei Kaufleuten s. Handelsgeschäfte 1.

Gebrauchsgegenstände, Modelle von, Schutz der, s. Musterschutz.

Gebrauchsmuster, Schutz der, s. Musterschutz.

Gebrauchsrecht s. Persönliche Dienstbarkeiten.

Gebrechen als Ablehnungsgrund bei Vormundschaften s. Vormundschaft 2; körperliche Gebrechen, Anordnung einer Pflegschaft wegen solcher, s. Pflegschaft 1b.

Gebundensein an einen Vertragsantrag s. Vertrag, Vertragsantrag usw.; an ein Gebot bei der Versteigerung s. Versteigerung.

Geburt eines Kindes nach Auflösung der Ehe s. Ehelichkeit eines Kindes 1.

Geburtstag, Berechnung, s. Fristen und Termine.

Gefahr, drohende, durch Tiere oder Sachen, Selbstverteidigung gegen, s. Selbstverteidigung; Tragung der Gefahr bei Übersendung von Waren s. Kauf und Verkauf 6; gemeinsame, s. Gemeinsame Gefahr.

Gefährliche Betriebe, Haftpflicht der, s. Haftpflicht der Eisenbahnen usw.

Gefängnisstrafe, Verwirkung der elterlichen Gewalt wegen, s. Verwaltung und Nutzung des Kindesvermögens 2.

Gefundene Sachen (965—984). Wer eine Sache, die ein anderer verloren hat oder die ihm sonst abhanden gekommen ist, findet, kann sie liegen lassen; er braucht sich im Interesse des Verlierers nicht zu bemühen. Wenn er sie aber an sich nimmt, so übernimmt er damit die nachstehend bezeichneten Pflichten, deren Verabsäumung ihn schadensersatzpflichtig machen und ihm sogar unter Umständen eine Anklage wegen Unterschlagung zuziehen kann.

Als verloren werden nur solche Sachen gelten können, die sich in niemandes tatsächlicher Gewalt befinden und die aus der Gewalt des früheren unmittelbaren Besitzers ohne dessen Willen gekommen sind. Es gehören daher nicht zu den verlorenen Sachen im Sinne des Gesetzes solche Sachen, die durch das Abhandenkommen sogleich in den Besitz eines anderen gelangt sind. Verliert z. B. jemand seine Brieftasche in einer Droschke, so ist die Tasche dadurch in die tatsächliche Gewalt (den Besitz) des Droschkenbesitzers gelangt, wenn dieser auch nichts davon weiß (vgl. „Besitz 1"); wer sie also „findet", hat keinen Anspruch auf den Finderlohn. Ebenso, wenn jemand sein Portemonnaie in einem Laden liegenläßt; es ist dann nicht verloren im Sinne des Gesetzes, sondern in den Besitz des Ladeninhabers gelangt. „Verlegte" Sachen sind selbstverständlich nicht verloren.

1. Pflichten des Finders. (Das nachfolgende, unter 1 und 2 Gesagte bezieht sich nicht auf Funde in Eisenbahnwagen, in öffentlichen Gebäuden usw.; s. unten 3.) Der Finder hat vor allem die Verpflichtung, unverzüglich von dem Funde dem Verlierer, dem Eigentümer oder sonstigen Empfangsberechtigten Anzeige zu machen (965). Der Verlierer soll, wenn möglich, ermittelt werden, damit er das Verlorene wiedererhält. Ist dem Finder eine dieser Personen nicht bekannt, so muß er die Anzeige bei der Polizeibehörde erstatten. Ermittlungen braucht er nicht selbst anzustellen, er muß aber alle Tatsachen, die ihm bekannt sind und zur Ermittlung des Verlierers führen können, der Polizeibehörde mitteilen. Ausnahmsweise braucht eine Anzeige bei der Polizei nicht gemacht zu werden, wenn der Wert der gefundenen Sache nicht mehr als drei Mark beträgt; die Anzeige an den bekannten (oder mutmaßlichen) Verlierer oder sonstigen Empfangsberechtigten (Eigentümer usw.) muß aber auch in diesem Falle gemacht werden. Eine Verzögerung der Anzeige kann den Finder in den Verdacht unredlicher Absichten bringen und daher möglicherweise die Einleitung einer strafrechtlichen Untersuchung gegen ihn zur Folge haben; jedenfalls macht sie ihn für den etwaigen Schaden verantwortlich und bringt ihn um den Finderlohn (s. unten 2). Der Finder ist ferner verpflichtet, die gefundene Sache, wenn er sich ihrer einmal angenommen hat, aufzubewahren und das für ihre Erhaltung Nötige zu tun (966); er muß für den Verlust oder eine Beschädigung der Sache aufkommen, wenn ihm Vorsatz oder grobe Fahrlässigkeit zur Last fallen. Das Gefundene nachträglich wieder fortzuwerfen oder es wieder an den Platz zu legen, wo er es gefunden hat, ist er nicht berechtigt, nachdem er die Sache einmal in Besitz genommen hat. Ist ein Verderben des Gefundenen zu befürchten oder ist die Aufbewahrung mit unverhältnismäßigen Kosten verbunden, so muß der Finder die Sache öffentlich versteigern lassen (Näheres s. „Versteigerungsrecht eines Schuldners"); vor der Versteigerung muß er der Polizei davon Anzeige machen. Den Erlös der Versteigerung hat er dann an Stelle der gefundenen Sache aufzubewahren; er kann jedoch auch den Fund oder den Erlös an die Polizeibehörde abliefern; er verliert dadurch seine etwaigen demnächstigen Anrechte an die Sache sowie seinen Anspruch auf den Finderlohn (siehe weiter unten) nicht (975).

Ablieferung an die Polizei. Tätigkeit der Polizeibehörde (967). Das Gesetz enthält keine Bestimmungen darüber, daß alle gefundenen Sachen an die Polizei abgeliefert werden müßten (über die Befugnis des Finders zur Ablieferung an die Polizei siehe vorstehend). Die Polizeibehörde ist aber berechtigt, eine dahingehende allgemeine Bestimmung zu erlassen. Ist dies geschehen, dann hat allerdings der Finder nicht nur das Recht, sondern auch die Pflicht, das Gefundene an die Polizei abzuliefern. Besteht eine solche allgemeine polizeiliche Anordnung nicht, so kann dennoch die Polizei im einzelnen Falle und zu jeder Zeit verfügen, daß der Fund oder, wenn die gefundene Sache durch den Finder schon versteigert ist, der Versteigerungserlös an sie abgeliefert werden soll.

Da den Polizeibehörden in Fundangelegenheiten eine erhebliche Mitwirkung zugewiesen ist, so sind besondere Vorschriften erforderlich, die zu erlassen Sache der Landesgesetze oder Landesbehörden ist. (Derartige Vorschriften sind erlassen: für *Preußen* durch die Dienstanweisung v. 27. Okt. 1899; für *Bayern* durch die Min.-Bek. v. 14. Dezbr. 1899; für *Sachsen* durch die Verordn. v. 6. Juli 1899, 24—26; für *Baden* durch die Verordn. v. 11. Nov. 1899, 19 ff.; für *Hessen* durch die Verordn. v. 9. Aug. 1899 usw.)

Rückgabe an den Verlierer (969). Der Finder genügt seiner Verpflichtung, die gefundene Sache dem Berechtigten herauszugeben, in allen Fällen dadurch, daß er sie *dem Verlierer* zurückgibt, mag dieser sein, wer er wolle, z. B. der Eigentümer selbst oder ein sonst zum Besitze der Sache Berechtigter, etwa ein Mieter, ein Leiher, ein Aufbewahrer oder auch ein Dienstbote des Eigentümers usw. Nur wenn der Finder *weiß* oder den Umständen nach wissen muß, daß der eigentliche Verlierer kein Recht an der Sache hat (sie z. B. gestohlen hatte) oder ein solches nicht mehr hat, darf er die Sache an ihn nicht herausgeben. Hat z. B. ein Kutscher die seinem Herrn gehörige Pferdedecke verloren, so darf der Finder sie ihm nicht wieder aushändigen, *wenn er weiß*, daß der Kutscher inzwischen seines Dienstes entlassen ist. Durch die Ablieferung der Sache an die Polizei befreit sich der Finder auf alle Fälle von der Verantwortlichkeit für die Herausgabe der Sache an den wahren Empfangsberechtigten; die Polizei darf aber die Sache oder den Erlös ohne seine *Zustimmung* an niemanden, auch nicht an den Verlierer herausgeben, was für den Finder deshalb von Wichtigkeit ist, weil er außer seinem Anspruch auf den Finderlohn auch Ansprüche wegen Verwendungen auf die Sache (Fütterungskosten, Aufbewahrungsgebühren usw.) gegen den Verlierer haben kann und die Sache, ehe er dieserhalb befriedigt ist, nicht herauszugeben braucht.

2. *Rechte des Finders. Finderlohn. Auslagenersatz usw.* Hat der Finder zum Zwecke der Verwahrung oder Erhaltung der Sache oder zum Zwecke der Ermittelung des Verlierers oder eines sonstigen Empfangsberechtigten *Aufwendungen* gemacht (z. B. Fütterungskosten, Ausruf- oder Insertionsgebühren usw.), die er den Umständen nach für erforderlich halten durfte, so kann er von dem, der die Sache zurückempfängt, Ersatz dafür verlangen (970). Außerdem kann der Finder einen *Finderlohn* beanspruchen (971). Der Finderlohn beträgt von dem Werte der Sache bis zu 300 Mark fünf vom Hundert, von dem Mehrwert eins vom Hundert; bei Tieren überhaupt eins vom Hundert. Hat die Sache keinen allgemeinen Wert, wenn sie auch für den Verlierer von Wert ist (z. B. Hypothekenurkunden, Privatbriefe u. dergl.; auch *Sparkassenbücher* gehören hierher, da der Finder nicht das bei der Sparkasse belegte Geld, sondern nur das darüber ausgestellte Buch gefunden hat), so ist der Finderlohn mangels einer Einigung unter den Beteiligten durch das Gericht nach billigem Ermessen festzusetzen. Bei der Berechnung des Finderlohnes darf der Verlierer die dem Finder zu ersetzenden Aufbewahrungs-, Fütterungs- usw. Kosten von dem Werte der Sache nicht abziehen. Der Finder kann einen Finderlohn *nicht* beanspruchen, wenn er der ihm obliegenden Verpflichtung, von dem Funde Anzeige zu machen (vorstehend 1), nicht oder nicht gehörig nachgekommen ist oder wenn er gar den Fund auf Nachfrage verheimlicht hat. Von einem Finderlohn kann übrigens selbstverständlich nur dann die Rede sein, wenn die Sache *wirklich verloren* war; wer eine vom Eigentümer stehen- oder liegengelassene Sache an sich nimmt, ehe noch der Eigentümer den Besitz der Sache tatsächlich *verloren* hat (s. „Besitz"), ist kein Finder. Wegen seiner Verwendungen auf die Fundsache und des Finderlohnes kann der Finder die Herausgabe der Sache an den Verlierer so lange verweigern, bis seine Ansprüche befriedigt sind. *Dem Verlierer steht es aber frei*, die Zahlung abzulehnen und sich dadurch, daß er auf die Fundsache zugunsten des Finders verzichtet, von der Zahlung zu befreien. Der Verlierer hat übrigens die Befugnis, unter Verzichtleistung auf die Sache den Ersatz der Verwendungen und die Zahlung des Finderlohns zu verweigern, *nicht* mehr, wenn der Finder bei der Rückgabe der Sache an ihn sich seine desfallsigen Ansprüche *vorbehalten* und der Verlierer dessenungeachtet die Sache angenommen hat. Hat der Finder die Sache *ohne Vorbehalt* dem Verlierer zurückgegeben, so kann er zwar seine Ansprüche nachträglich noch geltend machen; er muß aber gewärtigen, daß der Verlierer, wenn ihm die Beträge zu hoch sind, ihm (dem Finder) die Sache zurückgibt und auf seine Rechte daran verzichtet. Auch erlöschen die Ansprüche des Finders, wenn er bei der Herausgabe der Sache an den Verlierer dieserhalb keinen Vorbehalt gemacht hat, binnen einem Monat nach der Herausgabe, wenn er sie nicht innerhalb dieser Frist gerichtlich geltend macht oder etwa der Verlierer nachträglich sie anerkennt. Hat der Finder die Ansprüche sich vorbehalten, so verjähren sie erst nach Ablauf von dreißig Jahren.

Eigentumserwerb des Finders (973). Hat der Finder die ihm obliegende Anzeige über den Fund (s. oben 1) gemacht, so kann er den weiteren Verlauf der Sache abwarten, einerlei ob er die Sache selbst in Verwahrung genommen oder sie an die Polizei abgeliefert hat, sofern nicht der gehörig legitimierte Verlierer oder ein sonstiger Empfangsberechtigter sich meldet. Hat bis zum Ablaufe *eines Jahres* seit der Anzeige des Fundes bei der Polizei kein Empfangsberechtigter sein Recht bei der Polizeibehörde angemeldet und ist ein solcher dem Finder auch sonst nicht bekannt geworden, so *geht* mit diesem Zeitpunkt das *Eigentum an der Fundsache auf den Finder über*. Ist jedoch ein Empfangsberechtigter ermittelt, so kann der Finder ihn unter Bestimmung einer angemessenen Frist auffordern, sich zu erklären, ob er die Sache gegen Ersatz der (dem Kostenbetrage nach anzugebenden) Aufwendungen und Zahlung des Finderlohnes abnehmen wolle; erklärt sich der Betreffende nicht rechtzeitig hierzu bereit, so erwirbt der Finder gleichfalls das Eigentum an der Fundsache (974). Mit dem Übergange des Eigentums auf den Finder erlöschen alle sonst an der Sache etwa bestehenden Rechte anderer Personen. Bei Fundsachen, deren Wert *drei Mark* nicht übersteigt, ist das Verfahren ein etwas anderes. Die einjährige Frist beginnt hier, da ja eine Anzeigepflicht nicht besteht, mit dem Zeitpunkt, wo die Sache gefunden wurde. Der Finder erwirbt das Eigentum nicht, wenn er den Fund auf Anfrage verheimlicht hat; sonst erwirbt er das Eigentum, wenn innerhalb der einjährigen Frist ihm kein Empfangsberechtigter bekannt geworden ist. Ob der Verlierer seinen Verlust bei der Polizei angezeigt hat oder nicht, ist einerlei. Die Anmeldung des Verlustes bei der Polizei steht dem Eigentumserwerbe des Finders nicht entgegen. Ist ihm vor Ablauf der Frist ein Berechtigter bekannt geworden, so kann er diesen, wie vorbesprochen, zur Erklärung auffordern; er erwirbt das Eigentum, wenn die Erklärung nicht rechtzeitig abgegeben wird.

Aber trotz Übergangs des Eigentums kann der sich später meldende Verlierer noch die Herausgabe des Fundes vom Finder verlangen, jedoch nur nach den Grundsätzen der ungerechtfertigten Bereicherung (s. d.). Dieses Recht erlischt mit Ablauf von drei Jahren nach dem Eigentumsübergang.

Verzicht des Finders auf das Eigentum (976). Der Finder kann übrigens auf das Eigentum an der gefundenen Sache (falls sich kein Berechtigter melden sollte) verzichten; er kann dies der Polizei (bei Ablieferung der Sache oder später) erklären. Dann ist die Angelegenheit für ihn erledigt. Das Recht des Finders geht dann auf die Gemeinde des Fundorts über. Hat der Finder die Sache oder den Erlös der durch ihn selbst veranlaßten Versteigerung der Sache an die Polizei abgegeben und demnächst das Eigentum an der Sache oder dem Gelde nach den vorstehend mitgeteilten Bestimmungen bereits erworben, so verliert er sein Eigentum zugunsten der Gemeinde des Fundorts, wenn er vor Ablauf der von der Polizei ihm gesetzten Frist die Herausgabe nicht verlangt.

3. Funde in Eisenbahnwagen, Warteräumen, öffentlichen Bureaus usw. (978 bis 983). Was vorstehend über die Rechte und Pflichten des Finders einer Sache gesagt ist, findet keine Anwendung, wenn eine Sache in den Geschäftsräumen oder den Beförderungsmitteln (Post-, Eisenbahn-, Pferdebahnwagen, Schiffen, Fährbooten usw.) einer öffentlichen Behörde oder einer dem öffentlichen Verkehre dienenden Verkehrsanstalt gefunden wird. Wer eine solche Sache an sich nimmt, muß sie unverzüglich an die betreffende Behörde oder Verkehrsanstalt oder einen ihrer Angestellten abliefern. Der Finder hat kein Recht an der Sache und keinen Anspruch auf einen Finderlohn. Die weitere Verwahrung der Sache und die Pflicht zur Herausgabe an den Berechtigten liegt der Behörde oder Verkehrsanstalt ob; über das dabei zu beobachtende Verfahren bestimmen die Landesgesetze das Nähere. Die Behörde oder Verkehrsanstalt ist berechtigt, die Fundsache öffentlich versteigern zu lassen; der Erlös tritt dann an die Stelle der Sache. Vor der Versteigerung sind die Empfangsberechtigten öffentlich (durch Aushang an amtlicher Stelle oder Bekanntmachung in öffentlichen Blättern) zur Anmeldung ihrer Rechte binnen einer bestimmten, mindestens sechswöchentlichen Frist, aufzufordern. Die Frist beginnt mit dem Aushange oder, wenn Bekanntmachungen in öffentlichen Blättern erfolgt sind, mit der letzten Einrückung. Hat binnen drei Jahren nach Ablauf dieser Frist der Berechtigte sich nicht gemeldet, so verfällt der Versteigerungserlös bei Reichsbehörden und Reichsanstalten an den Reichsfiskus, bei Landesbehörden und Landesanstalten an den Landesfiskus, bei Gemeindebehörden und Gemeindeanstalten an die Gemeinde, bei Verkehrsanstalten, die von einer Privatperson betrieben werden, an diese.

Ist die Versteigerung ohne die öffentliche Bekanntmachung erfolgt, so beginnt die dreijährige Frist erst, nachdem die Empfangsberechtigten in einer öffentlichen Bekanntmachung des Fundes zur Anmeldung ihrer Rechte aufgefordert worden sind. Das gleiche gilt, wenn gefundenes Geld abgeliefert worden ist. Die Kosten werden von dem herauszugebenden Betrag abgezogen. Ist eine öffentliche Behörde im Besitz einer Sache, zu deren Herausgabe sie verpflichtet ist, ohne daß die Verpflichtung auf Vertrag beruht, so finden, wenn der Behörde der Empfangsberechtigte oder dessen Aufenthalt unbekannt ist, die vorstehend mitgeteilten Vorschriften entsprechende Anwendung.

4. Finden eines Schatzes (984). Ein „Schatz" im Rechtssinn ist jede Sache, die so lange verborgen gelegen hat, daß der Eigentümer nicht mehr zu ermitteln ist. Die Eigenschaft des „Schatzes" ist also nicht auf Geld (Münzen), kostbare Geräte u. dergl. beschränkt. Wer einen Schatz entdeckt (findet) und in Besitz nimmt, der erwirbt dadurch das Eigentum an der Hälfte des Schatzes; die andere Hälfte gehört dem Eigentümer der Sache, in welcher der Schatz verborgen war (des Grundstücks, in welchem die Geräte vergraben waren; des Schrankes, in dessen Geheimfach das Geld entdeckt wurde usw.). Ob der Schatz zufällig entdeckt wurde oder ob der Entdecker Nachforschungen, Nachgrabungen usw. (in erlaubter oder unerlaubter Weise) danach veranstaltet hat, ist einerlei. Gehört die Sache, in der der Schatz entdeckt wurde, dem Finder selbst, so erwirbt dieser das volle Eigentum an dem Schatz. Zu einer Anzeige bei der Polizei über das Finden eines Schatzes ist der Finder nicht verpflichtet. Hat jemand einen Schatz zwar entdeckt, ihn aber nicht in Besitz genommen, so geht er seiner Finderhälfte verlustig. Dem Staate (Fiskus) oder der Gemeinde stehen keine Rechte an dem gefundenen Schatze zu; es kann aber durch Landesgesetze im öffentlichen Interesse angeordnet werden, daß gewisse gefundene Sachen, z. B. alte Münzen oder sonstige wertvolle Altertümer, gegen Ersatz des Wertes an Museen oder andere öffentliche Behörden oder Anstalten abgeliefert werden müssen. Daß der Finder des Schatzes dem Eigentümer des Grundstücks oder der Sache, in der der Schatz gefunden wurde, Nachricht davon zu geben habe, ist zwar gesetzlich nicht vorgeschrieben; der Finder könnte aber durch die Unterlassung einer Anzeige sich den Verdacht der Unterschlagung zuziehen; die Mitteilung des Fundes ist deshalb rätlich. Ist der Schatz eine Sache, die nicht geteilt werden kann, so finden für die Auseinandersetzung zwischen den Miteigentümern die gesetzlichen Vorschriften über die Aufhebung einer „Gemeinschaft" (s. d.) Anwendung.

Wer an der Sache, in welcher der Schatz gefunden ist, kein Eigentum, sondern bloß ein Nießbrauchsrecht hat, hat keine Anrechte an den Schatz.

5. Strandgut. Für das Finden von Sachen auf dem Meere oder am Strande gelten besondere Bestimmungen. S. „Strandgut".

Gegenleistung s. Gegenseitige Verträge.

Gegenrechnung s. Aufrechnung.

Gegenseitige Einwilligung ist kein Ehescheidungsgrund s. Ehescheidung 1.

Gegenseitige Erbverträge s. Erbvertrag 3.

Gegenseitiges Testament von Ehegatten s. Gemeinschaftliches Testament usw.

Gegenseitige Verträge (320—327). Gegenseitige Verträge sind solche, durch die jeder vertragschließende Teil eine Forderung gegen den anderen erwirbt, durch die daher auch jeder Teil dem anderen gegenüber zu einer Leistung verpflichtet wird (beim Kauf muß der eine die Sache, der andere Geld geben; bei der Miete der eine die Wohnung einräumen, der andere den Mietzins entrichten usw.); es stehen sich also hier Forderung und Gegenforderung, Leistung und Gegenleistung aus einem Vertrage gegenüber. Für solche Verträge stellt das Gesetz einige allgemeingültige Sätze auf. Diese sind im wesentlichen:

1. Erfüllung des Vertrages. Regel ist, daß der Vertrag von beiden Teilen Zug um Zug, d. h. wechselseitig zu gleicher Zeit, zu erfüllen ist (320). Wer im Laden einen Hut kauft, hat — wenn ihm nicht etwa Kredit bewilligt wird — den Kaufpreis sofort zu erlegen, Ware gegen Geld, Geld gegen Ware. Aber im praktischen Leben sind die Fälle sehr häufig, wo diese Regel nicht innegehalten werden kann, wo nach der Natur des Geschäfts oder infolge Vereinbarung zunächst der eine und erst später der andere die vertragsmäßige Leistung zu machen hat. Wer ein Theater besucht, zahlt erst das Eintrittsgeld und empfängt nachher die Gegenleistung; wer eine Wohnung gemietet hat, erhält erst die Gegenleistung, indem er von der Wohnung Gebrauch macht, und zahlt hinterher den Mietzins (wenn nicht vereinbarungsgemäß die Miete im voraus zu zahlen ist). Die obige Regel hat also nur die Bedeutung, daß, wenn weder das Gesetz noch eine Vereinbarung der Beteiligten im einzelnen Falle etwas anderes bestimmt, auch aus der Natur des Geschäfts sich nicht das Gegenteil ergibt, keine der Parteien beim gegenseitigen Vertrage von der anderen die Leistung verlangen kann, wenn sie nicht gleichzeitig selber leistet, und zwar genau das und soviel leistet, als sie nach dem Vertrage zu leisten verpflichtet ist; der andere kann solange seine Leistung zurückbehalten (320). Wer aus einem gegenseitigen Vertrage klagt, z. B. auf Lieferung eines gekauften Pferdes, kann nicht verlangen, daß der Verkäufer zur Lieferung des Pferdes verurteilt werde (falls er nicht etwa den Preis schon bezahlt hat), sondern nur, daß er zur Lieferung des Pferdes gegen Empfang des Kaufpreises (also Zug um Zug) verurteilt werde (322).

Wenn Zug um Zug geleistet werden muß und auf seiten der einen vertragschließenden Partei mehrere Personen stehen (es haben z. B. zwei Personen eine Sache verkauft und es steht jedem von ihnen die Hälfte des Kaufpreises zu), so kann jeder Verkäufer seine Hälfte des Preises nur fordern, wenn gleichzeitig dem Käufer die (ganze) gekaufte Sache übergeben wird. Hat jemand an zwei Personen ein Haus verkauft, so braucht er das Haus nur dann zu Eigentum aufzulassen, wenn ihm das ganze Kaufgeld gezahlt wird.

Der Satz, daß jemand seine Leistung so lange zurückhalten kann, bis die Gegenleistung im vollen Umfange erfolgt, soll nach dem Gesetze aber nicht auf die Spitze getrieben werden. Wollte z. B. jemand, der auf den Kaufpreis für ein ihm bereits geliefertes Pferd verklagt ist, Abweisung des Verkäufers mit der ganzen Klagforderung verlangen, weil etwa das mitverkaufte Zaumzeug ihm nicht mitübergeben oder weil das Pferd ein paar Tage zu spät, also nicht zur vertragsmäßigen Zeit, geliefert ist, so würde dieses gegen Treu und Glauben verstoßen (320 Abs. 2); er kann billigerweise nicht mehr verlangen, als daß er für das nicht mitgelieferte Zaumzeug oder für den ihm aus der verspäteten Lieferung erwachsenen Nachteil entschädigt wird.

Ist jemand kraft Gesetzes oder auf Grund vertragsmäßiger Vereinbarung verpflichtet, „vorzuleisten“, d. h. seinerseits zu leisten, ehe der andere Teil zu leisten braucht (z. B. der Vermieter, welcher dem Mieter die Wohnung zur bestimmten Zeit einräumen muß, kann — wenn nicht in dem Mietvertrage etwas anderes vereinbart ist — gesetzlich den Mietzins erst nach Ablauf der Mietzeit oder des Quartals fordern usw.), so kann er dadurch gefährdet werden, daß nach Abschluß des Vertrages in den Verhältnissen des anderen eine wesentliche Verschlechterung eintritt (322). In solchem Falle kann die Leistung verweigert werden, bis die Gegenleistung bewirkt oder Sicherheit für sie geleistet wird. Auf den Fall, daß schon vor oder beim Vertragsabschluß Umstände vorhanden waren, welche die Gegenleistung gefährden können, aber dem anderen Teile nicht bekannt waren, bezieht sich die Vorschrift nicht; der Betreffende muß also seinerseits leisten, wenn auch der Empfang der Gegenleistung zweifelhaft ist; er kann auch keine Sicherheit verlangen.

2. Unmöglichkeit der Erfüllung der Verpflichtung seitens des einen Teils. Wird bei gegenseitigen Verträgen die dem einen Teil obliegende Leistung nach dem Vertragsabschluß unmöglich, so fragt es sich, ob der Betreffende dadurch von seiner Leistung befreit wird oder ob er dem anderen Schadensersatz zu leisten hat; ferner aber, ob er nun (trotz der Unmöglichkeit der Leistung von seiner Seite) doch die Gegenleistung fordern kann. Eine Unmöglichkeit einer Leistung liegt nicht nur dann vor, wenn die Leistung überhaupt unmöglich ist (z. B. wenn das verkaufte Bild inzwischen verbrannt ist), sondern auch dann, wenn der Verpflichtete genau zu einer bestimmten Zeit leisten mußte, so daß jede Leistung zu einer anderen Zeit als vom Gläubiger nicht gewollt anzusehen ist, dieser Zeitpunkt aber verstrichen ist. Ob ein Schuldner nach eingetretener Unmöglichkeit der Leistung doch für sie verhaftet bleibt, darüber ist das Nötige in dem Artikel „Leistungen“ unter 7 mitgeteilt. Hier handelt es sich darum, was aus der Gegenleistung wird.

Es kommt darauf an, aus welchem Grunde die Leistung unmöglich ist. Es ist zu unterscheiden:

a) Die Leistung ist aus einem Grunde unmöglich, den weder der zur Leistung Verpflichtete noch der andere zu vertreten hat (s. „Vertretung von Vorsatz, Fahrlässigkeit usw.“); es ist z. B. das Pferd, das dem Käufer zu einem bestimmten Zeitpunkt geliefert werden sollte, vom Blitze erschlagen (323). Dann verliert der Verkäufer, der das Pferd nicht mehr liefern kann, seinerseits den Anspruch auf die Gegenleistung: das Kaufgeld; den schon empfangenen Kaufpreis muß er zurückgeben. Hat jemand zwei Pferde verkauft und eins davon geht ohne seine oder des Käufers Schuld zugrunde, so kann er nur den Preis für das eine Pferd, das er liefert, fordern. Über andere für diesen Fall getroffene Gesetzesbestimmungen muß auf den § 323 verwiesen werden.

b) Die Leistung ist aus einem Grunde unmöglich, den der zur Leistung Verpflichtete zu vertreten hat (325). Dies ist besonders der Fall, wenn die Unmöglichkeit auf bösem Willen oder Fahrlässigkeit des Verpflichteten beruht; aber auch dann, wenn er deshalb nicht zahlen oder sonst seine Verbindlichkeit nicht erfüllen kann, weil er mittellos ist; denn die mangelnde Zahlungsfähigkeit, auch wenn sie ohne Verschulden eingetreten ist, befreit den Schuldner nicht von seiner Verpflichtung. In diesem Falle hat der andere Teil die Wahl zwischen den nachbezeichneten Befugnissen: 1. Er kann bei dem abgeschlossenen Vertrage stehen bleiben und leistet dann dem anderen, was dieser nach dem Vertrage zu fordern hat, verlangt aber von diesem Schadensersatz, weil er den Vertrag nicht erfüllt hat. Beispiel: Ich habe ein Pferd für 600 Mk. gekauft, das mir am 1. März übergeben werden soll; der Verkäufer hat es aber inzwischen anderweitig verkauft. Ich mache nun geltend (was ich natürlich nötigenfalls beweisen muß), daß das Pferd einen reellen Wert von 800 Mk. hatte und daß ich dadurch, daß mir das Pferd zur vereinbarten Zeit nicht geliefert wurde, noch 100 Mk. Schaden gehabt habe, fordere also vom Verkäufer 900 Mk. abzüglich der von mir zu zahlenden 600 Mk.; mithin 300 Mk. 2. Der andere Teil kann aber auch, wenn von der Gegenseite der Vertrag nicht erfüllt wird, von dem Vertrage zurücktreten, wenn dies seinem Vorteil mehr entspricht; es wird dann so angesehen, als wenn ein Vertrag zwischen beiden Teilen überhaupt nicht geschlossen wäre. Er kann das von ihm etwa schon Gezahlte oder sonst Hingegebene zurückfordern. Das Nähere über die eintretenden Rechtsfolgen s. in dem Artikel „Rücktritt vom Vertrage". 3. Der andere Teil kann aber endlich auch, ohne vom Vertrage zurückzutreten, geltend machen, daß er nun auch seinerseits den Vertrag nicht zu erfüllen brauche; hat er schon gezahlt oder geleistet, so kann er das Gegebene zurückfordern. Wegen einiger näherer Bestimmungen über diesen Fall muß auf § 327 BGB. verwiesen werden. Bei teilweiser Unmöglichkeit der Erfüllung auf der einen Seite ist der andere Teil, wenn die teilweise Erfüllung für ihn keinen Wert hat, berechtigt, Schadensersatz wegen Nichterfüllung der ganzen Verbindlichkeit zu verlangen oder von dem ganzen Vertrage zurückzutreten. Bloße sogenannte „wirtschaftliche Unmöglichkeit", z. B. wenn es dem Verkäufer „nicht möglich", d. h. nicht zweckbar erscheint, zu dem ausgemachten Preise zu liefern, ist keine Unmöglichkeit im Rechtssinne; er muß den Vertrag trotzdem erfüllen.

Ist der eine Teil zur Zahlung oder einer sonstigen Leistung rechtskräftig verurteilt, so kann der andere ihm dazu eine angemessene Frist mit der Erklärung setzen, daß er die Zahlung usw. nach Ablauf der Frist ablehne (s. „Leistungen" 8 a. Schl.). Erfolgt innerhalb der Frist die Zahlung oder Leistung nicht, so hat der andere dieselben Rechte, wie vorstehend angegeben, d. h. er kann wählen, ob er auf Grund des Vertrages Schadensersatz fordern oder ob er von dem Vertrage nun ganz zurücktreten oder ob er nach § 327 des Gesetzbuches die Gegenleistung verweigern will. Nur ein Verkäufer, der die verkaufte Sache schon geliefert und das Kaufgeld kreditiert hat, kann nicht mehr von dem Vertrage zurücktreten, sondern hat nur die beiden anderen Befugnisse. Zurückfordern kann er also die verkaufte Sache nicht.

c) Die Leistung ist aus einem Grunde unmöglich, den der zum Empfange der Leistung Berechtigte zu vertreten hat (324). Der Käufer hat z. B. das gekaufte aber ihm noch nicht übergebene Pferd aus dem Stall gezogen und fahrlässigerweise zugrunde gerichtet. Dann ist der Verkäufer von seiner Verpflichtung, das Pferd zu liefern, befreit; aber er behält den Anspruch auf die Gegenleistung, das Kaufgeld, wie wenn er den Vertrag erfüllt hätte. Er muß sich jedoch das anrechnen lassen, was er infolge der Befreiung von der Leistung erspart oder durch anderweitige Verwendung seiner Arbeitskraft erwirbt oder zu erwerben böswillig unterläßt. Ist z. B. dem, der sich zu einer Arbeit verdungen hat, der Antritt der Arbeit durch Schuld des Arbeitgebers unmöglich gemacht, so kann jener den zugesicherten Lohn fordern, wie wenn er die übernommene Arbeit geleistet hätte; aber, wenn er in der Zeit, für die er seine Arbeitskraft verdungen hatte, anderen Arbeitsverdienst hat, so muß er sich das hierdurch Erworbene von seinem Lohn abziehen lassen. Unterläßt er es böswillig, während dieser Zeit anderen Erwerb zu suchen, so muß er sich den Betrag abziehen lassen, den er hätte verdienen können.

3. Verzögerung der Vertragserfüllung oder Nichterfüllung des Vertrages seitens eines Teils (326). Im Vorstehenden (unter 2) sind die Fälle besprochen, wo es dem einen Teile unmöglich ist oder unmöglich geworden ist, seinen Vertragspflichten nachzukommen. Es fragt sich aber, was Rechtens ist, wenn der eine Teil aus bösem Willen oder aus Unverstand oder Saumseligkeit seine Vertragspflichten nicht erfüllt, obwohl er dazu imstande ist oder gewesen ist. Der Verpflichtete befindet sich in solchem Falle im „Verzuge" und der andere Teil hat die ihm aus solchem Verzuge zustehenden Rechte gegen ihn (286) (s. den Artikel „Verzug des Schuldners"); er kann also insbesondere außer der Forderung der (nachträglichen) Vertragserfüllung Schadensersatz wegen der Verspätung der Erfüllung fordern. Hat aber die nachträgliche Erfüllung des Vertrages für ihn kein Interesse mehr, so kann er, unter Ablehnung der nachträglichen Erfüllung, Schadensersatz wegen Nichterfüllung des Vertrages fordern. Für gegenseitige Verträge gelten aber im Falle des Verzuges noch besondere Bestimmungen. Es ist zu unterscheiden, ob, wenn der eine Teil vertragsmäßig etwas zu leisten oder zu liefern hat, aber dieser Verpflichtung nicht zur rechten Zeit nachkommt, der andere Teil die nachträgliche Leistung oder Lieferung noch gebrauchen kann oder nicht. Ist letzteres der Fall, hat also der andere Teil an der nachträglichen Erfüllung des Vertrages kein Interesse mehr, was er freilich beweisen muß, wenn es sich nicht aus den Umständen klar ergibt (Beispiel: die gekauften Waren waren Saisonartikel; infolge der Verzögerung ist die Saison verstrichen und die Ware unverkäuflich geworden). Hier braucht der Käufer nicht erst zu beweisen, daß er die Sachen jetzt nicht mehr gebrauchen kann (RG.), so hat er das Recht, nach seiner Wahl entweder (wie oben erwähnt) Schadensersatz wegen Nichterfüllung des Vertrages von dem anderen zu fordern oder aber von dem Vertrage ganz zurückzutreten, wie wenn er gar nicht geschlossen wäre. Will er jedoch von diesem Rechte keinen Gebrauch machen, sondern sich mit einer nachträglichen Lieferung oder Leistung zufrieden geben oder fürchtet er, den Beweis nicht erbringen zu können, daß die verspätete Vertragserfüllung für ihn kein Interesse mehr habe, so muß er eine nachträgliche Erfüllung des Vertrages zwar annehmen, kann aber wegen der Verspätung Schadensersatz fordern. Der Berechtigte braucht sich jedoch nicht auf ungemessene Zeit hinaus eine Nachlieferung gefallen zu lassen; er ist berechtigt, dem säumigen Teile eine angemessene Frist (sog. Nachfrist) mit der Erklärung zu bestimmen, daß er die Leistung oder Lieferung nach Ablauf dieser Frist nicht mehr annehme. Er hat dann die oben genannten Rechte erst nach dem unbenutzten Ablauf dieser Frist, doch kann er, wenn er die Frist einmal gesetzt hat, nun seinerseits nach Ablauf der Frist die Erfüllung des Vertrages von dem anderen Teil nicht mehr fordern. Beispiel: Der Verkäufer eines Pferdes, das an einem bestimmten Tage gegen Empfangnahme des Kaufgeldes dem Käufer übergeben werden soll, liefert an dem betreffenden Tage das Pferd nicht. Er ist also bezüglich der Lieferung des Pferdes als Schuldner im Verzuge (es ist hier vorausgesetzt, daß ihm nicht besondere Gründe zur Seite stehen, die die Nichtlieferung rechtfertigen). Der Käufer braucht selbstverständlich dann auch das Kaufgeld nicht zu zahlen, da er nur gegen Empfang des Pferdes zur Zahlung verpflichtet ist. Es erwachsen ihm aber aus der Säumigkeit (dem Verzuge) des Verkäufers noch folgende Rechte:

a) Er kann die nachträgliche Lieferung des Pferdes und den Ersatz des ihm aus der nicht rechtzeitigen Lieferung entstandenen Schadens verlangen.

b) Er kann aber auch, wenn die nachträgliche Lieferung seinem Vorteil nicht entspricht, entweder die Lieferung zurückweisen und Schadensersatz wegen Nichterfüllung des Vertrages fordern oder vom Vertrage ganz zurücktreten; er muß in diesen Fällen freilich beweisen (s. aber unten c), sofern sich dies nicht ohne weiteres aus der Sachlage ergibt (es hat z. B. jemand Weihnachtsbäume gekauft, die natürlich nach Weihnachten keinen Wert mehr für ihn haben), daß die verspätete Lieferung für ihn kein Interesse mehr hat. Ein solches Rücktrittsrecht steht ausnahmsweise einem Verkäufer, der die gekaufte Sache schon geliefert und den Kaufpreis kreditiert hat, nicht zu (454).

c) Da es für den Käufer unter Umständen aber lästig und schwierig sein kann, den unter b erwähnten Nachweis zu führen, daß die verspätete Lieferung des Pferdes für ihn kein Interesse mehr hat, so gibt ihm das Gesetz, um ihn von diesem Beweise zu befreien, die Befugnis, dem Verkäufer eine angemessene Frist zur Nachlieferung des Pferdes mit der Erklärung zu setzen, daß er die Annahme nach dem Ablaufe der Frist ablehne. Läuft die Frist ab, ohne daß der Verkäufer liefert, so hat der Käufer nun ohne weiteres, d. h. ohne daß er den Nachweis zu führen braucht, daß die Nachlieferung seinem Interesse nicht mehr entspreche, die Wahl zwischen dem Anspruch auf Schadensersatz wegen Nichterfüllung und dem Rücktritt vom Vertrage, während der Anspruch auf die nachträgliche Lieferung des Pferdes nun allerdings ausgeschlossen ist. War die gesetzte Frist nach Lage der Sache zu kurz bemessen, also keine „angemessene" (worüber im Streitfall das Prozeßgericht zu entscheiden hat), so kann der Schuldner bis zum Ablauf einer angemessenen Frist immer noch erfüllen (RG.). — Die Verpflichtung zur Setzung der Nachfrist fällt dann fort (und es kann daher sofort auf Schadensersatz wegen Nichterfüllung des Vertrages geklagt werden), wenn feststeht, daß der andere Teil den Vertrag nicht erfüllen will, wenn also z. B. der Verkäufer die Lieferung der gekauften Ware aus irgendwelchem Grunde verweigert oder wenn der Käufer nicht bloß mit der Zahlung zögert, sondern klar zu erkennen gibt, daß er nicht zahlen will. Daß in solchen Fällen der andere Teil verpflichtet sein sollte, dem säumigen Teil noch eine Frist zu setzen, die doch erfolglos verlaufen würde, hätte keinen Sinn (RG.).

Ist übrigens in dem (gegenseitigen) Vertrage vereinbart oder als vereinbart anzusehen, daß die Leistung oder Lieferung genau zu einer festbestimmten Zeit oder innerhalb einer festbestimmten Frist erfolgen solle, und erfolgt die Leistung (Lieferung) nicht rechtzeitig, so hat der andere Teil noch weitergehende als die vorbemerkten Rechte: er kann dann ohne weiteres von dem Vertrage zurücktreten, wie wenn er nicht geschlossen wäre, es sei denn, daß aus den Umständen erhellt, daß ihm ein so weitgehendes Recht nicht hat eingeräumt werden sollen (361). Diese Befugnis hat der Berechtigte auch dann, wenn den Leistungsverpflichteten gar kein Verschulden an der nicht rechtzeitigen Leistung zur Last fällt. — Noch weitergehende Vorschriften gelten für sog. Fixgeschäfte im Handelsbetriebe; vgl. „Handelskauf 3".

Für den Fall, daß die Leistung von dem im Verzuge befindlichen Schuldner innerhalb der vom Gläubiger bestimmten Frist nur teilweise nicht bewirkt ist, ist der Gläubiger berechtigt, die teilweise Erfüllung als gänzliche Nichterfüllung zu behandeln, wenn er dartut, daß sein Interesse dies erfordert.

Für die Ausübung des Rücktrittsrechts (s. d. Art. „Rücktritt von einem Vertrage"). Erfolgt der Rücktritt wegen eines Umstandes, den der andere Teil nicht zu vertreten hat, so haftet dieser nur nach den Vorschriften über die Herausgabe einer „ungerechtfertigten Bereicherung" (s. d.).

Gegenseitige Zuwendungen von Ehegatten s. Gemeinschaftliches Testament von Ehegatten.

Gegenvormund. Das Amt eines Gegenvormundes ist, wie das eines Vormundes, ein öffentliches Amt, zu dem jeder Staatsbürger — auch gegen seinen Willen — herangezogen werden kann. Im übrigen ist aber die Stellung des Gegenvormundes von der des Vormundes durchaus verschieden: seine Geschäfte sind weniger umfangreich, seine Verantwortlichkeit ist eine enger begrenzte. Die Bestellung eines Gegenvormundes ist auch nicht bei allen Vormundschaften erforderlich.

1. Ist vom Gericht eine Vormundschaft angeordnet und ein Vormund bestellt, so hat es zu ermessen, ob neben diesem auch noch ein Gegenvormund bestellt werden muß (1792). Geschehen soll dies stets dann, wenn mit der Vormundschaft eine Vermögensverwaltung verbunden ist, es sei denn, daß die Verwaltung nicht erheblich oder daß die Vormundschaft von mehreren Vormündern gemeinschaftlich zu führen ist. Auch einem Pfleger oder einem mit der Vermögensverwaltung beauftragten Beistande einer Mutter kann ein Gegenvormund beigeordnet werden. Der Gegenvormund wird durch das Vormundschaftsgericht bestellt und verpflichtet. Es gelten in dieser Beziehung dieselben Vorschriften wie für die Berufung und Bestellung des Vormundes, insbesondere in bezug auf die Fragen: wer ein Recht auf die Gegenvormundschaft hat; wer zu solchem Amte unfähig ist; aus welchen besonderen Gründen die Übernahme des Amtes abgelehnt werden kann usw.; siehe über alles dies das in dem Artikel „Vormundschaft" Gesagte.

Aufgabe des Gegenvormundes ist es, darauf zu achten, daß vom Vormunde die Vormundschaft pflichtmäßig geführt wird. Demgemäß finden sich die auf ihn bezüglichen Gesetzesvorschriften verstreut innerhalb der Bestimmungen über die Vormundschaft (§§ 1792, 1799, 1802, 1809f., 1812, 1826, 1832, 1833, 1835, 1836, 1837, 1842, 1852, 1854), sodaß im einzelnen Näheres im Art. „Vormundschaft" nachzulesen ist. Grundsätzlich hat der Gegenvormund das Vormundschaftsgericht in der Beaufsichtigung des Vormundes sowohl in bezug auf seine Vermögensverwaltung wie auf seine Sorge für die Person des Mündels zu unterstützen. Dies ist seine Hauptaufgabe, neben der ihm jedoch noch einige andere Pflichten obliegen. Von beiden ist im Nachfolgenden näher zu handeln.

Wie schon aus dem Gesagten ersichtlich, ist es Sache des Vormundes, die eigentliche Vormundschaft zu führen, für die Person und das Vermögen des Mündels zu sorgen und diesen in seinen Rechtsangelegenheiten zu vertreten. Alles dies gehört also nicht zu den Obliegenheiten des Gegenvormundes, der nicht mit dem Vormunde gleichberechtigt (Mitvormund), sondern ihm nur zur Aufsicht und Kontrolle zugesellt ist. Nur zu einigen bestimmten Verwaltungshandlungen des Vormundes hat er seine Genehmigung zu erteilen und bei einigen vormundschaftlichen Geschäften, wie Inventaraufnahme, Rechnungsablage usw. (siehe weiter unten) mitzuwirken. Der Vormund ist gesetzlich verpflichtet, ihm auf Verlangen jede gewünschte Auskunft über die Führung der Vormundschaft zu erteilen und ihm die Einsicht aller auf die Vormundschaft bezüglichen Papiere zu gestatten. Sollte der Gegenvormund hierbei auf Schwierigkeiten stoßen, so steht es ihm frei, das Vormundschaftsgericht anzurufen. Entdeckt der Gegenvormund ein pflichtwidriges Verhalten des Vormundes, so ist er verpflichtet, dem Vormundschaftsgerichte unverzügliche Anzeige zu machen; er ist für den aus der Unterlassung solcher Anzeige etwa entstehenden Schaden verantwortlich. Der Gegenvormund ist auch, abgesehen von Ordnungswidrigkeiten des Vormundes, verpflichtet, dem Gerichte jeden Fall unverzüglich anzuzeigen, in dem es zum Einschreiten berufen ist, insbesondere den etwaigen Tod des Vormundes oder den Eintritt eines anderen Umstandes, infolgedessen das Amt des Vormundes endigt oder die Entlassung des Vormundes erforderlich wird.

2. Außer der vorstehend besprochenen allgemeinen Aufsichtspflicht hat der Gegenvormund noch eine Reihe von besonderen, ihm durch das Gesetz zugewiesenen Obliegenheiten zu erfüllen. Diese sind:

a) Er hat bei der bei jeder Vormundschaft nötigen Aufstellung und Einreichung eines Vermögensverzeichnisses (Inventars) mitzuwirken.

b) In welcher Weise der Vormund verfügbare Mündelgelder verzinslich anzulegen hat, ist gesetzlich genau vorgeschrieben. Diese Anlegung soll nur mit Genehmigung des Gegenvormundes erfolgen, die freilich durch eine Genehmigung des Gerichts ersetzt werden kann. Vergleiche hierüber den Artikel „Mündelgelder, Anlegung von".

c) Will der Vormund eine Forderung des Mündels (ein Kapital usw.) einziehen, überhaupt eine Zahlung oder Leistung für die Vormundschaft annehmen, so bedarf es zur Rechtsgültigkeit dieser Zahlung oder Leistung unter Umständen der Genehmigung des Gegenvormundes; ebenso, wenn der Vormund in anderer Weise über eine Forderung oder ein Recht oder ein Wertpapier des Mündels (durch Verkauf, Abtretung, Zession, Verpfändung usw.) verfügen will.

d) Das Vormundschaftsgericht soll, ehe es zu einer Rechtshandlung des Vormundes die nach dem Gesetz erforderliche Genehmigung erteilt, den Gegenvormund hören, sofern dies nach den Umständen tunlich ist. Dem Gegenvormunde liegt also die Pflicht ob, sich über die Angemessenheit und Zweckmäßigkeit der vom Vormunde beabsichtigten Rechtshandlung gutachtlich zu äußern.

e) Das Gericht kann vom Gegenvormunde jederzeit Auskunft über die Führung der Vormundschaft durch den Vormund und über die persönlichen Verhältnisse des Mündels verlangen.

f) Der Gegenvormund hat — und dies ist eine seiner verantwortlichsten Obliegenheiten — bei der dem Vormunde obliegenden regelmäßigen Rechnungslegung sowie bei der nach beendigter Vormundschaft erforderlichen Ablegung der Schlußrechnung mitzuwirken.

g) Hat ein von der regelmäßigen Rechnungsablage befreiter Vormund eine Vermögensübersicht einzureichen, so hat der Gegenvormund auch hierbei mitzuwirken.

h) Der Gegenvormund ist befugt, beim Vormundschaftsgericht den Antrag zu stellen, daß das Gericht vor einer von ihm zu treffenden Entscheidung über irgend eine Vormundschaftsangelegenheit Verwandte oder Verschwägerte des Mündels über die Sache höre.

i) Das Gericht soll den Gegenvormund hören, ehe es dem Vormunde eine Vergütung für seine Amtsführung (ein Honorar) zubilligt oder die festgesetzte Vergütung ändert oder sie ganz entzieht.

k) Der Gegenvormund kann endlich beim Vormundschaftsgericht den Antrag stellen, daß ein Familienrat (siehe das) bestellt werde.

l) Der Gegenvormund muß dem Vormundschaftsgericht von dem etwaigen Tode des Vormundes unverzüglich Anzeige machen.

3. Kommt der Gegenvormund den ihm obliegenden Pflichten nicht nach, so ist er dem Mündel für allen diesem daraus entstehenden Schaden verantwortlich, wenn ihm dabei „ein Verschulden zur Last fällt". Es gilt in dieser Beziehung dasselbe wie für den Vormund. Der Gegenvormund ist daher, um sich vor Schaden zu bewahren, gezwungen, in seiner Amtsführung, insbesondere in bezug auf die ihm obliegende Kontrolle des Vormundes, äußerst vorsichtig und gewissenhaft zu sein. Besteht sein Verschulden nur darin, daß er die ihm obliegende Aufsicht verabsäumt hat, so haftet zwar in erster Linie der Vormund; der Mündel kann sich aber wegen des Schadens direkt an den Gegenvormund halten, der seinerseits den Vormund wieder in Anspruch nehmen kann, wenn dieser zahlungsfähig ist. Das Vormundschaftsgericht, das über die gesamte Tätigkeit des Gegenvormundes die Aufsicht zu führen und gegen Pflichtwidrigkeiten desselben durch geeignete Gebote und Verbote einzuschreiten hat, kann den Gegenvormund durch Ordnungsstrafen zur Befolgung seiner Anordnungen anhalten. Das Amt des Gegenvormundes wird regelmäßig unentgeltlich geführt. Nur aus besonderen Gründen kann ihm vom Vormundschaftsgericht eine angemessene Vergütung (ein Honorar) bewilligt werden, vorausgesetzt, daß das Vermögen des Mündels, sowie der Umfang und die Bedeutung der vormundschaftlichen Geschäfte dies rechtfertigen. Hinsichtlich der Entlassung des Gegenvormundes aus seinem Amte, sei es mit oder gegen seinen Willen, gilt dasselbe wie für die Entlassung des Vormundes. Ist die Vormundschaft beendet oder der Gegenvormund entlassen, so muß er die erhaltene Bestallung dem Gerichte zurückgeben. Stirbt der Gegenvormund, so sind seine Erben zu unverzüglicher Anzeige an das Vormundschaftsgericht verpflichtet.

Gehalt s. Arbeitsvertrag; Abtretung der Ansprüche auf, s. Abtretung einer Forderung 1; Pfändung von Gehaltsforderungen s. Arbeits- oder Dienstlohn, Pfändung von u. Pfändung in der Zwangsvollstreckung 2; Aufrechnung gegen Gehaltsforderungen s. Aufrechnung.

Geheimer Vorbehalt s. Vorbehalt, geheimer.

Geheimnisse s. Geschäfts- und Betriebsgeheimnisse usw.

Gehilfen, Verjährung ihrer Ansprüche, s. Verjährung; Kündigungsfrist s. Kündigung usw.; Gehilfen bei unerlaubten Handlungen, Haftung derselben s. Schadenersatz aus unerlaubten Handlungen.

Geisteserzeugnisse, Schutz der, s. Urheberrecht.

Geisteskrankheit und Geistesschwäche. Geisteskranke sowohl wie geistesschwache Personen können gerichtlich entmündigt werden (s. „Entmündigung"); Folge davon ist, daß sie geschäftsunfähig (Geisteskranke) oder in der Geschäftsfähigkeit beschränkt (Geistesschwache) werden und daß ihnen ein Vormund beigeordnet werden muß; vgl. „Geschäftsfähigkeit 2" und „Vormundschaft 3". Das Gesetz selbst hat keine Bestimmung darüber, was als Geisteskrankheit oder als Geistesschwäche anzusehen sei. Nach der Auffassung des Reichsgerichts ist in beiden Fällen erforderlich, daß der Betreffende infolge seines krankhaften geistigen Zustandes unfähig ist, die Gesamtheit seiner Angelegenheiten vernünftig zu besorgen. Je nach dem Grade dieser geistigen Unzulänglichkeit ist Geisteskrankheit oder Geistesschwäche als vorhanden anzusehen. Liegt bloß ein geistiges Gebrechen vor, das den Betroffenen verhindert, einzelne seiner Angelegenheiten oder einen bestimmten Kreis seiner Angelegenheiten, z. B. seine Vermögensangelegenheiten, zu besorgen, so ist Entmündigung wegen Geisteskrankheit oder Geistesschwäche nicht gerechtfertigt; wohl aber kann durch Anordnung einer Pflegschaft Fürsorge getroffen werden; vgl. „Pflegschaft 1b".

Geisteskrankheit als Ehescheidungsgrund s. Ehescheidung 1e; Entmündigung wegen s. Entmündigung; Geschäftsunfähigkeit wegen, s. Geschäftsfähigkeit; Vormund über, s. Vormundschaft 3; Pflegschaft über, s. Pflegschaft 1b; Unterhaltspflicht des anderen Ehegatten s. Ehescheidung.

Geistesschwache s. Geisteskrankheit usw.; ihre Geschäftsfähigkeit s. Geschäftsfähigkeit 2; Entmündigung derselben s. Entmündigung; testamentsunfähig, wenn entmündigt, s. Testament 1; Vormundschaft über, s. Vormundschaft 3; Pflegschaft über, s. Pflegschaft 1b.

Geistesstörung, keine Verantwortlichkeit für Vorsatz und Fahrlässigkeit s. Vertretung von Vorsatz und Fahrlässigkeit u. Schadenersatz aus unerlaubten Handlungen. S. auch: Geisteskrankheit, Geistesschwäche.

Geistliche Gesellschaften s. Vereine.

Geld ist eine vertretbare Sache s. Vertretbare Sachen; ist eine verbrauchbare Sache s. Verbrauchbare Sachen; Annahme von Geld zur Verwahrung s. Verwahrung 3; Erwerb des Eigentums an Geld s. Bewegliche Sachen, Eigentum an, 1; Leihen von Geld s. Darlehn; Hinterlegung von Geld s. Hinterlegung; Geld als Zahlungsmittel s. Zahlungsmittel, gesetzliche.

Geldrente s. Rente u. Leibrente.

Geldschuld s. Leistungen usw. 1, 5; Verzinsung einer, s. Zinsen.

Geldsendungen s. Geldzahlungen.

Geldzahlungen, Tragung des Portos, der Gefahr usw., s. Leistungen 5.

Gelegenheitsgesellschaften s. Handelsgesellschaften.

Gelegenheitsnachweis zu Geschäften s. Makler.

Gemälde, Schutz gegen Nachbildung, s. Urheberrecht II.

Gemeindevormundschaft s. Amtsvormundschaft.

Gemeindevorsteher, Zuständigkeit derselben zur Vornahme von Beurkundungen s. Auflassung 2; Nottestament vor dem Gemeindevorsteher s. Testament 2C. S. auch: Dorfgerichte.

Gemeindewaisenrat (1849—1851, 1675). **1.** Mitwirkung bei Vormundschaften und Pflegschaften. Wenn auch die ganze Amtsführung der Vormünder, ihre Fürsorge für die Erziehung, überhaupt für das persönliche Wohl ihrer Mündel sowohl wie für ihre Vermögensangelegenheiten unter der Aufsicht des Vormundschaftsgerichts und des Gegenvormundes steht, so hat es doch das Gesetz für zweckmäßig gehalten, die Vormünder überdies noch unter die Aufsicht der Gemeinde zu stellen. Dieses Aufsichtsrecht der Gemeinden wird durch das Jugendamt als Gemeindewaisenrat, das jedoch befugt ist, die näheren Anordnungen zu treffen, ausgeübt. Der Gemeindewaisenrat, also das Jugendamt hat schon bei der Bestellung der Vormünder, Gegenvormünder, Mitglieder eines Familienrates, Pfleger oder eines Beistands mitzuwirken (1694, 1779, 1849, 1862, 1915). Ist das Vormundschaftsgericht in der Lage, einen Vormund, oder eine der oben erwähnten Personen auswählen zu müssen, so hat er auf Ansuchen des Gerichts diesem die dazu geeigneten Personen in Vorschlag zu bringen. Nach erfolgter Ernennung hat er zur Unterstützung des Vormundschaftsgerichts darüber zu wachen, daß die Vormünder der in seinem Bezirk sich aufhaltenden Mündel für die Person der Mündel, insbesondere für ihre Erziehung und ihre körperliche Pflege, pflichtmäßige Sorge tragen (1850). Er hat dem Gericht Mängel und Pflichtwidrigkeiten, die er in dieser Hinsicht wahrnimmt, anzuzeigen und auf Erfordern über das persönliche Ergehen und das Verhalten eines Mündels Auskunft zu erteilen. Doch ist die Aufsichtspflicht nicht ausschließlich auf die Überwachung der persönlichen Angelegenheiten des Mündels beschränkt. Der Waisenrat ist auch verpflichtet, dem Gericht Anzeige zu machen, wenn er erfährt, daß das Vermögen des Mündels durch pflichtwidriges oder unverständiges Handeln oder Unterlassen des Vormundes gefährdet wird; dagegen steht ihm eine selbständige Einmischung in die Vermögensverwaltung des Vormundes nicht zu. — Aufgabe des Vormundschaftsgerichts ist es, den Waisenrat auf dem laufenden zu halten, insbesondere ihm die Namen der Mündel, sowie des Vormundes (Pflegers) und Gegenvormundes, sowie einen bei diesen eintretenden Personenwechsel mitzuteilen (1851). Da der Waisenrat naturgemäß nur diejenigen Mündel beaufsichtigen kann, die sich in seinem Bezirke aufhalten, so geht die überwachungspflicht bei einer Änderung des Aufenthalts eines Mündels auf den Waisenrat des Bezirks des neuen Aufenthaltsortes über. Deshalb ist der Vormund verpflichtet, dem Gemeindewaisenrate des bisherigen Aufenthaltsortes von dem Wegzuge des Mündels (z. B. wenn er auf eine auswärtige Schule geschickt wird oder auswärts in die Lehre oder in einen Dienst tritt) Anzeige zu machen. Der Waisenrat hat dem Waisenrate des neuen Aufenthaltsortes von dem Zuzuge des Mündels Mitteilung zu machen, damit dieser sein Aufsichtsrecht ausüben kann.

2. Beaufsichtigung von Eltern. Aufgabe des Waisenrats ist es aber nicht nur, die Vormundschaften und Pflegschaften zu beaufsichtigen. Er hat auch den Eltern gegenüber, die über ihre Kinder die elterliche Gewalt ausüben (s. „Eltern und Kinder 4") wichtige Rechte und Pflichten. Ein eigentliches Aufsichtsrecht steht ihm zwar den Eltern gegenüber nicht zu; aber das Gesetz besagt, daß der Gemeindewaisenrat verpflichtet ist, dem Vormundschaftsgerichte Anzeige zu machen, wenn ein Fall zu seiner Kenntnis kommt, in dem das Gericht zum Einschreiten gegen einen Vater oder eine Mutter, die die elterliche Gewalt haben, berufen ist (1675). Derartige Fälle, wo das Gericht im Interesse der Kinder die nötigen Maßregeln zu ergreifen hat, sind insbesondere: wenn der Vater oder die Mutter aus irgendwelchem Grunde (z. B. weil er (sie) auf Geschäftsreisen abwesend ist oder sich im Gefängnis befindet oder krank ist u. dgl.) gehindert ist, die elterliche Gewalt auszuüben; wenn der Vater oder die Mutter das geistige oder leibliche Wohl der Kinder dadurch gefährdet, daß er (sie) das Recht der Sorge für die Person des Kindes mißbraucht, das Kind körperlich oder geistig vernachlässigt oder sich eines ehrlosen oder unsittlichen Verhaltens schuldig macht; wenn der Vater oder die die elterliche Gewalt ausübende Mutter das Vermögen der Kinder dadurch gefährdet, daß er (sie) die mit der Vermögensverwaltung oder mit der Nutznießung verbundenen Pflichten (siehe „Verwaltung und Nutzung des Kindesvermögens usw.") verletzt, oder wenn der Vater oder die Mutter selber in Vermögensverfall geraten und dadurch auch das Vermögen der Kinder in Gefahr bringen. Auch dann ist das Vormundschaftsgericht zum Einschreiten berufen, wenn der Vater oder die Mutter etwa solchen Verwaltungsanordnungen nicht nachkommt, die jemand bei einer Schenkung oder letztwilligen Zuwendung an die Kinder bei Lebzeiten oder im Testament getroffen hat, oder wenn der Vater, falls er zu einer neuen Ehe schreitet, es verabsäumte, davon dem Vormundschaftsgericht Anzeige zu machen und ein Verzeichnis des seiner Verwaltung unterliegenden Vermögens der Kinder einzureichen. In allen diesen Fällen ist das Vormundschaftsgericht verpflichtet, die im Interesse der Kinder nötigen Maßregeln gegen die Eltern zu ergreifen. Der Waisenrat ist endlich auch dann verpflichtet, zwecks Eingreifens des Vormundschaftsgerichts, d. h. zwecks Bestellung eines Beistandes diesem eine Anzeige zu machen, wenn nach dem Tode eines Vaters die Mutter die elterliche Gewalt über die Kinder hat und in Anbetracht ihrer Persönlichkeit oder der Schwierigkeit der ihr obliegenden Vermögensverwaltung zu besorgen ist, daß sie die ihr zustehende Gewalt nicht zum besten der Kinder ausüben, vielleicht die Erziehung vernachlässigen oder ihr Vermögen in Gefahr bringen werde.

Gemeinheitsteilung s. Grundeigentum 1.

Gemeinsame Gefahr. Sind zwei oder mehrere Personen in einer gemeinsamen Gefahr, z. B. bei einem Schiffbruch, einem Brande, einem Eisenbahnunglück, umgekommen, so kann es unter Umständen, z. B. wegen der Beerbung dieser Personen, von großer Wichtigkeit sein, festzustellen, wer zuerst gestorben ist. Ist diese Feststellung, wie es oft der Fall sein wird, nicht möglich, so wird gesetzlich vermutet, daß sie gleichzeitig gestorben seien (20). Keiner von ihnen hat also den anderen beerbt.

Gemeinschaft (Vermögens-Gemeinschaft) (741 bis 758). **1.** Es kann aus mancherlei Gründen und Anlässen vorkommen, daß mehrere Personen ein Vermögen oder einen Vermögensteil oder auch eine Sache (ein Landgut, ein Haus) oder eine Forderung oder eine Anzahl von Sachen oder Forderungen gemeinschaftlich zu Eigentum besitzen; die Gemeinschaft kann insbesondere durch Vertrag begründet oder durch eine Erbschaft herbeigeführt sein. Das Bestehen solcher Gemeinschaft macht es erforderlich, daß die Rechte und Pflichten der Beteiligten, die Möglichkeit einer Teilung oder Auseinandersetzung unter ihnen gesetzlich geregelt werden. Die nachfolgend mitgeteilten Bestimmungen des Gesetzes beziehen sich aber nicht auf alle vorkommenden Gemeinschaften; sie beziehen sich nicht:

a) auf die durch einen Gesellschaftsvertrag herbeigeführte Gemeinschaft. Die hierdurch begründeten Rechtsverhältnisse sind besonders geordnet; s. den Artikel „Gesellschaft";

b) auf die zwischen Eheleuten und ihren Kindern vorkommenden Gütergemeinschaften (Errungenschafts-, Fahrnisgemeinschaften), welche gleichfalls besonders geregelt sind; s. die betr. Artikel;

c) auf die Gemeinschaft zwischen Miterben (s. darüber „Erbteilung");

d) auf Gemeinschaften, wie sie bei Grundstückszusammenlegungen (Verkoppelungen), Gemeinheitsteilungen, Separationen, bei Ordnung der gutsherrlich-bäuerlichen Verhältnisse, bei Wegregulierungen usw. vorkommen. Die Ordnung dieser Rechtsangelegenheiten ist der Gesetzgebung der einzelnen Staaten vorbehalten.

Alle anderen Gemeinschaften unterliegen dagegen den nachfolgenden Bestimmungen.

2. Steht ein Vermögen, eine Sache, ein Recht, eine Forderung oder eine Anzahl von Sachen, Rechten usw. mehreren Personen gemeinschaftlich zu, so ist dies gesetzlich eine Gemeinschaft nach Bruchteilen, d. h. nach sog. ideellen (im Verhältnis zum Ganzen bloß gedachten) Anteilen. Besitzen also A. und B. ein Haus gemeinschaftlich zu gleichen Teilen, so steht jedem von ihnen die „ideelle Hälfte" an dem Hause zu. Steht nichts darüber fest, daß die Anteile der einzelnen Gemeinschaftsgenossen (Teilhaber) von verschiedener Größe sind, so gilt der gesetzliche Satz, daß die Anteile der Teilhaber gleich sind. Jedem Teilhaber gebührt ein seinem Anteil entsprechender Bruchteil der Früchte. (Was alles unter „Früchten" zu verstehen, darüber s. den betr. Artikel). Jeder Teilhaber ist zum Gebrauch des gemeinschaftlichen Gegenstandes insoweit befugt, als nicht der Mitgebrauch der übrigen Teilhaber beeinträchtigt wird. Die Verwaltung des gemeinschaftlichen Gegenstandes steht den Teilhabern gemeinschaftlich zu. Jeder Teilhaber ist berechtigt, die zur Erhaltung des Gegenstandes notwendigen Maßregeln ohne Zustimmung der anderen Teilhaber zu treffen; er kann (nötigenfalls durch Klage) verlangen, daß die anderen ihre Einwilligung zu einer solchen Maßregel im voraus erteilen. Die Bestimmung bezweckt, den oder die Teilhaber, welche sich der Sache annehmen wollen, dagegen sicherzustellen, daß etwa nachträglich von den anderen die Notwendigkeit der getroffenen Maßregel bestritten werden könnte. Durch Stimmenmehrheit kann eine der Beschaffenheit des gemeinschaftlichen Gegenstandes entsprechende ordnungsmäßige Verwaltung und Benutzung beschlossen werden. Die Stimmenmehrheit ist nach der Größe der Anteile zu berechnen. Jeder Teilnehmer kann, wenn die Verwaltung und Benutzung nicht durch Vereinbarung oder Mehrheitsbeschluß geregelt ist, eine im Interesse aller Teilhaber nach billigem Ermessen entsprechende Verwaltung und Benutzung verlangen. Eine wesentliche Veränderung des Gegenstandes kann nicht beschlossen oder verlangt werden. Das Recht des einzelnen Teilhabers auf einen seinem Anteil entsprechenden Bruchteil der Nutzungen darf nicht ohne seine Zustimmung beeinträchtigt werden.

Jeder Teilhaber kann über seinen Anteil an dem gemeinschaftlichen Vermögen, an den gemeinschaftlichen Sachen usw. frei verfügen. Er kann ihn beliebig verkaufen, verschenken, ohne daß die anderen Teilhaber ein Recht zum Widerspruch hätten, selbst wenn aus irgendwelchem Grunde die Veräußerung ihrem Interesse entgegen sein sollte. Auch die Gläubiger eines Teilhabers können seinen Anteil an dem Gegenstande der Gemeinschaft in Anspruch nehmen und daraus im Wege der Zwangsvollstreckung ihre Befriedigung suchen. Über den gemeinschaftlichen Gegenstand im ganzen können die Teilhaber natürlich nur gemeinschaftlich verfügen. Jeder Teilhaber ist den anderen gegenüber verpflichtet, die Lasten des gemeinschaftlichen Gegenstandes, sowie die Kosten der Erhaltung, der Verwaltung und einer gemeinschaftlichen Benutzung nach dem Verhältnisse seines Anteils zu tragen.

3. Aufhebung der Gemeinschaft. Teilung. Jeder Teilnehmer an der Gemeinschaft kann jederzeit die Aufhebung der Gemeinschaft verlangen, wenn nicht etwa durch besondere Vereinbarung dieses Recht für immer oder auf Zeit ausgeschlossen ist. Aber selbst solcher Vereinbarung entgegen kann die Aufhebung von jedem Teilhaber verlangt werden, wenn ein wichtiger Grund vorliegt (über dessen Vorhandensein im Streitfall das Gericht zu entscheiden hat). Aus solchem Grunde kann auch die Aufhebung der Gemeinschaft sofort verlangt werden, obwohl vertragsmäßig eine Kündigungsfrist bestimmt ist. Haben die Teilhaber vereinbart, daß eine Aufhebung der Gemeinschaft bis zu einem bestimmten Zeitpunkt nicht zulässig sein solle, so verliert diese Vereinbarung ihre Gültigkeit mit dem Augenblick, wo einer der Teilhaber stirbt, es sei denn, daß mit Sicherheit erhellt, daß alle Beteiligten die Fortdauer der Gemeinschaft ungeachtet eintretender Todesfälle wollen. Im Konkurse eines Teilhabers ist der Konkursverwalter an eine etwa erfolgte Vereinbarung der Teilhaber, daß die Gemeinschaft immer oder eine bestimmte Zeit hindurch fortbestehen solle oder daß sie nur unter Innehaltung einer bestimmten Frist gekündigt werden könne, nicht gebunden; er kann sofortige Aufhebung der Gemeinschaft verlangen. Übrigens wirken die Vereinbarungen der Teilhaber über die Dauer einer Gemeinschaft, durch die eine Aufhebung für immer oder für eine gewisse Zeit ausgeschlossen oder an eine Kündigungsfrist gebunden sein soll, auch für und gegen die „Sondernachfolger" der Teilhaber. Hat also jemand einen Anteil gekauft oder geschenkt erhalten, so ist er in gleicher Weise wie die übrigen Teilhaber an solche Vereinbarungen gebunden, auch wenn sie ihm unbekannt gewesen sind. Dagegen brauchen die Gläubiger eines Teilhabers, die seinen Anteil gepfändet haben, sich an solche Vereinbarungen nicht zu kehren, sofern sie einen Schuldtitel (Urteil usw.) haben, der nicht bloß vorläufig vollstreckbar ist.

In welcher Weise die Aufhebung der Gemeinschaft (die Auseinandersetzung, Teilung) zu bewirken ist, hängt von der Art des gemeinschaftlichen Gegenstandes ab. Es bleibt zunächst den Beteiligten unbenommen, sich über die Art der Teilung gütlich zu verständigen. In Ermangelung einer Einigung, also wenn auch nur einer der Teilhaber widerspricht, muß das Gericht entscheiden; ein Zwang der Minderheit durch die Mehrheit ist ausgeschlossen. Es gelten dann für die Teilung folgende gesetzliche Vorschriften: Läßt sich der gemeinschaftliche Gegenstand (die gemeinschaftlichen Gegenstände) ohne Wertsverminderung in gleichartige, den Anteilen der Teilhaber entsprechende, Teile zerlegen, so ist die Teilung dementsprechend vorzunehmen. Soweit die Anteile gleich sind, geschieht die Verteilung durch das Los. Ist aber, wie es häufig der Fall sein wird, eine solche Teilung nach Lage der Sache ausgeschlossen, so ist der gemeinschaftliche Gegenstand zu verkaufen und der Erlös nach Verhältnis der Anteile zu verteilen. Der Verkauf erfolgt nach den Vorschriften über den Pfandverkauf (s. d.), bei Grundstücken durch gerichtliche Zwangsversteigerung. Sollte etwa die Veräußerung an andere Personen aus irgendwelchem Grund unstatthaft sein, so ist der Gegenstand unter den Teilhabern selbst zu versteigern. Hat der Versuch, den Gegenstand zu verkaufen, keinen Erfolg, so kann jeder Teilhaber die Wiederholung des Versuchs verlangen; er muß jedoch die Kosten tragen, wenn der wiederholte Versuch mißlingt. Über einige besondere Bestimmungen s. die §§ 755 und 756 des Gesetzbuchs.

Wird bei der Auseinandersetzung infolge gütlicher Vereinbarung ein gemeinschaftlicher Gegenstand einem der Teilhaber zugeteilt, so haften ihm die anderen Teilhaber (jeder zu seinem Anteil) für etwaige Mängel (Fehler) der Sache sowie dafür, daß nicht an der Sache anderen Personen Eigentums- oder sonstige Rechte zugehen, in gleicher Weise, wie ein Verkäufer seinem Käufer gegenüber haftet; s. „Gewährleistung wegen Mängel gekaufter usw. Sachen".

Eine Verjährung des jedem Teilhaber zustehenden Anspruchs auf Aufhebung der Gemeinschaft (Auseinandersetzung, Teilung) gibt es nicht. Dagegen unterliegen alle anderen Ansprüche der Teilhaber gegeneinander, die sich auf die zwischen ihnen bestehende Gemeinschaft gründen, den allgemeinen Verjährungsgrundsätzen (s. „Verjährung").

Gemeinschaft der Güter bei Ehegatten s. Gütergemeinschaft; Gemeinschaft der Erben s. Erbteilung 1; eheliche Gemeinschaft, Aufhebung derselben durch Urteil, s. Ehescheidung 5; häusliche Gemeinschaft bei Ehegatten, Klage auf Herstellung der, s. Ehescheidung 1 c.

Gemeinschaftlich geschlossene Geschäfte s. Mehrere Gläubiger usw.

Gemeinschaftliche Forderung s. Mehrere Gläubiger usw.; gemeinschaftliche Verpflichtung s. Mehrere Gläubiger usw.; gemeinschaftliches Vermächtnis s. Anwachsung unter Miterben; gemeinschaftlicher Erbteil s. Auslegung testamentarischer Bestimmungen; gemeinschaftliches Eigentum s. Miteigentum; gemeinschaftliche Gebäude s. Gebäude, gemeinschaftliche.

Gemeinschaftliches Testament von Ehegatten (2265—2273). **1.** Form der Testamentserrichtung. Nur Ehegatten können gemeinschaftlich ein Testament errichten, andere Personen nicht. Auch ein gemeinschaftliches Testament von Verlobten würde selbst bei nachträglicher Eheschließung stets nichtig bleiben. Selbstverständlich kann aber auch jeder Gatte ein Testament für sich allein errichten. In dem gemeinschaftlichen Testament bestimmt jeder Teil über sein Vermögen; das Testament enthält also tatsächlich zwei letztwillige Verfügungen, die nur das Besondere haben, daß sie in einer Urkunde vereinigt sind und meist auch miteinander in einem gewissen Zusammenhange stehen. Ob in solchem gemeinschaftlichen Testament die Gatten sich gegenseitig (sei es auf den ganzen Nachlaß oder auf einen Teil) bedenken wollen oder ob jeder für sich besondere Erben einsetzen will, ist einerlei; auch im letzteren Falle ist es den Ehegatten erlaubt, ihre letztwilligen Bestimmungen in einem Testament zu treffen. Das gemeinschaftliche Testament der Ehegatten muß, um gültig zu sein, ebenso wie jedes andere Testament, in gehöriger Form errichtet werden; das Nähere darüber ist in dem Artikel „Testament" mitgeteilt. Es ist aber noch folgendes zu beachten: Wenn die Ehegatten ihr Testament nicht vor Gericht oder Notar errichten, sondern ein sog. Privattestament errichten wollen, so ist in der Weise zu verfahren, daß der eine Ehegatte den letzten Willen beider aufschreibt und ihn selber unterschreibt und daß dann der andere die eigenhändige Erklärung daruntersetzt, daß das Testament auch als sein Testament gelten solle, und diese Erklärung eigenhändig unterschreibt; auch diese Erklärung des zweiten Ehegatten muß mit eigenhändiger Angabe des Ortes und des Datums versehen sein (2267). Daß der eine Ehegatte das vom anderen geschriebene Testament bloß mit unterschreibt, genügt nicht. Ist diese Form nicht gewahrt, so ist das Testament ungültig. Zulässig ist jedoch die Errichtung eines Testaments vor dem Gemeinde-, Guts- usw. Vorsteher auch wenn nur hinsichtlich des einen Ehegatten zu besorgen ist, daß er vor Zuziehung des Gerichts oder des Notars sterben würde.

2. Inhalt des Testaments. Was den Inhalt des Testaments angeht, so steht es natürlich im Belieben der Gatten, in welcher Weise sie über ihr Vermögen für den Todesfall verfügen wollen. Sie haben nur zu berücksichtigen, daß etwa vorhandene Pflichtteilsberechtigte des einen oder beider Ehegatten durch die zu treffende Verfügung nicht verkürzt werden dürfen, widrigenfalls diese gegen den oder die Erben auf Auszahlung oder Ergänzung ihres Pflichtteils klagbar werden können. Das Nähere darüber siehe unter „Pflichtteil". Es ist mit Rücksicht hierauf (auf die Ansprüche etwaiger Pflichtteilserben, aber auch aus anderen Gründen) rätlich, daß die Ehegatten in ihrem Testamente selbst Auskunft darüber geben, welches Vermögen dem einen, welches dem anderen von ihnen gehört; anderenfalls kann die Feststellung der beiderseitigen Nachlaßmassen, besonders wenn die Gatten lange Zeit miteinander gelebt haben und ihre Vermögen tatsächlich vermischt sind, große Schwierigkeiten bereiten und zu unerquicklichen und langwierigen Prozessen unter den Erben Veranlassung geben. Ganz besonders empfiehlt sich ein sorgsames Auseinanderhalten der verschiedenen Vermögen in Fällen, wo einer der Gatten in zweiter oder weiterer Ehe lebt. Sollen von den Erben des einen oder anderen Gatten Vermächtnisse ausgezahlt werden, so ist im Testament ersichtlich zu machen, aus welchem Nachlaß (des Mannes oder der Frau) sie zu zahlen sind, da nach der Errichtung des Testaments das Vermögen des einen oder anderen Gatten sich erheblich verringern oder verlorengehen kann, welchenfalls die auf dieses Vermögen gelegten Vermächtnisse sich vermindern oder ganz hinfällig werden würden. — Sind keine Pflichterben da, so ist es allerdings nicht unzulässig und geschieht häufig, daß die Gatten bei der Testamentserrichtung ihre beiderseitigen Vermögen, besonders wenn sie sich nicht mehr gut trennen lassen, als ein Vermögen behandeln und etwa in der Weise darüber verfügen, daß zunächst der überlebende Ehegatte Erbe des Verstorbenen werden und nach seinem Tode das Gesamtvermögen abzüglich etwa ausgesetzter Vermächtnisse an die und die Personen als gemeinschaftliche Erben der Eheleute oder auch zum Teil an die Verwandten des Mannes, zum Teil an die Verwandten der Frau fallen oder in sonstiger Weise verteilt werden soll. Mit Rücksicht auf die von Erben und Vermächtnisnehmern etwa zu zahlende Erbschaftssteuer kann es aber doch unter Umständen zweckmäßig sein, das Vermögen der Ehegatten getrennt zu halten; denn wenn die Gatten bestimmen, daß nach dem Tode des Längstlebenden von ihnen das ganze (ungetrennte) Vermögen an den oder die im Testament genannten Personen als Erben fallen soll, so gibt im Zweifel beim Tode des Längstlebenden das ganze Vermögen als sein (des Letztlebenden) Nachlaß (2269), und die Verpflichtung zur Zahlung der Erbschaftssteuer und der Betrag der Steuer richten sich nach dem Verhältnis des oder der Erben zu dem letztverstorbenen Ehegatten. Die von den Ehegatten gewiß nicht gewollte Folge kann in solchem Falle sein, daß, wenn der vermögende Mann zuerst, die unvermögende Frau zuletzt stirbt, die von den Ehegatten gemeinschaftlich eingesetzten, aber nur dem Manne nahe verwandten Erben, wenn sie mit der Frau nicht verwandt sind, als Erben der letzteren ganz erhebliche Erbschaftssteuern zu zahlen haben, obwohl das ihnen zufallende Vermögen von dem Manne herrührt.

Verfügungsbefugnis über den Nachlaß des Verstorbenen. Haben sich die Gatten in dem gemeinschaftlichen Testament gegenseitig zu Erben eingesetzt und dabei bestimmt, daß nach dem Tode des Überlebenden der beiderseitige Nachlaß an näher bezeichnete Personen fallen soll, so gilt, wie oben bereits bemerkt, im Zweifel beim Tode des Letztlebenden der gesamte Nachlaß als sein Nachlaß (2269). Der überlebende Ehegatte kann daher auch in solchem Falle über den Nachlaß des verstorbenen Gatten grundsätzlich unter Lebenden frei verfügen; insbesondere ist er auch frei von solchen Beschränkungen, wie sie einem Vorerben (siehe das) auferlegt sind. Er kann also vor allem den Nachlaß ganz oder teilweise für sich verwenden und verzehren. Nur darf er im Falle des § 2270 (s. folgenden Absatz) die Verfügungen des gemeinschaftlichen Testaments bei seinen Lebzeiten nicht durch betrügerische Schenkungen vereiteln.

Abhängigkeit der Verfügungen des gemeinschaftlichen Testaments voneinander. Häufig werden in dem Testamente die Gatten nicht nur sich gegenseitig zu Erben (Miterben) einsetzen oder sich sonst (durch Vermächtnisse usw.) bedenken, sondern es werden auch, besonders wenn Kinder nicht vorhanden sind, den Verwandten usw. des anderen Ehegatten Zuwendungen gemacht. In solchen Fällen ist meist die Absicht der Beteiligten die, daß z. B. der Mann die Frau und vielleicht auch deren Verwandte bedenkt, weil die Frau ihrerseits dem Manne und seinen Verwandten Zuwendungen macht — und umgekehrt; die Verfügungen der Gatten sind also die eine mit Rücksicht auf die andere getroffen (2270). Das Gesetz stellt hier die Regel auf, daß ein solches Verhältnis der Verfügungen zueinander im Zweifel angenommen werden soll, wenn sich die Ehegatten gegenseitig bedenken oder wenn dem einen Ehegatten von dem anderen eine Zuwendung gemacht und für den Fall des Überlebens des Bedachten eine Verfügung zugunsten einer Person getroffen wird, die mit dem anderen Ehegatten verwandt ist oder ihm sonst nahe steht. Die gesetzliche Folge ist dann, daß die Nichtigkeit oder der Widerruf (siehe unten 3) der einen Verfügung auch die Ungültigkeit der anderen nach sich zieht. Wird die Ehe vor dem Tode eines Ehegatten gelöst (geschieden oder für nichtig erklärt (ein tatsächliches Getrenntleben genügt nicht), so wird damit das ganze Testament, auch soweit andere Personen als die Ehegatten darin bedacht sind, regelmäßig ungültig (2268); dasselbe tritt ein, wenn der erstversterbende Ehegatte zur Zeit seines Todes eine begründete Scheidungsklage (oder Klage auf Aufhebung der ehelichen Gemeinschaft) gegen den anderen Gatten erhoben hatte; es bleiben nur solche etwa in dem Testament enthaltenen Verfügungen in Kraft, von denen mit Sicherheit angenommen werden darf, daß sie auch für den Fall der Ehescheidung getroffen sein würden, z. B. Bestimmungen zugunsten der Verwandten usw. des betreffenden Erblassers oder solcher Personen, die offenbar nicht mit Rücksicht auf den Ehegatten bedacht sind.

3. Widerruf (Aufhebung, Zurücknahme) eines gemeinschaftlichen Testaments. Hiervon gilt im allgemeinen dasselbe, wie von dem Widerrufe von Testamenten überhaupt. Die Ehegatten sind durch das gemeinschaftlich errichtete Testament in bezug auf ihr Vermögen nicht gebunden; sie können nicht nur bei Lebzeiten über Teile ihres Vermögens verfügen, sondern auch später, nach Errichtung des gemeinschaftlichen Testaments, anderweitige Bestimmungen auf den Todesfall, sei es durch ein neues Testament oder durch einen Erbvertrag, treffen. Dies erleidet nur insoweit eine Einschränkung, als das gemeinschaftliche Testament Verfügungen der vorstehend unter 2 am Schluß erwähnten Art enthält, von denen also anzunehmen ist, daß der eine Gatte sie eben nur in Rücksicht auf die von dem anderen Gatten getroffene Verfügung getroffen hat. Solche Verfügungen werden durch einen einfachen Widerruf (Zurücknahme) des Testaments oder durch die Errichtung eines neuen Testaments oder durch den Abschluß eines Erbvertrages seitens des einen der Ehegatten nicht ungültig, sondern dieser muß, wenn er solche Bestimmungen des gemeinschaftlichen Testaments später einseitig (ohne Zustimmung des anderen) wieder aufheben will, dem anderen Gatten eine von ihm persönlich vor Gericht oder Notar abgegebene diesbezügliche Erklärung zugehen lassen (2271). Da der andere Teil hierdurch Kenntnis von der Aufhebung der gemeinschaftlich getroffenen Bestimmungen erlangt, ist er in der Lage, auch seinerseits anderweitige letztwillige Verfügungen zu treffen, zumal seine eigene, in dem gemeinschaftlichen Testamente getroffene Verfügung durch den Widerruf des anderen Ehegatten von selbst rechtsunwirksam geworden ist.

Ist der eine der Gatten verstorben, so kann der Überlebende die gedachten Verfügungen nur noch widerrufen, wenn er das von dem Verstorbenen ihm selber Zugewendete ausgeschlagen hat (2271). Hat er dagegen solche Zuwendungen einmal angenommen, so kann er jene von ihm selbst getroffenen letztwilligen Verfügungen nur ändern, wenn ganz besondere Gründe hierfür vorliegen. Von solchen Ausnahmefällen abgesehen, ist er also nicht mehr befugt, über seine demnächstige Beerbung andere Bestimmungen zu treffen, als in dem mit dem verstorbenen Ehegatten errichteten Testamente enthalten sind. Zulässig ist trotzdem eine Änderung, wenn sich der von ihm Bedachte einer Verfehlung schuldig gemacht hat, die ihn (den Erblasser) zur Entziehung des Pflichtteils, wenn er solchen zu verlangen hätte, berechtigen würde; er muß dann in einem Testament wegen dieser Verfehlung, die zur Zeit der Testamentserrichtung vorhanden sein und im Testament ausdrücklich angegeben werden muß, die dem Betreffenden gemachte Zuwendung aufheben. Bestand die Verfehlung darin, daß der Bedachte sich einem ehrlosen oder unsittlichen Lebenswandel ergeben hat, so wird jedoch die Aufhebung der ihn betreffenden Zuwendung ungültig, wenn er sich beim Tode des Erblassers von dem ehrlosen oder unsittlichen Lebenswandel dauernd wieder abgewendet hat. Ist der Bedachte ein pflichtteilsberechtigter Abkömmling (Kind, Enkel usw.) der Ehegatten oder auch nur eines von ihnen, und hat er sich in solchem Maße der Verschwendung ergeben oder ist er in solchem Maße überschuldet, daß sein späterer Erwerb erheblich gefährdet wird, so kann der überlebende Ehegatte die Zuwendung an ihn auch durch die Bestimmung abändern, daß das ihm Zugewendete nach seinem (des Bedachten) Tode an seine gesetzlichen Erben fallen soll; der Erblasser kann auch für die Lebenszeit des Bedachten die Verwaltung des ihm Hinterlassenen einem Testamentsvollstrecker übertragen; jener hat dann nur den Anspruch auf die Einkünfte von dem Vermögen. Auch diese Bestimmungen müssen in einem Testament mit genauer Angabe des Grundes getroffen werden; sie sind ungültig, wenn der Bedachte zur Zeit des Todes des Erblassers sich dauernd von dem verschwenderischen Leben abgewendet hat oder die Überschuldung nicht mehr vorhanden ist.

4. Eröffnung des Testaments nach dem Tode des erstversterbenden Ehegatten. Da das gemeinschaftliche Testament in Wirklichkeit zwei Testamente enthält und nach dem Tode eines Erblassers sein Testament alsbald gerichtlich eröffnet werden muß, damit der Inhalt den darin Bedachten bekannt gemacht wird (s. „Testamentseröffnung"), so ist klar, daß das von Ehegatten gemeinsam errichtete Testament schon dann eröffnet werden muß, wenn einer der

Gatten verstorben ist. Andererseits kommen aber die darin enthaltenen Verfügungen des Überlebenden noch nicht zur Wirksamkeit und es hat niemand ein Recht darauf, sie kennen zu lernen. Das Gesetz bestimmt daher, daß die Verfügungen des Überlebenden, soweit sie sich von dem übrigen Inhalte des Testaments sondern lassen, weder im Eröffnungstermin den Anwesenden verkündet, noch auch sonst den Beteiligten zur Kenntnis gebracht werden sollen. Es wird gerichtsseitig von den Verfügungen des Verstorbenen eine beglaubigte Abschrift angefertigt und alsdann das Testament wieder verschlossen und in besondere amtliche Verwahrung genommen.

Gemeinschuldner s. Konkurs; Verpflichtung zur Leistung des Offenbarungseides s. Offenbarungseid 2.

Genehmigung s. Einwilligung; des Vormundes zu Geschäften des Mündels s. Vormund 5; des Gegenvormundes zu Geschäften des Vormundes s. Vormund 6; des Vormundschaftsgerichts zu Geschäften des Vormundes s. Vormund 6 B; zu Geschäften des Vaters (der Mutter) für das Kind s. Verwaltung usw. des Kindesvermögens 1; der Geschäfte eines Vertreters s. Vertreter, Vertretung.

Generalversammlung s. Aktiengesellschaft 3.

Generalvollmacht s. Vollmacht 1.

Genossenschaften s. Gesellschaft 1.

Genossenschaften, eingetragene. Erwerbs- und Wirtschaftsgenossenschaften sind Gesellschaften von nicht geschlossener Personenzahl, welche die Förderung des Erwerbes oder der Wirtschaft ihrer Mitglieder mittels gemeinschaftlichen Geschäftsbetriebes bezwecken. Als solche Genossenschaften kommen hauptsächlich vor: Vorschuß- und Kreditvereine, Rohstoffvereine, Vereine zum gemeinschaftlichen Verkaufe landwirtschaftlicher oder gewerblicher Erzeugnisse (Absatzgenossenschaften, Magazinvereine), Vereine zur Herstellung von Gegenständen und zum Verkaufe derselben auf gemeinschaftliche Rechnung (Produktivgenossenschaften), Vereine zum gemeinschaftlichen Einkaufe von Lebens- und Wirtschaftsbedürfnissen im großen und Ablaß im kleinen (Konsumvereine), Vereine zur Beschaffung von Gegenständen des landwirtschaftlichen oder gewerblichen Betriebes und zur Benutzung derselben auf gemeinschaftliche Rechnung, Vereine zur Herstellung von Wohnungen. Die rechtlichen Verhältnisse dieser Genossenschaften sind näher geregelt durch das Reichsgesetz, betr. die Erwerbs- und Wirtschaftsgenossenschaften, vom 1. Mai 1889 in der Fassung vom 20. 5. 1898 (Gutt. Slg. Nr. 29). Die Genossenschaften sind juristische Personen mit eigener Rechtsfähigkeit. Diese entsteht mit der Eintragung der Genossenschaft in das Genossenschaftsregister, das beim Amtsgericht geführt wird. Die Genossenschaften gelten als Kaufleute. Auf ihre Geschäfte finden daher die Bestimmungen des HGB. Anwendung. Die Zahl der Genossen muß mindestens 7 sein. Die Mitgliedschaft wird durch schriftliche Eintrittserklärung erworben. Die Genossenschaften unterscheiden sich von Aktiengesellschaften und eingetragenen Vereinen in der Haftung dadurch, daß die Haftung nicht auf das Gesellschaftsvermögen beschränkt ist, sondern daß die Mitglieder im Fall der Überschuldung neben der Gesellschaft haften. Nach der verschiedenen Art der Haftung sind 3 Arten von Genossenschaften zugelassen, solche mit unbeschränkter Haftpflicht, mit unbeschränkter Nachschußpflicht und mit beschränkter Haftpflicht. Bei der ersteren haften im Falle des Konkurses sämtliche Mitglieder für den ganzen Ausfall als Gesamtschuldner, d. h. jeder Gläubiger der Genossenschaft kann jedes beliebige Mitglied auf den ganzen Ausfall in Anspruch nehmen, das dann allerdings anteilsweise von den anderen Mitgliedern Erstattung verlangen kann. Bei den Genossenschaften mit unbeschränkter Nachschußpflicht besteht ebenfalls eine Gesamthaftung der Mitglieder auf den Ausfall, jedoch wird der Betrag der Nachschußberechnung auf die einzelnen Mitglieder vom Konkursverwalter umgelegt und eingezogen; soweit von einem Mitglied der umgelegte Betrag nicht hereinzubekommen ist, erhöht sich der Anteil der anderen. Bei den Genossenschaften mit beschränkter Haftpflicht ist die Haftung des einzelnen Genossen auf einen bestimmten Betrag, die Haftsumme, beschränkt. Diese Summe muß in der Satzung angegeben sein. Der Genosse kann aber auch in mehrfacher Höhe der Haftsumme haften, wenn er nämlich mit mehreren Geschäftsanteilen beteiligt ist, was die Satzung zulassen kann. Es erhöht sich dann die Haftung des Genossen auf das der Zahl der Geschäftsanteile entsprechende Vielfache der Haftsumme. Der Genosse weiß also bei dieser Art der Genossenschaft, mit welchem Betrage er höchstens bei Überschuldung der Genossenschaft herangezogen werden kann. In der schriftlichen Beitrittserklärung eines Genossen muß stets vermerkt sein, um welche Art der Genossenschaft es sich handelt. Geschäftsanteil ist der Höchstbetrag der statthaften Mitgliedereinlage. Die Höhe des Geschäftsanteils muß in der Satzung angegeben sein, soweit die Satzung die Beteiligung mit mehreren Geschäftsanteilen zuläßt, auf die höchstzulässige Anzahl. Bei den Genossenschaften mit unbeschränkter Haftpflicht und unbeschränkter Nachschußpflicht ist nur die Beteiligung mit einem Geschäftsanteil zulässig. Über die Einzahlung der Geschäftsanteile nach Zeit und Beträgen muß die Satzung ebenfalls Bestimmungen treffen. Mit dem Geschäftsanteil ist nicht zu verwechseln das Geschäftsguthaben. Dieses ist der jeweilige tatsächliche Betrag, den die Einlagen des Genossen erreichen, unter Hinzurechnung etwaiger ihm zustehender Dividenden oder Abrechnung der Verluste. Das Geschäftsguthaben ist also der jeweilige Anteil des Genossen am Gesellschaftsvermögen. Jeder Genosse kann aus der Genossenschaft austreten; dazu ist Kündigung erforderlich. Diese findet nur zum Schlusse eines Geschäftsjahres statt und muß mindestens 3 Monate vorher schriftlich erfolgen. Die Satzung kann aber eine längere, höchstens jedoch zweijährige Frist festsetzen. Nur wenn die Genossenschaft überwiegend aus eingetragenen Genossenschaften besteht, ist eine Verlängerung bis auf 5 Jahre zulässig. Das Geschäftsguthaben ist dem ausscheidenden Genossen binnen 6 Monaten nach seinem Ausscheiden auszuzahlen. Es wird berechnet auf Grund der Bilanz am Tage seines Ausscheidens. An dem Reservefonds und dem sonstigen Vermögen außer seinem Guthaben hat er keinen Anspruch. Reicht das gesamte Vermögen der Genossenschaft einschließlich aller Guthaben zur Deckung der Schulden nicht aus, so muß der ausscheidende Genosse seinen Anteil am Fehlbetrage nachzahlen. Wird die Genossenschaft binnen 6 Monaten nach dem Ausscheiden des Genossen aufgelöst, so gilt dieses als nicht erfolgt, sein Guthaben bzw. seine Zuschußpflicht wird also so berechnet, als ob er zur Zeit der Auflösung noch Mitglied gewesen wäre.

Im übrigen muß auf das Gesetz selbst verwiesen werden, das mit sachgemäßen Erläuterungen in der Guttentagschen Slg. Nr. 29 erschienen ist.

Siehe auch Artikel Genossenschaftsrecht im HdR. Bd. II S. 705ff.

Genossenschaftsregister. Liste der Genossen. Die eingetragenen Genossenschaften (s. dort) werden in das beim Amtsgericht geführte Genossenschaftsregister eingetragen. Das Register ist wie das Handelsregister öffentlich. Es gelten daher hinsichtlich der Befugnis zur Einsichtnahme, zur Anforderung von Abschriften und Bescheinigungen dieselben Vorschriften wie für das Handelsregister (s. dort). Die Anmeldung zur Eintragung in das Register liegt dem Vorstande ob. Vor der Eintragung stehen der Genossenschaft die Rechte einer selbständigen Rechtspersönlichkeit (juristischen Person) nicht zu. Das Register gibt Auskunft über alle rechtlichen Verhältnisse der Genossenschaft, einschließlich der Vorsitzenden.

Bei dem Genossenschaftsregister wird eine Liste der Genossen geführt, in die alle Genossen eingetragen werden und nach dem Ausscheiden wieder gelöscht werden müssen. Die Liste ist in gleicher Weise öffentlich wie das Register.

Gepäck, Verlust oder Beschädigung von, s. Frachtführer usw. 4.

Geräte, landwirtschaftliche, Zubehör eines Gutes s. Zubehör.

Gerätschaften der Frau s. Ehegatten 3; als Zubehör s. Zubehör; Instandhaltung durch den Arbeitgeber s. Arbeitsvertrag 5.

Geräusch, Zuführung von, auf ein Grundstück s. Grundeigentum 2c.

Gerechtsame s. Reallasten u. Dienstbarkeiten.

Gerechtigkeiten s. Reallasten u. Grunddienstbarkeiten.

Gericht, Vertragschließung vor, s. Form der Rechtsgeschäfte 2. S. auch Vormundschaftsgericht, Nachlaßgericht, Gerichtskosten.

Gerichtliche Beurkundung s. Form der Rechtsgeschäfte 2; gerichtliche Verlautbarung s. Verlautbarung; gerichtliche Verfügungen, Beschwerde gegen, s. Beschwerde; gerichtliches Testament s. Testament 2A; gerichtliche Genehmigung zu Rechtsgeschäften s. Genehmigung.

Gerichtsferien (GVG. §§ 199 bis 202, Gutt. Slg. Nr. 14). Während einer zweimonatigen Frist im Jahre ist der ordentliche Gerichtsbetrieb gehemmt; es ist dies die Zeit vom 15. 7. bis einschließlich 15. 9. Diese vielfach angegriffene Bestimmung ist jedoch durch zahlreiche Ausnahmebestimmungen durchbrochen. Sieht man von den Verfahrensarten ab, auf die die Gerichtsferien überhaupt ohne jeden Einfluß sind (s. unten), ergibt sich bei anderen sog. Feriensachen ein arger Mißstand, da infolge der wechselnden Richterbesetzung im allgemeinen eine zweckmäßige Bearbeitung der Sache nicht erfolgt. Abgesehen von durchaus klarliegenden Prozessen oder Prozessen, die voraussichtlich durch Versäumnisurteil beendet werden, ist es meist nicht zweckmäßig, die Sache zur Feriensache erklären zu lassen. Die hierdurch herbeigeführte Beschleunigung ist meistenteils nur scheinbar, führt in vielen Fällen sogar zu einer Verzögerung, da durchaus häufig bei dem geringsten Bestreiten des Beklagten die Sache als Feriensache abgesetzt wird, der neue Termin nunmehr geraume Zeit nach den Ferien anberaumt wird und die für den ersten Termin aufgewendete Zeit unnötig versäumt ist.

Feriensachen, d. h. Sachen, die ohne Antrag auch während der Ferien verhandelt werden, sind außer den Strafsachen sämtliche Arrestsachen, die eine einstweilige Verfügung betreffenden Sachen, Meß- und Marktsachen, Mietsstreitigkeiten, soweit es sich um Überlassung, Benutzung oder Räumung, sowie Zurückbehaltung eingebrachter Sachen handelt, Ansprüche aus außerehelichem Beischlaf, sämtliche Wechselsachen, Regreßansprüche und Schecks und schließlich Bausachen, wenn über Fortsetzung eines angefangenen Baues gestritten wird. Zu diesen unbedingt während der Ferien durchzuführenden Sachen treten die durch Beschluß des Gerichts infolge notwendiger Beschleunigung zu Feriensachen erklärten Prozesse, die jedoch jederzeit als Feriensache abgesetzt werden können.

Allgemein unbeeinflußt durch die Gerichtsferien ist das Kostenfestsetzungsverfahren, das Mahnverfahren, das Zwangsvollstreckungsverfahren, das Konkursverfahren, das Vergleichsverfahren zur Abwendung des Konkurses, sowie das Verfahren vor den Arbeitsgerichten. Auch Zahlungsbefehle können jederzeit während der Gerichtsferien beantragt werden.

Angelegenheiten der freiwilligen Gerichtsbarkeit werden durch die Gerichtsferien ebenfalls nicht berührt. Die Weiterführung der Vormundschaftssachen und der Nachlaßsachen kann jedoch während der Ferien unterbleiben, soweit das Bedürfnis der Beschleunigung nicht vorhanden ist.

Gerichtskosten. Um die Kosten für die vom Staat zu gewährende Rechtspflege zu decken, werden von den Gerichten für ihre Tätigkeit Gebühren erhoben, sowie die Erstattung der Auslagen verlangt. Soweit es sich um bürgerliche Angelegenheiten, die auf der Zivilprozeßordnung, der Konkursordnung oder dem Gesetz über den Vergleich zur Abwendung des Konkurses beruhen, handelt, sind die Gebühren einheitlich für das ganze Deutsche Reich festgesetzt, während die Gebühren für die sonstige Tätigkeit der Gerichte z. B. die gesamte freiwillige Gerichtsbarkeit landesrechtlich für die einzelnen Staaten geregelt sind. Die Höhe der Gebühren richtet sich nicht nur nach der aufgewendeten Arbeit des Gerichts, sondern auch nach der Wichtigkeit der entfalteten Tätigkeit. Allgemein kann gesagt werden, daß die Gebühren für ein Prozeßverfahren erheblich höher sind als die sonstigen landesrechtlich festgesetzten Gebührensätze. Hinsichtlich der Landesgebührenordnung muß auf diese verwiesen werden. Das Reichs-Gerichtskostengesetz von 1878 in der Fassung vom 21. Dezember 1922 und sodann wiederholt, zuletzt durch Gesetz vom 28. Januar 1927 geändert (Gutt. Slg. Nr. 15), kennt grundsätzlich drei Gebühren und zwar bestimmt es, daß im Prozeßverfahren eine volle Gebühr erhoben wird: allgemein für die Einleitung und das Klageverfahren, sodann für eine etwaige Beweiserhebung und schließlich für den das Verfahren abschließenden Urteilsspruch. Für das Mahnverfahren und das Güteverfahren sowie für verschiedene keine mündliche Verhandlung erfordernden Prozeßhandlungen wird eine halbe Gebühr und für die Erledigung verschiedener sonstiger Anträge (§ 34 GKG.) eine viertel Gebühr berechnet. Die volle Gebühr richtet sich nach dem Wert des Streitgegenstandes und beträgt

bis RM. 20.— einschl. RM. 1.—,
„ „ 60.— „ „ 2.—,
„ „ 1000.— 3 von Hundert,
„ „ 2000.— 2 „ „
„ „ 10000.— 1 „ „

auf den Mehrbetrag $1/2$ von Hundert.

Für die Ermittelung des Streitgegenstandes sind im einzelnen Bestimmungen getroffen, insbesondere bestimmt, daß bei nicht vermögensrechtlichen Ansprüchen (z. B. Ehescheidungsklagen) der Wert auf RM. 2000.— ausnahmsweise niedriger oder höher, jedoch nicht unter RM. 500.— und nicht über RM. 50000.— angenommen werden darf.

Schuldner der Gebühr ist zunächst der Antragsteller und nur im Falle einer Verurteilung zu den Kosten des Verfahrens haftet der verurteilte Schuldner neben dem Antragsteller als Gesamtschuldner.

Die Gebühr wird grundsätzlich fällig mit Stellung des Antrages, durch den das Verfahren bedingt ist. Es besteht jedoch eine weitgehende Vorschußpflicht, da Termin zur mündlichen Verhandlung auf Grund einer Klage erst nach Zahlung der erforderten Prozeßgebühr bestimmt werden soll. Auch das Mahnverfahren, sowie das Güteverfahren ist vorschußpflichtig.

Im Konkursverfahren wird für das Verfahren über den Antrag auf Eröffnung des Konkurses eine halbe Gebühr erhoben, während die Durchführung des Konkurses eine dreifache Gebühr erfordert, die sich jedoch bis auf die einfache Gebühr ermäßigen kann, falls nämlich der Konkurs in einem frühzeitigen Verfahrensstadium seine Erledigung findet. Maßgebend für die Berechnung der Gebühr ist der Wert der Aktivmasse unter Abzug der Massekosten sowie der Masseschulden.

In den höheren Instanzen erhöhen sich auch die Gerichtskosten und zwar wird die oben angeführte Gebühr in der Berufungsinstanz um die Hälfte, in der Revisionsinstanz um das Doppelte erhöht.

Die Entrichtung der Kosten kann durch Gerichtskostenmarken, die auf den Antrag der Klageschrift geklebt werden, erfolgen.

Gerichtsvollzieher, Zustellung einer Erklärung (einer Kündigung, einer Mahnung u. dergl.) durch einen Gerichtsvollzieher s. Abwesend, Willenserklärung unter Abwesenden.

Gerüche, Zuführung von Gerüchen auf ein Grundstück s. Grundeigentum 2c.

Gesamtgläubiger s. Mehrere Gläubiger usw.

Gesamtgut s. Gütergemeinschaft, Fahrnisgemeinschaft, Errungenschaftsgemeinschaft.

Gesamtschuldner s. Mehrere Gläubiger usw.

Gesamtvertretung s. Offene Handelsgesellschaft 3.

Geschäft des Mannes, Arbeiten der Frau für das, s. Ehegatten 2; Betreibung eines Geschäfts durch die Frau s. Erwerbsgeschäfte von Frauen; Geschäft der Kinder, übernahme durch den Vater s. Verwaltung des Kindesvermögens usw. 2; fremde Geschäfte, Besorgung ohne Auftrag s. Geschäftsführung ohne Auftrag; üble Nachrede über ein Geschäft s. Üble Nachrede usw.; zum eingebrachten Gut der Frau gehöriges, s. Eingebr. Gut der Frau 3.

Geschäftsanteil s. Gesellschaft mit beschr. Haftung 3 und Genossenschaften, eingetragene.

Geschäftsbesorgung durch den Unternehmer s. Werkvertrag 13; Geschäftsbesorgung durch den Dienstverpflichteten s. Arbeitsvertrag 7; Geschäftsbesorgung ohne Auftrag s. Geschäftsführung ohne Auftrag.

Geschäftsbetrieb durch eine Frau s. Erwerbsgeschäfte von Frauen, Eingebrachtes Gut der Frau 5 u. Ehegatten 1; Geschäftsbetrieb durch Minderjährige s. Geschäftsfähigkeit 2.

Geschäftsbezeichnung, unredliche Benutzung einer, s. Namensmißbrauch.

Geschäftsbücher s. Handelsbücher; Pfändbarkeit derselben s. Pfändung in der Zwangsvollstreckung 1.

Geschäftsfähigkeit (104—115). **1.** Die Geschäftsfähigkeit, das heißt die Fähigkeit zur Vornahme von Rechtsgeschäften (zur Abschließung von Verträgen oder zur Abgabe oder Annahme rechtswirksamer Willenserklärungen), steht nicht allen Menschen in gleichem Maße zu. Unbeschränkt geschäftsfähig sind im allgemeinen volljährige Personen, d. h. die, welche das 21. Lebensjahr vollendet haben; es können aber besondere Umstände eine Verminderung ihrer Geschäftsfähigkeit herbeiführen; s. nachstehend unter 2 und 3.

2. Beschränkt geschäftsfähig (in der Geschäftsfähigkeit beschränkt) sind Minderjährige (Personen unter 21 Jahren), die das siebente Lebensjahr überschritten haben, sowie die wegen Geistesschwäche, Verschwendung, Trunksucht Entmündigten (s. unten Nr. 3 a. Schl.); endlich die im Laufe des Entmündigungsverfahrens wegen erheblicher Gefährdung ihrer Person oder ihres Vermögens unter vorläufige Vormundschaft gestellten Personen (Personen, die bloß unter Pflegschaft gestellt sind, werden dadurch allein in ihrer Geschäftsfähigkeit nicht beschränkt; s. „Pflegschaft 2" a. Schl.). Die genannten, nur beschränkt geschäftsfähigen Personen können Willenserklärungen, die ihnen nur Vorteil bringen, wie z. B. die Annahme eines Geschenks, selbständig mit Rechtsgültigkeit abgeben; bei allen anderen Willenserklärungen und Rechtsgeschäften, also solchen, die ihnen (neben einem Vorteil oder ohne einen solchen) irgendeine Verpflichtung auferlegen oder ein ihnen zustehendes Recht aufheben oder mindern (z. B. Empfangnahme einer Zahlung vom Schuldner), bedarf es zu ihrer Gültigkeit der Mitwirkung (Genehmigung) ihres gesetzlichen Vertreters (Vaters, Vormunds usw., s. „Gesetzlicher Vertreter"), wenn ihnen auch der Abschluß des Geschäftes offensichtlich von Nutzen ist. Fordert der andere Teil, mit welchem der Minderjährige usw. den Vertrag geschlossen hat, den Vertreter zu einer Erklärung darüber auf, so kann diese Erklärung nur ihm (dem Vertragschließenden) gegenüber erfolgen; eine vor dieser Aufforderung etwa dem Minderjährigen usw. gegenüber bereits erfolgte Genehmigung oder Verweigerung der Genehmigung wird dadurch nachträglich unwirksam und gilt als nicht erfolgt. Die Genehmigung kann nur bis zum Ablauf von zwei Wochen nach dem Empfange der Aufforderung erklärt werden; wird sie innerhalb dieser Frist nicht erklärt, so gilt sie als verweigert. Ist der beschränkt Geschäftsfähige (Minderjährige usw.) inzwischen, z. B. durch Erreichung des Alters der Volljährigkeit, durch Aufhebung der Entmündigung usw. unbeschränkt geschäftsfähig geworden, so tritt seine Genehmigung an die Stelle der Genehmigung des gesetzlichen Vertreters. Wird die Genehmigung verweigert, so ist der Vertrag für beide Teile unwirksam. Die Genehmigung kann übrigens ausdrücklich oder stillschweigend erfolgen. Bis dahin, daß etwa der Vertrag durch den gesetzlichen Vertreter, sei es durch eine Erklärung dem Minderjährigen usw. oder dem anderen Teil gegenüber, genehmigt ist, ist der andere vertragschließende Teil befugt, den Vertrag zu widerrufen; dieser Widerruf kann sowohl dem Minderjährigen usw. wie seinem gesetzlichen Vertreter erklärt werden. Durch die Genehmigung vor erfolgtem Widerruf wird der Vertrag für beide Teile bindend. Hat der andere Teil die Minderjährigkeit usw. gekannt, so kann er nur widerrufen, wenn der Minderjährige usw. der Wahrheit zuwider die Einwilligung des Vertreters behauptet hat; er kann aber auch in diesem Falle nicht widerrufen, wenn ihm das

Fehlen der Einwilligung bei dem Abschlusse des Vertrages bekannt war.

In manchen Fällen, nämlich bei Abschluß von besonders wichtigen Rechtsgeschäften, genügt aber die von dem gesetzlichen Vertreter (Vater, Mutter, Vormund usw.) erteilte Genehmigung noch nicht, um das Geschäft für und gegen den Mündel rechtsverbindlich zu machen; es ist dazu außerdem noch die Genehmigung des Vormundschaftsgerichts oder eines Gegenvormundes erforderlich; s. „Vormund 6" und „Verwaltung und Nutzung des Kindesvermögens".

Eine Ausnahme von dem Satze, daß Rechtsgeschäfte der Minderjährigen und Entmündigten ohne Genehmigung ihres gesetzlichen Vertreters unwirksam sind (über weitere Ausnahmen s. unten 3), gilt bezüglich der Verträge, die von solchen Minderjährigen usw. abgeschlossen sind, denen entweder zu einem ganz bestimmten Zwecke oder zu ihrer freien Verfügung vom Vater, Vormund usw. Geldbeträge überwiesen sind, wie dies bei Schülern, Studierenden, Lehrlingen usw., welche auswärts sich aufhalten und für die Beschaffung der täglichen Lebensbedürfnisse meist selbst zu sorgen haben, zu geschehen pflegt. Zwar gilt für die von solchen Personen ohne Zustimmung ihres gesetzlichen Vertreters geschlossenen Verträge an sich auch das oben Gesagte; wenn aber der Minderjährige den von ihm eigenmächtig geschlossenen Vertrag mit den ihm gerade zu diesem Zwecke oder zu seiner freien Verfügung überwiesenen Geldern erfüllt, also zahlt, so gilt der betreffende, anfänglich wegen des Mangels der Einwilligung des Vertreters ungültige Vertrag nun als von Anfang an rechtswirksam und das Geschäft kann weder von dem einen noch von dem anderen Teile angefochten werden. Ebenso ist es, wenn die Gelder dem Minderjährigen mit Zustimmung seines gesetzlichen Vertreters von einer anderen Person zu dem bestimmten Zwecke oder zur freien Verfügung überlassen sind oder wenn die Geldbeträge ihm vom Vater usw. nicht ausdrücklich überwiesen sind, sondern der Minderjährige sie sich selber verdient und der Vater usw. sie ihm zur Verwendung belassen hat. Eine allgemeine Befugnis dieser Minderjährigen zu solchen Rechtsgeschäften besteht also trotzdem nicht. Wer daher z. B. einem Minderjährigen ohne Genehmigung des Vaters, Vormundes usw. Kleider, Bücher, Zigarren oder was sonst auf Borg geliefert hat, kann den Kaufpreis dafür nicht einklagen, da eben das Geschäft (Kaufvertrag) rechtlich als nicht zustande gekommen betrachtet wird; er kann, wenn nicht der Käufer gutwillig selber zahlt, höchstens die gelieferten Sachen zurückfordern oder Ersatz für das Hingegebene verlangen, wenn und soweit der Beklagte aus dem Geschäfte noch bereichert ist; s. darüber „Ungerechtfertigte Bereicherung". Hat der Händler usw. ganz unnütze Sachen geliefert, so wird ihm auch die Bereicherungsklage, die überhaupt mißlicher Natur ist, nichts nützen.

Prozeßführung. Minderjährige und andere in der Geschäftsfähigkeit beschränkte Personen sind, da sie sich nicht durch Verträge verpflichten können, auch nicht prozeßfähig (ZPO. 52). Prozesse für sie müssen durch ihren gesetzlichen Vertreter (Vater, Mutter, Vormund, Pfleger) geführt werden. Über Ausnahmen von dieser Regel vgl. unten zu 3.

Einseitige Rechtsgeschäfte der Minderjährigen sowie der anderen beschränkt geschäftsfähigen Personen, z. B. Kapitalkündigungen, Aufkündigungen eines Miet- oder Pachtverhältnisses, Mahnungen usw., welche sie ohne Einwilligung ihres gesetzlichen Vertreters vornehmen, sind überhaupt rechtlich unwirksam. Damit der, dem gegenüber eine solche Willenserklärung abgegeben wird, über deren Rechtswirksamkeit nicht in Ungewißheit bleibt, hat er das Recht, zu verlangen, daß ihm bei der Kündigung usw. die Einwilligung des Vertreters schriftlich vorgelegt wird; geschieht dies nicht, so muß er die Kündigung unverzüglich zurückweisen, und zwar aus dem Grunde, weil die Einwilligung des Vertreters ihm nicht vorgelegt sei; dann ist die Kündigung unwirksam, auch wenn der Vertreter wirklich eingewilligt hatte. Hört er dagegen, obwohl eine schriftliche Einwilligung des Vertreters nicht vorgelegt wird, die Kündigung usw. ruhig an, ohne sie aus diesem Grunde sofort zurückzuweisen, so hat er es sich selber zuzuschreiben, wenn er fortan in Ungewißheit darüber bleibt, ob die Kündigung rechtswirksam, nämlich mit Einwilligung des Vertreters, oder rechtsunwirksam, weil ohne diese Einwilligung, erfolgt ist. Die Zurückweisung ist übrigens ausgeschlossen, wenn der Vertreter selbst ihn (d. h. den, an welchen die Kündigung usw. gerichtet wird) bereits von seiner Einwilligung in Kenntnis gesetzt hat. — Einen Wohnsitz kann der Minderjährige usw. ohne den Willen seines gesetzlichen Vertreters weder gründen noch aufgeben (8). — Über Willenserklärungen, die einem beschränkt Geschäftsfähigen gegenüber von anderen Personen abzugeben sind, s „Abwesende, Willenserklärungen unter, 1".

Vertretung der Minderjährigen bei Rechtsgeschäften. Es ist im Vorstehenden immer davon ausgegangen, daß der Minderjährige oder sonst in der Geschäftsfähigkeit Beschränkte selbst das Rechtsgeschäft, z. B. den Kauf, den Mietvertrag, den Darlehnsvertrag, abschließt. Es können aber Rechtsgeschäfte in Angelegenheiten minderjähriger Personen auch in der Weise abgeschlossen werden, und dies ist sogar die Regel, daß ihr gesetzlicher Vertreter (der Vater, die Mutter, der Vormund usw.) das Geschäft für den Minderjährigen usw. abschließt. Diese Vertreter bedürfen zum Abschluß des Geschäfts ihrerseits der Genehmigung des Minderjährigen nicht, sondern sie schließen allein das Geschäft ab. Inwiefern sie aber selbständig handeln können oder ihrerseits wieder eine Genehmigung des Vormundschaftsgerichts oder des Gegenvormundes einholen müssen, darüber s. Näheres unter „Vormund 6" und „Verwaltung und Nutzung des Kindesvermögens usw. 1".

3. Ausnahmen von der vorbesprochenen beschränkten Geschäftsfähigkeit der Minderjährigen (und der sonst in der Geschäftsfähigkeit beschränkten Personen) gelten unter Umständen für solche Minderjährige usw., die Geschäfte betreiben oder in einem Dienst- oder Arbeitsverhältnisse stehen: Hat nämlich ein Minderjähriger mit Genehmigung des Vormundschaftsgerichts von seinem gesetzlichen Vertreter (Vater, Mutter, Vormund usw.) die Ermächtigung erhalten, selbständig ein Erwerbsgeschäft zu betreiben, mag dieses Geschäft nun im Handel, in der Betreibung einer Fabrik oder eines Handwerks, in der Ausübung eines künstlerischen oder wissenschaftlichen Berufs, der Landwirtschaft usw. bestehen, so ist er für solche Rechtsgeschäfte unbeschränkt geschäftsfähig, die dieser Geschäftsbetrieb mit sich bringt (112). Ausgenommen sind nur solche Geschäfte, zu denen der Vater (die Mutter) oder der

Vormund selbst der Genehmigung des Vormundschaftsgerichts bedarf (s. „Verwaltung und Nutzung des Kindesvermögens usw. 1" und „Vormund 6"). *Zu diesen Geschäften* ist, damit sie rechtsgültig sind, außer der Genehmigung des Gerichts auch die Einwilligung des Vaters (der Mutter) oder des Vormundes erforderlich (eine volle Geschäftsfähigkeit auch in diesen Geschäften kann der Minderjährige nur durch Volljährigkeitserklärung (s. d.) erlangen). Die einmal erteilte Ermächtigung zum Betriebe eines Erwerbsgeschäfts kann vom Vater (der Mutter) oder dem Vormunde nur mit Genehmigung des Vormundschaftsgerichts wieder zurückgenommen werden.

Ähnlich verhält es sich, wenn der Vater, die Mutter, der Vormund (in ihrer Eigenschaft als „gesetzliche Vertreter" des Kindes; s. d.) den Minderjährigen ermächtigt haben, *in Dienst oder in Arbeit zu treten* (113). Der Minderjährige ist dann berechtigt, Dienste oder Arbeitsverhältnisse der gestatteten Art selbständig einzugehen und wieder zu lösen (den Dienst oder das Arbeitsverhältnis zu kündigen); er ist für alle Rechtsgeschäfte, die die Erfüllung der aus einem solchen Verhältnis sich ergebenden Verpflichtungen betreffen, z. B. für die Annahme des Lohns, für die Anerkennung von Abrechnungen, für Vergleiche sowie insbesondere auch für die Prozeßführung in betreff solcher Dienst- und Arbeitsverhältnisse unbeschränkt geschäftsfähig und kann auch wegen dieser Rechtsgeschäfte selbständig *Prozeß führen*. Ausgenommen hiervon sind wieder die Verträge, zu denen der Vater, Vormund usw. selbst der Genehmigung des Vormundschaftsgerichts bedarf. Die Ermächtigung, die natürlich auch *stillschweigend* erteilt werden kann, kann von dem gesetzlichen Vertreter jederzeit zurückgenommen oder eingeschränkt werden. Eine Genehmigung des Vormundschaftsgerichts zur Erteilung oder Zurücknahme der Ermächtigung ist nicht erforderlich. Ist der gesetzliche Vertreter *ein Vormund* und verweigert er die Ermächtigung, so kann der Minderjährige sich an das Vormundschaftsgericht wenden, das, wenn dies in seinem Interesse liegt, an Stelle des Vormundes die Ermächtigung erteilt. Gegen die Weigerung des Vaters oder der Mutter kann das Vormundschaftsgericht nicht angerufen werden. Bezieht sich die Ermächtigung des gesetzlichen Vertreters zur Eingehung eines Dienstes oder eines Arbeitsverhältnisses *nur auf einen einzelnen Fall*, z. B. der Vertreter hat der Tochter oder Mündel gestattet bei einer bestimmten Person in Dienst zu treten, so ist die Minderjährige hierdurch im Zweifel (d. h. wenn der Vater usw. nicht etwas anderes bestimmt hat) ermächtigt, auch ein anderes Arbeits- oder Dienstverhältnis *derselben Art* selbständig einzugehen und wieder aufzuheben; sie ist aber *nicht* berechtigt, an Stelle eines Dienstes z. B. Arbeit in einer Fabrik zu nehmen oder umgekehrt.

Weitere Ausnahmen. Die in der Geschäftsfähigkeit beschränkten Personen sind übrigens nicht in allen Rechtsangelegenheiten unfähig, für sich allein mit rechtlicher Wirkung zu handeln; es gibt gewisse, besonders das Familien- und Erbrecht betreffende Rechtsverhältnisse, bezüglich deren sie freier gestellt sind und insbesondere selbständig einen Prozeß führen können (ZPO. 612, 641, 664); beispielsweise wenn es sich um eine Ehescheidung oder um die Anfechtung einer Ehe oder der Ehelichkeit eines Kindes handelt oder um die Anerkennung eines Kindes, um Einwilligung in eine Annahme an Kindes Statt, um Kündigung des Dienstverhältnisses einer Frau durch ihren Ehemann, um Anfechtung eines Erbvertrages und dgl. mehr. Über alle diese Fälle ist an den betr. Stellen dieses Werkes das Nähere mitgeteilt. *Ein Testament kann ein Minderjähriger vom sechzehnten Lebensjahre an* selbständig errichten; dagegen können die übrigen beschränkt Geschäftsfähigen kein Testament machen. (Näheres unter „Testament 1".) *Einen Erbvertrag* kann ein Minderjähriger nur bedingungsweise abschließen (s. „Erbvertrag 1").

Entmündigte usw. Personen (114, 115). Den Minderjährigen stehen in bezug auf die mangelnde volle Geschäftsfähigkeit, wie schon erwähnt, solche *Volljährige* gleich, die wegen *Geistesschwäche* (nicht wegen *Geisteskrankheit*; s. unten 4), wegen Verschwendung oder Trunksucht *entmündigt* (s. „Entmündigung") oder, weil die Entmündigung gegen sie beantragt ist, *unter vorläufige Vormundschaft gestellt* sind (s. „Vormundschaft 3"). Solche Personen sind daher im besonderen auch bei einer Eheschließung an die Einwilligung ihres gesetzlichen Vertreters (Vormundes) gebunden; auch sind sie in der Errichtung letztwilliger Verfügungen (Testamente) beschränkt. Die Beschränkung der Geschäftsfähigkeit *beginnt* mit dem Eintritt der Entmündigung (nicht etwa erst mit der Bekanntmachung derselben). Hat der Entmündigte vor der Entmündigung einen Auftrag oder eine Vollmacht erteilt, so erlöschen diese mit der Entmündigung nicht ohne weiteres; aber der für den Entmündigten bestellte Vormund kann sie widerrufen. *Geistesschwache Personen* sind, ehe sie entmündigt sind, in der Geschäftsfähigkeit nicht beschränkt, sofern sie sich nicht in dem *nachstehend unter 4 beschriebenen* Zustande krankhafter Störung der Geisteskräfte befinden.

4. *Gänzlich geschäftsunfähig* (104, 105) sind Kinder unter *sieben Jahren*; ferner Personen, die sich in einem die freie Willensbestimmung ausschließenden *Zustande krankhafter Störung der Geistestätigkeit* befinden, sofern dieser Zustand seiner Natur nach *nicht ein bloß vorübergehender* ist. Handelt es sich nur um zeitweilige Störungen der Geistestätigkeit oder Zustände der Bewußtlosigkeit (z. B. Schlaf, Fieber, Dämmerzustände, Trunkenheit), so haben diese eine Geschäftsunfähigkeit des Betreffenden nicht zur Folge; aber die in einem solchen Zustande abgegebenen Willenserklärungen sind allerdings rechtsunwirksam (nichtig). *Geschäftsunfähig* sind endlich Personen, die wegen *Geisteskrankheit* (nicht bloß wegen Geistesschwäche; s. oben 3 am Ende) *entmündigt* sind. Ob ein solcher Entmündigter tatsächlich geistig unzurechnungsfähig ist oder nicht oder ob er vielleicht lichte Augenblicke hat, in denen er durchaus zurechnungsfähig ist, darauf kommt es nicht an; die Geschäftsunfähigkeit, die mit seiner Entmündigung begonnen hat, dauert so lange, bis die Entmündigung wieder aufgehoben ist. Ist letzteres geschehen, so werden dadurch nicht ohne weiteres alle Rechtsgeschäfte, die der Entmündigte etwa abgeschlossen hat, nachträglich rechtsgültig; es ist vielmehr zu prüfen, ob nicht, abgesehen von der nun als ungerechtfertigt aufgehobenen Entmündigung, andere Umstände vorgelegen haben, die die Abgabe einer rechtswirksamen Willenserklärung verhindert haben; soweit dies nicht der Fall ist, sind die von dem Entmündigten geschlossenen Geschäfte allerdings gültig.

Die Willenserklärungen eines Geschäftsunfähigen sind ohne alle rechtliche Wirksamkeit (nichtig). Ein Kind unter sieben Jahren oder ein Geisteskranker kann also nicht einmal eine ihm geschenkte Sache rechtsgültig annehmen. Ein Geschäftsunfähiger kann insbesondere auch keine Ehe eingehen. Er kann auch keinen Wohnsitz gründen oder aufheben. Der gesetzliche Vertreter (s. d.) eines Geschäftsunfähigen kann im allgemeinen die Rechtsgeschäfte für ihn vornehmen, wozu aber unter Umständen noch die Genehmigung des Gerichts erforderlich ist (vgl. z. B. „Vormund 6 B" und „Verwaltung usw. des Kindesvermögens 1"). Nur gewisse Rechtsgeschäfte, die höchst persönlicher Natur sind, kann der Vertreter nicht für den Geschäftsunfähigen abschließen; er kann z. B. nicht für ihn eine Ehe schließen oder die Ehelichkeit eines Kindes anerkennen oder eine Annahme an Kindes Statt vornehmen oder ein Testament oder einen Erbvertrag errichten (abschließen) oder wieder aufheben usw. Solche Rechtsakte können daher von geschäftsunfähigen Personen, solange die Geschäftsunfähigkeit dauert, überhaupt nicht vorgenommen werden. — Über Willenserklärungen, die von anderen Personen einem Geschäftsunfähigen gegenüber abzugeben sind, siehe „Abwesend. Willenserklärung unter Abwesenden, 1".

Geschäftsforderungen, Übergang auf den Geschäftsnachfolger, s. Firma 3 und Geschäftsübernahme.

Geschäftsführung (Geschäftsbesorgung) ohne Auftrag (677—687). Daß sich ein anderer ohne unseren Auftrag oder eine sonstige Berechtigung in unsere Geschäfte einmischt, brauchen wir im allgemeinen nicht zu dulden. Unter bestimmten Voraussetzungen (die sich aus den nachfolgenden Ausführungen ergeben) müssen wir uns solches aber gefallen lassen und der, welcher das Geschäft für uns besorgt hat, hat Anspruch auf Ersatz der von ihm in unserem Interesse gemachten Aufwendungen. Dies gilt besonders für solche Fälle, wo jemand in der Not, dem Unglück oder der Verlegenheit eines Mitmenschen für diesen eintritt oder für einen Abwesenden oder sonst Handelsunfähigen die zur Wahrung seines Interesses nötigen Maßregeln ergreift. Der, welcher solchergestalt Geschäfte des anderen besorgt, wird vom Gesetz als „Geschäftsführer (ohne Auftrag)" bezeichnet; der, dessen Geschäfte besorgt werden, ist der „Geschäftsherr".

1. Pflichten des Geschäftsführers. Wer irgendein Geschäft, einerlei ob dies eine Rechtshandlung (z. B. der Abschluß eines Kauf- oder Mietvertrages, die Bezahlung einer Schuld u. dgl.) oder bloß eine tatsächliche Dienstleistung (z. B. das Einfangen eines flüchtigen Pferdes, das Zurückbringen einer verlorenen Sache, die Versorgung der bedürftigen Familie eines Abwesenden mit Nahrungsmitteln) ist, für einen anderen besorgt, ohne von diesem beauftragt oder ihm gegenüber sonst dazu berechtigt zu sein, übernimmt damit die Verpflichtung, das Geschäft so auszuführen, wie es das Interesse des Geschäftsherrn unter Berücksichtigung seines wirklichen oder mutmaßlichen Willens erfordert. Das Geschäft muß für den anderen abgeschlossen, die Leistung für ihn gemacht sein; ist das Geschäft nicht ausdrücklich auf seinen Namen geschlossen, so muß der Wille des Geschäftsführers, das Geschäft nicht für sich, sondern für den anderen zu schließen, nach außen hin klar erkennbar hervorgetreten sein; sonst liegt keine Geschäftsführung ohne Auftrag vor. Besorgt jemand ein fremdes Geschäft in der Meinung, daß es sein eigenes sei, so finden die Rechtsvorschriften über die Geschäftsführung ohne Auftrag keine Anwendung. — Ob der Geschäftsführer von der einmal unternommenen Geschäftsbesorgung zurücktreten darf, hängt von den Umständen ab; er ist dazu befugt, soweit nicht dem Geschäftsherrn aus dem Rücktritt ein Schaden erwächst, der nicht entstanden wäre, wenn jener sich nicht eingemischt hätte.

Der Geschäftsführer haftet dem Geschäftsherrn für allen von ihm bei der Geschäftsbesorgung durch Vorsatz oder Fahrlässigkeit verursachten Schaden. Hat sich der Geschäftsführer gegen den ihm bekannten Willen des anderen in dessen Geschäfte eingemischt oder hat er dies getan, obwohl er sich bei gehöriger Prüfung der Sache sagen mußte, daß die Übernahme der Geschäftsführung dem Willen des Geschäftsherrn nicht entspreche, so hat er nicht nur keinen Anspruch auf Ersatz seiner Aufwendungen gegen den anderen (s. unten 2), sondern er haftet ihm für allen aus der Geschäftsführung entstandenen Schaden auch dann, wenn ihm selber sonst kein Verschulden zur Last fällt. Nur unter Umständen kommt der Wille des Geschäftsherrn nicht in Betracht. Versäumt nämlich der Geschäftsherr eine Verpflichtung, deren Erfüllung im öffentlichen Interesse liegt (z. B. er unterläßt es, sein dem Einsturz drohendes Gebäude zu stützen), so kann ein anderer trotz seines Verbotes für ihn als Geschäftsführer die nötigen Maßregeln treffen. Ebenso ist es, wenn der Geschäftsherr eine ihm gesetzlich obliegende Unterhaltspflicht (s. d.) nicht oder nicht rechtzeitig erfüllt; auch hier kann ein anderer selbst gegen seinen Willen für ihn eingreifen und Ersatz des Gezahlten von ihm beanspruchen. Auf Unterhaltsverpflichtungen, welche nicht durch Gesetz, sondern durch Vertrag, letztwillige Verfügung usw. begründet sind, bezieht sich dieser Satz nicht. Während im allgemeinen der Geschäftsführer auch für eine geringe Fahrlässigkeit bei Ausführung des Geschäfts haftet, ist seine Verantwortlichkeit gemindert für den Fall, wenn er sich in die Geschäfte eines anderen einmischt, um eine diesem drohende dringende Gefahr von ihm abzuwenden. Er haftet hier nur für den Schaden, den er durch Vorsatz oder grobe Fahrlässigkeit dem Geschäftsherrn zugefügt hat. Der Geschäftsführer muß die Übernahme der Geschäftsführung, sobald es tunlich ist, dem Geschäftsherrn anzeigen und, wenn nicht mit dem Aufschube Gefahr verbunden ist, dessen Entschließung abwarten, ehe er weiter für ihn tätig wird. Er muß dem Geschäftsherrn auch ohne besondere Aufforderung die nötigen Nachrichten über den Stand der Sache geben, wenn diese Kenntnis in seinem Interesse liegt; jedenfalls muß er ihm auf Verlangen Auskunft erteilen. Nach der Ausführung des Geschäfts muß er ihm Rechenschaft darüber ablegen und, wenn es sich um eine Vermögensverwaltung handelte, ihm ordnungsmäßig Rechnung legen (s. „Rechnungslegung"). Was der Geschäftsführer aus der Geschäftsführung erlangt hat, muß er dem Geschäftsherrn herausgeben; sind dies Gelder und hat er solche für sich verwendet, so muß er die Beträge von der Zeit der Verwendung an verzinsen (s. „Zinsen"). Unter Umständen ist er auch zur Leistung des Offenbarungseides (s. d.) verpflichtet. Der Tod des Geschäftsherrn ändert nichts an den Verpflichtungen des Geschäftsführers.

Stirbt der Geschäftsführer, so geht seine Verpflichtung zur Fortführung des übernommenen Geschäfts, soweit eine solche besteht, auf seine Erben über, die in gleicher Weise dafür haften wie ihr Erblasser.

Besorgt jemand fremde Geschäfte ohne Auftrag, der selber geschäftsunfähig oder in der Geschäftsfähigkeit beschränkt ist (s. „Geschäftsfähigkeit"), so ist er dem Geschäftsherrn nur insoweit verantwortlich, als eine Schadensersatzpflicht wegen unerlaubter Handlung (s. d.) oder eine Verpflichtung zur Herausgabe einer ungerechtfertigten Bereicherung (s. d.) vorliegt.

2. Rechte des Geschäftsführers. Der Geschäftsführer kann vom Geschäftsherrn wie ein Beauftragter Ersatz seiner Verwendungen verlangen, wenn die Übernahme der Geschäftsführung dem Interesse und dem wirklichen oder dem mutmaßlichen Willen des Geschäftsherrn entsprochen hat; ist dies der Fall, so genügt es, daß der Geschäftsführer bei der Ausführung des Geschäfts mit pflichtmäßiger Sorgfalt gehandelt hat. In dem Falle, wo der Geschäftsführer die Geschäfte des Geschäftsherrn besorgt hat, weil sonst eine Pflicht des Geschäftsherrn, deren Erfüllung im öffentlichen Interesse liegt, oder eine gesetzliche Unterhaltspflicht des Geschäftsherrn nicht rechtzeitig erfüllt wäre, steht der Anspruch auf Ersatz der Aufwendungen dem Geschäftsführer selbst dann zu, wenn er gegen den Willen des Geschäftsherrn gehandelt hat. Ist hiernach ein gesetzlicher Anspruch des Geschäftsführers auf Ersatz seiner Aufwendungen nach Bewandtnis des Falles nicht begründet, so ist der Geschäftsherr verpflichtet, dem Geschäftsführer wenigstens alles das, was er durch die Geschäftsführung erlangt hat, nach den Vorschriften über die Herausgabe einer ungerechtfertigten Bereicherung (s. d.) herauszugeben. Weitere Rechte hat der Geschäftsführer nicht. Genehmigt der Geschäftsherr die nicht in seinem Interesse oder gegen seinen Willen oder unsorgfältig geschehene Geschäftsführung, so kann der Geschäftsführer auch Ersatz seiner Aufwendungen fordern. Die Genehmigung kann ausdrücklich erklärt werden, aber auch stillschweigend, z. B. dadurch, daß der Geschäftsherr es ohne Widerspruch geschehen läßt, daß seine Geschäfte von einem anderen besorgt werden. — Eine Vergütung für seine eigene Tätigkeit steht dem Geschäftsführer regelmäßig nicht zu; jedoch wird unter Umständen unter dem „Ersatz von Aufwendungen" auch eine Vergütung für eigene Arbeitsleistungen des Geschäftsführers verstanden werden können, z. B. wenn es sich um Arbeiten handelt, die regelmäßig (üblicherweise) vergütet zu werden pflegen, wie Dienstleistungen eines Arztes, eines Rechtsanwalts usw.

Der Anspruch auf Ersatz der Aufwendungen steht dem, der ohne Auftrag oder sonstige Befugnis Geschäfte für einen anderen besorgt hat, nicht zu, wenn er gar nicht die Absicht hatte, von dem Geschäftsherrn Ersatz zu verlangen. Daß er diese Absicht nicht gehabt hat, also die ihm erwachsenen Unkosten aus eigenen Mitteln hat bestreiten, sie dem anderen hat schenken wollen, wird sich häufig schon aus den Umständen des Falles, z. B. aus dem Verhältnis, in dem die Beteiligten zueinander stehen (Verwandtschaft, Freundschaft usw.) ergeben; ist dies nicht der Fall, so muß der Geschäftsherr, wenn er die Kosten nicht erstatten will, beweisen, daß der Geschäftsführer die Aufwendungen in der Absicht, keinen Ersatz dafür zu fordern, gemacht hat. In gewissen Fällen nimmt das Gesetz ohne weiteres an, daß die Absicht auf seiten des Geschäftsführers, Ersatz zu verlangen, fehlt, nämlich wenn Eltern oder Voreltern ihren Abkömmlingen (Kindern, Enkeln usw.) oder umgekehrt Kinder ihren Eltern, Großeltern usw. Unterhalt gewährt haben. Verlangt hier der, welcher den Unterhalt gewährt hat, Ersatz, so muß er nachweisen, daß er den Unterhalt in der Absicht, Ersatz zu fordern, gewährt hat, wenn diese Absicht nicht schon aus den begleitenden Umständen mit Sicherheit zu entnehmen ist. Diese Vorschrift soll die aus solchem Anlaß bisher so häufig geführten gehässigen Prozesse zwischen so nahen Verwandten nach Möglichkeit verhüten. Auf die Unterhaltsgewährung an Geschwister und andere Verwandte bezieht sich die Bestimmung nicht.

3. Irrtum des Geschäftsführers. Böswillige Einmischung in fremde Geschäfte. Ist der Geschäftsführer über die Person des Geschäftsherrn im Irrtum, so hat dies auf das Verhältnis zwischen ihm und dem, für den er tatsächlich die Geschäfte besorgt hat, keinen Einfluß; der wirkliche Geschäftsherr wird aus der Geschäftsführung ebenso berechtigt und verpflichtet, als wenn kein Irrtum vorläge. Besorgt jemand fremde Geschäfte als seine eigenen, obgleich er weiß, daß er nicht dazu berechtigt ist (es verkauft z. B. jemand eine fremde Sache für sich), so hat der Geschäftsherr die Wahl, ob er ihn wegen seines böswilligen Handelns auf Schadensersatz belangen oder ob er ihn, wenngleich wider seinen Willen, als Geschäftsführer behandeln und die aus einer Geschäftsführung dem Geschäftsherrn gegen den Geschäftsführer zustehenden Ansprüche gegen ihn geltend machen (z. B. den empfangenen Kaufpreis für sich fordern) will. Tut er letzteres, so braucht er dem anderen zwar etwaige Aufwendungen nicht zu ersetzen; aber er muß ihm das, was er aus der Geschäftsführung etwa erlangt hat, nach den Vorschriften über die Herausgabe einer ungerechtfertigten Bereicherung (s. d.) ersetzen.

Geschäftsführung bei einer Gesellschaft s. Gesellschaft 2 u. Gesellschaft m. beschr. Haft. 4.

Geschäfts- und Betriebsgeheimnisse, Schutz der (RG. v. 7. 6. 09 §§ 17—20, Gutt. Slg. Nr. 37). Es gibt gewisse Vorkommnisse und Verhältnisse im geschäftlichen Leben, deren Geheimhaltung durchaus im Interesse des Geschäftsinhabers liegt, durch deren Mitteilung an die Konkurrenz ihm ein empfindlicher Schaden zugefügt werden kann; dahin gehören z. B. Listen der Bezugsquellen, Kundenverzeichnisse, Berechnungen über Selbstkostenpreise, Bilanzen und sonstige Daten, Preis- oder Frachttabellen, Musterbücher, Herstellungsmethoden, Zeichnungen oder Entwürfe für neue Anlagen, Submissionsangebote u. dgl. mehr. Es gibt dabei spezielle kaufmännische oder technische Kenntnisse und Erfahrungen, die ein Angestellter im Laufe seiner Tätigkeit im Geschäft und durch diese Tätigkeit erwirbt, mag er sie nun seinem eigenen Wissenstrieb und der eigenen Intelligenz oder den Mitteilungen seines Prinzipals verdanken, die gerade diesem Geschäft eigentümlich sind und ihm einen Vorteil vor der Konkurrenz sichern. Auch diese Kenntnisse und Erfahrungen kann man unter Umständen und zu einem gewissen Teil als Geschäfts- oder Betriebsgeheimnisse betrachten. Solche Geheimnisse gegen Verrat oder widerrechtliche Aneignung seitens anderer Personen zu schützen, ist einer der Zwecke des Gesetzes zur Bekämpfung des unlauteren Wettbewerbes (s. „Unlauterer Wettbewerb"). Das Gesetz enthält in dieser Beziehung folgende Vorschriften:

1. Bestimmungen gegen den Verrat von Geschäfts- und Betriebsgeheimnissen durch Geschäftsangestellte usw. Das Gesetz stellt einen solchen Verrat unter Strafe und macht den Verratenden schadensersatzpflichtig; aber nur bei Verrat, der während der Dauer des Dienstverhältnisses begangen wird. Solange ein Angestellter, ein Arbeiter oder ein Lehrling eines Geschäfts sich in dieser Stellung befindet, verlangt es schon die allgemeine Vertragstreue, daß er über alle Vorgänge, die sich in dem Geschäft ereignen und deren Bekanntwerden aus irgendeinem Grunde dem Prinzipal nachteilig sein könnte, Verschwiegenheit bewahrt. Weitere Voraussetzung ist, daß das von ihm verratene Geheimnis ihm vermöge des Dienstverhältnisses anvertraut oder sonstwie, wenn auch durch einen Zufall, zugänglich gemacht worden ist und daß der Verrat, d. h. die Mitteilung des Geheimnisses an andere, unbefugt und entweder zu Zwecken des Wettbewerbes oder in der Absicht, dem Geschäftsinhaber Schaden zuzufügen, geschehen ist.

Der Verrat von Geschäftsgeheimnissen, der von einem Angestellten usw. nach Beendigung des Dienstverhältnisses begangen wird, fällt nach dem eingangs Gesagten nicht unter die vorstehend mitgeteilten Strafvorschriften. Es bleibt daher dem Prinzipal, der sich auch gegen solche Nachteile möglichst schützen will, nur übrig, sich durch Vertrag mit seinen Angestellten, Arbeitern usw. durch Festsetzung von Vertragsstrafen (Konventionalstrafen) für den Übertretungsfall zu sichern, soweit solches praktischen Erfolg verspricht. Für derartige Vereinbarungen zwischen dem Prinzipal und seinen Angestellten usw., soweit sie diese letzteren nach dem Austritt aus dem Geschäfte in der anderweitigen Verwertung ihrer Kenntnisse beschränken, ist der Ausdruck „Konkurrenzklausel" (s. d.) üblich geworden.

2. Bestimmungen gegen unlautere Konkurrenten. Gleiche Strafe wie den, der ein Geschäfts- oder Betriebsgeheimnis während seiner Tätigkeit im Geschäft verrät, trifft nach dem Gesetz diejenigen, die sich auf unlautere Weise in den Besitz solcher Geheimnisse setzen. Es werden zunächst diejenigen betroffen, die durch den unter 1 behandelten Verrat seitens eines Geschäftsangestellten in den Besitz des Geheimnisses gelangt sind und dieses nun zu Zwecken des Wettbewerbes unbefugt selber verwerten oder an andere mitteilen. Aber auch diejenigen sind mit Strafe bedroht, die sich durch eine eigene Handlung in den Besitz eines Geschäfts- usw. Geheimnisses gesetzt haben, wenn diese Handlung entweder gegen eine bestimmte Gesetzesvorschrift oder gegen die guten Sitten verstößt. Endlich wird auch der mit Geld- oder Gefängnisstrafe bis zu neun Monaten bestraft, der es unternimmt, zum Zwecke des Wettbewerbes einen anderen zum Verrat eines Geschäfts- oder Betriebsgeheimnisses zu bestimmen (anzustiften), einerlei ob die Einwirkung auf den Angestellten usw. dahin geführt hat, daß dieser ihm das Geheimnis wirklich verraten hat, oder ob der Versuch, jenen zum Verrate zu verleiten, erfolglos geblieben ist.

Gefängnis bis zu einem Jahre und Geldstrafe ist ferner demjenigen angedroht, der die ihm im geschäftlichen Verkehr anvertrauten Vorlagen oder Vorschriften technischer Art, insbesondere Zeichnungen, Modelle, Rezepte u. dgl., zu Zwecken des Wettbewerbs unbefugt verwertet oder an andere mitteilt. Das kann also ein Angestellter sein, aber auch jeder beliebige andere, der „durch geschäftlichen Verkehr" jene Dinge anvertraut erhält. In dem „Anvertraut" liegt, daß es sich nicht um Dinge im freien Verkehr handelt.

Mehrere zum Schadensersatz Verpflichtete (also z. B. der ungetreue Angestellte und der Konkurrent, der ihm das Geheimnis abgekauft hat) haften als Gesamtschuldner (s. darüber „Mehrere Gläubiger oder mehrere Schuldner 1"). Der im Wege der Klage (des Zivilprozesses) zu verfolgende Anspruch verjährt in sechs Monaten von dem Zeitpunkte an, in welchem der Geschädigte von der Handlung und von der Person des Verpflichteten Kenntnis erlangt, ohne Rücksicht auf diese Kenntnis aber in drei Jahren von der Begehung der Handlung an. Die Verjährung beginnt nicht vor dem Zeitpunkt, in welchem der Schaden entstanden ist. Ist zu besorgen, daß der Angestellte sein rechtswidriges Verhalten fortsetzen oder wiederholen wird, so steht dem, der durch eine derartige Handlung verletzt werden würde, auch ein klagbarer Anspruch auf fernere Unterlassung des Verrats zu (RG.).

Geschäftsnachfolger, Übergang der Aktiven und Passiven auf ihn, s. Firma 3 und Geschäftsübernahme.

Geschäftsräume, öffentliche, Finden von Sachen in, s. Gefundene Sachen 3.

Geschäftsreisende s. Prokura und Handlungsvollmacht 3.

Geschäftsschulden, Übergang auf den Geschäftsnachfolger, s. Firma 3 und Geschäftsübernahme.

Geschäftsübernahme (Geschäftsübergang). Der Übergang (die Übernahme) eines ganzen Unternehmens auf einen anderen bietet rechtlich mancherlei Schwierigkeiten.

„Ein solcher Geschäftsbetrieb" (sagt einmal das Reichsgericht von einem Pensionsbetriebe) „kann gleich einem Handelsgeschäft zum Verkehrsgegenstande und veräußerlichen Lebensgute werden. Zwar ist ein solches Lebensgut weder Sache noch Recht im Sinne des § 433 Abs. 1 BGB. Auf seine Veräußerung gegen Entgelt finden indes die allgemeinen Grundsätze über Kauf Anwendung."

Über die Schwierigkeiten der Rechtsfragen sei auf den Art. Geschäftsübernahme im HdR. II 812ff. verwiesen. Hier sei nur Folgendes dargelegt:

Es pflegt bei dem Übergang eines kaufmännischen Geschäfts nach verkehrsüblichen Anschauungen festzustehen was übergeht, d. h. dies richtet sich nach der Zugehörigkeit zu dem ökonomisch einheitlichen Unternehmen; nur über die Frage der Aktiva und Passiva pflegt besondere Bestimmung getroffen zu werden, im übrigen gilt als übergehend, was zur ordnungsmäßigen Fortführung des Unternehmens durch den Rechtsnachfolger gehört.

Der Geschäftsübergang kann in verschiedenen rechtlichen Formen geschehen, in denen teilweise auch besondere Rechtsgründe (wie Todesfall, Konkurs, Liquidation, Zeitablauf) enthalten sein können; — diese Rechtsgründe sind jedoch keineswegs identisch mit der Rechtsform des Geschäftsübergangs. Er geschieht zumeist in der Form des Kaufvertrags (s. „Kauf"); aber auch in der Form der Gesellschaftsgründung (s. „Gesellschaft"), bei der ein teilweiser Kauf (von Geschäftsanteilen, Eintritt des neuen Gesellschafters) in Betracht kommt; ferner in der Form der Abtretung (s. d.), z. B. behufs Schuldentilgung (so bei Überwiegen der Forderungen eines einzelnen

Gläubigers); in der Form der Schenkung (s. d.); im Erbgang. Auch ein Übergang von Teilen des Unternehmens ist möglich. Ferner ist ein Übergang auf Zeit möglich, z. B. in Pacht oder zum Nießbrauch oder bis zur Deckung eines Guthabens.

Beim Erbgang ist das Sondervermögen (Geschäft) entweder schon vorhanden oder es bildet sich zu einer abgeschlossenen Einheit durch den Todesfall (z. B. der Anteil des Erblassers an einem gemeinsamen Geschäft); dies folgt den Regeln des Erbrechts.

Bei Konkurs und Liquidation löst sich das Sondervermögen von dem alten Rechtssubjekt los und wird ein Sondervermögen eigner Art (Konkursmasse, Geschäft in Liquidation, Gründung einer Liquidationsgesellschaft); als solches wird es dann entweder in seine Teile aufgelöst und einzeln verwertet (durch Kauf usw.) oder es geht als Ganzes in andere Hände über, so daß insoweit trotzdem eine wirkliche Geschäftsübernahme vorliegt (z. B. Konkurs des Ehemanns und Übergang des Geschäftes an die Ehefrau).

Der Übernahmevertrag (der neben Bestandteilen des Kaufs auch solche des Werkvertrags zu haben pflegt) ist von dem Übernahmevorgang zu scheiden, ebenso wie beim Kauf außer der Einigung (und Zahlung) auch Übereignung des Kaufgegenstandes zu geschehen hat. Die Formvorschriften und besonderen dinglichen Voraussetzungen müssen gewahrt werden, also Auflassung im Grundbuch für das Grundstück, Eintragung des neuen Inhabers im Handelsregister, Umschreibung der Hypotheken usw.

Die Formvorschrift des § 311 BGB. (gerichtliche oder notarielle Beurkundung) trifft im allgemeinen die Geschäftsübernahme nicht, da das Geschäft nicht das ganze Vermögen seines Inhabers darstellt.

Soweit nicht Rechte oder Pflichten, Waren oder Einrichtungen ausgeschlossen werden, geht grundsätzlich alles, was zu dem Unternehmen und was zu seiner Fortführung nötig ist, „wie es steht und liegt“, auf den Erwerber über, und zwar unter dem Gesichtspunkt, daß er das Geschäft fortführe. Der Erwerb eines Geschäftes zu dem Zweck, es nicht fortzuführen, kann auch vorkommen (beispielsweise ein Kauf zum Zweck der Beseitigung eines Wettbewerbers); das ist im Zweifel keine Verletzung des Kaufvertrags, denn der Käufer kann mit der ihm zu Eigentum übertragenen Sache machen, was er will. Wird das erworbene Geschäft fortgeführt, so sind im Zweifel mit den übernommenen Rechten zur Fortführung — Ansprüche auf Lieferung aus Lieferungsverträgen, auf Innehaltung der Arbeitsverträge u. dgl. — auch die Pflichten aus noch laufenden Verträgen übernommen, also die Erfüllung von Lieferungspflichten, von zugesagten Gratifikationen, von Verlagsverträgen usw. Zu den übergehenden Rechten gehören auch Warenzeichen-, Patent- und andere geistig-gewerbliche Schutzrechte, ferner Preismedaillen und Ehrendiplome, die dem Inhaber für seine geschäftliche Tätigkeit (nicht dem Inhaber persönlich) verliehen waren.

Freilich kann unter Umständen der Ausführung noch nicht erfüllter Verträge der Geschäftsübergang als ein Auflösungsgrund im Wege stehen bzw. einen besonderen Kündigungs- oder Rücktrittsgrund abgeben; nämlich dann, wenn sich rechtliche Gegensätze (z. B. Unmöglichkeiten persönlicher Art) aus dem Geschäftsübergang ergeben oder wenn es sich um Verträge handelt, die aus wichtigen Gründen gelöst werden können und der Geschäftsübergang in dem besonderen Fall sich als ein wichtiger Grund darstellt.

Der Umkreis dessen, was bei der Geschäftsübernahme gekauft ist, ergibt sich im Zweifel aus den Verhandlungen des einzelnen Falles, aus der verkehrsüblichen Auffassung und auch aus dem Kaufpreise. Dieser Kaufpreis ist oftmals höher als der Wert der körperlichen Gegenstände, eben weil diese eine Einheit bilden und weil Imponderabilien mit zu dem Geschäft gehören. Oftmals ist er aber auch niedriger, wenn nämlich dieser immaterielle Wert ein höchstpersönlicher war und bei dem Rechtsnachfolger nicht von vornherein in gleicher Größe gegeben erscheint. Eine besondere Gruppe der Vermögensbestandteile beim Geschäftsübergang aber bilden die Schulden und Forderungen. Über den Übergang der Schulden und Forderungen auf den Erwerber des Unternehmens finden sich Bestimmungen in § 419 BGB. und § 25 HGB. Übernimmt jemand durch Vertrag das Vermögen eines anderen, so können dessen Gläubiger, unbeschadet der Fortdauer der Haftung des bisherigen Schuldners, von dem Abschlusse des Vertrags an ihre zu dieser Zeit bestehenden Ansprüche auch gegen den Übernehmer geltend machen (weiter: Beschränkung der Haftung des Übernehmers auf den übernommenen Bestand und die ihm daraus zustehenden Ansprüche; der Ausschluß der Haftung durch Vertrag mit dem Vorgänger ist wirkungslos). Wer ein unter Lebenden erworbenes Handelsgeschäft unter der bisherigen Firma mit oder ohne Beifügung eines das Nachfolgeverhältnis andeutenden Zusatzes fortführt, haftet für alle im Betriebe des Geschäfts begründeten Verbindlichkeiten des früheren Inhabers. Die in dem Betriebe begründeten Forderungen gelten den Schuldnern gegenüber als auf den Erwerber übergegangen, falls der bisherige Inhaber oder seine Erben in die Fortführung der Firma gewilligt haben (weiter: Abweichende Vereinbarung ist nur wirksam, wenn ins Handelsregister eingetragen; bei Nichtfortführung der Firma Haftung nur aus besonderem Verpflichtungsgrund, insbesondere bei Bekanntmachung der Übernahme der Verbindlichkeiten in handelsüblicher Weise).

Im Zweifel ist anzunehmen, daß Aktiva und Passiva bei der Geschäftsübernahme als mit übergegangen zu gelten haben, abgesehen von dem Fall des Überganges eines Handelsgeschäfts ohne Übergang der Firma. Für den Schuldner des übergegangenen Geschäfts liegt es nicht immer einfach zu wissen, an wen er gültigerweise zu zahlen habe. Die Ansprüche der Geschäftsgläubiger gegen den Veräußerer verjähren in der Regel in 5 Jahren (HGB. § 26). Wird ein Geschäft aus der Konkursmasse durch den Konkursverwalter verkauft, so haftet der Erwerber nicht den Konkursgläubigern (RG.). Zu den übergegangenen Verbindlichkeiten gehören grundsätzlich nicht nur die vertragsrechtlichen, sondern auch z. B. deliktische (Ansprüche wegen Patentverletzung, wegen unlauteren Wettbewerbs o. dgl.).

Für den Erwerb im Erbgange ist ähnliche Regelung getroffen (HGB. § 27), für den Teilübergang (Eintritt in das Geschäft eines anderen und Gesellschaftsgründung) strengere Regelung in HGB. § 28.

Gewährleistung des Veräußerers des Unternehmens. Die Sätze über Gewährleistung und Mängelrüge (s. d. Art.) sind auch auf die Geschäftsübernahme anwendbar (RG.). Daß das Erwerbsgeschäft die zugesicherten Eigenschaften haben muß, widrigenfalls Rücktritt vom Vertrag oder Minderung des Kaufpreises oder gar Schadenersatz gegeben sind, ist selbstverständlich. Fraglich wird nur, was bei nicht ausdrücklicher Zusicherung nach Lage der Dinge bei einem Geschäftsübergang als zugesichert oder als zu gewährleistende Eigenschaft zu gelten hat. Der Umsatz eines Jahres, ja selbst ein Durchschnittsertrag ist mangels ausdrücklicher Zusicherung keine Eigenschaft des Geschäfts und mithin nicht als stillschweigende Zusicherung künftiger gleicher Erträge anzusehen (RG.). Schätzungen und Meinungsäußerungen über Umsatz und Ertrag sind keine Zusicherungen. Quantitätsmängel bei einzelnen Teilen des Geschäftsvermögens stellen sich zugleich als Qualitätsmängel des ganzen geschäftlichen Unternehmens als eines einheitlichen organisierten Betriebes dar (RG.). Nicht verwechselt werden darf die Zusicherung, daß die Schulden eine gewisse Höhe nicht übersteigen, mit der Gewährübernahme des Verkäufers, für etwaige Mehrschulden aufzukommen (RG.). Zu unterscheiden ist auch zwischen a) Garantie, b) Zusicherung, c) betrügerischen Angaben. Eigenschaften, die auch ohne besondere Zusicherung als verkehrsübliche Anforderung vorhanden sein müssen, wenn über ihr Fehlen nichts gesagt ist, sind z. B.: Fehlen verborgener Mängel, sogenannte „Pension" in Wirklichkeit ein Absteigequartier, Fortführungshinderung des Geschäfts infolge Fehlens der polizeilichen Konzession, Einspruchsrecht eines Patentinhabers u. dgl. Das umfaßt aber nicht schon Beeinträchtigungen aller Art, Schadensersatzansprüche eines Nachbarn, absatzbeschränkende Momente, da ein gewisses Risiko stets vom Erwerber eines Geschäfts mitgetragen werden muß. Hierbei spielt auch das Kennen oder Kennenmüssen der Mängel seitens des Erwerbers oder die naheliegende Möglichkeit solcher Mängel eine Rolle, so daß also eine Pflicht sorgsamer Prüfung und Erkundung auch für den gutgläubigen Erwerber besteht.

Zu der Gewährleistung bestehender Eigenschaften kann gedanklich und logisch aber auch die Pflicht des Veräußerers, die Eigenschaften, soweit es in seinen Kräften steht, zu erhalten, gerechnet werden. Das ergibt sich als Folge aus der Vertragspflicht und der Vertragstreue. Wenn also der Veräußerer seine eigenen Erfahrungen, seine Beliebtheit bei der Kundschaft, seine Branchenkenntnis, etwa auch Fabrikationsgeheimnisse benutzt, um mit gleichen Mitteln wie in seinem veräußerten Geschäft künftig dem Erwerber des Geschäfts Konkurrenz zu machen, so verstößt dies ebenso gegen die Vertragspflichten, wie wenn er dem Erwerber wichtige Listen, Nachweise, Unterlagen, die zur geordneten Fortführung des Geschäfts gehören, vorenthält. Häufig kommen wegen der Wichtigkeit der Enthaltung von Wettbewerbshandlungen durch den Vorinhaber eines Geschäfts ausdrückliche Wettbewerbsverbote vor; diese sind als wesentlich für den Erwerber des Geschäfts, also für dessen Interesse am Kaufvertrag, anzusehen und bleiben mithin auch bei Weiterveräußerung des Geschäfts gültig (RG.).

Geschäftsunfähigkeit s. Geschäftsfähigkeit.

Geschenke, Rückgabe nach aufgehobenem Verlöbnis s. Verlöbnis 2; siehe auch: Schenkung, Patengeschenke.

Geschiedene Ehegatten s. Ehescheidung 3; Verkehr mit den Kindern s. Eltern und Kinder 4; Sorge für die Kinder s. Eltern und Kinder 4.

Geschiedene Frau, Wiederverheiratung derselben s. Ehehindernisse 1 g; Namensführung derselben s. Name und Ehescheidung.

Geschmacksmuster s. Musterschutz.

Geschwängerte, Ansprüche derselben, s. Uneheliche Kinder 3 u. Verführung.

Geschwister, vollbürtige und halbbürtige, s. Verwandtschaft 1; als gesetzliche Erben s. Gesetzliche Erben 1; Eheverbot s. Ehehindernisse.

Geschwisterkinder als gesetzliche Erben s. Gesetzliche Erben 1.

Gesellen s. Arbeitsvertrag.

Gesellschaft (705—740). (Vgl. „Vereine", „Handelsgesellschaften" u. „Gesellschaft mit beschr. Haftung".) **1.** Durch einen Gesellschaftsvertrag verpflichten sich die Gesellschafter gegenseitig, die Erreichung eines gemeinsamen Zweckes in der durch den Vertrag bestimmten Weise zu fördern, insbesondere die vereinbarten Beiträge zu leisten. Die hier zu behandelnde Gesellschaft des bürgerlichen Rechts steht im Gegensatz zu den besonders geregelten Handelsgesellschaften und Genossenschaften sowie den landesrechtlich zugelassenen Gesellschaftsformen (z. B. Waldgenossenschaften), ist jedoch insofern von größerer Bedeutung, als es zuerst den Anschein hat, daß ihre Vorschriften auf die sogenannten nichtrechtsfähigen Vereine Anwendung finden. Der Gesellschaftsvertrag ist geschlossen, wenn mehrere, es genügen zwei, sich zusammentun in der ernstlichen Absicht, den gewollten Zweck mit gemeinsamen Mitteln zu erreichen, und mit dem Willen, sich hierzu gegenseitig zu verpflichten. Der Gesellschaftszweck kann sehr verschiedenartig sein: die Gesellschaft kann reine Vermögensinteressen verfolgen, auf Erwerb oder Gewinn gerichtet sein. Dies ist aber nicht nötig; sie kann auch anderes bezwecken: Geselligkeit, Vergnügen, Sport usw., oder auf rein ideale Ziele, z. B. Förderung der Kunst, der Wissenschaft, des Patriotismus usw. gerichtet sein. Kein erlaubter Zweck ist ausgeschlossen. Ist aber der Gesellschaftsvertrag auf einen verbotenen, unsittlichen oder mit der öffentlichen Ordnung unverträglichen Zweck gerichtet, so ist er nichtig (ungültig); ebenso, wenn er auf einen unmöglichen Zweck gerichtet wäre. Der Abschluß des Gesellschaftsvertrages ist im allgemeinen an keine besondere Form gebunden; insbesondere braucht er nicht schriftlich abgefaßt zu sein, ja er kann sogar stillschweigend abgeschlossen werden.

Jeder Gesellschafter muß grundsätzlich zur Erreichung des Gesellschaftszweckes einen Beitrag leisten (705—707). Die Beiträge können aber der verschiedensten Art sein; sie können in Geld oder anderen Sachen, in Einbringung von Forderungen oder anderen Rechten, in Handlungen, Diensten, Arbeitsleistungen bestehen; es können einmalige oder wiederholte, fortlaufende Leistungen vereinbart sein. Die Beiträge der verschiedenen Gesellschafter können nach Art und Größe ungleich sein; ist aber in dieser Beziehung nichts vereinbart, so haben alle Gesellschafter gleiche Beiträge zu leisten. Die Beiträge sind in der durch den Vertrag festgesetzten Weise und zu der bestimmten Zeit zu leisten. Ob die von den Gesellschaftern eingebrachten Sachen, z. B. Tiere, Utensilien usw., Eigentum der Gesellschaft werden oder diese nur das Gebrauchs- oder Nutzungsrecht daran haben soll, hängt von der Vereinbarung ab; handelt es sich um vertretbare (siehe das) Sachen, so wird im Zweifel angenommen, daß sie gemeinschaftliches Eigentum der Gesellschafter werden sollen. Dasselbe gilt von Sachen anderer Art, wenn sie nach einer Schätzung beizutragen sind, die nicht bloß der Gewinnverteilung halber (siehe unten) vorgenommen ist. Sollen Grundstücke eines Gesellschafters in das Eigentum der Gesellschaft übergehen, so bedarf der Vertrag der gerichtlichen oder notariellen Beurkundung (313). Zur Erhöhung des vereinbarten Beitrages oder zur Ergänzung der durch Verlust verminderten Einlage ist kein Gesellschafter verpflichtet, selbst dann nicht, wenn der Zweck der Gesellschaft veränderter Umstände halber oder infolge der Verminderung des Kapitals durch Verluste nicht erreicht werden könnte, es sei denn, daß in dem Vertrage etwas anderes vereinbart ist oder daß nachträglich alle Gesellschafter über eine Erhöhung des Beitrages oder einen Nachschuß einig geworden sind; ein Zwang der Minderheit durch die Mehrheit findet nicht statt.

2. Die Führung der Geschäfte (709 bis 713) der Gesellschaft steht grundsätzlich den Gesellschaftern gemeinschaftlich zu; für jedes Geschäft ist die Zustimmung aller Gesellschafter erforderlich, jedoch kann die Führung der Geschäfte einem oder mehreren der Gesellschafter (einem Vorstande, einer Direktion usw.) — aus wichtigem Grunde jederzeit widerruflich — übertragen werden; dann sind die übrigen Gesellschafter von der Führung der Geschäfte ausgeschlossen. Sind mehrere zur Geschäftsführung berufen, so müssen sie gemeinschaftlich handeln; für jedes Geschäft ist die Zustimmung aller erforderlich, wenn nicht nach desfalls getroffener besonderer Bestimmung auch unter ihnen die Mehrheit entscheiden soll.

Die Rechte und Pflichten der geschäftsführenden Gesellschafter bestimmen sich im allgemeinen nach den für das Auftragsverhältnis geltenden gesetzlichen Vorschriften; sie haben die Rechte und Pflichten Beauftragter. Es muß daher hier auf das in dem Artikel „Auftrag" Gesagte verwiesen werden. Nur soweit sich etwa aus dem Gesellschaftsverhältnis mit Notwendigkeit etwas anderes ergibt, bleiben die Vorschriften über den Auftragsvertrag außer Anwendung. Soweit ein Gesellschafter nicht kraft des Gesellschaftsvertrages, sondern auf Grund eines Auftrages Geschäfte für die Gesellschaft führt, gelten selbstverständlich überhaupt alle Grundsätze des Auftragsvertrages. Handelt ein Gesellschafter für die Gesellschaft, ohne zur Geschäftsführung durch den Gesellschaftsvertrag berufen zu sein und auch ohne Auftrag der übrigen Gesellschafter (er greift z. B. bei Gefahr im Verzuge ein), so bestimmen sich seine Rechte und Pflichten nach den Vorschriften über „Geschäftsführung ohne Auftrag" (s. d.).

3. Vertretung der Gesellschaft nach außen. Prozesse der Gesellschaft. Hat die Gesellschaft keinen besonderen Vertreter bestellt, so müssen, wenn sie mit anderen Personen, mit Behörden usw. verhandeln will, alle Gesellschafter gemeinschaftlich auftreten. Soll ein Gesellschafter Vollmacht zur Vertretung der übrigen Gesellschafter (der Gesellschaft) haben, also in ihrem Namen für sie handeln, insbesondere Rechtsgeschäfte (Verträge usw.) für sie abschließen dürfen, so muß ihm solche Vollmacht (s. d.) besonders erteilt werden. Das Gesetz bestimmt aber, daß, wenn einem Gesellschafter oder mehreren Gesellschaftern (dem Vorstande, der Direktion usw.) nach dem Gesellschaftsvertrage die Befugnis zur Geschäftsführung zusteht (s. vorstehend 2), im Zweifel (d. h. wenn sich nichts anderes aus dem Vertrage ergibt) ihnen auch die Befugnis zustehen soll, die Gesellschaft bei Rechtsgeschäften zu vertreten (714). Diese Vertretungsbefugnis reicht so weit, wie die Befugnis zur Geschäftsführung reicht.

Muß die Gesellschaft einen Prozeß führen, so kann die Gesellschaft selbst (als solche) nicht klagen, sondern es müssen sämtliche Gesellschafter zusammen klagen oder verklagt werden. Sie können sich aber im Prozeß durch den geschäftsführenden oder auch einen anderen der Gesellschafter auf Grund der dem Betreffenden im Gesellschaftsvertrage erteilten oder ihm jetzt besonders zu erteilenden Vollmacht vertreten lassen.

4. Rechte der einzelnen Gesellschafter (716). Jeder Gesellschafter, auch der von der Geschäftsführung ausgeschlossene, hat das Recht, sich jederzeit von den Angelegenheiten der Gesellschaft, dem Stande der Geschäfte, der Vermögenslage usw. persönlich zu unterrichten, die Geschäftsbücher und Papiere der Gesellschaft einzusehen und sich daraus eine Übersicht über den Stand des Vermögens anzufertigen, soweit nicht solche Befugnis durch Vereinbarung ausgeschlossen oder nach der einen oder anderen Richtung hin beschränkt ist. Liegt aber Grund zu dem Verdacht vor, daß die Geschäfte unredlich geführt werden, so hat jeder Gesellschafter dieses Verbots oder dieser Beschränkung ungeachtet die ebengedachten Befugnisse, sich von der Geschäftslage usw. selber zu überzeugen.

Welche Ansprüche auf einen Gewinn oder auf einen Anteil am Gesellschaftsvermögen im Falle des Austritts oder der Auflösung der Gesellschaft usw. dem einzelnen Gesellschafter gegen die Gesellschaft zustehen, richtet sich zunächst nach dem Gesellschaftsvertrage (der Satzung, dem Statut). Enthält der Vertrag keine hierauf bezüglichen Bestimmungen, so kommt die gesetzliche Vorschrift zur Anwendung, wonach jeder Gesellschafter ohne Rücksicht auf die Art und Größe seines Beitrages, insbesondere also auch, wenn ein Gesellschafter nur persönliche Dienste, keinen baren Beitrag leistet, einen gleichen Anteil am Gewinn und Verluste hat (722). Ist nur der Anteil am Gewinn oder am Verluste bestimmt, so soll die Bestimmung im Zweifel für Gewinn und Verlust gelten. Auch darüber, wann und wie oft ein Rechnungsabschluß und eine Verteilung des Gewinnes oder Verlustes stattzufinden hat, entscheidet in erster Linie der Vertrag. Ist darin nichts bestimmt, so kann ein Rechnungsabschluß und eine Gewinn- und Verlustverteilung erst nach Auflösung der Gesellschaft verlangt werden. Ist die Gesellschaft von längerer Dauer, so wird im Zweifel angenommen, daß der Rechnungsabschluß und die Gewinnverteilung am Schlusse jedes Geschäftsjahres zu erfolgen haben (721).

Die Beiträge der Gesellschafter an Geld oder Sachen sowie das was durch die Geschäftsführung für die Gesellschaft erworben wird, werden gemeinschaftliches Vermögen der Gesellschafter; sie bilden das Gesellschaftsvermögen (718). Dazu gehört auch das was auf Grund eines zu dem Gesellschaftsvermögen gehörenden Rechtes oder als Ersatz für die Zerstörung, Beschädigung oder Entziehung eines zu dem Gesellschaftsvermögen gehörenden Gegenstandes erworben wird. Dies Gesellschaftsvermögen dient zur Deckung der Lasten und Schulden der Gesellschaft. Die Gesellschaft allein, nicht der einzelne Gesellschafter, hat die Verfügung darüber. Die Führung von Prozessen über dies Vermögen kann nur gemeinschaftlich erfolgen; die Zwangsvollstreckung in das Gesellschaftsvermögen ist nur auf Grund eines gegen alle Gesellschafter (gegen die Gesellschaft) vollstreckbaren Titels zulässig. Die Privatgläubiger eines Gesellschafters können nur in dasjenige die Zwangsvollstreckung betreiben, was ihrem Schuldner nach Berichtigung der Gesellschaftsschulden an Gewinn oder bei der Auseinandersetzung (unten 6) als Anteil am Vermögen zukommt (siehe nachstehend 5 b). Vor der Auseinandersetzung kann weder der Gesellschafter selbst noch ein Gläubiger des Gesellschafters Teilung des Gesellschaftsvermögens oder einzelner dazu gehöriger Sachen verlangen (719). Schuldet jemand der Gesellschaft etwas, so kann er nicht mit einer Forderung aufrechnen, die ihm gegen einen (oder mehrere) Gesellschafter zusteht. Bei Forderungen, die zum Gesellschaftsvermögen gehören, sei es, daß sie von einem Gesellschafter als Beitrag eingeschossen sind oder daß sie von vornherein für die Gesellschaft begründet sind, soll aber dem Schuldner daraus, daß der einzelne Gesellschafter nicht über seinen Anteil daran verfügen kann, kein Nachteil entstehen, wenn er nicht gewußt hat, daß sie zum Gesellschaftsvermögen gehören; er braucht in diesem Falle die Forderung nicht als zum Gesellschaftsvermögen gehörig gelten zu lassen.

Die Forderungen, die der einzelne Gesellschafter aus dem Vertrage gegen die Gesellschaft hat, und seine Gesellschaftsrechte kann er nicht an einen anderen abtreten, so daß dieser sie gegen die Gesellschaft geltend machen könnte oder gar an Stelle des Abtretenden in die Gesellschaft einträte (717). Dies ist nur mit Einwilligung aller Gesellschafter möglich. Ebensowenig können die Gesellschaftsforderungen und Rechte von Gläubigern eines Gesellschafters gepfändet werden. Nur diejenigen Ansprüche eines Gesellschafters gegen die Gesellschaft können von ihm abgetreten oder von einem Gläubiger gepfändet werden, die dem Gesellschafter aus seiner Geschäftsführung zustehen (vorausgesetzt, daß er vor der Auseinandersetzung überhaupt Zahlung verlangen kann) oder die auf die Auszahlung eines Gewinnes oder auf dasjenige gerichtet sind, was dem Gesellschafter bei der Auseinandersetzung (siehe nachstehend 6) zukommt.

5. Auflösung der Gesellschaft. Kündigung. Eine Auflösung der Gesellschaft kann aus verschiedenen Gründen erfolgen, nämlich infolge der Kündigung eines Gesellschafters (unten a) oder seitens eines Gläubigers eines Gesellschafters (unten b) oder wenn der Zweck der Gesellschaft erreicht oder unmöglich geworden ist (unten c) oder infolge des Todes eines Gesellschafters (unten d) oder des Konkurses über einen Gesellschafter (unten e).

a) Die Gesellschaft kündigen (mit dem Erfolge, daß dadurch die ganze Gesellschaft aufgelöst wird) kann jeder Gesellschafter zu jeder Zeit, wenn die Gesellschaft auf keine bestimmte Zeit eingegangen ist (723). Aber auch dann, wenn eine bestimmte Zeitdauer für die Gesellschaft festgesetzt ist, ist jeder Gesellschafter zur Kündigung vor Ablauf der Zeit befugt, wenn ein wichtiger Grund vorliegt. Ein solcher Grund ist insbesondere vorhanden, wenn ein anderer Gesellschafter „eine ihm nach dem Gesellschaftsvertrage obliegende wesentliche Verpflichtung vorsätzlich oder aus grober Fahrlässigkeit verletzt oder wenn die Erfüllung einer solchen Verpflichtung unmöglich wird". Unter der gleichen Voraussetzung ist, wenn eine Kündigungsfrist bestimmt ist, die Kündigung ohne Einhalt der Frist zulässig. Die Kündigung darf nicht zu ungelegener Zeit geschehen, wenn nicht auch für solche unzeitige Kündigung ein wichtiger Grund vorliegt; andernfalls ist der Kündigende der Gesellschaft für den Schaden verantwortlich. Eine Vereinbarung, durch welche das Kündigungsrecht ganz ausgeschlossen oder doch den vorstehenden Vorschriften zuwider beschränkt ist, hat keine Gültigkeit. Ist die Gesellschaft für die Lebenszeit eines Gesellschafters eingegangen oder wird eine Gesellschaft nach dem Ablaufe einer bestimmten Zeit stillschweigend fortgesetzt, so kann sie in gleicher Weise gekündigt werden wie eine für unbestimmte Zeit eingegangene Gesellschaft (724). Die Kündigung kann ohne besondere Form, also auch mündlich erklärt werden; sie ist an die Vertreter der Gesellschaft (s. oben 3) oder, wenn solche nicht bestehen, an alle Gesellschafter zu richten.

b) Der Gläubiger eines Gesellschafters ist berechtigt, einen etwaigen Gewinnanteil seines Schuldners oder den Betrag, den dieser für seine Geschäftsführung zu fordern hat, pfänden zu lassen; er kann auch den „Anteil des Gesellschafters (seines Schuldners) an dem Gesellschaftsvermögen", d. h. dasjenige was dem Gesellschafter bei der Auseinandersetzung zukommt, pfänden lassen (ZPO. 859). Hat er das getan, so kann er (an Stelle des Gesellschafters) die Gesellschaft ohne Einhaltung einer Kündigungsfrist kündigen, vorausgesetzt daß sein Schuldtitel (Urteil usw.) nicht bloß vorläufig vollstreckbar ist; er führt dadurch die Auflösung und Auseinandersetzung der Gesellschaft und damit seine Befriedigung (soweit der Anteil des Schuldners reicht) herbei (725). Ohne Kündigung und daran sich anschließende Auseinandersetzung der Gesellschaft kann der Gläubiger aus dem Gesellschaftsanteile des Schuldners, abgesehen von einem Gewinnanteil oder einer Vergütung für die Geschäftsführung, keine Befriedigung erlangen. Von einem vorherigen fruchtlosen Vollstreckungsversuch ist das Kündigungsrecht des Gläubigers nicht abhängig. Für die Kündigung ist keine Form vorgeschrieben; sie kann auch mündlich erfolgen und ist an die Gesellschaft oder ihre Vertreter zu richten. — Der Anteil des Gesellschafters an den zum Gesellschaftsvermögen gehörigen einzelnen Sachen, z. B. an einem Gesellschaftsgrundstück, an dem der Gesellschaft gehörigen Inventar usw., kann von den Gläubigern eines Gesellschafters nicht gepfändet werden (ZPO. 859).

c) Die Gesellschaft endigt, d. h. sie wird von Rechts wegen aufgelöst (es bedarf also keiner Kündigung des einen oder anderen Gesellschafters), wenn der vereinbarte Zweck erreicht ist oder wenn die Erreichung dieses Zweckes unmöglich geworden ist (726).

d) Stirbt einer der Gesellschafter, so wird dadurch die Gesellschaft von Rechts wegen aufgelöst (727), ohne daß es einer Kündigung bedarf, wenn nicht in dem Gesellschaftsvertrage vereinbart ist, daß die Gesellschaft im Falle des Todes eines Mitgliedes unter den übrigen fortgesetzt werden solle. Letzteren Falles hat der Erbe (die Erben) des verstorbenen Gesellschafters den übrigen Gesellschaftern den Tod unverzüglich anzuzeigen und, wenn mit dem Aufschube Gefahr verbunden ist, die seinem Erblasser durch den Gesellschaftsvertrag etwa übertragenen Geschäfte fortzuführen, bis die übrigen Gesellschafter in Gemeinschaft mit ihm (ihnen) anderweit Fürsorge treffen können. Die übrigen Gesellschafter sind in gleicher Weise zur einstweiligen Fortführung der ihnen übertragenen Geschäfte verpflichtet. Insoweit gilt also die Gesellschaft, obwohl sie durch den Tod des einen Gesellschafters kraft Gesetzes aufgelöst ist, noch als fortbestehend.

e) Auch durch die Eröffnung des Konkurses über einen der Gesellschafter wird die Gesellschaft von Rechts wegen und ohne daß es einer Kündigung von seiten der anderen bedarf, aufgelöst, soweit nicht etwa für solchen Fall im Gesellschaftsvertrage der Fortbestand der Gesellschaft unter den übrigen im voraus vereinbart ist (728). Trotz der Auflösung sind aber, sofern mit dem Aufschube Gefahr verbunden ist, die übrigen Gesellschafter zur einstweiligen Fortführung der ihnen etwa übertragenen Geschäfte verpflichtet.

Die Anordnung einer Vormundschaft über einen Gesellschafter oder der Eintritt gänzlicher oder teilweiser Geschäftsunfähigkeit eines Gesellschafters (Entmündigung wegen Verschwendung, wegen Geisteskrankheit usw.; s. überhaupt „Geschäftsfähigkeit") hat dagegen eine Auflösung der Gesellschaft ohne weiteres nicht zur Folge; doch können die anderen Gesellschaften solche durch eine Kündigung (oben a) herbeiführen.

Wird die Gesellschaft in anderer Weise als durch Kündigung aufgelöst, so gilt die einem Gesellschafter durch den Gesellschaftsvertrag übertragene Befugnis zur Geschäftsführung zu seinen Gunsten gleichwohl als fortbestehend, bis er von der Auflösung Kenntnis erlangt oder die Auflösung kennen muß (729).

6. Auseinandersetzung (Liquidation) nach erfolgter Auflösung der Gesellschaft (730ff.). Nach der Auflösung der Gesellschaft (s. über die Auflösungsgründe vorstehend unter 5) muß in Ansehung des Gesellschaftsvermögens eine Auseinandersetzung unter den Gesellschaftern stattfinden. Zu diesem Zwecke ist zunächst erforderlich, daß die Schulden der Gesellschaft getilgt werden; erst das übrigbleibende kann unter die Gesellschafter verteilt werden. Es bedarf daher einer Verwertung (Realisierung) des Gesellschaftsvermögens, soweit dieses nicht in Geld besteht; schwebende Geschäfte müssen zu Ende geführt, unter Umständen sogar, um Nachteile abzuwenden, neue Geschäfte eingegangen werden, um diesen Zweck zu erreichen; das Vorhandene muß erhalten und verwaltet werden. Die Gesellschaft gilt daher trotz der Auflösung als fortbestehend, soweit es der Zweck der Auseinandersetzung erfordert; die Gesellschaft befindet sich in der Liquidation. Die Geschäftsführung steht während der Auseinandersetzung (Liquidation) allen Gesellschaftern gemeinschaftlich zu; die einem (oder mehreren) Gesellschafter nach dem Gesellschaftsvertrage zustehende Befugnis zur Geschäftsführung ist mit der Auflösung der Gesellschaft erloschen. Es kann aber in dem Gesellschaftsvertrage für den Fall der Liquidation etwas anderes vereinbart werden. Auch können selbstverständlich die sämtlichen Gesellschafter einem oder mehreren Gesellschaftern oder auch anderen Personen die Vollmacht erteilen, die Auseinandersetzung vorzunehmen.

Die Auseinandersetzung (Liquidation) erfolgt in Ermangelung einer anderen Vereinbarung in Gemäßheit der nachfolgenden Vorschriften. Im übrigen gelten für die Verteilung des Vermögens unter die Gesellschafter die für die Teilung einer Gemeinschaft (s. d.) gegebenen Vorschriften.

Gegenstände, die ein Gesellschafter der Gesellschaft nur zur Benutzung überlassen (also nicht zu Eigentum übertragen) hat, sind ihm zurückzugeben. Für einen durch Zufall in Abgang gekommenen oder verschlechterten Gegenstand kann er keinen Ersatz verlangen. Ist der Untergang oder die Verschlechterung nicht durch Zufall, sondern durch Schuld der übrigen Gesellschafter oder eines einzelnen Gesellschafters entstanden, so kann der betreffende Gesellschafter den Ersatz des Schadens nach allgemeinen Rechtsgrundsätzen von den übrigen Gesellschaftern bzw. dem allein schuldigen Gesellschafter verlangen. Was der Gesellschafter dagegen der Gesellschaft zu Eigentum übertragen hat, Geld, Sachen oder Forderungen (die Einlage), ist in das Gesellschaftsvermögen übergegangen; dies Vermögen ist zunächst zur Schuldentilgung zu verwenden. Ist es hierzu nicht hinreichend, so wird der Ausfall von allen Gesellschaftern als Verlust getragen. Ergibt sich ein Überschuß, so werden aus diesem die Einlagen gedeckt, ganz oder nach Verhältnis ihrer Beträge. Ist auch darnach noch ein Überschuß vorhanden, so wird dieser unter alle Gesellschafter als Gewinn verteilt. Wegen des Näheren muß auf die §§ 733 bis 735 BGB. verwiesen werden.

7. Scheidet ein Gesellschafter, sei es durch Kündigung, Ausschluß oder Tod, aus der Gesellschaft aus, so wächst, sofern die Gesellschaft bestehen bleibt (s. oben), sein Anteil am Gesellschaftsvermögen den übrigen Gesellschaftern zu (738). Diese sind verpflichtet, dem Ausscheidenden die Gegenstände, die er der Gesellschaft zur Benutzung überlassen hat, wie oben unter 6 näher angegeben, zurückzugeben, ihn von den gemeinschaftlichen Schulden zu befreien und ihm dasjenige zu zahlen, was er bei der Auseinandersetzung erhalten würde, wenn die Gesellschaft zur Zeit seines Ausscheidens aufgelöst worden wäre. Der Wert des Gesellschaftsvermögens ist, soweit erforderlich, im Wege der Schätzung zu ermitteln. Reicht der Wert des Gesellschaftsvermögens zur Deckung der gemeinschaftlichen Schulden und der Einlagen nicht aus, so hat der Ausscheidende den übrigen Gesellschaftern für den Fehlbetrag nach dem Verhältnisse seines Anteils am Verlust aufzukommen (739). Der Ausgeschiedene nimmt an dem Gewinn und dem Verluste teil, welcher sich aus den zur Zeit seines Ausscheidens schwebenden Geschäften ergibt (740). Die übrigen Gesellschafter sind berechtigt, diese Geschäfte so zu beendigen, wie es ihnen am vorteilhaftesten erscheint. Der Ausgeschiedene kann am Schlusse jedes Geschäftsjahrs Rechenschaft über die inzwischen beendigten Geschäfte, Auszahlung des ihm gebührenden Betrags und Auskunft über den Stand der noch schwebenden Geschäfte verlangen.

Gesellschaft mit beschränkter Haftung (RG. v. 20. 4. 1892, Gutt. Slg. Nr. 32). **1.** Eine Gesellschaft mit beschränkter Haftung ist ein Mittelding zwischen einer offenen Handelsgesellschaft und einer Aktiengesellschaft. Während bei der offenen Handelsgesellschaft die Gesellschafter den Gesellschaftsgläubigern mit ihrem ganzen Vermögen haften, haftet ihnen bei der Gesellschaft mit beschränkter Haftung nur das Gesellschaftsvermögen (13); es kann also der Gesellschafter nicht mehr verlieren, als seinen Geschäftsanteil (sofern nicht etwa auf Grund desfallsiger statutarischer Bestimmung die Einzahlung von Nachschüssen von der Gesellschaft ordnungsmäßig beschlossen wird; s. unten 3). Von der Aktiengesellschaft unterscheidet sich die Gesellschaft m. beschr. Haftung insbesondere dadurch, daß die schwerfälligen Bestimmungen des Aktienrechts auf sie nicht anwendbar, daß die für sie geltenden gesetzlichen Vorschriften einfacher sind und der Vereinbarung der Beteiligten einen viel größeren Spielraum lassen, als dies bei der Aktiengesellschaft der Fall ist.

Die Gesellschaft m. beschr. Haftung hat als solche selbständig ihre Rechte und Pflichten; sie kann Eigentum und andere dingliche Rechte an Grundstücken (z. B. Hypotheken) erwerben, vor Gericht klagen und verklagt werden (13).

Die Gründung der Gesellschaft erfolgt in gerichtlicher oder notarieller Form. Der Gesellschaftsvertrag muß gewissen gesetzlichen Erfordernissen entsprechen: er muß zunächst die Firma und den Sitz der Gesellschaft sowie den Gegenstand des Unternehmens bezeichnen (3). Sodann muß daraus ersichtlich sein der Betrag des Stammkapitals, d. h. des für jedermann erkennbaren Gesellschaftskapitals, das den dauernden Grundstock des Unternehmens und zugleich ein bestimmtes Befriedigungsobjekt für die Gesellschaftsgläubiger bildet; ferner der Betrag der von jedem Gesellschafter auf das Stammkapital zu leistenden (übernommenen) Einlage (der Stammeinlage). Soll das Unternehmen auf eine gewisse Zeit beschränkt sein oder sollen den Gesellschaftern außer der Leistung von Kapitaleinlagen noch andere Verpflichtungen gegenüber der Gesellschaft auferlegt werden (z. B. bei Zuckerfabriken die Pflicht zum Rübenbau, zur Leistung von Fuhren usw.), so müssen solche Bestimmungen, um Gültigkeit zu haben, in den Gesellschaftsvertrag aufgenommen sein. — Die Firma der Gesellschaft muß entweder von dem Gegenstande des Unternehmens entlehnt sein oder die Namen der Gesellschafter oder den Namen wenigstens eines der Gesellschafter mit einem das Vorhandensein eines Gesellschaftsverhältnisses andeutenden Zusatze (z. B. „& Co.") enthalten. Die Namen anderer Personen als der Gesellschafter dürfen in die Firma nicht aufgenommen werden. Die Beibehaltung der Firma eines auf die Gesellschaft übergegangenen Geschäfts ist jedoch zulässig. Die Firma muß aber in allen Fällen den Zusatz „mit beschränkter Haftung" enthalten; der Zusatz darf nicht abgekürzt werden. — Das Stammkapital muß bei Neugründungen mindestens zwanzigtausend Reichsmark, die Stammeinlage jedes Gesellschafters mindestens fünfhundert Reichsmark betragen (5). Kein Gesellschafter kann bei Errichtung der Gesellschaft mehrere Stammeinlagen übernehmen. Der Betrag der Stammeinlagen kann verschieden sein; er muß in Mark durch hundert teilbar sein. Der Gesamtbetrag der Stammeinlagen muß mit dem Stammkapital übereinstimmen. Sollen von Gesellschaften andere als Geldeinlagen auf das Stammkapital gemacht werden oder sollen Vermögensgegenstände auf Stammeinlagen angerechnet werden, so muß die Person des Gesellschafters, der Gegenstand der Einlage oder Übernahme sowie der Geldwert, für den die Einlage angenommen wird, oder die für die übernommenen Gegenstände zu gewährende Vergütung im Gesellschaftsvertrage festgesetzt werden.

2. Die Gesellschaft ist zum Handelsregister anzumelden und wird dort, soweit ihre Verhältnisse für Dritte von Bedeutung sind (Firma, Kapitalbetrag, Geschäftsführungsbefugnis usw.), eingetragen. Auch wichtige Änderungen innerhalb ihres Betriebes sind anzumelden und einzutragen. Sämtlich notwendige Anmeldungen, hinsichtlich derer im einzelnen auf das Gesetz verwiesen werden muß, können durch Ordnungsstrafen erzwungen werden.

3. Verhältnis der Gesellschafter untereinander (13—34). Jeder Gesellschafter hat einen bestimmten Anteil am Geschäft (Geschäftsanteil), der sich nach dem Betrage der von ihm übernommenen Stammeinlage (oben 1) bemißt (14). Die Geschäftsanteile sind regelmäßig veräußerlich und vererblich (15, 16); ein Teil eines Geschäftsanteils kann nur mit Genehmigung der Gesellschaft veräußert werden, wenn der Gesellschaftsvertrag nichts anderes bestimmt (17). Im Falle verzögerter Einzahlung auf die Stammeinlage kann der säumige Gesellschafter seines Geschäftsanteils und der geleisteten Teilzahlungen zugunsten der Gesellschaft verlustig erklärt werden (21, sogenanntes Kaduzierungsverfahren).

Nachschüsse. Zahlungen über den Betrag der übernommenen Stammeinlage hinaus können von den Gesellschaftern nur gefordert werden, einmal, wenn und soweit eine nicht gezahlte Stammeinlage weder von dem Zahlungspflichtigen eingezogen noch durch Verkauf des Geschäftsanteils gedeckt werden kann (24); sodann wenn im Gesellschaftsvertrage bestimmt ist, daß Nachschüsse gefordert werden können (26). Ist die Nachschußpflicht nicht auf einen bestimmten Betrag beschränkt, so kann sich der Gesellschafter von der Nachzahlung dadurch befreien, daß er der Gesellschaft seinen Geschäftsanteil zur Verfügung stellt (27).

Verteilung des Gewinns. Die Gesellschafter haben Anspruch auf den nach der jährlichen Bilanz sich ergebenden Reingewinn, soweit im Gesellschaftsvertrage nichts anderes bestimmt ist. Die Verteilung erfolgt nach Verhältnis der Geschäftsanteile; es kann aber im Gesellschaftsvertrage ein anderer Maßstab der Verteilung festgesetzt werden (29). Das zur Erhaltung des Stammkapitals erforderliche Vermögen der Gesellschaft darf an die Gesellschafter nicht ausgezahlt werden; eingezahlte Nachschüsse können unter Umständen zurückgezahlt werden (30). Im übrigen sind die Gesellschafter nicht verpflichtet, Beträge, die sie in gutem Glauben als Gewinnanteile bezogen haben, zurückzuzahlen (32). Wegen des Näheren muß hinsichtlich des Rechtsverhältnisses der Gesellschafter auf das Gesetz selbst verwiesen werden.

4. Geschäftsführung. Vertretung der Gesellschaft. Die Gesellschafter müssen, sofern die Geschäftsführer nicht schon im Gesellschaftsvertrage bestellt sind, einen oder mehrere Geschäftsführer wählen, die die Geschäfte zu führen und die Gesellschaft zu vertreten haben (6). Die Wahl erfolgt, wenn der Gesellschaftsvertrag (das Statut) nichts anderes bestimmt, in der Versammlung der Gesellschafter (46) (s. unten). Die Geschäftsführer können Gesellschafter oder andere Personen sein. Die Bestellung der Geschäftsführer ist jederzeit widerruflich; es kann aber im Gesellschaftsvertrage bestimmt werden, daß der Widerruf nur beim Vorhandensein „wichtiger Gründe" zulässig sein soll; als solche Gründe sind insbesondere grobe Pflichtverletzung oder Unfähigkeit zur ordnungsmäßigen Geschäftsführung anzusehen (38). Die Geschäftsführer sind verpflichtet, für ordnungsmäßige Buchführung (s. unten 6!) der Gesellschaft zu sorgen; und haben in den Angelegenheiten der Gesellschaft die Sorgfalt eines ordentlichen Geschäftsmanns anzuwenden, widrigenfalls sie zum Schadensersatz verpflichtet sind (43).

Rechte der Gesellschafter. Die Rechte, die den Gesellschaftern in Angelegenheiten der Gesellschaft zustehen, bestimmen sich nach dem Gesellschaftsvertrage (dem Statut), soweit dieser aber darüber nichts bestimmt, nach den §§ 46—51 des Gesetzes. Die Gesellschafter beschließen in Versammlungen (Gesellschafterversammlungen) nach Stimmenmehrheit, wobei jede hundert Mark eines Geschäftsanteils eine Stimme gewähren. Vollmachten müssen schriftlich ausgestellt sein. Die Abhaltung einer Versammlung ist nicht nötig, wenn sämtliche Gesellschafter sich schriftlich mit dem Beschlusse selbst oder mit schriftlicher Abstimmung einverstanden erklären.

Bestellung eines Aufsichtsrats. Ist im Gesellschaftsvertrage bestimmt, daß ein Aufsichtsrat gewählt werden soll, so gelten, falls im Gesellschaftsvertrage nichts anderes angeordnet ist, die für den Aufsichtsrat einer Aktiengesellschaft geltenden Bestimmungen.

Vertretung der Gesellschaft. Die Gesellschaft wird durch die Geschäftsführer gerichtlich und außergerichtlich vertreten (35), die in der durch den Gesellschaftsvertrag bestimmten Anzahl und Form ihre Willenserklärungen kundzugeben und für die Gesellschaft zu zeichnen haben. Ist nichts anderes darüber bestimmt, so muß die Erklärung und Zeichnung durch sämtliche Geschäftsführer erfolgen. Ist der Gesellschaft gegenüber eine Erklärung abzugeben, so genügt es, wenn sie an einen der Geschäftsführer erfolgt. Die Geschäftsführer haben für die Gesellschaft in der Weise zu zeichnen, daß sie zu der Firma der Gesellschaft ihre Namensunterschrift beifügen. Die Gesellschaft wird durch die in ihrem Namen von den Geschäftsführern vorgenommenen Geschäfte berechtigt und verpflichtet, einerlei, ob das Geschäft ausdrücklich im Namen der Gesellschaft vorgenommen ist oder ob sich sonst aus den Umständen ergibt, daß es nach dem Willen der Beteiligten für die Gesellschaft vorgenommen werden sollte (36); einerlei auch, ob die Geschäftsführer nach dem Gesellschaftsvertrage oder nach den Beschlüssen der Gesellschafter berechtigt waren, das Geschäft überhaupt oder so, wie geschehen, abzuschließen oder ob die Geschäftsführer verpflichtet gewesen wären, die Genehmigung der Gesellschafter oder des etwa bestehenden Aufsichtsrats zum Geschäftsabschluß einzuholen; denn anderen Personen gegenüber hat eine Beschränkung der Befugnis der Geschäftsführer, die Gesellschaft zu vertreten, keine rechtliche Wirkung (37). Dagegen sind die Geschäftsführer für jede Überschreitung ihrer Befugnisse den Gesellschaftern selbst verantwortlich.

5. Statutenänderung. Auflösung der Gesellschaft. Eine Abänderung des Gesellschaftsvertrages kann nur durch gerichtlich oder notariell beurkundeten Beschluß der Gesellschafter mit einer Mehrheit von drei Vierteln der abgegebenen Stimmen (wenn nicht der Gesellschaftsvertrag selbst noch weitere Erfordernisse aufstellt) herbeigeführt werden (53); eine Vermehrung der den Gesellschaftern nach dem ursprünglichen Vertrage obliegenden Leistungen kann jedoch nur mit Zustimmung sämtlicher beteiligter Gesellschafter beschlossen werden. Über eine zu beschließende Erhöhung des Stammkapitals enthalten die §§ 55—57, über eine Herabsetzung des Stammkapitals der § 58 nähere Vorschriften. Von der Auflösung und Nichtigkeit der Gesellschaft, über den Konkurs der Gesellschaft, über die Liquidation handeln die §§ 60—77, über die Umwandlung einer Aktiengesellschaft in eine Gesellschaft mit beschr. Haftung die §§ 80 und 81 des Gesetzes.

6. Strafbestimmungen bestehen gegen unredliche Geschäftsführer, Gesellschafter, Liquidatoren und Aufsichtsratsmitglieder im Falle wissentlicher falscher Anmeldungen, Bilanzverschleierungen, Unterlassung eines notwendigen Konkursantrages, sowie im Fall des Bankerotts (§§ 82—84).

(Wegen Einzelheiten vergleiche man auch Handwörterbuch der Rechtswissenschaft Bd. II S. 847.)

Gesellschaft, stille, s. Stille Gesellschaft.

Gesetzliche Erben (1924—1936). **1.** Hat jemand keine rechtsgültige Bestimmung darüber getroffen, was nach seinem Tode aus seinem Nachlaß werden soll, so bestimmt das Gesetz, wer Erbe ist. (Über den Fall, daß jemand nur über einen Bruchteil seines Nachlasses verfügt hat, siehe „Auslegung testamentarischer Bestimmungen 2".) Gesetzliche Erben sind die Verwandten wie der Ehegatte des Erblassers. Der Ehegatte erbt neben den Verwandten und schließt die entfernteren Verwandten aus. Der Grundgedanke der Verwandtenerbfolge im BGB. ist nun der, daß Verwandte, die mit dem Erblasser die näheren Stammeltern gemeinsam haben, solche Verwandten ausschließen, die durch entferntere Stammeltern mit dem Erblasser verbunden sind (sog. Parentelsystem). Danach sind die Verwandten hintereinander nach Ordnungen berufen, in der Weise, daß die nächste Ordnung erst eintritt, wenn von der vorhergehenden kein Angehöriger vorhanden ist. Die erste Ordnung bilden die Abkömmlinge des Erblassers, die zweite Ordnung die Eltern und ihre Abkömmlinge, die dritte die Großeltern und deren Abkömmlinge usw. Innerhalb der Ordnung teilt sich die Erbschaft nach Stämmen, d. h. so viel Erbteile als unmittelbare Abkömmlinge vorhanden sind. Wird einer der nächsten Abkömmlinge nicht Erbe — sei es infolge Todes vor dem Erblasser, Ausschlagung, Erbverzichtes, Erbunwürdigkeit, Ausschluß durch Testament —, so treten an seine Stelle seine Abkömmlinge unter derselben Bedingung (Repräsentationssystem). Von der vierten Ordnung ab ist diese Stammteilung durchbrochen insofern, als von den Abkömmlingen der Urgroßeltern usw. der dem Erblasser dem Grade nach am nächsten Verwandte berufen ist. Im einzelnen ist zu sagen:

In der ersten Ordnung (1924) erben die Abkömmlinge des Erblassers, d. h. seine Kinder und weiteren Abkömmlinge (Enkel, Urgroßkinder usw.). (Hinsichtlich des Erbrechts von legitimierten oder an Kindes Statt angenommenen Kindern vergleiche: „Legitimation" und „Annahme an Kindes Statt".) Uneheliche Kinder haben nur ein Erbrecht gegen die Mutter und deren Verwandte, nicht gegen den unehelichen Vater. Die Abkömmlinge des Erblassers beerben ihn an sich ohne Rücksicht darauf, ob es Kinder, Enkel, Urenkel usw. sind; doch werden entferntere Abkömmlinge durch den zur Erbfolge gelangenden näheren Abkömmling, von dem sie abstammen, ausgeschlossen. Beispiel: X. ist gestorben mit Hinterlassung eines Sohnes A. und einer Enkelin M., Tochter seines verstorbenen Sohnes B. Es erben A. und M., während, wenn der Vater der M. noch lebte, dieser (und nicht die Tochter) zugleich mit A. erben würde. — Gelangen nur Kinder des Erblassers zur Erbfolge, so erben sie zu gleichen Teilen. Treffen Kinder mit Enkeln oder noch entfernteren Abkömmlingen zusammen oder erben nur entferntere Abkömmlinge, so tritt Erbfolge nach Stämmen ein, d. h. die Abkömmlinge eines Kindes oder weiteren Abkömmlings (Enkels usw.) erhalten zusammen denjenigen Erbteil, den das Kind (der Enkel usw.) erhalten haben würde, wenn es noch gelebt hätte. Beispiel: Der Erblasser hinterläßt einen

Sohn A., zwei Enkel, Kinder der verstorbenen Tochter B., und vier Enkel, Kinder des verstorbenen Sohnes C. Hier erben A. ein Drittel, die beiden Kinder der B. je ein Sechstel und die vier Kinder des C. je ein Zwölftel. Daß etwa unter den Erben noch unerzogene Kinder sind, deren Erbteil nicht einmal zu ihrer Erziehung ausreicht, hat auf die Erbteile keinen Einfluß.

In der zweiten Ordnung (1925) (wenn also keine Kinder, Enkel usw. des Verstorbenen da sind) fällt die Erbschaft, falls die Eltern des Erblassers noch leben, diesen zu gleichen Teilen zu; die Geschwister oder Geschwisterkinder usw. des Erblassers erben nicht mit. Lebt dagegen der Vater oder die Mutter nicht mehr, so erben neben dem noch lebenden Elternteil des Erblassers auch die Kinder (Enkel usw.) des verstorbenen Elternteils nach den in der ersten Ordnung geltenden Vorschriften. Sind Abkömmlinge des verstorbenen Elternteils nicht da, so erbt der lebende Elternteil allein. Leben beide Eltern nicht mehr, so erben beider (des Vaters und der Mutter) Abkömmlinge nebeneinander. Beispiel: Fall a: der Erblasser ist kinderlos, er hinterläßt seine beiden Eltern und Geschwister. Hier erben der Vater und die Mutter je die Hälfte des Nachlasses. Die Geschwister erben nicht. Fall b: der Erblasser hinterläßt keine Kinder, aber seine Mutter, zwei Brüder und die Tochter einer gestorbenen Schwester (die Brüder und die gestorbene Schwester sind Kinder seines Vaters). Hier erbt die Mutter die Hälfte; die andere Hälfte (die der verstorbene Vater erhalten haben würde, wenn er noch lebte), fällt zu je einem Sechstel an die beiden Brüder und die Nichte. Fall c: der Erblasser ist kinderlos und hinterläßt die Mutter; vom verstorbenen Vater sind Kinder oder Kindeskinder usw. nicht vorhanden. Hier erbt die Mutter allein. Fall d: der kinderlose Erblasser hinterläßt keine Eltern, aber Geschwister und Geschwisterkinder. Hier erben die Geschwister und die Kinder gestorbener Geschwister, wenn alle vollbürtige Geschwister des Erblassers sind oder gewesen sind, zu gleichen Teilen, wobei jedoch die Kinder eines der verstorbenen Geschwister zusammen nur dessen Erbteil bekommen. Treffen jedoch vollbürtige Geschwister mit halbbürtigen (Stief-)Geschwistern zusammen, so sind die Teile verschieden, da jeder Elternteil die Hälfte des Nachlasses (die er, wenn er noch lebte, geerbt haben würde) auf seine Abkömmlinge vererbt und darnach die vollbürtigen Geschwister, da sie von beiden Eltern abstammen, von jedem Elternteil ihren Anteil erhalten, während die Halbbürtigen nur von dem einen Erbteil erben. Beispiel: Der Erblasser hinterläßt keine Eltern, aber einen vollbürtigen Bruder und einen Halbbruder, Sohn seines Vaters aus erster Ehe. Der Bruder erhält die Hälfte, die seine Mutter geerbt haben würde, und die Hälfte von der Hälfte des Vaters, also drei Viertel der Erbschaft; der Halbbruder erbt nur die Hälfte von der Hälfte des Vaters, also ein Viertel.

Dritte Ordnung (1926). Sind auch keine Erben nach der vorstehenden (zweiten) Ordnung vorhanden, so gilt folgendes: Leben beide Großelternpaare, so fällt die eine Hälfte der Erbschaft den väterlichen, die andere den mütterlichen Großeltern zu gleichen Teilen zu. Den Anteil, den hiernach jeder Großelternteil erhalten würde, fällt, wenn der (die) Betreffende nicht mehr lebt, an seine (ihre) Abkömmlinge nach den in der ersten Ordnung geltenden Vorschriften. Ist der verstorbene Großelternteil ohne Abkömmlinge, so fällt sein Teil dem anderen Gatten zu. Sind beide Großelternteile verstorben (z. B. der Großvater von Vatersseite und die Großmutter von Vatersseite), so vererbt das auf jeden entfallende Viertel auf ihre (des Großvaters und der Großmutter) Abkömmlinge nach den Vorschriften der ersten Ordnung. Ebenso natürlich, wenn auch das Großelternpaar mütterlicherseits verstorben ist. Ist auf einer Seite weder der Großvater noch die Großmutter mehr am Leben und sind auch von beiden keine Abkömmlinge da, so fällt die ganze Erbschaft an das andere Großelternpaar oder dessen Abkömmlinge.

Wer in der ersten, zweiten oder dritten Ordnung verschiedenen Stämmen angehört, d. h. sowohl durch den Vater als durch die Mutter mit dem Erblasser verwandt ist, erhält den in jedem dieser Stämme ihm zufallenden Anteil. (Jeder Anteil gilt dabei als besonderer Erbteil, was für gewisse Fälle von Bedeutung ist.)

In der vierten Ordnung (1928) erben zunächst die Urgroßeltern (Urgroßväter, Urgroßmütter), soviel ihrer da sind, einerlei, ob von Vaters- oder Mutterseite, und zwar zu gleichen Teilen. Ist nur einer da, so erbt dieser allein. Erst wenn Urgroßeltern des Verstorbenen überhaupt nicht vorhanden sind, kommen die von den Urgroßeltern abstammenden Verwandten des Erblassers an die Reihe und zwar erbt von diesen derjenige allein, der mit dem Erblasser am nächsten verwandt ist (s. über die Verwandtschaftsgrade den Art. „Verwandtschaft"). Sind mehrere gleich nahe verwandt, so erben diese zusammen zu gleichen Teilen.

Auch in der fünften Ordnung und in den ferneren Ordnungen (1929) erben in gleicher Weise zunächst die entfernteren Voreltern des Erblassers (Ururgroßväter usw.) und erst, wenn solche nicht vorhanden sind, die von diesen abstammenden Verwandten des Erblassers nach der Nähe des Grades ihrer Verwandtschaft mit dem Erblasser, mehrere gleich nahe Verwandte aber zu gleichen Teilen. Das Erbrecht der Verwandten hat also keine Grenze, solange noch eine Verwandtschaft mit dem Erblasser nachgewiesen werden kann.

Ein gesetzlicher Erbe kann übrigens auch dann erben, wenn ein einer früheren Ordnung angehöriger Verwandter des Erblassers zwar vorhanden ist, aber aus irgendwelchem Grunde, z. B. weil er die Erbschaft ausschlägt oder auf sein Erbrecht verzichtet hat (s. „Erbverzicht") oder für erbunwürdig erklärt ist (s. „Erbunwürdigkeit"), nicht zur Erbschaft gelangt.

2. Erbrecht der Ehegatten (1931 bis 1934). Dem überlebenden Ehegatten steht an dem Nachlaß des Verstorbenen ein gesetzliches Erbrecht zu, das auch durch etwaiges tatsächliches Getrenntleben der Ehegatten nicht ausgeschlossen wird. Dagegen hat der geschiedene Gatte kein Erbrecht, selbst wenn er für den unschuldigen Teil erklärt sein sollte. (Über die Wirkung einer bereits erhobenen Ehescheidungsklage siehe weiter unten.) Auch im Falle einer Aufhebung der ehelichen Gemeinschaft durch richterliches Urteil (s. „Ehescheidung 5") fällt das gesetzliche Erbrecht der Ehegatten fort, solange sie nicht etwa die eheliche Gemeinschaft wieder herstellen (1587). Die Größe des Erbteils des überlebenden Gatten richtet sich darnach, ob nahe Verwandte des Verstorbenen vorhanden sind oder nicht. Neben den Verwandten erster Ordnung erbt der Ehegatte $^1/_4$ (Viertel), neben den Verwandten der zweiten Ordnung und neben Großeltern $^1/_2$ (die Hälfte). Treffen mit Großeltern Abkömmlinge von Großeltern zusammen, so erhält der Ehegatte von der anderen Hälfte des Nachlasses noch das, was nach den für die dritte Erbfolgeordnung geltenden Grundsätzen an die Abkömmlinge der Großeltern fallen würde. Die weiteren Ordnungen schließt der Ehegatte von der Erbschaft aus. Beispiel: Der verstorbene Ehemann hinterläßt weder Eltern noch Geschwister oder Geschwisterkinder, sondern nur Großelternteile und Abkömmlinge von Großeltern; es leben nämlich von den Eltern des Vaters nur der Großvater; die Großmutter ist tot; es sind aber Kinder dieser Großeltern (Oheim und Tante des verstorbenen Mannes) da. Die Großeltern mütterlicher Seite sind beide tot; es lebt aber noch ein Sohn dieser Großeltern (ein Oheim des Verstorbenen). Es würden in solchem Fall nach der Regel der dritten Ordnung (s. oben unter 1) der Großvater väterlicherseits ein Viertel, die Kinder der verstorbenen Großmutter väterlicherseits zusammen ein Viertel und der Oheim mütterlicherseits die Hälfte der an die Verwandten fallenden Nachlaßhälfte erben. Da aber neben dem überlebenden Ehegatten nur Großeltern, nicht Abkömmlinge von Großeltern des verstorbenen Ehegatten mit erben, so erhält zwar der väterliche Großvater sein Viertel von der Hälfte, also ein Achtel des ganzen Nachlasses; die Oheime und Tanten des Verstorbenen gehen aber leer aus; der überlebende Ehegatte erbt sieben Achtel des Nachlasses. Oheime und Tanten eines verstorbenen Ehegatten erben also, wenn der andere Gatte noch lebt, überhaupt nicht mit; noch weniger deren Abkömmlinge, also Vettern und Basen des Verstorbenen oder deren Kinder. Ist die Ehe vor dem 1. Januar 1900 geschlossen, so richtet sich das Erbrecht des Ehegatten nach dem früher geltenden Eherecht, so weit dies erbrechtliche Wirkungen hatte (EGBGB. 200). Gehört der Ehegatte zu den erbberechtigten Verwandten, so erbt er zugleich den Erbteil, der ihm als Verwandten zukommt.

Das Voraus des überlebenden Gatten. Wird der Ehegatte neben Verwandten der zweiten Ordnung oder neben Großeltern des Erblassers Erbe, so erhält er neben dem oben genannten Erbanteil von $^1/_2$ noch einen Voraus, nämlich alle Gegenstände, die zum ehelichen Haushalt gehört haben, soweit sie nicht etwa Zubehör eines zum Nachlasse gehörenden Grundstücks sind, und die Hochzeitsgeschenke (1932). Ist im Nachlaß überhaupt weiter nichts vorhanden als das Haushaltsinventar, so nimmt eben der Ehegatte den Nachlaß allein hin. Wenn Abkömmlinge (Kinder usw.) vorhanden sind, gehören die Haushaltssachen und Hochzeitsgeschenke mit zum allgemeinen Nachlaß, der nach den oben mitgeteilten Vorschriften unter die Kinder und den überlebenden Gatten geteilt wird. Auf den Voraus finden die für Vermächtnisse geltenden Vorschriften Anwendung, was für Nachlaßgläubiger von Bedeutung sein kann; insbesondere kann dem überlebenden Ehegatten, wenn er sich einer Verfehlung schuldig gemacht hat, das Voraus entzogen werden (Näheres s. „Erbunwürdigkeit 2“). Das Erbrecht des überlebenden Ehegatten sowie das Recht auf den eben bezeichneten Voraus ist von selbst ausgeschlossen, wenn der Erblasser zur Zeit seines Todes berechtigt war, gegen den überlebenden Ehegatten eine Scheidungsklage wegen irgendeines ihm zur Last fallenden Verschuldens zu erheben, und eine Klage auf Scheidung oder auf Aufhebung der ehelichen Gemeinschaft (s. „Ehescheidung“) bereits erhoben hatte. Was alles als „zum ehelichen Haushalt gehörend“ anzusehen ist, darüber sind nach verschiedenen Richtungen hin Zweifel möglich. Man wird annehmen müssen, daß solche Sachen gemeint sind, die während des ehelichen Zusammenlebens der Benutzung durch beide Ehegatten oder der Benutzung des überlebenden Ehegatten allein gedient haben. Ob die Sachen tatsächlich in Benutzung gewesen sind oder erst zur (künftigen) Benutzung angeschafft sind, wie z. B. Tisch- und Bettwäsche, Glas- und Porzellansachen usw., wird keinen Unterschied machen. Es werden aber nicht dazu gehören die Kleidung, Leibwäsche, Schmucksachen, Taschenuhren und dergleichen Gegenstände, die lediglich dem persönlichen Gebrauch des verstorbenen Gatten gedient haben. Es ist aber besonders hervorzuheben, daß die vorbesprochenen Bestimmungen über das Voraus des überlebenden Gatten nur dann gelten, wenn er den verstorbenen Gatten kraft Gesetzes beerbt.

3. Der Fiskus als Erbe (1936). In Ermangelung anderer Erben, also wenn weder Verwandte des Verstorbenen noch ein überlebender Ehegatte da sind, ist der Fiskus Erbe, und zwar der Fiskus des Landes, dem der Erblasser zur Zeit seines Todes angehört hat. Hat er mehreren Ländern angehört, so sind die verschiedenen Länder zu gleichen Anteilen berechtigt. Gehörte der Erblasser, obwohl er ein Deutscher war, keinem Lande an, so ist der Reichsfiskus gesetzlicher Erbe. Der Fiskus kann die ihm als gesetzlichem Erben angefallene Erbschaft nicht ausschlagen (1942). Durch Landesgesetz kann übrigens bestimmt sein oder werden, daß an Stelle des Fiskus eine Körperschaft, eine Stiftung oder irgend eine Anstalt des öffentlichen Rechts gesetzlicher Erbe ist. Auch kann nach landesgesetzlichen Vorschriften dem Fiskus oder einer anderen juristischen Person in Ansehung des Nachlasses einer verpflegten oder unterstützten Person ein Erbrecht, ein Pflichtteilsanspruch oder ein Recht auf bestimmte Sachen zustehen (EGBGB. 138, 139).

Ist der Erbe eines Nachlasses unbekannt und haben die Ermittelungen des etwa bestellten Nachlaßpflegers (s. „Nachlaßpflegschaft“) zu keinem Erfolge geführt, so wird vom Nachlaßgericht ein Verfahren zu dem Zwecke eingeleitet, um festzustellen, daß ein anderer Erbe als der Fiskus nicht vorhanden ist. Die näheren Vorschriften darüber enthalten die §§ 1964—1966 des Gesetzbuchs. Solange diese Feststellung nicht erfolgt ist, müssen etwaige Gläubiger ihre Rechte gegen den bestellten Nachlaßpfleger verfolgen.

4. Entziehung des Erbteils. Über die Fälle, in denen einem Erben die Erbschaft wieder entzogen werden kann, weil er sich der Erbschaft unwürdig gemacht hat, vgl. „Erbunwürdigkeit“.

Gesetzliche Erben, Bedeutung des Ausdrucks in einem Testament s. Auslegung testamentarischer Bestimmungen.

Gesetzliche Hypotheken s. „Hypothek 1“ a. Schl.

Gesetzliche Kündigungsfrist bei Darlehn s. Darlehn 3.

Gesetzliche Pfandrechte s. Pfand (Faustpfand) 6.

Gesetzliche Vertreter. Jedermann kann sich in seinen Rechtsangelegenheiten vertreten lassen, indem er einen anderen mit seiner Vertretung beauftragt (s. „Auftrag“) und ihm nach Bedürfnis eine

Vollmacht aushändigt (s. „Vollmacht"). Bei der gewillkürten Vertretung hat der Vertretene die Freiheit, ob er sich vertreten lassen will oder nicht; selbst bei notwendiger Bevollmächtigung kann er noch von dem Rechtsgeschäft, zu dem die Bevollmächtigung notwendig ist, absehen. Näheres s. „Vertreter, Vertretung". Es gibt aber Fälle, in denen jemand kraft Gesetzes einen Vertreter haben muß, weil er sich nicht selbst vertreten kann; diese Verterter nennt man „gesetzliche Vertreter". Hierfür liegt der Rechtsgrund (sowohl bei den von Natur Geschäftsunfähigen wie bei der künstlich errichteten Gesellschaft oder juristischen Person oder den Sondervermögen) in dem Fürsorgegedanken und der daraus sich ergebenden Vertrauensstellung des gesetzlichen Vertreters. Es handelt sich in erster Linie um die Eltern für die Kinder, den Vormund für das Mündel, wozu Pflegschaft und Beistand als besondere Formen treten. Die gesetzliche Vertreterschaft der Eltern kommt insbesondere in Betracht bei Wohnsitzfragen des Geschäftsunfähigen oder beschränkt Geschäftsfähigen, bei verpflichtenden Geschäften des Minderjährigen, namentlich auch als elterliche Gewalt und Vertreterschaft des Kindes aus dem Rechtsgrund der Fürsorge, wie ähnlich bezüglich des Vormunds für das Mündel und bezüglich des Pflegers für den Pflegebefohlenen; ferner als Einwilligung des gesetzlichen Vertreters für Eheschluß des Vertretenen. Dann bei Anfechtung der Ehe des Vertretenen beim Ehevertrag, bei Anfechtung der Ehelichkeit und bei erbrechtlichen Entschließungen. Bei dem Verhältnis der Ehegatten zueinander gehen Rechtsformen der Genehmigung in solche der gesetzlichen Vertretung über (1402, 1457), auch kann man die Schlüsselgewalt der Ehefrau als gesetzliche Vertretung des Haushaltungsvorstandes ansehen.

Außer dieser familienrechtlichen gesetzlichen Vertreterschaft kommt solche für Gesellschaften und Vereine vor: Der Vorstand ist als Organ der Gesellschaft auch deren gesetzlicher Vertreter. Nach § 35 GmbHG. (Gutt. Slg. Nr. 32) sind die Geschäftsführer der GmbH. ihre gesetzlichen Vertreter, nach § 24 GenG. (Gutt. Slg. Nr. 29) ist der Vorstand der Genossenschaft deren gesetzlicher Vertreter. Nach § 26 BGB. muß der Verein einen Vorstand haben, und dieser „hat die Stellung eines gesetzlichen Vertreters". Der gesetzliche Vertreter hat die gerichtliche und außergerichtliche Vertretung seiner Schutzbefohlenen (Angehörigen, Gesellschaft usw.). Entsprechend verweist § 51 ZPO. bezüglich der „Vertretung nicht prozeßfähiger Parteien durch andere Personen (gesetzliche Vertreter)" auf die Vorschriften des bürgerlichen Rechts. Daß der gesetzliche Vertreter geschäftsfähig sein muß, versteht sich von selbst. Das Gericht hat den Mangel der Legitimation eines gesetzlichen Vertreters von Amts wegen zu berücksichtigen, aber der gesetzliche Vertreter kann zur Prozeßführung mit Vorbehalt der Beseitigung des Mangels zugelassen werden, wenn mit dem Verzuge Gefahr für die Partei verbunden ist, aber das Endurteil darf erst erlassen werden, nachdem die für die Beseitigung des Mangels zu bestimmende Frist abgelaufen ist (§ 56 ZPO.).

Über alles dies, was z. T. schwierige Rechtsfragen über die Rechtsstellung des gesetzlichen Vertreters in sich schließt, sowie über die Fragen der Haftung des gesetzlichen Vertreters (gegenüber dem Vertretenen, gegenüber dem Geschäftsgegner, und des Vertretenen für den gesetzlichen Vertreter) s. d. Art. Gesetzlicher Vertreter im HdR. II 883 ff.

Gesetzliche Vertreter, Haftung des Schuldners für Vorsatz und Fahrlässigkeit derselben, s. Vertretung von Vorsatz, Fahrlässigkeit usw.

Gesetzliche Vormundschaft s. Vormundschaft a. Schl.

Gesetzliche Zahlungsmittel s. Zahlungsmittel, gesetzliche.

Gesetzliche Zinsen s. Zinsen; bei Kaufleuten (5%) s. Handelsgeschäfte 1.

Gesetzliches Güterrecht s. Eingebrachtes Gut der Frau 1.

Gesetzliches Pfandrecht s. Pfand 6 u. Gastwirte 2.

Gesetzliches Verbot, Verträge gegen ein, s. Verbot.

Gesinde s. Hausangestellte.

Gesonderte Aufbewahrung fremder Wertpapiere s. Depots, kaufmännische, 2.

Gestohlene Sachen, Ersitzung an, s. Ersitzung 2; Eigentumserwerb an, s. Bewegliche Sachen, Eigentum an 1.

Getrennte Güter bei Ehegatten s. Gütertrennung.

Getrenntleben von Ehegatten s. Ehegatten 2; Ehescheidung 2; Herstellung des ehelichen Lebens; Testament 5; Einfluß auf die Beerbung, s. Testament 5 u. Gesetzliche Erben 2.

Gewährfristen s. Gewährleistung wegen Mängel usw. 9.

Gewährleistung des Verkäufers wegen Mängel einer gekauften usw. Sache (459—493). **1.** Ob eine Sache, die man gekauft hat, schön oder geschmacklos, ob sie zweckentsprechend oder unpraktisch ist, ob sie zu teuer ist oder nicht, das sind Dinge, für die der Käufer den Verkäufer nicht verantwortlich machen kann; denn das ist Sache des Käufers, richtig einzukaufen. Aber es gibt doch Eigenschaften von Sachen, für die der Verkäufer auch ohne besondere Vereinbarung einzustehen hat. Der Verkäufer haftet nach dem Gesetz dafür, wenn die verkaufte Sache gewisse Mängel hat; er muß wegen dieser Mängel „die gesetzliche Gewähr leisten" (s. u.) (ähnlich auch bei Tausch, Werklieferung u. dgl., worüber an den betr. Stellen dieses Buches Näheres gesagt ist). Ein solcher Mangel kann in fehlerhafter Beschaffenheit der Sache liegen; er kann aber auch darin bestehen, daß die Sache eine zu erwartende oder zugesicherte besondere Eigenschaft nicht hat. Die Haftung des Verkäufers ist ganz unabhängig davon, ob er die Mängel gekannt hat oder nicht und ob ihn in bezug auf den Mangel irgend ein Verschulden trifft. Die nachfolgend mitgeteilten Sätze sind die allgemein für alle Verkäufe und ähnlichen Rechtsgeschäfte geltenden; es ist aber zu beachten, daß für den Verkauf gewisser Tiergattungen (Pferde, Rindvieh usw.) besondere Vorschriften gelten; s. unten 9.

Die Regel ist also (459): Der Verkäufer einer Sache haftet dem Käufer dafür, daß sie zu der Zeit, wo die Gefahr eines etwaigen Unterganges oder einer etwaigen Verschlechterung der gekauften Sache auf den Käufer übergeht, also bei beweglichen Sachen, regelmäßig zur Zeit der Übergabe der Sache an den Käufer (s. „Kauf und Verkauf 6") nicht mit Fehlern behaftet ist, die den Wert oder die Tauglichkeit zu dem gewöhnlichen oder dem nach dem Vertrage vorausgesetzten Gebrauch aufheben oder mindern; z. B. die gekaufte Uhr geht nicht; das Schloß an dem gekauften Geldschrank schließt nicht; in dem gekauften Buche fehlen einige Seiten u. dgl. mehr. Eine unerhebliche Minderung des Werts oder der Tauglichkeit kommt nicht in Betracht; wegen jeder Kleinigkeit kann der Käufer den Verkäufer nicht in Anspruch nehmen. Ebenso haftet der Verkäufer dafür, daß die verkaufte Sache zur Zeit des Überganges der Gefahr die von ihm etwa zugesicherten Eigenschaften hat (z. B. daß der verkaufte Kanarienvogel singt oder daß der verkaufte Papagei sprechen kann, wenn er dem Käufer dies zugesichert hat) oder daß sie die Mängel, für deren Nichtvorhandensein er die Gewähr vertragsmäßig übernommen hat, nicht hat. Die Zusicherung muß ernstlich gemeint gewesen sein; sie muß ferner eine vertragsmäßige Zusicherung gewesen sein, d. h. eine Zusicherung, die als Vertragsinhalt vom Käufer gefordert, vom Verkäufer erteilt ist (RG.); eine beiläufige, gesprächsweise gemachte Bemerkung, daß die Sache die und die Eigenschaft habe oder nicht habe, genügt nicht. Ob daher insbesondere Anpreisungen allgemeiner Art, wie sie im Verkehr häufig vorkommen, um Käufer anzulocken oder zum Ankauf zu bestimmen, als solche vertragsmäßige Zusicherungen anzusehen sind, das ist im einzelnen Fall nach den Umständen zu entscheiden; darnach richtet sich auch, ob vielleicht eine strafrechtliche Verfolgung oder eine zivilrechtliche Haftbarkeit des Verkäufers wegen Betruges begründet ist.

Als eine Eigenschaft eines Grundstücks, eines Hauses usw., deren vertragsmäßige Zusicherung möglich ist, sind auch die aus dem Grundstück gezogenen Pacht-, Miet- usw. Erträge anzusehen (RG.). — Übrigens kann, auch wenn bestimmte Eigenschaften nicht zugesichert sind, dem Käufer schon auf Grund allgemeiner Gesetzesvorschrift (276), wonach der Verkäufer bei Erfüllung des Vertrages jede Fahrlässigkeit zu vertreten hat, ein Schadensersatzanspruch gegen den Verkäufer zustehen, wenn dieser bei der Lieferung die ihm obliegende Sorgfalt verletzt hat, auch wenn ihm ein arglistiges Verschweigen eines vorhandenen Fehlers der Sache (s. nachstehend) nicht zur Last fällt (RG.). Dieser Anspruch unterliegt der unten unter 7 besprochenen kurzen Verjährung. — Den Beweis, daß die Sache den Fehler habe oder daß sie die zugesicherte Eigenschaft nicht habe, muß der Käufer führen (RG.) (363).

Die vorgedachte Haftung des Verkäufers für Mängel der Sache tritt aber nicht ein, wenn der Käufer den Mangel bei dem Abschlusse des Kaufvertrages gekannt hat (460). Es kauft z. B. jemand im Laden eine Vase, obwohl er bemerkt hat, daß sie einen kleinen Sprung hat; er kann den Verkäufer nicht hinterher wegen dieses ihm bekannt gewesenen Fehlers in Anspruch nehmen; er würde dies aber können, wenn er beim Besehen der Vase den Sprung nicht wahrgenommen hätte. Der Verkäufer haftet selbst in dem Falle nicht, wo er eine bestimmte Eigenschaft der Sache ausdrücklich zugesichert hat, wenn dem Käufer beim Vertragsabschluß bekannt war, daß die Sache die Eigenschaft nicht hat, es sei denn, daß der Verkäufer etwa die Zusicherung der Eigenschaft in dem Sinne gemeint hat, daß er die noch nicht vorhandene Eigenschaft der Sache noch bewirken (herstellen) wolle, in welchem Falle er selbstverständlich an seine Erklärung gebunden ist. Beispiel: Es kauft jemand ein Paar Stiefel, nachdem er sie anprobiert hat, wobei ihm der Verkäufer versichert hat, daß sie vorzüglich passen. Er kann den Verkäufer nicht in Anspruch nehmen, wenn er nachher findet, daß sie doch eigentlich nicht passen. Anders, wenn etwa der Verkäufer zugesichert hätte, er würde die Stiefel nochmals auf den Leisten schlagen lassen; sie würden dann genau passen. War der Mangel der Sache ein offensichtlicher, so daß der Käufer bei einiger Aufmerksamkeit ihn hätte erkennen müssen, ist also der Mangel nur infolge grober Fahrlässigkeit ihm unbekannt geblieben, so haftet der Verkäufer gleichfalls nicht; der Käufer muß eben aufpassen; eine Ausnahme tritt nur dann ein, wenn der Verkäufer den Mangel gekannt und ihn dem Käufer arglistig, d. h. in der Absicht, ihn zu täuschen (RG.), verschwiegen hat; gegen solche Machenschaften des Verkäufers soll selbst der nachlässige oder gar zu vertrauensselige Käufer geschützt werden. Und zwar muß der Verkäufer nicht nur Fehler, die er als solche erkannt hat, sondern auch seine Zweifel an der Fehlerlosigkeit der Kaufsache dem Käufer mitteilen; tut er dies nicht, so handelt er arglistig (RG.). Eine fernere Ausnahme von dem Satze, daß der Verkäufer für Mängel der verkauften Sache einzustehen hat, gilt für den Pfandverkauf (s. „Pfand 2"). Zwar wenn der Verkauf aus freier Hand erfolgt, muß der verkaufende Pfandgläubiger, wie jeder andere Verkäufer, für etwaige Mängel der Sache einstehen; wenn er aber die Sache in öffentlicher Versteigerung unter der Bezeichnung als Pfand verkaufen läßt, dann haftet er für irgend welche Mängel der Sache nicht (461).

2. Folgen der Haftung des Verkäufers für die Mängel der Sache (462, 463). Hat der Verkäufer nach dem Vorstehenden für einen Mangel der verkauften Sache einzustehen, so hat der Käufer die Wahl, ob er die Rückgängigmachung des Kaufs (Wandelung) oder eine Herabsetzung des Kaufpreises (Minderung) verlangen will (s. das Weitere unten zu 4); andere Rechte hat er nicht. Insbesondere kann der Käufer an sich (s. jedoch weiter unten) vom Verkäufer keinen Ersatz für den etwaigen Schaden fordern, der ihm durch die Fehlerhaftigkeit der Sache entstanden ist. Hat sich z. B. ein Gastwirt ein Musikinstrument im Laden ausgesucht und es stellt sich nachher bei der Ankunft des Instruments heraus, daß es nicht spielt, weil irgend etwas am Mechanismus nicht in Ordnung ist, so kann er dem Verkäufer das Instrument zur Verfügung stellen und den Preis einbehalten (Wandelung) oder er kann auch, wenn er etwa das Instrument selbst reparieren lassen will, einen Nachlaß am Preise (Preisminderung) verlangen; aber er kann vom Verkäufer nicht etwa den Ersatz des Schadens beanspruchen, den er dadurch erlitten hat, daß er das Instrument zur Veranstaltung einer Festlichkeit nicht hat benutzen können. Solchen Schaden kann er nur dann ersetzt verlangen („Schadensersatz wegen Nichterfüllung"), wenn der Verkäufer eine bestimmte Eigenschaft der Sache oder die Fehlerfreiheit der Sache (ausdrücklich oder auch stillschweigend) zugesichert (die „Garantie" dafür übernommen) hat, wenn also in dem ebengedachten Falle der Verkäufer etwa dafür garantiert hat, daß das Instrument sofort tadellos funktionieren werde. Daß den Verkäufer irgend ein Verschulden trifft, ist zur Begründung dieser Schadensersatzklage nicht nötig. Dieselben Rechte, also insbesondere einen Anspruch auf Schadensersatz, hat der Käufer auch in dem Falle, wenn der Verkäufer wußte, daß die Sache einen Fehler oder Mangel hat und wenn er dies dem Käufer arglistig verschwiegen hat, einerlei, ob dieser bei genügender Aufmerksamkeit den Fehler hätte erkennen müssen. Es kann aber auch noch aus anderem Grunde neben dem Anspruch auf Wandelung auf Grund des Vertragsverhältnisses ein Anspruch auf Schadensersatz bestehen, wenn nämlich der Verkäufer schuldhafterweise seine Vertragspflicht verletzt und dadurch dem Käufer Schaden zugefügt hat, dessen Ersatz auf Grund des Wandelungsanspruchs nicht verlangt werden kann (276) (RG.). Endlich kann auch ein Schadensersatzanspruch aus unerlaubter Handlung (s. das) neben dem Wandelungsanspruch bestehen, z. B. wenn das verkaufte Tier an einer ansteckenden Krankheit gelitten und das Vieh des Käufers angesteckt hat, oder wenn der verkaufte Hund bissig war und dadurch Schaden angerichtet hat und der Verkäufer diese Beschaffenheit des verkauften Tieres gekannt hat oder bei gehöriger Aufmerksamkeit hätte kennen müssen und sie dem Käufer verheimlicht hat.

3. Annahme einer mangelhaften Sache (464). Nimmt der Käufer die gekaufte Sache ohne Vorbehalt an, obwohl er die mangelhafte Eigenschaft der Sache kennt, so kann er gegen den Verkäufer keine Ansprüche auf Wandelung oder Minderung des Kaufpreises oder Schadensersatz mehr geltend machen. Also nicht, daß der Käufer bei Annahme der Sache den Mangel bei gehöriger Aufmerksamkeit hätte erkennen können und müssen, befreit den Verkäufer, sondern nur, wenn er den Mangel bei der Annahme tatsächlich kannte. Eine Prüfungspflicht in bezug auf etwaige Mängel der Sache liegt dem Käufer bei der Annahme der gekauften Sache nicht ob (anders beim Kaufabschluß; s. oben 1); findet sich der Mangel später, so kann er in der Regel seine Rechte noch gegen den Verkäufer verfolgen.

Für Kaufleute gelten aber wegen der Rechte aus der Mangelhaftigkeit gekaufter Waren, insbesondere in bezug auf die Verpflichtung des Käufers zu unverzüglicher Untersuchung der abgelieferten Ware und unverzüglicher Anzeige etwa gefundener Mängel der Ware (sog. Anzeige- oder Rügepflicht des Kaufmanns) besondere Bestimmungen; s. das Nähere unter „Handelskauf 4". (Darüber, daß auch bei Nichtkaufleuten eine rechtzeitige Anzeige des Mangels einer gekauften Sache unter Umständen ratsam ist, s. unten 7 a. Schl.)

4. Wandelung des Kaufvertrages oder Minderung des Kaufpreises. Hat nach dem Vorstehenden der Käufer das Recht, Wandelung (Rückgängigmachung des Kaufvertrages) oder Minderung (Herabsetzung des Kaufpreises) zu verlangen, so steht es in seinem Belieben, ob er von diesem Rechte überhaupt Gebrauch machen und ob er das eine oder das andere verlangen will. Er muß dem Verkäufer erklären, welches Recht er geltend machen will, und ihn auffordern, sich damit einverstanden zu erklären; erst wenn diese Erklärung erfolgt (oder der Verkäufer etwa zu solcher Erklärung verurteilt) ist, sind beide Teile an das dadurch begründete neue Rechtsverhältnis gebunden. Es ist unter besonderen Umständen ein Verstoß gegen Treu und Glauben darin zu finden, wenn der Käufer eine ihm angebotene, seinem rechtlichen Interesse vollständig genügende Beseitigung des Mangels ablehnen und darauf bestehen wollte, Wandelung oder Minderung zu verlangen; der Käufer würde in solchem Falle mit seinem Anspruche abzuweisen sein (RG.).

Wandelung (465 ff.). Auf die Wandelung finden die für das vertragsmäßige Rücktrittsrecht geltenden gesetzlichen Vorschriften, so insbesondere über Rückgewähr des Empfangenen, über Haftung wegen Unterganges oder Verschlechterung der Sache, über die Leistung Zug um Zug usw., entsprechende Anwendung; s. „Rücktritt von einem Vertrage 2". Der Kaufvertrag wird, wenn der Käufer die Wandelung wählt, wegen des Mangels rückgängig gemacht; es wird so angesehen, als wenn er gar nicht geschlossen wäre; jeder ist dem anderen gegenüber verpflichtet, den Zustand, wie er vor dem Vertragsabschlusse gewesen ist, wieder herzustellen. Die Wandelung ist unzulässig, wenn der Käufer die Kaufsache durch Verarbeitung oder Umbildung in eine Sache anderer Art umgestaltet hat; der Schuhmacher kann das Leder nicht mehr zurückgeben, wenn er es zu Schuhen verschnitten hat. Nur wenn der Mangel einer gekauften Sache sich erst bei der Umgestaltung herausgestellt hat, kann der Käufer noch das Wandelungsrecht geltend machen. Die Kosten des Kaufvertrages muß der Verkäufer dem Käufer erstatten. Einen durch die gekaufte Sache dem Käufer etwa zugefügten Schaden braucht der Verkäufer nicht zu ersetzen, wenn er bloß zur Wandelung verpflichtet ist. Anders, wenn den Verkäufer in bezug auf den durch den Kaufgegenstand angerichteten Schaden ein besonderes Verschulden trifft, z. B. der Verkäufer hat dem Käufer verschwiegen, daß der verkaufte Hund bissig ist (823). Erklärt sich der Verkäufer zur Wandelung nicht bereit, so bleibt dem Käufer nur übrig, Klage gegen ihn zu erheben, die auf Verurteilung des Beklagten zur Einwilligung in die Wandelung oder auch (RG.) direkt auf Verurteilung zur Rückzahlung des Kaufpreises, Rücknahme der Kaufsache usw. gerichtet werden kann.

Bei Grundstücksverkäufen (468) haftet der Verkäufer, wenn er eine bestimmte Größe des Grundstücks zugesichert hat, dafür, daß das Grundstück diesen Flächengehalt wirklich hat; er kann, wenn sich eine geringere Größe herausstellt, sowohl Wandelung wie Minderung des Kaufpreises verlangen, ersteres aber nur dann, wenn der Mangel so erheblich ist, daß die Erfüllung des Vertrages für den Käufer kein Interesse hat. Neben diesen Ansprüchen hat der Käufer (wahlweise) auch das Recht auf Schadensersatz wegen Nichterfüllung des Vertrages, da es sich um eine vertragsmäßig zugesicherte Eigenschaft handelt. Die bloße Angabe des Verkäufers über die angebliche Größe oder die Vorlegung eines Katasterauszuges allein ist noch keine vertragsmäßige Zusicherung. Sind mehrere Grundstücke zusammen verkauft, so kommt es darauf an, ob nach den Umständen anzunehmen ist, daß die Beteiligten die mehreren Grundstücke als ein Kaufobjekt, gewissermaßen als ein Grundstück, angesehen haben; dann kann der Käufer, wenn auch nur eins der Grundstücke das zugesicherte Maß nicht hält, von dem ganzen Vertrage zurücktreten, wenn das Gesamtgrundstück wegen der Mindergröße kein Interesse für ihn hat.

Sind von mehreren verkauften Sachen nur einzelne mangelhaft, so kann nur in Ansehung dieser mangelhaften Sachen Wandelung verlangt werden, auch wenn ein Gesamtpreis für alle Sachen festgesetzt ist. Sind jedoch die Sachen als zusammengehörend verkauft, z. B. ein Gespann Pferde, eine Bildersammlung usw., so kann sowohl der Käufer wie auch der Verkäufer verlangen, daß die vom Käufer verlangte Wandelung auf alle Sachen erstreckt wird, wenn die mangelhaften Sachen nicht ohne Nachteil für ihn (Käufer oder Verkäufer) von den übrigen getrennt werden können. Die Zusammengehörigkeit allein ist also nicht entscheidend.

Die Wandelung wegen eines Mangels der Hauptsache erstreckt sich auch auf die mitgekaufte Nebensache; ist bloß die Nebensache mangelhaft, so kann nur in Ansehung dieser Wandelung verlangt werden.

Findet im Falle des Verkaufs mehrerer Sachen für einen Gesamtpreis die Wandelung nur in Ansehung einzelner Sachen statt, so ist der Gesamtpreis in dem Verhältnisse herabzusetzen, in dem zur Zeit des Verkaufs der Gesamtwert der Sachen in mangelfreiem Zustande zu dem Werte der von der Wandelung nicht betroffenen Sachen gestanden haben würde. Beispiel: Jemand kauft eine Bibliothek von 1000 Bänden für 900 Mk. Später gibt er 40 Bände als unvollständig zurück. Eine Schätzung ergibt: Der Gesamtwert der verkauften Bibliothek einschließlich der nachher zurückgegebenen Bände (falls diese vollständig gewesen wären) betrug zur Zeit des Verkaufs 1500 Mk. Die Bibliothek ohne die 40 Bände hatte einen Wert von 1440 Mk. Der Kaufpreis ist daher herabzusetzen im Verhältnis von 1500 zu 1440; Käufer hat nur zu zahlen 864 Mk. Die Berechnung ist in folgender Weise vorzunehmen: Bezeichnen wir den Gesamtwert, den die verkauften Sachen in mangelfreiem Zustande hatten, mit W, den Gesamtwert, den sie unter Berücksichtigung der Mängel hatten, mit M, den Kaufpreis mit K und die vom Käufer in Berücksichtigung des Mangels zu zahlende Summe (den herabgesetzten Kaufpreis) mit X, so ergibt die Gleichung $X = \frac{M \times K}{W}$ den vom Käufer zu zahlenden Preis, nämlich im obigen Beispiel $\frac{1440 \times 900}{1500} = 864$ Mk.

5. Minderung des Kaufpreises (472 ff.). Verlangt der Käufer wegen Mangelhaftigkeit der Kaufsache (s. oben unter 2) Minderung des Kaufpreises, so ist der Kaufpreis in dem Verhältnisse herabzusetzen, in welchem zur Zeit des Verkaufs der Wert der Sache in mangelfreiem Zustande zu dem wirklichen Werte gestanden haben würde. Um den so gefundenen Betrag mindert sich der vom Käufer zu zahlende Preis; ist das Kaufgeld schon bezahlt, so hat der Verkäufer es zu diesem Betrage zurückzuzahlen. Dieses Recht hat der Käufer auch dann, wenn er die gekaufte Sache mit Gewinn weiter veräußert hat. Beispiel: Ein Fahrrad ist zum Preise von 200 Mk. verkauft. Hinterher zeigt sich, daß das Rad einen Fehler hat, der seinen Wert oder seine Brauchbarkeit erheblich mindert. Es wird festgestellt, daß das Rad zur Zeit des Verkaufs, wenn es den Fehler nicht gehabt hätte, 150 Mk. wert gewesen wäre (der Käufer hat also um 50 Mk. über den reellen Wert gekauft) und daß es zu jener Zeit mit dem Fehler nur 100 Mk. wert war. Dann ist der Kaufpreis von 200 Mk. im Verhältnis von 150 Mk. zu 100 Mk., also von 3 zu 2, herabzusetzen; der Käufer hat mithin nur 133,33 Mk. zu zahlen (wenn er nicht wegen der mangelhaften Beschaffenheit des Rades den Kauf ganz rückgängig machen will). Die Berechnung geschieht in folgender Weise: Bezeichnen wir den Wert, den die gekaufte Sache, wenn sie ohne Mängel gewesen wäre, hatte, mit W, den Wert, den sie mit Mängeln hatte, mit M, den Kaufpreis mit K, den (herabgesetzten, geminderten) Preis, den Käufer jetzt nur zu zahlen hat, mit X, so ist $X = \frac{M \times K}{W}$, also im obigen Beispiel $= \frac{100 \times 200}{150} = 133{,}33$ Mk.

Sind mehrere Sachen für einen Gesamtpreis verkauft und findet eine Minderung des Kaufpreises nur wegen einzelner Sachen statt, so gilt Entsprechendes wie bei der Wandlung (s. oben zu 4 a. Schl.).

Umständlicher wird die Berechnung, wenn der, welcher wegen eines Mangels der gekauften Sache Preisminderung verlangt, seinerseits außer dem in Gelde festgesetzten Kaufpreise noch Leistungen übernommen hat, die nicht vertretbare (s. d.) Sachen zum Gegenstande haben. In solchem Falle müssen diese Leistungen nach ihrem Werte zur Zeit des Verkaufs in Gelde veranschlagt werden. Der dem Käufer wegen des Mangels zu vergütende Betrag wird dann vom baren Kaufgelde abgesetzt. Beispiel: Ein Arbeiter ersteht einen Handwagen, hat dafür bar 60 Mk. zu zahlen und außerdem dem Verkäufer 4 Tage Gartenarbeit zu leisten. Es stellt sich heraus, daß der Wagen zur Zeit des Verkaufs einen Fehler hatte. Die Berechnung ist wie folgt vorzunehmen: Die 4 Arbeitstage sind auf 48 Mk. zu veranschlagen. Der Wagen hätte zur Zeit des Verkaufs ohne den Fehler einen Wert von 120 Mk. gehabt; mit dem Fehler war er nur 90 Mk. wert. Als Kaufpreis ist nach dem Vorstehenden anzunehmen 60 Mk. und 48 Mk., zusammen 108 Mk. Dieser Kaufpreis mindert sich in dem Verhältnis von 120 Mk. zu 90 Mk., mithin auf den Betrag von 81 Mk. ($X = \frac{90 \times 108}{120} = 81$ Mark). Käufer hat demnach 4 Tage Gartenarbeit zu leisten und 33 Mk. bar zu zahlen. Ergibt sich durch solche Berechnung in einem Falle, daß der Verkäufer noch herauszahlen müßte, so ist der Verkäufer nicht berechtigt, die Gartenarbeit zurückzuweisen und vom Käufer Geld zu fordern.

6. Haben mehrere Personen zusammen gekauft oder zusammen verkauft, so kann von jedem Käufer für sich allein und für seinen Teil und gegen jeden Verkäufer der Anspruch auf Preisminderung geltend gemacht werden (474). Dagegen kann der Anspruch auf Wandelung (Rückgängigmachung des Kaufs) nur von allen Käufern zusammen und nur gegen die mehreren Verkäufer zusammen geltend gemacht werden. Verlangt daher einer der Käufer Preisminderung, so sind damit auch die anderen Käufer ihres Rechts, Wandelung des Kaufes zu verlangen, verlustig geworden. Beim Vorhandensein mehrerer Mängel der gekauften Sache ist es dem Käufer, der zunächst wegen des einen Mangels eine Preisminderung erlangt hat, unbenommen, wegen des anderen (der anderen) Mängel noch eine Wandelung (Rückgängigmachung des Vertrages) oder von neuem Preisminderung zu verlangen (475).

Ausschluß der Garantie. Die vorstehend (1 bis 5) mitgeteilten Gesetzesvorschriften über die Verpflichtung des Verkäufers, dem Käufer für etwaige Mängel der Kaufsache zu haften, haben aber nur dann Geltung, wenn die Beteiligten nichts anderes verabredet haben. Die Haftung des Verkäufers kann nämlich durch freiwillige Vereinbarung beschränkt oder ganz erlassen werden (476). Der Verkäufer kann erklären, daß er eine Garantie für die Fehlerlosigkeit der Sache oder für das Nichtvorhandensein eines bestimmten Fehlers der Sache oder auch eine Garantie für das Vorhandensein angeblicher Eigenschaften der Sache nicht übernehme, und der Käufer kann sich hiermit einverstanden erklären. Es kann dies sowohl bei Abschluß des Vertrages als auch später, ausdrücklich oder auch stillschweigend, ausgemacht werden. Der Verkäufer kann sich aber dann nicht auf eine solche Vereinbarung, wonach ihm die Haftung für Fehler der Kaufsache vom Käufer ganz oder in beschränktem Umfange erlassen ist, berufen, wenn er den Mangel gekannt und arglistig verschwiegen hat. Das Reichsgericht hat in dieser Beziehung erkannt, daß der Verkäufer nach den Grundsätzen über Treu und Glauben verpflichtet sei, dem Käufer alle ihm bekannten Umstände mitzuteilen, die für dessen Entschließung nach vernünftigem Ermessen von Bedeutung sein könnten; er habe nicht nur Fehler, die er als solche erkannt habe, sondern auch seine Zweifel an der Fehlerlosigkeit der Kaufsache dem Käufer bekannt zu machen. Wenn er diese Pflicht versäume, so handle er arglistig. (Es handelte sich z. B. in einem solchen Falle darum, daß der Verkäufer eines Hauses dem Käufer nicht mitgeteilt hatte, daß er in den Mauern entstandene Risse verschmiert und übermalt hatte und daß sich hinterher herausstellte, daß ein weiteres Sichsenken der Mauer zu erwarten war; der Verkäufer könne sich nicht damit entschuldigen, daß er geglaubt habe, daß die Risse nichts auf sich haben).

7. Verjährung der Ansprüche wegen Mängel einer Kaufsache. Das dem Käufer zustehende Recht auf Wandelung (Rückgängigmachung des Kaufes) oder Preisminderung ist einer kurzen Verjährung bei beweglichen Sachen in sechs Monaten von der Ablieferung der Sache an den Käufer ab und bei Grundstücken in einem Jahre von der Übergabe an den Käufer ab verjähren) unterworfen, weil die Ermittelung und Feststellung von Mängeln einer gekauften Sache nach Verlauf längerer Zeit kaum ausführbar und für den Verkehr die Zulassung des Zurückgreifens auf solche Mängel nach längerer Zeit im höchsten Grade lästig und hemmend wäre. Hat aber der Verkäufer einen verborgenen Mangel der Kaufsache oder das Fehlen einer zugesicherten Eigenschaft dem Käufer arglistig verschwiegen, so trifft diese kurze Verjährung nicht zu; es tritt dann die regelmäßige Verjährung von dreißig Jahren ein (bei beweglichen Sachen auch seit der tatsächlichen Ablieferung der Sache an den Käufer). Übrigens sind die Beteiligten befugt, die vorerwähnten kurzen Verjährungsfristen vertragsmäßig zu verlängern; häufig geschieht dies in der Form, daß der Verkäufer für eine bestimmte Zeit (über die Verjährungszeit hinaus) die „Garantie" für die Fehlerlosigkeit der Sache übernimmt. Ebenso können die Verjährungsfristen durch Vereinbarung noch abgekürzt werden. Beantragt der Käufer eine gerichtliche Beweisaufnahme zur Sicherung des Beweises über die Mangelhaftigkeit der Kaufsache, so wird durch das betreffende Gesuch die Verjährung der Ansprüche des Käufers unterbrochen; die Unterbrechung dauert bis zur Beendigung des gerichtlichen Verfahrens fort.

Rechtzeitige Anzeige des Mangels zur Verhütung der Verjährung, wenn der Kaufpreis noch nicht gezahlt ist. Solange der Verkäufer den Kaufpreis nicht fordert, wird der Käufer regelmäßig keine Veranlassung haben, wegen eines Mangels der gekauften Sache seinerseits gegen den Verkäufer klagbar zu werden, nur um gerichtlich feststellen zu lassen, daß er (der Käufer) zur Wandelung des Kaufgeschäftes oder zur Kaufpreisminderung berechtigt sei. Da aber in solchem Falle der Verkäufer später in einem Zeitpunkte den Kaufpreis einklagen könnte, wo der Käufer seine Ansprüche auf Wandelung oder Minderung wegen der inzwischen eingetretenen Verjährung dieser Ansprüche verloren hätte, so bestimmt das Gesetz zu seinem Schutze, daß der Käufer auch nach der Vollendung der Verjährung die Bezahlung des Kaufpreises insoweit verweigern darf, als er auf Grund der Wandelung oder der Minderung dazu berechtigt sein würde, wenn der Käufer den Mangel der Kaufsache dem Verkäufer angezeigt oder die Anzeige an ihn abgesandt hat, bevor der Anspruch auf Wandelung oder auf Minderung verjährt war. Der Käufer muß also, wenn ihm eine fehlerhafte Sache die zugesicherten Eigenschaften nicht hat, um sich zu sichern, dem Verkäufer hiervon Anzeige machen, ehe die oben mitgeteilte gesetzliche Verjährungsfrist abgelaufen ist. Diese sog. „Mängelanzeige" („Mängelrüge") muß aber nicht nur ergeben, daß und welche Fehler der gekauften Sache gerügt werden, sondern auch den Willen des Käufers erkenn lassen, daß er sich seine Rechte wegen der Mangelhaftigkeit der Sache vorbehalte. Um sich einen Beweis zu sichern, daß er dem Verkäufer rechtzeitig Anzeige über den Mangel gemacht hat, kann der Käufer diesem die (schriftlich aufzusetzende) Anzeige durch einen Gerichtsvollzieher zustellen lassen. Der Käufer kann auch vor Vollendung der Verjährung eine gerichtliche Beweisaufnahme zur Sicherung des Beweises (d. h. des Beweises der von ihm behaupteten Fehlerhaftigkeit der Kaufsache) beantragen. Hat der Verkäufer den Mangel arglistig verschwiegen, so bedarf es der Anzeige usw. nicht. Hat aber der Käufer bereits bezahlt, so hat die Mängelanzeige keinen Zweck; der Käufer schützt dadurch seinen Anspruch gegen den Verkäufer auf Rückzahlung des Kaufpreises, auf Schadensersatz usw. nicht vor der Verjährung; er muß daher innerhalb der vorbemerkten kurzen Verjährungsfrist gegen den Verkäufer Klage erheben oder sonstige Schritte gegen ihn tun, die die Verjährung unterbrechen; s. hierüber unter „Verjährung 3".

8. Gewährleistung wegen Mängel beim Kauf von Gattungssachen (480). Ein Kauf kann sich auf eine (oder mehrere) ganz bestimmte Sachen beziehen, z. B. auf das Pferd, welches der Verkäufer im Stalle hat; auf den Hut, den der Käufer im Laden aufprobiert hat u. dgl.; er kann aber auch nur der Gattung nach bestimmte Sachen (oder eine Anzahl oder ein bestimmtes Quantum solcher Sachen) betreffen, wie beispielsweise, wenn jemand beim Kaufmann oder Handwerker 100 Stück Zigarren oder eine Rolle Papier oder einen Mantel, eine Uhr usw. zu dem und dem Preise oder in der und der Qualität bestellt. Er hat in letzterem Falle nicht eine bestimmte Einzelsache kaufen wollen, sondern eine Sache oder ein Quantum von Sachen der betreffenden Art (Gattung), und er ist befriedigt, wenn ihm eine solche Sache (solche Sachen), einerlei welche, in guter Beschaffenheit geliefert werden. Hat nun die gelieferte Sache Mängel, so stehen dem Käufer (Besteller) auch hier die vorstehend unter 2 bis 7 bezeichneten Rechte gegen den Verkäufer zu; er kann also, nach seiner Wahl, sowohl Wandelung (Rückgängigmachung des Kaufs) als auch Preisminderung verlangen; er braucht sich nicht gefallen zu lassen, daß ihm der Verkäufer nachträglich eine andere fehlerfreie Sache der gedachten Art liefert. Er kann aber seinerseits verlangen, daß ihm der Verkäufer, an Stelle der mangelhaften, eine andere Sache in gleicher Art in mangelfreier Beschaffenheit liefere, ihm auch unter Umständen Schadensersatz, namentlich wegen der verspäteten Lieferung, leiste. Fehlt der gekauften Sache zu der Zeit, wo die Gefahr auf den Käufer übergeht (s. „Kauf 6"), eine zugesicherte Eigenschaft oder hat der Verkäufer einen Fehler arglistig verschwiegen, so steht dem Käufer ein noch weitergehendes Recht zu: er kann statt der Wandelung oder der Preisminderung oder der Lieferung einer mangelfreien Sache auch Schadensersatz wegen Nichterfüllung des Vertrages verlangen.

Denselben Anspruch auf Schadensersatz hat er, wenn die Lieferung der mangelhaften Sache auf einem Verschulden des Verkäufers beruht (RG.). Auch dieser Anspruch unterliegt der oben unter 7 besprochenen kurzen Verjährung (RG.).

9. Haftung des Verkäufers beim Verkauf von Tieren (481—492, Gutt. Slg. Nr. 50). Im allgemeinen gilt das, was vorstehend von der Haftung (Gewährleistung) des Verkäufers für Mängel der verkauften Sache gesagt ist, auch für den Verkauf von Tieren, z. B. Hunden, Katzen, Ziegen, Vögeln usw. Für den Verkauf von Pferden, Eseln, Mauleseln und Maultieren, sowie von Rindvieh, Schafen und Schweinen gelten jedoch einige besondere Bestimmungen, die in der Eigenartigkeit des Handels mit diesen Tiergattungen ihre Begründung finden; auf alle anderen Tiere beziehen sich diese Ausnahmevorschriften nicht. Die wichtigste dieser Bestimmungen ist, daß der Verkäufer bei den vorbezeichneten Tiergattungen kraft Gesetzes, also wenn keine weitergehende Garantie übernommen ist, nur für bestimmte Fehler (sog. Hauptmängel) der Tiere und für diese Fehler auch nur dann aufzukommen hat, wenn sich die Fehler innerhalb bestimmter Fristen (Gewährfristen) zeigen. (Über abweichende Vereinbarungen der Beteiligten s. weiter unten.) Im übrigen kann sich der Verkäufer auch beim Vorhandensein solcher Fehler nicht nur darauf berufen, daß der Käufer zur Zeit der Vertragsschließung den betreffenden Mangel gekannt habe, sondern auch, wofern er nicht das Nichtvorhandensein des Mangels zugesichert oder den Mangel gekannt und arglistig verschwiegen hat, darauf, daß dem Käufer der Mangel nur infolge grober Fahrlässigkeit habe unbekannt bleiben können. Die Hauptmängel und die Gewährfristen sind durch die VO. v. 27. März 1899 wie folgt festgelegt:

§ 1. Für den Verkauf von Nutz- und Zuchttieren gelten als Hauptmängel:

I. bei Pferden, Eseln, Mauleseln und Maultieren:
1. Rotz (Wurm) mit einer Gewährfrist von vierzehn Tagen;
2. Dummkoller (Koller, Dummsein) mit einer Gewährfrist von vierzehn Tagen; als Dummkoller ist anzusehen die allmählich oder infolge der akuten Gehirnwassersucht entstandene, unheilbare Krankheit des Gehirns, bei der das Bewußtsein des Pferdes herabgesetzt ist;
3. Dämpfigkeit (Dampf, Hartschlägigkeit, Bauchschlägigkeit) mit einer Gewährfrist von vierzehn Tagen; als Dämpfigkeit ist anzusehen die Atembeschwerde, die durch einen chronischen, unheilbaren Krankheitszustand der Lungen oder des Herzens bewirkt wird;
4. Kehlkopfpfeifen (Pfeiferdampf, Hartschnaufigkeit, Rohren) mit einer Gewährfrist von vierzehn Tagen; als Kehlkopfpfeifen ist anzusehen die durch einen chronischen und unheilbaren Krankheitszustand des Kehlkopfs oder der Luftröhre verursachte und durch ein hörbares Geräusch gekennzeichnete Atemstörung;
5. periodische Augenentzündung (innere Augenentzündung, Mondblindheit) mit einer Gewährfrist von vierzehn Tagen; als periodische Augenentzündung ist anzusehen die auf inneren Einwirkungen beruhende, entzündliche Veränderung an den inneren Organen des Auges;
6. Koppen (Krippensetzen, Aufsetzen, Freikoppen, Luftschnappen, Windschnappen) mit einer Gewährfrist von vierzehn Tagen;

II. bei Rindvieh:
1. tuberkulöse Erkrankung, sofern infolge dieser Erkrankung eine allgemeine Beeinträchtigung des Nährzustandes des Tieres herbeigeführt ist, mit einer Gewährfrist von vierzehn Tagen;
2. Lungenseuche mit einer Gewährfrist von achtundzwanzig Tagen;

III. bei Schafen:
Räude mit einer Gewährfrist von vierzehn Tagen;

IV. bei Schweinen:
1. Rotlauf mit einer Gewährfrist von drei Tagen;
2. Schweineseuche (einschließlich Schweinepest) mit einer Gewährfrist von zehn Tagen.

§ 2. Für den Verkauf solcher Tiere, die alsbald geschlachtet werden sollen und bestimmt sind, als Nahrungsmittel für Menschen zu dienen (Schlachttiere), gelten als Hauptmängel:

I bei Pferden, Eseln, Mauleseln und Maultieren:
Rotz (Wurm) mit einer Gewährfrist von vierzehn Tagen;

II. bei Rindvieh:
tuberkulöse Erkrankung, sofern infolge dieser Erkrankung mehr als die Hälfte des Schlachtgewichts nicht oder nur unter Beschränkungen als Nahrungsmittel für Menschen geeignet ist, mit einer Gewährfrist von vierzehn Tagen;

III. bei Schafen:
allgemeine Wassersucht mit einer Gewährfrist von vierzehn Tagen; als allgemeine Wassersucht ist anzusehen der durch eine innere Erkrankung oder durch ungenügende Ernährung herbeigeführte wassersüchtige Zustand des Fleisches;

IV. bei Schweinen:
1. tuberkulöse Erkrankung unter der in der Nr. II bezeichneten Voraussetzung mit einer Gewährfrist von vierzehn Tagen;
2. Trichinen mit einer Gewährfrist von vierzehn Tagen;
3. Finnen mit einer Gewährfrist von vierzehn Tagen.

Die Gewährfrist beginnt mit dem Ablaufe des Tages, an dem das Tier dem Käufer übergeben ist; der Verkäufer hat also nur dafür zu haften, daß das Tier zu diesem Zeitpunkt von Hauptmängeln frei ist. Zeigt sich ein Hauptmangel innerhalb der Gewährfrist, so wird bis zum Beweise des Gegenteils (der dem Verkäufer obliegt) vermutet, daß der Mangel schon zu der Zeit vorhanden gewesen ist, zu der die Gefahr auf den Käufer übergegangen ist; es haftet also der Verkäufer für den Mangel. Der Käufer verliert aber seinen Anspruch gegen den Verkäufer, wenn er nicht spätestens zwei Tage nach dem Ablaufe dieser Frist oder aber, wenn das Tier vor dem Ablaufe der Frist getötet worden oder sonst verendet ist, nach dem Tode des Tieres den Mangel dem Verkäufer anzeigt oder wenigstens die Anzeige an ihn absendet oder wegen des Mangels Klage gegen den Verkäufer erhebt oder diesem den Streit verkündet oder die gerichtliche Vernehmung von Sachverständigen zur Sicherung des Beweises über die Mangelhaftigkeit des Tieres beantragt. Daß der Käufer diese Handlungen, die ihn vor dem Verluste seines Rechts schützen sollen, vorgenommen hat, muß er beweisen. Der Rechtsverlust tritt für den Käufer nur dann nicht ein, wenn der Verkäufer den fraglichen Mangel des Tieres arglistig verschwiegen hat. Die Gewährfrist kann durch Vereinbarung zwischen dem Käufer und Verkäufer verlängert oder abgekürzt werden.

Der Käufer kann wegen des bei dem gekauften Tiere entdeckten Hauptmangels nur Wandelung (Rückgängigmachung des Kaufgeschäfts) verlangen; ein Anspruch auf Minderung (Preisherabsetzung) steht ihm nicht zu. (Über weitergehende Schadensersatzansprüche im Falle besonderer Zusicherungen s. weiter unten.) Dagegen hat er das Recht, wenn dem Tiere zur Zeit des Verkaufes eine vom Verkäufer zugesicherte Eigenschaft fehlte, anstatt des Anspruchs auf Wandelung eine Schadensersatzforderung gegen den Verkäufer geltend zu machen (s. oben unter 2). Die Wandelung kann auch dann verlangt werden, wenn der Käufer infolge eines Umstandes, den er zu vertreten hat, das Tier nicht mehr zurückgeben kann, z. B. weil er es bereits geschlachtet oder weil er den Tod des Tieres durch Fahrlässigkeit herbeigeführt oder es schon weiter veräußert oder verpfändet hat. Hier tritt an die Stelle der Rückgabe des Tieres für den Käufer die Verpflichtung zur Vergütung des Wertes, während der Verkäufer den Kaufpreis zu erstatten hat. Ist das Tier vor Vollziehung der Wandelung durch Schuld des Käufers wesentlich verschlechtert worden, so kann er die Rücknahme vom Verkäufer nicht verlangen, sondern muß ihm den Wert des Tieres ersetzen; ist die Verschlechterung dagegen nur eine unwesentliche, so darf der Käufer das Tier zurückgeben, muß dem Verkäufer aber die Wertminderung vergüten. Für eine nach Vollziehung der Wandelung vom Käufer verschuldete Verschlechterung haftet dieser dem Verkäufer auf vollen Schadensersatz. Der Verkäufer hat im Falle der Wandelung dem Käufer auch die Kosten der Fütterung und Pflege, die Kosten einer tierärztlichen Untersuchung und Behandlung, sowie die Kosten der etwa notwendig gewordenen Tötung und Wegschaffung des Tieres zu ersetzen. Kosten, die der Käufer etwa für notwendige Schutzmaßregeln gegen Seuchegefahr hat aufwenden müssen, braucht der Verkäufer nur dann zu ersetzen, wenn er aus besonderen Gründen zum Schadensersatz verpflichtet ist. Hat der Käufer von dem Tiere Nutzungen gezogen, so darf der Verkäufer den Wert dieser von den von ihm zu ersetzenden vorgedachten Kosten in Abzug bringen. Dagegen liegt dem Käufer eine Pflicht zur Nutzung des Tieres nicht ob; hat er keine Nutzungen von demselben gezogen, so kann ihm der Verkäufer dafür keinen Abzug machen.

Schwebt zwischen dem Verkäufer und dem Käufer wegen der Mangelhaftigkeit des Tieres ein Rechtsstreit (Prozeß), so kann auch dem Käufer, obwohl er nach dem Vorstehenden Ersatz der Futter- und Pflegekosten zu fordern hat, doch daran gelegen sein, z. B. bei zweifelhafter Zahlungsfähigkeit des Verkäufers, daß diese Unkosten nicht zu sehr anwachsen. Jede Partei hat daher in solchem Falle das Recht, sobald eine Besichtigung des Tieres nicht mehr erforderlich ist, die öffentliche Versteigerung des Tieres und die öffentliche Hinterlegung des Erlöses (s. „Hinterlegung") bei Gericht zu beantragen (489).

Für die Verjährung der Ansprüche des Käufers beim Viehhandel gelten folgende besondere Vorschriften (490): Das Gesetz bestimmt für den Anspruch auf Wandelung eine kürzere Verjährungsfrist, als sonst bei Verkäufen vorgeschrieben (s. oben unter 7), nämlich eine Verjährungsfrist von nur sechs Wochen, welche vom Ablauf der für den betreffenden Mangel bestimmten Gewährfrist an zu berechnen ist. Im übrigen gilt auch für diese Verjährung das oben unter 7 über die Verjährung der Ansprüche wegen Mängel der Kaufsache Gesagte. (An Stelle der in den §§ 210, 212, 215 des Gesetzes, auf welches hier verwiesen werden muß, bestimmten Fristen tritt eine Frist von sechs Wochen.)

Hat der Käufer nicht ein bestimmtes Tier gekauft, sondern ein nur der Gattung nach bestimmtes Tier, so kann er, wenn das gelieferte Tier einen Hauptmangel hat, nach seiner Wahl, anstatt Wandelung (Rückgängigmachung des Kaufs) zu fordern, auch verlangen, daß ihm an Stelle des mangelhaften Tieres ein mangelfreies geliefert werde (491). Die oben mitgeteilten Vorschriften über Ersatz der Fütterungs- usw. Kosten, über die Befugnis zur öffentlichen Versteigerung des Tieres und die kurze Verjährungsfrist beim Viehhandel finden auch dann, wenn der Käufer von diesem Recht Gebrauch macht, Anwendung.

Haftung des Verkäufers infolge besonderer Vereinbarung. Anspruch des Käufers auf Schadensersatz (492). Wie eingangs unter dieser Nr. ausgeführt, haftet der Verkäufer kraft Gesetzes (ohne besondere Verabredung) nur für die sog. Hauptmängel und auch für diese nur während der Gewährfrist und in der vorstehend näher bezeichneten Weise. Den Beteiligten ist es aber unbenommen, beim Abschluß eines Viehhandels (oder hinterher) besondere Vereinbarungen zu treffen. Der Verkäufer kann insbesondere das Nichtvorhandensein von Hauptmängeln (obwohl er für diese nach dem Vorgesagten schon gesetzlich haftet) ausdrücklich zusichern; es gelten dann gleichfalls die vorstehend mitgeteilten, für die gesetzliche Haftung gegebenen Vorschriften; der Käufer hat aber außerdem das Recht auf Schadensersatz wegen der vertragswidrigen Beschaffenheit des Tieres (463, 481). Der Verkäufer kann ferner die Gewähr für andere Fehler des Tieres, die nicht zu den Hauptmängeln gehören, vertragsmäßig übernehmen oder besondere Eigenschaften des Tieres ausdrücklich zusichern, z. B. daß das Tier völlig gesund sei (RG.), daß das Pferd zugfest sei, daß die Kuh in bestimmter Zeit kalben werde u. dergl. mehr. In diesen Fällen, wo also der Verkäufer auch für andere Fehler als die Hauptmängel Garantie übernommen oder besondere Eigenschaften des Tieres zugesichert hat, kann der Käufer eintretendenfalls gleichfalls den im Vorstehenden bezeichneten Wandelungsanspruch gegen den Verkäufer geltend machen, und es gelten alle vorbezeichneten, für den Wandelungsanspruch wegen eines Hauptmangels gegebenen Vorschriften (492); jedoch kommt das über die Gewährfrist Gesagte dabei nur zur Anwendung, wenn eine Gewährfrist vereinbart ist (da eine gesetzliche Gewährfrist nur für Hauptmängel gilt). Ist keine Gewährfrist vereinbart, so muß der Käufer zur Begründung seines Anspruchs allerdings beweisen, daß der Mangel schon bei der Ablieferung des Tieres vorhanden gewesen ist (die Rechtsvermutung, daß der innerhalb der Gewährfrist entdeckte Fehler schon bei der Ablieferung vorhanden gewesen ist, greift hier nicht Platz); die sechswöchige Verjährung beginnt alsdann mit der Ablieferung des Tieres an den Käufer. — In den gedachten Fällen haftet der Verkäufer dem Käufer aber nicht nur auf Wandelung, sondern auch auf vollen Schadensersatz, wenn sich ein Fehler, für dessen Abwesenheit der Verkäufer garantiert hat, bei dem Tiere findet oder wenn dem Tiere die zugesicherte Eigenschaft fehlt. Dasselbe gilt, wenn der Verkäufer die Gewähr für das Nichtvorhandensein eines Hauptmangels vertragsmäßig übernommen hat, sowie, wenn er einen Hauptmangel dem Käufer arglistig verschwiegen hat. Auch für den Schadensersatzanspruch gilt das oben über den Wandelungsanspruch Gesagte.

Eines häufig vorkommenden Falles ist besonders zu gedenken: Vereinbaren die Parteien, daß der Verkäufer „für alle Mängel“ oder „für alle Fehler“ des Tieres einstehen solle, so kann dies zunächst zu dem Zweifel Anlaß geben, ob nicht der Verkäufer damit nur eine Haftung für alle „Hauptmängel“ habe übernehmen wollen. Diese Frage wird freilich meist zu verneinen sein, da, wenn nicht besondere Umstände auf einen anderen Willen der Parteien schließen lassen, kein Grund vorliegt anzunehmen, daß der Verkäufer, dem Wortsinn seiner Erklärung entgegen, nur diese beschränkte Haftung habe übernehmen wollen. Um diesen Punkt von vornherein klarzustellen, wird es sich jedoch empfehlen, daß sich die Beteiligten beim Handelsabschluß bestimmt ausdrücken, etwa dahin, daß der Verkäufer Gewähr leiste „nicht bloß für die Hauptmängel, sondern für alle Fehler“. — Eine andere Frage ist aber, ob der Verkäufer, der „für alle Fehler“ einstehen will, auch für solche Fehler haften muß, die „den Wert oder die Tauglichkeit des Tieres zum gewöhnlichen oder zu dem nach dem Vertrage vorausgesetzten Gebrauche nicht aufheben oder mindern“ (s. oben unter 1), also auch für unbedeutende Fehler, die für den Wert oder die Brauchbarkeit des Tieres ziemlich bedeutungslos sind. Man wird sagen müssen, daß der Verkäufer für solche kleinen Fehler nicht haftet, es sei denn, daß sich aus den Umständen ergibt, daß er auch für solche Fehler die Haftung ausdrücklich hat übernehmen wollen.

Nichthaftung für Hauptmängel. Wie die Haftung des Verkäufers in der vorbezeichneten Weise vertragsmäßig über seine gesetzliche Haftung hinaus ausgedehnt werden kann, so kann auch die gesetzliche Haftung vertragsmäßig ausgeschlossen werden. Eine solche Vereinbarung würde aber dann unwirksam sein, wenn der Verkäufer von einem solchen, wirklich vorhandenen Fehler Kenntnis hätte und ihn arglistig verschwiege (276).

Die vorstehend mitgeteilten Vorschriften über die Haftung des Verkäufers beim Viehhandel gelten auch dann, wenn beide Teile Kaufleute im Sinne des Handelsgesetzbuches sind; es kommen also hier die gesetzlichen Bestimmungen über den Handelskauf (s. d.), die sonst für Kaufleute gelten, nicht zur Anwendung.

Gewährleistung bei Hingabe an Zahlungs Statt s. Erfüllung von Schuldverhältnissen.

Gewahrsam, Annahme von Sachen zum, s. Verwahrung.

Gewährschaft s. Gewährleistung des Verkäufers usw.

Gewalt, elterliche, s. Eltern und Kinder u. Mutter und Kind.

Gewerbebetrieb s. Geschäftsbetrieb. Vergl. auch: Kaufmann usw. 1.

Gewerbetreibende. Vergl. die Artikel: Firma, Frachtführer, Gewährleistung, Handelsbücher, Handelsgeschäfte, Handelskauf, Handelsregister, Handlungsagenten, Handlungsgehilfen, Kauf, Kaufmann, Kommissionär, Konkurrenzklausel, Kreditauftrag, Kreditgefährdung, Makler, Prokura und Handlungsvollmacht, Spediteur, Werkvertrag, Zinsen usw.

Gewerbeunternehmer, Verpflichtung zum Schadensersatz, s. Schadensersatz bei unerl. Handl. 2 u. Haftpflicht der Eisenbahnen usw. 3; vgl. auch Arbeitsvertrag.

Gewerbliche Arbeiter s. Arbeitsvertrag.

Gewerbliche Niederlassung als Zahlungs- (Leistungs-, Erfüllungs-)ort s. Leistungen 5.

Gewerkschaften s. Gesellschaft 1 u. Juristische Personen 2.

Gewinn, entgangener, als Gegenstand des Schadensersatzes s. Schadensersatz, allgemeine Bestimmungen über.

Gewinnanteilscheine s. Schuldverschreibungen auf den Inhaber I 2.

Gewinnst im Spiel s. Spiel und Wette.

Gewohnheiten bei Kaufleuten s. Handelsgeschäfte 1.

Giro s. Handelsgeschäfte 1.

Glatteis, Streuen bei, s. Öffentl. Sicherheit.

Glaube, öffentlicher, des Grundbuchs, s. Grundbuch 3.

Gläubiger, mehrere, s. Mehrere Gläubiger; Rechte des Gläubigers nach Verurteilung des Schuldners s. Leistungen 8; Annahmeverzug eines Gläubigers s. Verzug 2.

Gläubigerausschuß im Konkurse. Konkursordnung v. 17. 5. 98 (RGBl. 230) (Gutt. Slg. Nr. 13). (Vergl. den Artikel „Konkurs“.) Die Mitglieder des Gläubigerausschusses sollen den Konkursverwalter bei seiner Geschäftsführung unterstützen und überwachen. Er wird von der Gläubigerversammlung gewählt, bevor diese stattgefunden hat, soweit erforderlich, vom Konkursrichter ernannt. Die Mitglieder brauchen nicht Gläubiger zu sein. Die Berufung kann von der Gläubigerversammlung widerrufen werden. Die Mitglieder sind befugt, sich von dem Gange der Geschäfte zu unterrichten, die Bücher und Schriften (Korrespondenzen) des Verwalters einzusehen und den Bestand seiner Kasse zu untersuchen. Der Gläubigerausschuß ist berechtigt, von dem Verwalter Berichterstattung über die Lage der Sache und die Geschäftsführung zu verlangen; er ist verpflichtet, wenigstens einmal in jedem Monat bei dem Verwalter eine Kassenrevision durch eins seiner Mitglieder vornehmen zu lassen. Für die Erfüllung der vorstehend bezeichneten Pflichten sind die Mitglieder des Gl.A. allen Beteiligten mit ihrem Vermögen haftbar.

Abgesehen von den vorstehenden allgemeinen Bestimmungen hat das Gesetz noch verschiedene Einzelvorschriften über die Stellung und die Pflichten des Gl.A. Derselbe kann beim Gericht die Berufung einer Gläubigerversammlung beantragen

(93); desgleichen die Entlassung des Verwalters (84); er hat zu einer etwaigen **Unterstützung** des Gemeinschuldners und seiner **Familie** aus der Masse bis zur Beschlußfassung durch die Gläubigerversammlung seine Genehmigung zu erteilen (179). Er hat den Prozentsatz bei den Abschlagsverteilungen zu bestimmen (159), die vom Verwalter abzulegende Schlußrechnung zu prüfen (86), sich über die Annehmbarkeit eines etwaigen Zwangsvergleichs- (Akkord-) Vorschlages zu erklären (177, 178). Er hat, wenn die Gläubigerversammlung nichts anderes bestimmt, durch eins seiner Mitglieder die Quittungen des Verwalters für die Hinterlegungsstelle und seine Anweisungen auf diese mit unterzeichnen zu lassen (137). Der Verwalter hat endlich zu gewissen wichtigeren Geschäften, insbesondere zu freihändigen Veräußerungen von unbeweglichen Sachen des Geschäfts oder des Warenlagers (133, 134) die Genehmigung des Gl.A. einzuholen.

Ein Beschluß des Gl.A. ist gültig, wenn die Mehrheit der Mitglieder an der Beschlußfassung teilgenommen hat und der Beschluß mit absoluter Mehrheit der abgegebenen Stimmen gefaßt ist (90). — Die Mitglieder des Gl.A. haben Anspruch auf Erstattung angemessener barer Auslagen und auf Vergütung für ihre Geschäftsführung; die Festsetzung beider erfolgt nach Anhörung der Gläubigerversammlung durch das Gericht.

Ein Gläubigerausschuß kann auch im Vergleichsverfahren zur Abwendung des Konkurses bestellt werden, wenn es erforderlich erscheint (s. d.). Die Bestellung der Mitglieder erfolgt durch das Gericht aus der Zahl der am Verfahren beteiligten Gläubiger oder ihre Vertreter. Sie haben die Vertrauensperson zu überwachen und zu unterstützen und haben dasselbe Einsichtsrecht in die Geschäftsführung wie dieser. Sie haben dem Gerichte anzuzeigen, wenn Tatsachen bekannt werden, die Veranlassung zum Einschreiten des Gerichts gegen Schuldner oder Vertrauensmann haben könnten.

Gläubigerversammlung der Besitzer von Schuldverschreibungen s. Schuldverschreibungen, gemeinsame Rechte usw.

Gliedmaßen, künstliche, Nichtpfändbarkeit derselben s. Pfändung in der Zwangsvollstreckung 1.

Gnadengehalt, Pfändung des, s. Pfändung in der Zwangsvollstreckung 2.

Gräben, Instandhaltung durch den Pächter, s. Pacht.

Grad der Verwandtschaft s. Verwandtschaft.

Grade Linie, Verwandte oder Verschwägerte in, s. Verwandtschaft.

Grenzbefriedigungen s. Grundeigentum 2i.

Grenze, Bauen über die, s. Grundeigentum 2g.

Grenzmarken, Grenzmauer, Grenzsteine s. Grundeigentum 2g u. 2i.

Größe eines verkauften Grundstücks, Haftung für, s. Gewährleistung usw. 4.

Großeltern als gesetzliche Erben s. gesetzliche Erben 1.

Großjährigkeit s. Volljährigkeit.

Großvater (Großmutter) als gesetzliche Erben s. Gesetzliche Erben 1; sind zur Vormundschaft berufen s. Vormundschaft 2.

Grube, Unfall in einer, s. Haftpflicht der Eisenbahnen usw. 3; Bedeckung von s. Öffentl. Verkehr, Sicherung des.

Grubenbesitzer als Kaufmann im Sinne des Handelsgesetzbuchs s. Kaufmann usw. 1.

Grundberechtigung s. Dienstbarkeit.

Grundbesitz s. Grundstücke, Grundeigentum; Eigentumserwerb durch Ersitzung s. Ersitzung 1; mangelnde Fähigkeit zum Erwerbe von Grundbesitz s. Juristische Personen 2.

Grundbuch. 1. Das Grundbuch ist bestimmt, über das Eigentum und die dinglichen Rechte (Hypotheken usw.) an Grundstücken Auskunft zu geben. Jedes Grundstück muß im Grundbuch verzeichnet sein, ausgenommen sind nur Grundstücke des Reichs und der Länder, der Gemeinden und anderer Kommunalverbände, der Klöster, Kirchen, Schulen, der öffentlichen Wege und Gewässer sowie der Eisenbahnen. Diese erhalten nur auf Antrag ein Grundbuchblatt. Jedes Grundstück erhält darin eine besondere Stelle, ein Grundbuchblatt; ausnahmsweise können (wenn nicht landesgesetzliche Bestimmung dies untersagt) mehrere Grundstücke zusammen auf ein Blatt eingetragen werden und zwar sowohl als mehrere selbständige Grundstücke wie auch in der Weise, daß sie zu einem Grundstücke vereinigt werden, wenn der Eigentümer sie als ein Grundstück eintragen läßt, oder endlich, indem auf seinen Antrag das eine Grundstück als Bestandteil dem anderen zugeschrieben wird. Die vereinigten Grundstücke kommen dann bei Veräußerungen und Belastungen nur als ein einheitliches Ganzes in Betracht; ist ein Grundstück Bestandteil eines anderen, so erstrecken sich auf dieses zugeschriebene Grundstück die Hypotheken, die auf dem Hauptgrundstück ruhen. Ob ein Grundbuch auch für Bergwerke, Abbaugerechtigkeiten und andere selbständige Gerechtigkeiten eingerichtet wird, hängt von der Landesgesetzgebung ab. Für ein Erbbaurecht muß ein Grundbuchblatt angelegt werden.

Die Form und Einrichtung der Grundbücher zu bestimmen, ist der Landesgesetzgebung überlassen. Doch gelten für das Reich die nachfolgend mitgeteilten allgemeinen Vorschriften (Reichsgrundbuchordnung vom 24. März 1897).

2. Die Grundbücher werden von Grundbuchämtern geführt, Grundbuchämter sind in allen Ländern die Amtsgerichte mit Ausnahme von Baden, den beiden Mecklenburg und Württemberg, wo neben den Amtsgerichten auch noch andere Behörden als Grundbuchämter bestellt sind. Die Grundbücher werden nach Bezirken (Gemeinden, Bürgermeistereien, Gutsbezirken usw.) eingerichtet; die Grundstücke müssen darin nach amtlichen Verzeichnissen (Flurbüchern, Lagerbüchern, Fundbüchern, Vermessungsregistern usw.) nach Nummern oder Buchstaben genau bezeichnet werden (GBO. 1, 2).

Einsicht des Grundbuchs. Abschriften (Auszüge) und Auskünfte aus dem Grundbuch. Die Einsicht des Grundbuchs (d. h. der betreffenden Stelle des Grundbuchs) ist jedem gestattet, der dem Grundbuchamt ein berechtigtes Interesse daran darlegt, z. B. einem Hypothek- oder Grundschuldgläubiger, vor allem aber dem Eigentümer. Das Gleiche gilt von den bei den Gerichtsakten befindlichen Schriften und Urkunden, auf die im Grundbuche zur Ergänzung einer Eintragung Bezug genommen ist, sowie von den noch nicht erledigten Eintragungsanträgen. Soweit hiernach die Einsicht des Grundbuches selbst oder die Einsicht von Urkunden oder Eintragungsanträgen gestattet ist, kann auch eine Abschrift, eine einfache oder eine beglaubigte (sog. Grundbuchauszug), gefordert werden (GBO. 11). Der Eigentümer (oder ein anderer mit seiner Einwilligung) kann selbstverständlich jederzeit einen Grundbuchauszug fordern; es empfiehlt sich dabei ausdrücklich, anzugeben, ob ein beglaubigter oder unbeglaubigter Auszug gewünscht wird. Durch die Justizverwaltung kann übrigens angeordnet werden, daß die Einsicht des Grundbuchs oder der obengedachten Schriftstücke und die Erteilung von Abschriften in noch weiterem Umfange, als vorstehend angegeben, gestattet sein soll (GBO. 93). (Vgl. z. B. für Preußen Allg. Verf. v. 20. 11. 99, §§ 32, 33.) Eine Auskunft aus dem Grundbuch oder aus den Grundakten zu erteilen, ist das Grundbuchamt nicht verpflichtet; tatsächlich wird aber eine einfache Auskunft an einen zur Einsicht des Grundbuchs Berechtigten, wenn nicht besondere Bedenken entgegenstehen, wohl kaum verweigert werden.

3. Man spricht vom öffentlichen Glauben des Grundbuchs. Dies hat folgende Bedeutung:

a) Ist für jemand im Grundbuch ein Recht, z. B. das Eigentum, eine Hypothek, ein Nießbrauch eingetragen, so wird vermutet, daß es ihm zustehe (s. Vermutung); ein eingetragener Hypothekengläubiger kann z. B. die Zinsen von dem eingetragenen Grundstückseigentümer fordern, ohne daß er das Bestehen der Forderung und die Haftung des Eigentümers zu beweisen braucht; es ist daher Sache des Gegners, zu beweisen, daß ihm das Recht nicht zusteht, daß die Eintragung im Grundbuch unrichtig ist. Ist im Grundbuch ein eingetragenes Recht gelöscht, so wird gleichfalls bis zum Beweise des Gegenteils vermutet, daß das Recht nicht mehr besteht (BGB. 891).

b) Wer von einem eingetragenen Berechtigten ein Recht am Grundstück oder ein Recht an einem Grundstücksrechte durch ein Rechtsgeschäft erwirbt, wird wirklicher Inhaber dieses Rechts, auch wenn der Eingetragene nicht der Berechtigte war, es sei denn, daß ein Widerspruch gegen die Richtigkeit im Grundbuche eingetragen war oder dem Erwerber die Unrichtigkeit der Eintragung bekannt war. Ist z. B. jemand auf Grund eines Erbscheins als Eigentümer im Grundbuch eingetragen und wird später ein Testament aufgefunden, wonach ein anderer als Erbe eingesetzt worden ist, so erwirbt und behält derjenige, der von dem eingetragenen Erben ohne Kenntnis des Testamentes das Grundstück gekauft und aufgelassen erhalten hat, das Eigentum daran. Der wirkliche Erbe und Eigentümer kann die Herausgabe des Grundstücks von dem Erwerber nicht verlangen, sondern muß sich mit dem Anspruch auf Herausgabe des gezahlten Kaufpreises und auf Abtretung etwaiger Restkaufgeldhypotheken sowie den etwaigen Schadensersatz gegen den falschen Erben begnügen. Läßt sich jemand eine eingetragene Hypothek abtreten, so erwirbt er das Recht, auch wenn die Hypothek bereits bezahlt war, falls ihm nicht nachgewiesen wird, daß er die Zahlung gekannt hat. Zahlt der Hypothekenschuldner an den eingetragenen Gläubiger, so wird er von seiner Schuldverbindkeit befreit, wenn er nicht die Unrichtigkeit der Eintragung gekannt hat. Für einen nicht rechtsgeschäftlichen Erwerb gilt ein solcher Erwerb im guten Glauben indes nicht. So erwirbt z. B. ein Gläubiger, der auf Grund eines vollstreckbaren Urteils gegen den eingetragenen Eigentümer eine Zwangshypothek eintragen läßt, das Hypothekenrecht nicht, wenn der Eingetragene nicht der wirkliche Eigentümer ist. Er muß dann auf Verlangen des letzten die Hypothek wieder löschen lassen.

Auf rein tatsächliche Angaben bezieht sich diese Vermutung nicht, z. B. auf Beschreibung des Grundstücks, auf die Angaben über die Größe und ähnliche. Siehe ferner auch Widerspruch u. Vormerkung.

Grundbuchamt s. Auflassung 1.

Grundbuchauszug s. Grundbuch 2.

Grundbuchbeamte, Schadensersatzpflicht für Versehen, s. Beamte, Schadensersatz usw.

Grundbucheintragungen, Rangverhältnis derselben, s. Rangverhältnis.

Grunddienstbarkeiten (1018—1029). **1.** Eine Grunddienstbarkeit ist ein Recht, das einem Grundstück gegen ein anderes zusteht. Der Eigentümer des mit der Dienstbarkeit belasteten (des sog. dienenden) Grundstücks muß infolge solcher Belastung entweder dulden, daß der Berechtigte, d. h. der Eigentümer des berechtigten Grundstücks, das Grundstück in gewissen, durch Vereinbarung festzustellenden Beziehungen benutzen darf, z. B. um darauf zu gehen, zu fahren, Vieh zu treiben, Wasser zu schöpfen, Steine zu brechen, Ton oder Sand zu graben usw., oder er darf auf seinem eigenen Grundstück zugunsten des anderen gewisse Handlungen nicht vornehmen oder ein bestimmtes Recht nicht ausüben, das ihm als dem Eigentümer an sich zusteht, z. B. er darf auf seinem Grundstück kein Bauwerk oder keine industrielle Anlage, die dem anderen Geräusch oder üble Dünste zuführt, errichten oder er darf auf seinem Grundstücke keine Bäume pflanzen, welche die Aussicht hindern u. dgl.

Einen anderen Inhalt kann eine Grunddienstbarkeit nicht haben. Insbesondere kann (abgesehen von den nachstehend unter 2 besprochenen Ausnahmefällen) durch eine Grunddienstbarkeit keine Verpflichtung des Eigentümers des belasteten Grundstücks zu einem Tun begründet werden mit Ausnahme der Verpflichtung zur Erhaltung der Anlage, die der Ausübung der Grunddienstbarkeit dient, z. B. der Erhaltung eines Brunnens, wenn die Dienstbarkeit auf die Berechtigung, aus dem Brunnen Wasser zu schöpfen, dient. Es sind daher beispielsweise die von einer Eisenbahn durch einen Anschlußgleisvertrag übernommenen, in ihrem Zusammenhange eine Einheit bildenden Verbindlichkeiten regelmäßig nicht geeignet, den Gegenstand einer Grunddienstbarkeit zu bilden. Auch zugunsten des Erbbaurechts (siehe dort) kann eine Grunddienstbarkeit bestellt werden. Im gewöhnlichen Leben werden die Dienstbarkeiten meist „Gerechtigkeiten", „Berechtigungen", „Gerechtsame" genannt; auch wird der Ausdruck „Servituten" gebraucht. Grunddienstbarkeiten können beliebig zwischen den beteiligten Eigentümern begründet werden; nur ist zu ihrer Gültigkeit erforderlich, daß ihr Inhalt für das Grundstück des Berechtigten einen Vorteil oder eine Annehmlichkeit irgendwelcher Art, wodurch dessen Benutzung gefördert oder sein Wert erhöht wird, bietet; über das sich hieraus ergebende Maß hinaus kann der Inhalt einer Dienstbarkeit nicht erstreckt werden. Der Vorteil für das herrschende Grundstück kann auch durch ein auf demselben betriebenes Gewerbe vermittelt werden. Durch Landesgesetze kann übrigens bestimmt werden, daß die Belastung eines Grundstücks mit gewissen Grunddienstbarkeiten untersagt oder beschränkt sein soll (EGBGB. 115). So können z. B. in Preußen keine Jagdgerechtigkeiten begründet werden, gewisse Nutzungsrechte, z. B. zur Graserei, Schilfnutzung, Fischen, Krebsen, Torfnutzung, nur mit Beschränkungen, in Bayern keine Jagdberechtigungen, Forstberechtigungen und Weiderechte begründet werden.

Die Bestellung (Begründung) einer Grunddienstbarkeit muß, um gültig zu sein, in das

Grundbuch eingetragen werden. Der Eigentümer des zu belastenden Grundstücks muß die Eintragung in gehöriger Form, wie bei anderen in das Grundbuch einzutragenden dinglichen Rechten, bewilligen. Bis zum Bürgerlichen Gesetzbuch war die Eintragung der Grunddienstbarkeit im Grundbuch meist nicht vorgeschrieben. Das Einführungsgesetz zum Bürgerlichen Gesetzbuch trifft deshalb im Art. 187 zugunsten solcher Dienstbarkeiten, die bei Erlaß des Gesetzes bereits gültig bestanden, ohne in das Grundbuch eingetragen zu sein, die Bestimmung, daß solche Dienstbarkeiten zur Erhaltung ihrer Wirksamkeit der Eintragung auch ferner nicht bedürfen sollen, daß sie aber nachträglich in das Grundbuch einzutragen sind, wenn es vom Berechtigten oder von dem Eigentümer des belasteten Grundstücks gefordert wird; die Kosten der Eintragung sind von dem zu tragen und vorzuschießen, der die Eintragung verlangt. (Durch Landesgesetze kann angeordnet werden, daß die bereits bestehenden Grunddienstbarkeiten oder gewisse Arten derselben bei der Anlegung des Grundbuchs oder später eingetragen werden müssen, um Rechtswirksamkeit gegenüber anderen Personen, z. B. einem späteren Erwerber des dienenden Grundstücks, zu behalten. Dies ist z. B. in Bayern (AGBGB. 10), in Hessen (AusfGes. Art. 141) und in Hamburg (AG. BGB. 44, 45) geschehen, während Preußen und Sachsen keine dahingehende Bestimmungen getroffen haben.)

2. Rechte und Pflichten der Beteiligten. Der Berechtigte ist verpflichtet, bei der Ausübung der Dienstbarkeit das Interesse des Eigentümers des belasteten Grundstücks sowie derjenigen, die von ihm ihre Rechte ableiten (z. B. Mieter, Pächter), tunlichst zu schonen (BGB. 1020). Ist für die Ausübung der Dienstbarkeit eine Anlage erforderlich, so ist je nach der Vereinbarung der Grundstückseigentümer oder der Berechtige zur Unterhaltung der Anlage verpflichtet; das Nähere s. §§ 1021, 1022 BGB. Auf solche Unterhaltungspflichten finden die Vorschriften über die „Reallasten" (siehe dort) entsprechende Anwendung. Besteht die Dienstbarkeit in dem Rechte, auf einer baulichen Anlage des belasteten Grundstücks wiederum eine bauliche Anlage zu haben, z. B. es stützt jemand sein Gebäude auf die Mauer seines Nachbarn, so muß, wenn nichts anderes ausgemacht ist, der Eigentümer des belasteten Grundstücks seine Anlage unterhalten, soweit das Interesse des Berechtigten es erfordert. Der Eigentümer des belasteten Grundstücks ist nicht befugt, Änderungen in der Benutzung seines Grundstücks vorzunehmen, die die Ausübung der Grunddienstbarkeit in irgend erheblicher Weise hindern.

Die Grunddienstbarkeit kann derart sein, daß ihre Ausübung sich stets nur auf einen Teil des belasteten Grundstücks beschränkt; wer z. B. das Recht hat, über ein Nachbargrundstück zu gehen oder zu fahren, betritt in Ausübung dieses Rechts nur einen Teil des Grundstücks. Es kann in solchem Falle der Teil des belasteten Grundstücks, der zur Ausübung der Dienstbarkeit benutzt werden soll, unter den Beteiligten vereinbarungsmäßig festgesetzt, es kann also für den Weg, die Überfahrt usw. ein bestimmter Grundstreifen ausgelegt sein; wenn nicht, so steht es an sich im Belieben des Berechtigten, über welchen Teil des Grundstücks er gehen, fahren usw. will und ob er einen bestimmten Pfad oder Fahrweg innehalten will. In dem einen wie dem andern Falle hat aber der Eigentümer des belasteten Grundstücks das Recht, zu verlangen, daß der Berechtigte sein Recht künftig an einer anderen Stelle des Grundstücks ausübt, wenn die Ausübung an der bisherigen Stelle für den Verpflichteten besonders beschwerlich ist, vorausgesetzt, daß die dem Berechtigten angewiesene Stelle für ihn ebenso geeignet ist wie die alte; die etwaigen Kosten der Verlegung hat der Verpflichtete zu tragen und vorzuschießen. Dies Recht kann durch Vereinbarung weder ausgeschlossen noch beschränkt werden. Übrigens kann die Verlegung (wider den Willen des Berechtigten) nur innerhalb des belasteten Grundstücks ohne Hineinziehung eines anderen Grundstücks verlangt werden. Wird das belastete Grundstück geteilt, so werden, wenn die Ausübung der Grunddienstbarkeit auf einen bestimmten Teil des belasteten Grundstücks beschränkt ist, die Teile, die außerhalb des Bereichs der Ausübung liegen, von der Dienstbarkeit frei. Eine andere Frage ist, wie die Sache sich regelt, wenn das Grundstück, zu dessen Gunsten die Dienstbarkeit besteht (das sog. herrschende Grundstück), geteilt wird. Die Regel ist, daß die Dienstbarkeit in dem bisherigen Umfange für die einzelnen Teile des Grundstücks fortbesteht; die Ausübung soll jedoch im Zweifel, d. h. wenn nichts anderes vereinbarungsmäßig feststeht, in der Weise geschehen, daß sie für den Eigentümer des belasteten Grundstücks nicht beschwerlicher wird. Ist die Dienstbarkeit von der Art, daß sie nur einem bestimmten Teile des berechtigten Grundstücks zum Vorteil dient, für das übrige Grundstück aber keinen Wert hat, so erlischt die Dienstbarkeit bei einer Teilung des Grundstücks für diejenigen Teile, für die sie keinen Vorteil bietet.

3. Wird der Berechtigte in der Ausübung seines Rechts gehindert oder gestört, so kann er von dem Störer, einerlei, ob dies der Eigentümer des belasteten Grundstücks oder ein anderer ist, die Beseitigung der Beeinträchtigung (z. B. Entfernung des Verschlages, durch welchen der Weg gesperrt ist, Wiederöffnen des geschlossenen Brunnens, Wegnahme des Bauwerks, durch welches das Licht genommen ist usw.) verlangen (1027, 1004). Sind weitere Beeinträchtigungen zu besorgen, so kann er auf künftige Unterlassung solcher klagen. Trifft den Störer ein Verschulden, so kann der Berechtigte auch Ersatz des ihm etwa erwachsenen Schadens beanspruchen. Er muß aber sein Dienstbarkeitsrecht, wenn es bestritten wird, natürlich beweisen. Hat der Dienstbarkeitsberechtigte oder sonst ein Besitzer des berechtigten Grundstücks das Recht innerhalb des letzten Jahres vor der Störung auch nur einmal tatsächlich ausgeübt, so wird er gewissermaßen in dem Besitze dieses Rechtes geschützt; er darf, ohne erst beweisen zu müssen, daß ihm (bzw. dem Grundstückseigentümer) die Dienstbarkeit wirklich zusteht, das Dienstbarkeitsrecht in gleicher Weise gegen eigenmächtige Störungen schützen, wie der, welcher eine Sache besitzt, sich gegen eigenmächtige Störung oder Wegnahme seines Besitzes schützen darf; siehe darüber das Nähere unter „Besitz 2" (BGB. 1029). Die Dienstbarkeit muß aber im Grundbuch eingetragen sein und der Berechtigte muß das Grundstück, zu dessen Gunsten die Dienstbarkeit besteht, tatsächlich im Besitz (siehe „Besitz") haben. (Ein Beispiel mag dies veranschaulichen: A. hat eine Mietwohnung inne und als Mieter das Recht, aus dem auf dem Nachbargrundstück des B. befindlichen Brunnen Wasser zu holen. B. schließt eines Tages den Brunnen zu und verweigert dem A. die Öffnung. Die dem Hauseigentümer (dem Vermieter des A.) zustehende Dienstbarkeit, kraft deren er den dem B. gehörigen Brunnen benutzen darf, soweit es das Bedürfnis seines Hausgrundstückes erfordert, ist im Grundbuch eingetragen. A. hat im letzten Jahre vor der Schließung den Brunnen benutzt; er ist also gewissermaßen im Besitz der Rechtsausübung. A. ist deshalb befugt, sobald er von dem Vorgehen des B. Kunde erhält, den Brunnen eigenmächtig wieder zu öffnen oder öffnen zu lassen und etwaigen Widerstand des B. oder anderer Personen mit Gewalt zu brechen. Will er dies nicht, so kann er den B. verklagen und die Beseitigung der Störung (Wiederaufschließen des Brunnens), sowie Verurteilung zur Unterlassung künftiger Störungen und geeignetenfalls Schadensersatz verlangen. Selbstverständlich bleibt es ihm aber unbenommen, sich mit dem B. gar nicht einzulassen, sondern von seinem Vermieter zu fordern, daß er die Sache mit dem B. gerichtlich zum Austrage bringe und den ihm (dem A.) erwachsenen Schaden mit einklage. Die Befugnis, den Brunnen gewaltsam wieder zu öffnen, steht dem A. — nach den über die Zurückweisung verbotener Eigenmacht geltenden allgemeinen Grundsätzen (vergleiche „Besitz 2") — nicht mehr zu, wenn er sich bei der Schließung des Brunnens durch B. einstweilen beruhigt und seinen Wasserbedarf anderswo befriedigt hat.) — Ist nach der Besonderheit des Falles eine Ausübung des Rechtes im letzten Jahre vor der Störung nicht möglich gewesen, so genießt der Berechtigte den ebengedachten Besitzschutz nicht; er ist dann darauf beschränkt, durch den Nachweis, daß ihm das Recht wirklich zustehe, die Beseitigung der Störung im Prozeßwege zu erlangen. Gegen Störungen kann sich der Berechtigte übrigens unter Umständen auch durch eine von ihm beim Gericht zu erwirkende einstweilige Verfügung schützen. (Über den Schutz älterer, ins Grundbuch nicht eingetragener Dienstbarkeiten enthält der Art. 191 des EGBGB. besondere Bestimmungen; desgleichen über den Rechtszustand bis zur Grundbuchanlegung.)

Die Grunddienstbarkeiten verjähren regelmäßig nicht, d. h. sie gehen nicht dadurch unter, daß sie längere Zeit hindurch nicht ausgeübt werden. Ausnahmsweise kann ein solcher Erfolg eintreten, wenn auf dem mit der Dienstbarkeit belasteten Grundstück eine Anlage errichtet ist, durch die das Dienstbarkeitsrecht beeinträchtigt wird (BGB. 1028); es ist z. B. auf einem Grundstück, entgegen der zugunsten des Nachbargrundstücks bestehenden Dienstbarkeit, wonach diesem das Licht nicht verbaut werden darf, ein Gebäude errichtet, welches das Licht versperrt; macht in solchem Fall der Berechtigte von seinem Rechte, den Eigentümer des belasteten Grundstücks auf die Beseitigung der Beeinträchtigung zu verklagen, keinen Gebrauch, so verjährt sein desfallsiger Anspruch in dreißig Jahren, auch wenn die Dienstbarkeit in das Grundbuch eingetragen ist. Eine weitere Folge ist, daß auch die Dienstbarkeit selbst, soweit die bestehende Anlage mit ihr im Widerspruch steht, mit Ablauf der Verjährungszeit erlischt.

Grundeigentum. 1. Erwerb und Verlust von Grundeigentum. Der Erwerbsarten von Grundeigentum (Häusern, Gärten, Lagerplätzen, Baustellen, Ackergrundstücken usw.) gibt es viele; nicht alle werden im Bürgerlichen Gesetzbuch geregelt. Manche beruhen auf öffentlich-rechtlichen Verhältnissen, z. B. auf den Gesetzen über Enteignung (siehe „Zwangsenteignung"), über Zusammenlegungen (Verkoppelungen) von Grundstücken und Gemeinheitsteilungen oder auf Prozeßgesetzen (Erwerb im Zwangsversteigerungsverfahren); andere sind durch besondere Gesetze geregelt, z. B. der Eigentumserwerb an Lehen, Fideikommiß- und Stammgütern. Über diese Eigentumserwerbsarten und ihre Voraussetzungen enthalten die betreffenden Gesetze das Nähere. Eigentum an Grundstücken kann auch im Wege der Erbfolge (durch Erbschaft) erworben werden; die Erben (auch ein Nacherbe) werden ohne weiteres Eigentümer der zum Nachlaß gehörigen Grundstücke (nicht aber Vermächtnisnehmer); s. Auflassung 1. Über den Eigentumserwerb an einem Grundstück durch dreißigjährigen Besitz nach erfolgtem öffentlichen Aufgebot, sowie über den Eigentumserwerb durch einen im Grundbuch eingetragenen Nichteigentümer siehe unter „Ersitzung 2". Über den Erwerb des Eigentums an einem Grundstück durch Aneignung, nachdem der bisherige Eigentümer auf sein Eigentum verzichtet hat, vergleiche „Aneignung 1". Von besonderer Wichtigkeit unter den im Bürgerlichen Gesetzbuch behandelten Eigentumserwerbsarten ist die, wo das Grundeigentum infolge Rechtsgeschäft (Kauf, Schenkung u. dergl.) von dem bisherigen Eigentümer einem neuen Erwerber übertragen wird; hierüber ist das Nähere unter „Auflassung" nachzulesen. Über gesetzliche Beschränkungen beim Erwerbe von Grundeigentum siehe „Auflassung" und „Juristische Personen 2". Landesgesetzlich kann der Erwerb von Grundeigentum durch Ausländer von staatlicher Genehmigung abhängig gemacht werden (EGBGB. 88). So bedürfen in Preußen außerpreußische juristische Personen der Genehmigung des Staatsministeriums bei Erwerb von Grundstücken im Werte über 5000 RM., ausländische ohne Rücksicht auf den Wert (AGBGB. 7, Ges. v. 2. 7. 26, GS. 192).

Verlust des Grundeigentums. Das Eigentum an einem Grundstück wird dadurch verloren, daß es vom Eigentümer auf einen anderen übertragen (ihm aufgelassen) wird (siehe „Auflassung") oder aus anderen Rechtsgründen (z. B. Zwangsversteigerung, Enteignung usw.) auf einen anderen Eigentümer übergeht. Der Eigentümer kann auch mit seinem Recht ausgeschlossen werden (siehe „Ersitzung usw. 2"). Über den Fall, wo der Grundstückseigentümer auf sein Eigentumsrecht verzichtet, siehe „Aneignung herrenloser Sachen 1".

2. Gesetzliche Beschränkungen des Grundeigentums (sog. Nachbarrecht). Wie mit jeder anderen ihm gehörigen Sache, so kann der Eigentümer auch mit seinem Grundstück, soweit nicht besondere gesetzliche Vorschriften oder Rechte anderer Personen dem entgegenstehen, machen, was er will, und andere von jeder Einwirkung auf das Grundstück ausschließen (903). Er kann gegen den, der ihn in der Benutzung seines Grundstücks in irgendwelcher Weise beeinträchtigt, klagbar werden (siehe „Eigentumsansprüche usw."). Dieser Grundsatz durfte aber vom Gesetz nicht in seiner ganzen Strenge durchgeführt werden. Das Zusammenleben der Menschen fordert, daß auch der Grundeigentümer in der ihm an sich zustehenden ausschließlichen Verfügungsgewalt über sein Grundstück im Interesse seiner Mitmenschen einige Beschränkungen sich gefallen lassen muß. Solche gesetzliche Beschränkungen des Eigentumsrechts am Grund und Boden sind die nachfolgend bezeichneten:

a) Der Eigentümer muß unter Umständen bei fremder Not sein Grundstück gegen Entschädigung zum Opfer bringen. Siehe das Nähere darüber unter „Notstand".

b) Das Recht des Eigentümers eines Grundstücks erstreckt sich auf den den Grundstücksgrenzen entsprechenden Raum über der Erdoberfläche und auf den Erdkörper unter der Oberfläche (905). Aber der Eigentümer kann Einwirkungen anderer Personen auf das Grundstück nicht hindern, wenn sie in solcher Höhe oder Tiefe vorgenommen werden, daß er an der Ausschließung kein irgendwie erkennbares Interesse hat. Er kann nicht verbieten, daß ein Luftballon oder ein Flugzeug in gebührender Entfernung über seinem Grundstück schwebt; er wird regelmäßig auch gestatten müssen, daß Telegraphendrähte in angemessener Höhe hinübergeleitet werden, braucht es aber nicht zu dulden, wenn dies in solchem Umfange geschieht, daß der Anblick des freien Himmels ihm dadurch erheblich beeinträchtigt oder er in der Vornahme von Bauten oder Vorrichtungen gehindert wird. Über weitergehende Rechte öffentlicher Telegraphen- und Telephoneinrichtungen usw. bestimmt das öffentliche Recht. Die Beschränkungen durch das Bergrecht sind landesgesetzlich geregelt (EGBGB. 67).

c) Die Zuführung von Gasen, Dämpfen, Gerüchen, Rauch, Ruß, Wärme, Geräusch, Erschütterungen und ähnliche, von einem anderen Grundstück ausgehende Einwirkungen muß sich der Grundstückseigentümer dann gefallen lassen, wenn sie die Benutzung seines Grundstücks gar nicht oder nur unwesentlich beeinträchtigen (906). Ob dies der Fall ist — was ja im einzelnen Fall zweifelhaft sein kann —, darüber muß im Prozeßfall das Gericht entscheiden. Das Reichsgericht hat sich dahin ausgesprochen: „Bei Beurteilung des Maßes der zulässigen Einwirkung, die ein Grundstückseigentümer sich von seinem Nachbar gefallen lassen muß, kommt es auf das Empfinden des normalen Durchschnittsmenschen an, da sonst die Entscheidung von wechselnden persönlichen Verhältnissen abhängen, also für die Bestimmung der Grenzen des Erlaubten jeder objektive Maßstab fehlen würde. Keine Rücksicht ist also zu nehmen auf die Bedürfnisse kranker und nervöser Personen, noch darauf, daß gesunde Personen nachts bei offenem Fenster zu schlafen pflegen." — Der Grundstückseigentümer muß sich ferner die obengedachten Zuführungen von Gasen, Dämpfen usw. dann gefallen lassen, wenn sie durch eine Benutzung des anderen Grundstücks herbeigeführt werden, die nach den örtlichen Verhältnissen bei Grundstücken dieser Lage gewöhnlich ist, wobei aber nicht nur die Art, sondern auch das Maß der Benutzung in Betracht kommt. Baut sich jemand in einem Fabrikviertel an oder erwirbt er dort ein Gartengrundstück, so muß er es sich gefallen lassen, wenn er durch Lärm, Qualm, Gerüche u. dergl. aus den Fabriken belästigt wird, selbst wenn diese Belästigung eine erhebliche ist und der Wert seines Hauses oder Gartens dadurch stark gemindert wird. Errichtet dagegen jemand auf freiem Felde eine Fabrik, so brauchen sich die Anlieger die Zuführung von Qualm, Ruß usw. auf ihre Grundstücke, soweit deren Benutzung dadurch wesentlich beeinträchtigt wird, nicht gefallen zu lassen. Wenn z. B. der Eigentümer einer benachbarten Wiese diese als Bleiche benutzen will, braucht er es nicht zu dulden, daß die Wäsche durch den Ruß aus den Fabrikschornsteinen verunreinigt wird. Zuleitung der eingangs gedachten Einwirkungen (Gase, Dämpfe usw.) durch eine besondere Leitung (Richtunggebung) brauchen die Eigentümer auch dann nicht zu dulden, wenn die Belästigung für sie nur eine geringfügige ist. Übrigens ist es den Grundeigentümern unbenommen, sich gegen solche Einwirkungen von benachbarten Grundstücken aus, die sie nach dem Vorgesagten zu dulden verpflichtet sind, ihrerseits dadurch zu schützen, daß sie Mauern, Schutzwände u. dergl. ziehen. — Zuführung von festen Körpern und Flüssigkeiten, z. B. daß Steine von einem benachbarten Steinbruch hinüberfliegen, Abwässer von einer benachbarten Fabrikanlage eindringen, braucht der Eigentümer auf keinen Fall zu dulden. Gegen alle solche Einwirkungen kann sich der Eigentümer mit der Besitzstörungsklage (s. Besitz) oder der Eigentumsfreiheitsklage (s. Eigentumsklage) wehren. Übrigens kommt es für die hier besprochenen gesetzlichen Bestimmungen nicht darauf an, ob das schadenbringende Grundstück unmittelbar benachbart ist oder ob es in größerer Entfernung liegt. — Nach der Gewerbeordnung § 26 kann indessen der wegen unzulässiger Einwirkungen auf sein Grundstück zur Klage berechtigte Grundeigentümer, wenn es sich um eine mit obrigkeitlicher Genehmigung einmal errichtete gewerbliche Anlage handelt, nicht die Einstellung des seinem Grundstück schädlichen Gewerbebetriebes verlangen, sondern nur die Herstellung von Einrichtungen, die die Schädlichkeit beseitigen; wenn aber solche Einrichtungen nicht tunlich sind, nur Schadensersatz beanspruchen. Diese Vorschrift kann durch die Landesgesetzgebung auf Eisenbahnen, Dampfschiffahrts- und ähnliche Verkehrsunternehmungen, die durch übermäßige Rauchzuführung oder durch das Hinüberfliegen von Funken das Eigentum an den Nachbargrundstücken beeinträchtigen können, erstreckt werden (EGBGB. 125). Dies ist z. B. geschehen in Bayern (AGBGB. [B.] 80); in Württemberg (AGBGB. [W.] 218); in Hessen (AGBGB. 92). Die dem Eigentümer nach allgemeinen Rechtsgrundsätzen zustehende Eigentumsabwehrklage (siehe „Eigentumsansprüche usw. 1") ist dadurch ausgeschlossen; es wird ihm aber gegebenenfalls ein Schadensersatzanspruch nicht zu versagen sein (vergleiche „Haftpflicht der Eisenbahnen usw. 6" a. Schl.).

d) Die ebengedachten Vorschriften reichen aber zum Schutz des Grundeigentümers nicht aus, wenn auf einem Nachbargrundstück Anlagen hergestellt oder gehalten werden, von denen mit Sicherheit vorauszusehen ist, daß ihr Bestand oder ihre Benutzung künftig eine nach dem Vorbesprochenen unzulässige Einwirkung auf sein Grundstück ausüben werden (907). Es kommen hier z. B. in Betracht Abortsanlagen, Dungstätten, Gossen, industrielle Anlagen, wie Schlächtereien, Bäckereien u. dergl. Das Gesetz gibt deshalb dem Grundeigentümer das Recht, zu verlangen, daß solche Anlagen unterbleiben, oder, wenn sie bereits errichtet sind, daß sie entfernt werden. Dies gilt jedoch nicht, wenn landesgesetzliche Vorschriften bestehen, die für derartige Anlagen einen bestimmten Abstand von der Grenze oder sonstige Schutzmaßregeln vorschreiben, und die betreffende Anlage diesen Vorschriften genügt. In solchen Fällen muß der Grundstückseigentümer die Anlage zunächst dulden; er kann ihre Beseitigung erst verlangen, wenn sich gezeigt hat, daß die Anlage tatsächlich eine unzulässige Einwirkung auf sein Grundstück zur Folge hat.

(Für gewisse Anlagen, die zwar nicht derart

sind, daß nach dem Vorstehenden ihre Beseitigung von den Grundstücksnachbarn verlangt werden kann, die aber für die Eigentümer oder Bewohner der Nachbargrundstücke oder für das Publikum überhaupt belästigend oder gefährlich sind, bedarf es übrigens nach den Bestimmungen der Gewerbeordnung einer Genehmigung der Verwaltungsbehörde.)

Droht einem Grundstück die Gefahr, daß es durch Einsturz eines Gebäudes oder eines anderen Werkes, das mit einem Nachbargrundstück verbunden ist, oder durch die Ablösung von Teilen des Gebäudes oder des Werkes beschädigt wird, so kann der Eigentümer des bedrohten Grundstücks von dem, der nach den §§ 836 Abs. 1, 837, 838 des Gesetzes für den eintretenden Schaden verantwortlich sein würde (siehe „Gebäudeeinsturz") verlangen, daß er die zur Abwendung der Gefahr erforderliche Vorkehrung trifft (908).

e) Ein Grundstück darf nicht in der Weise vertieft werden, daß der Boden des Nachbargrundstücks die erforderliche Stütze verliert (was z. B. auch dadurch geschehen kann, daß infolge der Entziehung des Grundwassers das darüber liegende Erdreich sich senkt), es sei denn, daß für eine genügende anderweitige Befestigung gesorgt ist (909). Ist die Schädigung mit Sicherheit vorauszusehen, so kann der Bedrohte die Weiterführung der Arbeit untersagen und die Beseitigung des bereits Ausgeführten verlangen, wenn nicht für genügende anderweitige Befestigung gesorgt wird.

f) Der Eigentümer eines Grundstücks kann Wurzeln eines Baumes oder eines Strauches, die von einem Nachbargrundstück eingedrungen sind, abschneiden und behalten (910). Das gleiche gilt von herüberragenden Zweigen, wenn der Eigentümer dem Besitzer des Nachbargrundstücks eine angemessene Frist zur Beseitigung bestimmt hat und die Beseitigung nicht innerhalb der Frist erfolgt. Dem Eigentümer steht dieses Recht jedoch nicht zu, wenn die Wurzeln oder Zweige die Benutzung seines Grundstücks nicht beeinträchtigen. Das abgeästete Holz fällt dem zu, der die Beseitigung vorgenommen hat. In bezug auf Obstbäume, die auf der Grenze oder auf dem Nachbargrundstücke stehen, bleiben übrigens etwaige abweichende landesgesetzliche Vorschriften in Kraft (EGBGB. 122). Früchte, die von einem Baume oder einem Strauche auf ein Nachbargrundstück hinüberfallen, gelten als Früchte des Grundstücks, auf das sie gefallen sind (911); es kann sie also der Eigentümer, Besitzer, Pächter usw. dieses Grundstücks, der den Fruchtgenuß von demselben hat, sich aneignen. Der Eigentümer des Baumes hat nicht das Recht, das Nachbargrundstück zum Zwecke des Abnehmens oder Auflesens der Früchte zu betreten. Ist dagegen das Nachbargrundstück, auf das die Früchte gefallen sind, ein dem öffentlichen Gebrauch dienendes, z. B. ein öffentlicher Weg oder Platz, so bleiben die Früchte Eigentum des Baumbesitzers. Über die Früchte von einem Grenzbaume siehe unten k.

g) Bauen über die Grenze (Überbau) (912—916). Hat ein Grundstückseigentümer bei der Errichtung eines Gebäudes (nicht einer bloßen Mauer u. dergl.) über die Grenze gebaut, ohne daß ihm Vorsatz oder grobe Fahrlässigkeit zur Last fällt (daß dieses nicht der Fall ist, muß er beweisen), so muß der Besitzer des Nachbargrundstücks den Überbau gegen eine ihm zu zahlende Entschädigung dulden, es sei denn, daß er vor oder sofort nach der Grenzüberschreitung Widerspruch erhoben hat. Solange der Nachbar den Überbau dulden muß, wird ihm vom Gesetz als Entschädigung das Recht auf eine jährlich im voraus zu entrichtende Geldrente gewährt; für die Höhe der Rente ist ein für allemal die Zeit, in der die Grenze überbaut wurde, maßgebend; im übrigen ist die Höhe der Rente dem Betrage des Schadens anzupassen, der dem zur Duldung des Überbaus Verpflichteten daraus erwächst. Die Rente ist dem jeweiligen Eigentümer des Nachbargrundstücks von dem jeweiligen Eigentümer des anderen Grundstücks im voraus jährlich zu entrichten. Das Recht auf die Rente geht allen Rechten an dem belasteten Grundstück, auch den älteren, vor. Es erlischt mit der Beseitigung des Überbaues. Das Recht wird nicht in das Grundbuch eingetragen. Soll jedoch auf das Recht verzichtet werden oder wollen die Beteiligten einen bestimmten Betrag der Rente vereinbaren und festsetzen, so muß solches, um gegen dritte Personen wirksam zu sein, in das Grundbuch eingetragen werden. Im übrigen finden die Vorschriften Anwendung, die für eine zugunsten des jeweiligen Eigentümers eines Grundstücks bestehende Reallast (s. d.) gelten. Der Rentenberechtigte kann jederzeit verlangen, daß der Rentenpflichtige ihm gegen Übertragung des Eigentums an dem überbauten Teile des Grundstücks den Wert ersetzt, den dieser Teil zur Zeit der Grenzüberschreitung gehabt hat. Macht er von dieser Befugnis Gebrauch, so bestimmen sich die Rechte und Verpflichtungen beider Teile nach den Vorschriften über den Kauf. Für die Zeit bis zur Übertragung des Eigentums ist die Rente fortzuentrichten. Wird durch den Überbau ein Erbbaurecht oder eine Dienstbarkeit an dem Nachbargrundstücke beeinträchtigt, so finden zugunsten des Berechtigten die vorstehend mitgeteilten Vorschriften entsprechende Anwendung.

Hat der Nachbar vorsätzlich oder aus grober Fahrlässigkeit übergebaut oder handelt es sich nicht um ein Gebäude, sondern um eine Mauer oder dergl., so kann der Geschädigte Abbruch des Gebäudes, der Mauer usw. verlangen.

h) Gestattung eines Notweges (BGB. 917, 918). Fehlt einem Grundstücke die zur ordnungsmäßigen Benutzung notwendige Verbindung mit einem öffentlichen Wege, so kann der Eigentümer von den Nachbarn verlangen, daß sie bis zur Hebung des Mangels die Benutzung ihrer Grundstücke zur Herstellung der erforderlichen Verbindung dulden. Die Richtung des Notweges und der Umfang des Benutzungsrechts werden erforderlichenfalls durch richterliches Urteil bestimmt. Die Duldung des Notweges soll gegen eine Notlage Abhilfe schaffen; eine solche liegt aber nicht vor, wenn der Eigentümer durch eigene Willkür den Zustand herbeigeführt, z. B. einen bestehenden Weg zerstört, eine den Zugang vermittelnde Brücke abgebrochen hat; in solchem Falle können die Nachbarn zur Gewährung eines Notweges nicht gezwungen werden. Ein Notweg kann auch nur verlangt werden, wenn die ordnungsmäßige Benutzung des Grundstücks die Verbindung erfordert; es muß eine Benutzungsart sein, zu der das Grundstück seiner Natur nach bestimmt ist. Nicht bloß ein unmittelbarer Nachbar, sondern auch die weiterhin zwischen dem öffentlichen Wege und dem Grundstück liegenden Grundeigentümer sind zur Duldung des Notweges verpflichtet. Wird infolge der Veräußerung eines Teiles eines Grundstücks der veräußerte oder der zurückbehaltene Teil von der Verbindung mit dem öffentlichen

Wege abgeschlossen, so hat der Eigentümer desjenigen Teils, über den die Verbindung bisher stattgefunden hat, den Notweg zu dulden. Der Veräußerung eines Teils steht die Veräußerung eines von mehreren demselben Eigentümer gehörenden Grundstücken gleich. Der Nachbar oder die Nachbarn, über deren Grundstücke der Notweg führt, können dafür von dem Grundbesitzer, der den Notweg in Anspruch nimmt, nach dem Gesetz als Entschädigung eine Geldrente beanspruchen, über die dasselbe gilt, was vorstehend unter g über die Rente wegen Duldung eines Überbaus gesagt ist; sie dürfen aber nicht etwa den Notweg verweigern, weil und solange die Rente noch nicht festgesetzt oder bezahlt ist. Noch weniger können sie an Stelle der jährlichen Rente eine Kapitalentschädigung fordern oder gar verlangen, daß der Wegebedürftige ihnen den zum Wege erforderlichen Grund abkaufe. Die Verpflichtung zur Duldung des Notweges dauert nur solange, als die Notlage währt; sie hört also z. B. auf, wenn das Grundstück von einem neu angelegten Wege aus zugänglich ist. (Das vorstehend Gesagte und künftig im ganzen Deutschen Reiche Geltende bezieht sich auf die Verbindung eines Grundstückes mit einem öffentlichen Wege. In manchen Staaten bestehen aber Vorschriften, wonach jemand unter bestimmten Voraussetzungen auch einen Notweg für sein Grundstück zum Zwecke der Verbindung mit einer Wasserstraße oder einer Eisenbahn verlangen kann. Diese landesgesetzlichen Bestimmungen behalten auch fernerhin Gültigkeit (EG-BGB. 123).

i) Grenzzeichen, Grenzbefriedigungen. Grenzstreitigkeiten. Jeder Grundeigentümer kann von seinem Nachbar verlangen, daß er zur Errichtung fester Grenzzeichen (Grenzmarken, Grenzsteine usw.) und, wenn ein Grenzzeichen verrückt worden oder unkenntlich geworden ist, zur Wiederherstellung des ordnungsmäßigen Zustandes mitwirkt (919). Die Kosten sind von den Beteiligten zu gleichen Teilen zu tragen, sofern sich nicht aus einem zwischen ihnen bestehenden Rechtsverhältnisse etwas anderes ergibt. Welcher Art die zu setzenden Grenzzeichen sein müssen und in welcher Weise bei der Errichtung oder Wiederherstellung (Abmarkung) zu verfahren ist, darüber haben die Landesgesetze zu bestimmen; fehlen ausdrückliche gesetzliche Bestimmungen, so entscheidet die Ortsüblichkeit. Läßt sich im Falle einer Grenzverwirrung die richtige Grenze nicht ermitteln, so ist für die Abgrenzung der Besitzstand maßgebend, d. h. als Grenze wird diejenige Linie bestimmt, bis an die der Betreffende seinen Besitz tatsächlich erwiesen hat (920). Kann keiner der Streitenden den Besitz bis an die von ihm behauptete Grenze beweisen, bleibt also zwischen beiden Grundstücken ein Grundstreifen (oder mehrere) in der Mitte liegen, dessen Besitz keiner nachweisen kann (obwohl feststeht, daß er entweder zu dem einen oder zu dem anderen Grundstück gehört), so ist jedem der Grundstücke ein gleich großes Stück der streitigen Fläche zuzuteilen; dabei bleiben Wert und Güte der zugeteilten Hälften außer Betracht. „Soweit eine diesen Vorschriften entsprechende Bestimmung der Grenze zu einem Ergebnisse führt, das mit den ermittelten Umständen, insbesondere mit der feststehenden Größe der Grundstücke, nicht übereinstimmt, ist die Grenze so zu ziehen, wie es unter Berücksichtigung dieser Umstände der Billigkeit entspricht.“ Steht beispielsweise, wenn die richtige Grenze nicht erwiesen werden kann, der Flächengehalt der beiden Grundstücke dahin fest, daß das eine 100 qm, das andere 200 qm hält, so ist dieses Größenverhältnis ohne Rücksicht auf den etwa erwiesenen Besitzstand für die Bestimmung der Grenze maßgebend.

Zur Ordnung der zwischen Nachbargrundstücken bestehenden Grenzverhältnisse bestimmt das Gesetz noch folgendes (921): Werden Nachbargrundstücke durch eine Einrichtung irgendwelcher Art, die offensichtlich zum Vorteil beider Grundstücke dient, voneinander geschieden, z. B. durch einen Zwischenraum, Rain, Winkel, einen Graben, eine Mauer, Hecke, Planke oder dergleichen, so wird gesetzlich vermutet (d. h. es wird solange angenommen, bis etwa einer der Beteiligten das Gegenteil beweist), daß die Einrichtung auf der Grenze steht und daß die Nachbarn zur Benutzung dieser Einrichtung gemeinschaftlich berechtigt sind. Diese Vermutung tritt aber dann nicht ein, wenn irgendwelche äußeren Merkmale darauf hinweisen, daß die Einrichtung einem der Nachbarn allein gehört. Die Bestimmung bezweckt also für den Fall, daß sich äußerlich nicht ergibt und auch sonst nicht erwiesen werden kann, daß eine derartige Einrichtung zu dem einen oder anderen Grundstück allein gehört, das Verhältnis dahin zu ordnen, daß beide Nachbarn gemeinschaftlich zur Benutzung der Einrichtung berechtigt sein sollen. Welcher Art die Merkmale sein müssen, die dartun sollen, daß die Grenzeinrichtung dem einen oder anderen Grundeigentümer ausschließlich gehört, darüber sagt das Gesetz nichts; es wird in dieser Beziehung vielfach der Ortsgebrauch von Bedeutung sein, indem z. B. aus der Stellung der Pfosten bei Planken, etwaiger Nischen bei Mauern, aus der Anbringung von Inschriften, Wappen usw. ein Schluß darauf gezogen werden kann, daß die Planke, die Mauer usw. dem Eigentümer der betreffenden Seite allein gehört. Sind hiernach die Nachbarn zur Benutzung der Grenzeinrichtung gemeinschaftlich berechtigt, so kann jeder sie zu dem Zwecke, der sich aus ihrer Beschaffenheit ergibt, insoweit benutzen, als nicht die Mitbenutzung des anderen beeinträchtigt wird (BGB. 922). Die Unterhaltungskosten sind von den Nachbarn zu gleichen Teilen zu tragen. Solange einer der Nachbarn an dem Fortbestande der Einrichtung ein Interesse hat, darf sie nicht ohne seine Zustimmung beseitigt oder geändert werden. Im übrigen bestimmt sich das Rechtsverhältnis zwischen den Nachbarn nach den Vorschriften über die Gemeinschaft (siehe das).

(Für das bisherige Gebiet des Rheinischen Rechts enthält AGBGB. [P.] 23 besondere Bestimmungen über die Erhöhung und Verbreiterung von Mauern, die in der Weise auf der Grenze stehen, daß die eine Hälfte zum einen, die andere Hälfte zum anderen Grundstücke gehört. Ähnliche Bestimmungen sind für Bayern erlassen; AGBGB. 68 bis 70.)

k) Grenzbäume (923). Steht ein Baum auf der Grenze (so daß also die Grenzlinie an der Erde durch den Stamm geht), so gebühren die Früchte, und wenn der Baum gefällt wird, auch der Baum den Nachbarn zu gleichen Teilen, auch wenn der Baum zum weitaus größten Teile auf dem einen Grundstück steht. Jeder der Nachbarn kann die Beseitigung des Baumes verlangen; die Kosten fallen beiden zu gleichen Teilen zur Last. Der Nachbar, der die Beseitigung verlangt, hat jedoch die Kosten allein zu tragen, wenn der andere auf sein Recht am Baume verzichtet, wogegen alsdann dem ersteren der gefällte Baum allein gehört. Die Beseitigung eines Grenzbaumes kann nicht verlangt werden, wenn der Baum als Grenzzeichen dient und den Umständen nach nicht durch ein anderes zweckmäßiges Grenzzeichen ersetzt werden kann. Was vom Baume gesagt ist, gilt auch von einem auf der Grenze stehenden Strauch. (Hinsichtlich auf der Grenze stehender Obstbäume bleiben aber etwa bestehende abweichende Vorschriften der Landesgesetze in Geltung (EGBGB. 122). Bezüglich der Grenzbäume und -Sträucher bei Waldgrundstücken enthält EGBGB. 183 Übergangsvorschriften.

3. Landesgesetzliche Vorschriften über das Nachbarrecht. Die vorstehend mitgeteilten Beschränkungen des Eigentums an Grundstücken sind Reichsrecht, das durch Landesgesetze nicht geändert werden kann. Aber es ist den einzelnen deutschen Ländern ausdrücklich das Recht vorbehalten, noch weitergehende Beschränkungen des Rechts an Grundstücken zugunsten der Nachbarn im Wege der Gesetzgebung einzuführen. Bereits bestehende Vorschriften dieser Art bleiben auch künftig in Kraft. So bestehen beispielsweise landesgesetzliche Vorschriften über das sog. Hammerschlags- oder Leiterrecht (das Recht, Baugerüste auf oder über des Nachbars Boden zu errichten und sonst das Nachbargrundstück vorübergehend zu Bau- oder Reparaturzwecken zu benutzen) in Preußen (Allg. LR. I 8, 155; AGBGB. 89), in Hessen (AGBGB. 83);

über das sog. Umwenderecht (Tret-, Trepp-, Kehr-, Pflugrecht) z. B. in Bayern (AGBGB. [B.] 76, 79);

über den Abstand der Dachtraufe in Württemberg (AGBGB. [W.] 219—221), in Baden (AGBGB. [Bd.] v. 13. 10. 25 Art. 19);

über das sog. Fenster- oder Lichtrecht in Preußen (Allg. LR. I 8, 138, 142—144, 146; Cod. civ. 675—680; AGBGB. [P.] 89), in Bayern (AGBGB. [B.] 62—67), in Württemberg (AGBGB. [W.] 222), in Baden (AGBGB. [Bd.] v. 13. 10. 25 Art. 13—18);

über Benutzung und Unterhaltung gemeinschaftlicher Mauern in Preußen (für das rheinische Recht) (AGBGB. [P.] 23, 24), in Bayern (AGBGB. [B.] 68—70); Baden AGBGB. v. 13. 10. 25 Art. 8;

über einen allgemeinen Bauabstand in Preußen (Allg. LR. I 8, 139, 140, AGBGB. [P.] 89);

über den Abstand gewisser Anlagen, z. B. Dungstätten, Aborte, Brunnen, Kamine von der Grenze in Württemberg (AGBGB. [W.] 223 bis 225), in Baden (AGBGB. [Bd.] 18);

über den Abstand von Bäumen, Sträuchern, Hecken usw. von der Grenze in Preußen (Cod. civ. 671, 672); in Bayern (AGBGB. [B.] 71 bis 75), in Württemberg (AGBGB. [W.] 229—245), in Baden (AGBGB. [Bd.] 10—12); in Hessen (AGBGB. 85—89).

Solche Rechte bestehen künftig nur noch, wenn sie landesgesetzlich anerkannt sind. Auch solche Landesgesetze, die in öffentlichem Interesse das Eigentum in Ansehung tatsächlicher Verfügungen beschränken, z. B. in bezug auf das Bebauen von städtischen Grundstücken, auf die Waldkultur usw., bleiben in Kraft. Die Befugnis der Landesregierungen, durch Polizeigesetze die nachbarlichen Verhältnisse weiter zu ordnen, bleibt gleichfalls unberührt.

Den Beteiligten ist es übrigens unbenommen, durch vertragsmäßige Vereinbarungen ihre nachbarlichen Beziehungen und Rechte anders, als es durch das Gesetz geschehen ist, zu ordnen.

Die meisten der vorgedachten Ansprüche der Grundeigentümer unterliegen keiner Verjährung; das Nähere darüber bestimmt der § 924 BGB.

Grundeigentümer, Haftung für Schaden, s. Gebäudeeinsturz; Beleuchtung usw. s. Öffentliche Sicherheit.

Grunderwerb s. Grundeigentum 1 u. Auflassung; durch einen Vormund s. Vormund 6 B 3.

Grundgerechtigkeiten s. Grunddienstbarkeit.

Grundlose Bereicherung s. Ungerechtfertigte Bereicherung.

Grundrente s. Reallasten, Rentenschuld.

Grundschuld, Mündelsicherheit einer s. Anlegung von Mündelgeld 1; Pfandrecht an einer, s. Pfandrecht an Rechten usw. 2 a. Schl.

Grundschuld (1191—1198). Eine Grundschuld ist das Recht des Grundschuldgläubigers, die Zahlung einer bestimmten Geldsumme, nach Vereinbarung auch Zinsen und andere Nebenleistungen, aus dem Grundstück, auf das die Grundschuld eingetragen ist, zu verlangen. Es gelten für die Grundschuld im ganzen dieselben Vorschriften, wie für die Hypothek (s. d.). Die abweichenden Bestimmungen sind im wesentlichen folgende: Für die Schuld haftet nur das Grundstück (oder die mehreren Grundstücke); ein persönlicher Schuldner, der etwa haftete, wenn der Gläubiger aus dem Grundstücke keine Befriedigung erlangte, ist nicht vorhanden. Da aber der Grundschuldgläubiger die Beitreibung der Summe aus dem Grundstück im Wege der Zwangsvollstreckung erlangen kann, so ist der Grundstückseigentümer allerdings gezwungen, um dies abzuwenden, den Grundschuldbetrag an den Gläubiger zu zahlen. Die Grundschuld wird, ebenso wie die Hypothek, durch Vertrag mit dem (zeitigen) Grundstückseigentümer und Eintragung im Grundbuch begründet. Soll die Grundschuldsumme verzinslich sein, so muß dies unter Bezeichnung des Zinssatzes in dem Begründungsakte festgesetzt und im Grundbuche eingetragen werden. Das Kapital der Grundschuld wird erst nach vorgängiger Kündigung, die sowohl dem Eigentümer als dem Gläubiger zusteht, fällig; die Kündigungsfrist beträgt gesetzlich sechs Monate. Die Beteiligten können aber anderes vereinbaren. Kapital, Zinsen usw. sind beim Mangel abweichender Vereinbarung an dem Orte zu zahlen, wo das Grundbuchamt seinen Sitz hat. Über die Grundschuld wird, sofern nicht etwa die Beteiligten die Erteilung des Briefes „ausschließen", ein Grundschuldbrief ausgestellt; es gilt hier das über Hypothekenbriefe (s. „Hypothek 1") Gesagte. Eine Grundschuld kann auf den jeweiligen Inhaber des Grundschuldbriefes eingetragen werden. Dann wird der Grundschuldbrief auf den Inhaber ausgestellt. Die Eintragung ist erst zulässig, wenn die staatliche Genehmigung beigebracht ist, § 795 BGB. (s. auch Schuldverschreibungen auf den Inhaber). Der Eigentümer kann auch für sich selbst Grundschulden zu beliebigem Betrage auf seinen Besitz eintragen lassen, um sich zu gelegener Zeit vermittelst der ihm ausgestellten Grundschuldbriefe Kapital zu verschaffen. Nehmen wir an, daß zurzeit Geld leicht und billig zu haben ist, so kann ein Grundeigentümer, um sich für den Fall etwa eintretender Geldnot zu sichern, zunächst eine Grundschuld für sich an erster Stelle eintragen lassen, dann Hypotheken zu mäßigem Zinsfuß zur zweiten, dritten usw. Stelle aufnehmen und sich den Grundschuldbrief für schwierige Zeiten zurücklegen. Der Eigentümer, der selber Grundschuldinhaber ist, kann aber eine Zwangsvollstreckung in sein Grundstück zu seiner eigenen Befriedigung nicht betreiben; Zinsen gebühren ihm nur, wenn das Grundstück auf Antrag eines anderen zum Zwecke der Zwangsverwaltung in Beschlag genommen ist, und nur für die Dauer der Zwangsverwaltung.

Eine Hypothek kann durch Vereinbarung zwischen Gläubiger und Grundstückseigentümer jederzeit in eine Grundschuld und umgekehrt eine Grundschuld in eine Hypothek verwandelt werden, ohne daß es der Zustimmung der sonstigen Grundstücksberechtigten (Hypothekengläubiger usw.) bedarf. S. auch „Eigentümerhypothek".

Grundsteuern s. Lasten.

Grundstücke, Zubehör von, s. Zubehör; Verfügungen eines Vormundes über, s. Vormund 6 B 1; Rechte eines Grundstücks gegen ein anderes s. Grunddienstbarkeiten; Erwerb des Eigentums an Grundstücken s. Auflassung, Grundeigentum; Nichtannahme eines geschuldeten Grundstücks s. Verzug 2; Eintragung der Grundstücke im Grundbuch s. Grundbuch; Verpfändung von Grundstücken s. Hypothek; Verkauf von Grundstücken s. Auflassung 2; Ersitzung von Grundstücken s. Ersitzung 2; Vermächtnis eines Grundstücks s. Auflassung; Instandhaltung und Beleuchtung von Grundstücken s. Öffentlicher Verkehr usw. Siehe auch: Grundeigentum.

Grundstücksmäkler s. Mäkler.

Grundstücksübertragungsverträge s. Auflassung 2.

Grundstücksveräußerungsverträge, Form derselben, s. Auflassung 2; Übernahme von Hypotheken in, s. Übernahme einer fremden Schuld.

Grundwasser, Entziehung des, s. Grundeigentum 2 c.

Grundzinsen s. Reallasten.

Gut, eingebrachtes, der Frau s. Eingebrachtes Gut der Frau. Siehe auch: Landgut.

Gute Sitte, Verträge gegen die, s. Sitte.

Guter Glaube bei Ersitzung beweglicher Sachen s. Ersitzung 1; beim Eigentumserwerb an beweglichen Sachen s. Bewegliche Sachen, Eigentum an; öffentlicher Glaube s. Grundbuch; vgl. auch „Treu und Glauben".

Gütergemeinschaft, allgemeine, unter Ehegatten (1437—1518). Verlobte oder Ehegatten können, wenn sie einen Ehevertrag schließen wollen (s. „Eingebrachtes Gut der Frau 1"), bestimmen, daß für ihre Ehe die allgemeine Gütergemeinschaft gelten soll. Ist einer der Beteiligten noch minderjährig, so muß er selber mit Zustimmung des Vaters (der Mutter) oder des Vormundes den Vertrag abschließen. Steht er unter Vormundschaft, so ist außerdem die Genehmigung des Vormundschaftsgerichts erforderlich. Wird die Gütergemeinschaft festgesetzt, so ist das Verhältnis der Gatten zueinander in bezug auf ihre Vermögensverhältnisse das nachfolgend in seinen Grundzügen Dargestellte.

1. Das Vermögen des Mannes und das der Frau bilden künftig nur ein Vermögen, das sog. Gesamtgut. Was früher dem Manne oder der Frau gehörte oder was der Mann oder die Frau künftig erwerben, gehört jetzt den beiden Gatten zusammen, ohne daß es einer Übertragung der Vermögensgegenstände von dem einen auf den anderen oder einer Umschreibung im Grundbuch usw. bedarf; es kann aber jeder Gatte verlangen, daß der etwaige Grundbesitz im Grundbuch auf den gemeinschaftlichen Namen umgeschrieben wird. Von dem Übergange in das Gesamtgut sind solche Gegenstände ausgeschlossen, die gesetzlich auf einen anderen nicht übertragen werden können, z. B. Fideikommisse, Lehen; hier fallen nur die Erträge in die Gütergemeinschaft. Ferner ist von der Gemeinschaft ausgeschlossen das Vorbehaltsgut. Es kann jeder Ehegatte im Ehevertrage einen Teil seines Vermögens oder einzelne Vermögensgegenstände für sich als sein Vorbehaltsgut bestimmen. Dies kann besonders mit Rücksicht auf die Sicherung der Frau unter Umständen zweckmäßig sein. Vorbehaltsgut ist ferner, was einem der Ehegatten durch Erbfolge, durch Vermächtnis, als Pflichtteil oder durch Schenkung zugefallen ist, wenn der Erblasser oder Schenker bei der Zuwendung bestimmt hat, daß das Zugewendete Vorbehaltsgut sein, also nicht in die Gütergemeinschaft fallen solle (s. Weiteres über „Vorbehaltsgut" unten 4).

Die Verwaltung des Gesamtguts gebührt dem Manne; er ist berechtigt, das ganze beiderseitige Vermögen in Besitz zu nehmen, darüber zu verfügen, Prozesse zu führen usw. Die Frau wird aber durch die Verwaltungshandlungen des Mannes persönlich nicht verpflichtet; sie haftet also für seine Schulden nicht mit ihrem etwaigen Vorbehaltsgut. Im allgemeinen ist der Mann bei seiner Verwaltung des gemeinschaftlichen Vermögens an die Zustimmung der Frau nicht gebunden; nur gewisse Rechtsgeschäfte bedürfen der Einwilligung der Frau (s. §§ 1444, 1445, 1448 BGB). Schenkungen darf der Mann aus dem Gesamtgut ohne Einwilligung der Frau nicht machen; ausgenommen solche Geschenke, durch die einer sittlichen Pflicht oder einer auf den Anstand zu nehmenden Rücksicht entsprochen wird. Das Erfordernis der Einwilligung der Frau darf jedoch nicht dahin führen, daß der Mann dadurch in der ordnungsmäßigen Verwaltung des Gesamtguts gehindert wird. Der Mann kann daher bei ungerechtfertigtem Widerspruche der Frau sich an das Vormundschaftsgericht wenden und bitten, daß dieses an Stelle der Frau die Genehmigung erteilt. Dasselbe Recht hat der Mann, wenn die Frau durch Krankheit oder Abwesenheit an der zustimmenden Erklärung verhindert und mit dem Aufschube Gefahr verbunden ist. Für die Verwaltung des Vermögens ist der Mann der Frau im allgemeinen nicht verantwortlich; unter Umständen (1456) ist er ihr jedoch zum Schadenersatz verpflichtet. Die Frau kann sich, obwohl der Mann die Verfügung über das gemeinschaftliche Vermögen hat, durch Rechtsgeschäfte (Verträge usw.) persönlich verpflichten; ihr etwaiges Vorbehaltsgut haftet natürlich für die Schulden, die sie macht. Das gemeinsame Gut können aber die Gläubiger nicht angreifen, wenn nicht ein Ausnahmefall (1449 bis 1454) vorliegt. Insbesondere kann sie bei Krankheit oder Abwesenheit des Mannes oder bei Gefahr im Verzuge ihn in der Geschäftsführung vertreten. Auch kann sie, wenn zur Besorgung ihrer persönlichen Angelegenheiten ein Rechtsgeschäft erforderlich ist, zu dem der Mann ohne triftigen Grund seine Zustimmung verweigert, sich um Abhilfe an das Vormundschaftsgericht wenden. Endlich hat sie kraft ihrer Stellung als Hausfrau die sog. Schlüsselgewalt, d. h. sie darf innerhalb ihres häuslichen Wirkungskreises die Geschäfte des Mannes für ihn besorgen und kann ihn rechtsgültig vertreten.

Die Gläubiger des Mannes können aus dem Gesamtgute unbeschränkt ihre Befriedigung verlangen; die Gläubiger der Frau nur bedingungsweise (1460 bis 1462). Für Schulden der Frau, die in unerlaubten Handlungen der Frau (z. B. einer strafbaren Handlung, einem Diebstahl, einem Betruge, einer Körperverletzung usw.) ihren Ursprung haben, und für solche Verbindlichkeiten der Frau, die unmittelbar auf gesetzlicher Vorschrift beruhen, haftet das gemeinsame Vermögen unbedingt.

Aufhebung der Gemeinschaft. Die allgemeine Gütergemeinschaft kann mit Einverständnis beider Ehegatten jederzeit aufgehoben werden; es ist dazu wieder die Abschließung eines Ehevertrages erforderlich (s. „Eingebrachtes Gut der Frau 1"). Die Frau ist aber auch unter Umständen berechtigt, ohne Einwilligung des Mannes das Verhältnis für die Zukunft aufzuheben; sie muß dann auf Aufhebung der Gütergemeinschaft gegen den Mann gerichtlich klagen. Ohne den Willen des Mannes kann die Ehefrau auf Aufhebung klagen, wenn einer der Gründe des § 1468 (sämtlich abgestellt auf Gefährdung des Gesamtgutes und dadurch indirekt auch der Ehefrau) vorliegt.

Auch der Mann kann unter gewisser Voraussetzung wegen übermäßigen Schuldenmachens der Frau auf Aufhebung der Gütergemeinschaft klagen. Ist die Gütergemeinschaft durch Urteil aufgehoben, so gilt unter den Ehegatten für die Zukunft Gütertrennung (s. darüber den besonderen Artikel).

2. Beendigung der Gütergemeinschaft und Auseinandersetzung. Ist die Ehe durch Tod oder Scheidung aufgelöst oder ist bei fortbestehender Ehe die Gütergemeinschaft durch vertragsmäßige Übereinkunft der Ehegatten oder durch gerichtliches Urteil aufgelöst, so muß eine Auseinandersetzung zwischen den Ehegatten (oder zwischen dem überlebenden Ehegatten und den Erben des verstorbenen) stattfinden (s. über eine gerichtliche Vermittelung der Auseinandersetzung „Erbteilung 3" am Schluß), es sei denn, daß bei dem Tode des einen Gatten gemeinschaftliche Kinder oder Enkel usw. vorhanden sind und deshalb eine Fortsetzung der Gütergemeinschaft stattfindet (s. unten 3). Bis zur Auseinandersetzung dauert das bisherige Rechtsverhältnis der Ehegatten zu dem Gesamtgute fort, jedoch mit einigen aus der Aufhebung der Gemeinschaft sich ergebenden Folgen. Insbesondere steht in der Zwischenzeit die Verwaltung des Gesamtguts beiden Ehegatten gemeinschaftlich zu. Dabei ist jeder Ehegatte dem anderen verpflichtet, zu solchen Maßregeln mitzuwirken, die zur ordnungsmäßigen Verwaltung erforderlich sind; die zur Erhaltung notwendigen Maßnahmen kann jeder Gatte ohne Mitwirkung des anderen treffen. Die Auseinandersetzung erfolgt, wenn nichts anderes vereinbart wird, in der durch das Gesetz (1475 bis 1481) näher bestimmten Weise. Es sei hier nur bemerkt: Die Teilung des Überschusses erfolgt nach den Vorschriften über die „Gemeinschaft" (s. d.). Jeder Ehegatte kann gegen Ersatz des Wertes die ausschließlich zu seinem persönlichen Gebrauche bestimmten Sachen, insbesondere Kleider, Schmucksachen und Arbeitsgeräte, sowie diejenigen Gegenstände übernehmen, welche er in die Gütergemeinschaft eingebracht oder während der Gütergemeinschaft durch Erbfolge, durch Vermächtnis oder mit Rücksicht auf ein künftiges Erbrecht, durch Schenkung oder als Ausstattung erworben hat. Sind die Ehegatten geschieden und ist einer von ihnen allein für schuldig erklärt, so kann der andere verlangen, daß jedem von ihnen der Wert desjenigen zurückerstattet wird, was er in die Gütergemeinschaft eingebracht hat; reicht der Wert des Gesamtguts zur Rückerstattung nicht aus, so hat jeder Ehegatte die Hälfte des Fehlbetrags zu tragen. Als eingebracht ist anzusehen, was eingebrachtes Gut gewesen sein würde, wenn Errungenschaftsgemeinschaft bestanden hätte. Der Wert des Eingebrachten bestimmt sich nach der Zeit der Einbringung. Das gedachte Recht steht auch dem Ehegatten zu, dessen Ehe wegen seiner Geisteskrankheit geschieden worden ist.

Sind, wenn eine kinderlose Ehe durch den Tod des einen Ehegatten aufgelöst ist, Kinder des verstorbenen Ehegatten vorhanden (seien dies Kinder aus einer früheren Ehe oder auch uneheliche), so vererbt sich der Anteil des Verstorbenen an dem Gesamtgut (also die Hälfte des gemeinsamen Vermögens) auf seine Erben nach den allgemeinen gesetzlichen Vorschriften. Hat der verstorbene Ehegatte keine letztwillige Verfügung errichtet, so erben also seine Kinder mit dem überlebenden Ehegatten zusammen. Sind Kinder des verstorbenen Gatten nicht vorhanden, wohl aber Eltern, Geschwister, Geschwisterkinder oder Großeltern, so erbt der überlebende Ehegatte mit diesen zusammen. Vergleiche über dieses alles den Artikel „Gesetzliche Erben". Erst wenn keiner der vorgenannten näheren Verwandten des Verstorbenen vorhanden ist, erbt der überlebende Ehegatte den Anteil des Verstorbenen am Gesamtgut allein, vorausgesetzt, daß dieser nicht letztwillig anderes bestimmt hat.

3. Fortsetzung der Gütergemeinschaft mit den Kindern. Sind beim Tode des erstversterbenden Ehegatten gemeinschaftliche Abkömmlinge (Kinder, Enkel usw.) der Gatten vorhanden, so wird zwischen dem überlebenden Gatten und den Kindern die bestehende Gütergemeinschaft fortgesetzt. Es treten also die Kinder an Stelle des verstorbenen Vaters oder der verstorbenen Mutter in die bisherige eheliche Gütergemeinschaft ein; es wird zwischen ihnen und dem noch lebenden Vater (Mutter) hinsichtlich des gemeinschaftlichen Vermögens der Eltern ein ähnliches Verhältnis begründet, wie es während der Lebenszeit beider Eltern zwischen diesen bestand. Die etwa überlebende Mutter nimmt künftig in bezug auf das gemeinschaftliche Vermögen im ganzen dieselbe Stellung ein, wie früher der Vater, während die Stellung der Kinder derjenigen entspricht, die zu Lebzeiten des Vaters der Mutter zukam. Jedoch besteht zugunsten der Kinder die Abweichung, daß das Vermögen, das diese etwa schon für sich besitzen oder später erwerben, nicht in die gemeinschaftliche Vermögensmasse fällt. Da die Fortsetzung der Gütergemeinschaft nach dem Tode des einen Ehegatten hauptsächlich nur im Interesse des überlebenden Gatten stattfindet, so steht diesem das Recht zu, auf die Fortsetzung der Gemeinschaft zu verzichten (sie abzulehnen); er ist auch jederzeit berechtigt, sie durch einseitige Erklärung aufzuheben. Die Kinder andererseits können nur aus „wichtigen Gründen" gegen den Vater oder die Mutter auf Aufhebung der fortgesetzten Gütergemeinschaft klagen. Die Gemeinschaft endet kraft Gesetzes nicht nur mit dem Tode des überlebenden Vaters oder der überlebenden Mutter, sondern auch mit dessen (deren) etwaiger Wiederverheiratung. Ist die fortgesetzte Gütergemeinschaft aus dem einen oder anderen Grunde beendet, so erfolgt in ähnlicher Weise, wie oben unter 2 mitgeteilt, eine Auseinandersetzung zwischen dem Vater (der Mutter) und den Kindern; der (die) erstere ist jedoch berechtigt, das Gesamtgut oder einzelne Vermögensgegenstände gegen Abfindung der Kinder in Gelde zu übernehmen; ein Recht, das übrigens auf seine Erben nicht übergeht.

Die Fortsetzung der ehelichen Gütergemeinschaft nach dem Tode des einen Ehegatten tritt kraft Gesetzes von selbst ein. Es ist aber nicht verboten, daß die Verlobten oder Gatten, wenn sie die eheliche Gütergemeinschaft durch einen Ehevertrag für sich festsetzen, dabei im voraus bestimmen, daß im Falle des Todes des einen Gatten eine Fortsetzung der Gemeinschaft zwischen dem Überlebenden und den etwaigen Kindern nicht stattfinden solle. Außerdem kann jeder Gatte für den Fall, daß die Ehe durch seinen Tod aufgelöst werden sollte, durch letztwillige Verfügung (Testament) bestimmen, daß die Gütergemeinschaft nicht fortgesetzt werden soll, wenn Umstände vorliegen, die ihn berechtigen würden, dem anderen Ehegatten wegen eines Scheidungsgrundes den Pflichtteil zu entziehen oder auf Aufhebung der Gütergemeinschaft zu klagen; es wird hierdurch dem Ehegatten, der im Interesse der Kinder oder aus anderen Gründen eine Scheidungsklage nicht erheben oder um des ehelichen Friedens willen nicht auf Aufhebung der ehelichen Gemeinschaft klagen will, Gelegenheit gegeben, wenigstens hinsichtlich der künftigen Vermögensverhältnisse der Kinder einen für sie ersprießlicheren Zustand herbeizuführen. Die Ehegatten können für den Fall ihres Todes ihren Kindern die diesen nach dem Gesetz im Falle der fortgesetzten Gütergemeinschaft zustehenden Rechte im allgemeinen durch Vertrag oder letztwillige Verfügung nicht beschränken oder entziehen; sie sind jedoch nach näherer Bestimmung des Gesetzes (§§ 1511 bis 1516) befugt, ein Kind (Enkel usw.) vorbehaltlich seines Pflichtteilsrechts von der fortgesetzten Gütergemeinschaft auszuschließen oder einem Kinde usw. den ihm nach der Beendigung der fortgesetzten Gütergemeinschaft gebührenden Anteil am Gesamtgute nach Maßgabe der für das Pflichtteilsrecht geltenden Vorschriften zu mindern oder zu entziehen. Zu solchen Verfügungen ist aber die Zustimmung des anderen Ehegatten erforderlich.

4. Es ist bereits oben (unter 1) erwähnt, daß von der unter den Ehegatten im übrigen herrschenden Gütergemeinschaft das Vorbehaltsgut ausgenommen sei. Wenn auch die Ehegatten im allgemeinen in Gütergemeinschaft leben wollen, so ist es doch unter Umständen, besonders im Hinblick auf das fast unbeschränkte Verfügungsrecht des Mannes über das Gesamtgut und mit Rücksicht auf eine Sicherstellung der Frau, rätlich, einen Teil des Vermögens von der Gütergemeinschaft auszuschließen. Auch Angehörige usw. der Frau können aus dieser Erwägung bei letztwilligen Zuwendungen oder Schenkungen, die sie der Frau machen, entsprechende Verfügung treffen. Ebenso kann der Mann mit Rücksicht auf seine Familienangehörigen oder aus anderen Gründen ein Interesse daran haben, daß nicht sein ganzes Vermögen in die Gemeinschaft fällt. Hat die Frau sich ein Vorbehaltsgut vorbehalten, so steht ihr die selbständige Verwaltung und die alleinige Verfügung über dieses Vermögen zu; es gelten für dieses Vermögen dieselben gesetzlichen Bestimmungen, wie wenn die Ehegatten überhaupt in getrennten Gütern leben; siehe darüber unter „Gütertrennung bei Ehegatten". Jedoch hat die Frau dem Manne zur Bestreitung des ehelichen Aufwandes nur dann einen Beitrag aus dem Vorbehaltsgut zu leisten, wenn die in das Gesamtgut fallenden Einkünfte zur Bestreitung dieses Aufwandes nicht ausreichen.

Gütergemeinschaft unter Ehegatten, gerichtliche Vermittelung der Auseinandersetzung s. Erbteilung 3.

Güterrecht der Ehegatten s. Eingebrachtes Gut der Frau 1.

Güterrechtsregister (1558—1563). **1.** Das beim Amtsgericht geführte Güterrechtsregister hat den Zweck, allen daran Interessierten Gelegenheit zu geben, sich darüber zu unterrichten, in welchem Rechtsverhältnis Eheleute in bezug auf ihre Vermögensverhältnisse zueinander stehen, ob sie etwas von dem allgemeinen gesetzlichen Güterrechte unter Ehegatten Abweichendes unter sich verabredet haben oder ob der Mann gewisse, die allgemeinen rechtlichen Befugnisse der Frau aufhebende oder einschränkende Bestimmungen getroffen hat (1435).

Das Gesetz bestimmt daher, daß jede Abweichung von dem gesetzlichen Güterrecht (s. über dieses „Eingebrachtes Gut der Frau"), wohin auch der Fall gehört, wenn sich die Frau im Ehevertrage einen Teil ihres Vermögens als „Vorbehaltsgut" (s. d.) ausbedingt, und jede spätere Änderung des einmal bestehenden Güterrechts, die von den Verlobten oder Ehegatten in einem Ehevertrage etwa vereinbart ist, in das Güterrechtsregister eingetragen werden kann, aus dem sich alsdann jeder Interessent Auskunft über das zwischen den Eheleuten geltende Recht holen kann. Ist das Vereinbarte in das Register nicht eingetragen, so besteht es zwar unter den Eheleuten selber zu Recht; aber es kann sich keiner von ihnen einem anderen gegenüber, zu dem er in geschäftliche Beziehungen getreten ist, zu seinem Vorteile darauf berufen, es sei denn, daß er den Nachweis zu führen vermöchte, daß dem anderen die Sachlage bekannt gewesen ist (1435). Wer also z. B. im Vertrauen darauf, daß nach dem Gesetz (s. „Eingebrachtes Gut der Frau") dem Manne die eheliche Nutznießung und Verwaltung des Vermögens der Frau zusteht, sich mit dem Manne auf solche Rechtsgeschäfte über das Vermögen der Frau eingelassen hat, die nach diesen gesetzlichen Bestimmungen auch für die Frau bindend sind, braucht sich nicht darauf verweisen zu lassen, daß die Gatten unter sich etwas anderes, von den gesetzlichen Bestimmungen Abweichendes festgesetzt haben, wenn diese Vereinbarung nicht in das Güterrechtsregister eingetragen ist, es sei denn, daß diese Vereinbarung der Ehegatten ihm anderweit bekannt gewesen ist. Die Eintragung der vom gesetzlichen Güterrecht abweichenden Festsetzungen in das Register herbeizuführen, ist Sache des Ehegatten, der ein Interesse daran hat (s. unten 2). Die Bestimmung, daß die Aufhebung des gesetzlichen Güterrechts zwischen den Ehegatten in das Güterrechtsregister eingetragen werden muß bzw. kann, bezieht sich nicht nur auf den Fall, daß die Aufhebung von den Gatten (in einem Ehevertrage) vereinbart ist, sondern auch auf die Fälle, daß eine Gütertrennung (s. d.) zwischen den Ehegatten kraft Gesetzes eintritt oder daß die Aufhebung des gesetzlichen Güterstandes durch ein gerichtliches Urteil oder infolge eines Konkurses des Mannes herbeigeführt wird (1431). Jedermann darf eben annehmen, daß die Eheleute unter dem gesetzlichen Güterrecht leben, wenn nicht etwas Abweichendes in das Güterrechtsregister eingetragen ist.

Wie in dem Artikel „Ehegatten" unter 1 näher dargelegt, hat die Frau kraft ihrer Stellung als Hausfrau das Recht, innerhalb ihres häuslichen Wirkungskreises die Geschäfte des Mannes für ihn zu besorgen und ihn zu vertreten (sog. „Schlüsselgewalt“ der Frau). Mißbraucht die Frau dieses Recht, indem sie z. B. unnütze Einkäufe macht oder überhaupt unordentlich, verschwenderisch oder töricht wirtschaftet, so kann der Mann ihr die Schlüsselgewalt ganz entziehen oder sie einschränken. Damit diese Verfügung des Mannes aber anderen Personen gegenüber rechtliche Wirksamkeit erlangt, ist nötig, daß er sie in das Güterrechtsregister eintragen läßt (1357). Hat die Eintragung stattgefunden, so kann sich der Mann Gläubigern gegenüber, die ihn aus Geschäften mit der Frau verklagen, darauf berufen, daß die Frau nicht befugt gewesen sei, ihn in solchen Geschäften zu vertreten; ist die Ausschließung oder Beschränkung des Rechtes der Frau nicht eingetragen, so muß der Mann die Geschäfte der Frau gegen sich gelten lassen, wenn er nicht nachweisen kann, daß dem andern (dem Gläubiger) die Ausschließung oder Beschränkung des Rechts der Frau bekannt gewesen ist. Eine sog. „Kreditloserklärung“ der Frau in öffentlichen Blättern hat also nur dann Wert für den Mann, wenn er nachweisen kann, daß der Gläubiger, ehe er das Geschäft mit der Frau machte, davon Kenntnis gehabt hat.

Betreibt die Frau gegen den Willen ihres Mannes ein Erwerbsgeschäft oder irgendeinen zum Erwerbe dienenden Beruf (vergleiche „Erwerbsgeschäfte von Frauen“), so braucht der Mann die Schulden, die aus diesem Geschäftsbetriebe entstanden sind, nicht anzuerkennen und das eingebrachte Vermögen der Frau sich nicht abpfänden zu lassen. Anders, wenn er in den Geschäftsbetrieb der Frau eingewilligt hat. Dieser Einwilligung steht es gesetzlich gleich, wenn die Frau mit Wissen und ohne Einspruch des Mannes das Geschäft oder den Beruf betreibt. Will der Mann der Gefahr vorbeugen, die für ihn daraus entstehen könnte, daß die Frau in ihrer Geschäftsführung Schulden macht, so muß er, wenn er früher die Einwilligung zu dem Geschäft erteilt hat, diese Einwilligung widerrufen oder, wenn er eine Einwilligung noch gar nicht erteilt hatte, Einspruch gegen die Geschäftsführung der Frau erheben. Beides, der Widerruf wie der Einspruch, sind, damit diese Erklärungen anderen Personen (den Gläubigern der Frau) gegenüber rechtliche Wirksamkeit erlangen, in das Güterrechtsregister einzutragen (1405). Der Eintragung in das Register steht es aber gleich, wenn der Widerspruch des Mannes gegen die Geschäftsführung der Frau dem Dritten anderweit bekannt geworden war.

2. Die Eintragung in das Register. Ob eine Eintragung im Güterrechtsregister erfolgen soll, haben die Ehegatten selbst zu ermessen. Die Eintragung findet nur auf ihren Antrag statt. Hat der Mann die Schlüsselgewalt der Frau beschränkt oder aufgehoben oder zieht er die Einwilligung zum Betriebe eines Geschäfts durch seine Frau zurück oder will er gegen ein solches ohne seine Zustimmung geführtes Geschäft Einspruch erheben, so hat er den Antrag zu stellen. Soll dagegen ein von den Gatten geschlossener Ehevertrag oder die Abänderung eines solchen eingetragen werden, so müssen regelmäßig beide Gatten (vor der Heirat ist die Eintragung nicht zulässig) beim Amtsgericht den Antrag stellen, wozu sie sich gegenseitig verpflichtet sind; die Vorlegung des Ehevertrages ist dabei nicht nötig. Kann der Ehevertrag vorgelegt werden, so genügt der Antrag eines Gatten; jeder Gatte kann sich zu diesem Zwecke von dem Gerichte oder Notar, vor dem der Ehevertrag errichtet ist, eine Ausfertigung des Vertrages geben lassen. Bei dem Antrage auf Eintragung ist anzugeben, was eingetragen werden soll; es steht auch dies im Ermessen der Ehegatten. Es braucht durchaus nicht der ganze Ehevertrag eingetragen zu werden, sondern nur das, was die Ehegatten zu ihrer Sicherung gegen andere Personen für nötig halten. Daß der Ehevertrag nicht vorgelegt zu werden braucht, wenn beide Gatten die Eintragung beantragen, ist unter Umständen von Wert, da der Vertrag Dinge enthalten kann, deren Bekanntwerden den Ehegatten unerwünscht ist. Der Antrag auf Eintragung kann jederzeit gestellt werden. Er ist an das Amtsgericht zu richten und muß in öffentlich beglaubigter Form gestellt werden. — Die Eintragung in das Register geschieht bei dem Amtsgericht, in dessen Bezirke der Mann seinen Wohnsitz hat. Verlegt später der Mann seinen Wohnsitz in einen anderen Bezirk, so muß die Eintragung bei dem Gerichte dieses Bezirks wiederholt werden, da die frühere Eintragung durch die Verlegung des Wohnsitzes wirkungslos wird. Das Gericht muß jede Eintragung in das Güterrechtsregister durch das für seine Bekanntmachungen bestimmte Blatt veröffentlichen (1562), auch beide Ehegatten von der erfolgten Eintragung benachrichtigen. Die Bekanntmachung beschränkt sich, wenn eine Änderung des ehelichen Güterstandes eingetragen ist, auf die allgemeine Bezeichnung des zwischen den Gatten vereinbarten Güterstandes (z. B. daß die allgemeine Gütergemeinschaft gelten solle), und, wenn Abweichungen von den sonst geltenden gesetzlichen Bestimmungen vereinbart sind, auf die allgemeine Bezeichnung dieser Abweichungen.

3. Einsicht des Registers. Abschriften. Zeugnis aus dem Register. Das Güterrechtsregister kann von jedermann kostenlos beim Gericht eingesehen werden. Es kann auch jeder, ohne den Nachweis eines näheren Interesses führen zu müssen, eine Abschrift von den Eintragungen verlangen, die auf Verlangen beglaubigt werden muß, selbstverständlich gegen Erlegung der dadurch erwachsenden Kosten. Das Amtsgericht erteilt einem jeden (auf seine Kosten) eine Bescheinigung darüber, daß bezüglich des Gegenstandes einer Eintragung weitere Eintragungen in das Register nicht vorhanden sind oder daß eine bestimmte Eintragung in das Register nicht erfolgt ist. Endlich kann jeder Ehegatte, sowie in gewissen Fällen der Gläubiger eines Ehegatten, vom Amtsgericht ein Zeugnis über die Eintragung in das Güterrechtsregister verlangen.

Güterstand, gesetzlicher, s. Eingebrachtes Gut der Frau 1.

Gütertransport s. Kaufmann; Frachtführer; Spediteur.

Gütertrennung der Ehegatten (1426—1431). Das Wesen der Gütertrennung besteht, wie schon der Name andeutet, darin, daß die Vermögen der Ehegatten rechtlich völlig voneinander getrennt bleiben, daß jeder Gatte sein Vermögen und seinen Erwerb unabhängig vom anderen nach eigenem Ermessen verwalten und verwenden kann. Insoweit bedarf es weiterer gesetzlicher Vorschriften nicht. Die Frau kann im Falle der Gütertrennung insbesondere auch vor dem Grundbuchamt selbständig auftreten, ihre Grundstücke ohne die Einwilligung des Mannes auflassen oder mit Hypotheken usw. belasten; sie muß sich aber durch ein Zeugnis des Amtsgerichts darüber ausweisen, daß die Gütertrennung in das Güterrechtsregister eingetragen ist. Es ist einerlei, ob die beiden Vermögen tatsächlich getrennt bleiben oder ob sie miteinander vermischt werden und vielleicht doch der Mann allein das beiderseitige Vermögen in Besitz und Verwaltung hat; auf das bestehende Rechtsverhältnis der Gütertrennung hat dies keinen Einfluß (s. jedoch weiter unten).

1. Gütertrennung tritt kraft Gesetzes oder auf Grund freiwilliger, jederzeit zulässiger Vereinbarung der Ehegatten ein. Ersteres ist der Fall, falls der Mann die Ehe mit einer nur beschränkt geschäftsfähigen Frau eingeht oder die Verwaltung und Nutznießung des Ehemannes am Frauenvermögen auf Antrag der Frau hin, durch gerichtliches Urteil oder durch Konkurseröffnung über das Vermögen des Mannes, schließlich auch durch seine Todeserklärung, beendet wird.

2. Ist die Gütertrennung einmal eingetreten, so ist es Pflicht des Mannes, den ehelichen Aufwand zu tragen, jedoch hat die Frau ihm zur Bestreitung dieses Aufwandes einen angemessenen Beitrag aus den Einkünften (nicht aus dem Stamme) ihres Vermögens und dem Ertrage ihrer Arbeit oder eines von ihr etwa selbständig betriebenen Erwerbsgeschäfts zu leisten. Für die Vergangenheit kann der Mann eine solche Beitragszahlung von der Frau nur dann verlangen, wenn er sie hierzu aufgefordert und die Frau die Leistungen verweigert hatte oder damit im Rückstande geblieben war. Hat aber der Mann vielleicht jahrelang den ehelichen Aufwand allein bestritten und die Frau die Einkünfte ihres Vermögens oder ihren Erwerb nach eigenem Ermessen im Interesse der Familie oder für andere Zwecke verwendet, so kann der Mann nicht ohne weiteres nachträglich eine Beitragsleistung für die vergangene Zeit von ihr fordern. Ihr Stammvermögen braucht die Frau zum Zwecke der Beitragsleistung überhaupt nicht anzugreifen. Die Höhe des Beitrages ist im Streitfall vom Prozeßgericht festzustellen. Die Forderung, die der Mann gegen die Frau auf Leistung dieses Beitrages hat, kann er weder an andere abtreten (zedieren) oder verpfänden, noch kann sie von Gläubigern des Mannes gepfändet oder mit Arrest belegt werden. Übrigens ist die besprochene Verpflichtung der Frau zur Beitragsleistung nur eine auf dem Gesetze beruhende Verpflichtung; die Ehegatten können gültig vereinbaren, daß die Frau keinen Beitrag zu den ehelichen Lasten leisten soll; der Mann kann auch jederzeit auf diese Beiträge verzichten.

Ist aus dem Verhalten des Mannes oder aus sonstigen Gründen eine erhebliche Gefährdung des Unterhalts zu besorgen, den der Mann der Frau und den gemeinschaftlichen Abkömmlingen zu gewähren hat, so ist die Frau befugt, anstatt dem Manne den schuldigen Beitrag aus ihrem Vermögen einzuhändigen, die betreffende Summe selbst zur Bestreitung des ehelichen Aufwandes zu verwenden. Dasselbe gilt, wenn der Mann wegen Geisteskrankheit, Verschwendung, Trunksucht usw. entmündigt und unter Vormundschaft gestellt ist oder wenn er wegen körperlicher Gebrechen, z. B. Taubheit, Blindheit, Stummheit, einen Pfleger zur Besorgung seiner Vermögensangelegenheiten erhalten hat oder wenn für ihn ein Abwesenheitspfleger gerichtlich bestellt ist. Macht die Frau zur Bestreitung des ehelichen Aufwandes aus ihrem Vermögen eine Aufwendung oder überläßt sie dem Manne zu diesem Zwecke etwas aus ihrem Vermögen, so würde sie nach allgemeinen Rechtsgrundsätzen meist für das Hingegebene Ersatz von dem Manne verlangen können, wenn das Aufgewendete das Maß des von ihr zu leistenden Beitrages übersteigen und sie nicht die Absicht gehabt hat, den Mehrbetrag dem Manne oder den Kindern zu schenken. Gerade über diesen Punkt entstehen hinterher leicht unter den Ehegatten oder bei Sterbefällen die unerquicklichsten Streitigkeiten, da schwer nachzuweisen ist, in welcher Absicht die Frau ihr Geld hingegeben hat. Das Gesetz schiebt diesen Streitigkeiten einen wirksamen Riegel vor, indem es bestimmt, daß im Zweifel, d. h. wenn das Gegenteil aus den Umständen nicht mit Sicherheit zu entnehmen ist, angenommen werden soll, daß die Frau nicht die Absicht gehabt hat, für das Hingegebene späterhin Ersatz vom Manne oder seinen Erben zu fordern. Überläßt die Frau überhaupt ihr Vermögen, ganz oder teilweise, der Verwaltung des Mannes, so ist der Mann berechtigt, die Einkünfte, die er davon während dieser Verwaltung bezieht, nach freiem Ermessen, und zwar nicht bloß zu Ehezwecken, zu verwenden; er ist hierin nur insoweit beschränkt, als die Einkünfte zunächst zur Bestreitung der Kosten der ordnungsmäßigen Verwaltung des Frauenvermögens und zur Erfüllung solcher Verpflichtungen der Frau zu verwenden sind, die bei einer ordnungsmäßigen Verwaltung aus den Einkünften des Vermögens bestritten zu werden pflegen, und als die Frau nicht selbst besondere Bestimmung über die Verwendung ihrer Einkünfte getroffen hat oder für den einzelnen Fall trifft. Selbstverständlich kann die Frau jederzeit ihr Vermögen zur eigenen Verwaltung zurückfordern. Der Mann hat also, von diesen Beschränkungen abgesehen, solange er das Vermögen der Frau tatsächlich mit ihrem Einverständnis verwaltet, das Recht der freien Nutzung dieses Vermögens, obwohl ihm diese Nutzung gesetzlich nicht zusteht; er braucht ihr über die Verwendung der Einkünfte keine Rechenschaft abzulegen; nur den Stamm (die Substanz) des Vermögens muß er ihr erhalten. Soweit die Einkünfte dieses dem Manne überlassenen Vermögens hinreichen, den von der Frau zu leistenden Beitrag zu den Lasten des ehelichen Aufwandes zu decken, ist die Frau von dieser Beitragsleistung befreit. Der Mann ist bei der Verwaltung dieses Vermögens nur zur Anwendung derjenigen Sorgfalt verpflichtet, die er in seinen eigenen Angelegenheiten anzuwenden pflegt.

3. Eintragung in das Güterrechtsregister. Nachweis der Gütertrennung. Damit die Gütertrennung auch anderen Personen gegenüber rechtswirksam wird, muß sie in das beim Amtsgericht geführte Güterrechtsregister (s. d.) eingetragen werden. Hat z. B. jemand mit dem Manne einen Vertrag geschlossen, so hat der Vertrag trotz der Gütertrennung für die Beteiligten dieselbe Wirkung, wie wenn der Mann die Verwaltung und Nutznießung am Vermögen der Frau zur Zeit des Vertragsabschlusses noch gehabt hätte, wenn die Gütertrennung nicht zur Zeit des Vertragsabschlusses in das Güterrechtsregister eingetragen oder dem anderen Teile sonst bekannt war (1435). In das Grundbuch wird die Gütertrennung nicht eingetragen. Der Nachweis, daß Gütertrennung besteht, wird anderen Personen, Behörden usw. gegenüber regelmäßig durch ein Zeugnis aus dem Güterrechtsregister (s. „Güterrechtsregister") geführt; so auch eintretendenfalls dem Grundbuchamt gegenüber.

Güterversendung, Übernahme von, s. Spediteur.

Gute Sitte, Verstoß gegen die, s. Sitte u. Schadensersatz wegen unerl. Handl. 3.

Güteverfahren. (§§ 495a, 496, 498—500, 696, 794, 797a ZPO.) Um einen Weg zur schleunigen und billigen schiedlichen Austragung von Streitigkeiten zu eröffnen (Ausführung des Regierungsentwurfes), ist seit dem Jahre 1924 ein obligatorisches Güteverfahren vor den Amtsgerichten vorgeschrieben. Liegt kein Ausnahmefall vor (s. unten), so ist vor Erhebung einer Klage vor dem Amtsgericht unter Angabe der zu erhebenden Ansprüche sowie der den Antrag stützenden Beweismittel vom Antragsteller ein Güteantrag zu stellen, als welcher jedoch auch die bisherige Klageerhebung gilt. Das Güteverfahren ist ein dem Zivilprozeß eingegliedertes, aber selbständiges Verfahren und gehört richtiger und herrschender Meinung nach zur streitigen Gerichtsbarkeit.

Ausnahmsweise erübrigt sich das Güteverfahren, d. h. es ist ohne weiteres Klageerhebung zulässig und gilt eine erhobene Klage auch nicht als Antrag auf Güteverfahren: 1. Wenn wegen des Anspruchs innerhalb des letzten Jahres vor einer durch die Landesjustizverwaltung eingerichteten oder anerkannten Gütestelle ein Ausgleich unter den Parteien erfolglos versucht worden ist. 2. Wenn wegen des Anspruchs bereits ein Güteantrag wegen Aussichtslosigkeit des Anspruchs zurückgewiesen ist. 3. In Urkunden- und Wechselprozessen. 4. Für Widerklagen. 5. Wenn die Zustellung an den Gegner im Ausland oder durch öffentliche Bekanntmachung erfolgen muß. 6. Wenn nach dem Ermessen des Gerichts die alsbaldige Klageerhebung durch einen sonstigen wichtigen Grund gerechtfertigt wird, insbesondere wenn mit Rücksicht auf die Art des Anspruchs, die Verhältnisse der Beteiligten oder besondere Umstände der Versuch einer gütlichen Beilegung aussichtslos erscheint. — Auch im Arrest- und einstweiligen Verfügungsverfahren findet ein Güteverfahren nicht statt.

Das Güteverfahren bewirkt, falls sich kein Streitverfahren anschließt, keine Rechtshängigkeit der Streitsache, wohl aber wird durch Stellung des Antrages eine etwaige Frist gewährt und die Unterbrechung der Verjährung bewirkt. Erscheint der Anspruch nicht von vornherein aussichtslos, so daß das Gericht, was in den seltensten Fällen vorkommen wird, ihn durch Beschluß ohne weiteres zurückweist, so wird unverzüglich ein Termin zur Güteverhandlung anberaumt und können bereits vom Gericht die zur Vorbereitung derselben dienlich erscheinenden Maßnahmen getroffen werden, insbesondere also das persönliche Erscheinen der Parteien angeordnet werden. In der Verhandlung selbst erörtert das Gericht, wenn beide Parteien erscheinen, das gesamte Streitverhältnis in freier Würdigung aller Umstände mit den Parteien und sucht einen gütlichen Ausgleich herbeizuführen. Es kann zur Aufklärung des Sachverhalts einen Augenschein einnehmen, andere Beweise jedoch nur soweit erheben, als die Beweiserhebung sofort geschehen kann, also z. B. die Zeugen bereits an Ort und Stelle sind. Kommt eine Einigung nicht zustande, so wird auf Antrag einer der Parteien in das Streitverfahren eingetreten, das sich in der Regel sofort, also ohne Vertagung, an die Güteverhandlung anschließt.

Erscheinen dagegen im Termin beide Parteien nicht, so erklärt das Gericht durch Beschluß den Güteantrag für zurückgenommen, während bei Nichterscheinen nur einer Partei auf Antrag der anderen ohne weiteres in das Streitverfahren eingetreten werden, und wie im ordentlichen Verfahren gegen die nicht erschienene Partei Versäumnisurteil ergehen kann.

Der im Güteverfahren geschlossene Ausgleich, an den nicht die sonstigen Erfordernisse des Bürgerlichen Gesetzbuches wie bei einem Vergleich, nämlich insbesondere das beiderseitige Nachgeben gestellt werden, bildet einen vollstreckbaren Titel, aus dem die Zwangsvollstreckung gemäß allgemeinen Grundsätzen stattfindet.

Das Güteverfahren ist billiger wie die Klage, aber nicht kostenlos. Vor Terminsanberaumung ist eine halbe Gerichtskostengebühr (vgl. Artikel Gerichtskosten) einzuzahlen, es sei denn, daß dem Antragsteller das Armenrecht zusteht. Kommt eine Einigung nicht zustande, und muß daher streitig verhandelt werden, so ist vor Eintritt in das Streitverfahren eine weitere halbe Gebühr zu entrichten, so daß dann derselbe Kostenvorschuß gezahlt ist, als wenn ohne Güteverfahren eine Klage anhängig gemacht worden wäre.

Hinsichtlich der Rechtsanwaltgebühren ist zu bemerken, daß diese die gleichen sind wie für ein Streitverfahren und daß auch ein im Güteverfahren geschlossener Vergleich die Vergleichsgebühr für den Anwalt zur Entstehung kommen läßt. Wird das Güteverfahren in das Streitverfahren übergeleitet, so werden die im Güteverfahren entstandenen Gebühren auf das Streitverfahren voll angerechnet.

Gutgläubiger Besitzer, Erwerb des Eigentums an den Erzeugnissen der Sache, s. Erzeugnisse und Bestandteile.

Gutsbesitzer s. Landwirte.

Gutsübergabe. Wenn bei einer Vermögens- oder Gutsübergabe der Übernehmer (Annehmer) Leistungen an andere Personen als den Abgeber zum Zwecke der Abfindung versprochen hat, so ist im Zweifel, d. h. wenn sich aus dem Vertrage oder aus den Umständen nichts anderes als Absicht der Beteiligten ergibt, anzunehmen, daß der Abzufindende aus diesem Vertrage, obwohl er ohne sein Zutun zwischen anderen abgeschlossen ist, doch unmittelbar das Recht erwerben soll, die Abfindung von dem, der sie vertragsmäßig übernommen hat, zu fordern (330). Diese Abfindungen sind aufwertbar (s. Aufwertung), s. auch Altenteil.

Gutsvorsteher, Testamentserrichtung vor dem, s. Testament 2 C; s. auch Dorfgerichte.

H.

Haftbarkeit s. Haftung.

Haftgeld s. Draufgabe.

Haftpflicht s. a. Haftung.

Haftpflicht der Eisenbahnen, Fabrikanten, Kraftfahrzeuge usw. („Unternehmerhaftpflicht") für Unfälle. 1. Wer durch einen Unfall zu Schaden gekommen ist, hat nach allgemeinen Rechtsgrundsätzen einen Anspruch auf Schadensersatz gegen den, durch dessen Verschulden der Unfall herbeigeführt ist; vgl. hierüber den Artikel „Schadensersatz wegen unerlaubter Handlung" unter 1 und 4 bis 7. Es ist aber für den Verletzten (oder bei einer Tötung für seine Hinterbliebenen) häufig schwer, das Verschulden des anderen oder den Zusammenhang zwischen dem Verschulden und dem Unfalle nachzuweisen.

In dieser Beziehung trifft das Gesetz Ausnahmebestimmungen für den Fall, daß jemand auf der Eisenbahn oder in einem Fabrik- oder ähnlichen Betriebe verunglückt ist; es gelten dafür die nachstehend (unter 2 und 3) mitgeteilten besonderen Vorschriften des sog. Haftpflichtgesetzes (Reichshaftpflichtgesetzes) vom 7. Juni 1871, die dem Geschädigten oder seinen Hinterbliebenen die Verfolgung ihrer Entschädigungsansprüche erleichtern sollen (Gutt. Slg. Nr. 70); dazu kommt die Haftung des Kraftfahrzeughalters nach dem Ges. v. 3. Mai 1909 (s. unten zu 7) und in gewissem Sinn auch die Tierhalterhaftung nach § 833 BGB. (s. Tier). Wegen der hier hineinspielenden Unfallversicherungsgesetze muß auf diese selbst verwiesen werden. Derjenige, der Anspruch auf eine Unfallrente hat, kann einen Anspruch auf Ersatz des weiteren, den Betrag der Unfallrente übersteigenden Schadens (der etwa an sich, auf Grund anderer gesetzlicher Bestimmungen, z. B. des oben erwähnten Haftpflichtgesetzes, begründet wäre) gegen seinen Arbeitgeber (den Betriebsunternehmer, dessen Bevollmächtigten oder Repräsentanten) oder gegen einen Betriebsbeamten (Betriebs- oder Arbeiteraufseher) seines Arbeitgebers nur dann geltend machen, wenn diese Personen den Unfall vorsätzlich herbeigeführt haben und dies durch gerichtliches Strafurteil festgestellt ist. So ist der § 2 des Haftpflichtgesetzes infolge der Unfallversicherungsgesetzgebung tatsächlich stark eingeschränkt, aber noch keineswegs bedeutungslos. Für Nichtversicherte und dritte Personen ist er noch von voller Wichtigkeit. Wegen eines durch ihre Fahrlässigkeit etwa herbeigeführten Unfalles haften die Betriebsunternehmer usw. oder deren Beamte dem Geschädigten, der Anspruch auf eine Unfallrente hat, überhaupt nicht; wohl aber sind sie der Berufsgenossenschaft oder Krankenkasse, die infolge des Unfalles eine Unfallrente oder Krankengeld bezahlen muß, zum Ersatze ihrer Aufwendungen verpflichtet. Haben dagegen andere Personen (als der Betriebsunternehmer oder dessen Beamte), z. B. Mitarbeiter, Fremde usw. einen Unfall vorsätzlich oder durch Fahrlässigkeit herbeigeführt, so richtet sich ihre Verpflichtung, den Verletzten oder seine Hinterbliebenen zu entschädigen, insbesondere ihm den weiteren Schaden (über die Unfallrente oder das Krankengeld hinaus) zu ersetzen, nach den sonst geltenden gesetzlichen Bestimmungen, z. B. des BGB. (s. „Schadensersatz wegen unerlaubter Handlung") oder des Haftpflichtgesetzes (s. nachstehend); der Geschädigte braucht sich also in solchem Falle mit der Unfallrente nicht zu begnügen, wenn er dem anderen ein Verschulden nachweisen kann; sein Entschädigungsanspruch geht aber insoweit, als er eine Unfallrente bezieht, auf die Berufsgenossenschaft, die ihm die Rente zahlt, kraft Gesetzes über.

2. Unglücksfälle auf Eisenbahnen. Wird jemand beim Betriebe einer Eisenbahn getötet oder körperlich verletzt oder, wenn auch ohne eigentliche Körperverletzung, an der Gesundheit geschädigt (RG.), so haftet ihm (oder seinen Erben) die Eisenbahn (der „Betriebsunternehmer") für den entstandenen Schaden, wenn sie (die Eisenbahn) nicht beweisen kann, daß der Unfall durch höhere Gewalt (s. unten) oder durch eigenes Verschulden des Getöteten oder Verletzten verursacht ist. Es braucht also nicht der Verunglückte (oder seine Erben) nachzuweisen, daß die Eisenbahnverwaltung oder ihre Beamten irgendein Verschulden an dem Unglück trifft. Die Vorschrift bezieht sich nicht nur auf Unfälle, die Eisenbahnfahrgästen zustoßen, sondern auf alle Unfälle, die beim Eisenbahnbetriebe Fahrgäste oder andere Personen, z. B. Vorübergehende oder Vorüberfahrende oder auch die eigenen Beamten und Bediensteten der Bahn treffen. Auch für eine Erblindung infolge Einfliegens von Kohlenstaub aus der Lokomotive in das Auge hat das Reichsgericht die Eisenbahn für haftbar erklärt. Der Unfall muß jedoch mit dem Eisenbahnbetriebe selbst zusammenhängen, d. h. er muß auf den Betrieb als Ursache zurückzuführen sein (RG.). „Betrieb" ist in einem weiteren Sinne zu verstehen; es sind darunter alle für die Verwaltung des Eisenbahnunternehmens erforderlichen Handlungen begriffen, falls sie mit dem Transport selbst im Zusammenhange stehen und mit den dem Eisenbahnbetriebe eigentümlichen Gefahren verknüpft sind (RG.). Wird z. B. jemand durch ein vor einem herannahenden Zuge scheuendes Pferd verletzt, so liegt ein mit dem Eisenbahnbetriebe zusammenhängender Unfall vor (RG.) und die Eisenbahn ist haftpflichtig. — Unter Eisenbahnen sind nicht nur die großen, zur Personen- und Güterbeförderung dienenden Dampf- oder elektrischen Bahnen (Vollbahnen, Nebenbahnen, Kleinbahnen) zu verstehen, sondern Eisenbahnen jeder Art, mögen sie durch Elektrizität oder durch menschliche oder tierische Kraft (Straßenbahnen) betrieben werden; auch im Bau begriffene Eisenbahnen (Arbeitsbahnen), sowie Eisenbahnen, die zur Verbindung von Fabriken usw. mit der Hauptlinie dienen (Anschlußgeleise), fallen unter das Haftpflichtgesetz.

Nur dann braucht, wie oben gesagt, die Eisenbahn (der Betriebsunternehmer) für den Schaden nicht aufzukommen, wenn der Unfall durch sog. höhere Gewalt oder durch eigenes Verschulden des Beschädigten herbeigeführt ist. „Höhere Gewalt" ist nicht schon jeder Zufall, sondern liegt nur dann vor, wenn ein Naturereignis oder ein sonstiges unabwendbares Ereignis den Unfall veranlaßt hat, also ein Ereignis, das auch mit Aufbietung der äußersten Vorsicht und Sorgfalt und Aufwendung aller Kräfte, die den Menschen überhaupt zu Gebote stehen, nicht abgewendet oder unschädlich gemacht werden konnte. Ist der Unfall zwar nicht auf ein Verschulden des Geschädigten allein zurückzuführen, hat aber doch ein solches Verschulden mitgewirkt, so (RG.) hängt die Verpflichtung zum Ersatze sowie der Umfang des zu leistenden Ersatzes von den Umständen, insbesondere davon ab, inwieweit der Schaden vorwiegend von dem einen oder dem anderen Teile verursacht worden ist (254). Die Gefährlichkeit des Betriebes einerseits und das Verschulden des Verletzten andererseits müssen gegeneinander abgewogen werden, so daß insbesondere bei nur sehr geringem Verschulden des Verletzten diesem oder seinen Hinterbliebenen wenigstens ein Teil des Schadensersatzes zuzusprechen ist, auch wenn auf der anderen Seite gar kein Verschulden vorliegt (RG.). Im übrigen siehe wegen des Umfanges und der Art der zu leistenden Entschädigung unten zu 4.

3. Unglücksfälle in Fabriken, Brüchen, Gruben, Bergwerken usw. Wer ein Bergwerk, einen Steinbruch, eine Gräberei (Grube) oder eine Fabrik betreibt, haftet, wenn ein Bevollmächtigter oder ein Repräsentant oder eine zur Leitung oder Beaufsichtigung des Betriebes oder der Arbeiter angenommene Person durch ein Verschulden in Ausführung der Dienstverrichtungen den Tod oder die Körperverletzung eines Menschen herbeigeführt hat, für den dadurch entstandenen Schaden (s. unten 4), mag es sich um einen zu dem Betriebe gehörigen oder einen außerhalb des Betriebes stehenden Menschen handeln. Als Betriebsunternehmer ist der anzusehen, für dessen Rechnung der Betrieb erfolgt (RG.). Daß der Bergwerks- oder Gruben- usw. Besitzer oder der Fabrikant für den Unfall aufkommen muß, wenn er selber ihn verschuldet hat, wenn er also insbesondere die ihm durch das Gesetz oder polizeiliche Anordnungen auferlegten Pflichten hinsichtlich der Sorge für Leben und Gesundheit seiner Arbeiter verabsäumt hat, folgt schon aus allgemeinen Rechtsgrundsätzen; vgl. „Schadensersatz wegen unerlaubter Handlung 1"; ebenso, daß er für die Folgen haftbar ist, wenn er untaugliche Leute angestellt hat und diese den Unfall verschuldet haben; s. den eben bezeichneten Artikel unter 4. Durch das Haftpflichtgesetz wird aber die Haftung des Unternehmers (Fabrikanten usw.) zugunsten des Getöteten oder Geschädigten noch weiter ausgedehnt, indem er auch dann (neben dem eigentlich Schuldigen) für den Schaden aufkommen soll, wenn einer der im Eingange bezeichneten Personen (ein Bevollmächtigter, Aufseher usw.) den Unfall verschuldet hat, dem Unternehmer selber aber keinerlei Schuld beigemessen werden kann. Diese Haftverbindlichkeit kann schwere vermögensrechtliche Folgen für ihn haben, gegen die er sich zweckmäßig durch eine Haftpflichtversicherung schützen wird. Ob ein Unternehmen, in dem ein Unfall sich ereignet hat, als eine „Fabrik" anzusehen ist (für den Handwerker gilt das Haftpflichtgesetz nicht), kann nur nach der Art und dem Umfange des Unternehmens beurteilt werden. Es ist nicht erforderlich, daß das Unternehmen auch im gewöhnlichen Sprachgebrauch als Fabrik bezeichnet wird; als Fabriken im Sinne des Gesetzes sind beispielsweise auch Brauereien, Brennereien, Gießereien, Sägemühlen, Kesselschmieden usw. usw. anzusehen. Auch ist zum Begriff der Fabrik nicht unbedingt erforderlich, daß zur Arbeit Maschinen, Dampfkraft oder Elektrizität verwandt werden. Das Baugewerbe fällt nach einer Entscheidung des Reichsgerichts nicht unter den Begriff einer Fabrik. Die Anlage (Herstellung) eines Eisenbahntunnels ist nach derselben Entscheidung weder ein Steinbruch noch eine Gräberei noch weniger ein Bergwerk. Der Unfall muß mit dem technischen und mechanischen Betriebe der Fabrik, des Bergwerks usw. im Zusammenhange stehen; es genügt nicht, daß der Unfall nur gelegentlich des Fabrik- usw. Betriebes sich ereignet hat; die Entscheidung darüber kann natürlich im einzelnen Falle sehr schwierig sein. Zu den Personen, für deren Verschulden der Unternehmer nach dem Obigen haftet, gehören insbesondere auch die sog. Vorarbeiter, denen gewisse Aufsichts- und Anordnungsbefugnisse übertragen sind. Die Haftung des Unternehmers ist aber nach allgemeinen Rechtsgrundsätzen dann ausgeschlossen, wenn der Beschädigte den Unfall selbst verschuldet hat, indem er denjenigen Grad von Aufmerksamkeit außer acht gelassen hat, der von einem vernünftigen Menschen bei Vornahme seiner Handlungen nach den Umständen des Falles vorausgesetzt werden muß. Trifft beide Teile, d. h. sowohl den Beschädigten wie den Unternehmer oder seine Leute, ein Verschulden, so hängt die Frage nach der Haftpflicht des Unternehmers von den näheren Umständen, insbesondere davon ab, inwieweit der Tod oder die Verletzung vorwiegend durch den Einen oder den Anderen verschuldet ist.

4. Art und Umfang der Entschädigung. Ist die Eisenbahn oder ein Bergwerks-, Fabrik- usw. Unternehmer nach den vorstehend unter 2 und 3 mitgeteilten Gesetzesbestimmungen für die Folgen eines Unfalles haftbar, so bestimmt sich ihre (seine) Verpflichtung nach den folgenden besonderen Vorschriften.

a) Hat der Unfall den Tod des Verletzten zur Folge gehabt, so muß der Unternehmer seinen Erben oder den sonstigen (nachbezeichneten) Berechtigten ersetzen: a. die Kosten einer etwa versuchten Heilung; b. die Vermögensnachteile, die der Getötete dadurch erlitten hat, daß während der Krankheit seine Erwerbsfähigkeit aufgehoben oder gemindert oder eine Vermehrung seiner Bedürfnisse eingetreten war; c. die Beerdigungskosten (die der zu fordern hat, dem die Pflicht obliegt, diese Kosten zu tragen; s. „Nachlaßschulden 4"); d. Unterhaltskosten (Alimente). Darüber gilt folgendes Nähere. Stand der Getötete zur Zeit der Verletzung zu einem Dritten (Angehörigen usw.) in einem Verhältnisse, vermöge dessen er ihm gegenüber kraft Gesetzes unterhaltspflichtig war oder unterhaltspflichtig werden konnte, und ist dem Dritten infolge der Tötung das Recht auf den Unterhalt entzogen, so hat der Unternehmer diesem Dritten insoweit Schadensersatz zu leisten, als der Getötete während der mutmaßlichen Dauer seines Lebens zur Gewährung des Unterhalts verpflichtet gewesen sein würde. Die Ersatzpflicht tritt auch dann ein, wenn der Dritte zur Zeit der Verletzung erzeugt, aber noch nicht geboren war (vgl. „Schadensersatz wegen unerlaubter Handlung 6"). Eine Entschädigungspflicht der Eisenbahn für den Ausfall von Diensten, die der Getötete oder Verletzte einer anderen Person in deren Hauswesen oder Gewerbe kraft Gesetzes zu leisten verpflichtet war (845), besteht jedoch nicht (RG.).

War der Getötete unter Mitleistung von Prämien oder anderen Beiträgen durch den Betriebsunternehmer bei einer Versicherungsanstalt, Knappschafts-, Unterstützungs-, Kranken- oder ähnlichen Kasse gegen den Unfall versichert, so ist die Leistung der letzteren an den Ersatzberechtigten auf die Entschädigung einzurechnen, wenn die Mitleistung des Betriebsunternehmers nicht unter einem Drittel der Gesamtleistung beträgt. Der Schadensersatz wegen Aufhebung oder Minderung der Erwerbsfähigkeit und wegen Vermehrung der Bedürfnisse des Verletzten sowohl wie die den unterhaltsberechtigten Angehörigen eines Getöteten zu gewährende Unterhaltsentschädigung sind für die Zukunft durch Entrichtung einer Geldrente zu leisten, für deren Vorauszahlung das in dem Artikel „Leibrente" Gesagte gilt. Ob, in welcher Art und für welchen Betrag der Verpflichtete etwa Sicherheit (Kaution) zu leisten hat, bestimmt sich nach den Umständen. Statt der Rente kann der Berechtigte eine Kapitalabfindung verlangen, wenn dafür ein „wichtiger Grund" vorliegt (was im Streitfall das Gericht zu ermessen hat). Der Anspruch auf die Rente (Kapitalabfindung) wird dadurch nicht ausgeschlossen, daß ein anderer dem Getöteten Unterhalt zu gewähren hatte. Einer Pfändung ist die Rente nicht unterworfen (ZPO. 850 Abs. 1 Nr. 2).

b) Hat der Unfall nur eine Körperverletzung des Betreffenden zur Folge gehabt, so besteht die Verpflichtung des Unternehmers zur Schadensersatzleistung darin, daß er dem Verletzten die Kosten der Heilung sowie den Vermögensnachteil zu ersetzen hat, den der Verletzte dadurch erleidet, daß infolge der Verletzung zeitweise oder dauernd seine Erwerbsfähigkeit aufgehoben oder gemindert oder eine Vermehrung seiner Bedürfnisse eingetreten ist. Auch für diesen Fall gilt das vorstehend unter a wegen der Einrechnung von Prämien oder anderen Beiträgen, sowie wegen der Art, in welcher der Schadensersatz zu leisten ist, Gesagte. Die Rente ist einer Pfändung nur insoweit unterworfen (ZPO. 850 Abs. 3), wie dies den Grundsätzen über Arbeitslohnpfändung (s. d.) entspricht.

5. Verjährung der Schadensersatzforderungen. Ungültigkeit abweichender Vereinbarungen. Die vorstehend bezeichneten Schadensersatzforderungen gegen die Eisenbahn oder den Bergwerks-, Fabrik- usw. Unternehmer verjähren in zwei Jahren von dem Unfalle an. Gegen einen Angehörigen des Getöteten, dem dieser Unterhalt zu gewähren hatte, beginnt jedoch die Verjährungsfrist erst mit dem Tode des Verletzten. Die Eisenbahnverwaltungen und die Bergwerks-, Fabrik- usw. Unternehmer sind nicht befugt, die Anwendung der vorstehend mitgeteilten gesetzlichen Bestimmungen (über ihre Haftpflicht sowohl wie über die Art und den Umfang der zu leistenden Entschädigung) zu ihren Gunsten durch Verträge (mittelst Reglements oder durch besondere Übereinkunft) im voraus auszuschließen oder zu beschränken. Vertragsbestimmungen, die dieser Vorschrift entgegenstehen, haben überhaupt keine rechtliche Wirkung.

6. Haftung der Eisenbahnen und anderer gefährlicher Betriebe für Beschädigung von Sachen. Sind beim Betriebe einer Eisenbahn oder eines anderen, mit gemeiner Gefahr verbundenen Unternehmens Sachen zerstört oder beschädigt, so beantwortet sich die Frage, ob und inwieweit der Betriebsunternehmer dem Geschädigten hierfür haftet, nach den allgemeinen Vorschriften des Bürgerlichen Gesetzbuchs (vgl. „Schadensersatz wegen unerlaubter Handlung"), also nicht nach den für die Unternehmer ungünstigeren Bestimmungen des unter 1 erwähnten Haftpflichtgesetzes. Es steht jedoch den Landesgesetzen frei (EGBGB. 105), Vorschriften zu erlassen, wonach der Unternehmer in weiterem Umfange haftet, als dies nach dem BGB. (831) der Fall sein würde, insbesondere seine Verpflichtung zum Schadensersatz unabhängig davon sein soll, ob ihm ein Verschulden nachzuweisen ist. (In Preußen wird eine solche weitergehende Haftung wenigstens für Vollbahnen bestimmt durch das Eisenbahngesetz v. 3. 11. 1838 und das ergänzende Ges. v. 3. 5. 1869. Ähnliche neue Bestimmungen enthalten für Bayern B. 58, für Württemberg G. 19. 6. 03, für Hessen Art. 74.)

7. Die Haftpflicht des Kraftfahrzeughalters. Die besondere Haftpflicht des Kraftfahrzeughalters ist geregelt durch das Gesetz vom 3. 5. 1909 (RGBl. S. 437ff.) §§ 7ff. (Gutt. Slg. Nr. 92).

Der wesentliche Inhalt dieser Haftpflicht ist folgender: Wird bei dem Betrieb eines Kraftfahrzeuges ein Mensch getötet, der Körper oder die Gesundheit eines Menschen verletzt oder eine Sache beschädigt, so ist der Halter des Fahrzeuges verpflichtet, dem Verletzten den daraus entstehenden Schaden zu ersetzen. (§ 7 Abs. 1). „Betrieb" liegt vor, wenn sich das Fahrzeug in Eigenbewegung befindet; diese „Eigenbewegung" ist unabhängig von der Frage, ob der Motor abgestellt ist; auch ein auf abschüssiger Bahn ohne Motorantrieb fahrendes Kraftfahrzeug ist im „Betrieb". Unfall und Schaden müssen örtlich und zeitlich zusammenhängen, ein Unfall bei Aufräumungsarbeiten nach dem Zusammenstoß ist nicht mehr Betriebsunfall. Ein ursächlicher Zusammenhang im Rechtssinne nach der feststehenden Ansicht des Reichsgerichts ist nur dann gegeben, wenn die nur mittelbar eingetretene Folge des Unfalls nicht in einem so entfernten Zusammenhang mit dem Vorgang steht, daß er nach der Auffassung des Lebens und der allgemeinen Erfahrung nicht mehr in Betracht gezogen werden kann (z. B. ein Wagen kommt vom Wege ab und der Insasse wird vom Blitz getroffen; das könnte man nicht mehr als Fehlerfolge des falschen Fahrens ansehen). Wenn ein von einem heransausenden Kraftwagen Gefährdeter sich in Sicherheit zu bringen sucht und dabei zu Schaden kommt, so tritt die Haftpflicht nur ein, wenn der Gefährdete bei seinem Verhalten normal und vernünftig gehandelt hat, also wie man von verständigen Durchschnittsmenschen erwarten kann. Das führt eng in die Frage der Unabwendbarkeit des schädigenden Ereignisses. Die Ersatzpflicht wird nach § 7 KrFG. ausgeschlossen, wenn der Unfall durch ein unabwendbares Ereignis verursacht wird, das weder auf einem Fehler in der Beschaffenheit des Fahrzeugs noch auf einem Versagen seiner Verrichtungen beruht. Als unabwendbar gilt ein Ereignis insbesondere dann, wenn es das Verhalten des Verletzten oder eines nicht bei dem Betriebe beschäftigten Dritten oder eines Tieres zurückzuführen ist und sowohl der Halter als der Führer des Fahrzeugs jede nach den Umständen des Falles gebotene Sorgfalt beobachtet hat. Der hier festgelegte Begriff der „Unabwendbarkeit" weicht von dem der „höheren Gewalt" ab. Es handelt sich um ein von außen kommendes Ereignis, das nicht von innen abgewandt werden konnte. Tätigkeit und Verhalten der beim Betriebe des Kraftfahrzeugs beschäftigten Personen gehören dabei zum inneren Vorgang, sind also zu vertreten und helfen nicht Unabwendbarkeit zu begründen; aber bezüglich der von außen kommenden Vorgänge ist der Kraftfahrzeughalter durch das Gesetz günstiger gestellt, als wenn er sich nur mit „höherer Gewalt" entschuldigen könnte. Denn Ereignisse, die mit gewisser Häufigkeit eintreten, wurden vom Reichsgericht nicht mehr als höhere Gewalt angesehen (scheu werdende Pferde, in das Auto hineinlaufende Kinder usw.), während hier dem Fahrzeughalter der Beweis zugelassen ist, auch in solchem Falle die tatsächliche Unabwendbarkeit im einzelnen Falle, die von ihm selbst beobachtete größtmögliche Sorgfalt und das Verschulden des Verletzten oder dgl. darzutun (vgl. auch § 9 des Gesetzes). Ähnliche Abwägung tritt nach § 17 KrFG. auch ein, wenn mehrere Kraftfahrzeuge einen Unfall verursachen, was oft recht schwierige Auseinandersetzungen u. a. bedingt. Nach § 8 des Gesetzes wird die grundsätzliche Kraftfahrzeughalterhaftung aufgehoben für zwei Gruppen von Fällen: 1. wenn der Verletzte oder die beschädigte Sache durch das Fahrzeug selbst befördert wurde oder der Verletzte bei dem Betriebe tätig war; 2. wenn der Unfall durch ein Lastfahrzeug mit höchstens 20 Kilometer Geschwindigkeit (auf ebener Bahn) geschieht.

Grundsätzlich und in erster Linie haftet der „Halter" des Fahrzeugs. Das Reichsgericht hat in ständiger Rechtsprechung den Begriff des Kraftfahrzeughalters klar herausgebildet und ihn dahin festgelegt, daß Halter ist, wer das Fahrzeug für eigene Rechnung oder in eigenem Interesse in Gebrauch hat und die umfassende Verfügungsgewalt über den

Betrieb des Fahrzeugs besitzt. Dieser Verfügungsgewalt muß das Moment der Dauer eigen sein, das Moment der Sorge und Pflege für das Fahrzeug (ähnlich wie beim Tier). Besitz des Fahrzeugs ist nicht wesentlich für die Haltereigenschaft, auch wer das Fahrzeug in Kommission hat, ist Halter; auch ein Mieter kann, wenn er die Pflege des Fahrzeugs für eine gewisse Dauer übernommen hat, Halter sein, nicht aber wenn er nur für bestimmte Fahrten gemietet hat. Neben dem Halter aber haftet (nach § 18 in den Fällen des § 7) auch der Führer, wenn der Schaden durch sein Verschulden verursacht ist (Verschuldenshaftung mit zunächst regelmäßig gegebener Vermutung seines Verschuldens, das er durch Beweis der Nichtschuld, d. h. der Anwendung erhöhter Berufssorgfalt zu entkräften hat. Die Ersatzansprüche entsprechen im allgemeinen den oben zu 4 angegebenen (vgl. §§ 10 u. 11 des Gesetzes).

Haftung für Verschulden s. Schadensersatz, allg. Bestimmungen über; für Mängel (Fehler) einer verkauften usw. Sache s. Gewährleistung wegen Mängel usw.; Gesellschaften mit beschränkter H., s. d.; Haftung für Vorsatz und Fahrlässigkeit in Schuldverhältnissen s. Vertretung von Vorsatz usw.; des Verkäufers für Fehler bei Tieren s. Gewährleistung wegen Mängel usw. 9; der Erben für Nachlaßschulden s. Nachlaßschulden; der Eltern für Handlungen ihrer Kinder s. Eltern und Kinder 8; des Vormundes gegenüber dem Mündel s. Vormund 7; der Eltern gegenüber den Kindern s. Eltern und Kinder 6; des Arbeitgebers für Handlungen seiner Arbeiter, Angestellten s. Schadensersatz weg. unerl. Handl. 4; des Staates für seine Beamten und Angestellten s. Beamte usw. 2 a. Schl.; der Eisenbahnen, Fabrikanten usw. für Todesfälle und Körperverletzungen beim Betriebe s. Haftpflicht der Eisenbahnen usw.; des Frachtführers, der Post, der Eisenbahn für Verlust oder Beschädigung von Gütern s. Frachtführer; des Besitzers oder Eigentümers eines Gebäudes s. Gebäudeeinsturz u. Öffentliche Sicherheit.

Hagelschäden s. Pacht 7.

Hagelversicherung s. Versicherungsrecht.

Halbbürtige Geschwister, Verbot der Heirat, s. Ehehindernisse 1.

Halm, Früchte auf dem, Pfändung von, s. Früchte, Pfändung von.

Hammerschlagsrecht s. Grundeigentum 3.

Handelsbücher. Inventar. Bilanz. Jeder Kaufmann, mit Ausnahme der sog. Minderkaufleute (s. „Kaufmann usw. 2"), ist verpflichtet, Bücher zu führen (HGB. 38) und in diesen seine einzelnen Handelsgeschäfte, d. h. die infolge der Geschäfte eintretenden Vermögensveränderungen, und die Lage seines Vermögens nach den Grundsätzen ordnungsmäßiger Buchführung ersichtlich zu machen. Welche Bücher und wie er sie zu führen hat, ist nach dem Umfange und dem Zweige des Handelsbetriebes im einzelnen Falle zu ermessen; das Gesetz gibt darüber keine näheren Vorschriften. Er ist ferner verpflichtet, eine Abschrift (Kopie oder Abdruck) der abgesandten Handelsbriefe zurückzubehalten und die empfangenen Handelsbriefe geordnet aufzubewahren (eine Eintragung in ein Kopierbuch, wie sie früher vorgeschrieben war, ist nicht mehr erforderlich). Jeder Kaufmann, mit Ausnahme der obengenannten, hat ferner beim Beginn seines Handelsgewerbes (oder eines neuen Handelsgewerbes) seine Grundstücke, seine Forderungen und Schulden, den Betrag seines baren Geldes und seine sonstigen Vermögensgegenstände genau zu verzeichnen (Inventur, Inventaraufnahme), dabei den Wert der einzelnen Vermögensgegenstände anzugeben und einen das Verhältnis des Vermögens und der Schulden darstellenden Abschluß (Bilanz) zu machen (HGB. 39—41). Er hat demnächst für den Schluß eines jeden Geschäftsjahres eine solche Inventur und eine solche Bilanz aufzustellen; die Dauer des Geschäftsjahres darf zwölf Monate nicht übersteigen. Die Aufstellung der Inventur und der Bilanz ist innerhalb der einem ordnungsmäßigen Geschäftsgange entsprechenden Zeit zu bewirken. Hat der Kaufmann ein Warenlager, bei dem nach der Beschaffenheit des Geschäfts die Aufnahme des Inventars nicht füglich in jedem Jahre geschehen kann, so genügt es, wenn sie alle zwei Jahre erfolgt; er muß aber alljährlich Bilanz aufstellen.

Die Bilanz ist in Reichswährung aufzustellen. Den Betriebsräten ist eine Betriebsbilanz vorzulegen (Ges. v. 5. 2. 21). (Laut GoldbilanzenVO. v. 28. 12. 23 mit VO. v. 23. 8. 24 u. 12. 12. 24 ist eine Eröffnungsbilanz in Goldmark spätestens für den 1. Jan. 1924 aufzustellen gewesen.) Bei der Aufstellung des Inventars und der Bilanz sind sämtliche Vermögensgegenstände und Schulden nach dem Werte anzusetzen, der ihnen in dem Zeitpunkte beizulegen ist, für den die Aufstellung stattfindet. Zweifelhafte Forderungen sind nach ihrem wahrscheinlichen Werte anzusetzen, uneinbringliche Forderungen abzuschreiben. Das Inventar und die Bilanz sind von dem Kaufmann (handschriftlich, nicht mechanisch) zu unterzeichnen; sind mehrere persönlich haftende Gesellschafter vorhanden, so müssen sie alle unterzeichnen. Das Inventar und die Bilanz können in ein dazu bestimmtes Buch eingeschrieben oder jedesmal besonders aufgestellt werden. In letzterem Falle sind sie zu sammeln und in zusammenhängender Reihenfolge geordnet aufzubewahren. Bei der Buchführung und bei den sonst erforderlichen Aufzeichnungen (nicht bei bloßen Privatnotizen) muß sich der Kaufmann einer lebenden Sprache und der Schriftzeichen einer solchen bedienen; stenographische Schrift wird daher nicht zulässig sein. Die Bücher sollen gebunden und Blatt für Blatt oder Seite für Seite mit fortlaufenden Zahlen versehen sein. An Stellen, die der Regel nach zu beschreiben sind, dürfen keine leeren Zwischenräume gelassen werden. Der ursprüngliche Inhalt einer Eintragung darf nicht mittels Durchstreichens oder auf andere Weise unleserlich gemacht, es darf nichts radiert, auch dürfen solche Veränderungen nicht vorgenommen werden, deren Beschaffenheit es ungewiß läßt, ob sie bei der ursprünglichen Eintragung oder erst später gemacht worden sind. Eintragung mit Tinte ist bei den meisten Büchern das ordnungsmäßige und handelsübliche. (Eine Eintragung mit Bleistift wird aber unter Umständen nicht durchaus ordnungsmäßig sein und kann immerhin Beweiskraft haben.) (HGB. 43.)

Die Handelsbücher müssen bis zum Ablauf von 10 Jahren, von dem Tage der darin vorgenommenen letzten Eintragung an gerechnet, aufbewahrt werden; dasselbe gilt für die empfangenen Handelsbriefe und die Abschriften der abgesandten Handelsbriefe, sowie für die Inventare und Bilanzen (HGB. 44). Im Laufe eines Rechtsstreits kann das Gericht die Vorlegung der Bücher anordnen; es ist dann von ihrem Inhalt, soweit er den Streitpunkt betrifft, unter Zuziehung der

Parteien Einsicht zu nehmen und geeignetenfalls ein Auszug zu fertigen. Der übrige Inhalt der Bücher ist dem Gerichte insoweit offenzulegen, als es zur Prüfung ihrer ordnungsmäßigen Führung notwendig ist. Bei Vermögensauseinandersetzungen, insbesondere in Erbschafts-, Gütergemeinschafts- und Gesellschaftsteilungssachen, kann das Gericht die Vorlegung der Handelsbücher zur Kenntnisnahme ihres ganzen Inhalts anordnen (HGB. 45—47). Geschäftsbücher eines in Konkurs geratenen Kaufmanns dürfen nur mit dem Geschäft im ganzen und nur insoweit veräußert werden, als sie zur Fortführung des Geschäftsbetriebes unentbehrlich sind (KO. 117).

Besondere Vorschriften gelten für die Buchführung bei Aktiengesellschaften, über die Tagebücher der Handelsmäkler sowie im Falle der Aufbewahrung fremder Wertpapiere (vgl. „Depots, kaufmännische").

Strafbestimmungen. Im Falle einer Zahlungseinstellung ist der Kaufmann beim Mangel ordnungsmäßig geführter Bücher oder Unterlassung der Bilanzaufstellung strafbar wegen betrügerischen oder einfachen Bankerotts.

Handelsfirma s. Firma.

Handelsfrau s. Kaufmann usw. 3.

Handelsgärtnerei als landwirtschaftliches Nebengewerbe s. Land- und Forstwirte als Kaufleute 3.

Handelsgeschäft, Übernahme eines mit der Firma, s. Firma usw. 3.

Handelsgeschäfte (HGB. 343—473, Gutt. Slg. Nr. 4). Ob ein Geschäft ein Handelsgeschäft im Sinne des Gesetzes ist oder nicht, ist deshalb von Bedeutung, weil das Handelsgesetzbuch für Handelsgeschäfte besondere Gesetzesvorschriften enthält, die für andere (bürgerliche) Geschäfte nicht gelten. Diese besonderen Bestimmungen kommen regelmäßig, d. h. soweit nicht vom Gesetz ausdrücklich etwas anderes bestimmt ist, für beide Teile zur Anwendung, wenn das betreffende Geschäft auch nur für einen der beiden Teile ein Handelsgeschäft ist (HGB. 345).

1. Handelsgeschäfte sind alle Geschäfte (Verträge und sonstige Rechtshandlungen) eines Kaufmannes, die zum Betriebe seines Handelsgewerbes gehören (HGB. 343), mithin nicht nur Käufe und Verkäufe, sondern beispielsweise auch Engagementsverträge mit dem Personal, Miete eines Geschäftshauses, Darlehns- und sonstige Kreditgeschäfte, Versicherungsverträge, Bürgschaftsübernahmen u. dgl. mehr, vorausgesetzt aber immer, daß diese Geschäfte zum Betriebe des Handelsgewerbes gehören. (Was ein Handelsgewerbe ist, darüber vgl. das in dem Artikel „Kaufmann. Handelsgewerbe" unter 1 Gesagte.) Auch wenn der Kaufmann ein Geschäft macht, das eigentlich nicht in den Kreis der gewöhnlich von ihm betriebenen Geschäfte fällt (z. B. ein Zigarrenfabrikant kauft bei Gelegenheit einen Posten Wein oder Kolonialwaren zum Wiederverkauf), so ist dies Geschäft doch ein Handelsgeschäft, vorausgesetzt in diesem Falle jedoch, daß das Geschäft überhaupt zu den (im § 1 des HGB. unter Nr. 1 bis 9 bezeichneten) Geschäften gehört, die als Geschäfte eines Handelsgewerbes gelten; diese Geschäfte sind im Artikel „Kaufmann. Handelsgewerbe" unter 1 aufgeführt. Gehört dagegen ein von einem Kaufmann vorgenommenes Geschäft überhaupt nicht zum Betriebe seines Handelsgewerbes, so ist es auch kein Handelsgeschäft; beispielsweise wenn der Kaufmann Zigarren zum eigenen Gebrauch oder für seine Gäste kauft oder wenn er sich einen Anzug machen läßt u. dgl. Betreibt jemand ein Handelsgewerbe und ein anderes Geschäft, das nicht ein Handelsgewerbe ist (z. B. ein Höker betreibt zugleich das Hausschlachterhandwerk), so sind von den Geschäften, die er abschließt, nur diejenigen Handelsgeschäfte, die zu dem Handelsgewerbe gehören. Für Zweifelsfälle gilt ganz allgemein die Vermutung, daß ein von einem Kaufmanne vorgenommenes Geschäft zum Betriebe seines Handelsgewerbes gehöre (HGB. 344); wer das Gegenteil behauptet, muß es beweisen. Insbesondere gelten nach dem Gesetz auch die von einem Kaufmann gezeichneten Schuldscheine als im Betriebe seines Handelsgewerbes gezeichnet, sofern sich nicht aus der Urkunde selbst das Gegenteil ergibt.

Unter Kaufleuten (also wenn beide Teile Kaufleute im Sinne des Gesetzes sind; siehe „Kaufmann") ist in Ansehung der Bedeutung und Wirkung von Handlungen und Unterlassungen auf die im Handelsverkehr geltenden Gewohnheiten und Gebräuche Rücksicht zu nehmen (HGB. 346). Eine Vertragsstrafe (Konventionalstrafe), die von einem Kaufmann im Betriebe seines Handelsgewerbes versprochen ist, kann nicht aus dem Grunde vom Gericht herabgesetzt werden, weil sie unverhältnismäßig hoch ist (wie das nach dem bürgerlichen Recht der Fall ist; s. „Vertragsstrafe") (HGB. 348). Hat jemand eine Bürgschaft (s. d.) geleistet und ist die Bürgschaft für ihn nach dem oben Gesagten ein Handelsgeschäft, so steht ihm die Einrede der Vorausklage nicht zu. Das gleiche gilt unter der bezeichneten Voraussetzung für den, der aus einem Kreditauftrag (s. d.) als Bürge haftet. Für eine Bürgschaft, ein Schuldversprechen oder ein Schuldanerkenntnis gelten, wenn die Bürgschaft auf seiten des Bürgen, das Versprechen oder das Anerkenntnis auf seiten des Schuldners ein Handelsgeschäft ist, die Bestimmungen des BGB. nicht, wonach zur Gültigkeit dieser Geschäfte schriftliche Abfassung nötig ist (HGB. 349, 350). Diese Bestimmungen finden aber auf die sog. Kaufleute „minderen Rechts" („Minderkaufleute"; s. „Kaufmann 2") keine Anwendung (HGB. 351). Wer aus einem Geschäft, das auf seiner Seite ein Handelsgeschäft ist, einem anderen zur Sorgfalt verpflichtet ist, muß (auch wenn er Kaufmann minderen Rechts ist) für die Sorgfalt eines ordentlichen Kaufmanns einstehen; unberührt bleiben jedoch die Vorschriften des bürgerlichen Rechts, wonach der Schuldner in gewissen Fällen nur grobe Fahrlässigkeit zu vertreten oder nur für diejenige Sorgfalt einzustehen hat, die er in eigenen Angelegenheiten anzuwenden pflegt (HGB. 347).

Zinsen, Provision usw. (HGB. 352—354). Die Höhe der gesetzlichen Zinsen (s. „Zinsen") mit Einschluß der Verzugszinsen und Prozeßzinsen ist bei beiderseitigen Handelsgeschäften fünf vom Hundert jährlich; das gleiche gilt, wenn für eine Schuld aus einem solchen Handelsgeschäfte Zinsen ohne Bestimmung des Zinsfußes versprochen sind. Kaufleute (also auch Handelsgesellschaften und Minderkaufleute) untereinander sind ohne weiteres, d. h. ohne desfallsige besondere Verabredung, berechtigt, für ihre Forderungen aus beiderseitigen Handelsgeschäften vom Tage der Fälligkeit der Schuld an Zinsen (5%) zu fordern, jedoch keine Zinseszinsen (s. aber nachstehend). Ein Kaufmann, der in Ausübung seines Handelsgewerbes einem anderen, sei dies ein Kaufmann oder Nichtkaufmann, Geschäfte besorgt oder Dienste leistet, kann dafür auch ohne Verabredung Provision und, wenn es sich um eine Aufbewahrung handelt, auch Lagergeld nach den an dem Orte üblichen Sätzen fordern. Für Darlehen, Vorschüsse, Auslagen und andere Verwendungen, die er in Ausübung seines Handelsgewerbes macht, kann sich der Kaufmann vom Tage der Leistung an ohne weiteres Zinsen (5%) berechnen.

Kontokorrentverhältnis zwischen Kaufleuten oder zwischen einem Kaufmann und einem Nichtkaufmann (HGB. 355—357). Steht jemand mit einem Kaufmanne derart in Geschäftsverbindung, daß die aus der Verbindung entspringenden beiderseitigen Ansprüche und Leistungen nebst Zinsen in Rechnung gestellt und in regelmäßigen Zeitabschnitten durch Verrechnung und Feststellung des für den einen oder anderen Teil sich ergebenden Überschusses ausgeglichen werden (laufende Rechnung, Kontokorrent), so kann derjenige, welchem bei dem Rechnungsabschluß ein Überschuß gebührt, von dem Tage des Abschlusses an Zinsen von dem Überschusse verlangen, auch soweit in der Rechnung Zinsen enthalten sind; es ist also hier das Nehmen von Zinseszinsen ausnahmsweise gestattet. Der Rechnungsabschluß geschieht jährlich einmal, sofern nicht ein anderes bestimmt ist. Die laufende Rechnung kann im Zweifel auch während der Dauer einer Rechnungsperiode jederzeit mit der Wirkung gekündigt werden, daß derjenige, welchem nach der Rechnung ein Überschuß gebührt, dessen Zahlung beanspruchen kann.

Erfüllungszeit, Geschäftszeit (HGB. 358, 359). Bei Handelsgeschäften kann die Leistung nur während der gewöhnlichen Geschäftszeit bewirkt und gefordert werden. Ist als Zeit der Leistung das Frühjahr oder der Herbst oder ein in ähnlicher Weise bestimmter Zeitpunkt vereinbart, so entscheidet im Zweifel der Handelsgebrauch des Ortes der Leistung. Ist eine Frist von 8 Tagen vereinbart, so sind hierunter im Zweifel volle acht Tage zu verstehen. (Im gewöhnlichen Leben wird man unter „acht Tagen" meist eine Woche verstehen.)

Gegenstand des Geschäfts (HGB. 360, 361). Wird eine nur der Gattung nach bestimmte Ware geschuldet, so ist „Handelsgut mittlerer Art und Güte" zu leisten. Maß, Gewicht, Währung, Zeitrechnung und Entfernungen, die an dem Orte gelten, wo der Vertrag erfüllt werden soll (s. darüber „Leistungen, allgemeine Bestimmungen über, 5"), sind im Zweifel als die vertragsmäßigen zu betrachten.

Stillschweigender Abschluß eines Geschäfts (HGB. 362). Geht einem Kaufmann, dessen Gewerbebetrieb die Besorgung von Geschäften für andere mit sich bringt, ein Antrag (Auftrag) über die Besorgung solcher Geschäfte von jemand (einem anderen Kaufmann oder einem Nichtkaufmann) zu, mit dem er in Geschäftsverbindung steht, so ist er verpflichtet, unverzüglich zu antworten, wenn er auf den Antrag nicht eingehen, den Auftrag nicht annehmen will; schweigt er, so gilt dies als Annahme des Antrages. Das gleiche gilt, wenn einem Kaufmanne ein Antrag über die Besorgung von Geschäften von jemand zugeht, dem gegenüber er sich zur Besorgung solcher Geschäfte erboten hat; der Auftrag gilt also als angenommen, wenn er ihn nicht sofort ablehnt. Auch wenn der Kaufmann den Antrag ablehnt, hat er die mitgesendeten Waren auf Kosten des Antragstellers, soweit er für diese Kosten gedeckt ist und soweit es ohne Nachteil für ihn geschehen kann, einstweilen vor Schaden zu bewahren.

Orderpapiere (HGB. 363—365). Anweisungen, die auf einen Kaufmann über die Leistung von Geld, Wertpapieren oder anderen vertretbaren Sachen ausgestellt sind, ohne daß darin die Leistung von einer Gegenleistung abhängig gemacht ist, können durch Indossament übertragen werden, wenn sie an Order lauten. Dasselbe gilt von Verpflichtungsscheinen, die von einem Kaufmann über Gegenstände der bezeichneten Art an Order ausgestellt sind, ohne daß darin die Leistung von einer Gegenleistung abhängig gemacht ist. Ferner können Konnossemente der Seeschiffer, Ladescheine der Frachtführer, Lagerscheine der staatlich zur Ausstellung solcher Urkunden ermächtigten Anstalten sowie Bodmereibriefe und Transportversicherungspolizen durch Indossament übertragen werden, wenn sie an Order lauten. Durch das Indossament gehen alle Rechte aus dem indossierten Papier auf den Indossatar über. Dem legitimierten Besitzer der Urkunde kann der Schuldner nur solche Einwendungen entgegensetzen, welche die Gültigkeit seiner Erklärung in der Urkunde betreffen oder ihm unmittelbar gegen den Besitzer zustehen. Der Schuldner ist nur gegen Aushändigung der quittierten Urkunde zur Leistung verpflichtet. (Vgl. Art. 11 bis 13, 36, 74 der Wechselordnung, Gutt. Slg. Nr. 5.)

2. Erwerb beweglicher Sachen (HGB. 366). Die Bestimmung des bürgerlichen Rechts, daß jemand, der von einem anderen eine bewegliche Sache (wohin auch Wertpapiere gehören) gekauft oder sonst erworben hat, das Eigentum erwirbt, wenn er in dem guten Glauben war, daß die Sache dem Verkäufer usw. gehörte (s. „Bewegliche Sachen, Eigentum an"), ist zugunsten des Handelsstandes dahin erweitert, daß, wenn der Verkäufer usw. ein Kaufmann ist, das Eigentum von dem Käufer usw. auch dann erworben wird, wenn er in bezug auf die Befugnis des Veräußerers oder Verpfänders, über die Sache für den Eigentümer zu verfügen, in gutem Glauben war. Gesetzt also, der Kaufmann X. verkauft dem Kunden A. eine Anzahl Pfandbriefe oder einen Posten Waren, so erwirbt A. das Eigentum an den Pfandbriefen oder den Waren nicht nur, wenn er in dem guten Glauben war, daß die Sachen dem X. gehörten, sondern auch dann, wenn er zwar wußte, daß sie ihm nicht gehörten, aber in dem guten Glauben war (weil er vielleicht den Versicherungen des Verkäufers Glauben schenkte), daß X. sie für den Eigentümer, z. B. in dessen Auftrage, verkaufen dürfe. Nur wenn A. wußte, daß X. zum Verkauf kein Recht hatte, oder wenn er dies bei Anwendung der im Verkehr nötigen Sorgfalt hätte wissen müssen, erwirbt er kein Eigentum an den gekauften Sachen. Etwas Besonderes gilt für gestohlene usw. Inhaberpapiere (Staats- oder kommunale Schuldverschreibungen, Pfandbriefe, Aktien u. dgl.) (vgl. HGB. 367).

Pfandverkauf (HGB. 368). Bei dem Verkauf eines Pfandes (s. „Pfand [Faustpfand]") tritt, wenn die Verpfändung auf der Seite des Pfandgläubigers und des Verpfänders ein Handelsgeschäft ist, an die Stelle der im BGB. bestimmten Frist von einem Monat eine solche von einer Woche. Diese Vorschrift findet auf das gesetzliche Pfandrecht des Kommissionärs, des Spediteurs, des Lagerhalters und des Frachtführers entsprechende Anwendung, auf das Pfandrecht des Spediteurs und des Frachtführers auch dann, wenn nur auf ihrer Seite der Speditions- oder Frachtvertrag ein Handelsgeschäft ist.

Kaufmännisches Zurückbehaltungsrecht (Retentionsrecht) (HGB. 369—372). Ein Kaufmann hat wegen der fälligen Forderungen, die ihm gegen einen andern Kaufmann aus den zwischen ihnen geschlossenen beiderseitigen Handelsgeschäften zustehen, ein Zurückbehaltungsrecht an den beweglichen Sachen und Wertpapieren des Schuldners, welche mit dessen Willen auf Grund von Handelsgeschäften in seinen Besitz gelangt sind, sofern er sie noch im Besitze hat, insbesondere mittelst Konnossements, Ladescheins oder Lagerscheins darüber verfügen kann. Das Zurückbehaltungsrecht ist auch dann begründet, wenn das Eigentum an dem Gegenstande von dem Schuldner auf den Gläubiger übergegangen oder von einem Dritten für den Schuldner an den Gläubiger übertragen, aber auf den Schuldner zurückzuübertragen ist. Einem Dritten gegenüber besteht das Zurückbehaltungsrecht insoweit, als dem Dritten die Einwendungen gegen den Anspruch des Schuldners auf Herausgabe des Gegenstandes entgegengesetzt werden können. Das Zurückbehaltungsrecht ist ausgeschlossen, wenn die Zurückbehaltung des Gegenstandes der von dem Schuldner vor oder bei der Übergabe erteilten Anweisung oder der von dem Gläubiger übernommenen Verpflichtung, in einer bestimmten Weise mit dem Gegenstande zu verfahren, widerstreitet. Der Schuldner kann die Ausübung des Zurückbehaltungsrechts durch Sicherheitsleistung (s. d.) abwenden; die Sicherheitsleistung durch einen Bürgen ist aber ausgeschlossen.

Das Zurückbehaltungsrecht kann auch wegen nicht fälliger Forderungen geltend gemacht werden: 1. wenn über das Vermögen des Schuldners der Konkurs eröffnet ist oder der Schuldner seine Zahlungen eingestellt hat; 2. wenn eine Zwangsvollstreckung in das Vermögen des Schuldners ohne Erfolg versucht ist. (Näheres s. HGB. §§ 370—372).

Handelsgesellschaften. Handelsgesellschaften nennt man die zum Betriebe kaufmännischer Unternehmungen gebildeten Vereinigungen, die unter gemeinschaftlicher Firma ihre Geschäfte betreiben, nämlich: die offene Handelsgesellschaft, die Kommanditgesellschaft (und Kommanditgesellschaft auf Aktien), die Aktiengesellschaft und die Gesellschaft mit beschränkter Haftung. Es gelten für sie die für Kaufleute und zwar für Vollkaufleute gegebenen Vorschriften des Handelsgesetzbuchs (HGB. § 6). Näheres siehe in den einzelnen Artikeln. Nicht zu den Handelsgesellschaften gehören die Reederei, die sogenannte stille Gesellschaft, die ja nach außen hin als Gesellschaft überhaupt nicht in Erscheinung tritt, sowie die Erwerbs- und Wirtschaftsgenossenschaften. Besondere handelsrechtliche Bestimmungen für vorübergehende Vereinigungen zu kaufmännischen Unternehmungen (sog. Gelegenheitsgesellschaften) gibt es nicht mehr, da solche Vereinigungen unter die allgemeinen Vorschriften des BGB. über die „Gesellschaft" (s. d.) fallen.

Handelsgesetzbuch s. Handelsrecht.

Handelsgewerbe s. Kaufmann usw. 1.

Handelsgewohnheiten s. Handelsgeschäfte 1.

Handelsgut s. Handelsgeschäfte 1.

Handelskammern, Kontrollierung des Handelsregisters durch die, s. Handelsregister 2.

Handelskauf (HGB. 373—382). Der Handelskauf ist eine eigene Art von Kauf, für die nach dem Handelsgesetzbuch einiges Besondere gilt. Der Kauf muß, damit er ein Handelskauf ist, so daß also die nachstehend mitgeteilten Rechtssätze auf ihn Anwendung finden, vor allem ein Handelsgeschäft (s. d.) sein; es muß also mindestens einer von beiden Beteiligten, entweder der Käufer oder der Verkäufer, ein Kaufmann im Sinne des Handelsgesetzbuches sein (s. den Artikel „Kaufmann"), und der Kauf oder Verkauf muß von ihm im Betriebe seines Handelsgewerbes abgeschlossen sein. Es muß sich auch um eine Ware oder ein Wertpapier handeln; Kaufverträge über Grundstücke sind daher keine Handelskäufe. Für Handelskäufe gilt folgendes:

1. Ist der Käufer mit der Annahme der Ware im Verzuge (s. „Verzug des Gläubigers"), gleichviel aus welchem Grunde, so kann der Verkäufer die Ware auf Gefahr und Kosten des Käufers in einem öffentlichen Lagerhause oder sonst in sicherer Weise hinterlegen (in Aufbewahrung geben) (HGB. 373). Er ist ferner befugt, nach vorgängiger Androhung die Ware öffentlich versteigern zu lassen; er kann, wenn die Ware einen Börsen- oder Marktpreis hat, nach vorgängiger Androhung den Verkauf auch aus freier Hand durch einen zu solchen Verkäufen öffentlich ermächtigten Handelsmäkler oder durch eine zur öffentlichen Versteigerung befugte Person zum laufenden Preise bewirken. Ist die Ware dem Verderb ausgesetzt und Gefahr im Verzuge, so bedarf es der vorgängigen Androhung nicht; dasselbe gilt, wenn die Androhung aus anderen Gründen untunlich ist. Dieser sog. Selbsthilfeverkauf erfolgt für Rechnung des säumigen Käufers. Der Verkäufer und der Käufer können bei der öffentlichen Versteigerung mitbieten. Im Falle der öffentlichen Versteigerung hat der Verkäufer den Käufer von der Zeit und dem Orte der Versteigerung vorher zu benachrichtigen; von dem vollzogenen Verkaufe hat er bei jeder Art des Verkaufs dem Käufer unverzüglich Nachricht zu geben. Im Falle der Unterlassung ist er zum Schadensersatze verpflichtet. Die Benachrichtigungen dürfen unterbleiben, wenn sie untunlich sind.

Durch diese Vorschriften werden die Befugnisse nicht berührt, die dem Verkäufer nach dem BGB. zustehen, wenn der Käufer im Verzuge der Annahme ist. (S. „Versteigerungsrecht eines Schuldners") (HGB. 374).

2. Sog. Spezifikations- oder Bestimmungskauf (HGB. 375). Ist bei dem Kaufe einer beweglichen Sache dem Käufer die nähere Bestimmung über Form, Maß oder ähnliche Verhältnisse vorbehalten (dies wird namentlich in der Eisenindustrie vorkommen), so ist der Käufer verpflichtet, die vorbehaltene Bestimmung zu treffen. Ist der Käufer mit der Erfüllung dieser Verpflichtung im Verzuge, so kann der Verkäufer die Bestimmung statt des Käufers vornehmen oder gemäß § 326 BGB. Schadensersatz wegen Nichterfüllung fordern oder vom Vertrage zurücktreten. Im ersteren Falle hat der Verkäufer die von ihm getroffene Bestimmung dem Käufer mitzuteilen und ihm zugleich eine angemessene Frist zur Vornahme einer anderweitigen Bestimmung zu setzen. Wird eine solche innerhalb der Frist von dem Käufer nicht vorgenommen, so ist die von dem Verkäufer getroffene Bestimmung maßgebend.

3. Fixgeschäfte (HGB. 376). Ist bedungen, daß die Leistung des einen Teiles genau zu einer festbestimmten Zeit oder innerhalb einer festbestimmten Frist bewirkt werden soll, so kann der andere Teil, wenn die Leistung nicht zu der bestimmten Zeit oder nicht innerhalb der bestimmten Frist erfolgt, von dem Vertrage zurücktreten, oder, falls der Schuldner im Verzuge ist, statt der Erfüllung Schadensersatz wegen Nichterfüllung verlangen. Erfüllung kann er nur beanspruchen, wenn er sofort nach dem Ablaufe der Zeit oder der Frist dem Gegner anzeigt, daß er auf Erfüllung bestehe. Wird Schadensersatz wegen Nichterfüllung verlangt und hat die Ware einen Börsen- oder Marktpreis, so kann der Unterschied des Kaufpreises und des Börsen- oder Marktpreises zur Zeit und am Orte der geschuldeten Leistung gefordert werden. Das Ergebnis eines anderweit vorgenommenen Verkaufs oder Kaufs kann, falls die Ware einen Börsen- oder Marktpreis hat, dem Ersatzanspruche nur zugrunde gelegt werden, wenn der Verkauf oder Kauf sofort nach dem Ablaufe der bedungenen Leistungszeit oder Leistungsfrist bewirkt ist. Der Verkauf oder Kauf muß, wenn er nicht in öffentlicher Versteigerung geschieht, durch einen zu solchen Verkäufen oder Käufen öffentlich ermächtigten Handelsmäkler oder eine zur öffentlichen Versteigerung befugte Person zum laufenden Preise erfolgen. Verkäufer und Käufer können bei der öffentlichen Versteigerung mitbieten. Von dem Verkaufe oder Kaufe hat der Gläubiger den Schuldner unverzüglich zu benachrichtigen; im Falle der Unterlassung ist er zum Schadensersatze verpflichtet.

4. Zurverfügungstellung (Dispositionsstellung, Reklamation, Beanstandung) mangelhafter Ware. Rügepflicht (HGB. 377, 378). Ist ein Kauf für beide Teile, den Verkäufer sowohl wie den Käufer, ein Handelsgeschäft, was nur der Fall sein kann, wenn beide Teile Kaufleute im Sinne des HGB. sind (s. „Kaufmann"), so gilt folgendes Besondere, wobei es gleichgültig ist, ob der Kauf ein sog. Distanzkauf oder ein Platzgeschäft ist. Der Käufer ist verpflichtet, unverzüglich nach der Ablieferung der gekauften oder bestellten Waren (Fabrikate, Maschinen usw.) durch den Verkäufer (nicht schon nach dem Eingange der Faktur, wenn diese vor der Empfangnahme der Ware dem Käufer zugeht (RG.)), soweit dies nach ordnungsmäßigem Geschäftsgange tunlich ist, die Waren oder sonstigen gelieferten Gegenstände zu untersuchen und, wenn sich ein Mangel zeigt, dem Verkäufer unverzüglich Anzeige davon zu machen (sog. Rügepflicht des Käufers). Ist der Empfänger zur Untersuchung selbst nicht befähigt, so muß er Sachverständige zuziehen (RG.). Welcher Art der Mangel ist, ob z. B. die gelieferte Ware die vertragsmäßig zugesicherten Eigenschaften nicht hat oder ob sie der Probe nicht entspricht oder ob sie, beim Mangel besonderer Vereinbarung über die Qualität, nicht von mittlerer Art und Güte ist usw., ist einerlei; es muß natürlich ein Mangel sein, der den Käufer berechtigt, die Annahme der Ware als nicht vertragsmäßig oder nicht gesetzmäßig zurückzuweisen. Das Gesagte gilt auch, wenn eine andere Ware geliefert ist als die bedungene oder wenn mehr oder weniger geliefert ist, als bestellt (gekauft) worden, „sofern die gelieferte Ware nicht offensichtlich von der Bestellung so erheblich abweicht, daß der Verkäufer die Genehmigung des Käufers als ausgeschlossen betrachten mußte". Diese Untersuchungs- und Anzeigepflicht liegt dem Käufer regelmäßig auch dann ob, wenn es sich um Waren handelt, die in einer üblichen Verpackung oder Verschließung in den Verkehr zu kommen pflegen und bei denen eine Untersuchung ohne Öffnung der Verpackung oder Verschließung, in dem sie verkauft werden, nicht möglich ist, wie z. B. bei Weinen in Flaschen, verlöteten Konserven u. dgl. Hier ist es — sofern es sich nicht etwa um den Kauf einiger weniger Stücke handelt — regelmäßig Pflicht des Käufers, sich durch eine Stichprobe von der Vertragsmäßigkeit der Güte der Ware zu überzeugen (RG.). — In der Anzeige des Käufers über die Mangelhaftigkeit der ihm gelieferten Ware liegt die Erklärung, daß er sich nicht verpflichtet halte, sie zu nehmen (zu behalten) oder daß er sie zu dem Preise nicht nehme oder daß er eine andere Ware oder Schadensersatz verlange, kurz, daß er sich die Rechte vorbehalte, die ihm wegen der Fehlerhaftigkeit der Ware zustehen (s. „Gewährleistung wegen Mängel usw."). Es ist nicht nötig, daß der Empfänger ausdrücklich erklärt, daß er die Ware dem Verkäufer zur Verfügung (zur Disposition) stelle (RG.); dieser Ausdruck wäre auch nicht passend, wenn der Käufer die Ware behalten, aber Preisminderung oder Schadensersatz fordern will. Natürlich muß der Verkäufer aus der Anzeige ersehen können, aus welchem Grunde (wegen welches Mangels) der Käufer die Annahme ablehnt. Bei Bemessung der Anzeigefrist ist daher auf die Zeit Rücksicht zu nehmen, die für eine zu einem sicheren Ergebnis führende Untersuchung nötig ist (RG.).

Unterläßt der Käufer die rechtzeitige Anzeige, so hat dies die Folge, daß die Ware als genehmigt (als ordnungsmäßig geliefert, als nicht beanstandet) gilt; der Käufer (Besteller) kann daher nicht nachträglich eine angebliche Mangelhaftigkeit oder Vertragswidrigkeit der Ware noch geltend machen und Wandelung oder Preisherabsetzung oder Schadensersatz usw. fordern. Hat jedoch der Käufer schon vor der Ablieferung erklärt, daß er die Ware nicht nehme, so ist eine Anzeige seinerseits nicht mehr nötig (RG.). Anderes gilt, wenn es sich um einen Mangel handelt, der bei der ordnungsmäßig und rechtzeitig vom Käufer vorgenommenen Untersuchung nicht erkennbar war. Zeigt sich ein solcher Mangel später, z. B. gelegentlich des Weiterverkaufes, bei der Bearbeitung, dem Ausschneiden, dem Auspacken usw., so muß die Anzeige hiervon unverzüglich nach der Entdeckung gemacht werden; andernfalls gilt die Ware auch in Ansehung dieses Mangels als genehmigt. Es genügt, damit dem Käufer (Besteller) seine Rechte wegen der Mangelhaftigkeit der Ware gewahrt bleiben, daß er die Anzeige über die Mangelhaftigkeit an den Verkäufer (Lieferanten) rechtzeitig abgesandt hat; kommt sie nicht in dessen Hände oder wird die Bestellung an ihn verzögert, so trifft dies den Käufer nicht. Wußte der Verkäufer, daß die gelieferte Ware mangelhaft war, und hat er den Mangel dem Käufer arglistig verschwiegen, so kann er sich auf eine etwaige Verspätung der Anzeige des Mangels (der Reklamation) nicht berufen. — Der Nichtkaufmann, der etwa von einem Weinhändler einen Korb Wein oder vom Fabrikanten eine Kiste Zigarren auf Bestellung geliefert erhalten hat, verliert seine Rechte gegen den Lieferanten nicht, wenn sich erst später beim Probieren des Weins oder beim Anbrechen der Kiste herausstellt, daß der Wein oder die Zigarren vertragswidrig sind. Ebensowenig gilt das Gesagte dann, wenn zwar der Verkäufer Nichtkaufmann, der Käufer aber Kaufmann ist. Der Käufer hat also z. B. einem Landmann gegenüber, der ihm eine Ladung Kartoffeln verkauft hat, nicht die

Pflicht zur sofortigen Untersuchung der ihm gelieferten Waren, selbst wenn er selber Kaufmann ist. Immerhin erfordert es aber doch, wenn einer von beiden Teilen Kaufmann ist, die auf Treu und Glauben im Handelsverkehr zu nehmende Rücksicht, daß auch in solchen Fällen eine Untersuchung der gelieferten Ware nicht ungebührlich hinausgezögert wird. In einer ungewöhnlich langen Hinausschiebung der Untersuchung könnte ein stillschweigender Verzicht auf die Geltendmachung etwa später sich findender Mängel gefunden werden.

5. Aufbewahrungspflicht des Käufers (Bestellers) und Notverkauf (HGB. 379). Ist ein zwischen zwei Kaufleuten abgeschlossener Kauf ein Handelsgeschäft (s. d.) und ist die Ware dem Käufer (Besteller) von einem anderen Orte übersandt worden, so muß dieser, wenn er die Ware aus irgendwelchem Grunde beanstandet, für ihre einstweilige Aufbewahrung sorgen. (Über den Fall, wenn unbestellte Waren übersandt sind, s. „Unbestellte Waren".) Er kann sie, wenn sie dem Verderben ausgesetzt und Gefahr im Verzuge ist, unter Beobachtung der Vorschriften des § 373 des Handelsgesetzbuchs verkaufen lassen (s. oben unter 1). Die sofortige Zurücksendung der beanstandeten Ware steht dem Adressaten nicht zu. Die Aufbewahrung geschieht auf Kosten und Gefahr des Verkäufers, wenn sich die Beanstandung als begründet herausstellt. Ist es nach Lage der Sache nötig oder zweckmäßig (z. B. wenn die Ware dem Verderben ausgesetzt ist), daß der Zustand oder die Beschaffenheit der übersandten Ware durch Sachverständige festgestellt wird, so kann jeder Teil, der Absender sowohl wie der Empfänger, die gerichtliche Augenscheinseinnahme und Begutachtung durch Sachverständige beim Amtsgericht beantragen (ZPO. 488).

6. Nettogewicht, Taragewicht, Refaktie (HGB. 380). Ist der Kaufpreis nach dem Gewicht der Ware zu berechnen, so kommt das Gewicht der Verpackung (Taragewicht) in Abzug, wenn nicht aus dem Vertrage oder dem Handelsgebrauche des Ortes, an welchem der Verkäufer zu erfüllen hat (s. „Leistungen 5"), sich etwas anderes ergibt.

7. Viehhandel (HGB. 382). Durch die vorstehend mitgeteilten Vorschriften über den Handelskauf werden die besonderen Bestimmungen, die das BGB. für den Viehhandel gegeben hat (über sog. Hauptmängel, Gewährfristen, Anzeigefristen s. den Artikel „Gewährleistung usw. unter 9"), nicht berührt, d. h. diese besonderen Vorschriften gelten beim Viehhandel auch dann, wenn beide Beteiligte oder einer von ihnen ein Kaufmann im Sinne des HGB. ist.

Handelsmäkler s. Mäkler; Verkauf durch Handelsmäkler bei Annahmeverzug (bei Kaufleuten) s. Handelskauf.

Handelsmarken s. Warenbezeichnungen usw.

Handelsrecht. Neben dem allgemeinen in ganz Deutschland geltenden Privatrecht (bürgerlichen Recht), das im BGB. (s. d.) und einer Anzahl von Nebengesetzen geregelt ist, gibt es noch ein besonderes, auch in ganz Deutschland geltendes, Handels-(auch Wechsel-)recht. Dieses Handelsrecht ist durch das Handelsgesetzbuch vom 10. Mai 1897 (HGB.) geordnet; es enthält das besondere Recht für Kaufleute, für den Handelsstand. Zwar stehen die Kaufleute selbstverständlich auch unter den Vorschriften des allgemeinen bürgerlichen Rechts; aber es gibt im Handelsverkehr eine Anzahl eigenartiger Rechtsverhältnisse, beispielsweise die verschiedenen Handelsgesellschaften, das Firmenwesen u. dgl., die eine besondere Regelung erforderten. Um zu wissen, ob eine Bestimmung des Handelsgesetzbuches im einzelnen Falle zur Anwendung kommt, ist zu prüfen, ob die Beteiligten oder wenigstens einer von ihnen ein „Kaufmann" im Sinne des Gesetzes ist; s. den Artikel „Kaufmann usw.". Für Rechtsverhältnisse unter Nichtkaufleuten kommt das Handelsgesetzbuch regelmäßig nicht in Betracht. Ob die einzelnen Vorschriften des Handelsrechts nur dann Anwendung finden, wenn beide Parteien Kaufleute sind oder auch schon dann, wenn einer von ihnen Kaufmann ist, darüber geben die betreffenden Artikel (s. z. B. „Handelsgeschäfte", „Handelskauf") nähere Auskunft.

Handelsregister (HGB. 8—16; RFGG. § 125 bis 144). **1.** Das Handelsregister wird beim Amtsgericht (als „Registergericht") geführt. Die Einsicht des Registers sowie der zum Handelsregister eingereichten Schriftstücke ist einem jeden in den gewöhnlichen Dienststunden des Gerichts gestattet; die Einsicht ist in Preußen und wohl auch in den meisten anderen Staaten kostenfrei. Auch kann jedermann ohne näheren Nachweis seines Interesses eine Abschrift von den auf eine bestimmte Firma bezüglichen Eintragungen, eine einfache oder eine beglaubigte, fordern. Von den zum Handelsregister eingereichten Schriftstücken (Anmeldungen, Anlagen dazu usw.) kann nur Abschrift fordern, wer ein berechtigtes Interesse daran dem Gericht glaubhaft macht. Wer ein solches Interesse nicht nachweisen kann, darf aber die Schriftstücke einsehen, und es ist ihm unverwehrt, sich selbst daraus Vermerke zu machen oder Abschriften anzufertigen. Das Gericht hat auf Verlangen eine Bescheinigung darüber zu erteilen, daß bezüglich des Gegenstandes einer im Register bereits vorgenommenen Eintragung weitere Eintragungen nicht vorhanden sind oder daß eine bestimmte Eintragung nicht erfolgt ist; dagegen können positive Bescheinigungen darüber, was im einzelnen eingetragen ist (z. B. wer als Inhaber einer Firma eingetragen ist; ob jemand als Prokurist eingetragen oder gelöscht ist u. dgl.) nicht gefordert werden. Ob der Richter oder Rechtspfleger eine solche Bescheinigung erteilen will, wenn er sie im einzelnen Fall für unbedenklich hält, steht in seinem Belieben; lehnt er sie ab, so bleibt dem Antragsteller nur übrig, sich eine beglaubigte Abschrift der ganzen, auf die betreffende Firma bezüglichen Eintragung im Handelsregister (sog. Handelsregisterauszug) geben zu lassen, aus der sich alles Nötige ergibt. Ausnahmsweise ist jedoch das Gericht verpflichtet, auf Antrag ein Zeugnis darüber zu erteilen, daß der Vorstand einer Aktiengesellschaft aus den im Handelsregister eingetragenen Personen besteht (oder daß die und die Personen Liquidatoren der Aktiengesellschaft sind), sowie darüber, wer nach dem Handelsregister zur Vertretung einer offenen Handelsgesellschaft, einer Kommanditgesellschaft, einer Kommanditgesellschaft auf Aktien oder einer Gesellschaft mit beschränkter Haftung befugt ist (GBO. 33). Zu Auskunftserteilungen aus dem Handelsregister sind die Gerichte nicht verpflichtet, was aber nicht ausschließt, daß der betreffende Richter nach Umständen einem solchen Gesuche entspricht. Die Eintragungen im Handelsregister werden durch den Reichsanzeiger und mindestens ein anderes Blatt veröffentlicht; die Bekanntmachung gilt mit dem Tage als erfolgt, in welchem das letzte der die Bekanntmachung enthaltenden Blätter erschienen ist. Das Gericht muß jährlich im Dezember die Blätter bezeichnen, in denen im Laufe des nächsten Jahres die vorgedachten Bekanntmachungen erfolgen sollen. Solange eine im Handelsregister einzutragende Tatsache nicht eingetragen und bekanntgemacht ist, kann sie von dem, in dessen Angelegenheiten sie einzutragen war, einem Dritten nicht entgegengesetzt werden, es sei denn, daß sie ihm bekannt war. Ist die Tatsache eingetragen und bekanntgemacht, so muß ein Dritter sie gegen sich gelten lassen, es sei denn, daß er sie weder kannte noch kennen mußte. Für den Geschäftsverkehr mit einer in das Handelsregister eingetragenen Zweigniederlassung ist im Sinne dieser Vorschriften die Eintragung und Bekanntmachung durch das Gericht der Zweigniederlassung entscheidend (HGB. 15). Die Form der Einrichtung des Handelsregisters wird durch die Landesgesetzgebung bestimmt.

2. Erzwingung von Eintragungen in das Handelsregister. Welche Tatsachen von Kaufleuten zur Eintragung in das Handelsregister beim Gericht anzumelden sind, bestimmt das Handelsgesetzbuch (vgl. „Firma"). Über die Form der Anmeldung s. „Firma 2" a. Schl. Dem Amtsgericht liegt es ob, diejenigen, welche verpflichtet sind, eine Anmeldung, eine Zeichnung der Unterschrift oder eine Einreichung von Schriftstücken zum Handelsregister vorzunehmen, hierzu anzuhalten, soweit nötig durch Ordnungsstrafen (RFGG. 132). Der Höchstsatz der Strafe beträgt nach Art. II Abs. 2 der Ausführungs-Verordnung v. 6. 2. 1924 (RGBl. I S. 44) in Verbindung mit § 2 der zweiten Verordnung zur Durchführung des Münzgesetzes v. 12. 12. 1924 (RGBl. I S. 775) 1000 RM. Sobald das Gericht von einem sein Einschreiten rechtfertigenden Sachverhalte glaubhafte Kenntnis erhält, hat es dem Beteiligten unter Androhung einer bestimmten Strafe aufzugeben, innerhalb einer festgesetzten Frist seiner gesetzlichen Verpflichtung nachzukommen oder die Unterlassung mittels Einspruchs gegen die Verfügung zu rechtfertigen. Gegen diese Verfügung ist eine Beschwerde nicht zulässig. Wird innerhalb der bestimmten Frist weder der gesetzlichen Verpflichtung genügt, noch Einspruch erhoben, so wird die angedrohte Strafe festgesetzt und zugleich die frühere Verfügung unter Androhung einer erneuten Ordnungsstrafe wiederholt und in gleicher Weise fortgefahren, bis der gesetzlichen Verpflichtung genügt oder Einspruch erhoben wird. Wird rechtzeitig Einspruch erhoben, so hat das Gericht, wenn sich der Einspruch nicht ohne weiteres als begründet ergibt, zur Erörterung der Sache den Beteiligten zu einem Termine zu laden. Das Gericht kann, auch wenn der Beteiligte nicht erscheint, nach Lage der Sache entscheiden. Wird der Einspruch für begründet erachtet, so wird die erlassene Verfügung wieder aufgehoben. Andernfalls hat das Gericht den Einspruch zu verwerfen und die angedrohte Strafe festzusetzen. Das Gericht kann, wenn die Umstände es rechtfertigen, von der Festsetzung einer Strafe absehen oder eine geringere als die angedrohte Strafe festsetzen. Im Falle der Verwerfung des Einspruchs hat das Gericht zugleich eine erneute Verfügung zu erlassen. Die in dieser Verfügung bestimmte Frist beginnt mit dem Eintritte der Rechtskraft der Verwerfung des Einspruchs. Gegen diese Versäumung der Einspruchsfrist ist auf Antrag die Wiedereinsetzung in den vorigen Stand zu erteilen. Bei der Festsetzung der Ordnungsstrafe wird der Beteiligte zugleich in die Kosten des Verfahrens verurteilt. Gegen den Beschluß, durch welchen die Ordnungsstrafe festgesetzt oder der Einspruch verworfen wird, findet die sofortige Beschwerde statt (s. „Beschwerde usw.").

Die Organe des Handelsstandes (Handelskammern usw.) sind gesetzlich verpflichtet (RFGG. 126), die Amtsgerichte behufs der Verhütung unrichtiger Eintragungen, sowie behufs der Berichtigung und Vervollständigung des Handelsregisters zu unterstützen; sie sind berechtigt, Anträge zu diesem Zwecke bei den Gerichten zu stellen und gegen Verfügungen, durch die über solche Anträge entschieden wird, Beschwerde (s. d.) an das vorgesetzte Landgericht zu erheben. Die näheren Bestimmungen darüber sind von den Landesregierungen zu treffen.

Jede Eintragung im Handelsregister ist dem, der sie beantragt hat, bekanntzumachen, wenn er nicht darauf Verzicht geleistet hat.

Handelsvollmacht s. Prokura usw.

Handeltreibende s. Kaufmann usw.

Handgeld s. Draufgabe.

Handgepäck, Verlust des, s. Frachtführer 4 a. Schl.

Handlungen, unerlaubte, Schadensersatz wegen, s. Schadensersatz wegen unerlaubter Handlungen.

Handlungsagenten (HGB. 84—92). **1.** Wenn früher ein Geschäftsinhaber am Orte oder außerhalb einen „Agenten" oder „Vertreter" oder „Repräsentanten" usw. hatte, so war das Rechtsverhältnis ein ziemlich unklares; denn die Bezeichnung als Agent usw. gab keine sicheren Anhaltspunkte für die rechtliche Natur der Beziehungen des „Agenten" usw. zu seinem Auftraggeber und zum Publikum. Hierin hat das HGB. Wandel geschaffen: Die Bezeichnung als „Handlungsagent" (oder kurz „Agent") kennzeichnet eine mit bestimmten kaufmännischen Vollmachten ausgestattete Person. Sehen wir zunächst, wer kein Handelsagent ist. Zunächst der Handelsmäkler, der nur im einzelnen Falle im Auftrage tätig wird, und für den besondere Vorschriften gelten (s. „Mäkler 2"); dann der im Dienst des Prinzipals angestellte Handlungsgehilfe (s. d.), einerlei, ob er nebenbei Prokura oder Handlungsvollmacht (s. „Prokura usw.") hat. Endlich der nicht im Dienste des Chefs stehende, aber von ihm mit Prokura oder Handlungsvollmacht Versehene, der aber kein eigenes Gewerbe aus dieser Tätigkeit macht, sondern eben nur für das Geschäft des anderen tätig ist.

Handlungsagent ist, wer selbständiger Kaufmann ist, aber Geschäfte für einen anderen Handelsgewerbetreibenden vermittelt und (oder) in dessen Namen abschließt (Agenturgeschäfte). Durch das letztere unterscheidet er sich wiederum von dem Kommissionär, der, wenn auch für Rechnung anderer, die Geschäfte im eigenen Namen schließt. Der Agent muß ständig, d. h. nicht bloß vorübergehend für ein einzelnes oder einzelne Geschäfte, auf Grund eines dieserhalb abgeschlossenen, wenn auch nur mündlichen, Vertrages für den Auftraggeber tätig sein. Ist er vom Auftraggeber angestellt, dann ist er kein Agent, sondern Handlungsgehilfe; ob das eine oder das andere vorliegt, kann freilich unter Umständen schwer zu entscheiden sein. Als Handlungsagenten kommen nicht nur Warenagenten in Betracht, sondern auch Agenten für Versicherungen (auf Prämien; Agenten von Gesellschaften auf Gegenseitigkeit fallen nicht direkt unter die hier behandelten Bestimmungen), für Auswanderer- und für Güterbeförderung usw. Der Agent (wie der Betrauende) braucht nicht Vollkaufmann zu sein, er kann auch Minderkaufmann (s. „Kaufmann usw. 2") sein.

Der Agent vermittelt entweder bloß Geschäfte für seinen Auftraggeber, indem er den Abschluß des Geschäfts diesem selbst überläßt, oder er schließt bloß Geschäfte für ihn ab oder er tut beides. In jedem Falle ist er gesetzlich verpflichtet, bei seinen Verrichtungen das Interesse des Geschäftsherrn mit der Sorgfalt eines ordentlichen Kaufmanns wahrzunehmen, insbesondere auch die Kreditwürdigkeit der Personen zu prüfen, mit denen er vermittelt oder abschließt. Daß der Agent auch für andere Firmen, selbst für Konkurrenzfirmen, tätig wird, ist ihm gesetzlich nicht untersagt; es kann aber natürlich etwas anderes (auch stillschweigend) verabredet werden. Der Agent ist ferner verpflichtet, dem Geschäftsherrn die erforderlichen Nachrichten (Auskünfte) zu geben, namentlich ihm von jedem Geschäftsabschluß unverzüglich Anzeige zu machen. Ist der Agent nur mit der Vermittlung von Geschäften betraut, so ist der Auftraggeber an Geschäfte, die der Agent seinem Auftrage zuwider etwa abgeschlossen hat, nicht ohne weiteres gebunden; aber das Gesetz legt in solchem Fall dem Geschäftsherrn doch die Pflicht auf, unverzüglich, sobald er von dem Abschlusse Kenntnis erlangt hat, dem anderen, mit dem der Agent abgeschlossen hat, zu erklären, daß er das Geschäft ablehne, widrigenfalls das Geschäft als von ihm genehmigt gilt. Es wird auf diese Weise der, welcher mit einem Agenten abschließt, dagegen gesichert, daß der Auftraggeber des Agenten, vielleicht erst nach längerer Zeit, den Einwand erhebt. Zur Annahme von Zahlungen für den Geschäftsherrn sowie zur nachträglichen Bewilligung von Zahlungsfristen ist der Agent nur befugt, wenn ihm die Ermächtigung dazu besonders erteilt ist. Dagegen können Mängelanzeigen, Dispositionsstellungen (Erklärungen, daß eine Ware zur Verfügung gestellt werde), sowie andere Erklärungen solcher Art (vgl. „Handelskauf 3") dem Agenten gegenüber mit Gültigkeit für den Geschäftsherrn abgegeben werden. Dispositionsstellungen annehmen kann der Agent nicht. Etwas anderes gilt dann, wenn der Handlungsagent auch als Handlungsreisender (reisender Agent) für den Geschäftsherrn tätig ist. Als solcher ist er (s. „Prokura usw. 3") auch zur Entgegennahme von Zahlungen und zur nachträglichen Bewilligung von Zahlungsfristen befugt.

2. Provision und Auslagenersatz. Kündigung. Soweit nicht über die dem Handlungsagenten zu gewährende Vergütung etwas anderes vereinbart ist, gebührt ihm eine Provision für jedes zur Ausführung gelangte Geschäft, das durch seine Tätigkeit zustande gekommen ist (HGB. 88). Ob diese letztgedachte Voraussetzung für die Provisionsforderung des Agenten im einzelnen Falle vorliegt, kann insbesondere bei Provisionsreisenden, die alte Kunden des Hauses besuchen, unter Umständen zweifelhaft sein; die Entscheidung wird aber nicht bloß danach zu treffen sein, ob der „Auftrag" (die Bestellung) durch den Reisenden an den Geschäftsinhaber gelangt ist oder ob der Kunde den Auftrag direkt an das Haus gesandt hat. Eine ausdrückliche Vereinbarung zwischen dem Prinzipal und dem Reisenden über diesen Punkt wird deshalb rätlich sein. Besteht die Tätigkeit des Agenten in der Vermittlung oder dem Abschluß von Verkäufen, so ist, wenn nichts anderes als verabredet anzunehmen ist, der Anspruch auf die Provision erst nach dem Eingange der Zahlung und nur nach dem Verhältnisse des eingegangenen Betrages erworben; im Falle völliger Zahlungsunfähigkeit des Käufers ist daher eine Provisionsforderung überhaupt nicht begründet. Der Agent hat auch dann die volle Provision zu beanspruchen, wenn die Ausführung des von ihm abgeschlossenen Geschäfts infolge des Verhaltens des Geschäftsherrn ganz oder teilweise unterblieben ist, ohne daß hierfür wichtige Gründe in der Person des Kunden vorlagen. Ist die Höhe der Provision vertragsmäßig nicht bestimmt, so kann der Agent die übliche Provision fordern. Die Abrechnung über die Provisionen findet, wenn nichts anderes vereinbart ist, am Schlusse eines jeden Kalenderhalbjahres statt. Ist der Agent ausdrücklich für einen bestimmten Bezirk bestellt, sei es, daß er diesen Bezirk vom Hauptniederlassungsort aus zu bereisen hat oder daß er in dem Bezirke selber wohnt, so gebührt ihm, wenn nichts anderes verabredet ist, die Provision auch für die sog. direkten Geschäfte, d. h. für solche, die in dem Bezirke ohne seine Mitwirkung durch den Geschäftsherrn selbst oder durch andere Personen für ihn geschlossen sind (HGB. 89). Für die im regelmäßigen Geschäftsbetrieb entstandenen Kosten und Auslagen (z. B. Porti, Lagermiete, Reisekosten usw.) kann der Agent in Ermangelung besonderer Abmachung oder eines etwa bestehenden abweichenden Handelsgebrauchs Ersatz vom Geschäftsherrn nicht verlangen (HGB. 90). Der Agent kann bei der Abrechnung mit dem Prinzipal die Mitteilung eines Buchauszuges über die seine Provisionsansprüche begründenden Geschäfte fordern; daß er auch Vorlegung der Bücher verlangen könne, sagt das Gesetz nicht (HGB. 91).

Das Vertragsverhältnis zwischen dem Geschäftsherrn und dem Handlungsagenten kann, wenn es für unbestimmte Zeit eingegangen ist, von jedem Teile für den Schluß eines Kalendervierteljahres unter Einhaltung einer Kündigungsfrist von sechs Wochen gekündigt werden, vorbehaltlich anderweiter Vereinbarung der Beteiligten. Es kann aber von jedem Teile auch ohne Einhaltung einer Kündigungsfrist gekündigt werden, wenn ein wichtiger Grund vorliegt, worüber im Streitfall das richterliche Ermessen entscheidet (HGB. 92).

Handlungsagenturen s. Kaufmann usw.

Handlungsfähigkeit s. Geschäftsfähigkeit.

Handlungsgehilfen (HGB. 59—83). **1.** Handlungsgehilfen sind Personen, die in einem Handelsgewerbe zur Leistung kaufmännischer Dienste gegen Entgelt angestellt sind. Es ergibt sich daraus, daß Personen, die nicht kaufmännische Dienste leisten, z. B. Chemiker, Ingenieure usw., die in einem Handelsetablissement angestellt sind, sowie Hausdiener, Packer, Ladenhelfer usw. keine „Handlungsgehilfen" im Sinne des Gesetzes sind, ebensowenig sog. Volontäre, auf die wenigstens die über die Vergütung der Handlungsgehilfen handelnden Gesetzesbestimmungen keine Anwendung finden können. Der Umstand, daß der Betreffende außer seinen kaufmännischen Diensten nebenbei auch noch andere, z. B. technische oder mechanische Dienste zu leisten hat, schließt nicht aus, daß er Handlungsgehilfe ist. Es kann jemand auch Handlungsgehilfe und daneben selbständiger Kaufmann sein (RG.). Für die nicht kaufmännischen Angestellten gelten andere Vorschriften als die nachstehend besprochenen (die Gewerbeordnung, die Bestimmungen des BGB. über den Dienstvertrag usw.). Der Handlungsgehilfe hat, soweit nicht besondere Vereinbarungen über die Art und den Umfang der von ihm zu leistenden Dienste zwischen ihm und dem Prinzipal in dem mündlich oder schriftlich abgeschlossenen Anstellungs-(Engagements-)Vertrage getroffen sind, die dem Ortsgebrauch entsprechenden Dienste zu leisten. In Ermangelung eines Ortsgebrauchs „gelten die den Umständen nach angemessenen Leistungen als vereinbart". Eine besondere Vereinbarung über die Art und den Umfang der Dienstleistungen wird meist schon darin zu finden sein, daß der Betreffende für einen bestimmten Kreis von Geschäften angenommen ist, z. B. als Prokurist, Buchhalter, Korrespondent, Reisender, Verkäufer im Laden usw. Die Arbeitszeit der Gewerbegehilfen ist durch die Gewerbeordnung geregelt. Ob ein als Reisender engagierter Gehilfe verpflichtet ist, in der Zeit zwischen seinen Reisen auch im Kontor oder sonst für das Geschäft tätig zu sein, läßt sich im allgemeinen nicht beantworten; es wird auf die Umstände, den Ortsgebrauch und die Auslegung des Vertrages ankommen. Welche Vergütung (Gehalt, Salär, Tantieme, Naturalunterhalt usw.) der Handlungsgehilfe zu fordern hat, darüber entscheidet in erster Linie der Anstellungsvertrag, der zumeist in enger Beziehung zum Tarifvertrag steht. Die Gehaltszahlung muß mindestens am Monatsschluß erfolgen; entgegenstehende Vereinbarungen sind ungültig. Über Fälle der Arbeitsverhinderung, Arbeitsversäumnis (auch wegen Krankheit), Beschaffenheit der Arbeitsstätte u. dgl. s. „Arbeits- u. Dienstvertrag" 4. u. 5.

Über Arbeits- und Ruhezeiten, über die Verpflichtung der Prinzipale, die Schulbildung (durch Besuch von Fortbildungs- und Fachschulen) bei ihren Gehilfen und Lehrlingen zu fördern, wie auch über die Befugnis der Polizeibehörden zum Einschreiten gegen solche Geschäftsinhaber, die die ihnen gegen ihre Angestellten obliegenden Pflichten vernachlässigen, enthält die Gewerbeordnung (Gutt. Slg. Nr. 6) und das Arbeitszeitgesetz (Gutt. Slg. Nr. 138 a) die näheren Vorschriften; auch das Betriebsrätegesetz ist zu beachten (Gutt. Slg. Nr. 138 b), ferner das Schwerbeschädigtengesetz (Gutt. Slg. Nr. 138 c).

Der Handlungsgehilfe darf ohne Einwilligung des Prinzipals weder ein Handelsgewerbe betreiben noch in dem Handelszweige des Prinzipals für eigene oder fremde Rechnung Geschäfte machen. Die Einwilligung zum Betriebe eines Handelsgewerbes gilt jedoch als erteilt, wenn dem Prinzipal bei der Anstellung des Gehilfen bekannt ist, daß er das Gewerbe betreibt und der Prinzipal die Aufgabe des Betriebes nicht ausdrücklich vereinbart. Verletzt der Handlungsgehilfe diese ihm obliegende Verpflichtung, so kann der Prinzipal Schadensersatz fordern; er kann aber auch, statt dessen, verlangen, daß der Handlungsgehilfe die für eigene Rechnung gemachten Geschäfte als für Rechnung des Prinzipals eingegangen gelten lasse und die aus Geschäften für fremde Rechnung bezogene Vergütung herausgebe oder seinen Anspruch auf die Vergütung abtrete. Die Ansprüche verjähren in drei Monaten von dem Zeitpunkt an, in welchem der Prinzipal Kenntnis von dem Abschlusse des Geschäfts erlangt; sie verjähren ohne Rücksicht auf diese Kenntnis in fünf Jahren von dem Abschlusse des Geschäfts an.

2. Kündigung und Aufhebung des Dienstverhältnisses (HGB. 66—72). Ist das Dienstverhältnis für unbestimmte Zeit eingegangen, so kann es von jedem Teile für den Schluß eines Kalendervierteljahres unter Einhaltung einer Kündigungsfrist von sechs Wochen gekündigt werden. Diese gesetzliche Kündigungsfrist kann jedoch vertragsmäßig (durch Vereinbarung) abgeändert werden, indem eine längere oder eine kürzere Frist bedungen wird; sie muß jedoch mindestens einen Monat betragen und für beide Teile gleich sein. Auch kann nur auf den Schluß eines Kalendermonats gekündigt werden. Eine Vereinbarung, die den mitgeteilten Vorschriften zuwiderläuft, ist ungültig. Das Vorgesagte gilt jedoch nicht, wenn der Handlungsgehilfe ein Gehalt von mindestens 5000 Mark jährlich bezieht oder wenn er für eine außereuropäische Handelsniederlassung angenommen ist und der Prinzipal für den Fall, daß er das Dienstverhältnis kündigt, die Kosten der Rückreise des Gehilfen vertragsmäßig zu tragen hat; in solchen Fällen steht es den Beteiligten frei, über Kündigungsfristen, Kündigungszeiten usw. beliebige Vereinbarungen zu treffen. Wird ein Gehilfe nur zu vorübergehender Aushilfe angenommen, so gelten die obigen Bestimmungen (über die Beschränkung der Vertragsfreiheit) gleichfalls nicht; es können also beliebige Vereinbarungen über die Kündigung des Verhältnisses getroffen werden; nur muß die Kündigungsfrist für beide Teile gleich sein. Wird jedoch in dem letztgedachten Falle das Dienstverhältnis tatsächlich über die Zeit von drei Monaten hinaus fortgesetzt, so treten die Bestimmungen über die Beschränkung der Vertragsfreiheit wieder in Geltung. Ohne Kündigung kann das Dienstverhältnis von jedem Teile gelöst werden, wenn ein „wichtiger Grund" vorliegt (s. „Arbeits- und Dienstvertrag" 6). Als ein wichtiger Grund, der den Handlungsgehilfen zur Kündigung ohne Einhaltung einer Kündigungsfrist berechtigt, ist es, sofern nicht besondere Umstände eine andere Beurteilung rechtfertigen, namentlich anzusehen:

1. wenn der Handlungsgehilfe zur Fortsetzung seiner Dienste unfähig wird;
2. wenn der Prinzipal das Gehalt oder den gebührenden Unterhalt nicht gewährt;
3. wenn der Prinzipal den ihm in Ansehung des Lebens und der Gesundheit des Gehilfen obliegenden Verpflichtungen nachzukommen verweigert;
4. wenn sich der Prinzipal Tätlichkeiten, erhebliche Ehrverletzungen oder unsittliche Zumutungen gegen den Handlungsgehilfen zuschulden kommen läßt oder es verweigert, den Handlungsgehilfen gegen solche Handlungen eines anderen Angestellten oder eines Familienangehörigen des Prinzipals zu schützen.

Als ein wichtiger Grund, der den Prinzipal zur Kündigung ohne Einhaltung einer Kündigungsfrist berechtigt, ist es, sofern nicht besondere Umstände eine andere Beurteilung rechtfertigen, namentlich anzusehen:

1. wenn der Handlungsgehilfe im Dienste untreu ist oder das Vertrauen mißbraucht oder die ihm obliegende Verpflichtung, ohne Einwilligung des Prinzipals kein Handelsgewerbe zu betreiben oder Geschäfte zu machen (s. oben), verletzt;
2. wenn er seinen Dienst während einer den Umständen nach erheblichen Zeit unbefugt verläßt oder sich beharrlich weigert, seinen Dienstverpflichtungen nachzukommen;

3. wenn er durch anhaltende Krankheit, durch eine längere Freiheitsstrafe oder Abwesenheit (oder durch eine die Zeit von acht Wochen übersteigende militärische Dienstleistung) an der Verrichtung seiner Dienste verhindert wird;
4. wenn er sich Tätlichkeiten oder erhebliche Ehrverletzungen gegen den Prinzipal oder dessen Vertreter zuschulden kommen läßt.

Erfolgt die Kündigung, weil der Handlungsgehilfe durch unverschuldetes Unglück längere Zeit an der Verrichtung seiner Dienste verhindert ist, so wird dadurch der Anspruch des Gehilfen auf Gehalt und Unterhalt für die Zeit von höchstens 6 Wochen (s. oben) nicht berührt.

Für die Zeit bis zum Austritt kann der Gehilfe, wenn nicht besondere Gründe entgegenstehen (s. „Arbeitsvertrag 6" gegen Schluß), sein Gehalt usw. beanspruchen. Ist jedoch die Lösung des Dienstverhältnisses durch vertragswidriges Verhalten des einen Teils veranlaßt, so kann der andere von ihm Ersatz des ihm durch die Aufhebung des Dienstverhältnisses erwachsenen Schadens verlangen.

Einen Schutz gegen Kündigung gibt es für den Angestellten durch § 84 des BetrRäteGes. (Gutt. Slg. Nr. 138 b), § 13 des Schwerbeschädigtenges. (Gutt. Slg. Nr. 138 c), insbesondere aber durch das Ges. über die Fristen für die Kündigung von Angestellten vom 9. 7. 1926. Danach darf ein Arbeitgeber, der in der Regel mehr als zwei Angestellte, ausschließlich der Lehrlinge, beschäftigt, einem Angestellten, den er oder, im Falle einer Rechtsnachfolge, er und seine Rechtsvorgänger mindestens fünf Jahre beschäftigt haben, nur mit mindestens drei Monaten Frist für den Schluß eines Kalendervierteljahrs kündigen. Die Kündigungsfrist erhöht sich nach einer Beschäftigungsdauer von acht Jahren auf vier Monate, nach einer Beschäftigungsdauer von zehn Jahren auf fünf Monate und nach einer Beschäftigungsdauer von zwölf Jahren auf sechs Monate. Bei der Berechnung der Beschäftigungsdauer werden Dienstjahre, die vor Vollendung des fünfundzwanzigsten Lebensjahres liegen, nicht berücksichtigt. Diese Verlängerung der Kündigungsfrist des Arbeitgebers gegenüber dem Angestellten berührt eine vertraglich bedungene Kündigungsfrist des Angestellten gegenüber dem Arbeitgeber nicht. Unberührt bleiben die Bestimmungen über fristlose Kündigung.

Der Prinzipal ist auch verpflichtet, dem Gehilfen (wenn er nicht bloß vorübergehend angenommen war) im Falle der Kündigung die nötige Zeit zu gewähren, um sich nach einer neuen Stelle umzusehen (629).

Über Zeugniserteilung s. „Zeugnis".

Konkurrenzklausel. Über die sog. Konkurrenzklausel s. den besonderen Artikel.

3. Unterschied zwischen Handlungsgehilfen und Handlungsbevollmächtigten. Schließlich sei noch besonders darauf hingewiesen, daß die Begriffe „Handlungsgehilfe" und „Handlungsbevollmächtigter" nicht verwechselt werden dürfen. Handlungsgehilfe ist jeder, der in einem kaufmännischen Dienstverhältnis zum Prinzipal steht. Handlungsbevollmächtigter ist der Handlungsgehilfe aber nur dann, wenn er (was keineswegs immer der Fall ist) vom Prinzipal ermächtigt ist, ihn in Handelsgeschäften (bei Verträgen und sonstigen Rechtshandlungen), z. B. Käufen, Verkäufen, Annahme und Leistung von Zahlungen usw., zu vertreten. Eine solche Vertretungsbefugnis liegt immer vor bei Verkäufern in einem Laden usw., da sie für den Prinzipal Waren verkaufen, und bei Kassierern, die das Geld dafür annehmen; sie liegt auch regelmäßig bei den Handlungsreisenden vor, da diese meist ermächtigt sind, Verkäufe für den Prinzipal abzuschließen und die Gelder dafür einzukassieren. Vor allen hat die Vertretungsbefugnis in weitestem Umfange der Prokurist. Immer aber beruht sie auf einer Ermächtigung durch den Prinzipal, die nicht schon darin zu finden ist, daß jemand als Handlungsgehilfe angenommen wird. Vgl. den Artikel „Prokura. Handlungsvollmacht".

Handlungslehrlinge s. Lehrlinge.

Handlungsreisende s. Prokura und Handlungsvollmacht, Handlungsgehilfen 1 u. Handlungsagent.

Handlungsvollmacht s. Prokura und Handlungsvollmacht.

Handschein s. Schuldversprechen usw. Siehe auch: Quittung.

Handwerker. Die Frage, ob ein Gewerbetreibender als Handwerker anzusehen ist (im Gegensatz zum Fabrikanten), ist insbesondere deshalb von Bedeutung, weil Handwerker, wenn sie Kaufleute im Sinne des Handelsgesetzbuches sind, nur Kaufleute „minderen Rechts" („Minderkaufleute") sind (HGB. 4).

Ein Gewerbetreibender, dessen Geschäft darin besteht, daß er Rohmaterialien anschafft, um sie nach geschehener Bearbeitung oder Verarbeitung als seine Fabrikate an die Kundschaft zu verkaufen (er kauft z. B. Leder, um daraus Schuhwaren zu fertigen, oder Kleiderstoffe, um daraus Anzüge zu machen), kann Handwerker sein; er kann auch Fabrikant sein. Es kommt für die Entscheidung dieser Frage, die im einzelnen Falle schwierig sein kann, auf die ganze Art des Betriebes an, ob er die innere Natur des Handwerks bewahrt hat oder mehr die Kennzeichen eines Fabrikbetriebes an sich trägt, wobei vor allem auf die Art der Herstellung der Produkte, die Einrichtung der Betriebsstätte, die Beschaffenheit der Hilfsmittel, die Zahl und Art des Hilfspersonals, auf die mehr oder minder durchgeführte Arbeitsteilung, Mitwirkung des Prinzipals bei der Handarbeit usw. Gewicht zu legen ist. Der Umfang des Geschäfts allein ist nicht maßgebend. Ist dieser freilich so erheblich, daß der Betrieb kaufmännische Einrichtungen, insbesondere eine geregelte kaufmännische Buchführung, erfordert, so wird man den Inhaber nicht als Handwerker, sondern als Fabrikanten ansehen müssen. Es ist darnach allerdings ein in der Praxis recht unsicherer Begriff, an den das Gesetz wichtige Rechtsfolgen knüpft. Der Handwerker verliert die Eigenschaft als solcher auch nicht dadurch, daß er etwa aushilfsweise, zur Unterstützung seines Handwerksbetriebes, auch fertige Sachen anschafft, um sie an die Kunden wieder zu verkaufen, z. B. der Schuhmacher verkauft außer selbstgefertigten auch aus Fabriken bezogene Schuhwaren.

Der Handwerker kann Kaufmann im Sinne des Handelsgesetzbuchs (s. „Kaufmann. Handelsgewerbe") sein und es finden dann die Bestimmungen des Handelsrechts (s. d.) auf ihn Anwendung; er braucht es aber keineswegs zu sein. Um zu wissen, welcher Handwerker Kaufmann ist, hat man zu unterscheiden zwischen solchen Handwerkern, die selbst die Rohmaterialien beschaffen, um daraus ihre Fabrikate herzustellen, und solchen, die nur die ihnen von den Kunden gelieferten Materialien verarbeiten (z. B. ein Schneider, der nur aus den ihm übergebenen

Stoffen Kleider macht; ein Färber oder Spinner, der nur Kundensachen färbt oder spinnt) oder die überhaupt keine Sachen verarbeiten, wie z. B. Maurer oder Anstreicher. Die ersteren (die selber das Rohmaterial beschaffen) sind stets Kaufleute im Sinne des Gesetzes, unabhängig von der Größe ihres Betriebes, mit Ausnahme freilich der Bauhandwerker, die regelmäßig nicht Kaufleute sind (HGB. 1 Nr. 1); die letztgedachten sind dagegen keine Kaufleute (HGB. 1 Nr. 2). Ist ein Gewerbebetrieb letzterer Art freilich ein so großer, daß er über den Handwerksbetrieb hinausgeht, z. B. eine im großen betriebene Färberei oder Spinnerei oder Wäscherei u. dgl., so ist der Inhaber regelmäßig allerdings Kaufmann im Sinne des Gesetzes; aber er ist dann eben auch kein Handwerker mehr, sondern ein Fabrikant. Er ist (nach HGB. 2; s. „Kaufmann usw." 1) verpflichtet, seine Firma in das Handelsregister eintragen zu lassen; er wird durch die Eintragung Vollkaufmann.

Von dem letztgedachten Falle abgesehen, sind aber Handwerker, wenn sie nach dem Vorstehenden Kaufleute sind, niemals Vollkaufleute, sondern, wie eingangs schon bemerkt worden, nur Kaufleute „minderen Rechts", sog. Minderkaufleute, auf die verschiedene Vorschriften des Handelsrechts keine Anwendung finden; s. „Kaufmann. Handelsgewerbe" unter 2.

Handwerker, welche Sachen ihnen nicht gepfändet werden können, s. Pfändung in der Zwangsvollstreckung 1.

Handzeichen s. Form der Rechtsgeschäfte 3.

Hängende Früchte, Pfändung von, s. Früchte, Pfändung von.

Hartschlägigkeit bei Tieren s. Gewährleistung usw. 9.

Hauptmängel beim Viehhandel s. Gewährleistung wegen Mängel usw. 9.

Hauptsache und Zubehör s. Zubehör.

Hauptschuldner s. Bürgschaft.

Haus, Kauf- usw. Verträge über ein, s. Auflassung 2; vgl. auch: Grundeigentum.

Hausangestellte. Hausgehilfen. Das Recht der früher sogenannten „Dienstboten" ist seit der Revolution geändert. Die Gesindeordnungen, die Landesrecht waren, sind durch den Rat der Volksbeauftragten am 12. 11. 18 aufgehoben worden, was durch Ges. v. 4. 3. 19 und die RVerf. (Art. 178) bestätigt worden ist. Ein neues Hausgehilfengesetz liegt im Entwurf fertig vor. Bis es Gesetz wird, gelten nur die einschlägigen Bestimmungen des BGB., die im Art. „Arbeits- und Dienstvertrag" mitgeteilt sind, und das Gewohnheitsrecht, das sich noch aus der langjährigen Geltung der alten Gesindeordnungen herleitet. Es ist anzunehmen, daß alle arbeitsrechtlichen Bestimmungen, soweit sie nach ihrer Natur sinngemäß auf den Hausgehilfenvertrag überhaupt anwendbar sind, für ihn Geltung haben, bis das neue Hausgehilfengesetz hier das Nähere bestimmen wird. Vgl. den Art. Hausgehilfe im HdR. III 150ff.

Der Entwurf, der sich zurzeit noch in der Beratung der gesetzgebenden Körperschaften befindet, gestaltet den Hausgehilfenvertrag ähnlich dem Arbeitsvertrag, betont die persönliche Freiheit des Arbeitnehmers anstatt des früher gesetzlich vorhandenen Herrschafts- und Dienstverhältnisses, und regelt die Einzelheiten in einer der heutigen Auffassung von den gegenseitigen Pflichten entsprechenden, aber etwas losen Form, da starre Regeln hier wenig am Platze erscheinen. Wichtig erscheint, daß neben der ausdrücklich vereinbarten Arbeit der Hausgehilfe im Notfall auch andere Arbeit zu leisten hat, vorübergehend auch leichte Krankenpflege und an Sonntagen die laufenden Arbeiten. Die Ruhezeit soll mindestens 9 Stunden betragen; für Jugendliche unter 18 Jahren, denen gegenüber der Haushaltsleiterin besondere Pflichten zufallen, mindestens 10 Stunden, ferner ein freier Wochennachmittag von mindestens 4 Stunden und der Sonntagnachmittag von drei Uhr ab. Urlaub ist, je nach der Dauer des Dienstverhältnisses, von einer bis zwei Wochen zu gewähren. Im Krankheitsfalle läuft der Lohn weiter, worüber nähere Einzelbestimmungen im Entwurf vorgesehen sind; ebenso ist Schutz und Arbeitsfreiheit im Falle der Niederkunft vorgesehen. Der Kündigungstermin ist bei Hausgehilfen das Monatsende, bei Hausangestellten das Vierteljahresende; fristlose Kündigung kann aus wichtigen Gründen (Nichtzumutbarkeit der weiteren Zusammenarbeit) ausgesprochen werden. Vom Beginne der Kündigungsfrist an kann der Hausgehilfe eine Arbeitsbescheinigung bzw. ein Zeugnis über seine Leistungen und sein Verhalten verlangen, die auf Verlangen des Arbeitnehmers auch polizeilich beglaubigt werden müssen. Alle diese — und einige andere hier nicht besonders erwähnten — Bestimmungen sind, wie oben gesagt, zurzeit noch nicht endgültig als Gesetz verabschiedet; der Interessent muß also nachprüfen, ob der Entwurf inzwischen Gesetz geworden sein mag und welchen endgültigen Wortlaut er erhalten hat.

Hausbesitzer, Hauseigentümer, Haftung für Schaden s. Gebäudeeinsturz, Beleuchtung usw. s. Öffentliche Sicherheit.

Hauseinsturz s. Gebäudeeinsturz.

Häusermäkler s. Mäkler.

Häuserspekulant ist unter Umständen Kaufmann im Sinne des Handelsgesetzbuchs s. Kaufmann usw. 1.

Hausflure, Beleuchtung von, s. Öffentl. Sicherheit.

Hausgenossen eines Verstorbenen, Verpflichtung zur Auskunft s. Erbschaftsklage.

Hausgerät, Pfändbarkeit desselben, s. Pfändung in der Zwangsvollstreckung 1.

Haushaltsgegenstände im Nachlasse eines Ehegatten s. Gesetzliche Erben 2; Anschaffung von, an Stelle abgängig gewordener, s. Eingebrachtes Gut der Frau.

Haushaltungsbücher, Pfändbarkeit derselben, s. Pfändung in der Zwangsvollstreckung 1.

Hauskinder s. Eltern und Kinder; volljährige, Vormundschaft über, s. Vormundschaft 3.

Häuslerrecht s. Erbpachtrecht.

Häusliche Gemeinschaft, Klage auf Herstellung der, s. Ehescheidung 1 c.

Häuslicher Wirkungskreis der Frau s. Ehegatten 1.

Hausmiete s. Miete.

Hausrat s. Hausgerät.

Hausschwamm. Das Vorhandensein von Hausschwamm in einem Gebäude ist ein Mangel, für den der Verkäufer dem Käufer nach den Vorschriften über die Gewährleistung beim Kaufe (s. „Gewährleistung usw.") aufzukommen hat. Aber auch schon die bloße Schwammverdächtigkeit eines Gebäudes, d. i. die dem Gebäude anhaftende Befürchtung des jederzeit möglichen Wiederauftretens des in seinen Keimen schwer zu beseitigenden Hausschwamms, ist nach allgemeiner Verkehrsanschauung ein Fehler, der den Wert eines Gebäudes erheblich beeinträchtigt (RG.).

Hausstand, Aussteuern und Ausstattung für den, s. Aussteuer, Ausstattung.

Haustiere s. Aneignung herrenloser Sachen 2; Beschädigung durch, s. Tiere, Tötung usw. durch.

Hausvater, ordentlicher, Sorgfalt eines, s. Vertretung von Vorsatz usw.

Hauswesen, Leitung des, s. Ehegatten 1; Arbeiten im, s. Ehegatten 1 u. Eltern und Kinder 2.

Hecken s. Grundeigentum 2.

Heilanstalten, Inhaber von, s. Kaufmann usw. 1.

Heilungs- und Kurkosten s. Schadensersatz wegen unerlaubter Handlung 6 u. Haftpflicht der Eisenbahnen usw. 4.

Heimstätten s. Reichsheimstätten.

Heirat, Eingehung einer, s. Eheschließung u. Ehehindernisse; Heirat macht nicht mündig s. Volljährigkeit; einer Minderjährigen s. Minderjährige Ehefrauen; eines Kindes, Beendigung des Nutzungsrechts des Vaters s. Verwaltung des Kindesvermögens usw. 2; Heirat des Mündels beendigt die Vormundschaft nicht, s. Vormundschaft 4; Heirat des Mündels, Einwilligung des Vormundes s. Vormund 2; Heirat eines Kindes, Einwilligung der Eltern s. Ehehindernisse usw. 1; Aussteuer zum Zwecke einer Heirat s. Aussteuer usw.; Heirat der Eltern, Legitimation eines unehelichen Kindes durch die, s. Legitimation 1. Vgl. auch: Ehehindernisse.

Heiratsalter s. Ehehindernisse 1a.

Heiratsgut s. Aussteuer, Ausstattung u. Eingebrachtes Gut der Frau.

Heiratsregister s. Eheschließung.

Heiratsvermittler s. Mäkler 1.

Heiratsversprechen s. Verlöbnis.

Heiratsvertrag (Heiratskontrakt) s. Eingebrachtes Gut der Frau 1.

Herabfallen von Ziegeln, Blumentöpfen u. dgl. s. Gebäudeeinsturz.

Herabsetzung des Kaufpreises wegen Fehler der Sache s. Gewährleistung wegen Mängel usw. 2; einer ungebührlich hohen Vertragsstrafe (Konventionalstrafe) s. Vertragsstrafe.

Herausgabe einer Erbschaft, Klage auf, s. Erbschaftsklage; eines Testaments s. Testament 4; des Kindesvermögens durch den Vater s. Verwaltung des Kindesvermögens usw. 2; Herausgabe des Mündelvermögens durch den Vormund s. Vormund 8; Anspruch des Eigentümers auf, s. Eigentumsansprüche 1; des Erhaltenen beim Auftrage s. Auftrag; s. a. Ungerechtfertigte Bereicherung.

Herrenlose Sachen, Aneignung von, s. Aneignung herrenloser Sachen.

Herrschendes Grundstück s. Grunddienstbarkeiten.

Herstellung, Übernahme einer, s. Werkvertrag; des früheren Zustandes s. Schadensersatz; der häuslichen Gemeinschaft bei Ehegatten s. Ehescheidung 1 c.

Herstellung des ehelichen Lebens, Klage auf (ZPO. 606, 608, 612, 615). Wenn ein Ehegatte die aus der Verpflichtung zur ehelichen Lebensgemeinschaft sich ergebenden Pflichten verletzt, ist der andere Gatte berechtigt, gegen ihn — nach einem vorangegangenen Sühneversuch vor dem Amtsgericht — eine Klage auf „Herstellung des ehelichen Lebens" zu erheben. Die Bezeichnung für diese Klage ist nicht besonders glücklich gewählt und läßt den Zweck der Klage nicht gleich erkennen. Die Klage ist keineswegs bloß zur Beseitigung eines etwaigen räumlichen Getrenntlebens der Ehegatten gegeben, sondern sie kann in der Regel wegen jeder Verletzung der aus dem persönlichen Verhältnisse der Ehegatten zueinander hervorgehenden Pflichten zum Zwecke der Herbeiführung eines dem Wesen der Ehe entsprechenden Verhaltens des anderen Teils erhoben werden. Wie in dem Artikel „Ehegatten" nachzulesen ist, steht dem Manne in allen das gemeinschaftliche eheliche Leben betreffenden Fragen die Entscheidung zu, so z. B. darüber, wo die Ehegatten ihren Wohnsitz nehmen, welche Wohnung sie mieten wollen u. dgl. Die Frau braucht sich aber der Entscheidung nicht zu fügen, wenn sie offenbar ungerecht oder unzweckmäßig ist, wenn sie sich also als „Mißbrauch" des Rechtes des Mannes darstellt. Ebenso ist es, wenn der Mann etwa unbegründeterweise diejenigen Rechte, die das Gesetz der Frau in bezug auf die Leitung des Hauswesens gibt (sog. Schlüsselgewalt der Frau) ihr verkürzt, wohl gar ihr die Schlüsselgewalt entzieht, sie z. B. in öffentlichen Blättern kreditlos macht; auch ein solches Verhalten des Mannes enthält, wenn dazu keine Veranlassung vorlag, einen Mißbrauch seiner Rechte. In diesen und ähnlichen Fällen oder wenn sonst der eine Gatte dem anderen gegenüber seinen Pflichten nicht nachkommt oder ihnen zuwiderhandelt, kann jeder Gatte die richterliche Entscheidung anrufen, indem er die Klage „auf Herstellung des ehelichen Lebens" erhebt. Der Erfolg der Klage kann der sein, daß die Gatten sich dem Richterspruche unterwerfen und ihre Ehe in Einträchtigkeit weiterführen. Hat das Urteil dieses günstige Ergebnis nicht, so ist der Prozeß an sich ziemlich nutzlos geführt; denn selbst wenn das Urteil zugunsten des klagenden Teils dahin ergehen sollte, daß der verklagte Gatte verpflichtet sei, seine ehelichen Pflichten in der vom Kläger gewünschten Weise zu erfüllen, ist doch eine zwangsweise Durchführung des Urteils ausgeschlossen (ZPO. 888); ein Urteil auf zwangsweise Herstellung des ehelichen Lebens kann nicht, wie ein anderes Urteil vollstreckt werden. Einen praktischen Erfolg kann das Urteil nur insofern haben, als der obsiegende Teil die Nichterfüllung der durch Richterspruch festgestellten Pflichten zur Stützung einer wegen Zerrüttung der Ehe erhobenen Ehescheidungsklage verwerten kann.

Herstellungsart einer Ware, falsche Angaben über, s. Schwindelhafte Reklame 1.

Hilfeleistung in Seenot s. Strandrecht.

Hilfslohn s. Strandgut.

Hilfspersonen, Haftung des Schuldners für deren Verschulden s. Vertretung von Vorsatz usw.

Hingabe an Zahlungs Statt s. Erfüllung von Schuldverhältnissen.

Hinterlegung von Geld usw. durch einen Schuldner (372—386). Unter Umständen ist ein Schuldner ohne seine Schuld außerstande, zu zahlen oder die ihm sonst obliegenden Verbindlichkeiten zu erfüllen oder doch mit der Gewißheit zu erfüllen, daß er nicht unter Umständen noch einmal zahlen muß, weil auf seiten des Gläubigers ein Hindernis obwaltet, sei es, daß dieser die Leistung nicht annehmen will oder kann, oder daß nach dem Übergange der Forderung auf andere Personen, z. B. auf die Erben oder sonstigen Rechtsnachfolger des ursprünglichen Gläubigers, diese sich als berechtigte Inhaber der Forderung nicht genügend ausweisen können oder daß die Forderung bei dem Gläubiger gepfändet oder mit Arrest belegt oder daß sie zwischen verschiedenen angeblich Berechtigten streitig ist oder daß sonst ungewiß ist, wem der Anspruch zusteht. Diese Ungewißheit darf aber nicht auf einer Fahrlässigkeit des Schuldners beruhen, d. h. es muß ein vernünftiger Grund vorliegen, die Person des Berechtigten für ungewiß zu halten. Es genügen auch tatsächlich begründete Zweifel über die Person des Berechtigten. In den gedachten Fällen muß der Schuldner ein Mittel haben, sich von der geschuldeten Geldsumme oder sonstigen Leistung zu befreien, damit er das Geld usw. nicht länger aufzubewahren oder bereit zu halten braucht. Das Gesetz gestattet ihm zu diesem Zweck die Hinterlegung des geschuldeten Gegenstandes, falls dieser in Geld, Wertpapieren oder sonstigen Urkunden, Kostbarkeiten oder sonst landesrechtlich für hinterlegungsfähig erklärten Sachen (EGBGB. 146) besteht, während er bei nicht hinterlegungsfähigen Sachen diese öffentlich versteigern und sodann deren Erlös hinterlegen kann.

Die vom Gesetz gestattete Hinterlegung darf nur bei den für solche Hinterlegungen in den einzelnen Staaten bestellten öffentlichen Stellen (Hinterlegungsstellen; s. d.) geschehen; eine Hinterlegung bei einer Privatperson oder einem privaten Institut (Bankier usw.) ist unzulässig, wenn sich nicht die Beteiligten etwa hierüber einigen. Die Hinterlegung muß bei der für den Leistungsort bestimmten Hinterlegungsstelle unter grundsätzlich unverzüglicher Benachrichtigung des Gläubigers geschehen; erfolgt die Hinterlegung bei einer anderen Stelle oder unterbleibt die Benachrichtigung grundlos, so ist die Hinterlegung nicht ungültig, aber der Schuldner ist zum Ersatz des hierdurch entstehenden Schadens verpflichtet.

Wer bloß Schuldner ist, hat, wenn er den Geldbetrag oder die sonstige Leistung hinterlegt hat und eine Rücknahme ausgeschlossen ist (s. nachfolgend), an dem weiteren Verlauf der Sache kein Interesse mehr, da er von seiner Verpflichtung befreit ist. Der Gläubiger muß, damit er zu seinem Gelde kommt, sich der Hinterlegungsstelle gegenüber als der Berechtigte ausweisen. Besteht unter mehreren Personen ein Streit darüber, wer das hinterlegte Geld usw. zu beanspruchen hat, so muß darüber ein zwischen diesen ergehendes Urteil entscheiden. — Wer aber aus einem gegenseitigen Vertrage auch seinerseits zu fordern hat, der will selbstverständlich nicht, daß der andere Teil die hinterlegte Summe oder Leistung in Empfang nehme, ohne seine Gegenleistung zu erfüllen; es kann daher in solchem Falle der hinterlegende Schuldner das Recht des Gläubigers zum Empfange der hinterlegten Geldsumme oder Sache davon abhängig machen, daß er gleichzeitig (Zug um Zug) die Gegenleistung bewirkt.

Mit der Hinterlegung der Leistung ist übrigens nicht in allen Fällen das Schuldverhältnis beendigt; denn der Schuldner hat an sich die Befugnis, die hinterlegte Sache jederzeit wieder zurückzunehmen. Diese Rücknahme ist aber ausgeschlossen, wenn der Schuldner der Hinterlegungsstelle erklärt, daß er auf das Recht zur Zurücknahme verzichte, wenn der Gläubiger der Hinterlegungsstelle die Annahme des für ihn Hinterlegten erklärt, oder wenn der Hinterlegungsstelle ein zwischen dem Gläubiger und dem Schuldner ergangenes rechtskräftiges Urteil vorgelegt wird, das die Hinterlegung für rechtmäßig erklärt. Das Recht des Schuldners auf Rücknahme der hinterlegten Summe oder sonstigen Leistung ist einer Pfändung nicht unterworfen, da der hinterlegte Gegenstand aus Gründen der Zweckmäßigkeit und Billigkeit dem Zugriff der etwaigen übrigen Gläubiger des hinterlegenden Schuldners entzogen sein muß. Ebensowenig kann der Schuldner das Recht abtreten (zedieren). Wird über das Vermögen des Schuldners Konkurs eröffnet, so kann während des Konkurses das Rücknahmerecht auch vom Schuldner nicht ausgeübt werden; noch weniger kann der Konkursverwalter das Hinterlegte zur Konkursmasse ziehen.

Solange die Sache hinterlegt ist, trägt der Gläubiger die Gefahr; der Schuldner ist daher nicht verpflichtet, Zinsen auf seine Schuld zu zahlen oder dem Gläubiger den Zinsausfall zu erstatten oder ihm Ersatz für nicht gezogene Nutzungen zu leisten. Nimmt der Schuldner die hinterlegte Sache zurück, so gilt die Hinterlegung als nicht erfolgt.

Ob für den Gläubiger, der das für ihn Hinterlegte in Empfang nehmen will, zum Nachweise der Empfangsberechtigung eine Einwilligungserklärung des Schuldners erforderlich ist und ob solche genügt, richtet sich wie auch das bei der Hinterlegung zu beobachtende Verfahren sowie die Frage einer Verzinsung hinterlegten Geldes nach den für die Hinterlegungsstelle geltenden landesrechtlichen Bestimmungen (vgl. „Hinterlegungsstellen“). Ist danach eine Freigabeerklärung des Schuldners erforderlich, so kann der Gläubiger von ihm die Abgabe dieser Erklärung unter denselben Voraussetzungen verlangen, unter denen die Leistung zu fordern berechtigt sein würde, wenn die Hinterlegung nicht erfolgt wäre.

Die Kosten der Hinterlegung fallen, wenn der Schuldner die Sache nicht zurücknimmt, dem Gläubiger zur Last. Das Recht des Gläubigers auf den hinterlegten Betrag erlischt mit dem Ablauf von dreißig Jahren nach dem Empfange der Benachrichtigung von der Hinterlegung, wenn er sich nicht vor Ablauf dieser Zeit bei der Hinterlegungsstelle gemeldet hat. Der Schuldner kann alsdann das hinterlegte Geld oder die hinterlegte Sache wieder zurücknehmen, und zwar auch dann, wenn er der Hinterlegungsstelle früher erklärt hatte, daß er auf das Recht zur Zurücknahme verzichte.

Hinterlegung des Schuldbetrages s. Abtretung einer Forderung 3; einer Sache, deren Annahme der Gläubiger weigert, s. Verzug 2; von Wertpapieren bei einem Bankier usw. s. Depots, kaufmännische; von Wertpapieren des Mündels durch den Vormund s. Vormund 4; Hinterlegung als Sicherheitsleistung s. Sicherheitsleistung; Hinterlegung von Waren in einem öffentlichen Lagerhaus s. Handelskauf. Vergleiche auch: Verwahrung.

Hinterlegungsstellen. An verschiedenen Stellen dieses Buches ist davon die Rede, daß Gelder, Wertpapiere oder sonstige Urkunden oder Kostbarkeiten zu hinterlegen sind oder (z. B. zum Zwecke einer Sicherheitsleistung) hinterlegt werden können. Die für solche Hinterlegungen zuständigen Hinterlegungsstellen (öffentliche Hinterlegungsstellen) sind durch die Landesgesetzgebung bestimmt. Bei den Hinterlegungsstellen können die vorgedachten Gegenstände hinterlegt werden, ohne daß es hierfür einer gerichtlichen Anordnung bedarf. Über das Verfahren bei der Hinterlegung sind die in den einzelnen Ländern ergangenen Bestimmungen maßgebend. Als Hinterlegungsstellen sind in Preußen die Amtsgerichte bestimmt; jedoch können und sind für bestimmte Fälle durch den zuständigen Minister auch andere Stellen (z. B. die Seehandlung) zu Hinterlegungsstellen bestimmt. Das Verfahren bei der Hinterlegung, die Frage einer Verzinsung hinterlegten Geldes, sowie weitere Einzelheiten sind im einzelnen durch die Hinterlegungsordnungen der Länder, auf die verwiesen werden muß, geregelt (vgl. auch HdR. Bd. III, S. 178).

Hinterlegungsvertrag s. Verwahrung.

Hinüberragen von Wurzeln und Zweigen auf ein fremdes Grundstück s. Grundeigentum 2.

Höchstgebot s. Versteigerung.

Höchsthypothek s. Hypothek 5.

Hochzeit s. Eheschließung.

Hochzeitsgeschenke. Wem Hochzeitsgeschenke gehören, ob dem Manne oder der Frau, darüber herrscht oft Unklarheit. Das Gesetz bestimmt darüber nichts, kann dies auch nicht, da es selbstverständlich vom Geber abhängt, ob er das Geschenk dem Manne oder der Frau oder etwa beiden zusammen machen will. Ist in dieser Beziehung, wie wohl meist der Fall, nichts Sicheres zu ermitteln (daraus, daß der Schenker ein Anverwandter oder Freund des einen Verlobten ist, ergibt sich jedenfalls für sich allein noch nicht, daß er das Geschenk diesem allein habe machen wollen), so wird man annehmen müssen, daß die Sache beiden Ehegatten zusammen geschenkt ist.

Stirbt einer der Ehegatten, so fallen die Geschenke jedoch nur dann in die allgemeine Erbmasse, falls Kinder oder Enkelkinder vorhanden sind. Andernfalls gehören sie als sogenannter „Voraus" dem überlebenden Ehegatten, der sie, ohne etwa ihren Wert sich auf seinen Erbteil anrechnen lassen zu müssen, aus der Erbmasse, sofern diese nicht — unter Nichtberücksichtigung von Vermächtnissen und Auflagen — überschuldet ist, herausfordern kann (1932).

Ausgeschlossen ist das Recht auf diesen Voraus, wenn der verstorbene Ehegatte zur Zeit seines Todes auf Scheidung wegen Verschuldens des Überlebenden zu klagen berechtigt war und die Klage auf Scheidung oder auf Aufhebung der ehelichen Gemeinschaft bereits erhoben hatte (1933).

Höhere Gewalt. Unter Umständen haftet der Mensch anderen gegenüber nicht nur für sein Verschulden, sondern auch für den Zufall, d. h. für einen Schaden, der ganz ohne sein Verschulden eingetreten ist. Dies sind freilich Ausnahmefälle, die in den besonderen Verhältnissen des Falles ihre Rechtfertigung finden; Beispiele hierfür s. in den Artikeln „Haftpflicht der Eisenbahnen usw. 2", „Frachtführer usw.", „Gastwirte 1", „Schadensersatz wegen unerlaubter Handlung 4" und „Tiere. Tötung usw.". Auch die Haftung des Jagdbesitzers für Wildschaden ist von einem Verschulden unabhängig. Aber auch der, welcher für Zufall haftet, haftet regelmäßig nicht für höhere Gewalt (vis major), d. h. für solche Ereignisse, die auch durch die größte Sorgfalt und die besten Vorkehrungen nicht abgewendet werden konnten, wie z. B. Unfälle infolge von außerordentlichen Naturereignissen (Wassers- oder Feuersnot, Sturm, Erdbeben, Seuchen usw.) oder infolge von feindlichen Einfällen u. dgl. Die Unfälle müssen von so außerordentlicher Art sein, daß im gewöhnlichen Leben mit ihnen nicht gerechnet werden und daher keine Vorsorge gegen sie getroffen werden kann. Die Frage, ob höhere Gewalt vorliegt, kann freilich im einzelnen Falle sehr schwer zu beantworten sein, zumal der Begriff in der Wissenschaft und in der Gesetzgebung nicht einmal ganz genau feststeht.

Näheres s. im Art. „Höhere Gewalt" HdR. III 196ff.

Holschuld s. Bringschuld und Holschuld.

Holzstoffabrikation als forstwirtschaftliches Nebengewerbe s. Land- und Forstwirte als Kaufleute 3.

Hoteldiebe s. Gastwirt.

Hühner, Schaden durch, s. Tiere usw.

Hunde, Schaden durch, s. Tiere usw.

Hypothek (Pfandrecht an Grundstücken) (1113 bis 1190). Das Verfahren in Hypothekensachen richtet sich nach der Grundbuchordnung nebst den dazu ergangenen landesrechtlichen Ausführungsgesetzen. Die Hypothek ist ein Grundstückspfandrecht. Das Bürgerliche Gesetzbuch kennt vier Arten von Grundstückspfandrechten. Die Hypothek — im Leben auch als Verkehrshypothek bezeichnet —, die Sicherungshypothek, beide mit einer persönlichen Forderung verbunden, die Grundschuld und die Rentenschuld, beide ohne solche Forderung. Die Hypothek unterscheidet sich von der Sicherungshypothek ihrem Wesen nach dadurch, daß im Streitfalle der Gläubiger der Hypothek sich für das dingliche Recht und die persönliche Forderung auf den öffentlichen Glauben des Grundbuchs berufen kann (892, s. „Grundbuch"), während bei der Sicherungshypothek sich das Recht des Gläubigers aus der Hypothek nach der Forderung bestimmt und der Gläubiger sich zum Beweise der Forderung nicht auf die Eintragung berufen kann (1184). Die Hypothek eignet sich daher besonders für dauernde Kapitalsanlagen mit rascher Verwertbarkeit, während die Sicherungshypothek nur zur pfandrechtlichen Sicherung persönlicher Forderungen dient, die geschäftsmäßig abgewickelt werden sollen. Die Hypothek kann mit oder ohne Brief bestellt werden, die Sicherheitshypothek ist stets brieflos. Bezüglich der Grundschuld und Rentenschuld s. d. In folgendem sind die allgemeinen Grundsätze bei der gewöhnlichen Hypothek (Verkehrshypothek) entwickelt und die Abweichungen für die anderen Grundstückspfandrechte bei der Besprechung der einzelnen Arten angegeben.

1. Die gewöhnliche Hypothek. Zweck der Hypothek ist, eine Sicherung für eine Forderung durch den Wert des belasteten Grundstücks zu gewinnen und zwar an einer bestimmten Wertstelle (Rangstelle) des Grundstücks, so daß die Befriedigung des Gläubigers aus dem Grundstücke an der bei der Eintragung erworbenen Rangstelle vor etwa später eingetragenen Rechten erfolgt (s. Rangverhältnis). Die Hypothek kann an einem oder mehreren Grundstücken bestellt werden (Gesamthypothek), auch an einem Bruchteil eines Grundstücks, wenn dieser in dem Anteil eines Miteigentümers besteht (s. Miteigentum). Soll ein realer Teil eines Grundstücks, also ein bestimmter Grundstücksabschnitt, belastet werden, so muß dieses zuvor als selbständiges Grundstück abgeschrieben und als solches im Grundbuch eingetragen werden. Auch Erbbaurechte (s. d.), Bergbaurechte, Bahneinheiten können mit Hypotheken belastet werden. Zur Entstehung der Hypothek ist erforderlich die Einigung des Grundstückseigentümers und des Berechtigten über die Entstehung und Eintragung der Hypothek im Grundbuche. Die Einigung kann formlos sein, sie kann der Eintragung vorausgehen oder folgen. Die Eintragung erfolgt auf Grund einer Eintragungsbewilligung des Eigentümers. Es sind darin genau anzugeben: der Gläubiger, der Geldbetrag der Forderung in Reichswährung und, wenn die Forderung verzinslich ist, der Zinsfuß und die näheren Bestimmungen über die Zinszahlung, insbesondere der Anfangstermin der Verzinsung, wenn andere Nebenleistungen zu entrichten sind, ihr Geldbetrag, endlich die Zahlungs- oder Rückzahlungsbedingungen bezüglich des Kapitals. Das Grundstück oder die Grundstücke, auf welche die Hypothek eingetragen werden soll, müssen übereinstimmend mit dem Grundbuch oder durch Hinweisung auf das Grundbuchblatt bezeichnet werden.

Der Geldbetrag darf nur in Reichsmark (nicht mehr in Mark, Münzgesetz v. 30. 8. 24, RGBl. II 254) eingetragen werden. Die Eintragung einer Zahlungspflicht in Goldmünzen ist zulässig. Daneben sind wertbeständige Maßstäbe durch das Gesetz vom 23. 6. 1923 (RGBl. I 407) zugelassen, und zwar der Preis von Roggen, Weizen, Feingold, 5 Sorten Kohle und die Goldmark (Feingoldmark) (1 GM. = $^1/_{2790}$ Kilogramm Feingold, VO. v. 17. 4. 1924, RGBl. I 415). Zugelassen ist ferner der an einer deutschen Börse amtlich festgestellte Kurswert des nordamerikanischen Dollars, aber nur für den Fall, daß die Hypothek zur Sicherung einer Anleihe dient, für deren Verzinsung und Rückzahlung das Reich oder ein Land die Bürgschaft übernommen hat, sonst sind Goldmarkhypotheken, berechnet nach dem Dollarkurs, nicht eintragbar. Die Eintragung von Hypotheken in ausländischer Währung, z. B. amerikanischen Dollars, holländischen Gulden usw. ist zulässig, jedoch nur mit Einwilligung der Landeszentralbehörde. Die Einwilligung muß nachgewiesen und im Grundbuch vermerkt werden (VO. v. 13. 2. 1920, RGBl. 231 u. 18. 12. 1925, I 469). Sonst können für Ansprüche in ausländischer Währung nur Höchstbetragshypotheken in Reichsmark eingetragen werden. Die Umwandlung einmal eingetragener Reichsmarkhypotheken in wertbeständige, z. B. Goldmarkhypotheken und umgekehrt, ist unzulässig, jedoch kann bei erstmaliger Eintragung einer Hypothek mit wertbeständigem Maßstab der Mindestbetrag in Reichsmark, für den das Grundstück haften soll (z. B. 50000 GM. mindestens 50000 RM.), im Grundbuche eingetragen werden. Die wertbeständigen Hypotheken werden, in Reichsmark berechnet, nach amtlich festgesetzten Preisen für den gewählten Maßstab gezahlt (VO. vom 29. Juni 1923, RGBl. I S. 482). Auch die Feingoldgramm- und Goldmarkhypotheken sind nach einem amtlich festgestellten Preise des Feingoldes in Reichsmark zu zahlen. Als amtlich festgestellter Preis für Feingold gilt der vom Reichsbankdirektorium (Devisenbeschaffungsstelle) jeden Mittwoch im Reichsanzeiger bekanntgegebene Londoner Goldpreis, die Umrechnung in deutsche Währung erfolgt nach dem Mittelkurse der Berliner Börse auf Grund der letzten amtlichen Notierung vor dem Tage, der für die Berechnung der Kapital-, Tilgungs- und Zinsbeträge, sowie der sonstigen Nebenleistungen maßgebend ist (VO. v. 29. 6. 23, RGBl. I 482). Ein Beispiel: Am 27. 8. 24 wurde bekanntgemacht: Preis für Feingold 1 g FG. = 35,5909 Pence, 1 Pence $^1/_{240}$ Pfund Sterling (£), der mittlere Börsenkurs des £ war 18,86 RM. Es war am 27. 8. 24 also ein 1 g FG. = $\frac{35{,}5909 \times 18{,}86}{240} = \frac{671{,}2443}{240} = 2{,}7969$ RM., rund 2,80 RM. Eine Goldmark (GM.) = $\frac{1}{2{,}79}$ g FG. war an diesem Tage also = $\frac{35{,}5909 \times 18{,}86}{2{,}79 \times 240} = \frac{671{,}2443}{669{,}60}$ = 1,0024 RM., rund 1,00 RM.

Als Gläubiger können natürliche und juristische Personen eingetragen werden, inländische und ausländische, auch offene Handelsgesellschaften unter ihrer Firma. Auch für mehrere Personen kann eine Hypothek eingetragen werden, es müssen dann aber die Teilbeträge oder die Bruchteile, die dem einzelnen zustehen sollen, oder das für die Gemeinschaft maßgebende Rechtsverhältnis (z. B. als Miterben) angegeben werden (GBO. 48). Für nicht rechtsfähige Personengemeinschaften, z. B. nicht eingetragene Vereine und nichtrechtsfähige Anstalten, können keine Hypotheken bestellt werden.

Gewöhnlich wird die Eintragungsbewilligung in die Schuldurkunde selbst, wenn eine solche über die Forderung ausgestellt wird, mit aufgenommen, und es wird wegen der eben mitgeteilten Angaben auf die Angaben der Schuldurkunde Bezug genommen („Zur Sicherheit des Gläubigers wegen dieser vorbezeichneten Forderung bewillige ich die Eintragung einer Hypothek an ... usw."). Wird dagegen die Eintragsbewilligung, weil keine Schuldurkunde vorhanden ist, gesondert erteilt, so muß sie die obigen Angaben vollständig enthalten. Die Schuldurkunde kann privatschriftlich aufgenommen sein, da eine Schuldurkunde überhaupt zur Hypothekeintragung nicht erforderlich ist; besteht aber eine Urkunde über die Schuld, so soll sie mit der Eintragungsbewilligung vorgelegt werden, wenn ein Brief erteilt werden soll. Für die Eintragungsbewilligung ist eine besondere Form vorgeschrieben; sie muß entweder vor dem Grundbuchamt selbst zu Protokoll gegeben oder ihm in öffentlicher oder öffentlich beglaubigter Form vorgelegt werden; sie kann in letzterem Falle vor Gericht oder Notar oder wer sonst nach dem Landesrecht zur Aufnahme öffentlicher Urkunden befugt ist, erklärt werden; es genügt aber auch die bloße Beglaubigung der Unterschrift unter der Eintragungsbewilligung durch das Gericht oder einen Notar oder, wo nach Landesrecht andere Behörden oder Beamte zur Vornahme öffentlicher Beglaubigungen zuständig sind, durch eine solche Behörde oder einen solchen Beamten. Wird die Eintragungsbewilligung durch einen Bevollmächtigten abgegeben, so muß sich dieser in gleicher Weise über seine Bevollmächtigung urkundlich ausweisen; eine Privatvollmacht genügt nicht. Wird die Eintragung durch einen gesetzlichen Vertreter (z. B. Vater, Vormund) bewilligt, so muß sich dieser, wenn seine Vertretungsbefugnis nicht bei dem Grundbuchamt bekannt (offenkundig) ist, durch öffentliche Urkunden (Bescheinigung des Gerichts, Bestallung des Vormundes, standesamtliche Atteste usw.) ausweisen.

Über die Hypothek wird in der Regel ein Hypothenbrief erteilt (Briefhypothek). Durch Vereinbarung der Beteiligten kann die Erteilung aber ausgeschlossen werden (Buchhypothek). Der Ausschluß muß in beglaubigter Form erklärt und im Grundbuch eingetragen werden. Eine Briefhypothek kann nachträglich in eine Buchhypothek umgeändert werden und umgekehrt. Dazu ist die beglaubigte Bewilligung des Eigentümers und des Gläubigers erforderlich. Der Hypothekenbrief gibt Auskunft über die Person des Gläubigers, über die durch die Hypothek gesicherte Forderung und über das, was bei dem belasteten Grundstücke im Grundbuch etwa schon eingetragen ist. Insbesondere sind daraus die für die Hypothek haftenden Grundstücke zu ersehen sowie diejenigen Eintragungen im Grundbuche, die der Hypothek im Range vorgehen oder gleichstehen. Ist eine Schuldurkunde über die durch die Hypothek gesicherte Forderung vorhanden, so wird diese (oder geeignetenfalls ein beglaubigter Auszug aus der Urkunde) mit dem Hypothekenbriefe verbunden. Der Hypothekenbrief wird vom Grundbuchamte dem Eigentümer des Grundstücks, also dem Schuldner, nicht dem Gläubiger, ausgehändigt; nur wenn der Eigentümer in der für die Eintragungsbewilligung vorgeschriebenen Form sich damit einverstanden erklärt hat, daß der Brief dem Gläubiger oder jemand anders ausgehändigt werde, darf dies geschehen. Wird dagegen ein Hypothekenbrief erst nachträglich erteilt, so wird er dem Gläubiger (und nur mit dessen Einwilligung dem Schuldner oder einem anderen) verabfolgt. Wird nach der Erteilung des Hypothekenbriefes noch ein anderes, im Bezirke desselben Grundbuchamts belegenes Grundstück für dieselbe Forderung verpfändet, so wird dies auf dem Hypothekenbrief vermerkt und der Hypothekenbrief entsprechend ergänzt.

Gesetzliche Hypotheken an Grundstücken, d. h. solche, die ohne Eintragung in dem Grundbuch bestehen, kennt das BGB. nicht. Sogenannte gesetzliche Hypothekentitel zugunsten juristischer Personen des öffentlichen Rechts oder Stiftungen können landesgesetzlich zugelassen werden (EGBGB. 91). Hiervon haben Bayern (AGBGB. 89, 123) und Baden (AGBGB. 6, 30 u. 31) Gebrauch gemacht.

2. Rechte des Hypothekgläubigers. Seine Sicherheit. Der Gläubiger, der für seine Forderung eine Hypothek hat, ist dadurch wegen seiner Ansprüche gegen den Schuldner soweit gesichert, als der Wert des Grundstücks reicht und nicht andere, auf dasselbe Grundstück eingetragene Rechte seiner Hypothek vorgehen. (Vergleiche über letzteres den Artikel „Rangverhältnis der Eintragungen usw.") Dieser Sicherheit geht er auch nicht verlustig, wenn der Schuldner das Grundstück veräußert oder weiter mit Hypotheken usw. belastet, woran er durch die Hypothek nicht behindert ist. Der Hypothekengläubiger braucht sich, wenn eine Zwangsversteigerung des Grundstücks von anderer Seite beantragt werden sollte, eine Auszahlung seiner Forderung nicht gefallen zu lassen, es sei denn, daß der, der die Versteigerung beantragt hat, ihm mit seiner Hypothek vorgeht; sonst muß der Ersteher des versteigerten Grundstücks seine Forderung nebst laufenden Zinsen übernehmen; sie bleibt auf dem Grundstück stehen. Will ein ihm vorgehender Hypothekgläubiger das Grundstück zur Zwangsversteigerung bringen, so kann er diesen Gläubiger auch auskaufen, indem er ihm bezahlt (268); die Forderung des befriedigten Gläubigers geht dann auf ihn über und die Versteigerung, die ihm vielleicht Schaden bringen könnte, wird verhindert. Im Konkurs des Schuldners oder des Eigentümers des verpfändeten Grundstücks hat der Hypothekengläubiger ein Absonderungsrecht (§ 10 KO.) d. h. einen Anspruch auf vorzugsweise Befriedigung aus dem Grundstück. Soweit aber der Erlös des Grundstücks ihn voraussichtlich nicht decken wird, kann und muß er seine Forderung zum Konkurse anmelden und gleich den anderen einfachen Gläubigern Befriedigung aus der Masse, soweit diese reicht, beanspruchen.

Die Hypothek haftet dem Gläubiger nicht nur für das Kapital, sondern auch für die vertragsmäßigen Zinsen, wenn diese mit in das Grundbuch eingetragen sind; für die gesetzlichen Zinsen, insbesondere Verzugszinsen (s. „Zinsen usw."), auch dann, wenn sie nicht besonders eingetragen sind; ferner haftet sie für die Kosten der Kündigung und „der die Befriedigung aus dem Grundstück bezweckenden Rechtsverfolgung", also eintretendenfalls für die Kosten der Klage (des Prozesses) und einer etwa eingeleiteten Zwangsvollstreckung, ohne daß diese Haftung für die Kosten besonders eingetragen zu sein braucht (1118). Dagegen haftet die Hypothek nicht für die Kosten der Bestellung und Eintragung, wenn diese nicht besonders mit eingetragen sind. Auch für Schadensersatz haftet die Hypothek nicht. Ist eine in das Grundbuch eingetragene Forderung zunächst unverzinslich eingetragen und vereinbaren die Beteiligten später einen Zinssatz, oder vereinbaren sie bei einer verzinslich eingetragenen Hypothek später einen höheren Zinssatz, so kann dieser Zinssatz auf Bewilligung des Eigentümers nachträglich im Grundbuch eingetragen werden, jedoch nur bis zur Höhe von 5%. Soll ein Zins über 5% im Grundbuche eingetragen werden, so ist dies nur mit Zustimmung der nachstehend Berechtigten zulässig.

Umfang der Hypothek (1120ff.). Außer auf das Grundstück selbst erstreckt sich die Hypothek auch auf die von dem Grundstücke getrennten Erzeugnisse und sonstigen Bestandteile, soweit sie nicht mit der Trennung (954 bis 957) in das Eigentum eines anderen als des Eigentümers oder des Eigenbesitzers des Grundstücks gelangt sind, sowie auf das Zubehör des Grundstücks (s. „Zubehör"), mit Ausnahme der Zubehörstücke, welche nicht in das Eigentum des Eigentümers des Grundstücks gelangt sind. Erzeugnisse und sonstige Bestandteile des Grundstücks sowie Zubehörstücke werden jedoch von der Haftung frei, wenn sie veräußert und von dem Grundstück entfernt werden, bevor sie zugunsten des Gläubigers in Beschlag genommen worden sind. Erfolgt die Veräußerung vor der Entfernung, so kann sich der Erwerber dem Gläubiger gegenüber nicht darauf berufen, daß er in Ansehung der Hypothek in gutem Glauben gewesen sei. Entfernt der Erwerber die Sache von dem Grundstücke, so ist eine vor der Entfernung erfolgte Beschlagnahme ihm gegenüber nur wirksam, wenn er bei der Entfernung in Ansehung der Beschlagnahme nicht in gutem Glauben ist. Sind die Erzeugnisse oder Bestandteile innerhalb der Grenzen einer ordnungsmäßigen Wirtschaft von dem Grundstücke getrennt worden, so erlischt ihre Haftung auch ohne Veräußerung, wenn sie vor der Beschlagnahme von dem Grundstück entfernt werden, es sei denn, daß die Entfernung zu einem vorübergehenden Zwecke erfolgt. Zubehörstücke werden ohne Veräußerung von der Haftung frei, wenn die Zubehöreigenschaft innerhalb der Grenzen einer ordnungsmäßigen Wirtschaft vor der Beschlagnahme aufgehoben wird.

Ist das Grundstück vermietet oder verpachtet, so erstreckt sich die Hypothek auf die Miet- oder Pachtzinsforderung (1123ff.). Soweit die Forderung fällig ist, wird sie mit dem Ablauf eines Jahres nach dem Eintritte der Fälligkeit von der Haftung frei, wenn nicht vorher die Beschlagnahme zugunsten des Hypothekengläubigers erfolgt. Ist der Miet- oder Pachtzins im voraus zu entrichten, so erstreckt sich die Befreiung nicht auf den Miet- oder Pachtzins für eine spätere Zeit als das zur Zeit der Beschlagnahme laufende Kalendervierteljahr; erfolgt die Beschlagnahme innerhalb des letzten halben Monats eines Kalendervierteljahres, so erstreckt sich die Befreiung auch auf den

Miet- oder Pachtzins für das folgende Kalendervierteljahr. Wird der Miet- oder Pachtzins eingezogen, bevor er zugunsten des Hypothekengläubigers in Beschlag genommen worden ist, oder wird vor der Beschlagnahme in anderer Weise über ihn verfügt, so ist die Verfügung dem Hypothekengläubiger gegenüber wirksam. Besteht die Verfügung in der Übertragung der Forderung auf einen Dritten, so erlischt die Haftung der Forderung; erlangt ein Dritter ein Recht an der Forderung, so geht es der Hypothek im Range vor. Die Verfügung ist dem Hypothekengläubiger gegenüber unwirksam, soweit sie sich auf den Miet- oder Pachtzins für eine spätere Zeit als das zur Zeit der Beschlagnahme laufende Kalendervierteljahr bezieht; erfolgt die Beschlagnahme innerhalb des letzten halben Monats eines Kalendervierteljahres, so ist die Verfügung jedoch insoweit unwirksam, als sie sich auf den Miet- und Pachtzins für das folgende Kalendervierteljahr bezieht. Der Übertragung der Forderung auf einen Dritten steht es gleich, wenn das Grundstück ohne die Forderung veräußert wird. Soweit die Einziehung des Miet- oder Pachtzinses dem Hypothekengläubiger gegenüber unwirksam ist, kann der Mieter oder Pächter nicht eine ihm gegen den Vermieter oder den Verpächter zustehende Forderung gegen den Hypothekengläubiger aufrechnen.

Hierzu sei erläuternd das folgende bemerkt: da die Miet- und Pachtgelder dem Hypothekgläubiger am Grundstück überhaupt nicht mehr haften, wenn seit der Fälligkeit des Miet- usw. Zinses (sofern dieser nicht etwa im voraus zu zahlen ist) ein Jahr verflossen ist, so muß der Gläubiger, wenn er sich die Miet- und Pachtzinsen sichern will, sie vor Ablauf des Jahres für sich beschlagnahmen lassen. — Obwohl sich die Hypothek am Grundstück an sich auf die Miet- und Pachtzinsforderungen erstreckt, so ist doch weder der Vermieter oder Verpächter gehindert, den Miet- oder Pachtzins einzuziehen oder anderweit, auch vor der Fälligkeit darüber zu verfügen (ihn z. B. zu verpfänden oder abzutreten), noch läuft der Mieter oder Pächter Gefahr, wenn er den Miet- oder Pachtzins an den Vermieter (Verpächter) oder an eine andere Person, an die jener die Forderung etwa abgetreten hat, zahlt, solange nicht eine gerichtliche Beschlagnahme der Miet- oder Pachtzinsforderung stattgehabt hat und den Beteiligten zugestellt ist. Nach dem Empfange einer Beschlagnahmeverfügung kann der Mieter (Pächter) den schuldigen Miet- oder Pachtzins weder an den Vermieter (Verpächter) noch an jemand anders zahlen, da er sonst Gefahr liefe, ihn doppelt zahlen zu müssen.

Ist mit dem Eigentum an dem Grundstück ein Recht auf wiederkehrende Leistungen verbunden, so erstreckt sich die Hypothek auf die Ansprüche auf diese Leistungen. Soweit die Forderung fällig ist, wird sie mit dem Ablauf eines Jahres nach dem Eintritt der Fälligkeit von der Haftung frei, wenn nicht vorher die Beschlagnahme zugunsten des Hypothekengläubigers erfolgt. Wird die Forderung eingezogen, bevor sie zugunsten des Hypothekengläubigers in Beschlag genommen worden ist, oder wird vor der Beschlagnahme in anderer Weise über sie verfügt, so ist die Verfügung dem Hypothekengläubiger gegenüber wirksam. Eine vor der Beschlagnahme erfolgte Verfügung über den Anspruch auf eine Leistung, die erst drei Monate nach der Beschlagnahme fällig wird, ist dem Hypothekengläubiger gegenüber unwirksam (1126).

Sind Gegenstände, die der Hypothek unterliegen, für den Eigentümer oder den Eigenbesitzer des Grundstücks unter Versicherung gebracht, so erstreckt sich die Hypothek auf die Forderung gegen den Versicherer (die Versicherungsforderung, die Brand- usw. Entschädigungsgelder (1127 ff.). Das Nähere hierüber ist in dem besonderen Artikel „Versicherungsgelder, Auszahlung von" nachzulesen. Eine Verpflichtung des Eigentümers, die Gebäude oder sonstigen Gegenstände, die für eine Hypothek haften, gegen Feuers- oder sonstige Gefahr zu versichern, besteht übrigens gesetzlich nicht; sie kann aber mit dem Hypothekgläubiger vereinbart werden. Waren freilich die für die Hypothek haftenden Gegenstände zur Zeit der Verpfändung versichert, so hat der Hypothekgläubiger das Recht, wenn die Versicherung nach Ablauf nicht erneuert wird oder wenn die Prämien nicht pünktlich gezahlt werden, die ihm für den Fall einer Verschlechterung des Grundstücks gesetzlich zustehenden Befugnisse (s. folgenden Absatz) auszuüben.

Die Sicherheit einer Hypothek kann dadurch gefährdet werden, daß das verpfändete Grundstück eine Verschlechterung und damit meist auch eine Wertsverminderung erleidet, einerlei, ob der Eigentümer solches verschuldet oder nicht. In solchem Falle kann der Hypothekgläubiger, dessen Forderung noch nicht fällig ist (denn sonst könnte er ja den sofortigen Verkauf oder die Zwangsverwaltung des Grundstücks herbeiführen), dem Grundstückseigentümer eine angemessene Frist zur Beseitigung der Gefährdung bestimmen (1133). Kommt dieser dem Ansinnen nicht nach (daß er entweder das Grundstück wieder in gehörigen Stand setzt oder etwa dem Gläubiger zur mehreren Sicherheit andere Grundstücke nachverpfändet), so kann der Gläubiger sofortige Befriedigung aus dem Grundstück unter Abzug des Diskonts verlangen. Ist eine Gefährdung der Hypothek durch Einwirkungen auf das Grundstück oder durch Unterlassen der erforderlichen Vorkehrungen gegen solche Einwirkungen oder gegen andere Beschädigungen erst zu besorgen, so kann der Gläubiger gegen den Betreffenden auf Unterlassung klagbar werden, auch das Gericht um Schutzmaßregeln gegen Handlungen des Eigentümers, die ihm Schaden drohen (z. B. der Eigentümer läßt einen Wald abholzen, verkauft das Gutsinventar usw.), angehen (1134). Einer Verschlechterung des Grundstückes steht es gleich, wenn Zubehörstücke, auf die sich die Hypothek erstreckt (s. oben), verschlechtert oder den Regeln einer ordnungsmäßigen Wirtschaft zuwider von dem Grundstücke entfernt werden.

Wird eine abgelaufene Versicherung eines verpfändeten Gebäudes gegen Feuersgefahr nicht erneuert, so ist darin nicht schon eine eingetretene Verschlechterung des verpfändeten Grundstücks, wohl aber unter Umständen die Besorgnis einer eintretenden Verschlechterung zu befinden. Der Hypothekgläubiger kann daher wegen der unterlassenen Weiterversicherung nicht sofortige Befriedigung aus dem Grundstücke suchen, wohl aber kann er, wenn die Sicherheit seiner Hypothek durch die Nichterneuerung der Versicherung gefährdet wird, die Wiederversicherung durch gerichtliche Zwangsmaßregeln (im Wege der Klage oder einer „einstweiligen Verfügung") herbeiführen.

Eine Vereinbarung zwischen dem Grundstückseigentümer und dem Hypothekgläubiger, dahingehend, daß der Eigentümer nicht berechtigt sein soll, das verpfändete Grundstück zu veräußern oder weiter mit Hypotheken oder anderen dinglichen Rechten zu belasten, ist gesetzlich nichtig (1136); der Gläubiger kann, wenn der Eigentümer sein Versprechen nicht hält, keinen Schadensersatz deshalb fordern. Wohl aber kann er zu seiner Sicherheit mit dem Eigentümer die Vereinbarung treffen, daß die Hypothek beim Eintritt solchen Falles sofort fällig sein solle.

Sicherung des Anleihers. Kündigung der Hypothek. Soll über eine Darlehnshypothek nach Vereinbarung der Beteiligten kein Hypothekenbrief ausgestellt werden, so wird der Darleiher, um sicher zu gehen, meist erst nach stattgehabter Eintragung der Hypothek im Grundbuch die Darlehnssumme an den Anleiher auszahlen; damit ist aber für diesen die Gefahr verbunden, daß der als Hypothekgläubiger schon Eingetragene über die Hypothek bereits verfügt, obwohl der Anleiher sein Geld noch nicht erhalten hat, wodurch dieser zu Schaden kommen kann (indem der Dritte, der die Hypothek im guten Glauben an die Richtigkeit des Grundbuchs erworben hat, den Einwand, daß das Geld noch gar nicht gezahlt sei, nicht gelten zu lassen braucht). Um sich zu sichern, kann daher der Hypothekbesteller binnen einer Frist von einem Monate nach der Eintragung der Hypothek beim Grundbuchamt die Eintragung eines Widerspruchs beantragen, daß die Darlehnssumme noch nicht gezahlt sei (BGB. 1139). Bei Hypothekkapitalien, die auf Kündigung stehen, fragt es sich in dem Falle, wenn der Eigentümer des verpfändeten Grundbesitzes nicht auch der persönliche Schuldner der Hypothekforderung ist (es hat z. B. der Hypothekbesteller hinterher das gepfändete Grundstück veräußert — oder es hat jemand für die Schuld eines anderen Hypothek an seinem Grundstück bestellt), wem der Gläubiger kündigen muß, ob dem Eigentümer oder dem eigentlichen Schuldner, und von wem ihm wirksam gekündigt werden kann, ob vom Eigentümer oder von dem persönlichen Schuldner. In solchem Falle braucht der Gläubiger, um die Fälligkeit der Hypothek herbeizuführen, nur dem Eigentümer zu kündigen (BGB. 1141); ebenso wird die Hypothek fällig, wenn dem Gläubiger nur vom Eigentümer gekündigt ist. Nötigenfalls ist vom Amtsgericht dem Eigentümer ein Vertreter zu bestellen, dem gegenüber vom Gläubiger die Kündigung ausgeübt werden kann. Der kündigende Gläubiger muß sich auf Verlangen als Eigentümer der Hypothek (durch Vorlegung des Hypothekenbriefs, etwaiger Abtretungsurkunden usw.) ausweisen, widrigenfalls der Schuldner (Grundstückseigentümer) die Kündigung zurückweisen kann (1160).

Zwangsverkauf des verpfändeten Grundstücks. Die Befriedigung des Gläubigers aus dem Grundstücke, wenn der Eigentümer nicht zahlt, ist nur im Wege der Zwangsversteigerung oder Zwangsverwaltung zulässig (s. d.), dazu ist die Beschaffung eines vollstreckbaren Titels erforderlich (Urteil, vollstreckbare Urkunde usw.). Eine andere Abmachung zwischen den Beteiligten ist, wenn die Hypothek nicht schon fällig ist, rechtsungültig; insbesondere ist es nicht zulässig, zu vereinbaren, daß, wenn der Schuldner zur Zeit der Fälligkeit der Hypothek nicht zahle, der Gläubiger Eigentümer der verpfändbaren Grundstücke sein solle (1149).

3. Erwerb einer bereits bestehenden Hypothek (Übertragung, Abtretung, Zession, Verkauf usw. einer Hypothek (1153ff.). Der Gläubiger der Hypothekforderung (der Hypothekeigentümer) kann sein Recht jederzeit begeben; er kann die Hypothek verkaufen, vertauschen, verschenken usw. (über die Verpfändung einer Hypothek s. „Pfandrecht an Rechten 2".) Die Übertragung der Hypothek auf den neuen Erwerber geschieht dadurch, daß der bisherige Gläubiger ihm die Hypothek abtritt (zediert). Ist über die Hypothek ein Brief gebildet, so muß die Abtretung, um gültig zu sein, mindestens schriftlich erklärt werden und dem Erwerber muß der Hypothekenbrief, wenn ein solcher vorhanden ist, übergeben werden. Eine Abtretung in blanco ist unzulässig. Wenn es der neue Gläubiger (oder sein Rechtsnachfolger) verlangt, muß die Abtretungserklärung (Zession) auch öffentlich beglaubigt werden (s. „Form der Rechtsgeschäfte 3"); die Kosten der Beglaubigung hat der bisherige Gläubiger zu tragen. Diese öffentliche Beglaubigung ist zwar zur Rechtswirksamkeit der Abtretung selbst nicht erforderlich; der neue Gläubiger muß aber, wenn er die Hypothek geltend machen oder sie dem Grundstückseigentümer kündigen oder diesen anmahnen will, auf Verlangen eine öffentlich beglaubigte Abtretungsurkunde vorlegen (1160); er erlangt also ein volles Verfügungsrecht über die Hypothek nur durch die öffentliche Beglaubigung der Abtretungsurkunde. Der Erwerber wird daher zu seiner Sicherheit die Beglaubigung stets verlangen, wenn es sich für ihn um eine wirkliche Kapitalanlage handelt oder wenn er demnächst weiter über die Hypothek verfügen will. Die Abtretungserklärung kann auf den Hypothekenbrief oder auch auf ein besonderes Blatt gesetzt werden. Die Eintragung der Abtretung im Grundbuch (s. weiter unten) ist zur Gültigkeit der Abtretung nicht erforderlich; wird aber die Abtretung (auf Grund einer vor dem Grundbuchamt erfolgten Bewilligung des bisherigen Gläubigers) im Grundbuch eingetragen, so genügt dies zur Gültigkeit der Abtretung; es ist dann eine schriftliche Abtretungserklärung nicht weiter nötig, wohl aber unter allen Umständen die Übergabe des Hypothekenbriefs. (Ist der Brief etwa abhanden gekommen, so kann die Abtretung erst gültig erfolgen, wenn der Brief für kraftlos erklärt (s. „Kraftloserklärung usw.") und ein neuer Hypothekenbrief erteilt ist.) Eine Hypothek kann auch zum Teil abgetreten, sie kann auch an mehrere Personen zu gleichen oder verschiedenen Teilbeträgen abgetreten werden. Es können dann auf Antrag vom Gericht oder vom Notar Teilhypothekenbriefe für den oder die neuen Gläubiger gebildet werden (BGB. 1152; GBO. 61). — Ist kein Hypothekenbrief (Buchhypothek) vorhanden, so ist zur Gültigkeit der Abtretung nötig, daß die Abtretung auf Antrag eines Beteiligten im Grundbuch eingetragen wird. Um dies zu erreichen, hat der bisherige Gläubiger, der entweder als solcher im Grundbuch eingetragen oder Erbe des eingetragenen Gläubigers sein muß, die Eintragungsbewilligung, d. i. die Bewilligung, daß der neue Gläubiger als solcher im Grundbuch eingetragen wird (die bloße Abtretungserklärung genügt nicht), vor dem Grundbuchamte zu Protokoll zu geben oder sie vor Gericht oder Notar oder einer sonst nach den Landesgesetzen zuständigen Behörde abzugeben oder die schriftliche Eintragungsbewilligung durch das Gericht oder einen Notar oder eine nach den Landesgesetzen sonst zu öffentlichen Beglaubigungen zuständige Person beglaubigen zu lassen. Über Besonderheiten bei Abtretung einer Höchstbetragshypothek s. unten 5. Über die

Tragung der Gerichts- usw. Kosten bei Abtretung einer Hypothek s. „Kauf und Verkauf 7". — Da zur Gültigkeit der Abtretung einer Briefhypothek die Eintragung der Abtretung im Grundbuch nicht erforderlich ist, so kann es vorkommen, daß eine Hypothek mehrere Male hintereinander den Berechtigten wechselt, indem der neue Erwerber sie wieder weiter veräußert, ohne daß aus dem Grundbuch darüber irgend etwas ersichtlich ist. Will in solchem Falle schließlich der Gläubiger der Hypothek sich als solcher auch eintragen lassen oder will er die Hypothek weiter abtreten und der neue Erwerber verlangt seine Eintragung im Grundbuch, oder soll die Hypothek auf den Eigentümer umgeschrieben oder gelöscht werden, so muß er sich als Besitzer des Hypothekenbriefes ausweisen und öffentlich beglaubigte Abtretungserklärungen aller Personen (von dem eingetragenen Gläubiger ab), die in der Zwischenzeit Gläubiger der Hypothek gewesen sind, vorlegen. Ein Erbe oder mehrere Erben können eine Hypothek auf Grund des Erbscheines oder Testamentes auf sich umschreiben lassen. Wollen aber mehrere Erben die Hypothek unter sich teilen, so daß jedem ein bestimmter Teilbetrag zusteht, so bedarf es zur Eintragung einer beglaubigten gegenseitigen Abtretungserklärung und bei Buchhypotheken auch noch der Eintragungsbewilligung. Wer eine im Grundbuch eingetragene Hypothek erwirbt, dem kann von dem Grundstückseigentümer nicht entgegengehalten werden, daß etwa die Forderung nicht zu Recht bestehe, weil z. B. der erste Gläubiger, dem die Hypothek bestellt worden, die Valuta gar nicht eingezahlt habe u. dgl.; der Eigentümer kann sich hierauf nur berufen, wenn dem Hypothekinhaber bei dem Erwerbe der Hypothek ihre Ungültigkeit bekannt gewesen ist.

Es fragt sich, wie es der Eigentümer des Grundstücks mit der Zinszahlung zu halten hat, wenn die Hypothek von dem bisherigen Gläubiger abgetreten ist. Er kann die fällig werdenden Zinsen an den bisherigen Gläubiger so lange zahlen, bis ihm die Abtretung angezeigt oder sonst bekannt geworden ist. Ja, er darf sogar dem aus dem Grundbuch sich ergebenden Gläubiger oder dessen Rechtsnachfolger (Erben usw.) die Zinsen für das laufende und das folgende Vierteljahr im voraus zahlen, solange er von der Abtretung keine Kenntnis hat (1158).

Abhanden gekommene oder vernichtete Hypothekenbriefe. Soll bei einer Hypothek, über die ein Hypothekenbrief erteilt ist, eine Eintragung im Grundbuch, z. B. die Eintragung einer Abtretung, oder eine Löschung erfolgen, so muß regelmäßig der Hypothekenbrief dem Gericht vorgelegt werden (GBO. 42). Ist der Brief verlorengegangen oder sonst abhanden gekommen, so muß er für kraftlos erklärt (s. „Kraftloserklärung") und ein neuer Brief ausgestellt oder doch wenigstens (z. B. bei einer Löschung) das Ausschlußurteil (wodurch der Brief für kraftlos erklärt ist) vorgelegt werden.

4. Rechtsbehelfe des Grundstückseigentümers, wenn der Hypothekgläubiger unbekannt ist. Es kommt häufig vor, daß im Grundbuche noch Hypotheken eingetragen stehen, obwohl die betreffende Schuld längst getilgt, das Kapital eingezahlt ist, weil es vom Grundstückseigentümer versäumt ist, bei der Rückzahlung die Hypothek löschen oder auf seinen Namen umschreiben oder sich doch von dem Gläubiger eine beglaubigte Quittung oder Löschungsbewilligung geben zu lassen; nachher ist der Gläubiger verzogen, und es ist ungewiß, ob er noch lebt, oder er ist ausgewandert, verstorben usw. und seine Erben oder sonstige Rechtsnachfolger sind nicht zu ermitteln oder können sich als solche nicht ausweisen. Da nun eingetragene Hypotheken nicht verjähren, so kann in derartigen Fällen die Sache nur dadurch geregelt werden, daß von dem Grundstückseigentümer ein gerichtliches Aufgebotsverfahren erwirkt wird (1170). Das Aufgebot ist nur zulässig, wenn seit der letzten Eintragung im Grundbuch, die sich auf die Hypothek bezieht, zehn Jahre verstrichen sind und während dieser Frist das Recht des eingetragenen Gläubigers nicht auf irgendeine Weise vom Eigentümer anerkannt ist, z. B. durch eine Abschlagszahlung, durch Zahlung von Zinsen auf die Schuld, durch Bestellung einer Sicherheit für die Forderung usw. Besteht für die durch die Hypothek gesicherte Forderung eine nach dem Kalender bestimmte Zahlungszeit, so beginnt die zehnjährige Frist nicht vor dem Ablaufe des Zahlungstages. Das Aufgebotsverfahren selbst richtet sich nach den Bestimmungen der Zivilprozeßordnung (ZPO. 983 ff.). Der Eigentümer muß, wenn er das Aufgebot beantragt, dem Gerichte glaubhaft machen, daß ein berechtigter Gläubiger der im Grundbuch noch eingetragenen Forderung ihm unbekannt ist, und an Eides Statt versichern, daß innerhalb der zehn Jahre keine Anerkennung des Rechts durch ihn erfolgt ist. Daß die Forderung erloschen sei, braucht er nicht zu behaupten und glaubhaft zu machen. Meldet sich niemand auf das Angebot, der Rechte an die Hypothek geltend machen will, so wird auf Antrag des Eigentümers ein Ausschlußurteil erlassen, durch das der Gläubiger mit seinem etwaigen Rechte an die Hypothek ausgeschlossen wird. Der dem früheren Gläubiger erteilte Hypothekenbrief wird dadurch kraftlos. Die Hypothek fällt nun dem Grundstückseigentümer selbst zu, der darüber nach Belieben anderweit verfügen oder sie löschen lassen kann. Auf Antrag wird ihm über die Hypothek ein neuer Brief erteilt. (Für sog. Gesamthypotheken, sowie Hypotheken für Forderungen aus einer Schuldverschreibung auf den Inhaber gelten besondere Vorschriften.) Auf die etwa noch bestehende persönliche Forderung des Hypothekgläubigers hat das über die Hypothek ergangene Ausschlußurteil keine Wirkung.

Ein anderer Fall ist der, wenn die im Grundbuch noch ungelöscht stehende Hypothekforderung nach der Meinung des Grundeigentümers noch zu Rechte besteht, aber der jetzige Gläubiger (Eigentümer) der Forderung ihm unbekannt ist. Damit auch in solchem Falle der Grundstückseigentümer die Löschung der Hypothek oder das anderweitige Verfügungsrecht über sie erlangen kann, ist er gleichfalls berechtigt, ein gerichtliches Aufgebotsverfahren zu beantragen (BGB. 1171; ZPO. 982 ff.). Ebenso ist es, wenn zwar Personen da sind, die die Hypothekenforderung als ihnen zustehend in Anspruch nehmen, sie sich aber über ihr Recht nicht ausweisen können (sie behaupten z. B. daß der frühere Hypothekgläubiger gestorben und von ihnen beerbt sei, können aber den Tod des Erblassers oder ihre Erbberechtigung nicht beweisen). Das Aufgebot kann nur dann beantragt werden, wenn nach Lage der Sache der Grundstückseigentümer berechtigt ist, dem Gläubiger das Kapital sofort zu zahlen oder es ihm doch zur Rückzahlung zu kündigen; ist das Kapital noch nicht fällig, so ist das Aufgebot unzulässig. Der Antragsteller muß den Betrag der Forderung für den Gläubiger unter Verzicht auf das Recht zur Rücknahme hinterlegen (s. das Nähere darüber unter „Hinterlegung"). Die Hinterlegung von Zinsen ist nur erforderlich, wenn der Zinssatz im Grundbuche eingetragen ist; Zinsen für eine frühere Zeit als das vierte Kalenderjahr vor der Erlassung des Ausschlußurteils brauchen nicht hinterlegt zu werden; auch nicht Kosten oder gesetzliche Zinsen (Verzugszinsen). Die Hinterlegung braucht bei der Stellung des Antrages auf Erlaß des Aufgebots vom Grundstückseigentümer dem Gerichte bloß angeboten zu werden; sie muß aber erfolgt sein, ehe das Ausschlußurteil erlassen werden kann. Ist demnächst der Gläubiger der Hypothek mit seinem Rechte vom Gerichte ausgeschlossen, so verliert er damit seine etwa noch bestehende Forderung nicht; aber er hat keine Rechte mehr an das ihm verpfändete Grundstück, sondern kann seine Befriedigung nur noch aus dem vom Grundstückseigentümer hinterlegten Geldbetrage suchen. Meldet er sich innerhalb dreißig Jahren (vom Erlasse des Ausschlußurteils an) bei der Hinterlegungsstelle nicht, so hat er sein Recht auf die hinterlegte Summe ebenfalls verloren und der Hinterleger kann das Geld zurücknehmen. Die Hypothek wird mit der Erlassung des Ausschlußurteils Grundschuld des Grundstückseigentümers, der über sie verfügen kann. Der dem früheren Gläubiger erteilte Hypothekenbrief wird kraftlos; der Eigentümer kann sich vom Gericht einen neuen Brief erteilen lassen.

5. Sicherungshypothek. Kautionshypothek (Höchsthypothek). Die Sicherungshypothek (1184 ff.) (s. oben) muß als solche im Grundbuch ausdrücklich bezeichnet werden; es ist also Sache des Hypothekbestellers, bei der Eintragungsbewilligung dies erkennbar zu machen. Über eine eingetragene Sicherungshypothek wird kein Hypothekenbrief ausgestellt. Steht die Forderung auf Kündigung, so kann die Fälligkeit nur durch eine vom Gläubiger dem eigentlichen Schuldner oder von diesem dem Gläubiger erklärte Kündigung herbeigeführt werden. Ist das verpfändete Grundstück im Eigentum eines anderen, der nicht der Schuldner der Forderung ist, so kann dieser weder kündigen, noch kann ihm vom Gläubiger gekündigt werden. Im übrigen gelten für die Sicherungshypothek im allgemeinen die für die gewöhnliche Hypothek gegebenen Vorschriften. Zur Gültigkeit einer Abtretung der Forderung bedarf es der Eintragung der Abtretung im Grundbuch, da kein Brief erteilt ist. Eine Sicherungshypothek kann jederzeit in eine gewöhnliche Hypothek, aber auch eine gewöhnliche Hypothek in eine Sicherungshypothek umgewandelt werden, ohne daß die Zustimmung etwaiger, im Range gleich- oder nachstehender Hypothekgläubiger oder sonstiger Berechtigter dazu erforderlich wäre.

Höchstbetragshypothek (Maximal- oder Kautionshypothek) (BGB. 1190) ist eine Unterart der Sicherungshypothek, bei der nicht ein feststehender Betrag, sondern nur ein Höchstbetrag, für den das Grundstück haften soll, eingetragen wird. Sie kann nicht nur für eine bestimmte Forderung, sondern auch für einen Forderungskreis eingetragen werden, z. B. für Forderungen aus einem bestimmten Vertrage, für etwaige Schadenersatzansprüche aus Verträgen und selbst allgemein für alle Forderungen aus Geschäftsverbindungen des Gläubigers mit dem Eigentümer oder einem anderen. Es genügt für die Eintragung die Angabe des Forderungskreises. Diese Hypothekenart dient hauptsächlich zur Sicherung eines laufenden Kreditverkehrs von Geschäftsleuten mit Banken. Neben dem Höchstbetrage können Zinsen und Nebenleistungen nicht noch besonders eingetragen werden. Sie werden durch den Höchstbetrag mit umfaßt. Sonst gelten die Vorschriften für die Sicherungshypothek. Es kann daher auch kein Hypothekenbrief erteilt werden. Das ganze Forderungsverhältnis zwischen dem Gläubiger der Kautionshypothek und dem Grundeigentümer (Hypothekenschuldner) kann von dem Gläubiger an einen anderen abgetreten werden, z. B. der Gläubiger gibt das Geschäft an seinen Sohn ab; es muß dann die Abtretung im Grundbuch eingetragen werden, wenn auch die Hypothek auf den neuen Gläubiger übergehen soll. Anderenfalls geht die Hypothek nicht mit über.

Umschreibung der Höchstbetragshypothek in eine gewöhnliche Hypothek. Im Falle einer Abtretung, wie auch sonst, kann es für die Beteiligten von Wert sein, daß der Betrag der Forderung des Gläubigers, der bislang aus dem Grundbuch nicht zu ersehen war, grundbuchmäßig festgestellt wird; der Schuldner erkennt zu diesem Zwecke an, daß er dem Gläubiger die und die bestimmte Summe schuldig geworden sei. Die Höchstbetragshypothek kann dabei auf übereinstimmende Bewilligung des Eigentümers und Gläubigers in eine gewöhnliche Hypothek mit oder ohne Brief, Sicherungshypothek oder auch Grundschuld ganz oder teilweise umgeschrieben werden. Auch die Eintragung von Zinsen für die festgestellte Forderung ist zulässig, bis 5% ohne, darüber hinaus nur mit Genehmigung der nachstehenden Berechtigten.

6. Hypothekarische Sicherheit von Forderungen aus einer Schuldverschreibung auf den Inhaber, aus einem Wechsel oder aus einem anderen indossablen (Order-) Papiere z. B. einem kaufmännischen, an Order lautenden Verpflichtungsschein) (1187 bis 1189). Sollen solche Forderungen hypothekarisch gesichert werden, so kann dies nur durch Eintragung einer Sicherungshypothek geschehen. Die Hypothek gilt ohne weiteres, auch wenn sie im Grundbuche als solche nicht bezeichnet ist, als eine Sicherungshypothek; ein Hypothekenbrief wird also nicht ausgestellt, jedoch wird die Eintragung auf dem Papier vermerkt. Soll das Papier begeben (übertragen, abgetreten oder auch verpfändet) werden, so kommen die allgemeinen Vorschriften zur Anwendung, die für die Übertragung einer Schuldverschreibung auf den Inhaber, eines Wechsels oder eines anderen Orderpapiers gelten (Übergabe des Papiers, Indossament usw.) einer Eintragung der Abtretung im Grundbuch bedarf es hier nicht; die Hypothek geht mit dem Papier auf den neuen Erwerber über. Soll übrigens auf Antrag der Beteiligten bei einer solchen Hypothek eine Eintragung im Grundbuche gemacht werden (z. B. daß dem Schuldner eine Zahlungsfrist gewährt sei), so muß das Papier (die Schuldverschreibung, der Wechsel usw.) beim Grundbuchamt vorgelegt werden, da die Eintragung im Grundbuch regelmäßig darauf zu vermerken ist.

Treuhänder. Größere gewerbliche Unternehmungen, Eisenbahnen u. dgl. pflegen, wenn sie umfangreichere Anleihen aufnehmen, eine entsprechende Anzahl von Teilschuldverschreibungen (Teilobligationen) auszugeben, die meist auf den Inhaber lauten. Auch solche Inhaberforderungen können hypothekarisch, durch Verpfändung des Grundbesitzes des Anleihers, sichergestellt werden, und es gilt dann für sie das eben Gesagte; Hypothekenbriefe werden für die Inhaber der Obligationen nicht ausgestellt. Da es sich bei einem Schuldverhältnis solcher Art um eine große Anzahl von Hypothekgläubigern handelt, die verstreut wohnen und deren Namen dem Ausgeber der Obligationen gar nicht bekannt sein können, so muß jemand da sein, der die Gesamtheit der Inhaber der einzelnen Obligationen vertreten kann, wenn irgendeine Rechtshandlung in bezug auf die eingetragene Hypothek vorgenommen werden muß oder soll. Es ist aus diesem Grunde zulässig, daß bei der Bestellung der Hypothek für sämtliche Gläubiger (gegenwärtige und künftige) ein **Vertreter** bestellt und in das Grundbuch eingetragen wird, der sog. Treuhänder, der danach berechtigt ist, namens der Gläubiger Verfügungen über die Hypothek zu treffen (es soll z. B. eine abveräußerte Parzelle aus der Hypothek freigegeben werden) und sie bei der Geltendmachung der Hypothek zu vertreten. Der Umfang seiner Vertretungsbefugnisse muß sich aus der Eintragungsbewilligung ergeben. Die Vertretung kann z. B. dem Bankhause übertragen werden, das die Anleihe übernommen und dann die einzelnen Obligationen weiter begeben hat; es kann aber auch eine beliebige andere Person zum Treuhänder bestellt werden. Ist ein Vertreter bestellt, so kann der Grundstückseigentümer (Schuldner) in allen Fällen, in denen er berechtigt ist, von den Gläubigern eine Verfügung zu verlangen, die Vornahme der Verfügung von dem Vertreter *fordern*, sofern dieser hierzu *befugt* ist. Ein Treuhänder kann übrigens auch für Forderungen aus einer Einzelschuldverschreibung auf den Inhaber, aus Wechseln oder anderen Papieren, die durch Indossament übertragen werden Form erforderlich. Ist die Quittung einem früheren können, insbesondere aus *kaufmännischen Verpflichtungsscheinen* bestellt werden. (Über die Wahl eines *gemeinsamen Vertreters* zur Wahrung der Interessen der Gläubiger von Schuldverschreibungen gewisser Art s. den Artikel „Schuldverschreibungen, gemeinsame Rechte usw.")

7. Löschung einer Hypothek. Zur Löschung der Hypothek ist die Quittung oder Löschungsbewilligung des Gläubigers in gerichtlicher oder notarieller Form und der Antrag des Eigentümers in derselben Form erforderlich. Ist die Quittung einem früheren Eigentümer erteilt, so ist auch dessen Einwilligung beizubringen.

Hypothek zur Sicherung für einen Bauunternehmer s. Werkvertrag 9; Mündelsicherheit s. Mündelgelder; Übernahme durch den Erwerber eines Grundstücks s. Übernahme fremder Schuld; Bestellung einer von seiten des Vaters (der Mutter) s. Verwaltung usw. des Kindesvermögens 1; von seiten eines Vormundes s. Vormundschaft 6 B 1; Pfandrecht an, s. Pfandrecht an Rechten usw.; Übernahme bei Grundstücksverkäufen s. Übernahme einer fremden Schuld.

Hypothekenbrief s. Hypothek 1; abhanden gekommener s. Hypothek 3 a. Schl.

Hypothekenmakler s. Mäkler usw.

J.

Jagdbare Tiere, Eigentumserwerb an, s. Aneignung herrenloser Sachen 2.

Jagdgenossenschaften s. Gesellschaft 1.

Jagdrecht und Jagdpachtverträge. Grundsätzlich steht das Jagdrecht auf einem Grundstück dem Eigentümer zu. Das Jagdrecht auf fremdem Grund und Boden ist überall in Deutschland aufgehoben. Die Ausübung des Jagdrechts ist aber beschränkt. Sie steht dem Eigentümer selbst nur zu, wenn er eine zusammenhängende Grundfläche von einer gewissen Größe (häufig wie in Preußen 300 Morgen) besitzt. Soweit dies nicht der Fall, steht die Ausübung der Jagd dem Verbande der Grundeigentümer des betreffenden Bezirks zu. Die Ausübung geschieht dann entweder durch angestellte Jäger oder durch Verpachtung. Die Regelung der Vorschriften über die Jagd ist der Landesgesetzgebung überlassen (EG. BGB. 69). Die landesgesetzlichen Vorschriften weichen vielfach voneinander ab. Für die Jagdpachtverträge ist von den meisten Ländern Schriftlichkeit vorgeschrieben. Wo landesrechtliche Vorschriften nicht eingreifen, bedarf es der Schriftlichkeit nicht. In Preußen müssen die Jagdpachtverträge schriftlich abgefaßt werden (Jagdordnung vom 15. 7. 1907, GesS. 207). Die Bestimmungen darüber, welche Tiere dem Jagdrecht unterliegen (jagdbare Tiere sind) ist landesrechtlich verschieden. In Preußen ist die Regelung durch die Jagdordnung v. 15. 7. 1907 erfolgt.

Jahr, Berechnung bei Fristen s. Fristen und Termine.

Jauche, Zuführung von, auf ein Grundstück s. Grundeigentum 2 c.

Ideelle Teile s. Gemeinschaft (Vermögensgemeinschaft) 2.

Immobilien s. Grundeigentum; Grundbesitz; Grundstücke.

Inbegriff von Gegenständen, Herausgabe eines. Wenn jemand (auf Grund eines einheitlichen Rechtsverhältnisses) verpflichtet ist, einen Inbegriff von Gegenständen (z. B. eine Herde, eine Bibliothek, ein Wirtschaftsinventar, ein Vermögen, einen Nachlaß usw.) herauszugeben oder über den Bestand eines solchen Inbegriffs Auskunft zu erteilen, so muß er dem Berechtigten auf Verlangen ein *Verzeichnis des Bestandes* (ein *Inventar*) vorlegen. Ist durch besondere Umstände die Annahme gerechtfertigt, daß das vorgelegte Verzeichnis nicht mit der erforderlichen Sorgfalt aufgestellt ist (z. B. der Berechtigte weist einige Fehler oder Unvollständigkeiten in der Aufstellung glaubhaft nach), so kann der Berechtigte von dem Verpflichteten einen Eid, den *Offenbarungseid* (s. d.), dahin verlangen, „daß er nach bestem Wissen den Bestand so vollständig angegeben habe, als er dazu imstande sei". Nur in Angelegenheiten von geringer Bedeutung kann der Eid nicht gefordert werden (260, 261).

Indossable Papiere, Pfandrecht an, s. Pfandrecht an Rechten usw. 3.

Indossament bei kaufmännischen Anweisungen s. Handelsgeschäfte.

Inhaberpapiere s. Schuldverschreibungen auf den Inhaber im Eingange; Erwerb von, s. Bewegliche Sachen, Eigentum an; mit Prämien s. Schuldverschreibungen auf den Inhaber II; Verkauf derselben auf Abzahlung verboten s. Abzahlung usw. 3; eines Mündels, Aufbewahrung derselben s. Vormund 4; Pfandrecht an solchen s. Pfandrecht an Rechten usw. 3; vgl. auch: Wertpapiere.

Inhaberschuldverschreibungen s. Schuldverschreibungen auf den Inhaber.

Inkassomandat s. Anweisungen 1.

Innungen s. Vereine u. Gesellschaft 1.

Inseln, entstehende, s. Wasserrecht.

Inserat, Annonce, Anzeige. Die Annonce (Anzeige, Inserat) unterliegt den preßrechtlichen Bestimmungen wie der übrige Inhalt der Druckschrift, in die die Anzeige aufgenommen ist. (Preßges. v. 7. 5. 74, Gutt. Slg. Nr. 53.) Weitersendung von Chiffre-Briefen durch die Zeitungs-Expedition oder das Annoncenbüro an die richtigen Empfänger (Aufgeber der Chiffre-Annoncen) verstößt nicht gegen das Postmonopol (RG.). Jedermann kann eine Anzeige aufgeben, Empfänger der Anzeige ist entweder der Verleger (Eigentümer, auch der Herausgeber) einer Druckschrift oder eine Annoncenexpedition. Die Annoncenexpedition gibt das Inserat weiter im Sinne des Auftraggebers und ist dann nur Vermittlerin oder Fortführerin dieses Geschäfts, das sich dadurch in seinem Wesen nicht ändert — oder die Annoncenexpedition steht im dauernden „Pachtverhältnis" mit einer Zeitschrift und hat dieser den Inseratenteil zu beschaffen und den ihr zur Verfügung gestellten Raum zu bezahlen.

Der einfache Annoncenaufnahmevertrag ähnelt dem Werkvertrag (s. d.). Der Inserent ist der „Besteller", der Verleger oder die Annoncenexpedition der „Unternehmer" nach der Ausdrucksweise des BGB.

Welchen Inhalt die Annonce hat, bleibt sich gleich. Es kann jede Art von Mitteilungen, Gesuchen, Angeboten, Aufrufen, Meinungsäußerungen, bildlichen Darstellungen sein. Auch das Plakat, die Hauswand, der Luftbuchstabe, die Lichtreklame, der Bieruntersatz, das Einwickelpapier kann die Form der Erfüllung des Inseratvertrags sein. Entgeltlichkeit ist wesentlich, wenigstens grundsätzlich (im Gegensatz zum redaktionellen Teil eines Blattes); damit steht natürlich nicht im Widerspruch, daß aus irgendwelchen Gründen auch ausnahmsweise Inserate unentgeltlich aufgenommen werden (Füllinserate). Wesentlich ist auch die Bekanntgabe an eine unbestimmte Anzahl von Personen; direkte Reklamebriefe an bestimmte Adressaten sind keine Inserate. Auch dem endgültig nur für einen Einzigen bestimmten Inserat (‚Karl, kehre zurück') ist wesentlich, daß es viele lesen müssen und es an ungewisse Adresse geht. Nicht wesentlich ist für den Inseratvertrag, daß die Anzeige ein integrierender Bestandteil der Verbreitungsstelle ist; Prospektbeilagen in Zeitschriften, abnehmbare Lichtbuchstaben an Häusern werden ebenfalls im Wege des Anzeigenvertrags aufgegeben und verbreitet, nur neigt oft die Form nach dem Miet- oder Pachtvertrag (Flächenmiete) zu bzw. nimmt Bestandteile dieser Vertragsarten in sich auf.

Zur vertragsmäßigen Erbringung der Leistung gehört nicht allein die Aufnahme und Verbreitung der Anzeige schlechthin, sondern die Aufnahme an der bestimmten und üblichen Stelle und die Verbreitung in der zugesagten Auflagenhöhe. Mit letzterem ist aber nicht gesagt, daß der „Unternehmer" für jede Veränderung (Verringerung) der Auflagenziffer verantwortlich zu machen wäre, da er ja nicht für Zufall einzustehen hat und er auch bei einer Steigerung der Verbreitungsziffer während des Laufens des Anzeigenauftrages keine Nachforderung stellen kann. Zeitliche Unmöglichkeit des Erscheinens der Inserate kann als Nichterfüllung angesehen werden, wenn die Umstände des Falles dafür sprechen, aber nicht immer und nicht unbedingt.

Die Leistung ist erfüllt, wenn die Anzeige richtig aufgenommen (unwesentliche Druckfehler werden dabei keine Rolle spielen dürfen) und abgeliefert ist. Hat die Annonce Fehler, z. B. wesentliche Druckfehler, oder fehlt die Anzeige in einem Teil der Auflage oder ist die Lichtreklame fast unsichtbar oder sonst mangelhaft, so kann der Besteller nach den Regeln des Werkvertrags (s. d.) „Wandelung" oder „Minderung" und „Schadenersatz" verlangen, d. h. Rücktritt vom Vertrage oder Preisermäßigung. Zumeist aber wird beiden Teilen am meisten damit gedient sein, wenn die Anzeige unentgeltlich noch einmal (ohne Fehler) aufgenommen wird.

Nach den dem Mietvertrag analogen Sätzen hat der Annoncenaufnehmer (neben jener Pflicht sachgemäßer Veröffentlichung und Verbreitung) die Mietsache in einem Zustande zu erhalten, der den vertragsmäßigen Gebrauch gewährleistet. Das heißt für den Inseratvertrag, daß die Wirksamkeit des Organs beeinträchtigt wird, etwa wenn das Blatt seinen angesehenen redaktionellen Teil verliert, die Wand verbaut, die Litfaßsäule in eine dunkle Ecke gestellt wird. Hierher gehört auch eine wesentliche Abnahme der Auflagenziffer. Dann kann der Inserent Abstellung des Mangels oder Schadenersatz oder Entbindung von der Gegenleistung fordern.

Ablieferung des Werkes ist hier: die Expedition, die Auslieferung der Auflage auf die Post, die Sichtbarmachung der Reklame — dieser Zeitpunkt ist mithin auch wichtig für die Gefahrtragung. Belegsendung ist nicht Ablieferung, sondern nur „Beleg" für die geschehene Erfüllung; mithin wäre es keine Erfüllung, wenn die Anzeige nur in einem Teil der Auflage steht, von welcher das Belegexemplar genommen wird.

Der Unternehmer hat Anspruch auf die Vergütung nur in der vereinbarten Höhe, auch wenn er sich über die Kosten der Herstellung geirrt hat, z. B. wenn der Satz der Anzeige oder der elektrische Strom für die Lichtreklame kostspieliger ist, als er gemeint hat. Dies gilt im Zweifel natürlich nur, wenn er den Text der Anzeige gekannt hatte. Bei größeren Abschlüssen nimmt man durch die Rabatthöhe auf die Unkosten Rücksicht.

Das Kündigungsrecht steht wie beim Werkvertrag (§ 649 BGB.) dem Besteller zu, aus wichtigem Grund aber auch dem Unternehmer (RG.). Bis zur Vollendung des Werkes sogar kann er jederzeit kündigen (die Anzeige sistieren, was aus allerlei Gründen für ihn sehr wesentlich sein kann); dann aber hat der Unternehmer das Recht, die vereinbarte Vergütung zu verlangen abzüglich dessen, was er infolge der Kündigung erspart hat (etwa Satz- und Zurichtungskosten) oder durch anderweitige Verwendung des Raumes des Anzeigenteils erwirbt oder böswillig zu erwerben unterlassen hat (z. B. wenn er etwa den betreffenden Platz leer läßt, obwohl er ihn hätte mit anderen Aufträgen ohne weitere Mühe füllen können). Die Berliner Handelskammer hat sich dahin aber mit Recht geäußert, daß mangels entgegenstehender Vereinbarung der Besteller auch für nicht abgerufene Aufnahmen seines Inseratauftrags den vollen Preis zu zahlen hat, da der Verleger den nicht ausgefüllten Raum auf andere Weise füllen muß und keine Ersparnis hat, auch den Anzeigenteil meist ohne Mühe ausdehnen kann.

Bei der Aufgabe der Anzeige durch ein Annoncenbüro, bei der Anzeigenwerbung durch Akquisiteure und bei der Inseratenpacht ergeben sich einige rechtliche Besonderheiten, über die — ebenso wie über den Inseratenpachtvertrag — hier nicht näher gesprochen werden kann; vgl. darüber den Art. „Anzeigenrecht" im HdR. I 246 ff.

Instandhaltung der Gebäude durch den Pächter s. Pacht 1; von Grundstücken, Straßen usw. s. Öffentl. Sicherheit.

Interventionsklage einer Ehefrau s. Ehegatten

3 u. Eingebrachtes Gut der Frau 7 a. Schluß unter d; des Mannes s. Erwerbsgeschäfte; von Frauen s. Zwangsvollstreckung.

Invalidenpension, Nichtpfändbarkeit, s. Pfändung in der Zwangsvollstreckung 2.

Invalidenrente kann nicht gepfändet werden s. Pfändung i. d. Zwangsv. 2.

Inventar, Vorlegung eines, s. Offenbarungseid 2; Aufnahme durch einen Vormund s. Vormund 3; über das vom Vater verwaltete Kindesvermögen s. Verwaltung des Kindesvermögens 1; in Nachlaßsachen s. Nachlaßinventar; vom Testamentsvollstrecker aufzustellen s. Testamentsvollstrecker; über den Bestand einer Erbschaft s. Erbschaftsklage; kaufmännisches, s. Handelsbücher; im Konkurse s. Offenbarungseid 2; Verpachtung mit Inventar s. Pacht 3; Inventar der Posthaltereien nicht pfändbar s. Pfändung i. d. Zwangsv. 2; Inventar eines Hotels, einer Gastwirtschaft, einer Apotheke usw. als Zubehör s. Zubehör 1. S. auch: Verzeichnis.

Inventarerrichtung s. Nachlaßinventar.

Inventarfrist des Erben s. Nachlaßinventar.

Inventur bei Kaufleuten s. Handelsbücher.

Irrtum (119ff.). Beim Abschlusse eines Vertrages, überhaupt bei Abgabe von Willenserklärungen irgendwelcher Art, kann beiden Teilen oder dem einen oder anderen Teile ein Irrtum unterlaufen; er verspricht sich, verschreibt sich, vergreift sich, versieht sich, verwechselt Sachen, Personen, Zeiten oder hat die Frage oder das Angebot des anderen falsch verstanden; oder er gibt aus Zerstreutheit eine Erklärung ab, die er gar nicht abgeben wollte; gebraucht aus Unkenntnis oder Versehen für eine Sache einen Ausdruck, unter dem allgemein etwas anderes verstanden wird, u. dgl. mehr. Ob solch ein Irrtum ihm schadet oder nicht, hängt von den näheren Umständen ab. Das Gesetz muß nach Billigkeit beider Teile Interessen, sowohl die des Irrenden als auch die des anderen Teils, berücksichtigen. Ob der Irrtum ein Irrtum über ein Recht oder ein Irrtum über Tatsachen ist, ist hinsichtlich der gesetzlichen Folgen einerlei (RG.). Im allgemeinen gilt der Grundsatz: eine irrtümlich abgegebene Erklärung kann widerrufen werden; aber dem anderen Teile darf daraus kein Schaden entstehen. Das Gesetz bestimmt daher:

Die irrtümlich abgegebene Erklärung bleibt wirksam, wenn der Erklärende sich dabei beruhigt. Beispiel: X. hat seinem Neffen schriftlich zugesichert, daß er ihm, wenn er sich verheirate, 1000 Taler schenken wolle, während er 1000 Mark hat schreiben wollen. Der Schenker kann sich nun hierbei beruhigen, indem er sich nachträglich entschließt, statt der 1000 Mark dem Neffen 3000 Mark zuzuwenden. Will er dies aber nicht, so genügt es nicht, daß er sich einfach auf seinen Irrtum beruft, wenn der Beschenkte die 3000 Mark fordert; sondern er muß, um das Schenkungsversprechen hinsichtlich der 2000 Mark unwirksam zu machen, seine Erklärung anfechten (vgl. den Artikel „Anfechtung"). Eine solche Anfechtung und damit die Ungültigmachung des Geschäfts ist aber nicht bei jedem Irrtum zulässig; das Gesetz bestimmt vielmehr folgendes (119): Wer bei Abgabe einer Willenserklärung über deren Inhalt im Irrtume war oder eine Erklärung dieses Inhalts überhaupt nicht abgeben wollte, kann die Erklärung anfechten, wenn anzunehmen ist, daß er sie bei Kenntnis der Sachlage und bei verständiger Würdigung des Falles nicht abgegeben haben würde. Als Irrtum über den Inhalt der Erklärung gilt auch der Irrtum über solche Eigenschaften der Person oder der Sache, die im Verkehr als wesentlich angesehen werden."

Zur Erläuterung dieser Sätze sei folgendes bemerkt: Es sind mit diesen Gesetzesworten diejenigen Fälle genau bezeichnet, in denen jemand seine eigene Willenserklärung anfechten kann, weil er sich bei deren Abgabe in einem Irrtum befunden hat. Unter Abgabe einer Willenserklärung ist aber nicht bloß der Fall zu verstehen, daß jemand eine einseitige Erklärung abgibt, z. B. ein Kapital kündigt, sondern auch, und vor allem, der Fall, wenn jemand mit einem anderen einen Vertrag abschließt, wozu selbstverständlich seine Erklärung so gut wie die des anderen erforderlich ist (vgl. darüber das in „Vertrag. Vertragsantrag usw." unter 1 Gesagte). Es muß in der einen oder anderen Weise ein Zwiespalt zwischen dem wahren Willen des Erklärenden und der Erklärung selbst vorliegen. Was zunächst den zuletzt erwähnten, einfacheren Fall angeht, daß der Erklärende eine Erklärung, wie er sie abgegeben hat, gar nicht hat abgeben wollen, so fällt hierunter z. B. der oben erwähnte Fall, daß der Onkel in das schriftliche Schenkungsversprechen für den Neffen anstatt der Summe von 1000 Mark die Summe von 1000 Talern geschrieben hat. Es gehören alle die Fälle hierher, wo jemand sich verschreibt, verspricht u. dgl. mehr, kurz wo einer etwas gesagt oder geschrieben hat, was er nicht hat sagen oder schreiben wollen. — Der andere Fall, daß der Erklärende „über den Inhalt seiner Erklärung im Irrtum gewesen ist", liegt vor, wenn jemand zwar erklärt hat, was er erklären wollte, aber sein Wille auf einer falschen Vorstellung beruhte, die die Willenswirklichkeit ausschloß. Der Irrtum muß sich auf den Inhalt des Rechtsgeschäfts beziehen und er muß bei der Abgabe der Willenserklärung vorhanden gewesen sein. Ein Irrtum über den Inhalt des Rechtsgeschäftes ist es, wenn der Irrtum sich bezieht auf den Gegenstand des Geschäfts (jemand kauft z. B. ein Buch für 10 Mark in der Annahme, daß es das vollständige Werk enthalte, während es in Wirklichkeit aus 3 Bänden zu je 10 Mark besteht), oder über die Art des Geschäfts (z. B. der eine hatte von dem anderen Teil fälschlich verstanden, daß er ihm den Maskenanzug für 20 Mark verkaufen wolle, während dieser ihn für die 20 Mark nur vermieten wollte), oder über die Person, mit der er den Vertrag abschließt (es hat jemand dem Müller ein Geschenk von 3 Mark in die Hand gedrückt in dem Glauben, es sei der Schulze). Ein Irrtum dieser Art soll aber nach einer Entscheidung des Reichsgerichts dann nicht vorliegen, wenn ein Geschäftsmann bei einem Angebot auf Grund einer falschen Kalkulation einen zu geringen Preis fordert. Man sieht aus diesem Fall, daß die Frage, ob ein vorgekommener Irrtum die Anfechtung des Rechtsgeschäfts begründet, recht zweifelhaft sein kann. (Überdies ist zu berücksichtigen, daß die Anfechtung des Geschäfts dem, der sich auf seinen Irrtum beruft, unter Umständen doch recht wenig Nutzen bringt; s. darüber nachstehend.) — Ein zur Anfechtung berechtigender Irrtum liegt dann nicht vor, wenn der Irrtum sich auf die rechtlichen Folgen des Geschäfts bezieht (RG.). — Liegt ein Irrtum der vorgedachten beiden Arten bei dem einen Teile vor, so berechtigt ihn dieser Irrtum aber nur dann, das Geschäft als rechtsungültig anzufechten, wenn die weitere im Gesetz erwähnte Voraussetzung vorliegt, daß nämlich nach den Umständen angenommen werden muß (worüber das Gericht im Streitfall zu entscheiden hat), daß der Irrende bei Kenntnis der wahren Sachlage und bei vollständiger Würdigung des Falles die irrtümlich abgegebene Erklärung nicht abgegeben haben, den irrtümlich abgeschlossenen Vertrag nicht geschlossen haben würde. Das muß aus einer oft sehr schwierigen Prüfung seelischer und sozialer Vorgänge, Tatsachen und Interessen geschlossen werden. Sodann enthält das Gesetz noch den besonderen Satz, daß ein Irrtum über solche Eigenschaften der Person oder der Sache, die im Verkehr als wesentlich angesehen werden, stets als ein Irrtum über den Inhalt der Erklärung, also als ein zur Anfechtung berechtigender Irrtum, angesehen werden soll. — Wird die Erklärung angefochten, so gilt sie als nicht abgegeben; das betreffende Geschäft ist also nicht zustande gekommen. Aber der andere Teil ist berechtigt, Ersatz des Schadens zu verlangen, den er dadurch erleidet, daß er auf die Gültigkeit der Erklärung des anderen vertraut hat, d. h. er kann nicht Ersatz desjenigen fordern, was er gehabt haben würde, wenn das Geschäft gültig gewesen wäre, sondern nur den Ersatz dessen, was er dadurch eingebüßt hat, daß er das Geschäft für gültig gehalten hat; übersteigt der letztere Betrag den ersteren, so kann er nur den ersteren Betrag fordern (122). Der, welcher sich geirrt hat, ist zum Ersatz dieses Schadens verpflichtet, einerlei, ob ihn ein Verschulden trifft oder nicht; jedoch kann jener den Schadensersatz nicht über den Betrag des Interesses hinaus verlangen, das er an der Gültigkeit der Erklärung hat. Die Pflicht zum Schadensersatz tritt nicht ein, wenn der Geschädigte den Irrtum kannte oder wenn er ihn bei Anwendung der im Verkehr erforderlichen Sorgfalt doch hätte erkennen müssen. Das Gesagte gilt auch, wenn der Irrtum dadurch herbeigeführt ist, daß ein Bote das ihm Aufgetragene falsch bestellt hat oder daß bei der Übermittelung einer Erklärung durch den Telegraphen ein Versehen vorgekommen ist (120).

Über einen Irrtum bei Eingehung einer Ehe und bei Errichtung letztwilliger Verfügungen (Testamente usw.) gelten andere Grundsätze, worüber z. B. „Ehehindernisse usw. 2 b" und „Auslegung testamentarischer Bestimmungen 2" zu vergleichen ist.

Jugendliche Personen, Verantwortlichkeit für Schadenszufügung s. Schadensersatz weg. unerl. Handlung 4.

Jungfräuliche Ehre s. Verführung u. Verlöbnis 1.

Juristische Personen (21—89). **1.** Nicht nur physische Personen (die einzelnen Menschen) können Rechte und Verbindlichkeiten im Rechtssinn haben, insbesondere Vermögen erwerben, sondern auch Personenvereinigungen oder Vermögensmassen, die zu irgendeinem wirtschaftlichen oder gemeinnützigen oder sonstigen Zwecke zusammengebracht sind. Diese letzteren beiden sind die sog juristischen Personen. Während aber jeder physischen Person die Rechtsfähigkeit, d. h. die Fähigkeit, Rechte und Pflichten im Rechtssinn zu haben, von selbst innewohnt, muß diese Rechtsfähigkeit den juristischen Personen besonders beigelegt sein, sei es durch das Gesetz selbst, welches bestimmt, daß gewisse Vereine, Gesellschaften, Vermögen usw. die Rechtsfähigkeit haben, oder durch eine besondere Verfügung (Genehmigung) der Staatsgewalt. Rechtsfähig (also juristische Personen) kraft Gesetzes sind z. B. Aktiengesellschaften, eingetragene Genossenschaften, gewisse Kolonialgesellschaften, behördlich genehmigte Versicherungsvereine auf Gegenseitigkeit, die Innungen nach der Gewerbeordnung, die Berufsgenossenschaften, die öffentlichen Krankenkassen, eingeschriebene Hilfskassen, sog. Realgemeinden u. dgl. mehr; ferner die sog. juristischen Personen des öffentlichen Rechts (s. unten 3). Kraft besonderer Verfügung der Staatsgewalt können die Rechtsfähigkeit erlangen Vereine gewisser Art (Näheres s. „Vereine 1"), sowie Stiftungen (s. d.).

2. Erwerbsbeschränkungen juristischer Personen (Erwerbsbeschränkungen der sog. „Toten Hand"). Die juristischen Personen sind im allgemeinen ebenso rechts- und geschäftsfähig wie physische Personen (wie ein einzelner Mensch). Es bestehen jedoch vielfach landesgesetzliche Vorschriften, die den Erwerb von Rechten, insbesondere von Grundeigentum, durch juristische Personen, seien dies inländische oder ausländische, im Wege eines Vertrages, einer Schenkung, einer letztwilligen Verfügung usw., beschränken oder von staatlicher Genehmigung abhängig machen. Diese Vorschriften bleiben gültig, soweit sie Gegenstände im Werte von mehr als fünftausend Mark betreffen (EGBGB. 86).

Für Versicherungsgesellschaften und Versicherungsvereine auf Gegenseitigkeit ist die Genehmigung der Versicherungsaufsichtsbehörde (s. „Versicherungsrecht 1") zum Erwerbe von Grundeigentum erforderlich, falls es sich nicht um den Erwerb von ihnen beliehener Grundstücke in der Zwangsversteigerung handelt. Der Erwerb der „Toten Hand" im Erbgange ist landesrechtlich geregelt und z. T. eingeschränkt; er bedarf zumeist der obrigkeitlichen Genehmigung. Wer also etwas an kirchliche oder weltliche Korporationen schenken oder letztwillig vermachen will, erkundige sich eingehend über die einschlägigen Gesetze (vgl. auch den Art. „Amortisationsgesetze" im HdR. I 119 ff.). Hier auf die Regelung in den einzelnen deutschen Ländern einzugehen würde zu weit führen.

3. Juristische Personen des öffentlichen Rechts. Die Rechtsverhältnisse der sog. juristischen Personen des öffentlichen Rechts (des Fiskus, der Körperschaften, Stiftungen und Anstalten des öffentlichen Rechts) werden im allgemeinen durch das Bürgerliche Gesetzbuch nicht geregelt (89). Das Gesetz bestimmt hinsichtlich ihrer nur folgendes: Der Fiskus und die gedachten Körperschaften (z. B. Stadt- und Landgemeinden, Kreise usw.), Stiftungen und Anstalten (z. B. Universitäten, Schulen usw.) sind für den Schaden verantwortlich, den ein Mitglied des Vorstandes oder ein sonstiger verfassungsmäßiger Vertreter durch eine in Ausübung der ihm zustehenden privatrechtlichen Verrichtungen begangene, zum Schadensersatz verpflichtende Handlung jemandem zufügt. Auf Handlungen, die ein Vertreter oder Beamter der juristischen Person in Ausübung der ihm anvertrauten öffentlichen Gewalt vorgenommen hat, findet diese Vorschrift keine Anwendung. Wegen solcher Handlung haftet der Beamte persönlich; inwieweit auch der Staat usw. haftet, richtet sich nach den Landesgesetzen (vgl. „Beamte usw. 2"). Soweit bei Körperschaften, Stiftungen und Anstalten des öffentlichen Rechts nach den Landesgesetzen ein Konkursverfahren zulässig ist, sind die Mitglieder des Vorstandes der Körperschaft usw. verpflichtet, im Falle der Überschuldung die Konkurseröffnung zu beantragen. Wird die

Stellung des Antrages verzögert, so sind die Vorstandsmitglieder, denen ein Verschulden zur Last fällt, den Gläubigern für den daraus entstehenden Schaden verantwortlich; sie haften dafür als Gesamtschuldner (s. d.).

K.

Kalenderzeit als Zahlungs- (Leistungs-) Zeit s. Verzug des Schuldners.

Kapitalabfindung s. Abfindung.

Kapitalkündigung, Fristberechnung bei, s. Fristen und Termine a. Schl.

Kassenscheine s. Zahlungsmittel, gesetzliche; Ausgabe von, s. Schuldverschreibungen auf den Inhaber II; beschädigte usw., s. das. I 2.

Kauf auf Besicht s. Kauf nach Probe; einer Erbschaft, eines Nachlasses s. Erbschaftskauf; einer Hypothek s. Hypothek 3; einer Forderung s. Abtretung einer Forderung; Kauf bricht Miete s. Miete, Vermietung 10; Kauf auf Ratenzahlungen s. Abzahlung, Verkäufe auf.

Kaufgeschäfte zwischen Kaufleuten s. Handelskauf.

Kauf und Verkauf (433—514). (Zu vergleichen: Handelskauf.) Was ein Kauf, was ein Verkauf ist, weiß jedermann; es ist ja der Vertrag, der im Leben am häufigsten geschlossen wird. Der eine Teil gibt das Geld, er kauft; der andere gibt die Sache oder das Grundstück oder die Forderung, das Recht usw., er verkauft; die Sache scheint sehr einfach. Aber es kommen doch unendliche Verschiedenheiten beim Kaufen und Verkaufen vor; es können Zweifel mancherlei Art entstehen; für alle muß das Gesetz eine Lösung geben. Die Bestimmungen des BGB. beziehen sich auf den gewöhnlichen, den sog. bürgerlichen, Kauf im Gegensatz zum Kauf und Verkauf im Handelsverkehr, dem sog. Handelskauf; über diese Sonderbestimmungen des HGB. s. Artikel „Handelskauf" sowie den Artikel „Handelsgeschäfte". (Über die Fälle, in denen es zweifelhaft sein kann, ob ein Kaufvertrag oder ein Werkvertrag vorliegt, s. „Werkvertrag" unter 12.)

1. Nach dem Gesetz ist Kauf (Verkauf) ein gegenseitiger Vertrag (vgl. „Gegenseitige Verträge"), durch den sich der eine Teil, der Verkäufer, verpflichtet, dem anderen die gekaufte Sache zu übergeben und ihm das Eigentum daran zu verschaffen, und der andere Teil, dem Verkäufer den vereinbarten Kaufpreis zu zahlen und ihm die gekaufte Sache abzunehmen. Ist ein Recht, z. B. eine Forderung, der Gegenstand des Kaufes (Verkaufes), so ist der Verkäufer verpflichtet, dem Käufer das Recht zu verschaffen und, wenn das Recht zum Besitze einer Sache berechtigt, ihm die Sache zu übergeben. Ein Kaufvertrag kann gültig mündlich abgeschlossen werden; nur Kaufverträge über Grundstücke müssen, um gültig zu sein, schriftlich abgefaßt und gerichtlich oder notariell beurkundet sein; s. darüber „Auflassung 2". Der Verkäufer muß dem Käufer das Eigentum an der ihm verkauften und übergebenen Sache verschaffen. Was im einzelnen Falle nötig ist, damit der Käufer das Eigentum an der gekauften Sache erwirbt, darüber sind die Artikel „Auflassung" und „Bewegliche Sachen, Eigentumserwerb an" nachzulesen. Die Übergabe der verkauften Sache kann gleich beim Vertragsabschluß oder erst später erfolgen.

Freiheit der Kaufsache von Rechten anderer Personen. Öffentliche Lasten und Abgaben (434—436). Der Verkäufer ist verpflichtet, dem Käufer den verkauften Gegenstand frei von solchen Rechten (z. B. Pacht- und Mietrechten, Dienstbarkeiten, Veräußerungsverboten u. dgl.) zu verschaffen, die anderen Personen an der Sache zustehen und nun von ihnen gegen den Verkäufer geltend gemacht werden könnten, es sei denn, daß diese auf dem gekauften Gegenstande lastenden Rechte dem Käufer beim Vertragsabschlusse bekannt waren, welchenfalls der Verkäufer dafür nicht haftet (über die Rechte des Käufers in dem Falle, wenn der Verkäufer dieser Verpflichtung nicht nachkommt, s. unten 4). Die Beteiligten können aber vereinbaren, daß der Verkäufer für die Rechte anderer an dem Verkaufsgegenstande oder für den rechtlichen Bestand des verkauften Rechts, der verkauften Forderung nicht oder nicht in vollem Umfange haften solle, was besonders bei dem Verkaufe von Ausständen häufiger vorkommt (es wird „ohne Gewähr" verkauft). Derartige Abmachungen schützen den Verkäufer aber nicht, wenn er den Mangel gekannt, aber ihn dem Käufer arglistig verschwiegen hat (443). Daß der Käufer die Rechte gekannt hat, muß der Veräußerer allerdings beweisen; daß die Rechte etwa im Grundbuch eingetragen waren, befreit ihn nicht ohne weiteres von diesem Beweise. Die Verpflichtung des Verkäufers, den Kaufgegenstand frei von Rechten anderer zu überliefern, bezieht sich insbesondere auch auf Hypotheken, Grundschulden, Rentenschulden und Pfandrechte; diese hat aber der Verkäufer auch dann zu beseitigen, wenn der Käufer die Belastung beim Vertragsabschluß gekannt hat (439). Dasselbe gilt von Vormerkungen, die zur Sicherung eines Anspruchs auf Bestellung einer Hypothek, Grundschuld usw. auf den Verkaufsgegenstand im Grundbuche eingetragen sind. Der Verkäufer eines Grundstücks oder eines Rechts an einem Grundstück ist ferner verpflichtet, auch solche im Grundbuche eingetragenem Rechte an dem Verkaufsgegenstande, die gar nicht rechtsbeständig geworden sind oder nicht mehr bestehen, auf seine Kosten zur Löschung zu bringen, wenn sie im Falle ihres Bestehens das dem Verkäufer zu verschaffende Recht beeinträchtigen würden; es würde sonst der Erwerber gehindert sein, oder es ihm doch sehr erschwert werden, über das gekaufte Grundstück usw. weiter zu verfügen oder dasselbe sonst zu verwerten. Dasselbe gilt beim Verkauf eines Schiffes oder eines Rechts an einem Schiffe für die im Schiffsregister eingetragenen Rechte. Dagegen haftet der Verkäufer nicht für die Freiheit des verkauften Grundstücks von öffentlichen Abgaben oder von anderen öffentlichen Lasten, die zur Eintragung in das Grundbuch nicht geeignet sind; es ist Sache des Käufers, sich nach dem Vorhandensein solcher zu erkundigen. Auch bei beweglichen Sachen (z. B. Schiffen, Buden) können öffentliche Abgaben vorkommen; auf diese bezieht sich die Vorschrift nicht. Für etwa rückständige öffentliche Abgaben und Leistungen haftet jedoch der Veräußerer; ebenso, wenn er etwa das Nichtvorhandensein solcher Lasten dem Käufer zugesichert hat. — Darüber, daß ein an einem verkauften Grundstück bestehendes Miet- oder Pachtverhältnis durch den Verkauf nicht aufgelöst wird, s. „Miete usw. 10".

2. Verkauf eines Rechts, einer Forderung usw. Haftung des Verkäufers (437, 438). Ist der verkaufte Gegenstand ein Recht (z. B. eine ausstehende Forderung, eine Hypothek, das Recht aus einem Patent, einer Aktie usw.), so ist der Verkäufer verpflichtet, dem Käufer dieses Recht zu verschaffen. Er haftet dafür, daß keine Rechtsansprüche anderer Personen daran bestehen; es gilt in dieser Beziehung das unter 1 Gesagte auch hier. Der Verkäufer einer Forderung oder eines sonstigen Rechts haftet dem Käufer dafür, daß die Forderung oder das Recht wirklich besteht; er muß daher dem Käufer das verkaufte Recht verschaffen, auch wenn es zur Zeit des Verkaufes noch gar nicht bestand oder wenn es nicht mehr zu Rechte besteht. Ist ein Wertpapier verkauft, so hat der Verkäufer insbesondere auch dafür einzustehen, daß es nicht etwa zum Zwecke der Kraftloserklärung aufgeboten ist, da sonst der Käufer Gefahr liefe, des Rechtes aus dem Papiere verlustig zu gehen. Dagegen haftet der Verkäufer an sich nicht auch für die Güte der verkauften Forderung oder des verkauften Rechts, d. h. für die Zahlungsfähigkeit des Schuldners, es sei denn, daß er die Einbringlichkeit der Forderung vertragsmäßig zugesichert hätte; er haftet aber auch in diesem Falle im Zweifel, d. h. wenn nichts anderes zwischen den Beteiligten vereinbart ist, für die Zahlungsfähigkeit des Schuldners nur in dem Zeitpunkt, in dem die Forderung abgetreten wurde. Eine später eintretende Verschlechterung der Vermögenslage des Schuldners trifft den Käufer allein.

3. Auskunft seitens des Verkäufers, Ausantwortung von Urkunden usw. (444). Der Verkäufer ist verpflichtet, dem Käufer über die den verkauften Gegenstand betreffenden rechtlichen Verhältnisse, insbesondere im Falle des Verkaufs eines Grundstücks über die Grenzen, Gerechtsame und Lasten, die nötige Auskunft zu erteilen und ihm die zum Beweise des Eigentums an der verkauften Sache oder des rechtsgültigen Bestandes der verkauften Forderung oder des verkauften Rechtes dienenden Urkunden, soweit sie sich in seinem Besitz befinden, auszuliefern. Es kommen hier für gewöhnlich Kaufverträge, Schuldverschreibungen, Abtretungs- (Zessions-)urkunden u. dgl. in Frage, an denen der Verkäufer nach der Veräußerung des betreffenden Grundstücks, der Forderung usw. kein Interesse mehr hat. Es kann aber auch vorkommen, daß die betreffenden Urkunden (z. B. Testamente, Erbauseinandersetzungsverträge usw.) noch einen weitergehenden Inhalt haben, der den Käufer nichts angeht; in diesem Falle ist der Verkäufer zur Aushändigung der Urkunde an den Käufer nicht verpflichtet, muß ihm aber auf Verlangen einen öffentlich beglaubigten Auszug der Urkunde auf seine (des Verkäufers) Kosten erteilen. Daneben steht dem Käufer das Recht der Einsicht in die Originalurkunde zu.

4. Rechte des Käufers (440—443). Wenn der Verkäufer seinen vorstehend besprochenen Verpflichtungen nicht nachkommt, insbesondere also auch, wenn er zwar die verkaufte Sache oder das verkaufte Recht dem Käufer übertragen hat, aber Rechte, welche anderen Personen an dem Verkaufsgegenstande zustehen, nicht beseitigt, so bestimmen sich die Rechte des Käufers nach den allgemeinen für gegenseitige Verträge geltenden Vorschriften; s. „Gegenseitige Verträge" (320). Der Käufer hat also unter den dort näher angegebenen Voraussetzungen, außer dem Anspruch auf Erfüllung des Vertrages, das Recht, die Zahlung des Kaufpreises ganz oder teilweise zu verweigern (der Käufer eines Grundstücks kann nicht etwa deshalb den ganzen Kaufpreis zurückhalten, weil auf dem Grundstück eine unbedeutende Dienstbarkeit lastet), ferner den Anspruch auf Ersatz des ihm durch die Nichterfüllung des Vertrages erwachsenden Schadens, sowie das Recht, vom Vertrage ganz zurückzutreten. Eine Ausnahme gilt nur für den Fall, daß eine bewegliche Sache verkauft und dem Käufer zum Zwecke der Eigentumsübertragung übergeben ist. Macht hier jemand ein Recht an der Sache geltend, das ihn zu deren Besitz berechtigen würde (er behauptet z. B., daß ihm die verkaufte Sache gehöre oder daß er den Nießbrauch daran habe), so kann der Käufer dieserhalb Schadensersatz wegen Nichterfüllung des Vertrages vom Käufer nur dann verlangen, wenn er die Sache dem anderen mit Rücksicht auf dessen Eigentum oder sonstiges Recht an der Sache wirklich herausgegeben hat oder wenn er sie dem Verkäufer zurückgegeben hat oder wenn die Sache untergegangen ist; der Käufer soll nicht, wenn er etwa die Sache trotz des Rechtes des anderen doch behält, daneben auch noch Schadensersatz vom Verkäufer fordern können (440). Es fragt sich noch, wer zu beweisen hat, wenn der Käufer Rechte anderer Personen behauptet, der Verkäufer sie aber bestreitet. Das Gesetz bestimmt, daß der Käufer zu beweisen hat, daß das von ihm behauptete Recht des anderen begründet ist, widrigenfalls er deswegen keine Ansprüche gegen den Verkäufer erheben kann (442).

5. Rechte des Verkäufers. Der Käufer ist vor allem verpflichtet, dem Verkäufer den vereinbarten Kaufpreis zu zahlen und ihm die gekaufte Sache abzunehmen, selbstverständlich nur dann, wenn sie vertragsmäßig angeboten wird. Zahlt er nicht oder nimmt er die Sache nicht ab, ohne daß ihm ein Rechtsgrund zur Seite steht, so ist er als Schuldner im Verzuge und haftet demgemäß dem Verkäufer für Schadensersatz usw. (s. „Verzug des Schuldners" und „Gegenseitige Verträge 3").

6. Tragung der Gefahr des Unterganges usw. der verkauften Sache (446, 447). Die verkaufte Sache kann, ehe das Rechtsverhältnis zwischen dem Käufer und dem Verkäufer aus dem Kaufgeschäft seine Erledigung gefunden hat, durch Zufall untergehen oder eine mehr oder weniger erhebliche Verschlechterung erleiden. Es fragt sich, wer von den beiden den Schaden zu tragen hat. Die Regel ist, daß mit der Übergabe der verkauften Sache an den Käufer (oder dessen Vertreter) die Gefahr des zufälligen Unterganges oder einer zufälligen Verschlechterung der Sache auf den Käufer übergeht. Bis zur Übergabe trägt also der Verkäufer den Schaden; kann er die verkaufte Sache nicht mehr liefern, weil sie (ohne seine Schuld) untergegangen ist, so ist er des Anspruchs auf den Kaufpreis verlustig (s. „Gegenseitige Verträge 2a"). Handelt es sich jedoch nicht um eine dem einzelnen Stücke nach bestimmte Sache (z. B. ein beim Verkäufer besichtigtes Pferd, einen im Laden gekauften Anzug und dgl.), sondern um eine oder mehrere nur der Gattung nach bestimmte Sachen (ein gewisses Quantum Getreide, einen nach dem Preisverzeichnis ausgesuchten Anzug usw.), so geht die Gefahr auf den Käufer schon dann über, wenn er durch Nichtannahme des ihm vertragsmäßig angebotenen Gegenstandes in Verzug gerät (s. „Verzug des Gläubigers"); er trägt also den Schaden, wenn die Ware (der Kaufgegenstand) durch Zufall untergeht oder verschlechtert wird.

Etwas Besonderes gilt jedoch für den Verkauf von Grundstücken. Der Verkäufer muß hier nicht nur das Grundstück dem Käufer übergeben, sondern er muß es ihm auch vor dem Grundbuchamt auflassen. Die Auflassung (s. d.) kann vor oder nach der Übergabe stattfinden. Erfolgt die Auflassung, ehe das Grundstück übergeben ist, so geht schon mit der auf Grund der Auflassung erfolgten Eintragung des Käufers als Eigentümers im Grundbuch die Gefahr des zufälligen Unterganges oder einer zufälligen Verschlechterung des Grundstücks auf den Käufer über. Wird jedoch umgekehrt das Grundstück bereits vor der Eintragung dem Käufer übergeben, so geht damit auch die Gefahr auf ihn über, obwohl er noch gar nicht Eigentümer geworden ist.

Haftung für Verlust, Beschädigung usw. unterwegs (447). Von besonderer Wichtigkeit ist die Frage, wer die Gefahr des Untergangs (des Verlorengehens) oder einer Verschlechterung (des Verderbens, des Gewichtsverlusts, des Zerbrechens oder einer sonstigen Beschädigung usw.) einer verkauften Sache zu tragen hat, wenn diese dem Käufer (Besteller) auf sein Verlangen vom Verkäufer zu übersenden oder zu überbringen ist. Es kommt für die Entscheidung dieser Frage darauf an, ob die Sache, nach der Bestimmung des Käufers, ihm nach dem Orte, der für das Kaufgeschäft als Erfüllungsort gilt, gesendet oder ihm in diesem Orte gebracht werden soll oder ob sie ihm nach einem anderen Orte (z. B. seinem Wohnorte) übersandt werden soll. Welcher Ort als der „Erfüllungsort" anzusehen ist, darüber s. „Leistungen 5". (Bei Käufen, die bei einem Kaufmann oder Gewerbetreibenden gemacht werden, wird dies regelmäßig der Ort sein, wo sich das Geschäft des Verkäufers befindet.) Im erstgedachten Falle, wo die Kaufsache dem Käufer nach dem als Erfüllungsort anzusehenden Orte zu senden (zu bringen) ist, kann die Sache erst dann als dem Käufer übergeben angesehen werden, wenn sie in seinen Besitz gelangt ist; geht sie unterwegs verloren oder wird sie beschädigt, so trägt den Schaden (die Gefahr) der Verkäufer, da er eben die Sache noch nicht übergeben hat. Ist dagegen die Kaufsache, wie es meist der Fall sein wird, dem Käufer nach einem anderen Orte, als dem für das Kaufgeschäft geltenden Erfüllungsort, zu übersenden, so geht die Gefahr auf den Käufer über, sobald der Verkäufer die Sache dem Spediteur, dem Frachtführer oder der sonst zur Ausführung der Sendung oder Überbringung bestimmten Person oder Anstalt (Post, Eisenbahn, Schiffer, Botenfrau usw.) ausgeliefert hat. Es wird also hierdurch der im praktischen Leben so häufig vorkommende Fall, daß die gekaufte Sache dem Käufer nach seinem Wohnort von dem auswärts wohnenden Verkäufer übersendet wird, hinsichtlich der Frage, wer den auf dem Transport etwa vorkommenden Verlust oder Schaden (Bruch usw.) zu tragen hat, dahin entschieden, daß der Schaden dem Käufer zur Last fällt. (Inwiefern dieser wegen des Schadens sich etwa an der Transportanstalt oder dem Boten schadlos halten kann, ist eine andere Frage, die hier beim Kaufe nicht zu erörtern ist.) Der Verkäufer hat übrigens die Pflicht, die Versendung (Überbringung) der verkauften Ware mit der im Verkehr erforderlichen Sorgfalt zu bewerkstelligen; etwaigen Schaden, der durch Verabsäumung dieser Pflicht (schlechte Verpackung, Wahl eines ungeeigneten Transportmittels u. dgl.) entstanden ist, hat er zu tragen. Ebenso ist der Verkäufer dafür verantwortlich, wenn er, obwohl der Käufer ihm eine besondere Weisung über die Art oder die Zeit der Versendung erteilt hat, ohne dringende Veranlassung hiervon abgewichen ist. — Über unverlangte und verlangte Ansichtssendungen s. d. Art. „Ansichtssendungen" und „Unverlangte Sendungen". Ob der Verkäufer, auch wenn solches nicht ausgemacht ist, die gekaufte Ware dem Käufer (auf dessen Kosten) nach seinem Wohnort oder dahin, wo er seine Handelsniederlassung hat oder an einen sonstigen vom Käufer angegebenen Bestimmungsort zu übersenden verpflichtet ist, darüber sagt das Gesetz nichts. Es ist aber anzunehmen, daß eine solche Verpflichtung wenigstens unter Kaufleuten nach Handelsgebrauch besteht.

7. Nutzungen. Übergabekosten. Transportkosten (Porto). Gerichtskosten usw. Bis zur Übergabe der Sache an den Käufer, bei verkauften Grundstücken bis zur Eintragung des Käufers im Grundbuch, wenn die eigentliche Übergabe erst später erfolgt, gebühren dem Verkäufer die Nutzungen der verkauften Sache; solange hat er auch die Lasten der Sache zu tragen (446). Von der Übergabe oder Eintragung im Grundbuch an gehen Nutzungen und Lasten auf den Käufer über, selbstverständlich, soweit nichts anderes unter den Beteiligten vereinbart ist. Ist die verkaufte Sache (das verkaufte Recht) frucht- oder zinstragend oder ruhen Lasten darauf, so gelten für die Verteilung der Früchte (Zinsen usw.) und der Lasten die allgemeinen Grundsätze; s. darüber unter „Früchte" und „Lasten".

Entstehen durch die Übergabe der verkauften Sache an den Käufer besondere Kosten, so fallen diese dem Verkäufer zur Last (448). Dies gilt auch von den Kosten des Messens und Wägens der zu liefernden Gegenstände, falls solches zum Zwecke der Übergabe erforderlich ist. Da der Verkäufer am Erfüllungsort (s. „Leistungen 5") zu leisten, also die verkaufte Sache dort zu übergeben hat, so hat er auch die Kosten einer etwa nötigen Übersendung (Überbringung) der Sachen an diesen Ort zu tragen. Anders, wenn die Sache nach einem Orte, der für die Verpflichtung des Verkäufers nicht der „Erfüllungsort" ist, zu senden ist; in diesem Falle hat der Käufer die Übersendungskosten (Fracht, Porti, Botenlohn) zu tragen. Ebenso fallen dem Käufer die durch die Abnahme der gekauften Sache etwa entstehenden Kosten zur Last. Ist ein Recht (z. B. eine ausstehende Forderung) verkauft, so fallen dem Verkäufer die Kosten (Gerichtskosten, Notariatsgebühren usw.) zur Last, die dadurch entstehen, daß das verkaufte Recht begründet oder dem Käufer übertragen wird. Über den Verkauf einer Hypothekforderung s. weiter unten. Kosten, deren Aufwendung zur Erreichung dieses Zweckes nicht nötig ist, fallen unter die Bestimmung nicht. Hat z. B. der Verkäufer einer Forderung dem Erwerber auf seinen Wunsch eine öffentliche Urkunde (gerichtliches oder notarielles Dokument) über die Abtretung der Forderung, die regelmäßig zur Rechtsgültigkeit der Abtretung nicht erforderlich ist, ausgestellt, so hat nicht er, sondern der Erwerber die Kosten dafür zu tragen. Besondere Vorschriften gelten aber für den Verkauf von Grundstücken oder eines Rechts an einem Grundstück. Dem Käufer eines Grundstücks fallen die Kosten der Auflassung und der Eintragung seines Eigentums im Grundbuch, mit Einschluß der Kosten der zur Eintragung erforderlichen Erklärungen, ferner die Kosten der Beurkundung des Kaufvertrages zur Last, wenn eine solche vorgenommen wird (449). Auch beim Verkauf eines Rechts an einem Grundstück (einer Hypothek, eines Nießbrauchs usw.) hat nach dem Gesetz der Käufer die Kosten der zur Begründung oder Übertragung des Rechtes nötigen Eintragung im Grundbuch, einschließlich der Kosten der zu der Eintragung erforderlichen Erklärungen, sowie die Kosten der etwaigen Beurkundung des Kaufvertrages (Abtretungsvertrages usw.) zu tragen. (Durch diese Bestimmung des Gesetzes wird aber nicht ausgeschlossen, daß die Kosten (Gebühren, Stempel usw.) seitens des Gerichts oder eines Notars nach den bestehenden Kostengesetzen vom Verkäufer, Zessionar usw. eingezogen (erhoben) werden; der Zahlende muß sich dann wegen Erstattung dieser Kosten an den dazu Verpflichteten halten.) Natürlich können aber die Beteiligten in allen diesen Fällen etwas anderes vereinbaren, z. B. die Kosten teilen usw.

8. Verwendungen auf die verkaufte Sache (450). Inwieweit der Käufer zum Ersatz von Verwendungen verpflichtet ist, die der Verkäufer auf die verkaufte Sache gemacht hat, bestimmt sich nach den für die „Geschäftsführung ohne Auftrag" (s. den Artikel) gegebenen Vorschriften. Eine besondere Bestimmung ist aber für den Fall getroffen, daß bei einem Verkaufe die Gefahr des Unterganges oder einer wesentlichen Verschlechterung der Sache (s. oben unter 6) auf Grund einer besonderen Vereinbarung der Parteien oder kraft gesetzlicher Bestimmung ausnahmsweise vor der Übergabe der gekauften Sache an den Käufer schon auf diesen übergegangen ist. Macht in solchem Falle der Verkäufer, der noch im Besitz der Kaufsache ist, Verwendungen auf dieselbe zur Erhaltung und Bewahrung der Sache, so kann er vom Käufer Ersatz verlangen, wie wenn dieser ihn mit der Verwaltung der Sache beauftragt hätte.

9. Verzinsung des Kaufgeldes (452). Ob der Käufer auf das Kaufgeld, wenn er es nicht sofort bezahlt, Zinsen bezahlen muß, ist eine für den täglichen Verkehr wichtige Frage. In schriftlichen Kontrakten über Kaufgeschäfte von Belang wird hierüber regelmäßig das Nötige bestimmt. Im täglichen Kleinverkehr aber, bei Einkäufen im Laden oder auf dem Markte, bei schriftlichen Bestellungen bei Kaufleuten, Handwerkern oder Lieferanten pflegt über eine Zahlungszeit und eine etwaige Verzinsung des Kaufgeldes meist nichts ausgemacht zu werden. Ist dies also nicht der Fall und ist auch nicht anzunehmen, daß die Parteien sich stillschweigend darüber geeinigt haben, daß der Kaufpreis verzinst werden solle, in welchem Falle diese Vereinbarung natürlich maßgebend ist, so tritt die gesetzliche Regel ein, daß der Kaufpreis von dem Zeitpunkte an zu verzinsen ist (s. „Zinsen"), wo die gekaufte Sache dem Käufer übergeben ist (oder, wenn bei dem Verkaufe eines Grundstücks die Eintragung des Käufers im Grundbuch schon vor der Übergabe des Grundstücks erfolgt, von der Eintragung im Grundbuch an). Diese Regel gilt aber nach dem Obigen nur dann, wenn der Kaufpreis dem Käufer nicht gestundet (krediert) ist. Ist Zahlungsfrist (ausdrücklich oder stillschweigend) gewährt, so braucht der Käufer zunächst keine Zinsen zu zahlen, wenn dies nicht etwa besonders vereinbart ist. Eine Verpflichtung zur Zinszahlung tritt alsdann erst ein, wenn der Käufer mit der Zahlung des Kaufgeldes im Verzuge ist, insbesondere also, wenn er, nachdem die Kaufgeldforderung fällig geworden (die Kreditfrist abgelaufen) ist, vom Verkäufer an die Zahlung der Schuld gemahnt ist (bloße Übersendung einer Rechnung ist aber keine Mahnung); s. „Verzug des Schuldners". Der Verkäufer ist in Anbetracht der Verkehrssitte nicht berechtigt, vor erfolgter Mahnung Zinsen auf die ihm geschuldeten Kaufgelder zu fordern. Ist dagegen ein bestimmtes Ziel verkehrsüblich oder vereinbart, so daß also das Kaufgeld an einem bestimmten Kalendertage fällig wird, so wird der Verkäufer von diesem Tage an auch ohne Mahnung Zinsen (Verzugszinsen) fordern können.

Zinsen unter Kaufleuten. Etwas anderes als das Vorgesagte, sowohl in bezug auf die Verpflichtung zur Zahlung von Zinsen als auch auf die Höhe der Zinsen, gilt unter Kaufleuten, d. h. wenn beide Teile, Verkäufer und Käufer, Kaufleute im Sinne des Handelsgesetzbuches sind. S. „Handelsgeschäfte 1".

10. Kein Rücktrittsrecht nach erfolgter Übergabe (454). Wenn der Verkäufer dem Käufer die verkaufte Sache übergeben, ihm aber den Kaufpreis gestundet (krediert) hat, so kann er, wenn der Käufer nicht zahlt, vom Vertrage nicht zurücktreten und die verkaufte und überlieferte Sache nicht zurückfordern, wenn auch die für ein solches Rücktrittsrecht sonst geltenden Voraussetzungen (s. „Gegenseitige Verträge") vorliegen; das Rücktrittsrecht ist hier in Rücksicht auf den Käufer ausnahmsweise ausgeschlossen, da in vielen Fällen die gekaufte Sache verbraucht, weiterveräußert, umgestaltet sein wird. Selbstverständlich stehen aber dem Verkäufer die sonstigen, einem Gläubiger gegen säumige Schuldner gegebenen, Rechte zu (vgl. „Gegenseitige Verträge 2 b" am Schluß).

11. Eigentumsvorbehalt (455). Es kommt im Verkehr sehr häufig vor, daß der Verkäufer einer beweglichen Sache (nur bei solchen ist es angängig) sich das Eigentum daran bis zur vollständigen Bezahlung des Kaufgeldes vorbehält, meist aus dem Grunde, um sich für den Fall etwaiger Zahlungsunfähigkeit des Käufers möglichst vor Verlust zu schützen. Besonders die sog. Abzahlungsgeschäfte (s. „Abzahlung, Verkäufe auf") pflegen diese Vereinbarungen mit den Käufern zu treffen. Es wird in solchem Falle im Zweifel, d. h. wenn sich keine andere Absicht der Beteiligten aus dem Vertrage oder aus den Umständen ergibt, gesetzlich angenommen, daß die Übertragung des Eigentums an der dem Käufer übergebenen Kaufsache unter der „aufschiebenden" Bedingung geschehen ist, daß vollständige Zahlung des Kaufpreises erfolgt, daß also bis dahin der Verkäufer durch das ihm verbliebene Eigentum an der in den Besitz des Käufers oder anderer Personen übergegangenen Sache gesichert ist. Außerdem wird in solchem Falle im Zweifel als Absicht der Beteiligten angenommen, daß der Verkäufer vom Vertrage solle zurücktreten dürfen, wenn der Käufer mit der Zahlung des Kaufgeldes in Verzug kommt (vgl. „Verzug des Schuldners"). Bei Verbindung, Vermischung, Verarbeitung der Sache mit einer anderen geht das Eigentum dessen, der es sich vorbehalten hat, unter (RG.).

12. Verbot des Kaufens für bestimmte Personen (456—458). Das Gesetz verbietet es allen mit der Vornahme oder Leitung eines Verkaufes im Wege der Zwangsvollstreckung beauftragten Personen, sowie den von diesen dabei zugezogenen Gehilfen, insbesondere auch dem Protokollführer, den zum Verkauf bestimmten Gegenstand für sich (persönlich oder durch einen anderen) oder für einen anderen zu kaufen. Wer dies

Verbot verletzt, handelt rechtswidrig und hat den daraus etwa erwachsenden Schaden dem Beteiligten nach allgemeinen Rechtsgrundsätzen (vgl. „Schadensersatz wegen unerlaubter Handlung") zu erstatten. Die Bestimmung soll zum Schutze der bei dem Verkaufe Beteiligten (Gläubiger, Schuldner) und als Bürgschaft für die Unparteilichkeit und Lauterkeit der Geschäftsführung der den Verkauf ausführenden Personen dienen. Sie gilt nur für Zwangsverkäufe; bei anderen Verkäufen gelten die allgemeinen Grundsätze über die Rechtsgeschäfte eines Beauftragten (Vertreters) mit sich selbst (s. „Vertreter, Vertretung 3"). Zu den Zwangsverkäufen in diesem Sinne gehören aber auch alle die Fälle, wo außerhalb einer eigentlichen Zwangsvollstreckung der Auftrag zum Verkaufe auf Grund einer gesetzlichen Bestimmung erteilt wird, durch die jemand ermächtigt ist, einen Gegenstand für Rechnung eines anderen zum Verkaufe zu bringen; z. B. beim Verkauf eines Pfandes durch den Pfandgläubiger; bei der Versteigerung einer geschuldeten Sache (einer zu liefernden Ware) durch den Schuldner (Verkäufer); beim Verzuge des Gläubigers (Käufers); bei Verkäufen durch den Konkursverwalter. Die Bestimmung bezieht sich insbesondere auch auf den Fall, wo der Schuldner, dem die geschuldete (verkaufte usw.) Sache vom Gläubiger nicht abgenommen wird, befugt ist, sie zum Börsen- oder Marktpreise freihändig verkaufen zu lassen; denn die mit der Vornahme des Verkaufs beauftragte Person ist in der Lage, auf den Tageskurs einzuwirken, der zudem auch während der Börsenzeit oft kein fester ist, sondern auf- und niedersteigt. Hat eine der gedachten Personen diesem Verbote zuwider gekauft oder für sich kaufen lassen, so ist der Verkauf nicht gänzlich unwirksam; aber er ist solange rechtsungültig, als nicht die als Schuldner, Eigentümer oder Gläubiger bei dem Verkaufe beteiligten Personen dem Verkauf zugestimmt haben.

13. Über Haftung (Gewährleistung) für Mängel der gekauften Sache s. „Gewährleistung usw.".

Kauf nach Probe. Kauf auf Probe. Kauf zur Probe. **1.** Kauf nach Probe oder Muster (494). Für Kaufgeschäfte dieser Art gelten im allgemeinen die sonst für den Kauf geltenden Rechtsgrundsätze (s. „Kauf"). Das Gesetz enthält nur die besondere Vorschrift, daß die Eigenschaften, welche die vorgelegte Probe oder das vorgelegte Muster hatten, als von dem Verkäufer dem Käufer zugesichert anzusehen sind. Der Verkäufer haftet also dafür, wenn die verkaufte (gelieferte) Sache diese Eigenschaften nicht hat. Der Käufer hat, wenn er die Sache nicht etwa trotz der Mangelhaftigkeit als probe- (oder muster-) gemäß angenommen hat, die Wahl, ob er Rückgängigmachung des Kaufgeschäfts (Wandelung) oder Preisherabsetzung (Minderung) oder Schadensersatz wegen Nichterfüllung, d. h. nicht ordnungsmäßiger Erfüllung des Vertrages von seiten des Verkäufers verlangen will. Handelt es sich um den Verkauf (die Lieferung) von nur der Gattung nach bestimmten Sachen (z. B. von 100 Wispeln Weizen), so kann der Käufer an Stelle der gelieferten fehlerhaften Sachen auch Nachlieferung probe- (muster-) mäßiger Ware und Ersatz des aus der verspäteten Lieferung usw. ihm etwa erwachsenen Schadens verlangen. S. „Gewährleistung 8 usw.".

2. Kauf auf Probe oder Besicht (495, 496). Auch hierfür gelten im allgemeinen die für den Kauf überhaupt (s. „Kauf") getroffenen Bestimmungen. Aber es gilt folgendes Besondere: Kauft jemand „auf Probe" oder „auf Besicht", so ist er durch den Abschluß des Vertrages noch nicht gebunden; es steht in seinem freien Willen, ob er die gekaufte Sache billigen (behalten) will oder nicht. Dagegen ist der Verkäufer bis dahin, daß der Käufer sich entschieden hat, an den Vertrag gebunden. Der Verkäufer ist auch verpflichtet, dem Käufer die Untersuchung der Sache zu gestatten. Selbstverständlich ist der Käufer zur sorgsamen Bewahrung (Bewachung) der ihm zur Probe oder zur Besichtigung übergebenen Sache (Ware) sowie zum Schadensersatz im Falle schuldhafter, insbesondere durch zweckwidrigen Gebrauch herbeigeführter Beschädigung verpflichtet. Ist vereinbart, daß der Käufer innerhalb einer bestimmten Frist sich zu erklären habe, so kann der Käufer nur bis zum Ablauf dieser Frist die Erklärung rechtswirksam abgeben; nach diesem Zeitpunkt ist der Verkäufer nicht mehr an den Verkauf gebunden. Ist keine Frist vereinbart, so kann der Verkäufer dem Käufer eine angemessene Frist zur Erklärung bestimmen. Bei etwa bestehenden besonderen Gebräuchen, z. B. im Handelsverkehr, kann auch eine bestimmte Frist stillschweigend als vereinbart angesehen werden. War die Sache dem Käufer zum Zweck der Probe oder der Besichtigung übergeben, so gilt, wenn er innerhalb der Frist keine Erklärung abgibt, sein Schweigen als Billigung; der Kauf ist also perfekt geworden. Es treten nun die allgemeinen Rechtsfolgen eines abgeschlossenen Kaufgeschäfts (s. unter „Kauf" und „Gewährleistung usw.") ein.

3. Kauf zur Probe. Von dem Kauf auf Probe (oder Besicht) wohl zu unterscheiden ist der Kauf „zur" Probe. Von einem Kaufe zur Probe kann man nur dann sprechen, wenn der Käufer fest gekauft, aber den Kauf mit der (meist gar nicht ausgesprochenen) Absicht abgeschlossen hat, daß er die gekaufte Ware prüfen („probieren") wolle, um danach wegen etwaiger weiterer Ankäufe Entschließung zu treffen. Solcher Art sind besonders die im Handelsverkehr, aber auch die im täglichen Kleinverkehr abgeschlossenen Käufe sehr häufig; wer im Laden Zigarren oder beim Fleischer eine Wurst kauft, tut dies meist mit dem Gedanken, später mehr davon zu nehmen, wenn die Ware gefallen hat. Von solchen Käufen gilt gar nichts Besonderes; vor allem gilt von ihnen nicht das vorstehend unter 2 Gesagte. Hat der „Käufer" nicht fest gekauft, dann liegen die Dinge ganz anders; darüber s. „Ansichtssendungen".

Kaufgeld s. Kaufpreis.

Kaufmann. Zu vergleichen die Artikel: Depots, kaufmännische, Firma, Frachtführer, Geschäftsübernahme, Gewährleistung, Handelsbücher, Handelsgeschäfte, Handelskauf, Handlesregister, Handlungsagenten, Handlungsgehilfen, Kauf, Kaufmann, Kommissionär, Konkurrenzklausel, Kreditauftrag, Makler, Prokura und Handlungsvollmacht, Spediteur, Unlauterer Wettbewerb, Vollmacht, Zinsen usw.

Kaufmann. Handelsgewerbe (HGB. 1—7, Gutt. Slg. Nr. 4). **1.** Ob jemand „Kaufmann" im Sinne des Gesetzes ist, ist für ihn insofern von Wichtigkeit, als es sich danach richtet, ob auf ihn die Bestimmungen des Handelsgesetzbuches (s. „Handelsrecht") Anwendung finden. Kaufmann im Sinne des Handelsgesetzbuchs ist, wer ein

Handelsgewerbe betreibt (s. unten). Es kommt also darauf an, festzustellen, was ein Handelsgewerbe ist. In den meisten Fällen wird die Frage, ob ein bestimmtes gewerbliches Unternehmen ein „Handelsgewerbe" ist, gar keinem Zweifel unterliegen; aber es können doch auch Fälle vorkommen, wo eine eingehende Prüfung nach den Bestimmungen des Gesetzes erforderlich wird.

Als Handelsgewerbe gilt jeder Gewerbebetrieb, der eine der nachstehend bezeichneten Arten von Geschäften zum Gegenstande hat:

1. die Anschaffung und Weiterveräußerung von beweglichen Sachen (Waren) oder Wertpapieren, ohne Unterschied, ob die Waren unverändert oder nach einer Bearbeitung oder Verarbeitung weiter veräußert werden;
2. die Übernahme der Bearbeitung oder Verarbeitung von Waren für andere, sofern der Betrieb über den Umfang des Handwerks hinausgeht;
3. die Übernahme von Versicherungen gegen Prämie (im Gegensatz hierzu stehen die Versicherungsvereine auf Gegenseitigkeit);
4. die Bankier- und Geldwechslergeschäfte;
5. die Übernahme der Beförderung von Gütern oder Reisenden zur See, die Geschäfte der Frachtführer oder der zur Beförderung von Personen zu Lande oder auf Binnengewässern bestimmten Anstalten sowie die Geschäfte der Schleppschiffahrts-Unternehmer;
6. die Geschäfte der Kommissionäre, der Spediteure oder der Lagerhalter;
7. die Geschäfte der Handlungsagenten oder Handelsmäkler;
8. die Verlagsgeschäfte sowie die sonstigen Geschäfte des Buch- und Kunsthandels;
9. die Geschäfte der Druckereien, sofern ihr Betrieb über den Umfang des Handwerks hinausgeht.

Ein gewerbliches Unternehmen, das nach Art und Umfang einen in kaufmännischer Weise eingerichteten Geschäftsbetrieb erfordert, gilt als Handelsgewerbe, sofern die Firma des Unternehmers in das Handelsregister eingetragen worden ist. Der Unternehmer ist verpflichtet, die Eintragung nach den für die Eintragung kaufmännischer Firmen geltenden Vorschriften herbeizuführen. Der Betrieb der Land- und Forstwirtschaft ist kein Handelsgewerbe; Nebengewerbe der Land- und Forstwirtschaft können ins Handelsregister eingetragen werden und gelten dann als Handelsgewerbe. Vgl. darüber den Art. „Land- und Forstwirte als Kaufleute".

Wenn das Unternehmen (der Gewerbebetrieb) nur eines (oder mehrere) der oben unter Nr. 1 bis 9 einzeln aufgeführten Geschäfte zum Gegenstande hat, so ist es ein Handelsgewerbe und sein Inhaber ist Kaufmann (auch wenn seine Firma im Handelsregister noch nicht eingetragen sein sollte), weil eben diese einzeln aufgeführten Geschäfte als Handelsgeschäfte (Kaufmannsgeschäfte) angesehen werden. Aber es ist nicht nötig, daß das Unternehmen solche rein kaufmännischen Geschäfte zum Gegenstande hat; es genügt, daß es überhaupt ein gewerbliches Unternehmen ist, das irgendwelche andere Geschäfte zum Gegenstande hat, die nicht als rein kaufmännische angesehen werden, z. B. Geschäfte eines Häuserspekulanten, eines Bauunternehmers, des Besitzers von Ziegeleien, größeren Steinbrüchen oder Sandgruben, Bergwerken, Gas-, Wasserleitungs-, Elektrizitäts-, Installationsgeschäften, einer Sparkasse usw., wenn es nur nach Art und Umfang einen „in kaufmännischer Weise eingerichteten Geschäftsbetrieb erfordert". Ob das Geschäft einen solchen Betrieb tatsächlich hat (z. B. ob kaufmännische Bücher angelegt sind, die einlaufenden Briefe aufbewahrt, die abgehenden kopiert werden, ob ein Geschäftslokal, Kontor oder Bureau beschafft, das nötige Personal angestellt ist usw.), darauf kommt es nicht an, sondern darauf, ob das Unternehmen nach seiner Art und seinem Umfange einen kaufmännischen Betrieb erfordert. Es kommt wohl vor allem darauf an, ob eine kaufmännische Buchführung geboten ist. Wo eine Übersicht und Kontrolle des Geschäftsbetriebes und des Vermögensstandes ohne eine zuverlässige Buchführung nicht möglich ist, da ist eben die Führung von Büchern „nach der Art und dem Umfange" des Unternehmens „erforderlich". Kommt nun bei einem solchen Unternehmen noch hinzu, daß der Inhaber seine Firma in das Handelsregister hat eintragen lassen (wozu er übrigens vom Gericht angehalten werden muß; s. „Firma usw. 2"), so gilt er anderen Personen gegenüber als Kaufmann. — Zu den „Kaufleuten" gehören nicht nur Einzelkaufleute, sondern auch die Handelsgesellschaften, die eingetragenen Genossenschaften und die Gesellschaften mit beschränkter Haftung. Auch Frauen sind Kaufleute im Sinne des Gesetzes, wenn bei ihnen die obenbezeichneten Voraussetzungen dafür vorliegen; die Unverheiratete steht dem Manne völlig gleich; die Verheiratete kann zwar auch ohne Einwilligung des Mannes Kaufmann sein; über die besonderen Rechtswirkungen eines gegen den Willen des Mannes betriebenen Geschäfts s. aber „Erwerbsgeschäfte von Frauen".

Nach dem Vorgesagten sind insbesondere auch Fabrikanten, Wirte (Gastwirte), Restaurateure, Apotheker, Bierbrauer usw. Kaufleute im Sinne des Gesetzes, da sie Waren (Rohmaterialien) usw. anschaffen, um sie, sei es unverarbeitet, sei es bearbeitet oder verarbeitet, an ihre Kunden wieder abzugeben. Dagegen sind nicht Kaufleute: Künstler, Rechtsanwälte und Ärzte, da ihr Beruf nicht als ein Gewerbe im Sinne des Gesetzes anzusehen ist. Ob Ärzte dann als Kaufleute anzusehen sind, wenn sie als Inhaber von Heilanstalten, Sanatorien usw. gegen Entgelt Kranke aufnehmen und verpflegen, ist unter den Juristen bestritten. — Ob Handwerker Kaufleute im Sinne des Gesetzes sind, darüber vgl. den Artikel „Handwerker".

2. Vollkaufleute und Minderkaufleute (HGB. 4, 5). Unter den Kaufleuten unterscheidet das Gesetz zwischen den eigentlichen Kaufleuten (Vollkaufleuten) und Kaufleuten minderen Rechts (Minderkaufleuten). Diese Unterscheidung hat die Bedeutung, daß auf die letzteren, die Minderkaufleute, die Vorschriften des Handelsgesetzbuchs über die Firmen, die Handelsbücher, die Prokura und die Handelsgesellschaften keine Anwendung finden, da diese Einrichtungen sich nur für einen größeren Betrieb eignen. Ferner gelten für Minderkaufleute nicht die Vorschriften über die Unzulässigkeit richterlicher Ermäßigung einer Vertragsstrafe, über den Ausschluß der Einrede der Vorausklage bei der Bürgschaft und über die Gültigkeit bloß mündlich übernommener Bürgschaften, Schuldversprechen und Schuldanerkenntnisse (s. darüber „Handelsgeschäfte 1" dritter Absatz). Im übrigen aber finden die für Kaufleute überhaupt gegebenen Vorschriften auch auf Minderkaufleute Anwendung.

Minderkaufleute sind einmal Handwerker (s. d.); sodann Kleingewerbetreibende, d. h. Personen, deren Gewerbebetrieb nicht über den Umfang des Kleingewerbes hinausgeht. Die Grenze ist hier naturgemäß schwer zu ziehen; es ist deshalb den Landesregierungen vorbehalten, nähere Bestimmungen zu erlassen, durch die die Grenze des Kleingewerbes nach dem Steuersatz oder nach anderen Merkmalen festgesetzt wird. Solange solches nicht geschehen ist, wird man als „Kleingewerbe" einen Geschäftsbetrieb anzusehen haben, der wegen seines geringen Umfanges eigentlich kaufmännische Einrichtungen, wie Buchführung, Kopierung und Aufbewahrung der Geschäftsbriefe usw., nicht erfordert. Ob etwa der Geschäftsinhaber zu einer ordentlichen Buchführung usw. nicht befähigt ist, ist für die Frage ohne Bedeutung. Hat übrigens ein Handwerker oder Kleingewerbetreibender seine Firma in das Handelsregister eintragen lassen (s. „Firma 2"), d. h. ist auf seinen Antrag die Eintragung der Firma, obwohl sie eigentlich nicht hätte geschehen dürfen, erfolgt, so gilt er bis dahin, daß die Firma etwa wieder gelöscht wird, als Vollkaufmann. Siehe auch den Artikel „Handelsgeschäfte".

Über einen selbständigen Geschäftsbetrieb minderjähriger Personen vgl. „Geschäftsfähigkeit 3".

Kaufmann minderen Rechts s. Kaufmann. Handelsgewerbe.

Kaufmännische Depots s. Depots, kaufmännische; kaufmännische Dienste s. Handlungsgehilfen; kaufmännische Kenntnisse und Erfahrungen, Verwertung von, s. Geschäfts- und Betriebsgeheimnisse usw.; kaufmännischer Betrieb s. Kaufmann usw. 1; bei einem Land- oder Forstwirt s. Land- und Forstwirte als Kaufleute.

Kaufpreis, Herabsetzung wegen Mangelhaftigkeit der Sache s. Gewährleistung wegen Mängel usw. 2; Verzinsung des, s. Kauf und Verkauf 9. S. auch: Kauf und Verkauf.

Kaufverbot für bestimmte Personen s. Kauf und Verkauf 12.

Kaufvertrag s. Kauf und Verkauf; über Grundstücke s. Auflassung 2; Übernahme von Hypotheken dabei, s. Übernahme einer fremden Schuld.

Kaution s. Sicherheitsleistung.

Kautionshypothek s. Hypothek 5.

Kehlkopfpfeifen bei Pferden usw. s. Gewährleistung usw. 9.

Kehrrecht s. Grundeigentum 2 a. Schluß.

Kinder s. Eltern und Kinder u. Mutter und Kind; unter 7 Jahren, Geschäftsunfähigkeit s. Geschäftsfähigkeit 4; keine Haftung für Vorsatz und Fahrlässigkeit s. Vertretung von Vorsatz usw.; Schadenszufügung durch, s. Miete usw. 2 u. Schadensersatz weg. unerl. Handl. 4; Haftung für eigenes Verschulden s. Schadensersatz, allg. Best. über; als gesetzliche Erben s. Gesetzliche Erben; geschiedener Ehegatten s. Ehescheidung 4; uneheliche s. Uneheliche Kinder; uneheliche, Legitimation derselben, s. Legitimation; Ausgleichungspflicht bei Beerbung der Eltern usw. s. Ausgleichung unter Miterben; als Pflichterben s. Pflichtteil; Anfechtung der Ehelichkeit eines Kindes s. Ehelichkeit eines Kindes; Kinder aus nichtiger Ehe s. Nichtige Ehen, Kinder aus; Vertretung durch den Vater s. Eltern und Kinder; Verwaltung ihres Vermögens durch den Vater s. Verwaltung des Kindesvermögens usw.; Vertretung durch die Mutter s. Mutter und Kind; Vertretung durch den Vormund s. Vormund; Wohnsitz derselben s. Wohnsitz 2; freies Vermögen der Kinder s. Verwaltung des Kindesvermögens usw. 2.

Kindesalter, unerlaubte Handlungen im, s. Schadensersatz wegen unerlaubter Handlung 4; Geschäftsunfähigkeit im, s. Geschäftsfähigkeit 4.

Kindes Statt, Annahme an, s. Annahme an Kindes Statt.

Kindesvermögen, Verwaltung durch den Vater oder die Mutter s. Verwaltung des Kindesvermögens usw.

Kirchliche Trauung, Verweigerung der, als Ehescheidungsgrund s. Ehescheidung 1.

Klage. Um die Ansprüche einer Partei zu verwirklichen, d. h. einen zur Zwangsvollstreckung geeigneten Titel zu erhalten, bedarf es in der Regel eines gerichtlichen Verfahrens. Dieses wird durch einen Güteantrag oder Klageerhebung eingeleitet mit dem Ziel, auf Grund einer mündlichen Verhandlung ein Urteil zu erstreiten, und sodann nach Rechtskraft desselben bzw. wenn dieses für vorläufig vollstreckbar erklärt ist, sofort den Anspruch mit Hilfe staatlicher Machtmittel durchsetzen zu können. In der Regel wird der Anspruch auf eine bestimmte Leistung gehen (Leistungs- oder Verurteilungsklagen). Aber auch lediglich die gerichtliche Feststellung einer Behauptung bzw. eines Tatbestandes kann für den Anspruchsberechtigten von Wichtigkeit sein, sodaß auch Klagen auf Feststellung eines Rechtsverhältnisses (z. B. Nichtigkeit einer Ehe) erhoben werden können. Schließlich gibt es noch Rechtsgestaltungs- oder Bewirkungsklagen, d. h. Klagen, die nach ihrer Durchführung einen neuen Rechtszustand schaffen (z. B. Klage auf Scheidung einer Ehe, Anfechtungsklagen). Eine Unterart der Klagen auf Leistung sind die Klagen auf künftige Leistung. In gewissen Fällen kann nämlich der Gläubiger auf künftige Leistung Klage erheben, obschon sein Anspruch bei Klageerhebung noch nicht fällig ist. Allerdings läuft er jedesmal Gefahr, daß auch bei Obsiegen die Kosten des Verfahrens, die sonst der unterliegende Teil zu tragen hat, ihm zur Last fallen, falls nämlich der Beklagte den Anspruch ohne weiteres anerkennt. Klagen auf künftige Leistung (§ 257—259 ZPO.) können grundsätzlich aus drei Gründen erhoben werden.

1. Muß jemand an einem bestimmten Kalendertag ein Grundstück, eine Wohnung oder einen anderen Raum (einen Keller, Lagerplatz) räumen, oder muß er an einem bestimmten Kalendertag eine Geldzahlung leisten, die nicht von einer Gegenleistung abhängig ist, so kann der Berechtigte (Vermieter, Verpächter, Gläubiger) schon vor dem Tage, an dem die Räumung oder Zahlung zu erfolgen hat, eine Klage auf künftige Räumung oder Zahlung erheben. Zweck der Vorschrift ist, daß der Berechtigte am Tage der Fälligkeit sich nicht erst hinhalten zu lassen braucht, sondern sofort aus dem ergangenen Urteil Zwangsvollstreckung einleiten kann.

2. Schuldet jemand wiederkehrende Leistungen, z. B. Pacht- oder Mietzinsen oder eine Leibrente oder Unterhaltsrente usw., so kann der Berechtigte auch wegen der erst nach Erlassung des Urteils fällig werdenden Leistungen Klage auf künftige Entrichtung erheben.

3. Schließlich kann auf künftige Leistung geklagt werden, wenn den Umständen nach die Besorgnis gerechtfertigt ist, daß der Schuldner (was der Kläger im Bestreitungsfalle zu beweisen hat) sich der rechtzeitigen Leistung entziehen werde, insbesondere also,

wenn der Schuldner seine Verbindlichkeiten schon vor der Fälligkeit ausdrücklich bestreitet. Auch bei bedingten Ansprüchen ist eine derartige Klage zulässig. Hat der Beklagte zu einer derartigen Klage Anlaß gegeben, so fallen jedoch die Kosten ihm zur Last, selbst wenn er im Prozeß den Anspruch unverzüglich anerkennen würde.

Die Erhebung der Klage erfolgt bei den Amts- und Arbeitsgerichten durch Einreichung derselben bei Gericht oder durch eine mündlich zu Protokoll des Urkundsbeamten abgegebene Erklärung, während bei den Landgerichten Zustellung eines Schriftsatzes an den Gegner erforderlich ist, der die Bezeichnung der Parteien, die Angabe des Streitgegenstandes, sowie die Ladung des Beklagten zur mündlichen Verhandlung vor dem Prozeßgericht enthalten muß. Durch Erhebung der Klage wird die Rechtshängigkeit begründet, sodaß während der Dauer des Prozesses die Streitsache nicht anderweit anhängig gemacht werden kann, sowie auch die Zuständigkeit des Prozeßgerichts durch eine Veränderung der sie begründenden Umstände nicht berührt wird (§ 263 ZPO.).

Auf die sonstigen nach bürgerlichem Recht eintretenden Wirkungen der Rechtshängigkeit kann hier nicht weiter eingegangen werden. Hervorgehoben werden muß jedoch, daß durch die Klageerhebung die Verjährung unterbrochen wird. Gleichgestellt einer Klageerhebung sind in dieser Hinsicht der Antrag auf Erlaß eines Zahlungsbefehls, sowie der Antrag auf ein Güteverfahren (s. d.).

Die Klageerhebung bestimmt Art, Inhalt und Umfang des Streitverfahrens, sodaß grundsätzlich der Kläger seine Klage nicht mehr ändern kann, es sei denn, daß nur Tatsachen oder rechtliche Ausführungen ergänzt oder berichtigt werden, der Klageantrag in der Hauptsache oder in bezug auf Nebenforderungen erweitert oder beschränkt wird, oder statt des ursprünglich geforderten Gegenstandes wegen einer später eingetretenen Veränderung ein anderer Gegenstand oder das Interesse gefordert werden. Ausnahmsweise kann das Gericht eine Klageänderung neuerdings auch gegen den Willen des Beklagten zulassen, nämlich dann, wenn es nach den Umständen des Falles eine solche für sachdienlich erachtet (z. B. weil die Verteidigung des Beklagten nicht erschwert wird und andernfalls lediglich ein neuer Prozeß unter denselben Parteien zu erwarten wäre). Das Klageverfahren endigt durch richterlichen Urteilsspruch, Vergleich oder durch Rücknahme der Klage. Es kann jedoch ohne Einwilligung des Beklagten eine Rücknahme der Klage nur bis zum Termin der mündlichen Verhandlung erfolgen. Die Rücknahme verpflichtet den Kläger die Kosten des Rechtsstreits zu tragen, welche Verpflichtung auf den Antrag des Beklagten durch Urteil auszusprechen ist.

Klagverjährung s. Verjährung.

Klassen von Personen, Zuwendungen an, s. Auslegung testamentarischer Verfügungen.

Kleidung der Frau s. Ehegatten 3; des Hauskindes s. Verwaltung des Kindesvermögens usw. 2.

Kleidungsstücke, Pfändbarkeit derselben, s. Pfändung in der Zwangsvollstreckung 1.

Kleinbahnen s. Frachtführer u. Haftpflicht der Eisenbahnen usw. 2.

Klein= Kaufleute s. Kaufmann usw. 2.

Kleingewerbetreibende s. Kaufmann usw. 2.

Klubs s. Vereine.

Kodizille, eine früher übliche besondere Art einer letztwilligen Verfügung, die geringere Förmlichkeiten erforderte als ein Testament, gibt es im heutigen Recht nicht mehr.

Kommanditgesellschaft, Kommanditgesellschaft auf Aktien (HGB. 161—177; 320—334). **1.** Vereinigen sich zwei oder mehrere zum Betriebe eines Handelsgewerbes unter gemeinschaftlicher Firma, so kann die Absicht sein, daß alle Gesellschafter (Sozien) für die Schulden der Gesellschaft persönlich und mit ihrem ganzen Vermögen haften wollen; dann liegt eine offene Handelsgesellschaft (s. d.) vor. Will aber einer der Gesellschafter oder wollen mehrere derselben den Gesellschaftsgläubigern gegenüber nur mit dem Betrage einer bestimmten Vermögenseinlage haftbar sein, während die übrigen Gesellschafter den Gläubigern unbeschränkt haften, dann ist die Gesellschaft eine Kommanditgesellschaft. Die unbeschränkt haftenden Gesellschafter heißen „persönlich haftende Gesellschafter" oder Komplementäre; die nur mit der Einlage haftenden sind die Kommanditisten. (Keine Kommanditgesellschaft, wenn auch etwas Ähnliches, ist die sog stille Gesellschaft; siehe darüber den besonderen Artikel.) — Für die Kommanditgesellschaft gelten im wesentlichen diejenigen gesetzlichen Vorschriften, die für die offene Handelsgesellschaft gegeben sind; es ist daher der betreffende Artikel zu vergleichen. Doch kommen einige besondere Bestimmungen zur Anwendung, die nachstehend im wesentlichen mitgeteilt werden. Über die Firma der Kommanditgesellschaft vergleiche „Firma 1". Bei der Anmeldung der Gesellschaft zur Eintragung in das Handelsregister (s. „Offene Handelsgesellschaft 2") sind auch die Kommanditisten nach Namen usw. zu bezeichnen und die Beträge ihrer Einlagen anzugeben (HGB. 162). In der gerichtlichen Bekanntmachung der Eintragung wird aber nur die Zahl der Kommanditisten mitgeteilt; ihre Namen und die Einlagen werden nicht veröffentlicht. Auch etwaige spätere Erhöhungen oder Herabsetzungen der Einlagen sind anzumelden (HGB. 175). — Die Kommanditisten nehmen an der Führung der Geschäfte keinen Teil; sie sind zur Vertretung der Gesellschaft nach außen hin nicht ermächtigt (HGB. 170); sie können in die Geschäftsführung der persönlich haftenden Gesellschafter nur hineinreden und Widerspruch erheben, wenn jene Handlungen vornehmen, die über den gewöhnlichen Betrieb des Handelsgewerbes der Gesellschaft hinausgehen (HGB. 164). Bei Bestellung oder Abberufung eines Prokuristen haben die Kommanditisten nicht mitzuwirken. Einem Konkurrenzverbot unterliegen sie nicht (HGB. 165). Jeder Kommanditist ist berechtigt, Abschrift der jährlichen Bilanz zu verlangen und ihre Richtigkeit unter Einsicht der Papiere und Bücher zu prüfen; eine weitergehende persönliche Kontrolle der Geschäftsführung steht ihm dagegen nicht zu. Doch kann das Amtsgericht auf Antrag eines Kommanditisten, wenn „wichtige Gründe" vorliegen, jederzeit die Mitteilung einer Bilanz oder sonstiger Aufklärungen sowie die Vorlegung der Bücher und Papiere anordnen. Die Vorschriften über die Gewinn- und Verlustberechnung bei der offenen Handelsgesellschaft (s. d. unter 4) gelten auch für den Kommanditisten; jedoch wird der ihm zukommende Gewinn seinem Kapitalanteile nur solange zugeschrieben, bis die bedungene Einlage erreicht ist (HGB. 167). Der weitere Gewinn wird ihm zwar auch gutgeschrieben, wenn er nicht anderweit darüber verfügt; aber er vermehrt seinen Geschäftsanteil nicht, da der Kommanditist nur mit dem Betrage seiner Einlage beteiligt ist. Ist in dem

Gesellschaftsvertrage über die Gewinnverteilung nichts ausgemacht, so gebühren zunächst jedem Gesellschafter und jedem Kommanditisten 4 Prozent seines Kapitalanteils; in Ansehung des Gewinnes, der diesen Betrag übersteigt, und des etwaigen Verlustes bestimmt das Gesetz, daß ein „den Umständen nach angemessenes Verhältnis der Gewinnanteil als bedungen gelten soll" (HGB. 168). An dem Verluste nimmt aber der Kommanditist nur bis zum Betrage seines Kapitalanteils und seiner etwa noch rückständigen Einlage teil (HGB. 167).

Zur Entnahme von Geld aus der Gesellschaftskasse ist der Kommanditist nicht berechtigt; er hat nur Anspruch auf Auszahlung des ihm zukommenden Gewinns. Er kann aber auch die Auszahlung des Gewinns nicht fordern, solange sein Kapitalanteil durch Verlust unter den auf die bedungene Einlage geleisteten Betrag herabgemindert ist oder durch die Auszahlung unter diesen Betrag herabgemindert werden würde (HGB. 169). Dagegen ist der Kommanditist nicht verpflichtet, bezogenen Gewinn wegen späterer Verluste zurückzuzahlen. Über das Verhältnis der Kommanditisten zu den Gesellschaftsgläubigern treffen §§ 171 bis 174, 176 HGB. drei wichtige Bestimmungen. Erstens, daß der Kommanditist dem Gläubiger, falls seine Einlage nicht voll geleistet ist, in ihrer Höhe unmittelbar haftet, zweitens, daß eine Herabsetzung seiner Einlage etwaigen Gläubigern erst mit der Eintragung im Handelsregister wirksam wird. Schließlich ist bestimmt, daß bei Geschäftsbeginn vor Eintragung im Handelsregister ein etwa zustimmender Kommanditist in voller, und nicht auf seine Einlage beschränkter Höhe, haftet. Durch den Tod eines Kommanditisten wird die Gesellschaft nicht aufgelöst; an Stelle des Verstorbenen treten seine Erben. —

Alle vorstehend mitgeteilten Vorschriften des Gesetzes über das Rechtsverhältnis der Kommanditisten haben aber nur dann Bedeutung für die Beteiligten, wenn und soweit in dem Gesellschaftsvertrage nichts anderes vereinbart ist (HGB. 163).

2. Kommanditgesellschaft auf Aktien (HGB. 320—334). Die Kommanditgesellschaft auf Aktien ist eine besondere Form der Kommanditgesellschaft, bei der die Kommanditisten sich „nur mit Einlagen auf das in Aktien zerlegte Grundkapital der Gesellschaft beteiligen", während mindestens ein Gesellschafter den Gesellschaftsgläubigern unbeschränkt für die Verbindlichkeiten der Gesellschaft haftet (persönlich haftender Gesellschafter) (HGB. 320). Es gelten für solche Gesellschaft zum Teil die gesetzlichen Bestimmungen über die Kommanditgesellschaft, zum größeren Teil aber die für die Aktiengesellschaft (s. d.) gegebenen Vorschriften. Die Gesellschaft ist stets eine Handelsgesellschaft (HGB. 320, 210), auch wenn sie keine eigentlichen Handelsgeschäfte betreibt; es kommen daher für sie die für Kaufleute (s. „Kaufmann usw.") gegebenen Vorschriften zur Anwendung. Im übrigen muß wegen der für diese Gesellschaftsform gegebenen verwickelten Bestimmungen auf das Gesetz selbst verwiesen werden.

Kommis s. Prokura und Handlungsvollmacht.

Kommissionär. Kommissionsgeschäft (HGB. 383 bis 406, Gutt. Slg. Nr. 4). Kommissionär ist derjenige, der das Kaufen oder Verkaufen von Waren oder Wertpapieren für andere, aber in eigenem Namen, gewerbsmäßig betreibt. Er kauft oder verkauft nicht für sich, sondern für einen anderen in dessen Auftrage; es gibt ihm z. B. jemand den Auftrag, für 1000 Mark die und die Papiere für ihn zu kaufen, oder er erhält von jemandem eine Wohnungseinrichtung mit dem Auftrage, sie für ihn zu verkaufen. Er soll aber nicht kaufen oder verkaufen als Vertreter des Auftraggebers, also auf den Namen des Auftraggebers (wie z. B. der Agent, s. d.), sondern im eigenen Namen. Derjenige, von dem er kauft oder an den er verkauft, hat mit dem Auftraggeber nichts zu tun, er kann sich nur an den Kommissionär halten. Der Auftraggeber (Kommittent) kann Kaufmann oder Nichtkaufmann sein.

Der Kommissionär ist verpflichtet, das übernommene Geschäft mit der Sorgfalt eines ordentlichen Kaufmanns auszuführen; er hat hierbei das Interesse des Kommittenten wahrzunehmen und dessen Weisungen zu befolgen. Er hat dem Kommittenten die erforderlichen Nachrichten zu geben, insbesondere von der Ausführung der Kommission unverzüglich Anzeige zu machen; er ist verpflichtet, dem Kommittenten über das Geschäft Rechenschaft abzulegen und ihm dasjenige herauszugeben, was er aus der Geschäftsbesorgung erlangt hat. Der Kommissionär haftet dem Kommittenten für die Erfüllung des Geschäfts, wenn er ihm nicht zugleich mit der Anzeige von der Ausführung der Kommission den Dritten namhaft macht, mit dem er das Geschäft abgeschlossen hat.

Handelt der Kommissionär nicht gemäß den Weisungen des Kommittenten, so ist er diesem zum Ersatze des Schadens verpflichtet; der Kommittent braucht das Geschäft nicht für seine Rechnung gelten zu lassen. Der Kommissionär ist aber berechtigt, von den Weisungen des Kommittenten abzuweichen, wenn er den Umständen nach annehmen darf, daß dieser bei Kenntnis der Sachlage die Abweichung billigen würde. Der Kommissionär hat vor der Abweichung dem Kommittenten Anzeige zu machen und dessen Entschließung abzuwarten, wenn nicht mit dem Aufschube Gefahr verbunden ist.

Hat der Kommissionär unter dem ihm gesetzten Preise verkauft oder hat er den ihm für den Einkauf gesetzten Preis überschritten, so muß der Kommittent, falls er das Geschäft als nicht für seine Rechnung abgeschlossen zurückweisen will, dies unverzüglich auf die Anzeige von der Ausführung des Geschäfts erklären; anderenfalls gilt die Abweichung von der Preisbestimmung als genehmigt. Erbietet sich der Kommissionär zugleich mit der Anzeige von der Ausführung des Geschäfts zur Deckung des Preisunterschieds, so ist der Kommittent zur Zurückweisung nicht berechtigt. Der Anspruch des Kommittenten auf den Ersatz eines den Preisunterschied übersteigenden Schadens bleibt unberührt. Schließt der Kommissionär zu vorteilhafteren Bedingungen ab, als sie ihm von dem Kommittenten gesetzt worden sind, so kommt dies dem Kommittenten zustatten.

Befindet sich das Gut, welches dem Kommissionär zugesendet ist, bei der Ablieferung in einem beschädigten oder mangelhaften Zustande, der äußerlich erkennbar ist, so hat der Kommissionär die Rechte gegen den Frachtführer oder Schiffer zu wahren, für den Beweis des Zustandes zu sorgen und dem Kommittenten unverzüglich Nachricht zu geben; im Falle der Unterlassung ist er zum Schadensersatze verpflichtet. Ist das Gut dem Verderb ausgesetzt oder treten spätere

Veränderungen an dem Gute ein, die dessen Entwertung befürchten lassen, und ist keine Zeit vorhanden, die Verfügung des Kommittenten einzuholen, oder ist der Kommittent in der Erteilung der Verfügung säumig, so kann der Kommissionär den Verkauf des Gutes nach Maßgabe der Vorschriften des § 373 HGB. bewirken (s. „Handelskauf" unter 1).

Der Kommissionär ist für den Verlust und die Beschädigung des in seiner Verwahrung befindlichen Gutes verantwortlich, es sei denn, daß der Verlust oder die Beschädigung auf Umständen beruht, die durch die Sorgfalt eines ordentlichen Kaufmanns nicht abgewendet werden konnten. Wegen der Unterlassung der Versicherung des Gutes ist der Kommissionär nur verantwortlich, wenn er von dem Kommittenten angewiesen war, die Versicherung zu bewirken.

Ist eine Einkaufskommission erteilt, die für beide Teile ein Handelsgeschäft (s. d.) ist, so finden in bezug auf die Verpflichtung des Kommittenten, das Gut zu untersuchen und dem Kommissionär von den entdeckten Mängeln Anzeige zu machen, sowie in bezug auf die Sorge für die Aufbewahrung des beanstandeten Gutes und auf den Verkauf bei drohendem Verderbe die für den Käufer geltenden Vorschriften der §§ 377 bis 379 HGB. (s. „Handelskauf" unter 3 und 4) entsprechende Anwendung.

Forderungen aus einem Geschäfte, das der Kommissionär abgeschlossen hat, kann der Kommittent dem Schuldner gegenüber erst nach der Abtretung geltend machen. Jedoch gelten solche Forderungen, auch wenn sie nicht abgetreten sind, im Verhältnisse zwischen dem Kommittenten und dem Kommissionär oder dessen Gläubigern als Forderungen des Kommittenten.

Wird von dem Kommissionär ohne Zustimmung des Kommittenten einem Dritten ein Vorschuß geleistet oder Kredit gewährt, so handelt der Kommissionär auf eigene Gefahr. Insoweit jedoch der Handelsgebrauch am Orte des Geschäfts die Stundung des Kaufpreises mit sich bringt, ist in Ermangelung einer anderen Bestimmung des Kommittenten auch der Kommissionär dazu berechtigt. Verkauft der Kommissionär unbefugt auf Kredit, so ist er verpflichtet, dem Kommittenten sofort als Schuldner des Kaufpreises die Zahlung zu leisten.

Der Kommissionär hat für die Erfüllung der Verbindlichkeit des Dritten, mit dem er das Geschäft für Rechnung des Kommittenten abschließt, einzustehen, wenn dies von ihm übernommen oder am Orte seiner Niederlassung Handelsgebrauch ist. Er kann eine besondere Vergütung (Delkredereprovision) beanspruchen.

Ein Kommissionär, der den Ankauf eines Wechsels übernimmt, ist verpflichtet, den Wechsel, wenn er ihn indossiert, in üblicher Weise und ohne Vorbehalt zu indossieren.

Der Kommissionär kann die Provision fordern, wenn das Geschäft zur Ausführung gekommen ist. Ist das Geschäft nicht zur Ausführung gekommen, so hat er gleichwohl den Anspruch auf die Auslieferungsprovision, sofern eine solche ortsgebräuchlich ist; auch kann er die Provision verlangen, wenn die Ausführung des von ihm abgeschlossenen Geschäfts nur aus einem in der Person des Kommittenten liegenden Grunde unterblieben ist. Zu dem von dem Kommittenten für Aufwendungen des Kommissionärs nach allgemeinen Rechtsgrundsätzen zu leistenden Ersatze gehört auch die Vergütung für die Benutzung der Lagerräume und der Beförderungsmittel des Kommissionärs.

Der Kommissionär hat an dem Kommissionsgute, sofern er es im Besitze hat, insbesondere mittelst Konnossements, Ladescheins oder Lagerscheins darüber verfügen kann, ein Pfandrecht wegen der auf das Gut verwendeten Kosten, der Provision, der auf das Gut gegebenen Vorschüsse und Darlehen, der mit Rücksicht auf das Gut gezeichneten Wechsel oder in anderer Weise eingegangenen Verbindlichkeiten sowie wegen aller Forderungen aus laufender Rechnung in Kommissionsgeschäften. Der Kommissionär kann sich, auch wenn er Eigentümer des Kommissionsguts ist, für die bezeichneten Ansprüche nach Maßgabe der für das Pfandrecht geltenden Vorschriften aus dem Gute befriedigen und aus den Forderungen, welche durch das für Rechnung des Kommittenten geschlossene Geschäft begründet sind, kann er sich vor dem Kommittenten und dessen Gläubigern befriedigen.

2. Die — namentlich von Banken und Mäklern betriebene — Kommission zum Einkauf oder zum Verkaufe von Waren, die einen Börsen- oder Marktpreis haben, sowie von Wertpapieren, bei denen ein Börsen- oder Marktpreis amtlich festgestellt wird, kann, wenn der Kommittent nicht ein anderes bestimmt hat, von dem Kommissionär dadurch ausgeführt werden, daß er das Gut, welches er einkaufen soll, selbst als Verkäufer liefert oder das Gut, welches er verkaufen soll, selbst als Käufer übernimmt. Im Falle einer solchen Ausführung der Kommission beschränkt sich die Pflicht des Kommissionärs, Rechenschaft über die Abschließung des Kaufs oder Verkaufs abzulegen, auf den Nachweis, daß bei dem berechneten Preise der zur Zeit der Ausführung der Kommission bestehende Börsen- oder Marktpreis eingehalten ist. Ist bei einer Kommission, die während der Börsen- oder Marktzeit auszuführen war, die Ausführungsanzeige erst nach dem Schlusse der Börse oder des Marktes zur Absendung abgegeben, so darf der berechnete Preis für den Kommittenten nicht ungünstiger sein als der Preis, der am Schlusse der Börse oder des Marktes bestand. Bei Wertpapieren und Waren, für welche der Börsen- oder Marktpreis amtlich festgestellt wird, kann der Kommissionär im Falle der Ausführung der Kommission durch Selbsteintritt dem Kommittenten keinen ungünstigeren Preis als den amtlich festgestellten in Rechnung stellen. Auch im Falle der Ausführung der Kommission durch Selbsteintritt hat der Kommissionär, wenn er bei Anwendung pflichtmäßiger Sorgfalt die Kommission zu einem günstigeren als dem nach dem Vorstehenden sich ergebenden Preise ausführen konnte, dem Kommittenten den günstigeren Preis zu berechnen. Der Kommissionär, der das Gut selbst als Verkäufer liefert oder als Käufer übernimmt, ist zu der gewöhnlichen Provision berechtigt und kann die bei Kommissionsgeschäften sonst regelmäßig vorkommenden Kosten berechnen. (Näheres über diese Geschäfte s. HGB. §§ 400—405 und Art. „Kommissionär" im HdR. III 634.)

3. Es ist im Eingange dieses Artikels gesagt, daß Kommissionär nur der sei, der Waren und Wertpapiere für andere zu kaufen oder zu verkaufen übernehme. Es kann aber vorkommen, daß ein Kommissionär (der also Geschäfte der oben bezeichneten Art gewerbsmäßig betreibt) im Betriebe seines Handelsgewerbes auch einmal den Auftrag annimmt, ein Geschäft anderer Art für Rechnung eines anderen, aber im eigenen Namen, abzuschließen. Auf solchen Fall finden dann die vorstehend (unter 1) mitgeteilten Gesetzesvorschriften gleichfalls Anwendung. Dasselbe gilt, wenn ein Kaufmann, der nicht Kommissionär ist, im Betriebe seines Handelsgewerbes einmal ein Kommissionsgeschäft übernimmt.

Kommissionär, Pfandverkauf durch den, s. Handelsgeschäfte 2.

Kommissionsgeschäft s. Kommissionär usw. u. Kaufmann; Kommissionsgeschäfte des Bankiers usw. s. Depots, kaufmännische.

Kommittent s. Kommissionär usw.

Kompensation (kompensieren) s. Aufrechnung.

Komplementär s. Kommanditgesellschaft.

Kompositionen, Schutz der, s. Urheberrecht I.

Kongregationen, ordensähnliche, Rechtsfähigkeit, s. Schenkungen 7.

Konkurrenz, unlautere, s. Unlauterer Wettbewerb.

Konkurrenzklausel. Als „Konkurrenzklausel" bezeichnet man die vielfach zwischen Prinzipalen und ihren Angestellten getroffene Vereinbarung, durch die der Angestellte für einen bestimmten Zeitraum nach der Lösung des Dienstverhältnisses in seiner gewerblichen Tätigkeit insofern beschränkt wird, als er sich verpflichtet, nicht „zur Konkurrenz zu gehen" oder ein eigenes Geschäft der Branche zu gründen. Es gibt auch gesetzliche Wettbewerbsverbote ohne besondere Vertragsabmachung. So bestimmt § 112 HGB., daß ein Gesellschafter nicht ohne Einwilligung der anderen Gesellschafter in dem Handelszweige der Gesellschaft Geschäfte machen darf und daß er nicht an einer anderen gleichartigen Gesellschaft als persönlich haftender Gesellschafter teilnehmen darf. § 60 aber — mit § 61 — bestimmt für den Handlungsgehilfen, daß er nicht ohne Einwilligung des Prinzipals ein Handelsgewerbe betreiben oder in dem Handelszweige des Prinzipals für eigene oder fremde Rechnung Geschäfte machen darf. Beide Fälle beziehen sich auf die Dauer der Angehörigkeit zu dem betreffenden Betriebe, und in beiden Fällen gilt die Einwilligung als erteilt, wenn die anderweitige Tätigkeit bei Beginn des Verhältnisses bestand und den Beteiligten bekannt war. Daneben nehmen die vertraglichen Wettbewerbsverbote, die eigentlichen Konkurrenzklauseln, eine besondere Stellung ein. Über diejenigen, die zwischen selbständigen Kaufleuten geschlossen werden, s. Näheres im Art. Wettbewerb HdR. VI 895 ff.

Das meist in der Form einer Vertragsklausel zum Ausdruck gebrachte Konkurrenzverbot als wirtschaftliche Beschränkung für Angestellte des Handels und Gewerbes, mit welcher die Errichtung eines konkurrierenden Geschäfts, der Eintritt in eine Konkurrenzfirma, der Besuch der Kundschaft des bisherigen Prinzipals u. a. m. nach Beendigung des laufenden Dienstverhältnisses beschränkt wird, ist vielfach eine schwere Schädigung des Fortkommens der abhängigen Arbeitskräfte. Die jetzige Fassung der §§ 74—74c, 75—75f, 76 und 82 HGB. ist das Ergebnis der Nov. vom 10. VI. 1914 (Gutt. Slg. Nr. 115).

Das Wettbewerbsverbot ist nur gültig, wenn

1. es zum Schutze eines berechtigten geschäftlichen Interesses des Prinzipals dient (§ 74 a),

2. es unter Berücksichtigung der gewährten Entschädigung nach Ort, Zeit oder Gegenstand keine unbillige Erschwerung des Fortkommens des Gehilfen enthält (§ 74 a),

3. sich der Prinzipal verpflichtet, für die Dauer des Verbots eine Entschädigung zu zahlen, die für jedes Jahr des Verbots mindestens die Hälfte der von dem Handlungsgehilfen zuletzt bezogenen vertragsmäßigen Leistungen erreicht (§ 74) (dies gilt nicht, wenn der Angestellte mehr als 8000 M. jährlich bezog [§ 75 b]),

4. das Verbot einen Zeitraum von 2 Jahren (von der Beendigung des Dienstverhältnisses an) nicht überschreitet (§ 74 a),

5. der Gehilfe nicht unter 1500 M. jährlich bezog (§ 74 a),

6. der Gehilfe zur Zeit des Vertragsabschlusses großjährig war (§ 74 a),

7. die Vereinbarung schriftlich abgeschlossen ist (§ 74).

Ob eine „unbillige Erschwerung" des Fortkommens des Angestellten vorliegt, wird meist nur an der Hand genauer Kenntnis der Konjunktur, der Branche, des Arbeitsmarkts zu entscheiden sein und daher für den Angestellten im Fall der Klage eine sehr schwierige Beweisführung in sich schließen. Immerhin läßt es auch dem sozialen Verständnis des Richters einigen Spielraum.

Kündigt der Gehilfe mit Kündigungsfrist oder aus einem nicht auf der Seite des Prinzipals liegenden Grunde, so bleibt natürlich das Wettbewerbsverbot unberührt, denn es ist kein Grund dadurch gegeben, sich ihm zu entziehen. Auch die Pflicht des Prinzipals zur Entschädigung bleibt bestehen. Anders, wenn der Gehilfe wegen vertragswidrigen Verhaltens des Prinzipals kündigt; in diesem Fall gibt ihm § 75 ein Wahlrecht, das Wettbewerbsverbot bestehen zu lassen oder es vor Ablauf eines Monats seit der fristlosen Kündigung schriftlich als unverbindlich zu erklären. Kündigt der Prinzipal, so gibt es folgende Möglichkeiten: 1. bei Kündigung wegen vertragswidrigen Verhaltens des Gehilfen nach §§ 70, 77 HGB. bleibt das Wettbewerbsverbot bestehen, aber der Gehilfe verliert seinen Anspruch auf Entschädigung (§ 75 Abs. 3); 2. bei Kündigung aus erheblichem Anlaß (in der Person des Gehilfen) bleibt das Wettbewerbsverbot mit Entschädigungspflicht bestehen (§ 75 Abs. 2); 3. bei Kündigung ohne erheblichen Anlaß (in der Person des Gehilfen) hat der Gehilfe das oben erwähnte Wahlrecht, aber der Prinzipal kann durch Zusicherung der vollen zuletzt bezogenen vertragsmäßigen Leistungen (Gehalt usw.) den Gehilfen zur Festhaltung an dem Wettbewerbsverbot zwingen.

Für Betriebsbeamte, Werkmeister und Techniker ist die Konkurrenzklausel durch §§ 133 f. der GewO. geregelt. Hier ist nur festgesetzt, daß ein Konkurrenzverbot nur insoweit verbindlich ist, als die Beschränkung nach Zeit, Ort und Gegenstand für ihn keine unbillige Erschwerung seines Fortkommens in sich schließt. Die Vereinbarung ist ferner ungültig, wenn der Angestellte zur Zeit des Abschlusses minderjährig ist, und auch dann, wenn ein gesetzlicher Vertreter sie für den Minderjährigen abgeschlossen hat. Es fehlen also hier die im HGB. weiter gegebenen Beschränkungen. Indessen ist damit nicht gesagt, daß nicht gerade diese oft wichtigen Umstände des Falles vom Richter zur Entscheidung der Gültigkeit oder Ungültigkeit der Konkurrenzklausel mit herangezogen werden können, weil sie „das Fortkommen unbillig erschweren". So hat auch das RG. ein Konkurrenzverbot gegenüber einem Fabrikaufseher für unwirksam erklärt, wenn der Arbeitgeber ohne gerechten Anlaß gekündigt oder gerechten Anlaß zur Kündigung des Angestellten gegeben hat.

Für gewerbliche Arbeiter (die nicht Werkmeister sind) und gewerbliche Lehrlinge ist nach § 134 b Abs. 3 GewO. (als Vorschrift über das Verhalten außerhalb des Betriebes) die Aufnahme von Konkurrenzklauseln für erwachsene Arbeiter in die Arbeitsordnung unzulässig. Auf anderem Wege können sie vereinbart werden, soweit sie nicht gegen die guten Sitten oder sonstwie gegen ein gesetzliches Verbot verstoßen, was gegenüber Arbeitern oft der Fall sein kann, namentlich wenn die Beschränkung der Beschäftigungsfreiheit als unverhältnismäßig schwerwiegend und insofern als gegen die guten Sitten verstoßend sich darstellt. —

Diese Bestimmungen des HGB wie der GewO können nicht durch Vertrag ausgeschlossen oder unwirksam gemacht werden; sie enthalten zwingendes, unabdingbares Recht zum Schutze des Angestellten Für gewöhnlich wird der unbillige Inhalt gestrichen und innerhalb der zulässigen Grenze bleibt die Klausel zu Recht bestehen Ist es aber nach dem Inhalt der Vereinbarung unmöglich, ihre Bestimmungen auf ein billiges Maß zurückzuführen, so erklärt der Richter die ganze Vereinbarung für ungültig

Ist eine Konventionalstrafe versprochen, so erschöpft sich mit ihr die Schadensersatzverpflichtung und weiterer Schadensersatz kann nicht gefordert werden. Eine zu hohe Konventionalstrafe kann vom Gericht auf ein angemessenes Maß herabgesetzt werden (§§ 75 c, 340 ff, 343 BGB.). Neben der Konventionalstrafe kann nicht Einhaltung der Konkurrenzklausel oder weiterer Schadensersatz verlangt werden.

Unter die Klausel fällt es auch, wenn ein konkurrierendes Geschäft, das dem Angestellten verboten ist, durch eine vorgeschobene Person seiner Familie (Ehefrau, minderjähriger Sohn) betrieben wird

Konkurs (Reichskonkursordnung [KO] vom 20. 5. 1898, Gutt. Slg Nr 13). Konkurs ist das gerichtliche Verfahren zwecks gleichmäßiger Verteilung des zur völligen Befriedigung sämtlicher Gläubiger nicht ausreichenden Vermögens des Schuldners.

1. Die Eröffnung des Konkursverfahrens (KO. 102—116) kann sowohl vom Schuldner selbst (jetzt „Gemeinschuldner"), wie auch von einem beliebigen seiner Gläubiger beim Amtsgerichte des Schuldners beantragt werden (s. aber unten 5). Der Schuldner muß mit dem Antrag ein Verzeichnis seiner Gläubiger und Schuldner und eine Vermögensübersicht einreichen, der Gläubiger muß die Zahlungsunfähigkeit des Schuldners glaubhaft machen. Das Gericht ernennt bei der Eröffnung einen Konkursverwalter (unter Umständen auch einen Gläubigerausschuß) und erläßt eine Bekanntmachung in den öffentlichen Blättern, in der die Anmeldefrist (s. unten), der sog. „Wahltermin" und der allgemeine Prüfungstermin (s. unten) bestimmt werden; in der Bekanntmachung wird zugleich allen Personen, die eine zur Konkursmasse gehörige Sache im Besitz haben oder der Konkursmasse (dem Gemeinschuldner) etwas schulden, aufgegeben, nichts an den Gemeinschuldner mehr zu verabfolgen oder zu leisten. Mit der Konkurseröffnung verliert der Schuldner das Recht, über sein Vermögen, das nun die Konkursmasse bildet, ferner zu verfügen. Zur Konkursmasse gehört das gesamte Vermögen des Schuldners. Rechtshandlungen, die der Gemeinschuldner nach der Eröffnung des Konkurses vorgenommen hat, sind den Konkursgläubigern gegenüber unwirksam. Leistungen an ihn, die der Konkursmasse zustehen, befreien den Erfüllenden nur soweit, als das Geleistete zur Konkursmasse kommt. Schwebende Rechtsstreitigkeiten werden unterbrochen. Der Konkursverwalter kann sie aufnehmen. Zwangsvollstreckungen und Arrest für einzelne Konkursgläubiger sind während des Verfahrens unzulässig.

Der Konkursverwalter nimmt nunmehr die Konkursmasse in Besitz und trifft die vorläufigen Verwaltungsmaßregeln, zeichnet die Masse auf, verfertigt ein Inventar und die Bilanz, die auf der Geschäftsstelle niedergelegt werden, hält nach Umständen den Gemeinschuldner zur Ableistung des Offenbarungseides (s. d) an und gewährt ihm und seiner Familie auf Ansuchen mit Genehmigung des Gerichts und Gläubigerausschusses den notdürftigen Unterhalt (KO. 117—129). Im Wahltermine (s. oben) wird mit den erschienenen Gläubigern über die etwaige Wahl eines anderen Konkursverwalters (an Stelle des vom Gericht vorläufig ernannten), sowie über die etwaige Bestellung eines Gläubigerausschusses, der den Verwalter zu unterstützen und zu beaufsichtigen hat, verhandelt (Wegen des Näheren über den Gläubigerausschuß s. den betreffenden Artikel) Sodann ist, nachdem der Verwalter über die Entstehung der Zahlungsunfähigkeit des Gemeinschuldners, über die Lage der Sache und über die bisher von ihm ergriffenen Maßregeln Bericht erstattet hat, über die fernere Verwaltung und die Verwertung der Masse, über die dem Verwalter aufzuerlegende Berichterstattung und Rechnungslegung, sowie über eine dem Gemeinschuldner und seiner Familie etwa fernerhin zu bewilligende Unterstützung Beschluß gefaßt (KO. 131, 132). Wird, wie das bei kleineren Konkursen üblich ist, der Prüfungstermin (s. nachstehend) mit dem Wahltermin verbunden, so wird im Termin zuerst die Prüfung der angemeldeten Forderungen vorgenommen und alsdann über die Verwaltung der Masse Beschluß gefaßt.

2. Anmeldung der Forderungen. Termine. Die Konkursgläubiger haben innerhalb der Anmeldefrist, die bei der Konkurseröffnung bekannt gemacht ist, ihre Forderungen dem Gerichte schriftlich oder zu Protokoll anzumelden (KO. 138 ff.). Die im Besitz des Gläubigers befindlichen urkundlichen Beweisstücke (Schuldurkunden, Wechsel usw) müssen in Urschrift oder in Abschrift der Anmeldung beigefügt werden. Aus jeder Anmeldung muß der Grund der Forderung (für am ... käuflich gelieferte Waren"; „aus einem am .... geschlossenen Vergleiche"; „aus einem am .... gegebenen baren Darlehn" usw.) ersichtlich sein. Gläubiger, welche ein Aussonderungsrecht oder ein Absonderungsrecht haben, brauchen ihre Forderungen nur soweit anzumelden, als sie für einen etwaigen Ausfall eine Befriedigung aus der Konkursmasse verlangen können. Aussonderungsberechtigt sind diejenigen, die ein dingliches oder persönliches Recht an einem dem Gemeinschuldner nichtgehörigen Gegenstand haben (KO. 43 ff), z. B. die Ehefrau des Gemeinschuldners an den in die Ehe eingebrachten Haushaltungsgegenständen. Gegenstände, die sie erst während der Ehe erworben hat, kann sie nur in Anspruch nehmen, wenn sie nachweist, daß sie nicht mit Mitteln des Ehemanns erworben sind. Absonderungsberechtigt sind diejenigen, die ein Recht auf vorzugsweise Befriedigung aus einem Gegenstande haben, z. B. der Hypothekengläubiger, der Pfandgläubiger. Befriedigung aus der Konkursmasse können die absonderungsberechtigten Gläubiger nur geltend machen, soweit sie auf die abgesonderte Befriedigung verzichten oder soweit sie dabei ausgefallen sind (KO. 47 ff.).

Der *allgemeine Prüfungstermin* (141 bis 145) hat den Zweck, die *Richtigkeit* der von den Gläubigern angemeldeten Forderungen zu prüfen und diese, sowie das Stimmrecht bei den Gläubigerversammlungen festzustellen. Ist eine Forderung nicht rechtzeitig angemeldet, so muß auf Kosten des betreffenden säumigen Gläubigers demnächst ein neuer besonderer Termin angesetzt werden. Ist die angemeldete Forderung als begründet anerkannt und festgestellt, so nimmt sie an der Verteilung der Konkursmasse teil; anderenfalls muß sie in einem von dem Gläubiger gegen den Konkursverwalter zu führenden *Prozeß* erst festgestellt werden.

3. *Verwertung und Verteilung der Konkursmasse* (KO. 117 ff., 149 ff.). Inzwischen hat der Verwalter für Heranziehung, Sicherstellung und *Verwertung* der Konkursmasse zu sorgen, nötigenfalls auch solche Rechtshandlungen, die der Schuldner etwa vor der Konkurseröffnung zu gunsten einzelner Personen und zum Nachteil der Masse vorgenommen hat, im Prozeßwege *anzufechten* (s. „Anfechtung von betrügerischen Rechtshandlungen eines Schuldners B“). Vorweg sind aus der Konkursmasse die Massekosten und Masseschulden zu entrichten (KO. 57—60). Hierunter fallen insbesondere die Ausgaben für die Verwaltung und die Unterstützung des Gemeinschuldners und seiner Familie. Die Konkursforderungen werden nach besonderer Rangfolge berichtigt (KO. 61). Berechtigt sind in folgender Reihenfolge a) der Litlohn d. i. Forderungen an Lohn der in Haushalt, Wirtschaftsbetrieb oder Erwerbsgeschäft Angestellten aus dem letzten Jahre, b) öffentliche Abgaben aus dem letzten Jahre, c) Kur- und Pflegekosten der Ärzte, Apotheker, Hebammen, Krankenpfleger, Tierärzte aus dem letzten Jahre, d) Forderungen von Kindern und Mündeln in Ansehung des gesetzlich der Verwaltung des Gemeinschuldners unterworfenen Vermögens. Die Ehefrau ist nicht bevorrechtigt. Die übrigen Konkursgläubiger sind anteilsweise zu befriedigen. So oft hinreichende bare Masse vorhanden ist, soll der Verwalter (mit Genehmigung des etwa vorhandenen Gläubigerausschusses) *Abschlagsverteilungen* an die Gläubiger vornehmen. Die Summe der bei der jedesmaligen Verteilung zu berücksichtigenden Forderungen sowie der zur Verteilung verfügbare Massenbestand werden vom Konkursverwalter öffentlich bekannt gemacht. Die *Schlußverteilung* findet statt, sobald die Verwertung der Masse vollständig erfolgt ist. In dem vom Gericht anzusetzenden und öffentlich bekannt zu machenden Schlußtermin ist dem Verwalter die Schlußrechnung abzunehmen, sind etwaige Einwendungen der Gläubiger gegen das vom Verwalter aufgestellte Schlußverzeichnis, in welchem die endgültige Verteilung der Masse vorgeschlagen wird, zu erledigen, und ist über etwa nicht verwertbare Vermögensstücke Beschluß zu fassen. Nach der Abhaltung des Schlußtermins wird die *Aufhebung* des Konkursverfahrens vom Gerichte öffentlich bekannt gemacht.

4. *Einstellung des Konkursverfahrens. Zwangsvergleich (Akkord).* Der Gemeinschuldner kann jederzeit die *Einstellung* des Konkursverfahrens beantragen, wenn er dem Gerichte die Zustimmung sämtlicher Gläubiger nachweist (KO. 202, 203). Das Gericht kann das Verfahren einstellen, wenn sich ergibt, daß eine den Kosten entsprechende Masse nicht vorhanden ist, und kein zur Deckung der Kosten ausreichender Vorschuß geleistet wird (KO. 204). Ein Hauptgrund für die Aufhebung eines Konkursverfahrens ist aber der Abschluß eines *Zwangsvergleichs (Akkords)* (KO. 173—201). Einen Zwangsvergleichs*vorschlag* zu machen, ist Sache des Gemeinschuldners. Aus dem Vorschlage, der von ihm dem Gerichte schriftlich einzureichen ist, muß ersichtlich sein, in welcher Weise die Befriedigung der Gläubiger erfolgen soll, sowie, ob und in welcher Art ihre Sicherstellung erfolgen soll. Der Vergleich ist unzulässig, solange der Gemeinschuldner die Ableistung des Offenbarungseides verweigert, solange ein Verfahren wegen betrüglichen Bankerotts gegen ihn schwebt und wenn er wegen eines solchen Verbrechens verurteilt ist. Der Vergleich muß allen nicht bevorrechtigten Gläubigern gleiche Rechte gewähren. Das Gericht setzt, nachdem es den Vorschlag dem etwa vorhandenen Gläubigerausschuß zur Prüfung und Begutachtung vorgelegt hat, einen *Termin (Vergleichstermin)* an, in dem darüber zu verhandeln ist, ob der Vorschlag angenommen werden soll. Zur Annahme des Vergleichs ist erforderlich 1. daß die Mehrzahl der im Termin *anwesenden oder gehörig vertretenen* stimmberechtigten Gläubiger dem Vergleich ausdrücklich zustimmt (schriftliche Zustimmungserklärungen dürfen nicht berücksichtigt werden); 2. daß die Geldsumme der Forderungen der zustimmenden Gläubiger wenigstens *drei Vierteile* der Gesamtsumme aller zum Stimmen berechtigenden Forderungen beträgt. Bei der Berechnung der Mehrheiten bleibt der *Ehegatte* des Gemeinschuldners außer Betracht, wenn er dem Vergleiche zugestimmt hat. Der angenommene Zwangsvergleich bedarf der *Bestätigung* durch das Konkursgericht, das zu prüfen hat, ob der Vergleich ordnungsmäßig zustande gekommen ist. Die Bestätigung des Vergleichs ist insbesondere dann zu *versagen*, wenn der Vergleich durch Begünstigung eines Gläubigers oder sonst in unlauterer Weise zustande gebracht ist oder wenn der Vergleich dem gemeinsamen Interesse der nicht bevorrechtigten Konkursgläubiger widerspricht; ferner wenn der Vergleich den Gläubigern nicht mindestens den *fünften Teil* ihrer Forderungen gewährt und dieses Ergebnis auf ein unredliches Verhalten des Gemeinschuldners, insbesondere darauf zurückzuführen ist, daß er durch ein solches Verhalten die Eröffnung des Konkursverfahrens verzögert hat. Der Vergleich kann vom Gericht auch verworfen werden, wenn das gleiche Ergebnis auf ein leichtsinniges Verhalten des Schuldners zurückzuführen ist.

Wirkung des Zwangsvergleichs. Durch den rechtskräftig bestätigten Zwangsvergleich werden alle nicht bevorrechtigten Konkursgläubiger betroffen, auch diejenigen, die ihre Forderung gar nicht angemeldet haben. Es findet aus solchem für die Konkursgläubiger, deren Forderungen festgestellt worden sind, gegen den Gemeinschuldner und diejenigen, die in dem Vergleiche Verpflichtungen für dessen Erfüllung neben dem Gemeinschuldner übernommen haben, die Zwangsvollstreckung statt. Bevorrechtigte Gläubiger, sowie Pfand- und Hypothekgläubiger werden dagegen durch einen Zwangsvergleich in ihren

Rechten nicht geschmälert. Ebensowenig verlieren die Gläubiger durch einen Zwangsvergleich etwaige Rechte gegen Mitschuldner des Gemeinschuldners oder gegen solche Personen, die eine Bürgschaft für den Gemeinschuldner übernommen haben. Wegen Vergleichs zur Abwendung des Konkurses s. d.

5. Ablehnung des Konkurseröffnungsantrages. Schuldnerverzeichnis (KO. 107). Ist gegen jemanden die Konkurseröffnung beantragt, so kann das Gericht diese ablehnen, wenn nach seinem Ermessen eine den Kosten des Verfahrens entsprechende Masse nicht vorhanden ist und ein zur Deckung der Kosten ausreichender Betrag nicht vorgeschossen wird. Das Gericht hat ein Verzeichnis derjenigen Schuldner zu führen, gegen die aus dem ebenbezeichneten Grund ein Konkursverfahren nicht hat eröffnet werden können (sog. schwarze Liste). Die Einsicht dieses Verzeichnisses ist jedermann während der Geschäftsstunden des Gerichts gestattet. Nach fünf Jahren (seit der Abweisung des Eröffnungsantrages) muß der Name des Schuldners in dem Verzeichnis durch Unkenntlichmachung gelöscht werden.

6. Rechte der Gläubiger nach dem Konkurse. Nach Beendigung des Konkurses können die nicht oder nicht voll befriedigten Gläubiger ihre Forderungen gegen den gewesenen Gemeinschuldner unbeschränkt wieder geltend machen, insbesondere das etwa vom Schuldner wieder erworbene Vermögen angreifen. Gläubiger, deren Forderungen im Konkurse „festgestellt" und nicht etwa vom Gemeinschuldner ausdrücklich bestritten sind, können gegen den Schuldner ohne weiteres mit der Zwangsvollstreckung vorgehen; sie erhalten zu diesem Zwecke auf Antrag einen beglaubigten Auszug aus der beim Konkursgericht geführten Tabelle, der mit der Vollstreckungsklausel versehen wird. Ist der Konkurs jedoch durch einen Zwangsvergleich (s. d.) (Akkord) beendet, so können selbstverständlich die Gläubiger ihre alten Forderungen später nicht wieder geltend machen, sofern ihnen dies nicht im Vergleiche vorbehalten ist; ebensowenig können sie dies, wenn sie ihre Forderung durch freiwilligen Erlaß beseitigt oder ermäßigt haben.

Konkurs über einen Nachlaß s. Nachlaßkonkurs; des Vaters beendigt seine Verwaltungsrechte am Kindesvermögen s. Verwaltung des Kindesvermögens 1; eines Bankiers, Eigentum an den in seiner Verwahrung befindlichen Wertpapieren, s. Depots, kaufmännische, 2; Eintragung in das Handelsregister s. Firma usw. 2; eines Vereins s. Vereine 3; eines Gesellschafters s. Gesellschaft 5 e; des Ehemanns beendet sein Recht auf Verwaltung und Nutznießung am Vermögen der Frau s. Eingebrachtes Gut der Frau 8.

Konkursverwalter s. Konkurs.

Konnossemente s. Handelsgeschäfte 1.

Kontokorrent s. Handelsgeschäfte 1.

Konventionalstrafe s. Vertragsstrafe; bei Kaufleuten s. Handelsgeschäfte 1.

Kopien von Briefen bei Kaufleuten s. Handelsbücher.

Koppen bei Pferden usw. s. Gewährleistung usw. 9.

Körperliche Gebrechen, Anordnung einer Pflegschaft wegen, s. Pflegschaft 1 b.

Körperschaften s. Vereine u. Juristische Personen; als gesetzliche Erben s. Gesetzliche Erben 3; Haftung für ihre Beamten und Angestellten, s. Beamte usw. 2.

Körperverletzung, Ansprüche aus einer, s. Schadensersatz wegen unerlaubter Handlung.

Korporationen s. Körperschaften.

Korporationsrechte, Erlangung der, s. Juristische Personen 1.

Korrespondenz, Vertragschließung durch, s. Form der Rechtsgeschäfte 1; der Kaufleute s. Handelsbücher.

Kostbarkeiten, Hinterlegung von, s. Hinterlegung.

Kosten für Ausbildung, Studium usw., Anrechnung bei der Erbteilung s. Ausgleichung unter Miterben; Kosten des Hausstandes s. Eingebrachtes Gut der Frau 3; Kostentragung bei Erwerb von Grundeigentum, Hypotheken usw. s. Kauf und Verkauf 7; s. a. Gerichtskosten und Anwaltsgebühren.

Kraftfahrzeughalter, Haftung s. Haftpflicht 7.

Kraftloserklärung von Orderpapieren s. Handelsgeschäfte 1; von Schuldverschreibungen auf den Inhaber s. Schuldverschreibungen auf den Inhaber 2; einer Vollmacht s. Vollmacht 3; eines Erbscheins s. Erbschein.

Kraftloserklärung (Amortisation, Mortifikation) von Urkunden. Es gibt Fälle, in denen ein Schuldner nur gegen Aushändigung eines Papiers zu zahlen braucht, so bei Wechseln, Schuldverschreibungen auf den Inhaber (s. d.), Hypothekenbriefen, Sparkassenbüchern und ähnlichen Papieren (s. z. B. „Handelsgeschäfte 1" u. Schl. u. Schuldverschr. auf d. Inhaber I 6). Ist in solchem Fall das Papier abhanden gekommen oder vernichtet, beschädigt usw., so ist der Gläubiger, um zu seinem Gelde zu kommen, gezwungen, das Papier nach vorausgegangenem gerichtlichen Aufgebot für kraftlos erklären zu lassen. Die Kraftloserklärung von Urkunden ist aber nicht bei allen Papieren zulässig. Sie ist dies nur bei den sog. Schuldverschreibungen auf den Inhaber (BGB. 799, 808) (sofern nicht in der Urkunde das Gegenteil bestimmt ist; s. „Schuldverschreibungen auf den Inhaber 2"), und ebenso bei den sog. Legitimationspapieren (s. daselbst 6), nicht aber bei Karten, Marken und ähnlichen Urkunden (s. daselbst 5). Zweifelhaft ist es bei Lotterielosen. Ferner ist die Kraftloserklärung zulässig bei Hypotheken-, Grundschuld- und Rentenschuldbriefen (1162), bei Aktien und Interimsscheinen, kaufmännischen Anweisungen und Verpflichtungsscheinen, Konnossementen, Ladescheinen, Bodmereibriefen und Transportversicherungspolicen, wenn sie an Order lauten (HGB. 228, 363, 365), bei Wechseln (WO. 73), bei den auf den Inhaber lautenden Reichsschuldverschreibungen und Reichsschatzanweisungen, bei Reichsbankanteilscheinen. Nicht zulässig ist die Kraftloserklärung bei Banknoten, Reichskassenscheinen, preußischen Kassenanweisungen, bei Zins-, Renten- und Gewinnanteilscheinen (BGB. 799).

Das gerichtliche Verfahren bei dem Aufgebot und der Kraftloserklärung ordnet die Zivilprozeßordnung (ZPO. 946—959 und 1003—1024). Der Antrag ist beim Amtsgericht schriftlich oder mündlich zu Protokoll des Urkundsbeamten zu stellen. Zuständig ist bei Hypotheken-, Grundschuld- und Rentenbriefen das Amtsgericht der belegenen Sache, bei anderen Urkunden das Amtsgericht des Erfüllungsortes und, wenn solcher nicht benannt ist, dasjenige des allgemeinen Gerichtsstandes des Ausstellers. Der Antragsteller muß eine Abschrift der Urkunde beibringen oder den wesentlichen Inhalt derselben angeben, den Verlust glaubhaft machen und sich zur Versicherung seiner Angaben an Eides Statt erbieten. Wird das Aufgebotsurteil erlassen, so ist derjenige, der das Ausschlußurteil erwirkt hat, berechtigt, dem aus der Urkunde Verpflichteten gegenüber die Rechte aus der Urkunde geltend zu machen. Die Landesgesetzgebung ist befugt, für gewisse Arten von Papieren erleichternde Bestimmungen zu treffen, z. B. in bezug auf die Fristen und die öffentlichen Blätter, in denen das Aufgebot zu veröffentlichen ist; so hat z. B. Preußen (Ges.Samml. 1899, S. 389, P. AGZPO. v. 22. 9. 99) für das Aufgebot von Sparkassenbüchern und ähnlichen Urkunden (BGB. 808), von Hypothekenbriefen und für eine Anzahl sonstiger Aufgebotsfälle derartige Vorschriften getroffen; desgleichen Württemberg in W. AGBGB. 189. — In Bayern kann die Kraftloserklärung einer abhanden gekommenen oder vernichteten Sparurkunde einer öffentlichen Sparkasse auch bei dem Vorstande der Sparkasse beantragt werden (B. AG. 111—120). In Württemberg findet bei Sparkassenscheinen (Sparkassenbüchern), die von der Württembergischen Sparkasse oder einer körperschaftlichen Sparkasse des Landes ausgegeben sind, anstatt des gerichtlichen Aufgebotsverfahrens ein besonderes Verfahren bei der Sparkasse statt (W. AGBGB. 188).

Bei gewöhnlichen Schuldverschreibungen (Obligationen, Schuldscheinen, Handscheinen) ist eine Kraftloserklärung nicht erforderlich; es genügt im Falle eines Verlustes der Urkunde die Ausstellung eines Anerkenntnisses; s. unter „Quittung" am Schluß. Das gleiche gilt für gewöhnliche Anweisungen (s. d.).

Krankenkassen, Hebungen aus, Nichtpfändbarkeit s. Pfändung in der Zwangsvollstreckung 2; private, s. Versicherungsrecht. S. auch: Gesellschaft 1.

Krankheit, Ausbruch einer, Nottestament wegen, s. Testament 2 D; von Dienstverpflichteten überhaupt s. Arbeitsvertrag; Lohnzahlung während einer solchen, s. Arbeitsvertrag 4; als Ablehnungsgrund bei Vormundschaften s. Vormundschaft 2; des Vaters s. Eltern und Kinder 7.

Kranzgeld s. Verführung.

Kreditanstalten können Zinseszinsen zahlen und sich versprechen lassen, s. Zinsen.

Kreditauftrag (778). Wer jemanden beauftragt, einer anderen Person im eigenen Namen und auf eigene Rechnung Kredit zu geben, haftet (auch wenn der Auftrag bloß mündlich erteilt ist) dem Beauftragten als Bürge für alle Forderungen, die er aus der auftragsgemäßen Kreditgewährung gegen den Kreditempfänger erwirbt. Im übrigen gelten, was den Auftrag selbst anbelangt, insbesondere in bezug auf die Notwendigkeit der Annahme, auf Kündigung, Widerruf usw., die für das Auftragsverhältnis bestehenden gesetzlichen Vorschriften (s. „Auftrag").

Kreditauftrag bei Kaufleuten s. Handelsgeschäfte 1.

Kreditbewilligung s. Darlehn 3; hemmt den Lauf der Verjährung s. Verjährung 2.

Kreditbrief s. Anweisung 1.

Kreditbürgschaft s. Bürgschaft.

Kreditgefährdung s. Üble Nachrede.

Kreditschädigende üble Nachrede s. üble Nachrede.

Kreditloserklärung der Frau s. Ehegatten 1 u. Herstellung des ehelichen Lebens.

Kreditwucher s. Wucher.

Kreditwürdigkeit, Auskunft über, s. Auskunftei u. Ratserteilung; Prüfung durch den Agenten s. Handlungsagenten.

Kreuz als Handzeichen s. Form der Rechtsgeschäfte 1.

Krippensetzen bei Pferden s. Gewährleistung usw. 9.

Küchendünste. Das Ausströmen übermäßiger Küchendünste kann nach Lage des Falles als eine unzulässige Einwirkung auf das Nachbargrundstück angesehen werden und dessen Eigentümer zu Abwehrmaßnahmen (Forderung durch Anbringung von Vorrichtungen, die das Eindringen der Dünste verhindern, schlimmstenfalls Einstellung des Betriebes) berechtigen (RG.). Näheres s. Grundeigentum 2.

Küchengeräte, Pfändbarkeit, s. Pfändung in der Zwangsvollstreckung 1.

Kundenverzeichnisse, Verrat von, s. Geschäfts- und Betriebsgeheimnisse usw.

Kündigung. 1. Kündigung ist eine Erklärung, durch die der eine von beiden Teilen, die in irgendeinem Rechtsverhältnis zueinander stehen, dem anderen zu erkennen gibt, daß er von einem bestimmten Zeitpunkt an das Verhältnis (z. B. ein Mietverhältnis oder ein Darlehnsverhältnis) als aufgehoben ansehe. Ob ein Vertrags- oder sonstiges Rechtsverhältnis einseitig aufgekündigt werden kann und ob und welche Kündigungsfrist dabei zu beobachten ist, hängt von der Natur des betreffenden Verhältnisses ab; es ist darüber bei den betreffenden Stichworten das Nötige mitgeteilt. Die Kündigung ist rechtsgültig erfolgt, wenn der Kündigende dem anderen die Kündigung mündlich (auch durch Telephon) erklärt hat. Ist der andere Teil nicht anwesend, so kann die Kündigung auf beliebige Weise, schriftlich, durch Boten, telegraphisch usw. erfolgen; sie ist dann mit dem Augenblicke rechtswirksam, wo die Kündigungserklärung dem anderen ordnungsmäßig zugeht, einerlei, ob dieser von der Erklärung sofort oder überhaupt Kenntnis erlangt. Vgl. den Artikel „Abwesend. Willenserklärung unter Abwesenden". Über Kündigung durch Bevollmächtigte oder durch nicht bevollmächtigte Vertreter s. „Vertreter, Vertretung 2".

Über die Kündigung eines Dienst- oder Arbeitsverhältnisses s. d. Art. „Arbeits- und Dienstvertrag" 6, „Handlungsgehilfen" 2; für Schiffsführer und Schiffsmannschaften auf Seeschiffen finden sich die Bestimmungen im HGB. und in der Seemannsordnung vom 27. Dez. 1872; für Binnenschiffer und Schiffsmannschaften in dem RGes. vom 15. Juni 1895 (Gutt. Slg. Nr. 19 u. 36).

3. Kündigungsklage. Klage auf künftige Leistung (ZPO. 257—259). Muß jemand an einem bestimmten Kalendertage ein Grundstück, eine Wohnung oder einen anderen Raum (einen Keller, einen Lagerplatz usw.) räumen oder muß er an einem bestimmten Kalendertage eine Geldzahlung leisten, die nicht von einer Gegenleistung abhängig ist, so kann der Berechtigte (der Verpächter, Vermieter, Gläubiger) schon vor dem Tage, an dem die Räumung oder die Zahlung zu erfolgen hat, eine Klage auf (künftige) Räumung oder Zahlung erheben. Dies entspricht eigentlich nicht den sonst geltenden Rechtsgrundsätzen, wonach jemand nicht eher verklagt werden kann, als er zu zahlen oder sonst zu leisten schuldig ist; aber die obige Befugnis ist dem Berechtigten gegeben, damit zeitig vor dem Räumungs- oder Zahlungstage durch Urteil festgestellt werden kann, ob der Beklagte räumen oder zahlen muß, insbesondere, ob eine etwa erforderliche Kündigung überhaupt oder ob sie rechtzeitig erfolgt ist. Der Gläubiger kann alsdann, nachdem er ein günstiges Urteil erlangt hat, sofort beim Eintritt des Räumungs- oder Zahlungstermins die Zwangsvollstreckung (Exekution) gegen den Schuldner einleiten lassen, wenn dieser seinen Verpflichtungen nicht prompt nachkommt. Doch kann das Gericht einem zur Räumung verurteilten Mieter auf seinen Antrag eine angemessene Räumungsfrist im Urteil bewilligen, wenn der Vermieter dadurch nicht zu sehr benachteiligt wird (ZPO. 721). Erkennt übrigens der Beklagte in dem Prozeß den Anspruch auf Räumung oder Zahlung sofort an und hat er auch keinen Anlaß zur Klage gegeben, so treffen den Kläger die Prozeßkosten. Der Berechtigte wird daher nur dann eine solche Klage erheben, wenn der Gegner bestreitet, daß er an dem betreffenden Tage räumen oder zahlen müsse, und seine Verpflichtung daher erst durch Urteil festgestellt werden muß.

4. Kündigung eines Mietvertrages s. Miete 7; eines Dienstvertrages s. Arbeitsvertrag 6; einer Pacht s. Pacht 5; eines Arbeitsverhältnisses s. Arbeitsvertrag 6; eines Werkvertrages s. Werkvertrag 10; eines Darlehns s. Darlehn 3 u. Leistungen usw. 6; eines Auftragsverhältnisses s. Auftrag 5; einer offenen Handelsgesellschaft s. Offene Handelsgesellschaft 5; eines Kapitals s. Darlehn 3; einer Hypothek s. Hypothek 2; einer Bürgschaft s. Bürgschaft 3; eines Dienstverhältnisses der Frau durch den Mann s. Ehegatten 1; seitens eines Testamentsvollstreckers s. Testamentsvollstrecker; durch einen Bevollmächtigten s. Vollmacht 3; einem Abwesenden gegenüber s. Abwesend; durch einen anderen als den Gläubiger selbst s. Einwilligung und Genehmigung, Zustellung der Kündigung durch einen Gerichtsvollzieher s. Abwesend usw. 2.

Kündigungsfristen s. Kündigung; Berechnung derselben, s. Termine und Fristen a. Schl.

Kündigungsrecht wegen eines zu hohen Zinssatzes s. Zinsen.

Künftige Zahlung oder Leistung, Klage auf. Schuldet jemand wiederkehrende Leistungen, z. B. Pacht- oder Mietzinsen oder eine Leibrente oder Unterhaltsrente, eine Leibzucht (Altenteil) usw., so kann der Berechtigte auch wegen der erst nach der Erlassung des Urteils fällig werdenden Leistungen Klage auf künftige Entrichtung erheben.

Auch von den vorstehend erwähnten besonderen Fällen abgesehen kann jemand, dessen Forderung noch gar nicht fällig ist, schon eine Klage auf künftige Zahlung oder Leistung gegen seinen Schuldner erheben, wenn den Umständen nach die Besorgnis gerechtfertigt ist (was der Kläger im Bestreitungsfalle zu beweisen hat), daß der Schuldner sich der rechtzeitigen Leistung entziehen werde, insbesondere also, wenn der Schuldner seine Verbindlichkeit schon vor der Fälligkeit ausdrücklich bestreitet. In diesem Falle hat der verurteilte Schuldner regelmäßig auch die Kosten zu tragen. Unter Umständen kann die Klage auch durch eine bevorstehende Zahlungsunfähigkeit des Schuldners begründet sein.

Künftiges Vermögen, Verträge über (310). Ein Vertrag, durch den sich jemand verpflichtet, sein künftiges Vermögen, gleichviel ob künftig zu erwerbendes oder zu ererbendes, oder einen Bruchteil seines künftigen Vermögens einem anderen zu übertragen oder einem anderen den Nießbrauch daran zu überlassen, ist rechtsungültig (nichtig). Ein solcher Vertrag würde gegen die öffentliche Ordnung verstoßen, die es nicht zulassen darf, daß jemand sich gewissermaßen seiner Erwerbsfähigkeit begibt und damit allen Antrieb zum Erwerb verliert. Dies gilt aber nicht für Verträge, durch die jemand über sein Vermögen oder einen Teil desselben letztwillig, d. h. auf die Zeit nach seinem Tode, verfügt. Das Verbot bezieht sich nur auf Übertragung des ganzen künftigen Vermögens oder eines Bruchteils dessen. Wenn jemand Grundbesitz, bewegliches Vermögen und Kapitalien besitzt und ein Grundstück verkauft, so überträgt er zwar einen „Teil" seines Vermögens, aber er überträgt keinen „Bruchteil" seines Vermögens; wer dagegen die Hälfte oder ein Viertel oder zwei Drittel usw. seines Vermögens überträgt, der überträgt einen Bruchteil des Vermögens.

Kunstgewerbe, Werke des, Schutz gegen Nachbildung, s. Urheberrecht II.

Künstler, Pfändbarkeit s. Pfändung in der Zwangsvollstreckung 1; ist kein Kaufmann, s. Kaufmann usw. 1.

Künstlername s. Name u. Ehegatten 1.

Kuratel, Unterkuratelstellung s. Entmündigung.

Kursmakler s. Makler 2.

Kurswert, Umrechnung einer Schuld nach dem, s. Leistungen 1.

L.

Ladenangestellte s. Prokura und Handlungsvollmacht 4.

Ladenmiete s. Miete.

Ladescheine s. Handelsgeschäfte 1.

Lagerangestellte s. Prokura und Handlungsvollmacht 4.

Lagergeld bei Kaufleuten s. Handelsgeschäfte 1.

Lagerhalter. Lagergeschäft (HGB. 416—424). Lagerhalter im Sinne des Handelsgesetzbuches ist, wer gewerbsmäßig die Lagerung (Stapelung) und Aufbewahrung von Gütern übernimmt, vorausgesetzt, daß diese Übernahme den selbständigen Gegenstand eines Vertrages bildet, nicht etwa nur in Ausführung eines anderen Geschäfts, insbesondere einer Kommission, einer Spedition oder eines Frachtgeschäfts, stattfindet; wäre dies der Fall, so müßten die besonderen Rechtssätze für diese Geschäfte Platz greifen. Das Lagergeschäft kann aber auch von Personen betrieben werden, die zugleich ein anderes Geschäft betreiben, z. B. Spediteuren. Auf die Rechte und Pflichten des Lagerhalters betreffs Empfangnahme, Aufbewahrung und Versicherung des Guts finden die für Kommissionäre (s. d.) gegebenen Vorschriften Anwendung. Das Gesetz trifft aber noch folgende besonderen Vorschriften:

Treten Veränderungen an dem Gute ein, die dessen Entwertung befürchten lassen, so hat der Lagerhalter den Einlagerer hiervon unverzüglich zu benachrichtigen. Versäumt er dies, so hat er den daraus entstehenden Schaden zu ersetzen. Der Lagerhalter hat dem Einlagerer die Besichtigung des Gutes, die Entnahme von Proben und die zur Erhaltung des Gutes notwendigen Handlungen während der Geschäftsstunden zu gestatten. Im Falle der Lagerung vertretbarer Sachen (s. „Vertretbare Sachen") ist der Lagerhalter, wenn nichts anderes vereinbart ist, zu ihrer Vermischung mit anderen Sachen von gleicher Art und Güte nur befugt. Der Lagerhalter erwirbt auch in diesem Falle nicht das Eigentum des Gutes.

Der Lagerhalter hat Anspruch auf das bedungene oder ortsübliche Lagergeld, sowie auf Erstattung der Auslagen für Fracht und Zölle und der sonst für das Gut gemachten Aufwendungen, soweit er sie den Umständen nach für erforderlich halten durfte. Der Lagerhalter hat wegen der Lagerkosten ein Pfandrecht an dem Gute, solange er es im Besitze hat, insbesondere mittelst Konnossements, Ladescheins oder Lagerscheins darüber verfügen kann.

Der Lagerhalter kann nicht verlangen, daß der Einlagerer das Gut vor dem Ablaufe der bedungenen Lagerzeit und, falls eine solche nicht bedungen ist, daß er es vor dem Ablaufe von drei Monaten nach der Einlieferung zurücknehme. Ist eine Lagerzeit nicht bedungen, so kann er, falls nicht ein wichtiger Grund sofortiger Rücknahme vorliegt, die Zurücknahme nur nach vorgängiger Kündigung unter Einhaltung einer Kündigungsfrist von einem Monate verlangen.

Lagerhaltergeschäfte s. Kaufmann 1.

Lagerhaus, öffentliches, Hinterlegung der Ware in einem, s. Handelskauf.

Lagerscheine s. Handelsgeschäfte 1.

Landgericht als Beschwerdegericht s. Beschwerde.

Landgut, Zubehör eines, s. Zubehör; Ertragswert eines, s. Ertragswert; Übernahme durch einen Erben s. Erbteilung 2.

Land- und Forstwirte als Kaufleute (HGB. 1—3). **1.** Die Land- und Forstwirtschaft ist im allgemeinen, als auf die Erzeugung von Urprodukten gerichtet, kein kaufmännisches Gewerbe, und der Land- und Forstwirt ist deshalb an sich kein „Kaufmann" im Sinne des Gesetzes (vgl. „Kaufmann. Handelsgewerbe"). Aber er kann unter gewissen Voraussetzungen eine Firma eintragen lassen und dadurch Kaufmann werden. Ist aber mit dem Betriebe der Land- oder Forstwirtschaft ein Unternehmen verbunden, das nur ein Nebengewerbe des land- oder forstwirtschaftlichen Betriebes darstellt, so ist der Unternehmer berechtigt, aber nicht verpflichtet, die Eintragung in das Handelsregister herbeizuführen; werden in dem Nebengewerbe Handelsgeschäfte (s. d.) geschlossen, so gilt der Betrieb dessenungeachtet nur dann als Handelsgewerbe, wenn der Unternehmer von der Befugnis, seine Firma in das Handelsregister eintragen zu lassen, Gebrauch gemacht hat. Ist die Eintragung erfolgt, so findet eine Löschung der Firma nur nach den allgemeinen Vorschriften statt, welche für die Löschung kaufmännischer Firmen gelten.

Zur Erläuterung dieser nicht ganz leicht verständlichen Bestimmungen, die auch unter den Juristen bereits zu Meinungsverschiedenheiten Anlaß gegeben haben, sei hier folgendes bemerkt. Es sind drei Fälle zu unterscheiden:

a) Der Land- oder Forstwirt ist auch Inhaber eines kaufmännischen Geschäfts (z. B. ein Bankier in der Stadt kauft sich ein Rittergut); dann ist er selbstverständlich in bezug auf das kaufmännische (Bankier-) Geschäft, das mit dem Betriebe seiner Gutswirtschaft nichts zu tun hat, Kaufmann im Sinne des Gesetzes. Ob er aber auch in bezug auf seinen landwirtschaftlichen Betrieb Kaufmann ist oder werden kann, richtet sich nach dem Nachfolgenden (unten 2 und 3).

b) Der Land- oder Forstwirt betreibt nur Land- oder Forstwirtschaft.

c) Der Land- oder Forstwirt betreibt auch ein Gewerbe, das aber mit seinem wirtschaftlichen Betriebe zusammenhängt, so daß es sich als ein Nebengewerbe des land- oder forstwirtschaftlichen Betriebes darstellt.

Die beiden letzteren Fälle (b und c) sind nun genauer zu betrachten. Es wird dabei der Kürze halber nur von Landwirtschaft und Landwirten gesprochen. Alles Gesagte bezieht sich aber auch auf Forstwirtschaft und Forstwirte.

2. Der Landwirt betreibt nur Landwirtschaft. Dann ist er kein Kaufmann im Sinne des Handelsgesetzbuchs, kann es auch nicht werden, mag auch sein Betrieb noch so umfangreich sein. Mit dem reinen landwirtschaftlichen (oder forstwirtschaftlichen) Betriebe sind nur selten Geschäfte verbunden, die sich als Geschäfte eines Handelsgewerbes darstellen; es können aber solche Geschäfte mit der Landwirtschaft verbunden sein. Dies ist z. B. der Fall, wenn ein Landwirt regelmäßig Magervieh kauft, um es nach erfolgter Mästung wieder zu verkaufen, oder wenn er Milch zukauft, um sie mit der in der Wirtschaft gewonnenen zu Butter zu verarbeiten. Obwohl diese Geschäfte an sich Geschäfte eines Handelsgewerbes sind, die nach den allgemeinen Grundsätzen des Handelsrechts den Unternehmer zum Kaufmann machen, bestimmt doch das Gesetz, daß der Landwirt dadurch nicht zum Kaufmann wird. Auch dadurch wird er nicht Kaufmann, daß etwa sein landwirtschaftliches Unternehmen ein so ausgedehntes ist, daß es einen in kaufmännischer Weise eingerichteten Geschäftsbetrieb erfordert. — Anders in den nachstehend unter 3 besprochenen Fällen.

3. Der Landwirt betreibt noch ein Nebengewerbe. Vorausgesetzt wird hier also, daß der Landwirt außer der eigentlichen Landwirtschaft noch ein Gewerbe betreibt, das aber mit dem landwirtschaftlichen Betriebe zusammenhängt, sich also nur als ein Nebengewerbe der Landwirtschaft darstellt. Es ist also nicht mehr ein reiner landwirtschaftlicher Betrieb, wie unter 2 vorausgesetzt, sondern der landwirtschaftliche Betrieb veranlaßt den Inhaber, sich auch mit Geschäften zu befassen, die einen kaufmännischen Charakter tragen. Als solche Geschäfte kommen hauptsächlich in Betracht: Brennereien, Ziegeleien, Torfstecherei und -Presserei, Brauerei einfacher Biere, Gipsmühlenbetrieb, Kalk- und Zementgraberei und -Brennerei, Holzstoffabrikation, Ölstampfmühlen, Obstkelterei, Essigfabrikation, Mühlenbetrieb, Handelsgärtnerei, Schieferbrüche, Sand- und Kiesgewinnung, Tongräberei und Tonröhrenfabrikation, Harz- und Pechgewinnung, Talg- und Seifensiederei u. dgl. mehr. Diese Geschäfte, deren eines oder mehrere der Landwirt betreibt, sind aber in dem hier vorausgesetzten Falle nicht selbständige Geschäfte, die er betreibt, obwohl er zufällig auch Landwirt ist (s. oben 1 unter a), sondern es sind Geschäfte, die er als einen Nebenzweig seines Hauptgeschäfts, der Landwirtschaft, betreibt. Betreibt nun der Landwirt eins oder mehrere solcher Nebengeschäfte in der Art und dem Umfange, daß sie einen in kaufmännischer Weise eingerichteten Geschäftsbetrieb (geordnete Buch- und Kassenführung, gehörige Aufbewahrung der Korrespondenz usw.) erfordern, so gilt für ihn das folgende: Der Landwirt ist auch jetzt, obwohl er solche Nebengeschäfte führt, kein Kaufmann im Sinne des Gesetzes; aber er kann es werden wenn er will. Er muß es sich daher überlegen, ob die mit der Kaufmannseigenschaft verbundenen Rechte, z. B. Anspruch auf höhere Zinsen als im gewöhnlichen Leben, Anspruch auf Zinsen ohne vorherige Mahnung und unter Umständen auch Zinseszinsen, unbeschränkte Zulässigkeit von Vertragsstrafen (Konventionalstrafen), Verkaufsbefugnis beim Verzuge des Käufers, Befugnis zur Bestellung eines Prokuristen u. dgl. mehr (vgl. die Artikel „Handelsgeschäfte" und „Handelskauf"), seinem Geschäfte Vorteile bringen, die den mit der Kaufmannseigenschaft verbundenen Pflichten gegenüber, wie z. B. Anmeldungen zum Handelsregister (s. den Artikel), Führung kaufmännischer Bücher, Aufstellung von Inventuren und Bilanzen (s. „Handelsbücher usw."), überwiegend sind. Es ist dabei zu beachten, daß der Landwirt, auch wenn er nicht Kaufmann ist, schon aus steuerlichen Gründen zu einer ordnungsmäßigen Buchführung verpflichtet sein kann.

Will der Landwirt, der ein Nebengewerbe treibt, als Kaufmann gelten, so muß er eine Firma annehmen und solche in das Handelsregister eintragen lassen (s. die Artikel „Firma" und „Handelsregister"); erst durch die Eintragung der Firma wird er Kaufmann. Ist der Landwirt Kaufmann, so ist er stets „Vollkaufmann", niemals „Minderkaufmann" (s. „Kaufmann; Handelsgewerbe 2"). Ist er einmal als Kaufmann eingetragen, so kann er nicht beliebig seine Firma wieder löschen lassen, sondern er kann dies nur dann, wenn er keine Nebengeschäfte mehr oder solche nur noch in ganz geringem Umfange betreibt. Der in das Handelsregister eingetragene Landwirt ist aber nicht etwa auch Kaufmann in bezug auf seinen landwirtschaftlichen Betrieb; er ist es nur in bezug auf das oder die von ihm betriebenen Nebengewerbe. Nur in bezug auf diese letzteren hat er die kaufmännischen Rechte und Pflichten; er kann z. B. nur für das Nebengewerbe einen Prokuristen bestellen; nur die in dem Nebengewerbe abgeschlossenen Geschäfte gelten als Handelsgeschäfte usw. Es ist aber zu beachten, daß nach den allgemeinen Regeln des Handelsrechts die Geschäfte, die ein Kaufmann abschließt, im Zweifel als zu seinem Handelsgewerbe gehörig angesehen werden.

Landwirtschaftliche Erzeugnisse, Zubehör eines Landguts s. Zubehör; Pfändbarkeit derselben s. Pfändung in der Zwangsvollstreckung 1.

Landwirtschaftliches Grundstück s. Pacht.

Lärm, Störung durch Lärm von Grundstücken, s. Grundeigentum 2 c.

Lasten (103). Wer verpflichtet ist, die Lasten einer Sache oder eines Rechts bis zu einer bestimmten Zeit oder von einem bestimmten Zeitpunkt an zu tragen, hat, wenn nichts anderes bestimmt ist, die regelmäßig wiederkehrenden Lasten, z. B. Grundsteuern, Brandkassenbeiträge u. dgl., nach dem Verhältnis der Dauer seiner Verpflichtung zu tragen; andere Lasten und Abgaben dagegen, also sowohl einmalige wie in unbestimmten Zeiträumen wiederkehrende, hat er insoweit zu tragen, als sie während der Dauer seiner Verpflichtung zu entrichten sind (fällig werden).

Lasten einer verkauften Sache s. Kauf 1; einer gemeinschaftlichen Sache s. Gemeinschaft; einer vermieteten Sache s. Miete; der Ehe (des Hausstandes) s. Eingebrachtes Gut der Frau 3. Vergleiche auch Reallasten.

Laufende Rechnung bei Kaufleuten s. Handelsgeschäfte 1.

Lebensalter, Berechnung des, s. Fristen und Termine.

Lebensberuf der Kinder, Bestimmung desselben, s. Eltern und Kinder 4; der Mündel s. Vormund 2; Kosten und Ausbildung zu einem, Anrechnung s. Ausgleichung unter Miterben.

Lebensnachstellung als Enterbungsgrund s. Pflichtteil 5; als Scheidungsgrund s. Ehescheidung 1 b.

Lebensunterhalt, Verpflichtung zur Gewährung des, s. Unterhaltspflicht 3.

Lebensversicherung und Leibrente. Die Lebensversicherungen, unter deren Begriff auch der Leibrentenvertrag fällt, werden durch die Versicherungsgesellschaften übernommen, die entweder die Form von Aktiengesellschaften oder Versicherungsgesellschaften auf Gegenseitigkeit haben (s. Versicherungsrecht). Die rechtlichen Beziehungen zwischen dem Versicherer und dem Versicherungsnehmer sind durch das Gesetz über den Versicherungsvertrag vom 30. Mai 1908 (Gutt. Slg. Nr. 83) geregelt, das allerdings der freien Vereinbarung weiten Raum läßt, und nur in wenigen Bestimmungen zwingendes Recht enthält. Bei der Lebensversicherung ist die Leistung des Versicherers in der Art von dem Leben einer Person abhängig, daß die seitens der Versicherungsgesellschaft zu tragende Gefahr aus der Ungewißheit der Dauer dieses Lebens entspringt. Sie wird gewöhnlich in der Art abgeschlossen, daß der Versicherungsnehmer zur lebenslänglichen Zahlung jährlicher Beiträge verpflichtet ist, während der Versicherer beim Tode des Versicherungsnehmers einen Kapitalbetrag zu zahlen hat. Diese Grundform läßt mannigfache Abweichungen zu, von denen die häufigste die ist, daß die Zahlung des Kapitals nicht nur mit dem Eintritt des Todes des Versicherungsnehmers, sondern auch bei Erreichung eines gewissen Alters des Versicherungsnehmers einzutreten hat. Ein Leibrentenvertrag liegt dann vor, wenn der Versicherer gegen Zahlung eines Kapitals den Versicherten eine jährliche lebenslängliche Rente zu zahlen hat. Auch diese Form des Vertrages ist mannigfachen Abweichungen zugänglich. Jedes Lebensversicherungsunternehmen hat eine Prämienreserve zu bilden, d. h. es ist hinsichtlich der in Kraft stehenden laufenden Versicherungsverträge ein ihrem derzeitigen Kapitalwert entsprechendes Kapital in mündelsicheren Anlagen zu belegen, das jeweils die Grundlage für die Sicherheit der eingezahlten laufenden Prämien und für die Auszahlung der fälligen Leistungen bildet (§ 11 des Ges. über die privaten Versicherungsunternehmungen v. 12. 5. 1901). Ein Konkurs der Versicherungsgesellschaft hat zur Folge, daß die Versicherungsverhältnisse erlöschen und die Versicherungsnehmer vorbehaltlich ihrer weitergehenden Ansprüche aus dem Versicherungsverhältnis denjenigen Betrag fordern können, der als rechnungsmäßige Prämienreserve auf sie entfällt.

Die Lebensversicherung kann auf die Person des Versicherungsnehmers oder eines anderen genommen werden. In letzterem Falle ist dessen Einwilligung dazu erforderlich. Ist, wie es zulässig ist und häufig geschieht, in einem Leibrenten- oder Lebensversicherungsvertrage ausbedungen, daß an eine andere Person als den Versicherungsnehmer, z. B. den Ehegatten geleistet werden soll, so ist im Zweifel anzunehmen, daß die andere Person unmittelbar das Recht erwerben soll, die Leistung zu fordern (§ 330 BGB.). Bei Kapitalversicherungen ist im Zweifel anzunehmen, daß der Versicherungsnehmer auch ohne Zustimmung des Versicherers berechtigt ist, auch nachträglich eine andere Person als Bezugsberechtigten zu bezeichnen, und einen Bezugsberechtigten durch einen anderen zu ersetzen. Ist bei einer Kapitalversicherung die Leistung des Versicherers nach dem Tode des Versicherungsnehmers an die Erben ohne nähere Bezeichnung ausbedungen, so sind im Zweifel diejenigen, die zur Zeit des Todes als Erben berufen sind, nach Erbteilen bezugsberechtigt. Eine Ausschlagung der Erbschaft hat auf die Berechtigung keinen Einfluß. Die Versicherungssumme fällt also nicht in den Nachlaß und unterliegt nicht dem Zugriff der Nachlaßgläubiger, auch nicht bei einem etwaigen Nachlaßkonkurs. Erwirbt eine bezugsberechtigte Person bei einer Kapitalversicherung die Leistung des Versicherers nicht, z. B. weil sie vor Fälligkeit der Leistung gestorben ist, so steht die Leistung dem Versicherungsnehmer oder seinen Erben wieder zu, sie geht also z. B. nicht auf die Erben der bezeichneten Person über. Die gerichtliche Auslegung hat unter dem Ausdruck „nächste Erben" Frau und Kinder verstanden. Ist die Ehefrau als Bezugsberechtigte bezeichnet, so ist als Berechtigte diejenige anzunehmen, mit welcher der Versicherungsnehmer bei seinem Tode verheiratet war. Ist der Inhaber der Police (des Versicherungsscheins) als bezugsberechtigt bezeichnet, so ist das nur dahin auszulegen, daß der Versicherer an den Inhaber ohne Prüfung der Berechtigung zahlen kann. Der Versicherungsanspruch ist abtretbar und verpfändbar auch pfändbar. Zur Abtretung und Verpfändung bedarf es der schriftlichen Erklärung des Versicherungsnehmers und Anzeige bei dem Versicherer. Auch pfändbar ist der Anspruch. Der Versicherungsnehmer kann, wenn das Versicherungsverhältnis mindestens 3 Jahre lang bestanden hat, jederzeit für den Schluß der laufenden Versicherungsperiode die Umwandlung der Versicherung in eine prämienfreie Versicherung verlangen. Diese Umwandlung tritt auch ein, wenn der Versicherer infolge Nichtzahlung der Beiträge die Versicherung kündigt. Auch den Rückkauf der Versicherung kann der Versicherungsnehmer nach 3 Jahren verlangen. Die Grundlage für die Berechnung der prämienfreien Versicherung und des Rückkaufswertes bildet die Prämienreserve.

Ist der Tod als Versicherungsfall bestimmt, so muß dieser binnen 3 Tagen nach dem Eintritte angezeigt werden. Solange dies nicht geschehen ist, braucht der Versicherer nicht zu leisten. Auch wenn der Versicherer nach Maßgabe der Versicherungsbedingungen bei nicht rechtzeitiger Anzeige leistungsfrei sein soll, tritt diese Folge nur ein, wenn die Nichtanzeige auf Vorsatz oder grober Fahrlässigkeit beruht. Bei Selbstmord ist der Versicherer bei einer Versicherung für den Todesfall, wenn nichts anderes vereinbart worden ist, von der Verpflichtung zur Leistung frei. Die Verpflichtung bleibt aber bestehen, wenn die Tat in einem die freie Willensbestimmung ausschließenden Zustande krankhafter Störung der Geistestätigkeit begangen ist. Ebenso wird der Versicherer von der Leistung frei, wenn die Versicherung für den Fall des Todes eines anderen als des Versicherungsnehmers genommen ist und der Versicherungsnehmer vorsätzlich den Tod des anderen herbeiführt.

Die Ansprüche aus der Lebensversicherung verjähren in 5 Jahren. Die Verjährung beginnt mit Schluß des Jahres, in dem die Leistung verlangt werden konnte. S. Näheres Gutt. Slg. Nr. 83. Wegen Aufwertung der Rechte aus einem Lebensversicherungsvertrage s. unter Aufwertung: Aufwertung von Versicherungsansprüchen.

Die §§ 759—761 BGB. enthalten noch einige Auslegungsregeln über die Leibrente. Diese Bestimmungen betreffen nicht die Leibrente aus einem Versicherungsvertrage, sondern solche auf anderer Grundlage, z. B. wenn ein Gutseigentümer sich beim Verkauf eine Leibrente vorbehält, wenn eine solche durch letztwillige Verfügung zugewendet wird. Der Vertrag bedarf der Schriftlichkeit, die Rente ist im Zweifel für 3 Monate voraus zu entrichten; hat der Berechtigte den Beginn des dreimonatigen Zeitraumes erlebt, so gebührt ihm der volle auf den Zeitraum entfallende Betrag. Diese Leibrenten sind aufwertbar. Sind sie als Reallast im Grundbuche eingetragen, so werden sie nach dem Aufwertungsgesetz vom 16. 7. 1925 aufgewertet, als Goldmarkbetrag ist, wenn die Leibrente vor dem 1. 1. 1918 begründet ist, der Nennwert der jährlichen Leistung, wenn sie in der Zeit vom 1. 1. 1918 bis 13. 2. 1924 begründet sind, der Goldwert, der sich nach der Tabelle des Aufwertungsgesetzes (s. d.) berechnet, zugrunde gelegt. Die Leistungen sind danach im Jahre 1925 mit 40%, vom 1. 1. 1926 mit 60% und vom 1. 1. 1928 in voller Höhe des Aufwertungsbetrages zu bewirken. Die Aufwertung hängt davon ab, daß der Aufwertungsanspruch bis zum 1. 1. 1926 angemeldet war. Ist die Leibrente Teil eines Altenteils, so richtet sich die Aufwertung nach dem Gesetz über die anderweitige Festsetzung von Geldbeträgen aus Altenteilsverträgen vom 18. 8. 1923 (RGBl. I 815). Der Antrag auf Aufwertung ist in Preußen beim Amtsgericht, in dessen Bezirk das überlassene Grundstück liegt, zu stellen. Die Aufwertung erfolgt nach Billigkeit unter Berücksichtigung der beiderseitigen Verhältnisse, eine Höchstgrenze ist nur für den Fall vorgeschrieben, daß der Eigentümer nicht mehr der persönlich Verpflichtete ist (§ 4 Abs. 2 a. a. O.). Ist die Leibrente nicht dinglich, d. h. durch Eintragung im Grundbuch gesichert, so erfolgt die Aufwertung nach den Grundsätzen der freien Aufwertung durch Klage beim zuständigen Prozeßgericht, s. Aufwertung: „Freie Aufwertung".

Lebenswandel, schlechter, als Enterbungsgrund s. Pflichtteil 5.

Lebenszeit, Dienstverhältnis auf, s. Arbeitsvertrag 6; Mietvertrag auf, s. Miete 7 unter 1 d; Gesellschaft auf, s. Gesellschaft. S. auch Leibrente.

Legitimation des Erben s. Erbschein 1.

Legitimation unehelicher Kinder. Ein uneheliches Kind kann auf zweierlei Weise die rechtliche Stellung eines ehelichen Kindes seiner Eltern erlangen: einmal dadurch, daß sich die Eltern nachher heiraten (Legitimation durch nachfolgende Ehe); sodann, ohne solche Heirat, durch eine von der zuständigen Behörde ausgesprochene Ehelichkeitserklärung. Durch eine bloße „Anerkennung" des unehelichen Kindes von seiten des Erzeugers erlangt das Kind nicht die Rechte (Erbrechte, Unterhaltsrechte usw.) eines ehelichen Kindes; die Anerkennung ist aber von Bedeutung für die Frage der Unterhalts- (Alimentations-) pflicht; s. „Uneheliche Kinder 4". (Über eine Annahme an Kindes Statt s. unten 3.)

1. Legitimation durch Heirat der Eltern (Legitimation „durch nachfolgende Ehe") (1719—1722). Ein uneheliches Kind erlangt dadurch, daß sich der Vater mit der Mutter verheiratet, mit dem Zeitpunkte der Eheschließung die rechtliche Stellung eines ehelichen Kindes; einer Zustimmung der Eltern oder des Kindes zu dieser Rechtsänderung oder einer ausdrücklichen

Anerkennung der Vaterschaft durch den Vater bedarf es dabei nicht. Noch weniger bedarf es also zur Legitimation eines Vermerks über die Anerkennung der Vaterschaft in den Standesregistern, wenn ein solcher auch zur Klarstellung der Ehelichkeit des Kindes meist zweckmäßig sein wird. Der eben gedachte Rechtssatz bezieht sich nur auf solche Kinder, die zur Zeit der Heirat schon geboren waren; denn ein Kind, das die Frau vor der Heirat empfangen, aber erst nach der Heirat geboren hat, ist kein uneheliches, sondern gilt von vornherein als ein eheliches Kind, sofern nicht etwa die Ehelichkeit des Kindes in der vom Gesetz vorgeschriebenen Weise von dem Manne angefochten wird (vgl. „Ehelichkeit eines Kindes 1"). — Das Kind erlangt durch die Heirat der Eltern vor allem auch ein gesetzliches Erbrecht und Pflichtteilsrecht gegen den Vater gleich seinen anderen (ehelichen) Kindern; es wird mit den Verwandten des Vaters in gleicher Weise verwandt wie die in der Ehe geborenen Geschwister. (Nicht bestimmt ist dagegen durch das BGB., inwiefern einem durch nachfolgende Ehe legitimierten unehelichen Kinde ein Nachfolgerecht in Lehen, Stamm- und Bauerngüter zusteht; hierüber ist die Entscheidung den Landesgesetzen vorbehalten.) Übrigens kann selbstverständlich in Verträgen oder Testamenten, in Stiftungsurkunden usw. bestimmt werden, daß an den in ihnen zugesicherten Vorteilen uneheliche Kinder, auch wenn sie legitimiert sind, keinen Anteil haben sollen; ihre gesetzliche Gleichberechtigung mit den ehelichen Kindern ist dann rechtsgültig durch Privatwillkür ausgeschlossen. Der Vater erlangt mit der Heirat auch die elterliche Gewalt über das Kind (vgl. „Eltern und Kinder 4"). Das Gericht muß daher eine für das Kind angeordnete Vormundschaft aufheben, vorausgesetzt, daß es die Vaterschaft des Ehemannes für nachgewiesen hält (1883).

Die Wirkung der Legitimation des unehelichen Kindes ist aber dadurch bedingt, daß der Ehemann der Mutter wirklich der Vater des Kindes ist, genauer: daß er vor dem Gesetz als Vater des Kindes gilt. Er gilt als Vater, wenn er der Mutter innerhalb der sog. Empfängniszeit, nämlich in der Zeit vom 181. bis zum 302. Tage vor der Geburt des Kindes, beide Tage eingerechnet, beigewohnt hat, es sei denn, daß es den Umständen nach offenbar unmöglich ist, daß die Mutter das Kind aus dieser Beiwohnung empfangen hat. Der geschlechtliche Verkehr des Vaters mit der Mutter in der gedachten Zeit muß, wenn er (insbesondere von dem angeblichen Vater) bestritten wird oder ist, von dem, der die Ehelichkeit des Kindes behauptet, bewiesen werden. Darauf, ob etwa auch andere während jener Zeit mit der Mutter Umgang gepflogen haben, kommt es nicht an. Inwieweit darin, daß der Mann (vor vor oder nach der Geburt des Kindes) sich zum Vater des Kindes bekannt hat, was auch stillschweigend (s. d.) geschehen kann, ein Beweis zu finden ist, daß er innerhalb der vorgedachten Empfängniszeit der Mutter beigewohnt habe, hat das Gericht im Streitfalle zu ermessen. Hat er jedoch die Vaterschaft nach der Geburt des Kindes in einer öffentlichen Urkunde (s. „Form der Rechtsgeschäfte 2"), also insbesondere vor Gericht oder Notar oder vor dem Standesbeamten (Näheres s. „Uneheliche Kinder 4" a. Schluß) anerkannt, so wird bis zum Beweise des Gegenteils vermutet (angenommen), daß er innerhalb der Empfängniszeit der Mutter beigewohnt habe; er gilt also als der Vater des Kindes. Eine solche Anerkennung kann auch schon vor der Heirat mit Rechtswirksamkeit erklärt werden. Bringt also eine Frau ein uneheliches Kind mit in die Ehe, so hängt es von dem Verhalten des Mannes ab, ob das Kind als sein („durch nachfolgende Ehe legitimiertes") Kind gilt. Es gilt nicht als sein Kind, wenn er die Vaterschaft bestreitet. In solchem Falle muß das Kind, wenn für dieses die Feststellung der Vaterschaft von Wert ist, seine Anerkennung als eheliches Kind im Prozeßwege gegen den Vater erstreiten, zu welchem Zwecke dem Kinde gerichtsseitig ein Pfleger beizuordnen ist. Stirbt in solchem Falle der Vater, bevor die Ehelichkeit des Kindes festgestellt ist, so brauchen die übrigen Kinder oder sonstige gesetzliche Erben des Vaters die Ehelichkeit des Kindes und damit ein Erbrecht des Kindes gegen den angeblichen Vater ihrerseits nicht anzuerkennen; es bleibt dem Kinde überlassen, seine vermeintlichen Ansprüche als von dem verstorbenen Vater erzeugtes Kind im Prozeßwege gegen die Geschwister usw. durchzuführen. Solange also das von der Frau in die Ehe mitgebrachte Kind vom Manne nicht in unzweideutiger Weise als sein Kind anerkannt ist, bleibt die Rechtsstellung des Kindes ungewiß; Folge davon ist, daß es von denen, die ein Interesse daran haben, als uneheliches Kind behandelt werden kann, bis es seine Ehelichkeit nachgewiesen hat.

Erfolgt die Heirat der Eltern erst nach dem Tode des Kindes, so übt sie ihre Wirkung doch auf die etwaigen Abkömmlinge dieses Kindes aus; die Kinder des erst nach seinem Tode legitimierten Kindes stehen zu den Angehörigen des Großvaters in demselben verwandtschaftlichen Verhältnis, als wenn ihr Vater (ihre Mutter) ein in der Ehe geborenes Kind gewesen wäre.

2. Legitimation durch Ehelichkeitserklärung (1723—1740). Kommt es nicht zu einer Heirat zwischen den Eltern, so kann das Kind die rechtliche Stellung eines ehelichen Kindes auch durch eine sog. Ehelichkeitserklärung erlangen. Besonders wichtig ist dies für die Fälle, wo wegen Todes, Geisteskrankheit, Verschollenheit der Mutter oder aus anderen Gründen eine Heirat der Eltern nicht mehr möglich ist oder wo eine solche dem Vater nach Lage der Dinge nicht zugemutet werden kann, der Erzeuger seinem Kinde aber doch die Wohltat der Anerkennung als eheliches Kind nicht vorenthalten will. Die Ehelichkeitserklärung ist nur auf Antrag des Vaters zulässig. Daß der Vater andere eheliche Kinder hat, schließt die Ehelichkeitserklärung an sich nicht aus (wogegen eine „Annahme an Kindesstatt" nicht zulässig ist; s. d.); die Behörde kann freilich in solchem Falle, wenn sich nach den Verhältnissen der Beteiligten die Legitimation nicht als angemessen erweist (wenn z. B. zu besorgen ist, daß sie den häuslichen Frieden stören würde), die Ehelichkeitserklärung versagen. Dieses generelle Versagungsrecht der Behörde soll künftig wegfallen; es liegt ein Gesetzentwurf vor, der bei Niederschrift dieser Zeilen noch nicht verabschiedet ist, aber voraussichtlich demnächst Gesetz werden wird (was also dann von dem Leser nachgeprüft werden muß). Dieser Entwurf sieht eine Erleichterung der Ehelichkeitserklärung und zwar a) durch Vereinfachung des Verfahrens (das Vormundschaftsgericht spricht die Ehelichkeit aus (nicht mehr die höhere Verwaltungsbehörde), b) die Erteilung kann nur aus wichtigen

Gründen versagt werden, c) die Einwilligung der Mutter, wenn ihr die Sorge für das Kind entzogen war, und die Einwilligung der Frau des Vaters, wenn sie von ihm getrennt lebt, braucht nicht mehr eingeholt zu werden. Wegen Einzelheiten, die geändert sind, muß auf das dann etwa erlassene Gesetz selbst verwiesen werden. Ist das Kind gestorben, so ist eine Ehelichkeitserklärung zugunsten seiner etwa nachgelassenen Kinder nicht mehr zulässig. (In Preußen wird zurzeit noch die Ehelichkeitserklärung durch den Landgerichtspräsidenten des zuständigen Amtsgerichtsbezirks erteilt, in Bayern und Sachsen durch den Justizminister, in Württemberg, Baden, Thüringen durch den Landgerichtspräsidenten, in Hamburg durch den Senat.) Ein Antrag auf Ehelichkeitserklärung nach dem Tode des Vaters ist unzulässig. In Fällen, wo der Vater sich scheut, schon bei Lebzeiten damit hervorzutreten, daß er der Vater des Kindes ist, oder wo er wegen Krankheit usw. besorgt, die Ehelichkeitserklärung nicht mehr erwirken zu können, kann er im wesentlichen dieselben rechtlichen Wirkungen zugunsten des Kindes durch ein Testament (letztwillige Verfügung) oder durch einen mit dem Kinde zu schließenden Erbvertrag erzielen. Es ist Pflicht der Behörde zu prüfen, ob das Anerkenntnis der Vaterschaft den tatsächlichen Verhältnissen entspricht; es soll niemand ein Kind als sein eheliches erklären, der tatsächlich der Vater des Kindes nicht ist. Ist jedoch die Ehelichkeitserklärung einmal erfolgt, so wird sie dadurch nicht wieder hinfällig, daß hinterher etwa die Unmöglichkeit der Vaterschaft nachgewiesen werden könnte; jeder Gegenbeweis in dieser Richtung ist ausgeschlossen.

Die Ehelichkeitserklärung erfolgt nur mit Einwilligung der Nächstbeteiligten. Vor allem ist die Einwilligung des Kindes selbst erforderlich. Ist das Kind geschäftsunfähig, z. B. geisteskrank (s. „Geschäftsfähigkeit") oder ist es noch nicht 14 Jahre alt, so kann sein gesetzlicher Vertreter (Vormund, Pfleger) mit Genehmigung des Vormundschaftsgerichts an seiner Stelle die Einwilligung erteilen. Ist es über 14 Jahre alt, so muß es selbst einwilligen; es kann zur Einwilligung nicht gezwungen werden. Aber es bedarf, solange es minderjährig ist, zur Einwilligung der Zustimmung seines Vormundes oder Pflegers und der Genehmigung des Vormundschaftsgerichts. Hat das Kind das einundzwanzigste Lebensjahr noch nicht vollendet, so ist außerdem noch die Einwilligung der Mutter erforderlich, es sei denn, daß diese zur Abgabe einer Erklärung dauernd außerstande oder ihr Aufenthalt dauernd unbekannt ist (künftig auch, wenn ihr die Sorge für das Kind entzogen ist, s. oben). Wird die Einwilligung der Mutter ohne triftigen Grund verweigert, so kann sie (auf Antrag des Kindes oder seines Vertreters) im Interesse des Kindes durch das Gericht ersetzt werden. Ist der Vater verheiratet, so kann er ohne Zustimmung seiner Frau ein uneheliches Kind nicht ehelich erklären lassen, es sei denn, daß die Frau zur Abgabe einer Erklärung dauernd außerstande oder ihr Aufenthalt dauernd unbekannt ist (künftig auch, wenn sie von dem Manne getrennt lebt, s. oben). Ist die Frau in der Geschäftsfähigkeit beschränkt (s. „Geschäftsfähigkeit"), so ist, wenn sie einwilligt, die Zustimmung ihres Vaters oder Vormundes nicht nötig. Ist der Vater in der Geschäftsfähigkeit beschränkt, ist er z. B. noch minderjährig oder steht er aus anderem Grunde unter Vormundschaft, so bedarf es zu seinem Antrage der Zustimmung seines gesetzlichen Vertreters (Vaters, Vormundes) und (zurzeit noch) der Genehmigung des Vormundschaftsgerichts.

Sowohl der Antrag des Vaters auf Ehelichkeitserklärung als die Einwilligung des Kindes, der Mutter, der Frau (gegebenenfalls die Erklärungen der gesetzlichen Vertreter dieser Personen) müssen gerichtlich oder notariell beurkundet sein (s. „Form der Rechtsgeschäfte 2"), widrigenfalls die Ehelichkeitserklärung nicht erfolgen darf. Die Zustimmung des gesetzlichen Vertreters (Vaters, Vormundes) zu dem Antrage oder der Einwilligung, soweit eine solche nach dem oben Mitgeteilten erforderlich ist, bedarf dagegen dieser Form nicht. Die Einwilligung des Kindes usw. zu der vom Vater beantragten Ehelichkeitserklärung muß dem Vater oder der Behörde, bei der der Antrag einzureichen ist, gegenüber geschehen.

Ob dem Antrage auf Ehelichkeitserklärung entsprochen wird, hängt (zurzeit noch, s. oben) von der freien Entschließung der Behörde ab. Sie kann die Ehelichkeitserklärung auch dann, aus Gründen der Zweckmäßigkeit oder des öffentlichen Interesses, versagen, wenn ihr gesetzliche Hindernisse nicht entgegenstehen. Die Ehelichkeitserklärung darf nicht erfolgen, wenn zur Zeit der Erzeugung des Kindes die Eingehung einer Ehe für die Eltern wegen Verwandtschaft oder Schwägerschaft verboten gewesen wäre (s. „Ehehindernisse 1 e"). Der Vater kann den Antrag auf Ehelichkeitserklärung, solange sie nicht erfolgt ist, zurücknehmen. Durch eine letztwillige Verfügung (Testament) kann ein Vater die Ehelichkeitserklärung seines unehelichen Kindes nicht herbeiführen. Die dem Antrage gemäß etwa erfolgte Ehelichkeitserklärung kann unter Umständen, obwohl sie von der zuständigen Behörde ordnungsmäßig ausgesprochen ist, dennoch rechtsunwirksam sein, was regelmäßig dann der Fall ist, wenn es an einer der gesetzlichen Voraussetzungen der Ehelichkeitserklärung gefehlt hat (1735; soll künftig geändert werden).

Das Kind erlangt durch die Ehelichkeitserklärung die rechtliche Stellung eines ehelichen Kindes, aber nur in bezug auf seinen Vater, nicht auf dessen Verwandte, dessen Frau usw. (s. weiter unten). Die Stellung des ehelich „erklärten" Kindes unterscheidet sich insofern wesentlich von der Stellung des unehelichen Kindes, dessen Eltern sich geheiratet haben (vorstehend 1). Gegenüber dem Vater hat also nun das Kind dieselben Rechte wie ein eheliches Kind. Es hat künftig den Familiennamen des Vaters zu führen. Insbesondere hat das Kind gegen den Vater und umgekehrt der Vater gegen das Kind ein gesetzliches Erbrecht und ein Pflichtteilsrecht. Dadurch können die übrigen (ehelichen) Kinder des Vaters (sowie andere Pflichtteilsberechtigte) in ihren künftigen Erbansprüchen allerdings verkürzt werden. Der Vater erlangt ferner vor allem die Rechte der elterlichen Gewalt über das Kind, solange es minderjährig ist; vgl. darüber sowie über das Verhältnis zwischen den Eltern und ihren ehelichen Kindern überhaupt den Artikel „Eltern und Kinder". Selbstverständlich bleibt das Verhältnis zwischen dem für ehelich erklärten Kinde und seinen Verwandten (Mutter, Geschwistern usw.) unberührt; nur können Pflichtteilsrechte dieser allerdings dadurch beeinträchtigt werden, daß der Vater nun auch ein Erbrecht gegen sein für ehelich erklärtes Kind hat. Die Verwandten des Vaters treten aber zu dem für ehelich erklärten Kinde in kein verwandtschaftliches Verhältnis; sie erwerben gegen das Kind kein gesetzliches Erbrecht, wie auch das Kind gegen sie keinerlei Erbansprüche hat. Verwandtschaftliche Beziehungen zwischen dem Kinde und den väterlichen Verwandten können auch nicht durch besondere Vereinbarung begründet werden; dagegen steht natürlich nichts im Wege, daß das Kind den Verwandten des Vaters oder diese dem Kinde durch Testament oder Schenkung Zuwendungen machen. Zwischen dem Kinde und der Frau des Vaters, sowie zwischen dem Vater und dem Ehegatten des Kindes wird auch kein Schwägerschaftsverhältnis (s. „Verwandtschaft 2") begründet.

Der Mutter des ehelich erklärten Kindes stand bis zur Ehelichkeitserklärung das Recht zu und ihr lag die Pflicht ob, für die Person ihres minderjährigen Kindes, insbesondere seine Erziehung, zu sorgen (s. „Uneheliche Kinder 1"); dieses Recht und diese Pflicht gehen mit erfolgter Ehelichkeitserklärung auf den Vater allein über; die Mutter hat nicht das der ehelichen Mutter zustehende Recht, mit dem Vater sich in die Sorge für das persönliche Wohl des Kindes zu teilen. Ein solches Recht würde der Sachlage nicht angemessen sein, da das Kind durch die Ehelichkeitserklärung der Mutter und ihrer Familie völlig entfremdet werden und in ganz andere Lebensverhältnisse gelangen kann. Ist das Kind oder sind die Abkömmlinge des Kindes unterhaltsbedürftig, so liegt die Unterhaltspflicht zunächst dem Vater, erst nach ihm der Mutter und den mütterlichen Verwandten des Kindes ob (vgl. „Unterhaltspflicht"). Will der Vater sich verheiraten, solange er noch die elterliche Gewalt über sein für ehelich erklärtes Kind hat, so ist er, wenn er Vermögen des Kindes zu verwalten hat, verpflichtet, dem Vormundschaftsgerichte Anzeige von der beabsichtigten Heirat zu machen und die hinsichtlich des Vermögensnachweises und einer etwa notwendigen Auseinandersetzung mit dem Kinde bestehenden Vorschriften zu befolgen, widrigenfalls ihm die Vermögensverwaltung gerichtlich entzogen werden kann; s. „Verwaltung des Kindesvermögens usw. 1".

3. Etwas anderes als die „Legitimation" eines unehelichen Kindes durch seinen Vater ist die Annahme des Kindes an Kindes Statt durch ihn. Hierüber gelten andere Vorschriften und strengere Voraussetzungen (vor allem die, daß der Vater keine ehelichen Kinder haben darf); s. darüber „Annahme an Kindes Statt".

4. Geltung ausländischer Gesetze (EGBGB. 22). Die Legitimation (ihre Voraussetzungen, ihre Wirkung usw.) bestimmt sich nach den vorstehend mitgeteilten deutschen Gesetzesvorschriften, wenn der Vater zur Zeit der Legitimation die deutsche Reichsangehörigkeit besaß. Gehört der Vater einem fremden Staate an, während das Kind die deutsche Reichsangehörigkeit besitzt, so ist die Legitimation unwirksam, wenn die nach den deutschen Gesetzen erforderliche Einwilligung des Kindes oder eines Dritten, zu dem das Kind in einem familienrechtlichen Verhältnisse steht, nicht erfolgt ist; im übrigen ist in solchem Falle das Recht des fremden Staates, dem der Vater angehört, maßgebend.

Legitimationspapiere s. Schuldverschreibungen auf den Inh. I 6.

Legitimierte Kinder als Verwandte s. Verwandtschaft.

Lehen, Eigentumserwerb an, s. Grundeigentum 1; Erbfolge legitimierter Kinder in, s. Legitimation unehelicher Kinder.

Lehrlinge. Lernen und Arbeiten soll beim Lehrling Hand in Hand gehen, er ist nicht in erster Linie Arbeiter, sondern Lernender, der jedoch durch Arbeit lernen soll. Das Lehrlingsrecht macht einige Unterschiede für den gewerblichen Lehrling (§§ 126 ff. GewO., Gutt. Slg. Nr. 6), den Handwerkslehrling (§§ 129ff. GewO.), den kaufmännischen Lehrling (§§ 76ff. HGB., Gutt. Slg. Nr. 4). Ein Berufsausbildungsgesetz, das die Regelung des ganzen Lehrverhältnisses auf breitere Grundlage stellen soll, liegt im Entwurf vor, ist aber zur Zeit noch nicht geltendes Recht.

Das Halten von Lehrlingen oder deren Anleitung ist nur Personen, die im Besitz der bürgerlichen Ehrenrechte sind, erlaubt; ferner kann im Gewerbe diese Befugnis ganz oder auf Zeit solchen Personen entzogen werden, die sich a) wiederholt grober Pflichtverletzungen gegen ihre Lehrlinge schuldig gemacht haben, b) in sittlicher Hinsicht ungeeignet erscheinen, c) wegen geistiger oder körperlicher Gebrechen ungeeignet sind. Diese Bestimmung gilt nicht für das Handelsgewerbe, soll aber durch das Berufsausbildungsgesetz auf alle Lehrlinge ausgedehnt werden. Im Handwerk steht (sogenannter kleiner Befähigungsnachweis) die Befugnis zur Anleitung von Lehrlingen nur Personen zu, die das 24. Lebensjahr vollendet und eine Meisterprüfung bestanden haben, und zwar die Meisterprüfung in dem gleichen Gewerbe, in dem sie die Lehrlinge unterweisen wollen; ist der Betreffende Meister eines anderen Gewerbes, so genügt die Gesellenprüfung oder fünfjährige persönliche Ausübung des Gewerbes, in welchem er Lehrlinge anleiten will, als selbständiger Handwerker oder in leitender Stellung eines Betriebes.

Für alle Lehrherren gilt das Verbot der Lehrlingszüchterei: wenn der Lehrherr eine im Mißverhältnisse zu dem Umfang oder der Art seines Gewerbebetriebes stehende Zahl von Lehrlingen hält und dadurch die Ausbildung der Lehrlinge gefährdet erscheint, so kann dem Lehrherrn von der unteren Verwaltungsbehörde die Entlassung eines entsprechenden Teils der Lehrlinge und die Annahme über eine bestimmte Zeit hinaus untersagt werden. Die Gefährdung der Ausbildung ist der wesentliche Grund, Lehrlinge sollen nicht lediglich als billige Arbeitskräfte angesehen werden. In Tarifverträgen und von Handwerkskammern und Innungen sind Bestimmungen über die Höchstzahl von Lehrlingen erlassen worden, durch die Landeszentralbehörden z. B. in Preußen für Bäckerei, Fleischerei, Barbier- und Schornsteinfegergewerbe.

Für den Lehrling bestehen keine persönlichen Beschränkungen, z. B. daß er minderjährig sein müsse.

2. Der Lehrvertrag ist ein zweiseitiger Vertrag, bei welchem auf der Seite des Lehrherrn die Lehrpflicht, auf der Seite des Lehrlings die Dienstpflicht voransteht. Es ist eine Abart des Dienstvertrags, der nicht um der Arbeit willen, sondern um der Ausbildung willen geschlossen wird. Der Prinzipal (Lehrherr) ist verpflichtet, dafür zu sorgen, daß der Lehrling in den bei dem Betriebe des Geschäfts vorkommenden kaufmännischen Arbeiten unterwiesen wird; er hat die Ausbildung des Lehrlings entweder selbst oder durch einen geeigneten, ausdrücklich dazu bestimmten Vertreter zu leiten. Der Lehrherr darf dem Lehrlinge die zu seiner Ausbildung erforderliche Zeit und Gelegenheit durch Verwendung zu anderen Dienstleistungen nicht entziehen; auch hat er ihm die zum Besuche des Gottesdienstes an Sonn- und Festtagen erforderliche Zeit und Gelegenheit zu gewähren. Er hat den Lehrling zur Arbeitsamkeit und zu guten Sitten anzuhalten. Auch hat er dem Lehrling die zum Besuch einer Fortbildungsschule erforderliche Zeit zu gewähren. Der Prinzipal hat auch dem Lehrling gegenüber die den Arbeiterschutz umfassenden Pflichten bezüglich der Einrichtung der Geschäftsräume, der Regelung des Geschäftsbetriebes und der Arbeitszeit usw. Ist eine Vergütung ausgemacht, so unterliegt sie den gesetzlichen Vorschriften über Lohnzahlung, Lohneinbehaltung usw. Bei der Beendigung des Lehrverhältnisses hat der Lehrherr dem Lehrling ein schriftliches Zeugnis über die Dauer der Lehrzeit und die während dieser erworbenen Kenntnisse und Fähigkeiten, sowie über sein Betragen auszustellen; Lehrbriefe von Innungen erfüllen denselben Zweck. Der Lehrling hat die Pflicht zu arbeiten, auch außerhalb des eigentlichen Lernens (zu häuslichen Diensten nur, wenn er in die häusliche Gemeinschaft des Lehrherrn aufgenommen ist), die Pflicht zu gehorchen und sich der Zucht des Lehrherrn zu unterwerfen, ihm Treue zu halten und, wenn ausbedungen, ein Lehrgeld zu zahlen.

Der Abschluß des Lehrvertrags muß, um vollgültig zu sein, nach der GewO. binnen vier Wochen nach Beginn der Lehre schriftlich geschehen. Der formlose (nicht schriftliche) Abschluß des gewerblichen Lehrvertrags macht ihn zwar nicht ungültig, läßt aber einige wichtige Rechtsfolgen fehlen: Zurückholen des Lehrlings bei willkürlichem Verlassen der Lehre; Anspruch auf Entschädigung bei vorzeitiger Beendigung des Lehrverhältnisses. Der schriftliche Lehrvertrag muß enthalten: Bezeichnung des Gewerbes, Dauer der Lehrzeit, gegenseitige Leistungen und die Voraussetzungen für einseitige Auflösung des Vertrages. Der Vertrag ist vom Lehrherrn oder seinem Stellvertreter und vom Lehrling sowie seinem gesetzlichen Vertreter zu unterschreiben.

Auch für den Lehrvertrag des Handlungslehrlings ist ähnliches bestimmt, insofern der Lehrherr Ansprüche wegen unbefugten Austritts aus der Lehre gegen den Lehrling nur geltend machen kann, wenn der Lehrvertrag schriftlich abgeschlossen ist.

Die Dauer der Lehrzeit bestimmt sich nach dem Lehrvertrag oder nach den örtlichen Verordnungen bzw. dem Ortsgebrauch. Im Handwerk soll die Lehrzeit in der Regel 3 Jahre dauern und darf 4 Jahre nicht übersteigen.

3. Das Lehrverhältnis kann beendigt werden:

a) während der Probezeit, die für kaufmännische und gewerbliche Lehrlinge vorgeschrieben ist und in der Regel einen Monat beträgt und bis auf drei Monate ausgedehnt werden kann, fristlos von beiden Teilen.

b) Für kaufmännische Lehrlinge gelten nach der Probezeit die Bestimmungen über die Kündigung der Handlungsgehilfen (s. d.), also „wichtige Gründe", die hier aus dem Sinn des Lehrverhältnisses auszulegen sind, also insbesondere bei Vernachlässigung der Fürsorge- und der Gehorsamspflicht und beim Tode des Lehrherrn, weniger bei rein arbeitstechnischen und arbeitszeitlichen Verfehlungen vorliegen. Zu den wichtigen Gründen gehört auch der (schriftlich zu erklärende) Wunsch des Berufswechsels.

c) Für gewerbliche Lehrlinge (einschließlich der Handwerkslehrlinge) wird auf die Aufzählung der Kündigungsgründe in §§ 123 und 124 GewO. Ziff. 1, 3, 4, 5 Bezug genommen, dazu kommen noch speziell aus dem Lehrverhältnis hergeleitete Gründe wie: 1. wiederholte Pflichtverletzung, Unterlassung des Schulbesuchs durch den Lehrling, Tod oder Konkurs des Lehrherrn, 2. Verletzung der Fürsorgepflicht durch den Lehrherrn und Absicht des Berufswechsels. Daß gewerbliche Lehrlinge, die unbefugt entlaufen sind, durch die Polizeibehörde zurückgeholt werden können, bestimmt noch § 127d (bei schriftlich abgeschlossenem Lehrvertrag).

4. Strafvorschriften gegen Lehrherren. Der Lehrherr, der die ihm dem Lehrling gegenüber obliegenden Pflichten in bezug auf Einrichtung der Geschäftsräume usw., Regelung der Arbeits- und Erholungszeit, Verpflegung, Herrichtung der Wohn- und Schlafräume u. dgl., auf die Ausbildung, Erziehung und Beaufsichtigung des Lehrlings in einer dessen Gesundheit, Sittlichkeit und Ausbildung gefährdenden Weise verletzt oder bei Nichtbesitz der bürgerlichen Ehrenrechte Lehrlinge hält, ausbildet oder ausbilden läßt, macht sich strafbar.

Leibesfrucht, Pflegschaft über eine, s. Pflegschaft 1 d.

Leibgedinge s. Altenteil.

Leibrente (759—761). Ist jemand durch Vertrag, testamentarische Bestimmung usw. verpflichtet, einer Person eine Leibrente zu gewähren, so muß diese Rente bis zum Tode des Rentenberechtigten gezahlt werden, wenn sich nicht aus dem Vertrage, der letztwilligen Verfügung usw. etwas anderes ergibt. Dies gilt auch dann, wenn etwa bestimmt wäre, daß die Rente für die Lebenszeit des Rentenschuldners oder irgend einer anderen Person zu zahlen sei; auch in diesem Falle erlischt die Rente dessen ungeachtet mit dem Tode des Berechtigten, wenn nicht aus den Umständen die Absicht der Beteiligten bestimmt zu entnehmen ist, daß die Rente auch nach dem Tode des eigentlichen Rentenberechtigten noch von seinen Erben bezogen werden soll. Ist nur der Betrag der Leibrente festgesetzt, aber nicht bestimmt, für welche Zeit (ein Jahr, ein Halbjahr usw.) dieser Betrag gezahlt werden soll, so ist nach dem Gesetz anzunehmen, daß der Betrag für das Jahr zu zahlen ist

Eine Leibrente ist ihrer Natur nach, da sie regelmäßig dem Unterhalte des Berechtigten dienen soll, im voraus zu entrichten. Besteht die Rente in Gelde, so ist sie stets für drei Monate vorauszuzahlen. Die Parteien können aber etwas anderes vereinbaren. Besteht die Leibrente (allein oder in Verbindung mit einer Geldrente) in anderen Sachen, z. B. in dem ganzen Lebensunterhalt des Rentenberechtigten oder in einzelnen Nahrungsmitteln, Kleidung usw., so fragt sich, in welcher Weise hier die Vorauslieferung zu erfolgen hat. Das Gesetz konnte hierüber der Natur der Sache nach keine ins einzelne gehenden Vorschriften geben; es besagt daher nur, daß sich der Zeitabschnitt, für den die letztgedachten Leistungen im voraus zu entrichten sind, „nach der Beschaffenheit und dem Zwecke der Rente bestimme". Das Gericht hat daher im Streitfalle nach verständigem Ermessen zu entscheiden; es wird sich aber, um Streitigkeiten von vornherein vorzubeugen, empfehlen, in dem Vertrage die Lieferungszeiten für die einzelnen Leistungen genau festzusetzen. — Stirbt der Berechtigte, wenn auch unmittelbar, nachdem der Zeitabschnitt, für den die Rente im voraus zu zahlen ist, angebrochen ist, so gebührt seinen Erben der volle, auf diesen Zeitabschnitt entfallende Betrag der Rente. Zur Gültigkeit eines Vertrages, durch den eine Leibrente versprochen wird, ist, soweit nicht etwa durch besondere Gesetzesvorschriften eine andere (noch umständlichere) Form vorgeschrieben ist, schriftliche Erteilung des Versprechens nötig; das Gesetz hat dieses Erfordernis in Anbetracht der Wichtigkeit eines Leibrentenvertrages und der (möglicherweise) langen Dauer seiner Wirksamkeit für nötig erachtet. Über eine in einem Leibrentenvertrage etwa bedungene Auszahlung der Rente an eine dritte Person vgl. „Lebensversicherung und Leibrente". — Ein Leibrentenvertrag steht häufig in Verbindung mit einem sog. Übergabevertrage, d. h. einer Eigentumsübertragung an einem Grundstücke (Gute, Hofe); die Verpflichtung zur Leistung der Leibrente ist dann ein Bestandteil dieses Vertrages. Man pflegt bei Übergabe bäuerlicher Güter den Leibrentenvertrag als Leibzuchts-, Leibgedings-, Altenteils- oder Auszugsvertrag zu bezeichnen. Für solche Leibzuchts- usw. Verträge gelten in den meisten deutschen Ländern noch weitergehende landesgesetzliche Vorschriften; s. „Altenteil".

Leibzucht s. Altenteil u. Reallasten.

Leichtsinn, Ausbeutung des, in gewinnsüchtiger Absicht s. Wucher.

Leihe (Leihvertrag) (598—606) **1.** Wer etwas geliehen hat, muß das Geliehene an den Herleiher zurückgeben. Die Rückgabe kann aber auf verschiedene Weise geschehen. Wer ein Pferd zu einem Ausritt geliehen hat, gibt natürlich das geliehene Pferd, nicht ein anderes, zurück. Wer 100 Mark oder ein paar Flaschen Wein geborgt hat, gibt sie auch zurück, aber nicht dieselben Geldstücke oder denselben Flascheninhalt, die er empfangen hat, sondern eine gleiche Summe Geldes, eine gleiche Anzahl Flaschen Wein derselben Art und Güte. Hierauf beruht der Unterschied zwischen der Leihe (dem Leihvertrage) und dem Darlehn (dem Darlehnsvertrage). Wenn jemand eine Sache leiht zu dem Zwecke, um sie zu gebrauchen und nach gemachtem Gebrauch sie, d. h. die geliehene Sache selbst, dem Herleiher zurückzugeben, so finden auf das Verhältnis zwischen den Beteiligten die Vorschriften über die Leihe Anwendung. Wenn aber jemand eine Sache (oder mehrere) leiht, um sie zu seinem Gebrauche, in seinem Nutzen zu verwenden (z. B. bei geliehenem Gelde, um es auszugeben; bei geliehenem Wein, Kartoffeln, Mehl usw., um die Sachen zu verzehren) und demnächst dem Herleiher eine andere Sache (andere Sachen) von derselben Art und Güte (dieselbe Summe Geldes, dasselbe Quantum Wein usw.) zurückzugeben, so liegt ein Darlehn vor. Dieser Unterschied ist wichtig, weil das Gesetz für beide Verträge voneinander abweichende Vorschriften gibt. Ob von den Beteiligten ein Darlehnsvertrag oder ein Leihvertrag hat geschlossen werden sollen, muß nach den Umständen des Falles beurteilt werden. Wenn Sachen verliehen werden, die regelmäßig durch den Gebrauch untergehen, also eigentlich zum Verbrauch bestimmt sind, z. B. Wein, Zigarren, so wird anzunehmen sein, daß es ein Darlehn sein soll; die Sachen sollen in das Eigentum des Entleihers übergehen, der sie verbrauchen und dafür andere Sachen gleicher Art zurückgeben soll. Es kann freilich auch bei solchen Sachen vorkommen, daß nur ein Leihvertrag beabsichtigt ist und dieselbe Sache wieder zurückgegeben werden soll; z. B. der Entleiher, der Gäste erwartet, borgt sich ein paar Flaschen Wein, nicht um sie mit seinen Gästen zu trinken (dann wäre es ein Darlehn), sondern um sie zur Schau auf seinen Tisch zu stellen. Noch ein anderer Unterschied ist hervorzuheben: Im gewöhnlichen Leben spricht man auch dann von „leihen", wenn man für den Gebrauch der geliehenen Sache etwas bezahlt: man „leiht" ein Buch aus der Bibliothek, ein Pferd vom Pferdevermieter usw. In solchen Fällen liegt aber ein Leihvertrag im Rechtssinn nicht vor, sondern ein Mietvertrag; denn ein Leihvertrag ist es nur dann, wenn der Gebrauch der Sache dem Entleiher unentgeltlich gewährt wird. Es gelten deshalb für die ebengedachten Fälle nicht die Vorschriften über die Leihe, sondern die Vorschriften über die Miete. — Dies vorausgeschickt, wenden wir uns nun zu den gesetzlichen Bestimmungen über den Leihvertrag selbst.

2. Verliehen werden können alle beweglichen oder unbeweglichen Sachen, also auch Grundstücke, Wohnungen, Lagerräume usw.; auch an Rechten (Gerechtsamen, Berechtigungen) ist eine Leihe denkbar. Wer eine Sache verleiht, verpflichtet sich dadurch, dem Entleiher den Gebrauch der Sache unentgeltlich zu gestatten; er darf also den Entleiher in dem vertragsmäßigen Gebrauch der einmal verliehenen Sache nicht hindern und ihm den Gebrauch durch irgendwelche anderweitige Verfügungen über die Sache nicht entziehen oder beeinträchtigen. Zu welchem Zweck und wie lange der Entleiher die Sache gebrauchen darf, das richtet sich nach der ausdrücklichen oder stillschweigenden Vereinbarung der Parteien; leiht jemand im Gasthause vom Wirt einen Regenschirm für den Heimweg, so ist der Zweck der Leihe erreicht, wenn er zu Hause angelangt ist; leiht jemand ein Fuhrwerk oder einen Reisekoffer zu einer bestimmten Reise, so steht ihm der Gebrauch zu, bis die Reise beendet ist. Ist die Dauer der Leihe weder bestimmt noch aus dem Zwecke zu entnehmen, so kann der Verleiher die Sache jederzeit zurückfordern; sonst aber muß er sie dem anderen solange lassen, bis der Zweck des Leihens erfüllt ist; der Verleiher kann die verliehene Sache nicht einfach ohne weiteres zurückfordern, weil er sich eines anderen besonnen hat. (S. aber unten zu 3.) Da die Leihe grundsätzlich unentgeltlich ist, so haftet der Verleiher aus seiner Verpflichtung nicht in demselben Maße wie andere Vertragsverpflichtete; er haftet dem anderen, dem er die Sache geliehen oder zu leihen versprochen hat, nur insoweit auf Schadensersatz, als er ihm vorsätzlich oder aus grober Fahrlässigkeit den Gebrauch der geliehenen Sache nicht gestattet oder ihn im Gebrauch gehindert oder gestört hat. Auch dann ist der Verleiher dem Entleiher zum Schadensersatz verpflichtet, wenn er ihm arglistig verschwiegen hat, daß Rechte anderer Personen an der geliehenen Sache bestehen oder daß die geliehene Sache Fehler oder Mängel hat, die den Gebrauch durch den Entleiher unmöglich machen oder beeinträchtigen.

3. Der Entleiher ist zur sorgsamen und schonenden Behandlung der geliehenen Sache verpflichtet und haftet dem Verleiher für allen Schaden, der aus einer Vernachlässigung dieser Pflicht entspringt. Er darf von der Sache keinen anderen Gebrauch machen, als ihm vom Verleiher (ausdrücklich oder stillschweigend) gestattet ist; wie weit seine Gebrauchsrechte im einzelnen Fall gehen, richtet sich beim Mangel ausdrücklicher Bestimmung nach den Umständen und kann im allgemeinen nicht

eines einzigen Sohnes einer Bauerswitwe, die nun zur Weiterführung der Wirtschaft einen Knecht nehmen muß) kann für die Angehörigen von schweren Folgen sein. Die hierdurch Geschädigten können von dem, der die Tötung usw. verübt hat, als Ersatz für die ihnen entgehenden Dienste gleichfalls Zahlung einer angemessenen Geldrente verlangen, bei deren Festsetzung allerdings die Gegenleistungen, die der Getötete usw. für seine Dienstleistungen empfing, zu berücksichtigen sind. Das vorstehend über Vorausbezahlung der Rente, etwaige Sicherheitsleistung und eintretendenfalls als Ersatz für die Rente eintretende Kapitalabfindung Gesagte findet auch hier Anwendung.

Gegenseitiges Verschulden (846). Hat bei der Tötung, der Körperverletzung usw. außer dem Verschulden des Täters auch ein Verschulden des Verletzten selbst mitgewirkt, so hängt nach allgemeinen Grundsätzen (s. „Schadensersatz, allgemeine Bestimmungen") die Schadensersatzpflicht und der Umfang der Entschädigung von den näheren Umständen, insbesondere davon ab, inwieweit der Tod, die Verletzung usw. vorwiegend durch den einen oder den anderen verschuldet ist. Auch ein etwaiges Verschulden dieser unterhaltsberechtigten Personen muß berücksichtigt werden und kann nach Belegenheit des Falles den Schadensersatzanspruch ausschließen oder mindern (RG.). Ist z. B. der Verletzte an den Folgen der Verletzung gestorben, hätte aber der tödliche Ausgang durch rechtzeitiges ärztliches Eingreifen abgewendet werden können und haben in solchem Falle die unterhaltsberechtigten Angehörigen in grobfahrlässiger Weise die Zuziehung eines Arztes unterlassen, so hängt es vom Ermessen des Gerichts ab, ob ihnen der Schadensersatzanspruch ganz zu versagen oder die von ihnen geforderte Entschädigung doch nur in geringerem Umfange zuzubilligen ist. Handelt es sich hierbei um die Verletzung einer jugendlichen Person, so ist zu berücksichtigen (RG.), daß ein Jugendlicher, der das siebente, aber nicht das achtzehnte Lebensjahr vollendet hat, für sein Handeln nicht verantwortlich ist, wenn er bei Begehung der Handlung oder Unterlassung nicht die zur Erkenntnis der Verantwortlichkeit erforderliche Einsicht gehabt hat. (Vorsatz und Fahrlässigkeit werden für den Schadenersatzanspruch nicht verschieden behandelt.)

7. Entschädigung für anderen als Vermögensschaden. Schmerzensgeld usw. (847). Im Falle einer Körperverletzung, einer Gesundheitsschädigung oder einer Freiheitsentziehung kann der Verletzte auch wegen des Schadens, der kein Vermögensschaden ist, von dem Täter eine billige Entschädigung in Geld verlangen. Insbesondere kann hiernach, wer an seinem Körper verletzt ist, ein angemessenes Schmerzensgeld fordern; die Höhe des Schmerzensgeldes konnte das Gesetz nicht bestimmen, da sie ganz von den Umständen abhängt; ihre Festsetzung unterliegt, falls die Beteiligten sich nicht darüber verständigen, dem richterlichen Ermessen. Ein Mädchen oder eine Frau, gegen die ein Verbrechen oder Vergehen gegen die Sittlichkeit begangen ist oder die durch Hinterlist, durch Drohung oder unter Mißbrauch eines Abhängigkeitsverhältnisses zur Gestattung der außerehelichen Beiwohnung bestimmt ist, hat einen Anspruch auf eine den Umständen des Falles und den für sie daraus entstehenden Folgen entsprechende Geldentschädigung (Näheres s. in dem Artikel „Verführung"). Alle diese Entschädigungsansprüche haben aber das Besondere, daß sie auf die Erben des oder der Verletzten nicht übergehen (wie sonstige Schadensersatzansprüche), wenn sie nicht bei Lebzeiten des (der) Verletzten schon vertragsmäßig anerkannt sind oder der (die) Verletzte selbst den Anspruch bereits rechtshängig gemacht hatte.

8. Wer zur Rückgabe einer Sache verpflichtet ist, die er einem anderen durch eine unerlaubte Handlung entzogen (z. B. gestohlen, abgeschwindelt, geraubt) hat, haftet auch für den zufälligen Untergang oder eine zufällige Verschlechterung der Sache (848—851).

9. Verjährung des Anspruchs auf Schadensersatz (852, 853). Der Anspruch auf Ersatz des aus einer unerlaubten Handlung entstandenen Schadens verjährt in drei Jahren von dem Zeitpunkte an, in dem der Verletzte von dem Schaden und der Person des Ersatzpflichtigen Kenntnis erlangt, ohne Rücksicht auf diese Kenntnis aber in dreißig Jahren von der Begehung der Handlung an. Hat der Ersatzpflichtige durch die unerlaubte Handlung auf Kosten des Verletzten etwas erlangt, so ist er auch nach der Vollendung der Verjährung zur Herausgabe nach den Vorschriften über die Herausgabe einer ungerechtfertigten Bereicherung (s. d.) verpflichtet.

Schadensersatz wegen Mängel einer gekauften usw. Sache s. Gewährleistung wegen Mängel usw. 2; wegen Verletzung der Amtspflicht s. Beamte; wegen nicht rechtzeitiger Zahlung (Leistung) s. Verzug eines Schuldners; statt Erfüllung des Vertrages s. Leistungen 8.

Schadenszufügung durch Menschen (überhaupt) s. Schadensersatz wegen unerlaubter Handlung u. Pfändung (Privatpfändung); durch Eisenbahnen, Fabriken und andere gefährliche Betriebe s. Haftpflicht der Eisenbahnen usw.; durch Kinder s. Schadensersatz wegen unerlaubter Handlung 4; durch Angestellte, Dienstboten, Arbeiter s. ebendaselbst; durch gesetzliche und andere Vertreter s. Vertretung von Vorsatz usw.; durch Tiere s. Tiere u. Pfändung (Privatpfändung); durch Sachen s. Selbstverteidigung 2; durch ein Gebäude s. Gebäudeeinsturz. — S. auch: Schadensersatz.

Schafe, Haftung des Verkäufers für Fehler, s. Gewährleistung wegen Mängel usw. 9; Pfändung von, s. Pfändung in der Zwangsvollstr. 1.

Schankwirte s. Gastwirte; als Kaufleute s. Kaufmann usw.

Schatz, Finden eines, s. Gefundene Sachen 4.

Schecks. Um den Umlauf des Geldes zu verringern, insbesondere die Bereithaltung von baren Geldmitteln zu Zahlungszwecken zu ersparen, und an Stelle der Zahlung die Möglichkeit einer Verrechnung treten zu lassen, ist die Einrichtung des Scheckverkehrs getroffen. Durch das Scheckgesetz vom 11. März 1908 ist diese bereits seit dem Mittelalter bestehende Zahlungsart für ganz Deutschland einheitlich geregelt. Kurz ausgedrückt kann man sagen, daß der Scheck eine Art Anweisung ist, wonach der Schuldner einen Dritten anweist, einen bestimmten Betrag seinem Gläubiger gegen Aushändigung des „Schecks" zu zahlen. Der Scheck muß als solcher bezeichnet sein und des Weiteren die Anweisung des Ausstellers an den Bezogenen enthalten, aus seinem Guthaben eine bestimmte Geldsumme zu zahlen. Ferner ist notwendig die Unterschrift des Ausstellers und die Angabe des Ortes und des Tages der Ausstellung. Als Bezogene sollen nur bezeichnet werden Sparkassen, gewisse Anstalten des öffentlichen Rechts und Genossenschaften, die sich satzungsgemäß mit der Annahme von Geld und Lei-

Wahl auf die eine oder auf die andere Leistung richten; der Schuldner kann sich jedoch, solange nicht der Gläubiger die gewählte Leistung ganz oder zum Teil empfangen hat, durch eine der übrigen Leistungen von seiner Verbindlichkeit befreien. Ist der wahlberechtigte Gläubiger im Verzuge, so kann der Schuldner ihn unter Bestimmung einer angemessenen Frist zur Vornahme der Wahl auffordern. Mit dem Ablaufe der Frist geht das Wahlrecht auf den Schuldner über, wenn nicht der Gläubiger rechtzeitig die Wahl vornimmt. Ist eine der Leistungen von Anfang an unmöglich oder wird sie später unmöglich, so beschränkt sich das Schuldverhältnis auf die übrigen Leistungen.

3. Abschlagszahlungen usw. (266). Teilleistungen des Schuldners (Teilzahlungen, Abschlagszahlungen) anzunehmen, ist der Gläubiger nicht verpflichtet, es sei denn, daß ratenweise Leistungen oder Zahlungen besonders ausgemacht sind. (Ob es übrigens unter Umständen nicht ratsam ist, eine angebotene Teilzahlung anzunehmen, ist eine andere Frage.) Das Anerbieten einer Teilleistung (Teilzahlung, Abschlagszahlung) liegt immer dann vor, wenn der Schuldner nicht alles, was er nach dem betreffenden Vertrage oder sonstigen Rechtsverhältnis leisten muß, anbietet, wenn z. B. jemand, der Kapital und Zinsen schuldet, zunächst bloß das Kapital oder bloß die Zinsen anbietet. Der Gläubiger ist auch nicht verpflichtet, eine Teilzahlung anzunehmen, wenn der Schuldner den Rest etwa bestreitet; er kommt nicht in Verzug (s. d.), wenn er die Teilzahlung ablehnt. — Anders, wenn die verschiedenen Forderungen aus verschiedenen Rechtsverhältnissen herrühren, z. B. aus einem Darlehn und einem Mietverhältnis. Hier muß der Gläubiger die Forderungsbeträge einzeln annehmen.

4. Leistung (Zahlung) durch andere. Ablösungsrecht (267, 268). Kommt es nach der Art des Rechtsverhältnisses nicht gerade darauf an, daß der Schuldner in Person leistet, so kann auch jemand anders (ein Dritter) für ihn die Leistung bewirken; die Einwilligung des Schuldners ist dazu nicht erforderlich. Der Gläubiger kann aber die Leistung ablehnen, wenn der Schuldner widerspricht.

Betreibt ein Gläubiger die Zwangsvollstreckung in einen dem Schuldner gehörenden Gegenstand, so ist jeder, der Gefahr läuft, durch die Zwangsvollstreckung ein (dingliches) Recht an dem Gegenstande zu verlieren, berechtigt, den Gläubiger zu befriedigen (sog. Ablösungsrecht). Das gleiche Recht steht dem Besitzer einer Sache zu, wenn er Gefahr läuft, durch die Zwangsvollstreckung den Besitz zu verlieren. Die Befriedigung kann auch durch Hinterlegung oder durch Aufrechnung erfolgen. Soweit der Dritte den Gläubiger befriedigt, geht die Forderung auf ihn über. Der Übergang kann nicht zum Nachteile des Gläubigers geltend gemacht werden.

5. Ort der Leistung (Leistungsort, Erfüllungsort) (269). Zu einer gehörigen Leistung (Zahlung, Lieferung usw.) gehört, daß die Leistung am richtigen Orte bewirkt wird. Der Leistungsort kann, abgesehen von gesetzlicher oder vertragsmäßiger Festsetzung, schon durch die Art der Leistung bestimmt sein, z. B. wenn ein Bauwerk errichtet werden soll. Ist aber der Ort für die Leistung weder gesetzlich bestimmt noch vereinbart noch aus den Umständen, insbesondere aus der Natur des Schuldverhältnisses, zu entnehmen, so gilt die Regel, daß die Leistung an dem Orte zu erfolgen hat, an welchem der Schuldner zur Zeit der Entstehung des Schuldverhältnisses seinen Wohnsitz hatte. Eine spätere Veränderung des Wohnorts kommt nicht in Betracht. Ist die Verbindlichkeit im Gewerbebetriebe des Schuldners entstanden, so tritt, wenn der Schuldner seine gewerbliche Niederlassung an einem anderen Orte hatte, der Ort der Niederlassung an die Stelle des Wohnsitzes. Aus dem Umstande allein, daß der Schuldner die Kosten der Versendung übernommen hat, ist nicht zu entnehmen, daß der Ort, nach welchem die Versendung zu erfolgen hat, der Leistungsort sein soll. Der Schuldner hat also regelmäßig an dem vorbezeichneten Erfüllungsort (Leistungsort) seine Verbindlichkeit zu erfüllen; er kann insbesondere dort auch auf Erfüllung (Zahlung usw.) verklagt werden (ZPO. 29).

Übersendung von Geldbeträgen (270). Für Geldzahlungen gilt das vorstehend Gesagte auch; jedoch hat das Gesetz hierfür noch eine besondere Vorschrift. Der Schuldner ist nämlich, wenn nichts anderes vereinbart ist, verpflichtet, den geschuldeten Geldbetrag dem Gläubiger auf seine (des Schuldners) Gefahr und Kosten zu übersenden und zwar nach des Gläubigers Wohnorte; er darf also das Übersendungsporto nicht in Abzug bringen; er hat sogar der Schuldsumme das Bestellgeld hinzuzufügen. (Über die Tragung des Portos für eine etwaige Quittung s. „Quittung usw.") Ist der Gläubiger ein Kaufmann oder ein sonstiger Gewerbetreibender und handelt es sich um eine Forderung, die im Gewerbebetriebe des Zahlungsempfängers entstanden ist, so muß der Schuldner das Geld an den Ort senden, wo der Gläubiger seine gewerbliche Niederlassung (sein Geschäft), nicht dahin, wo er etwa seine (Privat-) Wohnung hat. Anders, wenn es sich um eine Schuld handelt, die mit dem Gewerbe des Gläubigers nichts zu tun hat; es hat z. B. der Schuldner dem Gläubiger ein Vermächtnis aus einem Testamente auszuzahlen; dann schickt er das Geld an den Wohnort des Gläubigers. Verlegt der Gläubiger seinen Wohnsitz oder seine gewerbliche Niederlassung, nachdem das Schuldverhältnis bereits begründet war (also nachdem der Schuldner die Ware bereits gekauft oder das Darlehn bereits erhalten hatte usw.), so muß der Schuldner zwar das Geld an den neuen Wohnort oder neuen Niederlassungsort senden; etwaige Mehrkosten, die durch die Übersendung des Schuldbetrages an diesen Ort entstehen, fallen aber dem Gläubiger zur Last; ebenso hat dieser in solchem Falle die Gefahr der Übersendung zu tragen. Durch die eben mitgeteilten Bestimmungen über Geldsendungen werden aber die Vorschriften des Gesetzes über den „Leistungsort" (siehe oben), die in mancher Beziehung, z. B. für die Klageerhebung, für die Bestimmung des geltenden Rechts usw., von rechtlicher Bedeutung sind, nicht geändert. Da der Schuldner nicht nur die Kosten, sondern auch die Gefahr der Geldsendung trägt, so trifft ihn ein etwaiger Verlust des Geldes unterwegs; er hat seiner Verpflichtung nicht schon genügt, wenn er das Geld dem Boten eingehändigt oder auf der Post eingezahlt hat, sondern erst dann, wenn das Geld beim Gläubiger eingegangen ist, was der Schuldner im Bestreitungsfall zu beweisen hat. (Landesgesetzliche Vorschriften, nach denen Zahlungen aus öffentlichen Kassen in Abweichung von den vorstehend mitgeteilten Vorschriften an der

Kasse in Empfang zu nehmen sind, bleiben nach dem Bürgerlichen Gesetzbuch in Kraft [EGBGB. 92].)

6. Zeit der Zahlung (Leistung). Fälligkeit (271, 272). Ist die Zahlungszeit, also die Fälligkeit der Forderung, weder vertragsmäßig bestimmt noch aus den Umständen zu entnehmen, so kann der Gläubiger die Zahlung (Leistung) sofort verlangen; der Schuldner darf sie, auch gegen den Wunsch des Gläubigers, sofort bewirken. (Nur bei Darlehen gilt gesetzlich eine Kündigungsfrist; s. „Darlehn 3".) Ist eine bestimmte Zahlungszeit vereinbart, so hat dies, wenn nichts anderes ausgemacht oder als Absicht der Parteien anzusehen ist, die Bedeutung, daß der Gläubiger die Zahlung allerdings nicht vor dieser Zeit verlangen kann; aber der Schuldner ist nichtsdestoweniger (was für ihn von Bedeutung sein kann) berechtigt, die Zahlung schon vorher zu leisten; der Gläubiger darf die Annahme nicht verweigern. Es muß ihm allerdings unter Umständen, wenn die Rücksicht auf Treu und Glauben dies erfordert, eine gewisse Frist zur Vorbereitung der Empfangnahme gelassen werden. Ist bei verzinslichen Darlehnsforderungen eine beiderseitige Kündigungsfrist vereinbart, so wird anzunehmen sein, daß die Kündigungsfrist auch zugunsten des Gläubigers festgesetzt ist, daß also der Gläubiger das Kapital vor Ablauf der Kündigungsfrist nicht anzunehmen braucht. Ist in Verträgen usw. die Leistungszeit durch unbestimmte Ausdrücke bezeichnet (z. B. „baldigst", „so bald als möglich", „binnen kurzem", „nach und nach" usw.), so hat im Streitfall das Gericht unter Würdigung aller Umstände und tunlichster Erforschung des Willens der Beteiligten das, was angemessen, gerecht und billig ist, zu bestimmen. Bezahlt der Schuldner, obwohl er hierzu nicht verpflichtet ist, eine unverzinsliche Schuld vor der Fälligkeit, so ist er nicht berechtigt, wegen der Zwischenzinsen einen Abzug (Skonto) zu machen. Ob der Schuldner bei Fälligkeit der Forderung sofort zahlen muß oder ob er eine Mahnung des Gläubigers abwarten darf, ohne sich dadurch für den Schaden haftbar zu machen, darüber ist der Artikel „Verzug des Schuldners" nachzulesen.

7. Unmöglichkeit der Zahlung (Leistung) für den Schuldner. Es sind hier verschiedene Fälle möglich, die einzeln betrachtet werden müssen.

a) Schließen Personen einen Vertrag, dessen Ausführung von vornherein unmöglich ist, so ist der Vertrag überhaupt ungültig (306); was etwa zur Erfüllung des Vertrages gegeben ist, kann regelmäßig zurückgefordert werden (vgl. „Ungerechtfertigte Bereicherung"). Dasselbe gilt, wenn die Parteien ein Rechtsverhältnis begründen wollen, das gesetzlich unzulässig ist (134). Etwas anderes ist es aber, wenn die Leistung bloß dem, der sie vertragsmäßig übernommen hat, von Anfang an unmöglich war, aber nicht an und für sich (für jedermann) unmöglich ist; übernimmt jemand etwas, was er nicht ausführen kann, während die Ausführung für andere nicht unmöglich ist, so hat er dem anderen Teil wegen Nichterfüllung des Vertrages für den Schaden aufzukommen. Besonderes gilt für den, der bei der Schließung eines auf eine unmögliche Leistung gerichteten Vertrages die Unmöglichkeit kannte oder kennen mußte (d. h. fahrlässigerweise nicht gekannt hat) (307); er ist dem anderen zum Ersatze des Schadens verpflichtet, den dieser dadurch erleidet, daß er auf die Gültigkeit des Vertrages vertraut hat, jedoch nicht über den Betrag des Interesses hinaus, das der andere Teil an der Gültigkeit des Vertrages hat. Diese Verpflichtung zum Schadensersatz tritt aber nicht ein, wenn auch der andere Teil die Unmöglichkeit kannte oder kennen mußte. Diese Vorschriften finden entsprechende Anwendung, wenn die Leistung nur teilweise unmöglich und der Vertrag in Ansehung des möglichen Teils gültig ist oder wenn eine von mehreren wahlweise versprochenen Leistungen unmöglich ist. Die Unmöglichkeit der Leistung steht der Gültigkeit des Vertrags nicht entgegen, wenn die Unmöglichkeit gehoben werden kann und der Vertrag für den Fall geschlossen ist, daß die Leistung möglich wird (308).

b) Wird nach der Entstehung des Schuldverhältnisses die Leistung, zu der ein Teil sich verpflichtet hat, überhaupt unmöglich, so wird dieser von seiner Verpflichtung frei, wenn er den Umstand, infolgedessen die Unmöglichkeit eingetreten ist, nicht zu vertreten hat (s. „Vertretung von Vorsatz usw.") (275). Dasselbe gilt, wenn zwar die Leistung nicht an und für sich, aber dem Schuldner unmöglich geworden ist, es sei denn, daß der geschuldete Gegenstand nur der Gattung nach bestimmt ist (was insbesondere bei allen Verbindlichkeiten auf Zahlung einer Geldsumme der Fall ist); denn in solchem Falle hat der Schuldner, solange die Leistung aus der Gattung überhaupt möglich ist, für sein eigenes Unvermögen zur Leistung auch dann aufzukommen, wenn ihm kein Verschulden zur Last gelegt werden kann (279). Beispiel: hat sich jemand verpflichtet, ein bestimmtes Pferd käuflich zu liefern, so wird er von seiner Verpflichtung frei, wenn das Pferd ohne sein Verschulden getötet ist; hat sich jemand verpflichtet, gewisse persönliche Arbeiten zu leisten, so wird er von seiner Verpflichtung frei, wenn ihm die Verrichtung der Arbeiten durch Krankheit unmöglich gemacht ist. Wenn aber jemand sich verpflichtet hat, eine bestimmte Anzahl Wispel Getreide zu liefern, so wird er von seiner Verbindlichkeit nicht frei, wenn er wegen Mittellosigkeit oder aus anderen, in seiner Person liegenden Gründen, wenn auch ohne seine Schuld, nicht in der Lage ist, dieses Quantum zu beschaffen, wiewohl anderen Personen die Lieferung möglich wäre, es sei denn, daß die Beschaffung aus ganz besonderen Gründen so schwierig geworden ist, daß sie billigerweise niemandem zugemutet werden kann (RG.). Wer Geld schuldet, wird niemals dadurch von seiner Verpflichtung frei, daß er zahlungsunfähig wird. Sog. „wirtschaftliche" Unmöglichkeit ist noch nicht ohne weiteres eine rechtliche Unmöglichkeit.

c) Wird die Zahlung (Leistung) infolge eines vom Schuldner zu vertretenden Umstandes (s. „Vertretung von Vorsatz usw.") ganz oder teilweise unmöglich, so ist der Schuldner verpflichtet, dem Gläubiger den durch die Nichterfüllung des Vertrages von seiner Seite verursachten Schaden nach allgemeinen Grundsätzen zu ersetzen (280). Ist die Unmöglichkeit nur eine teilweise, so muß der Gläubiger den Teil der Leistung annehmen und hat nur wegen der Nichtleistung des übrigen Anspruch auf Schadensersatz. Hat aber die teilweise Leistung für den Gläubiger keinen Wert (was er allerdings zu beweisen hat), so ist er befugt, vollen Schadensersatz wegen Nichterfüllung des Vertrages zu verlangen. Dies kann er auch noch dann, wenn er einen Teil der Leistung schon empfangen hatte; er muß dann natürlich das Empfangene wieder herausgeben. Ist das Empfangene durch Zufall untergegangen oder verschlechtert, so trägt diesen Schaden der Schuldner. Es gelten in dieser Beziehung ganz dieselben Grundsätze wie in dem Falle, wenn jemand auf Grund vertragsmäßiger Vereinbarung von einem zum Teil bereits erfüllten Vertrage zurücktritt (s. „Rücktritt vom Vertrage").

8. Rechte des Gläubigers nach einer Verurteilung des Schuldners (283). Ist der Schuldner zur Zahlung oder zur Leistung des sonst vom Gläubiger Geforderten verurteilt, so kann der Gläubiger, wenn der Schuldner nicht zahlt oder leistet, die Zwangsvollstreckung (Exekution) auf Grund des Urteils nach den Regeln der Prozeßordnung gegen ihn einleiten lassen. Es kann aber dem Gläubiger daran liegen, die eigentliche vertragsmäßige Leistung, zu der der Schuldner verurteilt ist, jetzt abzulehnen und anstatt dieser (verspäteten) Leistung Ersatz des ihm durch die Nichtleistung seitens des Schuldners zugefügten Schadens zu verlangen. Ohne weiteres kann er dies indessen nicht fordern. Aber er kann, damit die Sache zum Austrage kommt, dem Schuldner jetzt (nach seiner Verurteilung) eine angemessene Frist zur Bewirkung der Leistung mit der Erklärung setzen, daß er nach Ablauf der Frist die Leistung ablehne. Kommt der Schuldner innerhalb der Frist seiner Verpflichtung wiederum nicht nach, so kann nun der Gläubiger Schadensersatz von ihm verlangen; dagegen kann er die Leistung selbst vom Schuldner nicht mehr fordern. War jedoch der Schuldner ohne seine Schuld außerstande, innerhalb der Frist seiner Verpflichtung nachzukommen, so braucht er keinen Schadensersatz zu leisten; es gilt dann für das Verhältnis zwischen ihm und dem Gläubiger das oben unter 7 b Gesagte. Das vorstehend Mitgeteilte gilt übrigens nur für den Fall, daß bloß der Schuldner dem Gläubiger gegenüber verpflichtet ist; liegt dagegen ein gegenseitiger Vertrag vor, wo auf beiden Seiten Rechte und Pflichten bestehen (z. B. ein Kauf, ein Tausch, eine Miete oder Pacht; s. „Gegenseitige Verträge"), so hat der Gläubiger, wenn der Schuldner in der ihm gesetzten Frist das Geschuldete nicht leistet, weitergehende Rechte (325—327); er kann dann, anstatt Schadensersatz zu fordern, von dem Vertrage ganz abgehen (zurücktreten). Dieses Recht hat er auch gegen den Schuldner, der nur teilweise nicht erfüllt, wenn die teilweise Erfüllung für ihn keinen Wert hat. Statt des Anspruchs auf Schadensersatz oder des Rücktritts vom Vertrage kann der Gläubiger auch die für den Fall des § 323 des Gesetzes bestimmten Rechte geltend machen; es muß hier auf das Gesetz selbst verwiesen werden.

9. Unbestimmtheit einer geschuldeten Leistung. Es kann vorkommen, daß die einem Schuldner nach dem Vertrage obliegende Zahlung oder Leistung nicht genau bestimmt ist, wenn nämlich diese Bestimmung durch einen von beiden Teilen oder auch durch eine andere Person erst erfolgen soll. In solchen Fällen kann die Bestimmung nicht gänzlich der Willkür des Betreffenden überlassen sein. Enthält der Vertrag selbst hierüber keine weitere Anleitung, so soll nach Maßgabe der in den §§ 315 bis 319 des Gesetzbuchs hierüber getroffenen näheren Vorschriften die Bestimmung nach billigem Ermessen getroffen werden. Eine Bestimmung, die der Billigkeit offenbar widerspricht, ist unverbindlich; es entscheidet dann das Gericht.

Leistungsort s. Leistungen 5.

Lesensunkundige, Abgabe schriftlicher Willenserklärungen s. Form der Rechtsgeschäfte 1.

Letztwillige Verfügungen. Hierunter versteht das Gesetz einseitige, also jederzeit widerrufliche Bestimmungen, die jemand für den Fall seines Todes trifft (1937). Das Testament ist eine letztwillige Verfügung; dagegen nicht ein Erbvertrag; denn der Erbvertrag ist ein zweiseitiges Rechtsgeschäft und kann daher ohne Einwilligung des anderen Teils, mit dem er abgeschlossen ist, nicht widerrufen werden. Außer dem Testament selbst (als ganzem) wird auch eine einzelne, im Testament enthaltene Bestimmung als letztwillige Verfügung bezeichnet. Beide, sowohl die letztwilligen Verfügungen (Testamente), als auch die Erbverträge faßt man zusammen unter dem Begriff „Verfügungen von Todes wegen".

Letztwillige Verfügungen. Ausführung derselben, s. Testamentsvollstrecker. S. auch Erbvertrag.

Liegenschaften s. Grundeigentum; Grundbesitz; Grundstücke.

Liquidation eines Vereins s. Verein 2, 3; einer Gesellschaft s. Gesellschaft 6; einer offenen Handelsgesellschaft s. Offene Handelsgesellschaft 9.

Literarische Werke, Schutz der, s. Urheberrecht I.

Lizenzverträge s. Patente 5.

Lohn u. Gehalt s. Arbeits- und Dienstvertrag 3 sowie Arbeits- und Dienstlohn.

Lohnbeschlagnahme s. Arbeits- oder Dienstlohn, Pfändung von.

Lohnforderungen, Verjährung, s. Verjährung; Pfändung, Beschlagnahme, s. Arbeits- oder Dienstlohn, Pfändung von.

Lombardgeschäfte bestehen darin, daß der Bankier (die Bank) Gelder ausleiht und dafür Waren oder Wertgegenstände zum Pfande nimmt. Es sind also Faustpfandgeschäfte (vgl. darüber „Pfand (Faustpfand)").

Löschung einer Firma im Handelsregister s. Firma usw. 2; einer Mündelhypothek s. Vormund 6 B 16.

Löschungen im Grundbuch. Die Löschung einer Eintragung im Grundbuch erfolgt regelmäßig nur auf Antrag (GBO. 13ff., Gutt. Slg. Nr. 42). Antragsberechtigt ist jeder, dessen Recht von der Löschung betroffen wird oder zu dessen Gunsten die Löschung erfolgen soll. Die Löschung muß aber auch von demjenigen bewilligt werden, dessen Recht von ihr betroffen wird. Hypotheken, Grund- und Rentenschulden dürfen nur mit Zustimmung des Grundeigentümers, die in öffentlich beglaubigter Form beizubringen ist, gelöscht werden (GBO. 27); denn wenn die Forderung, für die die Hypothek usw. haftet, aus irgendwelchem Grunde (z. B. durch Befriedigung des Gläubigers) erlischt, geht die Hypothek auf den Grundeigentümer über, der über sie nach Belieben anderweit verfügen oder sie löschen lassen kann. Ein Recht, das auf die Lebenszeit des Berechtigten beschränkt ist, z. B. ein Nießbrauch, eine Leibzucht (Altenteil, Ausgedinge), darf, obwohl es durch den Tod des Berechtigten erloschen ist, vor Ablauf eines Jahres nach dem Tode nicht ohne die Bewilligung des Rechtsnachfolgers (der Erben) des Verstorbenen gelöscht werden, wenn es nach den Umständen nicht ausgeschlossen ist, daß noch Leistungen aus dem Rechte rückständig sind (GBO. 23). Nach

Ablauf des Jahres genügt anstatt der Bewilligung die Vorlegung der Sterbeurkunde. Die Vorschrift findet entsprechende Anwendung, wenn das Recht mit der Erreichung eines bestimmten Lebensalters des Berechtigten oder mit dem Eintritt eines sonstigen bestimmten Zeitpunktes oder Ereignisses erlischt (GBO. 24). Wer eine Löschung zu bewilligen hat, muß seine Erklärung entweder vor dem Grundbuchamt selbst oder vor Gericht oder Notar oder einer sonst nach den Landesgesetzen für öffentliche Beglaubigungen zuständige Person beglaubigen lassen (GBO. 29). Der zur Löschung erforderliche Antrag kann dagegen formlos (mündlich oder schriftlich) beim Grundbuchamt gestellt werden. Über Tragung der Kosten einer Löschungsbewilligung s. „Quittung".

Lotteriespiel s. Spiel und Wette.

Luftraum, Recht auf den, s. Grundeigentum 2b.

Luftschnappen bei Pferden s. Gewährleistung usw. 9.

Lungenseuche beim Rindvieh s. Gewährleistung.

M.

Machtgeber s. Vollmacht.

Mädchen s. Frauen.

Mahnung durch einen Bevollmächtigten s. Vollmacht 3; eines Abwesenden s. Abwesend usw. 2; bringt den Schuldner in Verzug s. Verzug 1; durch offene Postkarte s. Verzug 1; unterbricht die Verjährung nicht s. Verjährung 3; liegt nicht in der Übersendung einer Rechnung s. Verzug 1; Kosten derselben s. Anmahnungskosten.

Mahnverfahren s. Zahlungsbefehl; Unterbrechung der Verjährung durch, s. Verjährung.

Majorenn s. Volljährigkeit.

Mäkler. Handelsmäkler. 1. Der Mäkler im bürgerlichen Recht (Zivilmäkler) (652 bis 656). (Über Handelsmäkler s. unten 2.) Mäkler sind Personen, die den Abschluß von Verträgen zwischen anderen Personen durch ihre Tätigkeit vermitteln oder doch der einen oder anderen Partei die Gelegenheit zum Abschluß eines Vertrages nachweisen. Es sind Verträge der verschiedensten Art, die auf diese Weise geschlossen zu werden pflegen: es gibt Häuser- oder Grundstücksmäkler, die den Verkauf, die Verpachtung, die Vermietung von Häusern oder Grundstücken vermitteln; Warenmäkler, Stellenvermittler aller Art, Heiratsvermittler usw. usw.; alle diese Personen sind „Mäkler" im Sinne des Gesetzes. Der Mäkler vermittelt nur oder weist nach; aber er schließt nicht für seinen Auftraggeber den Vertrag (als dessen Vertreter) ab. Ob der Mäkler durch den mit seinem Auftraggeber (seinem Kunden) geschlossenen Vertrag die Verpflichtung auf sich nimmt, sich um den Abschluß des Vertrages oder um den Nachweis einer Vertragsgelegenheit zu bemühen, und ob er dem Auftraggeber für ein Verschulden in dieser Beziehung haftet, läßt sich im allgemeinen gesetzlich nicht bestimmen; es ist hierfür die Vereinbarung der Beteiligten, unter Berücksichtigung der Verkehrssitte, maßgebend. Dagegen enthält das Gesetz Vorschriften darüber, unter welchen Voraussetzungen der Mäkler Anspruch auf die ihm zugesicherte Vergütung, den Mäklerlohn, hat. Der Auftraggeber ist danach nur dann (s. aber weiter unten) zur Entrichtung des Mäklerlohnes verpflichtet, wenn der betreffende Vertrag, d. h. der Vertrag, den der Auftraggeber demnächst mit dem Dritten (dem Käufer, dem Mieter, dem Dienstboten usw.) abschließt, infolge des Nachweises oder infolge der Vermittelung durch ihn zustande gekommen ist. Wird der Vertrag unter einer sog. aufhebenden Bedingung geschlossen (z. B. der Mäkler vermittelt einen Hauskauf, der aber nur unter der Bedingung geschlossen wird, daß der Käufer bis zu einem bestimmten Zeitpunkt seinen Wohnsitz verlegt), so kann der Mäklerlohn erst verlangt werden, wenn die Bedingung eintritt, also der durch ihn vermittelte Kauf perfekt wird. Ist über die Höhe des Mäklerlohnes nichts ausgemacht, so kann der Mäkler nach der Taxe oder den „üblichen" Lohn fordern. Ein Mäklerlohn gilt als stillschweigend vereinbart, wenn es sich um Dienste handelt, für die allgemein eine Vergütung gezahlt zu werden pflegt. Außer dem eigentlichen Mäklerlohn hat der Mäkler keinen Anspruch auf Ersatz seiner Aufwendungen (Auslagen, Spesen), wenn dies nicht zwischen den Beteiligten verabredet ist. Ist dies jedoch der Fall, so kann er Ersatz der Aufwendungen auch dann beanspruchen, wenn durch seine Bemühungen kein Vertrag zustande gekommen ist. Abgesehen von entgegenstehender Vereinbarung ist der Auftraggeber nicht nur berechtigt, den Mäklervertrag jederzeit zu kündigen, sondern er kann auch nach seinem Belieben den ihm vom Mäkler vermittelten Vertragsantrag (Offerte) ablehnen und dadurch den Erfolg der Vermittelung des Mäklers unmöglich machen. — Eine wichtige Frage ist, ob der Mäkler auch im Interesse des anderen Teils tätig werden darf, ob er z. B. einen Hausverkauf in der Weise vermitteln darf, daß er von dem Verkäufer den Auftrag entgegennimmt, ihm einen Käufer zu beschaffen, und von dem Kaufreflektanten den Auftrag, ihm ein geeignetes Haus nachzuweisen, und von beiden Teilen sich einen Mäklerlohn zusichern läßt. An und für sich steht dem gesetzlich nichts entgegen und es liegt in der Natur der Sache und wird bei gewissen Arten von Mäklergeschäften regelmäßig vorkommen, daß der Mäkler, um sich gegebenenfalls das Geschäft zu erleichtern, sich bemühen wird, von beiden Interessentengruppen (Verkäufern und Käufern, Herrschaften und Dienstboten usw.) Aufträge zu erhalten, und daß er eintretendenfalls sich den Mäklerlohn von beiden Teilen zahlen läßt. Das Gesetz überläßt es aber dem Auftraggeber, sich auszubedingen, daß der Mäkler nur ausschließlich in seinem Interesse tätig sein, nicht auch für den anderen Teil Mäklerdienste verrichten soll. Unter Umständen kann es möglicherweise auch in der Natur des Geschäfts liegen, daß als Wille der Beteiligten anzusehen ist, daß der Mäkler nur für den einen Teil tätig werden solle. Ist nun hiernach anzunehmen, daß der Mäkler, wenn er auch für den anderen Teil tätig wird, dem Vertrage zuwiderhandelt, so hat dies zur Folge, daß ihm ein Anspruch auf Mäklerlohn und auf Ersatz seiner Aufwendungen gegen den Auftraggeber nicht zusteht. Ist für den Nachweis der Gelegenheit zum Abschluß eines Dienstvertrages oder für die Vermittelung eines solchen Vertrages ein unverhältnismäßig hoher Mäklerlohn vereinbart worden, so kann er auf Antrag des Schuldners durch gerichtliches Urteil auf den angemessenen Betrag herabgesetzt werden. Diese Bestimmung bezieht sich nicht nur auf Dienstbotenmietverträge, sondern auch auf Engagementsverträge von Stellungsuchenden jeder Art (Handlungsgehilfen, Hauslehrern,

Schauspielern usw.). Etwas Besonderes gilt für **Heiratsvermittelungen.** Die hierfür vereinbarte Vergütung ist nicht einklagbar, da eine Verbindlichkeit laut Gesetz dadurch nicht begründet wird; aber der Ehemäklervertrag ist nicht schlechthin ungültig, sondern nur, wenn er aus besonderen Gründen als sittenwidrig gegen § 138 BGB. verstößt. Andererseits soll jedoch, wenn die vereinbarte Gebühr gezahlt ist, eine Rückforderung gleichfalls unzulässig sein.

2. Handelsmäkler (HGB. 93—104). Besondere Bestimmungen enthält das Handelsgesetzbuch für Handelsmäkler. Es ist daher zuzusehen, wer Handelsmäkler ist. Handelsmäkler sind nur solche Personen, die Käufe und Verkäufe, überhaupt Verträge über Gegenstände vermitteln, die dem Handelsverkehre angehören, nämlich Waren oder Wertpapiere, Versicherungen, Güterbeförderungen, Bodmerei, Schiffsmiete usw., und zwar gewerbsmäßig vermitteln. Handelt es sich um die Vermittelung von Verträgen über andere Gegenstände, so ist der Vermittler kein Handelsmäkler, sondern Zivilmäkler (s. vorstehend 1); Grundstücks- und Hypothekenmäkler sind daher keine Handelsmäkler. Handlungsagenten (s. d.), die auf Grund eines besonderen Vertragsverhältnisses für ihre Auftraggeber ständig derartige Geschäfte vermitteln, sind keine Handelsmäkler. Ausnahmsweise sind Handelsmäkler (neben den Kursmäklern) zur selbständigen Vornahme (nicht bloß Vermittelung) gewisser Käufe und Verkäufe befugt; vgl. darüber z. B. die Artikel „Versteigerungsrecht des Schuldners" am Schluß, „Pfand (Faustpfand)" unter 2. Sie bedürfen hierzu aber einer besonderen Ermächtigung. Wer diese zu erteilen hat, bestimmen die Landesgesetze.

Wegen näherer Einzelheiten über die Rechte und Pflichten der Handelsmäkler muß auf das Gesetz selbst (HGB. §§ 94—104, Gutt. Slg. Nr. 4) und auf den Art. „Handelsmäkler" im HdR. III 124ff. verwiesen werden.

Malerei, Werke der, Schutz gegen Nachbildung, s. Urheberrecht II.

Mängel einer verkauften usw. Sache, Haftung (Gewährleistung) wegen solcher, s. Gewährleistung wegen Mängel usw.; Beweis der, s. Erfüllung eines Schuldverhältnisses; einer Mietwohnung s. Miete 2.

Mängelanzeige, Mängelrüge s. Gewährleistung usw. 7, Handelskauf 4 u. Erfüllung von Schuldverhältnissen.

Mängeluntersuchung bei Kaufleuten s. Handelskauf 4.

Manifestanten s. Offenbarungseid 3.

Manifestationseid s. Offenbarungseid.

Mantelkinder s. Brautkinder.

Marken s. Schuldverschreibungen auf den Inhaber I 5 u. Warenbezeichnungen usw.

Markenschutz s. Warenbezeichnungen.

Marktpreis s. Kauf 9.

Maschinen als Bestandteil oder Zubehör von Gebäuden usw. s. Bestandteile u. Zubehör 1

Mauer auf der Grenze s. Grundeigentum 2 g; gemeinschaftliche, s. Grundeigentum 3.

Maulesel, Maultiere, Haftung des Verkäufers für Fehler s. Gewährleistung wegen Mängel usw. 9.

Mehrere Gläubiger oder mehrere Schuldner. Es kann vorkommen, daß mehrere zusammen etwas zu fordern haben oder daß mehrere Personen zusammen etwas schulden, beispielsweise, wenn mehrere zusammen Geld anleihen oder etwas kaufen oder wenn an Stelle eines Gläubigers oder Schuldners mehrere Erben getreten sind, auf die das Forderungsrecht oder die Schuld des Erblassers übergegangen ist. Es fragt sich hier vor allem, ob die mehreren Gläubiger das Geschuldete nur zusammen fordern oder ob jeder seinen Anteil vom Schuldner beanspruchen kann; ob die mehreren Schuldner jeder nur zu seinem Teil haften oder ob jeder für das Ganze haftbar ist; ferner ob und inwiefern die Handlungen oder Unterlassungen eines der Beteiligten für die anderen (seine Mitgläubiger oder Mitschuldner) von rechtlicher Wirkung sind. Derartige Forderungs- oder Schuldverhältnisse mehrerer Personen machen der rechtlichen Beurteilung besondere Schwierigkeiten (die Juristen sprechen hier von Solidar- und Korrealobligationen) und das BGB. (§§ 420—432) hat die sich erhebenden Zweifel nur zum Teil durch ausdrückliche Bestimmung entschieden, anderes aber der Vereinbarung unter den Beteiligten selber überlassen. Die wichtigsten dieser Bestimmungen (wegen der übrigen muß auf den Gesetzeswortlaut verwiesen werden) sind folgende:

1. Sind mehrere Schuldner vorhanden, so ist zunächst zu fragen, ob die von ihnen geschuldete Leistung überhaupt geteilt werden kann, was ja bei Geldschulden stets der Fall ist. Dann gilt die Regel, daß die mehreren Schuldner nur zu gleichen Anteilen verpflichtet sind. Abweichend von dieser Regelvorschrift stellt das Gesetz aber den Satz auf, daß, wenn sich mehrere Personen durch einen Vertrag gemeinschaftlich zu einer Leistung verpflichtet haben, die an sich teilbar ist (z. B. es haben mehrere Personen zusammen eine Ware oder ein Grundstück usw. gekauft und schulden dafür den Kaufpreis oder es haben mehrere zusammen ein Dienst- oder Geschäftspersonal engagiert oder es haben sich mehrere zusammen verpflichtet, einem anderen eine gewisse Summe zu schenken oder ihm ein Kapital zu leihen usw.), jeder von ihnen dem Gläubiger auf die ganze Summe haftet; das Gesetz nimmt in solchem Falle an, daß jeder der Schuldner sich nicht bloß für einen Teil der Leistung, sondern für die ganze Schuld hat verbindlich machen wollen, wenn nicht klar ersichtlich ist, daß jeder sich bloß für seinen Teil hat verpflichten wollen, in welchem Falle er auch nur für den Teil haftet. Aber auch abgesehen von diesem Falle kann durch Vereinbarung der Beteiligten oder durch besondere gesetzliche Vorschriften bestimmt sein, daß die mehreren Schuldner, obwohl die geschuldete Leistung geteilt werden kann, nicht für einen Teil, sondern für das Ganze haften. Die Schuldner werden in den vorgedachten Fällen vom Gesetz als Gesamtschuldner bezeichnet. Auf Grund besonderer gesetzlicher Bestimmung sind z. B. Gesamtschuldner: mehrere Bürgen, die sich für dieselbe Verbindlichkeit verbürgt haben; mehrere Personen, die für den aus einer unerlaubten Handlung entstandenen Schaden nebeneinander verantwortlich sind (s. „Schadensersatz wegen unerlaubter Handlung"); mehrere Vormünder (oder Vormund und Gegenvormund), die für den aus einer Pflichtverletzung dem Mündel entstandenen Schaden nebeneinander haften; die Erben rücksichtlich der gemeinschaftlichen Nachlaßverbindlichkeiten usw. — Schulden dagegen mehrere Personen eine Leistung, die nicht geteilt werden kann, so haften sie stets als Gesamtschuldner. Der Gläubiger kann alsdann die Leistung nach seinem Belieben von dem einen oder dem anderen der Schuldner ganz oder zum Teil fordern.

2. Haben mehrere zusammen eine Leistung

zu fordern, die geteilt werden kann, so gilt gleichfalls die Regel, daß jeder Gläubiger nur seinen Teil fordern kann. Es kann aber auch hier durch Vereinbarung der Beteiligten oder durch gesetzliche Bestimmung für besondere Fälle festgesetzt sein, daß jeder Gläubiger die ganze Leistung fordern kann (wogegen der Schuldner freilich nur einmal zu leisten braucht); dann nennt man die Gläubiger Gesamtgläubiger. Kann dagegen die geschuldete Leistung ihrer Natur nach nicht geteilt werden, so sind die Gläubiger (nach Gesetz oder Vereinbarung) entweder Gesamtgläubiger, so daß jeder die ganze Leistung fordern kann, oder es kann, wenn dieses nicht der Fall ist, jeder Gläubiger nur fordern, daß an alle Gläubiger zusammen geleistet werde; geeignetenfalls kann jeder verlangen, daß der Schuldner das Geschuldete für alle Gläubiger hinterlege (s. „Hinterlegung") oder, wenn es sich nicht zur Hinterlegung eignet, an einen gerichtlich zu bestimmenden Verwahrer abliefere (s. „Verwahrer, gerichtliche Bestellung eines"). Sind die Gläubiger Gesamtgläubiger, so kann der Schuldner nach seinem Belieben an jeden der Gläubiger leisten.

3. Wenn mehrere Personen dieselbe Leistung verschuldeten (also Gesamtschuldner waren) und einer von ihnen auf Verlangen des Gläubigers die Schuld erfüllt hat, so fragt es sich, welche Rechte dieser Schuldner gegen seine Mitschuldner wegen des von ihm Geleisteten hat. Es gilt hier die Regel, daß die sämtlichen Schuldner im Verhältnis zueinander zu gleichen Teilen verpflichtet sind, wenn nichts anderes (durch Gesetz oder Vertrag) bestimmt ist, und daß der, welcher gezahlt hat, sich wegen der von den Mitschuldnern geschuldeten Beträge wieder an diese halten kann. Kann von einem Gesamtschuldner der auf ihn entfallende Betrag nicht erlangt werden, so ist der Ausfall von den übrigen zur Ausgleichung verpflichteten Schuldnern zu tragen.

Ist jeder von mehreren Gläubigern berechtigt, das Ganze vom Schuldner zu fordern (sind also die Gläubiger Gesamtgläubiger), so gilt, wenn nichts anderes bestimmt ist, der Satz, daß die Gläubiger im Verhältnis zueinander zu gleichen Teilen berechtigt sind.

Mehrfacher Wohnsitz s. Wohnsitz.

Mietangebote s. Vertrag, Vertragsantrag usw. 2.

Miete, Vermietung (535—580, Gutt. Slg. Nr. 156). **1.** Durch den Mietvertrag wird der Vermieter verpflichtet, dem Mieter den Gebrauch der vermieteten Sache, sei dies ein Grundstück (ein Haus, eine Wohnung) oder eine bewegliche Sache (ein Pferd, ein Klavier, ein Buch usw.), während der Mietzeit zu gewähren; der Mieter ist dagegen verpflichtet, dem Vermieter den vereinbarten Mietzins (Mietpreis, Mietgeld) zu entrichten. Der Mietzins besteht meist in Gelde; es kann aber auch jede andere Leistung, z. B. Dienste oder Arbeiten, als Gegenleistung für den Gebrauch der Sache vereinbart werden. Der Mietvertrag kann mündlich oder schriftlich abgeschlossen werden; es wird jedoch, um Streitigkeiten tunlichst vorzubeugen, bei nicht gänzlich unbedeutenden Mietgegenständen schriftliche Abfassung des Vertrages rätlich sein. Nur für Mietverträge über Grundstücke (Wohnungen, Lagerräume, Scheuern, Keller usw.) ist ein schriftlicher Vertrag (s. „Form der Rechtsgeschäfte 1") gesetzlich dann vorgeschrieben, wenn die Miete auf länger als ein Jahr abgeschlossen werden soll (566); wird in solchem Falle der Vertrag nicht schriftlich abgefaßt (der Abschluß des Vertrages durch einen Briefwechsel genügt nicht), so ist er zwar nicht ungültig, aber der Mietvertrag gilt dann nur als auf unbestimmte Zeit abgeschlossen; er kann daher, wie andere Mietverträge, die von vornherein auf unbestimmte Zeit abgeschlossen sind, von jedem Teile gekündigt werden s. das Nähere über die Kündigung unter 7), welchenfalls das Mietverhältnis also schon vor Ablauf der kontraktlich bestimmten Zeit sein Ende erreicht. Die Kündigung ist jedoch auf eine frühere Zeit als für den Schluß des ersten Mietjahres nicht zulässig; ein Jahr gilt also der Vertrag unbedingt. Ob er länger ausgehalten werden soll, hängt von dem Willen des Mieters oder des Vermieters ab.

In dem Mietvertrage können die Beteiligten die Rechte und Pflichten des Mieters und des Vermieters ordnen, wie es ihnen beliebt oder wie es die besonderen Verhältnisse des Falles erfordern (vergleiche hierüber die Schlußbemerkung unter 13); soweit im Vertrage keine Bestimmungen getroffen sind, kommen die nachfolgenden gesetzlichen Vorschriften zur Anwendung.

(Die hier [unter „Miete, Vermietung"] mitgeteilten gesetzlichen Bestimmungen beziehen sich nicht auf die sogenannten Mietverträge mit Hausangestellten, Arbeitern usw. Ein solcher Vertrag ist vielmehr ein Dienstvertrag; vgl. „Arbeitsvertrag" u. „Hausangestellte".)

Ob ein Mietvertrag gestempelt werden muß, richtet sich nach den Bestimmungen der Landesgesetze; jedenfalls ist aber die Gültigkeit des (mündlich oder schriftlich geschlossenen) Mietvertrages nicht davon abhängig, ob der Stempelpflicht genügt ist oder nicht. Ein Mietrecht kann im Grundbuch nicht eingetragen werden (anders beim „Wohnungsrecht"; s. d.).

2. Instandsetzungen. Einbehaltung oder Herabsetzung des Mietzinses. Haftung des Vermieters wegen Mangelhaftigkeit der Mietsache. Der Vermieter muß die gemietete Sache dem Mieter in einem zu dem vertragsmäßigen Gebrauche geeigneten Zustande überlassen und sie während der Mietzeit in diesem Zustande erhalten (536); kommt er dieser Verpflichtung nicht nach, so kann der Mieter nach den allgemeinen, für gegenseitige Verträge geltenden Rechtsgrundsätzen (s. „Gegenseitige Verträge") vom Vermieter verlangen, daß er die Wohnung oder sonstige Mietsache in ordnungsmäßigen Stand setzt und ihm wegen Verabsäumung dieser Pflicht Schadensersatz leistet, und nötigenfalls darauf klagen. Insbesondere ist der Vermieter verpflichtet, die bei ordnungsmäßiger Benutzung erforderlich werdenden Instandsetzungen an der vermieteten Sache (Wohnung usw.) auf seine Kosten vornehmen zu lassen, soweit nicht im Mietvertrage etwas anderes vereinbart ist oder ein feststehender Ortsgebrauch solches dem Mieter auferlegt. Es ist also gesetzlich Sache des Vermieters, die vermieteten Wohnungs- oder sonstigen Räume in ordnungsmäßigen Stand zu setzen und sie während der Dauer der Mietzeit darin zu erhalten; er hat beispielsweise das durch den Sturm beschädigte Dach wiederherstellen, durch Hagelschlag zertrümmerte Fensterscheiben wieder einsetzen zu lassen, etwa notwendig werdende Reparaturen an Gas- oder Wasserleitungen vorzunehmen, durch ordnungsmäßigen Gebrauch abgenutzte Tapeten erneuern zu lassen u. dgl. mehr. Der Vermieter darf zu diesem Zweck die Wohnung in angemessener Zeit und Weise besichtigen. Ist der Mieter auf längere Zeit verreist, so muß er Vorsorge treffen, daß dies auch in seiner Abwesenheit geschehen kann. (Ein Betreten und Besichtigen der Mietwohnung in angemessener Weise muß der Mieter auch dann gestatten, wenn Miet- oder Kauflustigen die Wohnung gezeigt werden soll.) — Ist dagegen die vermietete Sache oder das vermietete Grundstück ohne Schuld des Vermieters untergegangen, so ist er zu einer Wiederherstellung nicht verpflichtet. Andererseits ist es Pflicht des Mieters, die Brauchbarkeit der gemieteten Sache (seien es Wohnungsräume usw. oder bewegliche Sachen) nach Möglichkeit zu erhalten und die Sache nicht mehr abzunutzen, als es der ordnungsmäßige Gebrauch erfordert; für die Verabsäumung dieser Verpflichtung, für die durch seine Schuld verursachten Beschädigungen, ist er dem Vermieter schadensersatzpflichtig. Dies gilt auch für Schäden, die durch seine Kinder, Dienstboten, Besucher usw. zugefügt sind, sofern ihm in bezug auf diese Schadenszufügungen eine schuldhafte Verletzung seiner vertragsmäßigen Pflichten zur Last fällt oder er schon nach allgemeinen Rechtsgrundsätzen (s. „Schadensersatz wegen unerlaubter Handlung 4") für die Handlungen dieser Personen haftbar ist. Mit Rücksicht auf die Schwierigkeit der Feststellung, ob diese oder jene Reparatur ohne oder durch die Schuld des Mieters erforderlich geworden ist, empfiehlt es sich, um wenigstens Streitigkeiten über unbedeutende Ausbesserungen abzuschneiden, in dem schriftlichen Mietvertrage ein Abkommen dahin zu treffen, daß alle Ausbesserungen bis zu einem bestimmten Kostenbetrage vom Mieter zu tragen sind.

Mangelhaftigkeit der vermieteten Wohnung oder Sache (537—540). Hat die vermietete Sache, sei es zur Zeit der Übergabe oder Überlassung an den Mieter oder später, Fehler, Mängel oder Schäden, die sie zu dem vertragsmäßigen Gebrauch untauglich machen oder solche Tauglichkeit in größerem oder geringerem Umfange mindern, z. B. der gemietete Lagerplatz ist durch eine Überschwemmung unter Wasser gesetzt; das Dach des vermieteten Speichers ist vom Sturm abgehoben; das vermietete Haus ist durch Brand zerstört oder die Räume sind wegen Feuchtigkeit nicht benutzbar oder mit Ungeziefer (Wanzen) behaftet; das gemietete Pferd ist lahm geworden usw., so braucht der Mieter (abgesehen davon, daß er nach dem Vorstehenden das Recht hat, vom Vermieter die Herstellung (Wiederherstellung) des ordnungsmäßigen Zustandes zu fordern, soweit solches möglich ist) für die Zeit, während deren die Tauglichkeit der Sache für den vertragsmäßigen Gebrauch ganz aufgehoben war, keinen Mietzins zu zahlen, bzw. kann den etwa im voraus schon gezahlten zurückfordern; für die Zeit, während welcher die Tauglichkeit der Sache nur teilweise aufgehoben (vermindert) war, braucht er nur einen entsprechend geringeren Mietzins zu entrichten. (Über das Recht des Mieters, unter Umständen wegen eines solchen Mangels die Wohnung usw. sofort zu kündigen, s. unten 7 unter 1 a.) Der Mietziens verringert sich nach denselben Grundsätzen, die für die Minderung des Kaufpreises im Falle von Mängeln einer gekauften Sache gelten (s. Näheres unter „Gewährleistung wegen Mängel einer gekauften usw. Sache 5"). Ob den Vermieter in bezug auf den Mangel oder Fehler ein Verschulden trifft, darauf kommt es nicht an. Ebenso verhält es sich, wenn der vermieteten Sache oder Wohnung irgendeine vom Vermieter (ausdrücklich oder auch nur stillschweigend) zugesicherte Eigenschaft fehlt (z. B. in der Nähe befindet sich ein Konzertgarten, während angeblich die Lage eine ruhige sein sollte; die vermieteten Wagenpferde sind nicht eingefahren usw.) oder wenn eine solche versprochene Eigenschaft später wegfällt oder wenn bei Vermietung eines Grundstücks sich herausstellt, daß es die zugesicherte bestimmte Größe nicht hat. Auch in diesen Fällen kann der Mieter, wenn er von der Sache (Wohnung) gar keinen Gebrauch machen kann, die Zahlung des Mietzinses verweigern, wenn aber die Brauchbarkeit der Sache oder Wohnung durch das Fehlen der zugesicherten Eigenschaft nur gemindert wird, einen entsprechenden Abzug am Mietgelde machen. War der Fehler der vermieteten Sache, der ihre Tauglichkeit zu dem vertragsmäßigen Gebrauch aufhebt oder mindert, schon bei Abschluß des Mietvertrages vorhanden oder fehlte zu dieser Zeit eine vom Vermieter zugesicherte Eigenschaft der vermieteten Sache, so hat der Mieter noch weitergehende Rechte; er kann, einerlei, ob den Vermieter in jener Beziehung ein Verschulden trifft oder nicht, anstatt bloß den Mietzins einzubehalten oder seine Herabsetzung zu verlangen, vom Vermieter Ersatz des ihm durch den Mangel etwa erwachsenen Schadens fordern (538). (Beispiel: Das vermietete Fahrrad hatte zur Zeit des Abschlusses des Mietvertrages einen Fehler, der zur Folge gehabt hat, daß der Fahrer gestürzt ist und sich den Arm gebrochen hat. Der Vermieter ist, auch ohne daß ihm eine Kenntnis des Fehlers nachgewiesen werden kann, zum Ersatze der Kurkosten usw. verpflichtet.) Dies Recht fällt jedoch weg, sofern die spätere Beseitigung des beim Vertragsabschluß vorhandenen Mangels ohne Verschulden des Vermieters unmöglich geworden ist. Ist der Mangel erst nach dem Vertragsabschluß eingetreten, so haftet der Vermieter für Schadensersatz nur dann, wenn der Mangel durch Vorsatz oder Fahrlässigkeit des Vermieters selbst oder der Personen, für die er zu haften hat (s. „Vertretung von Vorsatz usw.") herbeigeführt ist oder wenn der Mieter die Beseitigung des Mangels schuldvoll verzögert. Ist der Vermieter mit einer ihm obliegenden Ausbesserung oder Herrichtung im Verzuge, so ist der Mieter befugt, die Arbeit selbst auf Kosten des Vermieters ausführen zu lassen, vorausgesetzt selbstverständlich, daß er den Mangel dem Vermieter angezeigt und ihm eine angemessene Frist zu seiner Beseitigung gelassen hat.

Das Vorgesagte über die Haftung des Vermieters für Mängel und Schäden der Mietsache gilt aber nur mit folgender Einschränkung. Kannte nämlich der Mieter beim Abschluß des Mietvertrages den Mangel der gemieteten Sache, so hat er weder das Recht, den Mietzins ganz oder teilweise einzubehalten, noch kann er einen Anspruch auf Schadensersatz erheben. Ist dem Mieter das Vorhandensein eines Fehlers, der die Tauglichkeit der gemieteten Sache zum vertragsmäßigen Gebrauche aufhebt oder mindert, infolge grober Fahrlässigkeit unbekannt geblieben, so kann er die ebenbezeichneten Rechte nur dann geltend machen, wenn der Vermieter die Fehlerfreiheit ausdrücklich zugesichert oder den Fehler arglistig verschwiegen hat; hat der Mieter die mangelhafte Sache angenommen, obwohl er den Mangel kannte, ist er also z. B. in die Wohnung eingezogen, obwohl die dem Vermieter gesetzlich oder vereinbarungsgemäß obliegende Instandsetzung noch nicht erfolgt war, so kann er jene Rechte nur geltend machen, wenn er sie sich bei der Annahme der Mietsache (bei dem Einzugel vorbehalten hat. Sonst ist die Geltendmachung der Rechte des Mieters gegen den Vermieter wegen Mangelhaftigkeit der gemieteten Sache an besondere Fristen nicht geknüpft.

Durch Vereinbarung kann die Haftung des Vermieters für Mängel der vermieteten Sache ganz erlassen oder eingeschränkt werden. Eine solche Vereinbarung ist aber nichtig, wenn der Vermieter einen Mangel arglistig verschweigt.

3. Rechte anderer Personen an der vermieteten Wohnung oder Sache (541). Wird dem Mieter die vertragsmäßige Benutzung der ihm vermieteten Wohnung oder Sache dadurch unmöglich gemacht oder beeinträchtigt, daß ein anderer das Eigentum oder andere Rechte an dem Mietgegenstande geltend macht, so ist der Mieter von der Zahlung des vereinbarten Mietzinses befreit, wenn durch das fremde Recht der Gebrauch der gemieteten Sache ihm überhaupt unmöglich gemacht wird. Wird der Gebrauch der Sache dem Mieter nur teilweise entzogen, so kann er entsprechende Minderung des Mietzinses verlangen (s. oben 2). Einen weitergehenden Anspruch gegen den Vermieter, nämlich auf Ersatz des ihm durch die Entziehung der Benutzung entstehenden Schadens, hat der Mieter, wenn er sich mit Einbehaltung oder Herabsetzung des Mietzinses nicht begnügen will, nur unter der Voraussetzung, daß entweder das fremde Recht schon beim Abschluß des Mietvertrages bestanden hat oder daß ein solches Recht erst später, aber durch Verschulden des Vermieters, entstanden ist, oder daß der Vermieter mit der etwa möglichen Beseitigung des fraglichen Rechts im Verzuge (s. „Verzug des Schuldners") ist. Der Mieter kann einen Schadensanspruch nicht geltend machen, wenn er das an der Mietsache bestehende fremde Recht beim Abschluß des Mietvertrages gekannt hat. Will daher der Mieter, obwohl ihm ein solches fremdes Recht bekannt ist, doch die ihm vermietete Sache annehmen, in die gemietete Wohnung einziehen in der Erwartung, daß das Recht von dem anderen nicht werde geltend gemacht werden, so wird er sich vorsichtshalber für solchen Fall seine Schadensersatzansprüche gegen den Vermieter ausdrücklich vorbehalten, um ihrer nicht verlustig zu gehen.

4. Anzeigepflicht des Mieters. Haftbarkeit desselben. Lasten. Aufwendungen. Dem Mieter liegt im Interesse des Vermieters die Obhut in Ansehung der gemieteten Sache ob. Zeigen sich Mängel an der Mietsache oder wird eine Vorkehrung zum Schutze der Sache gegen eine nicht vorhergesehene Gefahr nötig, so ist der Mieter verpflichtet, dem Vermieter unverzüglich Anzeige davon zu machen (545). Dies gilt auch, wenn sich ein anderer ein Recht an dem gemieteten Grundstück (z. B. ein Durchgangsrecht) oder der gemieteten Sache anmaßt. Versäumt er die Anzeige, so ist er dem Vermieter zum Ersatz des daraus entstehenden Schadens verpflichtet. Er kann ferner, soweit der Vermieter infolge der Unterlassung der Anzeige Abhilfe zu schaffen außerstande war, keine Herabsetzung des Mietzinses beanspruchen, auch keinen Schadensersatz vom Vermieter verlangen. Bei Haus- (Wohnungs-) Mieten erstreckt sich diese Anzeigepflicht des Mieters auch auf solche Räume (Treppen, Flure, Vorgärten, Höfe usw.), die nicht für ihn allein, sondern auch für den Gebrauch von Mitmietern bestimmt sind; auch wird seine Verpflichtung nicht dadurch ausgeschlossen, daß auch der Vermieter in der Lage war, die fraglichen Räume zu besichtigen. — Vor allem hat aber der Mieter selbst die Mietsache mit der Sorgfalt eines guten Hausvaters zu behandeln und sie nach Möglichkeit vor Schaden zu behüten; er darf sie nur in der vertragsmäßigen Weise benutzen. Er haftet in dieser Hinsicht nicht nur für sein eigenes Verschulden, sondern, wie schon unter 2 erwähnt, nach Umständen auch für Beschädigungen durch seine Kinder, Hausgenossen, Dienstboten, Handwerker usw. Die auf der vermieteten Sache ruhenden Lasten (öffentliche Abgaben, Steuern usw.) hat der Vermieter zu tragen (546).

Macht der Mieter auf die gemieteten Sachen notwendige Verwendungen (er läßt z. B. die durch einen Sturm heruntergeworfenen Ziegel auf dem gemieteten Hause sofort ersetzen; er gibt das plötzlich erkrankte gemietete Pferd einem Tierarzt in Behandlung), so kann er deren Ersatz vom Vermieter beanspruchen. Die Fütterungskosten für ein gemietetes Tier hat jedoch der Mieter zu tragen. Auch für Verwendungen, die nicht gerade als notwendige anzusehen sind, kann der Mieter nach Umständen Ersatz vom Vermieter fordern; seine desfallsigen Ansprüche richten sich nach den für die Geschäftsführung ohne Auftrag (s. d.) geltenden Vorschriften. Hat der Mieter die gemietete Sache mit einer besonderen Einrichtung oder Vorrichtung versehen, die ohne Schaden für die Sache entfernt werden kann, z. B. er hat auf dem gemieteten Lagerplatz einen Schuppen errichtet oder gärtnerische Anlagen gemacht, so hat er das Recht, die Einrichtung wieder wegzunehmen (vgl. „Wegnahme einer Einrichtung"); war die Einrichtung im Interesse des Vermieters durch die Umstände geboten, so ist er zur Wegnahme nicht befugt, hat aber Anspruch auf Ersatz der Kosten.

5. Untervermietung (Aftervermietung). Überlassung der gemieteten Sache an andere (549). Ob der Mieter berechtigt ist, die gemietete Wohnung, Sache usw. ohne besondere (für den einzelnen Fall einzuholende) Erlaubnis des Vermieters an einen anderen zur Benutzung zu überlassen, insbesondere sie weiter zu vermieten, darüber entscheidet in erster Linie die Vereinbarung der Parteien, die im Mietvertrage dieses Recht dem Mieter ausdrücklich beilegen oder ihm die Weitervermietung usw. verbieten können. Ist eine ausdrückliche Bestimmung hierüber nicht getroffen, so ist der Mieter ohne die Erlaubnis des Vermieters zur Überlassung (sei dies auch nur eine vorübergehende oder unentgeltliche) oder Vermietung der Sache an einen anderen nicht befugt; noch weniger ist er berechtigt, seine ganzen Mietsrechte an einen anderen abzutreten (zu zedieren) (399). Eine solche (nicht gestattete) Überlassung des Gebrauches der Mietsache an einen anderen liegt aber regelmäßig nicht schon darin, daß der Mieter vorübergehend Gäste (Logirbesuch) in seine Wohnung aufnimmt; wohl auch darin nicht, daß er Angehörige (Verwandte) dauernd zu sich nimmt; er setzt in solchem Falle den Gebrauch der Wohnung selber fort, überläßt ihn nicht einem anderen. Freilich können hier Fälle vorkommen, wo die Sache zweifelhaft liegt. Es kann übrigens unter Umständen der Mieter ein durchaus berechtigtes Interesse daran haben, daß er die gemieteten Räume oder einen Teil davon an andere überläßt, und die Verweigerung der Erlaubnis hierzu seitens des Vermieters Eigensinn oder Schikane sein; für solchen Fall gibt das Gesetz dem Mieter das Recht, das etwa auf längere Zeit eingegangene Mietverhältnis unter Einhaltung der gesetzlichen Frist zu kündigen (s. unten 7), wenn nicht in der Person desjenigen, an den er untervermieten will, ein wichtiger Grund für den Vermieter liegt, die Einwilligung zu versagen; ob ein solcher Grund anzunehmen ist, unterliegt dem richterlichen Ermessen. — Überläßt der Mieter den Gebrauch der gemieteten Sache einem anderen, nimmt er insbesondere einen Untermieter (Aftermieter) an, einerlei ob mit oder ohne Erlaubnis des Vermieters, ob entgeltlich oder unentgeltlich, so ist er dem Vermieter auch für ein dem anderen (dem Untermieter usw.) beim Gebrauch der Sache zur Last fallendes Verschulden haftbar, wenn ihn auch selber kein Verschulden trifft. Hat der Mieter den Gebrauch der Sache (Wohnung) unbefugt dem anderen überlassen, so haftet er außerdem dem Vermieter für den durch die Überlassung entstandenen zufälligen Schaden, sofern nicht erhellt, daß der durch den Zufall entstandene Schaden auch ohne das vertragswidrige Handeln des Mieters entstanden sein würde. Räumt andererseits der Vermieter dem Mieter das Recht ein, die ihm vermieteten Räume anderweit zu vermieten (zu untervermieten), so begibt er sich damit der Sicherheit, die er durch das ihm an den Sachen des Mieters zustehende Pfandrecht (s. unten 11) hat, da ihm ein solches Recht an den Sachen des Untermieters nicht zusteht; er wird daher nötigenfalls durch anderweitige Vereinbarungen mit dem Mieter oder Untermieter sich sichern müssen. Durch den Mietvertrag zwischen dem Mieter und seinem Untermieter wird ein Vertragsverhältnis zwischen dem Vermieter und dem Untervermieter nicht begründet; der Vermieter hat nicht mit dem Untermieter, sondern nur mit seinem Mieter zu tun, sofern die Beteiligten nicht etwas anderes vereinbaren.

Macht der Mieter von der gemieteten Sache einen vertragswidrigen Gebrauch (wohin insbesondere auch der ebengedachte Fall gehört, daß er den Gebrauch der Sache unbefugt einem anderen überläßt) und setzt er den Gebrauch ungeachtet einer Abmahnung des Vermieters fort, so kann dieser gegen ihn auf Unterlassung weiterer vertragswidriger Vornahmen klagen, wenn auch ein Schaden durch das Handeln des Mieters noch nicht herbeigeführt ist. Ist ein Schaden entstanden, so steht dem Vermieter auch der Anspruch auf Schadensersatz zu (550). Nach Bewandtnis des Falles hat er ferner das Recht der Kündigung (s. unten 7).

6. Zahlung des Mietzinses (der Miete, des Mietgeldes) (551). Wann die Miete zu zahlen ist, hängt zunächst von der desfallsigen Bestimmung des Mietkontraktes oder der mündlichen Vereinbarung ab. Insbesondere kann Zahlung der Miete im voraus bedungen sein. Liegt eine solche Vereinbarung nicht vor, so kommen die nachstehend mitgeteilten gesetzlichen Bestimmungen über die Mietzahlung zur Anwendung. Danach kommt es darauf an, ob der Mietzins nach Zeitabschnitten bemessen ist, ob also z. B. ein jährlicher oder halbjährlicher oder monatlicher usw. Mietzins vereinbart ist. Wenn dies der Fall ist, so ist die Miete in gleichen Zeitabschnitten zu zahlen Hat also jemand ein Klavier für jährlich 30 Mark gemietet, so muß er die Miete jährlich zahlen; hat er einen Wagen gegen eine wöchentliche Miete von 20 Mk. gemietet, so muß er die Miete allwöchentlich bezahlen usw. Bei der Miete von Grundstücken (Wohnungen oder anderen gemieteten Räumen) gilt dies jedoch nur dann, wenn der Mietzins für ein Vierteljahr oder einen noch kürzeren Zeitraum bemessen ist. Ist der Mietzins für einen längeren Zeitraum bemessen (für ein halbes Jahr, ein Jahr usw.), so ist er trotzdem vierteljährlich zu entrichten. Anders bei beweglichen Sachen. Ist hier der Mietzins nicht nach Zeitabschnitten bemessen, so ist die Miete erst am Schluß der ganzen Mietzeit zu zahlen. Ist die Wohnungsmiete vierteljährlich (also nicht monatlich oder wöchentlich usw.) zu zahlen, so muß sie nach dem Ablauf je eines Kalendervierteljahres am ersten Werktage des folgenden Monats, also des Januar, April, Juli, Oktober, entrichtet werden. Hat die Wohnungsmiete im Laufe eines Kalendervierteljahres begonnen, so ist der Mietzins für die in dieses Vierteljahr fallende Zeit am ersten Werktage des folgenden Quartals zu zahlen. Besteht in bezug auf die Zeit der Entrichtung des Mietzinses ein fester Ortsgebrauch, so ist dieser insofern von Bedeutung, als beim Mangel anderweitiger Vereinbarung regelmäßig anzunehmen sein wird, daß die Parteien sich auch diesem Ortsgebrauch haben unterwerfen wollen, was allerdings im einzelnen Falle der richterlichen Beurteilung unterliegt. Die Miete muß dem Vermieter, wenn nichts anderes ausgemacht ist, vom Mieter gebracht oder auf seine Kosten übersandt werden.

Der Mieter wird von der Entrichtung des Mietzinses nicht dadurch befreit, daß er von der gemieteten Sache keinen Gebrauch macht oder durch einen in seiner Person liegenden Grund verhindert ist, das ihm zustehende Gebrauchsrecht auszuüben, vorausgesetzt, daß der Vermieter seinerseits den Gebrauch (die Benutzung) der Mietsache dem Mieter ordnungsmäßig eingeräumt hat (552). Wer eine Wohnung gemietet hat, muß den Mietzins zahlen, wenn er auch z. B. durch eine Reise, durch Krankheit usw. gehindert ist, von der Wohnung Gebrauch zu machen; wer ein Klavier zur eigenen Benutzung gemietet hat, muß die Miete zahlen, wenn er auch durch Krankheit am Klavierspiel behindert ist. Hat aber der Vermieter dadurch, daß der Mieter den Mietgegenstand nicht benutzt hat, Aufwendungen erspart oder hat er die Sache oder die Wohnung anderweit vermietet oder aus ihrem Gebrauch Vorteile gezogen, so muß er sich den Wert dieser Ersparungen und Vorteile auf den Mietpreis anrechnen lassen. Hat er also die Wohnung usw. anderweit für denselben oder höheren Preis wieder vermietet, so ist der erste Mieter von der Zahlung des Mietzinses frei. Hat ein Mieter die obere Etage eines Hauses, die er gemietet hat, nicht benutzt, so daß der Vermieter die Flurbeleuchtungskosten für diese Etage erspart, so kann der Mieter einen angemessenen Betrag dafür vom Mietgelde abziehen. Solange aber der Vermieter infolge der Überlassung des Gebrauchs der Mietsache, der Wohnung usw. an einen Dritten — wenn auch ohne besondere Vergütung — außerstande ist, dem Mieter den Gebrauch zu gewähren, ist der Mieter zur Entrichtung des Mietzinses nicht verpflichtet.

Ist der Vermieter außerstande, dem Mieter den Gebrauch der Mietsache rechtzeitig zu gewähren, z. B. weil der mit einem früheren Mieter geschlossene Vertrag noch nicht gelöst ist oder weil der frühere Mieter die Wohnung noch nicht geräumt, die Mietsache noch nicht zurückgegeben hat, so ist der Mieter zur Entrichtung des Mietzinses nicht verpflichtet, solange der Mietgegenstand ihm nicht gewährt wird; er hat unter Umständen auch einen Anspruch auf Schadensersatz, falls er für die gemietete, aber nicht übergebene Sache oder Wohnung eine andere, teurere mieten muß. Es gelten in dieser Beziehung, sowie überhaupt für das Verhältnis zwischen Mieter und Vermieter, insbesondere auch für die Fälle, wo die Erfüllung des Vertrages seitens des Vermieters oder seitens des Mieters aus dem einen oder anderen Grunde unmöglich geworden ist, die für gegenseitige Verträge allgemein bestehenden Vorschriften; vgl. „Gegenseitige Verträge", insbes. Nr. 2.

7. Kündigung des Mietverhältnisses. Gesetzliche Kündigungsfristen (564, 565). Ist der Mietvertrag auf eine genau bestimmte Zeit abgeschlossen, so endet das Mietverhältnis mit dem Ablaufe der vereinbarten Zeit (sofern es nicht etwa durch Fortsetzung der Nutzung seitens des Vermieters stillschweigend verlängert wird; s. unten 8). Einer Kündigung bedarf es bei genau bestimmter Mietzeit nicht. Ebenso, wenn es nach feststehendem Ortsgebrauch als stillschweigend vereinbart anzusehen ist, daß das Mietverhältnis nur auf einen bestimmten Zeitraum gelten solle. Auch der Tod des einen oder anderen Teils hat auf die Dauer einer fest bestimmten Mietzeit an sich keinen Einfluß; jedoch steht im Falle des Todes des Mieters beiden Teilen eine Kündigung zu; s. unten 1e.

Meist aber wird ein Mietvertrag auf unbestimmte Zeit geschlossen. In solchem Falle kann jeder Teil das Mietverhältnis aufkündigen. Für die Art der Aufkündigung, für die Kündigungszeit und die Kündigungsfrist ist zunächst die etwaige Vereinbarung der Parteien maßgebend. Ist aber hierüber im Mietvertrage nichts ausgemacht, so gelten die nachstehend mitgeteilten gesetzlichen Vorschriften. Danach ist zu unterscheiden zwischen der Miete unbeweglicher und der Miete beweglicher Sachen. Bei Grundstücken, wohin auch Wohnungen und sonstige gemietete Räume gehören, ist die Kündigung nur für (auf) den Schluß eines Kalendervierteljahres zulässig; sie muß spätestens am dritten Werktage des Vierteljahres, mit dessen Schluß das Mietverhältnis aufhören soll, erfolgen. Diese Bestimmung (daß erst am dritten Werktage der beginnenden neuen Mietzeit gekündigt zu werden braucht) wird, wenn nichts anderes ausgemacht ist, auch dann gelten müssen, wenn eine andere Kündigungsfrist als die gesetzliche, vierteljährliche, vereinbart ist. Die maßgebenden Kalenderquartale sind diejenigen, die am 1. Januar, 1. April, 1. Juli und 1. Oktober beginnen. — Die Regelbestimmung kommt aber dann nicht in Anwendung, wenn der Mietzins nach Monaten oder noch kürzeren Zeitfristen bemessen ist. Ist der Mietzins nach Monaten bemessen, so ist die Kündigung nur für (auf) den Schluß eines Kalendermonats zulässig; sie muß dann spätestens am fünfzehnten desselben Monats erfolgen. (Diese Bestimmung ist aber nicht anwendbar, wenn der Mietzins auf ein Jahr bemessen, aber in monatlichen Terminen zu entrichten ist.) Ist der Mietzins nach Wochen bemessen, so ist die Kündigung nur für (auf) den Schluß einer Kalenderwoche zulässig; sie muß dann spätestens am ersten Werktage der betreffenden Woche (also am Montag) geschehen. Ist endlich der Mietzins nach Tagen bemessen, so ist an jedem Tage die Kündigung zum folgenden Tage zulässig. — Bei beweglichen Sachen hat die Kündigung spätestens am dritten Tage vor dem Tage zu erfolgen, an dem das Mietverhältnis endigen soll, einerlei, ob der Mietpreis nach Wochen, Monaten, Jahren oder wie sonst bestimmt ist. Nur wenn der Mietzins nach Tagen bestimmt ist, kann an jedem Tage für den folgenden Tag aufgekündigt werden. Alles dies gilt jedoch, wie oben bereits bemerkt, nur, wenn nichts anderes verabredet oder als verabredet anzusehen ist.

Die Kündigung ist eine Willenserklärung, die der Gegenpartei gegenüber abgegeben werden muß; es gelten für sie daher die allgemeinen Bestimmungen über derartige Willenserklärungen; vgl. z. B. die Artikel „Abwesend. Willenserklärung unter Abwesenden" und „Auslegung von Willenserklärungen". Eine etwa bedingt erklärte Kündigung ist ohne Wirkung. Ob eine Kündigung, die für den Zeitpunkt, für den sie zunächst berechnet war, verspätet erklärt ist, als rechtzeitige Kündigung für den nächstfolgenden Termin anzusehen ist, ist eine nur nach den Umständen des Falles zu entscheidende Frage.

Kündigung aus besonderer Veranlassung. Unter gewissen Voraussetzungen kann der Mieter oder der Vermieter auch bei einer fest bestimmten Mietzeit oder Kündigungszeit vor Ablauf dieser Zeit das Mietverhältnis kündigen. Diese Fälle sind:

1. Fälle, in denen der Mieter kündigen kann.

a) Wird dem Mieter die Benutzung der gemieteten Wohnung usw., der Gebrauch der gemieteten Sache durch Mängel, Fehler oder Schäden der Wohnung (Sache) entzogen oder beeinträchtigt oder wird die gemietete Wohnung (Sache) nicht rechtzeitig eingeräumt oder übergeben oder wird die Benutzung oder der Gebrauch durch Rechte, die anderen Personen zustehen, oder durch vorgenommene Änderungen oder auf andere Weise gehindert oder geschmälert oder geht die Mietsache durch Brand oder sonstige Ursache mit oder ohne Schuld des Vermieters ganz oder teilweise unter oder nimmt der Vermieter die ihm obliegenden notwendigen Ausbesserungen der vermieteten Wohnung oder Sache nicht vor oder tritt sonst irgend ein Umstand ein, wodurch dem Mieter der vertragsmäßige Gebrauch des Mietgegenstandes ganz oder zum Teil nicht rechtzeitig gewährt oder wieder entzogen wird, so kann der Mieter ohne Einhaltung einer Kündigungsfrist, also auf sofort, das Mietverhältnis kündigen (542, 543). Dieses Kündigungsrecht kann jedoch erst ausgeübt werden, nachdem der Mieter dem Vermieter eine angemessene Frist unter der Aufforderung gesetzt hat, dem Mangel, Fehler oder Schaden abzuhelfen oder die sonstigen Hindernisse zu beseitigen, die Einräumung oder Übergabe der Mietsache nachzuholen, die Ausbesserungen vorzunehmen usw., und der Vermieter diese Frist unbenutzt hat verstreichen lassen. Hiernach ist es auch zu beurteilen, ob oder unter welchen näheren Voraussetzungen der Mieter die Wohnung sofort kündigen darf, wenn sie durch Ungeziefer (Wanzen) durchseucht ist. Ausnahmsweise bedarf es der Aufforderung und Fristbestimmung zur Herstellung eines ordnungsmäßigen Zustandes nicht, wenn die nachträgliche Beseitigung der Mängel oder Hindernisse oder die nachträgliche Einräumung oder Übergabe der Mietsache für den Mieter kein Interesse mehr hat, weil er die Wohnung, Sache usw. wegen der nicht rechtzeitigen oder sonst mangelhaften Erfüllung des Vertrages durch den Vermieter nicht mehr gebrauchen kann.

Das gedachte Kündigungsrecht steht dem Mieter übrigens wegen einer ganz unerheblichen Hinderung oder Vorenthaltung des Gebrauchs oder wenn es sich nur um eine ganz unbedeutende Verzögerung seitens des Vermieters handelt, nicht zu, es sei denn, daß in solchem Falle die Kündigung durch ein besonderes Interesse des Mieters gerechtfertigt wird. Hat z. B. ein Wirt ein Tanzzelt zum 1. Juli gemietet, weil an diesem Tage ein Volksfest stattfindet, so kann er das Zelt am 2. Juli nicht mehr gebrauchen; er kann daher den Mietvertrag kündigen, wenn der Vermieter nicht pünktlich zum 1. Juli liefert. Der Mieter kann ferner nicht kündigen wegen eines Mangels der Mietsache, den er beim Abschluß des Mietvertrages gekannt hat, sowie wegen eines Mangels, der ihm nur infolge grober Fahrlässigkeit unbekannt geblieben ist, oder wenn er trotz des ihm bekannten Mangels die Mietsache angetreten (angenommen) hat, es sei denn, daß der Vermieter die Abwesenheit des betreffenden Mangels zugesichert oder den ihm bekannten Mangel dem Mieter arglistig verschwiegen hat oder daß der Mieter bei Annahme der Mietsache sich seine Ansprüche wegen des Mangels vorbehalten hat. Die Kündigungsbefugnis des Mieters kann durch Vereinbarung ausgeschlossen oder eingeschränkt werden, ausgenommen wenn der Vermieter den Mangel arglistig verschweigt. Wegen der Fälle, wo es sich um eine Mehrheit von Mietgegenständen handelt, wegen des Verhältnisses einer gemieteten Hauptsache zur gemieteten Nebensache, sowie wegen der Herabsetzung des gesamten Mietpreises, wenn das Mietverhältnis über verschiedene Gegenstände nur zum Teil aufgekündigt wird, finden die Vorschriften entsprechende Anwendung, die in dem Artikel „Gewährleistung wegen Mängel verkaufter usw. Sachen" unter 4 mitgeteilt sind. War bei erfolgter Kündigung des Mietverhältnisses der Mietzins für eine spätere Zeit schon im voraus entrichtet, so muß der Vermieter ihn mit Zinsen zurückzahlen. Trifft ihn wegen des Umstandes, der den Mieter zur Kündigung berechtigt hat, kein Verschulden, so beschränkt sich seine Rückzahlungspflicht nach den über die Herausgabe einer ungerechtfertigten Bereicherung (s. d.) geltenden Vorschriften. Bestreitet der Vermieter die Zulässigkeit der erfolgten Kündigung, weil er den Gebrauch der Mietsache rechtzeitig gewährt oder vor dem Ablauf der vom Mieter ihm gesetzten angemessenen Frist die Abstellung der Mängel oder die Beseitigung der sonstigen Hindernisse bewirkt habe, so hat er (der Vermieter) dies nach gesetzlicher Bestimmung zu beweisen.

b) Stellt sich heraus, daß eine gemietete Wohnung (oder ein anderer zum Aufenthalt von Menschen bestimmter Raum, z. B. ein Kontor, ein Laden, eine Werkstätte) solche Mängel hat, daß aus ihrer Benutzung eine erhebliche Gefahr für die Gesundheit der betreffenden Personen entsteht, so kann der Mieter das Mietverhältnis ohne Einhaltung einer Kündigungsfrist, also auf sofort, kündigen (544). Der Mangel kann auch darin liegen, daß die gesundheitgefährdenden Vorgänge, z. B. übermäßiges Geräusch, in anderen Räumen des Hauses erfolgen (RG.). Bloße Unbequemlichkeit, selbst ein ungünstiger Einfluß auf die Gesundheit der Bewohner genügt nicht; es muß eine erhebliche Gefährdung ihrer Gesundheit vorliegen, da nur in solchem Falle eine Befugnis zur sofortigen Aufkündigung (ohne Innehaltung der sonst vorgeschriebenen Kündigungsfrist) gerechtfertigt ist. In anderen Fällen, z. B. wenn die Wohnung feucht oder wenn ein als Kontor oder als Arbeitsraum vermieteter Raum so dunkel ist (oder durch einen im Hofe aufgeführten Neubau so dunkel wird), daß das Arbeiten daselbst ohne künstliches Licht den Augen Gefahr droht, bleibt dem Mieter nur übrig, das Mietverhältnis nach zuvoriger vertrags- oder gesetzmäßiger Kündigung wieder zu lösen. (Ist übrigens der Mangel der Wohnung als ein solcher anzusehen, der „die Tauglichkeit der Wohnung zu dem vertragsmäßigen Gebrauche aufhebt oder mindert", so kommen die vorstehend unter 2 mitgeteilten Vorschriften über Befreiung des Mieters von der Mietzahlung oder entsprechende Herabsetzung des Mietzinses zur Anwendung.) Das obengedachte (sofortige) Kündigungsrecht des Mieters wegen gesundheitsgefährdender Beschaffenheit der Mietwohnung steht dem Mieter selbst dann zu, wenn er die Beschaffenheit der Wohnung usw. beim Abschluß des Mietvertrages gekannt oder wenn er auf die Geltendmachung der ihm wegen dieser Beschaffenheit zustehenden Rechte verzichtet hat; dagegen kann er es nicht geltend machen (RG.), wenn er die gesundheitsgefährdende Beschaffenheit durch eigenes Verschulden, z. B. durch nicht gehöriges Lüften bei etwaiger Feuchtigkeit der Wohnung, herbeigeführt hat.

c) Der Mieter ist, wie oben (unter 5) mitgeteilt, ohne Erlaubnis des Vermieters nicht berechtigt, den Gebrauch der gemieteten Wohnung, Sache usw. einem anderen zu überlassen, insbesondere die Wohnung usw. weiter zu vermieten. Verweigert der Vermieter diese Erlaubnis ohne stichhaltigen Grund, so kann der Mieter das Mietverhältnis, wenn es auch auf längere Zeit eingegangen war, unter Einhaltung der gesetzlichen Frist (s. oben im Eingange dieser Nr.) kündigen (549).

d) Ist der Mietvertrag für eine längere Zeit als dreißig Jahre geschlossen, so kann nach dreißig Jahren jeder Teil das Mietverhältnis unter Einhaltung der gesetzlichen Frist kündigen (567). Dieses Kündigungsrecht steht den Beteiligten nicht zu, wenn der Mietvertrag für die Lebenszeit des Vermieters oder des Mieters abgeschlossen ist, sollte auch in diesem Falle die Dauer des Mietverhältnisses tatsächlich den Zeitraum von dreißig Jahren überschreiten.

e) Tod des Mieters oder Vermieters. Stirbt der Mieter, so sind sowohl seine Erben, wie auch der Vermieter berechtigt, das Mietverhältnis unter Einhaltung der gesetzlichen Frist (s. oben im Eingange dieser Nr.) zu kündigen, auch wenn es auf einen festbestimmten längeren Zeitraum oder gegen vertragsmäßig vereinbarte längere Kündigungsfrist eingegangen war (569). Die Erben oder der Vermieter müssen jedoch, wenn sie von diesem Kündigungsrecht Gebrauch machen wollen, auf den ersten zulässigen Termin kündigen. Ist also beispielsweise der Mieter einer Wohnung am 5. Januar gestorben, so ist nach der allgemeinen Vorschrift über die gesetzlichen Kündigungsfristen eine Kündigung frühestens für den 1. Juli zulässig; beide Teile haben also bis zum Ablauf des dritten Werktages im Monat April Zeit, sich schlüssig zu machen, ob sie das Mietverhältnis aufheben wollen. Ist der Mieter am 4. Januar gestorben, so ist der erste zulässige Termin, auf den gekündigt werden kann, der 1. April, da noch am 4. Januar (als dem dritten Werktage des Januar) auf diesen Termin gekündigt werden kann; das Kündigungsrecht muß daher, soll es nicht verloren gehen, vor Ablauf des 4. Januar (bis Mitternacht) ausgeübt werden; eine spätere Kündigung, etwa auf den 1. Juli, braucht der andere Teil nicht anzunehmen. Gilt monatliche Kündigung, so muß, wenn der Mieter am 14. oder 15. Januar gestorben ist, auf (für) den 31. Januar gekündigt werden, und zwar spätestens am 15. Januar; ist der Mieter am 16. Januar verstorben, so kann nur auf den Schluß des Monats Februar gekündigt werden, da eine rechtzeitige Kündigung auf den 31. Januar nicht mehr möglich ist, und so fort. Die Kündigung muß, wenn sie von den Erben des Verstorbenen beschlossen wird, von allen Erben (für alle Erben) erfolgen. Der Tod des Vermieters ist auf das Mietverhältnis ohne Einfluß.

f) Militärpersonen, Beamte, Geistliche und Lehrer an öffentlichen Unterrichtsanstalten können im Falle einer Versetzung nach einem anderen Orte in Ansehung der Räume, die sie für sich oder ihre Familie an dem bisherigen Garnison- oder Wohnorte gemietet haben, unter Einhaltung der gesetzlichen Frist (s. oben unter 7 im Eingange) kündigen, auch wenn der Mietvertrag auf längere Zeit abgeschlossen oder eine längere Kündigungsfrist vereinbart ist (570). Das Gesetz macht keinen Unterschied, ob die Versetzung eine freiwillige oder unfreiwillige ist. Auch in diesem Falle kann die Kündigung nur auf den ersten, nach den allgemeinen Vorschriften über die gesetzliche Kündigung zulässigen Kündigungstermin erfolgen (s. vorstehend unter e am Ende). Anderweitige Vereinbarung unter den Beteiligten ist selbstverständlich zulässig; sie muß aber wohl mit unzweideutigen Worten getroffen werden, die erkennen lassen, daß der Beamte auf die zu seinem Schutze gegebenen Gesetzesvorschriften des § 570 hat verzichten wollen. Noch weitergehende Vergünstigungen für Militärpersonen im Falle einer Mobilmachung gibt es nicht mehr.

2. Fälle, in denen der Vermieter kündigen kann.

a) Der Vermieter kann ohne Einhaltung einer Kündigundsfrist, also auf sofort, das Mietverhältnis kündigen, wenn der Mieter oder derjenige, welchem der Mieter den Gebrauch der gemieteten Sache überlassen hat, ungeachtet einer Abmahnung des Vermieters einen vertragswidrigen Gebrauch der Sache fortsetzt, der die Rechte des Vermieters in erheblichem Maße verletzt, insbesondere einem Dritten den ihm unbefugt überlassenen Gebrauch beläßt oder die Sache durch Vernachlässigung der dem Mieter obliegenden Sorgfalt erheblich gefährdet (553). Macht der Vermieter von seinem Kündigungsrechte Gebrauch, so muß er den für eine spätere Zeit etwa im voraus erhaltenen Mietzins mit Zinsen zurückerstatten.

b) Der Vermieter kann ohne Einhaltung einer Kündigungsfrist, also auf sofort, das Mietverhältnis kündigen, wenn der Mieter für zwei aufeinander folgende Termine mit der Entrichtung des Mietzinses oder eines Teiles des Mietzinses im Verzug ist (554). Was erforderlich ist, damit der Mieter mit der Zahlung des Mietzinses in Verzug gerate, darüber s. unter „Verzug des Schuldners". Zahlt der Mieter nachträglich den Rückstand, ehe der Vermieter von dem Kündigungsrecht Gebrauch gemacht hat, so steht diesem die Kündigung nicht mehr zu. Hatte der Mieter eine Gegenforderung gegen den Vermieter, mit der er gegen die Mietschuld aufzurechnen befugt war (s. „Aufrechnung"), so ist die etwa von dem Vermieter wegen der Nichtzahlung des Mietzinses erklärte Aufkündigung wirkungslos, wenn der Mieter unverzüglich nach Empfang der Kündigung dem Vermieter erklärt, daß er mit seiner Gegenforderung aufrechne. Selbstverständlich muß die Gegenforderung mindestens ebenso hoch sein wie der geschuldete Mietpreis. Macht der Vermieter von seinem Kündigungsrecht Gebrauch, so muß er auch in diesem Falle den für eine spätere Zeit etwa im voraus gezahlten Mietzins dem Mieter mit Zinsen zurückerstatten (555).

c) Über die Kündigungsbefugnis des Vermieters bei Verträgen, die für längere Zeit als dreißig Jahre abgeschlossen sind, sowie über die Kündigungsbefugnis des Vermieters im Falle des Todes des Mieters siehe das vorstehend unter 1 d und e Gesagte.

Kein Kündigungsrecht hat der Vermieter, wenn etwa während der Mietzeit die vermietete Wohnung, der vermietete Laden usw. einer unaufschiebbaren Ausbesserung bedarf, deren Vornahme die vertragsmäßige Fortsetzung des Mietverhältnisses, solange die betreffenden Arbeiten dauern, ganz oder teilweise unmöglich macht. Zwar muß sich der Mieter die Vornahme der Ausbesserungsarbeiten gefallen lassen, vorausgesetzt natürlich, daß sie unaufschiebbar sind, und kann dadurch gezwungen sein, die gemieteten Räumlichkeiten ganz oder teilweise zeitweilig zu räumen; aber das Mietverhältnis dauert, wenn nicht anderweitige Verabredung getroffen wird, fort und der Mieter kann nach Beendigung der Ausbesserung die Räume unverzüglich wieder in Benutzung nehmen. Ob die vom Vermieter beabsichtigten Bauten usw. unaufschiebbare sind, darüber hat im Streitfall das Prozeßgericht zu entscheiden. Solange durch die Arbeiten dem Mieter die Benutzung der Wohnung usw. ganz oder teilweise vorenthalten wird, ist er natürlich von Zahlung der Miete ganz oder zu einem entsprechenden Teile befreit (s. oben unter 2 dieses Artikels).

3. Einfluß eines Konkurses auf das Mietverhältnis. Gerät der Vermieter in Konkurs, so kommt es darauf an, ob die von ihm vermietete Wohnung oder Sache dem Mieter bereits eingeräumt (übergeben) war. Wenn dies noch nicht geschehen war, so hat der Konkursverwalter die Wahl, ob er den Mietvertrag innehalten oder ob er von dem Vertrage abgehen will (KO. 17). Er muß sich darüber dem Mieter auf Erfordern sofort erklären, widrigenfalls der Mieter an den Vertrag nicht mehr gebunden ist. Will der Mieter den Vertrag nicht aushalten, so kann er eine etwaige Schadensersatzforderung als Konkursgläubiger geltend machen (KO. 26). War aber die vermietete Wohnung oder Sache bei der Konkurseröffnung dem Mieter bereits übergeben, so bleibt es beim Mietverhältnis, wie wenn kein Konkurs eröffnet wäre (KO. 21); nur daß an die Stelle des Vermieters jetzt der Konkursverwalter tritt. Sollte etwa der Konkursverwalter das vermietete Haus, Grundstück usw. zum Verkauf bringen, so tritt der Käufer an Stelle des Gemeinschuldners in die Rechte und Pflichten des Vermieters ein, kann aber das Mietverhältnis ohne Rücksicht auf entgegenstehende vertragsmäßige Bestimmungen unter Einhaltung der gesetzlichen Frist (s. oben 7 am Eingange) kündigen; er

muß dies jedoch auf den ersten zulässigen Termin tun. Etwaige Entschädigungsansprüche des Mieters wegen eines Verkaufs durch den Konkursverwalter vor Ablauf der vertragsmäßigen Dauer des Mietverhältnisses können nur als Konkursforderung gegen die Konkursmasse geltend gemacht werden.

Gerät der Mieter in Konkurs, ehe ihm die vermietete Wohnung oder Sache übergeben war, so kann der Vermieter ohne weiteres vom Vertrage zurücktreten (KO. 20), hat dann aber keine Entschädigungsansprüche. Auf Erfordern des Konkursverwalters muß er ohne Verzug erklären, ob er vom Vertrage abgehen will. Unterläßt er dies, so hat der Konkursverwalter seinerseits die Wahl, ob er den Mietvertrag aufrechterhalten oder davon abgehen will. In letzterem Falle muß der Vermieter etwaige Schadensersatzansprüche gegen die Konkursmasse geltend machen. War aber die Wohnung oder Sache dem Mieter bereits übergeben, so bleibt das Mietverhältnis in Kraft; es kann aber von jedem Teile (für den Mieter vom Konkursverwalter) gekündigt werden (KO. 19). Die Kündigungsfrist ist, falls nicht eine kürzere Frist bedungen war, die gesetzliche (bei Wohnungen die vierteljährliche; s. oben 7 im Eingange). Kündigt der Verwalter vor der nach dem Vertrage zulässigen Zeit, so ist der Vermieter berechtigt, einen Ersatzanspruch wegen des ihm durch die Aufhebung des Vertrags entstehenden Schadens gegen die Konkursmasse geltend zu machen.

4. Einfluß einer Zwangsversteigerung oder einer Zwangsverwaltung auf das Mietverhältnis.

a) Hat eine Übergabe des Grundstücks (der Wohnung usw.) an den Mieter zur Zeit der Erteilung des Zuschlages im Versteigerungsverfahren noch nicht stattgehabt, so ist der Ersteher (Käufer) des Grundstücks an den Mietvertrag nicht gebunden. Es kann jedoch bei Feststellung der Versteigerungsbedingungen vereinbart werden, daß das Mietverhältnis mit dem Ersteher fortbestehen soll.

b) War dagegen das versteigerte Grundstück vor der Beschlagnahme dem Mieter schon überlassen, so wird durch die Zwangsversteigerung eine Änderung des Mietverhältnisses nur insofern herbeigeführt, als mit dem Zuschlage der Ersteher des Grundstücks an die Stelle des Vermieters tritt. Er hat den Mietzins für die Zeit nach der Erteilung des Zuschlages zu beanspruchen (s. aber unten c). Der Ersteher ist jedoch vom Zuschlage ab berechtigt, das Mietverhältnis seinerseits zu kündigen (ZVG. 57), und zwar auch dann, wenn auf längere Zeit fest vermietet ist; die Kündigung muß innerhalb der gesetzlichen Frist erfolgen; sie ist also nur auf den Schluß eines Kalendervierteljahres zulässig und muß spätestens am dritten Werktage dieses Vierteljahres erfolgen (über die Kündigungsfrist im Falle monatlicher oder wöchentlicher Mietzahlung s. oben 7); bei einer Pacht ist die Kündigung nur für den Schluß des Pachtjahres zulässig; s. „Pacht 5". Die Kündigung des Erstehers ist jedoch nur dann gültig, wenn sie auf den ersten Termin erfolgt, auf den sie nach dem Vorstehenden zulässig ist; läßt der Ersteher diesen Termin verstreichen, so steht ihm nur noch die vertragsmäßige Kündigung zu, wie sie dem Vermieter selbst zustand, oder er muß, wenn der Mietvertrag auf bestimmte Zeit geschlossen war, den Vertrag bis dahin aushalten. (Der Mieter (Pächter) kann unter Umständen sein Interesse an dem Fortbestande des Mietverhältnisses dadurch wahren, daß er im Versteigerungstermin den Ausschluß der Kündigungsbefugnis des Erstehers als Versteigerungsbedingung beantragt; ZVG. 59.) — Das gedachte Kündigungsrecht des Erstehers findet übrigens bei einer gewissen Art der Zwangsversteigerung, nämlich der zum Zwecke der Aufhebung einer Gemeinschaft, nicht statt (ZVG. 183).

c) Hat der Vermieter vor dem Zuschlage des Grundstücks an den Ersteher (Käufer) über den für die Zeit nach dem Zuschlage erst zu zahlenden Mietzins bereits Verfügung getroffen, z. B. diesen Mietzins abgetreten (zediert) oder verpfändet, oder ist der Mietzins im Wege der Pfändung einem Gläubiger des Vermieters gerichtlich überwiesen, so ist diese Verfügung (Überweisung) insoweit rechtsbeständig, als sie sich auf die Miete für das zur Zeit des Zuschlages laufende, und, wenn der Zuschlag innerhalb des letzten halben Monats eines Kalendervierteljahres erfolgt, auf das folgende Kalendervierteljahr bezieht. Soweit die Mietforderung für eine spätere Zeit abgetreten, gepfändet oder überwiesen ist, ist dies ungültig. Ein Rechtsgeschäft, das zwischen dem Mieter und dem Vermieter in Ansehung der Mietzinsforderung vorgenommen ist, insbesondere die Zahlung des Mietzinses im voraus an den Vermieter selbst, ist dem Ersteher gegenüber insoweit rechtswirksam, als das Geschäft oder die Zahlung sich nicht auf den Mietzins für eine spätere Zeit, als das Kalendervierteljahr, in dem der Mieter von dem Zuschlag Kenntnis erlangt hat, bzw. das folgende Vierteljahr bezieht. Hat aber der Mieter schon bei der Vornahme des Rechtsgeschäfts (der Zahlung) von dem erfolgten Eigentumsübergange Kenntnis davon gehabt, so ist das Geschäft (die Zahlung) ungültig.

d) Zwangsverwaltung. Ist über das vermietete Grundstück eine Zwangsverwaltung vom Gericht angeordnet, so tritt der bestellte Verwalter dem Mieter gegenüber an die Stelle des Vermieters, sofern das Grundstück (die Wohnung) vor der Beschlagnahme vom Vermieter bereits dem Mieter übergeben (überlassen) war. Der Verwalter hat daher den Mietzins einzuziehen. Ihm steht auch das etwa vertragsmäßig vereinbarte Kündigungsrecht gegen den Mieter zu. War das Grundstück dem Mieter noch nicht überlassen, so ist der Mietvertrag mit der Einleitung der Zwangsverwaltung hinfällig geworden.

8. Stillschweigende Verlängerung eines bereits beendigten Mietverhältnisses (568). Wird nach dem Ablauf der Mietzeit der Gebrauch der gemieteten Sache, die Benutzung der gemieteten Wohnung fortgesetzt, so gilt das Mietverhältnis als auf unbestimmte Zeit verlängert, sofern nicht der Vermieter oder der Mieter seinen entgegenstehenden Willen binnen einer Frist von zwei Wochen dem anderen Teile gegenüber erklärt. Die Frist beginnt für den Mieter mit der Fortsetzung des Gebrauchs, für den Vermieter mit dem Zeitpunkt, wo er von dieser Fortsetzung Kenntnis erlangt. — Für das neue Mietverhältnis, in das die Parteien in dem besprochenen Falle stillschweigend eingetreten sind, gelten zwar im übrigen die Bedingungen des alten Mietvertrages; die demnächstige Beendigung des Mietverhältnisses kann aber, da das Verhältnis als auf unbestimmte Zeit verlängert gilt, nur im Wege der Kündigung innerhalb der gesetzlichen Kündi-

gungsfrist herbeigeführt werden; s. über die Art dieser Kündigung das oben unter 7 Gesagte.

9. Rückgabe der Mietsache. Räumung. Räumungsfristen. Der Mieter ist verpflichtet, nach Beendigung des Mietverhältnisses die gemietete Sache an den Vermieter zurückzugeben, die gemietete Wohnung (Werkstelle, Laden, Kontor, Stallung usw.) zu räumen (556). Das Recht auf Rückgabe oder Räumung hat der Vermieter auch direkt gegen den Untermieter oder an wen sonst der Mieter den Gebrauch der Mietsache etwa überlassen hat; das Recht des Untermieters usw. kann nicht länger dauern, als das Recht des Mieters. Die Rückgabe (Räumung) muß unverzüglich nach Beendigung des Mietverhältnisses erfolgen. Bei der Räumung größerer Wohnungen ist dies mit Schwierigkeiten verbunden. Es bestehen daher landesgesetzlich meist Vorschriften über besondere Fristen, bis zu deren Ablauf gemietete Räume bei Beendigung des Mietverhältnisses zu räumen sind, sog. Räumungsfristen oder Ziehzeiten. Diese landesgesetzlichen Vorschriften bleiben auch fernerhin in Kraft und können durch die Landesgesetzgebung geändert werden, da die Verschiedenheit der örtlichen Verhältnisse die Regelung solcher Dinge für das ganze Reich nicht ratsam erscheinen ließ. Wird ein Mieter im Prozeß zur Räumung der Wohnung verurteilt, so kann ihm im Urteil unter Umständen auf seinen Antrag eine angemessene Räumungsfrist bewilligt werden, sofern dies ohne erhebliche Benachteiligung des Vermieters angängig ist (ZPO. 721). Ob der Mieter berechtigt ist, vor Beendigung des Mietverhältnisses die Mietsache zurückzugeben, die Wohnung usw. zu räumen, darüber enthält das Gesetz keine Bestimmung. Die Befugnis wird ihm nicht zu versagen sein, vorbehaltlich natürlich seiner Verpflichtung, den Mietzins bis zum Ablauf der Mietzeit zu zahlen. Über die Befugnis des Vermieters, schon vor dem Räumungstermin auf Räumung der Wohnung zu klagen, s. „Kündigungsklage".

Dem Mieter eines Grundstücks (einer Wohnung oder einer sonstigen vermieteten Räumlichkeit) steht wegen etwaiger Ansprüche gegen den Vermieter kein Zurückbehaltungsrecht gegen diesen zu. Gibt der Mieter nach beendetem Mietverhältnis die Mietsache nicht zurück, verzögert er die Räumung der Wohnung usw., so kann der Vermieter für die Dauer der Vorenthaltung als Entschädigung mindestens den vereinbarten Mietzins verlangen, ohne daß er irgendwelchen Schaden, der ihm aus der Vorenthaltung erwachsen sein könnte, nachzuweisen braucht (557). Der Mieter kann aber im Falle des Verschuldens auch auf weiteren Schadensersatz, falls der Vermieter größeren Schaden nachzuweisen vermag, in Anspruch genommen werden.

Über die Wegnahme von Einrichtungen, die der Mieter gemacht hat, bei Beendigung des Mietverhältnisses s. oben unter 4 a. Schl.

10. Veräußerung (Verkauf usw.) oder Belastung des Mietgegenstandes durch den Vermieter (571—579). Wichtig für den Mieter ist es, ob bei einer Veräußerung (einem Verkaufe usw.) der Mietsache seitens des Vermieters das Mietverhältnis aufhört oder ob der neue Erwerber der Sache bzw. der Mieter den Mietvertrag aushalten muß. Ist eine bewegliche Sache vermietet und hat der Mieter die Mietsache in Besitz und Nutzung, so steht zwar nichts entgegen, daß der Vermieter die Sache ohne Rücksicht auf das bestehende Mietverhältnis veräußert; der Mieter ist aber dadurch gesichert, daß er die Mietsache vor Beendigung des Mietverhältnisses an den neuen Eigentümer nicht herauszugeben braucht. Auch bei vermieteten Grundstücken (Gebäuden, Wohnungen usw.) ist der Mieter, wenn ihm das gemietete Grundstück usw. vom Vermieter bereits zur Benutzung übergeben (überlassen) ist, dadurch gesichert, daß der neue Erwerber (an den das Grundstück nach der Übergabe an den Mieter vom Vermieter trotzdem gültig veräußert werden kann) gesetzlich an Stelle des Vermieters in das Mietverhältnis, das nach allen Richtungen bestehen bleibt, eintritt. (Über Ansprüche, die der Käufer dieserhalb unter Umständen gegen den Verkäufer hat, s. am Schluß dieser Nummer.) Es gilt also jetzt der Satz: „Kauf bricht nicht Miete". Das Verhältnis zwischen dem Mieter und dem neuen Eigentümer des Grundstücks ist also von jetzt an so, als wenn der Mietvertrag zwischen ihnen beiden abgeschlossen wäre. Der Erwerber tritt in alle Rechte und Pflichten des Vermieters aus dem Mietvertrage dem Mieter gegenüber ein. Der Erwerber muß die Miete aushalten, bis die vertragsmäßige Mietzeit abgelaufen ist oder, wenn eine bestimmte Mietzeit nicht vereinbart ist, bis von ihm oder vom Mieter ordnungsmäßig gekündigt ist. Der bisherige Eigentümer (der ursprüngliche Vermieter) ist dagegen aus dem Mietverhältnis ausgeschieden; er hat insbesondere von dem Zeitpunkt der Veräußerung ab keinen Anspruch auf den Mietzins mehr. Selbstverständlich braucht aber der Mieter die Veräußerung nur zu berücksichtigen, wenn ihm davon, durch Anzeige der Beteiligten oder auf andere Weise, sichere Kunde geworden ist. Um aber den Mieter vor den Nachteilen zu bewahren, die daraus entstehen könnten, daß an Stelle des alten Vermieters der vielleicht zahlungsunfähige neue Erwerber des Grundstücks getreten ist, bestimmt das Gesetz, daß der alte Vermieter dem Mieter neben dem neuen Erwerber (als Gesamtschuldner) haftet, wenn etwa der Erwerber seinen Verpflichtungen als Vermieter nicht nachkommt. Von dieser Mithaftung wird der bisherige Vermieter frei, wenn er selbst dem Mieter den Eigentumsübergang angezeigt und dieser alsdann das Mietverhältnis nicht auf den ersten zulässigen Termin (d. h. den ersten Termin, auf den er nach dem Gesetz (s. oben 7) oder, wenn besondere Vereinbarungen über die Kündigung getroffen sind, nach dieser Vereinbarung kündigen kann) aufgekündigt hat. Unterläßt der Mieter die Kündigung, so muß angenommen werden, daß ihm der neue Vermieter genehm ist. Ist nach dem bestehenden Mietvertrage eine Kündigung nicht zulässig (weil der Vertrag auf eine festbestimmte Zeit geschlossen ist), so haftet der bisherige Vermieter neben dem neuen bis zur Beendigung des Mietverhältnisses.

Behandlung einer geleisteten Sicherheit. Hat der Mieter des veräußerten Grundstücks dem Vermieter für die Erfüllung seiner Verpflichtungen Sicherheit geleistet (bei einem Mietverhältnis wird dies selten vorkommen, häufig aber bei einem Pachtverhältnis, für das diese Bestimmungen gleichfalls gelten), so tritt der Erwerber in die dadurch begründeten Rechte ein; er kann Aushändigung der Sicherheit vom Verkäufer fordern. Zur Rückgewähr der Sicherheit an den

Mieter ist der neue Erwerber nur verpflichtet, wenn ihm die als Sicherheit dienenden Wertgegenstände tatsächlich ausgehändigt sind oder wenn er die Erstattungspflicht dem ersten Vermieter gegenüber übernommen hat.

Übergang der Mietzinsforderung auf den Erwerber. Wenn der Erwerber (Käufer usw.) in das Mietverhältnis eintritt, so hat er jetzt vom Mieter den Mietzins zu fordern, soweit dieser nach dem Vertrage oder nach gesetzlicher Bestimmung nach dem Übergange des Eigentums zu entrichten ist. Hat aber der bisherige Vermieter vor dem Übergange des Eigentums auf den neuen Erwerber über den künftig erst zu zahlenden Mietzins bereits verfügt, ihn im voraus abgetreten, verpfändet usw. (einer solchen Verfügung des Vermieters steht eine im Wege der Zwangsvollstreckung gegen ihn erfolgte Pfändung oder Überweisung des Mietzinses gleich), so ist diese Verfügung insoweit rechtsgültig, als sie sich auf den Mietzins für das zur Zeit des Eigentumsüberganges (nicht zur Zeit des Vertragsabschlusses) laufende Kalendervierteljahr bezieht. Erfolgt der Eigentumsübergang innerhalb des letzten halben Monats des Vierteljahres, so ist die Verfügung auch insoweit wirksam, als sie sich auf den Mietzins für das folgende Vierteljahr bezieht; eine Verfügung über den Mietzins auf eine längere Zeit hinaus muß jedoch der neue Erwerber dann gegen sich gelten lassen, wenn er zu der Zeit, wo ihm das Eigentum am Grundstück übertragen (aufgelassen) ist, diese Verfügung gekannt hat. Von der Eigentumsübertragung ab ist der bisherige Vermieter zu Verfügungen über den Mietzins nicht mehr, auch nicht für das laufende und das nächste Quartal, befugt. Solange der Mieter von der Eigentumsübertragung nichts weiß, kann er den Mietzins auch im voraus an seinen bisherigen Vermieter gültig entrichten und mit diesem anderweitige Rechtsgeschäfte über den Mietzins gültig abschließen; der neue Vermieter muß diese Zahlung oder sonstige Rechtsgeschäfte gegen sich gelten lassen, soweit sie sich auf das Kalenderquartal, in dem der Mieter von dem Eigentumsübergange Kenntnis erlangt, beziehen; erlangt der Mieter die Kenntnis innerhalb des letzten halben Monats eines Kalendervierteljahres, so ist das Rechtsgeschäft auch soweit wirksam, als es sich auf den Mietzins für das folgende Kalendervierteljahr bezieht. Vorausbezahlungen des Mietzinses oder sonstige Verfügungen über den Mietzins für eine spätere Zeit braucht der neue Vermieter nicht anzuerkennen. Sobald der Mieter aber von dem Verkaufe und Eigentumsübergange Kenntnis erlangt hat, einerlei, auf welche Weise, darf er an den bisherigen Vermieter im voraus nicht mehr zahlen oder sonst mit ihm Rechtsgeschäfte über den Mietzins für die Folgezeit nicht mehr eingehen, wenn er nicht doppelt zahlen will. Soweit die Entrichtung des Mietzinses an den Vermieter nach dem Gesagten dem neuen Vermieter gegenüber wirksam ist, kann der Mieter gegen die Mietzinsforderung des neuen Vermieters eine ihm gegen den ersten Vermieter zustehende Forderung aufrechnen. Die Aufrechnung ist ausgeschlossen, wenn der Mieter die Gegenforderung erworben hat, nachdem er von dem Übergange des Eigentums Kenntnis erlangt hat, oder wenn die Gegenforderung erst nach der Erlangung der Kenntnis und später als der Mietzins fällig geworden ist. Zeigt der Vermieter dem Mieter an, daß er das Eigentum an dem vermieteten Grundstück auf einen Dritten übertragen habe, so muß er in Ansehung der Mietzinsforderung die angezeigte Übertragung dem Mieter gegenüber gegen sich gelten lassen, auch wenn sie nicht erfolgt oder nicht wirksam ist. Die Anzeige kann nur mit Zustimmung desjenigen zurückgenommen werden, der als der neue Eigentümer bezeichnet worden ist.

Einräumung anderer Rechte an der Mietsache. Wenn der Vermieter das vermietete Grundstück (Wohnung usw.) zwar nicht veräußert, d. h. das Eigentum an dem Grundstück nicht auf einen anderen überträgt, aber einem anderen ein Recht daran einräumt, das ebenso wie das Eigentumsrecht dem Mieter die Ausübung seines Mietrechts vollständig entziehen würde (z. B. ein Erbbaurecht, ein Nießbrauchsrecht, ein Wohnungsrecht), so finden die für den Fall der Eigentumsübertragung gegebenen, vorstehend mitgeteilten gesetzlichen Vorschriften gleichfalls Anwendung, vorausgesetzt, daß die Bestellung jener Rechte durch den Vermieter erfolgt ist, nachdem er das vermietete Grundstück dem Vermieter bereits zum vertragsmäßigen Gebrauch übergeben (überlassen) hatte. Derjenige, dem vom Vermieter das Erbbaurecht, der Nießbrauch usw. eingeräumt ist, tritt nun hinsichtlich des Mietvertrages an die Stelle des Vermieters; der Mieter hat den Mietzins künftig an den Erbbauberechtigten, Nießbraucher zu zahlen usw. Anders, wenn der Vermieter, nach Überlassung des Grundstücks an den Mieter, einem anderen Rechte an dem Mietgrundstück einräumt, die ihrer Natur nach dem Mieter den Gebrauch der Wohnung usw. nicht völlig unmöglich machen, aber ihn doch in der ihm vertragsmäßig zustehenden Nutzung beeinträchtigen (beschränken) würden. Es bestellt beispielsweise mein Vermieter einem anderen das Recht, ein mir als Lagerplatz vermietetes Grundstück als Zufuhrweg zu anderen Grundstücken zu benutzen. In solchem Falle ist der andere mir als Mieter gegenüber verpflichtet, die Ausübung seines Rechts soweit zu unterlassen, als sie den mir vertragsmäßig zustehenden Gebrauch des Grundstücks beeinträchtigen würde.

Verkauf vor Übergabe an den Mieter. Alles, was vorstehend von den Rechten des Mieters für den Fall der Veräußerung oder Belastung der Mietsache durch den Vermieter gesagt ist, gilt nur unter der Voraussetzung, daß die Veräußerung oder Belastung von dem Vermieter vorgenommen wurde, nachdem er die Mietsache dem Mieter zum vertragsmäßigen Gebrauch bereits übergeben (überlassen) hatte. Veräußert oder belastet der Vermieter die vermietete Sache oder das vermietete Grundstück (Wohnung usw.) vor der Gebrauchseinräumung an den Mieter, so tritt der neue Erwerber in den Mietvertrag nicht ein; er braucht sich also auf die Überlassung der Mietsache an den Mieter nicht einzulassen. Selbstverständlich bleiben aber dem Mieter gegen seinen Vermieter, der vertragswidrig handelt, alle Schadensersatzansprüche vorbehalten. Will der Mieter sich für solche Fälle sichern, so mag er sich im Mietvertrage für den Fall der Nichterfüllung des Vertrages seitens des Vermieters eine Vertragsstrafe (s. d.) ausbedingen, um nicht gezwungen zu sein, seinen Schaden im einzelnen nachweisen zu müssen, auch sich vom Vermieter eine besondere Sicherheit wegen etwaiger Schadensersatzansprüche bestellen lassen. Hat jedoch der neue Erwerber, der das vermietete Grundstück vom Vermieter vor der Übergabe an den Mieter gekauft usw. hat, dem Vermieter gegenüber die Erfüllung (Aushaltung) des Mietvertrages übernommen, so tritt er in den Mietvertrag ein, als wenn er das Grundstück nach der Überlassung an den Mieter gekauft hätte. Dasselbe gilt für den, der das vermietete Grundstück nicht gekauft usw., sondern ein den Mietgebrauch ausschließendes oder beschränkendes Recht an dem Grundstücke erworben hat.

Weitere Veräußerung der Mietsache. Wird das vermietete Grundstück auch von dem neuen Erwerber wieder veräußert oder belastet, so finden die vorstehend mitgeteilten Gesetzesvorschriften in gleicher Weise Anwendung; der neue Erwerber tritt wieder in das Mietverhältnis ein usw. Nur insofern besteht ein Unterschied, als der weiterveräußernde Erwerber nicht gleich dem ursprünglichen Vermieter dem Mieter für die ihm aus dem Mietvertrage zustehenden Ansprüche neben dem in den Mietvertrag eintretenden neuesten Erwerber haftet.

Rechtsverhältnis zwischen dem Käufer und dem Verkäufer. Hat der Käufer der Sache, des Hauses, des Grundstücks usw. beim Vertragsabschlusse gewußt, daß die Sache, das Grundstück usw. noch vermietet oder verpachtet war, so kann er selbstverständlich daraus, daß er das Miet-(Pacht-) verhältnis nach den vorstehend mitgeteilten Bestimmungen aushalten muß, keine Ansprüche gegen den Verkäufer geltend machen (439). Hat er es nicht gewußt, so ist der Verkäufer an sich nach den für Kaufverträge geltenden Vorschriften verpflichtet, die Sache, das Grundstück usw. von dem darauf ruhenden Miet- oder Pachtrecht zu befreien; tut er dies nicht oder ist er dazu außerstande, so stehen dem Verkäufer die unter „Kauf und Verkauf 4" näher bezeichneten Rechte gegen den Verkäufer zu; insbesondere kann er vorläufig Zahlung des Kaufpreises verweigern oder ganz von dem Kaufe zurücktreten, mindestens aber eine angemessene Entschädigung dafür beanspruchen, daß ihm der Besitz und die Nutzung des Kaufgegenstandes einstweilen vorenthalten werden (434, 440).

11. Pfandrecht des Vermieters an den Sachen des Mieters (559—563). Zurückbehaltungsrecht — Bei der Miete von Grundstücken, Wohnungs- und sonstigen Räumen (Geschäftslokalen, Lagerräumen, Stallungen, Fabriken usw.) steht dem Vermieter wegen seiner Forderungen an den Mieter aus dem Mietvertrage an den vom Mieter in die vermieteten Räumlichkeiten eingebrachten Sachen ein gesetzliches Pfandrecht zu, auf das im allgemeinen die Vorschriften über ein Pfandrecht an beweglichen Sachen (s. Pfand [Faustpfand]) Anwendung finden. Das Pfandrecht ergreift alle vom Mieter in das Grundstück, die Wohnung usw. eingebrachten und ihm gehörigen Sachen mit alleiniger Ausnahme solcher, die nach allgemeiner gesetzlicher Bestimmung einer Pfändung überhaupt nicht unterworfen sind (s. hierüber „Pfändung in der Zwangsvollstreckung usw."). Die Sachen eines etwaigen Untermieters haften dem Hauptvermieter nicht; ebensowenig die Sachen der Frau (wenn diese nicht etwa den Mietvertrag mit abgeschlossen hat) und der Kinder des Mieters oder die vom Mieter in die Wohnung usw. eingebrachten Sachen anderer Personen. Soweit der Mieter mit seiner Frau in allgemeiner Gütergemeinschaft, Errungenschaftsgemeinschaft oder Fahrnisgemeinschaft lebt, fallen die zum Gesamtgut gehörigen Sachen allerdings auch unter das Pfandrecht. Das Pfandrecht kann übrigens nur für solche Forderungen gegen den Mieter geltend gemacht werden, die fällig sind und sofort liquidiert werden können, nicht für etwaige künftige Entschädigungsforderungen des Vermieters, die ihrem Grunde oder ihrem Betrage nach noch gar nicht feststehen; für Mietzinsforderungen kann es nicht für eine spätere Zeit als das laufende und das folgende Mietjahr geltend gemacht werden. Das Pfandrecht an den eingebrachten Sachen bleibt bestehen, wenn die Sachen vom Grundstück (aus der Wohnung usw.) ohne Wissen des Vermieters (wenn auch in offenkundiger Weise) oder gar gegen seinen Widerspruch entfernt werden. Er darf nur dann der Fortschaffung nicht widersprechen (die fortgeschafften Sachen werden also trotz seines Widerspruchs von dem Pfandrecht frei), wenn das Fortbringen der Sachen im regelmäßigen Betriebe des Geschäfts des Mieters geschieht (z. B. wenn der Mieter Sachen aus seinem Laden verkauft) oder wenn die gewöhnlichen Lebensverhältnisse die Entfernung der Sachen mit sich bringen, z. B. die Familie verreist und nimmt die nötigen Kleider, Koffer usw. mit; oder ein reparaturbedürftiger Gegenstand wird zum Handwerker geschickt usw. Auch dann ist der Widerspruch unbegründet, wenn die in dem Grundstück (der Wohnung usw.) noch verbleibenden Sachen des Mieters zur Sicherung des Vermieters offenbar ausreichen. Läßt der Vermieter die Fortschaffung von Sachen des Mieters wissentlich geschehen, ohne Widerspruch dagegen zu erheben, so werden die Sachen vom Pfandrecht frei. Soweit der Vermieter berechtigt ist, der Entfernung der Sachen vom Grundstücke zu widersprechen, darf er nötigenfalls Selbsthilfe üben, d. h. er kann die Fortschaffung der Sachen auch ohne Anrufen des Gerichts oder der Polizeibehörde verhindern und, wenn der Mieter selbst das Grundstück (die Wohnung usw.) räumt, die Sachen in seinen Besitz nehmen. Sind die Sachen ohne Wissen oder unter Widerspruch des Vermieters entfernt worden, so kann dieser die Herausgabe zum Zwecke der Zurückschaffung in das Grundstück und, wenn der Mieter ausgezogen ist, die Überlassung des Besitzes verlangen. Das Pfandrecht erlischt mit dem Ablauf eines Monats, nachdem der Vermieter von der Entfernung der Sachen Kenntnis erlangt hat, wenn nicht der Vermieter diesen Anspruch vorher gerichtlich geltend gemacht hat. Der Mieter kann die Geltendmachung des Pfandrechts an den von ihm eingebrachten Sachen dadurch abwenden, daß er dem Vermieter wegen seiner Forderungen an ihn (soweit das Pfandrecht dafür haftet; s. oben) Sicherheit leistet (s. „Sicherheitsleistung"); er kann jede einzelne Sache dadurch vom Pfandrechte befreien, daß er dem Vermieter in Höhe des Wertes dieser Sache Sicherheit leistet. Solange durch die Fortschaffung von Sachen die Sicherheit des Vermieters offenbar nicht gefährdet wird, kann er Sicherheitsleistung nicht beanspruchen. Über das Recht, die Sachen schließlich zu verkaufen, s. „Pfand (Faustpfand)" unter 2; das dort Gesagte gilt auch für das Pfandrecht des Vermieters (BGB. 1257).

Wird eine dem Pfandrecht des Vermieters unterliegende Sache des Mieters für einen anderen Gläubiger gepfändet, so kann diesem gegenüber das Pfandrecht des Vermieters (dessen Geltendmachung darin besteht, daß der Vermieter einen Anspruch auf vorzugsweise Befriedigung aus dem Versteigerungserlöse im Wege der Klage gegen den pfändenden Gläubiger erhebt; ZPO. 805) nicht wegen des Mietzinses für eine frühere Zeit als das letzte Jahr vor der Pfändung geltend gemacht werden.

Zurückbehaltungsrecht des Vermieters. Das vorbesprochene Pfandrecht des Vermieters an den Sachen des Mieters beruht auf dem Gesetz; es bedarf also zu seiner Begründung keiner besonderen Vereinbarung zwischen dem Vermieter und dem Mieter. Andererseits ergreift aber dieses gesetzliche Pfandrecht nicht solche Sachen des Mieters, die ihm nicht abgepfändet werden können, und das können unter Umständen ziemlich alle Sachen des Mieters sein (vgl. „Pfändung in der Zwangsvollstreckung 1"). Will der Vermieter sich auch an diesen Sachen ein Recht sichern, so kann er dies dadurch erreichen, daß er sich dem Mieter gegenüber ein Zurückbehaltungsrecht an diesen Sachen vertragsmäßig ausbedingt. Dieses Recht ist zwar kein Pfandrecht an den Sachen, aber ein Recht, das ihm dieselben Dienste leistet, indem er die Sachen solange zurückbehalten, d. h. den Mieter an der Fortschaffung der Sachen hindern kann, bis er befriedigt ist.

12. Verjährung der Ansprüche des Vermieters und des Mieters. Ist das Mietverhältnis beendet, so ist eine baldige Auseinandersetzung beider Teile wegen der etwa noch bestehenden Ansprüche wünschenswert. Das Gesetz bestimmt daher eine kurze Verjährungsfrist für die aus Veranlassung des Mietverhältnisses entstandenen beiderseitigen Ansprüche. Es verjähren in sechs Monaten von dem Zeitpunkt an, wo er die Mietsache zurückerhalten oder wo der Mieter das Grundstück geräumt hat, alle Schadensersatzansprüche des Vermieters, die ihm gegen den Mieter wegen unbefugter Veränderung oder Verschlechterung der Mietsache zustehen (558), und zwar einerlei, ob diese Ansprüche auf gesetzlicher Vorschrift oder auf Vertragsbestimmungen beruhen (RG.); ebenso verjähren in sechs Monaten, aber von der Beendigung des Mietverhältnisses an, alle Ansprüche des Mieters gegen den Vermieter auf Ersatz von Verwendungen, die er auf die Mietsache gemacht hat, oder auf Gestattung der Wegnahme von Einrichtungen, die er auf oder an der Mietsache hergestellt hat (s. oben unter 4). Übrigens kann der Vermieter wegen seiner Ansprüche an den Mieter, auch wenn diese schon verjährt sind, sein Pfandrecht (vorstehend 11) an den Sachen des Mieters noch geltend machen. Ist der Anspruch des Vermieters auf Rückgabe der Mietsache selbst durch Verjährung erloschen, so sind damit auch etwaige Ersatzansprüche des Vermieters verjährt. Der Anspruch des Vermieters auf Rückgabe der Mietsache verjährt nach den allgemeinen Bestimmungen über die Verjährung (s. „Verjährung") erst in dreißig Jahren.

Der Anspruch des Vermieters auf den Mietzins verjährt in vier Jahren, der Anspruch derjenigen Personen, die gewerbsmäßig bewegliche Sachen vermieten (z. B. Leihbibliothekare, Pferdevermieter usw.), auf Zahlung des Mietgeldes in zwei Jahren. Wegen des Näheren, insbesondere über den Beginn der Verjährung, vergleiche den Artikel „Verjährung".

13. Vertragsmäßige Vereinbarungen (Mietverträge). Für den im täglichen Leben wichtigsten Fall des Mietvertrages, für die Wohnungsmiete, haben die im Vorstehenden (Nr. 2 bis 12) mitgeteilten gesetzlichen Vorschriften dann nur eine beschränktere Bedeutung, wenn, wie es bei größeren Mietobjekten üblich ist, über das Mietverhältnis, über die gegenseitigen Rechte und Pflichten der Mietparteien, ein schriftlicher Vertrag (Mietvertrag, Mietkontrakt) abgeschlossen wird. Die Bestimmungen des Gesetzes haben dann nur Bedeutung, soweit nichts anderes vereinbart worden ist. Vielfach bestehen Mietvertragsvordrucke, die in der Regel von Vereinen der Hausbesitzer entworfen sind, in denen der Mieter, wenn er sich ihnen durch die Unterschrift des Mietvertrages unterwirft, mehr oder weniger auf solche Bestimmungen des Gesetzes, die zu seinen Gunsten getroffen sind, Verzicht leistet. Die Bestimmungen solcher „Normalmietverträge" mögen zum Teil durch besondere örtliche Verhältnisse gerechtfertigt sein; soweit sie aber durch eine einseitige Bevorzugung der Interessen der Vermieter diktiert sind, wird es den Mietern nicht verübelt werden können, wenn sie die Unterschrift eines derartigen Vertrages ablehnen. Jedenfalls ist es jedem Mieter dringend zu raten, den ihm vorgelegten Mietvertragsentwurf sorgsam zu prüfen, ehe er sich den darin enthaltenen, zu seinen Ungunsten getroffenen Bestimmungen durch seine Unterschrift unterwirft.

14. Die Wohnungsnot der Nachkriegsjahre hat in Deutschland zu gesetzgeberischen Maßnahmen zum Schutze der Mieter geführt, durch welche die vorstehend dargestellten allgemeinen Bestimmungen für die Dauer der Geltung der Schutzgesetze weitgehend abgeändert sind. Die reichsgesetzliche Regelung betrifft hauptsächlich die Bildung des Mietpreises und die Einschränkung der freien Kündigung des Vermieters. Daneben bestehen die landesrechtlichen Zwangsbewirtschaftungsbestimmungen, insbesondere über Beschlagnahme und Zuweisung mietfreier Wohnungen. Diese letzteren sind öffentlichen Rechtes und kommen hier nicht in Betracht. Reichsgesetzlich ist jetzt der Mieterschutz durch die beiden Gesetze:

1. Das Reichsmietengesetz (RMG.) in der Fassung der Bekanntmachung vom 20. Februar 1928 (RGBl. I S. 38) und 2. Das Gesetz über Mieterschutz und Mieteinigungsämter (MSchG.) in der Fassung der Bekanntmachung vom 17. 2. 1928 (RGBl. I S. 25) geordnet.

Hierzu sind zahlreiche landesrechtliche Ausführungsbestimmungen ergangen. Beide Gesetze haben Geltung bis zum 31. 3. 1930, falls ihre Gültigkeitsdauer nicht inzwischen verlängert wird. Die Bestimmungen dieser Gesetze finden nur Anwendung auf Mietverträge von Gebäuden und Gebäudeteilen, nicht also z. B. auf Lagerplätze, Gärten und dergleichen, und z. B. nicht auf unentgeltliche Überlassung von Gebäudeteilen, auf Altenteilswohnungen, auf Pachtverträge, auf Beherbergungsverträge in Gasthöfen und Pensionen. Die Vorschriften dieser Gesetze finden ferner keine Anwendung auf Neubauten oder durch Um- und Einbauten neugeschaffene Räume, die nach dem 1. Juli 1918 bezugsfertig geworden sind und sonstige aus alten Gebäuden durch Einbau oder Umbau neugewonnene Wohnräume, ferner nicht auf Räume solcher Gesellschaften und Genossenschaften, deren Zweck ausschließlich darauf gerichtet ist, minderbemittelten Familien oder Personen gesunde und zweckmäßig eingerichtete Wohnungen in eigens erbauten oder angekauften Häusern zu billigen Preisen zu verschaffen. Neubauten, durch Ein- oder Umbau neugeschaffene Wohnräume können auch landesrechtlich dem Schutz des MSchG. unterstellt werden, wenn zum Bau Zuschüsse aus öffentlichen Mitteln gegeben worden sind, Genossenschaftsbauten jedoch nicht (MSchG. §§ 33, 33 a, 33 b, RMG.

§ 16). In nahezu allen Ländern ist diese Unterstellung erfolgt (für Preußen vgl. Anordnung v. 7. 4. 24, GS. S. 220).

a) Das RMG. hat den Begriff der gesetzlichen Miete geschaffen. Es ist dies die Miete, welche für die betreffende Wohnung am 1. Juli 1914 vereinbart war (Friedensmiete), abzüglich gewisser Beträge für Nebenleistungen, nämlich Kosten der Heizstoffe für Sammelheizungen und Warmwasserversorgung und derjenigen, deren Abzug die obersten Landesbehörden festsetzen. Hauptsächlich kommen hierbei in Frage die Bereitstellung von Wasserkraft und Elektrizität, insbesondere auch die Bereitstellung eines Fahrstuhls. Die Auslagen des Vermieters für diese Nebenleistungen, also z. B. für die Heizstoffe, die Betriebskosten und Erhaltungskosten für den Fahrstuhl usw., sind daneben im Umlageverfahren zu zahlen. Die gesetzliche Miete ist von den Landesbehörden in Hundertsätzen der Friedensmiete festzusetzen. Seit Oktober 1927 beträgt sie in allen Ländern 120 v. H. Die Friedensmiete wird, falls unter den Beteiligten Streit darüber besteht, durch die Mieteinigungsämter festgestellt. War eine Friedensmiete am 1. 7. 1914 nicht vereinbart, z. B. weil der Vermieter die Wohnung damals selber bewohnte, oder läßt sie sich nicht mehr feststellen oder weicht sie aus besonderen Gründen in außergewöhnlichen Umfange von dem damaligen ortsüblichen Mietzins ab, so setzt das Mieteinigungsamt die Friedensmiete auf Anrufen eines Beteiligten fest. Das RMG. schließt nun keineswegs die freie Vereinbarung über den Mietzins aus, als solche freie Vereinbarung ist auch anzusehen, wenn die Beteiligten in freier Vereinbarung bewußt einen von der wirklichen Friedensmiete abweichenden Betrag als Friedensmiete zugrunde legen und auf Grund dessen den Mietzins nach den für die gesetzliche Miete geltenden Bestimmungen berechnen. Solche freien Vereinbarungen sind gültig, soweit sie nicht den allgemeinen Vorschriften über Mietwucher zuwiderlaufen (MSchG. § 49a), aber jeder Beteiligte ist berechtigt dem anderen Vertragsteil gegenüber zu erklären, daß der gesetzliche Mietzins fortan gelten soll. Dieser tritt dann mit dem ersten Termin in Wirkung, für den die Kündigung nach § 565 BGB. (gesetzliche Kündigung) (s. oben zu 7) zulässig sein würde. Die Erklärung muß schriftlich dem anderen Teil abgegeben werden, was häufig übersehen wird. Der Eintritt der gesetzlichen Miete hat in diesem Fall noch die Wirkung, daß ein bisher auf bestimmte Zeit abgeschlossener Mietvertrag nunmehr als auf unbestimmte Zeit geschlossen gilt (s. o. 7). Auch kann der Vermieter verlangen, daß der Mieter den Mietzins vierteljährlich entrichtet, wenn nach dem Vertrage ein längerer Zeitraum vereinbart war, landesrechtlich kann auch bestimmt werden, daß auf Verlangen jedes der Beteiligten noch kürzere Mietszahlung eintritt, in Preußen ist z. B. durch AVO. v. 25. 9. 23 (GS. S. 449) monatliche Zahlung zugelassen. Die vorstehenden Vorschriften finden keine Anwendung auf Mietverträge, die über freigewordene oder freiwerdende Räume nach dem 31. März 1928 auf mehr als zwei Jahre neu abgeschlossen werden und sich entweder ausschließlich auf Geschäftsräume oder auf solche Wohnungen beziehen, die abgesehen von Küche und Nebengelaß und Mädchenkammer mindestens 6 Wohnräume mit mindestens 100 qm Wohnfläche haben. Außerdem bestehen landesrechtliche Ausnahmen. Z. B. fast in allen Ländern unterstehen möblierte Wohnungen nicht dem Mieterschutz, wenn sie keine selbständige Wohnung darstellen (z. B. Preußen, Mecklenburg, Braunschweig, Anhalt) oder wenn keine eigene Wirtschaft darin geführt wird (z. B. Hamburg, Württemberg, Lübeck u. a.), auch leere Zimmer und Untermietverhältnisse sind zum Teil ausgenommen, wenn darin keine eigene Haushaltung oder Wirtschaft geführt wird (z. B. Bayern). Die Instandsetzungskosten, die großen sowohl wie die laufenden, hat jetzt der Vermieter zu tragen, soweit die festgesetzten Hundertteile der Friedensmiete gezahlt werden. In Preußen (VO. über die Mietzinsbildung v. 17. 4. 24) kann ein Mieter auf Grund ausdrücklicher oder stillschweigender Vereinbarung die sog. Schönheitsreparaturen in seinen Mietsräumen übernehmen, d. s. Tapezieren und Anstreichen oder Kalken der Wände und Decken, das Streichen der Fußböden, der Fenster und Türen; der gesetzliche Mietzins kürzt sich dann um 4 v. H. Genügt der Mieter seiner Pflicht, die Schönheitsreparaturen ausführen zu lassen nicht, so kann der Vermieter sie selbst ausführen lassen und vom nächsten Zahlungstermin ab die volle Miete verlangen. Er kann auch auf Erfüllung d. h. Ausführung der Reparaturen klagen, auch noch nach der Beendigung des Mietvertrages, wenn die Reparaturen während der Mietzeit erforderlich geworden sind.

Auf die Rechte aus dem RMG. kann nicht verzichtet werden, auch Vereinbarungen, nach denen dem einen Vertragsteile bei Ausübung der Rechte besondere Nachteile erwachsen sollen, z. B. Zahlung einer Vertragsstrafe, Verpflichtung zu sofortiger Räumung, sind unwirksam.

b) Das MSchG. beschränkt die Kündigungsfreiheit des Vermieters. Der Mieter ist in der Kündigung nicht beschränkt, hat er selbst gekündigt, so ist er daran gebunden. Dem Vermieter steht eine Kündigung nur aus bestimmten Gründen zu, nämlich 1. wenn der Mieter oder eine Person, die zu seinem Haushalt oder Geschäftsbetrieb gehört, oder der er den Gebrauch des Mietraums überlassen hat, sich einer erheblichen Belästigung des Vermieters oder eines Hausbewohners schuldig macht, wenn er durch unangemessenen Gebrauch des Mietraums oder durch Vernachlässigung der gebotenen Sorgfalt den Mietraum oder das Gebäude gefährdet oder wenn er unbefugt anderen den Gebrauch des Mietraums überläßt. In diesen Fällen muß der Kündigung eine Abmahnung vorhergehen und die Kündigung binnen 6 Monaten geltend gemacht werden, nachdem der Vermieter von dem Aufhebungsgrunde Kenntnis erlangt hat (§ 2 a. a. O.). 2. Wenn der Mieter bei monatlichen Zinszahlungen mit einem Betrag in Verzug ist, der für die Dauer eines Monats zu entrichtenden Mietzins übersteigt und ihn binnen 2 Wochen nach Fälligkeit nicht bezahlt hat, wenn der Mieter bei vierteljährlicher Zinszahlung mit einem vierteljährlichen Zinsbetrage im Rückstand ist und zwei Wochen nach der Fälligkeit nicht gezahlt hat (§ 3 a. a. O.). 3. Wenn der Vermieter aus besonderen Gründen ein so dringendes Interesse an der Erlangung des Mietraums hat, daß auch bei Berücksichtigung der Verhältnisse des Mieters die Vorenthaltung des Mietraums für den Vermieter eine schwere Unbilligkeit darstellen würde. In solchem Falle kann auch, wenn sich das dringende Interesse des Vermieters nur auf einen Teil der Mieträume erstreckt, die Aufhebung auf diesen Teil der Mieträume beschränkt werden (§ 4 a. a. O.). In den Fällen zu 1 und 2 kann sofortige Räumung verlangt werden, im Falle zu 3 mit der gesetzlichen oder im Vertrage vereinbarten Kündigungsfrist (s. unter Nr. 7), auch kann vom Mieter im letzteren Falle Ersatz der Umzugskosten innerhalb des Gemeindebezirks verlangt werden und die Räumung auf Antrag des Mieters davon abhängig gemacht werden, daß für den Mieter ein ausreichender Ersatzraum gesichert ist. Über die Angemessenheit des Ersatzraums entscheidet im Streitfalle das Mieteinigungsamt. In den anderen Fällen kann die Räumung von der Sicherung eines Ersatzraums nur dann abhängig gemacht werden, wenn dies zur Vermeidung unbilliger Härte erforderlich erscheint. Diese Vorschriften finden auch Anwendung auf Untermietsverhältnisse, wenn sie sich ausschließlich auf Wohnräume beziehen, in denen der Untermieter eine eigene Wirtschaft oder Haushaltung führt, sowie auf Mietsverhältnisse, bei denen ein Hauseigentümer einen Teil der von ihm selbst benutzten Räume mietweise abgegeben hat, mögen diese Räume nun möbliert oder unmöbliert vermietet sein. Keinen Mieterschutz genießen Untervermietungen gewerblicher Räume und der Räume, in denen der Mieter keinen eigenen Haushalt oder keine eigene Wirtschaft führt (§ 24 a. a. O.).

Die Kündigung kann durch gerichtliches Kündigungsschreiben oder durch Kündigungsklage erfolgen. Das Kündigungsschreiben muß nach einem bestimmten Vordruck abgefaßt sein, vom Vermieter unterschrieben sein und einen bestimmten Inhalt haben, insbesondere die Angabe der Vertragsteile, der Mieträume, des Grundes und wenn die Kündigung auf die Nichtzahlung gestützt wird, des rückständigen Betrages und des Zeitpunktes, an dem das Mietverhältnis endigen soll, enthalten. Das Kündigungsschreiben ist beim Amtsgericht des Bezirks, in dem die Wohnräume liegen, einzureichen. Es wird dann von der Geschäftsstelle des Gerichts nach Prüfung der Zulässigkeit dem Mieter zugestellt. Der Mieter kann dagegen binnen 2 Wochen nach Zustellung beim Gericht Einspruch erheben. Tut er dies, so kann der Vermieter binnen 2 Wochen, nach dem ihm der Widerspruch mitgeteilt worden, die Anberaumung eines Gütetermins beantragen. Das Verfahren wird dann wie nach einer erhobenen Klage fortgesetzt. Unterläßt der Vermieter den Antrag, so verliert die Kündigung ihre Kraft. Dasselbe tritt ein, wenn der Mieter die rückständigen Mietbeträge, wegen deren die Kündigung erfolgt ist, bezahlt. Hat der Mieter keinen Widerspruch erhoben, so kann der Vermieter den Erlaß eines Räumungsbefehls beantragen, der von der Geschäftsstelle des Gerichts erlassen und, wenn sich der Vermieter die Zustellung nicht selbst vorbehalten hat, auch dem Mieter zugestellt wird. Auf Grund dieses Räumungsbefehls kann der Vermieter vollstrecken lassen. Der Mieter hat gegen den Räumungsbefehl allerdings den Einspruch, der aber die Vollstreckung nicht hindert, soweit nicht das Gericht sie ausdrücklich einstellt. Die Kündigungsklage bietet gegenüber der gewöhnlichen Klage keine Besonderheiten.

Eine Sonderregelung betrifft die Fälle, in denen die Überlassung von Räumen nur mit Rücksicht auf ein zwischen den Vertragsteilen bestehendes Dienst- oder Arbeitsverhältnis erfolgt ist (sog. Werkwohnungen). In Betracht kommen insbesondere Wohnungen, die landwirtschaftlichen oder gewerblichen Arbeitern und Angestellten in den von den Arbeitgebern zur Unterbringung ihrer Leute errichteten Gebäuden oder gemieteten Räumen, überlassen worden sind, sowie Wohnungen von Pförtnern, Hausverwaltern und ähnlichen Angestellten. Unerheblich ist es hierbei, ob über die Werkwohnung noch ein besonderer Mietvertrag abgeschlossen ist oder ob der Raum ohne solchen besonderen Vertrag dem Dienstverpflichteten als Teil des Lohnes überlassen war.

In diesen Fällen würden, wenn die Arbeits- oder Angestelltenverträge aufgehoben werden, auch die Wohnungsüberlassungsverträge hinfällig werden. Dies bleibt auch so, wenn der Dienstverpflichtete den Vertrag aufhebt, ohne daß der andere Teil ihm dazu Veranlassung gegeben hat. Er ist dann verpflichtet die Wohnung zu räumen. Löst aber der Wohnungsüberlasser das Vertragsverhältnis auf, so behält der Dienstverpflichtete als Mieter die Wohnung, es sei denn, daß der Mieter dem Vermieter einen gesetzlich begründeten Anlaß zur Auflösung des Dienst- oder Arbeitsverhältnisses gegeben hatte. Dasselbe gilt, wenn der Verpflichtete den Vertrag auflöst, weil ihm der andere Teil dazu berechtigten Anlaß gegeben hatte, z. B. den vereinbarten Lohn nicht gezahlt und dies auch innerhalb einer gesetzten Nachfrist nicht nachgeholt hatte (§§ 20, 21 MSchG.). Doch kann der Vermieter auch in diesem Fall Räumung verlangen, wenn er den Raum notwendig, insbesondere zur Unterbringung eines Nachfolgers des Inhabers dringend gebraucht. Es hat der Mieter dann allerdings einen Anspruch darauf, daß die Räumung von der Zuweisung eines Ersatzraumes abhängig gemacht wird, doch muß statt dieser Sicherung die Räumung von der Zahlung eines angemessenen Betrages für Umzug und Unterkunftsbeschaffung abhängig gemacht werden, wenn einer der beiden Teile dies verlangt.

In einigen besonderen Fällen finden die Beschränkung der Kündigung und der Aufhebung des Mietverhältnisses keine Anwendung. Es sind dies folgende: Wenn ein Raum für besondere Zwecke zu vorübergehendem Gebrauch vermietet oder untervermietet ist (§ 25), wenn ein Gebäude oder ein Gebäudeteil, das im Eigentum oder in der Verwaltung des Reichs oder eines Landes steht und entweder öffentlichen Zwecken oder zur Unterbringung von Angehörigen der Verwaltung des Reichs oder Landes zu dienen bestimmt ist oder bestimmt wird, jemandem mietweise oder auf Grund eines sonstigen Rechtsverhältnisses überlassen ist (z. B. Dienstwohnungen). In diesem Falle muß aber die Vollstreckung von der Sicherung eines ausreichenden Ersatzraums oder Gewährung eines angemessenen Geldbetrages abhängig gemacht werden (§ 32). Dies findet entsprechende Anwendung auf Gemeinden, Körperschaften des öffentlichen Rechts, gemeinnützige Anstalten und Stiftungen, sowie auf gemeinnützige nicht auf Erwerb gerichtete Organisationen, soweit sie die Räume für eigene Zwecke dringend benötigen (§ 32 Abs. 4). Ebenso wird das dem Vermieter nach § 19 der Konkursordnung (s. d.) zustehende Kündigungsrecht durch dieses Gesetz nicht berührt. Auch das Kündigungsrecht des Vermieters beim Tode des Mieters wird durch das MSchG. nicht berührt (s. oben 7 c) mit folgender Ausnahme: der Vermieter kann nicht kündigen, wenn der Erbe ein volljähriger Verwandter des Erblassers bis zum 2. Grade oder der Ehegatte ist und beim Tode des Mieters zu dessen Haushalt gehört hat. Kündigt der Vermieter oder der Erbe auf Grund der allgemeinen gesetzlichen Bestimmungen, so treten Familienangehörige des Mieters, bei denen die obengenannten Voraussetzungen vorliegen in die Rechte und Pflichten des Mieters ein. Geben diese jedoch nicht unverzüglich, nachdem sie von der Kündigung Kenntnis erlangt haben, dem Vermieter gegenüber die Erklärung ab, daß sie das Mietverhältnis fortsetzen wollen, so gilt der Eintritt als nicht erfolgt (§ 19).

Die Untervermietung ist auch nach dem MSchG. nur zulässig, wenn sie vertraglich vereinbart ist oder der Vermieter zustimmt, jedoch kann das Mieteinigungsamt auf Antrag des Mieters die Einwilligung des Vermieters ersetzen. Die Ersetzung ist aber nur zulässig, wenn in den untervermieteten Räumen keine eigene Haushaltung oder Wirtschaft geführt werden soll (§ 29).

Einen besonderen Herausgabeanspruch und Klageanspruch hat ein Mieter, dem die nach Landesgesetzen erforderliche Genehmigung zum Beziehen einer Wohnung durch die Gemeindebehörde erteilt worden ist — dem die Wohnung z. B. durch ein Wohnungsamt zugewiesen worden ist — gegen denjenigen, der den Raum ohne Abschluß eines Vertrages oder auf Grund eines nicht genehmigten oder nicht angezeigten Mietvertrages inne hat. Der durch das Wohnungsamt zugewiesene Mieter kann also den nicht eingewiesenen Mieter entfernen, ohne erst sich an den Vermieter wenden zu müssen, der vielleicht vertraglich dem Schwarzmieter den Besitz eingeräumt hat (§ 31 Abs. 2). Der Mieter hat auch Schadensersatzansprüche gegen den Schwarzmieter.

Aus Mietverträgen über Gebäude oder Gebäudeteile, die nach den Anordnungen der Gemeindebehörde dieser anzuzeigen oder zur Genehmigung mitzuteilen sind, können weder unter den Vertragsteilen noch Dritten noch einer Behörde gegenüber Rechte geltend gemacht werden, wenn die Verträge der Vorschrift zuwider nicht angezeigt oder genehmigt worden sind (§ 31 Abs. 1).

Mieten von Dienstboten usw. s. Hausangestellte.

Mietpfennig, Mietgroschen s. Miete 1 u. Draufgabe.

Mietzins s. Miete 6; Abtretung vor dem Verkauf s. Miete 10.

Milchkuh, Pfändbarkeit, s. Pfändung in der Zwangsvollstreckung 1.

Milde Stiftungen s. Stiftungen.

Mildtätige Zwecke, Auflagen zu, s. Auflagen in Testamenten.

Militärtestament s. Testament 2 E.

Minderjährig (2). Minderjährig ist, wer das einundzwanzigste Lebensjahr noch nicht vollendet hat (und nicht etwa für volljährig erklärt ist). Mit der Vollendung des 21. Lebensjahres (s. „Fristen und Termine“) beginnt das Alter der Volljährigkeit. Über Volljährigkeitserklärung minderjähriger Personen vor Vollendung des 21. Lebensjahres s. den Artikel „Volljährigkeit, Volljährigkeitserklärung“. Der Minderjährige ist bis zum 7. Lebensjahr geschäftsunfähig, vom 7. Lebensjahre an beschränkt geschäftsfähig (s. „Geschäftsfähigkeit“). Auch die Ehemündigkeit ist beschränkt (s. „Ehehindernisse“ 1 a).

Minderjährige, Vormundschaft über, s. Vormundschaft 1; Gültigkeit der Geschäfte (Verträge usw.) von, s. Geschäftsfähigkeit 2, 3; selbständiger Betrieb eines Erwerbsgeschäfts durch sie, s. Geschäftsfähigkeit 3; selbständiges Dienst- oder Arbeitsverhältnis s. Geschäftsfähigkeit 3; Verheiratung s. Ehehindernisse 1 b u. den nachstehenden Artikel; Einwilligung der Eltern zur Heirat s. Ehehindernisse 1 c; Erlangung der Volljährigkeit s. Volljährigkeit; minderjährige Mutter s. Mutter und Kind 1.

Minderjährige Ehefrauen. Heiratet ein Mädchen, solange es noch minderjährig ist, so bleibt es, wenn die Eltern noch leben, nach wie vor in der elterlichen Gewalt des Vaters oder der Mutter; s. darüber unter „Eltern und Kinder“ und „Mutter und Kind“. Nur die Rechte, die den Eltern hinsichtlich der Person der Tochter zustanden, also vor allem das Recht der Erziehung, der Beaufsichtigung usw., hören der jungen Frau gegenüber auf; die Vertretung der minderjährigen Frau in Rechtsangelegenheiten, die ihre Person betreffen, steht aber auch ferner dem Inhaber der elterlichen Gewalt, nicht dem Ehemanne, zu (1633). Von besonderer Wichtigkeit ist aber, daß das dem Vater oder der Mutter (als Inhabern der elterlichen Gewalt) an dem Vermögen ihrer minderjährigen Kinder gesetzlich zustehende Nutznießungsrecht der heiratenden Tochter gegenüber aufhört (falls sie nicht etwa ohne die erforderliche Einwilligung der Eltern geheiratet hat) (1661). Die Verwaltung und Nutznießung des Vermögens der Frau geht jetzt auf den Ehemann über, insofern es „eingebrachtes Gut“ wird; siehe das Nähere unter „Eingebrachtes Gut der Frau“. Soweit aber ihr Vermögen der Verwaltung und Nutznießung des Mannes nicht unterfällt, weil es „Vorbehaltsgut“ ist (s. d.) oder weil die gesetzlichen Rechte des Mannes an dem Vermögen der Frau durch einen abgeschlossenen Ehevertrag ausgeschlossen sind oder weil die jungen Leute in Gütertrennung (s. d.) leben, wird es bis zu ihrer Volljährigkeit nach wie vor von dem Inhaber der elterlichen Gewalt, dem Vater oder der Mutter, verwaltet, der (die) sie überhaupt bis zu erreichter Volljährigkeit in ihren Vermögensangelegenheiten in gleicher Weise, wie dies bei anderen Minderjährigen der Fall ist, zu vertreten hat. Aber auch wenn dem Ehemann die Verwaltung und Nutzung des Vermögens seiner minderjährigen Frau zusteht, gebührt doch die Vertretung der Frau auch in vermögensrechtlichen Angelegenheiten dem Vater (der Mutter); er (sie) hat daher an Stelle der Tochter die Zustimmung zu erteilen, die zu einer Handlung des Ehemannes etwa erforderlich ist.

Stand die minderjährige Frau bei ihrer Verheiratung unter Vormundschaft, so bleibt auch diese bestehen, bis jene volljährig wird oder etwa für volljährig erklärt wird (s. „Volljährigkeitserklärung“). Nur die Rechte des Vormundes in bezug auf die Person der jungen Frau hören auf, wogegen ihm aber auch fernerhin die Vertretung in ihren persönlichen Angelegenheiten zusteht (1800, 1663). Ebenso hat der Vormund auch weiterhin die Verwaltung des Vermögens der Frau und ihre Vertretung in Vermögensangelegenheiten in gleicher Weise, wie er diese Rechte und Pflichten vor der Verheiratung der Mündel hatte, soweit nicht das Vermögen der Frau „eingebrachtes Gut“ wird und daher in die Verwaltung und Nutznießung des Mannes kommt. Der Ehemann kann, abgesehen von seinen obengedachten Rechten an dem eingebrachten Gut der Frau, diese während der Minderjährigkeit weder in ihren persönlichen, noch in ihren Vermögensangelegenheiten vertreten. Siehe über die Rechte des Mannes an dem eingebrachten Gute der Frau, sowie über das vermögensrechtliche Verhältnis zwischen Ehegatten überhaupt den Artikel „Eingebrachtes Gut der Frau“.

Die minderjährige Braut oder Ehefrau kann

selbständig keinen Ehevertrag (s. „Eingebrachtes Gut der Frau 1") mit dem Verlobten oder Ehemanne abschließen; sie bedarf dazu der Einwilligung ihres gesetzlichen Vertreters (des Vaters, der Mutter, des Vormundes). Ja diese Personen könnten sogar, von besonderen Fällen abgesehen, ohne ihre Zustimmung und ohne ihr Vorwissen gültig einen Ehevertrag für sie schließen, wenn dieser Fall auch schwerlich vorkommen wird. Soll freilich, wie es meist geschieht, mit dem Ehevertrage zugleich ein Erbvertrag, also ein Ehe- und Erbvertrag, abgeschlossen werden, so ist die Mitwirkung der Braut oder Frau bei dem Vertrage erforderlich. Über die sonstigen Erfordernisse eines Erbvertrages vergleiche den betreffenden Artikel. Ein Testament kann eine Braut oder junge Frau selbständig (ohne Zuziehung ihres gesetzlichen Vertreters oder des Ehemannes) errichten, sobald sie das sechzehnte Lebensjahr erreicht hat (Näheres darüber s. „Testament").

Nach Umständen kann für eine minderjährige Frau der Ehemann als Vormund bestellt werden; ein Recht darauf hat er jedoch nicht.

Minderkaufmann s. Kaufmann usw. 2.

Minderung des Kaufpreises wegen Mangelhaftigkeit der Sache s. Gewährleistung wegen Mängel usw. 2.

Minderwertigkeit gelieferter Waren s. Gewährleistung usw.

Mineralien. Das Recht auf Gewinnung von Mineralien ist der landesrechtlichen Regelung überlassen (EGBGB. 67 u. 68). In Betracht kommen die einschlägigen Landesgesetze. Preußen: Allg. Berggesetz für die preußischen Staaten vom 24. 6. 1865 (GS. 105), das auch in den später erworbenen Gebietsteilen eingeführt worden ist, mit Abänderungen vom 24. 6. 1892 (GS. 131) und 20. 9. 1899, AGBGB. Art. 22, 37 (GS. 177) und späteren Abänderungen; ferner das Gesetz betreffend die Rechtsverhältnisse des Stein- und Braunkohlenbergbaus in früheren sächsischen Landesteilen vom 22. 2. 1869 in der Fassung des AGBGB. Art. 38. Baden: Berggesetz in der Neufassung vom 17. 4. 1925 (GVBl. 103) nebst VO. vom 12. 1. 1901 über Anlegung von Berggrundbüchern. Bayern: Bayr. Berggesetz in der Neufassung vom 13. 8. 1910 (GVBl. 745) mit Abänderung vom 15. 6. 1914 (GVBl. 413), sowie das Gesetz vom 27. 7. 1921 über phosphorhaltige Mineralien und Gesteine (GVBl. 384). Hessen: Berggesetz in der Fassung vom 30. 9. 1899 (RegBl. 801), abgeändert durch Art. 283 AGBGB. u. Ges. vom 28. 3. 1908 (RegBl. 89), sowie das Ges. vom 12. 3. 1920 betreff. Beschränkung der Verfügung über Bergwerkseigentum und Gewerkschaftsanteile (RegBl. 59) und Ges. vom 8. 10. 1927 betreff. Aufsuchen und Gewinnung von Schwerspat (RegBl. 1927 Nr. 16). Württemberg: Berggesetz vom 7. 10. 1874 (RegBl. 265) abgeändert durch Art. 207, 208 AG. BGB. und spätere Abänderungsgesetze, sowie Ges. vom 18. 5. 1921 betreffend die staatlichen Hüttenwerke (RegBl. 227). Braunschweig: Berggesetz in der Neufassung vom 14. 3. 1913 (GV. S. 55) abgeändert durch mehrfache spätere Gesetze, sowie das Gesetz wegen Aufsuchen und Gewinnung von Mineralien vom 19. 5. 1894, abgeändert durch Ges. vom 25. 2. 1899 u. 13. 6. 1917. Anhalt: Berggesetz vom 20. 3. 1896, abgeändert durch Art. 53 AGBGB. und Gesetze vom 20. 4. 1906, 24. 3. 1909, 9. 4. 1917 u. 27. 3. 1920. Hamburg: Berggesetz vom 3. 6. 1911 (GS. I 80) u. Ges. vom 25. 6. 1906 betreffend Gewinnung von Steinen und Kalisalzen (GS. 1 89). Bremen: Ges. vom 14. 7. 1908 betreffend Regelung bergrechtlicher Verhältnisse. Oldenburg: Berggesetz vom 3. 4. 1908 (GBl. S. 875) und andere.

In allen Ländern sind Bergwerke und Abbaugerechtigkeiten den Grundstücken gleichgestellt, so daß besondere Grundbücher dafür angelegt und Bergwerke und Abbaugerechtigkeiten wie Grundstücke belastet werden können. Durch Art. 7 der Reichsverfassung ist dem Reich die Gesetzgebung über den Bergbau übertragen. Das Reich hat bisher jedoch nur bezüglich des Knappschaftswesens davon Gebrauch gemacht durch Erlaß des Reichsknappschaftsgesetzes vom 1. 7. 1926 (RGBl. I 369). Es bleiben daher vorläufig noch die Landesgesetze in Kraft (Art. 12 RV.).

Ist ein Bergwerk oder eine Abbaugerechtigkeit Gegenstand eines Nießbrauchs oder gehört es zu einer Erbschaft, so können der Eigentümer und der Nießbraucher bzw. der Vorerbe und der Nacherbe verlangen, daß das Maß der Nutzungen und die Art der wirtschaftlichen Behandlung durch einen Betriebsplan festgestellt wird, BGB. § 1038 Abs. 2 und 2123 Abs. 2.

Minorenn s. Minderjährige.

Mißbrauch eines Abhängigkeitsverhältnisses, Verführung einer Frau (eines Mädchens) durch, s. Verführung; der Rechte des Ehemanns s. Ehegatten 1; eines Namens, einer Firma usw. s. Unredliche Benutzung eines Namens usw.

Mißhandlung als Enterbungsgrund s. Pflichtteil 5; Schadensersatz wegen, s. Schadensersatz wegen unerlaubter Handlung; als Scheidungsgrund s. Ehescheidung 1 d.

Mißwachs s. Pacht 7.

Mitbesitz s. Besitz.

Mitbieten beim Verkauf, Verbot s. Kauf und Verkauf 12.

Mitbürge s. Bürge.

Miteigentum (1008—1011). Steht das Eigentum an einer Sache mehreren gemeinschaftlich, nach Bruchteilen (sog. ideellen Anteilen) zu, so gelten für das Verhältnis unter ihnen, den „Miteigentümern", die für die Rechtsgemeinschaft überhaupt gegebenen gesetzlichen Vorschriften; s. darüber unter „Gemeinschaft". Für das gemeinschaftliche Eigentum, Miteigentum, hat das Gesetz aber noch folgende Bestimmungen getroffen.

Jeder Miteigentümer kann über seinen Bruchteil frei verfügen. Er kann ihn verkaufen und belasten, z. B. mit Hypotheken. Die Verfügung bedarf derselben Form wie die Verfügung über ein ungeteiltes Recht. Die gemeinschaftliche Sache kann auch zugunsten eines Miteigentümers belastet werden; es kann also beispielsweise zugunsten des Miteigentümers eines Grundstücks eine Hypothek an dem ganzen Grundstück eingetragen werden. Die Belastung eines gemeinschaftlichen Grundstücks zugunsten des jeweiligen Eigentümers eines anderen Grundstücks sowie die Belastung eines anderen Grundstücks zugunsten der jeweiligen Eigentümer des gemeinschaftlichen Grundstücks wird nicht dadurch ausgeschlossen, daß das andere Grundstück einem Miteigentümer des gemeinschaftlichen Grundstücks gehört. Hinsichtlich einer von den Miteigentümern etwa getroffenen Vereinbarung, wonach eine Teilung der gemeinschaftlichen Sache nicht zulässig sein soll, gelten die für die „Gemeinschaft" überhaupt bestehenden gesetzlichen Bestimmungen. Haben indes die Miteigentümer eines Grundstücks die

Verwaltung und Benutzung geregelt oder das Recht, die Aufhebung der Gemeinschaft zu verlangen, für immer oder auf Zeit ausgeschlossen oder eine Kündigungsfrist bestimmt, so wirkt die getroffene Bestimmung gegen den Sondernachfolger eines Miteigentümers nur, wenn sie als Belastung des Bruchteils im Grundbuch eingetragen ist. Auch die in den §§ 755 und 756 BGB. bezeichneten Ausgleichungsansprüche können gegen den Sondernachfolger eines Miteigentümers nur geltend gemacht werden, wenn sie im Grundbuch eingetragen sind. Der Erwerber eines Miteigentumsanteils soll durch diese Vorschriften vor etwaigen, nicht aus dem Grundbuch ersichtlichen Lasten, die auf dem Anteil ruhen könnten, gesichert werden. Jeder Miteigentümer kann für sich allein gegen andere Personen, die sein Eigentumsrecht verletzen (z. B. ihn in dem Besitze oder der Benutzung der Sache stören oder beeinträchtigen), die Ansprüche geltend machen, die ihm aus seinem Eigentum (Miteigentum) zustehen (s. „Eigentumsansprüche usw."); den Anspruch auf Herausgabe der gemeinschaftlichen Sache, wenn ein anderer Unberechtigter sie besitzt, kann er (allein, ohne die übrigen Miteigentümer) jedoch nur in der Weise geltend machen, daß er von dem Besitzer die Hinterlegung der Sache für alle Miteigentümer oder, wenn sie sich nicht zur Hinterlegung eignet, ihre Ablieferung an einen gerichtlich zu bestellenden Verwahrer fordert (vgl. „Hinterlegung" und „Verwahrer usw.").

Miterben s. Erbteilung; Ausgleichung unter, s. Ausgleichung unter Miterben.

Mitgift s. Aussteuer, Ausstattung.

Mitte des Monats s. Fristen und Termine.

Mittelbarer Besitz s. Besitz 2.

Mittelbarer Vertreter s. Vertreter (Vertretung) 4.

Mittäter s. Schadensersatz wegen unerlaubter Handlung 5.

Mittlere Art und Güte s. Leistungen usw. 1.

Möbelkauf, Möbelmiete auf Abzahlung s. Abzahlung, Verkäufe auf.

Möbeltransport s. Frachtführer.

Modelle s. Musterschutz.

Monate, Berechnung einer Frist nach, s. Fristen und Termine.

Mondblindheit bei Pferden usw. s. Gewährleistung usw. 9.

Mortifizierung, Mortifikation von Urkunden s. Kraftloserklärung usw.

Mühlenbetrieb als land- und forstwirtschaftliches Nebengewerbe s. Land- und Forstwirte als Kaufleute.

Mühlenrecht s. Wasserrecht.

Mündel s. Vormund, Vormundschaft, Pflegschaft; Vertretung durch den Vormund s. Vormund 5; Heirat s. Ehehindernisse 1 b; Anhörung in Vormundschaftsangelegenheiten s. Vormundschaftsgericht.

Mündelgelder, Mündelsicherheit. 1. Eine wichtige Obliegenheit für einen Vormund (oder Pfleger), der Vermögen der ihm anvertrauten Mündel zu verwalten hat, ist die Anlegung der ihm zu Händen kommenden Gelder. Es würde einer ordnungsmäßigen Verwaltung nicht entsprechen, wenn der Vormund zurückgezahlte Kapitalien, eingehende Kaufgelder, Zinsen usw. für den Mündel aufsammeln wollte; das Geld muß wieder nutzbar angelegt werden. Das Gesetz schreibt ausdrücklich vor, daß der Vormund „das dem Mündel gehörige Geld, soweit es nicht zur Bestreitung von Ausgaben bereitzuhalten ist, verzinslich anzulegen hat" (1806). Wieviel er von den in seinen Händen befindlichen Geldern zur Bestreitung der Verwaltungskosten und der Ausgaben für den Unterhalt des Mündels (der Mündel) oder zur Erfüllung sonstiger Verpflichtungen zurückbehalten muß, ist seinem verständigen Ermessen überlassen. Verzögert oder versäumt er die Anlegung der Gelder, so ist er dafür nach allgemeinen Rechtsgrundsätzen dem Mündel zum Schadensersatze verpflichtet. In welcher Art der Vormund das verfügbare Geld verzinslich anzulegen hat (und zwar im Einverständnis mit dem Gegenvormunde; s. darüber unten 2 a. Schl.), darüber stellt das Gesetz genaue Vorschriften auf, die vom Vormund regelmäßig zu befolgen sind. Es ist jedoch mit Genehmigung des Vormundschaftsgerichts auch eine anderweitige Anlegung (s. unten 3) zulässig. Das Bürgerliche Gesetzbuch stellt für die Anlegung der Mündelgelder wörtlich folgende Regel auf (1807): Sie soll nur erfolgen:

1. in Forderungen, für die eine sichere Hypothek an einem inländischen Grundstück (oder einem inländischen Erbbaurecht) besteht, oder in sicheren Grundschulden oder Rentenschulden an inländischen Grundstücken (oder inländischen Erbbaurechten);
2. in verbrieften Forderungen gegen das Reich oder ein Land sowie in Forderungen, die in das Reichsschuldbuch oder in das Staatsschuldbuch eines Landes eingetragen sind;
3. in verbrieften Forderungen, deren Verzinsung von dem Reiche oder einem Lande gewährleistet ist;
4. in Wertpapieren, insbesondere Pfandbriefen, sowie in verbrieften Forderungen jeder Art gegen eine inländische kommunale Körperschaft oder die Kreditanstalt einer solchen Körperschaft, sofern die Wertpapiere oder die Forderungen von dem Bundesrat (jetzt Reichsrat) zur Anlegung von Mündelgeld für geeignet erklärt sind;

   (dies ist geschehen durch eine Bekanntmachung des Bundesrats v. 7. Juli 1901, die verbriefte Forderungen gegen eine inländische kommunale Körperschaft oder gegen die Kreditanstalt einer solchen für mündelsicher erklärt, wenn die Forderungen von seiten des Gläubigers kündbar sind oder einer regelmäßigen Tilgung unterliegen; ferner durch eine Reihe von späteren Bekanntmachungen des Reichskanzlers, die gewisse Schuldverschreibungen als zur Anlegung von Mündelgeld geeignet erklären);
5. bei einer inländischen öffentlichen Sparkasse, wenn sie von der zuständigen Behörde des Landes, in welchem sie ihren Sitz hat, zur Anlegung von Mündelgeld für geeignet erklärt ist.

Hierzu ist folgendes zu bemerken: Das Gesetz, d. h. das für den Umfang des Deutschen Reiches geltende Bürgerliche Gesetzbuch, trifft keine Bestimmung darüber, unter welchen Voraussetzungen eine Hypothek als sicher (mündelsicher, pupillarisch sicher) anzusehen ist. Diese Bestimmung ist der Landesgesetzgebung überlassen, die für die innerhalb ihres Geltungsbereiches belegenen Grundstücke die Grundsätze bestimmen kann, nach denen die Sicherheit einer Hypothek, einer Grundschuld oder einer Rentenschuld festzustellen ist. Es ist also Sache des Vormundes, der Mündelgelder in Hypotheken, Grundschulden oder Rentenschulden anlegen will, sich über die in dieser Beziehung ergangenen Landesgesetze zu unterrichten (s. auch unter 5). Sind solche Bestimmungen nicht ergangen, so wird der Vormund nur solche Hypotheken usw. wählen, bei denen eine Schädigung des Mündels nach verständigem Ermessen ausgeschlossen ist; eine Verantwortlichkeit wird ihn nur dann treffen, wenn ihm bei der Anlegung nach allgemeinen Rechtsgrundsätzen ein Verschulden zur Last gelegt werden kann (s. „Vormund 7"). Eine Belegung von Mündelgeldern bei Sparkassen (s. nachstehend unter 2), auch wenn sie sog. „öffentliche" sind, ist nicht schlechtweg zulässig; vielmehr muß die Sparkasse von der zuständigen Behörde des Landes, welchem sie angehört, ausdrücklich als zur Anlegung von Mündelgeld geeignet erklärt sein. Bestehen landesgesetzliche Vorschriften, wonach noch andere Forderungen und Wertpapiere, als die oben unter 2 bis 4 bezeichneten, zur Belegung von Mündelgeldern für geeignet erklärt sind, so bleiben diese Vorschriften auch künftig in Geltung; es können auch neue derartige Vorschriften durch die Landesgesetzgebung erlassen werden. Im übrigen hängt es von dem verständigen Ermessen des Vormundes ab, welche der vorstehend als zulässig bezeichneten Arten der Anlegung von Geldern er wählen will; er wird von mehreren gleich sicheren diejenige vorziehen, die für den Mündel die vorteilhafteste ist. Selbstverständlich hat der Vormund, wenn er nicht etwa Inhaberpapiere kauft, die Gelder auf den Namen des Mündels (nicht auf eigenen Namen) auszuleihen.

Das über die Anlegung von Mündelgeldern Gesagte bezieht sich nicht ohne weiteres auch auf solche Kapitalanlagen, die sich beim Beginn der Vormundschaft (Pflegschaft) im Mündelvermögen bereits vorfinden, aber nicht die vorgeschriebene Sicherheit gewähren. Es versteht sich von selbst, daß es zu den Verwaltungspflichten des Vormundes gehört, sich solcher unsicherer Anlagen zu entäußern, sofern und sobald dies ohne erheblichen Vermögens- oder Einnahmeverlust geschehen kann. Der Vormund hat hier zu prüfen, was er als guter Hausvater zu tun hat. Besondere Vorschriften hierüber enthält das Gesetz nicht, da sich alles nach den Umständen richten muß.

Darüber, was der Vormund mit den von ihm angeschafften oder bereits vorgefundenen Wertpapieren zu tun hat, s. „Vormund 4".

2. Die unter 1 mitgeteilten Vorschriften betreffen die, mehr oder weniger, dauernde Anlegung der Mündelgelder. Eine solche ist aber nicht immer sofort möglich, sei es, daß sich eine geeignete Anlage nicht gleich findet oder daß die Möglichkeit einer künftigen vorteilhafteren Anlage abgewartet werden soll oder daß die zu einer gewissen Anlage nötigen größeren Kapitalien erst angesammelt werden sollen. Es kann dann eine vorübergehende Anlegung der Gelder nötig werden, da der Vormund selbstverständlich die Gelder nicht bis zur endgültigen Anlegung ungenutzt liegen lassen darf. Solche vorübergehende Anlegung der Gelder kann natürlich auch in einer der oben unter 1 bis 5 angegebenen Weisen, z. B. bei einer für geeignet erklärten Sparkasse, geschehen; ist eine solche Anlegung aber nicht möglich, so darf der Vormund die verfügbaren Gelder bei der Reichsbank, bei einer Staatsbank oder bei einer anderen, durch Landesgesetz dazu für geeignet erklärten (s. unten unter 7) inländischen Bank oder bei einer Hinterlegungsstelle (s. d.) anlegen (1808). Keineswegs darf er aber Mündelgelder, wenn auch nur vorübergehend, bei einem Bankier usw. unterbringen oder gar in eigene Nutzung nehmen. Eine besondere Bestimmung hat das Gesetz noch für den Fall, daß ein Vormund Mündelgeld bei einer Sparkasse oder bei der Reichsbank oder einer der anderen soeben genannten Banken oder bei einer Hinterlegungsstelle anlegt; der Vormund muß in solchem Falle bei der Hingabe des Geldes mit der Sparkasse, der Bank usw. ein Abkommen treffen, wonach die Kasse (die Bank usw.) den bei ihr eingezahlten Betrag dem Vormunde nur mit Genehmigung des Gegenvormundes oder des Vormundschaftsgerichts zurückzahlen darf. Der Vormund ist hierdurch gehindert, die Summe ohne Vorwissen jener Aufsichtsorgane wieder zurückzunehmen (1809).

Die Anlegung der Mündelgelder ist Sache des Vormundes (Pflegers); aber er soll hierbei nicht eigenmächtig vorgehen, sondern sich des Einverständnisses des Gegenvormundes versichern. Bei Ausleihe auf Hypotheken usw. werden auch die Rückzahlungsbedingungen (Kündigungsfristen) und der Zinsfuß im Einvernehmen mit dem Gegenvormunde zu vereinbaren sein. Ist kein Gegenvormund vorhanden (was bei Pflegschaften regelmäßig der Fall ist), oder weigert dieser seine Zustimmung, so soll der Vormund die Genehmigung des Vormundschaftsgerichts einholen, vorausgesetzt, daß nicht mehrere Vormünder oder Pfleger gemeinschaftlich verwalten, in welchem Falle diese Genehmigung nicht nötig ist (1810).

3. Es ist oben bereits erwähnt, daß die gesetzliche Regelvorschrift über die Anlegung der Mündelgelder (oben 1) nicht unbedingt in allen Fällen befolgt werden muß. Es können Fälle eintreten, wo der Mündel, z. B. infolge einer Erbschaft, Kapitalvermögen in ausländischen Werten besitzt und im Zusammenhange mit diesem Besitze zum Zwecke der Vermeidung sonst drohender großer Verluste die weitere Anlegung von Mündelgeldern in solchen Werten, sei es durch Ausübung eines Bezugsrechtes, sei es durch Nachzahlungen, erforderlich wird, oder wo es sich darum handelt, dem Vater oder der Mutter des Mündels durch Hingabe eines Darlehens gegen Hypothek den Besitz eines im Auslande gelegenen Grundstückes zu erhalten, wenn durch die Erhaltung dieses Besitzes der Unterhalt der Familie und des Mündels selbst bedingt ist. In solchen und ähnlichen Fällen konnte von jeher das Vormundschaftsgericht dem Vormunde (Pfleger) eine Anlegung von Mündelgeldern in anderer als der vorgeschriebenen Art ausnahmsweise gestatten (1811). Da jedoch während der Inflationszeit gerade die Anlage in sogenannten mündelsicheren Papieren zu den größten Verlusten führte, kann nunmehr allgemein eine andere Art der Anlegung zugelassen werden. Ein diesbezüglicher Antrag des Vormundes soll durch das Gericht nur abgelehnt werden, wenn die beabsichtigte Art der Anlegung nach Lage des Falles den Grundsätzen einer wirtschaftlichen Vermögensverwaltung zuwiderlaufen würde. Eine Ausnahme von diesen Grundsätzen ist schließlich durch § 33 des Jugendwohlfahrtsgesetzes von 1922 gegeben. Nach diesem kann bei einer durch das Jugendamt geführten Vormundschaft die Anlegung auch bei der Körperschaft, Gemeinde oder bei dem Gemeindeverband erfolgen, der das Jugendamt errichtet hat.

4. Die vorstehend mitgeteilten Vorschriften über die Anlegung von Mündelgeldern (insbesondere über die sog. Mündelsicherheit von Anlagepapieren usw.) haben nicht nur Bedeutung für Vormünder (Pfleger). Es gibt nach dem Bürgerlichen Gesetzbuch zahlreiche Fälle, in denen diese Vorschriften auch von anderen Personen beachtet werden müssen. Ein Nießbraucher (s. „Nießbrauch 2"), der Vater oder die Mutter bei Anlegung von Geldern, die zu dem von ihnen verwalteten Kindesvermögen gehören (s. „Verwaltung und Nutzung des Kindesvermögens usw. 1"), der Ehemann, der das von der Frau ihm zugebrachte Vermögen verwaltet (s. „Eingebrachtes Gut der Frau 2"), der Vorerbe (s. „Nacherbe 1") müssen verfügbare Gelder mündelsicher belegen; viele Kongregationen, Gesellschaften und Genossenschaften sind statutenmäßig hierzu gleichfalls verpflichtet; Prämienreserven der Versicherungsanstalten sind wie Mündelgelder anzulegen usw. Es kann ferner mit einem Wertpapier nur dann eine Sicherheit (Kaution) geleistet werden, wenn es einer Gattung von Papieren angehört, in denen Mündelgelder belegt werden dürfen. Für alle diese Fälle hat also das unter 1 Gesagte Bedeutung.

5. Landesgesetzlich sind die Bestimmungen über die Mündelsicherheit von Hypotheken, Haus- und Rentenschulden geregelt. Die Bestimmungen sind grundlegend in den Ausführungsgesetzen der Länder geregelt, und zwar derart, daß im allgemeinen eine Taxe vorgesehen ist und die Beleihung innerhalb eines bestimmten Grundstückswertes oder eines bestimmten Vielfachen des Grundsteuerreinertrages liegen muß.

6. Aufrechterhalten geblieben sind ferner die Vorschriften früherer Landesgesetze, die vor 1900 gewisse Forderungen und Wertpapiere für mündelsicher erklärten. Insbesondere sind hiervon betroffen Schuldverschreibungen der Gemeinden, Pfandbriefe und Kommunalobligationen.

7. Landesgesetzliche Bestimmungen über Banken usw., bei denen Mündelgeld angelegt werden kann. Wie oben unter 1 erwähnt, sind Mündelgelder, wenn sie den Umständen nach nicht in der dort unter den Ziffern 1 bis 5 bezeichneten Weise angelegt werden können, bei einer Staatsbank oder bei einer anderen, durch Landesgesetz dazu für geeignet erklärten inländischen Bank oder bei einer Hinterlegungsstelle (letzteres allerdings durch Landesgesetz wiederum meistens ausgeschlossen) anzulegen. In dieser Beziehung ist für Preußen (AGBGB. 76) bestimmt: Die Anlegung kann geschehen bei der Preußischen Zentralgenossenschaftskasse oder einer sonstigen preußischen öffentlichen Bankanstalt (Landesbank, landschaftlichen, ritterschaftlichen Darlehnskasse usw.) und, wenn die von einer preußischen Privatbank ausgestellten Wertpapiere durch den Bundesrat (jetzt Reichsrat) zur Anlegung von Mündelgeld für geeignet erklärt sind oder eine preußische Privatbank für die Hinterlegung von Wertpapieren als Hinterlegungsstelle bestimmt ist, bei einer solchen Privatbank.

Mündelvermögen, Verwaltung durch den Vormund, s. Vormund 3.

Mündig, Mündigkeit s. Volljährigkeit usw.

Musikalische Werke, Schutz der, s. Urheberrecht I.

Muster, Kauf nach, s. Kauf nach Probe.

Musterregister s. Musterschutz.

Muster- und Modellschutz. Es gibt zwei Arten von Musterschutz: den Gebrauchsmusterschutz und den Geschmacksmusterschutz. Ersterer betrifft technische Neuerungen, letzterer kunstgewerbliche Neuerungen. Es sind zwei verschiedene Gesetze, die diesen Muster- und Modellschutz regeln (v. 1. 6. 91 u. 11. 1. 76, Gutt. Slg. Nr. 102; neuer ist der Abdruck sämtlicher in dieses Gebiet des Urheber- und Erfinderrechts gehöriger Gesetze bei Elster, Urheber- u. Erfinder-, Warenzeichen- und Wettbewerbsrecht, 1928). Wer eine technische Verbesserung erfindet, die nicht bedeutend genug ist, um patentschutzfähig zu sein, kann immerhin noch unter Umständen Gebrauchsmusterschutz für sie erlangen. Wer eine ästhetische (Schönheits-)Verbesserung schafft, die noch nicht als Kunst oder Kunstgewerbe, aber doch als Vorlage brauchbar ist, kann Geschmacksmusterschutz für sie erlangen. Auch kann es Gegenstände geben, die zugleich für Gebrauchs- und Geschmacksmusterschutz reif sind, weil sie sowohl eine technische wie eine ästhetische Neuerung bringen (RG.). Wir betrachten nun für beide Gebiete die wichtigsten Rechtssätze im folgenden getrennt.

1. Als Gebrauchsmuster (Ges. v. 1. 6. 91) bezeichnet des Gesetz „Modelle von Arbeitsgerätschaften oder Gebrauchsgegenständen oder von Teilen derselben, die dem Arbeits- oder Gebrauchszweck durch eine neue Gestaltung, Anordnung oder Vorrichtung dienen sollen". Nahrungs- und Genußmittel sind keine Gebrauchsgegenstände im Sinne dieses Gesetzes (RG.). Es kommt bei den als Gebrauchsmuster zu schützenden Gegenständen nicht auf das Äußere, die Form, an sich an, sondern darauf, ob die neue und eigenartige Form oder Gestaltung dem Gegenstande eine besondere Brauchbarkeit oder Nützlichkeit verleiht oder doch nach Ansicht des Erfinders (Herstellers) verleihen soll. Schwierig kann bei einem neuhergestellten Artikel die Entscheidung darüber sein, ob er als Gebrauchsmuster schutzfähig oder als „neue Erfindung, die eine gewerbliche Verwertung gestattet", patentfähig ist. In solchen Fällen muß der Erfinder sich selbst (nach fachmännischer Untersuchung, vgl. d. Art. „Patente"), darüber schlüssig machen, ob er für seine Erfindung den allerdings länger dauernden, aber dafür auch kostspieligeren Patentschutz oder den billiger zu erlangenden Gebrauchsmusterschutz nachsuchen will. Patentschutz und Gebrauchsmusterschutz schließen sich nicht unbedingt gegenseitig aus; es kann also jemand Gebrauchsmusterschutz nachsuchen, obwohl er auch Patentschutz erlangen könnte (RG.).

Die Anmeldung muß beim Reichs-Patentamt in Berlin schriftlich geschehen; sie muß angeben, unter welcher Bezeichnung (z. B. Müllers Normal-Schulbank; Stiefelauszieher „Famos") das Modell eingetragen werden und wie beschaffen die neue Gestaltung oder Vorrichtung ist, die dem Arbeits- oder Gebrauchszweck dienen soll. Der Anmeldung ist eine Nach- oder Abbildung des Modells beizufügen. Der Anmelder muß seinen vollen Namen (Firma) und den Wohnort, sowie das Datum angeben und eine Gebühr beifügen (VO. v. 29. 11. 23). Das alles geschieht am besten durch einen Patentanwalt, der dann auch die Fristen und sonstigen Vorschriften wahrt. Eine sachliche Prüfung durch das Patentamt, ob das angemeldete Muster auch wirklich neu ist, findet nicht statt (anders bei Patenten). Die Einsicht der Rolle sowie der Anmeldungen steht jedem frei. Durch die Eintragung erlangt der Berechtigte den Schutz für drei Jahre, den er durch Zahlung neuer höherer Gebühren um weitere drei Jahre verlängern lassen kann.

Der Rechtsschutz, den der Hersteller eines Arbeitsgerätes oder sonstigen Gebrauchsgegenstandes für seine Fabrikate durch die Eintragung in die Rolle erlangt, besteht darin, daß er künftig ausschließlich befugt ist, das Muster gewerbsmäßig nachzubilden (also solche Gegenstände, wie sie dem geschützten Muster entsprechen, herzustellen) und die Fabrikate gewerbsmäßig in den Verkehr zu bringen oder feilzuhalten oder gewerblich zu benutzen. Es ist zwar nicht verboten, daß irgendein anderer den Gegenstand ohne Erlaubnis des Berechtigten (des durch die Eintragung Geschützten) zu seinem Privatgebrauch nachbildet; aber er darf ihn weder gewerbsmäßig (also zum Verkauf) nachbilden (fabrizieren) noch ihn zu gewerblichen Zwecken selber benutzen. Gegen solche Rechtsverletzung steht dem Berechtigten Klage auf Unterlassung und, wenn dieser die Rechtsverletzung wissentlich oder aus grober Fahrlässigkeit begangen hat auch auf Schadenersatz zu. Auch Bestrafung des Schuldigen kann er beantragen; zugleich mit der Forderung zur Zahlung einer Buße an ihn (den Geschädigten) s. „Buße“. Ist ein Gebrauchsmuster zu Unrecht eingetragen, so kann jedermann den Eingetragenen auf Löschung des Musters verklagen. Das durch die Eintragung in die Rolle begründete Recht geht auf die Erben des Berechtigten über und kann (beschränkt oder unbeschränkt) durch Vertrag oder Verfügung von Todes wegen (Testament, Erbvertrag) auf andere Personen übertragen (verkauft usw.) werden.

2. Gewerbliche Muster und Modelle (sog. Geschmacksmuster) Ges. v. 11. 1. 76, genießen, wenn sie neue und eigentümliche Erzeugnisse und auf Anmeldung des Urhebers in das beim Amtsgericht geführte Musterregister eingetragen sind, eine Art urheberrechtlichen Schutz. Nach einer Entscheidung des Reichsgerichts kann einem Muster der gedachte Schutz nur dann zuteil werden, wenn es dem ihm innewohnenden Zwecke nach bestimmt ist, auf den Formensinn einzuwirken; es muß eine neue Form geschaffen sein, eine bestimmte in die äußere Erscheinung tretende zeichnerische Gestaltung, die sich als das Erzeugnis einer bewußten schöpferischen Tätigkeit im Bereiche des Kunstgewerbes darstellt. Es kommt also bei den hier gedachten gewerblichen Mustern allein auf das Äußere, auf die Form (Farbe usw.) an, die gegen unbefugte Nachahmung durch andere Personen geschützt werden soll. Anders beim Gebrauchsmusterschutz (s. d.). Nur gewerbliche Muster können Musterschutz erlangen. Dahin können auch Werke der bildenden Kunst gehören, aber nur insoweit, als solche Werke für die Nachbildung (Vervielfältigung) in einem gewerblichen Betriebe bestimmt sind; sie müssen dann, damit sie den gesetzlichen Schutz genießen, in das Musterregister eingetragen sein. Ist ein Werk der bildenden Kunst für solche Zwecke nicht bestimmt, so genießt es den gesetzlichen Schutz (und zwar ohne Eintragung) nach den Vorschriften der Gesetze über das Urheberrecht (s. „Urheberrecht II“).

Der Urheber muß die Anmeldung und Niederlegung des Musters oder Modells beim Amtsgericht seiner Hauptniederlassung, und wenn er eine eingetragene Firma nicht besitzt, beim Amtsgericht seines Wohnortes bewirken. Die Anmeldungen können schriftlich oder mündlich (zu Protokoll) geschehen; im ersteren Falle muß die Echtheit der Unterschrift des Anmeldenden von einer zur Führung eines öffentlichen Siegels berechtigten Person unter Beidrückung des Siegels beglaubigt sein. Bei der Anmeldung ist anzugeben, ob das Muster usw., dessen Eintragung begehrt wird, für Flächenerzeugnisse oder für plastische Erzeugnisse bestimmt ist; die Anmeldung ein und desselben Musters usw. für Flächenerzeugnisse und für plastische Erzeugnisse ist unzulässig. Die Muster können offen oder versiegelt, einzeln oder in Paketen niedergelegt werden. Das Gericht nimmt die Eintragung ohne Prüfung der Berechtigung des Antragstellers oder der Richtigkeit der zur Eintragung angemeldeten Tatsachen vor.

Der Schutz wird dem Urheber des Musters oder Modells nach seiner Wahl ein bis drei Jahre lang, vom Tage der Anmeldung ab, gewährt. Der Urheber ist jedoch berechtigt, gegen Zahlung einer höheren Gebühr (s. unten) eine Ausdehnung der Schutzfrist bis auf höchstens fünfzehn Jahre zu verlangen; es kann dies sofort bei der (ersten) Anmeldung wie auch bei Ablauf einer dreijährigen und einer zehnjährigen Schutzfrist geschehen. Für jede Eintragung und Niederlegung eines einzelnen Musters oder eines Pakets mit Mustern usw. wird, wenn die Schutzfrist auf nicht länger als 3 Jahre beansprucht wird, eine Gebühr von 1 Mk. für jedes Jahr erhoben. Bei längerer Dauer der Schutzfrist steigen die Gebühren.

Jedermann ist berechtigt, von dem Musterregister und den nicht versiegelten Mustern und Modellen Einsicht zu nehmen und sich beglaubigte Auszüge aus dem Musterregister erteilen zu lassen.

Das Recht, das eingetragene Muster usw. nachzubilden, steht dem durch die Eintragung geschützten Urheber oder dessen Rechtsnachfolger ausschließlich zu. Unberechtigte dürfen das Muster nicht nachahmen. Eine verbotene Nachbildung ist es jedoch nicht, wenn jemand einzelne Motive des Musters usw. zur Herstellung eines neuen Musters benutzt. Dagegen bleibt die Nachbildung verboten, wenn auch bei der Herstellung des Gegenstandes ein anderes Verfahren angewendet sein sollte oder wenn die Nachbildung für einen anderen Gewerbszweig bestimmt ist; ferner, wenn die Nachbildung in anderen räumlichen Abmessungen und Farben hergestellt ist als das Original oder sich von diesem nur durch solche Abänderungen unterscheidet, die nur bei Anwendung besonderer Aufmerksamkeit wahrgenommen werden können, oder endlich, wenn die Nachbildung nicht unmittelbar nach dem Original, sondern mittelbar nach einer Nachbildung desselben geschehen ist. Eine einzelne Nachahmung dagegen, ohne die Absicht gewerbsmäßiger Verbreitung und Verwertung des Hergestellten zum Privatgebrauch ist nicht verboten. Auch dürfen Muster, die für Flächenerzeugnisse bestimmt sind, durch plastische Erzeugnisse und umgekehrt, nachgebildet werden; ebenso ist es gestattet, Nachbildungen einzelner Muster oder Modelle in ein Schriftwerk aufzunehmen. Das Recht des Urhebers geht auf seine Erben über. Der Urheber ist befugt, sein Recht zu veräußern (zu verkaufen, zu verschenken, zu verpfänden usw.) und zwar beschränkt oder unbeschränkt, durch Vertrag oder durch letztwillige Verfügung (Testament).

Die strafrechtlichen Bestimmungen hierüber finden sich in den §§ 18—36, 38 des sonst im wesentlichen aufgehobenen (alten) Gesetzes über das Urheberrecht an Schriftwerken usw. v. 11. Juni 1870. Danach ist, wer vorsätzlich oder aus Fahrlässigkeit ein geschütztes Muster usw. in der Absicht der Verbreitung nachbildet, den Urheber oder dessen Rechtsnachfolger zu entschädigen verpflichtet und wird außerdem auf Antrag des Geschädigten bestraft. Auch ein Bußanspruch ist ihm gegeben (s. oben zu 1 a. Schl.).

Mutter, Verhältnis zu den ehelichen Kindern s. Mutter und Kind; zu dem unehelichen Kinde s. Uneheliche Kinder 1; als Vormünderin s. Mutter und Kind 4 u. Uneheliche Kinder 1; Einwilligung zur Heirat s. Ehehindernisse 1 b und c; als gesetzliche Erbin s. Gesetzliche Erben; als Pflichterbin s. Pflichtteil; Erbittung eines Beistandes s. Mutter und Kind 3.

Mütterliches Erbe s. Verwaltung usw. des Kindesvermögens.

Mutter und Kind. Über das Verhältnis des Kindes zu seinen Eltern ist in dem Artikel „Eltern und Kinder" im allgemeinen gehandelt. Es ist dort (unter 4) auch von der den Eltern ihren Kindern gegenüber zustehenden elterlichen Gewalt gesprochen und von der elterlichen Gewalt des Vaters die Rede gewesen; hier soll die elterliche Gewalt der ehelichen Mutter näher besprochen werden. (Über die uneheliche Mutter s. „Uneheliche Kinder 1".) Es ist in der Natur der Verhältnisse begründet, daß das Recht und die Pflicht der Eltern, ihr Kind, solange es minderjährig oder sonst des Beistandes bedürftig ist, zu schützen und zu vertreten, zunächst dem Vater, als dem Haupte der Familie, obliegt. Aber ebenso gerechtfertigt ist es, daß nach dem Tode oder bei Behinderung des Vaters dieses Recht und diese Pflicht auf die Mutter übergehen. Das Gesetz bestimmt dementsprechend, daß die elterliche Gewalt über das Kind in gewissen Fällen oder in gewissen Grenzen auch der Mutter zusteht. Um aber in dieser Beziehung allen Fällen, wie sie das Leben bietet, gerecht zu werden, sind die Bestimmungen des Gesetzes recht verwickelte geworden.

Wer die elterliche Gewalt über sein minderjähriges Kind in vollem Umfange hat (sei dies der Vater oder die Mutter), hat damit das Recht und die Pflicht, für die Person und für das Vermögen des Kindes zu sorgen (soweit nicht etwa für besondere Angelegenheiten dem Kinde ein Pfleger bestellt ist) und das Kind bei dem Abschlusse von Rechtsgeschäften, Verträgen usw. zu vertreten (s. „Eltern und Kinder" 4).

1. Eine beschränkte elterliche Gewalt steht der Mutter auch neben dem Vater (oder, wenn der Vater die elterliche Gewalt nicht hat und dem Kinde ein Vormund bestellt ist, neben dem Vormunde) zu. Solange die Ehe zwischen den Eltern besteht, gebührt die Sorge für die Person des Kindes (seine Erziehung, Pflege, Beaufsichtigung usw.) den Eltern naturgemäß gemeinsam (1634). Die Mutter kann daher ebenso wie der Vater angemessene Zuchtmittel gegen das Kind gebrauchen; das Vormundschaftsgericht ist verpflichtet, sie auf ihren Antrag durch Anwendung geeigneter Zwangsmaßregeln gegen unbotmäßige Kinder zu unterstützen. Sie kann gleich dem Vater die Herausgabe ihres Kindes von jedem verlangen, der es ihr widerrechtlich vorenthält. Nur insofern ist sie in ihrer Macht über das Kind beschränkt, als sie ihr Recht nicht im Widerspruche mit dem Willen des Vaters ausüben darf; bei einer Meinungsverschiedenheit zwischen ihm und ihr geht die Meinung des Vaters vor. Von der Vertretung des Kindes sowohl in seinen Vermögenssachen wie in seinen persönlichen Angelegenheiten ist die Mutter jedoch regelmäßig ausgeschlossen; nur wenn und solange der Vater an der Vertretung des Kindes tatsächlich verhindert ist oder seine elterliche Gewalt überhaupt „ruht" (s. unten 2 c und d), ist die Mutter auch berechtigt, das Kind in seinen Rechtsangelegenheiten zu vertreten, also z. B. Verträge für das Kind abzuschließen oder zu Rechtsgeschäften, die das Kind selber abschließt, die zu deren Gültigkeit erforderliche Genehmigung (s. „Geschäftsfähigkeit 2") als gesetzliche Vertreterin des Kindes zu erteilen. Ist dem Kinde, weil der Vater selbst die elterliche Gewalt nicht ausübt, ein Vormund oder Pfleger bestellt (z. B. die elterliche Gewalt des Vaters „ruht" wegen Geisteskrankheit oder dgl. oder der Vater hat die elterliche Gewalt wegen eines Verbrechens usw. verwirkt oder dgl.), so steht der Mutter die Sorge für die Person des Kindes neben dem Vormunde oder dem Pfleger in gleicher Weise wie neben dem Vater zu. Ist die Ehe zwischen den Eltern wegen Ehebruchs oder Sittlichkeitsverbrechens, wegen Lebensnachstellung oder böswilliger Verlassung, wegen schwerer Pflichtverletzung oder wegen ehrlosen und unsittlichen Verhaltens von seiten des Vaters geschieden (der Vater also für den allein schuldigen Teil erklärt), so steht, solange beide geschiedene Gatten leben, die Sorge für die Person der Kinder der Mutter allein zu (1635). Dieses Recht und diese Pflicht verbleiben ihr auch nach dem Tode des Mannes allein. Sind beide Ehegatten für schuldig erklärt, so steht die Sorge für die Töchter und für Söhne unter sechs Jahren der Mutter allein, die Sorge für die anderen Söhne dem Vater allein zu, wenn nicht das Vormundschaftsgericht aus besonderen Gründen etwas anderes bestimmt. Nach dem Tode des Mannes fällt die Sorge für alle Kinder wieder der Mutter allein anheim. Das Recht der Vertretung des Kindes in Rechtsgeschäften hat die Mutter aber auch im vorgedachten Falle nicht; es verbleibt unter allen Umständen dem Vater.

Solange die Mutter selbst minderjährig ist, kann sie die elterliche Gewalt über ihr Kind nicht ausüben; ihre elterliche Gewalt „ruht" (1676); nur die Sorge für die Person des Kindes (in dem oben dargelegten Umfange) steht ihr auch während dieser Zeit der Minderjährigkeit zu (1696); der für das Kind zu bestellende Vormund hat dabei die Stellung eines Beistandes (s. unten 3). Zur Vertretung des Kindes in seinen Rechtsangelegenheiten ist die minderjährige Mutter nicht (auch nicht in persönlichen Angelegenheiten des Kindes) befugt; sie steht dem Vormunde, wie die Vermögensverwaltung, allein zu. Ganz dasselbe gilt für den Fall, daß die Mutter sich wieder verheiratet und dadurch, abgesehen von der Sorge für die Person ihrer Kinder aus erster Ehe, ihre elterliche Gewalt über sie verliert (1697).

2. Unter nachstehenden Voraussetzungen steht aber der Mutter die volle elterliche Gewalt über ihre Kinder zu, nämlich:

a) wenn der Vater gestorben oder für tot erklärt ist (1684). Nach dem Tode des Vaters fällt die elterliche Schutzpflicht und Vertretungsbefugnis naturgemäß der Mutter zu. Eine Vormundschaft über die Kinder wird deshalb nach dem Tode des Mannes (solange die Mutter sich nicht wieder verheiratet; s. unten 4) nicht angeordnet. Eine Beaufsichtigung durch das Vormundschaftsgericht und ein Eingreifen desselben in die Verwaltung der Mutter findet nur unter denselben Voraussetzungen statt, wie wenn der Vater die elterliche Gewalt ausübte. Zu den Rechten der elterlichen Gewalt, die nun auf die Mutter übergehen, gehört vor allem auch das Recht der Nutznießung an dem Vermögen der Kinder;

b) wenn der Vater wegen eines Verbrechens usw. die elterliche Gewalt verwirkt hat und die Ehe aufgelöst ist (1684). Wegen des Näheren über die Verwirkung der elterlichen Gewalt durch den Vater vgl. den Artikel „Verwaltung des Kindesvermögens usw. 2". Solange die Ehe zwischen den Eltern fortbesteht, geht, auch wenn der Vater die elterliche Gewalt durch seine Schuld verwirkt hat, die elterliche Gewalt auf die Mutter nicht über; es wird vielmehr den Kindern ein Vormund bestellt, neben dem der Mutter nur das Recht der Sorge für die Person der Kinder zusteht (s. oben 1). Ist aber die Ehe durch Scheidung aufgelöst, so geht die elterliche Gewalt in dem obigen Fall auf die Mutter allein über; ihre Rechte sind dieselben, als wenn der Vater gestorben wäre (vorstehend a). Ist dem Vater vom Gericht die Sorge für die Person des Kindes oder für sein Vermögen oder die elterliche Gewalt über das Kind überhaupt aus triftigen Gründen entzogen (s. „Eltern und Kinder 5" und „Verwaltung usw. des Kindesvermögens 1"), so gehen die dem Vater entzogenen Befugnisse oder die volle elterliche Gewalt im Interesse des Familienfriedens nicht auf die Mutter über, sondern es wird dem Kinde ein Vormund oder ein Pfleger bestellt, der die Obliegenheiten des Vaters zu erfüllen hat. Aber auch, wenn die Ehe geschieden ist, erlangt in solchem Falle die Mutter die dem Vater entzogenen Rechte nicht;

c) wenn während der Dauer der Ehe der Vater zeitweilig an der Ausübung der elterlichen Gewalt tatsächlich gehindert ist, z. B. durch Krankheit, Abwesenheit, Strafverbüßung usw. (1685). In solchen Fällen entspricht es dem natürlichen Verhältnis und der Stellung der Mutter in der Familie, daß sie für den verhinderten Vater die elterliche Gewalt über die Kinder ausübt, daß also vom Gericht keine Vormundschaft oder Pflegschaft für die Kinder angeordnet wird. Die Mutter hat daher auch die Kinder in ihren Rechtsangelegenheiten (bei Abschluß von Verträgen usw.) zu vertreten. Nur dadurch unterscheidet sich auch in diesem Falle ihr Recht von dem des Mannes, daß ihr eine Nutznießung an dem etwaigen Vermögen der Kinder, also das Recht, die Einkünfte dieses Vermögens für sich zu verwenden, nicht zusteht. Sie hat aber das Recht und die Pflicht, das Vermögen, solange die Behinderung des Mannes dauert, zu verwalten; die Einkünfte gebühren nach wie vor dem Vater. — Über den Fall, wenn der Vater dauernd an der Ausübung seiner Rechte gehindert ist, s. nachstehend unter d;

d) wenn während der Dauer der Ehe die elterliche Gewalt des Vaters „ruht" (1685). Es gibt Fälle, in denen dem Vater die elterliche Gewalt über seine Kinder und die damit verbundenen Rechte zwar zustehen, in denen er sie aber doch nicht ausüben kann oder darf (der Vater ist z. B. wegen Geisteskrankheit, wegen Verschwendung oder Trunksucht entmündigt oder es ist ihm wegen körperlicher Gebrechen ein Pfleger bestellt usw.). Das Gesetz spricht hier von einem Ruhen der elterlichen Gewalt des Vaters; s. darüber das Nähere unter „Eltern und Kinder 7". In allen Fällen des bloßen Ruhens der elterlichen Gewalt des Vaters geht die Sorge für die Kinder (für ihre Person und für ihr Vermögen) und ihre Vertretung ohne weiteres auf die Mutter über; den Kindern wird kein Vormund oder Pfleger bestellt. Die Rechte der Mutter sind dieselben, wie vorstehend unter c, also ohne Nutznießungsrecht;

e) wenn der Mutter die Ausübung der elterlichen Gewalt über die Kinder vom Gericht ausdrücklich übertragen ist (1685, RGes. Freiw. Gerichtsbark. 35, 43, Gutt. Slg. Nr. 46). Solche Übertragung ist nur dann zulässig, wenn die Ehe geschieden oder die eheliche Gemeinschaft aufgehoben ist und die eheliche Gewalt des Vaters ruht (s. vorstehend d) und keine Aussicht ist, daß der Grund des Ruhens (die Geisteskrankheit, die Entmündigung usw.) einmal wegfallen werde. Wird diese Voraussetzung (die voraussichtlich länger dauernde Behinderung des Vaters) vom Vormundschaftsgericht anerkannt und festgestellt, so muß es auf Antrag der Mutter dieser die Ausübung der elterlichen Gewalt über die Kinder übertragen. Die Mutter erlangt hierdurch auch das Nutznießungsrecht an dem etwaigen Vermögen der Kinder. Ihre Gewalt besteht aber natürlich nur solange, als das Ruhen der elterlichen Gewalt des Vaters dauert. Wird die Ausübung der elterlichen Gewalt der Mutter nicht übertragen oder wünscht sie selbst solches nicht, so muß den Kindern ein Vormund bestellt werden (1678, 1773);

f) wenn die Ehe nach dem Gesetz nichtig ist und der Vater die Nichtigkeit bei der Eheschließung kannte (1701). (Vgl. „Nichtige Ehen, Kinder aus".)

Im Vorstehenden (unter a bis f) sind diejenigen Fälle aufgeführt, in denen nach dem Gesetz der Mutter die elterliche Gewalt zusteht, weil der Vater entweder nicht mehr lebt oder an der Ausübung der elterlichen Gewalt gehindert ist. Es gibt aber außer den ebengedachten noch Fälle, in denen der Vater die elterliche Gewalt (überhaupt oder nach gewissen Richtungen hin) nicht ausübt, in denen aber dennoch der Mutter die elterliche Gewalt nicht zusteht, beispielsweise: wenn der Vater die elterliche Gewalt verwirkt hat und die Ehe noch fortdauert; wenn dem Vater die Verwaltung und Nutznießung des Kindesvermögens gerichtlich entzogen sind usw. (s. darüber „Eltern und Kinder" und „Verwaltung usw. des Kindesvermögens durch den Vater"). In Fällen dieser Art (die oben unter a bis f nicht mit inbegriffen sind) geht die elterliche Gewalt nicht vom Vater auf die Mutter über; es muß vielmehr den Kindern vom Gericht ein Vormund bestellt werden.

Aufhören der elterlichen Gewalt der Mutter. Die Mutter verliert die elterliche Gewalt über ihre Kinder, wenn sie sich wieder verheiratet; s. darüber unten 4. Abgesehen von diesem Falle endigt die elterliche Gewalt der Mutter (d. h. sie „ruht" entweder oder sie hört ganz auf) aus denselben Gründen, aus denen auch die elterliche Gewalt des Vaters beendigt wird (s. „Eltern und Kinder 7"). Die elterliche Gewalt der Mutter kann aber auch dadurch beendigt werden, daß der besondere Grund, aus welchem die Gewalt auf die Mutter übergegangen ist, z. B. die tatsächliche Behinderung des Vaters (vorstehend c) oder das Ruhen der elterlichen Gewalt des Vaters (vorstehend d) wieder weggefallen ist.

3. Rechte und Pflichten der Mutter. Bestellung eines Beistandes (1688ff.). Es sind dieselben Rechte und Pflichten, die der Vater hat, solange er die elterliche Gewalt ausübt. S. „Eltern und Kinder" 4 bis 7. Vor allem steht danach der Mutter, wenn sie die elterliche Gewalt über ihre Kinder hat, auch das Recht der Verwaltung und der Nutznießung des den Kindern etwa gehörigen Vermögens zu s. „Verwaltung und Nutzung des Kindesvermögens durch den Vater (die Mutter)".

Das Verhältnis der Mutter zu ihren Kindern

ist nur insofern ein anderes als das des Vaters zu den Kindern, als der Mutter für die Ausübung der elterlichen Gewalt ein Beistand zur Seite gestellt werden kann. Dies muß auf den Wunsch der Mutter geschehen, wenn sie sich allein den ihr vom Gesetz auferlegten Pflichten nicht gewachsen fühlt; es kann ihr aber auch gegen ihren Willen vom Vormundschaftsgericht ein Beistand bestellt werden, wenn nämlich der verstorbene Gatte solches letztwillig angeordnet hat oder wenn das Gericht aus besonderen Gründen die Bestellung für nötig hält, wobei besonders der Umfang und die Schwierigkeit der der Mutter etwa obliegenden Vermögensverwaltung und ihre etwaige Unfähigkeit zu einer derartigen Verwaltung oder zur Erziehung der Kinder vom Gericht in Betracht zu ziehen sind. Übt die Mutter ihre Gewalt in einer Weise aus, daß dadurch das geistige oder leibliche Wohl der Kinder oder ihr Vermögen gefährdet wird, so ist das Gericht selbst dann berechtigt, ihr einen Beistand beizuordnen, wenn dies vom Vater im Testament untersagt sein sollte. (Über die Anzeigepflicht des Waisenrats in solchen Fällen s. „Gemeindewaisenrat 2" a. Schluß.) Übrigens kann der Vater auf die Vermögensverwaltung der Mutter insofern einwirken, als er letztwillig über die Verwaltung des seinen Kindern nachzulassenden Vermögens Anordnungen treffen kann, die die Mutter zu befolgen verpflichtet ist (1639).

Stellung der Mutter, der vom Gerichte ein Beistand beigeordnet ist. Die Stellung der Mutter, die einen gerichtlich bestellten Beistand hat, ist eine durchaus andere als die einer Mutter, der kein Beistand beigeordnet ist. Während die Mutter ohne Beistand die Angelegenheiten ihrer Kinder ziemlich selbständig besorgt und nur den auch für den Vater geltenden gesetzlichen Beschränkungen unterworfen ist, insbesondere zu einzelnen wichtigeren Geschäften, die sie für ihre Kinder abschließen will, die gerichtliche Genehmigung einholen muß (s. Näheres „Verwaltung und Nutzung des Kindesvermögens durch den Vater"), ist die Mutter, der ein Beistand beigeordnet ist, unter Umständen durch diesen in ihrer Verfügungs- und Bestimmungsgewalt über ihre Kinder sehr beschränkt. Wieweit sie beschränkt ist, hängt davon ab, welche Befugnisse dem Beistande bei seiner Bestellung vom Gerichte eingeräumt werden. Der Beistand kann der Mutter für alle Angelegenheiten, die bei der Ausübung der elterlichen Gewalt vorkommen, beigeordnet werden. Es ist aber auch zulässig, daß dem Beistande nur gewisse Arten von Geschäften zugewiesen werden (z. B. nur die Vermögensverwaltung, während er in die Erziehung der Kinder nicht hineinzureden hat) oder daß der Beistand nur für einzelne Geschäfte oder gar nur für ein einzelnes bestimmtes Geschäft bestellt wird. Der Beistand hat die ihm gesetzlich obliegenden Pflichten (s. weiter unten) nur insoweit auszuüben und die Mutter ist an seine Mitwirkung oder Genehmigung nur soweit gebunden, als nach der Bestimmung des Gerichts der Wirkungskreis des Beistandes reicht. Immer aber ist in allen diesen Fällen die Mutter diejenige, die die elterliche Gewalt ausübt und ihren Kindern dafür verantwortlich ist; der Beistand hat nicht, wie die Mütter leicht anzunehmen geneigt sein könnten, an ihrer Statt die Rechte der elterlichen Gewalt auszuüben, sondern er hat die Mutter nur in der gesetzlich vorgeschriebenen Weise zu unterstützen und zu überwachen. (Etwas ganz anderes ist es, wenn, was nach dem Gesetze auch zulässig ist, auf Antrag der Mutter die Vermögensverwaltung ganz oder teilweise dem Beistande vom Gerichte übertragen ist; über diesen Ausnahmefall s. weiter unten.) Ist über die Rechte und Pflichten des Beistandes bei seiner Bestallung nichts Besonderes bestimmt, so fallen alle Angelegenheiten der elterlichen Gewalt in seinen Wirkungskreis; er hat also auch in Beziehung auf die persönlichen Verhältnisse der Kinder (Erziehung, Ausbildung zu einem Berufe usw.) die Mutter zu unterstützen und zu überwachen.

Betrachten wir nun das Verhältnis zwischen der Mutter und dem Beistande genauer. Wir nehmen an, daß, wie es meist der Fall sein wird, der Beistand der Mutter für alle Angelegenheiten zur Seite gestellt ist und daß nicht der vorerwähnte Ausnahmefall vorliegt, daß dem Beistande die Vermögensverwaltung vom Gerichte übertragen ist. Die Mutter darf dann für sich allein solche Geschäfte (Käufe, Verkäufe, Verpachtungen und dgl. Verträge) für die Kinder nicht abschließen, die auch ein Vormund für sich allein mit Gültigkeit nicht vornehmen kann, zu denen er vielmehr die Genehmigung des Gegenvormundes oder des Vormundschaftsgerichts einholen muß. Wegen dieser Geschäfte muß im allgemeinen auf das, was darüber in dem Artikel „Vormund" unter 6 A und B gesagt ist, verwiesen werden. Die Mutter hat in allen diesen Fällen die Genehmigung des Beistandes, die aber durch die Genehmigung des Gerichts ersetzt werden kann, einzuholen. Es sei hier nur als besonders wichtig hervorgehoben, daß die Mutter einkommende Gelder, die zum Vermögen der Kinder gehören, im allgemeinen für sich allein nicht annehmen (erheben) darf; der Schuldner würde durch solche Zahlung an die Mutter allein von seiner Schuldverbindlichkeit nicht befreit werden. Die Mutter darf nur dann Gelder für die Kinder allein in Empfang nehmen, wenn diese Gelder Nutzungen (Einkünfte, Revenüen) des Kindesvermögens sind, also z. B. Zinsen von ausstehenden Kapitalien oder Sparkassengeldern oder von Wertpapieren, Miet- oder Pachtgelder, Auktionserlöse für Früchte u. dgl., oder wenn es sich um etwa erstattete Kündigungs- oder Prozeßkosten oder derartige Nebenleistungen handelt. Kapitalrückzahlungen dagegen kann sie nur dann allein gültig annehmen, wenn der Betrag im einzelnen Falle nicht höher als 300 Mark ist oder wenn es sich um solche Gelder handelt, die die Mutter in ungesetzlicher Weise irgendwo untergebracht, z. B. einem Bankier in Aufbewahrung und Verzinsung gegeben oder auf Handschein oder gar ohne solchen ausgeliehen hatte. Sie darf solche Gelder allein jederzeit wieder zurücknehmen, um sie anderweit ordnungsmäßig (s. unten) für die Kinder zinslich zu belegen. Gewisse Geschäfte darf aber die Mutter auch mit Genehmigung des Beistandes nicht vornehmen, sondern sie muß dazu stets die Genehmigung des Gerichts einholen. Dies sind die Geschäfte, die in dem Artikel „Verwaltung und Nutzung des Kindesvermögens durch den Vater" unter 1 („Verwaltungsgeschäfte des Vaters, die der gerichtlichen Genehmigung bedürfen") aufgeführt sind, also Verfügungen über ein Grundstück usw. (Nr. 1 bis 11 daselbst). Wie der Vater, wenn er ein solches besonders wichtiges Geschäft vornehmen will, dazu der gerichtlichen Genehmigung bedarf, so muß auch die Mutter, wenn sie die elterliche Gewalt ausübt, dazu die gerichtliche Genehmigung einholen. (Wegen des Näheren s. „Vormund 6" a. Schl.). Dieser Einwilligung bedarf die Mutter selbstverständlich auch dann, wenn ihr kein Beistand beigeordnet ist.

Die Mutter muß ferner den Beistand um seine Einwilligung angehen, wenn sie eingekommene Gelder, die zum Vermögen der Kinder gehören, verzinslich belegen will. Die Mutter darf ebensowenig wie der Vater, wenn er das Vermögen seiner Kinder verwaltet, die eingehenden Gelder nutzlos liegen lassen, sondern sie muß sie wieder zinsbringend anlegen und zwar in gleicher Weise, wie ein Vormund Mündelgelder anlegen muß. Näheres s. „Anlegung von Mündelgeldern usw.". Die Anlegung der Gelder seitens der Mutter darf nur mit Zustimmung des Beistandes geschehen.

Ist der Beistand behindert oder weigert er aus nichtigen Gründen seine Einwilligung zu einem von der Mutter beabsichtigten Geschäft, so kann an seiner Stelle das Vormundschaftsgericht, an das sich die Mutter zu wenden hat, die Genehmigung erteilen. Vgl. „Vormund 6" am Schluß.

Der Beistand hat die Mutter nicht nur in der Ausübung der elterlichen Gewalt, soweit sein Wirkungskreis reicht, zu unterstützen, sondern sie auch zu überwachen. Er ist gesetzlich verpflichtet, dem Gerichte Anzeige zu machen, wenn ein Fall eintritt, wo dieses zum Einschreiten gegen die Mutter, weil sie die mit der elterlichen Gewalt verbundenen Pflichten nicht erfüllt, befugt und verpflichtet ist, insbesondere also, wenn die Mutter das geistige oder leibliche Wohl ihrer Kinder dadurch gefährdet, daß sie deren Erziehung oder Pflege vernachlässigt oder sich selber eines ehrlosen oder unsittlichen Verhaltens schuldig macht, oder wenn sie das Vermögen der Kinder dadurch in Gefahr bringt, daß sie die mit der Verwaltung oder der Nutznießung dieses Vermögens verbundenen Pflichten verletzt oder selber in Vermögensverfall gerät. Was das Gericht in solchen Fällen zu tun befugt ist, s. „Eltern und Kinder 5" und „Verwaltung und Nutzung des Kindesvermögens usw. 1" unter „Sicherung des Kindes". Der Beistand macht sich einer Verletzung seiner Pflichten schuldig und ist persönlich für den Schaden verantwortlich, wenn er die Aufsichtspflicht der Mutter gegenüber und die Anzeigepflicht dem Gerichte gegenüber verabsäumt.

Der vermögenverwaltende Beistand. Wie oben bereits erwähnt, kann dem Beistande auf den Antrag der Mutter vom Gericht ausnahmsweise eine besondere Stellung angewiesen werden, indem ihm die Verwaltung des Vermögens der Kinder ganz oder teilweise übertragen wird (1693). Diese Übertragung erweitert seinen Wirkungskreis erheblich und beschränkt die Rechte und Pflichten der Mutter in entsprechendem Maße. Der Beistand hat in solchem Falle in allen Vermögensangelegenheiten (oder in der besonderen, ihm übertragenen Vermögensangelegenheit) selbst zu handeln; die Mutter ist, soviel die Vermögensangelegenheiten angeht, von den Rechten und Pflichten der elterlichen Gewalt entbunden, hat also die elterliche Gewalt nur insoweit, als es sich um die Sorge für die Person der Kinder handelt, noch auszuüben. Der Beistand hat die rechtliche Stellung eines Pflegers, also im wesentlichen dieselben Rechte und Pflichten wie ein Vormund; er ist, soweit die Vermögensverwaltung angeht, statt der Mutter gesetzlicher Vertreter des Kindes; er hat, wie der Vormund, die vollständige Verwaltung des Kindesvermögens, muß darüber regelmäßig Rechnung ablegen und ist dafür in gleicher Weise wie ein Vormund verantwortlich; vgl. „Vormund" unter 3 bis 8. Die Mutter wird daher verständigerweise, wenn sie sich den mit der Vermögensverwaltung verbundenen Geschäften nicht gewachsen fühlt und die Verantwortung dafür nicht tragen mag, beim Vormundschaftsgericht beantragen, daß ihr die Vermögensverwaltung abgenommen und solche dem Beistande übertragen werde. Die Sache liegt dann in bezug auf die Vermögensverwaltung so, als wenn für das Kind (die Kinder) eine Vormundschaft angeordnet wäre (nur daß der Beistand eben Beistand bleibt und nicht Vormund genannt wird). Überläßt sie ohne ausdrückliche gerichtliche Übertragung der Vermögensverwaltung auf den Beistand diesem die Besorgung der Vermögensgeschäfte, so bleibt sie für seine Geschäftsführung selbst den Kindern haftbar. Dem „verwaltenden" Beistande kann auch ein Gegenvormund beigeordnet werden; dieser hat dann dem Beistande gegenüber dieselbe Stellung, wie ein neben einem Vormunde bestellter Gegenvormund dem Vormunde gegenüber (vgl. den Artikel „Gegenvormund").

Einreichung eines Vermögensverzeichnisses (Inventars). Wie der Vater nach der Mutter Tode (1640), so hat auch die Mutter sogleich nach des Vaters Tode oder wenn den Kindern später Vermögen zufällt, sofern sie die elterliche Gewalt über ihre Kinder (ihr Kind) ausübt, ein Vermögensverzeichnis (Inventar) über das ihrer Verwaltung unterliegende Kindesvermögen aufzustellen (aufstellen zu lassen) und dem Gerichte einzureichen. Wegen des Näheren s. „Verwaltung und Nutzung des Kindesvermögens usw. 1". Bei der Aufnahme des Verzeichnisses ist der etwa vorhandene Beistand zuzuziehen, der es auch seinerseits mit der Versicherung der Richtigkeit und Vollständigkeit versehen muß. Besteht das Vermögen des Kindes (der Kinder) in dem Anteile an dem noch ungeteilten Nachlasse des Vaters, so ist dieser ganze Nachlaß aufzuzeichnen. Ist das eingereichte Verzeichnis ungenügend, so kann das Gericht anordnen, daß ein neues Verzeichnis durch eine Behörde oder einen Beamten oder Notar aufgenommen wird, wenn der Vater dies nicht im Testament für das von ihm herrührende Vermögen verboten hat. Eine Erbteilung mit den Kindern braucht nicht gleich nach des Vaters Tode vorgenommen zu werden; sie kann im Einverständnisse aller Beteiligten hinausgeschoben werden, wenn und solange dies zweckmäßig erscheint (vgl. „Erbteilung 2").

Für die Berufung, Bestellung und Beaufsichtigung des Beistandes, für seine Haftung und seine Ansprüche, für die ihm zu bewilligende Vergütung und für die Beendigung seines Amtes gelten die gleichen Vorschriften wie für den Gegenvormund (s. d.). Das Amt des Beistandes endigt auch dann, wenn die elterliche Gewalt der Mutter „ruht" (vgl. „Eltern und Kinder 7").

4. Verhinderung der Mutter. Wiederverheiratung der Mutter. Die Mutter als Vormünderin oder Pflegerin. Ist die Mutter verhindert, die elterliche Gewalt über ihre Kinder auszuüben, so muß für letztere eine Vormundschaft oder Pflegschaft angeordnet werden; s. „Eltern und Kinder 7". Die Mutter verliert die elterliche Gewalt über ihre Kinder aus der früheren Ehe, wenn sie sich wieder verheiratet; sie behält jedoch das Recht und die Pflicht, für die Person ihrer Kinder aus früherer Ehe, insbesondere für ihre Erziehung, für Berufswahl, Aufenthalt usw., auch ferner zu sorgen (1697). Sie verliert also das Recht, das Vermögen der Kinder zu verwalten, und vor allem das Nutznießungsrecht an diesem Vermögen; auch ist sie nicht mehr berechtigt, die Kinder in ihren Vermögens- oder persönlichen Angelegenheiten (bei Abschluß von Rechtsgeschäften, Verträgen usw.) zu vertreten. Alle diese Rechte gehen auf den zu bestellenden Vormund über. Die Mutter kann von dem Vormundschaftsgerichte, vorausgesetzt, daß kein besser Berechtigter da ist (s. „Vormundschaft 2"), mit Zustimmung des neuen Ehegatten (1783) und wenn sie selbst es will, zur Vormünderin ihrer Kinder früherer Ehe bestellt werden; sie ist aber in diesem Falle, wie jeder andere Vormund, den für die Vormünder überhaupt gegebenen gesetzlichen Bestimmungen und einer regelmäßigen Beaufsichtigung durch das Gericht unterworfen; insbesondere ist sie verpflichtet, über ihre Vermögensverwaltung dem Gerichte regelmäßig Rechnung abzulegen. Ist ein anderer als Vormund für die Kinder bestellt, weil die elterliche Gewalt des Vaters ruht oder verwirkt ist oder weil die Vertretung des Kindes dem Vater entzogen ist, oder ist für die Erziehung des Kindes an Stelle des Vaters ein Pfleger bestellt, so steht der Mutter die Sorge für die Person des Kindes neben dem Vormunde oder Pfleger in gleicher Weise zu, wie sie ihr neben dem die elterliche Gewalt ausübenden Vater zustehen würde; s. „Eltern und Kinder 4" (1698). Da der Mutter, sofern sie nicht selbst Vormünderin für ihre Kinder wird, die Verwaltung des Vermögens der Kinder nicht mehr zusteht, diese vielmehr jetzt Sache des Vormundes ist, so muß sie sich mit ihm über die ihr für den Unterhalt und die Erziehung usw. der Kinder zu gebenden Zuschüsse verständigen. Unter Umständen kann ihr der Vormund auch die Einkünfte des Kindesvermögens ohne weitere Rechnungsablage zur Verwendung für die Erziehung der Kinder überlassen. Ist sie selbst Vormünderin, so kann ihr dasselbe vom Vormundschaftsgerichte gestattet werden. Unter welchen Voraussetzungen die Mutter, gleichviel, ob sie Vormünderin ist oder nicht, zu den Kosten des Unterhalts und der Erziehung der Kinder mit ihrem eigenen Vermögen beitragen muß, darüber ist das in dem Artikel „Unterhaltspflicht usw." unter 1 Gesagte zu vergleichen. — Stirbt der Ehemann der wiederverheirateten Mutter, so lebt nicht etwa die durch die zweite Ehe erloschene elterliche Gewalt der Mutter wieder auf; es verbleibt vielmehr bei der angeordneten Vormundschaft.

Die Mutter kann auch, abgesehen von dem vorgedachten Falle ihrer Wiederverheiratung und des dadurch herbeigeführten Verlustes der elterlichen Gewalt über ihre Kinder, als Vormünderin oder Pflegerin für ihr Kind oder ihre Kinder bestellt werden. Eine Vormundschaft oder Pflegschaft wird z. B. bei Lebzeiten des Vaters erforderlich, wenn ihm alle oder einzelne Befugnisse der elterlichen Gewalt vom Gericht entzogen werden oder wenn er in Konkurs gerät, in welchen Fällen die elterliche Gewalt auf die Mutter nicht übergeht. Auch über ein bereits volljähriges Kind, z. B. wenn es geisteskrank oder wegen Verschwendung oder Trunksucht entmündigt ist, kann die Mutter vom Gericht zur Vormundschaft, die sie freilich nicht zu übernehmen braucht, berufen werden.

5. Erweiterung der Rechte der Mutter durch letztwillige Verfügung des Vaters. Weitergehende Rechte, als sie der Mutter nach vorstehend 1 bis 4 kraft Gesetzes zustehen, können ihr, was das Vermögen der Kinder angeht, durch letztwillige Verfügung des Vaters eingeräumt werden. Bestellt er z. B. in seinem Testament die Mutter als Testamentsvollstreckerin (s. d.) und überträgt ihr als solcher die Verwaltung seines Nachlasses (2209), so kann er dabei bestimmen, daß sie diese Verwaltung auch noch über den Zeitpunkt der Volljährigkeit der Kinder hinaus oder gar lebenslänglich haben solle. Er kann ferner bestimmen, daß sie die Verwaltung auch im Falle einer etwaigen Wiederverheiratung nicht verlieren soll. (Darüber, ob und wie weit die Kinder wegen ihres Pflichtteilsrechts sich solche Anordnungen des Vaters gefallen zu lassen brauchen, s. das unter „Pflichtteil 1" Gesagte.) Die Mutter ist in solchem Falle als Testamentsvollstreckerin auch von den Beschränkungen und Verpflichtungen befreit, die für sie gelten, wenn sie nur kraft elterlicher Gewalt das Vermögen der Kinder verwaltet, z. B. von dem Erfordernis der Einholung der gerichtlichen Genehmigung zu gewissen Rechtsgeschäften.

6. Über das rechtliche Verhältnis der unehelichen Mutter zu ihrem Kinde vgl. den Artikel „Uneheliche Kinder".

N.

Nachbarrecht s. Grundeigentum 2.

Nachbildung, unbefugte, geschützter Muster, s. Musterschutz; von Warenzeichen s. Warenbezeichnungen usw.; von Schriftstücken, Kunstwerken, Photographien s. Urheberrecht.

Nachbürge s. Bürgschaft.

Nachdruck s. Urheberrecht I.

Nacherben (2100—2146). **1.** Nacherben sind Personen, die erst Erben werden, nachdem schon ein anderer die Erbschaft gehabt hat; die Erbschaft fällt also zunächst einem Erben zu, der im Gegensatz zum Nacherben als Vorerbe bezeichnet wird, und geht später von diesem auf den Nacherben über. Die Nacherbschaft beruht regelmäßig auf testamentarischer Bestimmung des Erblassers oder auch auf einem Erbvertrage; ausnahmsweise wird sie durch gesetzliche Vorschrift (2101, 2104, 2105) begründet. Ein häufig vorkommender Grund für jemanden, der ein Testament macht, einen (oder mehrere) Nacherben einzusetzen, ist der, daß er seinen gesetzlichen Erben, insbesondere seinen Kindern, seinen Nachlaß nicht entziehen, die Nutzung seines hinterlassenen Vermögens aber doch zunächst, auf Lebenszeit oder kürzere Zeit, einem anderen, z. B. seinem überlebenden Ehegatten, zuwenden will. Er setzt dann den Gatten zum Erben, die Kinder zu Nacherben ein. Ein anderer Fall ist der, daß der Erblasser seinem Sohne, seiner Tochter oder sonst jemandem seinen Nachlaß wohl zuwenden möchte, aber gewisser Verhältnisse halber besorgen muß, daß das Vermögen der Familie des Bedachten verloren gehen könnte. Er setzt dann die Kinder des als Erben Bedachten zu Nacherben ein, da ihnen dadurch die Erbschaft gesichert wird (s. unten). Auch Personen, die erst nach dem Tode des Erblassers erzeugt werden, kann eine Erbschaft nur dadurch zugewandt werden, daß sie als Nacherben betrachtet werden (s. unter 2 a. Schl.). Erwirbt der eingesetzte Vorerbe die Erbschaft nicht, z. B. weil er vor dem Erblasser stirbt oder ausschlägt, so erhält der Nacherbe die Erbschaft mit dem Erbfall unmittelbar. Mit dem Eintritt des Falles der Nacherbschaft wird der Nacherbe Erbe des Erblassers, er erwirbt also den Nachlaß als Ganzes, ohne daß die Übertragung der einzelnen Nachlaßgegenstände auf ihn erforderlich wäre, z. B. braucht ihm ein Grundstück nicht aufgelassen, eine Hypothekenforderung nicht abgetreten zu werden. Er kann sich als Eigentümer bzw. Gläubiger auf Grund des Erbscheins (s. d.) eintragen lassen. Vor dem Eintritt des Falles der Nacherbfolge hat der Nacherbe nur eine Anwartschaft, die sich in den nachstehend aufgeführten Sicherungen des Nachlasses für den Nacherben erschöpft. Wie lange der erste Erbe (der Vorerbe) die Erbschaft behalten und wann er sie an den oder die Nacherben weitergeben soll, hängt von der Bestimmung des Erblassers ab. Hat er darüber nichts bestimmt, so können die Nacherben die Erbschaft regelmäßig erst beim Tode des Vorerben (natürlich von dessen Erben) fordern. Nur wenn der zum Erben Eingesetzte bloß deshalb Nacherbe ist, weil er beim Tode des Erblassers noch nicht erzeugt war, wird er sofort bei seiner Geburt Erbe. Setzt der Erblasser einen kinderlosen Abkömmling zum Erben ein, bestimmt aber, daß nach dem Tode des Abkömmlings das ihm hinterlassene Vermögen an andere näher bezeichnete Personen (diese sind dann also Nacherben) fallen soll, so gilt diese Anordnung nicht, wenn dem Abkömmling noch ein Kind geboren wird; denn es ist anzunehmen, daß der Erblasser für solchen, von ihm nicht vorausgesehenen Fall jene Bestimmung nicht getroffen haben würde. — Die Stellung des Vorerben ist in Ansehung des Nachlasses beschränkter als diejenige eines endgültigen Erben. Er ist in der Verfügung über Nachlaßgegenstände beschränkt, und zu gewissen Sicherungen auf Verlangen des Nacherben verpflichtet. Er muß auf Verlangen des Nacherben ein Verzeichnis (Inventar) über alle zum Nachlaß gehörigen Gegenstände mitteilen. Das Verzeichnis ist mit der Angabe des Tages der Aufnahme zu versehen und von dem Vorerben zu unterzeichnen; der Vorerbe hat auf Verlangen die Unterzeichnung öffentlich beglaubigen zu lassen. Der Nacherbe kann verlangen, daß er bei der Aufnahme des Verzeichnisses zugezogen wird. Der Vorerbe ist berechtigt und auf Verlangen des Nacherben verpflichtet, das Verzeichnis durch die zuständige Behörde oder durch einen zuständigen Beamten oder Notar aufnehmen zu lassen. Die Kosten der Aufnahme und der Beglaubigung fallen der Erbschaft zur Last. Der Vorerbe kann den Zustand der zur Erbschaft gehörenden Sachen auf seine Kosten durch Sachverständige feststellen lassen (vgl. „Zustand oder Wert von Sachen, Feststellung usw.“). Das gleiche Recht steht dem Nacherben zu.

Rechte und Pflichten des Vorerben. Der Erbe ist verpflichtet, den Nachlaß, der ihm eben nur für seine Lebenszeit oder für noch kürzere Zeit gehört, im Interesse des demnächstigen Empfangsberechtigten ordnungsmäßig zu verwalten (2112ff.); bei seinen Verwaltungshandlungen muß er, um sich (oder seine Erben) nicht verantwortlich zu machen, diejenige Sorgfalt anwenden, die er bei seinen eigenen Angelegenheiten anzuwenden pflegt; für Veränderungen oder Verschlechterungen von Erbschaftssachen, die durch ordnungsmäßige Benutzung herbeigeführt werden, braucht er jedoch nicht aufzukommen. Was er vom Stamm des Nachlasses für sich verwendet, muß er oder müssen seine Erben den Nacherben ersetzen. Die Einkünfte des Nachlasses gehören, so lange er die Erbschaft hat, ihm (dem Vorerben). Zieht er aber „Früchte“ (s. d.) den Regeln einer ordnungsmäßigen Wirtschaft zuwider oder zieht er deshalb Früchte im Übermaß, weil dies infolge eines besonderen Ereignisses nötig geworden ist (er hat z. B. wegen eines Windbruches vor der Zeit abholzen müssen), so gebührt ihm der Wert der Früchte nur insoweit, als durch den „ordnungswidrigen oder den übermäßigen Fruchtbezug die ihm selber gebührenden Nutzungen beeinträchtigt werden und nicht der Wert der Früchte nach den Regeln einer ordnungsmäßigen Wirtschaft zur Wiederherstellung der Sache zu verwenden ist“. Gehört übrigens ein Wald zur Erbschaft, so kann sowohl der Vorerbe als auch der Nacherbe verlangen, daß das Maß der Nutzung und die Art der wirtschaftlichen Behandlung durch einen Wirtschaftsplan festgestellt werden. Tritt eine erhebliche Änderung der Umstände ein, so kann jeder Teil eine entsprechende Änderung des Wirtschaftsplans verlangen. Die Kosten fallen der Erbschaft zur Last. Das Gleiche gilt, wenn ein Bergwerk oder eine andere auf Gewinnung von Bodenbestandteilen gerichtete Anlage zur Erbschaft gehört. Die gewöhnlichen Erhaltungskosten muß der Vorerbe tragen; andere Aufwendungen, die der Vorerbe zum Zwecke der Erhaltung von Erbschaftsgegenständen den Umständen nach für erforderlich halten darf (größere Reparaturen, Neubauten usw.), kann er aus der Erbschaft bestreiten. Bestreitet er sie aus seinem Vermögen (wozu er nicht verpflichtet ist), so ist der Nacherbe im Falle des Eintritts der Nacherbfolge zum Ersatz verpflichtet. Macht der Erbe Verwendungen auf die Erbschaft, die nicht für die Erhaltung der Sachen notwendig oder zweckdienlich sind, so brauchen die Nacherben nur nach den über eine Geschäftsführung ohne Auftrag (s. d.) geltenden Vorschriften Ersatz zu leisten; der Vorerbe oder seine Erben sind berechtigt, eine Einrichtung, mit der der Vorerbe eine zur Erbschaft gehörende Sache versehen hat (er hat z. B. auf dem Grundstück einen Schuppen errichtet), wieder wegzunehmen. Außerordentliche öffentliche Lasten, die als auf den Stammwert der zur Erbschaft gehörigen Gegenstände gelegt anzusehen sind (s. darüber das Nähere unter „Nießbrauch“), fallen der Erbschaft zur Last; der Erbe braucht die Kosten aus seinem Vermögen nicht vorzuschießen; tut er es freiwillig, so müssen ihm die Auslagen von den Nacherben erstattet werden.

Verfügungsrechte des Erben. Sicherung der Nacherben. Da der Vorerbe als solcher nicht Verwalter fremden Vermögens ist, sondern, so lange sein Recht dauert, die Erbschaft als Eigentümer besitzt, so kann er im allgemeinen über die Nachlaßsachen wie ein Eigentümer verfügen, sie verkaufen, vertauschen, verbrauchen, Forderungen einziehen oder abtreten (zedieren) usw.; er ist nur zugunsten der Nacherben in gewisser Weise hierin beschränkt. Die gesetzlichen Beschränkungen seines Verfügungsrechts sind folgende:

Über Grundstücke und über Rechte an Grundstücken kann der Erbe an sich frei verfügen (sie verkaufen, verschenken, mit Hypotheken belasten usw.); diese Verfügungen sind vorläufig durchaus rechtsgültig. Aber eine solche Verfügung wird, falls nicht der Nacherbe seine Einwilligung dazu gegeben hat, beim Eintritt der Nacherbfolge (s. unten 2) insoweit unwirksam (ungültig), als das Recht des Nacherben dadurch vereitelt oder beeinträchtigt würde (2113). Da nun zugunsten solcher Personen, die in gutem Glauben von den Erben Grundstücke erwerben, die Vorschriften über den öffentlichen Glauben des Grundbuchs (s. „Grundbuch 3") gelten und der Nacherbe hierdurch bei betrügerischem oder leichtfertigem Handeln des Vorerben zu Schaden kommen könnte, so bestimmt das Gesetz (GBO. 52), daß bei der Eintragung des Vorerben als Eigentümer eines Nachlaßgrundstücks im Grundbuch von Amts wegen das Recht des Nacherben mit einzutragen ist. — Verschenken darf der Vorerbe keinen Erbschaftsgegenstand, weder ein Grundstück noch eine bewegliche Sache, sofern es sich nicht um eine Schenkung handelt, „durch die einer sittlichen Pflicht oder einer auf den Anstand zu nehmenden Rücksicht entsprochen wird" (2113). Auch solche Schenkungen sind zunächst allerdings gültig; aber beim Eintritt der Nacherbfolge (unten 2) kann der Nacherbe die geschenkten Gegenstände vom Erwerber zurückfordern, sofern sich dieser nicht auf die Bestimmungen zum Schutze eines gutgläubigen Erwerbers von beweglichen Sachen berufen kann (s. „Bewegliche Sachen, Eigentumserwerb an"). — Hypothekenforderungen, Grund- und Rentenschuldforderungen, die zum Nachlaß gehören, kann der Vorerbe nicht mit Wirkung gegen den Nacherben veräußern (abtreten, verpfänden usw.), es sei denn, daß der Nacherbe seine Einwilligung dazu erteilt. Das Gesetz gibt dem Vorerben aber die Befugnis, solche Hypotheken (Grundschuld-, Rentenschuldforderungen) eigenmächtig zu kündigen, wenn ihm dies notwendig oder zweckmäßig erscheint (2114). Die Einzahlung des gekündigten Kapitals darf aber an den Vorerben nur mit Einwilligung des Nacherben erfolgen; weigert dieser seine Einwilligung, so kann der Vorerbe von dem Schuldner nur verlangen, daß er das Kapital für ihn und den Nacherben hinterlegt; beide, der Vorerbe und der Nacherbe, können dann über den hinterlegten Betrag nur gemeinschaftlich verfügen. — Inhaberpapiere, die zur Erbschaft gehören, muß der Vorerbe auf Verlangen der Nacherben mit den Erneuerungsscheinen (Anweisungen, Talons, aber nicht der Zins-, Renten- oder Dividendenscheine), bei einer Hinterlegungsstelle oder bei der Reichsbank hinterlegen, mit der Bestimmung, daß die Herausgabe der Papiere nur mit Zustimmung der Nacherben verlangt werden kann (2116, 2117). Sind die Papiere „verbrauchbare" Sachen (s. d.) im Sinne des Gesetzes (zu der Erbschaft gehört z. B. ein Bankiergeschäft; die vorhandenen Banknoten und Effekten müssen daher im Betriebe des Geschäfts verkäuflich sein), so kann die Hinterlegung nicht verlangt werden. Den Inhaberpapieren stehen mit Blankoindossament versehene Orderpapiere gleich. Über die hinterlegten Papiere kann der Erbe nur mit Zustimmung der Nacherben verfügen. Statt die Papiere zu hinterlegen, kann der Erbe sie aber auch auf seinen Namen mit der Bestimmung umschreiben lassen, daß er über sie nur mit Zustimmung der Nacherben verfügen kann. Sind die Papiere von dem Reiche oder einem Lande ausgestellt, so kann er sie mit der gleichen Bestimmung in Buchforderungen gegen das Reich oder das Land umwandeln lassen. — Gehören endlich zur Erbschaft Buchforderungen gegen das Reich oder ein Land, so ist der Vorerbe auf Verlangen des Nacherben verpflichtet, in das Schuldbuch den Vermerk eintragen zu lassen, daß er über die Forderungen nur mit Zustimmung des Nacherben verfügen kann (2118). Über alle anderen, als die vorgenannten, zur Erbschaft gehörigen beweglichen Sachen und ausstehenden Forderungen kann der Vorerbe ohne Einwilligung des Nacherben frei verfügen. Er ist nur verpflichtet, soweit es eine ordnungsmäßige Verwaltung erfordert, veräußerte Gegenstände nicht ohne Ersatz zu lassen, im übrigen aber das für die veräußerten Gegenstände Empfangene wieder ordnungsmäßig für den Nacherben zu verwalten. Gehen Gelder ein, die nach den Regeln einer ordnungsmäßigen Verwaltung dauernd anzulegen sind, so muß der Erbe sie mündelsicher, d. h. nach den für die Anlegung von Mündelgeldern geltenden gesetzlichen Vorschriften anlegen (2119); siehe darüber das Nähere unter „Anlegung von Mündelgeldern"; der Erbe kann sich also nicht darauf berufen, daß er auch seine eigenen Kapitalien in weniger sicheren Papieren oder Hypotheken angelegt habe. Das Gesagte bezieht sich aber natürlich nur auf Gelder, die zum Nachlaß gehören, nicht auf solche, die als Einkünfte dem Vorerben selbst zukommen. Will der Erbe irgendeine Verfügung über Nachlaßgegenstände vornehmen, zu der er nach dem Vorgesagten für sich allein nicht berechtigt ist, die aber zur ordnungsmäßigen Verwaltung nötig ist (muß er z. B. zur Bezahlung von Schulden ein Grundstück verkaufen), so sind die Nacherben auf Verlangen des Erben verpflichtet, ihre Einwilligung zu der Verfügung zu erteilen, und zwar, wenn es vom Vorerben verlangt wird, in öffentlich beglaubigter Form, deren Kosten aber der Erbe zu tragen hat (2120).

Glaubt sich der Nacherbe durch Veräußerungen oder sonstige Verwaltungshandlungen oder Unterlassungen des Vorerben gefährdet, so kann er unter den gesetzlichen Voraussetzungen eine Sicherstellung durch den Vorerben verlangen (2128). Wirtschaftet nämlich der Erbe nicht ordnungsmäßig, besteht daher Grund zu der Besorgnis, daß die demnächstigen Rechte der Nacherben auf Herausgabe der Erbschaft durch den Vorerben „erheblich verletzt" werden, so kann der Nacherbe jederzeit von dem Vorerben Auskunft über den gegenwärtigen Bestand der Erbschaft verlangen, damit er gegebenenfalls in der Lage ist, seine Rechte auf Sicherheitsleistung entsprechend zu wahren (2127). Sicherheit kann er namentlich verlangen, wenn durch das Verhalten des Vorerben (dieser macht z. B. Anstalten, auszuwandern oder verschleudert Erbschaftsgegenstände) oder durch seine ungünstige Vermögenslage die Besorgnis einer erheblichen Verletzung der Rechte der Nacherben begründet ist; die Sicherheit muß in derselben Weise gewährt werden, wie wenn ein Nießbraucher zur Leistung einer Sicherheit verpflichtet ist; s. darüber „Nießbrauch 1". Ist dem Erben, weil er die ihm aufgegebene Sicherheit nicht leistet, die Verwaltung der Erbschaft entzogen (2129) und einem gerichtlich bestellten Verwalter übertragen, so hat er damit das Recht verloren, überhaupt über die Nachlaßgegenstände zu verfügen; er kann insbesondere auch keine Nachlaßforderungen mehr einziehen. Zum Schutze der Nachlaßschuldner ist aber bestimmt, daß ihre etwaigen Zahlungen an den Erben trotzdem gültig sind, wenn sie von der Entziehung der Verwaltung keine Kenntnis gehabt haben, es sei denn, daß ihnen dieser Beschluß in ordnungsmäßiger Weise zugestellt worden ist. — Verfügungen über Erbschaftsgegenstände, die im Wege der Zwangsvollstreckung oder der Arrestvollziehung oder durch den Konkursverwalter erfolgen, sind im Falle des Eintritts der Nacherbfolge insoweit unwirksam, als sie das Recht des Nacherben vereiteln oder beeinträchtigen würden, es sei denn, daß es sich um den Anspruch eines Nachlaßgläubigers oder ein an einem Erbschaftsgegenstande bestehendes Recht, z. B. eine Hypothek an einem Nachlaßgrundstück, handelt, das im Falle des Eintritts der Nacherbfolge auch dem Nacherben gegenüber wirksam ist (2115).

Befreiungen des Vorerben durch den Erblasser. So, wie vorstehend mitgeteilt, ist die Stellung des Erben den Nacherben gegenüber, wenn nicht der Erblasser besondere Bestimmungen getroffen hat. Der Erblasser kann den Vorerben von einigen oder allen vorstehend genannten Beschränkungen und Verpflichtungen befreien mit Ausnahme des Verbots von Schenkungen und der Verpflichtung zur Errichtung des Verzeichnisses (2136). Die Einsetzung des Vorerben als befreiten Vorerben oder die Einsetzung des Nacherben auf den Überrest (auf das was übrig ist) gilt als Befreiung von allen Beschränkungen und Verpflichtungen, soweit sie gesetzlich zulässig ist (2137). Wegen des Anspruchs eines als Nacherben eingesetzten Pflichtteilsberechtigten gegenüber einer so weit gehenden Befreiung s. Pflichtteil 1.

Besondere Beschränkungen des Vorerben durch den Erblasser. Ebenso, wie der Erblasser nach dem Vorstehenden den Vorerben von gesetzlichen Beschränkungen und Verpflichtungen befreien kann, kann er die Rechte des Vorerben aber auch andererseits durch besondere Anordnungen noch weiter, als das Gesetz es tut, einschränken. Er kann insbesondere bestimmen, daß ein zu bestellender Testamentsvollstrecker (s. d.) bis zum Eintritt der Nacherbfolge die den Nacherben zustehenden Rechte und Pflichten ausüben soll. Der Testamentsvollstrecker hat dann gewissermaßen die Aufsicht darüber, wie der Vorerbe das ihm hinterlassene Vermögen verwaltet. Eine solche Anordnung kann insbesondere dann zweckmäßig sein, wenn der Nacherbe unter der elterlichen Gewalt oder der Vormundschaft des Vorerben steht. Der Erblasser kann aber noch weiter gehn und bestimmen, daß der Testamentsvollstrecker überhaupt die Verwaltung des Nachlasses bis zum Eintritt der Nacherbschaft haben und dem Vorerben nur die Einkünfte des Vermögens ausantworten soll (BGB. 2209). (Ist diese Anordnung gegen einen pflichtteilsberechtigten Erben getroffen, so steht diesem das in „Pflichtteil" unter 1 erwähnte Wahlrecht zu.)

2. Herausgabe der Erbschaft an den Nacherben oder dessen Erben (2130 ff.). Mit dem Eintreten des Falles der Nacherbfolge fällt die Erbschaft dem Nacherben zu, und der Vorerbe oder, wenn der Nacherbfall mit seinem Tode eintritt, seine Erben haben den Nachlaß an den Nacherben auszuantworten. Ist der eingesetzte Nacherbe vor dem Termin, wo die Nacherbfolge in Wirksamkeit treten sollte, aber nach dem Tode des Erblassers gestorben, so treten an seiner Statt seine Erben, sofern nicht ein anderer Wille des Erblassers nach den Umständen anzunehmen ist (2108). (Ist er vor dem Tode des Erblassers gestorben, so ist die Nacherbschaft hinfällig geworden; seine Erben haben keinen Anspruch auf die Erbschaft.) In allen diesen Fällen ist der Vorerbe (oder sind seine Erben) verpflichtet, den Nacherben die Erbschaft in dem Zustande herauszugeben, in dem sie sich befinden muß, wenn der Erbe, wie es seine Pflicht war, den Nachlaß die ganze Zeit seines Besitzes hindurch ordnungsmäßig verwaltet hat. Er muß über seine Verwaltung den Nacherben auf Verlangen Rechnung ablegen (s. „Rechnungslegung"). Gehört zum Nachlaß ein landwirtschaftliches Grundstück oder gar ein „Landgut", so gelten für die Art der Herausgabe noch besondere Bestimmungen (über die Herausgabe im Laufe eines Nutzungsjahres, über die Zurücklassung von Dünger, Saatgut usw.; es gilt hier dasselbe, wie bei Beendigung eines Pachtverhältnisses; vgl. „Pacht") (2130). Hatte aber der Erblasser den oder die Nacherben bloß auf das eingesetzt, was beim Eintritt der Nacherbfolge „noch übrig sein würde", oder hatte er bestimmt, daß der Erbe zur „freien" Verfügung über die Erbschaft berechtigt sein solle, so können die Nacherben nur die Herausgabe der bei dem Erben (oder seinen Erben) noch vorhandenen Nachlaßgegenstände und Ersatz für unbefugterweise etwa verschenkte Sachen fordern; sie können jedoch Schadensersatz fordern, wenn der Erbe die Erbschaft geradezu in der Absicht, die Nacherben zu benachteiligen, vermindert hat. Hatte der Erbe ein zum Nachlasse gehöriges Grundstück (Haus usw.) vermietet oder verpachtet und besteht das Miet- oder Pachtverhältnis beim Eintritt der Nacherbfolge noch, so kommen die Vorschriften zur Anwendung, die für den Fall gelten, daß ein Nießbraucher ein Grundstück über die Dauer seines Nießbrauches hinaus vermietet oder verpachtet hat; es muß hier auf die unter „Nießbrauch 1 (Beendigung des Nießbrauchs)" mitgeteilten Bestimmungen des Gesetzes verwiesen werden. Schließlich ist noch zu bemerken, daß der Erbe, wenn keine andere Bestimmung getroffen ist, auch einen Erbteil mit herauszugeben hat, den er etwa infolge des Anwachsungsrechts (s. „Anwachsung bei Miterben") oder als Ersatzerbe (s. d.) erhalten hat, nicht aber ein ihm etwa zugewandtes Vorausvermächtnis.

Von dem Augenblicke an, wo die Nacherbfolge in Wirksamkeit tritt (2139 ff.), gelten nun die bisherigen „Nacherben" als Erben des verstorbenen Erblassers; es gehen also auch etwaige Nachlaßschulden auf sie über (s. „Nachlaßschulden, Haftung der Erben für") und die Haftung des bisherigen Erben (des Vorerben) ist der Regel nach erloschen. Nur solche Verbindlichkeiten, die bloß den Vorerben angehen, z. B. ein ihm auferlegtes Vermächtnis, brauchen die Nacherben nicht zu erfüllen. Damit die etwaigen Nachlaßgläubiger stets Kenntnis davon haben, wer denn eigentlich ihr Schuldner ist, ist der bisherige Erbe (bzw. sind seine Erben) gesetzlich verpflichtet, den Eintritt der Nacherbfolge unverzüglich dem Nachlaßgerichte anzuzeigen (nicht dem Gläubiger selbst); sie sind bei Unterlassung dieser Anzeige für den Schaden haftbar. Hat der Nacherbe die Anzeige gemacht, so bedarf es einer nochmaligen Anzeige durch den Vorerben nicht mehr. Beim Nachlaßgerichte kann die Anzeige von jedem, der ein rechtliches Interesse daran glaubhaft macht, eingesehen werden. Eine Nacherbschaft kann von den Berechtigten ausgeschlagen werden. Die Frist beginnt mit dem Eintritt des Falles der Nacherbfolge (s. Ausschlagung der Erbschaft). Die Ausschlagung ist aber auch bereits vor diesem Zeitpunkt zulässig.

3. Gesetzliche Beschränkung der Anordnung von Nacherbschaften (2109). An sich könnte ein Erblasser durch Einsetzung einer langen Reihe von Nacherben hintereinander auf lange Zeit hinaus die freie Verfügung über den Nachlaß ausschließen. Das ist volkswirtschaftlich bedenklich. Das Gesetz beschränkt daher die Nacherbfolge. Regelmäßig wird die Nacherbfolge nach dreißig Jahren, vom Tode des Erblassers an, ungültig; ist also bis dahin der Fall der Nacherbfolge nicht eingetreten, so ist damit das Recht der Nacherben hinfällig geworden; der Vorerbe behält die Erbschaft endgültig und hat sie nun als völlig freies Eigentum. Von dieser Regel gestattet das Gesetz aber zwei wichtige Ausnahmen. Ist nämlich die Nacherbfolge für den Fall angeordnet, daß in der Person des Vorerben oder des Nacherben irgendein bestimmtes Ereignis eintritt (z. B. die Erbschaft oder ein Teil der Erbschaft soll dem X. als Nacherben zufallen, wenn er sich verheiratet oder wenn er ein bestimmtes Geschäft übernimmt usw. oder wenn der Vorerbe sich wieder verheiratet usw.), so bleibt diese Anordnung auch über den Zeitraum von 30 Jahren hinaus gültig, wenn der, in dessen Person das Ereignis eintreten soll, beim Tode des Erblassers schon lebte. Beispiel: A. setzt seinen Neffen X. zum Erben ein und bestimmt dann: sollte der Sohn Karl des X. das väterliche Geschäft übernehmen, so soll X. die Erbschaft an diesen Sohn (als Nacherben) weitergeben. Sollte demnächst wiederum ein Sohn des Karl von diesem das Geschäft übernehmen, so soll Karl an diesen Sohn die Erbschaft weitergeben usw. Angenommen, der Testator ist im Jahre 1900 gestorben. Der Neffe X. hat die Erbschaft erhalten und sie, der testamentarischen Auflage gemäß, im Jahre 1910 an seinen Sohn Karl, als dieser sein Geschäft übernahm, herausgegeben. Es fragt sich jetzt: kann Karl frei über die Erbschaft des Großonkels verfügen? oder müßte er sie an seinen Sohn, falls dieser demnächst etwa das Geschäft übernimmt, auch wieder herausgeben, wie der Testator angeordnet hat? Antwort: wenn der Sohn des Karl (der Geschäftsübernehmer) beim Tode des Großonkels (1900) schon geboren war, so ist seine Einsetzung als Nacherbe gültig; er kann die Erbschaft des Onkels vom Vater herausverlangen, wenn er das väterliche Geschäft auch erst nach dem Jahre 1930 übernimmt; lebte er dagegen im Jahre 1900 noch nicht, so hat die Bestimmung des Großonkels für ihn allerdings Gültigkeit, sofern er das Geschäft vor dem Jahre 1930 übernimmt, nicht aber, wenn dies erst nach 1930 geschieht. Der Vater Karls kann also im letzteren Falle über die Erbschaft frei verfügen. — Ein zweiter Ausnahmefall ist der, wenn dem Vorerben oder einem Nacherben für den Fall, daß ihm ein Bruder oder eine Schwester geboren wird, der Bruder oder die Schwester als Miterbe bestimmt ist. Beispiel: Der Erblasser hat die Kinder seiner Tochter A., und zwar die bereits lebenden und die noch geboren werdenden, zu Erben seines Nachlasses eingesetzt. Bei seinem Tode ist ein Kind vorhanden, ein zweites wird erwartet. Diese beiden Kinder beerben den Großvater; sie sind aber verpflichtet, wenn ihnen später noch Geschwister geboren werden, die Erbschaft mit ihnen zu teilen oder — mit dem Gesetz gesprochen — sie müssen einen entsprechenden Teil der Erbschaft den später geborenen Geschwistern als Nacherben herausgeben (denn „Erben" des Großvaters im eigentlichen Sinne können diese nicht werden, da sie bei seinem Tode noch nicht erzeugt waren). Sollten nun nach Ablauf von 30 Jahren seit dem Tode des Großvaters noch Kinder der Tochter A. geboren werden, so erben diese, gegen die oben mitgeteilte Regel, doch noch mit.

Ist übrigens der Vorerbe oder der Nacherbe, in dessen Person das Ereignis eintreten soll, eine juristische Person, so bewendet es stets bei der dreißigjährigen Frist.

4. Erteilung eines Erbscheins. Da der Vorerbe bis zur Herausgabe der Erbschaft an den Nacherben wirklicher Erbe ist, so kann er zu seiner Legitimation vom Gericht auch die Ausstellung eines Erbscheines verlangen. Näheres s. „Erbschein" am Schluß. Der Nacherbe kann dagegen vor der Herausgabe der Erbschaft an ihn keinen Erbschein verlangen.

Nachfolgende Ehe, Legitimation eines unehelichen Kindes durch, s. Legitimation.

Nachfrist s. Gegenseitige Verträge 3c.

Nachlaß s. Erbschaft; Teilung eines, s. Erbteilung 1; Verwaltung durch den Testamentsvollstrecker s. Testamentsvollstrecker; Sicherung eines Nachlasses s. Nachlaßgericht; Vertrag über einen Nachlaß s. Nachlaßverträge; Nachlaß an Pachtzins s. Pacht 7.

Nachlaßgericht (Reichsgesetz über die Angelegenheiten der freiwilligen Gerichtsbarkeit (RFGG.) § 72, Gutt. Slg. Nr. 46). Gewisse gerichtliche Geschäfte sind durch das Gesetz dem Nachlaßgericht (dem Nachlaßrichter) zugewiesen, z. B. die Sicherung eines Nachlasses, die Entgegennahme einer Erbschaftsausschlagung, die Anordnung einer Nachlaßverwaltung, die Erteilung eines Erbscheins usw. usw. Dieses „Nachlaßgericht" ist aber kein besonderes Gericht, sondern es ist, wenn nicht ausnahmsweise landesgesetzlich etwas anderes bestimmt ist (s. folgenden Absatz), das Amtsgericht, in dessen Bezirk der Erblasser zur Zeit seines Todes seinen Wohnsitz oder, wenn er keinen Wohnsitz im Deutschen Reich hatte, seinen Aufenthalt hatte. Hatte er weder einen Wohnsitz noch Aufenthalt in Deutschland, so ist das Amtsgericht zuständig, in dessen Bezirke er seinen letzten Wohnsitz hatte. Wenn auch dies nicht zutrifft, muß das Amtsgericht von der höheren Justizbehörde oder dem Reichskanzler bestimmt werden. War der Erblasser ein Ausländer und hatte er zur Zeit seines Todes weder Wohnsitz noch Aufenthalt im Inlande, so ist jedes Amtsgericht, in dessen Bezirke sich Nachlaßgegenstände befinden, in Ansehung aller im Inlande befindlichen Nachlaßgegenstände zuständig. Für die Sicherung eines Nachlasses (vgl. „Annahme und Ausschlagung einer Erbschaft 2") ist jedes Amtsgericht zuständig, in dessen Bezirke das Bedürfnis einer Fürsorge hervortritt.

Übrigens kann (EGBGB. 147) die Landesgesetzgebung auch andere als gerichtliche Behörden, namentlich Ortsbehörden, mit den Geschäften des Nachlaßgerichts betrauen. (Dies ist z. B. in Württemberg geschehen (AGBGB. (W.) 71—78), wo für jede Gemeinde ein Nachlaßgericht bestellt ist (ordentliches Nachlaßgericht), das aus dem Bezirksnotar und vier Waisenrichtern besteht. Doch sind verschiedene Geschäfte des Nachlaßgerichts dem Amtsgericht vorbehalten. In Baden (AGFGG. (Bd.) 45) führen die Notare die Geschäfte des Nachlaßgerichts, soweit nicht einzelne dieser Geschäfte den Amtsgerichten zugewiesen sind.)

Nachlaßgläubiger (Erbschaftsgläubiger) (1967 bis 1974, 2058—2063). Durch den Tod des Schuldners erschwert sich die Stellung des Gläubigers. An die Stelle des Schuldners treten dessen Erben. Statt eines Schuldners hat er vielleicht dann mehrere, die ihm gar nicht oder nur teilweise bekannt sind. Außerdem stehen dem Erben Schutzmaßregeln zur Seite, deren Benutzung ihn vor einer Haftung über die Kräfte des Nachlasses hinaus schützen soll. (S. darüber Nachlaßschulden.) Hier ist nur davon zu sprechen, welche Rechte dem Gläubiger für die Durchführung seines Anspruchs gegeben sind.

Solange der Erbe die Erbschaft noch nicht angenommen hat (s. darüber „Annahme und Ausschlagung einer Erbschaft"), kann der Gläubiger seine Forderung gegen ihn nicht gerichtlich geltend machen; er kann eine Zwangsvollstreckung (Pfändung) ebensowenig in die Nachlaßsachen wie in das sonstige Vermögen des Erben betreiben (1958). Dagegen wird eine Zwangsvollstreckung, die zur Zeit des Todes des Erblassers bereits begonnen hatte, in den Nachlaß fortgesetzt (ZPO. 779). Prozesse, die zur Zeit des Todes des Erblassers zwischen diesem und dem Gläubiger schweben, werden unterbrochen oder können ausgesetzt werden (ZPO. 239ff.). Will der Gläubiger mit der gerichtlichen Geltendmachung eines Anspruchs nicht bis zur Annahme der Erbschaft warten, so muß er beim Nachlaßgericht (s. d.) die Bestellung eines Nachlaßpflegers (s. d.) beantragen. Gegen diesen kann er dann Klage erheben. Dasselbe gilt, wenn ein Testamentsvollstrecker ernannt oder ein Nachlaßverwalter bestellt ist. Auch gegen diese kann sofort geklagt werden. Überhaupt ist das Vorgehen des Gläubigers, solange eine Nachlaßpflegschaft, eine Nachlaßverwaltung, ein Konkursverfahren schwebt, gegen die Erben selbst ausgeschlossen, anders wenn der Nachlaß der Verwaltung eines Testamentsvollstreckers unterliegt. Die Ansprüche des Gläubigers sind dann stets gegen die betreffenden Vertreter geltend zu machen. Nach der Annahme der Erbschaft durch den oder die Erben kann der Gläubiger seine Ansprüche, soweit nicht die vorstehend genannten Vertreter vorhanden sind, gegen den oder die Erben einzeln oder gemeinschaftlich geltend machen ohne Rücksicht darauf, ob der Erbe (oder die Erben) unbeschränkt, beschränkt oder beschränkbar haftet, ob gesamtschuldnerisch oder nur nach Verhältnis seines Erbteils. Es ist Sache des Erben, diese Beschränkungen im Prozeß geltend zu machen und eine eingeschränkte Verurteilung zu erzielen. Doch ist dabei folgendes zu beachten. Der Erbe ist berechtigt, die Zahlung innerhalb der ersten 3 Monate nach Annahme der Erbschaft und wenn er das Aufgebot der Nachlaßgläubiger beantragt hat, auch noch darüber hinaus, zu verweigern (s. Nachlaßschulden 2). Diese Einrede hindert aber nur die Durchführung der Zwangsvollstreckung. Diese muß dann für die Dauer der Frist auf Maßregeln beschränkt bleiben, die zur Vollziehung des Arrestes zulässig sind (§§ 2014—2017 BGB., 782 ZPO.). Ist der Erblasser von mehreren Personen beerbt, so kann vor der Teilung des Nachlasses der Gläubiger zwar auch jeden der Miterben in Anspruch nehmen, jedoch kann der Miterbe die Berichtigung aus dem Vermögen, das er außer seinem Erbanteil an dem Nachlaß hat, verweigern, soweit er nicht schon unbeschränkt haftet, aber auch im letzten Falle kann er die Berichtigung noch verweigern, soweit die Verbindlichkeit einen seinen Erbteil entsprechenden Teil der Verbindlichkeit übersteigt. Diese Haftungsbeschränkungen muß der Erbe im Prozeß geltend machen, der Gläubiger tut aber doch gut, vor der Teilung die Miterben insgesamt zu verklagen. Beispiel: Ein Erblasser ist von 3 Söhnen beerbt, deren Erbteil je 1000 RM. beträgt. Ein Nachlaßgläubiger hat eine Forderung von 6000 RM. gegen den Erblasser. Wird einer der Miterben verklagt, so kann er die Berichtigung, soweit sie 1000 RM. übersteigt, verweigern, haftet er aber bereits unbeschränkt, so muß er 2000 RM. zahlen. Mit der Teilung des Nachlasses entfällt dieser Einwand. Die Erben haften nunmehr als Gesamtschuldner für die ganze Forderung, und, wenn sie nicht vor der Teilung die Nachlaßverwaltung eingeleitet hatten, auch unbeschränkt, d. h. mit ihrem eigenen Vermögen. Allerdings bleibt ihnen im Falle der Überschuldung des Nachlasses noch die Möglichkeit des Konkursantrages. Wegen der Ausnahme siehe Nachlaßschulden 3 b.

Um sich vor Verbrauch des Nachlasses durch die Erben oder vor dem Zugriff persönlicher Gläubiger der Erben auf den Nachlaß zu schützen, kann der Gläubiger bei Überschuldung des Nachlasses Konkurs beantragen oder im Falle der Nichtüberschuldung, solange der Nachlaß noch nicht geteilt ist, und noch nicht 2 Jahre seit der Annahme der Erbschaft verflossen sind, die Nachlaßverwaltung (s. Nachlaßkonkurs und Nachlaßverwaltung). Um sich einen Überblick über den Nachlaß zu verschaffen, kann der Gläubiger den Erben oder Einzelne zwingen, ein Nachlaßinventar zu errichten durch einen Antrag bei dem Nachlaßgericht (s. Nachlaßinventar). Andererseits ist der Nachlaßgläubiger auch zur Aufmerksamkeit und zur rechtzeitigen Geltendmachung seiner Forderung verpflichtet, damit er seine Forderung nicht einbüßt. Ist nämlich auf Antrag der Erben vom Gericht ein Aufgebot der Nachlaßgläubiger (s. d.) erlassen, so muß er innerhalb der gesetzten Frist seine Forderung beim Gericht anmelden, widrigenfalls er in dem gerichtlichen Ausschlußurteil „ausgeschlossen" wird; Folge des Ausschlusses ist, daß der Gläubiger, wenn er sich später beim Erben meldet, von diesem auf das, was nach Befriedigung aller nicht ausgeschlossenen Gläubiger vom Nachlasse etwa noch vorhanden ist, verwiesen werden kann. Verzögert der Gläubiger die Geltendmachung seiner Forderung gegen den Erben solange, daß seit dem Tode des Erblassers fünf Jahre verstrichen sind, so trifft ihn derselbe Nachteil, es sei denn, daß er seine Forderung in einem Aufgebotsverfahren schon angemeldet hatte oder daß die Forderung dem Erben vor Ablauf der 5 Jahre schon bekannt geworden war (s. „Aufgebot der Nachlaßgläubiger 2").

Gläubiger, die nicht Nachlaßgläubiger, sondern Gläubiger des Erben (oder eines der mehreren Erben) sind, können, ehe der Erbe die Erbschaft angenommen hat, keine Zwangsvollstreckung (Pfändung) in den Nachlaß betreiben. Nach der Annahme der Erbschaft können sie dies, wenn nicht der dem Erben angefallene Nachlaß durch Anordnung einer Nachlaßverwaltung oder durch Eröffnung des Nachlaßkonkurses zur ausschließlichen Befriedigung der Nachlaßgläubiger sichergestellt ist (vgl. aber „Erbteilung 1").

Nachlaßgläubiger, rechtliche Stellung der, s. Nachlaßgläubiger; Haftung der Erben für ihre Forderungen s. Nachlaßschulden, Haftung der Erben für die; Aufgebot der Nachlaßgläubiger s. Aufgebot; Anmeldung ihrer Forderung s. Aufgebot der Nachlaßgläubiger.

Nachlaßinventar (1993—2013). **1.** Das Nachlaßinventar dient der Feststellung des Nachlaßbestandes zur Zeit des Erbfalls. Die möglichst baldige Errichtung eines Nachlaßverzeichnisses ist ebenso für den Erben, wie für den Gläubiger wesentlich, für den ersten zur eigenen Aufklärung und als späteres Beweismittel, für den letzten zur Übersicht und Feststellung der Zulänglichkeit des Nachlasses. Da das Gesetz aber nicht, wie manche früheren Gesetze, die beschränkte Haftung des Erben mit der Inventarerrichtung eintreten läßt, so hat es die Verpflichtung des Erben zur Vorlegung eines Nachlaßinventars von einer auf Antrag eines Gläubigers ergehenden Anordnung des Nachlaßgerichts abhängig gemacht, mit der Wirkung, daß, wenn der Erbe das Inventar binnen der ihm vom Nachlaßgericht zu bestimmenden Frist nicht errichtet hat, der Erbe für alle Nachlaßverbindlichkeiten unbeschränkt haftet, ohne noch die Möglichkeit zu haben, seine Haftung durch die dem Erben sonst zu Gebote stehenden Mittel (s. Nachlaßschulden) zu beschränken. Antragsberechtigt ist jeder Gläubiger, auch der Pflichtteilsberechtigte und der Vermächtnisnehmer. Er muß seine Forderung glaubhaft machen (s. d.). Das Nachlaßgericht bestimmt daraufhin dem Erben oder dem im Antrag genannten Miterben eine Frist von mindestens einem, höchstens drei Monaten zur Einreichung des Inventars; sie beginnt mit der Zustellung an den Erben und kann auf Antrag des Erben, wenn sie nicht ausreicht, verlängert werden (s. Fristen). Ist der Erbe durch höhere Gewalt, z. B. Naturereignisse, gehindert worden, das Inventar rechtzeitig zu errichten oder eine Verlängerung der Inventarfrist zu beantragen, so ist eine neue Frist zu bestimmen. Der Antrag dazu muß aber binnen 2 Wochen nach Beseitigung des Hindernisses und spätestens vor Ablauf eines Jahres nach dem Ende der zuerst bestimmten Frist gestellt werden. Stirbt der Erbe, dem die Frist gesetzt worden ist, vor dem Ablauf der Frist, so müssen seine Erben das Inventar einreichen, die Frist endet für diese aber nicht vor dem Ablaufe der für die Erbschaft dieses Erben vorgeschriebenen Ausschlagefrist. Die Frist wird hinfällig, wenn inzwischen eine Nachlaßverwaltung angeordnet oder der Nachlaßkonkurs eröffnet wird.

2. Der Erbe muß zur Aufnahme des Inventars eine zuständige Behörde oder einen zuständigen Beamten oder Notar zuziehen, er kann aber auch beim Nachlaßgericht die Aufnahme beantragen, die dieses dann selbst vornimmt oder einem zuständigen Beamten überträgt. Diese Form ist auch erforderlich, wenn kein Nachlaß vorhanden ist. Die zuständigen Behörden und Beamten werden durch die Landesgesetzgebung bestimmt. In Preußen sind zuständig Amtsgerichte und Notare, im Auftrage des Amtsgerichts Urkundsbeamte, Gerichtsvollzieher, Dorfgerichte und Ortsgerichte; in Sachsen: Amtsgerichte und Notare, kraft Auftrags des Amtsgerichts Urkundsbeamte und Gerichtsvollzieher; in Württemberg: Amtsrichter und öffentliche Notare; in Baden: ausschließlich Notare unter Mitwirkung der Ortsgerichte; in Hessen: Amtsgerichte und Notare, kraft Auftrags des Amtsgerichts Ortsgerichte und Gerichtsvollzieher.

Der Erbe ist verpflichtet, der mit der Aufnahme des Inventars betrauten Behörde oder Amtsperson die erforderlichen Auskünfte zu erteilen. Das Inventar (Nachlaßinventar, Nachlaßverzeichnis) ist ein vollständiges Verzeichnis aller beim Tode des Erblassers vorhandenen (oder vorhanden gewesenen) Nachlaßgegenstände und der Nachlaßverbindlichkeiten (Schulden, Vermächtnisse, Pflichtteilslasten usw.). In dem Verzeichnis sind die einzelnen Gegenstände so weit zu beschreiben, als zur Bestimmung ihres Wertes erforderlich ist. Auch ist der Wert sämtlicher Gegenstände anzugeben. Eine eigentliche Abschätzung (Taxation) der Sachen ist nicht vorgeschrieben; es wird genügen, wenn der ungefähre Wert nach pflichtmäßigem Ermessen angegeben wird. Dies gilt insbesondere auch für Grundstücke.

3. Hat der Erbe bereits ein der obigen Form entsprechendes Inventar eingereicht, so bedarf es der Aufnahme eines neuen Inventars nicht; der Erbe muß alsdann vor dem Ablauf der Inventarfrist dem Nachlaßgericht die Erklärung abgeben, daß das Inventar als von ihm eingereicht gelten solle. Dies gilt insbesondere auch, wenn vielleicht von einem Miterben bereits ein Inventar eingereicht ist.

4. Die Versäumung der Inventarfrist bewirkt, daß der Erbe, dem die Inventarfrist gesetzt worden ist, nunmehr mit seinem ganzen Vermögen haftet, und zwar nicht nur dem einen Gläubiger sondern allen. Die Errichtung eines Inventars durch einen Miterben kommt auch den übrigen zustatten, soweit sie nicht schon vorher unbeschränkt hafteten. Der Versäumung der Inventarfrist steht es gleich, wenn der Erbe absichtlich ein unrichtiges Inventar aufstellt, sei es, daß er das Aktivvermögen nicht vollständig angibt oder die Werte zu gering ansetzt oder daß er in der Absicht, die Gläubiger zu benachteiligen, Schulden oder sonstige Verbindlichkeiten aufnimmt, die gar nicht bestehen oder nicht mehr oder nicht in der angegebenen Höhe bestehen; auch in diesem Falle haftet er unbeschränkt. Die von dem Erben verschuldete Unvollständigkeit muß aber eine „erhebliche" sein; werden, wenn auch absichtlich, unbedeutende Gegenstände ausgelassen, so trifft den Erben jene Strafvorschrift nicht. Dieselbe nachteilige Folge tritt für den Erben ein, wenn er dem vom Nachlaßgericht mit der Inventaraufnahme betrauten Beamten die Auskunft verweigert oder sie absichtlich in erheblichem Maße verzögert. Ist die Angabe der Nachlaßgegenstände im Inventar ohne böse Absicht des Erben unvollständig, so kann ihm zur Vervollständigung des Inventars eine neue Frist bestimmt werden.

Eidliche Erhärtung des Inventars. Mit der Einreichung des Inventars hat der Erbe regelmäßig seiner Pflicht genügt. Es steht jedoch jedem Nachlaßgläubiger frei, zu verlangen, daß der Erbe das Inventar beschwört. Der Erbe hat in solchem Falle vor dem Nachlaßgericht den Offenbarungseid dahin zu leisten, daß er nach bestem Wissen die Nachlaßgegenstände so vollständig angegeben habe, als er dazu imstande sei. Der Erbe kann, ehe er schwört, das Inventar vervollständigen. Verweigert der Erbe die Leistung des Eides, so hat auch dies wieder zur Folge, daß er nun dem Nachlaßgläubiger, der den Antrag gestellt hat, für seine Forderung unbeschränkt haftet. Dasselbe gilt, wenn er ohne Entschuldigung weder im Termin noch in einem auf Antrag des Gläubigers bestimmten neuen Termin erscheint. Eine Wiederholung des Eides kann der Gläubiger (oder ein anderer) nur verlangen, wenn aus besonderen Gründen anzunehmen ist, daß dem Erben nach der Eidesleistung weitere Nachlaßgegenstände bekannt geworden sind.

Ist eine Ehefrau die Erbin und gehört die Erbschaft zum „eingebrachten Gute" (s. d.) oder (bei Gütergemeinschaft usw.) zum Gesamtgut, so ist die Bestimmung der Inventarfrist nur wirksam, wenn sie auch dem Mann gegenüber erfolgt.

So lange nicht die Frist dem Mann gegenüber verstrichen ist, endigt sie auch nicht der Frau gegenüber. Die Errichtung des Inventars durch den Mann kommt der Frau zustatten. Gehört die Erbschaft zum Gesamtgut, so gelten diese Vorschriften auch nach der Beendigung der Gütergemeinschaft.

5. Einsicht und Beweiskraft des Inventars. Die Einsicht des beim Nachlaßgericht aufbewahrten Inventars ist jedem gestattet, der ein rechtliches Interesse glaubhaft machen kann; vor allem jedem Nachlaßgläubiger. Ist ein ordnungsmäßiges Inventar innerhalb der vom Gericht bestimmten Frist eingereicht, so wird bis zum Gegenbeweise angenommen, daß beim Tode des Erblassers weitere Nachlaßgegenstände als die in dem Inventar verzeichneten nicht vorhanden gewesen sind.

6. Freiwillige Errichtung eines Nachlaßinventars. Der Erbe hat auch das Recht, freiwillig ein solches Inventar in der oben beschriebenen Form zu errichten (BGB. § 1993) und es dem Nachlaßgerichte einzureichen. Dies sogleich in formgerechter Weise zu tun, empfiehlt sich jedenfalls dann, wenn hinsichtlich der Zulänglichkeit des Nachlasses auch nur die geringsten Zweifel bestehen, es erleichtert dem Erben seine Aufgabe, wenn von Gläubigerseite die Inventarerrichtung beantragt wird, da er sich darauf berufen kann. Das formgerecht errichtete Inventar begründet endlich auch zugunsten des Erben den Nachlaßgläubigern gegenüber eine sog. Rechtsvermutung dafür, daß nicht mehr im Nachlaß vorhanden gewesen ist, als der Erbe aufgezeichnet hat, so daß also in einem etwaigen Prozesse die Gläubiger beweisen müssen, daß mehr vorhanden gewesen ist. Um ein formgerechtes Inventar zu errichten, hat der Erbe auch in dem Falle, wenn er sich freiwillig dazu entschließt, in gleicher Weise zu verfahren, wie oben unter 1 mitgeteilt ist.

7. Aufnahme von Nachlaßverzeichnissen (Nachlaßinventaren) auf Grund besonderer landesgesetzlicher Vorschriften (EGBGB. 140). Durch Landesgesetz kann bestimmt werden, daß auch unter anderen als den in dem Artikel „Erbteilung" unter 2 bezeichneten Voraussetzungen das Nachlaßgericht die Anfertigung eines Nachlaßverzeichnisses (Nachlaßinventars), sowie bis zu dessen Vollendung die erforderlichen Sicherungsmaßregeln von Amts wegen anordnen kann oder soll. (In Preußen sind die desfallsigen, früher erlassenen Vorschriften aufgehoben. — In Württemberg hat das die Auseinandersetzung unter den Miterben vermittelnde Nachlaßgericht die Aufnahme eines Nachlaßverzeichnisses anzuordnen und geeignetenfalls selbst zu veranlassen.)

Nachlaßkonkurs (BGB. 1975—1980, 1988 bis 1992, KO. 214—234). Sobald ein Erbe Kenntnis davon erhält, daß die Erbschaft überschuldet ist, muß er den Nachlaßkonkurs anmelden, widrigenfalls er den Gläubigern für den daraus entstehenden Schaden verantwortlich ist (1980). Ein solcher Schaden kann z. B. durch unzweckmäßige Verwertung oder durch Verschleuderung von Nachlaßsachen, durch Zwangsvollstreckungskosten u. dgl. entstehen. Die Schadensersatzpflicht trifft ihn selbst dann, wenn er aus Fahrlässigkeit die Überschuldung des Nachlasses nicht gekannt hat. Z. B. wenn er annehmen konnte, daß noch unbekannte Gläubiger vorhanden waren und es trotzdem unterläßt, das Aufgebot der Nachlaßgläubiger zu beantragen, es sei denn, daß der Nachlaß so geringfügig ist, daß die Kosten des Aufgebotsverfahrens außer Verhältnis dazu stehen würden. Meldet der Erbe den Konkurs nicht an, obwohl er die Unzulänglichkeit des Nachlasses kannte oder kennen mußte, so hat dies noch die weitere nachteilige Folge für ihn, daß er, wenn er einzelne Nachlaßgläubiger befriedigt hat, den übrigen Nachlaßgläubigern mit seinem eigenen Vermögen dafür haftet, wenn sie nun weniger aus dem Nachlasse erhalten, als ihnen bei ordnungsmäßiger Verteilung zukommen würde; er kann sich ihnen gegenüber nicht darauf berufen, daß er für die Nachlaßschulden nur mit dem Nachlasse selbst hafte (1979). Von mehreren Erben kann jeder für sich den Antrag auf Konkurseröffnung stellen, auch noch nach Teilung des Nachlasses. Beruht die Überschuldung des Nachlasses nur auf Vermächtnissen und Auflagen, so bedarf es einer Konkursanmeldung nicht. Der Erbe braucht diese Verbindlichkeiten nur soweit zu berichtigen, wie der Nachlaß ausreicht. Darüber hinaus kann er die Befriedigung dieser Gläubiger verweigern, ist dann in diesem Falle aber verpflichtet, den Nachlaß zum Zweck der Befriedigung dieser Gläubiger im Wege der Zwangsvollstreckung herauszugeben.

Ist eine Frau Erbin und gehört der Nachlaß zum eingebrachten Gute oder zum Gesamtgute, so kann der Ehegatte den Konkurs beantragen.

Außer von dem Erben selbst kann der Konkurs auch von einem Nachlaßverwalter, von einem Nachlaßpfleger, sowie von einem mit der Verwaltung des Nachlasses betrauten Testamentsvollstrecker beantragt werden, endlich auch regelmäßig von jedem Nachlaßgläubiger, jedoch nur binnen 2 Jahren nach Annahme der Erbschaft.

Das Verfahren richtet sich nach den allgemeinen Bestimmungen über den Konkurs. Ein Zwangsvergleich kann nur auf Vorschlag aller Erben geschlossen werden. Im Nachlaßkonkurse werden die eigentlichen Nachlaßgläubiger, wie in jedem anderen Konkurse, nach den Bestimmungen der Konkursordnung befriedigt. Als Masseschulden sind außer den gewöhnlichen auch noch einige andere anzusehen, z. B. die Kosten der Beerdigung des Erblassers (vgl. darüber § 224 KO.). Pflichtteilsberechtigte kommen mit ihren Forderungen (s. Pflichtteil) erst nach Befriedigung aller anderen Nachlaßgläubiger zum Zuge und erst nach ihnen Vermächtnisnehmer und solche Personen, die auf Grund einer vom Erblasser dem Erben gemachten Auflage etwas zu fordern haben. Dasselbe gilt gegenüber allen Gläubigern, wenn der Konkurs wegen Mangels an Masse nicht eröffnet oder nach Eröffnung deswegen eingestellt wird. — Sollte bei Beendigung des Konkurses durch Verteilung der Masse (des Nachlasses) oder durch einen Zwangsvergleich ein Überschuß für den Erben verblieben und ihm ausgehändigt sein, so können Nachlaßgläubiger, die am Konkurse oder dem Zwangsvergleich nicht teilgenommen haben, ihre Forderungen noch gegen den (die) Erben geltend machen. Der Erbe muß ihnen den erhaltenen Überschuß zum Zwecke der Befriedigung im Wege der Zwangsvollstreckung herausgeben, soweit er durch das ihm aus dem Nachlasse Zugekommene noch bereichert ist (vgl. „Ungerechtfertigte Bereicherung"); hat er Sachen aus dem Nachlasse noch im Besitz, so genügt er seiner Verpflichtung, wenn er deren Wert herauszahlt, BGB. § 1989, 1973. Anstatt des Antrages auf Konkurseröffnung kann auch ein Antrag auf Eröffnung eines Vergleichsverfahrens zur Abwendung des Konkurses gestellt werden. Vergleichsordnung v. 5. 7.

1927 § 92—94. Antragsberechtigt sind dieselben Personen, die zum Antrage auf Konkurseröffnung berechtigt sind, mit Ausnahme der Gläubiger. Miterben müssen jedoch den Antrag gemeinsam stellen. Die Erben können auch den Antrag nicht mehr stellen, wenn sie unbeschränkt haften oder wenn der Nachlaß bereits geteilt ist. Pflichtteilsberechtigte werden von dem Verfahren nicht betroffen, können aber während des Verfahrens keine Zwangsvollstreckung vornehmen, auch keine Arreste und einstweiligen Verfügungen vollziehen. Im übrigen s. Vergleich zur Abwendung des Konkurses. Bezüglich der Haftung der Erben wirkt ein im Vergleichsverfahren abgeschlossener Vergleich wie ein Zwangsvergleich im Nachlaßkonkurs.

Nachlaßpflegschaft (1960—1962). **1.** Solange nicht feststeht, wer Erbe eines Verstorbenen ist, z. B. weil die Erben überhaupt unbekannt sind, oder die zunächst Berufenen noch nicht angenommen haben (s. Erbschaft), hat das Nachlaßgericht nötigenfalls für Sicherstellung des Nachlasses zu sorgen. In der Regel wird, wenn Nachlaß überhaupt vorhanden ist, ein Nachlaßpfleger bestellt werden. Ein Nachlaßpfleger ist auch zu bestellen, wenn jemand einen Anspruch gegen den Nachlaß vor Annahme der Erbschaft geltend machen will. Auch wenn neben bekannten Erben voraussichtlich noch andere als Miterben in Frage kommen, die noch nicht feststehen, kann für diese eine Nachlaßpflegschaft eingeleitet werden.

Auf die Nachlaßpflegschaft finden die Bestimmungen über die Vormundschaft und Pflegschaft (s. d.) Anwendung. Das gilt insbesondere auch für die Verpflichtung zur Übernahme der Nachlaßpflegschaft, der Vergütung für den Nachlaßpfleger, die allerdings wohl meistens bewilligt wird, und namentlich für die Beaufsichtigung durch das Gericht, die Anlegung von Geldern und die gerichtliche Genehmigung der Geschäfte, für welche ein Vormund der Genehmigung bedarf. An Stelle des Vormundschaftsgerichts tritt hier überall das Nachlaßgericht.

2. Rechte und Pflichten des Nachlaßpflegers. Der Nachlaßverpfleger vertritt die unbekannten Erben. Seine Aufgabe ist die Verwaltung des Nachlasses und die Ermittlung der Erben. Er erhält eine Bestallung, aus der sich der Wirkungskreis des Pflegers ergeben muß, Beschränkungen seiner Befugnisse müssen ebenfalls daraus hervorgehen. Er hat den Nachlaß in Besitz zu nehmen und zu verwalten. Er hat sogleich nach seiner Verpflichtung dem Nachlaßgericht ein Verzeichnis (Inventar) des Nachlasses einzureichen; Näheres darüber s. unter „Vormund". Soweit es für die Zwecke der Pflegschaft nötig ist, kann der Nachlaßpfleger für den Nachlaß Verbindlichkeiten eingehen, Darlehen aufnehmen usw. Er kann Nachlaßsachen verkaufen, Schulden berichtigen, überhaupt alle bei einer Vermögensverwaltung vorkommenden Rechtsakte vornehmen. Auch zur Prozeßführung über Rechtsstreitigkeiten, die sich auf den Nachlaß beziehen, ist der Nachlaßpfleger (sowohl als Kläger, wie als Beklagter) befugt. Der Nachlaßpfleger kann auch die Zwangsversteigerung eines zum Nachlasse gehörigen Grundstücks (ZVG. 175), sowie die Eröffnung des Konkurses über den Nachlaß (s. „Nachlaßkonkurs") beantragen. (KO. 217).

Über seine Verwaltung hat der Nachlaßpfleger, gleichwie ein Vormund, dem Gerichte Rechnung abzulegen. Nach Beendigung der Pflegschaft muß er dem oder den Erben Schlußrechnung legen; vgl. „Vormund". Nicht dagegen ist der Nachlaßpfleger berechtigt für den Erben die Erbschaft anzunehmen oder auszuschlagen, den Antrag auf Erteilung des Erbscheins zu stellen oder die Erbteilung nach Ermittlung der Erben vorzunehmen.

3. Aufhebung der Nachlaßpflegschaft. Die Nachlaßpflegschaft wird vom Gericht aufgehoben, wenn der Zweck erreicht oder der Grund für die Anordnung weggefallen ist. Ist die Pflegschaft wegen Unbekanntschaft des oder der Erben angeordnet, so wird sie nicht schon ohne weiteres dadurch beendigt, daß die Erben ermittelt sind; sie kann fortdauern, bis die letzteren die Erbschaft angenommen oder, falls sie ausschlagen, die alsdann berufenen Erben angenommen haben.

Nachlaßregulierung s. Erbteilung.

Nachlaßschulden, Haftung der Erben für die (1967—2017, 2028—2063). **1.** Mit der Erbschaft gehen auch die Schuldverbindlichkeiten auf den Erben über. Es erhebt sich da die Frage: Haftet der Erbe (die Erben) nur mit dem Nachlaß, also beschränkt, oder auch über den Wert des Nachlasses hinaus mit seinem eigenen Vermögen, d. h. unbeschränkt? Das BGB. hat einen Mittelweg gewählt. Es hat zwar den Satz an die Spitze gestellt, der Erbe haftet für die Nachlaßverbindlichkeiten (§ 1967 a. a. O.), also die unbeschränkte Haftung, es hat ihm aber Mittel an die Hand gegeben, diese Haftung auf den Nachlaß einzuschränken, nämlich die Nachlaßverwaltung und den Nachlaßkonkurs, beides sind Verfahren zur Befriedigung der Nachlaßgläubiger aus der zu diesem Zwecke vom Vermögen des Erben wieder abgesonderten Nachlaßmasse, je nachdem der Nachlaß voraussichtlich nicht überschuldet oder überschuldet ist. Zur Aufklärung über die Höhe der Nachlaßverbindlichkeiten dient ferner dem Erben das Aufgebot der Nachlaßgläubiger, wodurch die Gläubiger des Erblassers aufgefordert werden, ihre Forderungen innerhalb der Aufgebotsfrist anzumelden, widrigenfalls sie mit ihren Ansprüchen ausgeschlossen werden, d. h. sich mit dem begnügen müssen, was nach Befriedigung der anmeldenden Gläubiger etwa vom Nachlaß noch übrig ist. Ob und wie weit und wann der Erbe von diesen Mitteln Gebrauch machen will, also seine beschränkbare Haftung zur beschränkten Haftung machen will, ist zunächst ihm überlassen, von Amts wegen greift die Behörde nicht ein. Um aber einer Verzögerung der Regelung der Erbschaft durch den Erben entgegenzutreten und Klarheit über den Bestand des Nachlasses zu erlangen, hat der Gläubiger den Anspruch auf Vorlegung eines Nachlaßinventars (Nachlaßverzeichnisses). Reicht der Erbe binnen der ihm auf Antrag des Gläubigers gesetzten Frist das Nachlaßinventar nicht ein, so verliert der Erbe die Möglichkeit, seine Haftung durch die oben erwähnten Hilfsmittel zu beschränken, er haftet alsdann unbeschränkt auch mit seinem eigenen Vermögen. Im einzelnen ist zu bemerken:

Das Aufgebot der Nachlaßgläubiger hat zunächst nur vorbereitenden Zweck, es soll die Nachlaßverbindlichkeiten feststellen. Es hat aber auch bereits eine die allgemeine Haftung des Erben beschränkende Wirkung gegenüber denjenigen Gläubigern, die sich nicht melden, der Erbe kann die Befriedigung dieser im Aufgebotsverfahren ausgeschlossenen Nachlaßgläubiger insoweit verweigern, als der Nachlaß durch die Befriedigung der nicht ausgeschlossenen Gläubiger erschöpft wird. Forderungen aus Pflichtteilen, Vermächtnissen und Auflagen müssen allerdings auch hinter den Forderungen der ausgeschlossenen Gläubiger zurückstehen, soweit sie nicht schon zur Zeit, wo dieser seine Forderung geltend macht, schon berichtigt waren. Den noch vorhandenen Überschuß des Nachlasses muß der Erbe für solche Gläubiger zum Zwecke der Befriedigung im Wege der Zwangsvollstreckung herausgeben. Er kann auch die Herausgabe der noch vorhandenen Nachlaßgegenstände durch Zahlung des Wertes abwenden. Das Nähere s. Aufgebot der Nachlaßgläubiger.

Die Eröffnung des Nachlaßkonkurses muß der Erbe beantragen, sobald er Kenntnis davon erhält, daß der Nachlaß überschuldet ist. Verzögert er den Antrag, wenn auch nur fahrlässig, so haftet er mit seinem eigenen Vermögen für allen Schaden, der den Gläubigern daraus entsteht. Fahrlässig handelt, wer nicht alle ihm zu Gebot stehenden Mittel anwendet, um den Schuldenbestand des Nachlasses festzustellen, z. B. kein Aufgebot der Nachlaßgläubiger beantragt, obgleich er Grund hatte anzunehmen, daß noch unbekannte Verbindlichkeiten beständen. Bei der Feststellung, ob der Nachlaß überschuldet ist, sind die Vermächtnisse und Auflagen — anders die Pflichtteile — nicht zu berücksichtigen. Beruht die Überschuldung nur auf diesen, so ist die Eröffnung des Konkurses nicht erforderlich. Den Antrag auf Eröffnung des Konkursverfahrens kann auch jeder Miterbe stellen, er ist auch noch zulässig, wenn der oder die Erben die Beschränkungsmöglichkeit der Haftung verloren haben. Im übrigen s. Nachlaßkonkurs. Die Nachlaßverwaltung ist eine Pflegschaft mit dem Zwecke der Befriedigung der Gläubiger. Miterben können sie nur gemeinsam beantragen, nach Teilung der Erbschaft unter Miterben ist sie nicht mehr zulässig, auch nicht wenn die Erben bereits unbeschränkt haften. Über die bisher geführte Verwaltung muß der Erbe Rechenschaft ablegen, für Aufwendungen kann er Ersatz verlangen. Ist nach Zahlung der Nachlaßschulden etwas übrig geblieben, so erhält er dies heraus. Im übrigen s. Nachlaßverwaltung.

Ist die Anordnung der Nachlaßverwaltung oder die Eröffnung des Nachlaßkonkurses wegen Mangels einer den Kosten entsprechenden Masse nicht tunlich oder wird die Nachlaßverwaltung deswegen aufgehoben oder das Konkursverfahren eingestellt, so kann der Erbe die Befriedigung der Gläubiger insoweit verweigern, als der Nachlaß nicht ausreicht. Macht er von diesem Rechte Gebrauch, so ist er verpflichtet, den Nachlaß zum Zwecke der Befriedigung im Wege der Zwangsvollstreckung herauszugeben, aber nicht nur nach den Vorschriften über die Herausgabe einer ungerechtfertigten Bereicherung, sondern wie er ihn empfangen hat. Für alle besorgten erbrechtlichen Geschäfte, insbesondere die Bezahlung von Schulden, hat er wie ein Geschäftsführer ohne Auftrag Rechnung zu legen, Auslagen und Aufwendungen, die er gemacht hat, werden ihm angerechnet.

Schließlich tritt noch eine beschränkte Haftung des Erben denjenigen Gläubigern gegenüber ein, die ihre Forderungen erst fünf Jahre nach dem Erbfalle geltend machen. Diesen haftet der Erbe nur in der Weise wie den im Aufgebotsverfahren ausgeschlossenen Gläubigern, s. Aufgebotsverfahren am Schluß.

2. Zur prozessualen Geltendmachung der Beschränkung ist zu sagen: Der Gläubiger kann jederzeit ohne Einschränkung, mag der Erbe (oder die Erben) beschränkt oder unbeschränkt haften, gegen ihn Klage erheben. Der Erbe kann nicht Klageabweisung verlangen, sondern nur Verurteilung unter Vorbehalt der Beschränkung seiner Haftung. Auf Grund dieses Vorbehalts kann er gegen die Zwangsvollstreckung im Wege der Klage bei dem Prozeßgericht erster Instanz dann seinen Anspruch auf Beschränkung geltend machen. Auf Antrag des Erben kann vor Erlassung des Urteils in solchem Prozeß die Zwangsvollstreckung auf Anordnung des Prozeßgerichts eingestellt werden. Ist dem Erben im Urteil des Hauptprozesses die Beschränkung der Haftung nicht vorbehalten, oder erhebt er gegenüber der Zwangsvollstreckung die Klage nicht, so haftet er für die geltend gemachte Forderung unbeschränkt (ZPO. § 780, 781, 785, 767 ff.).

Um dem Erben selbst Zeit zu gewähren, sich Übersicht über den Nachlaß zu verschaffen und etwa zur Herbeiführung seiner beschränkten Haftbarkeit erforderliche Schritte zu erwägen, kann der Erbe eine Zeitlang die Berichtigung von Nachlaßschulden verweigern, und zwar a) bis zum Abschluß der ersten 3 Monate nach Annahme der Erbschaft, jedoch nicht über eine ihm etwa gesetzte Inventarfrist hinaus (§ 2014 BGB.), b) bis zur Beendigung des Aufgebotsverfahrens, wenn er ein solches innerhalb eines Jahres nach der Annahme der Erbschaft gestellt hat und es zugelassen ist (§ 2015 BGB.). Einer Klage gegenüber kann der Erbe auf Grund dieser Einreden allerdings nicht Abweisung verlangen, sondern nur Beschränkung der Zwangsvollstreckung auf Maßregeln, die zur Vollziehung eines Arrestes zulässig sind (ZPO. § 782). Die Einwendung ist gegen die Vollstreckung im Wege der Klage geltend zu machen. Auf Antrag des Erben kann einstweilige Einstellung der Zwangsvollstreckung angeordnet werden (ZPO. 767 ff.).

3. Sind mehrere Erben vorhanden, so gilt bezüglich der Beschränkung der Haftung auf den Nachlaß das oben Gesagte; jedoch können Miterben nach der Teilung weder zusammen noch einzeln eine Beschränkung ihrer Haftung durch Antrag auf Nachlaßverwaltung herbeiführen. Es kommt bei ihnen aber noch die Frage hinzu, ob der einzelne Miterbe für die gesamte Schuld in voller Höhe oder nur nach Verhältnis seines Erbanteils haftet. Das Gesetz hat den Satz an die Spitze gestellt: Die Erben haften für die gemeinschaftlichen Nachlaßverbindlichkeiten als Gesamtschuldner (s. d.), d. h. jeder auf das Ganze (§ 2058 BGB.). Hierdurch wird das Verhältnis der Miterben untereinander nicht berührt. Im Innenverhältnis hat jeder im Verhältnis nach seinem Erbteile zu der Nachlaßverbindlichkeit beizutragen und demjenigen Miterben, der auf Grund der Gesamthaftung den Gläubiger hat befriedigen müssen, den auf ihn fallenden Anteil zu erstatten. Von dieser Grundregel der Gesamthaftung sind einige Ausnahmen gemacht:

a) Solange der Nachlaß noch nicht geteilt ist, kann der als Gesamtschuldner in Anspruch genommene Miterbe die Berichtigung der Schuld aus dem Vermögen, das er außer seinem Anteil an dem Nachlaß hat, verweigern. Haftet er für eine Nachlaßverbindlichkeit bereits unbeschränkt, so steht ihm dieses Recht in Ansehung des seinem Erbteil entsprechenden Teiles der Verbindlichkeit nicht zu (§ 2059 BGB.). Der in Anspruch genommene Miterbe muß diese Einrede im Prozeß geltend machen, wenn er sie nicht verlieren will. Der Gläubiger kann dann im Zwangsvollstreckungswege nur den Erbteil des Miterben pfänden und sich zur Einziehung überweisen lassen (§ 859 ZPO.). Dem Gläubiger ist es übrigens unbenommen, die Miterben zusammen zu verklagen. Wann der Nachlaß als geteilt anzusehen ist, ist Tatfrage. Es kommt darauf an, ob die Hauptmasse geteilt ist. Sind nur einzelne Gegenstände geteilt, die im Verhältnis zum ganzen nur geringeren Wert haben, z. B. die Haushaltungsgegenstände, so kann die Nachlaßteilung noch nicht als vollzogen gelten; andererseits schließt die Zurückstellung einzelner Gegenstände von der Verteilung, z. B. eines Grundstücks, das nicht den Hauptwert des Nachlasses bildet, die vollzogene Teilung nicht aus.

b) Nach der Teilung des Nachlasses verwandelt sich die Gesamthaftung des Miterben in eine anteilsmäßige, d. h. eine solche, die dem Erbteil entspricht (§ 2060 BGB.):

aa) Gegenüber den Gläubigern, die im Aufgebotsverfahren (s. d.) ausgeschlossen sind, dies gilt auch gegenüber den Pflichtteilsberechtigten, den Vermächtnisnehmern und Auflageberechtigten, die sonst von dem Aufgebot nicht betroffen werden, nicht dagegen Pfandgläubigern und solchen Gläubigern gegenüber, die bei Zwangsvollstreckungen in das unbewegliche Vermögen ein Recht auf Befriedigung aus diesem Vermögen haben, z. B. Hypothekengläubigern;

bb) gegenüber Gläubigern, die ihre Forderung erst später als fünf Jahre nach dem Erbfalle geltend machen mit Ausnahme wie oben zu aa;

cc) gegenüber allen Gläubigern, wenn der Nachlaßkonkurs eröffnet und durch Verteilung der Masse oder durch Zwangsvergleich beendet ist.

Ist also z. B. die Forderung des Gläubigers 10000 RM. und sind 5 Erben zu gleichen Teilen vorhanden, so wäre die Höchsthaftung jedes der Miterben 2000 RM. Nicht zu verwechseln ist mit dieser Anteilhaftung die Beschränkung der Haftung auf den Nachlaß, die daneben bestehen kann oder nicht.

Um sich säumigen Gläubigern gegenüber vor den Gefahren der Gesamthaftung zu schützen, können die Miterben oder einer von ihnen die Nachlaßgläubiger öffentlich auffordern (also ohne Mitwirkung des Gerichts), ihre Forderungen bei ihm oder dem Nachlaßgericht binnen 6 Monaten anzumelden. Die Aufforderung ist durch den Deutschen Reichsanzeiger und das für die Bekanntmachungen des Nachlaßgerichts bestimmte Blatt zu veröffentlichen. Die Frist beginnt mit der letzten Einrückung. Den Gläubigern gegenüber, die sich auf diese Aufforderung hin innerhalb der 6 Monate nicht gemeldet haben, haftet der Miterbe nur für den seinem Erbteil entsprechenden Teil der Forderung. Diese private Aufforderung ist nicht mit dem Aufgebot der Nachlaßgläubiger zu verwechseln, die die Beschränkung der Erbenhaftung auf den Nachlaß zur Folge hat.

4. Nachlaßschulden (Nachlaßverbindlichkeiten). Beerdigungspflicht. Unterhaltspflicht (BGB. § 1967—1969). Es ist noch zu erörtern, was Nachlaßschulden (Nachlaßverbindlichkeiten) sind. Alle vermögensrechtlichen Verbindlichkeiten des Erblassers, die im Augenblick seines Todes gegen ihn bestanden, gehen mit der Erbschaft auf seine Erben über. Sie bilden daher vor allem die Nachlaßschulden. Es gehören dazu aber ferner solche Verbindlichkeiten, die erst später entstanden sind und den Erben als solchen obliegen, insbesondere die aus einem Testamente oder aus dem Gesetze selbst sich ergebenden Verpflichtungen der Erben zur Auszahlung von Pflichtteilen, Vermächtnissen und Auflagen. Die Erben (der Erbe) haben ferner gesetzlich die Kosten einer standesmäßigen Beerdigung des Erblassers zu tragen; auch diese Pflicht ist eine Nachlaßschuld (siehe jedoch wegen der Kosten der Beerdigung eines unehelichen Kindes oder einer im Wochenbett verstorbenen unehelichen Mutter „Uneheliche Kinder 2 u. 3“). Zur Beschaffung eines Grabdenkmals sind die Erben gesetzlich nicht verpflichtet. Endlich liegt den Erben die Verpflichtung ob, Familienangehörigen des Erblassers, die zur Zeit des Todes des Erblassers zu dessen Hausstande gehört und von ihm Unterhalt bezogen haben, in den ersten dreißig Tagen nach dem Eintritte des Erbfalls in demselben Umfange, wie der Erblasser es getan hat, Unterhalt zu gewähren und die Benutzung der Wohnung und der Haushaltsgegenstände zu gestatten. Der Erblasser kann durch letztwillige Verfügung (Testament) abweichende Anordnungen treffen. Auf andere Personen, als Familienangehörige des Erblassers, bezieht sich diese Gesetzesvorschrift nicht. Haben sich andere Personen im Haushalte des Erblassers auf Grund eines Vertragsverhältnisses aufgehalten, z. B. als Dienstbote, Gesellschafterin, Hausdame u. dgl., so richten sich deren Ansprüche auf Wohnung und Unterhalt nach den für das betreffende Vertragsverhältnis geltenden gesetzlichen Bestimmungen (vgl. z. B. „Arbeitsvertrag 6“). Die oben bezeichneten Rechte der Familienangehörigen des Erblassers stehen übrigens den Ansprüchen der eigentlichen Nachlaßgläubiger nach, so daß sie nicht wirksam werden, wenn der Nachlaß zur Bezahlung der Nachlaßschulden nicht ausreicht.

5. Sicherungsmaßnahmen des Erben. Wie aus dem vorstehend unter Nr. 1 bis 4 Mitgeteilten erhellt, sind die gesetzlichen Vorschriften über die Tilgung von Nachlaßschulden recht schwierig und verwickelt und der Erbe kann bei ihrer Nichtbeachtung Gefahr laufen. Er muß daher aufpassen.

Ist der Nachlaß zweifellos vermögend, so wickelt sich ja die Abtragung der etwaigen Nachlaßschulden glatt ab. Sind mehrere Erben da, so werden sie gemeinschaftlich die Schulden berichtigen oder sonst regeln, ehe sie den Nachlaß unter sich teilen. Ist zu besorgen, daß noch unbekannte Nachlaßgläubiger vorhanden sind, empfiehlt sich die private öffentliche Aufforderung an sie, sich zu melden (s. oben unter 3). Der einzelne Erbe hat dann die Sicherheit, daß er, wenn ein Gläubiger sich auf die Aufforderung nicht gemeldet hat, aber später, nach Vornahme der Erbteilung mit seinem Anspruche hervortritt, für diese Erbschaftsschuld nur zu dem Teile haftet, der seinem Erbteile entspricht.

Ist der Nachlaß überschuldet, so ist der Nachlaßkonkurs (s. d.) zu beantragen. Stellt sich die Überschuldung schon vor der Annahme der Erbschaft durch den Erben heraus (s. „Annahme und Ausschlagung einer Erbschaft“), so wird er die Erbschaft ausschlagen.

Ist zweifelhaft, ob eine Überschuldung vorliegt, oder ist doch zu besorgen, daß genügende Zahlmittel, um die Nachlaßgläubiger zu befriedigen, aus dem Nachlasse nicht gleich flüssig zu machen sind, so empfiehlt es sich, die gerichtliche Nachlaßverwaltung (s. d.) zu beantragen, da dann die Schulden durch den Nachlaßverwalter berichtigt werden und der einzelne Erbe nicht verklagt und vor allem nicht mit seinem eigenen Vermögen zur Deckung der Nachlaßschulden herangezogen werden kann.

Ist der Nachlaß so unbedeutend, daß er nicht die Kosten einer Nachlaßverwaltung oder eines Nachlaßkonkurses decken würde, so verfahren die Erben nach Anleitung des oben unter 1 Mitgeteilten. Ist die Ausschlagungsfrist noch nicht verstrichen, so werden sie die Erbschaft ausschlagen.

Im übrigen sei nochmals auf das oben unter 2 über die Einrede der vorläufigen Zahlungsverweigerung gegenüber frühzeitig drängenden Nachlaßgläubigern Gesagte hingewiesen.

Nachlaßschuldner s. Erbteilung 1.

Nachlaßteilung s. Erbteilung.

Nachlaßverbindlichkeiten s. Nachlaßschulden, Haftung usw. 5.

Nachlaßverträge (Erbschaftsverträge) (312). Ein Vertrag, durch den jemand über den Nachlaß (die Erbschaft) einer anderen noch lebenden Person, die er einmal zu beerben hofft, verfügt, ist rechtsungültig (nichtig). Solche Verträge sind nach der Auffassung des Gesetzes nicht nur sittlich verwerflich, sondern auch vom volkswirtschaftlichen Standpunkt aus bedenklich; wenn sie gültig wären, würde dem Leichtsinn ein weiterer Weg zur Vermögensverschleuderung eröffnet und der unlauteren Spekulation eine günstige Gelegenheit zur Ausbeutung des Leichtsinns gegeben sein. Ungültig sind nicht nur Verträge über den ganzen Nachlaß, sondern auch solche über einen Bruchteil (die Hälfte, ein Viertel usw.) des Nachlasses. Einerlei ist es, ob der Vertragschließende, der über eine ihm künftig etwa zufallende Erbschaft verfügt, auf Grund eines Vertrages (Erbvertrages) oder infolge Testaments oder kraft Gesetzes Erbe des anderen zu werden hofft. Auch ist es gleichgültig, ob der andere, um dessen künftige Beerbung es sich handelt, dem Vertrage zustimmt oder nicht. Auch Verträge über den Nachlaß einer unbestimmten Person sind ungültig, z. B. wenn jemand, der auswandern will, über das, was er etwa von dem einen oder anderen Verwandten künftig erben könnte, Verträge abschließen wollte. Die Ungültigkeit erstreckt sich auch auf Verträge über den Pflichtteil oder ein Vermächtnis aus dem Nachlaß einer noch lebenden Person. Mit dem Tode (oder einer etwa stattgehabten Todeserklärung) des Erblassers hört die vorgedachte gesetzliche Beschränkung auf. Es kann von nun an der Erbe über das ihm aus der Erbschaft Angefallene frei verfügen.

Das vorstehend Mitgeteilte erleidet aber Ausnahmen. Es muß unter besonderen Verhältnissen statthaft sein, auch über zukünftig anfallende Erbschaften im voraus zu verfügen, z. B. bei einer Hofübergabe, bei beabsichtigter Auswanderung usw. Das Gesetz bestimmt daher, daß Personen, die bei dem demnächstigen Tode eines anderen diesen kraft Gesetzes zusammen beerben, über den gesetzlichen Erbteil oder den Pflichtteil eines von ihnen Verträge abschließen dürfen. Es kann also beispielsweise jemand, der das väterliche Gut übernimmt, seine Geschwister auch vom künftigen Nachlaß der noch lebenden gemeinschaftlichen Mutter gültig abfinden. Solche ausnahmsweise zulässigen Verträge über künftige Erbschaften bedürfen aber zu ihrer Rechtsgültigkeit der besonderen Form der gerichtlichen oder notariellen Beurkundung (s. „Form der Rechtsgeschäfte").

Nachlaßverwalter s. Nachlaßverwaltung.

Nachlaßverwaltung (1975—1992). **1.** Der Erbe kann, um sich vor unbeschränkter Haftung gegenüber den Nachlaßgläubigern zu sichern (s. Nachlaßschulden) und, soweit nicht wegen offensichtlicher Überschuldung Nachlaßkonkurs (s. d.) zu eröffnen ist, die Einleitung der Nachlaßverwaltung beantragen. Es ist dies eine Pflegschaft zur Befriedigung der Nachlaßgläubiger. Sie wird eingeleitet auf Antrag der Erben. Mehrere Miterben müssen den Antrag gemeinschaftlich stellen. Er ist ausgeschlossen, wenn die Erbschaft schon geteilt ist oder der Erbe unbeschränkt haftet, ferner solange ein Testamentsvollstrecker zur Verwaltung des Nachlasses bestellt ist oder der Nachlaßkonkurs schwebt. Eine Ehefrau bedarf zur Antragstellung der Genehmigung des Ehemanns nicht, doch ist der Mann, wenn ihm die Nutznießung an der Erbschaft zusteht oder sie in das Gesamtgut fällt, selbständig zum Antrag berechtigt. Die Einleitung kann nur abgelehnt werden, wenn die Masse so gering ist, daß sie die Kosten nicht decken würde. Der Erbe wird den Antrag zweckmäßig stellen, wenn der Nachlaß, sei es nach der Soll- oder Habenseite, unübersichtlich oder schwer oder nur mit Zeitverlust flüssig zu machen ist, namentlich auch, wenn der Nachlaß mit Pflichtteilen, Vermächtnissen oder Auflagen belastet ist und zweifelhaft ist, ob die Verwertung des Nachlasses soviel erbringt, um diese Verbindlichkeit voll zur Auszahlung zu bringen. Auf die Nachlaßverwaltung finden die Bestimmungen über die Pflegschaft Anwendung (s. d.), an Stelle des Vormundschaftsgerichts tritt das Nachlaßgericht. Sie ist nicht zu verwechseln mit der Nachlaßpflegschaft (s. d.). Diese kann nur eingeleitet werden, wenn die Erben unbekannt sind oder noch nicht angenommen haben; die Nachlaßverwaltung muß von Erben beantragt werden. Das Gericht veröffentlicht die Anordnung der Nachlaßverwaltung, und ernennt den Nachlaßverwalter; an einen Vorschlag der Erben ist es dabei nicht gebunden. Der Nachlaßverwalter hat eine amtsähnliche Stellung wie der Konkursverwalter. Zur Übernahme des Amtes kann niemand gezwungen werden. Er kann für die Führung des Amtes eine angemessene Entschädigung verlangen, die das Nachlaßgericht festsetzt. Mit der Bestellung geht die Verwaltung des Nachlasses auf den Verwalter über. Der Erbe verliert die Verwaltung und hat den Nachlaß an den Verwalter herauszugeben, er darf keine Zahlungen annehmen und braucht keine mehr zu leisten für den Nachlaß. Er ist verpflichtet, dem Verwalter über die ganze bisherige Verwaltung des Nachlasses, die er nur gewissermaßen für die Gläubiger geführt hat, Rechnung abzulegen, ihm die erforderlichen Auskünfte zu erteilen und auf sein Verlangen den Offenbarungseid zu leisten (Näheres s. „Rechnungslegung"). Der Erbe ist den Nachlaßgläubigern für seine bisherige Verwaltung des Nachlasses in gleicher Weise verantwortlich, als wenn er von dem Zeitpunkt an, wo er die Erbschaft angenommen hat, die Verwaltung als ihr Beauftragter zu führen gehabt hätte. (Auf die vor der Annahme der Erbschaft vom Erben besorgten Nachlaßgeschäfte finden die Vorschriften über die „Geschäftsführung ohne Auftrag" entsprechende Anwendung.) Aufwendungen, die der Erbe auf den Nachlaß gemacht hat (z. B. gezahlte Versicherungsprämien, Reparaturkosten, Steuern usw.), werden ihm nach denselben Grundsätzen ersetzt, die für den „Auftrag" und für die „Geschäftsführung ohne Auftrag" gelten.

Die bezahlten Nachlaßschulden und sonstigen Nachlaßverbindlichkeiten (z. B. Beerdigungskosten, Unterhaltskosten für Angehörige des Erblassers usw.) muß der Nachlaßverwalter als für Rechnung des Nachlasses erfolgt gelten lassen, wenn der Erbe den Umständen nach annehmen durfte, daß der Nachlaß zur Berichtigung aller Nachlaßverbindlichkeiten ausreiche. Diese Bestimmung ist für den Erben von großer Wichtigkeit und muß ihn zur Vorsicht mahnen. Hat er sorglos Nachlaßgläubiger, die sich bei ihm gemeldet haben, befriedigt, obwohl er sich bei sorgfältiger Prüfung der Sachlage sagen mußte, daß der Nachlaß zur Deckung aller Schulden vielleicht nicht ausreichen werde, so kann er, wenn er nachher gezwungen wird, eine Nachlaßverwaltung zu beantragen, um weiteren Ungelegenheiten aus dem Wege zu gehen, diese gezahlten Beträge für Rechnung des Nachlasses nicht geltend machen; er hat sie auf eigene Gefahr gezahlt. Er kann freilich die Forderungen der Gläubiger, die er befriedigt hat und die nunmehr gesetzlich auf ihn übergegangen sind, für sich im Nachlaßkonkurse anmelden; er bekommt aber, gleich den übrigen Gläubigern, nur die Prozente, die in der Masse liegen; er büßt also das Mehrgezahlte ein.

2. Geschäftsführung des Nachlaßverwalters. Sache des vom Gericht eingesetzten Nachlaßverwalters ist es, den Nachlaß zu verwalten, er kann für den Nachlaß klagen und verklagt werden, er hat den Nachlaß, soweit nötig, in Geld umzusetzen, die Nachlaßschulden (Nachlaßverbindlichkeiten) aus dem Nachlasse zu berichtigen und den etwaigen Überschuß dem oder den Erben auszuantworten. Was Nachlaßschulden (Nachlaßverbindlichkeiten) sind, darüber siehe unter „Nachlaßschulden, Haftung der Erben für, 4". Der Verwalter ist für ordnungsmäßige Geschäftsführung nicht nur dem Erben, sondern auch den Nachlaßgläubigern verantwortlich; er steht unter der Aufsicht des Nachlaßgerichts, das gegen ihn Ordnungsstrafen bis zu 1000 RM. festsetzen, ihn auch bei längerer Dauer der Verwaltung zur Rechnungslegung anhalten kann. Er bedarf der Genehmigung des Vormundschaftsgerichts wie ein Vormund (s. d.). Er hat zu Beginn seiner Verwaltung dem Gericht ein Nachlaßinventar einzureichen und soweit erforderlich das Aufgebot der Nachlaßgläubiger zu beantragen. Ob die Veräußerung von Nachlaßsachen freihändig oder in öffentlicher Versteigerung erfolgen soll, hat er pflichtmäßig zu ermessen. Der Verwalter ist in gleicher Weise, wie der Erbe selbst dafür verantwortlich, wenn er Gläubiger befriedigt, obwohl er wissen mußte, daß der Nachlaß zur Befriedigung aller nicht ausreichen werde, oder wenn er versäumt, unverzüglich die Eröffnung des Konkurses über den Nachlaß zu beantragen, sobald er von einer Überschuldung des Nachlasses Kenntnis erlangt hat oder hätte erlangen müssen (vergleiche „Nachlaßkonkurs"). An Anweisungen der Erben ist er nicht gebunden. Wünsche kann er berücksichtigen, soweit sie seiner Hauptaufgabe nicht zuwiderlaufen. Auch muß er sich stets den Zweck seiner Aufgabe, die Befriedigung der Gläubiger, vorhalten und Maßnahmen, die über diesen Zweck hinausgehen, vermeiden. Er darf den Nachlaß (den Überschuß) den Erben erst ausantworten, wenn die ihm bekannten Nachlaßschulden sämtlich berichtigt sind oder, sofern der Auszahlung selbst Hindernisse entgegenstehen, der Gläubiger sichergestellt ist. Die Nachlaßverwaltung endet mit der Eröffnung des Nachlaßkonkurses, sonst nur durch Aufhebung durch das Nachlaßgericht. Dieses soll die Aufhebung erst aussprechen, wenn die Befriedigung der bekannt gewordenen Gläubiger durchgeführt ist. Der Erbe kann die frühere Aufhebung nicht verlangen.

Unzulänglichkeit des Nachlasses. Reicht ein Nachlaß nicht einmal zur Bestreitung der Kosten einer Nachlaßverwaltung (oder eines Nachlaßkonkurses) aus, so kann die Anordnung der Nachlaßverwaltung vom Gericht abgelehnt werden, wenn sich der Antragsteller nicht entschließt, die Kosten vorzuschießen. In solchem Falle (BGB. 1990) liegt es dem Erben selbst ob, die Nachlaßgläubiger, wie sie sich melden, aus dem Nachlasse zu befriedigen, soweit dieser reicht. Er braucht dabei keine Rücksicht darauf zu nehmen, ob der eine oder andere Gläubiger im Konkurse etwa ein Vorrecht hätte oder daß die Gläubiger, wenn die Masse für alle nicht reicht, im Konkurse nur zum Teil befriedigt werden würden. Beträgt die Forderung des Gläubigers mehr, als der noch vorhandene Nachlaß, so kann der Erbe insoweit die Zahlung verweigern; er ist dann aber verpflichtet, den Nachlaß zum Zwecke der Befriedigung des Gläubigers im Wege der Zwangsvollstreckung herauszugeben; er kann die Herausgabe der Sachen durch Zahlung des Werts nicht abwenden. Er muß den ganzen Nachlaß zur Befriedigung der Gläubiger herausgeben; für Aufwendungen kann er Ersatz verlangen; die von ihm bezahlten Nachlaßschulden muß ihm der Gläubiger erstatten. Für seine bisherige Verwaltung des Nachlasses ist er dem Gläubiger wie ein Beauftragter verantwortlich. Was vorstehend von der Bezahlung der Erbschaftsschulden gesagt ist, gilt aber nicht für Pflichtteilsansprüche, Vermächtnisse und Auflagen. Diese darf der Erbe nicht ohne Rücksicht auf die vorhandenen Schulden berichtigen; sie dürfen erst ausgezahlt werden, wenn die Schulden bezahlt und sonstige Nachlaßverbindlichkeiten berichtigt sind, und nur in der Reihenfolge, wie sie im Konkurse zur Berichtigung kommen würden.

Ist die Lage des Nachlasses derart, daß er wohl zur Berichtigung aller Schulden und sonstigen Verbindlichkeiten ausreicht, aber nicht auch zur Zahlung der im Testament vom Erblasser ausgesetzten Vermächtnisse und Auflagen, so ist der Erbe nicht verpflichtet, die Konkurseröffnung zu beantragen; er braucht aber auch nicht eine Nachlaßverwaltung zu beantragen, um sich dagegen zu sichern, daß er nicht mit seinem eigenen Vermögen zur Zahlung der Vermächtnisse und Auflagen herangezogen wird. Er braucht die Vermächtnisse und Auflagen nur soweit zu berichtigen, als der Nachlaß nach Bezahlung aller sonstigen Schulden und Verbindlichkeiten reicht, muß sie aber so berichtigen, wie sie im Konkurse zur Berichtigung kommen würden. Er braucht auch die noch vorhandenen Nachlaßsachen nicht herauszugeben, sondern kann den Wert zahlen.

Ist die Nachlaßverwaltung beendigt, weil sich weiter keine Gläubiger gemeldet haben, und der Überschuß dem Erben ausgeantwortet, so muß dieser dennoch, wenn sich später noch Nachlaßgläubiger melden, sie befriedigen, soweit der Rest des Nachlasses reicht und solange die Forderung des Gläubigers nicht verjährt ist; er muß ihnen über seine Verwaltung des ihm vom Nachlaßverwalter ausgehändigten Überschusses des Nachlasses Rechenschaft geben, wie ein Erbe, der eine Nachlaßverwaltung beantragt, über seine bisherige Verwaltung des Nachlasses Rechenschaft zu geben verpflichtet ist.

3. Ein Antrag auf Nachlaßverwaltung kann unter bestimmter Voraussetzung auch von einem Nachlaßgläubiger, also auch einem Pflichtteilsberechtigten oder Vermächtnisnehmer, gestellt werden, nämlich dann, wenn entweder der Erbe (die Erben) sich in schlechten Vermögensverhältnissen befindet und dadurch die Befriedigung der Nachlaßgläubiger gefährdet wird oder wenn eine Benachteiligung der Gläubiger infolge des Verhaltens des Erben (der Erben) zu besorgen ist. Der Antrag ist ausgeschlossen, wenn seit der Annahme der Erbschaft zwei Jahre verstrichen sind.

Nachlaßverzeichnis s. Nachlaßinventar; Verpflichtung zur Aufstellung eines, s. Erbschaftsklage; Anordnung der Aufnahme durch das Nachlaßgericht s. Annahme und Ausschlagung einer Erbschaft 2; des Testamentsvollstreckers s. Testamentsvollstrecker 3; Aufnahme eines durch eine Behörde oder einen Beamten, s. Vermögensverzeichnis, Aufnahme eines.

Nachrede, üble s. üble Nachrede.

Nachschiebungen s. Ausverkauf.

Nachschüsse s. Gesellschaften mit beschränkter Haftung 3; Genossenschaften.

Nachträgliche Frist zur Vertragserfüllung (Nachfrist) s. Gegenseitige Verträge 3 c.

Nahrungsmittel, Pfändbarkeit derselben, s. Pfändung in der Zwangsvollstr. 1.

Name. 1. Die Frau erhält den Familiennamen des Mannes (1355). Die geschiedene Frau behält diesen Namen; sie kann aber, wenn sie es vorzieht, ihren eigenen Familiennamen wieder annehmen. Die zum zweitenmal verheiratete Frau darf nach Scheidung dieser Ehe den Familiennamen ihres ersten Mannes nicht wieder führen (s. Näheres darüber im Art. „Namenrecht“ HdR. IV 175). Frauen dürfen ihren Mädchennamen als „geborene“, aber nicht mit Bindestrich zum Namen des Mannes gefügt, führen. Eheliche Kinder erhalten den Familiennamen des Vaters (1616), uneheliche den der Mutter (Näheres s. „Uneheliche Kinder 1“), ein an Kindes Statt angenommenes Kind den Namen des Annehmenden (des Adoptivvaters, der Adoptivmutter) (1758). Wird das Kind von einer Frau angenommen, die infolge ihrer Verheiratung einen anderen Namen als ihren Familiennamen führt, so erhält es den Familiennamen, den die Frau vor der Verheiratung geführt hat. Wird von einem Ehepaar gemeinschaftlich ein Kind angenommen oder nimmt ein Ehegatte ein Kind des anderen Gatten an, so erhält das Kind den Familiennamen des Mannes. Das Kind darf den neuen Namen seinem früheren Familiennamen hinzufügen, also einen Doppelnamen führen, wenn in dem Annahmevertrage nichts anderes bestimmt ist. Findelkindern wird von der Behörde ein Name beigelegt. Adelsbezeichnungen gehören seit der neuen Reichsverfassung zum Namen. Da niemand einen ihm nicht zukommenden Namen den Behörden gegenüber führen darf, so darf er auch keine Adelsbezeichnungen seinem Namen unberechtigterweise hinzufügen.

2. Das Recht des Menschen auf den ihm zustehenden Namen (das auch auf Verleihung oder Genehmigung des Namens durch eine zuständige Behörde beruhen kann) wird nach einer doppelten Richtung hin vom Gesetze geschützt. Wird jemandem das Recht zum Gebrauche seines Namens von einem anderen auch nur bestritten, so kann der Berechtigte gegen diesen auf Beseitigung solcher Beeinträchtigung und, wenn weitere Beeinträchtigungen zu besorgen sind, auf künftige Unterlassung solcher Beeinträchtigungen klagen (12). Ein gleiches Klagerecht hat der berechtigte Inhaber des Namens, wenn ein anderer unbefugt den gleichen Namen gebraucht (z. B. in der Korrespondenz, auf Besuchskarten usw.) und hierdurch irgendein Interesse des Berechtigten verletzt wird. Der Berechtigte kann nicht jedem, der seinen Namen, d. h. einen gleichen Namen, gebraucht, dies ohne weiteres verbieten; er kann es nur dann, wenn sein Interesse verletzt wird; beispielsweise, wenn Irrungen und Verwechslungen zu besorgen sind (es wird z. B. durch den Gebrauch des Namens der Anschein erweckt, als wenn der andere mit zur Familie gehöre oder als wenn Handlungen, die der andere begangen hat, von dem herrühren, der das Recht zur Führung des Namens hat). Die Ehefrau hat ein Recht, dem Ehemanne zu untersagen, eine fremde Frau als seine Ehefrau ins Hotelbuch zu schreiben (RG.). Besondere gesetzliche Vorschriften bestehen zum Schutz der sog. Handelsnamen, der Firmen (s. „Firma 1“), sowie zum Schutze eines Namens, einer Firma oder sonstigen Geschäftsbezeichnung gegen unredliche Benutzung durch andere im Geschäftsverkehr (s. „Namenmißbrauch“). Nicht nur der Familienname (Zuname) wird geschützt, sondern auch der Vorname (s. „Eltern und Kinder 1“), ebenso auch der abgekürzte Name, z. B. auch die Telegrammadresse (RG.). Auch ein willkürlich angenommener Name (ein Pseudonym, ein Schriftstellername, ein Künstlername usw.) wird gegen Verwechslung und Mißbrauch von dritter Seite geschützt, soweit er nur im Rahmen der betreffenden Betätigung gebraucht wird (RG.); den Behörden gegenüber darf er nicht geführt werden.

Namenrechtsklagen können sein: solche auf Feststellung des Namenrechts, auf Abwehr oder Unterlassung der Bestreitung des Namens (auch Behörden gegenüber zulässig [RG.]), und auf Schadenersatz. Über das Recht, wegen einer Beeinträchtigung des Namens Schadensersatz zu fordern, kommen die allgemeinen Bestimmungen über Schadensersatz (s. d.) zur Anwendung, nach denen ein Schadensersatz nur bei vorsätzlicher oder fahrlässiger Rechtsverletzung beansprucht werden kann.

3. Namensänderung. Die eigenmächtige Änderung seines Namens, sei es des Familiennamens oder des (in das standesamtliche Geburtsregister eingetragenen) Vornamens (der Vornamen), ist niemandem gestattet; die Änderung bedarf der Genehmigung der zuständigen Behörde, zumeist des Justizministeriums des betreffenden Landes, nach besonders begründetem Antrag (die landesrechtl. Verordnungen sind in Gutt. Slg. Nr. 38/39 zu § 12 genannt). — Als eine Änderung des Vornamens wird es aber nicht anzusehen sein, wenn jemand von seinen mehreren Vornamen den Rufnamen wechselt.

Namenmißbrauch (Ges. v. 7. 6. 09, Gutt. Slg. Nr. 37). Das Gesetz zur Bekämpfung des unlauteren Wettbewerbes (s. „Unlauterer Wettbewerb“) ist unter anderem bestrebt, zu verhüten, daß jemand den guten Ruf, den ein anderes Geschäft sich erworben hat, auf unredliche Weise zu seinem Vorteile ausnutzt, indem er den Namen jenes Geschäftsinhabers oder seine Firma oder die besondere Bezeichnung, unter der das Geschäft (das gewerbliche Unternehmen, die Druckschrift) im Kundenkreise bekannt geworden ist, für den eigenen Geschäftsbetrieb verwendet. (Auf die Bezeichnung von

Waren bezieht sich die hier besprochene gesetzliche Bestimmung nicht (RG.), dafür ist das Warenzeichengesetz (s. d.) gegeben, das eine Ergänzung der Wettbewerbsregelung darstellt). Das WbwG. bestimmt in seinem § 16: „Wer im geschäftlichen Verkehr einen Namen, eine Firma oder die besondere Bezeichnung eines Erwerbsgeschäfts, eines gewerblichen Unternehmens oder einer Druckschrift in einer Weise benutzt, welche geeignet ist, Verwechslungen mit dem Namen, der Firma oder der besonderen Bezeichnung hervorzurufen, deren sich ein anderer befugterweise bedient, kann von diesem auf Unterlassung der Benutzung in Anspruch genommen werden. Der Benutzende ist dem Verletzten zum Ersatze des Schadens verpflichtet, wenn er wußte oder wissen mußte, daß die mißbräuchliche Art der Benutzung geeignet war, Verwechselungen hervorzurufen. Der besonderen Bezeichnung eines Erwerbsgeschäfts stehen solche Geschäftsabzeichen und sonstigen zur Unterscheidung des Geschäfts von anderen Geschäften bestimmten Einrichtungen gleich, welche innerhalb beteiligter Verkehrskreise als Kennzeichen des Erwerbsgeschäfts gelten." Dieser wichtige Paragraph stellt sich als eine Ergänzung des durch § 12 BGB. und § 37 HGB. gesicherten Namen- und Firmenrechtes dar. Niemand darf einen fremden Namen als eigenen gebrauchen. Schwierigkeiten entstehen nur, wenn beide Namen aus rechtlichen Gründen gleich oder ähnlich lauten. Nach dem HGB. ist es unstatthaft, daß ein Handeltreibender eine an demselben Orte oder in derselben Gemeinde bereits vorhandene, in das Handelsregister eingetragene Firma annimmt oder benutzt (vgl. „Firma 1"); durch den § 16 WbwG. wird ihm auch verboten, eine an einem anderen Orte bereits eingetragene Firma anzunehmen oder zu benutzen, selbst wenn diese mit seinem eigenen Vor- und Zunamen übereinstimmt, wenn er dies in unredlicher Weise zum Nachteile seines Konkurrenten tut, indem er die Verwechselungsgefahr nicht nach Möglichkeit beseitigt (aber nur Verwechselungsgefahr, nicht schon jede Verwechselungsmöglichkeit von unaufmerksamen Menschen). Wenn beispielsweise ein Friedrich Müller an seinem Wohnort ein Geschäft unter diesem seinem Namen eröffnet, obwohl an einem anderen, mehr oder minder nahegelegenen Platze ein Geschäft unter gleicher Firma bereits besteht, so kann ihm dies nicht verwehrt werden, selbst wenn das bestehende Geschäft dieselben Waren fabriziert oder führt; er hat sogar das Recht, seinen Vor- und Zunamen Friedrich Müller als Firma im Handelsregister eintragen zu lassen. Er darf aber nicht Veranstaltungen treffen (durch Bezeichnungen der Ware oder Aufmachung, durch Anbringung seines Namens auf Empfehlungskarten, Briefumschlägen usw.), welche darauf berechnet und geeignet sind, in dem Publikum den Glauben zu erwecken, daß seine Angebote von jener anderen Firma herrühren. Anders liegt es, wenn der erste „Friedrich Müller" schon sehr bekannt und seine Waren und Leistungen etwa berühmt und hochgeschätzt sind; dann kann schon darin, daß ein anderer Friedrich Müller, falls er nicht wirkliche sachliche Gründe für die Eröffnung eines Geschäfts gerade auf diesem Gebiet, in dieser Branche aufzuweisen hat, eine Handlung unlauteren Wettbewerbs liegen, indem er ohne hinreichende eigene Arbeit von der Arbeit und dem guten Rufe des Namensvetters zu profitieren sucht. Dies wird um so schwerwiegender und deutlicher, je seltener der fremde (und eigene) Name ist, also nicht gerade Müller und Schulze in Frage steht (Arnheim, Stiller, Malzmann). Andererseits aber soll der § 16 WbwG. auch nicht etwa dahin führen, einem berechtigten Namensträger seinen Namen wegzunehmen, sondern nur das soll erreicht werden, daß er ihn nicht listig so verwendet, wie er fremde Errungenschaften sich selber zuführt.

Unter einer besonderen Bezeichnung eines Erwerbsgeschäfts usw. sind solche Geschäftsbezeichnungen zu verstehen, die weder Name noch eigentliche Firma sind, sogenannte Phantasienamen, z. B. „Goldene Neun", „Zum grünen Rhein", „Salvator", „Merx", „Salamander" u. dgl. Auch besondere Bezeichnungen von Hotels, Wirtschaften, Verkehrsanstalten, die anstatt des Namens oder der Firma oder neben solchen gebraucht werden („Blauer Engel", „Zum König von Hannover", „Merkur" usw.) gehören hierher. Das Gesetz trifft dagegen solche Bezeichnungen nicht, die so allgemein gehalten sind, daß sie kein besonderes Unterscheidungsmerkmal bieten, z. B. „Kleiderbazar", „Stehbierhalle", „Hospiz", „Kurhaus" u. dgl. Wo hier die Grenze liegt, ist freilich schwer zu sagen und muß im einzelnen Fall entschieden werden. Selbstverständlich wird durch die Annahme geringfügiger, im Verkehr kaum erkennbarer Abweichungen oder Abkürzungen beim unbefugten Gebrauch fremder Namen, Firmen oder Geschäftsbezeichnungen die Anwendung des Gesetzes nicht ausgeschlossen. Auch der Schutz von Bücher- oder Filmtiteln geschieht unter den genannten Gesichtspunkten. Über die Rechtsfolgen s. d. Art. „Unlauterer Wettbewerb".

Namensänderung bei einer geschiedenen Frau s. Ehescheidung 3; bei adoptierten Kindern s. Annahme an Kindes Statt 3; bei unehelichen Kindern s. Uneheliche Kinder 1.

Namensunterschrift unter schriftlichen Verträgen s. Form der Rechtsgeschäfte 1.

Naturalteilung s. Erbteilung u. Gemeinschaft.

Natürliche Kinder s. Uneheliche Kinder.

Nebensache s. Zubehör.

Nebenerwerb eines Land- oder Forstwirts s. Land- und Forstwirte als Kaufleute.

Nichtannahme einer Zahlung oder Leistung s. Verzug 2.

Nichterfüllung eines Vertrages, einer Schuldverbindlichkeit s. Gegenseitige Verträge u. Verzug.

Nichtige Ehen, Kinder aus (1699—1704). Ist die Ehe der Eltern aus irgendeinem Grunde vor dem Gesetz nichtig (rechtsungültig; s. Ehehindernisse 2"), so gelten die Kinder aus dieser Ehe dennoch als eheliche, selbst wenn eins der Eltern, der Vater oder die Mutter, gewußt haben sollte, daß die Ehe nicht gültig eingegangen war. Nur wenn es beiden Eltern bei Eingehung der Ehe bekannt war, daß die Ehe nicht gültig geschlossen wurde, werden die aus solcher Ehe hervorgegangenen Kinder gesetzlich nicht als eheliche angesehen. Dasselbe gilt, wenn die Ehe der Eltern deshalb nichtig ist, weil die für die Eheschließung vorgeschriebene Form nicht beobachtet wurde, selbst wenn die Eltern in dieser Hinsicht in gutem Glauben waren, und die Eheschließung außerdem nicht in das Heiratsregister eingetragen ist; auch in solchem Falle gelten die Kinder aus der Ehe nicht als ehelich. Solche Kinder können jedoch (anders als andere uneheliche Kinder, s. d.) von dem Vater, solange er lebt, Unterhalt wie eheliche Kinder verlangen. Vgl. Näheres unter „Ehelichkeit eines Kindes". Das Rechtsverhältnis solcher als ehelich geltenden Kinder aus nichtigen Ehen zu ihren Eltern ist im allgemeinen dasselbe, wie das von Kindern aus einer geschiedenen Ehe, wenn beide Ehegatten für schuldig erklärt sind; s. darüber „Ehescheidung 4". Es gelten aber folgende besondere Bestimmungen: War dem Vater bei der Eingehung der Ehe bekannt, daß sie nicht rechtsgültig war, so hat er gegen die aus der Ehe hervorgehenden Kinder nicht die aus der Vaterschaft sich ergebenden Rechte, insbesondere nicht das Recht auf Einwilligung in die Verheiratung des Kindes oder in eine Annahme an Kindes Statt, auf Benennung eines Vormundes für das Kind oder auf sonstige Einwirkung auf die vormundschaftlichen Angelegenheiten, auf Unterhaltsgewährung im Falle der Bedürftigkeit, auf Dienstleistungen des Kindes in seinem Haushalte oder Geschäfte, auf die Vormundschaft über das großjährige Kind usw.; er hat kein gesetzliches Erbrecht und kein Pflichtteilsrecht gegen das Kind; vor allem aber hat er nicht die elterliche Gewalt über das Kind (s. „Eltern und Kinder 4"). Die elterliche Gewalt steht vielmehr der Mutter allein zu (s. Näheres unter „Mutter und Kind"). War dagegen der Mutter die Ungesetzmäßigkeit der Ehe bei der Eheschließung bekannt, so hat sie gegen ihr Kind nur diejenigen Rechte, die im Falle einer Ehescheidung der allein für schuldig erklärten Frau zustehen (s. „Eltern und Kinder 4"). Stirbt später der Vater oder endigt seine elterliche Gewalt aus einem anderen Grunde, so hat die Mutter nur das Recht und die Pflicht, für die Person des Kindes (seinen Unterhalt, seine Erziehung usw.) zu sorgen; zur Vertretung des Kindes in seinen Rechtsangelegenheiten ist sie nicht befugt; diese sowie die Vermögensverwaltung liegen dem für das Kind zu bestellenden Vormunde ob. Der Vormund hat in bezug auf die der Mutter zustehenden Fürsorgerechte die rechtliche Stellung eines Beistandes (s. „Mutter und Kind").

Nichtigkeit (Rechtsungültigkeit) und Bestätigung von Rechtsgeschäften (139—141). Ist ein Rechtsgeschäft, ein Vertrag, eine Abmachung aus irgendwelchem Grunde zu einem Teile rechtsungültig (nichtig), so ist im Zweifel, d. h. wenn nicht etwas anderes von den Beteiligten gewollt ist, der ganze Vertrag, die ganze Vereinbarung ungültig und kein Teil daran gebunden. Ist aber nach den Umständen anzunehmen, daß beide Teile das Geschäft auch ohne den nichtigen Teil geschlossen haben würden, so bleibt es im übrigen gültig und verbindlich. Enthält ein Rechtsgeschäft, Vertrag usw., der nach dem Gesetz nichtig ist, alles das, was zu einem anderen gültigen Geschäfte (Vertrage usw.) gehört, so kommt es darauf an, ob die Beteiligten, wenn sie die Ungültigkeit des eigentlich zuerst gewollten Rechtsgeschäfts gekannt hätten, für diesen Fall auch das andere gültige Geschäft gewollt haben würden; ist dies anzunehmen, so gilt dies letztere Geschäft. Wird ein ungültiger (nichtiger) Vertrag nachträglich von den Beteiligten bestätigt, d. h. als gültig anerkannt, sei es mit ausdrücklichen Worten oder auch stillschweigend, so erlangt er hierdurch nur unter der Voraussetzung Gültigkeit, daß nun alle Erfordernisse zur Gültigkeit vorliegen; ist z. B. für die Rechtsgültigkeit des Vertrages die gerichtliche oder notarielle Beurkundung vorgeschrieben, so ist diese Form auch für die Bestätigung nötig. Entspricht die Bestätigung diesen Erfordernissen, so wird der Vertrag hinsichtlich derer, die ihn abschlossen, im Zweifel so angesehen, als wenn er von vornherein gültig gewesen wäre. Andere (einseitige) Rechtsgeschäfte dagegen gelten, wenn sie ungültig waren und nachträglich in gültiger Weise bestätigt werden, als erst jetzt vorgenommen, wenn nicht eine andere Absicht der Beteiligten anzunehmen ist.

Nichtigkeit einer Ehe s. Ehehindernisse 2a.

Niederlassung, gewerbliche, als Zahlungs- (Leistungs-, Erfüllungs-) Ort s. Leistungen 5.

Nießbrauch (1030—1089). Nießbrauch ist das Recht an einer fremden Sache oder an einem fremden Recht die Nutzungen dieser Sache oder dieses Rechtes zu ziehen. Nießbrauch ist auch an einem Vermögen oder dem Bruchteil eines Vermögens zulässig. Der Nießbrauch ist nicht vererblich und veräußerlich, jedoch kann die Ausübung einem anderen überlassen werden.

1. Nießbrauch an Sachen, und zwar sowohl an beweglichen, als an unbeweglichen (Grundstücken, Liegenschaften, Häusern usw.) (1030—1067). Wer den Nießbrauch an einer Sache hat, ist berechtigt, alle Nutzungen der Sache zu ziehen (wenn nicht etwa in dem Vertrage, durch den das Recht begründet worden, einzelne Nutzungen davon ausgenommen sind). Insbesondere ist der Nießbraucher berechtigt, alle Früchte (im juristischen Sinn) von der Sache zu ziehen, nicht nur die natürlichen Früchte (Erträge), die aus der Sache gewonnen werden, sondern auch den Gewinn, der durch Vermietung, Verpachtung usw. der Sache gezogen werden kann. Wegen des Näheren über den Begriff der „Nutzungen" und der „Früchte" muß hier auf die betreffenden Artikel verwiesen werden. Der Nießbraucher darf aber nur die Nutzungen der Sache ziehen; die Sache selbst darf er nicht angreifen (verzehren oder veräußern). Über den Nießbrauch an solchen Sachen, die durch ihren bestimmungsmäßigen Gebrauch (Verbrauch) untergehen oder die ihrer Natur nach zur Veräußerung bestimmt sind, sog. „verbrauchbare" Sachen, sind besondere Bestimmungen gegeben; s. unten (zu 1) am Schluß.

Begründung des Nießbrauchs (873, 1032, 1033). Ein Nießbrauchsrecht an einem Grundstück wird nur erworben durch einen Vertrag mit dem Eigentümer des Grundstückes und die Eintragung des Nießbrauchsrechts im Grundbuch. Mit dem Recht an dem Grundstück erlangt der Nießbraucher auch das Nießbrauchsrecht an den Zubehörungen des Grundstückes nach den für den Erwerb des Eigentums an den Zubehörungen geltenden Grundsätzen (1031); s. „Zubehör 2". Soll ein Nießbrauch an einer beweglichen Sache bestellt werden, so müssen sich die Beteiligten (der Eigentümer der Sache und der künftige Nießbrauchsberechtigte) darüber einigen (einen Nießbrauchsvertrag, mündlich oder schriftlich, schließen) und der Eigentümer muß die Sache dem Nießbraucher übergeben, wenn er sie nicht schon im Besitz hat. Im übrigen gelten für die Erlangung des Nießbrauchsrechts an beweglichen Sachen im allgemeinen die für die Erlangung des Eigentumsrechts an beweglichen Sachen gegebenen Vorschriften (z. B. für den Fall, daß der vermeintliche Eigentümer gar nicht Eigentümer der Sache war); s. darüber „Bewegliche Sachen, Eigentum an". Der Nießbrauch an einer beweglichen Sache kann auch durch Ersitzung erworben werden; die für den Erwerb des Eigentums durch Ersitzung (s. „Ersitzung 2") geltenden Vorschriften finden hier entsprechende Anwendung. Durch eine testamentarische Verfügung oder durch einen Erbvertrag kann ein Nießbrauchsrecht nicht ohne weiteres, d. h. nicht unmittelbar, begründet werden; derjenige, dem in einem Testamente oder Erbvertrage ein solches Recht vermacht ist, hat jedoch durch diese Bestimmung das Recht erlangt, von den Erben zu verlangen, daß sie ihm durch Vertrag oder Eintragung das Nießbrauchsrecht einräumen.

Feststellung des Gegenstandes des Nießbrauchs. Beim Beginne des Nießbrauchs kann es sowohl im Interesse des Nießbrauchers, wie auch des Eigentümers der Sache liegen, daß festgestellt wird, in welchem Zustande der Nießbraucher die Sache empfangen hat, da hierüber leicht, wenn der Nießbrauch längere Zeit dauert, Streitigkeiten entstehen. Beide haben daher das Recht, den Zustand der Sache auf ihre Kosten durch Sachverständige feststellen zu lassen, und zwar jederzeit (1034). Wegen der Ernennung, Beeidigung und Vernehmung der Sachverständigen müssen sie sich an das Amtsgericht wenden, in dessen Bezirke das Grundstück oder die Sache sich befindet. Die Beteiligten können sich aber über ein anderes Amtsgericht einigen. Handelt es sich um einen Inbegriff von Sachen, z. B. um ein Landgut mit dem gesamten Inventar an Vieh, Gerätschaften usw., eine Bibliothek, eine Sammlung u. dgl., so kann es im beiderseitigen Interesse liegen, daß der Bestand genau festgestellt werde (1035). Beide Teile sind daher gegenseitig verpflichtet, zur Aufnahme eines Verzeichnisses (einer Bestandsnachweisung, eines Inventars) mitzuwirken. Das Verzeichnis ist mit der Angabe des Tages der Aufnahme zu versehen und von beiden Teilen zu unterzeichnen; jeder Teil kann verlangen, daß die Unterschriften öffentlich (s. „Form der Rechtsgeschäfte 3") beglaubigt werden. Jeder Teil kann auch verlangen, daß das Verzeichnis durch die zuständige Behörde oder durch einen zuständigen Beamten oder Notar aufgenommen wird. Die Kosten hat der zu tragen und auf Verlangen vorzuschießen, der die Aufnahme oder Beglaubigung verlangt; der andere Teil kann aber für seine Mitwirkung bei dem Rechtsakt keine Entschädigung (für Reise, Versäumnis usw.) verlangen.

Nutzungsrecht des Nießbrauchers. Kein Veräußerungsrecht. Der Nießbraucher ist berechtigt, das Grundstück oder die Sache, an dem (der) ihm der Nießbrauch zusteht, zum Zwecke der Ausübung seines Rechts in Besitz zu nehmen und zu haben und die Einkünfte (Erträgnisse, Früchte) selbst zu ziehen (1036 ff.). Er muß aber bei der Ausübung seines Nutzungsrechts die bisherige wirtschaftliche Bestimmung der Sache aufrechterhalten; er darf nicht aus einem Walde Ackerland, aus einem Fischteiche eine Wiese, aus einem Weinberge einen Park machen, soweit nicht besondere wirtschaftliche Gründe dies fordern. Er muß nach den Regeln einer ordnungsmäßigen Wirtschaft verfahren, wie sie allgemein oder für bestimmte Wirtschaftsgebiete (Landwirtschaft, Forstwirtschaft, Weinkultur, Bergbau usw.) tatsächlich bestehen. Der Nießbraucher ist nicht berechtigt, die Sache umzugestalten oder wesentlich zu verändern, z. B. eine Scheune in ein Wohnhaus umzubauen, einerlei, ob dem Eigentümer ein Schaden daraus entsteht, oder nicht. Im übrigen ist es seine Sache, wie er den Gegenstand seines Rechts benutzen will. Der Nießbraucher eines Grundstücks darf neue Anlagen zur Gewinnung von Steinen, Kies, Sand, Lehm, Ton, Mergel, Torf und sonstigen Bodenbestandteilen errichten, soweit nicht die wirtschaftliche Bestimmung des Grundstücks dadurch beeinträchtigt wird. Ist ein Wald Gegenstand des Nießbrauchs, so kann sowohl der Eigentümer als der Nießbraucher verlangen, daß das Maß der Nutzung und die Art der wirtschaftlichen Behandlung durch einen Wirtschaftsplan festgestellt werden. Tritt eine erhebliche Änderung der Umstände ein, so kann jeder Teil eine entsprechende Änderung des Wirtschaftsplans verlangen. Die Kosten hat jeder Teil zur Hälfte zu tragen. Das gleiche gilt, wenn ein Bergwerk oder eine andere auf Gewinnung von Bodenbestandteilen gerichtete Anlage Gegenstand des Nießbrauchs ist. Der Nießbraucher ist nur insoweit berechtigt, die Sache (das Grundstück) auszunutzen, als dies den Regeln einer ordnungsmäßigen Wirtschaft entspricht; er darf beispielsweise nicht Obstbäume fortnehmen lassen, um sie als Brennholz zu verwerten. Es kann jedoch vorkommen, daß er infolge von Natur- oder sonstigen besonderen Ereignissen genötigt ist, über das ihm zustehende Maß hinaus Nutzungen von der Sache zu ziehen; er muß z. B. die durch einen Windbruch umgelegten Waldbestände aufarbeiten lassen und verkaufen. Er ist in solchen Fällen, unbeschadet seiner weitergehenden Verantwortlichkeit für ein ihn etwa treffendes Verschulden, verpflichtet, den Wert des über das ihm zustehende Maß hinaus Gezogenen dem Eigentümer bei der Beendigung des Nießbrauchs (ohne Zinsen) zu ersetzen; für diese Verpflichtung muß er dem Eigentümer auf Verlangen Sicherheit (s. d.) leisten. Es ist dabei einerlei, ob die über das Maß hinausgehende Nutzung mit oder ohne seinen Willen erfolgt, etwa durch andere Personen oder durch Naturereignisse herbeigeführt oder notwendig geworden ist. Statt des Wertersatzes bei Beendigung des Nießbrauchsverhältnisses kann der Eigentümer aber fordern, daß der zu ersetzende Betrag zur Wiederherstellung der Sache (des Grundstücks usw.) insoweit verwendet wird, als es einer ordnungsmäßigen Wirtschaft entspricht. Der Nießbraucher ist hierzu auch ohne Zustimmung des Eigentümers berechtigt. Wird die Verwendung zur Wiederherstellung nicht verlangt, so fällt die Ersatzpflicht weg, soweit durch den ordnungswidrigen oder den übermäßigen Fruchtbezug die dem Nießbraucher gebührenden Nutzungen beeinträchtigt werden. Ein Beispiel wird dies klar machen. Nehmen wir an: der Nießbraucher eines Landgutes hat durch Verwertung eines Windbruches in einem Jahre 10000 Mk. gelöst, während der planmäßige Abtrieb ihm in dem Jahre nur 1000 Mk. eingebracht haben würde; er hat also eine ihm in diesem Jahre nicht zustehende Mehreinnahme von 9000 Mk. gehabt, die er dem Eigentümer bei Beendigung des Nießbrauchs zu ersetzen hat, wenn und soweit der Betrag nicht zu Wiederanpflanzungen verwendet wird. Dauert nun der Nießbrauch nach dem Jahre des Windbruchs noch fünf Jahre und hat der Nießbraucher während dieser Zeit infolge der durch den Windbruch eingetretenen Vernichtung des Waldes einen jährlichen Abtriebsgewinn von 1000 Mk. eingebüßt, so kann er den sich hieraus ergebenden Gesamtbetrag von 5000 Mk. von jenen 9000 Mk. kürzen. Dieses Recht entbindet ihn aber nicht von der Verpflichtung, dem Eigentümer wegen der ganzen 9000 Mk. Sicherheit zu leisten.

Ein Recht, die dem Nießbrauch unterliegenden Sachen zu veräußern oder zu belasten (z. B. Hypothek daran zu bestellen), steht dem Nießbraucher kraft seines Nießbrauchsrechts **nicht** zu, sofern nicht die Sachen zu den sog. „verbrauchbaren" (s. unten 1 am Schluß) gehören. Ist ihm ein solches Recht (durch Testament oder Vertrag) besonders eingeräumt, so muß Zulässigkeit und Umfang des Rechts nach anderen Rechtsgrundsätzen beurteilt werden.

Unterhaltspflicht des Nießbrauchers (1041 ff.). Es fragt sich, wer die dem Nießbrauchsrecht unterliegende Sache (Gebäude, Grundstück) zu unterhalten hat. Das Gesetz legt dem Nießbraucher die Pflicht auf, dafür zu sorgen, daß die Sache in ihrem wirtschaftlichen Bestande erhalten wird; Ausbesserungen (Reparaturen) und Erneuerungen liegen ihm aber nur insoweit ob, als sie zur gewöhnlichen Unterhaltung der Sache gehören. Darüber, was eine gewöhnliche und was eine außergewöhnliche Instandsetzung ist, enthält das Gesetz keine nähere Bestimmung. Unter gewöhnlichen Instandsetzungen wird man solche zu verstehen haben, die im Laufe der Dinge mehr oder weniger regelmäßig, nach längerer oder kürzerer Zeit wiederkehren, selbst wenn sie durch einen Zufall herbeigeführt werden (z. B. es werden durch Hagelschlag oder Sturm die Fenster oder Ziegel zertrümmert). Ob eine Beschädigung, die durch andere Personen herbeigeführt ist, den Nießbraucher oder den Eigentümer trifft, wird ebenfalls danach beurteilt werden müssen, ob das Ereignis ein solches war, dessen man sich im Laufe der Dinge wohl zu versehen hat. Auch der Kostenpunkt kann unter Umständen für die Entscheidung der Frage, ob eine gewöhnliche oder außergewöhnliche Aufwendung in Frage steht, mitbestimmend sein. Alles in allem haben wir es hier mit einem Rechtssatz zu tun, der die Entscheidung im Streitfall wesentlich dem verständigen richterlichen Ermessen überträgt und die Beteiligten auf eine gütliche Verständigung hinweist. Soweit dem Nießbraucher bei einer Beschädigung der Sache ein Verschulden (Vorsatz oder Fahrlässigkeit) zur Last fällt, kommen gegen ihn die Vorschriften über „Schadensersatz wegen unerlaubter Handlungen" (s. d.) zur Anwendung. Wird eine außergewöhnliche Instandsetzung oder im Falle einer etwaigen Zerstörung oder Beschädigung der Sache eine Wiederherstellung erforderlich, die dem Nießbraucher nach dem Vorgesagten nicht obliegt, so kann er zwar nichtsdestoweniger die Ausbesserung oder Wiederherstellung (Erneuerung) selber vornehmen; er hat aber nur insoweit Anspruch auf Ersatz der Kosten gegen den Eigentümer, als solches nach den Vorschriften über die „Geschäftsführung ohne Auftrag" begründet ist. Will er sich deshalb mit der Ausbesserung nicht befassen, so ist er verpflichtet, dem Eigentümer von der Notwendigkeit der Instandsetzung unverzüglich Anzeige zu machen, damit dieser selber seine Interessen wahren kann. Ob der Eigentümer die Kosten der Reparatur aufwenden will, steht völlig in seinem Belieben; er ist dem Nießbraucher gegenüber **nicht** dazu verpflichtet. Seine rechtliche Stellung ist eine andere, als z. B. die des Vermieters, der allerdings dem Mieter gegenüber verpflichtet ist, die Sache in gebrauchsfähigem Zustande zu erhalten. Übrigens hat der Nießbraucher das Recht, wenn er eine erforderlich gewordene außergewöhnliche Ausbesserung oder Erneuerung, die ihm selber gesetzlich nicht obliegt, vornehmen will, zu diesem Zwecke innerhalb der Grenzen einer ordnungsmäßigen Wirtschaft auch Bestandteile des Grundstücks zu verwenden, auf die er kraft seines Nießbrauchs kein Recht hat (die nicht zu den ihm gebührenden „Früchten" der Nießbrauchssache gehören). Will er selbst die notwendig gewordene Instandsetzung nicht vornehmen, so muß er dem Eigentümer die Vornahme, sowie auch eine etwaige Verwendung der obengedachten Bestandteile des Grundstücks **gestatten**. Die Pflicht, dem Eigentümer unverzüglich Anzeige zu machen, liegt dem Nießbraucher auch ob, wenn eine besondere Vorkehrung zum Schutze der Sache gegen eine nicht vorhergesehene Gefahr erforderlich wird, sowie dann, wenn sich jemand ein Recht an der Sache anmaßt, das ihm nicht zusteht (es behauptet jemand z. B., das Recht zu haben, über das Grundstück zu fahren oder den Brunnen mit zu benutzen u. dgl.). Der Eigentümer muß durch die Anzeige in den Stand gesetzt werden, seine Interessen rechtzeitig zu wahren. Verabsäumt der Nießbraucher schuldvollerweise diese Anzeigepflicht, so ist er für den Schaden verantwortlich.

Versicherung gegen Brandschaden usw. (1045 ff.). Dem Nießbraucher legt das Gesetz die Verpflichtung auf, die seinem Nießbrauche dienenden Sachen (Gebäude usw. oder bewegliche Sachen) für die Dauer des Nießbrauchs gegen Brandschaden und sonstige Unfälle auf seine Kosten zu **versichern** („unter Versicherung zu bringen"), wenn die **Versicherung einer ordnungsmäßigen Wirtschaft entspricht**. Es kommt also darauf an, ob ein ordentlicher Hausvater (Wirtschafter) die Sachen, wenn sie sein Eigentum wären, versichern würde; Sachen, die allgemein nicht versichert zu werden pflegen, braucht auch der Nießbraucher nicht zu versichern. Soweit er aber zur Versicherung verpflichtet ist, muß er die Versicherung für **Rechnung des Eigentümers**, d. h. so nehmen, daß im Falle des Brandschadens usw. der Anspruch auf die Versicherungssumme vertragsmäßig dem Eigentümer zusteht. Ist die Sache bei Beginn des Nießbrauchs bereits versichert, so muß von nun an der Nießbraucher die Versicherungsbeiträge usw., solange sein Nießbrauchsrecht dauert, zahlen oder sie dem Eigentümer erstatten. Ist der Nießbrauch beendet, so hat von da an der Eigentümer die Versicherungsprämien wieder zu zahlen. Ist ein Brandschaden oder sonstiger Entschädigungsfall eingetreten, so steht von nun an dem Nießbraucher, anstatt an der durch den Brand usw. untergegangenen Sache, an der Forderung auf die Versicherungsgelder der Nießbrauch zu. Die Versicherungssumme soll freilich zur Wiederherstellung der Sache oder zur Beschaffung eines Ersatzes für den durch den Brand usw. untergegangenen Gegenstand, insoweit dies einer ordnungsmäßigen Wirtschaft entspricht, dienen, und sowohl der Eigentümer wie der Nießbraucher haben ein Recht, zu verlangen, daß sie hierzu verwendet werde; ist aber eine Wiederherstellung nicht ausführbar oder wird sie von keinem der Beteiligten verlangt, so bleibt es bei dem Nießbrauch an der Versicherungssumme, die an die Stelle des Nießbrauchs an der Sache tritt. Die Wiederherstellung der Sache (Wiederaufbau des abgebrannten Gebäudes usw.) liegt dem Eigentümer ob; er kann sie aber dem Nießbraucher überlassen. Unterläßt der Nießbraucher die ihm obliegende Versicherung, so ist er dem Eigentümer für den ganzen durch Feuer usw. entstehenden Schaden verhaftet.

Tragung der Lasten (1047 ff.). Die auf der Nießbrauchssache haftenden **Lasten** hat im wesentlichen der Nießbraucher zu tragen oder dem Eigentümer die verausgabten Beträge zu erstatten; vor allem bezieht sich dies auf Steuern und andere öffentliche Lasten und Abgaben, aber auch auf solche privatrechtliche Lasten, die zur Zeit der Bestellung des Nießbrauchs auf der Sache bereits ruhten, insbesondere auf die Zinsen der Hypotheken und Grundschulden, sowie die auf Grund einer Rentenschuld zu entrichtenden Leistungen. (Mit der Bezahlung der — etwa fälligen oder gekündigten — Schulden selbst hat der Nießbraucher nichts zu tun; das ist Sache des Eigentümers.) Dagegen liegt dem Nießbraucher die Tragung derjenigen „außerordentlichen“ öffentlichen Lasten nicht ob, „die als auf den Stammwert der Sache gelegt anzusehen sind“. Es sind hierunter Lasten zu verstehen, die nach dem Sinne und der Absicht des betreffenden Gesetzes nicht aus den Erträgen, sondern aus dem Stammwert der Sache bestritten werden sollen, was sich unter Umständen schon aus der Höhe der Last ergeben kann. Lasten, die nicht den Stammwert der Sache treffen, hat der Nießbraucher auch dann zu tragen, wenn sie als außerordentliche anzusehen sind. Kommt die Ablösung einer auf dem Nießbrauchsgrundstücke ruhenden Last in Frage, so ist der Nießbraucher dem Eigentümer gegenüber zur Beschaffung des Kapitals nicht verpflichtet; ebensowenig liegt es dem Nießbraucher ob, wenn das von ihm zu verzinsende Kapital fällig wird, es einzuzahlen oder einen neuen Kreditgeber zu suchen. Den Beteiligten (dem Eigentümer und dem Nießbraucher) ist es übrigens unbenommen, über die Verpflichtung des Nießbrauchers zur Tragung der Lasten, Hypothekenzinsen usw. etwas anderes zu vereinbaren.

Verfügung über das Inventar (1048). Ist das zur Benutzung eines Grundstücks dienende Inventar mit dem Grundstücke zugleich dem Nießbrauche unterworfen, so kann der Nießbraucher, soweit dies bei einer ordnungsmäßigen Wirtschaft üblich ist, frei über die einzelnen Stücke des Inventars (durch Verkauf usw.) verfügen; er muß aber das Inventar als ganzes vollständig erhalten, mithin für den gewöhnlichen Abgang und für die nach den Regeln einer ordnungsmäßigen Wirtschaft ausscheidenden Stücke Ersatz beschaffen; die von ihm angeschafften Stücke werden mit der Einverleibung in das Inventar ohne weiteres Eigentum desjenigen, dem das Inventar als ganzes gehört, also des Grundstückseigentümers. Zur Ergänzung eines außergewöhnlichen, z. B. durch Naturereignisse herbeigeführten, Abganges ist der Nießbraucher an sich nicht verpflichtet; nur soweit etwa eine Versicherung gegen derartige Unfälle nach den Regeln einer ordnungsmäßigen Wirtschaft geboten gewesen wäre, würde der Nießbraucher bei Unterlassung solcher Versicherung dem Eigentümer für den entstandenen Schaden haftbar sein. Hat der Nießbraucher das Inventar zum Schätzungswerte und mit der Verpflichtung übernommen, es bei der Beendigung des Nießbrauches zum Schätzungswerte zurückzugewähren, so trägt er auch die Gefahr des Untergangs oder einer Verschlechterung des Inventars, die etwa durch Naturereignisse oder andere Zufälligkeiten herbeigeführt werden; es gelten in diesem Falle ganz dieselben Rechtsgrundsätze, wie wenn ein Pächter das Inventar des gepachteten Grundstückes zum Schätzungswerte übernommen hat; vergleiche hierüber unter „Pacht“. Abgesehen von dem ebengedachten Falle, wo der Nießbraucher ein Inventar zum Schätzungswerte übernommen hat, braucht der Nießbraucher für eintretende Veränderungen oder Verschlechterungen der Nießbrauchssache, die durch die ordnungsmäßige Ausübung des Nießbrauchs herbeigeführt werden, nicht einzustehen; noch weniger haftet er für Schäden, die durch Zufälligkeiten, Naturereignisse oder durch Handlungen anderer ohne sein Verschulden eingetreten sind; alles dies gilt aber nur mit der Einschränkung, daß der Nießbraucher die gewöhnlichen Instandsetzungskosten, selbst wenn sie durch einen Zufall oder durch Handlungen anderer notwendig geworden sind, zu tragen hat, worüber oben das Nähere bereits mitgeteilt ist.

Sicherheitsleistungen des Nießbrauchers. Sequester (1051 ff.). Eine allgemeine Verpflichtung des Nießbrauchers, dem Eigentümer der Nießbrauchssache wegen pünktlicher Erfüllung seiner Obliegenheiten, wegen Ersatz etwaigen Schadens und wegen demnächstiger Rückgabe der Sache in ordnungsmäßigem Zustande Sicherheit zu leisten (eine sog. Kautionspflicht), besteht nicht. Ausnahmsweise kann aber doch eine Sicherheitsleistung im Interesse des Eigentümers geboten sein, wenn nämlich durch vorsätzliches oder fahrlässiges Verhalten des Nießbrauchers die Rechte des Eigentümers gefährdet werden. Das Gesetz bestimmt daher, daß, wenn durch das Verhalten des Nießbrauchers die Besorgnis einer erheblichen Verletzung der Rechte des Eigentümers begründet ist, dieser eine Sicherheit verlangen kann. Die Tatsachen, die eine solche Besorgnis rechtfertigen, hat der Eigentümer zu beweisen. In welcher Weise die Sicherheit geleistet werden kann, darüber s. unter „Sicherheitsleistung“. Das Gesetz geht aber zum Schutz des Eigentümers noch weiter. Ist der Nießbraucher zur Sicherheitsleistung rechtskräftig verurteilt, so kann der Eigentümer beim Gericht beantragen, daß dem Nießbraucher zur Beschaffung der Sicherheit eine Frist gesetzt werde. Wird die Sicherheit bis zum Ablauf der Frist nicht geleistet (einerlei, ob der Nießbraucher die Sicherheit nicht leisten kann oder nicht leisten will), so steht es dem Eigentümer nunmehr frei, statt die Sicherheitsleistung zu verlangen beim Gericht zu beantragen, daß die Ausübung des Nießbrauchs für Rechnung des Nießbrauchers einem von dem Gericht zu bestellenden Verwalter (Sequester) übertragen werde. Der Verwalter steht unter der Aufsicht des Gerichts wie ein für die Zwangsverwaltung eines Grundstücks bestellter Verwalter. Als Verwalter kann auch der Eigentümer selbst vom Gericht bestellt werden. Wird die Sicherheit nachträglich geleistet, so muß die Verwaltung wieder aufgehoben werden. Hat sich der Nießbraucher tatsächlich bereits eine erhebliche Verletzung der Rechte des Eigentümers zuschulden kommen lassen (liegt also nicht bloß eine begründete Besorgnis vor, daß er dies tun werde), so kann der Eigentümer, ohne daß es einer vorgängigen Klage auf Sicherheitsleistung gegen den Nießbraucher bedarf, die gerichtliche Anordnung einer Verwaltung (Sequestration) verlangen, wenn der Nießbraucher das verletzende Verhalten ungeachtet einer Abmahnung des Eigentümers fortsetzt. Macht der Nießbraucher einen Gebrauch von der Sache, zu dem er nicht befugt ist, und setzt er den Gebrauch ungeachtet einer Abmahnung des Eigentümers fort, so kann der Eigentümer ihn auf Unterlassung verklagen.

Beendigung des Nießbrauchs (1055 ff.). Ist der Nießbrauch beendet, so hat der Nießbraucher die Sache dem Eigentümer zurückzugeben, und zwar in dem Zustande, wie sie beschaffen sein muß, wenn er während der Dauer seines Rechts seinen Pflichten gehörig nachgekommen ist. Ist der Nießbraucher verstorben, so sind seine Erben zur Rückgabe verpflichtet. Handelt es sich um ein *landwirtschaftliches* Grundstück, so muß es der Nießbraucher in dem Zustande zurückgewähren, der sich bei einer während der Dauer seines Rechts bis zur Rückgabe fortgesetzten *ordnungsmäßigen Bewirtschaftung* ergibt. Dies gilt besonders auch für die Bestellung. Überhaupt gelten für die Rückgabe seitens des Nießbrauchers diejenigen besonderen Vorschriften (über Ersatz von Bestellungskosten, über die Rückgabe mit den bis zur nächsten Bestellung oder Ernte erforderlichen landwirtschaftlichen Erzeugnissen, wie Dünger, Saatgut usw.), die für die Rückgabe eines landwirtschaftlichen Grundstücks oder eines Landguts seitens eines *Pächters* getroffen sind; vgl. „Pacht 4". Hat der Nießbraucher ein Grundstück *vermietet* oder *verpachtet* (siehe weiter unten), so können Schwierigkeiten entstehen, wenn das Miet- oder Pachtverhältnis bei der Beendigung des Nießbrauchsrechts noch fortbesteht (1056). Der Eigentümer tritt dann an Stelle des Nießbrauchers in die Rechte und Verpflichtungen des Vermieters oder Verpächters in ganz gleicher Weise ein, wie wenn ein vermietetes usw. Grundstück nach der Überlassung an den Mieter von dem Vermieter an einen anderen veräußert ist. Es kommen hier also diejenigen gesetzlichen Bestimmungen zur entsprechenden Anwendung, die unter „Miete 10" besprochen sind. Der Eigentümer ist jedoch berechtigt, das Miet- oder Pachtverhältnis unter Einhaltung der *gesetzlichen Kündigungsfrist* (s. „Miete 7") *zu kündigen*. Der Mieter oder Pächter hat ein solches Kündigungsrecht nicht; das Gesetz nimmt an, daß *ihm* ein Wechsel in der Person des Vermieters (Verpächters) regelmäßig gleichgültig sein kann. Der Eigentümer kann das Kündigungsrecht alsbald nach Beendigung des Nießbrauchsrechts an dem ersten zulässigen Termin ausüben; er kann aber auch zu späterer Zeit (selbstverständlich nur an den überhaupt zulässigen Terminen) davon Gebrauch machen. Dem Mieter (Pächter) kann jedoch daran gelegen sein, zu wissen, ob der Eigentümer überhaupt von seinem Kündigungsrechte Gebrauch zu machen beabsichtigt; er kann ihm daher eine angemessene *Frist* setzen, um sich darüber zu erklären, ob er das Miet-(Pacht-)verhältnis aufkündigen wolle; erklärt der Eigentümer innerhalb dieser Frist die Kündigung nicht, so ist sein Kündigungsrecht erloschen. Wird das Nießbrauchsrecht dadurch beendigt, daß der Nießbraucher auf sein Recht freiwillig *verzichtet*, so ist die Kündigung seitens des Eigentümers erst von der Zeit an zulässig, wo der Nießbrauch auch ohne den Verzicht erlöschen würde. Stehen dem Vermieter (Verpächter) oder dem Mieter (Pächter) schon nach dem Vertrage weitergehende Kündigungsrechte zu, so hat es dabei sein Bewenden.

Die *Auseinandersetzung* zwischen dem Nießbraucher oder seinen Erben und dem Eigentümer nach beendigtem Nießbrauch wegen etwa dem einen gegen den anderen oder beiden gegeneinander zustehender Ansprüche muß alsbald vorgenommen werden; denn die Ersatzansprüche des Eigentümers gegen den Nießbraucher oder dessen Erben wegen etwaiger Veränderungen oder Verschlechterungen der Sache, für die sie aufzukommen haben, sowohl wie die etwaigen Ansprüche des Nießbrauchers oder seiner Erben auf Ersatz von Verwendungen oder auf Gestattung der Wegnahme von Einrichtungen, mit denen der Nießbraucher die Sache versehen hat, *verjähren in sechs Monaten*, und zwar die Ansprüche des Eigentümers von dem Zeitpunkt an, wo er die Sache zurückerhält, die des Nießbrauchers von der Beendigung des Nießbrauchsrechts an (1057). *Wann* ein Nießbrauchsrecht *aufhört*, das hängt von den Umständen des Falles ab. Es kann bei der Bestellung des Rechts bestimmt sein, daß es beim Eintritt irgendeines Ereignisses (einer Bedingung) aufhören soll; es kann auch von vornherein nur auf eine bestimmte Zeit bestellt sein. Ist das nicht geschehen, so erlischt das Nießbrauchsrecht auf alle Fälle kraft Gesetzes mit dem *Tode* des Nießbrauchers und wenn der Nießbraucher eine juristische Person ist, mit deren Erlöschen (1061). Auch durch Vereinbarung oder einseitigen Verzicht seitens der Berechtigten kann das Nießbrauchsrecht aufgehoben werden; beim Nießbrauch an unbeweglichen Sachen (Grundstücken usw.) ist außer der Verzichtserklärung noch die Löschung des Rechts im Grundbuch erforderlich. Zur Löschung genügt einfacher Antrag des Eigentümers mit Vorlegung der Sterbeurkunde des Nießbrauchers, wenn der Antrag mindestens 1 Jahr nach dem Tode des Nießbrauchers gestellt wird, sonst Einwilligung des Nießbrauchers oder seiner Rechtsnachfolger in beglaubigter Form (s. Löschung).

Nießbrauch an Geld und anderen verbrauchbaren Sachen (1067). *Abschätzung* (*Taxation*). *Sicherheitsleistung*. Besonderes gilt für den Fall, daß unter den Nießbrauchsgegenständen Geld oder andere „verbrauchbare" Sachen sind, d. h. solche, die ihrer Natur nach zum Verbrauche bestimmt sind (Näheres s. unter „Verbrauchbare Sachen"). An solchen Sachen erwirbt der Nießbraucher das Eigentum; er kann also darüber ganz nach Belieben verfügen (sie verkaufen, verschenken usw.). Er muß aber nach Beendigung des Nießbrauchs dem, der ihm den Nießbrauch bestellt hat, den *Wert* der Sachen *ersetzen*, den sie bei Beginn des Nießbrauchs hatten. Es ist dabei einerlei, ob etwa diese Sachen sog. „vertretbare" (s. d.) waren; er ist nicht etwa berechtigt, nach Beendigung des Nießbrauchs eine gleiche Zahl (ein gleiches Maß, eine gleiche Gewichtsmenge) gleichartiger Sachen zurückzugeben, sondern er muß auch in diesem Falle den Geldwert der Sachen zahlen. Damit die künftige Ersatzleistung nicht zu Streitigkeiten führt, können sowohl der Besteller des Nießbrauchs als auch der Nießbraucher selbst beim Beginn oder später die Nießbrauchssachen durch Sachverständige *abschätzen* lassen; die Kosten hat der zu tragen, der die Abschätzung veranlaßt (s. „Zustand oder Wert usw."). Der Besteller des Nießbrauchs kann vom Nießbraucher auch *Sicherheit* (*Kaution*) für die demnächstige Zahlung des Geldwertes verlangen, wenn *Umstände vorliegen*, aus denen sich ergibt, daß die Forderung des Bestellers gegen den Nießbraucher *gefährdet* ist, wenn z. B. der Nießbraucher in schwierige Vermögensverhältnisse gerät. Liegen derartige Umstände schon von vornherein vor, so braucht der Verpflichtete die Sachen dem Nießbraucher überhaupt nicht auszuantworten, wenn dieser ihm nicht gleichzeitig Sicherheit bestellt. Ist eine *Geldsumme Gegenstand des Nießbrauchs*, so können die Beteiligten sich dahin verständigen, daß das Geld bei einem Dritten, einer Bank usw. belegt wird. Über den Empfang der ihm zum Nießbrauch *ausgehändigten* Gelder und Sachen muß der Nießbraucher dem Besteller auf Verlangen ein Empfangsbekenntnis ausstellen (s. „Quittung"). Übrigens ist es den Beteiligten unbenommen, beim Nießbrauch an verbrauchbaren Sachen in Abweichung von den vorstehend mitgeteilten gesetzlichen Bestimmungen etwas anderes zu vereinbaren, wie es andererseits ihnen auch freistehen wird, beim Nießbrauch an anderen, nicht „verbrauchbaren" Sachen vertragsmäßig zu bestimmen, daß der Nießbraucher das Eigentum an den Sachen erhalten und zur demnächstigen Rückzahlung des Geldwertes verpflichtet sein soll.

2. Nießbrauch an Rechten (Forderungen, Kapitalien usw.) (1068—1084). Als Gegenstand eines Nießbrauchs finden wir häufig Kapitalien, Hypotheken, Kuxe, Renten, Forderungen aller Art, überhaupt Rechte (im Gegensatz zu Sachen). Für den Nießbrauch an solchen gelten im allgemeinen auch die für den Nießbrauch an Sachen (vorstehend 1) gegebenen Rechtssätze; aber die rechtliche Verschiedenheit zwischen Rechten und Sachen machte doch einige besondere Vorschriften notwendig. Ein Nießbrauch an einer Forderung, z. B. an einer Darlehnsforderung, einer Kaufgeldforderung, einem Anspruch auf Lieferung einer gekauften Sache u. dgl., wird meist in Verbindung mit dem Nießbrauch an Sachen vorkommen, z. B. wenn jemandem der Nießbrauch an einem Nachlaß oder an einem Teil eines solchen vermacht ist (vgl. unten 3).

Aber es kann auch ein Nießbrauch an einer einzelnen Forderung, etwa einem ausstehenden Kapital, oder an einer Anzahl von solchen Forderungen (Kapitalien) bestellt werden, z. B. wenn jemandem in einem Testamente ein solcher Nießbrauch gemacht ist, welchenfalls die Erben verpflichtet sind, dem Berechtigten diesen Nießbrauch einzuräumen. Die Bestellung des Nießbrauchs an einem Recht, einer Forderung, einem Kapital usw. erfolgt nach denjenigen Vorschriften, die für die Übertragung (Abtretung) des Rechts, der Forderung usw. gelten (1069). (An einem Rechte, das nicht übertragbar ist, kann kein Nießbrauch bestellt werden.) Die Bestellung des Nießbrauchs an einer gewöhnlichen Forderung geschieht daher gültig durch einfachen mündlichen Vertrag zwischen dem Gläubiger der Forderung und dem, der den Nießbrauch daran haben soll, weil auch die Übertragung (Abtretung) der Forderung gültig durch solchen Vertrag erfolgen kann (s. „Abtretung einer Forderung"). Die Einräumung des Nießbrauchs kann sogar stillschweigend geschehen: wenn z. B. ein Erbe einer alten Tante, der im Testamente seines Erblassers der Nießbrauch (der „Zinsgenuß") an einer dem Erblasser zustehenden Forderung von 5000 M. vermacht ist, die Hebung der Zinsen dieses Kapitals ohne Widerspruch überläßt, so wird darin eine stillschweigende Einräumung des ihr hinterlassenen Nießbrauchs zu befinden sein. — Die Bestellung eines Nießbrauchs an einer Hypothekforderung bedarf derselben Form wie die Abtretung der Hypothek; vgl. darüber „Hypothek 3". Über die Stellung des Schuldners im Verhältnis zu dem eigentlichen Gläubiger der Forderung und zu demjenigen, der den Nießbrauch daran hat, gilt im wesentlichen das, was in dem Artikel „Abtretung einer Forderung" unter 2 gesagt ist (1070).

Nießbrauch an einer verzinslichen Forderung. Bei verzinslichen Forderungen (1076 ff.) besteht der Nießbrauch darin, daß der Nießbraucher, an Stelle des eigentlichen Gläubigers der Forderung, die Zinsen des Kapitals zieht. Soll eine solche Forderung gezahlt werden, so kann der Schuldner nur an Gläubiger und Nießbraucher gemeinschaftlich zahlen. Jeder von beiden kann, wenn der Schuldner bei Fälligkeit nicht zahlt, Klage erheben, jedoch nur auf Zahlung an beide gemeinsam oder auf Hinterlegung. Ist die Zahlung an beide nicht zu erreichen, weil z. B. der eine seine Mitwirkung oder seine Zustimmung verweigert, so kann jeder verlangen, daß der Schuldner die Geldsumme für beide bei einer öffentlichen Hinterlegungsstelle oder bei einem vom Gericht zu bestellenden Gerichtsvollzieher oder anderen Empfänger hinterlegt (Näheres s. „Hinterlegung"). Kündigen können beide nur gemeinschaftlich. Will der Schuldner kündigen, so muß er die Kündigung beiden erklären. Übrigens sind, wenn die Forderung fällig ist, der Nießbraucher wie der Gläubiger gegenseitig verpflichtet, zur Einziehung der Forderung mitzuwirken. Muß vorher gekündigt werden, so kann jeder Teil die Mitwirkung des anderen zur Kündigung verlangen, wenn die Einziehung der Forderung wegen Gefährdung ihrer Sicherheit nach den Regeln einer ordnungsmäßigen Vermögensverwaltung geboten ist. Liegt dieser Fall nicht vor, so kann nur gekündigt werden, wenn beide Beteiligte sich darüber gütlich verständigen. Ist das Kapital eingezahlt, so kann zwar der Nießbraucher, wenn der Gläubiger damit einverstanden ist, das Geld selbst als Nießbraucher behalten; aber er hat hierauf kein Recht. Weigert der Gläubiger seine Zustimmung dazu, so sind beide, Gläubiger und Nießbraucher, einander verpflichtet, gemeinschaftlich das eingezogene Kapital nach den für die Anlegung von Mündelgeld (s. den Artikel) geltenden Vorschriften anderweit verzinslich zu belegen; dem Nießbraucher muß dann an diesem neuen Kapital wiederum der Nießbrauch bestellt werden. Der Nießbraucher hat die Bestimmung, wo und wie (ob in Hypotheken, in Wertpapieren usw.) das Geld angelegt werden soll, wenn nur die Anlegung den ebengedachten Vorschriften entspricht.

Ist die Nießbrauchsforderung nicht verzinslich, so kann sie der Nießbraucher, wenn sie fällig ist, einziehen und wenn die Fälligkeit von einer Kündigung abhängt, sie kündigen ohne Mitwirkung des Gläubigers (1074), mag die Forderung nun auf Geld oder auf Leistung von Sachen gehen. Der Nießbraucher muß auch seinerseits eine rechtmäßige Kündigung des Schuldners annehmen. Der Nießbraucher ist dann verpflichtet, für die ordnungsmäßige Einziehung der Forderung zu sorgen; er hat also zu prüfen, ob die Forderung fällig ist, ob eine Kündigung an sich erforderlich und nach Lage der Verhältnisse geboten ist, ob Maßregeln gegen den Schuldner zu ergreifen sind, um einen Verlust zu verhüten u. dgl. mehr. Zu anderen Verfügungen über die Forderung, außer der Einziehung, ist der Nießbraucher nicht befugt. Hat demnächst der Schuldner den geschuldeten Betrag an den Nießbraucher eingezahlt oder die geschuldete Sache ihm ausgeantwortet, so geht die Sache zwar in das Eigentum des Gläubigers (dem die mit dem Nießbrauch belastete Forderung zustand) über; der Nießbraucher hat aber von nun an (an Stelle des Nießbrauchs an der Forderung) den Nießbrauch an der Sache (1075); besteht das vom Schuldner an den Nießbraucher Geleistete in Geld oder anderen verbrauchbaren (s. d.) Sachen, so erwirbt der Nießbraucher selbst das Eigentum an dem Gelde oder an diesen Sachen; er muß aber nach Beendigung des Nießbrauchs den empfangenen Geldbetrag oder den Wert der empfangenen verbrauchbaren Sachen zurückgeben. Über die Abschätzung der Sachen durch Sachverständige, sowie über die Verpflichtung des Nießbrauchers, dem demnächstigen Empfangsberechtigten unter Umständen Sicherheit (Kaution) wegen der Rückzahlung (Rückgabe) zu leisten, gilt das vorstehend unter 1 am Schluß Gesagte.

Besondere Vorschriften gelten für den Nießbrauch an Inhaberpapieren (s. d.) und an Orderpapieren, die mit Blankoindossament versehen sind (1081 ff.). Bei diesen Papieren steht der Besitz dem Nießbraucher und dem Eigentümer gemeinschaftlich zu; dies gilt auch für die zu dem Papier gehörigen Erneuerungsscheine (Anweisungen, Talons). Dagegen gebührt der Besitz der Zinsscheine, Rentenscheine oder Gewinnanteilscheine dem Nießbraucher allein, da er die Zins- usw. Beträge für sich einzulösen hat. Wie der gemeinschaftliche Besitz auszuführen ist, darüber müssen sich die Beteiligten verständigen; es steht natürlich nichts entgegen, daß der eine mit der Einwilligung des andern die Papiere allein in Besitz und Verwahrung nimmt oder daß sie bei einer dritten Person in Verwahrung gegeben (deponiert) werden. Ist eine Einigung hierüber nicht zu erzielen, so kann jeder Teil verlangen, daß das Papier bei einer Hinterlegungsstelle (s. d.) mit der Bestimmung hinterlegt wird, daß die Herausgabe nur von dem Nießbraucher und dem Eigentümer gemeinschaftlich gefordert werden kann. Der Nießbraucher kann auch Hinterlegung bei der Reichsbank verlangen. Die Zins- usw. Scheine brauchen nicht mit hinterlegt zu werden. Handelt es sich um ein kursfähiges Inhaberpapier, so kann keiner der Beteiligten vom anderen verlangen, daß dieser zu einem Verkaufe des Papiers seine Einwilligung gebe, selbst dann nicht, wenn ein Verkauf nach den bestehenden Konjunkturen nützlich oder notwendig erscheint. Wird dagegen das Kapital fällig (infolge Auslosung usw.), sind neue Zins-, Renten- oder Gewinnanteilscheine zu beschaffen oder werden sonstige Maßnahmen zur ordnungsmäßigen Vermögensverwaltung erforderlich, so haben beide Teile bei der Einziehung des Kapitals, der Beschaffung der neuen Zins- usw. Scheine und den sonstigen Vornahmen mitzuwirken, und sind sich gegenseitig dafür verhaftet. Im Falle der Einlösung des Papiers ist das Kapital anderweit nach näherer Bestimmung des Nießbrauchers mündelsicher zu belegen; dem Nießbraucher ist dann an dem neu angelegten Kapital wieder der Nießbrauch einzuräumen. Eine bei der Einlösung des Papiers etwa gezahlte Prämie gilt als Teil des Kapitals; der Betrag steht also dem Gläubiger zu; der Nießbraucher hat aber den ferneren Nießbrauch daran. Nur da, wo die Prämie, z. B. bei Konvertierungsprämien, nicht als eine Kapitalzahlung, sondern als eine Form der Zinsvergütung anzusehen ist, wird sie dem Nießbraucher zufallen müssen. Handelt es sich um Inhaberpapiere oder Orderpapiere, die im Verkehr als verbrauchbare Sachen anzusehen sind (BGB. 92), z. B. Reichsbanknoten, so geht ein solches Papier, wenn ein Nießbrauch daran entsteht (1084) in das Eigentum des Nießbrauchers über, der nach Beendigung seines Rechts den Wert des Papiers zurückzuzahlen hat; es kommen hier überhaupt die für den Nießbrauch an „verbrauchbaren" Sachen (s. oben) geltenden Vorschriften zur Anwendung.

Der Gläubiger der Forderung, an der einem anderen der Nießbrauch zusteht, kann ohne Zustimmung des Nießbrauchers auf das Forderungsrecht weder ganz noch teilweise Verzicht leisten oder sonst eine Änderung an dem Rechte vornehmen, durch die das Recht des Nießbrauchers beeinträchtigt werden könnte (1071).

3. Nießbrauch an einem Vermögen, an einem Geschäfte, an einem Nachlasse (1085 bis 1089). Soll jemandem der Nießbrauch an dem ganzen Vermögen eines anderen (oder an einem Bruchteile eines solchen Vermögens, z. B. an der Hälfte, an einem Viertel des Vermögens) bestellt werden, so kann dies nur in der Weise geschehen, daß ihm der Nießbrauch an den einzelnen, zu diesem Vermögen gehörigen Gegenständen (Grundstücken, beweglichen Sachen, Rechten und Forderungen usw.) in gewöhnlicher Weise (s. vorstehend 1 und 2) bestellt wird. Über den Fall, daß jemandem der Nießbrauch an einem Geschäft (Handels- oder sonstigem Erwerbsgeschäft) bestellt wird, enthält das Gesetzbuch keine besonderen Bestimmungen; es muß auch in solchem Falle der Nießbrauch an den einzelnen, zum Geschäft gehörigen Vermögensgegenständen nach den für diese geltenden Vorschriften bestellt werden und die Rechte des Nießbrauchers wie des Bestellers (des Eigentümers) an diesen Gegenständen richten sich nach den allgemeinen Bestimmungen über den Nießbrauch. Ist es, was meist der Fall sein wird, die Absicht der Beteiligten, daß der Nießbraucher das Geschäft weiterführen und in seinem gegenwärtigen Bestande erhalten soll, so müssen sie das Nähere in dieser Hinsicht vereinbaren (vgl. hierzu „Firma usw. 3", Abs. 2 a. Schl.). Besondere Vorschriften sind aber gegeben hinsichtlich der Rechte der Gläubiger dessen, der einem anderen den Nießbrauch an seinem ganzen Vermögen bestellt. Die Gläubiger des Bestellers können sich wegen ihrer Befriedigung nach wie vor an ihren Schuldner halten; der Nießbraucher dagegen haftet ihnen persönlich nicht, wenn er nicht etwa die Berichtigung der auf dem Vermögen ruhenden Schulden übernommen hat. Jedoch können die Gläubiger wegen ihrer vor der Bestellung des Nießbrauchs entstandenen Forderungen gegen den Besteller ohne Rücksicht auf den Nießbrauch ihre Befriedigung aus den dem Nießbrauch unterliegenden Gegenständen verlangen und diese Sachen nötigenfalls im Zwangsvollstreckungswege pfänden lassen. Ihr Recht geht dem Nießbrauchsrecht vor. Im übrigen liegt es dem Schuldner (dem Besteller des Nießbrauchs) ob, für die Berichtigung der auf dem Vermögen haftenden Schulden zu sorgen; er kann zu diesem Zwecke, wenn eine Forderung fällig ist, von dem Nießbraucher, dem das Vermögen bereits übergeben ist, die Rückgabe derjenigen Gegenstände verlangen, die zur Befriedigung des Gläubigers erforderlich sind; die Auswahl der Gegenstände steht ihm zwar zu; aber er darf nur solche auswählen, die zu dem gedachten Zwecke vorzugsweise geeignet sind. Der Besteller des Nießbrauchs muß alsdann diese Gegenstände zur Befriedigung der Gläubiger verwenden. Der Nießbraucher darf im allgemeinen Schulden, welche auf dem ihm zum Nießbrauch übergebenen Vermögen ruhen, aus diesem Vermögen nicht berichtigen; er ist hierzu jedoch berechtigt, wenn der geschuldete Gegenstand selber in dem Vermögen vorhanden ist; Gegenstände dieses Vermögens zum Zwecke der Bezahlung von Schulden veräußern darf er nur dann, wenn die dem Besteller des Nießbrauchs obliegende

Befriedigung des Gläubigers nicht ohne Gefahr abgewartet werden kann, also bei Gefahr im Verzuge; er muß aber Sachen auswählen, die zu dem Zweck vorzugsweise geeignet sind. Gehören zum Nießbrauch Geld oder sonstige „verbrauchbare" Sachen, deren Wert er demnächst zu erstatten hat (s. oben 1 am Schluß), so darf er zum Zweck der Schuldentilgung keine Nießbrauchssachen veräußern. Solange das dem Nießbrauche unterworfene Vermögen dem Nießbraucher noch nicht übergeben ist, kann der zur Bestellung des Nießbrauchs Verpflichtete von dem Vermögen die zur Tilgung der bereits fälligen Schulden nötigen Mittel gleich zurückbehalten. Wegen ihrer Zinsen können sich die Gläubiger an den Schuldner halten; sie können sie aber auch direkt vom Nießbraucher fordern, vorausgesetzt, daß die Verzinslichkeit der Forderung bereits zur Zeit der Bestellung des Nießbrauchs bestand; dasselbe gilt von anderen wiederkehrenden Leistungen (Renten, Leibrenten, Altenteils-, Leibzuchtsleistungen usw.), die bei ordnungsmäßiger Verwaltung aus den Einkünften des Vermögens bestritten werden, wenn die Forderung vor der Bestellung des Nießbrauchs entstanden ist. Der Nießbraucher ist aber seinerseits dem Besteller dafür verhaftet, daß die Zinsen usw. ordnungsmäßig von ihm entrichtet werden; verzögert er die Zinszahlung, so kann der Besteller von ihm die Rückgabe von Nießbrauchssachen verlangen, um die Zinsen davon zu entrichten. Eine etwaige Vereinbarung zwischen dem Nießbraucher und dem Besteller des Nießbrauchs, daß der Nießbraucher mit der Zahlung der Zinsen nichts zu tun haben oder daß seine Verpflichtung, für die Zinsen aufzukommen, eingeschränkt sein solle, ist ungültig. Müssen während der Dauer des Nießbrauchs verzinsliche Schulden im beiderseitigen Interesse zur Erhaltung des Vermögensbestandes aufgenommen werden, so ist es Sache der Beteiligten, sich hierüber und über die künftige Zinszahlung zu verständigen.

Alles, was im Vorstehenden über den Nießbrauch an einem „Vermögen" gesagt ist, findet auf den Nießbrauch an einem Nachlasse (an einer Erbschaft) oder an einem Bruchteil eines Nachlasses entsprechende Anwendung (1089).

Insbesondere ist zu beachten, daß, wenn jemandem in einem Testament oder Erbvertrage der Nießbrauch an einem Nachlasse oder an einem Teile eines Nachlasses vermacht ist (wie es besonders häufig bei Eheleuten vorkommt, die sich gegenseitig den Nießbrauch an ihrem künftigen Nachlasse verschreiben), der Berechtigte nicht ohne weiteres (bloß auf Grund der testamentarischen usw. Bestimmung) den Nießbrauch erwirbt, sondern daß ihm der Nießbrauch erst von den Erben (den Miterben) in der eingangs unter dieser Nummer bezeichneten Weise eingeräumt (bestellt) werden muß. Das heißt: das dingliche Recht des Nießbrauchs, das auch dritten Personen gegenüber wirkt, entsteht erst durch diese Bestellung. Praktisch wird sich die Sache freilich meist so abwickeln, daß eine ausdrückliche Bestellung des Nießbrauchs nicht stattfindet, der Nießbrauchsberechtigte aber tatsächlich, mit ausdrücklicher oder stillschweigender Genehmigung der Erben, die Einkünfte des Vermögens zieht und dafür die Lasten dieses Vermögens trägt, die etwaigen Nachlaßschulden verzinst usw. Einem Nachlaßschuldner gegenüber, von dem der Nießbrauchsberechtigte Zinsen fordert, muß er allerdings auf Verlangen nachweisen, daß ihm der Nießbrauch an der Forderung ordnungsmäßig bestellt ist.

Notar, Vertragschließung vor einem, s. Form der Rechtsgeschäfte 2; Vermittelung einer Erbteilung s. Erbteilung 3.

Notarielle Beurkundung s. Form der Rechtsgeschäfte 2; notarielle Verlautbarung s. Verlautbarung; notarielles Testament s. Testament 2 A.

Noterbe s. Pflichtteil.

Notlage, Ausbeutung der, in gewinnsüchtiger Absicht s. Wucher; siehe auch Notstand u. Grundeigentum 2 a.

Notstand, Notlage (904). Wenn ich mich in einem Notstande, in einer Notlage befinde, so darf ich unter Umständen, um mich aus dieser Lage zu befreien, Handlungen vornehmen, die mir sonst nach dem Gesetze nicht erlaubt sind, weil ein anderer dadurch geschädigt wird. Darüber, wie weit ich in solchem Falle gehen darf, bestimmt das Gesetz. Es muß sich darnach jeder gefallen lassen, daß ein anderer seine Sache beschädigt, zerstört, gebraucht, beiseite schafft oder sonst irgendeine andere, ihm sonst rechtlich nicht zustehende Einwirkung auf sie ausübt, wenn dies zur Abwendung einer einem anderen gegenwärtig drohenden Gefahr für seine Person oder sein Vermögen nötig ist und der aus dieser Gefahr drohende Schaden gegenüber dem Schaden, der dem Eigentümer aus der Zerstörung, Beschädigung usw. der Sache entstehen kann, unverhältnismäßig groß ist. Es hat sich z. B. jemand in einer ihm fremden Gegend verirrt und ist vor Hunger gänzlich erschöpft. Er findet eine Hütte, in der er Lebensmittel vermutet, öffnet sie gewaltsam und eignet sich das gefundene Brot an; ein Haus ist in Brand geraten; ein Vorübergehender schlägt die verschlossene Haustür ein, um die in dem Hause schlafenden Menschen zu retten. In diesen Fällen war weder die gewaltsame Wegnahme des Brotes noch das Einschlagen der Tür widerrechtlich; wäre kein Notstand vorhanden gewesen, so wäre die Wegnahme des Brotes Diebstahl, das Einschlagen der Tür eine rechtswidrige Sachbeschädigung gewesen. Soll nun aber ein solches, sonst nicht erlaubtes Handeln in der Not gestattet sein, so ist, wie bereits oben erwähnt, zweierlei erforderlich. Einmal, daß die Beschädigung oder Vernichtung des fremden Eigentums oder sonstigen Rechts (z. B. das Verzehren des Brotes, das Einschlagen der Tür) zur Abwendung des Notstandes notwendig war (sah der verirrte Wandersmann in der Nähe ein Dorf liegen, so durfte er nicht in die Hütte einbrechen, wenn er noch so viel Kraft hatte, um das Dorf zu erreichen). Zum zweiten: Der Schaden, den ich dem anderen zufüge, um mich aus der Not zu befreien, darf nicht außer Verhältnis zu dem Schaden stehen, vor dem ich mich schützen will; mit anderen Worten: mein Notstand muß ein großer und der Schaden, den ich dem anderen zufüge, im Verhältnisse zu der mir drohenden Gefahr ein geringfügiger sein. Der andere, dessen Sache zur Abwehr eines Notstandes beschädigt oder vernichtet ist, kann aber unter allen Umständen Ersatz des ihm dadurch entstandenen Schadens verlangen, sei es von dem Täter selbst oder von dem, in dessen Interesse dieser die schadenbringende Handlung begangen hat; es ist dabei einerlei, ob der Betreffende durch eigene Schuld oder ohne Verschulden in die Notlage geraten ist. Nur dann kann er keinen Schadensersatz verlangen, wenn die Notwendigkeit des Eingriffs in sein Eigentum usw. durch sein eigenes Verschulden herbeigeführt war (der Eigentümer hatte z. B. das Haus selbst angezündet). Übrigens berechtigt ein

Notstand, wie der vorstehend beschriebene, nur zum Eingriff in fremde Sachen, aber nicht zum Eingriff in andere Rechtsgüter des Menschen, z. B. Leib, Leben, Gesundheit usw.; gegen derartige Eingriffe kann sich jedermann durch Notwehr schützen (s. „Selbstverteidigung. Notwehr").

Ein von dem vorstehend besprochenen verschiedener Fall eines Notstandes oder einer Notlage ist der, wenn jemand gezwungen ist, sich gegen einen rechtswidrigen Angriff seitens eines andern Menschen oder gegen eine ihm von einem Tiere oder einem leblosen Gegenstande drohende Gefahr zu schützen; dies sind die Fälle der sog. Notwehr und der erlaubten Selbstverteidigung; s. darüber „Selbstverteidigung. Notwehr".

Nottestament s. Testament 2 c usw.

Notweg s. Grundeigentum 2 h.

Notwehr s. Selbstverteidigung.

Nutznießung s. Nießbrauch u. Nutzungsrecht.

Nutzungen s. Früchte.

Nutzungsrecht des Vaters am Vermögen der Kinder s. Verwaltung des Kindesvermögens usw. 2; des Mannes am Vermögen der Frau s. Eingebrachtes Gut der Frau 3; des Kindesvermögens durch die Mutter s. Mutter und Kind 3. S. auch Nießbrauch.

Nutzungsrechte an Gebäudeteilen s. Gebäude, gemeinschaftliche; an Grundstücken s. Dienstbarkeiten.

O.

Oberfläche eines Grundstücks s. Grundeigentum 2 b.

Obervormundschaft s. Vormundschaft u. Vormundschaftsgericht.

Obligationäre s. Aktiengesellschaft 1.

Obstbäume auf der Grenze s. Grundeigentum 2 f und k.

Öffentliche Aufforderung an die Nachlaßgläubiger, sich zu melden, s. Nachlaßgläubiger; öffentliche Aufforderung unbekannter Erben s. Gesetzliche Erben 3; öffentliche Beglaubigung (öffentlich beglaubigte Form) von Urkunden s. Form der Rechtsgeschäfte 3; öffentliche Kassen, Zahlungen aus, s. Leistungen 5; öffentliche Sammlung, Anordnung einer Pflegschaft s. Pflegschaft 1 f; öffentliche Urkunde, Anerkennung in einer, s. Form der Rechtsgeschäfte 2; öffentliches Testament s. Testament 2; öffentliche Abgaben s. Nießbrauch 1 u. Lasten; Verjährung derselben s. Verjährung 1; öffentliche Versteigerung s. Versteigerung; öffentlicher Glaube des Grundbuchs s. Grundbuch 3; öffentliche Wege, Instandhaltung und Beleuchtung, s. Öffentliche Sicherheit.

Öffentliche Sicherheit (823). **1.** Das Reichsgericht hat den Grundsatz ausgesprochen: Derjenige, sei es ein Privater oder der Staat, eine Gemeinde usw., der sein Grundstück (Haus, Hof, Wege, Straßen, Brücken usw.) zum öffentlichen Verkehr bestimmt und einrichtet, ist verpflichtet, das in einer Weise zu tun, wie es den Anforderungen der Verkehrssicherheit entspricht, und es liegt ihm auch weiterhin eine Fürsorgepflicht in dieser Richtung ob. Über Art und Maß der anzuwendenden Sorgfalt können freilich bestimmte Sätze nicht aufgestellt werden; es bestimmt sich dies, wenn besondere Vorschriften, wie z. B. Polizeiverordnungen über Streuen bei Glatteis, über Bedeckung von Gruben und Öffnungen, Einzäunung von Steinbrüchen u. dgl. nicht vorhanden sind, nach den Verhältnissen des Einzelfalles und nach dem Maßstabe der im Verkehr erforderlichen Sorgfalt. — Beispielsweise ist danach der Eigentümer zur Beleuchtung von Treppen, Fluren, Höfen usw. verpflichtet, soweit eine solche zur Sicherheit des öffentlichen Verkehrs erforderlich ist, ferner zur Erneuerung ausgetretener Treppenstufen, wenn durch die schlechte Beschaffenheit die Gefahr des Ausgleitens oder Stürzens herbeigeführt wird, zur Anbringung von Geländern an Abhängen und Ufern von Gewässern, zur Beseitigung von Sand- oder Steinhaufen, die den Verkehr gefährden, zum Bestreuen der Wege und Zugänge bei Glatteis oder Schneeglätte, sofern solches zur Sicherung der Passanten notwendig ist, und er ist bei Verabsäumung dieser Pflicht dem Geschädigten zum Schadensersatz verpflichtet. (S. aber unten 2.) Diese Haftung setzt aber jedenfalls voraus, daß dem Eigentümer im Einzelfalle ein Verschulden, eine Fahrlässigkeit zur Last fällt, daß er also die im Verkehr erforderliche Sorgfalt außer acht gelassen hat. Ob dies der Fall ist, kann häufig nach Lage des Falles sehr zweifelhaft sein. — Der Hausbesitzer hat dabei regelmäßig auch für Nachlässigkeiten seiner Dienstleute oder anderer Beauftragter (z. B. Mieter) aufzukommen, wenn er diesen die Ausübung der Kontrolle oder die Ausführung der Arbeit selbst, z. B. des Streuens bei Glatteis, die Beleuchtung der Treppen usw. übertragen hat; jedenfalls ist er durch die Bestellung einer anderen Person nicht von seiner Verantwortlichkeit befreit, sondern er muß nach wie vor für ordnungsmäßige Ausführung sorgen und deshalb, sobald ihm Nachlässigkeiten der bestellten Person bekannt werden, einschreiten; auch haftet er für sorgfältige Auswahl dieser von ihm bestellten oder beauftragten Personen (RG.). Die vorgedachte Fürsorgepflicht des Eigentümers für Verkehrssicherheit auf seinem Grundstück beruht auf seiner Verfügungsmacht über das Grundstück. Überträgt er diese auf einen Mieter oder Pächter und hat dieser infolgedessen Umfang und Art des Verkehrs zu bestimmen, so geht auch die Fürsorgepflicht auf den Mieter (Pächter) über. Sie bleibt aber beim Eigentümer, wenn er das Grundstück nicht im ganzen, sondern in Teilen vermietet, für die gemeinschaftlichen Gänge, Treppen, Flure und Zugänge. — Insbesondere sind nach den vorstehend dargelegten Rechtsgrundsätzen auch Gastwirte und Restaurateure schadensersatzpflichtig (RG.), wenn ein Gast infolge mangelhafter Instandhaltung oder Einrichtung der Wirtschaftsräume, wozu auch die Nebenräume, wie Aborte, Höfe, Kegelbahnen, Gärten, Spielplätze usw. gehören, zu Schaden kommt, z. B. wegen Dunkelheit eines Zugangsweges, wegen übermäßiger Steilheit oder mangelhafter Beleuchtung einer Treppe, wegen ungenügender Bezeichnung von Räumen, die eine Verwechselung zur Folge haben u. dgl. Eine gleiche Verantwortlichkeit trifft (RG.) die Inhaber von Theatern, Konzertlokalen, Versammlungsräumen, Ausstellungsräumen, Reitbahnen und anderen Sportanlagen, Vergnügungsstätten, Verkaufsläden u. dgl., deren Inhaber den Besuchern den gefahrlosen Aufenthalt in diesen Räumen zu gewährleisten haben. So z. B. hat das Reichsgericht den Inhaber eines Varietétheaters, in dem infolge fahrlässiger Ausführung eines von einem Artisten auf der Bühne gezeigten Experiments ein Zuschauer zu Schaden kam, für haftbar erklärt. — Eine andere Frage ist, ob auch Anlieger einer öffentlichen Straße für eine infolge von Glatteis eingetretene Beschädigung haftbar sind, wenn sie das Bestreuen der Straße oder des Fußsteiges einer bestehenden Polizeiverordnung zuwider unterlassen haben. Auch diese Frage wird zu bejahen sein (823, Abs. 2), wenn dem Betreffenden eine Fahrlässigkeit im obigen Sinne zur Last gefallen ist und nicht etwa auch den Geschädigten ein Verschulden trifft (s. unten 2). — Zahlreiche Beispielsfälle, namentlich auf Grund der Rechtsprechung, finden sich in Gutt. Slg. Nr. 38/39, Anm. 4 zu § 823. Die Sorgfaltspflicht des Eigentümers einer Anlage, Einrichtung oder eines Fahrzeugs, des Inhabers einer Behausung, des Ausübenden einer ins Öffentliche übergreifenden Betätigung ist sehr groß und Haftpflichtsfälle können sehr leicht eintreten.

2. Andrerseits kann aber die Haftpflicht des Eigentümers für einen entstandenen Schaden nach allgemeinen Rechtsgrundsätzen (vgl. „Schadensersatz, allgemeine Bestimmungen über") dadurch erheblich gemindert oder unter Umständen ganz ausgeschlossen werden, daß der Verletzte den Unfall durch eigene Fahrlässigkeit mehr oder weniger verschuldet hat. Das Reichsgericht hat beispielsweise ausgesprochen: „Wer sich in einem fremden Hause in der Dunkelheit bewegt, muß mit der größten Vorsicht gehen, dabei Schritt für Schritt seinen Weg suchen und, wenn angängig, sich selbst Beleuchtung verschaffen. Wer mit einer Last eine dunkle Treppe hinabschreitet, muß jede gebotene Vorsicht beobachten, beim Hinabsteigen mit dem Fuße nach dem Rande der Stufe tasten und prüfen, ob er den Fuß auf die nächste Stufe setzen kann."

Öffnungen, Bedeckung von, s. Öffentliche Sicherheit.

Offenbarungseid (Manifestationseid). 1. Fälle des Offenbarungseides nach dem Bürgerlichen Gesetzbuche. Es gibt nach dem Gesetze gewisse Fälle, wo jemand einem anderen Auskunft zu geben oder Rechenschaft abzulegen hat, auf Verlangen des anderen auch verpflichtet ist, seine diesbezüglichen Angaben eidlich zu erhärten, d. h. einen Offenbarungseid zu leisten. Vergleiche über diese Fälle das Nähere in den Artikeln „Rechnungslegung", „Inbegriff von Gegenständen usw.", „Erbschaftsklage", „Erbschein 3", „Ausgleichung unter Miterben 3" und „Nachlaßinventar 2". Erklärt sich in solchem Falle der Verpflichtete bereit, den Eid zu leisten, so muß dies (261) vor dem Amtsgericht des Orts geschehen, an dem die Verpflichtung zur Rechnungslegung oder zur Vorlegung des Verzeichnisses zu erfüllen ist (beim Offenbarungseide zur Bestärkung eines Nachlaßinventars vor dem Amtsgericht, in dessen Bezirk das Nachlaßgericht — falls dieses eine andere Behörde ist, als das Amtsgericht; s. „Nachlaßgericht" — seinen Sitz hat; EGBGB. 147 Abs. 2). Hat der Verpflichtete seinen Wohnsitz oder seinen Aufenthalt im Inlande, so kann er, nach seiner Wahl, den Eid auch vor dem Amtsgerichte seines Wohnorts oder seines Aufenthaltsorts leisten. Der Wortlaut des Eides ist je nach dem Zwecke, der mit der Eidesleistung verfolgt wird, verschieden; es ist darüber in den obigen Artikeln das Nähere mitgeteilt. Das Gericht ist aber befugt, die Eidesnorm mit Rücksicht auf die Umstände abzuändern. Die Bestimmung des Termins zur Abnahme des Eides kann sowohl der Schwurpflichtige, wie der andere Teil beim Amtsgericht beantragen (RG. Freiw. Gerichtsbarkeit 79, 163). Zum Termine werden beide Teile geladen; die Anwesenheit des Gläubigers im Termin ist aber nicht erforderlich. Die Kosten der Eidesabnahme hat der zu tragen, der die Leistung des Eides verlangt hat (261). Weigert der Verpflichtete die Eidesleistung, so bleibt dem Berechtigten nur übrig, ihn auf Ableistung des Offenbarungseides zu verklagen. Ist der Beklagte dazu verurteilt, so erfolgt die Eidesleistung vor dem Prozeßgerichte erster Instanz (Amtsgericht oder Landgericht) (ZPO. 889). Erscheint der Schuldner im Termine nicht oder verweigert er auch jetzt noch die Eidesleistung, so ist er auf Antrag des Gläubigers (des Berechtigten) durch Geldstrafen und Haft dazu anzuhalten.

2. Fälle des Offenbarungseides nach der Zivilprozeßordnung, der Konkursordnung usw. Wenn ein Schuldner gepfändet ist, die Pfändung (in das bewegliche Vermögen des Schuldners) aber nicht zu einer vollständigen Befriedigung des Gläubigers geführt hat oder wenn der Gläubiger glaubhaft machen kann (z. B. durch Berufung auf frühere fruchtlose Pfändungsversuche von Gläubigern), daß er durch eine Pfändung in das bewegliche Vermögen des Schuldners seine Befriedigung nicht vollständig erlangen könne (ob der Schuldner etwa noch unbewegliches Vermögen hat, ist gleichgültig), so muß der Schuldner auf den an das Gericht zu richtenden Antrag des Gläubigers ein Verzeichnis seines Vermögens vorlegen, in betreff der ihm etwa zustehenden Forderungen den Grund und die Beweismittel bezeichnen und den Offenbarungseid dahin leisten, „daß er nach bestem Wissen sein Vermögen so vollständig angegeben habe, als er dazu imstande sei" (ZPO. 807). Hat ein verurteilter Schuldner eine bewegliche Sache oder von bestimmten beweglichen Sachen eine Quantität herauszugeben (z. B. zwei Kühe des Schuldners nach Wahl des Gläubigers, zwei Scheffel Roggen von dem auf dem Boden des Schuldners lagernden Roggen), so nimmt der Gerichtsvollzieher, wenn der Schuldner es zur Zwangsvollstreckung kommen läßt, ihm diese Sachen einfach weg. Wird aber die herauszugebende Sache nicht vorgefunden, so ist der Schuldner verpflichtet, auf Antrag des Gläubigers den Offenbarungseid dahin zu leisten: „daß er die Sache nicht besitze, auch nicht wisse, wo die Sache sich befinde". Das Gericht kann nötigenfalls eine der Lage des Falles entsprechende Änderung dieses Eides beschließen (ZPO. 883). — Im Konkurse kann der Verwalter, sowie jeder Konkursgläubiger vom Gemeinschuldner die Leistung des Offenbarungseides dahin verlangen, daß er bei der Aufzeichnung der Konkursmasse durch den Verwalter sein Vermögen richtig angegeben habe (KO. 125). — Besteht Grund zu der Annahme, daß jemand ein Testament im Besitze hat, zu dessen Ablieferung er verpflichtet ist (vgl. „Testamentseröffnung"), so kann er vom Nachlaßgerichte angehalten werden, den Offenbarungseid dahin zu leisten: „daß er das Testament nicht besitze, auch nicht wisse, wo es sich befinde". Der Eid kann nach Bewandtnis des Falles auch anders gefaßt werden (RG. Freiw. Gerichtsbarkeit 83).

In den vorstehend zuerst gedachten drei Fällen hat der Antragsteller den zur Leistung des Eides Verpflichteten zu diesem Zwecke vor das Amtsgericht zu laden (ZPO. 899—914). Bestreitet der Geladene seine Verpflichtung zur Leistung des Eides, so muß das Gericht darüber entscheiden. Erscheint der Verpflichtete gar nicht oder verweigert er die Eidesleistung ohne Grund (d. h. ohne seine Verpflichtung zu bestreiten oder ohne Angabe eines Grundes), so muß das Gericht auf Antrag des

Berechtigten ohne weiteres zur Erzwingung der Eidesleistung die Haft gegen den Schuldigen anordnen. Der Antragsteller kann den Gegner auf Grund des vom Gerichte gegen ihn erlassenen Haftbefehls durch den Gerichtsvollzieher verhaften und im Gefängnis abliefern lassen; er muß aber die Haft- und Verpflegungskosten für einen Monat vorauszahlen. Die Haft darf nicht länger als 6 Monate dauern; sie darf gegen jemanden, dessen Gesundheit durch die Vollstreckung der Haft einer nahen und erheblichen Gefahr ausgesetzt würde, nicht vollstreckt werden, solange dieser Zustand dauert. Der Verhaftete kann sich zu jeder Zeit zur Eidesleistung nachträglich bereit erklären und dadurch das Ende der Haft herbeiführen; der Antragsteller ist davon in Kenntnis zu setzen. Ein Schuldner, gegen den eine Pfändung vergeblich versucht und alsdann wegen Verweigerung des Offenbarungseides eine Haft von 6 Monaten vollstreckt ist, kann auch auf Antrag eines anderen Gläubigers von neuem zur Leistung dieses Eides durch Haft nur angehalten werden, wenn glaubhaft gemacht wird, daß der Schuldner später Vermögen erworben hat. Diese Vorschrift findet aber keine Anwendung, wenn seit der Beendigung der Haft fünf Jahre verstrichen sind. Wegen der näheren Vorschriften über das Verfahren muß auf die Zivilprozeßordnung verwiesen werden. — In dem letzten der obengedachten Fälle (Herausgabe eines Testaments) sind die eben mitgeteilten Vorschriften über das Verfahren entsprechend anzuwenden (RG. freiw. Gerichtsbarkeit 83).

3. Liste der Personen, die den Offenbarungseid geleistet haben. Das Amtsgericht hat ein Verzeichnis derjenigen Personen zu führen (Schuldnerverzeichnis, sog. schwarze Liste), die vor ihm als Schuldner, gegen die eine Pfändung vergeblich versucht oder aussichtslos ist, den Offenbarungseid abgeleistet haben oder gegen die wegen Verweigerung des Eides die Haft vom Gerichte angeordnet ist. Die Vollstreckung der angeordneten Zwangshaft wird in dem Verzeichnisse nur dann bemerkt, wenn sie 6 Monate gedauert hat. Jedermann ist berechtigt, sich die Liste auf dem Gerichte während der üblichen Geschäftsstunden zur Einsicht vorlegen zu lassen. Sind seit der Eidesleistung oder, wenn der Schuldner verhaftet worden ist, seit der Beendigung der Haft fünf Jahre verstrichen, so wird der Schuldner in der Liste wieder gelöscht, und zwar derart, daß der Name unkenntlich gemacht wird (ZPO. 915). (Über die Liste derjenigen Personen, gegen die aus Mangel an einer Masse ein Konkursverfahren nicht hat eingeleitet werden können, s. „Konkurs 5".)

4. Offenbarungseid nach Landesrecht. Die vorstehend unter 1 und 2 bezeichneten Fälle sind solche, in denen der Schuldner nach Reichsrecht den Offenbarungseid leisten muß. Eine gleiche Verpflichtung kann aber auch durch Landesgesetz auferlegt werden (z. B. Preuß. Gerichtskostengesetz v. 28. 10. 22 (Gutt. Slg. Preuß. Ges. Nr. 17), wonach ein Kostenschuldner zur Leistung des Offenbarungseides verpflichtet ist).

Offene Handelsgesellschaft (HGB. 105—160). **1.** Eine offene Handelsgesellschaft liegt vor, wenn sich mehrere Personen vereinigen, um unter gemeinschaftlicher Firma ein Handelsgewerbe zu betreiben, und zwar derart, daß jeder der Gesellschafter den Gläubigern des Geschäfts mit seinem ganzen Vermögen haften will. (Die Gesellschaft unterscheidet sich dadurch von der Aktiengesellschaft und der Gesellschaft mit beschränkter Haftung, bei welchen beiden die Haftung der Beteiligten auf bestimmte Vermögensteile beschränkt ist, und von der Kommanditgesellschaft, bei der die Haftung wenigstens für einen oder einige der Gesellschafter auf eine bestimmte Vermögenseinlage beschränkt ist.) Das Rechtsverhältnis zwischen den Inhabern einer offenen Handelsgesellschaft untereinander beginnt mit dem Abschluß des Gesellschaftsvertrages oder dem darin bestimmten Termin und richtet sich nach diesem Vertrage; soweit aber solche Vertragsbestimmungen fehlen, nach den im Handelsgesetzbuch enthaltenen, nachstehend mitgeteilten Vorschriften (HGB. 109); s. unten 4.

2. Gründung der Gesellschaft. Eintragung in das Handelsregister. Zum Abschlusse des Gesellschaftsvertrages bedarf es keiner besonderen Form, wenn es auch in vielen Fällen zweckmäßig sein wird, den Vertrag vor Gericht oder Notar zu machen. Es ist nicht einmal vorgeschrieben, daß der Vertrag schriftlich abgefaßt sein müsse. Es genügt daher ein mündlicher Vertrag zum Zustandekommen der Gesellschaft. Über die von der Gesellschaft anzunehmende Firma vgl. „Firma 1". Die offene Handelsgesellschaft muß ohne Verzug nach dem Beginne des Geschäfts zur Eintragung in das Handelsregister bei dem Amtsgericht, in dessen Bezirke sie ihren Sitz hat, angemeldet werden (HGB. 106). Die Anmeldung kann mündlich vor dem Gericht erklärt oder in öffentlich beglaubigter Form (s. „Form der Rechtsgeschäfte 2") schriftlich eingereicht werden. Die Anmeldung muß von sämtlichen Gesellschaftern bewirkt werden; diejenigen von ihnen, die die Gesellschaft vertreten sollen (s. unten 3), müssen auch die Firma nebst ihrer Namensunterschrift beim Gericht zeichnen oder die Zeichnung in öffentlich beglaubigter Form einreichen. Die Anmeldung muß enthalten: den Namen, Vornamen, Stand und Wohnort jedes Gesellschafters; die Firma der Gesellschaft und den Ort, wo sie ihren Sitz hat, sowie den Zeitpunkt, mit dem die Gesellschaft begonnen hat. — Auch späterhin sind wichtigere Vorgänge bei der Firma in gleicher Weise von sämtlichen Gesellschaftern zur Eintragung in das Handelsregister anzumelden, nämlich: eine etwaige Änderung der Firma, eine Verlegung des Sitzes der Gesellschaft, der Eintritt eines neuen Gesellschafters (HGB. 107), Veränderungen in der Vertretungsbefugnis (HGB. 125), die Erteilung oder das Erlöschen einer Prokura (HGB. 53), das Ausscheiden von Gesellschaftern (HGB. 138, 140), sowie endlich die Auflösung der Gesellschaft und die Bestellung von Liquidatoren (HGB. 143, 148) und das Erlöschen der Firma (HGB. 157). Dagegen braucht nicht angemeldet zu werden eine etwaige Änderung oder Erweiterung des Geschäftsbetriebes auf andere Branchen, wenn nicht schon bei den früheren Eintragungen auch der Geschäftszweig eingetragen ist. Die erforderlichen Anmeldungen können vom Gericht durch Ordnungsstrafen erzwungen werden; s. „Handelsregister 2".

Zeichnung der Firma. Das Gesetz bestimmt nichts darüber, ob die Gesellschafter nur mit der Firma zu unterzeichnen haben (also z. B. Schulze & Müller), oder ob sie der Firmenzeichnung ihre persönliche Namensunterschrift beizufügen haben (Schulze & Müller. C. Bergmann). Die Beifügung der persönlichen Namensunterschrift ist zwar zulässig, aber nicht erforderlich und im allgemeinen auch nicht üblich. Nur bei einer Kollektivvertretung (unten 3) ist es nötig, daß jeder der zeichnenden Gesellschafter der Firma seine Namensunterschrift beifügt.

3. Geschäftsführung. Vertretung der Gesellschaft nach außen. Die Gesellschaft kann unter ihrer Firma Rechte aller Art, insbesondere Grundbesitz und dingliche Rechte an Grundstücken (z. B. Hypotheken oder einen Nießbrauch) erwerben, Verbindlichkeiten eingehen, vor Gericht klagen und verklagt werden (HGB. 124). Sie wird in Prozessen durch ihre vertretungsberechtigten Gesellschafter vertreten. Zur Vertretung der Gesellschaft ist jeder Gesellschafter kraft Gesetzes ermächtigt, sofern er nicht durch den Gesellschaftsvertrag von der Vertretung ausgeschlossen ist (HGB. 125). Im Gesellschaftsvertrage kann aber bestimmt werden, daß alle oder mehrere Gesellschafter nur in Gemeinschaft zur Vertretung der Gesellschaft ermächtigt sein sollen (sog. Gesamtvertretung oder Kollektivvertretung). Die zur Gesamtvertretung berechtigten Gesellschafter können wieder einen oder einzelne von ihnen zur Vornahme bestimmter Geschäfte oder bestimmter Arten von Geschäften ermächtigen, so daß dieser (diese) ohne Mitwirkung der übrigen gültig handeln kann; es kann z. B. einem der Gesellschafter Postvollmacht oder die Befugnis zur Ausstellung von Quittungen erteilt werden. Endlich kann im Gesellschaftsvertrage auch bestimmt werden, daß die Gesellschafter, wenn nicht mehrere zusammen handeln, nur in Gemeinschaft mit einem Prokuristen zur Vertretung der Gesellschaft befugt sein sollen; auch in diesem Falle kann wieder einer oder können einzelne von ihnen zu bestimmten Geschäften usw. von den anderen ermächtigt werden. Die über die Vertretungsbefugnis getroffenen Festsetzungen müssen ins Handelsregister eingetragen werden (s. oben 2). — Ist nach dem Vorstehenden ein Gesellschafter zur Vertretung der Gesellschaft befugt, so muß die Gesellschaft alle von ihm für die Gesellschaft vorgenommenen Geschäfte gegen sich gelten lassen, einerlei, ob die Geschäfte zum Betriebe des Handelsgewerbes gehören oder damit gar nichts zu tun haben (z. B. wenn sich der Gesellschafter namens der Gesellschaft für die Schuld eines Verwandten verbürgt; der Gesellschafter haftet in solchem Fall zwar seinen Mitgesellschaftern wegen der Überschreitung seiner Befugnisse; aber die Gesellschafter müssen die Bürgschaft anerkennen) (HGB. 126). Insbesondere erstreckt sich die Vertretungsbefugnis des Gesellschafters (der Gesellschafter) auch auf die Vertretung der Gesellschaft vor Gericht, z. B. bei Prozessen, bei Veräußerung und Belastung von Grundstücken usw. Auch kann der vertretungsberechtigte Gesellschafter einen Prokuristen bestellen und entlassen. Bestehen mehrere Niederlassungen der Gesellschaft, so kann die Vertretungsbefugnis der Gesellschafter auf den Betrieb einer dieser Niederlassungen nach näherer Bestimmung des Gesetzes (HGB. 50 Abs. 3) beschränkt werden.

Die Gesellschaft haftet auch für den Schaden, der durch das schuldhafte Verhalten eines Gesellschafters in Ausführung (nicht bloß bei Gelegenheit) einer ihm als Gesellschafter zustehenden geschäftlichen Verrichtung entsteht.

4. Rechtsverhältnis der Gesellschafter untereinander. Soweit die Gesellschafter das unter ihnen bestehende Verhältnis nicht in dem Gesellschaftsvertrage selbst ausreichend geordnet haben, kommen die Bestimmungen des Handelsgesetzbuchs (HGB. 110—122) und, soweit dieses keine besonderen Bestimmungen enthält, die Bestimmungen des Bürgerlichen Gesetzbuches, insbesondere die über die „Gesellschaft" (s. d.) zur Anwendung. Es kommen hier besonders folgende gesetzliche Bestimmungen in Betracht, hinsichtlich deren aber wegen des Näheren auf das Handelsgesetzbuch selbst verwiesen werden muß: Für ordnungsmäßige Aufwendungen kann der Gesellschafter Ersatz aus der Gesellschaftskasse verlangen; Geldausgaben müssen ihm verzinst werden (HGB. 110). Anderseits hat er nicht rechtzeitig eingezahlte oder unbefugt entnommene Gelder der Gesellschaft zu verzinsen (HGB. 111). Ein Gesellschafter darf ohne Einwilligung der übrigen keine Konkurrenzgeschäfte betreiben (HGB. 112, 113). Enthält der Gesellschaftsvertrag keine Bestimmung über die Verteilung der Geschäfte unter den Sozien, so sind hierfür die §§ 114 bis 116 HGB. maßgebend. Die Befugnis zur Geschäftsführung kann einem Gesellschafter unter Umständen auf Antrag der übrigen gerichtlich entzogen werden (HGB. 117). Auch der von der Geschäftsführung ausgeschlossene Gesellschafter ist befugt, sich von den Angelegenheiten der Gesellschaft persönlich zu unterrichten, die Handelsbücher und die Papiere der Gesellschaft einzusehen und sich aus ihnen eine Bilanz anzufertigen (HGB. 118). Für die von den Gesellschaftern zu fassenden Beschlüsse ist Einstimmigkeit erforderlich, wenn der Gesellschaftsvertrag nichts anderes bestimmt. Ist aber vereinbart, daß die Majorität entscheiden soll, so ist die Mehrheit im Zweifel nach der Zahl der Gesellschafter (nicht nach der Höhe der Kapital- oder Gewinnanteile) zu berechnen (HGB. 119).

Gewinn- und Verlustberechnung. Verteilung. Am Schlusse eines jeden Geschäftsjahres ist auf Grund der Bilanz der Gewinn oder der Verlust des Jahres zu ermitteln und für jeden Gesellschafter sein Anteil daran zu berechnen. Der einem Gesellschafter zukommende Gewinn wird seinem Kapitalanteile zugeschrieben; der auf ihn entfallende Verlust, sowie das während des Geschäftsjahrs auf den Kapitalanteil etwa entnommene Geld wird davon abgeschrieben (HGB. 120). Weitere Einzelheiten sind im Gesetz geregelt, doch bedarf es ihrer Wiedergabe nicht, da gerade hinsichtlich der Gewinnverteilung der Gesellschaftsvertrag stets eigene Bestimmungen enthalten wird.

5. Beendigung der Gesellschaft. Ist die Gesellschaft (das Sozietätsverhältnis) auf bestimmte Zeit eingegangen, so hört sie natürlich auf (die Gesellschaft wird aufgelöst), wenn der bestimmte Endtermin herangekommen ist (HGB. 131). Eine Gesellschaft kann aber auch in der Art begründet werden, daß sie solange dauern soll, bis ein gewisses Ereignis eintritt, z. B. ein Einfuhrverbot aufgehoben wird, ein Patent erlischt oder dgl. In beiden Fällen können selbstverständlich die Beteiligten vereinbaren, daß das Gesellschaftsverhältnis fortdauern soll. Anderseits können die Gesellschafter jederzeit die Auflösung der Gesellschaft beschließen. — Auch durch gerichtliche Entscheidung kann eine Gesellschaft aufgelöst werden, einerlei, ob sie auf bestimmte oder unbestimmte Zeit eingegangen ist. Verletzt nämlich ein Gesellschafter wesentliche Verpflichtungen aus seinem Gesellschaftsverhältnis vorsätzlich oder aus grober Fahrlässigkeit oder wird ihm die Erfüllung einer Verpflichtung unmöglich oder liegt sonst ein wichtiger Grund vor, so kann jeder Gesellschafter mangels gütlicher Verständigung auf gerichtlicher Auflösung der Gesellschaft Klage erheben (HGB. 133).

Auch ein Privatgläubiger eines Gesellschafters kann unter Umständen die Gesellschaft vorzeitig zur Auflösung bringen (HGB. 135). — Es fragt sich aber, ob das Gesellschaftsverhältnis auch dadurch beendet (die Gesellschaft aufgelöst) wird, daß beim Vorhandensein von drei oder mehr Gesellschaftern einer von ihnen entweder durch Kündigung oder durch Tod oder infolge Konkurses aus der Gesellschaft ausscheidet. Soll in solchem Falle die Gesellschaft weiter bestehen, so muß dies in dem Gesellschaftsvertrage oder durch spätere Vereinbarung aller Gesellschafter im voraus bestimmt sein. Es scheidet dann nur der einzelne aus und die Gesellschaft bleibt unter den übrigen bestehen (HGB. 138). (Für die Erben eines verstorbenen Gesellschafters gilt aber etwas Besonderes; s. unten 6.) Anderenfalls (wenn jene Bestimmung nicht im voraus getroffen ist) wird durch das Ausscheiden eines Gesellschafters aus einem der oben mitgeteilten Gründe die Gesellschaft auch unter den übrigen kraft Gesetzes aufgelöst (HGB. 131). Eine Auflösung der Gesellschaft tritt kraft Gesetzes endlich auch dann ein, wenn die Gesellschaft selbst in Konkurs gerät (HGB. 131). Betrachten wir nun einzelne der besprochenen Fälle der Auflösung der Gesellschaft näher:

Die Kündigung eines Gesellschafters kann nur für den Schluß eines Geschäftsjahres erfolgen und muß mindestens sechs Monate vor diesem Zeitpunkte stattfinden. Dies gilt nicht nur, wenn die Gesellschaft für unbestimmte Zeit eingegangen ist (HGB. 132), sondern auch, wenn sie für die Lebenszeit eines Gesellschafters eingegangen ist oder wenn die Gesellschaft nach dem Ablauf der für ihre Dauer ursprünglich bestimmten Zeit stillschweigend fortgesetzt ist (HGB. 134). Eine besondere Form (Schriftlichkeit oder dgl.) ist für die Kündigung nicht vorgeschrieben; sie erfolgt aber wohl meist durch eingeschriebenen Brief. — Gerät einer der Sozien in Konkurs, so hört damit das Gesellschaftsverhältnis auf (HGB. 131, 137). Die Gesellschaft selbst gerät aber dadurch nicht auch in Konkurs; aber sie muß natürlich in Liquidation (unten 9) treten, wenn nicht von vornherein für solchen Fall die Fortsetzung der Gesellschaft unter den übrigen vereinbart ist (s. oben).

Tod eines Gesellschafters. Stirbt ein Gesellschafter, so wird dadurch, wie oben ausgeführt, die Gesellschaft aufgelöst, wenn nicht für solchen Fall das Gegenteil im voraus vereinbart ist (HGB. 131); vgl. nachstehend 6. Die Erben des Verstorbenen sind verpflichtet, den übrigen Sozien den Tod unverzüglich anzuzeigen und, falls der Verstorbene Geschäfte der Gesellschaft besorgt hat und Gefahr im Verzuge ist, diese Geschäfte fortzuführen, bis die übrigen Gesellschafter in Gemeinschaft mit den Erben anderweit Fürsorge treffen können (HGB. 137).

Konkurs der Gesellschaft (Konkurs eines Gesellschafters: s. oben). Gerät die Gesellschaft selbst in Konkurs, so folgt daraus ohne weiteres die Auflösung der Gesellschaft. Die Liquidation erfolgt durch den Konkursverwalter. Sollte aber ein Zwangsvergleich (Akkord) zustande kommen und alsdann das Konkursverfahren wieder aufgehoben werden oder wird das Verfahren auf Antrag des Gemeinschuldners eingestellt, so können die Gesellschafter die Fortsetzung der Gesellschaft beschließen. Sämtliche Gesellschafter müssen in solchem Falle die Fortsetzung zur Eintragung in das Handelsregister anmelden (vgl. darüber oben 2). Über die Liquidation des Geschäfts im Falle der Auflösung s. unten 9.

6. Eintritt von Erben in die Gesellschaft. Ist ein Gesellschafter verstorben und ist im Gesellschaftsvertrage bestimmt, daß in diesem Fall die Gesellschaft nicht aufgelöst werden, sondern fortbestehen soll, so scheidet der Verstorbene aus und es gilt hinsichtlich der Auseinandersetzung mit seinen Erben das nachstehend unter 7 Gesagte. Ist aber im Gesellschaftsvertrage bestimmt, daß die Gesellschaft mit dem oder den Erben fortgesetzt werden soll, so hat jeder der Erben gesetzlich die Wahl, ob er zu seinem Erbanteile in die Rechte und Pflichten des Erblassers als offener Gesellschafter eintreten oder ob er den anderen Gesellschaftern anbieten will, mit dem auf ihn entfallenden Teil der Einlage des Erblassers und unter Belassung des bisherigen Gewinnanteils als Kommanditist in der Gesellschaft zu verbleiben und, wenn sie darauf nicht eingehen, ohne Kündigung aus der Gesellschaft auszuscheiden (HGB. 139). Das Recht, dieses Angebot zu machen, hat er aber nur drei Monate lang von dem Zeitpunkt ab, wo er von der Erbschaft Kenntnis erlangt hat; die Frist endigt jedoch nicht vor dem Ablauf der Ausschlagungsfrist, die ihm in seiner Eigenschaft als Erbe zusteht (s. „Annahme usw. einer Erbschaft 1"). Den übrigen Sozien steht es frei, ob sie das Angebot annehmen oder ablehnen wollen. Sie können auch den einen Erben als Kommanditisten annehmen, den anderen nicht. Erklärt ein Erbe nach Ablehnung seines Antrages seinen Austritt aus der Gesellschaft, so kann er Auszahlung seines Anteils an dem Guthaben des Erblassers auf Grund vorzunehmender Auseinandersetzung (s. folgende Nummer) verlangen. Sind mehrere Erben da, so kann sich natürlich jeder einzelne mit der Gesellschaft in besonderer Weise abfinden. — Ist eine Fortsetzung der Gesellschaft im Falle des Todes eines Gesellschafters im Gesellschaftsvertrage nicht vereinbart, so daß also mit dem Tode die Gesellschaft kraft Gesetzes aufgelöst wird (oben 5), so wird dadurch nicht gehindert, daß die übrigen Sozien mit den Erben des Verstorbenen eine Fortsetzung der Gesellschaft beschließen, wie anderseits auch vereinbart werden kann, daß der oder die Erben ausscheiden und die Gesellschaft von den übrigen fortgesetzt wird.

7. Ausscheiden oder Ausschließung einzelner Gesellschafter. Wird auf Grund einer Vereinbarung der Beteiligten das Gesellschaftsverhältnis nicht dadurch beendigt, daß einer der Sozien kündigt oder stirbt oder in Konkurs gerät (s. oben 5), so besteht die Gesellschaft unter den übrigen weiter; es scheidet nur der betreffende Gesellschafter aus. Es muß nunmehr eine Auseinandersetzung zwischen ihm und der Gesellschaft stattfinden; das Auseinandersetzungsguthaben ist ihm herauszuzahlen. Das Geschäft geht mit Aktiven und Passiven auf die übrigen Gesellschafter über, die den Ausgeschiedenen von der Haftung für die Schulden zu befreien haben. Das Verfahren richtet sich nach den Vorschriften, die im Bürgerlichen Gesetzbuch für die Auseinandersetzung beim Ausscheiden eines Gesellschafters aus der (gewöhnlichen, Nichthandels-) Gesellschaft gegeben sind; vgl. darüber „Gesellschaft 7". — Ein Ausscheiden eines Gesellschafters (oder einzelner Gesellschafter) kann übrigens noch auf andere Weise herbeigeführt werden. Tritt nämlich in der Person eines Gesellschafters ein Umstand ein, der nach dem oben unter 5 im Eingange

Gesagten die übrigen Gesellschafter berechtigt, die Auflösung der Gesellschaft durch Klage zu verlangen, so können sie — wenn sie sich nicht gütlich mit dem Betreffenden einigen — Klage gegen ihn dahin erheben, daß das Gericht, anstatt Auflösung der Gesellschaft, die Ausschließung des Gesellschafters aus der Gesellschaft ausspricht (HGB. 140). Für die Auseinandersetzung zwischen ihm und der Gesellschaft ist in solchem Falle die Vermögenslage der Gesellschaft im Augenblicke der Klageerhebung maßgebend. — Macht ferner ein Privatgläubiger eines Gesellschafters von dem Rechte der Aufkündigung der Gesellschaft (s. oben 5) Gebrauch, so können die übrigen Gesellschafter erklären, daß sie die Gesellschaft fortsetzen wollen; es scheidet dann der betreffende Gesellschafter mit dem Ende des Geschäftsjahres aus. Dasselbe gilt im Falle des Konkurses eines Gesellschafters (HGB. 141).

Das Ausscheiden (die Ausschließung) eines Gesellschafters muß von sämtlichen Gesellschaftern (auch von dem ausscheidenden selbst) zur Eintragung in das Handelsregister angemeldet werden (s. oben 2). Auch die Erben des verstorbenen Gesellschafters müssen das Ausscheiden ihres Erblassers mit anmelden, wenn und soweit ihrer Mitwirkung keine besonderen Hindernisse entgegenstehen (HGB. 143).

8. Übergang des Geschäfts auf einen von zwei Gesellschaftern (HGB. 142). Sind nur zwei Sozien vorhanden, so löst sich naturgemäß die Gesellschaft auf, wenn einer ausscheidet, ausgenommen den Fall, daß im Gesellschaftsvertrage vereinbart ist, daß die Gesellschaft beim Tode des einen mit seinen Erben fortgesetzt werden soll (s. oben 5 und 6). Es kann jedoch unter Umständen durch gerichtlichen Spruch das Geschäft einem der Sozien übertragen werden. Liegen nämlich die Voraussetzungen vor, daß das Gericht, wenn die Gesellschaft aus mehr als zwei Personen bestände, die Ausschließung eines Gesellschafters aussprechen könnte (s. vorstehend unter 7), so kann der andere Gesellschafter im Wege der Klage beim Gericht beantragen, daß er für berechtigt erklärt werde, das Geschäft ohne Liquidation mit Aktiven und Passiven zu übernehmen. Macht ferner bei einer aus zwei Gesellschaftern bestehenden Gesellschaft ein Privatgläubiger des einen Gesellschafters von der Kündigungsbefugnis (s. oben 5) Gebrauch oder wird über das Vermögen des einen Gesellschafters der Konkurs eröffnet, so ist der andere Gesellschafter kraft Gesetzes berechtigt, das Geschäft in der vorbezeichneten Weise zu übernehmen. — Auf die Auseinandersetzung in den vorstehend erwähnten Fällen finden die für den Fall des Ausscheidens eines Gesellschafters aus der Gesellschaft geltenden Vorschriften (s. oben 7) entsprechende Anwendung.

9. Liquidation. Anmeldungen zum Handelsregister. Löst sich die Gesellschaft auf (oben 5), so muß dies, ausgenommen nur den Fall des Konkurses der Gesellschaft, von sämtlichen Gesellschaftern zur Eintragung in das Handelsregister angemeldet werden (HGB. 143). (Stehen hierbei der Mitwirkung eines Erben eines verstorbenen Gesellschafters Hindernisse entgegen, so kann die Eintragung nach dem Ermessen des Gerichts auch ohne solche Mitwirkung erfolgen.) Später — nach beendeter Liquidation — muß zum Schluß auch noch das Erlöschen der Firma, und zwar von den Liquidatoren, zur Eintragung angemeldet werden (HGB. 157).

Nach Auflösung der Gesellschaft muß die Liquidation stattfinden, sofern nicht eine andere Art der Auseinandersetzung von den Gesellschaftern vereinbart oder über das Vermögen der Gesellschaft der Konkurs eröffnet ist (HGB. 145). Die Liquidation erfolgt, sofern sie nicht durch Beschluß der Gesellschafter oder durch den Gesellschaftsvertrag einzelnen Gesellschaftern oder einzelnen Personen übertragen ist, durch sämtliche Gesellschafter als Liquidatoren. Mehrere Erben eines Gesellschafters haben einen gemeinsamen Vertreter zu bestellen (HGB. 146). Auf Antrag eines Beteiligten kann aus wichtigen Gründen die Ernennung von Liquidatoren (die auch Nichtgesellschafter sein können) durch das Amtsgericht erfolgen, in dessen Bezirk die Gesellschaft ihren Sitz hat. Die Liquidatoren müssen von sämtlichen Gesellschaftern zur Eintragung in das Handelsregister beim Amtsgericht angemeldet werden (vgl. oben 2). Das gleiche gilt von jeder Änderung in den Personen der Liquidatoren oder in ihrer Vertretungsmacht (HGB. 148). Die Liquidatoren haben die Firma nebst ihrer Namensunterschrift bei der Anmeldung zu zeichnen. Aufgabe der Liquidatoren ist es, die laufenden Geschäfte zu beendigen, die Forderungen einzuziehen, das übrige Vermögen in Geld umzusetzen und den nach Befriedigung der Gläubiger verbleibenden Rest des Gesellschaftsvermögens unter die Gesellschafter zu verteilen (HGB. 149, 155). Die Liquidatoren haben ihre Unterschrift in der Weise abzugeben, daß sie der bisherigen, als Liquidationsfirma zu bezeichnenden Firma ihre Namen beifügen (HGB. 153), also z. B. Müller & Schulze in Liqu. C. Müller. A. Bergmann". Wegen der Rechtsstellung der Liquidatoren und des von ihnen einzuschlagenden Verfahrens muß im übrigen auf das Gesetz selbst (HGB. 145 bis 158) verwiesen werden.

Offerte s. Vertrag, Vertragsantrag.

Ordentlicher Hausvater, Sorgfalt eines, s. Vertretung von Vorsatz usw.

Orderpapiere s. Handelsgeschäfte 1.

Ordnungen der Verwandten bei der gesetzlichen Erbfolge s. Gesetzliche Erben.

Ordnungsstrafen gegen einen Vormund s. Vormund 8; gegen Eltern? s. Eltern und Kinder 5 u. Verwaltung usw. des Kindesvermögens 1; wegen Nichtanmeldung zum Handelsregister s. Handelsregister 2; Erzwingung der Übernahme einer Vormundschaft durch, s. Vormundschaft 2.

Ort einer Zahlung oder Leistung s. Leistungen usw. 5.

Ortsgerichte s. Dorfgerichte.

Ortsvorsteher s. Dorfgerichte u. Testament 2 C.

P.

Pacht (581—597). Pacht und Miete sind im ganzen gleichartige Rechtsverhältnisse. Bei beiden gewährt der eine die Nutzung eines Grundstücks oder einer Sache, während der andere dafür Geld oder eine andere Vergütung zahlt. Der Unterschied ist nur der, daß ein Mieter die Sache (die Wohnung usw.) bloß gebrauchen will, der Pächter aber die Sache oder das Grundstück nicht nur gebrauchen, sondern auch die Erträge davon genießen will. Dieser Unterschied hat eine Reihe von besonderen gesetzlichen Bestimmungen für die Pacht nötig gemacht, während im übrigen die für das Mietverhältnis gegebenen Vorschriften auch auf das Pachtverhältnis in entsprechender Weise anzuwenden sind. Es ist daher der

Abschnitt Miete, Vermietung nachzulesen. Die besonderen Vorschriften, die das Gesetz für das Pachtverhältnis gegeben hat, die also das Verhältnis zwischen dem Pächter und dem Verpächter (oder deren Erben) anders ordnen, als dies für das Mietverhältnis geschehen ist, werden im nachfolgenden mitgeteilt.

1. Während die Verpflichtung des Vermieters dahin geht, dem Mieter den Gebrauch (die Benutzung) der gemieteten Sache zu gewähren, ist der Verpächter verpflichtet, dem Pächter außer dem Gebrauch des gepachteten Grundstücks oder sonstigen Gegenstandes auch den Genuß der Früchte, soweit sie nach den Regeln einer ordnungsmäßigen Wirtschaft als Ertrag anzusehen sind, während der Pachtzeit zu gewähren. Verpachtet werden kann alles, was einen Fruchtgenuß zu gewähren imstande ist, nicht nur körperliche Sachen (insbesondere Grundstücke), sondern auch Rechte, Gerechtsame, Nutzungen (Erwerbsgeschäfte, Fabriken, Gastwirtschaften, Torfstiche, Steinbrüche, Bergwerke, Jagd- und Fischereigerechtsame usw.). Unter Früchten werden nicht nur natürliche Früchte verstanden, sondern auch Früchte im weiteren Sinn (s. „Früchte").

In welchem Umfange der Pächter zum Genusse der Früchte (in dem ebengedachten weiteren Sinne) berechtigt ist, bestimmt sich nach dem Vertrage, d. h. nach den ausdrücklichen Bestimmungen des Vertrages oder dem aus den Umständen zu entnehmenden Willen der Parteien. Ist ein Grundstück nicht zur Nutzung landwirtschaftlicher Erzeugnisse, sondern zu anderen Zwecken, z. B. zur Entnahme von Ton oder Steinen, verpachtet, so wird sich das Recht des Pächters auf diese Nutzung beschränken, wenn sich kein anderer Wille der Beteiligten ergibt. Sonst darf sich der Pächter alle Früchte aneignen, die nach den Regeln einer ordnungsmäßigen Wirtschaft als Ertrag des Pachtgegenstandes anzusehen sind. — Ob übrigens ein Vertrag, durch den ein Grundstück zur Ausbeutung von Ton, Steinen, Sand u. dgl. einem anderen überlassen wird, rechtlich überhaupt als ein Pachtvertrag, oder nicht vielmehr als ein Kaufvertrag anzusehen ist, ist nach den Umständen des einzelnen Falles zu entscheiden. — Der vom Pächter zu entrichtende Pachtzins kann in Geld bestehen; es kann aber auch jede andere Leistung versprochen sein. Ist jemandem vertragsmäßig die Nutzung eines Grundstücks überlassen, das zum Teil nur einen Gebrauch gestattet, zum Teil aber auch einen Fruchtgenuß zuläßt, und liegt ein einheitliches Vertragsverhältnis vor, so untersteht dieses einheitlich entweder den Regeln des Mietvertrages oder des Pachtvertrages, je nachdem nun die Gebrauchsüberlassung oder die Überlassung der Fruchtziehung wirtschaftlich als die Hauptsache anzusehen ist. Überlassung eines Villengrundstückes mit einem Garten ist daher Miete, einer eingerichteten Gärtnerei mit angemessenem Wohnhaus, Pacht.

Der Pächter eines landwirtschaftlichen Grundstücks hat die gewöhnlichen Ausbesserungen (Reparaturen), insbesondere die der Wohn- und Wirtschaftsgebäude, der Wege, Gräben und Einfriedigungen, auf seine Kosten zu bewirken (582). Die sonstige Instandhaltung liegt dagegen dem Verpächter ob. Der Pächter eines landwirtschaftlichen Grundstücks darf ohne die Erlaubnis des Verpächters keine Änderungen in der wirtschaftlichen Bestimmung des Grundstücks vornehmen, die auf die Art der Bewirtschaftung über die Pachtzeit hinaus von Einfluß sind (583).

2. Entrichtung des Pachtzinses. Ist bei der Pacht eines landwirtschaftlichen Grundstücks der Pachtzins nach Jahren bemessen, so ist er nach dem Ablaufe je eines Pachtjahres am ersten Werktage des folgenden Jahres zu entrichten (584). Bei anderen Pachtgegenständen gelten dagegen die für die Zahlung des Mietzinses gegebenen Vorschriften (s. „Miete 6").

3. Verpachtung mit Inventar (586 bis 590). Ist ein Grundstück (nicht bloß ein zum landwirtschaftlichen Betriebe bestimmtes, sondern auch eine Fabrik, eine Ziegelei, eine Gastwirtschaft usw.) mit dem zur Bewirtschaftung (Benutzung) erforderlichen Inventar verpachtet, so liegt dem Pächter die Erhaltung (Ausbesserung) der einzelnen Inventarstücke ob. Inventarstücke, die infolge eines von dem Pächter nicht zu vertretenden (siehe „Vertretung von Vorsatz usw.") Umstandes in Abgang kommen, z. B. Sachen, die ohne ein Verschulden des Pächters durch Brand, Blitzschlag, Überschwemmung usw. beschädigt oder zerstört sind, muß dagegen der Verpächter ergänzen; denn die Ersetzung untergegangener oder nicht mehr brauchbarer Inventarstücke durch andere gleicher Art fällt nicht unter die dem Pächter obliegende Erhaltungspflicht. Die Kur- und Pflegekosten für erkrankte Tiere hat der Pächter zu tragen. Ist ein Tier durch Tod oder auf andere Weise abgängig geworden, so liegt dem Verpächter nach der Regel die Verpflichtung ob, das abgängig gewordene durch ein anderes Tier zu ersetzen; jedoch hat der Pächter „den gewöhnlichen Abgang der zum Inventar gehörigen Tiere aus den Jungen insoweit zu ersetzen, als dies einer ordnungsmäßigen Wirtschaft entspricht". Treffen die Beteiligten bei Abschluß eines Pachtvertrages über ein Grundstück die besondere Abrede, daß der Pächter das Inventar zum Schätzungswerte mit der Verpflichtung übernimmt, es bei der Beendigung der Pacht zum Schätzungswerte zurückzugewähren, so gilt folgendes: Der Pächter trägt die Gefahr des zufälligen Unterganges und einer zufälligen Verschlechterung des Inventars. Er kann über die einzelnen Stücke innerhalb der Grenzen einer ordnungsmäßigen Wirtschaft verfügen (wozu er ohne die obige besondere Vereinbarung nicht befugt wäre); er muß aber anderseits das Inventar nach den Regeln einer ordnungsmäßigen Wirtschaft in dem Zustande erhalten, in dem es ihm übergeben ist; er ist dem Verpächter dafür haftbar, wenn bei Beendigung des Pachtverhältnisses ein zureichendes und in gutem Stande befindliches Inventar nicht vorhanden ist; diese Haftbarkeit geht über die bloße Verpflichtung zur Zahlung der Differenz der Schätzungswerte hinaus. Hat der Pächter das Inventar vermehrt oder verbessert, so ist er weder verpflichtet, es in diesem Bestande oder Zustande zu erhalten, noch ein solches Überinventar bei der Rückgabe an den Verpächter herauszugeben. Zwar gehen alle zur Ergänzung oder Vermehrung des Inventars vom Pächter angeschafften Stücke mit der Einverleibung in das Inventar ohne weiteres in das Eigentum des Verpächters über; aber der Pächter ist dadurch nicht gehindert, vor der Abgabe der Pacht diejenigen Stücke, die über den zurückzugebenden Bestand hinaus vorhanden sind, zu veräußern oder sie bei der Abgabe zurückzubehalten, soweit dies nicht wirtschaftlichen Grundsätzen widerspricht. Im übrigen hat der Pächter bei der Beendigung der Pacht das vorhandene Inventar dem Verpächter zurückzugewähren. Der Verpächter seinerseits ist verpflichtet, das bei der Abgabe vorhandene, den Verhältnissen des Guts entsprechende Inventar dem Pächter abzunehmen; er kann aber die Übernahme solcher vom Pächter angeschafften Inventarstücke ablehnen, die nach den Regeln einer ordnungsmäßigen Wirtschaft für das Grundstück überflüssig oder zu wertvoll sind. Mit der Ablehnung dieser Stücke geht das Eigentum daran ohne weiteres auf den Pächter über. Der Verpächter hat die Wahl, welches (welche) von mehreren Stücken, von denen eines oder mehrere überflüssig sind, er behalten will. Ergibt die bei der Rückgewähr des Inventars aufgenommene neue Taxe, daß der Gesamtwert des vorhandenen Inventars hinter der Übergabetaxe zurückbleibt, so hat der Pächter dem Verpächter den Wenigerbetrag zu zahlen (wobei er aber im Falle der Mangelhaftigkeit des zurückgegebenen Inventars dem Verpächter außerdem zum Schadensersatz verpflichtet sein kann; siehe oben); übersteigt dagegen der Schätzungswert des zurückgegebenen den des empfangenen Inventars, so hat der Verpächter den Mehrertrag dem Pächter zu vergüten. Ein etwa stattgehabtes Sinken oder Steigen der Preise in der Zwischenzeit zwischen der Übernahme und der Abgabe der Pacht bleibt außer Betracht.

Die vorstehenden Bestimmungen gelten nicht, wenn der Verpächter dem Pächter das Inventar käuflich überlassen hat; durch diese Abrede wird der Pächter zur Rückgewähr des gekauften oder eines anderen angemessenen Inventars bei Beendigung der Pacht nicht verpflichtet, sofern dies nicht besonders vereinbart ist.

Über sog. Viehverstellungsverträge und sog. Eisernviehverträge enthält das Gesetzbuch keine Bestimmungen. Der Inhalt solcher Verträge ist zu wechselnd, als daß das Gesetz allgemeingültige Vorschriften darüber geben könnte. Es ist bei jedem solchen Vertrage, wie in anderen Fällen, der Wille der Beteiligten zu erforschen, wobei auf örtliche Sitten und Gewohnheiten entsprechend Rücksicht zu nehmen ist, und danach das Vertragsverhältnis zu beurteilen.

4. Rückgewähr (Rückgabe) des Pachtgrundstücks (591—594). Der Pächter eines landwirtschaftlichen Grundstücks ist verpflichtet, das Grundstück während der ganzen Dauer des Pachtverhältnisses als guter Landwirt zu bewirtschaften und es bei Beendigung der Pacht in dem Zustande zurückzugeben („zurückzugewähren"), der einer solchen Bewirtschaftung entspricht. Dies gilt selbst dann, wenn der Zustand des Grundstücks bei der Annahme durch den Pächter ein mangelhafter war. Liefert der Pächter das Grundstück in einem besseren wirtschaftlichen Zustande zurück, als er es empfangen hat, namentlich mit einem besseren Feldinventare, so kann er dafür keine besondere Vergütung vom Verpächter beanspruchen; anderseits ist er aber auch nicht zum Schadensersatz verpflichtet, wenn bei der Abgabe das Grundstück trotz ordnungsmäßiger Bewirtschaftung ein weniger gutes sein sollte, als bei dem Antritt der Pacht. Die Bestellung der Grundstücke muß bei der Abgabe eine solche sein, wie sie den Regeln einer ordnungsmäßigen Bewirtschaftung entspricht. Sollten hieraus bei Verschiedenheit der Antritts- und Abgabezeit Härten entstehen, so muß in dem Pachtvertrage dieserhalb Vorsorge getroffen werden. Hat der Verpächter Verbesserungen an dem Grundstücke vorgenommen, die über seine Verpflichtung, das Gut in ordnungsmäßigem wirtschaftlichen Zustande zu erhalten, hinausgehen, so kommen die gesetzlichen Vorschriften über die vom Mieter (Pächter) vorgenommenen Verwendungen auf die Mietsache (Pachtsache) zur Anwendung; s. „Miete 4".

Endigt die Pacht eines landwirtschaftlichen Grundstücks im Laufe eines Pachtjahres, so hat der Verpächter die Kosten, die der Pächter auf die noch nicht getrennten, jedoch nach den Regeln einer ordnungsmäßigen Wirtschaft vor dem Ende des Pachtjahrs zu trennenden Früchte verwendet hat, insoweit zu ersetzen, als sie einer ordnungsmäßigen Wirtschaft entsprechen und den Wert dieser Früchte nicht übersteigen.

Der Pächter eines Landguts hat von den bei der Beendigung der Pacht vorhandenen landwirtschaftlichen Erzeugnissen (Heu, Stroh, Futtermitteln, Kartoffeln usw.) ohne Rücksicht darauf, ob er bei dem Antritte der Pacht solche Erzeugnisse übernommen hat, soviel zurückzulassen, als zur Fortführung der Wirtschaft bis zu der Zeit erforderlich ist, zu welcher gleiche oder ähnliche Erzeugnisse voraussichtlich gewonnen werden. Soweit der Pächter landwirtschaftliche Erzeugnisse in größerer Menge oder besserer Beschaffenheit zurückzulassen verpflichtet ist, als er bei dem Antritte der Pacht übernommen hat, kann er von dem Verpächter Ersatz des Wertes verlangen. Den vorhandenen, auf dem Gute gewonnenen Dünger hat der Pächter zurückzulassen, ohne daß er Ersatz des Wertes verlangen kann. Die vorstehenden Bestimmungen gelten aber nur für die Verpachtung eines Landguts oder mehrerer zum Betriebe der Landwirtschaft verbundener Grundstücke, nicht für einzelne verpachtete Grundstücke.

Hat der Pächter eines Landgutes das Gut auf Grund einer Schätzung des wirtschaftlichen Zustandes mit der Bestimmung übernommen, daß er das Gut nach Beendigung der Pacht gleichfalls auf Grund einer solchen Schätzung zurückzugewähren habe, so finden wegen Ablehnung einzelner Sachen sowie wegen des Ersatzes des Mehrwerts im Falle der Unter- oder Übertaxe die für den Fall der Übernahme des Inventars gegen Taxe gegebenen Vorschriften (s. oben 3) auf die Rückgewähr des Gutes entsprechende Anwendung. Das gleiche gilt, wenn der Pächter Vorräte auf Grund einer Schätzung mit einer solchen Bestimmung übernimmt, für die Rückgewähr der Vorräte, die er zurückzulassen verpflichtet ist.

5. Kündigung der Pacht. Pachtjahr (595, 596). Hinsichtlich der Kündigung des Pachtverhältnisses (wenn es nicht auf eine bestimmte Zeit abgeschlossen ist) gelten im allgemeinen die für die Kündigung eines Mietverhältnisses gegebenen gesetzlichen Vorschriften (s. „Miete 7"). Besondere Bestimmung trifft jedoch das Gesetz für den Fall, daß es sich um die Pacht eines Grundstücks oder eines Rechtes handelt. Hier ist die Kündigung nur für den Schluß eines Pachtjahres zulässig, selbst dann, wenn etwa die Zahlung des Pachtzinses nach Monaten oder Wochen bestimmt sein sollte. Pachtjahr ist, wenn nichts anderes verabredet ist, das mit dem Beginne der Pacht anfangende Jahr, das bei landwirtschaftlichen Pachtungen meist mit dem Wirtschaftsjahr zusammenfallen wird, aber nicht damit zusammenzufallen braucht. Die Kündigung muß spätestens am ersten Werktage des halben Jahres (sechs Monate) erfolgen, mit dessen Ablaufe die Pacht endigen soll. (Beispiel: Läuft das Pachtjahr vom 1. November bis zum 31. Oktober, so sind die Monate Mai bis Oktober diejenigen sechs Monate (das halbe Jahr), mit deren Ablauf das Pachtverhältnis endigen soll. Es muß daher spätestens am 1. Mai, wenn dieser aber ein Sonn- oder Festtag ist, am 2. Mai auf den 31. Oktober gekündigt werden.) Diese Vorschriften gelten (bei der Pacht eines Grundstücks oder Rechtes) auch für die Fälle, in denen das Pachtverhältnis unter Einhaltung der gesetzlichen Frist vorzeitig gekündigt werden kann (s. „Miete 7"). Vertragsmäßige Abänderungen der Kündigungszeiten und Kündigungsfristen sind selbstverständlich zulässig.

6. Unterverpachtung. Zession der Pacht. Todesfälle. Konkurs. Der Pächter hat ebensowenig wie der Mieter das Recht, die Bewirtschaftung und Nutzung des gepachteten Guts oder Grundstücks oder Rechtes ohne die Einwilligung des Verpächters einem anderen zu überlassen, sei es, indem er diesen als Unterpächter annimmt (549) oder indem er ihm seine Rechte aus dem Pachtvertrage ganz abtritt (zediert) (399). Während aber der Mieter das Recht hat, das Mietverhältnis zu kündigen, wenn der Vermieter ihm eine Untervermietung nicht gestatten will, ist dieses Recht dem Pächter nicht gegeben (596). Er kann nur unterverpachten oder die Pacht zedieren, wenn der Verpächter damit einverstanden oder dem Pächter die Befugnis dazu im Pachtkontrakte eingeräumt ist. Auch die Erben des Pächters haben keine weitergehenden Rechte. Im Falle des Todes des Pächters hat aber anderseits der Verpächter nicht das Recht (wie es der Vermieter hat), den Erben des Pächters die Pacht zu kündigen; er muß sich eine Verwaltung durch eine andere Person, wie der Pächter, z. B. durch einen der Erben, in gleicher Weise gefallen lassen, wie zu Lebzeiten des Pächters. Dagegen steht den Erben des Pächters das Kündigungsrecht zu; sie sind nicht verpflichtet, die Pacht auszuhalten und das Gut entweder selbst zu bewirtschaften oder einen Unterpächter zu suchen, wenn solches nicht etwa im Pachtkontrakte ausbedungen ist. Wollen die Erben kündigen, so müssen sie auf den ersten Termin kündigen, der zulässig ist; versäumen sie diese Kündigung, so sind sie zur Aushaltung der Pacht verpflichtet. Es muß also, wenn für solchen Fall nicht etwa eine besondere Kündigungsfrist vereinbart ist, von den Erben des Pächters auf den Schluß des laufenden Pachtjahres gekündigt werden, und zwar spätestens am ersten Werktage der dem Ende des Pachtjahres vorangehenden sechs Monate — s. oben unter 5 —; ist eine Kündigung zu diesem Zeitpunkt nicht mehr möglich, weil zwischen dem Tode des Pächters und dem Schlusse des Pachtjahres keine sechs Monate liegen, so muß rechtzeitig auf den Schluß des folgenden Pachtjahres gekündigt werden. — Der § 570 des Gesetzes, der von dem Kündigungsrecht der Militärpersonen, Beamten usw. im Falle der Versetzung handelt, ist auf die Pacht nicht anwendbar. Über den Einfluß der Eröffnung eines Konkursverfahrens auf das Pachtverhältnis gilt dasselbe, wie für ein Mietverhältnis; vgl. darüber „Miete, Vermietung 7" unter 3.

7. Verlängerung eines Pachtverhältnisses. Setzt der Pächter nach Ablauf der Pachtzeit die Benutzung des Pachtgegenstandes mit Wissen und Willen des Verpächters fort, so gilt, wie bei der Miete, eine stillschweigende Verlängerung des Pachtverhältnisses auf unbestimmte Zeit als von den Beteiligten gewollt, vorausgesetzt, daß der Pächter nicht bloß den Gebrauch des Pachtgegenstandes fortsetzt, z. B. bei der Pacht eines landwirtschaftlichen Grundstücks eine dazugehörige Wohnung innebehält, sondern auch durch entsprechende Handlungen seinen Willen, den Pachtgegenstand auch ferner zum Fruchtgenuß benutzen zu wollen, zu erkennen gibt. Wer diese stillschweigende Verlängerung nicht will, muß solches binnen zwei Wochen erklären (s. „Miete 8"). Jedenfalls kann aber der Verpächter, wenn der Pächter den gepachteten Gegenstand nach der Beendigung der Pacht nicht zurückgibt, für die Dauer der Vorenthaltung vom Pächter als Entschädigung den vereinbarten Pachtzins nach dem Verhältnis verlangen, in dem die Nutzungen, die der Pächter während dieser Zeit gezogen hat oder hätte ziehen können, zu den Nutzungen des ganzen Pachtjahres stehen (597). Die Geltendmachung eines weiteren Schadens, falls ein solcher durch das vertragswidrige Verhalten des Pächters herbeigeführt ist, ist dem Verpächter unbenommen.

8. Pfandrechte des Verpächters und des Pächters (585, 590). Der Verpächter eines landwirtschaftlichen Grundstücks (über Grundstücke anderer Art s. unten) hat, gleich dem Vermieter, ein Pfandrecht an allen vom Pächter in das Grundstück eingebrachten Sachen (s. über das Nähere, insbesondere darüber, wie das Pfandrecht geltend zu machen ist, „Miete 11"). Das Pfandrecht erstreckt sich aber auch auf die Früchte des Grundstücks einschließlich des der Pfändung sonst nicht unterworfenen landwirtschaftlichen Inventars. Wird ein diesem Pfandrecht unterworfener Gegenstand für einen anderen Gläubiger gepfändet, so kann der Verpächter zwar der Pfändung selbst nicht widersprechen, aber seinen Anspruch auf vorzugsweise Befriedigung aus dem Erlöse der Früchte im Wege der Klage gegen den pfändenden Gläubiger geltend machen, einerlei, ob seine Forderung bereits fällig ist oder nicht (ZPO. 805), s. auch „Pfand 6". Das Pfandrecht dient zur Sicherung des gesamten Pachtzinses. Bei der Verpachtung anderer als landwirtschaftlicher Grundstücke, z. B. Hotelgrundstücke, gelten diese, in den drei letzten Sätzen mitgeteilten, besonderen Bestimmungen nicht, es kommen vielmehr die Vorschriften über das Pfandrecht des Vermieters ohne Abweichung zur Anwendung. Dem Pächter eines Grundstücks (nicht bloß eines landwirtschaftlichen) steht für seine etwaigen Forderungen gegen den Verpächter, die sich auf das mitgepachtete Inventar beziehen, ein Pfandrecht an den in seinen Besitz gelangten Inventarstücken zu. Der Verpächter kann die Geltendmachung dieses Pfandrechts durch Sicherheitsleistung (s. d.) abwenden; er kann jede einzelne Sache dadurch von dem Pfandrechte frei machen, daß er in Höhe ihres Wertes Sicherheit leistet.

9. Andere Vereinbarungen der Beteiligten. Es ist besonders hervorzuheben, daß die vorstehend mitgeteilten gesetzlichen Bestimmungen, die das Rechtsverhältnis zwischen dem Pächter und dem Verpächter regeln, nur die Bedeutung haben, daß sie dieses Verhältnis regeln sollen, soweit die Beteiligten solches nicht selber in dem Pachtvertrage getan haben; es steht den Parteien frei, die gesetzlichen Vorschriften, die ihnen für ihre Verhältnisse nicht passend erscheinen, durch Vereinbarung zu beseitigen und andere Bestimmungen an deren Stelle zu setzen. Solche Vereinbarungen können auch mündlich gültig getroffen werden, soweit nicht das Gesetz eine schriftliche

Abfassung des Pachtvertrages fordert. Es gilt in dieser Beziehung dasselbe, wie bei der Miete: Pachtverträge bedürfen der schriftlichen Abfassung, wenn es sich um die Pacht von Grundstücken handelt und die Pacht auf länger als ein Jahr gelten soll. Pachtverträge über Grundstücke auf ein Jahr sind also auch ohne schriftliche Abfassung gültig. Wird dagegen (bei Grundstücken) der auf längere Zeit abgeschlossene Vertrag nicht schriftlich abgeschlossen, so ist er zwar nicht ungültig; aber die Pacht gilt nur als auf unbestimmte Zeit abgeschlossen; jeder Teil ist befugt, den Vertrag unter Innehaltung der gesetzlichen Frist (s. „Miete 7") aufzukündigen, jedoch nicht auf eine frühere Zeit, als auf den Schluß des ersten Jahres.

10. Pachtnachlaß (Remission der Pacht). Einen Nachlaß am Pachtzins bei besonderen Unglücksfällen (Mißwachs, Hagelschäden, Viehseuchen usw.) kann der Pächter gesetzlich nicht mehr beanspruchen; eine solche Befugnis müßte im Pachtvertrag ausdrücklich ausgesprochen sein. Anderseits aber können Naturereignisse, die das Grundstück selbst (nicht bloß die Früchte) treffen und es zum Fruchtgenuß ganz oder teilweise untauglich machen oder doch die Möglichkeit der Fruchtziehung beeinträchtigen (es wird z. B. der Grund und Boden durch eine Überschwemmung fortgerissen oder dauernd unter Wasser gesetzt oder mit Geröll bedeckt, das Land durch ein Erdbeben verschlungen) den Pächter berechtigen, eine entsprechende Minderung des Pachtzinses zu fordern, oder ihn von der Zahlung des Pachtzinses ganz zu befreien, da der Verpächter sich solches nach den allgemeinen für die Miete und Pacht geltenden Rechtsgrundsätzen gefallen lassen muß, wenn und soweit er nicht imstande ist, dem Pächter den Gebrauch und den Fruchtgenuß des Pachtgegenstandes zu gewähren (s. Näheres unter „Miete 2").

11. Nach der Pachtschutzordnung v. 23. 7. 1925 (RGBl. S. 152) in der Fassung v. 12. 7. 1927 und v. 12. 7. 1929 (RGBl. I S. 133) können, wo von den obersten Landesbehörden Pachteinigungsämter errichtet sind, diese bei Grundstücken, die zu landwirtschaftlicher, obstbaulicher oder gewerbsmäßiger Nutzung verpachtet oder verliehen sind, oder bei denen sonst die Übertragung des Genusses der Erzeugnisse gegen Entgelt erfolgt ist, bestimmen, daß Leistungen, die unter den infolge des Währungsverfalls veränderten allgemeinen wirtschaftlichen Verhältnissen nicht mehr gerechtfertigt sind, anderweit festgesetzt werden, soweit dies der Billigkeit entspricht. Diese Pachteinigungsämter können auch, wenn die Größe des Pachtlandes weniger als 10 ha beträgt, und soweit es der Billigkeit bei Abwägung der Interessen beider Teile entspricht, bestimmen, daß gekündigte Verträge bis zur Dauer von zwei Jahren fortzusetzen sind, ohne Kündigung ablaufende Verträge bis zur Dauer von zwei Jahren verlängert werden und Verträge vor Ablauf der vereinbarten Zeit aufgehoben werden. Diese Pachtschutzverordnung gilt bis zum 31. März 1930, sofern sie nicht verlängert werden sollte. Auf Grund dieser Verordnung sind in den einzelnen Ländern Pachtschutzordnungen ergangen. In Preußen gilt zurzeit die Pachtschutzverordnung v. 19. 9. 1927 (GS. S. 177).

Pacht eines Geschäfts s. Firma usw. 3.

Pächter s. Pacht und Kapitalkreditbeschaffung für landwirtschaftliche Pächter unter Pfandrecht 7.

Pachtvertrag als zugesicherte Eigenschaft eines Grundstücks s. Gewährleistung usw. 1.

Packträger s. Frachtführer.

Papiere s. Wertpapiere.

Papiergeld, Erwerb von, s. Bewegliche Sachen, Eigentum an 1; Verpflichtung zur Annahme von, s. Zahlungsmittel, gesetzliche.

Passiva, Übergang derselben auf einen Geschäftsnachfolger s. Firma 3 und Geschäftsübernahme.

Patente (RGes. v. 7. 4. 91, Gutt. Slg. Nr. 22).
1. Wer eine neue Erfindung gemacht hat, die eine gewerbliche Verwertung gestattet, kann sich darauf ein Patent erteilen lassen. Die Verwertung der Erfindung darf aber den Gesetzen oder den guten Sitten nicht zuwiderlaufen. Erfindungen von Nahrungs-, Genuß- und Arzneimitteln, sowie von Stoffen, die auf chemischem Wege hergestellt werden, können, soweit nicht die Erfindung ein bestimmtes Verfahren zur Herstellung der Gegenstände betrifft, nicht durch ein Patent geschützt werden; die allgemeine Benutzung solcher Bedürfnisgegenstände darf im Interesse der allgemeinen Volkswohlfahrt und Gesundheitspflege nicht erschwert werden. Ob die Erfindung wirklich praktisch brauchbar und gewinnbringend ist, kommt für die Erteilung des Patents nicht in Betracht; sie muß nur etwas Neues, und zwar eine neue Kombination wirkender Kräfte von einer gewissen Erfindungshöhe im Sinne eines technischen Fortschrittes darstellen. Was dies im Einzelfall bedeutet — also die Prüfung der Patentfähigkeit — ist sehr schwierig zu sagen und kann hier nicht näher betrachtet werden; vgl. dafür d. Art. Patentrecht im HdR. IV 402 ff. Unter gewerblicher Verwertung ist jede Benutzung im gewerblichen Leben, so z. B. auch in der Land- und Forstwirtschaft, im Bergbau, im Verkehrswesen usw. zu verstehen. Eine Erfindung gilt nicht als neu, kann also nicht patentiert werden, wenn sie zur Zeit der Patentanmeldung in öffentlichen Druckschriften aus den letzten hundert Jahren bereits derart beschrieben oder im Inlande bereits so offenkundig benutzt ist, daß danach die Benutzung durch andere Sachverständige möglich erscheint. (Über das Verhältnis des Patentschutzes zu dem Gebrauchsmusterschutz s. „Musterschutz".)

Auf die Erteilung des Patents hat derjenige Anspruch, der die Erfindung zuerst nach Maßgabe dieses Gesetzes angemeldet hat. (Die Anmeldung geschieht am besten durch einen Patentanwalt.) Eine spätere Anmeldung kann den Anspruch auf ein Patent nicht begründen, wenn die Erfindung Gegenstand des Patents des früheren Anmelders ist. Trifft diese Voraussetzung teilweise zu, so hat der spätere Anmelder nur Anspruch auf Erteilung eines Patents in entsprechender Beschränkung. Ein Anspruch des Patentsuchers auf Erteilung des Patents findet nicht statt, wenn der wesentliche Inhalt seiner Anmeldung den Beschreibungen, Zeichnungen, Modellen, Gerätschaften oder Einrichtungen eines anderen oder einem von diesem angewendeten Verfahren ohne Einwilligung desselben entnommen und von dem letzteren aus diesem Grunde Einspruch erhoben ist. Sehr schwierig ist naturgemäß auch die Feststellung, wieweit eine neuere Erfindung in eine ältere eingreift, von ihr abhängig, mit ihr identisch ist; auch über diese Fragen des Schutzumfanges des Patentes kann hier nicht eingehender gehandelt werden.

2. Bedeutung der Patenterteilung. Das Patent hat die Wirkung, daß der Patentinhaber ausschließlich befugt ist, gewerbsmäßig den Gegenstand der Erfindung herzustellen, in Verkehr zu bringen, feilzuhalten oder zu gebrauchen. Ist das Patent für ein Verfahren erteilt, so erstreckt sich die Wirkung auch auf die durch das Verfahren unmittelbar hergestellten Erzeugnisse. Die Wirkung des Patents tritt gegen denjenigen nicht ein, der zur Zeit der Anmeldung bereits im Inlande die Erfindung in Benutzung genommen oder die zur Benutzung erforderlichen Veranstaltungen getroffen hatte (Recht der „Vorbenutzung"). Derselbe ist befugt, die Erfindung für die Bedürfnisse seines eigenen Betriebes in eigenen oder fremden Werkstätten auszunutzen. Diese Befugnis kann nur zusammen mit dem Betriebe vererbt oder veräußert werden. Die Wirkung des Patents tritt ferner insoweit nicht ein, als die Erfindung nach Bestimmung des Reichskanzlers für das Heer oder für die Flotte oder sonst im Interesse der öffentlichen Wohlfahrt benutzt werden soll. Doch hat der Patentinhaber in diesem Falle gegenüber dem Reich oder dem Staate, welcher in seinem besonderen Interesse die Beschränkung des Patents beantragt hat, Anspruch auf angemessene Vergütung.

Der Anspruch auf Erteilung des Patents und das Recht aus dem Patent gehen auf die Erben über. Der Anspruch und das Recht können beschränkt oder unbeschränkt durch Vertrag oder durch Verfügungen von Todes wegen auf andere übertragen werden. Über die Übertragung der Benutzung eines Patents durch einen Lizenzvertrag s. unten 5. Ein Patentrecht kann auch im Wege der Zwangsvollstreckung gepfändet werden; im Falle des Konkurses des Inhabers gehört es zur Konkursmasse.

Der durch das Patent gewährte Schutz währt achtzehn Jahre; der Lauf dieser Zeit beginnt mit dem auf die Anmeldung der Erfindung folgenden Tage. Bezweckt eine Erfindung die Verbesserung oder sonstige weitere Ausbildung einer anderen, zugunsten des Patentsuchers durch ein Patent geschützten Erfindung, so kann dieser die Erteilung eines Zusatzpatents nachsuchen, welches mit dem Patent für die ältere Erfindung sein Ende erreicht.

Die für jedes Patent zu entrichtenden Gebühren sind durch Ges. v. 26. 3. 26 auf 25 M. für die Anmeldung, je 30 M. für das 1. bis 4. Jahr und steigend bis zu 1200 M. bis zum 18. Jahre festgesetzt (über Besonderheiten muß das Gesetz selbst nachgesehen werden).

Das Patent erlischt, wenn der Patentinhaber darauf verzichtet oder wenn die Gebühren nicht rechtzeitig bei der Kasse des Patentamts oder zur Überweisung an diese bei einer Postanstalt im Gebiete des Deutschen Reichs eingezahlt sind. Das Patent kann unter Umständen auch für nichtig erklärt werden, namentlich auf den Antrag desjenigen, der ein besseres Recht an dem Gegenstande des Patents nachzuweisen vermag. Das Patent kann endlich auch nach Ablauf von drei Jahren von Amts wegen zurückgenommen werden, wenn nämlich der Patentinhaber es unterläßt, im Inlande die Erfindung in angemessenem Umfange zur Ausführung zu bringen oder doch alles zu tun, was erforderlich ist, um diese Ausführung zu sichern, oder wenn im öffentlichen Interesse die Erteilung der Erlaubnis zur Benutzung der Erfindung an andere geboten erscheint, der Patentinhaber aber gleichwohl sich weigert, diese Erlaubnis gegen angemessene Vergütung und genügende Sicherstellung zu erteilen.

3. Patentamt. Die Behörde, der die Erteilung von Patenten sowie die Nichtigkeitserklärung oder die Zurücknahme von solchen obliegt, ist das Reichspatentamt in Berlin. Beim Patentamt wird eine Rolle geführt, die den Gegenstand und die Dauer der erteilten Patente, sowie den Namen und Wohnort der Patentinhaber und alles sonst hierfür Wesentliche angibt. Änderungen können durch Umschreibung erfolgen. Der als Patentinhaber in der Rolle Stehende ist der Berechtigte. Die Einsicht der Rolle, der Beschreibungen, Zeichnungen, Modelle und Probestücke, auf Grund deren die Erteilung der Patente erfolgt ist, steht, soweit es sich nicht um ein im Namen der Reichsverwaltung für die Zwecke des Heeres oder der Flotte genommenes Patent handelt, jedermann frei. Das Patentamt veröffentlicht die Beschreibungen und Zeichnungen, soweit deren Einsicht jedermann freisteht, in ihren wesentlichen Teilen durch ein amtliches Blatt.

Über das Verfahren beim Patentamt muß im übrigen auf das Gesetz selbst (s. oben) und die dazu erlassenen Ausführungsverordnungen verwiesen werden. Eine Änderung des Gesetzes ist zur Zeit (Anfang 1930) in Vorbereitung.

4. Schutz der Patente. a) Zivilklage des Geschädigten. Wer wissentlich oder aus grober Fahrlässigkeit den vorstehend mitgeteilten gesetzlichen Bestimmungen zuwider eine Erfindung in Benutzung nimmt, ist dem Verletzten zur Entschädigung verpflichtet. Entschädigungsberechtigt ist jeder, der zur Zeit der Verletzung zur gewerbsmäßigen Inbenutzungnahme des Patents befugt war. Handelt es sich um eine Erfindung, die ein Verfahren zur Herstellung eines neuen Stoffes zum Gegenstande hat, so gilt bis zum Beweise des Gegenteils jeder Stoff von gleicher Beschaffenheit als nach dem patentierten Verfahren hergestellt. Die dem Verletzten zu leistende Entschädigung umfaßt den ganzen, durch die Patentverletzung verursachten Schaden, also auch den dem Patentinhaber entzogenen Gewinn. Der Schadensersatzanspruch ist im gewöhnlichen Prozeßverfahren (im Wege der Zivilklage) geltend zu machen. Statt den Ersatz des Schadens im Wege des Zivilprozesses zu fordern, kann der Geschädigte aber auch in einem etwa gegen den Patentverletzter anhängig gemachten Strafverfahren (s. nachstehend b) die Zuerkennung einer von dem Verurteilten an ihn zu zahlenden Buße (s. d.) verlangen.

b) Bestrafung wegen Patentverletzung und wegen falscher Angaben über angebliche Patentierung. Wer wissentlich den vorstehend mitgeteilten gesetzlichen Bestimmungen zuwider eine Erfindung in Benutzung nimmt, wird mit Geldstrafe oder mit Gefängnis bestraft. Die Strafverfolgung tritt nur auf Antrag ein. Mit Geldstrafe wird ferner bestraft, wer Gegenstände oder deren Verpackung mit einer Bezeichnung versieht, welche geeignet ist, den Irrtum zu erregen, daß die Gegenstände durch ein Patent nach Maßgabe dieses Gesetzes geschützt seien, oder wer in öffentlichen Anzeigen, auf Aushängeschildern, auf Empfehlungskarten oder in ähnlichen Kundgebungen eine Bezeichnung anwendet, welche geeignet ist, den Irrtum zu erregen, daß die darin erwähnten Gegenstände durch ein Patent nach Maßgabe dieses Gesetzes geschützt seien. Daß ein Gegenstand im Deutschen Reiche patentiert ist, pflegt auf den Waren selbst oder in den Ankündigungen, Preisverzeichnissen usw. durch die Buchstaben D. R. P. (Deutsches Reichspatent) ersichtlich gemacht zu werden; auch wird meist die Nummer des Patents beigefügt.

5. Lizenzverträge. Lizenzverträge sind Verträge, durch die der Inhaber eines Patents einem anderen die Ausnutzung des Patents in größerem oder geringerem Umfange überläßt, sich selbst aber das Recht aus dem Patent vorbehält (RG.). Im übrigen kann der Inhalt von Lizenzverträgen ein verschiedener sein. Es kann vereinbart sein, daß der Patentinhaber lediglich von seinem Verbietungsrecht dem Lizenznehmer gegenüber keinen Gebrauch machen will, welchenfalls der Lizenznehmer gegen dritte Personen keine selbständigen Rechte aus dem Lizenzvertrage geltend machen kann. Es kann aber auch sein, daß der Lizenznehmer nach dem Vertrage befugt sein soll, bei etwaigen Patentverletzungen selbständig die Rechte aus dem Patente anderen Personen gegenüber zu verfolgen, was insbesondere dann als die Absicht der Parteien anzunehmen sein wird, wenn die Lizenz als eine ausschließliche verliehen ist (RG.).

Patengeschenke. Das Gesetz enthält keine Bestimmung darüber, wem die Patengeschenke zukommen, ob sie den Eltern oder dem Kinde gehören. Es läßt sich auch schwer darüber eine gesetzliche Vorschrift geben. Zunächst entscheidet selbstverständlich die Absicht des Schenkers; er kann das Geschenk den Eltern oder dem Kinde zuwenden. Da aber meist eine ausdrückliche Erklärung hierüber fehlen wird, so muß aus den Umständen des Falles, unter Berücksichtigung der Sitte, auch wohl des Gegenstandes des Geschenkes, darüber entschieden werden, ob das Geschenk für die Eltern oder für das Kind bestimmt gewesen ist.

Pension, Nichtabtretbarkeit derselben, s. Abtretung einer Forderung 1; Nichtpfändbarkeit s. Pfändung in der Zwangsvollstreckung 2; Aufrechnung gegen, s. Aufrechnung.

Person, Sorge des Vormundes für die Person der Mündel s. Vormund 2; der Eltern für die Person der Kinder s. Eltern und Kinder 4; der Mutter für die Person des Kindes s. Mutter und Kind 1.

Person, juristische, s. Juristische Person; Rechte einer, s. Vereine 1 u. Juristische Personen.

Personentransport s. Kaufmann usw. 1 u. Frachtführer 4 a. Schl.

Personenverein s. Vereine u. Gesellschaft.

Persönliche Dienstbarkeiten s. Dienstbarkeiten u. Beschränkte persönliche Dienstbarkeiten.

Persönliche Dienstleistungen einer Frau, Kündigung derselben durch den Mann, s. Ehegatten 1.

Persönliche Eigenschaften, Irrtum über, s. Ehehindernisse 2 b.

Persönlicher Gebrauch, Sachen zum persönlichen Gebrauch der Frau, s. Ehegatten 3; der Kinder s. Verwaltung usw. des Kindesvermögens 2.

Persönlich haftender Gesellschafter s. Kommanditgesellschaft.

Pertinenz s. Zubehör.

Pfand, Übergabe von Wertpapieren als, an einen Kaufmann (Bankier usw.) s. Depots, kaufmännische, 1. S. auch: Pfändung.

Pfand (Faustpfand) (1204—1258). (Über Pfandrechte an unbeweglichen Sachen (Grundstücken, Häusern, Fabriken usw.) s. unter „Hypothek", „Grundschuld", „Rentenschuld". S. auch: Pfandrecht an Rechten usw.)

1. Ein Gläubiger kann sich zur Sicherung seiner Forderung (auch einer künftigen oder bedingten Forderung) vom Schuldner eine bewegliche Sache (oder mehrere) als Pfand (Faustpfand, Lombard) geben lassen. (Über „gesetzliche" Pfandrechte, d. h. solche, die ohne eine Bestellung seitens des Schuldners von selbst entstehen, s. unten 6.) Zur gültigen Bestellung eines Pfandes ist erforderlich, einmal, daß der Gläubiger und der Schuldner sich darüber (schriftlich oder mündlich) einigen, daß die Sache (oder die mehreren Sachen) als Pfand für die Forderung dienen solle; sodann, daß die Pfandsache dem Gläubiger vom Schuldner übergeben wird, also in den Besitz des Gläubigers gelangt. Die bloße Bestellung des Pfandes ohne Hingabe der Sache verschafft dem Gläubiger kein Pfandrecht; es können also z. B. die Beteiligten nicht verabreden, daß der Schuldner die dem Gläubiger verpfändeten Sachen, z. B. Mobiliar, Hausrat usw., in Besitz und Nutzung behalten solle; der Gläubiger würde in diesem Falle kein Pfandrecht an den Sachen erwerben. Ausnahme beim Inventar des Pächters (s. unten 7). Anderseits bedarf es aber nicht grade einer tatsächlichen Hingabe der zu verpfändenden Gegenstände in die Hand oder in die Behausung des Gläubigers; es genügt z. B., wenn ein Warenlager oder ein Inventar verpfändet werden soll, daß der Schuldner dem Gläubiger in der Absicht der Besitzeinräumung die Schlüssel zu den Räumen, in denen das Lager oder das Inventar sich befindet, aushändigt (RG.). (Darüber, wie der Zweck, den Gläubiger wegen seiner Forderung durch die dem Schuldner gehörigen beweglichen Sachen sicherzustellen, auch erreicht werden kann, ohne daß der Schuldner die Sachen aus der Hand zu geben braucht, s. „Sicherstellung einer Forderung".) Hat der Gläubiger die Sache, die ihm als Pfand dienen soll, schon im Besitz (z. B. er hat sie gemietet oder in Verwahrung), so ist eine besondere Übergabe an ihn nicht weiter nötig. Ist die Sache nicht im Besitz des Schuldners selbst, sondern eines anderen, der sie zeitweilig für ihn besitzt, so genügt die Anweisung an den Besitzer (Leiher, Verwahrer, Vermieter) (s. darüber „Besitz 2" a. Schl.). Es ist auch zulässig, daß ein Schuldner eine Sache oder eine Anzahl Sachen, z. B. ein Warenlager, in der Weise verpfändet, daß er dem Gläubiger den Mitbesitz und Mitverschluß an den Sachen einräumt oder daß die Sachen einem anderen mit der Bestimmung übergeben werden, daß er sie nur an den Eigentümer und den Pfandgläubiger gemeinschaftlich herausgeben darf. Ein Mitverschluß liegt nur dann vor, wenn der Eigentümer und der Gläubiger nur durch ein Zusammenwirken zu den Pfandsachen gelangen können. Soll eine sog. Sachgesamtheit, z. B. ein Warenlager, verpfändet werden, so kann dabei von den Beteiligten verabredet werden, daß die bestimmungsmäßig aus der Gesamtheit ausscheidenden Stücke aus dem Pfande entlassen werden und daß dafür die neu angeschafften Stücke in die Pfandhaftung eintreten. — Ein Pfand kann nicht nur für eine eigene, sondern auch für eine fremde Schuld bestellt werden.

Das Pfand (und zwar, wenn mehrere Sachen als Pfand gegeben sind, jede einzelne Sache) haftet, wenn nichts anderes vereinbart ist, für die ganze Forderung des Gläubigers, für etwaige Zinsen und für Vertragsstrafen (Konventionalstrafen), wenn Schuldner solche zu zahlen hat; ferner für Kündigungs- und Prozeßkosten, falls die Forderung gegen den Schuldner eingeklagt werden muß, soweit solche dem Gläubiger vom Schuldner zu ersetzen sind; für die Kosten eines etwa notwendig werdenden Verkaufs des Pfandes; endlich auch für Veränderungen und Erweiterungen der ursprünglichen Schuld, die durch ein Verschulden oder einen Verzug des Schuldners herbeigeführt werden (vgl. „Verzug des Schuldners"). Ferner haftet das Pfand für die Ansprüche des Gläubigers auf Ersatz von Verwendungen, die er auf die Pfandsache gemacht hat. Ist das Pfand für eine fremde Schuld bestellt, so kann die Haftung durch einen Vertrag oder ein sonstiges Geschäft, das der eigentliche Schuldner nach der Verpfändung vornimmt, nicht erweitert werden; würde z. B. der Schuldner, der zur Zeit der Pfandhingabe 4 Prozent Zinsen zu zahlen hatte, sich hinterher zur Zahlung von 5 Prozent Zinsen verpflichten, so würde das Pfand für diesen höheren Zinsfuß nicht haften. Einreden, die der Schuldner der Klage des Gläubigers entgegensetzen könnte, z. B. daß die Schuld schon bezahlt oder daß sie ihm erlassen sei oder daß ihm Frist bewilligt worden usw., kann der Eigentümer, der seine Sache für die fremde Schuld zum Pfande gesetzt hat, gleichfalls geltend machen. Solange der eigentliche Schuldner das Recht hat, die Forderung des Gläubigers anzufechten, kann das von einem andern für die Forderung bestellte Pfand nicht verkauft werden; ebenso nicht, wenn der Gläubiger sich dadurch Befriedigung verschaffen kann, daß er mit einer fälligen Forderung, die der eigentliche Schuldner gegen ihn hat, aufrechnen kann. Er verliert seine Einreden gegen die Forderung des Gläubigers auch nicht dadurch, daß etwa der eigentliche Schuldner auf sie verzichtet. Sollte der Schuldner mit Hinterlassung eines überschuldeten Nachlasses versterben, so kann sich der Eigentümer des Pfandes nicht darauf berufen, wenn die Erben (nach den maßgebenden Bestimmungen des Erbrechts) für die Schuld nur in beschränktem Umfange haften; das Pfand haftet für die ganze Forderung. Außer der Pfandsache selber haften dem Gläubiger auch die Erzeugnisse der Sache, die von ihr getrennt werden: neben der Kuh, die als Pfand gegeben ist, haftet auch das Kalb, das sie zur Welt bringt.

An sich ist der Gläubiger, dem eine Sache zum Pfande gegeben ist, nicht berechtigt, die Pfandsache zu gebrauchen oder Nutzungen von ihr zu ziehen, wenn ihm dies vom Eigentümer nicht etwa gestattet ist oder er schon, ganz abgesehen von der Verpfändung, zur Benutzung berechtigt ist, z. B. als Nießbraucher, Mieter usw. Die Beteiligten können aber vereinbaren, daß der Gläubiger berechtigt sein soll, die Nutzungen der zum Pfande gegebenen Sachen zu ziehen, also sowohl die Sache zu gebrauchen, als auch die Früchte (Erzeugnisse usw.) der Sache sich anzueignen; ja, ist die Sache ihrer Natur nach eine zum Fruchtgenuß bestimmte (fruchttragende) und ist sie dem Gläubiger zum Alleinbesitz übergeben, so wird im Zweifel als die Absicht der Beteiligten angenommen, daß der Pfandgläubiger zum Fruchtgenuß berechtigt sein soll, da dieses dem beiderseitigen Interesse am meisten entsprechen wird. Dann ist das Rechtsverhältnis folgendes: Der Pfandgläubiger ist gesetzlich verpflichtet, für ordnungsmäßige Gewinnung der aus dem Pfande zu ziehenden Nutzungen zu sorgen, und er muß dem Eigentümer darüber Rechenschaft ablegen. Den Beteiligten steht es indes frei, anders zu vereinbaren, z. B. daß keine Rechnungslegung stattfinden solle und der Pfandgläubiger die Nutzungen für eigene Rechnung, anstatt der Zinsen, oder zur allmählichen Amortisation des Kapitals, ziehen solle. Ist solche Vereinbarung nicht getroffen, so muß der Gläubiger sich den Reinertrag der Nutzungen auf Kosten und Zinsen oder, wenn solche nicht zu entrichten sind, auf das geschuldete Kapital anrechnen lassen (1213, 1214).

Der Gläubiger ist verpflichtet, das ihm anvertraute Pfand sorgfältig zu verwahren. Hat der Gläubiger Verwendungen auf das Pfand gemacht, so kann er nicht ohne weiteres von dem Verpfänder Ersatz seiner Auslagen verlangen, selbst dann nicht, wenn die Aufwendungen zur Erhaltung der Sache notwendig waren; er hat nur unter denselben Voraussetzungen einen Anspruch hierauf, wie jemand, der ohne Auftrag für einen anderen Geschäfte besorgt (s. „Geschäftsführung ohne Auftrag 2"). Macht sich der Gläubiger in Beziehung auf die ihm anvertraute Pfandsache einer erheblichen Pflichtverletzung schuldig und setzt er dieses Verhalten trotz Abmahnung des Verpfänders fort, so kann dieser verlangen, daß das Pfand auf Kosten des Gläubigers hinterlegt (s. „Hinterlegung") oder zur Verwahrung abgeliefert (s. „Verwahrer, gerichtliche Bestellung eines") wird, wenn er es nicht vorzieht, den Gläubiger zu befriedigen und das Pfand zurückzuverlangen; er braucht in diesem Falle, wenn die Forderung noch nicht fällig und unverzinslich ist, nur die Summe zu bezahlen, die mit Hinzurechnung der gesetzlichen Zinsen (4 Prozent) für die Zeit von der Zahlung bis zur Fälligkeit dem Betrage der Forderung gleichkommt. Ist zu besorgen, daß das Pfand verdirbt oder eine wesentliche Werteinbuße erleidet, so kann der Verpfänder die Rückgabe verlangen, wenn er dem Gläubiger anderweitige Sicherheit zu leisten imstande ist (s. „Sicherheitsleistung"); eine Sicherheitsleistung durch Bestellung eines Bürgen braucht der Gläubiger jedoch nicht anzunehmen. Von dem drohenden Verderb muß der Gläubiger dem Verpfänder, soweit möglich, unverzüglich Anzeige machen, damit dieser seine Interessen wahren kann, widrigenfalls er ihm zum Schadensersatz verpflichtet ist. Andererseits ist der Gläubiger befugt, wenn durch den drohenden Verderb des Pfandes oder durch eine zu besorgende wesentliche Wertminderung der Sache seine Sicherheit gefährdet wird, das Pfand öffentlich versteigern zu lassen; der Erlös tritt dann an die Stelle des Pfandes und muß auf Verlangen des Verpfänders vom Gläubiger hinterlegt werden (s. „Hinterlegung"). Der Gläubiger muß die Versteigerung aber dem Verpfänder vorher erst angedroht haben; er darf dies nur dann unterlassen, wenn wegen der Gefahr des Verderbens ein Aufschieben der Versteigerung nicht angängig ist. Besteht die Gefahr für den Gläubiger nur in einer zu besorgenden Wertminderung der Pfandsache, so darf er die Versteigerung erst vornehmen, nachdem der Verpfänder eine ihm vom Gläubiger gesetzte angemessene Frist zur Beschaffung einer anderweitigen Sicherheit unbenutzt hat verstreichen lassen. Von der Versteigerung selbst muß der Gläubiger den Verpfänder unverzüglich benachrichtigen, widrigenfalls er ihm für den etwaigen Schaden verantwortlich ist. Übrigens legt das Gesetz dem Gläubiger die vorbemerkten Pflichten (die Androhung der Versteigerung, die Bestimmung einer Frist zu anderweitiger Sicherheitsleistung, die Benachrichtigung von der Versteigerung) nur unter der Voraussetzung auf, daß diese Handlungen nicht

„untunlich" sind; war ihm die Androhung usw. aus triftigem Grunde nicht möglich oder nicht zuzumuten, so macht ihn die Unterlassung nicht schadensersatzpflichtig. Hat das Pfand einen Börsen- oder Marktpreis, so kann der Pfandgläubiger den Verkauf aus freier Hand durch einen zu solchen Verkäufen öffentlich ermächtigten Handelsmäkler oder durch eine zur öffentlichen Versteigerung befugte Person zum laufenden Preise bewirken.

Der Pfandgläubiger muß das Pfand an den Verpfänder zurückgeben, wenn er wegen seiner Forderung befriedigt wird; die Befriedigung und die Rückgabe müssen „Zug um Zug" erfolgen, d. h. weder kann der Schuldner vor der Befriedigung des Gläubigers die Rückgabe des Pfandes, noch der Gläubiger ohne gleichzeitige Rückgabe des Pfandes seine Befriedigung verlangen. Voraussetzung für die Pflicht zur Rückgabe ist aber, daß der Gläubiger die ihm angebotene Zahlung usw. jetzt schon anzunehmen verpflichtet ist; weist er berechtigterweise eine verfrühte Zahlung zurück, so darf er das Pfand innebehalten. Die Befriedigung des Gläubigers kann auch dadurch erfolgen, daß der Verpfänder mit einer Forderung gegen ihn aufrechnet (s. „Aufrechnung") oder daß er den Schuldbetrag oder die sonstige dem Gläubiger gebührende Leistung hinterlegt, falls die gesetzlichen Voraussetzungen für eine Hinterlegung vorliegen (s. „Hinterlegung"). Hat jemand, der für eine fremde Schuld Sachen zum Pfand gegeben hat, den Gläubiger selbst befriedigt, so geht dessen Forderung gegen den Schuldner ohne weiteres auf ihn über; er kann sie jetzt gegen den Schuldner geltend machen.

Die Ersatzansprüche des Verpfänders wegen Veränderungen oder Verschlechterungen des Pfandes sowie die Ansprüche des Pfandgläubigers auf Ersatz von Verwendungen oder auf Gestattung der Wegnahme einer Einrichtung verjähren in sechs Monaten. Die Verjährung der Ersatzansprüche des Verpfänders beginnt mit dem Zeitpunkt, wo er das Pfand zurückerhält; die Verjährung der Ansprüche des Gläubigers beginnt mit der Beendigung des Pfandrechts.

Wird die Pfandsache dem Gläubiger von anderen Personen entwendet oder sonst sein Pfandrecht an der Sache beeinträchtigt, so stehen ihm gegen diese Personen dieselben Rechtsbehelfe, Klagen usw. zu, wie wenn eine Sache dem Eigentümer entwendet oder sonst sein Eigentumsrecht beeinträchtigt ist.

2. Pfandverkauf (Versteigerung des Pfandes, der Pfandsache) (1228ff.). Der Gläubiger hat das Recht, wenn er wegen seiner Forderung nicht befriedigt wird, das Pfand zum Verkauf zu bringen, um sich aus dem Erlöse bezahlt zu machen. Seine Forderung muß aber (ganz oder doch zum Teil) fällig sein. Handelt es sich nicht um eine Geldforderung (die Forderung des Gläubigers, zu deren Sicherheit das Pfand gegeben ist, geht z. B. dahin, daß der Schuldner ihm bis zu einem bestimmten Zeitpunkt eine in Auftrag gegebene Maschine liefert), so darf der Verkauf auch nicht eher stattfinden, als bis an die Stelle dieser Forderung (weil sie vom Schuldner nicht erfüllt ist) eine Geld- (Schadensersatz-) Forderung getreten ist (vgl. z. B. „Leistungen usw. 7c und 8" und „Verzug 1"). Der Verkauf des Pfandes kann, wenn die Forderung fällig geworden ist, ohne weiteres erfolgen; eine vorherige Ausklagung des Schuldners oder die Erlangung eines sog. Zwangsvollstreckungstitels oder einer gerichtlichen Verkaufsermächtigung seitens des Gläubigers werden vom Gesetz nicht gefordert. Hat der Gläubiger mehrere Pfänder, so kann er, wenn nichts anderes vereinbart ist, wählen, welche von diesen verkauft werden sollen; aber er darf nur soviel verkaufen, als zu seiner Befriedigung nötig ist. In dem Falle, wo der Gläubiger sich nicht im Alleinbesitz des Pfandes befindet (s. oben 1), kann er die Herausgabe des Pfandes zum Zwecke des Verkaufs fordern und nötigenfalls durch Klage erzwingen. Der Verpfänder ist jedoch berechtigt, zu verlangen, daß das Pfand an einen von beiden Teilen zu wählenden gemeinschaftlichen Verwahrer abgeliefert wird, in welchem Falle der Verwahrer sich bei der Annahme des Pfandes verpflichten muß, es zum Verkauf bereit zu stellen. Darüber, wie der Verkauf des Pfandes durch den Gläubiger zu bewirken ist, gibt das Gesetz nähere Vorschriften. Zunächst muß der Gläubiger, nachdem seine Forderung fällig geworden (und nötigenfalls erst in eine Geldforderung umgewandelt) ist, dem Eigentümer des Pfandes, einerlei ob dieser auch der Schuldner ist oder nicht, den Verkauf androhen; die Androhung darf nur dann unterbleiben, wenn sie „untunlich" ist (z. B. der Aufenthalt des Schuldners nicht bekannt ist). Der Verkauf darf nicht vor dem Ablauf eines Monats nach der Androhung erfolgen; ist die Androhung untunlich, so wird der Monat von der Fälligkeit (und bzw. der stattgehabten Umwandlung der Forderung in eine Geldforderung) an berechnet. Bei der Androhung des Verkaufs muß der Gläubiger dem Eigentümer des Pfandes zugleich den Geldbetrag bezeichnen, wegen dessen der Verkauf stattfinden soll; denn der Eigentümer kann, wenn er nicht selbst der Schuldner ist, sich leicht in Unkenntnis über den Betrag der Schuld befinden und hat ein Interesse daran, diesen zu erfahren, da er berechtigt ist, den Gläubiger zu befriedigen, um den Verkauf des Pfandes zu verhindern. Der Verkauf des Pfandes muß durch öffentliche Versteigerung (BGB. 1233 ff., 383 Abs. 3) geschehen. Der Gläubiger muß damit einen Gerichtsvollzieher oder einen anderen zu Versteigerungen befugten Beamten oder einen öffentlich angestellten Versteigerer (Auktionator) beauftragen. Zeit und Ort der Versteigerung müssen unter allgemeiner Bezeichnung der Sache öffentlich bekannt gemacht werden; der Eigentümer des Pfandes und andere Personen, denen Rechte an dem Pfande zustehen, sind tunlichst von dem Verkaufstermin zu benachrichtigen. Hat das Pfand einen Börsen- oder Marktpreis, so kann der Gläubiger den Verkauf auch aus freier Hand durch einen zu solchen Verkäufen öffentlich ermächtigten Handelsmäkler oder durch eine zur öffentlichen Versteigerung befugte Person, z. B. einen Gerichtsvollzieher, zum laufenden Preise bewirken. Die Versteigerung erfolgt regelmäßig da, wo das Pfand aufbewahrt wird; im Interesse einer höheren Verwertung kann der Verkauf aber auch an einem anderen Orte vorgenommen werden. Der Verkauf darf nur gegen sofortige Barzahlung erfolgen und unter der Bedingung, daß im Nichtzahlungsfalle der Käufer sein Recht auf Ausantwortung der gekauften Sache verliert. Handelt der Verkäufer dieser Vorschrift zuwider, gibt er insbesondere, um etwa einen höheren Preis zu erzielen, dem Käufer Kredit, so tut er dies auf seine Gefahr; es wird dann so angesehen, als wenn er den Kaufpreis bar empfangen hätte und zu diesem Betrage wegen seiner Forderung befriedigt wäre. Zahlt der Käufer nicht sofort, obwohl er bedingungsmäßig zu sofortiger Barzahlung verpflichtet ist, und macht der Gläubiger nicht vor dem Schluß des Versteigerungstermins von seinem Rechte, dem säumigen Käufer den Zuschlag wieder zu entziehen, Gebrauch, so geht der Verkauf gleichfalls auf seine Gefahr; er gilt in Höhe des Kaufpreises wegen seiner Forderung als befriedigt und kann sich nur an den Käufer halten; ob er diesem trotz der Nichtzahlung die Sache aushändigen, den Kaufpreis ihm kreditieren will, ist seine Sache. Bei der Versteigerung können sowohl der Gläubiger, wie der Eigentümer des Pfandes mitbieten; erhält der Gläubiger selber den Zuschlag, so gilt der Kaufpreis als von ihm empfangen, seine Forderung insoweit als berichtigt; einen etwaigen Überschuß muß er natürlich herauszahlen. Die mit der Vornahme des Verkaufes beauftragten Personen und die von ihnen etwa zugezogenen Gehilfen dürfen nicht mitbieten, weder persönlich, noch durch andere. Näheres darüber s. unter „Kauf und Verkauf 12". Ein Zuschlag des Pfandes an den Gläubiger zum Schätzungswerte, wenn sich kein Bieter einstellt, findet nicht statt. Der Eigentümer der Pfandsache sowie der Schuldner (wenn ein anderer für ihn das Pfand bestellt hat) brauchen übrigens zum Bieten nicht zugelassen zu werden, wenn sie den gebotenen Betrag nicht sofort bar erlegen. Gold- und Silbersachen dürfen nicht unter dem Gold- oder Silberwerte zugeschlagen werden; wird kein genügendes Gebot abgegeben, so kann der Verkauf durch eine zur öffentlichen Versteigerung befugte Person aus freier Hand zu einem den Gold- oder Silberwert erreichenden Preise erfolgen. Von dem stattgehabten Verkaufe des Pfandes und dem Ergebnis muß der Gläubiger, wenn tunlich, den Eigentümer unverzüglich benachrichtigen. Der Käufer erlangt das Eigentum an der versteigerten Pfandsache, wenn die Versteigerung rechtmäßig erfolgt ist; verletzt der Gläubiger beim Pfandverkaufe die zum Schutz des Pfandeigentümers gegebenen Vorschriften, so ist er ihm zum Schadensersatz verpflichtet, falls ihm ein Verschulden zur Last fällt. Wegen des Näheren über die Folgen einer unrechtmäßigen Versteigerung eines Pfandes muß auf die §§ 1243, 1244 des Gesetzbuchs verwiesen werden. — Im Vorstehenden sind die dem Gläubiger in bezug auf die Veräußerung des Pfandes gesetzlich zustehenden Rechte dargelegt; es steht den Parteien aber frei, eine von diesen Vorschriften des Gesetzes abweichende Art des Pfandverkaufes zu vereinbaren; steht einem anderen ein Recht an der Pfandsache zu, das durch die Veräußerung erlöschen würde, so ist seine Zustimmung erforderlich. Auf die Beobachtung gewisser Vorschriften des Gesetzes kann aber im voraus nicht verzichtet werden; die Parteien können erst Abweichendes vereinbaren, nachdem die Forderung des Gläubigers fällig geworden und nötigenfalls in eine Geldforderung umgewandelt ist: dies sind die Bestimmungen des § 1235 des Gesetzbuchs (daß das Pfand öffentlich zu versteigern ist usw.), 1237 Satz 1 (daß Zeit und Ort der Versteigerung unter allgemeiner Bezeichnung des Pfandes öffentlich bekannt zu machen sind) und des § 1240 (daß Gold- und Silbersachen nicht unter dem Gold- oder Silberwert zugeschlagen werden dürfen). Andererseits kann es aber unter Umständen einmal vorkommen, daß die strenge Beobachtung der gesetzlichen Vorschriften über den Pfandverkauf den einen oder anderen Teil benachteiligen würde; in solchem Fall kann jeder (der Gläubiger, wie der Eigentümer) verlangen, daß eine von den gesetzlichen Vorschriften abweichende Art des Verkaufs, die den beiderseitigen Interessen nach billigem Ermessen entspricht, vorgenommen wird; können die Parteien sich darüber nicht einigen, so hat das Amtsgericht des Orts, wo die Pfandsache aufbewahrt wird, auf Antrag des einen oder anderen zu entscheiden (RFGG. 166). Das zuständige Gericht ist das Amtsgericht des Ortes, an dem das Pfand aufbewahrt wird.

3. Übergang des Pfandes auf einen neuen Gläubiger (1250, 1251). Tritt der Gläubiger seine durch Pfand gesicherte Forderung an einen anderen ab, so geht mit der Forderung ohne weiteres auch das Pfandrecht auf den neuen Gläubiger über, wenn die Beteiligten nicht etwa bei der Abtretung (Zession) vereinbart haben, daß das Pfandrecht nicht weiter bestehen solle. (Das Pfandrecht kann dagegen für sich allein, ohne die Forderung, nicht auf einen andern übertragen werden.) Ist dem neuen Gläubiger von dem bisherigen das Pfand übergeben (was er selbstverständlich verlangen kann, wenn nicht bestimmt ist, daß das Pfand nicht mehr für die Forderung haften solle), so tritt der neue Gläubiger hinsichtlich der mit dem Pfandrecht verbundenen Verpflichtungen gegen den Verpfänder ganz in die Stelle des alten ein. Neben dem neuen Gläubiger haftet dem Verpfänder aber auch der bisherige Gläubiger weiter wie ein Bürge, der auf die Einrede der Vorausklage verzichtet hat (s. „Bürgschaft"). Handelt es sich aber nicht um eine freiwillige Abtretung der Pfandforderung, sondern ist die Forderung kraft Gesetzes auf einen neuen Gläubiger übergegangen oder ist sie ihm auf Grund einer gesetzlichen Verpflichtung abgetreten, so haftet der frühere Gläubiger dem Verpfänder nicht weiter.

4. Erlöschen des Pfandrechts (1252 ff.). Daß das Pfandrecht nicht länger fortbesteht und die Pfandsache zurückgegeben werden muß, wenn die Forderung, zu deren Sicherheit das Pfand dienen sollte, aus irgendeinem Grunde (durch Zahlung, durch Verzicht usw.) untergegangen ist, ist selbstverständlich; nur der Umstand, daß die Forderung, für die das Pfand haftet, verjährt ist, hindert den Gläubiger nicht, seine Befriedigung aus dem Pfande zu suchen. Aber das Pfandrecht erlischt nach der Vorschrift des Gesetzes auch schon dadurch, daß der Gläubiger das Pfand dem Verpfänder oder dem Eigentümer (wenn dieser ein anderer ist, als der, der die Sache verpfändet hat) freiwillig zurückgibt; es erlischt selbst dann, wenn der Gläubiger etwa bei der Rückgabe des Pfandes sich ausbedungen hätte, daß er für die Forderung noch ferner haften solle. Es muß eben im Interesse der Verkehrssicherheit nach Möglichkeit verhütet werden, daß eine bewegliche Sache, die jemand im Besitz hat, anderen unbekannten Gläubigern als Pfand verhaftet ist. Das Gesetz bestimmt zur mehreren Sicherheit noch weiter, daß, wenn eine Sache, die als Pfand hingegeben ist, sich wieder im Besitz des Verpfänders oder des Eigentümers befindet oder aus deren Händen in den Besitz anderer Personen gelangt ist, vermutet, d. h. bis zum Beweise des Gegenteils angenommen werden soll, daß die Pfandsache vom Gläubiger zurückgegeben, also das Pfandrecht erloschen ist. Behauptet daher jemand, daß ihm die Sache noch als Pfand hafte, so hat er den unter Umständen recht schwierigen Beweis zu führen, daß er die Sache nicht freiwillig zurückgegeben habe (daß sie ihm z. B. gestohlen oder abhanden gekommen usw. sei). Über verschiedene andere Fälle des Erlöschens des Pfandrechts handeln die §§ 1254 bis 1256 des Gesetzbuchs, auf die hier verwiesen werden muß. Über den Fall, wenn eine Sache mehreren Miteigentümern gehört und nur ein Miteigentümeranteil zum Pfande gesetzt ist, enthält § 1258 des Gesetzbuchs einige nähere Bestimmungen.

Auch in dem Falle, wenn die zum Pfande gegebene Sache dem Verpfänder gar nicht gehörte, erwirbt der Gläubiger ein rechtsgültiges Pfandrecht an der Sache, wenn er hinsichtlich der Verpfändung in gutem Glauben war und die Sache dem wahren Eigentümer nur nicht gestohlen, verlorengegangen oder sonst abhandengekommen war; es gelten in dieser Beziehung dieselben Rechtssätze, die für den Fall des Eigentumserwerbs an einer beweglichen Sache von einem Nichteigentümer gegeben sind; s. darüber Näheres unter „Bewegliche Sachen, Eigentum an".

5. Das Gesetz verbietet eine Vereinbarung der Beteiligten bei Hingabe eines Pfandes, dahingehend, daß, wenn der Schuldner zur Zeit der Fälligkeit nicht zahle, das Pfand Eigentum des Gläubigers werden und er dadurch wegen seiner Forderung befriedigt sein solle, da durch eine solche Vereinbarung leicht unvorsichtige oder in Not befindliche Schuldner benachteiligt werden könnten (1229). Die Vereinbarung ist rechtsungültig (nichtig); der Gläubiger erwirbt das Pfand nicht zu Eigentum; er kann es nur, wenn seine Forderung fällig geworden ist, in der oben unter 2 bezeichneten Weise versteigern lassen, um zu seinem Gelde zu kommen. Ist die Forderung bereits fällig und der Gläubiger berechtigt, das Pfand zu verkaufen, so kann jetzt allerdings der Schuldner mit ihm vereinbaren, daß er (der Gläubiger), anstatt die Sache zum Verkauf zu bringen, das Pfand selbst zu Eigentum behalten und damit wegen seiner Schuld befriedigt sein und den etwaigen Mehrwert herauszahlen solle. Etwas anderes ist es, wenn ein Verkäufer einer beweglichen Sache bei der Hingabe der Sache zu Eigentum mit dem Käufer verabredet, daß er (der Verkäufer) die Sache einstweilen als Pfand für den Kaufpreis zurückbehalten und daß sie wieder sein Eigentum werden solle, wenn Käufer den Kaufpreis nicht zahle; eine solche Vereinbarung ist rechtsgültig.

6. Gesetzliches Pfandrecht und Pfändungspfandrecht. Die vorstehend mitgeteilten gesetzlichen Bestimmungen über das Pfandrecht an beweglichen Sachen beziehen sich nicht nur auf den Fall, wenn ein Schuldner seinem Gläubiger eine Sache (oder mehrere Sachen) vertragsmäßig als Pfand gegeben hat, sondern sie gelten auch dann, wenn ein Pfandrecht an beweglichen Sachen kraft Gesetzes besteht (1257). Nur die Entstehung des gesetzlichen Pfandrechts richtet sich nach den besonderen dafür gegebenen Vorschriften. Ein gesetzliches Pfandrecht haben z. B. nach dem Bürgerlichen Gesetzbuch: der Vermieter eines Grundstücks an den vom Mieter eingebrachten Sachen (s. „Miete, Vermietung 11"); der Verpächter an den vom Pächter eingebrachten Sachen und den Früchten (s. „Pacht 8"); der Pächter eines Grundstücks an den Inventarstücken (s. daselbst); der Unternehmer eines Werkes an den von ihm hergestellten oder ausgebesserten Sachen des Bestellers (s. „Werkvertrag 9"); endlich die Gastwirte für ihre Forderungen an den eingebrachten Sachen der Gäste (s. „Gastwirte 2"); ferner nach dem Handelsgesetzbuche z. B. der Kommissionär an dem in seinem Besitz befindlichen Kommissionsgut; der Spediteur und Lagerhalter an dem in seinem Besitz befindlichen Gute; der Schiffsgläubiger an dem Schiffe und dessen Zubehör usw.

7. Kreditbeschaffung für landwirtschaftliche Pächter. RG. betreffend die Ermöglichung der Kapitalkreditbeschaffung für landwirtschaftliche Pächter vom 9. Juli 1926 (RGBl. I 399). Die Kapitalnot der Landwirtschaft hat die Gesetzgebung dazu veranlaßt, eine Ausnahme von der Regel des BGB. zu schaffen, wonach ein Pfandrecht an beweglichen Gegenständen nur durch Übergabe des verpfändeten Gegenstandes (als Faustpfand) bestellt werden kann. Der Pächter eines landwirtschaftlich benutzten Grundstücks kann auf diese Weise den Wert des ihm eigentümlich gehörigen landwirtschaftlichen Inventars zur Kreditbeschaffung ausnutzen, ohne zu der lästigen Sicherheitsübertragung (s. Sicherstellung einer Forderung) greifen zu müssen. Bei diesem landwirtschaftlichen Kreditpfandrecht bleibt das Inventar in Eigentum und Besitz des Verpfänders. Es ist nur dem landwirtschaftlichen Pächter zugänglich. Pfandgläubiger kann nur ein nach Maßgabe des Gesetzes zugelassenes Kreditinstitut sein. Zur Begründung des Pfandrechts ist eine Einigung des Pächters und des Kreditinstituts erforderlich, der Vertrag muß schriftlich abgefaßt und bei dem Amtsgericht, in dessen Bezirk der Betrieb seinen Sitz hat, niedergelegt werden. Das Amtsgericht trägt die bei ihm niedergelegten Verträge in ein Register ein, dessen Einsicht ebenso wie die der Verträge jedem, der ein berechtigtes Interesse darlegt, gestattet ist. Der Pächter, der sich Kredit verschaffen will, kann sich vom Amtsgericht bescheinigen lassen, daß bisher noch kein Verpfändungsvertrag niedergelegt worden ist. In dem Vertrage müssen wie bei der Hypothekenbestellung der Geldbetrag der Forderung, der Zinssatz, etwaige sonstige Nebenleistungen und die Fälligkeitsabreden angegeben sein. Das Inventar haftet dem Gläubiger auch für die Kosten der Kündigung, der Rechtsverfolgung und der Verwertung des Pfandes. Dem Pächter verbleibt das Recht zur Veräußerung einzelner Inventarstücke innerhalb der Grenzen ordnungsmäßiger Wirtschaft. Neue Anschaffungen treten in die Pfandverbindlichkeiten ein, wenn dies nicht ausdrücklich ausgeschlossen ist, innerhalb der Grenzen ordentlicher Wirtschaft veräußerte werden frei. Sonst umfaßt das Pfandrecht alle Inventarstücke, soweit sie nicht ausdrücklich im Vertrage ausgenommen sind, auch dem Pächter nicht gehörige, es sei denn, daß dem Pfandgläubiger im Zeitpunkt der Niederlegung des Vertrages bekannt war, daß es dem Pächter nicht gehöre. War ein Inventarstück mit dem Rechte eines Dritten belastet, so geht das Pfandrecht des Kreditinstituts vor, sofern diesem das Recht nicht bekannt war, doch bleiben Rechte an dem Inventar, die durch Belastung des verpachteten Grundstücks oder im Wege der Zwangsvollstreckung erworben sind, in jedem Falle bestehen. Die Befriedigung des Pfandgläubigers aus dem Inventar, falls der Schuldner nicht zahlt, erfolgt durch Verkauf. Auf den Verkauf finden die Vorschriften wie beim gewöhnlichen Pfandverkauf (s. oben unter Nr. 2) Anwendung. Der Verpächter kann der Verwertung des Inventars zur Befriedigung des Pfandgläubigers nicht widersprechen, nur wenn der Verkauf nicht im Wege öffentlicher Versteigerung geschehen soll, bedarf es hierzu seiner

Einwilligung. Doch hat der Verpächter, wenn er Forderungen aus dem Pachtvertrage gegen den Pächter hat oder sein gesetzliches Pfandrecht geltend macht, einen Anspruch gegen den Pfandgläubiger auf Herausgabe eines Teils des Erlöses. Das Kreditinstitut kann die Forderung nur an ein anderes Kreditinstitut abtreten; dann geht das Pfandrecht auf den neuen Gläubiger mit über. Eine Abtretung des Pfandrechts ohne die Forderung ist nicht zulässig. In solchem Falle erlischt das Pfandrecht. Mit dem Erlöschen der Forderung erlischt das Pfandrecht, ebenso wenn das Pfandrecht durch das Kreditinstitut aufgehoben wird. Es genügt hierzu die einfache Erklärung des Instituts. Doch kann der Pächter eine öffentlich beglaubigte Erklärung verlangen, dessen Kosten er zu tragen hat. Daraufhin kann er sich die Verpfändungsurkunde vom Amtsgericht herausgeben lassen. Das Gesetz gilt nur bis zum 27. Juli 1936. Dann tritt es von selbst außer Kraft, falls es nicht bis dahin durch ein neues Gesetz verlängert wird.

8. Außer den vertragsmäßigen und dem gesetzlichen Pfandrecht gibt es noch das Pfändungspfandrecht, das dadurch entsteht, daß bewegliche Sachen des Schuldners im Wege der Zwangsvollstreckung durch den Gerichtsvollzieher oder einen sonstigen zur Zwangsvollstreckung befugten Beamten „gepfändet" werden (s. „Pfändung i. d. Zwangsvollstreckung" und „Zwangsvollstreckung"). Auf dieses Pfandrecht, das in der Zivilprozeßordnung des Näheren geregelt ist, beziehen sich die vorstehenden Vorschriften nicht ohne weiteres.

[Über das Pfandrecht an Rechten (Forderungen, Aktien, Wechseln, Wertpapieren usw.), sowie über das Pfandrecht an Schiffen s. die besonderen Artikel; über Pfandrechte an Grundstücken (Häusern usw.) s. die Artikel „Hypothek", „Grundschuld", „Rentenschuld". Vgl. auch „Pfändung (Privatpfändung)" und „Pfandleiher usw.".]

Pfandgeld s. Pfändung (Privatpfändung).

Pfandgläubiger s. Pfand (Faustpfand); Pfandrecht an Rechten usw.; Pfandrecht an Schiffen; Hypothek.

Pfandhalter s. Hypothek 6.

Pfandleiher, Pfandleihanstalten, Rückkaufshändler. In verschiedenen deutschen Staaten sind zur Regelung des Geschäftsbetriebes der gewerblichen Pfandleiher und der Pfandleihanstalten Bestimmungen getroffen, die neben Vorschriften über die Verpfändung und die Art des Pfandverkaufs namentlich Vorschriften enthalten über die zulässige Zinshöhe, die Berechnung der Zinsen, die Fälligkeit des vom Pfandleiher gewährten Darlehns, über die Prolongation des Darlehns und dgl. mehr. Diese landesgesetzlichen Vorschriften behalten auch künftig ihre Gültigkeit (EGBGB. 94). Dergleichen Gewerbebetriebe bedürfen nach der Gewerbeordnung der staatlichen Erlaubnis. Die Gültigkeit der Verpfändung ist häufig von der Eintragung in ein Pfandbuch und Übergabe eines Pfandscheines abhängig gemacht. In Preußen gilt zur Zeit für die Höhe des Zinses die VO. v. 5. 8. 26 (GS. S. 250). Dasselbe gilt von den landesgesetzlichen Vorschriften über den Geschäftsbetrieb der sog. Rückkaufshändler, deren Gewerbe nach der Gewerbeordnung als Pfandleihgewerbe gilt. Inwieweit Banken und Kreditanstalten unter den Begriff von Pfandleihanstalten fallen, hängt von ihrem Geschäftsbetriebe ab. Sofern öffentlichen Pfandleihanstalten (d. h. vom Staate oder Kommunalverbänden errichteten) nach Landesgesetzen das Recht zusteht, die ihnen verpfändeten Sachen dem Berechtigten (also z. B. dem wahren Eigentümer, wenn die Sachen gestohlen oder gefunden und von dem Diebe oder Finder verpfändet waren) nur gegen Bezahlung des auf die Sache gewährten Darlehns herauszugeben, bleibt dieses Recht auch künftig bestehen. Solche Bestimmungen bestehen z. B. in Bayern und Preußen.

Pfandrecht an Rechten, Forderungen, Aktien, Wechseln, Hypotheken, Wertpapieren usw. (1273 bis 1296). **1.** Wie ein Schuldner seinem Gläubiger dadurch Sicherheit gewähren kann, daß er ihm eine bewegliche Sache zum Pfande (Faustpfande) gibt, so kann er ihm auch irgendein Recht zu seiner Sicherheit verpfänden, so daß der Gläubiger, wenn der Schuldner nicht zahlt, aus dem Rechte seine Befriedigung suchen kann. Pfandrechtliche Sicherheit kann an Rechten aller Art bestellt werden, wenn nur das zu verpfändende Recht nach dem Gesetze „übertragbar" ist (s. „Abtretung einer Forderung 1"), z. B. an Forderungen (einfachen oder Hypothekforderungen, Wechselforderungen usw.), an Nießbrauchs- oder Pachtrechten, Gewerbeberechtigungen, Patentrechten, an Anteilsberechtigungen an einem Nachlaß (Erbteilen) oder an einer Gemeinschaft, z. B. an einem Vereins- oder Gesellschaftsvermögen und dgl. mehr.

Das Pfandrecht an einem Rechte wird dadurch begründet, daß der Schuldner und der Gläubiger sich darüber einigen, daß das Recht (die Forderung usw.) dem letzteren als Pfand für seine Forderung an den Schuldner dienen soll; es müssen aber außerdem die Vorschriften befolgt werden, die für den Fall, daß das betreffende Recht (die Forderung usw.) auf einen anderen übertragen (abgetreten, zediert) würde, gelten. Für das Pfandrecht an Rechten (Forderungen usw.) gelten sonst im allgemeinen die Vorschriften, die für das Pfandrecht an beweglichen Sachen gegeben sind; s. „Pfand (Faustpfand)". Es bestehen aber doch mancherlei Abweichungen, die in der Natur eines Pfandrechts an Rechten begründet sind; außerdem gelten noch wieder besondere Bestimmungen für Pfandrechte an Forderungen (unten 2) sowie an Wechseln, an sog. Order- und Inhaberpapieren (unten 3). — Wer eine bewegliche Sache zum Pfande hat, kann sie verkaufen lassen, wenn der Schuldner nicht zahlt (s. „Pfand (Faustpfand)" unter 2); diese Art, Befriedigung aus dem Pfande zu suchen, paßt aber nicht für Pfandrechte an Rechten (Forderungen usw.), da letztere wegen der Unsicherheit ihrer Wertschätzung nicht in demselben Maße geeignet sind, durch öffentliche Versteigerung verwertet zu werden, wie bewegliche Sachen. Das Gesetz bestimmt daher im Interesse des Schuldners, daß der Pfandgläubiger seine Befriedigung aus dem ihm verpfändeten Rechte (z. B. einem Anteil an einem noch ungeteilten Nachlasse oder an einer Gesellschaft oder einem Nießbrauch usw.) nur auf Grund eines vollstreckbaren Titels (§§ 704, 794 ZPO.) nach den für die Zwangsvollstreckung geltenden Vorschriften suchen kann; er muß also seinen Schuldner zunächst auf Zahlung verklagen, und nachdem er einen vollstreckbaren Titel (Urteil usw.) erlangt hat, die Zwangsvollstreckung gegen den Schuldner in das ihm verpfändete Recht betreiben. Das nähere Verfahren regelt sich nach den Bestimmungen der Zivilprozeßordnung. Eine Vereinbarung zwischen dem Schuldner und seinem Gläubiger, daß im Falle der nicht rechtzeitigen Befriedigung des Gläubigers diesem das verpfändete Recht (die verpfändete Forderung usw.) zu Eigentum zufallen solle, kann im voraus nicht rechtsgültig getroffen werden; sie ist erst zulässig, wenn die Forderung des Gläubigers, für die das ihm verpfändete Recht haftet, schon fällig (und eine nicht auf Geld gehende Forderung in eine Geldforderung umgewandelt) ist. Gläubiger und Schuldner können im übrigen gültig vereinbaren, daß die Verwertung des verpfändeten Rechts zur Befriedigung des Gläubigers in anderer Weise, als es das Gesetz vorschreibt, erfolgen soll, daß z. B. das gepfändete Recht nach eingetretener Fälligkeit der Forderung des Pfandgläubigers gleich wie eine verpfändete bewegliche Sache verkauft werden soll; doch darf vor Eintritt der Fälligkeit nicht auf Verkauf in öffentlicher Versteigerung, auf Bekanntmachung des Versteigerungstermins, und bei Gold- und Silbersachen nicht auf die Schutzbestimmung, daß diese nicht unter dem Metallwert verkauft werden dürfen, verzichtet werden.

2. Verpfändung einer Forderung, einer Hypothek usw. (1280—1291). Zur Verpfändung einer nicht hypothekarisch gesicherten Forderung genügt die Vereinbarung zwischen dem Pfandschuldner und Pfandgläubiger. Wirksam wird die Verpfändung jedoch erst, wenn der Gläubiger, d. h. der Verpfänder, seinem Schuldner die Verpfändung anzeigt. Die Anzeige braucht nicht schriftlich zu sein, es wird jedoch im Interesse des Pfandgläubigers sein, sich ein Beweismittel, z. B. ein Anerkenntnis des Schuldners über den Empfang der Anzeige, zu verschaffen. Von der Aushändigung etwaiger Schuldurkunden an den Pfandgläubiger ist die Wirksamkeit der Verpfändung nicht abhängig.

Bei Hypothekenforderungen gelten die nachstehenden Vorschriften:

Ist ein Hypothekenbrief ausgestellt (Briefhypothek), so ist schriftliche Verpfändungserklärung des verpfändenden Schuldners und Übergabe des Briefes an den Pfandgläubiger zur Wirksamkeit der Verpfändung erforderlich (1274, 1154). Die Verpfändung kann auf Antrag jedes der Beteiligten in das Grundbuch eingetragen werden, dazu ist erforderlich, daß die Verpfändungsurkunde entweder gerichtlich oder notariell aufgenommen oder beglaubigt wird. Die Verpfändungsurkunde könnte etwa so lauten: „Verpfändungsurkunde. Der Kaufmann Heinr. Müller in X. verpfändet hierdurch der Firma H. Berg in Y. zur Sicherung für diejenige Forderung von ... RM., die der genannten Firma gegen ihn aus einer Warenlieferung vom 26. April 1922 zusteht, die Hypothekforderung von 1000 RM., die für den Verpfänder auf dem Grundbesitz des N. N. im Grundbuche von Z.-Blatt 112 in Abt. III unter lfde. Nr. 4 eingetragen ist. Der Hypothekenbrief vom 1. Mai 1923 wird der Pfandgläubigerin, Firma H. Berg, hierneben übergeben. X., den ... Heinr. Müller. H. Berg“. — Ist über die Hypothek kein Hypothekenbrief erteilt (Buchhypothek), so muß die Verpfändung der Hypothekforderung, um gültig zu sein, in das Grundbuch eingetragen werden (1154 Abs. 3). Die Eintragung im Grundbuch erfolgt auf Antrag eines der beiden Beteiligten auf Grund einer notariell oder gerichtlich aufgenommenen oder beglaubigten Verpfändungserklärung und Eintragungsbewilligung des Verpfänders. Ohne Eintragung ist die Verpfändung unwirksam. — Was vorstehend von der Verpfändung von Hypothekforderungen gesagt ist, gilt auch von der Verpfändung von Grundschuld- oder Rentenschuldforderungen (1291).

Ist die Forderung rechtsgültig verpfändet, so darf der Schuldner der Forderung (Drittschuldner) nur an den Pfandschuldner und Pfandgläubiger gemeinschaftlich zahlen oder leisten. Jeder dieser beiden kann verlangen, daß an sie beide gemeinschaftlich gezahlt (geleistet) wird; ist dies nicht ausführbar (weil z. B. der eine seine Mitwirkung verweigert), so kann jeder verlangen, daß der Schuldner das Geschuldete für beide hinterlegt (s. „Hinterlegung“) oder, wenn es sich zur Hinterlegung nicht eignet, an einen gerichtlich zu bestellenden Verwahrer abliefert (s. „Verwahrer, gerichtliche Bestellung eines“). Ist die Zeit herangekommen, wo der Pfandgläubiger Zahlung oder sonstige Befriedigung fordern kann und fordert, so kann er, der Pfandgläubiger, die ihm verpfändete Forderung allein einziehen und der Schuldner der verpfändeten Forderung darf jetzt nur noch an ihn zahlen. Ob der Pfandgläubiger von der Befugnis, die verpfändete Forderung selbst einzuziehen, Gebrauch machen will, hängt von seinem freien Willen ab; er kann auch statt dessen die Zwangsvollstreckung gegen seinen Schuldner betreiben und aus der ihm verpfändeten Forderung oder aus dem sonstigen Vermögen des Schuldners in gewöhnlicher Weise seine Befriedigung suchen. Übrigens darf der Pfandgläubiger die ihm verpfändete Geldforderung nur insoweit einziehen, als zu seiner Befriedigung nötig ist. Soweit der Pfandgläubiger zur Einziehung der Forderung berechtigt ist, kann er von seinem Schuldner auch verlangen, daß dieser ihm die gepfändete Geldforderung an Zahlungs Statt abtritt. Zu anderen Verfügungen über die gepfändete Forderung, als die Einziehung, ist der Pfandgläubiger nicht berechtigt. Muß die verpfändete Forderung, ehe sie eingezogen werden kann, dem Schuldner gekündigt werden, so ist, solange die Forderung des Pfandgläubigers noch nicht fällig ist, zur Kündigung nur der eigentliche Gläubiger (Pfandschuldner) berechtigt; er bedarf jedoch der Zustimmung des Pfandgläubigers, wenn dieser berechtigt ist, die Nutzungen (Zinsen usw.) zu ziehen. Will der Schuldner der gepfändeten Forderung seine Schuld zur Rückzahlung kündigen, so muß er die Kündigung seinem Gläubiger und dem Pfandgläubiger erklären, widrigenfalls die Kündigung unwirksam ist. Ist aber der Pfandgläubiger nach eingetretener Fälligkeit seiner Forderung befugt, die ihm verpfändete Forderung einzuziehen, so steht auch ihm (neben dem eigentlichen Gläubiger) das Recht zu, sie zu kündigen; für die Kündigung des Schuldners genügt es dann, wenn er sie dem Pfandgläubiger allein erklärt. Der Schuldner einer verpfändeten Forderung befindet sich stets in einer mißlichen Lage, da er gewissermaßen mit zwei Gläubigern zu tun hat; er muß sorgfältig prüfen, ob die Forderung des Pfandgläubigers bereits fällig ist, da es davon abhängig ist, wer ihm kündigen kann und an wen er eine Kündigung zu richten hat. Übrigens können der Gläubiger der gepfändeten Forderung und der Pfandgläubiger darüber, an wen und in welcher Weise die verpfändete Forderung einzuzahlen ist, wer zu einer Kündigung befugt sein soll und an wen vom Schuldner zu kündigen ist, andere Vereinbarungen treffen; es kommen dann die ebengedachten gesetzlichen Bestimmungen nicht zur Anwendung. Der Schuldner kann aber über solche Vereinbarungen gehörigen Nachweis verlangen; hegt er begründete

Zweifel, was er zu tun hat, so wird er von seinem Rechte, die Schuldsumme zu hinterlegen, Gebrauch machen (s. „Hinterlegung“).

Wie stehen aber der Pfandgläubiger und der Forderungsgläubiger zueinander? Solange nach dem Vorstehenden der Schuldner nur an beide zusammen zahlen darf, sind beide gegenseitig verpflichtet, gemeinschaftlich die Einziehung der Forderung vorzunehmen, sobald sie fällig ist. Ist dagegen der Pfandgläubiger allein berechtigt, die Forderung einzuziehen, so hat er auch für die ordnungsmäßige Einziehung zu sorgen und ist dem Gläubiger (seinem Schuldner) zum Schadensersatz verpflichtet, wenn er hierin säumig ist. Von der erfolgten Einziehung muß er, sofern dies möglich ist, seinen Schuldner unverzüglich benachrichtigen. Muß die Forderung erst gekündigt werden, so kann er, sofern er nicht selber zur Kündigung berechtigt ist, von seinem Schuldner verlangen, daß dieser kündigt, wenn die „Einziehung der Forderung wegen Gefährdung ihrer Sicherheit nach den Regeln einer ordnungsmäßigen Vermögensverwaltung geboten“ ist. Unter der gleichen Voraussetzung kann aber auch der Forderungsgläubiger vom Pfandgläubiger die Zustimmung zur Kündigung verlangen, wenn eine solche Zustimmung (s. oben) erforderlich ist. Es fragt sich aber nun, was wird, wenn der Schuldner der gepfändeten Forderung eingezahlt oder sonst geleistet hat. Handelt es sich nicht um eine Geldzahlung, sondern hat der Schuldner ein Grundstück oder eine andere Sache geliefert oder herausgegeben, so kommt zwar das Grundstück, die Sache, dem eigentlichen Gläubiger zu; der Pfandgläubiger erwirbt aber ohne weiteres ein Pfandrecht an dem Gegenstande, und zwar erlangt er, wenn es sich um ein Grundstück handelt, eine Sicherungshypothek (1287) an dem Grundstück; dieses Pfandrecht, diese Hypothek treten an die Stelle des Pfandrechts, das er bisher an der Forderung hatte. Hat dagegen der Schuldner Geld eingezahlt, so kommt es darauf an, ob die Forderung des Pfandgläubigers bereits fällig ist; in diesem Falle erhält er das Geld, soweit solches zu seiner Befriedigung erforderlich ist; ist sie noch nicht fällig und einigen sich die Beteiligten nicht in anderer Weise, so sind beide (der Forderungsgläubiger und der Pfandgläubiger) gegenseitig verpflichtet, den vom Schuldner eingezahlten Betrag, soweit es ohne Beeinträchtigung des Interesses des Pfandgläubigers tunlich ist, nach den für die Anlegung von Mündelgeld (s. den betreffenden Artikel) geltenden Vorschriften verzinslich anzulegen; gleichzeitig muß der Schuldner seinem Gläubiger (dem Pfandgläubiger) wiederum ein Pfandrecht an dem neu angelegten Kapital bestellen. In welcher Weise das Geld angelegt werden soll, hat der Schuldner zu bestimmen.

Ist die verpfändete Forderung verzinslich, so erstreckt sich die Pfändung auch auf die Zinsen (1289). Will der Pfandgläubiger die Zinsen zu seiner Befriedigung in Anspruch nehmen, so muß er dies dem Zinsenschuldner anzeigen. Solange dieses nicht geschehen ist, kann der Zinsenschuldner die Zinsen an seinen Gläubiger zahlen. Der Gläubiger der verpfändeten Forderung ist auch nicht verhindert, über die Zinsen schon im voraus zu verfügen, z. B. sie abzutreten oder zu verpfänden; eine solche Verfügung hat jedoch, wenn der Pfandgläubiger dem Zinsenschuldner die oben erwähnte Anzeige macht, nur insoweit Gültigkeit, als sie sich auf die Zinsen bis zum Schluß des Kalenderquartals bezieht, das auf das Quartal, in dem die Anzeige gemacht ist, folgt; eine Verfügung über die Zinsen auf eine weitere Zeit hinaus braucht der Pfandgläubiger nicht anzuerkennen. Ist nach der Fälligkeit einer Zinsforderung ein Jahr verstrichen, ohne daß der Pfandgläubiger die Anzeige an den Schuldner gemacht hat, so haften diese Zinsrückstände dem Pfandgläubiger überhaupt nicht mehr. Hat der Pfandgläubiger die oben erwähnte Anzeige gemacht, so darf der Drittschuldner die Zinsen nur an beide, seinen Gläubiger und den Pfandgläubiger, zusammen oder, wenn die Forderung des Pfandgläubigers schon fällig ist, nur an diesen zahlen. Auch in bezug auf die Frage, was mit den vom Schuldner eingezahlten Zinsen zu geschehen hat, gelten dieselben Bestimmungen, wie im Falle der Einziehung der Hauptforderung selbst.

3. Verpfändung von Wechseln, anderen indossablen Papieren und Inhaberpapieren (1293—2196). Die Verpfändung eines Wechsels oder eines anderen Papiers, das durch Indossament übertragen werden kann, geschieht in der Weise, daß der Gläubiger das Papier dem Pfandgläubiger indossiert (giriert) und aushändigt und dabei mit ihm die Vereinbarung trifft, daß ihm das Papier als Pfand für seine Forderung dienen solle. Aus dieser Verabredung ergeben sich für den nunmehrigen neuen Wechsel- usw. Gläubiger, der seine Rechte aus dem ihm indossierten Papier gegen den oder die Schuldner ohne Einschränkung geltend machen kann, die ihm gesetzlich gegenüber dem Verpfänder obliegenden Verpflichtungen. Soll ein Inhaberpapier, z. B. eine Schuldverschreibung oder eine Aktie auf den Inhaber, eine Banknote, ein Zins- oder Dividendenschein (Näheres über Inhaberpapiere s. unter „Schuldverschreibungen auf den Inhaber“) verpfändet werden, so hat dies in derselben Weise zu geschehen, wie wenn eine bewegliche Sache zum Faustpfande gegeben wird (s. „Pfand 1“). Für Wechsel, andere indossable Papiere und Inhaberpapiere gilt aber das Besondere, daß der Pfandgläubiger zur Einziehung des Wechsel- usw. Betrages und, wenn eine Kündigung erforderlich ist, zur Kündigung berechtigt ist und daß der Schuldner nur noch an ihn, den Pfandgläubiger, nicht mehr an den früheren Wechsel- usw. Gläubiger zahlen darf, auch wenn seine Forderung noch nicht fällig geworden oder noch nicht in eine Geldforderung umgewandelt ist. Hat ein verpfändetes Papier, das durch Indossament übertragen werden kann, einen Börsen- oder Marktpreis, so kann der Pfandgläubiger, nachdem seine Forderung fällig geworden ist, das Papier aus freier Hand durch einen zu solchen Verkäufen öffentlich ermächtigten Handelsmäkler oder durch einen Gerichtsvollzieher oder eine sonstige, zu öffentlichen Versteigerungen befugte Person zum laufenden Preise verkaufen lassen. Bei einer Pfändung von Wertpapieren, mit denen Zins-, Renten- oder Gewinnanteil-(Dividenden-)scheine verbunden sind, erstreckt sich das Pfandrecht auf diese Scheine nur dann, wenn sie dem Pfandgläubiger mit übergeben sind; auch in diesem Falle ist jedoch der Eigentümer berechtigt, von dem Pfandgläubiger bei Fälligkeit der Scheine deren Herausgabe zu verlangen, soweit sie vor Fälligkeit der durch das Pfand gesicherten Forderung fällig geworden sind, was besonders für das Lombardgeschäft von Wichtigkeit ist.

Verpfändung von sog. Legitimationspapieren. Die vorstehend mitgeteilten Bestimmungen über Verpfändung von (Bestellung eines Faustpfands an) Inhaberpapieren beziehen sich nicht auch auf solche Papiere, die bloß sog. Legitimationspapiere sind (s. „Schuldverschreibungen auf den Inhaber I 6"), noch weniger auf gewöhnliche Schuldverschreibungen auf den Namen eines bestimmten Gläubigers (Schuldscheine). An solchen Papieren, die für sich allein gar keinen Vermögenswert darstellen, kann kein Pfandrecht bestellt werden; pfandrechtliche Sicherheit kann nur dadurch gewährt werden, daß der Berechtigte (der Eigentümer des Sparkassenbuchs, der Versicherungspolice usw.) seinem Gläubiger die Forderung selbst (an die Sparkasse, die Versicherungsgesellschaft usw.) nach den für die Verpfändung von Forderungen geltenden Vorschriften (s. oben 2) verpfändet. Es ist aber nicht ausgeschlossen, daß durch die Hingabe eines der gedachten sog. Legitimationspapiere zum Zwecke der Sicherung eines Gläubigers zwischen diesem und dem Hingeber ein persönliches Rechtsverhältnis begründet wird, kraft dessen der Gläubiger die Rückgabe des Papiers (des Sparkassenbuchs, des Depot- oder Pfandscheins, der Police usw.) solange verweigern kann, bis er wegen seiner Forderung befriedigt ist; es entsteht nur kein dingliches, gegen jedermann wirksames Pfandrecht.

Pfandrecht an Schiffen (BGB. 1259—1271). Schiffe sind bewegliche Sachen. Das Pfandrecht an Schiffen ist jedoch nicht nach den Bestimmungen des Faustpfandes geordnet, sondern als Pfandrecht ohne Besitzübergabe durch Eintragung der Verpfändung in das Schiffsregister (RFGG. 100—124). Dieses Register wird nach den darüber erlassenen besonderen Gesetzen geführt, die auch darüber bestimmen, welche Schiffe eintragungspflichtig sind (BG. v. 25. 10. 1867 [BGBl. 63] u. RG. v. 20. 5. 1898 [RGBl. 868], Gutt. Slg. Nr. 19). Die nachstehend im wesentlichen mitgeteilten gesetzlichen Bestimmungen beziehen sich daher nur auf solche Schiffe, die im Schiffsregister eingetragen sind; für die Verpfändung anderer, also insbesondere kleinerer Schiffe, Boote usw. gelten die Vorschriften über das Pfandrecht an beweglichen Sachen.

Das Pfandrecht an einem im Schiffsregister eingetragenen Schiffe wird dadurch begründet, daß der Eigentümer des Schiffes dem Gläubiger das Schiff (mündlich oder schriftlich) verpfändet und daß auf Grund dieser Erklärung das Pfandrecht im Schiffsregister eingetragen wird. Bei der Eintragung werden der Gläubiger, der Geldbetrag der Forderung und (bei verzinslichen Forderungen) der Zinssatz angegeben. Der Geldbetrag muß in RM. oder nach einem wertbeständigen Maßstab angegeben werden. Es gelten dabei dieselben Maßstäbe wie bei der Hypothek (s. d. Nr. 1) (RG. v. 12. 2. 1924 [RGBl. I 65] u. VO. v. 17. 4. 1924 [RGBl. I 415]). Auch die Eintragung in ausländischer Währung ist wie bei der Hypothek zulässig, jedoch nur mit Genehmigung der obersten Landesbehörde, wie bei der Hypothek (s. d.) (RG. v. 26. 2. 1923 [RGBl. I 90] u. v. 29. 6. 1923 [RGBl. I 232]). Der Rang mehrerer eingetragener Pfandrechte bestimmt sich nach der Reihenfolge der Eintragungen. Es gelten in dieser Beziehung dieselben Bestimmungen wie bei dem Rang der Hypotheken (s. „Rang und Rangänderung"). Solange das Pfandrecht im Schiffsregister eingetragen ist, behält es im Falle einer Veräußerung oder Belastung des Schiffes seine Kraft, auch wenn dem neuen Erwerber des Schiffes oder einem etwaigen neuen Pfandgläubiger das bereits bestehende Pfandrecht nicht bekannt gewesen sein sollte; die Öffentlichkeit des Registers ermöglicht es einem jeden, sich von einer etwaigen Belastung eines Schiffes zu überzeugen. Die Haftung des Schiffes für die durch das Pfandrecht gesicherte Forderung beschränkt sich auf den eingetragenen Betrag der Forderung und die nach dem eingetragenen Zinssatz zu berechnenden Zinsen; das Schiff haftet auch für die „gesetzlichen" Zinsen der Forderung, d. h. für solche Zinsen, die der Schuldner kraft Gesetzes, ohne daß eine Vereinbarung über eine Verzinsung nötig wäre, zu zahlen verpflichtet ist, und für die Kosten einer Kündigung, sowie einer die Befriedigung des Gläubigers aus dem Schiffe bezweckenden Rechtsverfolgung. Ist die Forderung unverzinslich oder ist der Zinssatz niedriger als fünf vom Hundert, so kann das Pfandrecht ohne Zustimmung der im Range gleich- oder nachstehenden Berechtigten dahin erweitert werden, daß das Schiff für Zinsen bis zu fünf vom Hundert haftet. Das Pfandrecht erstreckt sich auch auf das Zubehör des Schiffes mit Ausnahme der Zubehörstücke, die nicht in das Eigentum des Eigentümers des Schiffes gelangt sind. Auf die Haftung der Zubehörstücke finden die für die Hypothek geltenden Vorschriften der §§ 1121, 1122 des Gesetzbuches entsprechende Anwendung.

Für das Pfandrecht an Schiffen gelten sonst im allgemeinen die für Pfandrechte an beweglichen Sachen gegebenen Vorschriften (s. „Pfand [Faustpfand]"); sie können nur insoweit nicht zur Anwendung gebracht werden, als sich daraus, daß der Pfandgläubiger nicht (wie beim Pfandrecht an anderen beweglichen Sachen der Fall ist) den Besitz des Pfandgegenstandes erlangt, notwendige Abweichungen ergeben. Ferner gilt noch folgendes Besondere: Der Verpfänder kann gegen Befriedigung des Pfandgläubigers die Aushändigung der zur Löschung des Pfandrechts erforderlichen Urkunden verlangen. Das gleiche Recht steht dem persönlichen Schuldner zu, wenn er ein rechtliches Interesse an der Berichtigung des Schiffsregisters hat. Während sonst bei verpfändeten beweglichen Sachen der Gläubiger nach Eintritt der Fälligkeit seiner Forderung befugt ist, die Pfandsache zu seiner Befriedigung öffentlich versteigern zu lassen, kann der Pfandgläubiger seine Befriedigung aus einem in das Schiffsregister eingetragenen Schiffe und dessen Zubehör nur auf Grund eines vollstreckbaren Titels (Urteils usw.) nach den für die Zwangsvollstreckung geltenden Vorschriften suchen. Die Zwangsvollstreckung in eingetragene Schiffe erfolgt im wesentlichen nach den Vorschriften über die Zwangsvollstreckung in Grundstücke (durch Zwangsversteigerung oder Zwangsverwaltung) (ZVG. 162—171). Ist ein Pfandrecht im Schiffsregister eingetragen und die Person des Pfandgläubigers unbekannt (der ursprüngliche Pfandgläubiger ist z. B. verstorben oder verschollen und seine Erben sind nicht bekannt), so kann der Schiffseigentümer die Löschung des Pfandrechts im Register auf dem Wege des gerichtlichen Aufgebotsverfahrens unter denselben Voraussetzungen und mit derselben Wirkung herbeiführen, unter denen die Ausschließung eines unbekannten Hypothekengläubigers erwirkt werden kann; s. „Hypothek 4". Über den Fall, daß ein Schiff oder Schiffe für Forderungen aus einer Schuldverschreibung auf den Inhaber, aus einem Wechsel oder aus einem anderen indossablen Papiere verpfändet werden, enthält der § 1270 des Gesetzbuchs besondere Bestimmungen. Endlich kann bei der Verpfändung von Schiffen ausgemacht werden, daß nur ein Höchstbetrag, bis zu dem das Schiff haften soll, bestimmt, im übrigen aber die Feststellung der Forderung vorbehalten wird; es muß dann der Höchstbetrag in das Schiffsregister eingetragen werden. Ist die Forderung verzinslich, so werden die Zinsen in den Höchstbetrag eingerechnet. Ein Schiffspfandrecht kann auch schon an einem im Bau befindlichen Schiffe bestellt werden, sobald der Kiel gelegt und das Bauwerk durch Namen und Nummer dauernd bezeichnet u. in dem für im Bau befindliche Schiffe geführten Register eingetragen ist (Ges. v. 4. 7. 26 [RGBl. I 367]). Was vorstehend über die Verpfändung von Schiffen gesagt ist, gilt auch für das Pfandrecht an einer Schiffspart.

Pfandrecht, gesetzliches, s. Pfand 6 u. Hypothek 2 a. Schl.; an Grundstücken s. Hypothek; des Wirtes an den Sachen des Gastes s. Gastwirte 2; des Unternehmers s. Werkvertrag 9; des Vermieters s. Miete 11; des Verpächters und des Pächters s. Pacht 8. Vgl. auch: Pfand (Faustpfand), Pfandrecht an Rechten usw., Pfandrecht an Schiffen, Hypothek, Grundschuld, Rentenschuld.

Pfandscheine, Verpfändung von, s. Pfandrecht an Rechten usw. 3 a. Schl.

Pfändung in der Zwangsvollstreckung. Sachen und Forderungen, die ihr nicht unterworfen sind (ZPO. 810—813, 850—853, 857). Ist ein Schuldner zur Zahlung usw. verurteilt oder hat er gegen den Zahlungsbefehl (s. d.), den der Gläubiger gegen ihn genommen hat, nicht rechtzeitig Widerspruch erhoben, so kann der Gläubiger nun mit der Zwangsvollstreckung (Exekution) gegen ihn vorgehen, um zu seinem Geld oder zu dem, was er sonst vom Schuldner zu fordern hat, zu gelangen; er kann beim Schuldner bewegliche Sachen oder ausstehende Forderungen pfänden lassen oder, wenn jener Grundbesitz hat, diesen zum Zwangsverkauf bringen (Zwangsversteigerung, Subhastation, Zwangsverwaltung). Das Verfahren bei der Zwangsvollstreckung wird durch die „Zivilprozeßordnung" und durch das „Gesetz über die Zwangsversteigerung und die Zwangsverwaltung" geregelt. Dieses Verfahren darzustellen, ist nicht die Aufgabe dieses Buches; aber es ist für die Leser von Interesse, zu wissen, welche Vermögensgegenstände dem Schuldner nicht abgepfändet werden können. Das Gesetz gestattet nicht, daß ihm der letzte Rest seiner Habe genommen wird, um seinen Gläubiger zu befriedigen; die Zwangsvollstreckung darf nicht soweit gehen, daß der Schuldner wirtschaftlich ruiniert wird. Es sind deshalb eine Reihe von Vermögensgegenständen der Zwangsvollstreckung (Pfändung) gesetzlich entzogen. Die betreffenden Bestimmungen der Zivilprozeßordnung lauten:

1. Bewegliche Sachen, die der Pfändung nicht unterworfen sind:

„§ 811. Folgende Sachen sind der Pfändung nicht unterworfen:

1. die Kleidungsstücke, die Betten, die Wäsche, das Haus- und Küchengerät, insbesondere die Heiz- und Kochöfen, soweit diese Gegenstände für den Bedarf des Schuldners oder zur Erhaltung eines angemessenen Hausstandes unentbehrlich sind;
2. die für den Schuldner, seine Familie und sein Gesinde auf vier Wochen erforderlichen Nahrungs-, Feuerungs- und Beleuchtungsmittel oder, soweit solche Vorräte auf zwei Wochen nicht vorhanden und ihre Beschaffung für diesen Zeitraum auf anderem Wege nicht gesichert ist, der zur Beschaffung erforderliche Geldbetrag;
3. eine Milchkuh oder nach der Wahl des Schuldners statt einer solchen zwei Ziegen oder zwei Schafe nebst den zum Unterhalt und zur Streu für dieselben auf vier Wochen erforderlichen Futter- und Streuvorräten oder, soweit solche Vorräte auf zwei Wochen nicht vorhanden, dem zur Beschaffung erforderlichen Geldbetrage, wenn die bezeichneten Tiere für die Ernährung des Schuldners, seiner Familie und seines Gesindes unentbehrlich sind;
4. bei Personen, welche Landwirtschaft betreiben, das zum Wirtschaftsbetrieb erforderliche Gerät und Vieh nebst dem nötigen Dünger sowie die landwirtschaftlichen Erzeugnisse, soweit sie zur Fortführung der Wirtschaft bis zu der Zeit erforderlich sind, zu welcher gleiche oder ähnliche Erzeugnisse voraussichtlich gewonnen werden;
5. bei Künstlern, Handwerkern, gewerblichen Arbeitern und anderen Personen, welche aus Handarbeit oder sonstigen persönlichen Leistungen ihren Erwerb ziehen, die zur persönlichen Fortsetzung der Erwerbstätigkeit unentbehrlichen Gegenstände;
6. bei den Witwen und den minderjährigen Erben der unter Nr. 5 bezeichneten Personen, wenn sie das Erwerbsgeschäft für ihre Rechnung durch einen Stellvertreter fortführen, die zur persönlichen Fortführung des Geschäfts durch den Stellvertreter unentbehrlichen Gegenstände;
7. bei Offizieren, Deckoffizieren, Beamten, Geistlichen, Lehrern an öffentlichen Unterrichtsanstalten, Rechtsanwälten, Notaren, sowie Ärzten und Hebammen die zur Verwaltung des Dienstes oder Ausübung des Berufs erforderlichen Gegenstände, sowie anständige Kleidung;
8. bei Offizieren, Militärärzten, Deckoffizieren, Beamten, Geistlichen, bei Ärzten und Lehrern an öffentlichen Anstalten ein Geldbetrag, welcher dem der Pfändung nicht unterworfenen Teile des Diensteinkommens oder der Pension für die Zeit von der Pfändung bis zum nächsten Termin der Gehalts- oder Pensionszahlung gleichkommt;
9. die zum Betriebe einer Apotheke unentbehrlichen Geräte, Gefäße und Waren;
10. die Bücher, welche zum Gebrauche des Schuldners und seiner Familie in der Kirche oder Schule oder einer sonstigen Unterrichtsanstalt oder bei der häuslichen Andacht bestimmt sind;
11. die in Gebrauch genommenen Haushaltungs- und Geschäftsbücher, die Familienpapiere sowie die Trauringe, Orden und Ehrenzeichen;
12. künstliche Gliedmaßen, Brillen und andere wegen körperlicher Gebrechen notwendige Hilfsmittel, soweit diese Gegenstände zum Gebrauche des Schuldners und seiner Familie bestimmt sind;
13. die zur unmittelbaren Verwendung für die Bestattung bestimmten Gegenstände.

§ 812. Gegenstände, welche zum gewöhnlichen Hausrat gehören und im Haushalt des Schuldners gebraucht werden, sollen nicht gepfändet werden, wenn ohne weiteres ersichtlich ist, daß durch deren Verwertung nur ein Erlös erzielt werden würde, welcher zu dem Werte außer allem Verhältnis steht.

§ 813. Zur Pfändung von Früchten, die von dem Boden noch nicht getrennt sind, und zur Pfändung von Gegenständen der im § 811 Nr. 4 bezeichneten Art bei Personen, welche Landwirtschaft betreiben, soll ein landwirtschaftlicher Sachverständiger zugezogen werden, sofern anzunehmen ist, daß der Wert der zu pfändenden Gegenstände den Betrag von eintausend Reichsmark übersteigt. Inwieweit bei einem geringeren Werte ein Sachverständiger zugezogen werden soll, bestimmt die Landesjustizverwaltung." (Es soll durch diese Bestimmung eine Gewähr dafür geboten werden, daß die gesetzlichen Pfändungsbeschränkungen in betreff der Früchte und der zum Betriebe der Landwirtschaft dienenden Gegenstände beachtet werden.)

Außer diesen, in der Zivilprozeßordnung als unpfändbar bezeichneten Gegenständen sind der Pfändung ferner nicht unterworfen: das Inventar der Posthaltereien, die Fahrbetriebsmittel der Eisenbahnen, Hochseekabel, Briefe auf der Post (Postgeheimnis), urheberrechtlich geschützte Manuskripte, sowie eiserne Gedenkstücke, die im Auftrag der Reichsbank für die Einlieferer von Goldstücken z. B. geliefert worden sind.

Sparkassenbücher können nicht gepfändet werden, da das Buch an sich keinen Vermögenswert hat; wohl aber kann die durch das Buch verbriefte Forderung an die Sparkasse gepfändet werden.

Pfändung von Früchten. Früchte, stehende sowohl wie bereits vom Boden getrennte, unterliegen an sich der Pfändung. Sie können nur dann nicht gepfändet werden, einmal, wenn sie zu den vorstehend unter 4 aufgezählten, zum landwirtschaftlichen Betriebe erforderlichen Gegenständen gehören; sodann nicht, wenn sie im Wege der Zwangsvollstreckung in das unbewegliche Vermögen, also in das Gut oder das Grundstück selbst, bereits beschlagnahmt sind. Übrigens dürfen stehende Früchte nicht früher, als einen Monat vor der gewöhnlichen Zeit der Reife, gepfändet werden. Näheres s. unter „Früchte, Pfändung von".

2. Forderungen (Ansprüche des Schuldners), die nicht (oder nur teilweise) gepfändet werden können:

„§ 850. Der Pfändung sind nicht unterworfen:

1. der Arbeits- oder Dienstlohn nach den Bestimmungen des Reichsgesetzes vom 21. Juni 1869 und der Lohnbeschlagnahmeverordnung von 1919 (wiederholt geändert, zuletzt durch Verord. v. 27. 2. 1928 (s. darüber den besonderen Artikel „Arbeits- oder Dienstlohn, Pfändung von");
2. die auf gesetzlicher Vorschrift beruhenden Alimentenforderungen und die nach § 844 des Bürgerlichen Gesetzbuchs wegen der Entziehung einer solchen Forderung zu entrichtende Geldrente;
3. die fortlaufenden Einkünfte, welche ein Schuldner aus Stiftungen oder sonst auf Grund der Fürsorge und Freigebigkeit eines Dritten bezieht, insoweit der Schuldner zur Bestreitung des notdürftigen Unterhalts für sich, seinen Ehegatten und seine noch unversorgten Kinder dieser Einkünfte bedarf;
4. die aus Kranken-, Hilfs- oder Sterbekassen, insbesondere aus Knappschaftskassen und Kassen der Knappschaftsvereine zu beziehenden Hebungen; auch Unfalls-, Invaliden- und Altersrenten;
5. Invalidenpension der Unteroffiziere und der Mannschaften nach den Bestimmungen der Versorgungsgesetze;
6. das Diensteinkommen der Militärpersonen, welche zu einem mobilen Truppenteil oder zur Besatzung eines in Dienst gestellten Kriegsfahrzeuges gehören;
7. die Pensionen der Witwen und Waisen und die denselben aus Witwen- und Waisenkassen zugehenden Bezüge, die Erziehungsgelder und die Studienstipendien sowie die Pensionen invalider Arbeiter;
8. das Diensteinkommen der Offiziere, Militärärzte und Deckoffiziere, der Beamten, der Geistlichen, sowie der Ärzte und Lehrer an öffentlichen Anstalten; die Pension dieser Personen nach deren Versetzung in einstweiligen oder dauernden Ruhestand, sowie der nach ihrem Tode den Hinterbliebenen zu gewährende Sterbe- oder Gnadengehalt;
9. das Diensteinkommen der Unteroffiziere und Mannschaften der Wehrmacht.

Übersteigen in den Fällen Nr. 7 bis 9 das Diensteinkommen, die Pension oder die sonstigen Bezüge die Summe von dreißig Reichsmark für die Woche, so ist der dritte Teil des Mehrbetrags der Pfändung unterworfen.

Die nach § 843 des Bürgerlichen Gesetzbuchs wegen einer Verletzung des Körpers oder der Gesundheit zu entrichtende Geldrente ist nur soweit der Pfändung unterworfen, als nach der Lohnpfändung ein Arbeitslohn der Pfändung unterworfen sein würde (s. Arbeitslohnpfändung).

In den Fällen der beiden vorhergehenden Absätze ist die Pfändung ohne Rücksicht auf den Betrag zulässig, wenn sie wegen der den Verwandten, dem Ehegatten und dem früheren Ehegatten für die Zeit nach Erhebung der Klage und für das diesem Zeitpunkt vorausgehende letzte Vierteljahr kraft Gesetzes zu entrichtenden Unterhaltsbeiträge beantragt wird. Das gleiche gilt in Ansehung der zugunsten eines unehelichen Kindes von dem Vater für den bezeichneten Zeitraum kraft Gesetzes zu entrichtenden Unterhaltsbeiträge; diese Vorschrift findet jedoch insoweit keine Anwendung, als der Schuldner zur Bestreitung seines notdürftigen Unterhalts und zur Erfüllung der ihm seinen Verwandten, seiner Ehefrau oder seiner früheren Ehefrau gegenüber gesetzlich obliegenden Unterhaltspflicht der Bezüge bedarf. Hierbei werden ausschließlich die Leistungen berücksichtigt, welche vermöge einer solchen Unterhaltspflicht für den nämlichen Zeitraum oder, falls die Klage zugunsten des unehelichen Kindes nach der Klage eines Unterhaltsberechtigten erhoben ist, für die Zeit von dem Beginne des der Klage dieses Berechtigten vorausgehenden letzten Vierteljahres ab zu entrichten sind.

Die Einkünfte, welche zur Bestreitung eines Dienstaufwandes bestimmt sind, sowie die Beihilfen und Zulagen, die den unter Nr. 7—9 bezeichneten Personen mit Rücksicht auf das Vorhandensein unterhaltsberechtigter Angehöriger gewährt werden, sind weder der Pfändung unterworfen, noch bei der Ermittelung, ob und zu welchem Betrage ein Diensteinkommen der Pfändung unterliege, zu berechnen.

§ 851. Eine Forderung ist in Ermangelung besonderer Vorschriften der Pfändung nur insoweit unterworfen, als sie übertragbar ist. Eine nach § 399 des Bürgerlichen Gesetzbuchs nicht übertragbare Forderung kann insoweit gepfändet und zur Einziehung überwiesen werden, als der geschuldete Gegenstand der Pfändung unterworfen ist.

§ 852. Der Pflichtteilsanspruch ist der Pfändung nur unterworfen, wenn er durch Vertrag anerkannt oder rechtshängig geworden ist. Das gleiche gilt für den nach § 528 des Bürgerlichen Gesetzbuchs dem Schenker zustehenden Anspruch auf Herausgabe des Geschenkes." —

Außer den eigentlichen Forderungen gibt es auch noch sonstige Rechte, die gepfändet werden können, soweit nicht das Gesetz einzelne dieser Rechte als unpfändbar bezeichnet. Zu den Rechten, die nicht gepfändet werden können, gehören z. B. die Nutzungsrechte des Vaters oder der Mutter an dem Vermögen ihrer minderjährigen Kinder. Wegen des Näheren über diese der Pfändung entzogenen Rechte muß auf das Gesetz selbst (ZPO. 857 ff.) verwiesen werden.

Pfändung (Privatpfändung). Das Recht der sog. Privatpfändung, d. h. das einem Beschädigten zustehende Recht, eigenmächtig, ohne Angehen der Obrigkeit, eine Pfändung vorzunehmen, ist durch das Bürgerliche Gesetzbuch nicht geordnet; es gibt also in bezug hierauf kein übereinstimmendes Recht in Deutschland. Es ist aber in vielen Landesteilen die Privatpfändung zum Schutze der Grundstücke und der darauf wachsenden Früchte gegen Frevel jeder Art, insbesondere gegen die durch Personen oder Tiere verübten Beschädigungen, gestattet. Diese Vorschriften behalten auch künftig ihre Gültigkeit (EGBGB. 89). Auf Näheres kann hier nicht eingegangen werden, da eben die gesetzlichen Bestimmungen in den einzelnen Ländern sehr verschiedenartig sind. Es sei hier nur bemerkt, daß diese „Pfändung" ein, erforderlichenfalls unter Anwendung von Gewalt, statthafter Akt der Selbsthilfe ist. Man hat es im Interesse der Land- und Forstwirtschaft für nötig gehalten, dem Grundbesitzer, Pächter usw. einen besonderen Schutz gegenüber den ebenso zahlreichen, wie schwer faßbaren Kulturbeschädigungen durch Menschen oder Tiere zu gewähren. Der Geschädigte ist nach den betreffenden Gesetzen meist berechtigt, von dem Übertreter ein Pfandgeld oder ein Ersatzgeld zu fordern, ohne erst den oft mühsamen Nachweis des ihm zugefügten Schadens erbringen zu müssen. (Für Preußen finden sich die betreffenden Bestimmungen in dem Feld- und Forstpolizeigesetz in der Fassung v. 21. 1. 1926 §§ 73 ff.).

Pfändung eines Saldo bei Kaufleuten s. Handelsgeschäfte 1; von Lohn- und Gehaltsforderungen usw. s. Arbeits- oder Dienstlohn usw. u. Pfändung i. d. Zwangsvollstr. 2; eines Erbteils s. Erbteilung 1; des Anteils eines Gesellschafters s. Gesellschaft 5b.

Pfändungspfandrecht s. Pfand 6; Zwangsvollstreckung.

Pfandverkauf s. Pfand 2; bei Kaufleuten s. Handelsgeschäfte 2.

Pferde, Haftung des Verkäufers für Fehler s. Gewährleistung wegen Mängel usw. 9.

Pflegeeltern, Pflegekinder s. Annahme an Kindes Statt.

Pflegschaft (1909—1921). **1.** Kann jemand aus besonderer Veranlassung seine Angelegenheiten nicht selber besorgen, ohne daß gerade ein Grund zur Anordnung einer Vormundschaft (s. „Vormundschaft 1") vorliegt, so ordnet das Gericht eine Pflegschaft an. Die Fälle, wo dies geschehen soll und darf, sind im Gesetz genau bestimmt. Außer diesen Fällen ist das Gericht nicht befugt, auch wenn tatsächlich ein Schutzbedürfnis für eine Person vorliegen sollte, eine Pflegschaft über sie anzuordnen.

a) Wer unter elterlicher Gewalt oder unter Vormundschaft steht, erhält einen Pfleger für Angelegenheiten, an deren Besorgung der Gewalthaber oder Vormund kraft gesetzlicher Bestimmung verhindert ist (z. B. weil der Mündel mit dem Vormunde oder das Kind mit den Eltern oder Geschwistern einen Vertrag schließen oder einen Prozeß führen muß oder weil dem Vater oder der Mutter wegen schlechten Lebenswandels die Erziehung der Kinder oder wegen widerstreitender Interessen die Besorgung einer Vermögensangelegenheit gerichtlich entzogen ist) oder infolge von Krankheit, Abwesenheit usw. verhindert ist. Es ist aber zu beachten, daß, wenn im Falle zeitweiser Behinderung des Vaters an der Ausübung der elterlichen Gewalt die Mutter noch lebt (und nicht auch behindert ist), regelmäßig die Ausübung der elterlichen Gewalt auf sie übergeht und die Anordnung einer Pflegschaft daher nicht erforderlich ist; s. das Nähere unter „Mutter und Kind 2". — Die Bestellung eines Pflegers ist insbesondere auch dann nötig, wenn dem Kinde (dem Mündel) etwas durch eine letztwillige Verfügung oder eine Schenkung mit der Bestimmung zugewandt ist, daß der Vater (die Mutter) oder der Vormund die Verwaltung des Zugewendeten nicht haben soll. Der Inhaber der elterlichen Gewalt und der Vormund sind verpflichtet, dem Vormundschaftsgerichte unverzüglich Anzeige zu machen, wenn eine Pflegschaft angeordnet werden muß (1909).

b) Auch für volljährige Personen, die nicht unter Vormundschaft stehen, kann die Anordnung einer Pflegschaft nötig werden, nämlich wenn sie infolge körperlicher Gebrechen, insbesondere wegen Taubheit, Blindheit oder Stummheit, ihre Angelegenheiten nicht selbst besorgen können (1910). Es kann ihnen in solchem Falle, aber nur mit ihrer Einwilligung, für ihre Person und ihr Vermögen, also für alle ihre Angelegenheiten, ein Pfleger bestellt werden. Ist eine Verständigung mit dem Kranken nicht zu erzielen, so kann die Pflegschaft auch ohne sein Zutun angeordnet werden. Wegen geistiger Gebrechen ist eine Pflegschaft für alle Angelegenheiten des Hilfsbedürftigen nicht zulässig; es muß vielmehr erforderlichenfalls die Entmündigung und Einleitung einer Vormundschaft über ihn herbeigeführt werden; s. „Vormundschaft 3". Kann dagegen ein Volljähriger, der nicht unter Vormundschaft steht, infolge geistiger und körperlicher Gebrechen bloß einzelne seiner Angelegenheiten oder einen bestimmten Kreis seiner Angelegenheiten (z. B. seine Vermögensangelegenheiten) nicht besorgen, so kann er für diese Angelegenheiten einen Pfleger erhalten. Vom Reichsgericht wird das Gesetz (1910 Abs. 2) aber dahin ausgelegt, daß eine Pflegschaft hinsichtlich einer einzelnen Angelegenheit oder eines Kreises von Angelegenheiten für einen geistig Gebrechlichen auch dann eingeleitet werden kann, wenn dieser seine Angelegenheiten in ihrer Gesamtheit nicht zu besorgen vermag. Auch in den ebengedachten Fällen der Anordnung einer Pflegschaft für eine einzelne Angelegenheit oder für einen Kreis von Angelegenheiten ist die Einwilligung des Pfleglings erforderlich, es sei denn, daß eine Verständigung mit ihm nicht möglich ist. — Ob für einen geistig Gebrechlichen, sei es, daß er geisteskrank oder daß er nur geistesschwach ist, ein Entmündigungsverfahren einzuleiten und demnächst eine Vormundschaft anzuordnen oder ob für ihn bloß ein Pfleger zu bestellen ist, hängt von den Umständen ab. Letzteres wird geschehen, wenn die Verhältnisse derart liegen, daß eine volle Vertretung durch einen Vormund nicht nötig erscheint und dem praktischen Bedürfnis schon dadurch genügt wird, daß dem Gebrechlichen ein Vertreter für einzelne Angelegenheiten oder für eine einzelne Angelegenheit in der Person eines Pflegers beigeordnet wird. — Durch die Anordnung einer Pflegschaft wird aber der Schutzbedürftige keineswegs rechtlich geschäftsunfähig oder in der Geschäftsfähigkeit beschränkt, wie ein unter Vormundschaft Gestellter; der Pfleger hat vielmehr ihm gegenüber nur die Stellung eines ihm vom Staate beigeordneten Bevollmächtigten. Er ist daher befugt, in die Vermögensverwaltung des Pflegers einzugreifen und kann sich schlimmstenfalls durch den Antrag auf Aufhebung der Pflegschaft von einem ihm unbequemen Verwalter befreien.

c) Ist eine volljährige Person abwesend und ihr Aufenthalt unbekannt, so muß ihr für ihre Vermögensangelegenheiten, soweit sie der Fürsorge bedürfen, ein Abwesenheitspfleger bestellt werden. Dies muß aber auch dann geschehen, wenn der Abwesende zwar einen Beauftragten oder Bevollmächtigten bestellt hat, aber Umstände eingetreten sind, die zum Widerrufe des Auftrages oder der Vollmacht Anlaß geben, sowie endlich dann, wenn der Aufenthalt des Abwesenden zwar bekannt, er aber an der Rückkehr und der Besorgung seiner Vermögensangelegenheiten verhindert ist. In allen diesen Fällen beschränkt sich die Pflegschaft nicht auf das schutzlos zurückgelassene Vermögen, sondern sie erstreckt sich auf die Besorgung aller der Fürsorge bedürftigen Vermögensangelegenheiten des Abwesenden, falls solche vorhanden sind und falls nicht das Gericht die Pflegschaft nur für bestimmte Vermögensangelegenheiten des Abwesenden angeordnet hat. Der Abwesenheitspfleger kann für den Abwesenden Verträge schließen, Eigentum und sonstige Rechte erwerben, Erbschaften annehmen, Prozesse über Vermögensangelegenheiten für ihn führen usw. Mit den persönlichen Rechtsangelegenheiten des Abwesenden hat jedoch der Pfleger nichts zu tun. Ist der Abwesende minderjährig, so ist die Anordnung einer Abwesenheitspflegschaft nicht nötig, da ihm der erforderliche Schutz durch die elterliche Gewalt des Vaters oder der Mutter oder durch die angeordnete oder anzuordnende Vormundschaft gewährt wird. Die Abwesenheitspflegschaft muß vom Vormundschaftsgerichte von Amts wegen angeordnet werden, sobald ihm bekannt wird, daß die Voraussetzungen dafür vorliegen; selbstverständlich ist es aber jedem Beteiligten unbenommen, durch Anträge beim Gericht die Anordnung der Pflegschaft herbeizuführen (1911). Die Pflegschaft wird aber nur dann anzuordnen sein, wenn ein Interesse des Abwesenden es erfordert, nicht aber, wenn die Anordnung lediglich im Interesse anderer Personen, z. B. eines Gläubigers des Abwesenden, liegt. — Durch die Anordnung einer Abwesenheitspflegschaft wird der Abwesende übrigens in keiner Weise in der eigenen Geschäftsfähigkeit beschränkt.

d) Wenn auch im allgemeinen die Rechtsfähigkeit eines Menschen erst mit seiner Geburt beginnt, so gibt es doch ausnahmsweise Rechte, die einem noch Ungeborenen zustehen, und es können Maßregeln nötig werden, um solche Rechte zu sichern. Es kann z. B. einem noch ungeborenen Kinde eine Erbschaft oder ein Vermächtnis angefallen sein (vergleiche Testament 3). Es kommt dabei auf Ehelichkeit oder Unehelichkeit der Geburt nicht an. Es kann aber auch die Sicherstellung von Rechten erforderlich werden, die erst dann zur Entstehung kommen, wenn demnächst ein Kind geboren werden wird, z. B. der Anspruch eines unehelichen Kindes auf Unterhalt gegen den unehelichen Vater. Für derartige Fälle bestimmt das Gesetz, daß die Leibesfrucht einen Pfleger erhalten soll, wenn das Kind, falls es bereits geboren wäre, nicht unter elterlicher Gewalt stehen würde, also eine Vormundschaft oder Pflegschaft für das Kind anzuordnen wäre. Auch diese Pflegschaft ist von Amts wegen einzuleiten. Doch steht es den Beteiligten, insbesondere der Schwangeren, frei, durch entsprechende Anträge bei Gericht die Anordnung der Pflegschaft herbeizuführen (1912).

Würde das Kind, wenn es schon geboren wäre, unter elterlicher Gewalt stehen (s. „Eltern und Kinder 4"), so liegt die Wahrung seiner künftigen Rechte dem Vater oder, wenn dieser die elterliche Gewalt über sein Kind nicht haben würde, der Mutter von Rechts wegen ob, ohne daß er (sie) vom Gericht erst als Pfleger für das Kind bestellt zu werden braucht.

e) Ist unbekannt oder ungewiß, wer bei einer Angelegenheit der Beteiligte ist, so kann dem Beteiligten für diese Angelegenheit, soweit eine Fürsorge erforderlich ist, ein Pfleger bestellt werden. Insbesondere kann einem Nacherben (s. d.), der noch nicht erzeugt ist oder dessen Persönlichkeit erst durch ein künftiges Ereignis bestimmt wird, für die Zeit bis zum Eintritte der Nacherbfolge ein Pfleger bestellt werden, falls nicht der Erblasser durch Bestellung eines Testamentsvollstreckers für Vertretung gesorgt hat. Die Stellung des Pflegers ist in diesen Fällen die eines gesetzlichen Vertreters des unbekannten und ungewissen Beteiligten. Der Umfang seiner Befugnisse und Pflichten richtet sich im übrigen nach dem ihm vom Vormundschaftsgericht übertragenen Wirkungskreise und dem Zwecke der angeordneten Pflegschaft; insbesondere hängt es davon ab, ob er verpflichtet ist, den unbekannten Beteiligten zu ermitteln (1913). Eine besondere Art dieser Pflegschaft ist die Nachlaßpflegschaft (s. d.).

f) Ist durch eine öffentliche Sammlung seitens eines sog. Komitees ein Geldbetrag oder ein sonstiges Vermögen für einen vorübergehenden Zweck zusammengebracht worden, so kann zum Zwecke der Verwaltung und Verwendung des Vermögens ein Pfleger bestellt werden, wenn die zu der Verwaltung und Verwendung berufenen Personen weggefallen sind (1914).

2. Bestellung (Verpflichtung) des Pflegers (1915—1917). Die Pflegschaft wird durch das Vormundschaftsgericht angeordnet, eine Nachlaßpflegschaft durch das Nachlaßgericht. Auf die Pflegschaft finden die für die Vormundschaft (s. „Vormund" und „Vormundschaft") geltenden Vorschriften im allgemeinen entsprechende Anwendung. Ein Gegenvormund braucht jedoch nicht bestellt zu werden. Besondere Vorschriften für die Pflegschaft sind: Für die oben unter 1a besprochene Pflegschaft gelten die Vorschriften über die Berufung gewisser Personen zum Amte des Vormunds (s. „Vormundschaft 1") nicht, und zwar besonders aus dem Grunde nicht, weil es im Interesse des Mündels oft angemessener ist, den Pfleger nicht aus dem Kreise der nächsten Angehörigen zu nehmen. Dagegen gelten diese Vorschriften für andere Pflegschaften. Ist ein Pfleger zu bestellen, weil ein dem Mündel zugefallenes Vermögen nicht in die Verwaltung des Vaters (der Mutter) oder des Vormundes kommen soll, so hat der etwa vom Erblasser oder Schenker als Pfleger Benannte ein Anrecht darauf; der Erblasser usw. kann auch gewisse Befreiungen (z. B. von der Genehmigung des Vormundschaftsgerichts zu Rechtsgeschäften, von der Rechnungsablage usw.) für ihn anordnen, die aber nicht zu befolgen sind, wenn sie nach Ansicht des Vormundschaftsgerichts das Interesse des Mündels gefährden. Zu einer Abweichung von den Anordnungen des Schenkers ist, solange er lebt, seine Zustimmung erforderlich, aber auch genügend. Diese Zustimmung kann durch das Gericht ersetzt werden, wenn der Schenker zur Abgabe einer Erklärung dauernd außerstande oder sein Aufenthalt dauernd unbekannt ist.

Rechte und Pflichten des Pflegers. Der Pfleger hat an sich hinsichtlich der Person und des Vermögens seines Pflegebefohlenen dieselbe Stellung, wie ein Vormund (s. „Vormund 1"). Abweichungen hiervon ergeben sich jedoch insofern, als — je nach dem Grunde der Einleitung der Pflegschaft — dem Pfleger meist nicht eine allgemeine Fürsorge für den Mündel (Pflegling), sondern nur die Sorge für einzelne seiner Angelegenheiten (z. B. für seine Erziehung, für die Verwaltung eines bestimmten Vermögens, für die Vertretung des Mündels beim Abschlusse eines Vertrages, bei der Bestellung einer Hypothek usw.) obliegt. Die dem Pfleger zustehenden Rechte und die ihm obliegenden Geschäfte können insofern erheblich geringeren Umfanges sein, als die Rechte und Pflichten eines Vormundes; ist beispielsweise der Pfleger nur bestellt, um für den Mündel einen Vertrag mit seinem Vater oder mit seinem Vormunde abzuschließen, so ist das Amt des Pflegers mit der Erledigung dieses Geschäfts schon beendet. Der Pfleger ist bei seiner Verpflichtung durch den Vormundschaftsrichter über den Umfang seiner Rechte und Pflichten zu belehren. Auch soll die dem Pfleger vom Gericht zu erteilende Bestallung bestimmt erkennen lassen, zu welchem Zwecke der Pfleger bestellt ist. In Zweifelsfällen wird sich der Pfleger an das Vormundschaftsgericht wenden. — Da für die Pflegschaft im allgemeinen die für die Vormundschaft gegebenen gesetzlichen Vorschriften gelten, so liegt dem Pfleger auch die Pflicht zur Rechnungsablage und nach Beendigung der Pflegschaft die Pflicht zur Legung einer Schlußrechnung ob; s. Näheres unter „Vormund 8". Hat der Pfleger ein Vermögen oder einen Nachlaß zu verwalten, so muß er dem Gerichte sogleich nach Antritt seines Amts ein Vermögensverzeichnis (Nachlaßverzeichnis, Inventar) einreichen; s. Näheres unter „Vormund 3". — Wegen des Ersatzes der Auslagen, die der Pfleger machen muß, und wegen Zubilligung einer Vergütung für seine Amtsführung gilt dasselbe, was für den Vormund bestimmt ist; s. „Vormund 7". — Dem Pfleger kann, wenn es sich um eine erhebliche Vermögensverwaltung handelt, ein Gegenvormund (den Ausdruck Gegenpfleger kennt das Gesetz nicht) beigeordnet werden; geschieht dies, so hat der Gegenvormund dem Pfleger gegenüber dieselbe Stellung, wie ein neben dem Vormunde bestellter Gegenvormund dem Vormunde gegenüber (vgl. den Artikel „Gegenvormund").

Geschäftsfähigkeit des unter Pflegschaft Gestellten. Wie schon oben hervorgehoben, wird der unter Pflegschaft Gestellte durch die Anordnung der Pflegschaft allein in seiner Geschäftsfähigkeit nicht beschränkt; er kann aber aus anderen Gründen, z. B. weil er noch minderjährig ist, in der Geschäftsfähigkeit beschränkt sein. Nur für die Prozeßführung besteht insofern eine Ausnahme, als der Pfleger, wenn er einen Prozeß für seinen Pflegebefohlenen führt (es kann auch der Pflegling selber klagen oder verklagt werden), diesen im Prozeß allein vertritt; der Pflegling hat kein Recht, sich in die Prozeßführung einzumischen (ZPO. 53).

Beendigung der Pflegschaft (1918 bis 1921). Ob das Amt des Pflegers nur ein ganz vorübergehendes ist oder ob es vielleicht längere Zeit dauert, hängt davon ab, aus welchem Grunde (zu welchem Zwecke) die Pflegschaft angeordnet ist. Fällt dieser Grund später weg, so hebt das Vormundschaftsgericht die Pflegschaft wieder auf; die Rechte und Pflichten des Pflegers endigen erst mit dieser Aufhebung. Die Pflegschaft für einen Abwesenden ist aufzuheben, wenn der Abwesende an der Besorgung seiner Vermögensangelegenheiten nicht mehr verhindert ist, was das Gericht nach den Umständen zu ermessen hat, oder wenn der Fürsorge bedürftiges Vermögen des Abwesenden nicht mehr vorhanden ist. Bis zur Aufhebung durch das Gericht besteht die Pflegschaft fort, wenn auch der Abwesende zurückgekehrt sein sollte. Stirbt der Abwesende, so endigt die Pflegschaft erst mit der Aufhebung durch das Vormundschaftsgericht, die erfolgen muß, sobald das Gericht von dem Tode zuverlässige Kenntnis erhalten hat. Wird der Abwesende für tot erklärt (s. „Todeserklärung"), so endigt die Pflegschaft mit der Erlassung des die Todeserklärung aussprechenden Urteils.

Pflegschaft über Volljährige s. Vormundschaft 3; für Kinder unter elterlicher Gewalt s. Eltern und Kinder 4.

Pflichterbe s. Pflichtteil.

Pflichten der Kaufleute (Bankiers usw.) bei Aufbewahrung fremder Wertpapiere s. Depots, kaufmännische.

Pflichtteil (2303—2338). **1.** Der allgemeine Satz, daß jedermann auf den Fall seines Todes über seine Habe nach Belieben verfügen kann, findet darin eine gesetzliche Beschränkung, daß es gewisse Personen gibt, die einen Rechtsanspruch auf einen Teil des Nachlasses haben. Dies sind die Personen, denen ein Pflichtteilsrecht zusteht. Es sind nur wenige, die diese bevorzugte Stellung haben, nämlich die Abkömmlinge (Kinder, Enkel usw.) des Erblassers, seine Eltern und sein Ehegatte. Alle anderen Verwandten (Großeltern, Geschwister usw.) sind nicht pflichtteilsberechtigt. Das Pflichtteilsrecht hat überhaupt nur dann Bedeutung für den Berechtigten, wenn der Erblasser sein Vermögen anderen Personen zugewendet oder doch dem Pflichtteilsberechtigten weniger vermacht hat, als ihm nach dem Gesetze zusteht. Die Kinder und der überlebende Ehegatte haben immer ein Recht auf einen Pflichtteil; Eltern, sowie Enkel und weitere Abkömmlinge nur bedingungsweise (s. weiter unten). Der Pflichtteil ist kein ein für alle Male feststehender Teil des Nachlasses, sondern seine Höhe richtet sich nach der Zahl der Erben. Der Berechtigte kann nämlich als Pflichtteil die Hälfte des Wertes seines gesetzlichen Erbteils verlangen, also desjenigen Erbteils, den er nach dem Gesetz (als „gesetzlicher Erbe") erhalten würde, wenn der Erblasser keine letztwillige Verfügung getroffen hätte. Dieser gesetzliche Erbteil aber richtet sich nach der Zahl der Erben. — Der Erblasser ist dadurch, daß er pflichtteilsberechtigte Angehörige hat, an sich zwar nicht behindert, über seinen Nachlaß zu verfügen, ein Testament oder einen Erbvertrag zu machen; aber er kann den Pflichtteilsberechtigten ihr Recht dadurch nicht entziehen; sie können ihre Pflichtteilsforderung, einerlei ob sie im Testamente oder Vertrage ganz übergangen sind oder ob ihnen nur ein zu geringer Erbteil vermacht ist, gegen den oder die eingesetzten Erben geltend machen. Ist ein Pflichtteilsberechtigter als Erbe eingesetzt, und zwar auf einen seinem Pflichtteile entsprechenden, genügend großen Teil der Erbschaft, so können im Testamente oder Erbvertrage doch andere Bestimmungen enthalten sein, durch die er wiederum beschränkt ist, so daß er nicht seinen reinen Pflichtteil hat, wie er ihm nach dem Gesetze zusteht (2306). Solche Beschränkungen sind nach dem Gesetze: die Einsetzung eines Nacherben (der Erbe soll also Erbschaft bloß bis zu seinem Tode oder einem anderen Zeitpunkte haben und sie dann herausgeben; s. „Nacherben"); die Einsetzung des Berechtigten bloß als Nacherbe (er soll also seinen Erbteil erst später erhalten); die Ernennung eines Testamentsvollstreckers, der den Nachlaß in Verwaltung nehmen soll; eine Teilungsanordnung; die Beschwerung mit einem Vermächtnis oder einer Auflage. In solchen Fällen gilt folgendes: Hat der Erbe bloß seinen Pflichtteil aus dem Nachlaß erhalten oder weniger, nicht mehr, so haben die gedachten Beschränkungen und Auflagen für ihn keine Gültigkeit, er braucht sich nicht an sie zu kehren und kann das etwa am Pflichtteil Fehlende fordern; ist ihm dagegen mehr vermacht, als sein Pflichtteil beträgt, so hat er die Wahl: er kann entweder das ihm Vermachte ausschlagen und seinen Pflichtteil, frei von den Beschränkungen und Auflagen, die der Erblasser angeordnet hat, fordern oder er nimmt das ihm Zugewendete an, muß sich dann aber jene Beschränkungen gefallen lassen und die Vermächtnisse oder Auflagen erfüllen. — Ist der Pflichtteilsberechtigte im Testamente zwar bedacht, aber nicht als Erbe, sondern nur mit einem Vermächtnis, so braucht er dieses Vermächtnis, selbst wenn sein Wert mehr betragen sollte als sein Pflichtteil, nicht anzunehmen; er kann das Vermächtnis ausschlagen und seinen Pflichtteil fordern (2307). Macht er von diesem Rechte keinen Gebrauch, so kann er den Pflichtteil nur insoweit fordern, als der Wert des Vermächtnisses geringer ist; sollten Beschränkungen oder Auflagen der oben gedachten Art auf das Vermächtnis gelegt sein, so bleiben diese bei der Berechnung des Wertes des Vermächtnisses außer Betracht. Dem Pflichtteilsberechtigten ist an sich keine Frist gesetzt, innerhalb deren er sich darüber zu entscheiden hätte, ob er das Vermächtnis annehmen oder ob er es ausschlagen will. Der Erbe ist aber berechtigt, ihm eine angemessene Frist zu setzen, in der er sich zu erklären hat; tut er dies nicht, so gilt das Vermächtnis als ausgeschlagen. Es verbleibt ihm aber selbstverständlich sein Pflichtteilsanspruch. — Hat ein Pflichtteilsberechtigter seinen Erbteil oder ein Vermächtnis ausgeschlagen, weil das Zugewendete in einer der oben bezeichneten Arten beschränkt oder beschwert war, und stellt sich hinterher heraus, daß die Beschränkung oder Beschwerung zur Zeit der Ausschlagung weggefallen war, so kann er die Ausschlagung durch Anfechtung rückgängig machen (2308).

Es ist oben schon bemerkt, daß Eltern, sowie Enkel und weitere Abkömmlinge des Erblassers nur bedingungsweise einen Anspruch auf einen Pflichtteil haben. Dies entspricht den Verhältnissen, da ja die Eltern kraft Gesetzes nur zur Erbschaft berufen sind, wenn keine Abkömmlinge (Kinder usw.) des Erblassers erben, und Enkel und weitere Nachkommen durch ihre noch lebenden Eltern von der gesetzlichen Erbschaft der Großeltern ausgeschlossen werden (s. „Gesetzliche Erben 1"). Für die Frage, ob Eltern oder Enkel und weitere Abkömmlinge des Erblassers ein Pflichtteilsrecht haben, kommt es zunächst darauf an, ob jemand da ist, der sie im Falle der gesetzlichen Erbfolge von der Erbschaft ausschließen würde (2309). Ist dies nicht der Fall, würden also die Eltern (Enkel usw.), wenn der Erblasser kein Testament oder sonstige Verfügung auf den Todesfall gemacht hätte, als gesetzliche Erben zur Erbschaft gelangen, so haben sie auch ein Pflichtteilsrecht, wenn der Erblasser letztwillig über seinen Nachlaß bestimmt hat. Dieser Fall tritt nicht nur dann ein, wenn ein Erbe, der sie von der Erbschaft ausschließt, gar nicht vorhanden ist, sondern auch dann, wenn ein solcher zwar vorhanden ist, aber auf sein Erbrecht Verzicht geleistet hat oder für erbunwürdig erklärt ist (vergleiche „Erbverzicht" und „Erbunwürdigkeit"). Anders, wenn eine Person da ist, die die Eltern oder die Enkel usw. im Falle der gesetzlichen Beerbung von der Erbschaft ausschließen würde. Dann haben die Eltern (Enkel usw.) kein Pflichtteilsrecht, wenn jene Person den Pflichtteil verlangen kann oder das ihr im Testament Hinterlassene annimmt.

2. Berechnung des Pflichtteils (2310ff.). Der Pflichtteil besteht in der Hälfte des Wertes des auf den Berechtigten fallenden gesetzlichen Erbteils. Es muß also dieser Erbteil festgestellt werden. Dabei werden diejenigen Personen mitgezählt, die durch letztwillige Verfügung von der Erbfolge ausgeschlossen sind oder die Erbschaft ausgeschlagen haben oder für erbunwürdig erklärt sind; wer durch Erbverzicht von der Erbfolge ausgeschlossen ist, wird nicht mitgezählt. Der Berechnung des Pflichtteils wird der Bestand und der Wert des Nachlasses zur Zeit des Todes des Erblassers zugrunde gelegt, und zwar des Reinwerts (nach Abzug der Schulden). Ist der Pflichtteil von Eltern zu berechnen und ist ein überlebender Ehegatte da, so werden die Sachen, die dieser als voraus erhält, nämlich die zum ehelichen Haushalt des Verstorbenen gehörigen Gegenstände, mit Ausnahme des Zubehörs von Grundstücken, und die Hochzeitsgeschenke, die sich im Nachlaß vorfinden, bei der Berechnung außer Ansatz gelassen. Der Wert des Nachlasses muß, soweit erforderlich, durch Schätzung ermittelt werden; eine vom Erblasser etwa getroffene Wertbestimmung ist nicht maßgebend. Gehört zum Nachlasse ein Landgut und hat einer der Erben das Recht, das Gut zu dem Ertragswerte (s. d.) zu übernehmen, so ist, wenn er von diesem Rechte Gebrauch macht, der Ertragswert auch für die Berechnung des Pflichtteils (für den Übernehmer selbst wie für die übrigen Pflichtteilsberechtigten) maßgebend. Hat jedoch der Erblasser einen anderen Übernahmepreis bestimmt, so ist dieser maßgebend, wenn er mindestens ebensoviel beträgt, wie der ausgemittelte Ertragswert, und wenn er den Schätzungswert nicht übersteigt. Hinterläßt der Erblasser nur einen Erben, so kann er anordnen, daß der Berechnung des Pflichtteils der Ertragswert oder die nach dem Vorstehenden vom Erblasser gültig bestimmte Annahmesumme zugrunde gelegt werden soll. Das über die Berechnung des Wertes des Landguts Gesagte findet aber nur Anwendung, wenn der Annehmer eine an sich pflichtteilsberechtigte Person ist. Über die Berücksichtigung von bedingten Rechten und Verbindlichkeiten, von ungewissen oder unsicheren Rechten sowie von zweifelhaften Verbindlichkeiten enthält § 2313 des Gesetzes nähere Vorschriften. Ist der Pflichtteilsberechtigte nicht selber Miterbe, so müssen ihm der oder die Erben auf Verlangen über den Bestand des Nachlasses Auskunft erteilen. Auch eine Wertermittlung, sowie die Aufnahme eines Inventars durch einen öffentlichen Beamten (Notar) kann der Pflichtteilsberechtigte verlangen.

Anrechnung früherer Zuwendungen auf den Pflichtteil. Von Wichtigkeit ist es bei der Berechnung des Pflichtteils, ob sich der Pflichtteilsberechtigte Zuwendungen, die er bei Lebzeiten des Erblassers von diesem schon erhalten hat (sog. Vorausempfänge), anrechnen lassen muß. Dies hängt von der Bestimmung des Erblassers ab. a) Hat der Erblasser bei der fraglichen Zuwendung angeordnet, daß sich der Empfänger das Erhaltene demnächst auf seinen Pflichtteil anrechnen lassen soll, so muß sich der Pflichtteilsberechtigte den betreffenden Betrag von seinem Pflichtteil kürzen lassen (2315). Jene Bestimmung kann der Erblasser aber nur bei der Zuwendung, nicht später, etwa in einem Testament, treffen. Dann wird bei der Berechnung des Pflichtteils der vorempfangene, auf den Pflichtteil anzurechnende Betrag dem Werte des Nachlasses hinzugerechnet. (Beispiel: X. vermacht sein Vermögen von 10000 Mk. seinem Neffen A., während er seinen Sohn B. im Testament nicht berücksichtigt. B. hat aber bei Lebzeiten des Vaters von diesem eine Summe von 3000 Mk. mit der ausdrücklichen Bestimmung ausgehändigt erhalten, daß er sich diesen Betrag auf seinen demnächstigen Pflichtteil anrechnen solle. Es ist jetzt zu rechnen: Der Nachlaß beträgt 10000 Mk.; dazu die von B. mit der Bestimmung der demnächstigen Anrechnung vorempfangenen 3000 Mk., macht zusammen 13000 Mk. Dies ist der gesetzliche Erbteil des Sohnes; die Hälfte davon = 6500 Mk. ist sein Pflichtteil. Da B. sich hierauf die empfangenen 3000 Mk. anrechnen lassen muß, so hat er von A. noch 3500 Mk. zur Ergänzung seines Pflichtteils zu fordern. Über den Fall, wenn der Erblasser mehrere Abkömmlinge nachgelassen hat, vergleiche aber unten unter c.) — b) Hat der Erblasser bei einer etwaigen früheren Zuwendung an den Pflichtteilsberechtigten keine Bestimmung über eine demnächstige Anrechnung auf den Pflichtteil getroffen, so findet eine Absetzung vom Pflichtteil allerdings nicht statt; dennoch kann aber das früher Empfangene für die Größe des Pflichtteils immerhin von Bedeutung sein. Es kommt darauf an, ob das Empfangene bei der Berechnung des gesetzlichen Erbteils des Pflichtteilsberechtigten zu berücksichtigen ist; müßte er sich dort eine Anrechnung des Empfangenen gefallen lassen, so wird auch sein Pflichtteil dadurch vermindert, da der Pflichtteil eben die Hälfte des gesetzlichen Erbteils beträgt (2316). Darüber, welche Vorempfänge sich jemand bei der gesetzlichen Erbfolge anrechnen zu lassen hat, ist der Artikel „Ausgleichung unter Miterben" zu vergleichen. Beispiel: der Erblasser hinterläßt zwei Söhne, A. und B., hat diese aber in seinem Testamente nicht bedacht, sondern seine Schwester X. zur alleinigen Erbin seines Nachlasses von 20000 Mk. eingesetzt. Der Sohn A. hat aber zu Lebzeiten des Vaters von ihm eine Ausstattung im Werte von 8000 Mk. erhalten, der Sohn B. eine desgleichen von 2000 Mk. Um festzustellen, ob und was A. und B. von der Tante als Pflichtteil fordern können, ist zunächst zu ermitteln, was die Brüder, wenn der Vater ohne Testament gestorben wäre, jeder als seinen gesetzlichen Erbteil erhalten haben würden. Der Nachlaß beträgt 20000 Mk.; die beiden Söhne müssen sich die Beträge der erhaltenen Ausstattungen bei der Nachlaßteilung anrechnen lassen (s. „Ausgleichung unter Miterben 1 a"). Es kommen also zur Teilung der Nachlaß mit 20000 Mk., die anzurechnenden Ausstattungen mit 8000 Mk. und 2000 Mk.; macht zusammen 30000 Mk., mithin für jeden Erben 15000 Mk. A. hätte sich auf diesen Betrag anrechnen zu lassen 8000 Mk., erhielte also als gesetzlichen Erbteil 7000 Mk.; B. hätte sich anrechnen zu lassen 2000 Mk., erhielte daher als gesetzlichen Erbteil 13000 Mk. Der Pflichtteil (die Hälfte des gesetzlichen Erbteils) beträgt darnach für A. 3500 Mk., für B. 6500 Mk., welche Summen die Tante ihnen auszuzahlen hat. Hätte der Vater ihnen im Testament eine Summe ausgesetzt, die aber jene Pflichtteilssumme nicht erreicht, so würden A. und B. das daran Fehlende von der Tante zu fordern haben. — Hatten A. und B. dagegen vom Vater bei Lebzeiten eine Zuwendung erhalten, ohne daß er bestimmt hat, daß der Empfänger sich den Betrag bei der Erbteilung anrechnen müsse, und gehört die Zuwendung nicht zu denen, die auch ohne desfallsige Bestimmung angerechnet werden müssen (es hat z. B. der Vater seinen Kindern anläßlich eines Lotteriegewinnes oder einer Erbschaft größere Geldbeträge geschenkt), so werden diese Zuwendungen bei der Berechnung des gesetzlichen Erbteils nicht berücksichtigt; sie haben daher auch auf die Höhe des Pflichtteils keinen Einfluß. — c) Hat der Erblasser mehrere Abkömmlinge hinterlassen und bei einer Zuwendung unter Lebenden an ein Kind angeordnet, daß das Empfangene diesem Kinde auf den Pflichtteil angerechnet werden solle, und ist diese Zuwendung eine solche, die nach den gesetzlichen Bestimmungen über Ausgleichung unter Miterben (s. d.) bei der gesetzlichen Erbfolge dem Empfänger auch angerechnet werden muß, so wird das Empfangene zunächst in der vorstehend unter b besprochenen Weise bei der Berechnung des gesetzlichen Erbteils berücksichtigt. Ist dann die Größe des Pflichtteils festgestellt, so wird das Vorempfangene nicht nochmals voll in Absatz gebracht, sondern es wird nur die Hälfte am Betrage des Pflichtteils gekürzt (2316). Beispiel: Der Vater hat in dem vorstehend zuletzt gedachten Falle, als er den Söhnen A. und B. die Ausstattungen von 8000 Mk. und 2000 Mk. verabfolgte, bestimmt, daß sie sich diese demnächst auf ihren Pflichtteil anrechnen lassen sollen (daß sie sich die Ausstattungen auf ihren demnächstigen gesetzlichen Erbteil anrechnen lassen sollten, brauchte er nicht zu bestimmen, da dieses von selbst geschehen muß, wenn er nichts anderes bestimmt hat). Die Söhne müssen sich daher die Ausstattungen zur Hälfte (mithin A. 4000 Mk., B. 1000 Mk.) am Pflichtteil noch kürzen lassen; es enthält demnach A. gar nichts mehr (er braucht aber auch nichts herauszuzahlen (2056); B. kann nur 5500 Mk. als Pflichtteil fordern. Die Bestimmung hat ihren Grund darin, daß die Ausstattungen schon bei der Berechnung des gesetzlichen Erbteils zur Hälfte den Empfängern angerechnet sind. — d) Die Bestimmung der Eltern usw. bei einer Zuwendung, die sie bei Lebzeiten machen, daß der Empfänger sich das Erhaltene auf den Pflichtteil solle anrechnen müssen, braucht nicht wörtlich getroffen zu sein; die Bestimmung kann sich auch unter Umständen aus anderen Äußerungen ergeben. Hat insbesondere der Zuwendende bestimmt, daß das Empfangene auf den künftigen Erbteil angerechnet werden solle oder daß es bei der Nachlaßteilung angerechnet werden solle, so kann daraus nach Lage der Sache auf die Absicht des Erblassers geschlossen werden, daß es auch auf den Pflichtteil angerechnet werden solle; es kommt im Streitfall darauf an, wie das Gericht die Bestimmung auslegt.

Zu dem vorstehend Mitgeteilten sei übrigens bemerkt, daß wegen des weiteren Inhalts der oben angezogenen §§ 2315, 2316 auf das Gesetz selbst und wegen der Auslegung dieser Gesetzesvorschriften, die zu manchen Zweifeln Anlaß bieten, auf die Kommentare zum Gesetz verwiesen werden muß.

3. Auszahlung des Pflichtteils (2317 ff.). Den Pflichtteil haben der oder die Erben dem Berechtigten auszuzahlen, wie jede andere Nachlaßschuld. Ist ein Pflichtteilsberechtigter selbst Miterbe, so braucht er jedoch, nachdem der Nachlaß geteilt ist, an einen etwaigen anderen Pflichtteilsberechtigten nichts herauszuzahlen, wenn er nicht mehr erhalten hat, als sein eigener Pflichtteil beträgt; für den Ausfall haften die übrigen Miterben. Sind von den Erben auch Vermächtnisse oder Auflagen an andere Personen auszuzahlen, so müssen sich diese eine entsprechende Kürzung gefallen lassen, wenn die Erben einen Pflichtteil auszuzahlen haben und der Erblasser für diesen Fall nichts anderes bestimmt hat. Ist der mit einem Vermächtnisse Bedachte selbst pflichtteilsberechtigt, so darf selbstverständlich sein Pflichtteil nicht verkürzt werden. Ist der mit einem Vermächtnisse oder einer Auflage beschwerte Erbe selbst pflichtteilsberechtigt, so kann er wegen der Pflichtteilslast das Vermächtnis (die Auflage) soweit kürzen, daß ihm sein eigener Pflichtteil verbleibt. Für einige besondere Fälle hat das Gesetz noch Vorschriften in den §§ 2320 bis 2324. — Der Pflichtteilsanspruch (die Pflichtteilsforderung) besteht von dem Augenblicke des Todes des Erblassers an; wird er erst später geltend gemacht, so kann der Berechtigte Zinsen nur von dem Zeitpunkt ab fordern, in dem die zur Zahlung verpflichteten Erben im Verzuge sind (s. „Verzug des Schuldners"). Der Pflichtteilsanspruch geht auf die Erben des Berechtigten über; er kann von dem Berechtigten veräußert (abgetreten, zediert, verpfändet) und von den Gläubigern des Berechtigten gepfändet werden, letzteres aber nur, wenn er durch Vertrag anerkannt oder rechtshängig geworden ist. Der Pflichtteilsanspruch verjährt in 3 Jahren von dem Zeitpunkte an, wo der Berechtigte vom Tode des Erblassers und von dessen Verfügung, durch die er in seinen Erbrechten verkürzt worden ist, Kenntnis erhalten hat; auf alle Fälle aber in 30 Jahren vom Tode des Erblassers an, wenn der Berechtigte auch bis dahin eine solche Kenntnis nicht erlangt hat.

4. Anfechtung von Schenkungen, durch die der Pflichtteil verkürzt wird (2325 bis 2330). Die Vorschriften des Gesetzes über das Pflichtteilsrecht wären ziemlich verfehlt, wenn der Erblasser sie dadurch vereiteln könnte, daß er bei Lebzeiten sein Vermögen verschenkt, so daß er wenig oder gar nichts hinterläßt. Gegen solche Machenschaften werden die Pflichtteilsberechtigten durch das Gesetz dadurch geschützt, daß ihnen ein sog. „Anspruch auf Ergänzung des Pflichtteils" gewährt wird, so daß sie außer dem Pflichtteil, den sie aus dem beim Tode des Erblassers vorhandenen Vermögen (seinem wirklichen Nachlasse) nach den vorstehend mitgeteilten Bestimmungen zu beanspruchen haben, als einen außerordentlichen Pflichtteil noch den Betrag bekommen, den sie als Pflichtteil mehr zu fordern gehabt hätten, wenn der Erblasser jene Schenkungen nicht gemacht hätte, die verschenkten Beträge also bei seinem Tode noch in seinem Nachlasse gewesen wären. Es handelt sich aber nur um eigentliche Schenkungen im Sinne des Gesetzes (s. darüber „Schenkung"); Ausstattungen, die Eltern einzelnen Kindern mitgegeben haben, sind nur dann als Schenkungen anzusehen, wenn sie ein gewisses Maß überschreiten (vergleiche „Aussteuer usw. 2"). Schenkungen, durch die einer sittlichen Pflicht oder einer auf den Anstand zu nehmenden Rücksicht entsprochen wurde, kommen gleichfalls nicht in Betracht. Endlich bleiben alle Schenkungen unberücksichtigt, die 10 Jahre oder noch längere Zeit vor dem Tode des Erblassers erfolgt sind. Eine besondere Bestimmung gilt für Schenkungen des Erblassers an seinen Ehegatten. Der Pflichtteilsberechtigte kann sein Recht auf Ergänzung seines Pflichtteils wegen einer solchen Schenkung stets geltend machen, wenn die Ehe mit dem beschenkten Ehegatten beim Tode des Schenkers noch bestand oder wenn doch seit der etwaigen Auflösung dieser Ehe (durch Tod oder Scheidung) noch nicht 10 Jahre verflossen sind. Hat der Pflichtteilsberechtigte aus dem eigentlichen Nachlasse seinen Pflichtteil unbeschränkt und unbeschwert erhalten, so steht dies seinem Rechte auf Forderung des vorbesprochenen Ergänzungspflichtteils nicht entgegen; nur muß er sich das, was er mehr aus dem Nachlaß erhalten hat, als sein Pflichtteil beträgt, auf den außerordentlichen Pflichtteil anrechnen.

Es fragt sich nun, an wen hat der Pflichtteilsberechtigte sich zu halten, wenn er wegen der von dem Erblasser vorgenommenen Schenkungen sein Recht auf den Ergänzungspflichtteil geltend machen will. Das Gesetz bestimmt, daß der eingesetzte Erbe (die eingesetzten Erben) das zur Ergänzung des Pflichtteils Nötige zu zahlen hat; der Erbe muß, soweit er nicht selbst pflichtteilsberechtigt ist, das ihm Zugekommene herausgeben, soweit es reicht, um den Pflichtteilsberechtigten zu befriedigen. Ausnahmsweise nur haftet auch der Beschenkte selbst dem Berechtigten, nämlich wenn der Nachlaß zu dessen Befriedigung nicht hinreicht oder wenn der Berechtigte selbst der alleinige Erbe ist; er haftet aber nur in beschränkter Weise (nach den Grundsätzen über die Herausgabe einer ungerechtfertigten Bereicherung; s. d.); der Anspruch gegen ihn verjährt in 3 Jahren vom Tode des Erblassers an.

Eine besondere Bestimmung trifft das Gesetz für den Fall, daß der Pflichtteilsberechtigte selbst ein Geschenk vom Erblasser erhalten hat. Hat der Erblasser bei der Schenkung bestimmt, daß sie auf den Pflichtteil angerechnet werden solle, so muß der Pflichtteilsberechtigte sie sich auf den Pflichtteil und auf den Ergänzungspflichtteil anrechnen. Hat aber der Erblasser jene Bestimmung nicht getroffen, so ist die Schenkung nicht auf den eigentlichen Pflichtteil (vom wirklichen Nachlaß), sondern bloß auf den Ergänzungspflichtteil anzurechnen.

5. Entziehung des Pflichtteils (Enterbung) (2333—2337). Der Pflichtteil kann dem Berechtigten unter gewissen Voraussetzungen zur Strafe vom Erblasser entzogen, d. h. der Pflichtteilsberechtigte kann enterbt werden. Die Entziehung (Enterbung) muß in einer der für letztwillige Verfügungen (Testamente) vorgeschriebenen Formen (s. „Testament 2") geschehen; der gesetzliche Grund für die Entziehung (Enterbung) muß dabei angegeben sein. Die Entziehung braucht nicht gerade in einem Testament ausgesprochen zu sein; sie kann auch in Verbindung mit einem Erbvertrage vom Erblasser verfügt werden; sie ist aber stets widerruflich, selbst wenn sie in einem Erbvertrage ausgesprochen ist. Die Entziehung (Enterbung) ist nur zulässig, wenn ein sie rechtfertigender Grund zu der Zeit, wo sie ausgesprochen ist, schon bestand; es kann also der Erblasser nicht für den Fall, daß der angegebene (oder ein anderer) Entziehungsgrund später einmal eintreten würde, im voraus den Berechtigten enterben. Ist der vom Erblasser angegebene Grund nicht zu beweisen (der Beweis liegt dem ob, der die Enterbung geltend macht), so ist die Entziehung des Pflichtteils hinfällig; ob andere Gründe vorhanden sind, die eine Entziehung des Pflichtteils gerechtfertigt haben würden, ist gleichgültig; sie können, weil vom Erblasser nicht angegeben, die ausgesprochene Enterbung nicht rechtswirksam machen; der Berechtigte kann seinen Pflichtteil fordern. Die gesetzlichen Enterbungsgründe sind folgende:

a) Einem Abkömmlinge des Erblassers (einem Kinde, einem Enkel usw.) kann der Pflichtteil entzogen werden:

1. wenn das Kind usw. dem Erblasser oder dessen Ehegatten oder einem anderen Abkömmlinge des Erblassers nach dem Leben trachtet;

2. wenn das Kind sich einer vorsätzlichen körperlichen Mißhandlung des Erblassers oder seines (des Erblassers) Ehegatten, vorausgesetzt, daß das Kind auch von dem letzteren abstammt, schuldig macht. War die angewendete Gewalt durch Notwehr geboten, so liegt kein Enterbungsgrund vor;

3. wenn das Kind sich eines Verbrechens oder eines schweren vorsätzlichen Vergehens gegen den Erblasser oder seinen Ehegatten (auch wenn letzterer Stiefvater, Stiefmutter usw. des Kindes ist) schuldig macht; welche Handlungen „Verbrechen" oder „Vergehen" sind (im Gegensatz zu den leichteren „Übertretungen") ergibt das Strafgesetzbuch;

4. wenn das Kind die ihm dem Erblasser gegenüber gesetzlich obliegende Unterhaltspflicht (s. d.) böswillig verletzt, also z. B. dem Vater (der Mutter usw.) den Unterhalt, Pflege in Krankheitsfällen usw. nicht gewährt, obwohl es dazu gesetzlich verpflichtet und imstande ist;

5. wenn das Kind einen ehrlosen oder unsittlichen Lebenswandel wider den Willen des Erblassers führt. Hat sich das Kind jedoch zur Zeit des Todes des Erblassers oder schon früher von dem ehrlosen oder unsittlichen Lebenswandel dauernd abgewendet, so ist der Enterbungsgrund damit hinfällig geworden.

b) Der Erblasser kann seinem Vater (seiner Mutter) den Pflichtteil entziehen, wenn dieser (diese) sich einer der vorstehend unter 1, 3 und 4 bezeichneten Verfehlungen schuldig macht.

c) Der Erblasser kann endlich seinem Ehegatten den Pflichtteil entziehen, wenn dieser sich einer Verfehlung schuldig macht, die den Erblasser berechtigen würde, auf Ehescheidung zu klagen. Es kommen hier aber nur folgende Ehescheidungsgründe in Betracht: Ehebruch, Bigamie oder widernatürliche Unzucht, Lebensnachstellung, böswillige Verlassung, schwere Pflichtverletzung oder ehrloses oder unsittliches Verhalten, wenn dadurch von ihm eine tiefe Zerrüttung des ehelichen Verhältnisses verschuldet ist (wegen des Näheren darüber vergleiche „Ehescheidung"). Das Recht des Erblassers, dem Ehegatten aus einem der vorstehenden Gründe den ihm sonst gesetzlich zustehenden Pflichtteil zu entziehen, erlischt nicht dadurch, daß etwa die Frist für die Geltendmachung des Ehescheidungsgrundes schon abgelaufen ist.

Für alle vorbezeichneten Enterbungsgründe gilt aber die Vorschrift, daß der Erblasser das Recht zur Entziehung des Pflichtteils (zur Enterbung des Schuldigen) verliert, wenn er ihm die Verfehlung verziehen hat. Wann eine solche Verzeihung anzunehmen ist, kann nur unter Berücksichtigung der ganzen Sachlage beurteilt werden. Eine ausdrückliche Verzeihung oder Aussöhnung ist durchaus nicht immer notwendig: es ist genügend, wenn zwischen dem Erblasser und dem Pflichtteilsberechtigten die ihrem verwandtschaftlichen oder ehelichen Verhältnisse entsprechenden innigen und vertrauten Beziehungen wieder hergestellt sind. (Es ist z. B. unter Ehegatten der eheliche Verkehr wieder aufgenommen worden.) Hat der Erblasser die Entziehung des Pflichtteils (die Enterbung) schon ausgesprochen, so wird diese Verfügung durch eine nachfolgende Verzeihung von selbst unwirksam. Daß die Verzeihung stattgefunden hat, muß selbstverständlich der Pflichtteilsberechtigte, der sich darauf beruft, beweisen.

Außer den vorstehend bezeichneten Gründen, die dem Erblasser das Recht geben, einem seiner Pflichterben den Pflichtteil zur Strafe zu entziehen, gibt es noch eine Reihe von Verfehlungen eines Erben (sei es ein gesetzlicher Erbe oder ein Testaments- oder Vertragserbe), die nach dem Gesetze zur Folge haben, daß der Erbe seines Erbrechts verlustig geht, ohne daß eine Entziehung des Erbrechts durch den Erblasser erfolgt ist, was besonders in den Fällen von Wichtigkeit ist, wo der Erblasser gar nicht mehr in der Lage gewesen ist, eine desfallsige Verfügung zu treffen. Dies sind die Fälle der sog. Erbunwürdigkeit, worüber der besondere Artikel zu vergleichen ist.

Enterbung (Beschränkung des Pflichtteilsberechtigten) in wohlmeinender Absicht (2338). Etwas anderes, als die vorstehend besprochene Enterbung eines Pflichterben wegen schuldvollen Verhaltens, ist die sog. Enterbung in wohlmeinender Absicht. Es ist dies aber keine wirkliche Enterbung, sondern nur eine Beschränkung der Rechte des Pflichterben zu seinem oder seiner Angehörigen eigenem Besten. Gar oft nämlich sind Eltern oder Großeltern in der Lage, befürchten zu müssen, daß das, was dem Sohne, der Tochter usw. aus ihrem Nachlasse zufällt, sofort von dessen (deren) Gläubigern hingenommen oder von dem Kinde selbst durch Verschwendung oder schlechte Wirtschaft vergeudet wird, so daß ihnen selbst oder ihrer Familie nichts davon verbleibt. In solchem Fall gestattet das Gesetz, daß der Erblasser den dem betreffenden Nachkömmling gesetzlich zukommenden Pflichtteil (über das, was er ihm über diesen Pflichtteil hinaus zuwenden will, kann er sowieso frei bestimmen) ihm nicht zur freien Verfügung, sondern nur zur lebenslänglichen Nutzung hinterläßt, so daß weder die Gläubiger das Hinterlassene in Anspruch nehmen können, noch auch das Kind selber den Erbteil verbringen kann. Gesetzliche Voraussetzung für diese Befugnis des Erblassers ist, daß das Kind usw. entweder in solchem Maße der Verschwendung ergeben oder in solchem Maße überschuldet ist, daß sein späterer Erwerb erheblich gefährdet wird. Andere als diese gesetzlich bestimmten Gründe berechtigen die Eltern nicht zu der gedachten Beschränkung des Pflichterben. Die Sicherung geschieht in der Weise, daß der für den pflichtteilsberechtigten Erben bestimmte Erbteil diesem zwar im Testament hinterlassen, zugleich aber bestimmt wird, daß der Erbteil nach seinem Tode seinen gesetzlichen Erben als Nacherben oder Nachvermächtnisnehmern nach dem Verhältnisse ihrer gesetzlichen Erbteile zufallen soll. Die Erben des Kindes sind dann durch die für die Nacherbschaft geltenden Vorschriften (s. Nacherben) einigermaßen davor geschützt, daß das Vermögen von dem zunächst eingesetzten Erben vergeudet wird.

Den ebengedachten Zweck dadurch zu erreichen, daß dem Kinde nur der Nießbrauch an seinem Erbteil vermacht, während der Erbteil selbst seinen Kindern zugewiesen wird, ist nach dem Gesetz nicht angängig; das Kind könnte in solchem Falle den Pflichtteil aus dem Vermögen des Verstorbenen fordern, und der Zweck der Anordnung wäre ziemlich verfehlt. Der Erblasser kann aber zu noch größerer Sicherheit der Angehörigen des Kindes neben der vorgedachten Bestimmung noch die Anordnung treffen, daß für die Lebenszeit des Kindes entweder die Verwaltung des ihm Hinterlassenen überhaupt einem Testamentsvollstrecker übertragen wird oder daß wenigstens einem Testamentsvollstrecker die Wahrung der Rechte der Nacherben übertragen wird (2222). Das Kind hat dann nur Anspruch auf den jährlichen Reinertrag des Vermögens und kann die Rechte der Nacherben durch Verfügungen über das ihm nachgelassene Vermögen nicht beeinträchtigen. Liegt zur Einsetzung einer Nacherbschaft kein Bedürfnis vor (z. B. das einzusetzende Kind hat keine Nachkömmlinge und dem Erblasser ist nur darum zu tun, zum Besten des Kindes selbst eine Vergeudung seines Erbteils zu verhindern), so kann der Erblasser sich auch darauf beschränken, einem Testamentsvollstrecker die Verwaltung des dem Kinde Hinterlassenen zu übertragen (2209). Die fraglichen Anordnungen des Erblassers müssen, um rechtsgültig zu sein, in einer der für die Errichtung eines Testaments vorgeschriebenen Formen (s. „Testament 2") erfolgen; der Grund für die Anordnung muß zur Zeit der Anordnung schon bestehen und in der Anordnung angegeben sein. Die Anordnung verliert ihre Gültigkeit, wenn sich das Kind zur Zeit des Todes des Erblassers (oder schon früher) von dem verschwenderischen Leben dauernd abgewendet hat oder wenn zu dieser Zeit die den Grund der Anordnung bildende Überschuldung nicht mehr besteht. — Anderen Pflichtteilsberechtigten, also dem Vater, der Mutter, dem Ehegatten gegenüber, kann der Erblasser die vorgedachten Anordnungen (Enterbung aus wohlmeinender Absicht) nicht treffen.

5. Verzicht auf den Pflichtteil. Auf einen (künftigen) Pflichtteil kann im voraus (vor dem Tode des Erblassers) verzichtet werden; s. darüber das Nähere unter „Erbverzicht". Etwas anderes ist es, wenn ein (mit dem Tode des Erblassers) bereits angefallener Pflichtteilsanspruch nicht geltend gemacht werden soll.

Pflichtverletzung eines Beamten s. Beamte; eines Vormundes, Schadensersatz wegen, s. Vormund 7; als Scheidungsgrund s. Ehescheidung 1 d.

Pflugrecht s. Grundeigentum 2 am Schluß.

Photographien, Schutz der, s. Urheberrecht.

Police, Verpfändung einer, s. Pfandrecht an Rechten usw. 3 a. Schl.

Politische Vereine s. Vereine.

Porto für Geldsendungen s. Leistungen 5; für Übersendung einer Quittung s. Quittung usw.

Post, Übersendung von Geld durch die, s. Leistungen 5; Verlust oder Beschädigung von Postsendungen s. Frachtführer usw. 3.

Prämieninhaberpapiere s. Schuldverschreibungen auf den Inhaber; Verkauf auf Abzahlung verboten s. Abzahlung, Verkäufe auf, 3.

Preisausschreiben, öffentliches, s. Auslobung.

Preisbemessung von Waren, falsche Angaben über, s. Schwindelhafte Reklame 1.

Preisbewerbung s. Auslobung.

Preislisten, falsche Angaben über, s. Schwindelhafte Reklame 1; Schutz derselben s. Warenbezeichnungen usw.; Verrat usw. von, s. Geschäfts- und Betriebsgeheimnisse; Mitteilung von, s. Vertrag, Vertragsantrag usw. 2.

Prioritätsrecht. Das alte Rechtssprichwort „Wer zuerst kommt, mahlt zuerst" hat in vielen Dingen grundsätzliche Bedeutung. Es ist ein dem Verkehrsrecht zugehöriger Satz, daß Eintrittskarten und ähnliche Dinge nach der Reihenfolge der Kommenden abgegeben werden und daß unter sonst gleichen Umständen und Ansprüchen der Späterkommende hinter dem Früheren zurückstehen muß und sich nicht beschweren kann. In Verkehrsmitteln, bei Zimmerbestellungen in Hotels usw. ist das ebenso. Es beruht nicht nur auf Willkür oder Verkehrssitte, sondern ist rechtlich gestützt, daß derjenige, der durch Vorbestellung oder durch Besitzergreifung im Besitze einer Stelle ist, sie nicht ohne weiteres abzutreten oder aufzugeben braucht. Das gilt meistens auch bei vorübergehendem Verlassen der Stelle. Auch die Rangordnung im Grundbuch ist ein solches Prioritätsrecht. Vorkaufsrechte und Vormietrechte sind vertragliche Prioritätsrechte. Im Patent- und Warenzeichenrecht (s. d.) spielt die Priorität eine besondere Rolle; wer etwas zuerst erfunden hat oder sich hat schützen lassen, hat ein Vorrecht vor Späteren. Selbst der Besitz einer Sache ist eine Art Prioritätsrecht, das nicht ohne weiteres gestört werden darf, selbst wenn ein anderer ein besseres Recht (z. B. ein Eigentumsrecht) an der Sache hat; Näheres über diese nicht ganz einfach liegenden Dinge s. unter „Besitz".

Prioritätsaktie, Prioritätsobligationen s. Aktiengesellschaft 1.

Privatbeamte s. Arbeitsvertrag.

Privatpfändung s. Pfändung (Privatpfändung).

Privatgewässer, Fische in, s. Aneignung herrenloser Sachen 2.

Privattestament s. Testament 2 B.

Probe, Kauf auf, s. Kauf nach Probe und Kauf auf Probe; Kauf zur Probe s. Kauf nach Probe usw. 3; Kauf nach Probe s. Kauf nach Probe usw.; Verkauf nach Probe durch einen Handelsmäkler s. Mäkler 2.

Prokura und Handlungsvollmacht (HGB. 48 bis 58). Handlungsbevollmächtigte überhaupt. Wer nicht mit dem Prinzipal selbst, sondern mit einem von ihm angestellten oder ermächtigten Vertreter Geschäfte schließen, an ihn Zahlung leisten soll oder will, muß wissen, inwieweit er dies ohne Gefahr tun kann, mit anderen Worten: inwieweit der Vertreter befugt ist, Geschäfte für den Prinzipal oder den Vollmachtgeber zu schließen, Bestellungen für ihn zu machen oder anzunehmen, Gelder für ihn einzukassieren usw., so daß der andere sich dem Geschäftsinhaber gegenüber auf das mit dem Vertreter Vereinbarte oder an ihn Geleistete berufen kann. Die Befugnisse, die der Angestellte usw. hat, für den Prinzipal geschäftlich zu handeln, können ihrem Umfange nach sehr verschieden sein, je nach der Vollmacht, die der Prinzipal seinem Vertreter zu erteilen für gut befunden hat. Es müßte sich daher jeder, der sich mit einem Vertreter einlassen wollte, vorher die Vollmacht vorlegen lassen; und wenn die Vollmacht über den Umfang der Befugnisse im einzelnen nichts ersehen ließe, wäre er auf eine Antrage bei dem Prinzipal angewiesen. Das läßt sich im kaufmännischen Verkehr nicht durchführen (anders im bürgerlichen Verkehr; s. den Artikel „Vollmacht"). Das Gesetz hat daher Bestimmung darüber getroffen, wieweit die Befugnisse bestimmter Arten von kaufmännischen Vertretern regelmäßig gehen. Es ist dabei zu bemerken, daß es für diese Frage ganz einerlei ist, ob der Vertreter, sei es z. B. ein Prokurist oder ein sonstiger Bevollmächtigter, eine im Dienste des Prinzipals stehende Person (ein Angestellter) ist, z. B. ein Buchhalter, ein Reisender, ein Ladengehilfe usw., oder ob er nicht in dienstlichem Verhältnis zu ihm steht (der Prinzipal kann auch seiner Frau, seinem Sohne, einem Geschäftsfreunde usw. Prokura oder Handlungsvollmacht erteilen). Es ist daher der Unterschied zwischen einem Handlungsgehilfen und einem Handlungsbevollmächtigten im Sinne des Gesetzes wohl zu beachten: Der Handlungsgehilfe (auch der Handlungslehrling; s. den Artikel „Handlungsgehilfen") steht im Dienste des Prinzipals und hat ihm kaufmännische Dienste zu leisten; ob aber diese Dienste bloß tatsächlicher Natur sind (z. B. Bücherführung, Korrespondenz ohne eigene Unterschrift, Magazinierung usw.) oder ob er auch zur Vertretung des Prinzipals bei Abschluß von Rechtsgeschäften, Annahme von Zahlungen, Bewilligung von Krediten u. dgl. befugt sein soll, richtet sich nach dem Dienstvertrage. Allerdings kann sich schon aus der Natur der Anstellung von selbst ergeben, daß und wieweit der Angestellte den Prinzipal in Rechtsgeschäften vertreten soll, z. B. wenn er als Verkäufer, Reisender, Kassierer angenommen ist, da Verkäufe, Annahme von Zahlungen usw. für den Prinzipal Rechtsgeschäfte sind. Hat also der Handlungsgehilfe den Prinzipal auch in Rechtsangelegenheiten zu vertreten, so ist er insoweit auch Handlungsbevollmächtigter. — Betrachten wir jetzt die einzelnen Arten der Handlungsvollmachten.

1. Der Prokurist (HGB. 48—53). Dieser hat die ausgedehnteste Handlungsvollmacht. Die Prokura ist unbeschränkt und gesetzlich unbeschränkbar. Sie ermächtigt den Prokuristen zu allen Arten von gerichtlichen und außergerichtlichen Geschäften und Rechtshandlungen, die der Betrieb eines Handelsgewerbes mit sich bringt; nur hinsichtlich der Veräußerung und Belastung von Grundstücken bedarf der Prokurist einer besonderen Ermächtigung. Es stehen dem Prokuristen daher insbesondere zu: die Prozeßführung in Angelegenheiten des Geschäfts (Abschließung von Vergleichen, Abgabe von Verzichtserklärungen, Annahme von Rechtsbeiständen); die Stellung von Strafanträgen in Angelegenheiten des Geschäfts, die Erhebung des Einspruchs in Übertretungssachen, die das Geschäft angehen; Erwerb von Grundstücken (nicht die Veräußerung von solchen), Entlassung von Grundstücken aus einer Hypothek usw. (nicht die Belastung von Grundstücken mit Hypotheken usw.), Vermietung oder Verpachtung von Grundstücken; Aufnahme von Darlehen, Eingehung von Wechselverbindlichkeiten und von Versicherungsverträgen; Schenkungen, wenn sie der Geschäftsbetrieb mit sich bringt; Anstellung und Entlassung von Handlungsgehilfen und sonstigen Hilfskräften usw. — Dem Prokuristen stehen dagegen gesetzlich nicht zu die Veräußerung oder Belastung von Grundstücken, der Verkauf des Geschäfts, Löschung oder Veränderung der Firma, die Annahme von Prokuristen, die Unterzeichnung der Bilanz oder die Vornahme sonstiger höchst persönlicher Angelegenheiten des Geschäftsinhabers. Will und soll der Prokurist auch solche Geschäfte vornehmen, so bedarf er dazu einer besonderen Vollmacht des Prinzipals. Zustellungen in Prozeßsachen über Angelegenheiten, die das Geschäft betreffen, können an den Prokuristen mit gleicher Wirkung, wie an den Prinzipal selber erfolgen (ZPO. 173). Eine Beschränkung des Umfanges der Prokura ist dritten Personen gegenüber unwirksam, auch wenn diese die Beschränkung kennen sollten. Dies gilt insbesondere von der Beschränkung, daß die Prokura nur für gewisse Geschäfte oder gewisse Arten von Geschäften oder nur unter gewissen Umständen oder für eine gewisse Zeit oder an einzelnen Orten ausgeübt werden soll. Zulässig allein ist eine Beschränkung der Prokura auf den Betrieb einer (oder einiger) von mehreren Niederlassungen des Geschäftsinhabers, wenn die Niederlassungen unter verschiedenen Firmen betrieben werden. Eine Verschiedenheit der Firmen im Sinne dieser Vorschrift wird auch dadurch begründet, daß für eine Zweigniederlassung der Firma ein Zusatz beigefügt wird, der sie als Firma der Zweigniederlassung bezeichnet. Das Vorgesagte bezieht sich aber nur auf das Verhältnis des Prokuristen zum Publikum, nicht auf sein Verhältnis zum Prinzipal selbst; sind dem Prokuristen in der ihm erteilten Vollmacht Beschränkungen auferlegt (er soll z. B. nur die Kassengeschäfte besorgen), so hat er sie dem Prinzipal gegenüber zu befolgen, widrigenfalls er diesem für den Schaden (nach den Grundsätzen des Auftragsvertrages oder des Dienstvertrages) verantwortlich ist. Dem Publikum gegenüber sind solche Beschränkungen wirkungslos. Soweit übrigens die Abmachungen zwischen dem Prokuristen und dem Prinzipal nichts anderes ersehen lassen, wird anzunehmen sein, daß der Prokurist zu allen ihm nach außen hin zustehenden Geschäften auch vom Prinzipal ermächtigt sein solle.

Erteilung der Prokura. Eintragung im Handelsregister. Zeichnung der Firma. Die Prokura kann nur von dem Inhaber des Handelsgeschäfts oder seinem gesetzlichen Vertreter (z. B. wenn der Inhaber minderjährig ist, vom Vater, der Mutter, dem Vormund usw.) und nur mittels ausdrücklicher Erklärung erteilt werden. Die Erteilung kann an mehrere Personen gemeinschaftlich erfolgen (Gesamtprokura, Kollektivprokura). Der Prokurist hat in der Weise für die Firma zu zeichnen, daß er der Firma seinen Namen mit einem die Prokura andeutenden Zusatz beifügt (also beispielsweise: „ppa. (oder pp.) Hermann Müller Alfred Zeisig“ oder „per procura Hermann Müller Alfred Zeisig“ oder „Hermann Müller ppa. (oder pp.) Alfred Zeisig“ oder „Hermann Müller per procura Alfred Zeisig“).

So will es das Gesetz (HGB. 51). Übrigens hängt von der Beobachtung dieser Form die Rechtsbeständigkeit der Zeichnung nicht ab. Der Prinzipal wird auch verpflichtet, wenn beispielsweise der Prokurist bloß die Firma (ohne Zusatz seines Namens) oder bloß seinen Namen (ohne Bezeichnung der Firma) zeichnet oder wenn er das p. p. fortläßt oder wenn er einen Firmenstempel zu seiner Unterschrift verwendet, vorausgesetzt allerdings in allen diesen Fällen, daß sich aus den Umständen mit Sicherheit ergibt, daß der Prokurist für die Firma (den Prinzipal) hat handeln wollen. Es empfiehlt sich daher dringend, die gesetzliche Form zu beobachten. — Die Erteilung der Prokura (eintretendenfalls auch die besondere Ermächtigung des Prokuristen zur Veräußerung oder Belastung von Grundstücken; s. oben) ist von dem Geschäftsinhaber zur Eintragung in das Handelsregister anzumelden. Ist die Prokura als Gesamtprokura erteilt oder auf eine von mehreren Handelsniederlassungen beschränkt, so muß auch dies zur Eintragung angemeldet werden. Der Prokurist muß die Firma nebst seiner Namensunterschrift zur Aufbewahrung bei dem Gerichte zeichnen (vgl. „Firma 2“ am Schluß). Das Erlöschen der Prokura ist in gleicher Weise wie die Erteilung zur Eintragung vom Prinzipal anzumelden; eine Zeichnung des Prokuristen findet hierbei selbstverständlich nicht statt. Die Prokura ist ohne Rücksicht auf das der Erteilung zugrunde liegende Rechtsverhältnis (Dienstverhältnis, Auftragsvertrag usw.) jederzeit widerruflich. Der Prokurist behält aber seinen Anspruch auf die vertragsmäßige Vergütung (sein Gehalt und sonstige Bezüge), wenn er in dienstlichem Verhältnis zum Prinzipal stand und vor Ablauf der vertragsmäßigen Dienstzeit oder ohne Innehaltung der gesetzlichen Kündigungsfrist ohne triftigen Grund entlassen ist. Durch den Tod des Geschäftsinhabers erlischt die Prokura nicht; die Erben können aber selbstverständlich ihrerseits die Prokura widerrufen. Was im übrigen die dienstliche Stellung des Prokuristen, falls er im Handelsgewerbe des Geschäftsinhabers angestellt, also Handlungsgehilfe ist, insbesondere seine Ansprüche auf Gehalt usw., angeht, so ist darüber der Artikel „Handlungsgehilfen 1“ zu vergleichen.

2. Andere Handlungsbevollmächtigte (HGB. 54—58). Ist jemand vom Prinzipal, ohne daß ihm Prokura erteilt ist, zum Betriebe eines ganzen Handelsgewerbes oder zur Vornahme einer bestimmten, zu einem Handelsgewerbe gehörigen Art von Geschäften oder zur Vornahme einzelner Handelsgeschäfte ermächtigt (er ist in solchem Falle „Handlungsbevollmächtigter“), so darf er alle Geschäfte und Rechtshandlungen vornehmen, die der Betrieb eines derartigen Handelsgewerbes oder die Vornahme derartiger Geschäfte gewöhnlich mit sich bringt; aber er ist nicht befugt, für seinen Prinzipal Geschäfte abzuschließen, die über den gewöhnlichen Rahmen des schäftsbetriebes des Prinzipals hinausgehen, sei es, daß es sich um Geschäfte von ungewöhnlich hohem Werte handelt (RG.) oder um Geschäfte einer anderen Gattung (einer anderen Branche), als im Geschäft sonst üblich, u. dgl. mehr. Insbesondere ist der Handlungsbevollmächtigte gesetzlich nicht befugt zur Veräußerung und Belastung von Grundstücken (wie das auch der Prokurist regelmäßig nicht ist), zur Eingehung von Wechselverbindlichkeiten, zur Annahme von Darlehen (Erwirkung von Bankkredit) und zur Prozeßführung. Soll er auch zu solchen Rechtshandlungen und Geschäften oder einzelnen von ihnen befugt sein, so muß ihm diese Befugnis besonders erteilt werden; wer sich mit ihm einläßt, wird also zu prüfen haben, ob dies in der vom Prinzipal ausgestellten Vollmacht (Handlungsvollmacht) ausgesprochen ist. Zum Abschluß eines Vergleichs über ein Handelsgeschäft zum Zwecke der Beilegung eines Prozesses ist er jedoch auch ohne besondere Vollmacht befugt (RG.). Noch weitergehende Beschränkungen der Handlungsvollmacht, als die vorstehend mitgeteilten gesetzlichen, braucht der Dritte nur dann gegen sich gelten zu lassen, wenn er sie kannte oder kennen mußte. Der Handlungsbevollmächtigte muß, wenn er für die Firma eine schriftliche Erklärung abgibt, mit einem das Vollmachtsverhältnis ausdrückenden Zusatz zeichnen; er hat sich jedes eine Prokura andeutenden Zusatzes (s. unter 1) zu enthalten. Er wird also beispielsweise zeichnen: „p. (oder per) Hermann Müller Alfred Zeisig“ oder „für Hermann Müller Alfred Zeisig“ oder „Hermann Müller, in Vollmacht Alfred Zeisig“ usw. Der Bevollmächtigte kann ohne Zustimmung des Geschäftsinhabers seine Handlungsvollmacht nicht auf einen anderen übertragen. Wer daher mit einem Bevollmächtigten (Vertreter) des Prinzipals, der nicht Prokura hat, geschäftlich verhandeln, z. B. mit ihm einen Vertrag schließen, an ihn Zahlung leisten usw. will, muß sich, wenn ihm die Verhältnisse nicht bekannt sind, die Vollmacht vorlegen lassen, damit er sich überzeugt, ob der Betreffende überhaupt Handlungsbevollmächtigter ist und ob er für den gesamten Geschäftsbetrieb oder zu welchen besonderen Geschäften er Vollmacht hat. Erst dann kann er an der Hand der vorstehend mitgeteilten gesetzlichen Bestimmungen beurteilen, inwieweit jener zur Vertretung des Prinzipals befugt ist. Im übrigen gelten für die Handlungsvollmachten dieser Art die allgemeinen Bestimmungen des Bürgerlichen Gesetzbuchs über Vollmachten überhaupt (s. „Vollmacht“). Insbesondere ist danach die Frage zu beurteilen, wie lange die dem Handlungsbevollmächtigten erteilte Vollmacht gilt (s. „Vollmacht 2“). Daß der Bevollmächtigte im Geschäft des Prinzipals angestellt sei, ist, wie eingangs schon gesagt, durchaus nicht erforderlich, wenn es auch meistens der Fall sein wird; es ist für das Publikum gleichgültig. Handlungsvollmachten jeder Art kann nicht nur der Vollkaufmann, sondern auch der Minderkaufmann (s. „Kaufmann 2“) erteilen. Auch für das Verhältnis des Handlungsbevollmächtigten dem Prinzipal gegenüber sind die mitgeteilten gesetzlichen Vorschriften über den Umfang der Befugnisse des Handlungsbevollmächtigten maßgebend, wenn die Beteiligten nichts anderes unter sich ausgemacht haben. Selbstverständlich ist der Bevollmächtigte dem Prinzipal zum Schadensersatz verpflichtet, wenn er die ihm erteilten Befugnisse überschreitet. In das Handelsregister wird der Handelsbevollmächtigte (der nicht Prokura hat) nicht eingetragen.

3. Handlungsreisende (HGB. 55). Handlungsreisende, die vom Prinzipal ermächtigt sind, Geschäfte für ihn abzuschließen (ihn in Handelsgeschäften zu vertreten), die also Handlungsbevollmächtigte sind, fallen im allgemeinen unter die vorstehend (unter 2) für diese überhaupt gegeben gesetzlichen Vorschriften. (Ist ein Reisender dagegen bloß dazu bestellt, Muster vorzulegen und Bestellungen entgegenzunehmen, nicht aber abzuschließen, so ist er kein Handlungsbevollmächtigter und hat nicht die Befugnisse von solchen.) Die unter 2 mitgeteilten Vorschriften des Gesetzes über Handlungsbevollmächtigte gelten aber nur für solche Reisende, die zur Vornahme von Geschäften außerhalb, d. h. an solchen Orten verwendet werden, wo sich keine Niederlassung des Geschäftsinhabers befindet; sie gelten also nicht für sog. Stadtreisende. Ist hiernach nun ein Reisender Handlungsbevollmächtigter im Sinne des Gesetzes, so gilt für ihn der Satz, daß er gesetzlich ermächtigt ist, den Kaufpreis aus den von ihm abgeschlossenen Verkäufen einzuziehen und dafür Zahlungsfristen zu bewilligen. Auch können Anzeigen von Mängeln der den Kunden gelieferten Waren, Erklärungen, daß eine Ware zur Verfügung gestellt werde, sowie andere Erklärungen solcher Art dem Reisenden gegenüber (mündlich oder schriftlich) mit Gültigkeit abgegeben werden; aber nur, solange der Reisende beim Kunden (an dessen Wohn- oder Geschäftsorte) persönlich anwesend ist; ist der Vertreter anderswo auf Reisen oder am Geschäftssitze, so muß der Kunde die Erklärungen und Reklamationen an die Firma selbst richten. Der Reisende ist nur befugt, Reklamationen entgegenzunehmen; die Dispositionsstellung verkaufter und gelieferter Waren anzunehmen (zu genehmigen), ist er nicht befugt, wenn er dazu nicht besonders ermächtigt ist. Ebensowenig ist er befugt, die Bedingungen abgeschlossener Geschäfte, abgesehen von den Zahlungsbedingungen, nachträglich abzuändern. Auf den vorstehend mitgeteilten Rechtssatz über die Vertretungsbefugnisse der Handlungsreisenden kann sich der Kunde aber nicht berufen, wenn ihm bekannt war oder bekannt sein mußte, daß der Reisende eine soweit gehende Vollmacht vom Prinzipal nicht hat. Hätte beispielsweise der Geschäftsinhaber den Reisenden dem Kunden brieflich avisiert, in dem Schreiben aber ausdrücklich ersucht, Zahlungen an den Reisenden nicht zu leisten, so könnte sich der Kunde, der dennoch an ihn gezahlt hat, auf die den Reisenden gesetzlich zustehenden Befugnisse nicht berufen, wenn er jene Weisung des Prinzipals außer acht gelassen oder etwa deshalb nicht berücksichtigt hat, weil er den Avisbrief nicht durchgelesen hatte.

Das vorstehend Gesagte bezieht sich auf die Stellung des Handlungsreisenden dem Publikum (der Kundschaft) gegenüber. Sein Verhältnis zum Prinzipal (zum Geschäftsinhaber) richtet sich danach, ob er Angestellter des Prinzipals, also Handlungsgehilfe, oder ob er selbständiger Kaufmann (reisender Agent) ist; s. über den letzteren den Artikel „Handlungsagenten". Ist er Handlungsgehilfe, so richten sich seine Rechte und Pflichten dem Prinzipal gegenüber nach dem Vertrage, dem Ortsgebrauche usw.; Näheres s. unter „Handlungsgehilfen usw. 1".

4. Ladenangestellte (HGB. 56). Wer in einem Laden oder in einem offenen Warenlager angestellt ist (als Kommis, Verkäufer usw.), gilt als ermächtigt zu Verkäufen und Empfangnahmen, die in einem derartigen Laden oder Warenlager gewöhnlich geschehen. Insbesondere kann also der Käufer an den Angestellten im Laden usw. gültig (das eben Gekaufte oder die erhaltene Rechnung) bezahlen. Zu einer weitergehenden Vertretung des Prinzipals ist der Angestellte nicht befugt, wenn er dazu nicht besonders ermächtigt ist, also eine über die bloße Ladenbedienung hinausgehende Handlungsvollmacht hat; in letzterem Falle würde er unter die oben unter 2 mitgeteilten Vorschriften fallen. Will also der Kunde bloß kaufen und zahlen, so kann er sich an jeden im Laden wenden; es muß sich nur aus den äußeren Umständen ergeben, daß der Betreffende im Laden usw. angestellt ist. Ein zufällig im Laden anwesender Hausdiener oder ein Dienstmädchen des Inhabers sind zu Verkäufen und Empfangnahmen nicht befugt. Dagegen wird es gleichgültig sein, ob der Angestellte sich noch in der Lehrzeit befindet oder ob er bereits ausgelernt hat. Der Kunde kann sich jedoch auf den vorstehend mitgeteilten Rechtssatz nicht berufen, wenn er weiß oder den Umständen nach wissen mußte, daß der Angestellte nicht zur Empfangnahme von Zahlungen ermächtigt ist, unter Umständen z. B., wenn im Laden deutlich und in die Augen fallend angeschlagen ist, daß Zahlungen „nur an der Kasse" zu leisten sind u. dgl. Außerhalb des Ladens oder des Warenlagers kann an einen Angestellten mit Gültigkeit nur bezahlt werden, wenn er eine quittierte Rechnung überbringt und auch nur dann, wenn nicht besondere Umstände dafür sprechen, daß er zur Empfangnahme nicht ermächtigt ist (vergleiche „Quittung"). Auch die Ladenangestellten haben, wenn sie für den Prinzipal zeichnen (z. B. bei Quittierung von Rechnungen) mit einem das Vollmachtsverhältnis ausdrückenden Zusatze zu zeichnen, also z. B. „für Hermann Müller A. Zeisler" oder „Hermann Müller, in Vollmacht A. Zeisler" usw.

Über Agenten (Handlungsagenten) vergleiche den besonderen Artikel.

Protokollführer darf nicht kaufen s. Kauf und Verkauf 12.

Provision. **1.** Provision ist eine Art der Vergütung, deren Wesen darin besteht, daß sie bei Vermittlung von Geschäften (Vermittlung im weiteren Sinne, also auch bei bloßen Abschlüssen für fremde Rechnung) gezahlt wird und in der Höhe sich rechnerisch nach dem Betrage des abgeschlossenen Geschäfts richtet. Von der Tantieme unterscheidet sich die Provision durch ihre spezielle Beziehung auf bestimmte einzelne Geschäfte, während Tantieme im Geschäftsleben als ein Anteil an Gemeinsamkeitserfolgen erscheint. Es brauchen nicht nur Handelsgeschäfte zu sein. Auch die Vergütung z. B. für Nachweis von Ehepartnern und für Stellenvermittlung ist Provision. Im Handelsgewerbe sind es, abgesehen von der allgemeinen Regel für alle Kaufleute im § 354 HGB., namentlich die Mäkler, Kommissionäre, Spediteure und Agenten, die Provision empfangen, ferner Handlungsgehilfen und Handlungsreisende. Mäklerlohn ist Provision (652ff. BGB., 93ff. HGB.). Näheres s. unter „Mäkler". Der Provisionsanspruch für Heiratsvermittlung begründet, obschon diese Vermittlung unter die Mäklerverträge fällt (656), keine klagbare Obligation und ist daher anders geartet. Eine erfolgte Zahlung kann jedoch nicht zurückgefordert werden, das Geschäft gilt also nicht als unbedingt unsittlich. Bei einer Stellenvermittlung irgendwelcher Art kann die Zahlung von Provision in Betracht kommen, so wenn jemand einem anderen für die Verschaffung einer Stellung einen Prozentanteil des Gehalts verspricht. Das trifft nicht auf die gewerbsmäßige Stellenvermittlung nach dem G. vom 2. 6. 1910 (RGBl. 860) zu, wo von Gebühren und Taxen gesprochen wird; die die gewerbsmäßige Stellenvermittlung allmählich (bis 1. 1. 1931 endgültig) ablösenden öffentlichen Arbeitsnachweise vermitteln unentgeltlich (G. vom 22. 7. 1922 [RGBl. I, 657], mit Abänderung vom 30. 10. 1923 [RGBl. I, 1065]). Vom Kommissionär sagt § 396 HGB. (und § 403 HGB.), daß er die Provision fordern kann, wenn das Geschäft zur Ausführung gekommen ist; auch wenn der Kommissionär das Gut selbst als Verkäufer liefert oder als Käufer übernimmt, kann er die Provision fordern. Ist das Geschäft nicht zur Ausführung gekommen, so hat der Kommissionär gleichwohl Anspruch auf Auslieferungsprovision. Näheres s. unter „Kommissionär". Ganz ähnlich liegt es beim Spediteur, der (§§ 409, 412) die Provision fordern kann, wenn das Gut dem Frachtführer oder dem Verfrachter übergeben ist, und im Zweifel befugt ist, die Beförderung des Gutes selbst auszuführen. Näher geregelt sind die Provisionsfragen beim Handlungsagenten (§§ 88, 89, 91 HGB.). Die hier gegebenen Regeln (s. unten zu 2) sind in weitem Maße analog bei den übrigen Provisionsempfängern anzuwenden.

Der Handlungsgehilfe, der besondere Geschäfte abzuschließen hat, und namentlich der Handlungsreisende wird vielfach auf Provision gestellt. Auf den Handlungsgehilfen, der Provision erhalten soll, finden nach § 65 HGB. die für den Agenten geltenden Bestimmungen über die Provision Anwendung. Der Volontär (§ 82 a HGB.) kann, ohne Handlungsgehilfe zu sein, doch Handlungsbevollmächtigter sein und Geschäfte für den Geschäftsherrn gegen Provision abschließen oder vermitteln. Auch der selbständige Kaufmann, der nicht zu den bisher genannten Gruppen gehört, kann Provision für Vermittlertätigkeit beanspruchen (§ 354 HGB.). Beispiele: Übernahme einer Bürgschaft, Verkauf verpfändeter Sachen, Selbsthilfe- und Notverkauf, Krediteröffnung, Risikoübernahme, Akzeptleistungen usw., soweit solche Handlungen in den Bereich des betreffenden Handelsgewerbes gehören, das der Provisionsfordernde ausübt, und wenn der Provisionsbetrag nicht schon in einer anderen Vergütung oder dergleichen enthalten ist.

2. Bemessung der Provision. Die Provision wird in der Regel als prozentualer Anteil an dem Geldwert des Geschäfts bemessen. Dies ist im Zweifel der Nettobetrag des Kaufgeschäfts, nicht der Reingewinn (RG.) bzw. das bezifferte Geldinteresse bei anderen Geschäften, die Versicherungssumme; unter besonderen Umständen kann es auch der Gewinnbetrag sein.

Häufig kommt (bei einzelnen Arten der oben genannten Provisionsempfänger) Verbindung fester Bezüge mit Provision vor, so daß sich der feste Bezug als Mindestlohn, die Provision als Prämie und insofern als Lohnergänzung darstellt oder von einem in Aussicht genommenen Gesamtbetrag aus auf die festen Bezüge angerechnet wird. Ist jemand gegen Provision und Gehalt angestellt und verlangt Tarifgehalt, so ist die Provision ins Tarifgehalt einzurechnen. Ortsüblichkeit, Handelsbrauch, Brancheüblichkeit und Taxen sind für die Bemessung der Provision — sowohl mangels Abrede wie für die Beurteilung ihrer Angemessenheit — wichtig.

3. Der Provisionsanspruch entsteht für Agenten, Handlungsgehilfen und analog für fast alle anderen Provisionsempfänger, soweit sie nicht den besonderen Vorschriften über den Maklervertrag unterliegen, durch den Abschluß und die Ausführung des Geschäfts. Das Geschäft muß durch die Tätigkeit des Provisionsberechtigten zustande gekommen und (im Zweifel) durch den Geschäftsgegner erfüllt (bezahlt) worden sein. Für den Provisionsanspruch ist es nicht erforderlich, daß die Tätigkeit des Agenten, Angestellten oder Vermittlers die einzige oder hauptsächliche Ursache für das Zustandekommen des Vertrages war; es genügt, daß es eine der Ursachen war, z. B. daß er den Kunden zur Besichtigung des Geschäfts veranlaßt hat (woraus dann der Vertrag sich entwickelte). Die Provision steht dem Agenten usw. gemäß dem erfüllten Geschäft (bezahlten Betrage) zu: so bei Verkaufsagenten, aber nicht bei Versicherungsagenten und auch nicht bei Abzahlungsgeschäften. Hat der Geschäftsherr durch sein Verhalten die Ausführung eines Geschäfts teilweise oder ganz vereitelt, ohne daß wichtige Gründe seitens des Geschäftsgegners vorlagen, so hat der Vermittler (Agent usw.) die volle Provision zu beanspruchen, so z. B. auch wenn der Geschäftsherr wegen Überlastung mit Aufträgen das Geschäft nicht ausführen konnte. Unterbleibt die Ausführung infolge Zufalls ohne Verschulden des Geschäftsherrn, so ist die Provision nicht verdient.

Nicht durchaus geklärt ist die Frage, ob und eventuell wieweit dem Vermittler eines Geschäfts auch für Nachbestellungen ein Provisionsanspruch zusteht. Da empfiehlt es sich, genaue vertragliche Abmachungen zu treffen. Ist jedoch ein Handelsagent ausdrücklich für einen bestimmten Bezirk bestellt (§ 89 HGB.), so liegt darin im Zweifel der Vertragswille, ihm eine Provision von allen in dem betreffenden Bezirk, auch ohne seine Mitwirkung abgeschlossenen Geschäften zu gewähren. Auch dies ist auf andere Provisionsempfänger auszudehnen, soweit auch bei ihnen die Parteiabsicht dahin geht, ihnen einen örtlich oder sachlich festen Wirkungskreis (z. B. Alleinvertretung für den Verkauf einer Ware) monopolartig zuzuweisen und die Entlohnung in der Form der Provision ihnen zukommen zu lassen. Der Handlungsreisende kann, wenn diese Annahme auf seinen Dienstvertrag zutrifft, verlangen, daß kein zweiter Reisender in seinen Bezirk geschickt wird. Umgekehrt darf sein Prinzipal unter gleichen Umständen von ihm verlangen, daß er nicht im gleichen Absatzgebiete und für gleiche Waren im Interesse eines anderen Prinzipals tätig werde (RG.).

Bei der Abrechnung mit dem Geschäftsherrn kann der Provisionsberechtigte in der Regel die Mitteilung eines Buchauszuges verlangen, auch Auskunft und u. U. Büchereinsicht, nämlich wenn dies durch besondere Umstände begründet erscheint.

Prozessuale Sicherheit s. Sicherheitsleistung 2.

Prozeßzinsen (291). Wer auf Bezahlung einer Geldschuld verklagt ist, muß, wenn er verurteilt wird, auf die geschuldete Summe vom Eintritt der Rechtshängigkeit (d. h. regelmäßig dem Tage der Zustellung der Klage) an 4 Prozent Zinsen, sog. Prozeßzinsen, zahlen; wird die Schuld erst nach der Klagzustellung fällig, so muß er sie von diesem Zeitpunkt an verzinsen. Eine Verzinsung findet nur dann nicht statt, wenn die im Prozesse geltend gemachte Forderung selbst eine Zinsforderung ist. Unter Kaufleuten betragen die Prozeßzinsen jedoch 5 Prozent; s. „Handelsgeschäfte 1".

In Wechselsachen belaufen sich die Zinsen 2% über den jeweiligen Reichsbankdiskont.

Publikation s. Eröffnung.

Prüfungstermin s. Konkurs 1.

Pupillarische Sicherheit s. Anlegung von Mündelgeldern.

Q.

Quantitätsverschleierungen s. Warenmengenverschleierung.

Quittung (Empfangsbekenntnis) (368—371). Wer seine Schuld bezahlt hat oder seiner Verbindlichkeit sonst nachgekommen ist, hat ein dringendes Interesse daran, darüber ein Beweismittel in Händen zu haben. Das Gesetz legt deshalb jedem Gläubiger, der vom Schuldner seine Befriedigung erhalten hat, die Verpflichtung auf, ihm gegen Empfang der Zahlung (Leistung) auf Verlangen ein schriftliches Empfangsbekenntnis (eine Quittung) zu erteilen. Diese Verpflichtung besteht nicht nur bei Geldschulden, sondern bei jeder anderen Verbindlichkeit. Es kann mithin jeder Käufer, der im Laden bar bezahlt, Quittung verlangen. Kann der Gläubiger nicht schreiben, so muß er unter die von einem anderen zu schreibende Quittung ein Handzeichen (Kreuze oder dgl.) setzen und dieses gerichtlich oder notariell beglaubigen lassen, wenn der Schuldner sich nicht mit Geringerem (etwa der Beglaubigung durch irgendeinen Zeugen) begnügen will. Die Erteilung der Quittung muß Zug um Zug mit der Zahlung (Leistung) erfolgen; der Schuldner kann also Zahlung usw. solange verweigern (ohne daß er dadurch in „Verzug" gerät und für die Verzögerung Schadensersatz zu leisten braucht), bis ihm die Quittung erteilt wird. Die Quittung muß selbstverständlich klar erkennen lassen, auf welches Schuldverhältnis die Zahlung (Leistung) sich bezieht; es genügt also nicht, daß der Gläubiger schreibt: „Ich bekenne, heute von dem N. N. so und soviel erhalten zu haben"; auch muß das Datum der Zahlung und der Quittungsausstellung angegeben sein. Auch bei Teilzahlungen (Abschlagszahlungen; s. „Leistungen 3") muß der Gläubiger eine Quittung ausstellen.

Wenn der Schuldner ein rechtliches Interesse daran hat, daß die Quittung nicht bloß einfach schriftlich, sondern in besonderer Form (z. B. gerichtlich oder notariell) ausgestellt wird, besonders wenn eine solche Form für besondere Zwecke, z. B. für eine Eintragung im Grundbuch, gesetzlich vorgeschrieben ist, so ist der Gläubiger verpflichtet, die Quittung in dieser Form auszustellen.

Wer die Kosten der Quittung, besonders wenn sie in öffentlicher Form ausgestellt ist (Gerichts- oder Notariatsgebühren, Stempel usw.), zu tragen hat, das richtet sich nach dem unter den Parteien bestehenden Rechtsverhältnis oder nach der darüber etwa getroffenen Vereinbarung. Wenn sich hieraus nichts anderes ergibt, muß der Schuldner diese Kosten tragen und auf Verlangen vorschießen. Der Schuldner hat hiernach auch das Porto für die Übersendung der Quittung zu tragen, wenn es auch aus geschäftlicher Kulanz anders gehalten zu werden pflegt. Treten aber infolge einer stattgehabten Abtretung (Zession) der Forderung oder infolge Todesfalles (durch Erbfolge) an die Stelle des ursprünglichen Gläubigers mehrere Gläubiger, so fallen die hierdurch etwa entstehenden Mehrkosten den Gläubigern zur Last. Außer den Kosten der Quittung selbst können in vielen Fällen Kosten dadurch entstehen, daß der Gläubiger oder die Gläubiger sich als Empfangsberechtigte erst ausweisen (legitimieren) müssen (z. B. wenn sie die Forderung geerbt haben, durch Vorlegung eines Erbscheins usw.); diese Kosten (sog. Legitimationskosten) werden regelmäßig den Gläubiger treffen. Das Gesetz enthält darüber keine allgemeine Bestimmung. Was vorstehend über die Kosten der Quittung gesagt ist, wird auch dann gelten müssen, wenn ein in das Grundbuch eingetragener Gläubiger anstatt einer Quittung lediglich eine Löschungsbewilligung erteilt.

Wer eine Quittung überbringt, gilt als ermächtigt, die Zahlung (Leistung) für den Gläubiger in Empfang zu nehmen (370); gelangt also das Geld nicht in die Hände des Gläubigers, so hat dieser den Schaden zu tragen. Waren jedoch dem, der an den Überbringer der Quittung gezahlt hat, besondere Umstände bekannt, aus denen er vernünftigerweise schließen mußte, daß der Überbringer nicht zur Annahme des Geldes habe ermächtigt sein sollen (z. B. die Quittung ist von einem Kinde überbracht), so wird der Schuldner durch die Zahlung an den Überbringer nicht von seiner Verbindlichkeit befreit. Über Quittierung einer Rechnung durch einen Ladenangestellten s. „Prokura und Handlungsvollmacht 4".

Rückgabe des Schuldscheins (371). Ist über die Forderung ein Schuldschein ausgestellt worden, so kann der Schuldner neben der Quittung Rückgabe des Schuldscheins verlangen. Auch hier kann der Schuldner die Zahlung bis zur Rückgabe des Schuldscheins verweigern. Behauptet der Gläubiger, daß er zur Rückgabe außerstande sei (weil der Schuldschein verbrannt, abhanden gekommen, verlegt usw. sei), so kann der Schuldner verlangen, daß ihm der Gläubiger ein öffentlich beglaubigtes (s. „Form der Rechtsgeschäfte 3") Anerkenntnis ausstellt, daß die Schuld erloschen sei; daneben kann er dann freilich eine besondere Quittung nicht weiter fordern. Eine gerichtliche Kraftloserklärung (s. d.) des Schuldscheins kann vom Schuldner nicht gefordert werden. Selbstverständlich hat der Gläubiger in solchen Fällen die Kosten der Ausstellung des Anerkenntnisses zu tragen.

R.

Rangverhältnis der Eintragungen im Grundbuch. Zurücktreten eines Gläubigers hinter einen anderen (879—881). Das Rangverhältnis unter mehreren Rechten, mit denen ein Grundstück belastet ist, bestimmt sich, wenn die Rechte in derselben Abteilung des Grundbuchs eingetragen sind, nach der Reihenfolge der Eintragungen. Sind die Rechte in verschiedenen Abteilungen eingetragen, so hat das unter Angabe eines früheren Tages eingetragene Recht den Vorrang; Rechte, die unter Angabe desselben Tages eingetragen sind, haben gleichen Rang. Soll nach der Vereinbarung der Beteiligten das Rangverhältnis ein anderes sein, so muß dies, um gegen andere Personen wirksam zu sein, in das Grundbuch eingetragen werden. Die Rangordnung ist für die Reihenfolge der Befriedigung der Gläubiger bei einem zwangsweisen Verkauf des Grundstücks maßgebend. Soll ein Rangverhältnis nachträglich geändert werden, was häufig vorkommt, wenn z. B. jemand noch eine Summe auf sein Grundstück anleihen will und dies nur erreichen kann, wenn ein bereits eingetragener Gläubiger sich bewegen läßt, der späteren, noch einzutragenden Forderung den Vorrang einzuräumen, so ist dazu die Einigung des zurücktretenden und des vortretenden Berechtigten erforderlich; die Änderung des Rangverhältnisses muß, um gegen andere Personen wirksam zu sein, in das Grundbuch eingetragen werden. Soll eine Hypothek, eine Grundschuld oder eine Rentenschuld zurücktreten, so ist außerdem die Zustimmung des Eigentümers erforderlich; diese Zustimmung ist dem Grundbuchamt oder einem der Beteiligten gegenüber zu erklären und unwiderruflich. Ist das zurücktretende Recht mit einem anderen Rechte belastet, z. B. verpfändet, so ist auch die Zustimmung des Berechtigten erforderlich. Die zurücktretenden Gläubiger und Berechtigten, sowie der Eigentümer des Grundstücks müssen ihre Einwilligung und Zustimmung entweder vor dem Grundbuchamt oder vor Gericht oder Notar oder einer anderen hierzu nach Landesrecht zuständigen Behörde erklären oder die schriftliche Vorrangseinräumung durch das Gericht oder einen Notar oder einen nach Landesrecht zu öffentlichen Beglaubigungen befugten Beamten beglaubigen lassen. Die Vorrangseinräumung muß auf den etwaigen Hypothekenbriefen über die zurücktretende und die vortretende Forderung, die zu diesem Zwecke einzureichen sind, vermerkt werden (GBO. § 62).

Der Grundstückseigentümer kann sich bei der Bestellung einer Hypothek oder eines anderen in das Grundbuch einzutragenden Rechtes die Befugnis vorbehalten, demnächst eine andere Hypothek oder ein anderes Recht mit dem Range vor jenem zuerst eingetragenen Rechte eintragen zu lassen. Das demnächst einzutragende Recht muß dem Umfange (dem Betrage, Zinsen und etwaigen Nebenleistungen) nach genau bestimmt sein. Dieser Vorbehalt muß, um anderen gegenüber gültig zu sein, in das Grundbuch eingetragen werden. Wird später das Grundstück veräußert, so geht die vorbehaltene Befugnis kraft Gesetzes auf den Erwerber über. Ist das Grundstück vor der Eintragung des Rechtes, dem der Vorrang beigelegt ist, mit einem Rechte ohne einen entsprechenden Vorbehalt belastet worden, so hat der Vorrang insoweit keine Wirkung, als das mit dem Vorbehalt eingetragene Recht infolge der inzwischen eingetretenen Belastung eine über den Vorbehalt hinausgehende Beeinträchtigung erleiden würde. Ein Beispiel wird dies klar machen. Nehmen wir an: Der Eigentümer läßt auf seinem Grundstück eine erste Hypothek von 5000 RM. für A. eintragen, behält sich dabei aber vor, später eine Hypothek von 10000 RM. mit dem Vorrange vor diesen 5000 RM. eintragen zu lassen. Ehe die 10000 RM. eingetragen werden, ist bereits eine (zweite) Hypothek von 300 RM. (etwa zwangsweise) für den B. auf das Grundstück eingetragen; erst hinterher werden die vorbehaltenen 10000 RM. für C. eingetragen. Würden nun bei einer etwaigen Zwangsversteigerung des Grundstücks nur 14000 RM. daraus gelöst, so würde diese Summe in folgender Weise unter die Gläubiger A., B. und C. zu verteilen sein: C., dem der Eigentümer den vorbehaltenen Vorrang vor den zuerst eingetragenen 5000 RM. beigelegt hat, erhält 9700 RM.; B. erhält 300 RM., A. 4000 RM.; denn: B. muß auf alle Fälle seine 300 RM. erhalten, da ihm ja nur die voreingetragenen 5000 RM. vorgehen. C. kann aber die vollen 10000 RM. nicht beanspruchen; denn A. braucht nur 10000 RM. sich vorgehen zu lassen, nicht 10000 RM. und 300 RM. Der dem C. zustehende Vorrang vor den 5000 RM. des A. ist zum Betrage der später (aber vor Eintragung der 10000 RM.) eingetragenen 300 RM. unwirksam geworden. Wegen der Befugnis des Eigentümers, zwischen aufgewerteten Hypotheken, Hypotheken oder Grundschulden eintragen zu lassen (Rangbefugnis, Rangvorbehalt des Eigentümers) s. „Aufwertung".

Ratenzahlungen s. Leistungen usw. 3; Verkäufe gegen, s. Abzahlung, Verkäufe auf.

Ratserteilungen und Empfehlungen (676). Ratschläge, Auskünfte und Empfehlungen sind für den, der sie auf Aufforderung oder unaufgefordert erteilt, im allgemeinen unverbindlich; wer sie befolgt, tut dies auf seine Gefahr; er kann den anderen nicht wegen etwaigen Schadens in Anspruch nehmen, selbst dann nicht, wenn der Rat, die Empfehlung usw. in leichtsinnigster Weise erteilt ist. Es handelt sich hier regelmäßig um eine bloße Gefälligkeit, durch die der andere keine rechtliche Verantwortung übernehmen will. Aber es gibt Ausnahmen von diesem Satze. Wer arglistig, wider besseres Wissen, einen Rat, eine Auskunft oder eine Empfehlung erteilt, z. B. wer in betrügerischer Absicht, um einen anderen zur Hingabe eines Darlehns zu bestimmen, ihm falsche Auskunft über die Kreditwürdigkeit des Darlehnssuchers gibt, ist dem anderen für den Schaden verantwortlich, der ihm aus der Befolgung des Rats usw. erwächst. Ein Rat usw. macht ferner dann schadensersatzpflichtig, wenn besondere Verhältnisse vorliegen, die nach allgemeinen Rechtsgrundsätzen eine solche Haftung begründen, wenn z. B. die Ratserteilung, die Empfehlung usw. auf Grund einer amtlichen Verpflichtung oder eines ausdrücklichen oder stillschweigenden Vertrages, vielleicht sogar gegen Entgelt, erfolgt ist; dahin gehören insbesondere die Fälle, in denen Rat, Auskünfte, Empfehlungen usw. in der Ausübung eines Gewerbes oder eines Berufes (durch einen Rechtsanwalt, einen Arzt, eine Auskunftei usw.) erteilt werden. In solchen Fällen haftet der Rat oder Auskunft Erteilende dafür, wenn er dem anderen durch den Rat oder die Auskunft vorsätzlich oder aus Fahrlässigkeit, d. h. unter Außerachtlassung der im Verkehr erforderlichen Sorgfalt, Schaden zugefügt hat. Äußerung juristischer Ansichten über die Aussichten eines Prozesses oder eines ähnlichen Schrittes fallen an sich nicht darunter, nur dürfen die geäußerten Ansichten nicht ohne Kenntnis des Gesetzes und der wichtigsten Judikatur als Ratschlag erteilt werden. Der Ratgebende haftet nicht nur für eigenes Verschulden, sondern auch für das seiner Angestellten, Gehilfen, Korrespondenten usw. (276, 278). Nach einem Urteil des Reichsgerichts ist z. B. ein Rechtsanwalt, der, wenn auch auf Veranlassung und im Interesse eines anderen, jemandem fahrlässigerweise eine unrichtige Auskunft über Hypothekenverhältnisse gemacht hat, dem dadurch Geschädigten zum Schadensersatz verpflichtet. Dasselbe Gericht hat erkannt, daß ein Bankier, der einem in Geldsachen unbewanderten Privatmanne schlechte Papiere verkauft, dem Käufer dafür verantwortlich ist, wenn er ihm die Papiere empfohlen hat und ihn bei dieser Empfehlung eine Fahrlässigkeit trifft, auch wenn ihm ein Betrug nicht nachgewiesen werden kann. Er haftet seinen Kunden dafür, daß er bei solcher Empfehlung die Sorgfalt eines ordentlichen Kaufmanns nicht außer acht läßt, daß namentlich tatsächliche Angaben, die er dem Kunden z. B. über die solide Grundlage einer Aktiengesellschaft usw. macht, auf sorgfältiger Prüfung derjenigen Umstände beruhen, auf die ein sachverständiger Beurteiler Wert legen wird. Über die Haftbarkeit für amtliche Auskünfte vergleiche „Beamte usw.“. — Über die Rechte desjenigen, über den eine ungünstige Auskunft erteilt ist, s. „üble Nachrede“.

Rauch, Zuführung von, s. Grundeigentum 2c.

Räude bei Schafen s. Gewährleistung usw. 9.

Räume, Vermietung von, s. Miete; Instandhaltung der Arbeitsräume s. Arbeitsvertrag 5.

Räumungsfristen s. Miete 9 u. Kündigungsklage.

Räumungsklage s. Kündigungsklage.

Reallasten (1105—1112). Reallasten sind Rechte, die auf Grundstücken ruhen und darin bestehen, daß der jeweilige Grundstückseigentümer zu wiederkehrenden Leistungen an eine bestimmte andere Person oder an den Eigentümer eines bestimmten anderen Grundstücks verpflichtet ist. Reallasten sind z. B. Altenteile (Leibzuchten, Auszüge, Ausgedinge), Grundrenten, Grundzinsen, Dienstrenten, Zehnten usw. Die zuletzt genannten stammen oft aus alter Zeit. Öffentliche Lasten und Abgaben, Steuern, Einquartierungslasten usw. gehören nicht hierher. Das Gesetz überläßt es aber den Landesgesetzen, darüber Bestimmung zu treffen, inwieweit die Neubegründung von Reallasten (aus volkswirtschaftlichen Gründen) überhaupt statthaft sein soll (EGBGB. 113—115). Der Rechtszustand ist in dieser Beziehung in den einzelnen deutschen Staaten sehr verschieden; in einigen Ländern oder Landesteilen, z. B. im Gebiet des französischen Rechts außer Baden, waren bislang Reallasten überhaupt nicht zulässig. Die Landesgesetze haben danach insbesondere zu bestimmen, welche Art von Reallasten statthaft oder unter welchen Bedingungen sie zulässig, oder ob sie überhaupt untersagt sein sollen; welchen Inhalt und welchen Umfang sie haben; ob ausnahmsweise zu ihrer Begründung und Wirksamkeit ihre Eintragung im Grundbuche nicht erforderlich ist (bei gutsherrlich-bäuerlichen usw. Regulierungen, Ablösungen usw.); wie die Lasten bei Abveräußerungen von Grundstücken zu verteilen sind; ob und nach welchen Grundsätzen eine Ablösung der Lasten herbeigeführt werden kann u. dgl. mehr. Soweit hiernach Reallasten begründet werden können und soweit nicht die Landesgesetze in zulässiger Weise abweichende Bestimmungen treffen, kommen die Bestimmungen des Bürgerlichen Gesetzbuchs zur Anwendung. Soweit landesgesetzliche verbietende Bestimmungen fehlen, ist die Bestellung von Reallasten nach dem Bürgerlichen Gesetzbuch (s. nachstehend) unbeschränkt zulässig. [In Preußen (AGBGB. 30) können durchweg (das ist in den einzelnen Landesteilen verschieden) ablösbare Lasten außer festen Geldrenten einem Grundstück nicht aufgelegt werden. In Bayern (AGBGB. 85, Fassung v. 23. 7. 21) können, abgesehen von Leibrenten, nur Rechte auf regelmäßig wiederkehrende Leistung von festbestimmten Geldbeträgen oder festbestimmten Mengen von Bodenerzeugnissen oder festbestimmte Mengen elektrischer Arbeit als Reallast bestellt werden. In Württemberg können Reallasten überhaupt nicht begründet werden (AGBGB. 14, 4; 48, 1). Wegen Sachsen s. Ges. 17. 3. 1832 u. 15. 5. 1851; wegen Baden AGBGB. 25, in der Fassung v. 13. 10. 25.

Die Begründung (Bestellung) einer Reallast erfolgt in der Weise, daß auf Grund des von den Beteiligten geschlossenen Vertrages die Last im Grundbuch auf das betreffende Grundstück eingetragen wird. Durch Ersitzung kann eine Reallastberechtigung nicht erworben werden. Auch Bruchteile (s. d.) eines Grundstücks können mit einer Reallast belastet werden, sofern der Bruchteil in dem Anteil eines Miteigentümers besteht. In Beziehung auf die Abtretung, Verpfändung, Verjährung usw. der einzelnen Leistungen aus der Reallast gilt dasselbe, wie für die Abtretung usw. von Hypothekenzinsen.

Wird das belastete Grundstück geteilt, so haftet jeder Eigentümer eines Teilstücks für die ganzen aus dem Grundstück zu entrichtenden Leistungen; die Eigentümer der Teile haften als Gesamtschuldner (s. darüber „Mehrere Gläubiger und mehrere Schuldner“). Es bleiben aber etwa bestehende landesgesetzliche Vorschriften in Kraft, wonach im Falle der Veräußerung eines Teils des mit einer Reallast belasteten Grundstücks der abgetrennte Teil von der Last frei wird, wenn ein sog. Unschädlichkeitsattest beigebracht wird (s. Unschädlichkeitsattest); ferner die Vorschrift, wonach unter der gleichen Voraussetzung im Falle der Teilung des belasteten Grundstücks die Reallast auf die einzelnen Teile verteilt wird; endlich die (z. B. in Sachsen bestehende) Vorschrift, nach welcher im Falle der Teilung eines für den Staat oder eine öffentliche Anstalt mit einer Reallast belasteten Grundstücks nur ein Teil des Grundstücks mit dieser Reallast (für den Staat usw.) belastet bleibt, wogegen die übrigen Teile mit einer entsprechenden neuen Last zugunsten des jeweiligen Eigentümers des belastet bleibenden Teils belastet werden (EGBGB. 120).

Werden dagegen von dem berechtigten Grundstücke Teile abveräußert oder geht das ganze berechtigte Grundstück geteilt auf verschiedene Eigentümer über, so ist es Sache der Beteiligten, sich darüber zu verständigen, ob die Berechtigung unter alle Eigentümer geteilt oder ob sie bloß bei dem einen oder anderen Grundstücke bleiben soll. Ist das letztere beabsichtigt, so muß der Berechtigte (der Veräußerer) diese Erklärung dem Grundbuchamt gegenüber abgeben; die Bestimmung muß in das Grundbuch eingetragen werden. Hat der Berechtigte Teile des Grundstücks abveräußert, ohne über die Berechtigung Bestimmung zu treffen, so bleibt die Berechtigung bei dem Teile des Grundstücks zurück, den er behält. Hat er dagegen das ganze Grundstück in Teilen veräußert, ohne Bestimmung über die Berechtigung zu treffen, so geht diese auf alle Erwerber über, und zwar auf jeden nach Verhältnis der Größe seines Teils, oder, wenn die Leistung nicht teilbar ist, als Gesamtgläubiger. (Wer also ein Viertel des Grundstücks erworben hat, dem steht auch ein Viertel der Berechtigung zu.) Übrigens darf die Ausübung des Rechts in solchem Falle nur in der Weise geschehen, daß sie für den Verpflichteten nicht beschwerlicher wird. Erhellt aus der Art und Natur der Reallast, daß sie bloß zum Nutzen eines Teils des berechtigten Grundstücks dient (der Verpflichtete hat z. B. die Reinigung eines Grabens zu besorgen, der nur für einen Teil des Grundstücks Wert hat), so bleibt bei einer Teilung des Grundstücks die Berechtigung bei dem Teile allein, dem die Reallast zu dienen bestimmt ist.

Eine zugunsten des jeweiligen Eigentümers

eines Grundstücks bestehende Reallast kann nicht von dem Eigentum an diesem Grundstücke getrennt werden; sie kann also ohne das Grundstück weder veräußert (verkauft usw.), noch mit Hypotheken usw. belastet oder im Wege der Zwangsvollstreckung gepfändet werden. Anderseits kann die Reallastberechtigung, die einer bestimmten Person zusteht, nicht mit dem Eigentum an einem Grundstück verbunden werden, so daß nun künftig der Grundstückseigentümer der Berechtigte wäre. Die einer bestimmten Person zustehende Berechtigung kann im ganzen veräußert, belastet und verpfändet werden, soweit sie nicht auf das Bedürfnis einer bestimmten Person zugeschnitten ist, wie z. B. ein Altenteil, das nicht in einer Geldrente besteht. Alte, nicht mehr bestehende Reallasten können unter gewissen Voraussetzungen durch gerichtliches Aufgebotsverfahren beseitigt werden; es gelten hierfür die für die Ausschließung eines Hypothekengläubigers gegebenen Vorschriften; s. „Hypothek 4". Für Berechtigungen zugunsten des jeweiligen Eigentümers eines Grundstücks gilt dies jedoch nicht, da hier ein Unbekanntsein des Berechtigten wohl nicht vorkommen kann.

Rechenschaft s. Rechnungslegung.

Rechnungslegung (259). Wer auf Grund eines ihm erteilten Auftrages oder eines mit einem anderen abgeschlossenen Dienst- oder Werkvertrages oder auch ohne Auftrag für einen anderen Geschäfte besorgt hat, ist nach Ausführung des Geschäfts verpflichtet, dem Geschäftsherrn (Auftraggeber usw.) über das von ihm Ausgeführte Rechenschaft abzulegen; von besonderer Bedeutung ist dies, wenn das übernommene Geschäft in einer mit Einnahmen und Ausgaben verbundenen Verwaltung bestanden hat. In gewissen Fällen wird aber auch unmittelbar durch das Gesetz selbst eine Verpflichtung zur Rechenschaftsablegung begründet, so z. B. bei der Verwaltung des eingebrachten Gutes der Frau durch den Mann, bei der Verwaltung des Mündelvermögens durch den Vormund usw. Die Verpflichtung, Rechenschaft abzulegen, wird dadurch erfüllt, daß der Verpflichtete dem Berechtigten eine ordnungsmäßig aufgestellte Rechnung zustellt, die eine geordnete Zusammenstellung der Einnahmen und Ausgaben enthält und der die Belege, soweit solche im Verkehr erteilt zu werden pflegen, beigefügt sind. Bei Rechnungen, die eine größere Zahl von Posten enthalten, ist der Berechtigte überhaupt nicht oder doch nur mit unverhältnismäßigen Weiterungen imstande, die Richtigkeit nachzuprüfen, insbesondere festzustellen, ob alle Einnahmen richtig gebucht sind. Das Gesetz bestimmt deshalb, daß, wenn besondere Umstände die Annahme begründen, daß die in der Rechnung enthaltenen Angaben über die Einnahmen nicht mit der erforderlichen Sorgfalt gemacht sind (es wird z. B. das Fehlen des einen oder anderen Einnahmepostens in der Rechnung oder eine unrichtige Summenangabe glaubhaft nachgewiesen), der Berechtigte vom Rechnungsleger einen Eid („Offenbarungseid"; s. d.) dahin fordern kann: daß er nach bestem Wissen die Einnahme so vollständig angegeben habe, als er dazu imstande sei. In geringfügigen Sachen kann jedoch ein solcher Eid nicht verlangt werden.

Nähere Bestimmungen über die Art der Rechnungsaufstellung gibt das Gesetz nicht; dieselbe wird sich daher nach dem Gegenstande der Verwaltung und den sonstigen Umständen zu richten haben. Ob derjenige, der eine Rechnung gelegt hat, von dem anderen eine sog. Entlastungserklärung, d. h. eine Anerkennung, daß die Rechnung richtig sei, verlangen kann, ist bestritten; das Gesetz trifft darüber keine ausdrückliche Bestimmung.

Rechnungslegung des Vormundes (Pflegers) s. Vormund 8; des Mannes über das Vermögen der Frau s. Eingebrachtes Gut der Frau 4 u. 8; des Vaters (der Mutter) über das Vermögen der Kinder s. Verwaltung und Nutzung des Kindesvermögens usw. 2.

Rechte, Übertragung von, s. Abtretung einer Forderung; Verkauf von, s. Kauf und Verkauf 2; Nießbrauch an Rechten, s. Nießbrauch 2; Pfandrecht an, s. Pfandrecht an Rechten usw.

Rechtsanwälte s. Anwaltszwang; Pfändbarkeit s. Pfändung in der Zwangsvollstreckung 1; Haftung für Ratserteilung s. Ratserteilungen usw.

Rechtsfähigkeit (1). Im allgemeinen beginnt die Fähigkeit des Menschen, Rechte zu haben (die Rechtsfähigkeit), mit der Vollendung seiner Geburt. Von diesem Satze gibt es aber einzelne Ausnahmen. Wie der bereits empfangene, aber noch nicht geborene Mensch schon unter dem Schutze des Strafrechts steht, so stehen ihm auch nach dem bürgerlichen Rechte unter der Voraussetzung, daß er lebend geboren wird, gewisse Rechtsansprüche zu. So gilt z. B. für das Erbrecht der Satz, daß, wer zur Zeit des Todes des Erblassers bereits gezeugt war, als vor diesem Zeitpunkt geboren angesehen wird und danach seine Rechte beurteilt werden (1923). Einem noch nicht Geborenen (einer Leibesfrucht) kann zur Wahrung seiner künftigen Rechte ein Pfleger bestellt werden (1912). Ein empfangenes, aber noch nicht geborenes Kind hat unter Umständen Anspruch auf Schadensersatz, wenn der Vater getötet worden ist (844) usw.

Etwas anderes als die Rechtsfähigkeit ist die Geschäftsfähigkeit (s. d.).

Rechtsgeschäfte s. Vertrag usw.; Form der, s. Form der Rechtsgeschäfte; einseitige, s. Einseitige Rechtsgeschäfte; Rechtsgeschäfte mit sich selbst s. Vertreter, Vertretung 3.

Rechtshandlungen eines Schuldners, Anfechtung von, s. Anfechtung usw.

Rechtshängigkeit, Folgen des Eintritts bei. Hat ein Schuldner einen bestimmten Gegenstand herauszugeben, so bestimmt sich von dem Eintritte der Rechtshängigkeit an der Anspruch des Gläubigers auf Schadensersatz wegen Verschlechterung, Unterganges oder einer aus einem anderen Grunde eintretenden Unmöglichkeit der Herausgabe nach den Vorschriften, welche für das Verhältnis zwischen dem Eigentümer und dem Besitzer von dem Eintritte der Rechtshängigkeit des Eigentumsanspruchs an gelten, soweit sich nicht aus dem Schuldverhältnis oder dem Verzuge des Schuldners zugunsten des Gläubigers ein anderes ergibt. Das gleiche gilt von dem Anspruche des Gläubigers auf Herausgabe oder Vergütung von Nutzungen und von dem Anspruche des Schuldners auf Ersatz von Verwendungen. Es muß hiernach derjenige, der auf Herausgabe einer bestimmten Sache verklagt ist, vom Prozeßbeginne an sich als Verwahrer und Verwalter fremden Guts betrachten und die Sache (sei es ein Grundstück, ein Pferd, ein Buch oder was sonst) so behandeln, wie es von einem ordentlichen Hausvater vorausgesetzt wird, um sich, im Falle er doch zur Herausgabe verurteilt werden sollte, nicht für den Schaden verantwortlich zu machen. — Siehe auch: Prozeßzinsen.

Rechtsungültigkeit von Verträgen usw. s. Nichtigkeit usw. von Rechtsgeschäften.

Rechtsverletzung, Schadensersatz wegen, s. Schadensersatz wegen unerlaubter Handlung.

Rechtsvermutung s. Vermutung.

Regenwasser, Zuführung von, s. Grundeigentum 2 c.

Registergericht s. Handelsregister 1.

Regulierung einer Erbschaft s. Erbteilung.

Reichsheimstätten. Durch das Reichsheimstättengesetz vom 10. Mai 1920 ist eine Art von gebundenem Eigentum eingeführt, um minderbemittelten Personen Wohnungen und kleine Wirtschaften zu mäßigen Preisen zu verschaffen. Als Heimstätten können nur Einfamilienhäuser mit Nutzgarten (Wohnheimstätten) und landwirtschaftliche oder gärtnerische Anwesen (Wirtschaftsheimstätten) ausgegeben werden, die eine Familie ohne fremde Arbeitskräfte bewirtschaften kann. Als Ausgeber solcher Heimstätten können nur das Reich, die Länder und Gemeinden oder Gemeindeverbände auftreten und solche gemeinnützigen Verbände, die von der obersten Landesbehörde zugelassen sind. In Preußen sind dies die provinziellen Wohnungsfürsorgegesellschaften und die Gemeinnützige AG. für Angestelltenheimstätten in Berlin. Das Land Preußen tritt nicht als Ausgeber auf. Wer eine Heimstätte erwerben will, hat sich zunächst an die Gemeinde seines Wohnortes zu wenden und wenn diese die Übernahme nicht beabsichtigt, an die zuständige Wohnungsfürsorgegesellschaft. Bei der Vergebung von Heimstätten sollen besonders Kriegsteilnehmer, Kriegsbeschädigte, deren Witwen und kinderreiche Familien berücksichtigt werden. Kriegsbeschädigten ist die Erwerbung einer Heimstätte noch durch die Kapitalabfindung gemäß §§ 72ff. des Reichsversorgungsgesetzes vom 31. Juli 1925 erleichtert. Die Eigenschaft als Heimstätte muß im Grundbuch eingetragen werden, ebenso der Ausgeber. In dem Vertrag über die Übertragung der Heimstätte muß festgestellt werden, welcher Betrag des Entgelts auf den Boden ohne die Baulichkeiten und sonstigen Verbesserungen entfällt. Die Belastung der Heimstätte bedarf der Zustimmung des Ausgebers. Hypotheken und Grundschulden können nur in Form unkündbarer Tilgungshypotheken eingetragen werden. Die Landesbehörde kann aber andere Belastungsformen zulassen; dies ist in Preußen geschehen für Sicherungshypotheken zur Sicherung der Rückzahlung der den Kriegsbeschädigten gegebenen Abfindungssummen gemäß § 79 des Reichsversorgungsgesetzes. Ist in dem Übertragungsvertrage eine Verschuldungsgrenze festgesetzt, was geschehen kann, so bedarf es zu Hypothekeneintragungen innerhalb der Verschuldungsgrenze der Zustimmung des Ausgebers nicht. Die Teilung der Heimstätte und die Abveräußerung einzelner Teile, sowie die Zuschreibung anderer Grundstücke zur Heimstätte bedarf der Zustimmung des Ausgebers. Die Heimstätte ist veräußerlich und vererblich, jedoch bestehen einige Einschränkungen. Bei Veräußerungen hat der Ausgeber ein Vorkaufsrecht, auch für den Fall, daß diese im Wege der Zwangsversteigerung oder durch den Konkursverwalter erfolgt. Das Vorkaufsrecht wirkt wie ein dingliches Vorkaufsrecht (s. d.). Es ist nur ausgeschlossen, wenn der Verkauf an den Ehegatten des bisherigen Heimstätters oder an eine Person erfolgt, die mit ihm in gerader Linie oder bis zum dritten Grade der Seitenlinie verwandt oder bis zum zweiten Grade verschwägert ist (s. Verwandtschaft). Wird der Heimstätter von mehreren Personen beerbt, so ist die Teilung unter einzelnen Erben nur zulässig, wenn die Teile selbständige Heimstätten werden und auch dann nur mit Zustimmung des Ausgebers. Das Landesrecht kann hier ergänzende Bestimmungen treffen. Dies ist z. B. in Preußen durch das Ausführungsgesetz vom 18. Januar 1924 geschehen. Danach ist, wenn mehrere Erben vorhanden sind, die Begründung von Bruchteilseigentum unzulässig. Der Erblasser kann die Heimstätte durch letztwillige Verfügung nur einer natürlichen Person oder den an einer ehelichen oder fortgesetzten Gütergemeinschaft beteiligten Personen zuwenden. Die Heimstätte fällt als Teil der Erbschaft einem Erben (Heimstättenfolger) zu, wenn der Erblasser in einer letztwilligen Verfügung einen der Erben als Heimstättenfolger bezeichnet hat, wenn die Erben sich über die Person des Heimstättenfolgers einigen und dies dem Nachlaßgericht in öffentlich beglaubigter Form oder zu Protokoll des Urkundsbeamten des Nachlaßgerichts anzeigen, oder wenn sie sich in einem Verfahren vor dem Nachlaßgericht einigen. Die Eintragung des Heimstättenfolgers im Grundbuch erfolgt dann auf Grund einer Bescheinigung des Nachlaßgerichts. Kommt eine Einigung unter den Miterben dahin, daß einer die Heimstätte übernimmt, nicht zustande, findet sich auch kein Käufer und wird auch die Löschung der Heimstätteneigenschaft nicht genehmigt, so muß der Ausgeber die Heimstätte übernehmen unter denselben Bedingungen wie bei Ausübung des Heimfallanspruchs.

Wenn der Heimstätter die Heimstätte nicht dauernd bewohnt oder bewirtschaftet oder wenn er grobe Mißwirtschaft treibt, so kann der Ausgeber verlangen, daß ihm die Heimstätte übertragen wird (Heimfallsanspruch). Bei der Ausübung des Vorkaufsrechts und des Heimfallsanspruchs hat der Ausgeber höchstens den Betrag zu zahlen, der für den Boden bei Errichtung der Heimstätte festgesetzt ist, unter Hinzurechnung des Wertes der Baulichkeiten und etwaiger Verbesserungen. Der Ausgeber kann, wenn er von seinem Vorkaufsrechte oder seinem Heimfallsanspruch Gebrauch macht, verlangen, daß der Heimstätter die Heimstätte an einen von ihm bezeichneten Dritten aufläßt. Rechte Dritter, die mit Zustimmung des Ausgebers oder innerhalb der Verschuldungsgrenze der Heimstätte auferlegt sind, bleiben bei der Ausübung des Vorkaufsrechts oder des Heimfallanspruches unberührt.

Wegen einer persönlichen Schuld des Heimstätters ist die Zwangsvollstreckung in die Heimstätte unzulässig, es sei denn, daß die persönliche Schuld bereits bestanden hat, als er die Heimstätte erwarb.

Alle zur Begründung und Vergrößerung von Heimstätten erforderlichen Geschäfte und Verhandlungen sind gebühren-, stempel- und steuerfrei.

Reichskassenscheine s. Zahlungsmittel, gesetzliche; beschädigte usw. s. Schuldverschreibungen auf d. Inhaber usw. I 2.

Reichsschuldbuch. Staatsschuldbuch. Die Benutzung des Reichsschuldbuchs geschieht in der Weise, daß der, welcher von dieser Einrichtung Gebrauch machen will (z. B. ein Vormund; vgl. „Vormund 4"), die von ihm angeschafften Reichsschuldverschreibungen behufs Gutschrift eines entsprechenden Betrages im Reichsschuldbuche an die Reichsschuldenverwaltung übersendet. Die Anlegung von Geldern in dieser Art gewährt, neben der durch die Schuldverschreibung garantierten Verzinsung, dem Eigentümer (oder seinem Vormunde usw.) die Annehmlichkeit, daß er von der Sorge für die Verwaltung des Geldes befreit ist, da ihm die Zinsen auf Wunsch an den Fälligkeitsterminen durch die Post ins Haus geschickt werden.

Gleiche Einrichtungen bestehen in einzelnen deutschen Ländern, indem diese ein Staatsschuldbuch führen (so z. B. in Preußen; Näheres darüber in den durch den Buchhandel erhältlichen „Amtlichen Nachrichten über das preußische Staatsschuldbuch").

Gehört eine in das Reichs- oder Staatsschuldbuch eingetragene Forderung einer verheirateten Frau und kann diese nach dem zwischen den Gatten geltenden Güterrecht nur mit Zustimmung des Mannes darüber verfügen, so muß sie auf Erfordern des Mannes ihre Zustimmung dazu erteilen, daß ein Vermerk in das Schuldbuch eingetragen werde, durch den die Frau an der selbständigen Verfügung über die Forderung gehindert wird. Wird ein solcher Vermerk nicht eingetragen, so kann die Frau selbständig über die Forderung verfügen, insbesondere also den Schuldbetrag sich auszahlen lassen.

Reisegepäck, Beschädigung oder Verlust von, s. Frachtführer usw. 4.

Reisen in Prozessen, Versäumnis durch, s. Zeitversäumnis usw.

Reisende, Schutz derselben gegen Diebstahl usw., s. Gastwirte; Handlungsreisende s. Prokura und Handlungsvollmacht 3; schwindelhafte Reklame durch, s. Schwindelhafte Reklame 2.

Reklamation wegen gelieferter mangelhafter Ware s. Handelskauf 4.

Reklame s. Inserat und Schwindelhafte Reklame.

Religionsdiener, Bestellung zum Vormunde, s. Vormundschaft 1.

Religionsgesellschaften s. Vereine.

Religiöse Erziehung der Kinder s. Eltern und Kinder 4.

Remissionsanspruch des Pächters s. Pacht 10.

Rente s. Rentenschuld u. Leibrente; als Entschädigung für zugefügten Schaden s. Schadensersatz wegen unerlaubter Handlung 6; zur Erfüllung einer Unterhalts- (Alimentations-) Pflicht s. Unterhaltspflicht usw. 3; für den geschiedenen Ehegatten s. Ehescheidung 3; für ein uneheliches Kind s. Uneheliche Kinder 2.

Rentengut. Das Recht der Rentengüter, die besonders in Preußen bestehen, ist reichsgesetzlich nicht geordnet. Die Regelung ist den Landesgesetzen überlassen (§ 62 EGBGB.). In Preußen kommt hauptsächlich das Gesetz über die Beförderung der Errichtung von Rentengütern vom 7. 7. 1891 (GesS. 279) in Betracht (Gutt. Slg. preuß. Ges. Nr. 33). Rentengut ist ein Grundstück, das gegen Übernahme einer festen Rente zu Eigentum übertragen wird. Es kann entweder durch Privatabkommen oder durch Vermittlung des Landeskulturamtes errichtet werden. Letzteres ist die Regel. Im übrigen muß auf das Gesetz verwiesen werden. Ein Normalentwurf zu einem Rentengutskaufvertrage ist im Ministerialblatt für innere Verwaltung 1890 S. 264 veröffentlicht.

Rentenschuld (1199—1203). Die Rentenschuld ist eine Unterart der Grundschuld (s. d.); sie ist gerichtet auf Zahlung einer bestimmten Geldsumme in regelmäßig wiederkehrenden Terminen aus dem verhafteten Grundstück. Sie wird ebenso wie eine Grundschuld oder Hypothek in das Grundbuch eingetragen. Sie kann mit oder ohne Rentenschuldbrief bestellt werden. Bei der Bestellung der Rentenschuld muß ein Betrag bestimmt werden, durch dessen Zahlung die Rentenschuld abgelöst werden kann. Die Ablösungssumme muß im Grundbuch angegeben werden. Das Recht zur Ablösung steht nur dem Eigentümer zu; für den Gläubiger ist die Rente unkündbar, nur wenn infolge einer Verschlechterung des Grundstücks die Sicherheit der Rente gefährdet ist, und der Gläubiger dem Eigentümer erfolglos eine angemessene Frist zur Beseitigung der Gefährdung gesetzt hat, kann er die Zahlung der Ablösungssumme aus dem Grundstück verlangen. Der Eigentümer kann das Ablösungsrecht erst nach vorgängiger Kündigung ausüben. Die Kündigungsfrist beträgt sechs Monate, wenn nichts anderes bestimmt ist. Eine Beschränkung des Kündigungsrechts ist nur soweit zulässig, daß der Eigentümer spätestens nach dreißig Jahren unter Einhaltung der sechsmonatigen Frist kündigen kann. Hat der Eigentümer gekündigt, so kann der Gläubiger nach dem Ablaufe der Kündigungsfrist die Zahlung der Ablösungssumme aus dem Grundstücke verlangen.

Eine Rentenschuld kann in eine gewöhnliche Grundschuld, eine gewöhnliche Grundschuld kann in eine Rentenschuld umgewandelt werden. Die Zustimmung der im Range gleich- oder nachstehenden Berechtigten ist nicht erforderlich.

Reparaturen beim Mietsvertrage s. Miete; beim Nießbrauch s. Nießbrauch; bei der Pacht s. Pacht 1.

Restaurateur s. Gastwirte; als Kaufmann s. Kaufmann usw.

Retentionsrecht s. Zurückbehaltungsrecht; kaufmännisches s. Handelsgeschäfte 2.

Reugeld s. Draufgabe u. Rücktritt von einem Vertrage.

Revision (545—566 ZPO., 72—76 RArbGG.). Um dem ganzen Deutschen Reich eine einheitliche Rechtsprechung zu gewährleisten, besteht in wichtigen Angelegenheiten die Möglichkeit, nach Durchführung der Berufungsinstanz die Rechtsauffassung der unteren Gerichte durch den höchsten deutschen Gerichtshof nachprüfen zu lassen. Dies erfolgt durch Revisionseinlegung, die jedoch nur in folgenden Fällen zulässig ist: 1. bei vermögenrechtlichen Streitigkeiten muß der Streitwert der Sache RM. 6000 übersteigen, 2. unabhängig von dem Wert des Beschwerdegegenstandes ist die Revision nur zulässig, soweit es sich um die Unzulässigkeit des Rechtsweges oder die Unzulässigkeit der Berufung handelt, sowie allgemein in Rechtsstreitigkeiten über Ansprüche, für welche die Landgerichte ohne Rücksicht auf den Wert des Streitgegenstandes ausschließlich zuständig sind (z. B. Ehesachen). Dementsprechend findet die Revision nur gegen Urteile der Oberlandesgerichte statt, d. h. in Sachen, die bereits durch 2 Instanzen gelaufen sind. Eine Ausnahme hiervon bildet die neuerdings für zulässig erklärte Sprungrevision, d. h. eine Revision, die unter Übergehung der Berufungsinstanz eingelegt werden kann, jedoch neben den sonstigen Voraussetzungen der Revision die schriftliche Einwilligung des Gegners erfordert. Eine weitere Ausnahme besteht in Arbeitsgerichtssachen, da in diesem Falle ohne Rücksicht auf den Wert des Streitgegenstandes in 1. Instanz das Arbeitsgericht zuständig ist und daher die Revision, nachdem eine Berufung vor dem Landesarbeitsgericht stattgefunden hat, sich gegen die Urteile der Landesarbeitsgerichte richtet. Zulässig ist in Abweichung von dem oben Gesagten hier die Revision auch, falls das Landesarbeitsgericht die Revision wegen der grundsätzlichen Bedeutung des Rechtsstreits zugelassen hat.

Die Revisionsinstanz prüft den Rechtstreit nicht mehr in tatsächlicher Hinsicht, d. h. die tatsächlichen Feststellungen der Vorderrichter werden nunmehr als richtig unterstellt. Geprüft wird lediglich, ob auf den gegebenen Tatbestand die bestehenden Gesetze richtig angewendet sind. Die Revision kann also nur auf Gesetzesverletzung gestützt werden und einschränkend auch nur auf die Verletzung eines Reichsgesetzes oder eines Gesetzes, dessen Geltungsbereich sich über den Bezirk des Berufungsgerichtes hinaus erstreckt. Eine besondere Regelung besteht im Arbeitsgerichtsgesetz, das allgemein bei unrichtiger Anwendung einer gesetzlichen Bestimmung oder einer die Regelung der einzelnen Arbeitsverträge betr. Bestimmung eines Tarifvertrages einen Revisionsgrund gibt.

Gewisse absolute Revisionsgründe stellt das Gesetz in § 51 ZPO. auf, mit der Maßgabe, daß bei Verletzung der dort angegebenen Verfahrensvorschriften die Entscheidung stets als auf einer Verletzung des Gesetzes beruhend angesehen wird.

Die Revision ist beim Reichsgericht bzw. Reichsarbeitsgericht einzulegen. Die Frist hierzu beträgt 1 Monat (nach dem Arbeitsgerichtsgesetz 2 Wochen), ist jedoch 5 Monate nach Verkündung des Urteils nicht mehr zulässig. Die Revision ist innerhalb der gleichen Frist zu begründen, und zwar unter Angabe der Erklärung, inwieweit dieses Urteil angefochten und dessen Aufhebung beantragt wird, sowie der Gründe, aus denen heraus die Revision zu rechtfertigen ist. Das Revisionsgericht prüft innerhalb der gestellten Anträge die richtige Rechtsanwendung und verweist, falls es weitere Aufklärung für erforderlich hält, die Sache zur endgültigen Begründung und Entscheidung an das Berufungsgericht zurück. In der Sache selbst entscheidet das Reichsgericht, wenn die Aufhebung des Urteils nur wegen Gesetzesverletzung bei Anwendung des Gesetzes auf das festgestellte Sachverhältnis erfolgt und auch die Sache zur Entscheidung reif ist, oder wenn die Aufhebung des Urteils wegen Unzuständigkeit des Gerichts oder wegen Unzulässigkeit des Rechtsweges erfolgt ist.

Die Gerichtskosten in der Revisionsinstanz erhöhen sich auf das Doppelte, die Anwaltsgebühren um $^3/_{10}$ gegenüber der 1. Instanz.

Richterliche Beamte, Schadensersatzpflicht wegen Verletzung der Amtspflicht, s. Beamte usw.

Rindvieh, Haftung des Verkäufers für Fehler, s. Gewährleistung wegen Mängel usw. 9.

Rotlauf bei Schweinen s. Gewährleistung usw. 9.

Rotz bei Tieren s. Gewährleistung usw. 9.

Rückfahrkarte, Unübertragbarkeit derselben, s. Abtretung einer Forderung 1.

Rückforderung einer Schenkung s. Schenkung 5; eines Testaments s. Testament 4.

Rückgabe eines Schuldscheins bei Zahlungen s. Quittung; von Brautgeschenken s. Verlöbnis 2; eines Testaments s. Testament 4; einer Sicherheit (Kaution) s. Sicherheitsleistung 2.

Rückgängigmachung eines Kaufes (Wandelung) wegen Mängel der Sache s. Gewährleistung wegen Mängel usw. 2; eines Vertrages s. Rücktritt von einem Vertrage.

Rückgriff des Bürgen auf den Schuldner s. Bürgschaft.

Rückkauf s. Wiederkaufsrecht.

Rückkaufshändler s. Pfandleiher usw.

Rückkaufsvertrag s. Wiederkaufsrecht u. Pfand (Faustpfand) 1.

Rücknahme s. Zurücknahme.

Rücktritt von einem Vertrage (346—361). **1.** Zulässigkeit des Rücktritts. Von einem geschlossenen Vertrage zurücktreten können die an dem Vertrage Beteiligten zu jeder Zeit, wenn sie darüber einig sind, daß der Vertrag nicht mehr gelten, daß er aufgehoben sein sollte. Ein einseitiger Rücktritt dagegen, ohne Einwilligung des oder der anderen vertragschließenden Teile, ist nur in besonderen Fällen gestattet. Selbst wenn die eine von zwei vertragschließenden Personen ihre Pflichten aus dem Vertrage nicht erfüllt (nicht erfüllen kann oder nicht erfüllen will), kann der andere Teil nicht ohne weiteres vom Vertrage zurücktreten und nun auch seinerseits die Erfüllung verweigern. Über die Voraussetzungen, unter denen dies ausnahmsweise zulässig ist, s. unter „Gegenseitige Verträge 2, 3", „Gewährleistung usw. 4" und „Werkvertrag 7". Von diesen Fällen abgesehen bleibt der Vertrag an sich in Gültigkeit, trotz der Nichterfüllung von der anderen Seite. Das Gesetz bestimmt jedoch, daß, wenn in einem gegenseitigen Vertrage vereinbart ist, daß die Leistung des einen Teils genau zu einer festbestimmten Zeit oder innerhalb einer festbestimmten Frist bewirkt werden solle, im Zweifel (d. h. wenn sich nicht ergibt, daß die Parteien etwas anderes gewollt haben, was nötigenfalls der Leistungspflichtige beweisen muß) angenommen werden soll, daß nach der Absicht der Beteiligten der andere Teil zum Rücktritt berechtigt sein soll, wenn die Leistung nicht zu der bestimmten Zeit oder innerhalb der bestimmten Frist erfolgt (361). Hat also z. B. jemand vom Fleischer einen Braten mit dem Bemerken gekauft, daß er ihm bis spätestens Sonntag vormittag ins Haus zu bringen sei, so kann er, wenn der Braten bis zu dem gedachten Zeitpunkt nicht geliefert ist, die spätere Lieferung ohne weiteres zurückweisen, ohne daß er später nachzuweisen braucht, daß er den Braten nun nicht mehr habe gebrauchen können. Der zum Rücktritt Berechtigte kann aber auch, trotz der nicht rechtzeitig erfolgten Erfüllung des Vertrages von der anderen Seite, beim Vertrage stehen bleiben und seine Rechte daraus, z. B. auf nachträgliche Erfüllung (Lieferung) oder auf Schadensersatz wegen Nichterfüllung oder wegen verspäteter Erfüllung (Lieferung) geltend machen. Er kann aber nur eins von beiden, entweder vom Vertrage zurücktreten oder beim Vertrage bleiben, und ist an die einmal von ihm getroffene Wahl gebunden. Unter Umständen, wenn die Unmöglichkeit rechtzeitiger Leistung schon im voraus feststeht, kann auch schon vor dem Eintritt des Zeitpunkts, zu dem erfüllt (geliefert) werden mußte, oder dem Ablaufe der Frist der Rücktritt gültig erklärt werden.

Veränderte Umstände. Vom Reichsgericht wird auch der Standpunkt vertreten, daß unter Umständen wegen veränderter Umstände ein einseitiger Rücktritt von einem Vertrage statthaft sein könne; so z. B. wenn der Gläubiger eine Stundung (Zahlungsfrist) gewährt hat und hinterher die Vermögensverhältnisse des Schuldners sich derart verschlechtern, daß die Befriedigung des Gläubigers gefährdet wird, oder wenn die Gesellschaft, bei der jemand sich versichert hat, hinterher eine Fusion mit einer anderen Gesellschaft eingeht usw. Aber wieweit dies, wie man in der Rechtswissenschaft sehr ausführlich untersucht hat, allgemeine Geltung hat als eine sog. clausula rebus sic stantibus, nämlich im Sinne eines Rücktrittsrechts, wenn die Umstände beim Abschluß des Geschäfts sich späterhin geändert haben, das ist sehr schwer zu sagen und kann im einzelnen Fall nur durch besondere juristische Beratung und Untersuchung festgestellt werden. Man vgl. darüber den Artikel „Clausula rebus sic stantibus" im HdR. I 874 ff.

Es kann aber natürlich bei einem Vertragsabschlusse zwischen den Beteiligten auch ausdrücklich vereinbart werden, daß der eine oder andere oder beide Teile unter bestimmten Voraussetzungen zum Rücktritt vom Vertrage berechtigt sein sollen; z. B. wenn der andere Teil den Vertrag nicht rechtzeitig oder nicht ordnungsmäßig erfüllt oder wenn z. B. die von dem einen Teile beabsichtigte Heirat nicht zustande kommt oder wenn die vertragschließende Partei die in Aussicht genommene Wohnsitzverlegung nicht vornimmt u. dgl. mehr (346). Für alle diese Fälle des vertragsmäßigen Rücktrittsrechts nun gilt folgendes: Der Rücktritt erfolgt durch die Erklärung des einen Teils gegenüber dem anderen, daß er vom Vertrage zurücktrete; ob die Erklärung vom anderen angenommen wird oder nicht, ist gleichgültig. Die Erklärung kann mündlich oder schriftlich geschehen. Ist der Rücktritt einmal erklärt, so kann er ohne Zustimmung des anderen Teils nicht widerrufen werden. Das Rücktrittsrecht findet auch dann statt, wenn der Gegenstand, den der Rücktrittsberechtigte vom anderen empfangen hat, durch Zufall untergegangen oder verschlechtert ist, ohne daß der Rücktrittsberechtigte diesfalls dem anderen einen Ersatz zu leisten hätte; z. B. das Pferd, das der Rücktrittsberechtigte gekauft hatte, ist ohne sein Verschulden eingegangen; er kann, wenn der Fall, für den er sich das Rücktrittsrecht vorbehalten hatte, eingetreten ist, vom Vertrage zurücktreten und den etwa gezahlten Preis zurückfordern (s. unten), obwohl er ja seinerseits das Pferd nicht mehr an den Verkäufer zurückgeben kann. Selbstverständlich können aber die Beteiligten etwas anderes vereinbaren, also z. B. daß ein Rücktritt des Käufers nicht mehr statthaft sein solle, wenn eine Rückgabe des Gekauften nicht mehr möglich sei. Der Rücktritt ist gesetzlich ausgeschlossen, wenn der Rücktrittsberechtigte eine wesentliche Verschlechterung oder den Untergang (ganz oder zu einem erheblichen Teil) des empfangenen Gegenstandes oder die Unmöglichkeit der Herausgabe desselben verschuldet hat oder wenn die wesentliche Verschlechterung, der Untergang usw. von jemandem (z. B. dem Vater, dem Vormund, dem Beauftragten usw.) verschuldet ist, für den der Rücktrittsberechtigte einzutreten hat (s. „Vertretung von Vorsatz, Fahrlässigkeit usw.") (351). Ein Rücktritt ist ferner ausgeschlossen, wenn der Berechtigte die empfangene Sache durch Verarbeitung oder Umbildung in eine Sache anderer Art umgestaltet hat (352). Hat der Berechtigte den empfangenen Gegenstand oder einen erheblichen Teil des Gegenstandes veräußert oder mit dem Rechte eines Dritten belastet, so ist der Rücktritt ausgeschlossen, wenn bei demjenigen, der den Gegenstand infolge der Verfügung erlangt hat, die Voraussetzungen des § 351 oder des § 352 des Gesetzes (s. vorstehend) eingetreten sind. Einer Verfügung des Berechtigten steht eine Verfügung gleich, die im Wege der Zwangsvollstreckung oder der Arrestvollziehung oder durch den Konkursverwalter erfolgt. Kommt der Berechtigte mit der Rückgewähr des empfangenen Gegenstandes oder eines erheblichen Teiles des Gegenstandes in Verzug (s. „Verzug des Schuldners"), so kann ihm der andere Teil eine angemessene Frist mit der Erklärung bestimmen, daß er die Annahme nach dem Ablaufe der Frist ablehne. Der Rücktritt wird unwirksam, wenn nicht die Rückgewähr vor dem Ablaufe der Frist erfolgt.

Ist für die Ausübung des Rücktrittsrechts eine Frist nicht vereinbart, so kann dem Berechtigten von dem anderen Teile für die Ausübung eine angemessene Frist bestimmt werden. Das Rücktrittsrecht erlischt, wenn nicht der Rücktritt vor dem Ablaufe der Frist erklärt wird. Sind bei einem Vertrage auf der einen oder der anderen Seite mehrere beteiligt, so kann das Rücktrittsrecht nur von allen und gegen alle ausgeübt werden. Erlischt das Rücktrittsrecht für einen der Berechtigten, so erlischt es auch für die übrigen.

Besonderes gilt für den Fall, daß der eine Teil oder beide Teile sich den Rücktritt vom Vertrage gegen Zahlung eines Reugeldes vorbehalten haben (359). Will hier ein Teil das Rücktrittsrecht ausüben, so muß er gleichzeitig mit der Rücktrittserklärung das Reugeld entrichten (wenn er es nicht etwa vorher schon entrichtet hat). Tut er dies nicht und weist alsdann der andere Teil die Rücktrittserklärung aus diesem Grunde unverzüglich zurück, so geht das Rücktrittsrecht verloren, wenn nicht das Reugeld unverzüglich nach der Zurückweisung noch entrichtet wird.

Haben die Parteien bei Abschließung eines Vertrages die Bestimmung getroffen, daß der Schuldner seiner Rechte aus dem Vertrage verlustig sein soll, wenn er seine Verbindlichkeit nicht erfüllt, so ist der Gläubiger bei dem Eintritte dieses Falles zum Rücktritt vom Vertrage berechtigt (360).

2. Folgen des Rücktritts vom Vertrage. Hat einer von beiden Teilen den Rücktritt vom Vertrage erklärt, so ist nun jeder Teil berechtigt, die ihm nach dem Vertrage obliegende Leistung (Zahlung, Lieferung usw.) zu verweigern. Beide Teile sind verpflichtet, einander die schon empfangenen Leistungen zurückzugewähren; jeder muß den anderen in die Lage zurücksetzen, als wenn der Vertrag gar nicht geschlossen wäre. Hat der eine Teil etwa die empfangene — und nun zurückzugebende — Sache bereits weiter veräußert, so mag er sehen, wie er sie wieder erlangt, um sie zurückgeben zu können; gelingt ihm dies nicht, so ist er dem anderen zum Schadensersatz verpflichtet. Der Käufer, d. h. derjenige, der die Sache von dem zur Rückgewähr Verpflichteten gekauft hat, kann von dem anderen Teile (dem sein Verkäufer zurückgeben muß) nicht in Anspruch genommen werden. Empfangene Geldsummen sind mit Zinsen von der Zeit des Empfangs an, andere Gegenstände mit allen Nutzungen, die der zur Rückgewähr Verpflichtete gezogen hat oder hätte ziehen können, zurückzugeben. Jeder Teil muß den anderen von den infolge des Vertrages übernommenen Verbindlichkeiten befreien. Der Arbeitgeber muß dem Arbeitnehmer die infolge des Vertrages bereits geleisteten Dienste vergüten, der Mieter für die infolge des Vertrages ihm überlassene Wohnung usw. Entschädigung leisten, und zwar nach dem vertragsmäßig festgestellten Lohne bzw. Mietpreise, andernfalls nach dem üblichen Werte solcher Leistungen oder Nutzungen.

Wegen des Näheren hinsichtlich der Folgen eines **Rücktritts von** einem Vertrage muß auf die §§ 346, 347 BGB. selbst verwiesen werden. Die sich aus dem Rücktritt ergebenden Verpflichtungen der Parteien sind Zug um Zug zu erfüllen; s. „Gegenseitige Verträge 1".

Rücktritt von einem Verlöbnis s. Verlöbnis 1; mit einer Hypothek s. Rangverhältnis.

Rückzahlung eines Kapitals s. Darlehn.

Rufname s. Namensänderung.

Rügepflicht, sog., bei Kaufleuten, s. Handelskauf 4.

Ruhegehalt s. Pension.

Ruhen der elterlichen Gewalt s. Eltern und Kinder 7; der Verjährung s. Verjährung.

Ruß, Zuführung von, s. Grundeigentum usw. 2 c.

S.

Sachbeschädigung s. Schadensersatz wegen unerlaubter Handlung.

Sachen (90). Sachen im Sinne des Gesetzes sind nur körperliche Gegenstände. Wenn dagegen das Gesetz von „Gegenständen" spricht, so können darunter sowohl körperliche Sachen wie auch Rechte verstanden werden.

Sachen, bewegliche, s. Bewegliche Sachen; Veräußerung durch einen Vormund s. Vormund 3; vertretbare s. Vertretbare Sachen; verbrauchbare s. Verbrauchbare Sachen; Vorlegung von, s. Vorlegung von Sachen.

Sachverständige, Feststellung des Zustandes oder Wertes von Sachen durch, s. Zustand oder Wert usw.; landwirtschaftliche, Zuziehung bei Pfändungen s. Pfändung usw. 1.

Sachwucher s. Wucher.

Saldopfändung s. Handelsgeschäfte 1.

Samen als Bestandteil eines Grundstücks s. Bestandteile.

Sanatorien, Inhaber von, s. Kaufmann usw. 1.

Satzung s. Vereine u. Gesellschaft.

Schaden, Haftung für, s. Schadensersatz; Haftpflicht usw.; Schadenszufügung.

Schadensersatz, allgemeine Bestimmungen über (249—255). Einem anderen den Schaden zu ersetzen, den er durch irgendeinen Umstand erlitten hat, kann man, auch wenn man nicht in einem Vertragsverhältnis zu ihm steht, aus verschiedenen Gründen verpflichtet sein. In den meisten Fällen setzt diese Verpflichtung voraus, daß der Schaden von dem, der ihn ersetzen muß, durch schuldvolles (vorsätzliches oder fahrlässiges) Handeln oder Unterlassen verursacht ist. In einigen Ausnahmsfällen (wie in diesem Buche an den betreffenden Stellen bemerkt ist) verpflichtet das Gesetz aber auch jemanden zum Schadensersatz, der den Schaden nicht verschuldet hat; vgl. z. B. „Haftpflicht der Eisenbahnen usw.", „Tiere, Tötung durch usw.", „Schadensersatz wegen unerlaubter Handlung 10", „Irrtum usw.". So haben auch die Unternehmer eines Bergbaues den durch den Bergwerksbetrieb anderen Personen, insbesondere den Grundeigentümern, wenngleich ohne ihr Verschulden, zugefügten Schaden zu ersetzen. Ferner haben nach § 26 der Gewerbeordnung die Nachbarn eines Grundstücks, auf dem sich eine konzessionierte gewerbliche Anlage befindet, deren Betrieb sie also dulden müssen, das Recht, Ersatz von dem Besitzer der Fabrik usw. zu verlangen, wenn ihnen durch den Betrieb auch ohne Verschulden des Unternehmers ein Schaden erwächst.

Art des Schadensersatzes. In welcher Weise der zugefügte Schaden dem Geschädigten zu ersetzen ist, hängt von der Art des Schadens selbst ab. Ist nämlich eine Person verletzt oder eine Sache beschädigt, so hat der Verletzte (Geschädigte) die Wahl, ob er von dem Ersatzpflichtigen die Herstellung des früheren Zustandes, soweit eine solche möglich und zum Ersatze des Schadens genügend ist, oder Ersatz des Schadens in Geld verlangen will. Hat mir z. B. jemand ein Fenster zertrümmert, so ist der Täter zwar, wenn ich es verlange, verpflichtet, das Fenster selbst ordnungsmäßig wiederherstellen oder nötigenfalls ein neues Fenster einsetzen zu lassen; ich kann aber statt dessen verlangen, daß er mir den zur Wiederherstellung oder Erneuerung des Fensters erforderlichen Geldbetrag zahlt. Hat mir jemand den Rock zerrissen, so steht es in meiner Wahl, ob und inwieweit ich Ersatz des Schadens in Natur (durch Ausbesserung des Rockes) oder in Geld verlangen will. Ich kann also fordern, daß der Täter mir den Wert zahlt, den der Rock hatte, bevor er zerrissen wurde, oder daß er mir die Reparaturkosten bezahlt und außerdem denjenigen Betrag, um den der geflickte Rock weniger wert ist, als es der ungeflickte war (RG.), oder daß er selber mir den Rock reparieren läßt und mir außerdem den ebengedachten Minderwert ersetzt, oder endlich, daß er mir einen anderen Rock von gleicher Güte, wie der zerrissene war, anschafft; nur wenn das letztere mit unverhältnismäßigen Kosten für den Verpflichteten verknüpft ist, kann er es ablehnen und Schadensersatz in Geld leisten (251). — In allen anderen Fällen, also wenn es sich nicht um die Verletzung einer Person oder die Beschädigung einer Sache handelt, muß der zum Schadensersatz Verpflichtete den Zustand wiederherstellen, der bestehen würde, wenn der zum Ersatze verpflichtende Umstand (z. B. ein Diebstahl, eine Eigentumsstörung, die Nichterfüllung eines Vertrages usw.) nicht eingetreten wäre. Inwiefern eine Wiederherstellung des früheren Zustandes tatsächlich möglich ist, richtet sich nach den Verhältnissen des einzelnen Falles. Ist jemandem eine Uhr gestohlen, so wird der frühere Zustand dadurch wiederhergestellt, daß die Uhr zurückgegeben wird; hat jemand einen Weg gesperrt, so genügt die Wegnahme des Hindernisses; ist eine Fensterscheibe zertrümmert, die Einsetzung einer neuen Scheibe. In anderen Fällen kann es zweifelhaft sein, ob eine „Wiederherstellung" überhaupt möglich ist. Ist die Herstellung des früheren Zustandes nicht möglich oder ist sie zur Entschädigung des Ersatzberechtigten nicht genügend, so muß der Verpflichtete dem Geschädigten Schadensersatz in Geld leisten. — Andererseits ist der zum Schadensersatz Verpflichtete berechtigt, in Fällen, wo die Wiederherstellung des früheren Zustandes nur mit unverhältnismäßigen Kosten bewirkt werden kann, den Gläubiger in Geld zu entschädigen.

Aufforderung zur Wiederherstellung. Kann der Geschädigte von dem Ersatzpflichtigen nur Wiederherstellung des früheren Zustandes (nicht gleich Schadensersatz in Geld) verlangen oder ist nach Bewandtnis des Falles anzunehmen, daß eine Geldentschädigung gezahlt werden muß, weil eine Wiederherstellung in Natur nicht möglich oder zur Entschädigung des Gläubigers nicht genügend ist, so gibt das Gesetz dem Berechtigten ein Mittel an die Hand, sich von der Ungewißheit, ob und wann der Verpflichtete die Wiederherstellung bewirken wird oder ob eine Wiederherstellung überhaupt nicht möglich oder nicht genügend ist, dadurch zu befreien, daß er dem Verpflichteten zur Vornahme der Wiederherstellung eine angemessene Frist mit der Erklärung bestimmt, daß er die Herstellung durch ihn nach dem Ablaufe dieser Frist ablehne.

Umfang des zu ersetzenden Schadens. Dem Berechtigten ist sowohl der unmittelbare Schaden zu ersetzen, der ihm durch die zum Schadensersatz verpflichtende Handlung oder Unterlassung zugefügt ist, als auch der mittelbare Schaden, wohin insbesondere ein dem Berechtigten etwa entgangener Gewinn gehört. Hat beispielsweise jemand ein fremdes Pferd schuldhafterweise beschädigt, so muß er dem Eigentümer nicht nur die Kurkosten und den etwa durch die Verletzung herbeigeführten Minderwert des Tieres ersetzen, sondern auch den Betrag, den der Eigentümer während der Zeit, wo er das Tier nicht benutzen konnte, mit ihm hätte verdienen können. Als „entgangen" gilt der Gewinn, der nach dem gewöhnlichen Laufe der Dinge oder nach den besonderen Umständen, insbesondere nach den getroffenen Anstalten und Vorkehrungen, mit Wahrscheinlichkeit erwartet werden konnte. Ist beispielsweise jemand schadensersatzpflichtig, weil er sich verpflichtet hatte, einem Wirte zu einem Sängerfeste ein Tanzzelt zu liefern, und dieser Verpflichtung nicht nachgekommen ist, so kann der Wirt den Geldbetrag, den er, wenn das Zelt rechtzeitig geliefert wäre, durch die Aufnahme und Verpflegung von Gästen voraussichtlich verdient haben würde, als Schadensersatz fordern. Bei Berechnung dieses Betrages ist natürlich zu berücksichtigen, wieviel Gäste der Wirt hätte aufnehmen können; wieviel Gäste voraussichtlich (unter Berücksichtigung der ganzen Sachlage, z. B. der Witterungsverhältnisse) das Zelt besucht haben würden; wieviel derartige Gäste durchschnittlich verzehren; wieviel der Wirt an den Speisen und Getränken verdient u. dgl. mehr. Im Streitfall muß natürlich richterliches Ermessen, geeignetenfalls nach Anhörung von Sachverständigen, entscheiden. (Über den Umfang der Schadensersatzpflicht, die aus einer unerlaubten Handlung entsteht, vgl. den nachfolgenden Artikel unter 6.)

Anderer Schaden als Vermögensschaden (253). Ein Schadensersatz kann regelmäßig nur gefordert werden, wenn der Verletzte an seinem Vermögen geschädigt ist, da regelmäßig nur ein solcher Schaden in Geld geschätzt werden kann. Ist jemand an seinem guten Rufe geschädigt, so kann zwar auch ein Vermögensschaden die Folge davon sein (wenn z. B. der Verleumdete ein Geschäftsmann ist, kann sein Kredit oder seine Kundschaft darunter leiden); meist aber wird der Schaden kein Vermögensschaden, daher in Gelde nicht zu schätzen sein. Auch entspricht es den Anschauungen des deutschen Volkes nicht, sich für die Verletzung idealer Interessen mit Geld entschädigen zu lassen. Nichtsdestoweniger hat das Gesetz ausnahmsweise in einigen Fällen einen Schadensersatz zugelassen, obwohl der zugefügte Schaden kein Vermögensschaden ist; s. über diese Fälle „Schadensersatz wegen unerlaubter Handlung 7" (Schmerzensgeld) und „Verlöbnis 1".

Beiderseitiges Verschulden (254). Hat bei der Entstehung des Schadens eigenes Verschulden des Beschädigten mitgewirkt, so hängt die Verpflichtung zum Ersatze sowie der Umfang des zu leistenden Ersatzes von den Umständen, insbesondere davon ab, inwieweit der Schaden vorwiegend von dem einen oder dem anderen Teile verursacht worden ist. Dies gilt auch dann, wenn sich das Verschulden des Beschädigten darauf beschränkt, daß er unterlassen hat, den Schuldner auf die Gefahr eines ungewöhnlich hohen Schadens aufmerksam zu machen, die der Schuldner weder kannte noch kennen mußte, oder daß er unterlassen hat, den Schaden durch geeignete Maßregeln selbst abzuwenden oder zu mindern.

Diese Vorschrift beruht, wie das Reichsgericht sagt, auf der Erwägung, daß es nicht nur Pflicht eines jeden ist, schädliche Eingriffe in fremde Rechte zu vermeiden, sondern auch Aufgabe jedes ordentlichen und verständigen Menschen, sich und das Seinige tunlichst vor Schaden zu bewahren. Wer, pochend auf die Schadensersatzpflicht eines anderen, jede Maßregel zur Abwendung oder Minderung eines ihm drohenden Schadens unterläßt, der verstößt wider Treu und Glauben, wenn er den vermeidbar gewesenen Schaden von dem anderen ersetzt verlangt. Welche Abwehrmaßregeln dem, welchem ein Schaden droht, zugemutet werden können, darüber läßt sich eine auf alle Fälle passende Regel nicht aufstellen; das Gericht hat im Streitfall unter Abwägung aller Umstände darüber zu entscheiden. Das Gesetz legt es in solchen Fällen, wo ein eigenes Verschulden des Geschädigten mitgewirkt hat, den Schaden herbeizuführen, in die Hand des Richters, nach den Umständen des Falles zu ermessen, ob und inwieweit es billig sei, dem Beschädigten einen Schadensersatz zu gewähren; er kann ihm Ersatz des vollen Schadens oder eines Teils des Schadens oder auch nichts zusprechen (RG.). Ein eigenes Verschulden kann übrigens bei Kindern unter 7 Jahren nicht vorkommen (RG.); wohl aber bei Kindern und jungen Leuten zwischen 7 und 18 Jahren, wenn diese die zur Erkenntnis der Verantwortlichkeit ihres Handelns erforderliche Einsicht besitzen (RG.); s. hierüber den folgenden Artikel unter 4. — Übrigens ist bei der Frage, ob auch den Verletzten ein Verschulden trifft, sein Verhalten nicht bloß nach dem, was sich hinterher bei kühler Überlegung der wirklichen Sachlage als das richtige ergibt, sondern vom Standpunkte der zur Zeit des Unfalls gegebenen Lage des Beschädigten und seiner Auffassung hiervon zu beurteilen (RG.).

Das vorstehend Gesagte (über die Verteilung der Schadenstragungspflicht bei beiderseitigem Verschulden) gilt für alle Fälle des Schadensersatzes.

Haftung für ein Verschulden eines Vertreters. Der Schuldner hat ein Verschulden seines gesetzlichen Vertreters (s. d.) und der Personen, deren er sich zur Erfüllung seiner Verbindlichkeit bedient (s. Vertreter), in gleichem Umfange zu vertreten wie eigenes Verschulden (278). Wer für den Verlust einer Sache oder eines Rechtes Schadensersatz zu leisten hat, ist zum Ersatze nur gegen Abtretung der Ansprüche verpflichtet, die dem Ersatzberechtigten auf Grund des Eigentums an der Sache oder auf Grund des Rechtes gegen Dritte zustehen.

Schadensersatz wegen unerlaubter Handlung (823—853). Das Gesetz unterscheidet zwischen unerlaubten (verbotenen) Handlungen, die nach den Strafgesetzen mit Strafe (Gefängnis, Geldstrafe usw.) bedroht sind, und solchen unerlaubten

Handlungen, die nur nach dem bürgerlichen Recht eine Verpflichtung des Täters zum Schadensersatz zur Folge haben. Alle Handlungen (oder Unterlassungen), die strafbar sind, geben dem Verletzten (Geschädigten) auch einen Anspruch gegen den Täter auf Ersatz des ihm etwa zugefügten Schadens (wer gestohlen, betrogen usw. hat, muß dem Bestohlenen oder Betrogenen das ihm Weggenommene, Abgeschwindelte zurückgeben oder ihm den Schaden ersetzen); aber nicht alle Handlungen oder Unterlassungen, die nach dem bürgerlichen Gesetz zum Schadensersatz verpflichten, sind auch nach dem Strafgesetz strafbar. Die §§ 823 bis 853 BGB. enthalten die Vorschriften über die nach dem bürgerlichen Recht unerlaubten und daher zum Schadensersatz verpflichtenden Handlungen; sie erschöpfen aber nicht den Umkreis aller so zu behandelnden unerlaubten Handlungen; auch in anderen Gesetzen (z. B. Haftpflichtgesetz, Luftverkehrsgesetz, Ges. gegen unlauteren Wettbewerb, Kraftfahrzeuggesetz usw. usw.) sind unerlaubte Handlungen verzeichnet. Sofern die Spezialgesetze nicht besondere Bestimmungen treffen, die dann dem BGB. vorgehen, gelten auch die §§ 823—853 BGB. sinngemäß (also nicht durchweg und nicht unbedingt) für jene Tatbestände. Die allgemeinen Bestimmungen über diese unerlaubten Handlungen werden im Nachstehenden besprochen; Vorschriften, die das Gesetz über einzelne unerlaubte Handlungen außerdem noch gibt, sind in den betreffenden besonderen Artikeln mitgeteilt.

1. Zum Schadensersatz ist verpflichtet, „wer vorsätzlich oder fahrlässig das Leben, den Körper, die Gesundheit, die Freiheit, das Eigentum oder ein sonstiges Recht eines anderen widerrechtlich verletzt" (823). Nur wer vorsätzlich oder fahrlässig (s. „Fahrlässigkeit") gehandelt hat, ist nach dieser Gesetzesbestimmung zum Schadensersatz verpflichtet. Wer ein geladenes Gewehr an einem Orte hinstellt, wo Kinder oder unverständige Personen verkehren, wer im Walde bei Dürre ein Feuer anzündet, wer offene Gruben ohne Einfriedigung, Zugänge zu Kelleröffnungen bei Dunkelheit ohne Beleuchtung läßt u. dgl., hat für den daraus etwa entstehenden Schaden aufzukommen (vgl. hierzu den Artikel „Öffentliche Sicherheit"). Es ist gleichgültig, ob der Schaden durch ein Tun oder durch ein Unterlassen (RG.) herbeigeführt ist; auch kommt nichts darauf an, ob er überhaupt oder in dem eingetretenen Umfange vorhergesehen werden konnte; wer einem Kranken oder Schwächlichen, ohne daß er diesen Zustand kannte, eine an sich nur leichte Körperverletzung zugefügt, aber dadurch ein langes Siechtum des Verletzten herbeigeführt hat, ist ihm zum Ersatz alles Schadens verpflichtet. Ist ein Schaden ohne irgendein Verschulden (ohne Vorsatz oder Fahrlässigkeit) des Täters entstanden, so haftet er in der Regel für den Schaden nicht (RG.), abgesehen von einzelnen Fällen, wo das Gesetz die Haftung für einen veranlaßten Schaden auch ohne ein Verschulden des Betreffenden besonders vorschreibt (s. den vorstehenden Artikel im Eingange). — Unter den „sonstigen" Rechten im Sinne dieser Vorschrift ist alles Mögliche, nur keine obligatorischen Rechtsverhältnisse (Schuldverhältnisse) zu verstehen (RG.). Näheres darüber mit vielen Beispielen muß in Gutt. Slg. Nr. 38/39 Anm. 2 zu § 823 nachgesehen werden.

2. Zum Schadensersatz ist ferner verpflichtet, wer „gegen ein den Schutz eines anderen bezweckendes Gesetz verstößt" (823). Solcher Art sind besonders alle Strafgesetze, die auf den Schutz der Gesamtheit oder des einzelnen gegen schädigende Handlungen abzielen, ferner (RG.) außer BGB. und HGB. auch die Gewerbeordnung und andere Arbeiterschutzgesetze, die Urheberschutzgesetze, die den Verkehr regelnden Gesetze, auch die Polizeiverordnungen fallen unter den Ausdruck „Gesetz" (EGBGB. 2). Auch hier muß ein Verschulden (Vorsatz oder Fahrlässigkeit) des Täters vorliegen. Ist nach dem betreffenden Gesetz ein Verstoß gegen dieses auch ohne Verschulden des Täters möglich, so ist dieser zum Schadensersatz nur dann verpflichtet, wenn ihn ein Verschulden trifft. Darauf, ob der Schaden vorausgesehen werden konnte, kommt es auch hier nicht an.

3. Weiter ist auch der zum Schadensersatz verpflichtet, der „in einer gegen die guten Sitten verstoßenden Weise einem anderen vorsätzlich Schaden zufügt" (826). Es wird hier nicht erfordert, daß die den Schaden zufügende Handlung ein einem anderen zustehendes Recht verletzt (wie unter Nr. 1) oder gegen ein den Schutz eines anderen bezweckendes Gesetz verstößt (wie unter Nr. 2); es kann vielmehr eine an sich erlaubte (durch kein Gesetz geradezu verbotene) Handlung sein; sie muß nur gegen die guten Sitten verstoßen und der Täter muß beabsichtigt haben, dem anderen den Schaden zuzufügen (fahrlässige Schadenszufügungen kommen hier nicht in Betracht). Näheres hierüber s. im Art. „Sitte und Sittenwidrigkeit".

4. Nichteintreten der Schadensersatzpflicht. Haftung für den durch andere verübten Schaden. Jedermann ist für die von ihm selbst begangenen unerlaubten Handlungen und den daraus entstandenen Schaden verantwortlich; es kommt nicht darauf an, ob er etwa nach dem Gesetze geschäftsfähig ist (s. „Geschäftsfähigkeit") oder nicht; aber von dieser Regel gelten folgende Ausnahmen: Wer einen Schaden zugefügt hat, während er des Vernunftgebrauches beraubt war, nämlich sich im Zustande der Bewußtlosigkeit oder in einem die freie Willensbestimmung ausschließenden Zustande krankhafter Störung der Geistestätigkeit befunden hat, ist hierfür nicht verantwortlich; wohl aber haftet er für den Schaden, den er in einem sog. lichten Zwischenraum verübt hat (827). Wer durch den Genuß geistiger Getränke oder durch ähnliche Mittel (Morphium, Kokain, Haschisch usw.) in einem vorübergehenden Zustand der ebengedachten Art versetzt ist, haftet gleichfalls für den in diesem Zustande widerrechtlich verübten Schaden nur dann, wenn er selber ihn schuldvollerweise herbeigeführt hat, und zwar in gleicher Weise, wie wenn ihm Fahrlässigkeit zur Last fiele. Daß er ohne Verschulden in jenen Zustand geraten ist, muß er freilich beweisen. Kinder unter sieben Jahren sind für einen zugefügten Schaden nicht verantwortlich (828). Ältere Kinder und junge Leute, die aber das achtzehnte Lebensjahr noch nicht vollendet haben, sind für Schaden, den sie anderen zufügen, nur dann nicht haftbar, wenn sie bei Begehung der Handlung die zur Erkenntnis der Verantwortlichkeit erforderliche Einsicht nicht besessen haben; sonst haften sie gleich erwachsenen Personen. Das gleiche gilt von Taubstummen. Es kann also unter Umständen schon ein Kind von sieben Jahren (natürlich durch seinen gesetzlichen Vertreter, den Vater oder Vormund) wegen eines von ihm angerichteten Schadens zum Ersatz herangezogen werden, wenn anzunehmen ist, daß es jene Einsicht besessen hat. (Das Reichsgericht hat, in Erläuterung der eben gedachten gesetzlichen Bestimmung, ausgesprochen, daß der Jugendliche (Taubstumme), um für sein Handeln oder Unterlassen haftbar gemacht werden zu können, diejenige geistige Reife besitzen müsse, die ihn in den Stand setzt, das Unrecht seines Handelns gegenüber dem Mitmenschen und zugleich die Verpflichtung zu erkennen, in irgendeiner Weise für die Folgen seiner Handlung selbst einstehen zu müssen. Ob der Betreffende im gegebenen Falle die Gefährlichkeit seines Tuns wirklich erkannt hat, darauf kommt es nicht an, wenn er nur die geistige Reife (die erforderliche Einsicht), um dies zu erkennen, besessen hat.)

Haftung für andere. Aber nicht nur für seine eigenen Handlungen ist der Mensch verantwortlich; er muß unter Umständen auch für die Handlungen oder Unterlassungen anderer aufkommen. Wer kraft des Gesetzes (z. B. als Vater, Mutter, Vormund, Pfleger, Lehrherr) zur Führung der Aufsicht über eine Person verpflichtet ist, die wegen Minderjährigkeit oder wegen ihres geistigen oder körperlichen Zustandes der Beaufsichtigung bedarf, ist zum Ersatze des Schadens verpflichtet, den diese Person anderen widerrechtlich zufügt, wenn er seiner Aufsichtspflicht nicht genügt hat (832); er ist nur dann nicht haftbar, wenn der Schaden auch bei gehöriger Aufsichtsführung entstanden sein würde. Ob er wirklich seiner Aufsichtspflicht genügt, d. h. das getan hat, was nach den Umständen des Falles verständige Eltern usw. nach den vernünftigerweise an sie zu stellenden Anforderungen zur Erfüllung ihrer Aufsichtspflicht zu tun hatten (RG.), hat das Prozeßgericht zu entscheiden. Diese Entscheidung ist in vielen Fällen außerordentlich schwierig und danach der Ausfall eines Prozesses sehr zweifelhaft. Das Reichsgericht hat einen Lehrherrn, dessen neunzehnjähriger (!) Lehrling in seinem (des Lehrherrn) Hause einen anderen mit einem Tesching verletzt hatte, verurteilt, dem Verletzten allen aus der Verwundung entstandenen Schaden zu ersetzen, ihn insbesondere bis zu vollständiger Genesung eine monatliche Rente von 45 RM. zu zahlen. Das Gericht hat angenommen, daß der Lehrling wegen seiner Minderjährigkeit zu den aufsichtsbedürftigen Personen gehörte, daß diese Aufsicht dem Dienstherrn, bei dem der Lehrling Kost und Logis hatte, oblag und daß er dieser Aufsichtspflicht nicht genügt habe, da er ihm das Tesching hätte wegnehmen sollen! Später hat das RG. in einem ähnlich liegenden Fall eines kaufmännischen Lehrlings im gleichen Sinne entschieden.

Neben dem etwa gesetzlich zur Aufsicht Verpflichteten ist in gleicher Weise für den Schaden verantwortlich, wer die Beaufsichtigung der gedachten Personen vertragsmäßig übernommen hat (z. B. Krankenwärter, Kinderfrauen, Bonnen usw.); dies bezieht sich indes nicht auf solche Personen, die, ohne vertragsmäßig zur Aufsicht verpflichtet zu sein, sich nur tatsächlich der Beaufsichtigung unterzogen haben. Die zum Schadensersatz Herangezogenen können sich übrigens ihrerseits an den Schadenstiftern, wenn und soweit diese selbst für den Schaden verantwortlich sind, schadlos halten. Ausnahmsweise kann eine Ersatzleistung aus dem Vermögen des nicht verantwortlichen Schadenstifters stattfinden, s. § 829 BGB.

Es gibt aber noch weitere Fälle, in denen jemand für den von einem anderen verursachten Schaden haftet. Wer andere Personen (Angestellte, Arbeiter, Boten usw.) zu einer „Verrichtung", sei diese tatsächlichen oder rechtlichen Inhalts, bestellt oder anstellt (der Geschäftsherr, Arbeitgeber oder sonstige Auftraggeber), haftet für den Schaden, den diese Personen in Ausführung der ihnen übertragenen Verrichtung anderen widerrechtlich (wenn auch ohne ihr Verschulden (RG.)) zufügen, wenn er zu der Verrichtung ungeeignete Personen angestellt oder, sofern er Vorrichtungen oder Gerätschaften zu beschaffen oder die Ausführung der Verrichtung zu leiten hatte, in dieser Richtung die im Verkehr erforderliche Sorgfalt nicht beobachtet hat (831). Hat z. B. ein Fuhrherr einem jungen Menschen, von dem er wußte oder wissen mußte, daß er zur Leitung eines Gespanns oder Kraftwagens nicht fähig sei, den Wagen anvertraut, so ist er zum vollen Schadensersatz verpflichtet, wenn ein Unfall sich ereignet. Gerade für die Auswahl der Wagenführer von Kraftwagen sind wegen der Gefährlichkeit ganz besonders strenge Anforderungen zu stellen (RG.). Der Geschädigte braucht nicht zu beweisen, daß den Ansteller (Dienstherrn, Arbeitgeber, Auftraggeber) ein Verschulden trifft, sondern dieser muß, um sich von der Schadensersatzpflicht zu befreien, seinerseits beweisen (RG.), daß er bei der Anstellung usw. die nötige Sorgfalt beobachtet hat, daß ihm also keinerlei Verschulden zur Last fällt. Zum Nachweise der Sorgfalt genügt es, wenn der Ansteller bei Anwendung der im Verkehr erforderlichen Sorgfalt annehmen durfte, daß der von ihm Angestellte ein für die Verrichtung geeigneter Mann sei (RG.). Der Geschäftsherr ist übrigens von der Ersatzpflicht frei, wenn er beweisen kann, daß der Schaden auch dann eingetreten wäre (nicht etwa nur: hätte entstehen können), wenn er sich keine Nachlässigkeit hätte zuschulden kommen lassen (RG.).

Mit der vorstehend mitgeteilten Gesetzesvorschrift ist aber nicht gesagt, daß ein jeder, der aus irgendeinem Grunde einen andern zu irgendwelchem Tun auffordert, für den Schaden haftbar ist, den dieser Andere bei Vornahme des von ihm verlangten Tuns einem anderen zufügt. Die Haftung des Auftraggebers setzt vielmehr voraus (RG.), daß er dem Bestellten gegenüber die Stellung eines „Geschäftsherrn" einnimmt, d. h. eines solchen, der ihm die erforderlichen Weisungen zu erteilen, dessen Anordnungen er Folge zu leisten hat. Ist von dem Bestellten eine Tätigkeit verlangt, bei deren Ausführung er nach eigenem Ermessen handeln und dasjenige vornehmen soll, was er auf Grund eigener Sachkunde und Erfahrung für zweckmäßig hält, so hat der Auftraggeber (Ansteller) in bezug auf sein Tun nicht die Stellung eines Geschäftsherrn. — Eine gleiche Verantwortlichkeit wie den Geschäftsherrn trifft den, der für diesen die Besorgung der vorgedachten Geschäfte (Anstellung des Arbeiters usw., Beschaffung der Geräte usw., Leitung der Ausführung) durch Vertrag übernommen hat. Vgl. noch „Haftpflicht" und „Öffentliche Sicherheit".

5. Haftung mehrerer für einen entstandenen Schaden (830). Haben mehrere durch eine gemeinschaftlich begangene unerlaubte Handlung einen Schaden verursacht, so ist jeder von ihnen, einerlei, ob er Anstifter, Täter oder bloß Gehilfe war, und in welchem Umfange er beteiligt ist, dem Verletzten für den ganzen Schaden verantwortlich. Das gleiche gilt, wenn sich nicht ermitteln läßt, wer von mehreren Beteiligten den Schaden durch seine Handlung verursacht hat, wenn z. B. jemand bei einer Schlägerei (einem Raufhandel) verletzt oder getötet ist und nicht ermittelt werden kann, wer den gefährlichen oder totbringenden Schlag oder Stich ausgeführt hat, oder wenn Fische durch Abwässer, die von verschiedenen Fabriken in den Fluß geleitet werden, getötet sind. Das Reichsgericht sieht eine „Beteiligung" in diesem Sinne dann als vorliegend an, wenn mehrere eine unerlaubte Handlung begangen haben, die den eingetretenen Schaden verursachen konnte; wenn eine dieser Handlungen, also die unerlaubte Handlung eines dieser mehreren, den Schaden tatsächlich verursacht hat, der wirkliche Urheber der schadenstiftenden Handlung aber nicht ermittelt werden kann. Sind für den aus einer unerlaubten Handlung entstehenden Schaden mehrere nebeneinander verantwortlich (z. B. das Kind, das den Schaden angerichtet hat, und der zur Beaufsichtigung des Kindes Verpflichtete; der Geschäftsherr und der von ihm Angestellte usw.), so haften sie dem Beschädigten als Gesamtschuldner (840); s. „Mehrere Gläubiger oder mehrere Schuldner".

Ist der Vater, der Vormund oder wer sonst eine Aufsichtspflicht verletzt hat (s. oben 4), deswegen von dem Verletzten in Anspruch genommen oder hat jemand als Arbeitgeber, Geschäftsherr usw. für den von seinem Untergebenen verursachten Schaden aufkommen müssen, so kann er sich seinerseits wegen des von ihm Gezahlten an den eigentlich Schuldigen, der den Schaden angestiftet hat (Kind, Mündel, Arbeiter usw.) halten und vollen Ersatz aus dessen Vermögen verlangen (840 Abs. 2). (Über die Verpflichtung zum Ersatze des Schadens, der bei einer Zusammenrottung, einem Auflauf oder einem Aufruhr entstanden ist, sind die Landesgesetze (Tumultschädengesetze, z. B. preußisches, Gutt. Slg. Nr. 56) maßgebend.)

6. Umfang des zu leistenden Schadensersatzes (842 ff.). Was unter der Verpflichtung, einen Schadensersatz zu leisten, im allgemeinen zu verstehen und in welcher Weise der Schadensersatzanspruch geltend zu machen ist, darüber ist der vorstehende Artikel nachzulesen. Für den Ersatz des Schadens, der aus einer unerlaubten Handlung entstanden ist, enthält aber das Gesetz noch die nachfolgenden besonderen Bestimmungen. Bei jeder gegen die Person des Verletzten gerichteten unerlaubten Handlung, einerlei, ob es sich um die Verletzung des Körpers oder der Gesundheit oder der Ehre handelt, hat der zum Schadensersatz Verpflichtete auch die Nachteile zu ersetzen, die die Handlung für den Erwerb oder das Fortkommen des Verletzten herbeiführt. Insbesondere kommen hier auch die Nachteile in Betracht, die durch Verletzung der weiblichen Ehre für die davon Betroffene entstehen. Wird infolge einer Verletzung des Körpers oder der Gesundheit die Erwerbsfähigkeit des Verletzten aufgehoben oder vermindert oder tritt eine Vermehrung seiner Bedürfnisse ein (z. B. der Verletzte bedarf künftig eines Pflegers oder eines Wärters, eines Fahrstuhls u. dgl.), so muß ihm durch Entrichtung einer Geldrente Entschädigung gewährt werden. Für diese Rente gelten hinsichtlich der Vorausbezahlung die für Leibrenten (s. d.) gegebenen gesetzlichen Bestimmungen. Wenn ein wichtiger Grund dafür vorliegt, kann der Verletzte, anstatt der Rente, eine Kapitalabfindung verlangen. Selbstverständlich kann er auch Ersatz der Heilungs- und Kurkosten beanspruchen. Diese Rechte des Verletzten werden nicht dadurch ausgeschlossen, daß ein anderer ihm Unterhalt zu gewähren hat (vgl. auch ZPO. 323, 324).

Ist der Verletzte getötet (844), so hat der Ersatzpflichtige die Beerdigungskosten dem zu ersetzen, dem sie sonst nach dem Gesetze obliegen (s. „Nachlaßschulden 5"). Selbstverständlich sind auch in diesem Falle die Kosten einer versuchten Heilung zu erstatten. Außerdem hat der Täter den Erben des Getöteten allen sonstigen Vermögensschaden zu ersetzen, der dem Verstorbenen infolge der tödlichen Verletzung erwachsen ist. Der Täter hat unter Umständen auch noch andere Personen als die Erben des Getöteten zu entschädigen, nämlich solche, die der Getötete gesetzlich zu unterhalten bereits verpflichtet war oder unterhalten zu müssen in die Lage kommen konnte und denen nun infolge der Tötung das Recht auf den Unterhalt entzogen ist. Der Ersatzpflichtige muß diesen Unterhaltsberechtigten insoweit durch eine Geldrente Schadensersatz leisten, als der Getötete während der mutmaßlichen Dauer seines Lebens (nach den Regeln statistischer Sterblichkeitsberechnung) zur Gewährung des Unterhalts verpflichtet gewesen sein würde. Auch hier findet das vorstehend über Vorausbezahlung der Rente, Sicherheitsleistung und eintretendenfalls an Stelle der Rente tretende Kapitalabfindung Gesagte Anwendung. Das Vorgesagte gilt aber nur dann, wenn die Unterhaltspflicht des Getöteten auf gesetzlicher Vorschrift beruhte (er hatte z. B. seiner Frau oder seinen Kindern (Großkindern) oder einem unehelichen Kinde Unterhalt zu gewähren; s. „Unterhaltspflicht"); handelt es sich um eine durch Vertrag, letztwillige Verfügung usw. begründete Unterhaltspflicht, so haben die Unterhaltsberechtigten keinen Schadensersatzanspruch gegen den Täter, wenn der ihnen zum Unterhalt Verpflichtete getötet ist; ebensowenig haben einen solchen Anspruch Personen, denen der Getötete ohne rechtliche Verpflichtung etwa Unterhalt oder Unterstützungen gewährt hat. Es genügt, daß das Rechtsverhältnis (der Rechtsgrund), auf dem die Unterhaltspflicht des Getöteten beruhte, zur Zeit der tödlichen Verletzung schon bestand, wenn auch die eine oder andere Voraussetzung für die Unterhaltsgewährung zu jener Zeit noch fehlte; z. B. der Getötete zahlte deshalb noch nicht, weil der Unterhaltsberechtigte damals noch vermögend war oder weil ein noch näher Verpflichteter vorhanden war, der später weggefallen ist. Ausnahmsweise steht unterhaltsberechtigten Kindern des Getöteten die Rente dann zu, wenn sie zur Zeit der Verletzung zwar noch nicht geboren, aber bereits erzeugt waren.

Zu allen diesen Entschädigungsverpflichtungen kann für den Schuldigen noch eine fernere hinzukommen, wenn es sich um eine Tötung oder um eine Verletzung des Körpers oder der Gesundheit oder um eine Freiheitsentziehung handelt und der Getötete oder Verletzte kraft Gesetzes einem Angehörigen zur Leistung von Diensten in seinem Hauswesen oder Gewerbe verpflichtet war (845). Nach dem Gesetz ist die Frau zur Leitung des Hauswesens und nach den Umständen auch zu Arbeiten im Hauswesen und im Geschäfte des Mannes verpflichtet; zu gleichen Dienstleistungen sind die Kinder unter gewissen Voraussetzungen verpflichtet (s. „Ehegatten 1" und „Eltern und Kinder 2"). Die Tötung oder Verletzung usw. solcher Personen (z. B. einer Frau, die kleine Kinder hat, eines einzigen Sohnes einer Bauerswitwe, die nun zur Weiterführung der Wirtschaft einen Knecht nehmen muß) kann für die Angehörigen von schweren Folgen sein. Die hierdurch Geschädigten können von dem, der die Tötung usw. verübt hat, als Ersatz für die ihnen entgehenden Dienste gleichfalls Zahlung einer angemessenen Geldrente verlangen, bei deren Festsetzung allerdings die Gegenleistungen, die der Getötete usw. für seine Dienstleistungen empfing, zu berücksichtigen sind. Das vorstehend über Vorausbezahlung der Rente, etwaige Sicherheitsleistung und eintretendenfalls als Ersatz für die Rente eintretende Kapitalabfindung Gesagte findet auch hier Anwendung.

Gegenseitiges Verschulden (846). Hat bei der Tötung, der Körperverletzung usw. außer dem Verschulden des Täters auch ein Verschulden des Verletzten selbst mitgewirkt, so hängt nach allgemeinen Grundsätzen (s. „Schadensersatz, allgemeine Bestimmungen") die Schadensersatzpflicht und der Umfang der Entschädigung von den näheren Umständen, insbesondere davon ab, inwieweit der Tod, die Verletzung usw. vorwiegend durch den einen oder den anderen verschuldet ist. Auch ein etwaiges Verschulden dieser unterhaltsberechtigten Personen muß berücksichtigt werden und kann nach Belegenheit des Falles den Schadensersatzanspruch ausschließen oder mindern (RG.). Ist z. B. der Verletzte an den Folgen der Verletzung gestorben, hätte aber der tödliche Ausgang durch rechtzeitiges ärztliches Eingreifen abgewendet werden können und haben in solchem Falle die unterhaltsberechtigten Angehörigen in grobfahrlässiger Weise die Zuziehung eines Arztes unterlassen, so hängt es vom Ermessen des Gerichts ab, ob ihnen der Schadensersatzanspruch ganz zu versagen oder die von ihnen geforderte Entschädigung doch nur in geringerem Umfange zuzubilligen ist. Handelt es sich hierbei um die Verletzung einer jugendlichen Person, so ist zu berücksichtigen (RG.), daß ein Jugendlicher, der das siebente, aber nicht das achtzehnte Lebensjahr vollendet hat, für sein Handeln nicht verantwortlich ist, wenn er bei Begehung der Handlung oder Unterlassung nicht die zur Erkenntnis der Verantwortlichkeit erforderliche Einsicht gehabt hat. (Vorsatz und Fahrlässigkeit werden für den Schadenersatzanspruch nicht verschieden behandelt.)

7. Entschädigung für anderen als Vermögensschaden. Schmerzensgeld usw. (847). Im Falle einer Körperverletzung, einer Gesundheitsschädigung oder einer Freiheitsentziehung kann der Verletzte auch wegen des Schadens, der kein Vermögensschaden ist, von dem Täter eine billige Entschädigung in Geld verlangen. Insbesondere kann hiernach, wer an seinem Körper verletzt ist, ein angemessenes Schmerzensgeld fordern; die Höhe des Schmerzensgeldes konnte das Gesetz nicht bestimmen, da sie ganz von den Umständen abhängt; ihre Festsetzung unterliegt, falls die Beteiligten sich nicht darüber verständigen, dem richterlichen Ermessen. Ein Mädchen oder eine Frau, gegen die ein Verbrechen oder Vergehen gegen die Sittlichkeit begangen ist oder die durch Hinterlist, durch Drohung oder unter Mißbrauch eines Abhängigkeitsverhältnisses zur Gestattung der außerehelichen Beiwohnung bestimmt ist, hat einen Anspruch auf eine den Umständen des Falles und den für sie daraus entstehenden Folgen entsprechende Geldentschädigung (Näheres s. in dem Artikel „Verführung"). Alle diese Entschädigungsansprüche haben aber das Besondere, daß sie auf die Erben des oder der Verletzten nicht übergehen (wie sonstige Schadensersatzansprüche), wenn sie nicht bei Lebzeiten des (der) Verletzten schon vertragsmäßig anerkannt sind oder der (die) Verletzte selbst den Anspruch bereits rechtshängig gemacht hatte.

8. Wer zur Rückgabe einer Sache verpflichtet ist, die er einem anderen durch eine unerlaubte Handlung entzogen (z. B. gestohlen, abgeschwindelt, geraubt) hat, haftet auch für den zufälligen Untergang oder eine zufällige Verschlechterung der Sache (848—851).

9. Verjährung des Anspruchs auf Schadensersatz (852, 853). Der Anspruch auf Ersatz des aus einer unerlaubten Handlung entstandenen Schadens verjährt in drei Jahren von dem Zeitpunkte an, in dem der Verletzte von dem Schaden und der Person des Ersatzpflichtigen Kenntnis erlangt, ohne Rücksicht auf diese Kenntnis aber in dreißig Jahren von der Begehung der Handlung an. Hat der Ersatzpflichtige durch die unerlaubte Handlung auf Kosten des Verletzten etwas erlangt, so ist er auch nach der Vollendung der Verjährung zur Herausgabe nach den Vorschriften über die Herausgabe einer ungerechtfertigten Bereicherung (s. d.) verpflichtet.

Schadensersatz wegen Mängel einer gekauften usw. Sache s. Gewährleistung wegen Mängel usw. 2; wegen Verletzung der Amtspflicht s. Beamte; wegen nicht rechtzeitiger Zahlung (Leistung) s. Verzug eines Schuldners; statt Erfüllung des Vertrages s. Leistungen 8.

Schadenszufügung durch Menschen (überhaupt) s. Schadensersatz wegen unerlaubter Handlung u. Pfändung (Privatpfändung); durch Eisenbahnen, Fabriken und andere gefährliche Betriebe s. Haftpflicht der Eisenbahnen usw.; durch Kinder s. Schadensersatz wegen unerlaubter Handlung 4; durch Angestellte, Dienstboten, Arbeiter s. ebendaselbst; durch gesetzliche und andere Vertreter s. Vertretung von Vorsatz usw.; durch Tiere s. Tiere u. Pfändung (Privatpfändung); durch Sachen s. Selbstverteidigung 2; durch ein Gebäude s. Gebäudeeinsturz. — S. auch: Schadensersatz.

Schafe, Haftung des Verkäufers für Fehler, s. Gewährleistung wegen Mängel usw. 9; Pfändung von, s. Pfändung in der Zwangsvollstr. 1.

Schankwirte s. Gastwirte; als Kaufleute s. Kaufmann usw.

Schatz, Finden eines, s. Gefundene Sachen 4.

Schecks. Um den Umlauf des Geldes zu verringern, insbesondere die Bereithaltung von baren Geldmitteln zu Zahlungszwecken zu ersparen, und an Stelle der Zahlung die Möglichkeit einer Verrechnung treten zu lassen, ist die Einrichtung des Scheckverkehrs getroffen. Durch das Scheckgesetz vom 11. März 1908 ist diese bereits seit dem Mittelalter bestehende Zahlungsart für ganz Deutschland einheitlich geregelt. Kurz ausgedrückt kann man sagen, daß der Scheck eine Art Anweisung ist, wonach der Schuldner einen Dritten anweist, einen bestimmten Betrag seinem Gläubiger gegen Aushändigung des „Schecks" zu zahlen. Der Scheck muß als solcher bezeichnet sein und des Weiteren die Anweisung des Ausstellers an den Bezogenen enthalten, aus seinem Guthaben eine bestimmte Geldsumme zu zahlen. Ferner ist notwendig die Unterschrift des Ausstellers und die Angabe des Ortes und des Tages der Ausstellung. Als Bezogene sollen nur bezeichnet werden Sparkassen, gewisse Anstalten des öffentlichen Rechts und Genossenschaften, die sich satzungsgemäß mit der Annahme von Geld und Leistung von Zahlungen für fremde Rechnung befassen, sowie handelsgerichtlich eingetragene Bankiergeschäfte. Als Zahlungsempfänger kann eine bestimmte Person oder der Überbringer bezeichnet werden. Der Scheck ist stets bei Sicht zahlbar und wird durch Angabe einer anderen Zahlungszeit ungültig. Eine Annahme des Schecks durch den Bezogenen findet nicht statt. Der im Inland ausgestellte und zahlbare Scheck ist spätestens binnen 10 Tagen dem Bezogenen am Zahlungsort zur Zahlung vorzulegen, andernfalls der Aussteller den Scheck widerrufen kann. Ist die Übertragung des Schecks nicht ausdrücklich ausgeschlossen (nicht an Order), so kann dieser ähnlich wie der Wechsel durch Indossament auf Dritte übertragen werden, mit der Maßgabe, daß derjenige, der den Scheck weitergegeben hat, nunmehr dem Inhaber des Schecks gerade so wie der Aussteller desselben, verpflichtet ist. Eine Annahme des Schecks findet auch hier nicht statt, wie auch der Bezogene dem Inhaber des Schecks gegenüber nicht zur Einlösung verpflichtet ist. — Der Scheck, dessen Hingabe nicht als Zahlung gilt, sondern nur zahlungshalber dem Gläubiger gegeben wird, kann auch nur zur Verrechnung gegeben werden. Es bedarf hierzu des auf die Vorderseite des Schecks gesetzten Vermerks „Nur zur Verrechnung". Einen derartigen Verrechnungsscheck darf der Bezogene nicht bar auszahlen, muß vielmehr den Betrag dem Inhaber des Schecks gutschreiben. Hierdurch erlangt der Scheck größte Verkehrssicherheit, da bei einem Abhandenkommen desselben der unberechtigte Inhaber nicht zum Geldempfang legitimiert ist, sich vielmehr den Betrag lediglich gutschreiben lassen könnte, wodurch einige Tage vergehen würden, bis er in den Besitz des zu Unrecht gutgeschriebenen Geldes gelangen würde. Während dieser Zeit besteht jedoch normalerweise für den Verlierer die Möglichkeit, den Verlust des Schecks dem Bezogenen mitzuteilen. Hat der Aussteller bei dem Bezogenen kein Guthaben, so kann der Scheck mangels Einlösung genau wie der Wechsel protestiert werden, jedoch genügt für die Ausübung von Regreßansprüchen eine auf den Scheck gesetzte, von dem Bezogenen unterschriebene, diesbezügliche Erklärung. Der Inhaber eines nicht eingelösten Schecks kann sich wegen seiner Regreßforderung nach seiner Wahl an einen jeden der Verpflichteten (also Aussteller und Indossanten) halten. Einwendungen können dem Scheckinhaber nur insoweit entgegengehalten werden, als sie die Gültigkeit der in dem Scheck enthaltenen Erklärung betreffen, sich aus dem Inhalt des Schecks ergeben oder dem Regreßverpflichteten persönlich gerade dem Inhaber gegenüber zustehen.

Abhandengekommene oder vernichtete Schecks unterliegen der Kraftloserklärung im Wege des Aufgebotsverfahrens.

Die Ausstellung ungedeckter Schecks ist an und für sich nicht strafbar. Es haftet jedoch der Aussteller bei Nichteinlösung dem Inhaber für den aus dem nicht eingelösten Scheck entstehenden Schaden, wenn er sein Guthaben bei dem Bezogenen vorsätzlich oder fahrlässig überzogen, oder wenn er nach Ausstellung des Schecks über sein Guthaben in der Absicht, die Einlösung des Schecks zu vereiteln, anderweit verfügt hat. —

Unter Umständen kann sich auch der Aussteller wegen Betruges strafbar machen, falls er nämlich einen ungedeckten Scheck wissentlich in den Verkehr gebracht und sich auf diese Weise Vorteile zu verschaffen gesucht hat (z. B. Lieferung von Waren). (Wegen der Einzelheiten vergleiche auch HdR. V 272.)

Scheidemauer s. Grundeigentum 2 g.

Scheidung s. Ehescheidung; wegen Ehebruchs ist ein Ehehindernis s. Ehehindernisse 1 f; Scheidungsgründe s. Ehescheidung 1.

Scheingeschäfte (117) sind solche Rechtsgeschäfte, Verträge usw., bei denen alle Beteiligten darüber einig sind, daß das Geschäft nur zum Scheine vorgenommen wird, also nicht gelten soll. Solche Geschäfte sind daher regelmäßig auch ungültig (nichtig); auch andere Personen (außer den zunächst Beteiligten), die auf die Rechtsgültigkeit des Geschäfts vertraut haben, werden vom Gesetz nicht geschützt, soweit nicht besondere Bestimmungen bestehen, wie z. B. die über den Schutz des öffentlichen Glaubens des Grundbuchs, über den Schutz des guten Glaubens beim Erwerbe von beweglichen Sachen usw. Über Ausnahmebestimmungen, die für Scheinabtretungen von Forderungen und für den Erwerb von Forderungen, die nur zum Scheine bestehen, gelten, s. „Abtretung einer Forderung 2". Auch für Vollmachten (s. d.) gilt Besonderes. Ist nämlich eine solche nur zum Scheine erteilt, so ist der Bevollmächtigte gleichwohl zur Vertretung des anderen befugt, wenn die Vollmacht von dem Vollmachtgeber öffentlich bekannt gemacht oder doch dem, mit dem der Bevollmächtigte verhandeln soll, kundgegeben ist, oder wenn der Bevollmächtigte eine ihm vom Vollmachtgeber ausgehändigte Vollmachtsurkunde vorlegen kann (171, 172). Für Eheschließungen gilt der Satz, daß sie nicht deshalb nichtig sind, weil sie nur zum Schein geschlossen sind (1323). — Oft versteckt sich unter dem Scheingeschäft, das die Parteien gar nicht wollen, ein anderes, von ihnen wirklich beabsichtigtes Geschäft; z. B. es wird eine Schenkung, die der eine dem anderen machen will, zum Scheine in die Form eines Kaufgeschäfts gekleidet; dann ist dieses wirklich gewollte, unter dem Scheingeschäft versteckte Geschäft gültig, wenn sonst die Voraussetzungen der Gültigkeit vorliegen, das Geschäft auch nicht etwa verboten oder an besondere Formen geknüpft ist. Verbotene Geschäfte können dadurch, daß sie in die Form eines Scheingeschäfts gekleidet werden, niemals gültig werden.

Schenkungen (516—534). **1.** Begriff der Schenkung. Eine Schenkung im Rechtssinne ist eine Zuwendung, durch die jemand aus seinem Vermögen einen anderen bereichert, wenn beide Teile darüber einig sind, daß die Zuwendung unentgeltlich erfolgt. Wo eins dieser Erfordernisse fehlt, liegt keine Schenkung im Rechtssinn vor, wenn man auch im gewöhnlichen Leben von einer Schenkung sprechen mag. Dies ist wichtig, weil das Gesetz eine große Zahl von Vorschriften enthält, die nur für die eigentlichen Schenkungen Geltung haben. Eine Schenkung kann auch mit einem anderen Rechtsgeschäfte verbunden sein. Wenn jemand einem Freunde, der sich in Not befindet, ein Möbelstück, das 30 Mk. wert ist, für 100 Mk. abkauft, um ihm 70 Mk. zu schenken, und der andere in diesem Sinne auf den Vertrag eingeht, so ist das Geschäft bezüglich der 30 Mk. als ein Kauf, bezüglich der 70 Mk. aber als eine Schenkung zu beurteilen. Ob eine Ausstattung, die die Eltern einem Kinde bei seiner Verheiratung oder Selbständigmachung mitgeben, als eine Schenkung anzusehen ist, richtet sich nach den Umständen des Falles; s. „Aussteuer, Ausstattung usw. 2". Eine Vermögenszuwendung, die in Schenkungsabsicht vorgenommen wird, kann in der verschiedensten Weise erfolgen, z. B. dadurch, daß der Schenker dem anderen das Eigentum an einer Sache überträgt, ihm ein Grundstück aufläßt, daß er ihm eine Forderung abtritt (zediert) oder ihm ein Nießbrauchsrecht einräumt, daß er für ihn eine Schuld bezahlt oder ihm selbst eine Schuld erläßt usw. usw. Eine Schenkung kann nicht ohne Einwilligung des Beschenkten erfolgen; es hängt von ihm ab, ob er die Schenkung annehmen will oder nicht. Der Schenker hat aber das Recht, wenn die Zuwendung ohne Willen des anderen erfolgt ist, ihn unter Bestimmung einer angemessenen Frist zu einer Erklärung darüber aufzufordern, ob er die Schenkung annehme. Lehnt der andere nicht vor Ablauf der Frist ab, so gilt die Schenkung als angenommen. Im Falle der Ablehnung kann der Schenker die Rückgabe des etwa schon Hingegebenen nach den Vorschriften über die Herausgabe einer ungerechtfertigten Bereicherung (s. d.) fordern. Es ist keine Schenkung, wenn jemand zum Vorteil eines anderen einen Vermögenserwerb unterläßt (es liegt hier keine Zuwendung aus seinem Vermögen, keine Vermögensverminderung vor) oder auf ein ihm angefallenes, aber noch nicht endgültig erworbenes Recht verzichtet oder eine Erbschaft oder ein Vermächtnis ausschlägt. Erläßt dagegen ein Gläubiger seinem Schuldner die versprochenen (künftigen) Zinsen, so ist dies als Schenkung anzusehen; denn er wendet ihm nun aus seinem Vermögen die zinslose unentgeltliche Nutzung des Kapitals zu.

Schenkung und Schenkungsversprechen. Eine Schenkung kann in der Weise zur Ausführung gebracht werden, daß der Schenker den Gegenstand der Schenkung dem zu Beschenkenden gleich zu Eigentum überträgt, das geschenkte Grundstück ihm aufläßt, die geschenkte Forderung ihm sofort abtritt oder die Schuld ihm erläßt usw., so daß damit die Schenkung perfekt ist. Irgendeiner besonderen Form bedarf es bei der Vornahme der Schenkung nicht. Es bedarf also beispielsweise die Abtretung (Zession) einer Forderung in Schenkungsabsicht oder der Erlaß einer Schuld in solcher Absicht nicht etwa einer schriftlichen Abfassung oder gar der gerichtlichen oder notariellen Beurkundung. — Es kann aber auch der Schenker dem zu Beschenkenden zunächst nur ein Schenkungsversprechen machen, durch das er sich aber verpflichten will, die beabsichtigte Schenkung demnächst auszuführen; dann muß die Übertragung der geschenkten Sache an den Beschenkten zu dessen Eigentum, die Abtretung der geschenkten Forderung an ihn oder was sonst von dem Schenker versprochen ist, hinterher noch erfolgen. Für solche Schenkungsversprechen stellt das Gesetz die Regel auf, daß sie nur dann Gültigkeit haben, wenn sie gerichtlich oder notariell beurkundet sind (s. darüber „Form der Rechtsgeschäfte 2"). Dieses Erfordernis gilt nur für die Erklärung des Schenkers (das Schenkungsversprechen); die Erklärung des Beschenkten über die Annahme der Schenkung ist ohne jede Form gültig; sie kann daher insbesondere auch stillschweigend erfolgen. Das gleiche gilt, wenn ein Schuldversprechen oder ein Schuldanerkenntnis (s. „Schuldversprechen usw.") schenkungsweise erteilt wird, von diesem Versprechen oder dieser Anerkennungserklärung. Die obige Formvorschrift wird aber bedeutungslos, wenn der Schenker, der zunächst nur ein Schenkungsversprechen abgegeben hat, hinterher die Schenkung tatsächlich vollzieht (die Sache übergibt, das Grundstück aufläßt, die Forderung abtritt usw.); dann ist die Schenkung rechtsgültig, obwohl das Schenkungsversprechen wegen der fehlenden gerichtlichen oder notariellen Beurkundung rechtsunverbindlich war und der Beschenkte auf die Erfüllung des Versprechens nicht hätte klagen können. Die vollzogene Schenkung ist auch dann gültig, wenn der Schenker irrtümlich glaubte, aus seinem Schenkungsversprechen zur Hingabe verpflichtet zu sein (518). — Der schenkungsweise erfolgte Erlaß einer Schuld bedarf keiner gerichtlichen oder notariellen Beurkundung.

Schenkung eines Vermögens. Etwas anders liegt der Fall, wenn sich jemand durch einen Vertrag verpflichten will, sein ganzes gegenwärtiges Vermögen (oder einen Bruchteil, z. B. die Hälfte, ein Viertel davon) zu verschenken. Ein solcher Vertrag bedarf zu seiner Rechtsgültigkeit der gerichtlichen oder notariellen Beurkundung (s. „Form der Rechtsgeschäfte 2") (311). Fehlt diese, so kann der Beschenkte aus dem Vertrage nicht klagen. Erfüllt der Schenker den Vertrag in der irrtümlichen Annahme, daß er dazu verpflichtet sei, so kann er das Gegebene zurückfordern (813). Vollzieht er dagegen hinterher die Schenkung ganz oder teilweise, ohne durch solche irrtümliche Meinung dazu bewogen zu werden, so sind die einzelnen Schenkungsakte gültig.

Weigerung der Erfüllung eines Schenkungsversprechens. Die Schenkung ist ein Vertrag, der nicht einseitig rückgängig gemacht werden kann; wer etwas schenkweise versprochen hat, muß sein Versprechen erfüllen. Aber es gibt doch Fälle, wo der Schenker berechtigt ist, die Erfüllung zu verweigern, nämlich wenn und soweit der Beschenkte in Anbetracht seiner sonst schon bestehenden Verpflichtungen durch die Erfüllung des Versprechens außerstand gesetzt sein würde, seinen eigenen standesgemäßen Unterhalt und den seiner Angehörigen, die er gesetzlich zu unterhalten verpflichtet ist (s. „Unterhaltspflicht"), zu bestreiten. Hat er mehreren Personen Schenkungsversprechen gegeben, so hat der zuerst Beschenkte den Vorzug; der zuletzt Beschenkte hat also zunächst den Ausfall zu tragen (519). (Über die Rückforderung einer bereits vollzogenen Schenkung s. unten 4, 5.)

Stirbt der Schenker, ehe er sein Versprechen erfüllt hat, so haben nach allgemeinen Grundsätzen seine Erben den Vertrag zu erfüllen. Davon gilt eine Ausnahme für den Fall, daß der Schenker dem Beschenkten eine Rente oder eine andere in wiederkehrenden Fristen zu entrichtende Unterstützung (z. B. zum Studium, zur Begründung eines eigenen Haushalts) zugesichert hat; hier erlischt die Verpflichtung (wenn nichts anderes bestimmt ist) mit dem Tode des Schenkers, während für die bis dahin bestandene Verpflichtung seine Erben aufzukommen haben. Der Schenker ist nur dann, wenn er die Erfüllung seines Schenkungsversprechens vorsätzlich vereitelt hat oder wenn ihm die Erfüllung durch grobe Fahrlässigkeit unmöglich gemacht ist, dem Beschenkten zum Schadensersatz verpflichtet. Das gilt auch für den Erben des Schenkers. Wenn der Schenker mit der Erfüllung seines Versprechens im Verzuge ist, so muß er, gleich jedem anderen Schuldner, dem Beschenkten für die ihm daraus entstandenen Nachteile aufkommen (s. „Verzug des Schuldners"); nur ist der Schenker nicht verpflichtet, dem Beschenkten vom Zeitpunkte des Verzuges an ohne weiteres Verzugszinsen zu zahlen, wie andere Schuldner; er braucht dem Beschenkten nur den Schaden zu ersetzen, den dieser nachweislich durch die Säumnis in der Erfüllung des Schenkungsversprechens erlitten hat.

2. Haftung des Schenkers für Freiheit von Rechten an der Sache oder von Fehlern. Hat der Schenker dem Beschenkten eine Zuwendung aus seinem eigenen (vermeintlichen) Vermögen gemacht, so haftet er ihm nicht dafür, wenn es sich hinterher herausstellt, daß der Schenkgegenstand ihm gar nicht gehörte oder daß anderen Personen Rechte daran zustehen; er hat eben die Sache nur so verschenken wollen, wie er sie selbst gehabt hat. Nur wenn er etwas verschenkt und dabei arglistig verschweigt, daß ihm die verschenkte Sache gar nicht gehört oder andere Rechte daran haben, ist er verpflichtet, dem Beschenkten den ihm daraus etwa entstehenden Schaden zu ersetzen. Hat dagegen der Schenker die Leistung eines Gegenstandes versprochen, den er erst erwerben sollte, und ergibt sich demnächst daß der vom Schenker erworbene und dem Schenknehmer ausgehändigte Gegenstand Eigentum eines anderen oder mit Rechten anderer Personen behaftet ist, so kann der Beschenkte vom Schenker Schadensersatz wegen Nichterfüllung des Schenkungsvertrages verlangen, wenn der Rechtsmangel der Sache dem Schenker bei dem Erwerbe der Sache bekannt gewesen ist oder wenn er ihm doch nur infolge grober Fahrlässigkeit hat unbekannt bleiben können. Die für die Gewährleistungspflicht des Verkäufers geltenden Vorschriften des § 433 Abs. 1, der §§ 434 bis 437, des § 440 Abs. 2 bis 4 und der §§ 441 bis 444 des Gesetzbuchs (s. „Gewährleistung wegen Mängel usw.") finden hier entsprechende Anwendung (523).

Hat die verschenkte Sache irgendeinen Fehler, z. B. das verschenkte Tier ist mit einer Krankheit behaftet, die Uhr hat einen Schaden, das Buch ist nicht vollständig usw., so haftet der Schenker dem Beschenkten hierfür nur dann, wenn er diesen Fehler gekannt und ihn dem Beschenkten arglistig verschwiegen hat; er ist dann verpflichtet, ihm den etwa daraus entstehenden Schaden zu ersetzen. Handelt es sich jedoch um eine nur der Gattung nach bestimmte Sache, die der Schenker versprochen hat und die er erst für den Beschenkten erwerben sollte, so kann dieser, wenn die ihm demnächst gelieferte Sache fehlerhaft ist, an Stelle der gelieferten eine fehlerfreie verlangen, wenn der Schenker beim Erwerbe der Sache wußte, daß die Sache fehlerhaft war, oder wenn ihm dieser Fehler nur infolge grober Fahrlässigkeit entgangen ist. Hat in solchem Falle der Schenker den Fehler arglistig verschwiegen, so kann der Beschenkte statt der Lieferung einer fehlerfreien Sache auch Schadensersatz wegen Nichterfüllung seines Versprechens vom Schenker verlangen. Auf diese Ansprüche finden die Vorschriften über die Gewährleistung wegen Fehler einer gekauften Sache (s. „Gewährleistung wegen Mängel usw.") entsprechende Anwendung (524).

3. Schenkungen mit einer Auflage an den Beschenkten (525—527). Schenkungen sind nach ihrem Rechtsbegriff zwar unentgeltliche Vermögenszuwendungen; das schließt aber nicht aus, daß der Schenker dem Beschenkten eine Auflage macht, deren Erfüllung dieser mit Annahme der Schenkung übernimmt; es verschenkt z. B. jemand ein Grundstück mit der Auflage, daß der Empfänger für die Armen der betreffenden Gemeinde 1000 RM. zahle, oder ein Kapital mit der Bestimmung, daß einer dritten Person der Nießbrauch oder der Zinsengenuß daran auf eine bestimmte Zeit zustehen solle. Derartige Auflagen an den Beschenkten können nicht nur zugunsten anderer Personen, sondern auch zugunsten des Schenkers oder des Beschenkten selbst gemacht werden. Wer eine Schenkung unter solcher Auflage gemacht hat, kann von dem Beschenkten die Erfüllung der Auflage verlangen, aber erst, nachdem er selber die Schenkung ausgeführt hat. Ist die dem Beschenkten gemachte Auflage in seinem eigenen Interesse gemacht, z. B. es ist ihm ein Bauplatz geschenkt, damit er darauf ein Wohnhaus baue, so kann der Schenker die Ausführung des Baues verlangen, vorausgesetzt, daß nach der Absicht der Beteiligten wirklich eine verbindliche Auflage an den Beschenkten vorliegt, nicht bloß ein guter Rat oder Wunsch des Schenkers. Ist die Auflage zugunsten einer anderen Person gemacht, so hängt es von der Auslegung des zwischen dem Schenker und dem Beschenkten geschlossenen Vertrages ab, ob dieser andere wegen der Erfüllung der Auflage, z. B. wegen der Auszahlung der ihm zukommenden Zinsen, sich direkt an den Beschenkten wenden und im Weigerungsfall ihn darauf verklagen kann; er kann dies nur, wenn aus den Umständen zu schließen ist, daß dies der Absicht der zunächst Beteiligten entspricht. Auch dieser andere kann die Erfüllung der Auflage aber erst dann fordern, wenn der Schenker seinerseits erfüllt hat. Ist der Schenker gestorben, ehe der Beschenkte die Auflage erfüllt hat, so steht seinen Erben das Recht zu, diese Erfüllung zu fordern. Da diese aber häufig kein Interesse an der Erfüllung der Auflagen haben, wohl gar geneigt sind, sie dem Beschenkten zu erlassen oder sich mit ihm abzufinden, so bestimmt das Gesetz, daß auch die zuständige Behörde (vgl. „Auflagen in Testamenten" a. Schl.) nach dem Tode des Schenkers die Vollziehung der Auflage verlangen kann, wenn diese im öffentlichen Interesse liegt. Soweit infolge eines Mangels im Rechte oder eines Mangels der verschenkten Sache der Wert der Zuwendung die Höhe der zur Vollziehung der Auflage erforderlichen Aufwendungen nicht erreicht, ist der Beschenkte berechtigt, die Vollziehung der Auflage zu verweigern, bis der durch den Mangel entstandene Fehlbetrag ausgeglichen wird. Vollzieht der Beschenkte die Auflage ohne Kenntnis des Mangels, so kann er von dem Schenker Ersatz der durch die Vollziehung verursachten Aufwendungen insoweit verlangen, als sie infolge des Mangels den Wert der Zuwendung übersteigen.

Unterbleibt die Vollziehung der Auflage, so kann der Schenker die Herausgabe des Geschenkes unter den für das Rücktrittsrecht bei gegenseitigen Verträgen bestimmten Voraussetzungen nach den Vorschriften über die Herausgabe einer ungerechtfertigten Bereicherung (s. d.) insoweit fordern, als das Geschenk zur Vollziehung der Auflage hätte verwendet werden müssen. Der Anspruch ist ausgeschlossen, wenn ein Dritter berechtigt ist, die Vollziehung der Auflage zu verlangen.

4. Rückforderung einer Schenkung wegen Verarmung des Schenkers (528, 529). Gerät der Schenker nach der Vollziehung der Schenkung selber in Dürftigkeit, so daß er außerstande ist, ausden ihm verbliebenen Mitteln, sei es aus den Einkünften oder durch Angreifen des Kapitalvermögens, seinen eigenen standesmäßigen Unterhalt zu bestreiten und diejenigen gesetzlichen Verpflichtungen zu erfüllen, die ihm hinsichtlich des Unterhalts von Verwandten oder des Ehegatten oder eines früheren Ehegatten etwa obliegen, so kann er insoweit, als dies zur Bestreitung seines oder der gedachten Personen Unterhalts erforderlich ist, von dem Beschenkten die Wiederherausgabe des Geschenks fordern. (Über die Rückgängigmachung einer noch nicht vollzogenen Schenkung s. oben 1.) Das Verfahren in solchem Falle regelt sich des Näheren nach den Vorschriften über die Herausgabe einer ungerechtfertigten Bereicherung (s. den Artikel). Der Beschenkte kann aber die Rückgabe des Geschenkten dadurch abwenden, daß er den für den Unterhalt erforderlichen Betrag zahlt. Auf die Verpflichtung des Beschenkten finden die Vorschriften des § 760 (s. „Leibrenten"), sowie die für die Unterhaltspflicht der Verwandten geltende Vorschrift des § 1613 (s. „Unterhaltspflicht") und im Falle des Todes des Schenkers auch die Vorschriften des § 1615 BGB. entsprechende Anwendung. Hat der Schenker mehreren Personen hintereinander Schenkungen gemacht, so ist zunächst der zuletzt Beschenkte zur Herausgabe der Schenkung verpflichtet; der oder die früher Beschenkten können erst nach ihm, der später Beschenkte immer vor dem früher Beschenkten, herangezogen werden. Der Anspruch auf Herausgabe des Geschenks ist ausgeschlossen, wenn der Schenker seine Bedürftigkeit vorsätzlich oder durch grobe Fahrlässigkeit herbeigeführt hat oder wenn zur Zeit des Eintritts seiner Bedürftigkeit seit der Leistung des geschenkten Gegenstandes zehn Jahre verstrichen sind. Anderseits darf aber auch der Beschenkte durch die Rückforderung des Geschenkten nicht in eine Notlage geraten. Würde er, bei Berücksichtigung seiner sonstigen Verpflichtungen, durch die Rückgabe selbst außerstande gesetzt werden, seinen oder der vorgedachten Personen (Verwandte, Ehegatte) standesmäßigen Unterhalt bestreiten zu können, so ist das Rückforderungsrecht des Schenkers insoweit ausgeschlossen.

5. Widerruf von Schenkungen wegen Undanks (530—534). Undank des Beschenkten berechtigt den Schenker zum Widerrufe der Schenkung. Ob die Schenkung schon vollzogen oder das Schenkungsversprechen noch unerfüllt ist, ist einerlei. Voraussetzung des Widerrufs ist, daß sich der Beschenkte durch eine schwere Verfehlung gegen den Schenker oder einen nahen Angehörigen des Schenkers groben Undankes schuldig gemacht hat. Was als eine schwere Verfehlung anzusehen ist, unterliegt dem richterlichen Ermessen, dem hier ein großer Spielraum gelassen ist. Ist der Schenker verstorben, so steht seinen Erben das Widerrufsrecht nur in dem Falle zu, daß der Beschenkte vorsätzlich und widerrechtlich den Schenker getötet oder ihn am Widerrufe der Schenkung gehindert hat. Andere Widerrufsgründe, als grober Undank (z. B. Verschwendung des Beschenkten, nachgeborene Kinder des Schenkers usw.) gibt es nach dem Gesetz nicht mehr.

(Über die Anfechtung von Schenkungen wegen Verletzung eines Pflichtteilsrechts s. „Pflichtteil 4"; über die Ungültigkeit einer Verschenkung des künftigen Vermögens s. „Künftiges Vermögen, Verträge über".)

Will der Schenker die Schenkung widerrufen, so muß er dies dem Beschenkten erklären; die Erklärung kann mündlich oder schriftlich geschehen; besondere Formen sind dafür nicht vorgeschrieben. Nach ordnungsmäßig erfolgter Widerrufserklärung kann der Schenker die Herausgabe des Geschenks vom Beschenkten fordern; dieser muß alles das wieder herausgeben, was er von der Schenkung noch hat oder, um mit den Worten des Gesetzes zu reden, alles das, um was er durch die Schenkung gegenwärtig noch bereichert ist. Was hierunter zu verstehen ist, darüber wolle man den Artikel „Ungerechtfertigte Bereicherung" unter 2 nachlesen. Der Widerruf einer Schenkung ist ausgeschlossen, wenn der Schenker dem Beschenkten den Undank (die schwere Verfehlung) verziehen hat oder wenn ein Jahr seit dem Zeitpunkte verflossen ist, in welchem der Widerrufsberechtigte von dem Undanke Kenntnis erlangt hat. Nach dem Tode des Beschenkten ist ein Widerruf nicht mehr zulässig, weder wegen Undankes des Verstorbenen, noch wegen etwaigen Undankes der Erben selber. Hatte übrigens der Schenker dem Beschenkten vor dessen Ableben den Widerruf bereits erklärt, so kann er den Anspruch auf Herausgabe auch gegen die Erben des Beschenkten geltend machen. Ein Verzicht auf das Widerrufsrecht kann gültig erst erklärt werden, wenn der Undank des Beschenkten dem zum Widerruf Berechtigten schon bekannt geworden ist. Schenkungen, durch die einer sittlichen Pflicht oder einer auf den Anstand zu nehmenden Rücksicht entsprochen wird, unterliegen der Rückforderung oder dem Widerruf nicht.

6. Schenkungen auf den Todesfall (230) sind Schenkungen, bei denen der eine dem anderen etwas für den Fall (unter der Bedingung) verspricht, daß der Beschenkte den Schenker überleben würde. Solche Verfügungen sind eben Verfügungen von Todes wegen, und es finden daher die Vorschriften des Gesetzes über Testamente oder Erbverträge (Vermächtnisverträge) auf sie Anwendung. Erfüllt jedoch der Schenker schon bei Lebzeiten sein Versprechen dadurch, daß er die vermachte Sache dem Beschenkten verabfolgt, so finden die vorstehend mitgeteilten Vorschriften über Schenkungen (unter Lebenden) Anwendung.

7. Schenkungen an religiöse Orden, juristische Personen usw. Staatliche Genehmigung (EGBGB. 87). Nach dem Bürgerlichen Gesetzbuche hat der Eintritt in ein Kloster und die Ablegung von Ordensgelübden auf die privatrechtliche Stellung des Betreffenden keinen Einfluß; die Klosterpersonen und Ordensbrüder sind in gleicher Weise rechts- und erwerbsfähig, wie andere Staatsbürger. Jedoch kann durch Landesgesetz bestimmt werden, daß die Wirksamkeit (Rechtsgültigkeit) von Schenkungen an Mitglieder religiöser Orden oder ordensähnlicher Kongregationen von einer staatlichen Genehmigung abhängig sein soll, sowie daß Mitglieder solcher Orden usw. nur mit staatlicher Genehmigung etwas von Todes wegen erwerben können. Auf Mitglieder solcher religiöser Orden usw., bei denen Gelübde auf Lebenszeit oder auf unbestimmte Zeit nicht abgelegt werden, bezieht sich dies nicht. Vgl. hierüber, wie über Schenkungen an juristische Personen den Artikel „Juristische Personen 2".

Schenkung einer Forderung s. Abtretung einer Forderung; eines Vermögens oder eines Vermögensbruchteils s. Vermögensübertragung; auf den Todesfall s. Schenkungen 6; zum Nachteil eines Vertragserben s. Erbvertrag 2; Anfechtung einer Schenkung durch einen Pflichterben s. Pflichtteil 4; durch einen benachteiligten Gläubiger s. Anfechtung betrügerischer usw.; des Vaters aus dem Vermögen des Kindes s. Verwaltung usw. des Kindesvermögens 1; durch einen Vormund s. Vormund 3.

Schenkungsversprechen s. Schenkung 1.

Scherz. Ob scherzhafte Äußerungen (Willenserklärungen) Rechtsfolgen haben, kann nur nach der Besonderheit des Falles beurteilt werden. Geht jemand aus Scherz (zum Spaß) mit einem anderen, um ihn zu verspotten oder zu hänseln, einen Vertrag ein, den er im Ernste gar nicht will, z. B. er verkauft ihm etwas, schenkt ihm etwas usw., aber in der Absicht, bei dem anderen die Meinung zu erregen, daß er das Geschäft im Ernste wolle, so muß er es sich gefallen lassen, daß er beim Worte genommen wird; die von ihm abgegebene Erklärung ist für ihn rechtsverbindlich, wenn der andere nicht gewußt hat, daß sie nicht ernstlich gemeint war (116). Dies ist der Fall des sog. „bösen Scherzes". Anders, wenn jemand, der eine nicht ernstlich gewollte Erklärung abgibt, dabei von der Erwartung ausgeht, daß der andere die Erklärung als Scherz auffassen werde; dann ist die Erklärung rechtsunwirksam (nichtig); es ist also das betreffende Rechtsgeschäft, der Vertrag usw. gar nicht zustande gekommen (118); aber der andere Teil (das ist, wenn es sich um eine Erklärung handelte, die einem anderen gegenüber abzugeben war, wie z. B. die Kündigung eines Mieters dem Vermieter gegenüber, dieser andere; bei allen anderen Erklärungen der sonst dabei Interessierte) ist doch berechtigt, Ersatz des Schadens zu fordern, den er dadurch erleidet, daß er die Erklärung für ernstlich gehalten hatte, jedoch nicht über den Betrag des Interesses hinaus, das er an der Gültigkeit der Erklärung hatte. Der Geschädigte kann aber keinen Schadensersatz fordern, wenn er wußte oder nach den Umständen verständigerweise annehmen mußte, daß die Sache nicht ernsthaft gemeint war (122). Die Auslegung hat also nach Treu und Glauben und der Verkehrssitte zu geschehen, die auch für die „Erkennbarkeit" des Scherzes heranzuziehen sind (s. „Auslegung").

Schiedsgericht (§§ 1025—1048 ZPO.). Neben der staatlichen Rechtsprechung, d. h. der Möglichkeit, bei Rechtsansprüchen durch Anrufen der Gerichte die Verwirklichung eines Rechtsanspruchs herbeizuführen, hat sich in neuerer Zeit immer mehr eine private Schiedsgerichtsbarkeit entwickelt. Ob diese Entwicklung im Einzelfalle zu begrüßen ist, mag dahingestellt bleiben. Vielfach wird jedoch durch eine private Schiedsgerichtsbarkeit nicht das erreicht, was die Parteien wünschen, da die Schiedsgerichte insbesondere bei verwickelten Tatbeständen nicht billiger und nicht schneller als die ordentlichen Gerichte arbeiten und auch vor diesen privaten Schiedsgerichten einem böswilligen Schuldner leichter die Möglichkeit gegeben ist, die Sache zu verschleppen.

In vermögensrechtlichen Streitigkeiten können die Parteien, soweit sie über den Gegenstand des Streites befugt sind, nach bürgerlichem Recht einen Vergleich zu schließen, eine Vereinbarung treffen, daß die Entscheidung des Rechtsstreits nicht durch die ordentlichen Gerichte, sondern durch einen oder mehrere Schiedsrichter erfolgen soll. Die Vereinbarung kann auch mündlich erfolgen, hat jedoch nur insoweit Wirkung, als sie sich auf ein bestimmtes Rechtsverhältnis (eventuell auch ein zukünftiges), bzw. die aus demselben entspringenden Rechtsstreitigkeiten bezieht. Derartige Schiedsgerichte können von Fall zu Fall (auch durch letztwillige Verfügung) ernannt werden; es bestehen aber auch ständige Schiedsgerichte, deren Schiedssprüche jedoch nur insoweit staatlichen Rechtsschutz genießen, als die Unterwerfung unter das Schiedsgericht den Parteien freisteht und von Fall zu Fall Schiedsrichter gewählt werden können. Anders liegt es in den Fällen, in denen ständige Schiedsgerichte mit ständigen Schiedsrichtern besetzt, von irgendwelchen Organisationen gebildet werden und sodann die Mitglieder der Organisation gezwungen werden, ihre Streitigkeiten lediglich vor diesem Gericht auszutragen. Hier würde es sich um eine private Gerichtsbarkeit handeln, unter die sich zwar der einzelne seiner Organisation gegenüber unterwerfen kann, die ihn jedoch nicht hindern würde, vor den ordentlichen Gerichten sein Recht zu suchen. Lediglich seiner Organisation gegenüber könnte er sich in diesem Falle verantwortlich machen, nicht jedoch wäre dem Beklagten die Einrede des Schiedsgerichtsvertrages gegeben.

Die Schiedsrichter werden, falls sie nicht bereits im Vertrage genannt sind, seitens der Parteien ernannt, und zwar, falls keine andere Vereinbarung getroffen ist, ernennt jede Partei einen Schiedsrichter mit der Maßgabe, daß, falls eine Partei eine Ernennung nicht vornimmt, die Ernennung durch das Gericht erfolgt. Allgemein ist es üblich, daß bei mehreren Schiedsrichtern die beiden Ernannten einen Dritten als Vorsitzenden des Schiedsgerichts hinzuwählen. Besteht der Verdacht der Befangenheit eines Schiedsrichters, hat z. B. ein Schiedsrichter sich bereits allein mit der Partei besprochen und mit ihr eine Besichtigung veranstaltet, so kann er aus denselben Gründen wie ein Richter von der Gegenseite abgelehnt werden. Hinsichtlich des Verfahrens sind die Schiedsrichter völlig freigestellt; sie können Zeugen und Sachverständige, soweit diese freiwillig erscheinen, vernehmen, sind jedoch gezwungen, die Parteien zu hören und mit ihnen das dem Streit zugrunde liegende Streitverhältnis zu erörtern, soweit diese Ermittlungen erforderlich sind. Zur Abnahme von Eiden sind sie nicht befugt, jedoch können sie die ordentlichen Gerichte um Beeidigung ersuchen. Der Schiedsspruch entscheidet mit absoluter Stimmenmehrheit. Er ist von den Schiedsrichtern unter Angabe des Tages zu unterschreiben, den Parteien zuzustellen und sodann beim zuständigen Gericht zu hinterlegen. Hinsichtlich seiner Wirkung steht er einem rechtskräftigen gerichtlichen Urteil gleich und er kann nur aus den Gründen des § 1041 ZPO. aufgehoben werden. Aus dem Schiedsspruch kann, wie aus einem rechtskräftigen Urteil, Zwangsvollstreckung betrieben werden, sobald er durch Beschluß für vollstreckbar erklärt worden ist. Der Vollstreckungsbeschluß wird auf Antrag einer Partei vom Amts- bzw. Landgericht, bei dem der Schiedsspruch hinterlegt ist, erlassen. (Wegen der Einzelheiten vgl. HdR. Bd. 5 S. 288 f.)

Schiffbruch s. Strandgut; Umkommen mehrerer bei einem, s. Gemeinsame Gefahr usw.

Schiffe, Pfandrecht an, s. Pfandrecht an Schiffen.

Schiffer, Schiffsmannschaft s. Arbeits- u. Dienstvertrag u. Frachtführer.

Schiffspart, Pfandrecht an einer, s. Pfandrecht an Schiffen.

Schikane. Nicht alles, was man im Leben als Schikane bezeichnet, ist Schikane im Rechtssinn des § 226 BGB. Dieser besagt, daß die Ausübung eines

Rechtes unzulässig ist, wenn sie nur den Zweck haben kann, einem anderen Schaden zuzufügen. Wenn die Schadenszufügung Nebenzweck ist, also auch bei der Ausübung des Rechts mitspielt, so ist das noch keine Schikane. Ein gewisses rechtliches Interesse, das der das Recht Ausübende hat, enthebt ihn des Vorwurfs der Schikane, nicht die Absicht, sondern die nach der Sachlage objektiv anzunehmende Bestimmung der Rechtsausübung ist entscheidend (RG.).

Schlachtereien, Anlegung von, s. Grundeigentum 2 d.

Schlüsselgewalt der Frau s. Ehegatten 1.

Schlußnote s. Mäkler 2.

Schlußtermin, Schlußverteilung s. Konkurs 3.

Schmerzensgeld s. Schadensersatz wegen unerlaubter Handlung 7.

Schmucksachen der Frau s. Ehegatten 3; der Kinder s. Verwaltung und Nutzung des Kindesvermögens usw. 2.

Schreibensunkundige, Abgabe schriftlicher Erklärungen durch, s. Form der Rechtsgeschäfte 1.

Schriftliche Form der Rechtsgeschäfte (Verträge) s. Form der Rechtsgeschäfte 1.

Schriftstellername s. Name 2.

Schriftstücke, Vorlegung, Vorzeigung von, s. Vorlegung von Sachen und Urkunden.

Schriftwerke, Schutz der, s. Urheberrecht.

Schuld, Erlaß einer, s. Erlaß einer Schuld; Verzinsung einer, s. Darlehn 2 u. Zinsen, allgemeine Bestimmungen über; Übernahme einer fremden, s. Übernahme; Schuld bei einem verursachten Schaden, s. Schadensersatz, allgemeine Bestimmungen über.

Schuldanerkenntnis s. Schuldversprechen; bei Kaufleuten s. Handelsgeschäfte 1.

Schulden eines Kindes, Haftung des Vaters (der Mutter) für die, s. Eltern und Kinder 8; Haftung des Kindes selbst s. Geschäftsfähigkeit 2; Schulden von Ehegatten s. Eingebrachtes Gut der Frau 6; Schulden eines Nachlasses s. Nachlaßschulden usw.; Schulden minderjähriger Personen s. Geschäftsfähigkeit 2.

Schuldenhaftung bei Ehegatten s. Eingebrachtes Gut der Frau 6; eines Geschäftsnachfolgers s. Firma 3; des Erben s. Nachlaßschulden, Haftung des Erben für.

Schuldentlassung s. Übernahme einer fremden Schuld u. Erlaß einer Schuld.

Schulderlaß s. Erlaß einer Schuld.

Schuldigerklärung im Ehescheidungsprozeß s. Ehescheidung 3.

Schuldner, Verzug, s. d.; Hinterlegung, s. d.; Versteigerungsrecht, s. d.; mehrere Schuldner s. Mehrere Gläubiger usw.; Anfechtung betrügerischer Handlungen eines Schuldners s. Anfechtung usw.

Schuldnerverzeichnis s. Offenbarungseid 3 u. Konkurs 4.

Schuldschein. Das Eigentum an einem über eine Forderung ausgestellten Schuldschein steht stets dem Gläubiger zu (§ 952 BGB.). Da auch ein Sparkassenbuch ein Schuldschein (nicht ein Inhaberpapier) ist, so steht auch das Eigentum an dem Buche dem zu, der Gläubiger des eingelegten Geldes ist. Haben aber andere Personen Rechte an der Forderung (z. B. ein Pfandrecht), so erstreckt sich dies Recht auch auf den Schuldschein. Das gleiche gilt für Urkunden über andere Rechte, kraft deren eine Leistung gefordert werden kann, insbesondere für Hypotheken-, Grundschuld- und Rentenschuldbriefe (nicht aber für Schuldverschreibungen auf den Inhaber). Rückgabe bei der Zahlung s. Quittung; bei Kaufleuten s. Handelsgeschäfte 1; s. auch Schuldversprechen usw.

Schuldübernahme s. Übernahme einer fremden Schuld; durch einen Geschäftsnachfolger s. Firma usw. 3.

Schuldurkunde s. Schuldschein; Kraftloserklärung einer, s. Kraftloserklärung.

Schuldverhältnisse, Erfüllung von, s. Erfüllung von Schuldverhältnissen; Vertretung von Vorsatz und Fahrlässigkeit.

Schuldverschreibung s. Schuldschein.

Schuldverschreibungen auf den Inhaber. Inhaberpapiere (793—808). „Inhaberpapiere" nennt man im allgemeinen die Wertpapiere, deren Betrag regelmäßig der berechtigte Inhaber (Vorzeiger) des Papiers vom Schuldner fordern kann, wie es bei staatlichen und kommunalen Schuldverschreibungen, Banknoten, Zins- und Dividendenanteilscheinen, Lotterielosen usw. der Fall ist, oder deren Besitz den Inhaber als den Eigentümer der durch das Papier verbriesten Forderungen oder Anteilrechte kennzeichnet, wie z. B. bei der Aktie auf den Inhaber. Eine Art der Inhaberpapiere sind die Schuldverschreibungen auf den Inhaber, für die im Bürgerlichen Gesetzbuch die nachfolgend mitgeteilten gesetzlichen Vorschriften gegeben sind. Diese Vorschriften beziehen sich nicht auf Inhaberpapiere, die nicht „Schuldverschreibungen auf den Inhaber" sind, also nicht auf solche, die kein Leistungsversprechen enthalten, wie z. B. die Aktie, die bloß über die Anteilsberechtigung des Inhabers an dem Vermögen der Aktiengesellschaft Ausweis gibt. Über die Inhaberpapiere im allgemeinen enthält das Gesetzbuch keine Vorschriften; soweit nicht besondere Gesetze für einzelne Arten von ihnen Bestimmungen enthalten, kommen auf sie die allgemeinen Rechtsgrundsätze zur Anwendung.

I. Die Schuldverschreibungen auf den Inhaber im Verkehr.

1. Schuldverschreibungen auf den Inhaber sind Urkunden, in denen der Aussteller (Ausgeber, Emittent) dem Inhaber der Urkunde die Zahlung einer (bestimmten oder zurzeit noch unbestimmten) Geldsumme oder irgendeine andere Leistung verspricht. Es macht keinen Unterschied, welcher Art die versprochene Leistung ist und ob die Verfallzeit zum voraus bestimmt ist oder erst nach der Ausgabe durch Kündigung oder Auslosung bestimmt werden soll oder ob die Entstehung der Forderung oder ihr Betrag nach den Ausgabebedingungen noch von besonderen Umständen abhängig ist. Es braucht auch nicht gerade ausdrücklich gesagt zu sein, daß „an den Inhaber" gezahlt werden soll, wenn dies nur aus dem Inhalte der Urkunde sonst zweifellos hervorgeht. Der Eigentümer des Papiers ist zwar nach dem Gesetze grundsätzlich Eigentümer der durch das Papier verbriesten Forderung; aber praktisch stellt sich die Sache so, daß regelmäßig der Inhaber des Papiers, wenn er auch nicht Eigentümer ist oder die Rechte des Eigentümers (z. B. als Nießbraucher) auszuüben berechtigt ist, über die Forderung verfügt. Es braucht nämlich der Inhaber des Papiers, wenn er die Zahlung (Leistung) verlangt, nicht erst nachzuweisen, daß er das Papier oder das Verfügungsrecht darüber in rechtsgültiger Weise erworben hat; er gilt solange als der rechtmäßige Inhaber (Eigentümer) des Papiers, bis etwa der Aussteller, von dem Zahlung gefordert wird, ihm das Gegenteil nachweist, z. B. daß der Eigentümer des Papiers ihm dasselbe nur in Verwahrung gegeben habe oder daß er es gestohlen habe. Anderseits ist aber der Zahlungspflichtige (der Aussteller) des Papiers keineswegs verpflichtet, das Eigentums- oder Verfügungsrecht des Inhabers zu prüfen.

Was die Art der Ausstellung von Schuldverschreibungen auf den Inhaber angeht, so ist selbstverständlich, daß der Aussteller, sei dies eine Privatperson, eine Behörde, ein Bankinstitut usw., die Urkunde unterzeichnet. Da aber die eigenhändige Unterschrift besonders bei einer Massenemission von Inhaberpapieren fast unüberwindliche Schwierigkeiten bereiten würde, so ist vom Gesetz ausnahmsweise zugelassen, daß die Herstellung der Unterschriften auch auf mechanischem Wege geschehen darf. Die Gültigkeit der Unterzeichnung kann übrigens durch eine in die Urkunde selbst aufgenommene Bestimmung von der Beobachtung einer besonderen Form abhängig gemacht werden. (Landesgesetzlich kann überhaupt für Schuldverschreibungen, die vom Staat oder einer Korporation, Stiftung oder Anstalt ausgestellt werden, bestimmt werden, daß die Unterzeichnung stets in einer besonderen Form zu geschehen hat und daß die Gültigkeit der Unterzeichnung von der Beobachtung dieser Form abhängig ist, wenn auch eine solche Bestimmung in die Urkunde nicht aufgenommen ist; EGBGB. 100.)

Wer eine Schuldverschreibung auf den Inhaber ausgestellt hat, muß an den Vorzeiger zahlen, selbst wenn ihm die Urkunde gestohlen oder verlorengegangen ist oder wenn sie auf andere Weise ohne seinen Willen in den Verkehr gelangt ist. Das Papier muß auch dann eingelöst werden, wenn es etwa erst ausgegeben wäre, nachdem der Aussteller gestorben oder geschäftsunfähig geworden ist. Der Aussteller braucht aber nicht unter allen Umständen zu zahlen. Er kann solche Einwendungen geltend machen, die die Gültigkeit der Ausstellung betreffen oder in dem Inhalte der Schuldverschreibung selbst oder in dem zwischen ihm und dem Inhaber etwa bestehenden persönlichen Rechtsverhältnisse begründet sind. Andere Einwendungen, z. B. solche aus den rechtlichen Beziehungen zwischen dem Aussteller und einem früheren Inhaber, sind ihm dagegen versagt. Der Aussteller braucht nur dann zu zahlen, wenn ihm die Urkunde (die Schuldverschreibung auf den Inhaber) ausgehändigt wird. Er selber erwirbt durch diese Aushändigung das Eigentum an der Urkunde, selbst dann, wenn der die Zahlung empfangende Vorzeiger zur Verfügung über das Papier nicht berechtigt war. Es kann also nicht hinterher der wahre Eigentümer des Papiers gegen ihn auf Herausgabe klagen. Auf Verlangen muß ihm der Zahlungsempfänger auch Quittung erteilen.

2. Beschädigte, abhanden gekommene, gestohlene Papiere. Kraftloserklärung (Amortisation) (798ff.). Ist ein Papier beschädigt, verschmutzt usw. und deshalb zum Umlaufe nicht mehr geeignet, so kann der Inhaber, sofern der wesentliche Inhalt der Urkunde und ihre Unterscheidungsmerkmale noch mit Sicherheit erkennbar sind, von dem Aussteller die Erteilung einer neuen Schuldverschreibung auf den Inhaber gegen Aushändigung des beschädigten oder verunstalteten Exemplars verlangen; die Kosten muß der Inhaber tragen und vorschießen. Hat das beschädigte usw. Papier die bezeichnete Beschaffenheit nicht mehr, so muß der Inhaber das Aufgebotsverfahren einschlagen (s. nachstehend) oder, wenn es sich um Zinsscheine, Rentenkoupons und Gewinnanteilscheine (Dividendenscheine) handelt, verfahren, wie weiter unten angegeben. Ist nämlich das Inhaberpapier dem Inhaber abhandengekommen (gestohlen, verloren usw.) oder vernichtet, so kann es, wenn nicht in der Urkunde selbst das Gegenteil bestimmt ist, auf Antrag des Inhabers für kraftlos erklärt werden (s. den Artikel „Kraftloserklärung usw.“). Ausgenommen sind Zins-, Renten- und Gewinnanteilscheine, sowie die auf Sicht zahlbaren unverzinslichen Schuldverschreibungen (wie durch Reichsgesetz auch die Kraftloserklärung der Banknoten ausgeschlossen ist); auch sog. Erneuerungsscheine (Talons, Anweisungen auf Ausfolgung neuer Zinsscheine) sind nicht amortisationsfähig. Die Kraftloserklärung erfolgt nach vorgängigem Aufgebotsverfahren, das in Gemäßheit der Bestimmungen der Zivilprozeßordnung (ZPO. 1003ff.) beim Amtsgericht zu beantragen ist, durch gerichtliches Ausschlußurteil. Zugleich mit dem Aufgebot kann der Verlierer usw. auch den Erlaß einer Zahlungssperre erwirken, d. h. eines gerichtlichen Gebots an den Aussteller und die Zahlstellen, nicht an den Vorzeiger des Papiers zu zahlen oder ihm neue Zins- usw. Scheine oder einen Erneuerungsschein (Talon) auszuhändigen. Der Aussteller ist verpflichtet, dem bisherigen Inhaber der abhandengekommenen oder vernichteten Urkunde auf Verlangen die zur Einwirkung des Aufgebots oder der Zahlungssperre erforderliche Auskunft zu erteilen und die erforderlichen Zeugnisse auszustellen; die Kosten der Zeugnisse hat der bisherige Inhaber zu tragen und vorzuschießen. Ist das Papier für kraftlos erklärt, so kann der Antragsteller, der das Ausschlußurteil erwirkt hat, von dem Aussteller die Erteilung einer neuen Schuldverschreibung auf den Inhaber an Stelle des für kraftlos erklärten Papiers verlangen; die Kosten hat er zu tragen und vorzuschießen. Der Berechtigte kann aber auch, wenn die durch das Papier verbriefte Forderung bereits fällig ist, statt der Aushändigung eines neuen Papiers Auszahlung des Betrages verlangen. — Das oben erwähnte Ausschlußurteil, durch welches das abhanden gekommene Papier für kraftlos erklärt wird, kann aber natürlich nicht erlassen werden, wenn sich auf das ergangene Aufgebot ein Besitzer des Papiers meldet.

Für beschädigte Banknoten muß die Bank Ersatz leisten, wenn der Inhaber entweder einen Teil der Note vorlegt, der größer ist, als die Hälfte, oder den Nachweis führt, daß der Rest der Note vernichtet ist; für vernichtete oder verlorene Noten braucht sie dagegen keinen Ersatz zu leisten.

Ist ein Zins-, Renten- oder Gewinnanteilschein (Dividendenschein) abhanden gekommen oder vernichtet, so ist, wie oben schon bemerkt, eine Kraftloserklärung (Amortisation) nicht zulässig. Das Gesetz gibt dem Beteiligten aber doch ein Mittel an die Hand, sich vor Verlust möglichst zu schützen (804). Hat nämlich der bisherige Inhaber des abhandengekommenen usw. Scheins dem Aussteller den Verlust vor dem Ablaufe der Vorlegungsfrist (s. unten unter 3) angezeigt, so kann er nach dem Ablaufe dieser Frist Zahlung vom Aussteller verlangen, wenn nicht bis dahin von einem anderen der abhandengekommene Schein dem Aussteller zur Einlösung vorgelegt oder der Anspruch aus dem Schein gerichtlich geltend gemacht ist. Würde der Schein von einem anderen vorgelegt, so wäre es Sache des Verlierers, die Anerkennung seines besseren Rechts auf den Besitz des Papiers gegenüber dem anderen im Prozeßwege zu erstreiten und sich nötigenfalls durch Erwirkung einer durch das Gericht zu erlassenden einstweiligen Verfügung zu sichern. Der Aussteller kann nach Ablauf der Vorlegungsfrist, wenn bis dahin der Schein nicht vorgelegt oder Ansprüche daran nicht erhoben sind, dem Verlierer ohne Gefahr zahlen, da er nach Ablauf jener Frist zur Einlösung nicht mehr verpflichtet ist. Der besprochene Anspruch des Verlierers gegen den Aussteller verjährt in vier Jahren, vom Ablaufe der Vorlegungsfrist an gerechnet. Übrigens hat der Aussteller das Recht, in die Zins-, Renten- oder Gewinnanteilscheine selbst den Vermerk aufzunehmen, daß das vorgedachte Recht des Inhabers eines abhandengekommenen oder vernichteten Scheins ausgeschlossen sein solle; in solchem Falle kann der Verlierer usw. Ansprüche irgendwelcher Art gegen den Aussteller nicht erheben. (Landesgesetzlich kann für Schuldverschreibungen, die der Staat, eine Korporation, Stiftung oder Anstalt ausstellt, bestimmt werden, daß der Verlierer den eben besprochenen Anspruch gegen den Aussteller nicht haben soll, wenn diese Bestimmung auch in den Zins- oder Rentenscheinen nicht aufgenommen ist; EGBGB. 100.)

Ist ein Erneuerungsschein (Anweisung zur Abhebung neuer Zins- oder Rentenscheine, Talon) in Verlust geraten, so kann der Inhaber der Schuldverschreibung bei dem Aussteller der Ausgabe der neuen Zins- oder Rentenscheine an den etwaigen Vorzeiger des Erneuerungsscheins widersprechen; die Scheine müssen alsdann dem Inhaber der Schuldverschreibung ausgehändigt werden, wenn er die Schuldverschreibung vorlegt. Dies gilt jedoch nur, wenn nicht seitens des Ausstellers bei der Ausstellung der Schuldverschreibung hierüber anderweitige Bestimmungen getroffen sind (805).

3. Erlöschen der Ansprüche aus dem Papier. Verjährung (801—803). Der Anspruch auf Zahlung des in dem Papier verbrieften Geldbetrages oder auf die sonstige versprochene Leistung geht verloren (erlischt), wenn das Papier nicht binnen dreißig Jahren dem Aussteller zur Einlösung vorgelegt ist. Diese dreißigjährige Frist (Vorlegungsfrist, Erlöschungsfrist, Ausschlußfrist) beginnt mit dem Zeitpunkte, wo die Zahlung (Leistung) gefordert werden konnte. Ist die Vorlegung rechtzeitig erfolgt oder ist innerhalb der Frist der Anspruch aus dem Papier gerichtlich geltend gemacht, so verjährt der Anspruch auf die Zahlung (Leistung) mit Ablauf von zwei Jahren vom Ende jener Vorlegungsfrist an. Bei Zins-, Renten- und Gewinnanteilscheinen beträgt die Vorlegungsfrist jedoch nur vier Jahre, die mit dem Schlusse des Jahres, in dem die Zinsen usw. zahlbar waren, beginnen; der Anspruch auf Zahlung usw. ist erloschen, wenn der Schein innerhalb dieser Frist nicht zur Einlösung vorgelegt ist. Diese gesetzlichen Bestimmungen gelten, was die Dauer und den Beginn der Vorlegungsfrist angeht, jedoch nur insoweit, als von dem Aussteller in der Urkunde (dem Papier) selbst nichts anderes bestimmt ist. Ist von dem bisherigen Inhaber eines verlorengegangenen Wertpapiers das gerichtliche Aufgebotsverfahren behufs Kraftloserklärung der Urkunde beantragt (s. oben unter 2) und eine Zahlungssperre erwirkt, d. h. ein Verbot an den Aussteller und die Zahlstellen, an den Vorzeiger des Papiers zu zahlen oder ihm neue Zins- usw. Scheine oder einen Erneuerungsschein (Talon) auszuhändigen, so werden der Beginn und der Lauf der Vorlegungsfrist sowie der Verjährung durch die Zahlungssperre zugunsten des Antragstellers gehemmt. Die Hemmung beginnt mit der Stellung des Antrages auf Zahlungssperre; sie endigt mit der Erledigung des Aufgebotsverfahrens und, falls die Zahlungssperre vor der Einleitung des Verfahrens verfügt worden ist, auch dann, wenn seit der Beseitigung des der Einleitung entgegenstehenden Hindernisses sechs Monate verstrichen sind und nicht vorher die Einleitung beantragt worden ist. Auf diese Frist finden die Vorschriften der §§ 203, 206 und 207 des Gesetzbuchs entsprechende Anwendung; s. hierüber, wie über die Bedeutung der „Hemmung" einer Verjährung unter „Verjährung 2".

Sind für eine Schuldverschreibung auf den Inhaber Zinsscheine ausgegeben, so bleiben diese, sofern sich aus ihrem Inhalt selbst nichts anderes ergibt, in Kraft, wenn auch die Hauptforderung (die Forderung aus der Schuldverschreibung selbst) erloschen ist oder die Verpflichtung zur Verzinsung aufgehört hat oder der Zinsfuß herabgesetzt ist. Der Aussteller ist deshalb befugt, wenn solche in Kraft bleibende Zinsscheine bei der Vorlegung der Hauptschuldverschreibung behufs Einlösung nicht mitvorgelegt werden, den durch die nicht zurückgegebenen Zinsscheine repräsentierten Zinsenbetrag an der Hauptforderung zu kürzen. Werden die Zinsscheine nachgeliefert, so wird die Auszahlung des gekürzten Betrages auch vor der Fälligkeit der Zinsscheine nicht versagt werden können. Die Vorschrift gilt nur für Zinsscheine, nicht aber für Dividendenscheine oder für sog. Erneuerungsscheine (Talons).

4. Umschreibung auf Namen (806). Die Gefahr, die mit dem Besitz von Inhaberpapieren unleugbar verknüpft ist, läßt es in vielen Fällen, z. B. bei der Anlegung von Mündelgeldern, bei dem Erwerbe solcher Papiere durch Gemeinden, Stiftungen, Fideikommißverwaltungen usw., wünschenswert erscheinen, die leichte Begebbarkeit dieser Papiere zu beseitigen und damit die Gefahr des Verlustes durch Diebstähle usw. einzuschränken. Bisher wurde dieser Erfolg vielfach durch eine Außerkurssetzung der Papiere angestrebt. Nach dem Bürgerlichen Gesetzbuche ist dieses Verfahren nicht mehr zulässig. Das Gesetz gestattet aber die Umschreibung einer auf den Inhaber lautenden Schuldverschreibung auf den Namen eines Berechtigten; das Inhaberpapier wird dadurch zu einem Namenpapier, auf das die gesetzlichen Vorschriften über „Schuldverschreibungen auf den Inhaber" selbstverständlich keine Anwendung mehr finden. Die Umschreibung kann aber nicht einseitig durch den Inhaber oder durch die Behörde erfolgen; sie steht nur dem Aussteller zu, der dem darauf gerichteten Antrage des Inhabers zu entsprechen nicht verpflichtet ist. Ist der Aussteller zur Umwandelung geneigt, so müßte streng genommen das Inhaberpapier von ihm eingezogen und dem Gläubiger eine neue Schuldurkunde ausgestellt werden; es wird aber nicht unzulässig sein, daß das Inhaberpapier von dem Aussteller auf den Namen des jetzigen Gläubigers nur umgeschrieben wird.

5. Theaterbilletts, Eintrittskarten,

Fahrscheine, Biermarken, Speisekarten, Badekarten, Gutscheine und andere derartige Urkunden oder Ausweise (807) sind gewissermaßen auch Inhaberpapiere und haben selbst mit den eigentlichen Schuldverschreibungen auf den Inhaber, die vorstehend behandelt sind, manches gemein; sie unterscheiden sich aber von ihnen dadurch, daß sie, wenn sich auch der Aussteller durch ihre Ausgabe zu einer Leistung an den Bezahler hat verpflichten wollen, meist den Gegenstand dieser Leistung gar nicht oder nur sehr unvollkommen bezeichnen, oft nicht einmal den Namen des Ausstellers ersehen lassen, meist von diesem gar nicht unterschrieben sind. Nichtsdestoweniger bestimmt das Gesetz, daß einige der für die Schuldverschreibungen auf den Inhaber gegebenen Rechtssätze auch für solche Karten, Marken usw. gelten sollen, wenn aus den Umständen sich ergibt, daß der Aussteller der Karte usw. dem Inhaber zu irgendeiner Leistung verpflichtet sein will. Insbesondere kann der Inhaber der Karte, Marke usw. die betreffende Leistung verlangen und der Aussteller hat keine Verpflichtung zu prüfen, ob jener die Karte usw. rechtmäßig erworben hat. Er muß die Karte usw. auch dann einlösen, wenn sie ihm etwa gestohlen oder verlorengegangen oder sonst ohne seinen Willen in den Verkehr gelangt ist. Auch bezüglich der Einwendungen, die er dem Inhaber (Vorzeiger) der Karte usw. entgegensetzen kann, gilt das oben unter 1 für die Schuldverschreibungen auf den Inhaber Gesagte. Er braucht nur gegen Aushändigung der Karte usw. zu leisten und erwirbt mit der Aushändigung das Eigentum an ihr, wenn auch der Vorzeiger zur Verfügung über die Karte gar nicht berechtigt war. Etwa bestehende landesgesetzliche Vorschriften über die Kraftloserklärung und die Zahlungssperre solcher Papiere bleiben in Kraft; solche Vorschriften können auch neu erlassen werden (EGBGB. 102).

6. Sog. Legitimationspapiere (808). Außer den eigentlichen Schuldverschreibungen auf den Inhaber kommt im Verkehr noch eine Art von Urkunden vor, die zwar auf einen bestimmten Namen ausgestellt sind, bei denen jedoch die in der Urkunde versprochene Zahlung (Leistung) auch an jeden Inhaber der Urkunde rechtsgültig geschehen kann; in solcher Art sind häufig Leihhausscheine, Sparkassenbücher, Depotscheine, Pfandscheine, Versicherungspolicen usw. ausgestellt. Diese Urkunden (Papiere) sind keine Schuldverschreibungen auf den Inhaber im gesetzlichen Sinne; die vorstehend (unter 1—4) mitgeteilten gesetzlichen Bestimmungen, sowie die sonstigen Vorschriften des Bürgerlichen Gesetzbuchs über Inhaberpapiere finden daher auf sie keine Anwendung. Der Aussteller einer solchen Urkunde (die Leihhausverwaltung, die Sparkasse usw.) ist zwar berechtigt, an jeden Inhaber (Vorzeiger) der Urkunde (des Scheines, des Buches usw.) zu zahlen, ohne dessen Berechtigung zum Besitze der Urkunde und zur Empfangnahme des Geldes zu prüfen, und er wird durch die Zahlung von seiner Verpflichtung befreit, auch wenn der Empfänger zur Empfangnahme nicht berechtigt war; aber er kann auch, wenn er Bedenken oder Verdacht hegt, die Zahlung ablehnen und Nachweis fordern, daß der Vorzeiger zur Einziehung des Geldes befugt sei. Übrigens ist der Aussteller zur Zahlung (Leistung) nur gegen Aushändigung oder, wenn nur ein Teil des Geldes abgehoben werden soll, Vorlegung der Urkunde (des Scheins, des Sparkassenbuchs usw.) verpflichtet. Ist die Urkunde abhanden gekommen oder vernichtet, so kann sie, wenn nicht in der Urkunde selbst oder sonst (durch Statut, Reglement usw.) etwas anderes bestimmt ist, in gleicher Weise, wie eine Schuldverschreibung auf den Inhaber, im Wege des gerichtlichen Aufgebotsverfahrens für kraftlos erklärt werden (s. vorstehend unter 2). Die Vorlegung des Ausschlußurteils tritt in diesem Falle an die Stelle der Vorlegung der Urkunde selbst; der Aussteller ist aber auch in diesem Falle berechtigt, noch weiteren Nachweis über das Verfügungsrecht dessen, der die Zahlung fordert, zu verlangen. Die Vorschriften des § 802 des Gesetzes über die Verjährung (s. oben unter 3) finden auch hier Anwendung.

Die im vorstehenden Absatz besprochenen Papiere werden herkömmlich als sog. (qualifizierte) Legitimationspapiere bezeichnet, obwohl das Gesetz selbst diesen Ausdruck nicht kennt. Die Bezeichnung ist insofern nicht ganz glücklich, als man im Leben unter „Legitimationspapieren" meist andere Urkunden (Schriftstücke) versteht, durch die irgendein Berechtigungsnachweis erbracht werden soll, wie Vollmachten, Erbscheine, Testamentsausfertigungen u. dgl. Außerdem ist zu beachten, daß die oben beispielsweise erwähnten Urkunden (Leihhausscheine, Sparkassenbücher usw.) durchaus nicht immer bloße Legitimationsurkunden zu sein brauchen; diese Urkunden können auch als Inhaberpapiere ausgestellt sein, welchenfalls die oben unter 1 bis 4 mitgeteilten Gesetzesvorschriften auf sie Anwendung finden.

II. Ausstellung, Ausgabe, Emission von Schuldverschreibungen auf den Inhaber.

Das Gesetz gibt die Ausstellung und Ausgabe von Schuldverschreibungen auf den Inhaber zwar grundsätzlich jedermann ohne weitere Voraussetzung frei, aber der Ausnahmen sind so viele und so gewichtige, daß dieser Satz sehr an Bedeutung verliert. Insbesondere ist die Ausgabe aller Schuldverschreibungen auf den Inhaber, die auf eine bestimmte Geldsumme lauten, nicht ohne weiteres gestattet, sondern an die staatliche Genehmigung gebunden. Diese Genehmigung ist also nicht erforderlich für die Ausgabe von Gewinnanteilscheinen (Dividendenscheinen), da solche auf keine bestimmte Geldsumme lauten. Neben dieser Genehmigung bleiben aber auch die Beschränkungen, die kraft besonderer gesetzlicher Bestimmungen aus polizeilichen, verwaltungsrechtlichen oder finanzpolitischen Gründen für bestimmte Unternehmungen, z. B. Lotterien, oder allgemein für gewisse Korporationen usw. festgesetzt sind, in Kraft.

Schuldversprechen und Schuldanerkenntnis (780 bis 782). Wer gegen jemanden eine Forderung geltend machen, z. B. einen Zahlungsbefehl nehmen oder eine Klage erheben will, muß regelmäßig angeben, woher seine Forderung rührt, ob z. B. aus einem Kauf oder einem Darlehn oder aus einer fahrlässigen Handlungsweise des Gegners usw., und, wenn sie bestritten wird, den Grund der Forderung (den Kauf usw.) beweisen. Dieser Verpflichtung ist der Gläubiger überhoben, wenn sein Schuldner entweder bei Neubegründung einer Verbindlichkeit ein selbständiges Schuldversprechen abgibt oder ein bereits bestehendes Schuldverhältnis anerkennt (Schuldanerkenntnis); beide, das Schuldanerkenntnis sowohl wie das Schuldversprechen, müssen aber, um in dieser Weise wirksam zu sein — soweit nicht für bestimmte Fälle noch eine andere, besondere Form, z. B. gerichtliche oder notarielle Beurkundung, vorgeschrieben ist — schriftlich abgegeben sein. (Eine Ausnahme gilt für Vollkaufleute; s. „Handelsgeschäfte 1".) Ist für die Begründung des Schuldverhältnisses, dessen Bestehen durch das Schuldanerkenntnis anerkannt wird, eine andere Form als schriftliche Abfassung vorgeschrieben, so muß auch das Anerkenntnis in dieser Form erteilt sein, um rechtswirksam zu sein. Die schriftliche Abfassung ist aber ausnahmsweise nicht erforderlich, wenn das Schuldversprechen oder das Schuldanerkenntnis auf Grund einer Abrechnung oder im Wege des Vergleichs (s. d.) erteilt sind. Der Vorteil, der dem Gläubiger aus dem Besitz eines schriftlichen Anerkenntnisses oder Schuldversprechens erwächst, ist der, daß der Schuldner Einwendungen, die ihm aus dem eigentlichen Schuldverhältnis (dem Kauf, dem Darlehn usw.) gegen die Forderung etwa zustehen, gegen den Anspruch des Gläubigers, wenn dieser auf ein Schuldanerkenntnis oder ein Schuldversprechen gestützt wird, nicht einredeweise geltend machen kann; er kann nur die Erfüllung nach den Vorschriften über ungerechtfertigte Bereicherung verweigern oder einen Anspruch auf Befreiung von der Verbindlichkeit geltend machen, wobei ihn die Last des Beweises trifft. Das schriftliche Schuldanerkenntnis oder Schuldversprechen des Schuldners hat also für den Gläubiger den Wert, daß er dadurch einen im Rechtswege leichter zu verfolgenden und damit auch leichter verwertbaren Anspruch gegen den Schuldner erwirbt.

Schutz von Geschäfts- und Betriebsgeheimnissen s. d.; gewerblicher Muster s. Musterschutz; von Warenbezeichnungen s. d.; neuer Erfindungen s. Patente; des Urheberrechts s. d.

Schutzbedürftige, Anordnung einer Pflegschaft für, s. Pflegschaft.

Schwägerschaft s. Verwandtschaft.

Schwamm s. Hausschwamm.

Schwangerschaft, Kosten der, s. Uneheliche Kinder 3; Unterhalt einer Schwangeren aus einem Nachlasse s. Annahme usw. einer Erbschaft 2 u. Nacherben; Aussetzung der Erbteilung wegen, s. Erbteilung 2.

Schwängerung, Geldentschädigung wegen einer, s. Verführung u. Schadensersatz wegen unerlaubter Handlung 7; s. auch Uneheliche Kinder 3.

Schweigen kann als Annahme gelten s. Stillschweigende Verabredungen.

Schweine, Haftung des Verkäufers für Fehler s. Gewährleistung usw. 9.

Schweineseuche s. Gewährleistung usw. 9.

Schwindelhafte Ausverkäufe s. Ausverkäufe.

Schwindelhafte Reklame (Ges. v. 7. 6. 09, Gutt. Slg. Nr. 37). **1.** Der sog. Reklameschwindel ist eine der Arten des „unlauteren Wettbewerbes". Das Gesetz verkennt nicht, daß die Reklame ein im Geschäftsleben allgemein verbreitetes und unentbehrliches Mittel zur Heranziehung von Kunden ist. Es soll daher der geschäftlichen Reklame, solange sie sich innerhalb der durch die Anforderungen von Treu und Glauben gezogenen Grenzen hält, kein Hindernis in den Weg gelegt werden. Jeder Geschäftsmann darf seine Waren und Leistungen anpreisen, selbst wenn er sich dabei gelegentlich eine kleine Übertreibung zuschulden kommen läßt, z. B. Ausdrücke gebraucht wie: „ausgezeichnete Qualität", „reichste Auswahl", „billigste Preise" usw., die strenge genommen nicht ganz der Wahrheit entsprechen mögen. Es ist aber etwas anderes, wenn der Geschäftsmann in seinen Ankündigungen usw. geradezu falsche Tatsachen, d. h. objektiv nachprüfbare und als irreführend zu erweisende Angaben macht, die geeignet sind, sein Angebot als ein besonders günstiges erscheinen zu lassen, um dadurch zum Nachteile redlicher Mitbewerber Kunden anzulocken.

Das Gesetz tritt der schwindelhaften Reklame in doppelter Weise entgegen, einmal, indem es dem dadurch gefährdeten Konkurrenten einen im Prozeßwege geltend zu machenden Anspruch auf künftige Unterlassung und auf Schadensersatz gibt (unten 2); sodann, indem es in schweren Fällen den Schuldigen mit Strafe bedroht (unten 3).

Reklamen im Sinne des Gesetzes sind Ankündigungen und Anpreisungen durch öffentliche Bekanntmachungen oder durch Mitteilungen in Rundschreiben und Zirkularen (nicht in der Einzelkorrespondenz), Plakaten, die auf der Straße, in Schaufenstern oder Läden usw. aushängen, oder durch anderweitige schriftliche oder auch mündlich, z. B. auf Auktionen, gemachte Äußerungen, die für einen größeren Kreis von Personen bestimmt sind. Damit aber solche Reklamen nach dem Gesetze als verboten anzusehen sind, müssen sie unrichtige Angaben (dahin gehören nicht bloße Urteile, wohl aber alle nachprüfbaren Angaben, s. oben), enthalten, die sich auf geschäftliche Verhältnisse beziehen. Dahin gehören z. B. Beschaffenheit der Ware oder der angepriesenen gewerblichen Leistung, Herstellungsart, Preisbemessung, Art des Verzuges, Bezugsquelle, Besitz von Auszeichnungen, Anlaß und Zweck des Verkaufes, Alter, Ausdehnung, Absatz des Geschäfts, Höhe der Arbeiterzahl, Höhe der Auflage bei Büchern usw. und dgl. mehr. (Die unwahren Angaben können sich auch auf die geschäftlichen Verhältnisse von Konkurrenzgeschäften beziehen, RG.) Ein Kaufmann z. B. bezeichnet seine Ware als Naturprodukt oder als Handarbeit, während sie Kunstprodukt oder Maschinenarbeit ist; er verkauft angeblich „unter dem Einkaufspreise", während er in Wirklichkeit bei dem Verkaufe verdient; er verkauft teurer, als die Waren im Schaufenster ausgezeichnet sind; er veröffentlicht auf seinen Ankündigungen gefälschte Dank- oder Anerkennungsschreiben. Ferner müssen diese Angaben, wenn das Gesetz auf sie anwendbar sein soll, ihrer Natur nach geeignet sein, den Anschein eines besonders günstigen Angebots hervorzurufen. Wenn der Anschein günstiger ist als das wirklich Angebotene, so liegt darin die Unwahrhaftigkeit; es kommt dabei auch darauf an, ob dieser Anschein Wirkung ausübt, also auf die in Betracht kommenden Abnehmerkreise dank seines irreführenden Inhalts als Lockung zum Kauf wirksam wird. Eine wahre Angabe hingegen ruft nie den „Anschein" eines besonders günstigen Angebotes hervor, sondern bedeutet gegebenenfalls ein wirklich so günstiges Angebot. Über den auch hierher gehörigen Fall der betrüglichen Veranstaltung eines Ausverkaufs s. den besonderen Artikel „Ausverkäufe".

2. Der Anspruch des Konkurrenten auf Unterlassung der schwindelhaften Reklame und auf Schadensersatz. Da der Schutz gegen unlauteren Wettbewerb in erster Linie zugunsten des Mitbewerbers, nicht des Publikums gegeben ist, so ist die Erhebung einer Klage (eines Zivilprozesses) auf Verurteilung des Beklagten zur Unterlassung der unlauteren Reklame jedem Gewerbetreibenden gestattet, der Waren oder Leistungen gleicher oder verwandter Art herstellt oder in den geschäftlichen Verkehr bringt, einerlei ob er einen ihm erwachsenen Schaden nachweisen kann oder nicht. Zur Klage berechtigt ist aber ferner jeder Verband zur Förderung gewerblicher Interessen, der nach den sonst geltenden gesetzlichen Bestimmungen als solcher in bürgerlichen Rechtsstreitigkeiten klagend auftreten kann. Die Klage ist dahin zu richten, daß der Beklagte verurteilt werde, die unrichtigen Angaben künftig zu unterlassen. Es kann aber auch mit der Klage Ersatz des Schadens gefordert werden, der dem als Kläger auftretenden Gewerbetreibenden durch die schwindelhafte Reklame zugefügt ist, wenn der Urheber oder Verbreiter der unrichtigen Angaben ihre Unrichtigkeit kannte oder kennen mußte, was der Kläger selbstverständlich zu beweisen hat. Der Klageanspruch richtet sich gegen denjenigen, der unwahrer Angaben sich schuldig gemacht hat, mag dies der Geschäftsinhaber selbst oder ein Angestellter, Gehilfe oder Reisender des Geschäfts gewesen sein. Auch dritte Personen, die zugunsten einer Firma unwahre Angaben verbreiten, können dieserhalb mit der Klage in Anspruch genommen werden. Der Geschäftsherr ist außer für seine eigenen Handlungen auch für die von seinen Angestellten oder Beauftragten gemachten unwahren Angaben — neben dem Täter — strafrechtlich haftbar.

Nur dem Gewerbetreibenden, dem geschädigten Konkurrenten, steht die Schadensersatzklage nach diesem Gesetze zu. Etwaige Schadensersatzansprüche eines durch einen Reklameschwindel geschädigten Privaten (Käufers) sind nach den sonst geltenden allgemeinen Rechtsgrundsätzen zu beurteilen und im Prozeßwege geltend zu machen.

Der Anspruch auf Unterlassung der schwindelhaften Reklame oder auf Ersatz des verursachten Schadens verjährt in sechs Monaten von dem Zeitpunkt an, in welchem der Anspruchsberechtigte von der Handlung und von der Person desjenigen, der die unrichtigen Angaben gemacht oder verbreitet hat, Kenntnis erlangt hat; außerdem verjährt der Anspruch, einerlei, ob der Berechtigte solche Kenntnis überhaupt erlangt hat, in drei Jahren von der Begehung der Handlung an. Die Verjährung des Anspruchs auf Schadensersatz beginnt jedoch nicht vor dem Zeitpunkt, wo ein Schaden entstanden ist.

Wird der Beklagte verurteilt, die unrichtigen Angaben zu unterlassen, so kann in dem Urteile der obsiegenden Partei die Befugnis zugesprochen werden, den verfügenden Teil des Urteils (d. h. das Urteil ohne den sog. Tatbestand und ohne die Entscheidungsgründe) innerhalb einer zu bestimmenden Frist auf Kosten des Verurteilten öffentlich bekannt zu machen. Die Art der Bekanntmachung (in welcher Form, in welchen Blättern, wie oft usw.) ist im Urteil gleichfalls zu bestimmen. Die Kosten der Veröffentlichung bleiben der obsiegenden Partei zur Last, wenn der Gegner zahlungsunfähig ist.

3. Die Bestrafung der schwindelhaften Reklame. Bestrafung (zu Gefängnis und Geldstrafe) kommt in Betracht, wenn nachgewiesen wird, daß der Betreffende, sei es der Prinzipal oder ein Angestellter oder irgendein Dritter, bei der Veranstaltung der unlauteren Reklame in der Absicht gehandelt hat, dadurch den Anschein eines besonders günstigen Angebots hervorzurufen, und er wissentlich die unwahren und zur Irreführung geeigneten Angaben gemacht hat. Eine Bestrafung tritt ferner nur dann ein, wenn sich die unrichtigen Reklameangaben auf die im § 4 des Gesetzes speziell aufgeführten Gegenstände (Beschaffenheit, Ursprung, Herstellungsart oder Preisbemessung von Waren oder gewerblichen Leistungen, Art des Bezuges oder Bezugsquelle von Waren, Besitz von Auszeichnungen, Anlaß oder Zweck des Verkaufes usw.) beziehen, nicht aber, wenn sie sich nur allgemein auf geschäftliche Angelegenheiten beziehen. Weiteres über die Grundsätze der Strafbarkeit wegen unlauteren Wettbewerbs s. „Unlauterer Wettbewerb". Wird vom Gericht auf Strafe erkannt, so kann dasselbe zugleich anordnen, daß die Verurteilung auf Kosten des Schuldigen öffentlich bekannt zu machen sei. Neben der Strafe kann ferner auf Verlangen des Klägers auf eine von dem Verurteilten an ihn zu erlegende Buße erkannt werden, was dann die Geltendmachung eines weiteren Entschädigungsanspruchs für den Geschädigten ausschließt (s. „Buße"). Wenn der Verfolgte vom Gericht freigesprochen wird, kann auf Antrag des Freigesprochenen vom Gericht angeordnet werden, daß die Freisprechung öffentlich bekannt zu machen sei. Das Gericht hat zu bestimmen, ob die Kosten solcher Bekanntmachung demjenigen, der die Strafanzeige gemacht hat, oder dem mit der Privatklage abgewiesenen Kläger aufzuerlegen sind; anderenfalls trägt die Staatskasse diese Kosten.

Sechzigjährige können eine Vormundschaft ablehnen s. Vormundschaft 2.

Seereise, Nottestament auf einer, s. Testament 2.

Seitenlinie s. Verwandtschaft.

Selbstschuldner, Verbürgung als (selbstschuldnerische Bürgschaft), s. Bürgschaft 1 a.

Selbständiges Erwerbsgeschäft eines Minderjährigen s. Geschäftsfähigkeit 2.

Selbständigkeit der Frau im häuslichen Wirkungskreise s. Ehegatten 1.

Selbsthilfe (229—231). Im allgemeinen ist in einem geordneten Rechtsstaate niemand berechtigt, sich sein wirkliches oder vermeintliches Recht durch eine sonst nicht erlaubte Handlung zu verschaffen, z. B. es darf niemand seinem Schuldner eine Sache wegnehmen, um sich durch deren Verkauf zu befriedigen. Ausnahmsweise ist aber doch eine Selbsthilfe nicht zu entbehren, da die Staatshilfe nicht immer ausreicht. Das Gesetz stellt die Voraussetzungen auf, unter denen jemand zum Zwecke der Selbsthilfe Handlungen vornehmen darf, die ihm sonst nach der allgemeinen Rechtsordnung nicht gestattet sind, vielmehr regelmäßig nur der Obrigkeit zustehen. Es sind nur bestimmte Handlungen zum Zwecke der Selbsthilfe erlaubt, nämlich: a) Wegnehmen, Zerstören oder Beschädigen einer Sache, b) Festnahme eines Verpflichteten, der der Flucht verdächtig ist, c) Beseitigung des Widerstandes eines Verpflichteten gegen eine Handlung, die er zu dulden verpflichtet ist. — Wer in dieser Weise zur Selbsthilfe greifen will, muß vor allem einen Anspruch, ein Recht besitzen, dessen Verwirklichung voraussichtlich vereitelt oder doch wesentlich erschwert werden würde, wenn nicht sofort eingeschritten wird, und es muß anderseits obrigkeitliche Hilfe nicht rechtzeitig zu erlangen sein. Nur unter diesen Voraussetzungen ist die Selbsthilfe gestattet. Beispielsweise kann jemand, der eine rechtmäßige Forderung gegen einen anderen hat, durch Selbsthilfe zu seinem Gelde kommen, wenn er den Schuldner etwa in dem Augenblicke betrifft, wo er mit seinem versilberten Vermögen in der Tasche ein

Schiff besteigt, um sich nach Amerika in Sicherheit zu bringen. Der Gläubiger hat hier das Recht, dem Schuldner soviel von dem Gelde abzunehmen, als zu seiner Befriedigung nötig ist, oder wenn er dies nicht erlangen kann, den Schuldner selber festzunehmen und an Land zu bringen. Denn: wenn der Schuldner amerikanischen Boden betreten hat, so ist dem Gläubiger die Zwangsvollstreckung wegen seiner Forderung selbstverständlich sehr erschwert, wenn nicht vereitelt; gerichtliche Hilfe ist vor der Abfahrt des Schiffes nicht mehr zu erreichen. Die Selbsthilfe darf nicht weiter ausgedehnt werden, als zur Abwendung der drohenden Gefahr erforderlich ist. Eine Unterstützung des Berechtigten bei Ausübung der Selbsthilfe durch andere ist zulässig. Durch den eigenmächtigen Zugriff wird aber der Berechtigte nicht Richter und Vollstrecker in eigener Sache; er muß vielmehr alsbald mit geeigneten Anträgen sich an das Gericht wenden, im vorliegenden Falle also dinglichen oder persönlichen Sicherungsarrest beantragen. Wird der Antrag auf Arresterlaß abgelehnt, so sind die etwa weggenommenen Sachen zurückzugeben, oder der Festgenommene zu entlassen.

Über die dem Vermieter (Verpächter) zum Zwecke der Sicherung des ihm an den Sachen des Mieters (Pächters) zustehenden Pfandrechts gestattete Selbsthilfe vgl. „Miete, Vermietung 11".

Ist jemand auf einem der vorbezeichneten Wege zur Selbsthilfe geschritten in der irrigen Annahme, daß die eine oder andere Voraussetzung dafür vorhanden sei (ihm steht z. B. die Forderung, die er sichern wollte, gar nicht zu), so ist er dem anderen Teile auf alle Fälle zum Schadensersatze verpflichtet, selbst wenn sein Irrtum nicht auf Fahrlässigkeit beruhte, also nach sonstigen Rechtsgrundsätzen als ein entschuldbarer anzusehen wäre. Wer daher Selbsthilfe übt, ohne sicher zu sein, daß er dazu berechtigt ist, tut solches auf seine Gefahr. Vgl. „Notstand" und „Selbstverteidigung, Notwehr".

Selbsthilfe bei einer Pfändung s. Pfändung (Privatpfändung).

Selbsthilfeverkauf s. Versteigerungsrecht am Schluß u. Handelskauf.

Selbstschuldner, Verbürgung als, s. Bürgschaft.

Selbstverteidigung (Notwehr oder Abwehr) (227, 228). Ob man sich unter Umständen gegen ein Unrecht, das uns zugefügt wird, oder gegen einen Schaden, der uns bedroht, selbst verteidigen oder schützen darf, anstatt die Hilfe des Gerichts, der Polizei usw. anzurufen, das ist insofern von Bedeutung, als man, wenn solche Verteidigung nicht erlaubt wäre, für den etwa daraus entstehenden Schaden zu haften hätte, ganz abgesehen davon, daß man sich noch obendrein einer Bestrafung aussetzen würde. Das Gesetz bestimmt nun, daß unter gewissen Voraussetzungen eine Selbstverteidigung erlaubt ist, nämlich:

1. Eine durch Notwehr gebotene Handlung ist nicht widerrechtlich (227). Notwehr ist eine Verteidigung, die erforderlich ist, um einen gegenwärtigen rechtswidrigen Angriff von uns oder einem anderen abzuwenden. Notwehr ist also nicht nur zum eigenen Schutz, sondern auch zum Schutz anderer erlaubt. Ob der rechtswidrige Angriff, den man abwehrt, gegen die Person oder deren Sachen (Vermögen, z. B. gegen mein Grundstück, gegen mein Tier) gerichtet ist, ist gleichgültig. Ein Angriff, wie er hier gemeint ist, kann aber nur von einem Menschen ausgehen. Verteidigungshandlungen, die das Maß überschreiten, das zur Abwehr des Angriffs notwendig ist, stehen nicht mehr unter dem Schutze des Gesetzes; sie sind widerrechtlich und verpflichten den Täter zum Schadensersatz (RG.).

Besonders wichtig ist die Befugnis der Selbstverteidigung (Notwehr) beim Besitz (s. „Besitz" 2). Der Besitzer eines Grundstücks, einer Sache, darf sich einer unbefugten Entziehung oder Störung des Besitzes mit Gewalt erwehren; er kann die ihm in dieser Weise weggenommene Sache dem betroffenen und verfolgten Täter mit Gewalt wieder abnehmen; er darf, wenn ihm der Besitz eines Grundstücks unbefugt entzogen ist, sofort nach der Entziehung sich des Besitzes durch Entsetzung (Hinausschaffung) des Täters wieder bemächtigen.

2. Auch eine zur Abwehr einer von einer fremden Sache drohenden Gefahr vorgenommene Handlung ist unter Umständen nicht widerrechtlich und verpflichtet daher nicht zum Schadensersatz (228). Droht nämlich mir selbst oder einem anderen oder meinen oder eines anderen Sachen (Tieren) eine Gefahr durch Tiere oder andere Sachen, oder von Sachen, die wie ein Angreifer zu behandeln wären (sonst Notstand nach § 904 BGB., RG.), z. B. es überfällt mich auf der Straße ein bissiger Hund oder mir droht Gefahr von einem wütenden Stiere oder die Mauer des Nachbargartens droht einzustürzen und Personen oder Sachen zu beschädigen, so darf ich das (fremde) Tier oder die (fremde) Sache beschädigen (z. B. die Mauer einreißen) oder zerstören oder töten, um die Gefahr von mir oder dem anderen abzuwenden, wenn diese Beschädigung (Zerstörung, Tötung) zur Abwendung der Gefahr notwendig ist und der durch die Beschädigung usw. dem Eigentümer erwachsende Schaden nicht außer Verhältnis zu der Gefahr steht. Ich darf z. B. kein Pferd töten, weil es im Begriff ist, meine Rosen abzufressen. Selbst wenn der Abwehrende die Gefahr selber verschuldet hat (er hat z. B. einen fremden Hund gereizt), darf er sich gegen sie schützen; aber er ist in diesem Falle zum vollen Schadensersatze verpflichtet (während er sonst für den Schaden nicht aufzukommen hat). Übrigens muß eine wirkliche Gefahr drohen, sei es für die Person oder für die Sache des Bedrohten; hierüber und über das Verhältnis zwischen Gefahr und Abwehrschädigung entscheiden objektive Gesichtspunkte, nicht lediglich die Auffassung des Bedrohten (RG.). Vgl. auch „Selbsthilfe", „Notstand".

Sendung s. Übersendung.

Servitut s. Grunddienstbarkeit.

Sicherheit s. Sicherheitsleistung.

Sicherheitshypothek für einen Bauunternehmer s. Werkvertrag 9. Vgl. auch: Sicherungshypothek.

Sicherheitsleistung (Kautionsleistung) (232 bis 240). **1.** Hat jemand eine Forderung, die noch nicht fällig ist, so ist er im allgemeinen nicht berechtigt, vom Schuldner eine Sicherheit (Kaution) dafür zu fordern, daß dieser demnächst zahlen oder sonst leisten werde. Besteht die Gefahr eines Verlustes der Forderung, so muß unter Umständen die Ausbringung eines Arrestes helfen (ZPO. 916ff.). Eine Verpflichtung zu einer Sicherheitsleistung (Kautionsleistung, Kautionsstellung) kann aber in besonderen Fällen sowohl durch eine gesetzliche Vorschrift (worüber in diesem Buche geeignetenorts das Nötige mitgeteilt ist), wie auch durch einen Vertrag oder ein Testament begründet sein. Ist dabei über die Art und die Höhe der Sicherheit keine Bestimmung getroffen, so muß sich die Höhe der Sicherheit natürlich nach dem Werte des zu sichernden Rechtes bemessen. Über die Art der Sicherheitsleistung trifft aber das Gesetz folgende Bestimmungen:

„Wer Sicherheit zu leisten hat, kann dies bewirken durch Hinterlegung von Geld oder Wertpapieren, durch Verpfändung von Forderungen, die in das Reichsschuldbuch oder in das Staatsschuldbuch eines Landes eingetragen sind, durch Verpfändung beweglicher Sachen, durch Bestellung von Hypotheken an inländischen Grundstücken, durch Verpfändung von Forderungen, die für eine Hypothek an einem inländischen Grundstücke besteht, oder durch Verpfändung von Grundschulden oder Rentenschulden an inländischen Grundstücken. Kann die Sicherheit nicht in dieser Weise geleistet werden, so ist die Stellung eines tauglichen Bürgen zulässig." — Dazu ist zu bemerken: Die Hinterlegung von Geld und Wertpapieren hat, in Ermangelung sonstiger Festsetzung, bei denjenigen Behörden und Anstalten zu erfolgen, bei denen nach den Landesgesetzen Geld oder Geldeswert mit der Wirkung der Erfüllung hinterlegt werden kann (s. „Hinterlegungsstelle"). Der zur Sicherheit Verpflichtete kann nicht gezwungen werden, die Gelder usw. den Händen des vielleicht völlig mittellosen Sicherheitsberechtigten anzuvertrauen.

„Mit der Hinterlegung erwirbt der Berechtigte ein Pfandrecht an dem hinterlegten Gelde oder an den hinterlegten Wertpapieren und, wenn das Geld oder die Wertpapiere nach landesgesetzlicher Vorschrift in das Eigentum des Fiskus oder der als Hinterlegungsstelle bestimmten Anstalt übergehen, ein Pfandrecht an der Forderung auf Rückerstattung.

Wertpapiere sind zur Sicherheitsleistung nur geeignet, wenn sie auf den Inhaber lauten, einen Kurswert haben und einer Gattung angehören, in der Mündelgeld angelegt werden darf (s. „Anlegung von Mündelgeldern usw. 1, 6"). Den Inhaberpapieren stehen Orderpapiere gleich, die mit Blankoindossament versehen sind. Mit den Wertpapieren sind die Zins-, Renten-, Gewinnanteil- und Erneuerungsscheine zu hinterlegen. Mit Wertpapieren kann Sicherheit nur in Höhe von drei Vierteln des Kurswerts geleistet werden. Wer durch Hinterlegung von Geld oder von Wertpapieren Sicherheit geleistet hat, ist berechtigt, das hinterlegte Geld gegen geeignete Wertpapiere, die hinterlegten Wertpapiere gegen andere geeignete Wertpapiere oder gegen Geld umzutauschen.

Mit einer Buchforderung gegen das Reich oder gegen ein Land kann Sicherheit nur in Höhe von drei Vierteln des Kurswerts der Wertpapiere geleistet werden, deren Aushändigung der Gläubiger gegen Löschung seiner Forderung verlangen kann.

Mit einer beweglichen Sache kann Sicherheit nur in Höhe von zwei Dritteilen des Schätzungswerts geleistet werden. Sachen, deren Verderb zu besorgen oder deren Aufbewahrung mit besonderen Schwierigkeiten verbunden ist, können zurückgewiesen werden.

Eine Hypothekenforderung, eine Grundschuld oder eine Rentenschuld ist zur Sicherheitsleistung nur geeignet, wenn sie den Voraussetzungen entspricht, unter denen am Orte der Sicherheitsleistung Mündelgeld in Hypothekenforderungen, Grundschulden oder Rentenschulden angelegt werden darf.

Eine Forderung, für die eine Sicherungshypothek (s. „Hypothek 5") besteht, ist zur Sicherheitsleistung nicht geeignet.

Ein Bürge ist tauglich, wenn er ein der Höhe der zu leistenden Sicherheit angemessenes Vermögen besitzt und seinen allgemeinen Gerichtsstand im Inlande hat. Die Bürgschaftserklärung muß den Verzicht auf die Einrede der Vorausklage enthalten.

Wird die geleistete Sicherheit ohne Verschulden des Berechtigten unzureichend, so ist sie zu ergänzen oder anderweitige Sicherheit zu leisten." — Die vorstehenden Vorschriften beziehen sich nicht bloß auf den Fall, daß jemand verpflichtet ist, eine Sicherheit zu leisten, sondern sie gelten auch für den Fall, daß jemand berechtigt ist, seinem Gläubiger eine Sicherheit zu bestellen, um dadurch Nachteile von sich abzuwenden; z. B. der Mieter ist berechtigt, dem Vermieter Sicherheit wegen der Forderungen aus dem Mietvertrage zu bestellen, um dadurch die von ihm in die Mietwohnung eingebrachten Sachen von dem Pfandrecht zu befreien, das der Vermieter nach dem Gesetz an diesen Sachen hat (s. „Miete 11").

2. Es kann auch in einem Prozeß vorkommen, daß eine Partei der anderen eine Sicherheit zu leisten hat, z. B. wenn eine Zwangsvollstreckung dadurch abgewendet werden soll. Haben in solchem Fall die Parteien nichts anderes vereinbart und ist auch nicht auf Grund einer besonderen gesetzlichen Vorschrift eine vom Gericht nach seinem freien Ermessen zu bestimmende Sicherheit zulässig, so ist die Sicherheit durch Hinterlegung (s. „Hinterlegungsstellen") von Geld oder von Wertpapieren der vorstehend unter 1 gedachten Art zu bewirken. Es können auch andere Wertpapiere zugelassen werden, wenn sie nach Ermessen des Gerichts genügende Deckung gewähren (ZPO. 108). Mit den Wertpapieren sind auch hier die Zins-, Renten- oder Gewinnanteils- (Dividenden-) Scheine, sowie die Erneuerungsscheine (Talons) zu hinterlegen. Der Hinterleger ist zum Umtausch des hinterlegten Geldes oder der hinterlegten Papiere berechtigt. — Ist die Veranlassung für die Sicherheitsleistung weggefallen, so bestimmt auf Antrag das Gericht, das die Bestellung der Sicherheit angeordnet hat, über die Rückgabe derselben (ZPO. 109). Die Einwilligung des anderen Teils in die Rückgabe kann vor dem Urkundsbeamten zu Protokoll erklärt werden; eine einfache briefliche Erklärung wird nicht als genügend anzusehen sein.

Sicherheitsleistung durch einen Vormund s. Vormund 7; des Vaters für die Verwaltung des Kindesvermögens s. Verwaltung usw. des Kindesvermögens 1; des Nießbrauchers s. Nießbrauch 1; des Ehemanns s. „Eingebrachtes Gut der Frau 4".

Sicherstellung der Frau wegen ihres Vermögens s. Eingebrachtes Gut der Frau 4. S. auch: Sicherung, Sicherheitsleistung.

Sicherstellung einer Forderung. Unter den Mitteln, durch die ein Schuldner seinen Gläubiger wegen der ihm zustehenden Forderung aus seinen eigenen Mitteln sicherstellen kann, stehen die Bestellung einer Hypothek an Grundstücken oder eines Faustpfandes an beweglichen Sachen des Schuldners obenan (s. „Hypothek" und „Pfand (Faustpfand)"). Zur Gültigkeit eines Faustpfandes ist aber gesetzlich erforderlich, daß der Gläubiger die Sachen des Schuldners in Besitz nimmt und behält. Dadurch ist diese Art der Sicherstellung für den Schuldner in vielen Fällen ausgeschlossen. Es ist aber möglich, dem Gläubiger auch ohne Hingabe der Sachen des Schuldners an ihn eine dem Faustpfand gleiche Sicherheit zu verschaffen. Dies geschieht dadurch, daß der Schuldner dem Gläubiger das Eigentum an seinen Sachen überträgt, zugleich aber mit ihm vereinbart, daß er, der Schuldner, seine Sachen in Besitz behält und sie als Leiher oder als Mieter weiter benutzen darf und zwar entweder unter der auflösenden Bedingung, daß das Eigentum zurückfällt, wenn die Schuld gezahlt ist, oder unter der Vereinbarung, daß der Gläubiger nach Zahlung der Schuld zur Rückübertragung verpflichtet ist. Ist die Forderung verzinslich, so hat der Schuldner sie in gleicher Weise, wie früher, zu verzinsen, wenn er nach der Vereinbarung die Sachen als ihm vom Gläubiger geliehen, d. h. unentgeltlich zur Benutzung überlassen, behalten soll; soll er sie als Mieter benutzen, so wird regelmäßig vereinbart werden, daß der zu zahlende Mietzins dem Zinsbetrage gleich sein soll.

Daß die ebengedachte Eigentumsübertragung zur Sicherstellung einer Forderung in der Form eines Kaufes (Sicherungskauf) geschieht, ist zulässig (RG.), aber keineswegs erforderlich, es genügt die einfache Eigentumsübertragung zum Zwecke der Sicherstellung. Schriftlichkeit ist nicht erforderlich, aber anzuraten und üblich, da sonst, wenn die Sachen beim Schuldner von Dritten gepfändet werden, Beweismittel fehlen. Wegen Anfechtbarkeit solcher Sicherungsübereignungen s. „Anfechtung in und außer dem Konkurse". Solche Geschäfte können auch der Einrede des Scheingeschäftes unterliegen (s. d.). Zulässig ist auch die Sicherungsübertragung eines Warenlagers. Wird dem Schuldner dabei eingeräumt, aus den Warenbeständen weiter zu verkaufen, so ist dies nur in der Form des kommissarischen Verkaufs zulässig (s. Kommissionsgeschäft).

Sicherung eines Nachlasses s. Nachlaßgericht u. Annahme und Ausschlagung einer Erbschaft 2; eines Unternehmers s. Werkvertrag 9; des öffentlichen Verkehrs auf Straßen, Wegen usw. s. Öffentl. Sicherheit. S. auch Sicherheitsleistung, Sicherstellung.

Sicherungshypothek s. Hypothek 5.

Sicherheitskauf s. Sicherstellung einer Forderung.

Siebentes Lebensjahr s. Geschäftsfähigkeit 4 u. Schadensersatz wegen unerlaubter Handlung 4.

Siedlungsland und Siedlungsunternehmen. Die innere Siedlung mit Kleinbetrieben war bereits vor dem letzten Kriege durch staatliche Gesetze und Verordnungen erleichtert und befördert worden. Die Form, in der sich diese innere Siedlung vollzieht, ist im allgemeinen das Rentengut (s. d.), dessen gesetzliche Regelung den Landesgesetzen überlassen ist (EGBGB. 62). Als nach dem Kriege das Bedürfnis der inneren Siedlung stärker wurde, bedurfte es vor allen Dingen der Beschaffung von Land zu Siedlungszwecken. Dieser Beschaffung dient das Reichssiedlungsgesetz vom 11. August 1919 (RGBl. S. 1429) und die dazu ergangenen landesgesetzlichen Ausführungsgesetze, in Preußen, das für solche Siedlungen hauptsächlich in Frage kommt, das Ausführungsgesetz vom 15. Dezember 1919. Zweck der Siedlung ist die Schaffung neuer Ansiedlungen und die Hebung bestehender Kleinbetriebe, jedoch höchstens auf die Größe einer selbständigen Ackernahrung. Die Länder sind verpflichtet als Organe für die Beschaffung von Siedelland gemeinnützige Siedlungsunternehmen zu begründen. Zur Siedlung heranzuziehen sind in erster Linie die Staatsdomänen, soweit sie nicht zu öffentlichen oder volkswirtschaftlichen Zwecken notwendig sind, dann unbewirtschaftetes oder nur im Wege dauernder Brennkultur oder zur Torfnutzung verwendetes Moorland und anderes Ödland, soweit nicht der Eigentümer sich verpflichtet, es innerhalb einer ihm gesetzten angemessenen Frist in Kulturland umzuwandeln, und schließlich, soweit erforderlich, Kulturland. Die Staatsdomänen sind, sobald der laufende Pachtkontrakt abläuft, dem Siedlungsunternehmen, das für den betreffenden Bezirk zuständig ist, zum Ertragswert zum Kauf anzubieten. Macht das Siedlungsunternehmen keinen Gebrauch davon, so werden die Domänen wieder verpachtet, sind jedoch bei erneutem Pachtablauf wieder anzubieten. Das Moor- und Ödland kann das Siedlungsunternehmen, soweit es nicht freiwillig abgetreten wird, im Wege der Enteignung in Anspruch nehmen. Als Entschädigung ist der kapitalisierte Reinertrag, den das Land in unverbessertem Zustand hat, zu gewähren, ausnahmsweise ein höherer. Das Enteignungsverfahren richtet sich nach Landesrecht, in Preußen gelten im allgemeinen die Bestimmungen des Enteignungsgesetzes (s. d. Preuß. Ges. v. 15. 12. 1919). Als Unternehmer gilt das Siedlungsunternehmen, an Stelle des Bezirksausschusses als Enteignungsbehörde tritt jedoch der Präsident des Landeskulturamts. Der Rechtsweg gegen die Festsetzung der Entschädigung ist ausgeschlossen. In Preußen tritt an Stelle des Rechtsweges ein Verfahren vor der Spruchkammer des Landeskulturamtes. Zum Zweck der Erwerbung bereits in Kultur befindlichen Landes ist dem gemeinnützigen Siedlungsunternehmen ein gesetzliches, dingliches, d. h. gegen jeden Dritten wirkendes Vorkaufsrecht auf alle in seinem Bezirk belegenen landwirtschaftlichen Grundstücke im Umfange von 25 ha aufwärts oder Teilen an solchen beigelegt. Das Vorkaufsrecht wird im Grundbuche nicht eingetragen, wirkt jedoch gegen den Käufer auch, wenn er es nicht gekannt hat, sodaß das Siedlungsunternehmen das Grundstück von ihm gegen Erstattung des Kaufpreises herausverlangen kann. Auf das Vorkaufsrecht finden im übrigen die Bestimmungen des dinglichen Vorkaufsrechts (s. d.) Anwendung. Zur Sicherung sowohl für die Ausübungsmöglichkeit des Vorkaufsrechts als auch des Käufers gegen nachträgliche Entziehung des Eigentums ist bestimmt, daß der Grundbuchrichter die Eintragung des Eigentumsübergangs bei den obengenannten landwirtschaftlichen Grundstücken und ihren Teilen solange aussetzen soll, bis die Nichtausübung des Vorkaufsrechts nachgewiesen ist. Dies geschieht durch schriftliche Erklärung des für den Bezirk zuständigen Siedlungsunternehmens. Eine Beglaubigung der Erklärung ist nicht erforderlich.

In Ansiedlungsbezirken, in denen mehr als 10 vom Hundert der landwirtschaftlichen Nutzungsfläche auf Güter von 100 und mehr ha landwirtschaftlicher Nutzfläche (große Güter) entfällt, ist zwischen das gemeinnützige Siedlungsunternehmen und den einzelnen Grundstückseigentümern noch eine öffentliche Körperschaft eingeschoben, der Landlieferungsverband, der die Beschaffung geeigneten Landes aus dem Bestande der großen Güter auf Verlangen des Siedlungsunternehmens vorzunehmen hat. Dieser Verband besteht aus den Eigentümern der großen Güter. Er übt das Vorkaufsrecht aus bezüglich der Güter von 100 ha an, und hat auf Verlangen des Siedlungsunternehmens bis zu einem Drittel der gesamten landwirtschaftlichen Nutzfläche der großen Güter zu Siedlungszwecken bereitzustellen. Einzurechnen in das bereitzustellende Land ist dabei das, was ohne Vermittlung des Siedlungsunternehmens an Ansiedler verkauft worden ist, oder mit dem Rechte des Kaufs zu einem von der Aufsichtsbehörde genehmigten Preise verpachtet worden ist. Dem Landlieferungsverband steht außer dem Vorkaufsrecht auch noch ein Enteignungsrecht zu gegenüber den in seinem Bezirk gelegenen großen Gütern. Das Verfahren richtet sich nach den Landesgesetzen wie oben. Über die Enteignung, ihre wirtschaftliche Zweckmäßigkeit und die Höhe der Entschädigung entscheidet aber hier ein ständiger Ausschuß, bestehend aus je einem Vertreter des Landlieferungsverbandes und des Siedlungsunternehmens sowie einem Vorsitzenden, der von der Landeszentralbehörde bestimmt wird.

An der von ihm begründeten Ansiedlerstelle steht dem gemeinnützigen Siedlungsunternehmen ein Wiederkaufsrecht zu, wenn der Ansiedler sie ganz oder teilweise veräußert oder aufgibt, oder wenn er sie nicht dauernd bewohnt oder bewirtschaftet. Dauer und Preis des Wiederkaufsrechts müssen im Ansiedlungsvertrage festgesetzt werden. Das Wiederkaufsrecht ist dinglich und muß im Grundbuch eingetragen werden.

Dem früheren Eigentümer des Grundstücks steht gegen das Siedlungsunternehmen ein Wiederkaufsrecht zu, wenn dieses das erworbene Grundstück nicht innerhalb von 10 Jahren für Siedlungszwecke verwendet. Auch dieses Recht muß im Grundbuch eingetragen werden.

Alle Geschäfte und Verhandlungen, die zur Durchführung von Siedlungsverfahren im Sinne des oben genannten Gesetzes dienen, sind gebühren-, stempel- und steuerfrei.

Vgl. Gutt. Slg. Nr. 140 (Siedlungsgesetzgebung).

Simultangründung s. Aktiengesellschaft 2.

Sitte und Sittenwidrigkeit. Sittenwidrige Rechtsgeschäfte sind nichtig (138, 826). Es ist freilich nicht immer leicht, zu sagen, durch welche Momente sich eine Handlung oder ein Rechtsgeschäft als sittenwidrig darstellt. Das RG. hat den Ausdruck geprägt, daß sittenwidrig sei, was dem „Anstandsgefühl aller billig und gerecht Denkenden" zuwiderläuft.

Diese Auffassung aber ist verschieden nach dem allgemeinen Kulturzustand — nach Zeit, Rasse, Klima usw.—, nach sozialen Schichten (Beruf, Klasse, Volksgliederung), nach Alter und Geschlecht, Gesundheit und Krankheit (Triebleben).

Dabei ist auch „Verkehrssitte" nicht dasselbe wie Sitte. Die Verkehrssitte ist „die den Verkehr der beteiligten Kreise beherrschende Übung", keine Rechtsregel (RG.). Sie ist also insofern enger als die Sitte, als sie sich auf bestimmte Verkehrsformen und Verkehrsgebiete bezieht, also z. B. auf Markt und Börse, Beruf und Gewerbszweig.

Nach § 138 ist ein Rechtsgeschäft, das gegen die guten Sitten verstößt, nichtig, nach § 817 macht der sittenwidrige Zweck einer Leistung den Empfänger herausgabepflichtig, nach § 826 macht Schadenzufügung in einer gegen die guten Sitten verstoßenden Weise schadenersatzpflichtig.

Das Reichsgericht hat sich mit Recht vorbehalten, auch „ein Rechtsgeschäft, obwohl es der in dem sozialen Kreise der Beteiligten herrschenden Sitte entspricht, doch unter § 138 fallen zu lassen, weil das Gesamtbewußtsein des Volkes jene Sitte nicht als eine gute Sitte, sondern als eine Unsitte betrachtet".

Nicht einheitlich bestimmbar sind die besonderen Merkmale des sittenwidrigen Geschäfts. Das RG. betont in zahlreichen Entscheidungen, daß das Geschäft selbst, im ganzen, unter Berücksichtigung der gesamten Umstände des Falles sittenwidrig sein muß, um der Nichtigkeit nach § 138 anheimzufallen (etwas anders ausgedrückt als nach § 826, wo es auf die sittenwidrige Art und Weise einer Handlung ankommt, wenn sie zu Schadensersatz verpflichten soll). Nicht maßgebend ist das Motiv, namentlich nicht das Motiv eines Beteiligten, wohl aber der „aus der Zusammenfassung von Motiv und Zweck zu entnehmende Gesamtcharakter" (RG.). So läßt das RG. Sittenwidrigkeit bei gutem Glauben ausgeschlossen sein, trotz Unerlaubtheit des gewählten Mittels und Gegensatz zu einem „an sich" unsittlichen Mittel und sittlich nicht einwandfreien Erfolg.

Weiter hat, um nur einige Beispiele zu nennen, das RG. für sittenwidrig erklärt: Rechtsgeschäfte mit sexuell unsittlichen Zwecken, eine eingegangene Verpflichtung zum Bruch eines Verlöbnisses, ehewidrige Abmachungen bei Eingehung der Ehe, z. B. für Beschränkung der Kinderzahl, Getrenntleben der Ehegatten, Erleichterung der Scheidung; die übermäßige Beschränkung der Willensbetätigung und Arbeitsfreiheit, z. B. bei Ausübung des Stimmrechts, Konkurrenzverbote bei Anwälten und Ärzten, unnötiges Verlangen zur Abgabe des Ehrenworts. Ausschluß aus einem Verein und Vernichtung der Existenzmöglichkeit, unnötig deutliche Mitteilung einer Auskunftei über Vorstrafen, Verstoß gegen das Wahrheitsmoment, müheloses Sichaneignen der Früchte fremder Arbeit, Setzung von Verwechslungsgefahr und Irreführung. Andererseits wurde die Sittenwidrigkeit verneint bei Verschweigung einer Unterschlagung in einem Zeugnis wegen Annahme der Besserung, Verletzung der gesellschaftlichen Verschwiegenheitspflicht, objektiv begründete Anzeige an die zuständige Behörde selbst bei nicht anständigem Beweggrund.

Das Handeln zum eigenen Vorteil in geschäftlichen Dingen muß sehr häufig einen Nachteil bzw. eine Schädigung eines anderen bedingen, z. B. planmäßiges Bestrebtsein der Mehrheit zur Sicherung ihrer Stellung in der Aktiengesellschaft; dahingegen nicht die unbillige Behandlung (RG.). Das bloße Mißverhältnis zwischen Leistung und Gegenleistung, auch wenn es groß ist, ist nicht als sittenwidrig angesehen (RG.), desgleichen nicht (RG.): Geschenke beim Zustandekommen eines Geschäfts an sich, wenn nicht ein Mißverhältnis zwischen Leistung und Gegenleistung hinzukommt; lediglich besonders lästige Bedingungen eines Geschäfts an sich; gegen Boykott und Aussperrung ergriffene Maßnahmen an sich; bloße ungenehmigte Einfuhr oder Umgehung eines ausländischen Gesetzes an sich; Angabe unrichtigen Kaufpreises in notarieller Urkunde behufs Steuerersparnis bei Grundstücksveräußerungsvertrag an sich. Überall wird zunächst eine gewisse kaufmännische Handlungsfreiheit, auch wenn sie etwa rein bürgerlich-menschlich genommen nicht ganz anständig erschiene, als erlaubt hingenommen; erst hinzutretende besondere Umstände sittenwidriger Art machen das ganze Geschäft sittenwidrig (nichtig und schadenersatzpflichtig), so z. B. besondere Unwahrheiten (RG.), besondere Knebelung (übermäßig harte Beschränkung der Freiheit), besondere Rücksichtslosigkeit (z. B. bei eigensüchtiger Ausbeutung der Mehrheitsrechte in einer Handelsgesellschaft, der Monopolstellung eines Unternehmerverbandes, besondere Ausbeutung wucherischer Art oder Ausnutzung der Unerfahrenheit des anderen.

Über das Sondergebiet des unlauteren Wettbewerbs, dessen Generalklausel (§ 1 UnlWettbG.) so nahe verwandt ist dem § 826 BGB. und z. T. einen Sonderfall dieser Bestimmung bildet, s. „Unlauterer Wettbewerb".

Sittlichkeitsvergehen, Geldentschädigung für, s. Schadensersatz wegen unerlaubter Handlung 7; als Ehescheidungsgrund s. Ehescheidung 1 a.

Sofortige Beschwerde s. Beschwerde.

Söhne s. Eltern und Kinder.

Solidarschuldner (Gesamtschuldner) s. Mehrere Gläubiger usw.

Sondereigentum, Sondergut der Frau s. Vorbehaltsgut.

Sonntage als Ende einer Frist s. Fristen und Termine.

Sorgfalt eines ordentlichen Hausvaters s. Vorsatz u. Fahrlässigkeit; eines ordentlichen Kaufmanns s. Handelsgeschäfte 1.

Sozietät, Sozius s. Gesellschaft u. Offene Handelsgesellschaft.

Sparkassen, Anlegung von Mündelgeld in, s. Mündelgelder usw. 1; dürfen Zinseszinsen zahlen s. Zinsen; Erwerb von Grundeigentum s. Juristische Person 2; Verpflichtung zur Firmeneintragung s. Kaufmann usw. 1.

Sparkassenbücher s. Schuldverschreibungen auf den Inhaber I 6; Eigentum an, s. Verbindung usw. 2 a. Schl.; Pfändung von, s. Pfändung in d. Zwangsvollstr. 1 a. Schl.; Verpfändung von, s. Pfandrecht an Rechten usw. 3 a. Schl.; Kraftloserklärung, s. d.

Spaß s. Scherz.

Spediteur. Speditionsgeschäft (HGB. § 407 bis 415). Spediteur ist, wer es gewerbsmäßig übernimmt, Güterversendungen durch Frachtführer (s. d.) oder durch Verfrachter von Seeschiffen für Rechnung eines anderen (des Versenders), aber in eigenem Namen, zu besorgen; der Spediteur besorgt also den Transport regelmäßig nicht selbst, sondern beauftragt andere damit (s. aber weiter unten). Das Speditionsgeschäft ist ein ähnliches Geschäft, wie das Kommissionsgeschäft, und es gelten deshalb im wesentlichen auch die gesetzlichen Vorschriften über das Kommissionsgeschäft, namentlich die Vorschriften über die Empfangnahme, Aufbewahrung und Versicherung des Guts (s. „Kommissionär"). Der Spediteur hat den Frachtführer auszuwählen, falls nichts anderes ausbedungen. Er kann sich auch eines Zwischenspediteurs bedienen. Er hat die übliche oder ausbedungene Provision zu fordern, daneben Kosten und Auslagen. Dabei darf er keine höhere Fracht berechnen, als mit dem Frachtführer ausbedungen oder an ihn gezahlt worden ist. Fällig wird die Provision, sobald das Gut dem Frachtführer übergeben worden ist. Für seine Forderungen steht ihm ein Pfandrecht an dem Gute zu, so lange es sich noch in seinem Besitz befindet, insbesondere, so lange er noch durch Konnossement, Ladeschein oder Lagerschein darüber verfügen kann. Übernimmt der Spediteur die Beförderung des Gutes selbst, was zulässig ist, so hat er zugleich auch die Rechte und Pflichten des Frachtführers oder des Verfrachters. Die Ansprüche des Spediteurs verjähren in zwei Jahren (§ 196 BGB.), die Ansprüche gegen den Spediteur wegen Verlustes, Minderung, Beschädigung oder verspäteter Ablieferung des Gutes in einem Jahre. Die Verjährung beginnt im Falle des Verlustes oder der verspäteten Ablieferung des Gutes mit dem Ablauf des Tages, an dem das Gut hätte abgeliefert werden sollen, sonst mit der Ablieferung.

Diese Vorschriften finden auch Anwendung, wenn ein Kaufmann, der nicht Spediteur ist, im Betriebe seines Handelsgewerbes eine Güterversendung durch Frachtführer oder Verfrachter für Rechnung eines anderen in eigenem Namen zu besorgen übernimmt.

Spediteur, Pfandverkauf s. Handelsgeschäfte 2.

Speditionsgeschäft s. Spediteur usw. u. Kaufmann usw. 1.

Speisemarken s. Schuldverschreibungen auf den Inhaber I 5.

Sperre, Nottestament wegen einer, s. Testament 2 D. S. auch: Zahlungssperre.

Spezialvollmacht s. Vollmacht 1.

Spiel und Wette (762—764). Wer im Spiel oder durch eine Wette etwas gewonnen hat, hat keinen Rechtsanspruch gegen den Verlierer auf Zahlung der verlorenen Summe; Spiel- und Wettschulden sind nicht klagbar. Hat aber der Verlierer gezahlt, so kann er nicht nachträglich das Geleistete aus dem Grunde zurückfordern, weil er nicht hätte zu zahlen brauchen. Dies gilt im allgemeinen für Spiel- und Wettverträge jeder Art. Ein Spielvertrag ist eine Abmachung, bei welcher von einem beliebigen im Wirtschaftsleben normalerweise nicht begründeten Vorgang ein Vermögensvorteil des einen Teils (meist zugleich mit Vermögensnachteil des Spielpartners) abhängig gemacht wird. Eine Wette ist nach einer Entscheidung des Reichsgerichts ein Vertrag, bei dem sich die Parteien zur Bekräftigung widerstreitender Behauptungen gegenseitig verpflichten, daß dem, dessen Behauptung sich als richtig erweist, von dem anderen eine bestimmte Leistung gemacht werden soll. Nur wenn das betreffende Spiel (oder die Wette) vom Gesetz geradezu verboten ist, kann der Verlierer regelmäßig sogar das Gezahlte zurückfordern, es sei denn, daß aus dem betreffenden Gesetze sich etwas anderes ergibt. Glücksspiele sind untersagt ohne besondere obrigkeitliche Erlaubnis, gewerbliches Glücksspiel macht strafbar; zu den Glücksspielen gehören z. B. Poker, Bakkarat, 17 und 4, Kümmelblättchen, Rößlispiel, rouge et noir; auch Bajazzo- und ähnliche Automaten gehören zu den Glücksspielveranstaltungen (RG.). Mit Spiel- und Wettschulden kann selbstverständlich (gegen den Willen des Verlierers) auch nicht aufgerechnet werden. Vereinbarungen, durch die der Verlierer zum Zweck der Begleichung einer Spiel- oder Wettschuld dem Gewinner gegenüber eine anderweitige Verpflichtung eingeht, sind gleichfalls nichtig; es kann also das Gesetz nicht dadurch umgangen werden, daß etwa die verlorene Summe in eine Darlehnsschuld verwandelt oder dem Gewinner sonst ein Schuldversprechen erteilt oder über die verlorene Summe ein Wechsel ausgestellt wird usw. Auch Bürgschaften und Pfandbestellungen (z. B. Hypothek) für eine Spielschuld sind ungültig (RG.). Ist bei dem Spiel (der Wette) ein Betrug vorgekommen, so ist die Rückforderung des etwa Gezahlten aus diesem Grunde nicht ausgeschlossen.

Lotterien und Ausspielungen. Den nicht klagbaren Spiel- und Wettverträgen stehen im allgemeinen die Lotterie- und Ausspielverträge gleich; es gelten also auch für sie die vorbemerkten gesetzlichen Bestimmungen. Ausnahmsweise sind die Lotterieverträge und Ausspielverträge rechtsverbindlich, wenn die Lotterie oder die Ausspielung staatlich genehmigt ist. Für sie sind dann die abgeschlossenen Verträge rechtsverbindlich. Die Veranstaltung einer öffentlichen Lotterie oder Ausspielung beweglicher oder unbeweglicher Sachen ohne obrigkeitliche Erlaubnis ist durch das Strafgesetzbuch verboten. Zu den Ausspielungen gehören z. B. die Gella-, Hydra- und Schneeballsysteme (RG.). Private Lotterien oder Ausspielungen (Tombola) werden durch dieses Verbot nicht betroffen; es kann also der ausgehändigte Gewinn nicht zurückgefordert werden; aber eine Klage auf Zahlung (Aushändigung) des Gewinnes (aus der Privatlotterie) ist nur zulässig, wenn die Lotterie (die Ausspielung) behördlich genehmigt war. Die Bestimmung darüber, welche Behörden die Genehmigung (Erlaubnis) zur Lotterie usw. zu erteilen haben, gebührt den Landesgesetzen. Auch viele Preisrätsel und Preisausschreiben gehören zu reklamehaften Spielen, die sowohl gegen das Glücksspielverbot wie gegen die Wettbewerbsvorschriften leicht verstoßen können. Näheres über all das s. im Art. „Spiel" HdR. V 569 ff.

Über die sog. Differenzgeschäfte s. den besonderen Artikel.

Staat s. Juristische Person und Fiskus; Haftung für seine Beamten und Angestellten s. Beamte usw. a. Schl. u. Juristische Personen 3.

Staatsangehörigkeit, eines Kindes s. Eltern und Kinder 4.

Staatsschuldbuch s. Reichsschuldbuch.

Stammaktie s. Aktiengesellschaft 1.

Stammeinlage s. Gesellschaft mit beschr. Haftung.

Stammgüter, Erwerb von, s. Grundeigentum 1; Erbfolge in, s. Erbschaft 1; Erbfolge legitimierter Kinder in, s. Legitimation 1.

Stammgutserbfolge s. Erbschaft 1.

Stammkapital s. Gesellschaft mit beschr. Haftung.

Standesamt s. Eheschließung.

Standesbeamte, Anerkennung der Vaterschaft vor ihnen, s. Uneheliche Kinder 4 a. Schluß.

Standesmäßiger Unterhalt s. Unterhaltspflicht usw.

Statut s. Vereine u. Gesellschaft.

Stehende (hängende) Früchte, Pfändung von, s. Früchte, Pfändung von.

Stellenvermittler s. Makler 1.

Stellvertretung s. Vertreter, Vertretung u. Vollmacht. S. auch: Gesetzliche Vertreter.

Stempelung von Mietverträgen s. Miete usw. 1.

Sterbegehalt, Pfändung, s. Pfändung in der Zwangsvollstreckung 2.

Sterbekassen s. Versicherungsrecht; Hebungen aus, Pfändung, s. Pfändung in der Zwangsvollstreckung 2.

Stiftungen (80—88). **1.** Unter einer Stiftung versteht man ein Zweckvermögen, d. h. ein zu einem gewissen, meist gemeinnützigen Zwecke bestimmtes Vermögen. Damit ein solches Vermögen die Rechtsfähigkeit (die Rechte einer „juristischen Person"; s. d.) erlange, so daß also die geordnete Vertretung des Vermögens (der Stiftung, der Anstalt) Rechtsgeschäfte abschließen, insbesondere auch Grundbesitz erwerben kann, bedarf es der staatlichen Genehmigung der Stiftung, die erteilt wird, wenn gegen den durch die Stiftung beabsichtigten Zweck keine Bedenken obwalten. Stiftungen können den verschiedensten Zwecken dienen, sei es dem Interesse bestimmter Kreise (z. B. Familienstiftungen, s. d.) oder allgemeineren Zwecken der öffentlichen Wohlfahrt, der Kunst usw. (Krankenhäuser, Armenhäuser, Waisen- oder Erziehungsanstalten, wissenschaftliche oder Kunstsammlungen oder -Institute usw.). Die Genehmigung ist von demjenigen Lande (bzw. der dafür bestimmten Behörde dieses Landes) zu erteilen, in dessen Gebiet die Stiftung ihren Sitz haben soll.

Als Sitz der Stiftung gilt, wenn nichts anderes bestimmt ist, der Ort, an dem die Verwaltung geführt wird. Die Stiftung kann sowohl durch ein Rechtsgeschäft unter Lebenden (einseitige Erklärung des Stifters) als auch durch eine Verfügung von Todes wegen (Testament oder Erbvertrag) errichtet werden. Für das Stiftungsgeschäft unter Lebenden ist schriftliche Form vorgeschrieben (vgl. „Form der Rechtsgeschäfte 1"). Bis zur Erteilung der Genehmigung ist der Stifter zum Widerrufe berechtigt. Ist die Genehmigung bei der zuständigen Behörde nachgesucht, so kann der Widerruf nur dieser gegenüber erklärt werden. Der Erbe des Stifters ist zum Widerrufe nicht berechtigt, wenn der Stifter das Gesuch bei der zuständigen Behörde eingereicht oder im Falle der gerichtlichen oder notariellen Beurkundung des Stiftungsgeschäfts das Gericht oder den Notar bei oder nach der Beurkundung mit der Einreichung betraut hat. Wird die Stiftung genehmigt, so ist der Stifter verpflichtet, das in dem Stiftungsgeschäfte zugesicherte Vermögen auf die Stiftung zu übertragen. Rechte, zu deren Übertragung der Abtretungsvertrag genügt, gehen mit der Genehmigung auf die Stiftung über, wenn sich nicht aus dem Stiftungsgeschäfte ein anderer Wille des Stifters ergibt. Besteht das Stiftungsgeschäft in einer Verfügung von Todes wegen, so hat das Nachlaßgericht die Genehmigung einzuholen, sofern sie nicht von dem Erben oder dem Testamentsvollstrecker nachgesucht wird. Wird die Stiftung erst nach dem Tode des Stifters genehmigt, so gilt sie für die Zuwendungen des Stifters als schon vor dessen Tode entstanden. Die Verfassung einer Stiftung wird durch das Stiftungsgeschäft bestimmt. Für Familienstiftungen sind in Preußen besondere Bestimmungen ergangen; s. den betreffenden Artikel. Auch ist bestimmt (AGBGB. 4), daß bei rechtsfähigen Stiftungen, die keine Familienstiftungen sind, eine Änderung der Verfassung sowie eine Aufhebung der Stiftung durch Beschluß des Vorstandes mit staatlicher Genehmigung erfolgen kann. (Die staatliche Genehmigung der Stiftung sowie ihrer Aufhebung erfolgt in Preußen durch die Landesregierung, d. h. das zuständige Ministerium (Ges. v. 20. 3. 1919 GS. S. 53); das Gesuch ist beim Regierungspräsidenten (im Stadtkreise Berlin beim Polizeipräsidenten) einzureichen, in dessen Bezirk die Stiftung ihren Sitz haben soll. Änderungen der Verfassung bedürfen der Genehmigung der Aufsichtsbehörde usw. — In Sachsen wird die Genehmigung von dem Ministerium erteilt, das die Aufsicht über die Stiftung führt. Die Aufsicht führt das Ministerium des Kultus und des öffentlichen Unterrichts AllgVerf. § 7; — in Hamburg durch den Senat; AGBGB. Hamburg 6.) Die Frage, ob und inwieweit Stiftungen der Aufsicht des Staates unterliegen und wie diese Aufsicht ausgeübt wird, gehört dem öffentlichen Rechte an.

2. Die Stiftung muß einen Vorstand haben, der aus einer oder mehreren Personen bestehen kann. Der Vorstand vertritt die Stiftung gerichtlich und außergerichtlich. Er weist sich durch Bescheinigung der Aufsichtsbehörde aus. Auf seine Geschäftsführung finden die für den Auftrag (s. d.) geltenden Vorschriften der §§ 664 bis 670 des Bürgerlichen Gesetzbuchs insoweit entsprechende Anwendung, als sich nicht aus der Verfassung, insbesondere daraus, daß die Verwaltung der Stiftung von einer öffentlichen Behörde geführt wird, etwas anderes ergibt. Hinsichtlich der Beschlußfassung des Vorstandes, der Bestellung besonderer Vertreter neben dem Vorstande, der Haftung der Stiftung für einen durch ihre Vertreter verursachten Schaden, sowie hinsichtlich des Verlustes der Rechtsfähigkeit durch die Eröffnung des Konkurses und der Pflicht des Vorstandes der Stiftung, den Konkurs anzumelden, gelten im wesentlichen dieselben Vorschriften, wie für rechtsfähige Vereine (s. „Vereine 1—3"). Die Stiftungen unterliegen der dauernden Beaufsichtigung durch die Staatsbehörde. Ist die Erfüllung des Stiftungszwecks unmöglich geworden oder gefährdet sie das Gemeinwohl, so kann die zuständige Behörde der Stiftung eine andere Zweckbestimmung geben oder sie aufheben. Bei der Umwandlung des Zweckes ist die Absicht des Stifters tunlichst zu berücksichtigen, insbesondere dafür Sorge zu tragen, daß die Erträge des Stiftungsvermögens dem Personenkreise, dem sie zustatten kommen sollten, im Sinne des Stifters tunlichst erhalten bleiben. Die Behörde kann die Verfassung der Stiftung ändern, soweit die Umwandlung des Zweckes es erfordert. Vor der Umwandlung des Zweckes und der Änderung der Verfassung soll der Vorstand der Stiftung gehört werden.

Mit dem Erlöschen der Stiftung fällt das Vermögen an die in der Verfassung (dem Stiftungsgeschäft) bezeichneten Personen oder in Ermangelung solcher Bezeichnung an die durch Landesgesetz etwa bestimmten Personen oder Stellen. [In Preußen fällt solchenfalls das Vermögen der Stiftung kraft Gesetzes, wenn die Stiftung von einer Gemeinde oder einer sonstigen Korporation des öffentlichen Rechts errichtet oder verwaltet war, an diese Gemeinde oder Körperschaft, sonst an den Fiskus. Das Vermögen muß tunlichst in einer dem Zwecke der Stiftung entsprechenden Weise verwandt werden; (AGBGB. Preußen 5). — In Bayern fällt das Vermögen an den Fiskus (AGBGB. Bayern 5). — In Sachsen steht die Entscheidung darüber, wie das Vermögen in einer den Zwecken der Stiftung entsprechenden Weise zu verwenden ist, demjenigen Ministerium zu, das die Aufsicht über die Stiftung führte (AGBGB. Sachsen 7). — In Württemberg fällt das Vermögen an den Fiskus (AGBGB. Württemberg 138) — in Hamburg an den Fiskus, der es tunlichst in einer den Zwecken der Stiftung entsprechenden Weise zu verwenden hat (AGBGB. Hamburg 19).] Im übrigen gelten sowohl, wenn das Stiftungsvermögen an den Fiskus fällt, als auch wenn es nicht an den Fiskus fällt und daher eine Liquidation erforderlich wird, die Vorschriften, die für den Fall gegeben sind, daß nach der Auflösung eines rechtsfähigen Vereins (s. „Vereine 2" a. Schl.) das Vereinsvermögen an den Fiskus oder andere Personen fällt. — Alles Vorgesagte gilt übrigens nur für die sog. privatrechtlichen Stiftungen, nicht für Stiftungen des öffentlichen Rechts.

Stiftungen als gesetzliche Erben s. Gesetzliche Erben 3; Einkünfte aus, Pfändbarkeit, s. Pfändung in der Zwangsvollstreckung 2. — S. auch: Vereine u. Juristische Person.

Stille Gesellschaft (HGB. 335—342). Wenn sich jemand an dem von einem Kaufmann betriebenen Geschäft mit einer Einlage beteiligt, ohne daß er nach außen hin als Geschäftsteilhaber hervortritt, so wird das Rechtsverhältnis eine stille Gesellschaft genannt. Der stille Gesellschafter (stille Sozius, stille Teilhaber) ist an dem Gewinn des Geschäfts nach Maßgabe seiner Einlage beteiligt; ob er auch an einem etwaigen Verluste beteiligt sein soll, hängt von der Vereinbarung ab. Anderen Personen gegenüber ist der Geschäftsinhaber der allein Berechtigte und Verpflichtete (HGB. 335); der stille Teilhaber hat also insbesondere mit den Geschäftsgläubigern nichts zu tun (sofern er nicht etwa Bürgschaft übernimmt oder sich in anderer Weise den Gläubigern besonders verpflichtet; tritt er mit Genehmigung des Geschäftsinhabers nach außen hin als Mitinhaber auf, so kann er sich Dritten gegenüber nicht darauf berufen, daß er nur stiller Gesellschafter sei (RG.). Der stille Gesellschafter riskiert also nur den Verlust seiner Einlage, wenn das Geschäft fehlgeht. (Ist vertragsmäßig eine Verlustbeteiligung ausgeschlossen und andererseits eine bestimmte Summe oder ein bestimmter Prozentsatz dem stillen Teilhaber als Gewinnanteil garantiert, so kann es zweifelhaft sein, ob überhaupt eine stille Gesellschaft und nicht vielmehr ein bloßer Darlehnsvertrag vorliegt; letzterer ist jedenfalls dann anzunehmen, wenn kein Gewinnanteil, sondern ein fester Zins unter Ausschluß einer Beteiligung am Verlust vereinbart ist.) — Ist über den Anteil des stillen Teilhabers am Gewinn (und eintretendenfalls am Verlust) im Vertrage (der einfach mündlich und sogar stillschweigend geschlossen sein kann) nichts bestimmt, so gilt gesetzlich „ein den Umständen nach angemessener Anteil als bedungen" (HGB. 336). Am Schlusse eines jeden Geschäftsjahres wird der Gewinn und Verlust berechnet und der auf den stillen Gesellschafter fallende Anteil ihm ausbezahlt (HGB. 337). Der stille Teilhaber nimmt an dem Verluste (wenn überhaupt) nur bis zum Betrage seiner eingezahlten oder rückständigen Einlage teil. Er ist, wenn er überhaupt am Verluste beteiligt ist, nicht verpflichtet, bezogenen Gewinn wegen späterer Verluste zurückzuzahlen; jedoch wird, sobald seine Einlage durch Verlust vermindert ist, der jährliche Gewinn zur Deckung des Verlustes verwendet. Der von dem stillen Teilhaber etwa nicht erhobene Gewinn vermehrt nicht ohne weiteres den Betrag seiner Einlage; es kann dies aber natürlich vereinbart werden. — Der stille Teilhaber kann abschriftliche Mitteilung der jährlichen Bilanz verlangen und ihre Richtigkeit unter Einsicht der Bücher und Papiere prüfen. Weitere Kontrollrechte hat er nicht; er kann aber unter Umständen durch Angehen des Gerichts weitere Aufklärung erlangen (HGB. 338). Durch den Tod des stillen Teilhabers wird das Rechtsverhältnis an sich nicht geändert; es treten nur an die Stelle des Verstorbenen dessen Erben. Wegen Aufkündigung der Gesellschaft seitens des einen oder anderen Teils, wegen der Auseinandersetzung unter den Beteiligten nach erfolgter Auflösung der Gesellschaft und wegen der Rechtsverhältnisse im Falle eines Konkurses des Geschäftsinhabers muß auf die §§ 339—342 HGB. verwiesen werden. — Eine Handelsgesellschaft ist die stille Gesellschaft nicht, so daß, soweit nicht ausdrücklich anderweitige Vorschriften gegeben sind, auf sie die Vorschriften des Bürgerlichen Gesetzbuches über die Gesellschaft Anwendung finden.

Stillschweigen, Abschluß von Geschäften durch, bei Kaufleuten s. Handelsgeschäfte 1.

Stillschweigende Verabredungen oder Willenserklärungen. Wer mit einem anderen ein Geschäft, einen Vertrag abschließen oder eine einseitige Willenserklärung abgeben will, der muß seinen Willen erklären, d. h. den Willen in geeigneter Weise zu erkennen geben. Dies kann ausdrücklich geschehen, sei es durch Worte (mündlich oder schriftlich) oder durch entsprechende Gebärden (Kopfnicken, Kopfschütteln u. dgl.), die eben dazu bestimmt sind, dem Willen Ausdruck zu geben. Aber die Kundgebung des Willens kann auch in anderer Weise erfolgen; d. h. der Wille wird als gehörig an den Tag gelegt angesehen, wenn ein Verhalten (Tun oder Unterlassen) vorliegt, aus dem auf das Vorhandensein des fraglichen Willens mit Sicherheit geschlossen werden kann. In solchen Fällen spricht man von einer stillschweigenden Willenserklärung. Wann eine solche vorliegt, darüber lassen sich im allgemeinen keine Regeln aufstellen; es ist auf die Umstände des einzelnen Falles zu sehen. Wer beispielsweise eine schriftlich bei ihm bestellte Ware an den Besteller absendet, gibt dadurch stillschweigend zu erkennen, daß er auf den (durch die Bestellung ihm angebotenen) Kaufvertrag eingeht; wer vom Kaufmann ohne Bestellung ihm übersandte Zigarren anbricht und in Gebrauch nimmt, tut dadurch stillschweigend seinen Willen kund, daß er die Zigarren behalten (kaufen) will. Wer in einen Laden tritt, nach dem Preise einer Ware fragt und dann die Ware hin- und mitnimmt, gibt genügend zu erkennen, daß er die Ware kaufen will; aber wenn er auch nicht einmal nach dem Preise fragt, sondern bloß eine Ware auswählt und an sich nimmt, so wird in solchem Tun regelmäßig ein genügender Ausdruck für seinen Willen zu finden sein, daß er die Ware zu dem in dem Geschäft üblichen, angemessenen Preise kaufen wollte. Selbst Schweigen kann unter Umständen als ein genügender Willensausdruck angesehen werden, obwohl im allgemeinen keine Verpflichtung besteht, auf eine Anfrage, ein Angebot usw. zu antworten. Jedenfalls wird in dem Schweigen dann eine Zustimmung zu finden sein, wenn der Anfragende, Anbietende nach Lage der Sache erwarten durfte, daß ein Nichteinverständnis ausdrücklich erklärt werden würde.

Stimmenerschleichung und Stimmenverkauf s. Aktiengesellschaft 4.

Stockwerksberechtigungen s. Gebäude, gemeinschaftliche.

Störung im Eigentum s. Eigentumsansprüche 1; im Besitz s. Besitz.

Strafandrohung behufs Anmeldung zum Handelsregister s. Handelsregister 2.

Strafbare Handlungen s. Schadensersatz wegen unerlaubter Handlung. S. auch: Verbrechen.

Strandgut. Das sog. Strandrecht, wonach die Meeres- oder Flußanwohner berechtigt waren, das infolge eines Unfalls im Wasser schwimmende Gut sich anzueignen, besteht nicht mehr. Statt dessen haben diejenigen Personen, die schiffbrüchiges Gut zu bergen geholfen haben, einen gesetzlichen Anspruch auf Bergelohn oder Hilfslohn, wenn der Eigentümer des Guts bekannt ist (HGB. 740 ff.; Reichsstrandungsordnung v. 17. Mai 1874 in der Fassung v. 13. 7. 1924). Ist der Eigentümer des geborgenen Guts nicht zu ermitteln, so werden nach stattgehabtem Aufgebotsverfahren Gegenstände, die vom Strande aus geborgen sind, sowie der Seeauswurf von der Behörde dem Landesfiskus überwiesen; dagegen werden versunkene Schiffstrümmer, sowie sonstige Gegenstände, die vom Meeresgrunde heraufgebracht sind oder ein verlassenes Schiff oder sonstige besitzlos gewordene Gegenstände, die auf offener See treibend geborgen sind, dem Berger überwiesen. Werden etwaige, von den Eigentümern der geborgenen Sache versäumte Ansprüche später noch geltend gemacht, so steht ihnen nur der Bereicherungsanspruch gegen den Fiskus bzw. den Berger zu. — Auf Gegenstände, die auf oder an Flüssen oder anderen Binnengewässern geborgen oder gefunden werden, bezieht sich das Vorgesagte an sich nicht. Die Landesregierungen haben aber das Recht, zu bestimmen, daß und welche Flüsse usw. in Beziehung auf die vorbezeichneten gesetzlichen Bestimmungen der See gleichzustellen sind. Soweit dies nicht geschehen ist, werden Sachen, die von Flüssen usw. angeschwemmt und geborgen werden, den Bestimmungen des Bürgerlichen Gesetzbuchs über „Gefundene Sachen" (s. d.) unterliegen.

Streik. Entsprechend der Aussperrung (s. d. Art.) als dem Kampfmittel des Arbeitgebers im Arbeitsstreit, ist der Streik (Ausstand) das Kampfmittel des Arbeiters, sobald andere Mittel nicht mehr ausreichend zur Erreichung der Ziele erscheinen. Ihm liegt auch da ein gemeinsamer Beschluß zugrunde, obschon die Gemeinsamkeit der Ausführung zeitlich getrennt sein kann. Streik als Tatsache mit rechtlichen Folgen beruht auf dem Koalitionsrecht. Für das deutsche Recht kann von einem subjektiven „Streikrecht" nur soweit die Rede sein, als das Recht zu Arbeitseinstellungen nicht mit anderen Rechtspflichten kollidiert, zu denen in der Hauptsache einerseits Vertragspflichten, andrerseits öffentlichrechtliche, insbesondere auch Beamtenpflichten gehören. Durch die verfassungsmäßige Anerkennung der wirtschaftlichen und sozialen Vereinigungsfreiheit ist nicht ohne weiteres auch die Streikfreiheit verfassungsmäßig konstituiert. Soweit jedoch der Streik nicht mit anderen Rechtspflichten kollidiert, ist er ein erlaubtes Kampfmittel, das nicht etwa ohne weiteres als „unsittlich" anzusehen ist (RG.).

Daß der Streik, in den ohne Einhaltung der Kündigungsfrist eingetreten wird, als Vertragsbruch zu bezeichnen ist, kann ernstlich nicht bestritten werden. Während bei der Aussperrung noch die Zweifelsfrage auftreten kann, ob der Arbeitgeber nur durch die Nichtzahlung des Lohnes oder auch schon durch die Nichtzulassung zur Arbeit vertragsbrüchig wird, liegt beim Streik dieser Punkt insofern einfacher, als der Tatbestand des Nichterscheinens zur Arbeit schon schlechthin die Vertragsverletzung bedeutet (falls eben dieses Nichterscheinen nicht entschuldbar ist). Der Schadensersatzanspruch, die Rechtsfolge des Vertragsbruchs, tritt aber erst ein, wenn auf Grund der Vertragsverletzung der Vertrag gelöst, die Kündigung ausgesprochen wird. Wie wichtig diese Vorschrift in Streikfragen ist, zeigt sich darin, daß die Streikenden zumeist den Arbeitsvertrag grundsätzlich gar nicht lösen wollen, mit ihrem Streik vielmehr nur bessere Bedingungen und insofern einen neuen Arbeitsvertrag mit dem Gegenkontrahenten einleiten wollen, noch mehr aber, daß von der Seite des Gegenkontrahenten dieser Parteiwille als übereinstimmender Vertragswille stillschweigend anerkannt wird, indem sich der Arbeitgeber (bei der Aussperrung der Arbeitnehmer) zu Verhandlungen bereitfinden läßt und die Kündigung, zu der er ohne Zweifel in der Regel berechtigt ist, nicht ausspricht.

Im Laufe der Zeit hat sich ein Unterschied zwischen dem geordneten (organisierten) Streik und dem wilden („verbandswidrigen") Streik herausgebildet. Das hat für die Beziehungen zu Tarifverträgen (s. d.) Bedeutung. Trotz der Unterscheidung aber wirkt sich auch bei den geordneten Streiks der Vorgang für den einzelnen Streikbeteiligten nur privatrechtlich aus. Er gerät in eine Kollision von Pflichten gegenüber seinem Verbande und gegenüber seinem Arbeitgeber. Ob ein Streik neben seinem Verstoß gegen privatrechtliche Satzung noch gegen Amtspflichten, Strafgesetze (NotVO. vom 10. 11. 1920, SeemannsO.) oder Schutzgesetze (z. B. §§ 823 ff. BGB.) verstößt, ergibt sich nur aus dem besonderen Fall; eine allgemeine Strafbarkeit der Kampfhandlung an sich ist nicht vorhanden, die Strafbarkeit unzulässiger Streiks nach der genannten NotVO. ist auf bestimmte Handlungen beschränkt. Die früher angenommene Strafbarkeit der Streikdrohung (RG.) muß als durch die Rechtsentwicklung überholt angesehen werden; der Tatbestand der Erpressung nach § 253 StGB. wird nach jetzt herrschender Meinung nicht auf die gewöhnliche Streikdrohung schlechthin angewandt.

Über alle diese, z. T. juristisch recht schwierigen Fragen, ebenso wie über die rechtlichen Folgen der Streikbeteiligung für den einzelnen, den Schutz der Arbeitswilligen, Schutz der gemeinnützigen Betriebe und über die Rechtsfragen der Organisation eines Streiks durch die Gewerkschaft (Haftung für Streikschäden) sei auf den Art. „Streikrecht" im HdR. V, 806 ff. verwiesen. Hier sei nur noch ganz kurz erwähnt, daß als arbeitswilliger „Streikbeteiligter" nur derjenige angesehen werden kann, der dem Arbeitgeber gegenüber seine Arbeitswilligkeit erklärt oder glaubhaft gemacht hat. Tut er noch mehr als dies, versucht er in die (nicht vom Arbeitgeber gesperrte) Betriebsstätte zu dringen und zu arbeiten, gleichgültig, ob ihm dies z. T. oder gar nicht gelingt, so ist er zwar tatsächlich, aber nicht rechtlich ein „Streikbeteiligter" und jedenfalls zweifellos arbeitswillig. Wenn er aber den möglichen Versuch, zu arbeiten, nicht einmal unternimmt und sich vom Streik der anderen trotz seiner „Arbeitswilligkeit" zu leicht an der Arbeit verhindern läßt, so ist die Arbeitswilligkeit zwar schwerer nachzuweisen, aber die Erklärung des Arbeitenwollens steht dem Rechtsbegriff der Arbeitsverweigerung jedenfalls im Wege. Denn es liegt hier meist Unmöglichkeit der Erfüllung, die von anderen verschuldet ist, vor. Der § 616 BGB. setzt den § 323 BGB., der bei Unmöglichkeit, die von keiner der Parteien zu vertreten ist, die Entgeltzahlung wegfallen läßt, nur bei Behinderung von unerheblicher Dauer außer Kraft. Es kann natürlich auch so liegen, daß der Versuch, in die Arbeitsstätte zu gelangen, ganz aussichtslos ist und nur Unverstand ihn wagen kann. In solchen Fällen muß die Arbeitswilligkeitserklärung dem Arbeitgeber gegenüber genügen. Ebenso genügt diese Erklärung, wenn etwa der Arbeitgeber den Betrieb oder die Arbeitsstätte des betreffenden Arbeiters oder Angestellten geschlossen hat. Ist die Aufrechterhaltung des Betriebs infolge des Streiks technisch unmöglich gemacht (Beispiel: die Elektrizitätsarbeiter des Werkes streiken, die Fahrbeamten der elektrischen Bahn sind arbeitswillig), dann dürfen, „wenn die Arbeitsgemeinschaft aus Gründen, die nicht vom Unternehmer ausgehen, versagt, die Folgen nicht nur ihn (den Arbeitgeber) treffen" (RG.).

Sind Hemmungen öffentlichrechtlicher, vertragsrechtlicher oder machtpolitischer Art nicht vorhanden, dann gelten für den Streikbeteiligten die Rechtssätze von der Arbeitsverweigerung und dem Arbeitsvertragsbruch. Ohne weiteres handelt es sich doch um den Tatbestand einer der stärksten Verletzungen der Arbeitspflicht und des Arbeitsvertrags (sofern — wie hier immer vorausgesetzt — der Streik ohne Einhaltung der ordentlichen Kündigungsfrist begonnen wurde).

Streuen bei Glatteis s. Öffentliche Sicherheit.

Stückverzeichnisse über in Aufbewahrung gegebene Wertpapiere s. Depots, kaufmännische.

Studienkosten, Anrechnung bei einer Erbteilung s. Ausgleichung unter Miterben.

Stumme, Anordnung einer Pflegschaft für, s. Pflegschaft 1 b. — S. auch: Taubstumme.

Stundung hemmt die Verjährung s. Verjährung 1, 2; hemmt die Verzinsung des Kaufpreises s. Kauf und Verkauf 9; beim Vorkauf s. Vorkaufsrecht.

Substituieren, Substitution im Testament s. Ersatzerben.

Sühnetermin. (§§ 296, 495a ff., 349, 609 bis 611 ZPO.). In allen Rechtsstreitigkeiten kann das Gericht in jeder Lage des Rechtsstreits gütliche Beilegung desselben oder einzelner Streitpunkte versuchen, oder die Parteien zum Zwecke des Sühneversuchs vor einen beauftragten oder ersuchten Richter verweisen. Es kann zu diesem Zwecke auch insbesondere das persönliche Erscheinen der Parteien angeordnet werden.

In allen Amtsgerichtssachen muß der Klage ein Güteverfahren vorangehen, es sei denn, daß es sich um Urkunden- und Wechselprozesse handelt, innerhalb des letzten Jahres bereits ein Sühneversuch erfolglos ausgegangen ist, oder wenn einer der sonstigen Gründe aus § 495a ZPO. vorliegt. In dem Güteverfahren, das sich über mehrere Termine hinziehen kann, ist gleichfalls eine gütliche Einigung der Parteien zu versuchen.

In Ehescheidungssachen muß, bevor eine Klage erhoben wird, ein Sühnetermin vor dem Amtsgericht stattgefunden haben (vgl. darüber Ehescheidung 2).

Sukzessivgründung s. Aktiengesellschaft 2.

T.

Tage, Fristen bestimmt nach, s. Fristen und Termine.

Tagelohn s. Arbeits- und Dienstvertrag.

Tarifvertrag. Der Tarifvertrag ist ein kollektiver Arbeitsvertrag, der insbesondere die Lohn- und Gehaltszahlung, aber auch andere Bedingungen des Arbeitsvertrags regelt. Das geltende Recht geht auf eine VO. v. 23. 12. 1918 (RGBl. 1456) zurück, die nach mancherlei Änderungen jetzt in der Fassung v. 1. 3. 1928 (RGBl. I, 47) maßgebend ist. Voraussetzung des Abschlusses von Tarifverträgen ist die Tariffähigkeit der Parteien, d. h. ein einzelner Arbeitgeber oder eine Vereinigung von Arbeitgebern einerseits, eine Vereinigung von Arbeitnehmern andrerseits; letztere müssen selbständig, d. h. sie dürfen nicht von dem Unternehmer abhängig sein. Nicht jede Vereinigung ist tarifberechtigt; die Tarifberechtigung beruht auf gesetzlicher oder vertraglicher Grundlage und ergibt sich aus den Aufgaben der betreffenden Vereinigung. Schriftform ist für den Tarifvertrag zu seiner Gültigkeit erforderlich.

Der Tarifvertrag enthält die beiderseitigen Verpflichtungen, die einer generellen Regelung zugänglich sind, also namentlich über Anstellungsbedingungen, Lohn und Gehalt, Arbeitszeit, Kündigungsrecht, Behandlung Jugendlicher, Geltungsbereich usw., aber auch über Schlichtung von Streitigkeiten, zumeist mit Betonung der sog. Friedenspflicht, d. h. dem Verbot von Kampfhandlungen während der Dauer der Geltung des Tarifvertrags, und mit Betonung der Pflicht, daß die Tarifparteien auf ihre Mitglieder behufs Durchführung der Tarifvertragsbestimmungen einwirken. Dem Tarifvertrag kommt insofern Unabdingbarkeit zu, als seine Festlegungen nicht durch Einzelverträge umgangen oder gemindert werden dürfen, soweit die einzelnen Arbeitnehmer tarifbeteiligt sind, d. h. zu den durch den Tarifvertrag erfaßten Gruppen gehören. Näheres über alle diese Fragen s. im Art. Tarifvertrag im HdR. V, 836ff.

Täter, mehrere, s. Schadensersatz weg. unerl. Handlung 5.

Taube, Anordnung einer Pflegschaft für, s. Pflegschaft 1 b.

Tauben s. Aneignung herrenloser Sachen 3.

Taubstumme, Abgabe schriftlicher Willenserklärungen durch, s. Form der Rechtsgeschäfte 1; nur bedingungsweise Haftung für Vorsatz und Fahrlässigkeit s. Vertretung von Vorsatz usw.

Taubstumme. Die Rechtsstellung taubstummer Personen wird durch ihr Leiden im allgemeinen nicht beeinflußt, vorausgesetzt, daß nicht auch ein geistiges Gebrechen vorliegt, das eine Entmündigung (s. d.) wegen Geisteskrankheit oder Geistesschwäche herbeiführen könnte. Kann ein Taubstummer einzelne seiner Angelegenheiten oder einen bestimmten Kreis seiner Angelegenheiten, z. B. seine Vermögensgeschäfte, nicht selbst besorgen, so steht es ihm frei, beim Vormundschaftsgericht die Bestellung eines Pflegers für sich zu beantragen, wodurch er selbst aber keineswegs seine Geschäftsfähigkeit verliert (s. „Pflegschaft 1 b"). Mündliche Willenserklärungen kann der Taubstumme abgeben, soweit er physisch dazu imstande ist; hinsichtlich der Abgabe schriftlicher Willenserklärungen durch ihn bestehen keine besonderen Vorschriften. Auch für die Eheschließung eines Taubstummen gilt weiter nichts Besonderes, als daß der Standesbeamte zu der Verhandlung erforderlichenfalls einen Dolmetscher zuziehen muß. Bei Verhandlungen mit einem Taubstummen vor Gericht oder einem Notar ist stets die Zuziehung eines Urkundsbeamten oder eines zweiten Notars oder zweier Zeugen oder einer anderen Urkundsperson nötig; ist schriftliche Verständigung mit ihm nicht möglich, so auch noch die Zuziehung eines Dolmetschers.

Was die Testamentserrichtung durch einen Taubstummen angeht, so ist er zweifellos fähig, ein Testament zu errichten, wenn er schreiben kann; er kann in diesem Falle sowohl ein eigenhändiges Privattestament machen (s. „Testament 2 B"), als auch vor Gericht oder Notar ein Testament errichten und zwar, wenn er sich mündlich genügend verständlich machen kann, in gewöhnlicher Weise (s. „Testament 2 A"), sonst aber in der unter „Testament 2 C" in der „Bemerkung" unter d näher bezeichneten Weise. Kann der Taubstumme nicht schreiben und sich auch mündlich nicht verständlich machen, so ist ihm allerdings die Möglichkeit, ein Testament zu errichten, versagt.

Eine besondere Bestimmung hat das Gesetz für Taubstumme insofern, als ein Taubstummer für einen Schaden, den er einem anderen zugefügt hat, nicht verantwortlich ist, wenn er bei Begehung der schädigenden Handlung oder Unterlassung nicht die zur Erkenntnis der Verantwortlichkeit erforderliche Einsicht besessen hat. Die Anwendung der Bestimmung setzt also voraus, daß der Betreffende nicht nur taubstumm, sondern auch geistig zurückgeblieben ist. Unter Umständen kann der Taubstumme aber dennoch den Schaden ganz oder teilweise ersetzen müssen, wenn es sich um einen Schaden aus einer „unerlaubten Handlung" handelt; s. Näheres unter „Schadensersatz wegen unerlaubter Handlung 4".

Taufgeschenke s. Patengeschenke.

Tausch (515). Ein Tausch unterscheidet sich von einem Kaufe dadurch, daß nicht der eine Teil, wie beim Kaufe, Geld bezahlt, sondern daß er statt dessen eine Sache gegen eine Sache hingibt. (Es können freilich auch Rechte Gegenstand eines Tausches sein.) Im übrigen aber ist das Tauschgeschäft dem Kaufe so ähnlich, daß das Gesetzbuch sich auf den einfachen Satz beschränkt: Auf den Tausch finden die Vorschriften über den Kauf entsprechende Anwendung. Es folgt daraus, daß jeder der beiden Vertragschließenden in Ansehung der von ihm versprochenen Leistung als Verkäufer, in Ansehen der ihm versprochenen Leistung als Käufer anzusehen und zu behandeln ist. Auf den Tausch finden alle Bestimmungen Anwendung, die im Gesetz zunächst für den Kauf gegeben sind, insbesondere die Vorschriften über die Gewährleistung des Verkäufers wegen Mängel der gekauften (hier: der getauschten) Sache (s. „Gewährleistung wegen Mängel usw. 10").

Täuschung des Erblassers, Verwirkung des Erbrechts wegen, s. Erbunwürdigkeit; bei Eingehung einer Ehe s. Ehehindernisse 2b; arglistige Täuschung s. d. und Anfechtung einer Willenserklärung wegen Irrtums usw.

Täuschungen (arglistige) oder Drohungen bei Abschluß von Rechtsgeschäften (Verträgen) (123). Ist jemand zum Abschluß eines Vertrages oder zur Abgabe einer sonstigen Willenserklärung, z. B. einer Quittung, eines Verzichts, durch Gewalt gezwungen worden, so ist der aufgezwungene Vertrag oder die abgenötigte Erklärung ungültig (nichtig). Anders, wenn eine Willenskundgebung widerrechtlich durch Drohungen oder durch arglistige Täuschung (Betrug) herbeigeführt ist; dann ist die Erklärung nicht ohne weiteres ungültig, aber der Geschädigte kann die von ihm abgegebene Willenserklärung dadurch ungültig machen, daß er sie anficht. Über die Anfechtung selbst und deren Rechtsfolgen s. „Anfechtung einer Willenserklärung usw.". Erst dann wird die Erklärung so angesehen, als wenn sie gar nicht abgegeben wäre. Ist also beispielsweise jemand durch betrügerische Vorspiegelungen dazu verleitet worden, über eine ihm geschuldete Summe zu quittieren, obwohl er noch gar keine Zahlung erhalten hat, so darf er sich nicht dabei beruhigen, daß seine Quittung, weil durch Betrug erlangt, keine Gültigkeit habe, sondern muß anfechten, wobei er selbstverständlich den vorgekommenen Betrug beweisen muß. Es ist regelmäßig gleichgültig, ob die Täuschung (der Betrug) durch den anderen Teil oder durch irgendeine andere Person verübt ist; eine Ausnahme gilt nur dann, wenn jemand zwar durch einen Betrug zur Abgabe einer Erklärung verleitet ist, derjenige aber, der die Erklärung empfangen hat, von dem Betruge weder etwas wußte noch auch nach den Umständen etwas wissen mußte; in solchem Falle kann der Betrogene die Erklärung nicht anfechten. Auf Willenserklärungen, denen ein Empfänger überhaupt nicht gegenübersteht, erstreckt sich die Ausnahme jedoch nicht; z. B. die Anerkennung der Ehelichkeit eines Kindes, eine letztwillige Verfügung, eine Erbschaftsannahme oder Erbschaftsausschlagung können angefochten werden, gleichviel, von wem der Betrug oder die Drohung ausgegangen ist. Voraussetzung für das Vorliegen eines rechtserheblichen Falles arglistiger Täuschung ist: a) Vorsatz der Täuschung (nicht der Schädigung), so daß Fahrlässigkeit nicht genügt, also z. B. auch dann kein Vorsatz gegeben ist, wenn der Verschweigende die Kenntnis der Wahrheit beim Gegner vorausgesetzt hat, b) ein ursächlicher Zusammenhang zwischen dem Verhalten des Täuschenden und der Willenserklärung des Gegners, der jedoch nicht den Inhalt des angefochtenen Geschäfts unmittelbar zu betreffen braucht (RG.), c) zwar besteht eine besondere Offenbarungspflicht über alles, was möglicherweise dem Gegner beim Vertragsschluß bestimmend sein könnte, nicht, wohl aber sind beim Vorhandensein einer Gewährleistungspflicht strengere Anforderungen gegeben. Ob die Täuschung auf wesentliche oder unwesentliche Teile der Willenserklärung sich bezieht, ist gleichgültig, ebenso ob der Irrtum des Getäuschten entschuldbar war oder nicht. Anfechtungsrecht ist nicht nur dann gegeben, wenn ohne die arglistige Täuschung das Geschäft überhaupt nicht, sondern auch wenn es mit anderem Inhalte (Preis u. dgl.) abgeschlossen worden wäre (RG.). Die Drohung muß übrigens eine widerrechtliche gewesen sein. Hat jemand ein Recht, einen anderen zur Abgabe einer Erklärung zu nötigen, so kann dieser die ihm abgenötigte Erklärung nicht anfechten.

Tauschvertrag s. Tausch; über Grundstücke s. Auflassung 2.

Taxation von Grundstücken s. Taxe.

Taxe bei Dienstleistungen s. Arbeitsvertrag 3; für Werkübernahme s. Werkvertrag 6; für Mäklergeschäfte s. Mäkler 1; durch Sachverständige s. Zustand oder Wert usw.; von Grundstücken zur Ermittelung der Beleihungsfähigkeit s. Mündelgelder.

Teilhaber s. Gesellschafter.

Teilhypothek s. Hypothek 3.

Teilleistungen s. Leistungen usw. 3.

Teilung eines gemeinschaftlichen Vermögens s. Gemeinschaft usw. 3; eines Nachlasses s. Erbteilung; eines Gebäudes s. Gebäude, gemeinschaftliche.

Teilzahlungen s. Leistungen usw. 3.

Telegramme s. Form der Rechtsgeschäfte 1; falsches s. Irrtum.

Telephon, Vertragsantrag (Offerte) durch, s. Vertrag, Vertragsantrag usw. 2.

Termine s. Fristen und Termine; Versäumnis bei, s. Zeitversäumnis.

Testament (2064—2273). **1.** Im allgemeinen kann jedermann jederzeit ein Testament errichten. Unfähig dazu sind nur (2229, 2230): Kinder unter 16 Jahren; alle entmündigten Personen; Geisteskranke oder sonst wegen krankhafter Störung der Geistestätigkeit geschäftsunfähige Personen (s. „Geschäftsunfähigkeit 4"), auch wenn sie nicht entmündigt sind; vorübergehend sinnlose Personen, solange der Zustand der Bewußtlosigkeit oder Störung der geistigen Tätigkeit dauert (105 Abs. 2); endlich Personen, die aus irgendwelchem Grunde ihren Willen weder mündlich noch schriftlich auszudrücken vermögen. Bei den Entmündigten tritt die Unfähigkeit schon ein, wenn der Antrag gestellt ist, auf Grund dessen später die Entmündigung erfolgt. Junge Leute über 16 Jahre bedürfen zur Testamentserrichtung der Mitwirkung oder Zustimmung ihres gesetzlichen Vertreters (Vaters, Vormundes usw.) nicht; sie sind also, was letztwillige Verfügungen angeht, schon geschäftsfähig, während sie dies im übrigen noch nicht sind (s. „Geschäftsfähigkeit 2"). Wer überhaupt fähig ist, ein Testament zu machen (letztwillig zu verfügen), kann dies nur persönlich tun; weder ein Bevollmächtigter, noch ein gesetzlicher Vertreter (Vater, Vormund usw.) kann für uns ein Testament errichten (2064).

Ein Testament kann nicht in jeder beliebigen Weise errichtet werden; es sind dabei besondere gesetzliche Formen zu beobachten, die unten näher mitgeteilt sind, deren Außerachtlassung das Testament ungültig macht. Wer sein Testament machen will, kann darum das Gericht oder einen Notar angehen (gerichtliches oder notarielles Testament; sog. öffentliches Testament; unten 2 A); er kann aber auch ein Privattestament machen (unten 2 B) (2231). (Über die Form der Errichtung eines Testaments in ganz besonderen Fällen s. unten 2 C bis E.)

2. Form der Testamente. Im Nachstehenden werden die gesetzlich zugelassenen Arten der Testamentserrichtung und die dabei zu beobachtenden Formen im einzelnen besprochen.

A. Öffentliches Testament vor Gericht oder Notar (2232—2248). Ob ein Testament vor Gericht oder vor einem Notar oder ob es bloß vor Gericht oder bloß vor einem Notar errichtet werden kann, bestimmen die Landesgesetze. Die Errichtung des Testaments erfolgt in der Weise, daß der Erblasser dem Richter oder dem Notar entweder seinen Willen mündlich (zu Protokoll) erklärt oder daß er eine von ihm selbst oder von einem anderen bereits geschriebene Schrift dem Richter oder Notar offen oder verschlossen mit der Erklärung übergibt, daß die Schrift seinen letzten Willen enthalte, worauf dann über die Übergabe und die Erklärung gleichfalls ein Protokoll aufgenommen wird. Wer minderjährig ist oder Geschriebenes nicht lesen kann, kann ein Testament nur durch mündliche Erklärung errichten. Über die Formen, die das Gericht oder der Notar bei der Testamentsaufnahme zu beobachten hat, enthält das Gesetz die nötigen Vorschriften. (Diese Formvorschriften sind weiter unten unter C ausführlich mitgeteilt, da sie auch der Gemeindevorsteher usw., wenn er ein Nottestament aufnehmen will, genau beobachten muß.) Das Protokoll muß dem Erblasser vorgelesen und von ihm genehmigt und, sofern er schreibensfähig ist, eigenhändig unterschrieben werden. Wenn der Erblasser es verlangt, muß ihm das Protokoll auch zur eigenen Durchsicht vorgelegt werden. Das über die Testamentserrichtung aufgenommene Protokoll wird in Gegenwart des Erblassers mit dem Amtssiegel verschlossen, mit Aufschrift versehen und in besondere amtliche Verwahrung (s. unten unter 2 a. Schl.) genommen. Der Erblasser erhält darüber einen Hinterlegungsschein.

B. Eigenhändiges Testament (Privattestament) (2231). Ein Privattestament macht der Erblasser ganz allein. Er setzt zu diesem Zweck seinen letzten Willen eigenhändig auf, versieht die Schrift, gleichfalls eigenhändig, mit Angabe des

Orts und des Datums und unterschreibt sie; das ist alles. Es darf aber von diesen gesetzlichen Erfordernissen auch nichts fehlen, da sonst das Testament ungültig wäre. Sollte etwa der Erblasser zur Niederschrift seiner Verfügung einen Briefbogen nehmen, auf dem Ortsangabe und Jahreszahl vorgedruckt sind, so muß er diesen Vordruck unbenutzt lassen, da eben Ort und Datum vom Erblasser eigenhändig geschrieben sein müssen. Die Unterschrift muß unter die Verfügung gesetzt werden. Es empfiehlt sich, auch die Ortsangabe und das Datum unter die Verfügung zu setzen und darunter die Unterschrift. Zeugen brauchen das Testament nicht mitzuunterschreiben; ebensowenig ist eine Untersiegelung des Testaments nötig. Selbstverständlich kann sich der Erblasser bei der Abfassung des Testaments eines Beistands bedienen oder überhaupt das ganze Testament durch einen anderen verfassen lassen; er muß es dann aber eigenhändig abschreiben; denn gerade in der Eigenhändigkeit der ganzen Schrift liegt die vorgeschriebene Form. — Jedermann kann ein Privattestament errichten; nur Minderjährige und Personen, die das von ihnen selbst Geschriebene, z. B. wegen Augenschwäche, nicht lesen können (und selbstverständlich solche, die nicht schreiben können), sind nach dem Gesetze nicht fähig, in dieser Weise ihr Testament zu machen; sie können nur in der vorstehend unter A dargestellten Weise vor Gericht oder Notar eine letztwillige Verfügung treffen (2238 Abs. 2). Ein eigenhändiges Testament kann auch in einer fremden Sprache gültig errichtet werden. — In welcher Weise der Erblasser sein Privattestament aufbewahren und sicherstellen will, überläßt das Gesetz seinem Belieben. Nimmt er es selbst in Verwahrung, so muß es nach seinem Tode von dem Besitzer an das Nachlaßgericht abgeliefert werden. Der Erblasser hat aber das Recht, das Testament in besondere amtliche Verwahrung zu geben (s. unten 2 a. Schl.), und es wird sich unter Umständen, ungeachtet der dadurch entstehenden Kosten, sehr empfehlen, dies zu tun, um das Testament gegen etwa drohende Fährlichkeiten zu sichern. Über die Hingabe des Testaments erhält er einen Hinterlegungsschein. —

Nur unter bestimmten Voraussetzungen gestattet das Gesetz noch einige besondere Testamentsformen (sog. außerordentliche Testamentsformen); s. darüber nachstehend C bis E.

C. Nottestament vor dem Gemeinde- usw. Vorsteher wegen schwerer Erkrankung (2249). Kann oder will jemand kein Privattestament (vorstehend B) machen und ist zu besorgen, daß er vorher stirbt, ehe das Gericht oder ein Notar herbeigerufen werden kann, so kann ein sog. Nottestament (auch wohl „Dorftestament“ genannt) vor dem Gemeinde- usw. Vorsteher (in dessen Wohnung oder in der Behausung des Erblassers oder anderswo) gemacht werden. Der Vorsteher (im Falle der Verhinderung sein amtlicher Vertreter) muß zu solchem Zwecke zwei Zeugen zuziehen; er selber tritt an die Stelle des Richters oder Notars und muß dieselben Formvorschriften beobachten, die für das Gericht oder den Notar gegeben sind (s. unten „Bemerkung“), da davon die Gültigkeit des Testaments abhängen kann. Das Testament kann vor dem Vorsteher der Gemeinde errichtet werden, in der der Erblasser sich gerade aufhält oder, falls sich der Erbfaller in dem Bereiche eines landesgesetzlich einer Gemeinde gleichgestellten Verbandes aufhält, vor dem Vorsteher dieses Verbandes.

Das solchergestalt errichtete Testament hat aber nur drei Monate lang Gültigkeit, d. h. es verliert seine Gültigkeit (gilt als nicht errichtet), wenn seit der Errichtung 3 Monate verstrichen sind und der Erblasser dann noch lebt; ist er inzwischen gestorben, so ist das Testament rechtsgültig geworden (2252). Dieser Satz, daß das Testament nach drei Monaten seine Gültigkeit verliert, gilt aber nur dann, wenn der Testator sofort nach der Errichtung des Testaments vor dem Vorsteher imstande war, ein Testament vor einem Richter oder einem Notar zu machen, und wenn er dies trotzdem bis zum Ablaufe der drei Monate nicht getan hat. Wenn und solange er aber hierzu nicht imstande war, sei es wegen Krankheit oder aus einem anderen Grunde, laufen jene drei Monate nicht. Der Erblasser, der ein Nottestament vor dem Gemeindevorsteher gemacht hat, ist also gezwungen, nachträglich und zwar längstens innerhalb drei Monaten noch ein anderes gültiges Testament vor Gericht oder Notar (oder auch ein Privattestament) zu machen, sofern er dazu imstande ist. —

Bemerkung: Die Formvorschriften, die der Vorsteher bei der Aufnahme des Nottestaments zu beachten hat, sind im Nachstehenden mitgeteilt. Es ist dazu zu bemerken, daß der Vorsteher, durch dessen Schuld das Testament wegen eines Formfehlers ungültig ist, nach Ansicht des Reichsgerichts den Erben und Vermächtnisnehmern für allen Schaden verhaftet ist, der für sie aus der Ungültigkeit des Testaments entsteht.

a) Behinderung des Vorstehers sowie der Zeugen an der Testamentsaufnahme wegen persönlicher Beziehungen zum Erblasser. Sowohl der Vorsteher als auch die Zeugen sind nur dann fähig bei der Testamentserrichtung gültig mitzuwirken, wenn sie nicht in einem näheren Verwandtschaftsverhältnis zu dem Erblasser stehen. Unfähig zur Mitwirkung sind sie auch, falls sie in dem Testament selbst bedacht werden sollen, sowie wenn die Zeugen minderjährig, mit dem Vorsteher verwandt sind, oder in dessen Diensten stehen.

b) Die Aufnahme des Testaments selbst. Die Errichtung des Testaments vor dem Vorsteher erfolgt in der Weise, daß der Erblasser ihm seinen letzten Willen mündlich erklärt und daß der Vorsteher den Inhalt dieser Erklärung sorgsam zu Protokoll nimmt. Der Erblasser kann aber auch seinen letzten Willen vorher selbst aufschreiben oder durch einen anderen schreiben lassen und dann das Aufgeschriebene, verschlossen (versiegelt) oder unverschlossen, unterschrieben oder nicht unterschrieben, dem Vorsteher mit der mündlichen Erklärung übergeben, daß die Schrift seinen letzten Willen enthalte. Dann hat der Vorsteher über diese Überreichung und Erklärung ein Protokoll aufzunehmen. — Der Vorsteher hat, ehe er ein Testament aufnimmt oder annimmt, falls er den Testator nicht kennt, sich von dessen Persönlichkeit gehörig zu überzeugen. Kann der Testator sich nicht durch Zeugen ausweisen, so muß er dem Vorsteher geeignete Ausweispapiere (Briefe, Pässe, Steuerzettel oder dgl.) vorlegen. Der Vorsteher soll im Protokoll bemerken, daß er den Testator kennt oder in welcher Weise dieser sich ausgewiesen hat. Kann der Testator sich nicht genügend ausweisen, so muß der Vorsteher dennoch auf sein Verlangen das Testament aufnehmen; er muß aber im Protokoll bemerken, daß der Testator sich über seine Persönlichkeit nicht hat ausweisen können. Der Vorsteher hat sich ferner zu vergewissern, daß der Testator auch fähig ist, ein Testament zu errichten; vergleiche darüber das oben unter 1 Gesagte. Minderjährige (unter 21 Jahren) und solche Personen, die (wegen Blindheit oder wegen Unkenntnis) Geschriebenes nicht lesen können, müssen ihr ganzes Testament stets mündlich erklären; der Vorsteher darf von ihnen keine Schrift entgegennehmen. Alle bei der Errichtung des Testaments mitwirkenden Personen, insbesondere also die Zeugen, müssen während der ganzen Verhandlung (nicht etwa bloß bei der Vorlesung oder Unterschreibung des Protokolls) zugegen sein, bei Meidung der Ungültigkeit des Testaments.

c) Das Protokoll. Das vom Vorsteher aufgenommene Protokoll muß, bei Meidung der Ungültigkeit, außer den oben mitgeteilten Erklärungen des Erblassers eine Angabe über Ort und Datum der Verhandlung, sowie die genaue Bezeichnung des Erblassers und der Zeugen enthalten; hat der Erblasser eine Schrift übergeben, so muß auch dies ausdrücklich vermerkt werden. Außerdem muß im Protokoll vermerkt werden, daß zu besorgen ist, daß der Erblasser früher sterben werde, als die Errichtung eines Testaments vor dem Richter oder einem Notar möglich wäre. Fehlt diese Bemerkung im Protokoll, so könnte das Testament als ungültig angefochten werden. (Ob die Besorgnis sich vielleicht hinterher als unbegründet herausstellt, indem der Zustand des Kranken nicht so bedenklich war, als es den Anschein hatte, ist für die Gültigkeit des Testaments einerlei.) Wollen Ehegatten gemeinschaftlich ein Testament machen, so ist dies zulässig, wenn auch nur einer von ihnen so krank ist, daß jene Besorgnis begründet erscheint. Ist das Protokoll fertiggestellt, so muß es der Vorsteher dem Erblasser und den Zeugen vorlesen und vom Erblasser erklären lassen, daß er es genehmige. Wünscht der Erblasser, weil er etwa der Vorlesung nicht folgen kann, daß ihm das Protokoll zur eigenen Durchsicht vorgelegt werde, so muß dies geschehen. Der Erblasser (Testator, Testiererin) muß alsdann das Protokoll zum Zeichen seiner Genehmigung unterschreiben; erklärt er, daß er nicht schreiben könne (weil er durch Gebrechlichkeit, Schwäche usw. verhindert ist), so bedarf es seiner Unterschrift nicht; es muß aber im Protokoll bemerkt werden, daß er erklärt habe, nicht schreiben zu können. Im Protokoll muß ferner bemerkt werden, daß es vorgelesen, vom Erblasser genehmigt und von ihm unterschrieben (oder wegen Schreibensunfähigkeit nicht unterschrieben ist). Alsdann unterschreiben auch die Zeugen und zuletzt der Vorsteher selbst das Protokoll.

Wer nach der Überzeugung des Vorstehers stumm oder sonst am Sprechen verhindert ist, kann das Testament nur durch Übergabe einer Schrift errichten. Er muß die Erklärung, daß die Schrift seinen letzten Willen enthalte, bei der Verhandlung eigenhändig in das Protokoll oder auf ein besonderes Blatt schreiben, das dem Protokoll als Anlage beigefügt werden muß. Das eigenhändige Niederschreiben der Erklärung, sowie die Überzeugung des Vorstehers, daß der Erblasser am Sprechen verhindert ist, muß im Protokolle festgestellt werden. Das Protokoll braucht von dem Erblasser nicht besonders genehmigt zu werden. Endlich enthält das Gesetz in den §§ 2244 und 2245 noch besondere Vorschriften für den Fall, daß der Erblasser der deutschen Sprache nicht mächtig ist. Es empfiehlt sich (in Preußen ist dies sogar vorgeschrieben), daß der Vorsteher den Testator auf den Inhalt des § 2252 des Bürgerlichen Gesetzbuchs (über die Ungültigkeit des Testaments, wenn der Testator nach drei Monaten noch lebt; vgl. oben unter C vor „Bemerkung") aufmerksam macht und dieses im Protokoll ausdrücklich vermerkt.

D. Nottestament wegen Ausbruchs einer Krankheit oder wegen Absperrung aus anderem Grunde vor dem Gemeinde- usw. Vorsteher oder vor drei Zeugen (2250, 2252). Hält sich jemand, der ein Testament machen will, an einem Orte auf, der infolge des Ausbruchs einer Krankheit oder infolge sonstiger außerordentlicher Umstände (Krieg, Aufruhr, Wassersnot usw.) dergestalt abgesperrt ist, daß die Errichtung eines Testaments vor Gericht oder Notar nicht möglich oder erheblich erschwert ist, so kann er sein Testament auch in der vorstehend unter C beschriebenen Weise vor dem Gemeinde- usw. Vorsteher, wenn dieser zu erreichen und dazu bereit ist, errichten. Ist aber auch dies nicht ausführbar oder wünscht der Testator eine Testamentserrichtung vor dem Gemeinde- usw. Vorsteher nicht, so kann er ein gültiges Testament durch mündliche Erklärung vor drei Zeugen machen. Die Überreichung eines fertigen (schriftlichen) Testaments ist aber in diesem Falle nicht zulässig. Für die Zeugen gilt dasselbe, was vorstehend unter C gesagt ist. Über das, was der Erblasser mündlich den drei Zeugen als seinen letzten Willen erklärt hat, muß (einerlei, ob von einem der Zeugen oder von irgendeinem andern) ein Protokoll aufgenommen werden, das den Ort und den Tag der Verhandlung angeben, die Bezeichnung des Erblassers und der Zeugen und die von dem Erblasser als letzter Wille abgegebenen Erklärungen enthalten muß. Das Protokoll muß in derselben Weise, wie unter C angegeben, vorgelesen, genehmigt und von den Beteiligten unterschrieben werden; selbstverständlich muß auch der, welcher das Protokoll aufnimmt, mit unterschreiben. (Unter Zuziehung eines Dolmetschers kann ein Testament in dieser Form nicht errichtet werden.) Das auf solche Weise zustande gekommene Testament hat, ebenso wie das vorstehend unter C besprochene, regelmäßig nur drei Monate Gültigkeit; es gilt in dieser Beziehung das dort Gesagte. Der Testator muß, wenn das Hindernis gehoben ist, und zwar längstens innerhalb drei Monaten, ein anderes gültiges Testament machen; die dreimonatige Frist läuft nicht, wenn und solange die Absperrung (oder ein anderer Grund, z. B. schwere Krankheit) die Errichtung eines Testaments vor dem Gericht oder vor dem Notar hindert.

E. Testament während einer Seereise und Militärtestament (2251, 2252). Wer sich während einer Seereise an Bord eines deutschen, nicht zur Reichsmarine gehörigen Fahrzeugs außerhalb eines inländischen Hafens befindet, kann ein Testament durch mündliche Erklärung vor drei Zeugen in der vorstehend unter D beschriebenen Weise errichten. Über Testamente der zur Besatzung eines in Dienst gestellten Schiffes oder Fahrzeuges, der Angehörigen der Wehrmacht im Kriege, sowie im Falle des militärischen Ausnahmezustandes und der zur Besatzung eines in Dienst gestellten Schiffes der Reichsmarine gehörenden Personen enthält das Reichswehrgesetz nähere Bestimmung (§ 38).

Besondere amtliche Verwahrung der Testamente. Hinterlegungsschein. Das Bürgerliche Gesetzbuch überläßt es den Landesgesetzen, zu bestimmen, bei welchen Beamten oder welcher Behörde die besondere amtliche Verwahrung der Testamente (und Erbverträge) erfolgen soll. In Preußen werden die Testamente bei den Amtsgerichten verwahrt. Die Notare und die Orts- (Guts-) Vorsteher haben die von ihnen aufgenommenen Testamente unverzüglich an das Amtsgericht ihres Wohnorts bzw. ihrer Gemeinde abzuliefern. Die Ablieferung kann durch persönliche Übergabe oder durch Übersendung mit der Post erfolgen. Wer ein Privattestament (oben B) gemacht hat, kann es zur Aufbewahrung an jedes Amtsgericht abgeben. Jeder Erblasser kann jederzeit die Aufbewahrung bei einem anderen Amtsgerichte verlangen. Ob ein Testament vorhanden ist und bei welchem Gerichte es verwahrt wird, erfährt man bei dem Amtsgericht, in dessen Bezirk der Erblasser seinen Wohnsitz gehabt hat. — Dem Erblasser ist von der Behörde oder dem Beamten, die (der) das Testament in amtliche Verwahrung genommen hat, eine Bescheinigung darüber (ein Hinterlegungsschein) zu erteilen (2246).

3. Inhalt des Testaments. Wer ein Testament machen will, kann darin über seinen ganzen Nachlaß verfügen und bestimmen, was jeder seiner Erben oder der sonst (durch ein Vermächtnis usw.) bedachten Personen haben soll. Er kann aber auch nur eine einzelne oder einzelne Bestimmungen über seine Hinterlassenschaft treffen, z. B. ein Vermächtnis, einen Nießbrauch aussetzen oder den Erben eine Auflage zugunsten einer bestimmten Person machen und alles andere der Ordnung durch das Gesetz überlassen; denn das Gesetz bestimmt, wer Erbe wird und zu welchem Erbanteile, wenn der Erblasser nicht anders verfügt hat (s. Näheres unter „Gesetzliche Erben"). Hat also der Erblasser im allgemeinen vielleicht keine Veranlassung, etwas anderes zu bestimmen, als was das Gesetz anordnet, weil er nur nahe Angehörige hinterläßt, so kann ihm doch daran gelegen sein, den einen oder anderen Punkt besonders zu regeln, sei es, um demnächstige Streitigkeiten unter den Erben grade über diesen Punkt zu verhüten, oder weil er aus einem besonderen Anlaß von der Bestimmung des Gesetzes abweichen, z. B. einen der Erben auf den Pflichtteil beschränken oder ihm gar den Pflichtteil ganz entziehen oder einem anderen etwas im voraus zuwenden will oder dgl. mehr. Der Erblasser muß bei seinen testamentarischen Bestimmungen berücksichtigen, ob er Pflichterben (Pflichtteilserben, Noterben) hat und welchen Teil des Nachlasses er ihnen zuwenden muß (s. darüber unter „Pflichtteil"). Läßt er die Ansprüche dieser Pflichterben unberücksichtigt oder bemißt er das ihnen Zugewendete zu gering, so ist zwar das Testament deshalb nicht ungültig, aber jene können ihren Pflichtteil, oder was daran fehlt, von den Erben fordern; es kann dadurch ein Anlaß zu Streitigkeiten oder Prozessen gegeben werden. Insbesondere kann der Erblasser im Testamente, sei es nun, daß seine gesetzlichen Erben ihn zu ihren gesetzlichen Erbanteilen beerben sollen oder daß er nach freiem Belieben andere Erben auf diesen oder jenen Anteil einsetzt, über die Verteilung der einzelnen Vermögensgegenstände seines demnächstigen Nachlasses (Grundstücke, Häuser, Kapitalien usw.) unter den Erben und die dafür etwa in die Erbmasse einzuschießenden Summen Bestimmung treffen. Er kann anordnen, daß sich der eine oder der andere der Erben das, was er etwa bei Lebzeiten von ihm schon erhalten hat, bei der Erbteilung auf seinen Anteil anrechnen lassen soll oder daß ihm solche „Vorempfänge" nicht angerechnet werden sollen, obwohl, wenn er keine Bestimmung hierüber trifft, das Gesetz auch dieses ordnet (vgl. hierüber „Ausgleichung unter Miterben"). Darüber, daß es unter Umständen sehr rätlich ist, an Stelle etwa wegfallender Erben Ersatzerben zu ernennen, vgl. den Artikel „Ersatzerben". Der Erblasser kann auch, wenn ihm dies zweckmäßig dünkt, im Testamente einen Testamentsvollstrecker ernennen (s. den besonderen Artikel). Der Testator kann auch noch nicht geborene (d. h. zu der Zeit, wo das Testament gemacht wird, noch nicht geborene) Personen zu Erben einsetzen oder sie sonst in seinem Testamente bedenken (der Erblasser setzt z. B. die „Kinder" seines eben erst verheirateten Neffen zu seinen Erben ein oder wendet ihnen einen Teil seines Vermögens als Vermächtnis zu). Soweit solche als Erben eingesetzte Personen erst nach dem Tode des Erblassers erzeugt werden, gilt für sie das Besondere, daß sie nicht als eigentliche Erben, sondern als „Nacherben" (s. d.) gelten; sie erlangen aber ihren Anspruch auf den Erbteil sofort mit ihrer Geburt; die Größe des Erbteils kann freilich erst bemessen werden, wenn die Geburt weiterer Miterben nicht mehr zu erwarten ist.

Endlich kann der Erblasser in einem Testamente auch Bestimmungen treffen, die sich weniger auf das Vermögen, als auf seine Familienangelegenheiten beziehen, z. B. seinen minderjährigen Kindern einen Vormund ernennen (s. „Vormundschaft 1"); den Vormund von gewissen gesetzlichen Beschränkungen befreien (s. „Vormund 9"); ein Kind als eheliches anerkennen; anordnen, daß der überlebenden Mutter gerichtsseitig ein Beistand bestellt werden soll (s. „Mutter und Kind 3"); in welcher Weise das den Kindern hinterlassene Vermögen vom Vormund verwaltet werden soll (s. „Vormund 3") usw. usw.

Die Auslegung der wahren Willensmeinung des Erblassers, wenn das Testament unklar abgefaßt, zweideutig oder lückenhaft ist oder gar Widersprüche enthält, ist eine der schwierigsten Aufgaben des zur Entscheidung berufenen Prozeßrichters. Das Gesetz erleichtert ihm diese Aufgabe dadurch, daß es eine Reihe von Auslegungsregeln aufstellt. Soweit aber diese im einzelnen Fall nicht ausreichen, hat das Gericht aus dem Inhalte der ganzen Verfügung den mutmaßlichen Willen des Erblassers zu erforschen. Es seien im folgenden die wichtigsten dieser Bestimmungen erwähnt.

a) Bestimmung der Personen der Erben. Hat jemand im Testament seine „gesetzlichen Erben" ohne nähere Bestimmung bedacht, so sind die, welche zur Zeit seines Todes seine gesetzlichen

Erben (s. d.) sein würden, nach dem Verhältnisse ihrer gesetzlichen Erbteile bedacht (2066). Das gleiche gilt, wenn er seine „Verwandten" oder seine „nächsten Verwandten" ohne nähere Bestimmung bedacht hat (2067); es kommt also nicht auf den Verwandtschaftsgrad an (soweit dieser nicht eben für die gesetzliche Erbfolge maßgebend ist); noch weniger sind alle Verwandten zur Erbschaft berufen. Zweifelhaft kann sein, wenn der Erblasser den Ausdruck „Verwandte" gebraucht hat, ob er damit auch seinen Ehegatten gemeint hat; darüber kann das Gesetz keine Vorschrift geben; es muß hier der Wille des Erblassers tunlichst erforscht werden. Hat der Erblasser seine „Kinder" ohne nähere Bestimmung bedacht und ist ein Kind vor der Errichtung des Testaments mit Hinterlassung von Abkömmlingen gestorben, so ist im Zweifel anzunehmen, daß die Abkömmlinge insoweit bedacht sind, als sie bei der gesetzlichen Erbfolge an die Stelle des Kindes treten würden (2068). Hat der Erblasser einen seiner Abkömmlinge bedacht und fällt dieser nach der Errichtung des Testaments weg, so ist im Zweifel anzunehmen, daß dessen Abkömmlinge insoweit bedacht sind, als sie bei der gesetzlichen Erbfolge an dessen Stelle treten würden (2069). Hat der Erblasser die Abkömmlinge eines Dritten ohne nähere Bestimmung bedacht, so ist im Zweifel anzunehmen, daß diejenigen Abkömmlinge nicht bedacht sind, welche zur Zeit des Erbfalles oder, wenn die Zuwendung unter einer aufschiebenden Bedingung oder unter Bestimmung eines Anfangstermins gemacht ist und die Bedingung oder der Termin erst nach dem Erbfall eintritt, zur Zeit des Eintritts der Bedingung oder des Termins noch nicht erzeugt sind (2070). Hat der Erblasser ohne nähere Bestimmung eine Klasse von Personen bedacht (z. B. ich vermache den Nachtwächtern hiesiger Stadt 100 Mk.) oder hat er Personen bedacht, die zu ihm in einem Dienst- oder Geschäftsverhältnisse stehen („ich setze meinem Kontorpersonal ein Vermächtnis von 1000 Mk. aus"), so soll im Zweifel angenommen werden, daß diejenigen bedacht sind, die zur Zeit seines Todes der bezeichneten Klasse angehören oder in dem bezeichneten Verhältnisse stehen (2071). Sind „die Armen" bedacht, so ist im Zweifel die öffentliche Armenkasse der Gemeinde, in deren Bezirk der Erblasser seinen letzten Wohnsitz gehabt hat, zur Empfangnahme berechtigt mit der Verpflichtung, das Zugewendete unter „Arme" nach ihrem Ermessen zu verteilen (2072). Hat der Erblasser den Bedachten in einer Weise bezeichnet, die auf mehrere Personen paßt, und läßt sich nicht ermitteln, wer von ihnen bedacht werden sollte, so gelten sie als zu gleichen Teilen bedacht (2073).

b) Einsetzung von Erben unter Bedingungen. Hat der Erblasser eine letztwillige Zuwendung unter einer aufschiebenden Bedingung (s. d.) gemacht, so ist im Zweifel anzunehmen, daß die Zuwendung nur gelten soll, wenn der Bedachte den Eintritt der Bedingung erlebt (2074). Beispiel: Der Erblasser hat bestimmt: „Mein Sohn Hermann soll mein in hiesiger Stadt belegenes Haus allein erben, wenn ihm ein Sohn geboren wird." Hier hat der Sohn den Anspruch auf das Haus nach der obengedachten Regelbestimmung nur dann, wenn er die Geburt des Sohnes erlebt; stirbt er vor der Geburt des Sohnes, so ist die Zuwendung des Hauses an ihn wirkungslos, es sei denn, daß sich aus den Umständen klar ergibt, daß der Erblasser ihm trotzdem das Haus hat zuwenden wollen (eine Annahme, die gerade in dem hier gewählten Falle sehr nahe liegen kann). Hat der Erblasser eine Zuwendung unter der Bedingung gemacht, daß der Bedachte während seiner Lebenszeit oder sonst eines Zeitraumes von unbestimmter Dauer etwas unterläßt oder fortgesetzt tut, und hängt das Unterlassen oder das Tun ganz allein von dem Willen des Bedachten ab, z. B. „mein Neffe X. soll mein Erbe sein, wenn er die Anna Meyer (mit der er ein Verhältnis hat) nicht heiratet" oder „wenn er seinen Wohnsitz in Z. behält", so ist im Zweifel die Zuwendung davon abhängig (2075), daß der Neffe die Meyer nicht heiratet oder daß er in Z. wohnen bleibt; der Neffe wird zwar zunächst Erbe, aber nur bedingungsweise; denn sobald er die verbotene Heirat eingeht oder seinen Wohnsitz aufgibt, verliert er die Erbschaft wieder. Ist jemanden eine Zuwendung unter der Bedingung gemacht, die einem andern zum Vorteil gereichen soll, z. B. ein Erbe ist unter der Bedingung eingesetzt, daß er eine gewisse Person heiratet, so ist die Zuwendung auch dann gültig, wenn es bloß an dem anderen liegt, daß die Bedingung nicht erfüllt wird, wenn also in dem gedachten Fall die benannte Person den Erben nicht heiraten will (2076). Über letztwillige Zuwendungen an Ehegatten und Verlobte gilt etwas Besonderes; vgl. „Testament 5".

c) Für gewisse, häufig vorkommende Unvollständigkeiten oder Widersprüche in testamentarischen Bestimmungen gibt das Gesetz folgende Regeln (2088—2092). Dabei muß aber zunächst festgestellt werden, wer von den mehreren, in einem Testament bedachten Personen Erbe, wer bloß Vermächtnisnehmer sein soll; vergleiche hierüber das in dem Artikel „Vermächtnis" unter 3 Gesagte. Gilt hiernach jemand bloß als Vermächtnisnehmer, so ist sein Anspruch klargestellt; er bekommt nicht mehr (ausgenommen, wenn ihm bei gemeinschaftlichen Vermächtnissen der Teil eines weggefallenen Vermächtnisnehmers „anwächst") und (vorausgesetzt, daß der Nachlaß hinreicht) nicht weniger, als ihm im Testament zugewandt ist. Anders beim Erben. Es kommt nicht selten vor, daß Erblasser bei Abfassung ihrer letztwilligen Verfügungen sich verrechnen oder sonst nicht sorgsam verfahren. Da bestimmt jemand: Mein Erbe A. soll die Hälfte, mein Erbe B. ein Viertel, mein Erbe C. ein Achtel meines Nachlasses erben". Wer bekommt nun das letzte Achtel, über das gar nicht verfügt ist? A., B. und C. zu gleichen Teilen? oder wiederum A. zur Hälfte usw.? Das Gesetz entscheidet: keiner von ihnen; es fällt den gesetzlichen Erben zu (die natürlich aber dieselben sein können, wie die eingesetzten), und zwar zu ihren gesetzlichen Erbanteilen. Dasselbe gilt, wenn der Erblasser nur einen Erben eingesetzt hat, aber auf einen Bruchteil, z. B. auf die Hälfte oder auf zehn Zwölftel usw. des Nachlasses; die gesetzlichen Erben erhalten das Übrigbleibende. Wenn jedoch der Wille des Erblassers klar erhellt, daß die eingesetzten Erben die alleinigen Erben sein sollen, dann fällt allerdings der Teil der Erbschaft, über den der Erblasser nicht bestimmt hat, nicht den gesetzlichen Erben zu, sondern er wird unter den eingesetzten Erben nach dem Verhältnis der ihnen zugewiesenen Erbteile mitverteilt. Hat, was auch vorkommt, der Erblasser über mehr verfügt, als da ist, d. h. hat er jeden seiner Erben auf einen Bruchteil seines Nachlasses eingesetzt und übersteigen diese

Bruchteile zusammen das Ganze (er hat z. B. einem Erben die Hälfte, einem anderen ein Viertel, einem dritten drei Achtel vermacht), so ist die Sache einfach: es tritt dann eine verhältnismäßige Minderung der Bruchteile aller Erben ein, sofern nicht aus den Umständen erhellt, daß dies dem Willen des Erblassers nicht entspricht. — Sind mehrere Erben eingesetzt, ohne daß die Erbteile bestimmt sind, so gilt die Regel, daß die Erben gleiche Teile erhalten (und zwar den ganzen Nachlaß zu gleichen Teilen); diese Regel gilt aber nur soweit, als das Gesetz nicht für einzelne Fälle anders bestimmt hat. Hat der Erblasser in der Weise verfügt, daß er einen oder einige Erben auf Bruchteile der Erbschaft, andere ohne Bruchteile eingesetzt hat (z. B. ich setze meine Neffen A., B., C., D. zu meinen Erben ein. A. soll die Hälfte, D. ein Fünftel des Nachlasses haben"), so bekommen die ohne Bruchteile eingesetzten das, was nach Abzug der vermachten Bruchteile übrigbleibt (es erhalten also B. und C. drei Zehntel vom Nachlaß). Nun ist aber nicht undenkbar, daß der Erblasser seinen Nachlaß unter einige seiner Erben verteilt und den anderen nichts übrig läßt. Er bestimmt etwa: „A., B., C., D. und E. sollen meine Erben sein. A. soll die Hälfte, B. zwei Zehntel, D. zwei Zehntel, E. ein Zehntel haben." Da bliebe für den C. nichts übrig. In diesem Falle werden die Erbteile der übrigen verhältnismäßig um soviel vermindert, daß C. ebensoviel erhält, als der wenigst Bedachte von den anderen, nämlich E. Ein anderer, besonders häufiger Fall ist: Der Erblasser hat verfügt: „A., B. und C. sollen meinen ganzen Nachlaß erben. A. soll mein Haus, B. meine sonstigen Grundstücke, C. mein Mobiliar haben." Es werfen sich hier die Fragen auf: wer und zu welchem Anteil bekommt die im Nachlaß sich befindenden Wertpapiere oder Ausstände? Nach welchem Verhältnis haben die Erben Beerdigungskosten und sonst etwa vorhandene Nachlaßschulden zu tragen? kurz, zu welchen Bruchteilen sind A., B. und C., abgesehen von den ihnen speziell vermachten Gegenständen, Erben geworden, also Aktiven und Passiven auf sie übergegangen? (Es wird dabei vorausgesetzt, daß die Genannten nach dem Willen des Erblassers, der sich aus dem Wortlaut zweifellos ergibt, seine Erben sein sollen, nicht bloß von den, wenn keine Erben ernannt wären, dann eintretenden gesetzlichen Erben die vermachten Gegenstände (das Haus usw.) als Vermächtnis zu fordern haben sollen.) Für solche Fälle kann das Gesetz feste Regeln nicht aufstellen; es kommt immer zunächst auf den tunlichst zu erforschenden Willen des Testators an. Dieser Wille kann dahingegangen sein, daß A., B. und C. nach dem Verhältnis der Werte der ihnen zugewiesenen Gegenstände als Erben zu Bruchteilen angesehen werden sollen. Beispiel: Der Erblasser hinterläßt ein Haus im Werte von 10000 Mk., sonstige Grundstücke 5000 Mk., Mobiliarnachlaß 8000 Mk., Ausstände 5000 Mk., dagegen Schulden im Betrage von 10000 Mk. Ist hier zweifellos die Absicht des Erblassers gewesen, daß die Erben nach Verhältnis des ihnen speziell Zugewendeten als Erben angesehen werden sollen, so ist A. zu $^{10}/_{23}$, B. zu $^{5}/_{23}$, C. zu $^{8}/_{23}$ Erbe geworden. Die Ausstände und die Schulden würden also in diesem Verhältnis ihnen zufallen bzw. von ihnen zu tragen sein. Eine solche Absicht des Erblassers wird aber in den meisten Fällen um so weniger anzunehmen sein, als die Werte der zugewiesenen Gegenstände meist nicht runde Summen abgeben und daher die Berechnung der Erbteile eine ganz verwickelte werden würde; es könnte auf solche Weise geschehen, daß A. zu $^{337}/_{1296}$, B. zu $^{148}/_{1296}$ usw. für die Nachlaßschulden hafteten. Es wird daher in solchem Falle, wenn die ebengedachte Absicht des Testierers nicht anzunehmen ist, die Regelbestimmung eingreifen, daß, da die Erbteile nicht (mit Sicherheit) bestimmt sind, die Erben zu gleichen Teilen erben; es würden also A., B. und C. die Ausstände zu gleichen Teilen unter sich zu teilen, für die Schulden zu gleichen Teilen aufzukommen haben; die ihnen besonders zugewiesenen Gegenstände (das Haus usw.) erhielten sie dann vorweg (als „Vorausvermächtnis"; s. d.). Es kann freilich auch sein, daß diese Ordnung dem Willen des Erblassers nicht entspricht, daß es nur seine Absicht gewesen ist, daß die Erben die ihnen zugewiesenen Gegenstände bei der Erbteilung in Natur erhalten und dafür deren Werte in die (gleichmäßig zu verteilende) Erbmasse einschießen sollen. Dies wird besonders dann angenommen werden können, wenn die Gegenstände den einzelnen Erben zu bestimmten Preisen zugewiesen sind. — Ist ein Bruchteil eines Nachlasses nicht einem Erben, sondern mehreren Erben zusammen zugewiesen, so kommen die vorbezeichneten Sätze gleichfalls zur Anwendung; es wird dann so angesehen, als wenn die Personen, die den Erbteil zusammen erben, nur ein Erbe wären. — Über die Frage, wie die Verteilung des Nachlasses sich gestaltet, wenn einer der eingesetzten Erben vor dem Erblasser verstorben ist, also nicht miterbt, vergleiche den Artikel „Anwachsung bei Miterben".

4. Widerruf (Zurücknahme, Wiederaufhebung) eines Testaments oder einer einzelnen letztwilligen Verfügung (2253 bis 2258). Jedes Testament, jede letztwillige Verfügung kann von dem, der sie gemacht hat, jederzeit zurückgenommen (widerrufen) werden. (Eine Ausnahme hiervon gilt nur bei gemeinschaftlichen Testamenten von Ehegatten, wenn diese gewisse gegenseitige Verfügungen getroffen haben; s. „Gemeinschaftliches Testament von Ehegatten".) Selbst Personen, die wegen Geistesschwäche, Verschwendung oder Trunksucht entmündigt sind (und deshalb kein Testament errichten können), können ein von ihnen früher gemachtes Testament wieder aufheben; ein wirklich Geisteskranker kann dagegen kein Testament zurücknehmen. — Die Wiederaufhebung einer testamentarischen Verfügung kann auf mehrfache Art geschehen (nachstehend a bis d).

a) Aufhebung durch ausdrückliche Erklärung (2254). Das Testament, das keine Gültigkeit mehr haben soll, kann durch ausdrückliche Widerrufserklärung aufgehoben werden. Das kann aber nicht durch eine einfache, schriftliche oder mündliche Erklärung geschehen, sondern, damit der Widerruf rechtsgültig ist, muß bei der Widerrufserklärung eine der Formen beobachtet werden, die für die Errichtung eines Testaments vorgeschrieben sind (s. oben unter 2). Es braucht aber nicht dieselbe Form gebraucht zu werden, in der das Testament errichtet ist; es kann z. B. ein vor Gericht oder Notar errichtetes Testament durch ein eigenhändiges (Privat-) Testament aufgehoben werden und umgekehrt. Häufig oder in den meisten Fällen wird der Erblasser, der ein früheres Testament oder einzelne Bestimmungen darin widerrufen will, an Stelle der aufgehobenen andere

Verfügungen treffen wollen; er macht dann entweder ein ganz neues Testament oder ein Testament, in dem er das alte bloß abändert. (Inwiefern das alte Testament durch das neue Testament aufgehoben wird, darüber siehe den folgenden Absatz.) Er kann sich aber auch darauf beschränken, das alte Testament (ganz) aufzuheben und nichts weiter zu bestimmen; dann tritt regelmäßig die gesetzliche Erbfolge ein. (Würde das letztgedachte, bloß aufhebende Testament später auch widerrufen, so würde das erste Testament wieder in Kraft treten, falls nicht etwa ein anderer Wille des Erblassers klar erkennbar wäre.) (2257.) Wer also, um es zu wiederholen, ein altes Testament bloß aufheben will, der muß diese Erklärung in der unter 2 A bis E oben näher dargestellten Weise entweder vor Gericht oder Notar oder durch eigenhändiges Privattestament oder, wenn die besonderen Voraussetzungen dafür vorliegen, durch ein Nottestament abgeben.

b) Aufhebung eines Testaments durch Rücknahme der Testamentsurkunde (2256). Einfacher, als eben angegeben, gestaltet sich die Sache in allen Fällen, wo das frühere, aufzuhebende Testament vor Gericht oder Notar oder (als Nottestament) vor dem Gemeinde- usw. Vorsteher errichtet war und sich in amtlicher Verwahrung befindet. Läßt sich der Erblasser in solchem Falle das Testament vom Gericht oder der sonstigen verwahrenden Behörde zurückgeben (was jederzeit, aber nur auf seinen Antrag und an ihn persönlich geschehen darf; s. weiter unten), so gilt damit das Testament als zurückgenommen (widerrufen); es bedarf also einer ausdrücklichen Erklärung des Erblassers, daß das Testament keine Gültigkeit mehr haben solle (daß es widerrufen werde), nicht mehr. Das Testament wird durch die Zurücknahme auf alle Fälle ungültig, einerlei, ob der Erblasser dies beabsichtigt hat oder nicht. Für Privattestamente (eigenhändige Testamente), die etwa auf Antrag des Erblassers in amtliche Verwahrung genommen sind, gilt Vorstehendes aber nicht. Diese Testamente können vom Erblasser zwar auch jederzeit aus der amtlichen Verwahrung zurückgenommen werden; sie behalten aber trotz der Zurücknahme ihre Gültigkeit, bis sie etwa auf andere Weise aufgehoben sind.

c) Vernichtung der Testamentsurkunde (2255). Ein Testament kann auch dadurch aufgehoben (widerrufen) werden, daß der Erblasser das Testament (die Testamentsurkunde) vernichtet (zerreißt, verbrennt oder von oben bis unten durchkreuzt usw.). Er kann auf diese Weise (durch Durchstreichen, Abreißen usw.) auch einzelne Bestimmungen des Testaments aufheben. Hat also der Erblasser sein Testament selbst in Verwahrung, so ist dies die einfachste Art, das Testament aus der Welt zu schaffen. Eine zufällige Vernichtung der Testamentsurkunde (z. B. durch Brand, Überschwemmung, Diebstahl) hat aber obige Wirkung nicht; der Erblasser muß die Absicht gehabt haben, das ganze Testament (oder einzelne Bestimmungen im Testament) durch das Verbrennen, Durchstreichen usw. ungültig zu machen; es ist freilich Sache desjenigen, der aus der vom Erblasser vernichteten oder ganz oder teilweise durchstrichenen Urkunde Rechte geltend machen will, zu beweisen, daß der Erblasser nicht die Absicht gehabt habe, das Testament oder die betreffende Bestimmung aufzuheben.

d) Aufhebung einer testamentarischen Bestimmung durch den Inhalt eines neuen Testaments (2258). Macht der Erblasser, der bereits ein gültiges Testament errichtet hat, ein neues Testament, so wird dadurch nicht das alte Testament ohne weiteres gänzlich ungültig, sondern es wird nur insoweit aufgehoben, als seine Bestimmungen mit dem neuen Testament in Widerspruch stehen. Was von dem alten Testament neben den Bestimmungen des neuen bestehen kann, bleibt gültig. Beispiel: der Erblasser hat in dem ersten Testamente seinen Neffen A. zum Erben berufen und seiner Haushälterin X. ein Vermächtnis von 1000 Mk. ausgesetzt. Umstände veranlassen ihn später, ein neues Testament zu machen, in dem er den Y. zum alleinigen Erben einsetzt. Durch dieses neue Testament ist wohl die Erbeseinsetzung des Neffen A. aufgehoben, nicht aber das Vermächtnis an die Haushälterin, da dieses von dem Erben Y. ja bezahlt werden kann, es müßte denn aus den Umständen klar hervorgehen, daß der Erblasser auch das Vermächtnis hat aufheben wollen. Hätte der Erblasser in dem früheren Testament einen Testamentsvollstrecker ernannt, so würde auch diese Bestimmung in Gültigkeit bleiben. Will daher der Erblasser, der ein neues Testament macht, daß alle früheren letztwilligen Verfügungen außer Kraft gesetzt sein sollen, so muß er in dem neuen Testament alle früheren Bestimmungen ausdrücklich widerrufen (aufheben). Auch wird es sich empfehlen, daß er sich das frühere Testament, wenn es sich in amtlicher Verwahrung befindet, zurückgeben läßt, damit es nicht nach seinem Tode eröffnet zu werden braucht. Es ergibt sich aus dem Vorstehenden, daß, wenn eine Reihe von Testamenten desselben Erblassers vorhanden ist, genau geprüft werden muß, inwieweit die älteren Testamente noch Gültigkeit haben; daß daher alle Testamente gerichtlich zu eröffnen sind und ihr Inhalt den Beteiligten zur Kenntnis gebracht werden muß. Wie durch ein später errichtetes Testament, so kann ein früheres Testament auch durch einen später geschlossenen Erbvertrag (ganz oder teilweise) aufgehoben werden; s. Näheres unter „Erbvertrag".

Rücknahme eines in amtlicher Verwahrung befindlichen Testaments (2256). Will der Erblasser sein beim Gericht (oder Notar) in amtlicher Verwahrung befindliches Testament, weil es keine Geltung mehr haben soll, zurücknehmen (s. vorstehend b), so muß er die Herausgabe in Person bei der verwahrenden Stelle beantragen; das Testament darf nur an ihn selbst (nicht an einen Bevollmächtigten oder Vertreter, Vater, Vormund usw.) zurückgegeben werden. Ein von Ehegatten gemeinschaftlich errichtetes Testament kann nur beiden zusammen auf deren Antrag zurückgegeben werden. Liegen mehrere Testamente desselben Erblassers beim Gericht, so ist gegebenenfalls auch das ältere Testament zurückzunehmen; denn wenn das neuere Testament zurückgegeben wird und hierdurch seine Gültigkeit verliert, tritt von selbst das alte Testament wieder in Kraft, falls es nicht auch zurückgegeben wird. — Hält sich der Erblasser nicht im Bezirk des verwahrenden Gerichts usw. auf, so kann er an das Amtsgericht seines Aufenthaltsorts das Gesuch richten, das Testament zum Zwecke der Rückgabe an ihn von der verwahrenden Behörde heranzuziehen; es wird ihm dann vom Gericht seines Aufenthaltsortes persönlich ausgehändigt. Eine Übersendung des Testaments durch die Post usw. an ihn ist ausgeschlossen.

5. Ungültigkeit und Anfechtung von Testamenten (2078—2083). Ein Testament ist nur dann für die darin Bedachten von Wert und hat für andere Personen nur dann Bedeutung, wenn es gültig ist. Ungültig (nichtig) ist ein Testament von vornherein, wenn es nicht in gehöriger Form (s. oben 2) errichtet ist oder wenn es von jemand gemacht ist, der wegen seiner persönlichen Eigenschaft, z. B. weil er noch nicht 16 Jahre alt oder weil er aus irgendeinem Grunde entmündigt ist, überhaupt nicht letztwillig verfügen kann (s. oben 1). Es gibt aber Fälle, in denen ein Testament, obwohl es sonst den gesetzlichen Erfordernissen entspricht, doch aus gewissen Gründen von bestimmten Personen als ungültig angefochten werden kann (anfechtbares Testament). Der Unterschied zwischen von vornherein nichtigen und anfechtbaren Testamenten ist von Bedeutung. Ist ein Testament nichtig, so ist es in rechtlicher Beziehung so, als wäre das Testament überhaupt nicht vorhanden; die gesetzlichen Erben nehmen die Erbschaft hin; niemand braucht mit den in dem nichtigen Testament Bedachten sich einzulassen, an sie zu zahlen usw.; der oder die eingesetzten Erben bekommen vom Gericht keinen Erbschein (s. d.). Anders, wenn das Testament bloß anfechtbar ist. Dann ist es gültig, solange es nicht von einem dazu Berechtigten angefochten wird. Erbschaftsschuldner können gültig an die eingesetzten Erben zahlen; diese bekommen auf Antrag einen Erbschein; denn sie sind bis auf weiteres Erben und sie bleiben es, wenn der oder die zur Anfechtung des Testaments Berechtigten von ihrem Rechte keinen Gebrauch machen oder auf das Anfechtungsrecht verzichten. Wird dagegen das Testament mit Grund angefochten, so wird es durch die Anfechtung ungültig; es ist so, als wenn es von Anfang an ungültig (nichtig) gewesen wäre. Die Gründe, weshalb ein sonst ordnungsmäßig errichtetes Testament angefochten werden kann, sind folgende: Eine letztwillige Verfügung kann angefochten werden, soweit der Erblasser über den Inhalt seiner Erklärung im Irrtume war oder eine Erklärung dieses Inhalts überhaupt nicht abgeben wollte und anzunehmen ist, daß er die Erklärung bei Kenntnis der Sachlage nicht abgegeben haben würde. Das gleiche gilt, soweit der Erblasser zu der Verfügung durch die irrige Annahme oder Erwartung des Eintritts oder Nichteintritts eines Umstandes oder widerrechtlich durch Drohung bestimmt worden ist. Eine letztwillige Verfügung kann ferner angefochten werden, wenn der Erblasser einen zur Zeit des Erbfalls vorhandenen Pflichtteilsberechtigten übergangen hat, dessen Vorhandensein ihm bei der Errichtung der Verfügung nicht bekannt war oder der erst nach der Errichtung geboren oder pflichtteilsberechtigt geworden ist. (Sonst hat der im Testament übergangene Pflichterbe nur einen Anspruch gegen die eingesetzten Erben auf Auszahlung seines Pflichtteils; s. „Pflichtteil 1".) Die Anfechtung ist ausgeschlossen, soweit anzunehmen ist, daß der Erblasser auch bei Kenntnis der Sachlage die Verfügung getroffen haben würde. — Es ist schon gesagt, daß nicht jeder aus den vorbezeichneten Gründen das Testament anfechten kann. Zur Anfechtung berechtigt sind im allgemeinen nur die, denen es zustatten kommt, wenn das Testament durch die Anfechtung ungültig wird, die also aus dem Nachlasse etwas erhalten würden, was sie nicht bekommen, wenn das Testament in Kraft bleibt; es sind dies meist die gesetzlichen Erben, die nun an die Stelle der in dem ungültigen Testamente Bedachten treten. Es können aber auch andere Personen sein. Hatte z. B. der Erblasser irrtümlich angenommen, daß der in seinem Testamente eingesetzte Erbe gestorben sei oder daß er ein Verbrechen begangen habe, und deshalb ein neues Testament gemacht, so kann der in dem ersten Testamente Eingesetzte das neue Testament als ungültig anfechten. In solchen Fällen, wo sich der Irrtum des Erblassers nur auf eine bestimmte Person bezogen hat und diese anfechtungsberechtigt ist (oder anfechtungsberechtigt gewesen sein würde, wenn sie beim Tode des Erblassers gelebt hätte), ist jedoch ein anderer zur Anfechtung nicht berechtigt. Ist insbesondere das Testament nur deshalb anfechtbar, weil ein Pflichtteilsberechtigter übergangen ist, so steht das Anfechtungsrecht nur dem Übergangenen zu. Ob in diesen Fällen noch andere Personen vorhanden sind, denen aus der Anfechtung des Testaments auch Vorteile erwachsen würden, ist gleichgültig; diesen Personen steht ein selbständiges Anfechtungsrecht nicht zu. — Die Anfechtung wird von dem Berechtigten in der Weise ausgeübt, daß er dem Nachlaßgerichte (s. d.) oder dem in dem angefochtenen Testamente Bedachten gegenüber (schriftlich oder mündlich) erklärt, daß er von dem Anfechtungsrechte Gebrauch mache. Die Erklärung muß nämlich dem Gerichte abgegeben werden, wenn es sich um die Anfechtung einer Verfügung handelt, die eine Berufung zum Erben oder eine Ausschließung von der Erbfolge oder die Ernennung eines Testamentsvollstreckers zum Gegenstande hat, oder um eine Verfügung, durch die ein Recht für einen anderen nicht begründet wird (z. B. um eine Auflage an den Erben oder um die Ausschließung einer Person von einer Vormundschaft u. dgl.). In allen anderen Fällen, insbesondere also, wenn eine letztwillige Verfügung angefochten werden soll, durch die dem Bedachten ein Anspruch gegen den oder die Erben, z. B. auf Auszahlung eines Vermächtnisses, vermacht ist, muß die Anfechtungserklärung dem Bedachten gegenüber abgegeben werden. Das Gericht hat die Anfechtungserklärung dem durch die Anfechtung Betroffenen, in dem angefochtenen Testamente Bedachten mitzuteilen. Jeder, der ein rechtliches Interesse daran hat, kann die Anfechtungserklärung bei Gericht einsehen.

Zur Anfechtung eines Testaments bedarf es also nach dem Vorstehenden an sich keiner Klage. Eine solche wird nur dann nötig, wenn der von der Anfechtung Betroffene die Anfechtung nicht als begründet anerkennen will, weil er z. B. meint, daß ein Irrtum des Erblassers nicht vorgelegen habe oder eine Drohung nicht stattgefunden habe. Dann muß der Anfechtende selbstverständlich im Prozeß den Grund der Anfechtung beweisen. Die Anfechtung eines Testaments ist übrigens an eine kurze Frist gebunden; sie kann nur binnen einem Jahre von dem Zeitpunkt an, wo der Berechtigte von dem Anfechtungsgrunde Kenntnis erlangt hat, erfolgen. Nach Ablauf von 30 Jahren vom Tode des Erblassers ab ist sie überhaupt nicht mehr zulässig. Muß jemand auf Grund des anfechtbaren Testaments etwas leisten, z. B. ein Vermächtnis auszahlen, so kann er übrigens die Leistung auch nach Ablauf der Anfechtungsfrist noch verweigern.

Verfügungen zugunsten von Ehegatten

und Verlobten. Ein Testament, überhaupt jede letztwillige Verfügung, durch die ein Ehegatte den anderen bedacht hat, wird ungültig, wenn die Ehe geschieden oder sonst vor dem Tode des Erblassers aufgelöst, für nichtig erklärt usw. wird (2077). Ein bloßes tatsächliches Getrenntleben der Gatten hat diese Wirkung nicht. Die Ungültigkeit tritt auch schon dann ein, wenn die Ehescheidung nur durch den Tod des erstversterbenden Gatten verhindert ist. Dasselbe gilt von letztwilligen Verfügungen zwischen Verlobten, wenn das Verlöbnis auf andere Weise, als durch den Tod des Erblassers, aufgelöst ist. In allen vorbezeichneten Fällen bleibt aber die Verfügung wirksam, wenn nach den Umständen anzunehmen ist, daß der Erblasser sie auch für einen solchen Fall getroffen haben will.

Ob übrigens, wenn eine in einem Testamente enthaltene Verfügung von vornherein oder infolge einer Anfechtung ungültig oder unwirksam ist, dadurch das ganze Testament zu Falle kommt oder ob die anderen Bestimmungen des Testaments in Kraft bleiben, das ist eine Frage, die nur nach den Umständen des einzelnen Falles beantwortet werden kann. Das Gesetz stellt den Grundsatz auf, daß die Unwirksamkeit der einen Verfügung die Unwirksamkeit der anderen nur dann zur Folge hat, wenn anzunehmen ist, daß der Erblasser diese anderen Bestimmungen nicht getroffen haben würde, wenn er gewußt hätte, daß jene Verfügung ungültig sein oder werden würde (2085).

Über die Fälle, in denen einem Erben sein Erbteil wieder entzogen werden kann, weil er sich durch sein Verhalten der Erbschaft unwürdig gemacht hat, vgl. den Artikel „Erbunwürdigkeit".

Vorbehalte im Testament (2086). Schließlich sei noch des Falles gedacht, wo der Erblasser im Testamente erklärt hat, daß er sich vorbehalte, über den einen oder anderen Punkt noch besondere Bestimmungen zu treffen. Sind solche Bestimmungen nicht getroffen, so fragt es sich, ob nun das Testament überhaupt gilt. Das Gesetz bejaht diese Frage. Es wird in den meisten Fällen anzunehmen sein, daß der Erblasser die wirklich getroffenen Bestimmungen endgültig hat treffen und daß er nur auf die Möglichkeit hat hinweisen wollen, daß er sich nachträglich noch veranlaßt sehen könne, die eine oder andere Bestimmung zu ändern oder die oder andere besondere Verfügung zu treffen. Nur wenn aus den Umständen mit Sicherheit darauf zu schließen ist, daß der Erblasser noch keine endgültige Bestimmung treffen wollte, daß das Testament nur Geltung haben sollte, wenn die vorbehaltenen Ergänzungen noch erfolgten, ist dem Testamente, wenn die Ergänzung ausbleibt, keine Wirksamkeit beizumessen. Das Gesetz bestimmt überhaupt, daß, wenn der Inhalt eines Testaments verschiedene Auslegungen zuläßt, im Zweifel diejenige Auslegung vorzuziehen ist, bei der die Verfügung gültig oder wirksam sein würde (2084).

Über die Eröffnung des Testaments nach dem Tode des Erblassers vgl. den Artikel „Testamentseröffnung".

6. Geltung ausländischer Gesetze (EGBGB. 24, 11). Die Fähigkeit zur Errichtung eines Testaments oder zur Wiederaufhebung eines solchen richtet sich nach den Gesetzen desjenigen Staates, dem der Erblasser zur Zeit der Errichtung oder Aufhebung des Testaments angehört hat. Erwirbt daher ein Ausländer, der ein Testament gemacht oder wieder aufgehoben hat, später die deutsche Reichsangehörigkeit, so bleibt das Testament oder die Wiederaufhebung des Testaments, wenn es (sie) nach dem ausländischen Recht gültig gewesen war, auch fernerhin gültig; der Ausländer kann aber, wenn er später Deutscher wird, ein neues Testament errichten, falls er hierzu nach seinem früheren Rechte fähig war, auch wenn er nach deutschem Rechte diese Fähigkeit (z. B. seines Alters wegen) noch nicht haben sollte. Was die Form des Testaments angeht, so genügt es zur Gültigkeit, wenn diejenige Form beobachtet ist, die am Orte der Testamentserrichtung gesetzlich vorgeschrieben ist.

Testament, eigenhändiges (Privattestament) s. Testament 2 B; öffentliches (gerichtliches oder notarielles) s. Testament 2 A; Testament vor einem Gemeindevorsteher usw. s. Testament 2 C; Inhalt des Testaments s. Testament 3; Ungültigkeit, Anfechtung eines Testaments s. Testament 5; Auslegung eines Testaments s. Testament 3; Widerruf, Zurücknahme, Aufhebung eines Testaments s. Testament 4; Ablieferung eines Testaments s. Testamentseröffnung; gemeinschaftliches Testament s. Gemeinschaftliches Testament von Ehegatten; Herausgabe eines Testaments, Verpflichtung des Besitzers zur, s. Testamentseröffnung.

Testamentserben s. Erbschaft.

Testamentseröffnung (2259—2264). Jedes Testament muß nach dem Tode des Erblassers (bei gemeinschaftlichen Testamenten nach dem Tode des erstverstorbenen Erblassers) gerichtlich eröffnet, d. h. in einem dazu bestimmten Termine verkündet werden. Auch ein nicht verschlossenes Testament muß eröffnet (verkündet) werden. Jeder, der ein Interesse an der Eröffnung des Testaments hat, kann den Tod des Erblassers dem Amtsgerichte (oder dem sonstigen Nachlaßgericht; s. d.) des Wohnorts des Erblassers anzeigen. Wer ein Testament, insbesondere ein Privattestament, in Besitz hat, muß es unverzüglich, nachdem er von dem Tode des Erblassers Kenntnis erhalten hat, an das Nachlaßgericht abliefern; er wird dabei zweckmäßig die Sterbeurkunde des Erblassers, die ihm auf Erfordern vom Standesamt des Sterbeorts erteilt wird, mit einreichen; das Gericht kann ihn durch Ordnungsstrafen zur Ablieferung anhalten. Auch Notare müssen die in ihrer amtlichen Verwahrung befindlichen Testamente an das Gericht abliefern; ebenso andere als gerichtliche Behörden, die etwa ein Testament in Verwahrung haben. Besteht Grund zu der Annahme, daß jemand ein Testament in Besitz hat, zu dessen Ablieferung er verpflichtet ist, so kann er vom Nachlaßgerichte zur Leistung des Offenbarungseides angehalten werden; s. Näheres unter „Offenbarungseid 2" (2259). Das Gericht setzt zum Zwecke der Testamentseröffnung einen Termin an, zu dem die gesetzlichen Erben des Erblassers und etwaige sonstige Beteiligte (z. B. die in einem früheren Testament Bedachten), soweit bekannt und tunlich, geladen werden. Verpflichtet zum Erscheinen ist niemand. Nach Bewandtnis des Falles, nämlich wenn auswärtige Angehörige des Verstorbenen eine alsbaldige Eröffnung des Testaments wünschen, wird auch wohl sofort, ohne vorherige Ansetzung eines Termins, dem Antrage auf Testamentseröffnung stattgegeben. Der dem Erblasser über die Hinterlegung des Testaments vom Gerichte erteilte Hinterlegungsschein ist zum Termin mitzubringen. Im Termin wird das Testament von dem Richter geöffnet und der Inhalt den etwa Erschienenen durch Vorlesung verkündet. Auf Wunsch der Beteiligten wird ihnen das Testament zur Einsicht vorgelegt; dann kann die Verkündung (Vorlesung) unterbleiben. Die Zuziehung eines Vertreters für abwesende oder unbekannte Erben im Termin ist nicht erforderlich. Das Testament wird auch dann eröffnet, wenn niemand erschienen ist. Hat ein anderes Gericht, als das Nachlaßgericht, das Testament in Verwahrung, so liegt dem ersteren die Testamentseröffnung ob; das Testament wird jedoch nach erfolgter Eröffnung dem Nachlaßgerichte übersandt und nur eine beglaubigte Abschrift des Testaments bei dem eröffnenden Gericht zurückbehalten (2261). Das Nachlaßgericht hat die Beteiligten, insbesondere die im Testamente Bedachten, die bei der Eröffnung nicht zugegen gewesen sind, von dem betreffenden Inhalte des Testaments in Kenntnis zu setzen (was meist durch Zusendung einer Ausfertigung oder einfachen Abschrift des Testaments geschehen wird), soweit sie nicht dem Gerichte erklärt haben, daß sie auf eine Abschrift verzichten. Der Erblasser kann nicht hindern, daß das von ihm errichtete Testament alsbald nach seinem Tode eröffnet wird; ein diesbezügliches Verbot ist nichtig. Wer ein rechtliches Interesse glaubhaft macht, ist berechtigt, von einem eröffneten Testamente Einsicht zu nehmen, sowie eine Abschrift des Testaments oder einzelner Teile des Testaments zu fordern; auch kann er eine beglaubigte Abschrift verlangen. Die Kosten der Testamentseröffnung treffen den oder die Erben (nicht etwaige Vermächtnisnehmer). — Über die Eröffnung eines Erbvertrages s. „Erbvertrag" am Schluß. — Über den Wiederverschluß eines von Ehegatten gemeinschaftlich errichteten Testaments, das nach dem Tode des einen Gatten eröffnet worden, s. „Gemeinschaftliches Testament von Ehegatten 4".

Eröffnung alter Testamente. Liegen Testamente solange bei Gericht, daß anzunehmen ist, daß der Erblasser längst verstorben ist, so werden vom Gericht Ermittelungen angestellt, um den Tod des Erblassers, wenn möglich, festzustellen, sofern dieser Nachweis nicht von den an der Eröffnung interessierten Personen beschafft wird. Ist dies nicht zu erreichen, so darf selbstverständlich mit der Eröffnung des Testaments (Erbvertrages) noch nicht vorgegangen werden. Landesgesetzlich ist jedoch bestimmt, daß nach Ablauf einer gewissen Zeit die alten Testamente usw. eröffnet werden sollen, obwohl der Tod des Erblassers noch nicht hat festgestellt werden können. In Preußen, Bayern, Württemberg geschieht dies, wenn das Testament sich mehr als 54 Jahre in amtlicher Verwahrung befindet. Die Testamentseröffnung erfolgt in der oben angegebenen Weise; die Beteiligten erhalten von dem Inhalte des Testaments Nachricht.

Testamentsfähigkeit s. Testament 1.

Testamentsvollstrecker (2197—2228). **1.** Die Ernennung eines Testamentsvollstreckers muß durch Testament geschehen, d. h. es müssen bei der Verfügung, in der der Erblasser einen Testamentsvollstrecker ernennt, diejenigen Formen von ihm beobachtet werden, die für die Errichtung eines Testaments vorgeschrieben sind; s. Näheres unter „Testament 2". Daß die Verfügung noch andere Bestimmungen über den Nachlaß enthält, ist nicht nötig; es kann jemand ein Testament machen, in dem er bloß einen (oder mehrere) Testamentsvollstrecker zur Ordnung seines Nachlasses ernennt; die Verteilung der Erbschaft richtet sich dann nach dem Gesetze. Für den Fall, daß der Ernannte vor oder nach der Annahme des Amtes wegfällt, kann der Erblasser einen anderen zum Testamentsvollstrecker bestellen. Er kann die Bestimmung der Person des Testamentsvollstreckers auch einer dritten Person überlassen; ebenso kann er den Testamentsvollstrecker im Testament ermächtigen, sich einen Nachfolger oder auch einen oder mehrere Mitvollstrecker zu bestellen; in allen diesen Fällen muß der, welcher nach dem Willen des Erblassers die Person des Testamentsvollstreckers (oder eines Mitvollstreckers) zu bestimmen hat, diese Bestimmung dem Nachlaßgerichte gegenüber in öffentlich beglaubigter Form (s. „Form der Rechtsgeschäfte 3") treffen. Abgesehen von den vorstehend gedachten Fällen ist der ernannte Testamentsvollstrecker nicht befugt, sein Amt auf eine andere Person zu übertragen; nur für einzelne Geschäfte kann er sich einen Vertreter (Bevollmächtigten) bestellen. Endlich kann ein Erblasser aber auch in seinem Testamente bestimmen, daß das Nachlaßgericht einen Testamentsvollstrecker ernennen soll, besonders für den Fall, daß der von ihm selber ernannte Vollstrecker demnächst wegfallen sollte. Nicht selten wird dies zweckmäßig sein, wenn die Notwendigkeit einer längeren Dauer der Testamentsvollstreckung wahrscheinlich ist (es haben z. B. Eltern eine Testamentsvollstreckung angeordnet zum Schutze leichtsinniger Kinder oder im Interesse einer verheirateten Tochter gegenüber ihrem Ehemann) oder wenn Vermächtnisse zu gewissen öffentlichen Zwecken ausgesetzt werden usw.

Annahme des Amtes durch den ernannten Testamentsvollstrecker (2202). Ob der Ernannte das Amt übernehmen will, hängt von seinem freien Willen ab; ein gesetzlicher Zwang dazu, wie z. B. bei dem Amte eines Vormundes, besteht nicht. Die Annahme oder die Ablehnung des Amtes muß alsbald nach dem Tode des Erblassers dem Nachlaßgerichte gegenüber schriftlich oder mündlich (zu Protokoll) erklärt werden; um die Erklärung herbeizuführen, kann das Gericht auf Antrag eines Beteiligten dem Ernannten eine Frist bestimmen, nach deren unbenutztem Ablaufe das Amt als abgelehnt gilt. Ehe der Testamentsvollstrecker die Annahmeerklärung abgegeben hat, beginnt sein Amt nicht. Darüber, wie der Testamentsvollstrecker sich als solcher ausweist (legitimiert), s. unten 7.

2. Die Aufgabe des Testamentsvollstreckers (2204 ff.). Sind vom Erblasser keine besonderen Bestimmungen getroffen, so hat der Testamentsvollstrecker die Erbmasse nach dem Gesetz (s. „Gesetzliche Erben") zu verteilen. Er hat also im wesentlichen das zu tun, was sonst die Erben zusammen tun müßten, um die Auseinandersetzung des Nachlasses herbeizuführen (vgl. darüber im allgemeinen den Artikel „Erbteilung"). Er hat zunächst und vor allem die Erbschaft in Besitz zu nehmen, den Nachlaß festzustellen und bis dahin, daß er verteilt werden kann, zu verwalten; er hat die freie Verfügungsmacht über alles, was zum Nachlasse gehört, kann verkaufen, vertauschen, Rechte abtreten (zedieren), Zahlungen in Empfang nehmen, kündigen, Hypotheken löschen lassen usw.; zu unentgeltlichen Verfügungen (Schenkungen) ist er jedoch nur berechtigt, soweit sie „einer sittlichen Pflicht oder einer auf den Anstand zu nehmenden Rücksicht entsprechen". Da er Nachlaßsachen gültig veräußern darf, kann er natürlich auch Verträge (z. B. Kaufverträge) abschließen, durch die er sich zu der Übertragung des Eigentums an Nachlaßsachen auf andere Personen (Käufer usw.) verpflichtet. Der Testamentsvollstrecker ist auch berechtigt, Verbindlichkeiten für den Nachlaß einzugehen,

Schulden zu machen, Darlehen aufzunehmen, aber dieses nur insoweit, als diese Geschäfte zur ordnungsmäßigen Verwaltung des Nachlasses erforderlich sind. Der Testamentsvollstrecker hat hiernach nicht (über Ausnahmen s. gleich weiter unten) die unbeschränkte Befugnis, den Nachlaß zum Nachteil der Erben mit Schulden zu belasten, sondern er hat eben dieses Recht nur insoweit, als die Eingehung von neuen Verbindlichkeiten für den Nachlaß zur Abwickelung der Erbschaftsgeschäfte und zur Verteilung des Nachlasses nötig ist. Geht er über das Bedürfnis hinaus Verbindlichkeiten für den Nachlaß ein, so sind sie den Erben gegenüber ohne Gültigkeit; sie brauchen die Schulden nicht anzuerkennen. Dem Testamentsvollstrecker sollen aber aus dieser Beschränkung seiner Befugnisse keine Verlegenheiten erwachsen; das Gesetz bestimmt daher, daß, wenn jemand Bedenken tragen sollte, sich mit dem Testamentsvollstrecker einzulassen, weil er besorgt, daß nachher die Erben die Verbindlichkeiten nicht anerkennen würden, der Testamentsvollstrecker von den Erben verlangen kann, daß sie ihre Einwilligung zur Eingehung der Verbindlichkeit (z. B. zur Anleihe des Geldes) erteilen. Die vorgedachte Beschränkung des Testamentsvollstreckers in der Befugnis, für den Nachlaß Schulden zu machen, kann dem Testamentsvollstrecker übrigens vom Erblasser erlassen werden, wie dieser andererseits auch berechtigt ist, die Befugnisse des Testamentsvollstreckers durch besondere Anordnungen einzuschränken. Insbesondere kann ein Testamentsvollstrecker auch bloß zu dem Zwecke bestellt werden, damit er die Ausführung des Testaments durch die Erben selbst beaufsichtige und überwache; dann hat er natürlich kein Recht, selbst in die Verwaltung und Ordnung des Nachlasses einzugreifen.

Eine eigentliche Verwaltung des Nachlasses (s. unten 3) liegt dem Testamentsvollstrecker regelmäßig nur insoweit ob, als sie für die Zwecke der Ausführung letztwilliger Anordnungen und der Auseinandersetzung unter den Erben nötig ist. Ein Erblasser kann jedoch auch einem von ihm ernannten Testamentsvollstrecker die dauernde Verwaltung seines Nachlasses (auf eine bestimmte oder auf eine der Dauer nach unbestimmte Zeit) übertragen (2209); er setzt z. B. seine Frau und seine Kinder zu Erben ein und überträgt der ersteren als Testamentsvollstreckerin die Verwaltung des Nachlasses bis zur Volljährigkeit des jüngsten Kindes — oder er entzieht einem Kinde in wohlmeinender Absicht die Verwaltung des ihm zu hinterlassenden Erbes und überträgt die Verwaltung des Vermögens einem Testamentsvollstrecker (s. „Pflichtteil 5" am Schluß) — oder der Erblasser will nicht, daß das seinem Erben Zugedachte in die Verwaltung seines Vaters oder seiner Mutter oder seines Vormundes komme. In solchen Fällen, wenn also die (dauernde) Verwaltung des nachgelassenen Vermögens einem Testamentsvollstrecker vom Erblasser übertragen ist, wird im Zweifel auch angenommen, daß der Testamentsvollstrecker in der Eingehung von Schuldverbindlichkeiten für den Nachlaß nicht beschränkt sein soll. Die Übertragung der Verwaltung auf den Testamentsvollstrecker wird übrigens unwirksam, wenn seit dem Tode des Erblassers dreißig Jahre verflossen sind und der Erblasser nicht etwa angeordnet hat, daß die Verwaltung bis zum Tode des Erben oder des Testamentsvollstreckers oder bis zum Eintritt eines anderen Ereignisses in der Person des einen oder des anderen fortdauern soll (2210).

Verfügungen der Erben. Prozesse (2211, 2212). Über Nachlaßgegenstände, die der Verwaltung des Testamentsvollstreckers unterliegen, können die Erben selbstverständlich nicht verfügen. Werden die Erben im Grundbuch eingetragen, so muß das Vorhandensein eines Testamentsvollstreckers miteingetragen werden, wenn der Nachlaßgegenstand der Verwaltung des Testamentsvollstreckers unterliegt. Zum Schutze derjenigen, die von dem Vorhandensein eines Testamentsvollstreckers keine Kenntnis hatten und daher mit den Erben selber sich in Geschäfte eingelassen haben, finden jedoch die Gesetzesvorschriften zugunsten derjenigen, die Rechte von einem Nichtberechtigten herleiten (s. z. B. „Bewegliche Sachen, Eigentum an 1"), entsprechende Anwendung. Die Erben sind auch nicht berechtigt, über einen Nachlaßgegenstand oder ein zum Nachlasse gehöriges Recht zu prozessieren. Dazu ist nur der Testamentsvollstrecker befugt.

Besondere Arten der Testamentsvollstreckung (2222, 2223). Ordnet jemand in seinem Testamente eine Nacherbfolge an, so kann er zugleich einen Testamentsvollstrecker zu dem Zwecke ernennen, damit dieser bis zum Eintritt der Nacherbfolge die Rechte der Nacherben (des Nacherben) ausübt und deren (dessen) Pflichten erfüllt (vgl. „Nacherben 2 a. Schl."). Ferner kann ein Erblasser einen Testamentsvollstrecker auch zu dem Zwecke ernennen, damit er für die Ausführung der einem Vermächtnisnehmer auferlegten Beschwerungen (Untervermächtnisse, Auflagen; s. d.) sorge.

Mehrere Testamentsvollstrecker (2224). Sind mehrere Testamentsvollstrecker vorhanden, so dürfen sie nur gemeinschaftlich handeln, wenn der Erblasser in dieser Beziehung nichts anderes bestimmt hat. Bei einer Meinungsverschiedenheit hat das Nachlaßgericht (s. d.) zu entscheiden. Handelt es sich jedoch um eine Maßregel, die zur Erhaltung eines der gemeinschaftlichen Verwaltung unterliegenden Nachlaßgegenstandes notwendig ist, so ist jeder einzelne berechtigt, ohne Zustimmung des oder der übrigen Vollstrecker das Erforderliche zu veranlassen. Fällt von den mehreren Vollstreckern einer fort, so führen die übrigen das Amt allein, wenn der Erblasser für diesen Fall nichts anderes bestimmt hat.

3. Nachlaßinventar. Die Verwaltung des Nachlasses durch den Testamentsvollstrecker (2215 ff.). Der Testamentsvollstrecker muß den Erben unverzüglich, nachdem er sein Amt übernommen hat, ein Verzeichnis (Inventar) der seiner Verwaltung unterliegenden Nachlaßgegenstände (Sachen, Rechte, Forderungen usw.) und der ihm bekannten Nachlaßschulden (Nachlaßverbindlichkeiten) mitteilen und ihnen die zur Aufnahme eines Nachlaßinventars sonst erforderliche Beihilfe leisten; denn es ist Sache der Erben selber, sich durch rechtzeitige und ordnungsmäßige Einreichung eines Nachlaßinventars vor Schaden zu bewahren (s. über die Bedeutung der Einreichung eines „Nachlaßinventars" den besonderen Artikel). Das vom Testamentsvollstrecker den Erben mitzuteilende Verzeichnis muß mit dem Datum der Aufnahme versehen und von ihm unterzeichnet sein; auf Verlangen der Erben muß er seine Unterschrift öffentlich beglaubigen lassen (s. „Form der Rechtsgeschäfte 3"). Der Erbe kann verlangen, daß er bei der Aufnahme des Verzeichnisses zugezogen wird. Der Testamentsvollstrecker ist berechtigt und auf Verlangen der Erben verpflichtet, das Verzeichnis durch die zuständige Behörde oder durch einen zuständigen Beamten oder Notar aufnehmen zu lassen. Die Kosten der Aufnahme und der Beglaubigung des Verzeichnisses fallen dem Nachlasse zur Last. Eine etwaige Anordnung, daß der Testamentsvollstrecker den Erben kein Verzeichnis des Nachlasses mitteilen solle, ist ungültig.

Der Testamentsvollstrecker ist zur ordnungsmäßigen Verwaltung des Nachlasses (soweit sie ihm überhaupt obliegt; s. vorstehend 2) verpflichtet. Für das Rechtsverhältnis zwischen ihm und den Erben, in deren Namen er gewissermaßen die Verwaltung führt, sind im wesentlichen die gesetzlichen Vorschriften für das Verhältnis zwischen einem Beauftragten und seinem Auftraggeber (vgl. den Artikel „Auftrag") maßgebend (2218). Insbesondere hat der Testamentsvollstrecker in gleicher Weise wie der Beauftragte seinem Auftraggeber den Erben über seine Verwaltung Rechenschaft abzulegen. Bei einer länger dauernden Verwaltung können die Erben vom Testamentsvollstrecker jährliche Rechnungslegung (vgl. „Rechnungslegung") verlangen. Anordnungen, die der Erblasser für die Verwaltung durch letztwillige Verfügung (Testament) getroffen hat, muß der Testamentsvollstrecker befolgen. Da es jedoch vorkommen kann — sei es, weil der Erblasser eine unvernünftige Bestimmung getroffen hat oder weil inzwischen die Verhältnisse sich geändert haben, — daß die Befolgung dieser Anordnungen den Nachlaß erheblich gefährden würde, so kann der Testamentsvollstrecker sowohl, wie jeder andere Beteiligte beim Nachlaßgericht (s. d.) den Antrag stellen, daß die Anordnung außer Kraft gesetzt wird; ohne solche gerichtliche Anordnung ist der Testamentsvollstrecker, bei Meidung eigener Verantwortlichkeit, nicht befugt, von jenen Anordnungen abzugehen.

Herausgabe von Sachen usw. an die Erben (2217). Obwohl der Testamentsvollstrecker kraft seines Amtes das Recht und die Pflicht hat, den Nachlaß zur Verwaltung an sich zu nehmen, so darf und muß er doch solche Nachlaßgegenstände (Sachen, Gelder, Forderungen usw.), deren er zur Erfüllung seiner Obliegenheiten offenbar nicht bedarf, dem Erben auf Verlangen zur freien Verfügung herausgeben oder überlassen, womit natürlich insoweit sein Verwaltungsrecht erlischt. Wegen Nachlaßschulden (Nachlaßverbindlichkeiten) kann der Testamentsvollstrecker die Überlassung der Sachen an die Erben nicht verweigern, wenn diese für die Berichtigung der Verbindlichkeiten Sicherheit leisten (s. darüber unter „Sicherheitsleistung"). Für Vermächtnisse oder Auflagen, die aus dem Nachlasse zu erfüllen sind, gilt diese Bestimmung aber nur dann, wenn das Recht der Bedachten von einer Bedingung abhängt oder wenn das Vermächtnis oder die Auflage zur Zeit noch nicht fällig ist.

4. Verhalten der Nachlaßgläubiger beim Vorhandensein eines Testamentsvollstreckers (2213, 2214). Der Gläubiger, der eine Forderung an den Nachlaß hat, wird sich wegen seiner Befriedigung an den Testamentsvollstrecker wenden. Es fragt sich aber, wen er zu verklagen hat, wenn er keine Zahlung erhält. Er kann sowohl den Testamentsvollstrecker, als den oder die Erben, oder, was unter Umständen rätlich sein wird, beide zugleich, verklagen. Nur wenn dem Testamentsvollstrecker die Verwaltung des Nachlasses nicht zusteht (s. vorstehend 2), kann auch keine Klage gegen ihn erhoben werden; es sind dann die Erben selbst zu belangen. Dasselbe ist der Fall, wenn ein Pflichtteilsberechtigter auf Auszahlung seines Pflichtteils klagen will; diese Klage muß stets gegen den oder die Erben gerichtet werden; gegen den Testamentsvollstrecker kann aber zugleich dahin geklagt werden, daß er die Zwangsvollstreckung in den seiner Verwaltung unterliegenden Nachlaß dulden müsse. Vergleiche wegen der Klagen gegen die Erben den Artikel „Nachlaßschulden, Haftung für die". Gegen den Testamentsvollstrecker kann schon Klage erhoben werden, wenn auch der oder die Erben sich über die Annahme der Erbschaft noch nicht erklärt haben (s. „Annahme und Ausschlagung einer Erbschaft"). Sind die Erben zur Zahlung verurteilt, so ist selbstverständlich der Testamentsvollstrecker zur Befriedigung des Gläubigers aus dem in seinen Händen befindlichen Vermögen verpflichtet. Dagegen können sich Gläubiger eines Erben, die nicht zu den Nachlaßgläubigern gehören, nicht an die der Verwaltung des Testamentsvollstreckers unterliegenden Nachlaßgegenstände halten.

5. Die Auseinandersetzung unter den Erben (2204). Regelmäßige Aufgabe des Testamentsvollstreckers ist es, ohne daß der Erblasser im Testamente dies besonders auszusprechen brauchte, die Auseinandersetzung unter den Erben herbeizuführen, nachdem er seine sonstigen Obliegenheiten erfüllt, die Nachlaßschulden berichtigt, Vermächtnisse usw. ausgezahlt und den Nachlaß, soweit zum Zwecke der Auseinandersetzung nötig, zu Gelde gemacht hat. Über die Art der Auseinandersetzung zwischen seinen Erben (die Erbteilung) kann der Erblasser in seinem Testamente selber nähere Anordnungen treffen, die der Testamentsvollstrecker selbstverständlich zu befolgen hat. Insbesondere kann er auch bestimmen, daß die Art der Auseinandersetzung dem billigen Ermessen des Testamentsvollstreckers überlassen sein solle. Die Erbteile richten sich natürlich nach dem Gesetze. Vor allem ist aber für den Testamentsvollstrecker bei der Vornahme der Auseinandersetzung der übereinstimmende Wille der Erben maßgebend; soweit die Erben über die Art der Auseinandersetzung einig sind und nicht etwa Bestimmungen des Erblassers entgegenstehen, die für die Erben bindend sind, hat der Wille oder die Ansicht des Testamentsvollstreckers weiter keine Geltung. Jeder Erbe kann jederzeit die Auseinandersetzung und die Herausgabe seines Erbteils verlangen, wenn nicht ein besonderer Grund für eine Hinausschiebung (Aussetzung) der Auseinandersetzung vorliegt; s. über die Gründe, die ein Hinausschieben der Erbteilung nötig machen können, das Nähere unter „Erbteilung 2". Ebendaselbst sind auch die gesetzlichen Vorschriften mitgeteilt, die bei der Vornahme der Erbteilung (Auseinandersetzung) zu beachten sind. Dabei ist noch ganz besonders auf den Fall aufmerksam zu machen, daß die Erben Kinder, Enkel usw. des Erblassers sind und daß daher eine Ausgleichung unter ihnen stattfinden muß, wenn einzelne von ihnen bei Lebzeiten des Vaters (der Mutter) oder des Großvaters (der Großmutter) usw. Zuwendungen erhalten haben; s. den Artikel „Ausgleichung unter Miterben".

Der Testamentsvollstrecker hat den unter Berücksichtigung alles Vorgesagten von ihm (nötigenfalls unter Zuziehung eines Rechnungsverständigen) aufzustellenden Auseinandersetzungsplan den Erben zur Einsicht und Prüfung vorzulegen und ihnen Gelegenheit zur Geltendmachung etwaiger Einwendungen oder Bedenken zu gewähren. Begründeten Widerspruch eines Erben wird er selbstverständlich berücksichtigen und den Teilungsplan geeignetenfalls danach abändern. Im übrigen braucht er sich an grundlose Widersprüche der Beteiligten nicht zu kehren, sondern er bringt die Teilung des Widerspruchs ungeachtet nach seinem pflichtmäßigen Ermessen zur Ausführung. Dem Widersprechenden bleibt es unbenommen, sein vermeintliches Recht im Prozeßwege gegen den Testamentsvollstrecker oder seine Miterben zu verfolgen.

6. Haftbarkeit des Testamentsvollstreckers. Sicherheitsleistung. Honorar. Beendigung des Amtes. Verletzt der Testamentsvollstrecker schuldhafterweise die ihm obliegenden Verpflichtungen, so ist er den Erben (Vermächtnisnehmern) für den ihnen daraus etwa entstehenden Schaden verantwortlich (2219). Sind mehrere Testamentsvollstrecker da, so haftet selbstverständlich jeder für den dem Erben usw. durch seine schuldvolle Pflichtverletzung zugefügten Schaden; trifft aber den oder die anderen Vollstrecker in der Sache gleichfalls eine Schuld, so haften sie alle, und zwar als Gesamtschuldner. Den Erben eine Sicherheit für die ordnungsmäßige Erfüllung ihrer Obliegenheiten zu bestellen, sind die Testamentsvollstrecker nur verpflichtet, wenn der Erblasser dies angeordnet hat; gesetzlich besteht eine solche Verpflichtung nicht; die Erben können also eine Sicherheitsleistung nicht fordern. Der Testamentsvollstrecker kann für die Führung seines Amtes eine angemessene Vergütung (ein Honorar) fordern, wenn der Erblasser nichts anderes bestimmt hat (2221). Hat der Erblasser die Höhe des Honorars festgestellt, so bleibt es selbstverständlich dabei, es sei denn, daß gänzlich unvorhergesehene Umstände eine höhere Bemessung der Vergütung als angemessen und dem mutmaßlichen Willen des Erblassers entsprechend erscheinen lassen. Ob der Testamentsvollstrecker, wenn er selbst im Testament bedacht oder gar Miterbe ist, außer dem ihm Zugewendeten noch ein Honorar fordern kann, ist vom Gesetze nicht entschieden; die Frage kann nur nach den Umständen des Falles und dem zu erforschenden Willen des Verstorbenen beantwortet werden. Einigen sich der Testamentsvollstrecker und die Erben über die „Angemessenheit" des von dem letzteren geforderten Honorars nicht, so muß das Prozeßgericht entscheiden.

Das Amt des Testamentsvollstreckers endigt ohne weiteres mit der Erledigung seiner Obliegenheiten. Eine besondere Niederlegung des Amtes oder eine gerichtliche Entlassung aus dem Amte ist im Gesetze nicht vorgesehen. Mit der Beendigung des Amtes wird das dem Testamentsvollstrecker vom Nachlaßgerichte ausgestellte Zeugnis (unten 7) von selbst kraftlos (2368). Stirbt ein Testamentsvollstrecker, bevor der Nachlaß völlig geordnet ist, so ist damit sein Amt erloschen; es geht nicht etwa auf seine Erben über; ebenso ist es, wenn der Testamentsvollstrecker etwa geisteskrank oder wegen Verschwendung usw. entmündigt, also geschäftsunfähig (s. „Geschäftsfähigkeit") würde (2225). Der Testamentsvollstrecker ist jederzeit (s. aber nachstehend) befugt, sein Amt niederzulegen (zu „kündigen"). Die „Kündigung" muß dem Nachlaßgerichte (s. d.) gegenüber erklärt werden; es genügt nicht, daß der Vollstrecker seine Absicht den oder einem der Erben oder sonstigen Beteiligten erklärt. Gerichtliche oder notarielle Beglaubigung der an das Gericht zu richtenden Kündigungserklärung ist nicht vorgeschrieben; der Testamentsvollstrecker kann die Kündigung auch beim Nachlaßgericht zu Protokoll erklären. Die Kündigung darf übrigens nicht „zur Unzeit" erfolgen, d. h. der Testamentsvollstrecker darf nur in der Art kündigen, daß die Erben genügende Zeit haben, um für die Besorgung der Nachlaßgeschäfte anderweit Fürsorge treffen zu können; andernfalls ist er den Erben für den aus der unzeitigen Kündigung ihnen entstehenden Schaden verantwortlich. Zu einer „unzeitigen" Kündigung ist der Vollstrecker nur dann berechtigt, wenn hierfür ein „wichtiger Grund" vorliegt; er ist in solchem Falle selbst dann zur Kündigung befugt, wenn er vertragsmäßig auf das Recht der Kündigung verzichtet haben sollte. Was ein wichtiger Grund ist, sagt das Gesetz nicht; es kommt ganz auf die Umstände des Falles an. Schlimmstenfalls hat das Prozeßgericht darüber zu entscheiden, ob ein wichtiger Grund vorlag (2226).

Entlassung des Testamentsvollstreckers (2227). Der Testamentsvollstrecker kann auch wider seinen Willen seines Amtes entlassen werden; die Entlassung wird vom Nachlaßgericht ausgesprochen, an das sich jeder Beteiligte wenden kann. Selbstverständlich muß auch hier ein wichtiger Grund vorliegen; das Gesetz bezeichnet es insbesondere als einen zur Entlassung genügenden Grund, wenn der Vollstrecker sich einer groben Pflichtverletzung schuldig macht oder wenn sich herausstellt, daß er zu einer ordnungsmäßigen Geschäftsführung unfähig ist.

Einsicht der beim Nachlaßgericht niedergelegten Erklärungen (2228). Es ist oben gesagt, daß verschiedene Erklärungen, die sich auf das Amt des Testamentsvollstreckers beziehen, dem Nachlaßgerichte (s. d.) gegenüber abzugeben sind. Diese Erklärungen, sei es, daß sie schriftlich eingereicht oder zu Protokoll gegeben sind, werden beim Nachlaßgericht zur beliebigen Einsicht durch die Beteiligten aufbewahrt; die Einsicht muß jedem gestattet werden, der dem Gerichte ein rechtliches Interesse an der Sache glaubhaft macht, z. B. einem Nachlaßgläubiger, einem Pflichtteilsberechtigten usw. Die gedachten Erklärungen sind die, durch die der Testamentsvollstrecker anzeigt, daß er das Amt annehme oder ablehne oder kündige; ferner die Erklärung, durch die jemand, der dazu befugt ist, den Testamentsvollstrecker ernennt; endlich die Ernennung eines Mitvollstreckers oder eines Nachfolgers (s. oben 1).

7. Zeugnis über die Ernennung des Testamentsvollstreckers (2368). Damit sich der Vollstrecker als solcher gehörig auszuweisen vermag (Behörden und Privaten gegenüber), kann er beim Nachlaßgericht die Ausstellung eines Zeugnisses über seine Ernennung beantragen. Daß er das Amt angenommen hat (s. oben 1), wird ihm nicht besonders bescheinigt. Die Annahme ist aber natürlich Voraussetzung für die Erteilung des Zeugnisses durch das Gericht. Zu welchen Handlungen der Testamentsvollstrecker befugt ist, darüber braucht das Zeugnis regelmäßig nichts zu enthalten, da seine Rechte und Pflichten nach dem oben Mitgeteilten durch das Gesetz bestimmt sind; nur wenn der Testamentsvollstrecker in der Verwaltung des Nachlasses beschränkt ist oder wenn der Erblasser angeordnet haben sollte, daß er in der Eingehung von Verbindlichkeiten für den Nachlaß in keiner Weise beschränkt sein soll (während er sonst gewissen gesetzlichen Beschränkungen unterliegt; s. oben 2), muß sich dies aus dem Zeugnis ergeben.

Testamentszeugen s. Testament 2 C u. folgende.

Theaterbilletts s. Schuldverschreibungen auf den Inhaber I 5.

Tieferlegen eines Grundstücks s. Grundeigentum 2 e.

Tiere, wilde und zahme, s. Aneignung herrenloser Sachen; Verkauf von, Haftung des Verkäufers für Fehler, s. Gewährleistung wegen Mängel usw. 9; durch Tiere drohende Gefahr, Selbstverteidigung gegen, s. Selbstverteidigung.

Tiere, Tötung, Verletzung oder Beschädigung durch (833, 834). Für jeden durch ein Tier (beliebiger Art, auch Bienen) verursachten Schaden, sei es, daß ein Mensch verletzt oder gar getötet worden oder daß eine Sache beschädigt oder vernichtet ist, haftet der, welcher das Tier hält. Jedoch tritt die Ersatzpflicht nicht ein, wenn der Schaden durch ein Haustier verursacht wurde, das dem Berufe, der Erwerbstätigkeit oder dem Unterhalte des Tierhalters zu dienen bestimmt ist und entweder der Tierhalter bei der Beaufsichtigung des Tieres die im Verkehr erforderliche Sorgfalt beobachtet oder der Schaden auch bei Anwendung dieser Sorgfalt entstanden sein würde. Es wird also ein grundsätzlicher Unterschied zwischen Berufshaustieren und anderen Haus- oder Nichthaustieren (gezähmten Tieren) gemacht; bei Berufshaustieren beruht die Haftung auf Verschulden des Tierhalters, bei anderen Tieren lediglich auf der Tatsache der Tierhaltung. Zu den Berufshaustieren gehört nicht schon der Wachhund, wohl aber der Arbeitshund; aber das am Sonntag vor der Kutsche gehende Arbeitspferd bleibt Arbeitspferd, es kommt auf die hauptsächliche Bestimmung des betreffenden Tieres an. Daß der Tierhalter gerade der Eigentümer ist, wird vom Gesetz nicht erfordert. Tierhalter ist (RG.) derjenige, der im eigenen Interesse dem Tiere Obdach und Unterhalt gewährt, aber nicht bloß zu einem ganz vorübergehenden Zwecke, sondern auf einen Zeitraum von gewisser Dauer (RG.), und er bleibt es auch, wenn ein anderer (mit oder ohne Befugnis) das Tier vorübergehend benutzt, ohne dadurch selbst Tierhalter zu werden. Wenn aber z. B. ein Eigentümer sein Pferd aus Gefälligkeit einem Lohnfuhrmann leihweise überläßt, und es erwächst dem Fahrgast durch das Durchgehen des Pferdes, das der Entleiher selbst lenkt, ein Schaden, so haftet der Eigentümer des Pferdes nicht, weil es zurzeit nicht in seinem Wirtschaftsbetriebe eingestellt war, sondern in dem des Fuhrmanns, der Eigentümer also nicht Tierhalter im Sinne des Gesetzes war (RG.). Ferner hat das Reichsgericht entschieden, daß ein Beamter, der sein dem Staate gehöriges Dienstpferd im Dienste gebraucht, in bezug auf dieses Pferd als der Tierhalter anzusehen ist. — Bei Nichtberufstieren kommt es für die Frage der Schadenhaftung nicht darauf an, ob den Tierhalter irgendein Verschulden trifft, ob das Tier sich bisher nicht als böswillig gezeigt hat, ob es sich losgerissen oder der Bewachung entzogen hat usw. Der Halter eines Berufstieres ist jedoch dann von der Haftung befreit, wenn er die nach Lage der Dinge erforderlichen Vorsichtsmaßregeln ergriffen hat, um einen Schaden durch das Tier zu verhüten. — In allen Fällen, also sowohl bei Berufshaustieren wie bei anderen, kommt es darauf an, ob der Schaden wirklich durch das Tier verursacht worden ist. Von einer Schadenzufügung durch ein Tier kann nicht die Rede sein (RG.), wenn das Tier nur als Werkzeug in der Hand des Menschen gehandelt hat; es hat z. B. jemand ein Gespann derart gelenkt, daß die Pferde selbst oder das Fuhrwerk einen Menschen verletzt haben; es sind in solchem Falle nicht die Pferde die Urheber der Beschädigung, sondern der Führer des Gespannes, also dann haftet auch der Halter von Berufshaustieren. Sonst haftet der Tierhalter für den Schaden nur dann, wenn es sich um ein selbständiges, willkürliches Tun des Tieres, um einen Ausfluß seiner tierischen Natur handelt. Ob der eine oder der andere Fall vorliegt, kann natürlich unter Umständen schwer zu entscheiden sein. Ob der Schaden durch das Tier unmittelbar, z. B. durch Beißen, Ausschlagen usw., oder mittelbar, z. B. durch Überfahren mit dem Wagen, zugefügt ist, ist für die Haftbarkeit des Tierhalters gleichgültig; auch im letzteren Falle ist der Schaden „durch das Tier" herbeigeführt (RG.); so, wenn z. B. ein Kind, das von einem Hund angebellt wird, vor ein Auto läuft, haftet der Halter des Hundes. Wird die Annahme eines willkürlichen Tuns des Tieres durch das Eintreten einer höheren Gewalt (s. d.) ausgeschlossen, so ist der Schaden nicht durch das Tier verursacht; der Tierhalter haftet also nicht (RG.); es hat z. B. das Pferd infolge eines plötzlichen Blitzschlages ausgeschlagen. Dagegen haftet der Tierhalter, wenn die höhere Gewalt nur mitwirkend gewesen ist, nur den Anstoß zu einem willkürlichen Tun des Tieres gegeben hat (RG.). In einem anderen Falle sagt das Reichsgericht: Der Tierhalter haftet nicht, wenn ein äußeres Ereignis auf den Körper oder die Sinne des Tieres mit einer Gewalt einwirkte, daß das Tier nach physiologischen Gesetzen nicht widerstehen konnte, und das Tier unter solchem Zwange Schaden anrichtete. Vorkommnisse des gewöhnlichen Verkehrs, z. B. Pfeifen einer Lokomotive, plötzliches Dampfablassen, sind aber nicht solche Einwirkungen, auch dann nicht, wenn sie ein willkürliches Tun des Tieres deshalb zur Folge hatten, weil dieses für äußere Anregungen besonders empfänglich war. — Sind meherere Tiere beteiligt (es hat z. B. ein Hund durch sein Gebell ein Pferd scheu gemacht, und dieses hat Schaden angerichtet), so kann die Frage: hat der Hund oder das Pferd oder haben beide den Schaden verursacht? nur unter Beurteilung aller Umstände des Falles entschieden werden; möglicherweise haften dann die verschiedenen Tierhalter anteilig. — Hat der Geschädigte selbst durch eigenes Verschulden den Schaden mehr oder weniger mit herbeigeführt (er hat z. B. den fremden Hund gereizt oder er hat unberechtigterweise ein Grundstück betreten, auf dem sich ein Stier befand), so hängt die Frage, ob er Entschädigung beanspruchen kann, von den besonderen Umständen des Falles ab (RG.); hierüber wie über den Schadensersatz überhaupt s. „Schadensersatz, allgemeine Bestimmungen über". — Außer dem Besitzer des Tieres (dem Tierhalter) haftet für den angerichteten Schaden auch, wer etwa vertragsmäßig (z. B. auch als Angestellter, Knecht usw.) die Aufsicht über das Tier übernommen hat, wenn er bei der Beaufsichtigung die im Verkehr erforderliche Sorgfalt nicht beobachtet hat. Ist jemand, z. B. ein Landarbeiter, zur Wartung des Tieres angestellt, so ist er damit nicht notwendig auch zur Beaufsichtigung des Tieers bestellt (RG.). Behauptet der zur Aufsicht Verpflichtete, seiner Aufsichtspflicht genügt zu haben, so muß er dies beweisen. Sofern aber der

Schaden auch bei ordnungsmäßiger Beaufsichtigung entstanden sein würde, ist er (nicht aber der Tierhalter) von der Haftung befreit. Beide, der Tierhalter und der zur Beaufsichtigung des Tieres verpflichtet Gewesene, haften dem Beschädigten als Gesamtschuldner (RG.) (s. „Mehrere Gläubiger usw.“) (840). Hat der Besitzer den Schaden zahlen müssen, so wird er von dem Aufsichtspflichtigen, der seine Pflicht verabsäumt hat, auf Grund des Vertrages vollen Ersatz des Geleisteten fordern können. Ist noch eine dritte Person für denselben Schaden verantwortlich (es hat z. B. ein Vorübergehender den Hund auf einen Menschen gehetzt), so ist diese Person wiederum ihnen ersatzpflichtig (840 Abs. 3).

Über den Umfang der Schadensersatzpflicht s. „Schadensersatz wegen unerlaubter Handlung 6“. Über die Befugnis, ein Tier wegen drohender Gefahr zu töten, s. „Selbstverteidigung 2“.

Tierhalter s. Tiere usw.

Tisch und Bett, Trennung der Ehegatten von, s. Trennung von Tisch und Bett u. Ehescheidung 5.

Töchter s. Eltern und Kinder.

Tod. Mit dem Tode des Menschen gehen seine Rechtsverhältnisse nicht unter; sie werden fortgesetzt; nur sind an die Stelle des Verstorbenen jetzt seine Erben getreten. Wie dies im einzelnen sich gestaltet, darüber vgl. die Art. „Erbschaft“, „Gesetzliche Erben“, „Testament“, „Erbvertrag“. Nur ausnahmsweise gehen Rechte und Verbindlichkeiten des Verstorbenen nicht auf die Erben über. Unvererbliche Rechte sind z. B. die aus der Ehe und der elterlichen Gewalt entspringenden Befugnisse, das Nießbrauchsrecht, ein Recht auf Schmerzensgeld usw.; unvererbliche Verbindlichkeiten sind z. B. solche, die nach der Natur der Leistung nur vom Erblasser selbst erfüllt werden konnten, Unterhaltspflichten, die auf dem Verwandtschaftsverhältnis beruhen usw. Unter den einschlägigen Stichworten dieses Buches ist über den Einfluß des Todes auf gewisse dauernde Rechtsverhältnisse, wie z. B. Miete, Pacht, ein Gesellschaftsverhältnis, eine Vollmacht das Nähere mitgeteilt, und wer sich näher über die Frage, ob es ein „Recht“ des Toten gebe, und wie die Totenruhe, die dem Leichnam mitgegebenen Sachen usw. rechtlich zu behandeln sind, orientieren will, findet das Erforderliche darüber im Art. „Totenrecht“ im HdR. VI 44ff.

Tod des Vormundes, des Mündels s. Vormundschaft 4; durch einen Unfall s. Haftpflicht usw.; absichtlich oder fahrlässig herbeigeführter, s. Schadensersatz wegen unerlaubter Handlung 6; eines Gesellschafters s. Gesellschaft 5d u. Offene Handelsgesellschaft 5, 6; eines Erben vor dem Erblasser s. Erbschaft 2; eines Ehegatten, Herausgabe von Sachen, s. Gesetzliche Erben 2.

Todeserklärung (13—19). Ist jemand verschollen, d. h. ist nicht zu ermitteln, ob er noch lebt oder ob er verstorben ist, so kann er durch ein gerichtliches Aufgebotsverfahren für tot erklärt werden. Vor der Todeserklärung kann ein Abwesenheitspfleger bestellt werden (s. Pflegschaft 1c), die Herausgabe seines Vermögens an den Erben aber kann erst erfolgen, wenn der Verschollene für tot erklärt ist. Auch die Rücksicht auf die Familienverhältnisse des Verschollenen kann eine Beseitigung des Zustandes der Ungewißheit erwünscht machen.

Die Todeserklärung eines Verschollenen ist regelmäßig zulässig, wenn seit zehn Jahren keine Nachricht von seinem Fortleben eingegangen und das Jahr, in dem er das einunddreißigste Lebensjahr vollendet haben würde, abgelaufen ist. Würde jemand bereits das 70. Lebensjahr vollendet haben, so genügt eine Frist von 5 Jahren. Die zehnjährige oder fünfjährige Frist beginnt mit dem Schluß des letzten Jahres, in dem der Verschollene den vorhandenen Nachrichten zufolge noch gelebt hat.

Das Verfahren ist in der ZPO. § 960—976 geregelt. Den Antrag kann jedermann stellen, der an der Todeserklärung ein rechtliches Interesse hat, vor allem der gesetzliche Vertreter (Vater, Mutter, Vormund, Pfleger) des Verschollenen, der gesetzliche Vertreter aber nur mit Genehmigung des Vormundschaftsgerichts. Der Antrag ist bei dem Amtsgericht zu stellen, in dessen Bezirke der Verschollene den letzten inländischen Wohnsitz hatte. Nach Erlaß eines öffentlichen Aufgebots, Feststellung des Sachverhalts und Ablauf der vorgeschriebenen Fristen spricht das Gericht die Todeserklärung durch Urteil aus. Dieses Urteil kann von jedermann, der an dessen Aufhebung oder an der Berichtigung des Zeitpunktes des Todes ein rechtliches Interesse hat, angefochten werden, und zwar sowohl wegen gewisser Mängel im Verfahren, als auch dann, wenn die Todeserklärung mit Unrecht erfolgt oder der Zeitpunkt des Todes des Verschollenen unrichtig festgestellt ist. — Das die Todeserklärung aussprechende Urteil muß den ermittelten oder nach näherer Bestimmung des § 18 des Gesetzbuchs anzunehmenden Zeitpunkt des Todes des Verschollenen ausdrücklich feststellen. Es gilt dann bis zum etwaigen Beweise des Gegenteils die Vermutung, daß er in diesem Zeitpunkt gestorben ist. Nach erfolgter Todeserklärung können die Erben des Verschollenen sein Vermögen an sich nehmen. Lebt der für tot Erklärte in Wirklichkeit noch, so kann er die Herausgabe seines Vermögens von den Besitzern nach den für den Erbschaftsanspruch (s. „Erbschaftsklage“) geltenden Vorschriften verlangen. — Personen, die sich mit den vermeintlichen Erben des für tot Erklärten in Rechtsgeschäfte eingelassen haben, sind aber gegen etwaige Nachteile dadurch geschützt, daß zu ihren Gunsten der vermeintliche Erbe als wirklicher Erbe des fälschlich für tot Erklärten gilt, sofern sie nicht die Unrichtigkeit der Todeserklärung gekannt, z. B. gewußt haben, daß der Verschollene noch lebte, oder gewußt haben, daß etwa die erfolgte Todeserklärung später infolge einer Anfechtungsklage wieder aufgehoben war (2370 BGB.).

War der für tot Erklärte verheiratet, so kann der andere Ehegatte jetzt (nach erfolgter Todeserklärung) eine neue Ehe eingehen (1348 bis 1352 BGB.); dies darf jedoch, wenn das Urteil im Wege der Klage angefochten ist, nicht vor der Erledigung dieses Rechtsstreits geschehen, es sei denn, daß die Anfechtung erst zehn Jahre nach der Verkündigung des Urteils erfolgt ist. Ergibt sich nach der Wiederverheiratung, daß der für tot Erklärte noch lebt, so wird dadurch die neue Ehe nicht ungültig; denn mit der gültigen Schließung der neuen Ehe ist die frühere Ehe aufgelöst. Anders, wenn beide Ehegatten bei Schließung der neuen Ehe gewußt haben, daß der für tot Erklärte zur Zeit der Todeserklärung noch lebte; in diesem Falle ist die neue Ehe nichtig. Die neue Ehe ist also gültig, auch wenn der für tot erklärte Ehegatte zurückkehrt; aber das Gesetz gibt jedem der neuen Ehegatten das Recht, die neue Ehe wieder zu lösen; er kann sie im Wege der Anfechtungsklage (s. „Ehehindernisse 2“) anfechten, es sei denn, daß der betreffende Gatte bei Eingehung der Ehe von dem Leben des ersten Ehegatten Kenntnis hatte. Die Anfechtungsklage ist ausgeschlossen, wenn sie nicht binnen sechs Monaten von dem Zeitpunkt an, wo der anfechtende Ehegatte erfahren hat, daß der für tot Erklärte noch lebt, erhoben ist, wenn der anfechtende Ehegatte trotz Kenntnis von dem Leben des früheren Ehegatten die neue Ehe als gültig anerkennt (sie bestätigt), oder wenn die neue Ehe durch den Tod eines der Ehegatten aufgelöst worden ist. Hat der mit dem Verschollenen verheiratet Gewesene die neue Ehe angefochten, weil der frühere Gatte noch lebt, so ist er gesetzlich verpflichtet, dem anderen in gleicher Weise Unterhalt zu gewähren, wie ein für schuldig erklärter Ehegatte im Falle einer Ehescheidung; s. Näheres unter „Ehescheidung 3". Diese Verpflichtung tritt aber nicht ein, wenn der andere Ehegatte bei der Eheschließung etwa gewußt hat, daß der für tot Erklärte zur Zeit der Todeserklärung noch lebte. Für Kriegsverschollene, Seeverschollene und bei besonderen Unglücksfällen Verschollene gelten folgende abweichende Bestimmungen. Es kann für tot erklärt werden:

Wer als Angehöriger der bewaffneten Macht an einem Kriege teilgenommen hat und während des Krieges vermißt worden und seitdem verschollen ist, nach Ablauf von drei Jahren seit dem Friedensschluß oder dem Schluß des Jahres, in dem der Krieg beendigt ist. Dasselbe gilt für den, der sich in einem Amts- oder Dienstverhältnisse zum Zwecke freiwilliger Hilfeleistung bei der bewaffneten Macht befindet. § 15 BGB. Die Todeserklärung der im Kriege 1914—1918 Verschollenen ist durch Verordnung vom 18. April 1916 in der Fassung vom 9. August 1917 und 20. Februar 1925 geordnet. Angehörige der bewaffneten Macht dieses Krieges und Personen, die sich bei ihr aufgehalten haben, können für tot erklärt werden, wenn ein Jahr lang von ihnen keine Nachricht eingegangen ist. Als Zeitpunkt des Todes ist der 10. Januar 1920 anzunehmen. Wird ein rechtliches Interesse glaubhaft gemacht, so kann auf Antrag der Zeitpunkt angenommen werden, in dem der Antrag auf Todeserklärung zulässig geworden ist, oder, wenn der Verschollene seit einem besonderen Kriegsereignis (Gefecht, Sprengung, Schiffsunfall und dergleichen) vermißt wird, der Zeitpunkt dieses Ereignisses. Der Zeitpunkt ist im Urteil festzustellen. Die Aufgebotsfrist beträgt einen Monat. Hat der Verschollene die Todeserklärung überlebt, so kann auf seinen schriftlichen Antrag das Urteil aufgehoben werden, ohne daß es einer Anfechtungsklage bedarf (s. Gutt. Slg. Nr. 124).

Wer sich bei einer Seefahrt auf einem während der Fahrt untergegangenen Fahrzeuge befunden hat und seit dem Untergange des Fahrzeugs verschollen ist, kann für tot erklärt werden, wenn seit dem Untergang ein Jahr verstrichen ist. Der Untergang des Fahrzeugs wird vermutet, wenn es an dem Orte seiner Bestimmung nicht eingetroffen oder in Ermangelung eines festen Reiseziels nicht zurückgekehrt ist, und wenn bei Fahrten innerhalb der Ostsee ein Jahr, bei Fahrten innerhalb anderer europäischer Meere, mit Einschluß sämtlicher Teile des Mittelländischen, Schwarzen und Azowschen Meeres, zwei Jahre, bei Fahrten, die über außereuropäische Meere führen, drei Jahre seit dem Antritte der Reise verstrichen sind. Sind Nachrichten über das Fahrzeug eingegangen, so ist der Ablauf des Zeitraums erforderlich, der verstrichen sein müßte, wenn das Fahrzeug von dem Orte abgegangen wäre, an dem es sich den Nachrichten zufolge zuletzt befunden hat.

Wer unter anderen, als den vorbezeichneten Umständen, in eine Lebensgefahr geraten ist (z. B. bei einem Grubenunglück, einem Theaterbrand, einem Bergsturz usw.) und seitdem verschollen ist, kann für tot erklärt werden, wenn seit dem Ereignisse, durch das die Lebensgefahr entstanden ist, drei Jahre verstrichen sind.

Todesfall, Schenkung auf den, s. Schenkung am Schluß; Verfügung auf den, s. Todes wegen, Verfügungen von.

Todes wegen, Verfügungen von (1937). Hierunter versteht das Gesetz Verfügungen, die jemand über seinen künftigen Nachlaß trifft, sei es, daß er einseitig Bestimmungen trifft (durch „Testament" oder „letztwillige Verfügung"; s. „Testament 1") oder daß er mit seinem künftigen Erben einen „Erbvertrag" (s. d.) schließt.

Todes wegen, Zuwendungen von, s. Zuwendungen von Todes wegen.

Tonkunst, Werke der, Schutz s. Urheberrecht.

Tote Hand, Erwerbungen durch die, s. Juristische Person 2.

Tötung, Schadensersatz wegen, s. Schadensersatz wegen unerlaubter Handlung u. Haftpflicht usw.; Tötung durch Tiere s. Tiere, Tötung usw. durch; Tötung des Erblassers, Tötungsversuch bewirkt Verlust des Erbrechts s. Erbunwürdigkeit; Tötung gekaufter Tiere s. Gewährleistung wegen Mängel usw. 9; Tötung eines Menschen durch Einsturz eines Gebäudes s. Gebäudeeinsturz.

Transport von Gütern s. Frachtführer u. Kaufmann usw. 1.

Transportgefahr beim Kaufe s. Kauf und Verkauf 6; beim Werkvertrage s. Werkvertrag.

Transportversicherung s. Versicherungsrecht.

Trauerjahr s. Ehehindernisse 1 g.

Trauring, Nichtpfändbarkeit, s. Pfändung in der Zwangsvollstreckung 1.

Trauung, kirchliche, Verweigerung der, als Ehescheidungsgrund s. Ehescheidung 1.

Trennung der Ehe s. Ehescheidung; der Ehegatten s. Ehegatten 2 u. Ehescheidung 2; von Tisch und Bett s. nachstehend; Trennung von Ehegatten, Einfluß auf die Beerbung s. Testament 5 u. Gesetzliche Erben 2; Trennung der Güter bei Ehegatten s. Gütertrennung; von Erzeugnissen einer Sache s. Erzeugnisse und Bestandteile usw.

Trennung von Tisch und Bett. Eine beständige oder zeitweise Trennung der Ehegatten von Tisch und Bett, wie sie früher zulässig war, gibt es nicht mehr. Es ist im wesentlichen an die Stelle dieser Einrichtung die vom Gericht auf erhobene Klage auszusprechende „Aufhebung der ehelichen Gemeinschaft" getreten; s. darüber „Ehescheidung 5". Es kann ferner im Falle eines Prozesses auf Ehescheidung usw. das Gericht auf Antrag eines Gatten ein Getrenntleben der Ehegatten für die Dauer des Prozesses gestatten; s. darüber „Ehescheidung 2".

Treuhänder s. Hypothek 6.

Treu und Glauben, Berücksichtigung bei Auslegung von Verträgen usw. s. Auslegung von Willenserklärungen; Bedeutung für vertragsmäßige Verpflichtungen s. Leistungen usw. 1; Aufwertung.

Trichinen bei Schweinen s. Gewährleistung usw. 9.

Trunkenheit s. Betrunkenheit.

Trunksucht, Entmündigung wegen, s. Entmündigung. S. a. „Geschäftsfähigkeit".

Tuberkulose beim Rindvieh s. Gewährleistung usw. 9.

U.

Überbau s. Grundeigentum 2 g.

Überbringer einer Quittung s. Quittung u. Prokura und Handlungsvollmacht 4.

Überbürge s. Bürgschaft.

Überfall von Früchten s. Grundeigentum 2 f und k.

Übergabe eines Guts s. Gutsübergabe.

Übergang einer Forderung s. Abtretung einer Forderung.

Übergebot s. Versteigerung; Zwangsversteigerung.

Übermittelung, telegraphische, bei Verträgen usw. s. Form der Rechtsgeschäfte 1.

Übernahme einer fremden Schuld (414—419). Es kann jemand die Schuld eines anderen als eigene übernehmen in der Weise, daß der bisherige Schuldner aus dem Schuldverhältnis ausscheidet und der Übernehmende an seiner Stelle in das Schuldverhältnis zum Gläubiger eintritt. Ein solcher Vertrag ist an keine besondere Form gebunden. Insbesondere braucht er nicht schriftlich abgefaßt zu werden. Eine Schuldübernahme liegt aber nicht schon darin, daß jemand verspricht, für die Verbindlichkeit eines anderen einzustehen, seine Schulden zu begleichen (RG.) (329); in diesem Fall bleibt der eigentliche Schuldner weiterhin Schuldner. Ein Wechsel in der Person des Schuldners ist selbstverständlich nur mit Einwilligung des Gläubigers möglich; denn für diesen ist es nicht einerlei, ob er etwa an Stelle eines ordentlichen, in gesicherten Verhältnissen lebenden Mannes einen unzuverlässigen, schlechten Wirtschafter als Schuldner erhält. Die Zustimmung des Gläubigers kann in der Weise erfolgen, daß er selber mit dem neueintretenden Schuldner vereinbart, daß dieser an die Stelle des bisherigen Schuldners treten solle. Es kann aber auch der bisherige Schuldner mit einem anderen einen Vertrag dahin schließen, daß dieser an seiner Statt in ein Schuldverhältnis eintreten solle, wie dies z. B. bei Gutsübernahmen (s. a. „Geschäftsübernahme") zu geschehen pflegt, wo der Annehmer die Schulden des Abgebers als eigene übernimmt. In solchen Fällen ist die Genehmigung des Gläubigers zu dem zwischen dem alten und dem neuen Schuldner getroffenen Abkommen erforderlich. Wer die Schuldübernahme dem Gläubiger mitteilt und seine Genehmigung dazu erwirkt, ob der bisherige oder der neue Schuldner, ist gleichgültig; erst durch die Genehmigung wird die Schuldübernahme rechtswirksam; der bisherige Schuldner ist aus dem Schuldverhältnis entlassen, der Übernehmer an seiner Stelle in das Schuldverhältnis eingetreten. Bis dahin, daß die Genehmigung durch den Gläubiger auf Ansuchen des einen oder anderen Teils erfolgt ist, können die Beteiligten daher auch die getroffene Vereinbarung abändern oder ganz aufheben. Vereinbaren die Beteiligten die Schuldübernahme mit vorheriger oder gleichzeitiger Einwilligung des Gläubigers, so ist die Übernahme sofort rechtswirksam. Weigert der Gläubiger die Genehmigung der Schuldübernahme, so gilt sie als nicht erfolgt. Der bisherige Schuldner sowohl als der Übernehmer können den Gläubiger unter Bestimmung einer Frist zur Erklärung über die Genehmigung auffordern; dann kann die Genehmigung nur bis zum Ablauf dieser Frist gültig erklärt werden; wird sie nicht erklärt, so gilt sie als verweigert, die Schuldübernahme gilt als nicht erfolgt. Das hat die Bedeutung: die Schuldübernahme gilt im Verhältnis zum Gläubiger als nicht erfolgt; der Gläubiger hat den alten Schuldner behalten; der Übernehmer der Schuld hat mit dem Gläubiger nichts zu tun. Aber die Beteiligten, die die Schuldübernahme vereinbart haben, sind an diesen Vertrag gebunden. Folge davon ist insbesondere, daß der Übernehmer der Schuld dem bisherigen Schuldner gegenüber verpflichtet ist, die übernommene Schuld, sobald sie fällig geworden ist, dem Gläubiger zu bezahlen. Wenn dieser auch zu dem Übernehmer in kein Schuldverhältnis getreten ist und von ihm die Zahlung nicht fordern kann, so muß er doch von ihm wie von jedem anderen die Zahlung für den Schuldner annehmen. Selbstverständlich können die Beteiligten aber etwas anderes vereinbaren. Übrigens können Schulden oder Verpflichtungen, die derart an die Person des Verpflichteten geknüpft sind, daß sie ein anderer nach dem Willen der Beteiligten nicht erfüllen kann, nicht von einem anderen übernommen werden; geschähe dieses mit Einwilligung des Gläubigers dennoch, so läge kein Eintritt eines neuen Schuldners in das alte Schuldverhältnis, sondern die Begründung eines ganz neuen Schuldverhältnisses an Stelle des alten vor.

Die Zinsen auf eine übernommene Schuld gelten, wenn nichts darüber bestimmt ist, nicht als mitübernommen.

Übernahme von Hypotheken bei Grundstücksverkäufen (416). Etwas Besonderes gilt für den Fall, daß bei Veräußerung eines Grundstücks zwischen dem Verkäufer (oder dem sonstigen Veräußerer) und dem Käufer (Erwerber) vereinbart wird, daß der Käufer eine Schuld des Verkäufers, für die eine Hypothek an dem verkauften Grundstück besteht (meist in Anrechnung auf den Kaufpreis), übernimmt. In diesem Falle kann die Genehmigung des Gläubigers zu der Übernahme der Schuld nur dann gültig erteilt werden, wenn der Veräußerer (Verkäufer usw.) ihm die Schuldübernahme durch den anderen mitgeteilt hat. Sind seit dem Empfange dieser Mitteilung sechs Monate verstrichen, ohne daß der Gläubiger erklärt hat, daß er mit dem Eintritt des neuen Erwerbers des Grundstückes in das Schuldverhältnis nicht einverstanden sei und den alten Schuldner aus der Haftverbindlichkeit nicht entlasse, so gilt die Genehmigung als erteilt; der bisherige Schuldner ist aus der Schuld entlassen, der Erwerber des Grundstücks ist jetzt auch persönlicher Schuldner des Hypothekgläubigers geworden. Die Einzelbestimmungen mögen an folgendem Beispiel gezeigt werden: A. verkauft dem B. sein Haus, auf dem eine Hypothek von 10000 Mk. für X. eingetragen ist. Beide vereinbaren im Kaufvertrage, daß B. diese Hypothekschuld in Anrechnung auf den Kaufpreis zu übernehmen habe. Das Haus wird dem B. am 1. März zum Eigentum aufgelassen. Jetzt steht die Sache rechtlich so, daß auf dem nun dem B. gehörigen Hause die Xsche Hypothek ruht; B. ist aber nicht persönlicher Schuldner des X., sondern dies ist nach wie vor der A.; nur ist B. dem A. gegenüber allerdings verpflichtet, das Xsche Kapital zu verzinsen und nach Fälligkeit zurückzuzahlen. Damit B. völlig in die Schuld an X. eintritt und A. gänzlich aus der Schuldverbindlichkeit ausscheidet, ist folgendes nötig: Der Verkäufer A. muß (nach erfolgter Eintragung des B. als Eigentümer im Grundbuch) dem Gläubiger X. schriftlich mitteilen, daß B. als Käufer des Hauses die Hypothek von 10000 Mk. übernommen habe und daß B. daher als Schuldner an seine (des A.) Stelle trete, wenn X. nicht binnen sechs Monaten erkläre, daß er dies nicht wolle. Erklärt sich X. binnen sechs Monaten nicht, so ist damit die Angelegenheit in Ordnung; B. ist jetzt auch persönlicher Schuldner der 10000 Mk., für die sein Haus ohnehin hypothekarisch verhaftet ist; A. hat mit der Schuld nichts mehr zu tun. Erklärt jedoch X. innerhalb der sechs Monate (dem A. oder dem B.), daß er den B. nicht als Schuldner annehme, so bleibt einstweilen der A. sein Schuldner; es bleibt dem B. nur übrig, die Hypothek, nachdem A. sie gekündigt hat, demnächst zurückzuzahlen, um seiner Vertragspflicht gegen A. nachzukommen und ihn von der Schuld zu befreien. Sorgt der Verkäufer nicht selber (in eigenem Interesse) dafür, daß die Sache geordnet wird, indem er den X. zur Erklärung auffordert, so kann der Käufer von ihm (dem Verkäufer) verlangen, daß er die gedachte Aufforderung an den X. richtet (er selbst ist nicht befugt, die Aufforderung an X. zu richten). Der Verkäufer ist auch verpflichtet, dem Käufer demnächst sofort Mitteilung zu machen, ob X. in die Schuldübernahme eingewilligt oder die Genehmigung dazu versagt hat. Kommt der Verkäufer diesen Verpflichtungen nicht nach, so ist er dem Käufer zum Schadensersatze verpflichtet. —

Einwendungen gegen die übernommene Schuld (417). Wer eine fremde Schuld übernommen hat, kann dem Gläubiger die Einwendungen entgegensetzen, die auch der frühere Schuldner der Forderung hätte entgegensetzen können, z. B. daß die Forderung teilweise bezahlt sei, daß der Gläubiger Frist bewilligt habe u. dgl. Dagegen kann der Schuldübernehmer nicht gegen das vom Gläubiger Geforderte mit einer Gegenforderung aufrechnen, die etwa dem früheren Schuldner gegen den Gläubiger zugestanden hat und noch zusteht. Nur wenn der frühere Schuldner vor der Schuldübernahme durch den jetzigen Schuldner mit einer ihm gegen den Gläubiger zustehenden Forderung bereits aufgerechnet hat, kann der jetzige Schuldner sich hierauf berufen; denn durch die vor der Schuldübernahme bereits erklärte Aufrechnung war die übernommene Schuld, soweit die Gegenforderung reichte, getilgt (s. „Aufrechnung"). Aus dem der Schuldübernahme zugrunde liegenden Rechtsverhältnisse zwischen dem jetzigen und dem früheren Schuldner kann der jetzige Schuldner dem Gläubiger gegenüber keine Einwendungen herleiten; denn das zwischen diesen bestehende Rechtsverhältnis berührt den Gläubiger nicht. Könnte beispielsweise ein Gutsannehmer, der Schulden des Abgebers übernommen hat, den mit diesem geschlossenen Vertrag anfechten, weil der Abgeber ihn bei dem Vertragsabschluß betrogen hat, so wird doch dadurch die vom Gläubiger genehmigte und dadurch rechtswirksam gewordene Schuldübernahme nicht wieder ungültig; der jetzige Schuldner kann sich dem Gläubiger gegenüber auf die etwa erfolgte Ungültigkeitserklärung des zwischen ihm und dem früheren Schuldner geschlossenen Übernahmevertrages nicht berufen.

Erlöschen von Bürgschaften und Pfandrechten für die übernommene Schuld (418). Wird eine bestehende Schuld von einem anderen übernommen, so erlöschen damit die etwa für die Forderung bestellten Bürgschaften und Pfandrechte. Denn der Bürge leistet die Bürgschaft gewöhnlich nur mit besonderer Rücksicht auf die Person und die persönlichen Verhältnisse, insbesondere die Vermögenslage, des Schuldners; es würde daher seinem Willen nicht entsprechen, wenn die Bürgschaft nun auch für den neueingetretenen Schuldner in Geltung bleiben sollte. Ähnlich ist es mit dem von dem bisherigen Schuldner oder einem anderen für ihn bestellten Pfandrechte. Besteht für die übernommene Forderung eine Hypothek, so tritt das gleiche ein, wie wenn der Gläubiger auf die Hypothek verzichtet. Die Bürgschaft und die Pfandrechte (Hypotheken) erlöschen jedoch nicht, wenn der Bürge oder der, dem der verpfändete Gegenstand zur Zeit der Schuldübernahme gehört, in diese einwilligt. Ein mit der übernommenen Forderung für den Fall des Konkurses verbundenes Vorzugsrecht kann nicht im Konkurse über das Vermögen desjenigen, der die Schuld übernommen hat, geltend gemacht werden.

Besonderheiten bei Übertragung eines Vermögens (419). Wer ein ganzes Vermögen oder einen Bruchteil des Vermögens eines anderen vertragsmäßig übernimmt, haftet den Gläubigern für die Schulden des Abgebers mit gewissen Einschränkungen neben dem bisherigen Schuldner; s. „Vermögensübertragung 2".

Übernahme einer Bürgschaft s. Bürgschaft; eines Werkes, einer Arbeit, eines Baues usw. s. Werkvertrag; einer Vormundschaft s. Vormundschaft; von Hypotheken bei Grundstücksveräußerungen s. Übernahme einer fremden Schuld; der Schulden durch den Geschäftsnachfolger s. Firma usw. 3; der Schulden bei einer Vermögensübertragung s. Vermögensübertragung; einer fremden Schuld auf das Vermögen des Mündels s. Vormund 6 B 13.

Übernehmer s. Werkvertrag.

Überschuldung eines Nachlasses s. Nachlaßschulden usw. u. Nachlaßkonkurs.

Übersendung von Waren s. Kauf usw. 6 u. Handelskauf 4; von Geldbeträgen s. Leistungen usw. 5; von Waren ohne Bestellung s. Ansichtssendungen, Unbestellte Sendungen u. Handelskauf 4; Übersendung einer Rechnung ist keine Mahnung s. Verzug des Schuldners 1.

Übertragung des Eigentums s. Auflassung u. Bewegliche Sachen, Eigentum an; einer Forderung s. Abtretung; von Rechten s. Abtretung einer Forderung 2 a. Schl.; einer Anweisung s. Anweisung 4; eines Vermögens s. Vermögensübertragung.

Übertragungsverträge über Grundstücke s. Auflassung 2.

Üble Nachrede, betrieb- und kreditschädigende (Ges. v. 27. 5. 96, §§ 14 u. 15, Gutt. Slg. Nr. 37). **1.** Wer zu Zwecken des Wettbewerbes über das Erwerbsgeschäft eines anderen, über die Person des Inhabers oder Leiters des Geschäfts, über die Waren oder gewerblichen Leistungen eines anderen Tatsachen behauptet oder verbreitet, die geeignet sind, den Betrieb des Geschäfts oder den Kredit des Inhabers zu schädigen, ist verpflichtet, dem dadurch Geschädigten den entstandenen Schaden zu ersetzen, wenn es ihm nicht gelingt, die von ihm aufgestellte oder die von einem anderen aufgestellte oder verbreitete und von ihm nur weitererzählte Behauptung als wahr zu beweisen. Es soll eben niemand derartige Behauptungen aufstellen oder weitertragen, wenn er sie nicht beweisen kann; daß er sie in gutem Glauben für wahr gehalten hat, schützt ihn nicht (Ausnahmen für Auskunftsbureaus und andere vertrauliche Mitteilungen im Interesse des Berichtenden oder des Anfragenden s. „Auskunfteien"). Es muß sich aber um „Tatsachen", d. h. um nachprüfbare konkrete Geschehnisse handeln, die da behauptet werden. Das Aussprechen von Urteilen, namentlich über wissenschaftliche oder künstlerische Leistungen, ist keine Tatsachenbehauptung, wenn nicht die Unwahrheit objektiv nachweisbar erscheint (RG.). Es genügt zur Entschuldigung, daß die behauptete Tatsache zur Zeit ihrer Behauptung wahr gewesen ist, wenn sie es auch später etwa nicht mehr ist; aber nicht als wahr kann gelten, was etwa weit zurückliegt und zur Zeit der Behauptung keinerlei Gegenwartskraft mehr besaß (z. B. längst verbüßte Strafaten immer wieder ans Licht zu ziehen, RG.). Der Geschädigte hat seinen Anspruch im Wege der Klage (der Zivilklage, des Prozesses) geltend zu machen. (Wird gegen den Verleumder ein Strafverfahren wegen der üblen Nachrede anhängig gemacht (s. unten zu 2), so kann der Verletzte seinen Schadensersatz auch in diesem Strafverfahren (als Buße, s. d.) geltend machen. Daß dem Kläger ein Schaden erwachsen ist und in welchem Umfange, muß selbstverständlich von ihm glaubhaft nachgewiesen werden. In der Klage kann auch zugleich beantragt werden, daß der Beklagte verurteilt werde, die Wiederholung oder Verbreitung der nachteiligen Behauptungen bei Meidung von Geld- oder Haftstrafen zu unterlassen. Über Verjährung des Anspruchs s. „Unlauterer Wettbewerb". Wird in dem Urteil auf Unterlassung der Wiederholung oder Verbreitung der nachteiligen Behauptungen erkannt, so kann der obsiegenden Partei auf ihren Antrag auch die Befugnis zugesprochen werden, den verfügenden Teil des Urteils (d. h. den Inhalt des Urteils ohne den sog. Tatbestand und die Entscheidungsgründe) innerhalb einer vom Gericht zu bestimmenden Frist auf Kosten des Verurteilten öffentlich bekannt zu machen. Die Art der Bekanntmachung (in welcher Form, wie oft, in welchen Blättern usw.) muß das Gericht im Urteil bestimmen.

2. Eine Bestrafung wegen übler Nachrede, d. h. eine Verurteilung des Verleumders zu einer Geld- oder Gefängnisstrafe, findet nur dann statt, wenn die unwahren Behauptungen von ihm nachweisbar wider besseres Wissen aufgestellt oder verbreitet sind. Eine Bestrafung kann auch dann erwirkt werden, wenn die kreditschädigende Behauptung nicht in der Absicht gemacht ist, einen Geschäftsmann in bezug auf seine Wettbewerbstätigkeit zu beeinträchtigen (RG.).

3. Die vorstehend mitgeteilten Vorschriften beziehen sich nur auf üble Nachreden im geschäftlichen Verkehr (zu Zwecken des Wettbewerbs). Das BGB. (824) enthält aber ähnliche, auch außerhalb des geschäftlichen Verkehres geltende Bestimmungen. Wer der Wahrheit zuwider eine Tatsache behauptet oder verbreitet hat, die geeignet war, den Kredit eines anderen zu gefährden oder sonstige Nachteile für seinen Erwerb oder sein Fortkommen herbeizuführen, hat dem anderen den daraus entstandenen Schaden zu ersetzen, nicht nur, wenn ihm die Unwahrheit der behaupteten oder von ihm weiterverbreiteten Tatsache bekannt war, sondern auch dann, wenn er die Unwahrheit zwar nicht gekannt hat, aber sie bei sorgfältiger Erkundigung hätte kennen müssen. Ist zu besorgen, daß die üblen Nachreden fortgesetzt werden, so kann auch auf deren künftige Unterlassung geklagt werden (RG.). Diese Bestimmungen kommen jedoch nicht zur Anwendung in Fällen, wo der, welcher die Mitteilung machte, oder der, welcher sie empfing, an ihr ein berechtigtes Interesse hatte, und die Unwahrheit dem, welcher die Mitteilung machte, nicht bekannt war. Ein berechtigtes Interesse ist ein solches, dessen Wahrnehmung nicht dem Recht oder den guten Sitten widerstreitet; dies Interesse muß aber tatsächlich vorhanden, nicht bloß irrtümlich angenommen sein (RG.). Personen, die die Behauptungen nicht wider besseres Wissen aufgestellt oder weitererzählt haben, sind von der Haftbarkeit befreit, wenn entweder sie selber oder der, welchem sie die Mitteilung machten, ein berechtigtes Interesse daran hatten, über die Kreditwürdigkeit oder die sonstigen geschäftlichen Verhältnisse des anderen unterrichtet zu werden. Daß die behauptete oder verbreitete Tatsache nicht wahr ist, muß der Geschädigte beweisen.

Üblichkeit einer geforderten Vergütung, eines geforderten Preises usw. Wer auf Grund eines Vertrages eine angemessene oder übliche Vergütung (Preis) fordert, muß dem Einwande des Gegners gegenüber, daß eine geringere Vergütung (Preis) vereinbart sei, nachweisen, daß eine solche Vereinbarung nicht getroffen ist (RG.).

Umschreibung von Wertpapieren des Mündels s. Vormund 4; des Hauskinds s. Verwaltung usw. des Kindesvermögens 1; von Inhaberpapieren auf Namen s. Schuldverschreibungen auf den Inhaber I 4.

Umkommen mehrerer Personen in gemeinsamer Gefahr s. Gemeinsame Gefahr.

Umwenderecht s. Grundeigentum 2 a. Schl.

Unbekannte Erben, öffentliche Aufforderung derselben s. Gesetzliche Erben 3; Sicherung des Nachlasses durch das Gericht s. Annahme usw. einer Erbschaft 2.

Unbekannte Gläubiger s. Aufgebot der Nachlaßgläubiger u. Nachlaßschulden usw. 3.

Unbekanntheit eines Hypothekgläubigers s. Hypothek 4; des Aufenthalts, Abwesenheitspflegschaft wegen, s. Pflegschaft 1 c.

Unbestellte Zusendungen. Unbestellte Waren braucht der Adressat nicht anzunehmen, und er setzt sich durch die Annahmeverweigerung keinerlei Gefahr aus. Da aber die Sendung dem Adressaten meist ins Haus gebracht oder geschickt wird und der Adressat sie öffnet, weil er sonst nicht wissen kann, was die Sendung enthält und was die Veranlassung der Sendung ist (es kann ihm ja ein guter Freund die Zigarren oder den Korb Wein usw. als Geschenk senden oder senden lassen), so fragt es sich, ob er nun, wenn er die Ware nicht behalten will, zur Zurücksendung oder gar zur porto- oder frachtfreien Rücksendung verpflichtet ist. Er kann die Ware liegen lassen, bis der Absender weiter über sie verfügt. Ja, es wird nicht einmal eine rechtliche Verpflichtung anzuerkennen sein, daß er dem Absender seinen Willen, die Ware nicht behalten zu wollen, anzeigt, da er nicht nötig hat, für andere Personen Portoauslagen zu machen; ja, er ist zur Anzeige selbst dann nicht verpflichtet, wenn der Absender eine Marke für das Rückporto beigelegt hat; denn er braucht sich der Last des Briefschreibens an einen aufdringlichen Geschäftsmann nicht zu unterziehen. Auch das kann ihn nicht zum Schreiben verpflichten, daß der Absender etwa in seiner Zuschrift erklärt hat, er nehme an, daß der Empfänger die Sachen behalten wolle, wenn nicht binnen der und der Frist Rücksendung oder Anzeige erfolge. Unter Umständen wird freilich der Empfänger, sei es aus Höflichkeit oder um die Sachen baldigst los zu werden, den Absender ersuchen, ihm die Ware schleunigst wieder abzunehmen, d. h. sie abholen zu lassen; denn der Empfänger hat keine Verpflichtung, sich im Interesse des Absenders mit dem Wiedereinpacken zu befassen oder gar Auslagen für die Beförderung zur Post oder Eisenbahn zu machen.

Das Rechtsverhältnis zwischen den Beteiligten kann aber eine Änderung dadurch erfahren, daß der Empfänger mit den unbestellten Waren Handlungen vornimmt, die als eine stillschweigende Willenserklärung, daß er die Ware behalten wolle, aufgefaßt werden müssen, z. B. er bricht den Korb Wein oder die Kiste Zigarren an oder er nimmt die gesandten Sachen in Gebrauch. Dann muß er sie natürlich behalten und bezahlen, vorausgesetzt, daß die Ware nicht Mängel hat, die ihn zur Ablehnung berechtigen. Unter ganz besonderen Umständen kann möglicherweise auch schon darin, daß der Empfänger die Ware längere Zeit behält, ohne sie dem Absender zur Verfügung zu stellen, die Willenserklärung, daß er sie behalten wolle, befunden werden (der Weinhändler, bei dem ich eine bestimmte Sorte Wein bestellt habe, legt noch einige andere Sorten bei in der Annahme, daß mir dies genehm sein werde, oder der Kaufmann, von dem ich längere Zeit hindurch regelmäßig meinen Kaffee bezogen habe, macht mir wieder eine Sendung, indem er annimmt, daß die Bestellung auf der Post verloren gegangen oder vergessen sei). Es empfiehlt sich also in solchem Falle jedenfalls, dem Absender die unbestellte Ware zur Verfügung zu stellen, wenn man sie nicht behalten will. —

Sind freilich beide Teile, der Absender wie der Adressat, Kaufleute im Sinne des Gesetzes (s. „Kaufmann usw."), und würde das Geschäft für jeden von ihnen ein Handelsgeschäft (s. d.) sein, so liegt dem Empfänger, wenn er zu dem Absender in engeren Geschäftsbeziehungen steht, die Verpflichtung ob (HGB. 379), für die einstweilige (ordnungsmäßige) Aufbewahrung der unbestellt durch die Post oder als Frachtgut usw. zugesandten Ware zu sorgen (zu behalten braucht er sie natürlich auch in diesem Falle nicht), bis der Absender anderweit darüber verfügen kann. Vgl. auch „Ansichtssendungen".

Unbestimmtheit einer Schuld s. Leistungen usw. 9.

Uneheliche Kinder (1705—1718). Das Gesetz bestimmt, welche Kinder als eheliche gelten; s. „Ehelichkeit eines Kindes". Kinder, bei denen jene Voraussetzungen nicht zutreffen, sind unehelich, einerlei, ob die Mutter zur Zeit der Geburt eine verheiratete Frau oder eine Witwe oder unverheiratet war. Da sich im Laufe der Zeit die Mängel der Regelung des Rechtes der unehelichen Kinder immer mehr gezeigt haben, ist eine Reform dieses Rechtes in Aussicht genommen; ein Gesetzentwurf liegt seit längerer Zeit dem Reichstag vor. Da er zur Zeit, wo hier in dem vorliegenden Buch über diese Dinge geschrieben werden muß, noch nicht verabschiedet ist, so muß hier das nach dem BGB. noch geltende Recht dargestellt werden, doch seien auch die Hauptzüge der künftigen Gestaltung hier mitgeteilt, und der Leser dieses Artikels muß sich vergewissern, ob und in welcher Gestalt etwa inzwischen das neue Recht Gesetz geworden ist. Sein Hauptzug geht dahin, die Stellung des unehelichen Kindes dadurch zu verbessern, daß die Feststellung der Vaterschaft und die Heranziehung des Vaters erleichtert wird und daß die Verbindung mit dem Vater und dessen Familie fester gefügt werden kann. Danach gilt als Vater des unehelichen Kindes, 1. wer die Vaterschaft gegenüber dem Vormundschaftsgerichte nach der Geburt des Kindes mit dessen Zustimmung anerkannt hat, und 2. wer auf eine gegen ihn gerichtete Klage des Kindes rechtskräftig als Vater festgestellt ist. Als Vater ist festzustellen, wer der Mutter in der Empfängniszeit beigewohnt hat, doch erfolgt eine Feststellung nicht, wenn die Mutter das Kind aus dieser Beiwohnung nicht empfangen haben kann. Beseitigt wird also der bekannte Paragraph, nach welchem sich der mögliche Vater damit befreien kann, daß er die Beiwohnung der Mutter mit mehreren in der fraglichen Zeit behaupten und beweisen kann. In solchem Falle soll künftig jeder der mehreren unterhaltspflichtig sein, jedoch nur so (solidarisch), daß zwar alle verpflichtet sind, aber nur einer von ihnen wirklich in Anspruch genommen werden kann; mit der Verurteilung dazu oder einer entsprechenden Vereinbarung werden die anderen frei. Auf Antrag des Vaters kann das Vormundschaftsgericht dem minderjährigen Kinde den Namen des Vaters erteilen. Erleichtert wird auch das Verfahren; im wesentlichen wird das Vormundschaftsgericht mitzureden haben; dieses kann auch die elterliche Gewalt über das Kind verleihen, und zwar nach eigenem Ermessen dem Vater oder der Mutter. Bei der Regelung der Unterhaltspflicht soll künftig nicht nur die Lebensstellung der Mutter, sondern zugunsten des Kindes auch die Vermögens- und Erwerbsverhältnisse des Vaters in Betracht gezogen werden, und auch die Eltern des Vaters werden u. U. zur Bestreitung des Unterhalts für das uneheliche Kind verpflichtet. Der Mutter sind die Entbindungs- und Unterhaltskosten zu zahlen, und zwar letztere nicht nur für die ersten 6 Wochen nach der Entbindung, sondern auch für die Dauer von 4 Wochen vor der Entbindung. Wegen weiterer Einzelheiten muß auf das kommende Gesetz selbst verwiesen und jetzt zu dem gegenwärtigen Rechtszustand zurückgekehrt werden.

1. Mutter und Kind (1705—1707). Das uneheliche Kind hat zwar im ganzen im Verhältnis zu seiner Mutter und seinen mütterlichen Verwandten die rechtliche Stellung eines ehelichen Kindes, was besonders für die gegenseitigen Erbrechte von Wichtigkeit ist; ein Hauptunterschied zwischen den Rechten der ehelichen und der unehelichen Mutter besteht aber darin, daß der unehelichen Mutter nicht die elterliche Gewalt über ihr Kind (s. „Eltern und Kind 4") zusteht. Die Mutter kann freilich, wenn sie sich dazu eignet, zum Vormund ihres unehelichen Kindes bestellt werden und hat dann dem Kinde gegenüber eine ähnliche Stellung, wie sie der ehelichen Mutter von Gesetzes wegen zukommt.

Das uneheliche Kind hat ein gleiches Erbrecht (und Pflichtteilsrecht; vgl. „Pflichtteil") gegen die Mutter und deren Verwandten (Eltern, Geschwister usw.), als wenn es ehelich geboren wäre. Es hat ferner gegen sie denselben Anspruch auf Unterhalt wie ein eheliches Kind (s. „Unterhaltspflicht 1"), vorbehaltlich jedoch der zunächst eintretenden Unterhaltungspflicht des unehelichen Vaters (s. unten 2 und oben die Einleitung). Das uneheliche Kind erhält den Mädchennamen (eintretendenfalls den Adoptivnamen) der Mutter, auch wenn sie Witwe oder geschiedene oder noch verheiratete Frau ist. Diesen Namen behält das Kind auch dann, wenn die Mutter später (einen anderen als den Vater des Kindes) heiratet. Den Namen des unehelichen Vaters darf das Kind auch mit seiner Einwilligung nicht führen, solange er die Mutter nicht geheiratet oder das Kind auf andere Weise legitimiert hat (s. unten 5). Der Stiefvater kann aber dem Kinde mit Einwilligung des Kindes (oder seines Vormundes, solange es unter Vormundschaft steht) und der Mutter seinen Namen geben, um dadurch den bestehenden Makel bei Mutter und Kind möglichst zu verdecken; er muß dies der zuständigen Behörde gegenüber in öffentlich beglaubigter Form (s. „Form der Rechtsgeschäfte 3") erklären; auch die Einwilligungserklärungen des Kindes (oder seines Vormundes) und der Mutter müssen der Behörde gegenüber in öffentlich beglaubigter Form erfolgen. (Diese Behörde soll nach Verabschiedung des neuen Gesetzes das Vormundschaftsgericht sein.) Das Kind ist, solange es dem mütterlichen Hausstande angehört und von der Mutter erzogen und unterhalten wird, verpflichtet, in einer seinen Kräften und seiner Lebensstellung entsprechenden Weise der Mutter in ihrem Hauswesen und Geschäfte Dienste zu leisten. Was in dem Art. „Aussteuer, Ausstattung von Kindern" über die Verpflichtung der Eltern zur Aussteuerung ihrer Tochter, sowie von der Ausstattung von Kindern gesagt ist, gilt auch für das uneheliche Kind der Mutter gegenüber. Das uneheliche Kind teilt gesetzlich den Wohnsitz der Mutter (vgl. „Wohnsitz"). Zu einer Verheiratung bedarf es bis zur Vollendung des einundzwanzigsten Lebensjahres der Einwilligung der Mutter, und zwar auch dann, wenn die Mutter nicht Vormund über ihr Kind ist, s. „Ehehindernisse 1 b und c".

Was aber, wie oben bereits gesagt ist, die Stellung der unehelichen Mutter von der der ehelichen wesentlich unterscheidet, ist, daß der unehelichen Mutter nicht von Gesetzes wegen die elterliche Gewalt über ihr Kind zusteht (später vermutlich anders, s. oben Einleitung), und daher eine Vormundschaft für das Kind angeordnet werden muß. Sie hat also insbesondere als Mutter nicht das Recht, ihr Kind, solange es noch minderjährig und daher nicht „geschäftsfähig" ist, in seinen Rechtsangelegenheiten zu vertreten (s. „Geschäftsfähigkeit 2"). Die Mutter hat auch (als solche) nicht das Recht, wenn das Kind etwa Vermögen haben sollte, dieses zu verwalten und zu nutzen, da diese Rechte zur elterlichen Gewalt gehören. (Alle diese Rechte kann die Mutter unter Umständen dadurch erlangen, daß sie ihr uneheliches Kind an Kindes Statt annimmt (adoptiert); s. „Annahme an Kindes Statt" im Eingange.) Dagegen steht jeder Mutter, also auch der unehelichen, das Recht und die Pflicht zu, für die Person ihres minderjährigen Kindes zu sorgen; diese Sorge umfaßt vor allem das Recht und die Pflicht, das Kind zu verpflegen; es zu beaufsichtigen und zu erziehen; die Mutter hat auch über den Aufenthalt des minderjährigen Kindes zu bestimmen und kann (ohne Einwilligung des Vormundes) die Herausgabe des Kindes von jedem verlangen, der es ihr widerrechtlich vorenthält (1633). Das Kind kann also nicht ohne Einwilligung der Mutter vom Vormunde irgendwo untergebracht werden. Dem unehelichen Vater steht irgendeine Einwirkung auf die Person des Kindes bisher nicht zu, was nach dem kommenden Gesetz anders geregelt wird; er hat kein Erziehungsrecht und noch weniger die Befugnis, das Kind hinzunehmen oder anderswo unterzutun. Soweit der Mutter die Sorge für die Person ihres Kindes zusteht, hat der Vormund dabei die rechtliche Stellung eines Beistandes (s. „Mutter und Kind 3"). Er hat also die Mutter in der Sorge für die Person des Kindes (Erziehung, Unterbringung, Wahl des Lebensberufes usw.) sowohl zu unterstützen, wie auch zu überwachen. Abgesehen von den eben besprochenen Rechten der Mutter liegt die Sorge für das Kind, seine Vertretung in Rechtsangelegenheiten (z. B. in Alimentenprozessen) und die Verwaltung seines etwaigen Vermögens einem vom Gerichte zu bestellenden Vormunde ob. In erster Reihe ist zur Vormundschaft der (eheliche) Vater der Mutter (der mütterliche Großvater) berufen; lebt er nicht mehr oder ist er zur Führung der Vormundschaft nicht fähig, so ernennt das Gericht einen anderen Vormund (vgl. „Vormundschaft 2"). Das Gericht ist jedoch befugt, die Mutter selbst (auch unter Übergehung des Großvaters) zum Vormund zu bestellen, wenn sie es wünscht und dazu geeignet ist (1778). Ist sie verheiratet, so muß der Ehemann zur Übernahme der Vormundschaft durch die Mutter seine Zustimmung geben (1783). Eine bestimmte Person zum Vormunde ihres Kindes zu ernennen, dazu hat die uneheliche Mutter kein Recht; natürlich kann sie aber dem Waisenrat oder dem Gericht einen Vorschlag machen. Ist für das Kind Vermögen zu verwalten, so kann neben dem Vormunde noch ein Gegenvormund bestellt werden (s. „Gegenvormund"); die Mutter kann zum Gegenvormund bestellt werden (s. Art. „Vormund"). Über die Aufhebung der Vormundschaft, wenn der uneheliche Vater die Mutter des Kindes heiratet oder wenn das Kind sonst legitimiert wird, s. „Legitimation unehelicher Kinder".

Das Rechtsverhältnis zwischen einer unehelichen Mutter und ihrem Kinde wird nach den deutschen Gesetzen beurteilt, wenn die Mutter eine Deutsche ist oder wenn zwar die Reichsangehörigkeit der Mutter erloschen, die des Kindes aber bestehen geblieben ist (EGBGB. 20).

2. Das Kind und der uneheliche Vater (1708—1714). Der uneheliche Vater (s. unten 4) und seine Angehörigen treten zu dem unehelichen Kinde in kein Verwandtschaftsverhältnis; das uneheliche Kind gehört allein der Familie seiner Mutter an. Der uneheliche Vater hat keine Rechte über das Kind, insbesondere kein Erziehungsrecht und keine elterliche Gewalt (im künftigen Recht anders, s. oben); er hat kein Erbrecht gegen das uneheliche Kind, wie auch dieses gegen den unehelichen Vater und dessen Verwandten kein Erbrecht hat. Nur eine Pflicht liegt dem unehelichen Vater gegen das Kind ob, freilich eine sehr wichtige: er hat das Kind bis zur Vollendung des sechzehnten Lebensjahres — unter Umständen noch länger (s. unten) — in allen Lebensbedürfnissen zu unterhalten (zu alimentieren, Alimente zu zahlen). Dieser Anspruch gegen den Vater steht dem Kinde, nicht der Mutter, zu (der letzteren nur dann und insoweit, als sie selbst für den Unterhalt ihres Kindes Aufwendungen gemacht hat, weil etwa der Vater nicht zahlte oder erst ein Prozeß wegen der Alimente geführt werden mußte; s. unten). (Über die Ansprüche der Mutter gegen den unehelichen Vater s. unten 3.) Zur Unterhaltsgewährung ist nur der uneheliche Vater selbst verpflichtet; seine Angehörigen haben mit der Alimentierung des Kindes nichts zu tun, soweit sie nicht Erben des verstorbenen Vaters des Kindes geworden sind (s. unten; künftig dürfte auch dies geändert werden).

Höhe und Dauer der Alimente. Einstweilige Leistung des Unterhalts durch andere Personen. Der uneheliche Vater hat für den ganzen standesmäßigen Unterhalt des Kindes zu sorgen, d. h. für den Unterhalt des Kindes in der Weise, wie er der Lebensstellung der Mutter entspricht. Der Unterhalt umfaßt den gesamten Lebensbedarf sowie die Kosten der Erziehung und der Vorbildung zu einem Berufe. Die Unterhaltspflicht des Vaters dauert bis zum vollendeten sechzehnten Lebensjahre des Kindes. Sie kann ausnahmsweise aber noch über diesen Zeitpunkt hinausgehen; ist nämlich das Kind zu der eben gedachten Zeit infolge körperlicher oder geistiger Gebrechen außerstande, sich selbst zu unterhalten (das Kind ist z. B. blödsinnig oder schwachsinnig oder verkrüppelt), so hat ihm der Vater auch fernerhin den Unterhalt zu gewähren, sofern er nicht bei Berücksichtigung seiner sonstigen Verpflichtungen außerstande ist, ohne Gefährdung seines eigenen standesmäßigen Unterhalts noch Alimente für das uneheliche Kind zu zahlen. Bloße Krankheit des Kindes genügt nicht, diese weitergehende Verpflichtung des Vaters zu begründen. Für die Verpflichtung des Vaters, den Unterhalt des unehelichen Kindes zu bestreiten, ist es ganz einerlei, ob die Mutter oder die sonstigen mütterlichen Angehörigen des Kindes vermögend sind oder ob das Kind selbst, z. B. infolge Erbschaft, Vermögen besitzt. Die Mutter und die mütterlichen Verwandten des Kindes sind allerdings nach allgemeinen Rechtsgrundsätzen dem Kinde auch zur Gewährung des Unterhalts verpflichtet (s. „Unterhaltspflicht usw."); aber sie kommen erst in Betracht, wenn etwa der uneheliche Vater vermögenslos ist oder nicht zu ermitteln oder zu erreichen sein sollte oder wenn ein Alimentenanspruch überhaupt nicht erhoben werden kann, weil die Mutter sich während der Empfängniszeit mit mehreren Männern eingelassen hat (s. unten 4). Gewährt tatsächlich die Mutter oder ein nach dem Gesetze unterhaltspflichtiger mütterlicher Verwandter dem Kinde den Unterhalt, so geht insoweit der Unterhaltsanspruch des Kindes gegen den unehelichen Vater auf sie über, d. h. sie können kraft Gesetzes vom Vater Ersatz des Gezahlten oder Geleisteten verlangen, soweit seine Unterhaltspflicht reicht (1709).

Festsetzung und Zahlung der Alimente. Der Unterhalt ist dem Kinde nicht in Natur zu gewähren, sondern in Geld, durch Zahlung eines festen, alle 3 Monate im voraus zu zahlenden Betrages (Geldrente). Der Vater kann (gegen den Willen des Vormundes) das Kind nicht etwa selbst in Pflege nehmen, um sich von der Geldzahlung zu befreien; mit gerichtlicher Genehmigung kann solches aber vereinbart werden. Über den Betrag der Rente können die Beteiligten (der Vater des Kindes und der Vormund) sich einigen; insbesondere kann auch statt des vierteljährlich zu zahlenden Betrages eine einmalige Abfindungssumme gegen Verzicht des Kindes auf alle weiteren Ansprüche gegen den Vater vereinbart werden; ein Vergleich hierüber (über den Betrag der jährlichen Rente oder der einmaligen Abfindungssumme) bedarf jedoch der Genehmigung des Vormundschaftsgerichts (1714). Im Nichteinigungsfalle hat das Prozeßgericht den Betrag festzusetzen (vgl. „Kündigungsklage 2"), wobei naturgemäß dem Gerichte ein großer Spielraum gelassen ist, zumal der zu gewährende Unterhalt „der Lebensstellung der Mutter entsprechen" soll. (Wegen späterer Änderung des durch Urteil festgesetzten Alimentensatzes s. „Unterhaltspflicht 4" a. Schl.) Eine Vorauszahlung der Rente (Alimente) für eine längere Zeit als 3 Monate empfiehlt sich nicht, da der Vater dadurch von künftiger Zahlung nicht befreit wird. Hat das Kind den Beginn des Vierteljahrs erlebt, so gebührt ihm der volle auf das Vierteljahr entfallende Betrag. Die Rente kann auch für die Vergangenheit nachgefordert werden (soweit sie nicht verjährt ist; s. unten). Ein unentgeltlicher Verzicht des Kindes (des Vormundes) auf den Unterhalt für die Zukunft ist gesetzlich ungültig. Dem Vormunde des Kindes eine Sicherheit wegen künftiger Zahlung der Alimente zu leisten, ist der Vater nicht verpflichtet; doch kann nach Umständen ein Arrest (s. d.) gegen ihn beantragt werden (ZPO. 916ff.). Daß etwa der uneheliche Vater bei seinen Vermögens- und Erwerbsverhältnissen nicht imstande ist, Alimente (überhaupt oder in der gesetzlichen Höhe) zu zahlen, besonders wenn er geheiratet hat und selbst eine Familie ernähren muß, befreit ihn von seiner Unterhaltsverpflichtung dem unehelichen Kinde gegenüber nicht; mit der Alimentenschuld ist es wie mit jeder anderen Schuld, für deren rechtliches Bestehen es einerlei ist, ob der Schuldner zahlungsfähig ist oder nicht. Der uneheliche Vater kann ausgepfändet werden, solange er pfändbares Vermögen (s. „Pfändung in der Zwangsvollstreckung usw.") besitzt, selbst dann, wie oben schon ausgeführt, wenn die Mutter oder die mütterlichen Verwandten des Kindes sich in vermögenden Verhältnissen befinden und das Kind allein ernähren und erziehen könnten (vgl. übrigens „Arbeits- oder Dienstlohn, Pfändung von, 2c").

Tod des unehelichen Vaters. Vermögenslosigkeit desselben. Der Unterhaltsanspruch des Kindes (Alimentenanspruch) erlischt nicht mit dem Tode des unehelichen Vaters; es treten jetzt an Stelle des Vaters seine Erben (1712), falls sie nicht etwa die Erbschaft ausgeschlagen haben. Ob der uneheliche Vater vor der Geburt des Kindes gestorben ist, ist ohne Bedeutung. Die Erben des unehelichen Vaters haften aber für die Unterhaltsleistungen nur so weit wie für jede andere Nachlaßschuld; s. „Nachlaßschulden, Haftung der Erben für die". Außerdem haben sie das Recht, das uneheliche Kind mit demjenigen Geldbetrage abzufinden, der dem unehelichen Kinde als Pflichtteil (s. d.) von dem Nachlasse seines Vaters gebühren würde, wenn es sein eheliches Kind wäre. Sind mehrere uneheliche Kinder vorhanden, so wird die Abfindung so berechnet, wie wenn sie alle ehelich wären. — Ist der außereheliche Vater vermögenslos und erwerbsunfähig oder hat er für eine eigene Familie zu sorgen, so daß er nicht zum Unterhalt des unehelichen Kindes herangezogen werden kann (s. „Arbeitslohn, Pfändung von, 2c"), so geht die Unterhaltspflicht dem unehelichen Kinde gegenüber auf die Mutter oder eintretendenfalls die mütterlichen Verwandten über (s. „Unterhaltspflicht

1"). Äußerstenfalls muß die unterstützungsverpflichtete Gemeinde eintreten.

Tod des Kindes. Verjährung der Alimentenforderungen. Mit dem Tode des Kindes erlöschen selbstverständlich die ferneren Unterhaltungs-(Alimenten-)Ansprüche; rückständige Alimente sind dagegen nachzuzahlen, insbesondere auch Alimente für die Zukunft, die zur Zeit des Todes des Kindes bereits fällig waren. Die Beerdigungskosten haben nach allgemeinen Grundsätzen die Erben des Kindes zu bestreiten, also regelmäßig die Mutter (1968); soweit ihre Bezahlung aber von dieser nicht zu erlangen ist, sei es, daß sie die Erbschaft ausgeschlagen hat oder daß sie zahlungsunfähig ist, haftet der uneheliche Vater auch dafür (1713). Die einzelnen fällig gewesenen Alimentenzahlungen verjähren in vier Jahren (Näheres s. „Verjährung").

Zahlung vor der Geburt des Kindes. Wie die Erfahrung lehrt, ist gerade in der Zeit unmittelbar nach der Geburt das Leben der unehelichen Kinder am meisten bedroht und die Not der außerehelichen Mutter am größten. Müßte hier, wenn der Schwängerer die Mutter nicht sofort freiwillig unterstützt, erst die Geburt abgewartet und dann vielleicht noch ein langwieriger Prozeß geführt werden, weil etwa der Beklagte die Vaterschaft bestreitet oder gegen die Höhe der geforderten Alimente Einwendungen erhebt, so wären in der Zwischenzeit Mutter und Kind unter Umständen dem Elend preisgegeben. Das Gesetz hilft hier, indem es für zulässig erklärt, daß das Gericht auf Antrag der Schwangeren durch eine sog. „einstweilige Verfügung" anordnet, daß der Vater des zu erwartenden Kindes die Alimente für die ersten drei Monate einige Zeit vor der Geburt des Kindes zur demnächstigen Auszahlung an die Mutter oder den Vormund zu hinterlegen hat (vgl. „Hinterlegung"). Die Schwangere muß zur Begründung eines solchen Antrages dem Gerichte in geeigneter Weise glaubhaft machen, daß sie schwanger ist und wann ihre Niederkunft zu erwarten ist, sowie daß der von ihr in Anspruch Genommene während der hiernach zu berechnenden Empfängniszeit (s. unten 4) geschlechtlichen Umgang mit ihr gepflogen hat, was vielleicht durch Briefe u. dgl. nachgewiesen werden kann. Die näheren Bestimmungen über die Art der Glaubhaftmachung, sowie über das gerichtliche Verfahren überhaupt enthält die Zivilprozeßordnung (ZPO. 294, 935 ff.); in den meisten Fällen wird dem Erlasse der beantragten einstweiligen Verfügung eine mündliche Verhandlung beider Teile vor Gericht vorhergehen.

Ausländische Gesetze (EGBGB. 21). Die Beantwortung der Frage, nach welchen Gesetzen die Unterhaltspflicht des unehelichen Vaters dem Kinde gegenüber zu beurteilen ist, hängt davon ab, ob die Mutter zur Zeit der Geburt des Kindes eine Deutsche ist oder nicht; ist sie eine Ausländerin, so kommen die ausländischen Gesetze zur Anwendung, nicht die vorstehend mitgeteilten Bestimmungen des Bürgerlichen Gesetzbuchs; es können jedoch gegen den Vater vor deutschen Gerichten keine weitergehenden Ansprüche geltend gemacht werden, als nach den vorstehend mitgeteilten deutschen Gesetzesvorschriften begründet sind.

3. Die Ansprüche der Mutter gegen den außerehelichen Vater. Entbindungs- und Wochenbettkosten (1715, 1716). Der uneheliche Vater ist verpflichtet, der Mutter die Kosten der Entbindung sowie die Kosten ihres Unterhalts für die ersten sechs Wochen nach der Entbindung zu ersetzen (künftig noch mehr, s. oben Einleitung). Dazu gehören nicht die Kosten der Taufe und eines etwaigen Begräbnisses des Kindes; diese hat zwar der Vater gleichfalls (die Begräbniskosten allerdings nur bedingungsweise; s. oben 2) zu tragen; aber sie sind schon in den von ihm dem Kinde selbst zu gewährenden Alimenten (vorstehend 2) mitinbegriffen. Es sind der Mutter die Kosten zu ersetzen, die sie tatsächlich zu den gedachten Zwecken ordnungsmäßig aufgewandt hat. Außer den gedachten Entbindungs- und Wochenbettkosten (für 6 Wochen) kann die Mutter aber eintretendenfalls auch diejenigen Aufwendungen ersetzt verlangen, die sie sonst infolge der Schwangerschaft oder der Entbindung notwendig hat machen müssen, z. B. die Kosten einer länger dauernden Krankheit. Auch ein entgangener Arbeitsverdienst, soweit er sonst zum Unterhalt der Mutter bestimmt war, gehört dazu, desgleichen die Beerdigungskosten, wenn die Mutter infolge der Schwangerschaft oder der Entbindung stirbt. Die bezeichneten Ansprüche stehen der Mutter auch dann zu, wenn der Vater vor der Geburt des Kindes verstorben ist (der Anspruch steht ihr dann gegen seine Erben zu) oder wenn das Kind totgeboren ist. Eine Fehlgeburt berechtigt die Schwangere dagegen nicht, die vorbezeichneten Ansprüche gegen den Schwängerer zu erheben. Die Forderungen der Mutter gegen den Vater verjähren in vier Jahren; die Verjährung beginnt mit dem Ablaufe von sechs Wochen nach der Geburt des Kindes.

Auch diese Ansprüche kann die Mutter unter Umständen schon vor der Geburt des Kindes geltend machen, indem sie beim Gerichte eine einstweilige Verfügung beantragt (s. oben zu 2).

Über „Deflorationskosten" („Kranzgeld" usw.) s. „Verführung".

4. Über Feststellung der Vaterschaft (1717, 1718) vgl. die Ausführungen im Art. „Ehelichkeit eines Kindes 1". Als Vater des unehelichen Kindes gilt, „wer der Mutter innerhalb der Empfängniszeit beigewohnt hat, es sei denn, daß auch ein anderer ihr innerhalb dieser Zeit beigewohnt hat". Als Empfängniszeit gilt auch hier die Zeit von dem 181. bis 302. Tage vor dem Tage der Geburt des Kindes, beide Tage einschließlich. Der gegen den angeblichen Vater klagende Vormund oder die klagende Mutter hat im Bestreitungsfalle nur zu beweisen, daß der Beklagte in der gedachten Zeit (innerhalb der Empfängniszeit) mit der Mutter den Beischlaf vollzogen hat. Dagegen steht dem Beklagten nach zwei Richtungen hin der Gegenbeweis offen. Einmal kann er sich darauf berufen, muß es aber im Bestreitungsfalle beweisen, daß die Mutter innerhalb jener Zeitfrist sich auch mit einem anderen Manne geschlechtlich eingelassen habe; gelingt ihm dieser Beweis, so sind sowohl die Ansprüche des Kindes (vorstehend 2), wie die der Mutter (vorstehend 3) gegen ihn hinfällig. Sodann ist es ihm unbenommen, wenn solches möglich ist, aus dem Grade der Reife des Kindes oder aus sonstigen Umständen den Beweis zu erbringen, daß es unmöglich ist, daß das Kind von dem Beischlafe mit ihm herrühre. Ist zugestanden oder wird von dem Beklagten der Beweis erbracht, daß die Mutter innerhalb der Empfängniszeit auch mit einem anderen Manne geschlechtlich verkehrt hat, so steht auch der Mutter oder dem Vormunde geeignetenfalls hiergegen wieder der Gegenbeweis offen, daß das Kind aus diesem Beischlafe nicht herrühren könne. Wer seine Vaterschaft zu einem unehelichen Kinde nach der Geburt des Kindes in einer öffentlichen Urkunde anerkennt, kann sich hinterher nicht mehr darauf berufen, daß ein anderer der Mutter innerhalb der Empfängniszeit beigewohnt habe. Es wird also durch eine solche formelle Anerkennung des Kindes die Einrede der mehreren Zuhälter (sog. exceptio plurium) ausgeschlossen. Dies alles wird im kommenden Gesetz anders (s. oben die Einleitung).

5. Legitimation eines unehelichen Kindes. Annahme an Kindes Statt oder als Pflegekind usw. s. „Legitimation".

Uneheliche Kinder, Legitimation derselben, s. Legitimation usw.

Unehelichkeit eines Kindes, Geltendmachung der, s. Ehelichkeit eines Kindes 1.

Unentgeltliche Zuwendungen s. Schenkungen.

Unerfahrenheit, Ausbeutung der, s. Wucher.

Unerlaubte Handlungen s. Schadenersatz wegen unerlaubter Handlung.

Unfähigkeit zur Vormundschaft s. Vormundschaft 2; zur Errichtung eines Testaments s. Testament 1; zur Abschließung von Rechtsgeschäften s. Geschäftsfähigkeit.

Unfall, Unfallrente s. Unglücksfall.

Unfallrente kann nicht gepfändet werden, s. Pfändung in d. Zwangsvollstr. 2.

Unfallversicherung s. Versicherungsrecht.

Ungeborene Kinder, Erbeinsetzung von, s. Testament 3; Pflegschaft für, s. Pflegschaft 1 d.

Ungerechtfertigte Bereicherung (812—822) ist Vermögensverschiebung ohne rechtlichen Grund. Solche kann auf tatsächlichen Vorgängen beruhen, z. B. es werden jemandem irrtümlicherweise Kohlen in den Keller gefahren, und von ihm in gutem Glauben verbraucht, oder auf Leistung des einen Teils. Als Leistung gilt auch Anerkennung des Bestehens oder Nichtbestehens eines Schuldverhältnisses.

1. Das Gesetz gibt in solchen Fällen der ungerechtfertigten Bereicherung einen Anspruch auf Rückgängigmachung der Vermögensverschiebung. Z. B. es hat jemand einen Geldbetrag gezahlt in der irrtümlichen Annahme, daß er dem anderen diesen Betrag schulde, so ist der Bereicherte verpflichtet, das Erhaltene wieder herauszugeben. Das zum Zwecke der Erfüllung einer Verbindlichkeit Gezahlte oder Geleistete kann auch dann zurückgefordert werden, wenn dem Anspruche eine Einrede entgegenstand, durch die die Geltendmachung des Anspruchs dauernd ausgeschlossen wurde; ist jedoch eine bereits verjährte Forderung dennoch bezahlt, so kann das Gezahlte nicht zurückgefordert werden. Ist eine Schuld bezahlt, ehe sie fällig war, so ist die Rückforderung gleichfalls ausgeschlossen; auch Zinsen (Zwischenzinsen) können für die Zeit, um welche zu früh gezahlt wurde, nicht verlangt werden. Hat jemand etwas gezahlt, obwohl er wußte, daß er nichts schuldig war, so kann er das Gezahlte nicht zurückfordern; ebensowenig kann er dies, wenn er zwar zu zahlen oder zu leisten rechtlich nicht verpflichtet war, aber durch die Hingabe einer sittlichen Pflicht oder einer Anstandsrücksicht genügte. Ein Anspruch aus ungerechtfertigter Bereicherung ist auch dann gegeben, wenn der rechtliche Grund einer Leistung später wegfällt oder der mit der Leistung bezweckte Erfolg nicht eintritt; es hat z. B. jemand eine Summe mit der Bestimmung hergegeben, daß davon eine Mitgift für eine bestimmte Ehe beschafft werden solle; diese Ehe kommt aber nicht zustande — oder es hat jemand in der Erwartung der Zahlung des Geldes im voraus einen Schuldschein ausgestellt und aus der Hand gegeben. Eine Rückforderung wegen Nichteintritts des mit einer Zahlung oder Leistung bezweckten Erfolges ist ausgeschlossen, wenn der Eintritt des Erfolges von Anfang an unmöglich war und der Zahlende (Leistende) dies wußte, oder wenn dieser den Eintritt des Erfolges wider Treu und Glauben verhindert hat. Ein Anspruch aus ungerechtfertigter Bereicherung ist ferner dann gegeben, wenn ein Nichtberechtigter über einen Gegenstand eine Verfügung trifft, die dem Berechtigten gegenüber wirksam ist. Der Nichtberechtigte hat dann das durch die Verfügung Erlangte herauszugeben. Hierher gehört z. B. der Fall, daß der Gerichtsvollzieher Sachen, die nicht dem Schuldner gehören, bei einer Versteigerung mitverkauft, ebenso die Fälle, daß ein Schaden dadurch eintritt, daß ein Recht am Grundstück auf Grund des öffentlichen Glaubens des Grundbuchs durch Verfügung eines nicht Berechtigten zum Nachteil des materiell Berechtigten erworben wird. Erfolgt die Verfügung unentgeltlich, so trifft die gleiche Verpflichtung denjenigen, der auf Grund der Verfügung unmittelbar einen rechtlichen Vorteil erlangt hat, z. B. ein Testamentserbe hat ein Nachlaßgrundstück an seinen Sohn verschenkt; es stellt sich heraus, daß er nicht Erbe ist, da das Testament unwirksam ist. Der wirkliche Erbe hat einen Bereicherungsanspruch an den Sohn.

War der Zweck einer Leistung in der Art bestimmt, daß der Empfänger durch die Annahme gegen ein gesetzliches Verbot oder gegen die guten Sitten verstoßen hat, so ist der Empfänger zur Herausgabe verpflichtet. Die Rückforderung ist ausgeschlossen, wenn dem Leistenden gleichfalls ein solcher Verstoß zur Last fällt, es sei denn, daß die Leistung in der Eingehung einer Verbindlichkeit bestand; das zur Erfüllung einer solchen Verbindlichkeit Geleistete kann nicht zurückgefordert werden.

2. Gegenstand der Rückzahlung (Herausgabe). Hat jemand nach dem Vorstehenden eine ungerechtfertigte Bereicherung wieder herauszugeben, so hat der Empfänger in erster Linie die empfangene Leistung selber herauszugeben, also die empfangene Geldsumme, die erhaltenen Sachen. Ferner auch das, was er mit dem Empfangenen erworben hat, nämlich die gezogenen Nutzungen und das, was er auf Grund eines erlangten Rechts oder als Ersatz für die Zerstörung, Beschädigung oder Entziehung des erlangten Gegenstandes erworben hat. Abgesehen von diesem letzteren Falle muß der Empfänger, wenn er das Empfangene selbst nicht mehr herausgeben kann, dem Empfangsberechtigten den Wert (d. h. den gemeinen Verkaufswert) ersetzen. Das Vorgesagte erleidet aber eine wichtige Einschränkung durch den Satz, daß eine Verpflichtung zur Herausgabe des Empfangenen oder zum Ersatze des Wertes soweit ausgeschlossen ist, als der Empfänger zur Zeit, wo der Anspruch geltend gemacht wird, durch das zu Unrecht Empfangene nicht mehr bereichert ist. Den Wegfall der Bereicherung muß der Empfänger beweisen. Die Frage, ob oder inwieweit eine Bereicherung des Empfängers noch vorliegt, kann unter den Beteiligten leicht streitig werden und die Entscheidung oft schwierig sein. Es muß bei der

Prüfung auf die ganze Sachlage und die Vermögensverhältnisse des Empfängers Rücksicht genommen werden. Wenn jemand, dem irrtümlich ein Geldbetrag als eine ihm zugefallene Erbschaft ausgezahlt worden ist, das Empfangene in unverständiger Weise vergeudet oder doch wenigstens Ausgaben gemacht hat, die er sonst nicht gemacht haben würde, so ist klar, daß seine Vermögenslage durch das Empfangene nicht mehr verbessert, daß er nicht mehr bereichert ist. Wenn dagegen ein verständiger Hausvater das ihm irrtümlich Gezahlte dazu verwendet hat, eine Schuld abzutragen, so kann kein Zweifel darüber sein, daß er um den Betrag des Empfangenen einschließlich der inzwischen gesparten Zinsen bereichert ist. Aber viele Fälle liegen auf der Grenze. Man wird im allgemeinen sagen müssen, daß der Empfänger, wenn er sich durch das ihm zu Unrecht Gezahlte zu Ausgaben hat verleiten lassen, die er sonst, seinen Vermögensverhältnissen und seinen Gewohnheiten nach, nicht gemacht haben würde, insoweit, als diese Ausgaben reichen, nicht bereichert, daher zur Rückzahlung nicht verpflichtet ist. Sobald der Anspruch auf Rückgabe des Empfangenen durch Klageerhebung oder sonst rechtshängig gemacht ist, darf der Empfänger über das Empfangene nicht mehr verfügen; er haftet von da an dem Rückforderungsberechtigten nach den allgemeinen Vorschriften über die Haftung des Beklagten vom Zeitpunkt der Rechtshängigkeit an (vgl. „Rechtshängigkeit"). Wußte der Empfänger, als er die Zahlung oder Leistung in Empfang nahm, daß er keinen Anspruch auf das Gezahlte usw. hatte oder erfährt er dies später, so ist er von dem Zeitpunkte an, wo er das Geld empfing oder wo er von der Unrechtmäßigkeit der Zahlung an ihn Kenntnis erhielt, in gleicher Weise verhaftet, als wenn zu diesem Zeitpunkt der Anspruch auf Herausgabe rechtshängig geworden wäre. Verstößt der Empfänger durch die Annahme der Leistung gegen ein gesetzliches Verbot oder gegen die guten Sitten, so ist er von dem Empfange der Zahlung usw. an dem Rückforderungsberechtigten in gleicher Weise verpflichtet. War mit der Leistung ein Erfolg bezweckt, dessen Eintritt nach dem Inhalte des Rechtsgeschäfts als ungewiß angesehen wurde, so ist der Empfänger, falls der Erfolg nicht eintritt, zur Herausgabe so verpflichtet, wie wenn der Anspruch auf Herausgabe zur Zeit des Empfanges rechtshängig geworden wäre. Das gleiche gilt, wenn die Leistung aus einem Rechtsgrunde, dessen Wegfall nach dem Inhalte des Rechtsgeschäfts als möglich angesehen wurde, erfolgt ist und der Rechtsgrund wegfällt. Zinsen hat der Empfänger erst von dem Zeitpunkt an zu entrichten, in dem er erfährt, daß der Erfolg nicht eingetreten oder daß der Rechtsgrund weggefallen ist; zur Herausgabe von Nutzungen ist er insoweit nicht verpflichtet, als er zu dieser Zeit nicht mehr bereichert ist. Wendet der Empfänger das Erlangte unentgeltlich einem Dritten zu, so ist, soweit infolgedessen die Verpflichtung des Empfängers zur Herausgabe der Bereicherung ausgeschlossen ist, der Dritte zur Herausgabe verpflichtet, wie wenn er die Zuwendung von dem Gläubiger ohne rechtlichen Grund erhalten hätte.

Ungewißheit der Erben s. Annahme rc. einer Erbschaft 2; eines Gläubigers s. Hinterlegung von Geld rc.

Ungeziefer in einer Mietwohnung s. Miete rc. 2 u. 7 unter 1 a.

Unglücksfall s. Haftpflicht der Eisenbahnen rc. u. Schadensersatz wegen unerlaubter Handlung 1 u. 6; Tod mehrerer Personen bei einem Unglücksfall s. Gemeinsame Gefahr rc.

Ungültigkeit eines Testaments s. Testament 5; vergl. auch Erbunwürdigkeit; einer Ehe s. Ehehindernisse; von Rechtsgeschäften (Verträgen) s. Nichtigkeit usw. von Rechtsgeschäften.

Unlauterer Wettbewerb (Ges. v. 7. 6. 09, Gutt. Slg. Nr. 37). **1.** Die Bekämpfung des sog. „unlauteren Wettbewerbs" hat sich zu einem Sondergebiet der Aufrechterhaltung von Sitte und Anstand im gewerblichen Leben entwickelt. Es wurden hier durch das Gesetz und die Rechtsprechung (namentlich des Reichsgerichts) Gesichtspunkte entwickelt, die der Sittenwidrigkeit stärkeren Kampf ansagen als auf manchen anderen Gebieten des Rechts. Es ist also für den Geschäftsmann (und auch für den Privatmann) immer wichtiger geworden, sich mit den einschlägigen Vorschriften bekannt zu machen. In diesem Buch werden die Einzelfragen in besonderen Stichworten behandelt, auf die verwiesen sei: „Üble Nachrede" (§§ 14, 15 UWG.), „Schwindelhafte Reklame" (§§ 3—5), „Ausverkauf" §§ 6—10), „Geschäfts- und Betriebsgeheimnisse" (§§ 17—20), „Namenmißbrauch" (§ 16), „Warenmengenverschleierung" (§ 11). Zu diesen Tatbeständen kommt noch derjenige der Angestelltenbestechung. Durch Geschäftsleute, die beim Abschluß von Verträgen, bei Lieferung oder dgl. bevorzugt werden wollen (§ 12, 13 UWG.). Hier handelt es sich nicht in erster Linie um die Treupflicht gegen den Prinzipal, sondern um den Schutz des Mitbewerbers. Die Verletzung der Treupflicht gegen den Prinzipal wird allerdings meist dabei im Spiele sein und den Tatbestand der arglistigen Täuschung darstellen, die besonders verfolgt werden kann. Wesentlich ist die Bevorzugung eines Lieferers oder Kunden als Dank für das Schmiergeld und unter unanständiger Durchquerung des geschäftlich üblichen. Gewährung und Annahme von Vorteilen durch Geschäftsfreunde ist erlaubt, wenn dadurch nicht der Wettbewerb anderer in unlauterer Weise ausgeschaltet oder beeinträchtigt wird. Der Bestechende und der Bestochene sind strafbar; auch wenn das Schmiergeldangebot abgelehnt wird, ist der, der das Angebot gemacht hat, strafbar. Die „Vorteile" brauchen nicht nur in Geld und Geldeswert zu bestehen.

2. Alle anderen Sondertatbestände des Unl. Wettbewerbs sind unter den genannten Stichworten behandelt, so daß hier nur noch der „Generalklausel" (§ 1) als Grundlage und zugleich Ergänzung der übrigen Bestimmungen zu gedenken ist. Sie lautet: „Wer im geschäftlichen Verkehr zu Zwecken des Wettbewerbs Handlungen vornimmt, die gegen die guten Sitten verstoßen, kann auf Unterlassung und Schadensersatz in Anspruch genommen werden". Hierdurch erst hat das Unlautere Wettbewerbs-Gesetz die große Bedeutung erlangt, die es heute hat. Nur auf „geschäftlichen Verkehr" bezieht sich die Bestimmung, aber „geschäftlicher Verkehr" ist in sehr weitem Sinne zu verstehen; nur muß das Geschäftliche mit dem Wettbewerbszweck zusammenhängen. Der „Verstoß gegen die guten Sitten" ist nach allgemeinen rechtlichen Gesichtspunkten zu beurteilen, nur muß auch er mit dem Wettbewerb zusammenhängen, um nach § 1 geahndet zu werden. Das ist von der Verkehrssitte abhängig und wird nie in feste Regeln gegossen werden können, schwankt auch nach Zeit, Ort und Geschäftszweig. Es ist durchaus zutreffend, daß in manchen Geschäftszweigen eine Handlungsweise nicht anstößig ist, die es in anderen sein würde. Wie es bei der Frage der Verwechslungsgefahr von Bezeichnungen auf das Urteil der für die Ware und die speziellen Geschäfte in Betracht kommenden Volkskreise ankommt, so kann ähnliches auf die Frage der Sittenwidrigkeit zutreffen, natürlich nur bis zu einem gewissen Grade, nämlich dann nicht, wenn nach allgemein herrschendem Volksbewußtsein etwas zur Unsitte wird, mag es auch als Geschäftspraktik in irgendeinem Handelszweige aufgekommen sein (RG.).

Der Schutz gegen unlauteren Wettbewerb ist nicht in erster Linie als Publikumsschutz gedacht, sondern als Schutz des geschäftlichen Konkurrenten, nämlich der lauteren Konkurrenz überhaupt. Es ist also kein Entschuldigungsgrund für einen des unlauteren Wettbewerbs Beschuldigten, daß sein Kunde nicht geschädigt sei, sofern irgendeiner seiner Konkurrenten geschädigt erscheint. Das Interesse des Kunden bleibt ja beispielsweise durch billige „Ausverkäufe" oder dgl. unter Umständen unverletzt, auch wenn es sich um Unwahrheiten der Ankündigung oder andere Unlauterkeiten des Angebots handelt. Es bedarf auch keineswegs der Verletzung der Interessen eines bestimmten Wettbewerbers, um den Tatbestand einer unlauteren Wettbewerbshandlung darzustellen; schon die sittenwidrige Handlung zur Förderung des eigenen Wettbewerbs genügt. Maßgebend ist der Gesamtcharakter der Handlung; hier ist also dem richterlichen Empfinden und Urteil großer Spielraum gegeben, und die feinfühligste Untersuchung des Einzelfalls nach seiner geschäftlich-wettbewerblichen Lagerung ist erforderlich. Sehr wichtig ist dabei einmal, wieweit jemand in die berechtigte Arbeitssphäre eines anderen eindringt und mit welcher inneren Notwendigkeit oder Nichtnotwendigkeit er es tut, und zweitens ob er sich der Arbeit des Konkurrenten für seine eigenen Zwecke bedient. Besonders wichtige Anwendungsfälle sind: Preisschleuderei, Kundenfang durch Lockartikel, Sperre durch schwarze Listen, Verleitung zum Vertragsbruch, Benutzung fremder Geschäftseinrichtungen, Nachahmungen aller Art, die zu Verwechslungen führen können.

3. Die Rechtsfolgen der unlauteren Wettbewerbshandlungen, die als Maßnahmen der Bekämpfung sich an die verschiedenen Tatbestände des UW. anzuschließen haben und mithin hier im Zusammenhang hervorgehoben zu werden verdienen, sind: 1. der Anspruch auf Unterlassung und 2. der Anspruch auf Schadenersatz; dazu kommt 3. für bestimmte Handlungen doloser Natur die Strafverfolgung, und zwar teilweise als Antragsdelikt, teilweise als Offizialdelikt, 4. der Anspruch auf Buße.

Der in erster Reihe stehende Unterlassungsanspruch ist bei jeder Beschwerung durch Handlungen des UW. gegeben. Denn die Abwehrklage gegen unerlaubte Handlung (s. d.) (als die sich eine Handlung des UW. darstellt) ist nicht an die Voraussetzung eines Verschuldens geknüpft. Der Unterlassungsanspruch schließt unter Umständen einen Anspruch auf Beseitigung und Widerruf in sich; denn da seine Voraussetzung die Wiederholungsgefahr (Besorgnis weiterer Beeinträchtigung), sein Zweck die Wiederherstellung des Zustandes vor der widerrechtlichen Beeinträchtigung ist, so ist es mit einer Unterlassung weiterer Verletzungen nicht getan, wenn die Wirkung der unrechtmäßigen Verletzung fortbesteht. Eine üble Nachrede z. B. verliert ihre Wirkung nicht schon dadurch, daß sie nicht wiederholt wird, ein Inserat mit unerlaubtem Reklameinhalt kann dadurch noch lange fortwirken, daß sich Interessenten das Inserat ausgeschnitten und aufgehoben, ja schon dadurch, daß sie seinen Inhalt im Gedächtnis behalten haben. Es ist nach der Natur der Sache gleichgültig, ob Wiederholungshandlungen schon vorgekommen sind, genau wie es oftmals im geschäftlichen Wettbewerb dem Wettbewerber selbst für seine Zwecke genügt, eine Wettbewerbshandlung einmal vorgenommen zu haben. Auch die mit Strafe bedrohten Wettbewerbshandlungen können mit der Unterlassungsklage und ebenso kann eine offizial zu verfolgende Handlung durch strafrechtliche Privatklage verfolgt werden (§§ 13 und 22). Prozessual wichtig ist namentlich auch die Möglichkeit einstweiliger Verfügungen (§ 25).

Die Regelung des Schadensersatzanspruchs (s. d.) geschieht nach den allgemeinrechtlichen Sätzen (§§ 249 BGB.); er beruht auf tatsächlich in ursächlichem Zusammenhang mit dem unlauteren Verhalten entstandenen Schaden und auf Verschulden (Vorsatz oder Fahrlässigkeit, Eintreten in weitem Maße für die Handlungen der Angestellten). Die Schadenersatzforderung bezieht sich auch auf entgangenen Gewinn. Die Höhe des Schadenersatzanspruches wird im wesentlichen durch Schätzung zu ermitteln sein.

Bestraft werden (§ 22) die Tatbestände: § 4. Wissentlich unwahre Anpreisung. § 6. Fälschliche Ankündigung von Waren als zu einer Konkursmasse gehörig. § 8. Vorschieben und Nachschieben von Waren im Ausverkauf. § 10. Verletzung der Vorschriften der §§ 7 und 9 bezüglich der Ankündigung des Ausverkaufs. § 11. Warenmengenverschleierung. § 12. Angestelltenbestechung. § 15. Wissentlich falsche Nachrede. § 17—20. Geheimnisverrat.

4. Buße (§ 26) kann nur neben einer Strafe verhängt werden. Im übrigen wird ihre Funktion durch den Schadenersatzanspruch ersetzt (s. „Buße").

Unmöglichkeit einer Vertragsleistung bei gegenseitigen Verträgen s. Gegenseitige Verträge 2; einer Zahlung (Leistung, Erfüllung) s. Leistungen ꝛc. 7.

Unmündigkeit s. Minderjährigkeit.

Unpfändbare Sachen und Forderungen s. Pfändung in der Zwangsvollstreckung.

Unpfändbarkeit eines Schuldners s. Pfändung i. d. Zwangsvollstr.; Verpflichtung zur Leistung des Offenbarungseides, s. Offenbarungseid 2.

Unredliche Benutzung eines Namens, einer Firma usw. s. Namensmißbrauch.

Unrichtige Übermittelung einer Willenserklärung s. Anfechtung einer Willenserklärung usw.

Unschädlichkeitszeugnisse. In den Landesgesetzen finden sich vielfach Vorschriften, wonach im Falle der Veräußerung kleiner Teile eines Grundstücks dieser Teil von den Belastungen des Grundstücks, z. B. von Hypotheken oder Grundschulden oder vom Lehns-, Fideikommiß-, Erbpacht- oder ähnlichen Verbande, befreit wird, wenn von der zuständigen Behörde festgestellt wird, daß die Rechtsänderung (also die Abveräußerung des Teils) für die Berechtigten unschädlich ist, sei es an sich oder weil an Stelle des abgetretenen Grundstücksteils ein anderer gleichwertiger Gegenstand getreten ist. Diese Vorschriften sind auch nach Einführung des Bürgerlichen Gesetzbuchs in Kraft geblieben (EGBGB. 120). In Preußen werden diese Zeugnisse durch die Landeskulturämter erteilt.

Unsittlicher Lebenswandel als Enterbungsgrund s. Pflichtteil 5.

Unsittlichkeit als Scheidungsgrund s. Ehescheidung 1 d.

Unterbrechung der Verjährung s. dort; vorübergehende, von Arbeits- oder Dienstleistungen s. Arbeitsvertrag.

Untergang einer gekauften Sache s. Kauf 6.

Untergrund, Recht auf den, s. Grundeigentum 2 b.

Unterhalt s. Unterhaltspflicht; gegenseitiger der Ehegatten s. Ehegatten 2 u. Unterhaltspflicht 2; eines unehelichen Kindes s. Uneheliche Kinder 2; für Hinterbliebene eines Getöteten s. Haftpflicht usw. 4 u. Schadensersatz wegen unerlaubter Handlung 6.

Unterhaltsanspruch, Bevorzugung bei einer Pfändung, s. Arbeits- oder Dienstlohn, Pfändung von, 2 b.

Unterhaltsgewährung s. Unterhaltspflicht usw. 3.

Unterhaltsleistung ist unter Umständen als unentgeltlich gewährt anzusehen; s. Geschäftsführung usw. 2.

Unterhaltspflicht (Alimentationspflicht) ist die gesetzliche Verpflichtung einer Person zur Gewährung des Unterhalts an eine andere. Sie beruht auf verwandtschaftlicher oder familienrechtlicher Grundlage. Der Unterhaltsanspruch des unehelichen Kindes gegen seinen Erzeuger ist anderer Art. Dieser ist unter „Uneheliche Kinder" abgehandelt (s. d. 2).

1. Unterhaltspflicht der Verwandten (1601—1615). Nicht alle Verwandten sind sich gegenseitig zur Unterhaltsleistung verpflichtet, sondern nur Verwandte in grader Linie, also Eltern, Großeltern, Urgroßeltern usw., Kinder, Großkinder, Urgroßkinder usw. Geschwister sind also gesetzlich nicht einander zum Unterhalt verpflichtet. Noch weniger gilt dies von Verschwägerten; es hat also z. B. der Schwiegervater der Schwiegertochter gegenüber keine Unterhaltsverpflichtung. Unterhaltsberechtigt ist, wer wegen Vermögenslosigkeit und Erwerbsunfähigkeit außerstande ist, sich selbst zu unterhalten; ob die Bedürftigkeit auf eigenem Verschulden beruht, z. B. durch verschwenderischen Lebenswandel, Spekulationen, Trunksucht usw. herbeigeführt ist, ist nur insofern von Bedeutung, als in solchem Falle nur der notdürftige Unterhalt gefordert werden kann. Vermögenslosigkeit setzt voraus, daß auch der Stamm des etwa vorhandenen Vermögens aufgezehrt ist; solange jemand noch das geringste verwertbare Vermögen hat, kann er von anderen keinen Unterhalt fordern. Eine Ausnahme hiervon gilt für leibliche Kinder: ein minderjähriges und unverheiratetes Kind kann von seinen Eltern, auch wenn es selber Vermögen hat, insoweit Unterhalt verlangen, als die Einkünfte dieses Vermögens und der Ertrag aus Arbeiten oder Beschäftigungen, die dem Kinde den Umständen nach zugemutet werden können, zu seinem Unterhalte nicht ausreichen. Sollte ein Teil des Kindesvermögens der elterlichen Nutzung entzogen sein, so sind zunächst die Einkünfte dieses Vermögens zum Unterhalt des Kindes zu verwenden; erst, wenn und soweit sie nicht ausreichen, kann Unterhalt von den Eltern verlangt werden. Dies gilt selbst dann, wenn die Einkünfte des der elterlichen Nutzung unterliegenden Vermögens zur Bestreitung der Unterhaltskosten für das Kind ausreichen würden. Ist das Kind volljährig, wenn auch noch nicht zur Selbständigkeit gelangt, oder ist es bereits verheiratet, so gilt die vorerwähnte Ausnahmebestimmung nicht mehr; es kann also gesetzlich von den Eltern nur dann Unterhalt verlangen, wenn es gänzlich vermögenslos ist. — Wird die Bedürftigkeit bestritten, so hat der Unterhaltsfordernde sie nachzuweisen. Ein Recht auf Rückforderung geleisteter Unterhaltsbeträge im Falle, daß der Empfänger demnächst zu Vermögen gelangt und zur Erstattung imstande ist, gibt es gesetzlich nicht.

Die Verpflichtung zur Unterhaltsgewährung setzt auf der anderen Seite voraus, daß der in Anspruch Genommene dazu imstande ist. Wer also bei Berücksichtigung seiner sonstigen Verpflichtungen außerstande ist, ohne Gefährdung seines eigenen standesmäßigen Unterhalts andere zu unterstützen, ist nicht zum Unterhalte verpflichtet. Bei Bemessung seiner Leistungsfähigkeit ist nicht nur sein Vermögen, sondern auch seine Erwerbskraft in Betracht zu ziehen; dabei kommt es nicht darauf an, was er tatsächlich erwirbt, sondern darauf, was er erwerben kann; er ist verpflichtet, wenn er unterhaltsbedürftige Angehörige hat, seine Kräfte dementsprechend anzuspannen. Der Unterhaltsverpflichtete braucht sich nicht so einzuschränken, daß er nicht mehr seinem Stande entsprechend leben kann; aber er muß sich in seinen Ausgaben doch nötigenfalls auf das beschränken, was das standesmäßige Leben notwendig mit sich bringt. Im Notfall muß der Unterhaltsverpflichtete auch sein Stammvermögen angreifen, wobei allerdings Rücksicht darauf zu nehmen ist, ob etwa infolge der allmählichen Verminderung des Kapitalvermögens das Fortkommen des Verpflichteten für die Zukunft gefährdet wird. Eine Ausnahme gilt für die Eltern den Kindern gegenüber. Sind die Eltern in solcher Lage, daß sie ohne Gefährdung ihres eigenen standesmäßigen Unterhalts ihren minderjährigen und unverheirateten Kindern den Unterhalt nicht gewähren können, so sind sie gesetzlich verpflichtet, alle verfügbaren Mittel zu ihrem und der Kinder Unterhalte gleichmäßig zu verwenden. Doch kann in solchem Falle, wenn die Kinder eigenes Vermögen haben, auch der Stamm des Vermögens zum Unterhalt der Kinder herangezogen werden. Die Verpflichtung tritt auch dann nicht ein, wenn ein anderer unterhaltsverpflichteter Verwandter der Kinder (z. B. Großeltern) vorhanden ist. Dabei versteht es sich aber von selbst, daß die Eltern sich zunächst soweit einzuschränken haben, als dies mit einer standesmäßigen Lebensführung vereinbar ist, ehe sie das Stammvermögen der Kinder angreifen oder die Hilfe anderer in Anspruch nehmen. Behauptet der auf Gewährung des Unterhalts Verklagte, daß er zur Leistung des Unterhalts nicht imstande sei, so muß er seine Leistungsunfähigkeit beweisen.

Unterhaltsverpflichtung einer verheirateten Frau und eines minderjährigen Kindes. Auch die verheiratete Frau ist, abgesehen von dem ihren eigenen Kindern (Abkömmlingen) zu gewährenden Unterhalt, ihren Verwandten in aufsteigender Linie, nämlich den Eltern, Großeltern usw., unter den gesetzlichen Voraussetzungen zum Unterhalt verpflichtet. Einer solchen Verpflichtung gegenüber kann sich die Frau auf die Verwaltung und Nutznießung des Ehemannes an ihrem Vermögen nicht berufen. Besteht Gütergemeinschaft, so bestimmt sich die Unterhaltspflicht so, als ob das Gesamtgut zum Vermögen des verpflichteten Ehegatten gehörte. Das gleiche gilt, wenn es sich um die Unterhaltspflicht eines minderjährigen Kindes seinen Verwandten (z. B. der Mutter, Großeltern usw.) gegenüber handelt. Es kommt auch hier für die Frage, ob das Kind den Unterhalt zu gewähren imstande ist, das Nutznießungsrecht des Vaters an dem Kindesvermögen nicht in Betracht.

Mehrere unterhaltsverpflichtete Abkömmlinge sind vor den Verwandten der aufsteigenden Linie unterhaltspflichtig, also z. B. Kinder vor den Eltern des Bedürftigen; die Unterhaltspflicht der Abkömmlinge bestimmt sich nach der gesetzlichen Erbfolgeordnung und nach dem Verhältnis der Erbteile. Beispiel: Der Unterhaltsbedürftige hat zwei Söhne und drei Enkel (Kinder eines verstorbenen Sohnes oder einer verstorbenen Tochter). Im Falle seines Todes würden also nach der gesetzlichen Erbfolgeordnung (s. „Gesetzliche Erben") die Söhne je ein Drittel, die Enkel je ein Neuntel seines Nachlasses erben. In diesem selben Verhältnis sind also auch die beiden Söhne und die drei Enkel zum Unterhalt des bedürftigen Vaters (Großvaters) verpflichtet. Wäre etwa der eine der beiden Söhne außerstande, seinen Anteil zum Unterhalte des Vaters beizutragen, so würde sein Anteil wiederum in gleichem Verhältnis auf die anderen Mitverpflichteten zu verteilen sein; es hätten also der andere Sohne die Hälfte, die drei Enkel je ein Sechstel zum Unterhalte des Vaters (Großvaters) beizutragen. Auf die Vermögensverhältnisse der Mitverpflichteten kommt es nicht an, sie haften ohne Rücksicht hierauf mit dem auf sie gesetzlich entfallenden Anteile, vorausgesetzt, daß sie ohne Gefährdung ihres eigenen Unterhalts ihren Beitrag zu leisten imstande sind. — Unter den Verwandten der aufsteigenden Linie haften die näheren vor den entfernteren, z. B. die Eltern vor den Großeltern, mehrere gleichnahe zu gleichen Teilen, z. B. zwei Großväter zu je der Hälfte. Der Vater des Bedürftigen haftet jedoch vor der Mutter, nur wenn der Mutter die Nutznießung am Vermögen des Kindes zusteht, haftet sie vor dem Vater. Im Falle einer Ehescheidung der Eltern hat übrigens unter Umständen die Mutter dem Vater einen Beitrag zu den Unterhaltskosten der gemeinschaftlichen Kinder zu gewähren; s. „Ehescheidung 4". Kann der zum Unterhalt Verpflichtete zur Leistung des Unterhalts nicht herangezogen werden, weil eine Rechtsverfolgung (Klage usw.) gegen ihn im Inlande nicht ausführbar ist oder ihr doch aus irgendwelchen Gründen erhebliche Schwierigkeiten entgegenstehen, so muß der nach ihm Haftende den Unterhalt zunächst bestreiten. Der Unterhaltsbedürftige darf nicht auf eine Klage, die im Auslande zu erheben oder deren Durchführung mit erheblichen Schwierigkeiten verknüpft wäre, verwiesen werden. Derjenige, der an Stelle des zunächst Verpflichteten den Unterhalt leistet, kann sich wegen der Erstattung des Gezahlten an diesen halten, wenn er sich von einem Vorgehen gegen ihn Erfolg verspricht.

Bestrafung eines säumigen Unterhaltspflichtigen. Wer, obschon er in der Lage ist, diejenigen, zu deren Ernährung er verpflichtet ist, zu unterhalten, sich der Unterhaltspflicht trotz der Aufforderung der zuständigen Behörde derart entzieht, daß durch Vermittelung der Behörde fremde Hilfe in Anspruch genommen werden muß, kann nach § 361 Nr. 10 des Strafgesetzbuchs mit Haft bis zu 6 Wochen oder Geldstrafe bis zu 150 Mk. bestraft werden.

2. Unterhaltspflicht der Ehegatten (1360, 1361, 1578, 1579, 1608). Auch Ehegatten haben sich gegenseitig Unterhalt zu gewähren. Die näheren gesetzlichen Bestimmungen hierüber finden sich in dem Artikel „Ehegatten 2" mitgeteilt. Über die gegenseitige Unterhaltspflicht geschiedener Gatten siehe das Nähere unter „Ehescheidung 3". Es fragt sich aber, wie die Unterhaltspflicht sich gestaltet, wenn der Unterhaltsbedürftige sowohl einen Ehegatten wie Verwandte hat. Das Gesetz stellt die Regel auf, daß der Gatte, auch der unterhaltspflichtig Geschiedene, vor den Verwandten für den Unterhalt des anderen aufzukommen hat. Soweit jedoch der Gatte bei Berücksichtigung seiner sonstigen Verpflichtungen außerstande ist, ohne Gefährdung seines eigenen standesmäßigen Unterhalts dem anderen Gatten Unterhalt zu gewähren, haften die Verwandten vor ihm. Ebenso sind die Verwandten zur Unterhaltsgewährung an den bedürftigen Ehegatten verpflichtet, wenn der andere Gatte flüchtig oder im Auslande ist oder sonst der Unterhaltsklage gegen ihn erhebliche Hindernisse entgegenstehen; sie haben freilich das Recht, ihrerseits von dem Abwesenden Erstattung zu verlangen.

3. Mehrheit von Bedürftigen. Umfang und Art der Unterhaltsgewährung (1609). Ist jemand mehreren Personen gegenüber zum Unterhalte verpflichtet, reichen aber seine Mittel nicht aus, allen diesen Verpflichtungen gerecht zu werden, so müssen einer oder mehrere der Berechtigten mit ihren Ansprüchen zurücktreten; die dem Verpflichteten näherstehenden Personen gehen den entfernterstehenden vor. Das Gesetz bestimmt, daß Kinder, Großkinder usw. den Eltern, Großeltern usw. vorgehen; daß unter den Abkömmlingen wieder diejenigen, die im Falle einer gesetzlichen Erbfolge in den Nachlaß des Unterhaltsverpflichteten als dessen Erben berufen sein würden, den anderen vorgehen; daß aber unter den Verwandten aufsteigender Linie (Eltern, Großeltern usw.) die näheren den entfernteren, also die Eltern den Großeltern, diese den Urgroßeltern vorgehen. Mehrere Gleichberechtigte müssen sich natürlich in das Verfügbare teilen. Der Ehegatte steht minderjährigen, unverheirateten Kindern gleich; anderen Kindern und den übrigen Verwandten geht er vor. Ein geschiedener Gatte geht den volljährigen oder verheirateten Kindern und allen übrigen Verwandten vor; dem neuen Ehegatten und den minderjährigen unverheirateten Kindern steht er gleich.

4. Das Maß des zu gewährenden Unterhalts bestimmt sich nach der Lebensstellung des Bedürftigen (1610); es ist standesmäßiger Unterhalt zu gewähren. In gewisser Weise kommen dabei auch die Vermögensverhältnisse des Verpflichteten in Betracht, insofern sie nämlich auf die Lebensstellung des Unterhaltsberechtigten meist von Einfluß zu sein pflegen; sonst aber richtet sich das Maß des zu Gewährenden nicht nach dem, was der Verpflichtete leisten kann, sondern nach dem, was der des Unterhalts Bedürftige nach seinem Stande und seiner gesamten Lebensstellung haben muß, um seinen Unterhalt standesgemäß bestreiten zu können. Der zu gewährende Unterhalt umfaßt den gesamten Lebensbedarf, also Wohnung, Nahrung, Kleidung, Aufwartung, Pflege in Krankheiten, unter Umständen auch außergewöhnliche Ausgaben, wie Kosten von Erholungsreisen u. dgl.; bei Kindern und jugendlichen oder der Erziehung bedürftigen Personen auch die Kosten der Erziehung, des Unterrichts und der besonderen Vorbildung zu einem Berufe. Ob auch die Kosten eines Universitätsstudiums in einen zu gewährenden Unterhalt einzubegreifen sind, läßt sich nur nach den Verhältnissen des einzelnen Falles entscheiden. Prozeßkosten gehören dagegen nicht zu den Unterhaltskosten; ebensowenig Kosten in einem Strafverfahren oder Geldstrafen, zu denen der Unterhaltsbedürftige etwa verurteilt ist. Der Unterhaltsbedürftige kann den Unterhalt nur für seine Person beanspruchen, nicht auch für seine Familie. Wie der Schwiegervater zum Unterhalt der Schwiegertochter direkt nicht verpflichtet ist (s. oben 1), so kann der Sohn auch nicht verlangen, daß bei der Bemessung des ihm vom Vater zu gewährenden Unterhalts der Unterhalt für seine Frau mit berücksichtigt werde. Die Frau muß ihren Unterhalt, soweit nötig, von ihren Verwandten fordern. Was dagegen die Kinder des Unterhaltsbedürftigen angeht, so haben diese im Falle der Bedürftigkeit ja einen eigenen Anspruch gegen die Großeltern auf Gewährung des Unterhalts, wenn die Eltern dazu nicht imstande sind. — Der Unterhaltsanspruch ist unter gewissen Voraussetzungen ein beschränkterer, als vorstehend dargelegt. Wer nämlich durch sein sittliches Verschulden (Trägheit, Ausschweifungen, Verschwendung usw.) sich selbst in den Zustand der Bedürftigkeit gebracht hat, ingleichen wer sich einer Verfehlung schuldig gemacht hat, die den Unterhaltspflichtigen berechtigen würde, ihm den gesetzlichen Pflichtteil an seinem dereinstigen Nachlasse zu entziehen (s. „Pflichtteil 5"), kann nur notdürftigen Unterhalt verlangen (1611). Zu einer gänzlichen Verweigerung des Unterhalts ist dagegen der Unterhaltspflichtige nicht berechtigt. Ist dagegen jemand ohne sittliches Verschulden, wenn auch durch eigene Schuld, verarmt, so ist das kein Grund, ihn auf den notdürftigen Unterhalt zu beschränken. Hat der Bedürftige nach dem Vorhergehenden nur Anspruch auf den notdürftigen (nicht auf einen standesmäßigen, vollen) Unterhalt, so kann er sich wegen dieses Ausfalles nicht etwa an die anderen Verwandten halten, die nach dem zunächst Unterhaltsverpflichteten auch zur Gewährung des Unterhalts an ihn verpflichtet sein würden. Was unter „notdürftigem" Unterhalt zu verstehen sei, darüber spricht sich das Gesetz nicht aus; man wird annehmen dürfen, daß nur das geleistet zu werden braucht, was mit Rücksicht auf Leben und Gesundheit des Bedürftigen unumgänglich notwendig ist.

Art der Unterhaltsgewährung. Der Unterhalt ist, wenn die Beteiligten sich nicht einigen, stets durch Entrichtung einer Geldrente zu gewähren, aus besonderen Gründen kann durch das Prozeßgericht auch eine andere Art zugelassen werden (1612). Z. B., wenn der Verpflichtete bares Geld zu geben nicht in der Lage, wohl aber noch imstande ist, dem Berechtigten in seinem Hause Obdach und die Kost an seinem Tische zu gewähren. Ebenso kann sich die Naturalverpflegung empfehlen, wenn der Bedürftige ein Trinker oder Verschwender ist und ihm bares Geld nicht anvertraut werden darf. Was die Fälligkeit der festgesetzten Unterhaltsrente oder der bestimmten Naturallieferungen anbelangt, so gilt in dieser Beziehung das über die Leistung von Leibrenten (s. d.) Vorgeschriebene; es gilt also insbesondere Vorausbezahlung bzw. Lieferung im voraus. Nur bezüglich des Unterhalts, den Eltern ihren unverheirateten Kindern zu geben haben, gelten andere Grundsätze; es entspricht dem natürlichen Verhältnisse, daß die Entscheidung darüber, in welcher Weise und in welchen Raten sie ihren Kindern den Unterhalt gewähren wollen, ihrem pflichtmäßigen Ermessen überlassen bleibt; sollten sie sich in dieser Beziehung gegen ein Kind verfehlen, so steht diesem das Recht zu, das Vormundschaftsgericht anzurufen, das alsdann nähere Bestimmung über die Art der Unterhaltsgewährung zu treffen hat. Ist die zu zahlende Geldrente oder das sonst zu Leistende durch gerichtliches Urteil festgesetzt, so kann der Verpflichtete demnächst eine Abänderung des Urteils verlangen, wenn die Verhältnisse, die für die Bemessung der Rente oder der sonstigen Leistung maßgebend gewesen sind, sich wesentlich geändert haben sollten (ZPO. 323).

Für Ehegatten s. unter „Ehegatten 2".

Für die Vergangenheit kann im allgemeinen kein Anspruch auf Unterhalt (auf Nachzahlung oder Nachlieferung) geltend gemacht werden, außer für die Zeit von der Rechtshängigkeit des Anspruchs an (1613). Nur wenn der Berechtigte das ihm Zustehende vergeblich gefordert hat, der Verpflichtete also mit der Leistung in Verzug gekommen ist (vgl. darüber „Verzug des Schuldners"), kann der Berechtigte nachfordern, was ihm von der Zeit an, wo der Verpflichtete in Verzug geriet, zu leisten war (vorausgesetzt natürlich, daß die Forderung nicht etwa verjährt ist; die Verjährungsfrist beträgt vier Jahre). Ob derjenige, der einem Bedürftigen etwa, statt des eigentlich Verpflichteten, den Unterhalt gewährt hat, gegen den letzteren einen Anspruch auf Erstattung hat, hängt davon ab, ob unter den vorliegenden Umständen eine Klage aus Geschäftsführung ohne Auftrag (s. d.) gegen jenen begründet ist, insbesondere also davon, ob der andere den Unterhalt für Rechnung des Verpflichteten gewährt hat.

Verzichten kann für die Zukunft niemand auf einen ihm von Rechts wegen zustehenden Unterhalt, auch nicht im Wege eines Vergleichs; der Verzicht wäre ohne jede rechtliche Wirkung (1614). Ein Vertrag z. B. zwischen Ehegatten, der die gegenseitige Unterhaltspflicht anders, als das Gesetz es tut, regelt, ist nichtig (RG.), dagegen kann auf bereits fällig gewordene Beträge verzichtet werden. Es ist daher für den Verpflichteten auch bedenklich, den Unterhalt für längere Zeit, als wozu er gesetzlich verpflichtet ist, im voraus zu gewähren; er wird dadurch für die Zukunft nicht befreit, wenn der Berechtigte hinterher, wenn auch durch eigene Schuld, wieder in Bedürftigkeit gerät. Anders, wenn Eltern einem unverheirateten Kinde den Unterhalt auf längere Zeit im voraus gewährt haben, was im allgemeinen ihrem verständigen Ermessen überlassen ist; hier werden die Eltern von ihrer Verpflichtung für die Zeit, für die das Gegebene bestimmt war, frei, es sei denn, daß sie für eine ganz unangemessen lange Zeit im voraus gezahlt hätten. Ein Unterhaltsanspruch kann von dem Berechtigten nicht an einen anderen abgetreten werden; er kann auch von den Gläubigern des Berechtigten nicht gepfändet werden. Im Konkurse des Verpflichteten können Unterhaltsansprüche gegen ihn regelmäßig nicht geltend gemacht (nicht zur Befriedigung aus der Masse angemeldet) werden (KO. 3). Mit dem Tode des Unterhaltsberechtigten, wie des Unterhaltsverpflichteten erlischt der Unterhaltsanspruch für die Zukunft; bereits fällig gewordene Ansprüche bleiben jedoch in Kraft (1615). Ist der Unterhaltsbedürftige verstorben, so sind die standesmäßigen Beerdigungskosten von seinen Erben zu tragen (s. „Nachlaßschulden usw. 5"). Soweit die Bezahlung aber von diesen nicht zu erlangen ist, hat der Unterhaltsverpflichtete auch für die Kosten der standesmäßigen Beerdigung aufzukommen.

5. Ersatzansprüche unterhaltspflichtiger Verbände und Anstalten. Öffentliche Verbände (Armenverbände usw.) und Anstalten, die auf Grund des öffentlichen Rechts zur Gewährung von Unterhalt an bedürftige Personen verpflichtet sind, sind — soweit dies nicht schon nach Reichsrecht gilt — nach landesgesetzlichen Vorschriften meist berechtigt, Ersatz der für den Unterhalt gemachten Aufwendungen von dem Bedürftigen selbst sowie von denen zu verlangen, die nach bürgerlichem Recht zu seinem Unterhalt verpflichtet waren. Diese Vorschriften bleiben auch fernerhin in Kraft, und es können neue Vorschriften dieser Art erlassen werden (EGBGB. 103).

Unterhaltspflicht geschiedener Ehegatten s. Ehescheidung 3; der Adoptiveltern und Adoptivkinder s. Annahme an Kindes Statt 3; Verletzung der, als Enterbungsgrund s. Pflichtteil 5.

Unterhaltungspflicht des Vermieters s. Miete, Vermietung 2; des Entleihers s. Leihe 3; des Nießbrauchers s. Nießbrauch 1; des Vorerben s. Nacherben 1.

Unterlassungshandlungen, schadenbringende, s. Schadensersatz wegen unerlaubter Handlung.

Unternehmer s. Werkvertrag; Geschäftsbesorgung durch den, s. Werkvertrag 13; Haftung für Schaden s. Haftpflicht der Eisenbahnen usw.

Unterschrift von Verträgen s. Form der Rechtsgeschäfte 1.

Unterschriftsbeglaubigung s. Form der Rechtsgeschäfte 3.

Unterstützung s. Unterhaltspflicht usw.

Untersuchung einer Ware auf Mängel bei Kaufleuten s. Handelskauf.

Untervermietung s. Miete 5.

Unterverpachtung s. Pacht 5.

Unteilbarkeit einer Leistung s. Mehrere Gläubiger und mehrere Schuldner.

Unwiderruflichkeit einer Erbeseinsetzung s. Erbvertrag.

Unwürdigkeit eines Erben s. Erbunwürdigkeit.

Unzucht, widernatürliche, als Scheidungsgrund s. Ehescheidung 1 a.

Unzurechnungsfähigkeit s. Geschäftsfähigkeit 4 u. Schadensersatz wegen unerlaubter Handlung 4.

Urgroßeltern als gesetzliche Erben s. Gesetzliche Erben 1.

Urheber von Mustern und Modellen s. Musterschutz.

Urheberrecht. Geisteserzeugnisse der Literatur und der Tonkunst sowie Werke der bildenden Künste und der Photographie genießen gegen unbefugte Vervielfältigung und unbefugten Vertrieb einen Schutz durch besondere Reichsgesetze. Nicht jedes geistige oder künstlerische „Erzeugnis", z. B. die bloße hingeworfene Idee, mündliche Äußerung, der Plan, genießt schon den Schutz. Es muß sich um ein „Werk" handeln, d. h. um etwas, das in eine gewisse Form gebracht ist. Wann dies der Fall ist, ist Tatfrage. Das Schutzrecht ist ein ausschließliches, d. h. ein Monopolrecht, das seine Grenze findet an dem Interesse der Allgemeinheit, an den Kulturerrungenschaften teilzunehmen. Aus diesem Hauptgesichtspunkt ist die Regelung der Urheber- (und Erfinder-)rechte zu verstehen.

I. Urheberrecht an Werken der Literatur und der Tonkunst (Ges. v. 19. 6. 01, Gutt. Slg. Nr. 60).

Den Schutz genießen Schöpfungen in der Form von Schriftwerken (z. B. Lehrbücher, Jugendschriften, Romane usw.); auch geschriebene oder gedruckte Vorträge oder Reden, die dem Zwecke der Belehrung, der Erbauung oder der Unterhaltung dienen; Werke der Tonkunst und Abbildungen (Zeichnungen, Karten, Stammbäume usw.) wissenschaftlicher oder technischer Art, die nicht ihrem Hauptzwecke nach als Kunstwerke zu betrachten sind (ist letzteres der Fall, so werden sie nach dem Gesetze v. 9. Jan. 1876 geschützt; s. unten II). Abbildungen allgemein bekannter und deshalb als Gemeingut der gesamten Industrie zu bezeichnender Gegenstände genießen keinen Schutz. Zu den Abbildungen gehören auch plastische (z. B. topographische) Darstellungen.

Den gesetzlichen Schutz dieser Geisteserzeugnisse (Werke) genießt der Urheber, d. h. der Verfasser (der Komponist, der Zeichner, der Bildner) des Werkes. (Über die Rechte des Verlegers eines Werkes s. „Verlagsrecht".) Bei einer Übersetzung gilt der Übersetzer, bei einer sonstigen Bearbeitung der Bearbeiter als Urheber, vorbehaltlich der etwaigen Ansprüche des Urhebers des Originalwerks. Besteht ein Werk aus den getrennten Beiträgen mehrerer (Sammelwerk), so wird für das Werk als Ganzes der Herausgeber als Urheber angesehen.

Über sein Urheberrecht kann der Urheber (der Verfasser usw.) wie über jedes andere ihm zustehende Recht frei verfügen; er kann es beschränkt oder unbeschränkt auf andere übertragen (verkaufen, verschenken usw.); er kann es auch verpfänden oder einen Nießbrauch daran bestellen (s. auch „Verlagsrecht"). Beim Tode des Urhebers geht sein Recht in gleicher Weise wie sein sonstiges Vermögen auf seine Erben über.

Der Urheber (Verfasser, Komponist, Zeichner usw.) allein hat das Recht, sein Werk zu vervielfältigen und es gewerbsmäßig zu verbreiten (dahin gehört aber nicht das bloße Verleihen eines Buches oder eines Notenhefts usw.), erstmalig öffentlich mitzuteilen, öffentlich aufzuführen. Diese Rechte des Urhebers erstrecken sich auch auf die Bearbeitungen des Werkes (Übersetzung, Wiedergabe in anderer Form, Verfilmung, Rundfunkbearbeitung usw.). Dies bietet viele juristische Schwierigkeiten. Jedoch ist eine freie Benutzung des Werkes durch andere zulässig, wenn dadurch eine eigentümliche Schöpfung hervorgebracht wird. Ob das der Fall ist, ist oftmals sehr schwer zu beurteilen.

Eine Vervielfältigung ohne Einwilligung des Berechtigten ist unzulässig, gleichviel durch welches Verfahren sie bewirkt wird; auch begründet es keinen Unterschied, ob das Werk in einem oder in mehreren Exemplaren vervielfältigt wird. Doch ist eine Vervielfältigung zum persönlichen Gebrauch zulässig, wenn sie nicht den Zweck hat, aus dem Werke eine Einnahme zu erzielen.

Jedoch gibt es Ausnahmen für bestimmte Werke und für bestimmte Arten der zitierenden Wiedergabe. So ist zulässig der Abdruck von Gesetzbüchern, Gesetzen, Verordnungen, amtlichen Erlassen und Entscheidungen, sowie von anderen zum amtlichen Gebrauche hergestellten amtlichen Schriften, die Wiedergabe eines Vortrags oder einer Rede in Zeitungen oder Zeitschriften, sofern der Vortrag oder die Rede Bestandteil einer öffentlichen Verhandlung.

ist, die Vervielfältigung von Vorträgen oder Reden, die bei den Verhandlungen der Gerichte, der politischen, kommunalen und kirchlichen Vertretungen gehalten werden, der Abdruck einzelner Artikel aus Zeitungen, soweit die Artikel nicht mit einem Vorbehalte der Rechte versehen sind. Über Einzelheiten, Notwendigkeit der Quellenangabe u. dgl. muß auf das Gesetz selbst verwiesen werden.

Zulässig ist ferner die Vervielfältigung 1. einzelner Stellen oder kleinerer Teile eines Werkes, in einer selbständigen literarischen Arbeit, 2. einzelner Aufsätze von geringem Umfang oder einzelner Gedichte nach dem Erscheinen in einer selbständigen wissenschaftlichen Arbeit, 3. einzelner Gedichte nach dem Erscheinen in einer Sammlung, die Werke einer größeren Zahl von Schriftstellern vereinigt und ihrer Beschaffenheit nach zur Benutzung bei Gesangsvorträgen bestimmt ist, 4. einzelner Aufsätze von geringem Umfang, einzelne Gedichte oder kleinere Teile eines Schriftwerkes nach dem Erscheinen in einer Sammlung, die Werke einer größeren Zahl von Schriftstellern vereinigt und ihrer Beschaffenheit nach für den Kirchen-, Schul- oder Unterrichtsgebrauch oder zu einem eigentümlichen literarischen Zwecke bestimmt ist. Bei einer Sammlung zu einem eigentümlichen literarischen Zwecke bedarf es, solange der Urheber lebt, seiner persönlichen Einwilligung. Ähnlich verhält es sich mit musikalischen Kompositionen und mit Abbildungen. Besonderheiten bestehen für Texte, die zur Musik gehören. Für musikalische Werke, die auf Schallplatten u. dgl. übertragen sind, besteht die Einrichtung der Zwangslizenz (§ 22 des Gesetzes), d. h. der Erlaubnis für andere, das Stück ebenfalls gegen Entgelt an den Berechtigten auf solche mechanisch-musikalischen Instrumente übertragen zu dürfen. Für öffentliche Aufführungen eines erschienenen Werkes der Tonkunst bedarf es der Einwilligung des Berechtigten nicht, wenn sie keinem gewerblichen Zwecke dienen und die Hörer ohne Entgelt zugelassen werden; ferner bei Volksfesten, mit Ausnahme der Musikfeste, sowie bei Veranstaltungen für wohltätige Zwecke oder von Vereinen (innerhalb des Kreises des Vereins). Über die Einzelheiten s. § 27 des Ges. — Niemals dürfen auch bei den erlaubten Wiedergaben oder bei Übertragungen des Urheberrechts Änderungen an dem Werk vorgenommen werden, höchstens solche, für die der Verfasser seine Einwilligung nach den Grundsätzen von Treu und Glauben nicht wohl versagen kann.

Der Schutz veröffentlichter Werke ist ein zeitlich begrenzter. Sind seit dem Tode des Urhebers (Verfassers, Komponisten usw.) dreißig Jahre und außerdem seit der ersten Veröffentlichung des Werkes zehn Jahre abgelaufen, so erlischt der Schutz; das Werk wird Allgemeingut. Über den Fall, wenn das Urheberrecht mehreren gemeinschaftlich zusteht, sowie wenn der wahre Name des Urhebers nicht bei der ersten Veröffentlichung angegeben ist oder wo er binnen der dreißigjährigen Frist angegeben wird usw., ferner über die Berechnung der Fristen bei bandweise erschienenen Werken u. dgl. enthalten die §§ 30 bis 35 des Gesetzes besondere Bestimmungen.

Verletzung des Urheberrechts macht schadensersatzpflichtig und strafbar. Das Nähere muß im Gesetz selbst eingesehen werden.

II. Urheberrecht an Werken der bildenden Künste und der Photographie (Ges. v. 9. 1. 07, Gutt. Slg. Nr. 81).

Dem Schutze dieses Gesetzes unterliegen die Werke (und Entwürfe) der bildenden Künste, also vor allem der Malerei, der Kupferstich- und Holzschneidekunst, der Bildhauerkunst, der Filmkunst (Kinematographie) usw. Auch die Erzeugnisse des Kunstgewerbes gehören zu den Werken der bildenden Künste; ebenso Werke der Baukunst, soweit sie künstlerische Zwecke verfolgen. Ferner werden auch die Photographien geschützt. Industrieerzeugnisse, die, ohne eine eigenartige künstlerische Leistung aufzuweisen, lediglich als Vorbilder für die geschmackvolle Form gewerblicher Gegenstände dienen sollen (sog. Geschmacksmuster), unterliegen den Bestimmungen eines anderen Gesetzes (s. „Musterschutz"). Nicht jede beliebige bildnerische Ausgestaltung eines gewerblichen Gegenstandes gehört zum Kunstgewerbe; es wird vielmehr vom Gesetz eine „künstlerische" Leistung vorausgesetzt. Als Werke der Photographie gelten auch solche Werke, die durch ein der Photographie ähnliches Verfahren hergestellt sind. Bei den Werken der Baukunst handelt es sich nicht nur um den Schutz des Bauwerkes selbst oder dessen einzelner Teile, sondern auch um den Schutz einer bildlichen Wiedergabe derselben durch Zeichnung, Photographie usw.

Die Rechte des Urhebers sind ganz ähnlich gestaltet wie die oben zu I kurz mitgeteilten Rechte des Urhebers von Schriftwerken usw. Es muß also darauf sowie auf das Gesetz selbst verwiesen werden. Nur weniges für den Kunsturheberschutz Eigenartige sei hier erwähnt. So darf der Name oder der Namenszug des Urhebers auf dem Werke von einem anderen als dem Urheber selbst nur mit dessen Einwilligung angebracht werden.

Die Schaustellung eines Werkes ist unter dem Ausdruck „Verbreitung" nicht inbegriffen; sie ist dem Erwerber des Werkes nicht verboten, sofern er sich dem Urheber gegenüber nicht etwa vertragsmäßig gebunden hat. Wer durch Nachbildung eines bereits vorhandenen Werkes ein anderes Werk der bildenden Künste oder der Photographie hervorbringt (er vervielfältigt z. B. ein Bauwerk im Wege der Photographie), hat an sich an diesem neuen Werke der Photographie auch wieder das Urheberrecht; er darf die Befugnis des Urhebers aber, sofern der Urheber des Originalwerkes gleichfalls Schutz genießt, nur mit dessen Einwilligung ausüben.

Zulässig ist die Vervielfältigung von Werken, die sich bleibend an öffentlichen Wegen, Straßen oder Plätzen befinden, durch malende oder zeichnende Kunst oder durch Photographie. Die Vervielfältigung darf nicht an einem Bauwerk erfolgen.

Die Vervielfältigungen sind auch hier nur zulässig, wenn an dem wiedergegebenen Werke keine Änderungen vorgenommen sind. Jedoch sind Übertragungen des Werks in eine andere Größe und solche Änderungen gestattet, die das für die Vervielfältigung angewendete Verfahren mit sich bringt.

Bei Bildnissen einer Person sind der Besteller und seine Erben oder sonstigen Rechtsnachfolger (andere Personen nicht) befugt, das Bildnis vervielfältigen zu lassen, wenn mit dem Urheber des Werkes nichts anderes vereinbart ist. Die Vervielfältigung darf aber, wenn es sich um ein Werk der bildenden Künste handelt, nur im Wege der Photographie erfolgen, solange der Urheber lebt; gestattet ist eine anderweitige Vervielfältigung nur für den eigenen Gebrauch. Ist das Bildnis lediglich eine Photographie, so ist eine Vervielfältigung durch den Besteller ohne Beschränkung gestattet.

übrigens dürfen Bildnisse regelmäßig nur mit Einwilligung des Abgebildeten öffentlich ausgestellt werden. Verboten ist es, den Namen oder eine sonstige Bezeichnung des Urhebers des Werkes in einer Weise auf der Vervielfältigung anzubringen, die zu Verwechselungen Anlaß geben kann.

Die Verbreitung oder öffentliche Schaustellung von Bildnissen (Porträts, Photographien usw.), auch solcher, die nicht auf Bestellung des Abgebildeten gemacht sind, ist nur mit Einwilligung des Abgebildeten zulässig. Hat jedoch der Abgebildete dafür, daß er sich abbilden ließ, eine Entlohnung irgendwelcher Art erhalten, so gilt diese Einwilligung als erteilt, wenn nichts anderes verabredet ist oder sich aus den Umständen ergibt. Die Herstellung eines Bildes von einer anderen Person, auch die Nachbildung eines solchen Bildnisses sind nicht verboten. Nach dem Tode des Abgebildeten bedarf es zur Verbreitung oder öffentlichen Schaustellung des Bildnisses bis zum Ablaufe von zehn Jahren der Einwilligung des etwa überlebenden Ehegatten und der Kinder, wenn solche aber nicht vorhanden, der Eltern des Abgebildeten. Ohne die gedachte Einwilligung dürfen verbreitet und zur Schau gestellt werden: 1. Bildnisse aus dem Bereiche der Zeitgeschichte; 2. Bilder, auf denen die Person nur als Beiwerk neben einer Landschaft oder sonstigen Örtlichkeit erscheinen; 3. Bilder von Versammlungen, Aufzügen und ähnlichen Vorgängen, an denen die dargestellten Personen teilgenommen haben; 4. Bildnisse, die nicht auf Bestellung angefertigt sind, sofern die Verbreitung oder Schaustellung einem höheren Interesse der Kunst dient. Die Befugnis erstreckt sich jedoch nicht auf eine Verbreitung und Schaustellung, durch die ein berechtigtes Interesse des Abgebildeten oder, falls dieser verstorben ist, seiner Angehörigen verletzt wird. Endlich dürfen von Behörden zum Zwecke der Rechtspflege und der öffentlichen Sicherheit Bildnisse ohne Einwilligung vervielfältigt usw. werden.

Die Dauer des Schutzes (ebenso wie die Rechtsfolge von Verletzungen des Urheberrechts) ist im wesentlichen ebenso geregelt wie beim Schriftwerkschutz. Nur der Schutz eines Werkes der Photographie endigt mit dem Ablaufe von zehn Jahren seit dem Erscheinen des Werkes. Jedoch endigt auch hier der Schutz mit dem Ablaufe von zehn Jahren seit dem Tode des Urhebers, wenn bis zu dessen Tode das Werk noch nicht erschienen war.

III. Internationaler Schutz des Urheberrechts. Die vorstehend (unter I und II) mitgeteilten Vorschriften betreffen den literarischen und künstlerischen Urheberrechtsschutz im Deutschen Reich. Der Schutz des Urheberrechts dem Auslande gegenüber ist durch ein internationales Abkommen fast aller europäischer und einiger außereuropäischer Staaten gewährleistet. Es ist dies die Revidierte Berner Übereinkunft v. 13. 11. 08 (erneut revidiert in Rom 1928).

Urkunden, Vorlegung von, s. Vorlegung von Sachen und Urkunden; Eigentum an, s. Verbindung usw. 2; Finderlohn bei, s. Gefundene Sachen 2; Herausgabe seitens eines Verkäufers s. Kauf und Verkauf 3; Kraftloserklärung (Mortifikation, Amortisation) von, s. Kraftloserklärung usw.

V.

Vater als Pflichterbe s. Pflichtteil 1; eines ehelichen Kindes s. Eltern und Kinder; eines unehelichen Kindes s. Uneheliche Kinder 2 und 4; Einwilligung zur Heirat s. Ehehindernisse 1 b und c; Recht der Verwaltung und Nutznießung am Kindesvermögen s. Verwaltung usw. des Kindesvermögens.

Väterliche Gewalt s. Elterliche Gewalt.

Väterliche Rechte, Entziehung der, s. Eltern und Kinder 5.

Väterliches Erbe, Verwaltung usw. durch die Mutter s. Verwaltung usw. des Kindesvermögens usw.

Vaterschaft eines ehelichen Kindes s. Ehelichkeit eines Kindes; (u. Anerkennung) eines unehelichen Kindes s. Uneheliche Kinder 4 u. Legitimation unehelicher Kinder 1.

Verantwortlichkeit s. Haftung; für Vorsatz und Fahrlässigkeit s. Vertretung von Vorsatz usw. u. Schadensersatz wegen unerlaubter Handlung.

Verarbeitung von Waren, Übernahme von, s. Kaufmann 1; Eigentumserwerb durch, s. Verbindung usw.

Versteigerung s. Versteigerung.

Veräußerung s. Kauf und Verkauf; von Grundstücken s. Auflassung.

Veräußerungsverbote und Verfügungsverbote. Solche können auf Gesetz beruhen, auf Erlaß von Behörden oder Gerichten, auf Rechtsgeschäft; sie können absolute Wirkung haben, oder nur den Schutz bestimmter Personen bezwecken. Ihre Wirkungen sind je nach ihrer Art verschieden. Absolute gesetzliche Veräußerungsgebote machen ein gegen das Verbot verstoßendes Rechtsgeschäft nichtig (134). Hierher gehören z. B. die Beschränkungen der Gemeinden, Kirchen und anderen juristischen Personen in bezug auf Grundstücksverkäufe. Kaufverträge solcher Personen ohne die Genehmigung der zuständigen Behörden sind nichtig. Verstößt die Verfügung über einen Gegenstand gegen ein gesetzliches Veräußerungsverbot, das nur den Schutz bestimmter Personen bezweckt, so ist sie nur diesen Personen gegenüber unwirksam. Der rechtsgeschäftlichen Verfügung steht eine Verfügung gleich, die im Wege der Zwangsvollstreckung oder der Arrestvollziehung erfolgt (135). Solche Veräußerungsverbote sind z. B. das Verbot der Veräußerung eines Grundstücks durch einen Vorerben, das unwirksam ist, soweit die Rechte des Nacherben dadurch vereitelt oder beeinträchtigt werden. Rechtsgeschäfte, die gegen ein solches Verbot verstoßen, sind daher gültig, bis der Begünstigte sein Recht geltend macht. Tut er dies nicht, so bleiben sie wirksam. Solche Veräußerungsverbote müssen daher im Grundbuch eingetragen sein, wenn nicht der Berechtigte sein Recht dadurch verlieren will, daß ein anderer das Grundstück oder ein Recht an dem Grundstück im öffentlichen Glauben an die Richtigkeit des Grundbuchs erwerben und damit sein Recht vernichten soll (892). Ein Veräußerungsverbot, das von einem Gericht oder von einer anderen Behörde innerhalb ihrer Zuständigkeit erlassen wird, steht einem gesetzlichen Veräußerungsverbote der eben bezeichneten Art gleich (136). Hierher gehören hauptsächlich die Veräußerungsverbote der gerichtlichen einstweiligen Verfügungen, die stets nur zugunsten desjenigen wirksam sind, der sie erwirkt hat.

Die rechtsgeschäftliche Verpflichtung, über ein veräußerliches Recht nicht zu verfügen, mag diese nun auf Vertrag oder letztwilliger Verfügung beruhen, hat stets nur schuldrechtliche Wirkung (137). Verfügt der Verpflichtete also verbotswidrig über ein solches Recht, z. B. verkauft er ein Grundstück, obgleich er sich einem anderen, z. B. seinem

Rechtsvorgänger, gegenüber verpflichtet hat, es nicht zu verkaufen, so ist der Verkauf gültig, und der Berechtigte hat nur einen Schadensersatzanspruch aus dem Vertrage. Solche Veräußerungsverbote können daher auch nicht im Grundbuch eingetragen werden. Eine scheinbare Ausnahme von der obigen Bestimmung macht der § 399 BGB., wonach die Abtretung einer Forderung durch Vereinbarung zwischen dem Schuldner und dem Gläubiger gültig ausgeschlossen werden kann. In diesem Falle handelt es sich aber um den Inhalt des Rechts. Eine solche Vereinbarung kann daher auch im Grundbuch, wenn es sich um eine durch Hypothek gesicherte Forderung handelt, eingetragen werden.

Die Vereinbarung, die ein Grundstückseigentümer mit seinem Hypothekengläubiger (Grundschuldgläubiger) trifft, sein Grundstück nicht zu veräußern oder weiter zu belasten, ist auf Grund einer besonderen Bestimmung (1136) nichtig.

Verbände s. Vereine.

Verbindlichkeit, Nichterfüllung einer, s. Verzug 1 u. Gegenseitige Verträge 3; Verbindlichkeiten, allgemeine Vorschriften über Erfüllung von, s. Leistungen usw.

Verbindung, Vermischung, Verarbeitung (946 bis 952). **1.** Wenn eine bewegliche Sache mit einem Grundstücke dergestalt verbunden wird, daß sie ein „wesentlicher Bestandteil“ des Grundstücks wird, so geht das Eigentum an dieser Sache von Gesetzes wegen auf den Eigentümer des Grundstücks über; das Eigentum an dem Grundstücke ergreift die Sache mit (s. aber über die Entschädigungspflicht unten 2). Was ein wesentlicher Bestandteil ist, darüber vergleiche den Artikel „Bestandteile“. Wird also beispielsweise ein Balken in ein Haus eingebaut, so gehört der Balken zum Hause und damit dem Eigentümer des Grundstücks; der frühere Eigentümer des Balkens hat sein Eigentum verloren. Werden bewegliche Sachen miteinander dergestalt verbunden, daß sie wesentliche Bestandteile einer einheitlichen Sache werden, so werden die bisherigen Eigentümer Miteigentümer dieser Sache; die Anteile bestimmen sich nach dem Verhältnisse des Wertes, den die Sachen zur Zeit der Verbindung haben. Ist eine der Sachen als die Hauptsache anzusehen, so erwirbt ihr Eigentümer das Alleineigentum. Werden bewegliche Sachen, z. B. Geld oder Getreide, miteinander untrennbar vermischt oder vermengt, so finden die ebengedachten Vorschriften entsprechende Anwendung. Der Untrennbarkeit steht es gleich, wenn die Trennung der vermischten oder vermengten Sachen mit unverhältnismäßigen Kosten verknüpft sein würde.

Erlischt nach dem Vorgesagten das Eigentum an einer Sache, so erlöschen auch die sonstigen an der Sache bestehenden Rechte. Erwirbt der Eigentümer der belasteten Sache Miteigentum, so bestehen die Rechte an dem Anteile fort, der an die Stelle der Sache tritt. Wird der Eigentümer der belasteten Sache Alleineigentümer, so erstrecken sich die Rechte auf die hinzutretende Sache.

Wer durch Verarbeitung oder durch Umbildung eines oder mehrerer Stoffe eine neue bewegliche Sache herstellt, der erwirbt, auch wenn ihm die Stoffe ganz oder zum Teil nicht gehört haben, das Eigentum an der neuen Sache, sofern nicht der Wert der Verarbeitung oder der Umbildung erheblich geringer ist, als der Wert des Stoffes. Als Verarbeitung gilt auch das Schreiben, Zeichnen, Malen, Drucken, Gravieren oder eine ähnliche Bearbeitung der Oberfläche. Mit dem Erwerbe des Eigentums an der neuen Sache erlöschen die an dem Stoffe bestehenden Rechte. Hat z. B. jemand aus fremdem Tuch ein Kleid angefertigt oder auf eine ihm nicht gehörige Leinwand ein Ölgemälde gemalt, so erwirbt er dadurch das Eigentum an dem Kleide oder dem Ölgemälde. Ist der Wert der Arbeit nur gering gegenüber dem Wert des Stoffes, so verbleibt das Eigentum dem Stoffeigentümer.

2. Ersatzansprüche gegen den Bereicherten. Hier ist zunächst zu bemerken, daß, wenn jemand vorsätzlich oder fahrlässig derartige Verbindungen, Verarbeitungen usw. rechtswidrig vornimmt, er dem Geschädigten nach den allgemeinen Vorschriften über „Schadensersatz wegen unerlaubter Handlung“ (s. d.) auf vollen Ersatz des Schadens haftet. Ferner kommen geeignetenfalls die Vorschriften über den Ersatz von Verwendungen (s. „Verwendungen“) und über das Recht zur Wegnahme einer Einrichtung (s. d.) zur Anwendung. In den Fällen der Verbindung einer beweglichen Sache mit einem Grundstücke oder beweglicher Sachen miteinander ist die Wegnahme nach den für das Wegnahmerecht des Besitzers gegenüber dem Eigentümer geltenden Vorschriften auch dann zulässig, wenn die Verbindung nicht von dem Besitzer der Hauptsache bewirkt worden ist. Soweit aber hiernach — besonders weil keiner bewußt widerrechtlich oder fahrlässig gehandelt hat — der Geschädigte nicht zum Ersatz seines Verlustes kommen kann, gibt ihm das Gesetz gegen den, zu dessen Gunsten die Rechtsänderung eintritt, einen Anspruch auf eine Vergütung in Geld nach den Vorschriften über die Herausgabe einer „ungerechtfertigten Bereicherung“ (s. d.), Wiederherstellung des früheren Zustandes kann er nicht verlangen.

Verbot (134). Rechtsgeschäfte (Verträge), die gegen ein gesetzliches Verbot verstoßen, sind ungültig (nichtig), sofern nicht im einzelnen Falle im Gesetz etwas anderes bestimmt ist. — S. a.: „Veräußerungsverbot“.

Verbotene Eigenmacht s. Besitz 2.

Verbrauchbare Sachen (92). Zu den Eigenschaften der Sachen, die für das Recht von besonderer Bedeutung sind, gehört auch die Verbrauchbarkeit. „Verbrauchbare“ Sachen sind nach dem Gesetze „bewegliche Sachen, deren bestimmungsmäßiger Gebrauch in dem Verbrauch oder in der Veräußerung besteht“. Das sind z. B. Zigarren, Getreide, Wein, Nägel, Ziegel, Bausteine, Feuerungsmaterialien usw., nicht aber z. B. Stühle, Teppiche, denn der Verbrauch ist nicht ihre Bestimmung. Auch Geld, Banknoten und ähnliche Inhaberpapiere sind verbrauchbare Sachen im Sinne des Gesetzes; denn ihre Bestimmung ist, daß sie ausgegeben (veräußert) werden. Als verbrauchbar gelten aber nach dem Gesetze ferner solche „bewegliche Sachen, die zu einem Warenlager oder zu einem sonstigen Sachinbegriffe gehören, dessen bestimmungsmäßiger Gebrauch in der Veräußerung der einzelnen Sachen besteht“. Dahin gehören z. B. eine Baumschule, eine Gänseherde, die von einem Bankier vorrätig gehaltenen, zum Verkauf bestimmten Wertpapiere u. dgl. mehr.

Verbrauchbare Sachen im Vermögen der Frau s. Eingebrachtes Gut 2; im Vermögen der Kinder s. Verwaltung usw. des Kindesvermögens 2.

Verbrechen als Enterbungsgrund s. Pflichtteil

5; gegen die Sittlichkeit als Ehescheidungsgrund s. Ehescheidung 1 a; am eigenen Kinde, Verwirkung der elterlichen Gewalt wegen, s. Verwaltung usw. des Kindesvermögens 2; Geldentschädigung wegen eines Sittlichkeitsverbrechens s. Schadensersatz wegen unerlaubter Handlung 7.

Verbreitung unwahrer Tatsachen s. „Üble Nachrede".

Verdienst s. Arbeits- und Dienstlohn.

Vereine (21—79). Es ist in rechtlicher Beziehung zu unterscheiden zwischen Vereinen, die Rechtsfähigkeit besitzen (rechtsfähige Vereine) und solchen, die die Rechtsfähigkeit nicht besitzen (nicht rechtsfähige Vereine, Vereine ohne Rechtsfähigkeit). Von den ersteren handeln Nr. 1 bis 3 nachstehend, von den letzteren Nr. 4 am Schluß dieses Artikels.

1. Rechtsfähige Vereine. Vereine (Vereinigungen, Verbände, Körperschaften, Gesellschaften, Kassen, Klubs usw.) können Rechtsfähigkeit erlangen, also die Rechte einer juristischen Person erwerben (s. „Juristische Personen 1"). Hauptwirkung der Rechtsfähigkeit ist, daß für die Schulden des Vereins nur das Vereinsvermögen haftet, daß der Verein selber durch seinen Vorstand klagen kann, daß er als solcher Grundbesitz erwerben kann, soweit nicht landesgesetzlich der Erwerb von Grundeigentum an eine staatliche Genehmigung geknüpft ist (s. „Juristische Personen 2"). Ein Verein kann die Rechtsfähigkeit erlangen durch Eintragung in das gerichtliche Vereinregister (s. unten) oder durch staatliche Verleihung; welchen Weg er einzuschlagen hat, hängt davon ab, welchen Zweck der Verein verfolgt. (Für Religionsgesellschaften und geistliche Gesellschaften kann landesgesetzlich bestimmt werden, daß sie nur im Wege der Gesetzgebung Rechtsfähigkeit erlangen können, EGBGB. 84).

Ist dieser Zweck auf einen wirtschaftlichen Geschäftsbetrieb gerichtet, so ist staatliche Verleihung notwendig. Dieser bedarf es nicht, wenn der Vereinigung schon durch andere Reichsgesetze die Rechtsfähigkeit verliehen ist (das ist z. B. der Fall bei den Handelsgesellschaften, für die das Handelsgesetzbuch, bei den eingetragenen Genossenschaften, für die das Genossenschaftsgesetz die bezüglichen Bestimmungen enthält; ferner bei den Gesellschaften mit beschränkter Haftung, bei Kolonialgesellschaften, bei Krankenkassen, eingeschriebenen Hilfskassen, Innungen, Versicherungsgesellschaften auf Gegenseitigkeit, Berufsgenossenschaften usw.). Die Verleihung der Rechtsfähigkeit steht dem Lande, in dessen Gebiet der Verein seinen Sitz hat, zu. (In Preußen erfolgt die Verleihung der Rechtsfähigkeit durch die zuständigen Minister; VO. v. 16. 11. 99, 1; — in Sachsen durch das Ministerium des Innern; SVO. 2; — in Baden durch das Staatsministerium; Bd. 4, BVO. 10; — in Hamburg durch den Senat; AGBGB. [Hamburg] 1.) Ist dagegen der Zweck des Vereins nicht auf einen wirtschaftlichen Geschäftsbetrieb gerichtet, verfolgt er vielmehr geistige, sittliche, soziale, politische, religiöse oder ähnliche Zwecke (wie beispielsweise Kriegervereine, Turnvereine, Musikvereine, Stenographenvereine, Wohltätigkeitsvereine, Tierschutzvereine, Herbergsvereine, Gebirgs- und Verschönerungsvereine; auch gesellschaftliche Vereine, wie Klubs, Kasinos usw.), so bedarf es für den Verein, um die Rechtsfähigkeit zu erlangen, der Eintragung in das gerichtliche Register (s. unten 3). Bei Vereinen, die mit der Verfolgung eines idealen Zwecks einen wirtschaftlichen Geschäftsbetrieb verbinden, hängt die Entscheidung über ihre Eintragsfähigkeit davon ab, ob der Geschäftsbetrieb zu den Hauptzwecken des Vereins gehört oder nur dazu dient, die zur Verfolgung des idealen Hauptzwecks erforderlichen Mittel beschaffen zu helfen. Hiernach sind insbesondere auch Berufs- und Fachvereine zur Wahrung der gemeinsamen Interessen der Mitglieder eintragungsfähig, sofern sie nicht etwa den Charakter von Produktivgenossenschaften oder Versicherungsgesellschaften auf Gegenseitigkeit an sich tragen.

2. Verfassung. Satzung (Statut) des Vereins (25ff.). Jeder rechtsfähige Verein muß eine ordnungsmäßige Verfassung haben, die einerseits durch das Gesetz, andererseits durch die Vereinssatzung (das Statut) bestimmt wird. Der Inhalt der Satzung kann im allgemeinen durch den Verein beliebig festgesetzt werden; doch gibt es eine Reihe von gesetzlichen Bestimmungen, mit denen sich das Statut nicht in Widerspruch setzen darf. Es sind dies die nachfolgend mitgeteilten Vorschriften (26—40). — Die gedachten gesetzlichen Vorschriften sind die nachbezeichneten (für Vereine, die auf staatlicher Verleihung beruhen, können übrigens die Landesgesetze abweichende Vorschriften über die Verfassung geben (EGBGB. 82).

Der Verein muß einen Vorstand haben, der aus einer oder mehreren Personen bestehen kann und der den Verein gerichtlich und außergerichtlich zu vertreten hat (26). Als Vorstand im Sinne des Gesetzes gelten nur die geschäftsführenden Mitglieder des Vereinsvorstandes. Die Bestellung des Vorstandes erfolgt durch Beschluß der Mitgliederversammlung, sofern nicht durch die Satzung etwas anderes bestimmt ist, z. B. daß der Vorstand von einem Aufsichtsrat zu wählen ist. Die Bestellung des Vorstandes ist jederzeit widerruflich, unbeschadet des den Vorstandsmitgliedern etwa zustehenden Anspruchs auf die vertragsmäßige Vergütung. Die Widerruflichkeit kann durch die Satzung auf den Fall beschränkt werden, daß ein wichtiger Grund für den Widerruf vorliegt; ein solcher Grund ist insbesondere grobe Pflichtverletzung oder Unfähigkeit zur ordnungsmäßigen Geschäftsführung. Auf die Geschäftsführung des Vorstandes (soweit ihm eine solche obliegt und nicht die Geschäftsführung durch die Satzung anderen Personen übertragen ist) finden die für den Auftrag (s. d.) geltenden Vorschriften entsprechende Anwendung. Besteht der Vorstand aus mehreren Personen, so erfolgt die Beschlußfassung nach den für die Beschlüsse der Mitglieder des Vereins geltenden Vorschriften, soweit nicht in der Satzung etwas anderes bestimmt ist.

Vertretung des Vereins durch den Vorstand. Wenn die Satzung über die Vertretung nach außen nichts enthält, so haben bei Willenserklärungen, die für den Verein bindend sein sollen, alle Vorstandsmitglieder mitzuwirken. Die Satzung kann aber auch einem oder mehreren von ihnen die Vertretung nach außen übertragen. Diese vertretungsberechtigten Vorstandsmitglieder können auch für einzelne Geschäfte einem von ihnen oder einem anderen Mitgliede Vollmacht erteilen. Selbstverständlich bleiben die vertretungsberechtigten Personen noch immer an die Beschlüsse oder die satzungsgemäße Zustimmung der anderen Vorstandsmitglieder oder der Mitgliederversammlung gebunden.

Wer also mit dem Verein ein Rechtsgeschäft abschließen will, muß sich die Satzung vorlegen lassen, und, wenn diese keine Bestimmung über die Vertretungsmacht einzelner Personen enthält, mit allen Vorstandsmitgliedern abschließen. Wer zur Zeit die Vorstandsmitglieder sind, ergibt sich aus dem Vereinsregister.

Durch die Satzung kann übrigens bestimmt werden, daß für den Verein neben dem Vorstande noch andere Vertreter für gewisse Zwecke oder Bezirke, z. B. Kassierer, Rechnungsführer, Ortsvertreter usw., bestellt werden. Die Vertretungsbefugnisse solcher Personen erstrecken sich, wenn nichts anderes bestimmt ist, auf alle Rechtsgeschäfte, die der ihnen zugewiesene Geschäftskreis gewöhnlich mit sich bringt (30).

Der Verein ist für den Schaden verantwortlich, den der Vorstand, ein Mitglied des Vorstandes oder eine der obengedachten Personen durch eine in Ausführung der ihnen zustehenden Verrichtungen begangene, zum Schadensersatz verpflichtende Handlung (oder Unterlassung) einem Dritten zufügt (31). Der Beschädigte kann übrigens anstatt des Vereins die Vorstandsmitglieder oder einzelne derselben persönlich für den Schaden in Anspruch nehmen; er muß dann aber nachweisen, daß die in Anspruch Genommenen ein Verschulden trifft.

Ist eine Willenserklärung dem Vereine gegenüber abzugeben, so genügt die Abgabe gegenüber einem Mitgliede des Vorstandes. Soweit die erforderlichen Mitglieder des Vorstandes fehlen, sind sie in dringenden Fällen für die Zeit bis zur Hebung des Mangels auf Antrag eines Beteiligten von dem Amtsgerichte zu bestellen, in dessen Bezirke der Verein seinen Sitz hat (29).

Mitgliederversammlung. Die Angelegenheiten des Vereins werden, soweit sie nicht von dem Vorstande oder von einem anderen Vereinsorgane zu besorgen sind, durch Beschlußfassung in einer Versammlung der Mitglieder (Mitgliederversammlung, Generalversammlung) geordnet. Zur Gültigkeit des Beschlusses ist erforderlich (32), daß der Gegenstand bei der Berufung bezeichnet wird. Bei der Beschlußfassung entscheidet die Mehrheit der erschienenen Mitglieder; nicht erschienene bleiben bei der Beschlußfassung außer Betracht. Auch ohne Versammlung der Mitglieder ist ein Beschluß gültig, wenn alle Mitglieder ihre Zustimmung zu dem Beschlusse schriftlich erklären. Sind alle Mitglieder in einer Versammlung anwesend, so hat ein einstimmiger Beschluß derselben auch dann Gültigkeit, wenn der Gegenstand des Beschlusses bei der Berufung der Versammlung nicht bezeichnet war. Zu einem Beschlusse, der eine Änderung der Satzung enthält, ist eine Mehrheit von drei Vierteilen der erschienenen Mitglieder erforderlich (33). Zur Änderung des Zweckes des Vereins ist die Zustimmung aller Mitglieder erforderlich; die Zustimmung der nicht erschienenen Mitglieder muß schriftlich erfolgen. Beruht die Rechtsfähigkeit des Vereins auf Verleihung, so ist zu jeder Änderung der Satzung staatliche Genehmigung erforderlich.

Die Bedingungen des Stimmrechts der Mitglieder und die Form, in der es ausgeübt wird, hat die Vereinssatzung zu bestimmen. Ein Mitglied ist nach dem Gesetze dann nicht stimmberechtigt, wenn die Beschlußfassung die Vornahme eines Rechtsgeschäfts mit ihm oder die Einleitung oder Erledigung eines Rechtsstreits zwischen ihm und dem Vereine betrifft (34). Sonderrechte eines Mitglieds können nicht ohne dessen Zustimmung durch den Beschluß der Mitgliederversammlung beeinträchtigt werden (35).

Berufung der Mitgliederversammlung (32 ff.). Die Mitgliederversammlung ist in den durch die Satzung bestimmten Fällen sowie dann zu berufen, wenn das Interesse des Vereins es erfordert; ferner, wenn der durch die Satzung bestimmte Teil oder in Ermangelung einer Bestimmung der zehnte Teil der Mitglieder die Berufung schriftlich unter Angabe des Zweckes und der Gründe verlangt. Wird dem Verlangen nicht entsprochen, so kann das Amtsgericht, in dessen Bezirke der Verein seinen Sitz hat, die Mitglieder, welche das Verlangen gestellt haben, zur Berufung der Versammlung ermächtigen und über die Führung des Vorsitzes in der Versammlung Bestimmung treffen. Auf die Ermächtigung muß bei der Berufung der Versammlung Bezug genommen werden.

Mitgliedschaft. Austritt (38 ff.). Wie man Mitglied eines Verein wird, hat die Satzung zu bestimmen. Wer Mitglied eines Vereins ist, kann diese Eigenschaft nicht ohne weiteres auf einen anderen übertragen; auch auf seine Erben geht die Mitgliedschaft von selbst nicht über. Ebensowenig kann die Ausübung der Mitgliedsrechte, z. B. die Abstimmung in den Versammlungen, einem anderen überlassen werden, wenn dies nicht durch die Vereinssatzung gestattet ist. Die Mitglieder sind zum jederzeitigen Austritt aus dem Vereine berechtigt, sofern nicht nach der Satzung der Austritt nur am Schlusse eines Geschäftsjahres oder erst nach dem Ablaufe einer Kündigungsfrist, die aber zwei Jahre nicht übersteigen darf, zulässig ist.

Die Auflösung des Vereins kann durch Beschluß der Mitgliederversammlung herbeigeführt werden (41). Zu dem Beschluß ist eine Mehrheit von drei Vierteilen der erschienenen Mitglieder erforderlich, wenn nicht die Satzung etwas anderes bestimmt. Der Verein verliert die Rechtsfähigkeit durch die Eröffnung des Konkurses (42). Der Vorstand hat im Falle der Überschuldung die Eröffnung des Konkurses zu beantragen. Wird die Stellung des Antrags verzögert, so sind die Vorstandsmitglieder, denen ein Verschulden zur Last fällt, den Gläubigern für den daraus entstehenden Schaden verantwortlich; sie haften als Gesamtschuldner. Dem Vereine kann die Rechtsfähigkeit entzogen werden, wenn er durch einen gesetzwidrigen Beschluß der Mitgliederversammlung oder durch gesetzwidriges Verhalten des Vorstandes das Gemeinwohl gefährdet (43 ff.). Einem Vereine, dessen Zweck nach der Satzung nicht auf einen wirtschaftlichen Geschäftsbetrieb gerichtet ist, kann die Rechtsfähigkeit entzogen werden, wenn er einen solchen Zweck verfolgt. Einem Vereine, der nach der Satzung keinen politischen, sozialpolitischen oder religiösen Zweck hat, kann die Rechtsfähigkeit entzogen werden, wenn er einen solchen Zweck verfolgt. Einem Vereine, dessen Rechtsfähigkeit auf Verleihung beruht, kann die Rechtsfähigkeit entzogen werden, wenn er einen anderen als den in der Satzung bestimmten Zweck verfolgt. Über die Zuständigkeit und das Verfahren in diesen Fällen bestimmt der § 44 des Gesetzes.

Mit der Auflösung des Vereins oder der Entziehung der Rechtsfähigkeit fällt das Vermögen an die in der Satzung oder durch Beschluß der Mitgliederversammlung bestimmten Personen (45, 46). Für den Fall, daß Anfallsberechtigte nicht vorhanden sind s. §§ 45, 46 BGB.

Ist bei Auflösung des Vereins Vereinsvermögen vorhanden, so muß eine Liquidation stattfinden. Liquidatoren sind, soweit nicht andere Personen von der Mitgliederversammlung bestimmt werden, die Vorstandsmitglieder. Für die Vertretung gelten dieselben Bestimmungen wie für den Vorstand (§ 47). Die Liquidatoren haben die laufenden Geschäfte zu beendigen, die Forderungen einzuziehen, das übrige Vermögen in Geld umzusetzen, die Gläubiger zu befriedigen und den Überschuß den Anfallberechtigten auszuantworten. Der Verein gilt bis zur Beendigung der Liquidation als fortbestehend, soweit es der Zweck der Liquidation erfordert. Die Auflösung des Vereins oder die Entziehung der Rechtsfähigkeit ist durch die Liquidatoren öffentlich bekannt zu machen. In der Bekanntmachung sind die Gläubiger zur Anmeldung ihrer Ansprüche aufzufordern. Die Bekanntmachung erfolgt durch das in der Satzung für Veröffentlichungen bestimmte Blatt, in Ermangelung eines solchen durch dasjenige Blatt, welches für Bekanntmachungen des Amtsgerichts bestimmt ist, in dessen Bezirk der Verein seinen Sitz hatte. Die Bekanntmachung gilt mit dem Ablaufe des zweiten Tages nach der Einrückung oder der ersten Einrückung als bewirkt. Bekannte Gläubiger sind durch besondere Mitteilung zur Anmeldung aufzufordern. Das Vermögen darf den Anfallberechtigten nicht vor dem Ablauf eines Jahres nach der Bekanntmachung der Auflösung des Vereins oder der Entziehung der Rechtsfähigkeit ausgeantwortet werden. Meldet sich ein bekannter Gläubiger nicht, so ist der geschuldete Betrag, wenn die Berechtigung zur Hinterlegung vorhanden ist, für den Gläubiger zu hinterlegen.

Die Liquidatoren sind den Gläubigern des Vereins wegen schuldvoller Außerachtlassung gewisser ihnen obliegender Verpflichtungen für den daraus entstehenden Schaden verantwortlich (§ 53 des Gesetzes); insbesondere gilt dies, wenn die Liquidatoren vor der Befriedigung der Gläubiger den Anfallberechtigten Vereinsvermögen ausantworten.

3. Besondere Bestimmungen für eingetragene Vereine (55—79). Für Vereine, die durch Eintragung die Rechtsfähigkeit erlangen wollen, gilt folgendes Besondere: Die Eintragung in das Vereinsregister muß beim Amtsgericht beantragt werden, in dessen Bezirke der Verein seinen Sitz (das ist, wenn nichts anderes bestimmt ist, der Ort, an dem die Verwaltung geführt wird) hat. Die Eintragung erfolgt nur, wenn die Zahl der Mitglieder mindestens sieben beträgt. Die dem Gerichte einzureichende Vereinssatzung (das Statut) muß den Zweck, den Namen und den Sitz des Vereins enthalten und ergeben, daß der Verein eingetragen werden soll. Der Name soll sich von den Namen der an demselben Orte oder in derselben Gemeinde bestehenden eingetragenen Vereine deutlich unterscheiden. Die Satzung soll Bestimmungen enthalten: 1. über den Eintritt und Austritt der Mitglieder; 2. darüber, ob und welche Beiträge von den Mitgliedern zu leisten sind; 3. über die Bildung des Vorstandes; 4. über die Voraussetzungen, unter denen die Mitgliederversammlung zu berufen ist, über die Form der Berufung und über die Beurkundung der Beschlüsse. Der Vorstand hat den Verein zur Eintragung anzumelden (59). Der Anmeldung sind beizufügen: 1. die Satzung in Urschrift und Abschrift; 2. eine Abschrift der Urkunden über die Bestellung des Vorstandes. Die Satzung soll von mindestens sieben Mitgliedern unterzeichnet sein und die Angabe des Tages der Errichtung enthalten. Ein Mitgliederverzeichnis braucht der Anmeldung nicht beigefügt zu werden, wenn nicht das Amtsgericht ausdrücklich ein solches fordert (72). Die Anmeldung wird, wenn den vorbezeichneten gesetzlichen Erfordernissen nicht genügt ist oder wenn der Verein nicht eintragsfähig ist, vom Amtsgericht unter Angabe der Gründe zurückgewiesen. Gegen den zurückweisenden Beschluß findet die „sofortige Beschwerde" nach den Vorschriften der Zivilprozeßordnung (ZPO. 577) statt. Wird die Anmeldung zugelassen, so hat das Amtsgericht sie der zuständigen Verwaltungsbehörde mitzuteilen. Die Verwaltungsbehörde kann gegen die Eintragung Einspruch erheben, wenn der Verein nach dem öffentlichen Vereinsrecht unerlaubt ist oder verboten werden kann oder wenn er einen politischen, sozialpolitischen oder religiösen Zweck verfolgt (61 ff.). Der Einspruch kann im Wege des Verwaltungsstreitverfahrens oder, wo ein solches nicht besteht, im Wege des Rekurses nach Maßgabe der §§ 20, 21 der Gewerbeordnung angefochten werden. Mit der Eintragung erhält der Name des Vereins den Zusatz „eingetragener Verein". Jede Änderung des Vorstandes sowie die Wiederwahl eines Vorstandsmitglieds ist von dem Vorstande zur Eintragung anzumelden (67). Der Anmeldung ist eine Abschrift der Urkunde über die Änderung oder die Wiederwahl beizufügen. Wird zwischen den bisherigen Mitgliedern des Vorstandes und einem Dritten ein Rechtsgeschäft vorgenommen, so kann die Änderung des Vorstandes dem Dritten nur entgegengesetzt werden, wenn sie zur Zeit der Vornahme des Rechtsgeschäfts im Vereinsregister eingetragen oder dem Dritten bekannt ist. Der Nachweis, daß der Vorstand aus den im Register eingetragenen Personen besteht, wird Behörden gegenüber durch ein Zeugnis des Amtsgerichts über die Eintragung geführt (69). Das Amtsgericht hat auf Verlangen auch eine Bescheinigung darüber zu erteilen, daß bezüglich des Gegenstandes einer Eintragung weitere Eintragungen in das Register nicht vorhanden sind oder daß eine bestimmte Eintragung in das Register nicht erfolgt ist.

Änderungen der Satzung bedürfen zu ihrer Wirksamkeit der Eintragung in das Vereinsregister (71 ff.). Die Änderung ist von dem Vorstande zur Eintragung beim Amtsgericht anzumelden. Der Anmeldung ist der die Änderung enthaltende Beschluß in Urschrift und Abschrift beizufügen. Der Vorstand hat dem Amtsgericht auf dessen Verlangen jederzeit ein Verzeichnis der Vereinsmitglieder einzureichen (72). Sinkt die Zahl der Vereinsmitglieder unter drei herab, so hat das Amtsgericht auf Antrag des Vorstandes und, wenn der Antrag nicht binnen drei Monaten gestellt wird, von Amts wegen nach Anhörung des Vorstandes dem Vereine die Rechtsfähigkeit zu entziehen (73). Gegen den Beschluß findet die sofortige Beschwerde nach den Vorschriften der Zivilprozeßordnung statt. Der Verein verliert die Rechtsfähigkeit mit der Rechtskraft des Beschlusses. Wird der Verein durch Beschluß der Mitgliederversammlung oder durch den Ablauf der für die Dauer des Vereins bestimmten Zeit aufgelöst, so hat der Vorstand die Auflösung zur Eintragung anzumelden, ebenso die Bestellung der Liquidatoren und ihre Änderung. Der Anmeldung ist eine Abschrift des Auflösungsbeschlusses und der Urkunde über die Bestellung der Liquidatoren beizufügen. Die Eröffnung des Konkurses wird von Amts wegen eingetragen.

Die Anmeldungen (77) zum Vereinsregister sind von den Mitgliedern des Vorstandes sowie von den Liquidatoren mittels schriftlicher, öffentlich beglaubigter Erklärung zu bewirken; sie können aber auch beim Amtsgericht zu Protokoll gegeben werden. Das Amtsgericht kann die Mitglieder des Vorstandes zur Befolgung der gesetzlichen Vorschriften durch Ordnungsstrafen anhalten (78). Die einzelne Strafe darf den Betrag von 300 RM. nicht übersteigen. In gleicher Weise können die Liquidatoren zur Befolgung der gesetzlichen Vorschriften angehalten werden. Die Anmeldungen müssen durch sämtliche Vorstandsmitglieder (Liquidatoren) erfolgen, was aber nicht ausschließt, daß einzelne Vorstandsmitglieder die anderen oder dritte Personen zur Anmeldung bevollmächtigen; die Vollmacht muß aber in solchem Falle öffentlich beglaubigt sein.

Die Einsicht des Vereinsregisters sowie der von dem Vereine bei dem Amtsgericht eingereichten Schriftstücke ist jedem gestattet. Von den Eintragungen kann eine Abschrift gefordert werden; die Abschrift ist auf Verlangen zu beglaubigen (79).

4. Nicht rechtsfähige Vereine (54). Außer den vorstehend gedachten Vereinen, die durch Eintragung oder durch staatliche Verleihung die Rechtsfähigkeit erlangt haben, bestehen in großer Zahl andere erlaubte Vereine (Klubs, Gesellschaften, Korporationen, Verbindungen usw.). Auf diese nicht rechtsfähigen Vereine sollen nach § 54 BGB. die Vorschriften über die Gesellschaft Anwendung finden (vgl. den Artikel „Gesellschaft"). Es ergibt sich daraus im wesentlichen folgendes:

Über die Angelegenheiten des Vereins und die Führung der Vereinsgeschäfte haben alle Vereinsmitglieder zusammen zu bestimmen, sofern nicht im Statut (in der Satzung) bestimmt ist, daß Stimmenmehrheit entscheiden soll, und zwar entweder Stimmenmehrheit aller Mitglieder oder die Mehrheit derjenigen Mitglieder, die zur Beschlußfassung erschienen sind (709). Ist, wie üblich, ein Vorstand bestellt, so hat dieser die Geschäfte des Vereins zu führen, insbesondere die Vermögensangelegenheiten zu besorgen. Besteht der Vorstand aus mehreren Personen, so müssen alle Vorstandsmitglieder zusammen handeln, wenn nicht im Statut bestimmt ist, daß auch im Vorstande die Mehrheit entscheiden soll (710). Der Vorstand ist regelmäßig auch befugt, soweit in der Satzung keine andere Bestimmung getroffen ist, den Verein nach außen (anderen Personen gegenüber) zu vertreten (714). Durch Rechtshandlungen des Vorstandes wird jedes Vereinsmitglied berechtigt und verpflichtet, vorausgesetzt, daß der Vorstand nicht seine Befugnisse überschritten hat. Wenn und soweit die Vereinsmitglieder für die vom Vorstande namens des Vereins übernommenen Verbindlichkeiten aufzukommen haben, haften sie in der Regel als Gesamtschuldner (s. „Mehrere Gläubiger und mehrere Schuldner 1") mit ihrem ganzen Vermögen, und können den Gläubiger nicht an das Vereinsvermögen verweisen. Zur Sicherung der Vereinsmitglieder gegen die daraus sich ergebenden Gefahren empfiehlt es sich, in die Vereinsstatuten die Bestimmung aufzunehmen, daß der Vorstand nicht befugt ist, durch Rechtsgeschäfte die Vereinsmitglieder weiter, als mit ihrem Anteil am Gesellschaftsvermögen zu verpflichten. Selbstverständlich haften auch die Vorstandsmitglieder persönlich aus den von ihnen getätigten Rechtsgeschäften.

Verklagt werden kann der Verein auch als solcher (§ 50 ZPO.). Die Klage ist dann gegen den Vorstand als den gesetzlichen Vertreter des Vereins zu erheben. Klagen kann der Verein als solcher dagegen nicht. Es müssen sämtliche Mitglieder klagen. Diese können aber den Vorstand oder andere Personen mit der Führung des Prozesses bevollmächtigen. Indessen werden aber auch teilweise Klagen der Mitglieder unter dem Namen des Vereins zugelassen.

Vereinigungen s. Vereine; zu vorübergehenden kaufmännischen Unternehmungen s. Handelsgesellschaften.

Vereinsregister s. Vereine 3.

Verfallvertrag beim Pfande s. Pfand (Faustpfand) 5.

Verfasser von Schriftwerken usw., Schutz des, s. Urheberrecht u. Verlagsrecht.

Verfehlung berechtigt zum Rücktritt von einem Erbvertrage s. Erbvertrag 3; berechtigt zur Enterbung s. Pflichtteil 5. S. a. Verbrechen.

Verfügung, letztwillige, s. Letztwillige Verfügung, Testament u. Erbvertrag 1; von Todes wegen s. Todes wegen, Verfügung von; Stellung von Waren zur Verfügung s. Handelskauf 4; Verfügung über zugesandte Waren s. Erfüllung von Schuldverhältnissen.

Verfügungen, gerichtliche, Beschwerde gegen, s. Beschwerde.

Verführung (825, 847). Wer ein Mädchen oder eine Frau durch Hinterlist, durch Drohung oder unter Mißbrauch eines Abhängigkeitsverhältnisses zur Gestattung der außerehelichen Beiwohnung bestimmt (verführt), ist ihr zum Ersatze des daraus entstehenden Schadens verpflichtet. Ob das Mädchen oder die Frau nicht mehr unbescholten war, darauf kommt es für diese Bestimmung des Gesetzes nicht an. Denselben Anspruch hat sie, wenn sie das Opfer eines Sittlichkeitsverbrechens oder -Vergehens geworden ist (823, 847). Der Verführer (Täter) hat ihr nicht nur allen vermögensrechtlichen Schaden zu ersetzen, der für sie, für ihre Erwerbsfähigkeit, für ihr Fortkommen usw. aus der Handlung entsteht, sondern er hat ihr auch eine der Billigkeit entsprechende Geldentschädigung wegen eines Schadens, der kein Vermögensschaden ist (z. B. unter Umständen ein Schmerzensgeld) zu gewähren. (Vgl. auch „Schadensersatz, allgemeine Bestimmungen über" und „Schadensersatz wegen unerlaubter Handlung 7"). Liegen dagegen die ebengenannten besonderen Voraussetzungen (Hinterlist usw.) nicht vor, so besteht für den Täter keine Verpflichtung zur Leistung einer Entschädigung. Es gibt daher keine allgemeine Entschädigungsverpflichtung wegen Vollziehung eines außerehelichen Beischlafes (Verpflichtung zur Zahlung einer Deflorationsentschädigung, eines Kranzgeldes) mehr, selbst dann nicht, wenn die weibliche Person unbescholten war. Hat der Beischlaf eine Schwängerung zur Folge gehabt, so hat die Geschwängerte zwar gegen den unehelichen Vater ihres Kindes einen Anspruch auf Ersatz der Entbindungs- und Wochenbettskosten, unter Umständen auch noch weitergehende Ansprüche (s. „Uneheliche Kinder 3");

aber einen Deflorationsanspruch im obigen Sinne hat sie auch in solchem Falle nicht. Siehe dagegen über die Ansprüche einer Braut aus einem stattgehabten Geschlechtsverkehr im Falle der Aufhebung des Verlöbnisses unter „Verlöbnis 1“.

Strafrechtlich (StGB. § 162) sind junge Mädchen unter sechzehn Jahren gegen Verführung geschützt.

Vergehen als Enterbungsgrund s. Pflichtteil 5. S. a. Verbrechen.

Vergleich (779). Vergleich nennt man einen Vertrag, durch den ein Streit oder eine bestehende Ungewißheit über ein vermeintliches Recht, eine Schuld oder ein sonstiges Rechtsverhältnis zwischen den Beteiligten im Wege gegenseitigen Nachgebens beseitigt werden soll. Der Ungewißheit über ein Rechtsverhältnis steht es gleich, wenn die Verwirklichung eines Anspruchs unsicher ist. Gibt nur die eine Partei nach, erkennt sie also alle Ansprüche an, so ist das kein Vergleich im Sinne des Gesetzes. Für Vergleiche ist keine Form vorgeschrieben; sie können auch mündlich gültig abgeschlossen werden. Die Schriftform ist auch dann nicht erforderlich, wenn mit dem Vergleich ein Schuldversprechen oder ein Schuldanerkenntnis erteilt wird (782 BGB.). Ist jedoch für die Rechtsänderung, die durch den Vergleich herbeigeführt werden soll, eine Form vorgeschrieben, so ist sie auch für den Vergleich erforderlich. Z. B. wenn durch den Vergleich die Rückübertragung eines bereits aufgelassenen Grundstücks vereinbart wird. Inwieweit etwa durch das Gesetz besondere Rechtsverhältnisse der freien Verfügung der Beteiligten entzogen sind, so daß diese darüber auch keinen Vergleich schließen können, ist am geeigneten Ort näher angegeben. Über die unter Umständen zu einem Vergleiche erforderliche vormundschaftsgerichtliche Genehmigung s. „Vormund 6 B 15“ u. „Verwaltung usw. des Kindesvermögens“ unter „Selbständige Geschäfte des Vaters“.

Widerruf eines Vergleichs. Der Vergleich stellt das Rechtsverhältnis auf eine neue Grundlage. Ein Zurückgreifen auf die früheren Rechtsverhältnisse ist darnach unzulässig. Auch das nachträgliche Auffinden von Urkunden, die das streitige Rechtsverhältnis außer Zweifel gesetzt hätten, berühren die Gültigkeit des Vergleiches nicht. Sicherheiten für das frühere Schuldverhältnis, z. B. Bürgschaften, Pfandbestellungen, bleiben bestehen.

Der Vergleich kann jedoch widerrufen werden, wenn der nach dem Inhalt des Vergleichs als feststehend zugrunde gelegte Sachverhalt der Wirklichkeit nicht entspricht und der Streit oder die Ungewißheit bei Kenntnis der wahren Sachlage nicht entstanden sein würde.

Vollstreckbarkeit des Vergleichs. Kosten. Ist ein Vergleich im amtsgerichtlichen Güteverfahren oder nach Erhebung einer Klage zur Beilegung des Rechtsstreits (oder eines Teils desselben) vor einem deutschen Gerichte geschlossen, so ist der Vergleich „vollstreckbar“, d. h. jeder Teil kann sich vom Urkundsbeamten eine „vollstreckbare Ausfertigung“ des Vergleichs geben lassen und auf Grund derselben beim Gerichtsvollzieher die Zwangsvollstreckung (Pfändung) beantragen. Ebenso ist es, wenn der Vergleich vor einem deutschen Notar geschlossen ist und der Schuldner sich in der Urkunde „der sofortigen Zwangsvollstreckung unterworfen“ hat (ZPO. 794 Nr. 1, 2, 5). Ist der Vergleich nur außergerichtlich geschlossen (oder vor einem Notar, aber nicht in der obenbezeichneten Weise), so muß erst auf Grund des Vergleichs eine Klage gegen den Schuldner erhoben werden. — Ist bei einem vor Gericht abgeschlossenen Vergleich über die Kosten nichts vereinbart, so sind diese, d. h. sowohl die Kosten des Vergleichsschlusses selber, als die des vorausgegangenen Prozeßverfahrens (soweit über letztere Kosten nicht etwa schon rechtskräftig entschieden ist) als gegeneinander aufgehoben anzusehen, d. h. die Gerichtskosten fallen jedem Teile zur Hälfte zur Last, die übrigen Kosten, z. B. Anwaltskosten, Reisekosten der Partei usw., trägt jeder Teil selbst (ZPO. 98, 92). Vergleich zur Abwendung des Konkurses s. d.

Vergleichstermin s. Sühnetermin, im Konkurse s. Konkurs 4. Zur Abwendung des Konkurses s. d.

Vergleich zur Abwendung des Konkurses. Reichsgesetz über den Vergleich zur Abwendung des Konkurses (Vergleichsordnung) vom 5. Juli 1927 (RGBl. I 139, Gutt. Slg. Nr. 13). Ein Schuldner, der zahlungsunfähig geworden ist, kann zur Vermeidung des Konkursverfahrens die Eröffnung eines gerichtlichen Vergleichsverfahrens beantragen. An dem Vergleichsverfahren sind alle Gläubiger beteiligt, die im Falle einer Konkurseröffnung nicht bevorrechtigte Gläubiger wären. Der Schuldner muß in seinem Antrage sofort einen bestimmten Vergleichsvorschlag machen und zugleich auch Vorschläge für die Erfüllung oder Sicherung des Vergleichs. Der Vergleich muß allen nicht bevorrechtigten Gläubigern gleiche Rechte gewähren und mindestens 30% ihrer Forderungen (7). Der Schuldner muß bestimmte vorgeschriebene Angaben machen (15) und eine Anzahl Schriftstücke beifügen (16), im besonderen ein Verzeichnis seiner Gläubiger und Schuldner, eine Vermögensübersicht, die schriftliche Erklärung der Mehrheit der Gläubiger, die zugleich die Hälfte der Mehrheit der Gesamtsumme der vom Vergleiche betroffenen Forderungen darstellen, daß sie mit der Eröffnung des Verfahrens einverstanden sind, etwaige Erklärungen der Personen, die für die Sicherheit des Vergleichs die Bürgschaft übernehmen sollen, und ein Erbieten zur Leistung des Offenbarungseides. Die Eröffnung des Verfahrens wird öffentlich bekannt gemacht. Der Schuldner verliert durch die Eröffnung des Verfahrens die Verfügung über sein Vermögen nicht, doch kann das Gericht, wenn es erforderlich erscheint, dem Schuldner Verfügungsbeschränkungen auferlegen, auch ein allgemeines Veräußerungsverbot erlassen. Das Veräußerungsverbot wird im Grundbuch bei den Grundstücken des Schuldners und den im Grundbuch für den Schuldner eingetragenen Rechten eingetragen; wenn es sich auf einzelne Forderungen des Schuldners bezieht, wird vom Gericht die Leistung an den Schuldner dem Verpflichteten verboten. Zwangsvollstreckungen können nach Eröffnung des Verfahrens von den beteiligten Gläubigern in das Vermögen des Schuldners nicht mehr vorgenommen werden, laufende sind einstweilen einzustellen oder, wenn es im Interesse der Gläubiger geboten ist, aufzuheben. Die Erfüllung noch schwebender zweiseitiger Verträge, mit Ausnahme von Miet- und Pachtverträgen, kann mit Ermächtigung des Gerichts von jeder Seite abgelehnt werden (28). Zur Überwachung der Geschäftsführung kann vom Gericht eine Vertrauensperson bestellt werden und muß es, wenn einer der beteiligten Gläubiger es beantragt. Die Vertrauensperson hat die Geschäftsführung zu beaufsichtigen, kann Bücher und Geschäftspapiere einsehen und Auskunft vom Schuldner und seinen Angestellten verlangen. Von gewissen wichtigen Geschäften hat ihm der Schuldner Anzeige zu machen, z. B. von Aufnahme eines Darlehns. Die Vertrauensperson hat dem Gericht sofort Mitteilung zu machen, wenn ihr Tatsachen bekannt werden, die zum Einschreiten des Gerichts, insbesondere zum Erlaß von Verfügungsbeschränkungen oder zur Einstellung des Verfahrens Anlaß geben können. Der Vertrauensperson kann ein Gläubigerausschuß zur Seite gestellt werden, dessen Mitglieder dieselben Einsichtsrechte haben. Ist der Schuldner Kaufmann, so hat er seiner Firma bei Unterschriften den Zusatz „im Vergleichsverfahren" beizufügen (37).

Nach Eröffnung des Verfahrens setzt das Gericht einen Vergleichstermin an, in dem, wie im Konkursverfahren, zunächst die Forderungen an der Hand des vom Schuldner eingereichten Verzeichnisses festgestellt werden, auch über Forderungen von Gläubigern, die in diesem Verzeichnis nicht aufgenommen sind, aber ihre Forderungen angemeldet haben, wird entschieden. Nach Feststellung des Stimmrechts wird über den Vergleichsvorschlag verhandelt. Der Schuldner muß im Termin selbst erscheinen, und, wenn es von einem Gläubiger verlangt wird, den Offenbarungseid leisten. Zum Abschluß des Vergleichs ist erforderlich, daß die Mehrheit der stimmberechtigten Gläubiger zustimmt und daß die Forderungen der zustimmenden Gläubiger mindestens drei Vierteile der Forderungen der stimmberechtigten Gläubiger beträgt. Geht der Vergleichsvorschlag auf einen ziffernmäßig bestimmten teilweisen Erlaß der Forderungen, so muß die Gesamtsumme der Forderungen mindestens vier Fünfteile der Forderungen der stimmberechtigten Gläubiger betragen, wenn der Vergleich nicht mindestens die Hälfte der Forderungen den Gläubigern gewährt. Soll der Vergleich nur auf Stundung bis zur Dauer von längstens einem Jahre nach der Bestätigung allein oder in Verbindung mit einem Zinserlaß für die Dauer der Stundung gehen, so genügt es, wenn die erforderliche Gesamtsumme mehr als die Hälfte der Forderungen der stimmberechtigten Gläubiger beträgt (69). Gläubiger, die nicht erschienen sind, können auch schriftlich zustimmen, die Erklärung muß dann aber bis zum Schlusse der Abstimmung dem Gerichte zugegangen sein. Das Gericht muß den Vergleich bestätigen. Die Bestätigung ist unter anderem zu versagen, wenn der Vergleich unlauter, insbesondere durch Begünstigung eines Gläubigers zustande gebracht ist, oder wenn er dem gemeinsamen Interesse der beteiligten Gläubiger widerspricht. Mit der Bestätigung wird das Verfahren aufgehoben. Wird der Vergleich verworfen oder nicht bestätigt, so hat das Gericht zugleich über die Eröffnung des Konkursverfahrens Beschluß zu fassen. Aus bestimmten Gründen, die im § 79 des Gesetzes aufgeführt sind, kann auch das Verfahren eingestellt werden. Auch dann ist über die Eröffnung oder Nichteröffnung des Konkurses vom Gericht zu entscheiden. Beschließt das Gericht die Eröffnung des Konkursus, so wird das Verfahren in das Konkursverfahren übergeleitet (82—87).

Aus dem bestätigten Vergleich in Verbindung mit einem Auszug aus dem berichtigten Gläubigerverzeichnis findet wegen der darin vermerkten Forderungen gegen den Schuldner und die Personen, die in dem Vergleiche für seine Erklärung neben dem Schuldner ohne Vorbehalt der Einrede der Vorausklage Verpflichtungen übernommen haben, die Zwangsvollstreckung statt (75).

Wegen der Besonderheiten des Vergleichsverfahrens über einen Nachlaß s. Nachlaßkonkurs.

Vergleichstermin s. Sühnetermin; im Konkurs s. Konkurs 4; s. Vergleich zur Abwendung des Konkurses.

Vergütung des Vormundes s. d. 7; des Gegenvormundes s. d. 3; des Pflegers s. Pflegschaft 2; des Verfassers s. Verlagsrecht.

Verheiratung s. Heirat u. Eheschließung.

Verhinderung an einer Testamentserrichtung oder -Aufhebung bewirkt Verlust des Erbrechts s. Erbunwürdigkeit; des Vaters (der Mutter) an der Ausübung der elterlichen Gewalt s. Eltern und Kinder 7; des Vormundes s. d. 1.

Verjährte Forderung, Aufrechnung mit einer solchen, s. Aufrechnung.

Verjährung von Dienstbarkeiten s. Grunddienstbarkeit 3 a. Schl.

Verjährung (194—225). **1.** Wenn das Gesetz von Verjährung (Klagverjährung, Anspruchsverjährung) spricht, so hat dies die Bedeutung, daß Rechtsansprüche, die lange Zeit nicht erhoben sind, nicht mehr geltend gemacht werden können. Der Grund der Verjährung ist, daß die Wahrscheinlichkeit dafür spricht, daß solche veralteten Ansprüche entweder gar nicht entstanden oder längst erloschen sind und daß dem Verpflichteten nicht zugemutet werden kann, noch in die Erörterung über diese Einsprüche einzutreten, insbesondere auch noch Nachweise für das Erlöschen beizubringen. Die Verjährung hat nicht das Erlöschen eines Anspruchs zur Folge, sondern begründet nur eine Einrede. Die Folge dieser Rechtsgestaltung s. unter Nr. 5.

Die regelmäßige Dauer der Verjährung beträgt dreißig Jahre. Für die meisten Ansprüche, die aus den Geschäften des täglichen Lebens entstehen, gelten indessen kürzere Verjährungsfristen.

Zwei Jahre (196). In zwei Jahren (aber erst vom Schluß des Kalenderjahres zu rechnen! s. weiter unten) verjähren die Ansprüche

1. der Kaufleute (Buch-, Musikalien-, Kunsthändler, Druckereibesitzer, Apotheker, Händler, Spediteure, Kommissionäre usw.), Fabrikanten, Handwerker und derjenigen, welche ein Kunstgewerbe betreiben (nicht aber der Künstler), für Lieferung von Waren, Ausführung von Arbeiten und Besorgung fremder Geschäfte, mit Einschluß der Auslagen. Ist aber der Schuldner selber ein Gewerbetreibender und ist die Lieferung, die Arbeit usw. für seinen Gewerbebetrieb erfolgt, so verjährt die Forderung gegen ihn erst in vier Jahren (Forderungen der Künstler verjähren erst in dreißig Jahren);
2. derjenigen, welche Land- oder Forstwirtschaft betreiben, für Lieferung von land- und forstwirtschaftlichen Erzeugnissen, sofern die Lieferung zur Verwendung im Haushalte des Schuldners erfolgt. Ist dies nicht der Fall, so dauert die Verjährungsfrist vier Jahre;
3. der Eisenbahnunternehmungen, Frachtfuhrleute, Schiffer, Lohnkutscher und Boten wegen des Fahrgeldes, der Fracht, des Fuhr- und Botenlohns, mit Einschluß der Auslagen;
4. der Gastwirte und derjenigen, welche Speisen oder Getränke gewerbsmäßig verabreichen, für Gewährung von Wohnung und Beköstigung sowie für andere den Gästen zur Befriedigung

ihrer Bedürfnisse gewährte Leistungen, mit Einschluß der Auslagen;

5. derjenigen, welche gewerbsmäßig Lotterielose vertreiben, aus dem Vertriebe der Lose, es sei denn, daß die Lose zum Weitervertriebe geliefert werden, in welchem Falle die Verjährungsfrist vier Jahre dauert;
6. derjenigen, welche bewegliche Sachen gewerbsmäßig vermieten, wegen des Mietzinses (z. B. Leihgeld für Bücher, Musikinstrumente, Möbel usw.);
7. derjenigen, welche, ohne zu den in Nr. 1 bezeichneten Personen zu gehören, die Besorgung fremder Geschäfte oder die Leistung von Diensten gewerbsmäßig betreiben (z. B. Mäkler, Agenten, Stellenvermittler, Gesindevermieter, Lohndiener, Dienstmänner, Fremdenführer, Wäscherinnen usw.), wegen der ihnen aus dem Gewerbebetriebe gebührenden Vergütungen, mit Einschluß der Auslagen;
8. derjenigen, welche im Privatdienste stehen, wegen des Gehaltes, Lohnes oder anderer Dienstbezüge mit Einschluß der Auslagen, sowie der Dienstberechtigten wegen der auf solche Ansprüche gewährten Vorschüsse; hierher gehören insbesondere Haus- und Wirtschaftsbeamte einschließlich der Beamten der Großgrundbesitzer, Angestellte bei industriellen Unternehmungen, Handlungs- und andere Geschäftsgehilfen, Erzieherinnen, Gesellschafterinnen, Hauslehrer, Privatsekretäre, Privatschreiber, Hausangestellte;
9. der gewerblichen Arbeiter — Gesellen, Gehilfen, Lehrlinge, Fabrikarbeiter —, der Tagelöhner und Handarbeiter wegen des Lohnes und anderer an Stelle oder als Teil des Lohnes vereinbarter Leistungen, mit Einschluß der Auslagen, sowie der Arbeitgeber wegen der auf solche Ansprüche gewährten Vorschüsse (aber nicht wegen anderer Ansprüche an die Arbeiter, z. B. auf Schadensersatz);
10. der Lehrherren und Lehrmeister wegen des Lehrgeldes und anderer im Lehrvertrag vereinbarter Leistungen sowie wegen der für die Lehrlinge bestrittenen Auslagen;
11. der öffentlichen Anstalten, welche dem Unterrichte, der Erziehung, Verpflegung oder Heilung dienen, sowie der Inhaber von Privatanstalten solcher Art für Gewährung von Unterricht, Verpflegung oder Heilung und für die damit zusammenhängenden Aufwendungen (dies gilt aber nicht für Schulgeld, sofern eine öffentlich rechtliche Verpflichtung zu dessen Zahlung besteht);
12. derjenigen, welche Personen gewerbs- oder berufsmäßig (RG.) zur Verpflegung oder zur Erziehung aufnehmen, für Leistungen und Aufwendungen der in Nr. 11 bezeichneten Art;
13. der öffentlichen Lehrer und der Privatlehrer wegen ihrer Honorare; die Ansprüche der öffentlichen Lehrer jedoch nicht, wenn sie auf Grund besonderer Einrichtungen gestundet sind;
14. der Ärzte, insbesondere auch der Wundärzte, Geburtshelfer, Zahnärzte und Tierärzte, sowie der Hebammen für ihre Dienstleistungen, mit Einschluß der Auslagen;
15. der Rechtsanwälte, Notare und Gerichtsvollzieher, sowie aller Personen, die zur Besorgung gewisser Geschäfte öffentlich bestellt oder zugelassen sind (z. B. Feldmesser, Feldgeschworene, Geometer, Markscheider, Schiffs- und Gütervermesser, Auktionatoren, Taxatoren, Rechnungssteller usw.), wegen ihrer Gebühren und Auslagen, soweit diese nicht der Staatskasse zufließen;
16. der Parteien wegen der ihren Rechtsanwälten geleisteten Vorschüsse;
17. der Zeugen und Sachverständigen wegen ihrer Gebühren und Auslagen.

Vier Jahre (197). In vier (aber erst vom Schlusse des Kalenderjahres zu rechnen; s. weiter unten) Jahren verjähren die Ansprüche auf Rückstände von Zinsen, mit Einschluß der als Zuschlag zu den Zinsen zum Zwecke allmählicher Tilgung des Kapitals zu entrichtenden Beträge, die Ansprüche auf Rückstände von Miet- und Pachtzinsen, soweit sie nicht unter die Vorschrift vorstehend Nr. 6 fallen, und die Ansprüche auf Rückstände von Renten, Auszugs- (Altenteils-, Leibzuchts-) Leistungen, Besoldungen, Wartegeldern, Ruhegehalten, Unterhaltsbeiträgen und allen anderen regelmäßig wiederkehrenden Leistungen.

Beginn der Verjährung. Regel (198 bis 200). Die Verjährung beginnt regelmäßig mit dem Zeitpunkte, in dem der Anspruch (die Forderung) entstanden ist, z. B. bei einem Darlehn mit der Hingabe des Darlehns. Rührt die Forderung aus einem Vertrage her, so ist sie regelmäßig mit dem Augenblicke des Abschlusses des Vertrages auch entstanden, selbst dann, wenn der Gläubiger dem Schuldner einen Zahlungsaufschub bewilligt. Anders, wenn es sich um einen bedingten oder befristeten Anspruch handelt. Z. B. wenn jemand seinen Neffen für den Fall seiner Eheschließung eine Aussteuer versprochen hat, so beginnt die Verjährung erst mit dem Tage der Eheschließung. Kann der Berechtigte die Leistung erst verlangen, wenn er dem Verpflichteten gekündigt hat, so beginnt die Verjährung mit dem Zeitpunkte, von welchem an die Kündigung zulässig ist. Ist z. B. bei der Hingabe eines Darlehns bestimmt, daß die Kündigung für den Gläubiger auf drei Jahre ausgeschlossen sein soll, so beginnt der Lauf der Verjährungsfrist erst mit dem Tage, wo zuerst die Kündigung zulässig ist. Hat der Verpflichtete die Leistung erst zu bewirken, wenn seit der Kündigung eine bestimmte Frist verstrichen ist, so wird der Beginn der Verjährung um die Dauer der Frist hinausgeschoben. Geht der Anspruch auf ein Unterlassen, so beginnt die Verjährung erst mit der Zuwiderhandlung. Über die Berechnung der Verjährungsfrist s. Fristen und Termine.

Ausnahmen. Beginn der zweijährigen und der vierjährigen Verjährungsfrist (201). Die Verjährung derjenigen Ansprüche (Forderungen), die einer zweijährigen oder vierjährigen Verjährungsfrist unterliegen, beginnt erst mit dem Schlusse des Kalenderjahres, in dem der Zeitpunkt liegt, wo nach dem im vorstehenden Absatz Gesagten die Verjährung eigentlich beginnen müßte. Beispiel: Ein Kaufmann hat einem Kunden am 3. Januar 1928 Waren geliefert; sein Anspruch auf den Kaufpreis ist also an diesem Tage entstanden. Die Verjährung der Forderung müßte daher nach der im vorstehenden Absatze mitgeteilten Regel am 1. Januar 1928 beginnen. Sie beginnt aber, weil es sich um eine zweijährige Verjährung handelt, erst am Schlusse des Jahres, in dem die Forderung entstanden ist, also mit dem Ablaufe des 31. Dezember 1928; die Forderung ist erst am 1. Januar 1931 verjährt. — Kann die Leistung aber erst nach Ablauf einer über den Schluß des Jahres hinausreichenden Frist verlangt werden, z. B. infolge Stundung, so beginnt die Verjährung erst mit dem Schluß des Jahres, in dem die Frist abläuft, z. B. A. hat im Geschäft des B. am 15. Oktober 1929 einen Anzug gekauft, zur Zahlung des Kaufpreises sind ihm 3 Monate Stundung gewährt. Da die Frist von 3 Monaten über den 31. 12. 29, an dem der Regel nach die Verjährung beginnen müßte, hinausreicht, so beginnt die Verjährung erst mit dem 31. 12. 1930. Darauf, zu welchem Zeitpunkte die verkaufte Ware geliefert ist, kommt es nicht an. Ist die Stundung erst zu einem Zeitpunkte erteilt, wo die Verjährung bereits begonnen hatte (der Kaufmann hat, nachdem die Verjährung seiner Warenforderung vom 15. Oktober 1929 mit Ablauf des 31. Dezember 1929 begonnen hat, dem Kunden noch am 6. März 1930 eine dreimonatige Zahlungsfrist gewährt), so hat diese Kreditgewährung auf den Beginn der Verjährung keinen Einfluß mehr.

Andere, besonders bestimmte Verjährungsfristen. Außer den vorstehend bezeichneten allgemeinen Verjährungsfristen (30 Jahre, 2 Jahre, 4 Jahre) gibt es noch eine Anzahl besonderer Verjährungsfristen für einzelne bestimmte Ansprüche, z. B. für Ansprüche wegen eines Mangels der Sache beim Kauf, bei der Miete, für Ersatzansprüche eines Verleihers einer Sache wegen Verschlechterung derselben, für den Anspruch der Tochter gegen die Eltern auf Mitgabe einer Aussteuer, für gewisse Schadenersatzklagen (s. „Schadenersatz weg. unerl. Handlung 9") usw. usw. Diese besonderen Verjährungsfristen, deren Dauer eine sehr verschiedene ist, sind am gehörigen Orte (bei der Besprechung des betreffenden Geschäfts) angegeben. Vgl. auch unten 4 wegen Verjährung rechtskräftig festgestellter Ansprüche. Für die Steuern, die ganz oder zum Teil zugunsten des Reiches erhoben werden, gelten die §§ 120—126 der Reichsabgabenordnung vom 18. 12. 19. Die Verjährungsfrist beträgt danach bei Zöllen und Verbrauchssteuern 1 Jahr, bei Ansprüchen aus den übrigen Steuern fünf Jahre, bei hinterzogenen Steuern zehn Jahre. Die Verjährung beginnt auch hier erst mit dem Ablauf des Jahres, in dem der Anspruch entstanden ist. Die landesgesetzlichen Verjährungsfristen bleiben maßgebend für die Verjährung solcher Ansprüche, die in öffentlichrechtlichen Verhältnissen ihren Grund haben und nicht zugunsten des Reiches eingezogen werden. In Preußen ist in dieser Beziehung bestimmt, daß in 4 Jahren verjähren:

die Ansprüche der Kirchen, der Geistlichen und der sonstigen Kirchenbeamten wegen der Gebühren für kirchliche Handlungen;

die Ansprüche auf Zahlung der von einer Preuß. Verwaltungsbehörde, einem Verwaltungsgericht oder einer Auseinandersetzungsbehörde nicht oder zu wenig eingezogenen Kosten;

die Ansprüche der Ortsbehörden wegen der Gebühren für Handlungen der freiwilligen Gerichtsbarkeit oder für ihre Tätigkeit als gerichtliche Hilfsbeamte;

die Ansprüche auf Rückerstattung von Kosten, die von einer öffentlichen Behörde mit Unrecht erhoben sind;

die Ansprüche auf Rückstände von Verkehrsabgaben, die infolge einer besonderen Berechtigung an Privatpersonen zu entrichten sind.

Das Gesetz enthält über diese Verjährungen nähere Bestimmungen (AGBGB. (Preußen) 8 u. 9).

Für Bayern sind neue Bestimmungen über die Verjährung von Ansprüchen aus Rechtsverhältnissen des öffentlichen Rechts und Grundgefällen (AGBGB. [Bay.] 122—127) erlassen. — In Sachsen verjähren in vier Jahren die Ansprüche des Landes, der Kirchen, der Gemeinden mit Einschluß der Kirchen- und Schulgemeinden, sowie anderer Kommunalverbände wegen Gebühren und Auslagen und die Ansprüche auf Rückerstattung von nicht geschuldeten Gebühren und Auslagen der vorbezeichneten Art (AGBGB. [Sachs.] 2). — In Württemberg verjähren die Ansprüche des Landes, der öffentlichen Körperschaften, sowie der staatlichen und körperschaftlichen Beamten auf Zahlung von Gebühren, Kosten oder Auslagen, für Amtshandlungen, sowie Ansprüche auf Rückerstattung von Leistungen dieser Art in vier Jahren (AGBGB. [Württ.] 141). — In Baden ist das Gesetz über die Verjährung öffentlicher Abgaben geändert durch (AGBGB. [Bad.] v. 17. 4. 25).

Auch einzelne Reichsgesetze enthalten besondere Vorschriften über die Verjährung.

2. Hemmung der Verjährung (202 bis 207). Eine Verjährung kann in ihrem Beginne oder in ihrem Laufe aufgehalten („gehemmt") werden, so daß die Zeit, während der diese Hemmung stattfindet, in die Verjährungszeit nicht eingerechnet wird, sie kann aber auch unterbrochen werden (s. unten 3), in welchem Falle nach dem Aufhören der Unterbrechung eine bereits abgelaufene Verjährungsfrist gar nicht weiter in Betracht kommt und die Verjährung von neuem wieder beginnt. Diese beiden Hindernisse einer Verjährung sind hier im einzelnen zu betrachten.

Gehemmt ist die Verjährung, solange die Leistung gestundet oder der Verpflichtete aus einem anderen Grunde vorübergehend zur Verweigerung der Leistung (Zahlung) berechtigt ist. Diese Vorschrift findet keine Anwendung auf die Einrede des Zurückbehaltungsrechts, des nicht erfüllten Vertrags, der mangelnden Sicherheitsleistung, der Vorausklage sowie auf die nach § 770 dem Bürgen und nach den §§ 2014, 2015 dem Erben zustehenden Einreden. Die Verjährung ist ferner gehemmt, solange der Berechtigte durch Stillstand der Rechtspflege innerhalb der Verjährungsfrist an der Rechtsverfolgung verhindert ist. Das gleiche gilt, wenn eine solche Verhinderung in anderer Weise durch höhere Gewalt herbeigeführt wird. Inwieweit eine Verjährung durch die Abwesenheit des Berechtigten im Kriegsdienste gehemmt wird, darüber wird in den beim Ausbruche eines Krieges erlassenen besonderen Gesetzen nähere Bestimmung getroffen. Im letzten Kriege galt das Gesetz vom 4. 8. 1914 (RGBl. 328). Darnach war die Verjährung für Kriegsteilnehmer und ihnen gleichgestellte Personen gehemmt von der Zeit an, seit der sie einem mobilen Truppenteil angehörten, bis zur Beendigung des Dienstverhältnisses, spätestens bis zur Beendigung des Kriegszustandes. Die Beendigung des Kriegszustandes ist durch Verordnung des RJM. vom 8. 7. 1924 auf den 31. 7. 1924 bestimmt. Besondere Vorschriften hinsichtlich der Hemmung der Verjährung gelten für Ehegatten und für Kinder im Verhältnis zu den Eltern und Vormündern: Die Verjährung von Ansprüchen zwischen Ehegatten ist gehemmt, solange die Ehe besteht, von Ansprüchen zwischen Eltern und Kindern während der Minderjährigkeit der letzteren und von Ansprüchen zwischen dem Vormunde und dem Mündel während der Dauer der Vormundschaft. Die Hemmung der Verjährung hat die Wirkung, daß die Verjährung um so viel Tage nach dem Zeitpunkte, in welchem die Verjährungsfrist ohne Hemmung abgelaufen sein würde, endigt, als die Hemmung gedauert hat. Z. B. eine zweijährige Verjährungsfrist beginnt am 1. 1. 1929, während des Jahres 1930 ist sie 30 Tage gehemmt gewesen. Sie endet also mit dem Ablaufe des 30. Januar 1931.

Ist eine geschäftsunfähige oder in der Geschäftsfähigkeit beschränkte (s. „Geschäftsfähigkeit") Person ohne gesetzlichen Vertreter, so wird die gegen sie laufende Verjährung nicht vor dem Ablaufe von sechs Monaten nach dem Zeitpunkte vollendet, in dem die Person unbeschränkt geschäftsfähig wird oder der Mangel der Vertretung aufhört. Ist die Verjährungsfrist kürzer als sechs Monate, so tritt der für die Verjährung bestimmte Zeitraum an die Stelle der sechs Monate. Die Vorschriften finden keine Anwendung, soweit eine in der Geschäftsfähigkeit beschränkte Person prozeßfähig ist (wenn z. B. ein Minderjähriger zum selbständigen Betriebe eines Erwerbsgeschäfts oder zur selbständigen Eingehung eines Dienst- oder Arbeitsvertrags ermächtigt ist; s. „Geschäftsfähigkeit 3").

Die Verjährung eines Anspruchs, der zu einem Nachlasse gehört oder sich gegen einen Nachlaß richtet, wird nicht vor dem Ablaufe von sechs Monaten nach dem Zeitpunkte vollendet, in welchem die Erbschaft von dem Erben angenommen oder der Konkurs über den Nachlaß eröffnet wird oder von welchem an der Anspruch von einem Vertreter oder gegen einen Vertreter geltend gemacht werden kann. Ist die Verjährungsfrist kürzer als sechs Monate, so tritt der für die Verjährung bestimmte Zeitraum an die Stelle der sechs Monate.

3. Unterbrechung der Verjährung (208 bis 217). Eine Unterbrechung der Verjährung, also mit dem Erfolge, daß die bereits abgelaufene Zeit nicht mehr berücksichtigt wird und nach Beendigung der Unterbrechung die Verjährungszeit von neuem beginnt, findet in den nachstehend bezeichneten Fällen statt. Die Verjährung wird unterbrochen durch Anerkennung, d. h. wenn der Verpflichtete dem Berechtigten gegenüber der Anspruch durch Abzahlung, Zinszahlung, Sicherheitsleistung oder in anderer Weise anerkennt. Ob die ausdrückliche Anerkennung der Schuld durch den Schuldner mündlich oder schriftlich geschieht, ist einerlei. Die Verjährung wird ferner unterbrochen, wenn der Berechtigte auf Befriedigung oder auf Feststellung des Anspruchs, auf Erteilung der Vollstreckungsklausel oder auf Erlassung des Vollstreckungsurteils Klage erhebt oder wenn er dem Schuldner einen Zahlungsbefehl über die Forderung zustellen läßt. Der Erhebung der Klage oder Zustellung eines Zahlungsbefehls stehen ferner gleich, d. h. es bewirken eine Unterbrechung der Verjährung: die Anmeldung des Anspruchs im Konkurse; die Geltendmachung der Aufrechnung des Anspruchs im Prozesse; die Streitverkündung in dem Prozesse, von dessen Ausgange der Anspruch abhängt; die Vornahme einer Vollstreckungshandlung, z. B. einer Pfändung, und, soweit die Zwangsvollstreckung den Gerichten oder anderen Behörden zugewiesen ist, die Stellung des Antrags auf Zwangsvollstreckung. Dagegen unterbricht eine bloße Mahnung des Schuldners die Verjährung nicht, noch weniger die, wenn auch wiederholte, Übersendung einer Rechnung! — Hängt die Zulässigkeit des Rechtsweges von der Vorentscheidung einer Behörde ab oder hat die Bestimmung des zuständigen Gerichts durch ein höheres Gericht zu erfolgen, so wird die Verjährung durch Einreichung des Gesuchs an die Behörde oder das höhere Gericht in gleicher Weise wie durch Klageerhebung unterbrochen, wenn die Klage binnen drei Monaten nach der Erledigung des Gesuchs erhoben wird. Auf diese Frist finden die Vorschriften der §§ 203, 206, 207 des Gesetzes entsprechende Anwendung. Die Unterbrechung durch Klageerhebung dauert fort, bis der Prozeß rechtskräftig entschieden oder anderweit erledigt ist. Gerät der Prozeß infolge einer Vereinbarung oder dadurch, daß er nicht betrieben wird, in Stillstand, so endigt die Unterbrechung mit der letzten Prozeßhandlung der Parteien oder des Gerichts. Die nach der Beendigung der Unterbrechung beginnende neue Verjährung wird dadurch, daß eine der Parteien den Prozeß weiter betreibt, in gleicher Weise wie durch Klagerhebung unterbrochen. Die Unterbrechung der Klagerhebung gilt als nicht erfolgt, wenn die Klage zurückgenommen oder durch ein nicht in der Sache selbst entscheidendes Urteil rechtskräftig abgewiesen wird. Erhebt der Berechtigte binnen sechs Monaten von neuem Klage, so gilt die Verjährung als durch die Erhebung der ersten Klage unterbrochen. Die Unterbrechung durch Zustellung eines Zahlungsbefehls im Mahnverfahren gilt als nicht erfolgt, wenn die Wirkungen der Rechtshängigkeit erlöschen. Die Unterbrechung durch Anmeldung im Konkurse dauert fort, bis der Konkurs beendigt ist. Die Unterbrechung gilt als nicht erfolgt, wenn die Anmeldung zurückgenommen wird. Wird bei der Beendigung des Konkurses für eine Forderung, die infolge eines bei der Prüfung erhobenen Widerspruchs im Prozeß befangen ist, ein Betrag zurückbehalten, so dauert die Unterbrechung auch nach der Beendigung des Konkurses fort bis der Prozeß erledigt ist. Die Unterbrechung durch Geltendmachung der Aufrechnung im Prozeß oder durch Streitverkündigung dauert fort, bis der Prozeß rechtskräftig entschieden oder anderweit erledigt ist. Die Unterbrechung gilt als nicht erfolgt, wenn nicht binnen sechs Monaten nach der Beendigung des Prozesses Klage auf Befriedigung oder Feststellung des Anspruchs erhoben wird. Ist der Anspruch vor einem Schiedsgericht oder einem besonderen Gerichte, z. B. Arbeitsgericht, vor einem Verwaltungsgericht oder einer Verwaltungsbehörde geltend zu machen, so finden dieselben Vorschriften entsprechende Anwendung, als ob der Anspruch vor einem ordentlichen Gericht geltend zu machen wäre.

Auf die neue Verjährungsfrist, d. h. auf die nach der Unterbrechung beginnende neue Verjährung, finden die gleichen Vorschriften, wie für die ursprüngliche Verjährungsfrist, Anwendung; nur findet eine Hinausschiebung des Beginnes der Verjährung auf den Schluß des Jahres hier nicht mehr statt. Ist also z. B. die Forderung für einen im Juli 1928 gelieferten Anzug, die mit Ablauf des 31. Dezember 1930 verjähren würde, am 15. Dezember 1930 vom Schuldner anerkannt, so beginnt die neue Verjährung mit Ablauf dieses Tages; nicht etwa erst mit dem 1. Januar 1931; die Verjährung ist also mit Ablauf des 15. Dezember 1932 beendigt.

4. Verjährung rechtskräftig festgestellter Ansprüche (218, 219). Ein durch ein Urteil rechtskräftig festgestellter Anspruch verjährt in dreißig Jahren von der Rechtskraft des Urteils an, auch wenn er an sich einer kürzeren Verjährung unterliegt. Das gleiche gilt von dem Anspruche aus einem vollstreckbaren Vergleiche oder einer vollstreckbaren Urkunde sowie von einem Anspruche, welcher durch die im Konkurs erfolgte Feststellung vollstreckbar geworden ist. Soweit sich die Feststellung auf regelmäßig wiederkehrende, erst künftig fällig werdende Leistungen, z. B. Zinsen, bezieht, bewendet es bei der kürzeren Verjährungsfrist.

5. Wirkung der Verjährung (222—224). Die Wirkung des Ablaufs der Verjährungszeit ist die, daß der verjährte Anspruch nicht mehr geltend gemacht werden kann, daß also der Verpflichtete berechtigt ist, die Zahlung oder sonstige Leistung zu verweigern. Ob der Verklagte von diesem Rechte Gebrauch machen will, steht in seinem freien Belieben. Macht der Schuldner sie in einem gegen ihn angestrengten Prozeß nicht geltend, so wird sie nicht berücksichtigt.

Zahlung oder vertragsmäßige Anerkennung verjährter Forderungen. Ist der verjährte Anspruch erfüllt, hat also der Schuldner gezahlt, obwohl die Forderung gegen ihn bereits verjährt war, so kann er das Gezahlte nicht zurückfordern, selbst dann nicht, wenn er nicht wußte, daß die Verjährung schon abgelaufen war. Dasselbe gilt, wenn der Verpflichtete die Forderung, trotzdem sie bereits verjährt war, vertragsmäßig (also nicht bloß einseitig) anerkannt oder eine Sicherheit (Hypothek, Pfand, Bürgschaft usw.) dafür bestellt hat, einerlei, ob er vom Ablaufe der Verjährung Kenntnis hatte oder nicht; er muß nun die Forderung, wie wenn sie noch nicht verjährt wäre, berichtigen. Die Verjährung von Ansprüchen, die durch Hypotheken oder auf andere Weise gesichert sind, hindert dem Gläubiger nicht, aus dem verhafteten Gegenstand seine Befriedigung zu suchen. Wegen Aufrechnung mit verjährten Forderungen s. Aufrechnung.

Verjährung der Nebenansprüche, Zinsen usw. Zugleich mit dem Hauptanspruche verjährt auch der Anspruch auf die von ihm abhängenden Nebenleistungen, z. B. auf die Zinsen, auch wenn die für diesen Anspruch geltende besondere Verjährung noch nicht vollendet ist.

Jede Vereinbarung der Beteiligten, durch die etwa die gesetzliche Verjährung ausgeschlossen oder erschwert werden soll, ist ungültig. Dagegen sind Abmachungen, durch die eine Verjährung erleichtert, z. B. die Verjährungsfrist abgekürzt wird, statthaft (225).

Verkauf s. Kauf und Verkauf; von Grundstücken s. Auflassung 2; eines Pfandes s. Pfand 2; bei Kaufleuten s. Handelsgeschäfte 2; einer Forderung s. Abtretung einer Forderung; einer Erbschaft, eines Nachlasses s. Erbschaftskauf; der Ware bei Annahmeverzug (bei Kaufleuten) s. Handelskauf; einer Sache, deren Annahme vom Gläubiger geweigert wird, s. Verzug des Gläubigers.

Verkäufer, Haftung für Mängel der verkauften Sache, s. Gewährleistung wegen Mängel usw.; Verkäufer in einem Laden usw. s. Prokura und Handlungsvollmacht 4. S. a.: Kauf und Verkauf.

Verkaufsangebot s. Vertrag, Vertragsantrag usw. 2.

Verkehr der Eltern mit den Kindern nach einer Ehescheidung s. Ehescheidung 4; geschlechtlicher s. Verführung u. Uneheliche Kinder; Sicherung des Verkehrs in öffentlichen Räumen, s. Öffentliche Sicherheit.

Verkehrsanstalten, Finden von Sachen in deren Räumen oder Verkehrsmitteln, s. Gefundene Sachen 3.

Verkehrshypothek s. Hypothek 1.

Verkehrssicherheit auf Grundstücken, Straßen, Wegen usw. s. Öffentl. Sicherheit.

Verkehrssitte ist maßgebend für die Auslegung vertragsmäßiger Verpflichtungen s. Leistungen usw. 1; Berücksichtigung bei Auslegung von Verträgen s. Auslegung von Willenserklärungen.

Verkoppelung s. Grundeigentum 1.

Verkündung eines Testaments usw. s. Testamentseröffnung.

Verlagsrecht (Ges. v. 19. 6. 1901, Gutt. Slg. Nr. 61). Wer das Urheberrecht (s. d.) an einem Werke hat, ist meist nicht gewillt oder in der Lage, sein ausschließliches Recht selber geschäftlich auszunutzen, d. h. die Vervielfältigung und Verbreitung zu übernehmen, zumal da hierzu, wenn es von Erfolg sein soll, Fachkenntnisse und Einrichtungen nötig sind. Der Urheber schließt also zu diesem Zweck einen Verlagsvertrag mit einem Verleger (d. h. einem Kaufmann, der sein Kapital und Risiko an die Veröffentlichung und Verbreitung des Buches wagt). Die Grundsätze dieser vertraglichen Regelung, die den Vertrag ergänzen oder, falls nichts anderes bestimmt ist, gelten, sind in dem genannten Gesetz enthalten, das sich, jedoch nur auf den Schriftwerk- und Tonwerkverlag, nicht auf den Kunstverlag und den Verfilmungsvertrag bezieht, jedoch in seinen Grundsätzen auch für diese nicht ohne Bedeutung ist.

Der wesentliche Inhalt des Verlagsvertrages, der auch mündlich geschlossen werden kann, ist der, daß der Urheber dem Verleger die ausschließliche Befugnis zur Vervielfältigung und Verbreitung des Werkes für eigene Rechnung überträgt, während der Verleger seinerseits dem Verfasser gegenüber die Verpflichtung zur Vervielfältigung und Verbreitung des Werkes übernimmt. Wegen der Einzelheiten muß auf das Gesetz selbst und auf den Art. „Verlagsrecht" im HdR. VI 441 verwiesen werden. Für die Beiträge in Zeitungen, Zeitschriften und Sammelwerken gelten z. T. besondere Vorschriften (§§ 41—46 des Ges.), insofern als hier unter Umständen kein ausschließliches Recht dem Verleger eingeräumt wird. Es liegen aber auch hier Verlagsverträge vor, selbst wenn der Verfasser gar nicht unmittelbar mit dem Verleger, sondern mit dem Schriftleiter verhandelt hat.

Verlassung, bösliche, als Scheidungsgrund s. Ehescheidung 1 c.

Verlautbarung. Eine Schrift (eine Urkunde) oder eine Erklärung, einen Vertrag vor Gericht oder Notar „verlautbaren" ist gleichbedeutend mit der gerichtlichen oder notariellen Beurkundung des Geschäfts; s. „Form der Rechtsgeschäfte 2".

Verlegung des Wohnsitzes s. Ehegatten 1, durch einen Gläubiger s. Leistungen usw. 5.

Verleihung einer Sache s. Leihe; staatliche Verleihung der Rechtsfähigkeit s. Vereine 1.

Verletzung s. Schadensersatz wegen unerlaubter Handlung u. Haftpflicht usw.; durch Tiere s. Tiere, Tötung usw.; über oder unter der Hälfte s. Kauf usw. 13.

Verleumdung s. Üble Nachrede und Schwindelhafte Reklame.

Verlieren von Sachen s. Gefundene Sachen.

Verlöbnis (1297—1302). Wann ein Verlöbnis im Rechtssinn vorliegt, sagt das Gesetz nicht. Ein

Verlöbnis setzt aber jedenfalls voraus, daß ein gegenseitiges ernstliches Eheversprechen gegeben ist. Eine bloße Liebschaft ist kein Verlöbnis (vergleiche unten unter 3). Das Verlöbnis legt, wenn es auch nicht als ein Vertrag im gewöhnlichen Sinne aufzufassen sein mag, doch jedem Verlobten die sittliche Verpflichtung auf, die Ehe mit dem anderen Teile einzugehen. Freilich bewirkt es keine rechtliche Verpflichtung hierzu; es kann aus einem Verlöbnis nicht auf Eingehung der Ehe geklagt werden. Auch das Versprechen einer Strafe (Vertragsstrafe) oder einer Entschädigung für den Fall, daß die Heirat nicht zustande kommt, ist rechtsungültig. Dem Verlobten steht ferner kein Recht zu, gegen eine von dem anderen Verlobten etwa beabsichtigte andere Heirat Einsprache zu erheben. Das Verlöbnis hat aber dennoch gewisse rechtliche Folgen, die im Nachstehenden zu besprechen sind.

1. Rücktritt vom Verlöbnis. Tritt einer der Verlobten, ohne einen wichtigen Grund dafür zu haben, vom Verlöbnis zurück, so hat er dem anderen Teile und dessen Eltern, sowie den Personen, die etwa an Stelle der Eltern gehandelt haben, z. B. Pflegeeltern, Großeltern, Verwandten oder Freunden, die für die Ausstattung der Braut usw. gesorgt haben, den Schaden zu ersetzen, der für sie daraus entstanden ist, daß sie in Erwartung der Ehe Anschaffungen oder Schulden gemacht haben. Ferner kann der andere Teil Ersatz des Schadens fordern, den er dadurch erleidet, daß er in Erwartung der Ehe sonstige, sein Vermögen oder seine Erwerbsstellung berührende Maßregeln oder Einrichtungen getroffen (z. B. seine Anstellung oder seinen Beruf aufgegeben oder eine ihm während des Brautstandes angebotene Anstellung oder sonst einen Vermögenserwerb ausgeschlagen) hat. Der Schaden ist aber nur insoweit zu ersetzen, als die fraglichen Aufwendungen, Maßnahmen usw. den Umständen nach angemessen waren. Im übrigen ist der durch den unbegründeten Rücktritt verletzte Verlobte nicht gehindert, Ansprüche geltend zu machen, die etwa durch unerlaubte Handlungen des anderen, z. B. durch einen von ihm begangenen Betrug, begründet sind (s. „Schadensersatz wegen unerlaubter Handlungen").

Liegt aber ein triftiger Grund für die Aufhebung des Verlöbnisses vor (worüber im Streitfall das richterliche Ermessen zu entscheiden hat; es kommen hier z. B. in Betracht: Bruch der Verlöbnistreue, langwierige oder ansteckende Krankheit, ehrenrührige Handlungen des Verlobten, Verurteilung zu längerer Freiheitsstrafe u. dgl.), so treten die oben erwähnten nachteiligen Folgen für den, der das Verlöbnis aufgehoben hat, nicht ein. Es ist im Bestreitungsfall Sache des Zurückgetretenen, zu beweisen, daß sein Rücktritt durch einen wichtigen Grund gerechtfertigt war.

Inwiefern eine Versagung oder Zurücknahme der Einwilligung des Vaters oder der Mutter zur Heirat in dem Falle, wenn ein Verlobter noch nicht 21 Jahre alt, mithin diese Einwilligung zur demnächstigen Eheschließung erforderlich ist (s. „Ehehindernisse usw. 1 c"), den minderjährigen Verlobten zum einseitigen Rücktritt vom Verlöbnis berechtigt, darüber hat sich das Reichsgericht dahin ausgesprochen, daß eine solche Versagung oder Rücknahme nicht schlechthin und unter allen Umständen als ein wichtiger Grund für den Rücktritt des Kindes vom Verlöbnis anzusehen sei. In der Regel werde allerdings diese Versagung der Einwilligung zur Lösung des Verlöbnisses berechtigen, namentlich bei noch sehr jugendlichem Alter des Kindes. Verweigern aber der Vater oder die Mutter die Einwilligung aus verwerflichen oder nichtigen Gründen, so sei die Versagung der Einwilligung nicht als ein wichtiger Grund für den einseitigen Rücktritt vom Verlöbnis anzusehen. — Andererseits hat der zurückgetretene Teil selbst gegen den anderen Teil Anspruch auf Ersatz des ihm durch das Verlöbnis erwachsenen Schadens, wie vorstehend näher angegeben, wenn der berechtigte Grund zum Rücktritt auf einem Verschulden des anderen Verlobten beruht (beispielsweise, wenn dieser die Verlöbnistreue gebrochen oder eine ehrenrührige Handlung begangen hat). In solchem Falle ist es gleichfalls Sache des Zurückgetretenen, zu beweisen, daß der andere Teil durch sein Verhalten den Rücktritt verschuldet hat. — Einen noch weitergehenden Anspruch auf eine Entschädigung, als vorstehend angegeben ist, sei es wegen nicht gehaltenen Eheversprechens oder wegen schuldvoller Veranlassung der Lösung des Verlöbnisses, kennt das Gesetz nicht; insbesondere kann nicht Ersatz des durch die Auflösung des Verlöbnisses entstandenen gesundheitlichen Schadens und der dadurch etwa verursachten vermögensrechtlichen Nachteile beansprucht werden. Ebensowenig ist ein Anspruch auf eine Geldabfindung als Ersatz für die dem Verlobten entgehenden Vorteile der Ehe oder als eine ihm gebührende Genugtuung nach dem Gesetze begründet. Ausnahmsweise wird ein solcher weitergehender Anspruch nur in dem Falle gewährt, wenn eine unbescholtene Braut sich im Vertrauen auf die Heirat ihrem Verlobten geschlechtlich hingegeben hat und infolge seines ungerechtfertigten Rücktritts vom Verlöbnisse oder, weil sie selbst durch seine Schuld das Verlöbnis hat lösen müssen, der Aussicht auf anderweitige Ehe beraubt ist. Die Betrogene kann in solchem Falle auch wegen des ihr zugefügten Schadens, der kein eigentlicher Vermögensschaden ist, eine billige Geldentschädigung verlangen (1300). Dieser Anspruch kann nicht auf andere Personen (durch Zession) übertragen werden (wie die anderen Ansprüche aus einem Verlöbnisbruche) und geht nicht auf die Erben des einen oder anderen Teils über, es sei denn, daß er durch Vertrag anerkannt oder bereits rechtshängig geworden ist. (Wegen eines ähnlichen, aber auf einem anderen Grunde beruhenden Anspruchs einer weiblichen Person auf eine Geldentschädigung s. den Artikel „Verführung".)

Ungültigkeit von Testamenten usw. (2077). Ein Testament (eine letztwillige Verfügung), in dem ein Verlobter den anderen bedacht hat, oder ein zwischen Verlobten abgeschlossener Erbvertrag, in dem der eine Verlobte den anderen oder seine Angehörigen zu Erben eingesetzt oder ihnen sonstige Zuwendungen gemacht hat, wird im Falle der Lösung des Verlöbnisses, wenn diese nicht durch den Tod des einen Verlobten herbeigeführt wird, von selbst ungültig. Dies gilt nur dann nicht, wenn nachweisbar sein sollte, daß der gestorbene Verlobte die für seinen Todesfall getroffene Verfügung auch für den Fall hat treffen wollen, daß das Verlöbnis aus dem einen oder anderen Grunde wieder zurückgehen sollte.

2. Rückgabe von Geschenken. Briefe. Unterbleibt die Heirat, einerlei aus welchem Grunde, so hat jeder Verlobte das Recht, von dem anderen Teile dasjenige, was er ihm geschenkt oder zum Zeichen des Verlöbnisses gegeben hat, zurückzufordern. Die

Rückforderung richtet sich nach den Vorschriften über die Herausgabe einer „ungerechtfertigten Bereicherung". Insbesondere ist daher derjenige, durch dessen Verschulden das Verlöbnis zurückgegangen ist, zur Rückforderung nicht berechtigt. Über das, was herauszugeben ist, ist der Artikel „Ungerechtfertigte Bereicherung" zu vergleichen. Wird das Verlöbnis durch den Tod eines Verlobten aufgelöst, so ist im Zweifel, d. h. wenn von den Beteiligten nichts anderes ausgemacht ist, anzunehmen, daß die Rückforderung der von dem Gestorbenen gemachten Geschenke usw. ausgeschlossen sein soll. Daß auch die zwischen den Verlobten gewechselten Briefe zurückgegeben werden müßten, sagt das Gesetz nicht; es wird daher eine Rechtspflicht zur Rückgabe nicht anzuerkennen sein, wenn auch der Anstand die Rückgabe gebieten mag.

Damit die vorstehend (unter 1 und 2) besprochenen Ansprüche aus einem aufgehobenen Verlöbnis (auf Schadensersatz, auf Rückgabe der Geschenke usw.) im Interesse aller Beteiligten eine möglichst rasche Erledigung finden, bestimmt das Gesetz, daß sie in zwei Jahren von der Auflösung des Verlöbnisses an verjähren, mithin nach diesem Zeitpunkt nicht mehr geltend gemacht werden können (s. im übrigen unter „Verjährung").

3. Gültige Eingehung eines Verlöbnisses. Ein Verlöbnis im Sinne des Gesetzes liegt dann vor, wenn sich beide Teile unter gegenseitiger Annahme ein Eheversprechen gegeben haben. Eine Form ist dafür nicht vorgeschrieben, wie das in früheren Gesetzen vielfach der Fall war; insbesondere ist eine schriftliche Erklärung oder eine Erklärung vor gewissen Personen (Richter oder Notar, Geistlichen, Eltern usw.) nicht erforderlich. Das Versprechen sowohl, wie die Annahme brauchen indes durchaus nicht mit ausdrücklichen Worten oder durch eine den Verlöbniswillen ausdrücklich bekundende Handlung (z. B. Wechseln von Verlobungsringen, Sendung von Verlobungsanzeigen) zu geschehen. Das Eheversprechen und die Annahme können auch stillschweigend erklärt werden; es haben sich z. B. die Beteiligten über die künftige Einrichtung, den künftig zu nehmenden Wohnsitz usw. besprochen, Aussteuergegenstände angeschafft u. dgl. Beim Mangel jeder Form können freilich unter Umständen Zweifel bestehen, ob ein ernstgemeintes Verlöbnis vorliegt. Die Entscheidung hierüber, sowie darüber, ob ein Rücktritt vom Verlöbnis gerechtfertigt war, unterliegt dem freien Ermessen des Gerichts.

4. Verlöbnis Minderjähriger. Minderjährige (Personen unter 21 Jahren) können ohne Einwilligung ihres gesetzlichen Vertreters (des Vaters, der Mutter, des Vormundes usw.) verpflichtende Willenserklärungen nicht abgeben (s. „Geschäftsfähigkeit 2"); sie können daher auch nicht selbständig ein Verlöbnis mit den obengedachten gesetzlichen Folgen eingehen. Tritt ein Minderjähriger von einem ohne die Einwilligung des Vertreters eingegangenen Verlöbnisse ohne Grund zurück, so kann der andere Teil einen Schadensersatz wegen gemachter Aufwendung (oben 1) von ihm nicht fordern; gibt der minderjährige Verlobte einen gerechten Anlaß zum Rücktritt des anderen Teils, so kann dieser ihn wegen der Aufwendungen usw. gleichfalls nicht in Anspruch nehmen.

Auch die Ansprüche der unbescholtenen Braut in dem unter 1 gedachten Falle können gegen einen minderjährigen Verlobten nicht geltend gemacht werden. Anders natürlich, wenn der gesetzliche Vertreter in die Verlobung eingewilligt oder sie nachträglich genehmigt hat. Für einen etwaigen Betrug bei Eingehung des Verlöbnisses (der minderjährige junge Mann hat sich z. B. für volljährig ausgegeben) oder ein sonstiges rechtswidriges Verhalten haftet der Minderjährige nach den besonderen gesetzlichen Vorschriften über unerlaubte Handlungen (s. „Schadenersatz usw.", vgl. a. „Verführung"). Brautgeschenke usw. kann der gesetzliche Vertreter des minderjährigen Verlobten von dem anderen Teile zurückfordern, da der Minderjährige zu solchen Veräußerungen überhaupt nicht befugt ist. Aber auch der andere Teil kann solche Geschenke zurückfordern, wenn wegen der mangelnden Zustimmung des Vertreters des (der) minderjährigen Verlobten die Heirat nicht zustande kommt. Wird das Verlöbnis durch den Tod gelöst, so können zwar der volljährige Verlobte oder seine Erben, wenn nicht anderes ausgemacht ist, die Geschenke nicht zurückverlangen; dem minderjährigen Verlobten oder seinen Erben wird aber dieses Recht nicht abgesprochen werden können, da der Minderjährige zu Verfügungen über sein Vermögen überhaupt nicht befugt war. Über diese (unter 4) besprochenen Fälle enthält das Gesetz keine ausdrücklichen Bestimmungen; sie sind nach den allgemeinen Grundsätzen des Gesetzes zu entscheiden.

5. Rechtsstellung sog. Brautkinder s. „Brautkinder".

Verlorene Papiere, Urkunden usw. s. Kraftloserklärung; verlorene Hypothekenbriefe s. Hypothek 3 a. Schl.; verlorene Inhaberpapiere s. Wertpapiere, Verlust von; Veräußerung usw. durch einen Bankier, s. Handelsgeschäfte 2; verlorene Sachen, Eigentumserwerb an, s. Bewegliche Sachen, Eigentum an; Ersitzung an, s. d. 2; öffentliches Versprechen einer Belohnung für den Wiederbringer s. Auslobung. S. a.: Gefundene Sachen.

Vermächtnis (2147—2191). **1.** Bedeutung eines Vermächtnisses. Ob mir in einem Testamente ein Vermächtnis ausgesetzt ist (ob ich „Vermächtnisnehmer" werde) oder ob ich, wenn auch zu demselben Geldwerte, zum Erben ernannt (als Erbe eingesetzt) bin, das ist keineswegs einerlei, wie meist geglaubt wird. Der Vermächtnisnehmer ist kein Miterbe, obwohl er etwas aus der Erbschaft erhält; er ist nur Gläubiger des (oder der) Erben; er ist Nachlaßgläubiger. Er hat mit den Schulden des Nachlasses nichts zu tun; deren Bezahlung ist Sache der Erben. Ebensowenig ist er an dem Aktivvermögen des Nachlasses beteiligt; auch dieses gehört den Erben allein, es sei denn, daß dem Vermächtnisnehmer gerade ein bestimmter, zum Nachlaß gehöriger Gegenstand, z. B. ein Grundstück, ein Kunstgegenstand usw., vermacht ist. Aber auch in dem letzteren Falle erwirbt der Vermächtnisnehmer die ihm vermachte Sache nicht unmittelbar durch die letztwillige Verfügung des Erblassers, sondern die Erben müssen ihm erst das Eigentum an der vermachten Sache übertragen (das vermachte Grundstück ihm auflassen); s. „Auflassung" und „Bewegliche Sachen, Eigentum an, 1". Der Vermächtnisnehmer hat keine weiteren Rechte, als von den Erben die ihm ausgesetzte Summe oder, was ihm sonst vermacht ist, zu fordern. Ob der eine oder der andere der im Testament eingesetzten Erben wegfällt, interessiert ihn nicht, da er aus dem Wegfall keinen Nutzen hat. (Vgl. über diesen Punkt weiter das unten zu 3 Gesagte.)

Auslegungsregeln bei Vermächtnissen.

Die Bestimmungen, die sich in den Testamenten über ausgesetzte Vermächtnisse finden, sind oft unklar und unvollständig; das Gesetz enthält daher eine Reihe von Vorschriften darüber, wie in solchem Falle der Wille des Erblassers auszulegen ist. Ist jemandem beispielsweise ein Haus vermacht, auf dem irgend eine Last ruht, etwa eine Hypothek, ein Erbbaurecht oder ein Nießbrauch, so fragt es sich, ob die Erben für den Bedachten das Haus von dieser Last befreien müssen, damit jener den vollen Wert des Hauses erhält. Der Erblasser hätte hierüber bestimmen können und sollen. Das Gesetz entscheidet, daß, wenn die Willensmeinung des Erblassers mit Sicherheit nicht zu ermitteln ist, die Erben zur Beseitigung der Last nicht verpflichtet sind; der Bedachte muß das Haus nehmen, wie es ist, mit der Hypothek, mit dem Nießbrauch usw. (2165). Bei Hypotheken ist aber zu unterscheiden (2166, 2167): Ruht die Hypothek nur auf dem vermachten Grundstücke, nicht auch auf anderen zum Nachlaß gehörigen Grundstücken, und dient sie zur Sicherheit für eine Schuld, die der Erblasser zu berichtigen hatte, so ist im Zweifel der Vermächtnisnehmer dem Erben gegenüber zur rechtzeitigen Befriedigung des Gläubigers insoweit verpflichtet, als der Wert des Grundstücks reicht; darüber hinaus haben die Erben für Berichtigung der Schuld zu sorgen. Ist dem Erblasser gegenüber ein Dritter zur Berichtigung der Schuld verpflichtet, so besteht die Verpflichtung des Vermächtnisnehmers nur insoweit, als der Erbe die Berichtigung von dem Dritten nicht erlangen kann. Dies gilt aber nicht für die nur zu einem Höchstbetrage eingetragenen sog. Kautionshypotheken. — Haften jedoch für die Hypothek auch noch andere Grundstücke des Nachlasses, so wird die Schuld zwischen dem Vermächtnisnehmer und den Erben geteilt; der Vermächtnisnehmer hat nur denjenigen Teil davon zu tragen, der dem Verhältnisse des Wertes des vermachten Grundstücks zu dem Werte der sämtlichen Grundstücke entspricht. — Ein anderer Fall ist (2169, 2170), daß der Erblasser im Testament eine bestimmte Sache aus seinem Vermögen vermacht hat, die bei seinem Tode aber nicht oder nicht mehr in seinem Besitz ist, sei es, daß sie untergegangen ist oder daß er sie verschenkt, verkauft usw. hat. Hier braucht regelmäßig der Erbe die im Nachlasse nicht oder nicht mehr vorhandene Sache dem Bedachten auch nicht zu liefern; das Vermächtnis ist unwirksam. Ergibt sich aber mit Sicherheit als der Wille des Erblassers, daß der Bedachte auf alle Fälle den betreffenden Gegenstand als Vermächtnis von ihm haben sollte, so muß der Erbe dem Vermächtnisnehmer die Sache verschaffen. Das ist natürlich nicht immer möglich, z. B. wenn der Besitzer sie nicht verkaufen will. Dann muß der Erbe dem Bedachten den Wert der Sache entrichten. Ebenso kann sich der Verpflichtete, wenn die Beschaffung der Sache mit unverhältnismäßigen Kosten verbunden wäre, durch Zahlung des Wertes befreien. Etwas anderes ist es, wenn dem Bedachten nicht eine bestimmte Sache, sondern nur eine der Gattung nach bestimmte Sache, z. B. „ein" Reitpferd, „ein" Fahrrad usw., vermacht ist. Dann muß der Erbe ihm eine solche Sache liefern, einerlei, ob sie im Nachlasse vorhanden ist oder nicht; er muß ihm das Eigentum daran, frei von Rechten anderer Personen, verschaffen; er haftet wegen etwaiger Mängel, die die Sache hat, dem Berechtigten in gleicher Weise, wie ein Verkäufer für Mängel einer verkauften Sache dem Käufer haftet (s. darüber „Gewährleistung wegen Mängel usw."). Dasselbe gilt im Zweifel, wenn dem Berechtigten ein bestimmter Gegenstand vermacht ist, der nicht zum Nachlasse gehört; der Erblasser hat z. B. bestimmt, daß sein Neffe X. ein bestimmtes Haus, das sich aber in fremdem Besitz befindet, als Vermächtnis von ihm haben solle; dann müssen die Erben das Haus für den X. kaufen. Ist es nicht verkäuflich, so müssen sie an X. den Wert zahlen; ist der Ankauf nur mit unverhältnismäßigen Opfern möglich, so können sie sich durch Zahlung des Wertes an X. von ihrer Verpflichtung befreien. Besteht das Vermächtnis übrigens in einem Grundstück, das die Erben für den Bedachten erst erwerben müssen, so muß dieser es sich gefallen lassen, wenn das ihm übergebene Grundstück etwa mit Grunddienstbarkeiten, beschränkten persönlichen Dienstbarkeiten oder Reallasten belastet ist, da dies nebensächliche, den Wert des Grundstücks nicht erheblich oder dauernd mindernde Beschränkungen oder Belastungen sind, wie sie herkömmlich mit Grundstücken verbunden zu sein pflegen. Andere Belastungen dagegen, wie z. B. Hypotheken oder Grundschulden, ein Nießbrauch oder dgl., die auf dem verschafften Grundstücke etwa ruhen, müssen die Erben ablösen, oder, wenn dies nicht angängig ist, insoweit Ersatz leisten. Diese Bestimmungen des Gesetzes gelten aber nur dann, wenn nicht nach den Umständen des Falles ein anderer Wille des Erblassers angenommen werden muß. Erweist sich die nur der Gattung nach bestimmte Sache, die die Erben dem Vermächtnisnehmer zu liefern hatten, als mangelhaft, so kann der Bedachte verlangen, daß ihm dafür eine mangelfreie geliefert wird; nur wenn die Erben einen Fehler der gelieferten Sache arglistig verschwiegen haben, kann der Berechtigte statt der Lieferung einer mangelfreien Sache Schadensersatz wegen Nichterfüllung verlangen. — Das Vermächtnis einer Sache erstreckt sich im Zweifel auf das zur Zeit des Erbfalls vorhandene Zubehör dieser Sache (s. „Zubehör"). — Hat der Erblasser für den Fall, daß der, dem das Vermächtnis zugewendet ist, es nicht erwirbt (weil er z. B. vor dem Erblasser stirbt), das Vermächtnis einem anderen bestimmt, so finden die für die Einsetzung eines Ersatzerben geltenden Vorschriften (s. „Ersatzerben") entsprechende Anwendung (2190). Hat der Erblasser bestimmt, daß das Vermächtnis erst einer bestimmten Person, später aber einem anderen zufallen soll, so kommen die Vorschriften über die Einsetzung von Nacherben (s. d.) zur entsprechenden Anwendung (2191). Unter Umständen kann ein Vermächtnis sich dadurch vergrößern, daß ein anderer Bedachter wegfällt; man spricht hier von „Anwachsen" eines Vermächtnisses. Ist nämlich mehreren derselbe Gegenstand vermacht, so wächst, wenn einer von ihnen wegfällt (z. B. weil er vor dem Erblasser verstirbt), dessen Anteile den übrigen Bedachten nach dem Verhältnisse ihrer Anteile an, und zwar auch dann, wenn der Erblasser die Anteile der Bedachten bestimmt hat. Sind einige der Bedachten zu demselben Anteile berufen, so tritt die Anwachsung zunächst unter ihnen ein. Ein solches Anwachsen bei Vermächtnissen kann aber der Erblasser ausschließen (2158, 2159).

Ein Vermächtnis, das auf eine zur Zeit des Erbfalles unmögliche oder gesetzlich verbotene Leistung geht, ist ungültig (2171). War dem Bedachten eine dem Erblasser zustehende Geldforderung vermacht, so fragt es sich, ob er die Summe noch zu fordern hat, wenn die Schuld dem Erblasser schon eingezahlt ist (2173). Diese Frage bejaht das Gesetz, wenn sich nicht eine andere Willensmeinung des Erblassers ergibt. War die Forderung nicht auf Geld, sondern auf Leistung eines anderen Gegenstandes gerichtet, so ist zu unterscheiden, ob die Sache im Nachlasse noch vorhanden ist; dann kann der Bedachte sie fordern, andernfalls nicht; beides, wenn sich nicht ein anderer Wille des Erblassers ergibt.

2. Erwerb und Auszahlung usw. des Vermächtnisses (2176 ff.). Der Bedachte erwirbt das Vermächtnis nur dann, wenn er den Erblasser überlebt (2160). Das Vermächtnis geht nicht etwa, wenn der Bedachte vor dem Erblasser verstorben ist, auf seine Erben über (abgesehen von dem Falle, wo die Bestimmungen über eine Ersatzberufung bei bedachten Abkömmlingen des Erblassers — s. „Ersatzerben" — zur Anwendung kommen). Der Vermächtnisnehmer erwirbt die Forderung gegen den oder die Erben auf Auszahlung (Lieferung) der vermachten Summe oder Sache sofort mit dem Tode des Erblassers, falls das Vermächtnis nicht etwa unter einer Bedingung vermacht oder vom Erblasser bestimmt ist, daß es erst zu einer gewissen späteren Zeit solle gefordert werden können.

Auch wenn der Bedachte zur Zeit des Todes noch nicht geboren war, fällt ihm das Vermächtnis mit dem Zeitpunkt des Todes an, falls er zu dieser Zeit bereits erzeugt war. Ist dagegen der Bedachte zur Zeit des Todes des Erblassers noch nicht erzeugt oder wird seine Persönlichkeit durch ein erst nach dem Tode des Erblassers eintretendes Ereignis bestimmt, so erfolgt der Anfall des Vermächtnisses im ersteren Falle mit der Geburt, im letzteren Falle mit dem Eintritt des Ereignisses; erst von dieser Zeit an kann das Vermächtnis gefordert werden. Einer juristischen Person, die zur Zeit des Todes noch nicht bestand, fällt das Vermächtnis erst mit dem Zeitpunkt an, wo sie zur Entstehung gelangt, ausgenommen den Fall, daß ein Vermächtnis einer Stiftung zugewandt ist, die zur Zeit des Todes des Erblassers noch nicht genehmigt war; hier wird — die spätere Genehmigung vorausgesetzt — das Vermächtnis schon beim Tode des Erblassers fällig. Sollte der Erblasser die Bestimmung getroffen haben, daß es im Belieben des Erben stehen solle, wann er das Vermächtnis auszahlen wolle, so kann der Bedachte das ihm Zugesicherte allerdings nicht fordern, so lange der Verpflichtete nicht geneigt ist, zu zahlen; stirbt er jedoch, so wird das Vermächtnis sofort fällig; seine Erben müssen es auszahlen. — Bei der Auszahlung kann der Erbe die auf das Vermächtnis fallende Erbschaftssteuer abziehen. — Ein Vermächtnis kann ebenso, wie eine Erbschaft, ausgeschlagen werden, was aber verhältnismäßig selten vorkommen wird, da der Vermächtnisnehmer von den Erbschaftsgläubigern nicht belästigt werden kann. Darüber, zu welchem Zeitpunkte der Bedachte die Auszahlung (Lieferung) des an sich fälligen Vermächtnisses von den Erben fordern kann, gilt dasselbe, wie für andere Nachlaßgläubiger (denn auch die Vermächtnisnehmer gehören zu den Nachlaßgläubigern); vgl. hierüber „Nachlaßschulden 4". Ist ein Grundstück (ein Haus, ein Landgut, ein Acker usw.) vermacht, so muß es dem Berechtigten, wie schon erwähnt, von den (sämtlichen) Erben aufgelassen werden; erst dadurch und durch die darauf stattfindende Eintragung im Grundbuch erwirbt der Vermächtnisnehmer das Eigentum an dem Grundstück. Dies gilt auch dann, wenn einem der Erben selbst ein Grundstück (durch sog. Vorausvermächtnis; s. d.) vermacht oder durch eine sog. Teilungsanordnung auf seinen Erbteil zugewiesen ist. Eine Sicherheitsleistung wegen eines noch nicht fälligen Vermächtnisses kann der Bedachte von dem oder den Erben im allgemeinen nicht fordern; einen Arrest oder eine einstweilige Verfügung kann er gegen den Erben erwirken, wenn die gesetzlichen Voraussetzungen dafür vorliegen. Ist dem Bedachten ein Grundstück vermacht, so kann er, wenn die Auflassung von den Erben verzögert oder verweigert wird, zu seiner Sicherung eine Vormerkung (s. d.) im Grundbuch eintragen lassen (885).

3. Vermächtnisnehmer oder Erbe? Es ist eingangs gesagt, daß es von Bedeutung sei, ob jemand mit einem Vermächtnis bedacht oder ob er als Erbe eingesetzt ist. Es ist nun aber, besonders wenn der Erblasser selbst, ohne juristischen Beirat, sein Testament verfaßt hat, aus den Bestimmungen des Testaments oft schwer zu entnehmen, was der Testator gewollt hat, ob der Bedachte Erbe sein soll oder ob ihm bloß ein Vermächtnis zugedacht ist. Das Gesetz (2087) stellt daher in dieser Beziehung eine Auslegungsregel auf, nach der in solchen zweifelhaften Fällen entschieden werden soll. Hat nämlich der Erblasser sein ganzes Vermögen dem Bedachten zugewendet, so ist dieser natürlich Erbe, nicht Vermächtnisnehmer; ebenso soll es aber auch angesehen werden, wenn der Erblasser der bedachten Person einen Bruchteil (s. d.), also z. B. ein Viertel, ein Zwölftel usw. seines Vermögens, zugewandt hat. Sind dagegen dem Bedachten nur einzelne Gegenstände zugewendet, so ist im Zweifel nicht anzunehmen, daß er Erbe sein soll, selbst wenn der Erblasser den Ausdruck „Erbe" gebraucht haben sollte; es kommt hier aber viel auf die Umstände an, und dem richterlichen Ermessen ist ein weiter Spielraum gelassen.

Vermächtnisnehmer im Nachlaßkonkurse s. d.; Einsetzung eines solchen im Testament s. Auslegung testamentarischer Bestimmungen.

Vermächtnisvertrag s. Erbvertrag.

Vermengung s. Verbindung.

Vermieter s. Miete.

Vermischung s. Verbindung usw.

Vermittelung von Geschäften s. Mäkler u. Handlungsagenten; der Erbteilung durch das Gericht oder den Notar s. Erbteilung 3.

Vermögen, künftiges, Vertrag über, s. Künftiges Vermögen; der Kinder, Verwaltung und Nutznießung durch den Vater s. Verwaltung usw. des Kindesvermögens; durch die Mutter s. Mutter und Kind 3; der Kinder, Sicherstellung bei der Wiederverheiratung des Vaters oder der Mutter s. Ehehindernisse 1 h; des Mündels, Verwaltung durch den Vormund s. Vormund 3; eingebrachtes der Frau s. d.

Vermögensgemeinschaft s. Gemeinschaft; s. auch Gütergemeinschaft.

Vermögensschaden s. Schadensersatz.

Vermögensstand, Auskunft des Mannes über den Vermögensstand der Frau, s. Eingebrachtes Gut der Frau 4.

Vermögensübertragung (311, 419). **1.** Verträge, durch die jemand sich verpflichtet, sein ganzes gegenwärtiges Vermögen (nicht einzelne Sachen) oder einen Bruchteil seines gegenwärtigen Vermögens zu übertragen oder einen Nießbrauch daran einzuräumen, bedürfen zu ihrer Rechtsgültigkeit der gerichtlichen oder notariellen Beurkundung (s. „Form der Rechtsgeschäfte 2"), damit dem Verfügenden die Bedeutung seines Schrittes klar werde. Diese Form vorausgesetzt, sind solche Verträge gültig; insbesondere ist es auch zulässig, sein ganzes (gegenwärtiges) Vermögen oder einen Bruchteil davon zu verschenken, sei es mit oder ohne Auflagen an den Beschenkten. Ob und inwieweit Pflichtteilsberechtigte solche Verträge anfechten können, s. „Pflichtteil 4". (Was ein „Bruchteil" eines Vermögens ist, darüber s. „Künftiges Vermögen, Verträge über").

2. Für Verträge, durch die jemand sein „Vermögen" auf einen anderen überträgt, gilt noch folgendes Besondere: Wenn der Übergeber zur Zeit der Übergabe des Vermögens Schulden hat, so wird es meist im Willen der Vertragschließenden liegen und im Vertrage ausdrücklich bestimmt sein, daß auch die Schulden des Abgebers auf den Übernehmer des Vermögens übergehen sollen. Damit würden aber nach sonst geltenden allgemeinen Grundsätzen die Gläubiger des Übergebers noch keine unmittelbaren Rechte gegen den Übernehmer auf Bezahlung dieser Schulden erworben haben, wenn nicht etwa die Gläubiger die Übernahme der Schulden durch den Annehmer genehmigt haben (s. „Übernahme einer fremden Schuld"). Das Gesetz hilft hier den Gläubigern durch die besondere Bestimmung, daß auch ohne solche Schuldübernahme und deren Genehmigung durch den Gläubiger der letztere vom Abschluß des Vertrages (zwischen dem Übergeber und dem Annehmer des Vermögens) an seine Forderung gegen den Abgeber, die zur Zeit des Vertragsabschlusses schon bestand, auch gegen den Übernehmer geltend machen kann. Neben dem Übernehmer haftet aber auch der Abgeber weiterhin dem Gläubiger für diese Schulden. Die Haftung des Übernehmers auf Grund dieser Bestimmungen beschränkt sich indes auf den Bestand des übernommenen Vermögens (ZPO. 786) und die Ansprüche, die ihm auf Grund des Übernahmevertrags zustehen. Beruft sich der Übernehmer einem Gläubiger gegenüber auf diese Beschränkung seiner Haftung, so finden die für die Haftung des Erben geltenden Vorschriften der §§ 1990, 1991 des Gesetzbuchs entsprechende Anwendung. (Es sind dies die Bestimmungen für den Fall, daß die Anordnung einer Nachlaßverwaltung oder die Eröffnung des Konkurses wegen Geringfügigkeit des Nachlasses untunlich ist; s. darüber „Nachlaßverwaltung 2".) Die Haftung des Übernehmers eines Vermögens für die Schulden des Abgebers kann durch eine Vereinbarung zwischen diesen beiden weder ausgeschlossen, noch beschränkt werden. Über eine Geschäftsübernahme s. d. Art. „Geschäftsübernahme".

Vermögensverhältnisse der Ehegatten s. Eingebrachtes Gut der Frau 1; eines Schuldners, Verschlechterung der, s. Rücktritt von einem Vertrage 1.

Vermögensverwaltung s. Vermögen.

Vermögensverzeichnis s. Inventar; vor Leistung des Offenbarungseides s. Offenbarungseid 2.

Vermögensverzeichnis (Nachlaßverzeichnis), Aufnahme eines. In gewissen Fällen, die in diesem Buche gehörigenorts erwähnt sind, muß nach dem Gesetz ein Vermögensverzeichnis oder ein Nachlaßverzeichnis (s. Nachlaßinventar) durch eine zuständige Behörde oder einen zuständigen Beamten oder Notar aufgenommen oder doch eine solche Behörde oder ein solcher Beamter oder Notar bei der Aufnahme des Verzeichnisses zugezogen werden. Die Zuständigkeit der Behörden oder des Beamten für solche Aufnahmen usw. zu bestimmen, ist Sache der Landesgesetzgebung. In Preußen (Ges. über die Angelegenheiten der freiwilligen Gerichtsbarkeit 31, 38, 128) sind sowohl die Amtsgerichte wie die Notare zur Aufnahme des Verzeichnisses oder zur Mitwirkung bei solcher zuständig. Das Amtsgericht kann wiederum die Aufnahme des Verzeichnisses einem Urkundsbeamten, einem Gerichtsvollzieher, einem Dorfgericht usw. oder auch einem Notar auftragen. — In Bayern (Notariatsges. v. 9. Juni 1899, § 2) sind die Notare zuständig. — In Württemberg (AGBGB. Württ. 125—128) die öffentlichen Notare und die Amtsgerichte unter Mitwirkung der örtlichen Inventurbehörden. Hat das Amtsgericht zur Sicherung eines Nachlasses die Aufnahme eines Nachlaßverzeichnisses angeordnet, so erfolgt dieselbe durch den Vorsitzenden dieses Gerichts unter Beihilfe der örtlichen Inventurbehörde; ebenso, wenn eine Erbauseinandersetzung durch Vermittelung des Nachlaßgerichts stattfindet oder das Nachlaßgericht aus einem anderen Grunde die Aufnahme eines Nachlaßverzeichnisses anordnet. — In Baden (AGBGB. Bad.) sind nur die Notare zuständig. Die Verzeichnung beweglicher Sachen erfolgt regelmäßig durch die örtliche Inventurbehörde. Die endgültige Festsetzung des Verzeichnisses verbleibt aber dem Notar. — In Hamburg sind gleichfalls die Notare zuständig (Ges., betr. das Notariat, v. 29. Dezember 1899, § 6).

Vermutung (Rechtsvermutung). Darüber, welche der Parteien im Prozeß eine streitige Tatsache, auf die es für die Entscheidung ankommt, zu beweisen hat, entscheiden allgemeine Beweisregeln, über die jedoch in der Rechtswissenschaft mancherlei Streit besteht. Das Gesetz selbst stellt aber für eine Anzahl von Fällen eine sog. Vermutung (Rechtsvermutung) auf, durch die die „Beweislast" in solchem Falle geregelt wird. So z. B. bestimmt das Gesetz (1362): „Zugunsten der Gläubiger des Mannes wird vermutet, daß die im Besitz eines der Ehegatten oder beider Ehegatten befindlichen beweglichen Sachen dem Manne gehören." Folge davon ist, daß die Frau, wenn sie etwa pfändenden Gläubigern des Mannes gegenüber ihr Eigentum wahren will, das Eigentum an den Sachen beweisen muß. Die Wirkung der gesetzlichen Vermutung ist also die, daß derjenige, der zur Geltendmachung eines Anspruchs irgendeine Tatsache vorbringen muß, diese Tatsache seinerseits nicht zu beweisen braucht, wenn eine gesetzliche Vermutung dafür besteht; das Gesetz schiebt den Beweis dem Gegner zu (ZPO. 292).

Vernichtung einer Urkunde bewirkt Erbunwürdigkeit s. Erbunwürdigkeit; einer Testamentsurkunde s. Testament 4; eines Hypothekenbriefs s. Hypothek 3 a. Schl.

Verpachtung s. Pacht.

Verpackung von Waren, Schutz der, s. Warenbezeichnungen usw.

Verpfändung von Sachen s. Pfand (Faustpfand); von Grundstücken s. Hypothek, Grundschuld, Rentenschuld; von Forderungen, Rechten usw. s. Pfandrecht an Rechten usw.; von Schiffen s. Pfandrecht an Schiffen; eines Erbteils s. Erbteilung

1; einer Versicherungspolice s. Lebensversicherungsvertrag.

Verpflichtungen aus Verträgen, allgemeine Grundsätze über, s. Leistungen usw.

Verrat von Geschäfts- oder Betriebsgeheimnissen s. Geschäfts- und Betriebsgeheimnisse usw.

Versäumung der Inventarfrist s. Nachlaßinventar 1; der Anmeldung von Nachlaßforderungen s. Aufgebot der Nachlaßgläubiger 2.

Verschenken s. Schenkung; einer Forderung s. Abtretung einer Forderung.

Verschlechterung einer gekauften Sache s. Kauf und Verkauf 6.

Verschollenheit s. Todeserklärung; des Vaters s. Eltern und Kinder 7.

Verschulden. Unter dem Ausdruck Verschulden versteht das Gesetz die Begriffe Vorsatz und Fahrlässigkeit zusammen (s. die betreffenden Artikel). Das Begeben in Gefahr aus sittlicher Pflicht ist kein Verschulden.

Verschulden bei einem Unfall oder verursachten Schaden s. Schadensersatz, allg. Bestimmungen über; als Grund der Ehescheidung s. Ehescheidung.

Verschwägerte s. Verwandtschaft 2; Eintritt in den Familienrat s. Familienrat; Heiraten zwischen, s. Ehehindernisse 1 c.

Verschwendung, Entmündigung wegen, s. Entmündigung.

Versehen s. Irrtum; von Beamten, Schadensersatz wegen, s. Beamte, Schadensersatz usw.

Versendungskosten, Tragung der, s. Leistungen usw. 5.

Versetzung, Kündigung wegen, s. Miete 7 unter 1 f u. Pacht 6.

Versicherung s. Lebensversicherungsvertrag; beim Nießbrauch s. Nießbrauch 1; Ablauf einer, s. Hypothek 2; Versicherungen gegen Prämie, Übernahme von, s. Kaufmann 1.

Versicherungsagenten. Über die Stellung dieser hat sich das Reichsgericht wie folgt ausgesprochen: Der Agent einer Versicherungsgesellschaft ist Vertrauens- und Mittelsperson zwischen ihr und den Versicherungsnehmern, nicht aber Vertreter der Gesellschaft in der rechtlichen Bedeutung dieses Wortes (s. „Vertreter, Vertretung"). Es liegt ihm ob, den Abschluß von Versicherungsverträgen zu vermitteln; mangels besonderer Ermächtigung ist er aber nicht befugt, namens der Gesellschaft mit den Versicherungsnehmern selbst Verträge zu schließen. Auch ist aus der Bezeichnung eines Agenten als Generalagent nicht zu folgern, daß er über die einem solchen regelmäßig zustehenden Befugnisse (Einziehung der Prämien, Auslieferung der Policen) hinaus ermächtigt sei, Rechtsgeschäfte namens der Gesellschaft abzuschließen.

Versicherungsaktiengesellschaften s. Versicherungsrecht; Genehmigung zum Grunderwerbe s. Juristische Personen 2.

Versicherungsforderung, Haftung für die Hypotheken, s. den folgenden Artikel.

Versicherungsgelder, Auszahlung von (1127 bis 1130). (S. a. „Lebensversicherung" und „Versicherungsrecht".) Wenn ein Sachschaden an Gegenständen entstanden ist, die für eine Hypothek haften, so ist bei Auszahlung von Versicherungsgeldern folgendes zu beachten: Sind Gegenstände (ein Gebäude, ein Gutsinventar, Früchte usw.), die für eine Hypothek haften, versichert, so erstreckt sich die Hypothek auch auf die Forderung gegen den Versicherer (Versicherungsforderung, Brand-, Hagel- usw. Entschädigungsforderung); der Versicherer muß daher auf diesen Anspruch des Hypothekengläubigers Rücksicht nehmen, und darf nicht ohne weiteres an den Versicherten zahlen. Diese Haftung erlischt erst, wenn der versicherte Gegenstand wiederhergestellt oder Ersatz dafür beschafft ist. Vorher gilt folgendes:

1. Ist ein versichertes, mit einer oder mehreren Hypotheken belastetes Gebäude (über andere versicherte Gegenstände s. unten 2) abgebrannt oder durch Feuer, Explosion usw. beschädigt, so ist es Sache der Versicherungsgesellschaft, den Schadensfall den Hypothekgläubigern anzuzeigen, sofern dies nicht schon von dem Versicherten selbst geschehen ist. Die Namen und Wohnorte der Hypothekengläubiger ergeben sich aus dem Grundbuche. Die Hypothekengläubiger müssen nun, wenn sie ihr Recht auf die Versicherungssumme geltend machen wollen, binnen einem Monate (vom Empfange der Anzeige ab) der Auszahlung der Brand- usw. Entschädigungsgelder an den Versicherten bei der Versicherungsgesellschaft widersprechen; tun sie dies nicht, so darf die Gesellschaft die Entschädigung an den Versicherten ohne Rücksichtnahme auf die Hypothekengläubiger auszahlen. Haben dagegen die Hypothekengläubiger oder hat einer von ihnen der Auszahlung widersprochen, so darf die Versicherungsgesellschaft nur an den Versicherten und den oder die Hypothekengläubiger zusammen zahlen. Dabei kommen die unter dem Stichwort „Pfandrecht an Rechten usw." unter 2 mitgeteilten, für den Fall der Verpfändung einer Forderung gegebenen Vorschriften zur Anwendung. Ist die Forderung des Hypothekgläubigers zu der Zeit, wo die Versicherungssumme auszuzahlen ist, bereits fällig, so darf der Hypothekgläubiger, wenn er innerhalb der Monatsfrist der Auszahlung an den Versicherten widersprochen hat, die Versicherungssumme von der Gesellschaft selbst einziehen, soweit es zu seiner Befriedigung erforderlich ist, und die Gesellschaft darf (insoweit) nur an ihn zahlen. Der Hypothekgläubiger ist sogar verpflichtet, für ordnungsmäßige Einziehung zu sorgen; er muß von der stattgehabten Einziehung den Versicherten unverzüglich benachrichtigen. Sind mehrere Hypothekgläubiger da, so hat der erste (dem Range nach) von ihnen das Recht, die Versicherungssumme, soweit sie zur Deckung seiner Forderung erforderlich ist, von der Gesellschaft einzuziehen. Einen etwa überschießenden Betrag kann der zweite Hypothekgläubiger für sich einziehen und so fort. Kann die Versicherungsgesellschaft einem Hypothekgläubiger aus irgendeinem Grunde (z. B. weil sein Aufenthalt unbekannt ist oder weil die Erben des eingetragenen Hypothekgläubigers nicht bekannt sind) keine Anzeige über den Schadensfall machen, so darf diese unterbleiben; die oben bezeichnete Frist von einem Monate beginnt dann mit dem Tage der Fälligkeit der Versicherungssumme.

Die vorstehend mitgeteilten gesetzlichen Bestimmungen kommen nicht zur Anwendung, wenn nach den Versicherungsbedingungen die Versicherungsgesellschaft nur verpflichtet ist, die Versicherungssumme zur Wiederherstellung des abgebrannten oder beschädigten Gebäudes zu zahlen. In solchem Fall ist eine diesen Bestimmungen entsprechende Zahlung an den Versicherten mit befreiender Wirkung dem Hypothekengläubiger gegenüber wirksam (1130).

Unter einer Gebäudeversicherung ist nach den Motiven zum Bürgerlichen Gesetzbuch die Versicherung eines Gebäudes gegen Feuers- oder Explosionsgefahr zu verstehen, nicht aber eine Glas- oder Spiegelscheibenversicherung.

2. Ist ein anderer Gegenstand, als ein Gebäude, versichert (Versicherung von Früchten gegen Brand- oder Hagelschaden, Mobiliarversicherung, Glas- oder Spiegelscheibenversicherung usw.), so ist das Verfahren ein anderes, als das unter 1 beschriebene. Es müssen hier, wenn ein Brand- usw. Schaden entstanden ist, die etwaigen **Hypothekgläubiger** (also diejenigen, deren Hypothek an einem Grundstück sich auf die versicherten Gegenstände mit erstreckt; vgl. „Hypothek 2“), wenn sie sich die Versicherungsforderung sichern wollen, sie gerichtlich beschlagnahmen lassen. Geschieht dies innerhalb eines Jahres nach dem Eintritte der Fälligkeit der Versicherungsforderung nicht, so wird diese ohne weiteres von der Haftung für die Hypothek frei. Aber auch vorher kann der Versicherte die Entschädigungssumme gültig einziehen oder anderweit über sie verfügen (z. B. sie an jemand anders abtreten), mit der Wirkung, daß die Haftung der Forderung für die Hypothek untergeht, solange sie nicht auf Antrag eines Hypothekgläubigers beschlagnahmt ist. Eine Beschlagnahme des Grundstücks zum Zwecke der Zwangsversteigerung ergreift die Forderung aus einer Versicherung der mitverpfändeten Früchte und des mitverpfändeten Mobiliars nur insoweit, als die **Erzeugnisse noch nicht vom Boden getrennt und** die beweglichen Sachen noch „Zubehör“ (s. d.) des Grundstücks sind; in weiterem Umfange wird die Versicherungsforderung nur durch eine von dem Hypothekgläubiger ausgebrachte besondere Beschlagnahme oder durch eine Beschlagnahme zum Zwecke einer Zwangsverwaltung betroffen. Ist in den Versicherungsbedingungen bestimmt, daß die Versicherungsgesellschaft nur verpflichtet ist, die Versicherungssumme zur Wiederherstellung des versicherten Gegenstandes zu zahlen, so wird die Gesellschaft von der Haftung den Hypothekgläubigern gegenüber ohne weiteres frei, wenn sie den Versicherungsbedingungen entsprechend die Versicherungssumme ausgezahlt hat, selbst dann, wenn die Entschädigungssumme in Wirklichkeit gar nicht zur Wiederherstellung des versicherten Gegenstandes verwandt sein sollte (1130).

Versicherungspolicen s. Schuldverschreibungen auf den Inhaber I 6 u. Lebensversicherung.

Versicherungsrecht. **1.** Das private Versicherungsrecht (Feuer-, Hagel-, Vieh-, Transport-, Haftpflicht-, Unfall-, Lebensversicherung) ist durch die beiden Reichsgesetze: Gesetz über die privaten Versicherungsunternehmungen vom 12. Mai 1901 (RGBl. 139, Gutt. Slg. Nr. 62) und das Gesetz über den Versicherungsvertrag vom 30. Mai 1908, Gutt. Slg. Nr. 83) reichsgesetzlich geregelt.

Das erste Gesetz betrifft hauptsächlich die öffentlichrechtliche Stellung der privaten Versicherungsunternehmungen und ihre Beaufsichtigung durch den Staat, und regelt außerdem die Einrichtung der Versicherungsunternehmungen auf Gegenseitigkeit. Die öffentlichen, unter Verwaltung staatlicher oder kommunaler Behörden stehenden Brandkassen, Hagel- oder Viehversicherungsanstalten, ferner die auf Grund der Arbeiterversicherungsgesetze errichteten Kranken-, Unfall- und Invalidenversicherungsanstalten, eingeschriebenen Hilfskassen, Innungsunterstützungs- und Knappschaftskassen usw. fallen nicht unter dieses Gesetz, auch nicht Unternehmungen, die die Versicherung gegen Kursverluste oder die Transportversicherung oder ausschließlich die Rückversicherung zum Gegenstande haben (mit Ausnahme von Versicherungsvereinen auf Gegenseitigkeit).

Das zweite Gesetz regelt die vertraglichen Beziehungen zwischen dem Versicherer (Versicherungsunternehmen) und dem Versicherungsnehmer und Versicherten.

1. Das Gesetz über die privaten Versicherungsunternehmungen führt eine staatliche Aufsicht über die im Gesetz bezeichneten Versicherungsunternehmungen ein. Diese Aufsicht wird durch das Reichsaufsichtsamt für Privatversicherung zu Berlin ausgeübt. Jedes Versicherungsunternehmen bedarf der Erlaubnis dieses Amtes zum Geschäftsbetriebe. Die Aufsicht erstreckt sich laufend auf den gesamten Geschäftsbetrieb. Zum Betriebe der verschiedenen Arten der Lebensversicherung, sowie zum Betriebe der Unfall-, Haftpflicht-, Feuer- und Hagelversicherung werden nur Aktiengesellschaften (s. d.) und Versicherungsvereine auf Gegenseitigkeit (abgekürzt a. G.) zugelassen. Die Einrichtung der letzten ist im Gesetz zugleich geregelt. Es sind rechtsfähige Personenvereinigungen, die durch Erlaubnis zum Geschäftsbetriebe Rechtsfähigkeit erhalten, eine Firma führen, die einen Zusatz haben muß, der auf die Gegenseitigkeit (a. G.) hinweist und ins Handelsregister eingetragen wird. Die Mitgliedschaft setzt stets die Begründung eines Versicherungsverhältnisses voraus, und mit der Beendigung dieses Versicherungsverhältnisses endet die Mitgliedschaft, soweit die Satzung nichts anderes bestimmt. Den Gläubigern des Unternehmens haftet nur das Vereinsvermögen. Die Deckung der Ausgaben kann beschafft werden:

a) durch einmalige oder wiederkehrende Beiträge im voraus mit Vorbehalt von Nachschüssen oder unter Ausschluß von solchen mit oder ohne Vorbehalt der Kürzung der Versicherungsansprüche,

b) durch Beiträge, die nach Maßgabe des eingetretenen Bedürfnisses umgelegt werden.

Über die Art der Deckung muß die Satzung Bestimmungen treffen. Gewinnüberschüsse, soweit sie nicht satzungsgemäß zu verwenden sind, oder auf das nächste Geschäftsjahr übertragen werden, sind auf die in der Satzung bestimmten Mitglieder zu verteilen. Für kleinere Vereine, die sachlich, örtlich oder hinsichtlich des Personenkreises beschränkt sind, bestehen erhebliche Erleichterungen der Anforderungen. Personenvereinigungen, die ihren Mitgliedern Unterstützung gewähren, z. B. Zuschüsse in Krankheitsfällen, ohne ihnen einen Rechtsanspruch darauf einzuräumen, fallen nicht unter dieses Gesetz.

Besondere Bestimmungen trifft das Gesetz noch über den Prämienreservefonds bei Lebensversicherungen (§ 56 ff.). Es ist dies eine besondere Rücklage in Höhe des Rückkaufswertes der sämtlichen laufenden Versicherungsverträge, die gesondert zu verwalten und anzulegen ist (s. auch Lebensversicherung). Im übrigen muß auf das Gesetz verwiesen werden. Gutt. Slg. Nr. 62.

2. Gesetz über den Versicherungsvertrag v. 30. 5. 08. Es können hier nur die allgemeinen Grundzüge des Gesetzes dargestellt werden, zumal die einzelnen Bestimmungen aus dem Versicherungsschein, der jedem Versicherer ausgehändigt werden muß, zu ersehen sind. Die im Versicherungsschein aufgenommenen Bestimmungen sind von dem Auf-

sichtsamt auf ihre Zulässigkeit hin nachgeprüft. Das Gesetz unterscheidet Schadensversicherung auf der einen und Lebens- und Unfallversicherung auf der anderen Seite, weil bei der ersten ein Vermögensschaden von dem Versicherer zu ersetzen, bei den beiden letzten ein Betrag an Kapital oder Rente zu zahlen ist. Der Antrag auf Abschluß des Versicherungsvertrages wird in der Regel von dem Versicherungsnehmer ausgehen, den der Versicherer dann annimmt oder ablehnt. Nimmt er ihn an, so hat er dem Versicherungsnehmer einen Versicherungsschein auszuhändigen. Der Versicherungsschein kann auch vereinbarungsgemäß auf den Inhaber ausgestellt werden. Dadurch wird der Versicherer bei Eintritt des Versicherungsfalls berechtigt, ohne Prüfung an den Inhaber der Urkunde zu zahlen (808 BGB.). Der Versicherungsnehmer muß den Schein nachprüfen, ob der Inhalt den Vereinbarungen bzw. seinem Antrage entspricht. Eine Vereinbarung, daß der Inhalt des Scheins mit der Annahme genehmigt sein soll, ist nur dann wirksam, wenn dem Versicherungsnehmer eine Frist von mindestens einem Monat für die Erhebung des Widerspruchs gegen die Richtigkeit des Scheins gewährt ist. Der Versicherungsnehmer hat die Prämien vereinbarungsgemäß zu zahlen, die erste sofort nach Abschluß und gegen Aushändigung des Versicherungsscheins, falls nicht die Ausstellung eines solchen ausgeschlossen ist. Solange die erste Prämie nicht gezahlt ist, braucht der Versicherer nicht zu leisten, wenn der Versicherungsfall eintritt. Wird eine spätere Prämie nicht rechtzeitig gezahlt, so kann der Versicherer dem Versicherungsnehmer schriftlich eine Zahlungsfrist von mindestens 2 Wochen setzen, nach deren Ablauf er das Versicherungsverhältnis fristlos kündigen kann. Tritt der Versicherungsfall nach Ablauf der Zahlungsfrist, jedoch vor Nachholung der Zahlung ein, so ist der Versicherer von der Leistung frei. Holt der Kläger die Zahlung binnen eines Monats, sofern nicht der Versicherungsfall bereits eingetreten ist, nach Ablauf der Zahlungsfrist nach, so fallen die Wirkungen der Kündigung weg.

Außer der Prämienzahlung liegen dem Versicherungsnehmer eine Anzahl anderer Verpflichtungen ob, die das Gesetz mit Obliegenheiten bezeichnet. Es sind dies die wahrheitsgemäßen Angaben aller Umstände, die für die Gefahrenlage maßgebend sind, die Anzeige der Erhöhung der Gefahr während des Laufs der Versicherung und die Anzeigen nach Eintritt des Versicherungsfalls. Die Verletzung dieser Obliegenheiten löst keinen Anspruch des Versicherers auf Erfüllung oder Schadensersatz aus, sondern schafft ihm Erleichterungen und Kündigungsrechte und gegebenenfalls Befreiung von der Leistung. Hier trifft das Gesetz eine Schutzbestimmung für den Versicherungsnehmer. Wenn in einem Vertrage bestimmt ist, daß bei Verletzung einer Obliegenheit, die vor dem Eintritte des Versicherungsfalls dem Versicherer gegenüber zu erfüllen ist, der Versicherer zum Rücktritt berechtigt oder von der Verpflichtung zur Leistung frei sein soll, so tritt die vereinbarte Rechtsfolge nicht ein, wenn die Verletzung als eine unverschuldete anzusehen ist; ist die Bestimmung für den Fall getroffen, daß eine Obliegenheit verletzt wird, die nach dem Eintritt des Versicherungsfalls dem Versicherten gegenüber zu erfüllen ist, so tritt die Rechtsfolge nicht ein, wenn die Verletzung weder auf Vorsatz noch auf grober Fahrlässigkeit beruht. Den Beweis dafür, daß die Verletzung unverschuldet war, hat allerdings der Versicherungsnehmer zu führen, wenn es zum Prozeß kommt. Vereinbarungen, die gegen diese Schutzbestimmung verstoßen, sind unwirksam. Nach dem Gesetz muß der Versicherungsnehmer bei Schließung des Vertrages alle ihm bekannten Umstände, die für die Übernahme der Gefahr erheblich sind, dem Versicherer anzeigen. Als erheblich gelten auch alle die Umstände, nach denen der Versicherer insbesondere in einem Fragebogen gefragt hat. Ist die Anzeige eines solchen Umstandes unterblieben, es sei denn, daß es unverschuldet geschehen ist, oder der Versicherer den Umstand bereits kannte, so kann der Versicherer vom Vertrage zurücktreten. Dasselbe gilt bei unrichtiger Anzeige. Tritt indessen der Versicherer zurück, nachdem der Versicherungsfall schon eingetreten ist, so bleibt er dennoch zur Leistung verpflichtet, wenn der nicht angezeigte Umstand keinen Einfluß auf den Eintritt des Versicherungsfalls oder auf den Umfang der Leistung gehabt hat, z. B. wenn der Versicherungsnehmer eine erhebliche Krankheit bei Abschluß einer Lebensversicherung verschwiegen hat und bei einem Eisenbahnunglück ums Leben kommt. Der Versicherungsunternehmer hat ferner jede Gefahrerhöhung zu unterlassen, z. B. Einrichtung eines feuergefährlichen Betriebes in seinem gegen Feuersgefahr versicherten Hause oder, wenn solche Gefahrerhöhung ohne seinen Willen erfolgt, z. B. Einrichtung eines feuergefährlichen Betriebes im Nachbarhause, diesen sofort anzuzeigen, nachdem er Kenntnis davon erhalten hat. Im Falle der Verletzung dieser Obliegenheiten hat der Versicherer ein Kündigungsrecht und, falls der Versicherungsfall eingetreten, ist er von der Leistung frei, es sei denn, daß die Verletzung der Anzeigepflicht nicht auf einem Verschulden des Versicherungsnehmers beruhte oder der Umstand dem Versicherer zu der Zeit, da die Anzeige ihm hätte zugehen müssen, bekannt war. Eine unerhebliche Gefahrerhöhung kommt nicht in Betracht. Der Versicherungsnehmer hat vom Eintritt des Versicherungsfalls dem Versicherer unverzüglich Anzeige zu machen, sobald er davon Kenntnis erhalten hat, und zwar in der vereinbarten Form. Wird die Anzeige unterlassen oder die Form nicht gewahrt, so kann der Versicherer die Leistung aus diesem Grunde nicht verweigern, wenn er anderweitig Kenntnis von dem Eintritt des Versicherungsfalls erhalten hat. Nach dem Eintritt des Versicherungsfalls hat der Versicherungsnehmer eine Auskunftspflicht über die Umstände, die zur Feststellung des Versicherungsfalls oder des Umfangs der Leistungspflicht des Versicherers erheblich sind; auch Vorlegung von Belegen kann der Versicherer fordern, soweit die Beschaffung dem Versicherungsnehmer billigerweise zugemutet werden kann. Bei der Schadensversicherung ist der Versicherungsnehmer auch verpflichtet, nach Möglichkeit für die Abwendung und Minderung des Schadens zu sorgen und dabei die Weisungen des Versicherers zu befolgen, zum Beispiel in der Haftpflichtversicherung dem Versicherer die Prozeßführung zu überlassen und dem vom Versicherer bestellten Anwalt Auskunft zu geben.

Beim Konkurs des Versicherungsnehmers geht die Verfügung über die Rechte aus dem Versicherungsvertrage auf den Konkursverwalter über, der die Versicherung auch kündigen, oder den Anspruch verwerten kann. Der Versicherer kann nur unter Einhaltung einer Frist von mindestens einem Monat kündigen, wenn dies vereinbart ist.

Die Ansprüche aus dem Versicherungsvertrage

verjähren in zwei Jahren, bei der Lebensversicherung in fünf Jahren. Die Verjährung beginnt mit dem Schlusse des Jahres, in dem die Leistung verlangt werden kann. Ist im Vertrage bestimmt, daß der Versicherer von der Leistung frei sein solle, wenn der Anspruch auf Leistung nicht innerhalb einer bestimmten Frist geltend gemacht wird (Ausschlußfrist), so beginnt diese Frist erst, nachdem der Versicherer dem Versicherungsnehmer gegenüber den erhobenen Anspruch schriftlich abgelehnt hat. Die Frist muß mindestens sechs Monate betragen.

Bei Schadensversicherungen haftet der Versicherer stets nur bis zur Höhe der Versicherungssumme. Bei Überversicherung kann jeder Teil Herabsetzung der Versicherungssumme verlangen. Hat der Versicherungsnehmer den Überversicherungsvertrag in betrügerischer Absicht abgeschlossen, so ist der Vertrag nichtig. Der Versicherer hat, auch wenn die Versicherungssumme höher ist, nicht mehr als den Betrag des Schadens zu ersetzen. Entgehenden Gewinn umfaßt die Versicherung nur, wenn dies besonders vereinbart ist. Ist die Versicherungssumme niedriger als der Versicherungswert zur Zeit des Eintritts des Versicherungsfalls (Unterversicherung), so haftet der Versicherer für den Schaden nur nach Verhältnis der Versicherungssumme zu diesem Werte, falls nichts anderes vereinbart. Es ist z. B. ein Warenlager mit 80000 RM. versichert, sein Wert bei Vertragsabschluß betrug 100000 RM., bei Eintritt des Versicherungsfalls 90000 RM., der eingetretene Schaden beläuft sich auf 22500 RM.; der Versicherer haftet im Verhältnis von 80000 zu 90000 d. h. 8 : 9, er trägt also nur 20000 RM. Schaden. Die Unterversicherung kann vereinbart sein, dann besteht Selbstversicherung in Höhe der Unterversicherung. Doppelversicherung ist nicht verboten. Beide Versicherer haften als Gesamtschuldner (s. d.), aber nie über den Versicherungswert zur Zeit des Eintritts des Versicherungsfalls hinaus. Der Versicherungsnehmer hat die Doppelversicherung den beiden Versicherern anzuzeigen, im Falle betrügerischer Absicht ist die Versicherung nichtig. Der Versicherer wird von der Leistung frei, wenn der Versicherungsnehmer den Versicherungsfall vorsätzlich oder durch grobe Fahrlässigkeit herbeiführt. Für das Verschulden anderer, auch seiner Familienangehörigen und Angestellten haftet der Versicherungsnehmer nicht. Wird eine versicherte Sache veräußert, so tritt an Stelle des Veräußerers der Erwerber während der Zeit seines Eigentums. Für die Prämie für die Zeit der laufenden Versicherungsperiode haften beide als Gesamtschuldner. Der Veräußerer ist zur Anzeige des Eigentumsübergangs verpflichtet. Zeigt weder der Veräußerer noch der Erwerber die Veräußerung an, so ist der Versicherer von der Verpflichtung zur Leistung frei, wenn der Versicherungsfall später als einen Monat nach dem Zeitpunkte eintritt, in dem die Anzeige dem Versicherer hätte zugehen müssen. Dem Versicherer sowohl wie dem Erwerber steht im Falle der Veräußerung des Gegenstandes ein Kündigungsrecht zu, dem Erwerber ohne Frist, dem Versicherer mit Frist von einem Monat. Wird das Kündigungsrecht nicht binnen einem Monat nach dem Erwerb ausgeübt, so erlischt es.

Bei der Feuerversicherung haftet der Versicherer für Schaden, der durch Brand, Explosion oder Blitzschlag entsteht, ausgenommen, wenn Explosion oder Brand durch Erdbeben oder Kriegsmaßregeln verursacht ist. Der Versicherer hat auch den Schaden zu ersetzen, der die unvermeidliche Folge eines Brandes oder einer Explosion ist, also auch den, der durch Löschen, Niederreißen, Ausräumen und Abhandenkommen der Sachen entsteht. Ist die Versicherung für einen Inbegriff von Sachen genommen, z. B. für Hausrat, Wäsche, so erstreckt sie sich auch auf die Sachen der zur Familie des Versicherungsnehmers gehörenden, sowie der in einem Dienstverhältnis zu ihm stehenden Personen, sofern diese in häuslicher Gemeinschaft mit dem Versicherungsnehmer leben. Als Versicherungswert gilt bei Haushaltungs- und sonstigen Gebrauchsgegenständen, bei Arbeitsgerätschaften und Maschinen der Betrag, der erforderlich ist, um Sachen gleicher Art anzuschaffen unter Berücksichtigung des aus dem Unterschiede zwischen alt und neu sich ergebenden Minderwerts; bei Gebäuden gilt der Bauwert als Versicherungswert unter Abzug eines der Abnutzung entsprechenden Betrages. Nach dem Eintritt des Versicherungsfalls steht beiden Teilen ein Kündigungsrecht zu. Der Versicherer hat die Entschädigung nach Ablauf eines Monats von der Anzeige an mit 4. v. H., wenn nichts anderes vereinbart, zu verzinsen und, wenn die Feststellung des Versicherungsfalls dann noch nicht durchgeführt ist, das zu zahlen, was nach Lage der Sache zum mindesten zu zahlen ist. Ist der Versicherer nach den Versicherungsbestimmungen nur verpflichtet, die Entschädigungssumme zur Wiederherstellung des versicherten Gebäudes zu zahlen, so kann der Versicherungsnehmer die Zahlung erst verlangen, wenn die bestimmungsmäßige Verwendung des Geldes gesichert ist. Ist bei einer Gebäudeversicherung der Versicherer wegen des Verhaltens des Versicherungsnehmers von der Leistung frei, so bleibt gleichwohl seine Verpflichtung gegenüber einem Hypothekengläubiger bestehen (s. auch Versicherungsforderung).

Bei der Hagelversicherung genügt es, wenn die Anzeige von dem Eintritt des Versicherungsfalls binnen vier Tagen nach diesem Tage abgesandt wird. Vor der Feststellung des Schadens darf der Versicherungsnehmer ohne Einwilligung des Versicherers an den betroffenen Bodenerzeugnissen nur solche Änderungen vornehmen, die nach den Regeln der Wirtschaft unaufschiebbar sind. Wird ein Eigentumswechsel der versicherten Bodenerzeugnisse nicht rechtzeitig angezeigt, so wird der Versicherer von der Leistung für einen Versicherungsfall frei, der nach Schluß der Versicherungsperiode eintritt, innerhalb deren die Anzeige hätte erfolgen müssen.

Die Viehversicherung kann nicht nur für den Schaden, der durch den Tod des Tieres entsteht, sondern auch für den Schaden, der durch die Krankheit des Tieres entsteht, ohne daß der Tod eingetreten ist, d. h. auf den durch die Krankheit herbeigeführten Minderwert, genommen werden. Die Versicherung umfaßt den infolge einer Seuche oder Krankheit entstehenden Schaden nicht, soweit dem Versicherungsnehmer ein Entschädigungsanspruch aus öffentlichen Mitteln nach gesetzlicher Vorschrift zusteht. Der Versicherungsnehmer hat außer dem Tode des Tieres auch jede erhebliche Krankheit oder jeden erheblichen Unfall des Tieres dem Versicherer anzuzeigen, auch hat er in solchen Fällen einen Tierarzt zuzuziehen. Die Kosten der tierärztlichen ersten Untersuchung trägt der Versicherer zur Hälfte, sonst braucht er für die tierärztlichen Kosten nicht aufzukommen. Hat der Versicherungsnehmer das Tier vorsätzlich oder grob fahrlässig schwer mißhandelt oder vernachlässigt, so wird der Versicherer von der Entschädigung frei, es sei denn, daß der Versicherungsnehmer den Nachweis erbringt, daß der Schaden nicht durch die Mißhandlung oder Vernachlässigung entstanden ist. Als schwere Vernachlässigung gilt auch die Nichtzuziehung eines Tierarztes oder Sachkundigen. Die Tötung des Tieres darf der Versicherungsunternehmer nur mit Genehmigung des Versicherers vornehmen, es sei denn, daß die Erklärung nicht abgewartet werden konnte.

Bei der Haftpflichtversicherung ist der Versicherer verpflichtet, dem Versicherungsnehmer die Leistung zu ersetzen, die dieser auf Grund seiner Verantwortlichkeit für eine während der Versicherungszeit eintretende Tatsache an einen Dritten zu bewirken hat. Die Versicherung umfaßt auch die Kosten etwa erforderlicher Prozesse. Ist die Versicherung für die Haftpflicht aus einem geschäftlichen Betriebe des Versicherungsnehmers genommen, z. B. landwirtschaftlichen, kaufmännischen, so erstreckt sie sich auch auf die Haftpflicht der Vertreter des Versicherungsnehmers, sowie auf die Haftpflicht solcher Personen, die zur Leitung oder Beaufsichtigung des Betriebes angestellt sind. Die Anzeigefrist für den Versicherungsfall beträgt eine Woche. Ist der Versicherungsnehmer dem Dritten zur Gewährung einer Rente verpflichtet, so kann er, wenn die Versicherungssumme den Kapitalwert der Rente nicht erreicht, nur einen verhältnismäßigen Teil der Rente verlangen.

Die Unfallversicherung kann gegen Unfälle, die dem Versicherungsnehmer, oder gegen solche, die einem anderen zustoßen, genommen werden. Wird eine Versicherung der letzten Art auf eigene Rechnung des Versicherungsnehmers genommen, so muß der Dritte schriftlich zustimmen. Vorsätzliche Herbeiführung des Unfalls durch den Betroffenen befreit den Versicherer von der Leistung. Die Pflicht zur Anzeige des Versicherungsfalls trifft, wenn das Recht auf die Leistung einem bezugsberechtigten Dritten zusteht, diesen. Wegen der Zahlung von Kapitalsleistungen des Versicherers gelten dieselben Vorschriften, wie bei der Lebensversicherung.

Wegen der Lebensversicherung s. unter diesem Stichwort.

Bezüglich eingehenderer Auskunft wird auf Bruck Versicherungsvertrag (Gutt. Slg. Nr. 83) verwiesen.

Versicherungsvereine s. Versicherungsrecht; Genehmigung zum Grunderwerb s. Juristische Personen 2.

Versprechen s. Schuldversprechen; einer Zahlung oder Leistung s. Annahme eines Schuldversprechens; öffentliches Versprechen einer Belohnung oder eines Preises, s. Auslobung.

Versteigerung (Auktion). Die Versteigerung ist eine häufig im Rechtsleben vorkommende Form der Veräußerung beweglicher und unbeweglicher Sachen. Am häufigsten ist die Versteigerung an den Meistbietenden. Sie ist in vielen Fällen durch das Gesetz vorgeschrieben, z. B. beim Pfandverkauf, bei Annahmeverzug des Käufers bei Handelsgeschäften, sie dient ferner zur Durchführung der Zwangsvollstreckung, und kann auch freiwillig erfolgen. Soweit in den im Versteigerungstermin bekannt zu machenden Versteigerungsbedingungen nichts anderes bestimmt ist, gilt folgendes: Der Kauf (Verkauf) gilt erst dann als zustande gekommen, wenn der Versteigerer dem Bieter den Zuschlag auf sein Gebot erteilt hat. Ob oder wem er den Zuschlag erteilen will, steht in seinem Belieben. Ein abgegebenes Gebot erlischt (der Bieter ist nicht mehr daran gebunden), sobald ein höheres Gebot abgegeben ist oder wenn die Versteigerung ohne Erteilung eines Zuschlages geschlossen wird. Dadurch ist aber nicht ausgeschlossen, daß andere Bedingungen aufgestellt werden, z. B. daß dem Höchstbietenden der Zuschlag erteilt werden muß, daß die zwei (oder drei usw.) Höchstbietenden an ihr Gebot gebunden sind, daß jeder Bieter auch nach Schluß des Versteigerungstermins noch eine gewisse Zeit an sein Gebot gebunden ist und erst frei wird, wenn ihm innerhalb der Frist der Zuschlag nicht erteilt wird, u. dgl. mehr.

Darüber, daß die bei der Versteigerung (der Auktion) mitwirkenden Personen nicht mitbieten dürfen, s. „Kauf und Verkauf 12". — Vgl. auch „Versteigerungsrecht usw.".

Versteigerung eines Pfandes s. Pfand (Faustpfand) 2; gefundener Sachen s. d.; der Ware bei Annahmeverzug des Gläubigers (bei Kaufleuten) s. Handelskauf; gepfändeter Früchte s. Früchte, Pfändung von, 1; öffentliche Versteigerung, Erwerb von Sachen in, s. Bewegliche Sachen, Eigentum an, 1.

Versteigerungsrecht eines Schuldners (383 bis 386). Ist ein Schuldner ohne seine Schuld aus einem in der Person seines Gläubigers liegenden Grunde außerstande, seine Verbindlichkeit zu erfüllen, obwohl er dazu bereit ist (s. „Hinterlegung von Geld usw."), so kann er sich regelmäßig durch Hinterlegung des betreffenden Geldbetrages oder der geschuldeten Sache von seiner Schuldverbindlichkeit befreien (s. ebendort). Diese Befugnis steht ihm jedoch nur zu, wenn er Geld, Wertpapiere und andere Urkunden oder Kostbarkeiten (oder etwa sonst von den Landesgesetzen für hinterlegungsfähig erklärte Sachen) schuldet. Ist der von ihm geschuldete Gegenstand zur Hinterlegung nicht geeignet, so hat der Schuldner, wenn der Gläubiger die Leistung nicht annehmen will oder kann (wenn der Gläubiger „im Verzuge" ist; s. „Verzug 2"), das Recht, um sich von seiner Verbindlichkeit zu befreien, die Sache an dem Orte, wo er sie dem Gläubiger liefern mußte (siehe „Leistungen 5"), versteigern zu lassen und den Erlös zu hinterlegen. Ist der in der Person des Gläubigers liegende Grund, weshalb der Schuldner seine Verbindlichkeit nicht erfüllen kann, ein anderer (z. B. der Gläubiger kann sich als empfangsberechtigt nicht genügend ausweisen oder sein Aufenthalt ist unbekannt oder sein Anspruch auf die Sache ist im Prozesse befangen oder mit Arrest belegt), so steht dem Schuldner dieses Versteigerungsrecht nur dann zu, wenn der Verderb der Sachen zu besorgen oder die Aufbewahrung mit unverhältnismäßigen Kosten verbunden ist. Ist von der Versteigerung am Leistungsorte kein angemessener Erfolg zu erwarten (es handelt sich z. B. um Kunstgegenstände, die nur in einer großen Stadt Käufer finden), so ist der Schuldner verpflichtet, die Sache an einem hierfür geeigneten Orte versteigern zu lassen. Die Versteigerung muß durch einen für den Versteigerungsort bestellten Gerichtsvollzieher oder durch einen anderen zu Versteigerungen befugten Beamten (z. B. einen Notar) oder öffentlich angestellten Versteigerer (Auktionator) öffentlich erfolgen; Zeit und Ort der Versteigerung sind unter allgemeiner Bezeichnung der Sache öffentlich bekannt zu machen.

Der Schuldner darf aber die Versteigerung nicht ohne weiteres vornehmen; er muß sie, wenn nicht die Sache dem Verderben ausgesetzt oder sonst mit dem Aufschube der Versteigerung Gefahr verbunden ist, dem Gläubiger zuvor androhen, widrigenfalls die Versteigerung rechtsungültig ist. Auch hat der Schuldner den Gläubiger von der Versteigerung unverzüglich zu benachrichtigen; im Falle der Unterlassung ist er zum Schadensersatz verpflichtet. Die Androhung und die Benachrichtigung dürfen unterbleiben, wenn sie nach Lage der Umstände „untunlich" sind.

Hat die Sache einen Börsen- oder Marktpreis, so kann der Schuldner den Verkauf auch aus freier Hand durch einen zu solchen Verkäufen öffentlich ermächtigten Handelsmäkler oder durch eine zur öffentlichen Versteigerung befugte Person zum laufenden Preise bewirken.

Die Hinterlegung des Verkaufserlöses für Rechnung des Gläubigers erfolgt nach den für die Hinterlegung seitens eines Schuldners sonst geltenden Bestimmungen (s. „Hinterlegung"). Die Kosten der Versteigerung oder des zum laufenden Preise vorgenommenen Verkaufs fallen dem Gläubiger zur Last, vorausgesetzt, daß nicht etwa der Schuldner den hinterlegten Erlös wieder zurücknimmt.

Über das Recht des Verkäufers zum Selbsthilfeverkauf bei einem Handelsgeschäft s. Handelskauf 1.

Verstoßung eines Kindes s. Unterhaltspflicht usw. 3 u. Pflichtteil 5.

Vertauschen s. Tausch; von Sachen in Gasthäusern s. Gastwirte 1.

Verteidigung gegen einen rechtswidrigen Angriff s. Selbstverteidigung; eines Hauskindes im Strafverfahren, Kosten der, s. Verwaltung usw. des Kindesvermögens 2; einer Ehefrau, desgl. s. Eingebrachtes Gut der Frau 7.

Verteilung einer Erbschaft s. Erbteilung; im Konkurse s. Konkurs 3.

Vertiefung eines Grundstücks s. Grundeigentum 2c.

Vertrag. Vertragsantrag (Angebot, Offerte) und Annahme (145—157). **1.** Zustandekommen eines Vertrages. Wenn zwei Personen wegen irgendeines Geschäfts, z. B. eines Pferdekaufs, einer Wohnungsvermietung u. dgl., miteinander verhandeln, so ist klar, daß erst dann ein rechtswirksamer Vertrag, an den beide Teile gebunden sind, zwischen ihnen zustande gekommen ist, wenn sie über den Gegenstand ihrer Verhandlungen einig sind. Aber diese Einigung allein genügt noch nicht zum Vertrage. Wenn ich innerlich entschlossen bin, dem A. sein Pferd für 1000 Mk. abzukaufen, und A. seinerseits gleichfalls sich entschieden hat, mir das Pferd für diesen Preis zu lassen, so ist doch damit noch kein Vertrag zwischen uns geschlossen, wenn keiner dem anderen seinen Entschluß kundgegeben hat. Es muß regelmäßig der Vertragswille des einen dem anderen gegenüber auch erklärt werden oder es muß doch wenigstens der Vertragswille in einer keinen Zweifel zulassenden Weise sich durch irgend etwas Äußerliches kundgetan haben, ehe ein Vertrag als zustandegekommen (geschlossen) angesehen werden kann. Der Vertrag kommt zustande durch die gegenseitige Willenserklärung; die beiderseitigen Erklärungen müssen sich decken, müssen den gleichen Inhalt haben. Ist dies nicht der Fall, so ist der Vertrag nicht zustandegekommen. Anders, wenn zwar die gegenseitigen Erklärungen sich decken, aber der innerliche Wille beider Teile nicht übereinstimmt. Es kann eine Partei über den Inhalt (die Bedeutung) ihrer Erklärung im Irrtum sein, etwas anderes wollen, als was sie tatsächlich erklärt hat. Dann ist der Vertrag zwar zustandegekommen (RG.), aber die Partei kann und muß ihre Willenserklärung, und damit den Vertrag, wegen Irrtums anfechten, wenn die gesetzlichen Voraussetzungen für eine solche Anfechtung gegeben sind; s. „Irrtum" und „Anfechtung einer Willenserklärung usw.".

Im übrigen ergeben sich hinsichtlich des Abschlusses von Verträgen manche zweifelhafte Rechtsfragen, wohin insbesondere die gehört, ob ein Vertrag auch stillschweigend (s. „Stillschweigende Willenserklärungen usw.") geschlossen werden kann. Solche Zweifel können nicht immer durch das Gesetz gelöst werden; ihre Hebung muß der Wissenschaft vorbehalten bleiben. Aber eine Reihe von Fragen, die sich auf die Abschließung von Verträgen beziehen, hat das Gesetz doch beantwortet.

Ein Vertrag kann in der Weise zustandekommen, daß der eine dem anderen einen Vertragsantrag (ein Angebot, ein Gebot, eine Offerte) macht, der alle wesentlichen Bestimmungen des beabsichtigten Vertrags enthält, und daß dann der andere diesen Vertragsantrag einfach annimmt. Es sagt (oder schreibt) z. B. A. zu B.: „Ich stelle Ihnen hiermit meinen 3jährigen Schimmelwallach zum Preise von 1200 Mk. zum Kaufe an. Übergabe und Zahlung des Kaufpreises am 15. d. Mts. in der X'schen Gastwirtschaft hier." Sagt (oder schreibt) hierauf B.: „Angenommen", so ist der Kaufvertrag abgeschlossen (perfekt), was nicht ausschließt, daß sich die Parteien über den einen oder anderen Nebenpunkt später noch zu verständigen haben. In dieser knappen und förmlichen Weise werden aber, abgesehen vom kaufmännischen Verkehr, die wenigsten Verträge geschlossen; meist werden die, welche irgendein Geschäft miteinander schließen wollen, sei es einen Kauf oder einen Mietvertrag oder eine Anleihe usw., über die einzelnen Bestimmungen des Vertrages hin und her verhandeln, bis die nötige Einigung erzielt ist. Im letzten Grunde kommt freilich auch hier die Einigung meist dadurch zustande, daß der eine Teil dem anderen den Antrag macht, auf Grund des Besprochenen den Vertrag zu schließen, und daß der andere Teil dem zustimmt, also den Antrag des ersteren annimmt. Sehr häufig wird aber gar nicht festzustellen sein, wer von beiden schließlich den Antrag gestellt und wer den Antrag des anderen angenommen hat. Ausgeschlossen ist es auch keineswegs, daß beide Teile gleichzeitig ihren Willen, auf Grund des Verhandelten den Vertrag zu schließen, zu erkennen geben. Da aber die Stellung eines Vertragsantrages und die Annahme des Antrages Hauptformen der Vertragsschließung sind, so hat das Gesetz für nötig gehalten, hierüber einige besondere Vorschriften zu geben, um häufig vorkommende Zweifel zu beseitigen, z. B. darüber, ob und wie lange jemand an seinen Antrag gebunden ist; bis wann der andere annehmen kann usw.; s. unten zu 2.

Ein Vertrag ist nur dann wirklich zustandegekommen (perfekt geworden), wenn sich die Beteiligten nicht nur über das, was nach dem Gesetze zu dem Wesen des betreffenden Vertrages gehört, verständigt haben, sondern auch außerdem über diejenigen Nebenpunkte einig geworden sind, die nach dem ausdrücklich oder stillschweigend erklärten Willen des einen oder anderen Teils für das Zustandekommen des Vertrages wesentlich sind; denn es steht jedem frei, seine Zustimmung zu einem Vertrage von besonderen, wenn auch an sich ganz unwichtigen Umständen und Bedingungen abhängig zu machen. Solange daher die Parteien sich nicht über alle vorbezeichneten Punkte geeinigt haben, gilt im Zweifel der Vertrag noch nicht als geschlossen, wenn sie sich auch über die Hauptpunkte bereits geeinigt und diese Punkte etwa schon aufgezeichnet haben. Solche sog. „Punktationen" (Vorverträge) enthalten also noch keinen bindenden Vertrag. Andererseits können aber die Beteiligten, wenn sie über die wesentlichen Punkte einig sind, den Vertrag auch als abgeschlossen ansehen; findet dann später über die etwa noch zu regelnden Nebenpunkte keine Einigung statt, so bestimmen sich die Rechte und Pflichten der Parteien aus dem Vertrag nach dem Gesetz. Haben die Parteien, bevor sie einig geworden sind, verabredet, daß der zu schließende Vertrag beurkundet (schriftlich abgefaßt) werden solle, so ist im Zweifel der Vertrag nicht eher bindend, als bis die Beurkundung geschehen ist. Anders, wenn die Parteien erst nach dem mündlichen Abschluß des Vertrages die Beurkundung verabredet haben (154).

2. Gebundensein des Antragstellers. Wie vorstehend gesagt, erfolgen die zum Abschluß eines Vertrages erforderlichen Willenserklärungen beider Teile nicht immer gleichzeitig, sondern häufig so, daß die Erklärung des einen, der Vertragsantrag, vorangeht und die Erklärung des anderen, die Annahme des Antrages, nachfolgt. Bei Verträgen unter Abwesenden liegt sogar meist ein längerer Zeitraum zwischen den beiden Erklärungen. Wer nun einem anderen einen Vertragsantrag (ein Angebot, eine Offerte) macht, z. B. einen Kauf- oder Verkaufsantrag, einen Mietsantrag, einen Darlehnsantrag, kann dabei die Absicht haben, daß er an seinen Antrag nicht gebunden sein will; dann kommt durch die zustimmende Erklärung des anderen ein Vertrag noch nicht zustande; der Antragende hat, wenn der andere sich erklärt hat, immer noch das Recht, sich zu entschließen, ob er den Vertrag will oder nicht. Wer an seinen Antrag nicht gebunden sein will, muß dies aber ausdrücklich erklären oder es muß doch aus den Umständen mit Sicherheit hervorgehen, daß er sich nicht binden wolle; er muß dies nötigenfalls beweisen. Vermag er das nicht, so ist er an seinen Antrag in der weiter unten bezeichneten Weise gebunden (145). Eine Voraussetzung für diese Gebundenheit ist freilich, wie auch schon oben erwähnt, daß der Antrag alle für einen rechtswirksamen Vertrag erforderlichen Bestimmungen enthält, so daß, wenn der andere einfach annimmt, damit eine Einigung der Parteien über alles, was zum Vertrage gehört, erzielt ist. Bietet daher beispielsweise jemand einem anderen sein Pferd zum 1. April zum Kaufe an, ohne einen bestimmten Kaufpreis zu fordern, so kommt durch die Annahme dieses Antrages kein Kauf zustande; denn es fehlt an der Vereinbarung über den Kaufpreis, die für einen Kaufvertrag wesentlich ist. Der Antragsteller ist daher an diesen Antrag in keiner Weise gebunden; er kann, wenn der andere erklärt, daß er auf den Kauf eingehe, erwidern, daß er sich eines anderen besonnen habe. Verhandlungen und Anerbietungen, die dem eben bezeichneten Erfordernis nicht entsprechen, die bloß auf einen Vertragsabschluß abzielen, ihn vorbereiten sollen, sind also ganz und gar unverbindlich; insbesondere gilt dies für solche Erklärungen, die klar erkennen lassen, daß der Erklärende keinen rechtsverbindlichen Antrag machen wollte, sondern es ihm vielmehr darum zu tun war, von der anderen Seite einen Vertragsantrag zu erhalten. Ob in den im gewöhnlichen Leben alltäglich vorkommenden Anerbietungen zum Kaufen oder Verkaufen, Mieten oder Vermieten, zu Diensten und Arbeitsleistungen jeder Art unter Bezeichnung eines bestimmten Preises, Lohnes, Mietgeldes oder sonstigen Entgelts, wie sie durch Ankündigung in Zeitungen, öffentlichen Anschlägen, Zirkularen, durch Mitteilung von Preislisten, Tarifen usw. geschehen, ein rechtsverbindlicher Vertragsantrag zu befinden ist, der von irgend jemandem (oder doch dem Empfänger des Zirkulars usw.) nur angenommen zu werden braucht, um einen Vertrag zustande zu bringen, das ist schlechthin nicht zu entscheiden; es kommt auf die Auslegung des Willens dessen, der die Ankündigung oder die Mitteilung veranlaßt hat, im einzelnen Fall an, die wieder hauptsächlich von der Art und dem näheren Inhalte der Ankündigung abhängen wird; meist wird wohl anzunehmen sein, daß hier ein rechtlich bindender Vertragsantrag nicht beabsichtigt ist, sondern nur die Erklärung einer allgemeinen Bereitwilligkeit, auf Anerbietungen von Interessenten einzugehen und sich mit ihnen in nähere Verhandlungen über den Kauf, die Vermietung, die Kapitalanleihe usw. einzulassen.

Liegt aber ein rechtswirksamer Vertragsantrag vor, so dauert die Gebundenheit des Antragenden solange, bis entweder der Antrag ihm gegenüber abgelehnt oder der Zeitpunkt abgelaufen ist, bis zu dem der andere ihm gegenüber die Annahme erklären mußte; in beiden Fällen ist der Antrag erloschen und der Antragende nicht mehr verpflichtet, auf den Vertrag einzugehen (146). Der Zeitpunkt, bis zu dem die Annahme eines Antrages erklärt werden muß, ist verschieden, je nachdem der Antrag einem Anwesenden oder einem Abwesenden gemacht ist (147). Ist der, dem der Antrag (die Offerte) gemacht wird, anwesend, so muß er sich sofort erklären, widrigenfalls der andere nicht mehr an seinen Antrag gebunden ist. Was unter „sofort" zu verstehen ist, ist nach Lage des einzelnen Falles zu entscheiden; es können einige Minuten, unter Umständen aber auch Stunden sein. Das Gesagte gilt auch von einem mittels Fernsprechers gemachten Antrage, wenn die Beteiligten (der Antragsteller und der Antragsempfänger) selber miteinander gesprochen haben, mögen sie auch in entfernten Orten wohnen; auch hier muß die Annahme „sofort" erfolgen. Ist dagegen der, dem ein Antrag gemacht wird, abwesend, so muß die Annahme bis zu dem Zeitpunkte geschehen, in dem der Antragende den Eingang der Antwort unter regelmäßigen Umständen erwarten darf. Ob diese Frist im einzelnen Falle innegehalten ist, darüber hat (im Prozeßfalle) das richterliche Ermessen zu entscheiden. Hat der Antragende für die Annahme des Antrages, ausdrücklich oder stillschweigend, eine bestimmte Frist gesetzt, so muß die Annahme selbstverständlich bis zum Ablauf dieser Frist erfolgen (148).

Erklärung der Annahme. Es fragt sich aber, zu welchem Zeitpunkt die Annahme als erklärt anzusehen ist, wenn die Annahmeerklärung durch einen Brief, ein Telegramm, einen Boten übermittelt wird, ob in dem Augenblicke, wo der Annehmende seine Erklärung der Post oder dem Boten zur Besorgung übergeben hat, oder in dem Zeitpunkte, wo der Brief, das Telegramm, die mündliche Bestellung im Hause oder Geschäftslokal des Antragstellers abgegeben ist, oder erst dann, wenn dieser von dem Inhalte des Briefes, des Telegramms, der Bestellung Kenntnis erhalten hat. Es gilt hier der Satz, daß die Annahme in dem Augenblicke als erklärt anzusehen ist, wo der sie enthaltende Brief usw. dem Antragsteller „zugeht". Über die Bedeutung dieses Ausdrucks vergleiche den Artikel: „Abwesend. Willenserklärungen unter Abwesenden". Hat hiernach beispielsweise ein Jagdbesitzer das auf der Treibjagd geschossene Wild einem auswärtigen Wildhändler schriftlich zu einem bestimmten Preise angeboten, so darf er bei der besonderen Natur dieser Ware erwarten, daß der Wildhändler sich sofort über die Annahme der Offerte schlüssig macht und ihm dieses mitteilt. Er muß also bis zu dem Zeitpunkt, wo nach der zwischen ihm und dem Wohnort des Wildhändlers bestehenden Postverbindung ein von diesem sogleich aufgegebenes Schreiben bei ihm eintreffen muß, warten, ehe er über das Wild anderweitig verfügen darf. Ist das die Annahme enthaltende Schreiben rechtzeitig angekommen, aber der Inhalt aus irgendeinem Grunde nicht zu seiner Kenntnis gekommen, so ist nichtsdestoweniger der dem Wildhändler angetragene Verkauf perfekt geworden, und er ist diesem zum Schadensersatze verpflichtet, wenn er das Wild anderweitig verwertet hat. Hat der Jagdbesitzer telegraphische Antwort oder Antwort binnen 24 Stunden ab Empfang erbeten, so ist er an seinen Antrag nicht mehr gebunden, wenn die telegraphische Annahme nicht binnen der für Telegramme üblichen Zeit oder wenn die Annahme nicht binnen der gesetzten Frist bei ihm eingegangen ist. — Ist eine dem Antragenden verspätet zugegangene Annahmeerklärung dergestalt abgesendet worden, daß sie bei regelmäßiger Beförderung ihm rechtzeitig zugegangen sein würde, und mußte der Antragende dies erkennen, so hat er die Verspätung dem Annehmenden unverzüglich nach dem Empfange der Erklärung anzuzeigen, sofern es nicht schon vorher geschehen ist. Verzögert er die Absendung der Anzeige, so gilt die Annahme als nicht verspätet und der Vertrag daher als zustandegekommen (149). Ein Beispiel wird dies klar machen: In dem oben gedachten Falle hat der auswärtige Wildhändler auf den Brief des Jagdbesitzers sogleich brieflich geantwortet, daß er das Angebot annehme. Der Brief ist aber durch ein Versehen der Post dem Adressaten nicht gleich bestellt. Dieser hat daher, weil die erwartete Antwort des Wildhändlers ausblieb, über das Wild anderweitig verfügt. Einen Tag später wird ihm das Schreiben des Wildhändlers überbracht, und er kann sofort aus dem Poststempel ersehen, daß jener rechtzeitig auf die Offerte geantwortet hat und daß das Schreiben ohne Schuld des Absenders verspätet an seine Adresse gelangt ist. Hier ist der Jagdbesitzer im Interesse des Wildhändlers verpflichtet, diesem unverzüglich mitzuteilen, daß er sein Schreiben verspätet erhalten und bereits anderweitig über das Wild verfügt habe. Tut er dies nicht, so ist der Wildhändler berechtigt, anzunehmen, daß sein Annahmeschreiben rechtzeitig angekommen und das Wild also von ihm gekauft sei. Der Jagdbesitzer ist ihm daher zum Schadensersatz verpflichtet, wenn er nun das Wild nicht mehr liefern kann und der Wildhändler dadurch um den ihm in Aussicht stehenden Gewinn kommt oder gar positiven Nachteil erleidet, indem er seinem Abnehmer wiederum Schadensersatz leisten muß. — In anderen Fällen, als dem ebengedachten, ist der Empfänger einer verspäteten Annahmeerklärung zur Anzeige an den Absender nicht verpflichtet. Ist ein Vertragsantrag verspätet angenommen, so kann durch diese Annahme allein der beabsichtigte Vertrag nicht mehr zustandekommen, weil der Antrag vor der Annahme schon erloschen war; aber die Annahmeerklärung gilt nun ihrerseits wieder als ein neuer Vertragsantrag, der von dem Annehmenden an den gerichtet wird, der den ersten (nicht mehr gültigen) Antrag gemacht hatte (150). Ist ein Antrag nicht so, wie er gemacht ist, einfach angenommen, sondern unter Erweiterungen oder Einschränkungen, Vorbehalten oder sonstigen Änderungen, so gilt der Antrag zwar als abgelehnt (denn er kann nur bedingungslos angenommen oder abgelehnt werden); es liegt dann aber wieder ein neuer, selbständiger Antrag des Annehmenden vor.

Stillschweigende Annahme eines Antrages. Wenn zum Zustandekommen eines Vertrages auch nötig ist, daß der Vertragsantrag angenommen wird, so ist doch nach ausdrücklicher Bestimmung des Gesetzes nicht erforderlich, daß diese Annahme dem Antragenden gegenüber auch (ausdrücklich) erklärt wird, „wenn eine solche Erklärung nach der Verkehrssitte nicht zu erwarten ist" (151). Sendet mir z. B. ein Kaufmann unaufgefordert Waren in der Erwartung zu, daß ich sie behalte und bezahle, so liegt darin ein Verkaufsantrag; verbrauche ich nun die Ware, so habe ich damit zur Genüge dargetan, daß ich den Antrag angenommen habe; das Kaufgeschäft ist zustandegekommen, obwohl ich dem Verkäufer gegenüber keine Erklärung der Annahme abgegeben habe. Der Antragende (der Kaufmann) erwartet eben in solchem Falle eine Erklärung über die Annahme gar nicht, weil sie nicht verkehrsüblich ist; es genügt ihm, daß ich die Ware behalte und demgemäß bezahlen werde. Immer aber muß in dem, was der Empfänger der Waren tut, eine — wenn auch nur stillschweigende — Annahme des in der Zusendung liegenden Verkaufsantrages zu finden sein. Es genügt nicht, daß etwa der Empfänger der unaufgefordert zugesandt erhaltenen Waren sie behält, d. h. sie bei sich liegen läßt, ohne sich weiter um sie zu kümmern, und das Weitere abwartet; er ist auch durchaus nicht verpflichtet, dem Absender mitzuteilen, daß er die Ware nicht behalten wolle (s. aber „Unbestellte Zusendungen"). Ebenso ist zum Zustandekommen eines Vertrages die Annahmeerklärung natürlich dann nicht erforderlich, wenn der Antragende auf eine solche Erklärung (ausdrücklich oder stillschweigend) verzichtet hat (151). — Wird ein Vertrag in der Weise beurkundet (schriftlich verfaßt), daß zuerst der eine, dann der andere Teil seinen Vertragswillen vor Gericht oder Notar erklärt, so gilt der Antrag, sofern nichts anderes bestimmt ist, mit dem Zeitpunkte als zustandegekommen, wo die Erklärung des Annehmenden beurkundet ist, obwohl zu diesem Zeitpunkt die Annahmeerklärung dem Antragenden noch nicht zugegangen ist (152).

Tod oder Geschäftsunfähigkeit einer Partei. Das Zustandekommen eines Vertrages wird nicht dadurch gehindert, daß der Antragende vor der Annahme stirbt oder geschäftsunfähig (unter Vormundschaft gestellt usw.; s. „Geschäftsfähigkeit") wird, es sei denn, daß ein anderer Wille des Antragenden anzunehmen ist. Das wird z. B. der Fall sein, wenn jemand Sachen käuflich bestellt, die ersichtlich nur zur Befriedigung seines eigenen persönlichen Bedürfnisses bestimmt sind. Hier kann der Empfänger der Bestellung, wenn der Besteller vor der Annahme gestorben oder geschäftsunfähig geworden ist, den in der Bestellung liegenden Kaufantrag nicht mehr rechtsgültig annehmen. Stirbt dagegen der, dem ein Vertragsantrag gemacht ist, ehe er den Antrag angenommen hatte, so können seine Rechtsnachfolger (Erben) den Antrag nicht mehr annehmen (153).

Verträge sind nach Treu und Glauben mit Rücksicht auf die Verkehrssitte auszulegen (157). Dies gilt auch für einseitige Erklärungen und Vertragsanträge. Näheres s. „Auslegung von Willenserklärungen".

Vertrag, Nichterfüllung oder nicht rechtzeitige Erfüllung eines, s. Verzug 1 u. Gegenseitige Verträge 3; Rücktritt von einem, s. d.; über einen Nachlaß s. Nachlaßverträge.

Verträge, gegenseitige, s. Gegenseitige Verträge; Nichtigkeit und Bestätigung von, s. d.; Auslegung von, s. d.; Form der Verträge s. Form der Rechtsgeschäfte.

Verträge zugunsten dritter Personen (328—335). Wenn A. mit B. zugunsten des C. einen Vertrag abschließt, z. B. dahingehend, daß B. dem C. zum Ankauf einer Kuh 300 Mk. zahlen solle, so fragt es sich, ob C. aus diesem Vertrage (den doch bloß A. und B. miteinander geschlossen haben) ohne weiteres oder unter bestimmten Voraussetzungen das Recht hat, von B. die Zahlung der 300 Mk. zu verlangen; ferner, ob A. und B. hinterher, wenn sie sich eines anderen besonnen haben, ohne Zustimmung des C. abmachen können, daß C. die 300 Mk. doch nicht haben solle oder daß er sie nur bedingungsweise haben solle usw. Es sind dies schwierige und unter den Juristen sehr streitige Fragen. Das BGB. hat hierüber in den §§ 328—335 eine Reihe von Bestimmungen getroffen, auf die hier nur verwiesen werden kann (Gutt. Slg. Nr. 38/39). Wo diese Bestimmungen bei einzelnen, in diesem Buche behandelten Verträgen von besonderer Bedeutung sind, ist das Nötige darüber mitgeteilt. Ein häufiger Anwendungsfall ist der Lebensversicherungsvertrag (s. d.).

Vertragschließung vor Gericht oder Notar s. Form der Rechtsgeschäfte 2.

Vertragserbe s. Erbschaft u. Erbvertrag.

Vertragsmäßiges Güterrecht bei Ehegatten s. Eingebrachtes Gut der Frau 1.

Vertragstrafe (Konventionalstrafe) (339—345). Wer einen Vertrag schließt, kann sich darin verpflichten, für den Fall, daß er seine Verbindlichkeit nicht oder nicht rechtzeitig oder sonst nicht in gehöriger Weise erfülle, dem anderen eine Geldsumme als Strafe zu zahlen; das ist die sog. Vertragsstrafe, Konventionalstrafe. Die Strafe ist verwirkt, wenn der Schuldner mit seiner Leistung in Verzug kommt (s. „Verzug des Schuldners"). Besteht die vertragsmäßig übernommene Verpflichtung des Schuldners nicht darin, daß er etwas tut, sondern darin, daß er eine bestimmte Handlung unterläßt, so ist die Strafe verfallen, sobald er dieser Verpflichtung zuwiderhandelt, einerlei, ob ihn dabei ein Verschulden trifft oder nicht. Die Absicht, welche die Beteiligten bei der vertragsmäßigen Festsetzung einer Strafe verfolgen, kann die sein, daß die Partei, der die andere nicht vertragsmäßig leistet, durch die festgesetzte Strafe schadlos gehalten werden soll; sie kann aber auch dahin gehen, daß der Verpflichtete durch die ihm drohende Strafe gewissermaßen zur Erfüllung gedrängt werden soll oder beides. Eine Vertragsstrafe kann übrigens auch in anderen Fällen als bei der Schließung eines Vertrages vereinbart werden. Es fragt sich nun, was der Gläubiger verlangen kann, wenn die Strafe verwirkt ist, ob bloß die Zahlung der Strafe oder daneben auch noch die Erfüllung des Vertrages oder Schadensersatz wegen Nichterfüllung oder wegen nicht ordnungsmäßiger Erfüllung. Ist die Strafe für den Fall versprochen, daß der Schuldner seine Verpflichtung überhaupt nicht erfüllt (es kommt, wenn die Beteiligten sich darüber nicht ausdrücklich ausgesprochen haben, auf die richterliche Auslegung der Vereinbarung an), so hat der Gläubiger die Wahl, ob er die verwirkte Strafe fordern oder ob er darauf bestehen will, daß der Schuldner die Leistung nachholt, zu der er vertragsmäßig verpflichtet ist und bleibt. Erklärt der Gläubiger dem Schuldner, daß er die Strafe fordere, so verliert er damit den Anspruch auf Erfüllung des Vertrages; umgekehrt aber, wenn er die Erfüllung verlangt, kann er sich hinterher eines anderen besinnen und statt der Erfüllung die Strafe fordern; natürlich nur so lange, bis der Schuldner wirklich erfüllt hat. Beides, Erfüllung des Vertrages und die Strafe, kann der Gläubiger nicht fordern. Das Verlangen der Strafe hat für ihn den Vorteil, daß er sich auf irgendwelchen Nachweis eines Schadens nicht einzulassen braucht. Ist freilich der Schaden, den er durch die Nichterfüllung erleidet, größer als die Strafe, so muß er, wenn er nach den Umständen Schadensersatz wegen Nichterfüllung verlangen kann (s. „Verzug des Schuldners") und verlangt, diesen Schaden nachweisen; er hat aber auch dann noch den Vorteil, daß er ohne weiteren Beweis den Betrag der Strafe als Mindestbetrag seines Schadens verlangen kann und daß er nur wegen des Mehrbetrages Nachweis führen muß.

Ist aber die Strafe nur für den Fall versprochen, daß der Schuldner seine Verbindlichkeit nicht in gehöriger Weise, insbesondere nicht zur bestimmten Zeit, erfüllt, so kann der Gläubiger die verwirkte Strafe und daneben auch noch die Erfüllung des Vertrages verlangen. Steht dem Gläubiger ein Anspruch auf Schadensersatz wegen der nicht gehörigen Erfüllung zu, so kann er gleichfalls die verwirkte Strafe als Mindestbetrag des Schadens und außerdem, wenn er einen größeren Schaden nachweisen kann, auch noch Erstattung dieses Mehrschadens beanspruchen. Nimmt er aber in solchem Falle die Erfüllung an (vgl. über die Bedeutung der Annahme „als Erfüllung": „Erfüllung von Schuldverhältnissen"), so kann er die Strafsumme nur dann verlangen, wenn er sich das Recht dazu bei der Annahme der Leistung vorbehalten hat. Ein Vorbehalt vor oder nach der Annahme der Leistung ist wirkungslos (RG.).

Alles vorstehend Gesagte gilt nur soweit, als die Beteiligten nichts anderes verabredet haben. Wird als Strafe eine andere Leistung als die Zahlung einer Geldsumme versprochen, so finden die vorstehenden Bestimmungen gleichfalls Anwendung.

Übrigens kann die Vereinbarung einer unverhältnismäßig hohen Vertragsstrafe (Konventionalstrafe) deshalb unter Umständen unverbindlich (nichtig) sein, weil die Vereinbarung als gegen die guten Sitten verstoßend anzusehen ist (vgl. „Sitte") (138). Aber auch wenn das Strafversprechen nicht aus diesem Grunde schon von vornherein ungültig ist, kann doch eine unverhältnismäßig hohe Vertragsstrafe auf Anrufen des Schuldners durch gerichtliches Urteil auf den angemessenen Betrag herabgesetzt werden, solange die Strafe noch nicht gezahlt ist. Das gilt auch sonst, wenn jemand eine Strafe für den Fall versprochen hat, daß er eine Handlung vornimmt oder unterläßt. Ist das Versprechen der Leistung, für deren Nichterfüllung eine Strafe vereinbart ist, nach dem Gesetz unwirksam (weil z. B. der Vertrag nicht in der vorgeschriebenen Form errichtet oder weil die übernommene Verpflichtung rechtsunverbindlich, z. B. Spielschuld, oder gesetzlich verboten ist), so ist auch die Festsetzung der Strafe rechtsunwirksam, selbst wenn die Parteien die Ungültigkeit des Versprechens gekannt, vielleicht gerade deshalb die Strafe vereinbart haben. Ist die Vertragsstrafe dazu bestimmt, dem Berechtigten das volle Interesse zu ersetzen, so kann sich der Schuldner von der ihm auferlegten Beschränkung dadurch frei machen, daß er die Vertragsstrafe zahlt (RG.).

Vertragswidrigkeit gekaufter Sachen (Waren) s. Gewährleistung usw. u. Handelskauf 4.

Vertretbare Sachen (91). Für die Anwendung des Gesetzes sind gewisse Eigenschaften der Sachen von besonderer Bedeutung. So spricht das Gesetz häufig von „vertretbaren" Sachen und kennzeichnet diese dahin: „Vertretbare Sachen im Sinne des Gesetzes sind bewegliche Sachen, die im Verkehr nach Zahl, Maß oder Gewicht bestimmt zu werden pflegen", so daß also für die Beteiligten nicht die einzelne Sache, sondern nur die Menge und Güte der Sachen Interesse hat. Es kommt darauf an, daß sie allgemein im Verkehr so behandelt werden. Solche Sachen sind beispielsweise Kartoffeln, Getreide, Wein, Bier, Papier, Kohlen, Stahlfedern, Zigarren, Schwefelhölzer usw. usw. Andererseits werden Sachen nicht schon dadurch vertretbar, daß sie in einem einzelnen Falle einmal nach Maß, Zahl oder Gewicht verkauft werden. Bei vielen Sachen ist es klar, daß sie zu den vertretbaren gehören; bei manchen aber kann dies recht zweifelhaft sein, z. B. bei Möbeln, Kleidungsstücken gewisser Art, wie Hemden, Strümpfen usw. Maschinen gehören regelmäßig zu den vertretbaren Sachen (RG.). Vor allem gehört zu den vertretbaren Sachen aber das Geld. Der Begriff der vertretbaren Sachen spielt z. B. bei dem Darlehn, der Leihe, der Vermehrung und der Einbringung in eine Gesellschaft eine Rolle insofern, als in solchen Fällen hingegebene Sachen nicht in natura zurückzugeben sind.

Vertretbare Sachen, Leihen von, s. Darlehn.

Vertreter, Vertretung (164 ff.). **1.** Gewisse Personen haben kraft Gesetzes das Recht und die Pflicht, andere Personen beim Abschluß von Verträgen oder sonstigen Rechtsgeschäften zu vertreten; s. „Gesetzliche Vertreter". Andere Personen erlangen dieses Recht der Vertretung (die Vertretungsmacht) nur durch eine ihnen erteilte Vollmacht (s. d.). Das Recht der Vertretung (Stellvertretung) gehört zu den schwierigsten Gebieten des Rechtes und schließt viele Zweifelsfragen in sich. (Darüber s. Art. „Stellvertretung" im HdR. V 694 f.). Boten und andere bloße Übermittler von Erklärungen sind keine Vertreter im Rechtssinne. Grundsätzlich ist Vertretung in allen Rechtsgeschäften mit Ausnahme einer Anzahl familien- und erbrechtlicher Vorgänge zulässig. Was der Vertreter (der Bevollmächtigte) für den Vertretenen (den Vollmachtgeber, Machtgeber) tut und erklärt, gilt im allgemeinen so, als wenn es der Vertretene selbst getan oder erklärt hätte; was einem Vertreter gegenüber erklärt ist, wird angesehen, als wenn es dem Vertretenen gegenüber erklärt wäre. Dabei wird jedoch vorausgesetzt, daß der Vertreter und der, welcher mit ihm handelt, sich innerhalb der Grenzen der dem Vertreter zustehenden Vertretungsmacht halten (sonst gilt das nachstehend unter 2 Gesagte). Wie weit die Vertretungsmacht, also die Befugnis des Vertreters, den von ihm Vertretenen durch sein Handeln zu verpflichten, reicht, das ergibt sich bei den gesetzlichen Vertretern aus den für sie geltenden besonderen Bestimmungen (s. z. B. für den Vater unter „Verwaltung und Nutzung des Kindesvermögens usw. 1"; für den Vormund unter „Vormund 5"); für Privatbevollmächtigte hängt es von dem Umfange der ihnen erteilten Vollmacht ab (s. „Vollmacht"). Im übrigen macht es keinen Unterschied, ob die Willenserklärung ausdrücklich im Namen des Vertretenen erfolgt oder ob sie dem Vertreter ausdrücklich namens des Vertretenen abgegeben ist; es genügt, daß aus den Umständen sich ergibt, daß der Vertreter im Namen seines Auftraggebers handeln oder erklären wollte oder daß die Erklärung (z. B. eine Kündigung) dem Vertreter für seinen Vollmachtgeber abgegeben werden sollte. Hat ein Vertreter nicht ausdrücklich erklärt, daß er im Namen des Vertretenen handle, und ergibt sich dies auch aus den Umständen nicht, so muß er es sich gefallen lassen, daß er in Anspruch genommen wird, als wenn er in eigenem Namen gehandelt hätte. Die Wirksamkeit einer von oder gegenüber einem Vertreter abgegebenen Willenserklärung wird nicht dadurch beeinträchtigt, daß der Vertreter in der Geschäftsfähigkeit beschränkt, z. B. noch minderjährig oder entmündigt ist. Die praktisch wichtige Frage, ob ein Willensmangel oder ob die Kenntnis oder unverschuldete Nichtkenntnis irgendeines Umstandes, die für die Wirksamkeit des Rechtsgeschäfts von Bedeutung ist, dann zu berücksichtigen ist, wenn sie beim Vertretenen, oder dann, wenn sie bei dem Vertreter vorhanden ist, entscheidet das Gesetz dahin, daß nur die Person des Vertreters in Betracht kommt. Dies gilt für gesetzliche Vertreter (s. oben) unbedingt. Bei der Vertretung auf Grund einer Vollmacht muß, wenn der Vertreter nach bestimmten Weisungen des Vollmachtgebers gehandelt hat, auch die bei diesem etwa vorhandene Kenntnis oder verschuldete Unkenntnis eines Umstandes Berücksichtigung finden (166).

2. Es kann aber vorkommen, daß jemand einen anderen bei dem Abschlusse von Verträgen vertritt, ohne hierzu durch eine gesetzliche Ermächtigung oder durch eine Vollmacht berechtigt zu sein. Für solchen Fall enthält das Gesetz folgende Vorschriften (177 bis 179). Die Wirksamkeit des Vertrages hängt davon ab, ob der Vertretene das Geschäft nachträglich genehmigt. Fordert der, mit dem der Vertreter verhandelt hat, den Vertretenen zu einer Erklärung darüber, ob er mit dem Vertrage einverstanden sei, auf, so muß diese Erklärung ihm (dem anderen Vertragschließenden) gegenüber erfolgen; eine vor solcher Aufforderung etwa dem Vertreter gegenüber erklärte Genehmigung oder Verweigerung der Genehmigung ist ohne Rechtswirksamkeit. Die Genehmigung kann nur bis zum Ablaufe von zwei Wochen erklärt werden; wird sie innerhalb dieser Frist nicht erklärt, so gilt sie als verweigert. Bis zu erfolgter Genehmigung des Vertrages ist der andere berechtigt, den mit dem nicht ermächtigten Vertreter geschlossenen Vertrag einseitig zu widerrufen (den Vertrag aufzuheben); den Widerruf kann er sowohl dem Vertretenen als auch dem Vertreter erklären. Zum Widerruf des Vertrages ist er aber dann nicht befugt, wenn er bei Abschluß des Vertrages mit dem Vertreter wußte, daß dieser zur Vertretung des anderen nicht befugt (nicht bevollmächtigt) war; es hängt dann allein von der Entschließung des Vertretenen ab, ob der Vertrag gelten soll oder nicht. Wer als Vertreter eines anderen (für einen anderen) einen Vertrag geschlossen hat, aber seine Vertretungsbefugnis nicht nachweisen kann, ist dem anderen, mit dem er das Geschäft geschlossen hat, nach dessen Wahl zur Erfüllung des Vertrages oder zum Schadensersatze verpflichtet, wenn der Vertretene die Genehmigung des Vertrages verweigert. Hatte jedoch der Vertreter irrtümlich angenommen, daß er (als gesetzlicher Vertreter oder als Bevollmächtigter) zum Handeln für den anderen befugt sei, so braucht er nur den Schaden zu ersetzen, den der andere Teil dadurch erleidet, daß er ihn als rechtmäßigen Vertreter angesehen hat, jedoch nicht über den Betrag des Interesses hinaus, das der andere Teil an der Wirksamkeit des Vertrages hat. Der Vertreter haftet überhaupt nicht, wenn der andere Teil wußte oder hätte wissen müssen, daß er nicht zur Vertretung befugt war, sowie auch dann nicht, wenn er (der Vertreter) in der Geschäftsfähigkeit beschränkt, z. B. minderjährig, war und nicht etwa mit Zustimmung seines gesetzlichen Vertreters gehandelt hat. Endlich haftet der Vertreter auch dann nicht, wenn er durch Vorbehalt der Genehmigung des Vertretenen oder auf sonstige Weise dem anderen zu erkennen gegeben hat, daß er nur zur Unterhandlung oder nur zu einem durch die vorbehaltene Genehmigung bedingten Vertragsabschlusse bevollmächtigt sei (RG.).

Sog. einseitige Rechtsgeschäfte (z. B. Mahnungen, Kündigungen, Rücktrittserklärungen, Genehmigungen u. dgl.) können in der Regel von jemandem, der zur Vertretung nicht befugt ist, für einen anderen nicht vorgenommen werden; ebenso können sie regelmäßig einem nicht ermächtigten Vertreter gegenüber nicht mit Rechtsgültigkeit erklärt werden (180). Hat jedoch der, mit dem der angebliche Vertreter verhandelt hat, die von diesem fälschlich behauptete Vollmacht nicht beanstandet oder ist er gar damit einverstanden gewesen, daß er ohne Vollmacht für einen anderen handle, so gilt dasselbe, was oben von dem Falle gesagt ist, daß jemand, der keine Vollmacht hat, für einen anderen einen Vertrag abschließt; es hängt also die Rechtswirksamkeit der Mahnung, der Kündigung, der Widerrufs- oder Rücktrittserklärung usw. davon ab, ob der, für den eine solche Erklärung ohne Vollmacht abgegeben ist, sie hinterher genehmigt. Geschieht dies, so ist es ebenso, als wenn der Vertretene selber gemahnt, gekündigt usw. hätte. Dieselben Rechtsgrundsätze (bei einseitigen Rechtsgeschäften) gelten, wenn es sich um eine Erklärung handelt, die jemandem, der zur Vertretung des anderen nicht ermächtigt ist, für den anderen mit seinem Einverständnis abgegeben wird. Beispiel: Ich will meinem Schuldner ein Kapital kündigen, treffe ihn aber nicht an, sondern seinen Sohn. Ich frage den Sohn (der vom Vater keine Vollmacht, ihn in Rechtsgeschäften zu vertreten, hat), ob er die Kündigung für den Vater annehmen wolle. Verneint der Sohn dies, so ist die von mir etwa doch erklärte Kündigung gänzlich wirkungslos; erklärt aber der Sohn, die Kündigung für den Vater entgegennehmen zu wollen, so ist die Kündigung rechtsgültig erfolgt, wenn der Vater die Entgegennahme der Kündigung durch den Sohn genehmigt.

Alles vorstehend (unter 2) Gesagte bezieht sich aber, wie nochmals hervorzuheben, nur auf die Fälle, daß der, welcher als Vertreter eines anderen aufgetreten ist (für den anderen gehandelt hat), von diesem keine Vollmacht zur Vertretung gehabt hat. Über die Fälle, wo ein wirklich Bevollmächtigter für seinen Vollmachtgeber auftritt, aber sich über die ihm erteilte Vollmacht nicht sogleich ausweisen kann, siehe das in dem Artikel „Vollmacht“ Gesagte.

3. Rechtsgeschäfte (Verträge) eines Vertreters (Bevollmächtigten) mit sich selbst usw. (181). Kann ein Vertreter als solcher mit sich selbst oder mit sich als dem Vertreter eines Dritten ein Rechtsgeschäft abschließen? Beispiel: wenn ich für Müller Vormund bin und zugleich von Schulze eine Vollmacht zur Wahrnehmung seiner Vermögensangelegenheiten habe, kann ich dann z. B. ein Grundstück, das meinem Mündel Müller gehört, für ihn (als sein Vormund) an mich selber oder an mich als Vertreter des Schulze rechtsgültig verkaufen? Dies ist nach dem Gesetz regelmäßig nicht zulässig und das Geschäft ist unwirksam (falls es nicht nachträglich von den Vertretenen genehmigt wird, RG.). Es ist nur dann zulässig, wenn es im einzelnen Falle durch gesetzliche Bestimmung oder durch die mir von meinem Vollmachtgeber (mündlich oder schriftlich) erteilte Ermächtigung gestattet ist; denn in den erwähnten Fällen liegt regelmäßig die Gefahr vor, daß die Interessen der beteiligten Personen auseinandergehen; sie können daher nicht gut durch eine und dieselbe Person wahrgenommen werden. Eine Ausnahme gilt aber für den Fall, daß das Geschäft, das der Vertreter mit sich selbst oder mit sich als dem Vertreter eines anderen vornimmt, ausschließlich in der Erfüllung einer Verbindlichkeit besteht. Schuldet also beispielsweise Müller, dessen Vormund ich bin, mir selber oder meinem Vollmachtgeber Schulze eine Geldsumme, so kann ich als Vertreter des Müller aus dessen Vermögen seine Schuld an mich selber oder an mich als den Vertreter des Schulze berichtigen. Will der Vollmachtgeber seinem Vertreter (seinem Bevollmächtigten) die Befugnis erteilen, daß er auch mit sich selbst namens seines Vollmachtgebers soll abschließen dürfen (z. B. ein in Amerika wohnender Miterbe oder Miteigentümer erteilt einem der im Inlande wohnenden Miterben oder Miteigentümer Vollmacht, den gemeinschaftlichen Nachlaß oder Grundbesitz zu verkaufen; der Bevollmächtigte soll nun auch das Recht haben, selbst Nachlaßsachen zu kaufen oder den Grundbesitz zu übernehmen), so muß er dies in der Vollmacht ausdrücklich bemerken. Erlaubt (trotz § 181) erscheinen Fälle wie diese: Annahme eines von einem Vertreter für diesen ausgestellten Wechsels durch den Vertreter für sich selbst (RG.), Vornahme eines die Interessen des Vertreters und des Vertretenen gegensätzlich berührenden Geschäfts mit einem Dritten, Bürgschaft namens des Vertretenen für eine Schuld des Vertreters (RG.).

4. Uneigentliche Vertreter (sog. mittelbare Vertreter, indirekte Vertreter). Es kann jemand auch in der Weise für einen anderen tätig werden, daß er nicht in dessen, sondern im eigenen Namen, wiewohl im Interesse des anderen handelt. Er ist dann kein Vertreter des anderen in dem vorstehend unter 1 bis 3 gedachten Sinne. Nehmen wir den Fall: Müller möchte Lehmanns Haus kaufen. Er will aber mit dieser Absicht nicht hervortreten und gibt deshalb dem Schulze den Auftrag, das Haus für ihn (aber nicht auf seinen, des Müller, Namen) zu kaufen. Dann ist Schulze zwar berechtigt und verpflichtet, dem Müller das gekaufte Haus zu übertragen (welches Rechtsverhältnis sonst zwischen ihnen besteht, hängt von der zwischen ihnen getroffenen Vereinbarung ab), aber Lehmann ist durch den abgeschlossenen Verkauf in gar kein Rechtsverhältnis zu Müller getreten; er hat mit ihm nichts zu tun (und Müller nicht mit ihm), sondern kann sich nur an Schulze halten (RG.).

Vertretung von Vorsatz und Fahrlässigkeit bei Schuldverhältnissen (276 ff.). Es ist häufig von Bedeutung, wer von den bei einem Schuldverhältnisse Beteiligten irgendeinen Umstand, der die Erfüllung des Vertrages von der einen oder anderen Seite unmöglich macht oder verzögert, zu vertreten, d. h. die daraus entstehenden Nachteile zu tragen hat. Wer hat den Schaden zu leiden, wenn der Jagdhund, den ich gekauft habe, vor der Übergabe an mich überfahren wird? wenn die Uhr, die ich geliehen habe, gestohlen wird?

Jedermann haftet, wenn es sich um die Erfüllung einer ihm obliegenden Leistung handelt, sofern nicht im einzelnen Falle etwas anderes durch gesetzliche Vorschrift oder durch vertragsmäßige Vereinbarung bestimmt ist, für Vorsatz (bösen Willen) und für Fahrlässigkeit; er hat Vorsatz und Fahrlässigkeit „zu vertreten" (276). S. „Fahrlässigkeit" und „Vorsatz".

Wer sich im Zustande der Geistesstörung oder der Bewußtlosigkeit befindet, ist für seine Handlungen (ein Tun oder ein Unterlassen) nicht verantwortlich; er hat also auch Vorsatz oder Fahrlässigkeit nicht zu vertreten, vorausgesetzt, daß er sich nicht durch geistige Getränke oder andere Mittel schuldvoller Weise selbst in diesen Zustand versetzt hat (827). Kinder unter 7 Jahren haften nicht für Vorsatz oder Fahrlässigkeit. Personen unter 18 Jahren haften dann nicht für Vorsatz oder Fahrlässigkeit, wenn sie bei der Handlung oder Unterlassung die zur Erkenntnis der Verantwortlichkeit erforderliche Einsicht nicht besessen haben. Das gleiche gilt von taubstummen Personen (828).

Wenn der Schuldner, der eine vertragsmäßige Leistung zu machen hat, sich dabei der Hilfe anderer Personen bedient, so ist er für deren ordnungsmäßiges Handeln verantwortlich; er hat also ihren Vorsatz und ihre Fahrlässigkeit ganz ebenso zu vertreten, wie sein eigenes Verschulden (278). Sendet also beispielsweise ein Kaufmann die gekauften Sachen dem Käufer durch einen Bediensteten zu, so haftet er, wenn dieser aus Fahrlässigkeit die Sachen unterwegs beschädigt oder verliert. War der Schuldner nach dem zwischen ihm und dem Gläubiger bestehenden Schuldverhältnisse gar nicht befugt, sich der Hilfe eines anderen zur Erfüllung seiner Verbindlichkeit zu bedienen, so haftet er, wenn er dieses dennoch tut, sogar für einen Schaden, der durch Zufall entstanden ist, falls der Schaden nicht entstanden sein würde, wenn er sich der fremden Hilfe nicht bedient hätte. Der Schuldner haftet auch für den Vorsatz und die Fahrlässigkeit seines gesetzlichen Vertreters (Vaters, Vormundes, Vorstandes einer juristischen Person usw.; s. „Gesetzliche Vertreter") in gleicher Weise, als wenn der Vorsatz oder die Fahrlässigkeit ihm selbst zur Last fiele. Eine etwaige Vereinbarung, nach welcher der Schuldner für den Vorsatz seines gesetzlichen Vertreters oder der von ihm zur Erfüllung seiner Verbindlichkeit herangezogenen Personen nicht verantwortlich sein soll, ist jedoch rechtsgültig.

Es ist ausdrücklich hervorzuheben, daß sich das vorstehend Mitgeteilte über die Haftung für Vorsatz und Fahrlässigkeit nur auf Schuldverhältnisse bezieht. Über die Haftung für Vorsatz und Fahrlässigkeit bei unerlaubten Handlungen vgl. „Schadensersatz wegen unerlaubter Handlungen".

Vertretung des Kindes durch den Vater s. Eltern und Kinder 4; durch die Mutter s. Mutter und Kind; des Mündels durch den Vormund s. Vormund 5; durch einen Bevollmächtigten s. Vollmacht.

Verunglückung s. Haftpflicht usw. u. Schadensersatz wegen unerlaubter Handlung 1 und 6.

Verwahrer, gerichtliche Bestellung eines (RG. über die Angelegenheiten der freiwilligen Gerichtsbarkeit § 165). In gewissen Fällen ist nach dem Gesetz eine Sache oder sind mehrere Sachen an einem gerichtlich zu bestellenden Verwahrer abzuliefern. Wann dieses der Fall ist, ist in diesem Buche gehörigenorts vermerkt. Die Auswahl und Bestellung des Verwahrers ist in solchen Fällen bei demjenigen Amtsgericht zu beantragen, in dessen Bezirke sich die Sache befindet. Beansprucht der Verwahrer eine Vergütung, so hat das Amtsgericht solche zu bestimmen.

Verwahrung, Aufbewahrung (688—700). **1.** Übernimmt jemand eine bewegliche Sache zur Verwahrung, zur Aufbewahrung auf längere oder kürzere Zeit (man gibt z. B. vor einer Reise einem Freunde seine Papiere oder Silbersachen zur Aufbewahrung), so wird dadurch zwischen dem, der die Sache in Aufbewahrung gibt, und dem, der sie annimmt, ein Vertrag, ein Verwahrungsvertrag (Hinterlegungsvertrag) geschlossen, der für beide Teile Rechte und Pflichten erzeugt. Durch den Verwahrungsvertrag wird der Verwahrer verpflichtet, die ihm vom Hinterleger (dem, der die Sache in Verwahrung gibt) übergebene Sache aufzubewahren und in seine Obhut zu nehmen. Ob für die Aufbewahrung eine Vergütung zu zahlen ist oder nicht, hängt von der Vereinbarung der Beteiligten ab; eine Vergütung (Aufbewahrungsgebühr) gilt als stillschweigend vereinbart, wenn die Aufbewahrung den Umständen nach nur gegen eine Vergütung zu erwarten ist (es gibt z. B. jemand beim Bahnhofsportier sein Reisegepäck ab, stellt seine Möbel beim Spediteur unter). Die Höhe der Gebühr ist, wenn nichts verabredet ist, die taxmäßige, sonst die ortsübliche. Der Verwahrer, der für seine Bemühung eine Entschädigung erhält, ist in bezug auf die Aufbewahrung für jede Fahrlässigkeit verantwortlich; er hat für Diebstahl, Beschädigung usw. aufzukommen, wenn er die im Verkehr erforderliche Sorgfalt außer acht gelassen hat. Nur wenn die Verwahrung unentgeltlich geschieht, ist die Haftbarkeit des Verwahrers eine geringere; er braucht dann in bezug auf die ihm anvertraute Sache nur diejenige Sorgfalt anzuwenden, die er in eigenen Angelegenheiten anzuwenden pflegt.

Ob man die zur Aufbewahrung übernommene Sache wieder an einen anderen zur Aufbewahrung weitergeben darf, hängt zunächst von der Bestimmung des Hinterlegers ab; wenn dieser es nicht bei der Hingabe gestattet hat oder nachher auf Anfrage gestattet, so ist der Verwahrer dazu nicht berechtigt. Kann er selber die Sache nicht weiterverwahren, so bleibt ihm nur übrig, den Hinterleger aufzufordern, die Sache zurückzunehmen oder einen anderen Verwahrer zu bestimmen. Ist die Weitergabe gestattet und die Sache kommt bei dem anderen in Verlust oder Schaden, so haftet der erste Verwahrer dem Hinterleger nur insoweit, als ihm etwa bei dieser Weitergabe ein Verschulden zur Last fällt (er hat z. B. die Sache einem ihm als nachlässig bekannten Menschen in weitere Verwahrung gegeben). Für ein Verschulden seiner Hausangestellten, Gehilfen oder sonstiger Personen, deren er sich bei der Verwahrung bedient, haftet der Verwahrer in gleicher Weise wie für eigenes Verschulden. Hat der Verwahrer die Sache ohne Befugnis an einen anderen weitergegeben, so ist er für allen dem Eigentümer daraus entstehenden Schaden verantwortlich.

Ist über die Art der Verwahrung Bestimmtes verabredet, so ist der Verwahrer daran gebunden. Aber der Hinterleger ist nicht befugt, dem Verwahrer nachträglich beliebige Anweisungen über eine andere Art der Verwahrung zu erteilen. Es können jedoch Fälle eintreten, wo sich die vereinbarte Art der Verwahrung offenbar als unzweckmäßig herausstellt. Der Verwahrer ist daher berechtigt, die vereinbarte Aufbewahrungsart zu ändern, wenn er den Umständen nach annehmen darf, daß der Hinterleger bei Kenntnis der Sachlage die Änderung billigen würde; er muß aber vor der Änderung, wenn dies ohne Gefahr geschehen kann, dem Hinterleger Anzeige machen und seine Entschließung abwarten. Der Verwahrer ist, wenn ihm solches nicht besonders gestattet ist, nicht befugt, die Sache für sich zu gebrauchen; tut er dies, so hat er für allen daraus etwa entstehenden Schaden aufzukommen. Etwas anderes ist es, wenn der Verwahrer nicht für sich, sondern im Interesse des Eigentümers die Sache gebraucht, z. B. ein in Verwahrung genommenes Pferd ausreitet, damit es nicht steif wird.

2. Macht der Verwahrer zum Zwecke der Aufbewahrung Aufwendungen, die er den Umständen nach für erforderlich halten darf, so muß der Hinterleger ihm diese ersetzen (Näheres s. unter „Aufwendungen"), wenn nicht der Verwahrer selbst sie vertragsmäßig (ausdrücklich oder stillschweigend) übernommen hat. Macht er Aufwendungen, die mit dem Zwecke der Verwahrung in keiner Verbindung stehen, so bestimmt sich seine Befugnis, hierfür vom Hinterleger Ersatz zu verlangen, nach den Vorschriften über die Geschäftsführung ohne Auftrag (s. d.). Entsteht dem Verwahrer durch die Beschaffenheit der in Verwahrung genommenen Sache ein Schaden, so muß der Hinterleger ihm diesen ersetzen, es sei denn, daß er nachweist, daß er die gefahrdrohende Beschaffenheit der Sache bei der Hinterlegung weder gekannt hat noch bei Anwendung der erforderlichen Sorgfalt kennen mußte, oder daß er sie dem Verwahrer angezeigt hat oder schließlich, daß dieser sie ohne Anzeige gekannt hat. Sache des Hinterlegers ist es also, den Umstand zu beweisen, der ihn von der Ersatzpflicht befreit.

Rückgabe der Sache. Die in Aufbewahrung gegebene Sache bleibt Eigentum des Hinterlegers. Sollte der Verwahrer in Konkurs geraten, so muß sie dem Eigentümer vom Konkursverwalter herausgegeben werden. Der Hinterleger kann die in Aufbewahrung gegebene Sache jederzeit zurückfordern, auch wenn für die Aufbewahrung eine bestimmte Zeit festgesetzt ist. Selbstverständlich kann der Verwahrer, wenn er etwa im Hinblick auf die bestimmte Verwahrungszeit Aufwendungen gemacht hat, hierfür Ersatz fordern. Auch der Verwahrer kann, wenn er die Aufbewahrung nicht für eine bestimmte Zeit übernommen hat, jederzeit die Rücknahme der Sache verlangen; hat er dagegen die Aufbewahrung für eine bestimmte Zeit übernommen, einerlei, ob gegen Entgelt oder unentgeltlich, so kann er die Rücknahme vor Ablauf dieser Zeit nur fordern, wenn ein wichtiger Grund vorliegt. Er muß aber dem Hinterleger eine angemessene Zeit zur Rücknahme lassen, wenn es nach den Umständen angängig ist. Die Rückgabe muß an dem Orte erfolgen, wo die Sache aufzubewahren war; der Verwahrer ist nicht verpflichtet, die Sache dem Hinterleger wiederzubringen, wenn er dies nicht übernommen hat. Zugleich mit der Sache hat der Verwahrer auch die etwa von ihr gezogene Nutzung herauszugeben, wenn nichts anderes vereinbart ist.

Verwendet der Verwahrer hinterlegtes (in Verwahrung gegebenes) Geld eigenmächtig für sich, so muß er es dem Hinterleger von der Zeit der Verwendung an verzinsen (s. „Zinsen").

Die für die Aufbewahrung vereinbarte Vergütung ist bei Beendigung der Aufbewahrung zu entrichten. Ist die Vergütung nach Zeitabschnitten (Tagen, Wochen, Monaten usw.) bemessen, so ist sie nach dem jedesmaligen Ablauf eines solchen Zeitabschnittes (Tages usw.) fällig. Endigt die Aufbewahrung vor dem Ablaufe der für sie bestimmten Zeit, so kann der Verwahrer einen seinen bisherigen Leistungen entsprechenden Teil der Vergütung verlangen. Anderweitige Vereinbarungen sind zulässig.

3. Aufbewahrung von Geld oder Wertpapieren oder anderen vertretbaren Sachen (700). Ist Geld in Verwahrung (Aufbewahrung) gegeben und soll nach der zwischen den Beteiligten getroffenen Vereinbarung oder nach der stillschweigenden Absicht der Beteiligten das Geld in das Eigentum des Verwahrers übergehen und dieser nur verpflichtet sein, eine gleiche Geldsumme zurückzugeben, so kommen nicht die vorstehend mitgeteilten Vorschriften über den Verwahrungsvertrag, sondern die gesetzlichen Bestimmungen über das Darlehn (s. d.) zur Anwendung. Ob in solchem Falle das Geld zu verzinsen ist, hängt gleichfalls von der ausdrücklichen oder stillschweigenden Übereinkunft der Beteiligten ab. Wer Geld bei einem Bankier, einer Bank usw. in Verwahrung (zum Depot) gibt, wird regelmäßig auf die übliche niedrige Verzinsung rechnen. Anders liegt der Fall, wenn dem Verwahrer nur gestattet ist, nach seinem Belieben das ihm zur Verwahrung gegebene Geld zu verbrauchen; hier finden die Vorschriften über das Darlehn erst von dem Zeitpunkt an Anwendung, wo der Verwahrer sich das Geld (durch Ausgeben, durch Vermischen mit seinem Gelde) aneignet. Für die Hinterlegung von Wertpapieren gilt der besondere Satz, daß eine Vereinbarung der vorbezeichneten Art (wonach also der Verwahrer die Papiere sich aneignen darf und nur verpflichtet sein soll, demnächst ein gleiches Papier zurückzugeben) nur dann gültig ist, wenn sie ausdrücklich (mündlich oder schriftlich) getroffen ist; eine Berufung auf stillschweigende Gestattung oder auf Usancen ist unstatthaft.

Das vorstehend von dem Gelde Gesagte gilt auch, wenn andere vertretbare Sachen (s. d.) in Verwahrung gegeben sind, z. B. Getreide, Kohlen, Wein usw. Auch hier ist insbesondere auch eine stillschweigende Vereinbarung zulässig, daß der Verwahrer die Sachen verbrauchen und andere von gleicher Art, Güte und Menge zurückgeben soll. Es gelten dann in gleicher Weise, wie bei der Hingabe von Geld, die Grundsätze des Darlehnsvertrages.

Rücksichtlich der Zeit und des Orts der Rückgabe gelten übrigens in allen in den vorstehenden beiden Absätzen gedachten Fällen, wenn sich nichts anderes als die Absicht der Beteiligten ergibt, die Vorschriften über den Verwahrungsvertrag, wenn auch im übrigen die Bestimmungen über den Darlehnsvertrag maßgebend sind.

Konkurs des Verwahrers. Ist nach dem Vorstehenden das Geld oder sind die Wertpapiere oder anderen vertretbaren Sachen in das Eigentum des Verwahrers übergegangen, so kann bei einem etwaigen Konkurse des Letzteren der Hinterleger das Geld, die Papiere, die Sachen nicht aus der Masse zurückfordern, sondern er kann nur seinen Anspruch auf Zahlung der betreffenden Geldsumme oder Lieferung der Wertpapiere usw. als Konkursforderung gegen die Masse geltend machen, wird also bei Unzulänglichkeit der Masse nur zum Teil oder gar nicht befriedigt.

4. Über kaufmännische Depots (Bankdepots) gelten besondere gesetzliche Bestimmungen; s. Näheres unter „Depots, kaufmännische".

Verwahrung von Geld s. Verwahrung 2 und 3; fremder Wertpapiere durch Kaufleute (Bankiers usw.) s. Depots, kaufmännische; von Testamenten und Erbverträgen s. Testament 2 a. Schl.; von Wertpapieren durch einen Vormund s. Vormund 4.

Verwalter eines Nachlasses s. Nachlaßverwaltung; im Konkurse s. Konkurs.

Verwaltung einer Erbschaft s. Nachlaßverwaltung; eines Nachlasses durch den Testamentsvollstrecker s. Testamentsvollstrecker; des Kindesvermögens durch den Vater, s. nachfolgenden Artikel; durch die Mutter s. Mutter und Kind 3; des Frauenvermögens durch den Mann s. Eingebrachtes Gut der Frau 2; des Mündelvermögens durch den Vormund s. Vormund; des Gesamtguts durch den Mann s. Gütergemeinschaft, Errungenschaftsgemeinschaft, Fahrnisgemeinschaft; von Wertpapieren durch einen Bankier usw. s. Depots, kaufmännische, 1.

Verwaltung und Nutzung des Kindesvermögens durch den Vater (die Mutter) (1627 bis 1698). Der Vater hat kraft seiner elterlichen Gewalt (s. „Eltern und Kinder 4") das Recht und die Pflicht, für das Vermögen seiner minderjährigen Kinder zu sorgen, es zu verwalten und die Kinder in ihren Vermögensangelegenheiten zu vertreten. Er hat in dieser Beziehung eine ähnliche Stellung, wie ein Vormund, unterliegt aber dabei nicht der fortlaufenden Aufsicht des Vormundschaftsgerichts. Ihm steht ferner die Nutznießung des nicht freien Kindesvermögens zu. Beide Rechte des Vaters, das Verwaltungsrecht und das Nutzungsrecht, sind aber getrennt zu halten; denn er kann unter Umständen das Nutzungsrecht nicht haben, obwohl er das Vermögen seiner Kinder verwaltet, und er kann in anderen Fällen die Verwaltung nicht führen, aber Anspruch darauf haben, daß ihm die Nutzungen des Vermögens zukommen. Beide Rechte sind daher in nachstehendem getrennt behandelt. Es sei noch bemerkt, daß der Vater diese Rechte auch an dem Vermögen eines angenommenen Kindes (Adoptivkindes) hat.

Dieselben Rechte wie dem Vater stehen auch der Mutter zu, wenn sie die elterliche Gewalt ausübt (s. „Mutter und Kind").

1. Das Verwaltungsrecht des Vaters (der Mutter) (1638 ff.). Das Recht (und die Pflicht) des Vaters, das seinem minderjährigen Kinde zustehende Vermögen zu verwalten, erstreckt sich grundsätzlich auf alles, was das Kind auf irgendwelche Weise, sei es durch Erbschaft von der Mutter, von Großeltern usw. oder durch Schenkung oder durch eigene Tätigkeit erworben hat. Ausgenommen von der Verwaltung ist nur das Vermögen, das das Kind durch Verfügung von Todes wegen von einem Dritten erwirbt oder das ihm unter Lebenden von einem Dritten unentgeltlich zugewendet wird, wenn der Erblasser in der letztwilligen Verfügung, der Dritte bei der Zuwendung bestimmt hat, daß dieses Vermögen der Verwaltung des Vaters entzogen sein soll. Alles, was das Kind auf Grund eines zu solchem Vermögen gehörigen Rechts oder als Ersatz für die etwaige Zerstörung, Beschädigung oder Entziehung eines zu dem Vermögen gehörenden Gegenstandes oder durch ein Rechtsgeschäft erwirbt, das sich auf jenes Vermögen bezieht, ist gleichfalls der Verwaltung des Vaters entzogen (§ 1638). Der Vater hat deshalb, wenn dem Kinde eine derartige Zuwendung zufällt, dem Vormundschaftsgericht sofort Anzeige zu machen, das dann für die Verwaltung einen Pfleger bestellt (s. d.). Hat der Erblasser oder Schenker dem Vater bei der Zuwendung die Verwaltung zwar nicht entzogen, aber doch bestimmte Anordnungen über die Verwaltung oder Anlegung getroffen, so ist der Vater an diese Anordnungen gebunden. Das Vormundschaftsgericht hat, wenn der Vater sich an diese Anordnungen nicht hält, die zur Durchführung erforderlichen Maßregeln zu treffen. Abweichen von den Anordnungen darf der Vater nur, wenn die Befolgung die Interessen des Mündels gefährden würden, und auch dann nur mit Genehmigung des Vormundschaftsgerichts. Lebt der Schenker noch, so tritt dessen Genehmigung an die Stelle.

Abgesehen von dieser Ausnahme verwaltet der Vater das Kindesvermögen nach eigenem verständigen Ermessen, d. h. nach wirtschaftlichen Grundsätzen. Er ist grundsätzlich befugt, alle zur Verwaltung erforderlichen Geschäfte vorzunehmen, soweit nicht für einzelne Geschäfte, die nachstehend aufgeführt sind, eine Genehmigung des Vormundschaftsgerichts erforderlich ist.

Zur Prozeßführung über die Gegenstände des Kindesvermögens ist Genehmigung des Vormundschaftsgerichts nicht erforderlich. Wird im Prozeß ein Vergleich abgeschlossen, so bedarf dieser der Genehmigung des Vormundschaftsgerichts, wenn zur Verfügung über den betreffenden Gegenstand die Genehmigung erforderlich ist. Eine Beaufsichtigung der Verwaltung durch das Vormundschaftsgericht findet nicht statt, doch liegen dem Vater drei Pflichten auf: Er hat ein Verzeichnis des

Kindesvermögens dem Vormundschaftsgericht einzureichen, er hat das seiner Verwaltung unterliegende Vermögen nach den für die Anlegung von Mündelgeld geltenden Vorschriften anzulegen und er darf keine Schenkungen machen. Dazu ist im einzelnen zu bemerken:

Verzeichnis des Kindesvermögens (1640). Das Verzeichnis ist einzureichen, sobald dem Kinde ein Vermögen zufällt, insbesondere aber, wenn die Mutter sterben sollte. Das Verzeichnis muß das seiner Verwaltung unterliegende Vermögen der Kinder umfassen, das beim Tode der Mutter vorhanden ist oder ihnen später zufällt. Das Verzeichnis muß vom Vater mit der Versicherung der Richtigkeit und Vollständigkeit versehen werden. Aus dem Verzeichnis muß sich das Vermögen der Kinder in allen Einzelheiten klar ergeben; es sind also insbesondere auch etwaige ausstehende Forderungen nach Betrag und Namen der Schuldner genau zu verzeichnen. Nur Haushaltungsgegenstände (Möbel, Betten, Haus- und Küchengerätschaften usw.) brauchen nicht im einzelnen aufgeführt zu werden; es genügt die Angabe des Gesamtwertes. Im übrigen ist eine Wertangabe (Taxation) der Vermögensgegenstände nicht vorgeschrieben, aber selbstverständlich zulässig und in vielen Fällen empfehlenswert. Das Verzeichnis kann vom Vater persönlich oder durch einen anderen aufgesetzt sein; die Versicherung der Vollständigkeit usw. muß aber von ihm persönlich unterschrieben sein. Ist kein Vermögen der Kinder da, so genügt es, wenn der Vater auf Anfordern des Vormundschaftsgerichts dies versichert. Ist das eingereichte Verzeichnis unklar, unvollständig oder sonst ungenügend, so kann das Gericht anordnen, daß es (auf Kosten des Vaters) durch eine zuständige Behörde oder durch einen zuständigen Beamten (Gerichtsvollzieher usw.) oder einen Notar aufgenommen wird. Eine solche Aufnahme kann von der Mutter durch letztwillige Verfügung für das von ihr herrührende Vermögen untersagt werden; von der Einreichung eines Privatverzeichnisses kann die Mutter den Vater auch hinsichtlich ihres Vermögens nicht befreien.

Der Vater kann nach Maßgabe der Landesgesetzgebung zur Einreichung des Vermögensverzeichnisses vom Gericht durch Ordnungsstrafen angehalten werden.

Schenkungen. Anlegung der Gelder (1641, 1642). Schenkungen darf der Vater aus dem Vermögen seiner Kinder nicht machen, d. h. aus dem Stammvermögen nicht; wenn ihm die Nutznießung an dem Vermögen zusteht (s. unten 2), kann er über die Einkünfte natürlich nach seinem Belieben verfügen. Ausgenommen von diesem Verbote sind Schenkungen, durch die einer sittlichen Pflicht oder einer auf den Anstand zu nehmenden Rücksicht entsprochen wird (es macht z. B. der Vater für die Lebensrettung des Kindes eine Schenkung aus dessen Vermögen). Die Anlegung des Kindesgeldes (1642) erfolgt, soweit es nicht zur Bestreitung von Ausgaben bereitzuhalten ist, nach denselben Grundsätzen, wie sie für Vormünder gesetzlich vorgeschrieben sind; s. hierüber das Stichwort „Anlegung von Mündelgeldern“. Nur ist der Vater nicht verpflichtet, wie das ein Vormund ist oder wie es die Mutter ist, wenn ihr ein Beistand für solche Verwaltungshandlungen beigegeben ist; s. „Mutter und Kind 3“ —, wenn er Geld bei einer Sparkasse oder bei der Reichsbank usw. belegt, dies mit der „Bestimmung“ zu tun, daß das Geld nur mit Genehmigung des Gerichts von ihm zurückgenommen werden dürfe. Aus besonderen Gründen kann das Vormundschaftsgericht dem Vater auf Antrag eine andere Art der Anlegung gestatten. Ob der Vater ausstehende Forderungen, die sich im Vermögen des Kindes vorfinden (z. B. aus der Erbschaft der Mutter), einzuziehen hat, hängt im einzelnen Fall davon ab, ob diese Einziehung durch eine ordnungsmäßige Verwaltung geboten ist.

Verwaltungsgeschäfte des Vaters (der Mutter), die der gerichtlichen Genehmigung bedürfen (1634—1645). Folgende Geschäfte bedürfen der vormundschaftlichen Genehmigung, ohne welche diese Geschäfte unwirksam sind:

1. die Verfügung über ein Grundstück oder über ein Recht an einem Grundstücke (durch Auflassung oder durch Belastung des Grundstücks mit Hypotheken oder anderen dinglichen Rechten) — vergleiche „Vormund 6 B 1“ —;
2. die Verfügung über eine Forderung, die auf Übertragung des Eigentums an einem Grundstücke oder auf Begründung oder Übertragung eines Rechts an einem Grundstück oder auf Befreiung eines Grundstücks von einem solchen Rechte gerichtet ist;
3. die Eingehung der Verpflichtung zu einer der vorstehend unter 1 und 2 bezeichneten Verfügungen, also z. B. ein Kaufvertrag, Tauschvertrag, Verpfändungsvertrag über ein Grundstück des Kindes.

   Zu den Rechten an einem Grundstücke im Sinne dieser Vorschriften gehören nicht Hypotheken, Grundschulden und Rentenschulden. Es ist also beispielsweise die gerichtliche Genehmigung nicht erforderlich zur Abtretung einer dem Kinde zustehenden Hypothek, ebensowenig zu deren Löschung;
4. Rechtsgeschäfte, durch die das Kind zu einer Verfügung über sein Vermögen im ganzen oder über eine ihm angefallene Erbschaft oder über seinen künftigen gesetzlichen Erbteil oder seinen künftigen Pflichtteil verpflichtet wird, sowie Verfügungen über den Anteil des Kindes an einer Erbschaft (dahin gehört aber nicht eine Erbteilung; zu einer solchen ist die Genehmigung nur erforderlich, wenn Grundstücke oder Rechte an solchen zum Nachlaß gehören oder er selbst als Miterbe beteiligt ist);
5. Verträge, die auf den entgeltlichen Erwerb oder die Veräußerung eines Erwerbsgeschäfts gerichtet sind, sowie Gesellschaftsverträge, die zum Betriebe eines Erwerbsgeschäfts eingegangen werden;
6. Miet- oder Pachtverträge oder andere Verträge, durch die das Kind zu wiederkehrenden Leistungen verpflichtet wird, wenn das Vertragsverhältnis länger als ein Jahr nach der Vollendung des 21. Lebensjahres des Kindes fortdauern soll;
7. Annahme von Geld auf den Kredit des Mündels (ein Kauf auf Kredit fällt nicht hierunter);
8. Ausstellung einer Schuldverschreibung auf den Inhaber oder Eingehung einer Verbindlichkeit aus einem Wechsel oder einem anderen Papiere, das durch Indossament übertragen werden kann;
9. Übernahme einer fremden Verbindlichkeit, insbesondere Eingehung einer Bürgschaft;

10. Erteilung einer Prokura;
11. Ausschlagung einer Erbschaft oder eines Vermächtnisses, sowie Verzicht auf einen Pflichtteil. Der Vater bedarf jedoch dann der Genehmigung zur Ausschlagung der Erbschaft usw. für das Kind nicht, wenn diese zunächst ihm selber angefallen ist und nur dadurch, daß er sie ausgeschlagen hat, an das Kind gekommen ist; ist er Miterbe des Kindes, so muß er die Genehmigung zur Ausschlagung für das Kind einholen.

Zur Vornahme der unter 7 bis 10 bezeichneten Geschäfte kann der Vater übrigens vom Vormundschaftsgericht allgemein (ein für alle Male) ermächtigt werden, so daß es einer Einholung der Genehmigung in jedem einzelnen Falle dann nicht mehr bedarf. Wegen des Näheren über die vorstehend bezeichneten Geschäfte, die der Vater nicht selbständig für das Kind vornehmen darf, über die Einholung der Genehmigung durch den Vater sowie über die Folgen, wenn er solche Geschäfte ohne die gerichtliche Genehmigung abgeschlossen hat oder wenn er dem anderen gegenüber fälschlich behauptet hat, daß die gerichtliche Genehmigung erteilt sei, vergleiche den Artikel „Vormund" unter 6 B a. Schl.

Alle anderen Geschäfte außer den genannten kann der Vater selbständig abschließen, also über bewegliche Sachen verfügen, Hypotheken, Grundschulden abtreten, Lehrverträge abschließen usw.

Gehört zum Vermögen des Kindes ein Erwerbsgeschäft (das Kind hat z. B. ein kaufmännisches Geschäft, eine Fabrik, ein Gut usw. geerbt), so hat der Vater nach verständigem Ermessen zu entscheiden, ob er das Geschäft (sei es in der bisherigen oder in anderer Weise) fortführen oder ob er es verkaufen oder eingehen lassen (auflösen) will. Will er aber aus den Mitteln des Kindes für dessen Rechnung ein neues Geschäft begründen, so soll er dazu die Genehmigung des Vormundschaftsgerichts einholen (1645). Der Mangel der Genehmigung macht die Begründung nicht rechtsunwirksam, kann aber dem Vormundschaftsgericht Veranlassung zum Einschreiten geben, wenn das Vermögen des Kindes dadurch gefährdet wird.

Erwerb von Sachen mit Mitteln des Kindes (1646). Wenn der Vater bewegliche Sachen kauft oder sonst erwirbt und sie nicht aus eigenen Mitteln, sondern mit dem Gelde des Kindes bezahlt, so gehören diese Sachen dem Kinde, wenn nicht klar erweislich ist, daß es die Absicht des Vaters nicht gewesen ist, sie für das Kind zu erwerben. Das Gesagte gilt insbesondere auch von Inhaberpapieren und ähnlichen Wertpapieren. Dagegen hat die Vorschrift keine Geltung, wenn der Vater Grundstücke oder Rechte an solchen oder Wertpapiere, Wechsel usw. auf seinen Namen erworben hat. Wegen der Fälle, in denen der Vater das Kind nicht vertreten kann (1630), s. „Eltern und Kinder" 4. In diesem Fall ist ein Pfleger zu bestellen (s. d.).

Sicherung des Kindes. Überwachung des Vaters durch das Vormundschaftsgericht. Wenn das Vermögen des Kindes durch die Verwaltung des Vaters gefährdet wird, oder wenn der Vater in Vermögensverfall gerät, kann das Vormundschaftsgericht in geeigneter Weise einschreiten und die zum Schutze des Kindes nötigen Maßregeln ergreifen (1667). Der Gemeindewaisenrat ist verpflichtet, dem Vormundschaftsgerichte in jedem Falle Anzeige zu machen, wenn ihm ein Fall bekannt wird. Das Gericht kann aber auch dann vorgehen, wenn es auf irgendwelche andere Weise von einer Gefährdung des Vermögens der Kinder durch den Vater Kenntnis erhält (vgl. „Eltern und Kinder" unter 5 im Eingange). Das Gericht kann in den vorgedachten Fällen zum Schutze des Kindes insbesondere anordnen, daß der Vater ein Verzeichnis des Vermögens (des Kindes) einreicht, daß er über seine Verwaltung dem Gerichte (einmal oder in bestimmten Zwischenräumen) Rechnung abzulegen hat, kurz alle Sicherungsmaßregeln anordnen, der die vormundschaftliche Verwaltung unterworfen ist (s. „Vormund 4"). Falls solche Maßregeln nicht ausreichend erscheinen, kann das Vormundschaftsgericht dem Vater die Stellung einer Sicherheitsleistung auferlegen, und äußerstenfalls ihm die Verwaltung entziehen und sie einem Pfleger übertragen (1670). Das Gericht kann je nach Lage der Sache die Anordnungen ändern und auch wieder aufheben (1671). Hält der Vater die vom Vormundschaftsgericht angeordneten Maßregeln nicht für gerechtfertigt, so steht es ihm frei, gegen die Anordnung des Gerichts Beschwerde (s. d.) zu erheben.

Wiederverheiratung des Vaters (1669). Jeder Elternteil muß, wenn er nach Trennung seiner Ehe durch Tod des Ehegatten oder Scheidung eine neue Ehe eingehen will, dies dem Vormundschaftsgericht anzeigen, ein Vermögensverzeichnis (s. oben) einreichen, und, wenn eine Vermögensgemeinschaft zwischen ihm und dem Kinde besteht, z. B. bezüglich des Nachlasses des anderen Ehegatten, die Auseinandersetzung herbeiführen. Diese kann gerichtlich, notariell oder privatschriftlich erfolgen, bedarf aber in jedem Falle der Genehmigung des Vormundschaftsgerichts (s. Erbteilung 2). Dem Kinde wird zur Wahrnehmung seiner Rechte gegenüber dem Vater bei der Mutter ein Pfleger für die Auseinandersetzung bestellt. Sind mehrere Kinder vorhanden und wird der Nachlaß auch zugleich unter diese verteilt, so erhält jedes Kind einen besonderen Pfleger. Betrifft die Auseinandersetzung auch Grundstücke, so muß die Auseinandersetzung gerichtlich oder notariell abgeschlossen werden (§ 313). Ist kein Vermögen vorhanden, so genügt eine entsprechende Erklärung des betreffenden Elternteils.

Das Vormundschaftsgericht kann ausnahmsweise gestatten, daß die Auseinandersetzung erst nach der Wiederverheiratung erfolgen kann.

Die Verpflichtungen des Ehegatten sind dadurch gesichert, daß der Standesbeamte die neue Eheschließung erst vornehmen darf, wenn das Vormundschaftsgericht bescheinigt, daß der Ehegatte seinen Verpflichtungen bezüglich des Kindes nachgekommen ist. Das Gericht kann den Vater (die Mutter) auch durch Ordnungsstrafen zur Erfüllung anhalten, geeignetenfalls ihm die Vermögensverwaltung entziehen.

Haftung des Vormundschaftsrichters. Der Vormundschaftsrichter bzw. das Land haftet persönlich für die dem Kinde erwachsenden Nachteile, wenn er die ihm obliegenden Pflichten vorsätzlich oder fahrlässig verletzt und das Kind auf andere Weise keinen Ersatz erlangen kann (1674) (s. Beamte, Schadensersatz wegen Verletzung der Amtspflicht).

Konkurs des Vaters (1647). Gerät der Vater in Konkurs, so geht er dadurch des Rechtes, das Vermögen seiner Kinder zu verwalten und sie in ihren Vermögensangelegenheiten zu vertreten, verlustig; sein Recht hört auf mit dem Augenblicke, wo der Konkurseröffnungsbeschluß rechtskräftig wird. Das Verwaltungsrecht geht auf einen vom Gericht zu bestellenden Pfleger über. Der Vater sowohl (1909), wie das Konkursgericht haben zu diesem Behufe dem Vormundschaftsgericht von der Konkurseröffnung Anzeige zu machen. Die ihm etwa zustehenden Nutzungsrechte am Vermögen des Kindes verliert der Vater aber nicht dadurch, daß über ihn Konkurs eröffnet wird. Ist der Konkurs beendet, so kann das Vormundschaftsgericht dem Vater die Verwaltung und Vertretung wieder übertragen, wenn dies im Interesse des Kindes unbedenklich ist. Ein Recht darauf hat der Vater nicht, auch nicht im Falle eines etwaigen Zwangsvergleichs.

Ende des väterlichen Verwaltungsrechts (1626, 1676 ff.). Die väterliche Vermögensverwaltung hat gesetzlich ihr Ende erreicht, sobald das Kind volljährig (21 Jahre alt) geworden oder schon vor diesem Zeitpunkt für volljährig erklärt ist (s. „Volljährigkeitserklärung"). Das Kind kann jetzt sein Vermögen selbständig verwalten und darüber verfügen. Über den Fall, daß das Kind nach der erreichten Volljährigkeit sein Vermögen in der Verwaltung des Vaters beläßt, s. „Eltern und Kinder 3". Das Verwaltungsrecht des Vaters hört einer verheirateten minderjährigen Tochter gegenüber auch soweit auf, als das Vermögen der Tochter eingebrachtes Gut (s. d.) wird; vgl. „Ehehindernisse 1b" a. Schl. Sonst wird das Verwaltungsrecht des Vaters durch die Verheiratung der Tochter nicht berührt. — Das väterliche Verwaltungsrecht kann aber während der Minderjährigkeit des Kindes auch noch durch andere Gründe zeitweise oder ganz ausgeschlossen werden. Die väterliche Gewalt ruht, wenn der Vater gänzlich geschäftsunfähig wird, z. B. wegen Geisteskrankheit entmündigt wird, oder wenn er auch nur in der Geschäftsfähigkeit beschränkt, z. B. wegen Geistesschwäche, wegen Verschwendung oder Trunksucht entmündigt oder unter vorläufige Vormundschaft gestellt wird; endlich wenn er selbst wegen körperlicher Gebrechen einen Pfleger für seine Person oder sein Vermögen erhält. Die väterliche Vermögensverwaltung ruht ferner, wenn der Vater auf längere Zeit durch besondere Umstände, z. B. längere Abwesenheit, Krankheit, Verbüßung einer längeren Freiheitsstrafe usw., an der Ausübung seines Rechts tatsächlich verhindert ist. Dies muß durch das Vormundschaftsgericht besonders festgestellt werden. Hört der Hinderungsgrund auf (was wiederum durch das Vormundschaftsgericht „festgestellt" werden muß), so lebt das Verwaltungsrecht des Vaters wieder auf. Ist die Verhinderung voraussichtlich nur eine vorübergehende, so kann dem Kinde für einzelne Angelegenheiten oder einen bestimmten Kreis von Angelegenheiten ein Pfleger bestellt werden. Auf die Nutznießung des Kindesvermögens durch den Vater hat das Ruhen der väterlichen Gewalt keinen Einfluß. Ruht die elterliche Gewalt des Vaters, so übt sie die Mutter aus (1685). Ist die Ehe aufgelöst, so ist ein Pfleger zu bestellen. Auf ihren Antrag kann aber der Mutter die elterliche Gewalt von dem Vormundschaftsgericht übertragen werden, wenn keine Aussicht besteht, daß der Grund des Ruhens wegfallen wird. Dann erlangt die Mutter auch die Nutznießung des Kindesvermögens (1685). Das Verwaltungsrecht des Vaters endet, wenn er für tot erklärt ist (s. „Todeserklärung"); stellt sich später heraus, daß er noch lebt, so erlangt er das Recht wieder; er muß aber seinen hierauf gerichteten Willen dem Vormundschaftsgerichte ausdrücklich erklären. Der Vater verwirkt endlich zur Strafe sein Verwaltungsrecht, wenn er wegen eines an dem Kinde verübten Verbrechens oder vorsätzlich verübten Vergehens zu Zuchthaus oder zu mindestens sechs Monaten Gefängnis rechtskräftig verurteilt ist. In diesem Falle steht der Mutter die elterliche Gewalt zu, wenn die Ehe aufgelöst ist, sonst ist ein Pfleger zu bestellen.

Herausgabe des Vermögens. Rechnungslegung (1681). Endigt oder ruht das Verwaltungsrecht des Vaters, so muß er dem Kinde sein Vermögen herausgeben und ihm über seine Verwaltung Rechenschaft ablegen. Nach Lage der Sache kann das Kind auch eine eidliche Bestärkung, daß er das Kindesvermögen richtig angegeben habe, vom Vater verlangen; s. Näheres hierüber wie über die Art und Weise der Rechnungsablage unter „Rechnungslegung". Endigt das Recht des Vaters zur Vermögensverwaltung infolge des Todes des Kindes, so muß er den Erben des Kindes das Vermögen sofort herausgeben und ihnen Rechnung ablegen; er muß jedoch dringliche Geschäfte, die ohne Gefahr nicht aufgeschoben werden können, weiter besorgen, bis der Erbe anderweit Fürsorge treffen kann (1683). Über die Haftbarkeit des Vaters für etwa vorgekommene Verluste oder Verschlechterung von Vermögensgegenständen s. unter 2 am Schluß.

2. Das Nutznießungsrecht des Vaters am Vermögen der Kinder (1649 ff.). Dem Vater steht kraft seiner elterlichen Gewalt die Nutznießung am Kindesvermögen zu (1649). Er kann also die Einkünfte des Kindesvermögens für sich verwenden. Die Nutznießung ist ausgeschlossen an dem sog. freien Vermögen des Kindes (1650, 1651).

A. Freies Vermögen des Kindes. Dazu gehören:

a) Die ausschließlich zum persönlichen Gebrauch des Kindes bestimmten Sachen, insbesondere Kleider, Schmucksachen und Arbeitsgeräte. Es versteht sich von selbst, daß hier nur von solchen Sachen die Rede sein kann, die dem Kinde gehören (die es z. B. von der Mutter oder anderen geerbt oder geschenkt erhalten usw. hat), nicht aber von Gegenständen, die der Vater selbst dem Kinde zum Gebrauch hingegeben, aber nicht dem Kinde zu Eigentum übertragen hat.

b) Alles, was das Kind durch seine Arbeit oder durch den ihm vom Vater gestatteten selbständigen Betrieb eines Erwerbsgeschäfts (s. „Geschäftsfähigkeit 3") erwirbt (verdient). Über die Verpflichtung des Kindes, im Hausstande und Geschäfte der Eltern unentgeltlich für diese mitzuarbeiten, vgl. „Eltern und Kinder 2".

c) Was das Kind von Todes wegen (durch Testament, Erbvertrag usw.) erworben hat oder was ihm unter Lebenden von irgend jemandem unentgeltlich zugewendet (geschenkt) ist, wenn der Erblasser in dem Testamente usw. oder der Schenker bei der Zuwendung die Bestimmung getroffen hat, daß das Vermachte oder Geschenkte nicht der Nutznießung des Vaters unterliegen soll. — Alles, was das Kind auf Grund eines zu dem unter b und c bezeichneten Vermögen gehörenden Rechts oder als Ersatz für die etwaige Zerstörung, Beschädigung oder Entziehung eines zu dem Vermögen gehörigen Gegenstandes oder durch ein Rechtsgeschäft erwirbt, das sich auf jenes Vermögen bezieht, ist gleichfalls der Nutznießung des Vaters entzogen.

Was nach dem Vorstehenden (a bis c) der Nutznießung des Vaters nicht unterliegt, das hat er dennoch kraft seines elterlichen Rechts (gleich wie ein Vormund) für das Kind zu verwalten; es gilt darüber das vorstehend unter 1 Gesagte. Nur dasjenige, was das Kind aus einem ihm etwa gestatteten Erwerbsgeschäft erwirbt, fällt nicht unter die Verwaltung des Vaters, soweit das Kind die Gelder zu Zwecken des Geschäfts selbst wieder verwenden muß.

B. Nichtfreies Vermögen des Kindes. An dem seiner Nutznießung unterliegenden Vermögen erwirbt der Vater die Nutzungen in derselben Weise und in demselben Umfang wie ein Nießbraucher; s. Nießbrauch (1652). Das Gesetz hat aber für das Nutznießungsrecht des Vaters einige besondere Bestimmungen getroffen. Der Vater darf verbrauchbare Sachen für sich veräußern und verbrauchen, Geld jedoch nur mit Genehmigung des Vormundschaftsgerichts. Er muß dann bei Beendigung des Nutzungsrechts dem Kinde den entsprechenden Wert erstatten.

Tragung der Lasten, Verzinsung der Schulden usw. Dafür, daß der Vater die Nutznießung des Kindesvermögens hat, hat er auch die Lasten dieses Vermögens zu tragen (1654). Er hat außer den Kosten, die durch die Gewinnung der Nutzungen selbst entstehen, auch die Kosten der Erhaltung der zum Kindesvermögen gehörenden Gegenstände zu tragen, und zwar nach den Vorschriften, die für die Tragung der durch die Erhaltung der Sache entstehenden Kosten durch den Nießbraucher gelten (s. „Nießbrauch 1"). Der Vater hat aber ferner für die Dauer seiner Verwaltung und Nutznießung zu tragen: die dem Kinde obliegenden öffentlichen Lasten, wohin insbesondere auch die vom Kinde zu zahlenden persönlichen Steuern gehören, mit Ausschluß derjenigen, die etwa auf dem freien Vermögen des Kindes ruhen, und der außerordentlichen Lasten, die als auf den Stammwert des Vermögens gelegt anzusehen sind; die privatrechtlichen Lasten, die auf den zum Kindesvermögen gehörenden Gegenständen ruhen, und die Prämien (Beiträge) für die Versicherung dieser Sachen; die Zinsen derjenigen Schulden (Verbindlichkeiten) des Kindes, deren Berichtigung aus dem der väterlichen Nutznießung unterliegenden Kindesvermögen von den Gläubigern verlangt werden kann; die wiederkehrenden Leistungen anderer Art (z. B. Altenteils- oder Leibzuchtsleistungen), einschließlich der von dem Kinde nach gesetzlicher Vorschrift an bedürftige Verwandte oder an den Ehegatten etwa zu leistenden Unterhaltsbeiträge (s. „Unterhaltspflicht"), sofern diese Leistungen derart sind, daß sie bei ordnungsmäßiger Verwaltung aus den Einkünften des Vermögens bestritten zu werden pflegen. Die vorgedachten Lasten und Verbindlichkeiten liegen an sich zwar dem Kinde ob und das Kind haftet den Gläubigern nach wie vor dafür; aber der Vater muß nicht nur, wenn sie vom Kinde bezahlt sind, diesem das Gezahlte erstatten, sondern er haftet auch (neben dem Kinde als „Gesamtschuldner") den Gläubigern direkt auf die Bezahlung aus seinen eigenen Mitteln. Zu den Lasten, die der Vater als Nutznießer des Kindesvermögens zu tragen hat, gehören endlich auch die Kosten eines Rechtsstreites, der für das Kind geführt wird, sofern diese Kosten nicht etwa dem freien Vermögen des Kindes zur Last fallen (s. weiter unten), sowie die Kosten der Verteidigung des Kindes in einem gegen das Kind gerichteten Strafverfahren. Wird das Kind verurteilt, so ist es allerdings zur Erstattung der gezahlten Verteidigungskosten an den Vater verpflichtet.

Überschuldung des Kindesvermögens. Verzicht auf die Nutznießung. Unterhaltspflicht des Vaters. Der Vater (die Mutter) muß die vorbezeichneten Lasten, die auf dem Kindesvermögen ruhen, tragen ohne Rücksicht darauf, wieviel ihm die Nutznießung abwirft, also auch dann, wenn die Lasten größer sind, als die Nutzungen aus dem Vermögen. Ist letzteres der Fall und will deshalb der Vater die Lasten nicht auf sich nehmen, so muß er formell dem Vormundschaftsgericht gegenüber auf die Nutznießung verzichten; s. darüber weiter unten unter „Aufhören des Nutznießungsrechts". Durch den Wegfall der Nutznießung wird übrigens das Recht und die Pflicht des Vaters, das Vermögen des Kindes weiter ordnungsmäßig zu verwalten, nicht berührt; die Verwaltung geschieht aber nicht mehr für seine Rechnung.

Weiterführung eines Geschäfts. Gehört zu einem dem Kinde aus einer Erbschaft, Schenkung usw. zugefallenen Vermögen, das der Verwaltung des Vaters unterliegt, ein Erwerbsgeschäft (ein kaufmännisches Geschäft, eine Fabrik, Mühle, Ziegelei, ein Landgut oder dgl.), so kann der Vater dieses im Namen des Kindes, aber nur für eigene Rechnung, weiter betreiben; er ist zur Fortführung des Geschäfts verpflichtet, wenn das Interesse des Kindes es erfordert; er darf das Geschäft nur eingehen lassen oder veräußern, wenn die Fortführung nicht zum Vorteil des Kindes sein würde. Dem Vater gebührt der aus dem Geschäftsbetriebe sich ergebende jährliche Reingewinn (1655). Kommt ein Verlust vor, so trifft dieser zwar zunächst das Kind (als den Geschäftsinhaber), aber der Vater muß den Verlust aus dem etwaigen Gewinn späterer Jahre decken. Das Gesagte gilt auch dann, wenn der Vater (mit Genehmigung des Vormundschaftsgerichts) für Rechnung des Kindes ein neues Geschäft begründet haben sollte.

Nutznießung, aber keine Verwaltung des Vaters (der Mutter) (1656). Steht dem Vater die Verwaltung des seiner Nutznießung unterliegenden Vermögens des Kindes nicht zu, so kann er auch die Nutznießung nicht ausüben. Er kann dann die Herausgabe der Nutzungen verlangen, soweit nicht ihre Verwendung zur ordnungsmäßigen Verwaltung des Vermögens und zur Bestreitung der Lasten erforderlich ist. Dies ist insbesondere der Fall, wenn dem Vater die Verwaltung vom Vormundschaftsgericht entzogen ist, der Nießbrauch jedoch nicht, wenn die elterliche Gewalt des Vaters ruht (s. oben) und bei bestehender Ehe die Mutter sie ausübt, oder ein Pfleger bestellt ist. Näheres s. unter „Mutter und Kind 2". Ruht die elterliche Gewalt des Vaters oder ist ihm die Sorge für die Person und das Vermögen des Kindes gerichtlich entzogen, so können die Kosten des Unterhalts des Kindes aus den Nutzungen insoweit vorweggenommen werden, als sie dem Vater zur Last fallen.

Gläubiger des Vaters und des Kindes. Etwaige Gläubiger des Vaters können die Rechte, die der Vater kraft seiner Nutznießung an dem Vermögen des Kindes hat, nicht pfänden lassen, wie auch der Vater selbst die Rechte nicht an andere Personen übertragen oder verpfänden kann

(1658). Die vom Vater bereits gezogenen Einkünfte des Kindesvermögens können die Gläubiger nur in beschränkter Weise pfänden lassen (das Nähere ergibt der § 862 der Zivilprozeßordnung). Den Anspruch des Vaters auf die Nutzungen des Kindesvermögens, wenn er selber die Verwaltung nicht hat (s. oben), können die Gläubiger, solange er nicht fällig ist, überhaupt nicht, nach diesem Zeitpunkt aber nur in beschränkter Weise pfänden lassen. Gerät der Vater in Konkurs, so gehören seine Nutzungsrechte an dem etwaigen Vermögen seiner Kinder nicht zur Konkursmasse; die bereits gezogenen Einkünfte gehören nur insoweit dazu, als sie auch von seinen Gläubigern gepfändet werden könnten. — Anders ist die Stellung etwaiger Gläubiger des Kindes; ihre Ansprüche gehen den Rechten des Vaters an dem Kindesvermögen vor, einerlei, welcher Art sie sind, ob es sich um gesetzliche Verbindlichkeiten des Kindes handelt oder um Verpflichtungen aus einer etwa vom Kinde begangenen unerlaubten Handlung (z. B. einer Beschädigung, einem Betrug usw.) oder um Schulden des Kindes aus Verträgen oder sonstigen Rechtsgeschäften (1659). Ist daher gegen das Kind ein Urteil auf Zahlung oder eine andere Leistung ergangen, so kann der Gläubiger die Zwangsvollstreckung ohne weiteres in das der väterlichen Nutznießung unterliegende Kindesvermögen einleiten lassen, selbst wenn das Kind auch „freies" Vermögen besitzt, das der Nutznießung des Vaters nicht unterworfen ist. Wird über das Vermögen des Kindes Konkurs eröffnet, so muß das väterliche Nutzungsrecht dem Rechte der Gläubiger, ihre Befriedigung aus dem Vermögen des Kindes zu verlangen, weichen.

Schulden des Kindes. Verhältnis zwischen Vater und Kind (1660). Da das Kind außer einem Vermögen, das der Nutznießung des Vaters unterliegt, auch freies Vermögen, an dem der Vater keine Nutzungsrechte hat (s. oben unter 2 im Eingange), besitzen kann, muß das Gesetz bestimmen, aus welchem dieser beiden Vermögen etwaige Schulden des Kindes zu decken sind; diese Bestimmung gilt aber nur im Verhältnis des Kindes zum Vater; die Gläubiger des Kindes können sich an beide Vermögen halten Aus dem freien Vermögen des Kindes sind zu bezahlen: die Schulden aus unerlaubten Handlungen des Kindes und aus einem Strafverfahren wegen solcher Handlungen; die Verbindlichkeiten aus einem Rechtsverhältnisse, das sich auf das freie Vermögen bezieht; die Kosten von Prozessen, die wegen der vorbezeichneten Schulden und Verbindlichkeiten geführt werden, endlich die Kosten eines Prozesses zwischen dem Vater und dem Kinde, soweit sie nicht dem Vater selbst zur Last fallen. Ist eine Schuld aus dem Vermögen berichtigt, das sie nicht zu tragen hatte, so muß eine entsprechende Ausgleichung stattfinden.

Aufhören des Nutznießungsrechts. Das väterliche (mütterliche) Nutznießungsrecht hört auf, wenn das Kind volljährig geworden ist, also entweder das 21. Lebensjahr vollendet hat oder vor diesem Zeitpunkt für volljährig erklärt ist, oder wenn das Kind von einem anderen an Kindes Statt angenommen ist. Es hört ferner auf mit dem Tode des Kindes. Fällt freilich das Vermögen zum Teil wieder an andere minderjährige Kinder des Vaters, so steht dem Vater insoweit auch fernerhin die Nutznießung zu. Die Nutznießung des Vaters endigt auch, wenn sich das Kind mit Einwilligung der Eltern, soweit diese erforderlich ist (s. „Ehehindernisse 1 b und c"), verheiratet (1661); heiratet das Kind ohne diese Genehmigung, so verbleibt die Nutznießung dem Vater (vergleiche „Minderjährige Ehefrauen"). Der Vater kann auf sein Nutznießungsrecht verzichten; dieser Verzicht bedarf aber, um rechtsgültig zu sein (was insbesondere für die Gläubiger des Vaters von Bedeutung sein kann), einer besonderen Form: er muß dem Vormundschaftsgericht gegenüber in öffentlich beglaubigter Form (s. „Form der Rechtsgeschäfte 3") erklärt werden (1662). Hat der Vater kraft seiner Nutznießung ein zum Kindesvermögen gehörendes Grundstück vermietet oder verpachtet und dauert das Miet- oder Pachtverhältnis bei der Beendigung der Nutznießung noch fort, so kommen dieselben Grundsätze zur Anwendung, die gelten, wenn ein Nießbraucher das seinem Nießbrauchsrecht unterliegende Grundstück über die Dauer des Nießbrauchs hinaus vermietet oder verpachtet hat; s. darüber „Nießbrauch 1" (1663). Gehörte zu dem der väterlichen Nutznießung unterliegenden Vermögen ein landwirtschaftliches Grundstück oder ein Landgut und endigt das väterliche Recht im Laufe eines Wirtschaftsjahres, so gelten die Bestimmungen über die Beendigung eines Pachtvertrages über ein landwirtschaftliches Grundstück oder ein Landgut innerhalb eines Wirtschaftsjahres entsprechend (1663, 592, 593); s. „Pacht". Die väterliche Nutznießung endet mit dem Tode oder der Todeserklärung des Vaters. Ist der für tot erklärte Vater noch am Leben, so erlangt er das Nutznießungs- und Verwaltungsrecht am Kindesvermögen erst dann wieder, wenn er dem Vormundschaftsgericht gegenüber seinen Willen erklärt, daß er die elterliche Gewalt über sein Kind wiederum übernehme (1679). Verwirkt der Vater die elterliche Gewalt (s. oben), so verliert er auch die Nutznießung (1680). Die Mutter verliert die Nutznießung des Kindesvermögens mit einer Wiederverheiratung (s. Mutter und Kind 4).

Herausgabe des Vermögens und Rechenschaftsablage (1681). Wegen Herausgabe des Kindesvermögens nach beendetem Nießbrauch und Verwaltung s. oben 1. Der Vater hat aber das Kindesvermögen auch herauszugeben, wenn zwar die Verwaltung endet aber nicht der Nießbrauch, z. B. wenn der Vater entmündigt wird, wenn ihm die Verwaltung entzogen wird.

Verfügungen des Kindes auf den Todesfall. Dadurch, daß der Vater die Verwaltung und Nutznießung des Kindesvermögens hat, ist das Kind nicht behindert, *auf den Todesfall* über sein Vermögen zu verfügen. Es kann, wenn es das sechzehnte Lebensjahr erreicht hat, selbständig (ohne Beitritt oder Genehmigung des Vaters) ein *Testament* machen (2229); vgl. „Testament 1". Einen *Erbvertrag* (s. d.) kann das Kind, solange es minderjährig ist, nur bedingungsweise abschließen (2275).

Verwaltungsgemeinschaft. So nennt man den „gesetzlichen Güterstand", d. h. dasjenige Güterrecht unter Ehegatten, das von Rechts wegen mit der vollzogenen Heirat in Kraft tritt, wenn die Eheleute nichts anderes bestimmt, also keinen Ehevertrag errichtet haben; s. „Eingebrachtes Gut der Frau 2". Der Ausdruck „Verwaltungsgemeinschaft" wird aber für diesen Rechtszustand im Gesetz selbst nicht gebraucht; der Ausdruck ist auch keineswegs passend, da nicht beide Ehegatten, sondern im wesentlichen der Mann allein die Verwaltung des Frauenguts, soweit es nicht Vorbehaltsgut ist, hat.

Verwandte als gesetzliche Erben s. d. 1; Pflichtteil derselben, s. d. 1; Eintritt in einen Familienrat s. d.; Heirat zwischen, s. Ehehindernisse 1c; Unterhaltsverpflichtung zwischen, s. d. 1; Begünstigung durch einen Schuldner s. Anfechtung betrügerischer Rechtshandlungen usw.

Verwandtschaft und Schwägerschaft. Zur Verwandtschaft rechnet man im gewöhnlichen Leben viele Personen, die nach dem Gesetze nicht unter den Begriff „Verwandte" fallen. Es ist daher nötig, zu wissen, was das Gesetz unter Verwandten versteht. Vor allem unterscheidet das Gesetz zwischen Verwandtschaft und Schwägerschaft.

1. Verwandte im Rechtssinn (1589) sind nur solche Personen, die durch die Gemeinschaft des Bluts miteinander verbunden sind (s. aber über legitimierte und adoptierte Kinder die Art. „Legitimation unehelicher Kinder" und „Annahme an Kindes Statt 3"). Verwandt bin ich daher nur mit den Personen, von denen ich entweder selbst abstamme (also meine Eltern, Großeltern usw.), oder die von mir abstammen (meinen Kindern, Großkindern usw.), oder die mit mir denselben Stammvater oder dieselbe Stammutter haben, z. B. meine Geschwister (auch Stief- oder Halbgeschwister, da sie denselben Vater oder dieselbe Mutter haben); ferner Oheime (Tanten), Neffen (Nichten), Vettern (Cousinen, Basen) und weiter deren Kinder und Kindeskinder, da alle diese Personen denselben Stammvater oder dieselbe Stammutter (oder beide zusammen) haben. Bei Verwandten unterscheidet das Gesetz wieder zwischen Verwandten in gerader Linie — das sind die, bei denen die eine Person von der anderen abstammt, also Eltern und Kinder, Großeltern und Großkinder usw. — und Verwandten in der Seitenlinie — das sind alle übrigen Verwandten, also Geschwister, Oheime (Tanten) und Neffen (Nichten), Vettern (Basen) usw. Ein uneheliches Kind und der Vater dieses Kindes gelten jedoch nach dem Gesetze nicht als verwandt; es sind also auch die Angehörigen beider nicht miteinander verwandt. (S. „Uneheliche Kinder 2".) Mit seiner Mutter ist das uneheliche Kind dagegen in gleicher Weise wie ein eheliches Kind (in gerader Linie) verwandt und die Verwandtschaft erstreckt sich auch auf die beiderseitigen Angehörigen. Die nähere oder entferntere Verwandtschaft wird nach Graden berechnet; der Grad der Verwandtschaft bestimmt sich nach der Zahl der die Verwandtschaft vermittelnden Geburten. Man zählt daher, um den Grad der Verwandtschaft zwischen zwei Personen zu bestimmen, die Zahl der vermittelnden Geburten von der einen Person durch die etwaigen Zwischenpersonen hindurch bis zu der anderen. Einige Beispiele mögen dies veranschaulichen. Die Verwandtschaft zwischen dem Großvater A. (s. nachstehende Zeichnung) und dem Enkel C. wird vermittelt durch zwei Geburten, nämlich durch die Geburt des B. (Sohnes von A.) und die Geburt des C. (Sohnes von B.). Er ist daher mit dem Großvater (und zwar in gerader Linie) im zweiten Grade verwandt. D., der Urenkel, ist mit dem Urgroßvater A. im dritten Grade verwandt usf.

Die Verwandtschaft zwischen dem Großonkel B. und dem Großneffen E. (s. nachstehende Zeichnung) ist durch vier Geburten vermittelt; also eine Verwandtschaft vierten Grades, und zwar in der Seitenlinie; die Verwandtschaft zwischen E. und F. ist eine fünften Grades, die zwischen E. und G. eine sechsten Grades usw.

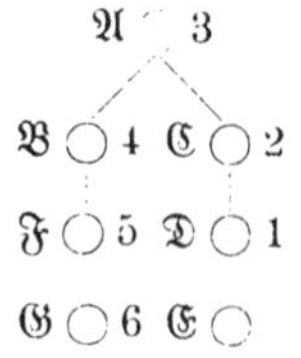

Man unterscheidet noch zwischen vollbürtigen und halbbürtigen Verwandten; z. B. Geschwister, die beide Eltern gemeinsam haben, sind vollbürtige Geschwister; die, welche nur den Vater oder nur die Mutter gemeinsam haben, sind halbbürtige Geschwister (Halbgeschwister, Stiefgeschwister) usw. Diese Unterscheidung hat übrigens gegenwärtig nicht mehr die Bedeutung, die sie nach früheren Rechten hatte, nach denen halbbürtige Geschwister erst dann erbten, wenn vollbürtige nicht vorhanden waren.

Ehegatten sind als solche nicht miteinander verwandt; sie können natürlich miteinander schon vor der Ehe verwandt gewesen sein, was u. U. für das Erbrecht von Bedeutung ist, da ein Ehegatte dann doppelt von dem anderen erben kann, einmal als Gatte und sodann als Verwandter, falls nämlich die Verwandtschaft nahe genug ist (s. „Gesetzliche Erben 2").

2. Verschwägerte (1590). Alle anderen als die vorbezeichneten (im gewöhnlichen Leben aber auch wohl „Verwandte" genannten) Personen, die durch Heirat in eine gewisse Beziehung zueinander gekommen sind, außer den Ehegatten selbst, werden vom Gesetz als Verschwägerte bezeichnet. Die Verwandten eines Ehegatten sind mit dem anderen Ehegatten und umgekehrt der eine Ehegatte mit den Verwandten des anderen Ehegatten verschwägert. Es sind also beispielsweise verschwägert Schwiegereltern und -Kinder, Stiefeltern und -Kinder, Schwäger und Schwägerinnen usw. Auch in der Schwägerschaft wird unterschieden zwischen Verschwägerten in grader Linie und Verschwägerten in der Seitenlinie, sowie zwischen den verschiedenen Graden der Schwägerschaft, und zwar nach denselben Grundsätzen wie bei der Verwandtschaft. Ich bin also mit den Verwandten meiner Frau in derselben Linie (in der graden oder Seitenlinie) und in demselben Grade verschwägert, wie meine Frau mit ihnen verwandt ist; und ich bin mit der Frau eines Verwandten in derselben Linie und in demselben Grade verschwägert, in dem ich mit ihrem Manne verwandt bin. Ist beispielsweise (s. nachstehende Zeichnung) der Ehemann A. mit seinem Vater B. im ersten, mit seinem Großvater C. im zweiten Grade (in grader Linie), mit seiner Schwester X. im zweiten Grade (der Seitenlinie) verwandt, so ist die Frau (Z.) des A. mit dem Vater ihres Mannes im ersten Grade, mit seinem Großvater im zweiten Grade (der graden Linie), mit der Schwester des Mannes im zweiten Grade (der Seitenlinie) verschwägert.

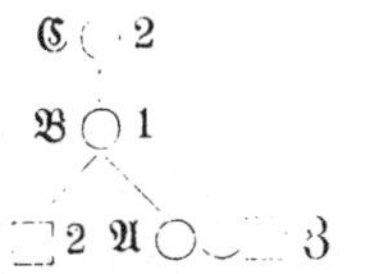

Zwischen den Verwandten des Mannes einerseits und den Verwandten der Frau andererseits besteht dagegen kein Schwägerschaftsverhältnis im Sinne des Gesetzes, während im gewöhnlichen Leben auch hier wohl von Schwägerschaft (Schwippschwägerschaft) geredet wird. Die einmal begründete Schwägerschaft dauert fort, wenn auch die Ehe, durch die sie begründet wurde, aufgelöst ist.

Das vorstehend über Verwandtschaft und Schwägerschaft im Sinne des Gesetzes Gesagte hat unmittelbare Bedeutung nur für die Fälle, wo das Gesetz selbst von Verwandten und Verschwägerten spricht. Ist dagegen in einem Testamente, einem Vertrage usw. von Verwandten und Verschwägerten die Rede, so ist es Sache der Auslegung des Willens der Beteiligten im einzelnen Fall, ob der Erblasser oder die vertragschließenden Parteien usw. Verwandte oder Verschwägerte im Sinne des Gesetzes gemeint haben oder ob nach den Umständen anzunehmen ist, daß sie diese Ausdrücke in einem weiteren Sinne verstanden haben.

Verwechselung s. Irrtum; Herbeiführung einer Verwechselung durch unbefugten Gebrauch eines Namens usw., s. Namensmißbrauch.

Verwendungen. Wer auf eine fremde Sache (ein fremdes Grundstück usw.) Verwendungen gemacht hat, kann unter Umständen hierfür Ersatz von dem verlangen, der den Vorteil von der Verwendung hat. Wann und in welcher Höhe Ersatz zu gewähren ist, richtet sich nach dem zwischen den Beteiligten sonst bestehenden Rechtsverhältnis. Ein solcher Ersatzanspruch steht beispielsweise zu dem Mieter (s. „Miete, Vermietung 4"), dem, der eine Sache geliehen hat (s. „Leihe 3"), dem Beauftragten (s. „Auftrag 4"), dem, der ohne Auftrag fremde Geschäfte besorgt (s. „Geschäftsführung ohne Auftrag 2"), usw. usw. Liegt kein besonderes Rechtsverhältnis zwischen den Beteiligten vor, so wird dem, der die Verwendungen gemacht hat, doch meist ein Anspruch aus „ungerechtfertigter Bereicherung" (s. d.) zustehen. — S. a.: „Aufwendungen" und „Verbindung usw.".

Verwirkung des Erbrechts s. Erbunwürdigkeit; einer Vertragsstrafe (Konventionalstrafe) s. Vertragsstrafe; der elterlichen Gewalt s. Eltern und Kinder 7; der Nutznießung am Kindesvermögen s. Verwaltung usw. des Kindesvermögens 2.

Verzeichnis, Vorlegung eines, s. Offenbarungseid; der sog. Manifestanten (schwarze Liste) s. Offenbarungseid 3. S. a.: Inventar u. Vermögensverzeichnis usw.

Verzeihung eines Ehescheidungsgrundes s. Ehescheidung 1; eines Enterbungsgrundes s. Pflichtteil 5; eines Erbunwürdigkeitsgrundes s. Erbunwürdigkeit.

Verzicht auf eine Forderung s. Erlaß einer Schuld; auf Beerbung s. Erbverzicht; auf eine angefallene Erbschaft s. Antretung und Ausschlagung einer Erbschaft; auf das Eigentum an Grundstücken oder beweglichen Sachen s. Aneignung herrenloser Sachen; auf zukünftigen Unterhalt ist unzulässig, s. Unterhaltspflicht usw. 4 u. Uneheliche Kinder 2.

Verzinsung einer Geldschuld s. Zinsen u. Handelsgeschäfte 1; des Kaufpreises s. Kauf und Verkauf 9.

Verzögerung der Annahme einer Schuld s. Verzug des Gläubigers; einer Zahlung oder Leistung s. Verzug des Schuldners u. Gegenseitige Verträge 3; der Geltendmachung von Nachlaßforderungen s. Aufgebot der Nachlaßgläubiger 2.

Verzug. 1. Verzug eines Schuldners. Mahnung (Anmahnung) (284—292). Wenn ein Schuldner seinem Gläubiger nicht zur rechten Zeit zahlt oder, was er sonst schuldig ist, leistet, also seine Vertragspflichten nicht erfüllt, so kommt er „in Verzug" und ist dem Gläubiger (dem anderen Teile) für den daraus entstehenden Nachteil haftbar. Es müssen aber, damit der Schuldner für den Schaden verantwortlich gemacht werden kann, alle gesetzlichen Voraussetzungen des „Verzuges" vorliegen. Dazu gehört vor allem, daß der Gläubiger den Schuldner, nachdem die Forderung fällig geworden ist (s. das unter „Leistungen usw. 6" Gesagte), angemahnt, d. h. zur Leistung aufgefordert hat. In der einfachen Übersendung einer Rechnung liegt keine Mahnung; dagegen wird man, wenn der Schuldner wiederholt die Rechnung zugesandt erhält, darin unter Umständen eine Mahnung erblicken können. Die Mahnung braucht nicht mit ausdrücklichen Worten ausgesprochen zu sein; es genügt jede Willenserklärung des Gläubigers, aus der sich ergibt, daß er sofortige Zahlung usw. wünscht. Der Mahnung stehen gleich die Klagerhebung gegen den Schuldner und die Zustellung eines Zahlungsbefehls (s. d.) an ihn. Einer Mahnung bedarf es nicht, d. h. der Schuldner kommt auch ohne eine solche in Verzug, wenn die Zeit für die Leistung nach dem Kalender, also auf einen bestimmten Kalendertag, bestimmt ist. Dies gilt aber auch dann, wenn zwar der Fälligkeitstag nicht von vornherein kalendermäßig feststeht, aber die Zahlung oder sonstige Leistung nach einer vorgängigen Kündigung erfolgen soll und der Fälligkeitstermin nach der Kündigung sich auf einen bestimmten Kalendertag berechnen läßt. Dagegen gilt der Satz nicht, und es ist also eine Mahnung erforderlich, um den Schuldner in Verzug zu setzen, wenn der Fälligkeitstag von einem anderen Ereignis abhängig sein soll, hinsichtlich dessen es vorläufig ungewiß ist, zu welcher Zeit es eintreten wird. Beispiel: Es hat jemand einem Freunde 1000 RM. mit der Bedingung geliehen, daß er das Geld spätestens am Tage seiner Eheschließung zurückhaben müsse. In diesem Falle ist Mahnung erforderlich. Wäre dagegen die Rückzahlungszeit auf 14 Tage nach Ostern bestimmt, so träte wieder, wenn der Schuldner nicht rechtzeitig zahlt, Verzug ohne Mahnung ein, weil der Zahlungstag sofort nach dem Kalender genau berechnet werden kann. — Muß der Gläubiger den ihm geschuldeten Betrag oder die sonstige Leistung vom Schuldner holen (vgl. den Artikel „Bringschuld und Holschuld"), so kann der Schuldner, auch wenn eine nach dem Kalender feststehende Zahlungszeit bestimmt ist, nur in Verzug kommen, wenn der Gläubiger die Zahlung oder Leistung am gehörigen Orte und zur gehörigen Zeit gefordert hat. Nicht leicht zu beantworten ist unter Umständen die Frage, wann eine Mahnung als ordnungsmäßig erfolgt anzusehen ist, wenn die Parteien einen gegenseitigen Vertrag (s. d.) miteinander geschlossen haben und der Schuldner nur Zug um Zug gegen Empfangnahme der Gegenleistung zu zahlen oder sonst zu leisten verpflichtet ist (ein Käufer z. B., dem nicht etwa ein Kredit bewilligt ist, muß, wenn er die gekaufte Sache fordert, den Kaufpreis zahlen). Man wird sagen müssen, daß der Schuldner jedenfalls dann nicht in Verzug kommt, wenn er die Leistung gegen die Gegenleistung anbietet und nur deshalb nicht leistet, weil ihm die Gegenleistung nicht angeboten wird. — Eine Mahnung in dem vorgedachten Sinne kann sowohl mündlich wie auch schriftlich erfolgen. Um sich den Beweis der Mahnung zu sichern, wird der Gläubiger nach Umständen sich eines eingeschriebenen Briefes bedienen oder das Mahnschreiben durch einen Gerichtsvollzieher dem Schuldner zustellen lassen. Über eine Mahnung durch einen anderen, als den Gläubiger selbst, s. den Artikel „Vertreter, Vertretung“.

Verschulden des Schuldners. Zahlungsunfähigkeit. Unterbleibt die Zahlung oder die Leistung der sonstigen vertragsmäßigen Verpflichtung zur Verfallzeit aus einem Grunde, für den der Schuldner nicht verantwortlich gemacht werden kann (den er nicht „zu vertreten“ hat), so kommt er nicht „in Verzug“ (es hat z. B. eine Überschwemmung die Post- und Eisenbahnverbindungen unterbrochen; er hat daher nicht zahlen oder liefern oder die Arbeiten oder Dienste leisten können) (285). Die nachteiligen Folgen des Verzuges (s. unten) treffen ihn regelmäßig nur dann, wenn ihm ein Verschulden zur Last fällt, d. h. wenn er seiner Verpflichtung vorsätzlich oder aus Fahrlässigkeit nicht rechtzeitig nachkommt. Ebenso ist es aber, wenn Vorsatz oder Fahrlässigkeit bei seinem gesetzlichen Vertreter (s. d.) oder bei einer Person vorliegen, deren er sich zur Erfüllung seiner Verbindlichkeit bedient (der Schuldner hatte z. B. den geschuldeten Geldbetrag jemandem zur Besorgung übergeben, der ihn abzuliefern vergessen oder ihn verloren hat). Der Schuldner ist also dem Gläubiger (regelmäßig) nur dann wegen Verzuges zum Schadensersatze verpflichtet, wenn das Ausbleiben der Zahlung oder sonstigen Leistung auf eigener oder der obengenannten Personen Schuld beruht. Beruht es jedoch darauf, daß der Schuldner nicht leisten kann, weil er, aus persönlichen Gründen, überhaupt zahlungs- (leistungs-)unfähig ist, so treffen ihn ausnahmsweise auch ohne ein Verschulden seinerseits die nachteiligen Folgen des Verzuges dann, wenn seine Verpflichtung auf die Leistung eines nur der Gattung nach bestimmten Gegenstandes geht (279). Insbesondere haftet darnach der Schuldner eines Geldbetrages, wenn er nicht rechtzeitig zahlt, für den Verzug auch dann, wenn seine Zahlungsunfähigkeit ohne sein Verschulden eingetreten ist, was besonders für einen Bürgen von Bedeutung sein kann. — Behauptet der Schuldner, daß er ohne sein Verschulden nicht oder nicht rechtzeitig erfüllt habe, so trifft ihn die Beweislast.

Folgen des Verzuges. Verpflichtung zum Schadensersatze (286 ff.). Ist der Schuldner nach dem Vorgesagten mit der Erfüllung seiner Verpflichtung „im Verzuge“, so ist er dem Gläubiger zum Ersatze alles Schadens verpflichtet, der diesem aus der nicht pünktlichen Zahlung oder Leistung (Lieferung usw.) erwächst. Was als Schaden anzusehen ist, darüber ist das in dem Artikel „Schadensersatz, allgemeine Bestimmungen über“ Gesagte nachzulesen. Der Schadensersatz ist naturgemäß hier immer in Gelde zu leisten. Neben der Verpflichtung zur Schadensersatzleistung bleibt aber die Verpflichtung des Schuldners zur Erfüllung seiner Verbindlichkeit nach wie vor bestehen. Er muß also die versäumte Zahlung (Leistung) nachholen und daneben Schadensersatz wegen der Verspätung leisten. Nur, wenn die Leistung infolge des Verzuges für den Gläubiger kein Interesse mehr hat, ist dieser befugt, die nachträgliche Leistung abzulehnen und vom Schuldner Schadensersatz wegen Nichterfüllung seiner Verpflichtung überhaupt (nicht bloß wegen verspäteter Erfüllung) zu verlangen. Die für das vertragsmäßige Rücktrittsrecht geltenden Bestimmungen (s. „Rücktritt von einem Vertrage“) finden dann Anwendung. Handelt es sich um einen gegenseitigen Vertrag, so gelten in dieser Beziehung aber noch einige besondere Bestimmungen; s. darüber unter „Gegenseitige Verträge 3“. Eine weitere Folge des Verzuges ist, daß der Schuldner, solange der Verzug dauert, dem Gläubiger für jede Fahrlässigkeit aufzukommen hat, also auch dann, wenn er sonst, nach der Natur des zwischen ihm und dem Gläubiger bestehenden Rechtsverhältnisses, nur Vorsatz oder nur grobe Fahrlässigkeit zu „vertreten“ oder nur für diejenige Sorgfalt einzustehen hätte, die er in eigenen Angelegenheiten anzuwenden pflegt (vgl. über das alles den Artikel „Vertretung von Vorsatz usw.“). Beispiel: Wer eine Sache zur unentgeltlichen Aufbewahrung übernommen hat, braucht dem Eigentümer, wenn ihm die Sache gestohlen wird, nicht für den Schaden aufzukommen, falls er sie in gleicher Weise verwahrt hat, wie er seine eigenen Sachen verwahrt; ist er aber mit der Rückgabe der vom Eigentümer zurückgeforderten Sache im Verzuge, so haftet er für den Verlust, wenn ihn auch nur die geringste Fahrlässigkeit trifft. — Die Haftung des Schuldners, der im Verzuge ist, geht aber noch weiter: er muß dem Gläubiger sogar für den Schaden aufkommen, der durch Zufall entstanden ist, wenn nicht etwa der Schaden auch bei rechtzeitiger Erfüllung seiner Verpflichtung entstanden wäre, was der Schuldner nötigenfalls zu beweisen hat. Beispiel: Jemand hat das ihm geliehene Pferd nicht rechtzeitig zurückgegeben. Es bricht bei ihm ein Brand aus, in dem das Pferd zu Tode kommt. Er muß daher dem Eigentümer das Pferd bezahlen. — Der Verzug hört übrigens für die Zukunft auf, wenn der Schuldner das Versäumte nachholt (RG.).

Verzugszinsen (288, 289). Endlich ist, wenn Geld geschuldet wird, eine Folge des Verzuges, also der nicht rechtzeitigen Zahlung, die, daß der Schuldner, solange der Verzug dauert, seine Schuld mit vier vom Hundert verzinsen muß, d. h. der Gläubiger kann auf alle Fälle für die Dauer des Verzuges 4 Prozent Zinsen von seinem Gelde verlangen, auch wenn die Schuld bisher nicht verzinslich war und wenn er durch die Verspätung der Zahlung gar keinen Schaden hat. War die Schuld schon verzinslich und betrugen die Zinsen mehr als 4 Prozent, so kann er auch während des Verzuges den höheren Zinssatz beanspruchen. Die Geltendmachung eines weiteren Schadens, den der Gläubiger aber beweisen muß, ist damit nicht ausgeschlossen. Ein Schenker braucht jedoch ausnahmsweise keine Verzugszinsen zu entrichten (522). (Für Forderungen aus beiderseitigen Handelsgeschäften (s. d.) betragen die Verzugszinsen übrigens nach dem Handelsgesetzbuche 5 Prozent; bei Wechselschulden betragen sie nach der Wechselordnung 6 Prozent; vgl. „Zinsen usw.“) War die Schuld, die nicht rechtzeitig bezahlt ist, selbst eine Zinsenschuld, so können von diesen Zinsen nicht wiederum Verzugszinsen gefordert werden; aber der Gläubiger kann, wenn er einen Schaden nachweisen kann, diesen von dem säumigen Schuldner ersetzt verlangen. Ist der Schuldner zum Ersatze des Wertes eines Gegenstandes verpflichtet, der während des Verzuges untergegangen ist oder aus einem während des Verzuges eingetretenen Grunde nicht herausgegeben werden kann, so kann der Gläubiger Zinsen des zu ersetzenden Betrags von dem Zeitpunkte an verlangen, der der Bestimmung des Wertes zugrunde gelegt wird (290). Das gleiche gilt, wenn der Schuldner zum Ersatze der Minderung des Wertes eines während des Verzugs verschlechterten Gegenstandes verpflichtet ist.

2. Verzug eines Gläubigers (293—304). Annahmeverzug. Der Verzug des Gläubigers ist von wesentlich anderem Charakter als der des Schuldners. Der Gläubiger ist nicht verpflichtet, die Leistung anzunehmen, der Verzug des Gläubigers tritt ein ohne Rücksicht darauf, ob ihm ein Verschulden zur Last fällt oder nicht. Voraussetzung für den Verzug des Gläubigers ist das Angebot der Leistung und Nichtannahme durch den Gläubiger. Es muß tatsächlich, d. h. nicht bloß mündlich, angeboten sein, und zwar genau so, wie zu leisten war, also insbesondere auch am gehörigen Orte und zur gehörigen Zeit (294). War Geld zu zahlen, so wird regelmäßig gefordert werden müssen, daß der anbietende Schuldner die betreffende Geldsumme tatsächlich bei sich hatte; schuldete er eine Handlung, z. B. die Ausbesserung eines Gebäudes, so wird zu fordern sein, daß er sich zur Vornahme der betreffenden Arbeiten, mit den nötigen Werkzeugen und Materialien ausgerüstet, an Ort und Stelle eingefunden hat. Nur dann genügt ein bloßes wörtliches Angebot (295), einmal, wenn der Gläubiger dem Schuldner erklärt hat, daß er die Leistung nicht annehmen werde; sodann, wenn zur Bewirkung der Leistung durch den Schuldner eine Handlung des Gläubigers selber erforderlich ist, insbesondere, wenn der Gläubiger die geschuldete Sache oder den geschuldeten Geldbetrag abholen muß (vgl. darüber „Bringschuld und Holschuld"). Hat also beispielsweise der Schuldner dem Gläubiger einen bei ihm in Arbeit gegebenen Schrank zu liefern oder im Garten des Gläubigers einen Baum zu pflanzen, so genügt es, um den Gläubiger (den Besteller) in Verzug zu setzen, daß der Schuldner sich bereit erklärt hat, den Schrank in die Wohnung des Bestellers zu schaffen oder die Arbeit im Garten vorzunehmen, wenn der Gläubiger die Lieferung des Schrankes oder die Leistung der Arbeit ablehnt; der andere ist dann nicht mehr verpflichtet, nun doch den Schrank nach der Wohnung des Bestellers zu schaffen oder sich mit Hacke und Spaten im Garten einzustellen. — Mußte (nach dem zwischen den Beteiligten bestehenden Rechtsverhältnisse) der Gläubiger die ihm geschuldete Geldsumme vom Schuldner abholen, so kommt der Gläubiger dann in Verzug, wenn der Schuldner (zur Verfallzeit oder später) ihm mündlich oder schriftlich mitteilt oder mitteilen läßt, daß er zur Zahlung bereit sei, oder wenn er ihn auffordert, die Schuldsumme abzuholen. Ist für die von dem Gläubiger vorzunehmende Handlung eine Zeit nach dem Kalender bestimmt, so bedarf es, um den Gläubiger in Verzug zu setzen, eines Angebots der Leistung durch den Schuldner nur dann, wenn der Gläubiger die Handlung zu der bestimmten Zeit vornimmt (296). Es kann z. B. in einer Schuldverschreibung auf den Inhaber bestimmt sein, daß sie an einem bestimmten Tage dem Schuldner zur Zahlung vorgelegt werden müsse. Ebenso ist es, wenn der vom Gläubiger vorzunehmenden Handlung eine Kündigung vorauszugehen hat und die Zeit für die Handlung dann in der Weise bestimmt ist, daß sie sich von der Kündigung ab nach dem Kalender berechnen läßt. — Zu einem bloß wörtlichen Angebot muß aber, um den Gläubiger in Verzug zu setzen, hinzukommen, daß der Schuldner zur Zeit des Angebots wirklich zahlen oder leisten kann. Kann der Gläubiger beweisen, daß dieses nicht der Fall gewesen, so ist er nicht in Verzug gekommen (297). — Ist der Schuldner nur gegen eine Leistung des Gläubigers zu leisten verpflichtet, so kommt der Gläubiger in Verzug, wenn er zwar die angebotene Leistung anzunehmen bereit ist, die verlangte Gegenleistung aber nicht anbietet (298). Besonderes gilt für den Fall, daß eine bestimmte Zahlungs- oder Leistungszeit gar nicht festgesetzt ist, der Schuldner also zu beliebiger Zeit leisten kann, oder daß zwar eine Leistungszeit bestimmt ist, der Schuldner aber auch vor dieser Zeit zu leisten berechtigt ist (299). In solchen Fällen muß sich der Schuldner eine vorübergehende Verhinderung des Gläubigers, die Leistung in Empfang zu nehmen, gefallen lassen; er kann nicht verlangen, daß der Gläubiger zu jeder dem Schuldner passenden Zeit zur Empfangnahme bereit ist. Kommt es dem Schuldner darauf an, gerade zu einer bestimmten Zeit zu leisten, so muß er seine Absicht dem Gläubiger zeitig vorher mitteilen.

Folgen des Annahmeverzuges des Gläubigers. Ist der Gläubiger in Verzug geraten, so gilt, abgesehen von besonderen Bestimmungen für gewisse Fälle, auf die in diesem Buche am gehörigen Orte aufmerksam gemacht ist, folgendes: Erleidet der Gläubiger dadurch, daß wegen seines eigenen Verhaltens nun vom Schuldner nicht rechtzeitig gezahlt oder geleistet (geliefert) wird, Nachteile und Schäden, so hat er diese selber zu tragen, auch wenn ihn kein Verschulden trifft, vorausgesetzt, daß nicht dem Schuldner in der Sache Vorsatz oder grobe Nachlässigkeit zur Last fällt (300). Im übrigen bleibt aber der Schuldner nach wie vor verpflichtet, seiner Zahlungs- oder Leistungsverbindlichkeit nachzukommen, wenn nicht etwa der Gläubiger endgültig darauf verzichtet hat. Er darf daher z. B. eine nicht abgenommene Sache nicht einfach auf der Straße stehen lassen. Er hat jedoch das Recht, das Geld, das der Gläubiger zur Verfallzeit nicht annehmen will oder nicht annehmen kann, zu hinterlegen, um sich von seiner Verpflichtung zu befreien; dasselbe gilt von Wertpapieren oder sonstigen Urkunden und von Kostbarkeiten, sowie von anderen geschuldeten Sachen, wenn sie nach den Landesgesetzen hinterlegungsfähig sind. Ist die geschuldete Sache zur Hinterlegung nicht geeignet, so hat der Schuldner das Recht, sie versteigern zu lassen und den Erlös zu hinterlegen. Vgl. über dieses alles „Hinterlegung" und „Versteigerungsrecht eines Schuldners". Der Schuldner ist übrigens (bei einem Annahmeverzuge des Gläubigers) zu der besprochenen Hinterlegung oder Versteigerung nicht verpflichtet, sondern nur berechtigt.

Aufhören der Verzinsung. Herausgabe gezogener Nutzungen. Solange der Gläubiger mit der Annahme einer ihm geschuldeten Geldsumme im Verzuge ist, braucht der Schuldner auf die Summe keine Zinsen zu entrichten, auch wenn es sich um eine verzinsliche Schuld handelt (301). Hat also der Gläubiger z. B. ein verzinsliches Darlehnskapital gekündigt und der Schuldner ist wegen Annahmeverzuges des Gläubigers nicht imstande, das Kapital zur Verfallzeit einzuzahlen, so hört damit kraft gesetzlicher Vorschrift seine Verpflichtung zur weiteren Verzinsung auf. Er ist auch nicht verpflichtet, im Interesse des Gläubigers das Kapital bis dahin, daß dieser es etwa annimmt, anderweitig nutzbar zu machen (es verzinslich auszuleihen usw.); ob er die Zinsen, die er tatsächlich von dem Gelde etwa zieht, dem Gläubiger herauszugeben hat, wird vom Gesetze nicht ausdrücklich bestimmt; nach allgemeinen Rechtsgrundsätzen wird man dies aber annehmen müssen. Ebenso wird zu entscheiden sein, wenn der Schuldner einen Gegenstand herauszugeben hatte, der Nutzungen abwirft, z. B. eine milchgebende Kuh oder ein Wiesengrundstück; er wird die in der Zwischenzeit gezogene Milch oder das gewonnene Heu jedenfalls ersetzen müssen, soweit er dadurch bereichert ist. War der Schuldner nach dem zwischen ihm und dem Gläubiger bestehenden Rechtsverhältnisse verpflichtet, ihm die Nutzungen eines Gegenstandes herauszugeben oder zu ersetzen, so beschränkt sich die Verpflichtung während des Verzuges des Gläubigers auf die Nutzungen, die der Schuldner tatsächlich gezogen hat; er haftet für nicht gezogene Nutzungen selbst dann nicht, wenn er sie absichtlich nicht gezogen hat (302).

Preisgabe eines Grundstücks, das der Gläubiger nicht annimmt (303). Ist der Schuldner zur Herausgabe eines Grundstücks (eines Hauses usw.) verpflichtet, so kann er, wenn der Gläubiger das Grundstück trotz rechtzeitigen und ordnungsmäßigen Anerbietens nicht annimmt, den Besitz des Grundstücks — nicht aber das Eigentum — aufgeben, er muß aber, um das Interesse des Gläubigers tunlichst zu wahren, diesem vorher Mitteilung über die Aufgabe des Besitzes machen, es sei denn, daß solches nach Lage der Verhältnisse untunlich ist.

Ersatz der dem Schuldner erwachsenen Kosten und Aufwendungen (304). Hat der Schuldner das mit der Post übersandte Geld oder die auf den Transport gegebene geschuldete Sache oder Ware wegen Annahmeverzuges des Gläubigers (Verweigerung der Annahme) zurückerhalten oder hat er sonst durch das vergebliche Angebot der Zahlung oder Leistung Unkosten gehabt, so muß ihm der Gläubiger diese vergeblich aufgewandten Kosten ersetzen; der Schuldner braucht solche Kosten, wenn sie ihm auch an sich obliegen, nicht zweimal aufzuwenden. Da ferner der Schuldner durch die Nichtannahme seitens des Gläubigers nicht ohne weiteres von der Verpflichtung zur (Nach-) Lieferung einer geschuldeten Ware oder Sache befreit wird, also in die Lage kommen kann, für die Aufbewahrung und Erhaltung des geschuldeten Gegenstandes Aufwendungen machen zu müssen, so kann er auch hierfür Ersatz vom Gläubiger beanspruchen. Die Ersatzforderung ist aber nur insoweit berechtigt, als die Kosten und Aufwendungen erforderlich waren und die dafür berechneten Beträge angemessen sind. Von seinen Auslagen kann der Schuldner nach allgemeinen Rechtsgrundsätzen vom Zeitpunkte der Aufwendung an sich Zinsen berechnen.

Verzug bei Kaufleuten s. Handelsgeschäfte; des Käufers beim Spezifikationskauf s. Handelskauf.

Verzugszinsen betragen gesetzlich 4 Prozent, bei Kaufleuten untereinander 5 Prozent, bei Wechselschulden 6 und mehr Prozent. S. im übrigen „Verzug" und „Zinsen usw.".

Vieh, Schadenszufügung durch, s. Pfändung (Privatpfändung) u. Tiere usw. a. Schl.; als Zubehör eines Gutes s. Zubehör; Pfändbarkeit desselben, s. Pfändung in der Zwangsvollstreckung 1; Gewährleistung für Mängel beim Verkauf s. Gewährleistung 9.

Viehmängel s. Gewährleistung usw. 9.

Viehtreiber s. Frachtführer.

Viehversicherung s. Versicherungsrecht.

Viehverstellungsverträge s. Pacht 3.

Vierteljahr, Fristberechnung s. Fristen und Termine.

Volljährige, Vormundschaft über, s. Vormundschaft 3 u. Vormund 10.

Volljährigkeit, Beginn der, s. Fristen und Termine.

Volljährigkeit. Volljährigkeitserklärung. Jemand ist volljährig (großjährig, majorenn), wenn er das einundzwanzigste Lebensjahr vollendet hat, d. h. mit Ablauf des letzten Tages des einundzwanzigsten Lebensjahres (BGB. § 2). (Den Ausdruck „Mündigkeit" kennt das Gesetz nicht.) Da bei Berechnung des Lebensalters einer Person der Tag der Geburt mitgerechnet wird (187), so tritt also für den, der im Laufe des 1. Januar 1910 geboren ist, die Volljährigkeit mit dem Beginne des 1. Januar 1931 ein. Der Volljährigkeitstermin beendigt die Zeit der Minderjährigkeit und damit die Zeit der beschränkten Geschäftsfähigkeit (s. „Geschäftsfähigkeit 2"). Die rechtliche Stellung eines Volljährigen kann aber, außer durch die Erreichung des Alters der Volljährigkeit, auch durch Volljährigkeitserklärung, aber erst nach Vollendung des achtzehnten Lebensjahres, erlangt werden. Die Volljährigkeitserklärung erfolgt durch einen Beschluß des Vormundschaftsgerichts (3—5; RGes. freiw. Gerichtsbark., Gutt. Slg. Nr. 46, §§ 56, 196). (Landesgesetzlich kann die Volljährigkeitserklärung aber einer anderen Behörde übertragen werden.) Sie wird nur ausgesprochen, wenn der Minderjährige selbst oder ein gesetzlicher Vertreter des Minderjährigen (Vater, Mutter, Vormund usw.), dem die Sorge für dessen Person obliegt, sie beantragt. Im letzteren Falle muß der Minderjährige seine Einwilligung erteilen. Steht er unter elterlicher Gewalt, so ist auf alle Fälle die Einwilligung des Vaters (der Mutter) erforderlich, es sei denn, daß ihm (ihr) weder die Sorge für die Person noch die Sorge für das Vermögen des Kindes zusteht. Für eine minderjährige Witwe ist dagegen die Einwilligung des Vaters oder der Mutter nicht erforderlich, d. h. sie kann für volljährig erklärt werden, auch wenn der Vormund dagegen ist, aber das Gericht die Gründe des Vormundes nicht für durchschlagend hält. Steht der Minderjährige unter Vormundschaft und beantragt er selber die Volljährigkeitserklärung, so ist die Einwilligung des Vormundes nicht erforderlich. Die Volljährigkeitserklärung soll nur erfolgen, wenn sie das Beste des Minderjährigen fördert; sie wird also insbesondere nur dann ausgesprochen werden, wenn der Minderjährige diejenige Reife besitzt, die verbürgt, daß er seine Angelegenheiten mit genügender Umsicht selbständig besorgen würde. Gegen eine etwaige Ablehnung des Antrages auf Volljährigkeitserklärung steht dem Antragsteller die „sofortige Beschwerde" zu (RGes. freiw. Gerichtsbark. 60, 6), die innerhalb 14 Tagen von der Zustellung des Beschlusses ab beim Landgericht eingelegt werden muß (vgl. „Beschwerden usw."). Durch die Volljährigkeitserklärung erlangt der Minderjährige die rechtliche Stellung eines Volljährigen ohne jede Einschränkung; auf anderem Wege kann er dies nicht erreichen, insbesondere gilt der Satz nicht mehr, daß „Heirat mündig macht". Mit dem Tage der Rechtskraft des Volljährigkeitsbeschlusses (RGes. freiw. Gerichtsbark. 56) endigt sowohl eine etwaige Vormundschaft wie die elterliche Gewalt.

Vollkaufmann s. Kaufmann usw. 2.

Vollmacht, kaufmännische, s. Prokura und Handlungsvollmacht.

Vollmacht (164 ff.). **1.** Durch eine Vollmacht wird jemand ermächtigt, einen anderen (den Vollmachtgeber, Machtgeber) bei Rechtsgeschäften (z. B. dem Abschluß von Verträgen, der Abgabe rechtswirksamer Erklärungen, wie eines Verzichts, einer Kündigung usw.) zu vertreten (s. „Vertreter, Vertretung"). Die Erteilung einer Vollmacht kann mündlich oder schriftlich geschehen; auch wenn für das Rechtsgeschäft, das der Bevollmächtigte für seinen Auftraggeber (Machtgeber) vornehmen soll, zu seiner Gültigkeit eine besondere Form vorgeschrieben ist (z. B. schriftliche Abfassung des Vertrages oder Beurkundung des Geschäfts vor Gericht oder Notar), bedarf es dieser Form für die Erteilung der Vollmacht zur Vornahme des Geschäfts nicht. Insbesondere ist also eine gerichtliche oder notarielle Beglaubigung der Unterschrift unter der Vollmacht zu deren Gültigkeit nicht erforderlich; s. aber weiter unten. Wie weit die Macht des Bevollmächtigten gehen soll, muß der Vollmachtgeber in der Vollmacht bestimmen; er kann anordnen, daß der Bevollmächtigte (Vertreter) ihn in allen Rechtsangelegenheiten vertreten soll (man spricht dann von einer Generalvollmacht) oder daß er ihn in allen Rechtsangelegenheiten mit Ausnahme von einzelnen, bestimmt angegebenen, vertreten soll, oder auch, daß er ihn nur in der besonders in der Vollmacht bezeichneten Angelegenheit oder in einzelnen, bestimmt bezeichneten Angelegenheiten vertreten solle. Es ist eintretendenfalls Sache der richterlichen Auslegung, aus der Wortfassung der Vollmacht und den sonstigen Umständen festzustellen, wie weit der Umfang der Vollmacht nach dem Willen des Machtgebers reicht. Für kaufmännische Vollmachten s. „Prokura und Handlungsvollmacht". Nach dem Inhalt und der Auslegung der Vollmacht ist auch zu beurteilen, ob der Bevollmächtigte befugt ist, anstatt das Geschäft selbst auszuführen, die Ausführung einem anderen zu überlassen (sich einen „Substituten" oder Unterbevollmächtigten zu ernennen). Sind mehrere Bevollmächtigte zur Erledigung derselben Angelegenheit bestellt, so muß gleichfalls die Prüfung der Umstände ergeben, ob nach dem Willen des Machtgebers jeder Bevollmächtigte für sich allein oder ob nur alle zusammen handeln können. Der Rechtssatz, daß der Bevollmächtigte zu gewissen wichtigeren Geschäften (z. B. einer Veräußerung, einer Auflassung von Grundstücken, der Aufnahme von Darlehen usw.) nur dann befugt sei, wenn er in der Vollmacht dazu besonders ermächtigt ist (sog. Spezialvollmacht hat), ist nicht mehr in Geltung.

Die Erteilung (Ausstellung) einer Vollmacht kann in der Weise geschehen, daß sie dem Bevollmächtigten gegenüber erfolgt, indem dieser entweder bloß mündlich ermächtigt oder ihm eine schriftliche Vollmachtsurkunde ausgehändigt wird (für die Gültigkeit der Vollmacht ist das einerlei), oder daß die Vollmacht durch eine Erklärung des Machtgebers an den, mit dem der Bevollmächtigte verhandeln soll, erteilt wird. Will ich also beispielsweise jemanden ermächtigen, eine Geldsumme für mich zu erheben, so kann ich ihm das mündlich auftragen; ob freilich der Schuldner dann im Vertrauen auf seine Person ohne weiteres an ihn zahlen wird, ist die Frage; jedenfalls braucht er das nicht. Ich kann meinem Vertreter aber auch eine schriftliche Vollmacht aushändigen. Oder ich kann dem Schuldner mitteilen, daß ich jenen mit der Einziehung des Geldes beauftragt habe. Endlich kann die Erteilung einer Vollmacht auch durch öffentliche Bekanntmachung (in Zeitungen, durch Anschlag usw.) kundgegeben werden. In allen diesen Fällen ist die Vollmacht rechtsgültig erteilt. (Über Scheinvollmachten s. „Scheingeschäfte.)

Über den Fall, wenn jemand ohne Vollmacht für einen anderen handelt, s. „Vertreter, Vertretung 2".

2. Wie lange gilt die Vollmacht? Die Vollmacht erlischt (gilt nicht mehr, wird ungültig), wenn das Rechtsverhältnis, aus dessen Anlaß oder zu dessen Zwecke die Vollmacht erteilt ist, beendigt ist. Hat z. B. jemand einem anderen einen Auftrag zur Vermögensverwaltung erteilt und ihm zu diesem Zwecke, damit er sich anderen Personen gegenüber als Bevollmächtigter ausweisen könne, eine Vollmacht ausgehändigt, so erlischt die Vollmacht zugleich mit der Beendigung des Auftragsverhältnisses. Die Vollmacht erlischt ferner durch Zurücknahme (Widerruf) seitens des Machtgebers, wozu er auch dann befugt ist, wenn das gedachte Rechtsverhältnis fortdauert, es sei denn, daß aus diesem sich etwas anderes ergibt (es hat z. B. jemand einen anderen ermächtigt, Zinsen für ihn zu erheben, um sich selber daraus bezahlt zu machen). Vollmacht kann durch Ablauf der für sie bestimmten Zeit oder Eintritt eines gewissen Ereignisses erlöschen; allgemeine Vollmacht zum Betrieb eines Handelsgeschäftes erlischt nicht ohne weiteres durch den Tod des Bevollmächtigenden (RG.). Näheres s. im Art. „Stellvertretung" im HdR. V 694 ff. — Daß die Vollmacht tatsächlich erloschen ist, kommt aber unter Umständen demjenigen gegenüber, mit dem der Bevollmächtigte verhandelt, nicht in Betracht; die Vollmacht gilt ihm gegenüber, obwohl sie erloschen ist, noch als zu Recht bestehend; s. im folgenden.

3. Prüfung der Bevollmächtigung. Nach dem Mitgeteilten wirft sich nun aber die wichtige Frage auf: wie hat sich der Dritte, mit dem ein angeblich Bevollmächtigter ein Geschäft abschließen, von dem er eine Zahlung entgegennehmen usw. will, zu verhalten, um sicher zu gehen, daß er nicht mit einem Unbefugten sich einläßt und vielleicht noch einmal zahlen muß? Wie überzeugt er sich davon, ob der andere ordnungsmäßig beauftragt ist, und weiter, ob die Vollmacht nicht inzwischen widerrufen oder sonst erloschen ist? Es ist in dieser Beziehung folgendes zu bemerken. Es braucht sich (regelmäßig) niemand mit einem angeblich Bevollmächtigten, der für seinen angeblichen Auftraggeber einen Kaufvertrag oder einen Mietvertrag oder irgendein anderes Geschäft mit ihm abschließen will, einzulassen. Will er dies dennoch, so kann er entweder der Versicherung des anderen, daß er bevollmächtigt sei, Glauben schenken (auf seine Gefahr), oder er wird nötigenfalls Vorlegung einer Vollmacht verlangen, in wichtigeren Sachen sogar eine gerichtlich oder notariell beglaubigte Vollmacht. Handelt es sich dagegen nicht um eine Vertragschließung, also um die Eingehung eines neuen Geschäfts, das einfach abgelehnt werden kann, sondern gibt der andere im Namen seines angeblichen Auftraggebers eine einseitige Erklärung ab, die für den Empfänger der Erklärung rechtliche Folgen nach sich ziehen würde, wenn sie wirklich von dem angeblichen Auftraggeber ausginge (z. B. der angeblich Bevollmächtigte mahnt im Namen seines angeblichen Auftraggebers dessen Schuldner oder er kündigt im Namen des angeblichen Auftraggebers dessen Mieter die Wohnung), so entsteht für den Gemahnten, Gekündigten allerdings die Frage, ob er diese Mahnung, diese Kündigung annehmen muß; ob er an den angeblich Bevollmächtigten Zahlung leisten muß. Er ist hierzu nicht verpflichtet, wenn der andere keine ordnungsmäßige schriftliche Vollmachtsurkunde vorlegt; er muß dann aber die Mahnung oder die Kündigung unverzüglich zurückweisen, und zwar ausdrücklich deshalb zurückweisen, weil keine Vollmacht vorgelegt ist. Er kann nur dann natürlich keine Vorlegung der Vollmacht verlangen, wenn der Vollmachtgeber selber ihn von der Bevollmächtigung des anderen in Kenntnis gesetzt hatte. Weist der Gemahnte, Gekündigte usw. die Erklärung trotz Mangels der Vollmacht nicht unverzüglich aus diesem Grunde zurück, so gilt die Mahnung usw. als rechtsgültig erfolgt, wenn der andere wirklich beauftragt gewesen ist. — Daß die vorzulegende Vollmacht öffentlich (gerichtlich oder notariell) beglaubigt sei, wird vom Gesetz nicht schlechthin verlangt. Hegt der Schuldner, der von einem angeblich Bevollmächtigten zu einer Zahlung oder sonstigen Leistung aufgefordert wird, Bedenken wegen der Echtheit der Vollmacht, so wird er die Zahlung usw. ablehnen. Ob er dadurch in Verzug gerät und demgemäß dem Gläubiger für den aus der Verzögerung der Zahlung etwa entstehenden Schaden aufzukommen hat (s. „Verzug des Schuldners"), hängt im Prozeßfalle davon ab, ob das Gericht nach Lage der Sache dafür hält, daß ihm unter den bewandten Umständen eine Zahlung auf eine unbeglaubigte Vollmacht hin zugemutet werden konnte oder nicht. — Ist es dem Verhandelnden bekannt oder muß er nach den Umständen wissen, daß die Vollmacht des anderen nicht mehr zu Recht besteht, so ist das von dem Bevollmächtigten mit ihm abgeschlossene Geschäft für den Auftraggeber nicht mehr verbindlich. War ihm aber der Widerruf oder das sonstige Erlöschen der Vollmacht nicht bekannt und mußte er auch nicht den Widerruf usw. kennen, so gilt ihm gegenüber die Vollmacht noch solange als zu Recht bestehend, bis der Auftraggeber ihm von dem Widerruf oder dem sonstigen Erlöschen Anzeige gemacht hat. Hier müssen aber die verschiedenen Fälle betrachtet werden. Legte ihm der Bevollmächtigte eine schriftliche Vollmacht vor, so darf er ihn solange als bevollmächtigt ansehen, bis die Vollmacht vom Auftraggeber zurückgegeben ist, der Bevollmächtigte sie also nicht mehr vorlegen kann. Es genügt deshalb nicht, daß der Bevollmächtigte die Vollmacht irgend einmal vorgelegt hat, sondern es muß der, mit dem er später wiederum verhandeln will, Wiedervorlegung der Vollmacht verlangen, damit er sich überzeugt, daß der Bevollmächtigte noch im Besitze der Vollmacht, mithin noch bevollmächtigt ist, und zwar muß er Vorlegung der Urschrift (des Originals) der Vollmacht verlangen. Abschriften haben keine Bedeutung. — War dagegen der Bevollmächtigte dadurch legitimiert, daß der Auftraggeber die Bevollmächtigung dem anderen selbst erklärt oder mitgeteilt hatte (es hat z. B. A. dem B. geschrieben, daß er die fälligen Zinsen an den C., den er zur Empfangnahme bevollmächtigt habe, einzahlen könne), so kann B. den C. solange als zur Empfangnahme berechtigt ansehen, bis etwa A. dem B. anzeigt, daß C. nicht mehr zur Abhebung der Zinsen befugt sei. — Ist endlich die Erteilung einer Vollmacht durch eine öffentliche Bekanntmachung kundgegeben, so bleibt die Vollmacht jedermann gegenüber solange in Kraft, bis sie auf dieselbe Weise widerrufen ist.

4. Verpflichtung zur Rückgabe der Vollmacht. Kraftloserklärung einer Vollmacht (175, 176). Der Bevollmächtigte ist verpflichtet, die empfangene Vollmachtsurkunde dem Auftraggeber zurückzugeben, wenn die Vollmacht erloschen ist (s. oben 2); er hat auch dann kein Recht, die Vollmacht zurückzuhalten, wenn ihm noch Ansprüche gegen den Vollmachtgeber zustehen sollten. Da ein Prozeß um Rückgabe der Vollmacht längere Zeit dauern kann und inzwischen mit der Vollmacht Mißbrauch getrieben werden könnte, ist der Auftraggeber berechtigt, die Vollmacht durch eine öffentliche Bekanntmachung für kraftlos zu erklären. Er muß sich zu diesem Zwecke an das Amtsgericht wenden, das die Veröffentlichung vornimmt. Mit dem Ablauf eines Monats nach der letzten Einrückung in die öffentlichen Blätter wird die Kraftloserklärung wirksam.

Vollstreckung einer letztwilligen Verfügung s. Testamentsvollstreckung.

Vollziehung eines Vertrages s. Form der Rechtsgeschäfte; eines Testaments s. Testamentsvollstrecker.

Voraus des überlebenden Ehegatten s. Gesetzliche Erben 2 u. Erbunwürdigkeit 2.

Vorausklage, Einrede der, s. Bürgschaft.

Vorausempfänge, Anrechnung auf den Erbteil s. Ausgleichung unter Miterben; Anrechnung auf den Pflichtteil s. Pflichtteil 2.

Vorbehalt, geheimer (116). Macht jemand bei Abgabe einer Willenserklärung den geheimen Vorbehalt, daß er das Erklärte gar nicht will, so ist dieser Vorbehalt einfach wirkungslos (ungültig), wenn es sich um eine Willenserklärung handelt, die nicht einer anderen Person gegenüber abzugeben war, z. B. um eine letztwillige Verfügung (ein Testament). War aber die Willenserklärung ihrer Natur nach einem anderen gegenüber abzugeben, z. B. eine Kündigung, eine Mahnung u. dgl., oder handelt es sich um eine Vertragserklärung, so ist der geheime Vorbehalt dann ebenfalls ohne rechtliche Wirkung, also die abgegebene Willenserklärung gültig, wie wenn der Vorbehalt gar nicht gemacht wäre, wenn der andere den geheimen Vorbehalt nicht gekannt hat; war dies aber der Fall, lag also keine Täuschung des anderen vor, dann kann allerdings ihm gegenüber der Erklärende nicht beim Worte genommen werden. Nur auf die Rechtsgültigkeit einer Ehe ist es ohne Einfluß, ob ein etwaiger Willensmangel bei dem einen dem anderen bekannt gewesen ist. Über scherzweise abgegebene Erklärungen vgl. den Artikel „Scherz".

Vorbehalt des Eigentums beim Verkaufe beweglicher Sachen s. Kauf und Verkauf 11; bei der Entlassung des Vormundes s. Vormund 8; bei Abzahlungsgeschäften s. Abzahlung usw. 1; einer später einzutragenden Hypothek s. Rangverhältnis der Eintragungen usw.

Vorbehaltsgut bei Errungenschaftsgemeinschaft s. Errungenschaftsgemeinschaft usw. 4.

Vorbehaltsgut der Frau (1365 ff.). **1.** Haben Ehegatten keinen Ehevertrag miteinander geschlossen, so gilt für ihre Vermögensverhältnisse das gesetzliche Güterrecht, das im wesentlichen darin besteht, daß der Mann an dem „eingebrachten Gute", d. h. an dem von der Frau ihm zugebrachten Vermögen (Mitgift, Aussteuer usw.) das Verwaltungs- und Nutzungsrecht hat; Näheres unter „Eingebrachtes Gut der Frau 3". Es gehört aber nicht das ganze Vermögen der Frau ohne weiteres zum eingebrachten Gute; durch das Gesetz sind gewisse Vermögensgegenstände oder Vermögensteile bestimmt, an denen der Mann, auch wenn sonst das gesetzliche Güterrecht gilt und kein Ehevertrag errichtet ist, kein Verwaltungs- und Nutzungsrecht hat; diese bilden das (gesetzliche) sog. „Vorbehaltsgut" der Frau, von dem nachstehend gehandelt werden soll. Es ist aber zu beachten, daß es im freien Willen der Frau (oder deren Eltern, Vormünder usw.) steht, ob sie dem Manne ihr ganzes Vermögen zubringen will, so daß es als „eingebrachtes Gut" seiner Verwaltung und Nutzung unterfällt, oder ob sie es ganz oder teilweise zu ihrer eigenen Verwaltung und Verfügung zurückbehalten will. Will die Frau ihr Gut ganz oder teilweise nicht in die Verwaltung usw. des Mannes kommen lassen, so muß dies in einem zu errichtenden besonderen Ehevertrage (s. darüber das Nähere unter „Eingebrachtes Gut der Frau 1") ausdrücklich festgesetzt werden. Mündliche Abmachungen über diesen Punkt haben keine Gültigkeit.

Zum Vorbehaltsgut gehören kraft Gesetzes (also ohne daß es einer besonderen Festsetzung in einem Ehevertrage bedarf) nur folgende Teile des Vermögens der Frau, nämlich:

a) Die ausschließlich zum persönlichen Gebrauche der Frau bestimmten Sachen, insbesondere Kleider, Schmucksachen und Arbeitsgeräte, auch wenn sie vom Manne oder aus dessen Vermögen angeschafft, aber Eigentum der Frau geworden sind (1362 Abs. 2).

b) Was die Frau durch ihre Arbeit oder durch den selbständigen Betrieb eines Erwerbsgeschäfts erwirbt. Hierunter fallen aber nicht die Arbeiten der Frau im Hauswesen und eine etwaige Hilfeleistung im Geschäfte des Mannes, soweit sie nach ihrem Stande hierzu verpflichtet ist (vgl. „Ehegatten 1"); der Gewinn aus dieser Beschäftigung der Frau fällt dem Manne allein zu. Alles dagegen, was die Frau sonst durch ihre Tätigkeit, insbesondere außer dem Hause, erwirbt, sei es im Tagelohn, durch Handarbeit, durch Betreibung eines kaufmännischen oder sonstigen Geschäfts oder auch als Lehrerin, Beamtin, Schauspielerin, Sängerin usw., wird ihr Eigentum und zugleich Vorbehaltsgut, so daß der Mann daran weder Verwaltungs- noch Nutzungsrechte hat. Ob und inwieweit die Frau berechtigt ist, ohne Zustimmung des Mannes Arbeiten oder Dienste zu übernehmen oder ein Geschäft zu betreiben oder einen Beruf zu ergreifen, darüber s. „Ehegatten 1" und „Erwerbsgeschäfte von Frauen". (Über den Fall, wenn die Frau schon bei der Heirat ein Erwerbsgeschäft besaß und dieses fortgeführt wird, s. „Eingebrachtes Gut der Frau 3 a. Schl.") Verrichtet übrigens die Frau im Hause oder Geschäfte des Mannes Arbeiten, zu denen sie nach ihren Verhältnissen nicht verpflichtet ist, und erhält sie dafür vom Manne einen Lohn (Gehalt) oder Geschenke, so fällt dieser Erwerb auch unter das Vorbehaltsgut.

c) Vorbehaltsgut wird auch alles das, was die Frau nach Eingehung der Ehe von anderen durch Erbschaft, als Vermächtnis oder als Pflichtteil von Todes wegen erwirbt oder was sie geschenkt erhält, wenn der Erblasser oder Schenker in der letztwilligen Verfügung oder bei der Schenkung bestimmt hat, daß es nicht unter die Verwaltung und Nutzung des Mannes fallen solle.

d) Endlich wird auch dasjenige wieder Vorbehaltsgut, was die Frau auf Grund eines zu ihrem Vorbehaltsgute gehörenden Rechtes oder als Ersatz für die Zerstörung, Beschädigung oder Entziehung eines zum Vorbehaltsgut gehörenden Gegenstandes oder durch ein Rechtsgeschäft erwirbt, das sich auf das Vorbehaltsgut bezieht.

2. Hat die Frau (kraft Gesetzes oder in Gemäßheit des Ehevertrages) Vorbehaltsgut, so kann sie (sofern sie volljährig ist) über dieses Vermögen frei schalten und walten, es veräußern, verschenken, mit Schulden belasten, die Einkünfte (Nutzungen) für sich ziehen und frei darüber verfügen. Ist die Frau noch minderjährig, so steht die Verwaltung des Vorbehaltsguts ihrem gesetzlichen Vertreter (s. d.) zu. Es fragt sich aber, ob und inwieweit die Frau verpflichtet ist, aus den Einkünften ihres Vorbehaltsguts zur Bestreitung des „ehelichen Aufwandes" (der Kosten des gemeinsamen Haushalts, der Kindererziehung usw.) beizusteuern. Sie braucht dies nicht, wenn sie dem Manne auch Vermögen eingebracht hat und er durch die ihm zustehenden Nutzungen dieses „eingebrachten Guts" schon einen angemessenen Beitrag zur Bestreitung des ehelichen Aufwandes erhält; andernfals muß sie allerdings einen entsprechenden Beitrag leisten. Macht die Frau zur Bestreitung des ehelichen Aufwandes aus ihrem Vorbehaltsgute Aufwendungen oder überläßt sie freiwillig dem Manne zu diesem Zwecke etwas von ihrem vorbehaltenen Vermögen, so kann zweifelhaft sein, ob sie dies in der Absicht getan hat, dafür vom Manne Ersatz zu verlangen; um spätere Streitigkeiten hierüber unter den Ehegatten möglichst zu verhüten, trifft das Gesetz die Bestimmung, daß, wenn sich nicht das Gegenteil aus den Umständen mit Sicherheit ergibt, angenommen werden soll, daß die Frau jene Aufwendungen oder Überlassungen aus ihrem Vermögen ohne die Absicht, dafür Ersatz zu verlangen, gemacht habe. Überläßt die Frau überhaupt ihr Vorbehaltsgut, ganz oder teilweise, der Verwaltung des Mannes, so kann der Mann die Einkünfte, die er während seiner Verwaltung bezieht, nach freiem Ermessen verwenden, soweit nicht ihre Verwendung zur Bestreitung der Kosten der ordnungsmäßigen Verwaltung und zur Erfüllung solcher Verpflichtungen der Frau erforderlich ist, die bei ordnungsmäßiger Verwaltung aus den Einkünften des Vermögens bestritten werden. Die Frau kann aber andere Bestimmung über die Verwendung treffen. — Damit die Ausschließung des Vorbehaltsguts von der Verwaltung und Nutznießung des Mannes auch anderen Personen gegenüber rechtsgültig ist, ist eine entsprechende Eintragung in das beim Amtsgericht geführte Güterrechtsregister nötig; s. darüber das Nähere unter „Güterrechtsregister 1 a". Insbesondere ist es nötig, daß etwaiger Grundbesitz, der zum Vorbehaltsgut gehört, als solches im Güterrechtsregister eingetragen wird, da sonst die Frau ohne Zustimmung ihres Mannes vor dem Grundbuchamt nicht über die Grundstücke verfügen, sie nicht auflassen oder mit Hypotheken belasten usw. kann (GBO. 34).

Nachweis des Vorbehaltsguts. Wenn unter den Ehegatten Streit darüber entsteht, ob ein Vermögensgegenstand zum eingebrachten oder zum vorbehaltenen Vermögen der Frau gehöre, so liegt der Frau der Beweis ob, daß der Gegenstand zum Vorbehaltsgut gehört. Anderen Personen, Behörden usw. gegenüber wird die Eigenschaft des Vorbehaltsguts regelmäßig durch ein Zeugnis aus dem Güterrechtsregister (s. d.) nachgewiesen; so auch dem Grundbuchamt gegenüber (GBO. 34). In das Grundbuch wird die Vorbehaltseigenschaft nicht eingetragen.

Voreltern, Erbrecht s. Gesetzliche Erben 1.

Vorempfänge, Anrechnung bei der Erbteilung, s. Ausgleichung unter Miterben.

Vorerbe s. Nacherbe.

Vorkaufsrecht der Miterben s. Erbteilung 1.

Vorkaufsrecht. Wem ein Vorkaufsrecht an einem Gegenstande zusteht, der ist berechtigt, für den Fall, daß der Verpflichtete mit einem Dritten einen Kaufvertrag über diesen Gegenstand abschließt, durch seine einseitige Erklärung, sein Vorkaufsrecht ausüben zu wollen, den Kauf unter den zwischen dem Verpflichteten und dem Dritten vereinbarten Bestimmungen für sich selbst zum Abschluß zu bringen. Das Vorkaufsrecht kann schuldrechtlichen, es kann aber auch dinglichen Charakter haben, es kann sich auf Vertrag, letztwillige Verfügung und auf Gesetz gründen.

1. Das schuldrechtliche Vorkaufsrecht (504—514). Ein Vertrag, durch welchen jemand einem anderen, z. B. ein Vermieter seinem Mieter, ein Vorkaufsrecht an einem Grundstück einräumt, bedarf der gerichtlichen oder notariellen Beurkundung. Ein Erbe oder Vermächtnisnehmer kann mit einem Vorkaufsrecht zugunsten einer im Testament benannten Person belastet werden. Der Berechtigte kann sein Vorkaufsrecht erst dann ausüben, wenn der Verpflichtete mit einem anderen einen Kaufvertrag über den betreffenden Gegenstand wirklich bindend abgeschlossen hat. Es genügt nicht, daß der Verpflichtete über den Verkauf mit einem anderen unterhandelt. Das Vorkaufsrecht gilt nur dann, wenn ein Kaufvertrag über den Gegenstand abgeschlossen ist, nicht auch, wenn er von dem Verpflichteten auf irgendwelche andere Art, z. B. durch einen Tausch, durch eine Schenkung oder dergl., veräußert wird. Ob ein Kaufvertrag oder ein anderer Vertrag als abgeschlossen anzusehen ist, hängt von der Prüfung des einzelnen Falles ab. Als Kaufverträge in diesem Sinne sind solche Verträge nicht anzusehen, durch die (sog. Übergabeverträge) Eltern, Großeltern usw. ihr Grund- oder sonstiges Vermögen an ihre gesetzlichen Erben (Kinder usw.) abtreten. Das Vorkaufsrecht kann auch dann geltend gemacht werden, wenn etwa der Verpflichtete (seiner Sicherheit halber) mit seinem Käufer ausgemacht hat, daß der Verkauf nur gelten solle, wenn der zum Vorkauf Berechtigte sein Recht nicht geltend mache, oder wenn er sich seinem Käufer gegenüber das Recht vorbehalten hat, vom Verkaufe zurückzutreten, wenn der zum Vorkauf Berechtigte sein Recht ausüben wolle.

Ausübung des Vorkaufsrechts. Will der Berechtigte sein Vorkaufsrecht ausüben, so muß er solches dem Verpflichteten erklären; diese Erklärung bedarf keiner Form, auch nicht, wenn für den Kaufvertrag selber etwa eine Form (z. B. beim Verkaufe von Grundstücken die gerichtliche oder notarielle Beurkundung) vorgeschrieben ist. Durch die Erklärung kommt ohne weiteres zwischen ihm und dem Vorkaufsverpflichteten ein Kaufvertrag über die Sache unter ganz denselben Bedingungen zustande, wie sie zwischen dem Vorkaufsverpflichteten und seinem Käufer vereinbart sind. Der Vorkaufsberechtigte, nunmehrige Käufer, hat also, wenn nicht nachträglich andere Vereinbarungen getroffen werden, alle Verpflichtungen zu erfüllen, die der andere, mit dem der Verkäufer den Vertrag zunächst abgeschlossen hatte, im Vertrage übernommen hatte. Hat der Vorkaufsverpflichtete seinem Käufer die Sache schon zu Eigentum übertragen, so stehen dem Vorkaufsberechtigten gegen den Empfänger keine Rechte zu, selbst wenn dieser das Bestehen des Vorkaufsrechts gekannt haben sollte; der Vorkaufsberechtigte kann sich nur an den Verpflichteten halten und geeignetenfalls seine Rechte auf Schadensersatz wegen der Zuwiderhandlung gegen seine Verpflichtung gegen ihn geltend machen. Will der Berechtigte sich sichern, so ist es ihm unbenommen, mit dem Verpflichteten für solchen Fall des Zuwiderhandelns gegen seine Verpflichtung eine Vertragsstrafe zu vereinbaren.

Hat sich der Dritte in dem Vertrage zu Nebenleistungen verpflichtet, die der Vorkaufsberechtigte nicht zu bewirken imstande ist, so muß er diese Nebenleistungen dem Wert nach in Geld entrichten. Nur dann, wenn sich die Nebenleistung in Gelde nicht schätzen läßt, ist die Ausübung des Vorkaufsrechts ausgeschlossen, ohne daß der Vorkaufsverpflichtete zu irgendwelcher Entschädigung verpflichtet wäre. Die Vereinbarung der Nebenleistung kommt aber in solchem Fall nicht in Betracht, wenn nach den Umständen anzunehmen ist, daß der Vertrag auch ohne diese Nebenleistung geschlossen sein würde. Hat jemand einen Gegenstand, an dem einem anderen ein Vorkaufsrecht zusteht, mit anderen Gegenständen zu einem Gesamtpreise verkauft, so muß der Vorkaufsberechtigte einen verhältnismäßigen Teil dieses Gesamtpreises zahlen. Der Verpflichtete kann verlangen, daß der Vorkaufsberechtigte alle Sachen kauft, die nicht ohne Nachteil für den Verpflichteten von den übrigen getrennt werden können. Wenn der Vorkaufsverpflichtete seinem Käufer den Kaufpreis in dem Vertrage gestundet (kreditiert) hat, so kann der Vorkaufsberechtigte, wenn er in den Kauf eintritt, nicht ohne weiteres, d. h. ohne Einwilligung des Verkäufers, diese Vergünstigung auch für sich in Anspruch nehmen; er kann das vereinbarte Ziel nur beanspruchen, wenn er dem Verkäufer für den gestundeten Betrag Sicherheit (s. d.) leistet. Ist ein Grundstück Gegenstand des Verkaufs, so bedarf es der Sicherheitsleistung insoweit nicht, als für den gestundeten Kaufpreis die Bestellung einer Hypothek an dem Grundstück vereinbart oder in Anrechnung auf den Kaufpreis eine Schuld, für die eine Hypothek an dem Grundstück besteht, übernommen worden ist.

Anzeigepflicht des Vorkaufsverpflichteten. Hat der Vorkaufsverpflichtete einen Kaufvertrag über den dem Vorkaufsrecht unterliegenden

Gegenstand bindend abgeschlossen, so ist er verpflichtet, dem zum Vorkauf Berechtigten unverzüglich von der Person des Käufers und den Bedingungen des Kaufvertrages Mitteilung zu machen, damit dieser sich schlüssig machen kann, ob er sein Vorkaufsrecht ausüben will. Versäumt er diese Mitteilung, so ist er dem Berechtigten für allen daraus entstehenden Schaden verantwortlich. Es genügt übrigens auch und befreit den Verpflichteten von seiner Anzeigepflicht, wenn der Käufer dem Vorkaufsberechtigten die obenbezeichnete Mitteilung macht. Nach Empfang der Anzeige hat der Vorkaufsberechtigte innerhalb der ihm für die Ausübung seines Rechts (in dem Vertrage oder der letztwilligen Verfügung usw.) etwa gesetzten Frist dem Vorkaufsberechtigten (nicht dessen Käufer) die Erklärung abzugeben, daß er sein Vorkaufsrecht geltend mache, falls er nicht darauf verzichten will. Ist eine solche Frist nicht bestimmt, so muß er die Erklärung bei Grundstücken innerhalb zwei Monaten, bei anderen Gegenständen innerhalb einer Woche nach dem Empfange der Mitteilung abgeben. Versäumung dieser Frist zieht das Erlöschen des Vorkaufsrechts nach sich. Das Vorkaufsrecht kann auf eine bestimmte Zeit bestellt werden. In diesem Falle erlischt es mit Ablauf der vereinbarten Zeit.

Das Vorkaufsrecht ist ausgeschlossen, wenn der Verkauf im Wege der Zwangsvollstreckung oder durch den Konkursverwalter erfolgt. Steht das Vorkaufsrecht mehreren gemeinschaftlich zu, so kann es nur im ganzen ausgeübt werden. Ist es für einen der Berechtigten erloschen oder übt einer von ihnen sein Recht nicht aus, so sind die übrigen berechtigt, das Vorkaufsrecht im ganzen auszuüben.

Das Vorkaufsrecht ist, wenn nicht bei der Begründung oder später etwas anderes bestimmt ist, nicht übertragbar, kann also von dem Berechtigten nicht an einen anderen abgetreten werden; es geht auch nicht auf die Erben des Berechtigten über. Nur wenn die Ausübung des Vorkaufsrechts auf eine bestimmte Zeit beschränkt ist, wird es als vererblich angesehen, wenn die Beteiligten nichts anderes bestimmt haben.

2. Dingliche Vorkaufsrechte an Grundstücken (1094—1104). Ein Vorkaufsrecht kann auch als Belastung eines Grundstücks — d. h. als dingliches Recht — bestellt werden. Es muß dann im Grundbuch auf dem belasteten Grundstück eingetragen werden. Dadurch wird jeder spätere Erwerber in der Verfügung über das Grundstück beschränkt und der Berechtigte gegen vertragswidrige Verfügungen des Verpflichteten gesichert. An beweglichen Sachen kann ein dingliches Vorkaufsrecht nicht begründet werden. Für die Bestellung (Begründung) eines dinglichen Vorkaufsrechts gelten dieselben Vorschriften, wie für die Bestellung sonstiger dinglicher Rechte an Grundstücken, d. h. der Grundstückseigentümer muß in öffentlicher oder öffentlich beglaubigter Form eine Eintragungsbewilligung abgeben, die dem Grundbuchamt einzureichen ist. Über die Ausübung gilt dasselbe, was über die Ausübung des schuldrechtlichen Vorkaufsrechtes zu 1 gesagt ist. Das Vorkaufsrecht wird meist für eine bestimmte Person bestellt werden; es kann aber auch vorkommen, daß es zugunsten des jeweiligen Eigentümers eines bestimmten anderen (z. B. Nachbar-) Grundstücks bestellt wird. Das Vorkaufsrecht beschränkt sich, wenn nichts anderes vereinbart ist, auf den Fall, daß das Grundstück durch den Eigentümer, dem es zur Zeit der Bestellung des Rechts gehörte, oder seine Erben verkauft wird; es kann aber auch für mehrere oder für alle künftigen Verkaufsfälle bestellt werden. Steht ein Grundstück im Miteigentum mehrerer Personen, so kann ein Vorkaufsrecht auch an den den einzelnen Miteigentümern zustehenden Teilen, insbesondere zugunsten der übrigen Miteigentümer, begründet werden; hiervon abgesehen ist die Bestellung eines Vorkaufsrechts an Bruchteilen (s. d.) eines Grundstücks nicht statthaft. Das Vorkaufsrecht kann auch dann ausgeübt werden, wenn das Grundstück in einem Konkurse von dem Verwalter aus freier Hand verkauft wird; für den Verkauf im Wege der Zwangsversteigerung gilt dies nicht; der Vorkaufsberechtigte muß also überbieten.

Wird das mit einem Vorkaufsrecht belastete Grundstück unter Nichtachtung des Vorkaufsrechts an einen anderen veräußert und zu Eigentum aufgelassen, so kann der neue Erwerber vom Vorkaufsberechtigten auf Herausgabe des Grundstücks und Erteilung der Bewilligung, daß er (der Berechtigte) als Eigentümer im Grundbuch eingetragen werde, verklagt werden, wenn der Vorkaufsberechtigte von seinem Rechte Gebrauch macht. Macht er keinen Gebrauch davon, so bleibt der neue Erwerber Eigentümer. Da dieser aber ein Interesse daran hat, zu wissen, ob nicht hinterher der Vorkaufsberechtigte doch noch sein Recht ausüben wird, so kann er in gleicher Weise wie der Verkäufer ihm den Inhalt des von ihm abgeschlossenen Kaufvertrages mit der Wirkung mitteilen, daß der Berechtigte sein Vorkaufsrecht verliert, wenn er nicht binnen zwei Monaten von der Mitteilung an dem Verkäufer gegenüber erklärt, daß er sein Recht ausüben wolle. Der Verkäufer muß seinen Käufer sofort benachrichtigen, wenn der Berechtigte das Vorkaufsrecht ausübt oder wenn die Ausübung des Rechts ausgeschlossen ist. Der neue Eigentümer, der das Grundstück gekauft hat oder sein Rechtsnachfolger (Erbe usw.) braucht das Grundstück dem Berechtigten nur dann herauszugeben und in seine Eintragung als Eigentümer zu willigen, wenn dieser ihm den etwa bereits gezahlten Kaufpreis erstattet. Verliert der Käufer (oder sein Rechtsnachfolger) infolge der Geltendmachung des Vorkaufsrecht das Eigentum des Grundstücks usw. wieder, so braucht er dem Verkäufer den etwa noch rückständigen Kaufpreis nicht mehr zu zahlen; hat er bereits gezahlt, so kann er den Kaufpreis vom Verkäufer nicht zurückfordern; er kann sich dieserhalb nur an den Vorkaufsberechtigten halten.

Alte, nicht mehr bestehende Vorkaufsrechte können unter bestimmten Voraussetzungen durch gerichtliches Aufgebotsverfahren beseitigt werden; es gelten hierfür die für die Ausschließung eines Hypothekengläubigers gegebenen Vorschriften; s. „Hypothek 4". Für Vorkaufsrechte, die zugunsten des jeweiligen Eigentümers eines Grundstücks bestehen, gilt dies nicht.

3. Gesetzliche Vorkaufsrechte. Den Miterben an einer Erbschaft steht ein Vorkaufsrecht an den Anteilen der anderen Miterben zu. Das Nähere s. Erbteilung 1. Dieses Vorkaufsrecht hat dingliche Wirkung.

Nach dem Reichssiedlungsgesetz vom 11. 8. 1919 (RGBl. 1429 Gutt. Slg. Nr. 140) steht den gemeinnützigen Siedlungsunternehmen und den Landlieferungsverbänden das Vorkaufsrecht an den in ihrem Bezirk gelegenen landwirtschaftlichen Grundstücken im Umfange von 25 ha aufwärts oder Teilen von solchen Grundstücken zu. Das Vorkaufsrecht wirkt dinglich, d. h. auch gegen einen bereits eingetragenen Käufer, wird aber im Grundbuche nicht eingetragen. Jeder Käufer eines solchen Grundstücks wird daher gut tun, vor der Eintragung sich einen Verzicht des Siedlungsunternehmens auf das Vorkaufsrecht zu verschaffen.

Nach dem Reichsheimstättengesetz v. 10. 5. 1920 (RGBl. 962) steht dem Ausgeber der Heimstätte ein gesetzliches Vorkaufsrecht an der Heimstätte zu. Auch dieses Vorkaufsrecht hat den dinglichen Charakter, wird aber nicht im Grundbuch eingetragen. Es gilt für alle Veräußerungsverträge des Heimstättenbesitzers, auch für den Verkauf im Wege der Zwangsvollstreckung und durch den Konkursverwalter. Ausgeschlossen ist es jedoch bei Veräußerungen an den Ehegatten und gewisse Verwandte und Verschwägerte (§ 11 a. a. O.).

Daneben bestehen noch landesrechtliche gesetzliche Vorkaufsrechte, die durch EGBGB. 67, 109ff. aufrechterhalten sind. Dahin gehören in Preußen das Vorkaufsrecht des enteigneten Eigentümers von Grundstücksteilen auf die Grundstücksteile, die für den Zweck des Unternehmens, wegen dessen die Enteignung durchgeführt worden ist, nicht mehr erforderlich sind, Pr. EnteigngsGes. § 57, ebenso das Vorkaufsrecht der bisherigen Eigentümer bei Grundabtretungen zu Zwecken des Bergbaubetriebes (§ 141 PrBergG.) und andere.

Vorlegung der Handelsbücher s. Handelsbücher.

Vorlegung von Sachen oder Urkunden (809 bis 811). **1.** Es kann jemandem daran liegen, daß ihm ein anderer eine Sache, die dieser besitzt, zur Besichtigung vorlegt (vorzeigt). Soweit nicht ein solcher Anspruch auf Grund eines besonderen Rechtsverhältnisses bereits gegeben ist, erkennt das Gesetz ein solches Recht nur an, wenn der, welcher die Vorlegung fordert, gegen den Besitzer der Sache in Ansehung dieser Sache einen (dinglichen oder persönlichen) Rechtsanspruch hat oder sich Gewißheit verschaffen will, ob ihm ein solcher Anspruch zusteht, und aus diesem Grunde die Besichtigung der Sache für ihn von Interesse ist; es ist z. B. jemandem im Testament eins der beiden im Nachlasse befindlichen Pferde nach seiner Wahl vermacht; er hat ein Interesse daran, beide Pferde zu sehen. Der Berechtigte kann in solchen Fällen verlangen, daß der Besitzer ihm die Sache zur Besichtigung vorlegt (vorlegen läßt) oder ihm die Besichtigung gestattet.

2. Besonderes gilt über die Vorlegung von Urkunden (Schriftstücken, Schriften, Druckwerken usw.). Wer ein rechtliches Interesse daran hat, eine in fremdem Besitze befindliche Urkunde einzusehen, kann von dem Besitzer nur dann die Gestattung der Einsicht verlangen, wenn die Urkunde in seinem (des Verlangenden) Interesse errichtet oder in der Urkunde ein zwischen ihm und einem anderen bestehendes Rechtsverhältnis beurkundet ist, oder wenn die Urkunde Verhandlungen über ein Rechtsgeschäft enthält, die zwischen ihm und einem anderen oder zwischen einem von beiden und einem gemeinschaftlichen Vermittler gepflogen worden sind. Ob der Betreffende auch das Recht hat, Abschrift von der vorgelegten Urkunde zu nehmen oder sich Notizen daraus zu machen, läßt sich im allgemeinen nicht bestimmen; die Entscheidung hängt von den Umständen des einzelnen Falles ab. Eine Erweiterung der Vorlegepflicht von Urkunden findet sich noch in der ZPO. § 423, wonach im Prozeß der Gegner auch zur Vorlegung der Urkunden verpflichtet ist, auf die er zur Beweisführung Bezug genommen hat.

3. Die Vorlegung selbst hat in beiden vorgedachten Fällen an dem Orte (Stadt, Gemeinde usw.) zu erfolgen, wo sich die vorzulegende Sache oder Urkunde befindet; an welcher Stelle sie zu bewirken ist, ob in den Wohn- oder Geschäftsräumen des Verpflichteten oder sonstwo, das richtet sich gleichfalls nach der Besonderheit des einzelnen Falles. Jeder Teil kann verlangen, daß die Vorlegung an einem anderen Orte geschehe, wenn ein wichtiger Grund hierfür vorliegt. Die Gefahr (eines Abhandenkommens, einer Beschädigung usw.) und die Kosten hat der zu tragen, der die Vorlegung verlangt; der Besitzer kann die Vorlegung verweigern, bis ihm der andere die Kosten vorgeschossen und wegen der Gefahr Sicherheit (s. d.) geleistet hat. Selbstverständlich ist derjenige, der seiner Verpflichtung zur Vorlegung der Sache (Urkunde) nicht oder nicht rechtzeitig nachkommt, dem anderen nach allgemeinen Rechtsgrundsätzen zum Schadensersatz verpflichtet.

Über die Vorlegung von Handelsbüchern hat das Handelsgesetzbuch einige besondere Vorschriften; s. „Handelsbücher".

Vorleistung s. Gegenseitige Verträge.

Vormerkungen (§ 883—888). Vormerkungen im Grundbuche dienen zur Sicherung eines Anspruchs auf Einräumung oder Aufhebung eines Rechtes an einem Grundstücke oder an einem das Grundstück belastenden Rechte oder auf Änderung des Inhalts oder des Ranges eines solchen Rechtes. Z. B. Vormerkung zur Sicherung des Anspruchs auf Auflassung, auf Einräumung einer Hypothek usw. Vorgemerkt können nur Rechte werden, die auch endgültig eingetragen werden können, d. h. dingliche Rechte (s. d.), z. B. nicht eine persönliche Geldforderung, wenn nicht ein Anspruch auf Einräumung einer Hypothek (s. d.) besteht. Die Eintragung einer Vormerkung ist auch zur Sicherung eines künftigen oder eines bedingten Anspruchs zulässig. Eine Verfügung, die nach der Eintragung der Vormerkung über das Grundstück oder das Recht getroffen wird, ist insoweit unwirksam, als sie den Anspruch, der durch die Vormerkung gesichert werden soll, vereiteln oder beeinträchtigen würde. Dies gilt auch, wenn die Verfügung im Wege der Zwangsvollstreckung oder der Arrestvollziehung oder durch den Konkursverwalter erfolgt. Der Rang des Rechtes, auf dessen Einräumung der Anspruch gerichtet ist, bestimmt sich nach der Eintragung der Vormerkung. Soweit der Anspruch durch die Vormerkung gesichert ist, kann sich der Erbe des Verpflichteten nicht auf die Beschränkung seiner Haftung berufen.

Die Eintragung einer Vormerkung erfolgt auf Grund einer gerichtlichen einstweiligen Verfügung (§ 935ff. ZPO.) oder auf Grund einer Bewilligung desjenigen, dessen Grundstück oder dessen Recht von der Vormerkung betroffen wird. Die Bewilligung muß vor dem Grundbuchamt zu Protokoll gegeben oder durch öffentlich oder öffentlich beglaubigte Urkunden (s. „Form der Rechtsgeschäfte 3") nachgewiesen werden. Zur Erlassung der einstweiligen Verfügung ist nicht erforderlich, daß eine Gefährdung des zu sichernden Anspruchs glaubhaft gemacht wird. Einer Bewilligung steht die Verurteilung zur Bewilligung der Eintragung gleich. Ist jemand verurteilt, die Eintragung eines endgültigen Rechts, z. B. einer Hypothek, zu dulden, so kann, so lange das Urteil noch nicht rechtskräftig, sondern nur vorläufig vollstreckbar ist, eine Vormerkung daraus eingetragen werden (§ 894

ZPO.). Bei der Eintragung der Vormerkung kann zur näheren Bezeichnung des zu sichernden Anspruchs auf die einstweilige Verfügung oder die Eintragungsbewilligung Bezug genommen werden.

Steht demjenigen, dessen Grundstück oder dessen Recht von der Vormerkung betroffen wird, eine Einrede zu, durch welche die Geltendmachung des durch die Vormerkung gesicherten Anspruchs dauernd ausgeschlossen wird, so kann er von dem Gläubiger die Beseitigung der Vormerkung verlangen. Ist der Gläubiger, dessen Anspruch durch die Vormerkung gesichert ist, unbekannt, so kann er im Wege des Aufgebotsverfahrens mit seinem Rechte ausgeschlossen werden, wenn die für die Ausschließung eines Hypothekengläubigers bestimmten Voraussetzungen (vgl. „Hypothek 4") vorliegen. Mit der Erlassung des Ausschlußurteils erlischt die Wirkung der Vormerkung. Soweit der Erwerb eines eingetragenen Rechtes oder eines Rechtes an einem solchen Rechte gegenüber demjenigen, zu dessen Gunsten die Vormerkung besteht, unwirksam ist, kann dieser von dem Erwerber die Zustimmung zu der Eintragung oder der Löschung verlangen, die zur Verwirklichung des durch die Vormerkung gesicherten Anspruchs erforderlich ist. Ist beispielsweise der Anspruch des A. auf Übertragung des Eigentums an dem Grundstück (etwa auf Grund eines Kaufvertrages) durch eine in das Grundbuch eingetragene Vormerkung gesichert, das Grundstück aber dessenungeachtet vom Eigentümer (Verkäufer) einem anderen, dem B., aufgelassen, so kann A. jetzt von B. verlangen, daß dieser der Auflassung an ihn zustimme — oder: der Anspruch des A. auf Auflassung des Grundstücks ist durch eine Vormerkung gesichert; es wird aber hinterher eine Hypothek an dem Grundstück ohne den Willen des A. eingetragen; dann kann A. von dem Hypothekgläubiger verlangen, daß er die Löschung der Hypothek bewillige. — Gelöscht wird die Vormerkung auf Antrag auf Bewilligung des Berechtigten, auf Grund eines vollstreckbaren Urteils, das zur Löschung verurteilt, oder wenn die einstweilige Verfügung, auf Grund deren sie eingetragen ist, durch eine vollstreckbare Entscheidung aufgehoben wird.

Vormund (1773—1908). Der Vormund übt ein öffentliches Amt aus. Er wird durch das Vormundschaftsgericht bestellt (s. d.). Wegen Bestellung und Verpflichtung s. Vormundschaft. Eine Vormundschaft kann nur über minderjährige und über entmündigte Personen eingeleitet werden. Im folgenden sind die Rechte und Pflichten des Vormundes zu behandeln.

1. Der Vormund hat das Recht und die Pflicht, für die Person und das Vermögen des Mündels zu sorgen und den Mündel zu vertreten. Seine Tätigkeit umfaßt also die Sorge und Vertretung des Mündels in der Gesamtheit seiner Angelegenheiten. Das schließt nicht aus, daß einzelne Angelegenheiten des Mündels seiner Vertretung entzogen sind oder daß er in einigen Fällen von der Vertretung gesetzlich ausgeschlossen ist (s. unter 5). In solchen Fällen wird ein Pfleger ernannt (s. Pflegschaft).

Mehrere Vormünder, Gegenvormund. Bei großen Vermögensverwaltungen oder wenn die Eltern dies letztwillig bestimmt haben, können mehrere Vormünder für ein Mündel bestellt werden. Diese führen die Vormundschaft gemeinschaftlich (1797). Bei Meinungsverschiedenheiten entscheidet das Vormundschaftsgericht, es sei denn, daß schon bei der Bestellung der Vormünder für einen solchen Fall besondere Bestimmungen getroffen sind. Das Gericht kann aber, wenn mehrere Vormünder da sind, die vormundschaftlichen Geschäfte unter sie verteilen, so daß jeder Vormund seinen bestimmten Wirkungskreis hat (es wird z. B. dem einen die Vermögensverwaltung, dem anderen die Sorge für die Person, die Erziehung usw. der Mündel übertragen). Jeder Vormund handelt dann in seinem Wirkungskreise selbständig, soweit nicht etwa die Mitwirkung eines Gegenvormundes gesetzlich vorgeschrieben ist (s. weiter unten). Die Vormünder selbst sind nicht befugt, eine solche Teilung der Geschäfte unter sich vorzunehmen. Hat der Vater oder die Mutter der Mündel für den Fall, daß zwischen den von ihm (ihr) benannten Vormündern Meinungsverschiedenheiten entstehen, oder über die Verteilung der Geschäfte unter ihnen in gehöriger Weise Bestimmung getroffen, so ist das Gericht hieran gebunden; es darf davon nur abweichen, wenn besondere Gründe dies im Interesse der Mündel notwendig machen. Neben dem Vormund kann vom Gericht ein Gegenvormund bestellt werden und soll bestellt werden, wenn eine erhebliche Vermögensverwaltung mit der Vormundschaft verbunden ist. Der Vater oder die Mutter können, wenn sie einen oder mehrere Vormünder letztwillig benennen, die Bestellung eines Gegenvormundes ausschließen (befreite Vormundschaft). Sind mehrere Vormünder bestellt, welche die Vormundschaft nicht gemeinsam führen, so können sie gegenseitig zu Gegenvormündern bestellt werden. Dem Gegenvormund steht nur die Überwachung des Vormundes zu, an der Leitung der Geschäfte ist er nicht beteiligt. S. im übrigen: „Gegenvormund".

2. Die Sorge des Vormundes für die Person des Mündels, seine Erziehung usw. (1800 ff.). (Über uneheliche Kinder vergleiche das am Schlusse dieser Nummer Gesagte.) In bezug auf die Person der ihm anvertrauten Mündel hat der Vormund die Rechte und Pflichten der Eltern. Er hat also vor allem die Erziehungs- und Aufsichtsgewalt; darin liegt das Recht und die Pflicht, für die körperliche Pflege und die geistige und sittliche Ausbildung der Mündel, insbesondere auch für ihre Ausbildung zu einem ihren Verhältnissen entsprechenden Lebensberuf zu sorgen. Er hat den Aufenthalt der Mündel zu bestimmen, soweit er diese Bestimmung nicht dem Mündel selbst überläßt. Ebenso ist es mit der Aufsuchung von Diensten und Arbeiten oder sonstiger Erwerbsgelegenheit. (Vgl. wegen selbständiger Eingehung solcher Erwerbsverhältnisse oder des selbständigen Betriebes eines Erwerbsgeschäfts durch den Mündel „Geschäftsfähigkeit 3".) Insbesondere ist die Zustimmung des Vormundes erforderlich, wenn ein Mündel auswandern will. Soll er auch aus dem Staatsverbande entlassen werden, so bedarf der Vormund zu einem desfalls von ihm zu stellenden Antrage der Genehmigung des Vormundschaftsgerichts (EGBGB. 41). Der Vormund kann kraft seines Erziehungsrechts angemessene Zuchtmittel gegen die Mündel anwenden, auch zu diesem Zwecke die Hilfe der Polizei oder des Vormundschaftsgerichts in Anspruch nehmen, das ihn durch Anwendung geeigneter Zwangsmaßregeln zu unterstützen, z. B. ein entlaufenes Mündel zurückzuführen oder für die Unterbringung in einer Erziehungs- oder Besserungsanstalt zu sorgen hat. Der Vormund kann die Herausgabe des Mündels von jedem verlangen, der es ihm widerrechtlich vorenthält. Hat sich ein Mündel verheiratet, so ist damit die dem Vormund zustehende Gewalt nicht beendet; die Fürsorge für die Person des weiblichen Mündels geht allerdings mit der Verheiratung auf den Mann über; im übrigen aber behält der Vormund die ihm als solchem zustehenden Rechte und Pflichten gegen die Mündel; insbesondere liegt ihm (nicht dem Manne) die Vertretung der Mündel in ihren Rechtsangelegenheiten, auch wenn diese sich bloß auf die Person der Mündel beziehen, ob, in Vermögensangelegenheiten verbleibt ihm also die Verwaltung, soweit die Verwaltung und Nutznießung des Ehemannes vertraglich ausgeschlossen ist, und soweit bei gesetzlichem Güterstande die Einwilligung der Ehefrau bei Verfügungen erforderlich ist. — Das Vormundschaftsgericht kann, wenn es dies im Interesse des Mündels für nötig hält, auch gegen den Willen des Vormundes und wenn diesem eine Pflichtwidrigkeit nicht zur Last gelegt werden kann, anordnen, daß der Mündel zum Zwecke der Erziehung in einer geeigneten Familie oder in einer Erziehungs- oder Besserungsanstalt untergebracht wird (1838). Bei gewissen, die persönlichen Verhältnisse des Mündels betreffenden Rechtsakten muß der Vormund die Genehmigung des Vormundschaftsgerichts einholen (s. unten 6). Der Vormund hat nach eigenem pflichtmäßigen Ermessen zu bestimmen, wieviel für den Unterhalt und die Erziehung oder Berufsausbildung des Mündels verausgabt werden soll; er kann zu diesem Zwecke auch das Stammvermögen (Kapitalvermögen) angreifen, ohne daß er hierzu besonderer gerichtlicher Genehmigung bedürfte. Nur gegen verschwenderische Ausgaben würde das Gericht im Aufsichtswege einschreiten müssen. Gehört der Vormund einem anderen Glaubensbekenntnisse an, wie der Mündel, so kann das Vormundschaftsgericht dem Vormunde die Sorge für die religiöse Erziehung des Mündels entziehen und sie einem Pfleger übertragen. Will sich der Mündel verheiraten, so bedarf es dazu der Einwilligung des Vormundes als des gesetzlichen Vertreters des Mündels (s. „Ehehindernisse 1 b"). Verweigert der Vormund seine Zustimmung ohne stichhaltigen Grund, so kann sich der Mündel an das Vormundschaftsgericht wenden, das an Stelle des Vormundes die Einwilligung erteilen muß, wenn die Heirat im Interesse des Mündels liegt. Über eine Verheiratung des Mündels mit dem Vormunde selbst oder einer ihm nahe verwandten Person vgl. „Ehehindernisse 1 b".

Beaufsichtigung des Vormundes durch den Waisenrat (1850). Der Vormund untersteht insbesondere in bezug auf seine Fürsorge für die Erziehung und das sonstige persönliche Wohl des Mündels, abgesehen von der Beaufsichtigung durch das Vormundschaftsgericht, auch der Aufsicht des Gemeindewaisenrates und zwar desjenigen, in dessen Bezirke sich der Mündel gerade aufhält. Verlegt daher ein Mündel seinen Aufenthaltsort, so ist der Vormund gesetzlich verpflichtet, dem Waisenrate hiervon Anzeige zu machen, damit dieser den Waisenrat des neuen Aufenthaltsorts benachrichtigen kann. Bezüglich unehelicher Kinder s. d. unter 1.

3. Die Sorge des Vormundes für das Vermögen des Mündels. Einreichung eines Vermögensverzeichnisses (Inventars) (1793, 1802 ff.). Dem Vormunde liegt die Verwaltung des dem Mündel (den Mündeln) gehörigen Vermögens ob, soweit nicht etwa die Vermögensverwaltung einem Pfleger übertragen ist. Als Grundlage für die Verwaltung dient das Vermögensverzeichnis (Inventar), das vom Vormunde alsbald nach Anordnung der Vormundschaft aufzustellen ist. In dem Verzeichnis ist das Mündelvermögen, das bei Anordnung der Vormundschaft schon vorhanden ist, also insbesondere der etwaige Nachlaß der Eltern, vollständig zu verzeichnen; es müssen also alle beweglichen und unbeweglichen Sachen, die zum Vermögen des Mündels gehören, einzeln, aber möglichst nach übersichtlichen Gruppen geordnet, aufgeführt werden. Fällt den Mündeln später Vermögen zu, so ist darüber ein Nachtrag zum Inventar oder ein neues Verzeichnis aufzustellen. Ob der Vormund das Verzeichnis selbst aufstellen oder ob er sich dazu fremder Hilfe, sei dies eine Privatperson oder ein Notar, ein Gerichtsvollzieher usw., bedienen will, steht in seinem Ermessen. Ist das eingereichte Verzeichnis ungenügend, so kann das Gericht allerdings verlangen, daß ein ordnungsmäßiges Verzeichnis durch eine zuständige Behörde oder durch einen zuständigen Beamten oder Notar aufgenommen wird. Ebenso ist gesetzlich nicht vorgeschrieben, daß den einzelnen, in das Verzeichnis aufgenommenen Vermögensstücken eine Schätzung (Taxe) beigefügt wird; es wird sich aber doch in den meisten Fällen empfehlen, wenigstens die Hauptvermögensstücke (Häuser, Grundstücke, Kostbarkeiten usw.) nach ihrem ungefähren Werte zu veranschlagen und bei gewissen Vermögensteilen (Haus- und Ackergeräten, Wirtschaftsinventaren, Warenlagern, Bibliotheken usw.) den Gesamtwert überschlagsweise anzugeben, da dies als Grundlage für die Vermögensverwaltung, die Führung des Haushalts usw. nicht zu entbehren sein wird. Ist zweifelhaft, ob das Vermögen nicht überschuldet ist, so ist eine genaue Schätzung des Aktivvermögens nicht zu umgehen. Liegt das Mündelvermögen ganz oder teilweise im Auslande, so ist es nichtsdestoweniger vom Vormunde in das Verzeichnis mit aufzunehmen. In das Verzeichnis sind zweckmäßig (obwohl dies im Gesetz selbst nicht ausgesprochen ist) auch die etwaigen Schulden genau mit aufzunehmen. Das Vormundschaftsgericht wird meist dem Vormunde eine bestimmte Frist zur Einreichung des Inventars setzen. Verzögert der Vormund die Aufnahme oder Einreichung, so kann das Gericht Ordnungsstrafen (s. „Vormundschaftsgericht") über ihn verhängen. Ist ein Gegenvormund vorhanden, so muß der Vormund ihn bei der Aufnahme des Verzeichnisses zuziehen. Das Verzeichnis muß von dem Vormunde (und dem Gegenvormunde) mit der schriftlichen Versicherung der Richtigkeit und Vollständigkeit versehen und alsdann dem Vormundschaftsgericht eingereicht werden. Die Aufnahme und Einreichung des Vermögensverzeichnisses kann dem Vormunde von niemandem, auch von den Eltern des Mündels nicht, erlassen werden.

Einrichtung der Verwaltung. Die Vermögensverwaltung führt der Vormund selbständig. Nur wenn er offenbar unvernünftig oder sonst pflichtwidrig handelt, kann das Gericht gegen ihn einschreiten (s. unten 8). Der Gegenvormund nimmt an der Verwaltung nicht teil, er hat sie nur zu beaufsichtigen und bestimmte Geschäfte nach pflichtgemäßem Ermessen zu genehmigen. Verfügungen auf den Todesfall kann der Vormund für den Mündel nicht treffen; er kann also insbesondere kein Testament für den Mündel machen. Über die Abschließung eines Erbvertrages für den

Mündel vgl. „Erbvertrag 1". Dem selbständigen Ermessen des Vormundes bei der Art der Verwaltung des Mündelvermögens ist nur insoweit eine Schranke gesetzt, als er den Anordnungen anderer Personen in bezug auf diese Verwaltung dann Folge leisten muß, wenn es sich um ein Vermögen handelt, das der Mündel geerbt oder geschenkt erhalten hat, und der Erblasser oder Schenker in dem Testament oder bei der schenkweisen Zuwendung solche Anordnungen getroffen hat. Eine Abweichung von solchen Anordnungen ist nur mit Genehmigung des Vormundschaftsgerichts zulässig. Lebt der Schenker noch, so ist dessen Einwilligung nötig; sie kann durch das Gericht ersetzt werden, wenn der Schenker zur Abgabe einer Erklärung dauernd außerstande oder sein Aufenthalt dauernd unbekannt ist. Der Vormund kann für den Mündel (aus dessen Vermögen) keine Schenkungen machen; er darf auch seine Genehmigung zu solchen Schenkungen, wenn sie der Mündel selbst macht, nicht erteilen; sie sind daher ungültig und das Gegebene kann zurückgefordert werden. Ausgenommen von dieser Vorschrift sind aber Schenkungen, durch die einer sittlichen Pflicht oder einer auf den Anstand zu nehmenden Rücksicht entsprochen wird (Schenkungen für erwiesene Dienste, Hochzeits- oder Patengeschenke usw.); solche kann der Vormund, wie auch mit seiner Einwilligung der Mündel selbst, rechtsgültig machen. Zur Veräußerung beweglicher Sachen bedarf der Vormund keiner Genehmigung.

Führt der eigene Vater (s. „Vormundschaft 3") oder der Adoptivvater des Mündels die Vormundschaft, so muß er, wenn er sich wieder verheiraten will, hiervon dem Gerichte Anzeige machen und ihm ein auf seine Kosten aufzunehmendes genaues Verzeichnis des seiner Verwaltung unterliegenden Kindesvermögens einreichen (1845). Befindet er sich mit seinen Kindern in einer Vermögensgemeinschaft (er hat z. B. mit ihnen zusammen die verstorbene Mutter beerbt), so muß er für eine baldige Auseinandersetzung mit den Kindern Sorge tragen, wenn ihm nicht das Vormundschaftsgericht auf seinen Antrag gestattet, diese Auseinandersetzung einstweilen hinauszuschieben. Dieselbe Verpflichtung hat die eheliche oder Adoptivmutter als Vormünderin.

4. Hinterlegung von Wertpapieren usw. (1814—1820). Gehören zum Mündelvermögen Inhaberpapiere, d. h. Papiere, deren Geldbetrag jeder berechtigte Inhaber (Vorzeiger) des Papiers vom Schuldner fordern kann, z. B. staatliche oder kommunale Schuldverschreibungen auf den Inhaber (im gewöhnlichen Leben meist als „Wertpapiere" oder „Obligationen" bezeichnet), Aktien auf den Inhaber u. dgl., so muß sie der Vormund nebst den etwa dazugehörigen Erneuerungsscheinen (Anweisungen, Talons) unverzüglich entweder bei einer Hinterlegungsstelle (s. d.) oder bei der Reichsbank mit der Bestimmung hinterlegen, daß die demnächstige Herausgabe der Papiere an ihn nur mit Genehmigung des Vormundschaftsgerichts verlangt werden kann. Die gedachte Bestimmung gilt auch für Orderpapiere (z. B. Wechsel), die mit Blankoindossament versehen sind. Verzögert oder unterläßt der Vormund schuldhafter Weise die Hinterlegung, so hat er im Falle des Verlustes der Papiere durch Diebstahl, Brand usw. dem Mündel für den Schaden aufzukommen. Zinsscheine (Zinskupons), Rentenscheine (Rentenkupons) sowie Gewinnanteil- (Dividenden-) scheine brauchen nicht hinterlegt zu werden. Auch solche Inhaberpapiere, die ihrer Natur oder den besonderen Umständen des Falles nach eine andere Bestimmung haben, als die, für den Mündel aufbewahrt zu werden, z. B. Banknoten oder Wechsel, die dazu bestimmt sind, verausgabt (umgesetzt) zu werden, Wertpapiere, die zum Betriebsfonds eines zum Mündelvermögen gehörigen Erwerbsgeschäfts gehören u. dgl., brauchen nicht hinterlegt zu werden, da der Vormund dadurch in der ordnungsmäßigen Verwertung oder Verfügung gehindert sein würde. Ausnahmsweise kann das Vormundschaftsgericht den Vormund von der Hinterlegungspflicht befreien. Andererseits kann das Gericht aber auch aus besonderen Gründen anordnen, daß der Vormund auch andere Wertpapiere, zu deren Hinterlegung er nach dem oben Gesagten kraft Gesetzes nicht verpflichtet ist, ferner Hypotheken-, Grundschuld-, Rentenschuldbriefe usw., sowie dem Mündel gehörige Kostbarkeiten bei einer Hinterlegungsstelle oder der Reichsbank mit der oben gedachten Bestimmung wegen der Befugnis zur Rücknahme hinterlege; dies wird besonders dann geschehen, wenn die Verhältnisse des Vormundes für die gehörige Aufbewahrung der Papiere keine Gewähr bieten. Die hinterlegten Wertpapiere (Kostbarkeiten) werden dem Vormunde ohne Genehmigung des Vormundschaftsgerichts von der Hinterlegungsstelle oder der Reichsbank nicht herausgegeben. Solange sie nicht zurückgenommen sind, bedarf aber auch jede Verfügung des Vormundes über die Papiere usw. oder über die durch sie verbriefte Forderung zu ihrer Gültigkeit der gerichtlichen Genehmigung.

Anstatt die Papiere zu hinterlegen, kann der Vormund sie auch, wenn dies nach der Art des Papiers zulässig ist, auf den Namen des Mündels umschreiben lassen; es muß jedoch bei der Umschreibung vermerkt werden, daß der Vormund nur mit Genehmigung des Vormundschaftsgerichts über die Forderung verfügen könne. Sind die Papiere vom Reiche oder einem Bundesstaate ausgestellt, so kann er sie auch in Buchforderungen gegen das Reich oder ein Land (vgl. „Reichsschuldbuch, Staatsschuldbuch") umwandeln lassen; er muß dies tun, wenn das Vormundschaftsgericht es anordnet. Bei der Umwandlung muß gleichfalls vermerkt werden, daß der Vormund nur mit gerichtlicher Genehmigung über die Forderung verfügen kann. Finden sich solche Buchforderungen im Mündelvermögen vor oder werden sie später erworben, so ist der Vormund verpflichtet, jenen Vermerk in das (Reichs- oder Staats-) Schuldbuch eintragen zu lassen.

Sparkassenbücher müssen mit dem Vermerk versehen werden, daß die Einlage nur mit Genehmigung des Gegenvormundes oder des Vormundschaftsgerichts abgehoben werden darf, falls sie nicht hinterlegt werden (s. Mündelgeld).

Anlegung der Gelder (1806—1811). Vorhandene Gelder müssen vom Vormunde verzinslich angelegt werden. Die Anlegung bedarf der Genehmigung des Gegenvormundes oder, wenn solcher nicht bestellt ist, des Vormundschaftsgerichts. Im übrigen wird auf das Stichwort: „Mündelgelder" verwiesen.

In seinen eigenen Nutzen darf der Vormund Mündelgelder nicht verwenden (1805). Will er ein Darlehn aus der Vormundschaft haben, so ist die Bestellung eines Pflegers zur Ordnung des Geschäfts und zur Prüfung der gebotenen Sicherheit erforderlich; es bedarf auch der Zustimmung des Gegenvormundes oder des Vormundschaftsgerichts. Verwendet der Vormund Mündelgelder in seinen Nutzen, so handelt er pflichtwidrig; außerdem ist er in diesem Falle verpflichtet, das Geld von der Zeit der Verwendung an mit 4 Prozent zu verzinsen (1834, 246). Daneben kann aber auch ein erwachsener höherer Schaden geltend gemacht werden.

5. Vertretung des Mündels durch den Vormund. Minderjährige, sowie unter Vormundschaft stehende Personen können selbständig keine Rechtsgeschäfte (Verträge usw.) abschließen, keinen Prozeß führen und dgl.; das Nähere hierüber s. unter „Geschäftsfähigkeit 2". Der Vormund hat daher mitzuwirken, wenn sein Mündel irgend ein Rechtsgeschäft eingehen, z. B. Geld borgen, sich für jemanden verbürgen usw. will, oder wenn er, als Kläger oder als Beklagter, einen Prozeß führen muß oder will; ohne Zustimmung des Vormundes sind solche Geschäfte oder solche Prozesse nicht rechtswirksam. Der Vormund kann aber auch in Vertretung des Mündels (1793) allein Verträge oder Rechtsgeschäfte aller Art für den Mündel (für dessen Rechnung) abschließen. Auch in Angelegenheiten, die nicht das Vermögen des Mündels, sondern seine Person angehen, kann und muß der Vormund ihn vertreten, soweit das Gesetz nicht besondere Ausnahmevorschriften enthält (s. „Geschäftsfähigkeit 3"). Über die Fälle, in denen der Vormund dem Mündel zu einem bestimmten Zwecke oder zur freien Verfügung gewisse Geldbeträge überwiesen hat (Kleidergelder, Taschengeld, Wechsel bei Studierenden usw.), vgl. „Geschäftsfähigkeit 2". Ausnahmsweise kann der Mündel selbständig Geschäfte abschließen, nämlich, wenn ihm gestattet ist, selbständig ein Erwerbsgeschäft zu betreiben oder sich einen Dienst oder eine Arbeitsgelegenheit zu suchen; s. darüber das Nähere unter „Geschäftsfähigkeit 3".

Beschränkungen der Vertretungsbefugnis des Vormundes. Der Vormund kann in seiner Eigenschaft als Vertreter des Mündels nicht mit sich selbst oder mit anderen Personen, die er auch vertritt, Geschäfte schließen (181); er kann also z. B. nicht eine Sache, die dem Mündel gehört, an sich selbst oder an sein minderjähriges Kind, das er auch vertritt, verkaufen. Nur Zahlungen oder sonstige Erfüllung von Verbindlichkeiten kann er (für sich usw. an den Mündel oder für den Mündel an sich usw.) leisten, wobei freilich zu beachten ist, daß es dazu der Genehmigung des Gegenvormundes oder des Gerichts bedürfen kann, z. B. bei Zahlungen über 300 RM.; vgl. unten unter 6 A und B. Ein Vormund, der mehrere Mündel hat, kann diese vertreten, wenn er für sie zusammen mit einer anderen Person einen Vertrag schließen will. Soll aber ein Vertrag unter den mehreren Mündeln selbst, z. B. eine Erbauseinandersetzung, geschlossen werden, so kann er hierbei nicht für alle Mündel auftreten (181), sondern es muß jedem der Mündel ein Pfleger bestellt werden — oder der Vormund behält die Vertretung eines der Mündel, während das Gericht für die anderen Pfleger bestellt. — Der Vormund kann den Mündel ferner nicht vertreten (1795):

a) in Rechtsgeschäften zwischen dem Mündel und dem Ehegatten des Vormundes oder einem Verwandten des Vormundes in gerader Linie (s. „Verwandtschaft"), also einem Kinde, den Eltern usw. des Vormundes (abgesehen von bloßen Zahlungen usw., wie oben); für Verwandte des Vormundes in der Seitenlinie (z. B. Geschwister) gilt diese Beschränkung also nicht;

b) bei einem Rechtsgeschäfte, das die Übertragung oder Belastung einer durch Pfandrecht, Hypothek oder Bürgschaft gesicherten Forderung des Mündels gegen den Vormund oder die Aufhebung oder Minderung dieser Sicherheit zum Gegenstande hat oder die Verpflichtung des Mündels zu einer solchen Übertragung, Belastung, Aufhebung oder Minderung begründet;

c) bei einem Rechtsstreite (Prozesse) zwischen den unter a bezeichneten Personen oder über eine Angelegenheit der unter b bezeichneten Art.

Es gibt aber auch Fälle, in denen es wünschenswert ist, daß der Mündel nicht durch den Vormund vertreten wird; dies tritt besonders dann ein, wenn das Interesse des Mündels zu dem Interesse des Vormundes selbst oder seines Ehegatten, seines Kindes, seiner Eltern usw. oder zu dem Interesse einer anderen Person, die auch vom Vormunde vertreten wird, in erheblichem Gegensatze steht. In solchen Fällen kann das Vormundschaftsgericht dem Vormunde die Vertretung für einzelne Angelegenheiten oder für einen bestimmten Kreis von Angelegenheiten entziehen (1796) und soweit erforderlich, einen Pfleger bestellen.

6. Geschäfte des Vormundes, die besonderer Genehmigung bedürfen. Obwohl der Vormund grundsätzlich das Mündelvermögen selbständig verwaltet, so ist doch zur Gültigkeit einiger, gesetzlich bestimmter, besonders wichtiger Rechtsgeschäfte die Genehmigung des Gegenvormundes oder des Vormundschaftsgerichts erforderlich. Es ist hierbei einerlei, ob der Vormund solche Geschäfte selbst vornimmt oder ob er zu den von dem Mündel abgeschlossenen Geschäften (Verträgen, Willenserklärungen) seine Zustimmung erteilt. Diese Geschäfte sind:

A. Geschäfte, die der Genehmigung des Gegenvormundes bedürfen:

1. Die Annahme von Zahlungen usw. durch den Vormund. Bei Annahme von Zahlungen oder sonstigen dem Mündel geschuldeten Leistungen muß der Gegenvormund mitwirken und daher auch die Quittungen oder sonstigen Empfangsbescheinigungen mitunterschreiben. Diese Vorschrift soll dem Gegenvormund die laufende Aufsicht über die Verwaltung ermöglichen. Da aber dem praktischen Bedürfnis nach es hauptsächlich auf die Überwachung der Kapitalbewegung ankommt, so sind von dem Zwang zur Genehmigung Ausnahmen gemacht. Der Genehmigung bedarf es nicht

a) wenn der Gegenstand der Leistung nicht in Geld oder Wertpapieren besteht, z. B. wenn bewegliche oder unbewegliche Sachen zu leisten sind,

b) wenn der Wert des Anspruchs nicht mehr als 300 RM. beträgt, soweit nichts anderes z. B. durch Sperrung eines Sparkassenbuches (s. „Mündelgeld 2") vom Vormundschaftsgericht angeordnet ist,

c) wenn Geld zurückgezahlt wird, das der Vormund aus laufenden Einnahmen angelegt hat oder das zum Verbrauch bereitzuhalten war und nur vorläufig, z. B. auf der Sparkasse oder der Bank, angelegt war, zu dessen Anlegung er also nicht verpflichtet war (s. „Mündelgeld 1—4"),

d) wenn der Anspruch zu den laufenden Nutzungen des Mündelvermögens gehört, also z. B. die laufenden Kapitalzinsen, Miet-, Pachtzinsen usw.,

e) wenn der Anspruch auf Erstattung von Kosten

der Kündigung oder der Rechtsverfolgung oder auf sonstige Nebenleistungen gerichtet ist.

Mit Ausnahme der vorgenannten Fälle kann der Schuldner nur mit Sicherheit an den Vormund zahlen oder leisten, wenn dieser die Genehmigung des Gegenvormundes beibringt oder der Gegenvormund sie selbst erklärt, z. B. durch Mitunterschrift der Quittung.

2. Jede Verfügung des Vormundes über eine Forderung oder über ein anderes Recht, kraft dessen der Mündel eine Leistung verlangen kann, sowie über ein Wertpapier des Mündels (1812). Hierher gehören also vor allem Abtretungen (Zessionen) von Forderungen jeder Art, insbesondere auch Hypothekenforderungen, Verpfändung von Forderungen, Verkauf von Forderungen, Hypotheken, Grund- und Rentenschulden, Wertpapieren usw. Alle derartigen Verfügungen des Vormundes über einen Anspruch (eine Forderung) oder ein Wertpapier des Mündels bedürfen zu ihrer Gültigkeit der Genehmigung des Gegenvormundes, sofern nicht in einzelnen Fällen die Genehmigung des Vormundschaftsgerichts erforderlich ist. Es kommt dabei nicht darauf an, ob etwa für den Vormund eine rechtliche Verpflichtung zu der Abtretung, Verpfändung oder Eigentumsübertragung besteht. Nicht unter diese Bestimmung fällt die Prozeßführung. Der Vormund kann also ohne Genehmigung klagen und verklagt werden. Dagegen ist zu den Prozeßhandlungen des Anerkenntnisses, des Vergleichs, des Verzichts wieder die Genehmigung erforderlich. Ob die Genehmigung für Kündigungen von Forderungen erforderlich ist, ist bestritten.

Nimmt der Vormund eine Zahlung (Leistung) an oder verfügt er in anderer Weise über einen Anspruch (eine Forderung) oder ein Wertpapier des Mündels, ohne die dazu erforderliche Genehmigung des Gegenvormundes einzuholen, so sind die rechtlichen Folgen dieselben, als wenn ein Vormund ein Rechtsgeschäft für den Mündel ohne die dazu erforderliche Genehmigung des Vormundschaftsgerichts vorgenommen hat (1832); s. Näheres nachstehend unter B am Schluß. Ist ein Gegenvormund nicht bestellt, so tritt an Stelle der Genehmigung des Gegenvormundes die des Vormundschaftsgerichts. Dieses kann auch die Genehmigung des Gegenvormundes auf Antrag des Vormunds ersetzen, wenn sie ohne Grund verweigert wird.

B. Geschäfte des Vormundes, die der Genehmigung des Vormundschaftsgerichts bedürfen (1821—1823):

1. Jede Verfügung über ein Grundstück oder über ein Recht an einem Grundstücke (z. B. eine Reallast) durch Verkauf, Tausch, Verpfändung (Hypothekbestellung), Belastung usw. Auch Verträge, durch die sich der Vormund zu einer Veräußerung, Verpfändung usw. eines Grundstücks erst verpflichtet, fallen hierunter. Ob für die Vormundschaft eine Verpflichtung zur Veräußerung usw. schon bestand, kommt nicht in Betracht.

Ist der Kaufvertrag genehmigt, so bedarf es nicht noch einer besonderen Genehmigung der Auflassung. — Die Genehmigung des Vormundschaftsgerichts ist auch erforderlich, wenn der Vormund für seine Mündel einen Antrag auf gerichtliche Zwangsversteigerung von Grundstücken zum Zwecke der Aufhebung einer bestehenden Gemeinschaft, z. B. einer Erbesgemeinschaft, stellen will (ZVG. 181).

2. Jede Verfügung über eine Forderung, die auf Übertragung des Eigentums an einem Grundstücke oder auf Begründung oder Übertragung eines Rechts an einem Grundstücke oder auf Befreiung eines Grundstückes von einem solchen Rechte gerichtet ist; auch die Eingehung einer Verpflichtung zu einer solchen Verfügung.

3. Jeder Vertrag, der auf den entgeltlichen Erwerb eines Grundstücks oder eines Rechts an einem Grundstück für den Mündel gerichtet ist.

Bemerkung zu 1 bis 3. Zu den „Rechten an einem Grundstück" im Sinne der vorstehenden Vorschriften gehören ausnahmsweise Hypotheken, Grundschulden und Rentenschulden nicht; diese kann der Vormund schon mit Genehmigung des Gegenvormundes veräußern. (Die Bestellung einer Hypothek fällt aber unter Nr. 1, da darin eine Verfügung über das Grundstück liegt.)

4. Jedes Rechtsgeschäft (Vertrag usw.), durch das der Mündel zu einer Verfügung über sein Vermögen im ganzen oder über eine ihm angefallene Erbschaft oder über seinen künftigen gesetzlichen Erbteil oder seinen künftigen Pflichtteil verpflichtet wird, sowie zu einer Verfügung über den Anteil des Mündels an einer Erbschaft.

5. Die Ausschlagung einer Erbschaft oder eines Vermächtnisses, sowie der Verzicht auf einen Pflichtteil.

6. Die Vornahme einer Erbteilung (Erbauseinandersetzung) (s. „Erbteilung"). Zur Erhebung der Klage auf Erbteilung ist die Genehmigung nicht erforderlich, wohl aber zum Abschluß eines Vergleichs vor dem Prozeßgericht.

7. Der Ankauf oder der sonstige vertragsmäßige Erwerb (gegen Entgelt) oder die Veräußerung eines Erwerbsgeschäfts (eines kaufmännischen Geschäfts, einer Fabrik usw.), sowie die Abschließung eines Gesellschaftsvertrages zum Zwecke des Betriebes eines solchen Geschäfts. Zum Erwerbe eines Geschäfts durch Erbfolge (Vermächtnis) oder Schenkung ist die Genehmigung des Gerichts nicht erforderlich. Das Gesetz hat ferner die Bestimmung, daß der Vormund ohne gerichtliche Genehmigung kein neues Geschäft für den Mündel beginnen (gründen) und kein etwa bestehendes Geschäft auflösen soll.

8. Pacht- und Mietverträge. Ein Pachtvertrag über ein Landgut oder einen gewerblichen Betrieb bedarf stets der gerichtlichen Genehmigung, einerlei, ob für den Mündel gepachtet oder verpachtet wird; das gilt aber nur, wenn das „Landgut" als Ganzes verpachtet wird, nicht wenn einzelne landwirtschaftliche Grundstücke oder ein ganzes Gut in Teilstücken verpachtet wird. Diese letztgedachten sowie andere Pacht- und Mietverträge bedürfen nur dann der Genehmigung, wenn das Vertragsverhältnis länger als ein Jahr nach der Vollendung des einundzwanzigsten Lebensjahres des Mündels fortdauern soll. Dasselbe gilt von anderen Verträgen, durch die der Mündel zu wiederkehrenden Leistungen verpflichtet werden soll (z. B. Versicherungsverträgen). (Über Pacht- und Mietverträge bei Vormundschaften über Großjährige s. unten 10.)

9. Ein Lehrvertrag, wenn er für länger als ein Jahr (fest) abgeschlossen wird. (Vor der Genehmigung soll das Gericht den Mündel selbst

hören, damit er etwaige Wünsche oder Bedenken äußern kann.)

10. Ein Dienst- oder Arbeitsvertrag, den der Vormund für den Mündel abschließt und durch den dieser zu persönlichen Leistungen für längere Zeit als ein Jahr verpflichtet werden soll. (Über vorherige Anhörung des Mündels gilt dasselbe, wie vorstehend unter 9 am Schluß.)

11. Aufnahme eines Darlehns für die Vormundschaft, überhaupt jedes Geschäft, durch das ein Vormund Geld auf den Kredit des Mündels entnimmt. Käufe (für den Mündel) auf Borg (Kredit) sind jedoch hierunter nicht mitverstanden.

12. Die Ausstellung einer Schuldverschreibung auf den Inhaber; die Eingehung einer Verbindlichkeit aus einem Wechsel oder einem anderen Papiere, das durch Indossament übertragen werden kann.

13. Jede Übernahme einer fremden Verbindlichkeit auf das Vermögen des Mündels, z. B. durch Bürgschaft oder durch Verpfändung von Grundstücken oder Sachen des Mündels.

14. Die Erteilung einer Prokura.

15. Die Abschließung eines Vergleiches oder eines Schiedsvertrages, sofern der Gegenstand des Streites oder der Ungewißheit mehr als dreihundert RM. beträgt oder in Gelde überhaupt nicht schätzbar ist. Der Vormund kann einen Vergleich, auch einen Prozeßvergleich usw., also nur dann ohne gerichtliche Genehmigung gültig für den Mündel abschließen, wenn der Wert geschätzt werden kann und dreihundert RM. nicht übersteigt.

16. Jedes Rechtsgeschäft, durch das die für eine Forderung des Mündels bestehende Sicherheit aufgehoben oder gemindert oder die Verpflichtung zur Aufhebung oder Minderung begründet wird. Hierher gehören z. B. die Fälle, wenn der Vormund die Löschung einer für eine Mündelforderung, die im übrigen bestehen bleibt, eingetragenen Hypothek bewilligen oder mit der Hypothek im Range zurücktreten oder wenn er einen dem Mündel haftenden Bürgen aus seiner Verpflichtung entlassen will usw.

17. Die Abschließung eines Ehevertrages seitens des Mündels, durch den die allgemeine Gütergemeinschaft oder die Fahrnisgemeinschaft unter den Eheleuten vereinbart oder aufgehoben wird (1437, 1549).

18. Eine Vereinbarung des Vormundes eines unehelichen Kindes mit dessen Vater über den künftigen Unterhalt des Kindes oder eine dafür zu gewährende Abfindung (sog. Alimentenvergleich) (1714).

19. Ein Antrag oder die Einwilligung zu einem Antrage auf Ehelichkeitserklärung eines unehelichen Kindes; s. darüber „Legitimation usw. 2" (1728, 1729).

20. Eine Annahme an Kindes Statt oder deren Wiederaufhebung; s. darüber das Nähere unter „Annahme an Kindes Statt 2, 4" (1751).

21. Die Abschließung eines Erbvertrages zwischen dem Mündel und seinem Ehegatten oder Verlobten; die Anfechtung eines Erbvertrages durch den Vormund eines ganz geschäftsunfähigen Mündels; die Wiederaufhebung eines Erbvertrages durch den als Erbe eingesetzten Mündel (2275, 2282, 2290).

22. Ein Erbverzicht des Mündels (2347).

Zu anderen, als den vorstehend aufgeführten Rechtsgeschäften, die der Vormund für den Mündel abschließt, bedarf es der vormundschaftsgerichtlichen Genehmigung nicht, mag es sich auch um größere Summen handeln oder das Geschäft im einzelnen Falle von besonderer Wichtigkeit für den Mündel sein. Sachen, die der Vormund ohne Genehmigung des Gegenvormundes oder des Vormundschaftsgerichts nicht veräußern darf, darf er ohne solche Genehmigung auch nicht dem Mündel zur Erfüllung eines von diesem geschlossenen Vertrages oder zu freier Verfügung überlassen.

Allgemeine Ermächtigung eines Vormundes zu Rechtsgeschäften (1825). Die Genehmigung des Vormundschaftsgerichts, die zur Gültigkeit eines von dem Vormunde vorzunehmenden Geschäfts nach dem Vorstehenden erforderlich ist, muß regelmäßig für den einzelnen Fall eingeholt werden. Das Vormundschaftsgericht kann dem Vormund zu Rechtsgeschäften, zu denen die Genehmigung des Gegenvormundes erforderlich ist, sowie zu den oben unter B Nr. 11, 12, 13 bezeichneten Geschäften eine allgemeine Ermächtigung erteilen. Dies soll aber nur geschehen, wenn es zum Zwecke der Vermögensverwaltung, insbesondere zum Betrieb eines Erwerbsgeschäftes erforderlich ist. In gewissen Fällen muß das Gericht vor seiner Entscheidung darüber, ob zu einem vom Vormunde für den Mündel abzuschließenden Vertrage oder sonstigem Geschäfte die Genehmigung zu erteilen ist, auch den Mündel selbst und ihm nahestehende Personen (Verwandte und Verschwägerte) anhören; vergleiche darüber unter „Vormundschaftsgericht". Die Genehmigung des Vormundschaftsgerichts muß dem Vormunde gegenüber erklärt werden.

Einholung der Genehmigung und Folgen der Nichtgenehmigung (1829—1831). Die Genehmigung des Vormundschaftsgerichts muß vom Vormunde selbst eingeholt und ihm gegenüber schriftlich oder mündlich erklärt werden (1828). Bei einem zweiseitigen Rechtsgeschäft (z. B. Vertrag) kann sie vor oder nach dem Abschluß des Vertrages eingeholt werden. Das Geschäft wird, wenn die Genehmigung vor dem Abschluß erteilt wird, mit dem Abschluß wirksam, wenn die Genehmigung nachher erteilt wird, mit der Mitteilung des Vormundes an den anderen Beteiligten, daß die Genehmigung erteilt ist. Wird die Genehmigung versagt, so ist der Vertrag unwirksam.

Solange die Genehmigung nicht erteilt ist, entsteht ein Schwebezustand. Hat der andere Teil ein Interesse daran, zu wissen, ob die Genehmigung erfolgt oder nicht, so kann er den Vormund zu einer Erklärung darüber auffordern, ob die Genehmigung erteilt sei; ist dies geschehen, so kann die Mitteilung an ihn, daß der Vertrag genehmigt sei, nur bis zum Ablauf von zwei Wochen nach dem Empfange der Aufforderung erfolgen; erfolgt sie binnen dieser Frist nicht, so gilt die Genehmigung als verweigert. Ist eine solche Aufforderung dagegen nicht erfolgt, so bleibt die Angelegenheit solange in der Schwebe, bis ihm, früher oder später, die Genehmigung oder die Verweigerung durch den Vormund mitgeteilt wird. Ist der Mündel inzwischen volljährig geworden, so hat das bisherige Mündel die Entscheidung.

Zu einem einseitigen Rechtsgeschäft, das der Vormund für den Mündel (oder der Mündel selbst mit Zustimmung des Vormundes) vornehmen will, z. B. Kündigung einer Miete, eines Darlehns, Ausschlagung einer Erbschaft; Bestellung einer Hypothek; Ausübung eines Vorkaufsrechts u. dgl., muß der Vormund die Genehmigung des Vormundschaftsgerichts vorher einholen; sonst ist das Geschäft rechtsungültig (1831). Hat der Vormund die Genehmigung erhalten, legt er sie aber dem anderen bei der Kündigung usw. nicht schriftlich vor, so ist die Kündigung rechtsunwirksam, wenn der andere Teil sie aus dem Grunde, weil ihm die Genehmigung des Vormundschaftsgerichts nicht schriftlich vorgelegt sei, unverzüglich zurückweist.

Was vorstehend über die Folgen der Genehmigung oder Nichtgenehmigung von Rechtsgeschäften des Vormundes durch das Vormundschaftsgericht gesagt ist, gilt in gleicher Weise für die nach dem Gesetz für einzelne Geschäfte des Vormundes erforderliche Genehmigung des Gegenvormundes (s. oben A).

Beschwerde gegen das Gericht. Gegen die Verweigerung der gerichtlichen Genehmigung steht dem Vormunde (unter Umständen auch dem Mündel selbst; s. „Beschwerde usw.") das Recht der Beschwerde zu, die an keine Frist gebunden ist. Näheres s. unter „Beschwerde usw.". Dem anderen Teile (mit dem der Vormund das Geschäft abgeschlossen hat) steht das Beschwerderecht nicht zu.

7. Haftbarkeit des Vormundes. Sicherheitsleistung. Auslagenersatz. Vergütungen. Ist dem Mündel durch eine Pflichtverletzung, sei es eine Handlung oder eine Unterlassung, des Vormundes ein Schaden entstanden, so ist der Vormund dafür mit seinem Vermögen haftbar, wenn „ihm ein Verschulden zur Last fällt" (1833). Es braucht durchaus keine grobe Fahrlässigkeit vorzuliegen; ein Verschulden trifft ihn schon, wenn er die Sorgfalt eines ordentlichen Hausvaters außer acht gelassen hat. Er kann sich nicht damit entschuldigen, daß er in seinen eigenen Angelegenheiten nicht sorgsamer verfahre. Der Vormund wird auch dadurch seiner Verantwortlichkeit nicht schlechthin enthoben, daß etwa der Gegenvormund oder das Vormundschaftsgericht (die übrigens ihrerseits auch für ein Verschulden haften) das schadenbringende Geschäft genehmigt hat; es hängt von den Umständen ab, ob trotzdem ein Verschulden des Vormundes angenommen werden muß. Der Schadensersatzanspruch gegen den Vormund kann auch schon während bestehender Vormundschaft geltend gemacht werden; solange der Verpflichtete Vormund ist, verjährt der Anspruch gegen ihn nicht. Mehrere Schuldige (z. B. mehrere Vormünder oder Vormund und Gegenvormund) haften dem Mündel als Gesamtschuldner (s. „Mehrere Gläubiger oder mehrere Schuldner"); der Hauptschuldner ist aber dem anderen zur Schadloshaltung verpflichtet. Zu einer Sicherheitsleistung (Kautionsleistung) ist der Vormund wegen seiner vormundschaftlichen Verwaltung im allgemeinen nicht verpflichtet. Aus besonderen Gründen kann jedoch das Vormundschaftsgericht eine Sicherheit vom Vormunde fordern, was aber zur Folge hat, daß er die Vormundschaft ablehnen oder, wenn er schon verpflichtet ist, die Entlassung aus seinem Amte verlangen kann (1844). Über die Höhe und die Art der Sicherheitsleistung, über eine etwaige Erhöhung, Minderung oder Aufhebung der Sicherheit bestimmt das Gericht nach seinem Ermessen. Die Kosten der Sicherheitsleistung fallen übrigens dem Mündel zur Last. Liegen die Umstände so, daß der Vormund vom Gerichte zu einer Sicherheitsleistung angehalten werden kann, so ist das Vormundschaftsgericht befugt, bei dem Grundbuchamte die Eintragung einer Sicherungshypothek (s. „Hypothek 5") an den Grundstücken des Vormundes zu beantragen (RGes. über die freiw. Gerichtsbarkeit v. 17. 5. 1898 [Gutt. Slg. Nr. 46] § 54).

Vergütung (Honorar usw.) des Vormundes. Für Auslagen und sonstige Aufwendungen, die der Vormund für den Mündel macht, kann er Ersatz (auch Vorschuß) verlangen (1835); aber nur aus dem Mündelvermögen; der Staat haftet ihm nicht dafür. Leistet der Vormund dem Mündel Arbeiten oder Dienste, die zu seinem Gewerbe oder Berufe gehören (z. B. der Vormund, der Rechtsanwalt ist, führt für ihn Prozesse), so kann er hierfür eine angemessene Bezahlung beanspruchen. Im übrigen soll das Amt des Vormundes unentgeltlich geführt werden (1836). Das Vormundschaftsgericht kann jedoch dem Vormunde eine angemessene Vergütung bewilligen, wenn das Vermögen des Mündels, sowie der Umfang und die Bedeutung der vormundschaftlichen Geschäfte es rechtfertigen. Im allgemeinen wird bei umfangreichen, zeitraubenden Sachen eine Vergütung zugebilligt werden, namentlich, wenn der Vormund kein näherer Anverwandter des Mündels ist. Ein Rechtsanspruch ist aber nicht gegeben. Wird dem Vormunde vom Vormundschaftsgericht nach seiner Meinung zu Unrecht eine beanspruchte Vergütung nicht zugebilligt, so hat er das Recht der Beschwerde.

8. Aufsicht des Vormundschaftsgerichts. Rechnungslegung des Vormundes. Das Vormundschaftsgericht hat über die gesamte Tätigkeit des Vormundes die Aufsicht zu führen und gegen Pflichtwidrigkeiten, die er sich etwa zuschulden kommen läßt, durch geeignete Gebote oder Verbote einzuschreiten (1837 ff.). Dagegen ist das Gericht nicht berechtigt, in Zweckmäßigkeitsfragen dem Vormunde Weisungen zu erteilen und seine Ansicht über die des Vormundes zu setzen. Beispielsweise kann das Gericht nicht bestimmen, wieviel der Vormund jährlich für die Erziehung oder das Studium des Mündels ausgeben soll; der Vormund hat hierüber selbst nach pflichtmäßigem Ermessen zu entscheiden; nur wenn der Vormund offenbar verschwenderisch mit dem Gelde des Mündels umgehen sollte, müßte das Gericht gegen ihn einschreiten, da ein solches Verhalten des Vormundes pflichtwidrig sein würde. Das Vormundschaftsgericht ist auch jedenfalls befugt, in solchen Fällen, wo der Vormund nicht gradezu pflichtwidrig, aber doch nach Ansicht des Gerichts gegen die Interessen des Mündels handelt, durch Vorstellungen und Ermahnungen auf ihn einzuwirken; ob es auch befugt ist (1886), wenn er trotzdem bei einem die Interessen des Mündels gefährdenden Vorhaben beharrt, ihn aus dem Amte zu entlassen (s. „Vormundschaft 4"), mag zweifelhaft sein; das preußische Kammergericht (9. 2. 05) hat die Frage bejaht. — Das Gericht kann den Vormund zur Befolgung seiner Anordnungen durch Ordnungsstrafen anhalten. Die einzelne Strafe darf den Betrag von 1000 RM. nicht übersteigen (Art. II VO. v. 6. 2. 24 u. VO. v. 12. 12. 1924); die Straffestsetzungen können wiederholt werden, bis der Vormund der Auflage nachkommt. Gegen die Festsetzung einer Strafe steht dem Vormunde die Beschwerde zu. Der Vormund ist verpflichtet, dem Gerichte auf Verlangen jederzeit über die Führung der Vormundschaft und über die persönlichen Verhältnisse des Mündels Auskunft zu erteilen. Vor allem hat der Vormund über seine Vermögensverwaltung dem Gerichte Rechnung zu legen (1840—1843), in der Regel soll jährliche Rechnungslegung stattfinden, das Gericht kann jedoch längere oder auch kürzere, höchstens jedoch dreijährige Zeitabschnitte bestimmen. Die Rechnungslegung liegt dem Vormunde kraft Gesetzes ob, ohne daß es dazu erst einer vorgängigen Aufforderung durch das Gericht bedarf. Die Rechnung soll dem Gerichte eine sorgsame Prüfung der Verwaltung des Vormundes ermöglichen; sie muß daher eine geordnete Zusammenstellung der Einnahmen und Ausgaben enthalten, die während des Rechnungsjahres vorgekommen sind. Die erste Rechnung stützt sich auf das bei Beginn der Vormundschaft aufgestellte Vermögensverzeichnis (Inventar). Soweit der in diesem Verzeichnis dargestellte Vermögensbestand später durch Ab- oder Zugang Veränderungen erleidet, ist dies in der für den betreffenden Zeitraum abzulegenden Rechnung (am besten in einem „Vorbericht" zur Rechnung, der auch die zum Verständnis der Rechnung nötigen Mitteilungen über die persönlichen Verhältnisse der Mündel und sonstigen Angaben enthält) anzugeben. Die Rechnung muß mit *Belegen* versehen sein, soweit Belege erteilt zu werden pflegen; der Vormund ist nicht genötigt, über jede kleine Zahlung sich eine Quittung ausstellen zu lassen, wenn die Erteilung einer solchen im gewöhnlichen Verkehr nicht üblich ist. Wird ein Erwerbsgeschäft mit kaufmännischer Buchführung betrieben (wenn es auch nicht gerade ein kaufmännisches Geschäft ist), so genügt als Rechnung eine aus den Büchern gezogene Bilanz; das Gericht kann jedoch die Einsicht der Bücher und sonstigen Belege verlangen. Nähere Vorschriften über die äußere Einrichtung der Vormundschaftsrechnungen enthält das Gesetz nicht; sie muß sich nach der Belegenheit des Falles richten. Der Vormund kann sich zur Aufstellung der Rechnung fremder Hilfe bedienen und eine angemessene Vergütung dafür in Ausgabe stellen; er selbst hat aber die Verantwortlichkeit für die Vollständigkeit und Richtigkeit der Rechnung oder der statt solcher eingereichten Bilanz. Selbstverständlich hat der Vormund die Rechnung zu unterschreiben. Ist ein *Gegenvormund* vorhanden (oder noch zu bestellen), so hat dieser die Rechnung, bevor sie dem Gerichte eingereicht wird, zu prüfen; der Vormund muß ihm zugleich mit der Rechnung auch den sich daraus ergebenden *Vermögensbestand nachweisen*. Der Gegenvormund muß die Rechnung mit den Bemerkungen versehen, zu denen die Prüfung ihm etwa Anlaß gegeben hat; hat er die Rechnung für richtig befunden, so muß er dies auf der Rechnung vermerken. Er wird auch zweckmäßig dabei bemerken, daß ihm der Vermögensbestand *nachgewiesen* ist. Mehrere Vormünder, die gemeinschaftlich verwalten, legen die Rechnung gemeinschaftlich. Das Vormundschaftsgericht hat die Rechnung zu prüfen und etwa nötige Ergänzungen zu veranlassen; es erteilt dem Vormunde einen Bescheid, aus dem er ersieht, ob die Rechnung etwa zu *Erinnerungen* Anlaß gegeben hat. Soweit diese Erinnerungen nicht durch die Verhandlung zwischen dem Gerichte und dem Vormunde ihre Erledigung finden, bleibt der betreffende Punkt zwischen dem *Vormunde und dem Mündel* streitig (es hat z. B. das Gericht die Angemessenheit einer Ausgabe in Zweifel gezogen, während der Vormund dabei bleibt, daß die Ausgabe durch die Vermögensverwaltung geboten gewesen sei). Das Vormundschaftsgericht als solches kann den Streit nicht entscheiden, sondern seine Erledigung nur der demnächstigen Auseinandersetzung zwischen dem Vormunde und dem Mündel vorbehalten. Soweit jedoch Gefahr vorliegt, daß die Sachlage durch den Zeitablauf verdunkelt wird, oder wenn sonstige Gründe es zweckmäßig erscheinen lassen, kann die streitige Frage auch schon während des Bestehens der Vormundschaft im Prozeßwege zwischen dem Vormunde und dem Mündel, dem zu diesem Zwecke ein Pfleger bestellt wird, zum Austrage gebracht werden. Von der eingereichten Rechnung behält der Vormund zweckmäßig eine *Abschrift* zurück; er kann aber auch eine solche sich vom Gericht erbitten. Die Abschriften der Rechnungen sowie die Bescheide darauf und die etwa zurückgegebenen Belege sind vom Vormunde sorgfältig aufzubewahren, da sie für die demnächst abzulegende Schlußrechnung (s. untenstehend) von Wichtigkeit sind. Die Prüfung der Rechnungen durch das Gericht hat *nicht* die Bedeutung, daß der Vormund, wenn keine Erinnerungen gegen die Rechnung gestellt oder die etwa gestellten erledigt sind, nun *dem Mündel gegenüber* wegen seiner Verwaltung *entlastet* wäre; es steht vielmehr dem Mündel frei, nach der Beendigung des Amtes des Vormundes gegen die von ihm abgelegten, vom Gericht geprüften Rechnungen seinerseits noch *Ausstellungen* zu erheben.

Herausgabe des Vermögens und Schlußrechnung (1890—1892). Ist das Amt des Vormundes beendet (s. „Vormundschaft 4"), so hat der Vormund das von ihm verwaltete Vermögen dem volljährigen Mündel (oder eintretendenfalls dem neuen Vormunde oder den Erben des verstorbenen Mündels) *herauszugeben* und über seine Verwaltung *Rechenschaft abzulegen*. Dies geschieht regelmäßig durch Aufstellung einer Rechnung (*Schlußrechnung*). Eine bestimmte Frist ist dafür gesetzlich nicht vorgeschrieben. Das Vormundschaftsgericht hat dem Vormunde eine angemessene Frist zur Aufstellung der Rechnung zu setzen. Auf Verlangen des Mündels usw. muß der Vormund ein Verzeichnis des Vermögensbestandes aufstellen und geeignetenfalls den Offenbarungseid (s. „Rechnungslegung usw.") leisten (259, 260). Die Schlußrechnung soll an sich über die gesamte Vermögensverwaltung des Vormundes vom Beginne seines Amtes an genaue Auskunft geben, so daß der volljährige Mündel usw. in der Lage ist, alles nachzuprüfen. Da aber, von Ausnahmefällen abgesehen, der Vormund dem Gerichte schon alljährlich (oder in längeren Zeiträumen) Rechnung abgelegt hat, so genügt in der Schlußrechnung eine Bezugnahme auf den Inhalt dieser Rechnungen, die nötigenfalls zu berichtigen und bis auf den Zeitpunkt der Vormundschaftsbeendigung zu ergänzen sind. Die Pflicht, Rechenschaft über seine Verwaltung abzulegen, liegt dem Vormunde selbstverständlich auch dann ob, wenn bei Beendigung der Vormundschaft kein Vermögen mehr vorhanden ist. Die Pflicht zur Rechnungslegung geht auf die Erben des etwa verstorbenen Vormundes über. Übrigens steht es dem volljährig gewordenen Mündel frei, auf die Ablegung einer Schlußrechnung seitens des gewesenen Vormundes zu *verzichten*. Ist ein Gegenvormund da, so muß ihm die Schlußrechnung vom Vormunde zur Prüfung vorgelegt werden; der Gegenvormund muß sie mit den Bemerkungen versehen, zu denen die Prüfung ihm etwa Veranlassung gibt, oder auf der Rechnung bemerken, daß sie ihm keinen Anlaß zu Erinnerungen gegeben habe. Alsdann hat der Vormund die Rechnung *dem Gerichte einzureichen*. Dem

Vormundschaftsgerichte liegt die Pflicht ob, zunächst selbst die Rechnung rechnungsmäßig und sachlich zu prüfen und dann in einer mit allen Beteiligten vorzunehmenden Verhandlung eine Abnahme (Anerkennung) der Rechnung durch den gewesenen Mündel oder seine Rechtsnachfolger (oder durch den neuen Vormund) zu vermitteln und durch Protokoll festzustellen (Entlastungsverhandlung, Decharge). Die Beteiligten werden zu solchem Zwecke in einen Termin vor dem Vormundschaftsgericht geladen. Kann der gewesene Mündel wegen Entfernung seines Aufenthaltsorts nicht gut vor dem Vormundschaftsgericht erscheinen, so kann letzteres das Gericht seines Aufenthaltsorts ersuchen, von ihm eine Erklärung darüber entgegenzunehmen, ob er die Schlußrechnung anerkennen und dem Vormunde Entlastung erteilen wolle. Ergeben sich bei der Verhandlung im Termine Streitpunkte zwischen dem gewesenen Vormunde (oder seinen Erben) und dem Mündel usw., so sind sie, wenn keine Einigung zu erzielen ist, in den Prozeßweg zu verweisen. Verzichtet der Mündel auf Schlußrechnung oder doch auf die gerichtliche Vermittelung der Auseinandersetzung mit dem Vormunde, so ist damit die Tätigkeit des Vormundschaftsgerichts beendet. Eine allgemeine Verpflichtung des Mündels, dem gewesenen Vormund eine schriftliche oder mündliche Entlastungserklärung abzugeben, kennt das Gesetz nicht. Über die Ausantwortung des Vermögens muß der Mündel dem Vormunde auf Verlangen eine Quittung ausstellen; s. Näheres unter „Quittung". Hat der Vormund eine Sicherheit bestellen müssen, so kann er nach Herausgabe des Vermögens, nötigenfalls im Prozeßwege, die Aufhebung der Sicherheit verlangen.

9. Befreite Vormünder (1852—1857). Von den oben dargestellten Beschränkungen in der Verwaltung des Mündelvermögens können die Eltern, aber auch nur diese, den Vormund, den sie durch letztwillige Verfügung benennen, im größeren oder geringeren Umfange, befreien. Nach dem Gesetz können der Vater sowohl wie die eheliche Mutter bei Benennung des Vormunds (s. Vormundschaft 1) letztwillig bestimmen:

a) daß kein Gegenvormund (s. d.) bestellt werden soll. Damit entfällt das Erfordernis der Genehmigung überall da, wo der Gegenvormund sonst eine solche erteilen mußte. Bei Anlegung von Geldern bei der Sparkasse und bei der Reichsbank braucht daher auch keine dahingehende Beschränkung vermerkt zu werden. An die Stelle des Erfordernisses der Genehmigung des Gegenvormunds tritt auch nicht die Genehmigung des Vormundschaftsgerichts. Wo dagegen die Genehmigung des Vormundschaftsgerichts gesetzlich vorgeschrieben ist (s. vorstehend 6 B), muß sie auch in diesem Falle eingeholt werden; von der Einholung dieser Genehmigung kann der Vormund nicht befreit werden:

b) daß der Vormund nicht verpflichtet sein soll, Inhaber- und Orderpapiere zu hinterlegen oder, wenn Buchforderungen gegen das Reich oder gegen ein Land zum Mündelvermögen gehören, in das Schuldbuch den Vermerk eintragen zu lassen, daß er über die Forderung nur mit Genehmigung des Gerichts verfügen könne (s. oben 4);

c) daß der Vormund nicht verpflichtet sein soll, während der Dauer seines Amtes dem Vormundschaftsgerichte Rechnung abzulegen. In diesem Falle hat aber der Vormund kraft Gesetzes, also ohne besondere Aufforderung, die Verpflichtung, alle 2 Jahre, wenn nicht das Gericht eine längere Frist bestimmt, eine Vermögensübersicht beim Vormundschaftsgerichte einzureichen. Diese Übersicht soll den gegenwärtigen Bestand des der Verwaltung des Vormundes unterliegenden Vermögens ersichtlich machen und das Gericht in den Stand setzen, zu prüfen, welchen Einfluß die Verwaltung des Vormundes auf das Mündelvermögen hat. Von dieser Verpflichtung kann der Vormund von den Eltern nicht entbunden werden. Ist ein Gegenvormund vorhanden oder noch zu bestellen, so hat der Vormund ihm die Übersicht vor der Übersendung an das Gericht unter Nachweisung des Vermögensbestandes zur Prüfung vorzulegen. Der Gegenvormund hat die Übersicht mit den Bemerkungen zu versehen, zu denen ihm die Prüfung etwa Anlaß gibt, jedenfalls aber darunter zu bescheinigen, daß er die Übersicht geprüft hat. —

Ist in der letztwilligen Verfügung des Vaters bzw. der Mutter bestimmt, daß jemand als befreiter Vormund bestellt sein soll, ohne nähere Angabe des Umfangs, so gilt die Befreiung, soweit gesetzlich zulässig. Die vorstehend (a bis c) bezeichneten Anordnungen des Vaters oder der Mutter können vom Vormundschaftsgerichte außer Kraft gesetzt werden, wenn ihre Befolgung das Interesse des Mündels gefährden würde. Dieser Fall würde z. B. eintreten, wenn sich herausstellte, daß das Vertrauen, das der Vater oder die Mutter dem von ihm (ihr) benannten Vormunde geschenkt hat, nicht gerechtfertigt war.

Von Gesetzes wegen befreite Vormünder gibt es, abgesehen von Vormündern über volljährige Mündel (s. unten unter 10 am Schluß), nicht mehr. Wegen der Befreiung der Amtsvormünder s. Amtsvormundschaft.

10. Besonderheiten bei Vormundschaften über volljährige Personen (1896 ff.). Daß und unter welchen Voraussetzungen auch über eine volljährige (über 21 Jahre alte) Person eine Vormundschaft angeordnet werden kann, ist unter „Vormundschaft 3" näher ausgeführt. Im allgemeinen gilt auch für solche Vormundschaften alles das, was unter den vorstehenden Nummern (1 bis 9) mitgeteilt ist; doch ist folgendes Besondere bestimmt: Da der Vater und die Mutter des volljährigen Mündels nicht berechtigt sind, einen Vormund für ihn zu benennen, so kann der Vormund von den vorstehend unter 9 bezeichneten Verpflichtungen durch die Eltern des Mündels auch nicht befreit werden. Der Vormund hat auch bei einem volljährigen Mündel nicht bloß für das Vermögen, sondern ebenso für die Person des Mündels zu sorgen, aber nur soweit, als es der Zweck der Vormundschaft erfordert. Dieser Zweck beschränkt sich regelmäßig auf die Vertretung des Mündels in seinen persönlichen Angelegenheiten, auf die Beschaffung der etwa erforderlichen besonderen Pflege oder Heilung, auf die Beaufsichtigung und Sicherung z. B. des geisteskranken Mündels. Die vorstehenden Pflichten liegen dem Vormunde auch ob, wenn die volljährige Mündel verheiratet ist, aber unbeschadet der dem Manne als solchem zustehenden, aus der ehelichen Lebensgemeinschaft sich ergebenden Rechte (vgl. „Ehegatten"), wohin insbesondere das Recht des Mannes auf Verwaltung und Nutzung des eingebrachten Guts der Frau gehört (s. „Eingebrachtes Gut der Frau 3"). Der Vormund ist vor allem befugt und verpflichtet, den Mann in Hinsicht auf die schutzbedürftige Frau zur Erfüllung seiner Pflichten anzuhalten und nötigenfalls selbst die zum Schutze der Mündel erforderlichen Maßregeln zu ergreifen. Der Vormund kann, wenn ein Kind des (der) Bevormundeten sich verheiratet, ihm eine Ausstattung aus dem Vermögen des Vaters oder der Mutter nur mit Genehmigung des Vormundschaftsgerichts versprechen oder gewähren. Zu einem Miet- oder Pachtvertrage sowie zu einem anderen Vertrage, durch den der Mündel zu wiederkehrenden Leistungen verpflichtet wird, bedarf der Vormund der Genehmigung des Vormundschaftsgerichts, wenn das Vertragsverhältnis länger als vier Jahre dauern soll. Zu einem Pachtvertrage über ein Landgut (als Ganzes) oder über einen gewerblichen Betrieb ist stets, auch bei kürzerer Pachtdauer als vier Jahre, die gerichtliche Genehmigung erforderlich.

Befreiungen von Vormündern. Ist der Vater des (volljährigen) Mündels Vormund, so unterbleibt die Bestellung eines Gegenvormundes; ihm stehen auch kraft Gesetzes die Befreiungen zu, die für einen von den Eltern des Mündels benannten Vormund bestimmt werden können (s. vorstehend 9), wenn und soweit das Vormundschaftsgericht sie nicht wegen Gefährdung der Interessen des Mündels außer Kraft setzt. Diese freiere Stellung des Vaters findet aber nicht statt, wenn die Umstände derart sind, daß er, wenn der Mündel minderjährig wäre, zur Verwaltung des Mündelvermögens nicht berechtigt sein würde (vgl. „Verwaltung und Nutzung des Kindesvermögens usw. 2"). Das Gesagte gilt in gleicher Weise auch, wenn die (eheliche) Mutter des Mündels Vormünderin ist; es ist ihr aber ein Gegenvormund beizuordnen, wenn sie es verlangt oder wenn die Voraussetzungen vorliegen, unter denen ihr als der Inhaberin der elterlichen Gewalt über ihr Kind ein Beistand zu bestellen sein würde (s. „Mutter und Kind 3"). Wird ein Gegenvormund bestellt, so stehen der Mutter die vorstehend unter 9a bis c bezeichneten Befreiungen nicht zu. Die mitgeteilten Befreiungen des Vaters und der Mutter des Mündels gelten nicht für die Großeltern oder den Gatten oder die Gattin des Mündels, wenn einer von diesen Vormund ist. (Gutt. Slg. Nr. 47.)

Vormundschaft (1773—1792, 1896—1908). Jeder Mensch ist rechtsfähig (§ 1), aber nicht jeder geschäftsfähig. Für nichtgeschäftsfähige Personen schafft das Recht Einrichtungen für ihre Vertretung, die Vormundschaft und die Pflegschaft. Die Vormundschaft umfaßt grundsätzlich die Vertretung der nichtgeschäftsfähigen Person (des Mündels) in der Gesamtheit ihrer Beziehungen, d. h. der persönlichen und vermögensrechtlichen, die Pflegschaft die Vertretung nur in einzelnen mehr oder weniger umfangreichen Beziehungen des Schutzbedürftigen (Pfleglings). Die Vormundschaft tritt ein bei Minderjährigen, soweit der familienrechtliche Schutz (elterliche Gewalt) nicht vorhanden ist, und bei entmündigten Volljährigen, die Pflegschaft in allen anderen Fällen der Schutzbedürftigkeit (s. Pflegschaft).

1. Wer minderjährig ist, d. h. das einundzwanzigste Lebensjahr noch nicht vollendet hat (§ 2), und daher geschäftsunfähig (104) oder in der Geschäftsfähigkeit beschränkt ist (106) (s. Geschäftsfähigkeit) und nicht unter elterlicher Gewalt steht (s. d.), erhält einen Vormund (1773); die Anordnung der Vormundschaft steht dem Vormundschaftsgerichte zu (s. d.). Die Vormundschaft ist auch anzuordnen, wenn die Eltern weder in den die Person noch den das Vermögen betreffenden Angelegenheiten zur Vertretung des Minderjährigen berechtigt sind. Das ist hauptsächlich der Fall, wenn die elterliche Gewalt den Eltern durch das Vormundschaftsgericht entzogen ist, wenn die elterliche Gewalt des Vaters ruht (1676 ff.) und nicht der Mutter die elterliche Gewalt zusteht, und wenn die elterliche Gewalt verwirkt ist (1680) (s. elterliche Gewalt). Auch uneheliche Kinder erhalten einen Vormund, da der Mutter die elterliche Gewalt über ein uneheliches Kind nicht zusteht. Ist der Inhaber der elterlichen Gewalt nur für ein einzelnes Geschäft oder für einen Kreis von Geschäften an der Vertretung des Kindes verhindert, so wird ein Pfleger bestellt.

2. Bestellung des Vormundes (1776 ff.). Bei der Auswahl der als Vormünder zu verpflichtenden Personen ist das Gericht zunächst an die desfallsigen gesetzlichen Bestimmungen gebunden. Es sind darnach als Vormünder in nachstehender Reihenfolge berufen (d. h. diese Personen haben ein Recht darauf, als Vormund bestellt zu werden):

1. wer von dem verstorbenen Vater des Mündels als Vormund benannt ist;
2. wer von der verstorbenen ehelichen Mutter des Mündels als Vormund benannt ist;
3. der Großvater des Mündels von väterlicher Seite;
4. der Großvater des Mündels von mütterlicher Seite.

Die Benennung des Vormunds durch den Vater oder die Mutter erfolgt durch letztwillige Verfügung (s. „Testament") und ist dann nicht zulässig, wenn der Vater bzw. die Mutter zur Vertretung des Kindes in persönlichen oder vermögensrechtlichen Angelegenheiten nicht berechtigt waren.

Wer nach dem Vorstehenden als Vormund gesetzlich „berufen" ist, darf ohne seine Zustimmung vom Gerichte nur aus bestimmten Gründen übergangen werden. Solche Gründe sind: wenn er nach den weiter unten mitgeteilten besonderen gesetzlichen Bestimmungen als Vormund nicht bestellt werden darf oder wenigstens nicht bestellt werden soll; wenn er an der Übernahme der Vormundschaft verhindert ist; wenn er die ihm vom Gerichte angetragene Übernahme der Vormundschaft verzögert oder wenn seine Bestellung nach dem pflichtmäßigen Ermessen des Gerichts das Interesse des Mündels gefährden würde. Ist der Berufene nur vorübergehend behindert, so muß ihn das Gericht nach Wegfall des Hindernisses an Stelle des bisherigen Vormundes nachträglich zum Vormunde bestellen, wenn er dies ausdrücklich beantragt. Ist die zu bevormundende Person eine verheiratete Frau, so kann der Mann, wenn das Gericht dies für angemessen hält, unter Übergehung der vorgedachten, nach dem Gesetze zunächst berufenen Personen zu deren Vormunde bestellt werden. Ist das zu bevormundende Kind unehelich, so kann seine Mutter unter Übergehung des Großvaters zur Vormünderin bestellt werden; ein Recht auf die Vormundschaft hat sie aber nicht. Wer nach dem Vorstehenden vom Gesetze als Vormund berufen ist, braucht nicht zu dulden, daß ihm ein Mitvormund an die Seite gesetzt wird; einen Gegenvormund (s. d.), muß er sich aber gefallen lassen, wenn die Bestellung eines solchen sonst zulässig und nötig ist. Wer sich ohne Grund bei der Bestellung eines Vormundes übergangen glaubt, kann Beschwerde gegen das Amtsgericht bei dem vorgesetzten Landgericht erheben; s. „Beschwerde usw.".

Ist keine der Personen da, die nach dem Vorstehenden vom Gesetz zur Übernahme der Vormundschaft berufen sind, so hat das Vormundschaftsgericht eine zum Vormunde geeignete Person (oder mehrere; s. nachstehend) auszuwählen, wobei darauf zu sehen ist, daß der Erwählte nach seinen persönlichen Verhältnissen und seiner Vermögenslage, sowie nach den sonstigen Umständen zur Führung dieser Vormundschaft geeignet ist. Auch auf das religiöse Bekenntnis der zu bevormundenden Mündel ist Rücksicht zu nehmen. Verwandte und Verschwägerte des Mündels sind zunächst zu berücksichtigen. Die Auswahl des Vormundes geschieht nach Anhörung des Gemeindewaisenrates (s. d.). Gesetzlich unfähig, zu Vormündern bestellt zu werden, sind diejenigen, die geschäftsunfähig (s. Geschäftsunfähigkeit), die wegen Geistesschwäche, Verschwendung oder Trunksucht entmündigt sind. Eine etwaige Bestellung solcher Personen ist nichtig. Gewisse Personen sollen nicht zu Vormündern bestellt werden. Es sind dies: Minderjährige Personen; Personen die unter „vorläufige Vormundschaft" gestellt sind oder die wegen körperlicher Gebrechen, insbesondere wegen Taubheit, Blindheit oder Stummheit, selbst einen Pfleger zur Besorgung ihrer Vermögensangelegenheiten erhalten haben; Gemeinschuldner, solange der Konkurs dauert; Personen, die der bürgerlichen Ehrenrechte für verlustig erklärt sind, soweit sich nicht aus den Vorschriften des Strafgesetzbuchs etwas anderes ergibt. Ferner soll nicht zum Vormunde bestellt werden, wer durch Anordnung des Vaters oder der (ehelichen) Mutter des Mündels von der Vormundschaft ausgeschlossen ist. Die Mutter kann übrigens jemanden, der vom Vater als Vormund benannt ist, ihrerseits nicht von der Vormundschaft ausschließen. Für die Ausschließung gelten dieselben Vorschriften, wie für die Benennung eines Vormundes durch die Eltern (s. oben). Werden solche Personen bestellt, so ist die Bestellung bis zu ihrer Entlassung trotzdem gültig. Beamte und Religionsdiener bedürfen nach einzelnen Landesgesetzen einer besonderen Genehmigung der vorgesetzten Behörde zur Übernahme einer Vormundschaft. (In Preußen bedarf der Erlaubnis der zunächst vorgesetzten Behörde, wer ein Staatsamt oder ein besoldetes Amt in der Kommunal- oder Kirchenverwaltung bekleidet. Die Erlaubnis ist auch für das Amt eines Gegenvormundes, Pflegers oder Beistandes erforderlich. Notare bedürfen der Erlaubnis nicht. — In Sachsen bedürfen Beamte (ausgenommen solche, die im Ehrenamte stehen oder ausschließlich auf den Bezug von Gebühren angewiesen sind) und Geistliche in denselben Fällen der Genehmigung der Dienstbehörde. — In Württemberg bedürfen Beamte des Staats, der Gemeinden und anderer Kommunalverbände, Lehrer an öffentlichen Unterrichtsanstalten und Geistliche zur Übernahme einer Vormundschaft der Erlaubnis der vorgesetzten Behörde, wenn die Vormundschaft mit einer Vermögensverwaltung verbunden ist. Auch in Oldenburg, Braunschweig und Mecklenburg-Schwerin bedürfen die Beamten der besonderen Erlaubnis.)

Wenn es die Verhältnisse wünschenswert machen, können auch mehrere Vormünder für einen Mündel bestellt werden (1797).

Verpflichtung zur Übernahme einer Vormundschaft (1785—1788). Die Übernahme einer Vormundschaft ist allgemeine Staatsbürgerpflicht; jeder deutsche Reichsangehörige muß die Vormundschaft, für die er vom Gerichte ausgewählt wird, übernehmen, sofern nicht die vorstehend angegebenen Hindernisse seiner Bestellung entgegenstehen oder er einen der nachstehenden besonderen Ablehnungsgründe hat. Ob der zum Vormunde Ausgewählte einem anderen Bundesstaate angehört, als der oder die Mündel oder das Vormundschaftsgericht, ist für seine Verpflichtung zur Übernahme gleichgültig; dagegen können Ausländer (Nichtreichsangehörige), auch wenn sie in Deutschland ihren Wohnsitz haben, zur Übernahme einer Vormundschaft nicht gezwungen werden. Ablehnen können die Übernahme:

a) eine Frau, die zwei und mehr noch nicht schulpflichtige Kinder besitzt, oder glaubhaft macht, daß die ihr obliegende Fürsorge für ihre Familie die Ausübung des Amtes dauernd besonders erschwert. Der allgemeine Ablehnungsgrund für Frauen ist weggefallen, auch bedürfen verheiratete Frauen nicht mehr der Genehmigung ihres Ehemanns (§ 48 Jugend-Wohlfahrts-Ges. v. 9. 7. 1922, Gutt. Slg. Nr. 154);
b) wer das sechzigste Lebensjahr vollendet hat;
c) wer mehr als vier minderjährige eheliche Kinder hat; ein von einem anderen an Kindes Statt angenommenes Kind wird nicht gerechnet;
d) wer durch Krankheit oder durch Gebrechen verhindert ist, die Vormundschaft ordnungsmäßig zu führen;
e) wer wegen Entfernung seines Wohnsitzes von dem Sitze des Vormundschaftsgerichts die Vormundschaft nicht ohne besondere Belästigung führen kann;
f) wer vom Vormundschaftsgerichte zu einer Sicherheitsleistung angehalten wird (s. „Vormund 7");
g) wer mit einem anderen zur gemeinschaftlichen Führung der Vormundschaft bestellt werden soll;
h) wer mehr als eine Vormundschaft oder Pflegschaft führt; die Vormundschaft oder Pflegschaft über mehrere Geschwister gilt nur als eine; die Führung von zwei Gegenvormundschaften steht der Führung einer Vormundschaft gleich.

Das Ablehnungsrecht erlischt, wenn es nicht vor der Bestellung bei dem Vormundschaftsgerichte geltend gemacht wird. Lehnt jemand die Übernahme einer Vormundschaft ab, ohne daß ihm einer der vorgedachten gesetzlichen Gründe zur Seite steht, so ist er für den Schaden verantwortlich, der dem Mündel (den Mündeln) etwa dadurch entsteht, daß sich die Bestellung eines Vormundes nun verzögert, wenn ihm ein Verschulden dabei zur Last fällt. Die Entscheidung darüber, ob ein gesetzlicher Ablehnungsgrund vorliegt, gebührt dem Vormundschaftsgerichte. Gegen die Verfügung, durch die seine Weigerung etwa als unbegründet erkannt wird, steht dem Betroffenen die sofortige Beschwerde (s. „Beschwerde") zu; er muß aber, wenn das Gericht es verlangt, die Vormundschaft vorläufig übernehmen und wird wieder entlassen, wenn seine Ablehnung von der höheren Instanz für begründet erkannt wird. Das Vormundschaftsgericht kann den zum Vormunde Ausgewählten durch Ordnungsstrafen (Geldstrafen) zur Übernahme der Vormundschaft anhalten. Mehr als drei Strafen dürfen (in einer Sache) nicht verhängt werden. Der Höchstbetrag der Strafe darf 1000 RM. nicht übersteigen. Hat diese Maßregel keinen Erfolg, so ist ein weiterer Zwang gegen den zum Vormunde Auserwählten nicht zulässig. Eine Umwandlung der etwa nicht beizutreibenden Geldstrafe in eine Freiheitsstrafe findet nicht statt.

Verpflichtung des Vormundes (1789 bis 1791). Die Bestellung des Vormundes erfolgt in der Weise, daß er vom Vormundschaftsrichter mittels Handschlages an Eidesstatt zu treuer und gewissenhafter Führung der Vormundschaft verpflichtet wird. Der Vormund erhält hierüber eine Bescheinigung, die Bestallung, aus der sich die Namen und die Geburtstage der Mündel und die Namen des Vormundes, des Gegenvormundes, sowie der etwaigen Mitvormünder ergeben. Ist die vormundschaftliche Verwaltung unter mehreren Vormündern geteilt, so soll auch dies aus der Bestallung zu ersehen sein. Die Bestallung muß nach Beendigung des Amtes an das Gericht zurückgegeben werden. Sie hat nicht die weitgehende rechtliche Wirkung, wie eine Vollmacht; sollte z. B. ein seines Amtes entlassener Vormund die s. Z. erhaltene Bestallung nicht an das Gericht zurückgegeben haben und unter Vorzeigung derselben für den Mündel noch Geschäfte abschließen, so kann der andere sich nicht dem Mündel gegenüber darauf berufen, daß der gewesene Vormund noch im Besitz der Bestallung gewesen sei; die Geschäfte sind für den Mündel unverbindlich.

Wegen Amtsvormundschaften auf Grund des Jugendwohlfahrtsgesetzes v. 9. 7. 1922 und der Vormundschaften der Vorstände der Erziehungs- und Verpflegungsanstalten s. Amtsvormundschaft.

3. Vormundschaft über Volljährige (1896 ff.). Wer durch Gerichtsbeschluß entmündigt ist, sei es wegen Geisteskrankheit oder Geistesschwäche oder wegen Verschwendung oder Trunksucht (s. „Entmündigung"), wird unter Vormundschaft gestellt. Ist keine Entmündigung ausgesprochen, der Betreffende aber dennoch wegen geistiger oder körperlicher Gebrechen außerstande, seine Angelegenheiten selber wahrzunehmen, so kann nur eine Pflegschaft eingeleitet werden (s. d.). Ein Pfleger kann dem Geisteskranken vor der Entmündigung zur Wahrnehmung seiner Rechte im Entmündigungsverfahren bestellt werden. Auch über volljährige Hauskinder muß, wenn sie entmündigt sind, eine Vormundschaft angeordnet werden, da die elterliche Gewalt mit der erreichten Volljährigkeit der Kinder aufhört. — Für die Vormundschaft über volljährige Personen gelten im allgemeinen dieselben Vorschriften, wie für die Vormundschaft über Minderjährige. Der Vater und die Mutter des unter Vormundschaft zu Stellenden sind aber nicht berechtigt, einen Vormund zu benennen oder jemand von der Vormundschaft auszuschließen. Zunächst zur Vormundschaft berufen ist der Vater des Entmündigten, nach ihm die (eheliche) Mutter; jedoch sind beide nicht berufen, wenn der Mündel von einem anderen, als dem Ehegatten seines Vaters oder seiner Mutter, an Kindes Statt angenommen (adoptiert) ist. Nach den Eltern haben die Großväter (der väterliche zuerst) ein Recht auf die Vormundschaft. Für eine entmündigte Ehefrau kann vor allen anderen der Mann als Vormund bestellt werden; ein Recht darauf hat er aber nicht. Für ihren Mann kann die Frau vor den Eltern und Großeltern zur Vormünderin bestellt werden; aber auch sie hat kein Recht darauf. Für ein uneheliches volljähriges Kind endlich darf die Mutter vor dem Großvater als Vormünderin bestellt werden.

Vorläufige Vormundschaft (1906—1908). Vor der Entmündigung kann, wenn die Entmündigung beantragt ist, eine vorläufige Vormundschaft eingeleitet werden, wenn das Vormundschaftsgericht dies zur Abwendung einer erheblichen Gefährdung der Person oder des Vermögens des zu Entmündigenden für erforderlich hält. Der davon Betroffene wird hierdurch in seiner Geschäftsfähigkeit beschränkt (114) und vor allem verhindert, in der Zwischenzeit sein Vermögen zu verschleudern. Sollte schon eine Fürsorge nötig sein, ehe noch der Entmündigungsantrag hat gestellt werden können, so muß durch eine eiligst anzuordnende Pflegschaft geholfen werden. Hinsichtlich der Person des zu bestellenden vorläufigen Vormundes hat das Gericht völlig freie Hand. Diese Vormundschaft endet, wenn der Entmündigungsantrag zurückgenommen oder zurückgewiesen wird. Wird die Entmündigung ausgesprochen, so endet sie mit der Bestellung des endgültigen Vormunds.

4. Beendigung der Vormundschaft (1882 ff.). Die Vormundschaft endet mit dem Tode des Bevormundeten. Die Vormundschaft über einen Minderjährigen endigt sonst mit dem Tage, wo er volljährig (21 Jahre alt) wird oder für volljährig erklärt wird (s. „Volljährigkeitserklärung"). Gelangt der Mündel wiederum unter die elterliche Gewalt, so hört die Vormundschaft gleichfalls auf. Dagegen wird durch die Verheiratung des Mündels die Vormundschaft über ihn nicht beendigt (vgl. „Minderjährige Ehefrauen"). Über die Beendigung der Vormundschaft über ein uneheliches Kind, wenn es durch nachfolgende Ehe der Eltern oder eine Ehelichkeitserklärung legitimiert ist, vgl. „Legitimation unehelicher Kinder". Die Vormundschaft über einen entmündigten Volljährigen endigt, wenn die Entmündigung nachträglich wieder aufgehoben wird.

Abgesehen von dem Aufhören der Vormundschaft selber kann aber das Amt des Vormundes aus verschiedenen Gründen beendigt werden. Würde etwa der Vormund selbst entmündigt, so hört sein Amt auf. Unter gewissen Voraussetzungen muß das Gericht einen Vormund entlassen; nämlich: wenn die Fortführung seines Amtes, besonders wegen pflichtwidrigen Verhaltens des Vormundes, das Interesse des Mündels gefährden würde; wenn sich herausstellt, daß der Vormund selbst noch minderjährig ist; wenn er selbst unter vorläufige Vormundschaft gestellt ist; wenn er wegen körperlicher oder geistiger Gebrechen zur Besorgung seiner eigenen Vermögensangelegenheiten einen Pfleger erhält; wenn er in Konkurs gerät; wenn er die bürgerlichen Ehrenrechte verliert. Aus wichtigen Gründen kann ferner ein Vormund seine Entlassung aus dem Amte beantragen, insbesondere dann, wenn solche Tatsachen während der Führung der Vormundschaft eintreten, die ihn zur Ablehnung der Vormundschaft berechtigen würden. Gibt das Gericht dem Antrage des Vormundes auf Entlassung keine Folge, so steht ihm die Beschwerde zu; s. „Beschwerde usw.".

Tod des Vormundes (1894). Ist der Vormund gestorben, so sind seine Erben gesetzlich verpflichtet, dem Vormundschaftsgerichte hiervon ungesäumt Anzeige zu machen, damit es in der Lage ist, die im Interesse der Mündel etwa erforderlichen Maßregeln zu treffen; eine Verabsäumung dieser Pflicht würde die Erben schadensersatzpflichtig machen. Die Erben selber sind weder verpflichtet noch berechtigt, sich in die Vormundsgeschäfte des Verstorbenen einzumischen. Inwieweit sie ganz ausnahmsweise eilige Geschäfte für die Mündel vornehmen dürfen, richtet sich nach den Vorschriften über Geschäftsführung ohne Auftrag (s. d.). Über die Verpflichtung der Erben des Vormundes, das Mündelvermögen herauszugeben und Rechnung zu legen, s. „Vormund 8“. Ist der Gegenvormund oder ein etwaiger Mitvormund verstorben, so ist der Vormund verpflichtet, davon dem Gerichte unverzüglich Anzeige zu machen.

5. Vormundschaft usw. über Ausländer. Ein Deutscher wird, auch wenn er seinen Wohnsitz im Auslande hat, regelmäßig in Deutschland bevormundet. Für minderjährige Ausländer in Deutschland ist ein Vormund zu bestellen, wenn die ausländische Behörde die Fürsorge nicht übernimmt. Minderjährige Österreicher und Danziger sind stets in Deutschland zu bevormunden, wenn sie sich dauernd dort aufhalten. Für Ausländer, die in Deutschland entmündigt worden sind, kann eine Vormundschaft eingeleitet werden, wenn es erforderlich erscheint und der ausländische Staat die Fürsorge nicht übernimmt. Vorläufige Schutzmaßregeln und Pflegschaften sind stets zulässig.

6. Siehe auch Vormundschaftsgericht, Vormund, Pflegschaft u. Gutt. Slg. Nr. 47 „Deutsches Vormundschaftsrecht“.

Vormundschaftsgericht, Aufsicht über den Vormund s. Vormund 8; Genehmigung zu Geschäften des Vormundes s. Vormund 6 B.

Vormundschaftsgericht (EGBGB. 147; BGB. 1773 ff., Gutt. Slg. Nr. 38/39; RG. über die freiw. Gerichtsbarkeit 35 ff., Gutt. Slg. Nr. 46; JugendwohlfahrtsGes. v. 9. 7. 1922 § 32—48, Gutt. Slg. Nr. 154). Das Vormundschaftsgericht ist diejenige Behörde, der die Leitung der Vormundschaften und Pflegschaften und die Aufsicht über die Amtsführung der Vormünder (Pfleger) zusteht (s. „Vormund 8“). Die Obliegenheiten des Vormundschaftsgerichts werden in der Regel durch das betreffende Amtsgericht versehen. Das Vormundschaftsgericht hat dafür zu sorgen, daß in den Fällen, wo solches nach dem Gesetze nötig ist (s. „Vormundschaft 1 und 3“), eine Vormundschaft oder Pflegschaft angeordnet wird und die gesetzlich berufenen oder sonst geeignete Personen als Vormund, Gegenvormund oder Pfleger bestellt (verpflichtet) werden. Insbesondere hat aber das Vormundschaftsgericht die Aufgabe, die gesamte Tätigkeit der Vormünder und der sonst bei einer Vormundschaft (Pflegschaft) tätigen Personen zu beaufsichtigen und sie zu einer pflichtmäßigen Führung ihres Amtes, nötigenfalls durch Ordnungsstrafen, anzuhalten (1837 ff.). Es kann vom Vormunde usw. jederzeit Auskunft über die Führung der Geschäfte und über die persönlichen Verhältnisse der Mündel verlangen. Dem Vormundschaftsgerichte liegt es ferner ob, zu wichtigeren Geschäften, die der Vormund für den oder die Mündel vornehmen will, nach Prüfung der Sache seine Genehmigung zu erteilen (s. „Vormund 6 B“). Ehe es solche Genehmigung erteilt, soll es aber auch den Gegenvormund über die Zweckmäßigkeit des betreffenden Geschäfts hören (1826). Ja, der Mündel selbst soll unter Umständen vom Gerichte angehört werden, wenn es sich um Maßnahmen handelt, die von besonderer Wichtigkeit für seine Person sind, nämlich um den Abschluß eines Lehrvertrages auf länger als ein Jahr oder um die Eingehung eines Dienst- oder Arbeitsverhältnisses, wenn der Mündel dadurch zu persönlichen Leistungen für länger als ein Jahr verpflichtet werden soll (1827). Auch wenn es sich um Entlassung eines Mündels aus dem Staatsverbande handelt, soll er gefragt werden, wenn er über 14 Jahre alt ist. Hat der Mündel das 18. Lebensjahr vollendet, so soll er tunlichst vor jeder Entscheidung gehört werden, die das Gericht über Angelegenheiten trifft, die sich auf seinen Grundbesitz oder auf ein ihm gehörendes Erwerbsgeschäft beziehen. Aber auch die Familie des Mündels soll einen gewissen Einfluß auf die Führung der Vormundschaft haben. Abgesehen davon, daß nach Lage der Umstände ein besonderer Familienrat (s. d.) eingesetzt werden kann, der dann die Rechte und Pflichten des Vormundschaftsgerichts hat, soll das Gericht, ehe es eine Entscheidung in einer einigermaßen wichtigen Vormundschaftssache trifft, wenn es ohne erhebliche Verzögerung und ohne unverhältnismäßige Kosten geschehen kann, die Ansicht von Verwandten oder Verschwägerten des Mündels (s. „Verwandtschaft“) über den zur Entscheidung stehenden Fall einholen (1847). Endlich kann auch in weniger wichtigen Sachen sowohl der Vormund, als auch der Gegenvormund beantragen, daß Angehörige des Mündels gehört werden. In welcher Weise dies geschieht, ist dem Ermessen des Gerichts überlassen. Die Verwandten usw. sind gesetzlich nicht verpflichtet, den gewünschten Rat zu erteilen oder sich überhaupt über die Sache vernehmen zu lassen. Leisten sie der Aufforderung Folge, so können sie aus dem Mündelvermögen Ersatz ihrer Auslagen (etwaige Reisekosten usw.) verlangen; der Betrag der Auslagen ist vom Vormundschaftsgerichte festzusetzen.

Wirksamkeit des Vormundschaftsgerichts in Familienrechtssachen. Die Tätigkeit des Vormundschaftsgerichts beschränkt sich aber nicht auf Vormundschafts- und Pflegschaftssachen; ihm ist vom Gesetz in Familienangelegenheiten überhaupt ein maßgebender Einfluß eingeräumt. Das Gericht ist berufen, zwischen Mann und Frau, zwischen Eltern und Kindern zu vermitteln, entstehende Streitigkeiten durch seine Entscheidung beizulegen, überhaupt überall, wo es nottut, ordnend und fürsorgend in die inneren Familienverhältnisse einzugreifen. Insbesondere hat das Gericht in den gesetzlich bestimmten Fällen bei der Verwaltung des Vermögens der Frau durch den Mann, des Vermögens der Kinder durch den Vater oder die Mutter mitzuwirken. Das Gericht kann einschreiten, wenn der Mann die ihm vom Gesetze der Frau gegenüber eingeräumten Rechte mißbraucht (s. „Ehegatten“) oder wenn der Vater oder die Mutter den Kindern gegenüber pflichtwidrig handelt (s. „Eltern und Kinder“). Es kann die Genehmigung zur Verheiratung eines Kindes erteilen, wenn die Eltern sie ohne Grund verweigern; es hat bei Annahmen an Kindes Statt (Adoptionen), bei Ehelichkeits- und Volljährigkeitserklärungen mitzuwirken usw. Alle Fälle, in denen das Vormundschaftsgericht überhaupt tätig werden kann, sind an den betreffenden Stellen erwähnt.

Verantwortlichkeit des Vormundschaftsrichters (1848). Verletzt der Vormundschaftsrichter vorsätzlich oder fahrlässig die ihm obliegenden Pflichten, so ist er dem Mündel zum Ersatz des daraus entstehenden Schadens verpflichtet. Fällt ihm aber nur Fahrlässigkeit zur Last, so kann er nur dann in Anspruch genommen werden, wenn der Mündel nicht auf andere Weise Ersatz zu erlangen vermag. Die Ersatzpflicht tritt nicht ein, wenn der Verletzte vorsätzlich oder fahrlässig unterlassen hat, den Schaden durch den Gebrauch eines Rechtsmittels abzuwenden, s. auch „Beamte, Schadensersatzpflicht wegen Verletzung der Amtspflicht" und Gutt. Slg. Nr. 94.

Zuständiges Gericht. Darüber, welches Amtsgericht zur Anordnung und Beaufsichtigung der Vormundschaften und Pflegschaften sowie zum Eingreifen in familienrechtliche Verhältnisse berufen ist, also die Obliegenheiten des Vormundschaftsgerichts auszuüben hat, enthalten die §§ 36—47 des Reichsges. über d. Angelegenh. d. freiw. Gerichtsbarkeit die erforderlichen, alle Fälle berücksichtigenden Vorschriften. Gutt. Slg. Nr. 46.

Beschwerde gegen Entscheidungen und Verfügungen des Vormundschaftsgerichts. Hierzu ist im allgemeinen der Artikel „Beschwerde usw." zu vergleichen.

Nach Art. 147 EGBGB. können die Obliegenheiten des Vormundschaftsgerichts durch Landesgesetz auch andere Behörden, z. B. der Gemeindebehörde übertragen werden. Hiervon haben nur wenige Länder Gebrauch gemacht, z. B. Hamburg und teilweise Mecklenburg, Württemberg.

Vorname s. Eltern und Kinder 1; Name; Namensänderung.

Vorrang einer Eintragung im Grundbuch (Hypothek usw.) s. Rangverhältnis usw.; Vorrangseinräumung s. ebendaselbst.

Vorsatz. Unter Vorsatz kann man den auf einen bestimmten Erfolg gerichteten Willen eines Menschen schlechthin verstehen. Dann käme es darauf an, ob mit der betreffenden Handlung oder Unterlassung ein bestimmter Erfolg bezweckt ist oder ob der Handelnde (oder Unterlassende) sich doch bewußt gewesen ist (RG.), daß die Handlung oder Unterlassung diesen Erfolg haben werde. Der „Vorsatz" bei Begehen einer unerlaubten Handlung oder bei Nichterfüllung einer Verpflichtung hat aber noch eine andere Bedeutung: nämlich die gewollte Vornahme einer Handlung im Bewußtsein ihrer Rechtswidrigkeit. Dann käme es nicht bloß darauf an, ob der Handelnde die Handlung, sondern ob er ihre Rechtswidrigkeit gewollt hat. Das BGB. bestimmt den Begriff nicht; im Strafrecht ist er sehr eingehend erörtert worden, da er dort ja von wesentlich größerer Bedeutung ist. Im bürgerlichen Recht wird meist Beides — Wollen der Handlung und Wollen der Nichterfüllung der Pflicht — identisch sein oder jedenfalls nach außen so gewertet werden müssen. Schwierigkeiten bereitet auch der Eventualdolus, der bedingte Vorsatz, d. h. daß jemand die Möglichkeit des rechtswidrigen Erfolges erkennt und ihn, falls er eintritt, bewußt mit in Kauf nimmt bzw. ihn als möglich will.

Die Haftung für Vorsatz, also für vorsätzliche Nichterfüllung der dem Schuldner obliegenden Leistung, kann im voraus nicht durch eine Vereinbarung zwischen den Beteiligten erlassen werden. Vgl. auch „Vertretung von Vorsatz und Fahrlässigkeit".

Vorstand eines Vereins s. Vereine 2; einer Erziehungs- oder Verpflegungsanstalt als gesetzlicher Vormund s. Erziehungsanstalten usw.; einer juristischen Person als deren gesetzlicher Vertreter s. Gesetzliche Vertreter.

Vorträge, Schutz der, s. Urheberrecht.

Vorvermächtnis s. Vorausvermächtnis.

Vorzeigung von Sachen oder Urkunden s. Vorlegung von Sachen usw.

Vorzugsrecht, Übergang desselben auf einen neuen Gläubiger s. Abtretung einer Forderung 1.

W.

Wahlrecht bei mehreren geschuldeten Leistungen s. Leistungen usw. 2.

Waisen s. Vormundschaft.

Waisenanstalten s. Stiftung 1.

Waisengeld, Nichtabtretbarkeit s. Abtretung einer Forderung 1; Nichtpfändbarkeit s. Pfändung in der Zwangsvollstreckung 2; Aufrechnung gegen s. Aufrechnung.

Waisenpfleger s. Gemeindewaisenrat.

Waisenrat s. Gemeindewaisenrat.

Wald- und Weideservituten s. Grunddienstbarkeiten.

Wandelung wegen Mängel einer gekauften usw. Sache s. Gewährleistung wegen Mängel usw. 2.

Wanzen in einer Mietwohnung s. Miete usw. 2 u. 7 unter 1 a.

Waren, Anschaffung und Weiterveräußerung s. Kaufmann 1; Bearbeitung und Verarbeitung von, s. ebendaselbst.

Warenabzahlungsgeschäfte s. Abzahlung, Verkäufe auf.

Warenbezeichnungen, Schutz der (Ges. v. 12. 5. 94, Gutt. Slg. Nr. 87). **1.** Ein Warenzeichen ist ein Merkmal, ein Zeichen, dessen sich der Geschäftsmann (der Fabrikant, der Händler usw.) zur Unterscheidung seiner Waren von denen anderer Gewerbetreibender bedient. Dieses Zeichen (auch Marke, Fabrikmarke, Handelsmarke genannt) kann an der Ware selbst angebracht sein, aber auch an der Verpackung, Umhüllung, Aufmachung, Ausstattung der Ware; es kann ferner auch bei den geschäftlichen Ankündigungen, auf den Preisverzeichnissen, Zirkularen, Rechnungen, Briefbogen usw. angebracht werden. Da das Warenzeichen für den Geschäftsmann namentlich bei längerer Benutzung als Herkunfts- und zugleich als Qualitätsmarke von großer Bedeutung werden kann, gibt ihm das Gesetz die Möglichkeit, sich durch Eintragung des Zeichens in die Zeichenrolle dagegen zu schützen, daß andere Gewerbetreibende sein Zeichen unbefugt verwenden oder es in betrügerischer Weise nachahmen. (Der unbefugte Gebrauch einer fremden Firma ist durch das HGB. und durch das Gesetz gegen den unlauteren Wettbewerb verboten; s. „Firma 1" und „Namensmißbrauch"; vgl. auch unten 4). Ein Recht, sein Zeichen eintragen zu lassen, hat nicht allein der in das Handelsregister eingetragene Vollkaufmann, sondern jeder Geschäftstreibende, z. B. auch Apotheker, Mineralwasserhändler, Gärtner und Landwirte, Handwerker usw. Es können aber keine Zeichen eingetragen werden, die ausschließlich in Zahlen, Buchstaben oder solchen Wörtern bestehen, die Angaben über Art, Zeit und Ort der Herstellung, über die Beschaffenheit, über die Bestimmung, über Preis-, Mengen- oder Gewichtsverhältnisse der Ware enthalten (Ausnahmen sind gemacht worden, wenn sich solche Zeichen im Verkehr durchgesetzt hatten, z. B. 4711, Lawendel-Orange); oder die in- oder ausländische Staatswappen oder Wappen eines inländischen Orts, eines inländischen Gemeinde- oder weiteren Kommunalverbandes enthalten; oder die Ärgernis erregende Darstellungen oder solche Angaben enthalten, die ersichtlich den tatsächlichen Verhältnissen nicht entsprechen und die Gefahr einer Täuschung begründen (das Zeichen enthält z. B. Worte in fremder Sprache, was beim Publikum den

Glauben hervorrufen könnte, daß die Ware in dem betreffenden fremden Lande fabriziert oder von daher bezogen sei). Auch können sog. Freizeichen nicht eingetragen werden, d. h. Zeichen, die von altersher im allgemeinen Gebrauch stehen, die also, wenn auch nicht von allen, doch von der Mehrzahl der betreffenden Fabrikanten oder Händler zur Kennzeichnung der in Betracht kommenden Waren angewendet sind; das Patentamt hat z. B. entschieden, daß Zeichen, wie ein „Posthorn" für Nadeln, ein „rotes Kreuz" für pharmazeutische Stoffe, „Merkur" für Schlittschuhe usw. Freizeichen sind. Ob im einzelnen Falle ein Zeichen als Freizeichen anzusehen ist, ist nötigenfalls durch geeignete Ermittelungen bei Handelskammern, Berufsgenossenschaften, Fachvereinen oder sonstigen sachverständigen Organen festzustellen. Das einzutragende Zeichen muß sich von anderen (eingetragenen oder nicht eingetragenen) Zeichen genügend unterscheiden. Es ist also nicht zulässig, daß ein Zeichen einem geschützten, wenn es mit ihm auch nicht völlig übereinstimmt, doch so ähnlich sieht, daß Verwechselungen notwendig vorkommen müssen. Daher wird die Anwendung der Bestimmungen dieses Gesetzes durch Abweichungen nicht ausgeschlossen, mit denen fremde Namen, Firmen, Zeichen, Wappen und sonstige Kennzeichen von Waren wiedergegeben werden, sofern ungeachtet dieser Abweichungen die Gefahr einer Verwechselung im Verkehr vorliegt. Das neue Warenzeichen muß von einem bereits bestehenden in seinem ganzen Bilde deutlich zu unterscheiden sein; es genügt nicht, daß kleine Abänderungen vorgenommen werden, die an sich zwar deutlich sind, aber doch das Zeichen als Ganzes, als Bild, — namentlich als Erinnerungsbild in den beteiligten Kreisen, die zumeist nur das Markante sehen, nicht wesentlich ändern.

Gleichen Schutz wie ein Warenzeichen genießt — und zwar ohne Eintragung in die Zeichenrolle — die Ausstattung der Ware als solche. Wer zum Zweck der Täuschung im Handel und Verkehr Waren oder deren Verpackung oder Umhüllung oder Ankündigungen, Preislisten, Geschäftsbriefe, Empfehlungen, Rechnungen oder dergleichen mit einer Ausstattung, welche innerhalb beteiligter Verkehrskreise als Kennzeichen gleichartiger Waren eines anderen gilt, ohne dessen Genehmigung versieht, oder wer zu dem gleichen Zwecke derartig gekennzeichnete Waren in Verkehr bringt oder feilhält, begeht ebenso eine Warenzeichenverletzung. Zur „Ausstattung" in diesem Sinne ist alles zu rechnen, was zur Verzierung, Aufmachung, Etiquettierung usw. dient, auch die besondere Art der Packung, die Verschnürung, eine eigenartige Form von Büchsen, Flaschen und Gläsern u. dgl. mehr.

2. Anmeldung des Zeichens zur Eintragung. Die Anmeldung des Zeichens muß schriftlich beim Patentamt, das die Zeichenrolle führt, erfolgen. Jeder Anmeldung muß die Bezeichnung des Geschäftsbetriebes, in dem das Zeichen verwendet werden soll, ein Verzeichnis der Waren, für die es bestimmt ist, sowie eine deutliche Darstellung und, soweit erforderlich, eine Beschreibung des Zeichens beigefügt sein. Etwaige sonstige Erfordernisse der Anmeldung werden vom Patentamte bestimmt. Für jedes Zeichen ist bei der Anmeldung eine Gebühr von 15 RM. und 5 RM. Klassengebühr, für die Eintragung 15 RM., für die Erneuerung der Anmeldung 50 RM. und 5 RM. Klassengebühr zu entrichten. (Für Verbandszeichen wesentlich höhere Sätze.) Die Einsicht der Zeichenrolle steht jedermann frei. Jede Eintragung und jede Löschung in der Rolle wird amtlich bekannt gemacht; auch veröffentlicht das Patentamt in regelmäßiger Wiederholung die in der Zwischenzeit eingetragenen und gelöschten Zeichen. Das Patentamt erteilt auch nach seinem Ermessen Abschriften und Auszüge aus der Zeichenrolle und den zur Eintragung zugrunde gelegten Angaben und Verhandlungen, wenn der Antragsteller ein rechtliches Interesse an solchen nachweist.

Das Warenzeichen muß neu und darf nicht mit einem schon geschützten Zeichen eines anderen verwechselungsfähig sein (innerhalb des Kreises derselben oder gleichartiger Waren, für die es eingetragen werden soll). Erachtet das Patentamt, daß ein zur Anmeldung gebrachtes Warenzeichen mit einem anderen, für dieselben oder für gleichartige Waren früher angemeldeten Zeichen übereinstimmt, so macht es dem Inhaber dieses Zeichens hiervon Mitteilung. Erhebt derselbe nicht innerhalb eines Monats nach der Zustellung Widerspruch gegen die Eintragung des neu angemeldeten Zeichens, so ist das Zeichen einzutragen. Im anderen Falle entscheidet das Patentamt durch Beschluß, ob die Zeichen übereinstimmen. Ist das Patentamt der Ansicht, daß eine Übereinstimmung der Zeichen nicht vorliegt, so wird das neu angemeldete Zeichen eingetragen; anderenfalls wird die Eintragung versagt. Sofern der Anmelder geltend machen will, daß ihm ungeachtet der durch die Entscheidung des Patentamts festgestellten Übereinstimmung ein Anspruch auf die Eintragung zustehe, hat er diesen Anspruch im Wege der Klage gegenüber dem Widersprechenden zur Anerkennung zu bringen.

3. Bedeutung des Warenzeichenschutzes. Löschung und Erneuerung des Zeichens. Der Geschäftstreibende, der für seine Waren das Zeichen hat eintragen lassen, wird in der ausschließlichen Benutzung dieses Zeichens geschützt, solange er das betreffende Geschäft betreibt. Das Schutzrecht geht auch auf seine Erben über; auch kann er das Recht durch Vertrag oder durch letztwillige Verfügung auf eine andere Person übertragen, jedoch nur mit dem Geschäftsbetrieb, zu dem das Zeichen gehört. Der Übergang wird auf Antrag des Rechtsnachfolgers in der Zeichenrolle vermerkt, sofern die Einwilligung des Berechtigten in beweisender Form beigebracht wird. Ist der Berechtigte verstorben, so ist der Nachweis der Rechtsnachfolge zu führen (vgl. „Erbschein"). Solange der Übergang in der Zeichenrolle nicht vermerkt ist, kann der Rechtsnachfolger sein Recht aus der Eintragung des Warenzeichens nicht geltend machen.

Der Inhaber des Zeichens kann es jederzeit in der Rolle wieder löschen lassen. Von Amts wegen wird das Zeichen gelöscht, wenn seit der Anmeldung des Zeichens oder seit ihrer Erneuerung (s. nachstehend) zehn Jahre verflossen sind. Der Inhaber kann jedoch vor Ablauf der Frist die Anmeldung in der Weise erneuern, daß vom Zeitpunkt der Erneuerung ab eine neue Frist von zehn Jahren zu laufen beginnt; eine nochmalige Erneuerung ist nicht zulässig. Hat der Inhaber die rechtzeitige Erneuerung verabsäumt und geht ihm deshalb die Anzeige vom Patentamt zu, daß das Zeichen gelöscht werden solle, so kann er binnen einem Monate von der Zustellung der Anzeige ab die versäumte Erneuerung nachholen. Auch auf begründet befundenen Antrag eines Dritten kann ein Zeichen wieder gelöscht werden, wenn z. B. nachgewiesen wird, daß das Zeichen gar nicht hätte eingetragen werden dürfen, also z. B., daß der Inhalt des Zeichens den tatsächlichen Verhältnissen nicht entspricht und die Gefahr einer Täuschung des Publikums vorliegt oder daß der Zeichenberechtigte den Geschäftsbetrieb nicht fortsetzt oder daß dem Zeichen die Kennzeichnungskraft fehlt, es Freizeichen oder freier Warenname gewesen sei u. dgl.

Die Eintragung des Zeichens hat die Wirkung, daß dem Eingetragenen ausschließlich das Recht zusteht, Waren der angemeldeten Art oder deren Verpackung oder Umhüllung mit dem geschützten Zeichen zu versehen, die so bezeichneten Waren in Verkehr zu setzen, sowie auf Ankündigungen, Preislisten, Geschäftsbriefen, Empfehlungen, Rechnungen oder dgl. das Zeichen anzubringen. Unter Umhüllung und Verpackung ist jede Art der Umschließung der Ware zu verstehen, wie z. B. Gefäße, Kisten, Säcke, Büchsen usw., auch einzelne Teile der Umhüllung, wie z. B. Pfropfen, Deckel oder sonstige Verschlüsse. Gegen den unberechtigten Gebrauch des Zeichens durch andere steht dem Inhaber des Zeichens eine Zivil- und Strafklage zu; s. unten 4. Durch die Eintragung eines Warenzeichens für einen anderen Geschäftsinhaber wird aber niemand gehindert, seinen Namen, seine Firma, seine Wohnung sowie Angaben über Art, Zeit und Ort der Herstellung, über die Beschaffenheit, über die Bestimmung, über Preis-, Mengen- oder Gewichtsverhältnisse von Waren, sei es auch in abgekürzter Gestalt, auf Waren, auf deren Verpackung oder Umhüllung anzubringen und derartige Angaben im Geschäftsverkehr zu gebrauchen. Dies ist der Schutz des redlichen Namenträgers gegen ein Warenzeichenmonopol, das ein anderer etwa skrupellos gegen alle Welt durchsetzen will. Die Grenzen berühren sich schon mit dem unlauteren Wettbewerb, worüber das Nähere im Art. „Namenmißbrauch" nachzulesen ist.

4. Rechtsfolgen. Wer Waren oder deren Verpackung oder Umhüllung oder Ankündigungen, Geschäftsbriefe oder dergleichen mit dem Namen oder der Firma eines anderen oder mit einem geschützten Warenzeichen oder irreführend mit einem Hoheitszeichen widerrechtlich versieht oder widerrechtlich gekennzeichnete Waren in Verkehr bringt oder feilhält, oder das Ausstattungsrecht (s. oben 1 a. Schl.) verletzt, kann auf Unterlassung in Anspruch genommen werden; wer dasselbe wissentlich oder aus grober Fahrlässigkeit tut, ist dem Verletzten zur Entschädigung verpflichtet und er ist bei wissentlicher Rechtsverletzung auch strafbar. — Die Entschädigungsforderung kann im gewöhnlichen Prozeßwege (durch eine Zivilklage) geltend gemacht werden. Der Geschädigte kann aber auch in einem gegen den Schuldigen etwa eingeleiteten Strafverfahren (s. unten b) die ihm zustehende Entschädigung in Form einer Buße (s. b.) fordern.

b) Bestrafung des Schuldigen. Es ist Sache des Geschädigten, die Bestrafung durch einen bei der Staatsanwaltschaft oder dem Amtsgericht oder einer Polizeibehörde zu stellenden Strafantrag herbeizuführen; ohne einen solchen Antrag wird keine Untersuchung eingeleitet.

5. Ausländische Waren, die mit einer deutschen Firma und Ortsbezeichnung oder mit einem in die Zeichenrolle eingetragenen Warenzeichen widerrechtlich versehen sind, unterliegen bei ihrem Eingang nach Deutschland zur Einfuhr oder Durchfuhr auf Antrag des Verletzten und gegen Sicherheitsleistung der Beschlagnahme und Einziehung. Die Beschlagnahme erfolgt durch die Zoll- und Steuerbehörden, die Festsetzung der Einziehung durch einen Strafbescheid der Verwaltungsbehörde.

Warenkauf s. Handelskauf.

Warenlager, Angestellte an einem, s. Prokura und Handlungsvollmacht 4.

Warenmäkler s. Mäkler.

Warenmengenverschleierung (Ges. v. 7. 6. 09, Gutt. Slg. Nr. 37). Das Gesetz zur Bekämpfung des unlauteren Wettbewerbes (s. „Unlauterer Wettbewerb") enthält auch eine Vorschrift zur Verhütung der sog. Quantitätsverschleierungen. Der Reichsrat ist danach befugt, festzusetzen, daß bestimmte Waren im Einzelverkehr nur in vorgeschriebenen Einheiten der Zahl, des Maßes oder des Gewichts oder mit einer auf der Ware oder ihrer Aufmachung anzubringenden Angabe über Zahl, Maß, Gewicht, über den Ort der Erzeugung oder den Ort der Herkunft gewerbsmäßig verkauft oder feilgehalten werden dürfen. Für den Einzelverkehr mit Bier in Flaschen oder Krügen kann die Angabe des Inhalts unter Festsetzung angemessener Fehlergrenzen vorgeschrieben werden. Die getroffenen Bestimmungen werden im Reichsgesetzblatt veröffentlicht. Die Bestimmung des Gesetzes hat ihren Grund darin, daß sich in einzelnen Geschäftszweigen die Unsitte eingebürgert hatte, das wahre Gewicht, Maß usw. der Ware in einer Weise zu verschleiern, die beim Käufer notwendig einen Irrtum über die Preisstellung erregen mußte. So z. B. war es ursprünglich allgemein üblich, Garne im Kleinverkehr in der Weise abzugeben, daß das Bund (die Strähne) ein (oder mehrere) Zehntel Pfund wog. Allmählich wurden aber aus dem Pfund 12, 13, selbst 14 Bunde hergestellt, ohne daß dem Käufer dieses Mindergewicht irgendwie erkennbar wurde. Dieser Mißstand, der sowohl die reelle Konkurrenz, wie das kaufende Publikum schädigte, soll durch die neue Bestimmung beseitigt werden. Zuwiderhandlungen werden bestraft. Bisher sind Bestimmungen ergangen über Schankgefäße, Kleinhandel mit Garn, mit Kerzen und mit Tafelschokolade.

Warenzeichen s. Warenbezeichnungen.

Wartegeld, Nichtabtretbarkeit des Anspruchs auf, s. Abtretung einer Forderung 1; Nichtpfändbarkeit, s. Pfändung i. d. Zwangsvollstr. 2; Aufrechnung gegen, s. Aufrechnung.

Wartezeit bei Wiederverheiratung von Witwen oder geschiedenen Frauen s. Ehehindernisse 1 g.

Wäsche, Pfändbarkeit derselben, s. Pfändung in der Zwangsvollstreckung 1.

Wasserrecht (EGBGB. 65). Die landesgesetzlichen Vorschriften, die dem Wasserrecht angehören, mit Einschluß des Mühlenrechts, des Flößrechts und des Flößereirechts sowie der Vorschriften zur Beförderung der Bewässerung und Entwässerung der Grundstücke und der Vorschriften über Anlandungen, entstehende Inseln und verlassene Flußbetten, bleiben neben dem Bürgerlichen Gesetzbuch auch künftig in Geltung. Die wasserrechtlichen Vorschriften sind teils privatrechtliche, teils öffentlichrechtliche. Es seien hier kurz die privatrechtlichen Bestimmungen des preußischen Rechts, das durch das Wassergesetz v. 7. 4. 1913 geregelt ist, dargestellt. Das Gesetz hat die frühere Unterscheidung der öffentlichen und nichtöffentlichen Gewässer fallen lassen. Unterschieden ist zwischen Wasserläufen (natürlichen oder künstlichen) und solchen, die nicht zu den Wasserläufen gehören. Zu ersten.

gehören sämtliche Wasserläufe von der Quelle bis zur Mündung einschließlich der Seen, Teiche, Weiher, aus denen sie abfließen oder die sie durchfließen. Diese sind in drei Ordnungen eingeteilt; die der ersten Ordnung sind diejenigen, welche in einem dem Gesetze beigefügten Verzeichnis aufgeführt sind. Es handelt sich dabei um die für die Wasserwirtschaft und Schiffahrt wichtigsten Wasserläufe. Wasserläufe zweiter Ordnung sind diejenigen, die nicht zu denen erster Ordnung gehören, aber für die Wasserwirtschaft von größerer Bedeutung sind. Diese sind ebenfalls in einem Verzeichnis zusammengestellt, jedoch nicht durch das Gesetz, sondern in solchen, die im Verwaltungswege aufgestellt worden sind. Alle übrigen Wasserläufe gehören der dritten Ordnung an. Die Wasserläufe erster Ordnung stehen im Eigentume des Landes, jedoch ist durch den Staatsvertrag vom 21. März/26. September 1921 das Eigentum der wichtigsten Wasserläufe auf das Reich übertragen worden. Wo bei Inkrafttreten des Gesetzes andere Eigentumsrechte an den Wasserläufen erster Ordnung bestanden, sind diese erhalten, dem Lande steht jedoch ein Enteignungsrecht zu. Das Eigentum an den Wasserläufen zweiter und dritter Ordnung steht den Eigentümern der Ufergrundstücke (Anliegern) zu. Zwischen den gegenüberliegenden Ufergrundstücken bildet die Mittellinie in der Stromrichtung die Grenze, zwischen den nebeneinanderliegenden Ufergrundstücken die vom Schnittpunkt der Grenzlinie auf die vorgenannte Mittellinie gefällte Senkrechte. Der Anteil des Anliegers am Wasserlauf ist Bestandteil des Ufergrundstückes (s. Bestandteil). Auch hier bleiben die Eigentumsrechte, die bereits vor dem Inkrafttreten des Gesetzes bestanden, erhalten. Das Eigentum des Berechtigten wird auf Antrag im Grundbuche als Anteil am Wasserlauf eingetragen. Anlandungen, d. h. allmähliche Anspülungen und Verbreitung von Ufergrundstücken durch Senkung des Wasserspiegels gehören den Anliegern, außer bei Seen, die Teile von Wasserläufen sind und nicht im Eigentum des Anliegers stehen. Bei diesen verbleiben solche Anlandungen dem Eigentümer des Sees, doch muß dieser den früheren Anliegern den Zutritt zum See gestatten. Entstehen Inseln innerhalb des Wasserlaufs, so gehören sie dem, dem das Eigentum am Wasserlauf zusteht. Bezüglich des Gebrauchs der Wasserläufe unterscheidet das Gesetz den Gemeingebrauch, die Benutzung durch den Eigentümer und die auf Grund einer Verleihung gegebenen Rechte zur Benutzung des Wasserlaufs. Der Gemeingebrauch, wie Baden, Waschen, Viehtränken, Schöpfen mit Handgefäßen usw. ist bei Wasserläufen II. und III. Ordnung ausgeschlossen, soweit solche Teile des Wasserlaufs in Hofräumen, Gärten und Parkanlagen liegen und dem Anlieger gehören. Wasserläufe erster Ordnung können von jedermann für den öffentlichen Verkehr zur Schiffahrt und Flößerei benutzt werden. Die Anlieger solcher Wasserläufe haben einen Leinpfad und auch das Anlegen von Schiffen und Flößen zu gestatten, soweit es nicht auf Antrag des Eigentümers durch die Wasserpolizeibehörde ausgeschlossen ist. Durch Verleihung durch die Verleihungsbehörde (Bezirksausschuß) können an dem Wasserlauf besondere Rechte erworben werden, deren hauptsächlichste sind: Anlegung von Häfen, Anlegestellen und kommunale oder gemeinnützige Badeanstalten. Soweit die Eigentümer oder Anlieger dadurch geschädigt werden, können sie Schadensersatz verlangen. Dem Eigentümer sind zugunsten der Allgemeinheit gewisse Beschränkungen auferlegt, insbesondere darf seine Benutzung nicht die Vorflut zum Schaden anderer verändern und das Wasser verunreinigen. Wer Wasser oder andere flüssige Stoffe (Abwässer) in die Flußläufe einführen will, über den Gemeingebrauch hinaus, muß dies vorher der Polizeibehörde anzeigen, die ein Untersagungsrecht hat. Anzeige entbindet den Einleitenden indessen nicht von einer etwaigen Schadensersatzpflicht gegenüber Benachteiligten, auch wenn die Polizei keinen Einspruch erhoben hat. Gewässer, die nicht zu den Wasserläufen gehören, z. B. Teiche, Seen ohne Abfluß, auch das Grundwasser stehen im Eigentum der betreffenden Grundstückseigentümer. Diesen steht auch das Verfügungsrecht über das Wasser zu. Jedoch darf der Eigentümer das Wasser eines Sees nicht erheblich senken oder verunreinigen, wenn andere dadurch benachteiligt werden. Auch Grundwasser darf der Eigentümer nicht zum Nachteil anderer verunreinigen. Ebenso darf er das Grundwasser nicht in größerem Maße zutage fördern, als für seine Haushaltung und Wirtschaft erforderlich ist, wenn dadurch andere benachteiligt werden, es sei denn, daß die Zutageförderung zum allgemeinen Wohl dient. Letzterenfalls hat er aber den Geschädigten nach Billigkeit Schadensersatz zu leisten. Gutt. Slg. preuß. Ges. Nr. 52, Wassergesetz.

Wassersnot s. Höhere Gewalt.

Wassersucht bei Schafen s. Gewährleistung usw. 9.

Wechsel, Pfandrecht an, s. Pfandrecht an Rechten usw.

Wechsel. Während der Scheck den Umlauf baren Geldes verringern und leichtere Zahlungsmöglichkeiten schaffen soll, ist der Wechsel heute lediglich ein Kreditinstrument, dergestalt, daß z. B. bei Bestellung von Waren, die erst angefertigt werden müssen, und erst bei Lieferung bzw. nach Lieferung gezahlt werden sollen, der Käufer seinem Gläubiger einen Wechsel überreicht, den dieser sodann wiederum seinen Lieferanten weitergeben bzw. bei einer Bank diskontieren kann, sodaß er flüssiges Geld zwecks Ausführung des Auftrages erhält. Das Wechselrecht ist in jahrhundertlanger Praxis auf das feinste ausgearbeitet worden und hat für Deutschland seinen gesetzlichen Niederschlag in der Wechselordnung vom 3. 6. 1908 gefunden (Gutt. Slg. Nr. 5). Es kann nur in großen Zügen hier auf das Wechselrecht eingegangen werden, während hinsichtlich der Einzelheiten auf das Gesetz verwiesen werden muß. Juristisch betrachtet ist der Wechsel „eine als Wechsel bezeichnete, in vorgeschriebener Form ausgestellte Urkunde, in welcher der Aussteller schriftlich die Zahlung einer bestimmten Geldsumme bestimmt oder einen anderen anweist, eine bestimmte Geldsumme zu zahlen" (HdR. Bd. VI, S. 807).

Als Hauptsatz ist zu bemerken, daß der Wechsel dem Laien höchst gefährlich werden kann, da grundsätzlich jeder, der seinen Namen auf den Wechsel gesetzt hat, nach Maßgabe seiner Erklärung haftet, selbst dann, wenn er keinerlei Beträge erhalten hat oder arglistig getäuscht worden ist.

Wechselfähig ist ein jeder, der sich durch Verträge verpflichten kann, also ein jeder, der geschäftsfähig ist (s. „Geschäftsfähigkeit"). Der Wechsel ist also nicht etwa auf eingetragene Firmen oder Kaufleute beschränkt.

Damit ein gültiger Wechsel zunächst einmal vorhanden ist, verlangt das Gesetz die im Artikel 4 der Wechselordnung aufgeführten Erfordernisse, deren Fehlen den Wechsel ohne weiteres seinem ganzen Inhalt nach ungültig machen würde. Diese Erfordernisse sind:

1. die in den Wechsel selbst aufzunehmende Bezeichnung als Wechsel, oder, wenn der Wechsel in einer fremden Sprache ausgestellt ist, ein jener Bezeichnung entsprechender Ausdruck in der fremden Sprache;
2. die Angabe der zu zahlenden Geldsumme;
3. der Name der Person oder die Firma, an welche oder an deren Order gezahlt werden soll (des Remittenten);
4. die Angabe der Zeit, zu welcher gezahlt werden soll; die Zahlungszeit kann für die gesamte Geldsumme nur eine und dieselbe sein und nur festgesetzt werden auf einen bestimmten Tag; auf Sicht (Vorzeigung, a vista usw.) oder auf eine bestimmte Zeit nach Sicht, auf eine bestimmte Zeit nach dem Tage der Ausstellung (nach dato), auf eine Messe oder einen Markt (Meß- oder Marktwechsel);
5. die Unterschrift des Ausstellers (Trassanten) mit seinem Namen oder seiner Firma;
6. die Angabe des Ortes, Monatstags und Jahres der Ausstellung;
7. der Name der Person oder die Firma, welche die Zahlung leisten soll (des Bezogenen oder Trassaten);
8. die Angabe des Ortes, wo die Zahlung geschehen soll; der bei dem Namen oder der Firma des Bezogenen angegebene Ort gilt für den Wechsel, insofern nicht ein eigener Zahlungsort angegeben ist, als Zahlungsort und zugleich als Wohnort des Bezogenen.

Liegt ein formgerechter Wechsel vor, so erfolgt die Weitergabe desselben also insbesondere die Diskontierung dergestalt, daß der Wechsel dem Dritten übergeben wird und gleichzeitig die Übergabe auf der Rückseite des Wechsels von dem bisherigen Wechselinhaber, also zunächst dem Aussteller, vermerkt wird. Hat der Aussteller lediglich seinen Namen auf die Rückseite gesetzt, so wird lt. gesetzlicher Vorschrift angenommen, daß der Inhaber des Wechsels diesen von dem Aussteller übergeben erhalten hat (Indossament, Blankoindossament). Ist der Wechsel dergestalt übertragen, so ist der Inhaber wiederum berechtigt, den Wechsel gleichfalls durch Indossament weiter zu übertragen (girieren). Ist der Wechsel fällig, d. h. tritt die in demselben angegebene Zahlungszeit ein, so wird der Wechsel dem Akzeptanten zur Zahlung vorgelegt und falls dieser nicht zahlen will oder nicht anzutreffen ist, protestiert. Die Protesterhebung erfolgt durch Notare, Gerichtsbeamte oder Postbeamte. Sie ist ein formeller Akt, der innerhalb dreier Tage nach Fälligkeit vorgenommen werden muß, um gegen sämtliche Wechselverpflichtete (also Aussteller und Indossanten, nicht nur Akzeptanten, die auch ohne Protesterhebung verpflichtet sind), vorgehen zu können. Der Inhaber des Wechsels ist verpflichtet, seinem unmittelbaren Vormann von der Nichtzahlung des Wechsels schriftlich innerhalb zweier Tage nach Protesterhebung zu benachrichtigen. Will er im Wege der Klage vorgehen, so kann er sämtliche Wechselverpflichtete, oder auch nur einen von ihnen je nach seinem Belieben an dessen Wohnort oder dort verklagen, wo der Wechsel gemäß der Erklärung auf dem Wechsel zahlbar sein sollte. Die Klage muß, soweit sie sich gegen den Akzeptanten richtet, innerhalb 3 Jahre erhoben werden, jedoch verjähren die Regreßansprüche des Inhabers gegen den Aussteller und die Vormänner bereits in 3 Monaten, gerechnet von dem Tage des Protestes ab. Gegen die Klage aus dem Wechsel sind im allgemeinen Einreden nicht gegeben, insbesondere kann keiner der Schuldner auf das dem Wechsel zugrunde liegende Geschäft zurückgreifen (z. B. behaupten, er habe die Waren, für die er den Wechsel gegeben hat, nicht erhalten, oder die Arbeiten seien schlecht ausgeführt worden). Einreden (Artikel 82) sind nur insoweit gegeben, als sie sich aus dem Wechselrecht selbst ergeben oder dem Beklagten gegen den jedesmaligen Kläger zustehen. Ersteres bedeutet, daß der Schuldner nur Einreden vorbringen darf, die sich auf die äußere Form des Wechsels oder auf Abgabe seiner Unterschrift beziehen (z. B. formungültiger Wechsel, gefälschte Unterschrift). Letztere Möglichkeit einer Einrede ist im allgemeinen nur von theoretischer Bedeutung, da in den seltensten Fällen der Empfänger des Wechsels die Klage lediglich gegen seinen unmittelbaren Vormann erheben wird, vielmehr schon um etwaigen Einreden zu entgehen, den Wechsel weitergeben und durch einen Dritten einklagen lassen wird. Eine besondere Schwierigkeit bietet sich insbesondere für die Einreden infolge der Verfahrensvorschriften der Zivilprozeßordnung, die in den §§ 592 ff. (Urkunden- und Wechselprozeß) geregelt sind. Die Einreden können nämlich nicht durch Zeugen, sondern nur durch Eideszuschiebung bewiesen werden.

Abhandengekommene Wechsel können aufgeboten werden mit der Maßgabe, daß die Amortisation beim Gericht des Zahlungsorts von dem Eigentümer des abhandengekommenen Wechsels beantragt werden muß. Bereits nach Einleitung des Amortisationsverfahrens kann der Eigentümer von dem Akzeptanten Zahlung fordern, wenn er bis zur Amortisation des Wechsels Sicherheit leistet. Ohne eine Sicherheitsleistung kann er jedoch sofort die Hinterlegung des aus dem Akzept geschuldeten Betrages verlangen. (Wegen der Einzelheiten vgl. HdR. VI, S. 807 f.)

Wechselzinsen (6 Prozent) s. Zinsen.

Wege, Ausbesserungspflicht, s. Pacht 1.

Wegnahme von Sachen im Wege der Selbsthilfe s. Selbsthilfe.

Wegnahme einer Einrichtung (258). Wer berechtigt ist, von einer Sache, die er einem anderen herauszugeben hat, eine Einrichtung wegzunehmen (der Pächter eines Gartens z. B. kann das von ihm hineingesetzte Gartenhaus wieder wegnehmen), hat im Falle der Wegnahme die Sache (hier also den Garten) auf seine Kosten in den vorigen Stand zu setzen. Erlangt der andere den Besitz der Sache, so ist er verpflichtet, die Wegnahme der Einrichtung zu gestatten; er kann die Gestattung verweigern, bis ihm für den mit der Wegnahme verbundenen Schaden Sicherheit geleistet wird.

In welchen Fällen jemand berechtigt ist, eine Einrichtung, die er auf einem fremden Grundstück oder an einer fremden Sache angebracht hat, wieder wegzunehmen, darüber ist in diesem Buche gehörigen Orts das Nähere mitgeteilt; beispielsweise haben ein solches Recht der Mieter und Pächter, der Entleiher, der Nießbraucher, der Pfandgläubiger, der Inhaber eines Wohnungsrechts, der Vorerbe, der aus einem Wiederkaufsrecht Verpflichtete.

Weibliche Personen s. Frauen; weibliche Kaufleute s. Kaufmann usw. a. Schluß.

Weideservituten s. Grunddienstbarkeiten.

Werk, Übernahme eines, s. Werkvertrag; Urheberrecht an einem, s. d.

Werkvertrag (631—651). Wenn ich einem Architekten den Bau eines Hauses übertrage oder durch meinen Schneider einen Anzug anfertigen lasse oder beim Bäcker einen Kuchen bestelle, so schließe ich mit dem Architekten, dem Schneider, dem Bäcker einen „Werkvertrag", keinen Kaufvertrag, ab. (Kaufvertrag ist es nur, wenn der fertige Anzug „von der Stange", der fertige Kuchen vom Ladentisch gekauft wird.) Bei einem Werkvertrag nennt das Gesetz den einen den Besteller, den anderen, der das in Auftrag Gegebene, Bestellte auszuführen hat, den Unternehmer, weil er das Werk zu leisten unternimmt. Man muß sich diese Ausdrucksweise des Gesetzes gegenwärtig halten, um seine Bestimmungen zu verstehen; denn man bezeichnet im gewöhnlichen Leben wohl einen Baumeister, aber nicht den Schneider oder Bäcker als einen „Unternehmer". Der Unternehmer (übernehmer) eines Werks (einer Arbeit, Leistung) verspricht dem Besteller die Herstellung oder die Veränderung einer Sache oder irgendeinen anderen, durch seine eigene oder anderer Personen körperliche oder geistige Arbeit oder Dienstleistung herbeizuführenden Erfolg, z. B. den Bau eines Hauses, die Anfertigung eines Anzuges, den Transport von Möbeln, die Herstellung eines Bildnisses oder eines wissenschaftlichen Werkes usw. usw.; der Besteller hat dafür die vereinbarte Vergütung zu entrichten. Ein Werkvertrag ist demnach ein Vertrag, durch den der eine (der Unternehmer) sich zur Herstellung eines bestimmten Werks, der andere (der Besteller) sich zur Entrichtung der vereinbarten Vergütung verpflichtet. Über den Unterschied zwischen Werkvertrag und Dienstvertrag s. „Arbeits- u. Dienstvertrag 2".

Das BGB. gibt seine Vorschriften nicht für alle vorkommenden Verträge dieser Art. Unberührt von seinen Bestimmungen über den Werkvertrag, die nachstehend mitgeteilt werden, bleiben die Rechtsverhältnisse aus dem Frachtgeschäft zum gewerbsmäßigen Transport von Gütern zu Lande oder auf Flüssen und Binnengewässern, aus dem Frachtgeschäft der Eisenbahnen und aus dem Frachtgeschäft zur Beförderung von Gütern und Reisenden zur See, die im HGB., und aus dem Postbeförderungsvertrage, die im Postgesetz geordnet sind; endlich die Bestimmungen des Binnenschiffahrtsgesetzes über den Wassertransport.

Die Rechtsverhältnisse aus einem Werkvertrage sind oft sehr verwickelter Natur und es ist daher üblich und empfehlenswert, alle möglicherweise in Betracht kommenden Punkte durch schriftlichen Vertrag im einzelnen zu regeln. Immerhin aber bleiben auch bei sorgfältigster Abfassung des Vertrages, und noch mehr natürlich, wenn er nur mündlich geschlossen ist, manche Punkte zweifelhaft; das Gesetz hat daher zu bestimmen, was beim Mangel einer Vereinbarung oder, wenn die Absicht der Beteiligten nicht klar zu erkennen ist, Rechtens sein soll.

2. Vergütung für das Werk. Taxe. Für den Werkvertrag ist es wesentlich, daß der Besteller dem Unternehmer (dem Hersteller des Werks) eine Vergütung zu zahlen hat (sonst liegt kein Werkvertrag, sondern ein anderes Rechtsverhältnis, z. B. Schenkung, Auftrag usw. usw. vor); daß diese Vergütung ausdrücklich zugesichert oder ihre Höhe ausdrücklich vereinbart sei, ist dagegen nicht erforderlich. Eine Vergütung gilt als stillschweigend vereinbart, wenn die Herstellung des Werkes (der Leistung, Arbeit, Sache), den Umständen nach nur gegen eine Vergütung zu erwarten ist; wer z. B. einem Schneider die Anfertigung eines Anzuges aufträgt, nimmt als selbstverständlich an, daß er ihm die Arbeit zu bezahlen hat. Ist die Höhe der Vergütung nicht bestimmt, so ist beim Bestehen eine Taxe die taxmäßige Vergütung, in Ermangelung einer Taxe aber die übliche Vergütung als vereinbart anzusehen. (Über die Fälligkeit der Vergütung s. unten 6.)

3. Ausführung des Werks. Ob der Unternehmer verpflichtet ist, das versprochene Werk in Person auszuführen oder doch unter seiner persönlichen Leitung ausführen zu lassen oder ob er es ganz durch andere herstellen lassen kann, darüber gibt das Gesetz keine Bestimmung. Die Beantwortung der Frage richtet sich nach der Art des Vertrages und der aus den Umständen zu schließenden Absicht der Parteien. Sofern hiernach nicht anzunehmen ist, daß gerade eine persönliche Ausführung durch den Unternehmer von beiden Teilen vorausgesetzt ist, kann der Unternehmer sich der Hilfe anderer zur Herstellung des Werkes nach seinem Ermessen bedienen. Er haftet aber selbstverständlich für deren Verschulden oder Unfähigkeit.

Fehlerhafte Herstellung des Werks. Der Unternehmer ist verpflichtet, das Werk so herzustellen, daß es die zugesicherten Eigenschaften hat und nicht mit Fehlern behaftet ist, die den Wert oder die Tauglichkeit des Hergestellten zu dem gewöhnlichen oder dem nach dem Vertrage vorausgesetzten Gebrauche aufheben oder (wenn auch nur unerheblich) vermindern (633). Ist das hergestellte Werk nicht von dieser Beschaffenheit, so hat der Besteller das Recht, zunächst die Beseitigung des Mangels vom Unternehmer zu verlangen. (Über sein Recht, die Abnahme des Werks ganz zu verweigern, s. unten 5.) Ausnahmsweise ist es dem Unternehmer gestattet, die Beseitigung des Mangels zu verweigern, nämlich dann, wenn diese Beseitigung ihm unverhältnismäßige Kosten verursachen würde, so daß das Bestehen des Bestellers auf seiner Forderung als eine Unbilligkeit erscheinen würde (es hat z. B. ein Bauunternehmer den Bau nicht ganz genau nach Vorschrift ausgeführt; um den Mangel zu beseitigen, müßte er den Bau wieder abreißen). Abgesehen von solchen Ausnahmefällen ist der Unternehmer verpflichtet, den Mangel alsbald zu beseitigen. Kommt er diesem Verlangen nicht nach, so ist der Besteller berechtigt, die Beseitigung des Mangels selbst zu veranlassen und den Unternehmer auf Ersatz der Kosten in Anspruch zu nehmen. Will er von dieser Befugnis keinen Gebrauch machen, so kann und muß er dem Unternehmer eine angemessene Frist mit der Erklärung bestimmen, daß er die Beseitigung des Mangels nach Ablauf der Frist ablehne (634). Diese Frist kann er aber auch sofort setzen (ohne daß er vorher den Unternehmer zur Beseitigung des Mangels aufgefordert hat), sobald sich zeigt, daß das hergestellte Werk mangelhaft ist. Er kann die Frist auch schon vor Ablieferung des Werkes bestimmen, wenn sich bereits ein Mangel zeigt; die Frist muß dann so bemessen werden, daß sie nicht vor der für die Ablieferung des Werks bestimmten Frist abläuft. Ist die Frist abgelaufen, ohne daß der Unternehmer den Mangel des Werkes beseitigt hat, oder aber stellt sich von vornherein oder später eine Beseitigung des Mangels als unmöglich heraus oder wird die Beseitigung vom Unternehmer (mit oder ohne Grund) verweigert, so stehen dem Besteller folgende Rechte nach seiner Wahl zu, wogegen nach Ablauf jener Frist der Anspruch auf nachträgliche Beseitigung des Mangels allerdings ausgeschlossen ist: a) der Besteller kann Wandelung (Rückgängigmachung) des Vertrages fordern, und zwar nach den Vorschriften, die für das Wandelungsrecht beim Kaufe gelten; es wird dann so angesehen, als wenn der Werkvertrag überhaupt nicht geschlossen wäre. (S. „Gewährleistung wegen Mängel einer verkauften usw. Sache 4"). Das Recht auf Wandelung steht jedoch dem Besteller dann nicht zu, wenn der Mangel den Wert oder die Tauglichkeit des Werkes nur unerheblich mindert, es sei denn, daß gerade diese „unerhebliche" Eigenschaft zugesichert war (RG.). b) Er kann das Werk auch trotz des Mangels oder der Mängel annehmen (behalten), aber Preisminderung (Herabsetzung der Vergütung) verlangen. Auch hierfür gilt das über die Preisminderung beim Kaufe Gesagte (s. den ebenbezeichneten Artikel unter 5). Ob den Unternehmer wegen des Mangels ein Verschulden trifft, darauf kommt es für das Recht des Bestellers auf Wandelung oder Preisminderung nicht an. c) Er kann endlich unter Zurückweisung des Werkes Schadensersatz wegen Nichterfüllung des Vertrages seitens des Unternehmers verlangen, wenn der Mangel auf einem Umstande beruht, den der Unternehmer zu vertreten hat, insbesondere also durch den Unternehmer selbst oder seine Leute verschuldet ist; s. „Vertretung von Vorsatz usw." (615).

Unter Umständen kann aber der Besteller, wenn der Unternehmer den Mangel des Werks auf Anfordern nicht sofort beseitigt, auch ohne vorherige Fristbestimmung die ihm wahlweise zustehenden Ansprüche auf Wandelung oder Minderung ausüben, wenn nämlich die sofortige Geltendmachung dieser Rechte durch ein besonderes Interesse des Bestellers gerechtfertigt wird (634).

Anspruch auf Lieferung eines neuen Werks. Die Rechte, die dem Besteller zustehen, wenn das hergestellte Werk sich als mangelhaft herausstellt, gehen nach dem Vorstehenden entweder auf Beseitigung des Mangels oder auf Wandelung (Rückgängigmachung des Vertrages) oder auf Preisminderung oder auch, bei einem vorliegenden Verschulden des Unternehmers, auf Schadensersatz. Weitere Rechte stehen dem Besteller nicht zu. Insbesondere hat er nicht das Recht, zu verlangen, daß der Unternehmer an Stelle des hergestellten mangelhaften Werkes oder Stückes ein anderes, neues, Werk liefere, das die gerügten Fehler nicht hat oder den zugesicherten Eigenschaften entspricht (RG.). Dieses letztgedachte Recht hat er aber dann, wenn der Unternehmer das Werk aus dem von ihm zu liefernden Stoff herzustellen hat (s. unten 12); in diesem Falle gelten die Vorschriften über den Kaufvertrag und damit auch der Satz (480), daß, wenn der Verkäufer eine mangelhafte Sache liefert, der Käufer statt der Wandelung oder Preisminderung verlangen kann, daß ihm an Stelle der mangelhaften Sache eine mangelfreie geliefert werde.

Nicht rechtzeitige Herstellung des Werkes. Wird das Werk ganz oder zum Teil nicht rechtzeitig hergestellt, so kommt es darauf an, ob etwa (ausdrücklich oder stillschweigend) zwischen den Beteiligten vereinbart ist, daß die Ablieferung des Werkes genau zu einer bestimmten Zeit oder innerhalb einer bestimmten Frist erfolgen müsse (es hat z. B. jemand den Bau einer Zuschauertribüne für einen Festzug verdungen) (636). In solchem Falle ist der Besteller, wenn das Werk nicht rechtzeitig fertiggestellt ist, nach allgemeinen Grundsätzen berechtigt, ohne weiteres vom Vertrage zurückzutreten, als wenn er gar nicht geschlossen wäre; s. „Rücktritt von einem Vertrage 1"; er kann aber auch beim Vertrage bleiben und die ihm wegen etwaigen Verschuldens des Unternehmers gegen diesen zustehenden Schadensersatzansprüche geltend machen. Liegt dieser Fall nicht vor, so kann der Besteller, wenn der Unternehmer mit der Fertigstellung im Verzuge ist, die dieserhalb nach den allgemeinen Vorschriften des Gesetzes ihm zustehenden Rechte geltend machen; s. „Verzug des Schuldners" und „Gegenseitige Verträge 3". Trifft den Unternehmer kein Verschulden an der verspäteten Lieferung (sie ist z. B. durch eine Arbeitseinstellung veranlaßt), so hat der Besteller dieselben Befugnisse, wie wenn das Werk einen Mangel hätte; vgl. darüber das vorstehend Ausgeführte. An die Stelle des Anspruchs auf Wandelung tritt aber in solchem Fall das Recht des Bestellers, nach § 327 des Gesetzes vom Vertrage zurückzutreten. Bestreitet der Unternehmer die Zulässigkeit des erklärten Rücktritts, weil er das Werk rechtzeitig hergestellt habe, so muß er dies letztere beweisen.

Selbstverständlich ist es den Beteiligten unbenommen, wegen der Haftung oder Nichthaftung des Unternehmers für Mängel des Werkes oder für nicht rechtzeitige Fertigstellung besondere Vereinbarungen zu treffen, etwa die Haftung zu erhöhen, zu beschränken oder ganz zu erlassen; eine solche Vereinbarung ist aber ungültig (nichtig), wenn der Unternehmer dem Besteller arglistig einen Mangel verschweigt (637).

4. Verjährung der Ansprüche aus dem Werkvertrage (638, 639). Die Ansprüche des Bestellers gegen den Unternehmer auf Beseitigung eines Mangels des Werkes sowie die ihm wegen des Mangels zustehenden Ansprüche auf Wandelung, Preisminderung oder Schadensersatz (vorstehend 3) können nicht nach beliebig langer Zeit geltend gemacht werden; sie verjähren innerhalb bestimmter Frist. Diese Verjährungsfrist beträgt, wenn es sich um Arbeiten an einem Grundstücke handelt, ein Jahr; wenn es sich um Bauwerke handelt, fünf Jahre; in allen sonstigen Fällen sechs Monate. Unter einem „Bauwerk" in diesem Sinne ist übrigens nicht nur die Herstellung eines Baues als Ganzes, sondern auch die Herstellung der einzelnen Bauteile durch Maurer, Zimmerleute, Dachdecker usw. zu verstehen; auch ist es einerlei, ob es sich um Herstellung, Erneuerung oder Veränderung eines Bauwerks handelt (RG.). — Hat aber der Unternehmer den betreffenden Mangel gekannt und ihn arglistig verschwiegen, so kommen die vorbezeichneten besonderen Verjährungsfristen nicht zur Anwendung; der Anspruch des Bestellers gegen ihn verjährt dann erst in dreißig Jahren. — Die Verjährung beginnt mit der Abnahme des Werkes; findet eine Abnahme nach Beschaffenheit des Werkes nicht statt, so beginnt sie mit der Vollendung des Werkes. Selbstverständlich ist es dem Besteller unbenommen, wenn diese Fristen im einzelnen Falle als zu kurz anzusehen sein sollten, sich vertragsmäßig längere Fristen auszubedingen. Welche Bedeutung es hat, wenn der Unternehmer im Vertrage auf längere Zeit hinaus die „Garantie" für die Fehlerlosigkeit des Werkes übernommen hat, insbesondere ob durch solche Vereinbarung die oben besprochenen Verjährungsfristen für die Ansprüche des Bestellers haben verlängert werden sollen, läßt sich nur nach den Umständen des einzelnen Falles beurteilen. Durch Vereinbarung können die Verjährungsfristen übrigens auch abgekürzt werden. Beantragt der Besteller gerichtliche Beweisaufnahme zur Sicherung des Beweises der Mangelhaftigkeit, so wird die Verjährung hierdurch unterbrochen (s. „Verjährung 3"). Die Unterbrechung dauert bis zur Beendigung des Verfahrens fort. Auch sonst gilt hier dasselbe wie bei der Verjährung der Ansprüche eines Käufers wegen Mängel der gekauften Sache; s. „Gewährleistung wegen Mängel usw." 7, Abs. 2. Unterzieht sich der Unternehmer im Einverständnisse mit dem Besteller einer Prüfung, ob der behauptete Mangel wirklich vorhanden ist, oder übernimmt er die Beseitigung des Mangels, so wird auch hierdurch die Verjährung solange gehemmt (s. „Verjährung 2"), bis der Unternehmer das Ergebnis der Prüfung dem Besteller mitgeteilt oder ihm gegenüber den Mangel für beseitigt erklärt oder die Fortsetzung der Beseitigung verweigert.

5. Abnahme des Werkes (640). Verweigerung der Abnahme und Zahlung. Stellung der Parteien im Prozeß. Der Besteller ist verpflichtet, das vertragsmäßig hergestellte Werk dem Unternehmer abzunehmen (widrigenfalls er in Verzug gerät und die sich daraus ergebenden Folgen zu tragen hat; s. „Verzug des Gläubigers"), sofern nicht „nach der Beschaffenheit des Werkes eine Abnahme ausgeschlossen" ist. Unter „Abnahme" in diesem Sinne wird die körperliche Annahme, Hinnahme des Werks seitens des Bestellers zu verstehen sein. Wo eine solche nicht möglich ist, wird man auch nicht von einer Verpflichtung zur Abnahme des Werks sprechen können; wenn z. B. ein Maler eine Decke gemalt hat, so kann der Besteller ihm die Arbeit nicht im obigen Sinne „abnehmen". Die Abnahme muß ferner in dem Sinne geschehen, daß darin eine Abnahme „als Erfüllung" liegen soll (s. „Erfüllung von Rechtsgeschäften"). Der Besteller braucht aber nur dann abzunehmen, wenn das Werk vertragsmäßig ist; auch wegen geringer Mängel kann er die Abnahme verweigern und Beseitigung der Mängel oder Herstellung eines neuen mangelfreien Werks verlangen und bis dahin die Gegenleistung zurückhalten. Zur Prüfung, ob das Werk vertragsmäßig (fehlerlos) ist, ist er nicht verpflichtet, weder bei der Abnahme noch binnen bestimmter Zeit nach der Abnahme; er kann abwarten, ob sich Mängel zeigen und seine Rechte daraus solange geltend machen, bis die Ansprüche etwa verjährt sind (s. oben 4). Nimmt jedoch der Besteller ein mangelhaftes Werk ab, obwohl er den Mangel kennt, so verliert er seine Rechte gegen den Unternehmer wegen dieses Mangels, wenn er sie sich nicht bei der Abnahme ausdrücklich oder in sonst klar erkennbarer Weise vorbehält.

Verweigert der Besteller die Abnahme des Werkes und die Bezahlung, weil das Werk mangelhaft oder nicht vertragsmäßig sei, so hat im Klagefalle der Unternehmer den Beweis zu führen, daß das Werk fehlerlos oder vertragsmäßig ist. Gelingt ihm dies, so hat der Besteller außer den Prozeßkosten die Folgen seiner ungerechtfertigten Weigerung zu tragen (s. „Verzug des Schuldners"). Hat der Besteller das Werk abgenommen und entdeckt er erst hinterher, daß es mangelhaft oder vertragswidrig ist, so stehen ihm nach Bewandtnis des Falles die oben unter 3 bezeichneten Rechte (Beseitigung des Mangels, Wandelung, Preisminderung, Schadensersatz) gegen den Unternehmer zu. Wird er aber auf Zahlung verklagt, so muß nun er (der Besteller) die Mangelhaftigkeit oder die Vertragswidrigkeit des Werkes beweisen. Dringt er mit seinen Einwendungen nicht durch, so hat er, außer den Prozeßkosten, die Folgen seines Verzuges zu tragen (s. „Verzug des Schuldners"). Es ist aber zu beachten, daß der Besteller, der das Werk abgenommen hat, wegen eines geringfügigen Mangels regelmäßig nicht seine ganze Leistung zurückhalten darf; vgl. „Gegenseitige Verträge 1".

6. Zahlung der Vergütung (des Lohns, des Preises) (641). Die Vergütung für die Herstellung des Werkes ist, wenn nichts anderes unter den Beteiligten vereinbart ist, bei der Abnahme des Werkes zu entrichten; der Unternehmer braucht die Sache nicht eher aus der Hand zu geben, als er die Gegenleistung empfängt. Ist das Werk in Teilen abzunehmen und die Vergütung für die einzelnen Teile bestimmt, so ist die Vergütung für jeden Teil bei dessen Abnahme zu entrichten. Besteht die zu zahlende Vergütung, wie meist der Fall sein wird, in Geld, so gilt die Vorschrift, daß der Besteller, dem vor der Bezahlung abgeliefert oder geleistet ist, den zu zahlenden Betrag von dem Zeitpunkt der Abnahme des Werkes oder (wo eine Abnahme nicht stattfindet) der Vollendung der Arbeit oder Dienstleistung an zu verzinsen hat (s. „Zinsen"), wenn ihm der Betrag nicht gestundet (kreditiert) ist. Eine Stundung kann auch stillschweigend erfolgen; es kommt dabei unter Umständen auf den Ortsgebrauch oder Verkehrsgewohnheiten an. Daß der Unternehmer, wenn er die Herstellung des Werkes gegen einen bestimmten Lohn übernommen hat, aus dem Grunde, weil der Arbeitslohn oder der Preis der Materialien gestiegen ist, keine Erhöhung des Lohns beanspruchen kann, ist ebenso selbstverständlich, wie daß der Besteller sich nicht darauf berufen kann, daß etwa der Unternehmer das Werk billiger, als angenommen worden, habe herstellen können. Hat der Unternehmer das nach einem vereinbarten Plane herzustellende Werk ohne Zustimmung des Bestellers mit Änderungen oder Zusätzen ausgeführt, die den Wert des Werkes erhöhen, so kann er für solche Mehrleistungen nur insofern eine Vergütung in Anspruch nehmen, als solches nach den Grundsätzen über „Geschäftsführung ohne Auftrag" (s. d.) etwa zulässig wäre; sonst hat er nur das Recht, das über die Vereinbarung hinaus Geleistete, soweit dies möglich ist, wieder wegzunehmen.

7. Vertragswidriges Handeln des Bestellers. Ist die Ausführung des Werkes durch einen vom Besteller zu vertretenden (s. „Vertretung von Vorsatz usw.") Umstand oder ist sie durch einen Zufall unmöglich geworden, so bestimmen sich die Folgen für die Beteiligten nach den allgemeinen Grundsätzen über gegenseitige Verträge; s. „Gegenseitige Verträge 2". Besonders regelt das Gesetz aber den Fall, wenn zur Herstellung des Werkes eine Handlung, ein Mitwirken des Bestellers erforderlich ist (z. B. der Besteller soll die zu dem Werke nötigen Materialien liefern oder herbeischaffen, er soll zur Anprobe des Anzuges kommen) und der Besteller durch das Unterlassen dieser Handlung, mit oder ohne seine Schuld, in Annahmeverzug kommt (s. „Verzug des Gläubigers") (642). Hier ist zwar der Unternehmer nicht ohne weiteres berechtigt, sich von dem Vertrage loszusagen, sondern er bleibt nach wie vor zur Ausführung des Werkes, sobald der Besteller seine Mitwirkung bietet und solange die Ausführung noch möglich ist, verpflichtet; aber er kann vom Besteller eine angemessene Entschädigung für den ihm aus der Säumnis des Bestellers erwachsenden Nachteil verlangen. (Unter Umständen, wenn nämlich der Besteller durch den Vertrag sich geradezu dem Unternehmer gegenüber verpflichtet hat, in näher bestimmter Weise bei der Ausführung des Werkes mitzuwirken, ist seine Schadensersatzpflicht bei Nichterfüllung dieser Verpflichtung eine noch weitergehende). Die Höhe der Entschädigung bestimmt sich einerseits nach der Dauer des Verzuges, andererseits nach demjenigen, was der Unternehmer infolge des Verzuges an Aufwendungen erspart oder durch anderweitige Verwendung seiner Arbeitskraft erwerben kann. Dem Unternehmer kann aber nicht zugemutet werden, daß er beim Verzuge des Bestellers sich auf unbestimmte Zeit zur Ausführung des Werkes bereit halte; der Unternehmer muß darauf rechnen, das Werk in angemessener Zeit herstellen zu können und dann für seine Arbeitskraft und seine Einrichtungen wieder freie Hand zu haben und nicht jeden Augenblick durch die Willkür eines Bestellers in seinen rationellen geschäftlichen Dispositionen gestört zu werden. Er ist daher berechtigt, dem Besteller zur Nachholung der Handlung eine angemessene Frist mit der Erklärung zu bestimmen, daß er den Vertrag kündige, wenn die Handlung nicht bis zum Ablaufe der Frist vorgenommen werde. Der Vertrag gilt dann als aufgehoben, wenn die Nachholung nicht bis zum Ablaufe der Frist erfolgt; der Besteller kann einen der von ihm bereits geleisteten Arbeit entsprechenden Teil der Vergütung und Ersatz der in der Vergütung nicht inbegriffenen Auslagen verlangen.

8. Untergang oder Verschlechterung des Werkes (1644). Wer trägt den Schaden, wenn das im Bau begriffene Haus durch einen Orkan zerstört, wenn der beim Schneider befindliche Anzugsstoff durch einen Brand vernichtet wird u. dgl.? Nach Vorschrift des Gesetzes trägt der Unternehmer die Gefahr, d. h. den Schaden, der aus dem Untergange oder einem Verderben, einer Verschlechterung des Werkes durch Zufall, ohne Schuld des einen oder anderen Teils, entsteht, bis zu dem Zeitpunkte, wo der Besteller das Werk abnimmt oder, wenn eine Abnahme nach der Art des Werkes nicht in Frage kommen kann, das Werk vollendet ist. Kommt der Besteller jedoch in Verzug der Annahme (s. „Verzug des Gläubigers“), so geht von diesem Augenblick an die Gefahr auf ihn über. Hat der Besteller den zur Herstellung des Werkes nötigen Stoff oder die erforderlichen Materialien selber beschafft, so gehen freilich diese Sachen auf seine Gefahr; er trägt den Schaden, wenn sie durch Zufall, ohne Schuld des Unternehmers, zugrunde gehen. Von Wichtigkeit ist die Frage, wer den Schaden zu tragen hat, den das Werk auf einem Transporte etwa erleidet. Es kommt darauf an, welcher Ort der Erfüllungsort für das Geschäft (den Werkvertrag) ist. Regelmäßig wird dies der Ort sein, wo der Unternehmer seine geschäftliche Niederlassung hat (s. „Leistungen usw. 5“). Es kann aber auch vereinbart sein, daß der Unternehmer das fertiggestellte Werk nach einem anderen Orte (z. B. dem Wohnorte des Bestellers) zu liefern hat und daß dieser andere Ort der Erfüllungsort für das Geschäft sein soll. In diesem Falle trägt selbstverständlich, nach dem vorhin Ausgeführten, der Unternehmer die Gefahr für den auf dem Transporte etwa entstehenden Schaden (Bruch usw.). Sendet dagegen der Unternehmer auf Verlangen des Bestellers das Werk nach einem anderen Orte, der nicht der Erfüllungsort ist, so geht die Gefahr auf den Besteller über, sobald der Unternehmer die Sache dem Frachtführer (der Eisenbahn, der Post, dem Schiffe usw.) übergeben hat. Daß die Sache (das Werk) bei der Aufgabe an die Transportanstalt usw. in vertragsmäßiger Beschaffenheit und ordnungsmäßig verpackt gewesen ist, hat der Unternehmer erforderlichenfalls zu beweisen. Es gilt in dieser Beziehung überhaupt alles das, was über die Versendung einer gekauften Sache gesagt ist; vgl. daher den „Kauf und Verkauf 6“.

Andere Entscheidung trifft das Gesetz für den Fall, daß das Werk vor der Abnahme (oder der Vollendung des Werkes, wenn eine Abnahme nach dessen Beschaffenheit ausgeschlossen ist) infolge eines Mangels des von dem Besteller gelieferten Stoffes oder infolge einer vom Besteller für die Ausführung erteilten Anweisung untergegangen, verschlechtert oder unausführbar geworden ist, ohne daß dem Besteller oder dem Unternehmer ein Verschulden zur Last fällt (645). In solchem Falle kann der Unternehmer einen der von ihm bereits geleisteten Arbeit entsprechenden Teil der Vergütung und Ersatz der in der Vergütung nicht inbegriffenen Auslagen verlangen. Ist das Werk erst nach der Abnahme oder (wo eine solche nicht stattfindet) nach der Vollendung des Werks infolge der vorerwähnten Umstände (Mängel des Stoffes oder fehlerhafte Anweisung) untergegangen oder verschlechtert, so geht dies selbstverständlich auf Gefahr des Bestellers.

9. Sicherung des Unternehmers (647, 648). Der Unternehmer hat für seine Forderungen aus dem Vertrage ein Pfandrecht an den von ihm hergestellten oder ausgebesserten beweglichen Sachen des Bestellers, wenn sie bei der Herstellung oder zum Zwecke der Ausbesserung in seinen Besitz gelangt sind (s. „Pfand [Faustpfand] 6“ und über den Verkauf des Pfandes das. 2). Der Unternehmer eines Bauwerks oder eines einzelnen Teils eines Bauwerks kann für seine (wenn auch noch nicht fälligen) Forderungen aus dem Vertrage die Einräumung einer Sicherungshypothek (s. „Hypothek 5“) an dem Baugrundstück des Bestellers verlangen. Ist das Werk noch nicht vollendet, so kann er die Einräumung der Hypothek nur für einen der geleisteten Arbeit entsprechenden Teil der Vergütung und für die in der Vergütung nicht inbegriffenen Auslagen beanspruchen. Dem Unternehmer ist dadurch die Möglichkeit gegeben, sich zu sichern, wenn der Besteller während des Baues in Zahlungsschwierigkeiten gerät oder den Bau einstellt. Ist die Einwilligung des Eigentümers zur Eintragung der Hypothek nicht sofort zu erreichen, so kann sich der Unternehmer durch Eintragung einer Vormerkung (s. d.) sichern. Dieses Recht haben aber nur die eigentlichen Bauunternehmer, nicht auch Personen, welche Baumaterialien oder sonstige Gegenstände, die zu dem Bau verwendet sind, käuflich geliefert haben, einerlei ob diese Sachen fertig oder erst herzustellen waren. Diese Unterscheidung ist durch die rechtliche Lage der Betreffenden gerechtfertigt: wer seine Sachen in ein fremdes Grundstück oder Bauwerk hineinbaut, verliert sein Eigentum daran, ohne wegen seiner Forderung gesichert zu sein; wer

Sachen zu einem Bau liefert, kann sie zurückhalten, bis er befriedigt oder sichergestellt ist; will er auch die Anfertigung ohne Sicherheit nicht riskieren, so mag er bei dem Abschlusse des Vertrages Vorsorge treffen.

10. Kündigung des Vertrages durch den Besteller (649, 650). Entgegen dem allgemeinen Rechtssatze, daß von einem rechtsgültig geschlossenen Vertrage kein Teil einseitig (ohne Zustimmung des anderen) zurücktreten kann, bestimmt das Gesetz für den Werkvertrag, daß der Besteller (Bauherr usw.) bis dahin, daß das Werk vollendet ist, jederzeit den Vertrag kündigen, also den Beginn oder die Fortsetzung der Arbeit hindern kann. Das Gesetz erkennt dadurch an, daß die Ausführung des Werkes, wenn auch nicht allein, so doch vorzugsweise im Interesse des Bestellers geschieht und daß daher etwaigen Änderungen in seinen Verhältnissen, die eine Nichtausführung des verdungenen Werkes für ihn wünschenswert machen, Rechnung getragen werden muß. Andererseits darf aber der Unternehmer durch den Rücktritt des Bestellers nicht geschädigt werden. Der Unternehmer ist daher berechtigt, in solchem Falle vom Besteller die volle vereinbarte Vergütung zu verlangen; er muß sich darauf aber dasjenige anrechnen lassen, was er infolge der Aufhebung des Vertrages an Aufwendungen erspart oder durch anderweitige Verwendung seiner Arbeitskraft erwirbt oder böswillig zu erwerben unterläßt. Eine weitergehende Schadensersatzforderung steht dem Unternehmer gegen den Besteller wegen der Aufhebung des Vertrages nicht zu. Besonderes gilt für den Fall, daß dem Vertrage ein Kostenanschlag zugrunde gelegt worden ist. Hat hier der Unternehmer für die Richtigkeit des Anschlages keine Gewähr übernommen und ergibt sich, daß das Werk nicht ohne eine wesentliche Überschreitung des Anschlages ausführbar ist, so kann der Unternehmer, wenn der Besteller aus diesem Grunde den Vertrag kündigt, nicht die volle vereinbarte Vergütung (nach Abzug seiner Ersparungen an Aufwendungen usw.; s. oben) fordern, sondern nur einen der etwa bereits geleisteten Arbeit entsprechenden Teil der Vergütung und Ersatz der in der Vergütung nicht inbegriffenen Auslagen. Der Unternehmer ist verpflichtet, dem Besteller unverzüglich Anzeige zu machen, sobald sich eine solche (wesentliche) Überschreitung des Anschlages als wahrscheinlich herausstellt. Unterläßt oder verzögert er diese Anzeige, so ist er dem Besteller zum Ersatze des Schadens verpflichtet, den er dadurch erleidet, daß er nicht oder nicht rechtzeitig vom Vertrage zurückgetreten ist. War dem Besteller selber bekannt, daß die Anschlagssumme überschritten werden würde, so steht ihm kein Recht auf Schadensersatz zu.

11. Tod oder Konkurs des Bestellers oder des Unternehmers. Stirbt der Besteller, so endigt der Werkvertrag nur dann, wenn nach dem Inhalte des Vertrages oder der sonst klar erhellenden Absicht der Beteiligten die Leistung des Unternehmers an die Person des Bestellers geknüpft ist. Sonst gehen die Rechte und Verpflichtungen aus dem Vertrage auf die Erben des Bestellers über. Stirbt der Unternehmer oder wird er ohne seine Schuld zur Ausführung des Werkes unfähig, so endigt der Werkvertrag gleichfalls nur dann, wenn nach dem Vertrage oder der sonst erkennbaren Absicht der Parteien die Ausführung durch den Unternehmer selbst, nicht durch irgendeinen anderen, auf beiden Seiten vorausgesetzt war (es hat z. B. jemand einem berühmten Maler sein Bildnis in Auftrag gegeben; er braucht sich natürlich nicht gefallen zu lassen, daß nach dem Tode des Malers sein Erbe das Bild anfertigt); für die bereits begonnene Arbeit oder gehabte Auslagen braucht der Besteller keinen Ersatz zu leisten. Abgesehen von solchem Falle aber ist der Tod des Unternehmers für den Fortbestand des Werkvertrages ohne Einfluß; nur treten an Stelle des Unternehmers jetzt seine Erben. Selbstverständlich können aber die Beteiligten sich anderweit verständigen. — Gerät der Besteller oder der Unternehmer in Konkurs, ehe das Vertragsverhältnis von beiden Seiten vollständig erfüllt ist, so kann der Konkursverwalter (an Stelle des Gemeinschuldners, sei dies nun der Besteller oder der Unternehmer) den Vertrag seinerseits erfüllen und die Erfüllung auch von der anderen Seite verlangen. Er braucht dies aber nicht. Er muß jedoch auf Erfordern des anderen Teils, auch wenn die Erfüllungszeit noch nicht eingetreten ist, ihm ohne Verzug erklären, ob er die Erfüllung verlangen will. Unterläßt er dies, so kann er nun auf der Erfüllung nicht mehr bestehen (KO. 17).

12. Lieferung des Stoffes (der Materialien) durch den Unternehmer (651) („Werklieferungsvertrag"). Wenn der Unternehmer das Werk (die Arbeit) aus einem von ihm selber zu beschaffenden Stoffe herstellen soll (z. B. der Bauunternehmer hat das ihm in Auftrag gegebene Haus mit eigenem Material herzustellen; der Schneider den bestellten Anzug aus eigenen Stoffen anzufertigen), so kann zweifelhaft sein, ob hier ein Werkvertrag oder nicht vielmehr ein Kaufvertrag vorliegt, was für das Rechtsverhältnis zwischen den Beteiligten unter Umständen von großer Wichtigkeit ist. Haben die Parteien, wie es meist der Fall sein wird, hierüber nichts Ausdrückliches vereinbart, so muß das Gesetz die Entscheidung treffen. Es bestimmt, daß auf solchen Fall im allgemeinen die Bestimmungen über den Kaufvertrag anzuwenden sind; insbesondere ist daher der Unternehmer verpflichtet, dem Besteller an der hergestellten und ihm übergebenen Sache das Eigentum zu verschaffen. Gehört die herzustellende Sache zu den vertretbaren Sachen (s. d.), so finden die Vorschriften über den Kauf ausnahmslos Anwendung; ob die Zigarren, die jemand beim Fabrikanten bestellt, auf Lager sind oder ob sie erst angefertigt werden müssen, ist für das Rechtsverhältnis zwischen beiden einerlei. Gehört dagegen die herzustellende Sache zu den nicht vertretbaren, so kommen zum Teil zwar die Bestimmungen über den Kauf, zum Teil aber die Bestimmungen über den Werkvertrag zur Anwendung; es muß wegen dieses Falles auf den § 651 BGB. verwiesen werden.

13. Geschäftsbesorgung durch den Unternehmer (675). Für den Fall, daß der Werkvertrag eine Geschäftsbesorgung für den Besteller zum Gegenstande hat, bestimmt das Gesetz, daß die für das Auftragverhältnis (s. „Auftrag") geltenden Vorschriften, nämlich die §§ 663, 665 bis 670, 672 bis 674, bzw. unter Umständen auch § 671 Abs. 2 BGB., auch beim Werkvertrage „entsprechende Anwendung" finden sollen. Eine „Geschäftsbesorgung" ist aber nicht ohne weiteres in jeder Tätigkeit des Unternehmers zu finden; in der Regel handelt es sich dabei um eine Tätigkeit, die innerhalb des Rechtsbereichs des Bestellers vorzunehmen ist.

Es sollen also für Werkverträge solcher Art, die sich von einem Auftragsvertrage nur dadurch unterscheiden, daß dem Unternehmer eine Vergütung für seine Leistung vertragsmäßig zusteht, im wesentlichen die für den Auftragsvertrag gegebenen Vorschriften gelten, soweit nicht etwa die Anwendung dieser Vorschriften durch die Natur des Werkvertrages ausgeschlossen wird.

Wertpapiere, Anschaffung und Weiterveräußerung von, s. Kaufmann 1; Ankauf bei einem Bankier usw., s. Ratserteilungen usw.; Aufbewahrung. Anschaffung, Umtausch usw. durch einen Bankier, s. Depots, kaufmännische; Pfandrecht an, s. Pfandrecht an Rechten usw.; der Mündel, Aufbewahrung durch den Vormund (Pfleger) s. Vormund 4; Verkauf usw. durch den Vormund (Pfleger) s. Vormund 6 A 2; Wertpapiere der Hauskinder, Verkauf usw. durch den Vater (die Mutter) s. Verwaltung und Nutzung des Kindesvermögens usw. 1; durch die Mutter, der ein Beistand beigeordnet ist, s. Mutter und Kind 3; Wertpapiere der Frau, Verkauf usw. durch den Mann, s. Eingebrachtes Gut der Frau 2 und 6a; gestohlene oder abhanden gekommene, Eigentumserwerb an, s. Bewegliche Sachen, Eigentum an; Kraftloserklärung, Amortisierung von, s. Schuldverschreibungen auf den Inhaber I 2 u. Kraftloserklärung; Beschädigung, Vernichtung oder Verlust von, s. Schuldverschreibungen auf den Inhaber I 2; Verkauf von, s. Kauf und Verkauf 2, als verbrauchbare Sachen s. Verbrauchbare Sachen.

Wertpapiere, Verlust von. 1. Sachen, die ihm gestohlen oder von ihm verloren oder ihm sonst abhanden gekommen sind, kann der Eigentümer nach allgemeinem Rechtsgrundsatze (935) von dem, der sie etwa im Besitz hat, zurückfordern, auch wenn der Erwerber sie in gutem Glauben an sich gebracht hat; der Eigentümer hat sein Eigentum durch den Diebstahl usw. nicht verloren; er braucht den Besitzer wegen der Herausgabe nicht zu entschädigen. Dieser Rechtssatz gilt aber nicht für Wertpapiere, die auf den Inhaber lauten. Es würde den Handel mit solchen Papieren in hohem Maße beeinträchtigen, wenn der Käufer eines Papiers mit der Möglichkeit rechnen müßte, daß das Papier etwa dem Eigentümer gestohlen oder sonst abhanden gekommen wäre und er daher das Eigentum an dem gekauften Papier nicht erwürbe. Das Gesetz bestimmt daher, daß der gutgläubige Erwerber eines Inhaberpapiers auch dann das Eigentum an dem Papier erwirbt, wenn es dem früheren Besitzer gestohlen, von ihm verloren oder ihm sonst abhanden gekommen ist, und daß er diesem weder zur Herausgabe, noch zu sonstiger Entschädigung verpflichtet ist (935 Abs. 2). Aber nur der gutgläubige Erwerber erwirbt das Eigentum an dem gestohlenen Papier; wußte der Erwerber oder hatte er triftigen Grund, anzunehmen, daß das Papier dem Veräußerer nicht gehörte, so hat er das Eigentum nicht erworben. War aber das Papier von einem Kaufmann (s. d.) im Betriebe seines Handelsgewerbes veräußert, so wird der Erwerber auch dann als gutgläubig angesehen, wenn er zwar wußte, daß das Papier dem Veräußerer nicht gehörte, er aber ohne grobe Fahrlässigkeit annahm, daß der Veräußerer zur Verfügung über das Papier befugt gewesen sei (HGB. 366).

Unter Inhaberpapieren versteht man solche Papiere (Urkunden), bei denen die Geltendmachung des in ihnen verbrieften Rechts an das Papier geknüpft ist und die Übertragung des Papiers die Übertragung des Rechts bedeutet. Inhaberpapiere sind insbesondere Staatspapiere, Schuldverschreibungen (Obligationen) von Kreisen, Städten, Kreditanstalten usw., Wechsel, Schecks, Interimsscheine, Erneuerungsscheine (Talons), Grundschuldbriefe, Kuxe, Lose, Zinsscheine (Kupons), Dividendenscheine usw., sofern alle diese Papiere auf den Inhaber lauten, nicht auf Namen gestellt sind. Inhaberpapiere sind nicht Sparkassenbücher, Pfandscheine, Postablieferungsscheine usw.; ferner nicht Hypotheken-, Renten- und Grundschuldbriefe (falls letztere nicht etwa auf den Inhaber gestellt sind).

2. Schutz des Bestohlenen (Verlierers). Um den rechtmäßigen Eigentümer eines gestohlenen oder sonst abhanden gekommenen Wertpapiers zu schützen, soweit dies möglich ist, ohne den geschäftlichen Verkehr mit Wertpapieren in unzulässiger Weise zu erschweren (s. vorstehend 1), hat das Gesetz die nachstehend besprochenen Vorschriften getroffen.

Öffentliche Bekanntmachung des Verlustes. Der Verlust des Eigentums an einem gestohlenen usw. Papier wird unter Umständen durch eine Bekanntmachung im Deutschen Reichsanzeiger verhindert. Kauft nämlich ein Kaufmann, der Bankier- oder Geldwechslergeschäfte betreibt (für andere Gewerbetreibende, sowie für Nichtgeschäftsleute gilt diese Vorschrift nicht), das gestohlene usw. Papier, so erwirbt er daran kein Eigentum, wenn zur Zeit des Ankaufs der Verlust des Papiers von einer öffentlichen Behörde oder von dem aus dem Papier Verpflichteten im Deutschen Reichsanzeiger bekannt gemacht war und seit dem Ablaufe des Jahres, in dem die Veröffentlichung erfolgte, nicht mehr als ein Jahr verstrichen war (HGB. 367). Der Bankier muß also zu seiner Sicherheit vor dem Ankaufe von Papieren die im Reichsanzeiger enthaltenen Bekanntmachungen der in Verlust geratenen Wertpapiere nachsehen. Er erwirbt aber das Eigentum an dem gekauften Papier, wenn er infolge besonderer, von ihm natürlich nachzuweisender, Umstände die Bekanntmachung nicht kannte und ohne grobe Fahrlässigkeit auch nicht zu kennen brauchte. Andererseits kann aber auch, wenn das abhandengekommene Papier im Reichsanzeiger nicht veröffentlicht war, unter Umständen aus anderen Gründen ein Verschulden des Bankiers beim Ankauf des Papiers vorliegen, das seinen Eigentumserwerb an dem Papiere hindert. — Auf Zins-, Renten- und Gewinnanteil- (Dividenden-) Scheine, die nicht später, als in dem nächsten, auf die Veräußerung folgenden Einlösungstermine fällig werden, sowie auf Banknoten und andere auf Sicht zahlbare unverzinsliche Inhaberpapiere finden die vorgedachten Bestimmungen jedoch keine Anwendung. Der Bankier hat keine Verpflichtung, den Reichsanzeiger daraufhin zu prüfen, ob solche darin als abhanden gekommen veröffentlicht sind. Diese Bestimmung beruht auf der großen Menge solcher im Umlauf befindlichen Wertzeichen, die der Bankier nicht kontrollieren kann.

Der Bestohlene usw. muß die fragliche Bekanntmachung bei dem Aussteller des Papiers oder bei der Behörde auf seine Kosten beantragen. Ob der Aussteller dazu verpflichtet ist, richtet sich nach dem Rechtsverhältnis zwischen ihm und den Inhabern der Schuldverschreibungen.

Aufgebot behufs Kraftloserklärung von gestohlenen usw. Wertpapieren. Der Bestohlene (Verlierer) kann möglicherweise auch auf dem Wege der Kraftloserklärung (s. d.) sich vor Schaden bewahren. Die gerichtliche Kraftloserklärung ist nur dann nicht zulässig, wenn sie vom Aussteller in der Urkunde (in dem Papier) selbst ausgeschlossen ist. Nicht für kraftlos erklärt werden können Zins-, Renten- und Gewinnanteilsscheine (s. darüber unten 3), sowie auf Sicht zahlbare unverzinsliche Schuldverschreibungen (799), also insbesondere Banknoten. — Ist die Kraftloserklärung nicht ausgeschlossen, so kann der Bestohlene usw. das Aufgebot des Papiers beim Amtsgericht beantragen. Das Verfahren ist in der Zivilprozeßordnung (ZPO. 1003 ff.) geregelt. Der Aussteller des Papiers ist verpflichtet, dem Bestohlenen usw. die zur Erwirkung des Aufgebots oder der Zahlungssperre (s. nachstehend) erforderliche Auskunft zu erteilen und die erforderlichen Zeugnisse auf Kosten des Antragstellers auszustellen (799). Meldet sich im Aufgebotstermin ein Inhaber des Wertpapiers und legt dasselbe vor, so kann natürlich die Kraftloserklärung nicht erfolgen; es ist jetzt Sache der Beteiligten, sich wegen des Papiers auseinanderzusetzen; hat der Vorzeiger das Papier rechtmäßig erworben (s. oben 1), so ist der Bestohlene seines Eigentums verlustig. Meldet sich dagegen niemand (weil z. B. das Papier verbrannt oder sonst vernichtet ist oder weil der Dieb oder der Finder nicht hervorzutreten wagt), so kann der Eigentümer nach erfolgter Kraftloserklärung vom Aussteller ein neues oder gleichwertiges Papier fordern (800).

Zahlungssperre. Der Bestohlene kann zugleich mit dem Aufgebot (oder auch später) zu seinem weiteren Schutze beim Gericht beantragen, daß es an den Aussteller des Papiers sowie an die im Papier bezeichneten Zahlstellen ein öffentlich bekanntzumachendes Verbot erläßt, an den sich etwa meldenden Inhaber des Papiers irgendeine Zahlung zu leisten, insbesondere neue Zins-, Renten- oder Gewinnanteil- (Dividenden-) Scheine oder Erneuerungsscheine (Talons) auszugeben, sog. Zahlungssperre (ZPO. 1019). Das an den Aussteller erlassene Verbot ist auch den Zahlstellen gegenüber wirksam, die nicht in dem Papiere bezeichnet sind. Die Einlösung der vor dem Verbot ausgegebenen Zins- usw. Scheine wird jedoch von dem Verbot nicht betroffen. Die Zahlungssperre soll verhüten, daß an den etwaigen unberechtigten Vorzeiger des Papiers zum Nachteil des bisherigen Eigentümers Zins- usw. Scheine oder Erneuerungsscheine ausgegeben werden; der etwaige rechtmäßige neue Eigentümer des Papiers (s. oben 1) kann beim Aufgebotsgericht unter Vorlegung des Papiers die Wiederaufhebung der Sperre beantragen. Durch die Vorlegung des Papiers bei dem Gericht erledigt sich auch das Aufgebotsverfahren (vorstehend). Andererseits wird mit der Erlassung des Ausschlußurteils im Aufgebotsverfahren (welches das Papier für kraftlos erklärt) die Sperre gegenstandslos. Wegen des Näheren muß auf die angezogenen Gesetzesstellen selbst verwiesen werden.

3. Wegen abhanden gekommener oder vernichteter Zins-, Renten- und Gewinnanteilscheine (Dividendenscheine) sowie Erneuerungsscheine (Talons) ist auf das unter „Schuldverschreibungen auf den Inhaber I 2 a. Schl." Gesagte zu verweisen.

Wesentliche Bestandteile einer Sache s. Bestandteile.

Wette s. Spiel und Wette.

Widernatürliche Unzucht als Ehescheidungsgrund s. Ehescheidung 1 a.

Widerrechtliche Handlungen s. Schadensersatz wegen unerlaubter Handlung.

Widerruf einer Anweisung s. d. 4; einer Vollmacht s. d. 2; einer Schenkung s. d. 4, 5; eines Testaments s. d. 4.

Widerrufliche Erbeinsetzung s. Testament.

Widerspruch gegen einen Zahlungsbefehl s. Zahlungsbefehl.

Widersprüche in Testamenten s. Auslegung testamentarischer Bestimmungen.

Widerstand, rechtmäßige Beseitigung eines, s. Selbsthilfe u. Besitz 2.

Wiederaufhebung einer Entmündigung s. d. 2; eines Vertrages s. Rücktritt von einem Vertrage; einer Annahme an Kindes Statt (Adoption) s. d.; eines Testaments s. d. 4.

Wiederbringer einer verlorenen Sache s. Gefundene Sachen u. Auslobung.

Wiederherstellung einer beschädigten Sache s. Schadensersatz, allgemeine Bestimmungen usw.

Wiederkaufsrecht (497—503). Hat sich ein Verkäufer im Kaufvertrage (gleich beim Abschluß des Vertrages oder auch später) das Recht des Wiederkaufs vorbehalten, so kommt der Wiederkauf mit der Erklärung des Verkäufers, daß er das Wiederkaufsrecht ausübe, zustande. Ist etwa in Rücksicht auf die Art des Kaufgegenstandes für den Kaufvertrag eine besondere Form (schriftliche Abfassung, gerichtliche Aufnahme oder dgl.) vorgeschrieben, so bedarf die Vereinbarung des Wiederkaufs ebenfalls dieser Form, die Wiederkaufserklärung dagegen nicht. Das Recht auf Wiederkauf steht dem Berechtigten nur gegen seinen Käufer (und dessen Erben und Rechtsnachfolger) zu; anderen Personen, z. B. jemandem, der die Sache gepfändet oder sie von dem ersten Käufer gekauft hat, gegenüber kann er sich darauf nicht berufen; es ist ein rein persönliches Recht (s. übrigens unten am Schluß). Es geht aber beim Tode des Berechtigten auf seine Erben über; auch kann der Berechtigte, wenn nicht besondere Umstände dies ausschließen, das Wiederkaufsrecht an einen anderen abtreten. Ist über den Preis, zu dem der Verkäufer wieder zu kaufen berechtigt sein soll, nichts ausgemacht, so gilt der Verkaufspreis auch als Wiederkaufspreis.

Ist der Wiederkauf zustande gekommen, so ist der Wiederverkäufer verpflichtet, dem Wiederkäufer den gekauften Gegenstand in dem Zustande, in dem er sich gegenwärtig befindet, und mit allen gegenwärtigen Zubehörungen herauszugeben. Hat der zum Wiederverkauf Verpflichtete vor der Ausübung des Wiederkaufsrechts eine Verschlechterung oder den Untergang oder eine aus einem anderen Grunde eingetretene Unmöglichkeit der Herausgabe des von ihm gekauften Gegenstandes verschuldet oder den Gegenstand wesentlich verändert (wenn dies auch eine Verschlechterung gar nicht ist), so ist er dem zum Wiederkaufe Berechtigten für den daraus entstehenden Schaden verantwortlich. Ist der Gegenstand ohne Verschulden des Wiederverkäufers verschlechtert (z. B. das Grundstück hat durch Straßenverlegung an Wert verloren) oder ist er nur unwesentlich verändert, so kann der Wiederverkäufer deshalb keine Herabsetzung des von ihm zu zahlenden Preises verlangen; dagegen steht es in seinem Belieben, ob er unter diesen veränderten Verhältnissen von seinem Wiederkaufsrechte Gebrauch machen will. Hat der wiedergekaufte Gegenstand in der Zwischenzeit eine Werterhöhung erfahren (z. B.

an dem Grundstück ist ein öffentlicher Weg vorbeigeführt), so fällt dieser Gewinn dem Wiederkäufer zu. In der Zwischenzeit begründete Rechte anderer Personen an dem Verkaufsgegenstande muß der zum Wiederverkauf Verpflichtete beseitigen. Kann er dies nicht (er hat z. B. die Sache verkauft und kann sie nicht wiedererlangen), so ist er dem Wiederkaufsberechtigten für den Schaden verantwortlich. Hat er vor dem Wiederkaufe Verwendungen auf den Gegenstand gemacht, so kann er insoweit Ersatz vom Wiederkäufer beanspruchen, als der Wert des Gegenstandes durch die Verwendungen erhöht ist. Einrichtungen, mit denen er die herauszugebende Sache versehen hat, z. B. Bauten, die er auf dem Grundstück aufgeführt hat, darf er wegnehmen, wenn er sich nicht mit dem Käufer über den Ersatz des Wertes einigt.

Ist als Wiederkaufspreis der Schätzungswert vereinbart, den der gekaufte Gegenstand zur Zeit des Wiederkaufs hat, so ist der Wiederverkäufer für eine Verschlechterung, die der Gegenstand nach dem Verkaufe etwa erlitten hat, oder für den Untergang der Sache oder für die aus irgendeinem anderen Grunde eingetretene Unmöglichkeit der Herausgabe des Gegenstandes nicht verantwortlich; andererseits ist der Wiederkäufer aber auch zum Ersatze von Verwendungen, die der Wiederverkäufer auf die Sache gemacht hat, nicht verpflichtet. Dagegen haftet der zum Wiederverkaufe Verpflichtete allerdings dafür, wenn er die Sache mit Rechten anderer Personen belastet hat, z. B. ein Grundstück mit Hypotheken; er ist zu deren Beseitigung verpflichtet.

Steht das Wiederkaufsrecht mehreren gemeinschaftlich zu, so kann es nur im ganzen ausgeübt werden. Ist es für einen der Berechtigten erloschen oder übt einer von ihnen sein Recht nicht aus, so sind die übrigen berechtigt, das Wiederkaufsrecht im ganzen auszuüben.

Verjährung des Wiederkaufsrechts. Es ist zunächst Sache der Beteiligten, zu bestimmen, wie lange das Wiederkaufsrecht ausgeübt werden kann. Ist hierfür eine Frist (nach Jahren, Monaten usw.) bestimmt, so läuft diese von dem Zeitpunkte an, wo der Vorbehalt des Wiederkaufsrechts vereinbart ist. Ist von den Beteiligten keine Frist gesetzt, so gilt die gesetzliche Regel, daß das Wiederkaufsrecht bei Grundstücken nur bis zum Ablaufe von dreißig, bei anderen Gegenständen nur bis zum Ablaufe von drei Jahren nach der Vereinbarung des Vorbehalts ausgeübt werden kann.

Das Wiederkaufsrecht ist, wie erwähnt, ein persönliches Recht. Das Wiederkaufsrecht an einem Grundstücke kann daher nicht wie ein dingliches Recht im Grundbuch eingetragen werden; wohl aber kann es durch eine in das Grundbuch einzutragende Vormerkung auf Auflassung (s. d.) gesichert werden, so daß durch eine etwaige Veräußerung des Grundstücks seitens des Käufers das Wiederkaufsrecht des Verkäufers nicht vereitelt werden kann, vielmehr der spätere Erwerber es sich gefallen lassen muß, daß der Wiederkäufer als Eigentümer eingetragen wird. Landesgesetzlich ist übrigens ein dingliches Wiederkaufsrecht bei Rentengütern zulässig (EGBGB. 62).

In Preußen kann zugunsten desjenigen, der ein Grundstück zur Errichtung eines Rentenguts veräußert, ein dingliches Wiederkaufsrecht als Belastung auf das Rentengut eingetragen werden für den Fall, daß der Eigentümer das Rentengut verkauft oder sonst veräußert, daß es im Wege der Zwangsvollstreckung veräußert wird, daß der Eigentümer stirbt, oder seine Verpflichtungen nicht erfüllt. Das Wiederkaufsrecht muß im Grundbuch eingetragen werden, bzgl. der Ausübung gelten die obigen Bestimmungen AGBGB. (Preußen) 29.

Durch das Siedlungsgesetz vom 11. 8. 1919 ist noch in zwei Fällen ein dingliches Wiederkaufsrecht zugelassen, nämlich das Wiederkaufsrecht des Siedlungsunternehmens, wenn der Ansiedler die Ansiedlerstelle ganz oder teilweise veräußert oder nicht dauernd bewirtschaftet, und das Wiederkaufsrecht des früheren Eigentümers des Grundstücks, wenn das erworbene Grundstück nicht innerhalb 10 Jahren für Siedlungszwecke verwendet wird (s. Siedlungsland).

Wiederkehrende Leistungen, Verpflichtung eines Grundeigentümers zu, s. Reallast.

Wiederverheiratung des Vaters oder der Mutter als Vormund s. Vormund 3.

Wiederverheiratung. 1. Wiederverheiratung einer Witwe. Will eine Witwe sich wieder verheiraten, so bedarf sie, falls sie noch minderjährig ist, gleich wie zur Eingehung der ersten Ehe, der Einwilligung des Vaters. Diese ist auch dann nötig, wenn sie etwa für volljährig erklärt worden ist (s. „Volljährigkeitserklärung"). Die Einwilligung der Mutter als solcher ist gesetzlich nicht erforderlich (wenn die Witwe nicht etwa ein uneheliches Kind ist). An die Stelle der Einwilligung des Vaters tritt aber die Einwilligung der Mutter, wenn der Vater gestorben oder sein Aufenthalt unbekannt ist usw.; s. Näheres unter „Ehehindernisse 1 c". Ist die Witwe minderjährig oder steht sie aus einem anderen Grunde unter Vormundschaft, so bedarf sie, ganz abgesehen von dem, was das Gesetz über die eben besprochene Einwilligung des Vaters oder der Mutter (also der Eltern als solcher) bestimmt, auch der Einwilligung ihres gesetzlichen Vertreters, also entweder derjenigen Person, die die elterliche Gewalt über sie ausübt (des Vaters oder unter Umständen der Mutter), oder des Vormundes oder eines Pflegers; vgl. wegen des Näheren „Ehehindernisse 1 b". Der Einwilligung des gesetzlichen Vertreters bedarf die Witwe jedoch nicht mehr, wenn sie für volljährig erklärt ist. Ist die Witwe volljährig (über 21 Jahre alt) und auch sonst geschäftsfähig (s. „Geschäftsfähigkeit"), so ist gesetzlich zu ihrer Wiederverheiratung weder die Einwilligung der Eltern als solcher, noch die eines gesetzlichen Vertreters erforderlich.

Trauerjahr. Auseinandersetzung mit den Kindern. Aussteuer. Eine Wiederverheiratung ist der Witwe erst gestattet, wenn seit dem Tode des Mannes zehn Monate verflossen sind (Näheres s. „Ehehindernisse 1 g"). Die Ehe darf ferner nicht eher geschlossen werden, als bis die Witwe dem Standesbeamten ein Zeugnis des Vormundschaftsgerichts darüber vorgelegt hat, daß sie die ihr gesetzlich obliegenden Verpflichtungen wegen Nachweisung des den Kindern der früheren Ehe gehörigen Vermögens und eintretendenfalls wegen der Auseinandersetzung mit den Kindern erfüllt hat, worüber das Nähere unter „Ehehindernisse 1 h" nachzulesen ist. Eine Aussteuer kann die Witwe, wenn sie wieder heiratet, von ihren Eltern nicht nochmals verlangen, wenn sie schon bei der früheren Heirat eine angemessene Aussteuer empfangen hat.

Folgen der Wiederverheiratung. Die wiederheiratende Witwe verliert kraft Gesetzes die elterliche Gewalt über ihre Kinder, denen jetzt ein Vormund bestellt werden muß. Unter Umständen kann freilich die Mutter selber zur Vormünderin ihrer Kinder aus früherer Ehe bestellt werden, wenn der neue Ehegatte damit einverstanden ist; vgl. „Vormundschaft 1". Wird aber ein anderer als Vormund bestellt, so behält die Mutter doch das Recht und die Pflicht, für die Person ihrer Kinder aus früherer Ehe nach wie vor zu sorgen, wie das in dem Artikel „Mutter und Kind" unter 4 des Näheren dargelegt ist. Mit der elterlichen Gewalt verliert die Mutter im Falle der Wiederverheiratung auch die Nutznießung an dem Vermögen der Kinder früherer Ehe; dieses Vermögen ist hinfort von dem Vormunde zu verwalten; ist die Mutter selbst Vormünderin, so liegt ihr als solcher zwar die Verwaltung ob, aber sie verwaltet nur für Rechnung der Kinder, denen sie demnächst Rechenschaft ablegen muß (s. „Vormund 8"). Die Einkünfte des Vermögens sind, soweit nötig, zur Erziehung der Kinder zu verwenden; inwieweit die Mutter, wenn die Einkünfte dazu nicht ausreichen, ihre Kinder aus eigenen Mitteln zu unterhalten hat, darüber s. „Unterhaltungspflicht usw. 1".

2. Wiederverheiratung eines Witwers. Auf diesen findet das Vorgesagte im allgemeinen gleichfalls Anwendung. Von einem „Trauerjahr" ist aber hier nicht die Rede, d. h. es ist dem überlebenden Ehemanne gesetzlich keine Frist gesetzt, vor deren Ablaufe er nicht wieder heiraten darf. Ein wesentlicher Unterschied besteht aber für den wiederheiratenden Mann darin, daß er seine elterliche Gewalt über die Kinder aus einer früheren Ehe und das Nutzungsrecht an deren Vermögen nicht verliert. Die Wiederverheiratung übt auf sein Rechtsverhältnis zu den Kindern im allgemeinen keinen Einfluß aus; nur muß auch er, ehe er die neue Ehe schließen darf, seine gesetzlichen Verpflichtungen wegen des Nachweises usw. ihres etwaigen Vermögens erfüllen; s. das Nähere unter „Verwaltung und Nutzung des Kindesvermögens usw. 1" („Wiederverheiratung des Vaters") u. „Ehehindernisse 1 h".

3. Wiederverheiratung eines geschiedenen Ehegatten. Was im Vorstehenden über die Wiederverheiratung einer Witwe und eines Witwers gesagt ist, trifft im allgemeinen auch auf die Wiederverheiratung einer geschiedenen Frau oder eines geschiedenen Mannes zu. Ein Verbot des Wiederverheiratens für den geschiedenen Ehegatten, auch wenn er im Urteile als der schuldige Teil erklärt ist, besteht nicht mehr; nur ist die Ehe zwischen einem wegen Ehebruchs geschiedenen Ehegatten und demjenigen, mit dem er den Ehebruch begangen hat, verboten (s. „Ehehindernisse 1 f"). Die wiederheiratende geschiedene Frau verliert aber den Unterhaltsanspruch gegen den früheren Mann (s. „Unterhaltspflicht 1").

Wildschadenersatz (835). Nach dem Bürgerlichen Gesetzbuche kann Ersatz nur verlangt werden für den durch Schwarzwild, Rotwild, Elchwild, Damwild, Rehwild und Fasanen verursachten Schaden. Ob auch noch bei anderen Wildarten (Hasen usw.) Ersatz für Wildschaden gewährt werden muß, bestimmt sich nach den Landesgesetzen. In Preußen ist der Ersatz für Wildschaden auf andere Tierarten nicht ausgedehnt (§ 51 Preuß. Jagdordnung). Die Haftung ist Gefährdungshaftung, ein Verschulden ist nicht erforderlich. Zu ersetzen ist der Schaden, der an Grundstücken (nicht bloß an land- und forstwirtschaftlichen), sowie an den Bodenerzeugnissen entstanden ist, solange diese noch nicht eingeerntet sind. Als Beschädigter ist nicht bloß der Grundstückseigentümer, sondern auch ein Nießbraucher oder ein Pächter anzusehen. Zum Ersatze des Schadens verpflichtet ist einmal der Jagdberechtigte, dem an fremdem Grund und Boden das Jagdrecht kraft Gesetzes zusteht. Mehrere Jagdberechtigte haften als Gesamtschuldner (s. „Mehrere Gläubiger oder mehrere Schuldner"). Steht dem Grundeigentümer selbst an sich das Jagdrecht zu, ist ihm die Ausübung dieses Rechtes aber entzogen, so hat der den Schaden zu ersetzen, der zur Ausübung des Jagdrechts nach dem Gesetze berechtigt ist, z. B. der Verband der Grundbesitzer einer Gemeinde, wenn dieser nach den Landesgesetzen die Jagd auf den Gesamtgrundstücken auszuüben oder durch Verpachtung zu nutzen berechtigt ist. Haftet der Verband nach dem betreffenden Jagdgesetze als solcher nicht, so sind die einzelnen Grundstückseigentümer nach dem Verhältnisse der Größe ihrer Grundstücke ersatzpflichtig. Hat der Eigentümer eines Grundstücks, auf dem das Jagdrecht wegen der Lage des Grundstücks nur gemeinschaftlich mit dem Jagdrecht auf einem anderen Grundstücke ausgeübt werden darf, das Jagdrecht dem Eigentümer dieses Grundstückes verpachtet, so ist der letztere für den Schaden verantwortlich. In Preußen, das ein Jagdrecht an fremdem Grund und Boden nicht kennt, haftet also stets der Eigentümer, bei gemeinschaftlichen Jagdbezirken die Grundbesitzer nach Verhältnis der Größe der beteiligten Fläche. Der Jagdpächter haftet den Geschädigten nicht. Er ist nur den Grundbesitzern erstattungspflichtig, soweit er diese Verpflichtung im Pachtvertrage übernommen hat (§ 52 Pr. Jagdordnung). Ist neben dem Jagdberechtigten noch ein anderer im einzelnen Falle für einen entstandenen Wildschaden verantwortlich (beispielsweise wer vorsätzlich oder fahrlässig eine zum Schutze gegen das Wild errichtete Einfriedigung weggenommen oder beschädigt hat), so kann der auf den Ersatz des Wildschadens vom Grundeigentümer usw. in Anspruch genommene Jagdberechtigte den gezahlten Schadensbetrag von jenem erstattet verlangen.

Wenn an einem Grundstücke ein erbliches Nutzungsrecht besteht (das nach dem Inkrafttreten des Bürgerlichen Gesetzbuches im allgemeinen nicht mehr begründet werden kann; vgl. „Erbpachtrecht"), so tritt bei der Anwendung der vorstehend mitgeteilten gesetzlichen Bestimmungen an Stelle des Eigentümers überall derjenige, dem das erbliche Nutzungsrecht zusteht. —

Von den vorstehend mitgeteilten Bestimmungen abgesehen ist die Regelung des Jagdrechts der Landesgesetzgebung überlassen (EGBGB. 69 bis 72). Insbesondere bestimmen auch die Landesgesetze darüber, nach welchen Grundsätzen der Wildschaden festzustellen ist (z. B. in Preußen ist der Schaden an Feldfrüchten in dem Umfange zu erstatten, in dem er sich zur Zeit der Ernte darstellen würde), sowie ob der Anspruch auf Ersatz von Wildschaden etwa innerhalb einer bestimmten Frist bei einer zuständigen Behörde geltend zu machen ist (z. B. in Preußen innerhalb drei Tagen nach erhaltener Kenntnis bei der Ortspolizeibehörde). Ferner bleiben die landesgesetzlichen Vorschriften in Geltung, nach denen für den Wildschaden, der durch ein aus einem Gehege ausgetretenes jagdbares Tier angerichtet wird, der Eigentümer oder der Besitzer des Geheges verantwortlich ist; oder nach denen der Eigentümer eines Grundstücks, wenn das Jagdrecht auf einem anderen Grundstücke nur gemeinschaftlich mit dem Jagdrecht auf seinem Grundstück ausgeübt werden darf, für den auf dem anderen Grundstück angerichteten Wildschaden auch dann haftet, wenn er die ihm angebotene Pachtung der Jagd abgelehnt hat; ferner Vorschriften, nach denen der Wildschaden, der an Gärten, Obstgärten, Weinbergen, Baumschulen und einzelstehenden Bäumen angerichtet wird, dann nicht zu ersetzen ist, wenn die Herstellung von Schutzvorrichtungen unterblieben ist, die unter gewöhnlichen Umständen zur Abwendung des Schadens ausreichen; oder durch die die Verpflichtung zum Schadensersatz in dem Falle, daß die Eigentümer der Grundstücke eines Bezirks zum Zwecke der gemeinschaftlichen Ausübung des Jagdrechts durch das Gesetz zu einem Verbande vereinigt sind, der nicht als solcher für den Wildschaden haftet, abweichend bestimmt wird; oder durch die die Gemeinde an Stelle der Eigentümer der zu einem Jagdbezirk vereinigten Grundstücke zum Ersatze des Wildschadens verpflichtet und zum Rückgriff auf die Eigentümer berechtigt ist oder an Stelle der Eigentümer oder des Verbandes der Eigentümer oder der Gemeinde oder neben ihnen der Jagdpächter zum Ersatze des Schadens verpflichtet ist; endlich Bestimmungen, wonach der zum Ersatze des Wildschadens Verpflichtete Erstattung des geleisteten Ersatzes von demjenigen verlangen kann, der in einem anderen Bezirke zur Ausübung der Jagd berechtigt ist. Für Preußen s. Gutt. Slg. Nr. 63 „Jagdgesetze".

Willenserklärungen unter Abwesenden s. Abwesend usw.; Auslegung von, s. d.; Anfechtung von, s. d., stillschweigende Willenserklärungen s. Stillschweigende Verabredungen usw.; scherzhafte, s. Scherz.

Wirte s. Gastwirte.

Wirtschaftsgebäude, Ausbesserungspflicht s. Pacht 1.

Wirtschaftsgeräte, Pfändbarkeit derselben, s. Pfändung in der Zwangsvollstreckung 1.

Witwe. Für Witwen gelten im allgemeinen dieselben gesetzlichen Bestimmungen, wie sie für unverheiratete Frauen gegeben sind (vgl. den Art. „Frauen"), da mit dem Tode des Mannes diejenigen beschränkenden Gesetzesvorschriften, die in dem ehelichen Verhältnis zwischen den Gatten ihren Grund haben (s. „Ehegatten 1"), naturgemäß ihre Wirksamkeit verlieren. Insbesondere ist die Witwe jetzt wieder völlig selbständig in bezug auf ihr Vermögen, das, solange die Ehe bestand, der Verwaltung des Mannes unterstand sowie auf die Wahl eines Wohnsitzes und einer Erwerbsstellung. Die Witwe fordert bei der Auseinandersetzung mit ihren Miterben am Nachlasse des Mannes ihr eingebrachtes Vermögen zurück; sie kann von ihren Miterben Rechenschaftsablage wegen ihres von dem verstorbenen Gatten verwalteten Vermögens verlangen (vgl. „Eingebrachtes Gut der Frau"). Über die Auseinandersetzung mit den Miterben, falls sie mit dem Manne in Gütergemeinschaft oder Fahrnisgemeinschaft oder Errungenschaftsgemeinschaft gelebt hat, s. die betr. Artikel.

Außer ihrem eigenen Vermögen hat sie Erbrechte an dem Nachlaß des Mannes. Sie gehört zu seinen „gesetzlichen" Erben, d. h. sie ist zur Erbschaft des Mannes, entweder ganz allein oder zusammen mit den Kindern usw., berufen, wenn der Mann keine Verfügung auf den Todesfall, sei es in einem Testament oder durch einen Erbvertrag (Ehevertrag) getroffen hat; vgl. „Gesetzliche Erben 2". Sie hat sogar ein Pflichtteilsrecht gegen den Nachlaß des Mannes (s. „Pflichtteil"). Sie kann von den Miterben für die ersten dreißig Tage nach dem Tode des Mannes Unterhalt in demselben Umfange, wie er ihr von dem Manne gewährt ist, verlangen und hat während dieser Zeit ein gesetzliches Recht auf die Benutzung der gemeinsamen Wohnung und der Haushaltsgegenstände, vorausgesetzt, daß sie bis zum Tode des Mannes mit ihm zusammen gewohnt und daß der Mann im Testament nichts anderes bestimmt hat. Ist die Geburt eines Kindes zu erwarten, so kann sie im Bedürftigkeitsfalle noch weiteren standesmäßigen Unterhalt bis zur Entbindung aus dem Nachlasse oder, wenn noch andere Miterben da sind, aus dem Erbteile des zu erwartenden Kindes fordern; über die Aussetzung der Erbteilung in solchem Falle vgl. „Erbteilung 2".

Der Tod des Mannes hat zur Folge, daß die elterliche Gewalt über die etwa noch minderjährigen Kinder nun auf die überlebende Mutter übergeht; sie allein hat jetzt den Kindern den Schutz und die Vertretung zu gewähren, die bei Lebzeiten des Vaters diesem zustanden. Eine Vormundschaft über die Kinder wird daher nicht angeordnet. Der Mutter liegt besonders die Verwaltung des den Kindern gehörigen Vermögens ob, wie sie auch das Recht der Nutznießung an diesem Vermögen hat; s. das Nähere in dem Art. „Eltern und Kinder 4 bis 7". Fühlt sich die Witwe den Anforderungen nicht gewachsen, die eine solche verantwortliche und unter Umständen mit großen Mühewaltungen verknüpfte Verwaltung ihr stellt, so kann sie sich vom Gerichte einen Beistand erbitten. Unter Umständen kann ihr aber auch gegen ihren Willen ein Beistand zugeordnet werden. Über alles dies s. „Mutter und Kind 3".

Wegen einer etwaigen Wiederverheiratung der Witwe vgl. den Art. „Wiederverheiratung".

Witwengeld, Nichtabtretbarkeit, s. Abtretung einer Forderung 1; Nichtpfändbarkeit s. Pfändung in der Zwangsvollstreckung 2; Aufrechnung dagegen, s. d.

Witwer, Wiederverheiratung, s. Wiederverheiratung 2.

Wochen, Fristen, bestimmt nach, s. Fristen und Termine.

Wochenbettskosten s. Uneheliche Kinder 3.

Wochenlohn s. Arbeits- u. Dienstvertrag 3.

Wohngebäude, Ausbesserungspflicht, s. Pacht 1.

Wohnort, s. Wohnsitz; Bestimmung durch den Ehemann s. Ehegatten 1; durch den Vater s. Eltern und Kinder 1; durch die Mutter s. d.; durch den Vormund s. d. 2.

Wohnrecht s. Wohnungsrecht.

Wohnsitz, Verlegung seitens eines Gläubigers, s. Leistungen usw. 5; des Schuldners bestimmt den Zahlungs- (Leistungs-, Erfüllungs-) Ort s. Leistungen usw. 5; weite Entfernung des, als Ablehnungsgrund bei Vormundschaften s. Vormundschaft 2.

Wohnsitz (7—11). Unter Wohnsitz und (tatsächlichem) Wohnort versteht man im gewöhnlichen Leben dasselbe. Aber nicht so das Gesetz. Wo letzteres vom Wohnsitz einer Person spricht und daran besondere Rechtsfolgen knüpft (z. B. ist das Gericht des Wohnsitzes einer Person regelmäßig dasjenige, wo die Person verklagt werden muß), ist das Nachstehende zu beachten. Der Wohnsitz einer Person im Rechtssinne ist der Ort, an dem sie sich ständig niederläßt, d. h. mit der Absicht, dauernd, wenn auch nicht für alle Zeit, dort zu bleiben. Dieser Satz erscheint sehr einfach; er führt aber in der Praxis zu häufigen Zweifeln. Im allgemeinen wird man folgendes sagen können. Männliche und weibliche Arbeiter und Angestellte, wie Hausangestellte, Fabrikarbeiter, Kellner, Handlungsgehilfen, Wirtschaftsbeamte, Hauslehrer u. dgl., haben meist ihren Wohnsitz nicht da, wo sie in Stellung sind, sondern behalten ihren Wohnsitz am Heimatsorte (s. unten); denn sie haben regelmäßig nicht die Absicht, dauernd an dem Orte ihrer jeweiligen Beschäftigung zu bleiben, sondern wechseln den Ort, wenn sie anderswo Stellung finden. Ein Wohnsitz würde für sie an dem Orte ihrer Beschäftigung aber dann anzunehmen sein, wenn sie schon längere Zeit in der fraglichen Stellung sind und mit Rücksicht auf die Umstände anzunehmen ist, daß das Dienst- oder Arbeitsverhältnis ein dauerndes sein wird. — Personen, die ein selbständiges Gewerbe betreiben, wie Handwerker, Künstler, Näherinnen, Plätterinnen, Wäscher, Köche, Aufwärter u. dgl., werden meist ihren Wohnsitz an dem Orte ihrer Tätigkeit haben, selbst dann, wenn sie noch keine eigene Häuslichkeit haben. — Studenten, Schüler, Lehrlinge erwerben an dem Orte der Universität, Schule oder des Lehrherrn keinen neuen Wohnsitz. — Den Wohnsitz kann jemand auch an einem Orte haben, an dem er regelmäßig nur zeitweilig anwesend ist. Der Wohnsitz wird aufgehoben, wenn die Niederlassung mit dem Willen, sie aufzugeben, tatsächlich auch aufgehoben wird. Jemand kann auch mehrere Wohnsitze haben. Im allgemeinen kann jedermann seinen Wohnsitz frei wählen; es gibt jedoch Ausnahmen:

1. Die Frau teilt kraft Gesetzes, solange die Ehe dauert, den Wohnsitz des Mannes, es sei denn, daß der Mann seinen Wohnsitz im Auslande an einem Orte begründet, an den die Frau ihm nicht folgt und zu folgen nicht verpflichtet ist (s. „Ehegatten 1"). Ob die Ehegatten tatsächlich an verschiedenen Orten leben, ist dabei gleichgültig; der Wohnsitz der Frau ist nach dem Gesetze doch da, wo jeweilig der Wohnsitz des Mannes ist, selbst dann, wenn der Mann im Inlande einen Wohnsitz hat, an den sie ihm nicht zu folgen braucht. Die Frau kann ihren durch den Wohnsitz des Mannes bestimmten gesetzlichen Wohnsitz nicht eigenmächtig ändern. Nur wenn der Mann keinen Wohnsitz hat, sowie dann, wenn die Frau ausnahmsweise (s. oben) seinen Wohnsitz nicht kraft Gesetzes teilt, kann sie selbständig einen eigenen Wohnsitz begründen und haben. Ist durch gerichtliches Urteil auf Aufhebung der ehelichen Gemeinschaft (s. „Ehescheidung 5") erkannt, so hört damit allerdings der gesetzliche Wohnsitz der Frau an dem Orte des Wohnsitzes des Mannes auf; sie kann jetzt selbständig einen anderen Wohnsitz begründen (1585).

2. Ein eheliches Kind teilt kraft Gesetzes den Wohnsitz des Vaters, ein uneheliches Kind den Wohnsitz der Mutter, ein an Kindes Statt angenommenes Kind den Wohnsitz des Annehmenden (des Adoptivvaters oder der Adoptivmutter). Das Kind behält diesen Wohnsitz solange, bis es ihn aufheben kann (s. unten 4) und tatsächlich aufhebt. Der vorbezeichnete Wohnsitz des Kindes geht nicht schon dadurch verloren, daß der Vater (oder die uneheliche Mutter oder der Annehmende) seinen Wohnsitz verliert oder stirbt. Eine erst nach dem Eintritt der Volljährigkeit des Kindes erfolgende Legitimation oder Annahme an Kindes Statt (s. d.) hat jedoch keinen Einfluß auf den Wohnsitz des Kindes.

3. Eine Militärperson hat ihren Wohnsitz am Garnisonorte.

4. Um einen Wohnsitz selbständig begründen oder aufheben zu können, bedarf es der vollen Geschäftsfähigkeit der betreffenden Person. Minderjährige, geistig Gestörte, Entmündigte können ohne den Willen ihres gesetzlichen Vertreters (Vaters, Vormundes, Pflegers usw.) einen Wohnsitz weder begründen noch aufheben. Der gesetzliche Vertreter kann für sich allein den Wohnsitz des von ihm Vertretenen aufheben oder einen neuen Wohnsitz für ihn begründen.

Wohnungsmiete s. Miete.

Wohnungsrecht (1093). (Vgl. auch „Altenteil".) Unter einem Wohnungsrecht (Wohnrecht) versteht man das Recht, ein Gebäude oder einen Teil eines Gebäudes (einzelne Räume) unter Ausschluß des Eigentümers als Wohnung zu benutzen. Es ist eine Art der beschränkten persönlichen Dienstbarkeit (s. d.). Es finden daher die allgemeinen gesetzlichen Bestimmungen für solche Dienstbarkeiten Anwendung. Das Wohnungsrecht wirkt als Belastung des Grundstücks (dinglich) und muß im Grundbuche eingetragen werden. Die Eintragung erfolgt auf Grund einer Eintragungsbewilligung des Grundeigentümers, die in öffentlicher oder öffentlich beglaubigter Form (s. d.) vorliegen muß, auf Antrag eines der Beteiligten. Der Umfang des Rechts bleibt im allgemeinen der Vereinbarung der Beteiligten und der Festsetzung im Vertrage überlassen. Ist nichts anderes vereinbart, so ist der Berechtigte befugt, seine Familie, sowie die zur standesmäßigen Bedienung und Pflege erforderlichen Personen in die Wohnung dauernd mit aufzunehmen. Wer als zur Familie gehörig anzusehen ist, wird vom Gesetz nicht bestimmt; es entscheidet darüber die im gewöhnlichen Leben herrschende Auffassung. Andere Personen darf der Berechtigte nur zu vorübergehendem Besuche aufnehmen. Ist das Recht auf einen Teil eines Gebäudes beschränkt, so kann der Berechtigte die zum gemeinschaftlichen Gebrauche der Bewohner bestimmten Anlagen und Einrichtungen mit benutzen, auch wenn ihm dieses Recht in dem Vertrage nicht ausdrücklich eingeräumt ist. Das Wohnungsrecht ist unvererblich und unveräußerlich, endet also, wenn es auf Zeit bestellt ist, mit dem Ablauf dieser Zeit oder mit einem früheren Tode des Berechtigten. Der Wohnungsberechtigte ist nicht befugt, das Gebäude oder den Gebäudeteil zu verändern und wesentlich umzugestalten, doch hat er für Ausbesserungen und Erneuerungen zu sorgen, soweit sie zur gewöhnlichen Unterhaltung gehören. Für Verwendungen in das Grundstück, zu denen er nicht verpflichtet ist, kann er vom Eigentümer nach den Vorschriften über die Geschäftsführung ohne Auftrag Ersatz verlangen (s. d.). Sonst finden noch einige für den Nießbrauch gegebene Vorschriften Anwendung (s. d.), so über Anzeigepflicht wegen außergewöhnlicher Instandsetzungen, Ausschluß der Haftung für Verschlechterung des Gebäudes durch ordnungsmäßige Benutzung. Von der Miete unterscheidet sich das Wohnungsrecht dadurch, daß es als Belastung des Grundstücks gegen jeden Eigentümer wirkt. Der häufigste Anwendungsfall des Wohnungsrechts ist das Wohnungsrecht des Auszüglers bei Gutsüberlassungsverträgen. Ist es in solchen Fällen für zwei Eheleute als Gesamtberechtigung bestellt, so steht nach dem Tode des einen

Ehegatten dem anderen das Wohnungsrecht in dem bisherigen Umfange zu, soweit nichts anderes vereinbart ist. Die Bestellung eines Wohnungsrechts ist aber auch in anderen Fällen möglich, z. B. durch letztwillige Verfügung. In diesem Falle hat der Erbe die Einwilligungserklärung für die Eintragung abzugeben. Auch Vorbehalt des Wohnungsrechts für den Verkäufer bei Grundstücksverkäufen ist gerade in den Zeiten der Wohnungszwangswirtschaft häufig. Das Wohnungsrecht schließt dabei die Vereinbarung einer laufenden Vergütung nicht aus, die auch nach Maßgabe der gesetzlichen Miete vereinbart sein kann. Das Wohnungsrecht kann auf Antrag des Eigentümers im Grundbuche gelöscht werden, wenn der Tod des Berechtigten durch Sterbeurkunde nachgewiesen wird.

Wucher (138). Wucherische Geschäfte sind nach dem Gesetze ungültig (nichtig). Es kann also kein Teil aus einem solchen Geschäfte Rechte geltend machen, das ihm Versprochene fordern und einklagen; der Schuldner braucht das aus einem solchen Geschäfte Geschuldete sich nicht aufrechnen zu lassen usw. Das von dem durch das Geschäft Geschädigten bereits Geleistete kann nach den Vorschriften über ungerechtfertigte Bereicherung (s. d.) zurückgefordert werden. Der Wucherer ist ihm außerdem nach den für unerlaubte Handlungen geltenden Rechtsgrundsätzen (s. „Schadensersatz wegen unerlaubter Handlung") zum Schadensersatz verpflichtet. Auch Helfershelfer des Wucherers können unter Umständen zum Schadensersatz herangezogen werden.

Was versteht man aber unter Wucher? Im gemeinen Leben nennt man so das Ausleihen von Geld gegen übermäßig hohe Zinsen. Das BGB. trifft eine genauere Bestimmung. Als ein wucherisches wird jedes Geschäft bezeichnet, „durch das jemand unter Ausbeutung der Notlage, des Leichtsinns oder der Unerfahrenheit eines anderen sich oder einem Dritten für eine Leistung Vermögensvorteile versprechen oder gewähren läßt, welche den Wert der Leistung dergestalt übersteigen, daß den Umständen nach die Vermögensvorteile in auffälligem Mißverhältnisse zu der Leistung stehen". Es wird also ein mehreres verlangt, damit das Geschäft unter den Wucherparagraphen falle. Zuerst ist nötig, daß die von dem angeblich Bewucherten versprochenen oder bereits gewährten Vermögensvorteile (die versprochene oder gezahlte Summe, die hingegebene Sache usw.) den Wert der Gegenleistung dergestalt übersteigen, daß „den Umständen nach" das Versprochene oder Gegebene in auffälligem Mißverhältnisse zur Gegenleistung steht. Es ist dabei einerlei, welcher Art das Geschäft ist, ob es sich um ein Gelddarlehn gegen übermäßig hohen Zins handelt oder etwa um einen Verkauf zu einem Preise, der den Wert der Sache weit übersteigt, oder um Ausbedingung einer übermäßig hohen Vergütung für Dienste irgendwelcher Art, z. B. einer Provision für einen Grundstücksverkauf oder eine Engagementsvermittelung u. dgl. mehr. Der Zins (der Preis, die Vergütung) muß den Umständen nach zu der Leistung des anderen in auffälligem Mißverhältnisse stehen. Es kann sich niemand beklagen, wenn er in einem eleganten Laden in der Hauptstraße einer Großstadt, dessen Besitzer eine übermäßig hohe Miete zahlen muß, einen Gegenstand erheblich teurer gekauft hat, als er ihn bei einem kleinen Händler in einer Nebenstraße hätte kaufen können. Wer auf längere oder kürzere Zeit Geld borgen muß, ohne in der Lage zu sein, dem Herleiher für die künftige Rückzahlung irgendwelche Sicherheit bieten zu können, muß es sich gefallen lassen, daß der Geldgeber ihm mit Rücksicht auf den möglichen Verlust seines Kapitals übermäßig hohe Zinsen abfordert. Es kann in solchem Falle nicht gleich von Wucherzinsen gesprochen werden. — Es ist zweitens nötig, daß der Geschädigte sich in einer Notlage befunden hat oder daß er leichtsinnig oder unerfahren ist. Hat sich ein gewiegter Geschäftsmann von einem anderen im Geschäftsbetriebe arg übervorteilen lassen, so kann er sich nicht auf den Wucherparagraphen berufen; er mag aufpassen. — Endlich ist drittens erforderlich, daß der andere Teil die Sachlage kannte und gerade die Notlage oder den Leichtsinn oder die Unerfahrenheit ausbeutete, um sich einen unerlaubten Gewinn zu verschaffen. Liegt die eben besprochene besondere Voraussetzung der Ausbeutung der Notlage, des Leichtsinns oder der Unerfahrenheit nicht vor, so tritt die Ungültigkeit nicht ein, mögen auch die von dem einen Teile gewährten Vermögensvorteile in noch so auffälligem Mißverhältnis zu der Gegenleistung stehen (RG.). — Inwiefern der Wucher strafbar ist, bestimmen die §§ 302 a bis 302 e und 360[12] des Strafgesetzbuchs.

Wurm bei Tieren s. Gewährleistung usw. 9.

Wurzeln, in das Nachbargrundstück hineinragende, s. Grundeigentum 2 f.

Z.

Zahlung, Forderung einer Quittung s. Quittung; Rückgabe des Schuldscheins s. ebendaselbst; für den Schuldner durch andere Personen s. Leistungen usw. 4; an einen anderen als den Gläubiger s. Erfüllung von Schuldverhältnissen; Verzögerung der, s. Verzug des Schuldners; Unfähigkeit zur, s. ebendaselbst; Tragung des Portos s. Leistungen usw. 5; Annahme einer, durch den Vormund s. Vormund 6; Zahlungen aus öffentlichen Kassen s. Leistungen usw. 5; Zahlung an eine Ehefrau s. Eingebrachtes Gut der Frau 5; an den Ehemann s. daselbst 4; an den Vater (die Mutter) als Inhaber der elterlichen Gewalt s. Verwaltung usw. des Kindesvermögens 1; an den Vormund s. Vormund 6; an einen Minderjährigen, einen Entmündigten usw. s. Geschäftsfähigkeit 2.

Zahlungsaufforderung s. Verzug des Schuldners.

Zahlungsbefehl (Mahnverfahren) (ZPO. 688—703). **1.** Ein Zahlungsbefehl kann wegen jeder Forderung, die auf Zahlung einer bestimmten Geldsumme oder auf Leistung einer bestimmten Menge anderer vertretbarer (s. d.) Sachen oder Wertpapiere gerichtet ist, erwirkt werden, gleichviel, wie hoch die Forderung ist. (Als ein Anspruch, der die Zahlung einer Geldsumme zum Gegenstande hat, gilt auch der Anspruch aus einer Hypothek, einer Grundschuld oder einer Rentenschuld.) Wegen anderer Ansprüche ist ein Zahlungsbefehl nicht zulässig. Schuldet mir jemand z. B. ein von mir gekauftes Pferd, so kann ich darauf keinen Zahlungsbefehl nehmen. Ist die geforderte Leistung von einer noch nicht erfolgten Gegenleistung abhängig, so ist ebenfalls ein Zahlungsbefehl unstatthaft. Hat also beispielsweise jemand eine Sache verkauft, so kann er auf den Kaufpreis keinen Zahlungsbefehl nehmen, wenn er die verkaufte Sache dem Käufer noch nicht übergeben hat. Hat er aber seinerseits den Vertrag bereits erfüllt, z. B. die gekauften

Waren dem Käufer übergeben, so kann er einen Zahlungsbefehl beantragen, muß aber in dem Antrage bemerken, daß er die Waren bereits geliefert hat. Der Zahlungsbefehl ist beim Amtsgericht des Schuldners mündlich (auf der Geschäftsstelle) oder schriftlich zu beantragen. Er kann aber, außer beim Amtsgericht des eigentlichen Wohnorts des Schuldners, auch bei demjenigen Amtsgericht beantragt werden, in dessen Bezirk sich der Schuldner längere Zeit (bloß) aufhält, z. B. als Dienstbote, Hand- oder Fabrikarbeiter, Geselle, Student, Schüler, Lehrling usw.

Der schriftliche Antrag (das Gesuch) um Erlassung eines Zahlungsbefehls muß eine genaue Bezeichnung des Gläubigers und des Schuldners nach Namen, Stand oder Gewerbe und Wohnort, sowie eine bestimmte Angabe des Betrages und des Gegenstandes der Forderung (der Hauptforderung, sowie etwaiger genau zu spezifizierender Nebenforderungen an Zinsen, Kosten usw.) enthalten und den Grund ersehen lassen, auf dem die Forderung beruht. Es ist also z. B. zu sagen: „für im Jahre... gelieferte Waren" oder „laut anliegender Rechnung", oder „aus einem am... geschlossenen Vergleiche", oder „aus einem am... gegebenen Darlehn" usw.; auch der Grund der Nebenforderungen muß ersichtlich gemacht sein. Die Angabe der Zeit der Entstehung des Anspruches ist zwar nicht immer, aber doch meist erforderlich und daher nicht zu unterlassen. Handelt es sich um eine Warenforderung, so ist zweckmäßig stets eine spezifizierte Rechnung oder ein Buchauszug beizufügen. Dies ist vorsichtshalber besonders dann nicht zu verabsäumen, wenn der Zahlungsbefehl genommen wird, um eine drohende Verjährung der Forderung zu unterbrechen, da sonst die Vervollständigung des Antrages im Falle einer einstweiligen Zurückweisung des Gesuchs mangels der nötigen Angaben leicht zu spät erfolgen könnte. — Beweisstücke (Schuldurkunden u. dgl.) brauchen dagegen dem Antrage nicht beigefügt zu werden. Das Gesuch braucht nur einfach eingereicht zu werden; werden ihm umfangreiche Buchauszüge oder Rechnungen beigefügt, so ist es zweckmäßig, diese zweifach beizulegen. Wird der Antrag (das Gesuch) durch einen Bevollmächtigten gestellt, so braucht dieser eine Vollmacht nicht vorzulegen. Gleichzeitig ist eine halbe Gebühr Gerichtskosten beizufügen (vgl. Art. Gerichtskosten).

Zur besseren Veranschaulichung des Gesagten sei im nachstehenden ein Beispiel für den Antrag auf Erlaß eines Zahlungsbefehls mitgeteilt:

„Leipzig, den 15. Februar 1929.

An das
Amtsgericht in Erfurt.

Der Kaufmann Karl Müller, Hagenstr. 47 dort, schuldet mir für die ihm laut anliegender Rechnungsaufstellung am 1. Juli 1928 gelieferten Waren den Restbetrag von 167,33 Mk. Es ist dreimonatiges Ziel vereinbart.

Ich beantrage daher den Erlaß eines Zahlungsbefehls gegen den p. Müller auf die Summe von 167,33 Mk. nebst 7 Prozent Zinsen seit 1. Oktober 1928. Friedrich Meyer."

Für Geschäftsleute, die öfter in die Lage kommen, Zahlungsbefehle beantragen zu müssen, empfiehlt es sich, Formulare zu solchen, die im Handel käuflich sind, anzuschaffen und sie entsprechend ausgefüllt dem Amtsgericht in drei Exemplaren zu übersenden, so daß das Gericht nur das Datum und die Namensunterschrift hinzuzusetzen hat. Die Sache wird hierdurch sowohl für den Gläubiger als auch für das Gericht sehr vereinfacht.

In dem von dem Gerichte erlassenen und dem Schuldner zugestellten Zahlungsbefehle wird dieser aufgefordert, binnen einer vom Tage der Zustellung des Befehls (darüber erhält der Gläubiger einen Ausweis) an laufenden Frist von einer Woche entweder den Gläubiger zu befriedigen oder Widerspruch (s. aber auch weiter unten) gegen den Zahlungsbefehl beim Gerichte zu erheben. Erhebt er Widerspruch, so erhält der Gläubiger darüber vom Gerichte eine Mitteilung und es wird auf Antrag — der bereits bei Einreichung des Zahlungsbefehls für den Fall des Widerspruchs gestellt werden kann — Termin zur mündlichen Verhandlung anberaumt. Erhebt der Schuldner keinen Widerspruch, so muß der Gläubiger das ihm zugefertigte Exemplar des Zahlungsbefehls mit der „Zustellungsurkunde", d. h. der Urkunde darüber, daß der Zahlungsbefehl dem Schuldner zugestellt ist, wieder dem Amtsgericht einreichen mit dem (mündlichen oder schriftlichen) Antrage, den Zahlungsbefehl für vollstreckbar zu erklären (oder „ihn mit dem Vollstreckungsbefehl zu versehen"); dabei sind die bisher dem Gläubiger erwachsenen Kosten anzugeben. Gleichzeitig kann der Gläubiger beantragen, den vollstreckbar erklärten Zahlungsbefehl dem zuständigen Gerichtsvollzieher zum Zwecke sofortiger Pfändung beim Schuldner zu übergeben (sonst erhält er den vollstreckbaren Zahlungsbefehl zurück und muß selbst den Gerichtsvollzieher beauftragen). Er kann diesen Antrag der Einfachheit halber auf den dem Amtsgericht zurückzusendenden Zahlungsbefehl selbst schreiben; also er schreibt auf den Zahlungsbefehl: „Ich beantrage die Vollstreckbarkeitserklärung (und Abgabe an den Gerichtsvollzieher zur Zwangsvollstreckung)". (Unterschrift.) Wird der Antrag durch einen Bevollmächtigten gestellt, so hat dieser eine diesbezügliche Vollmacht vorzulegen. Ist der Vollstreckungsbefehl auf Antrag des Gläubigers vom Gericht noch nicht erteilt, kann aber der Schuldner Widerspruch erheben, wenn auch die in dem Zahlungsbefehl bestimmte einwöchige Frist schon abgelaufen sein sollte.

Wird die Erlassung des Vollstreckungsbefehls vom Gläubiger nicht binnen einer Frist von sechs Monaten, die mit dem Ablaufe der in dem Zahlungsbefehle bestimmten Frist beginnt, nachgesucht, so verliert der Zahlungsbefehl seine Kraft. Der Gläubiger ist daher sodann gezwungen, falls er wieder gegen seinen Schuldner vorgehen will, erneut einen Zahlungsbefehl zu erwirken, beziehungsweise Klage zu erheben.

2. Wie oben bemerkt, kann der angebliche Schuldner gegen den ihm zugestellten Zahlungsbefehl Widerspruch beim Amtsgericht erheben. Der Widerspruch kann mündlich oder schriftlich erklärt werden. Das einfachste ist, daß der Empfänger auf den Zahlungsbefehl selbst schreibt „Ich erhebe Widerspruch" (Unterschrift) und alsdann den Zahlungsbefehl an das Amtsgericht zurücksendet. Ist vom Schuldner vor Erlaß des Vollstreckungsbefehls Widerspruch erhoben, so ist das „Mahnverfahren" damit erledigt; die Sache ruht, falls nicht bereits bei Beantragung des Zahlungsbefehls für den Fall des Widerspruchs Terminsanberaumung gefordert war, bis etwa der Gläubiger (oder, was aber selten vorkommen wird, der Schuldner) den Gegner zur Prozeßverhandlung in einen gerichtlichen Termin ladet (s. oben 1).

Ist Einspruch erhoben, so geht die Angelegenheit nach Terminsanberaumung von selbst ins Güteverfahren (s. diesen Art.) über. Zulässig ist jedoch, sofern der Anspruch den Betrag von 500 RM. übersteigt, eine Verweisung an das Landgericht. Dies kann im ersten Termin geschehen, jedoch auch bereits vor diesem, falls die eine Partei dies vorher (auch bereits bei dem Antrag auf Erlaß des Zahlungsbefehls für den Fall des Widerspruchs) beantragt hat.

3. Die Kosten des Zahlungsbefehls (des Mahnverfahrens) hat der Schuldner dem Gläubiger zu erstatten; sie werden bei der Zwangsvollstreckung von dem ersteren miteingezogen. Ist jedoch infolge rechtzeitig erhobenen Widerspruchs das gewöhnliche Prozeßverfahren eingetreten, so werden die Kosten als ein Teil des entstehenden Prozesses angesehen und fallen schließlich dem zur Last, der nach dem Urteil die Prozeßkosten zu tragen hat.

Zahlungsfrist, Bewilligung einer, s. Darlehn 3; nach Verurteilung des Schuldners s. Leistungen usw. 8; hemmt den Lauf der Verjährung, s. Verjährung 2.

Zahlungsort s. Leistungen usw. 5.

Zahlungs Statt, Hingabe an, s. Erfüllung von Schuldverhältnissen.

Zahlungsunvermögen s. Leistungen usw. 7.

Zahlungsversprechen s. Schuldversprechen usw.

Zahlungszeit s. Leistungen usw. 6; Nichteinhaltung der, s. Verzug des Schuldners.

Zehnjähriger Besitz einer beweglichen Sache verschafft das Eigentum s. Ersitzung 2.

Zehnten s. Reallasten.

Zeichenrolle s. Warenbezeichnungen.

Zeichnung einer Firma vor dem Handelsgericht s. Firma usw. 2; der Firma durch Handlungsbevollmächtigte s. Prokura und Handlungsvollmacht 1, 2; Eigentumserwerb durch, s. Verbindung usw. 1.

Zeit einer Zahlung oder Leistung s. Leistungen usw. 6.

Zeitungen und Zeitschriften, Einsendungen an, s. Verlagsrecht.

Zeitversäumnis in Prozessen. Hat jemand einen Prozeß gewonnen und hat ihm der Gegner die Prozeßkosten zu erstatten, so kann der Sieger auch eine Entschädigung für die ihm durch notwendige Reisen oder durch notwendige Wahrnehmung von Terminen entstandene Zeitversäumnis vom Gegner beanspruchen. Über die Notwendigkeit der Reise usw. hat beim Bestreiten des Gegners das Gericht zu entscheiden. Bei der Bemessung der Entschädigung finden die für die Entschädigung von Zeugen geltenden Vorschriften entsprechende Anwendung (ZPO. 91).

Zerstörung von Sachen s. Schadensersatz wegen unerlaubter Handlung u. Selbsthilfe.

Zession s. Abtretung.

Zeugnis aus dem Güterrechtsregister s. d. 3; aus dem Handelsregister s. d. 1; aus dem Vereinsregister s. Vereine 3; des Nachlaßgerichts für Grundbuchzwecke s. Erbteilung 2 a. Schl.

Zeugnis. 1. Bei der Beendigung eines dauernden Dienstverhältnisses kann der Dienstleistende von dem Dienstherrn ein schriftliches Zeugnis über das Dienstverhältnis und dessen Dauer fordern (630). Das Zeugnis kann nach richtiger Auslegung des Gesetzes auch schon vor dem Verlassen des Dienstes — sobald von der einen oder anderen Seite gekündigt ist — gefordert werden. Ebenso kann es auch wohl nach Beendigung des Dienstverhältnisses noch nachträglich verlangt werden, vorausgesetzt, daß nicht soviel Zeit verflossen ist, daß die Ausstellung eines Zeugnisses dem Dienstherrn nicht mehr zugemutet werden kann. Nur auf Verlangen des Dienstleistenden ist das Zeugnis auch auf seine Leistungen und seine Führung im Dienste auszudehnen; fordert er dies nicht, so muß sich der Dienstherr auf ein Zeugnis über die Art des Dienstverhältnisses und über dessen Dauer beschränken. Seine Unterschrift unter dem Zeugnis beglaubigen zu lassen, ist der Dienstberechtigte nicht verpflichtet. Die Ausstellung eines unrichtigen Zeugnisses kann schadensersatzpflichtig machen; denn der oberste Grundsatz des Zeugnisrechts und der Zeugnispflicht ist Wahrhaftigkeit und objektive Richtigkeit; dies kann freilich mit einem gewissen Maß von Rücksichtnahme gepaart sein, darf aber nicht zu einer Entstellung führen, die den Wert des Zeugnisses als Auskunfterteilung ernstlich herabsetzt.

2. Der Handlungsgehilfe kann vom Prinzipal oder seinem Vertreter ein schriftliches Zeugnis über die Art und Dauer der Beschäftigung fordern. Er kann verlangen, daß das Zeugnis auch über seine Führung und seine Leistungen sich ausspricht; wünscht er dies nicht, so muß sich das Zeugnis auf die Angaben über seine Beschäftigung beschränken. Die unberechtigte Vorenthaltung des Zeugnisses würde den Prinzipal zum Schadensersatz (z. B. wenn der Gehilfe infolge des Mangels eines Zeugnisses keine Stellung erlangen kann) verpflichten. Die Ortspolizei ist verpflichtet, das Zeugnis auf Verlangen des Gehilfen kosten- und stempelfrei zu beglaubigen (HGB. 73). Für den Handlungslehrling gilt nach § 80 HGB. das gleiche wie für gewerbliche Lehrlinge nach GO. 127c (s. oben).

3. Gewerbliche Arbeiter (Gesellen, Gehilfen, Betriebsbeamte, Werkmeister, Techniker, Fabrikarbeiter) können (GO. 113, 114) beim Abgange ein Zeugnis über die Art und Dauer ihrer Beschäftigung fordern, auf Verlangen auch über ihre Führung und ihre Leistungen. Das Zeugnis darf nicht mit Merkmalen versehen werden, die den Zweck haben, den Arbeiter in einer aus dem Wortlaute des Zeugnisses nicht ersichtlichen Weise zu kennzeichnen. Gewerbliche Lehrlinge erhalten bei Beendigung des Lehrverhältnisses vom Lehrherrn ein Zeugnis über das Gewerbe, in dem sie unterwiesen sind, über die Dauer der Lehrzeit und die während derselben erworbenen Fähigkeiten und Kenntnisse, sowie über ihr Betragen (GO. 127c). An die Stelle dieser Zeugnisse treten, wo Innungen oder andere Vertretungen der Gewerbetreibenden bestehen, die von diesen ausgestellten Lehrbriefe. Die Zeugnisse müssen auf den Antrag des gewerblichen Arbeiters oder Lehrlings von der Ortspolizeibehörde kosten- und stempelfrei beglaubigt werden (GO. 114, 127c).

Vgl. Näheres im Art. „Zeugnis" im HdR. VI 1005ff.).

Ziegelei als landwirtschaftliches Nebengewerbe, s. Land- und Forstwirte als Kaufleute.

Ziehzeiten s. Miete usw. 9.

Ziel, Gewährung eines, an den Schuldner, s. Darlehn 3 u. Kauf und Verkauf 9. S. a. Zahlungsfrist.

Zimmervermieter, keine Haftung für Diebstahl, s. Gastwirte 1.

Zinsen auf den Kaufpreis s. Kauf und Verkauf 9; wegen nicht rechtzeitiger Zahlung s. Verzug des Schuldners; von Aufwendungen (Auslagen) s. Aufwendungen; sind nicht mehr zu zahlen, wenn der Gläubiger die Annahme verzögert, s. Verzug des Gläubigers; sind bei Kaufleuten auch ohne Verabredung zu zahlen s. Handelsgeschäfte 1; gesetzliche Zinsen (4 Prozent) s. den nachfolgenden Artikel; gesetzliche Zinsen bei Kaufleuten (5 Prozent) s. Handelsgeschäfte 1. S. auch: Prozeßzinsen.

Zinsen, allgemeine Bestimmungen über Zinsverpflichtung. Daß für eine Geldschuld Zinsen bezahlt werden müssen, versteht sich keineswegs von selbst. (Nur für Kaufleute gilt in dieser Beziehung etwas Besonderes; s. „Handelsgeschäfte 1".) Das BGB. bestimmt jedoch einzelne Fälle, in denen ein Schuldner auch ohne Vereinbarung, also kraft Gesetzes, Zinsen zahlen muß (s. z. B. „Kauf und Verkauf 9", „Werkvertrag 6", „Aufwendungen", „Verzug", „Prozeßzinsen"). Man spricht in solchen Fällen von „gesetzlichen Zinsen". Sonst aber kann eine Verpflichtung zur Zahlung von Zinsen nur durch Vertrag oder ein anderes Rechtsgeschäft begründet werden.

Höhe der Zinsen. Steht fest, daß Zinsen zu zahlen sind, aber nicht, in welcher Höhe, so sind gesetzlich vier Prozent jährlich zu entrichten (246); dies ist der „gesetzliche Zinsfuß", von dem jedoch häufig abgewichen wird. Bei Handelsgeschäften (s. d.) betragen jedoch die gesetzlichen Zinsen, wenn beide Teile Kaufleute sind (auch wenn einer von ihnen nur „Minderkaufmann" ist; s. „Kaufmann usw. 2"), gesetzlich 5 Prozent. Bei Wechselschulden allein betragen die gesetzlichen Zinsen 6 und mehr Prozent, und zwar auch Nichtkaufleuten gegenüber. — Die Höhe der Zinsvereinbarung wird begrenzt durch das Verbot des Wuchers (s. d.). Ist ein höherer Zinssatz als sechs vom Hundert für das Jahr vereinbart, so kann der Schuldner nach dem Ablaufe von sechs Monaten das Kapital unter Einhaltung einer Kündigungsfrist von sechs Monaten kündigen. Das Kündigungsrecht kann nicht durch Vertrag ausgeschlossen oder beschränkt werden. Diese Vorschriften gelten nicht für Schuldverschreibungen auf den Inhaber.

Vorauszahlung der Zinsen. Zinseszinsen. Ein Verbot, die Zinsen durch Abzug vom Kapital im voraus zu erheben oder sich die Zinsen bei Eingehung des Geschäfts vorausbezahlen zu lassen, besteht nicht mehr. Dagegen ist es in der Regel unzulässig, im voraus vertragsmäßig festzusetzen, daß fällige Zinsen wieder Zinsen (Zinseszinsen) tragen sollen; nur Sparkassen, Kreditanstalten und Inhaber von Bankgeschäften können im voraus vereinbaren, daß nichterhobene Zinsen von Einlagen als neue verzinsliche Einlagen gelten sollen. Kreditanstalten, die berechtigt sind, für den Betrag der von ihnen gewährten Darlehen verzinsliche Schuldverschreibungen auf den Inhaber auszugeben, können sich bei solchen Darlehen die Verzinsung rückständiger Zinsen im voraus versprechen lassen (248). Ferner können sich Kaufleute im Kontokorrentverkehr Zinseszinsen berechnen; s. „Handelsgeschäfte 1" unter „Kontokorrentverhältnis". Auch Verzugszinsen (die nicht auf Vereinbarung, sondern auf gesetzlicher Vorschrift beruhen; s. „Verzug des Schuldners") können von rückständigen Zinsen nicht berechnet werden; der Gläubiger kann aber seinen Schaden anderweit geltend machen (289). Sind Zinsen bereits fällig geworden, so steht nun nichts im Wege, zu vereinbaren, daß die rückständigen Zinsen wiederum als Kapital verzinst werden sollen. Über Verjährung von Zinsen s. „Verjährung 1" unter 1.

Zinsrückstände, Verjährung s. Verjährung 1.

Zinsscheine (Zinskoupons). Zinsscheine braucht niemand anstatt baren Geldes von seinem Schuldner in Zahlung anzunehmen.

Zubehör. Als Zubehör bezeichnet das Gesetz bewegliche Sachen, die, ohne Bestandteile (s. d.) der Hauptsache zu sein, dem wirtschaftlichen Zwecke der Hauptsache zu dienen bestimmt sind und zu ihr in einem dieser Bestimmung entsprechenden räumlichen Verhältnisse stehen. Eine Sache ist jedoch kein Zubehör, wenn sie im Verkehre nicht als Zubehör angesehen wird. Öfen z. B. werden in manchen Gegenden als Zubehör des Hauses, in anderen dagegen nicht als Zubehör angesehen. Zubehör können auch nicht Grundstücke und Rechte sein. Die vorübergehende Benutzung einer Sache für den wirtschaftlichen Zweck einer anderen begründet die Zugehörigkeit noch nicht; andererseits hebt aber auch eine vorübergehende Trennung eines Zubehörstücks von der Hauptsache die Zubehöreigenschaft nicht auf. Da im einzelnen Falle Zweifel darüber entstehen können, welche Sachen „dem wirtschaftlichen Zwecke einer anderen zu dienen bestimmt sind", so trifft das Gesetz hierüber für nachstehende besonders wichtige Fälle eine ausdrückliche Entscheidung. Es sind darnach als dem wirtschaftlichen Zwecke der Hauptsache zu dienen bestimmt: bei einem Gebäude, das für einen gewerblichen Betrieb dauernd eingerichtet ist, insbesondere bei einer Mühle, einer Schmiede, einem Brauhaus, einer Fabrik, die zum Betriebe bestimmten Maschinen und sonstigen Gerätschaften. — Nach der Rechtsprechung des Reichsgerichts sind bei Grundstücken, die dauernd zum Hotel- und Restaurationsbetrieb eingerichtet sind, und ausschließlich diesem Gebrauche dienen, das Hotel- und Restaurationsinventar (Möbel, Flaschen, Gläser, Porzellan, Betten, Wäsche usw.) als Zubehör des Grundstücks anzusehen, ferner Hotelomnibusse, Gondeln, die zur Benutzung durch die Restaurationsbesucher auf einem Teiche gehalten werden, u. dgl. Gegenstände. Dies gilt aber nicht von Restaurationsbetrieben, Pensionsbetrieben und dergleichen, die in einzelnen Räumen eines Hauses untergebracht sind. Maschinen sind nur Zubehör, soweit sie nicht Bestandteil des Grundstücks sind (s. d.). Zum Zubehör gehören auch die Gegenstände, die dem Betrieb dienen, z. B. bei einer Fabrik Kohlen, Ersatzteile von Maschinen, nicht aber die zur Verarbeitung bestimmten Rohstoffe und die fertigen Waren, bei einem Restaurationsbetrieb nicht die Speisen und Getränke. Nach ausdrücklicher Gesetzesvorschrift gehören ferner zum Zubehör bei einem Landgute das zum Wirtschaftsbetriebe bestimmte Gerät und Vieh, die landwirtschaftlichen Erzeugnisse, soweit sie zur Fortführung der Wirtschaft bis zu der Zeit erforderlich sind, wo gleiche oder ähnliche Erzeugnisse voraussichtlich gewonnen werden, sowie der vorhandene, auf dem Gute gewonnene Dünger. — Das Zubehör muß zu der Hauptsache in „entsprechendem räumlichen Verhältnisse stehen". Es ist einerlei, ob die Sache sich innerhalb des Bereiches des Grundstücks (der Hauptsache), zu dem sie gehört, oder mehr oder minder räumlich davon entfernt, vielleicht auch auf oder unter fremdem Grund und Boden, befindet, sofern nur in letzterem Falle trotz der Entfernung der ununterbrochene räumliche Zusammenhang zwischen Grundstück und Sache gewahrt bleibt. Es sind daher beispielsweise Zubehör einer Gasanstalt (des Gasanstaltsgrundstücks) die dem Betriebe der

Gasanstalt dienende, sich durch den ganzen Ort hindurchziehende Röhrenleitung; bei einer elektrischen Beleuchtungsanlage das den elektrischen Strom von der Zentrale aus den einzelnen Stromabnehmern zuführende Leitungsnetz; Anschlußbahnen und Drahtseilbahnen bei Fabriken, Bergwerken usw. usw.

2. Eine besondere Bestimmung enthält das Gesetz über den Erwerb der Zubehörstücke von Grundstücken. Wer ein Grundstück, z. B. ein Landgut, eine Mühle, eine Fabrik, ein Hotel usw. mit allem Zubehör gekauft und das Eigentum daran durch Auflassung und Eintragung (s. Auflassung) erworben hat, erwirbt mit dem Eigentume an dem Grundstücke zugleich, ohne daß also eine besondere Übergabe der Sachen erforderlich wäre, auch das Eigentum an den zur Zeit des Erwerbes vorhandenen Zubehörstücken, wenn und soweit sie dem Veräußerer gehören. Die Zubehöreigenschaft hat in mancher Beziehung rechtliche Bedeutung. Es seien hier nur folgende erwähnt: Verpflichtet sich jemand zur Veräußerung oder Belastung einer Sache, so erstreckt sich die Verpflichtung, wenn nichts anderes vereinbart, auch auf das Zubehör der Sache (314), dasselbe gilt beim Wiederkauf (498), beim Grundstückskauf (926) und bei Zuwendung eines Vermächtnisses (2164). Entsprechendes gilt ferner beim Erbbaurecht, Nießbrauch und dinglichen Vorkaufsrecht. Wegen Haftung des Zubehörs für die Hypotheken und Grundschulden (1120—1122) s. Hypothek 2 und für eingetragene Schiffspfandrechte, s. Pfandrecht an Schiffen. Zubehör eines Grundstücks, das mit Hypotheken belastet ist, unterliegt nicht der Pfändung, es wird nur durch die Zwangsvollstreckung in das unbewegliche Vermögen erfaßt (§ 865 ZPO.).

Züchtigungsrecht der Eltern s. Eltern und Kinder 4; des Vormundes s. Vormund 2.

Zueignung s. Aneignung.

Zufall, Haftung für, s. Vertretung von Vorsatz usw.

Zug um Zug bei Verträgen s. Gegenseitige Verträge; Leistungen Zug um Zug s. Zurückbehaltungsrecht.

Zurückbehaltungsrecht (Retentionsrecht) (273, 274, 1000 ff.). Steht demjenigen, der eine Leistung schuldet, gleichzeitig ein Anspruch gegen den Gläubiger zu, so erleiden beide Ansprüche, abgesehen von der Möglichkeit der Aufrechnung im Falle der Gleichartigkeit der Leistungen (s. Aufrechnung), keinerlei Änderungen. Jeder hat die ihm obliegende Verbindlichkeit zu erfüllen ohne Rücksicht auf die Leistung des anderen. Habe ich beispielsweise dem Müller früher einmal 20 RM. geliehen, die ich trotz Mahnungen nicht zurückerhalten habe, so kann ich wegen dieser Forderung mich nicht weigern, ihm die Uhr zurückzugeben, die er mir vor einigen Tagen geliehen hat. Nur wenn der Schuldner aus demselben rechtlichen Verhältnis, auf dem seine Verpflichtung beruht, einen fälligen Anspruch gegen den Gläubiger hat, kann er, sofern sich nicht aus dem Schuldverhältnis ein anderes ergibt, die geschuldete Leistung verweigern, bis die ihm gebührende Leistung bewirkt wird. Dieses Recht ist das Zurückbehaltungsrecht. Den Hauptanwendungsfall findet das Zurückbehaltungsrecht bei Ansprüchen aus gegenseitigen Verträgen (s. d. 1). Wegen des weitergehenden kaufmännischen Zurückbehaltungsrechts vgl. „Handelsgeschäfte 2". Das Zurückbehaltungsrecht kann aber auch entstehen, wenn die beiderseitigen Verpflichtungen nicht auf einem Vertrage beruhen, jedoch aus demselben rechtlichen Verhältnis hervorgehen, z. B. der Anspruch des Schuldners, eine Zahlung nur gegen Quittung zu leisten.

Als einen besonderen Fall behandelt das Gesetz den, wenn jemand zur Herausgabe eines Gegenstandes verpflichtet ist; der Verpflichtete ist dann befugt, die Herausgabe solange zu verweigern, bis er selber befriedigt wird, wenn ihm ein fälliger Anspruch wegen Verwendungen auf den Gegenstand oder wegen eines ihm durch diesen verursachten Schadens zusteht, es sei denn, daß er den Gegenstand durch eine vorsätzlich begangene unerlaubte Handlung erlangt hat. Der Gläubiger kann die Ausübung des Zurückbehaltungsrechts durch Sicherheitsleistung (s. d.) abwenden. Die Sicherheitsleistung durch Bürgen ist ausgeschlossen.

Gegenüber einer Klage des Gläubigers auf Leistung kann der Zurückbehaltungsberechtigte nicht Abweisung der Klage verlangen, sondern kann nur verlangen, daß der Schuldner zur Leistung gegen Empfang der ihm gebührenden Leistung verurteilt wird (Erfüllung Zug um Zug). Auf Grund einer solchen Verurteilung kann der Gläubiger seinen Anspruch im Wege der Zwangsvollstreckung verfolgen, wenn er entweder durch öffentliche oder öffentlich beglaubigte Urkunden nachweist, daß der Schuldner im Verzuge der Annahme ist oder wenn er dem Schuldner die Leistung gleichzeitig durch den Gerichtsvollzieher anbieten läßt (ZPO. 726, 756, 765). Ist z. B. der Schuldner verurteilt, ein Pferd herauszugeben gegen Erstattung der Futterkosten im Betrage von 200 RM. Zug um Zug, so muß er durch den Gerichtsvollzieher bei der Vollstreckung die 200 RM. anbieten lassen.

Von den oben mitgeteilten Vorschriften über das Zurückbehaltungsrecht gibt es aber zwei Ausnahmen. Der Mieter eines Grundstücks (eines Hauses, einer Wohnung) hat nicht das Recht, wegen einer Forderung, die er etwa gegen den Vermieter aus dem Mietverhältnis hat, das Grundstück zurückzubehalten, also die Räumung des Hauses, der Wohnung usw. zu verweigern (556). — Ist jemand bevollmächtigt gewesen, so ist er verpflichtet, nach dem Erlöschen der Vollmacht die Vollmachtsurkunde dem Vollmachtgeber ungesäumt wieder herauszugeben: er darf die Vollmacht nicht zurückbehalten, weil ihm etwa noch Ansprüche gegen den Vollmachtgeber aus dem Vollmachtsverhältnis zustehen (175).

Zurückbehaltungsrecht des Vermieters (Verpächters) s. Miete 11 a. Schl.

Zurückforderung einer Schenkung s. Schenkungen 4, 5; einer Spielschuld s. Spiel und Wette.

Zurücknahme eines Testaments s. d. 4; einer Schenkung s. d. 4, 5; einer Vollmacht s. d. 2; einer Anweisung s. d. 4; eines Auftrages s. d. 5.

Zurücktreten von einem Vertrage s. Rücktritt von einem Vertrage; eines Gläubigers s. Rangverhältnis der Eintragungen usw.

Zurverfügungstellung von Waren s. Handelskauf 4.

Zusammenlegung von Grundstücken s. Grundeigentum 1 u. Bestandteile usw.

Zuschlag s. Versteigerung.

Zusicherung von Eigenschaften beim Kauf usw. s. Gewährleistung usw. 1.

Zustellung einer Erklärung (Kündigung, Mahnung u. dgl.) durch Vermittelung des Gerichtsvollziehers s. Abwesend usw. 2.

Zustimmung zu einem Vertrage oder Rechtsgeschäft s. Einwilligung und Genehmigung.

Zuwachs s. Anwachsung.

Zuwendungen bei Lebzeiten an Kinder usw. s. Ausgleichung unter Miterben; Anrechnung auf den Pflichtteil s. Pflichtteil 2; von Todes wegen (letztwillige) s. Testament 3, Gemeinschaftliches Testament von Ehegatten, Erbvertrag 2, Vermächtnis 1 u. Auflage; an religiöse Orden und juristische Personen s. Schenkungen 7 u. Juristische Personen 2.

Zwang zum Abschluß eines Vertrages s. Täuschungen und Drohungen; bei Eingehung einer Ehe s. Ehehindernisse 2 b; zur Errichtung eines Testaments s. Erbunwürdigkeit.

Zwangsenteignung (Expropriation) s. Enteignung.

Zwangsvergleich s. Konkurs und Vergleich zur Abwendung des Konkurses.

Zwangsversteigerung, Zwangsverwaltung. Gesetz über die Zwangsversteigerung und Zwangsverwaltung vom 24. 3. 97 u. 20. 5. 98. Dieses Gesetz regelt die Zwangsvollstreckung (s. d.) in Grundstücke und andere den Grundstücken gleichgestellte Sachen wegen Geldforderungen, insbesondere Grundstückspfandrechten eines Gläubigers. Die Zwangsvollstreckung und Zwangsverwaltung wird durch das Amtsgericht, in dessen Bezirk das Grundstück belegen ist, durchgeführt. Die erstere Form dient der Befriedigung des Gläubigers aus der Substanz des Grundstücks, durch seine Verwertung, die letztere Form der Befriedigung aus dem Ertrag. Voraussetzung ist das Vorliegen eines vollstreckbaren Titels (s. Zwangsvollstreckung) und Eigentum des Schuldners am Grundstück. Zur Einleitung muß der Gläubiger bei dem zuständigen Amtsgericht Antrag auf Zwangsversteigerung bzw. Zwangsverwaltung unter Einreichung des vollstreckbaren Titels und eines neuesten Katasterauszuges stellen, wenn der Schuldner nicht als Eigentümer im Grundbuch eingetragen ist, auch der Urkunden, aus denen sich das Eigentumsrecht des Schuldners ergibt, z. B. Erbschein, nach dem eingetragenen Eigentümer.

1. Ist die Zwangsversteigerung beantragt, so ordnet der Richter die Zwangsversteigerung durch Beschluß an. Diese Anordnung wirkt als Beschlagnahme des Grundstücks und seines Zubehörs zugunsten des betreibenden Gläubigers, wie die Pfändung bei beweglichen Sachen. Sie wird im Grundbuch eingetragen. Nachdem dies geschehen, wird der Versteigerungstermin angesetzt. Der Termin wird dem Gläubiger, dem Schuldner, den aus dem Grundbuch ersichtlichen dinglich Berechtigten zugestellt und außerdem öffentlich bekanntgemacht. Er enthält zugleich die Aufforderung, Rechte, soweit sie nicht aus dem Grundbuch ersichtlich sind, spätestens im Versteigerungstermin vor der Aufforderung zur Abgabe von Geboten anzumelden, widrigenfalls sie bei der Aufstellung des geringsten Gebots nicht berücksichtigt und bei Verteilung des Versteigerungserlöses dem Anspruche des Gläubigers und allen übrigen Rechten nachgesetzt werden. Es müssen also angemeldet werden insbesondere alle rückständigen Zinsen (die laufenden werden von Amts wegen berücksichtigt), Prozeßkosten für ausgeklagte Hypothekenforderungen, Eintragungskosten für eingetragene Zwangssicherungshypotheken, fällige Vertragsstrafen usw. Die Ansprüche der Gläubiger werden aus dem Versteigerungserlös in einer bestimmten Reihenfolge befriedigt (§ 12 a. a. O.) nämlich:

a) der Anspruch eines die Zwangsverwaltung betreibenden Gläubigers auf Erstattung seiner Auslagen zur Erhaltung und Verbesserung des Grundstücks;

b) bei land- und forstwirtschaftlichen Grundstücken die Ansprüche der zum Betrieb angenommenen, im Dienst- und Arbeitsverhältnis stehenden Personen aus dem laufenden und dem letzten Jahre;

c) Ansprüche auf Entrichtung der öffentlichen Lasten des Grundstücks, der laufenden und der aus den letzten 2 Jahren rückständigen Beträge;

d) die Ansprüche aus den Rechten an dem Grundstücke, z. B. Hypotheken, Grundschulden, Reallasten usw.; soweit sie nicht etwa nach der Beschlagnahme eingetragen sind, nach Maßgabe ihrer grundbuchlichen Reihenfolge, nebst den Ansprüchen auf wiederkehrende Leistungen aus diesen Rechten, z. B. Zinsen, Tilgungsbeiträge, jedoch nur wegen der laufenden und der aus den letzten zwei Jahren rückständigen Beträge;

e) der Anspruch des betreibenden Gläubigers, soweit er nicht bereits in einer der vorhergehenden Klasse zu befriedigen ist.

In dem Versteigerungstermin wird zunächst das geringste Gebot festgesetzt: In das geringste Gebot sind aufzunehmen die dem Anspruche des Gläubigers vorgehenden Rechte, sowie die aus dem Versteigerungserlöse zu entnehmenden Kosten des Verfahrens. Das geringste Gebot besteht daher aus zwei Teilen, einmal aus den etwa vom Ersteher zu übernehmenden Belastungen des Grundstücks, z. B. Hypotheken und zweitens aus dem geringsten Bargebot, bestehend in den zur Deckung der Kosten der Zwangsversteigerung dienenden Betrage, einschließlich des vom betreibenden Gläubiger hierfür bereits erforderten Vorschusses, den oben unter a) bis c) angeführten Ansprüchen und schließlich den Ansprüchen der dem betreibenden Gläubiger vorgehenden Gläubiger auf wiederkehrende Leistungen und Kostenersatzansprüche. Z. B. eingetragen sind auf dem Grundstück Hypotheken Nr. 1 von 100000 RM., Nr. 2 von 50000 RM., Nr. 3 von 30000 RM. Betreibender Gläubiger ist der Hypothekengläubiger zu 2; das geringste Gebot würde daher umfassen: den nicht bar zu zahlenden Teil, 100000 RM., den bar zu zahlenden Teil, „das Bargebot", die Kosten des Zwangsversteigerungsverfahrens, die unter a) und b) oben genannten Ansprüche, falls solche vorhanden sind, die angemeldeten öffentlichen Lasten (c), die Zinsen bis zu 2 Jahren zurück und etwaige Nebenleistungen der Hypothek Nr. 1 von 100000 RM. Ein Gebot, das unter dem geringsten Gebot bleibt, wird nicht zugelassen. Nachdem der Richter dann noch auf die Ausschließung nichtangemeldeter und sich aus dem Grundbuch nicht ergebender Rechte hingewiesen hat, wird zur Abgabe von Geboten aufgefordert. Geboten wird nur der bar zu zahlende Betrag — ausschließlich der vom Ersteher zu übernehmenden Rechte, die dem Rechte des betreibenden Gläubigers vorgehen. — Jeder Beteiligte, dessen Recht durch die Nichterfüllung des abgegebenen Gebots beeinträchtigt werden würde, kann Sicherheitsleistung verlangen, jedoch nur sofort nach Abgabe des Gebots. Das Verlangen gilt dann auch für weitere Gebote desselben Bieters. Die Sicherheit beträgt ein Zehntel des Bargebotes, mindestens jedoch den Betrag der veranschlagten Kosten der Zwangsvollstreckung. Ein Beteiligter, dessen Recht in Gemäßheit des geringsten Gebots vom Ersteher zu übernehmen ist, kann Sicherheitsleistung bis zur Höhe des Betrages verlangen, der zur Deckung der seinem Rechte vorgehenden Ansprüche bar zu zahlen ist. Die Sicherheit ist in Geld oder inländischen, kursfähigen Wertpapieren, die auf Inhaber lauten, zu leisten. Mit den Wertpapieren kann Sicherheit in Höhe des ganzen Kurswertes geleistet werden. Über den Antrag auf Sicherheitsleistung hat das Gericht sofort zu entscheiden. Unterbleibt die Leistung, wenn das Gericht sie für erforderlich erachtet, so ist das Gebot zurückzuweisen. Ein Gebot erlischt, wenn ein Übergebot abgegeben und nicht sofort zurückgewiesen wird. Nach Schluß der Versteigerung werden die Beteiligten noch über den Zuschlag gehört. Der Zuschlag ist dem Meistbietenden zu erteilen, er kann sogleich im Anschluß an den Versteigerungstermin, aber auch in einem neu anzusetzenden Termin verkündet werden. Der Meistbietende kann das Recht aus dem Meistgebot abtreten, er kann auch erklären, daß er für einen anderen geboten habe. Werden diese Erklärungen nicht noch im Versteigerungstermin gestellt, so müssen sie in öffentlich beglaubigter Form dem Gericht eingereicht werden. In solchen Fällen wird der Zuschlag dem anderen erteilt. Der Meistbieter und der Ersteher haften in diesem Falle für das abgegebene Gebot als Gesamtschuldner (s. d.). Gegen den Zuschlag sowohl, als auch gegen die Versagung des Zuschlags ist die sofortige Beschwerde (s. d.) zulässig. Die Verteilung des Versteigerungserlöses erfolgt in einem neuanzusetzenden Termin, nach einem vom Gericht aufgestellten Teilungsplan. Die Beteiligten können dagegen, soweit sie mit dem Verteilungsplan, z. B. wegen der Reihenfolge, nicht einverstanden sind, Widerspruch erheben. Der Widerspruch wird im Wege der Klage ausgetragen. Zahlt der Ersteher den Versteigerungserlös ganz oder teilweise nicht, so wird der Teilungsplan dadurch ausgeführt, daß die Forderung gegen den Ersteher auf diejenigen, denen der Erlös nach dem Plan auszuzahlen gewesen wären, übertragen wird. Die zugeteilten Forderungen werden als Sicherungshypotheken im Grundbuch eingetragen.

Durch den Zuschlag erwirbt der Ersteher Eigentum an dem Grundstück. Es erlöschen alle Rechte am Grundstück, z. B. Hypotheken, Grundschulden, soweit sie nicht nach den Versteigerungsbedingungen ohne Anrechnung auf das Bargebot zu übernehmen sind, also auch alle diejenigen, die durch Zahlung zu decken sind. An ihre Stelle tritt der Versteigerungserlös oder die übertragene Forderung gegen den Ersteher. Nach Ausführung des Verteilungsplans wird der Ersteher auf das Ersuchen des Versteigerungsgerichts im Grundbuch als Eigentümer eingetragen, jedoch nicht eher, als bis die Grunderwerbssteuer gezahlt worden ist. Ist die Forderung gegen den Ersteher infolge Nichtzahlung des Versteigerungserlöses, an die Beteiligten übertragen, so können diese auf Grund einer vollstreckbaren Ausfertigung des Zuschlagsbeschlusses Wiederversteigerung des Grundstücks beantragen, auch wenn der Ersteher noch nicht im Grundbuch eingetragen ist.

2. Die Zwangsverwaltung hat dieselben Voraussetzungen wie die Zwangsversteigerung. Nachdem das Grundstück durch den Anordnungsbeschluß in Beschlag genommen ist, wird vom Gericht ein Verwalter bestellt, der das Grundstück in Besitz zu nehmen und zu verwalten hat. Die Nutzungen des Grundstücks werden unter die dinglich Berechtigten und die betreibenden Gläubiger nach der Rangfolge ihrer Rechte (s. oben), verteilt, bei den Grundstückspfandrechten jedoch zunächst nur auf die laufenden wiederkehrenden Leistungen. Zu diesem Zwecke wird ein Teilungsplan aufgestellt. Die Beteiligten können gegen diesen Plan Widerspruch erheben und Klage, wenn sie eine Änderung des Planes herbeiführen wollen.

3. Auf die Zwangsversteigerung von Schiffen, die in das Schiffsregister (s. Pfandrecht an Schiffen) eingetragen sind, findet das oben geschilderte Verfahren Anwendung. Schiffe, die nicht im Register eingetragen sind, werden wie bewegliche Sachen gepfändet und versteigert. Zuständig ist das Amtsgericht, in dessen Bezirk das Schiff sich befindet. Ein geringstes Gebot wird nicht aufgestellt, das Meistgebot ist seinem ganzen Betrage nach zu zahlen. Soweit das Meistgebot im Verteilungstermin nicht berichtigt wird, werden die übertragenen Forderungen gegen den Ersteher in das Schiffsregister eingetragen.

4. Das gerichtliche Zwangsversteigerungsverfahren kann auch zur Aufhebung einer Gemeinschaft, z. B. Erbengemeinschaft, benutzt werden. Ein vollstreckbarer Titel ist dann nicht erforderlich; antragsberechtigt ist, wer als Eigentümer oder Miteigentümer im Grundbuch eingetragen ist, oder wer Erbe des eingetragenen Eigentümers ist, oder das Recht des Eigentümers oder des Erben auf Aufhebung der Gemeinschaft ausübt, z. B. der Erwerber eines Erbanteils oder derjenige, für den ein Erbanteil gepfändet ist. Bei der Feststellung des geringsten Gebotes sind die den Anteil des Antragstellers belastenden oder mitbelastenden Rechte an dem Grundstück, sowie alle Rechte zu berücksichtigen, die einem dieser Rechte vorgehen oder gleichstehen.

Zwangverwaltung s. Zwangsversteigerung.

Zwangsvollstreckung (ZPO. 704 bis 945, Gutt. Slg. Nr. 43). Die Zwangsvollstreckung dient der Durchsetzung des festgestellten Anspruchs gegenüber dem nicht leistenden Schuldner durch behördliche Zwangsmittel. Voraussetzung ist ein vollstreckbarer Titel. Als solche kommen nach Reichsrecht hauptsächlich in Betracht das vorläufig oder endgültig vollstreckbare Urteil, Vollstreckungsbefehle im Mahnverfahren, Vergleiche vor dem Prozeßgericht und im Güteverfahren, Kostenfestsetzungsbeschlüsse in Prozessen, Urkunden, die vor einem deutschen Gericht oder einem deutschen Notar aufgenommen sind, sofern die Urkunde über eine bestimmte Geldsumme oder Leistung einer anderen bestimmten Quantität vertretbarer Sachen lautet und der Schuldner sich darin der sofortigen Zwangsvollstreckung unterworfen hat. Organe der Zwangsvollstreckung sind das Vollstreckungsgericht (Amtsgericht) und der Gerichtsvollzieher. Die Zwangsvollstreckung ist verschieden gestaltet je nach der Art der Ansprüche des Gläubigers und der Rechte oder der Gegenstände, in die vollstreckt werden soll.

1. Zwangsvollstreckung wegen Geldforderungen:

a) In bewegliche Sachen erfolgt sie durch den Gerichtsvollzieher durch Pfändung und Versteigerung. Die Pfändung ist die Beschlagnahme der dem Schuldner gehörigen Sache zugunsten des Gläubigers, durch die ihm die Verfügung über den Gegenstand entzogen wird; soweit der Gerichtsvollzieher die Sache nicht in Gewahrsam nimmt, z. B. durch Unterbringung in eine Pfandkammer, muß sie durch Siegel kenntlich gemacht werden. Bezüglich der Sachen, die der Pfändung nicht unterworfen sind, s. „Pfändung in der Zwangsvollstreckung 1". Bezüglich Pfändung von Früchten auf dem Halm s. „Früchte, Pfändung von". Befinden sich Sachen, die gepfändet werden sollen, in *Gewahrsam eines Dritten*, z. B. der Schuldner hat die landwirtschaftliche Maschine, die gepfändet werden soll, an seinen Nachbar vermietet, so ist die Pfändung nur mit Genehmigung dieses Dritten zulässig. Gibt er seine Zustimmung nicht, so muß der Gläubiger zunächst den Anspruch auf Herausgabe des Schuldners gegen den Dritten pfänden und sich überweisen lassen. Auf Grund dieses Überweisungsbeschlusses, der vom Vollstreckungsgericht erlassen wird, kann er dann auf Herausgabe zwecks Pfändung klagen. Wird Geld beim Schuldner vorgefunden, so wird dies vom Gerichtsvollzieher weggenommen und dies gilt, soweit das Geld reicht, als Zahlung. Nach der Pfändung hat der Gerichtsvollzieher die Gegenstände in der vorgeschriebenen Weise zu *versteigern*. Gold und Silbersachen dürfen nicht unter dem Metallwert zugeschlagen werden. Gepfändete Wertpapiere, die einen Börsen- oder Marktwert haben, werden aus freier Hand zum Tageskurse verkauft.

b) In *Forderungen* erfolgt die Zwangsvollstreckung durch *Pfändung und Überweisung* der Forderung durch das *Vollstreckungsgericht*. Der Antrag ist beim Amtsgericht, bei dem der Schuldner seinen allgemeinen Gerichtsstand hat, zu stellen. In dem vom Gericht zu erlassenden *Pfändungsbeschluß* wird dem Schuldner verboten, über die Forderung zu verfügen und dem Drittschuldner, d. i. der Schuldner der zu pfändenden Forderung, an seinen Gläubiger zu zahlen. Die Überweisung der Forderung an den Gläubiger wird in der Regel mit dem Pfändungsbeschluß verbunden; sie kann nach Wahl des Gläubigers zur Einziehung oder an Zahlungs Statt erfolgen, im ersteren Fall wird der Gläubiger berechtigt, die Forderung, sobald sie fällig ist, an Stelle des Schuldners einzuziehen, in letztem Falle geht die Forderung auf den Gläubiger mit der Wirkung über, daß er, soweit die Forderung besteht, wegen seiner Forderung als befriedigt anzusehen ist, er kann sie daher auch auf andere Weise als durch Einziehung, z. B. durch Abtretung, verwerten. Der Gläubiger muß den Pfändungs- und Überweisungsbeschluß dem *Drittschuldner zustellen* lassen. Es genügt dazu, daß er in seinem Antrage an das Amtsgericht den Antrag auf Zustellung an den Drittschuldner stellt. Der Urkundsbeamte gilt dann als ermächtigt, den Gerichtsvollzieher damit zu beauftragen. Mit der Zustellung an den Drittschuldner ist die Pfändung und Überweisung *wirksam*. Der Drittschuldner würde sich schadensersatzpflichtig machen, wenn er dann noch an den Schuldner leistete. Zahlt der Drittschuldner nicht freiwillig, so muß der Gläubiger allerdings gegen ihn Klage erheben. Der Gläubiger hat daher einen *Anspruch auf Erklärung* binnen 2 Wochen an ihn, ob er die Forderung anerkenne und Zahlung leisten wolle, ob noch andere Personen auf die Forderung Anspruch machen oder ob sie für andere gepfändet sei. Die Aufforderung muß aber in die Zustellungsurkunde mit aufgenommen werden. Nichterfüllung dieser Verpflichtung macht den Drittschuldner schadensersatzpflichtig. Auch dem Schuldner gegenüber hat der Gläubiger einen Anspruch auf *Auskunft* über alles, was zur Geltendmachung der Forderung erforderlich ist, und auf *Herausgabe* der über die Forderungen vorhandenen Urkunden, z. B. Schuldscheine. Die Herausgabe kann auf Grund des Pfändungsbeschlusses durch den Gerichtsvollzieher bewirkt werden. Bei Hypotheken, Grundschulden und Rentenschulden ist die Wirksamkeit der Pfändung nicht von der Zustellung an den Drittschuldner (Grundstückseigentümer) abhängig. Die Pfändung dieser Forderungen wird, wenn ein *Brief* über diese Rechte besteht, mit dem Erlaß des Pfändungsbeschlusses und der Wegnahme des Briefes durch den Gerichtsvollzieher, wenn *kein Brief* erteilt ist, mit dem Erlaß des Pfändungsbeschlusses und der Eintragung der Pfändung im Grundbuch wirksam. Wegnahme des Briefes durch den Gerichtsvollzieher und Eintragung der Pfändung im Grundbuch erfolgt auf Auftrag an den Gerichtsvollzieher bzw. auf Antrag beim Grundbuchamt unter Vorlegung des Pfändungsbeschlusses. Befindet sich allerdings der Brief im Besitz eines Dritten, z. B. des Gerichts, so bedarf es zunächst noch eines weiteren Antrages beim Vollstreckungsgericht auf Pfändung und Überweisung des Herausgabeanspruchs.

In der gleichen Weise wie Forderungen werden auch *andere Vermögensrechte* gepfändet und überwiesen, z. B. der Anspruch auf Herausgabe eines beweglichen oder unbeweglichen Gegenstandes, der Anspruch eines Erben auf Erbauseinandersetzung gegen seine Miterben. Bei der Pfändung eines Anspruchs, der die Herausgabe einer beweglichen Sache betrifft, muß der Gläubiger beantragen, die Sache an einen von ihm zu beauftragenden Gerichtsvollzieher herauszugeben. Der Gerichtsvollzieher hat dann die Sache in üblicher Weise zu versteigern.

Bezüglich der Forderungen, die der Pfändung nicht unterworfen sind, s. „Pfändung in der Zwangsvollstreckung".

c) In das *unbewegliche Vermögen* kann die Zwangsvollstreckung in dreierlei Art erfolgen. Durch Zwangsversteigerung (s. d.), durch Zwangsverwaltung (s. d.) und durch Eintragung einer Sicherungshypothek im Grundbuch. Die *Sicherungshypothek* (s. Hypothek) wird auf Antrag des Gläubigers beim Grundbuchamt eingetragen. Beizufügen ist der vollstreckbare Titel mit Zustellungsurkunde. Ist der Schuldner zwar Eigentümer des Grundstücks, aber noch nicht im Grundbuche eingetragen, z. B. als Erbe des früheren Eigentümers, so muß der Gläubiger zunächst für die Eintragung des Schuldners sorgen. Dazu bedarf es seines Antrages und der Beibringung der öffentlichen Urkunden, durch welche das Erbrecht nachgewiesen wird, z. B. des Testaments oder des Erbscheins, von denen er Ausfertigungen vom Nachlaßgerichte, soweit solche Urkunden vorhanden sind, auf Grund seines vollstreckbaren Titels erfordern kann. Die Eintragung der Sicherungshypothek ist nur zulässig, wenn die Forderung 500 RM. ohne Zinsen und Kosten *übersteigt*. Lautet der Titel über eine Leistung, für welche wertbeständige Hypotheken (s. d.) eingetragen werden können, so kann daraus auch eine entsprechende *wertbeständige* Sicherungshypothek eingetragen werden, z. B. auf Goldmark. Aus Titeln über eine Leistung auf ausländische Währung, z. B. amerikanische Dollars, kann nur eine *Höchstbetragshypothek* (s. Hypothek) eingetragen werden, wobei Zinsen und Kosten in den Höchstbetrag eingerechnet werden müssen. Sollen mehrere *Grundstücke* des Klägers belastet werden, so muß die Sicherungshypothek auf die einzelnen Grundstücke verteilt werden. Die Verteilung bestimmt der Gläubiger in seinem Antrag.

2. *Zwangsvollstreckung zur Erwirkung der*

Herausgabe von Sachen. Ist jemand verurteilt, eine bewegliche Sache, z. B. eine Uhr herauszugeben, so hat sie der Gerichtsvollzieher wegzunehmen und dem Gläubiger zu übergeben. Wird die Sache nicht vorgefunden, so hat der Schuldner auf Antrag vor dem Amtsgericht den Offenbarungseid zu leisten, daß er die Sache nicht besitze und auch nicht wisse, wo sie sich befinde. Hat der Schuldner eine bestimmte Quantität vertretbarer Sachen, z. B. 100 Zentner Kartoffeln oder Wertpapiere zu leisten, so sind solche, wenn sie sich im Besitze des Schuldners vorfinden, ebenfalls vom Gerichtsvollzieher wegzunehmen. Finden sie sich nicht vor, so bleibt nur die Geltendmachung des Schadensersatzanspruches übrig. Hat der Schuldner eine unbewegliche Sache, z. B. eine Wohnung oder ein bewohntes Schiff herauszugeben, so hat der Gerichtsvollzieher den Schuldner aus den Besitz und den Gläubiger in den Besitz zu setzen. Bewegliche Sachen, die nicht mit Gegenstand der Zwangsvollstreckung sind, z. B. die Möbel des Schuldners, muß der Gerichtsvollzieher wegschaffen und dem Eigentümer zur Verfügung stellen.

3. Zwangsvollstreckung zur Erwirkung von Handlungen und Unterlassungen. Ist der Schuldner zu einer Handlung verurteilt, die auch von einem Dritten vorgenommen werden kann, z. B. dem Gläubiger, seinem Mieter ein Zimmer tapezieren zu lassen, so kann der Gläubiger bei dem Gericht, das den betreffenden Prozeß in erster Instanz entschieden hat, beantragen, ihn zu ermächtigen, die Handlung auf Kosten des Schuldners vornehmen zu lassen und den Schuldner zur Vorauszahlung der Kosten vorbehaltlich etwaiger Nachforderungen, wenn der Betrag nicht reicht, zu verurteilen. Kann die Handlung von einem Dritten nicht vorgenommen werden, z. B. Anfertigung eines Bildnisses durch einen Künstler, so kann auf Antrag des Gläubigers der Schuldner durch Geld- und Haftstrafen zur Vornahme der Handlung angehalten werden. Hilft auch das nicht, so bleibt nur die Klage auf Schadensersatz übrig, wenn ein Schaden entstanden ist. Ein Zwang zur Leistung von Diensten aus einem Dienstvertrage, z. B. zum Auftreten einer Schauspielerin, zur Erteilung von Musikstunden findet nicht statt. Es bleibt nur der Anspruch auf Schadensersatz, der zweckmäßig in solchen Fällen schon hilfsweise mit der Klage verbunden wird. Handelt jemand der Verpflichtung zuwider, eine Handlung zu unterlassen, z. B. über ein Grundstück zu fahren oder eine Handlung zu dulden, z. B. dem Gläubiger zu gestatten, aus seinem Brunnen Wasser zu holen, so kann für jede Zuwiderhandlung auf Antrag des Gläubigers durch das Prozeßgericht der ersten Instanz nach Androhung gegen den Schuldner eine Geldstrafe oder Haftstrafe festgesetzt werden. Die Androhung kann auch bereits im Urteil für jeden Fall der Zuwiderhandlung erfolgen.

4. Die Zwangsvollstreckung aus Verurteilungen zur Abgabe einer Willenserklärung wird dadurch ersetzt, daß mit der Rechtskraft des Urteils die Willenserklärung als abgegeben gilt. Wird also z. B. jemand verurteilt, dem Gläubiger die Auflassung eines bestimmten Grundstückes zu bewilligen, so kann er unter Vorlegung des rechtskräftigen Urteils vor der zuständigen Behörde, Grundbuchamt oder Notar die Einwilligung seinerseits in die Auflassung erklären und seine Eintragung im Grundbuch als Eigentümer beantragen.

Behauptet jemand, daß ihm an dem Gegenstande der Zwangsvollstreckung ein die Veräußerung hinderndes Recht zustehe, so muß er Klage gegen den betreibenden Gläubiger auf Freigabe bei dem Gericht erheben, in dessen Bezirk die Zwangsvollstreckung erfolgt (sog. Interventionsklage), z. B. wenn die Ehefrau Freigabe ihrer Möbel verlangt, die auf Grund eines vollstreckbaren Urteils gegen den Ehemann gepfändet sind, wenn der Vermieter einer landwirtschaftlichen Maschine Freigabe verlangt, die bei dem Mieter der Maschine gepfändet ist, wenn der Hypothekengläubiger eines landwirtschaftlichen Grundstücks Freigabe der seinem Hypothekenrecht unterliegenden auf den Halm gepfändeten Früchte verlangt (§ 810 ZPO.). Steht dem Dritten indessen nur ein Pfand- oder Vorzugsrecht zu, ohne daß er sich im Besitz der Sache befindet, wie z. B. dem Vermieter eines Grundstücks an den eingebrachten Sachen des Mieters, oder dem Hypothekengläubiger an den bereits vom Boden getrennten Früchten des Pfandgrundstücks vor der Beschlagnahme, so kann er der Pfändung nicht widersprechen, sondern nur seinen Anspruch aus dem Erlös geltend machen. Der Erlös wird dann hinterlegt. Die Klage geht auf vorzugsweise Befriedigung aus dem Erlöse und ist bei dem Vollstreckungsgericht oder dem diesem übergeordneten Landgericht zu erheben.

Ist die Zwangsvollstreckung gegen den Schuldner fruchtlos ausgefallen, so kann der Gläubiger vom Schuldner die Offenlegung seines Vermögenszustandes verlangen und ihn deswegen zur Leistung des Offenbarungseides vor das Vollstreckungsgericht laden lassen. Der Schuldner muß ein Verzeichnis seines Vermögens einreichen und die Richtigkeit und Vollständigkeit des Verzeichnisses durch den Eid erhärten. Bestreitet der Schuldner die Verpflichtung zur Ableistung des Eides, so entscheidet über den Widerspruch das Vollstreckungsgericht. Verweigert der Schuldner die Leistung des Eides ohne Grund oder nachdem sein Widerspruch rechtskräftig zurückgewiesen ist, so ist die Haft zur Erzwingung des Eides anzuordnen. Die Verhaftung erfolgt durch den Gerichtsvollzieher, wenn der Gläubiger die Haftkosten für einen Monat vorausgezahlt hat, auf Antrag des Gläubigers. Die Haft wird aufgehoben, sobald der Schuldner den Eid leistet. Ein Schuldner, der bereits den Offenbarungseid geleistet hat, ist zur nochmaligen Leistung des Eides nicht verpflichtet, es sei denn, daß der Gläubiger glaubhaft macht, daß er später Vermögen erworben habe, oder daß seit der Eidesleistung fünf Jahre verstrichen sind.

Zwangsvollstreckung s. Pfand (Faustpfand) 6 u. Pfändung in der Zwangsvollstreckung.

Zweige, Herüberragen von, s. Grundeigentum 2 f und k.

Zweite Ehe s. Ehehindernisse 1 d; Sicherstellung des Vermögens der Kinder früherer Ehe s. Ehehindernisse 1 h. — S. a. Wiederverheiratung.

Zwischenräume zwischen Grundstücken s. Grundeigentum 2 i.

Nachweis wichtiger Gesetzesausgaben

mit und ohne Erläuterungen, größere und kleinere Kommentare, Lehrbücher, Sammelwerke, Entscheidungs-Sammlungen, Zeitschriften

Zusammengestellt vom Verlage Walter de Gruyter & Co., Berlin
Januar 1930

Inhaltsübersicht

	Seite
I. **Allgemeines, Sammelwerke**	2
II. **Bürgerliches Recht**	5
1. Bürgerliches Gesetzbuch	5
Schuldverhältnisse insbes.	7
Sachenrecht insbesondere	9
Familienrecht, Erbrecht	11
Aufwertung	12
2. Handelsrecht	13
Gesellschaften	14
Wechselordnung u. Scheckrecht	16
Schiffahrtsrecht	17
Genossenschaften	18
Verschiedenes	19
Bank und Börse	20
III. **Grenzgebiete des Bürgerlichen Rechts**	23
1. Privat- und Sozialversicherung	23
2. Arbeitsrecht	25
3. Gewerberecht	27
4. Geistig-gewerblicher Rechtsschutz	28
IV. **Zivilprozeß**	32
Freiwillige Gerichtsbarkeit	34
Konkursordnung und Zwangsvollstreckung	35
V. **Strafrecht und Strafprozeß**	37
Strafgesetzbuch	37
Nebengesetze	39
Strafprozeßordnung	41
VI. **Öffentliches Recht**	43
1. Staats- und Völkerrecht	43
2. Verwaltungsrecht	49
Reichsrecht	49
Landesrecht	53
3. Steuerrecht	58
VII. **Entscheidungssammlungen und Zeitschriften**	61

I. Allgemeines, Sammelwerke

Handwörterbuch der Rechtswissenschaft. Unter Mitberatung von Reichsgerichtspräsident Dr. E. Bumke, L. Busch, Oberreichsanwalt Dr. L. Ebermayer, Geh. Justizrat Professor Dr. Fr. Endemann, Geh. Justizrat Professor Dr. E. Heymann, Senatspräsident am Reichsgericht Dr. O. Strecker, Präsident des Bayrischen Obersten Landesgerichts Staatsrat Dr. K. v. Unzner herausgegeben von Dr. jur. Fritz **Stier-Somlo,** o. Professor an der Universität Köln, und Dr. jur. Alexander **Elster,** Berlin. 6 Bände. Lexikon-Oktav. 1926/29. In Halbleder geb. 304.—

„Es zeigt sich doch jetzt immer mehr, daß Ihr Handwörterbuch ein ganz großer Wurf war. Wie ich höre, wird es auch in der Praxis in steigendem Maße benutzt."
Professor Dr. Nipperdey, Köln.

Bürgerliches Rechtslexikon. (Nach dem Bürgerlichen Gesetzbuch, dem Handelsgesetzbuch und sonstigen Reichs- und Landesgesetzen.) Von E. Christiani, weil. Amtsgerichtsrat. Vierte, durchgearbeitete und verbesserte Auflage von Dr. Alexander Elster, Rechtsanwalt Dr. Hugo Hoormann, Amtsgerichtsrat Georg Krause. Lexikon-Oktav. Etwa 500 Seiten. 1930. Geb. 15.—

Christianis „Bürgerliches Rechtslexikon" erscheint nach seinen großen Erfolgen vor dem Kriege nunmehr in vierter Auflage. Die besondere Art der Stichwortaufteilung und die verständliche Darstellung haben es in alle Kreise gelangen lassen, die stets eine Gelegenheit zu zuverlässiger Rechtsbelehrung haben müssen.

Hedemann, J. W., Einführung in die Rechtswissenschaft. Zweite, erweiterte und umgestaltete Auflage. Oktav. XXII, 566 Seiten. 1927. 14.—, geb. 16.—
(Lehrbücher und Grundrisse der Rechtswissenschaft Bd. IX.)

„. . . Das Buch Hedemanns, welches die Aufgabe einer Einführung am reichsten und umfassendsten auffaßt und löst . . ." *Juristische Wochenschrift.*

Sternberg, Theodor, Einführung in die Rechtswissenschaft.
I. Teil: Methoden- und Quellenlehre. Zweite, neugestaltete Auflage. Verbesserter Neudruck. 190 Seiten. 1927. Geb. 1.80
(Sammlung Göschen Bd. 169.)

II. Teil: Das Rechtssystem. Erste Hälfte: Grundbegriffe und Privatrecht. Zweite, vermehrte Auflage. 133 Seiten. 1922. Geb. 1.80
(Sammlung Göschen Bd. 170.)

Eine in ihrer Knappheit ganz ausgezeichnete Darstellung der juristischen Begriffe und Probleme.

Schröder, R., und **von Künßberg**, E., **Lehrbuch der deutschen Rechtsgeschichte.** Sechste, verbesserte Auflage. Groß-Oktav. Mit einer Abbildung im Text, fünf Tafeln und einem Bildnis. 1124 Seiten. 1922. 26.—, in Halbleder geb. 30.—

Dieses bekannte Lehrbuch hat sich seit langen Jahren bestens bewährt.

Fehr, Hans, **Deutsche Rechtsgeschichte.** Zweite, verbesserte und ergänzte Auflage. Oktav. 416 Seiten. 1925. 13.—, geb. 14.50

(Lehrbücher und Grundrisse der Rechtswissenschaft Bd. X.)

Das Buch gibt eine plastische Darstellung der deutschen Rechtsgeschichte, die eine Anhäufung von Stoff ausdrücklich vermeidet, vielmehr das Schwergewicht auf eine mehr ideengeschichtliche Behandlung des Gegenstandes legt.

Schröder, Richard, und **Glitsch**, Heinrich, **Deutsche Rechtsgeschichte.** Zweite Auflage. Neudruck.

I. Bis zum Ende des Mittelalters. 160 Seiten. 1929. Geb. 1.80

(Sammlung Göschen Bd. 621.)

II. Die Neuzeit. 90 Seiten. 1929. Geb. 1.80

(Sammlung Göschen Bd. 664.)

Eine gemeinverständliche kurze Darstellung der deutschen Rechtsgeschichte.

Giese, Friedrich, **Preußische Rechtsgeschichte.** Übersicht über die Rechtsentwicklung der preußischen Monarchie und ihrer Landesteile. Ein Lehrbuch für Studierende. Groß-Oktav. 256 Seiten. 1920. 5.—, geb. 6.50

„Das Buch ist nicht ein, sondern das (bisher fehlende) Lehrbuch der preußischen Rechtsgeschichte." Dr. Karl Strupp im „Verwaltungsarchiv".

von Mayr, Robert, **Römische Rechtsgeschichte.** I. Buch. Die Zeit des Volksrechtes. 1. Hälfte: Das öffentliche Recht. 150 Seiten. 1912. Geb. 1.80

(Sammlung Göschen Bd. 577.)

2. Hälfte: Das Privatrecht. 117 Seiten. 1912. Geb. 1.80
(Sammlung Göschen Bd. 578.)

II. Buch: Die Zeit des Amts- und Verkehrsrechtes. 1. Hälfte: Das öffentliche Recht. 158 Seiten. 1912. Geb. 1.80
(Sammlung Göschen Bd. 645.)

2. Hälfte: Das Privatrecht I. 122 Seiten. 1913. Geb. 1.80
(Sammlung Göschen Bd. 646.)

Das Privatrecht II. 150 Seiten. 1913. Geb. 1.80
(Sammlung Göschen Bd. 647.)

III. Buch. Die Zeit des Reichs- und Volksrechtes. 111 Seiten. 1913. Geb. 1.80
(Sammlung Göschen Bd. 648.)

IV. Buch: Die Zeit der Orientalisierung des römischen Rechtes. 155 Seiten. 1913. Geb. 1.80
(Sammlung Göschen Bd. 697.)

Stammler, Rudolf, **Lehrbuch der Rechtsphilosophie.** Dritte, vermehrte Auflage. Groß-Oktav. XVI, 396 Seiten. 1928. 13.—, geb. 15.—

„. . . Ein Werk aus einem Gusse, ein herbes Werk von größter wissenschaftlicher Strenge, eine Schule, durch die jeder gehen muß, der mit den rechtsphilosophischen Problemen der Gegenwart ringt." Schweizerische Juristenzeitung.

Stammler, Rudolf, **Rechts- und Staatstheorien der Neuzeit.** Leitsätze zu Vorlesungen. Zweite, vermehrte und verbesserte Auflage. Oktav. IV, 116 Seiten. 1925. 3.50, geb. 4.50

Ein unentbehrlicher Führer durch die Rechts- und Staatstheorien der Neuzeit.

Stammler, Rudolf, **Wirtschaft und Recht** nach der materialistischen Geschichtsauffassung. Eine sozialphilosophische Untersuchung. Fünfte, durch einen Nachtrag ergänzte Auflage. Oktav. VIII, 704 Seiten. 1924. 14.—, geb. 16.—

„Das Werk Stammlers darf den Ruhm in Anspruch nehmen, unter allen Büchern, die in der letzten Zeit auf dem hier in Betracht kommenden Gebiet erschienen sind, die stärkste Wirkung hervorgebracht zu haben. Zu einer ernsten Auseinandersetzung mit Stammler sah sich jeder genötigt, der von dem sich beständig steigernden Interesse für die Grundfragen der Jurisprudenz, der Nationalökonomie und der Geschichtswissenschaft erfüllt war." Historische Zeitschrift.

Friedrichs, Karl, **Der Allgemeine Teil des Rechts.** Eine Darstellung der gemeinsamen Lehren des öffentlichen und des privaten Rechts. Groß-Oktav. X, 306 Seiten. 1927. 12.—, geb. 13.50

„Eine solche Arbeit fehlte bisher in der juristischen Literatur. Friedrichs ist der bedeutendste Vertreter dieser Lehre. Er ist wie kein anderer berufen, eine grundlegende Arbeit über dieses Gebiet zu schreiben."
Mitteilungen des Preuß. Richtervereins.

Maas, Georg, und **Magnus,** Julius, **Abkürzungsverzeichnis der Rechtssprache.** Abkürzungen der Bezeichnungen von Rechtsquellen, Behörden, Entscheidungen usw. des deutschen und österreichischen Rechts. Oktav. IV, 140 Seiten. 1929. 4.—

„Bis jetzt fehlte eine Zusammenstellung, die in zuverlässiger Weise die gebräuchlichsten Abkürzungen wiedergab. Diese Lücke füllt das neue Buch in glücklicher Weise aus." Der junge Rechtsgelehrte.

Endemann, Friedrich, **Grundriß des römischen Privatrechts.** Oktav. X, 256 und 30 Seiten. 1925. 9.—, geb. 10.50

(Lehrbücher und Grundrisse der Rechtswissenschaft Bd. XII.)

„. . . ein nach jeder Richtung hochstehendes Werk."
Der junge Rechtsgelehrte.

Stammler, Rudolf, **Aufgaben aus dem römischen Recht.** Der „Institutionenübungen für Anfänger" vierte Auflage. Oktav. IV, 92 Seiten. 1919. Mit Figuren im Text. Geb. 5.—

Zum selbständigen Einarbeiten in das System des römischen Privatrechts.

II. Bürgerliches Recht

1. Bürgerliches Gesetzbuch

Lehmann, Heinrich, **Allgemeiner Teil des Bürgerlichen Gesetzbuches.** Dritte, vermehrte und verbesserte Auflage (9. bis 12. Tausend). Oktav. XIV, 439 Seiten. 1928. 12.—, geb. 13.50

(Lehrbücher und Grundrisse der Rechtswissenschaft Bd. I.)

„Es liegt ein großer pädagogischer Wert in diesem Buch. Es wird sich unter den Studenten rasch großer Beliebtheit erfreuen.“ Das Recht.

Leonhard, R., **Der Allgemeine Teil des Bürgerlichen Gesetzbuches** in seinem Einflusse auf die Fortentwicklung der Rechtswissenschaft. Groß-Oktav. XVI, 537 Seiten. 1900. 10.—

(Recht des Bürgerlichen Gesetzbuches in Einzeldarstellungen Nr. X.)

Die Sammlung „Recht des Bürgerlichen Gesetzbuches“ umfaßt systematische Darstellungen des BGB. aus der Feder erster Juristen der Wissenschaft und Praxis.

Oertmann, Paul, **Allgemeiner Teil des Bürgerlichen Gesetzbuches.**

I. Einleitung. Lehre von den Personen und von den Sachen. Dritte, verbesserte Auflage. 136 Seiten. 1926. Geb. 1.80

(Sammlung Göschen Bd. 447.)

II. Erwerb und Verlust, Geltendmachung und Schutz der Rechte. Dritte, verbesserte Auflage. 147 Seiten. 1928. Geb. 1.80

(Sammlung Göschen Bd. 448.)

Nach der die Vorgeschichte des BGB. und einzelne für seine Bedeutung und Anwendung wichtige Hauptfragen behandelnden Einleitung bespricht der Verfasser die Lehre von den Personen und von den Sachen. Er verarbeitet den Inhalt der einzelnen Gesetzesparagraphen wissenschaftlich und erörtert dabei auch mehrfach Fragen, die im BGB. selbst nicht geregelt, höchstens gestreift werden.

Plancks Kommentar zum Bürgerlichen Gesetzbuch nebst Einführungsgesetz. Bisher herausgegeben von E. Strohal. Bearbeitet von E. Brodmann, L. Busch, J. Ebbecke, F. Flad, M. Greiff, K. Gunkel, P. Knoke, M. Landois, A. Lobe, Fr. Oegg, H. Siber, O. Strecker, K. von Unzner. Vierte, völlig neubearbeitete Auflage. Lexikon-Oktav.

Bisher sind erschienen:

I. Band: Allgemeiner Teil. 606 Seiten. 1913. 15.—, geb. 17.—

II. Band, 1. Hälfte: Recht der Schuldverhältnisse. (Allgemeiner Teil.) 640 Seiten. 1914. 15.—, geb. 17.—

II. Band, 2. Hälfte: Recht der Schuldverhältnisse. (Besonderer Teil.) 1296 Seiten. 1928. 49.—, geb. 52.—

III. Band: Sachenrecht. 1464 Seiten. 1920. 30.—, geb. 33.—

IV. Band: Familienrecht. 1. Hälfte §§ 1297—1588. 701 Seiten. 1928. 26.—, geb. 28.—

V. Band: Erbrecht.

Erste Lieferung: §§ 1922—1984. 192 Seiten. 1924. 6.—

Zweite Lieferung: §§ 1985—2063. 160 Seiten. 1926. 7.—

Dritte Lieferung: §§ 2064—2196. 256 Seiten. 1929. 12.—

„Für jeden Praktiker, der tiefer in den Rechtsstoff eindringen muß, um die zur Entscheidung stehende Frage zu prüfen, ist Plancks Kommentar immer ein zuverlässiger Ratgeber und seine Erläuterung und Meinung von hohem Wert und Gewicht, stets sorgfältiger Beachtung wert."
Zentralblatt für freiwillige Gerichtsbarkeit.

Das Bürgerliche Gesetzbuch mit besonderer Berücksichtigung der Rechtsprechung des Reichsgerichts. Erläutert von Dr. Busch, Erler, Dr. Lobe, Michaelis, Oegg, Schliewen und Seyffarth, Reichsgerichtsräten und Senatspräsidenten am Reichsgericht. Sechste, neubearbeitete Auflage. 5 Bände. §§ 1—2385. Lexikon-Oktav. 3182 Seiten. 1928. 125.—, in Halbleder geb. 150.—

I. Band: Allgemeiner Teil. Recht der Schuldverhältnisse I. (Allgemeiner Teil.) / II. Band: Recht der Schuldverhältnisse II. (Einzelne Schuldverhältnisse.) / III. Band: Sachenrecht. / IV. Band: Familienrecht. / V. Band: Erbrecht. Alphabetisches Sachverzeichnis.

Das Werk wird nur komplett abgegeben.

„Der Zivilpraxis ist wieder ihr wichtiges Hilfsmittel nach dem neuesten Stande in die Hand gegeben, welches wie kein Buch zuvor fördernd und erklärend auf die gesamte Gerichtstätigkeit eingewirkt hat. Gerade die knappe, klare Form der Rechtssätze, die Vollständigkeit der oberstrichterlichen Rechtsprechung, die objektive Darstellung hat dem Kommentar zur „glossa ordinaria" des BGB. gemacht, dessen Benutzung zur sachgemäßen Bearbeitung fast jeder Rechtssache gehört." *Juristische Wochenschrift.*

Achilles-Greiff, Bürgerliches Gesetzbuch nebst Einführungsgesetz. In Verbindung mit André, Meyer, Strecker, v. Unzner. Zwölfte, vermehrte und verbesserte Auflage, mit Erläuterungen der Verordnung über das Erbbaurecht, des Gesetzes über die religiöse Kindererziehung und des Gesetzes für Jugendwohlfahrt. Groß-Oktav. XVI, 1247 Seiten. 1927. Geb. 24.—

(Guttentagsche Sammlung Deutscher Reichsgesetze Bd. 38/39.)

„Das ausgezeichnete Buch, das einer weiteren Empfehlung kaum bedarf, wird seine führende Stellung unter den Handausgaben ohne Zweifel behaupten."
Juristische Rundschau.

Bürgerliches Gesetzbuch nebst Einführungsgesetz. Vom 18. August 1896 mit Berücksichtigung der bis zum 1. Januar 1928 ergangenen Abänderungen. Textausgabe mit ausführlichem Sachregister. Sechzehnte Auflage. (61. bis 66. Tausend). Taschenformat. 758 Seiten. 1928. Geb. 5.—
(Guttentagsche Sammlung von Textausgaben ohne Anmerkungen mit Sachregister.)

Die vorliegende Ausgabe zeichnet sich durch Vollständigkeit und besondere Ausführlichkeit des Sachregisters aus.

Lindemann, Otto, **Ausführungsgesetz zum Bürgerlichen Gesetzbuche** vom 20. September 1899 nebst einem Anhang: Verordnung zur Ausführung des Bürgerlichen Gesetzbuchs vom 16. November 1899. Nach dem Tode des früheren Herausgebers Kammergerichtsrat Dr. P. Siméon, erläutert von Geh. Oberjustizrat Otto Lindemann, Ministerialdirektor im Preuß. Justizministerium. Vierte Auflage. Ca. 220 Seiten. 1930. Geb. 5.—
(Guttentagsche Sammlung Preußischer Gesetze Bd. 23.)

Die neue Auflage kommt im richtigen Augenblick, um dem fühlbaren Mangel an neuen Bearbeitungen der Ausführungsgesetze zum Bürgerlichen Gesetzbuche abzuhelfen. Sie ist völlig neu bearbeitet und nach den Ergebnissen von Gesetzgebung und Rechtsprechung bis in die jüngste Zeit ergänzt.

v. Schwerin, Cl., Frhr., **Grundzüge des deutschen Privatrechts.** Zweite Auflage. Oktav. XII, 342 Seiten. 1928. 9.50, geb. 11.—
(Lehrbücher und Grundrisse der Rechtswissenschaft Bd. XIII.)

„Was dem Studenten not tut, ist ein kurzgefaßtes Handbuch. ... Ein ausgezeichnetes Hilfsmittel dieser Art ist das vorliegende Buch.“
Zeitschrift für Rechtspflege in Bayern.

Wegner, Arthur, **Jugendrecht.** Ein Lehrbuch zur Einführung. Oktav. IX, 219 Seiten. 1929. 6.—, geb. 7.50

„Ein gleichartiges und gleichwertiges Werk über das Jugendgericht gibt es noch nicht.“ *Breslauer Zeitung.*

Schuldverhältnisse insbesondere

Hedemann, Justus Wilh., **Schuldrecht des Bürgerlichen Gesetzbuches.** Oktav. Zweite Auflage in Bearbeitung.
(Lehrbücher und Grundrisse der Rechtswissenschaft Bd. II.)

„Die Schrift bietet die beste mir bekannte Einführung in das schwierige Recht der Schuldverhältnisse.“ *Staats- und Selbstverwaltung.*

Oertmann, Paul, **Schuldrecht.** (BGB. II.)

I. Allgemeine Lehren. Dritte, verbesserte Auflage. 142 Seiten. 1927. Geb. 1.80
(Sammlung Göschen Bd. 323.)

II. Die einzelnen Schuldverhältnisse. Dritte, verbesserte Auflage. 159 Seiten. 1929. Geb. 1.80
(Sammlung Göschen Bd. 324.)

„In knapper Form und gemeinverständlicher Ausdrucksweise ist ein vorzüglicher Überblick über den Stoff gegeben.“ Leipz. Zeitschrift f. deutsches Recht.

Meyer, Georg, **Das Recht der Beschlagnahme von Lohn- und Gehaltsforderungen.** Sechste Auflage. Taschenformat. 1927. Mit Nachtrag 1928. Geb. 4.50

(Guttentagsche Sammlung Deutscher Reichsgesetze Bd. 55.)

„Das Buch enthält einen Kommentar zum Lohnbeschlagnahmegesetz, der durch Gründlichkeit und Zuverlässigkeit ausgezeichnet ist. Als Anhang ist ihm eine übersichtliche Darstellung des Verfahrens der Beschlagnahme von Lohn- und Dienstbezügen beigegeben sowie eine sehr brauchbare Zusammenstellung von Behörden, denen bei der Pfändung der Dienstbezüge von Beamten als Drittschuldnern der Pfändungsbeschluß zuzustellen ist." Berliner Tageblatt.

Seligsohn, Franz, **Haftpflichtgesetz.** Groß-Oktav. 349 Seiten. 1920. 8.—, geb. 9.50

„Das reiche Material hat der Verfasser mit logischer Schärfe und in knapper Form bearbeitet und damit ein mustergültiges Werk geschaffen, das für die meist veralteten Kommentare zum Reichshaftpflichtgesetz einen wertvollen Ersatz bietet." Blätter für Rechtspflege im Bezirk des Kammergerichts.

Krieg, O., **Mietrecht und Wohnungsmangelgesetzgebung** im Reiche, in Preußen und in Berlin, einschließlich Hauszinssteuer, Kostenwesen und Rechtsentscheiden des Kammergerichts und des Obersten Landesgerichts. Zusammengestellt und mit ausführlichem Schlagwortregister versehen. Vierte Auflage. Taschenformat. XII, 594 Seiten. 1928. Geb. 10.—

(Guttentagsche Sammlung Deutscher Reichsgesetze Bd. 156.)

„Eine solche Ausgabe zu besitzen, ist wertvoll. Eine angenehme Zugabe sind die Rechtsentscheide des Kammergerichts. Diese Ausgabe verdient schon wegen ihrer Vollständigkeit besondere Beachtung. Ein vortreffliches Sachregister ist beigegeben." Juristische Wochenschrift.

Stölzle, Hans, **Viehkauf** nach Bürgerlichem Gesetzbuch und ausländischem Recht. Verordnung, betreffend die Hauptmängel und Gewährfristen beim Viehhandel. Von Eugen Fröhner. Sechste, vermehrte und wesentlich verbesserte Auflage. Taschenformat. 699 Seiten. 1926. Geb. 15.—

(Guttentagsche Sammlung Deutscher Reichsgesetze Bd. 50.)

„Die neue Auflage erfüllt alle Erwartungen, die an sie geknüpft wurden. Unseres Wissens genießt der Spezialkommentar von Stölzle auch in Richterkreisen ein sehr großes Ansehen. Bei der Lektüre der vielen Gerichtsentscheidungen, die uns aus unsern Mitgliederkreisen zugestellt werden, mußten wir immer wieder die Beobachtung machen, daß eine große Anzahl von Gerichten in den Urteilsgründen auf die Ansicht von Stölzle Bezug nahm. Wer täglich über Viehkaufsfragen Auskunft geben muß, stellt mit hoher Befriedigung fest, daß der ‚Stölzle' alle Fragen dieser schwierigen Materie in klarer und erschöpfender Weise behandelt." Allgemeine Viehhandelszeitung.

Hoffmann, J., Abzahlungsgeschäfte. Vierte Auflage, besorgt von K.-A. Crisolli. Taschenformat. Im Druck.

(Guttentagsche Sammlung Deutscher Reichsgesetze Bd. 34.)

„Jeder, der mit Abzahlungsgeschäften zu tun hat, kann sich bestens aus dem Büchlein informieren. Der Kommentar ermöglicht es auch dem Laien, sich mit allen einschlägigen Fragen vertraut zu machen. Die Bearbeitung stellt sich als durchaus sachgemäß und praktisch verwendbar dar." Berliner Intelligenz-Blatt.

Harnier, Ed., Sicherung der Bauforderungen. Dritte Auflage. Taschenformat. 122 Seiten. 1912. Geb. 1.80

(Guttentagsche Sammlung Deutscher Reichsgesetze Bd. 93.)

„Die vorliegende Neubearbeitung der kleinen Ausgabe des äußerst schwierigen Gesetzes findet einen weiterstreckten Interessenkreis. Nach einer äußerst klaren Einleitung, in der die langwierige Geschichte und der verwickelte Inhalt des Gesetzes in kurzen Zügen, aber mit kräftigen Strichen geschildert wird, werden seine Bestimmungen an der Hand der Gesetzesmaterialien und auf dem Boden des geltenden Rechts, unter Herstellung des Zusammenhanges mit ihm, in knappen Anmerkungen erläutert." Mitteilungen der Handelskammer Breslau

Göppert, H., Gesetz, betreffend die gemeinsamen Rechte der Besitzer von Schuldverschreibungen. Zweite Auflage, bearbeitet von E. Trendelenburg. Taschenformat. 156 Seiten. 1915. Geb. 1.50

(Guttentagsche Sammlung Deutscher Reichsgesetze Bd. 52.)

Dungs, H., Sechs Haager Abkommen über internationales Privatrecht. Taschenformat. 116 Seiten. 1910. Geb. 1.50

(Guttentagsche Sammlung Deutscher Reichsgesetze Bd. 98.)

„Die diesen Abkommen vom Verfasser beigefügten Erläuterungen sind kurz und klar gefaßt und entsprechen den allgemeingültigen Anschauungen. Der Kommentar von Dungs kann allen Gerichten, Staatsanwaltschaften und diplomatischen Behörden nur angelegentlichst empfohlen werden." Juristisches Literaturblatt.

Bogeng, G., Die Haager Abkommen über das internationale Privatrecht. Taschenformat. 173 Seiten. 1908. Geb. 2.—

(Guttentagsche Sammlung Deutscher Reichsgesetze Bd. 90.)

Sachenrecht insbesondere

Hedemann, Justus Wilh., Sachenrecht des Bürgerlichen Gesetzbuches. Oktav. XXXII, 507 Seiten. 1924. 12.—, geb. 13.50

(Lehrbücher und Grundrisse der Rechtswissenschaft Bd. III.)

„Ein trotz seiner Kürze ausgezeichnetes und inhaltreiches Lehrbuch, nicht nur für die Studierenden, sondern auch für ältere Juristen. Hervorzuheben ist der systematische Aufbau. Die Arbeit ist wissenschaftlich tiefgründig und doch gemeinverständlich geschrieben; auf jeder Seite bietet sie reiche Anregung rechtlicher und wirtschaftlicher Natur und wird allen Fragen der Neuzeit in vollstem Umfange gerecht." Zeitschrift des Deutschen Notarvereins.

Kretschmar, F., Sachenrecht.

I. Allgemeine Lehren. Besitz und Eigentum. Zweite, verbesserte Auflage. 142 Seiten. 1922. Geb. 1.80

(Sammlung Göschen Bd. 480.)

II. Begrenzte Rechte. 144 Seiten. 1923. Geb. 1.80

(Sammlung Göschen Bd. 481.)

Diese Bändchen bieten die Grundzüge des Sachenrechts in gedrängter und klarer Form.

Lenzen, Georg, **Das deutsche Pfandleihrecht.** Kommentar zum preußischen Pfandleihgesetz unter Berücksichtigung der außerpreußischen Gesetze. Oktav. XXVI, 266 Seiten. 1929. 20.—

„Diese zusammenfassende Darstellung ist die erste ihrer Art und sehr verdienstlich. Das Buch regt zu allerhand Fragen an." Juristische Wochenschrift.

Günther, Hermann, **Erbbaurecht.** Taschenformat. 167 Seiten. 1919. Geb. 2.—

(Guttentagsche Sammlung Deutscher Reichsgesetze Bd. 135.)

„Günther ist ausführlich, ohne weitschweifig zu sein; ausgezeichnete Vorbemerkungen geben vorzügliche Übersicht und wahren den Zusammenhang. Überall ist der bisherige Rechtszustand, der ja für absehbare Zeit seine Bedeutung behält, mit in das Bereich der Betrachtungen gezogen. Der Praxis wird das Werk von hervorragendem Nutzen sein." Beiträge zur Erläuterung des deutschen Rechts.

Arnheim, Hugo, **Grundbuchordnung.** Kommentar zur Grundbuchordnung für das Deutsche Reich nebst den für Preußen erlassenen Ausführungsbestimmungen. Zweite, völlig neubearbeitete Auflage. Lexikon-Oktav. 959 Seiten. 1913. 15.—

„Der Band weist außerordentliche Gründlichkeit, Klarheit und Übersichtlichkeit der Darstellung sowie Selbständigkeit des Urteils gegenüber der Literatur und der Rechtsprechung auf. Man kann wohl sagen, daß kaum eine Frage auftauchen wird, die nicht wenigstens berührt wäre; die bisher zutage getretenen Fragen aber sind sämtlich in der eingehendsten Weise erörtert."
Zentralblatt für freiwillige Gerichtsbarkeit.

Fischer, Otto, und **Fischer,** Norbert, **Grundbuchordnung für das Deutsche Reich** nebst den preußischen Ausführungsbestimmungen. Neunte, durchgearbeitete und ergänzte Auflage. Taschenformat. 322 Seiten. 1927. Geb. 5.—

(Guttentagsche Sammlung Deutscher Reichsgesetze Bd. 42.)

„Eine der äußerlich kleinen, inhaltlich vortrefflichen alteingeführten Handausgaben der Guttentagschen Sammlung, bei der schon die Auflagenziffer für die Brauchbarkeit in der Praxis spricht. Nach wie vor ist das vorliegende Buch ein vortrefflicher Wegweiser und Berater für den, der sich über die wichtigsten von Theorie und Praxis entwickelten Auslegungssätze kurz unterrichten will."
Juristische Wochenschrift.

Bürgerliches Gesetzbuch

Nicks, Gerhard, **Die Grundbuchpraxis.** Ein Handbuch für den täglichen Gebrauch in Grundbuchsachen. Achte Auflage. Groß-Oktav. XII, 412 Seiten. 1929. 12.—, geb. 14.—

„Das Buch soll ein kurzes Handbuch für den täglichen Gebrauch des Grundbuchrichters und anderer mit dem Grundbuchrechte befaßter Personen sein. Dieser Zweck ist in ausgezeichneter Weise erreicht. Als einen besonderen Vorzug sehe ich es an, daß die Ausführungen und Ratschläge des Verfassers überall dem Bestreben erwachsen sind, in dem Grundbuche nicht eine öde Aneinanderreihung langweiliger Vermerke, sondern ein lebendiges Ganzes zu erblicken."
Deutsche Juristenzeitung.

Friedlaender, Martin, **Hypothekenbeschaffung für Wohn- und Geschäftshäuser.** Handbuch für die Praxis der Grundstückswirtschaft. Groß-Oktav. VIII, 151 Seiten. 1929. 6.—, geb. 7.50

„Das Buch gibt einen außerordentlich praktischen Überblick über alle Fragen der Hypothekenbeschaffung. Die anschauliche Art der Zergliederung und die gründliche Darlegung des Statuts sichern dem Buch eine weite Verbreitung."
Deutsche Sparkassen-Zeitung.

Familienrecht, Erbrecht

Lehmann, Heinrich, **Familienrecht** des Bürgerlichen Gesetzbuches einschließlich Jugendfürsorgerecht. Oktav. XII, 352 Seiten. 1926. 11.—, geb. 12.50

(Lehrbücher und Grundrisse der Rechtswissenschaft Bd. IV.)

„Die Schilderung Lehmanns ist überall anregend und fesselnd. Das Werk kann allen Rechtsstudenten und Referendaren zur Anschaffung dringend empfohlen werden." *Der junge Rechtsgelehrte.*

Titze, Heinrich, **Familienrecht.** (BGB. IV.) 169 Seiten. Neudruck. 1924. Geb. 1.80

(Sammlung Göschen Bd. 305.)

Endemann, Fr., **Erbrecht.** Oktav. XII, 166 Seiten. 1923. 3.—, geb. 4.50

(Lehrbücher und Grundrisse der Rechtswissenschaft Bd. V.)

„Dieser Leitfaden behandelt den spröden Stoff des schwierigen Erbrechts in meisterhafter, fesselnder Darstellung."
Zeitschrift des Bundes Deutscher Justizamtmänner.

Blume, Wilh. von, **Erbrecht.** (BGB. V.)

I. Einleitung. Die Grundlagen des Erbrechts. 75 Seiten. 1913. Geb. 1.80

(Sammlung Göschen Bd. 659.)

II. Die Nachlaßbeteiligten. Mit 23 Figuren. 131 Seiten. 1913. Geb. 1.80

(Sammlung Göschen Bd. 660.)

Bürgerliches Recht

Riesenfeld, S., Die Erbenhaftung nach dem Bürgerlichen Gesetzbuch. Groß-Oktav. 2 Bände. 1916. 15.—, geb. 18.—

I. Band: Die Grundsätze der Haftung. XII, 461 Seiten.

II. Band: Das Inventar und die Mittel der Haftungsbeschränkung. VIII, 455 Seiten.

„Ein hervorragendes Werk, das in allen Teilen die vollständige Beherrschung des schwierigen Stoffes erkennen läßt und sich dabei durch klare und gemeinverständliche Darstellung auszeichnet.“ Sächsisches Archiv für Rechtspflege.

Aufwertung

Michaelis, Richard, **Das Aufwertungsrecht** nach den Aufwertungsgesetzen und nach allgemeinem bürgerlichem Rechte. Kommentar zu den Gesetzen vom 16. Juli 1925 über die Aufwertung von Hypotheken und anderen Ansprüchen und über die Ablösung öffentlicher Anleihen sowie systematische Darstellung des Aufwertungsrechts außerhalb dieser Gesetze. Zweite, gänzlich umgearbeitete Auflage des Kommentars zur Dritten Steuernotverordnung vom 14. Februar 1924 (Aufwertung). Mit einer Fristentabelle von H. Hoormann. Groß-Oktav. X, 516 Seiten. 1926. Mit Nachtrag 1927. Geb. 16.—

(de Gruytersche Sammlung Deutscher Gesetze. Handkommentare.)

„Es handelt sich bei dem vorliegenden Werk um ein ganz erstklassiges, die gesamte Rechtslehre und Rechtsprechung lückenlos verarbeitendes Hauptwerk, das sich für jeden Aufwertungsinteressenten als unentbehrlich erweisen wird. Das Buch ist begreiflicherweise auf das Vielfache des früheren Umfangs angewachsen, geht dafür aber auch keiner der zahllosen Streitfragen aus dem Wege, sondern beantwortet sie mit größter wissenschaftlicher Vertiefung und in dem steten Bestreben einer praktischen Lösung nach den Grundsätzen der Billigkeit.“ Deutsche Allgemeine Zeitung.

Berliner, Ludwig, und **Pfaffenberger,** Ernst, **Aufwertung von Versicherungsansprüchen** mit Durchführungsbestimmungen.

I. Teil. Oktav. 235 Seiten. 1925. Geb. 6.50

(Guttentagsche Sammlung Deutscher Reichsgesetze Bd. 164.)

II. Teil: Sach- und Transportversicherung; Unfall- und Haftpflichtversicherung. Oktav. 112 Seiten. 1926. Mit Nachtrag. Geb. 3.50

(Guttentagsche Sammlung Deutscher Reichsgesetze Bd. 164a.)

„Ein bedeutsamer Kommentar, der sowohl dem Versicherungstechniker wie dem Juristen eine Fülle von Aufklärung und Anregung bietet. Das Werk ist als eine wohlgelungene systematische Darstellung des gesamten versicherungsrechtlichen Aufwertungsgebiets anzusprechen. Alles in allem: eine wissenschaftlich und praktisch gleichermaßen auf der Höhe stehende Leistung, bei der sich Versicherungstechniker und Jurist mit Erfolg die Hand gereicht haben!“ Neumanns Zeitschrift für Versicherungswesen.

2. Handelsrecht

v. Gierke, Jul., Handelsrecht und Schiffahrtsrecht. Dritte, ergänzte Auflage. Groß-Oktav. XIV, 744 Seiten. 1929.
21.—, geb. 22.50

(Lehrbücher und Grundrisse der Rechtswissenschaft Bd. VI.)

„. . . ein außerordentlich hochstehendes, immer den neuesten Stand der Lehre und der Rechtsprechung widerspiegelndes Lehrbuch des Handelsrechts im weitesten Sinn." Der junge Rechtsgelehrte.

Lehmann, K., und Hoeniger, H., Lehrbuch des Handelsrechts. Dritte Auflage. Erster Halbband, enthaltend die Lehre vom Handelsstand und von den Handelsgesellschaften. Groß-Oktav. 432 Seiten. 1921. 10.—

Ein großangelegtes Lehrbuch des Handels- und Schiffahrtsrechts.

Lehmann, K., und Hoeniger, H., Deutsches Handelsrecht.

I. Einleitung. Der Kaufmann und seine Hilfspersonen. Offene Handelsgesellschaft, Kommandit- und stille Gesellschaft. 117 Seiten. 1921. Geb. 1.80

(Sammlung Göschen Bd. 457.)

II. Aktiengesellschaften, Gesellschaften mit beschränkter Haftung, eingetragene Genossenschaften. Handelsgeschäft, 126 Seiten. 1924. Geb. 1.80

(Sammlung Göschen Bd. 458.)

Eine gemeinverständliche Darstellung in gedrängter Form.

Hein, Joh., Die Zusammenhänge zwischen Steuerrecht und Handelsrecht und ihre Entwicklung, untersucht an dem Gewinn und an der Bewertung. Eine bilanzrechtliche und bilanzkritische Darstellung mit praktischen Beispielen. Groß-Oktav. X, 280 Seiten. 1928.
10.—, geb. 12.—

„Das Buch führt in klarer Gestaltung in die Probleme des Bilanzrechts ein. Eine übersichtliche Gliederung ermöglicht dem Kaufmann wie dem Juristen eine schnelle und doch gründliche Einführung in das ihn interessierende Gebiet. Ein eingehendes Sachregister leistet dabei gute Hilfe. Darüber hinaus stellt das Buch eine wesentliche Förderung für die dringend notwendige wissenschaftliche Behandlung des Steuerbilanzrechts und seiner Zusammenhänge mit den verwandten Rechtsmaterien dar." Zeitschrift für Handelsrecht.

Veröffentlichungen der Vereinigung der Handelsrechtslehrer deutscher Hochschulen.

Bericht über die erste Tagung der Vereinigung in Berlin am 7. und 8. März 1927 (Senatssaal der Universität). Mit Beiträgen von **Ernst Heymann, Hans Wüstendörfer, Otto Schreiber** und **Arthur Nußbaum.** Oktav. 65 Seiten. 1928. 5.—

Das Handelsrecht zeigt heute unter den privatrechtlichen Materien die meisten wissenschaftlichen und gesetzgeberischen Probleme und entwickelt am meisten Initiative. Unter diesen Verhältnissen werden sich die Veröffentlichungen der Vereinigung der Handelsrechtslehrer deutscher Hochschulen als besonders fruchtbar und förderlich erweisen.

Bürgerliches Recht

Staubs Kommentar zum Handelsgesetzbuch. Zwölfte und dreizehnte Auflage. Bearbeitet von Heinrich Koenige, Albert Pinner, Felix Bondi. Vier Bände und ein Registerband. Groß-Oktav. 4000 Seiten. 1927.

Zusammen 157.—, in Halbleder 183.60

„Der Staubsche Kommentar ist das klassische Hilfswerk zum Deutschen Handelsgesetzbuch und für die Beurteilung der zahlreichen schwierigen Fragen dieses Gesetzes maßgebend geworden; es stellt ein unentbehrliches Mittel zur Erfassung und zur Anwendung des Gesetzes dar.“ Frankfurter Zeitung.

Mosse, Albert, und **Heymann,** Ernst, **Handelsgesetzbuch** (ohne Seerecht). Mit den ergänzenden Vorschriften des Bürgerlichen Gesetzbuchs und einem Anhang, enthaltend das Einführungsgesetz, das Depotgesetz, die Bestimmungen über Börsentermin- und Differenzgeschäfte u. a. Nebst Erläuterungen. Im Anschluß an die Textausgabe von F. Litthauer. Siebzehnte Auflage. Unter Mitwirkung von Karl August Crisolli. Oktav. VIII, 693 Seiten. 1926.

Geb. 14.—

(Guttentagsche Sammlung Deutscher Reichsgesetze Bd. 4.)

„Die Litthauer-Mossesche Ausgabe des Handelsgesetzbuches hat bei allen Praktikern seit langem den wohlbegründeten Ruf größter Zuverlässigkeit und übersichtlicher Anordnung, die mit möglichster Knappheit des Ausdrucks gepaart sind. Das Buch ist ein zuverlässiger Führer durch das immer schwieriger werdende Gebiet des Handelsrechts.“ Vossische Zeitung.

Handelsgesetzbuch nebst Einführungsgesetz und Seerecht. Elfte Auflage. 381 Seiten. 1924. Geb. 2.60

(Guttentagsche Sammlung von Textausgaben ohne Anmerkungen.)

Die handliche Ausgabe enthält den genauen Gesetzestext mit einem das Zurechtfinden sehr erleichternden Sachregister.

Baum, G., **Das vertragliche Wettbewerbsverbot** (Konkurrenzklausel). Nebst Kommentar zum Gesetze vom 10. Juni 1914. Taschenformat. XII, 231 Seiten. 1914. Geb. 3.—

(Guttentagsche Sammlung Deutscher Reichsgesetze Bd. 115.)

Gesellschaften

Brodmann, Erich, **Aktienrecht.** Kommentar. Groß-Oktav. XII, 580 Seiten. 1928. 28.—, geb. 30.—

(Gewerbe- und Industrie-Kommentar Bd. IV.)

„Mit unvergleichlichem Geschick hat der Verfasser Großartiges geleistet — Brodmann ist Trumpf!“ Zeitschrift für Aktiengesellschaften.

Solmssen, Georg, **Probleme des Aktienrechts** unter besonderer Berücksichtigung ihrer Entwicklung in den Vereinigten Staaten von Amerika. Zweite Auflage. Oktav. I, 127 Seiten. 1928. 2.50

„Sämtliche Momente, die bei der Prüfung der Frage, ob und inwieweit das geltende deutsche Aktienrecht änderungsbedürftig ist, haben eine eingehende und umfassende Erörterung gefunden. Allen, die sich mit dieser recht heiklen Frage befassen, kann die Anschaffung des Werkes wärmstens empfohlen werden."
Badische Wirtschafts-Zeitung.

Hachenburg, Max, **Kommentar zum Gesetz, betr. die Gesellschaften mit beschränkter Haftung.** (Früher **Staub-Hachenburg.**) Fünfte Auflage unter Mitarbeit von Fritz Bing und Walter Schmidt. 2 Bände. 43.—, geb. 47.—
I. Band: §§ 1—34. Groß-Oktav. VI, 527 Seiten. 1926.
II. Band: §§ 35—84. Groß-Oktav. II, 452 Seiten. 1927.

„Was Hachenburg in seinen Neubearbeitungen aus diesem Buche gemacht hat, ist erstaunlich. Sein reiches juristisches Wissen, sein überlegener und kritischer Verstand, seine vorzügliche Gestaltungskraft und seine nur wenigen Juristen eigene vielseitige Auslegungskunst haben etwas Großes, Unvergleichliches geschaffen. Man findet selten ein literarisches Werk, in welchem Rechtsgelehrsamkeit und praktisches Können vereint einem Spezialgesetz so zugute kamen wie hier."
Zeitschrift für Aktiengesellschaften.

Brodmann, Erich, **Gesetz, betr. die Gesellschaften mit beschränkter Haftung.** Kommentar. Groß-Oktav. 2. Auflage. Im Druck.
(Gewerbe- und Industrie-Kommentar Bd. I.)

„Übersichtliche, klare Anordnung der Erläuterungen, tiefes Eindringen in die Einzelheiten des Gesetzes unter steter Berücksichtigung des Wirtschaftslebens, erschöpfende Wiedergabe der Rechtsprechung, namentlich des Reichsgerichts, sind die besonderen Vorzüge des Werkes, das damit ebenbürtig neben die anderen Reichsgerichtskommentare tritt und mit ihnen unentbehrliches Rüstzeug für Richter und Anwälte werden wird." *Badische Rechtspraxis.*

Parisius, Ludolf, und **Crüger**, Hans, **Das Reichsgesetz, betr. die Gesellschaften mit beschränkter Haftung.** Textausgabe mit Anmerkungen und Sachregister. Achtzehnte Auflage, bearbeitet von Adolf Crecelius und Fritz Citron. Taschenformat. 244 Seiten. 1929. Geb. 3.50
(Guttentagsche Sammlung Deutscher Reichsgesetze Bd. 32.)

„Die äußerst sachkundig erläuterte Ausgabe des Gesetzes, betreffend die Gesellschaften mit beschränkter Haftung, wird von den interessierten Kreisen freudig begrüßt werden. Wir können das Bändchen der bekannten Guttentagschen Sammlung bestens empfehlen." *Badische Wirtschafts-Zeitung.*

Klumpp, Hermann, **Beiträge zur Rechtsstellung der Geschäftsführer einer G. m. b. H. nach deutschem und französischem Recht.** Oktav. XVI, 180 Seiten. 1928. 6.—

Im G.m.b.H.-Recht hat die Stellung des Geschäftsführers besondere Bedeutung. Die vorliegende Arbeit, die unter Auswertung der umfangreichen Literatur eine eingehende Untersuchung dieser so wichtigen Frage nach deutschem und französischem Recht darstellt, wird in juristischen und geschäftlichen Kreisen Interesse finden.

Starke, Arthur, **Offene Handelsgesellschaften, Kommanditgesellschaften und stille Gesellschaften** von der Errichtung bis zur Auflösung. Nebst Vertrags- und Anmeldeformularen und mit Berücksichtigung des Steuerrechts. Oktav. XIV, 167 Seiten. 1928.
Eine systematische Darstellung für Studium und Praxis. 5.—

Wechselordnung und Scheckrecht

Staubs Kommentar zur Wechselordnung. Fortgesetzt von J. Stranz und M. Stranz. Zwölfte Auflage, bearbeitet von M. Stranz und Martin Stranz. Groß-Oktav. 432 Seiten. 1929.
16.—, geb. 18.—

„Zwei Namen klingen ans Ohr, die der deutschen Juristenwelt unvergeßlich sind, Hermann Staub und Josef Stranz. Was soll man mehr sagen? Staub-Stranz ist der Kommentar zur Wechselordnung. Auch die jüngste Auflage des Kommentars gibt einen echten Staub-Stranz. Weiterer Kommentar dazu ist überflüssig.“ Juristische Wochenschrift

Stranz, J., und **Stranz,** M., **Wechselordnung** vom 3. Juni 1908. Kommentar. Zwölfte Auflage von M. und M. Stranz. Taschenformat. VIII, 396 Seiten. 1923. Mit Nachtrag 1926. Geb. 3.50
(Guttentagsche Sammlung Deutscher Reichsgesetze Bd. 5.)

„Die neue Ausgabe der Wechselordnung mit ihrem äußerst nützlichen, guten Kommentar ist sehr zu empfehlen. Erfreulicherweise enthält das Bändchen auch die Bestimmungen der Zivilprozeßordnung über Urkunden- und Wechselprozesse im Anhang.“ Badische Wirtschaftszeitung.

Wechselordnung in der Fassung der Bekanntmachung vom 3. Juni 1908 (RGBl. S. 326ff.). Mit einem Anhang, enthaltend den Wechselprozeß und Nebengesetze. Textausgabe mit Einleitung und Sachregister. Taschenformat. 102 Seiten. 1928. Geb. 1.50
(Guttentagsche Sammlung von Textausgaben ohne Anmerkungen.)

Vorteilhafte Anordnung, ein zuverlässiges Sachregister, das das Gesetz erschließt, Handlichkeit und sauberer Druck zeichnen auch die neue Auflage der Wechselordnung aus, deren Einleitung den letzten Stand dieser Materie erfaßt und deren Anhang „Nebengesetze“ bis auf die letzte Zeit ergänzt ist.

Michaelis, Richard, **Scheckgesetz** mit allen einschlägigen Nebengesetzen, den ausländischen Gesetzen und dem Deutschen Postscheckgesetz mit Postscheckordnung. Kommentar. Groß-Oktav. VII, 339 Seiten. 1927. 16.—, geb. 18.—
(Gewerbe- und Industrie-Kommentar Bd. II.)

„Die vielen umfangreichen, den einzelnen Bestimmungen des Scheckgesetzes angefügten Bemerkungen behandeln die schwierige Materie in so tiefgründiger Weise, daß man in allen sich ergebenden Zweifelsfragen einer erschöpfenden Aufklärung gewiß sein darf. Es darf ferner nicht unerwähnt bleiben, daß das Buch nicht nur für den Gebrauch für den Juristen überaus geeignet erscheint, sondern auch infolge seiner klaren und allgemeinverständlichen Ausdrucksweise ein wertvolles Hilfsmittel für die Kreise des Gewerbes und der Industrie darstellt. Wir glauben deshalb nicht fehlzugehen, wenn wir dem ausgezeichneten Werke großen Erfolg voraussagen.“ Blätter für Genossenschaftswesen.

Schiffahrtsrecht

Schaps, Georg, **Das deutsche Seerecht.** Kommentar zum vierten Buche des Handelsgesetzbuches (als Ergänzung zu Staubs Kommentar) nebst Erläuterungen zu den seerechtlichen Nebengesetzen. Zweite, vollständig umgearbeitete Auflage herausgegeben von Max Mittelstein (†) und Julius Sebba.

I. Band. (Handelsgesetzbuch: Viertes Buch.) Groß-Oktav. VIII, 1041 Seiten. 1921. 25.—, geb. 28.—

II. Band. (Seerechtliche Nebengesetze. Bearbeitet von J. Sebba.) XVI, 1108 Seiten. 1929. 52.—, geb. 55.—

„Die alte, auf der Staubschen Kommentierungsmethode beruhende Auflage erfreute sich mit Recht schon großen Ansehens. In diesen bewährten Bahnen leistet die zweite Auflage an Vollständigkeit, Übersichtlichkeit und Genauigkeit das Höchste, was Wissenschaft und Praxis nur wünschen können.“
Juristische Wochenschrift.

Brandis, Otto, **Das deutsche Seerecht** (mit Ausschluß des Seeversicherungsrechts.) I. Allgem. Lehren: Personen und Sachen des Seerechts. 130 Seiten. 1908. II. Die einzelnen seerechtlichen Schuldverhältnisse: Verträge des Seerechts und außervertragliche Haftung. 156 Seiten. 1908. Geb. 1.80

(Sammlung Göschen Bd. 386/87.)

Knitschky, W. E., **Die Seegesetzgebung.** Fünfte Auflage, bearbeitet von O. Rudorff. XXIV, 1024 Seiten. 1913. Vergriffen.

(Guttentagsche Sammlung Deutscher Reichsgesetze Bd. 19.)

Sieveking, Gustav, **Das deutsche Seeversicherungsrecht.** Kommentar zum zehnten Abschnitt des vierten Buches des Handelsgesetzbuches. Lexikon-Oktav. 218 Seiten. 1912. 5.—, geb. 6.80

„Der Kommentar ruht auf einer vortrefflichen Grundlage und zeigt sich auch in seinem Inhalte dieser Grundlage durchaus würdig. Er ersetzt ein Lehrbuch und kann daher auch zur Einführung in das Seeversicherungsrecht empfohlen werden.“
Leipziger Zeitschrift für deutsches Recht.

Ritter, Carl, **Das Recht der Seeversicherung.** Ein Kommentar zu den Allgemeinen Deutschen Seeversicherungsbedingungen. Groß-Oktav. 2 Bände. 1494 Seiten. 1924. Geb. 100.—

(Friederichsen, de Gruyter & Co., m. b. H., Hamburg.)

Allgemeine Deutsche Seeversicherungs-Bedingungen. Im Jahre 1919 herausgegeben von den deutschen Seeversicherern nach Beratung mit deutschen Handelskammern und Fachverbänden unter Vorsitz der Handelskammer Hamburg. 16.—20. Tausend. 50 Seiten. 1925. 2.—

(Friederichsen, de Gruyter & Co., m. b. H., Hamburg.)

General Rules of Marine. Insurance 1919 adopted by the German Underwriters. Authorind Translation by Dr. Alfred Sieveking, larger in Hamburg. 64 Seiten. 1920. 3.—
(Friederichsen, de Gruyter & Co., m. b. H., Hamburg.)

Materialien zu den Allgemeinen Deutschen Seeversicherungs-Bedingungen. Im Auftrag der vereinigten Handelskammern herausgegeben von Prof. Dr. E. Bruck. Groß-Oktav. 2 Bände. 678 Seiten. 1920. 10.—
(Friederichsen, de Gruyter & Co., m. b. H., Hamburg.)

Makower, H., Gesetze, betreffend die privatrechtlichen Verhältnisse der Binnenschiffahrt und der Flößerei. Nach den Materialien erläutert. Sechste, vermehrte Auflage, bearbeitet von E. Loewe. Taschenformat. 458 Seiten. 1923. Geb. 4.—
(Guttentagsche Sammlung Deutscher Reichsgesetze Bd. 36.)
„Das vorzüglich bearbeitete Buch dürfte mit seinen klaren und verständlichen Erläuterungen für jeden, der in irgendeiner Weise mit der Binnenschiffahrt und der Flößerei zu tun hat, ein nie versagender Ratgeber sein." Schiffbau.

Sebba, Jul., Seewasserstraßenordnung. (Polizeiverordnung zur Regelung des Verkehrs auf den deutschen Seewasserstraßen vom 31. März 1927.) Taschenformat. 493 Seiten. 1928. Geb. 8.50
(Guttentagsche Sammlung Deutscher Reichsgesetze Nr. 171.)
Die vorliegende Ausgabe ist für die an dem neuen Gesetz interessierten beiden Fachgruppen, die der Nautiker und der Juristen, von gleich großer Bedeutung Diese Verbindung zweier Kenntnisgebiete gibt dem vorliegenden Kommentar seine besondere Note und seinen großen Wert für sämtliche interessierten Kreise.

Bene, F., Der Begriff des Versicherungsfalles in der Seeversicherung. (Hamburger Rechtsstudien, herausgegeben von Mitgliedern der Rechts- und Staatswissenschaftlichen Fakultät der Hamburgischen Universität, Heft 1.) Groß-Oktav. 75 Seiten. 1928. 4.50
(Friederichsen, de Gruyter & Co., m. b. H., Hamburg.)

Elkan, H. H., Die Bedeutung des Interesses für die Veräußerung der versicherten Sache. (Hamburger Rechtsstudien, herausgegeben von Mitgliedern der Rechts- und Staatswissenschaftlichen Fakultät der Hamburgischen Universität, Heft 2.) Oktav. 58 Seiten. 1928.
(Friederichsen, de Gruyter & Co., m. b. H., Hamburg.) 4.—

Genossenschaften

Parisius, Ludolf, Crüger, Hans, Crecelius, Adolf, und **Citron,** Fritz, **Reichsgesetz, betreffend die Erwerbs- und Wirtschaftsgenossenschaften.** Kommentar zum praktischen Gebrauch für Juristen und Genossenschaften. Elfte, neubearbeitete Auflage. Groß-Oktav. XV, 598 Seiten. 1928. 28.—, geb. 30.—
„Crüger beherrscht wie kein anderer Theorie und Praxis des Genossenschaftswesens, auch nach der wissenschaftlichen Seite hin." Juristische Wochenschrift.

Handelsrecht

Parisius, Ludolf, und Crüger, Hans, Das Reichsgesetz, betreffend die Erwerbs- und Wirtschaftsgenossenschaften. Textausgabe mit Anmerkungen und Sachregister. Zwanzigste, neubearbeitete Auflage von Hans Crüger, Adolf Crecelius und Fritz Citron. Taschenformat. Im Druck.

(Guttentagsche Sammlung Deutscher Reichsgesetze Bd. 29.)

„Der Ruf der Verfasser als ausgezeichnete Kenner dieses schwierigen Rechtsgebietes und nicht weniger die vielen Vorzüge ihres Werkes, in dem auf möglichst beschränktem Raum unter stetem Eingehen auf Rechtsprechung und Literatur das Recht der Genossenschaften musterhaft erläutert wird, haben es zu der verbreitetsten Ausgabe des Gesetzes gemacht, zu der wohl jeder Jurist greift, wenn er sich schnell über eine Frage aus diesem Gebiet unterrichten will."

Kölnische Zeitung.

Verschiedenes

Schreiber, Otto, Handelsrechtliche Nebengesetze. Taschenformat. VIII, 1002 Seiten. 1926. Geb. 14.—

(Guttentagsche Sammlung Deutscher Reichsgesetze Bd. 162.)

„Die Sammlung ist ein unentbehrliches Hilfsmittel für den Praktiker. Die Zusammenstellung ist sehr zuverlässig; auch das Sachregister von Kleffel verdient volle Anerkennung. Druck und Ausstattung des Buches sind ausgezeichnet."

Zentralblatt für Handelsrecht.

Staffel, W., Verordnung gegen Mißbrauch wirtschaftlicher Machtstellungen vom 2. November 1923. Kommentar. Oktav. 108 Seiten. 1927. Geb. 3.50

(Guttentagsche Sammlung Deutscher Reichsgesetze Bd. 167.)

„Die für das Wirtschaftsrecht so wichtige Kartellverordnung findet hier eine eingehende Kommentierung aus der Feder eines in diese Fragen tief eingedrungenen Mitgliedes des höchsten Gerichtshofs. Die Erläuterungen werden daher um so unentbehrlicher für die wirtschaftliche Praxis auf diesem Gebiete sein."

Industrie- und Handelszeitung.

Lusensky, F., Gesetz über die Handelskammern. Taschenformat. Neue Auflage in Vorbereitung.

(Guttentagsche Sammlung Preußischer Gesetze Bd. 21.)

„Das Buch ist ein vortrefflicher Berater aller derer, die in der Handelskammerorganisation sind oder zu ihr in Beziehung stehen. Der erste Teil gibt einen geschichtlichen Überblick über die Entwicklung der preußischen Handelskammern, Entstehungsgeschichte und Inhalt des Handelskammergesetzes. Den zweiten Teil bildet der Kommentar zum Gesetze, in dem der Verfasser die einzelnen Bestimmungen in ihrer Bedeutung und praktischen Tragweite eingehend erörtert und daneben auch auf andere für das Handelskammerwesen wichtige gesetzliche Materien eingeht. Das Buch kann warm empfohlen werden."

Zeitschrift für Polizei- und Verwaltungsbeamte.

Bank und Börse

Göppert-Seydel, Hypothekenbankgesetz vom 13. Juli 1899 (mit den Änderungen durch die Gesetze vom 14. Juli 1923, vom 26. Januar 1926 und 21. Dezember 1927). Textausgabe mit Einleitung, Anmerkungen und Sachregister. Dritte Auflage bearbeitet von Dr. Martin Friedländer. Taschenformat. VIII, 202 Seiten. 1929. 5.—

(Guttentagsche Sammlung Deutscher Reichsgesetze Nr. 51.)

Die vorliegende Auflage des bekannten „Göppert-Seydel" ist den veränderten Verhältnissen entsprechend vollkommen umgearbeitet worden; sie berücksichtigt sowohl die nach dem Kriege erfolgten Änderungen und Ergänzungen des Gesetzes und des Aufwertungsrechtes wie auch die Judikatur und das Schrifttum bis auf die letzte Zeit. Damit kommen die Vorzüge des „Göppert-Seydel" der Praxis und Wissenschaft wieder in ihrem ganzen Umfange zugute.

Koch, R., und **Schacht,** Hjalmar, **Die Reichsgesetzgebung über das Münz- und Notenbankwesen.** Textausgabe mit Anmerkungen und Sachregister. Siebente, völlig neubearbeitete Auflage. Taschenformat. XVIII, 617 Seiten. 1925. Geb. 14.—

(Guttentagsche Sammlung Deutscher Reichsgesetze Bd. 26.)

„Dieser Kommentar zeichnet sich durch Vollständigkeit und Reichhaltigkeit aus und bietet außerdem in der Einleitung einen vortrefflichen Überblick über die Entwicklung des deutschen Noten- und Geldwesens während der letzten Jahrzehnte."
Monatsschrift für Handelsrecht und Bankwesen.

Nußbaum, Arthur, **Bank- und Börsenrecht.** Eine Sammlung von Gesetzen und Geschäftsbedingungen. Taschenformat. XII, 622 Seiten. 1927. Geb. 11.—

(Guttentagsche Sammlung Deutscher Reichsgesetze Bd. 169.)

Die vorliegende Sammlung der verstreuten bank- und börsenrechtlichen Vorschriften fehlte bisher in der kaufmännischen und juristischen Bankpraxis ebenso wie im handelsrechtlichen und betriebswirtschaftlichen Unterricht. Ihr Erscheinen wurde daher vielseitig begrüßt. Die Sammlung berücksichtigt auch die dem freien Verkehr entstammenden Rechtsbildungen.

Kommentar zum Börsengesetz. Im Auftrage des Centralverbandes des Deutschen Bank- und Bankiersgewerbes (E. V.) bearbeitet von H. Rehm, H. Trumpler, Heinrich Dove, Ernst Neukamp, R. Schmidt-Ernsthausen, James Breit. Mit einem Vorwort von J. Rießer. Lexikon-Oktav. VIII, 464 Seiten. 1909. 12.—, geb. 13.50

„Einen so guten Kommentar zum Börsengesetze hat es noch nie gegeben. Wer sich darein vertieft, wird reiche Belehrung daraus schöpfen über das Börsenwesen im allgemeinen und über seine Rechtsübung und Rechtsprechung im besonderen."
Sächsisches Archiv für Rechtspflege.

Hemptenmacher, Th., Börsengesetz. Dritte Auflage von O. Meyer. Taschenformat. XXIII, 373 Seiten. 1915. Geb. 3.50

(Guttentagsche Sammlung Deutscher Reichsgesetze Bd. 41.)

„Das Bändchen bringt neben einem kurzen Überblick und einem vorteilhaft erweiterten Anhang das Börsengesetz nebst Ausführungsbestimmungen. Die einzelnen Paragraphen sind sehr ausgiebig und in gemeinverständlicher Weise kommentiert. Alles in allem schließt sich auch dieses Bändchen wieder den übrigen Textausgaben der wegen ihrer unbedingten und erschöpfenden Sachlichkeit bekannten Guttentagschen Sammlung Deutscher Reichsgesetze würdig an."
Bayrische Handelszeitung.

Lusensky, F., Gesetz, betreffend die Pflichten der Kaufleute bei Aufbewahrung fremder Wertpapiere (Depotgesetz). Neue Auflage in Bearbeitung.

(Guttentagsche Sammlung Deutscher Reichsgesetze Bd. 40.)

„Die beste Bearbeitung des sogenannten Depotgesetzes."
Zeitschrift für Aktiengesellschaften.

Frohner, G., Aktiensonderdepot und Legitimationsübertragung. (Hamburger Rechtsstudien, herausgegeben von Mitgliedern der Rechts- und Staatswissenschaftlichen Fakultät der Hamburgischen Universität, Heft 3.) Groß-Oktav. VII, 114 Seiten. 1929. 7.—

(Friederichsen, de Gruyter & Co., m. b. H., Hamburg.)

Schwerin, Frh. Cl. von, Recht der Wertpapiere (einschließlich Wechsel- und Scheckverkehr). Oktav. X, 234 Seiten. 1924. 7.—, geb. 8.50

(Lehrbücher und Grundrisse der Rechtswissenschaft Bd. 7.)

„Das Buch löst seine Aufgabe, den Studierenden eine Einführung in die Materie des Wertpapierrechts zu geben, ausgezeichnet, vor allem deshalb, weil es eine gute theoretische Fundierung mit einer dem Lehrzweck entsprechenden Darstellung des praktischen Rechts und der Rechtstatsachen verbindet."
Deutsche Juristenzeitung.

Bank-Archiv. Zeitschrift für Bank- und Börsenwesen. Unter Mitwirkung von hervorragenden Fachmännern herausgegeben von Geh. Justizrat Prof. Dr. Rießer, Berlin. Schriftleitung: Rechtsanwalt Otto Bernstein, geschäftsführendes Mitglied des Centralverbands des Deutschen Bank- und Bankiergewerbes. Quart. Jährlich 24 Nummern. XXIX. Jahrgang. 1929/30. Pro Halbjahr 12.—

„Ein von sachverständigen Mitarbeitern unterstütztes Organ, das in der glücklichen Vermischung von wissenschaftlichen Aufsätzen mit Mitteilungen aus der bankmännischen und gerichtlichen Praxis einen Berater von exzeptionellem Werte bildet." *Frankfurter Zeitung.*

Zeitgemäße Bankrechtsfragen. Festgabe der Rechtsabteilung der Disconto-Gesellschaft zum 70. Geburtstage des Herrn Dr. jur. Arthur Salomonsohn. Quart. 126 Seiten. 1929.

8.—, geb. 10.—

Inhalt: Zwingende Vorschriften im Aktienrecht. Von Dr. jur. Walter Hartmann. — Londoner Vorkriegsdepots. Von Rechtsanwalt Dr. jur. Hans-Alfons Simon. — Zweitstellige Pfand- und Sicherungsrechte. Von Rechtsanwalt Wilhelm Schütz. — Dotations-Konten (Pfändung und Aufwertung). Von Rechtsanwalt Erich Kraetke. — Das Avis als Verpflichtungsgrund. Von Rechtsanwalt Curt Paechter. — Wirtschaftliche Bedeutung und steuerliche Auswirkung des Steuermilderungsgesetzes bei Betriebszusammenschlüssen. Von Regierungsrat a. D. Dr. Hans Paschke. — Kreditsicherung durch Begründung von Miteigentum. Von Rechtsanwalt Dr. jur. Günther Schirdewahn. — Schutz des Geschäftsverkehrs gegen unbekannte Verfügungsbeschränkungen. Von Gerichtsassessor Dr. jur. Hans-Herbert Wimmer.

Verhandlungen des VII. allgemeinen Deutschen Bankiertages. Köln 9.—11. September 1928 auf Grund stenographischer Berichte. Groß-Oktav. 436 Seiten. 10.—

III. Grenzgebiete des Bürgerlichen Rechts

1. Privat- und Sozialversicherung

Koenige, Heinrich, und **Petersen,** A., **Gesetz über die privaten Versicherungsunternehmungen** vom 12. Mai 1901. Textausgabe mit Anmerkungen und Sachregister. Dritte, umgearbeitete Auflage. Taschenformat. 856 Seiten. 1927. Geb. 20.—

(Guttentagsche Sammlung Deutscher Reichsgesetze Bd. 62.)

„Der Verfasser hat es meisterhaft verstanden, reiche Literatur und Judikatur zu dem wichtigen Grundgesetz der Privatversicherung mit seiner eigenen selbständigen Auffassung von der Bedeutung der Gesetzesbestimmungen in Verbindung zu bringen. Für Theorie und Praxis der Privatversicherung wird das Werk dadurch zu einem unentbehrlichen Hilfsmittel." Deutsche Versicherten-Zeitung.

Bruck, E., **Reichsgesetz über den Versicherungsvertrag** nebst dem zugehörigen Einführungsgesetz vom 30. Mai 1908. Sechste, vollkommen neubearbeitete Auflage. Taschenformat. 708 Seiten. 1929. Geb. 14.—

(Guttentagsche Sammlung Deutscher Reichsgesetze Bd. 83.)

„Die Vorzüge, welche die früheren Auflagen schon zeigten, die Fülle des Gebotenen, die Beherrschung des Stoffes, die anschauliche und doch knappe Sprache, und dies alles in dem engen Rahmen einer Textausgabe, kleinen Handausgabe mit Anmerkungen, sind auch dieser Auflage in hohem Maße eigen."
Mitteilungen für die öffentlichen Feuerversicherungs-Anstalten.

Moldenhauer, Paul, **Das Versicherungswesen.**

I. Allgemeine Versicherungslehre. Vierte Auflage. 152 Seiten. 1925. Geb. 1.80

(Sammlung Göschen Bd. 262.)

II. Die einzelnen Versicherungszweige. Zweite Auflage. 130 Seiten. 1923. Geb. 1.80

(Sammlung Göschen Bd. 636.)

„Das Buch ist für jeden, der sich mit dem Versicherungswesen und seinen Zweigen vertraut machen will, auch für den Versicherungsmann als Einführung in die eine oder die andere Materie, die nicht zu seinem unmittelbaren Arbeitsgebiet gehört, ein trefflicher Führer, da es über die technische, wirtschaftliche und organisatorische Grundlage der behandelten Zweige gründlich informiert."
Versicherungspost.

Veröffentlichungen des Reichs-Aufsichtsamts für Privatversicherung. Groß-Oktav. Jahrg. 1—2, je 2.50. Jahrg. 3—16, je 6.—. Jahrg. 17—21, je 7.50. Jahrg. 22, 15.—. Jahrg. 23, 18.—. Jahrg. 24, 21.—. Jahrg. 25, 50.—. Jahrg. 26, 51.50. Jahrg. 27, Heft 1—3, 28.—. Jahrg. 28, Heft 1, 6.—. 2, 15.—. 3, 9.—.

Versicherungsstatistik für 1902 über die unter Reichsaufsicht stehenden Unternehmungen. Herausgegeben vom Reichsaufsichtsamt für Privatversicherung. Lexikon-Oktav. LXXVII, 384 Seiten. 1905. 10.—

— für 1903 bis 1917. Je Jahrgang 10.—

Berliner, Ludwig, und **Pfaffenberger,** Ernst, **Aufwertung von Versicherungsansprüchen** mit Durchführungsbestimmungen.

I. Teil. Oktav. 235 Seiten. 1926. Mit Nachtrag. Geb. 6.50

(Guttentagsche Sammlung Deutscher Reichsgesetze Bd. 164.)

II. Teil: Sach- und Transportversicherung; Unfall- und Haftpflichtversicherung. Oktav. 112 Seiten. 1926. Geb. 3.50

(Guttentagsche Sammlung Deutscher Reichsgesetze Bd. 164a.)

„Das Werk ist ein bedeutsamer Kommentar, durch den die gesetzlichen Bestimmungen von der juristischen und versicherungstechnischen Seite aus eingehend erläutert werden. In seinem straffen, systematischen Aufbau, der Geschlossenheit der Darstellung muß man das Buch als ein Standardwerk für das gesamte versicherungsrechtliche Aufwertungsgebiet bezeichnen.

Quellenangaben, sorgfältige Zitierungen, Stichwortverzeichnis erhöhen den praktischen Wert und machen es zum unentbehrlichen Ratgeber in allen interessierten Kreisen.“ *Versicherungs-Post, Berlin.*

Lippmann, Karl, **Die Reichsversicherungsordnung** in der Fassung der Bekanntmachung vom 15. Dezember 1924 und des Gesetzes über das Reichsschiedsamt vom 22. Januar 1925 nebst dem Einführungsgesetze, den wichtigsten Ausführungsvorschriften, den ergänzenden Gesetzen und Verordnungen sowie den Verordnungen über das Verfahren. Oktav. XV, 589 Seiten. 1925. Geb. 11.—

Ergänzungsband, enthaltend den vollständigen Wortlaut der neuen Fassung des Unfallversicherungsgesetzes sowie die Ergänzungen der übrigen Bücher der RVO. Oktav. 224 Seiten. 1926. Geb. 4.—

Zweiter Ergänzungsband, enthaltend weitere Änderungen und Ergänzungen durch die in der Zeit von Anfang 1926 bis Mitte 1928 erlassenen Gesetze und Verordnungen. Zweite, vermehrte Ausgabe, Stand vom 1. Juli 1928. Oktav. 71 Seiten. 1928. —.80

(Guttentagsche Sammlung Deutscher Reichsgesetze Bd. 161 bis 161c.)

Dritter Ergänzungsband, enthaltend weitere Änderungen und Ergänzungen durch die bis Mitte 1929 erlassenen Gesetze und Verordnungen. Oktav. 81 Seiten. 1929. 1.—

(Guttentagsche Sammlung Deutscher Reichsgesetze Bd. 161c.)

„Das Buch dürfte sich in der Bibliothek eines jeden finden, der sich mit der Reichsversicherungsordnung befaßt. Es gehört zu den praktisch wertvollsten.“
Deutsche Allgemeine Zeitung.

Neuß, Max, und Hense, Fritz. Das Reichsknappschaftsgesetz vom 1. Juli 1926 nebst Einführungsgesetz. 2. Aufl. Taschenformat. XVI, 640 Seiten. 1926. Geb. 12.—

(Guttentagsche Sammlung Deutscher Reichsgesetze Bd. 155.)

„Zur rechten Zeit erscheint die Erläuterung des Reichsknappschaftsgesetzes aus der Feder zweier Männer, die schon seit Jahren im Verwaltungs- und Aufsichtsdienste des Knappschaftswesens tätig sind und bei der Verabschiedung des Gesetzes mit in erster Linie gestanden haben. Die Herausgabe des Gesetzes aus ihrer Feder bedarf daher keiner besonderen Empfehlung. Das Buch kann allen, die auf dem Gebiete des Knappschaftswesens tätig sind, aufs wärmste empfohlen werden.“

Zeitschrift für Bergrecht.

Angestelltenversicherungsgesetz vom 28. Mai 1924. Zweite Auflage. Taschenformat. 143 Seiten. 1927. Mit Nachtrag. Geb. 2.50

(Guttentagsche Sammlung Deutscher Reichsgesetze. Textausgaben ohne Anmerkungen.)

Diese neue Ausgabe entspricht der neuesten Fassung des Gesetzes unter Berücksichtigung der letzten Änderungen und Verordnungen. Das beigefügte Sachregister erleichtert das rasche Zurechtfinden in den einzelnen Bestimmungen des Gesetzes.

Manes, Alfred, Sozialversicherung. 7. ergänzte Aufl. 1928. Kl.-Oktav. 139 Seiten. Geb. 1.80

(Sammlung Göschen Bd. 267.)

„Es gibt keine andere Darstellung der geltenden Sozialversicherung, die in solch erfreulicher Kürze und Sachlichkeit durch die annähernd 2400 Paragraphen führt.“ *Hanseatische Rechts- und Gerichts-Zeitschrift.*

Schmeißer, Herbert, Handbuch der Arbeitslosenversicherung. Mit einer Einführung und Erläuterungen. Taschenformat. 2. Aufl. Im Druck.

(Guttentagsche Sammlung Deutscher Reichsgesetze Bd. 165.)

„Das Buch gibt in kurzer, aber ausreichender Form eine Darstellung des gesamten Rechtsstoffes der Erwerbslosenfürsorge unter Anpassung an die praktischen Bedürfnisse. Das Buch, das als Handbuch bezeichnet wird, ist allen Arbeitsnachweisen, Kommunalbehörden, Parlamentariern, Gewerkschaften und Angestelltenverbänden zu empfehlen, zumal es sich um Vorschriften handelt, die in politischer, volkswirtschaftlicher und finanzieller Hinsicht zur Zeit weit schwerwiegender sind als die sonstiger sozialer Gesetze.“

Kommunalpolitische Blätter.

2. Arbeitsrecht

Depéne, Hans, Das Arbeitsgerichtsgesetz. Taschenformat. 180 Seiten. 1927. Geb. 3.60

(Guttentagsche Sammlung Deutscher Reichsgesetze Bd. 168.)

„Die neue Materie des Arbeitsgerichtsgesetzes erfordert in erhöhtem Maße das Interesse des Unternehmers. Zur Einarbeitung ist das vorliegende Buch besonders brauchbar, weil es sich nicht um einen Kommentar mit vielen Details handelt, sondern um eine Textausgabe mit einer ausführlichen, von einem hervorragenden Sachkenner verfaßten Einleitung. Daß die entsprechenden Bestimmungen anderer einschlägiger Gesetze gleich mit abgedruckt sind, ist ein großer Vorteil.“

Wirtschaftliche Rundschau.

Entscheidungen des Reichsarbeitsgerichts. Herausgegeben von den Mitgliedern des Reichsarbeitsgerichts. Oktav.

Band I. 1928.	6.50, geb. 8.—
Band II. 1928/29.	6.50, geb. 8.—
Band III. 1929.	6.50, geb. 8.—
Band IV. 1929/30.	6.50, geb. 8.—

Die neue Sammlung gibt in der Art der beiden bekannten bisherigen Reihen der Entscheidungen des Reichsgerichts, herausgegeben von den Mitgliedern des Reichsgerichts, die amtliche Auswahl der zur Veröffentlichung bestimmten Entscheidungen des Reichsarbeitsgerichts.

Arbeitsrechtliche Spruchsammlung. Beilage zum Deutschen Handwerksblatt. Pro Quartal —.90

Günther, Adolf, und **Schneider,** Richard, **Arbeiterschutz und Arbeitsrecht.** Zweite Auflage. Taschenformat.

I. Teil: **Arbeitszeitschutz.** Das Arbeitszeitnotgesetz und die übrige arbeitszeitrechtliche Gesetzgebung des Reichs seit dem 9. November 1918. 386 Seiten. 1927. Geb. 7.50

„Die Arbeit ist der 1. Auflage gegenüber ein völlig neues Buch. Der Kommentar umfaßt die gesamte arbeitszeitrechtliche Gesetzgebung von der Staatsumwälzung bis zur Gegenwart, und zwar nicht nur die allgemeinen Bestimmungen, sondern auch die für einzelne Gewerbezweige und Einzelbetriebe erlassenen Verordnungen. Auch die internationale Regelung des Arbeitszeitschutzes findet Berücksichtigung. Das Buch ist ein Führer durch das weite und unübersichtliche Gebiet der arbeitszeitrechtlichen Gesetzgebung. Ein ausführliches Sachregister soll die praktische Benutzung erleichtern.“ Die Wirtschafts-Genossenschaft.

II. Teil: Gesetz über die **Beschäftigung Schwerbeschädigter** nebst den einschlägigen gesetzlichen Bestimmungen. 404 Seiten. 1928. Geb. 8.—

(Guttentagsche Sammlung Deutscher Reichsgesetze Bd. 138a/138c.)

„Die umfassende Rechtsprechung und die angehende wissenschaftliche Bearbeitung, die das Gesetz erfahren hat, beweisen seine hohe wirtschafts- und sozialpolitische Bedeutung. Das Buch stellt somit nicht nur beim Studium des Gesetzes ein wertvolles Hilfsmittel dar, sondern ist auch für den Handgebrauch des Arbeitsrechtspraktikers unentbehrlich.“ Berliner Wohlfahrtsblatt.

IV. Teil: **Betriebsstillegungsverordnung.** 240 Seiten. 1929. Geb. 6.50

(Guttentagsche Sammlung Deutscher Reichsgesetze. Bd. 138d.)

Tilly, Dr. Helmuth Tczerclas von, **Internationales Arbeitsrecht.** Unter besonderer Berücksichtigung der Internationalen Arbeitsorganisation. 120 Seiten. 1924. Geb. 1.80

(Sammlung Göschen Bd. 882.)

Es ist das erste Werk, das in klarer, kurzer und allen leicht verständlicher Weise das gesamte grundlegende Tatsachenmaterial — und zwar nur dieses — auf dem umfassenden Gebiete des internationalen Arbeiterschutzes von dessen ersten Anfängen bis in die neueste Zeit bietet.

3. Gewerberecht

Hiller, Fr., und Luppe, H., Gewerbeordnung für das Deutsche Reich nebst Kinderschutzgesetz und Hausarbeitsgesetz sowie den für das Reich und Preußen erlassenen Ausführungsbestimmungen. Einundzwanzigste, veränderte Auflage. (143. bis 148. Tausend.) Taschenformat. 931 Seiten. 1928. Mit Nachtrag vom 11. Febr. 1929. Geb. 11.—

(Guttentagsche Sammlung Deutscher Reichsgesetze Bd. 6.)

„Ein Wort der Empfehlung für dieses Buch zu sagen, erübrigt sich. Hervorgehoben sei, daß diese Auflage alle Vorzüge der früheren Auflagen in sich schließt. Die zahlreichen neuen Gesetze sind erschöpfend berücksichtigt.“
Zeitschrift des Deutschen Notarvereins.

Brassert, H., Allgemeines Berggesetz für die preußischen Staaten mit Kommentar. Zweite Auflage, bearbeitet von Hans Gottschalk. Groß-Oktav. XXIX, 1291 Seiten. 1914. 27.—, geb. 30.—

Sonnenfeld, Hugo, Die reichsrechtlichen Bestimmungen, betreffend den Handel mit Drogen und Giften. Dritte, veränderte Auflage. Taschenformat. 435 Seiten. 1926. Geb. 12.—

(Guttentagsche Sammlung Deutscher Reichsgesetze Bd. 64.)

„Die Arbeit gehört einem Spezialgebiet an, mit dem nicht jeder Jurist zu tun hat. Wird er einmal genötigt, sich auf dieses Gebiet zu begeben, so ist er um so dankbarer für eine Arbeit, die sofort den Eindruck größter Sachkunde und vollständiger Materialsammlung macht, und deren Führung man sich unbedenklich anvertrauen kann.“ *Vossische Zeitung.*

Lebbin, Georg, Nahrungsmittelgesetze mit Erläuterungen. Zweite, stark vermehrte Auflage in zwei Bänden.

I. Band: Das Lebensmittelgesetz vom 5. Juli 1927 mit Nebengesetzen (Margarine, Fleisch, Milch, Süßstoff, Essigsäure usw.). Erläutert von G. Lebbin und R. Gießner. Taschenformat. XVI, 419 Seiten. 1928. Geb. 8.50

II. Band: Getränkegesetze und Getränkesteuergesetze (Wein, Bier, Branntwein, Mineralwasser). Unter Mitarbeit von Rechtsanwalt Dr. Kniebe. Taschenformat. XII, 400 Seiten. 1926. Geb. 10.—

(Guttentagsche Sammlung Deutscher Reichsgesetze Bd. 54b.)

„Das Werk, in der bekannten und bewährten Aufmachung der Gesetzessammlung gearbeitet, ist für unsere Leser und überhaupt die ganze Fachwelt der Getränkeindustrie unentbehrlich, muß doch jedermann mit den einschlägigen Gesetzesbestimmungen sich soweit wie irgend möglich vertraut machen, wenn er nicht in Nachteile geraten will. Die Anschaffung des Buches kann bestens empfohlen werden.“ *Branntweinmonopol.*

Voß, Werner, Die reichs- und landesrechtlichen Bestimmungen auf dem Gebiete des Gesundheitswesens. Taschenformat. 608 Seiten. 1929. (Guttentagsche Sammlung Deutscher Reichsgesetze Bd. 172.) Geb. 11.–

Der vorliegende Band ist eine auf die Praxis abgestimmte Sammlung der Gesetze, Verordnungen und Bestimmungen auf dem Gebiete des Gesundheitswesens, wie sie in dieser Vollständigkeit noch nicht besteht. Dadurch erst ist ein zuverlässiger und rascher Überblick über die einschlägigen weitverstreuten Bestimmungen usw. gewährleistet. Die bei der Guttentagschen Sammlung bewährte Übersichtlichkeit der Anordnung, die Erläuterungen und Verweisungen aus der Feder eines Fachmannes und die Handlichkeit des Formats sowie die Vielseitigkeit der Auswahl sichern auch diesem Bande einen weiten Benutzerkreis.

4. Geistig-gewerblicher Rechtsschutz

Pietzcker, Eduard, Patentgesetz und Gebrauchsmusterschutzgesetz. Kommentar unter Berücksichtigung der vorgeschlagenen und weiter beantragten Abänderungen des Patentgesetzes. Erster Halbband: §§ 1—12 PatG. Groß-Oktav. 427 Seiten. 1929. 26.—, geb. 28.— (Gewerbe- und Industrie-Kommentar Bd. V, 1.)

„Dies Werk erfüllt die Anforderungen an einen mit wissenschaftlichem Geiste erfüllten Kommentar in bewundernswerter Weise. Es ist die sorglich zur Reife gebrachte Frucht reicher Erfahrung, und ich glaube nicht zuviel zu sagen, wenn ich ihm nachrühme, daß er mit dem ersten Augenblick seines Erscheinens sich seinen Platz in der ersten Reihe der gesamten Kommentarliteratur gesichert hat.

Es ist nicht nur ein Genuß, diese klare Sprache zu lesen, der geschlossenen Entwicklung der sachlichen Darstellung zu folgen, es ist vor allem eine Freude, die wissenschaftliche Gründlichkeit und den gedanklichen Reichtum dieser Arbeit in sich aufzunehmen.

Die überall zutage tretende geistige Leistung macht Pietzckers Kommentar für jeden, der sich mit diesem Rechtsgebiet zu beschäftigen hat, zum unentbehrlichen Rüstzeug.“ Markenschutz und Wettbewerb.

Seligsohn, Arnold, Patentgesetz und Gesetz, betr. den Schutz von Gebrauchsmustern. Siebente Auflage. Oktav. 1929. In Bearbeitung.

„Die Vorzüge des Buches sind bekannt. Klare, leichtfaßliche Sprache, wissenschaftliche Vertiefung, dabei starke Betonung der Praxis, lückenlose Behandlung aller Probleme sind die Vorzüge, die den Seligsohnschen Kommentar zum unentbehrlichen Rüstzeug jedes im gewerblichen Rechtsschutz Tätigen gemacht haben.“ Mitteilungen vom Verband Deutscher Patentanwälte.

Lutter, R., Patentgesetz. Nebst Ausführungsbestimmungen, völkerrechtlichen Verträgen und Patentanwaltsgesetz, unter eingehender Berücksichtigung der Rechtsprechung des Reichsgerichts und der Praxis des Reichspatentamts. Neunte Auflage. Taschenformat. XV, 467 Seiten. 1928. Geb. 10.— (Guttentagsche Sammlung Deutscher Reichsgesetze Bd. 22.)

„Der jetzige Verfasser hat einen völlig neuen Kommentar geschaffen, der in seiner Knappheit und Sparsamkeit dem ursprünglichen Zweck gerecht wird, aber an wissenschaftlicher Durcharbeitung und Gründlichkeit die vorangegangenen Auflagen weit überragt. Die jetzt vorliegende Auflage zeichnet sich durch Reichhaltigkeit, Genauigkeit und Klarheit aus.“ Gewerblicher Rechtsschutz und Urheberrecht.

Elster, Alexander, **Urheber- und Erfinder-, Warenzeichen- und Wettbewerbsrecht.** (Gewerblicher Rechtsschutz.) Zweite, stark erweiterte und völlig umgearbeitete Auflage. Mit Abdruck der Gesetzestexte. Oktav. XII, 611 Seiten. 1928. 18.—, geb. 19.50

(Lehrbücher und Grundrisse der Rechtswissenschaft Bd. VIII.)

„Seit Kohler und Osterrieth endlich wieder das lang entbehrte Lehrbuch. Hier unternimmt ein wahrhaft selbständiger und ideenreicher Kopf den Versuch, eine wirkliche Synthese zu schaffen.“ Juristische Rundschau.

Neuberg, J., **Der internationale gewerbliche Rechtsschutz.** 2. Auflage. 128 Seiten. 1923. Geb. 1.80

(Sammlung Göschen Bd. 271.)

Neuberg, Johannes, **Gesetz, betr. das Urheberrecht an Mustern und Modellen,** und Gesetz, betr. den Schutz von Gebrauchsmustern, nebst den zu beiden Gesetzen ergangenen Ausführungsverordnungen und abgeschlossenen internationalen Verträgen. Textausgabe mit Einleitung, Anmerkungen und Sachregister. Taschenformat. 192 Seiten. 1911. Geb. 2.40

(Guttentagsche Sammlung Deutscher Reichsgesetze Bd. 102.)

„Die Anmerkungen sind kurz, klar, treffend, mit Nachweisungen aus der Judikatur und aus der Literatur versehen. Sie ermöglichen auch dem mit der Materie nicht vertrauten Praktiker eine schnelle Orientierung über den Stand der Frage.“ Zeitschrift für das gesamte Handelsrecht.

Daude, Paul, **Die Reichsgesetze über das Urheberrecht an Werken der Literatur und der Tonkunst und das Verlagsrecht** vom 19. Juni 1901 in der Fassung des Gesetzes vom 22. Mai 1910 zur Ausführung der revidierten Berner Übereinkunft. Oktav. VIII, 293 Seiten. 1910. 6.—

„Der Zusammenhang der erläuterten Gesetze mit dem Strafgesetzbuch, dem Bürgerlichen Gesetzbuch und anderen Gesetzen ist in leichtverständlicher Weise praktisch dargestellt. Literatur und Rechtsprechung sind angemessen berücksichtigt. Dem praktischen Juristen, dem Buchhändler und dem Autor wird es gleichermaßen vorzügliche Dienste leisten.“ Deutsche Literatur-Zeitung.

Lindemann, O., **Gesetz, betr. das Urheberrecht** an Werken der Literatur und der Tonkunst. Vierte Auflage. Taschenformat. 171 Seiten. 1921. Geb. 1.80

(Guttentagsche Sammlung Deutscher Reichsgesetze Bd. 60.)

„Die vorliegende Arbeit ist nicht bloß eine Gesetzesausgabe, sondern mit ihren sachgemäßen, gründlichen, sorgfältig gearbeiteten, wenn auch kurzen Erläuterungen zu den einzelnen Paragraphen ein wertvoller Kommentar des Gesetzes. Das Werk sei jedermann auf das beste empfohlen.“ Juristische Wochenschrift.

Fuld, Ludwig, **Gesetz, betr. das Urheberrecht an Werken der bildenden Künste und der Photographie.** Zweite Auflage. Taschenformat. 192 Seiten. 1925. Geb. 6.—

(Guttentagsche Sammlung Deutscher Reichsgesetze Bd. 81.)

„Der zwar kleine, aber inhaltreiche und daher sehr beliebte Kommentar von Fuld erscheint in zweiter, völlig neubearbeiteter Auflage. Überall ist dem Stande der heutigen Rechtsprechung und wissenschaftlichen Auffassungen Rechnung getragen. In einem Anhang sind die einschlägigen internationalen Übereinkommen abgedruckt. Alle Interessenten werden mit Freuden die neue Auflage begrüßen."
Danziger Juristische Monatsschrift.

Heinitz, Ernst, und **Marwitz**, Bruno, **Das Reichsgesetz über das Verlagsrecht.** Textausgabe mit Einleitung, Anmerkungen und Sachregister. Dritte Auflage. Taschenformat. 136 Seiten. 1922. Geb. 1.60

(Guttentagsche Sammlung Deutscher Reichsgesetze Bd. 61.)

„Dieser kurze Kommentar ist durch seine knappen, das Wichtige klar vortragenden Darlegungen dazu berufen, eine Lücke auszufüllen, die sich für den Praktiker des Verlagsrechts seit Jahren ergab. Man darf deshalb das Erscheinen dieser neuen Auflage aus der Feder des Spezialisten des Verlagsrechts mit größter Freude begrüßen." *Börsenblatt für den Deutschen Buchhandel.*

Elster, A., **Das deutsche Urheber- und Verlagsrecht.** 128 Seiten. 1923. Geb. 1.80

(Sammlung Göschen Bd. 863.)

„Erstaunlich ist, wie Elster diese beiden so viel umstrittenen Gesetze auf so engem Raum in vortrefflicher Weise zur Darstellung gebracht hat."
Deutscher Journalistenspiegel.

Heymann, E., **Die zeitliche Begrenzung des Urheberrechts.** Oktav. 74 Seiten. 1927. 5.—

(Sitzungsberichte der Preußischen Akademie der Wissenschaften zu Berlin.)

Elster, A., **Das deutsche Erfinderrecht.** (Patent- und Musterschutzrecht). 118 Seiten. 1924. Geb. 1.80

(Sammlung Göschen Bd. 891.)

„Die Aufgabe, einen Überblick über das deutsche Erfinderrecht zu geben, ist im Rahmen der kurzen Erörterungen mit viel Geschick gelöst. Deshalb wird das Büchlein auch bei allen Gruppen der am Patentrecht interessierten Personen seine Freunde finden." *Gewerblicher Rechtsschutz und Urheberrecht.*

Seligsohn, Jul., **Geheimnis und Erfindungsbesitz.** Groß-Oktav. 147 Seiten. 1921. 3.—

Neininger, G., **Der Schutz des Urheberrechts im deutschen Rundfunk.** Oktav. 88 Seiten. 1929. 4.—

Die vorliegende Arbeit untersucht die Wirkungen der technischen Neuerungen im Rundfunk hauptsächlich auf das deutsche Urheberrecht und erörtert die Möglichkeiten einer Änderung oder Ergänzung der Gesetzgebung zum Schutz der Urheber.

Sie untersucht die Theorien, die für die Beurteilung des Urheberrechtsschutzes im Rundfunk aufgestellt worden sind, und prüft an Hand dieser Theorien die Rechtslage nach den neuesten Erfindungen.

Wolff, F., und **Crisolli, K.-A., Das Recht der Reklame.** Lexikon-Oktav. 424 Seiten. 20.—, geb. 22.—

Mit diesem Buch ist erstmalig eine systematische erläuternde Zusammenstellung der hauptsächlichsten Bestimmungen gegeben, die von Reklame handeln, bzw. mit Reklame in irgendeinem Zusammenhang stehen. In der Praxis macht sich das Fehlen einer solchen Bearbeitung sehr bemerkbar, da die Reklame in der Gesetzgebung kein in sich abgeschlossenes Gebiet bildet, sondern ihre gesetzlichen Grundlagen in den mannigfachen Bestimmungen des privaten und öffentlichen Rechts findet. Die Verfasser haben die einschlägige Rechtsprechung und Literatur bis in die neueste Zeit berücksichtigt.

Pinner-Elster, Gesetz gegen den unlauteren Wettbewerb. Achte, sehr vermehrte und umgestaltete Auflage. Taschenformat. 254 Seiten. 1927. Geb. 5.—

(Guttentagsche Sammlung Deutscher Reichsgesetze Bd. 37.)

„Das Buch ist mehr als eine bloße ‚Textausgabe mit Anmerkungen', nämlich ein richtiger Kommentar, und wird in der Praxis ausgezeichnete Dienste tun."
Senatspräsident am Reichsgericht Dr. Lobe, Leipzig, i. d. Jurist. Wochenschrift.

Wassermann, Martin, **Der unlautere Wettbewerb** nach deutschem Recht. I. Generalklausel, Reklameauswüchse, Ausverkaufswesen, Angestelltenbestechung. 160 Seiten. 1911. II. Kreditschädigung, Firmen- und Namenmißbrauch, Verrat von Geheimnissen, Ausländerschutz. 151 Seiten. 1911. Geb. je 1.80

(Sammlung Göschen Bd. 339 u. 535.)

Born, A., Reichspreßgesetz vom 7. Mai 1874 nebst den einschlägigen Bestimmungen der Reichsverfassung, des Reichsstrafgesetzbuches, der Gewerbeordnung usw. Mit Kommentar und Sachregister. Dritte Auflage. Taschenformat. 176 Seiten. 1924. Geb. 4.—

(Guttentagsche Sammlung Deutscher Reichsgesetze Bd. 53.)

„Das Werk bringt eine sehr reichhaltige Kommentierung des Stoffes, die um so wertvoller ist, als den Entscheidungen der Wortlaut der Urteilsbegründungen beigefügt ist. Ein weiterer Vorteil des Buches ist darin zu erblicken, daß sämtliche einschlägigen Bestimmungen der das Pressewesen berührenden Gesetze aufgeführt, eingehend besprochen und in Beziehung zueinander gebracht worden sind. Als Nachschlagewerk in Zweifelsfällen wird das Buch von großem Nutzen sein."
Ministerialblatt für die preußische innere Verwaltung.

Hagens, Alfred, **Warenzeichenrecht.** Kommentar. Groß-Oktav. VIII, 408 Seiten. 1927. 22.—, geb. 24.—

(Gewerbe- und Industrie-Kommentar Bd. III.)

„Eine ausführliche Darstellung, die zeigt, daß der Verfasser das gesamte Fachschrifttum und die reichhaltige Rechtsprechung restlos beherrscht. Ich habe gefunden, daß nicht ein einziger Fall von Bedeutung fehlt.
Was aber dem Werke eine erhöhte Bedeutung verschaffen dürfte, ist die auf Erfahrungen einer langen richterlichen Laufbahn beruhende, kritische Würdigung, die keineswegs immer eine Übereinstimmung mit dem höchsten Gerichtshof bekundet." *Markenschutz und Wettbewerb.*

Seligsohn, Arnold, **Gesetz zum Schutz der Warenbezeichnungen.** Dritte Auflage, bearbeitet in Gemeinschaft mit Martin Seligsohn in Berlin. Groß-Oktav. IV, 416 Seiten. 1925. 15.—, geb. 16.50

„Der Kommentar zeigt alle Vorzüge des in der Wissenschaft und Praxis des gewerblichen Rechtsschutzes gleich ausgezeichneten Juristen: volle theoretische und praktische Beherrschung des Stoffes, klare Darstellungsgabe, sorgsame Behandlung und treffsicheres Urteil." *Badische Rechtspraxis.*

Freund, G. S., **Magnus,** Julius, und **Jüngel,** Friedrich, **Das deutsche Warenzeichenrecht.** Sechste, neubearbeitete Auflage. Teil I: Die internationalen Verträge. VI, 247 Seiten. Mit 4 Tafeln. 1924. Geb. 9.—

(Guttentagsche Sammlung Deutscher Reichsgesetze Bd. 87a.)

„Das ganze Werk mit seiner Fülle von Gesetzen, Verordnungen, Verträgen, Bekanntmachungen bildet eine Quellensammlung für das internationale deutsche Zeichenrecht, ohne die man fortan nicht mehr auskommen kann."
Gewerblicher Rechtsschutz und Urheberrecht.

IV. Zivilprozeß

Fischer, Otto, **Lehrbuch des deutschen Zivilprozeß- und Konkursrechts.** Groß-Oktav. XII, 488 Seiten. 1918. 8.—, geb. 10.—

Kisch, Wilh., **Deutsches Zivilprozeßrecht.**

I. Band. Vierte, verbesserte Auflage. 115 Seiten. 1929. Geb. 1.80

(Sammlung Göschen Bd. 428).

II. Band. Vierte, verbesserte Auflage. 168 Seiten. 1929. Geb. 1.80

(Sammlung Göschen Bd. 429).

III. Band. Vierte, verbesserte Auflage. 148 Seiten. 1929. Geb. 1.80

(Sammlung Göschen Bd. 430.)

Diese Auflage wird jedem, der sich auf gemeinverständliche Weise über unser geltendes Zivilgerichtswesen unterrichten will, gute Dienste leisten, und kann namentlich den Studierenden des Rechts als Einführung bestens empfohlen werden.

Sydow, R., **Busch,** L., und **Krantz,** W., **Zivilprozeßordnung und Gerichtsverfassungsgesetz.** Neunzehnte Auflage. Groß-Oktav. VIII, 1335 Seiten. 1926. Geb. 25.—

(de Gruytersche Sammlung Deutscher Gesetze. Handkommentare.)

„Der Wert des Werkes ist längst anerkannt. Es gibt wohl keinen Praktiker, der sich seiner nicht mit besonderer Vorliebe bedient. Vollständigkeit, Übersichtlichkeit, Zuverlässigkeit und Ausführlichkeit der Erläuterungen sind auch diesmal dem allgemein beliebten Buche als seine hervorstechendsten Vorzüge treugeblieben. Für die Praxis ist es unentbehrlich."
Zeitschrift des Bundes Deutscher Justizamtmänner.

Zivilprozeßordnung mit Gerichtsverfassungsgesetz und Einführungsgesetzen in der Fassung der Bekanntmachung vom 13. Mai 1924 mit den bis 1. April 1929 ergangenen Abänderungen. Textausgabe mit Sachregister. Taschenformat. 440 Seiten. 1929. Geb. 3.50

(Guttentagsche Sammlung von Textausgaben ohne Anmerkungen.)

Die handliche Ausgabe enthält den genauen Gesetzestext mit einem das Zurechtfinden sehr erleichternden Sachregister.

Sydow, R., Busch, L., und **Krantz, W., Gerichtsverfassungsgesetz** mit Einführungsgesetz. Unter besonderer Berücksichtigung der Entscheidungen des Reichsgerichts. Zehnte Auflage. Taschenformat. 347 Seiten. 1925. Geb. 6.—

(Guttentagsche Sammlung Deutscher Reichsgesetze Bd. 14.)

„Das Buch bedarf keiner Empfehlung, es empfiehlt sich selbst durch die Fülle dessen, was es bietet. Gesetzgebung und Rechtsprechung sind bis in die neueste Zeit berücksichtigt.“ Leipziger Zeitschrift für Deutsches Recht.

Rausnitz, Julius, **Gebührenordnung für Notare** vom 28. Oktober 1922 (GS. 404) nebst den einschlägigen Vorschriften des Preußischen Gerichtskostengesetzes vom 28. Oktober 1922 (GS. 363), beide in der Fassung der Gesetze vom 12. April 1923 (GS. 107), 18. Dezember 1923 (GS. 556) und der Verordnung vom 28. Juni 1924 (GS. 573). Sechste, umgearbeitete Auflage. Oktav. 158 Seiten. 1925. Geb. 7.—

(Guttentagsche Sammlung Preußischer Gesetze Bd. 4.)

„Die Aufgabe, einen kurzgefaßten, aber möglichst vollständigen Handkommentar für den täglichen Gebrauch des Praktikers zu schaffen, hat der Verfasser glänzend gelöst. Mit einer bewundernswerten Kürze und Schärfe entscheidet er nicht nur Streitfragen, sondern behandelt auch die im täglichen Leben vorkommenden Fälle vollständig. Der in seiner äußeren Form sehr handlich und gut ausgestaltete Kommentar kann den Herren Kollegen nur auf das wärmste empfohlen werden. Er wird ihnen sehr bald ein unentbehrlicher, weil nie versagender Ratgeber werden, der ihnen ihre Berufsarbeit sehr erleichtern wird.“ Juristische Wochenschrift.

Sydow, R., Busch, L., und **Krieg, O., Die Deutsche Gebührenordnung für Rechtsanwälte, das Gesetz, betreffend die Erstattung von Rechtsanwaltsgebühren in Armensachen und die Preußische Landesgebührenordnung mit Erläuterungen.** Auf der Grundlage der Sydow-Busch'schen Textausgabe mit Anmerkungen in dreizehnter Auflage unter Mitaufnahme des Gesetzes über die Erstattung in Armensachen neubearb. Taschenformat. 496 S. 1929. Geb. 9.—

(Guttentagsche Sammlung Deutscher Reichsgesetze Bd. 17.)

„Die Erläuterung der Gebührenordnung bietet besonders Wertvolles. Sie steht schon lange unter den Anmerkungsausgaben mit an erster Stelle. Und das mit Recht.“ Zeitschrift des Bundes Deutscher Justizamtmänner.

Sydow, R., Busch, L., und Krieg, O., Deutsches Gerichtskostengesetz nebst Gebührenordnung für Gerichtsvollzieher und für Zeugen und Sachverständige in den neuesten Fassungen. Auf der Grundlage der Sydow-Buschschen Textausgabe mit Anmerkungen neubearbeitet in 11. Aufl. Taschenformat. XI, 433 S. 1928. Geb. 7.50

(Guttentagsche Sammlung Deutscher Reichsgesetze Bd. 15.)

„Die neue Auflage bietet unter gründlicher Berücksichigung der gesamten einschlägigen Rechtsprechung eine zeitgemäße, übersichtliche und erschöpfende Erläuterung des Gesetzes. Für den täglichen Gebrauch in der Praxis erscheint diese Textausgabe mit Anmerkungen als unentbehrlich.“
Dr. Natter in der „Württembergischen Zeitschrift für Rechtspflege“.

Lindemann, Otto, Preußisches Gerichtskostengesetz (neueste Fassung). Nach dem Tode des früheren Herausgebers P. Siméon erläutert. 8., völlig umgearb. Aufl. Taschenformat. 439 S. 1928. Geb. 8.—

(Guttentagsche Sammlung Preußischer Gesetze Bd. 17.)

„Die vorliegende, nunmehr achte Auflage ist entsprechend den bedeutsamen Änderungen der letzten Jahre völlig umgearbeitet. Die gesamte Rechtsprechung wurde eingehend berücksichtigt, so daß hier eine Erläuterung vorliegt, die Zuverlässigkeit und Vollständigkeit in sich verbindet.“
Mitteilungen des Preußischen Richtervereins.

Freiwillige Gerichtsbarkeit

Jastrow, Hermann, und Günther, Hermann, Die Gesetze des Reiches und Preußens über die freiwillige Gerichtsbarkeit. Textausgabe mit Einleitung, Anmerkungen und Sachregister. Siebente, vermehrte Auflage. Taschenformat. 548 Seiten. 1928. Geb. 9.—

(Guttentagsche Sammlung Deutscher Reichsgesetze Bd. 46.)

„Die Anmerkungen unterrichten in zuverlässiger Weise über die wichtigste Rechtsprechung des Reichsgerichts und der deutschen Oberlandesgerichte auf dem Gebiete der freiwilligen Gerichtsbarkeit. Ein ausführliches Sachregister erhöht die Brauchbarkeit des bewährten Buches, das auch in der neuen Auflage seinen Zweck auf das beste erfüllen wird.“ Juristische Wochenschrift.

Die Gesetze des Reiches und Preußens über die freiwillige Gerichtsbarkeit. Textausgabe mit Sachregister. Taschenformat. 168 Seiten. 1930. 3.—

(Guttentagsche Sammlung von Textausgaben ohne Anmerkungen mit Sachregister.)

Das Buch enthält in der bekannten Art der Guttentagschen Gesetzesausgaben außer dem „Gesetz über die Angelegenheiten der freiwilligen Gerichtsbarkeit“ alle in dieses Gebiet fallenden sonstigen Gesetze, Ausführungsbestimmungen, Abkommen, Verordnungen usw. in absolut zuverlässigem Abdruck und ein das Zurechtfinden sehr erleichterndes Sachregister.

Szkolny, Felix, und **Rober**, Leopold, **Das Notariatrecht**, unter besonderer Berücksichtigung des materiellen Rechts und des Steuer- und Stempelrechts erläutert. Oktav. 236 Seiten. 1926.
(Guttentagsche Sammlung Deutscher Reichsgesetze Bd. 163.) Geb. 8.50

„Die Darlegung des materiellen Rechts, soweit es in der täglichen Anwendung den Notar hauptsächlich beschäftigt. Es wird die Beurkundung einzelner Rechtsgeschäfte und anderer Rechtsvorgänge behandelt. Die Ausführungen verwerten die neueste Lehre und Rechtsprechung eingehend, die Darstellung ist leicht faßlich und klar, einzelne Muster vervollkommnen das anschauliche Bild.“
Zeitschrift des Deutschen Notarvereins.

Szkolny, Felix, **Die Belehrungspflicht des Notars.** Oktav. 52 Seiten. 1927. 2.—

„Ein trotz seines geringen Umfanges sehr nützliches Buch, für das wir dem Verfasser Dank wissen müssen. Jedem Notar wird die Benutzung des Szkolnyschen Buches die Ausübung seines Amtes wesentlich erleichtern. Es ist zu begrüßen, daß die Beschäftigung mit dem Notariatsrecht zunimmt, und es besteht die Hoffnung, daß dies eine günstige Einwirkung auf die Handhabung des Notariats nicht verfehlen wird.“ *Zeitschrift des Deutschen Notarvereins.*

Konkursordnung und Zwangsvollstreckung

Jaeger, Ernst, **Kommentar zur Konkursordnung** und den Einführungsgesetzen. Mit einem Anhang, enthaltend das Anfechtungsgesetz, die Vergleichsordnung, Auszüge aus den Kostengesetzen, Ausführungsgesetze und Geschäftsordnungen. Sechste und siebente, neubearbeitete Auflage. Groß-Oktav. Der Umfang des Gesamtwerkes umfaßt etwa 100 Bogen. Die Ausgabe erfolgt in Lieferungen. Gesamtpreis etwa 80.—

Erster Band. Erste Lieferung (§§ 1—16). 296 Seiten. 1928. 16.—

Erster Band. Zweite Lieferung (§§ 17—27). Seite 297—472. 1929. 10.—

Erster Band. Dritte Lieferung. Im Druck.

„Das Jaegersche Werk ist ohne Zweifel der beste von den mehreren guten Kommentaren zur Konkursordnung, die wir besitzen. Die Rechtsanwendung wird von ihm kaum jemals im Stiche gelassen werden, und auch die Rechtslehre wird ihm mannigfache Förderung zu verdanken haben. Das Werk ist mit erschöpfender Gründlichkeit gearbeitet, eine Unsumme auch fernerliegender literarischer Erscheinungen ist von dem Verfasser herangezogen und verwertet worden.“
Zeitschrift für Deutschen Zivilprozeß.

Sydow, R., **Busch**, L., und **Krieg**, O., **Konkursordnung** und Anfechtungsgesetz mit Erläuterungen. Auf der Grundlage der Sydow-Busch'schen Textausgabe mit Anmerkungen in fünfzehnter Auflage unter Mitaufnahme der Vergleichsordnung neubearbeitet. Taschenformat. 816 Seiten. 1929. Geb. 12.—
(Guttentagsche Sammlung Deutscher Reichsgesetze Nr. 13.)

„Die Erläuterungsbücher von Sydow-Busch sind als Kommentare mittleren Umfanges seit vielen Jahren in der Juristenwelt rühmlichst bekannt.“
Juristische Rundschau.

Gesetz über den Vergleich zur Abwendung des Konkurses (Vergleichsordnung) vom 5. Juli 1927. 54 Seiten. 1927. —.80
Diente zur Ergänzung der KO. von Sydow-Busch-Krieg, 14. Aufl., wird aber auch einzeln abgegeben.

Klien, G., Verordnung über die Geschäftsaufsicht zur Abwendung des Konkurses vom 14. Dezember 1916. Mit systematischer Einleitung von Ernst Jaeger. Taschenformat. 126 Seiten. 1917. Mit Nachtrag. 1924. Geb. 3.—
(Guttentagsche Sammlung Deutscher Reichsgesetze Bd. 127.)

Fischer, K., und Schäfer, L., Die Gesetzgebung, betr. die Zwangsvollstreckung in das unbewegliche Vermögen im Reiche und in Preußen. Bearbeitet von J. Krech und O. Fischer. Zweite Auflage. Lexikon-Oktav. XVI, 728 Seiten. 1910. 15.—, geb. 18.—

„Unter den zahlreichen Bearbeitungen des Zwangsvollstreckungsgesetzes ist der Kommentar von Fischer und Schäfer wohl der wissenschaftlich bedeutendste. Überall sind die Erläuterungen systematisch, manchmal geradezu lehrbuchartig aufgebaut, die leitenden Gedanken treten trotz der Fülle der behandelten Einzelfragen klar und deutlich hervor." Zeitschrift für Rechtspflege in Bayern.

Krech, J., und Fischer, O., Die Gesetzgebung, betr. die Zwangsvollstreckung in das unbewegliche Vermögen im Reiche und in Preußen. Textausgabe mit Einleitung, Anmerkungen und Sachregister. Zehnte Auflage, bearbeitet von O. Fischer. Taschenformat. 266 Seiten. 1929. Geb. 5.—
(Guttentagsche Sammlung Deutscher Reichsgesetze Bd. 43.)

„Einer besonderen Empfehlung dieser handlichen Ausgabe, deren Hauptteil das Gesetz über die Zwangsversteigerung und Zwangsverwaltung bildet, bedarf es nicht. Gesetzgebung, Rechtsprechung und Rechtslehre sind bis zur Gegenwart berücksichtigt." Sächsisches Archiv für Rechtspflege.

Samter, M. K., Handbuch zum Verfahren der Zwangsversteigerung und Zwangsverwaltung nach dem Reichsgesetz vom 24. März 1897 (Fassung vom 20. Mai 1898). Zweite Auflage, vermehrt durch einen Nachtrag und ein Selbstexaminatorium. VIII, 400 Seiten. 1912. 5.—

Im ersten Teil dieses Handbuches sind, seinem Einführungszweck entsprechend, die allgemeinen und materiellrechtlichen Grundlagen des Verfahrens kurz dargestellt, deren Aneignung jüngeren Juristen besonders schwer fällt. Im zweiten Teil ist das Verfahren in organischer Plastik zur Darstellung gelangt, um auch älteren Juristen, in strepitu fori, eine leichte und doch voll ausreichende Übersicht der in Betracht kommenden Vorschriften und Rechtsgrundsätze zu gewähren.

Kretzschmar, F., Die Zwangsversteigerung und die Zwangsverwaltung. 110 Seiten. 1911. Geb. 1.80
(Sammlung Göschen Bd. 523.)

V. Strafrecht und Strafprozeß

Strafgesetzbuch

Ebermayer, Ludwig, **Lobe,** Adolf und **Rosenberg,** Werner, **Das Reichsstrafgesetzbuch,** Leipziger Kommentar mit besonderer Berücksichtigung der Rechtsprechung des Reichsgerichts. Vierte vermehrte und verbesserte Auflage. Lexikon-Oktav. X, 1282 Seiten. 1929. 56.—, in Halbleder geb. 63.—

„Der Kommentar ist in der Praxis unentbehrlich durch seine große Prägnanz und Zuverlässigkeit und bringt auch dem Theoretiker eine ungewöhnliche Fülle von Belehrung und Anregung." Zeitschrift für die gesamte Strafrechtswissenschaft.

Kohlrausch, Eduard, **Strafgesetzbuch für das Deutsche Reich mit Nebengesetzen.** Textausgabe mit Anmerkungen und Sachregister. Früher von Dr. F. v. Liszt † und Dr. E. Delaquis. Neunundzwanzigste Auflage. Taschenformat. X, 562, * 48 Seiten. 1930. (Guttentagsche Sammlung Deutscher Reichsgesetze Bd. 2.) Geb. 8.—

„Schon die hohe Auflagenziffer beweist das Bedürfnis der Praxis für eine Ausgabe wie die vorliegende. Es ist in der Tat ein Buch, an Hand dessen eine schnelle und zuverlässige Orientierung über die wichtigsten Auslegungsfragen möglich ist. Der Kern der Dinge wird klar herausgestellt. Wichtige Reichsgerichtsentscheidungen werden als Beleg oder als Beispiel angeschlossen. Die neue Auflage ist überall auf den gegenwärtigen Stand der Rechtsprechung gebracht. So dient das Buch in gleicher Weise dem Studierenden zur Einführung in eine Lektüre des Gesetzes wie dem Praktiker zur schnellen Auffindung einer Entscheidung." Rechtsanwalt Dr. Max Alsberg in der „Juristischen Wochenschrift".

Liszt, Fr. v., **Lehrbuch des deutschen Strafrechts.** Fünfundzwanzigste, vollkommen durchgearbeitete und zum Teil umgestaltete Auflage, besorgt von Dr. E. Schmidt, Professor an der Universität Breslau. Groß-Oktav. XXXIV, 976 Seiten. 1927. 27.50, geb. 30.—

„Das Lisztsche Lehrbuch wird auch in dieser neuen Bearbeitung seinen ersten Platz und seinen Weltruf sich bewahren." Zeitschrift des Deutschen Notarvereins.

Gerland, H. B., **Das deutsche Reichsstrafrecht.** Oktav. 600 Seiten. 1922. 10.—, geb. 11.50 (Lehrbücher und Grundrisse der Rechtswissenschaft Bd. XVI.)

„Durch knappe, geradezu klassische Kürze zeigende Darstellung gelang es Gerland auf engem Raume eine ungeheure Fülle des Stoffes zu bieten und auf jede Frage Antwort zu geben." Juristische Wochenschrift.

Gerland, H., **Der Entwurf 1925.** Allgemeiner Teil. Kritische Bemerkungen. Oktav. 96 Seiten. 1925. 5.—

„Eine außerordentlich interessante Abhandlung über den Entwurf des Strafgesetzbuchs. Die Schrift ist durchaus zu empfehlen; sie stellt ein fast unentbehrliches Hilfsmittel für jeden dar, der sich mit den einschlägigen Fragen zu beschäftigen hat." Mitteilungen des Preußischen Richtervereins.

Aschrott, P. F., und Kohlrausch, Ed., Reform des Strafrechts. Kritische Besprechung des Amtlichen Entwurfs eines Allgemeinen Deutschen Strafgesetzbuchs. Auf Veranlassung der Deutschen Landesgruppe der Internationalen Kriminalistischen Vereinigung unter Mitwirkung erster Fachgenossen herausgegeben. Groß-Oktav. V, 415 Seiten. 1926. 18.—

„Die gestellte Aufgabe ist glänzend gelöst. Kaum ein Punkt ist übersehen worden, der die Kritik herausfordert. — Niemand, der an der endgültigen Gestaltung unseres Strafrechts Anteil nimmt, darf an dieser Sammelkritik achtlos vorübergehen."

Geh. Hofrat Dr. v. Lilienthal in der „Deutschen Juristen-Zeitung".

Zeitschrift für die gesamte Strafrechtswissenschaft. Gegründet von **Fr. von Liszt** und **A. Dochow.** Unter ständiger Mitarbeiterschaft hervorragender Fachmänner herausgegeben von Dr. K. von Lilienthal, Professor in Heidelberg, Dr. Ed. Kohlrausch, Professor in Berlin, und Dr. W. Gleispach, Professor in Wien. Der Jahrgang besteht aus 8—9 Heften. Quart.

Bd. 1—43. 1881—1922. Je 15.—. Bd. 44. 1922. 25.—. Bd. 45. 1924. 21.—. Bd. 46—49. 1925—1929. Je 30.—.

Sammlung außerdeutscher Strafgesetzbücher in deutscher Übersetzung Herausgegeben von den Schriftleitungen der Zeitschrift für die gesamte Strafrechtswissenschaft und der Mitteilungen der Internationalen Kriminalistischen Vereinigung.

Nr. 1—43. 1881—1914. Preise auf Anfrage.

Nr. 44:

Japanische Strafgesetze. I. Schwurgerichtsordnung vom 18. April 1923 und strafrechtliche Nebengesetze. Übersetzt von Hyoichiro Kusano, Reichsgerichtsrat in Tokio, Tadao Sugiura, Oberlandesgerichtsrat in Sapporo, und Dr. jur. Fritz Bartelt in Berlin. II. Strafvollzugsgesetz vom 28. März 1908 nebst Ausführungsverordnung vom 16. Juni 1908. Übersetzt von Dr. jur. Toshita Tokiwa, Gerichtsassessor in Tokio, und Dr. jur. Werner Gentz, Justizrat beim Strafvollzugsamt in Kiel. Oktav. 55 Seiten. 1927. 3.—

Nr. 45:

Die Auslieferungsgesetze Norwegens, Schwedens und Finnlands. Mit einer systematischen Darstellung der Grundzüge des nordischen Auslieferungsrechts im Hinblick auf den Erlaß eines deutschen Auslieferungsgesetzes. Von Dr. jur. Ernst Wolgast, Privatdozent in Königsberg i. Pr. Groß-Oktav. VIII, 487 Seiten. 1928. 20.—

Nr. 46:

Das Türkische Strafgesetzbuch vom 1. März 1926. Gesetz Nr. 765. (Türkisches Gesetzblatt Nr. 320 vom 13. März 1926.) Das Ausführungsgesetz zum Türkischen Strafgesetzbuch vom 26. April 1926. Deutsche Übersetzung von Dr. jur. Kurt Ziemke. Oktav. 138 Seiten. 1927. 5.—

Nr. 47:

Entwurf eines griechischen Strafgesetzbuches. Übersetzt und eingeleitet von Demetrius G. Venturas, Rechtsanwalt in Korfu, Griechenland. Oktav. 123 Seiten. 1928. 7.—

Nr. 48:

Italienischer Vorentwurf zu einem neuen Strafgesetzbuch. (Progetto di un nuovo codice penale.) In deutscher Übersetzung von Dr. K. Bunge, Landgerichtsrat in Berlin. Oktav. XXXII, 224 Seiten. 1928. 10.—

Nebengesetze

Lindemann, Otto, **Sammlung der wichtigsten preußischen Strafgesetze.** Zweite Auflage. Taschenformat. 372 Seiten. 1912.
(Guttentagsche Sammlung Preußischer Gesetze Bd. 34.) Geb. 3.50

„Die durch mehrere wichtige Gesetze erweiterte zweite Auflage dieses unentbehrlichen Ergänzungsbandes zu den in Einzelausgaben erschienenen Preußischen Gesetzen ist durch die Wiedergabe der noch geltenden vereinzelten alten Strafvorschriften nebst trefflich unterrichtenden Vorbemerkungen und Erläuterungen für die Strafverfolgungsbehörden und den Strafrichter besonders wertvoll. Nur mittels einer solchen ausgezeichneten Sammlung ist es diesen möglich, auch die zerstreuten Gebiete des Strafrechts völlig zu beherrschen." Deutsche Juristenzeitung.

Fraustädter, Werner, **Deutsches Auslieferungsgesetz** vom 23. Dezember 1929 und andere neuere Vorschriften der Rechtshilfe in Strafsachen, einschließlich der Auslieferung. Textausgabe mit Einleitung, Erläuterungen und Sachregister. Ca. 150 Seiten. 1930. Geb. 4.—
(Guttentagsche Sammlung Deutscher Reichsgesetze Bd. 86.)

Das Auslieferungsgesetz hat durch die Neufassung vom 25. Dezember 1929 eine starke Umgestaltung erfahren, die zur Herausgabe der vorliegenden Neubearbeitung geführt hat. Diese enthält eine ausführliche Erläuterung der neuen Bestimmungen sowie einen Abdruck der wichtigsten Verträge und Vorschriften und ermöglicht einen vollständigen Überblick über den gegenwärtigen Stand des deutschen Auslieferungsrechtes.

Kirchner, Rudolf, **Gesetz über den Verkehr mit Kraftfahrzeugen.** Vierte Auflage. In Vorbereitung.
(Guttentagsche Sammlung Deutscher Reichsgesetze Bd. 92.)

„Der Verfasser bietet ein sehr wertvolles Hilfsmittel für Anwendung und Auslegung des wichtigen Gesetzes. Der Schwerpunkt seiner Erläuterungen liegt natürlich in dem Abschnitt über die Haftpflicht; dieser ist denn auch mit besonderer und sehr anerkennenswerter Gründlichkeit bearbeitet; namentlich ist die Rechtsprechung sorgfältig berücksichtigt." Leipziger Zeitschrift für deutsches Recht.

Lindemann, Otto, **Polizeiverordnungen in Preußen.** Zweite Auflage. Taschenformat. 189 Seiten. 1912. Geb. 2.50
(Guttentagsche Sammlung Preußischer Gesetze Bd. 36.)

Abhandlungen des Kriminalistischen Instituts an der Universität Berlin. Herausgegeben von Dr. **Franz von Liszt,** o. Professor der Rechte. Sonderverzeichnis kostenlos.
Vierte Folge. I. Band.
Heft 1:
Dannenberg, Herbert, **Liberalismus und Strafrecht im 19. Jahrhundert unter Zugrundelegung der Lehren Karl Georg von Waechters.** Oktav. IV, 66 Seiten. 1925. 3.—
Heft 2:
Tarnowski, Dr. Hans, **Die systematische Bedeutung der adäquaten Kausalitätstheorie für den Aufbau des Verbrechensbegriffs.** Oktav. X, 340 Seiten. 1927. 18.—

Heindl, Robert, **System und Praxis der Daktyloskopie** und der sonstigen technischen Methoden der Kriminalpolizei. Dritte, neubearbeitete und vermehrte Auflage. 900 Abbildungen im Text und 21 Bildertafeln. 780 Seiten. Groß-Oktav. 1927. 36.—, geb. 40.—
„Ein Werk, mit dem wohl für geraume Zeit die Literatur dieses Gebiets ihren krönenden Abschluß gefunden haben dürfte. — Es darf erwartet werden, daß jeder Richter, Rechtsanwalt und Verteidiger sich dieses vorzüglichen Werkes bedient." *Deutsche Juristenzeitung.*

Kleine kriminalistische Bücherei.
Band 1:
Schneickert, Hans, **Die strafrechtlichen Aufgaben der Polizei.** Für den Polizeiunterricht und die Polizeipraxis. Taschenformat. 182 Seiten. 1921. 2.—
„Das Werk stellt ein brauchbares Hilfsmittel für Unterricht und Praxis dar, dessen Benutzung noch durch ein eingehendes Sachregister erleichtert wird." *Ministerialblatt für die preußische Verwaltung.*
Band 2:
Philipp, Lothar, **Beobachtungs- und Ermittlungspraxis im Polizei- und Detektivdienst.** Taschenformat. 180 Seiten. 1923. 2.—
„Solch ein Buch kann nur jemand schreiben, der selbst Erfahrung auf diesem Gebiet hat. Alles in allem: ein Buch, für den Fachmann lesenswert, für den Anfänger ein guter Leitfaden, für den Laien interessant." *Zeitschrift für gerichtliche Schriftvergleichung.*
Band 3:
Manteuffel, H. v., **Falschspieler.** Formen und Technik des Spielbetruges, nebst einem Anhange: Der Spielprofessor und sein angeblich sicheres System beim Spiele gegen eine öffentliche Roulettebank. Taschenformat. 90 Seiten. 1923. 2.—
Gerade heutzutage, wo die Spielleidenschaft so weite Kreise zieht, ist es von besonderem Reiz, diese klare, flüssige und lehrreiche Darstellung zu verfolgen.

Band 4:

Schneickert, Hans, **Kriminalistische Spurensicherung.** Sammlung dienstlicher Anweisungen und sachverständiger Ratschläge für den Dienstgebrauch und für Polizeischulen. Zweite, vermehrte und verbesserte Auflage. Taschenformat. 96 Seiten. Mit 2 Abbildungen. 1925. Geb. 3.—

„Alle Einzelheiten werden hervorgehoben und als möglicherweise wichtige Beweismomente in einem vielarmigen System zusammengefaßt. In der Durchführung seiner Aufgabe hat der Verfasser tatsächlich alles berücksichtigt, was füs das Beweisverfahren von Bedeutung ist und sein könnte." Archiv für Kriminologie.

Band 5:

Rehfeldt, P., **Gerichtsärztliche Tatbestandsfeststellungen** im Dienste der Polizei. Ein Leitfaden für Polizei- und Kriminalbeamte. Taschenformat. 133 Seiten. 1927. Geb. 3.50

„Die Bearbeitung gibt eine geschlossene, einheitliche Behandlung des Stoffgebietes durch einen Arzt, wie sie anderweitig in der kriminalistischen Literatur nicht vorhanden ist." Deutsches Polizeiarchiv.

Strafprozeßordnung

Kohlrausch, Eduard, **Strafprozeßordnung** und Gerichtsverfassungsgesetz mit Nebengesetzen. Einundzwanzigste Auflage. Taschenformat. XI, 526 Seiten. 1927. Geb. 7.50

(Guttentagsche Sammlung Deutscher Reichsgesetze Bd. 12.)

„Das Buch ist nicht nur für den Praktiker, der sich rasch unterrichten will, sondern auch für den Studierenden, zumal wenn ihm die wirtschaftlichen Verhältnisse die Anschaffung umfangreicher Kommentare nicht ermöglichen, von größtem Wert." Oberreichsanwalt Dr. Ebermayer in der „Juristischen Wochenschrift".

Feisenberger, Albert, **Strafprozeßordnung und Gerichtsverfassungsgesetz.** Handkommentar. Groß-Oktav. IX, 517 Seiten. 1926. Mit Nachtrag 1927. Geb. 17.—

(de Gruyter'sche Sammlung Deutscher Gesetze. Handkommentare.)

„Der vorliegende Handkommentar ist eine glänzende Arbeit, die bald in der Hand jedes Strafrichters und Rechtsanwalts sein wird. Er hält die Mitte zwischen Textausgabe und den umfangreichen Kommentaren. Geradezu vorbildlich ist er für den Umfang der Heranziehung der Rechtsprechung. Alles Wesentliche ist berücksichtigt." Danziger Juristische Monatsschrift.

Beling, E., **Deutsches Reichsstrafprozeßrecht** mit Einschluß des Strafgerichtsverfassungsrechts. Oktav. XIV, 568 Seiten. 1928. 15.—, geb. 16.50

(Lehrbücher und Grundrisse der Rechtswissenschaft Bd. XVII.)

Die Eigenart des vorliegenden Lehrbuches des Reichsstrafprozeßrechts ist, daß es dem Verständnis der Gesetzestexte vorarbeiten und zu ihnen hinführen will. Gerade das, was nicht im Gesetz steht, ist die Hauptsache; die Gesetzesparagraphen sind Ziel, nicht Ausgangspunkt. Insbesondere aber stellt der Verfasser die Regelungsinhalte des geltenden Rechts in die heutige rechtspolitische Gedankenwelt hinein und gibt ein auch äußerlich scharf hervortretendes System, das den Lernenden befähigt, die Fülle der Einzelheiten unter allgemeinen Ordnungsgesichtspunkten zusammenzusetzen.

Rosenfeld, E. H., **Deutsches Strafprozeßrecht.** 2 Bände. 128 und 148 Seiten. 1926. Geb. je 1.80

(Sammlung Göschen Bd. 938/939.)

„Eine wissenschaftlich hochstehende, auf einen knappen Raum zusammengedrängte, klar und originell geschriebene Einführung in den deutschen Strafprozeß.“ Schweizer. Zeitschrift für Strafrecht.

Löwe, F., und **Rosenberg,** Werner, **Die Strafprozeßordnung für das Deutsche Reich** vom 22. März 1924 nebst dem Gerichtsverfassungsgesetz. Kommentar. Achtzehnte, neubearbeitete Auflage. Lexikon-Oktav. 1332 Seiten. 1929. 44.—, in Halbleder geb. 50.—

„Der Löwesche Kommentar hat sich in Wissenschaft und Rechtsprechung eine so hervorragende Stellung erworben, daß er zum unentbehrlichen Ratgeber für Theoretiker und Praktiker geworden ist. Der Kommentar steht auf strafprozessualem Gebiet nach wie vor an erster Stelle und ist ein Meisterwerk in der Kunst einer klaren, übersichtlichen und erschöpfenden Darstellung dieses außerordentlich spröden Stoffes.“ Zeitschrift des Deutschen Notarvereins.

Feisenberger, Albert, **Strafprozeßordnung und Gerichtsverfassungsgesetz,** in alter und neuer Fassung synoptisch gegenübergestellt. Mit ausführlichem Sachregister. Taschenformat. 265 Seiten. 1924. Mit Nachtrag. 1927. Geb. 4.50

(Guttentagsche Sammlung Deutscher Reichsgesetze Bd. 158.)

„Die Ausgabe ist für die Praxis auf längere Zeit unentbehrlich. Die synoptische Darstellung erleichtert die Arbeit und schützt vor Gedächtnisfehlern.“ Juristische Wochenschrift.

Aschrott, P. F., **Die Reform des Strafprozesses.** Kritische Besprechungen der von der Kommission für die Reform des Strafprozesses gemachten Vorschläge. Auf Veranlassung der Internationalen Kriminalistischen Vereinigung, Gruppe Deutsches Reich.. Groß-Oktav. XII, 120 und 784 Seiten. 1906. 12.—

Beiträge zur Reform des Strafprozesses. Herausgegeben von Dr. Franz Adickes, Dr. P. F. Aschrott, Dr. K. von Lilienthal, Dr. Fr. von Liszt. 2 Bände. Groß-Oktav.

I. Band Heft 1—6. 1908. 9.70
II. Band Heft 1—5. 1909. 15.10

Frede, L., und **Grünhut,** M., **Reform des Strafvollzuges.** Kritische Beiträge zu dem Amtlichen Entwurf eines Strafvollzugsgesetzes. Oktav. VII, 264 Seiten. 1927. 10.—

Die in dem vorliegenden Buch zusammengefaßten Beiträge üben nicht nur eine Einzelkritik an den Bestimmungen des Entwurfs, sondern dienen zugleich unter dem Gesichtspunkte der gegenwärtigen gesetzgeberischen Aufgabe der wissenschaftlichen Grundlegung des ganzen Strafvollzugsproblems.

VI. Öffentliches Recht

1. Staats- und Völkerrecht

Fischbach, O. G., Allgemeine Staatslehre. Zweite Auflage. 136 Seiten. 1928. (Sammlung Göschen Bd. 358.) Geb. 1.80

„Das Buch darf einer breiten Öffentlichkeit als ausgezeichnete Einführung, den Fachgenossen aber, jung und alt, als Musterbeispiel wissenschaftlichen Bemühens um die denkbar beste Leistung anempfohlen werden, wie man ihm heute nicht allzu häufig mehr begegnet." Reichsverwaltungsblatt.

Fischbach, O. G., Allgemeines Staatsrecht.
I. Teil. 139 Seiten. 1923. Geb. 1.80
(Sammlung Göschen Bd. 415.)
II. Teil. 151 Seiten. 1923. Geb. 1.80
(Sammlung Göschen Bd. 416.)

Diese Bearbeitung bringt nicht bloß einen leicht faßlichen gemeinverständlichen Überblick über alle Zweige des Staatsrechtes, sondern auch in den einzelnen Partien viele gründliche wissenschaftliche Erörterungen der einschlagenden Probleme und kritischen Beleuchtung der verschiedenen Rechtsansichten.

Stier-Somlo, Fritz, Deutsches Reichs- und Landesstaatsrecht I. Oktav. XVI, 726 Seiten. 1924. 16.50, geb. 18.—
(Lehrbücher und Grundrisse der Rechtswissenschaft Bd. XVIII.)

„. . . Von den zurzeit vorhandenen größeren Lehrbüchern des Reichsstaatsrechts das geeignetste." Juristische Wochenschrift.

Stier-Somlo, Fritz, Reichsstaatsrecht. I. Grundbegriffe des Staatsrechts. Verfassungsgeschichte vom Ende des 18. Jahrhunderts bis zur Reichsverfassung vom 11. August 1919. 108 Seiten. 1927. (Sammlung Göschen Bd. 967.) Geb. 1.80
II. Das geltende Reichsstaatsrecht. 114 Seiten. 1927. Geb. 1.80
(Sammlung Göschen Bd. 968.)

Stier-Somlo, Fritz, Preußisches Staatsrecht. Zweite Auflage. 136 Seiten. 1927. (Sammlung Göschen Bd. 298.) Geb. 1.80

„Es ist eine Kunst, die nur ein so über der Sache Stehender, wie es der Verfasser auf diesem Gebiete ist, voll meistert, auf so engem Raum und trotzdem auf streng wissenschaftlicher Grundlage und unter Berücksichtigung des neuesten Standes der Forschung die so schwierige Materie darzustellen. Auch für den Juristen ist es eine Freude, die flüssige und interessante Darstellung, die in knappsten Zügen und doch vollständig sowohl die Entwicklung als auch den heutigen Rechtszustand des Staatsrechts umreißt, zu lesen Und deswegen werden die drei schmalen Bändchen nicht allein als wünschenswertes Orientierungsmittel für den Laien und den angehenden Juristen zu begrüßen sein, sondern auch dem im praktischen Berufsleben stehenden Juristen Anregung und Belehrung bieten." Juristische Wochenschrift.

Arndt, Adolf, **Die Verfassung des Deutschen Reiches.** Dritte Auflage. Taschenformat. 1927. 8.—

(Guttentagsche Sammlung Deutscher Reichsgesetze Bd. 137.)

„In knappen, jedoch sehr eingehenden und namentlich durch stete Hinweise auf die einschlägige Literatur wertvollen Anmerkungen erläutert der hervorragende Staatsrechtslehrer die einzelnen Artikel der Reichsverfassung. Für alle, die sich auf dem schwierigen Gebiet der Reichsverfassung orientieren wollen, liegt hier ein vorzügliches Nachschlagewerk von gediegener Wissenschaftlichkeit vor."

Staats- und Selbstverwaltung.

Stier-Somlo, Fritz, **Kommentar zur Verfassung des Freistaates Preußen.** Groß-Oktav. 319 Seiten. 1921. Geb. 3.—

„Die Darstellung ist flüssig und knapp und ist als treffliche Orientierung über das neue Verfassungswerk, eine Orientierung, die ihre notwendige Ergänzung in dem vorzüglichen Kommentar Stier-Somlos findet, sehr zu empfehlen."

Zeitschrift für öffentliches Recht.

Arndt, Adolf, **Die Verfassung des Freistaats Preußen** vom 30. November 1920. Mit Einleitung, vollständigem Kommentar, Landeswahlgesetz und Sachregister. Taschenformat. 158 Seiten. 1921. Geb. 2.—

(Guttentagsche Sammlung Preußischer Gesetze Bd. 1.)

„Die Einleitung ist eine vortreffliche staatsrechtliche Abhandlung, die unter Berücksichtigung und Verwertung der einschlägigen Literatur in die Entstehungsgeschichte und in die Bedeutung der Verfassungsurkunde einführt. Die Erläuterungen sind recht vollständig und enthalten in knapper Darstellung alles zur Auslegung Wesentliche. Zu den verschiedenen verfassungsrechtlichen Fragen nimmt der Verfasser in geschickter Weise Stellung. Der Kommentar wird denjenigen, die sich mit den einzelnen Bestimmungen der Verfassung vertraut machen wollen, ein willkommener Ratgeber sein."

Zeitschrift für Polizei- und Verwaltungsbeamte.

Veröffentlichungen der Vereinigung deutscher Staatsrechtslehrer.

Heft 1: Der deutsche Föderalismus. Oktav. 1924. 5.—

Heft 2: Der Schutz des öffentlichen Rechts. Oktav. 1925. 12.—

Heft 3: Die Gleichheit vor dem Gesetz. Der Einfluß des Steuerrechts auf die Begriffsbildung des öffentlichen Rechts. Oktav. 1927. 7.—

Heft 4: Das Recht der freien Meinungsäußerung. — Der Begriff des Gesetzes in der Reichsverfassung. Oktav. 1928. 10.—

Heft 5: Wesen und Entwicklung der Staatsgerichtsbarkeit. — Überprüfung von Verwaltungsakten durch die ordentlichen Gerichte. Oktav. 1929. 12.—

Heft 6: Bundesstaatliche und gliedstaatliche Rechtsordnung. Verwaltungsrecht der öffentlichen Anstalt. Verhandlungen der Tagung der deutschen Staatsrechtslehrer zu Frankfurt a. M. am 25. und 26. April 1929. Mit einem Auszug aus der Aussprache. Oktav. 1929. 9.—

Sehling, Emil, **Kirchenrecht.** Zweite Auflage.

I. Teil. Einleitung. Quellen, Verfassung und Verwaltung der katholischen Kirche. Anhang: Die griechisch-orthodoxe Kirche. 119 Seiten. 1922. (Sammlung Göschen Bd. 377.) Geb. 1.80

II. Teil: Das evangelische Kirchenrecht. Die Stellung des Staates zur Kirche und das Verhältnis der Religionsgesellschaften zueinander. 87 Seiten. 1927. Geb. 1.80
(Sammlung Göschen Bd. 954.)

Edler v. Hoffmann, H., **Deutsches Kolonialrecht.** 150 Seiten. 1907. (Sammlung Göschen Bd. 318.) Geb. 1.80

Reier, Otto, **Sozialisierungsgesetze.** Taschenformat. 214 Seiten. 1920. Geb. 2.20
(Guttentagsche Sammlung Deutscher Reichsgesetze Bd. 141.)

„Das Werk stellt die erste zusammenfassende kommentarische Darstellung der Sozialisierungsgesetzgebung dar und ist für alle Interessenten unentbehrlich.“
Zentralblatt der Reichsversicherung.

Delius, H., **Die Beamtenhaftpflichtgesetze** des Reiches und der Länder. Vierte, vermehrte und vollkommen neubearbeitete Auflage. Taschenformat. 384 Seiten. 1929. Geb. 10.—
(Guttentagsche Sammlung Deutscher Reichsgesetze Bd. 94.)

Hohenstein, Adolf, und **Goldbaum,** Wenzel, **Reichsschädengesetze.** Textausgabe mit Anmerkungen. Oktav. 360 Seiten. 1922.
(Guttentagsche Sammlung Deutscher Reichsgesetze Bd. 150.) Geb. 4.—

Im ganzen ist das vorliegende Werk nicht nur ein wertvolles Hilfsmittel für den Fachmann, sondern ist besonders jedem Geschädigten zu empfehlen, der sich über seine Ansprüche orientieren will.“ *Auslandswarte.*

Wörterbuch des Völkerrechts und der Diplomatie. Begonnen von Professor Dr. **Julius Hatschek †.** Fortgesetzt und herausgegeben von Dr. **Karl Strupp,** Professor an der Universität Frankfurt a. M., Associé de l'institut de droit international, membre de l'Academie Diplomatique Internationale. Lexikon-Oktav.

Band I: Aachen—Lynchfall. VI, 860 Seiten. 1924.
35.—, in Halbleder geb. 40.—

Band II: Maas—Utschiali. 779 Seiten. 1925.
35.—, in Halbleder geb. 40.—

Band III (Schluß): Vasallenstaaten—Zwangsverschickung. Ferner Anhang: Abessinien—Weltgerichtshof; Sachverzeichnis und Mitarbeiterregister. II, 1316 Seiten. 1929. 62.—, in Halbleder geb. 67.—

„Der Vorsprung, den entsprechende Werke in französischem Sprachgewande bisher hatten, ist nunmehr in Deutschland eingeholt. Die Form der alphabetischen Zergliederung des Stoffes ermöglicht eine breitere Behandlung der Einzelfälle, die im internationalen Rechtsleben nicht selten von größerer Bedeutung als vorzeitig aufgestellte Abstraktionen sind.“ *Zeitschrift für Völkerrecht.*

Anzilotti, Lehrbuch des Völkerrechts. Übersetzt und herausgegeben vom Institut für ausländisches öffentliches Recht und Völkerrecht, Berlin. Groß-Oktav. 444 Seiten. 1929. 19.—, geb. 20.—

Mit der Herausgabe der Übersetzung dieses Lehrbuches des berühmten Völkerrechtlers ist das Institut für ausländisches öffentliches Recht und Völkerrecht einem in Deutschland außerordentlich fühlbaren Bedürfnis entgegengekommen. Das Buch ist nicht schlechthin eine Übersetzung der italienischen Originalausgabe, sondern berücksichtigt auch die gesamte Rechtsprechung und Literatur der letzten Zeit und stellt somit das zur Zeit modernste Lehrbuch des Völkerrechts überhaupt dar.

Niemeyer, Theodor, **Völkerrecht.** 168 Seiten. 1925. Geb. 1.80
(Sammlung Göschen Bd. 865.)

Dieses Bändchen gibt in gedrängter Form eine vollständige Übersicht über das Völkerrecht.

Beiträge zum ausländischen öffentlichen Recht und Völkerrecht. Herausgegeben im Auftrage des Instituts für ausländisches öffentliches Recht und Völkerrecht in Berlin in Gemeinschaft mit Friedrich Glum, Ludwig Kaas, Rudolf Smend, Heinrich Triepel von **Viktor Bruns.** Groß-Oktav.

Eine Sammlung einschlägiger wissenschaftlicher Abhandlungen, Materialsammlungen, Übersetzungen besonders wertvoller ausländischer Werke u. a.

Heft 1:

Staatsrecht und Politik. Rede beim Antritt des Rektorats der Friedrich-Wilhelms-Universität zu Berlin am 15. Oktober 1926. Von Heinrich **Triepel.** 40 Seiten. 1927. 2.—

Heft 2:

Volksentscheid und Volksbegehren. Ein Beitrag zur Auslegung der Weimarer Verfassung und zur Lehre von der unmittelbaren Demokratie. Von Dr. Carl **Schmitt,** o. ö. Professor der Rechte an der Universität Bonn. 54 Seiten. 1927. 2.60

Heft 3:

Der Aufbau des britischen Reiches. (Der Verhandlungsbericht der Reichskonferenz von 1926.) Eingeleitet und herausgegeben von Gerichtsassessor Dr. K. **Heck,** Referent am Institut für ausländisches öffentliches Recht und Völkerrecht. 152 Seiten. 1927. 6.—

Heft 4:

Die Souveränität. Ein Beitrag zur Theorie des Staats- und Völkerrechts. Von Dr. H. **Heller,** Privatdozent und Referent am Institut für ausländisches öffentliches Recht und Völkerrecht. 177 Seiten. 1927. 8.50

Heft 5:

Die Missionsfreiheit nach den Bestimmungen des geltenden Völkerrechts. Von Dr. Theodor **Grentrup,** S. V. D. 112 Seiten. 1928 5.50

Heft 6:

Das Minoritätenproblem und seine Literatur. Kritische Einführung in die Quellen und die Literatur der europäischen Nationalitätenfrage der Nachkriegszeit, unter besonderer Berücksichtigung des völkerrechtlichen Minderheitenschutzes.

Allgemeiner Teil. Von Jakob **Robinson**, Rechtsanwalt in Kaunas (Litauen). 265 Seiten. 1928. 9.—

Heft 7:

Der Reichssparkommissar. Von Dr. Karl **Bilfinger,** o. ö. Professor der Rechte an der Universität Halle. 68 Seiten. 1928. 3.60

Heft 8:

Die völkerrechtliche Stellung der fremden Truppen im Saargebiet. Von Dr. jur. J. M. **Bumiller,** Referent am Institut für ausländisches öffentliches Recht und Völkerrecht, Berlin. 156 Seiten. 1928. 9.—

Heft 9:

Das Recht des Ausnahmezustands im Auslande (Frankreich, Belgien, Niederlande, Italien, England, Irland). Bearbeitet im Institut für ausländisches öffentliches Recht und Völkerrecht. 296 Seiten. 1928. 14.—

Heft 10:

Die Beziehungen zwischen dem Parlament und den Gerichten in England. Eine rechtsvergleichende Studie. Von Heinrich B. **Gerland.** 137 Seiten. 1928. 8.—

Heft 11:

Zu den Problemen des fascistischen Verfassungsrechts. Akademische Antrittsvorlesung. Von Dr. Gerhard **Leibholz,** Privatdozent an der Universität Berlin, Referent am Institut für ausländisches öffentliches Recht und Völkerrecht. 112 S. 1928. 5.—

Heft 12:

Der deutsche und der französische Reichswirtschaftsrat. Ein Beitrag zu dem Problem der Repräsentation der Wirtschaft im Staat. Von Dr. Friedrich **Glum,** Privatdozent an der Universität Berlin, Wissenschaftliches Mitglied des Instituts für ausländisches öffentliches Recht und Völkerrecht. 188 Seiten. 1929. 9.—

Heft 13:

Das Wesen der Repräsentation unter besonderer Berücksichtigung des Repräsentativsystems. Ein Beitrag zur allgemeinen Staats- und Verfassungslehre. Von Dr. Gerhard **Leibholz,** Privatdozent an der Universität Berlin, Referent am Institut für ausländisches öffentliches Recht und Völkerrecht. Groß-Oktav. 214 Seiten. 1929. 14.—

Zeitschrift für ausländisches öffentliches Recht und Völkerrecht. Im Auftrage des Instituts für ausländisches öffentliches Recht und Völkerrecht herausgegeben von Dr. Viktor **Bruns**, Professor an der Universität Berlin, Leiter des Instituts.

Band I Teil 1: Abhandlungen. XXVIII, 657 Seiten. 1930. 43.—
Band I Teil 2: Urkunden. XVI, 858 Seiten. 1930. 54.—

Der neuen Zeitschrift für ausländisches öffentliches Recht und Völkerrecht ist es als Aufgabe gesetzt, die wichtigsten die Wissenschaft und die Praxis beschäftigenden Probleme des Völkerrechts und des außerstaatlichen öffentlichen Rechts zu behandeln. Sie wird zu all diesen Fragen eingehend Stellung nehmen und über alle wichtigen Ergebnisse der Gesetzgebung und der Rechtsprechung auf diesem Gebiete im In- und Ausland eingehend berichten. Der I. Jahrgang der Zeitschrift wird in zwei Bänden herausgegeben; künftig erfolgt das Erscheinen vierteljährlich.

Kraus, H., Internationale Schiedssprechung. Eine Sammlung der für das Deutsche Reich verbindlichen Verträge und Vertragsbestimmungen, die sich auf internationale Gerichtsbarkeit, Schiedsgerichtsbarkeit sowie Vergleichsverfahren beziehen, nebst den dazugehörigen deutschen Regierungsdenkschriften. Taschenformat. XXXVI, 348 Seiten. 1929. (Guttentagsche Sammlung Deutscher Reichsgesetze Bd. 174.) Geb. 10.—

Die vorliegende Sammlung ist eine systematische Zusammenstellung derjenigen Staatsverträge und Vertragsbestimmungen, die sich auf die friedliche Erledigung internationaler Streitigkeiten im juristisch geordneten Verfahren beziehen, soweit Deutschland daran beteiligt ist. Diese Zusammenstellung reicht vom Schiedsabkommen der Haager Friedenskonferenz von 1899 bzw. 1907 über die Locarnoverträge zum sog. Kellogpakt. Besonderer Wert wurde auf den Abdruck der Bemerkungen der deutschen Regierung zu fast allen diesen Verträgen gelegt.

Strupp, Karl, Das Werk von Locarno. Eine völkerrechtlich-politische Studie. Oktav. 180 Seiten. 1926. 10.—

„Die lückenlose Mitteilung aller für das Verständnis und die Auslegung wichtiger Urkunden macht das aktuelle Buch zu einem außerordentlich wertvollen Mittel der Erkenntnis des Inhalts und der Tragweite dieser grundlegenden Staatsverträge.“ D. A. Z.

Deutschland unter dem Dawes-Plan. Entstehung, Rechtsgrundlagen, wirtschaftliche Wirkungen der Reparationslasten. Von Professor Max **Sering**, Universität Berlin. Oktav. VIII, 237 Seiten. 1928. 10.—

Der weithin bekannte Volks- und Weltwirtschaftler nahm im Auftrage der Reichsregierung als Sachverständiger an der Weltwirtschaftskonferenz zu Genf teil und ist ganz besonders berufen, die Entstehungsgeschichte, die Rechtsgrundlagen, die volks- und weltwirtschaftlichen Auswirkungen des Dawes-Abkommens nach jeder Richtung hin zu untersuchen und darzustellen. Nachdem sich die Reparationen auch in der Form der Daweszahlungen als schwerstes Hindernis der normalen Entwicklung der deutschen Volkswirtschaft und somit auch für den Wiederaufbau der Weltwirtschaft überhaupt herausgestellt haben und eine Revision des Dawes-Abkommens immer dringlicher wird, ist eine Untersuchung dieses Problems nach einem nunmehrigen Stande von ganz besonderer Wichtigkeit.

2. Verwaltungsrecht

Reichsrecht

Blume, E., und **Weirauch,** W., **Die Eisenbahn-Verkehrsordnung** vom 16. Mai 1928 mit Allgemeinen Ausführungsbestimmungen sowie dem Internationalen Übereinkommen über den Eisenbahnfrachtverkehr vom 30. Mai 1925 und dem Internationalen Übereinkommen über den Eisenbahn-Personen- und Gepäckverkehr vom 12. Juni 1925. Textausgabe mit Anmerkungen. Vierte Auflage. Taschenformat. X, 482 Seiten. 1928. Geb. 9.—

(Guttentagsche Sammlung Deutscher Reichsgesetze Bd. 91.)

„Wir besitzen hier einen neuen, die tatsächlichen Verhältnisse bis zur Gegenwart berücksichtigenden Kommentar und damit ein treffliches Hilfsbuch für alle, die sich mit dem Eisenbahnverkehrsrecht theoretisch und praktisch zu beschäftigen haben. Der Kommentar wird besonders auch den Gerichten und den Anwälten gute Dienste leisten, da die Ausführungsbestimmungen zur Eisenbahnverkehrsordnung, die vollständig abgedruckt werden, sonst nur in den Tarifen veröffentlicht werden, die in den Kreisen der Juristen weniger bekannt sind. Allen, die es angeht, kann daher die Anschaffung der neuen Auflage dringend empfohlen werden."
Juristische Wochenschrift.

Fischer, D., und **Staedler,** E., **Die deutsche Post- und Telegraphengesetzgebung.** Teil I: Postrecht (mit Ausschluß des internationalen Rechts). Siebente Auflage. 47*, 586 Seiten. 1929. Geb. 15.—

(Guttentagsche Sammlung Deutscher Reichsgesetze Bd. 7.)

Mit der vorliegenden Neuauflage dieser lange Zeit vergriffen gewesenen Ausgabe wird dem Wunsche zahlreicher Interessenkreise entsprochen: Die neue Bearbeitung ist gegenüber der letzten Auflage wesentlich vermehrt und in allen Teilen neugestaltet. Sie enthält die Quellen des Postrechts, wobei die Postordnung in ihrer letzten Fassung (vom Januar 1929) erscheint.

Dem Ganzen wurde erstmalig eine Systematik des geltenden Postrechts vorangestellt; die Gesetzestexte wurden sorgfältig erläutert, Rechtsprechung und die einschlägige Literatur bis auf die letzte Zeit berücksichtigt.

Sebba, Julius, **Seewasserstraßenordnung.** (Polizeiverordnung zur Regelung des Verkehrs auf den deutschen Seewasserstraßen vom 31. März 1927.) Taschenformat. 493 Seiten. 1928. Geb. 8.50

(Guttentagsche Sammlung Deutscher Reichsgesetze Bd. 171.)

„Es bedarf hierbei wohl nicht der besonderen Hervorhebung, daß die Kommentierungsmethode des rühmlichst bekannten Neu-Herausgebers von Schaps-Seerecht auch in dem vorliegenden Werke eine knappe und doch gründliche geworden ist."
Verkehrsrechtliche Praxis.

Busse, Rudolf, **Luftrecht einschließlich Luftverkehrsgesetz und Pariser Luftverkehrsabkommen.** Taschenformat. XVIII, 448 Seiten. 1928. Geb. 10.—

(Guttentagsche Sammlung Deutscher Reichsgesetze Bd. 170.)

Das vorliegende Buch sucht in einem nationalen und internationalen Teil einen klaren Überblick über das gesamte Luftrecht zu geben; der neueste Stand der Rechtsprechung ist hierbei berücksichtigt. Den erläuterten Gesetzesabkommenstexten ist eine systematische Einführung in das gesamte Luftrecht mit seinen vielseitigen Rechtsdisziplinen vorausgeschickt.

Zeitschrift für das gesamte Luftrecht (ZLR.). Herausgegeben von Dr. jur. Otto **Schreiber**, o. Professor an der Universität in Königsberg i. Pr., Geh. Regierungsrat, Leiter des Instituts für Luftrecht. Erscheint in Bänden zu je vier Heften.

Band I 1926/28 50.—, geb. 55.—

Band II, Heft 1 10.—

„Organisation und Inhalt der Zeitschrift machen einen vorzüglichen Eindruck. Im Interesse ihres hohen sachlichen Zieles sind ihr weite Verbreitung und bester Erfolg zu wünschen.“ *Weltwirtschaftliches Archiv.*

Volkmann, Kurt, **Die Straßenverkehrsordnungen** nebst den einschlägigen Nebenbestimmungen. Taschenformat. 312 Seiten. 1929. Geb. 7.—

(Guttentagsche Sammlung Deutscher Reichsgesetze Bd. 175.)

Die vorliegende neue Zusammenstellung der für den Straßenverkehr in Stadt und Land geltenden Bestimmungen hat sich aus der Eigenart des Verkehrs notwendig gemacht. Die Erläuterung stützt sich auf die Musterordnung des Reichsverkehrsministeriums, der bis auf ganz geringfügige Änderungen alle Landesverordnungen engstens nachgebildet sind. Ferner enthält sie die Verordnung über den Kraftfahrzeugverkehr, die Berliner Straßenordnung, die Grundzüge betreffend den Radfahrverkehr, die entsprechenden preußischen Runderlasse sowie die österreichische Straßenpolizeiverordnung. Rechtsprechung und Literatur sind berücksichtigt.

Kirchner, Rudolf, **Gesetz über den Verkehr mit Kraftfahrzeugen** vom 3. Mai 1909. Vierte, völlig neubearbeitete Auflage. In Vorbereitung.

(Guttentagsche Sammlung Deutscher Reichsgesetze Bd. 92.)

„Der Verfasser hat sich mit der nicht unschwierigen Materie auf das beste vertraut gemacht und seine Kenntnisse mit großer Gewandtheit in logischen, klaren und ausführlichen Erläuterungen zum Gesetze verwertet.“ *Zeitschrift für Polizei- und Verwaltungsbeamte.*

Aumer, Georg, **Der Kraftfahrzeugverkehr.** Richtlinien für Polizeibeamte und Kraftfahrer. Mit 79 Abbildungen und Figuren. Zweite Auflage. Taschenformat. 208 Seiten. 1928. Geb. 4.50

„Ein kleines, aber nicht nur für jeden Polizeibeamten, sondern für jeden bei einem Kraftfahrzeugunfall — sei es nur als Zeugen — Beteiligten interessantes Kapitel über Hinweise auf Feststellungen bei Unglücksfällen und eine Übersicht über den Kraftfahrzeugbestand schließen die interessante Schrift, die — wenn sie sich auch ihrem Zweck entsprechend von juristischen Erörterungen fernhält — doch auch dem Juristen eine Fülle rechtstatsächlichen Materials, das gerade auf diesem Gebiete besonders wichtig ist, bietet.“ *Juristische Wochenschrift.*

Holzapfel, W., **Die Siedlungsgesetzgebung** im Reich und in Preußen. 347 Seiten. 1920. Geb. 3.—

(Guttentagsche Sammlung Deutscher Reichsgesetze Bd. 140.)

„Die zur Ausführung jener Gesetze bestimmten Behörden und auch die literarische Forschung wird dem Verfasser für seine mühevolle Arbeit Anerkennung zollen.“ *Archiv für öffentliches Recht.*

Behrend, Ernst, und **Stranz-Hurwitz**, Helene, **Sammlung von Wohlfahrtsgesetzen** des Deutschen Reichs und Preußens nebst den allgemeinen Wohlfahrtsgesetzen von Sachsen, Thüringen, Hamburg, Mecklenburg-Schwerin und -Strelitz, Oldenburg, Lippe und Lübeck.

Teil I: Taschenformat. 560 Seiten. 1923. Geb. 5.—

Teil II: Nebst Ausführungsgesetzen sämtlicher Länder zum Reichsjugendwohlfahrtsgesetz. Taschenformat. XVI, 551 Seiten. 1925. Geb. 9.—

Teil I und II zus. 12.—

(Guttentagsche Sammlung Deutscher Reichsgesetze Bd. 152 und 152a.)

„Die kurzen, alles Wesentliche zusammenfassenden Einleitungen zu den einzelnen Gesetzen sind mit außerordentlicher Sachkunde und Klarheit geschrieben; sie genügen zusammen mit den Literaturangaben völlig für den Praktiker, um die Gesetzestexte richtig handhaben zu können. Das Werk ist für alle in der Wohlfahrtspflege Arbeitenden unentbehrlich und sehr praktisch.“

Nachrichtendienst des Deutschen Vereins für öffentliche Fürsorge.

Wegner, Arthur, **Jugendrecht**. Ein Lehrbuch zur Einführung. Oktav. IX, 219 Seiten. 1929. 6.—, geb. 7.50

„Ein gleichartiges und gleichwertiges Werk über das Jugendrecht gibt es noch nicht.“ *Breslauer Zeitung.*

Drewes, Paul, und **Sandré**, Emil, **Das Reichsgesetz für Jugendwohlfahrt** vom 9. Juli 1922 und **Jugendgerichtsgesetz** vom 16. Februar 1923 nebst Nebengesetzen. Zweite Auflage. Taschenformat. XVI, 496 Seiten. 1928. Geb. 11.—

(Guttentagsche Sammlung Deutscher Reichsgesetze Bd. 154.)

„Eine sehr handliche Gesetzesausgabe. Sie bietet in ausführlichen geschichtlichen und rechtlichen Vorbemerkungen und Einleitungen wertvolles Material zur Einführung in den Willen und Geist beider Gesetze und gibt in knappen, aber ausreichenden Erläuterungsbemerkungen zu den einzelnen Bestimmungen dem Praktiker die erforderlichen Unterlagen zur richtigen Anwendung. Das Werk dürfte sich in der Praxis bald beliebt machen.“

Blätter für öffentliche Fürsorge.

Sandré, Emil, **Verordnung über die Fürsorgepflicht**. Vom 14. Februar 1924. Mit Einschluß der für die Durchführung dieser Verordnung in Frage kommenden reichs- und landesgesetzlichen Bestimmungen. Taschenformat. 342 Seiten. 1925. Geb. 6.—

(Guttentagsche Sammlung Deutscher Reichsgesetze Bd. 160.)

„Die Zusammenstellung der bis in die jüngste Zeit ergangenen gesetzlichen Bestimmungen, die in Beziehung zur Fürsorgepflichtverordnung stehen, gibt der

Sandrëschen Arbeit ihre besondere Bedeutung. Die Anmerkungen sind zahlreich und zeichnen sich durch einen feinen, klaren Stil aus. Das Buch ist übersichtlich geordnet und leicht zu handhaben." Schleswig-Holsteinische Wohlfahrtsblätter.

Szczesny, Viktor, **Das Lichtspielgesetz** vom 12. Mai 1920 mit der Ausführungsverordnung, Einleitung, Gebührenordnung und Sachregister. Taschenformat. 106 Seiten. 1920. Geb. 1.50

(Guttentagsche Sammlung Deutscher Reichsgesetze Bd. 147.)

„Das neue Lichtspielgesetz hat hier eine ausführliche Kommentierung gefunden. Das Buch kann bei der gründlichen Behandlung des Stoffes als ein geeignetes Hilfsmittel für die Praxis bezeichnet werden."

Preußische Gemeinde-Zeitung.

Wündisch, Ernst, **Das Gesetz über Schußwaffen und Munition** vom 12. April 1928 (RGBl. I S. 143) nebst der Ausführungsverordnung der Reichsregierung vom 13. Juli 1928 (RGBl. I S. 198) und dem Preußischen Erlaß zur Durchführung des Gesetzes vom 7. September 1928 (MBliV. S. 925). Taschenformat. 139 Seiten. 1928. Geb. 5.—

(Guttentagsche Sammlung Deutscher Reichsgesetze Bd. 173.)

Durch das neue Gesetz über Schußwaffen und Munition vom 12. April 1928 sind auf diesem für die Öffentlichkeit so wichtigen Gebiet neue Rechtsverhältnisse geschaffen worden, für die die Praxis exakte Erläuterungen wünscht. Eine solche Erläuterung stellt das vorliegende Buch dar, das, von einem auf diesem Gebiet besonders erfahrenen Sachkenner bearbeitet, eine absolut zuverlässige Darstellung der neuen Bestimmungen enthält. Außer dem Gesetzestext sind die für die Praxis wichtigen Ausführungsbestimmungen des Reiches und Preußens abgedruckt. Auf Übersichtlichkeit, Leichtverständlichkeit und Vollständigkeit der Erläuterungen, die die Hauptvorzüge der Guttentagschen Sammlung sind, wurde auch bei diesem Gesetze Wert gelegt.

Fraustädter, W., und **Kreutzberger,** M., **Das deutsche Ausländerrecht.** Die Bestimmungen des Reichsrechts und preußischen Landesrechts. Textausgabe mit Erläuterungen und Sachregister. Taschenformat. 396 Seiten. 1927. Geb. 9.—

(Guttentagsche Sammlung Deutscher Reichsgesetze Bd. 166.)

„Eine höchst begrüßenswerte Veranstaltung, aus dem Bedürfnis der Praxis hervorgegangen und mit vollendetem Sachverständnis unternommen. Sowohl die Vollständigkeit der mannigfach verstreuten gesetzlichen Bestimmungen als deren Anordnung, Registrierung und Erläuterung durch Ausführungsbestimmungen, Gerichtsentscheidungen, Verwaltungspraxis ist vortrefflich."

Niemeyers Zeitschrift für internationales Recht.

Voß, Werner, Die reichs- und landesrechtlichen Bestimmungen auf dem Gebiete des **Gesundheitswesens.** Zusammengestellt und mit Anmerkungen versehen. Taschenformat. 608 Seiten. 1929. Geb. 11.—

(Guttentagsche Sammlung Deutscher Reichsgesetze Bd. 172.)

„Der Band enthält eine Sammlung der Gesetze, Verordnungen und Bestimmungen auf dem Gebiete des Gesundheitswesens, wie sie in dieser Vollständigkeit sonst nicht besteht. Dadurch erst ist ein zuverlässiger und rascher Überblick

über die einschlägigen weit verstreuten Bestimmungen gewährleistet. Übersichtlichkeit der Anordnung, die Erläuterungen und Verweisungen und die Handlichkeit des Formats sichern dem Buch einen weiten Benutzerkreis."
Württ. Zeitschr. f. Rechtspflege.

Hippel, W. von, Reichsviehseuchengesetz vom 26. Juni 1909 nebst Ausführungsvorschriften und dem preußischen Ausführungsgesetz. Zweite Auflage. Taschenformat. 486 Seiten. 1913. Geb. 4.—
(Guttentagsche Sammlung Deutscher Reichsgesetze Bd. 103.)

Boxberger, L. von, Vogelschutzgesetz vom 30. Mai 1908 nebst den das Flugwild betreffenden Bestimmungen der Preußischen Jagdordnung. Taschenformat. 57 Seiten. 1909. Geb. 1.—
(Guttentagsche Sammlung Deutscher Reichsgesetze Bd. 89.)

Landesrecht

Bitter, von, Handwörterbuch der Preußischen Verwaltung. Dritte, vollständig umgearbeitete Auflage. Unter Mitwirkung zahlreicher hoher Reichs- und preußischer Staatsbeamten herausgegeben von Dr. Bill Drews, Staatsminister a. D., Präsident des Pr. Oberverwaltungsgerichts, und Dr. Franz Hoffmann, Wirklicher Geheimer Oberregierungsrat, Berlin. Lexikon-Oktav. 1928. 120.—, in Halbleder geb. 132.—

Erster Band, 1. Halbband: Abbaugerechtigkeiten—Fleisch- und Viehagenten. 552 Seiten.
2. Halbband: Fleischvergiftung—Kyffhäuserbund. Seite 553 bis 1134 und IX Seiten.

Zweiter Band: Lackfabriken—Zwischenkredit. VII, 1220 Seiten.

(Im Verlage der Firmen: Walter de Gruyter & Co., Berlin; Carl Heymanns Verlag, Berlin; Roßberg'sche Verlagsbuchhandlung, Leipzig.)

Das zentrale Werk der Praxis des Verwaltungsrechts.

Reichelt, H., Verwaltungsgesetzbuch für Preußen. Systematische Zusammenstellung der wichtigsten Verwaltungsgesetze und Verordnungen für Praxis und Unterrichtszwecke. Lexikon-Oktav. VII, 1302 Seiten. 1914. Geb. 7.60

„Das Buch ist sehr wertvoll, dem Praktiker unentbehrlich und leistet demjenigen, der sich auf eine Prüfung vorbereitet, vorzügliche Dienste. Allen Verwaltungsbehörden wird das Buch warm empfohlen."
Preußische Verwaltungs- und Finanz-Zeitung.

Friedrichs, K., Die Gesetzgebung über die allgemeine Landesverwaltung und Zuständigkeit der Verwaltungs- und Verwaltungsgerichtsbehörden. Dritte, durchgesehene Auflage. Taschenformat. XXIII, 295 Seiten. 1927. Geb. 5.—
(Guttentagsche Sammlung Preußischer Gesetze Bd. 42.)

„Der Wert dieser Arbeit liegt darin, daß er eine erschöpfende und klare Übersicht über das tatsächlich geltende Verwaltungsrecht bringt. Das Werk ist ein vorzügliches und nie versagendes Hilfsmittel." *Gesetz und Recht.*

Fischbach, Das Reichsbeamtengesetz vom 31. März 1873 in der Fassung der Bekanntmachung vom 18. Mai 1907 mit allen Abänderungen und Ergänzungen. Taschenformat. 311 Seiten. 1930. Geb. 6.—

(Guttentagsche Sammlung Deutscher Reichsgesetze Bd. 82.)

Die vorliegende Erläuterung des Beamtengesetzes durch den bekannten Staatsrechtler kommt einem besonderen Bedürfnis der Praxis entgegen, die zur Zeit eine den neuesten Fortschritten der Wissenschaft und Rechtsprechung entsprechende Handausgabe sehr entbehrt. Bemerkenswert ist, daß auch verwandte Gesetze und Verordnungen der einheitlichen Erläuterung unterzogen wurden, so daß dieses Buch für die Praxis ein der Sache wie der Erläuterungsart nach abgerundetes wichtiges Hilfsmittel darstellt.

Pfafferoth, Carl, **Preußische Beamtengesetzgebung.** Fünfte Auflage. XIV, 280 Seiten. 1916. Geb. 2.40

(Guttentagsche Sammlung Preußischer Gesetze Bd. 2.)

Dultzig, Eugen von, **Das preußische Disziplinargesetz für die nichtrichterlichen Beamten.** Taschenformat. XIV, 364 Seiten. 1914. Geb. 4.20

(Guttentagsche Sammlung Preußischer Gesetze Bd. 51.)

„Der Verfasser kennt das Disziplinarrecht aus eigener Tätigkeit und aus langer Erfahrung. Diese hat er zu einem praktischen Nachschlagebuch für alle praktischen Fragen des Disziplinarrechts ausgestaltet. Bei tunlichster Kürze sind doch recht erschöpfende, klare und anschauliche Erläuterungen entstanden, die das Verständnis und die Anwendung des Disziplinarrechts in zweckmäßiger Weise erleichtern. Das Büchlein verdient volle Beachtung."

Zeitschrift für Polizei- und Verwaltungsbeamte.

Hagemann, Rudolf, **Hinterlegungsordnung** vom 21. April 1913. Taschenformat. 175 Seiten. 1914. Geb. 2.20

(Guttentagsche Sammlung Preußischer Gesetze Bd. 53.)

„Das in der vorteilhaft bekannten Guttentagschen Sammlung erschienene Buch darf als ein Hilfsmittel zu dem nicht immer ganz einfachen Verständnis der neuen Hinterlegungsvorschriften bestens empfohlen werden; es ist klar, übersichtlich und ausführlich." *Zentralblatt für freiwillige Gerichtsbarkeit.*

Aschrott, P. F., **Gesetz über die Fürsorgeerziehung Minderjähriger.** Vom 2. Juli 1900. Nebst Ausführungsanweisungen. Dritte Auflage. Taschenformat. 374 Seiten. 1917. Geb. 2.80

(Guttentagsche Sammlung Preußischer Gesetze Bd. 28.)

„Das Buch gewährt nicht nur einen klaren Einblick in die gegenwärtige Gestaltung der Fürsorgeerziehung in Preußen, sondern es gibt auch über die Zweifelsfragen, welche bei der Auslegung des technisch ziemlich unvollkommenen Fürsorgeerziehungsgesetzes in besonders reicher Fülle auftauchen, durchweg eine erschöpfende und zutreffende Auskunft." *Das Recht.*

Marcks, A., Gesetz, betr. die Unterhaltung der öffentlichen Volksschulen. Taschenformat. 194 Seiten. 1906. Geb. 1.80

(Guttentagsche Sammlung Preußischer Gesetze Bd. 39.)

„Das handliche Büchlein wird, von sachkundiger Seite herrührend und praktisch angelegt, Verwaltungsbeamten, Schulvorständen, Lehrern beim Gebrauch gute Dienste leisten." Schulblatt der Provinz Brandenburg.

Ledermann, W., und Brühl, L., Die Städteordnung für die sechs östlichen Provinzen Preußens. Zweite Auflage. Taschenformat. 593 Seiten. 1913. Geb. 6.—

(Guttentagsche Sammlung Preußischer Gesetze Bd. 32.)

„Der Ledermann-Brühlsche Kommentar zur Städteordnung, eine hervorragende Arbeit des leider so früh verstorbenen Mannes und seines Mitarbeiters, ist von der Kritik und der Praxis so einmütig günstig aufgenommen worden, daß er auch in seiner zweiten durch Gesetzgebung, Literatur und Rechtsprechung der letzten zehn Jahre bereicherten Ausgabe keiner weiteren Empfehlung bedarf." Kommunale Praxis.

Wölbling, P., Bildung der neuen Stadtgemeinde Berlin. Zweite Auflage. Taschenformat. 114 Seiten. 1920. Geb. 1.40

(Guttentagsche Sammlung Preußischer Gesetze Bd. 59.)

„Einem Gesetz, daß als eine Ergänzung der Städteordnung abgefaßt ist, hat der Verfasser lebendigen Gedankeninhalt verliehen. Auf die Verknüpfung des Neuen mit der Städteordnung und ihrer engeren Gestaltung wird im einzelnen mit umfassender Sorgfalt hingewiesen.

Die Ebenmäßigkeit mit den Kommentaren anderer Gesetze der Guttentagschen Sammlung, die unter weniger leidenschaftlichen Kämpfen zur Entstehung gelangten, erringt der Verfasser durch seine strenge Sachlichkeit. Damit muß seinem Werk die Beachtung bei der Durchführung des Gesetzes und bleibender Wert gesichert erscheinen." Soziale Praxis.

Holzapfel, W., Umlegungsordnung. Taschenformat. 144 Seiten. 1921. 1.80

(Guttentagsche Sammlung Preußischer Gesetze Bd. 60.)

„Holzapfel, der hervorragende Kenner der Auseinandersetzungsgesetze, erläutert die Vorschriften der Umlegungsordnung in seiner scharfsinnigen Art in durchaus erschöpfender Weise und gibt in diesen Erläuterungen ein außerordentlich anschauliches Bild von der Umlegung der Grundstücke. Das Buch ist auch für Laien leicht und gut verständlich und kann jedem, der für die Umlegung Interesse hat, zur Benutzung angelegentlich empfohlen werden." Preußisches Verwaltungsblatt.

Holzapfel, W., Gesetz über Landeskulturbehörden. Taschenformat. 176 Seiten. 1919. Geb. 2.—

(Guttentagsche Sammlung Preußischer Gesetze Bd. 57.)

„Der Titel gibt den Inhalt des Werkchens vollständig an, hinzuzufügen ist aber, daß die Erläuterung, die umfangreich und eingehend ist und der praktischen Handhabung des Gesetzes Schritt für Schritt folgt, aus der Feder eines Mannes herrührt, der durch seine sachliche Qualifikation als gründlicher Kenner der Materie für eine zuverlässige Führung die größte Gewähr bietet. Dankenswert ist die Gründlichkeit der im bescheidenen Rahmen geleisteten Arbeit." Verwaltungs-Archiv.

Meyer, O., Gesetz, betr. die Anlegung und Veränderung von Straßen und Plätzen in Städten und ländlichen Ortschaften. Taschenformat. 211 Seiten. 1913. 3.—

(Guttentagsche Sammlung Preußischer Gesetze Bd. 50.)

Friedrichs, R., **Strauß-Torney,** Hugo von und **Saß,** Carl, **Gesetz, betr. Anlegung und Veränderung von Straßen und Plätzen** in Städten und ländlichen Ortschaften. (Straßen- und Baufluchtengesetz.) Kommentar. Groß-Oktav. 211 Seiten. 1920.

8.—, geb. 9.50

„Das Werk zeigt eine Reichhaltigkeit und Vollständigkeit, die sonst wenigen Kommentaren eigen ist, und übertrifft hierin noch weit die früheren Auflagen. Besonders erwähnenswert ist die geschickte Anordnung der Erläuterungen und das praktische Inhaltsverzeichnis."

Wochenschrift des Architektenvereins zu Berlin.

Heine, H., Die preußischen Baupolizeigesetze nebst den sonstigen einschlägigen Reichs- und Landesgesetzen. Taschenformat. 404 Seiten. 1928. Geb. 8.—

(Guttentagsche Sammlung Preußischer Gesetze Bd. 64.)

Diesem Band ist die Aufgabe gestellt, die in erster Linie in Betracht kommenden Gesetze und sonstigen Vorschriften und die im Zusammenhang hiermit entstehenden Rechtsfragen in übersichtlicher Weise zusammenzufassen und zu erörtern. Die Rechtsprechung des Oberverwaltungsgerichts und anderer Gerichte ist hierbei berücksichtigt worden.

Goldschmidt, O., Gesetze gegen die Verunstaltung landschaftlich hervorragender Gegenden mit Ausführungsanweisungen. Taschenformat. 152 Seiten. 1912. Geb. 2.40

(Guttentagsche Sammlung Preußischer Gesetze Bd. 49.)

„Der Kommentar, der sich durch seine klare und prägnante Ausdrucksweise auszeichnet, läßt eine gründliche Durcharbeitung des Stoffes erkennen und bietet eine sachgemäße, sorgfältige und erschöpfende Erläuterung der einzelnen gesetzlichen Bestimmungen. Er wird als ein durch Vollständigkeit und Zuverlässigkeit ausgezeichnetes Hilfsmittel jedem Freunde des Heimatschutzes ein willkommener Ratgeber sein." *Jahrbuch des Verwaltungsrechts.*

Wulff, G., und **Herold,** F., **Wassergesetz** vom 7. April 1913. Mit Einleitung, Erläuterungen und Sachregister. Zweite, umgearbeitete Auflage von G. Wulff. Taschenformat. XVI, 665 Seiten. 1928. Geb. 12.—

(Guttentagsche Sammlung Preußischer Gesetze Bd. 52.)

Diese zweite Auflage des Preußischen Wassergesetzes soll noch mehr als die erste mit ihren Anmerkungen und dem ausführlichen Sachregister als Wegweiser durch die teils schwierigen und verwickelten Fragen dieser Materie dienen und den Juristen über die einschlägige Rechtsprechung und das Schrifttum überall in ihrem neuesten Stande unterrichten. Mit seiner Reichweite, Gründlichkeit und treffsicheren Kürze bildet dieser Kommentar ein Meisterstück.

Lohmann, W., Gesetz, betr. die Feuerbestattung. Taschenformat. 79 Seiten. 1912. Geb. 1.50
(Guttentagsche Sammlung Preußischer Gesetze Bd. 47.)

„Der Verfasser, der als Mitglied der Kommission des Abgeordnetenhauses an dem Zustandekommen des Gesetzes hervorragend beteiligt war, konnte als zuständiger Bearbeiter des Gesetzes in erster Linie gelten. Der kleine Kommentar ist besonderer Aufmerksamkeit sicher." *Jahrbuch des Verwaltungsrechts.*

Holtgreven, A., und Wolff, Th., Das Wildschadengesetz vom 11. Juli 1891. Kommentar. Vierte, vermehrte und verbesserte Auflage. Oktav. VIII, 216 Seiten. 1902. 4.—

„Dieses Werkchen verfolgt einen doppelten Zweck. Dasselbe will einerseits die juristisch zweifelhaften Punkte des Wildschadengesetzes wissenschaftlich erörtern und klarstellen und andererseits allen denjenigen, welche bei der Handhabung dieses Gesetzes in irgendeiner Weise, sei es als Private, Beamte, Grundbesitzer oder als Jagdberechtigte, beteiligt sind, ein praktischer Berater sein."
Allgemeine Forst- und Jagdzeitung.

Born, A., Das preußische Fischereigesetz vom 11. Mai 1916 in der geltenden Fassung. Taschenformat. 428 Seiten. 1928. Geb. 7.50
(Guttentagsche Sammlung Preußischer Gesetze Nr. 62.)

Die Ausgabe bietet eine bis jetzt fehlende neue Darstellung des Fischereigesetzes, in der vor allem die neue Rechtsprechung eingehend verwertet ist. Außer dem Fischereigesetz, das eine ausführliche Erläuterung gefunden hat, sind die wichtigen Ausführungsverordnungen und im Anhang die einschlägigen Bestimmungen anderer für die Anwendung des Fischereigesetzes in Frage kommenden Gesetze berücksichtigt.

Born, A., Die preußischen Jagdgesetze in ihrer geltenden Fassung. Mit Erläuterungen versehen. Taschenformat. 433 Seiten. 1928.
(Guttentagsche Sammlung Preußischer Gesetze Nr. 63.) Geb. 8.—

Von einem erfahrenen Sachkenner bearbeitet, bietet die vorliegende Ausgabe eine eingehende Darstellung und Erläuterung der Gesetzgebung auf dem Gebiete des Jagdrechts. Außer der Jagdordnung sind die Ausführungsanweisungen, die in Frage kommenden Bestimmungen des Strafgesetzbuches, das Landesverwaltungsgesetz, das Gesetz über den Waffengebrauch der Forst- und Jagdbeamten, das Stempelsteuergesetz, die Verwaltungsgebührenordnung, die Preußische Pachtschutzordnung und das Reichsvogelschutzgesetz berücksichtigt.

Kunze, F., Das Jagdscheingesetz. Zweite Auflage. Taschenformat. 157 Seiten. 1899. Geb. 2.—
(Guttentagsche Sammlung Preußischer Gesetze Bd. 19.)

„Die eingehenden Anmerkungen und die im Titel hervorgehobenen Beigaben machen den kleinen Kommentar zu einem vortrefflichen, in der Praxis schwer entbehrlichen Hilfsmittel zur Auslegung des Gesetzes."
Zeitschrift für die gesamte Strafrechtswissenschaft.

Caro, H., Gesetz, betr. Austritt aus der Landeskirche, vom 14. Mai 1873. Taschenformat. 190 Seiten. 1911. Geb. 2.40
(Guttentagsche Sammlung Preußischer Gesetze Bd. 46.)

„Ein sehr praktisches Buch, das in den Anmerkungen zum Wortlaut des Gesetzes eine reiche Fülle von Material bietet für alle möglichen Fragen, die mit Aus- und Übertritt zusammenhängen. Das genau gearbeitete Inhaltsverzeichnis ermöglicht bei gelegentlicher Benutzung ein leichtes Auffinden des Nötigen."
Deutsch-Protestantische Bücherschau.

Kollenscher, M., Rechtsverhältnisse der Juden in Preußen. Taschenformat. VIII, 199 Seiten. 1910. 2.40

(Guttentagsche Sammlung Preußischer Gesetze Bd. 45.)

„Es fehlte bisher eine zusammenfassende, erschöpfende Darstellung der in den verschiedensten Quellen zerstreuten zahlreichen Judengesetze und Verordnungen, und es ist ein großes Verdienst des Verfassers, uns diese in klarer, übersichtlicher Form und Anordnung gegeben zu haben. Jede Synagogengemeinde und jeder, der sich mit jüdischen Angelegenheiten beschäftigt, müßte dieses Buch besitzen." *Jüdische Rundschau.*

3. Steuerrecht

Nieberl, A., Reichsabgabenordnung vom 13. Dezember 1919 nebst Einführungsverordnung vom 18. Dezember 1919 und Übergangsverordnung vom 11. Oktober 1921. Textausgabe mit Anmerkungen und ausführlichem Sachregister. Zweite, neubearbeitete Auflage. Taschenformat. 1927. Geb. 12.—

(Guttentagsche Sammlung Deutscher Reichsgesetze Bd. 143.)

„Dieses Werk will auf Grund der Ergebnisse der Praxis der praktischen Anwendung der RAbgO. dienen und auch für den Nichtjuristen verständlich sein. Daß dieser Zweck erreicht wird, dürfte dem Verfasser nicht bestritten werden. Die Darstellung ist leicht verständlich und klar. Das Sachregister ist gründlich bearbeitet. Jedenfalls wird das Buch, das einen mit der praktischen Handhabung der RAbgO. vertrauten Verfasser erkennen läßt, nicht nur den Steuerbeamten, sondern auch dem rechtsuchenden Publikum und seinen Beratern ein willkommener guter Führer auf diesem Gebiet sein." *Juristische Wochenschrift.*

Michaelis, Richard, Die Dritte Steuernotverordnung vom 14. Februar 1924. Mit besonders ausführlicher Berücksichtigung der Vorschriften über die Aufwertung und die öffentlichen Anleihen. Taschenformat. VIII, 388 Seiten. 1924. Geb. 7.—

(Guttentagsche Sammlung Deutscher Reichsgesetze Bd. 157.)

„Ganz besonders zu rühmen ist der Kommentar von Michaelis, der dank seiner eingehenden und gründlichen Bearbeitungsweise erheblichen Einfluß auf die Praxis gewonnen hat." *Juristische Wochenschrift.*

Hollaender, Adolf, Einkommensteuergesetz und Körperschaftsteuergesetz nebst den zugehörigen Aus- und Durchführungsbestimmungen, Verordnungen und Erlassen. Taschenformat. XXXIX, 697 Seiten. 1926. Mit Nachtrag. 1928. Geb. 24.—

(Guttentagsche Sammlung Deutscher Reichsgesetze Bd. 151.)

„Das auf die Bedürfnisse der Praxis abgestellte und ihnen gerecht werdende Buch wird jedem gute Dienste leisten, der sich handelnd oder leitend auf dem äußerst unsicheren, ohne Hilfsmittel überhaupt nicht begehbaren Boden der heutigen Einkommensteuer zurechtfinden muß." *Juristische Rundschau.*

Pick, Reichsbewertungsgesetz. Textausgabe mit Anmerkungen. In Bearbeitung.

Brzeszinski, Richard, und **Simon,** H. Veit, **Vermögenssteuergesetz und Reichsbewertungsgesetz.** Kommentar. In Bearbeitung.

Schachian, Herbert, **Erbschaftsteuergesetz,** Fassung vom 22. August 1925, mit Anmerkungen. Vierte Auflage. Oktav. 65 Seiten. 1926. 2.50

„Das Buch enthält in der Form des Kommentars eine vollständige Darstellung des Erbschaftssteuerrechts und der zugrunde liegenden bürgerlich-rechtlichen Vorschriften des Erbrechts. Als wissenschaftliche und praktische Leistung steht der klar und scharf geschriebene Kommentar in vorderster Reihe unter seinen Rivalen; er ist als Wegweiser ganz besonders zu empfehlen.“
Juristische Wochenschrift.

Hoffmann, A., **Die preußischen Erbschaftsteuergesetze.** Taschenformat. 561 Seiten. 1905. 3.—

(Guttentagsche Sammlung Preußischer Gesetze Bd. 20.)

Lindemann, Otto, **Umsatzsteuergesetz** (neueste Fassung) mit Ausführungsbestimmungen. Vierte, vermehrte und verbesserte Auflage. Taschenformat. 518 Seiten. 1926. Geb. 10.—

(Guttentagsche Sammlung Deutscher Reichsgesetze Bd. 132.)

„Es handelt sich um einen ausführlichen, gediegenen und klar abgefaßten Kommentar, der den weiteren Vorzug besitzt, auf dem laufenden zu sein. Das Werk kann allen Interessenten nur warm empfohlen werden.“ *Industrie- und Handels-Zeitung.*

Meyer, E. H., **Gesetzgebung über Steuer- und Kapitalflucht.** Zweite Auflage. Taschenformat. 129 Seiten. 1921. Geb. 1.60

(Guttentagsche Sammlung Deutscher Reichsgesetze Bd. 145.)

„Das Büchlein enthält den Text der einschlagenden vier Gesetze samt den vier Verordnungen gegen die Kapitalabwanderung bzw. Kapitalflucht, eine kurze Übersicht über den Inhalt der Gesetze und sehr knapp gehaltene Anmerkungen. Sein Wert liegt in der handlichen Zusammenfassung der einschlagenden Vorschriften.“ *Juristische Wochenschrift.*

Lindemann, Otto, **Grunderwerbsteuergesetz** (neueste Fassung) mit den Ausführungsbestimmungen. Zweite, völlig umgearbeitete Auflage. Taschenformat. 186 Seiten. 1926. Mit Nachtrag 1927. Geb. 4.—

(Guttentagsche Sammlung Deutscher Reichsgesetze Bd. 139.)

„Das Buch wird manchem in den mannigfachen Streitfragen des in der Praxis sehr einschneidenden Gesetzes ein willkommener Ratgeber sein. Die Erläuterungen zeichnen sich durch Klarheit und Gemeinverständlichkeit im besten Sinne aus.“ *Württembergische Industrie.*

Hagelberg, E., und Krämer, L., Grunderwerbsteuergesetz vom 12. September 1919 (RGBl. S. 1617) in der Fassung des Gesetzes vom 11. März 1927 (RGBl. I S. 72) nebst Einleitung, Sachregister und Ausführungsbestimmungen und der einschlägigen Vorschriften des Finanzausgleichs-Steuermilderungsgesetzes und Steuerstrafrechts. Für die Praxis erläutert. Zweite völlig umgearbeitete und erweiterte Auflage. 1928. Groß-Oktav. 355 Seiten. Geb. 15.—

„Die verhältnismäßige Kürze ihrer Erläuterungen bei großer Vollständigkeit ist zu rühmen. Das Buch ist nicht nur für den Juristen, sondern auch für den gebildeten Laien, namentlich Grundstücksmakler und Hausbesitzer, von großem, praktischen Wert.“ Zeitschrift d. Deutsch. Notarvereins.

Hagelberg, E., und Krämer, L., Wertzuwachssteuerrecht. Kommentar. 256 Seiten. 1929. 12.—, geb. 13.50

Die Verfasser kommentieren die neue Wertzuwachssteuerordnung für Berlin und die preußische Mustersteuerordnung. Ihr Buch ist ein Leitfaden für die Steuerpflichtigen und ihre Rechtsberater und die mit der Wertzuwachssteuer befaßten Behörden. Es stellt die rechtliche und wirtschaftliche Bedeutung der Bestimmungen klar. Die Rechtsprechung des Preußischen Oberwaltungsgerichts wurde erschöpfend berücksichtigt. Auch Sepzialfragen, wie die Aufwertung und das Schwarzkaufwesen, wurden behandelt.

Hoepker, Heinrich, Die Industriebelastungsgesetze vom 30. August 1924 nebst den Durchführungsbestimmungen zum Gesetz über die Industriebelastung. Taschenformat. XV, 200 Seiten. 1925. Mit Nachträgen. Geb. 4.—

(Guttentagsche Sammlung Deutscher Reichsgesetze Bd. 159.)

„Die Anmerkungen sind erschöpfend und führen den Leser mit Geschick in die schwierige und neue Materie ein. Rechtsanwälte sowie Kaufleute, für welche die Industriebelastung in Frage kommt, werden das mit einem guten Sachregister ausgestattete Werk mit gleichem Nutzen gebrauchen!“ Industrie- und Handels-Zeitung.

Eiffler, Kurt, Staatliche Verwaltungsgebühren. Gesetz über staatliche Verwaltungsgebühren vom 29. September 1923 nebst Gebührenordnungen und Ausführungsbestimmungen. Taschenformat. 192 Seiten. Mit Nachtrag. 1925. Geb. 6.—

(Guttentagsche Sammlung Preußischer Gesetze Bd. 61.)

„Das Buch, gut gegliedert und reichlich mit Erläuterungen und Anmerkungen versehen, ist ein ausgezeichnetes Hilfsmittel für alle, die mit Verwaltungsgebühren zu tun haben.“ Kommunales Echo.

Loeck, P., und Eiffler, K., Preußisches Stempelsteuergesetz mit den gesamten Ausführungsbestimmungen. Unter besonderer Berücksichtigung der Entscheidungen der Verwaltungsbehörden und der Gerichte herausgegeben. Zehnte, neubearbeitete Auflage. Taschenformat. 476 Seiten. 1928. Geb. 13.—

(Guttentagsche Sammlung Preußischer Gesetze Bd. 18.)

„Die zahlreichen Auflagen zeugen für die Güte und praktische Brauchbarkeit des Buches, das durch den von Eiffler hinzugefügten Anhang auf den gegenwärtigen Rechtsstand gebracht ist.“ Finanz-Ministerialblatt.

Lebbin, Georg, **Nahrungsmittelgesetze** mit Erläuterungen. Zweite, stark vermehrte Auflage in zwei Bänden.

Zweiter Band: **Getränkegesetze und Getränkesteuergesetze** (Wein, Bier, Branntwein, Mineralwasser). Unter Mitarbeit von Rechtsanwalt Dr. Kniebe. Taschenformat. XII, 400 Seiten. 1926. Geb. 10.—

(Guttentagsche Sammlung Deutscher Reichsgesetze Bd. 54b.)

„Die wichtigsten Gesetze sind eingehend kommentiert und durch die einschlägigen Verordnungen, Ausführungsbestimmungen, Erlasse, Entscheidungen oberster Gerichte und nicht zuletzt die internationalen Abkommen so vollständig ergänzt, daß die Sammlung als unentbehrliches Hilfsmittel, wie es in dieser Art bislang noch fehlte, für den Sachbearbeiter bei Behörden und Verbänden sowohl als auch für den Kaufmann der Branche zu begrüßen ist.“
Württembergische Wirtschafts-Zeitschrift.

Wündisch, Friedrich, **Das Tabaksteuergesetz** vom 12. September 1919 nebst den Ausführungsbestimmungen vom 26. Februar 1920. Taschenformat. 286 Seiten. 1920. Mit Nachtrag 1925. Geb. 4.—

(Guttentagsche Sammlung Deutscher Reichsgesetze Bd. 146.)

„Endlich ein Kommentar zum Tabaksteuergesetz! Die Ausgabe kommt den Wünschen der Praxis nach einer erschöpfenden Darstellung des neuen Gesetzes in umfassender Weise entgegen. Außer den Behörden und Beamten, in deren Hand die Durchführung des Gesetzes gelegt ist, bildet das Buch auch für die Steuerzahler eine ausgezeichnete Informationsquelle für alle Fragen, die in der Praxis vorkommen. Die zahlreichen ausführenden Verordnungen sind abgedruckt.“
Deutsche Tabak-Zeitung.

VII. Entscheidungs-Sammlungen und Zeitschriften.

Entscheidungen des Reichsarbeitsgerichts. Herausgegeben von den Mitgliedern des Reichsarbeitsgerichts. Oktav.

Band I. 1928 . . . . 6.50, geb. 8.—
Band II. 1928/29 . . . . 6.50, geb. 8.—
Band III. 1929 . . . . 6.50, geb. 8.—
Band IV. 1929/30 . . . . 6.50, geb. 8.—

Entscheidungen des Reichsgerichts. Herausgegeben von den Mitgliedern des Gerichtshofes und der Reichsanwaltschaft. Oktav. (Zwei Sammlungen:)

1. **Entscheidungen in Zivilsachen.** (Werden in Heften im Umfange von etwa 5 bis 6 Bogen sowie in vollständigen Bänden, geheftet und gebunden, ausgegeben. Jährlich 4 Bände.) 1.—126. Band. Je 6.50, geb. 8.—

2. **Entscheidungen in Strafsachen.** (Werden in Heften im Umfange von 5 bis 6 Bogen sowie in vollständigen Bänden, geheftet und gebunden, ausgegeben. Jährlich 1 Band.) 1.—63. Band.
Je 6.50, geb. 8.—

Zeitschrift für die gesamte Strafrechtswissenschaft. Gegründet von Fr. von **Liszt** und A. **Dochow.** Unter ständiger Mitarbeiterschaft hervorragender Fachmänner herausgegeben von Dr. K. von **Lilienthal,** Professor in Heidelberg, Dr. Ed. **Kohlrausch,** Professor in Berlin, und Dr. W. **Gleispach,** Professor in Wien. Der Jahrgang besteht aus 8—9 Heften. Quart.

Bd. 1—43. 1881—1922. Je 15.—. Bd. 44. 1922. 25.—. Bd. 45. 1924. 21.—. Bd. 46—49. 1925—1929. Je 30.—. Bd. 50. 1929/30. 36.—.

Die nunmehr im 50. Jahrgang erscheinende Zeitschrift betrachtet die Mitarbeit an der Fortentwicklung des deutschen Strafrechts als ihre vornehmste Aufgabe und nimmt zu allen strafrechtlichen Fragen eingehend Stellung. In dem „Literaturbericht" wird laufend über alle wichtigen Erscheinungen auf dem Gebiete der Strafrechtsliteratur referiert.

Juristische Rundschau. Herausgegeben von Otto **Lindemann,** Ministerialdirektor, Geh. Oberjustizrat, Berlin, Dr. Friedrich **Flad,** Senatspräsident beim Reichsgericht, Leipzig, Fritz **Hartung,** Ministerialrat im Preußischen Justizministerium, Berlin, und

Höchstrichterliche Rechtsprechung. Herausgegeben von Eugen **Friedrichs,** Oberlandesgerichtsrat, Naumburg a. d. S., Dr. Albert **Feisenberger,** Reichsanwalt, Leipzig, Benno **Mugdan,** Kammergerichtsrat i. R., Geh. Justizrat, Berlin. — Erscheint am 1. und 15. jeden Monats.

6. Jahrgang. 1930. Vierteljährlich 7.50, Einzelheft 1.50. Beilage „Höchstrichterliche Rechtsprechung" einzeln vierteljährlich 5.—

„Die Juristische Rundschau hat sich immer mehr zu einer führenden juristischen Zeitschrift entwickelt. Die ständige Benutzung dieser Zeitschrift wird und muß allen Kollegen des Kammergerichts dringend empfohlen werden."
Zeitschrift der Anwaltskammer.

Judicium. Vierteljahresschrift für die gesamte Zivilrechtspflege. Unter ständiger Mitarbeit von J. Goldschmidt (Berlin), H. Lehmann (Köln), R. Pollak (Wien), L. Rosenberg (Gießen), H. Walsmann (Rostock) herausgegeben von W. **Kisch** (München), H. **Lucas** (Berlin), A. **Mendelssohn-Bartholdy** (Hamburg), M. **Pagenstecher** (Hamburg), J. D. **Sauerländer** (München), H. **Sperl** (Wien), E. **Volkmar** (Berlin). Organ der Vereinigung Deutscher Zivilprozeßrechtslehrer. Vierteljährlich erscheint 1 Heft. Der Jahrgang beginnt am 15. November. 2. Jahrgang 1929/30. 24.—

(Friederichsen, de Gruyter & Co., m. b. H., Hamburg 36.)

Zeitschrift für ausländisches und internationales Privatrecht. Herausgegeben in Gemeinschaft mit Ernst **Heymann,** Heinrich **Titze,** Martin **Wolff,** ordentliche Professoren an der Universität Berlin, wissenschaftliche Berater des Instituts, Max **Pagenstecher,** o. Professor an der Universität Hamburg, Franz **Schlegelberger,** Ministerialdirektor im Reichsjustizministerium, Honorarprofessor an der Universität Berlin, von Ernst **Rabel,** o. Professor an der Universität Berlin, Direktor des Instituts. Jährlich 6 Hefte im Umfang von etwa 65 Bogen. Preis des dritten Jahrganges 50.—

„Wer sich für Rechtsvergleichung und internationales Privatrecht interessiert, feiert einen Festtag beim Erscheinen einer neuen Zeitschrift auf dem Gebiete, das für den Bereich deutscher Rechtswissenschaft noch immer als zu wenig bearbeitet gelten muß. Das Organ tritt dem äußeren Formate und der Ausstattung nach glänzend auf und des ersten Heftes Inhalt verspricht auch den Glanz des inneren Formates und der Qualität.“ Zentralblatt für die juristische Praxis.

Zeitschrift für ausländisches öffentliches Recht und Völkerrecht. Im Auftrage des Instituts für ausländisches öffentliches Recht und Völkerrecht herausgegeben von Dr. Viktor **Bruns,** Professor an der Universität Berlin, Leiter des Instituts.

Band I Teil 1: Abhandlungen. XVIII, 657 Seiten. 1930. 43.—
Band I Teil 2: Urkunden. XVI, 858 Seiten. 1930. 54.—

Zeitschrift für Bergrecht. Bis zu seinem Tode herausgegeben von dem Wirkl. Geh. Rat, Berghauptmann a. D. Dr. jur. H. **Brassert.** Redigiert und herausgegeben von den rechtskundigen Ministerialräten der Bergabteilung des Preußischen Ministeriums für Handel und Gewerbe. Jährlich 1 Band von mehreren Heften. Die Hefte erscheinen in zwangloser Folge. Jahrgang 69. 1928/29. 20.—. Jahrgang 70. Heft 1/2. 1929. 10.—.

Die führende Zeitschrift auf diesem Gebiete, die die gesamte Berggesetzgebung des In- und Auslandes verzeichnet und laufend über die Entscheidungen der höchsten Gerichtshöfe berichtet. In zahlreichen Abhandlungen aus der Feder erster Fachleute wird zu allen Fragen des Bergrechts Stellung genommen.

Zeitschrift für das gesamte Luftrecht (ZLR.). Herausgegeben von Dr. jur. Otto **Schreiber,** o. Professor an der Universität in Königsberg i. Pr., Geh. Regierungsrat, Leiter des Instituts für Luftrecht. Erscheint in Bänden zu je 4 Heften.

Band I. 1926/28. 50.—, geb. 55.—. Band II, Heft 1. 10.—.

„Der erste Band beweist nachdrücklich die Existenzberechtigung der bedeutenden Zeitschrift.“ Zeitschrift für ausländisches und internationales Privatrecht.

Bank-Archiv. Zeitschrift für Bank- und Börsenwesen. Unter Mitwirkung von hervorragenden Fachmännern herausgegeben von Geh. Justizrat Prof. Dr. **Rießer,** Berlin. Schriftleitung: Rechtsanwalt Otto **Bernstein,** geschäftsführendes Mitglied des Centralverbandes des Deutschen Bank- und Bankiergewerbes. Quart. Jährlich 24 Nummern. XXIX. Jahrgang. 1929/30. Pro Halbjahr 12.—

Kolibri 360 GmbH
Ferdinand-Jühlke-Straße 7
99095 Erfurt, Deutschland
produktsicherheit@kolibri360.de